中国改革开放新时期
年　鉴

2012 年

中国民主法制出版社
2015 · 北京

图书在版编目（CIP）数据

中国改革开放新时期年鉴. 2012年/王振川主编. —北京：中国民主法制出版社，2015.1

ISBN 978-7-5162-0720-8

Ⅰ. ①中… Ⅱ. ①王… Ⅲ. ①改革开放—中国—2012—年鉴 Ⅳ. ① D616-54

中国版本图书馆 CIP 数据核字（2015）第 020394 号

图书出品人：肖启明
图 书 策 划：刘海涛
责 任 编 辑：石 松 董 理

书 名 / 中国改革开放新时期年鉴（2012 年）
作 者 / 王振川 主编

出 版·发 行 / 中国民主法制出版社
地 址 / 北京市丰台区玉林里 7 号（100069）
电 话 / 63055259（总编室） 63057714（发行部）
传 真 / 63055259
http: //www.npcpub.com
E-mail: mzfz@ npcpub.com
经 销 / 新华书店
开 本 / 16 开 787 毫米 ×1092 毫米
印 张 / 68.625 字数 / 2056 千字
版 本 / 2015 年 1 月第 1 版 2015 年 1 月第 1 次印刷
印 刷 / 涿州市星河印刷有限公司印刷

书 号 / ISBN 978-7-5162-0720-8
定 价 / 900.00 元

《中国改革开放新时期年鉴》编委会

日期索引

【一月】

【二月】

【三月】

【四月】

【五月】

【六月】

【七月】

【八月】

【九月】

【十月】

【十一月】

【十二月】

1月1日

《人民日报》发表社论《迈向充满希望的2012》

随着新年钟声的敲响，我们告别了充满挑战、奋发有为的2011，迎来了充满希望、奋发进取的2012。

在这辞旧迎新的时刻，回顾过去的一年，国内改革发展稳定任务艰巨繁重，国际形势空前动荡变幻，党中央团结带领全国各族人民迎难而上、开拓进取，在社会主义现代化进程中写下了浓墨重彩的新篇章。

国内生产总值增长高于9%，粮食生产连续8年增产，人民生活不断改善，城乡居民收入较快增长，农民收入增速创1985年来最高，全年城镇新增就业有望达到1200万人，连续7年提高企业退休人员基本养老金，保障房全年基本建成400万套以上、新开工1000万套，覆盖城乡居民的社会保障制度基本建立，文化体制改革深入推进，文化建设兴起热潮……我们以各项建设新成绩隆重庆祝中国共产党成立90周年，实现了“十二五”良好开局。在国际金融危机影响依然深刻、中东北非政局持续动荡的艰难时局下，社会主义中国的良好发展态势，不仅为世界经济增长注入信心，更为处于变动和挑战中的世界带来机遇与希望。

判断一个国家的未来走向，最重要的是辨明历史方位，把握发展大势。我们必须头脑清醒，看到当前我国发展中不平衡、不协调、不可持续的矛盾和问题仍很突出，新的一年世界经济形势总体上仍将严峻复杂，经济复苏的不稳定性不确定性上升；我们更应提振信心，看到我国发展仍处于重要战略机遇期，中国人民昂首奋进在全面建设小康社会征程上，中华民族在新的历史起点上走向伟大复兴。

从2011迈向2012，我们有“中国信心”的实力。新中国成立60多年来尤其是改革开放30多年奠定了良好的物质积累、科技基础、体制条件，实现更大发展的实力底蕴深厚；我们战胜了一系列自然灾害和内外考验、成功应对国际金融危机冲击，社会主义制度优势不断彰显，中国特色社会主义生机活力不断释放；党的十七届六中全会提出坚持中国特色社会主义文化发展道路、建设社会主义文化强国宏伟目标；加强和创新社会管理、做好新形势下群众工作，立党为公、执政为民的理念深入人心；中国工业化、城镇化和农业现代化进程方兴未艾，中国人民过上更好日子的期待更加强烈，改革发展依然是党心所归、民心所向；当今世界正处在大发展大调整大变革时期，大国实力此消彼长，对我国机遇大于挑战。这一切，为我们充满希望地迈向2012年提供了扎实的基础和有利的环境。

从2011迈向2012，我们有“中国信心”的底气。今年是实施“十二五”规划承上启下的重要一年，为继续推动经济社会发展，中央确定了稳中求进的工作总基调。牢牢把握扩大内需这一战略基点，牢牢把握发展实体经济这一坚实基础，牢牢把握加快改革创新这一强大动力，牢牢把握保障和改善民生这一根本目的，这四个“牢牢把握”集中体现了对中国发展新的阶段性特征的战略思考，表明党和政府对国际国内形势有清醒判断，对复杂矛盾问题有重点把握，对科学发展规律有深刻认识。新的一年，只要我们把思想和行动统一到中央的总体要求和决策部署上来，中国发展的步伐就会更加稳健，转变经济发展方式就有新进展，深化改革开放就有新突破，民生改善就有新成效，我国综合国力和国际竞争力就会迈上新台阶，我们每一个人的生活也会迎来新变化。

时间将曾经的辉煌留给历史，也将无限的希望带给未来。2012年是我国发展进程中具有重要意义的一年。我们党将召开十八大，在新的历史起点上继续推进社会主义现代化进程。我们坚信，有中国共产党的坚强领导，有13亿人民的共同奋斗，中国发展的趋势不可阻挡，中国美好的前途充满希望。让我们紧密团结在以胡锦涛同志为总书记的党中央周围，坚持以邓小平理论和“三个代表”重要思想为指导，深入贯彻落实科学发展观，奋力夺取全面建设小康社会新胜利，以优异成绩迎接党的十八大召开，开创中国特色社会主义事业新局面。

全国政协在全国政协礼堂举行新年茶话会

胡锦涛、吴邦国、温家宝、贾庆林、李长春、习近平、李克强、贺国强等党和国家领导人同各民主党派中央、全国工商联领导人和无党派人士代表、中央和国家机关有关方面负责人以及首都各族各界人士代表欢聚一堂，共庆2012年元旦。中共中央总书记、国家主席、中央军委主席胡锦涛发表重要讲话。

中共中央总书记胡锦涛在全国政协新年茶话会发表讲话

同志们，朋友们：

今天是2012年元旦。我们在这里欢聚一堂，共庆佳节，畅叙友情，展望未来，感到格外高兴。首先，我代表中共中央、国务院和中央军委，向各民主党派、工商联和无党派人士、各人民团体，向全国广大工人、农民、知识分子、干部和各界人士，向人民解放军指战员、武警官兵和公安民警，向香港特别行政区同胞、澳门特别行政区同胞、台湾同胞和海外侨胞，向关心和支持中国现代化建设的国际友人，致以节日的祝福！祝大家新年好！

刚刚过去的2011年，是“十二五”时期开局之年。面对复杂多变的国际形势和艰巨繁重的国内改革发展稳定任务，全国各族人民同心协力、锐意进取，推动社会主义经济建设、政治建设、文化建设、社会建设以及生态文明建设和党的建设取得新的成就，实现了“十二五”时期良好开局。这是全党全国各族人民团结奋斗的结果，为我们做好今年各项工作、继续实施“十二五”规划奠定了良好基础。

同志们、朋友们！

2012年是实施“十二五”规划承上启下的重要一年，中国共产党将召开第十八次全国代表大会。做好今年党和国家各项工作，具有十分重要的意义。我们要高举中国特色社会主义伟大旗帜，全面贯彻党的十七大和十七届三中、四中、五中、六中全会精神，以邓小平理论和“三个代表”重要思想为指导，深入贯彻落实科学发展观，勇于战胜前进道路上的各种艰难险阻，把党和国家各项事业继续推向前进，以经济社会发展的优异成绩迎接党的十八大胜利召开。

在新的一年里，我们要保持宏观经济政策的连续性和稳定性，突出把握好稳中求进的工作总基调，继续处理好保持经济平稳较快发展、调整经济结构、管理通胀预期的关系，加快推进经济发展方式转变和经济结构调整，牢牢把握扩大内需这一战略基点，深化重点领域和关键环节改革，提高对外开放水平，保持经济平稳较快发展和物价总水平基本稳定。我们要坚定不移走中国特色社会主义政治发展道路，坚持党的领导、人民当家做主、依法治国有机统一，发展社会主义民主政治，巩固和壮大最广泛的爱国统一战线。我们要坚持走中国特色社会主义文化发展道路，深化文化体制改革，建设社会主义核心价值体系，加大公共文化服务体系建设力度，推动文化产业跨越式发展，进一步兴起社会主义文化建设新高潮。我们要扎实推进保障和改善民生各项工作，推动教育优先发展，坚持更加积极的就业政策，完善社会保障体系，推进医药卫生体制改革，搞好保障性住房建设，加强和创新社会管理，切实维护社会和谐稳定。我们要坚持富国和强军的统一，继续贯彻新时期军事战略方针，推动国防和军队建设科学发展。我们要坚持以执政能力建设和先进性建设为主线，全面推进党的建设新的伟大工程，着力加强领导班子和干部队伍建设，加大党风廉政建设和反腐败斗争力度，确保党在发展中国特色社会主义的历史进程中始终成为坚强领导核心。

在新的一年里，我们要坚持“一国两制”、“港人治港”、“澳人治澳”、高度自治的方针，团结一切爱国爱港、爱国爱澳力量，保持香港、澳门长期繁荣稳定。我们要坚持“和平统一、一国两制”的方针，在“九二共识”的基础上继续推动两岸关系和平发展。

在新的一年里，我们要高举和平、发展、合作旗帜，坚持独立自主的和平外交政策，始终不渝走和平发展道路，始终不渝奉行互利共赢的开放战略，坚持在和平共处五项原则的基础上积极发展同各国的友好合作，同各国人民一道推动建设和谐亚洲、和谐世界。

完成今年各项任务，我们必须坚定信心、攻坚克难、开拓前进。坚定信心，就是要始终不渝坚持中国特色社会主义道路、中国特色社会主义理论体系、中国特色社会主义制度，信心百倍向着既定目标不断前进。攻坚克难，就是要万众一心、奋勇拼搏，不为任何风险所惧，不被任何干扰所惑，奋力攻克经济社会发展中的难关，坚决战胜国内外各种风险挑战。开拓前进，就是要勇于变革、勇于创新，努力在转变经济发展方式上取得新进展、在深化改革开放上取得新突破、在改善民生上取得新成效，不断把党和国家各项事业推向前进。

同志们、朋友们！

在过去的一年里，人民政协高举爱国主义、社会主义旗帜，牢牢把握团结和民主两大主题，坚持围绕中心、服务大局，深入调查研究，积极建言献策，为实施“十二五”规划、加快转变经济发展方式、推动社会主义文化大发展大繁荣、保障和改善民生、促进两岸关系和平发展作出了重要贡献。

在新的一年里，我们要坚持和完善中国共产党领导的多党合作和政治协商制度，坚持长期共存、互相监督、肝胆相照、荣辱与共的方针，坚持思想上同心同德、目标上同心同向、行动上同心同行，巩固和发展中国特色社会主义多党合作事业。人民政协要紧紧围绕党和国家工作大局，认真履行政治协商、民主监督、参政议政职能，提高议政建言质量，突出社会服务成效，在党和国家事业发展中更好发挥协调关系、汇聚力量、建言献策、服务大局的重要作用。

同志们、朋友们！

我们的事业伟大而艰巨，我们的使命光荣而重大。让我们更加紧密地团结起来，坚定信心、攻坚克难、开拓前进，奋力夺取全面建设小康社会、加快推进社会主义现代化新胜利！

国务院总理温家宝在湖南看望慰问干部群众并向大家致以新年问候

1月1日至2日，温家宝来到湖南省湘潭市、株洲市，深入企业、建筑工地、居民社区和农贸市场，调研经济运行，看望慰问干部群众，向大家致以新年问候。

温家宝强调，新年伊始，从第一天起我们就要坚定地迈好第一步。只要齐心协力，我们完全有信心、有勇气、有能力克服当前困难，保持经济平稳较快发展。

温家宝说，钢铁业存在三大问题：第一，产能过剩。必须采取果断措施，实行兼并重组，削减过剩产能，否则的话翻不了身。第二，铁矿石价格高。原料出口商其实是抓住了我们的软肋，就是产能过剩，又缺乏灵活机制，非开工不可，非生产不可，非购买不可。市场是垄断的，企业又竞相抬价，形不成拳头。这么大的产能，购买这么多的铁矿石，但在铁矿石市场上缺乏有力的话语权。第三，归根到底钢铁企业要进行调整重组。结构调整、企业重组、技术升级是钢铁业面临的三大任务。如果不在这三个方面加以根治，小打小闹、小补小修，永远改变不了。这确实是全国性的问题。我国的钢铁业已有很好的基础，有人才，有设备，现在就是需要科学规划，下大决心、下真功夫进行结构调整和企业重组。

温家宝说，摆在我们面前的任务还很艰巨，中国的铁路事业要发展，中国的高铁事业要发展。这一重任依托在广大科技人员和广大干部职工身上。我同你们一样感到身上责任重大。要重视源头管理。这就要求加强科学设计，一丝不苟，每个环节、每道技术都不应该出问题，也不允许出问题，因为人命关天。要重视过程管理。在整个研发和制造过程中始终把安全和质量摆在第一位。要重视人的管理。因为设计图是人制作的，零部件是人制造的，检验是人把关的，技术是人掌握的，安全和质量离不开人。正如你们所说，产品如人品，什么样的人品就有什么样的产品，而人品中最关键的是高度负责，精益求精，一丝不苟。要重视服务管理。列车出厂后，售后服务要跟上，密切跟踪检查安全性能和各种部件的质量，发现问题，立即改正。这些方面相互联系，关系整个系统的信誉，关系人的安全。我相信中国的技术人员和工人一定会通过不懈地努力，再创新业绩，为人民造福，为国家赢得荣誉。

上海正式启动交通运输业和部分现代服务业营业税改征增值税试点

1月2日

国家主席胡锦涛与中亚五国及乌克兰总统互致贺电庆祝建交20周年

1月2日至6日，胡锦涛分别致电哈萨克斯坦、乌兹别克斯坦、塔吉克斯坦、吉尔吉斯斯坦、土库曼斯坦和乌克兰总统，祝贺中国与上述国家建交20周年。

胡锦涛高度评价中国与上述国家建交以来双边关系发展成果，指出，经过20年发展，中国与各国关系已处在新的历史起点，面临更加广阔的发展前景。中方愿与各国携手努力，进一步增进政治互信，深化互利合作，共谋发展繁荣，为促进世界和地区的和平、稳定与发展而共同努力。

上述国家元首也先后致电胡锦涛主席，祝贺与中国建交20周年，表示愿以此为契机，全面发展同中国的传统友好和互利合作关系。

1月3日

国办印发《农村残疾人扶贫开发纲要(2011—2020年)》并发出通知

各省、自治区、直辖市人民政府，国务院各部委，各直属机构：

《农村残疾人扶贫开发纲要(2011—2020年)》(以下简称《纲要》)已经国务院同意，现印发给你们，请认真贯彻执行。

《纲要》是今后一个时期农村残疾人扶贫开发工作的纲领性文件。制定实施《纲要》，是深入贯彻落实科学发展观的必然要求，是保障和改善民生、缩小残疾人生活水平与社会平均水平的差距、促进残疾人与全体人民共享改革发展成果的重要举措，对于改善农村残疾人生产生活状况，实现全面建设小康社会奋斗目标和构建社会主义和谐社会具有重要意义。

各地区、各有关部门要进一步提高对农村残疾人扶贫开发工作的认识，切实增强做好残疾人扶贫工作的紧迫感和自觉性，加强领导，落实责任，加大投入力度，强化政策措施。要广泛深入地开展宣传活动，形成全社会关心支持残疾人扶贫开发工作的良好氛围。各地区、各有关部门要结合实际，采取有力措施，制定具体实施办法，确保《纲要》提出的各项任务落到实处、取得实效。

国务院办公厅

2012年1月3日

农村残疾人扶贫开发纲要(2011—2020年)

改革开放以来，国家开展了有计划、有组织、大规模的扶贫开发，特别是进入21世纪以来，通过实施《中国农村扶贫开发纲要(2001—2010年)》、《农村残疾人扶贫开发计划(2001—2010年)》，残疾人家庭收入水平稳步提高，生活状况明显改善。十年间，通过各种方式累计扶持农村残疾人2015.7万人次，1318万名残疾人摆脱贫困，54.6万个农村贫困残疾人家庭通过实施中央彩票公益金农村危房改造项目改善了居住条件，868万名贫困残疾人接受农村实用技术培训。农村残疾人扶贫工作取得显著成就，有力促进了经济社会发展、减贫事业推进和民生改善，为我国农村贫困人口减少、农村居民生存和温饱问题解决作出了突出贡献，有力推动了贫困地区经济发展与社会和谐。

目前,我国农村仍有2000万以上的贫困残疾人。由于残疾影响、受教育程度偏低、缺乏技能、机会不均等、扶贫资金投入不足等原因,残疾人仍是贫困人口中贫困程度最重、扶持难度最大、返贫率最高、所占比例较大的特困群体,是农村扶贫工作的重点人群。加大农村残疾人扶贫开发力度,缓解并逐步消除残疾人绝对贫困现象,缩小残疾人生活水平与社会平均水平的差距,是贯彻落实科学发展观的迫切需要,是全面建设小康社会、实现全体人民共同富裕的必然要求,是促进社会公平、构建社会主义和谐社会的重要内容。

为贯彻落实党的十七大和十七届五中、六中全会精神以及《中共中央国务院关于促进残疾人事业发展的意见》(中发〔2008〕7号),根据《中国农村扶贫开发纲要(2011—2020年)》和《中国残疾人事业"十二五"发展纲要》,制定本纲要。

一、总体要求

(一)指导思想。

以邓小平理论和"三个代表"重要思想为指导,深入贯彻科学发展观,认真落实党中央国务院关于扶贫事业和促进残疾人事业发展的方针政策,以残疾人社会保障体系和服务体系建设为主线,以增加贫困残疾人家庭收入、提升贫困残疾人生活质量为目标,以提高农村残疾人基本素质和生存发展能力为重点,进一步采取有效措施,加大生产扶助和生活救助力度,全面改善农村残疾人生产生活状况,促进其全面发展,与全国人民一道共享国家改革发展成果。

(二)基本原则。

加强扶贫开发与农村社会保障制度和基本公共服务政策有效衔接,把落实农村各项社会保障政策、措施作为解决残疾人温饱、稳定残疾人基本生活的根本途径,把扶持残疾人家庭发展生产、增加收入作为帮助农村贫困残疾人摆脱贫困的根本手段,把推进基本公共服务均等化、提高农村残疾人综合素质和生产生活能力作为扶助农村贫困残疾人改善状况的根本目标。

——坚持政府负责,部门落实。各级政府要加强领导,切实承担起残疾人扶贫开发工作的责任,将贫困残疾人作为重点扶持群体纳入政府扶贫开发计划,统筹安排,同步实施,优先配置人、财、物等资源。加强部门协作,明确职责,强化落实。

——坚持因地制宜,分类指导。中西部地区,要落实各项社会保障政策,保障贫困残疾人基本生活,扶持家庭发展生产,增加收入,稳定脱贫,对于集中连片特困地区,有针对性地采取措施帮扶贫困残疾人家庭稳定解决温饱。东部地区,要不断提高社会保障水平,扩大受益面,加大扶持与开发力度,稳步提高残疾人家庭收入。

——坚持城乡统筹,协调发展。将农村残疾人的生存发展纳入城乡社会建设与管理范畴,统筹安排,同步实施;各项保障和改善民生、公共服务政策措施向农村残疾人倾斜,促进城乡残疾人社会保障体系与服务体系建设协调发展。

——坚持保障优先,到户到人。摸清残疾人中低保对象和扶贫开发对象底数,优先落实各项社会保障政策,做到应保尽保;采取有针对性的扶贫开发措施,扶持到户到人。

——坚持产业带动,基地扶持。以地方特色优势产业为依托,发挥龙头企业和扶贫基地的辐射带动作用,促进农村残疾人就地就近实现就业。

——坚持社会参与,结对帮扶。动员党员干部、社会各界参与残疾人扶贫开发,通过"帮、包、带、扶"等多种形式,帮扶贫困残疾人及其家庭增加收入,摆脱贫困。

——坚持强化培训,提升技能。优先对残疾人开展多样化、多层次、灵活性培训,逐步提高残疾人科技文化素质和劳动技能。加强典型示范,激励农村贫困残疾人自尊、自信、自强、自立,增强脱贫致富的信心和决心。

二、任务目标

(三)总体目标。

到2015年,农村残疾人生活总体达到小康,基本生活得到稳定的制度性保障,参与社会和自身发展状况显著改善;农村残疾人社会保障体系和服务体系基本框架建立,保障水平和服务能力明显提高。

到2020年,稳定实现农村残疾人不愁吃、不愁穿,全面保障平等享受基本医疗、基本养老、教育、住房和康复服务。农村残疾人家庭收入达到或接近当地平均收入水平,基本公共服务覆盖农村残疾人并不断提高水平,残疾人生存有保障,生活有尊严,发展有基础。

(四)主要任务。

——到2015年,扶持1000万农村贫困残疾人家庭增加收入,生活状况显著改善。到2020年,农村贫困残疾人普遍得到有针对性扶持,发展能力显著提高。

——到2015年,各项社会保障制度全面覆盖农村残疾人。农村符合条件的残疾人全部纳入最低生活保障,农村残疾人按规定参加新型农村社会养老保险和新型农村合作医疗。到2020年,农村残疾人社会保障和福利水平进一步提高,残疾人专项社会保障和福利制度逐步建立并不断完善。

——到2015年,普遍开展农村残疾人社区康复和康复救助,有需求的贫困残疾人普遍适配基本型辅助器具。到2020年,有康复需求的农村残疾人普遍得到有效的康复服务。残疾预防知识得到普及,有效控制残疾发生和发展。

——到2015年,农村适龄残疾儿童少年普遍接受义务教育,入学率达到90%以上,并逐步提高巩固率。切实保障残疾儿童少年和贫困残疾人家庭子女顺利完成学业。积极发展残疾儿童学前康复教育、残疾人职业教育、普通高中教育和高等教育。减少农村残疾人青壮年文盲。到2020年,农村适龄残疾儿童少年和残疾人家庭子女受教育状况达到当地平均教育水平。基本消除农村残疾人青壮年文盲发生的现象。

——到2015年,为100万农村残疾人提供实用技术培训。到2020年,有劳动能力和愿望的农村残疾人普遍得到实用技术培训和职业技能培训,增加生产经营和就业收入,家庭自我发展能力明显提高。

——到2015年,通过保障性安居工程,特别是农村危房改造计划的落实,帮助改善农村贫困残疾人家庭居住条件。到2020年,农村残疾人家庭危房得到有效改善,残疾人家庭居住条件明显提高。

——到2015年,初步建立起农村残疾人托养服务体系框架,东部农村地区机构托养、社区日间照料、居家服务同步发展,中西部农村地区残疾人托养工作有较快发展。到2020年,农村残疾人托养服务体系逐步完善,托养服务水平进一步提高。

——到2015年,农村残疾人公共文化和体育事业得到发展。到2020年,农村残疾人普遍享有无障碍基本公共文化和体育服务。

三、政策保障

(五)落实政策措施。

落实国家各项农村社会保障制度、基本公共服务措施和扶贫开发政策。将农村贫困残疾人普遍纳入农村社会保障范围,并予以重点保障和特殊扶助;将有劳动能力的贫困残疾人作为扶贫开发重点人群。对中西部地区和边疆少数民族地区、革命老区的贫困残疾人在扶持项目和扶持资金上给予重点倾斜。落实国家和地方各项帮扶残疾人的法律、法规、优惠政策和扶助规定,保障农村残疾人各项合法权益。

(六)加大资金投入。

中央和地方多渠道安排筹措资金,继续实施中西部地区农村贫困残疾人家庭危房改造、农村贫困残疾人生产和实用技术培训等项目,研究推动残疾人扶贫基地建设等扶持政策,加大残疾人就业保障金对农村残疾人就业创业的支持力度。

(七)完善金融服务。

继续安排残疾人康复扶贫贴息贷款,提高贴息额度,加大贷款投放。金融部门要针对贫困残疾人的实际情况,加大金融产品和服务方式创新力度,提高贫困残疾人金融服务水平。鼓励金融部门适当简化贷款程序,完善信贷服务政策。加强对残疾人扶贫基地的信贷支持。发展针对贫困残疾人户的免抵押小额贷款产品。鼓励融资性担保机构积极为贫困残疾人户提供融资担保服务。贫困村互助金为符合条件的残疾人及家庭发展生产提供支持。

(八)实施特别扶持。

对参加新型农村社会养老保险的重度残疾人,地方政府为其代缴部分或全部最低标准的养老保险费。通过农村医疗救助制度,帮助符合条件的贫困残疾人参加新型农村合作医疗,并随着筹资水平的提高,逐步提高门诊和住院报销比例,扩大报销范围。有条件的地方可适当提高对特困残疾人家庭危房改造补贴标准并实施居家无障碍改造。加强对农村贫困残疾人的救助,合理确定救助水平。鼓励有条件的地方探索建立困难残疾人生活补贴和重度残疾人护理补贴制度,扩大残疾人社会福利范围。帮助有发展生产愿望的贫困残疾人家庭选择合适项目,给予重点扶持,提供切实有效服务。

在社会主义新农村建设、农村实施的重大工程中,充分照顾贫困残疾人利益,在农村土地承包经营权流转政策实施过程中,切实维护贫困残疾人合法权益。各类公共资源向贫困残疾人及家庭倾斜,创造条件帮助贫困残疾人家庭享受各项支农惠农政策。

四、扶持措施

(九)发挥康复扶贫贷款作用。

康复扶贫贴息贷款重点投向适合残疾人特点的种植业、养殖业、农副产品加工业、家庭手工艺制作、零售商业及各类服务业项目。通过扶持项目、扶贫基地和集中安置残疾人就业单位,发挥辐射带动作用;通过小额到户贷款扶持残疾人开展就业创业项目,提高资金使用效率,帮扶贫困残疾人家庭增加收入。

(十)创新扶贫方式。

巩固"公司+农户"、"小额信贷到户到人"等行之有效的扶贫模式,推广"整村赶平均"、"一户一策滚动发展"、"农机合作社"等残疾人扶贫典型做法。在农村经济发展较好和农业产业化程度较高的地区,通过产业带动,组织残疾人发展庭院经济、设施农业和家庭手工艺生产。

(十一)开展农村实用技术培训。

政府举办或补助的面向"三农"的培训机构和项目优先培训残疾人;"阳光工程"和"雨露计划"积极培训残疾人或残疾人家庭成员;以市场需求为导向,开展不同类别的残疾人专项实用技术培训,确保每个贫困残疾人家庭至少1名劳动力掌握1门至2门实用增收技术,强化培训后就业和创业扶持服务。在农村实用人才带头人能力提升工程、农村实用人才创业兴业工程及农村实用人才技能开发工程中，对符合条件且有能力的农村残疾人优先选拔和培养。

（十二）扶持农村残疾人就业创业。

在统筹城乡发展、推进城镇化过程中，积极开发适合残疾人特点的就业岗位，有序安排农村残疾人转移就业。选取符合农村实际，适合残疾人从事的投资小、见效快项目，引导扶持农村贫困残疾人及家庭成员从事维修、商贸、手工艺加工、家庭服务等多种形式的就业创业项目。扶持农村残疾人创业带头人及带动残疾人就业的农村产业龙头企业。加大在农村落实《残疾人就业条例》的力度。

（十三）实施“阳光助残扶贫”项目。

在中央和地方政府的扶持下，实施“阳光助残扶贫基地建设”项目，创建一批管理规范、辐射带动力强、培训效果好、能够稳定增加农村贫困残疾人家庭收入的扶贫基地。实施“阳光大棚”助残项目，发挥地方龙头企业和农村经济合作组织等生产经营组织的辐射带动作用，帮扶贫困残疾人家庭就地就近发展设施农业、庭院经济和其他生产经营项目，有效提高家庭收入。

（十四）实施“阳光安居工程”。

在保障性安居工程、新农村建设、小城镇建设、易地扶贫搬迁、生态移民、农民进城落户、农村危房改造过程中，对农村贫困残疾人家庭住房给予优先安排；继续实施中央彩票公益金支持的“阳光安居工程”，“十二五”期间，继续对贫困残疾人家庭危房改造进行补助，完善用水、用电等配套设施，有条件的地方对贫困残疾人家庭无障碍改造给予补贴。

（十五）动员社会各界参与残疾人扶贫。

要动员人民团体、事业单位等以及领导干部、党团员与贫困残疾人家庭结对开展“帮、包、带、扶”，督促帮助落实扶贫和救助政策，选择项目，筹措资金，提供技术支持和市场经营服务，扶助贫困残疾人脱贫。农村基层党组织要抓好残疾人扶贫工作的落实，发挥政治优势，切实帮扶贫困残疾人改善基本生活，发展生产，增加收入。鼓励引导国有企业、非公有制企业、社会组织以及志愿者和社会各界人士，积极参与农村残疾人扶贫开发。充分发挥军队和武警部队在参与农村助残扶贫行动中的优势和积极作用。配合妇联组织开展面向残疾妇女的各类培训，为残疾妇女提供创业资金、项目扶持，关注残疾妇女的身体健康，为残疾妇女的发展营造良好的社会环境。有关部门实施的定点扶贫项目优先安排有条件的农村贫困残疾人及其家庭成员从业。通过慈善捐赠、社会募集、各界帮助等途径多渠道筹措残疾人扶贫资金。县、乡、村（社区）基层便民服务中心（站、点）将农村残疾人扶贫、社会救助、社会福利等工作纳入其中。推动建立社会帮扶残疾人扶贫工作的长效机制。

（十六）提供教育、康复、托养、文化体育、法律援助和法律服务。

依据国家相关法律、法规，加强农村残疾人教育、康复、托养、文化体育、法律援助和法律服务工作。采取多种措施，保障农村适龄残疾儿童少年接受学前康复教育和义务教育。依托乡镇、村基层公共卫生机构开展康复和残疾预防工作，优先为贫困残疾人提供知识普及、医疗康复、功能训练、辅具适配等个性化康复服务，提高其生活自理能力。坚持政府投入为主，鼓励通过社会募集等多种渠道筹措托养服务资金，逐步提高托养服务的补助标准，扩大受益面。结合残疾人实用技术培训，开展残疾人文化知识学习和扫盲工作。鼓励、引导残疾人积极参加公共文化体育活动，康复身心，丰富精神文化生活，提高适应能力和生产劳动能力，提升思想道德水平和科学文化素质。加大投入，引导组织农村残疾人因地制宜参加体育健身活动，不断提高农村残疾人的健康意识，使健身活动逐步融入农村残疾人的日常生活。充分发挥残疾人法律服务、法律援助和法律救助网络的工作职能，为农村残疾人提供法律救助服务。

五、组织领导

（十七）加强领导，落实责任。

在国务院残疾人工作委员会统一领导下，各级政府将残疾人扶贫工作列入当地经济社会发展总体目标和政府扶贫规划，分解指标，量化考核，加强领导，明确部门责任并抓好落实。各级政府加大对农村残疾人扶贫工作的政策和资金支持。建立协调机制，实行省负总责、县抓落实、工作到村、扶贫到户、受益到人的工作机制。

有关部门要将农村贫困残疾人作为重点扶持对象纳入扶贫规划同步实施，在同等条件下优先扶持。要指导基层党组织帮扶贫困残疾人，落实残疾人扶贫和救助政策，改善基本生活状况。要组织各级各类新闻媒体大力宣传残疾人自立自强的先进典型，积极营造全社会关心支持残疾人扶贫工作的良好氛围。要将符合条件的农村贫困残疾人纳入最低生活保障制度等社会救助制度，实现应保尽保。要加大农村残疾人扶贫工作的投入，将农村残疾人扶贫工作经费列入年度预算统筹安排。要将支农惠农政策优先落实到有条件的贫困残疾人家庭。要在实施农村危房改造项目中优先解决贫困残疾人家庭的住房困难。要对农村残疾人扶贫监测给予指导。要动员“万村千乡市场工程”龙头企业和加盟店铺优先安置有条件的贫困残疾人及其家庭成员就业，优先扶持贫困残疾人家庭创业加盟。要积极配合当地党委、政府选择符合条件的贫困残疾人或其家庭成员从事"农家书屋"管理工作。要指导鼓励各商业银行开展农村残疾人扶贫信贷,创新产品,优惠利率,简化手续,提供无障碍服务。要优先为从事种植、养殖和手工艺加工的农村残疾人扶贫基地及残疾人家庭提供信贷支持。中国残联会同有关部门协调并指导地方残联组织实施农村残疾人扶贫开发工作。

(十八)充分发挥残联组织作用。

各级残联作为政府扶贫开发领导小组成员单位,应发挥自身作用,参与残疾人扶贫规划制定、统筹协调扶贫资金和物资分配以及扶贫项目的组织实施;继续把基层残疾人组织建设与残疾人扶贫开发相互结合,以任务促建设,以建设保任务,促进基层残疾人扶贫服务社建设,充分发挥基层残疾人组织和残疾人专职委员作用,为残疾人扶贫提供组织保障。县级残疾人就业扶贫服务机构要将各项政策措施及服务向农村延伸,依托基层劳动就业社会保障公共服务平台、农村金融机构、贫困村互助社和农村经济合作组织,为残疾人提供多种形式的生产经营、劳动就业和参加社会保险等服务。

(十九)加强农村残疾人扶贫资金使用管理。

完善残疾人扶贫专项资金和项目管理办法,提高扶贫资金使用效率。加大资金使用情况监督检查力度,强化审计监管,防止和杜绝挤占、挪用、贪污扶贫资金等现象,确保资金安全。

(二十)做好统计监测绩效评估。

将农村残疾人扶贫列入政府扶贫统计、监测和检查范围,完善统计报表制度和信息管理系统,制定农村残疾人扶贫工作指标体系及评估标准,对残疾人贫困人口和残疾人扶贫规划执行情况实行年度动态监测。在规划执行中期和期末进行全面考核与绩效评估。

各省(区、市)要根据本纲要,制定具体实施办法。

外交部发言人就日本右翼分子登上钓鱼岛表明严正立场

外交部发言人洪磊指出,中国政府已就此向日方提出严正交涉和抗议。他说:"我愿重申,钓鱼岛及其附属岛屿自古以来就是中国的固有领土,中国对此拥有无可争辩的主权。中国政府捍卫钓鱼岛领土主权的决心是坚定不移的。"

外交部部长杨洁篪在阿比让与科特迪瓦总统阿拉萨内·瓦塔拉举行会谈

瓦塔拉在会见中表示,科特迪瓦高度重视中国在国际和地区事务中所发挥的重要作用,赞赏中国对科实现民族和解与经济恢复所给予的坚定支持。

杨洁篪对科特迪瓦在瓦塔拉总统领导下稳步推进民族和解、积极开展恢复重建表示祝贺。

第十二届全国冬季运动会在长春开幕

国务委员刘延东出席开幕式,并宣布本届冬运会开幕。本届冬运会是首次由省级政府承办的全国冬季综合性运动会,共设滑冰、滑雪、冬季两项、冰球、冰壶5个大项105个小项,总计115枚金牌。以往夏季全运会设置的16个冬季项目小项比赛调整到本届冬运会统一举行,并将其成绩带入第十二届夏季全运会,进一步提升了冬运会的整体竞技水平和观赏性,提高了冬运会的地位和影响力。

第十八届全国雪雕比赛在哈尔滨太阳岛国际雪雕艺术博览会上开铲

1月4日

全国宣传部长会议在北京举行

中共中央政治局常委李长春出席会议并讲话。他强调,宣传思想文化战线要按照高举旗帜、围绕大局、服务人民、改革创新的总要求,坚持中国特色社会主义文化发展道路,坚持贴近实际、贴近生活、贴近群众,紧紧围绕党和国家工作大局,紧紧围绕学习宣传贯彻党的十七届六中全会精神和中央经济工作会议精神,紧紧围绕迎接宣传贯彻党的十八大,着力为稳增长、控物价、调结构、惠民生、抓改革、促和谐,实现稳中求进营造良好的氛围,着力推进社会主义核心价值体系建设,着力巩固壮大积极健康向上的主流思想舆论,着力深入推进文化改革发展,为迎接党的十八大胜利召开,为推动科学发展、促进社会和谐,为夺取全面建设小康社会新胜利、开创中国特色社会主义新局面提供强大思想保证、精神动力、舆论支持和文化条件。

李长春指出,党的十六大以来,宣传思想文化战线全面贯彻党的十六大、十七大精神,全面贯彻中央关于宣传思想文化工作的重大部署,以高度的政治责任感和强烈的进取精神扎实推进各项工作,为党和国家事业作出了重要贡献,实现了宣传思想文化工作的新跨越,走出了一条中国特色社会主义文化发展道路。

李长春指出,当前,国际形势正在发生深刻变化,国内改革发展稳定任务艰巨繁重,宣传思想文化工作既面临严峻挑战,也面临极好机遇。必须进一步增强责任感紧迫感,紧紧抓住和切实用好机遇,全面认识和积极应对挑战,更加扎实有效地推进各项工作。要全面贯彻党的十七大和十七届三中、四中、五中、六中全会精神,以邓小平理论和"三个代表"重要思想为指导，深入贯彻落实科学发展观，奋力开创宣传思想文化工作新局面，为党的十八大胜利召开营造良好氛围。要深入推进理论武装工作，不断巩固马克思主义在意识形态领域的指导地位；全面宣传贯彻落实科学发展这个主题和加快转变经济发展方式这条主线的新举措新进展，为经济社会发展提供强大精神动力和有力舆论支持；以深入开展学雷锋活动为抓手，扎实推进思想道德建设和精神文明创建，不断深化社会主义核心价值体系宣传教育；进一步深化文化体制改革，为推动社会主义文化大发展大繁荣提供强大动力；切实加强互联网的建设、运用和管理，不断发展健康向上的网络文化；努力提升对外宣传和文化交流水平，更好营造于我有利的国际舆论和文化环境；加大各级干部和人才队伍建设力度，为建设社会主义文化强国提供可靠保障。

李长春强调，党的十七届六中全会对加快文化改革发展、建设社会主义文化强国提出了明确要求，各级党委和政府要深入学习贯彻党的十七届六中全会精神，以高度的文化自觉和文化自信，切实负起领导责任和政治责任，不断提高推进宣传思想文化工作的科学化水平，积极推进文化管理体制机制的改进创新，把党的十七届六中全会精神落到实处，推动社会主义文化大发展大繁荣。

中共中央政治局委员、中央书记处书记、中宣部部长刘云山主持了会议。中共中央政治局委员、国务委员刘延东，全国政协副主席、中国社会科学院院长陈奎元出席了会议。

各省、自治区、直辖市和新疆生产建设兵团以及副省级城市的党委宣传部部长，中央和国家机关有关部委、中央宣传文化系统各单位、总政宣传部、武警总部政治部和有关人民团体的负责同志出席会议。

全国对外宣传工作会议在北京召开

全国对外宣传工作会议1月4日至5日在北京召开。

会议要求，2012年外宣工作要紧紧围绕党和国家工作大局，以深入贯彻党的十七届六中全会精神和迎接、宣传、贯彻党的十八大为主线，着力为我国经济社会发展营造良好氛围，着力宣传我国基本国情、价值观念、发展道路、内外政策，着力展现我国文明、民主、开放、进步的国家形象，着力创新对外宣传方式方法，为夺取全面建设小康社会新胜利、开创中国特色社会主义事业新局面营造更加有利的国际舆论环境。

各省、自治区、直辖市、计划单列市、副省级城市、新疆生产建设兵团党委外宣办主任，中央和国家机关有关部门分管外宣工作的负责同志，中央主要新闻单位负责同志，有关驻外使领馆相关负责同志参加了会议。

2012年全国新闻出版工作会议在北京开幕

中国新闻出版总署党组书记、署长，中国国家版权局局长柳斌杰在当天下午的全体会议中作了主题报告。

柳斌杰在报告中指出，要用十七届六中全会精神全面推动2012年新闻出版工作；切实加强精品力作的创作和传播；大力推进新闻出版惠民工程的建设；推动新闻出版业跨越式发展；进一步创新新闻出版单位体制机制；开拓国际市场渠道，加快新闻出版“走出去”步伐；进一步提高依法行政水平，加大版权保护力度，坚持不懈地开展“扫黄打非”工作。

此次会议为期3天，将于6日闭幕。

全国金融机构空白乡镇减至1696个

《人民日报》报道，截至2011年年底，我国又成功解决616个空白乡镇金融机构覆盖问题。全国金融机构空白乡镇从工作启动时的2945个减少到1696个，实现乡镇金融机构和服务双覆盖的省份（含计划单列市）从工作启动时的9个增加到24个，偏远农村地区金融服务发生了历史性变化。

外交部部长杨洁篪在尼亚美与尼日尔总统优素福举行会谈

第二十次全国高校党建工作会议在北京召开

国务委员刘延东出席会议并讲话。她回顾总结了党的十七大在北京以来高校党建和思想政治教育工作为促进高等教育科学发展、维护国家改革发展稳定大局作出的重要贡献和基本经验。中央组织部部长李源潮主持会议。中央和国家机关有关部门负责同志，解放军总政治部、各省区市和新疆生产建设兵团有关负责同志，全国部分高校党委书记、校长参加会议。

8个省份国有文艺院团完成转企改制

从4日召开的全国文化厅局长会议获悉，我国国有文艺院团体制改革工作取得重大突破，截至2011年12月，全国文化系统2102家承担改革任务的国有文艺院团，已完成和正在进行转制、撤销和划转的院团达1176家，占承担改革任务院团的56%，另有300家院团已经确定改革路径，内蒙古、河南、湖南、江西、广西、甘肃等省（区）的626家院团正在深入开展调研，完善配套措施，加快推进改革进程。

目前，全国六成省级、五成地市级、四成县级国有文艺院团完成改革任务。江苏、安徽、陕西、山西、河北、重庆、宁夏、贵州等8省(区、市)基本完成国有文艺院团转企改制任务。

通过深化改革,演艺业集约化、规模化程度不断提高。全国各地共组建演艺集团公司50余家。

1月5日

全国人大常委会委员长吴邦国在人民大会堂会见越南国会副主席丛氏放

吴邦国说,中越建交以来特别是实现关系正常化以来,两国关系总体保持向前发展的良好态势。两国高层接触频繁,经贸合作富有成效,在防务、安全、人文等领域的合作日益深入,在国际和地区问题上保持沟通协调。中越同为发展中国家,都坚持共产党的领导和社会主义道路,在当前复杂多变的国际形势下,进一步加强团结,深化合作,符合两国人民的共同愿望和根本利益,对促进各自国家发展、推进社会主义事业进步具有十分重要的意义。

国务院总理温家宝在中南海紫光阁会见巴基斯坦陆军参谋长基亚尼

温家宝说,面对错综复杂的地区和国际局势,中巴加强沟通协调,携手应对挑战,符合双方的共同利益。中国将一如既往地支持巴基斯坦捍卫国家主权和领土完整,支持巴方发展经济,改善民生,促进国内和谐稳定。相信巴基斯坦政府、军队和人民一定能够团结奋斗,战胜困难,取得新的发展。

全国政协主席贾庆林在全国政协礼堂出席并观看甘肃甘南藏族自治州感恩汇报演出

国务院副总理回良玉在北京出席国家民委委员全体会议并发表讲话

回良玉强调,要深刻把握民族工作形势,全面落实中央决策部署,坚持和完善国家民委委员制度,合力推动少数民族和民族地区加快发展。

国家民委主任杨晶主持会议。国家民委24个兼职委员单位负责同志在会上作了交流发言。

全国总工会主席王兆国在人民大会堂出席全国工会送温暖活动开展20周年与困难职工帮扶中心建设10周年座谈会并讲话

王兆国强调,各级工会要把送温暖和帮扶工作作为推动全面建设小康社会、实现人民群众共同富裕的一项伟大事业坚持不懈地抓下去,在促进经济平稳较快发展与社会和谐稳定中发挥更大作用。

中共中央政治局委员王兆国出席中国侨联八届四次全委会并讲话

王兆国强调,要进一步坚定信念、振奋精神,发挥优势、勇于创新,切实履行侨联各项工作职责,为夺取全面建设小康社会新胜利作出新的更大贡献。

全国商务工作会议在北京开幕

商务部部长陈德铭在会上表示,2011年我国城乡居民消费继续保持较快增长,预计全年达18万亿元,同比增长17%左右。综合来看,消费对经济的拉动作用明显增强。前三季度,最终消费对经济贡献率为47.9%,同比提高15.2个百分点,预计2011年消费对经济的贡献率将比2010年有大幅提高。

2011年,我国贸易平衡进一步改善,预计全年顺差达1600亿美元左右,同比下降15%。

国防部部长梁光烈在八一大楼会见巴基斯坦陆军参谋长基亚尼

公安部部长孟建柱在人民大会堂与越南公安部部长陈大光举行会谈

孟建柱指出,中越执法安全合作是双边友好关系的重要组成部分。希望双方进一步加强在防范和打击非法出入境活动、电信诈骗、拐卖人口、毒品犯罪、恐怖犯罪活动等领域的合作,切实维护两国和两国边境地区的安全稳定。

陈大光说,越南党和政府十分重视与中国的友好关系,愿进一步深化两国在共同打击犯罪和维护社会治安领域的合作,推动两国执法合作迈上新的台阶。

全国"扫黄打非"办公室公布2011年"扫黄打非"十大案件

其中淫秽色情出版物案件2起,非法报刊、非法报刊机构和假记者案件2起,侵权盗版出版物案件6起。贵州贵阳"5·18"批销淫秽盗版光盘案主犯因贩卖淫秽物品牟利罪最高获刑10年,北京"2·18"制售盗版教材案主犯被处罚金最高达300万元。

1. 湖南长沙"1·19"储存盗版图书案
2. 海南海口"2·16"非法出版期刊案
3. 北京"2·18"制售盗版教材案
4. 河北廊坊"2·18"盗版《中国共产党历史》第二卷案
5. 广西南宁"4·21"制售盗版光盘案
6. 河南商水"5·07"非法印刷系列案
7. 贵州贵阳"5·18"批销淫秽盗版光盘案
8. 山西太原"7·14"假记者敲诈勒索案

9. 江苏南通“8·13”网络传播淫秽色情动漫案

10. 山东泰安“11·12”制售盗版《语文报》案

1月6日

国务院总理温家宝在北京出席全国金融工作会议并发表讲话

温家宝出席会议并讲话，他在讲话中系统总结近几年来的金融工作，分析当前金融改革开放发展面临的新形势，对今后一个时期的金融工作作出部署。中共中央政治局常委、国务院副总理李克强出席会议。

温家宝指出，过去五年，是国际金融危机发生、蔓延、深化的五年，国内外经济形势极为复杂严峻。我们见事早、判断准、行动快，及时果断实施一揽子计划，成功应对百年一遇的国际金融危机冲击，保持了经济社会大局稳定，避免了现代化建设进程出现大的波折，为长远可持续发展奠定了坚实基础，明显提升了我国的国际地位和影响力。近年来，我们坚定不移地继续推进和完成一系列具有里程碑意义的重大金融改革，我国金融业发生了新的历史性变化。一是深入推进金融机构特别是大型商业银行改革，金融业综合实力和抗风险能力显著提升。二是积极稳妥发展各类金融市场，基本形成功能相互补充、交易场所多层次、交易产品多样化的金融市场体系。启动实施股权分置改革，彻底解决了这一长期困扰资本市场发展的历史难题，股票市场功能不断健全。三是稳步推动人民币汇率形成机制和利率市场化改革，人民币国际地位明显提升。四是加强和改善金融宏观调控，正确把握方向、力度和节奏，较好地处理了金融支持经济发展、控制通货膨胀与防范金融风险的关系，有力促进了经济平稳较快发展。五是不断提高金融监管的专业性和有效性，强化基础性制度建设，基本形成较为全面系统的法律制度，有力保障了我国金融安全稳定。六是不断深化金融对外开放，金融业国际地位和话语权得到提升。

温家宝指出，我国金融领域还存在一些突出问题和潜在风险。金融机构经营方式总体粗放，公司治理和风险管理仍存在不少问题，农村金融和中小金融机构发展相对滞后，金融监管能力有待提升，信贷政策与产业政策结合得还不够紧密，对实体经济的支持还不够及时有力。特别要看到，国际金融危机没有结束，我们必须增强忧患意识、责任意识，居安思危，努力把金融工作提高到一个新水平。温家宝强调，做好新时期的金融工作，要坚持金融服务实体经济的本质要求，牢牢把握发展实体经济这一坚实基础，从多方面采取措施，确保资金投向实体经济，有效解决实体经济融资难、融资贵问题，坚决抑制社会资本脱实向虚、以钱炒钱，防止虚拟经济过度自我循环和膨胀，防止出现产业空心化现象。坚持市场配置金融资源的改革导向，进一步明确政府作用的领域和边界，做到该放的坚决放开、该管的切实管好，激发各类金融市场主体的活力。坚持创新与监管相协调的发展理念，支持金融组织创新、产品和服务模式创新，提高金融市场发展的深度和广度，同时要防止以规避监管为目的和脱离经济发展需要的“创新”。坚持把防范化解风险作为金融工作生命线，加强金融监管和调控能力建设，严厉打击金融犯罪，加强金融机构网络信息安全。坚持自主渐进安全共赢的开放方针，在确保国家经济金融安全的基础上提高金融对外开放水平。温家宝对今后一个时期金融改革发展作出部署。(一)为经济社会发展提供更多优质金融服务。金融行业要大力提升服务功能，扩大服务覆盖面，加大对薄弱领域的金融支持。重点支持经济结构调整、节能减排、环境保护和自主创新，特别要加快解决农村金融服务不足、小型微型企业融资难问题。(二)深化金融机构改革。着力加强公司治理，形成有效的决策、制衡机制，建立规范有效的激励约束机制。推进股权多元化，切实打破垄断，放宽准入，鼓励、引导和规范民间资本进入金融服务领域，参与银行、证券、保险等金融机构改制和增资扩股。政策性金融机构要坚持以政策性业务为主体，明确划分政策性业务和自营性业务，实行分账管理、分类核算。国家开发银行要坚持和深化商业化改革。(三)加强和改进金融监管，切实防范系统性金融风险。银行业要建立全面审慎的风险监管体系。证券业要完善市场制度，强化行为监管，保护投资者合法权益。保险业要加强偿付能力监管，完善分类监管制度。(四)防范化解地方政府性债务风险。当前我国政府债务总体安全、可控。要综合施策、标本兼治，妥善处理存量债务，规范地方政府举债融资机制，将地方政府债务收支分类纳入预算管理，构建地方政府债务规模控制和风险预警机制。(五)加强资本市场和保险市场建设，推动金融市场协调发展。促进股票期货市场稳定健康发展，坚决清理整顿各类交易场所，建设规范统一的债券市场，积极培育保险市场。(六)完善金融宏观调控体系，加强货币政策与财政政策、监管政策、产业政策的协调配合，有效促进经济发展和金融稳定。进一步完善人民币汇率形成机制。(七)扩大金融对外开放，提高资源配置能力和金融安全保障水平。稳妥有序推进人民币资本项目可兑换，提高外汇储备经营管理水平。深化内地与港澳台金融合作，支持香港巩固和提升国际金融中心地位。加快上海国际金融中心建设。积极参与全球经济金融治理。(八)加强金融基础建设，改善金融发展环境。加快制定完善金融法律、法规，建立金融业统一征信平台，完善登记、托管、支付、清算等金融基础设施，加强消费者权益保护。温家宝要求金融部门和金融机构认真贯彻中央经济工作会议精神，做好今年金融工作。一要实施好稳健的货币政策，进一步提高针对性、灵活性和前瞻性，保持社会融资规模合理增长。二要优化信贷结构，加强对国家重点在建续建项目和保障性住房建设，对符合产业政策的企业特别是小型微型企业，对企业技术改造的信贷支持。三要深化新股发行制度市场化改革，抓紧完善发行、退市和分红制度，加强股市监管，促进一级市场和二级市场协调健康发展，提振股市信心。四要敏锐观察和跟踪分析国内外经济形势，做好应对预案，切实防范经济金融风险。

温家宝强调，当前我国经济保持平稳较快发展，呈现增长较快、物价趋稳、效益提高、民生改善的良好态势，金融体系稳健运行，经济社会发展的基本面和长期向好趋势没有改变，我们完全有信心、有能力、有条件推动经济发展迈上新的台阶。中共中央政治局委员、国务院副总理王岐山在会议闭幕时对贯彻落实会议精神做了部署。中共中央政治局委员、国务院副总理回良玉、张德江，中共中央政治局委员、国务委员刘延东，国务委员梁光烈、马凯、戴秉国出席会议。各省（区、市）、计划单列市人民政府和新疆生产建设兵团负责同志，中央和国家机关、金融系统有关单位负责同志等出席会议。

国务院副总理回良玉在北京出席国务院防震减灾工作联席会议并讲话

回良玉强调，各地区、各有关部门要站在推进科学发展、促进社会和谐的高度，认真贯彻落实胡锦涛总书记、温家宝总理关于加强防震减灾工作的一系列重要指示，深刻总结吸取近年来国内外重大地震灾害抗震救灾经验，扎实做好地震监测预报、建筑物抗震设防、灾害抢险救援等各项工作，强化法制、科技、投入、人才队伍保障，全面夯实防震减灾基础，进一步提升地震灾害防范应对能力。

会议听取了中国地震局等有关部门和专家关于我国2011年防震减灾工作情况的汇报，研究部署了2012年重点工作任务。

2011年我国对外投资规模效益双提升

据《人民日报》报道：2011年是"十二五"开局之年，我国对外投资合作稳步发展，规模和效益进一步提升：

——规模和速度迅猛发展，质量和效益不断提升。截至2010年年底，我国1.3万多家投资者设立境外企业1.6万家，对外直接投资存量累计3172亿美元，对外承包工程累计完成营业额4356亿美元，累计派出各类劳务人员543.5万人，境外资产总额达到1.5万亿美元。"十一五"期间，对外投资合作各项业务年均增长率均超过30%。

2011年1—11月，我国非金融类对外直接投资500亿美元，对外承包工程完成营业额863亿美元，新签合同额1141亿美元，派出各类劳务人员39.5万人。预计2011年全年对外投资合作各项业务将继续保持增长。

——我国对外投资合作海外市场分布日益多元化，开拓发达国家市场取得新进展。企业跨国并购频繁，通过境外产业园区等形式集群式"走出去"进行了有益尝试。对外承包工程行业结构进一步优化，项目融资、质量管理能力增强。境外企业开展属地化经营，履行社会责任，也有力促进了东道国经济社会发展，有助于实现中外互利共赢。

商务部有关负责人表示，为全面提升我国对外投资合作水平，商务部将从统筹国内国际两个大局出发，进一步完善创新政策促进体系、健全服务保障体系和完善风险防控体系。

国家发改委等12个部门联合印发《万家企业节能低碳行动实施方案》

国家统计局中国经济景气监测中心发布2011年四季度全国企业景气调查结果

调查结果显示，2011年四季度企业景气指数和企业家信心指数分别为128.2和122.0，分别比三季度回落5.2点和7.4点，但都明显高于景气临界点100。与2008年四季度这两个指数分别降到107.0和94.6相比，当前国民经济尽管出现增速下滑苗头，但总体上仍处于正常区间。中国经济景气监测中心副主任潘建成分析，调查结果反映了当前经济运行中的几个特点。一是明显的行业差异。景气指数最高的信息传输、计算机服务和软件业连续三个季度指数值高达165左右，处于高度景气状态。房地产行业去年以来景气状况逐季明显回落，四季度景气指数为107.2，为所有行业中最低，接近景气临界点。反映消费需求的批发和零售业、社会服务业、住宿和餐饮业的景气指数表现出相当的稳定性，处于比较景气状态，说明国内消费需求的平稳增长格局没有改变。二是明显的规模差异。四季度大型企业景气指数仍高达144.5，比中型企业高17点，比小型企业高33点，当前小型企业尤其是小微企业的困难比较突出。三是企业景气指数明显高于企业家信心指数，这说明在经济相对困难的时期，企业家的信心下滑程度比实体经济实际回落幅度要大，存在一定程度的放大效应。

国务委员刘延东在北京会见沙特阿拉伯王国关心青年总机构主席兼奥委会主席纳瓦夫亲王

刘延东说，中方愿与沙特进一步深化双边体育交流，加强两国在亚洲和国际体育事务中的沟通与协调，增进两国体育界和两国人民间的友谊。

国家主席胡锦涛特使陈至立在塔什干会见乌兹别克斯坦最高会议参议院主席萨比罗夫

陈至立说，建交20年来，在双方的共同努力下，两国友好合作伙伴关系发展顺利。两国高层往来频繁，经贸、人文、安全等各领域务实合作不断扩大，成果丰硕。

国家主席胡锦涛特使陈至立在塔什干会见乌兹别克斯坦总统卡里莫夫

外交部部长杨洁篪结束对非洲三国访问后指出中非合作将迎来新机遇

国务院副总理李克强与工程科技界院士 专家座谈

李克强在座谈会上强调，2012年是实施“十二五”规划十分关键的一年，要立足当前，着眼长远，凝聚各方智慧和力量，进一步加强“十二五”发展重大战略和政策问题研究，应对国际国内复杂形势，加快转变经济发展方式，以调整结构促进稳定增长，以改革创新增强发展活力。

会上，徐匡迪和中国工程院负责同志，相关院士、专家就城镇化、战略性新兴产业、矿产资源、流域环境与发展等重大课题研究发了言。李克强与他们深入讨论交流。

全国政协副主席、科技部部长万钢出席会议。国务院有关部门、有关单位负责同志参加了座谈会。

2012年全国教育工作会议在北京举行

会议于6日至7日在北京举行。

国务委员刘延东出席会议。她指出，要认真贯彻党的十七届六中全会和中央重大决策部署，大力推进社会主义核心价值体系建设，深入实施教育规划纲要，坚持育人为本，着力深化改革，促进教育公平，全面提高质量，奋力开创教育改革发展的新局面，以优异成绩迎接党的十八大胜利召开。

教育部党组书记、部长袁贵仁在会上强调，2012年要不断把教育规划纲要贯彻落实工作推向前进。

一是加强改进党建和思想政治工作，着力维护教育系统和谐稳定，把营造和谐稳定的环境作为今年的首要政治任务。二是加强重点领域和薄弱环节，着力推进各级各类教育协调发展。要扎实推进学前三年行动计划实施，全面推进义务教育均衡发展，整体推进现代职业教育体系建设，全面落实提高高等教育质量的政策措施，加大民族地区、贫困地区教育支持力度。三是深入推进教育体制改革，着力在关键环节取得突破。重点是推进重大改革项目，加强改革试点指导，推广试点成功经验，扩大教育对外开放。四是优化配置资源，着力提高教育改革发展保障水平。用好管好教育经费，整体推进教师队伍建设，加快推进教育信息化，推进依法治教。

袁贵仁要求，当前教育改革发展任务十分繁重，要转变观念，更加注重人民群众关切；要因地制宜，更加注重创造性开展工作；要稳中求进，更加注重防范风险隐患；要改进作风，更加注重深入基层一线；要凝心聚力，更加注重教育宣传工作。

2011年全国共接收安置军队离退休干部和退休士官1.4万多名

民政部、解放军总政治部和北京市政府在北京中山公园音乐堂联合举办慰问移交政府安置的军队离退休干部活动，举办京剧专场演出。据悉，2011年，全国共接收安置离退休干部和退休士官1.4万多名，接收安置伤病残退休军人10443人，有力地支持了部队建设。

1月7日

全国总工会主席王兆国在北京出席全总十五届六次执委会议并发表讲话

王兆国强调，一定要高举中国特色社会主义伟大旗帜，坚定不移地走中国特色社会主义工会发展道路，振奋精神、凝心聚力，奋发有为、开拓创新，团结动员广大职工推动经济平稳较快发展、维护社会和谐稳定，在推进中国特色社会主义伟大事业中充分发挥工会的重要作用。

财政部门初步统计2011年三农投入突破1万亿元

据财政部门初步统计，2011年中央财政对“三农”的实际投入首次突破1万亿元大关，达到10408.6亿元，同比增长21.3%。

涉农补贴连年增，种粮农民受益多。支持粮食生产，始终是国家强农惠农政策的“重头戏”，2011年中央财政用于粮食生产相关的投入达到4985亿元。其中，粮食直补、农资综合补贴、良种补贴、农机具购置补贴等“四补贴”资金达1406亿元，比2004年的145亿元增长了近9倍。同时，大幅度增加产粮大县奖励资金规模，拨付产粮油大县奖励资金236亿元，全面取消主产区粮食风险基金地方配套，新增44亿元中央补助款，增加地方粮食风险基金规模80亿元。安排农业保险保费补贴资金91亿元，补贴品种涉及主要农畜产品14种，全面覆盖粮食主产区。

财政部部长谢旭人表示，2012年，中央财政将继续加大强农惠农富农政策力度，切实增强农业综合生产能力，增加农民生产经营性收入和工资性收入。

1月8日

第十七届中纪委第七次全体会议在北京召开

党和国家领导人胡锦涛、吴邦国、温家宝、贾庆林、李长春、习近平、李克强等出席会议，中央纪律检查委员会书记贺国强主持会议。

胡锦涛强调，党风廉政建设和反腐败工作要以邓小平理论和“三个代表”重要思想为指导，深入贯彻落实科学发展观，坚持标本兼治、综合治理、惩防并举、注重预防的方针，严明党的纪律，加强党的作风建设，推进惩治和预防腐败体系建设，着力解决反腐倡廉建设中人民群众反映强烈的突出问题，突出工作重点，狠抓任务落实，以党风廉政建设和反腐败斗争的新成效迎接党的十八大胜利召开。

胡锦涛指出，2011年，各级党委、政府和纪检监察机关坚持以人为本、执政为民，紧紧围绕党和国家工作大局，加强党的作风建设和反腐倡廉建设，完善惩治和预防腐败体系，坚持加强对中央重大决策部署贯彻落实情况的监督检查和建立、健全长效机制相结合，坚持抓好反腐倡廉长期性基础性工作和解决反腐倡廉建设中人民群众反映强烈的突出问题相结合，坚持严肃查办案件和注重预防腐败工作相结合，坚持抓领导机关、领导干部和抓基层相结合，坚持运用成功经验和推进改革创新相结合，党风廉政建设和反腐败斗争取得新的进展，积累了新的经验，呈现出鲜明特点。

胡锦涛强调，在充分肯定成绩的同时，我们也必须清醒地看到，当前党风廉政建设和反腐败斗争面临不少新情况新问题，反腐败斗争形势依然严峻、任务依然艰巨。我们一定要充分认识反腐败斗争的长期性、复杂性、艰巨性，进一步坚定信心、加大力度，继续把反腐倡廉工作做深、做细、做实，作出成效。

胡锦涛强调，当前要重点抓好以下工作。第一，加强对中央重大决策部署贯彻落实情况的监督检查，继续抓好贯彻落实党的十七届五中、六中全会精神情况的监督检查，继续开展对中央关于民族地区经济社会发展政策和民族政策落实情况的监督检查，加强对党的政治纪律执行情况的监督检查，保证中央政令畅通。第二，严格执行组织人事工作纪律特别是换届纪律，坚持正确用人导向，贯彻民主集中制，加强对干部选拔任用全过程的监督，提高选人用人公信度，匡正用人风气。第三，加强换届后领导班子和领导干部作风建设，引导和督促各级领导选人班子和领导干部特别是新任职干部树立正确政绩观，更好坚持以人为本、执政为民，努力展示新面貌新形象。第四，按照建立、健全惩治和预防腐败体系要求全面推进反腐倡廉各项工作，加强调查研究和科学论证，注重顶层设计和总体规划，建立、健全惩治和预防腐败长效机制。第五，继续解决好反腐倡廉建设中人民群众反映强烈的突出问题，抓好专项治理工作，着力在健全长效机制上下功夫，深入治理党员领导干部在廉洁自律方面存在的突出问题，扎实推进基层党风廉政建设。第六，认真总结党风廉政建设和反腐败工作的有益经验，努力把握新形势下反腐倡廉建设的特点、规律、发展趋势，以战略眼光、改革精神、创新思路谋划今后工作。

胡锦涛强调，实践证明，我们党作为马克思主义执政党，只有不断保持纯洁性，才能提高在群众中的威信，才能赢得人民信赖和拥护，才能不断巩固执政基础，才能实现党和国家兴旺发达、长治久安。全党都要从党和人民事业发展的高度，从应对新形势下党面临的风险和挑战出发，充分认识保持党的纯洁性的极端重要性和紧迫性，不断增强党的意识、政治意识、危机意识、责任意识，切实做好保持党的纯洁性各项工作。

胡锦涛指出，在新的形势下保持党的纯洁性，要坚持党要管党、从严治党，坚持强化思想理论武装和严格队伍管理相结合、发扬党的优良作风和加强党性修养与党性锻炼相结合、坚决惩治腐败和有效预防腐败相结合、发挥监督作用和严肃党的纪律相结合，不断增强自我净化、自我完善、自我革新、自我提高能力，始终坚持党的性质和宗旨，永葆共产党人政治本色。要大力保持党员、干部思想纯洁，加强思想建设，教育引导广大党员、干部坚定理想信念、坚守共产党人精神家园，认真学习和实践中国特色社会主义理论体系，坚持不懈加强党性修养和党性锻炼，牢固树立正确的世界观、权力观、事业观。要大力保持党员、干部队伍纯洁，把好党员入口关，加强思想上入党教育，选好干部配好班子，加强日常教育管理，建立、健全党员党性定期分析制度。要大力保持党员、干部作风纯洁，教育引导党员、干部坚持群众路线，把实现好、维护好、发展好最广大人民根本利益作为检验纯洁性的试金石，坚持奋发向上、百折不挠的精神，弘扬勤俭节约、艰苦奋斗的作风。要大力保持党员、干部清正廉洁，严格执行廉洁自律各项规定，坚决查办腐败案件，加大从源头上防治腐败工作力度，加强警示教育。要大力加强监督和严明纪律，加强党内民主监督，推进党务公开，发挥舆论监督积极作用，严格执行党的纪律。

胡锦涛指出，各级纪律检查机关和广大纪检干部按照中央要求，忠实履行职责，扎实开展工作，为深入推进党风廉政建设和反腐败斗争作出了重要贡献。保持党的纯洁性，纪律检查机关肩负着重大责任。各级纪律检查机关要全面履行党章赋予的职责，切实维护党的纯洁性。各级纪律检查机关和广大纪检干部要以身作则、率先垂范，强化理论学习，坚定政治立场，增强使命感、责任感、荣誉感，坚决贯彻落实中央关于加强反腐倡廉建设的各项决策部署。各级党委要支持纪律检查工作，关心爱护纪检干部，为他们的学习、工作、生活创造条件。

贺国强在主持会议时指出，胡锦涛总书记的重要讲话，从党和国家事业发展全局和战略的高度，全面总结了党风廉政建设和反腐败斗争取得的新成效、新经验，科学分析了当前反腐倡廉形势，明确提出了今年党风廉政建设和反腐败工作的总体要求和主要任务，深刻阐述了保持党的纯洁性的极端重要性、紧迫性以及总体要求、工作重点，是对马克思主义党的建设理论的创新和发展，对于指导当前和今后一个时期党风廉政建设和反腐败斗争、全面推进党的建设新的伟大工程、保持党的先进性和纯洁性，对于推动全面做好党和国家各项工作、夺取全面建设小康社会新胜利、开创中国特色社会主义事业新局面，具有重大而深远的意义。我们一定要认真学习领会，坚决贯彻落实，忠实履行职责，扎实开展工作，为保持党的先进性和纯洁性、增强党的创造力凝聚力战斗力作出应有贡献，以党风廉政建设和反腐败斗争的新成效迎接党的十八大胜利召开。

全国审计工作会议在北京召开

审计署审计长刘家义说，2011年1—11月，全国共审计12万多个单位，促进财政增收节支1000多亿元，挽回损失和节省投资1000多亿元，移送案件线索1100多件，推动建立、健全规章制度4500多项。2012年，全国审计机关要依法认真履行审计监督职责，加强对权力运行的监督和制约，密切关注经济社会运行中的突出矛盾和风险，严肃揭露和查处重大违法违规问题和经济犯罪案件，尤其要推动以民生为重点的社会建设，做好社会保障资金审计等重大项目。

关注民生，集中力量做好社保资金审计等重大项目。2012年，全国审计机关重点是集中力量组织好3个重大项目：

——对社会保障资金进行全面审计，摸清资金规模、使用、管理和效益情况，检查政策落实情况和实施效果，揭示存在的困难和问题，提出完善制度、规范管理的建议；

——对保障性住房建设进行跟踪审计，跟踪建设资金的管理和使用、工程设计和质量、住房分配和后续管理以及退出机制的建立等情况，保证中央部署和要求落实到位；

——对农村中小学布局调整情况进行摸底调查，弄清布局调整相关政策措施的执行和专项资金的管理使用等方面情况和问题，积极提出对策建议。2011年，全国审计机关重点对三峡工程、京沪高铁、汶川、玉树和舟曲灾后恢复重建等4万多个政府投资项目，以及上海世博会、广州亚运会、深圳大运会等重大事项进行了审计和跟踪审计。在审计中，坚持边指出问题边督促整改，及时纠正了招投标、投资控制、土地征用和环境保护等方面存在的问题，核减工程价款、挽回损失和节省投资690多亿元。2012年，要加大对重大政策措施贯彻执行情况的跟踪审计力度，一定要当好公共财政的“卫士”，促进财政资金合理高效使用。加强对权力运行的监督制约，全面推进经济责任审计。

2011年，审计机关围绕对权力运行的监督制约，全面推进经济责任审计。在审计中，审计机关牢牢把握权力与责任两个方面，着力关注重大经济决策以及经济结构调整、财政管理、土地管理、节能减排和环境保护等方面责任履行情况，审计力度不断加大。2011年1—11月，全国已完成对2.6万名领导干部的经济责任审计，比上年增加1300多名，其中省部级领导干部35名。审计结果表明，绝大多数领导干部能够尽职尽责和守法守纪，但也查出领导干部负有直接责任的违规问题金额34亿元，有36名被审计领导干部和214名相关人员的问题移送司法、纪检监察机关处理。2012年，要进一步加强对权力运行的监督和制约，促进依法行政、依法管理。要进一步深化经济责任审计，力争在审计的深度和质量上有新的突破。

审计署发布2010年度中央预算执行和其他财政收支审计查出问题的整改结果

结果显示：截至2011年10月底，相关部门、单位和地区上缴、追回、归还和补拨资金143.94亿元，挽回和避免损失60.66亿元，规范账务处理997.09亿元；根据审计意见和建议，制定和完善规章制度1581项；审计发现的139起违法犯罪案件线索及其他违法违规问题移送纪检监察、司法机关和有关部门查处后，已有699人受到党纪政纪处分，81人被依法逮捕、起诉或判刑。

2011年6月，十一届全国人大常委会第二十一次会议审议了审计署审计长刘家义受国务院委托所作的2010年度工作报告，要求国务院责成有关部门对审计查出的问题，认真研究处理，切实进行整改，并向全国人大常委会报告落实结果。各相关部门、单位和地区按照全国人大常委会和国务院要求，以及审计署依法下达的审计决定，认真进行了整改。

针对汶川地震灾后恢复重建项目跟踪审计查出的80个项目存在审批手续不齐全、未严格执行招投标规定、违规转分包等问题，有关单位全部进行了整改。对21个单位和个人挤占挪用、转移和套取重建资金14.16亿元问题，相关地方和18个单位进行了整改，其余单位或个人正在筹措资金返还或通过司法途径催收。截至10月底，已归还原资金渠道4.80亿元，减少财政拨款或补贴2.44亿元，促进资金拨付到位和规范使用4.31亿元，挽回损失和核减投资0.68亿元。针对玉树地震灾后恢复重建跟踪审计查出的24.92亿元社会捐赠资金尚未明确到具体项目问题，青海省政府已责成相关单位健全完善了社会捐赠资金拨付机制和管理制度，明确捐赠资金的具体项目，并拨付了部分资金。

新农合基金审计查出的5个县有关部门挪用2738.18万元新型农村合作医疗资金问题，已全部归还；6个县有关经办机构虚报参加新型农村合作医疗人数套取的财政补助37.30万元，已整改29.12万元；14个县有关经办机构因审核把关不严多支付新型农村合作医疗补偿487.80万元问题，已整改84.11万元；4个乡镇卫生院利用虚假病历等获取的56.78万元补偿资金，已全部收回。

政府投资保障性住房审计查出的建设用地供应存在的问题，相关地方通过调整建设用地供应结构和比例等方式，进行了整改。违规租售或另作他用以及分给不符合条件家庭的8654套廉租住房，已采取清退收回等方式整改8353套，并完善了相关审核制度；对长期空置的4428套保障性住房，已有3338套分配入住或列入了分配计划。

民政部印发《关于促进农民工融入城市社区的意见》

《关于促进农民工融入城市社区的意见》(以下简称《意见》)是中央有关部门就农民工融入社区问题下发的第一个专门性政策文件，首次从国家层面描绘了农民工参与社区生活的“路线图”，为维护农民工合法权益提供了制度依据和保障。

据统计，当前我国外出农民工有1.64亿人，其中约六成是新生代农民工，是城市流动人口的主要组成部分。他们中的大多数虽然户籍在农村，但长期在城市就业，在社区生活，希望能与城市居民平等享有城市建设和发展的成果。

前不久，国务院印发《社区服务体系建设规划(2011—2015年)》，提出到“十二五”期末，基本公共服务项目覆盖到所有社区和社区全体居民，包括流动人口。此次《意见》的出台正是为推进实施该规划，促进农民工顺利融入城市社区，拓宽农民工参与社区管理服务的制度渠道，增添城市基层社会管理的积极力量。

《意见》强调，促进农民工与城市居民和睦相处，尽早尽快融入城市生活，既是加强和创新社会管理、深化和谐社区建设的重要任务，也是维护社会公平正义、构建社会主义和谐社会的迫切需要。

《意见》充分借鉴社区融合领域的国际经验，深入总结各地社区农民工服务管理工作的实践创新，提出了当前促进农民工融入社区工作的五项重点任务：

一是构建以社区为载体的农民工服务管理平台。以农民工需求为导向，整合延伸到社区的人口、就业、社保、民政、教育、卫生、文化以及综治、维稳、信访、法律服务等社会管理职能和服务资源，将农民工服务管理纳入其中。

二是落实政策扎实做好农民工社区就业服务工作。鼓励社区兴办商业性便民利民服务网点，吸引农民工就近就便在社区灵活就业。鼓励支持驻社区企事业单位吸纳农民工就业，扩大农民工就业渠道。

三是切实保障农民工参与社区自治的权利。在本社区有合法固定住所、居住满一年以上、符合《城市居民委员会组织法》选民资格条件的农民工，由本人提出申请，经社区选举委员会同意，可以参加本社区居民委员会的选举。

四是健全覆盖农民工的社区服务和管理体系。将涉及农民工切身利益的劳动就业、公共卫生、住房保障、社会保障、计划生育、社区矫正、安置帮教、法律援助、优抚救济等社区服务项目逐步向农民工覆盖。

五是大力发展丰富多彩的社区文化生活。

国家发改委商务部公布《外商投资产业指导目录(2011年修订)》

经国务院批准，国家发改委、商务部日前公布了《外商投资产业指导目录(2011年修订)》。该《目录》自2012年1月30日起施行。

据介绍，新《目录》修订主要有五方面调整和变化。一是进一步扩大对外开放，增加了鼓励类条目，减少了限制类和禁止类条目。同时，取消部分领域对外资的股比限制，有股比要求的条目比原目录减少11条。二是促进制造业改造提升。将高端制造业作为鼓励外商投资的重点领域，促进外商投资使用新技术、新工艺、新材料、新设备，改造和提升传统产业。新《目录》在鼓励类中增加了纺织、化工、机械制造等领域新产品、新技术条目。同时，鼓励外商投资循环经济，鼓励类增加了废旧电器电子产品、机电设备、电池回收处理条目；考虑汽车产业健康发展的要求，将汽车整车制造条目从鼓励类中删除；为抑制部分行业产能过剩和盲目重复建设，将多晶硅、煤化工等条目从鼓励类删除。三是培育战略性新兴产业，鼓励外商投资节能环保、新一代信息技术、生物、高端装备制造、新能源、新材料、新能源汽车等战略性新兴产业。四是促进服务业发展。新《目录》增加了9项服务业鼓励类条目，包括机动车充电站、创业投资企业、知识产权服务、海上石油污染清理技术服务、职业技能培训等，服务业条目在鼓励类中的比重进一步增加。同时，将外商投资医疗机构、金融租赁公司等从限制类调整为允许类。五是促进区域协调发展。此次修订中删除的部分鼓励类条目，将根据促进中西部地区承接产业转移、发展中西部地区特色优势产业等原则，在修订《中西部地区外商投资优势产业目录》时予以考虑。

中共中央政治局委员李源潮在南非布隆方丹出席南非非洲人国民大会(非国大)成立百年庆典

李源潮在南非布隆方丹出席了南非非洲人国民大会(非国大)成立百年庆典并会晤了非国大主席、南非总统祖马。

李源潮代表中共中央热烈祝贺非国大成立百年，积极评价非国大百年辉煌历程，并祝愿非国大在今后执政道路上取得更大成就。

国办印发《关于实施农村义务教育学生营养改善计划的意见》

根据计划，中央每年拨款160多亿元，按照每生每天3元的标准为农村义务教育阶段学生提供营养膳食补助。政策约惠及680个县市的2600万在校学生。政策出台后，社会各界拍手称快，但政策如何落实到位也引发了不少议论。1月5日，教育部财务司副司长田祖荫和财政部教科文司副司长孙光奇做客中国政府网，回应公众关注。

“2011西部温暖计划”已有8万余名群众受益

从“2011西部温暖计划”志愿者表彰大会上获悉：由北京等地市民捐赠的12万余件爱心冬衣已全部送至西部地区，当地8万余名群众受益。

“2011西部温暖计划”由中国青少年发展基金会兰花草艺术基金、希望旅程公益联盟等爱心机构和媒体联合发起，旨在为西部偏远地区贫穷民众捐献御寒衣物。主办方先后在北京56个大型社区、10余个中心公园以及部分京外城市开展现场募集，累计参与捐赠人数达10321人，募集棉衣总量为12万余件。参与募集的志愿者达1513人次。目前，爱心冬衣已经运至青海、新疆、四川、甘肃等西部地区，至少有8万名中小学生及农牧民受益。

为传承中华民族团结互助、扶贫济困的优良传统，发扬“奉献、友爱、互助、进步”的青年志愿精神，来自首都42所高校和京外15所高校的500余名优秀大学生志愿者以及部分社会志愿者，作为志愿者代表，受到表彰。

国务院安委会通报3起重大交通事故

这三起事故是：

2011年11月23日10时至11时左右，四川省甘孜州雅江县一村民驾驶一辆无号牌低速载货汽车，失控坠入道路外侧约110米深悬崖下的雅砻江中，造成17人死亡、2人受伤。

2011年11月29日15时40分，海南省海汽运输集团有限公司定安分公司一辆号牌为琼C32691号的中型客车(核载15人、实载23人)，与对向行驶的一辆号牌为桂J08588的重型自卸货车相撞，造成12人死亡、12人受伤。据初步调查分析，事故直接原因是琼C32691号中型客车在连续下坡急弯路段占道超速行驶，客车严重超员，扩大了事故后果。此外，桂J08588号重型自卸货车也存在超载的违法行为。

2011年12月12日下午，一辆号牌为苏CR1836的私营客车接送49名学生回家，途中侧翻滑入路边水沟，导致车内15人死亡、8人受伤。经初步调查分析，事故直接原因是客车超速行驶。

郑洁在新西兰奥克兰举行的ASB网球精英赛女单决赛中夺得冠军

1月9日

国家主席胡锦涛在人民大会堂与韩国总统李明博举行会谈

胡锦涛表示，中韩建交20年，特别是两国建立战略合作伙伴关系以来，双边关系不断向前发展。双方在政治、经贸、人文等领域的交流合作不断扩大，在国际和地区事务中也保持良好的沟通和协调。韩国政府坚持一个中国政策，在台湾等问题上给予中方理解和支持。我们对此表示赞赏。

全国人大常委会委员长吴邦国在人民大会堂与韩国总统李明博举行会谈

吴邦国说，中韩建交以来，两国关系全面发展。双方高层交往频繁，政治互信不断加深，已建立战略合作伙伴关系，经贸合作发展迅速，在复杂严峻的世界经济环境下仍保持强劲发展势头；人文交流十分活跃，在国际和地区事务中也保持了密切协调与合作。不断深化中韩关系符合两国和两国人民的根本利益，也有利于本地区的和平、稳定与发展。今年是中韩建交20周年暨“中韩友好交流年”，两国关系站在新的历史起点上，面临重要发展机遇。中方愿与韩方共同努力，加强友好往来，深化互利合作，推动两国关系进一步向前发展。

国务院西部地区开发领导小组会议和国务院振兴东北地区等老工业基地领导小组会议在北京召开

国务院总理温家宝主持召开会议，会议讨论通过《西部大开发“十二五”规划》和《东北振兴“十二五”规划》。国务院副总理李克强出席会议。

会议指出，“十一五”时期，有关地区和部门认真贯彻实施西部大开发和东北地区等老工业基地振兴战略，落实促进西藏、新疆跨越式发展和长治久安的各项举措，取得明显成效。西部地区综合经济实力显著增强，主要经济指标翻了一番以上，基础设施建设取得突破性进展，综合交通运输网骨架初步形成，生态建设和环境保护成效显著，特色优势产业快速发展，城乡面貌发生历史性变化。西藏和新疆经济社会各项事业发展不断加快，各族群众生活明显改善。东北地区经济总量翻了一番，以国有企业改革为重点的体制机制创新取得重大突破，多种所有制经济蓬勃发展，对外开放水平明显提高，资源枯竭型城市转型取得积极进展，重点民生问题逐步解决。西部地区和东北地区已经站在新的历史起点上。今后一个时期，要继续实施区域发展总体战略和主体功能区规划，充分发挥各地特色和优势，促进区域经济良性互动、协调发展，为实现全面建设小康社会目标打下坚实基础。

会议指出，西部地区仍是我国区域发展的“短板”，是全面建设小康社会的难点和重点。“十二五”时期要坚持把深入实施西部大开发战略放在区域发展战略优先位置，努力保持经济社会长期持续平稳较快发展，实现地区生产总值和城乡居民收入增速均超过全国平均水平。(一)明确主体功能区，对重点经济区、农产品主产区、重点生态区、资源富集区、沿边开放区和特殊困难地区，实施分类指导。(二)继续把基础设施建设放在优先位置，突出交通和水利两个关键环节，加快构建适度超前、功能配套、安全高效的现代化基础设施体系。(三)加大生态建设和环境保护力度，从源头上扭转生态恶化趋势。加强环境综合治理和节能减排，大力发展循环经济。(四)发展特色优势产业，建设国家能源、资源深加工、装备制造业和战略性新兴产业基地。(五)加快发展现代特色农业，建立有西部特色的农产品生产加工体系，拓宽农民增收渠道，建设农民幸福家园。(六)培育中小城市和特色鲜明的小城镇，提升城镇化的质量和水平。(七)优先发展教育，千方百计扩大就业，推进基本公共服务均等化。增强科技创新能力，建设创新型区域。(八)全面提升对内对外开放水平，不断增强发展动力和活力。

会议指出，制约东北振兴的体制性、机制性、结构性矛盾尚未得到根本解决，“十二五”时期要巩固和扩大振兴成果，深化改革开放，加快转型发展。(一)以保障国家粮食安全为首要目标，巩固发展现代农业。改善农村生产生活条件，建设富裕美好新农村。(二)完善现代产业体系。优化提升传统工业，加快培育战略性新兴产业，发展壮大服务业，积极发展海洋经济。(三)优化区域发展空间布局，推动产业集聚发展。依托科技和人才资源，增强区域创新能力。(四)促进资源型城市可持续发展。大力发展接续替代产业，着力解决历史遗留问题，建立可持续发展长效机制。(五)改善基础设施条件，形成比较完备的综合交通运输体系和多元清洁的能源体系。(六)加强森林、草原、湿地和江河流域等重点生态区保护与治理，强化资源节约和节能减排。(七)采取多种措施增加就业岗位，加快包括棚户区改造的保障性安居工程建设。(八)继续深化国有企业改革，加快发展非公经济。推进国有林区和农垦体制改革。全面提升对外开放水平，建设向东北亚开放的重要枢纽。

会议要求，有关地区和部门要加强领导和指导协调，细化政策措施，精心组织实施。东中部地区在参与和支援西部大开发时，要进一步提升对口支援、对口帮扶的深度和水平。

国家统计局公布2010年我国GDP现价总量

按照国内生产总值(GDP)核算程序，国家统计局根据2010年有关统计年报和部门会计、财政决算资料，在初步核实数的基础上，对2010年GDP数据进行了最终核实，并对外发布。2010年我国GDP现价总量为401513亿元，比初步核实数增加了311亿元；按不变价格计算，比上年增长10.4%，与初步核实数相同。

分行业看，第一产业现价总量为40534亿元，不变价增长速度为4.3%，占GDP总量的10.1%；第二产业现价总量为187383亿元，不变价增速为12.3%，占GDP总量的46.7%；第三产业现价总量为173596亿元，不变价增速为9.8%，占GDP总量的43.2%。

国家主席胡锦涛特使陈至立在阿斯塔纳与哈萨克斯坦总理马西莫夫举行会谈

国家主席胡锦涛特使陈至立在阿斯塔纳会见哈萨克斯坦议会上院议长马米

北京首次发现恐龙足迹化石

北京市延庆县政府公布在该县发现的距今约1.4亿年至1.5亿年的晚侏罗世恐龙足迹化石和初步研究成果。据悉，这批恐龙足迹化石发现于延庆硅化木国家地质公园核心区内，研究成果在《科学通报》2012年1月号二、三期合刊以封面文章发表。这是北京地区首次发现恐龙存活过的证据，也是世界各国首都圈唯一的恐龙记录。

中国在太原卫星发射中心用“长征四号乙”运载火箭成功将“资源三号”卫星送入太空

1月10日

第十七届中央纪委第七次全体会议公报

中国共产党第十七届中央纪律检查委员会第七次全体会议，于2012年1月8日至10日在北京举行。出席会议的中央纪委委员117人，列席336人。

中央纪委常委会主持了会议。会议全面贯彻党的十七大和十七届三中、四中、五中、六中全会精神，高举中国特色社会主义伟大旗帜，以邓小平理论和“三个代表”重要思想为指导，深入贯彻落实科学发展观，回顾总结了2011年党风廉政建设和反腐败工作，科学分析了当前的反腐倡廉形势，研究部署了2012年任务。全会审议通过了贺国强同志代表中央纪委常委会所作的《统一思想认识，加大工作力度，坚定不移将党风廉政建设和反腐败斗争引向深入》的工作报告。

中共中央总书记、国家主席、中央军委主席胡锦涛出席全会第二次大会并发表了重要讲话。吴邦国、温家宝、贾庆林、李长春、习近平、李克强、贺国强等党和国家领导人出席了会议。有关方面的负责同志参加了会议。

全会认真学习了胡锦涛同志的重要讲话，一致认为，讲话从党和国家事业发展全局和战略的高度，全面总结了党风廉政建设和反腐败斗争取得的新成效和新经验，科学分析了当前的反腐倡廉形势，明确提出了今年党风廉政建设和反腐败工作的总体要求和主要任务，深刻阐述了保持党的纯洁性的极端重要性、紧迫性以及总体要求、工作重点。强调全党要不断增强党的意识、政治意识、危机意识、责任意识，坚持党要管党、从严治党，坚持强化思想理论武装和严格队伍管理相结合、发扬党的优良作风和加强党性修养与党性锻炼相结合、坚决惩治腐败和有效预防腐败相结合、发挥监督作用和严肃党的纪律相结合，不断增强自我净化、自我完善、自我革新、自我提高能力，始终坚持党的性质和宗旨，永葆共产党人政治本色。要求大力保持党员、干部思想纯洁，大力保持党员、干部队伍纯洁，大力保持党员、干部作风纯洁，大力保持党员、干部清正廉洁，大力加强监督和严明纪律，把党建设成为坚强有力的马克思主义执政党。胡锦涛同志的重要讲话，是对马克思主义党的建设理论的创新和发展，对于指导当前和今后一个时期党风廉政建设和反腐败斗争、全面推进党的建设新的伟大工程、保持党的先进性和纯洁性，对于推动全面做好党和国家各项工作、夺取全面建设小康社会新胜利、开创中国特色社会主义事业新局面，具有重大而深远的意义。全党同志特别是广大纪检监察干部一定要认真学习领会、坚决贯彻落实。

全会认为，过去的一年，在党中央、国务院坚强领导下，各级党委、政府和纪检监察机关认真贯彻落实中央精神，按照十七届中央纪委第六次全会和国务院第四次廉政工作会议的部署，深入开展对中央重大决策部署落实情况的监督检查，进一步加强党的作风建设，认真落实《建立、健全惩治和预防腐败体系2008—2012年工作规划》，坚决查办违纪违法案件，加大纠风工作力度，扎实推进专项治理，切实加强领导干部教育、管理、监督和廉洁自律工作，深化改革创新和制度建设，党风廉政建设和反腐败工作取得新进展新成效，为全面做好党和国家各方面工作发挥了重要保障和促进作用。

全会指出，我国现阶段的反腐败斗争，是在严峻复杂的国际环境下，在国内经济体制深刻变革、社会结构深刻变动、利益格局深刻调整、思想观念深刻变化和各种社会矛盾凸显的历史条件下进行的。当前党风廉政建设和反腐败斗争呈现出成效明显和问题突出并存，防治力度加大和腐败现象易发多发并存，群众对反腐败期望值不断上升和腐败现象短期内难以根治并存的总体态势，反腐败斗争形势依然严峻、任务依然艰巨。各级党组织和广大党员干部要认真学习领会胡锦涛同志一系列重要讲话精神，切实把思想统一到中央对反腐败斗争形势的科学判断上来，把力量凝聚到贯彻落实中央关于反腐倡廉的决策部署上来，深刻认识我们党反对腐败的坚强意志和坚定决心，充分肯定党风廉政建设和反腐败斗争取得的明显成效；深刻认识当前反腐败斗争面临的严峻形势，切实增强忧患意识、危机意识和责任意识；深刻认识中国特色社会主义的政治优势，进一步坚定反腐败斗争必胜的信心，不断把党风廉政建设和反腐败斗争引向深入，努力提高反腐倡廉建设科学化水平，为始终保持党的先进性和纯洁性，全面推进党和国家各项事业提供坚强保证。

全会强调，2012年是实施"十二五"规划承上启下的重要一年，也是深入推进惩治和预防腐败体系建设的关键一年。我们党将召开第十八次全国代表大会，党和国家各方面工作任务十分繁重，做好反腐倡廉工作意义重大。今年党风廉政建设和反腐败工作总的要求是：全面贯彻党的十七大和十七届三中、四中、五中、六中全会精神，高举中国特色社会主义伟大旗帜，以邓小平理论和"三个代表"重要思想为指导，深入贯彻落实科学发展观，坚持标本兼治、综合治理、惩防并举、注重预防的方针，严明党的纪律，加强党的作风建设，推进惩治和预防腐败体系建设，着力解决反腐倡廉建设中人民群众反映强烈的突出问题，突出工作重点，狠抓任务落实，以党风廉政建设和反腐败斗争的新成效迎接党的十八大胜利召开。

全会强调，要紧紧围绕党的十八大胜利召开，既扎实抓好党风廉政建设和反腐败斗争各项长期性、基础性工作，又切实解决反腐倡廉建设中人民群众反映强烈的突出问题，全面推进党风廉政建设和反腐败工作。

第一，严明党的纪律，加强对中央重大决策部署落实情况的监督检查。严格执行党的政治纪律，加强政治纪律教育，引导和督促广大党员、干部讲政治、顾大局、守纪律，自觉同以胡锦涛同志为总书记的党中央在思想上政治上行动上保持高度一致。严格执行组织人事工作纪律特别是换届纪律，加强对地方各级领导班子换届、拟提拔干部的廉政考察，加强对干部选拔任用全过程的监督，坚决整治跑官要官、买官卖官、拉票贿选和换届前突击提拔干部等问题，营造风清气正的换届环境。加大转变经济发展方式监督检查力度，重点开展对加强和改善宏观调控、加快经济结构调整、做好"三农"工作、推动文化改革发展、保障和改善民生、促进民族地区经济社会发展等政策措施落实情况的监督检查，确保中央政令畅通。

第二，加强党的作风建设，进一步密切党群干群关系。切实加强领导机关和领导干部作风建设，针对换届后领导班子和干部队伍新情况，通过加强教育、完善制度、强化监督，促使各级领导干部加强党性修养，弘扬良好作风，保持清正廉洁，努力树立新班子的新面貌新形象。各级领导干部特别是新任职干部要树立正确的政绩观，认真贯彻党的群众路线，做到立身不忘做人之本、为政不移公仆之心、用权不谋一己之私。加大作风整顿力度，坚决纠正少数党员干部脱离群众、作风霸道、特权观念严重等不良倾向。继续执行中央有关厉行节约、反对铺张浪费的规定，严格"三公"经费预算管理。坚决纠正损害群众利益的不正之风，继续深入治理征地拆迁、住房保障、土地管理、食品药品安全、环境保护、安全生产等方面的突出问题。扎实推进农村、国有企业、高等学校、公用事业单位、城市社区党风廉政建设。

第三，加强惩治和预防腐败体系建设，深入推进反腐倡廉各项工作。确保《建立、健全惩治和预防腐败体系2008—2012年工作规划》各项任务圆满完成，认真总结推进惩治和预防腐败体系建设成功经验，谋划好下一个5年惩治和预防腐败体系建设的总体思路、目标任务和重大举措。继续加大查办案件工作力度，严肃查办发生在领导机关和领导干部中贪污贿赂、失职渎职的案件，严重损害群众经济权益、政治权益、人身权利的案件；严肃查办发生在工程建设、房地产开发、土地管理和矿产资源开发等领域的案件，国有企业和金融机构中内幕交易、关联交易、利益输送的案件；严肃查办违反政治纪律和组织人事纪律的案件，司法领域贪赃枉法、徇私舞弊的案件，为黑恶势力充当"保护伞"的案件；严肃查办商业贿赂案件，加大对行贿行为的惩处力度。加强反腐倡廉教育，紧紧抓住社会主义核心价值体系这个兴国之魂，认真开展理想信念教育、党性党风党纪教育和从政道德教育，大力加强政治品质和道德品行教育；把廉政文化建设纳入社会主义文化建设总体布局，广泛开展廉政文化创建活动；加强反腐倡廉宣传工作，认真梳理和总结党的十七大以来反腐倡廉建设取得的理论成果和实践经验，营造良好舆论环境。健全网上舆论引导机制，发挥互联网等新兴媒体在促进反腐倡廉建设中的积极作用。强化对领导干部的监督，认真执行党内监督条例，深化和拓展巡视工作，强化纪检监察派驻机构对驻在部门及所属系统的监督，深入开展执法监察、廉政监察、效能监察，推行政府绩效管理。深入推进改革创新和制度建设，深化行政审批、干部人事、司法、财税、投资、金融和国有资产监管等方面体制机制制度改革，推进现代市场体系建设，建设统一规范的公共资源交易市场，加强廉政风险防控机制和社会信用体系建设；继续抓好党务公开，深化政务公开、司法公开、厂务公开、村(居)务公开和公共企事业单位办事公开；加大反腐倡廉制度落实力度，提高制度执行力。加强反腐败国际交流合作与对外宣传。

第四，进一步加大专项治理力度，切实解决反腐倡廉建设中人民群众反映强烈的突出问题。深入推进工程建设领域突出问题专项治理，坚决遏制工程建设领域腐败行为易发多发势头；深化庆典、研讨会、论坛过多过滥问题专项治理，将规范博览会、体育运动会举办活动纳入专项治理工作范围；深化公务用车问题专项治理，坚决减少公务用车总量，切实加强日常监管，积极稳妥推进公务用车制度改革。对已经取得阶段性成果的公款出国(境)旅游、"小金库"等专项治理，抓好巩固成果、建章立制等工作。深入治理党员领导干部在廉洁自律方面存在的突出问题，全面落实廉政准则，认真执行领导干部报告个人有关事项等两项制度，继续整治领导干部违规收受礼金、有价证券、支付凭证、商业预付卡以及违规建房或多占住房、买卖和出租保障性住房等问题。着力解决发生在群众身边的腐败问题，坚决防治侵害群众合法权益问题，规范基层执法行为，推进基层便民服务。

全会要求，各级纪检监察机关要进一步加强自身建设，坚持用中国特色社会主义理论体系特别是科学发展观武装头脑、指导实践、推动工作，深入开展社会主义核心价值体系学习教育，加强领导班子和干部队伍建设，加强对纪检监察干部的管理和监督，大力发扬改革创新精神和真抓实干作风，努力建设一支忠诚可靠、服务人民、刚正不阿、秉公执纪的纪检监察干部队伍，为深入推进党风廉政建设和反腐败工作提供坚强组织保证。

全会号召，全党同志要更加紧密地团结在以胡锦涛同志为总书记的党中央周围，振奋精神、开拓进取、团结奋斗、努力工作，不断取得党风廉政建设和反腐败斗争新成效，为推动经济社会又好又快发展、迎接党的十八大胜利召开作出应有贡献！

国务院总理温家宝在钓鱼台国宾馆与韩国总统李明博举行会谈

温家宝说，建交20年来，中韩在广泛领域开展交流合作，促进了两国经济社会发展，为亚洲和平繁荣作出了贡献。面对国际、地区局势的深刻变化，双方要坚持睦邻友好，增进战略互信，更有效地维护共同利益，确保两国关系长期、稳定、健康发展。

温家宝指出，深化东亚经济融合具有重要的现实和战略意义，已经具备良好条件。中韩要抓住机遇，密切沟通配合，尽快启动双边自贸协定谈判，并与日方一道在今年内启动三国自贸协定谈判，携手推动东盟与中日韩自贸区进程。

全国政协邀请部分已故党外全国政协委员和知名人士的夫人在北京举行春节茶话会

全国政协主席贾庆林出席茶话会。全国政协副主席王刚出席茶话会并讲话。

王刚在讲话中简要回顾了“十二五”开局之年我国经济社会发展取得的新成就，介绍了人民政协在中国共产党领导下各项事业取得的新进展。出席茶话会的已故党外全国政协委员、知名人士夫人有：王定国（谢觉哉夫人）、许克坤（李沛瑶夫人）、师剑英（马文瑞夫人）、许慧君（朱光亚夫人）、廖静文（徐悲鸿夫人）、马存真（马坚夫人）、廖望月（熊克武夫人）、赵恕之（陈劭先夫人）、文洁若（萧乾夫人）、李玲虹（蔡子民夫人）、黄浣碧（爱泼斯坦夫人）、徐桂芬（彭清源夫人）。

中央纪委书记贺国强在北京出席新任纪委书记纪检组组长座谈会并讲话

贺国强指出，学习贯彻十七届中央纪委第七次全会精神，首要的是要深刻理解、全面把握和认真贯彻胡锦涛总书记关于保持党的纯洁性、建设坚强有力的马克思主义执政党的要求。保持党的纯洁性，是加强党的执政能力建设和先进性建设的重要内容，是密切党同人民群众血肉联系、巩固党的执政基础、实现党和国家兴旺发达、长治久安的重要条件，也是我们党在新形势下化解各种风险、应对各种挑战、适应各种考验、不断夺取党和国家事业发展新胜利的基本要求。各级纪检监察机关和广大纪检监察干部要认真学习贯彻胡锦涛总书记重要讲话精神，切实把保持党的纯洁性要求贯穿于纪检监察工作全过程和各方面，扎实做好保持党的纯洁性各项工作。要加强反腐倡廉教育，引导党员、干部坚定理想信念、加强党性修养、践行党的宗旨，保持党员、干部思想纯洁；加强对党员、干部行使权力的监督，严肃处理不合格党员，保持党员、干部队伍纯洁；加强和改进作风建设，引导和督促党员、干部坚持党的群众路线、弘扬党的优良作风，保持党员、干部作风纯洁；严格执行党员干部廉洁自律有关规定，加大查办违纪违法案件工作力度，保持党员、干部清正廉洁；加强纪检监察机关自身建设，为深入推进党风廉政建设和反腐败斗争提供坚强组织保证。

贺国强在讲话中对新任纪委书记、纪检组组长提出六点希望和要求：一是增强党性、胸怀全局。要坚定理想信念，坚定政治立场，践行党的宗旨，自觉为党分忧，在政治上思想上行动上同以胡锦涛同志为总书记的党中央保持高度一致；要坚持把纪检监察工作放到党和国家工作全局中去谋划、部署和推进，为改革发展稳定提供有效服务和有力保证。二是加强学习、提高本领。要牢固树立终身学习的理念，发扬理论联系实际的学风，认真学习中国特色社会主义理论体系特别是科学发展观，学习纪检监察工作理论和业务知识以及经济、政治、法律等方面知识，特别是要多学点哲学，不断提高思想政治素质、工作能力和精神境界。三是恪尽职守、秉公执纪。要坚持原则，敢于碰硬，坚决维护党纪国法的尊严，坚决同各种腐败分子和消极腐败现象作斗争，模范践行“做党的忠诚卫士、当群众的贴心人”的庄严承诺；要积极推进改革、完善制度、强化监督，努力从源头上预防和治理腐败。四是求真务实、改革创新。要深入调查研究，把握工作规律，积极推进反腐倡廉理念思路、工作内容、方式方法、体制机制创新，不断提高反腐倡廉建设科学化水平；要脚踏实地、埋头苦干，一步一个脚印地推进工作，确保每项工作都取得实实在在的成效。五是发扬民主、增强团结。要认真贯彻执行民主集中制，坚持在同级党委(党组)的领导下开展工作，严格按照领导班子内部议事和决策机制办事，自觉维护党委(党组)和纪检监察机关领导班子的团结；要抓好班子、带好队伍，加强纪检监察机关领导班子内部监督，加强对纪检监察干部队伍的教育、管理和监督，切实关心爱护广大纪检监察干部。六是严于律己、清正廉洁。"打铁还得自身硬"，要带头执行廉洁从政各项规定，严格要求家人和亲属，自觉接受监督，真正做到一身正气、一尘不染。

中共中央政治局委员王兆国在北京出席共青团十六届五中全会并发表讲话

王兆国强调各级团组织要深入学习贯彻党的十七届六中全会和中央经济工作会议精神，加强和改进新形势下青年群众工作，不断提高团的建设科学化水平，团结带领广大团员青年为推动经济社会又好又快发展做贡献，以优异成绩迎接党的十八大胜利召开。

国务委员马凯在北京出席全国编办主任会议暨全国机构编制工作先进集体和先进工作者表彰大会并讲话

马凯强调，各级机构编制部门要增强责任感，不断提高机构编制工作水平，加强全局性、战略性问题的研究，不断推进行政管理体制改革。

国务院关于同意建立清理整顿各类交易场所部际联席会议制度的批复

证监会：

你会《关于成立清理整顿各类交易场所部际联席会议并建立工作制度的请示》(证监发〔2011〕79号)收悉。现批复如下：

同意建立由证监会牵头的清理整顿各类交易场所部际联席会议制度。联席会议不刻制印章，不正式行文，请按照国务院有关文件精神认真组织开展工作。

国务院

2012年1月10日

清理整顿各类交易场所部际联席会议制度

为贯彻落实《国务院关于清理整顿各类交易场所切实防范金融风险的决定》(国发〔2011〕38号)，切实加强清理整顿各类交易场所工作的组织领导，规范市场秩序，防范金融风险，维护社会稳定，经国务院同意，建立清理整顿各类交易场所部际联席会议(以下简称联席会议)制度。

一、主要职责

(一)在国务院的领导下，会同有关部门和省级人民政府，明确任务分工，加强协调配合，切实有效地贯彻落实国务院关于清理整顿各类交易场所的方针和政策。

(二)研究清理整顿各类交易场所的相关法律、法规和政策文件，提出完善相关法律、法规和有关规章制度的意见和建议，提供政策解释，组织制定有关规章。

(三)统筹协调、督促、指导省级人民政府开展各类交易场所清理整顿工作。

(四)根据相关单位的要求，组织有关部门和省级人民政府对各类交易场所涉嫌违法证券期货交易活动进行性质认定，并由证监会依法出具认定意见。

(五)督导有关部门和省级人民政府建立对交易场所和交易产品的规范管理制度。

(六)对省级人民政府拟批准设立的交易所提出意见。

(七)汇总各部门、省级人民政府报送的清理整顿各类交易场所工作情况，并及时上报国务院。

(八)国务院交办的其他事项。

二、成员单位

联席会议由证监会牵头，发展改革委、科技部、工业和信息化部、公安部、监察部、财政部、国土资源部、环境保护部、农业部、商务部、文化部、人民银行、国资委、工商总局、广电总局、林业局、知识产权局、法制办、银监会、保监会，以及中央宣传部、高法院、高检院等有关单位参加。联席会议召集人由证监会有关负责人担任，各成员单位有关负责人为联席会议成员。

联席会议可根据工作需要，邀请相关部门参加。联席会议成员因工作变动需要调整的，由所在单位提出，联席会议审核后按程序报备。

联席会议办公室设在证监会，承担日常工作，落实联席会议的有关决定。联席会议联络员由成员单位有关司局负责人担任。

三、工作规则

(一)会议制度。联席会议不定期召开，由召集人负责召集。研究重要政策事项、立法建议以及重大案件时，召集全体会议；研究清理整顿具体工作事项时，可视情况召集部分成员单位会议。联席会议议定的事项，以会议纪要形式印发有关方面，并抄报国务院，重大事项按程序报批。

(二)出具交易所设立意见。省级人民政府就批准设立使用"交易所"名称的交易场所征求意见时，应提供交易所章程、出资人概况、交易品种、业务规则等说明材料和设立文件，证监会汇总联席会议相关成员单位意见后出具反馈意见。

(三)违法证券期货交易活动性质认定。省级人民政府对交易场所涉嫌从事违法证券期货交易活动的性质认定存疑的，可提交联席会议认定，由证监会在征求相关成员单位意见的基础上依法出具认定意见；有关部门对涉嫌从事违法证券期货交易活动的性质认定存疑的，可提交联席会议认定，由证监会在征求相关成员单位意见的基础上依法出具认定意见，并通报省级人民政府；公安机关、司法机关在办理案件过程中对交易场所涉嫌从事违法证券期货交易活动的性质认定存疑的，可提交联席会议认定，由证监会在征求相关成员单位意见的基础上依法出具认定意见。

省级人民政府根据认定意见负责相关案件查处和风险处置工作。

(四)日常沟通协调机制。省级人民政府就清理整顿各类交易场所成立领导小组、建立工作机制后，应及时通报联席会议。省级人民政府对属地交易场所的统计监测情况应定期报送联席会议，发现交易场所重大风险隐患或风险事件的，应在第一时间报送联席会议并向国务院报告。

联席会议应对掌握的各类交易场所违法活动苗头和风险动态及时研判，主动通报，提出预警，防微杜渐。

(五)联合工作组制度。联席会议可根据工作需要，组织联合工作组，赴相关地区督促、指导、检查清理整顿工作。

四、工作要求

各成员单位要按照职责分工，主动研究清理整顿工作的相关问题，切实履行本部门职责，支持相关部门做好工作；认真落实会议议定事项，并按照联席会议各项工作机制扎实开展工作；要围绕国务院文件的贯彻落实，形成反应灵敏、配合密切、应对有力的长效工作机制。

国家重点工程——泛亚国际铁路通道玉(溪)蒙(自)铁路秀山隧道胜利贯通

这是云南省目前已打通的最长铁路隧道。

秀山隧道长10302米，是全国排名第二的高风险隧道，地处云南省通海县地震活动带，穿越多个断层、溶洞，以地质条件复杂、围岩变化频繁、涌水突泥多、施工极其困难而著称。

玉蒙铁路是规划建设的泛亚国际铁路通道东线的重要组成部分，线路全长141公里，设计标准为国铁I级电气化铁路，设计时速120公里，项目总投资45亿元。今年内开通运营后，玉蒙铁路将成为泛亚铁路国内段第一条开通运营的铁路线路，对于密切中国与东盟的陆路往来将发挥积极作用。

国务委员戴秉国在人民大会堂出席庆祝中国与中亚五国建交20周年招待会并致辞

戴秉国在致辞中说，中国与中亚五国建交20年来，双边关系取得全面长足发展。双方高层交往密切，政治互信日益加深，在彼此关切的重大问题上相互支持，各领域互利合作不断扩大。中方愿与中亚国家密切配合，以庆祝建交20周年为契机，进一步增进政治互信，扩大互利合作，发展传统友谊，共同开创中国与中亚国家关系的美好未来。

国务院副总理王岐山在北京与美国财政部部长盖特纳举行工作会谈

王岐山说，过去一年来，中美双方认真落实两国元首达成的建设相互尊重、互利共赢合作伙伴关系的重要共识，两国经济合作保持了良好发展势头。中方愿与美方一道，进一步深化经贸、投资、金融、基础设施等各领域合作，促进两国经济增长和就业增加，不断增进两国人民福祉。希望美方在放宽对华高技术产品出口管制、慎用贸易救济措施、平等对待中国企业赴美投资等方面取得实质进展。

双方还就欧洲主权债务危机、国际经济规则和标准改革等共同关心的问题交换了意见。

国家主席胡锦涛特使陈至立在比什凯克会见吉尔吉斯斯坦议长叶延别科夫

陈至立说，中方高度重视发展对吉关系，十分珍视与吉的传统友谊。实践证明，不断深化中吉关系符合两国和两国人民的根本利益，也有利于地区的稳定与和平。中方愿与吉方共同努力，以建交20周年为契机，进一步增进两国政治互信、深化互利合作，推动中吉友好合作关系全面深入发展，造福两国和两国人民。

中共中央政治局委员李源潮在基加利与卢旺达总统卡加梅举行会谈

李源潮说，近年来中卢友好合作关系发展顺利，双方在政治、经贸、文教、卫生等领域的合作不断扩大，在国际事务中密切协调与配合。中方赞赏和感谢卢旺达在台湾、涉藏等重大问题上给予中国的坚定支持。他表示，中国重视中卢关系，愿继续为卢旺达的发展提供力所能及的帮助，加强双方在基础设施、农业、矿业、信息技术等领域的互利合作，实现共同发展。

民俗题材电影《行歌坐月》在北京点映

1月11日

国务院总理温家宝 国家副主席习近平 国务院副总理李克强在北京分别会见美国总统特别代表财政部部长盖特纳

温家宝说，国际金融危机和错综复杂的国际形势对中美关系是考验，也提供了重要机遇。中方始终认为，对话比对抗好，合作比遏制好。双方要充分照顾彼此核心利益和重大关切，不断增进互信，妥善处理分歧，这有利于携手应对挑战，促进共同利益，从根本上确保中美关系沿着正确轨道不断向前发展。

习近平强调，2012年对中美两国都是关键的一年。无论是应对纷繁复杂的全球和地区性挑战，还是推进中美各自国内议程，保持中美关系稳定发展都至关重要。中美双方要牢牢把握中美关系的正确方向，坚定不移地落实两国元首达成的重要共识，加强高层交往，深化政治、经贸、人文等领域对话、交流与合作，保持在重大国际和地区问题上的沟通协调，增进互信，排除干扰，推进中美相互尊重、互利共赢的合作伙伴关系建设。中方愿同美国扩大经济金融合作，双方应加强宏观政策协调，通过平等协商解决分歧，而不是将经济问题政治化，这有助于两国经济可持续增长，也有利于世界经济早日复苏。

李克强说，胡锦涛主席与奥巴马总统确立了中美建设相互尊重、互利共赢合作伙伴关系的共识，为中美关系发展指明了方向。双方应切实贯彻两国元首达成的重要共识，拓宽合作领域，扩大利益共同点，充分挖掘两国经济的互补性，相互尊重，平等协商，妥善处理好出现的问题，取得更多务实成果，造福两国人民，推动中美关系健康稳定发展。

国务院总理温家宝主持召开国务院常务会议研究部署进一步加强质量工作

会议认为，改革开放以来，我国主要产业整体素质和企业质量管理水平有较大提高，产品质量、工程质量和服务质量明显提升。一批国家重大工程质量达到国际先进水平，商贸、旅游、金融、物流等现代服务业服务质量明显改善，覆盖一、二、三产业及社会事业领域的标准体系初步形成。但是，我国质量水平的提高仍然滞后于经济发展，产品、工程等质量问题造成的经济损失、环境污染、资源浪费仍然比较严重，质量安全特别是食品安全事故时有发生。一些生产经营者质量诚信缺失，肆意制售假冒伪劣产品，破坏市场秩序和社会公正，危害人民群众生命健康安全，损害国家信誉和形象。

会议指出，质量不仅是企业和产业核心竞争力的体现，也是一个国家文明程度的体现；质量问题不仅是技术和管理问题，更是法治和诚信道德问题。做好质量工作，必须从强化法治、落实责任、加强教育、增强全社会质量意识入手，综合施策，标本兼治，全面提高各行各业的质量管理水平。一要严格企业质量主体责任。企业主要负责人对质量安全负首要责任。企业要建立、健全质量管理体系，加强全员、全过程、全方位的质量管理，做到严格按标准组织生产经营，严格质量控制、质量检验和计量检测。要严格执行重大质量事故报告及应急处理制度，切实履行质量担保责任及缺陷产品召回等法定义务，依法承担质量损害赔偿责任。二要强化质量安全监管。制定实施国家重点监管产品目录，完善生产许可、强制性产品认证、特种设备安全监察等监管制度。加强对重点产品、重点行业和重点地区的质量安全风险监测和分析评估。切实抓好生产源头治理，强化市场监督管理。三要加快质量法治建设。健全质量法律、法规，坚持运用法律手段解决质量发展中的突出矛盾和问题。依法严厉打击危害公共安全、人身健康和生命财产安全等质量违法行为，加大对质量违法行为的刑事司法打击力度。坚决破除地方保护，维护公平竞争的市场秩序。四要加强标准化、计量、认证认可和检验检测等质量基础工作。加快标准体系和检验检测技术保障体系建设，提升标准的先进性、有效性和适用性，提高检验检测能力。五要推进质量诚信体系建设。搭建质量信用信息平台，实现银行、商务、海关、税务、工商、质检、工业、保险、统计等多部门质量信用信息互通与共享。完善企业质量档案和产品质量信用信息记录，建立质量失信“黑名单”并向社会公开。六要大力实施名牌发展战略。保护知识产权，建设有利于品牌发展的长效机制和良好环境。发挥优势企业引领作用，推动行业骨干企业将质量管理的成功经验和先进方法向产业链两端延伸推广，带动提升整体质量水平。七要完善质量工作体制机制。健全地方政府负总责、监管部门各负其责、企业是第一责任人的质量安全责任体系，充分运用经济、法律、行政等手段，维护质量安全。八要加强质量文化建设。加强质量法制宣传教育，畅通质量投诉和消费维权渠道，增强公众质量维权意识。倡导科学理性、优质安全、节能环保的消费理念，努力形成政府重视质量、企业追求质量、社会崇尚质量、人人关心质量的良好氛围。

会议强调，春节将至，各级人民政府和有关部门要切实加强市场监管，确保群众节日餐桌食品安全。会议还研究了其他事项。

国务院副总理回良玉慰问甘肃贫困地区和受灾群众

回良玉1月11日至12日深入甘肃贫困地区和受灾地区，看望慰问受灾群众、残疾人和贫困农户，考察灾后重建、扶贫济困和民族工作，向基层各族干部群众致以新春的良好祝愿。

国务院副总理李克强在人民大会堂会见日本创价学会副理事长池田博正

李克强说，发展中日关系，有利于两国人民，也会促进亚洲和世界的和平、稳定与发展。双方应以今年中日邦交正常化40周年为契机，加强各领域对话、交流与合作，推动中日战略互惠关系健康稳定发展。

国务院副总理王岐山在北京与美国总统奥巴马特别代表财政部部长盖特纳举行第二次工作会谈

王岐山说，中美作为最大的发展中国家和最大的发达国家，共同的利益远大于分歧。只要双方坦诚沟通，加强合作，就一定能够推动中美全面互利经济伙伴关系健康发展。

中共中央政治局委员李源潮在坎帕拉与乌干达总统穆塞韦尼举行会谈

中韩发表联合新闻公报

一、应中华人民共和国主席胡锦涛邀请，大韩民国总统李明博于2012年1月9日至11日对中国进行国事访问。访问期间，胡锦涛主席同李明博总统举行会谈。全国人民代表大会常务委员会委员长吴邦国、国务院总理温家宝分别会见李明博总统。

二、双方一致认为，中韩1992年建交以来两国各领域友好合作全面快速发展，为促进两国经济社会发展及地区和平与繁荣作出了积极贡献。双方高度评价2008年中韩关系提升为战略合作伙伴关系以来，两国在政治、经济、社会、人文等各领域合作取得的新进展。双方确认，将继续遵循2008年5月、8月两国元首互访时发表的两个共同文件的各项原则，进一步充实面向未来的中韩战略合作伙伴关系。

在台湾问题上，韩方表明了继续坚持一个中国政策的立场，支持两岸关系和平发展。

三、双方同意，继续保持高层交往势头，加强政府、议会和政党之间的交流，深化各领域务实合作，加强多层次沟通协调，扩大共同利益。

双方同意，进一步加强两国外交部门之间的交流与合作，通过外长热线、外交部门高级别战略对话等方式就双边关系和共同关心的问题保持密切沟通。继续保持两国国防部门间的高级别接触和互访。

四、双方积极评价两国经贸合作平稳快速发展，将共同致力于实现2015年贸易额达到3000亿美元的目标。

双方一致认为，尽早签署中韩自贸区协定将为双边经贸合作提供更加有利的制度环境，符合两国利益。双方同意在韩方完成国内程序后立即启动中韩自贸区谈判。

双方同意，继续加强新能源和可再生能源、提高能源效率等能源领域互利合作，应对气候变化，实现低碳绿色增长。进一步增进新兴产业领域合作，分阶段推进产业标准、相互认证、共同研发等领域合作。支持两国有关部门、地方和企业在城市开发和新农村建设等方面开展合作。

双方积极评价两国金融互惠合作成果，支持两国金融机构进入对方市场，促进两国金融业发展。双方同意尽快启动中韩社会保险协定磋商。

双方商定，两国海关部门积极推进关于进出口安全认证机构(AEO)相互认证的磋商，保障贸易安全，简化通关手续。

五、双方同意加强预防和应对自然灾害的合作，及时共享信息，加强救援合作。

双方同意加强环境保护领域合作，积极探讨应对海洋环境污染与沙尘暴的预防及治理工作。

六、双方认为，划定两国间的海域界限，对于两国关系的长期、稳定发展和开展海洋合作具有重要意义，同意继续就海洋划界保持协商。

双方同意，两国渔业部门强化既有合作机制，加强沟通合作，妥善处理渔业领域相关问题，共同维护渔业秩序，保障渔业资源的可持续开发。

双方同意，积极探讨启动外交、渔业等相关部门共同参与的对话协商，促进两国海洋领域合作。

七、双方同意，共同办好中韩建交二十周年暨“中韩友好交流年”纪念活动，扩大青少年互访交流规模，不断增进两国人民相互了解与友好感情。

双方积极评价2010年“中国访问年”取得的成果，同意就2012年“韩国访问年”积极加强合作，进一步扩大人员交流。

双方同意进一步加强领事关系和领事合作，尽快商签《互免持外交护照人员签证协定》，简化青少年修学旅行团签证手续。双方就中方在济州设立总领事馆达成一致，同意探讨相互增设领事机构问题。

八、双方重申，维护朝鲜半岛和平与稳定，实现东北亚地区的长治久安，符合有关各方共同利益。双方同意共同为此作出努力。双方愿同有关各方和国际社会一道，共同致力于尽快创造条件，重启六方会谈。

中方重申支持朝鲜半岛南北双方通过对话协商改善关系，推进和解合作，最终实现和平统一。

双方认为，加强东亚区域合作对实现东亚和平、稳定与发展有重要意义。双方同意，尽早签署中韩日投资协定，为推进中韩日自贸区建设共同作出努力。双方确认，在中韩日合作、"10+3"、东亚峰会(EAS)、东盟地区论坛(ARF)、亚欧首脑会议(ASEM)、亚太经合组织(APEC)等地区合作机制内保持密切沟通与合作。

中方支持韩方成功举办2012年首尔核安全峰会、丽水世博会、2014年仁川亚运会和2018年平昌冬奥会。

双方认为，二十国集团(G20)在应对国际经济金融危机，实现世界经济强劲、可持续、平衡增长方面具有重要作用。双方商定继续加强在G20中的合作。

双方重申，联合国应在解决全球性问题方面发挥核心作用，同意在联合国事务中保持密切合作。

双方同意，就打击国际恐怖主义、毒品、海盗、金融欺诈和网络等领域犯罪加强合作。

九、双方对李明博总统访华取得的成果表示满意，一致认为此访对推动两国关系发展具有重要意义。

李明博总统对访华期间受到中方热情友好接待表示感谢。

2012年1月11日于北京

由厦门大学与养生堂万泰公司联合研制的"重组戊型肝炎疫苗(大肠癌希菌)"获得国家一类新药证书和生产文号成为世界上第一个用于预防戊肝的疫苗

1月12日

中央军委主席胡锦涛在北京出席观看中央军委慰问驻京部队老干部迎新春文艺演出并致新春问候

国务院总理温家宝在人民大会堂出席外国专家座谈会

20多位外国专家及其亲属参加了座谈会。维克托维奇、桑顿、米勒、雷蒙4位外国专家代表先后发言，感谢中国政府对外国专家在工作和生活上给予的关心和帮助，并对中国经济建设和社会发展提出了意见和建议。

在听取专家发言后，温家宝代表党中央、国务院向所有在华工作的外国专家及其家人致以节日的祝福。

温家宝说，刚刚过去的2011年是不平凡的一年。在复杂严峻的国际形势下，中国经济继续保持平稳较快发展，物价较快上涨势头得到控制，改革开放迈出新的步伐，人民生活水平进一步提高，这些成绩来之不易。中国的发展进步，与外国专家和国际友人的积极参与和大力支持密不可分。

全国政协主席贾庆林在北京出席观看"文化中国·四海同春"新春晚会

"文化中国·四海同春"是国务院侨务办公室自2009年推出的系列文化活动，藉中华民族传统佳节春节期间组派高水平艺术团分赴侨胞聚居的国家和地区开展慰侨访演。首次在国内举办侨界新春晚会充分体现慰侨主题，大多是从历年"文化中国·四海同春"慰侨访演中精心挑选的经典节目。

中宣部在北京召开深化"走基层 转作风 改文风"活动座谈会

中共中央政治局常委李长春作出重要批示，中宣部部长刘云山出席座谈会并讲话。

李长春在批示中指出，中央重点媒体通过开展"走基层、转作风、改文风"活动，产生了一大批"三贴近"的好报道好作品，新闻报道出现了新气象；推动方方面面为群众解决了一大批急事难事，在党、政府和人民群众之间架起了连心桥；一大批记者心灵受到洗礼、思想得到升华、作风得到锤炼，整个队伍精神面貌有了新的可喜变化。实践证明，"走转改"是推动新闻宣传更加贴近实际、贴近生活、贴近群众的好形式，是新闻宣传的重大创新，受到了全社会广泛赞誉。

刘云山在讲话中指出，宣传思想文化战线开展"走基层、转作风、改文风"活动，是响应时代召唤、履行崇高职责的必然要求，是坚持以人为本、贯彻党的群众路线的生动实践，是实现"三贴近"的重要举措和改进创新的重要突破口，是宣传文化工作者成长成才的必由之路。要认真贯彻落实党的十七届六中全会精神和全国宣传部长会议部署，着眼增强国情了解、增进基层体验、增进群众感情，把"走转改"活动深入持久开展下去，推动宣传文化队伍建设取得新进步，推动宣传思想文化工作迈上新台阶，为推动科学发展、促进社会和谐提供有力支持，为党的十八大胜利召开营造良好氛围。

2012年首都侨界新春茶话会在人民大会堂举行

中国经济社会理事会三届四次会议在北京举行

全国政协副主席王刚出席会议并讲话。王刚强调，要紧紧围绕科学发展这个主题和加快转变经济发展方式这条主线，准确把握稳中求进的工作总基调，坚持在服务全党全国工作大局中体现自身优势，在人民政协事业发展中履行应尽职责，在为党和政府咨政建言中发挥积极作用，为推动经济社会又好又快发展作出新的更大贡献。

会议听取并审议了理事会2011年度工作报告，审议并通过《关于修订〈中国经济社会理事会章程〉的决议》。理事会理事及中联部、外交部、商务部有关负责同志及有关方面人士130余人出席会议。

国家统计局公布居民消费价格2011年同比上涨5.4%

据国家统计局公布的信息，2011年12月份，我国物价延续回落态势，居民消费价格总水平同比上涨4.1%；全国工业生产者出厂价格同比上涨1.7%；工业生产者购进价格同比上涨3.5%。2011年全年累计，全国居民消费价格总水平同比上涨5.4%；工业生产者出厂价格同比上涨6.0%；工业生产者购进价格同比上涨9.1%。

商务部发布2011年“家电下乡”数据

据商务部发布的信息：2011年，全国“家电下乡”产品销售1.03亿台，实现销售额2641亿元，同比分别增长34.5%和53.1%。截至2011年年末，全国累计销售“家电下乡”产品2.18亿台，实现销售额5059亿元，发放补贴592.2亿元。

国务院副总理王岐山在北京会见美国戴尔公司董事长兼首席执行官迈克尔·戴尔

外交部部长杨洁篪在北京与蒙古国对外关系与贸易部部长赞达沙塔尔举行会谈

2012德国“中国文化年”将在德国30多个城市举行

从文化部召开的“2012德国中国文化年北京新闻发布会”上获悉，今年1月至12月，由文化部举办的“中国文化年”将在德国柏林、汉堡、慕尼黑、法兰克福、科隆等30多个城市举行。“中国文化年”将以音乐、戏剧、文学、电影等形式向德国人民介绍中国文化艺术的发展，展示中国开放、进步、包容、富有活力的新形象。

国办关于转发卫生部 发改委 财政部《全国地方病防治“十二五”规划》并发出通知

各省、自治区、直辖市人民政府，国务院各部委、各直属机构：

卫生部、发展改革委、财政部《全国地方病防治“十二五”规划》已经国务院同意，现转发给你们，请认真贯彻执行。

国务院办公厅

2012年1月12日

全国地方病防治“十二五”规划

为进一步贯彻落实《中共中央　国务院关于深化医药卫生体制改革的意见》（中发〔2009〕6号）精神，有效预防和控制地方病的流行，维护病区群众身体健康，促进病区经济社会协调发展，根据我国地方病的流行趋势与防治工作需要，特制定本规划。

一、防治现状

我国是地方病流行较为严重的国家，31个省（区、市）不同程度地存在地方病危害，主要有碘缺乏病、水源性高碘甲状腺肿、地方性氟中毒、地方性砷中毒、大骨节病和克山病。我国外环境普遍处于缺碘状态，除上海市外，30个省（区、市）都曾不同程度地流行碘缺乏病。水源性高碘病区和地区分布于9个省（区、市）的115个县（市、区），受威胁人口约3000余万。燃煤污染型地方性氟中毒病区分布于13个省（市）的188个县（市、区），受威胁人口约3582万。饮水型地方性氟中毒病区分布于28个省（区、市）的1137个县（市、区），受威胁人口约8728万。饮茶型地方性氟中毒病区分布于7个省（区）的316个县（市、区），受威胁人口约3100万。燃煤污染型地方性砷中毒病区分布于2个省的12个县，受威胁人口约122万。饮水型地方性砷中毒病区分布于9个省（区）的45个县，且在19个省（区）发现生活饮用水砷含量超标，受威胁人口约185万。大骨节病病区分布于14个省（区、市）的366个县（市、区），受威胁人口约2197万。克山病病区分布于16个省（区、市）的327个县（市、区），受威胁人口约3225万。

党中央、国务院历来重视地方病防治工作。《中共中央　国务院关于深化医药卫生体制改革的意见》明确提出，要加强对严重威胁人民健康的地方病等疾病的监测与预防控制。多年来，特别在“十一五”时期，各地区、各部门齐抓共管，社会广泛参与，加大综合防治力度，基本健全了地方病防治监测体系，地方病严重流行趋势总体得到控制，防治工作取得显著成效。截至2010年年底，已有28个省（区、市）达到了省级消除碘缺乏病的阶段目标，97.9%的县（市、区）达到了消除碘缺乏病目标；已查明的水源性高碘病区和地区基本落实停止供应碘盐措施；燃煤污染型地方性氟中毒病区改炉改灶率达到92.6%；基本完成已知饮水型地方性氟中毒中、重病区的饮水安全工程和改水工程建设；基本查清饮茶型地方性氟中毒的流行范围和危害程度；完成了地方性砷中毒病区分布调查，已知病区基本落实了改炉改灶或改水降砷措施；地方性氟中毒和砷中毒病区中小学生、家庭主妇的防治知识知晓率分别达到85%和70%以上；99%以上大骨节病重病区村儿童X线阳性检出率降到20%以下；克山病得到有效控制。

但是，我国地方病防治工作距实现消除地方病危害目标仍有较大差距，西藏、青海和新疆3省(区)仍处于基本消除碘缺乏病的阶段，水源性高碘病区和地区尚未全面落实防治措施，西部地区局部仍有地方性克汀病新发病例，尚有部分地方性氟中毒病区未完成改水，局部地区的大骨节病病情尚未完全控制。更为重要的是，地方病是生物地球化学因素或不利于健康的行为生活方式所致，在已落实综合防治措施的病区，只有建立长效防治机制，才能持续巩固防治成果，避免病情反弹。

二、指导思想、基本原则和防治目标

(一)指导思想。

以邓小平理论和“三个代表”重要思想为指导，深入贯彻落实科学发展观，结合深化医药卫生体制改革，全面落实各项地方病防治措施，建立、健全长效防控机制，进一步巩固现有防治成果，基本消除重点地方病的危害，保障人民群众身体健康，促进病区社会和经济的协调发展。

(二)基本原则。

1. 政府领导、齐抓共管。进一步强化政府领导，落实部门责任，鼓励社会力量积极参与，共同落实各项防治措施。

2. 突出重点、全面推进。从实现消除地方病的战略高度出发，在已经取得防治成果基础上，采取有针对性的策略和综合防治措施，着力解决防治工作难点问题，全面推进防治工作。

3. 因地制宜、科学防治。根据地方病流行特点和防治现状，针对不同地区、不同病种，科学制定相关技术措施，确保防治工作取得实效。

4. 预防为主、防管并重。加强病区群众生产生活环境改造，广泛深入开展健康教育，减少并努力消除各种致病因素。加强防治措施的后期管理，建立、健全长效防控机制，巩固防治成果，推动防治工作扎实有效、深入持久地开展。

(三)防治目标。

1. 总体目标。建立与我国经济社会发展相适应的地方病防治长效工作机制，全面落实防治措施，基本消除重点地方病危害。

2. 具体目标。

(1)持续消除碘缺乏危害。海南、西藏、青海和新疆4省(区)90%以上的县(市、区)达到消除碘缺乏病目标，其他省(区、市)95%以上的县(市、区)保持消除碘缺乏病状态。有效防止地方性克汀病新发病例。人群碘营养水平总体保持适宜状态。

(2)基本消除燃煤污染型地方性氟中毒和砷中毒的危害。在燃煤污染型地方性氟中毒病区，95%以上的家庭落实以改炉改灶为主的综合防治措施。强化燃煤污染型地方性氟中毒、砷中毒防治工作的后期管理，使病区改炉改灶家庭炉灶完好率和正确使用率均达到95%以上。

(3)有效控制饮水型地方性氟中毒、砷中毒及水源性高碘甲状腺肿危害。基本完成已查明饮水型地方性氟中毒、砷中毒病区的饮水安全工程和改水工程建设，有效落实水源性高碘病区和地区的防治措施。强化已建改水工程的后期管理，确保90%以上的改水工程保持良好运行状态，水质符合国家和行业相应卫生标准。

(4)有效控制饮茶型地方性氟中毒危害，降低人群摄氟水平。

(5)基本消除大骨节病。消除大骨节病的病区村达到90%以上。其中，东、中部地区达到95%以上，西部地区达到85%以上。

(6)基本消除克山病。消除克山病的病区县达到90%以上。

三、防治措施

(一)加强病情监测。进一步完善防治监测体系，提高监测灵敏度和覆盖面，尤其要加强对重点地区、重点人群的监测。加强监测工作的信息化建设，实现监测信息共享，提高信息利用的时效性和有效性。加强监测管理与质量控制，准确、及时、定量地分析和预测全国地方病病情和流行趋势，强化监测与防治干预措施的有机结合，为适时调整防控策略提供科学依据。

(二)落实防控措施。根据各地区地方病的流行现状，实施针对性的防控措施，加大干预力度，务求取得实效。

1. 碘缺乏病。坚持“因地制宜、分类指导、科学补碘”原则，继续实施以食用碘盐为主的综合防控策略。未达到消除碘缺乏病目标的地区，进一步加强碘盐普及力度，提高碘盐覆盖率和合格碘盐食用率，碘缺乏病严重流行地区可结合本地实际施行碘盐财政补贴政策。已达到消除碘缺乏病目标的地区，要加强对碘盐生产、销售的监管，确保合格碘盐持续供应，巩固和扩大防治成果。加强监测预警，及时发现高危人群并采取应急强化补碘措施，防止地方性克汀病新发病例。在普及碘盐的同时，合理布设不加碘食盐的销售网点，方便因疾病等原因不宜食用碘盐的居民购买不加碘食盐。动态监测人群碘营养状况，适时调整食盐加碘浓度，根据不同地区各类人群的不同碘营养需求，提供不同含碘量的碘盐，供消费者知情选购。

2. 水源性高碘甲状腺肿。水源性高碘病区和地区要继续做好不加碘食盐供应，加强人群碘营养状况监测和评估，及时调整干预策略，必要时实施改水降碘措施。

3. 地方性氟中毒和地方性砷中毒。燃煤污染型地方性氟中毒、砷中毒病区，要继续实施以健康教育为基础、改炉改灶为主的综合防治措施，提高防治工作覆盖面。尚未完成改水的饮水型地方性氟中毒病区和新发现的饮水型地方性砷中毒病区或水源性高砷地区，要完成改水降氟、降砷工程建设，加强饮水安全工程卫生学评价和水质监测，防止因水源污染导致饮用水氟、砷含量超标，确保生活饮用水符合国家卫生标准。通过财政补贴，在饮茶型地方性氟中毒病区推广普及低氟砖茶。要切实加强防治措施的后期管理，做好改水设施和改良炉灶的维护、维修，及时修复或重建已损毁的改水工程，确保病区改水工程达标运行，病区家庭正确使用合格防氟防砷炉灶，持续巩固防治成果。

4. 大骨节病和克山病。加强对重点病区的病情监测，在大骨节病活跃病区有效落实转产换粮、易地育人等综合防控措施，在克山病高发病区采取有效措施提高群众生活水平，改善膳食营养，改变不健康的生活方式，防止出现大骨节病临床新发病例和急型、亚急型克山病病例。

(三)加强健康教育。充分利用大众传媒和人际传播等方式，在病区开展形式多样、内容丰富的健康教育活动，使地方病防治知识家喻户晓、深入人心，增强群众防病意识，促进形成健康的生产生活方式。

四、保障措施

(一)强化政府领导。地方各级人民政府要进一步加强组织领导，健全“政府领导、部门负责、社会参与”的工作机制。要把地方病防治工作放到更加突出的位置，将地方病防治指标、任务纳入经济社会发展规划。要制定本地区防治规划和年度工作计划，层层分解目标，明确具体措施，抓好组织实施。

(二)落实部门责任。各有关部门和单位要按照职能分工，履职尽责、密切配合，认真研究实现规划目标的政策措施，切实抓好落实。

卫生部门要做好组织协调、技术指导、健康教育与行为干预、预防治疗和监测评估工作。

发展改革部门要将有利于病区综合防治的建设项目投资优先向病区倾斜，促进病区经济社会协调发展。

教育、广电等部门要在卫生部门指导下，采取多种形式向病区群众普及地方病防治的相关知识。

科技部门要积极为地方病防治工作提供科技支撑。

工业和信息化部门要加强碘盐加工和市场供应的监管，保证碘盐生产企业在国家规定的食盐加碘标准范围内，根据市场需求，生产不同含碘量的合格碘盐。

民政部门要对符合医疗救助条件的地方病病人实施医疗救助。

财政部门要安排地方病防治所需必要资金并监督使用情况。

水利部门要将“十一五”期间尚未实施改水工程的饮水型地方性氟中毒病区、水源性高砷地区纳入农村饮水安全工程“十二五”规划。加强对已建改水工程的管理，使水质符合国家生活饮用水卫生标准，保证正常供水。

农业部门要在燃煤污染型地方性氟中毒、砷中毒病区，优先安排农村沼气池建设项目。

商务部门要会同有关部门加强边销茶的流通管理。

质检、工商部门要依法加强边销茶生产、流通环节的质量监督，严肃查处制售假冒伪劣违法行为，防止不合格边销茶流入市场。

林业部门要结合林业重点工程对病区给予倾斜支持，改善地方病病区生态环境。

扶贫部门要将地方病防治工作作为扶贫开发的重要内容，对扶贫对象进行重点帮扶，实施综合防治。

残联要协助有关部门开展地方病防治知识的宣传教育，预防残疾发生，参与做好氟骨症、大骨节病、地方性克汀病病人的畸残康复。

(三)加大资金投入。地方各级人民政府要根据规划要求和防治工作需要，按照分级负担的原则，落实防治专项资金。中央财政通过转移支付方式，加大对贫困地区防治工作的支持力度，并向集中连片特殊困难地区重点倾斜。要完善“政府投入为主、多渠道筹资”的经费投入机制，广泛动员社会力量支持，充分利用农村安全饮水工程、农村沼气池建设、基本消除重点地方病危害工程等项目资源，发挥在地方病防治方面的综合效益。

(四)加强法制建设。认真贯彻执行国家和地方公布的有关地方病防治法规，加大执法力度，切实做到依法防治。根据工作要求及时修订、完善《食盐加碘消除碘缺乏危害管理条例》等相关法规和规章。

(五)提高防治能力。在疾病预防控制体系建设中，要加强地方病防治体系能力建设，改善工作条件，配备更新必要的设备装备，合理设置岗位，强化专业人员的岗位培训和继续教育，提高防治队伍综合实力，保证防治工作需要。加强地方病防治的基础性和应用性研究，对防治重点难点问题组织联合攻关，加强国际交流与合作，借鉴吸收国际成功经验和做法，提高防治工作整体水平。

(六)加强检查评估。卫生部门要会同发展改革、财政等部门定期对本地区地方病防治工作情况进行检查，发现问题及时解决，推动规划各项目标、任务顺利完成。要在2013年和2016年,分别对各地区规划执行情况进行中期和终期评估,评估结果向国务院报告。

国务院发出《关于实行最严格水资源管理制度的意见》

各省、自治区、直辖市人民政府,国务院各部委、各直属机构:

水是生命之源、生产之要、生态之基,人多水少、水资源时空分布不均是我国的基本国情和水情。当前我国水资源面临的形势十分严峻,水资源短缺、水污染严重、水生态环境恶化等问题日益突出,已成为制约经济社会可持续发展的主要瓶颈。为贯彻落实好中央水利工作会议和《中共中央 国务院关于加快水利改革发展的决定》(中发〔2011〕1号)的要求,现就实行最严格水资源管理制度提出以下意见:

一、总体要求

(一)指导思想。深入贯彻落实科学发展观,以水资源配置、节约和保护为重点,强化用水需求和用水过程管理,通过健全制度、落实责任、提高能力、强化监管,严格控制用水总量,全面提高用水效率,严格控制入河湖排污总量,加快节水型社会建设,促进水资源可持续利用和经济发展方式转变,推动经济社会发展与水资源水环境承载能力相协调,保障经济社会长期平稳较快发展。

(二)基本原则。坚持以人为本,着力解决人民群众最关心最直接最现实的水资源问题,保障饮水安全、供水安全和生态安全;坚持人水和谐,尊重自然规律和经济社会发展规律,处理好水资源开发与保护关系,以水定需、量水而行、因水制宜;坚持统筹兼顾,协调好生活、生产和生态用水,协调好上下游、左右岸、干支流、地表水和地下水关系;坚持改革创新,完善水资源管理体制和机制,改进管理方式和方法;坚持因地制宜,实行分类指导,注重制度实施的可行性和有效性。

(三)主要目标。

确立水资源开发利用控制红线,到2030年全国用水总量控制在7000亿立方米以内;确立用水效率控制红线,到2030年用水效率达到或接近世界先进水平,万元工业增加值用水量(以2000年不变价计,下同)降低到40立方米以下,农田灌溉水有效利用系数提高到0.6以上;确立水功能区限制纳污红线,到2030年主要污染物入河湖总量控制在水功能区纳污能力范围之内,水功能区水质达标率提高到95%以上。

为实现上述目标,到2015年,全国用水总量力争控制在6350亿立方米以内;万元工业增加值用水量比2010年下降30%以上,农田灌溉水有效利用系数提高到0.53以上;重要江河湖泊水功能区水质达标率提高到60%以上。到2020年,全国用水总量力争控制在6700亿立方米以内;万元工业增加值用水量降低到65立方米以下,农田灌溉水有效利用系数提高到0.55以上;重要江河湖泊水功能区水质达标率提高到80%以上,城镇供水水源地水质全面达标。

二、加强水资源开发利用控制红线管理,严格实行用水总量控制

(四)严格规划管理和水资源论证。开发利用水资源,应当符合主体功能区的要求,按照流域和区域统一制定规划,充分发挥水资源的多种功能和综合效益。建设水工程,必须符合流域综合规划和防洪规划,由有关水行政主管部门或流域管理机构按照管理权限进行审查并签署意见。加强相关规划和项目建设布局水资源论证工作,国民经济和社会发展规划以及城市总体规划的编制、重大建设项目的布局,应当与当地水资源条件和防洪要求相适应。严格执行建设项目水资源论证制度,对未依法完成水资源论证工作的建设项目,审批机关不予批准,建设单位不得擅自开工建设和投产使用,对违反规定的,一律责令停止。

(五)严格控制流域和区域取用水总量。加快制订主要江河流域水量分配方案,建立覆盖流域和省市县三级行政区域的取用水总量控制指标体系,实施流域和区域取用水总量控制。各省、自治区、直辖市要按照江河流域水量分配方案或取用水总量控制指标,制定年度用水计划,依法对本行政区域内的年度用水实行总量管理。建立、健全水权制度,积极培育水市场,鼓励开展水权交易,运用市场机制合理配置水资源。

(六)严格实施取水许可。严格规范取水许可审批管理,对取用水总量已达到或超过控制指标的地区,暂停审批建设项目新增取水;对取用水总量接近控制指标的地区,限制审批建设项目新增取水。对不符合国家产业政策或列入国家产业结构调整指导目录中淘汰类的,产品不符合行业用水定额标准的,在城市公共供水管网能够满足用水需要却通过自备取水设施取用地下水的,以及地下水已严重超采的地区取用地下水的建设项目取水申请,审批机关不予批准。

(七)严格水资源有偿使用。合理调整水资源费征收标准,扩大征收范围,严格水资源费征收、使用和管理。各省、自治区、直辖市要抓紧完善水资源费征收、使用和管理的规章制度,严格按照规定的征收范围、对象、标准和程序征收,确保应收尽收,任何单位和个人不得擅自减免、缓征或停征水资源费。水资源费主要用于水资源节约、保护和管理,严格依法查处挤占挪用水资源费的行为。

(八)严格地下水管理和保护。加强地下水动态监测,实行地下水取用水总量控制和水位控制。各省、自

治区、直辖市人民政府要尽快核定并公布地下水禁采和限采范围。在地下水超采区,禁止农业、工业建设项目和服务业新增取用地下水,并逐步削减超采量,实现地下水采补平衡。深层承压地下水原则上只能作为应急和战略储备水源。依法规范机井建设审批管理,限期关闭在城市公共供水管网覆盖范围内的自备水井。抓紧编制并实施全国地下水利用与保护规划以及南水北调东中线受水区、地面沉降区、海水入侵区地下水压采方案,逐步削减开采量。

(九)强化水资源统一调度。流域管理机构和县级以上地方人民政府水行政主管部门要依法制订和完善水资源调度方案、应急调度预案和调度计划,对水资源实行统一调度。区域水资源调度应当服从流域水资源统一调度,水力发电、供水、航运等调度应当服从流域水资源统一调度。水资源调度方案、应急调度预案和调度计划一经批准,有关地方人民政府和部门等必须服从。

三、加强用水效率控制红线管理,全面推进节水型社会建设

(十)全面加强节约用水管理。各级人民政府要切实履行推进节水型社会建设的责任,把节约用水贯穿于经济社会发展和群众生活生产全过程,建立、健全有利于节约用水的体制和机制。稳步推进水价改革。各项引水、调水、取水、供用水工程建设必须首先考虑节水要求。水资源短缺、生态脆弱地区要严格控制城市规模过度扩张,限制高耗水工业项目建设和高耗水服务业发展,遏制农业粗放用水。

(十一)强化用水定额管理。加快制定高耗水工业和服务业用水定额国家标准。各省、自治区、直辖市人民政府要根据用水效率控制红线确定的目标,及时组织修订本行政区域内各行业用水定额。对纳入取水许可管理的单位和其他用水大户实行计划用水管理,建立用水单位重点监控名录,强化用水监控管理。新建、扩建和改建建设项目应制订节水措施方案,保证节水设施与主体工程同时设计、同时施工、同时投产(即“三同时”制度),对违反“三同时”制度的,由县级以上地方人民政府有关部门或流域管理机构责令停止取用水并限期整改。

(十二)加快推进节水技术改造。制定节水强制性标准,逐步实行用水产品用水效率标识管理,禁止生产和销售不符合节水强制性标准的产品。加大农业节水力度,完善和落实节水灌溉的产业支持、技术服务、财政补贴等政策措施,大力发展管道输水、喷灌、微灌等高效节水灌溉。加大工业节水技术改造,建设工业节水示范工程。充分考虑不同工业行业和工业企业的用水状况和节水潜力,合理确定节水目标。有关部门要抓紧制定并公布落后的、耗水量高的用水工艺、设备和产品淘汰名录。加大城市生活节水工作力度,开展节水示范工作,逐步淘汰公共建筑中不符合节水标准的用水设备及产品,大力推广使用生活节水器具,着力降低供水管网漏损率。鼓励并积极发展污水处理回用、雨水和微咸水开发利用、海水淡化和直接利用等非常规水源开发利用。加快城市污水处理回用管网建设,逐步提高城市污水处理回用比例。非常规水源开发利用纳入水资源统一配置。

四、加强水功能区限制纳污红线管理,严格控制入河湖排污总量

(十三)严格水功能区监督管理。完善水功能区监督管理制度,建立水功能区水质达标评价体系,加强水功能区动态监测和科学管理。水功能区布局要服从和服务于所在区域的主体功能定位,符合主体功能区的发展方向和开发原则。从严核定水域纳污容量,严格控制入河湖排污总量。各级人民政府要把限制排污总量作为水污染防治和污染减排工作的重要依据。切实加强水污染防控,加强工业污染源控制,加大主要污染物减排力度,提高城市污水处理率,改善重点流域水环境质量,防治江河湖库富营养化。流域管理机构要加强重要江河湖泊的省界水质水量监测。严格入河湖排污口监督管理,对排污量超出水功能区限排总量的地区,限制审批新增取水和入河湖排污口。

(十四)加强饮用水水源保护。各省、自治区、直辖市人民政府要依法划定饮用水水源保护区,开展重要饮用水水源地安全保障达标建设。禁止在饮用水水源保护区内设置排污口,对已设置的,由县级以上地方人民政府责令限期拆除。县级以上地方人民政府要完善饮用水水源地核准和安全评估制度,公布重要饮用水水源地名录。加快实施全国城市饮用水水源地安全保障规划和农村饮水安全工程规划。加强水土流失治理,防治面源污染,禁止破坏水源涵养林。强化饮用水水源应急管理,完善饮用水水源地突发事件应急预案,建立备用水源。

(十五)推进水生态系统保护与修复。开发利用水资源应维持河流合理流量和湖泊、水库以及地下水的合理水位,充分考虑基本生态用水需求,维护河湖健康生态。编制全国水生态系统保护与修复规划,加强重要生态保护区、水源涵养区、江河源头区和湿地的保护,开展内源污染整治,推进生态脆弱河流和地区水生态修复。研究建立生态用水及河流生态评价指标体系,定期组织开展全国重要河湖健康评估,建立、健全水生态补偿机制。

五、保障措施

(十六)建立水资源管理责任和考核制度。要将

水资源开发、利用、节约和保护的主要指标纳入地方经济社会发展综合评价体系，县级以上地方人民政府主要负责人对本行政区域水资源管理和保护工作负总责。国务院对各省、自治区、直辖市的主要指标落实情况进行考核，水利部会同有关部门具体组织实施，考核结果交由干部主管部门，作为地方人民政府相关领导干部和相关企业负责人综合考核评价的重要依据。具体考核办法由水利部会同有关部门制订，报国务院批准后实施。有关部门要加强沟通协调，水行政主管部门负责实施水资源的统一监督管理，发展改革、财政、国土资源、环境保护、住房城乡建设、监察、法制等部门按照职责分工，各司其职，密切配合，形成合力，共同做好最严格水资源管理制度的实施工作。

（十七）健全水资源监控体系。抓紧制定水资源监测、用水计量与统计等管理办法，健全相关技术标准体系。加强省界等重要控制断面、水功能区和地下水的水质水量监测能力建设。流域管理机构对省界水量的监测核定数据作为考核有关省、自治区、直辖市用水总量的依据之一，对省界水质的监测核定数据作为考核有关省、自治区、直辖市重点流域水污染防治专项规划实施情况的依据之一。加强取水、排水、入河湖排污口计量监控设施建设，加快建设国家水资源管理系统，逐步建立中央、流域和地方水资源监控管理平台，加快应急机动监测能力建设，全面提高监控、预警和管理能力。及时发布水资源公报等信息。

（十八）完善水资源管理体制。进一步完善流域管理与行政区域管理相结合的水资源管理体制，切实加强流域水资源的统一规划、统一管理和统一调度。强化城乡水资源统一管理，对城乡供水、水资源综合利用、水环境治理和防洪排涝等实行统筹规划、协调实施，促进水资源优化配置。

（十九）完善水资源管理投入机制。各级人民政府要拓宽投资渠道，建立长效、稳定的水资源管理投入机制，保障水资源节约、保护和管理工作经费，对水资源管理系统建设、节水技术推广与应用、地下水超采区治理、水生态系统保护与修复等给予重点支持。中央财政加大对水资源节约、保护和管理的支持力度。

（二十）健全政策法规和社会监督机制。抓紧完善水资源配置、节约、保护和管理等方面的政策法规体系。广泛深入开展基本水情宣传教育，强化社会舆论监督，进一步增强全社会水忧患意识和水资源节约保护意识，形成节约用水、合理用水的良好风尚。大力推进水资源管理科学决策和民主决策，完善公众参与机制，采取多种方式听取各方面意见，进一步提高决策透明度。对在水资源节约、保护和管理中取得显著成绩的单位和个人给予表彰奖励。

国务院

2012年1月12日

1月13日

全国人大常委会在珠海举行港澳人大代表报告会

全国人大常委会副委员长李建国出席报告会并讲话。

李建国向香港特别行政区、澳门特别行政区十一届全国人大代表通报了2011年全国人大常委会主要工作情况、2012年工作安排和十一届全国人大五次会议的主要议程建议，对港澳代表依法履职提出了希望。国家发展和改革委员会、财政部的负责人报告了2011年国民经济和社会发展计划的执行情况和财政预算执行情况。

港澳地区全国政协委员应邀出席了报告会。报告会由全国人大常委会副秘书长乔晓阳主持。

中共中央政治局常委李长春在北京主持中央文明委全体会议并讲话

会议研究部署今年精神文明建设工作。中共中央政治局常委李长春主持会议并讲话。会议指出，2011年精神文明建设工作紧紧围绕党和国家工作大局，深入贯彻落实科学发展观，以提高公民思想道德素质和社会文明程度为重要目标，以改革创新为强大动力，扎实工作、开拓进取，保持了积极向上、蓬勃发展的良好态势，为党和国家事业发展作出了重要贡献。

中央党校校长习近平在北京出席2011年秋季学期毕业典礼并为学员颁发毕业证书

国务院副总理回良玉出席全国双拥工作领导小组全体会议并发表讲话

回良玉强调，要用共同的政治信念和理想目标凝聚力量，走中国特色军民融合式发展道路，坚持不懈办实事、解难题、惠民生，不断巩固和发展军政军民团结的大好局面，进一步推动双拥工作迈上新台阶。

会议还审议了全国双拥模范城（县）、单位和个人命名表彰名单。

国务院在北京召开全国安全生产电视电话会议

国务院副总理张德江在会上强调，要深入贯彻落实科学发展观，认真贯彻落实党中央、国务院的决策部署，坚持以人为本，深入扎实开展“安全生产年”活动，以科学发展安全发展为总要求，以进一步减少事故总量、有效防范和坚决遏制重特大事故为工作目标，切实把各项责任落实到位，把各项政策措施落到实处，全力以赴做好安全生产各项工作，全面促进全国安全生产形势持续稳定好转，以安全生产的新成效迎接党的十八大胜利召开。

中国科协第八届全国委员会第二次会议在北京召开

全国人大常委会副委员长王兆国强调，科协组织要更好地服务于党和国家工作大局，大力促进科学技术繁荣发展。

王兆国指出，过去一年，中国科协认真学习贯彻党的十七大和十七届三中、四中、五中、六中全会精神，成功召开了第八次全国代表大会，中央对科协组织提出了明确要求，为推动科协事业创新发展指明了前进方向。各级科协组织认真贯彻中国科协八大精神，团结带领广大科技工作者深入一线、深入基层，组织学术交流，开展科学普及，促进人才成长，积极建言献策，加强自身建设，为实现“十二五”时期经济社会发展良好开局作出了重要贡献。

王兆国强调，科协组织要更好地服务于党和国家工作大局，大力促进科学技术繁荣发展。紧紧围绕影响经济社会发展的重大科技问题，深入开展学术交流；不断提升全民科学素质，为科技发展提供广阔深厚的创新土壤；开展多种形式的群众性技术创新活动，把更多创新要素引入企业、引向农村；紧紧围绕大幅度提高自主创新能力，切实发挥好国家级科技思想库的重要作用。

要切实做好新形势下科技工作者工作，大力促进科技人才队伍建设。深入开展科技工作者状况调查研究，推动完善有利于科技工作者成长成才的政策环境；大力表彰奖励举荐优秀科技工作者，推动科技人才脱颖而出；大力弘扬科学精神、探索精神、团队精神，努力形成劳动光荣、知识崇高、人才宝贵、创造伟大的时代新风；深入开展科学道德和学风建设宣讲教育，努力培养德才兼优的科技人才。

要加强自身建设、提升服务能力，努力建设科技工作者之家。切实提升学会服务经济社会发展的能力，努力把学会建设成为充满生机和活力的现代科技团体；扩大基层组织覆盖面，进一步增强科协组织对科技工作者的凝聚力向心力；继续深入开展创先争优活动，努力推进科协文化建家工作。

王兆国要求，各级科协组织要认真学习、深刻领会中央重要精神，统一思想、坚定信念、团结奋进，扎实做好全年各项工作，为巩固和发展“十二五”时期开局良好势头、奋力开创中国特色社会主义事业新局面作出更大贡献。各级党委和政府要进一步加强和改进对科协工作的领导，为科协组织和广大科技工作者开展工作、发挥作用提供良好条件和有力保障。

国务院印发《全国现代农业发展规划（2011—2015年）》并发出通知

各省、自治区、直辖市人民政府，国务院各部委、各直属机构：

现将《全国现代农业发展规划（2011—2015年）》印发给你们，请认真贯彻执行。

国务院

2012年1月13日

全国现代农业发展规划（2011—2015年）

在工业化、城镇化深入发展中同步推进农业现代化，是“十二五”时期的一项重大任务。加快发展现代农业，既是转变经济发展方式、全面建设小康社会的重要内容，也是提高农业综合生产能力、增加农民收入、建设社会主义新农村的必然要求。为贯彻落实《中华人民共和国国民经济和社会发展第十二个五年规划纲要》精神，指导全国“十二五”现代农业建设和发展，编制本规划。

一、发展形势

“十二五”是全面建设小康社会的关键时期，是深化改革开放、加快转变经济发展方式的攻坚时期，是加快发展现代农业的重要机遇期。

（一）发展现代农业的基础更加坚实。党的十六大以来，中央坚持把解决好“三农”问题作为全部工作的重中之重，不断深化农村改革，完善强农惠农富农政策，大幅增加农业投入，有力推动了传统农业向现代农业加速转变。农业综合生产能力明显增强，粮食连续八年增产、产量连续五年稳定在5亿吨以上，棉、油、糖生产稳步发展，“菜篮子”产品供应充足，农产品质量不断提高。农业结构不断优化，优势农产品区域布局初步形成。物质装备条件显著改善，科技支撑能力稳步提高。经营体制机制不断创新，农业产业化经营水平大幅提高。对外开放迈出新步伐，农业“走出去”取得新进展。农民收入大幅提高，连续八年增幅超过6%。经过多年努力，我国农业发展取得了长足进步，农业现代化水平显著提升，为满足国内需求、保持国民经济平稳较快发展作出了突出贡献，为应对各种风险挑战、维护改革发展稳定大局发挥了重要作用。

（二）发展现代农业的条件更加有利。“十二五”时期，加快发展现代农业机遇难得。一是工业化、城镇化的引领推动作用将更加明显。工业化快速发展，信息化水平不断提高，为改造传统农业提供了现代生产要素和管理手段；城镇化加速推进，农村劳动力大量转移，为农业实现规模化生产、集约化经营创造了有利时机;城市人口增加和生活水平不断提高,以及扩大内需战略的实施,为扩大农产品消费需求、拓展农业功能提供了更为广阔的空间。二是政策支持将更加强化。随着我国综合国力和财政实力不断增强,强农惠农富农政策力度将进一步加大,支持现代农业发展的物质基础更加牢固。三是科技支撑将更加有力。科技创新孕育新突破,全球绿色经济、低碳技术正在兴起,生物、信息、新材料、新能源、先进装备制造等高新技术广泛应用于农业领域,现代农业发展的动力更加强劲。四是外部环境将更加优化。全党全社会关心农业、关注农村、关爱农民的氛围更加浓厚,形成合力推进现代农业发展的新局面,广大农民的积极性、创造性将得到进一步激发和释放。

(三)发展现代农业的要求更加迫切。国外经验表明,在工业化、城镇化快速推进时期,农业面临着容易被忽视或削弱的风险,必须倍加重视农业现代化与工业化、城镇化的同步推进和协调发展。当前,我国工业化、城镇化快速发展,但农业现代化明显滞后,面临着一系列严峻挑战。自然灾害多发重发,农业基础设施薄弱,抗灾减灾能力低的问题更加凸显;农业生产成本不断上升,产业化水平低,比较效益偏低的矛盾较为突出;农产品市场需求刚性增长,资源环境约束加剧,保障主要农产品供求平衡难度加大;农业劳动力素质有待提高,科技创新和推广应用能力不强,转变农业发展方式的任务极为艰巨;农户生产经营规模小,农业社会化服务体系不健全,组织化程度较低,小生产与大市场的矛盾依然明显;全球粮食能源化、金融化趋势明显,国际农产品市场投机炒作及传导影响加深,我国现代农业发展面临更多的外部不确定性。

"十二五"时期,必须珍惜、抓住、用好难得的历史机遇,坚持用现代物质条件装备农业,用现代科学技术改造农业,用现代产业体系提升农业,用现代经营方式推进农业,用现代发展理念引领农业,用培养新型农民发展农业,着力突破瓶颈制约,努力探索出一条具有中国特色的农业现代化道路。

二、指导思想、基本原则与发展目标

(一)指导思想。

以邓小平理论和"三个代表"重要思想为指导,深入贯彻落实科学发展观,全面贯彻党的十七大和十七届三中、四中、五中、六中全会精神,按照在工业化、城镇化深入发展中同步推进农业现代化的要求,坚持走中国特色农业现代化道路,以转变农业发展方式为主线,以保障主要农产品有效供给和促进农民持续较快增收为主要目标,以提高农业综合生产能力、抗风险能力和市场竞争能力为主攻方向,着力促进农业生产经营专业化、标准化、规模化、集约化,着力强化政策、科技、设施装备、人才和体制支撑,着力完善现代农业产业体系,提高农业现代化水平、农民生活水平和新农村建设水平,为全面建设小康社会和国家现代化建设提供具有决定性意义的基础支撑。

(二)基本原则。

——坚持确保国家粮食安全。坚持立足国内实现粮食基本自给的方针,实行最严格的耕地保护和节约用地制度,加强农业基础设施建设,着力提高粮食综合生产能力,加快构建供给稳定、储备充足、调控有力、运转高效的粮食安全保障体系。

——坚持和完善农村基本经营制度。在保持农村土地承包关系稳定并长久不变的前提下,推进农业经营体制机制创新,坚决防止以发展现代农业为名强迫农民流转土地承包经营权、改变土地农业用途,切实尊重农民意愿,维护农民利益。

——坚持科教兴农和人才强农。加快农业科技自主创新和农业农村人才培养,加快农业科技成果转化与推广应用,提高农业物质技术装备水平,推动农业发展向主要依靠科技进步、劳动者素质提高和管理创新转变。

——坚持政府支持、农民主体、社会参与。强化政府支持作用,加大强农惠农富农力度,充分发挥农民的主体作用和首创精神,引导和鼓励社会资本投入农业,凝聚各方力量,合力推进现代农业发展。

——坚持分类指导、重点突破、梯次推进。进一步优化农业生产力布局,因地制宜地采取有选择、差别化扶持政策,支持主要农产品优势产区建设,鼓励有条件地区率先实现农业现代化,推动其他地区加快发展,全面提高农业现代化水平。

(三)发展目标。

到2015年,现代农业建设取得明显进展。粮食等主要农产品供给得到有效保障,农业结构更加合理,物质装备水平明显提高,科技支撑能力显著增强,生产经营方式不断优化,农业产业体系更趋完善,土地产出率、劳动生产率、资源利用率显著提高,东部沿海、大城市郊区和大型垦区等条件较好区域率先基本实现农业现代化。

展望2020年,现代农业建设取得突破性进展,基本形成技术装备先进、组织方式优化、产业体系完善、供给保障有力、综合效益明显的新格局,主要农产品优势区基本实现农业现代化。

三、重点任务

从加快转变农业发展方式的关键环节入手,重点加强事关现代农业发展全局、影响长远的八个方面建设。

(一)完善现代农业产业体系。

稳定发展粮食和棉油糖生产。稳定粮食播种面积,优化品种结构，提高单产和品质，加强生产能力建设，确保国家粮食安全。实施全国新增千亿斤粮食生产能力规划，将粮食生产核心区和非主产区产粮大县建设成为高产稳产商品粮生产基地。积极推进南方稻区“单改双”，扩大东北优势区粳稻种植面积，稳步推进江淮等粳稻生产适宜区“籼改粳”。稳定小麦面积，发展优质专用品种。稳定增加玉米播种面积，积极恢复和稳定大豆种植面积，着力提高单产水平。积极开发和选育马铃薯优质专用高产品种，提高脱毒种薯供给能力。继续加强优质棉花生产基地建设，稳定发展油糖生产，多油并举稳定食用植物油自给率，基本满足国内棉花消费需求，实现糖料基本自给。

积极发展“菜篮子”产品生产。加强蔬菜水果、肉蛋奶、水产品等产品优势产区建设，扩大大中城市郊区“菜篮子”产品生产基地规模，建设海南冬季瓜菜生产基地等国家南菜北运重点生产基地。推动苹果、柑橘等优势园艺产品生产，稳定发展生猪和蛋禽，加快发展肉禽和奶牛，稳定增加水产品养殖总量，扶持和壮大远洋渔业。

大力发展农产品加工和流通业。加强主要农产品优势产区加工基地建设，引导农产品加工业向种养业优势区域和城市郊区集中。启动实施农产品加工提升工程，推广产后贮藏、保鲜等初加工技术与装备；大力发展精深加工，提高生产流通组织化程度，培育一批产值过百亿元的大型加工和流通企业集团。强化流通基础设施建设和产销信息引导，升级改造农产品批发市场，支持优势产区现代化鲜活农产品批发市场建设，大力发展冷链体系和生鲜农产品配送。发展新型流通业态，推进订单生产和“农超对接”，落实鲜活农产品运输“绿色通道”政策，降低农产品流通成本。规范和完善农产品期货市场。

（二）强化农业科技和人才支撑。

增强农业科技自主创新能力。明确农业科技的公共性、基础性、社会性地位，加强基础性、前沿性、公益性重大农业科学技术研究，强化技术集成配套，着力解决一批影响现代农业发展全局的重大科技问题。加快农业技术引进消化吸收再创新步伐，加强农业科技领域国际合作。改善农业科研条件，调整优化农业科研布局，加强农业科研基地和重点实验室建设，完善农业科技创新体系和现代农业产业技术体系，启动实施农业科技创新能力建设工程。组建一批产业技术创新战略联盟和国家农业科技园区。完善农业科技评价机制，激发农业科技创新活力。

大力发展现代农作物种业。整合种业资源，培育一批具有重大应用前景和自主知识产权的突破性优良品种，建设一批标准化、规模化、集约化、机械化的良种繁育和生产基地，打造一批育种能力强、生产加工技术先进、市场营销网络健全、技术服务到位的现代种业集团。构建以产业为主导、企业为主体、基地为依托、产学研相结合、育繁推一体化的现代种业体系，提升种业科技创新能力、企业竞争能力、供种保障能力和市场监管能力。实施好转基因生物新品种培育重大专项，加快发展生物育种战略性新兴产业。

加快农业新品种新技术转化应用。加快优质超级稻、专用小麦、高油大豆、耐密玉米、双低油菜、杂交棉花、高产高糖甘蔗等新品种推广，加强小麦“一喷三防”（喷施叶面肥，防病虫害、防早衰、防干热风）、水稻大棚和工厂化育秧、玉米地膜覆盖、棉花轻简育苗移栽、甘蔗健康种苗、机械化深松整地、膜下滴灌、水肥一体化、测土配方施肥、耕地改良培肥、农作物病虫害专业化统防统治、秸秆综合利用、快速诊断检测等稳产增产和抗灾减灾关键技术的集成应用。推进联合育种，加快畜禽水产遗传改良进程。创新农业技术推广机制，大规模开展高产创建，在有条件地区实行整乡整县（场）推进，力争实现优势产区和主要品种全覆盖。大力推动精准作业、智能控制、远程诊断、遥感监测、灾害预警、地理信息服务及物联网等现代信息技术在农业农村的应用。

壮大农业农村人才队伍。以实施现代农业人才支撑计划为抓手，大力培养农业科研领军人才、农业技术推广骨干人才、农村实用人才带头人和农村生产型、经营型、技能服务型人才。围绕农业生产服务、农村社会管理和涉农企业用工等需求，加大农村劳动力培训阳光工程实施力度。大力发展农业职业教育，加快技能型人才培养，培育一批种养业能手、农机作业能手、科技带头人等新型农民。支持高校毕业生和各类优秀人才投身现代农业建设，鼓励外出务工农民带技术、带资金回乡创业。

（三）改善农业基础设施和装备条件。

大规模开展高标准农田建设。按照统筹规划、分工协作、集中投入、连片推进的思路，拓宽资金渠道，加大投入力度，大规模改造中低产田，建设旱涝保收高标准农田。加快大中型灌区、排灌泵站配套改造，新建一批灌区，大力开展小型农田水利建设，增加农田有效灌溉面积。加强新增千亿斤粮食生产能力规划的田间工程建设，开展农田整治，完善机耕道、农田防护林等设施，推广土壤有机质提升、测土配方施肥等培肥地力技术。完善高标准农田建后管护支持政策和制度，延长各类设施使用年限，确保农田综合生产能力长期持续稳定提升。

改善养殖业生产条件。加速培育一大批设施完备、技术先进、质量安全、环境友好的现代化养殖场。加快实施畜禽良种工程，支持畜禽规模化养殖场(小区)开展标准化改造和建设。加大内蒙古、青海、甘肃、新疆、西藏和川西北等牧区草原畜牧业生产建设投入，加快草原围栏、棚圈和牧区水利建设，配套发展节水高效灌溉饲草基地。健全水产原良种体系，开展池塘标准化改造，建设水产健康养殖示范场。加强渔港和渔政执法能力建设。

加快农业机械化。全面落实农机具购置补贴各项管理制度和规定，加强先进适用、安全可靠、节能减排、生产急需的农业机械研发推广，优化农机装备结构。加快推进水稻栽插收获和玉米收获机械化，重点突破棉花、油菜、甘蔗收获机械化瓶颈，大力发展高效植保机械，积极推进养殖业、园艺业、农产品初加工机械化，发展农用航空。加快实施保护性耕作工程。大力发展设施农业。支持农用工业发展，提高大型农机具和农药、化肥、农膜等农资生产水平。

加强农业防灾减灾能力建设。加快构建监测预警、应变防灾、灾后恢复等防灾减灾体系。建设一批规模合理、标准适度的防洪和抗旱应急水源工程，提高防汛抗旱减灾能力。开展应对与适应气候变化、气候资源高效利用等重大技术研发应用，强化气象灾害、草原火灾监测预警预报和信息发布系统建设，加快国家人工影响天气综合基地和重点地区人工增雨抗旱防雹工程建设。加强种子、饲草料等应急救灾物资储备调运条件建设，推广相应的生产技术和防灾减灾措施，提高应对自然灾害和重大突发事件能力。

(四)增强农产品质量安全保障能力。

大力推进农业标准化。以农兽药残留标准为重点，加快健全农业标准体系。以园艺产品、畜产品、水产品等为重点，推行统一的标准、操作规程和技术规范。集中创建一批园艺作物标准园、畜禽养殖标准化示范场和水产健康养殖示范场，加强国家级农业标准化整建制推进示范县(场)建设。加快发展无公害农产品、绿色食品、有机农产品和地理标志农产品。

加强农产品质量安全监管。健全国家、省、市(地)、县(场)四级投入品和农产品质量安全监管体系。完善投入品登记、生产、经营、使用和市场监督等管理制度，完善农产品质量安全风险评估、产地准出、市场准入、质量追溯、退市销毁等监管制度，健全检验检测体系。建立协调配合、检打联动、联防联控、应急处置机制。实行农产品产地安全分级管理。推动农产品生产、加工和流通企业建立诚信制度。

(五)提高农业产业化和规模化经营水平。

推进农业产业化经营跨越式发展。制定扶持农业产业化龙头企业发展的综合性政策，启动实施农业产业化经营跨越发展行动。按照扶优、扶大、扶强的原则，选择一批经营水平好、经济效益高、辐射带动能力强的龙头企业予以重点扶持。依托农产品加工、物流等各类农业园区，选建一批农业产业化示范基地，推进龙头企业集群发展。引导龙头企业采取兼并、重组、参股、收购等方式，组建大型企业集团，支持龙头企业跨区域经营，提升产品研发、精深加工技术水平和装备能力。鼓励龙头企业采取参股、合作等方式，与农户建立紧密型利益联结关系。

强化农民专业合作社组织带动能力。广泛开展示范社建设行动，加强规范化管理，开展标准化生产，实施品牌化经营。加大合作社经营管理人员培训培养力度，加强合作社辅导员队伍建设。支持农民专业合作社参加农产品展示展销活动，与批发市场、大型连锁超市以及学校、酒店、大企业等直接对接，建立稳定的产销关系。鼓励农民专业合作社开展信用合作，在自愿基础上组建联合社，提高生产经营和市场开拓能力。扶持合作社建设农产品仓储、冷藏、初加工等设施。

发展多种形式的适度规模经营。在依法自愿有偿和加强服务基础上，完善土地承包经营权流转市场，发展多种形式的规模化、专业化生产经营。引导土地承包经营权向生产和经营能手集中，大力培育和发展种养大户、家庭农(牧)场。严格规范管理，支持农民专业合作社及农业产业化龙头企业建立规模化生产基地。实施“一村一品”强村富民工程。

(六)大力发展农业社会化服务。

增强农业公益性服务能力。加快基层农技推广体系改革和建设，改善工作条件，保障工作经费，创新运行机制，健全公益性农业技术推广服务体系。加强农业有害生物监测预警和防控能力建设，大力推行专业化统防统治，力争在粮食主产区、农作物病虫害重灾区和源头区实现全覆盖。加强动物防疫体系建设，完善国家动物疫病防控网络和应急处理机制，强化执法能力建设，切实控制重大动物疫情，努力减轻人畜共患病危害。

大力发展农业经营性服务。培育壮大专业服务公司、专业技术协会、农民经纪人、龙头企业等各类社会化服务主体，提升农机作业、技术培训、农资配送、产品营销等专业化服务能力。加强农业社会化服务市场管理，规范服务行为，维护服务组织和农户的合法权益。

(七)加强农业资源和生态环境保护。

加强农业资源保护。继续实行最严格的耕地保护制度，加强耕地质量建设，确保耕地保有量保持在18.18亿亩，基本农田不低于15.6亿亩。科学保护和合理利用水资源，大力发展节水增效农业，继续建设国家级旱作农业示范区。坚持基本草原保护制度，推行禁牧、休牧和划区轮牧，实施草原保护重大工程。加大水生生物资源养护力度，扩大增殖放流规模，强化水生生态修复和建设。加强畜禽遗传资源和农业野生植物资源保护。

加强农业生态环境治理。鼓励使用生物农药、高效低毒低残留农药和有机肥料，回收再利用农膜和农药包装物，加快规模养殖场粪污处理利用，治理和控制农业面源污染。加快开发以农作物秸秆等为主要原料的肥料、饲料、工业原料和生物质燃料，培育门类丰富、层次齐全的综合利用产业，建立秸秆禁烧和综合利用的长效机制。继续实施农村沼气工程，大力推进农村清洁工程建设，清洁水源、田园和家园。

大力推进农业节能减排。树立绿色、低碳发展理念，积极发展资源节约型和环境友好型农业，大力推广节地、节水、节种、节肥、节药、节能和循环农业技术，淘汰报废高耗能老旧农业机械，加快老旧渔船更新改造，推进形成"资源—产品—废弃物—再生资源"的循环农业方式，不断增强农业可持续发展能力。

（八）创建国家现代农业示范区。

加大示范区建设力度。高标准、高起点、高水平创建300个左右国家现代农业示范区。以粮棉油糖、畜禽、水产、蔬菜等大宗农产品及部分地区特色农产品生产为重点，加大示范项目建设投入力度，着力培育主导产业，创新经营体制机制，强化物质装备，培养新型农民，推广良种良法，加快农机农艺融合，大力促进农业生产经营专业化、标准化、规模化和集约化，努力打造现代农业发展的典型和样板。

发挥示范区引领作用。积极探索具有区域特色、顺应现代农业发展规律的建设模式。通过产业拉动、技术辐射和人员培训等，带动周边地区现代农业加快发展。引导各地借鉴示范区发展现代农业的好做法和好经验，推动创建不同层次、特色鲜明的现代农业示范区，扩大示范带动范围，形成各级各类示范区互为借鉴、互相补充、竞相发展的良好格局。

四、重点区域

综合考虑各地自然资源条件、经济社会发展水平和农业发展基础等因素，按照分类指导、突出重点、梯次推进的思路，以"七区二十三带"农业战略格局为核心，着力建设重点推进、率先实现和稳步发展三类区域，引领全国现代农业加快发展。

（一）重点推进区域。包括东北平原、黄淮海平原、长江流域、汾渭平原、河套灌区、华南、甘肃新疆等"七区二十三带"的主要区域。该区域地势平坦，水土资源匹配，农业生产技术较为成熟，农业生产条件具有良好基础，是我国粮食生产核心区和棉油糖、畜禽、水产、蔬菜、水果、蚕茧等其他农产品主产区，承担着主要农产品供给保障的主体功能。加快推进该区域现代农业建设，事关全国农业现代化进程和国家粮食安全大局。

——粮食生产核心区。主要指《全国新增1000亿斤粮食生产能力规划（2009—2020年）》确定的24个省（区、市）800个粮食生产大县（市、区、场）。"十二五"期间，继续发挥该区域粮食安全基础保障作用，调动各方发展粮食生产积极性，以建设小麦、玉米、水稻、大豆优势产业带为重点，深入开展粮食稳定增产行动，加强农田水利和高标准农田建设，提高农机装备和作业水平，大力开展高产创建和科技指导服务，推广防灾减灾增产关键技术，加快选育应用优良品种，大幅度提升粮食综合生产能力和现代化生产水平。大力发展粮食精深加工及仓储物流业，完善粮食仓储运输设施，引导龙头企业向优势产区集聚，促进就地加工转化，提高粮食生产综合效益。

——其他主要农产品优势区。主要指《全国优势农产品区域布局规划（2008—2015年）》确定的棉花、油菜、甘蔗、天然橡胶、苹果、柑橘、马铃薯、生猪、奶牛、肉牛、肉羊、出口水产品12种农产品优势区，以及蔬菜、蚕茧等农产品生产的主体区域。"十二五"期间，以建设区域内各类农产品优势产业带为重点，推动规模化种养、标准化生产、产业化经营、品牌化销售，强化质量安全监管，提高资源利用率和加工转化率。继续巩固棉油糖、水果和蔬菜等产品供给保障地位，着力强化技术装备支撑，突破瓶颈制约，提高现代化生产水平。继续巩固生猪、牛奶等大宗畜产品供给保障区的主体地位，强化出口水产品生产基地功能，加快现代养殖业发展。

（二）率先实现区域。包括环渤海、长江三角洲、珠江三角洲地区和海峡西岸经济区等发达地区，以及沿海地区以外的直辖市、省会城市等大城市郊区和大型集团化垦区。该区域交通、区位、市场和人力资源优势明显，资本、技术等现代化生产要素集约化程度高，是我国集约化农业、规模化农业和多功能农业发展较好地区。加快该区域现代农业建设，对于引领全国现代农业加快发展具有重要意义。

——东部沿海先导农业区。主要指环渤海、长江三角洲、珠江三角洲地区和海峡西岸经济区等发达地区。"十二五"期间，大力发展资本、技术密集型农业，保持耕地面积不减少，稳定发展粮食生产，加快发展以园艺产品、畜产品、水产品为重点的高效农业、精品农业、外向型农业和生态休闲农业，探索企业化、集团化发展模式，大力推进标准化生产和集约化经营，提高信息化、优质化和品牌化水平，提升产品的科技含量和附加值。

——大城市郊区多功能农业区。主要指沿海地区以外的直辖市、省会城市等大城市郊区。"十二五"期间,统筹推进新一轮"菜篮子"工程建设,合理确定大城市郊区"菜篮子"产品生产用地保有数量,大力发展蔬菜、水果、花卉等高效园艺产业和畜禽水产业,提高大城市"菜篮子"产品的自给率。在稳定城市副食品供应保障能力的基础上,进一步挖掘农业的生态涵养、观光休闲和文化传承等多种功能,提高农业效益,增加农民收入。

——农垦规模化农业区。主要指新疆生产建设兵团和黑龙江农垦、广东农垦等19个大型集团化垦区。"十二五"期间,继续发挥规模优势,全面推进机械化、标准化、品牌化、产业化发展,加快农田基础设施和现代农业装备建设,着力建设国家商品粮供给重点保障区,建设天然橡胶、棉花、糖料、牛奶、种子等大型农产品商品生产基地,提升垦区现代农业发展水平,示范带动周边地区发展,并在农业"走出去"方面发挥重要作用。

(三)稳步发展区域。主要指草原生态经济区,包括北方干旱半干旱草原地区和青藏高原草原地区,涉及内蒙古、四川、西藏、甘肃、青海、新疆等13个省(区)。加快该区域现代农业建设,对于保障全国生态安全具有不可替代的战略作用。"十二五"期间,牢固树立生产生态有机结合、生态优先的基本方针,加强草原生态环境保护和建设,稳步推进退牧还草和游牧民定居工程,加强以节水灌溉饲草地为重点的牧区水利建设,建立草原增加碳汇和生态补偿机制。转变畜牧业发展方式,优化生产布局和畜群结构,提高科学饲养和经营水平,加强农牧互补、牧养结合,促进草畜平衡,发展生态畜牧业。

五、重大工程

围绕重点建设任务,以最急需、最关键、最薄弱的环节和领域为重点,组织实施一批重大工程,全面夯实现代农业发展的物质基础。

(一)旱涝保收高标准农田建设工程。完善田间灌排沟渠及机井、节水、小型集雨蓄水、积肥设施、机耕道路及桥涵、农田林网等方面的基础设施。开展土地平整,落实土壤改良、地力培肥等措施,加快先进适用耕作技术推广应用,新建旱涝保收高标准农田4亿亩。

(二)新增千亿斤粮食生产能力建设工程。在全国800个产粮大县(市、区、场)统筹实施水源和渠系工程、田间工程、良种繁育、防灾减灾、仓储物流和粮食加工等工程,逐步建设成为田间设施齐备、服务体系健全、仓储条件配套、区域化、规模化、集中连片的国家级商品粮生产基地。

(三)棉油糖生产基地建设工程。加强新疆、黄淮海地区、长江流域棉花生产基地建设,强化长江流域"双低油菜"和黄淮海地区花生生产基地建设,支持南方甘蔗和北方甜菜生产基地建设,着力改善田间基础设施、良种科研繁育设施等生产条件。

(四)新一轮"菜篮子"建设工程。加强园艺作物标准园建设,扩大畜禽标准化规模养殖场(小区)和水产健康养殖示范场规模,强化质量安全措施。建设一批国家级重点大型批发市场和区域性产地批发市场,引导建设优质农产品物流配送中心,发展农产品电子商务。

(五)现代种业工程。健全农作物种质资源和畜禽遗传资源保存体系,建设动植物基因信息库,研发生物育种技术,建立转基因生物安全保障体系。建设国家级农作物育制种基地,完善农作物品种试验和种子检测设施条件。支持畜禽育种场、原良种场、种公畜站、新品种培育场建设。建设水产遗传育种中心和原良种场。

(六)渔政渔港建设工程。改扩建或新建一批沿海中心渔港、一级渔港、二级渔港、避风锚地和内陆重点渔港,建设一批大型渔政船,加强渔政基地和管理信息系统建设,提高渔政执法能力。

(七)动植物保护工程。健全六级动物疫病防控体系,健全兽药质量安全监管和动物防疫技术支撑体系。建设四级农作物病虫疫情监测防控体系,完善监测、防控、监管等设施设备。

(八)农产品质量安全检验检测能力建设工程。改扩建检验检测实验室,建设部级水产品质量安全研究中心,补充建设一批部级专业质检中心,全方位建设市(地)级综合质检中心和县(场)级综合质检站,构建全国农产品质量安全监测信息预警平台。

(九)乡镇农业公共服务能力建设工程。在健全乡镇或区域性农业技术推广、动植物疫病防控和农产品质量安全监管等公共服务机构基础上,按照整合资源、注重实效、填平补齐、因地制宜、标准适当原则,改善农业技术推广、病虫害防控、农产品检验检测、农民培训等设施设备条件。

(十)农业机械化推进工程。重点支持农民、农民专业合作社购置大型复式和高性能农机具,加大对秸秆机械化还田和收集打捆机具配套的支持力度,改善农机化技术推广、农机安全监理、农机试验鉴定等公共服务机构条件,完善农业、气象等方面的航空站和作业起降点基础设施,扶持农机服务组织发展。

(十一)农业信息化建设工程。建设一批农业生产经营信息化示范基地和农业综合信息服务平台,建立共享化农业信息综合数据库和网络化信息服务支持系统,开展农业物联网应用示范。

(十二)农村沼气工程。加快户用沼气、养殖小区和联户沼气、大中型沼气工程建设,完善沼气服务和科技支撑体系。

(十三)草原保护与建设工程。加大天然草原退牧还草工程实施力度,加强京津风沙源区草地治理,继续加强三江源等地区草原生态建设,开展草原自然保护区建设和南方草地综合治理,加快实施游牧民定居工程。改良草原3亿亩,人工种草1.5亿亩。

(十四)新型农村人才培养工程。改善农业广播电视学校、农业职业院校、农业技术推广机构、农村实用人才培训基地、农业职业技能鉴定机构的设施条件,提高培训服务能力。加强对农民专业合作社、农业龙头企业、农产品加工企业中的经营和管理骨干、农民经纪人、农产品营销大户的经营管理培训,加强对种养能手、农机手、农民信息员和涉农企业从业人员的技术培训。

六、保障措施

在工业化、城镇化深入发展中同步推进农业现代化任务十分艰巨,必须从我国国情和农业发展实际出发,突出重点,加大投入,强化措施,综合施策,建立、健全以工促农、以城带乡的长效机制,为现代农业建设取得明显进展提供有力保障。

(一)建立农业投入稳定增长机制。

继续加大投入力度。按照总量持续增加、比例稳步提高的要求,不断增加“三农”投入。中央和县级以上地方财政每年对农业的总投入增长幅度应当高于其财政经常性收入增长幅度。预算内固定资产投资要向重大农业农村建设项目倾斜。耕地占用税税率提高后,新增收入全部用于农业。严格按照有关规定计提和使用用于农业土地开发的土地出让收入,严格执行新增建设用地土地有偿使用费全部用于耕地开发和土地整理的规定。积极推动土地出让收益用于高标准农田建设。继续增加现代农业生产发展资金和农业综合开发资金规模,充分发挥中国农业产业发展基金的引导作用。

改善农村金融服务。加快农村金融组织、产品和服务创新,推动发展村镇银行等农村中小金融机构。进一步完善县域内法人银行业金融机构新吸收存款主要用于当地发放贷款政策,落实和完善涉农贷款税收优惠、农村金融机构定向费用补贴和县域金融机构涉农贷款增量奖励等政策。引导金融机构发放农业中长期贷款,加强考核评价。完善农民专业合作社管理办法,支持其开展信用合作,落实农民专业合作社和农村金融有关税收优惠政策。扶持农业信贷担保组织发展,扩大农村担保品范围。加快发展农业保险,完善农业保险保费补贴政策。健全农业再保险体系,探索完善财政支持下的农业大灾风险分散机制。

引导社会资本投入农业。各部门要主动服务“三农”,在制定规划、安排项目、增加资金时切实向农业农村倾斜。积极推动建立城乡要素平等交换关系,鼓励和促进工业与城市资源要素向农业农村配置。进一步加大村级公益事业建设“一事一议”财政奖补力度,调动农民参与农业农村基础设施建设的积极性。通过组织动员和政策引导等多种途径,鼓励各种社会力量与乡村结对帮扶,参与农村产业发展和公共设施建设,努力形成多元化投入新格局。

(二)加大农业支持保护力度。

坚持和完善农业补贴政策。强化农业补贴对调动农民积极性、稳定农业生产的导向作用,建立农业补贴政策后评估机制,完善补贴办法,增强补贴实效。继续实施种粮直补。落实农资综合补贴动态调整机制。研究逐步扩大良种补贴品种和范围,扩大马铃薯原种和花生良种繁育补贴规模;扩大生猪、奶牛、肉牛、牦牛、绵羊、山羊等良种补贴规模。扩大农机具购置补贴规模,加大农机化薄弱环节生产机械补贴力度。加大动物强制免疫补贴力度,研究将布鲁氏菌病、狂犬病和包虫病等人畜共患病纳入免疫补助范围。逐步完善农业生产关键技术应用与服务支持政策,大幅度增加农业防灾减灾稳产增产关键技术良法补助。坚持和完善渔用柴油补贴政策。继续实施农业种子种苗种畜种禽免税进口优惠政策。

建立完善农业生产奖补制度。完善主产区利益补偿机制,提高中央财政对粮食、油料生产大县转移支付水平,继续加大对产粮大县、生猪调出大县的奖励力度,规范粮食主产县涉农投资项目地方资金配套,全面取消主产区粮食风险基金地方资金配套。稳步提高粮食主产区县级人均财力水平。全面实施和完善草原生态保护补助奖励政策。扩大草原生态保护、面源污染防控生态奖补范围和规模,探索实施生物农药、低毒农药使用补助政策。研究建立高耗能老旧农业机械报废回收制度,探索实施报废更新补助。

加大对农业科研和技术推广的支持力度。完善现代农业产业技术体系,继续实施转基因生物新品种培育重大专项、公益性行业科研专项等农业重大科研项目;建立种业发展基金;加大国家重点基础研究发展计划、国家高技术研究发展计划、国家科技支撑计划等在农业领域实施力度,选择部分农业科研院所予以稳定支持。将乡镇或区域性农业技术推广、动植物疫病防控、农产品质量监管等公共服务机构履行职责所需经费纳入地方财政预算,按照种养规模和服务绩效安排工作经费,实现在岗人员工资收入与基层事业单位人员工资收入平均水平相衔接,将基层农业技术推广体系改革与建设示范县项目基本覆盖农业县(市、区、场)、农业技术推广机构条件建设项目覆盖全部乡镇;启动基层农业技术推广特设岗位计划。加大动物疫病防控经费投入，完善病死动物无害化处理补贴制度。建立和完善农作物病虫害专业化统防统治补助政策。扩大粮棉油糖高产创建、园艺作物和畜牧水产养殖产品标准化创建以及农业标准化示范县项目规模。继续向农民免费提供测土配方施肥服务，扩大土壤有机质提升项目实施范围和规模。继续加大农业农村人才培养力度，对大学生涉农创业按规定给予相关政策扶持。

完善农产品市场调控机制。稳步提高稻谷、小麦最低收购价，完善玉米、大豆、油菜籽、棉花等农产品临时收储政策。完善主要农产品吞吐和调节机制，健全重要农产品储备制度，发挥骨干企业稳定市场的作用。继续加强生猪、蔬菜等主要“菜篮子”产品市场监测预警体系建设，完善生猪、棉花、食糖、边销茶等调控预案，制定鲜活农产品调控办法。探索建立以目标价格为核心的反周期补贴制度。

（三）提高农业对外开放水平。

促进农业对外合作。提高农业“引进来”质量和水平。借助多双边和区域合作机制，加强农业科技交流合作，加大引资引智力度，提高农业利用外资水平。继续用好国外优惠贷款和赠款，加大先进适用技术、装备的引进、消化和吸收力度。充分利用政府间合作交流平台，拓宽农业“走出去”渠道。

加强农产品国际贸易。强化多双边和区域农业磋商谈判和贸易促进，做好涉农国际贸易规则制定工作。进一步强化贸易促进公共服务能力，积极推动优势农产品出口。建立符合世界贸易组织规则的外商经营农产品和农业生产资料准入制度。积极应对国际贸易摩擦，支持行业协会为企业维护合法权益。进一步完善农业产业损害监测预警机制。运用符合世界贸易组织规则的相关措施，灵活有效调控农产品进出口。

（四）深化农业农村改革。积极推动种业、农垦等方面改革。加强对国家现代农业示范区、新形势下农村改革试验区工作指导和支持，发挥先行先试作用。统筹城乡产业发展，发展农村服务业和乡镇企业，制定农村二三产业加快发展的鼓励政策，落实和完善有关税收政策。统筹城乡基础设施建设和公共服务，逐步建立城乡统一的公共服务制度。统筹城乡劳动就业，健全城乡平等的就业制度和覆盖城乡的公共就业服务体系，引导农村富余劳动力平稳有序外出务工就业、就地就近转移就业。统筹城乡社会管理，积极稳妥推进户籍制度改革。推进省直接管理县（市）财政体制改革，优先将农业大县纳入改革范围。

（五）强化农业法制保障。完善以农业法为基础的农业法律、法规体系，研究起草农业投入等方面的法律、法规。加快农业行政执法体制改革，全面推进农业综合执法。深入开展农业普法宣传教育。

（六）加强组织领导。坚持“米袋子”省长负责制和“菜篮子”市长负责制。完善体现科学发展观和正确政绩观要求的干部政绩考核评价体系，把粮食生产、农民增收、耕地保护作为考核地方特别是县（市）领导班子绩效的重要内容，全面落实耕地和基本农田保护领导干部离任审计制度。各有关部门和地方各级人民政府要围绕规划目标任务，明确职责分工，强化协调配合，完善工作机制，研究落实各项强农惠农富农政策，统筹协调推动重大工程的实施，确保规划落到实处，努力开创我国农业现代化发展新局面。

中国政府网发布国务院印发《“十二五”控制温室气体排放工作方案》的通知

《“十二五”控制温室气体排放工作方案》（以下简称《工作方案》）全文约6000字，包括总体要求和主要目标、综合运用多种控制措施、开展低碳发展试验试点、加快建立温室气体排放统计核算体系、探索建立碳排放交易市场、大力推动全社会低碳行动、广泛开展国际合作、强化科技与人才支撑、保障工作落实九个方面、二十八条具体要求。

《工作方案》确定的总体要求是：坚持以科学发展为主题，以加快转变经济发展方式为主线，牢固树立绿色、低碳发展理念，统筹国际国内两个大局，把积极应对气候变化作为经济社会发展的重大战略、作为加快转变经济发展方式、调整经济结构和推进新的产业革命的重大机遇，坚持走新型工业化道路，合理控制能源消费总量，综合运用优化产业结构和能源结构、节约能源和提高能效、增加碳汇等多种手段，开展低碳试验试点，完善体制机制和政策体系，健全激励和约束机制，更多地发挥市场机制作用，加强低碳技术研发和推广应用，加快建立以低碳为特征的工业、能源、建筑、交通等产业体系和消费模式，有效控制温室气体排放，提高应对气候变化能力，促进经济社会可持续发展，为应对全球气候变化作出积极贡献。

主要目标是：大幅度降低单位国内生产总值二氧化碳排放，到2015年全国单位国内生产总值二氧化碳排放比2010年下降17%。控制非能源活动二氧化碳排放和甲烷、氧化亚氮、氢氟碳化物、全氟化碳、六氟化硫等温室气体排放取得成效。应对气候变化政策体系、体制机制进一步完善，温室气体排放统计核算体系基本建立，碳排放交易市场逐步形成。通过低碳试验试点，形成一批各具特色的低碳省区和城市，建成一批具有典型示范意义的低碳园区和低碳社区，推广一批具有良好减排效果的低碳技术和产品，控制温室气体排放能力得到全面提升。

重庆市第三届人民代表大会第五次会议选举陈存根为重庆市人大常委会主任

甘肃省第十一届人民代表大会第五次会议选举王三运为甘肃省人大常委会主任

中国人民银行公布2011年金融统计数据

数据显示，截至去年年末我国外汇储备达31811.48亿美元，比三季度末净减少205.35亿美元。

国家副主席习近平在人民大会堂会见智利众议长梅莱罗

习近平说，2011年6月我访问智利时，深切感受到智利人民对中国人民的深情厚谊。在双方的共同努力下，两国政治、经贸、人文等各领域的交流与合作全方位展开，成果丰硕。中智已成为相互信任的好朋友、真诚合作的好伙伴。中方一贯从战略高度重视发展同智利的关系，愿与智方共同努力，推动中智全面合作伙伴关系不断向前发展。

国务院副总理王岐山在中南海会见美国前国务卿亨利·基辛格

国家主席胡锦涛特使陈至立在阿什哈巴德会见土库曼斯坦议长努尔别尔德耶娃

南苏丹总统基尔在朱巴会见中共中央政治局委员李源潮

国办印发《中国遏制与防治艾滋病"十二五"行动计划》并发出通知

各省、自治区、直辖市人民政府，国务院各部委、各直属机构：

《中国遏制与防治艾滋病"十二五"行动计划》已经国务院同意，现印发给你们，请认真贯彻执行。

国务院办公厅

2012年1月13日

中国遏制与防治艾滋病"十二五"行动计划

为切实维护广大人民群众的身体健康，落实《国务院关于进一步加强艾滋病防治工作的通知》（国发〔2010〕48号）精神，结合深化医药卫生体制改革，制订本行动计划。

一、防治现状

近年来，各地区、各有关部门认真贯彻党中央、国务院关于艾滋病防治的一系列决策部署，落实各项综合防治措施，防治工作取得了显著进展，艾滋病疫情快速上升的势头有所减缓，病死率有所下降，社会歧视有所减少，艾滋病病毒感染者（以下简称感染者）和艾滋病病人（以下简称病人）的生活质量明显改善，基本实现了《中国遏制与防治艾滋病行动计划（2006—2010年）》的总体目标。

但是，当前艾滋病流行形势仍然严峻，社会歧视广泛存在，局部地区和高危行为人群疫情严重，还有相当数量的感染者和病人未被发现，梅毒等性病疫情上升，艾滋病传播的危险因素广泛持续存在，感染者陆续进入发病期，病人明显增多，死亡增加。防治工作面临一些新的挑战：性传播已成为主要传播途径，传播方式更加隐蔽，男性同性性行为人群疫情上升明显，配偶间传播增加，未开展预防母婴传播项目地区的母婴传播率处于较高水平；抗艾滋病病毒治疗耐药增多加大了治疗的压力和难度。同时，一些地区和部门对艾滋病防治工作重视不够，政策落实不到位，防治措施覆盖面不足；现有的防治技术、手段和能力尚不能满足工作需求，防控工作的针对性和有效性有待进一步提高，基层基础工作有待加强。防治工作出现的新问题与原有问题以及难点问题交织并存，情况更加复杂，防治任务十分艰巨。

二、目标和工作原则

（一）目标。减少艾滋病新发感染，降低艾滋病病死率，减少对受艾滋病影响人群的歧视，提高感染者和病人生存质量。到2015年年底，重点地区和重点人群艾滋病疫情快速上升的势头得到基本遏制，艾滋病新发感染数比2010年减少25%，艾滋病病死率下降30%，存活的感染者和病人数控制在120万左右。

1. 艾滋病综合防治知识（包括艾滋病、性病、丙肝防治知识和无偿献血知识）知晓率，15—60岁城镇居民达到85%以上，农村居民达到80%以上；出入境人群、流动人口和15—49岁妇女达到85%以上；高危行为人群和青少年达到90%以上；监管场所的被监管人员达到95%以上。所有普通中学、中等职业学校、普通高等学校每学年按照规定要求开展艾滋病综合防治知识专题教育或宣传教育活动；各级主要新闻媒体刊播艾滋病综合防治知识公益广告占公益广告的比例达到5%以上。人口献血率达到10/千人口，各省（区、市）献血量和献血人次的增长水平不低于当地医疗服务需求的增长水平。

2. 高危行为人群有效干预措施覆盖率达到90%以上，接受艾滋病检测并知晓检测结果的比例达到70%以上；所有计划生育技术服务机构发放和推广使用安全套；95%的宾馆等公共场所摆放安全套或设置自动售套机；高危行为人群安全套使用率达到90%以上；登记在册阿片类物质（主要指海洛因）成瘾者500

人以上的县(市、区)建立戒毒药物维持治疗门诊及其延伸服药点,为70%以上符合条件的成瘾者提供戒毒药物维持治疗服务;参加戒毒药物维持治疗人员艾滋病年新发感染率控制在1%以下;静脉注射吸毒人群共用注射器具比例控制在15%以下。

3. 孕产妇艾滋病病毒抗体检测率达到80%以上,高流行地区达到90%以上;感染艾滋病病毒的孕产妇及所生婴儿抗艾滋病病毒药物应用比例达到90%以上,接受综合干预服务后的孕产妇艾滋病母婴传播率降低到5%以下;孕产妇梅毒检测率达到70%以上。100%县级及以上医疗卫生机构主动为有艾滋病感染风险的就诊者提供必要的艾滋病和梅毒检测咨询服务,70%以上感染者和病人的配偶每年至少接受一次艾滋病检测,95%的监管场所将艾滋病检测列为新进被监管人员常规检查内容。

4. 符合治疗标准的感染者和病人接受规范抗艾滋病病毒治疗比例达到80%以上,治疗持续12个月的比例达到85%以上;90%以上的感染者和病人每年至少接受一次结核病相关检查,符合治疗条件的双重感染者接受抗结核菌和抗艾滋病病毒治疗比例达到80%以上;符合标准的病人服用预防机会性感染药物的比例达到80%以上;累计接受中医药治疗的人数比2010年增加70%。梅毒患者和感染梅毒的孕产妇接受规范诊疗的比例均达到80%以上,全国一期和二期梅毒年报告发病率增长幅度控制在5%以下,先天梅毒年报告发病率降至30/10万活产数以下。

(二)工作原则。坚持政府组织领导、部门各负其责、全社会共同参与;坚持预防为主、防治结合、依法防治、科学防治;坚持突出重点、分类指导、扩大覆盖、提高质量。

三、防控措施

(一)扩大宣传教育覆盖面,营造良好社会氛围。加强对社会公众的宣传教育。宣传部门协调指导广播影视、新闻出版等部门,将宣传艾滋病综合防治知识作为各级各类新闻媒体的重要任务,加大刊播艾滋病综合防治知识和公益广告的力度。充分利用报纸、广播、电视和互联网、手机等媒体,通过相关节目或开设专门栏目,不断扩大宣传教育覆盖面。充分发挥有社会影响的公众人物作用,鼓励和动员受艾滋病影响人群参与宣传教育工作,营造反对社会歧视的良好氛围。机关、团体、企事业单位、个体经济组织等要将艾滋病综合防治知识教育纳入本单位从业人员的岗前或岗位培训,支持员工参与艾滋病综合防治宣传活动。将艾滋病综合防治知识和政策纳入党校、行政学院、团校等机构的培训内容。将防治知识和政策掌握情况、宣传教育工作力度作为领导干部年度考核的重要内容。

加强公共场所、社区、边远贫困地区和少数民族地区的宣传教育。交通运输、铁道、卫生、质检、住房城乡建设等部门要继续在车站、码头、机场、出入境口岸、公园等公共场所以及旅客列车、民航飞机、载客船舶等公共交通工具显著位置,设立艾滋病综合防治公益广告宣传栏,放置宣传材料或播放宣传信息。各级医疗卫生机构、计划生育技术服务机构要设置固定宣传设施,经常开展艾滋病综合防治知识宣传和咨询。居民委员会和村民委员会要将艾滋病综合防治知识教育纳入基层文化建设内容,对辖区群众开展宣传教育。科技、农业、文化、卫生等部门要将艾滋病综合防治知识宣传教育工作与社会主义新农村建设和文化、科技、卫生“三下乡”等支农、惠农活动相结合,在农村相关培训中增加艾滋病综合防治教育内容,突出加强对高流行地区、边远贫困地区农民的宣传教育。要结合当地的民风、民俗特点,组织志愿者有计划地深入边远贫困村庄和少数民族村寨,加强艾滋病综合防治知识宣传。开发通俗易懂和民族语言的宣传材料,发挥宗教人士和少数民族中有影响的公众人物作用,开展对少数民族群众的宣传教育。

加强流动人口、青少年、妇女、被监管人群等重点人群的宣传教育。商务、质检等部门要加强出国劳务人员等出入境人员艾滋病综合防治知识宣传教育。人力资源社会保障等部门要将艾滋病综合防治知识教育纳入农民工相关培训。在流动人口较为集中的城镇地区,卫生、公安等部门要加强流动人口居住聚集区域或社区的艾滋病综合防治知识宣传教育工作。工商部门和工商联等单位要积极引导用工单位在其负责管理的农民工集中居住场所摆放宣传材料和安全套,开展同伴教育活动。人口计生部门要充分发挥计划生育技术服务网络的优势,向流动人口和育龄人群宣传艾滋病综合防治知识。劳务输出组织、用工单位、人力资源服务机构要将艾滋病综合防治知识教育纳入职业技能培训和安全教育。教育、公安、卫生、共青团等部门和单位要在青少年中开展艾滋病综合防治知识宣传教育活动。教育、卫生、人力资源社会保障部门要建立预防艾滋病宣传教育工作机制,在医学院校、师范院校相关课程中纳入艾滋病综合防治知识教育内容,在初中及以上学校开展艾滋病综合防治知识专题教育,加强师资队伍建设,保证课时落实和教学效果。充分发挥学校社团、互联网、学生刊物等平台的作用,鼓励青少年主动参与宣传教育活动,并将落实艾滋病综合防治知识和技能等相关教育作为学校年度考核的内容之一。妇联、人口计生、卫生等部门和单位要关注已感染艾滋病和面临感染风险的妇女,积极倡导和支持开展针对妇女的艾滋病防治知识教育,防止配偶间传播和母婴传播，切实维护妇女的合法权益。充分发挥工会、共青团、妇联、工商联、红十字会等组织的工作网络优势，继续深入开展"职工红丝带健康行动"、"青春红丝带"、"妇女'面对面'"和"红丝带健康包"等专项行动。公安、司法等部门要结合监管场所特点，加强被监管人员的法制宣传和艾滋病综合防治知识教育。

（二）扩大综合干预覆盖面，提高干预工作质量。突出重点，遏制艾滋病经性途径传播。公安部门要继续依法打击卖淫嫖娼、聚众淫乱等违法犯罪行为。卫生、宣传、文化、人口计生、工商、质检、旅游等部门要落实宾馆等公共场所摆放安全套的有关规定，加强检查指导，提高安全套的可及性。各省（区、市）要明确放置安全套或者设置安全套发售设施的公共场所。有关场所的经营者要通过多种方式，促进安全套的使用。加强对高危行为人群以及感染者配偶的健康教育和综合干预，提高安全套的使用率。要将艾滋病和性病检测纳入重点公共场所服务人员健康体检，对检出的艾滋病病人、性病患者及时提供治疗服务。加强医疗卫生机构性病防治能力建设，完善治疗服务网络，改善服务环境，提高服务质量，及时和规范治疗性病病人，并将性病诊疗服务与艾滋病预防干预紧密结合。积极探索使用抗病毒治疗药物预防配偶间和男性同性性行为人群间传播的方法。

开展对吸毒人群的综合干预，扎实推进戒毒药物维持治疗工作，减低艾滋病和毒品的危害。在继续依法打击贩毒吸毒违法犯罪行为的同时，卫生、公安、司法、食品药品监管等部门要密切配合，将预防艾滋病经吸毒传播与贯彻落实《中华人民共和国禁毒法》《戒毒条例》相结合，加强综合干预，进一步扩大戒毒药物维持治疗工作的覆盖面。依托戒毒药物维持治疗门诊，建立延伸服务点，提高服务的可及性。建立强制隔离戒毒、社区戒毒、社区康复和戒毒药物维持治疗之间的衔接机制，积极探索在社区戒毒和社区康复场所内开展戒毒药物维持治疗工作，做好强制隔离戒毒人员出所后向戒毒药物维持治疗机构的转介工作。加强戒毒药物维持治疗的规范化管理，提高服务质量。要根据当地实际情况，探索建立减免费用等激励机制，加强对服药人员的管理和综合服务，提高维持治疗保持率，确保治疗效果。在戒毒药物维持治疗难以覆盖的地方，继续开展清洁针具交换工作。

扩大预防母婴传播工作覆盖面，有效减少新生儿感染。卫生部门要以妇幼保健网络为平台，将预防艾滋病母婴传播和先天梅毒防治工作纳入妇幼保健和生殖健康服务常规工作中，建立长效工作机制，逐步将工作扩展到全国。各级各类提供孕产期保健及助产技术服务的医疗卫生机构要充分利用孕产期保健服务，为孕产妇提供艾滋病与梅毒咨询、检测、转介或诊疗服务。对感染艾滋病、梅毒的孕产妇及其所生婴幼儿，免费提供治疗、预防性用药、随访等系列干预服务。加强相关监测、机会性感染预防及婴幼儿早期诊断等工作，减少艾滋病母婴传播和先天梅毒的发生。

（三）加强血液安全管理，预防医源性传播。发展改革、财政、卫生等部门应当依据当地医疗卫生服务发展规划，保证采供血服务的发展与医疗服务需求增长幅度相适应。卫生、食品药品监管、红十字会等部门和单位要巩固加强采供血机构和血液管理的成效，贯彻落实《中华人民共和国献血法》，积极建立无偿献血志愿者组织，提高固定无偿献血者的比例，采取有效措施减少高危行为人群献血，大力推动无偿献血工作。加强血液安全管理，积极推进血液筛查核酸检测工作，到"十二五"末基本覆盖全国。完善采供血机构实验室质量控制体系，加强对采供血和血液制品生产的全程监督与管理。公安、卫生等部门要开展经常性的打击非法采供血液（血浆）、制售血液制品和组织他人出卖血液（血浆）活动。卫生部门要加强对医疗卫生机构临床合理用血和院内感染控制的培训和管理，完善并落实预防艾滋病和丙肝医源性传播的工作制度和技术规范，加强病人防护安全和医务人员的职业防护。

（四）扩大监测检测覆盖面，最大限度发现感染者。发展改革、卫生、质检等部门要依托现有医疗卫生服务和传染病监测网络，配备必要的设备和人员，进一步加强监测检测能力建设，完善艾滋病、性病和丙肝综合监测和实验室检测网络。逐步推广艾滋病新发感染识别检测、病毒感染窗口期检测和婴幼儿感染艾滋病病毒早期诊断技术，提高检测服务的可及性和质量，所有省级疾病预防控制中心的确证中心实验室具备开展识别艾滋病新发和既往感染检测能力。加强医疗卫生机构检测和病例报告的管理，及时掌握疫情动态与流行特点，对可能发生的疫情进行预警。加强监测信息的分析和利用，建立部门间信息合作与共享机制，定期公布疫情。卫生部门要合理设置和调整自愿咨询检测点，开展艾滋病、梅毒和丙肝的检测咨询工作。定期开展对感染者和病人配偶以及高危行为人群的艾滋病、梅毒检测咨询工作。公安、司法、卫生部门要加强被监管人员的艾滋病检测咨询工作。

（五）扩大治疗覆盖面，提高治疗水平和可及性。要根据感染者和病人的具体情况，按照就地治疗原则，及时开展抗艾滋病病毒治疗，加强随访，提高治疗效果。积极动员感染者家庭成员、社区组织参与非住院病人的治疗工作，提高治疗依从性。完善医疗卫生机构在病人抗艾滋病病毒、抗机会性感染治疗、随访、药品提供等方面的管理制度以及异地治疗的转介和衔接机制，加强被监管人员和流动人口中病人的治疗工作，提高治疗的可及性和规范化程度。加强感染者和病人中结核病、丙肝的筛查和诊断，做好治疗和随访服务工作，不断提高治疗效果。卫生、中医药部门要充分发挥中医药作用，探索艾滋病中西医结合的综合治疗方案，扩大中医药治疗的规模，提高治疗质量。发展改革、财政、卫生等部门要加强定点综合医院和传染病医院的学科与能力建设，提高其综合诊疗能力，并加强监督管理，落实其为感染者和病人提供诊疗服务的责任。各地基层医疗卫生机构要按照《国家基本公共卫生服务规范》对居民健康档案、健康教育和传染病防治等项目的要求，切实做好有关防治工作，逐步实现艾滋病防治服务均等化。公立医疗机构要强化社会公益性质，积极承担艾滋病检测咨询、临床治疗和管理、预防艾滋病母婴传播等职能。各级政府要根据实际，对医疗机构承担的艾滋病防治任务给予补助。

进一步完善艾滋病治疗药品的供应保障体系，健全药物采购、配送、支付和储备等制度。发展改革、财政、人力资源社会保障、工业和信息化、食品药品监管、卫生等部门要根据艾滋病治疗需要，结合财政和医保基金承受能力，适时将抗机会性感染的必需药品纳入国家基本药物目录，并做好与基本医疗保险制度的衔接工作。发展改革、财政、海关、税务等部门要继续对进口和国产的抗艾滋病病毒治疗药品实行税收优惠。商务、工业和信息化、知识产权、卫生等部门对用量大、价格高的进口专利药品，要探索国内企业许可生产的可行性，最大限度降低药品成本。发展改革、食品药品监管、工业和信息化、卫生等部门要加强对国内医药企业的指导协调，加快艾滋病治疗领域药品的研发、生产和审批。探索通过公开招标方式确定药品定点生产企业。工业和信息化、卫生、财政等部门要根据新的形势发展和需要，调整储备药物品种、数量，做好新药技术储备。

（六）加强对感染者和病人的服务和管理，全面落实关怀措施。卫生、教育、人力资源社会保障等部门要坚持不懈地落实“四免一关怀”政策，努力消除对感染者和病人及其家庭成员在就医、就业、入学等方面的歧视。提高艾滋病救治的保障水平，进一步减轻医疗费用负担。在继续落实免费抗病毒治疗和医疗保险报销政策的基础上，民政等部门要针对合并机会性感染的病人实际情况，对抗机会性感染治疗的费用通过医疗救助给予解决，地方政府要对生活困难的病人提供帮助，切实减轻其医疗费用负担。民政、红十字会等部门和单位要加强对感染者和病人的救助工作及晚期病人的情感支持和临终关怀，将符合条件的感染者和病人纳入最低生活保障，并保护他们的隐私。扶贫、人力资源社会保障等部门要把政府救助与倡导、动员爱心行动相结合，把艾滋病综合防治与扶贫开发相结合，支持生活困难的感染者和病人开展生产自救，依法保障有劳动能力且有就业意愿的感染者和病人的合法就业权益。财政、教育部门要制定和落实对因艾滋病造成的困难家庭子女就读普通高中、高等学校的救助、减免政策。民政部门要将艾滋病致孤儿童全部纳入孤儿保障制度；对感染艾滋病病毒的儿童或患儿，适当补助基本生活费。民政、教育等部门要加强对受艾滋病影响儿童心理辅导工作，保障儿童健康成长。

宣传、卫生等部门要加强对感染者和病人的法制宣传和道德教育，增强其法制观念，提高其社会责任感，督促感染者和病人及时将感染状况告知其配偶或有性关系者。公安、司法部门要会同有关部门依法打击故意传播艾滋病和利用感染者身份进行的违法犯罪活动，建立、健全对违法犯罪感染者和病人的监管制度，做好其回归社会后的治疗、救助等衔接工作，维护社会和谐稳定。卫生、外交、教育、公安、人力资源和社会保障、质检、外专等部门要积极配合，共同做好在华外国人艾滋病防治工作。

（七）实施分类指导，全面推进艾滋病防治工作。高流行地区要重点加强病人的治疗、管理、关怀救助和预防二代传播，减少新发感染，降低病死率，尽快遏制疫情上升的势头。高流行的县（市、区）要将艾滋病和梅毒检测咨询纳入婚前自愿医学检查内容，县级医疗机构将艾滋病检测纳入住院和门诊的常规检查，按照“知情不拒绝”的原则对高危行为人群提供必要的艾滋病检测咨询服务，乡镇卫生院和社区卫生服务中心要针对高危行为人群开展艾滋病快速检测咨询和梅毒检测；积极推广抗艾滋病病毒治疗作为预防的策略，根据病人数量和分布，按照方便患者、保证质量的原则，合理设置治疗服务网点，提供治疗服务。中度流行地区要控制疫情的扩散和蔓延。中度流行的县（市、区）要根据实际扩大艾滋病检测范围，县级医疗机构按照“知情不拒绝”的原则对重点科室就诊者和住院病人主动提供必要的艾滋病检测咨询服务；适时推广抗艾滋病病毒治疗作为预防的策略，根据本地实际情况，指定定点医疗机构，为病人提供规范的治疗服务。低流行地区要重点加强监测和宣传教育，保持疫情的低流行态势。

要充分发挥艾滋病综合防治示范区的作用，研究艾滋病综合防治中出现的新情况、新问题，解决防治工作的重点、难点问题，不断总结我国不同地区、不同传播模式的艾滋病防治工作经验，探索艾滋病、性病和丙肝综合防治的工作模式。有关部门和地区要整合防治资源，加强对示范区的组织管理、技术指导和监督考核。

四、保障措施

(一)加强组织领导,完善防治工作机制。地方各级政府要对行政区域内的艾滋病综合防治工作负总责,完善“政府组织领导、部门各负其责、全社会共同参与”的防治工作机制。高流行地区政府要充分认识当地艾滋病疫情的严峻性,实行政府一把手负责制,将防治工作纳入政府工作重要内容,每年进行艾滋病综合防治工作考核;中度流行地区政府要充分认识艾滋病流行对当地人民群众健康和经济社会发展的潜在影响,将防治工作列入政府工作的重要议事日程,落实管理责任制,定期进行艾滋病综合防治工作考核;低流行地区政府要克服麻痹思想,重视艾滋病防治工作,将其纳入工作考核内容。各地要制定符合各地实际的防治工作规划,明确工作目标,落实工作任务。根据艾滋病综合防治工作的发展和需要,进一步完善与艾滋病综合防治相关的法规和配套政策。定期开展督导检查,对考核不合格的地区,追究主要领导以及相关责任人的责任。各地、各有关部门领导干部要带头学习和掌握艾滋病综合防治知识和政策。

各地尤其是高流行地区要加强艾滋病综合防治工作的领导和协调,充实办事机构和人员,明确相关部门和相应人员负责艾滋病防治工作的协调与管理,确保事有人管,责有人负。要充分发挥各级防治艾滋病工作委员会或协调机制的作用,加强统筹协调,明确成员单位职责,组织推动防治工作。各有关部门要利用部门优势,将艾滋病综合防治纳入本部门的日常工作,制定年度工作计划,建立考核制度,根据工作需要设立兼职人员负责艾滋病防治工作。要相互支持,密切配合,切实落实防治责任。

(二)加强机构和能力建设,建立长效工作机制。各地要落实深化医改的要求,建立基层艾滋病综合防治工作新机制。加强基层防治能力建设,全面建立以县级疾病预防控制机构为主导,县级定点治疗医院为支撑,乡镇卫生院、村卫生室、社区卫生服务中心(站)、基层计划生育技术服务机构为平台,乡(镇)政府、街道办事处、村(居)民委员会、社区组织等为补充的基层艾滋病防治服务体系,所有社区卫生服务中心和乡镇卫生院具备开展艾滋病的快速检测和梅毒检测的能力。高流行地区的县(市、区)疾病预防控制机构设立独立从事艾滋病防治工作的科室,建立艾滋病确证检测实验室,疾病预防控制机构和定点医疗机构具备艾滋病相关免疫细胞检测能力,乡镇卫生院、社区卫生服务中心要有专职或兼职人员从事艾滋病防治工作,加大现场指导和技术支援的力度,不断提升基层艾滋病防治服务能力;中度流行地区的县(市、区)疾病预防控制机构明确专人负责艾滋病防治工作,疾病预防控制机构、定点医疗机构和妇幼保健机构设立艾滋病筛查实验室,具备艾滋病、梅毒和丙肝检测能力,疾病预防控制机构和定点医疗机构具备艾滋病相关免疫细胞检测能力;低流行地区的县(市、区)疾病预防控制机构要有兼职人员负责艾滋病防治工作,设立艾滋病筛查实验室。卫生、中医药部门要加强防治队伍建设和各级各类艾滋病防治人员的培训,将艾滋病防治知识纳入执业医师考试的内容,重视学术带头人和创新型人才的培养。要加强基层医疗卫生机构和基层计划生育技术服务机构及其人员的艾滋病防治技能培训和指导。卫生、人力资源社会保障、财政等部门要落实国家对艾滋病防治工作人员的工资倾斜政策,完善收入分配激励机制,调动防治人员的工作积极性,稳定防治队伍。开展公安、司法、质检等部门防治人员艾滋病自我防护的培训,加强职业防护。

(三)保障经费投入,整合防治资源。各级政府要进一步完善“政府投入为主、分级负责、多渠道筹资”的经费投入机制,合理安排艾滋病防治经费,逐步加大投入力度。动员和引导企业、基金会、有关组织和个人为艾滋病综合防治工作提供支持。加强对国际、国内防治资源的统筹协调、管理和资金使用情况的监督检查,确保资金及时、足额到位,专款专用,提高资金使用效益。各级政府应当确保国际合作项目结束后各项防治工作的可持续性。

(四)充分发挥社会力量的作用,开展艾滋病综合防治。各级政府要将社会力量参与艾滋病综合防治工作纳入整体防治工作计划。积极发挥工会、共青团、妇联、红十字会、工商联等人民团体和社会团体,以及基金会、民办非企业单位、艾滋病专业防治协会等社会组织在艾滋病防治工作中的作用。动员和支持企业开展与艾滋病相关的社会宣传、捐赠款物、扶贫救助等公益活动。鼓励志愿者积极参与防治工作。要充分发挥社区组织在艾滋病防治中的重要作用,利用其易于深入接触特殊社会群体、工作方式灵活、效率较高等优势,按照属地活动的原则,统筹规划,加强合作、引导,促进社区组织在高危行为人群宣传教育、行为干预、检测咨询以及感染者和病人关怀救助等领域参与艾滋病防治工作。要开展社区组织的管理及防治技术培训,支持其提高防治能力。各级财政要加大投入,通过委托、招标等购买服务或提供技术服务、物资等方式,逐步扩大社区组织开展防治工作的覆盖面。民政部门要支持相关社会组织注册登记,卫生部门要认真履行业务主管单位职责。

(五)加大科研力度,积极开展国际合作与交流。卫生、科技、食品药品监管、中医药等部门要尽快落实

"艾滋病和病毒性肝炎等重大传染病防治"和"重大新药创制"国家重大专项的"十二五"实施方案，为艾滋病综合防治提供科技支撑。加强艾滋病的流行病学和干预研究，强化治疗药物、检测试剂和预防药剂及用品的应用研究，加强耐药监测、早期诊断、新发感染识别检测、快速诊断、防治效果评估、中西医结合治疗、与艾滋病综合防治相关的社会问题等方面的研究，着重解决防治策略、干预措施等关键问题，加快科技成果转化。

继续加强国际合作，积极引进国际艾滋病综合防治的先进理念和技术，借鉴和吸收其他国家的防治经验。通过与相邻国家的双边合作，加强边境地区的预防干预工作。积极做好对外宣传，为部分发展中国家提供技术支持，扩大我国在艾滋病综合防治领域的国际影响。

五、督导与评估

加强艾滋病防治督导与评估工作，完善国家艾滋病综合防治数据信息管理系统。各地、各有关部门要根据职责，制订计划，开展督导检查，注重防治效果的评估。国务院防治艾滋病工作委员会办公室制订本行动计划的督导与评估框架，对防治工作开展情况进行督导检查，2016年年初对本行动计划执行效果进行评估。

中国在西昌卫星发射中心用"长征三号甲"运载火箭成功将"风云二号"07星送入太空

1月14日

党和国家领导人胡锦涛 吴邦国 贾庆林 李长春 习近平 李克强 贺国强等在人民大会堂出席2012年军民迎新春文艺晚会

国务院总理温家宝在加德满都与尼泊尔总统亚达夫举行会谈

国务院总理温家宝在加德满都与尼泊尔总理巴布拉姆·巴特拉伊举行会谈

中华人民共和国和尼泊尔发表联合声明

(2012年1月14日，尼泊尔加德满都)

应尼泊尔总理巴布拉姆·巴特拉伊邀请，中华人民共和国国务院总理温家宝于2012年1月14日对尼泊尔进行了正式访问。

一、双方回顾了久经考验的中尼友好关系，满意地指出，1955年建交以来，中尼关系始终持续、稳定、健康发展。两国关系的特点是平等相待、和睦共处、世代友好、全面合作。

双方一致认为，中尼关系对两国都具有重要意义。不断巩固和深化中尼友好合作，符合两国和两国人民的根本利益，有利于本地区乃至世界的和平、稳定与发展。双方决定，在和平共处五项原则基础上，进一步发展中尼世代友好的全面合作伙伴关系。

二、双方重申，相互尊重独立、主权和领土完整，相互尊重彼此根据本国国情选择的社会制度和发展道路，相互尊重和理解彼此主要关切和核心利益。双方遵循联合国宪章、和平共处五项原则、不结盟和互不干涉内政的原则，在平等互利基础上发展友好交流与合作。双方同意分享发展经验和先进技术，加强全方位合作，以实现共同发展和繁荣。

双方认为，高层交往对双边关系发展具有特殊重要意义。双方将保持高层互访势头，并利用多边场合举行两国领导人会晤。双方将充分发挥外交磋商、经贸联委会等机制的作用。双方同意建立外长磋商机制。

三、尼方重申，世界上只有一个中国，中华人民共和国政府是代表全中国的唯一合法政府，台湾和西藏是中国领土不可分割的一部分。尼方坚定支持中方为维护国家主权、统一和领土完整所做的努力，不允许任何势力利用尼领土从事任何反华分裂活动。中方高度赞赏尼方立场。

中方重申，将继续坚定奉行不干涉别国内政原则，坚定支持尼泊尔为维护独立、主权、领土完整、国家统一和稳定所作的努力。作为亲密邻邦，中方对尼泊尔和平进程取得的进展感到高兴，衷心希望尼实现和平、稳定和繁荣，早日制定新宪法。尼方高度赞赏友好邻邦中国在尼历史转型时刻所表达的善意。

四、双方同意，在平等互利的基础上，进一步加强在社会经济发展、贸易、旅游、水电和交通基础设施建设等领域的合作。

尼方衷心感谢中方多年来为尼经济社会发展提供的宝贵援助，表示尼泊尔正处于转型期，期待中方继续提供支持。中方表示，中国政府将继续在力所能及的范围内向尼泊尔经济社会发展提供帮助。中方同意加快实施加德满都环路改造、塔托巴尼旱港等发展项目。

应尼方请求，中方同意增加对尼经济技术援助，用于基础设施建设等项目。双方签署了《中尼经济技术合作协定》。

双方同意加强合作，确保中方提供优惠贷款建设的上崔树里水电站项目的顺利实施。尼方欢迎中国参与尼博克拉国际机场建设，中方对此持积极态度。

双方对中尼第二条陆路通道沙拉公路正式开通表示祝贺。双方同意，发挥两国地理相邻的优势，进一步加强互联互通，特别是改善中尼间陆路交通基础设施，为加强双方交流合作和经贸往来提供更多便利。双方认为，中国西藏自治区和尼泊尔应充分发掘潜力、发挥各自优势，加强边民往来，促进贸易和旅游，扩大物资和服务流通，拓展互利合作。

中方表示，鼓励和支持有实力、信誉好的中资企业赴尼投资兴业，并为双方商定的合作项目提供包括优惠性质贷款在内的融资支持。尼方对此表示赞赏和欢迎。访问期间，中国进出口银行与尼泊尔财政部签署了关于贷款合作机制的备忘录。双方同意继续就商签《投资促进和保护协定》保持沟通。

五、双方认为，加强边境管理和利用符合双方共同利益，双方同意共同努力，营造一条和平、安宁、友好、合作的边界。双方签署了《中尼边境口岸及其管理制度协定》和《中尼边民过界放牧协定》。

双方积极评价中国公安部与尼泊尔内政部门开展的合作，愿完善两国执法机构的会晤制度，深化在边境管控、执法能力建设等领域的合作，维护中尼边境地区的和平与稳定。

六、双方对近年来两国人文领域的交往势头感到满意。双方宣布2012年为“中尼友好交流年”，同意进一步促进两国在文化、教育、青年、媒体、智库、学者、友好团体等领域的交流与合作。

双方签署了《中尼文化合作协定》，同意进一步加强中尼文化交流与合作。双方认为，中方在尼泊尔定期举办“中国节”，对两国文化交流起到了良好的促进作用，同意继续举办上述活动。双方还将邀请文化、艺术团组互访。

双方注意到，自2009年建立青年交流机制以来，两国青年代表团已实现互访，双方对此感到满意。双方同意将两国青年交流互访团规模从30人增加到50人。中方将于2012年邀请100名尼泊尔青年访华。中方将继续向尼方提供政府奖学金名额，欢迎尼泊尔学生通过其他渠道和项目来华深造。

双方同意，进一步扩大中尼旅游合作，支持对方在本国开展宣传推广活动。

七、双方认为，中尼在应对国际金融危机、能源和粮食安全以及其他关系到发展中国家诉求的重大国际问题上立场相同或相近。双方同意，继续就此保持密切协调与配合，维护中尼两国和广大发展中国家的共同利益。

双方积极看待并支持对方参与区域合作进程，同意加强在各个地区合作机制中的协调与合作。

八、双方认为，温家宝总理对尼泊尔的正式访问标志着中尼关系提升到新水平，是两国友好合作史上的重要里程碑。中方对尼泊尔政府和人民给予的热情友好接待表示感谢。

温家宝总理诚挚邀请巴布拉姆·巴特拉伊总理在双方方便的时候正式访问中国。巴布拉姆·巴特拉伊总理愉快地接受了邀请。

国务院总理温家宝在利雅得与沙特阿拉伯王国王储兼副首相纳伊夫举行会谈

中共中央政治局常委李长春在北京出席部级领导干部历史文化讲座并讲话

李长春出席讲座，对讲座给予充分肯定，希望有关部门进一步总结经验，不断丰富内容、创新形式、提高质量，争取越办越好，使讲座成为推动学习型社会和学习型政党建设的重要阵地，成为引导全党全社会形成勤于读书、勤于学习良好氛围的重要平台，成为帮助领导干部提高素质、增强本领、做好工作的重要助手。

这次讲座的题目是《宋代政治文化面面观》，北京大学历史系教授邓小南从宋代的开国基调与政策导向、士大夫政治与文官制度、社会氛围与文化风气的演化等方面，分析了宋代文明昌盛的原因，对该时期的政治文化遗产进行了反思，讲座还就有关问题进行了讨论。李长春与部级领导干部一起认真听取讲解，并不时记下要点，称赞讲座史料翔实，生动凝练。部级领导干部历史文化讲座由中央国家机关工委、文化部、中国社会科学院联合主办，国家图书馆承办，利用周末休息时间进行，自2002年1月启动至今已举办172期，2万多人次参加，受到部级领导干部的欢迎。

中共中央政治局委员李源潮在苏丹首都喀土穆出席首届中国共产党—苏丹全国大会党高层对话开幕式并讲话

开幕式上，李源潮作了题为《深化两党合作，携手共谋发展》的讲话。

李源潮在讲话中积极评价了中苏传统友谊，表示中国政府将一如既往地重视两国关系，愿在互信、互利、互助原则基础上，推动中苏友好合作全面深入发展，造福两国人民。

苏丹全国大会党副主席、总统助理纳菲阿代表全国大会党在开幕式上致辞。中苏两国执政党和两国政府有关方面近150名官员出席了开幕式。

纪念《中国畜牧兽医报》创刊20周年座谈会在北京举行

会上揭晓了“2011全国畜牧富民功勋人物”名

单。座谈会上，农业部副部长张桃林表示，"十二五"时期，是我国畜牧业发展的战略机遇期和关键转型期，新闻宣传要做好舆论引导工作，树立我国畜牧业良好形象，普及科学消费知识，正确引导消费，稳定消费信心。

韩毓虎逝世

国家档案局原局长、中国档案学会名誉理事长韩毓虎同志，因病医治无效，于2012年1月14日在北京逝世，享年86岁。

1月15日

国务院总理温家宝在利雅得会见沙特阿拉伯王国国王兼首相阿卜杜拉

双方一致表示，要为在战略框架下提升两国关系而共同努力。

温家宝说，沙特是阿拉伯和伊斯兰世界大国，在地区和国际事务中发挥着重要作用。

会谈后，两国领导人共同出席了有关双边合作文件的签字仪式。

国务院总理温家宝在利雅得会见伊斯兰合作组织秘书长伊赫桑奥卢

温家宝表示，中国同伊斯兰世界的交往源远流长，共同为人类文明作出了重要贡献。在当前错综复杂的国际形势中，双方相互理解、相互尊重，在众多领域开展了友好、互利合作，成为"南南合作"和不同文明对话的典范。中方高度重视伊斯兰合作组织的作用和影响，愿增进政治互信，密切在重大问题上加强协调配合，推动中国同伊斯兰世界的友好交流与合作取得新进展。

国务院总理温家宝在利雅得会见海湾阿拉伯国家合作委员会秘书长扎耶尼

中华人民共和国和沙特阿拉伯王国发表联合声明

应沙特阿拉伯王国国王兼首相阿卜杜拉·本·阿卜杜勒—阿齐兹·阿勒沙特邀请，中华人民共和国国务院总理温家宝于2012年1月14日至16日对沙特阿拉伯王国进行了正式访问。温家宝总理与沙特国王和王储兼副首相、内政大臣在诚挚友好的气氛中举行了会见，双方就双边关系和共同关心的国际和地区问题交换了意见。双方对两国建交以来各领域友好合作关系取得的长足发展表示满意，强调愿在战略关系的框架下提升这一关系，从而在各领域造福两国和两国人民，促进国际和地区的和平、稳定和发展。

为了增进两国人民间的牢固友谊、提升中沙关系、推进两国各领域合作，双方就以下内容达成一致：

一、密切高层互访和各层次磋商，就各领域和共同关心的国际和地区问题交换意见，以实现两国和两国人民的共同利益。

二、积极促进经贸往来和相互投资，加强能源和基础设施领域合作，实现两国业已存在的合作关系全面发展。

三、沙方重申坚定奉行一个中国政策，中方对此表示赞赏。

四、推动并鼓励两国官方和民间文化交流，鼓励双方在新闻、旅游、卫生和农业领域的交流与合作。

五、支持青年、体育和技术教育领域的合作，以进一步加强两国和两国人民间的相互了解和友谊。

六、双方强调应防止各类大规模杀伤性武器的扩散，双方表示支持根据有关国际决议，在中东地区建立无核武器及其他大规模杀伤性武器区。

七、致力于加强在国际法框架内的政治合作，和平解决国际上尤其是中东地区存在的冲突，促进中东地区的和平与稳定。

八、关于中东和平进程，双方重申，在联合国有关决议的基础上实现阿以争端公正、全面的解决，是中东地区实现稳定的重要基础，也将消除威胁国际和平与安全并造成地区局势紧张的一个主要根源。为此，双方强调，支持建立一个可以生存的、独立的巴勒斯坦国。双方同时强调2002年贝鲁特峰会通过、2007年利雅得峰会予以重申并在多个联合国决议和国际四方委员会声明中提及的"阿拉伯和平倡议"的重要性。

九、双方强调，坚决反对威胁世界各地和平与稳定的各种形式的恐怖主义。双方一致主张，无论恐怖主义的成因如何，都应加强国际合作予以打击。

十、双方一致认为，温家宝总理对沙特阿拉伯王国的访问取得了圆满成功，将极大地推动双方长期稳定的友好合作关系的发展。中方对沙方给予总理阁下及其代表团的热烈欢迎和盛情款待表示感谢。

2012年1月15日于利雅得

中共中央政治局常委李长春在人民大会堂看望马克思主义理论研究和建设工程咨询委员

国家发改委工业和信息化部发布《食品工业"十二五"发展规划》

《食品工业"十二五"发展规划》(以下简称《规划》)确定把"安全、优质、营养、健康、方便"作为发展方向，强化全产业链质量安全管理，提高食品质量，确保食品安全。到2015年，我国将制(修)订国家和行业标准1000项，使食品质量抽检合格率达到97%以上，人民群众对食品满意度显著提高。

在强化食品质量安全方面，《规划》提出要在提高重点行业准入门槛，健全食品安全监管体制机制，完善食品标准体系，加强检(监)测能力建设，健全食品召回及退市制度，落实企业食品安全主体责任等方面进一步完善。

《规划》特别要求重点制修订食品添加剂、方便食品、肉制品、乳制品、饮料等行业标准，完善食品安全标准、基础通用标准、重点产品标准和检测方法标准。加强对国际标准的参与程度及对相关国家标准的追踪研究。

为加强检(监)测能力建设，《规划》提出逐步实现关键检测设备国产化，着力推进产品质量与食品安全监控中心和实验室的建设。督促企业增加原料检验、生产过程动态监测、产品出厂检测等先进检验设备配置，完善企业内部质量控制、监测系统和食品质量可追溯体系。加强监管部门的检验检测能力，严格食品检验机构资质认定，提升国家及省、市、县各级食品监测机构的检验设备水平，加强队伍能力建设。

"十二五"期间，我国将引导和推动优势企业实施强强联合、跨地区兼并重组，提高产业集中度。《规划》提出要利用东部地区技术优势和中西部地区资源优势，形成东中西部食品工业协调发展的新格局。鼓励和支持食品加工企业向产业园区集聚。支持企业实施品牌战略建设，加快中华特色名优食品的技术进步和技术改造，大力振兴"中华老字号"。

为维护食品产业安全，《规划》明确将严格按照《外商投资产业指导目录》和项目核准有关规定，加强对豆油、菜籽油、花生油、棉籽油、茶籽油、葵花籽油、棕榈油等食用油脂加工、玉米深加工等行业外资准入管理。做好外资并购境内重要农产品企业安全审查工作。依法运用反倾销、反补贴、保障措施等贸易救济措施保护国内食品产业安全。

为提升食用植物油自给水平，我国将稳定传统大豆油生产，着力增加以国产油料为原料的菜籽油、花生油、棉籽油、葵花籽油等油脂生产。鼓励并支持国内有条件的企业"走出去"，合作开发棕榈、大豆、葵花籽等食用油资源，建立境外食用油生产加工基地，构建稳定的进口多品种油料和食用植物油源的保障体系。到2015年，食用植物油产量达到2440万吨，其中国产油料产油量提高到1260万吨。

为加快乳制品工业结构调整，我国将积极引导企业通过跨地区兼并、重组，培育技术先进、具有国际竞争力的大型企业集团，改变乳制品工业企业布局不合理、重复建设严重的局面。大城市周边产区原则上不再布局新的加工项目。

国家发改委 国家粮食局发布《粮食行业"十二五"发展规划纲要》

根据纲要，"十二五"期间我国将加强仓储设施建设，优化粮食仓储设施布局。全国维修改造仓容1亿吨以上，新建粮食储备仓容2000万吨，增加仓储能力，打通"北粮南运"主通道，基本形成布局合理、结构优化、竞争有序、监管有力、质量安全的现代粮食流通格局。

根据纲要，"十二五"期间，我国将进一步完善供给稳定、储备充足、调控有力、运转高效的粮食安全保障体系，提高粮食宏观调控能力、仓储物流能力和科技支撑能力，推进法制建设、全面实现依法管粮。

健全粮食宏观调控体系，提升粮食应急能力。全国省级粮食应急指定加工企业从1700个增加到2000个，供应企业从4000个增加到5000个。全国大中城市成品粮油应急储备规模应满足15天以上的社会消费需要。

完善粮食仓储设施和烘干设施。新建和改造一批粮食烘干设施，淘汰技术落后的烘干能力，使全国烘干能力保持在1.1亿吨以上。继续实施农户科学储粮专项，为800万农户配置标准化储粮装具，改善农户储粮条件，减少粮食产后损失的目标。

南水北调主体工程全部开工

从南水北调工程建设工作会议获悉，2011年南水北调工程建设不断提速，开工速度、在建规模、完成投资等指标均创历史新高。目前南水北调主体工程已全部开工建设，累计完成投资1376亿元，占已批可研投资的60%，2012年计划完成投资640亿元以上。

东线426项治污项目全部建成并投入使用。江苏省加强区域尾水导流和资源化利用；山东省加大淘汰沿线落后产能，完善中水截蓄导用工程，干线水质明显改善。

按照南水北调工程建设计划，东线一期工程将于2013年通水，中线一期工程于2013年主体工程完工，2014年汛后通水。

1月16日

国家主席胡锦涛在人民大会堂分别接受秘鲁等6国新任驻华大使递交的国书

这6位新任驻华大使是：秘鲁驻华大使古铁雷斯、摩纳哥驻华大使福特里埃、索马里驻华大使易卜拉欣、加蓬驻华大使古隆加纳、尼日尔驻华大使巴瓦和泰国驻华大使伟文。

全国人大常委会委员长吴邦国在人民大会堂分别会见智利众议长梅莱罗和日本众议院运营委员长小平忠正

国务院总理温家宝出席在阿布扎比举行的第五届世界未来能源峰会开幕式并致辞

国务院总理温家宝在阿布扎比会见联合国秘书长潘基文

温家宝说，当前，世界经济复苏缓慢，一些地区持续动荡，粮食和能源安全、气候变化等全球性问题日益突出。联合国在推动国际合作、协调各方行动方面发挥着不可替代的作用。中方支持联合国和秘书长在国际事务中发挥更大作用，取得更大成功。

国务院总理温家宝在阿布扎比会见冰岛总统格里姆松

温家宝表示，中冰建交以来，两国关系取得长足进展。中方愿与冰方保持高层交往，加强各级别磋商，巩固政治互信。双方要在应对国际金融危机中寻找新的合作机遇，增强市场信心，扩大双边贸易，鼓励相互投资，促进文化、教育、旅游交流。中冰在节能减排、地热、冰川等领域合作前景广阔，双方可以开展联合研究。中方支持冰岛等欧洲国家稳定金融、发展经济的努力，愿加强与欧方和国际社会的沟通、协调与合作。

国务院总理温家宝在阿布扎比与阿联酋总统哈利法举行会谈

全国政协主席贾庆林邀请全国性宗教团体负责人到中南海座谈

《人民日报》为发表国务院总理温家宝的文章《中国农业和农村的发展道路》配发编者按

1月16日出版的今年第2期《求是》杂志，发表中共中央政治局常委、国务院总理温家宝的重要文章：《中国农业和农村的发展道路》。

文章系统回顾总结了党的十六大以来农业农村发展取得的巨大成就，指出，这些年中央确立了把解决好“三农”问题作为全党工作重中之重的战略思想，制定了工业反哺农业、城市支持农村和多予少取放活的指导方针，集中力量办了很多事关农业农村长远发展的大事、关系农民切身利益的好事，很多具有划时代和里程碑意义。农业农村发展取得举世瞩目的巨大成就，“三农”发展进入又一个“黄金期”。

文章重点对农业和农村发展中关于现代农业、新农村建设和城镇化等重大问题的指导思想和政策要求作了深入阐述。我们这样一个人口众多的大国，在推进工业化城镇化的进程中决不可忽视农业现代化。要坚持实行最严格的耕地保护和水资源管理制度，毫不动摇地稳定和完善农村基本经营制度，坚持不懈地推进农业科技进步，持续加大农业支持保护力度。将来农业经营形式会多样化，但家庭经营任何时候都是最基本的形式。培养一代新型农民，鼓励有文化和农业技能的青壮年农民留在农村，事关农业长远发展，要作为一项基础性重大工程来抓。社会主义新农村建设是贯穿我国现代化建设全过程的一项重大任务。要建设农民幸福生活美好家园。农村建设应保持农村的特点，有利于农民生产生活，保持田园风光和良好生态环境。不能把城镇的居民小区照搬到农村去，赶农民上楼。要长期坚持把国家基础设施建设的重点放到农村。土地承包经营权、宅基地使用权、集体收益分配权等，是法律赋予农民的财产权利，无论他们是否还需要以此来做基本保障，也无论他们是留在农村还是进入城镇，任何人都无权剥夺。推进集体土地征收制度改革，关键在于保障农民的土地财产权，分配好土地非农化和城镇化产生的增值收益。做好新形势下的“三农”工作是一篇大文章，既需要具有较高的理论和政策水平，又需要有丰富的实践经验，还要对农民有深厚的感情。从事“三农”工作的同志，要善于把握农业农村发展的客观规律，统筹协调好各方面关系，更加科学有效地推动农业农村发展。

文章分四个部分：一、充分肯定农业农村发展的巨大成就；二、准确把握农业农村发展中的几个重大问题；三、努力确保2012年农业农村发展好势头；四、不断提高做好“三农”工作的能力和水平。

国务院副总理李克强在宁夏固原和银川两地考察调研

1月16日至17日，国务院副总理李克强先后来到宁夏固原、银川两地，着重就困难群众生活和基本民生保障进行考察调研。

考察期间，李克强充分肯定宁夏近年来经济社会发展取得的显著成绩，希望宁夏各族干部群众继续抓住深入实施西部大开发的战略机遇，建设好沿黄经济区，培育新的增长极，统筹全区城乡发展，促进民族团结，扎实有效地推动宁夏科学发展、跨越式发展。

中央直属机关党的工作会议在北京召开

中央直属机关工委书记出席会议并讲话。会议强调，中直机关各级党组织要以邓小平理论和“三个代表”重要思想为指导，深入贯彻落实科学发展观，坚持以保持党的纯洁性为重要目标和有力抓手，扎实推进机关党的各项建设，全面提高机关党的工作科学化水平，以优异成绩迎接党的十八大胜利召开。

浙江省第十一届人民代表大会第五次会议选举夏宝龙为浙江省省长

全国人大与日本国会众议院合作委员会第七次会议在北京举行

全国人大常委会副委员长李建国与日本国会众议院运营委员会委员长、合作委员会日方主席小平忠正共同主持会议。双方与会成员就双边关系、议会交往、经贸合作、节能环保、灾后重建、人文交流以及共同关心的国际和地区问题等进行了广泛深入的交流。

双方充分肯定议会交往在推动中日关系改善和发展方面发挥的积极作用，一致表示将继续巩固和深化议会定期交流机制，增进两国议员尤其是年轻议员之间的了解与友谊，为推动两国战略互惠关系的健康稳定发展作出新的贡献。双方定于明年在日本举行中国全国人大与日本国会众议院合作委员会第八次会议。

国家副主席习近平与美国前国务卿基辛格在钓鱼台国宾馆共同出席《上海公报》发表40周年纪念活动并致辞

习近平在致辞中表示，40年前，毛泽东主席、周恩来总理和尼克松总统、基辛格博士等中美两国老一辈领导人，以非凡的战略眼光和卓越的政治智慧，打破两国多年相互隔绝的坚冰，用跨越太平洋的握手开启了中美关系发展的新篇章。中美关系大门的打开，其意义正如基辛格博士所言，改变了整个世界。

习近平说，40年来，在中美几代领导人不懈努力和双方各界人士共同推动下，中美两国已经从昔日的相互对立，走到今天共建相互尊重、互利共赢的合作伙伴关系的正确轨道上。在这期间，中美关系虽然也曾历经风雨，但始终保持不断前进的发展方向，中美关系的今天来之不易。

习近平说，中美关系40年来的发展历程，给了我们许多经验和教训，给了我们多方面的重要启迪。第一，推动中美关系发展的内生动力是两国的共同利益。第二，推动中美关系发展的制度保障是始终坚持三个联合公报。第三，推动中美关系发展的重要前提是不断增进双方的相互了解和培育深化战略信任。第四，推动中美关系不断前进需要持续发扬与时俱进的开创精神。

习近平说，在新的形势下，我们要按照胡锦涛主席和奥巴马总统达成的重要共识，坚定不移地建设相互尊重、互利共赢的中美合作伙伴关系。我们要以更加长远的战略眼光来审视和处理中美关系的未来，始终从两国人民的根本利益出发，尊重彼此核心和重要利益，妥善处理分歧，牢牢把握中美关系的正确方向。我们要以更加频繁、密切的方式加强两国高层和各层级的接触，完善各种对话合作机制，增进双方的战略互信。我们要本着互利共赢的精神，以更加务实、有效的方式推进经贸等各领域合作。我们要以更加重视彼此利益和关切的方式加强在国际地区问题上的合作。我们要以更加灵活、多样的方式促进中美社会各界友好交流。

习近平说，推动中美关系持续健康稳定发展，既是双方的共同责任，也是国际社会的共同期待。40年前，尼克松总统访华时引用毛泽东主席“一万年太久，只争朝夕”的词句来形容当时发展中美关系的紧迫性。40年后的今天，我们愿与美方共同努力，紧紧把握时代脉搏，顺应时代潮流，以“只争朝夕”的进取精神推进中美合作伙伴关系建设，为中美两国人民的福祉、为人类的和平、发展作出新的更大贡献。

基辛格在致辞中表示，40年前尼克松总统对中国的访问不仅打开了美中关系的大门，而且开启了两国关系持续发展的历史进程。尼克松、福特、卡特、里根、老布什、克林顿、小布什、奥巴马8位美国总统，毛泽东、周恩来、邓小平、江泽民、胡锦涛等中国领导人推动了这一历程进程。40年的历史告诉我们：世界和平需要美中合作，美中合作比对抗好；美中应尊重彼此的原则和想法，视对方为合作伙伴，相互理解，相互支持；双方应承认彼此的国家利益，以共同利益为基础开展合作；美中间存在分歧，但不应让它们失控，应找到建设性的办法予以化解。美中之间的上海公报、建交公报和“八·一七”公报体现了承认分歧、相互尊重、突出共识、求同存异的精神。去年1月胡锦涛主席访美与奥巴马总统就发展美中合作伙伴关系达成共识，开启了两国关系的新阶段。今年是美国大选年。虽然美国内会有一些杂音，但两国关系发展的大方向不会改变。奥巴马政府仍致力于与中方发展合作伙伴关系，美国共和党也将坚持40多年来两党一致的对华政策，而且这些都得到美国各界的广泛支持。我希望并相信美中两国在应对21世纪人类共同面临的诸多全球性挑战中将继续开展合作，不断扩大美中关系的基础，向两国和世界人民展示美中关系新的广度和深度。

中印边界问题特别代表第十五次会晤在新德里举行

中方特别代表、国务委员戴秉国和印方特别代表、国家安全顾问梅农坦诚深入地讨论了中印边界问题和共同维护两国边境地区和平与安宁等事宜。

会晤期间，两国政府代表签署了《中华人民共和国政府和印度共和国政府关于建立中印边境事务磋商和协调工作机制的协定》，戴秉国和梅农出席签字仪式。

国务委员梁光烈在八一大楼会见印度尼西亚驻华大使易慕龙

“全国国防动员建设2011年度人物”颁奖仪式在北京举行

来自全国国防动员系统的10人当选“全国国防动员建设2011年度人物”，32人获得“全国国防动员建设2011年度人物”提名奖。中央军委委员、国务委员兼国防部部长梁光烈，国务委员兼国务院秘书长马凯出席颁奖仪式。

当选“全国国防动员建设2011年度人物”的是：山东省原副省长郭兆信、天津市红桥区区长张泉芬、陕西省西安市委书记孙清云、安徽省发展和改革委员会主任沈卫国、广东省深圳市副市长陈应春、吉林省延边朝鲜族自治州委书记张安顺、四川省内江市委书记曾万明、江西省常务副省长凌成兴、河南省国防动员委员会综合办公室专职副主任陈永振、空军司令部军务部部长徐惠青。

创新人才教育研究会成立大会暨第一次会员代表大会在北京召开

来自全国27个省区市的近300个会员单位代表参会。创新人才教育研究会是经教育部、民政部批准的国家一级学会，它集结起致力于创新人才教育研究的单位和个人，探索行之有效的创新人才培养模式。会上，国务院参事刘彭芝当选为研究会会长。研究会还聘请资深院士和教育专家担任名誉会长或顾问。据悉，研究会近阶段将主要开展三方面的工作：以创新型人才培养的现状研究、创新型人才培养的历史经验研究、创新型人才培养的国外经验研究等20个课题为重点开展研究；联合国家教育咨询委员会创新人才培养模式组，加强对试点高校和中学的试点工作研究，梳理经验，创新模式，推广成果；加强创新人才培养的国际交流与合作。

以“我们的感动，我们的力量”为主题的“中国网事·感动2011”年度网络人物颁奖典礼在北京举行

吴菊萍等10位草根英雄在刚刚过去的一年因自己的爱心和壮举，被近千万网民“顶起”，从无数感动人物中脱颖而出，登上了璀璨舞台。这一活动由新华社主办，新华网、北京卫视和新华社“中国网事”栏目联合举办。

当选的10位草根英雄是：“最美妈妈”吴菊萍、“棒棒哥”郑定祥、“守墓老兵”欧兴田、“白菜爸爸”石青华、“拾道德之荒”陈贤妹、“拐杖老师”谭定才、智障救助者胡艳苹、“修桥大爷”艾尼亚特·斯拉木、“最美乡村女医生”钟晶、“犀利收碗哥”陈文原。10位草根英雄年龄不同，经历各异，他们用瞬间的选择或长期的坚守，用平凡的良心或坚定的信念，诠释了道德和人性的力量。

中央外宣办、国家互联网信息办主任王晨等在颁奖典礼前会见了10位草根英雄，向他们平凡的伟大致敬，向他们所代表的传统美德和时代精神致敬。

1月17日

国务院总理温家宝在迪拜龙城向华侨祝贺新春

国务院总理温家宝在迪拜与阿联酋副总统穆罕默德举行会谈

温家宝表示，中阿建交28年来，两国关系取得长足发展。阿联酋已成为中国在阿拉伯世界的第二大贸易伙伴。双方相互尊重和信赖，对彼此国家的发展充满信心。中阿决定建立战略伙伴关系，符合两国和两国人民的根本利益，将为双方扩大在各个领域的合作开辟更加广阔的前景。

会谈后，两国领导人签署了中阿建立战略伙伴关系的联合声明，共同见证了双边有关合作文件的签署。

国务院总理温家宝在阿布扎比与阿联酋阿布扎比王储穆罕默德举行会谈

中华人民共和国和阿拉伯联合酋长国发表关于建立战略伙伴关系的联合声明

中华人民共和国和阿拉伯联合酋长国赞赏两国关系所取得的发展，一致认为，中阿友好合作关系规模不断扩大、内涵日益丰富，不仅有利于两国和两国人民，也有利于本地区乃至世界的和平、稳定和发展。

为进一步提升中阿关系水平，全面推进两国各领域友好合作，双方决定建立战略伙伴关系，并就此达成以下共识：

一、加强各层面的高层互访，密切两国外交部政治磋商，就双边关系和重大国际、地区问题保持磋商与协调，不断深化互信平等的政治关系。

二、中方支持阿方为尊重国家主权和领土完整采取的政策和行动，阿方支持一个中国政策，中阿双方都强调主权、不干涉别国内政及通过和平手段解决问题的原则。

三、充分利用两国经贸互补优势，促进双边经贸关系全面发展。发挥中阿经贸联委会作用，加强各层次的经贸往来；加强双向投资；扩大两国在房建、路桥、铁路、电信等基础设施建设和高技术领域多种形式的互利合作。

四、建立能源领域长期全面的战略合作关系。鼓励两国政府主管部门、相关企业签署并落实能源领域的合作协议；深化在油气资源勘探开发、储运设施建设、炼油化工等领域合作；就和平利用核能及清洁能源、可再生能源开发利用等开展磋商与合作。

五、扩大两国在银行、证券等金融领域的合作。开展本币互换，努力实现两国本币作为双边贸易结算货币。互设银行分行。就银行和证券行业监管，以及监管人员的交流和培训加强协调与合作。

六、开展海关与税务合作，加强信息互换和人员交流，相互学习、借鉴先进经验。

七、开展两国在农业、林业、环境保护等领域合作，就粮食安全、防治荒漠化、海水淡化和气候变化等加强磋商，协调立场，交流经验。

八、加强两国在执法安全和反恐、打击犯罪等方面的交流与合作，拓宽司法机构合作领域，建立长效安全合作机制，实现情报交流，开展技术合作和人员培训。

九、加强军事互访，开展军事院校间对口交流，加强在人员培训、装备技术和军工军贸等方面的合作。

十、加强两国在文化、教育、卫生、旅游、新闻、青年、体育、社会发展方面的交流与合作，开展形式多样的人文交流，增进两国人民之间的了解和友谊。

十一、加强在国际组织中的协调与合作，维护两国利益。

十二、制定适当机制以落实本声明。

本联合声明于2012年1月17日在阿拉伯联合酋长国迪拜签署，一式两份，每份均用中文和阿拉伯文写成，两种文本同等作准。

全国政协在北京召开第四十四次主席会议

会议的主要任务是为召开政协十一届十六次常委会议和政协十一届五次会议做准备。全国政协主席贾庆林主持会议并讲话。

会议审议通过了政协第十一届全国委员会第五次会议议程（草案）和日程（草案）、政协全国委员会常务委员会工作报告（草案）、政协全国委员会常务委员会关于政协十一届四次会议以来提案工作情况的报告（草案）以及有关人事事项的名单草案，书面审议了政协全国委员会办公厅关于纪念辛亥革命100周年活动情况的报告（草案）、政协全国委员会2011年度对外交往工作总结（稿）、政协全国委员会办公厅关于2011年委员视察考察工作情况的报告（草案）和政协全国委员会专门委员会2011年度工作总结（稿）。会议决定将上述有关草案和文稿提请政协全国委员会常务委员会第十六次会议审议。会议还通报了中共政协全国委员会党组2012年度工作要点。会议决定，由全国政协副主席林文漪代表常委会在十一届五次会议上作提案工作情况的报告。会议听取了全国政协副主席杜青林，全国政协副主席兼秘书长钱运录，全国政协提案委员会主任李铁林，全国政协副秘书长孙怀山、仝广成、林智敏对有关事项所作的说明和通报。

贾庆林在讲话中指出，开好政协十一届五次会议，做好全年工作，要正确认识把握当前国际国内形势，自觉地把政协工作放到国际国内两个大局中来审视和谋划，放到党和国家工作全局中来部署和推进。要牢牢把握稳中求进的工作总基调，切实贯彻落实到政协工作的各个环节和全部过程，团结凝聚各党派团体、各族各界人士为实现经济社会又好又快发展作出积极贡献。贾庆林强调，要加强理论创新，认真总结本届政协履行职能的工作实践，形成有深度、有分量、有说服力的理论成果，为中共十八大召开提供理论支持，为人民政协事业永续发展打下坚实基础。

中共中央政治局常委习近平在人民大会堂出席老同志迎春茶话会

2000多名在京老同志应邀参加由中共中央组织部、解放军总政治部、中共北京市委举行的在京老同志迎春茶话会。中共中央政治局常委、中央书记处书记、国家副主席、中央军委副主席习近平代表党中央、国务院、中央军委，向出席茶话会的老同志致以节日的祝贺，向全国离退休老干部、老同志致以亲切问候和崇高敬意。

国务委员马凯在北京出席全国信访局长电视电话会议并讲话

马凯强调，要认真贯彻落实中央关于信访工作的决策部署，怀着对人民群众的深厚感情做好信访工作，深入开展领导干部接访下访活动，千方百计解决群众反映的实际问题，进一步规范信访秩序，为党的十八大胜利召开营造和谐稳定的社会环境。

全国总工会主席王兆国在河北慰问群众

王兆国1月17日至18日在河北送温暖时强调，要认清形势、把握方向，坚定中国特色社会主义信念，大力倡导勤奋劳动、诚实劳动、创新劳动，团结动员广大职工为实现中央提出的“稳中求进”目标作出新贡献。

最高人民法院 最高人民检察院 人力资源和社会保障部 公安部联合下发《关于加强对拒不支付劳动报酬案件查处工作的通知》

最高人民法院、最高人民检察院、人力资源和社会保障部、公安部日前联合下发《关于加强对拒不支付劳动报酬案件查处工作的通知》(以下简称《通知》)，进一步明确了有关操作办法。

《中华人民共和国刑法修正案(八)》中对拒不支付劳动报酬罪作出了规定，并从2011年5月1日开始，由人民法院、人民检察院、人力资源和社会保障部门、公安机关共同参与实施。

《通知》明确了各部门的职责。《通知》要求，人社部、公安机关、人民检察院、人民法院要认真做好拒不支付劳动报酬行为涉嫌犯罪案件的调查、移交、侦办、审查批捕、审查起诉和审判工作。在这些工作中，人社部主要负责监督检查用人单位劳动报酬支付情况，依法受理拖欠劳动报酬的举报、投诉。经调查，对违法事实清楚、证据确凿的案件，应及时责令用人单位向劳动者支付劳动报酬。对涉嫌犯罪的案件，应将案件向同级公安机关移送，并抄送同级人民检察院备案。

公安机关主要负责对人力资源和社会保障部门移送涉嫌犯罪的拒不支付劳动报酬案件，进行审查决定是否立案。认为有犯罪事实，需要追究刑事责任的，依法立案，并查明犯罪事实，正确运用法律惩罚犯罪，保障劳动者的合法权益不受侵害。

人民检察院主要负责依法对此类案件的立案监督、审查批捕、审查起诉等检察工作，对工作中发现的职务犯罪线索应当认真审查，依法处理。

人民法院主要负责依法受理、审理各类拖欠劳动报酬纠纷，对其中构成犯罪的，要坚决依法追究刑事责任。与此同时，《通知》要求建立沟通机制，确保劳动保障监察执法与刑事司法工作有效衔接。在办理拒不支付劳动报酬案件的过程中，各级人社部门和人民法院、人民检察院、公安机关要加强沟通协调、通力合作，形成打击合力。各级人社部门要主动与当地人民法院、人民检察院、公安机关建立拒不支付劳动报酬案件移送的联系机制，确保工作衔接顺畅.案件查处及时有力，用法律武器有力保障劳动者的劳动报酬权益。移送欠薪案件，更畅通高效。一些地方曾出现拖欠工资企业主逃跑、欠薪不知该向谁追讨的情况。而此次《通知》对送达文书的问题作出了明确规定：对于已经逃匿的行为人，在无法直接将责令其支付劳动报酬的法律文书送达本人的情况下，人力资源和社会保障部门可以在行为人住所地、办公地点、生产经营场所或者建筑施工项目所在地张贴责令支付的文书，或者采取将责令支付的文书送交其单位管理人员及近亲属等其他适当的方式。

《通知》同时明确了移送工作的程序。人力资源和社会保障部门向公安机关移送涉嫌犯罪案件，应当附有《涉嫌犯罪案件移送书》、涉嫌拒不支付劳动报酬犯罪案件调查报告、涉案的有关书证、物证及其他有关涉嫌犯罪的材料。公安机关对人力资源社会保障部门移送的涉嫌拒不支付劳动报酬犯罪案件，应当予以受理。对于涉案人员众多、涉嫌跨区域犯罪、社会影响较大或涉嫌犯罪行为人故意销毁会计账簿、转移财产、逃匿、暴力抗拒执法等紧急情形下，人力资源社会保障部门应当及时通报公安机关，公安机关应当依法及时处置。

广东省第十一届人民代表大会第五次会议选举朱小丹为广东省省长

国家统计局公布2011年中国主要经济数据

国家统计局初步测算显示，2011年中国经济比上年增长了9.2%。其中一季度增速为9.7%，二季度9.5%，三季度9.1%，四季度8.9%。

2011年四季度中经产业景气指数发布

装备制造、家电等10个行业监测数据显示，制造业景气度温和回落，但多数行业盈利能力仍保持历史较高水平，从长期看处于上升趋势。

中经产业景气指数由经济日报社中经产业景气指数研究中心和国家统计局中国经济景气监测中心共同编制。监测数据显示，去年四季度，装备制造、家电、石油、钢铁、化工、乳制品6个行业的景气指数回落，但幅度都不大，在0.1点到0.4点之间；水泥行业景气指数持平；有色、煤炭、服装行业景气指数则分别回升0.1点、0.4点和0.4点。景气灯号显示，装备制造、家电、石油、乳制品、钢铁、煤炭、有色、服装、化工、水泥10个行业均位于“绿灯区”。

监测数据同时显示，10个行业中有7个行业利润同比增幅下降，但行业的盈利能力从长期来看仍处于上升趋势。其中装备、服装、水泥、家电、煤炭的销售利润率明显高于10年来的平均水平，有色、化工、乳制品保持在历史平均水平左右，只有钢铁行业明显低于历史平均水平。

国家副主席习近平在人民大会堂会见美国佛罗里达州前州长杰布·布什

国务院副总理李克强在人民大会堂会见出席中美“二轨”高层对话第三次会议的前国务卿基辛格等美方代表

中印边界问题中方特别代表戴秉国在新德里与印度总理辛格举行会谈

中印签署《关于建立中印边境事务磋商和协调工作机制的协定》

中国外交部部长助理刘振民和印度驻华大使苏杰生在新德里分别代表各自政府，正式签署《中华人民共和国政府和印度共和国政府关于建立中印边境事务磋商和协调工作机制的协定》。

根据协定的规定，该机制将由两国外交部门司局级官员牵头，双方外交和军事官员组成，其主要任务是处理涉及保持边境地区和平与安宁的相关边境事务。机制将研究开展和加强中印边境地区双方军事人员和机构间交流与合作的方式方法，探讨在双方一致同意的边境地区开展合作，并处理可能出现的影响中印边境地区和平与安宁的问题和情势。该机制不承担探讨边界问题解决方案的任务，不影响中印边界问题特别代表会晤机制。该机制将为双方加强信息沟通和协调配合提供适当的渠道和平台，以便从外交层面及时有效地处理相关边境事务，增进彼此互信，确保两国边境地区和平稳定，为谈判解决两国边界问题和促进两国关系发展创造良好条件。

2011年中国十大科技进展和世界十大科技进展评选结果在北京揭晓

本次评选由中国科学院、中国工程院主办，中国科学院院士工作局、中国工程院学部工作局、中国科学报社承办。

2011年中国十大科技进展是:“天宫一号”与“神舟”八号成功实现交会对接;“蛟龙”号载人潜水器成功突破5000米;百亩超级杂交稻试验田亩产突破900公斤;首座超导变电站建成;发现大脑神经网络形成新机制;世界最大激光快速制造装备问世;发现人肝癌预后判断和治疗新靶标;首座快堆成功实现并网发电;首座超深水钻井平台在上海交付;深部探测专项开启地学新时代。

2011年世界十大科技进展是:英国发明超薄“纳米片”制备方法;最大太阳能飞机首次跨国飞行成功;科学家成功“抓住”反物质原子长达1000秒;美国研制出世界上第一束生物激光;美国研制成功反激光器;美国“好奇”号火星探测器发射升空;晶体中量子纠缠态信息存储成功;中外科学家完成马铃薯基因组测序;日本研制出世界最快计算机;荷兰制造出世界最小的分子“电动车”。

1月18日

中共中央在中南海举行党外人士迎春座谈会

座谈会由中共中央政治局常委、全国政协主席贾庆林主持。

座谈会上，民革中央主席周铁农、民盟中央主席蒋树声、民建中央主席陈昌智、民进中央主席严隽琪、农工党中央主席桑国卫、致公党中央主席万钢、九三学社中央主席韩启德、台盟中央主席林文漪、全国工商联主席黄孟复、无党派人士代表陈竺等先后发言。他们表示，2011年，面对复杂多变的国际形势和艰巨繁重的国内改革发展稳定任务，全国各族人民在以胡锦涛同志为总书记的中共中央坚强领导下，同心协力，锐意进取，推动社会主义经济建设、政治建设、文化建设、社会建设以及生态文明建设取得新的成就，实现了“十二五”时期良好开局。大家围绕推动社会主义文化大发展大繁荣、加强实体经济发展、加快社会保障制度建设、加强水资源保护、加强惩治和预防腐败体系建设、加快建设住房信息系统等问题提出了意见和建议。

胡锦涛在认真听取大家的发言后发表了重要讲话。

国务院总理温家宝在多哈与卡塔尔首相兼外交大臣哈马德举行会谈

温家宝表示，卡塔尔是海湾地区重要国家，近年来经济实力和对外影响不断提升。中卡关系日益密切，双方在政治、经济、人文等领域开展了富有成果的交流与合作。中方愿与卡方共同努力，从战略和长远角度出发，推动两国关系达到更高水平。中卡要将各自在能源领域的市场和资源优势结合起来，扩大油气产品贸易和下游合作；充分发挥双边投资合作委员会的作用，在重点和优势领域促进相互投资。中方愿与卡方积极探讨拓展在基础设施、金融、医疗、航空、旅游等领域的合作，实现中卡经贸关系多元化。

会谈后，两国领导人共同见证了有关双边合作文件的签署。

国务院总理温家宝在阿联酋沙迦出席中阿合作论坛第四届企业家大会暨投资研讨会开幕式上的讲话

尊敬的沙迦酋长苏尔坦殿下,女士们,先生们,朋友们:

早上好!

很高兴出席中阿合作论坛第四届企业家大会,衷心感谢东道主的周到安排。两天来,我会见了阿联酋领导人,出席了世界未来能源峰会,广泛接触了各界人士,充分感受到阿联酋人民的友好情谊。我谨代表中国政府和人民,向兄弟的阿拉伯人民致以最亲切的问候和最良好的祝愿!

伟大的阿拉伯文明对世界文明作出了不可磨灭的贡献。阿拉伯民族在哲学、数学、天文学、典章制度等领域取得了独特的成就,对东西方文明交流发挥了重要作用。当欧洲还处于中世纪蒙昧状态的时候,伊斯兰文明正经历着它的黄金时代。文艺复兴时期的思想家和文学艺术家在知识和艺术创新方面之所以能取得辉煌的成就,他们的眼光之所以能看得远,正是因为他们站在穆斯林世界巨人们的肩膀上。热爱和平、理性宽容、崇尚科学、鼓励求知的伊斯兰精神对人类精神生活产生过重要影响。在人类文明的璀璨苍穹中,处处都闪耀着伊斯兰文明的星光。

这是我第一次访问海湾国家,此行使我对阿拉伯世界有了新的感受和认识。迪拜高耸的哈里发塔令我震撼,它象征着阿拉伯人民在荒原上追求梦想、创造奇迹的顽强意志。海湾既是一片沙漠遍布、生存不易的土地,更是催人奋进、自强不息的土地。这不禁使我想起我青年时代曾经工作过的中国西北地区,那里的自然环境与海湾相似,到处是戈壁荒滩,当地有一种胡杨树同海湾地区随处可见的椰枣树一样,抗干旱、斗风沙,生存能力极其顽强。我很赞赏这种精神,这正是中华民族和阿拉伯民族所具有的百折不挠、愈挫愈奋的伟大精神品格。拥有这种品格的民族,一定能够克服任何艰难险阻,拥有光明的未来。

在历史长河中,中国和阿拉伯国家的交往由来已久。多少年来,我们风雨同行,患难与共,结下了深厚感情。我们两个伟大的民族有着相似的遭遇,都经历了无数的艰辛和深重的灾难。我们的祖先在很早以前就走过茫茫沙漠,穿越惊涛骇浪,通过“丝绸之路”进行贸易往来和文化交流,成为互惠互利的好伙伴。近代以来,无论是在争取民族独立、捍卫国家尊严的斗争中,还是在推动建立公正合理的国际政治经济新秩序的漫长历程中,中阿之间始终相互理解、相互尊重、相互支持、相互帮助,成为肝胆相照的好朋友。中国人民永远不会忘记,2008年中国发生汶川大地震时,阿拉伯兄弟慷慨解囊,及时提供援助。路遥知马力,患难见真情。中国与阿拉伯国家的交往史,就是一部友好往来、互助合作的历史。

中阿关系中最久远、最活跃的是经贸合作,这是连接中阿人民的重要纽带。双方优势互补,是天然的合作伙伴。过去几十年来,中阿经贸合作一直保持良好的发展势头。近10年,双边贸易额年均增长30%以上,阿拉伯国家成为中国第七大贸易伙伴。2011年,中阿贸易克服困难,逆势而上,再创历史新高。阿拉伯国家是中国企业对外投资的重要市场,也是中国企业开展承包工程的重要市场。除了传统的贸易和投资领域,双方在金融、航空、旅游、农业、人力资源等领域的合作也在蓬勃发展。经贸合作给双方人民带来了实实在在的利益,增进了中阿人民的福祉。中阿经贸合作越发展,双方的关系就越紧密,人民之间的传统友谊就越牢固。

维护和推动中阿关系不断向前发展,是双方政府的重要责任。2010年我在中国天津出席了中阿合作论坛部长级会议,双方在这次会议上建立了全面合作、共同发展的战略合作关系,将中阿关系提升到一个新水平。我这次访问海湾,仍是为了推进中阿友谊与合作。中国和沙特决定在战略框架下进一步提升关系,中国与阿联酋宣布建立战略伙伴关系。中国与两国政府在经贸、能源、金融、基础设施建设、人文等各领域达成10多项合作协议,其中经贸合作协议涉及金额达1000亿元人民币左右。中国与阿联酋政府签署了350亿元人民币的本币互换协议,这是中国与阿拉伯国家签署的首个本币互换协议。我还会见了海合会的领导人,我们就进一步巩固政治互信、深化各领域互利合作、开展多种形式交流、不断提升双方关系水平达成了许多共识。我们希望,这次访问能推动中国与海湾国家的合作再上一个台阶,使中国与阿拉伯国家的关系更加密切。

朋友们,

当今世界正在发生深刻复杂的历史性剧变,不稳定不确定因素显著增多,危机与动荡此起彼伏,地区热点和全球性挑战相互交织。西亚北非地区形势也出现了重要变化,给地区国家带来重大挑战和冲击。作为阿拉伯国家好朋友、好伙伴、好兄弟,中国高度关注本地区的发展变化,愿意为地区的和平与发展提供力所能及的帮助。我们认为,阿拉伯国家当前面临的困难是暂时的,阿拉伯民族有着悠久的历史和灿烂的文明,有着热爱和平、崇尚理性的光荣传统,有着百折不挠、坚忍不拔的意志。阿拉伯人民过去也曾历经磨难,但都靠着卓越的智慧和顽强的毅力经受住了考验。中国人民相信,只要伟大的阿拉伯人民从丰富的传统文化中汲取营养,顺应时代潮流,就一定能够解决当前存在的问题,把自己的事情办好,实现民族复兴和现代化。

中阿关系是中国对外关系的重要组成部分,中国始终把发展中阿关系作为外交政策的优先和重点。回顾中国与阿拉伯国家交往的历史,一条很重要的经验,就是无论国际风云如何变幻,无论面临什么样的挑战和困难,双方都能珍视传统友谊。坚持做可以信赖的好朋友、可以依靠的好伙伴、可以同甘共苦的好兄弟。在当前错综复杂的国际形势下,中阿这对老朋友更应该同舟共济,精诚合作。这里,我愿提出几点主张:

一、巩固政治互信,深化战略合作。中阿都是发展中国家,人口占全球1/4,土地面积占全球1/6。增进彼此了解与信任,推进双方战略合作,支持对方核心关切,符合中阿双方的共同利益。中国是支持地区国家实现和平、稳定和发展的坚定力量。中国支持海湾国家和海湾合作委员会为维护稳定、保障民生所作的努力。我们主张地区的事务要由地区国家和人民自主决定,尊重地区国家和人民追求变革的愿望诉求,支持地区国家自主选择符合本国国情的发展道路。我们主张构建稳定、均衡的地区力量格局,鼓励地区国家本着相互尊重、睦邻友好的原则处理彼此关系,通过对话协商理智解决彼此分歧。我们愿与阿方共同努力,在地区和国际事务中发挥建设性作用,推动建立一个更加公正合理的国际政治经济新秩序。

二、深化互利合作,实现共同发展。国与国的合作,只有互利才能持久。中阿经济互补性强,发展经贸合作的前景广阔。我们要相互扩大市场开放,充分发挥各自的比较优势,进一步增加双边贸易规模。中国不追求贸易顺差,愿意更多进口阿拉伯国家的产品,尤其是非能源类产品,使双边贸易更趋合理和平稳。我们要进一步增进理解和信任,深化能源资源合作,构建长期稳定、互利互惠的合作关系。我们要共同提高投资便利化水平,为双方企业提供更加完善的政策环境和优质服务。中方将继续鼓励企业赴阿拉伯国家投资办厂,实施更多有影响力的大项目,我们也欢迎阿方企业到中国投资兴业。作为阿方的真诚朋友,中国始终关注阿拉伯国家的发展振兴。我们愿意继续向有需要的阿拉伯国家提供经济和技术援助,实施更多惠及普通百姓的民生项目。

三、扩大人文交流,弘扬传统友谊。中华文明和阿拉伯文明都是人类文明的瑰宝,应该在世界文明多样性和交流对话中占有重要位置。我们要适应全球化、信息化和科技进步的新形势,大力推进和不断丰富双方的人文交流,促进不同种族、宗教、信仰和文化间的相互尊重,实现和谐共处。中方支持继续举办中阿文明对话研讨会、中阿友好大会、中阿新闻合作论坛,欢迎双方举办更多的展览和艺术节、文化周等活动,出版更多的优秀作品。鼓励双方互派更多留学生,继续在中国推广阿拉伯语教学。我们愿意与阿拉伯国家加强人力资源合作,将如期完成2010年至2012年间每年为阿拉伯国家培训1000名各类人才的目标。中方欢迎阿拉伯人民到中国旅游,支持更多阿拉伯国家成为中国公民旅游目的地。人文交流越深入,中阿人民的心就会贴得越近,共识就会越多,中阿友谊就能世代相传。

这次会议是企业家的聚会,也是投资研讨会。在座的企业家朋友都是中阿经济界的精英,是双方经贸合作的直接参与者和促进者。当前,国际金融危机的深层次影响还在持续显现,全球经济复苏的不确定性还较多,给世界各国的发展带来了严峻挑战,包括海湾国家在内的阿拉伯国家也受到严重影响。在这种形势下,这次会议就具有更加特殊的意义。我们都是发展中国家,都处于经济发展和改善民生的关键时期,都面临着应对国际金融危机冲击、加快经济转型升级的迫切任务。我们应当携起手来,推动中阿互利合作向更大规模、更高水平、更深层次发展,更好地造福双方人民。深化中阿经贸合作的一个重大举措,就是建设中国—海合会自贸区。这项工作对中阿关系发展具有里程碑式的重大意义。双方谈判已历时7年半,加快谈判进程是企业界的共同心声。目前谈判已接近尾声,双方要拿出更大的政治意愿,尽快结束谈判并签署自贸区协定。中方理解海合会国家的诉求,愿意以最大的诚意,推动谈判取得实质性成果。自贸区建成后,必将给双方企业带来巨大的商机,希望大家抓住机遇,大展宏图,为中阿经贸合作大发展、大繁荣贡献力量。

朋友们,

中华民族和阿拉伯民族都为人类的文明进步作出了卓越贡献。千百年来,我们的祖先曾为人类幸福劳神焦思、殚精竭虑,推动了世界的和平与发展。今天,各国的相互联系和依存更加紧密,全人类面临着共同的挑战和机遇。我们应该以更加包容的心态、更加宽广的胸怀,求同存异,消除偏见,合力化解纷争,加强互利合作,共同呵护和平,努力缔造一个幸福安宁、和谐稳定的世界。一位哲人曾说过:"我们不是为了制作书本,而是为了制作人格,不是为了赢得战役和疆土,而是为了实现秩序和安宁。真正的大师,是为人类创造一种合宜的生活方式。"让我们携起手来,顺应时代的发展潮流,朝着人类持久和平、繁荣兴旺的幸福未来阔步前进!

谢谢大家!

国家副主席习近平在北京分别看望国家最高科技奖获得者徐光宪院士和闵恩泽院士

财政部公布2011年国有企业运营数据

数据显示,2011年全国国有及国有控股企业主要经济效益指标同比继续保持增长，但增幅呈现逐步回落态势。

2011年，国有企业累计实现营业总收入367855亿元，同比增长21.5%，12月比11月环比增长10.8%。国有企业累计实现利润总额22556.8亿元，同比增长12.8%，12月比11月环比增长57.3%。

1—12月，主要行业盈利情况从同比看，实现利润增幅较大的行业为：化工、建材、电子、有色、烟草。实现利润同比降幅较大的行业为：交通、钢铁、医药、电力。

商务部召开例行新闻发布会就外贸和投资等热点问题作出回应

出口商品附加值明显提升，对今年外贸保持平稳增长有信心。

据海关统计，2011年全年进出口总值为36420.6亿美元，同比增长22.5%。其中出口18986亿美元，增长20.3%；进口17434.6亿美元，增长24.9%。“综合来看，过去一年我国外贸真正实现了又好又快发展。”沈丹阳说，其中，“好”主要体现在三个方面。

一是转变外贸发展方式取得明显进展。去年，我国出口商品的质量、档次和附加值明显提升，价格明显提高。据海关数据和商务部研究院的分析，去年我国主要出口商品的平均价格同比提高将近20%。中国出口欧盟的商品，因质量问题被通报的数量下降了31%；中国出口美国的商品，因质量问题被召回的下降近20%。

二是调整外贸结构成效明显。从商品结构看，具有自主品牌、技术和高端服务的出口商品比重明显提升；从市场结构看，我国对欧美日以外的广大市场的出口比重进一步提升到占56.3%；从贸易主体结构看，民营企业出口继续大幅增长，已占出口总额的30.5%；从贸易方式结构看，一般贸易无论出口还是进口都大幅增长，比重已占进出口总额的52.5%；从地区结构看，中西部地区出口增速明显高于沿海省市，占全国出口总额的比重已经提高到将近12%，比上年又提高两个百分点左右。

三是进出口平衡的目标基本实现。2011年全年贸易顺差降到了1551亿美元，占GDP比重只有2%，占进出口总值不到4.3%，明显处在国际公认的贸易平衡标准的合理区间。

据商务部统计，2011年我国境内投资者共对全球132个国家和地区的3391家境外企业进行了非金融类直接投资，累计实现直接投资600.7亿美元，同比增长1.8%；中国利用外资的增幅也不算很大，2011年全年实际使用外资1160.11亿美元，比2010年增长9.72%，是近几年比较低的。无论对外投资还是利用外资的增幅缩减，最主要的原因是全球经济复苏步伐放缓，一些主要的发达经济体，比如美国、欧盟经济增长乏力，企业投资决策更加谨慎，全球跨国投资减少。从对外投资来看，由于一些国家对外国投资者采取了新的保护措施，比如针对国有企业投资的限制，这也对中国企业“走出去”产生了一定负效应。此外，中东、北非地区动乱和政权更迭加大了我企业对外投资的安全风险，企业决策相对谨慎。最近联合国贸发会议等国际权威机构和英国《金融时报》开展的调查表明，中国仍是全球最具吸引力的投资东道国之一。中国美国商会、中国欧盟商会、日本贸易振兴机构2011年发布的调查报告也显示，受访的美国、欧盟、日本企业中，近两年有扩大在华投资意愿的企业比例分别高达83%、59%、67%，充分表明外国投资者对我国投资环境的信心。

同时，中国对外投资总体上仍然很受各国欢迎。中国政府支持企业“走出去”的政策不仅没有改变，而且还会加大力度。2012年，商务部将继续着力提高利用外资质量，积极稳妥实施走出去战略，本着“稳中求进”的指导思想推动相关工作。

中科院颁发2011年中国科学院杰出科技成就奖与国际科技合作奖

经过严格评审，中科院动物研究所研究员张润志和9个集体入选2011年中国科学院杰出科技成就奖。2011年度中科院国际科技合作奖也同时颁发，丹麦奥胡斯大学弗莱明·贝森巴赫教授、美国俄亥俄州立大学朗尼·汤姆森教授和日本高能加速器研究机构黑川真一教授荣获此奖。

1月19日

国办发出《关于调整国务院安全生产委员会组成人员的通知》

各省、自治区、直辖市人民政府，国务院各部委、各直属机构：

根据工作需要和人员变动情况，国务院决定对国务院安全生产委员会组成人员进行相应调整。现将调整后的名单通知如下：

主　任：张德江（国务院副总理）

副主任：骆　琳（安全监管总局局长）

杨焕宁（公安部常务副部长）

肖亚庆（国务院副秘书长）

成　员：（略）

国务院安全生产委员会办公室主任由安全监管总局局长骆琳兼任，副主任由安全监管总局副局长杨元元，安全监管总局副局长、煤矿安监局局长赵铁锤和安全监管总局副局长王德学、孙华山、付建华担任。

国务院办公厅

2012年1月19日

国务院副总理李克强在国家海洋环境预报中心通过视频连线和电话慰问极地大洋科考队员并考察海洋预报和卫星应用工作

1月20日

中央司法体制改革领导小组第四次全体会议暨司法体制机制改革第十一次专题汇报会在北京召开

会上，全国人大常委会法工委、财政部分别介绍了有关改革事项的进展情况，6个司法体制机制改革督导组汇报了去年对12个省区市进行督导检查的情况，中央司法体制改革领导小组办公室汇报了2011年改革总体情况和2012年工作安排，与会同志进行了讨论。

财政部公布2011年财政收入数据

2011年，全国财政收入103740亿元，比上年增加20639亿元，增长24.8%。

国家统计局首次公布居民收入中位数

国家统计局首次公布了城乡居民收入中位数。2011年，农村居民人均纯收入中位数为6194元，比上年增加995元，增长19.1%；城镇居民人均可支配收入中位数为19118元，比上年增加2279元，增长13.5%。

2011年，全国农村居民人均纯收入6977元，比上年增加1058元，增长17.9%。剔除价格因素影响，实际增长11.4%，增速同比提高0.5个百分点。农村居民人均纯收入中位数比人均纯收入低783元，但增速高1.2个百分点。

2011年，城镇居民人均总收入23979元，其中，人均可支配收入21810元，比上年增加2701元，增长14.1%。剔除价格因素影响，城镇居民人均可支配收入实际增长8.4%，增速同比提高0.6个百分点。城镇居民人均可支配收入中位数比人均可支配收入低2692元，增速低0.6个百分点。据国家统计局的分析，主要是受最低工资标准、城镇居民基本养老金和离退休金以及最低生活保障标准提高影响，城镇低收入户收入增速较高；同时高收入户也保持了较快的增长速度，所以中等收入户增速相对较慢。

2011年城镇居民人均可支配收入与农村居民人均纯收入之比为3.13∶1，2010年该收入比为3.23∶1。

中国首台将投入商业运营的新型中低速磁浮列车在南车株洲电力机车有限公司诞生

国务院印发《国家药品安全“十二五”规划》并发出通知

各省、自治区、直辖市人民政府，国务院各部委、各直属机构：

现将《国家药品安全“十二五”规划》印发给你们，请认真贯彻执行。

国务院

2012年1月12日

国家药品安全“十二五”规划

药品安全是重大的民生和公共安全问题，事关人民群众身体健康和社会和谐稳定。为进一步提高我国药品安全水平，维护人民群众健康权益，促进医药产业持续健康发展，依据《中华人民共和国国民经济和社会发展第十二个五年规划纲要》和党中央、国务院有关方针政策，制定本规划。

一、药品安全形势

(一)取得的成绩。“十一五”时期，国家出台了一系列政策措施，加大了政府投入，形成了较为完备的药品生产供应体系，基本建立了覆盖药品研制、生产、流通和使用全过程的安全监管体系，药品安全状况明显改善，药品安全保障能力明显提高。

1. 药品安全状况明显改善。全国药品评价性抽验总合格率显著提高，化学药品、中药、生物制品的抽验合格率大幅提高，药品质量总体上保持较好水平。《药品注册管理办法》2007年修订施行后，提升了注册审批标准，严格了药品生产准入，新上市仿制药质量明显提高。药品不良反应监测、特殊药品滥用监测网络预警作用加强，药品安全事件应急处置能力大幅提升，药品安全事件逐渐减少。

2. 公众用药需求基本满足。实施国家基本药物制度，保障公众基本用药权益。新药创制能力进一步提高，药品现代物流体系建设稳步推进，覆盖城乡的药品供应网络基本建成，公众日常用药需求基本得到满足。建立了国家药品储备制度，提高了应对重大疫情灾害的药品保障能力。

3. 药品安全监管能力大幅提高。建立了较为完整的国家、省、市、县四级行政监管体系，构建了以药品注册审评、标准制定、检验检测、不良反应监测为重点的技术支撑体系，健全了以《中华人民共和国药品管理法》和《医疗器械监督管理条例》为核心的法律、法规体系，形成了以《中华人民共和国药典》为核心的国家药品标准管理体系。进一步健全了药品质量管理规范，加强了药品全过程监管。药品监管信息化建设取得阶段性成果，特殊药品的电子监管顺利推进。药品监管基础设施明显改善，队伍素质显著提高。

（二）存在的问题。药品生产企业研发投入不足，创新能力不强，部分仿制药质量与国际先进水平存在较大差距。现行药品市场机制不健全，药品价格与招标机制不完善，一些企业片面追求经济效益，牺牲质量生产药品。医疗机构以药养医状况未明显改善，临床用药监督有待进一步加强，零售药店和医院药房执业药师配备和用药指导不足，不合理用药较为严重。不法分子制售假药现象频出，利用互联网、邮寄等方式售假日益增多，有些假药甚至进入药品正规流通渠道，药品安全风险仍然较大。同时，药品安全法制尚不完善，技术支撑体系不健全，执法力量薄弱，药品监管能力仍相对滞后。

“十二五”时期是我国全面建设小康社会的关键时期，也是促进医药产业健康快速发展的重要机遇期。随着我国经济社会进一步发展，居民生活质量改善，人民群众对药品的安全性、可及性要求不断提高。人口老龄化、疾病谱改变、新发传染性疾病频发等，对药品安全提出了新的挑战。同时，医药产业快速发展，产业结构调整，高新技术在医药产业的广泛应用，都对药品安全监管提出了更高的要求。必须进一步加强药品安全工作，为人民群众健康提供有力保障。

二、指导思想、基本原则与发展目标

（一）指导思想。

以邓小平理论和“三个代表”重要思想为指导，深入贯彻落实科学发展观，结合深化医药卫生体制改革，全面提高药品标准，进一步提高药品质量，完善药品监管体系，规范药品研制、生产、流通和使用，落实药品安全责任，加强技术支撑体系建设，提升药品安全保障能力，降低药品安全风险，确保人民群众用药安全。

（二）基本原则。

1. 坚持安全第一，科学监管。以确保人民群众用药安全为根本目的，以提高药品标准和药品质量为工作重心，完善监管体制，创新监管机制，依法科学实施监管。

2. 坚持从严执法，规范秩序。建立、健全科学、公正、公开、高效的药品安全执法体系，严厉打击制售假劣药品行为，严肃追究药品安全责任，促进药品市场秩序和安全形势持续向好。

3. 坚持强化基础，提升能力。加强药品安全保障基础建设，健全药品监管技术支撑体系，充实监管力量，提升队伍素质，提高监管效能。

4. 坚持统一协调，分工负责。强化各级政府药品安全责任，落实部门职责分工，建立统一协调的部门联动机制，联合执法，齐抓共管，实现药品安全各领域、各环节的全面有效监管。

（三）发展目标。

1. 总体目标。

经过5年努力，药品标准和药品质量大幅提高，药品监管体系进一步完善，药品研制、生产、流通秩序和使用行为进一步规范，药品安全保障能力整体接近国际先进水平，药品安全水平和人民群众用药安全满意度显著提升。

2. 规划指标。

（1）全部化学药品、生物制品标准达到或接近国际标准，中药标准主导国际标准制定。医疗器械采用国际标准的比例达到90%以上。

（2）2007年修订的《药品注册管理办法》施行前批准生产的仿制药中，国家基本药物和临床常用药品质量达到国际先进水平。

（3）药品生产100%符合2010年修订的《药品生产质量管理规范》要求；无菌和植入性医疗器械生产100%符合《医疗器械生产质量管理规范》要求。

（4）药品经营100%符合《药品经营质量管理规范》要求。

（5）新开办零售药店均配备执业药师。2015年零售药店和医院药房全部实现营业时有执业药师指导合理用药。

三、主要任务与重点项目

（一）全面提高国家药品标准。

实施国家药品标准提高行动计划。参照国际标准，优先提高基本药物及高风险药品的质量标准。提高中药（材）、民族药（材）质量标准与炮制规范。药品生产必须严格执行国家标准，达不到国家标准的，一律不得生产、销售和使用。加强国家药品标准研究，重点加强安全性指标研究。

实施国家医疗器械标准提高行动计划。优先提高医疗器械基础通用标准，提高高风险产品及市场使用量大产品的标准。加强医疗器械检测技术和方法研究，增强标准的科学性。加快医疗器械标准物质研究和参考测量实验室建设。

全面提高仿制药质量。对2007年修订的《药品注册管理办法》施行前批准的仿制药，分期分批与被仿制药进行质量一致性评价，其中纳入国家基本药物目录、临床常用的仿制药在2015年前完成，未通过质量一致性评价的不予再注册，注销其药品批准证明文件。药品生产企业必须按《药品注册管理办法》要求，将其生产的仿制药与被仿制药进行全面对比研究，作为申报再注册的依据。

健全以《中华人民共和国药典》为核心的国家药品标准管理体系。制修订药品、医疗器械标准管理办法，健全药品、医疗器械标准制定、修订、发布、实施、废止程序，建立标准评估、淘汰机制。加强医疗器械标准管理机构建设。建立政府主导，企业、检验机构、高校和科研机构共同参与的标准提高机制，引导和鼓励企业通过技术进步提升质量标准。

(二)强化药品全过程质量监管。

严格药品研制监管。完善药品研制规范，制修订药品研制技术指导原则和数据管理标准，促进数据国际互认。建立、健全药物非临床安全性评价实验室、药物临床试验机构监督检查体系和监管机制，探索建立分级分类监督管理制度。提高药物临床试验现场检查覆盖率，加强药物临床试验安全数据的监测。所有新药申请的非临床研究数据必须来源于符合《药物非临床研究质量管理规范》的机构。鼓励罕见病用药和儿童适宜剂型研发。加强受试者保护，提高药物临床试验的社会参与度和风险管理水平。加强医疗器械临床试验管理，制订质量管理规范。加强医疗器械产品注册技术审查指导原则制订工作，统一医疗器械审评标准，提高审评能力。

严格药品生产监管。加强药品生产监管制度建设，着力推进生产质量管理规范认证工作，建立、健全药品生产风险监管体系。鼓励开展常用中药材规范化生产技术研究，推动实施中药材生产质量管理规范，鼓励中药生产企业按照要求建立药材基地。完善医疗器械质量管理体系，编制重点品种医疗器械质量管理规范实施指南。加强对药品、医疗器械生产企业执行生产质量管理规范情况的经常性检查，严肃查处违规企业。加强进口药品监管，建立、健全境外检查工作机制和规范，探索建立出口药品监管制度，推动药品进出口与海关的联网核销系统建设，建立和完善进出口医疗器械分类管理、出入境验证和风险管理制度。

严格药品流通监管。完善药品经营许可制度、药品经营质量管理规范认证体系。完善药品流通体系，规范流通秩序，鼓励药品生产企业直接配送，并与药品零售机构直接结算。发展药品现代物流和连锁经营，制订药品冷链物流相关标准。探索建立中药材流通追溯体系。制订实施高风险医疗器械经营质量管理规范，提高医疗器械经营企业准入门槛，完善退出机制。完善农村基本药物供应网，建立、健全短缺药品供应保障协调机制，确保基本药物和短缺药品质量安全、公平可及。

严格药品使用监管。完善药品使用环节的质量管理制度，加强医疗机构和零售药店药品质量管理，发挥执业药师的用药指导作用，规范医生处方行为，切实减少不合理用药。加强在用医疗器械监管工作，完善在用医疗器械管理制度。开展药品安全宣传教育活动，普及药品安全常识，提高公众安全用药意识，促进合理用药。

(三)健全药品检验检测体系。

完善药品抽验工作机制，扩大抽验覆盖面和抽验品种范围，增加抽验频次。药品抽验必须做到检验标准、检验程序公开，检验结果及时公告。对抽验不合格产品，及时依法处置。

提高药品检验能力。到"十二五"末，省级药品检验机构、口岸药品检验机构具备依据法定标准对化学药品和中药的全项检验能力，市级药品检验机构具备85%以上项目的检验能力。强化生物制品批签发检验能力，授权部分省级药品检验机构承担生物制品批签发任务，被授权的机构必须具备授权品种的独立全项检验能力。开展药品关键检验技术、药品快速检验技术和补充检验技术研究，搭建检验技术共享平台。

提高医疗器械检测能力，重点提高植入性医疗器械等高风险产品和电气安全、电磁兼容、生物安全性的检测能力。加强医疗器械检测机构资格认可和监督评审，建立退出机制。到"十二五"末，国家级医疗器械检测机构具备对所有归口产品的检测能力，省级医疗器械检测机构具备对95%以上常用医疗器械的检测能力。

(四)提升药品安全监测预警水平。

加强基层药品不良反应监测，健全重点监测与日常监测相结合的监测机制，强化对药品不良反应和医疗器械不良事件的评价与预警。完善药品安全新闻发布制度，及时发布药品安全预警信息。

加强特殊药品滥用监测。完善监测网络和制度，建立敏感人群用药调查监测机制，为特殊药品监管提供技术服务和保障。

健全药品上市后再评价制度。开展药品安全风险分析和评价，重点加强基本药物、中药注射剂、高风险药品的安全性评价。完善药品再评价的技术支撑体系。经再评价认定疗效不确切、存在严重不良反应、风险大于临床效益危及公众健康的药品，一律注销药品批准证明文件。建立医疗器械再评价制度，组织开展高风险医疗器械再评价工作。

(五)依法严厉打击制售假劣药品行为。

深入开展药品安全专项整治。完善打击生产销售假药部际协调联席会议制度，健全部门打假协作机制，加快行政执法与刑事司法衔接的信息平台建设。完善药品检验鉴定机制，提高假劣药品检验鉴定时效。加强行政执法监督，规范执法行为，对制售假劣药品的生产经营企业，依法撤销批准证明文件。完善联合挂牌督办案件制度，加大案件查处力度，重点打击生产假劣药品以及利用互联网、邮寄、挂靠等方式销售假劣药品违法犯罪行为，坚决打击进出口假劣药品违法犯罪行为。研究解决生产销售假劣药品的定罪量刑过低问题，加大对生产销售假劣药品违法犯罪行为的惩处力度。以乡(镇)、村为重点，加大基层打假治劣力度，严厉打击流动药贩。规范药材边贸交易。

严厉打击发布违法药品广告行为。严格广告审批，完善广告监测网络，强化广告发布前规范指导、发布中动态监督、发布后依法查处。规范网上药品信息服务与广告发布行为，重点打击利用互联网发布虚假广告和虚假宣传行为。加强药品电子商务特别是网上药品零售市场监管，严格互联网药品交易服务网站资格审批，促进互联网药品交易服务健康发展。

(六)完善药品安全应急处置体系。

完善药品、医疗器械突发事件应急预案，规范处置程序。强化应急平台、应急检验等技术支撑体系建设，加强国家药品安全应急演练基地和国家食品药品监督管理局投诉举报中心建设，强化应急管理培训，提高应急处置能力和水平。健全重大突发事件应急药品扩产改造和申报审批工作机制，保障应急药品的及时有效供应。

(七)加强药品监管基础设施建设。

加快实施药品安全基础设施建设工程，加强技术审评、检查认证、监测预警基础设施建设，进一步改善国家、省、市三级药品检验机构实验室条件，加强省级医疗器械检测中心基础设施建设。按标准建设药品行政监管机构办公业务用房，配备执法装备。加快推进药品快速检验技术在基层的应用，配置快速检验设备。

(八)加快监管信息化建设。

推进国家药品电子监管系统建设，完善覆盖全品种、全过程、可追溯的药品电子监管体系。整合信息资源，统一信息标准，提高共享水平，逐步实现国家药品电子监管系统与有关部门以及企业信息化系统对接。采取信息化手段实现药品研究和生产过程的非现场监管。建立、健全医疗器械监管信息系统，启动高风险医疗器械国家统一编码工作。完成国家药品监管信息系统一期工程，启动二期工程建设。

(九)提升人才队伍素质。

制定药品监管中长期人才发展规划，建立严格的人员准入、培训和管理制度。加强药品监管部门专业技术人员培训，加快高层次监管人才和急需紧缺专门人才培养，形成一支规模适当、结构合理、素质优良的药品监管专业队伍。建设国家食品药品监督管理局高级研修学院，逐步形成国家和省两级培训架构，建设覆盖全系统的网络教育培训平台。加强药品监管部门领导干部和基层一把手培训，提高监管水平。到“十二五”末，各级药品监管队伍大学本科以上学历人员达到75%以上，药学、医疗器械、医学、法学等相关专业人员达到75%以上。

四、保障措施

(一)完善保障药品安全的配套政策。完善医药产业政策，提高准入门槛，严格控制新开办企业数量，引导企业兼并重组，促进资源向优势企业集中；支持生物医药、医疗器械产业健康、快速发展；大力扶持中药、民族药发展，促进继承和创新。研究完善药品经济政策，对已达到国际水平的仿制药，在药品定价、招标采购、医保报销等方面给予支持，形成有利于提高药品质量、保障药品安全的激励机制。完善加强药品安全的科技政策，强化科技对药品安全的支撑作用。实施重大新药创制等国家科技重大专项和国家科技计划，支持和鼓励企业科技创新，提高药品、医疗器械的创新能力。以企业为主体、产学研相结合，推进药品安全研究工作。

(二)完善药品安全法律、法规。推动制定执业药师法，修订《中华人民共和国药品管理法》。修订《医疗器械监督管理条例》《放射性药品管理办法》等法规和规章。研究制定处方药和非处方药分类管理条例。

(三)加强药品安全监管能力建设。创新药品安全执法体制机制，推进专职化的药品检查员队伍建设。充实国家和省两级药品审评评价、检查认证、监测预警力量，确保药品再评价、再注册等工作顺利开展。深化药品行政审批制度改革，严格审批标准，规范审批程序。各级政府要将药品安全监管经费纳入财政预算，加大经费投入。加强基层、边远地区和民族地区药品安全保障能力建设，改善基层执法条件。加强与国际组织、国外监管机构和民间机构的交流与合作，借鉴国际先进监管经验，不断提高监管能力和水平。

(四)全面落实药品安全责任。按照“地方政府负总责，监管部门各负其责，企业是第一责任人”的要求，进一步健全药品安全责任体系。企业要切实履行药品安全主体责任，完善质量管理制度，严格执行质量管理规范，禁止不合格药品出厂、销售，及时召回问题药品和退市药品。开展企业信用等级评价工作，建立从业人员诚信档案，对严重违规和失信的企业和从业人员实行行业禁入。监管部门要认真履行监管职责，加强对药品研制、生产、流通、使用的全过程监管，监督企业严格按照国家法律、法规和质量规范生产、销售药品，监测药品不良反应，及时进行风险提示，严格查处违法违规行为，确保用药安全。地方各级政府负责本行政区域的药品安全工作，将药品安全列入政府考核测评体系，建立考核评价和责任追究制度。健全各级药品监管机构和农村药品监督网络，确保药品监管机构依法独立开展工作。

(五)完善执业药师制度。配合深化医药卫生体制改革,制订实施执业药师业务规范,严格执业药师准入,推进执业药师继续教育工程,提高执业药师整体素质,推动执业药师队伍发展。加大执业药师配备使用力度,自 2012 年开始,新开办的零售药店必须配备执业药师;到"十二五"末,所有零售药店法人或主要管理者必须具备执业药师资格,所有零售药店和医院药房营业时有执业药师指导合理用药,逾期达不到要求的,取消售药资格。

(六)加强对规划实施工作的组织领导。地方各级政府要根据本规划确定的发展目标和主要任务,将药品安全工作纳入重要议事日程和本地区经济社会发展规划。各有关部门要按照职责分工,细化目标,分解任务,制订具体实施方案,做好相关任务的实施工作。2013 年年中和 2015 年年底,国家食品药品监督管理局牵头对规划执行情况进行中期评估和终期考核,评估和考核结果向国务院报告。

1月21日

中共中央国务院在人民大会堂举行春节团拜会

党和国家领导人胡锦涛、吴邦国、温家宝、贾庆林、李长春、习近平、李克强、贺国强等同首都各界人士 2000 多人欢聚一堂,共庆新春佳节。

国家主席胡锦涛主持团拜会。

中共中央政治局常委、国务院总理温家宝在团拜会上讲话。

国务院总理温家宝在 2012 年春节团拜会上的讲话

同志们,朋友们:

在新春佳节来临之际,我们欢聚一堂,共贺新春。我向大家致以节日的良好祝愿!向全国人民拜年!

每逢佳节倍思亲。在这个万家团圆的美好时刻,我衷心祝愿香港同胞、澳门同胞、台湾同胞、海外侨胞家庭幸福,生活美满,事业发达!

过去的一年,国际经济形势复杂严峻。面对各种矛盾和困难,中国共产党带领全国各族人民,奋力推进改革开放和现代化建设,继续克服国际金融危机的影响,实现了"十二五"时期的良好开局。这来之不易的成就,激发了全国人民的自豪感,增强了继续前进的信心!

新的一年,是我国发展进程中具有重要意义的一年。我们要加强和改善宏观调控,继续保持经济平稳较快发展和物价总水平基本稳定;加快转变发展方式和调整经济结构,提高发展的协调性和可持续性;着力推进改革开放,不断增强经济社会发展的活力和动力;把保障和改善民生放在更加突出的位置,让人民群众共享改革发展成果!

新的一年,我们将面临更大的挑战。我们有克服困难的意志、决心、勇气和力量,我们对祖国的美好未来和光明前景充满信心。我们的信心来自解放思想、实事求是、与时俱进的思想路线,来自永不停顿的改革开放、坚定不移地走中国特色社会主义道路,来自促进经济发展、社会进步、民生改善、民主法治、公平正义的不懈努力,来自改革和建设积累的物质科技基础和宝贵经验,来自人民群众中蕴藏的积极性和创造力!

面向未来,我们将更加坚定信心,不畏艰难险阻,始终保持清醒头脑,深入贯彻落实科学发展观,在以胡锦涛同志为总书记的党中央领导下,同心同德,开拓进取,把改革开放和社会主义现代化建设事业推向前进,以优异成绩迎接党的十八大胜利召开!

祝大家新春愉快,身体健康!祝全国各族人民阖家欢乐,幸福吉祥!

国务院总理温家宝在长庆油田看望石油工人

国务委员刘延东看望备战奥运的国家队

刘延东来到体育总局训练局,考察伦敦奥运备战工作,看望和慰问运动员、教练员和工作人员,勉励大家进一步增强使命感责任感紧迫感,扎实做好伦敦奥运备战参赛工作,力争取得运动成绩和精神文明双丰收。

1月22日

中共中央总书记胡锦涛在北京同基层干部群众共迎新春

国务院国资委发布中央企业利润数据

国务院国资委宣布,2011 年 1 月至 12 月,中央企业累计实现营业收入 202409.3 亿元,同比增长 20.8%;应交税费总额 16803.9 亿元,同比增长 19.7%;累计实现净利润 9173.3 亿元,同比增长 6.4%。

国务院印发《工业转型升级规划(2011—2015 年)》

《工业转型升级规划(2011—2015 年)》(以下简称《规划》)是改革开放以来第一个把整个工业作为规划对象,并且由国务院发布实施的中长期规划。根据《规划》,"十二五"期间,我国全部工业增加值年均增长 8%左右,工业增加值率较"十一五"末提高 2 个百分点;单位工业增加值能耗较"十一五"末降低 21%左右，单位工业增加值用水量降低30%。

《规划》确定了未来五年工业转型升级的主要目标。“十二五”期间，全员劳动生产率年均提高10%；自主创新能力明显增加，规模以上工业企业研究与试验发展（R&D）经费内部支出占主营业务收入比重达到1%，重点骨干企业达到3%以上，企业发明专利拥有量增加一倍；产业结构进一步优化，战略性新兴产业实现增加值占工业增加值的15%左右，规模经济行业产业集中度明显提高，主要工业品质量接近或达到国际先进水平。

《规划》还提出了重点行业和领域的发展导向和升级路径。一是发展先进装备制造业。着力提升基础工艺、基础材料、基础元器件研发和系统集成水平，加快重大装备产品升级换代，积极培育发展高端装备制造业。二是调整优化原材料工业。立足国内市场需求，严格控制总量，加快淘汰落后产能，推进节能降耗减排，优化产业布局，提高产业集中度，培育发展新材料产业。三是改造提升消费品工业。以品牌建设、品种质量、优化布局、诚信发展为重点，增加有效供给，保障质量安全，引导消费升级，促进产业有序转移，塑造消费品工业竞争新优势。四是增强电子信息产业核心竞争力。坚持创新引领、融合发展，攻克核心关键技术，夯实产业发展基础，深化技术和产品应用，积极拓展国内需求，引导产业向价值链高端延伸。五是提升国防科技工业现代化水平。按照走中国特色军民融合式发展道路的要求，加快推进先进国防科技工业建设，建立和完善军民结合、寓军于民的武器装备科研生产体系。六是加快发展面向工业生产的相关服务业。大力发展工业设计及研发服务、制造物流服务、信息服务及外包、节能环保和安全生产服务等面向工业生产的服务业，加快推进制造服务化，提升对工业转型升级的服务支撑能力。

为确保主要目标任务的顺利实现，《规划》还提出了完善产业政策体系及功能、强化工业标准规范及准入条件、加大财税支持力度等8个方面的保障措施。

保监会印发《关于开展2012年保险公司中介业务检查和清理整顿保险代理市场的通知》

通知部署在全国范围内深入开展保险公司中介业务检查及保险代理市场清理整顿工作，进一步规范保险中介市场秩序和提高市场运行效率。

2011年，保监会共吊销24家保险中介机构的业务许可证；注销保险专业代理机构法人或分支机构许可证337家，保险兼业代理机构许可证9040家。

保监会有关负责人表示，2012年保监会对中介市场的检查重点是保险公司与保险中介之间不合法、不真实、不透明的合作关系，要着力查处保险公司利用中介业务和中介渠道弄虚作假、虚增成本、非法套取资金等突出问题。对各种侵害保险消费者利益等违法违规行为要严肃查处，对涉嫌传销及非法集资等严重违法违规行为的各类保险代理机构要坚决清理。

卫生部发布《关于加强饮用水卫生监督监测工作的指导意见》

卫生部要求各地卫生行政部门建立、健全饮用水污染事件报告制度，明确报告责任和要求，完善饮用水污染事件处置措施和程序，提高应急反应速度和调查处置能力。加强饮用水卫生监测信息网络平台建设，实现网络直报和数据共享。

意见要求，各地要根据《生活饮用水卫生标准》的水质指标规定，在标准全面实施前，以监测和控制饮用水卫生安全风险为目标，组织对当地饮用水水质开展一次基线调查，全面系统地掌握水质情况，研究确定当地与健康密切相关的需要重点监控的水质指标，探索建立水性疾病评估、预测体系，及时发现饮用水卫生安全隐患，防范介水疾病发生和流行。各地要结合供水单位日常水质监测资料，定期开展水质状况分析，加强风险管理。

意见要求，通过基本公共卫生服务卫生监督协管工作，对农村集中式供水、城市二次供水和学校自备供水实施饮用水卫生安全巡查，稳步提高卫生监督覆盖率；要加强对农村集中式供水水源卫生防护的指导，加大对二次供水设施、学校饮用水设施及其清洗、消毒等的监督检查力度。各级卫生监督机构要加强对涉及饮用水卫生安全产品的监督抽检，严格供水单位使用涉及饮用水卫生安全产品的索证管理。

国办印发《农村残疾人扶贫开发纲要（2011—2020年）》

《农村残疾人扶贫开发纲要（2011—2020年）》对未来十年农村残疾人扶贫开发工作作出部署。纲要中规定到2015年，农村残疾人生活总体达到小康，基本生活得到稳定的制度性保障，参与社会和自身发展状况显著改善。

纲要的颁布实施是贯彻落实中央扶贫开发工作会议的重要举措，对做好未来十年农村残疾人扶贫开发工作，切实保障和改善农村残疾人基本生活条件，引导农村残疾人发展生产增加收入，实现广大农村残疾人与全国人民一道共享小康社会宏伟目标具有重要而深远的意义。

纲要指出，到2020年，稳定实现农村残疾人不愁吃、不愁穿，全面保障平等享受基本医疗、基本养老、教育、住房和康复服务。农村残疾人家庭收入达到或接近当地平均收入水平，基本公共服务覆盖农村残疾人并不断提高水平，残疾人生存有保障，生活有尊严，发展有基础。

1 月 23 日

英国 丹麦政要祝福中国新春佳节

英国首相卡梅伦在贺词中向"在英国、中国和世界各地庆祝农历新年的每一位华人发出最良好的节日祝贺"。丹麦首相托宁—施密特说："在中国新年来临之际，我很高兴向所有中国人民和旅丹华人致以最热烈的问候。刚刚过去的兔年，对于中国、丹麦和丹中关系非常重要。"

1 月 24 日

国务院批转人力资源和社会保障部等七部委制定的《促进就业规划(2011—2015 年)》并发出通知

各省、自治区、直辖市人民政府，国务院各部委、各直属机构：

国务院同意人力资源和社会保障部、发展改革委、教育部、工业和信息化部、财政部、农业部、商务部制定的《促进就业规划(2011—2015 年)》，现转发给你们，请认真贯彻执行。

国务院

2012 年 1 月 24 日

促进就业规划(2011—2015 年)

为了做好"十二五"时期就业工作，促进经济发展与扩大就业相协调，促进社会和谐稳定，根据《中华人民共和国国民经济和社会发展第十二个五年规划纲要》和《中华人民共和国就业促进法》制定本规划。

一、背景

(一)"十一五"时期就业工作的主要成效。

"十一五"时期是我国发展史上极不平凡的五年，也是就业工作积极应对挑战并取得显著成效的五年。在党中央、国务院的领导下，全面实施扩大就业发展战略和更加积极的就业政策，有效应对地震灾害和国际金融危机，就业规模不断扩大，就业结构不断改善，劳动者就业能力不断提高。市场机制在人力资源配置中的基础性作用得到有效发挥，妥善解决了体制转轨过程中遗留的下岗失业人员再就业问题，并在推进城乡统筹、引导农业富余劳动力有序转移就业、促进高校毕业生基层就业和自主创业等方面迈出新步伐。覆盖城乡的公共就业和人才服务体系基本形成，面向全体劳动者的职业培训制度和对困难群体的就业援助制度不断完善。就业促进法、劳动合同法、劳动争议调解仲裁法相继颁布实施，促进就业的法律体系和劳动关系协调机制逐步健全，企业工资分配制度改革稳步推进。

(二)"十二五"时期面临的就业形势。

"十二五"时期，我国就业形势将更加复杂，就业总量压力将继续加大，劳动者技能与岗位需求不相适应、劳动力供给与企业用工需求不相匹配的结构性矛盾将更加突出，就业任务更加繁重。一是劳动力供大于求的总量压力持续加大，城镇需就业的劳动力年均 2500 万人，还有相当数量的农业富余劳动力需要转移就业。二是就业的结构性矛盾更加突出，随着技术进步加快和产业优化升级，技能人才短缺问题将更加凸显；部分地区、企业用工需求与劳动力供给存在结构性失衡，造成企业"招工难"与劳动者"就业难"并存；以高校毕业生为重点的青年就业、农业富余劳动力转移就业、失业人员再就业，以及就业困难群体实现就业难度依然很大。三是经济社会环境变化对促进就业提出了新的挑战。转变经济发展方式，推进产业升级、科技进步和管理创新对提高劳动者素质提出了更高的要求，推进城镇化对农业富余劳动力转移就业工作提出了新的任务。同时，公共就业和人才服务以及职业培训不能满足需要，人力资源市场信息化建设滞后，影响劳动力流动就业的体制机制障碍依然存在；经济社会转型过程中劳动关系矛盾凸显，劳动者利益诉求发生新的变化，劳动关系调整体制机制不完善的问题仍然比较突出，劳动关系协调难度加大。我们必须深刻认识就业工作面临的复杂形势，进一步明确任务和方向，全力以赴做好就业工作。

二、指导思想、基本原则和发展目标

(一)指导思想。

高举中国特色社会主义伟大旗帜，以邓小平理论和"三个代表"重要思想为指导，深入贯彻落实科学发展观，适应加快转变经济发展方式的要求，紧密结合保障和改善民生、构建和谐社会的需要，切实把就业作为民生之本，作为经济社会发展的优先目标，以充分开发和合理利用人力资源为出发点，健全劳动者自主择业、市场调节就业、政府促进就业相结合的机制，实施更加积极的就业政策，创造平等就业机会，构建和谐劳动关系，提高就业质量，努力实现充分就业。

(二)基本原则。

1. 坚持促进就业与经济社会发展相结合。将促进就业放在经济社会发展的优先位置，作为保障和改善民生的头等大事，依靠经济发展带动就业增长，以扩大就业来促进经济持续发展，为转变经济发展方式提供有力保证。

2. 坚持促进就业与人力资源开发相结合。适应加快转变经济发展方式，推动发展向主要依靠科技进步、劳动者素质提高、管理创新转变的要求，强化人力资源开发，大力加强职业培训和创业培训，通过全面提升劳动者职业素质和就业能力扩大就业，提高就业质量。

3. 坚持发挥市场机制作用与政府促进相结合。充分发挥市场机制在人力资源配置中的基础性作用，消除制度性、体制性障碍，进一步强化政府在促进就业中的责任，将促进就业作为制定、实施和调整经济社会政策的基本目标，广泛动员社会各方面力量，特别是注意充分发挥工会、共青团、妇联、残联等社会团体作用，调动企业履行社会责任、扩大和稳定就业的积极性，共同做好就业工作。

4. 坚持促进企业发展与维护劳动者权益相结合。重视劳动者利益诉求，探索形成企业与职工利益共享机制，统筹处理好维护劳动者就业权利与维护劳动者劳动报酬、休息休假等权利的关系，通过构建和发展和谐稳定的劳动关系，促进实现扩大就业规模与提升就业质量的统一。

(三)发展目标。

1. 就业规模持续扩大，就业结构更加合理。城镇新增就业4500万人。转移农业劳动力4000万人。城镇就业比重逐步提高，三次产业就业结构更加优化。

2. 有效控制失业，保持就业局势稳定。城镇登记失业率控制在5%以内。将失业人员组织到就业准备活动中，使平均失业周期进一步缩短。实现对就业困难人员和零就业家庭人员就业援助的长效化。

3. 人力资源开发水平得到明显提高。劳动者得到有效培训机会，全国技能劳动者总量达到1.25亿人，其中高技能人才总量达到3400万人，占技能劳动者的比重达到27%。专业技术人才总量达到6800万人。

4. 就业质量得到进一步提升。企业劳动合同签订率达到90%，企业集体合同签订率达到80%。形成正常的工资增长机制，职工工资收入水平合理较快增长，最低工资标准年均增长13%以上，绝大多数地区最低工资标准达到当地城镇从业人员平均工资的40%以上。劳动条件得到较大改善。社会保障制度覆盖所有劳动者，就业稳定性明显提高。

5. 统一规范灵活的人力资源市场基本形成。人力资源市场管理制度逐步统一。覆盖城乡的公共就业和人才服务体系进一步健全，全部街道、乡镇和城市95%以上的社区设立基层劳动就业服务平台。加快公共就业和人才服务信息网络建设，实现全国互联互通。

6. 劳动者权益保障机制更加完善。基层劳动关系协调工作体系进一步加强。全国乡镇(街道)基本实现劳动保障监察"网格化、网络化"管理。企业、街道、乡镇基层调解组织和劳动人事争议仲裁机构实体化建设基本完成，仲裁结案率达到90%。

三、主要任务和政策措施

(一)提高经济发展对就业的拉动能力。

1. 落实就业优先战略。各级政府在制订国民经济计划、对产业结构和产业布局进行重大调整时，把就业作为社会经济发展的优先目标予以考虑，建立、健全经济发展、产业结构调整与扩大就业良性互动的长效机制。根据实现更加充分就业目标的要求合理确定经济发展速度，在制定财政、金融、产业等宏观经济政策时，要评估对就业的影响，注意防范失业风险。不断加大对就业的资金支持，形成公共财政保障、社会各方多元投入的机制。发挥政府投资和重大建设项目对就业的拉动作用，研究建立公共投资促进就业的考核评估机制。

2. 着力发展吸纳就业能力强的产业和企业。在培育战略性新兴产业中，不断开发就业新领域，增加智力密集型就业机会。在经济转型和结构调整中，加快实施有利于发挥劳动力比较优势的技术进步和产业升级战略。大力发展第三产业，广开服务业就业渠道，注重发展金融、物流等生产性服务业及餐饮等生活性服务业，加快高技术服务业和服务贸易发展，加大政策支持力度，着力提高服务业就业比重；稳步实现产业升级，发展资本密集、高技术制造业时，兼顾发展劳动密集型企业，特别是高附加值的劳动密集型企业，大力发展中小企业，重点扶持小型微型企业，使第二产业就业份额保持稳中有升；注重发展现代农业、精细农业，挖掘第一产业就业潜力，推进农业产业化经营，不断增加农村就业机会。

3. 促进以创业带动就业。完善并落实鼓励劳动者创业的税收优惠、小额担保贷款、财政贴息、资金补贴、场地安排等扶持政策，简化审批手续，严格规范收费行为，改善创业环境。健全创业培训体系，鼓励高等学校和中等职业学校开设创业培训课程。健全创业服务体系，为创业者提供项目信息、政策咨询、开业指导、融资服务、人力资源服务、跟踪扶持，鼓励有条件的地方建设一批示范性的创业孵化基地。推进创业型城市建设。加强宣传和舆论引导，弘扬创业精神，树立一批创业典型，营造崇尚创业、褒奖成功、宽容失败的良好创业氛围。

4. 发展家庭服务业促进就业。重点发展家政服务、养老服务、社区照料服务、病患陪护服务、残疾人居家托养服务等家庭服务业态，因地制宜发展其他家庭服务业态，满足家庭的基本需求。从财税、金融、土地、价格等方面加大政策扶持力度，在企业开办、融资、品牌建设等方面支持家庭服务企业发展。推进家庭服务业公益性信息服务平台建设，加强从业人员专项技能培训。广泛开展家庭服务业千户百强创建活动，树立一批知名家庭服务品牌。加快制定相应的劳动用工政策及劳动标准，规范对从事家庭服务人员的管理，维护家庭服务从业人员的合法权益。

(二)实施更加积极的就业政策。

1. 实行更加有利于促进就业的财政保障政策。公共财政向符合国家产业政策导向的小型微型企业和劳动密集型产业倾斜，财政支出逐步向民生倾斜，加大对困难群体的扶持力度。各级政府要加大就业资金投入，进一步完善资金使用管理办法，加强就业资金支出绩效评估，提高资金使用效益和管理水平。中央财政继续加大就业专项资金转移支付力度。

2. 实行支持和促进就业的税收优惠政策。建立、健全有利于加快产业结构调整，促进服务业和小型微型企业发展的税收政策体系，减轻企业税收负担，充分发挥其在吸纳城乡劳动力就业中的作用；完善和落实促进高校毕业生、农民工、就业困难人员等重点群体就业的税收政策，鼓励企业吸纳重点群体就业。

3. 实行更加有利于促进就业的金融支持政策。积极发挥货币政策的宏观调控作用，支持经济发展方式转变和经济结构战略性调整，为实体经济发展和就业创造良好的宏观金融环境。加强宏观信贷政策指导，鼓励和引导金融机构支持符合国家产业政策导向的劳动密集型产业、服务业、小型微型企业发展和自主创业，落实促进小型微型企业贷款的财税支持政策。进一步完善小额担保贷款政策，建立政策监测评估机制，切实提高政策落实效果。

4. 实行更加有利于促进就业的对外贸易政策。将对国内就业的影响作为制定进出口政策，以及处理贸易争端的重要依据。积极支持有利于增加就业的行业和企业，对受贸易摩擦影响较大的行业或企业，适时采取有效措施减少失业。鼓励开展对外劳务合作。

5. 实施鼓励劳动者多渠道、多形式就业的扶持政策。通过优惠政策和就业服务扶持劳动者自谋职业、自主就业。鼓励和支持劳动者在小型微型企业就业、临时性就业以及其他形式的灵活就业，完善与此相适应的劳动关系、工资支付制度，完善就业与社会保障的联动机制，为劳动者灵活就业、流动就业或转换工作岗位提供支持，增强就业的稳定性。

(三)统筹做好城乡、重点群体就业工作。

1. 推进城乡和区域就业统筹协调发展。坚持城乡统筹，建立、健全城乡劳动者平等就业的制度，消除劳动者就业的城乡差别和就业歧视，创造公平就业环境。加强分类指导，推动东部地区加快产业升级和经济结构调整，提高就业质量；指导中西部地区结合产业的梯次转移，引导更多的劳动力就地就近转移就业。重视解决少数民族地区和贫困地区的就业问题，给予政策倾斜，支持其发展经济扩大就业。

2. 切实做好高校毕业生和其他青年群体的就业工作。继续把高校毕业生就业放在就业工作的首位，积极拓展高校毕业生就业领域，鼓励中小企业吸纳高校毕业生就业。鼓励引导高校毕业生面向城乡基层、中西部地区，以及民族地区、贫困地区和艰苦边远地区就业，落实各项扶持政策。鼓励高校毕业生自主创业。支持高校毕业生参加就业见习和职业培训，鼓励科研项目单位吸纳高校毕业生就业。继续做好免费师范生的就业工作。积极做好征集高校毕业生入伍服义务兵役工作。大力加强就业指导、就业服务，更加关注女高校毕业生就业问题，加大对就业困难高校毕业生和其他长期失业青年的援助力度。大力发展适合青年和各类毕业生求职就业的互联网就业服务，完善以实名制为基础的高校毕业生就业统计制度。进一步改革高等教育人才培养模式，使之更加适应经济社会发展需要，提高人才培养质量。继续做好退役军人就业工作。

3. 推进农业富余劳动力转移就业。适应城镇化加速发展的趋势，加快建设小城镇，发展县域经济，发展乡镇企业和非农产业，为农业富余劳动力开辟更多的生产和就业门路，实现就地就近就业。完善并落实创业政策措施，积极支持农民工返乡创业。消除流动就业的制度壁垒，创造有利的政策环境，进一步完善职业培训、就业服务、劳动维权“三位一体”的工作机制，推进农业富余劳动力进城务工和稳定转移。坚持因地制宜、分步推进，积极稳妥地把有稳定劳动关系并在城镇居住一定年限的农民工及其家属逐步转为城镇居民。

4. 做好淘汰落后产能企业职工安置工作。将淘汰落后产能企业职工安置工作纳入本地区节能减排、淘汰落后产能工作的整体规划，统筹考虑企业退出与保障职工权益，健全淘汰落后产能企业职工安置工作协调机制，采取积极措施，多途径、多渠道安置职工。完善扶持和资金投入政策，妥善处理职工劳动关系，积极稳妥地做好职工社会保险关系接续和转移，扶持企业开展职工转岗转业培训，稳定就业，减少失业。

5. 加强对困难群体的就业援助。建立、健全就业援助制度，完善就业援助政策，开发公益性岗位，形成长效工作机制。全面推进充分就业社区建设，为部分地区率先实现充分就业奠定基础。全面贯彻落实《残疾人就业条例》，完善残疾人就业促进和保护政策措施，推动党政机关、企事业单位按比例安排残疾人就业，加大对福利企业、盲人按摩机构等残疾人集中用人单位的管理和扶持力度，帮扶残疾人自主创业和灵活就业，推动残疾人在社区服务业、城市便民服务网点就业。建立与残联组织联合开展就业援助的工作机制，各级政府开发的公益性岗位优先安排残疾人。继续做好妇女就业工作。

(四)大力开发人力资源。

1. 加强专业技术人才队伍建设。进一步实施并完善新世纪百千万人才工程,完善政府特殊津贴制度,改革完善博士后制度。实施更加开放的人才政策,大力吸引海外留学人才回国工作、创业或以多种形式为国服务。积极实施海外高层次人才引进计划、留学人员回国创业启动支持计划和海外赤子为国服务行动计划,继续加强留学人员创业园建设。实施万名专家下基层服务行动计划。统筹专业技术人员职称制度和职业资格制度改革,完善专业技术人才评价机制,规范专业技术人才职业准入,完善专业技术人才职业水平评价办法和专业技术职务评价办法。深入实施专业技术人才知识更新工程,健全面向全体专业技术人员的继续教育制度。

2. 健全面向城乡全体劳动者的职业培训制度。紧密结合市场需求和就业要求,强化职业培训。统筹推动就业技能培训、岗位技能提升培训和创业培训,积极探索现代学徒制培训,加快构建劳动者终身职业培训体系,使城乡劳动者都能得到有针对性的培训,提升职业技能水平。加强培训管理,整合培训资源,健全社会化职业培训网络。依托一批具有较高培训质量、与就业紧密结合,并能在当地发挥示范带动作用的职业培训机构,建设职业技能实训基地。加强残疾人职业教育培训。落实培训补贴政策。

3. 加快培养产业发展急需的技能人才。进一步健全以企业为主体、职业院校为基础,学校教育与企业培养紧密联系、政府推动与社会支持相互结合的高技能人才培养培训体系。落实国家高技能人才振兴计划,依托大型骨干企业、重点职业院校和培训机构,以及高技能领军人才,加快重点行业(领域)急需紧缺职业(工种)高技能人才培养。完善职业资格证书制度,加快建立以职业能力为导向、以工作业绩为重点,注重职业道德和职业知识水平的技能人才评价体系,探索技能人才多元评价机制,畅通技能人才成长通道。

(五)加强人力资源市场建设。

1. 加快形成统一规范灵活的人力资源市场。加快人力资源配置领域的改革进程,逐步消除人力资源市场城乡分割、地区分割和身份分割,促进城乡各类劳动者平等就业。加快推进劳动力市场与人才市场的统一和改革进程,建立、健全政府部门加强宏观调控和提供公共服务、市场主体公平竞争、中介组织规范服务的市场运行格局,推动形成规范的管理制度和灵活的市场运行机制。建立人力资源市场监测体系,完善人力资源市场信息发布制度。完善人力资源市场监管体系,加快人力资源市场法制化建设。

2. 加强公共就业和人才服务。整合公共就业和人才服务机构公共管理和服务的职能,形成覆盖城乡的公共就业和人才服务体系。全面推进公共就业和人才服务的制度化、专业化和信息化建设。健全城乡均等的公共就业和人才服务制度,全面落实对劳动者的免费就业服务、对就业困难人员的就业援助和对特定群体的专项就业服务。不断丰富就业服务内容,拓展服务功能,为劳动者提供优质高效的就业服务。加强基层就业和社会保障服务体系建设,建立覆盖全国的就业信息监测和招聘信息公共服务平台,为社会提供公共就业信息服务。开展就业需求预测,有效引导教育和培训,改善劳动力供给结构。

3. 大力发展人力资源服务业。加快建立专业化、信息化、产业化的人力资源服务体系,逐步实现基本公共服务充分保障,市场化服务产业逐步壮大,服务社会就业与人力资源开发配置能力明显提升。以产业引导、政策扶持和环境营造为重点,规范发展人事代理、人才推荐、人员培训、劳务派遣等人力资源服务。实施品牌推进战略,打造一批人力资源服务品牌,加大品牌宣传力度,推动人力资源服务产业园区发展,形成集聚效应,完善人力资源服务链,构建多层次、多元化的人力资源服务机构集群,扩大服务供给。培育人力资源服务需求,鼓励人力资源服务创新,提升服务供给能力和水平。

(六)加强失业预防和调控。

1. 建立失业统计制度和失业预警机制。完善就业与失业登记管理办法,完善城镇调查失业率统计。完善失业动态监测制度,及时准确监测企业岗位变化情况。探索实行失业预警制度,加强预警预测,为采取有针对性的政策措施提供支持。

2. 建立、健全失业预防和调控机制。完善失业保险制度。对结构调整和重大灾害及遇到危机情况下出现的失业风险进行积极预防和有效调控,制定应对预案,采取切实措施,保持就业稳定并将失业控制在社会可承受范围。鼓励企业履行稳定就业的社会责任,规范企业规模裁员行为。将失业人员组织到相应的就业培训、指导、服务、援助等就业准备活动中,缩短失业人员失业周期,分散失业风险。完善社会保障体系,提高就业的稳定性。

(七)健全劳动关系协调机制和企业工资分配制度。

1. 健全劳动标准体系和劳动关系协调机制。适时修订完善工作时间、休息休假、女职工和未成年工特殊保护等标准,大力推进劳动定额标准管理。全面实行劳动合同制度,提高小企业和农民工劳动合同签订率。

加强对劳务派遣用工的规范管理。全面推进劳动用工备案制度建设,建立全国统一的劳动用工信息数据库。积极推进集体协商和集体合同制度建设,扩大集体合同制度覆盖面,提高集体协商实效性。加强和创新协调劳动关系三方机制建设,充分发挥三方机制在构建和谐劳动关系中的重要作用。完善依托三方机制协调处理集体协商争议的办法。深入开展和谐劳动关系创建活动。

2. 深入推进工资收入分配制度改革。完善并落实最低工资制度,逐步提高最低工资标准。积极稳妥推进工资集体协商工作,建立、健全企业工资决定机制和正常增长机制。完善工资指导线制度。完善人力资源市场工资指导价位和行业人工成本信息指导制度,建立统一规范的企业薪酬调查和信息发布制度。改革国有企业工资总额管理办法,对部分行业工资总额和工资水平实行双重调控,缩小行业间工资水平差距。严格规范国有企业、金融机构高管人员薪酬管理。加强企业工资支付保障制度建设,完善工资保证金、欠薪应急周转金,以及清偿欠薪的工程总承包企业负责制、对拒不支付劳动报酬的行政司法联动打击机制和政府属地管理负责制等制度。

(八)加强劳动保障监察和劳动人事争议调解仲裁。

1. 加强劳动保障监察工作体制建设。加强巡视检查工作,增强专项检查针对性,提高投诉举报处理时效性,建立预防预警机制。全面推进劳动保障监察网格化管理,提高监察执法效能。完善用人单位劳动保障守法诚信档案,实施动态分类监管。完善劳动保障监察与刑事司法联动机制和多部门综合治理机制,完善刑事案件移送制度和案件办理协查制度。推进劳动保障监察立法,建立重大劳动保障违法行为社会公布制度。健全覆盖省、市、县和街道、乡镇的劳动保障监察体系,推进监察机构队伍标准化建设,加强专职监察员培训,发展监察协管员队伍。

2. 加强劳动人事争议处理效能建设。坚持“预防为主、基层为主、调解为主”的方针,指导企业建立、健全内部协商调解机制,推进乡镇、街道劳动争议调解组织建设,运用调解机制和方法化解劳动纠纷。建立、健全重大集体劳动争议应急调处机制。进一步健全劳动人事争议仲裁体制机制,加快推进劳动人事争议仲裁机构实体化和调解仲裁队伍专业化建设,完善仲裁办案制度,规范办案程序,依法、公正、及时解决劳动人事争议,保护当事人的合法权益。

四、强化组织实施

(一)加强组织领导,落实责任分工。各级政府要加强对规划实施的组织领导,充分发挥促进就业工作协调机制的作用,确保规划各项目标任务得到落实。国务院人力资源社会保障行政部门牵头负责专项规划的实施、指导、协调、督促和检查工作,各有关部门加强协作配合,形成规划实施工作合力。地方各级政府要按照本规划的部署,结合实际分解目标任务,明确责任分工,完善政策体系,扎实做好各项工作。要把规划重点指标的完成情况纳入政府综合考核体系,作为考核地方各级政府实践科学发展观和解决民生问题的重要依据。

(二)加强能力建设,完善工作手段。加强就业领域基础理论和重大政策前瞻性研究,推动科研创新及成果运用,为就业工作提供系统科学的理论指导和决策支持。实施提升公共就业综合服务能力的重大项目,将就业政策措施和重大项目有机结合,提升就业领域基础设施建设和管理服务能力。加强就业领域信息化建设,积极为城乡劳动者提供就业信息、就业咨询、就业培训等公共信息服务,建立跨地区的就业服务信息共享、协同机制。推动就业工作的规范化、标准化和科学化。

(三)加强监测评估,营造良好氛围。建立规划实施情况监测、评估和绩效考核机制,加强监测评估能力建设,强化对规划实施情况的跟踪分析。密切关注各地规划实施进展,加强规划实施的宏观指导,做好年度计划、地方规划与本规划目标任务的衔接。开展广泛宣传,引导劳动者转变就业观念,通过自身努力实现就业,动员社会各方关心、支持就业工作,营造良好舆论环境。

中国和以色列领导人互致贺电庆祝两国建交20周年

胡锦涛在贺电中说,中华民族和犹太民族友好交往源远流长。建交20年来,中以友好合作关系不断发展,双方在政治、经贸、文化、科技、农业、教育等领域的交流与合作富有成果,为两国和两国人民带来了实实在在的利益。中方重视发展中以关系,愿同以方共同努力,以两国建交20周年为契机,进一步巩固中以传统友谊,深化各领域互利合作,加强各层次人员往来,推动中以友好合作关系不断向前发展。

温家宝在贺电中说,中以建交20年来,两国友好合作关系持续发展,政治交往日益密切,经贸合作不断深化,文化、科技、农业等各领域的务实合作成果丰硕。中以两国各具发展优势,合作潜力巨大、前景广阔。中方愿同以方继续拓展和深化双边友好互利合作,推动中以关系不断迈上新的台阶。内塔尼亚胡在贺电中表示,中犹两个民族一直都是朋友。过去20年中,中国和以色列成功构筑了牢固而多样化的伙伴关系。以方愿同中方充分挖掘双边关系潜力，在科技、卫生、农业、环保技术等诸多领域继续扩大合作。相信今后进一步巩固两国人民友谊、深化双边合作将面临更多机遇。

中国7人获首届HHMI国际青年科学家奖

首届霍华德·休斯医学研究所（HHMI）国际青年科学家奖今天揭晓，共有12个国家的28名科学家从760名候选者中脱颖而出，我国7名优秀科学家入围，是获奖人数最多的国家。我国的7名获奖者是：清华大学教授颜宁，北京生命科学研究所高级研究员王晓晨、邵峰、张宏、朱冰，中科院武汉物理与数学研究所研究员唐淳，南开大学教授胡俊杰。北京生命科学研究所所长、美国科学院院士王晓东认为，此次我国7名青年科学家获奖，是中国近年来生命科学研究迅速崛起的生动例证。它充分说明，只要有好的科研体制和创新文化，我国的青年科研人员就能取得国际一流的成绩。

江牧岳逝世

中国日报社原社长江牧岳同志，因病医治无效，于2012年1月24日在北京逝世，享年96岁。

1月25日

康菲公司将出资10亿元赔偿蓬莱19—3油田溢油事故损失

中国海洋石油总公司宣布，已与农业部、康菲石油中国有限公司就解决蓬莱19—3油田溢油事故渔业损失赔偿和补偿问题达成协议。

在此协议下，康菲公司出资10亿元人民币，用于解决河北省、辽宁省部分区县养殖生物和渤海天然渔业资源损害赔偿和补偿问题；康菲公司和中海油从其所承诺启动的海洋环境与生态保护基金中，分别列支1亿元和2.5亿元人民币，用于天然渔业资源修复和养护、渔业资源环境调查监测评估和科研等方面工作。

中海油表示，将继续积极采取切实措施，使蓬莱19—3油田溢油事故造成的损失尽快通过有效方式得到合理赔偿和补偿。下一步还将督促作业者，按照协议落实渔业损害赔偿和补偿资金以及环保基金。

1月26日

《人民日报》发表评论员文章《“人权观察”，请观察一下自己》

2012年1月22日，是中国人农历新年的除夕，总部位于美国纽约的非政府组织“人权观察”发表了审查全球人权状况的年度报告《全球年度报告(2012年)》。照例，它又对包括中国在内的90多个国家和地区的人权状况进行了指责。

但凡是评估的工作，就有一个主体资格和评价方法的问题。客观、中立、严肃、科学应该是对所有评估者的基本要求。“人权观察”热心国际人权保护，似乎是难得的人权卫士，但是它在有选择地开展工作，采取双重标准，缺乏政治中立，而且用人失察，方法有失严谨，已经引起了人们对它自身的质疑。我们不禁要问，“人权观察”，是否对自己也应该有一个清楚的观察呢？

一、政治中立还是政治工具

事实上，已经有不少媒体和分析者批评“人权观察”组织戴着“有色眼镜”判断一个国家政府或组织是否存在侵犯人权的行为，比如对一些国家大加批判的同时，对另一些存在人权问题的国家却视而不见。《星期日泰晤士报》援引美国一名人权事务专家的话说，对于“人权观察”来说，拥有足够影响力是最重要的事。“人权观察”总是希望自己的报告能够为美国政府所用，对那些难以引起华盛顿注意的议题缺乏兴趣。

美国在去年再度加强了所谓价值观外交，包括在中美关系中重打人权政治牌。在这方面，“人权观察”虽然是非政府组织，但是与美国人权外交的思路是一致的，也是一贯的。今年发布的“全球报告”竟然无视中国经济发展和社会进步的成就，赫然使用“中国人权环境每况愈下”的措辞。相信任何访问中国的人都无法认同这种抹黑中国的论断，更不能认同这种通过人权歪曲和施压“促进”人权的做法。

此次报告，它还重弹“香港自治权利正被削弱”的老调。其实，这也不是第一次了。早在2004年9月，香港特区第三届立法会选举作为香港有史以来最民主的选举即将举行之际，“人权观察”就曾发表“香港人权状况”报告，质疑中央政府落实“一国两制”的决心。报告再次歪曲事实，挑拨香港市民与中央政府和特区政府的关系，暴露了“人权观察”一贯反对中国、插手别国事务的丑恶面目。

二、用人失察谁之过

事实上，“人权观察”自身的人权问题同样降低了其可信度。近年来，“人权观察”组织用人失察的问题屡屡出现。

马克·加拉斯科作为该组织的专家以调查各种各样战争罪行为名，多年来活跃在中东。他曾在五角大楼担任7年文职工作，担任“伊拉克情报高级分析师”，离职前担任“高价值目标定位负责人”，负责确定美军在伊拉克的空袭目标。加拉斯科接受媒体采访时承认自己参与了至少50次空袭,从未击毙预定目标,却导致了数百名平民死亡。2003年4月5日,外国联军对伊拉克城市巴士拉发动空袭,试图杀死绰号“化学阿里”的阿里·哈桑·马吉德,结果错失目标,却炸死了17名平民。

他在2004年加入“人权观察”。然而,这位以人权卫士为己任的专家,却是德国纳粹标志性物品的狂热收集者。他以网名“Flakk88”活跃在网络论坛中,甚至在一个论坛上发布了一张穿着纳粹铁十字汗衫的照片。加拉斯科还写了一本准备出版的书,竟然是要纪念二战时期在德国空军服役的爷爷!

2009年9月14日,该组织宣布,加拉斯科将“停薪接受调查”。熟悉他的人说,加拉斯科事实上已经离职,但“人权观察”承诺将支付他合同剩余期限内的薪水。

2010年3月5日,加拉斯科的名字从“人权观察”组织成员名单上消失。一名组织发言人在回复媒体询问的电子邮件中写道:“两周前,我们遗憾地接受马克·加拉斯科的辞职申请。”

另外,据报道,“人权观察”中东部门高级官员乔·斯托克是一名极端左翼分子,20世纪70年代担任一家杂志编辑,该杂志当年曾发表社论,称赞1972年致使11名以色列运动员和教练遇害的慕尼黑惨案!

面对指责,执行主任罗思辩解说,以色列媒体报道的事情发生于30多年前,斯托克仅是那本杂志的7名编辑之一,他后来成为萨达姆的坚定反对者。

这样的解释难以服人,而“人权观察”组织在争议前后又招募了一名曾为极端反犹太主义出版物工作的人担任研究人员,同样令人费解。

三、工作方法是否严谨可靠

“人权观察”每年发布年度报告时总能引起国际社会反对的声音。一个突出的问题是,它的工作方法特别是信息来源存在严重缺陷,没有可信度。

比如位于以色列的“非政府组织监督者”是一家专门分析和评价非政府组织的机构,它强烈质疑“人权观察”报告的信誉。今年1月9日,该组织发表报告,揭示“人权观察”缺乏严谨的研究方法。它说,“人权观察”经常基于未经证实的不可靠消息撰写报告。它常使用匿名的“目击者”的说法,从而无可印证。而且,对于所谓的见证人往往也不是面对面进行访问的,而是由缺乏专门训练的人访问或者只是使用互联网的在线服务进行。因为使用了不可靠的信息来源,“人权观察”执行董事肯尼思·罗特曾经鼓吹的一位叙利亚“被武装人员绑架的博客博主”经证实其实是一个来自美国佐治亚州的美国人。

在今年关于中国部分的报告中,“人权观察”使用了“估计”、“可能”、“很可能”的字样。关于中国篇幅不长的报告中,它全面否定中国的人权状况,批评了中国司法制度、宗教制度、民族自治制度、计划生育政策以及对外政治和经济交往等,甚至对讨论中尚未通过的立法法案进行了批评和指责。事实需要可靠的信息来源,论证需要严谨的逻辑,它缺乏的正是对中国国情的客观认识以及对中国法律和政策制定及其实施状况的真实了解和科学分析。报告的简单、片面和政治化风格让人失望,或者让我们更清楚地认识该组织的局限性,特别是其在新“冷战”思维下产生的别有用心的政治性。

“人权观察”年度报告发布后,其亚洲部主任布拉德·亚当斯1月23日对媒体表示,中国需要西方国家的市场,所以中国不太可能在经济上与西方作对,尤其是当西方国家都保持一致立场时;因此,欧洲不应该惧怕中国,国际社会尤其是欧洲应该加强呼吁中国改善人权。由此,“人权观察”施压中国的用心昭然若揭。

笔者倒是希望,“人权观察”在面对世界地图指手画脚的同时,能够扪心自问并认真自省。特别要想一想,倡导和促进人权的正确路径和方式是什么?它自己的人权问题和信誉危机如何解决?

1月27日

全国政协主席贾庆林在北京接受埃塞俄比亚通讯社书面采访

在出席非盟第十八届首脑会议开幕式并访问埃塞俄比亚前夕,全国政协主席贾庆林接受了埃塞俄比亚通讯社采访,就中非关系、中国与非盟关系及中埃关系等回答了提问。

在回答关于中非关系和中国如何帮助非洲在国际舞台上获得应有地位的提问时,贾庆林表示,近年来,中非关系在传统友好基础上不断取得新发展,展现出强大活力和巨大潜力。中非政治互信不断深化,经贸等领域务实合作跃上新台阶,人文交流更加深入,在重大国际和地区问题上密切配合。在中非合作论坛引领下,中非新型战略伙伴关系正不断向更高层次、更广领域迈进。

贾庆林表示,我们高兴地看到,近年来,非洲在国际和地区事务中发挥着越来越重要的作用。我认为,这主要得益于两点:一是非洲国家自身联合自强势头不断增强,二是非洲同其他发展中国家团结合作势头不断增强。实践证明,中非合作不仅有利于各自经济社会发展,有利于各自国际地位提升,而且有利于世界和平与发展。

贾庆林指出，我这次应邀出席非盟首脑会议，访问埃塞俄比亚，就是要向非洲和国际社会表明，中国将坚定不移地加强同非洲国家团结合作，坚定不移地支持非洲联合自强和一体化进程，坚定不移地支持非洲在国际和地区事务中发挥更大作用。中国致力于在平等、互信、互利的基础上，不断深化对非合作，并与国际社会一道，共同促进非洲的和平与发展。

国务院发布《关于2011年度国家科学技术奖励的决定》

各省、自治区、直辖市人民政府，国务院各部委、各直属机构：

为全面贯彻党的十七大和十七届六中全会精神，深入贯彻落实科学发展观，大力实施科教兴国战略和人才强国战略，促进科学技术事业发展和综合国力提升，国务院决定，对为我国科学技术进步、经济社会发展、国防现代化建设作出突出贡献的科学技术人员和组织给予奖励。

根据《国家科学技术奖励条例》的规定，经国家科学技术奖励评审委员会评审、国家科学技术奖励委员会审定和科技部审核，国务院批准并报请国家主席胡锦涛签署，授予谢家麟院士、吴良镛院士2011年度国家最高科学技术奖；国务院批准，授予“流体力学与量子力学方程组的若干研究”等36项成果国家自然科学奖二等奖，授予“有机发光显示材料、器件与工艺集成技术和应用”等2项成果国家技术发明奖一等奖，授予“后期功能型超级杂交稻育种技术及应用”等53项成果国家技术发明奖二等奖，授予“青藏高原地质理论创新与找矿重大突破”国家科学技术进步奖特等奖，授予“玉米单交种浚单20选育及配套技术研究与应用”等20项成果国家科学技术进步奖一等奖，授予“高性能移动分组核心网智能化技术创新及应用”等262项成果国家科学技术进步奖二等奖，授予德国数学家德乐思等8名外国专家中华人民共和国国际科学技术合作奖。

全国科学技术工作者要向谢家麟院士、吴良镛院士及全体获奖者学习，自觉弘扬求真务实、勇于创新的精神，以科教兴国为己任，坚持科学技术为经济社会发展服务、为人民服务，切实增强自主创新能力，为建设创新型国家、推动经济社会又好又快发展作出新的更大贡献。

国务院
2012年1月27日

丁克明逝世

副兵团职离休干部、沈阳军区空军原顾问丁克明同志，因病医治无效，于2012年1月27日在北京逝世，享年93岁。

1月28日

全国政协主席贾庆林在亚的斯亚贝巴与埃塞俄比亚总理梅莱斯举行会谈

全国政协主席贾庆林在亚的斯亚贝巴分别会见非盟轮值主席赤道几内亚总统奥比昂和非盟委员会主席让·平

在会见奥比昂时，贾庆林说，非盟在非洲内外事务中发挥着越来越重要的作用。去年，非盟积极应对国际和地区形势变化给非洲带来的复杂影响，坚持自主解决非洲问题，维护非洲团结和尊严，赢得了国际社会的理解和尊重。事实证明，非盟是维护非洲乃至世界和平、稳定与发展的坚定力量。尽管面临不少困难和挑战，非洲和非盟的发展前景是光明的。

双方还就中国和赤道几内亚双边关系交换了意见，一致认为要进一步推动目前两国关系的良好势头，保持高层和其他各层次交往，继续在重大问题上协调配合，不断提升经贸和投资合作水平。

在会见让·平时，贾庆林说，非盟是引领非洲联合自强的一面旗帜。越是在非洲和平与发展面临挑战增多的时候，非洲国家就越要加强团结，坚持走自己的路，把自己的事情办好。中方坚定支持非洲联合自强和一体化进程，支持非盟发挥更大作用，愿继续为非洲发展提供力所能及的帮助。今后三年，中方将向非盟提供6亿元人民币无偿援助，用于双方商定的项目。中方支持非洲实现互联互通，愿同非盟在非洲基础设施发展规划方面建立合作伙伴关系。中方愿加强同非盟在非洲和平与安全领域的交流合作，继续支持非盟提高维和能力，充实和完善中国—非盟战略对话机制并加强在中非合作论坛框架下的对话、磋商和合作。

双方还就非洲形势和有关地区问题交换了看法，表示将在国际和地区事务中密切协调配合。

会谈后，双方共同见证了中国非盟有关合作文件的签署。

全国政协主席贾庆林在亚的斯亚贝巴与埃塞俄比亚总统吉尔马举行会谈

全国政协主席贾庆林在亚的斯亚贝巴与苏丹总统巴希尔举行会谈

1月29日

《人民日报》发表国务院总理温家宝的文章《总结经验 明确方向 不断开创金融工作新局面》

过去五年，是国际金融危机发生、蔓延、深化的五年，国内外经济形势极为复杂严峻。我们见事早、判断准、行动快，及时果断实施一揽子计划，成功应对百年一遇的国际金融危机冲击，保持了经济社会大局稳定，避免了现代化建设进程出现大的波折，为长期可持续发展奠定了坚实基础，明显提升了我国的国际地位和影响力。我们所采取的重大举措，无论从当时和现在看，还是从长远看，都是必要的、正确的，取得的重大成就世所公认。当前，我国经济保持平稳较快发展，呈现增长较快、物价趋稳、效益提高、民生改善的良好态势，金融体系稳健运行，经济社会发展的基本面和长期向好趋势没有改变，我们完全有信心、有能力、有条件推动经济发展迈上新的台阶。

应对国际金融危机，关键是把自己的事情办好，做好金融工作至关重要。回顾总结过去五年的金融工作，切实做好今后一个时期的金融工作，具有十分重要的意义。

一、充分肯定金融工作取得的成绩

近年来，我们按照党中央、国务院的重要决策和部署，坚定不移地继续推进和完成一系列具有里程碑意义的重大金融改革，不断完善金融宏观调控，加强金融监管，提高驾驭复杂经济金融局面的能力，积极稳妥处置金融领域重大风险隐患，全面提升金融业对外开放水平，我国金融业发生了新的历史性变化。

(一)深入推进金融机构特别是大型商业银行改革，金融业综合实力和抗风险能力显著提升。亚洲金融危机后，一些舆论认为，我国大型商业银行已经处于“技术性破产”状态。我们背水一战，果断推动大型商业银行股份制改革，按照核销损失、剥离不良、注入资本、公开上市四个步骤，在国家财政支持下，结合各家银行的实际情况，精心设计，稳步实施，工、农、中、建、交等国有控股商业银行实现在上海和香港两地上市。通过改革，大型商业银行脱胎换骨，面貌焕然一新，公司治理逐步健全，风险管控能力和盈利能力显著提高。

全面深化农村信用社改革。过去多年，农村信用社曾面临很大的困难和金融风险。我们按照明晰产权关系、强化约束机制、增强服务功能、国家适当支持、地方政府负责的总体要求，对农村信用社进行了全面改革。鼓励各地农村信用社根据实际情况选择产权模式和组织形式，国家给予财政补贴、税收减免和借款支持，并将管理和风险处置责任交由省级政府负责。改革后，农村信用社的历史包袱和风险隐患得到有效化解，服务“三农”的主力军作用显著增强。2011年9月末，农村信用社(含已转制的农村商业银行和农村合作银行)不良贷款率下降为5.7%，资本充足率提高到9.6%；涉农贷款余额4.5万亿元，占全部金融机构涉农贷款的比重达到32.2%。

我们按照分类指导、一行一策的原则，稳步推进政策性金融机构改革。深入开展证券公司综合治理，有效化解行业性重大风险，证券公司走上规范发展轨道。大型国有保险公司基本完成改制，部分已成功上市。村镇银行等新型农村金融机构建设有序推进，股份制商业银行等其他各类金融机构改革发展都取得明显成效。

通过采取一系列重大改革举措，我国银行业、证券业、保险业快速发展，资产质量显著改善，盈利状况持续向好，风险抵御能力和服务经济社会发展的能力明显增强。2011年11月末，我国金融业总资产达119万亿元，比2006年年末增长149%。其中，银行业总资产108万亿元，证券业总资产4.7万亿元，保险业总资产5.8万亿元，分别比2006年年末增长146%、181%和196%。2011年9月末，商业银行资本充足率12.3%，比2006年年末提高5个百分点；不良贷款率0.9%，比2006年年末下降6.2个百分点。

(二)健全分层有序的金融市场体系，特别是彻底解决了长期困扰资本市场发展的股权分置问题。股权分置是我国股票市场建立初期遗留的最大难题，一直制约股票市场健康发展。2005年，我们下决心启动股权分置改革，按照尊重市场规律，有利于市场稳定和发展，切实保护投资者特别是公众投资者合法权益的总体要求，采取统一领导、分散决策的办法，积极稳妥、循序渐进推进改革，目前已顺利完成。这项重大改革实现了非流通股在股票市场的逐步流通，理顺了两类股东的利益机制，创造性地解决了历史难题，推动了股票市场的转折性变化。股票市场功能不断健全，有力支持了大型金融机构改制上市，支持了一大批国有骨干企业和民营企业的投融资活动，推动了基础设施、支柱产业和高新技术产业快速发展。2011年年末，沪深两市上市公司2342家，总市值21.5万亿元。我们还积极创造条件，把握时机，推出创业板、股指期货、融资融券，丰富市场功能，完善市场运行机制。

我们积极稳妥发展各类金融市场，全面推进货币、债券、期货、保险、外汇和黄金等市场建设。债券市场规模迅速扩大，2011年年末，各类企业债券余额达4.9万亿元，位居世界前列。期货市场稳步发展，覆盖农产品、金属、能源、化工和金融等领域的期货品种体系初步形成。保险市场快速发展，2011年前11个月保费收入1.3万亿元，是2006年同期的2.6倍。外汇市场交易主体增加，产品不断创新。金融市场基础设施不断完善，支付清算体系效率明显提高。我国已基本形成功能相互补充、交易场所多层次、交易产品多样化的金融市场体系，配置资源和服务实体经济的能力不断增强。

（三）稳步推动人民币汇率形成机制和利率市场化改革，人民币国际地位明显提升。2005年7月21日，我们按照主动性、可控性、渐进性原则，启动人民币汇率形成机制改革，实行以市场供求为基础、参考一篮子货币进行调节、有管理的浮动汇率制度。在国际金融危机冲击十分严重的时候，我们保持人民币汇率基本稳定，不参与竞争性贬值，为抵御危机冲击、促进全球金融稳定和经济再平衡发挥了积极作用。我们始终坚持平稳释放升值压力，保持人民币汇率处于相对合理水平，将负面影响降到最低。截至2011年11月末，人民币对美元累计升值30.4%，实际有效汇率升值28.6%，目前人民币汇率呈现双向浮动态势。人民币汇率形成机制改革，有力促进了我国外贸结构、产业结构优化升级，促进了国际收支基本平衡，为推进人民币资本项目可兑换奠定了重要基础。经常项目顺差占国内生产总值的比重持续降低。我国与14个国家和地区签署了总额为1.3万多亿元人民币的双边本币互换协议，跨境贸易人民币结算金额达到2.6万亿元，人民币国际地位明显提升。这充分证明中央确定的汇改原则、策略是正确的，符合我国国情和国家利益。

我们有序推进利率市场化改革，放宽了人民币贷款利率上限和存款利率下限，放开外币存贷款利率，建立货币市场基准利率体系，利率在优化资源配置和货币政策传导中的作用进一步显现。

（四）加强和改善金融宏观调控，有力促进了经济平稳较快发展。我们坚持正确把握金融宏观调控的方向、力度和节奏，综合运用利率、汇率、存款准备金率和公开市场操作等工具，促进货币信贷合理增长，调整优化信贷结构，较好地处理了金融支持经济发展、控制通货膨胀与防范金融风险的关系。特别是面对突如其来的国际金融危机冲击，我们果断实施积极的财政政策和适度宽松的货币政策，推动了我国经济率先企稳回升。随后又针对经济运行中出现的新情况新问题，适时调整货币信贷政策，并与其他政策协调配合，在保持经济平稳较快发展的同时，扭转了一度出现的物价过快上涨势头。我国金融宏观调控的科学性、前瞻性和有效性显著提高。

（五）不断提高金融监管的专业性和有效性，有力保障了我国金融安全稳定。我们立足基本国情，不断完善银行、证券、保险分业监管体制，加强金融监管协调。积极借鉴国际监管理念和标准，改进监管方式和手段，突出合规监管和风险监管，对系统性风险隐患早发现、早干预，监管的有效性明显增强。强化市场基础性制度建设，推动完善企业公司治理，金融机构和上市公司的规范运作水平得到提升。设立证券投资者保护基金、期货投资者保障基金和保险保障基金，初步建立市场化的风险救助机制。有效化解一些高风险金融机构的风险隐患，查处了一批内幕交易、非法集资、地下钱庄、洗钱等违法违规案件。我们提请全国人大常委会修订了保险法，修订了外汇管理条例，制定了证券公司监督管理条例、证券公司风险处置条例、期货交易管理条例，较为全面系统的金融法律制度基本形成。金融监管工作的强化，对维护国家经济金融安全、防范国际金融危机带来的风险，发挥了重要保障作用。

（六）不断深化金融对外开放，我国金融业的国际地位和话语权得到提升。十年来，我们全面履行加入世贸组织承诺，坚持“引进来”、“走出去”，大幅提高金融业市场开放度，有力促进了国内金融业经营理念、管理方式转变，提高了经营管理水平。在华外资金融机构规模扩大，中资金融机构境外市场业务稳步拓展。我们有序推进人民币资本项目可兑换，促进贸易投资便利化，取消强制结售汇制度，加强和改进外汇储备经营管理，拓展外汇储备运用渠道和方式。稳步推进股票市场、债券市场对外开放，实施合格境内机构投资者、境外机构投资者制度。我们还不断加强金融对外合作，积极参与国际经济金融治理机制建设。

在充分肯定成绩的同时，我们也要清醒地看到，我国金融领域还存在一些突出问题和潜在风险，主要是：金融机构经营方式总体粗放，公司治理和风险管理仍存在不少问题，农村金融和中小金融机构发展相对滞后，金融体系有待进一步完善，一些领域风险隐患比较突出，金融宏观调控还有待改进，金融监管能力有待进一步提升，信贷政策与产业政策结合得还不够紧密，对实体经济的支持还不够及时有力，金融业的服务能力和水平与经济社会发展需要相比还有不小差距。特别要看到，国际金融危机没有结束，外部经济波动和金融市场动荡对我国经济金融的影响继续存在，甚至可能加大。我们必须增强忧患意识、责任意识，居安思危，努力把金融工作提高到一个新水平。

二、做好金融工作的总体要求和主要原则

我国仍处于发展的重要战略机遇期，金融改革发展既面临难得的机遇，也面临着诸多挑战。今后一个时期金融工作的总体要求是：高举中国特色社会主义伟大旗帜，以邓小平理论和“三个代表”重要思想为指导，深入贯彻落实科学发展观，全面推动金融改革、开放和发展，显著增强我国金融业综合实力、国际竞争力和抗风险能力，显著提高金融服务实体经济的水平，着力完善金融宏观调控和监管体制，形成种类齐全、结构合理、服务高效、安全稳健的现代金融体系，开创金融改革发展新局面。

按照上述总体要求，做好新时期的金融工作，必须把握好以下原则：

(一)坚持金融服务实体经济的本质要求。金融是现代经济的核心。金融发展的根基是实体经济，离开了实体经济，金融就会成为无源之水、无本之木。我们要牢牢把握发展实体经济这一坚实基础，从多方面采取措施，确保资金投向实体经济，有效解决实体经济融资难、融资贵问题，坚决抑制社会资本脱实向虚、以钱炒钱，防止虚拟经济过度自我循环和膨胀，防止出现产业空心化现象。各类金融机构都必须牢固树立服务实体经济的指导思想，全面提高服务实体经济的质量和水平，实现金融与实体经济的共生共荣。

(二)坚持市场配置金融资源的改革导向。我们要坚定不移地深化金融市场化改革与对外开放，进一步明确政府作用的领域和边界，做到该放的坚决放开、该管的切实管好。完善审批等准入制度，坚决取消各种不必要的金融管制，最大限度地减少政府对微观金融活动的干预，激发各类金融市场主体的活力，优化金融资源配置。同时，加强各项基础制度建设，维护金融市场秩序，为金融健康发展创造良好的环境。

(三)坚持创新与监管相协调的发展理念。金融创新是提升金融业服务水平和竞争力的关键。必须鼓励金融创新，为金融创新营造有利的政策环境和监管条件。要适应经济社会发展需要，充分运用现代科技成果，促进科技与金融结合，支持金融组织创新、产品和服务模式创新，提高金融市场发展的深度和广度。金融创新必须以市场为导向，以提高金融服务能力和效率为根本目的，防止以规避监管为目的和脱离经济发展需要的“创新”。要动态把握金融创新的界限，把防范风险始终贯穿金融创新全过程，使监管能力建设与金融创新相适应。

(四)坚持积极防范化解风险的永恒主题。金融业是高风险行业，金融风险突发性强、波及面广、危害性大。我们要把防范风险作为金融工作的生命线，提高金融机构风险管理水平，加强金融监管和调控能力建设，有效防范经济与金融风险相互作用，金融与财政风险相互传递，外部风险向境内转移。严厉打击金融犯罪，加强金融机构网络信息安全。要坚持用发展改革的办法解决长期性结构性问题，积极稳妥化解风险隐患，防止局部风险转化为全局性、系统性风险。

(五)坚持自主渐进安全共赢的开放方针。对外开放是我国金融业提高服务水平、增强竞争力的重要途径。必须坚持“以我为主、循序渐进、安全可控、竞争合作、互利共赢”的方针，加强顶层设计，更好地统筹金融业“引进来”和“走出去”，把握好对外开放的时机、力度和节奏，使金融对外开放与我国经济发展水平、市场发育程度和金融监管能力相适应，在确保国家经济金融安全的基础上提高金融对外开放水平。

三、全面推进金融改革发展的主要任务

今后一个时期金融改革发展任务十分繁重，要把握时机、突出重点、统筹兼顾、有序推进。

(一)为经济社会发展提供更多优质金融服务，加大对薄弱领域的金融支持。金融必须努力服务于经济发展方式转变，促进科学发展。金融行业要大力提升服务功能，扩大服务覆盖面。重点支持经济结构调整、节能减排、环境保护和自主创新，特别要加快解决农村金融服务不足、小型微型企业融资难问题。

深化农村金融改革。要以服务“三农”为根本方向，充分发挥政策性金融、商业性金融和合作性金融的作用，构建多层次、多样化、适度竞争的农村金融服务体系。进一步深化农村信用社改革，继续发挥支农主力军作用；坚持分类指导，推进产权制度改革，增强资本实力；坚持经营管理重心下沉，保持县域法人地位的长期总体稳定，减少行政干预；省联社要淡出行政管理职能，强化服务职能。农业银行等商业银行和其他各类金融机构，都要积极探索为“三农”服务的模式，加大对“三农”的支持力度。培育发展新型农村金融机构，支持民间资本参与设立村镇银行，规范发展农村合作金融和贷款公司。支持符合条件的现代农业企业通过股票、债券市场发展壮大，积极拓展期货市场服务“三农”的渠道和模式。完善农业保险制度，扩大农业保险保障范围和覆盖区域，创新保险品种，积极发展农村小额保险。要加大财税政策支持力度，引导、带动更多信贷资金和社会资金投向农村。农村金融机构享受政策优惠要与承担责任义务相匹配，保证国家扶持政策真正惠及“三农”。

着力解决小型微型企业融资困难。改进小型微型企业金融服务，需要推动不同类型、不同规模的金融机构改革创新和规范发展。鼓励各类金融机构在遵循市场原则的前提下，积极开展适合小型微型企业需求的金融产品和信贷模式创新。完善财税、担保、保险等政策支持体系和差异化监管措施，调动金融机构服务小型微型企业的积极性。加强适合小型微型企业融资的资本市场建设，加大中小企业板、创业板对小型微型企业的支持力度，鼓励创业投资机构和股权投资机构投资小型微型企业，发展小企业集合债券等融资工具，拓宽融资渠道。深化邮政储蓄银行改革，增强支农和服务小型微型企业功能。

发展小型社区类金融机构是解决小型微型企业融资难的有效途径。要因地制宜,采取有效措施支持小金融机构发展,形成竞争充分、服务优良、风险可控的金融服务体系。不同地区经济发展水平差异较大,发展小金融机构要与当地经济发展需要相适应,不可盲目攀比、一哄而上。小金融机构要立足当地、立足基层,主要支持小型微型企业发展,不贪大求全,避免盲目跨区域扩张等经营行为。要下决心清理和规范各类收费项目,并结合金融业特点,建立科学合理、公开透明的收费制度,切实减轻企业实际融资成本负担。

(二)深化金融机构改革,着力加强公司治理。加强金融机构公司治理,推进现代金融企业制度建设,是金融机构改革的核心内容,也是金融机构健康可持续发展的重要基础。必须抓住关键环节,进一步完善金融机构公司治理。一是形成有效的决策、执行、制衡机制。进一步厘清股东大会、董事会、监事会和高管层的职责边界,完善重大事项的决策机制和程序,加强信息披露,提高透明度,防止内部人控制,把公司治理的要求真正落实于日常经营管理和风险控制之中。二是健全资本约束机制。推进金融机构股权多元化。切实打破垄断,放宽准入,鼓励、引导和规范民间资本进入金融服务领域,参与银行、证券、保险等金融机构改制和增资扩股。三是建立有效的选人用人机制。现代金融竞争归根结底是人才的竞争。要健全董事和监事提名、资格审查等方面的制度安排,探索市场化的高管人员选聘机制。要切实加强金融队伍建设,全面提高从业人员素质和职业操守。四是健全科学合理的激励约束机制。要认真进行制度设计,探索建立规范有效、包括薪酬制度在内的激励约束机制。要苦练内功,努力把我国金融机构建设成为具有良好品牌和国际竞争力的现代金融企业。

政策性金融在国民经济和社会发展中具有独特作用,宏观层面上可以有效支持国家发展战略,微观层面上可以弥补商业性金融的不足。进出口银行、农业发展银行和出口信用保险公司作为政策性金融机构,要强化政策性功能,坚持以政策性业务为主体,慎重把握自营性业务发展,严格管理业务范围。要明确划分政策性业务和自营性业务,实行分账管理、分类核算,防范道德风险。对政策性业务,由财政给予必要的支持;对自营性业务,要严格资本约束,实行审慎性监管。要抓紧修订公司章程,完善公司治理组织框架,合理补充资本金,建立科学考核评价机制与外部监管制度。开发银行要坚持和深化商业化改革,妥善解决债券信用、资金来源、监管标准等问题。

(三)加强和改进金融监管,切实防范系统性金融风险。防范系统性金融风险既是当前的紧迫问题,也是关系金融发展全局的重大问题。要把加强金融监管作为金融工作的重中之重,守住不发生系统性、区域性金融风险底线。

加强系统性金融风险防范制度建设。要借鉴国际经验,结合我国国情,完善相关政策工具和手段;健全系统性金融风险监测、评估、预警体系,加强对跨行业、跨市场、跨境金融风险的监测评估;强化系统性金融风险处置能力建设,建立层次清晰的系统性金融风险处置机制和清算安排,健全金融安全网。要抓紧研究完善存款保险制度方案,择机出台并组织实施。

加强对系统重要性金融机构和金融综合经营的监管。要研究提出我国系统重要性金融机构认定标准和评估框架,对系统重要性金融机构设定更为严格的监管标准,强化外部约束。要总结经验,建章立制,加强监管,防范风险,积极稳妥推进综合经营试点工作。要根据我国金融市场结构和特点,细化金融机构分类标准,统一监管政策,减少监管套利,弥补监管真空。优化配置金融监管资源,明确对交叉性金融业务和金融控股公司的监管职责和规则,增强监管的针对性、有效性。

加强金融监管能力建设。要借鉴国际金融监管改革最新成果,完善监管规则,更新监管理念、制度和方式,加强监管队伍建设,不断提升监管有效性。银行业要积极稳妥推动实施国际新监管标准,建立全面审慎的风险监管体系。证券业要完善市场制度,强化行为监管,加强投资者合法权益保护。保险业要强化偿付能力监管,完善分类监管制度。建立、健全本外币跨境资金流动监管框架,加强监管协同。改进和完善金融监管协调机制。发挥和完善现行金融监管协调机制的功能,实行信息共享,推进监管协调工作规范化、常态化。

强化地方人民政府金融监管意识和责任。坚持发挥中央金融管理部门指导、协调和监督作用,维护金融业改革发展战略、金融宏观管理政策、监管规则与标准的一致性和权威性;同时,注重引导和调动地方人民政府的积极性,发挥好地方人民政府的作用。要改变重发展、轻监管的倾向,进一步明确地方人民政府对小额贷款公司和担保公司等机构的管理职责,强化地方人民政府的风险处置责任。地方人民政府要大力改善金融环境,减少行政干预,促进经济和金融健康发展。

民间借贷是正规金融的补充,有一定的积极作用。要完善法律、法规等制度框架,加强引导和教育,发挥民间借贷的积极作用。同时,大力整顿金融秩序,严厉打击高利贷活动和非法集资、地下钱庄、非法证券等非法金融活动,加强对担保公司、典当行等机构和银行表外业务的全面监测和有效监管,妥善处理企业资金链断裂事件，防止风险扩散蔓延。

（四）防范化解地方政府性债务风险，避免财政金融风险相互传递。地方政府性债务的形成由来已久，已有 30 多年历史。据审计，截至 2010 年年末，形成了 10.7 万亿元的规模，其中有 51.2%、共计 5.5 万亿元是 2008 年及以前年度举借和用于续建 2008 年以前开工项目的。地方政府性债务主要用于基础设施等长期建设，对于地方经济社会发展、应对亚洲金融危机和这次国际金融危机都发挥了积极作用。同时，与债务相对应，也形成了大量资产，其中许多是优质资产，有稳定的现金流或预期收益。当前我国政府债务总体安全、可控。

我们高度重视地方政府性债务管理问题。经过清理规范，目前融资平台公司融资规模膨胀的势头得到有效遏制，银行业金融机构等对融资平台公司的信贷管理加强，机关事业单位违规担保承诺行为基本得到制止。2009 年以来，我们多次对地方政府性债务问题进行专门研究，提出了比较系统的解决办法。总的考虑是，综合施策、标本兼治，按照“分类管理、区别对待、逐步化解”的原则，妥善处理存量债务；把短期应对措施和长期制度建设结合起来，建立规范的地方人民政府举债融资机制，严格控制地方人民政府新增债务。对存量债务要区别不同情况进行妥善处理，既要积极稳妥化解财政金融风险，又要保证国家批准的重点在建项目资金需求，不能搞简单的“急刹车”、“一刀切”，避免局部风险引发全局性、系统性风险。地方各级人民政府一定要落实偿债责任，防止逃废债务，坚决查处违法违规行为并严格追究责任。继续抓紧规范地方政府融资平台公司，加强监管约束和风险防范。切实规范借贷各方行为，坚决禁止各种形式的违规担保。稳步推进地方人民政府按核定规模发债试点，将地方政府债务收支分类纳入预算管理，构建地方政府债务规模控制和风险预警机制。

要加快建立、健全透明规范、可持续的保障性住房融资机制，积极支持保障性住房建设，切实防范金融风险。

（五）加强资本市场和保险市场建设，推动金融市场协调发展。促进股票期货市场稳定健康发展。加快完善多层次资本市场体系，为不同规模、不同类型、不同成长阶段的企业提供差异化服务。继续完善主板、中小企业板和创业板市场，积极探索发展场外交易市场。上市公司质量是股票市场发展的基石。要稳步提高上市公司治理水平和透明度，完善现代企业制度，发挥资本市场并购重组功能，推动上市公司做大做强和产业优化升级。深化新股发行制度市场化改革，进一步弱化行政审批，强化资本约束、市场约束和诚信约束，完善上市公司投资者回报机制，引导和鼓励增加现金分红；健全退市制度，坚持优胜劣汰，不断提高上市公司质量，促进一级市场和二级市场协调健康发展。稳妥推出原油等大宗商品期货品种和相关金融衍生产品。促进创业投资和私募股权投资规范健康发展。严惩内幕交易、操纵市场、欺诈上市、虚假披露等违法违规行为。

坚决清理整顿各类交易场所。各地区和有关部门要按照国务院有关文件要求和部署，清理整顿产权交易、文化艺术品交易和大宗商品中远期交易等交易场所，维护正常的市场秩序和社会大局稳定。

规范发展债券市场。要坚持市场化改革方向，着力培育商业信用，强化市场约束和风险分担机制，提高市场运行透明度，为债券市场发展营造良好的制度环境。稳步扩大债券市场规模，推进产品创新和多样化。完善债券发行管理体制，目前要在部门各负其责基础上，加强协调配合，提高信息披露标准，落实监管责任。加强债券市场基础设施建设，进一步促进场内、场外市场互联互通。同时，要积极创造条件，统一准入和监管标准，建设规范统一的债券市场。

积极培育保险市场。保险业具有风险保障和资金融通特性，是经济社会发展的“助推器”和“稳定器”。要更好发挥保险服务功能，不断丰富保险产品，拓宽保险服务领域。大力发展个人寿险、健康保险、养老保险、企业年金业务，以及与住房、汽车消费有关的保险业务。搞好个人税收递延型养老保险试点。总结推广商业保险参与社会保障、医疗保障体系建设的经验和做法。加快发展与公众利益密切相关的环境污染、公众安全等责任保险。以推动农业大灾保险为突破口，逐步建立国家政策支持的巨灾保险体系，完善巨灾风险分散转移和补偿机制。大力提高保险服务水平，规范保险市场秩序，解决销售误导和理赔难等突出问题。支持保险资金在风险可控的前提下拓宽投资渠道。

（六）完善金融宏观调控体系，有效促进经济发展和金融稳定。金融宏观调控是国家维护经济金融稳定的重要手段。要继续完善逆周期的金融宏观审慎管理制度框架，优化货币政策目标体系，创新丰富货币政策工具，处理好促进经济增长、保持物价稳定和防范金融风险的关系，合理调控货币信贷总量，保持合理的社会融资规模。遵循市场规律，完善市场化的间接调控机制，逐步增强利率、汇率等价格杠杆的作用。加快培育市场基准利率体系，引导金融机构增强风险定价能力，稳步推进利率市场化改革。进一步完善人民币汇率形成机制，增强人民币汇率双向浮动弹性，保持人民币汇率在合理均衡水平上的基本稳定。加强货币政策与财政政策、监管政策、产业政策的协调配合，进一步增强宏观调控的科学性、前瞻性、有效性。

（七）扩大金融对外开放，提高在更大范围、更高层次上资源配置能力和金融安全保障水平。稳妥有序推进人民币资本项目可兑换。在规范的基础上扩大人民币在跨境贸易投资中的使用。推进贸易投资便利化，逐步拓宽资本流出渠道，放宽境内居民境外投资限制。

探索和拓展外汇储备多层次使用渠道和方式。要从国家战略需要出发管好用好外汇储备资金，进一步提高外汇储备的经营管理水平，稳步推进多元化投资，更好实现外汇储备安全、流动和保值增值的目标。

深化内地与港澳台金融合作，继续支持香港巩固和提升国际金融中心地位。进一步加快上海国际金融中心建设。

积极参与全球经济金融治理。深化双边、多边经济金融政策对话与合作，加强与主要经济体宏观经济金融政策协调。积极推动国际金融体系改革，促进国际货币体系合理化。主动参与国际金融监管改革和标准制定，继续发挥建设性作用。

（八）加强金融基础建设，改善金融发展环境。加强金融法制建设。加快制定存款保险、金融机构破产、上市公司监管、信用评级以及征信等方面的法律、法规。加快农业保险立法。加强金融消费者保护立法。制定规范和引导民间借贷、打击非法金融活动的法规和规章。切实加强金融执法，提高执法公正性和效率，维护法律权威性。

加快社会信用体系建设。金融发展，诚信为本。要抓紧建立覆盖全社会的征信体系，加快建立金融业统一征信平台，完善中小企业和农村信用体系，推进行业信用和地方信用建设，提高社会诚信意识。促进我国信用评级机构发展，增强竞争力和公信力。加强以诚信、服务、责任、创新等为要义的金融文化建设。

进一步完善登记、托管、支付、清算和银行卡等金融基础设施。构建符合国际标准和中国国情的反洗钱工作体制，建立特定非金融行业反洗钱制度。提高人民币防伪能力。加快建立统一、全面、共享的金融业综合统计体系。以科技手段促进金融服务与管理创新，提高金融信息化水平，确保信息安全。

加强金融消费者权益保护。把金融消费者权益保护放在更加突出位置，加强制度和组织机构建设。加强金融消费者教育，为金融消费者提供高水准的信息咨询服务，积极开展金融知识普及宣传工作，提高金融消费者的安全意识和自我保护能力。积极发挥行业协会的自律作用。

2012 年，金融部门和金融机构要认真贯彻中央经济工作会议精神，做好全年金融工作。一要实施好稳健的货币政策，进一步提高针对性、灵活性和前瞻性，保持社会融资规模合理增长。二要优化信贷结构，加强对国家重点在建续建项目和保障性住房建设，对符合产业政策的企业特别是小型微型企业，对企业技术改造的信贷支持。三要深化新股发行制度市场化改革，抓紧完善发行、退市和分红制度，加强股市监管，促进一级市场和二级市场协调健康发展，提振股市信心。四要敏锐观察和跟踪分析国内外经济形势，做好应对预案，切实防范经济金融风险。

我国金融发展已站在一个新的历史起点上。我们要在以胡锦涛同志为总书记的党中央领导下，齐心协力，顽强拼搏，开拓进取，扎实工作，不断开创金融工作的新局面，更好地服务经济社会发展大局，为全面建设小康社会和社会主义现代化建设作出更大贡献。

全国政协主席贾庆林在埃塞俄比亚首都亚的斯亚贝巴召开的非盟会议上发表题为《加强中非团结合作 携手共创美好未来》的演讲

尊敬的非洲联盟轮值主席、赤道几内亚总统特奥多罗·奥比昂·恩圭马·姆巴索戈阁下，尊敬的埃塞俄比亚总理梅莱斯·泽纳维阁下，尊敬的非洲联盟委员会主席让·平阁下，尊敬的联合国秘书长潘基文阁下，尊敬的各位非洲国家元首和政府首脑，女士们，先生们，朋友们：

今天，我非常高兴来到美丽的亚的斯亚贝巴，应邀出席非洲联盟第十八届首脑会议开幕式。站在非盟首脑会议的讲台上，特别是在这座象征中非友谊的非盟会议中心里发表演讲，让我深感荣幸。借此机会，我谨代表中国政府和中国人民向在座的各位非洲国家领导人，并通过你们向兄弟的非洲人民，转达 13 亿中国人民的诚挚问候和良好祝愿！我还要衷心感谢非盟方面和埃塞俄比亚政府，特别是奥比昂总统、梅莱斯总理、让·平主席为我这次访问所作的精心安排和热情款待。

在发表演讲前，请允许我宣读中华人民共和国主席胡锦涛致非盟第十八届首脑会议的贺词：

非洲联盟国家元首和政府首脑会议：

值此非洲联盟第十八届国家元首和政府首脑会议召开之际，我谨代表中国政府和人民，并以我个人名义，向会议致以热烈的祝贺。

非洲联盟的成立，对非洲国家的团结合作、复兴发展具有划时代的意义。非盟成立十年来，着力加强机构和能力建设，在维护非洲和平稳定、促进经济社会发展、推动一体化进程等方面发挥了至关重要的作用。非盟已成为世界上有着广泛影响力的地区组织之一。我们相信，在非盟引领下，非洲国家和人民在联合自强的道路上一定能够团结奋斗，开拓进取，不断迈出新的步伐。

中非友谊源远流长。进入新世纪，中非关系全面、快速、深入发展。中非合作论坛、中非新型战略伙伴关系的建立和发展，极大地推动了双方在政治、经贸、人文等各领域的交流与合作。中非政治互信更加牢固，利益联系更加紧密，人民友谊更加深厚。中国始终是非洲的好朋友、好伙伴、好兄弟，不断巩固和加强中非团结合作，促进共同进步发展，是中国对外政策的重要基石，也是中方长期、坚定的战略选择。展望未来，中方将一如既往与非方并肩携手，继往开来，推动中非新型战略伙伴关系向更高层次、更广领域迈进，为非洲和世界的和平与发展事业作出更大贡献。

祝本届非盟首脑会议圆满成功！

祝中非友谊与时俱进，万古长青！

中华人民共和国主席　胡锦涛

2012年1月29日

以上是胡锦涛主席的贺词。

女士们、先生们、朋友们！

非洲是人类的发源地之一，历史悠久，物产丰富，文化灿烂，人民勤劳、智慧、勇敢，为人类文明和世界发展作出了重要贡献。谋求联合自强、实现文明复兴是非洲人民长期的历史夙愿。从20世纪初泛非主义兴起，到1963年非洲统一组织成立，再到2002年非盟诞生，非洲人民在联合自强的道路上不断开拓进取，留下了光辉的历史印迹，取得了令人瞩目的成就。今天的非洲经济发展明显加快，在国际事务中的影响进一步加大，向世界展示了新的活力和美好的发展前景。非盟的建立与发展同整个非洲的进步紧密相连，并为此发挥了举足轻重的作用。我们高兴地看到，非盟成立10年来，已经成为维护非洲乃至世界和平、稳定、发展的一支重要力量。我们有理由相信，在非盟的引领下，非洲联合自强之路一定会越走越宽广、越走越坚实！

当前，国际形势和非洲形势都在发生深刻复杂变化。国际金融危机深层次影响不断显现，西亚北非局势动荡不定，对非洲和平、稳定、发展造成了不小冲击。受多种内外因素的影响和制约，非洲国家联合自强和自主解决本地区问题遇到更多挑战。非洲经济社会发展取得了显著成绩，但实现联合国千年发展目标依然任重道远。非洲人民正在对自己的前途命运和发展道路进行深入思考与探索。国际社会也应该从命运共同体的视角出发，以负责任的态度，为促进非洲和平、稳定、发展作出积极努力。在此，我愿谈几点看法与大家分享。

第一，坚定维护非洲和平、稳定、发展的局面。非洲的和平与发展离不开世界，世界的稳定与繁荣也离不开非洲。一个和平、稳定、发展的非洲是世界之福。非洲曾经饱受战乱之苦，当前总体和平稳定局面来之不易，值得倍加珍惜。在处理非洲热点问题上，中国一贯主张遵循《联合国宪章》和公认的国际关系准则，从维护国际和地区和平稳定大局出发，鼓励有关各方通过对话协商解决问题。

第二，充分尊重非洲国家自主解决非洲问题的努力。近年来，非洲自主解决非洲问题的能力稳步增强。事实也证明，非洲国家有能力、有智慧解决好自己的问题。国际社会理应为解决非洲问题提供支持和帮助，同时中方认为这种帮助应该尊重非洲人民意愿，应该是建设性的，应该与非洲自主解决的努力相向而行，而不应背道而驰。外部力量出于自身利益干涉非洲内部事务，只能使非洲问题的解决更加复杂化。

第三，大力支持非洲国家联合自强和一体化进程。联合自强是非洲国家基于历史传统、着眼现实需要、面向未来发展作出的正确选择。近年来，非洲和平与发展事业取得巨大成就，很大程度上得益于非洲联合自强势头的增强。本届首脑会议把“促进非洲区内贸易”作为主题，必将对促进非洲一体化发挥重要作用。所有希望非洲发展的人，都应该大力支持非洲国家联合自强和一体化进程。

第四，继续加大对非洲发展问题的关注和投入。南北发展不平衡，是世界经济失衡的主要症结。国际社会在应对国际金融危机的同时，应该继续加大对非洲发展问题的关注，积极履行援助承诺，在世界贸易组织多哈回合谈判、国际金融体系改革等问题上切实照顾非洲国家的关切，推动今年召开的联合国可持续发展大会更多关注非洲经济社会可持续发展。

女士们、先生们、朋友们！

中国和非洲虽然相距遥远，但中非友好源远流长。中非人民在漫长的历史岁月中同呼吸、共命运、心连心，结下了深厚的情谊。早在上世纪五六十年代，中非双方就并肩战斗、携手同行。进入新世纪以来，中非合作论坛创立，特别是论坛北京峰会确立了中非政治上平等互信、经济上合作共赢、文化上交流互鉴的新型战略伙伴关系，中非关系进入了全面、快速、深入发展的新时期，展现出蓬勃生机和活力。

在中非关系发展的历史进程中，中国坚持尊重非洲国家的主权和发展道路，不干涉非洲国家内政；坚持同非洲国家平等相待，在互利共赢基础上开展合作；坚持向非洲提供不附加任何政治条件的援助，始终认为中非之间的援助和支持是相互的；坚持把自身发展寓于与非洲共同发展之中，并以自身发展促进非洲的发展。同时，非洲国家也在涉及中国重大和核心利益问题上坚定支持中方立场，并为中国经济发展提供了有力支持。中国人民将永远铭记非洲人民对中国人民的无私帮助。

当前,世界正处于大发展、大变革、大调整之中。作为世界上最大的发展中国家和发展中国家集团,中非加强团结合作对促进世界和平、稳定、发展具有重要意义。中方愿从战略高度、长远角度看待和发展中非关系,与非洲国家一道,作出更加积极的努力,推动中非新型战略伙伴关系迈上新台阶。

第一,大力弘扬中非传统友谊。中非传统友谊是双方共同拥有的宝贵财富,是中非战略互信的基础和中非关系发展的原动力。不管世界和中非各自情况发生怎样的变化,我们都要共同努力,维护好、发展好中非传统友谊,让中非人民世世代代友好下去。中国愿同非洲国家进一步密切高层往来,同非洲国家加强战略对话和沟通,加强治国理政经验交流,增进相互理解和信任。

第二,密切在国际和地区问题上的协调配合。中非拥有广泛的共同利益,应继续加强在涉及彼此重大和核心利益问题上的相互支持。中方将坚定支持非洲国家维护主权和独立、自主解决非洲问题,坚定支持非洲国家自主选择发展道路,坚持国家不分大小、一律平等,坚决反对以大欺小、以强欺弱、以富欺贫,继续在各种国际场合坚定支持非洲国家的正义立场。作为联合国安理会常任理事国,中国将继续以负责任的态度积极参与非洲和平与安全事务。

第三,着力提升中非经贸务实合作水平。中方愿在平等互利、共同发展的基础上,进一步加强同非洲国家在农业、基础设施、人才培训、金融等领域的交流合作,鼓励更多实力强、信誉好的中国企业赴非洲投资,继续加大对非洲国家的援助力度,增强非洲国家的自主发展能力,更好地造福当地人民。中方十分重视当前中非经贸合作中存在的一些问题,已经并将继续与非洲国家一道,切实采取措施加以解决,使非洲国家从合作中更多受益。

第四,大力拓展中非人民交流。中非不仅要重视官方交往,还要重视民间交流。要推动双方的民间组织、学术机构、新闻媒体、高等院校等部门加强交流与合作,鼓励双方青年增进往来,大力开展各种形式的文化交流,促进中非民间互动,让中非人民更多参与、积极推动中非合作。

第五,加强中非合作论坛建设。双方要继续秉持与时俱进、开拓创新的精神,加强对论坛的战略规划和机制建设,落实好论坛第四届部长级会议成果,并以举行论坛第五届部长级会议为契机,推出顺应时代要求、契合双方需要的合作举措,使论坛继续成为推动中非关系发展的重要引擎。

我想在这里特别指出的是,中国高度重视发展同非盟的关系,把非盟视为中国在非洲和国际事务中的重要合作伙伴,坚定支持非盟在非洲内外事务中发挥更大积极作用。为进一步加强与非盟的友好合作关系,我谨在此代表中国政府宣布,今后3年向非盟提供6亿元人民币的无偿援助。中方愿与非盟共同努力,进一步充实中国—非盟战略对话机制,并在非洲跨国跨区域基础设施建设、非洲和平与安全等领域加强合作,为中非关系发展增添新的内涵。

女士们、先生们、朋友们!

新中国成立60多年来,特别是改革开放30多年来,中国经济实力和综合国力显著增强,中国人民的生活水平有了显著提高。我们成功开辟了一条中国特色社会主义道路,这是实现社会主义现代化的必由之路,也有利于促进国际和地区发展。我们将坚定不移地沿着中国特色社会主义道路奋勇前进。我们也清醒地看到,中国仍然属于发展中国家,发展中不平衡、不协调、不可持续问题依然突出,面临着巨大的人口、资源、环境压力,还有1.28亿人口生活在贫困线以下,实现现代化和全体人民共同富裕还有很长的路要走。去年,中国制定并公布了《国民经济和社会发展第十二个五年规划纲要》,确定了未来5年经济社会发展的指导思想、战略目标和主要任务。我们将以科学发展为主题,以加快转变经济发展方式为主线,促进经济长期平稳较快发展和社会和谐稳定,为全面建成小康社会打下具有决定性意义的基础。

中国的发展是和平的发展、开放的发展、合作的发展。中国始终不渝地走和平发展道路,既通过维护世界和平来发展自己,又通过自身发展维护世界和平。中国将继续奉行独立自主的和平外交政策,尊重各国人民自主选择社会制度和发展道路的权利,不把自己的意志强加于人。中国将始终从本国人民的根本利益和世界人民的共同利益出发,根据事情本身的是非曲直确定立场和政策,秉持公道、伸张正义,在国际事务中发挥积极作用。中国坚持奉行互利共赢的开放战略,在追求自身发展的同时努力实现与他国发展的良性互动,促进世界各国共同发展。事实已经并将继续证明,中国的发展对世界是机遇,中国永远是维护世界和平与稳定的坚定力量。

女士们、先生们、朋友们!

非洲有句谚语:没有朋友是真正的贫穷。中国人民和非洲人民是好朋友、好伙伴、好兄弟,中非友谊像乞力马扎罗山一样巍然屹立,像长江黄河一样奔腾不息。让我们团结合作、携手共进,奋力推进中非新型战略伙伴关系发展,共同谱写中非友好的新篇章!

谢谢大家。

国家主席胡锦涛根据全国人大常委会的决定任免驻外大使

一、免去邱小琪的中华人民共和国驻巴西联邦共和国特命全权大使职务；

任命李金章为中华人民共和国驻巴西联邦共和国特命全权大使。

二、免去傅元聪的中华人民共和国驻东帝汶民主共和国特命全权大使职务；

任命田广凤为中华人民共和国驻东帝汶民主共和国特命全权大使。

三、免去刘建超的中华人民共和国驻菲律宾共和国特命全权大使职务；

任命马克卿(女)为中华人民共和国驻菲律宾共和国特命全权大使。

四、免去鲁桂成的中华人民共和国驻白俄罗斯共和国特命全权大使职务；

任命宫建伟为中华人民共和国驻白俄罗斯共和国特命全权大使。

五、免去张延年的中华人民共和国驻阿塞拜疆共和国特命全权大使职务；

任命宏九印为中华人民共和国驻阿塞拜疆共和国特命全权大使。

六、免去佟明涛的中华人民共和国驻立陶宛共和国特命全权大使职务；

任命刘增文为中华人民共和国驻立陶宛共和国特命全权大使。

七、免去房利的中华人民共和国驻摩尔多瓦共和国特命全权大使职务；

任命佟明涛为中华人民共和国驻摩尔多瓦共和国特命全权大使。

国务院副总理李克强在中南海紫光阁会见世界银行高级副行长林毅夫

外交部部长杨洁篪在亚的斯亚贝巴会见美国常务副国务卿伯恩斯

杨洁篪表示，2011年，在双方共同努力下，中美关系总体保持稳定发展势头。两国领导人就建设相互尊重、互利共赢的中美合作伙伴关系达成重要共识，推动中美关系步入新阶段。2012年对中美关系发展十分重要，双方将有一系列重大活动。中美双方应该牢牢把握共建合作伙伴关系的大方向，加强沟通、交流与合作，共同应对各种地区和全球性挑战，确保中美关系继续稳定向前发展。

双方还就共同关心的国际和地区问题交换意见。

中央军委下发《关于大力发展先进军事文化的意见》

《关于大力发展先进军事文化的意见》(以下简称《意见》)深刻阐述贯彻党的十七届六中全会精神、大力发展先进军事文化的重大意义，深入分析新的形势任务对军事文化建设提出的新要求，明确提出发展先进军事文化的指导思想和目标要求，对发展先进军事文化的主要任务作出全面部署，是新形势下加强军事文化建设的重要指导性文件。

《意见》指出，先进军事文化是党领导人民军队在长期奋斗中创造的宝贵精神财富，是体现我军性质宗旨、职能任务、历史传统的文化形态，是提高我军战斗力的重要因素和滋养官兵的精神沃土，是社会主义先进文化的重要组成部分。大力发展先进军事文化，是从思想上政治上建设部队、保持人民军队性质和本色的迫切要求。改革开放特别是党的十六大以来，在党中央、中央军委的正确领导下，全军和武警部队大力加强先进军事文化建设，各项工作不断取得新的发展进步。当前，我军文化建设既面临许多有利条件，也面临新的挑战，这对发展先进军事文化提出了新的更高要求。各级党委要认真贯彻党的十七届六中全会精神和胡主席一系列重要指示，充分认清大力发展先进军事文化的重要性和紧迫性，始终坚持高标准严要求，以更加有力的举措和更加自觉的行动推进文化建设，努力走在前列，当好排头兵。

《意见》指出，发展先进军事文化，必须全面贯彻党的十七大和十七届六中全会精神，高举中国特色社会主义伟大旗帜，以马克思列宁主义、毛泽东思想、邓小平理论和“三个代表”重要思想为指导，深入贯彻落实科学发展观，紧紧围绕推动国防和军队建设科学发展主题、加快转变战斗力生成模式主线，坚持社会主义先进文化前进方向，坚持我军重视文化建设的优良传统，坚持走具有我军特色的军事文化发展路子，以培育当代革命军人核心价值观为根本任务，以提高部队战斗力为根本着眼点，以保持我军高度团结统一为重要着力点，以满足官兵精神文化需求为出发点和落脚点，以改革创新为动力，进一步激发文化创造活力，为推动国防和军队建设科学发展、有效履行我军历史使命提供强大精神力量，为建设社会主义文化强国作出积极贡献。

《意见》要求，大力发展先进军事文化，必须坚持正确的政治方向，坚持服务军队建设中心任务，坚持着力保持我军高度团结统一，坚持促进官兵全面发展，坚持紧贴时代要求创新发展。《意见》明确了发展先进军事文化的目标和主要任务，提出坚持把培育当代革命军人核心价值观作为发展先进军事文化的根本任务，坚持弘扬主旋律创作生产更好更多精神文化产品，紧贴部队使命任务和官兵精神文化需求加强军营文化建设,努力建设高素质军事文化人才队伍。

《意见》强调,各级党委要从党的事业和军队建设发展的全局出发,以高度的文化自觉和强烈的使命担当,加强领导,精心谋划,科学实施,狠抓落实,不断提高军事文化建设科学化水平。要切实担负起发展先进军事文化的政治责任,努力提高领导军事文化建设的能力,掌握文化工作主动权。加强文化单位领导班子和党组织建设,着力提高领导班子能力素质,着力增强党员队伍党的观念、党员意识。加大军事文化建设投入和扶持力度,坚持文化资源和经费向基层倾斜,健全军营文化建设法规制度。树立与科学发展观相适应的军事文化发展观,深入推进军事文化建设改革创新。

于静在加拿大卡尔加里举行的速度滑冰短距离世界锦标赛上夺得500米比赛冠军并打破世界纪录

1月30日

国家主席胡锦涛同摩尔多瓦代总统卢普互致贺电庆祝两国建交20周年

胡锦涛表示,中摩建交20年来,两国关系保持稳定健康发展的良好势头。双方高层交往密切,务实合作不断深化,两国关系的社会基础日益巩固,中摩友好更加深入人心。在国际和地区事务中,双方开展了良好的合作,有效维护了两国的共同利益。中方一贯重视发展对摩关系,愿以建交20周年为契机,进一步增进双方政治互信,扩大务实合作,巩固传统友谊,推动中摩关系迈上新的台阶。

卢普在贺电中表示,建交20年来,摩中始终友好相待,相互尊重,开展了富有建设性的对话。双方高层交往密切,有力推动了两国在政治、经济、社会、文化等领域的合作。摩方愿与中方一道,以建交20周年为契机,全面总结双边关系发展经验,共同推动摩中关系取得新的成果,更好地造福于两国和两国人民。同日,外交部部长杨洁篪同摩尔多瓦副总理兼外交和欧洲一体化部部长莱安克也互致了贺电。

《"十二五"时期上海国际金融中心建设规划》正式发布

外交部发言人刘为民表示中方已就日方拟对钓鱼岛附属岛礁命名事向日方提出严正交涉

有记者问:日方拟对包括钓鱼岛附属岛屿在内的无人岛命名,目前已内部确定有关名称,将于3月底前正式标注在地图上。请问中方对此有何评论?

刘为民说,钓鱼岛及其附属岛屿自古以来就是中国的固有领土,中国对此拥有无可争辩的主权。中方已就日方拟对钓鱼岛附属岛礁命名事向日方提出严正交涉。日方对钓鱼岛及其附属岛屿采取任何单方面举措都是非法和无效的。

1月31日

国务院总理温家宝在北京主持召开国务院第六次全体会议并讲话

会议讨论即将提请十一届全国人大五次会议审议的《政府工作报告(征求意见稿)》。会议决定,将这个文件发往各省、自治区、直辖市和中央有关部门、单位征求意见。

温家宝在会上作了讲话。他指出,国务院向全国人民代表大会报告工作,是一项法定的重要职责,是政府接受人民监督的重要形式。我们要坦诚地向人大代表和人民群众报告工作,创造条件让人民群众批评政府,充分听取和吸收人民群众的意见,不断提高政府工作水平。要按照人民群众的期望和要求部署政府工作,使决策更加贴近群众,贴近实际,使关系群众切身利益的大事、实事成为政府工作的重点。

温家宝指出,今年是"十二五"时期承上启下的重要一年,也是本届政府任期的最后一年,改革发展任务繁重而艰巨。必须永不停顿地推进经济体制、政治体制等各领域的改革,加强顶层设计,力求在重点领域和关键环节取得新的突破,着力解决一些重大经济社会问题。要让《政府工作报告》真正成为一份推动转变发展方式取得新进展、改革开放取得新突破、改善民生取得新成效的施政纲领。

温家宝强调,过去一年,我们巩固和扩大了应对国际金融危机冲击成果,国民经济继续朝着宏观调控预期的方向发展,呈现增长较快、价格趋稳、效益较好、民生改善的良好态势。当前,我国发展仍处于重要战略机遇期,在较长时期内继续保持经济平稳较快发展具备不少有利条件。要鼓舞人民、动员人民,增强全国各族人民对经济社会发展的信心,运用各种有利条件和积极因素,积极应对挑战,努力克服困难,推动经济平稳较快发展。

温家宝对当前重点工作做了部署。(一)继续搞好宏观调控。要敏锐观察和准确判断国内外经济走势,高度重视苗头性、倾向性问题,把握好宏观调控的力度、节奏和重点,适时适度进行预调微调,提高政策的针对性、灵活性和前瞻性。保证国家重点在建续建项目的资金需求,抓紧布局、有序推进新的国家重点项目,保持投资稳定增长。继续加强对实体经济特别是中小企业的信贷支持。切实放宽市场准入,促进公平竞争,激发民营经济发展的活力。(二)抓好农业生产。认真落实中央一号文件精神和各项强农惠农富农政策,做好春耕备耕各项工作,稳定粮食播种面积,扩大紧缺、优质农产品生产。强化农业生产资料市场监管。做好重大动物疫病防控、森林草原防火和各项防灾减灾工作。(三)巩固房地产市场调控成果。继续严格执行并逐步完善抑制投机投资性需求的政策措施,促进房价合理回归。采取有效措施增加普通商品房供给。做好保障性住房建设和管理工作。(四)促进对外贸易稳定发展。保持外贸政策基本稳定,推动出口结构升级,增强对外贸易的可持续发展能力。(五)切实抓好经济运行调节和安全生产。重点抓好煤电油气运保障工作。落实安全生产措施,坚决遏制各类重特大事故发生。(六)切实解决好突出的民生问题。落实最低生活保障、失业保险标准与物价上涨挂钩的联动机制。强化食品、药品质量安全监管。加强校车交通安全工作。

温家宝最后说,让我们在以胡锦涛同志为总书记的党中央领导下,紧紧依靠全国人民,开拓创新,锐意进取,奋力拼搏,把各方面工作做得更好,以优异成绩迎接党的十八大胜利召开!

全国人大常委会副委员长王兆国在南宁参加人大工作座谈会

王兆国强调,坚持走中国特色社会主义道路,要把人民代表大会制度坚持好完善好发展好,充分发挥人大及其常委会作为国家权力机关的作用。

王兆国说,人民代表大会制度是符合中国国情和国体的根本政治制度,是国家政权中人民行使权力的最好实现形式,也是中国社会主义民主政治最鲜明的特点。把人民代表大会制度坚持好完善好发展好,最根本的是坚持党的领导、人民当家做主、依法治国有机统一。从事人大工作的同志,要切实增强坚持人民代表大会制度的自觉性和坚定性,推动人民代表大会制度与时俱进,进一步把我国社会主义政治制度的优越性发挥出来。

王兆国指出,中国特色社会主义法律体系的形成,从制度上、法律上解决了国家发展中带有根本性、全局性、稳定性和长期性的问题,使国家各项事业发展实现了有法可依。法律体系形成后,有法必依、执法必严、违法必究的问题显得更为突出、更加紧迫。要在完善法律体系的同时,采取积极有效措施,维护宪法和法律的权威和尊严,切实保障宪法和法律的有效实施,推进社会主义法治国家建设。

王兆国强调,随着社会主义民主政治建设不断推进,人大在国家政治生活中发挥着重要作用。要按照坚持党的领导、充分发扬民主、严格依法办事的原则,把模范遵守宪法和法律、密切联系群众、努力为人民服务、受到群众信赖的优秀分子选为人大代表。要努力提高代表素质,支持和保障代表依法履行代表职务。要完善适合国家权力机关特点的、充满活力的组织制度和运行机制,充分发挥人大及其常委会作为国家权力机关的作用,使人大及其常委会成为全面担负起宪法赋予的各项职责的工作机关,成为同人民群众保持密切联系的代表机关。

财政部加大农业保险支持力度

为进一步发挥农业保险强农惠农作用,财政部近日发出通知,自2012年起,中央财政将进一步加大对农业保险的支持力度,增加保费补贴品种、扩大保费补贴区域。

在增加保费补贴品种方面,在现有的水稻、玉米、小麦、油料作物、棉花等14个中央财政补贴险种的基础上,将糖料作物纳入中央财政农业保险保费补贴范围。地方可结合实际自行开展特色农业保险。

在扩大保费补贴区域方面,将现有中央财政农业保险保费补贴险种的补贴区域扩大至全国。各地可本着自主自愿的原则开展,在符合中央财政农业保险保费补贴工作相关规定的基础上,中央财政将给予保费补贴支持。

在补贴比例上,糖料作物保险在省级财政至少补贴25%的基础上,中央财政对东部地区补贴35%、对中西部地区补贴40%。中央财政对新疆生产建设兵团、中央直属垦区等补贴比例为65%。东部地区的能繁母猪和奶牛保险在地方财政至少补贴30%的基础上,中央财政补贴40%;育肥猪保险在地方财政至少补贴10%的基础上,中央财政补贴10%。

为提高财政资金使用效益,2012年选择四川、内蒙古、安徽、江苏4省(区)开展农业保险保费补贴绩效评价试点工作。

2月1日

国务院总理温家宝在北京主持召开国务院常务会议研究部署进一步支持小型和微型企业健康发展

会议指出,小型微型企业是提供新增就业岗位的主要渠道,是企业家创业成长的主要平台,是科技创新的重要力量。支持小型微型企业健康发展,对于我国经济克服国际金融危机影响、保持平稳较快发展,具有重要战略意义。近年来,国务院出台了一系列政策措施,取得积极成效。但当前小型微型企业经营压力大、成本上升、融资困难等问题仍很突出,必须进一步加大支持力度。

会议要求认真落实国务院2011年10月12日常务会议确定的各项财税和金融支持政策,包括:提高增值税和营业税起征点,将小型微利企业减半征收企业所得税政策延长至2015年年底并扩大范围,对金融机构与小型微型企业签订的借款合同三年内免征印花税,将贷款损失准备金税前扣除政策延长至2013年年底;银行业金融机构对小型微型企业贷款的增速不低于全部贷款平均增速,对达到要求的小金融机构执行较低存款准备金率,适当提高对小型微型企业贷款不良率的容忍度等。

会议确定了进一步支持小型微型企业健康发展的政策措施:(一)完善财税支持政策。扩大中小企业专项资金规模,中央财政安排150亿元设立中小企业发展基金,主要支持初创小型微型企业。政府采购安排一定比例专门面向小型微型企业。对小型微型企业三年内免征部分管理类、登记类和证照类行政事业性收费。加快推进营业税改征增值税试点,完善结构性减税政策。(二)努力缓解融资困难。建立小企业信贷奖励考核制度。支持符合条件的商业银行发行专项用于小型微型企业贷款的金融债。加快发展小金融机构,适当放宽民间资本、外资和国际组织资金参股设立小金融机构的条件,放宽小额贷款公司单一投资者持股比例限制,符合条件的小额贷款公司可改制为村镇银行。支持小型微型企业上市融资。继续对符合条件的中小企业信用担保机构免征营业税。制定防止大企业长期拖欠小企业资金的政策措施。(三)加快技术改造,提高装备水平,提升创新能力。中央财政扩大技术改造资金规模,重点支持小型微型企业应用新技术、新工艺、新装备。完善企业研发费用所得税税前加计扣除政策,支持技术创新。鼓励有条件的小型微型企业参与产业共性关键技术研发、国家和地方科技项目以及标准制定。实施创办小企业计划,培育和支持3000家小企业创业基地。(四)加强服务和管理。建立和完善4000个中小企业公共服务平台。支持小型微型企业参加国内外展览展销活动,为符合条件的企业提供便利通关措施,简化加工贸易内销手续。对小型微型企业招用高校毕业生给予培训费和社会保险补贴。建立和完善小型微型企业分类统计调查、监测分析和定期发布制度。加快企业信用体系建设,推进企业信用信息征集和信用等级评价工作。落实企业安全生产和产品质量主体责任,提高小型微型企业管理水平。

会议要求各地区、各有关部门结合实际,研究制定配套政策措施,创造有利于小型微型企业发展的良好环境。

国务院印发《关于加快推进农业科技创新持续增强农产品供给保障能力的若干意见》

2011年,各地区各部门认真贯彻中央决策部署,同心协力,扎实工作,克服多种困难挑战,农业农村保持了强劲发展势头。粮食生产稳定跃上新台阶,农民增收成效喜人,水利建设明显加速,农村民生持续改善,农村社会安定祥和。农业农村形势好,有力支撑了经济平稳较快发展,有效维护了改革发展稳定大局。

做好2012年农业农村工作,稳定发展农业生产,确保农产品有效供给,对推动全局工作、赢得战略主动至关重要。当前,国际经济形势复杂严峻,全球气候变化影响加深,我国耕地和淡水资源短缺压力加大,农业发展面临的风险和不确定性明显上升,巩固和发展农业农村好形势的任务更加艰巨。全党要始终保持清醒认识,决不能因为连续多年增产增收而思想麻痹,决不能因为农村面貌有所改善而投入减弱,决不能因为农村发展持续向好而工作松懈,必须再接再厉、迎难而上、开拓进取,努力在高起点上实现新突破、再创新佳绩。

实现农业持续稳定发展、长期确保农产品有效供给,根本出路在科技。农业科技是确保国家粮食安全的基础支撑,是突破资源环境约束的必然选择,是加快现代农业建设的决定力量,具有显著的公共性、基础性、社会性。必须紧紧抓住世界科技革命方兴未艾的历史机遇,坚持科教兴农战略,把农业科技摆上更加突出的位置,下决心突破体制机制障碍,大幅度增加农业科技投入,推动农业科技跨越发展,为农业增产、农民增收、农村繁荣注入强劲动力。

2012年农业农村工作的总体要求是:全面贯彻党的十七大和十七届三中、四中、五中、六中全会以及中央经济工作会议精神,高举中国特色社会主义伟大旗帜,以邓小平理论和"三个代表"重要思想为指导,深入贯彻落实科学发展观,同步推进工业化、城镇化和农业现代化,围绕强科技保发展、强生产保供给、强民生保稳定，进一步加大强农惠农富农政策力度，奋力夺取农业好收成，合力促进农民较快增收，努力维护农村社会和谐稳定。

一、加大投入强度和工作力度，持续推动农业稳定发展

1. 毫不放松抓好粮食生产。保障农产品有效供给，首先要稳住粮食生产，确保不出现滑坡。要切实落实“米袋子”省长负责制，继续开展粮食稳定增产行动，千方百计稳定粮食播种面积，扩大紧缺品种生产，着力提高单产和品质。继续实施全国新增千亿斤粮食生产能力规划，加快提升800个产粮大县(市、区、场)生产能力。继续实施粮食丰产科技工程、超级稻新品种选育和示范项目。支持优势产区加强棉花、油料、糖料生产基地建设，进一步优化布局、主攻单产、提高效益。深入推进粮棉油糖高产创建，积极扩大规模，选择基础条件好、增产潜力大的县乡大力开展整建制创建。大力支持在关键农时、重点区域开展防灾减灾技术指导和生产服务，加快推进农作物病虫害专业化统防统治，完善重大病虫疫情防控支持政策。

2. 狠抓“菜篮子”产品供给。抓好“菜篮子”，必须建好菜园子、管好菜摊子。要加快推进区域化布局、标准化生产、规模化种养，提升“菜篮子”产品整体供给保障能力和质量安全水平。大力发展设施农业，继续开展园艺作物标准园、畜禽水产示范场创建，启动农业标准化整体推进示范县建设。实施全国蔬菜产业发展规划，支持优势区域加强菜地基础设施建设。稳定发展生猪生产，扶持肉牛肉羊生产大县标准化养殖和原良种场建设，启动实施振兴奶业苜蓿发展行动，推进生猪和奶牛规模化养殖小区建设。制定和实施动物疫病防控二期规划，及时处置重大疫情。开展水产养殖生态环境修复试点，支持远洋渔船更新改造，加强渔政建设和管理。充分发挥农业产业化龙头企业在“菜篮子”产品生产和流通中的积极作用。强化食品质量安全监管综合协调，加强检验检测体系和追溯体系建设，开展质量安全风险评估。大力推广高效安全肥料、低毒低残留农药，严格规范使用食品和饲料添加剂。落实“菜篮子”市长负责制，充分发挥都市农业应急保障功能，大中城市要坚持保有一定的蔬菜等生鲜食品自给能力。

3. 加大农业投入和补贴力度。持续加大财政用于“三农”的支出，持续加大国家固定资产投资对农业农村的投入，持续加大农业科技投入，确保增量和比例均有提高。发挥政府在农业科技投入中的主导作用，保证财政农业科技投入增幅明显高于财政经常性收入增幅，逐步提高农业研发投入占农业增加值的比重，建立投入稳定增长的长效机制。按照增加总量、扩大范围、完善机制的要求，继续加大农业补贴强度，新增补贴向主产区、种养大户、农民专业合作社倾斜。提高对种粮农民的直接补贴水平。落实农资综合补贴动态调整机制，适时增加补贴。加大良种补贴力度。扩大农机具购置补贴规模和范围，进一步完善补贴机制和管理办法。健全主产区利益补偿机制，增加产粮(油)大县奖励资金，加大生猪调出大县奖励力度。探索完善森林、草原、水土保持等生态补偿制度。研究建立公益林补偿标准动态调整机制，进一步加大湿地保护力度。加快转变草原畜牧业发展方式，加大对牧业、牧区、牧民的支持力度，草原生态保护补助奖励政策覆盖到国家确定的牧区半牧区县(市、旗)。加大村级公益事业建设一事一议财政奖补力度，积极引导农民和社会资金投入“三农”。有效整合国家投入，提高资金使用效率。切实加强财政“三农”投入和补贴资金使用监管，坚决制止、严厉查处虚报冒领、截留挪用等违法违规行为。

4. 提升农村金融服务水平。加大农村金融政策支持力度，持续增加农村信贷投入，确保银行业金融机构涉农贷款增速高于全部贷款平均增速。完善涉农贷款税收激励政策，健全金融机构县域金融服务考核评价办法，引导县域银行业金融机构强化农村信贷服务。大力推进农村信用体系建设，完善农户信用评价机制。深化农村信用社改革，稳定县(市)农村信用社法人地位。发展多元化农村金融机构，鼓励民间资本进入农村金融服务领域，支持商业银行到中西部地区县域设立村镇银行。有序发展农村资金互助组织，引导农民专业合作社规范开展信用合作。完善符合农村银行业金融机构和业务特点的差别化监管政策，适当提高涉农贷款风险容忍度，实行适度宽松的市场准入、弹性存贷比政策。继续发展农户小额信贷业务，加大对种养大户、农民专业合作社、县域小型微型企业的信贷投放力度。加大对科技型农村企业、科技特派员下乡创业的信贷支持力度，积极探索农业科技专利质押融资业务。支持农业发展银行加大对农业科技的贷款力度。鼓励符合条件的涉农企业开展直接融资，积极发展涉农金融租赁业务。扩大农业保险险种和覆盖面，开展设施农业保费补贴试点，扩大森林保险保费补贴试点范围，扶持发展渔业互助保险，鼓励地方开展优势农产品生产保险。健全农业再保险体系，逐步建立中央财政支持下的农业大灾风险转移分散机制。

5. 稳定和完善农村土地政策。加快修改完善相关法律，落实现有土地承包关系保持稳定并长久不变的政策。按照依法自愿有偿原则，引导土地承包经营权流转，发展多种形式的适度规模经营，促进农业生产经营模式创新。加快推进农村地籍调查，2012年基本完成覆盖农村集体各类土地的所有权确权登记颁证，推

进包括农户宅基地在内的农村集体建设用地使用权确权登记颁证工作，稳步扩大农村土地承包经营权登记试点，财政适当补助工作经费。加强土地承包经营权流转管理和服务，健全土地承包经营纠纷调解仲裁制度。加快修改土地管理法，完善农村集体土地征收有关条款，健全严格规范的农村土地管理制度。加快推进牧区草原承包工作。深化集体林权制度改革，稳定林地家庭承包关系，2012年基本完成明晰产权、承包到户的改革任务，完善相关配套政策。搞好国有林场、国有林区改革试点。深入推进农村综合改革，加强农村改革试验区工作。

二、依靠科技创新驱动，引领支撑现代农业建设

6. 明确农业科技创新方向。着眼长远发展，超前部署农业前沿技术和基础研究，力争在世界农业科技前沿领域占有重要位置。面向产业需求，着力突破农业重大关键技术和共性技术，切实解决科技与经济脱节问题。立足我国基本国情，遵循农业科技规律，把保障国家粮食安全作为首要任务，把提高土地产出率、资源利用率、劳动生产率作为主要目标，把增产增效并重、良种良法配套、农机农艺结合、生产生态协调作为基本要求，促进农业技术集成化、劳动过程机械化、生产经营信息化，构建适应高产、优质、高效、生态、安全农业发展要求的技术体系。

7. 突出农业科技创新重点。稳定支持农业基础性、前沿性、公益性科技研究。大力加强农业基础研究，在农业生物基因调控及分子育种、农林动植物抗逆机理、农田资源高效利用、农林生态修复、有害生物控制、生物安全和农产品安全等方面突破一批重大基础理论和方法。加快推进前沿技术研究，在农业生物技术、信息技术、新材料技术、先进制造技术、精准农业技术等方面取得一批重大自主创新成果，抢占现代农业科技制高点。着力突破农业技术瓶颈，在良种培育、节本降耗、节水灌溉、农机装备、新型肥药、疫病防控、加工贮运、循环农业、海洋农业、农村民生等方面取得一批重大实用技术成果。

8. 完善农业科技创新机制。打破部门、区域、学科界限，有效整合科技资源，建立协同创新机制，推动产学研、农科教紧密结合。按照事业单位分类改革的要求，深化农业科研院所改革，健全现代院所制度，扩大院所自主权，努力营造科研人员潜心研究的政策环境。完善农业科研立项机制，实行定向委托和自主选题相结合、稳定支持和适度竞争相结合。完善农业科研评价机制，坚持分类评价，注重解决实际问题，改变重论文轻发明、重数量轻质量、重成果轻应用的状况。大力推进现代农业产业技术体系建设，完善以产业需求为导向、以农产品为单元、以产业链为主线、以综合试验站为基点的新型农业科技资源组合模式，及时发现和解决生产中的技术难题，充分发挥技术创新、试验示范、辐射带动的积极作用。落实税收减免、企业研发费用加计扣除、高新技术优惠等政策，支持企业加强技术研发和升级，鼓励企业承担国家各类科技项目，增强自主创新能力。积极培育以企业为主导的农业产业技术创新战略联盟，发展涉农新兴产业。加快农业技术转移和成果转化，加强农业知识产权保护，稳步发展农业技术交易市场。

9. 改善农业科技创新条件。加大国家各类科技计划向农业领域倾斜支持力度，提高公益性科研机构运行经费保障水平。支持发展农业科技创新基金，积极引导和鼓励金融信贷、风险投资等社会资金参与农业科技创新创业。继续实施转基因生物新品种培育科技重大专项，加大涉农公益性行业科研专项实施力度。推进国家农业高新技术产业示范区和国家农业科技园区建设。按照统筹规划、共建共享的要求，增加涉农领域国家工程实验室、国家重点实验室、国家工程技术研究中心、科技资源共享平台的数量，支持部门开放实验室和试验示范基地建设。加强市地级涉农科研机构建设，鼓励有条件的地方纳入省级科研机构直接管理。加强国际农业科技交流与合作，加大力度引进消化吸收国外先进农业技术。加强农业气象研究和试验工作，强化人工影响天气基础设施和科技能力建设。

10. 着力抓好种业科技创新。科技兴农，良种先行。增加种业基础性、公益性研究投入，加强种质资源收集、保护、鉴定，创新育种理论方法和技术，创制改良育种材料，加快培育一批突破性新品种。重大育种科研项目要支持育繁推一体化种子企业，加快建立以企业为主体的商业化育种新机制。优化调整种子企业布局，提高市场准入门槛，推动种子企业兼并重组，鼓励大型企业通过并购、参股等方式进入种业。建立种业发展基金，培育一批育繁推一体化大型骨干企业，支持企业与优势科研单位建立育种平台，鼓励科研院所、高等学校科研人员与企业合作共享。加大动植物良种工程实施力度，加强西北、西南、海南等优势种子繁育基地建设，鼓励种子企业与农民专业合作社联合建立相对集中稳定的种子生产基地，在粮棉油生产大县建设新品种引进示范场。对符合条件的种子生产开展保险试点，加大种子储备财政补助力度。完善品种审定、保护、退出制度，强化种子生产经营行政许可管理，严厉打击制售假冒伪劣、套牌侵权、抢购套购等违法行为。

三、提升农业技术推广能力，大力发展农业社会化服务

11. 强化基层公益性农技推广服务。充分发挥各级农技推广机构的作用，着力增强基层农技推广服务

能力，推动家庭经营向采用先进科技和生产手段的方向转变。普遍健全乡镇或区域性农业技术推广、动植物疫病防控、农产品质量监管等公共服务机构，明确公益性定位，根据产业发展实际设立公共服务岗位。全面实行人员聘用制度，严格上岗条件，落实岗位责任，推行县主管部门、乡镇政府、农民三方考评办法。对扎根乡村、服务农民、艰苦奉献的农技推广人员，要切实提高待遇水平，落实工资倾斜和绩效工资政策，实现在岗人员工资收入与基层事业单位人员工资收入平均水平相衔接。进一步完善乡镇农业公共服务机构管理体制，加强对农技推广工作的管理和指导。切实改善基层农技推广工作条件，按种养规模和服务绩效安排推广工作经费。2012年基层农业技术推广体系改革与建设示范县项目基本覆盖农业县(市、区、场)、农业技术推广机构条件建设项目覆盖全部乡镇。大幅度增加农业防灾减灾稳产增产关键技术良法补助。加快把基层农技推广机构的经营性职能分离出去，按市场化方式运作，探索公益性服务多种实现形式。改进基层农技推广服务手段，充分利用广播电视、报刊、互联网、手机等媒体和现代信息技术，为农民提供高效便捷、简明直观、双向互动的服务。加强乡镇或小流域水利、基层林业公共服务机构建设，健全农业标准化服务体系。扩大农业农村公共气象服务覆盖面，提高农业气象服务和农村气象灾害防御科技水平。

12. 引导科研教育机构积极开展农技服务。引导高等学校、科研院所成为公益性农技推广的重要力量，强化服务“三农”职责，完善激励机制，鼓励科研教学人员深入基层从事农技推广服务。支持高等学校、科研院所承担农技推广项目，把农技推广服务绩效纳入专业技术职务评聘和工作考核，推行推广教授、推广型研究员制度。鼓励高等学校、科研院所建立农业试验示范基地，推行专家大院、校市联建、院县共建等服务模式，集成、熟化、推广农业技术成果。大力实施科技特派员农村科技创业行动，鼓励创办领办科技型企业和技术合作组织。

13. 培育和支持新型农业社会化服务组织。通过政府订购、定向委托、招投标等方式，扶持农民专业合作社、供销合作社、专业技术协会、农民用水合作组织、涉农企业等社会力量广泛参与农业产前、产中、产后服务。充分发挥农民专业合作社组织农民进入市场、应用先进技术、发展现代农业的积极作用，加大支持力度，加强辅导服务，推进示范社建设行动，促进农民专业合作社规范运行。支持农民专业合作社兴办农产品加工企业或参股龙头企业。壮大农村集体经济，探索有效实现形式，增强集体组织对农户生产经营的服务能力。鼓励有条件的基层站所创办农业服务型企业，推行科工贸一体化服务的企业化试点，由政府向其购买公共服务。支持发展农村综合服务中心。全面推进农业农村信息化，着力提高农业生产经营、质量安全控制、市场流通的信息服务水平。整合利用农村党员干部现代远程教育等网络资源，搭建三网融合的信息服务快速通道。加快国家农村信息化示范省建设，重点加强面向基层的涉农信息服务站点和信息示范村建设。继续实施星火计划，推进科技富民强县行动、科普惠农兴村计划等工作。

四、加强教育科技培训，全面造就新型农业农村人才队伍

14. 振兴发展农业教育。推进部部共建、省部共建高等农业院校，实施卓越农林教育培养计划，办好一批涉农学科专业，加强农科教合作人才培养基地建设。进一步提高涉农学科(专业)生均拨款标准。加大国家励志奖学金和助学金对高等学校涉农专业学生倾斜力度，提高涉农专业生源质量。加大高等学校对农村特别是贫困地区的定向招生力度。鼓励和引导高等学校毕业生到农村基层工作，对符合条件的，实行学费补偿和国家助学贷款代偿政策。深入推进大学生“村官”计划，因地制宜实施“三支一扶”、大学生志愿服务西部等计划。加快中等职业教育免费进程，落实职业技能培训补贴政策，鼓励涉农行业兴办职业教育，努力使每一个农村后备劳动力都掌握一门技能。

15. 加快培养农业科技人才。国家重大人才工程要向农业领域倾斜，继续实施创新人才推进计划和农业科研杰出人才培养计划，加快培养农业科技领军人才和创新团队。进一步完善农业科研人才激励机制、自主流动机制。制定以科研质量、创新能力和成果应用为导向的评价标准。广泛开展基层农技推广人员分层分类定期培训。完善基层农技推广人员职称评定标准，注重工作业绩和推广实效，评聘职数向乡镇和生产一线倾斜。开展农业技术推广服务特岗计划试点，选拔一批大学生到乡镇担任特岗人员。积极发挥农民技术人员示范带动作用，按承担任务量给予相应补助。

16. 大力培训农村实用人才。以提高科技素质、职业技能、经营能力为核心，大规模开展农村实用人才培训。充分发挥各部门各行业作用，加大各类农村人才培养计划实施力度，扩大培训规模，提高补助标准。加快培养村干部、农民专业合作社负责人、到村任职大学生等农村发展带头人，农民植保员、防疫员、水利员、信息员、沼气工等农村技能服务型人才，种养大户、农机大户、经纪人等农村生产经营型人才。大力培育新型职业农民，对未升学的农村高初中毕业生免费提供农业技能培训，对符合条件的农村青年务农创业和农民工返乡创业项目给予补助和贷款支持。

五、改善设施装备条件，不断夯实农业发展物质基础

17.坚持不懈加强农田水利建设。加快推进水源工程建设、大江大河大湖和中小河流治理、病险水库水闸除险加固、山洪地质灾害防治，加大大中型灌区续建配套与节水改造、大中型灌溉排水泵站更新改造力度，在水土资源条件具备的地方新建一批灌区，努力扩大有效灌溉面积。继续增加中央财政小型农田水利设施建设补助专项资金，实现小型农田水利重点县建设基本覆盖农业大县。加大山丘区“五小水利”工程建设、农村河道综合整治、塘堰清淤力度，发展牧区水利。大力推广高效节水灌溉新技术、新设备，扩大设备购置补贴范围和贷款贴息规模，完善节水灌溉设备税收优惠政策。创新农田水利建设管理机制，加快推进土地出让收益用于农田水利建设资金的中央和省级统筹，落实农业灌排工程运行管理费用由财政适当补助政策。发展水利科技推广、防汛抗旱、灌溉试验等方面的专业化服务组织。

18.加强高标准农田建设。加快永久基本农田划定工作，启动耕地保护补偿试点。制定全国高标准农田建设总体规划和相关专项规划，多渠道筹集资金，增加农业综合开发投入，开展农村土地整治重大工程和示范建设，集中力量加快推进旱涝保收高产稳产农田建设，实施东北四省区高效节水农业灌溉工程，全面提升耕地持续增产能力。占用耕地建设重大工程，要积极推行“移土培肥”经验和做法。继续搞好农地质量调查和监测工作，深入推进测土配方施肥，扩大土壤有机质提升补贴规模，继续实施旱作农业工程。加强设施农业装备与技术示范基地建设。加快推进现代农业示范区建设，支持垦区率先发展现代农业。

19.加快农业机械化。充分发挥农业机械集成技术、节本增效、推动规模经营的重要作用，不断拓展农机作业领域，提高农机服务水平。着力解决水稻机插和玉米、油菜、甘蔗、棉花机收等突出难题，大力发展设施农业、畜牧水产养殖等机械装备，探索农业全程机械化生产模式。积极推广精量播种、化肥深施、保护性耕作等技术。加强农机关键零部件和重点产品研发，支持农机工业技术改造，提高产品适用性、便捷性、安全性。加大信贷支持力度，鼓励种养大户、农机大户、农机合作社购置大中型农机具。落实支持农机化发展的税费优惠政策，推动农机服务市场化和产业化。切实加强农机售后服务和农机安全监理工作。

20.搞好生态建设。巩固退耕还林成果，在江河源头、湖库周围等国家重点生态功能区适当扩大退耕还林规模。落实天然林资源保护工程二期实施方案，统筹解决就业困难的一次性安置职工社会保险补贴问题。逐步提高防护林造林投资中央补助标准，加强“三北”、沿海、长江等防护林体系工程建设。抓紧编制京津风沙源治理二期工程规划，扩大石漠化综合治理实施范围，开展沙化土地封禁保护补助试点。构建青藏高原生态安全屏障，启动区域性重点生态工程。适当扩大林木良种和造林补贴规模，完善森林抚育补贴政策。完善林权抵押贷款管理办法，增加贷款贴息规模。探索国家级公益林赎买机制。支持发展木本粮油、林下经济、森林旅游、竹藤等林产业。鼓励企业等社会力量运用产业化方式开展防沙治沙。扩大退牧还草工程实施范围，支持草原围栏、饲草基地、牲畜棚圈建设和重度退化草原改良。加强牧区半牧区草原监理工作。继续开展渔业增殖放流。加大国家水土保持重点建设工程实施力度，加快坡耕地整治步伐，推进清洁小流域建设，强化水土流失监测预报和生产建设项目水土保持监督管理。把农村环境整治作为环保工作的重点，完善以奖促治政策，逐步推行城乡同治。推进农业清洁生产，引导农民合理使用化肥农药，加强农村沼气工程和小水电代燃料生态保护工程建设，加快农业面源污染治理和农村污水、垃圾处理，改善农村人居环境。

六、提高市场流通效率，切实保障农产品稳定均衡供给

21.加强农产品流通设施建设。统筹规划全国农产品流通设施布局，加快完善覆盖城乡的农产品流通网络。推进全国性、区域性骨干农产品批发市场建设和改造，重点支持交易场所、电子结算、信息处理、检验检测等设施建设。把农产品批发市场、城市社区菜市场、乡镇集贸市场建设纳入土地利用总体规划和城乡建设规划，研究制定支持农产品加工流通设施建设的用地政策。鼓励有条件的地方通过投资入股、产权置换、公建配套、回购回租等方式，建设一批非营利性农产品批发、零售市场。继续推进粮棉油糖等大宗农产品仓储物流设施建设，支持拥有全国性经营网络的供销合作社和邮政物流、粮食流通、大型商贸企业等参与农产品批发市场、仓储物流体系的建设经营。加快发展鲜活农产品连锁配送物流中心，支持建立一体化冷链物流体系。继续加强农村公路建设和管护。扶持产地农产品收集、加工、包装、贮存等配套设施建设，重点对农民专业合作社建设初加工和贮藏设施予以补助。

22.创新农产品流通方式。充分利用现代信息技术手段，发展农产品电子商务等现代交易方式。探索建立生产与消费有效衔接、灵活多样的农产品产销模式，减少流通环节，降低流通成本。大力发展订单农业，推进生产者与批发市场、农贸市场、超市、宾馆饭店、学校和企业食堂等直接对接，支持生产基地、农民专业合作社在城市社区增加直供直销网点，形成稳定的农产品供求关系。扶持供销合作社、农民专业合作社等发

展联通城乡市场的双向流通网络。开展“南菜北运”、“西果东送”现代流通综合试点。开展农村商务信息服务，举办多形式、多层次的农产品展销活动，培育具有全国性和地方特色的农产品展会品牌。充分发挥农产品期货市场引导生产、规避风险的积极作用。免除蔬菜批发和零售环节增值税，开展农产品进项税额核定扣除试点，落实和完善鲜活农产品运输绿色通道政策，清理和降低农产品批发市场、城市社区菜市场、乡镇集贸市场和超市的收费。

23.完善农产品市场调控。准确把握国内外农产品市场变化，采取有针对性的调控措施，确保主要农产品有效供给和市场稳定，保持价格合理水平。稳步提高小麦、稻谷最低收购价，适时启动玉米、大豆、油菜籽、棉花、食糖等临时收储，健全粮棉油糖等农产品储备制度。抓紧完善鲜活农产品市场调控办法，健全生猪市场价格调控预案，探索建立主要蔬菜品种价格稳定机制。加强国内外农产品市场监测预警，综合运用进出口、吞吐调剂等手段，稳定国内农产品市场。完善农产品进口关税配额管理，严厉打击走私违法行为。抓紧建立全国性、区域性农产品信息共享平台，加强农业统计调查和预测分析，提高对农业生产大县的统计调查能力，推行重大信息及时披露和权威发布制度，防止各类虚假信息影响产业发展、损害农民利益。

各级党委和政府必须始终坚持把解决好“三农”问题作为重中之重，不断加强和改善对农业农村工作的领导，切实把各项政策措施落到实处，努力形成全社会关心支持“三农”的良好氛围。全面贯彻落实党的十七届六中全会精神，促进城乡文化一体化发展，增加农村文化服务总量，缩小城乡文化发展差距。加快推进社会主义新农村建设，切实保障和改善农村民生，大力发展农村公共事业，认真落实《中国农村扶贫开发纲要(2011—2020年)》。推进以党组织为核心的农村基层组织建设，完善农村基层自治机制，健全农村法制，加强和创新农村社会管理，确保农村社会和谐稳定。

切实加强农业农村工作，加快推进农业科技创新，持续增强农产品供给保障能力，使命光荣、责任重大、任务艰巨。我们要紧密团结在以胡锦涛同志为总书记的党中央周围，坚定信心，真抓实干，以优异成绩迎接党的第十八次全国代表大会胜利召开！

国务院副总理张德江在湖北调研

2月1日至3日，张德江在湖北十堰、襄阳、武汉、孝感，到东风汽车、中航工业、中船重工、中国中铁、武汉邮科院、武钢、航天科工等中央企业和三环集团进行调研，了解企业生产经营研发和改革发展情况。

张德江强调，要深入贯彻落实科学发展观，认真贯彻落实中央经济工作会议精神，牢牢把握稳中求进的工作总基调，坚定不移把中央企业做优做强，加强战略谋划，增强应对能力，深化改革，突出主业，坚持创新，狠抓管理，切实转变发展方式，努力提高发展质量，保持国有经济平稳较快增长，更好地服务经济社会发展大局。

张德江强调，中央企业要增强机遇意识、忧患意识，加强战略谋划，狠抓工作落实，努力完成今年的各项任务。要把稳增长作为今年工作的重中之重，坚持突出主业，做优做强实业，积极开拓国内市场，努力扩大对外合作，防止生产经营出现大的波动，为保持国民经济平稳较快发展作出积极贡献。要围绕转变发展方式，加大结构调整力度，积极推进兼并重组，加大研发投入，大力推进自主创新，加快技术改造，切实提高中央企业的发展质量和效益。要继续深化改革，加强企业改革的顶层设计和总体规划，继续推进公司制股份制改革，大力推进国有经济战略性调整，进一步深化企业内部劳动、用工、分配、技术创新激励制度的改革，加大力度解决制约企业发展的历史遗留问题。要狠抓管理，从严治企，苦练内功，以解决企业经营管理中存在的突出问题和薄弱环节为重点，向管理要质量、要效益，持续强化基础管理，积极推进管理创新，不断提高企业管理水平。

世界温商大会在温州召开

温州人商行天下，有60多万人在世界131个国家和地区创业发展，世界温商大会围绕“天下温商同根同心，幸福温州共建共享”这一主题，意在提振发展信心、提升温州形象、促进实业回归，通过搭建交流平台、建立回归通道、深化内外互动、促进共赢发展，激励全世界温商合心合力共建温州。

赵德尊逝世

中共黑龙江省委原书记、省人大常委会原主任赵德尊同志，因病医治无效，于2012年2月1日在哈尔滨逝世，享年99岁。

赵德尊是党的七大、十三大至十七大代表，第五届、第六届全国人大代表。

2月2日

国务院总理温家宝在人民大会堂与德国总理默克尔举行会谈

温家宝说，面对当前错综复杂的国际和地区形势，中德要从全局和长远角度出发，加强战略合作。一是携手应对国际金融危机和欧债问题，这对于保持国际金融稳定，促进世界经济稳定复苏和持续增长，推进国际经济金融秩序改革具有重要意义。二是推动中欧关系长期健康稳定发展，希望德国为此发挥更加积极的作用。三是就解决地区热点问题加强沟通协调，共同维护世界和平稳定。四是在应对气候变化、非传统安全、能源和粮食安全等全球性挑战方面，开展更为有效的合作，促进可持续发展。

默克尔表示德方高度重视德中关系，愿着眼未来，加强与中方的交流对话，增进互信，在更高层次、更广领域开展友好互利合作，加强在国际地区事务中的沟通协调，推动两国关系迈出新步伐。德方愿为推动欧中关系发展发挥积极作用。

两国总理重点就欧债问题坦诚、建设性地交换了意见。温家宝说，在当前世界经济形势依然严峻的背景下，解决欧债问题十分紧迫和重要。中方从战略和全局高度重视欧债问题，支持维护欧元稳定，对欧洲经济和欧元抱有信心，坚信欧洲作为世界重要一极的地位是不可改变的。温家宝表示，解决欧债问题，欧方自身努力是基础，也是关键。中方支持欧方为应对债务危机作出的努力。欧盟作为整体，除了采取紧急救助措施，应不断推进财政、金融等方面的机制性、结构性、根本性改革，向国际社会传递一致的、更为清晰的解决问题思路。重债国家要根据本国国情，痛下决心，实施恰当的财政政策。同时，国际社会要携手应对欧债问题。中方支持国际货币基金组织等国际主要金融机构发挥重要作用，愿同各方加强沟通，共同制定有效应对之策。中国也在考虑通过欧洲金融稳定基金（EFSF）和欧洲稳定机制（ESM）等渠道更多参与解决欧债问题。温家宝指出，解决欧债问题最终要靠实现经济强劲和可持续增长。中欧作为世界主要经济体和重要贸易伙伴，要反对各种形式的保护主义，扩大相互投资，深化在高科技和新兴产业领域的合作，走共同发展和繁荣的道路。

默克尔表示，欧方正在采取积极应对措施，努力减少赤字，增强经济竞争力和成员国之间的协调，维护欧元的稳定。欧方感谢中方的宝贵支持，德国愿与中方加强沟通协作。中国经济保持较快增长会给欧洲、德国企业提供更多机遇，德方欢迎中国企业扩大对德投资，将继续向中国开放市场。

两国总理还就西亚北非局势等国际和地区热点问题交换了看法。

国务院副总理回良玉在北京出席加快农业科技创新与推广农业专家座谈会并讲话

回良玉指出，近些年，我国粮食生产实现“八连增”，农民收入增长实现“八连快”，农业农村发展取得巨大成就。农业能够保持好的发展势头，农业科技发挥了巨大作用，在座的各位专家和广大农业科技人员付出了艰辛努力，作出了重要贡献。大批先进适用技术的普及推广，农业物质技术装备水平的快速提高，有力促进了农业丰收、农民增收。在新的形势下，农业发展受资源环境约束越来越强，要破解难题、突破约束、消除瓶颈，根本出路在科技，最大潜力在科技，强劲动力在科技，必须加快推进农业科技创新与推广。当前要特别重视解决好农技推广“最后一公里”的问题，解决好农业科技和生产发展“两张皮”的问题，解决好农业科技资源协同不够、科研院所改革不够、企业创新能力不够“三不够”的问题。

回良玉强调，夺取今年粮食和农业丰收，保障主要农产品供给，对经济社会发展全局具有特殊重要的意义。实现今年农业发展目标任务艰巨，农业科技进步至关重要，务必强力推进、取得成效。一要加快推进农业科技创新，立足农业发展的实际需要，有针对性地加大科技创新力度。特别要重视攻克种业科技难题，抓紧培育一批具有重大应用价值和自主知识产权的新品种。二要加大重大技术的推广力度，良种良法要配套，关键技术要组装，农机农艺要融合，各种措施要协调。对今年可能发生的灾害和动植物疫情，要提早拿出技术方案，早做准备，主动应对，尽可能减轻灾害损失。三要加强推广示范平台建设，深入开展粮棉油糖高产创建、园艺作物标准园和畜禽水产示范场创建。四要促进农业科技进村入户，鼓励农业科技人员下乡、进村、到场、入户，以专家包县包乡、农技人员包村包户等多种形式，加强对农民的科技指导和技术培训。

回良玉要求，各地区、各有关部门要加强组织领导，抓好各项政策落实。要切实加大对农业科技的支持力度，按照中央要求增加农业科技投入。要切实加强各方面的协作配合，推进农科教、产学研紧密结合，建立部门之间、区域之间和学科之间的联合与协作机制。要切实加强农业科技创新与推广队伍建设，全面落实“一个衔接、两个覆盖”政策，努力实现基层农技推广机构、人员、条件、机制“四到位”。要切实调动和发挥好广大农业科技人员的积极性，为他们下乡进村创造良好条件，帮助解决工作生活中的实际困难。

国务院副总理王岐山致电美国财政部部长盖特纳就中美经济关系交换意见

2月3日

国家主席胡锦涛在人民大会堂会见德国总理默克尔

胡锦涛说，中欧是国际社会两支重要力量，在当前国际形势深刻复杂变化、各种全球性挑战日益突出的背景下，中欧共同利益更加广泛、互利合作需求日益增多。中方愿与欧方在相互尊重、平等互利的基础上，推动中欧全面战略伙伴关系取得新进展。

默克尔说，当前，两国经贸合作已进入新的发展阶段，德方希望同中方加强在农业、环境、气候变化、人文等各领域交流合作，在互利互惠的基础上促进相互投资。德方愿与中方共同努力，推动欧中关系进一步发展，并通过二十国集团等机制加强在国际问题上的合作。

全国人大常委会委员长吴邦国在人民大会堂会见德国总理默克尔

国务院总理温家宝与德国总理默克尔在广州与中德企业家举行座谈会

温家宝说，中德经贸关系完全是平等互利的，这在世界经济困难的情况下体现尤为突出。两国贸易额去年达到1691亿美元，有望提前突破2000亿美元。当前中德合作面临新的机遇，双方要以更加积极、开放的姿态，结合各自优势，进一步扩大双向投资，加强高技术、节能环保等领域以及中小企业间的合作。中国将积极推进对外开放，努力营造公开透明、高效平等的市场环境。欢迎德国企业继续扩大对华投资。温家宝表示，双方要进一步建立和完善经贸合作机制，制定长远的合作规划，加强知识产权保护，推动中德经贸关系达到更高水平。

默克尔表示，德中合作是互利双赢的，德方愿进一步扩大对华投资，欢迎中国企业到德国投资，共同开拓新的合作领域，推动两国经济合作取得更多成果。

两国企业家介绍了彼此合作的成果和对进一步推进两国经贸关系的建议。他们认为，中德有着共同的利益，开展经贸合作前景广阔，双方不仅可以相互开拓市场，而且可以共同开拓世界市场，更好地实现互利共赢。

国务院总理温家宝在广东调研

2月3日至4日，温家宝到广东省走访企业、村庄，考察人才市场和海关物流园区，召开座谈会，听取基层干部群众对政府工作的意见和建议。

温家宝说，村民自治是村民委员会组织法规定的，是农民行使民主权利的重要形式，也是农村管理的重要形式。我们一定要保障农民的选举权利，坚定不移地做好村民自治和村委会村民直选。这是各级党委和政府的重要任务。做好村委会直选，最基本的是要有严格的法律、法规和健全的制度，同时要有公开、公正和透明的程序。因为没有程序的民主，就没有实质的民主。应该看到，绝大多数群众是有眼光、有识别能力的。群众不仅会听你怎么说，而且会看你怎么做。我们反对利用贿选、家族势力操纵等不正当手段破坏和干扰选举，对这种行为应该依法依纪处理。

在讨论到村里要开展的一些建设时，温家宝说，村里的事务要坚持由村民做主，一切相信农民，一切依靠农民，依靠村民自治搞好农村社会管理，这是唯一正确的道路。现在的问题是，一些地方农民做主流于形式。对涉及农民切身利益的大事，有的乡村干部一开始说老百姓都是同意的，但后来闹起事来发现老百姓并没有同意。因此，农村办事要广泛听取农民意见，要由农民做主。这是大道理，要管一切小道理。

温家宝说，现在普遍存在的问题是什么呢？是乱占农民耕地，而农民有意见，甚至由此引发群体性事件。问题的根源在于土地作为农民的财产，这个权利没有得到应有保障。

温家宝说，土地既是农民的财产，又是农民的生产资料，农民没有土地就如同工厂没有机器。我要肯定水沥村，离广州这么近，还能够保有人均近1亩的耕地，相当不易。对这块土地，农民要十分珍惜。我常讲，土地是农民的命根子。水沥村没有土地就没有红葱，也没有韭菜，更谈不到深加工。

温家宝说，广州作为一个大城市，要有自己的“菜园子”。城市建设要考虑郊区农业用地，不能让每一个城市都没有郊区，都是高楼大厦，都是工厂，然后吃菜都得从外地运，赶上冰雪天气，菜就断了，价格飞涨。只有农业稳，粮食产量稳定，蔬菜产量稳定，物价才能稳定。农田基本建设资金要给郊区土地更大的比重，支持农民把地养好、养肥。

在讨论到农村盖房、发展乡村旅游等问题时，温家宝说，谈到农民盖房，这应该说是政府工作的不足。对农村盖房应该有统一规划、多种设计，满足群众多样化的需求。南方不少地方农民的房子已盖到第四次，就是盖了一次拆一次，再盖以后发现还是不行，结构不合理、式样不美观，又要拆。财富是有限的，你可以用在生产上，用在其他地方。如果一开始就把农民的房子规划好、建设好，内部设施可以修缮、可以改造，但不至于推倒重来。因此，在节约土地、节约资源的基础上帮助农民盖好房，需要各级政府引起重视，认真考虑。

温家宝说，农村发展旅游观光要坚持农村的特色，保持田园风光，这是基本的取向。我们的指导思想要端正到这个上面来。办乡村旅游，应该让游人住到农民家里，吃当地生产的农产品。如果把农村搞得像城里的公园一样，还叫乡村旅游，那是假的。我们千万不要干拆了真的造假的那种傻事。

温家宝说，由于工业化、城镇化的发展，农村面临着污染越来越严重的状况。水污染的主要来源是乡镇工业和生活废水，土壤污染的主要来源是化肥、农药。现在已经到了很严重的地步，再不重视、再不加强治理，将会成为一大祸害。即使农民有钱了，生活富裕了，但是生活的条件恶劣了，水不能喝，种出来的东西人家不敢买，连自己都不敢吃，那就是更严重的问题。你的意见非常中肯，非常重要。农村的污染问题需要抓紧治理。

温家宝考察了广州白云国际物流有限公司的业务办理大厅，与物流和进出口企业负责人座谈。

温家宝说，面对严峻的形势，企业要特别注重提升竞争力，包括加大研发力度，培育自主品牌，调整出口结构，开辟新的市场。进出口政策要总体保持稳定。如果要做调整，也应当是鼓励性的多于限制性的。这个信息要尽快传递给广大企业。

温家宝特别强调，现在欧洲面临债务危机，我们要从战略上考虑对欧关系，维护国家利益。一方面，我们最大的出口市场在欧洲。另一方面，欧洲又是我们引进技术的最大来源地。从这个角度看，帮助稳定欧洲市场，实际上也是帮助我们自己。我们要让社会各界了解这一点。

国务院副总理李克强在人民大会堂出席中国银行成立100周年大会并讲话

大会宣读了温家宝的贺信。温家宝说，中国银行长期作为国家对外开放的重要窗口和对外筹资的主渠道，服务大众，诚信至上，为支持经济建设和促进对外经贸发展作出了重要贡献。近十年来，中国银行顺利完成股份制改革并上市，竞争力明显增强，国际形象和影响力大幅提升。随着经济发展方式转变和结构调整，我国经济社会发展对金融业提出了新的更高要求。希望中国银行继续深入贯彻落实科学发展观，着力转变发展方式，牢牢把握发展机遇，进一步完善公司治理，努力提高经营管理水平，不断改进金融服务，百尺竿头更进一步，为推动我国经济社会平稳较快发展作出新的更大贡献！

李克强在讲话中说，中国银行等民族企业在百年沧桑中拼搏成长壮大，揭示了开放兴业、变革求存、振兴图强等深刻道理。开放能够开阔视野、拓展发展空间，要在扩大内需的同时坚持扩大开放，保持经济平稳较快发展。改革创新永无止境，要加快转方式，在改革中转型发展。企业的前途系于国运，经济发展和实现现代化的基础还在企业，实体经济和金融可持续发展相辅相依。金融和各类企业应增强市场竞争力和抗风险能力，支持农业和小微企业发展，服务改革开放、服务转型发展、服务民生改善。

李克强指出，百年老店来之不易，铸就百年品牌也是一个国家繁荣昌盛有说服力的名片。要更加注重质量和服务，打造出更多百年企业、百年品牌登上国际舞台参与合作与竞争，在全面建设小康社会、实现中华民族伟大复兴中谱写新篇章。

国家统计局发布2011年全国规模以上工业企业利润数据

12月当月实现利润7907亿元，同比增31.5%。其中，国有及国有控股企业当月实现利润1446亿元，同比增长31.4%。据分析，12月当月利润增速较高主要受年底利润汇缴、投资收益、11月后石油特别收益金征收方式调整等因素影响。

2011年，在规模以上工业企业中，国有及国有控股企业实现利润14989亿元，比上年增长15%；集体企业实现利润882亿元，比上年增长34%；股份制企业实现利润31651亿元，比上年增长31.2%；外商及港澳台商投资企业实现利润14038亿元，比上年增长10.6%；私营企业实现利润16620亿元，比上年增长46%。

国务院副总理王岐山在北京会见出席庆祝中国银行成立100周年大会和全球系统性重要银行论坛的国外代表

王岐山说，当前全球经济金融形势十分复杂严峻，首要任务是确保经济复苏和金融稳定。中国经济保持较快增长，为世界经济复苏作出了贡献。中国政府将按照“十二五”规划的要求，加快转变经济发展方式，调整经济结构，着力扩大内需，促进经济平稳较快发展。

王岐山指出，国际社会都在深刻反思这场国际金融危机的经验和教训。举办全球系统性重要银行论坛很有意义，希望大家充分交流，深入研讨，为推进国际金融体系改革、促进全球金融业健康发展提出真知灼见。

2月4日

中央纪委印发《违反〈国有企业领导人员廉洁从业若干规定〉行为适用〈中国共产党纪律处分条例〉的解释》

各省、自治区、直辖市纪委、监察厅(局)，中央和国家机关各部委纪检组(纪委)、监察局，中央纪委各派驻纪检组，监察部各派驻监察局、监察专员办公室，各中央金融机构和中央企业纪检组(纪委)，中央直属机关纪工委，中央国家机关纪工委，军委纪委：

现将《违反〈国有企业领导人员廉洁从业若干规定〉行为适用〈中国共产党纪律处分条例〉的解释》印发给你们，请认真遵照执行。

中共中央纪委

2012年2月4日

违反《国有企业领导人员廉洁从业若干规定》行为适用《中国共产党纪律处分条例》的解释

第一条　为规范国有企业领导人员廉洁从业行为，保证《国有企业领导人员廉洁从业若干规定》(以下简称《若干规定》)的贯彻实施，正确处理违反《若干规定》的行为，加强国有企业反腐倡廉建设，制定本解释。

第二条　对违反《若干规定》的国有企业领导人员中的共产党员，依照本解释追究责任。

第三条　违反《若干规定》第四条第一项的规定，违反决策原则和程序决定企业生产经营的重大决策、重要人事任免、重大项目安排及大额度资金运作事项的，依照《中国共产党纪律处分条例》第六十一条的规定处理。

第四条　违反《若干规定》第四条第二项的规定，违反规定办理企业改制、兼并、重组、破产、资产评估、产权交易等事项的，区别不同情形分别给予处理：

(一)隐匿、截留、转移、侵吞国有资产的，依照《中国共产党纪律处分条例》第八十三条的规定处理；

(二)将国有资产集体私分给个人的，依照《中国共产党纪律处分条例》第八十四条的规定处理；

(三)利用职务上的便利，索取他人财物，或者收受他人财物，非法处置国有资产权益，为他人谋取利益的，依照《中国共产党纪律处分条例》第八十五条的规定处理；

(四)编造或者提供虚假财务报告的，依照《中国共产党纪律处分条例》第一百二十五条的规定处理；

(五)不履行或者不正确履行职责，造成国有资产流失的，依照《中国共产党纪律处分条例》第一百二十七条的规定处理。

第五条　违反《若干规定》第四条第三项的规定，违反规定投资、融资、担保、拆借资金、委托理财、为他人代开信用证、购销商品和服务、招标投标等的，区别不同情形分别给予处理：

(一)违反规定以企业资产提供担保、为他人代开信用证的，依照《中国共产党纪律处分条例》第一百二十一条的规定处理；

(二)违反规定投资、融资、拆借资金的，或者违反规定将企业资金、证券等金融性资产委托他人管理投资的，依照《中国共产党纪律处分条例》第一百二十六条的规定处理；

(三)违反规定购销商品和服务、招标投标的，依照《中国共产党纪律处分条例》第一百二十四条的规定处理。

第六条　违反《若干规定》第四条第四项的规定，未经批准或者经批准后未办理保全国有资产的法律手续，以个人或者其他名义用企业资产在国(境)外注册公司、投资入股、购买金融产品、购置不动产或者进行其他经营活动的，依照《中国共产党纪律处分条例》第七十七条的规定处理。

第七条　违反《若干规定》第四条第五项的规定，授意、指使、强令财会人员进行违反国家财经纪律、企业财务制度的活动的，《中国共产党纪律处分条例》有条文明确规定的，依照该规定处理；没有条文明确规定的，依照《中国共产党纪律处分条例》第一百二十六条的规定处理。

强令财会人员进行违反国家财经纪律、企业财务制度的活动的，应当从重或者加重处分。

第八条　违反《若干规定》第四条第六项的规定，未经履行国有资产出资人职责的机构和人事主管部门批准，决定本级领导人员的薪酬和住房补贴等福利待遇的，依照《中国共产党纪律处分条例》第八十二条的规定处理。

第九条　违反《若干规定》第四条第七项的规定，未经企业领导班子集体研究决定捐赠、赞助事项，或者虽经企业领导班子集体研究但未经履行国有资产出资人职责的机构批准，决定大额捐赠、赞助事项的，依照《中国共产党纪律处分条例》第六十一条的规定处理。

第十条　违反《若干规定》第五条第一项的规定，个人从事营利性经营活动和有偿中介活动，或者在本企业的同类经营企业、关联企业和与本企业有业务关系的企业投资入股的，区别不同情形分别给予处理：

(一)个人从事营利性经营活动和有偿中介活动的，依照《中国共产党纪律处分条例》第七十七条的规定处理；

(二)在本企业的同类经营企业投资入股或者参与经营的，依照《中国共产党纪律处分条例》第一百零三条的规定处理；

(三)在本企业的关联企业和与本企业有业务关系的企业投资入股或者参与经营的，依照《中国共产党纪律处分条例》第一百一十二条的规定处理。

第十一条　违反《若干规定》第五条第二项的规定，在职或者离职后接受、索取本企业的关联企业、与本企业有业务关系的企业，以及管理和服务对象提供的物质性利益的，区别不同情形分别给予处理：

(一)在职或者离职后接受本企业的关联企业、与本企业有业务关系的企业，以及管理和服务对象提供的物质性利益，未利用职务便利或者影响，为上述企业和对象谋取利益的，依照《中国共产党纪律处分条例》第七十四条的规定处理；

（二）利用职务便利或者影响，为本企业的关联企业、与本企业有业务关系的企业，以及管理和服务对象谋取利益，在职或者离职后接受上述企业和对象提供的物质性利益，或者向上述企业和对象索取物质性利益的，依照《中国共产党纪律处分条例》第八十五条的规定处理。

第十二条　违反《若干规定》第五条第三项的规定，以明显低于市场的价格向请托人购买或者以明显高于市场的价格向请托人出售房屋、汽车等物品，以及以其他交易形式非法收受请托人财物的，依照《中国共产党纪律处分条例》第八十五条的规定处理。

第十三条　违反《若干规定》第五条第四项的规定，委托他人投资证券、期货或者以其他委托理财名义，未实际出资而获取收益，或者虽然实际出资，但获取收益明显高于出资应得收益的，依照《中国共产党纪律处分条例》第八十五条的规定处理。

第十四条　违反《若干规定》第五条第五项的规定，利用企业上市或者上市公司并购、重组、定向增发等过程中的内幕消息、商业秘密以及企业的知识产权、业务渠道等无形资产或者资源为本人或者配偶、子女及其他特定关系人牟取利益的，区别不同情形分别给予处理：

（一）本人或者配偶、子女及其他特定关系人利用企业上市或者上市公司并购、重组、定向增发等过程中的内幕消息进行证券、期货等交易的，依照《中国共产党纪律处分条例》第一百一十一条的规定处理；

（二）本人或者配偶、子女及其他特定关系人利用企业的商业秘密、知识产权、业务渠道等无形资产或者资源进行营利性活动的，依照《中国共产党纪律处分条例》第一百零三条的规定处理；

（三）向他人提供企业上市或者上市公司并购、重组、定向增发等过程中的内幕消息、商业秘密以及企业的知识产权、业务渠道等，本人或者配偶、子女及其他特定关系人索取或者收受他人财物的，依照《中国共产党纪律处分条例》第八十五条的规定处理。

第十五条　违反《若干规定》第五条第六项的规定，未经批准兼任本企业所出资企业或者其他企业、事业单位、社会团体、中介机构的领导职务，或者经批准兼职的，擅自领取薪酬及其他收入的，依照《中国共产党纪律处分条例》第七十七条的规定处理。

第十六条　违反《若干规定》第五条第七项的规定，将企业经济往来中的折扣费、中介费、佣金、礼金以及因企业行为受到有关部门和单位奖励的财物等据为己有或者私分的，依照《中国共产党纪律处分条例》第八十三条的规定处理。

第十七条　违反《若干规定》第六条第一项的规定，本人的配偶、子女及其他特定关系人，在本企业的关联企业、与本企业有业务关系的企业投资入股的，依照《中国共产党纪律处分条例》第一百一十二条的规定处理。

第十八条　违反《若干规定》第六条第二项的规定，将国有资产委托、租赁、承包给配偶、子女及其他特定关系人经营的，依照《中国共产党纪律处分条例》第一百零四条的规定处理。

第十九条　违反《若干规定》第六条第三项的规定，利用职权为配偶、子女及其他特定关系人从事营利性经营活动提供便利条件的，依照《中国共产党纪律处分条例》第一百零四条的规定处理。

第二十条　违反《若干规定》第六条第四项的规定，利用职权相互为对方及其配偶、子女和其他特定关系人从事营利性经营活动提供便利条件的，依照《中国共产党纪律处分条例》第一百零四条的规定处理。

第二十一条　违反《若干规定》第六条第五项的规定，本人的配偶、子女及其他特定关系人投资或者经营的企业与本企业或者有出资关系的企业发生可能侵害公共利益、企业利益的经济业务往来的，依照《中国共产党纪律处分条例》第一百一十二条的规定处理。

第二十二条　违反《若干规定》第六条第六项的规定，按照规定应当实行任职回避和公务回避而没有回避的，依照《中国共产党纪律处分条例》第六十五条的规定处理。

第二十三条　违反《若干规定》第六条第七项的规定，离职或者退休后三年内，在与原任职企业有业务关系的私营企业、外资企业和中介机构担任职务、投资入股，或者在上述企业或者机构从事、代理与原任职企业经营业务相关的经营活动的，依照《中国共产党纪律处分条例》第八十二条的规定处理。

第二十四条　违反《若干规定》第七条第一项的规定，超出报履行国有资产出资人职责的机构备案的预算进行职务消费的，依照《中国共产党纪律处分条例》第七十八条的规定处理。

第二十五条　违反《若干规定》第七条第二项的规定，将履行工作职责以外的费用列入职务消费的，依照《中国共产党纪律处分条例》第一百二十六条的规定处理。

将应由个人承担的费用列入职务消费的，依照《中国共产党纪律处分条例》第八十三条的规定处理。

第二十六条　违反《若干规定》第七条第三项的

规定,在特定关系人经营的场所进行职务消费的,依照《中国共产党纪律处分条例》第八十二条的规定处理。

第二十七条 违反《若干规定》第七条第四项的规定,不按照规定公开职务消费情况的,依照《中国共产党纪律处分条例》第一百二十六条的规定处理。

第二十八条 违反《若干规定》第七条第五项的规定,用公款旅游或者变相旅游的,依照《中国共产党纪律处分条例》第七十八条的规定处理。

第二十九条 违反《若干规定》第七条第六项的规定,在企业发生非政策性亏损或者拖欠职工工资期间,购买或者更换小汽车、公务包机、装修办公室、添置高档办公设备等的,依照《中国共产党纪律处分条例》第七十八条的规定处理。

第三十条 违反《若干规定》第七条第七项的规定,使用信用卡、签单等形式进行职务消费,不提供原始凭证和相应的情况说明的,依照《中国共产党纪律处分条例》第一百二十六条的规定处理。

第三十一条 违反《若干规定》第八条第一项的规定,弄虚作假,骗取荣誉、职务、职称、待遇或者其他利益的,依照《中国共产党纪律处分条例》第一百四十九条的规定处理。

第三十二条 违反《若干规定》第八条第二项的规定,大办婚丧喜庆事宜,造成不良影响,或者借机敛财的,依照《中国共产党纪律处分条例》第八十一条的规定处理。

第三十三条 违反《若干规定》第八条第三项的规定,默许、纵容配偶、子女和身边工作人员利用本人的职权和地位从事可能造成不良影响的活动的,依照《中国共产党纪律处分条例》第八十二条的规定处理。

第三十四条 违反《若干规定》第八条第四项的规定,用公款支付与公务无关的娱乐活动费用的,依照《中国共产党纪律处分条例》第八十三条的规定处理。

第三十五条 违反《若干规定》第八条第五项的规定,在有正常办公和居住场所的情况下用公款长期包租宾馆的,依照《中国共产党纪律处分条例》第七十八条的规定处理。

第三十六条 违反《若干规定》第八条第六项的规定,漠视职工正当要求,侵害职工合法权益的,区别不同情形分别给予处理:

(一)漠视职工正当要求,对涉及职工合法权益的问题能解决而不解决的,依照《中国共产党纪律处分条例》第一百三十一条的规定处理;

(二)侵害职工合法权益,《中国共产党纪律处分条例》有条文明确规定的,依照该规定处理;没有条文明确规定的,依照《中国共产党纪律处分条例》第一百四十八条的规定处理。

第三十七条 违反《若干规定》第八条第七项的规定,从事有悖社会公德的活动的,《中国共产党纪律处分条例》有条文明确规定的,依照该规定处理;没有条文明确规定的,依照《中国共产党纪律处分条例》第一百五十四条的规定处理。

2月5日

全国人大常委会副委员长王兆国在广西考察

王兆国说,改革始终是推动发展的动力,发展是解决所有问题的关键。我国过去30多年又好又快发展靠的是改革开放,我国未来发展也必须坚定不移地把改革开放继续推向前进。工人阶级在改革开放中发挥了主力军作用,也共享到改革开放的成果。面对复杂形势和繁重任务,广大职工要继续做深化改革开放、推动经济发展、构建和谐社会的主力军,奋力开创中国特色社会主义伟大事业新局面。

王兆国强调,劳动是推动经济社会发展的主导力量。要用中国特色社会主义共同理想激励和凝聚各方力量,大力弘扬工人阶级伟大品格和劳模精神,组织引导广大职工投身改革开放的时代洪流和经济建设的主战场,通过劳动促进实体经济发展,创造充足的物质财富,推动文化大发展大繁荣;要坚定不移地走中国特色社会主义工会发展道路,立足国情会情,主动依法科学维权,扎实开展"面对面、心贴心、实打实服务职工在基层"活动,充分发挥工会组织在促进职工队伍和社会和谐稳定中的作用,为党的十八大召开创造良好的社会环境。

江西省十一届人大五次会议第三次全体会议选举鹿心社为江西省省长

中国非物质文化遗产生产性保护成果大展在北京全国农业展览馆新馆开幕

2月6日

中共中央在人民大会堂举行元宵节联欢晚会

胡锦涛、吴邦国、温家宝、贾庆林、李长春、习近平、李克强、贺国强等党和国家领导人出席晚会,同首都知识界代表欢聚一堂、共度佳节。

联欢晚会由中共中央政治局常委李长春主持。

李长春说,刚刚过去的2011年,是中国共产党成立90周年,也是"十二五"时期开局之年。在以胡锦涛同志为总书记的党中央坚强领导下,全党全国各族人民同心协力、锐意进取，全面推进党和国家各项事业，社会主义经济建设、政治建设、文化建设、社会建设以及生态文明建设和党的建设取得新的辉煌成就，实现了“十二五”时期良好开局。我们召开党的十七届六中全会，提出了建设社会主义文化强国的战略任务，为推进文化改革发展开辟了广阔空间，极大地调动了知识界的积极性、主动性和创造性。李长春指出，我国改革开放和现代化建设取得的新进展新成就，凝结着知识界同志们、朋友们的智慧和力量。

李长春强调，2012年是实施“十二五”规划承上启下的重要一年，我们党将召开第十八次全国代表大会。做好今年党和国家各项工作，具有十分重要的意义。当前，全党全国各族人民正紧密团结在以胡锦涛同志为总书记的党中央周围，高举中国特色社会主义伟大旗帜，全面贯彻党的十七大和十七届三中、四中、五中、六中全会精神，以邓小平理论和“三个代表”重要思想为指导，深入贯彻落实科学发展观，牢牢把握稳中求进的工作总基调，继续处理好保持经济平稳较快发展、调整经济结构、管理通胀预期的关系，加快推进经济发展方式转变和经济结构调整，着力扩大国内需求，着力加强自主创新和节能减排，着力深化改革开放，着力保障和改善民生，努力保持经济平稳较快发展、促进社会和谐稳定。知识界是社会主义现代化建设的重要力量，是推动文化大发展大繁荣的主力军，希望大家不负时代和人民的重托，扎实工作、开拓创新，在推进中国特色社会主义事业的伟大实践中进行文化创造，在全面建设小康社会的奋斗征程上建立新的功勋，以优异成绩迎接党的十八大胜利召开。

国务院总理温家宝在中南海主持召开五次座谈会听取社会各界人士对《政府工作报告(征求意见稿)》的意见和建议

温家宝说，政府工作必须反映人民群众的切身利益和要求，报告征求意见的过程，必须成为发扬民主、倾听人民群众意见的过程。写好报告还不是目的，按照人民期盼和要求的方向去做，让人民满意，才是根本目的。

在各民主党派、全国工商联负责人和无党派人士座谈会上，周铁农、蒋树声、陈昌智、严隽琪、桑国卫、万钢、韩启德、林文漪、黄孟复和袁驷就财税体制、行政管理体制、收入分配制度和垄断行业改革，基本公共服务均等化、保障性安居工程、知识产权保护、小微企业发展等经济社会重大问题，作了经过深入思考、充分准备、富有针对性的发言。

周铁农说，当前垄断行业改革明显滞后，造成不公平竞争，成为加快转变经济发展方式亟待解决的关键问题之一。他建议《报告》稿增加深化垄断行业改革的内容，提高各级领导干部的认识，回应人民群众的呼声。黄孟复说，要明确时限，抓紧出台贯彻落实鼓励和引导民间投资健康发展的“新36条”配套政策。对垄断行业和相关公共服务等领域，应该合理规定民间资本准入门槛。

温家宝说，推进垄断行业改革是经济体制改革的重要任务。与此相适应，是要促进民间资本进入金融、能源、交通和社会事业等领域，这不仅能缓解经济发展的困难，而且能够推进整个事业的发展。“新36条”没有落实，民间资本进入就遇到玻璃门、弹簧门。今年上半年一定要把实施细则制定出来。

在专家、学者座谈会开始时，温家宝说，为便于讨论，我先谈一下思考的几件事，和大家交交心。第一，要用改革的办法破解难题。无论是经济结构性问题，还是分配不公问题、反腐败问题，都得靠改革、靠制度性建设才能从根本上加以解决。第二，要把民生问题解决得更好。物价、房价、收入分配等都是群众最关心的。我们的报告要更贴近群众，就要努力把这些问题解决好。第三，如何应对今年的经济困难。有两个途径非常重要：一是支持实体经济，特别是支持小微企业发展。二是放活民间资本，支持民营企业发展。这条路非常宽广，潜力巨大。这方面如果没有很大的魄力，就不能很好地破解当前的难题。座谈会上，洪银兴、陈东琪、贾康、李强、蔡昉、谢家瑾、叶檀7位学者着重就保增长稳物价、保障房筹资机制、资源税改革、加强“三农”、民间资本准入、民间金融监管等提出了建议。

在大家谈到社会建设和管理时，温家宝说，这几年的政府工作报告中，社会发展的篇幅比重越来越大。主要是四个方面，一是推进教育科技卫生事业的发展和改革，二是建立和完善社会保障体系，三是搞好社会管理，四是推进信息化。信息化极大地改变了中国社会，加快了中国社会发展。这是好事，说明社会进步了，但也给政府工作提出了更高的要求。社会管理应该发挥基层自主性和积极性，通过城市社区和村民自治等形式，把政策落实和群众问题解决在基层。

在讨论到建立农业长期发展机制时，温家宝说，我觉得有两点非常重要：第一是在提城镇化和工业化的时候，一定不要忘了农业现代化。这不仅是提法的问题，更是工作布局的问题。把农业现代化摆在重要位置，就需要培养一代有文化、有技能的新型农民。第二是建立适合国情的社会保障体系。有了完善的社会保障，才能让农民安心在农村生活。

叶檀提出了依靠创新和市场化解决投资问题的建议。她说，铁路投资比较紧张，引入民间资金是大势所趋。当前,民间资金很多,不知道该投到哪里去。如果妥善处理项目的管理权和分红权问题,就可以有效吸引民间资金。温家宝说,现在铁路建设资金紧张,我们准备采取的办法,一是国家资金保障,二是财政担保发行债券,三是在统筹规划下,明确政策,有序引入民间资本。实际上民间资本进入金融领域已经存在,就是各地特别是东部地区兴办的村镇银行。把地下资金通过政策引导到地上,是好事,但需要一个过程。我们要帮助民间资本沿着正确轨道发展,既引导流向,又加强监管。

来自大学、医院、研究所、芭蕾舞团、音乐家协会、出版社、网球管理中心等单位的10位人士在座谈会上对教育改革、医疗卫生改革、文化建设、发展体育等建言献策。英国诺丁汉大学兼宁波诺丁汉大学校长杨福家说,希望在我们国家建立一所一流的民办大学。这所大学以学生为中心,培养学生能独立思考、自由表达、敢于争辩、追求真理,把国家和人民的利益放在第一位;建住宿学院,有一批德高望重的教师与学生住在一起,担任导师;以小班教学为主、讨论为主,教师与学生在课堂上有同样的发言权,重视第二课堂,建立丰富多彩的学生社团,广泛参加社会实践,培养学生广阔的视野。

对杨福家这一多年的愿望,温家宝十分理解。他说,其实,将来兴办的高起点民办大学不只是一所,可能会有若干所。民办大学要依法准入,其享受的政策应该同公立大学一样。这也是鼓励民间资本、民间人士兴办教育,包括进入医疗领域,政府主要是把好准入,做好监管。这是一件很有意义的事情。他说,今天谈的社会事业非常重要,我们发展的目的是为了满足人民日益增长的物质文化需求,这不仅包括衣食住行,也包括文化、健康和安全。从这个角度看,我认为政府工作的中心就是民生。

参加基层群众座谈会的12位人士,来自学校、医院、律师事务所、家政服务、房屋中介、农村专业合作社、商业网站、食品安全、环境监测、煤矿安监等多个行业。他们都是第一次走进中南海,与国务院领导面对面交流。新疆昌吉州呼图壁县第二小学教师热孜万古丽·阿木提希望国家在加强农村中小学教师队伍方面下更大功夫,加大对师范院校的改革力度,多为中小学输送合格教师;增加小县城和农村学校现代化教育设施的投入;重视寄宿设施建设,购买安全、合格校车,实现校车运行公交化;严格学校布局调整程序,保留必要的村小;加强青少年校外活动基地建设;加快农村教师周转房建设,解决后顾之忧。温家宝说,你谈的问题,都切中了当前教育存在问题的要害。教师素质决定着学校的质量,现在培训机会少,分布不平衡,结构性缺编。一些毕业生因为缺乏锻炼,一开始不能胜任工作。国家要增加投入,要向农村地区、贫困地区、少数民族地区倾斜。校车安全问题,现在正准备两个文件,一是校车安全条例,二是实施细则,从管理、运营、责任、经费来确保校车的安全。说到活动场所,很多学校把房子几乎盖满了,原有的操场越来越小,包括我自己上的中学,我回去看六个篮球场都不见了,全部建成了房子。吉林省榆树市种粮大户胡长明告诉总理,他从当初承包10多亩地到目前发展到8000多亩,去年又取得了粮食丰收。他建议国家给种粮大户更大支持。温家宝详细询问了胡长明收入、农业补助等情况,鼓励他下决心把地种下去,并要求金融机构解决好种粮大户的贷款难问题。

来自能源、汽车、金融、食品、建材、机械、房地产、信息技术等行业的企业界人士,带来了当前企业经营和行业发展的第一手情况。广西玉柴集团晏平反映,今年的经营形势可能会比去年严峻。1月份的订单下滑,上下游相关企业经营也遇到困难,建议国家高度关注,特别是保持政策的连续性。温家宝说,今年1月份和一季度的经济状况值得关注。要见事早,动作快,预调、微调从一季度就要开始。所谓宏观审慎的政策,最基本的要求是保持政策的连续性和灵活性。上海绿地集团张玉良说,房地产调控非常及时、必要。他建议今年要稳定政策,细化目标,明确预期,同时进一步完善保障性住房和商品房的相关政策。温家宝说,房地产调控目标有两个:一是促使房价合理回归不动摇,二是促进房地产市场长期、稳定、健康发展。作为13亿人口的大国,又处在工业化、城镇化进程中,房地产的需求从长期讲是刚性的。当然,将来住房的形式也是多种多样的,不一定人人都拥有自己的房,但人人都要有住处。可以买房,也可以租房,但租房的价格也要合理。保障性住房和商品房建设两者不可偏废。从长期看,保障房应该以公租为主,主要解决低收入群体的需求。房地产发展要充分发挥市场机制的基础性作用,只有这样才能合理配置资源,提高效益,但是,为了促进公平和稳定,政府调控也不能松。

温家宝感谢各民主党派、全国工商联和无党派人士,专家学者,企业家和工人、农民等社会各界人士对政府工作的关心和支持。他说,大家提出的宝贵意见和建议,对修改好《报告》稿和改进政府工作都有很大帮助,国务院将认真研究、吸收。今年是"十二五"时期承上启下的重要一年,是本届政府任期的最后一年,各项工作一定要善始敬终,能做的事情决不拖延,能解决的问题决不推脱。这就需要我们静下心来,深入了解情况,脚踏实地做好工作。这对国务院及有关部门都是一个考验。

全国政协主席贾庆林在人民大会堂会见柬埔寨副首相兼外交国际合作部大臣贺南洪

贾庆林说，当前，中柬关系正处于历史最好时期。双方高层交往频繁，政治互信不断加强，各领域友好交流和务实合作成果丰硕，给两国人民带来了实实在在的利益。柬埔寨政府坚持奉行一个中国政策，在涉藏、涉疆和中方关切的重大问题上，一贯给予中方坚定支持，是中方可信赖、可倚重的好朋友、真朋友，我们对此表示高度赞赏和感谢。中方高度重视发展中柬全面战略合作伙伴关系，将继续致力于深化中柬友好务实合作，不断提升两国全面战略合作水平，更好地造福两国人民。贾庆林积极评价中国—东盟战略伙伴关系，高度赞赏东盟在推进东亚合作进程中所发挥的重要作用，表示中方愿同包括柬埔寨在内的东盟国家一道，继续共同致力于促进本地区的和平、稳定与繁荣。

贺南洪表示，愿同中方一道，加强友好交往，深化务实合作，推动柬中全面战略合作伙伴关系不断迈上新台阶，努力促进东盟—中国战略伙伴关系与东亚合作取得更大发展。

国务院印发《质量发展纲要(2011—2020 年)》

目标分为 2015 年和 2020 年两个时间节点，提出到 2015 年，我国在产品质量方面，主要农产品质量安全抽检合格率稳定在 96%以上，产品质量国家监督抽查合格率稳定在 90%以上；工程质量方面，大中型工程项目一次验收合格率达到 100%，其他工程一次验收合格率达到 98%以上；服务质量方面，生产性质的服务业顾客满意度达到 80 以上，生活性质的服务业顾客满意度达到 75 以上。到 2020 年，建设质量强国取得明显成效，质量基础进一步夯实，质量总体水平显著提升，质量发展成果惠及全体人民。

纲要明确提出，要强化企业质量主体作用，通过严格企业质量主体责任、提高企业质量管理水平、加快企业质量技术创新、发挥优势企业引领作用、推动企业履行社会责任 5 个方面的举措，对企业质量安全实施"一票否决"，发挥企业在我国质量发展过程中的主体作用。纲要还提出要加强质量监督管理，包括加快质量法治建设、强化质量安全监管、实施质量安全风险管理、加强宏观质量统计分析、推进质量诚信体系建设、依法严厉打击质量违法行为等。

这份纲要还提出，要建立、健全我国质量安全风险管理体系，通过强化食品质量安全风险预警、完善产品伤害监测系统、加强产品质量安全风险预警以及健全进出口商品质量安全、进出境动植物检疫和国境卫生检疫疫情风险监控等措施，切实做到对质量安全风险的早发现、早研判、早预警、早处置。

国务院副总理李克强在北京主持召开保障性住房公平分配工作座谈会并讲话

李克强强调，要在确保保障性安居工程按期开工、质量可靠、如期建成的同时，把确保公平分配放在更重要的位置，按照保障基本、公正程序、公开过程的原则，科学确定保障范围，规范和阳光操作，切实保障中低收入住房困难家庭的基本住房需求。

会上，住房和城乡建设部负责人汇报了保障房分配制度建设和实施的总体情况，辽宁省、上海市、重庆市负责同志介绍了本地加强保障房公平分配的主要做法。在听取大家发言后，李克强说，这几年，各级政府下大力气推进保障性安居工程建设，这是一项重大民生和发展工程，也是宏观调控的重大举措，并有利于调整收入分配结构，群众十分拥护，社会高度关注。随着近年来大规模建设的保障房陆续竣工，做好分配工作已进入关键时期，各地和有关部门围绕公平分配进行了大量探索，积累了不少好的经验。确保公平分配是关系保障性安居工程成败及可持续发展的"生命线"，对政府公信力和执行力也是重要考验。只有做到公平分配，使该保障的群众真正受益，防止不符合条件者侵占保障房资源，才能实现政府投入大量财力人力保障基本住房需求的政策初衷。必须充分认识这项工作的重要性和紧迫性，在继续保质保量地推进保障房建设的同时，下更大力气做好公平分配。

李克强指出，确保保障房公平分配，一是要保障基本。住房保障是政府提供的一项基本公共服务，通过提供小户型、齐功能、质量可靠的保障房和加快推进棚户区改造，保障中低收入住房困难家庭的基本住房需求，改善棚户区群众的居住条件，并为符合条件的新就业职工和外来务工人员提供稳定居所。二是要公正程序。准入、审核、轮候、分配、退出等方面的程序要严格规范，对保障房申请人、入住者的收入、住房、财产等情况全面审核、动态监测，使所有符合条件者都能公平公正地参加申请、轮候和逐步获得保障房。完善纠错机制，堵塞漏洞，使不符合条件者能够及时清退。同时各类程序又要尽可能简便，惠民便民。三是要公开过程。全面公开透明，是保障房公平分配的"试金石"，要坚持阳光操作，接受群众、社会和媒体全方位监督，做到全过程公开。

李克强说，要处理好政府保障和市场机制的关系。一方面，要抓紧落实好资金、土地等配套条件，严把工程质量关，保证如期完成今年保障性安居工程建设任务。另一方面，要继续采取有效措施，增加普通商品住房供应，通过发挥市场机制的作用，依托商品房市场解决多数居民的多层次住房需求问题。要继续坚持搞好房地产市场调控，巩固调控成果。

国务院副总理王岐山在中南海会见美国史带集团董事长兼首席执行官莫里斯·格林伯格

外交部部长杨洁篪在北京会见柬埔寨副首相兼外交国际合作部大臣贺南洪

我国发布迄今世界上分辨率最高的全月图

国家国防科技工业局发布了探月工程"嫦娥二号"月球探测器获得的7米分辨率全月球影像图，这是目前国际上已公布的分辨率最高的全月球影像图，表明我国探月工程又取得一项重大科研成果。

和"嫦娥一号"获得的全月球影像图120米的分辨率相比，"嫦娥二号"的分辨率为7米，提高了17倍。

探月工程科学应用首席科学家、中国科学院国家天文台台长严俊研究员介绍说，在国际上，有分辨率优于7米的月图，但只是局部月图；也有全月图，但分辨率都达不到7米水平。"嫦娥二号"获得的7米分辨率全月球影像图是目前当之无愧的最清晰的全月图。

专家介绍说，"嫦娥二号"7米分辨率全月球影像色调一致，层次丰富，图像清晰。影像图的空间分辨率、影像质量、镶嵌精度、数据一致性和完整性等优于国际同类产品，达到国际领先水平。

据介绍，高分辨率全月球影像图是月球科学研究最为基础性的资料，对研究月球物质特性、月球地质构造、月表物质成分的含量，探究月球起源与演化有着直接的科学价值或重要的参考作用。

《全国重要江河湖泊水功能区划(2011—2030年)》获国务院批复

《全国重要江河湖泊水功能区划(2011—2030年)》(以下简称《区划》)明确全国重要江河湖泊共划分水功能区4493个，根据不同水域的功能定位，今后实行分类保护和管理，促进水资源承载能力与经济社会发展相适应，力争到2020年全国重要江河湖泊水功能区水质达标率达80%，到2030年水质基本达标。

当前，水资源短缺、水污染严重仍然是制约我国经济社会可持续发展的主要瓶颈。水利部水资源司司长陈明忠说，根据《全国水资源综合规划》，目前全国多年平均总缺水量为536亿立方米。2010年全国监测评价的3902个水功能区，水质达标率仅为46%；17.6万公里河流中，38.6%的河长水质劣于Ⅲ类；339个省界断面中，有48.7%的劣于Ⅲ类，直接威胁城乡饮水安全和人民身心健康。

水功能区划就像给江河撑起一道保护伞，维持江河湖泊的"健康生命"。根据《区划》，全国4493个水功能区划分为两级，81%的水功能区水质目标确定为Ⅲ类或优于Ⅲ类。其中一级区分四类，即保护区、保留区、开发利用区、缓冲区，主要是在宏观上调整水资源开发利用与保护的关系，协调地区间用水关系，同时考虑持续发展的需求。二级区在一级区划的开发利用区内，分为饮用水源区、工业用水区、农业用水区、渔业用水区、景观娱乐用水区、过渡区、排污控制区七类。主要是细化水域使用功能类型及功能排序，协调不同用水行业间的关系。全国一级水功能区有2888个，区划河长17.8万公里，湖库面积4.3万平方公里，其中开发利用区的数量约占40%，面积占到15.7%；二级水功能区2738个，区划长度7.2万公里，面积6800平方公里，其中农业用水区、工业用水区和饮用水源区的累计河长比例较大，分别占45%、21%和18%。

2月7日

国家副主席习近平致电美国副总统拜登就中美关系等问题交换意见

习近平指出，近年来中美两国关系总体保持积极、稳定发展势头。特别是胡锦涛主席与奥巴马总统共同作出决定，建设相互尊重、互利共赢的中美合作伙伴关系，有力推动两国关系发展步入新的阶段。

拜登说，美中关系不仅对于两国，而且对于世界的和平与发展都具有重大意义。美方坚信，习副主席此次访问将会取得圆满成功，向美中两国和世界展示美中合作伙伴关系的发展前景和务实成果。

中组部召开在创先争优活动中开展基层组织建设年视频会

中组部部长李源潮指出，要以创先争优为动力，扎扎实实做好基层组织建设年各项工作，以创先争优、加强组织的新成绩迎接党的十八大胜利召开。

确定2012年为基层组织建设年，是党中央作出的重要部署。中组部专门下发了《关于在创先争优活动中开展基层组织建设年的实施意见》，要求以"创先争优迎十八大"为主题，着力解决基层党组织建设中的突出问题，把基层组织建设年办成群众满意工程。

李源潮指出，创先争优活动开展以来，第一年突出推动科学发展，第二年突出服务人民群众，今年要抓住召开全国党代表大会的机遇，突出加强基层组织这个重点，以创先争优为动力加强基层组织建设，以基层组织建设为抓手深化创先争优。要集中力量抓支部，突出抓好基层党组织带头人队伍建设，着力整顿后进支部，努力使每个支部有一个好的带头人、一个好的发展思路、一个好的工作制度、一个好的活动阵地、一个好的保障机制。

李源潮指出，要坚持解难题、办实事，为基层组织解决几个突出问题，留下一些基层组织建设年之后还能长期起作用的成果。每个党支部都要建立一项创先争优长效制度；新建一批非公企业和社会组织党组织；保证流动党员能够有效纳入组织管理、参加党内生活。要加大基层组织建设人力、物力、财力投入，使基层党组织工作有力量、办事有经费、活动有阵地。领导干部要下基层、抓基层、直接联系基层，把基层组织建设年任务落到实处。

中宣部部长刘云山在北京出席中央电视台新春走基层活动座谈会并讲话

刘云山强调要认真总结经验、完善长效机制，推动"走基层、转作风、改文风"活动持续深入开展，引导新闻工作者把新闻写在大地上、写在人民心坎上，努力使新闻队伍建设取得新的成效，使新闻宣传工作呈现新的气象。

刘云山在讲话中指出，"新春走基层"是"走转改"活动的一次集中行动，是"走转改"成果的一次集中展示。"走转改"活动启示我们：做一名优秀新闻工作者最根本的是要解决好"为了谁、依靠谁、我是谁"的问题，深刻理解新闻工作者的根基所在、价值所在，更好地肩负起宣传群众、动员群众、服务群众的职责使命；新闻工作者的位置应当是"在路上、在基层、在现场"，在路上心里才会有时代，在基层心里才会有群众，在现场心里才会有感动；改进新闻报道文风关键是"说实话、说新话、说老百姓的话"，善于从群众语言中汲取智慧，不断创新表达方式，使新闻报道更加生动鲜活、富有感染力。

刘云山强调，"走转改"是创新新闻宣传工作、落实"三贴近"原则的根本举措，是加强新闻队伍建设、提升队伍素质的重要途径，是宣传思想文化工作贯彻党的群众路线、服务人民群众的必然要求。要在"走转改"中加强主题宣传，多反映振奋人心的变迁变化，多展示改革开放的成果成就，丰富报道内容、提升思想含量，更好地服务党和国家工作大局。要在"走转改"中拓宽报道视野，深入各行业各方面，深入各地区各领域，全面展示广大人民群众绚丽多彩的创新创造，生动描绘当代中国发展进步的历史画卷。要在"走转改"中抓好队伍建设，引导新闻工作者在走进基层中增强国情了解、增进群众感情，时刻拿群众这面镜子检视自己、提高自己，强化职业精神、职业道德。要在"走转改"中探索新闻宣传规律，准确把握时代和人民提出的新课题新要求，不断深化规律性认识，更好地指导新闻工作实践，更好地推动中国特色社会主义新闻事业发展。

财政部部长谢旭人签署第68号财政部令公布新修订的《事业单位财务规则》

根据《国务院关于〈事业单位财务规则〉的批复》（国函〔1996〕81号）的规定，财政部对《事业单位财务规则》（财政部令第8号）进行了修订，修订后的《事业单位财务规则》已经部务会议审议通过，现予公布，自2012年4月1日起施行。

谢旭人

2012年2月7日

事业单位财务规则

第一章　总　则

第一条　为了进一步规范事业单位的财务行为，加强事业单位财务管理和监督，提高资金使用效益，保障事业单位健康发展，制定本规则。

第二条　本规则适用于各级各类事业单位（以下简称事业单位）的财务活动。

第三条　事业单位财务管理的基本原则是：执行国家有关法律、法规和财务规章制度；坚持勤俭办事业的方针；正确处理事业发展需要和资金供给的关系，社会效益和经济效益的关系，国家、单位和个人三者利益的关系。

第四条　事业单位财务管理的主要任务是：合理编制单位预算，严格预算执行，完整、准确编制单位决算，真实反映单位财务状况；依法组织收入，努力节约支出；建立、健全财务制度，加强经济核算，实施绩效评价，提高资金使用效益；加强资产管理，合理配置和有效利用资产，防止资产流失；加强对单位经济活动的财务控制和监督，防范财务风险。

第五条　事业单位的财务活动在单位负责人的领导下，由单位财务部门统一管理。

第二章　单位预算管理

第六条　事业单位预算是指事业单位根据事业发展目标和计划编制的年度财务收支计划。

事业单位预算由收入预算和支出预算组成。

第七条　国家对事业单位实行核定收支、定额或者定项补助、超支不补、结转和结余按规定使用的预算管理办法。

定额或者定项补助根据国家有关政策和财力可能，结合事业特点、事业发展目标和计划、事业单位收支及资产状况等确定。定额或者定项补助可以为零。

非财政补助收入大于支出较多的事业单位，可以实行收入上缴办法。具体办法由财政部门会同有关主管部门制定。

第八条　事业单位参考以前年度预算执行情况，根据预算年度的收入增减因素和措施，以及以前年度结转和结余情况，测算编制收入预算；根据事业发展需要与财力可能,测算编制支出预算。

事业单位预算应当自求收支平衡,不得编制赤字预算。

第九条 事业单位根据年度事业发展目标和计划以及预算编制的规定,提出预算建议数,经主管部门审核汇总报财政部门(一级预算单位直接报财政部门,下同)。事业单位根据财政部门下达的预算控制数编制预算,由主管部门审核汇总报财政部门,经法定程序审核批复后执行。

第十条 事业单位应当严格执行批准的预算。预算执行中,国家对财政补助收入和财政专户管理资金的预算一般不予调整。上级下达的事业计划有较大调整,或者根据国家有关政策增加或者减少支出,对预算执行影响较大时,事业单位应当报主管部门审核后报财政部门调整预算;财政补助收入和财政专户管理资金以外部分的预算需要调增或者调减的,由单位自行调整并报主管部门和财政部门备案。

收入预算调整后,相应调增或者调减支出预算。

第十一条 事业单位决算是指事业单位根据预算执行结果编制的年度报告。

第十二条 事业单位应当按照规定编制年度决算,由主管部门审核汇总后报财政部门审批。

第十三条 事业单位应当加强决算审核和分析,保证决算数据的真实、准确,规范决算管理工作。

第三章 收入管理

第十四条 收入是指事业单位为开展业务及其他活动依法取得的非偿还性资金。

第十五条 事业单位收入包括:

(一)财政补助收入,即事业单位从同级财政部门取得的各类财政拨款。

(二)事业收入,即事业单位开展专业业务活动及其辅助活动取得的收入。其中:按照国家有关规定应当上缴国库或者财政专户的资金,不计入事业收入;从财政专户核拨给事业单位的资金和经核准不上缴国库或者财政专户的资金,计入事业收入。

(三)上级补助收入,即事业单位从主管部门和上级单位取得的非财政补助收入。

(四)附属单位上缴收入,即事业单位附属独立核算单位按照有关规定上缴的收入。

(五)经营收入,即事业单位在专业业务活动及其辅助活动之外开展非独立核算经营活动取得的收入。

(六)其他收入,即本条上述规定范围以外的各项收入,包括投资收益、利息收入、捐赠收入等。

第十六条 事业单位应当将各项收入全部纳入单位预算,统一核算,统一管理。

第十七条 事业单位对按照规定上缴国库或者财政专户的资金,应当按照国库集中收缴的有关规定及时足额上缴,不得隐瞒、滞留、截留、挪用和坐支。

第四章 支出管理

第十八条 支出是指事业单位开展业务及其他活动发生的资金耗费和损失。

第十九条 事业单位支出包括:

(一)事业支出,即事业单位开展专业业务活动及其辅助活动发生的基本支出和项目支出。基本支出是指事业单位为了保障其正常运转、完成日常工作任务而发生的人员支出和公用支出。项目支出是指事业单位为了完成特定工作任务和事业发展目标,在基本支出之外所发生的支出。

(二)经营支出,即事业单位在专业业务活动及其辅助活动之外开展非独立核算经营活动发生的支出。

(三)对附属单位补助支出,即事业单位用财政补助收入之外的收入对附属单位补助发生的支出。

(四)上缴上级支出,即事业单位按照财政部门和主管部门的规定上缴上级单位的支出。

(五)其他支出,即本条上述规定范围以外的各项支出,包括利息支出、捐赠支出等。

第二十条 事业单位应当将各项支出全部纳入单位预算,建立、健全支出管理制度。

第二十一条 事业单位的支出应当严格执行国家有关财务规章制度规定的开支范围及开支标准;国家有关财务规章制度没有统一规定的,由事业单位规定,报主管部门和财政部门备案。事业单位的规定违反法律制度和国家政策的,主管部门和财政部门应当责令改正。

第二十二条 事业单位在开展非独立核算经营活动中,应当正确归集实际发生的各项费用数;不能归集的,应当按照规定的比例合理分摊。

经营支出应当与经营收入配比。

第二十三条 事业单位从财政部门和主管部门取得的有指定项目和用途的专项资金,应当专款专用、单独核算,并按照规定向财政部门或者主管部门报送专项资金使用情况;项目完成后,应当报送专项资金支出决算和使用效果的书面报告,接受财政部门或者主管部门的检查、验收。

第二十四条 事业单位应当加强经济核算,可以根据开展业务活动及其他活动的实际需要,实行内部成本核算办法。

第二十五条 事业单位应当严格执行国库集中支付制度和政府采购制度等有关规定。

第二十六条 事业单位应当加强支出的绩效管理,提高资金使用的有效性。

第二十七条 事业单位应当依法加强各类票据管

理,确保票据来源合法、内容真实、使用正确,不得使用虚假票据。

第五章 结转和结余管理

第二十八条 结转和结余是指事业单位年度收入与支出相抵后的余额。

结转资金是指当年预算已执行但未完成,或者因故未执行,下一年度需要按照原用途继续使用的资金。结余资金是指当年预算工作目标已完成,或者因故终止,当年剩余的资金。

经营收支结转和结余应当单独反映。

第二十九条 财政拨款结转和结余的管理,应当按照同级财政部门的规定执行。

第三十条 非财政拨款结转按照规定结转下一年度继续使用。非财政拨款结余可以按照国家有关规定提取职工福利基金,剩余部分作为事业基金用于弥补以后年度单位收支差额;国家另有规定的,从其规定。

第三十一条 事业单位应当加强事业基金的管理,遵循收支平衡的原则,统筹安排、合理使用,支出不得超出基金规模。

第六章 专用基金管理

第三十二条 专用基金是指事业单位按照规定提取或者设置的有专门用途的资金。

专用基金管理应当遵循先提后用、收支平衡、专款专用的原则,支出不得超出基金规模。

第三十三条 专用基金包括:

(一)修购基金,即按照事业收入和经营收入的一定比例提取,并按照规定在相应的购置和修缮科目中列支(各列50%),以及按照其他规定转入,用于事业单位固定资产维修和购置的资金。事业收入和经营收入较少的事业单位可以不提取修购基金,实行固定资产折旧的事业单位不提取修购基金。

(二)职工福利基金,即按照非财政拨款结余的一定比例提取以及按照其他规定提取转入,用于单位职工的集体福利设施、集体福利待遇等的资金。

(三)其他基金,即按照其他有关规定提取或者设置的专用资金。

第三十四条 各项基金的提取比例和管理办法,国家有统一规定的,按照统一规定执行;没有统一规定的,由主管部门会同同级财政部门确定。

第七章 资产管理

第三十五条 资产是指事业单位占有或者使用的能以货币计量的经济资源,包括各种财产、债权和其他权利。

第三十六条 事业单位的资产包括流动资产、固定资产、在建工程、无形资产和对外投资等。

第三十七条 事业单位应当建立、健全单位资产管理制度,加强和规范资产配置、使用和处置管理,维护资产安全完整,保障事业健康发展。

第三十八条 事业单位应当按照科学规范、从严控制、保障事业发展需要的原则合理配置资产。

第三十九条 流动资产是指可以在一年以内变现或者耗用的资产,包括现金、各种存款、零余额账户用款额度、应收及预付款项、存货等。

前款所称存货是指事业单位在开展业务活动及其他活动中为耗用而储存的资产,包括材料、燃料、包装物和低值易耗品等。

事业单位应当建立、健全现金及各种存款的内部管理制度,对存货进行定期或者不定期的清查盘点,保证账实相符。对存货盘盈、盘亏应当及时处理。

第四十条 固定资产是指使用期限超过一年,单位价值在1000元以上(其中:专用设备单位价值在1500元以上),并在使用过程中基本保持原有物质形态的资产。单位价值虽未达到规定标准,但是耐用时间在一年以上的大批同类物资,作为固定资产管理。

固定资产一般分为六类:房屋及构筑物;专用设备;通用设备;文物和陈列品;图书、档案;家具、用具、装具及动植物。行业事业单位的固定资产明细目录由国务院主管部门制定,报国务院财政部门备案。

第四十一条 事业单位应当对固定资产进行定期或者不定期的清查盘点。年度终了前应当进行一次全面清查盘点,保证账实相符。

第四十二条 在建工程是指已经发生必要支出,但尚未达到交付使用状态的建设工程。

在建工程达到交付使用状态时,应当按照规定办理工程竣工财务决算和资产交付使用。

第四十三条 无形资产是指不具有实物形态而能为使用者提供某种权利的资产,包括专利权、商标权、著作权、土地使用权、非专利技术、商誉以及其他财产权利。

事业单位转让无形资产,应当按照有关规定进行资产评估,取得的收入按照国家有关规定处理。事业单位取得无形资产发生的支出,应当计入事业支出。

第四十四条 对外投资是指事业单位依法利用货币资金、实物、无形资产等方式向其他单位的投资。

事业单位应当严格控制对外投资。在保证单位正常运转和事业发展的前提下,按照国家有关规定可以对外投资的,应当履行相关审批程序。事业单位不得使用财政拨款及其结余进行对外投资,不得从事股票、期货、基金、企业债券等投资,国家另有规定的除外。

事业单位以非货币性资产对外投资的,应当按照国家有关规定进行资产评估,合理确定资产价值。

第四十五条 事业单位资产处置应当遵循公开、

公平、公正和竞争、择优的原则，严格履行相关审批程序。

事业单位出租、出借资产，应当按照国家有关规定经主管部门审核同意后报同级财政部门审批。

第四十六条　事业单位应当提高资产使用效率，按照国家有关规定实行资产共享、共用。

第八章　负债管理

第四十七条　负债是指事业单位所承担的能以货币计量，需要以资产或者劳务偿还的债务。

第四十八条　事业单位的负债包括借入款项、应付款项、暂存款项、应缴款项等。

应缴款项包括事业单位收取的应当上缴国库或者财政专户的资金、应缴税费，以及其他按照国家有关规定应当上缴的款项。

第四十九条　事业单位应当对不同性质的负债分类管理，及时清理并按照规定办理结算，保证各项负债在规定期限内归还。

第五十条　事业单位应当建立、健全财务风险控制机制，规范和加强借入款项管理，严格执行审批程序，不得违反规定举借债务和提供担保。

第九章　事业单位清算

第五十一条　事业单位发生划转、撤销、合并、分立时，应当进行清算。

第五十二条　事业单位清算，应当在主管部门和财政部门的监督指导下，对单位的财产、债权、债务等进行全面清理，编制财产目录和债权、债务清单，提出财产作价依据和债权、债务处理办法，做好资产的移交、接收、划转和管理工作，并妥善处理各项遗留问题。

第五十三条　事业单位清算结束后，经主管部门审核并报财政部门批准，其资产分别按照下列办法处理：

(一)因隶属关系改变，成建制划转的事业单位，全部资产无偿移交，并相应划转经费指标。

(二)转为企业管理的事业单位，全部资产扣除负债后，转作国家资本金。需要进行资产评估的，按照国家有关规定执行。

(三)撤销的事业单位，全部资产由主管部门和财政部门核准处理。

(四)合并的事业单位，全部资产移交接收单位或者新组建单位，合并后多余的资产由主管部门和财政部门核准处理。

(五)分立的事业单位，资产按照有关规定移交分立后的事业单位，并相应划转经费指标。

第十章　财务报告和财务分析

第五十四条　财务报告是反映事业单位一定时期财务状况和事业成果的总结性书面文件。

事业单位应当定期向主管部门和财政部门以及其他有关的报表使用者提供财务报告。

第五十五条　事业单位报送的年度财务报告包括资产负债表、收入支出表、财政拨款收入支出表、固定资产投资决算报表等主表，有关附表以及财务情况说明书等。

第五十六条　财务情况说明书，主要说明事业单位收入及其支出、结转、结余及其分配、资产负债变动、对外投资、资产出租出借、资产处置、固定资产投资、绩效考评的情况，对本期或者下期财务状况发生重大影响的事项，以及需要说明的其他事项。

第五十七条　财务分析的内容包括预算编制与执行、资产使用、收入支出状况等。

财务分析的指标包括预算收入和支出完成率、人员支出与公用支出分别占事业支出的比率、人均基本支出、资产负债率等。主管部门和事业单位可以根据本单位的业务特点增加财务分析指标。

第十一章　财务监督

第五十八条　事业单位财务监督主要包括对预算管理、收入管理、支出管理、结转和结余管理、专用基金管理、资产管理、负债管理等的监督。

第五十九条　事业单位财务监督应当实行事前监督、事中监督、事后监督相结合，日常监督与专项监督相结合。

第六十条　事业单位应当建立、健全内部控制制度、经济责任制度、财务信息披露制度等监督制度，依法公开财务信息。

第六十一条　事业单位应当依法接受主管部门和财政、审计部门的监督。

第十二章　附　则

第六十二条　事业单位基本建设投资的财务管理，应当执行本规则，但国家基本建设投资财务管理制度另有规定的，从其规定。

第六十三条　参照公务员法管理的事业单位财务制度的适用，由国务院财政部门另行规定。

第六十四条　接受国家经常性资助的社会力量举办的公益服务性组织和社会团体，依照本规则执行；其他社会力量举办的公益服务性组织和社会团体，可以参照本规则执行。

第六十五条　下列事业单位或者事业单位特定项目，执行企业财务制度，不执行本规则：

(一)纳入企业财务管理体系的事业单位和事业单位附属独立核算的生产经营单位；

(二)事业单位经营的接受外单位要求投资回报的项目；

(三)经主管部门和财政部门批准的具备条件的其

他事业单位。

第六十六条　行业特点突出，需要制定行业事业单位财务管理制度的，由国务院财政部门会同有关主管部门根据本规则制定。

部分行业根据成本核算和绩效管理的需要，可以在行业事业单位财务管理制度中引入权责发生制。

第六十七条　省、自治区、直辖市人民政府财政部门可以根据本规则结合本地区实际情况制定事业单位具体财务管理办法。

第六十八条　本规则自2012年4月1日起施行。

2月8日

国务院总理温家宝在人民大会堂与加拿大总理哈珀举行会谈

温家宝指出，新形势下，双方要认真落实《中加联合声明》达成的各项共识，坚持相互尊重，平等相待，互不干涉内政，通过对话增进相互了解和理解。中加在发展经济、维护和平、应对全球性问题等广泛领域拥有共同利益。中方愿同加方一道，从长远和战略角度出发，规划两国关系发展，使各领域的交流与合作取得更多成果。

温家宝表示，中加经济互补性强，双方要充分利用这一优势，应对日趋激烈的国际竞争。《中加投资保护协定》谈判已经完成，希望早日签署这一重要文件，促进相互投资；加紧做好"中加经济互补性联合研究"工作，在此基础上制定全面加强经济合作规划，探讨商签中加自由贸易协定的可行性；在能源资源领域建立长期、稳定、多元的合作伙伴关系。中方愿意扩大进口加方的能源资源产品，加强在清洁能源、可再生能源、节能环保、和平利用核能方面的合作；积极拓展在司法、人文、科技、农业、金融、海洋极地等领域的合作。

哈珀表示，近年来，加中战略伙伴关系发展势头强劲，各领域合作成果丰硕，人员往来密切，两国友好的纽带不断加强。加中关系建立在相互尊重的基础上，是长远的、战略性的关系，发展前景广阔。加方欢迎中方扩大对加投资，愿与中方拓展在贸易、能源、资源、金融、人文等领域合作，密切在国际和地区事务中的协调与配合，推动两国关系迈上更高水平。

会谈后，两国总理共同出席了有关双边合作文件的签字仪式。

国务院食品安全委员会第四次全体会议在北京召开

国务院副总理李克强主持召开会议并讲话。李克强强调，食品安全是关乎人人的重大基本民生问题，要深入贯彻落实科学发展观，坚持标本兼治，主动出击，把解决影响人民群众食品安全的突出问题同构建长效机制更好地结合起来，把综合整治攻坚战持久战引向深入，坚决依法严惩重处食品安全违法犯罪行为，完善全程监管体制，着力提高食品安全水平。

国务院副总理回良玉出席会议并指出，要切实提高食品安全治理整顿行动的针对性和实效性，进一步强化责任落实、制度建设和基层基础工作。中共中央政治局委员、国务院副总理、国务院食品安全委员会副主任王岐山出席会议并指出，要深刻把握食品安全工作的复杂性和长期性，抓住主要矛盾，着力解决突出问题。

会议听取了国务院食品安全办和国务院食品安全委员会成员单位的汇报和发言，审议了《2012年食品安全重点工作安排》。会议认为，过去一年，各地区、各有关部门认真贯彻落实党中央、国务院决策部署，深入开展严厉打击食品非法添加和滥用食品添加剂、"瘦肉精"、"地沟油"违法犯罪等专项整治和乳制品、酒类、保健食品等综合治理工作，依法严厉惩处了一大批违法违规企业和相关责任人，及时应对和稳妥处置食品安全事件，积极推进食品安全监管体系建设，广泛开展食品安全宣传教育培训，有效维护了人民群众利益，维护了市场秩序。同时也要看到，我国现阶段食品安全基础仍然薄弱，制约食品安全的突出问题仍未得到根本解决，违法违规行为时有发生，食品安全形势依然严峻，加强食品安全工作须臾不可放松。

会议强调，做好今年食品安全保障工作，一是依法深入开展综合治理。治乱需用重典，要坚持严字当头，针对重点品种、重点场所和薄弱环节，加大综合治理力度，保持严厉打击食品安全违法犯罪高压态势，依法坚决追究犯罪分子的刑事责任，并加大经济处罚力度，坚决铲除影响食品安全的毒瘤。二是着力建立、健全长效机制。要进一步完善食品安全法律、法规体系、标准体系和技术支撑体系，切实增加投入，完善政策措施，狠抓基础工作和规范建设。三是进一步落实企业主体责任。加快建立激励和约束机制，加强诚信体系建设，强化社会监督，推动企业改进食品安全管理。四是全面加强政府监管。要进一步完善食品安全工作体系，建立、健全食品安全监管综合协调机制，促进各部门、各环节监管措施有效衔接，形成监管合力，堵塞监管漏洞，增强食品安全工作的系统性，提高综合监管水平。

中宣部部长刘云山在北京出席全国未成年人思想道德建设工作视讯会议并讲话

刘云山强调要深入贯彻落实党的十七届六中全会精神，以建设社会主义核心价值体系为根本，突出重点、抓住关键，巩固提高、深化拓展，着力构建学校、家庭、社会紧密配合的教育网络，着力营造良好的社会文化环境，着力完善各方面共同参与的长效机制，推动未成年人思想道德建设工作不断取得新进展。

会议认为，党的十六大以来，各地各部门认真贯彻中央决策部署，把未成年人思想道德建设作为希望工程、民心工程，采取一系列重要举措，办了一大批惠及未成年人的好事实事，受到广大家长和社会各界广泛好评。未成年人思想道德建设工作在继承中改进创新，在探索中开拓发展，开创了新的局面。同时要看到，未成年人思想道德建设面临不少新情况新问题，工作任务仍然十分繁重，应保持清醒认识，以对党、对人民、对未来高度负责的精神，积极主动地做好工作。

刘云山在讲话中指出，未成年阶段是人生的起步阶段，是价值观念形成、人格品德塑造的关键时期。要结合青少年的特点，不断深化爱党爱国爱社会主义主题教育，拓展以学雷锋活动为重点的道德实践，引导未成年人成为有理想、有道德、有文化、有纪律的社会主义新人。要全面加强中小学德育体系建设，充分发挥学校、家庭、社区在未成年人思想道德建设中的重要作用。要切实加强课外活动场所建设使用和管理，完善设施网络，提高服务水平，推动公共文化服务更好惠及广大未成年人。要认真抓好面向未成年人的文化产品创作生产，大力推进优秀少儿作品创作工程，为未成年人提供更多喜闻乐见的精神食粮。要深入推进整治网络淫秽色情和低俗信息专项行动，积极开展影视、书报刊和文化市场抵制低俗工作，形成有利于未成年人健康成长的良好文化环境。

刘云山强调，青少年关系国家和民族的未来，加强和改进未成年人思想道德建设是时代的要求、人民的期望。各地各部门要增强大局意识、责任意识，把加强未成年人思想道德建设作为以人为本、执政为民的重要工作，摆上重要位置，坚持不懈、持续推进。要不断完善党委统一领导、党政群齐抓共管、文明委组织协调、有关部门各负其责、全社会积极参与的体制机制，完善未成年人思想道德建设测评体系，推动各项任务落到实处。要加强调查研究、大力改进创新，总结推广基层创造的好经验好做法，注重解决工作中面临的新课题，进一步增强未成年人思想道德建设的针对性实效性。

国务委员戴秉国在中南海会见印度外长克里希纳

戴秉国表示，在当前国际形势下，中印两国既面临难得战略机遇，也面对不少共同挑战。双方应抓住历史机遇，坚持中印友好的大方向，咬定中印共同发展的大目标，推动中印关系实现更大发展。

克里希纳表示，过去10年来，印中建立起战略合作伙伴关系，双方的友好交往与互利合作达到前所未有的水平。印度政府高度重视发展印中友好合作关系，愿同中方一道，保持高层互访势头，深化经贸、投资等领域的合作，扩展人文、媒体、青年之间的交流，推动两国关系不断发展。

两岸合作编纂中华语文工具书大陆编委会与台湾文化总会分别在北京和台北举行新闻发布会

方强逝世

原中央顾问委员会委员、海军原副司令员方强同志（按大军区正职待遇），因病医治无效，于2012年2月8日在北京逝世，享年102岁。

方强是湖南平江人，1926年加入中国共产主义青年团，1927年转为中国共产党党员。土地革命战争时期，他历任游击队宣传组长、平江长寿街市苏维埃财务兼裁判委员、连政委、师党委秘书、工人纠察队党代表、营政委、团政委、师政委、军委干部团总支书记、军宣传部部长，参加了中央苏区第一至五次反“围剿”和赣州、连城、安乡等战役战斗。抗日战争时期，他历任旅政治部主任、军委总政治部组织部部长、八路军留守兵团副政委兼政治部主任。解放战争时期，他历任合江军区司令员、师长、副军长、军长等职，参加了辽沈、德惠、公主岭、法库、大虎山、黑山、平津、广州、海南岛等战役战斗。新中国成立后，他历任中南军区海军司令员兼政委、海军副司令员，海军副司令员兼海军军事学院院长、政委，海军副政委、第一机械工业部副部长、国防工业委员会副主任兼秘书长、第六机械工业部部长兼党组书记、国务院国防工业办公室主任等职。

方强是中国共产党第七、第十次全国代表大会代表，十三大到十七大特邀代表，第四届全国政协委员。他1955年被授予中将军衔，曾荣获一级八一勋章、一级独立自由勋章、一级解放勋章和一级红星功勋荣誉章。

2月9日

国家主席胡锦涛在人民大会堂会见加拿大总理哈珀

胡锦涛表示，中加双方要按照《中加联合声明》的原则和精神，进一步加强政治领域的对话和交流，增进了解，扩大共识。要正确看待各自国家人民所选择的发展道路，尊重和照顾彼此核心利益和重大关切，坚定维护两国关系发展大局。要充分发挥两国经济互补性强的优势，进一步挖掘合作潜力，拓宽合作领域，推动合作取得更多实实在在的成果。要坚持官民并举，坚持不懈推进两国人文交流，尤其要加强两国青少年的友好往来，筑牢中加友好的桥梁和纽带。要进一步加强在国际和地区事务中的协调与合作，积极推动世界经济复苏和可持续增长。

哈珀说，近年来，加中各领域交流合作不断迈上新台阶，有力地促进了两国关系沿着积极的轨道持续向前发展。加中双方在许多重大问题上共识在增多，共同利益在扩大。加方坚定致力于在相互尊重、互利互惠基础上发展加中战略伙伴关系，希望同中方保持高层交往和政治对话，加深相互了解，积极开展两国经济互补性研究，拓展经贸、能源、投资等领域合作，鼓励人文交流，巩固民间友好。加方愿与中方就全球和地区问题加强磋商与合作，共同维护世界和平与稳定，推动全球经济治理取得新进展。

全国人大常委会委员长吴邦国在人民大会堂会见加拿大总理哈珀

国务院国资委发布《加强中央企业有关业务管理防治“小金库”若干规定》和《关于加强中央企业特殊资金(资产)管理的通知》

要求中央企业坚持综合治理、纠建并举、注重预防的原则，进一步完善内控制度，规范会计核算，强化审计监督，建立和完善防治“小金库”的长效机制；加强特殊资金(资产)管理，明确管理责任，健全管理机制，保护职工合法权益，确保资产安全。

国务院副总理李克强在北京会见加拿大总理哈珀并出席第五届中加经贸合作论坛

张少华逝世

中央军委纪律检查委员会原副书记张少华同志，因病医治无效，于2012年2月9日在北京逝世，享年90岁。

2月10日

国务院总理温家宝在中南海接受第十一世班禅额尔德尼·确吉杰布的拜见

温家宝说，2011年是西藏和平解放60周年。60年来，特别是改革开放以来，在党和政府的领导下，在全国各族人民的支持下，经过西藏各族人民艰苦奋斗，不懈努力，西藏发生了翻天覆地的巨大变化，经济发展和社会各项事业取得举世瞩目的辉煌成就。今后，我们要坚持民族区域自治制度，继续贯彻中央第五次西藏工作座谈会精神，认真执行《“十二五”支持西藏经济社会发展建设项目规划方案》，更加注重改善藏族同胞的生活，更加注重保护西藏和其他地方藏区的生态环境和文化传统，更加注重保护藏族群众的宗教信仰自由，努力使西藏各族人民与全国人民一道实现全面建设小康社会的目标。

温家宝向班禅提出了三点希望：一是继续加强学习，在学习佛教经典的同时，还要向历史学习，向群众学习，向实践学习，不断提高学识水平。二是深入研究教义阐释，发掘藏传佛教教义中的积极思想，引导僧众爱国守法持戒。三是勇挑重担，为维护祖国统一和民族团结发挥更加重要、积极的作用。

中共中央政治局常委李长春在中共中央编译局参观马克思主义传播史展览

李长春强调，要紧密结合中国特色社会主义的生动实践，深入实施马克思主义理论研究和建设工程，大力推进经典著作编译、研究和传播，推进马克思主义中国化时代化大众化，为党和国家事业发展提供有力的思想理论保证。

国务院副总理李克强在中南海会见新加坡外交部部长兼律政部部长尚穆根

李克强表示，中新在国际事务中一直保持良好协调与配合，为亚洲的和平、稳定与发展发挥了积极作用。中国坚持走和平发展道路，愿同新方和本地区国家一道，在深化合作中扩大利益汇合点，促进共同发展繁荣。

尚穆根表示新方高度重视对华关系，愿与中方拓展和深化双边务实合作，发展坚实可靠的新中关系，并在共同关心的国际和地区问题上保持密切沟通和协调。

中央纪委书记贺国强在人民大会堂会见以总书记让—弗朗索瓦·科佩为团长的法国人民运动联盟代表团

贺国强表示，中方愿同法方加强多边机制和全球层面的战略协调，为应对国际经济金融风险和欧洲主权债务危机、维护国际金融稳定、促进世界经济复苏而共同努力。

贺国强表示，中国共产党与法国人运盟保持着友好合作关系，希望两党继续加强合作，不断提升对话水平、丰富交流内容，为中法关系全面发展夯实政治基础。

科佩表示，法方十分重视法中关系，希望法中各方面合作包括高层互访与对话能够长久地发展下去。科佩强调，他本人深知法中关系对两国具有的重大意义，将尽最大努力促进双方政治、经济、文化等各领域合作不断发展。

中组部部长李源潮在人民大会堂会见由总书记让—弗朗索瓦·科佩率领的法国人民运动联盟代表团

外交部部长杨洁篪在北京与新加坡外交部部长兼律政部部长尚穆根举行会谈

首届中国北方地区冬泳赛在内蒙古呼伦贝尔市举行

《谢克强文集》出版

《谢克强文集》首发式在武汉举行。文集分抒情诗卷、抒情长诗卷、爱情诗卷、散文诗卷、诗论卷等8卷,共计330万字,是谢克强40年文学创作生涯的结晶。参与首发式的专家认为,谢克强不断开阔生活视野,作品艺术风格多样,善于用平实的生活语言暗喻哲理,以简约的意象符号创造艺术意境。其长达4250行的抒情长诗《三峡交响曲》熔抒情与叙事于一炉,显示出深远的历史感和深厚的文化意蕴。

2月11日

人力资源和社会保障部副部长胡晓义在北京出席中国社会保障30人论坛年会并讲话

胡晓义透露,2011年,我国城镇化率已经达到51.27%,城镇化率超越"50%"这一转折点的出现,表明我国社会保障发展进入到一个新的阶段,要求我们在更高层面和以更大强度加快推进社会保障城乡统筹的步伐。

胡晓义说,"十二五"开局之年,在国内外经济形势存在诸多不确定、不稳定因素的背景下,我国社会保障事业继续取得重大进展。新农保试点迅速扩大,同步开展了城居保试点,到2011年年底,已有超过3.6亿人参保,超过1亿城乡老年居民领取政府的基础养老金;再经过今年的努力,城乡居民基本养老保险制度可以实现全面覆盖,以养老、医疗、低保为重点的基本社会保障体系框架可以宣告基本建成。

胡晓义透露,推进社会保障城乡统筹,在政策衔接方面的重点,一是农村低保与新农保的衔接,原则是叠加实施,努力保证政策效应的最大化。二是新农保、城居保与职工基本养老保险的衔接,今年将研究施行三者之间的衔接转续政策,主攻点可能是缴费年限的认定和换算。三是医疗救助与基本医疗保险的政策衔接,需要研究更深度的有机融合,把医疗救助与花费特高的重大疾病救治结合起来,进一步减少因病致贫和返贫现象。制度融合方面的重点,一是城乡居民基本养老保险。目前一半省市合并实施了两项制度,随着今年制度全覆盖,要着力推进合并实施。二是城乡居民基本医疗保险。目前已有4省市、40多个城市和100多个县的探索创造了成功经验,今年要加大实现居民基本医保城乡统筹的工作力度。

全国人大常委会副委员长李建国在人民大会堂会见法国前参议长蓬斯莱一行

2月12日

山东半岛蓝色经济区产业基金管理有限公司暨境外美元基金管理公司成立

这标志着国内首家专注于投资海洋经济的产业投资基金正式投入运营。

按照《山东半岛蓝色经济区发展规划》要求,山东海洋投资有限公司联合明石投资管理(北京)有限公司、正大环球投资股份有限公司发起设立蓝色经济区产业投资基金,这是经国家发改委批准筹建的我国第一只专注于海洋经济的产业投资基金。该基金总规模300亿元人民币,首期规模80亿元人民币,全部以现金出资,力争今年上半年到位封闭运行。

国家副主席习近平接受美国《华盛顿邮报》书面采访

在对美国进行正式访问前夕,国家副主席习近平接受了美国《华盛顿邮报》书面采访,就中美关系、中美经贸合作、两国地方和人民交往、中美在亚太的关系、双方在国际地区及全球性问题上的合作等提问作了回答。

在回答40年来中美关系发展历程的问题时,习近平表示,40年前,中国和美国两国领导人以政治家的超凡智慧和远见卓识推开尘封多年的中美交往大门。40年来,中美关系虽然历经风雨,但始终向前发展,取得历史性成就,给两国和两国人民带来巨大利益。中美关系成为当今世界最重要、最富活力和最具潜力的双边关系之一。

习近平指出,记得1985年我首次访问美国时,两国贸易额仅77亿美元,人员往来大概1万人次左右。去年,两国贸易额已突破4400亿美元,人员往来超过300万人次。

习近平强调,40年的历史告诉我们,中美关系健康稳定发展对两国至关重要,对亚太地区乃至世界的和平、稳定、繁荣至关重要。胡锦涛主席去年1月访美期间,两国元首就共同致力于建设相互尊重、互利共赢合作伙伴关系达成共识。这充分体现了新时期中美关系的特点与要求，那就是在相互尊重原则基础上开展互利共赢的中美伙伴合作。

关于中美经贸合作，习近平指出，中美经贸关系的本质是互利共赢。中美建交以来，两国贸易额增长180多倍。过去10年，美国对华出口累计增长468%，为美国增加了300多万个就业岗位。美国50个州中有47个州对华出口增幅达到3位数甚至4位数。中国产品为美国消费者节省了6000多亿美元。中国美国商会去年一项调查显示，2010年，在华美资企业85%收入增长，41%在华利润率超过全球平均利润率。美对华投资有力带动了对华出口增长，加快了美产业升级，促进了美国内经济发展。

习近平表示，在经济全球化深入发展的今天，中美经贸关系已高度相互依存。假如这种关系不是互利双赢、对美国也带来巨大好处，就不可能持续、快速发展。绝大多数了解中美经贸关系实际情况的美国人、包括美工商界人士对此是很清楚的。

习近平强调，中美经贸交往过程中，难免出现一些摩擦和分歧。重要的是，双方要通过平等互利、互谅互让的协调，妥善处理分歧，不能让摩擦和分歧干扰整个中美经贸合作大局。

习近平表示，我们已经并将继续采取积极措施解决美方在知识产权保护、贸易不平衡等问题上的合理关切，将继续推进人民币汇率形成机制改革，还会一如既往地为来华投资者提供公平、规范、透明的投资环境。同时，希望美方在放宽高技术产品对华出口管制、为中国企业赴美投资提供公平竞争环境等方面也能尽快采取实质性步骤。

关于中美在亚太的关系，习近平表示，亚太地区是中美利益交汇最集中的地区。近年来，中美在亚太经合组织、东盟地区论坛框架下密切协调，就区域经济一体化、反恐、防扩散、打击跨国犯罪、防灾减灾、减贫以及有关地区热点问题加强沟通与合作，有力维护和促进了亚太的和平与繁荣。

习近平强调，当前亚太国家最关心的是保持经济繁荣、维护经济增长和区域合作势头。在人心思安定、人心思发展之际，人为地突出军事安全议程，刻意加强军事部署、强化军事同盟，恐怕并不是本地区绝大多数国家希望看到的。

习近平指出，宽广的太平洋两岸有足够空间容纳中美两个大国。我们欢迎美国为本地区和平、稳定、繁荣发挥建设性作用，同时希望美方充分尊重和照顾亚太各国的重大利益与合理关切。

关于双方在国际地区及全球性问题上的合作，习近平表示，近年来，中美在推动解决重大国际和地区问题、共同应对全球性挑战方面开展了有效协调与合作，充实和丰富了中美关系内涵，巩固和扩大了中美关系的战略基础。双方同舟共济，与其他国家一道，携手应对国际金融危机，推动世界经济复苏；协调哥本哈根、坎昆、德班气候变化会议达成共识；推进朝鲜半岛无核化和六方会谈进程；反对中东任何国家发展和拥有核武器，维护地区和平与安全。两国还就阿富汗、南亚、苏丹、中东等热点问题开展有效沟通。

习近平强调，当前，国际金融危机、欧债危机的负面影响仍在蔓延，地区热点问题此起彼伏，非传统安全与传统安全威胁相互交织。在新形势下，中美尤其要加强沟通、协调与合作，为维护和促进世界和平、稳定与发展共同发挥建设性、负责任的作用。

关于两国地方和人民交往对中美关系的意义，习近平表示，两国人民之间的相互了解和友谊是中美关系发展的坚实基础和不竭动力。1985年我在河北省工作时曾访问过美国艾奥瓦州，考察当地玉米种植和加工，有几天还住在当地居民家中。美国的先进技术，美国人民的热情友好、勤劳淳朴都给我留下很深的印象，使我亲身感受到两国人民之间加强交往的重要性，也增进了我对中美关系的了解和认识。

习近平指出，中美两国都是伟大的国家，两国人民对彼此抱有很大的好感和兴趣，渴望交流互鉴、深化友谊、共谋发展。两国没有理由不友好、不合作。我相信，有16亿人民共同支持的中美关系给世界带来的将是更多和平、繁荣与发展。

外交部部长杨洁篪在北京与越南外交部部长范平明举行会谈

常勇逝世

原国防科学技术工业委员会顾问常勇同志，因病医治无效，于2012年2月12日在北京逝世，享年98岁。

2月13日

国家主席胡锦涛 国务院总理温家宝电贺别尔德穆哈梅多夫再次当选土库曼斯坦总统

胡锦涛在贺电中说，阁下执政以来，土库曼斯坦政局保持稳定，经济持续发展，人民安居乐业，国际地位日益提高。我相信，在阁下领导下，土库曼斯坦人民在国家建设道路上一定会不断迈出新步伐。建交20年来，中土友好合作关系长足发展。双方政治上高度互信，经贸、能源等领域的合作不断扩大，人文交流日益活跃，在国际和地区事务中也保持良好的协调和配合。中方尊重土库曼斯坦人民自主选择的发展道路，支持土方为维护国家独立、主权和安全，促进经济社会发展所做的努力。中方珍视中土传统友谊，重视发展两国长期稳定的友好合作关系，愿同土方携手努力，以两国建交20周年为契机，推动中土友好合作关系不断迈上新台阶。

温家宝在贺电中高度评价中土关系发展所取得的成就，表示中土是友好近邻和重要的合作伙伴，中方愿与土方一道，以中土建交20周年为契机，巩固中土传统友谊，深化互利合作，更多地造福两国人民。

全国政协主席贾庆林在钓鱼台国宾馆与柬埔寨国王西哈莫尼举行会谈

贾庆林表示，中方将一如既往支持柬埔寨走符合本国国情的发展道路，支持柬埔寨发展经济、改善民生。中柬经贸合作潜力大，中方将采取积极措施，扩大从柬埔寨进口，鼓励有实力、有信誉的企业赴柬埔寨投资，鼓励更多中国游客赴柬埔寨旅游，支持两国地方加强友好往来和合作。贾庆林表示相信在柬王室关心下，在两国政府和人民的共同努力下，中柬友好关系必将不断焕发新的活力。

西哈莫尼说，柬中两国人民彼此怀有深情厚谊。柬埔寨政府和人民衷心感谢中国政府和人民长期以来对柬埔寨的无私支持与帮助。柬方高度评价中国在各领域取得的发展成就，愿与中方携手共进，推动柬中友好合作关系不断得到巩固与发展。西哈莫尼重申柬方将继续坚定奉行一个中国政策。

海南省第四届人民代表大会第五次会议选举罗保铭为海南省人大常委会主任蒋定之为海南省省长

国务院发布《全国现代农业发展规划(2011—2015年)》

《全国现代农业发展规划(2011—2015年)》(以下简称《规划》)首次提出了今后5—10年我国现代农业建设的奋斗目标。到2015年，我国现代农业建设要取得明显进展，粮食等主要农产品供给得到有效保障，物质装备和科技支撑能力显著增强，土地产出率、劳动生产率、资源利用率显著提高，东部沿海、大城市郊区和大型垦区等条件较好区域率先基本实现农业现代化；到2020年，现代农业建设取得突破性进展，主要农产品优势区基本实现农业现代化。

从具体发展水平看，《规划》从农产品供给、农业结构、物质装备等7个方面提出了27个发展指标，其中包括到2015年粮食综合生产能力达到5.4亿吨以上、耕种收综合机械化水平达到60%、农业科技进步贡献率超过55%，农业灌溉用水有效利用系数达到0.53等内容。

国务院关于西部大开发“十二五”规划的批复

发展改革委：

你委《关于报送西部大开发“十二五”规划(修改稿)的请示》(发改西部〔2012〕189号)收悉。现批复如下：

一、原则同意《西部大开发“十二五”规划》(以下简称《规划》)，请认真组织实施。

二、《规划》实施要高举中国特色社会主义伟大旗帜，以邓小平理论和“三个代表”重要思想为指导，深入贯彻落实科学发展观，按照中央关于新形势下深入实施西部大开发的战略部署，以科学发展为主题，以加快转变经济发展方式为主线，进一步解放思想、开拓创新，进一步深化改革、扩大开放，进一步加大投入、强化支持。要坚持把深入实施西部大开发战略放在区域发展战略优先位置，充分发挥西部地区特色和优势，促进区域经济良性互动、协调发展，增进民族团结和社会和谐，努力保持经济社会长期持续平稳较快发展，实现地区生产总值和城乡居民收入增速均超过全国平均水平，为实现全面建设小康社会目标打下坚实基础。

要坚持统筹兼顾，真正把当前和长远结合起来，切实抓好重点工作的落实。(一)明确主体功能区，对重点经济区、农产品主产区、重点生态区、资源富集区、沿边开放区和特殊困难地区，实施分类指导。(二)继续把基础设施建设放在优先位置，突出交通和水利两个关键环节，加快构建适度超前、功能配套、安全高效的现代化基础设施体系。(三)加大生态建设和环境保护力度，从源头上扭转生态恶化趋势。加强环境综合治理和节能减排，大力发展循环经济。(四)发展特色优势产业，建设国家能源、资源深加工、装备制造业和战略性新兴产业基地。(五)加快发展现代特色农业，建立有西部特色的农产品生产加工体系，拓宽农民增收渠道，建设农民幸福家园。(六)培育中小城市和特色鲜明的小城镇，提升城镇化的质量和水平。(七)优先发展教育，千方百计扩大就业，推进基本公共服务均等化。增强科技创新能力，建设创新型区域。(八)全面提升对内对外开放水平，不断增强发展动力和活力。

三、西部地区各省(区、市)人民政府要切实做好《规划》确定的主要目标、重点任务与本地区经济社会发展“十二五”规划的衔接，认真分解落实各项任务。要充分发挥市场配置资源的基础性作用，有效引导社会资源，合理配置公共资源，保障《规划》有效实施。东中部地区要积极支持配合做好《规划》实施工作，加强与西部地区的经济合作，进一步提升对口支援、对口帮扶的深度和水平，积极支持东中部地区的企业、人才到西部地区创业发展，进一步形成互惠互利、相互促进的发展格局。

四、国务院有关部门要按照《规划》确定的总体目标和发展重点，在有关专项规划编制、政策措施实施、重点项目安排、体制机制创新等方面给予积极指导和支持。要加强部门之间的沟通协调，深入调查研究，及时总结经验，指导和帮助地方政府切实解决《规划》实施过程中遇到的问题，进一步为西部地区又好又快发展营造良好政策环境。

五、发展改革委要加强综合协调与服务，会同有关部门加强对《规划》实施情况的跟踪分析和监督检查，适时组织开展《规划》实施的中期评估工作。要重视研究新情况，解决新问题，总结新经验，重大问题及时向国务院报告。

深入实施西部大开发战略，是党中央、国务院作出的重大决策，各有关方面要统一思想、坚定信心、开拓创新、扎实工作，努力建设经济繁荣、社会进步、生活安定、民族团结、山川秀美的西部地区，不断开创西部大开发新局面。

国务院

2012年2月13日

国务院副总理张德江在中南海会见瑞士联邦委员多丽丝·洛伊特哈德

张德江指出，近年来中瑞两国关系发展良好，双方高层交往密切，双边贸易合作进展顺利。中方愿与瑞方一道，深化交流，加强往来，共同推动两国在交通运输、能源、环保、水利等领域务实合作，实现互利共赢。

多丽丝·洛伊特哈德对中国持续快速发展取得的成就表示赞赏，并希望与中方继续开展相关领域合作，促进双边经贸合作深入发展。

国务委员戴秉国致电美国国务卿希拉里·克林顿

双方表示，2012年对中美关系是重要的一年，两国应加强对话、互信与合作，按照两国领导人达成的重要共识，共同致力于建设相互尊重、互利共赢的合作伙伴关系。习近平副主席对美国的访问具有重要意义，相信将为中美关系的发展注入新的动力。

双方就当前叙利亚局势坦诚深入地交换了意见，认为应立即停止一切暴力行为，寻求危机的政治解决，实现叙利亚及中东地区的和平稳定。戴秉国强调，叙利亚问题本质上是叙内部事务。中方在叙利亚问题上秉持客观公正立场和负责任的态度，符合《联合国宪章》的宗旨和原则以及国际关系基本准则。我们的所作所为光明磊落，是经得起历史检验的。中方支持阿拉伯国家为政治解决叙利亚问题所做的努力，愿继续与国际社会一道，为妥善解决叙利亚问题发挥建设性作用。

希拉里·克林顿表示，美方愿就叙利亚问题同中方保持沟通。

中联部部长王家瑞在北京会见欧盟委员会前主席罗马诺·普罗迪

2月14日

国家主席胡锦涛与墨西哥合众国总统卡尔德龙互致贺电庆祝中墨建交40周年

中共中央国务院在人民大会堂举行国家科学技术奖励大会

党和国家领导人胡锦涛、温家宝、李长春、李克强出席大会并为获奖代表颁奖。温家宝代表党中央、国务院在大会上讲话。李克强主持大会。

中共中央总书记胡锦涛首先向获得2011年度国家最高科学技术奖的中国科学院院士、中国科学院高能物理研究所原副所长谢家麟，中国科学院院士、中国工程院院士、清华大学建筑与城市研究所所长吴良镛颁发奖励证书，并同他们热情握手，向他们表示祝贺。随后，胡锦涛等党和国家领导人向获得国家自然科学奖、国家技术发明奖、国家科学技术进步奖和中华人民共和国国际科学技术合作奖的代表颁奖。

国务院副总理李克强在主持大会时强调，科学技术在一定意义上是经济社会发展中最活跃、最具革命性的因素，是推动社会发展进步的决定性力量。希望广大科技工作者以获奖者为榜样，以科教兴国为己任，把自己的事业抱负、科技专长同国家发展、社会进步、人民幸福更加紧密地联系起来，为加快转变经济发展方式、推动科学发展、建设创新型国家提供强大科技支撑。

国务委员刘延东在会上宣读了《国务院关于2011年度国家科学技术奖励的决定》。

国家科学技术进步奖特等奖第一完成人、国土资源部原总工程师张洪涛代表全体获奖人员发言表示，伟大祖国为科技事业发展提供了前所未有的机遇和环境。我们要把荣誉变成新的动力，不辱使命、自强不息、团结协作、努力奋斗，以优异成绩迎接党的十八大胜利召开。

2011年度国家科学技术奖励共授奖374个项目和10名科技专家。其中，国家最高科学技术奖获得者2人；国家自然科学奖授奖项目36项，其中一等奖空缺、二等奖36项；国家技术发明奖授奖项目55项，其中一等奖2项、二等奖53项；国家科学技术进步奖授奖项目283项，其中特等奖1项、一等奖20项、二等奖262项；授予8名外籍科学家中华人民共和国国际科学技术合作奖。

国务院总理温家宝在国家科学技术奖励大会上的讲话

同志们：

今天，我们隆重召开国家科学技术奖励大会，表彰为我国科技事业和现代化建设作出突出贡献的科技工作者。我代表党中央、国务院向2011年度国家科学技术奖获奖者表示热烈祝贺！向全国广大科技工作者表示诚挚问候和崇高敬意！向关心和参与中国科技事业的外国科技工作者表示衷心感谢！

国际金融危机发生以来，我们既面临新的机遇，也面临严峻挑战。要克服国际金融危机的深层次影响，缓解发展不平衡、不协调、不可持续的体制性、结构性矛盾，实现经济社会发展的新跨越，最根本的要靠改革开放、体制创新和科技进步，靠激发和调动包括广大科技工作者在内的人民群众的积极性、主动性和创造性。

近年来，我们实施《国家中长期科学和技术发展规划纲要》，推动科技事业加快发展，在许多领域取得重大进展和突破。我国科技实力、创新能力大幅提升，科技对经济社会发展的支撑和引领作用明显增强。我们要敏锐发现国际金融危机给新的科学技术革命带来的契机，着力深化科技体制改革，调整完善科技力量布局，促进科技与经济紧密结合，以加快传统产业改造升级，实现战略性新兴产业突破，积极开发应用高新技术，努力形成中国经济的新优势。

要积极推动企业成为技术创新的主体。加快建立企业主导产业技术研发创新的体制和机制，支持企业建立和充实研发中心，支持企业承担国家和地区重大科技项目，攻克产业关键技术，提高核心竞争力。推动科研机构、高等院校的科研力量以多种形式为企业研发中心服务，更好地实现产学研有机结合，使更多的科研成果转化为现实生产力。

要积极探索新的科技人才培养和激励机制，不断激发广大科技工作者的创新潜力和活力。要从制度上为广大科技工作者创新创业提供更加广阔的舞台和空间，鼓励他们走出科研院所创业，特别是创办科技型企业，让科技型企业的发展壮大，带动和促进科研成果、创新产品、创新人才的大量涌现。

要弘扬科学精神，倡导学术诚信。鼓励独立思考，保障学术自由，形成百家争鸣、民主开放的科学氛围，引导广大科技工作者勇于追求真理、执着科学探索、尊重知识产权、珍视学术声誉。我坚信，我们这个时代一定能够成为造就人才、激励创新、不断攀登科技高峰的时代！

让我们在以胡锦涛同志为总书记的党中央领导下，锐意进取，求真务实，开创科技工作新局面，为全面建设小康社会作出新的贡献！

国务院总理温家宝在人民大会堂与欧洲理事会主席范龙佩欧盟委员会主席巴罗佐共同主持第十四次中欧领导人会晤

温家宝表示，近年来，在错综复杂的国际局势中，中欧关系总体平稳、向前发展。双方从战略高度更加重视沟通与合作，利益融合日益紧密，贸易和投资大幅增长，科技、能源、环保、金融、人文等领域的交流合作不断拓展，在应对气候变化、改善全球经济治理、推动可持续发展等重大议题上协调配合进一步加强，扩大了共识，维护了共同利益。

温家宝指出，当前国际金融危机对世界政治、经济、安全的深层次影响继续扩大，各国加快自身改革，广泛参与国际合作成为时代潮流。中欧要更加深入地相互理解和支持，以创新、开放的思维扩大务实合作，共同致力于营造和平安全的国际环境，推动全球战略格局继续向着多极、均衡、稳定方向发展。

温家宝提出，中欧要共同努力，扩大相互投资，尽早启动投资协定谈判；促进双边贸易平衡、可持续发展，充分开发市场潜力，妥善处理分歧，争取共赢局面；加强科研和创新合作，带动结构调整和产业进步；深化能源和环保领域合作，推进中欧城镇化合作；以建立中欧高级别人文交流对话机制和举办“中欧文化对话年”活动为契机，加强人文交流。

温家宝表示，中国支持欧方应对债务问题的意愿是真诚的、坚定的，已做好了加大参与解决欧债问题力度的准备。中方支持欧盟加强财政纪律，希望欧方向外界继续传递明确、有力的积极信息，并为中欧深化金融合作营造积极、有利的环境。

欧方表示，欧中建立全面战略伙伴关系以来，各领域合作成果丰硕，对话交流不断加强，在国际、地区事务中保持密切沟通、协调。面对共同挑战，欧中相互依存度不断增强，正日益成为命运共同体，欧中关系有着巨大发展空间，欧中是战略伙伴和朋友，不是对手。欧方主张面向未来，摒弃零和游戏，增进互信，实现双赢，愿与中方扩大贸易、投资、科技、能源、环保、人文等领域合作，推动欧中关系更上一层楼。

欧方表示，欧盟成员国和欧盟机构正积极应对欧债危机，争取通过改革调整、加强机制建设、加大资金投入等措施，保持欧元区财政稳定。欧方感谢中方的支持，欢迎中方继续积极参与应对工作。欧方愿与中方加强合作，增强市场信心，促进经济增长。

双方还就共同关心的地区热点问题交换了意见。

会晤后，双方领导人共同会见了记者，并发表了联合新闻公报。

国务院总理温家宝在北京出席第七届中欧工商峰会并发表题为《互利共赢的中欧经贸合作前途光明》的讲话

温家宝表示，当前世界经济发展正处在重要关头，形势依然十分严峻。国际社会携手应对欧债问题，对于促进全球经济稳定复苏和保持国际金融稳定具有重要意义。作为欧盟的全面战略伙伴，中国支持欧方作出的努力，支持国际主要金融机构在解决欧债危机中发挥重要作用，中国对增加国际货币基金组织资源持开放和积极态度，也在考虑通过欧洲金融稳定基金和欧洲稳定机制等渠道更多参与解决欧债问题。

温家宝指出，解决欧债问题，关键在于欧洲自身的努力。世界各国特别是主要经济体，应加强宏观经济政策协调，反对贸易保护主义，共同致力于世界经济复苏和强劲、可持续、平衡增长。中国对欧洲经济和欧元稳定抱有信心，相信只要欧盟团结一致，增强信心，政策得当，就一定能够化危为机，走向更加光明的未来。

温家宝就加强中欧经贸合作提出如下主张：

第一，扩大双边贸易规模。中方愿意进口更多欧方产品，促进双边贸易平衡发展。希望欧方放宽出口管制，克制使用贸易救济措施，为双边贸易稳定发展营造良好环境。

第二，促进双向投资合作。尽快启动中欧投资协定谈判，为双方投资便利化提供制度保障，增强投资者信心。中方欢迎欧盟企业到中国投资兴业，将进一步扩大市场准入，实行稳定透明、公平竞争的政府采购政策，及时解决欧方企业的合理关切。希望欧方保持市场开放。

第三，推进科技交流与合作。加强科技创新政策对话与合作，召开中欧空间科技合作大会，拓展空间技术领域合作，支持双方中小企业开展能源科技创新合作，加强知识产权合作。

第四，深化能源和环保合作。尽快召开中欧高层能源会议，确定合作的方向和重点领域。继续开展政策对话，启动新的环保合作项目，加强汽车领域合作，联合开发电动汽车，实现节能减排的共同目标。

第五，积极开展城镇化合作。在城市规划、智能交通、建筑节能、垃圾处理等领域开展合作，召开中欧市长论坛，使之成为中欧交流探讨的重要平台。

温家宝最后说，中欧关系正站在新的历史起点上，前途是光明的。我们的共同目标，是把中欧关系打造成21世纪国际合作的典范。越是在困难的时候，我们越要更加坚定地站在一起，携手前行，共同迎接中欧友好合作的美好明天。

本届中欧工商峰会由中国商务部和欧盟委员会共同主办，中欧高级官员及双方经济界人士共600人出席。

全国政协主席贾庆林在北京调研

2月14日至15日，贾庆林在北京调研时强调，要深入贯彻党的十七届六中全会和中央经济工作会议精神，坚持科学发展这个主题和加快转变经济发展方式这条主线，牢牢把握稳中求进的工作总基调，充分发挥统一战线和人民政协的优势，加快推进经济结构战略性调整，大力发展实体经济，加强生态环境建设，促进首都经济平稳较快发展和社会和谐稳定，以优异成绩迎接党的十八大胜利召开。

贾庆林强调，今年下半年中国共产党将召开第十八次全国代表大会。北京作为首都，保持社会和谐稳定意义重大、责任重大。要以高度的政治责任感，认真贯彻落实稳定是硬任务、是第一责任的要求，全面把握和着力解决影响社会和谐稳定的各种矛盾和问题，加强和创新社会管理，全力做好确保十八大安全各项工作，努力营造喜庆热烈、文明和谐的社会氛围。

在谈到统战、政协工作时，贾庆林指出，各级党委要进一步加强和改善对统一战线和人民政协的领导，切实关心支持统战、政协工作，积极采纳他们的真知灼见，更好地发挥他们的重要作用。各级政协组织和统战部门要充分发挥自身优势，更加积极地围绕中心、服务大局，更加自觉地履行职能、开展工作，更加主动地团结各界、凝聚人心，为开创经济社会发展新局面作出更大贡献。

中共中央政治局常委李长春在全国农业展览馆新馆参观中国非物质文化遗产生产性保护成果大展

李长春指出，党的十七届六中全会强调，优秀传统文化凝聚着中华民族自强不息的精神追求和历久弥新的精神财富，是发展社会主义先进文化的深厚基础，是建设中华民族共有精神家园的重要支撑。我们要深刻领会、认真贯彻全会精神，切实抓好非物质文化遗产保护传承，为弘扬中华优秀传统文化、推动社会主义文化大发展大繁荣、满足人民群众精神文化需求作出贡献。

李长春强调，非物质文化遗产生产性保护工程不仅是文化工程，而且是富民工程、德政工程，体现了我们党执政为民的理念，受到人民群众欢迎。要认真贯彻落实非物质文化遗产法，按照“保护为主、抢救第一、合理利用、传承发展”的方针，把保护传承和开发利用结合起来、社会效益与经济效益结合起来、继承与创新结合起来，科学推进非物质文化遗产生产性保护工作。要大力推进保护传承方式创新，加大生产性保护工作力度，完善表彰、奖励、资助政策。对于凡是有市场前景的，要鼓励在国家政策支持下进入市场，特别是和发展旅游业紧密结合，在与产业和市场的结合中实现传承和可持续发展，焕发新的生机和活力，这是最积极、最有效、最有利于非物质文化遗产可持续发展的保护传承方式。要充分利用“文化遗产日”和传统民俗节庆，广泛开展非物质文化遗产生产性保护宣传展示活动，增强全社会保护意识，营造有利于非物质文化遗产生产性保护的良好氛围。

国务院副总理李克强在中南海会见国土资源节约集约模范集体代表

李克强对代表们说，国土与资源是发展之本，节约与集约利用是可持续发展之基。随着经济较快发展，我们面临的资源环境压力越来越大。我国人均耕地不到世界平均水平的1/3，一些主要矿产资源对外依存度超过50%。资源相对短缺、环境容量有限是我国的基本国情，节约资源是我们的基本国策。加强国土资源节约集约利用，不仅有利于节约和降耗，而且有利于发展和增效，是加快转变经济发展方式、推进经济结构调整的重大任务，是保持经济长期平稳较快发展的重大措施，也是衡量科学发展和发展方式转变的一个重要标准。对企业来讲，节约集约可以降低生产成本，倒逼转型升级，增强和提高竞争能力；对全社会来讲，节约集约可以催生新产业，创造新财富，发展生产力，提升生产率。

李克强强调，发展是硬道理，节约是大战略。一是要把节约优先放在更加突出的位置。我国节约集约利用资源潜力很大，提高资源综合利用率水平，就相当于新增加了资源储量。要坚持节约优先，依法管好用好资源，发挥好战略规划、经济政策等的管控和引导作用，实施好资源利用总量控制，向加强管理要节约，向结构调整要节约，向技术进步要节约。二是要注重改革创新。各地在节约集约利用资源方面进行了很多有益探索，要总结实践经验，注重用改革的办法进一步创新发展模式和资源节约模式，努力用最小的资源消耗支撑经济社会发展。三是要形成社会合力。节约集约资源，涉及各行各业，事关每个企业、每个公民，不仅各级党委政府要积极努力，而且要成为社会共识和共同行为。要广泛宣传基本国情、基本国策，落实节约集约资源的责任制，形成部门协同、多方联动、齐抓共管的工作局面，在全民中大力倡导珍惜资源、节约资源的理念和消费模式，大家齐心协力，加快推进建设资源节约型社会。

国家副主席习近平在白宫与美国总统奥巴马举行会谈

习近平说，胡锦涛主席委托我向总统先生转交他对您不久前来信的复信。胡主席在信中积极评价过去一年中美关系的总体发展，强调2012年对中美两国和中美关系具有特殊重要意义，表示重视总统先生就发展中美经贸关系所表达的意见，重申愿与总统先生共同努力，落实好他去年年初访美期间与您达成的共识，把握机遇、克服挑战，把相互尊重、互利共赢的中美合作伙伴关系建设好、发展好，推动中美关系继续稳定发展。

习近平说，总统先生就职3年来重视并致力于推进中美关系，多次表示美方欢迎一个强大、繁荣、成功和在世界上发挥更大作用的中国，我们对此表示赞赏。习近平表示，在双方共同努力下，中美关系总体保持积极发展势头，给两国和两国人民带来实实在在的好处，在世界上也产生了重要积极影响。我希望通过此访，促进两国关系沿着胡锦涛主席同总统先生一道确定的建设相互尊重、互利共赢的中美合作伙伴关系的正确方向不断向前发展。

习近平说，今天上午我和拜登副总统进行了很好的会谈，我们再次确认，中美关系健康稳定发展对我们两国利益至关重要，对亚太地区乃至世界的和平、稳定、繁荣至关重要。排除各种干扰坚持做朋友、做伙伴，是中美双方唯一正确的选项。中方期待同美方增进信任、巩固共识、扩大合作、管控分歧，希望本着平等协商、双向互利的原则继续以对话与合作而非保护主义的方式处理彼此经贸摩擦，努力维护中美经贸关系互利共赢的基本格局。在重大国际地区问题上，双方也要多协调、多合作，为维护和促进世界和平稳定发展共同发挥建设性、负责任的作用。

习近平说，台湾问题事关中国主权和领土完整，始终是中美关系中最核心、最敏感的问题。中方赞赏美方多次重申坚持一个中国政策，希望美方恪守中美三个联合公报精神，以实际行动维护两岸关系和平发展局面和中美关系大局。

奥巴马表示，我坚定地致力于推进相互尊重、互利共赢的美中合作伙伴关系。美方欢迎中国和平发展，认为一个强大、繁荣、稳定的中国有利于亚太地区和世界的繁荣与稳定。奥巴马重申坚持基于美中三个联合公报的一个中国政策，拒绝任何“台独”主张，希望看到台湾海峡两岸关系和平发展趋势继续发展。奥巴马说，在当前形势下，美中在国际和地区问题上的合作至关重要。美方愿与中方加强在二十国集团等多边机制和伊朗核问题、朝鲜半岛、叙利亚局势等问题上的对话、协调与合作。

双方还就两国经贸关系和其他共同关心的问题深入交换了意见。

中美发布《关于加强中美经济关系的联合情况说明》

14日中午，国家副主席习近平会见美国总统奥巴马后，按商定，中美双方发布了中美战略与经济对话框架下经济对话议定的《关于加强中美经济关系的联合情况说明》。全文如下：

关于加强中美经济关系的联合情况说明

（2012年2月14日）

在胡锦涛主席2011年1月对美国进行国事访问期间与奥巴马总统达成的共识基础上，中美双方一致同意本着相互尊重、互利共赢的原则促进中美合作伙伴关系健康稳定发展。在中美战略与经济对话的经济对话框架下，中美双方认同以下成果：

促进强劲、可持续和平衡增长

1.为应对全球经济形势的挑战，中美双方承诺加强宏观经济合作，共同努力以确保全球经济持续复苏、促进就业稳步增长，确立未来全球强劲、可持续和平衡的增长。双方同意采取综合性政策措施实现更加平衡的贸易，并增加相互投资。中国愿增加包括商用高科技产品在内的自美进口。

2.中美双方同意继续就欧洲金融市场发展形势交换意见，讨论支持欧洲通过自身努力应对其主权债务危机的方案。

3.美国正通过提高国内储蓄、承诺实现财政长期可持续以及有利于提高生产力的投资，朝着可持续增长的方向实现经济再平衡。根据奥巴马总统宣布的2013财年预算，美方承诺在未来10年削减超过4万亿美元的财政赤字，包括去年确定的削减1万亿美元的可自由支配支出，并将从本个10年中期开始逐步降低债务在经济中的比例。

4.中国政府致力于改善民生，积极扩大国内需求，并以扩大消费作为战略重点。2012年中国将加大结构性减税政策力度，做好营业税改征增值税试点工作，适时调整进口关税政策，以增加消费，推动服务业加快发展，积极扩大进口，促进贸易平衡，满足人民生活需求。

5.中美双方重申落实二十国集团有关峰会承诺，加快推进由市场决定的汇率制度，增强汇率灵活性以反映经济基本面，避免汇率的持续失调和货币竞争性贬值。双方决心依据促进增长和就业行动计划中关于汇率改革的承诺采取行动，以解决短期脆弱性问题，恢复金融稳定，巩固中期增长基础。这些行动将有助于解决全球流动性和资本流动波动带来的挑战，从而进一步促进汇率改革并降低外汇储备的过度积累。

推动跨境贸易与投资

6.中美双方同意，在发起贸易救济调查和实施贸易救济措施时严格遵守世贸组织规则，以防止其滥用。

7.中美双方同意分享各自在《跨太平洋战略经济伙伴协定》(TPP)、《中日韩自贸区协定》等区域自贸协定中的相关信息。

8.中方重申，中国政府坚持改革开放的政策立场不变，将一如既往地欢迎并鼓励外国投资。技术转让和技术合作是企业的自主行为，中国政府不会以此作为市场准入的前提条件。

9.美方继续支持与中方就民用最终用户和民用最终用途的商业物项开展高技术贸易。当中国商用飞机公司按照美国相关法规，提交了申请“经验证最终用户”所需的所有信息后，美国政府承诺及时受理申请。

10.美国政府承诺及时受理中方希望采购的、可能受到美国出口管制的物项的具体诉求。

11.中美双方确定在第五次中美投资论坛上就两国投资政策、投资促进及相关做法开展对话，包括讨论基础设施领域的问题。该论坛将在下一轮中美战略与经济对话前在美国举行，中美两国有关省州、地市官员和企业界代表将参加论坛。

12.在美国2013财年预算中，美国政府提议，显著扩大“选择美国计划”，以促进对美国的外国直接投资，其中包括通过投入资源吸引中国投资者并为其投资提供便利等措施。作为上述努力的一部分，美国商务部对外商务服务司驻华职员将承担促进中国企业对美投资的更大责任。在2012财年，中国已成为“选择美国计划”中美国商务部对外商务服务司重点加强与投资者沟通的十大市场之一。

13.中美双方认识到两国企业在各自国家基础设施融资方面发挥积极作用的潜力。双方承诺探索在此领域深化合作的机会。为此，“选择美国计划”将协助中方与美国各州和当地经济发展机构及其他负责或参与基础设施融资的部门建立联系。

14.美国承诺继续与中国在省州、市层级开展地方层级合作，以扩大两国人民交往，增加两国贸易与投资机遇。

15.2012年美国在华签证处理能力将提高40%，以确保80%的非移民类签证申请在收到后3周内确定面谈。美国将设立并维护一个含有关键信息的公共网站，以协助业界和旅行者了解签证程序和入境次数。美国将启动一个试点项目，加快有关申请人的非移民类签证申请的处理速度，包括对某些风险度极低的申请人提供免除面谈的能力。2012年期间，这一政策可以为首次申请签证的中国旅行者提供多达10万次的面谈预约。中美双方决定在符合各自法律和平等互惠基础上，商讨便利两国人员往来的各项签证安排。

促进金融部门发展

16. 目前中方已决定对外资保险公司开放交强险，在完成修改相关法规等程序后，将正式颁布实施。

17. 美国欢迎外国投资于包括银行业的各部门，欢迎经批准在美国开设分行的中资银行在美开展业务。美方继续承诺，对于中资银行开设分行、支行或收购美国银行机构股权的申请，提供在类似情况下与其他外国银行同样的审慎监管标准待遇。

加强国际合作

18. 中美双方同意举行两次双边研讨会，以增强双方出口信贷机构项目透明度及对彼此出口信贷机构项目的相互理解。首次会议于2月初举行，美方财政部和进出口银行，中方财政部、进出口银行、中国出口信用保险公司的高级技术专家参会；第二次会议将于下一轮中美战略与经济对话之前举行，双方的高级政策官员和技术专家将参会。此外，中美双方将建立一个由主要出口融资提供方组成的国际工作组，以在制定一套照顾不同的国家利益和国情、与国际最佳实践一致的出口信贷国际指导原则方面取得具体进展，争取在2014年达成协议。

19. 中美双方承诺加强信息共享与合作，帮助确保全球大宗商品市场平稳运行，避免价格大幅波动。美方承诺向中方通报商品期货交易委员会的监管变化及石油市场金融交易数据的可获取情况。双方承诺就石油市场形势加强沟通，包括供需情况、战略性石油储备管理及与国际能源机构合作。

20. 中美双方承认彼此的能源安全和经济利益。

国家副主席习近平在五角大楼会见美国国防部部长帕内塔和美军参谋长联席会议主席邓普西

习近平说，当前中美两国都在致力于建设相互尊重、互利共赢的合作伙伴关系。两国拥有的共同利益越来越多，肩负的共同责任越来越重要。双方应牢牢把握两国关系互利共赢的发展方向，增进互信，深化合作，管控分歧，维护好、建设好、发展好中美合作伙伴关系。

习近平回顾了过去一年中美两军高层交往、机制性对话及有关领域交流合作情况。他指出，中美两军关系是两国关系的重要组成部分，需服从、服务于建设中美合作伙伴关系的大局。希望中美两国防务部门本着“尊重、互信、对等、互惠”的原则，继续扩大和加强多领域、多形式的对话交流，尊重和照顾彼此重大关切，培育和增进战略互信，为构建健康、稳定、成熟的两军关系而共同努力。

帕内塔和邓普西表示，美中都是太平洋大国，开展合作符合双方及世界的利益。美中合作伙伴关系的关键是相互信任。美方愿与中方一道，加强高层互访，提升战略互信，共同打造一个强有力的、对两国关系有帮助的两军关系。

国家副主席习近平与美国副总统拜登共同出席中美企业家座谈会

中国贸促会会长万季飞、美国商会会长多诺霍、美中贸易全国委员会主席穆泰康以及来自中美两国的企业家出席座谈会。

习近平在讲话中高度评价两国企业家为促进中美经贸合作、推动两国关系发展作出的积极贡献。他说，我此次访美是为落实两国元首重要共识、推进中美合作伙伴关系而来。上午，我会见了奥巴马总统，并同拜登副总统举行了会谈，就中美关系和各自关心的重大国际和地区问题坦诚、深入交换了意见，达到了预期目的。

习近平说，中美重新打开交往大门40年来，两国企业家携手合作，为中美经贸合作乃至两国关系发展作出了重要贡献，并在此过程中分享了发展机遇，体现了“一分耕耘，一分收获”。在当前世界经济复苏不稳定性不确定性上升的大背景下，中美两国和两国企业加强合作的必要性、紧迫性更加凸显。

习近平殷切寄语两国企业家：

(一)善于识别和把握时机。当前，中美都处在转变经济发展方式的关键阶段。两国经济议程高度互补和契合，合作空间广阔。希望两国企业家把握机遇，把众多合作潜力全面转化为互利共赢的实际成果。

(二)“风物长宜放眼量。”企业家的眼界决定境界、作为决定地位。希望企业家们“不畏浮云遮望眼”，不因一时一事的干扰因素而裹足不前，而应着眼长远，拿出更多、更好适合两国消费者需求的产品和服务。

(三)深化经贸在两国关系中“压舱石”和“推进器”的作用。希望两国企业家和商会组织继续关心、支持和参与中美经贸合作，有效防止把经贸问题政治化，全力避免各种不应有的干扰，共同维护中美经贸合作和中美关系大局。

(四)要厚道经营，兼济天下，履行好企业社会责任。希望两国企业家在拓展市场、壮大自身的同时，进一步回馈社会，让两国人民从中美经贸合作中更多受益。

习近平说，我对中国经济继续保持平稳较快发展充满信心，对美国经济实现强劲复苏和增长充满信心，对中美经贸合作的明天会更美好充满信心。衷心祝愿两国企业家乘势而上、携手共进、奋力开拓，在中美经贸合作的新起点上续写更多成功故事。

多诺霍、穆泰康以及与会企业家代表感谢习副主席和拜登副总统莅临座谈会，认为这显示了两国领导人对加强美中经贸合作的高度重视，对今后两国关系的发展具有重要意义。他们说，美中经贸联系已达到前所未有的程度，对世界的影响越来越大。面对世界经济形势的不确定性，双方应加强沟通交流，成为更加密切的合作伙伴，携手应对全球挑战，共同面向未来，为促进两国以及世界的繁荣与发展发挥积极作用。

国防部部长梁光烈在八一大楼会见由日本财团理事长尾形武寿率领的日本笹川日中友好基金代表团暨日本中青年军官研修团

国务委员刘延东在北京会见获得2011年度中华人民共和国国际科学技术合作奖的外国专家

刘延东会见德国数学家德乐思、日本冶金专家江见俊彦、法国医学专家戴宇阁、英国食用菌生理和活性物质研究专家约翰·巴士威、日本中药及保健品功能研发专家栗原博、日本传染性疾病与病毒学专家岩本爱吉、澳大利亚纳米材料专家逯高清，并向他们颁发奖章。

刘延东指出，依靠科技创新推动经济社会可持续发展是世界各国共同面对的战略选择。中国政府高度重视科技创新的支撑引领作用，将加快推进创新型国家建设，不断提高自主创新能力，推动经济社会发展尽快走上创新驱动、内生增长的轨道。中国发展离不开世界，世界繁荣稳定也离不开中国。中国将以更加开放的胸怀，真诚欢迎更多的外国专家与中国开展全方位科技合作，积极支持中国科学家参与国际重大科技课题攻关，深化合作、互利共赢，共创繁荣发展的美好未来。

刘延东还与国家自然科学奖、技术发明奖、科技进步奖部分获奖代表座谈，勉励他们以获得国家科技奖励为新起点，继续发扬求真务实、勇于创新的精神，围绕国家战略需求，瞄准世界科技前沿，顽强拼搏、协作攻关，努力创造更多的科技创新成果，为转变经济发展方式、建设创新型国家作出新的更大贡献。

从1995年至今，共有74位外国专家和1个国际组织荣获中华人民共和国国际科学技术合作奖。

2月15日

国家主席胡锦涛在人民大会堂会见出席第十四次中欧领导人会晤的欧洲理事会主席范龙佩和欧盟委员会主席巴罗佐

胡锦涛表示，面对复杂多变的国际形势，没有哪一个国家和国家集团能够独善其身、独自应对。世界的和平与发展需要各国同心协力，携手维护，共同促进。中方一贯重视欧盟在国际事务中的地位和作用，始终从战略高度和长远角度看待和发展中欧关系。我们坚定支持欧盟一体化建设，愿同欧方加强政治和战略对话，妥善处理彼此重大关切和敏感问题，深化全方位、宽领域、多层次合作，不断拓展双方利益融合，共同推动中欧全面战略伙伴关系不断取得新进展。

胡锦涛表示，中方密切关注并支持欧盟、国际货币基金组织及欧央行正在采取的一系列应对欧洲债务问题的措施，将继续加强同欧盟的政策沟通与协调，促进中欧经贸、投资与金融合作，参与国际社会对欧洲和欧元区的支持行动。相信欧洲有能力、有智慧克服困难，迎来新的发展。

范龙佩表示，全球化时代，欧中共同利益增多，相互依存度增强，有必要加强对话、协调与合作。此次欧中领导人会晤传递了欧中加强合作的重要信号，它进一步证明，欧中是战略伙伴，不是竞争对手，欧中关系是互利共赢的，中国的发展对欧洲是机遇。欧方愿同中方深化合作，携手应对各种挑战，维护世界和平稳定，促进全球经济复苏发展。

巴罗佐表示，欧方愿同中方一道，落实好此次欧中领导人会晤的共识和成果，不断扩大和深化合作，加强在重大国际问题上的沟通协调，共同致力于推动欧中全面战略伙伴关系进一步发展。

欧方表示，高度赞赏中方支持欧盟一体化进程，感谢并欢迎中方支持并参与欧盟及国际社会应对欧债危机的努力，相信这有利于提振市场对欧元和欧元区的信心，有利于促进欧洲经济恢复增长。欧方希望同中方加强经贸、投资、金融等领域的合作。

国务院总理温家宝在北京主持召开国务院常务会议研究部署2012年深化经济体制改革重点工作

会议指出，2003年党的十六届三中全会作出关于完善社会主义市场经济体制若干问题的决定，全面部署了新时期深化经济体制改革的目标、任务。近十年来，我国财税、金融、价格、国有企业、农村发展和各项社会事业改革取得重大进展。公共财政体系不断完善；大型金融机构股份制改革、股权分置改革取得突破性进展，利率市场化、汇率形成机制改革不断深化，多层次资本市场加快发展，现代金融体系逐步健全；国有企业改革不断深化，多种所有制经济共同发展；以税费改革、集体林权制度改革为重点的农村综合改革加快推进；社会保障体系逐步完善，覆盖城乡的基本养老保险、基本医疗保险改革迈出重大步伐；收入分配、社会管理体制改革加快推进，卫生、教育、文化、科技体制改革全面深化；对外开放不断扩大；职能转变、信息公开等政府自身改革取得明显进步。这些改革进一步完善了我国基本经济制度，增强了经济社会发展的动力和活力，促进了全体人民共享发展成果。

会议强调，我国经济体制改革仍处于攻坚克难的关键阶段。要按照科学发展观要求和社会主义市场经济规律，尊重群众的首创精神，大胆探索、勇于实践，通过改革解决制约科学发展的深层次矛盾和体制性问题。当前和今后一段时期改革的重点领域和关键环节：一是进一步转变政府职能，理顺政府与市场的关系，改善宏观调控，健全市场体系，深化垄断行业改革，更好地发挥市场配置资源的基础性作用。二是推进财税体制改革，理顺中央与地方及地方各级政府间财政分配关系，更好地调动中央和地方两个积极性。三是深化土地、户籍、公共服务改革，理顺城市与农村的关系，推动工业化、城镇化和农业现代化协调发展。四是推进社会事业、收入分配等改革，理顺经济与社会发展的关系，扭转收入差距扩大趋势，努力提高资源配置效率，有效保障社会公平正义。五是推进依法行政和社会管理创新，理顺政府与公民和社会组织的关系，深化政务公开，健全监督制度，建设服务、责任、法治、廉洁政府。

会议明确了今年改革的重点工作：(一)推动多种所有制经济共同发展。深入推进国有经济战略性调整和国有企业公司制股份制改革，优化国有资本战略布局，完善国有资产管理体制。完善和落实促进非公有制经济发展的各项政策措施，鼓励民间资本进入铁路、市政、金融、能源、电信、教育、医疗等领域。(二)加快财税体制改革。完善分税制和财政转移支付制度，健全县级基本财力保障机制。扩大增值税改革试点，全面推进资源税改革。(三)深化金融体制改革。强化国有控股大型金融机构内部治理和风险管理。积极培育面向小型微型企业和“三农”的小型金融机构。合理引导民间融资。促进多层次资本市场健康发展。(四)深化电力、成品油和水资源价格改革。建立、健全排污权有偿使用和交易制度。(五)推进社会领域改革。完善工资制度，健全工资正常增长机制。实现城镇居民社会养老保险和新农保制度全覆盖。全面实施素质教育，推进学校民主管理。继续推进全民医保，巩固基本药物制度，深入推进县级公立医院改革和城市公立医院改革试点，加快形成对外开放的多元办医格局。深化文化和科技体制改革。(六)推进行政体制改革。建立、健全新设行政审批事项审核论证机制。开展政府绩效管理试点。全面推进地方财政预算、决算公开。(七)深化农村改革。推进农村集体土地确权登记发证，扩大农村土地承包经营权登记试点。制定出台农村集体土地征收条例。(八)深化涉外经济体制改革。完善外商投资产业指导目录。积极推进上海浦东新区、天津滨海新区、深圳经济特区等综合配套改革试点。

会议审议并原则通过《海洋观测预报管理条例(草案)》和《拘留所条例(草案)》。

全国政协副主席杜青林在陕西 江西调研

2月15日至17日，杜青林在陕西、江西调研时强调，要按照中央精神要求，高度重视统一战线重要理论和实践问题研究，切实提升统战工作科学化水平。

杜青林在听取工作汇报时，充分肯定两省统一战线工作为经济社会发展作出的重要贡献，强调各级统战部门要在党委领导下，开拓思路、创新载体、增强主动、积极作为。

对做好今年统战工作，杜青林强调要务必坚持“同心”思想，真正体现和贯彻到统一战线工作各领域、各方面；务必坚持服务大局，在推进科学发展、促进社会和谐中发挥更大作用；务必坚持夯实基础，推进党外代表人士队伍建设取得扎实成效。

调研期间，杜青林就统一战线有关重要理论和实践问题，与统战干部和专家学者进行深入座谈。他指出，要着眼统一战线近90年光辉历程，总结把握统一战线发展基本规律，形成科学认识。要深入研究经济发展方式转变给统一战线内部构成、基本特征、功能定位等带来的影响，增强科学预判。要提升统战工作科学化水平，推动统一战线实践发展。

中办 国办印发《国家“十二五”时期文化改革发展规划纲要》

“十二五”时期是全面建设小康社会的关键时期，也是促进文化又好又快发展的关键阶段。为深入贯彻落实党的十七届六中全会精神，深化文化体制改革、推动社会主义文化大发展大繁荣，进一步兴起社会主义文化建设新高潮，努力建设社会主义文化强国，根据《中共中央关于深化文化体制改革、推动社会主义文化大发展大繁荣若干重大问题的决定》和《中华人民共和国国民经济和社会发展第十二个五年规划纲要》，编制本纲要。

序 言

文化是民族的血脉，是人民的精神家园。当今世界，文化地位和作用更加凸显，越来越成为民族凝聚力和创造力的重要源泉、越来越成为综合国力竞争的重要因素、越来越成为经济社会发展的重要支撑，丰富精神文化生活越来越成为我国人民的热切愿望。在新的历史起点上深化文化体制改革、推动社会主义文化大发展大繁荣，关系实现全面建设小康社会奋斗目标，关系坚持和发展中国特色社会主义，关系实现中华民族伟大复兴。

“十一五”时期是我国文化建设的创新发展期。各地区各部门认真贯彻中央决策部署，解放思想、实事求是、与时俱进、改革创新，推动文化建设不断取得新成就，走出了中国特色社会主义文化发展道路。中国特色社会主义理论体系广泛普及，全党全国各族人民团结奋斗的共同思想基础不断巩固。社会主义核心价值体系建设扎实推进，全社会思想道德水平进一步提升。文化体制改革取得实质性进展，有利于文化科学发展的体制机制初步形成。公共文化服务体系框架基本建立，服务能力和水平显著提高。文化产业蓬勃发展，整体规模和实力快速提升。文化产品创作生产十分活跃，精品不断涌现、市场日益繁荣。文化遗产保护力度不断加大，优秀民族传统文化进一步弘扬。文化走出去步伐加快，中华文化的国际竞争力和影响力明显增强。

当前和今后一段时期，我国发展仍处于可以大有作为的重要战略机遇期。文化领域正在发生广泛而深刻的变革，推动文化大发展大繁荣既具备许多有利条件，也面临一系列新情况新问题。我国经济持续快速发展、综合国力日益增强，为文化建设奠定了坚实的物质基础；中国特色社会主义理论和实践的丰硕成果，为文化建设提供了宝贵的精神文化资源；全社会重视、参与文化建设的热情日益高涨，为文化建设营造了良好的社会氛围；人民群众快速增长的精神文化需求，为文化发展拓展了巨大空间；我国的国际地位和影响力显著提高，为中华文化走出去提供了重要契机。文化改革发展面临难得的历史机遇。同时，我国文化发展的质量和水平还不高，文化建设的布局和结构不尽合理，制约文化科学发展的体制机制障碍尚未完全破除。面对人民群众精神文化需求快速增长的新形势，我国文化产品无论是数量还是质量，都还不能很好满足人民群众多方面、多层次、多样化的精神文化需求，进一步解放和发展文化生产力、提高文化产品和服务供给能力的任务更加紧迫。面对经济发展方式加快转变、社会结构深刻调整的新形势，推动全民族文明素质提高，发挥文化引领风尚、教育人民、服务社会、推动发展的任务更加紧迫。面对现代信息科技和传播手段快速发展的新形势，加快建立文化创新体系、推进文化创新的任务更加紧迫。面对世界范围内各种思想文化交流交融交锋更加明显、斗争尖锐复杂的新形势，增强我国文化整体实力和国际竞争力，抵御国际敌对势力的文化渗透，维护国家文化安全的任务更加紧迫。我们要准确把握我国经济社会发展新要求，准确把握当今时代文化发展新趋势，准确把握各族人民精神文化生活新期待，牢牢抓住发展的重要战略机遇期，顺应时代发展要求，遵循文化发展规律，加快文化改革创新，在全面建设小康社会进程中、在科学发展道路上奋力开创社会主义文化建设新局面。

一、指导思想、重要方针和主要目标

(一)指导思想

高举中国特色社会主义伟大旗帜，以马克思列宁主义、毛泽东思想、邓小平理论和“三个代表”重要思想为指导，深入贯彻落实科学发展观，坚持社会主义先进文化前进方向，以科学发展为主题，以建设社会主义核心价值体系为根本任务，以满足人民精神文化需求为出发点和落脚点，以改革创新为动力，发展面向现代化、面向世界、面向未来的，民族的科学的大众的社会主义文化，培养高度的文化自觉和文化自信，提高全民族文明素质，增强国家文化软实力，弘扬中华文化，坚持中国特色社会主义文化发展道路，努力建设社会主义文化强国。

(二)重要方针

——坚持以马克思主义为指导，推进马克思主义中国化、时代化、大众化，用中国特色社会主义理论体系武装头脑、指导实践、推动工作，确保文化改革发展沿着正确道路前进。

——坚持社会主义先进文化前进方向，坚持为人民服务、为社会主义服务，坚持百花齐放、百家争鸣，坚持继承和创新相统一，弘扬主旋律、提倡多样化，以科学的理论武装人，以正确的舆论引导人，以高尚的精神塑造人，以优秀的作品鼓舞人，在全社会形成积极向上的精神追求和健康文明的生活方式。

——坚持以人为本，贴近实际、贴近生活、贴近群众，发挥人民在文化建设中的主体作用，坚持文化发展为了人民、文化发展依靠人民、文化发展成果由人民共享，促进人的全面发展，培育有理想、有道德、有文化、有纪律的社会主义公民。

——坚持把社会效益放在首位，坚持社会效益和经济效益有机统一，遵循文化发展规律，适应社会主义市场经济发展要求，加强文化法制建设，一手抓繁荣、一手抓管理，推动文化事业和文化产业全面协调可持续发展。

——坚持改革开放，着力推进文化体制机制创新，以改革促发展、促繁荣，不断解放和发展文化生产力，提高文化开放水平，推动中华文化走向世界，积极吸收各国优秀文明成果，切实维护国家文化安全。

(三)主要目标

围绕建设社会主义文化强国的宏伟目标，全面落实到2020年文化改革发展的总体部署，到2015年，我国文化改革发展的主要目标是：社会主义核心价值体系建设不断推进，全党全国各族人民团结奋斗的共同思想道德基础进一步巩固；文化体制改革重点任务基本完成，文化体制机制充满活力、富有效率，有力促进文化科学发展；覆盖全社会的公共文化服务体系基本建立，城乡居民能够较为便捷地享受公共文化服务，基本文化权益得到更好保障；现代文化产业体系和文化市场体系基本建立，文化产业增加值占国民经济比重显著提升，文化产业推动经济发展方式转变的作用明显增强，逐步成长为国民经济支柱性产业；文化产品创作生产体系不断完善，高素质文化人才队伍发展壮大，内容创新和传播能力大大增强，精神文化产品和社会文化生活丰富多彩，更好地满足人民群众的精神文化需求；公有制为主体、多种所有制共同发展的文化产业格局逐步形成；技术先进、传输快捷、覆盖广泛的文化传播体系更加完善，以大城市为中心、中小城市相配套、贯通城乡的现代文化产品流通网络逐渐形成；重点媒体国际传播能力不断增强，与我国经济社会发展水平和国际地位相匹配的媒体国际传播能力逐步形成；主要文化产品进出口严重逆差的局面逐步改善，形成以民族文化为主体、吸收外来有益文化、推动中华文化走向世界的文化开放格局；全民族文明素质明显提高，国家文化软实力和国际竞争力显著提升。

二、加强社会主义核心价值体系建设

(一)深入推进中国特色社会主义理论体系的学习研究宣传。坚持不懈用中国特色社会主义理论体系武装全党、教育人民，推动学习实践科学发展观向深度和广度拓展。建立、健全党员干部理论学习制度，丰富拓展面向群众的理论学习途径，扎实推进学习型党组织和学习型社会建设。紧密联系改革开放和社会主义现代化建设实际，坚持以重大现实问题为主攻方向，深入研究关系党和国家事业发展的全局性、战略性、前瞻性问题，推出一批有深度、有价值的理论研究成果，进一步推动马克思主义中国化、时代化、大众化。围绕深层次思想理论问题和社会热点难点问题，推出更多更好的通俗理论作品，深入开展面向基层的党的理论创新成果宣讲活动。深入实施马克思主义理论研究和建设工程，实施中国特色社会主义理论体系普及计划，抓好研究成果的转化应用，推动中国特色社会主义理论体系进教材、进课堂、进头脑，增强科学理论教育引导群众作用。

(二)繁荣发展哲学社会科学。巩固和发展马克思主义理论学科，坚持基础研究和应用研究并重，传统学科和新兴学科、交叉学科并重，大力推进学科体系、学术观点、科研方法创新，建设具有中国特色、中国风格、中国气派的哲学社会科学，实施哲学社会科学创新工程，推进哲学社会科学创新体系建设，充分发挥哲学社会科学认识世界、传承文明、创新理论、咨政育人、服务社会的重要功能。加强学科和教材建设，全面完成高校哲学社会科学重点教材编写规划，推动社会科学和自然科学的交叉融合，不断提高理论研究整体水平。发挥国家哲学社会科学基金示范引导作用，推出一批有价值、有广泛社会影响的研究成果。有计划地组织对外翻译一批优秀哲学社会科学成果。整合哲学社会科学研究力量，建设一批社会科学研究基地和国家重点实验室，建设一批具有专业优势的思想库，加强哲学社会科学信息化建设。

(三)加强思想道德建设。扎实推进社会主义核心价值体系建设，深入开展走中国特色社会主义道路和实现中华民族伟大复兴的理想信念教育，大力弘扬以爱国主义为核心的民族精神和以改革创新为核心的时代精神，深入开展社会主义荣辱观宣传教育，积极探索用社会主义核心价值体系引领社会思潮的有效途径，形成扶正祛邪、惩恶扬善的社会风气。制定社会主义核心价值体系建设实施纲要。推进公民道德建设工程，拓展各类道德实践活动，加强社会公德、职业道德、家庭美德、个人品德教育，构建传承中华传统美德、符合社会主义精神文明要求、适应社会主义市场经济的道德和行为规范。深入开展学雷锋活动，采取措施推动学习活动常态化。做好深入细致的思想政治工作，在全社会弘扬和践行劳动最光荣、劳动者最伟大的思想观念，在各行各业着力构建和谐劳动关系。深化政风、行风建设，开展道德领域突出问题专项教育和治理。广泛开展形势政策和民族团结进步宣传教育。加强人文关怀，注重心理疏导，培育自尊自信、理性平和、积极向上的社会心态。提倡修身律己、尊老爱幼、勤勉做事、平实做人，推动形成我为人人、人人为我的社会氛围。加强未成年人思想道德建设和大学生思想政治教育，净化社会文化环境，促进青少年身心健康，为青少年营造健康成长的空间。加强青少年文化活动场所建设，创造出更多青少年喜闻乐见、益智益德的文化作品，广泛开展面向青少年的各类文化体育活动。大力弘扬中华民族优秀传统文化，深入挖掘中华传统节日、重大纪念日思想内涵，进行思想道德教育。加强爱国主义教育基地建设，积极发展红色旅游。深化文明城市、文明村镇、文明单位创建，整合现有城市评选项目。广泛开展军民警民共建精神文明活动，推进"讲文明、树新风"活动。把诚信建设摆在突出位置，加强诚信教育，大力推进政务诚信、商务诚信、社会诚信和司法公信建设，抓紧建立、健全覆盖全社会的征信系统。认真实施"六五"普法规划，加强法制宣传教育，弘扬社会主义法治精神。深入开展反腐倡廉教育，大力加强廉政文化建设，形成以廉为荣、以贪为耻的良好社会风尚。广泛开展志愿服务活动，建立完善社会志愿服务体系。

大力发展社会慈善事业。继续深入研究提炼社会主义核心价值观。

三、加快构建公共文化服务体系

(一)构建公共文化服务体系。按照公益性、基本性、均等性、便利性的要求,以公共财政为支撑,以公益性文化单位为骨干,以全体人民为服务对象,以保障人民群众看电视、听广播、读书看报、进行公共文化鉴赏、参与公共文化活动等基本文化权益为主要内容,完善覆盖城乡、结构合理、功能健全、实用高效的公共文化服务体系。推动跨部门项目合作,统筹规划和建设基层公共文化服务设施,坚持项目建设和运行管理并重,实现资源整合、共建共享。加强社区公共文化设施建设,把社区文化中心建设纳入城乡规划和设计,拓展投资渠道。完善面向妇女、未成年人、老年人、残疾人的公共文化服务设施。推进国家公共文化服务体系示范区创建。制定公共文化服务指标体系和绩效考核办法,明确服务标准和服务规范,加强评估考核。

(二)加强公共文化产品和服务供给。加强文化馆、博物馆、图书馆、美术馆、科技馆、纪念馆、工人文化宫、青少年宫等公共文化服务设施和爱国主义教育示范基地建设并完善向社会免费开放服务。鼓励其他国有文化单位、教育机构等开展公益性文化活动,各类公共场所要为群众性文化活动提供便利。加快现代科技应用步伐,提高公共文化服务的数字化、网络化水平。以公共图书馆、学校电子阅览室、社区文化中心为依托,建立和完善未成年人公益性上网场所。鼓励扶持少数民族文化产品的创作生产,提高优秀汉语广播影视节目、出版物等的民族语言译制量,开展少数民族文字书报刊赠送活动。扩大盲人读物出版规模,有条件的地区可以公共图书馆为依托,建立盲人电子阅览室。把主要公共文化产品和服务项目、公益性文化活动纳入公共财政经常性支出预算。采取政府采购、项目补贴、定向资助、贷款贴息、税收减免等政策措施鼓励各类文化企业参与公共文化服务。鼓励国家投资、资助或拥有版权的文化产品无偿用于公共文化服务。

(三)加快城乡文化一体化发展。增加农村文化服务总量,缩小城乡文化发展差距,以农村和中西部地区为重点,加强县级文化馆和图书馆、乡镇综合文化站、村文化室建设,深入实施广播电视村村通、文化信息资源共享、农村电影放映和农家书屋等重点文化惠民工程,扩大覆盖、消除盲点、提高标准、完善服务、改进管理。大力推进农民体育健身工程。加大对革命老区、民族地区、边疆地区、贫困地区文化服务网络建设支持和帮扶力度。引导企业、社区积极开展面向农民工的公益性文化活动,尽快把农民工纳入城市公共文化服务体系,努力丰富农民工精神文化生活。建立以城带乡联动机制,合理配置城乡文化资源,鼓励城市对农村进行文化帮扶,把支持农村文化建设作为创建文明城市基本指标。鼓励文化单位面向农村提供流动服务、网点服务,推动媒体办好农村版和农村频率频道,做好主要党报党刊在农村基层发行和赠阅工作。扶持文化企业以连锁方式加强基层和农村文化网点建设,推动电影院线、演出院线向市县延伸,支持演艺团体深入基层和农村演出。

(四)广泛开展群众性文化活动。以社区文化、企业文化、村镇文化、校园文化建设为载体,积极搭建公益性文化活动平台,依托重大节庆活动和民族民间文化资源,组织开展群众乐于参与、便于参与的文化活动。深入开展全民阅读、全民健身活动,推动文化科技卫生“三下乡”、科教文体法律卫生“四进社区”、“送欢乐下基层”等活动经常化。支持群众依法兴办文化团体,精心培育植根群众、服务群众的文化载体和文化样式。鼓励文艺工作者、艺术院校学生和热心文化公益事业的各界人士开展文化志愿服务。

四、加快发展文化产业

(一)构建现代文化产业体系。构建结构合理、门类齐全、科技含量高、富有创意、竞争力强的现代文化产业体系,推动文化产业跨越式发展,使之成为新的经济增长点、经济结构战略性调整的重要支点、转变经济发展方式的重要着力点,为推动科学发展提供重要支撑。加快转变文化产业发展方式,促进从粗放型向集约型、质量效益型转变,增强文化产业整体实力和竞争力。实施一批重大项目,推进文化产业结构调整,发展壮大出版发行、影视制作、印刷、广告、演艺、娱乐、会展等传统文化产业,加快发展文化创意、数字出版、移动多媒体、动漫游戏等新兴文化产业。培育骨干企业,扶持中小企业,完善文化产业分工协作体系。鼓励有实力的文化企业跨地区、跨行业、跨所有制兼并重组,推动文化资源和生产要素向优势企业适度集中,培育文化产业领域战略投资者。规划建设各具特色的文化创业创意园区,支持中小文化企业发展。优化文化产业布局,发挥东中西部地区各自优势,加强文化产业基地规划和建设,规范建设一批全国文化产业示范区,发展文化产业集群,提高文化产业规模化、集约化、专业化水平。加大对拥有自主知识产权、弘扬民族优秀文化的产业支持力度,打造知名品牌。发掘城市文化资源,发展特色文化产业,建设特色文化城市。发挥首都全国文化中心示范作用。推动文化产业与旅游、体育、信息、物流、建筑等产业融合发展,提升品牌价值,增加物质产品和现代服务业的附加值和文化含量。

(二)形成公有制为主体、多种所有制共同发展的文化产业格局。培育一批核心竞争力强的国有或国有控股大型文化企业或企业集团，在发展产业和繁荣市场方面发挥主导作用。在国家许可范围内，引导社会资本以多种形式投资文化产业，参与国有经营性文化单位转企改制，参与重大文化产业项目实施和文化产业园区建设，在投资核准、信用贷款、土地使用、税收优惠、上市融资、发行债券、对外贸易和申请专项资金等方面给予支持，营造公平参与市场竞争、同等受到法律保护的体制和法制环境。加强和改进对非公有制文化企业的服务和管理，引导他们自觉履行社会责任。建立、健全文化产业投融资体系，鼓励和引导文化企业面向资本市场融资，促进金融资本、社会资本和文化资源的对接。推动条件成熟的文化企业上市融资，鼓励已上市公司通过并购重组做大做强。

（三）推进文化科技创新。发挥文化和科技相互促进的作用，深入实施科技带动战略，增强自主创新能力。抓住一批全局性、战略性重大科技课题，研发一批具有自主知识产权的核心技术、关键技术、共性技术，加快发展文化装备制造业，以先进技术支撑文化装备、软件、系统研制和自主发展，加快科技创新成果转化，提高我国出版、印刷、传媒、影视、演艺、网络、动漫游戏等领域技术装备水平，增强文化产业核心竞争力。依托国家高新技术园区、国家可持续发展实验区等建立国家级文化和科技融合示范基地，把重大文化科技项目纳入国家相关科技发展规划和计划。健全以企业为主体、市场为导向、产学研相结合的文化技术创新体系，培育一批特色鲜明、创新能力强的文化科技企业，支持产学研战略联盟和公共服务平台建设。研发制定文化产业技术标准，加快建立文化产品和服务质量管理体系。实施文化数字化建设工程，改造提升传统文化产业，培育发展新兴文化产业。支持电子信息产业研究开发内容制作、传输和使用的各类电子装备、软件和终端产品，支撑文化产业发展。

（四）扩大文化消费。增加文化消费总量，提高文化消费水平。创新商业模式，拓展大众文化消费市场，开发特色文化消费，扩大文化服务消费，提供个性化、分众化的文化产品和服务，培育新的文化消费增长点。提高基层文化消费水平，引导文化企业投资兴建更多适合群众需求的文化消费场所，鼓励出版适应群众购买能力的图书报刊，鼓励在商业演出和电影放映中安排一定数量的低价场次或门票，鼓励网络文化运营商开发更多低收费业务，有条件的地方要为困难群众和农民工文化消费提供适当补贴。积极发展文化旅游，促进非物质文化遗产保护传承与旅游相结合，提升旅游的文化内涵，发挥旅游对文化消费的促进作用，支持海南等重点旅游区建设。

五、加快文化体制机制改革创新

（一）培育文化市场主体。以建立现代企业制度为重点，加快推进经营性文化单位改革，培育合格市场主体。完成一般国有文艺院团、非时政类报刊社、新闻网站转企改制，拓展出版、发行、影视企业改革成果，加快公司制股份制改造，完善法人治理结构，形成符合现代企业制度要求、体现文化企业特点的资产组织形式和经营管理模式。推动国有文化企业积极参与市场竞争、自觉承担社会责任。把改革、改组、改造与创新管理结合起来，把深化改革与调整结构、整合资源结合起来，把建立现代企业制度与推进政企分开、转变政府职能结合起来，在政府引导下发挥市场机制的积极作用，充分发挥国有文化资本的控制力、影响力和带动力。

（二）深化文化事业单位改革。按照国家分类推进事业单位改革的总体要求，科学界定文化事业单位的性质和功能，突出公益属性、强化服务功能、增强发展活力，全面推进人事、收入分配和社会保障制度改革，明确服务规范，加强绩效评估考核。国家兴办的图书馆、博物馆、文化馆（站）、群众艺术馆、美术馆等公益性文化事业单位，要创新公共文化服务设施运行机制，探索建立事业单位法人治理结构，吸纳有代表性的社会人士、专业人士、基层群众参与管理。深入推进党报党刊发行体制改革和电台电视台制播分离改革，进一步完善管理和运行机制，不断扩大主流媒体的覆盖面和影响力。推动一般时政类报刊社、公益性出版社、代表民族特色和国家水准的文艺院团等事业单位实行企业化管理，增强面向市场、面向群众提供服务能力。

（三）健全现代文化市场体系。加快发展各类文化产品和要素市场，打破条块分割、地区封锁、城乡分离的市场格局，构建统一开放竞争有序的现代文化市场体系，促进文化产品和要素在全国范围内合理流动。重点发展图书报刊、电子音像制品、演出娱乐、影视剧、动漫游戏等产品市场，进一步完善中国国际文化产业博览交易会等综合交易平台。发展连锁经营、物流配送、电子商务等现代流通组织和流通形式，加快建设大型文化流通企业和文化产品物流基地，构建以大城市为中心、中小城市相配套、贯通城乡的文化产品流通网络。加快培育产权、版权、技术、信息等要素市场，办好重点文化产权交易所，规范文化资产和艺术品交易。健全文化经纪代理、评估鉴定、投资、保险、担保、拍卖等中介服务机构，引导行业组织更好地履行协调、监督、服务、维权等职能。

（四）创新文化管理体制。深化文化行政管理体制改革，加快政府职能转变，强化政策调节、市场监管、社会管理、公共服务职能，推动政企分开、政事分开，理顺政府和文化企事业单位关系。完善管人管事管资产管导向相结合的国有文化资产管理体制，坚持社会效益优先，努力实现社会效益和经济效益的统一，建立和完善国有文化企业评估、监测、考核体系，加强国有文化资产监管，确保国有资产保值增值。探索建立适应三网融合业务发展的管理体制和工作机制。健全文化市场综合行政执法机构，推动副省级以下城市完善综合文化行政责任主体。坚持主管主办制度，落实谁主管谁负责和属地管理原则，严格执行文化资本、文化企业、文化产品市场准入和退出政策，综合运用法律、行政、经济、科技等手段提高管理效能。深入开展“扫黄打非”，完善文化市场管理，坚决扫除毒害人们心灵的腐朽文化垃圾，切实营造确保国家文化安全的市场秩序。加强文化及相关产业统计工作，完善分类标准和统计指标，规范统计方法，增强统计数据的科学性和可比性。

六、加强文化产品创作生产的引导

（一）坚持正确创作方向。坚持以人民为中心的创作导向，热情讴歌改革开放和社会主义现代化建设伟大实践，生动展示我国人民奋发有为的精神风貌和创造历史的辉煌业绩。要引导文化工作者牢记为人民服务、为社会主义服务的神圣职责，坚持正确文化立场，认真对待和积极追求文化产品社会效果，弘扬真善美，贬斥假恶丑，把学术探索和艺术创作融入实现中华民族伟大复兴的事业之中。坚持发扬学术民主、艺术民主，营造积极健康、宽松和谐的氛围，提倡不同观点和学派充分讨论，提倡体裁、题材、形式、手段充分发展，推动观念、内容、风格、流派积极创新。把创新精神贯穿文化创作生产全过程，弘扬民族优秀文化传统和五四运动以来形成的革命文化传统，学习借鉴国外文化创新有益成果，兼收并蓄、博采众长，增强文化产品时代感和吸引力。

（二）推出更多优秀文艺作品。文学、戏剧、电影、电视、音乐、舞蹈、美术、摄影、书法、曲艺、杂技以及民间文艺、群众文艺等各领域文艺工作者都要积极投身到讴歌时代和人民的文艺创造活动之中，在社会生活中汲取素材、提炼主题，以充沛的激情、生动的笔触、优美的旋律、感人的形象，创作生产出思想性艺术性观赏性相统一、人民喜闻乐见的优秀文艺作品。实施精品战略，组织好“五个一工程”、重大革命和历史题材创作工程、重点文学艺术作品扶持工程、优秀少儿作品创作工程，鼓励原创和现实题材创作，不断推出文艺精品。扶持代表国家水准、具有民族特色和地方特色的优秀艺术品种，积极发展新的艺术样式。鼓励一切有利于陶冶情操、愉悦身心、寓教于乐的文艺创作，坚决抵制低俗之风。

（三）建立、健全文化创新机制。建立、健全有利于文化工作者深入实际、深入生活、深入群众的体制机制，充分调动文化工作者的积极性和创造性，努力营造有利于文化创新的良好环境。建立以文化生产单位和个人为主体、以优秀文艺作品的市场化开发为重点、以完备的产业链和完整的价值链为依托、以版权保护为保障的文化创新机制。敏锐反映社会实践的新领域、表现主体的新变化和受众的新要求，积极运用高新技术手段推动形式创新，催生新的文艺品种，增强文化产品的表现力、感染力和传播力。

（四）完善文化产品评价体系和激励机制。坚持把遵循社会主义先进文化前进方向、人民群众满意作为评价作品最高标准，把群众评价、专家评价和市场检验统一起来，形成科学的评价标准。建立公开、公平、公正评奖机制，精简评奖种类，改进评奖办法，提高权威性和公信度。加强文艺理论建设，培养高素质文艺评论队伍，开展积极健康的文艺批评，深入开展形式多样的影评、戏评、书评、乐评等活动，倡导主流价值取向，引导群众审美鉴赏，坚决抵制低俗之风，着力净化文化市场，努力营造文化发展良好环境。加强文艺评论阵地建设，扶持重点文艺评论媒体。加大优秀文化产品推广力度，运用主流媒体、公共文化场所等资源，在资金、频道、版面、场地等方面为展演展映展播展览弘扬主流价值的精品力作提供条件。设立专项艺术基金，支持收藏和推介优秀文化作品。加大知识产权保护力度，积极开展版权保护及相关服务，维护著作权人合法权益。

七、加强传播体系建设

（一）加强重要新闻媒体建设。坚持马克思主义新闻观，牢牢把握正确导向。以党报党刊、通讯社、电台电视台为主，整合都市类媒体、网络媒体等宣传资源，调整和完善媒体的布局和结构，构建统筹协调、责任明确、功能互补、覆盖广泛、富有效率的舆论引导格局，不断壮大主流舆论，提高舆论引导的及时性、权威性和公信力、影响力。建立、健全自律和他律机制，引导新闻媒体和新闻工作者秉持社会责任和职业道德，真实准确传播新闻信息，自觉抵制错误观点，坚决杜绝虚假新闻。深入推进“走基层、转作风、改文风”活动，形成长效机制。推进重点媒体扩大信息采集和产品营销网络。

（二）加强新兴媒体建设。认真贯彻积极利用、科学发展、依法管理、确保安全的方针，加强互联网等新兴媒体建设，鼓励支持国有资本进入新兴媒体，做强重点新闻网站，形成一批在国内外有较强影响力的综合性网站和特色网站，发挥主要商业网站建设性作用，培育一批网络内容生产和服务骨干企业。打造一批具有中国气派、体现时代精神的网络文化品牌。引导网络文化发展，实施网络内容建设工程，推动优秀传统文化瑰宝和当代文化精品网络传播，制作适合互联网和手机等新兴媒体传播的精品佳作，鼓励网民创作格调健康的网络文化作品。广泛开展文明网站创建，推动文明办网、文明上网，督促网络运营服务企业履行法律义务和社会责任。加强对社交网络和即时通信工具等的引导和管理，规范网上信息传播秩序，培育文明理性的网络环境。依法惩处传播有害信息行为，深入推进整治网络淫秽色情和低俗信息专项行动，严厉打击网络违法犯罪。加大网上个人信息保护力度，建立网络安全评估机制，维护公共利益和国家信息安全。加强外文网站及海外本土化网站建设，增强对外展示传播中华文化的能力。推动下一代互联网建设，积极发展与三网融合相关的新技术新业务。

(三)加强文化传播渠道建设。积极推进下一代广播电视网、新一代移动通信网络、宽带光纤接入网络等网络基础设施建设，推进三网融合，创新业务形态，发挥各类信息网络设施的文化传播作用，实现互联互通、有序运行。在确保播出安全的前提下，广播电视播出机构与电信企业可探索多种合资、合作经营模式。整合全国有线电视网络，基本实现全程全网，跨部门集成文化资源、产品和服务。加快电影院线建设，大力发展跨区域规模院线、特色院线和数字院线。加快文艺演出院线建设，推动大中城市演出场所连锁经营。加快大型骨干企业出版物发行跨地区整合和农村销售网点建设，建设以大城市为基础、中小城市相配套、贯通城乡的出版物发行网络。

八、加强文化遗产保护传承与利用

(一)提高物质文化遗产保护水平。健全文物普查、登记、建档、认定制度，开展可移动文物普查，编制国家珍贵文物名录。加强世界文化遗产、大遗址和文物保护单位的保护维修、巡查养护及管理机构建设，开展工业遗产、元代以前木构建筑、乡土建筑、文化线路、文化景观等文化遗产的调查与保护，加强基本建设中的考古和文物保护，加大馆藏文物、水下文物的保护力度，提升科技创新能力。加强中华文明起源研究和成果宣传，在考古研究中积极应用高新技术。加强历史文化名城名镇名村保护建设，编制保护规划，完善基础设施，改善群众的居住条件和居住环境。加强文物市场法规体系建设，建立文物鉴定准入和资格管理制度，引导规范民间收藏。强化文物安全防范设施，提高文物安全防范能力。

(二)加强非物质文化遗产保护传承。健全非物质文化遗产普查、建档制度和代表性传承人认定制度，编制非物质文化遗产分布图集，完善非物质文化遗产名录保护体系，制定非物质文化遗产项目分类保护标准和规划。对濒危项目和年老体弱的代表性传承人实施抢救性保护，对具有一定市场前景的非物质文化遗产项目实施生产性保护，对非物质文化遗产集聚区实施整体性保护。加大西部地区和少数民族非物质文化遗产保护力度。统筹国家级文化生态保护区建设。建设非物质文化遗产保护利用设施，不断提高非物质文化遗产保护的科学化水平。

(三)拓展文化遗产传承利用途径。正确处理保护与利用、传承与发展的关系，促进文化遗产资源在与产业和市场的结合中实现传承和可持续发展。鼓励各地积极发展依托文化遗产的旅游及相关产业，发展特色文化服务，打造特色民族文化活动品牌。推动文化遗产信息资源、数字资源开发利用，提升中华文明展示水平和传播能力。鼓励对工业遗产、文化景观、考古遗址公园进行综合开发利用。加强文化遗产保护宣传，深入实施国家通用语言文字法，大力推广和规范使用国家通用语言文字，依法保护各民族语言文字，推动文化遗产教育与国民教育紧密结合。深入挖掘民族传统节日的文化内涵，广泛开展优秀传统文化教育普及活动，传承中华民族优秀传统文化。

九、加强对外文化交流与合作

(一)加强对外文化交流。整合社会科学、文学艺术、新闻、广播电视、电影、出版、版权、民族、侨务、体育、旅游等资源，充分利用多边和双边机制，开展国家文化年、中国文化节、“感知中国”等品牌活动，推广中华春节文化，打造“欢乐春节”等文化交流新品牌。实施对外文化合作及援助，扶持和加强边疆地区与周边国家和区域的文化交流与合作。加快推进海外中国文化中心和孔子学院建设，形成展示、体验并举的综合平台。制定我国哲学社会科学优秀成果和优秀人才走出去规划。鼓励代表国家水平的各类学术团体、艺术机构在相应国际组织中发挥建设性作用，组织对外翻译优秀学术成果和文化精品。构建人文交流机制，把政府交流和民间交流结合起来，发挥非公有制文化企业、文化非营利机构在对外文化交流中的作用，支持海外侨胞积极开展中外人文交流。建立面向外国青年的文化交流机制，设立中华文化国际传播贡献奖和国际性文化奖项。积极吸收借鉴国外优秀文化成果，坚持以我为主、为我所用，学习借鉴一切有利于加强我国社会主义文化建设的有益经验、一切有利于丰富我国人民文化生活的积极成果、一切有利于发展我国文化事业和文化产业的经营管理理念和机制。

(二)推动文化产品和服务出口。实施文化走出去工程，完善支持文化产品和服务走出去政策措施，进一步扶持文化出口重点企业和重点项目，完善《文化产品和服务出口指导目录》，培育一批具有国际竞争力的外向型文化企业和中介机构，形成一批有实力的文化跨国企业和著名品牌。扶持文化企业开展跨境服务和国际服务外包,生产制作以外需为导向的文化产品。扩大版权贸易,保持图书、报纸、期刊、音像制品、电子出版物等出口持续快速增长,支持电影、电视剧、纪录片、动画片等出口,扩大印刷外贸加工规模。扶持优秀国产影片进入国外主流院线,国产游戏进入国际主流市场,数字出版拓展海外市场,开发一批在境外长期驻场或巡回演出的演艺产品,逐步改变主要文化产品进出口严重逆差的局面。积极扩大文化产品和服务出口规模,推动开拓国际市场。深入挖掘民族文化资源,充分运用高新技术手段提升我国文化产品的表现形式和质量,开发国外受众易于接受的文化产品和服务。加强国际文化产品和服务交易平台及国际营销网络建设,办好重点国际性展会。发展对外文化中介机构,培育专业贸易公司和代理公司,构建完整有效的投资信息平台和文化贸易统计分析体系。积极参与国际文化贸易规则的制定。充分利用香港、澳门区位优势,推动文化产品和服务出口。

(三)扩大文化企业对外投资和跨国经营。鼓励具有竞争优势和经营管理能力的文化企业对外投资,兴办文化企业,经营影院、出版社、剧场、书店和报刊、广播电台电视台等。鼓励从事具有中国特色的影视作品、出版物、音乐舞蹈、戏曲曲艺、武术杂技和演出展览等领域的文化企业采用多种形式开拓海外市场。吸收外资进入法律、法规许可的文化产业领域。鼓励文化单位同国外有实力的文化机构进行项目合作,学习先进制作技术和管理经验。

十、加强文化人才队伍建设

(一)造就高层次领军人物和高素质文化人才队伍。遵循文化发展规律和人才成长规律,建立和完善有利于优秀人才健康成长和脱颖而出的体制机制,加快构建一支门类齐全、结构合理、梯次分明、素质优良的宣传思想文化工作者队伍。继续实施"四个一批"人才培养工程和文化名家工程,建立重大文化项目首席专家制度,造就一批人民喜爱、有国际影响的名家大师和民族文化代表人物。加强专业文化工作队伍、文化企业家队伍建设,扶持资助优秀中青年文化人才主持重大课题、领衔重点项目,抓紧培养善于开拓文化新领域的拔尖创新人才、掌握现代传媒技术的专门人才、懂经营善管理的复合型人才、适应文化走出去需要的国际化人才。完善相关政策措施,多渠道吸引海外优秀文化人才。积极支持高层次人才创办文化企业,完善实施知识产权作为资本参股的措施,实施扶持创业优惠政策。落实国家荣誉制度,抓紧设立国家级文化荣誉称号,表彰奖励成就卓著的文化工作者。

(二)加强基层文化人才队伍建设。制定实施基层文化人才队伍建设规划,完善机构编制、学习培训、待遇保障等方面的政策措施,吸引优秀文化人才服务基层。完善基层优秀人才发现培养机制,配好配齐乡镇、街道党委宣传委员、宣传干事和乡镇综合文化站专职人员,提高队伍建设科学化水平。积极推进大学生"村官"计划,鼓励到基层从事宣传文化事业。设立城乡社区公共文化服务岗位,对服务期满高校毕业生报考文化部门公务员、相关专业研究生实行定向招录。重视发现和培养扎根基层的乡土文化能人、民族民间文化传承人特别是非物质文化遗产项目代表性传承人,鼓励和扶持群众中涌现出的各类文化人才和文化活动积极分子,促进他们健康成长、发挥积极作用。制定西部地区基层宣传文化人才队伍支持计划,对西部地区、革命老区、民族地区、边疆地区、贫困地区人才队伍建设予以重点扶持。

(三)建立完善文化人才培训机制。建立、健全分类培训的宣传思想文化人才培训体制机制,制定实施各类人才培训计划。创新人才培养模式,实施高端紧缺文化人才培养计划,搭建文化人才终身学习平台。依托党校、行政学院、干部学院、高等学校、职业院校、定点大型企业,发挥人民团体的作用,加强文化人才政治素养和道德素质教育,开展任职培训、岗位培训、业务培训、技能培训。完善人才挂职锻炼、调研采风、国情考察制度。完善人才培养开发、评价发现、选拔任用、流动配置、激励保障机制,深化职称评审改革,为优秀人才脱颖而出、施展才干创造有利制度环境。重视发现和培养社会文化人才。对非公有制文化单位人员评定职称、参与培训、申报项目、表彰奖励同等对待,纳入相应人才培养工程。建立完善文化领域职业资格制度。

(四)加强职业道德建设和作风建设。引导广大文化工作者加强自身修养,做道德品行和人格操守的示范者,努力成为优秀文化的生产者和传播者。引导文化工作者特别是名家名人自觉践行社会主义核心价值体系,增强社会责任感,弘扬科学精神和职业道德,发扬严谨笃学、潜心钻研、淡泊名利、自尊自律的风尚,努力追求德艺双馨,坚决抵制学术不端、情趣低俗等不良风气。积极支持文化工作者特别是文化名家、中青年骨干深入实际、深入生活、深入群众,拜人民为师,增强国情了解,增加基层体验,增进群众感情。

十一、政策措施

(一)政府投入保障政策。加大政府投入力度,建立、健全同国力相匹配、同人民群众文化需求相适应的政府投入保障机制。保证公共财政对文化建设投入的增长幅度高于财政经常性收入增长幅度,提高文化支出占财政支出比例。增加公共文化服务体系建设资金和经费保障投入。以农村和基层、边疆民族地区、贫困地区为重点,优先安排涉及广大人民群众切身利益的文化项目,重点保障基层公共文化机构正常运转和开展基本公共文化服务活动所需经费,扶持公共文化机构的技术改造和设备投入。依法保障公共文化设施用地。中央、省、市三级设立农村文化建设专项资金,保证一定数量的中央转移支付资金用于乡镇和村文化建设。转变投入方式,通过政府购买服务、项目补贴、以奖代补等方式,鼓励和引导社会力量提供公共文化产品和服务,促进文化产业发展。设立国家文化发展基金,扩大有关文化基金和专项资金规模,提高各级彩票公益金用于文化事业比重。增加文化遗产保护经费投入。支持政府间文化交流和中华文化走出去。支持战略性、先导性、带动性文化产业项目建设,支持文化科技研发应用和提高文化企业技术装备水平。

(二)文化经济政策。对已有支持文化体制改革、支持文化事业和文化产业发展的经济政策进行修订或延续。进一步落实鼓励社会组织、机构和个人捐赠以及兴办公益性文化事业的税收优惠政策,促进企业及民间对文化的投入明显增加。加大财政、税收、金融、用地等方面对文化产业的政策扶持力度,对文化内容创意生产、非物质文化遗产项目经营实行税收优惠。继续征收文化事业建设费和国家电影发展专项资金。落实和完善金融支持文化产业发展政策,加强和改善对文化企业的金融服务。发挥文化产业投资基金的引导作用,吸引金融资本和其他社会资本进入文化产业。完善文化市场准入政策,吸引社会资本投资文化产业。加强对原创性作品的政策扶持和创新型人才的培养。把文化科技研发纳入国家科技创新体系,制定文化产业支撑技术的类别和范围,运用产业政策鼓励文化企业集成应用高新技术,支持文化装备业与文化产业协调发展。继续执行文化体制改革配套政策,对转企改制国有文化单位扶持政策执行期限再延长5年。

(三)文化贸易促进政策。加大已有支持对外文化贸易各项优惠政策的落实力度,进一步完善有关财税政策,支持文化企业走出去。支持文化企业在海外投资、投标、营销、参展和宣传等市场开拓活动,为文化企业走出去提供通关便利。对符合条件的文化企业发展海外业务给予账户开立、资金汇兑方面的政策便利。加强文化企业和文化产品在进出口环节的知识产权保护,维护权利人的合法权益。

(四)版权保护政策。建设涵盖文学艺术、广播影视、新闻出版等领域的版权公共服务平台和版权交易平台,扶持版权代理、版权价值评估、版权质押登记、版权投融资活动,推动版权贸易常态化。加强版权行政执法和司法保护的有效衔接,严厉打击各类侵权盗版行为,增强全社会的版权保护意识。发展版权相关产业。

(五)法制保障。建立、健全文化法律、法规体系,加快文化立法,制定和完善公共文化服务保障、文化产业振兴、文化市场管理等方面法律、法规,将文化建设的重大政策措施适时上升为法律、法规,加强地方文化立法,提高文化建设法制化水平。

十二、组织实施

各级党委和政府要从全局和战略高度,充分认识文化建设的重要地位和作用,切实把文化改革发展摆在全局工作的重要位置,纳入重要议事日程,纳入经济社会发展全局,纳入评价地区发展水平、发展质量和领导干部工作业绩的重要内容,推动文化建设与经济建设、政治建设、社会建设协调发展。进一步增强政治意识、大局意识、责任意识,牢牢把握文化改革发展的主动权。

坚持和完善党委统一领导、党政齐抓共管、宣传部门组织协调、有关部门分工负责、社会力量积极参与的工作体制和工作格局,形成推进文化改革发展强大合力。将文化体制改革工作领导小组调整为文化体制改革和发展工作领导小组,切实发挥统筹领导作用。党委宣传部门要加强协调指导,有关文化行政管理部门要尽快制定落实本纲要的实施方案,报中央文化体制改革和发展工作领导小组批准后组织实施;国家发展改革委、财政部、商务部、税务总局等要尽快制定落实政府投入和相关政策的实施细则,加快重点工程和项目的立项,落实资金投入、经费保障和各项政策;各有关部门要按照职责分工,发挥各自优势,为文化改革发展提供强有力的支持。将文化改革发展纳入各级党校、行政学院、干部学院教学培训的内容。各省、自治区、直辖市人民政府和新疆生产建设兵团要结合本地实际,认真贯彻落实本纲要。各地区各部门要加强对纲要实施情况的跟踪分析,做好中期评估。将纲要中确定的约束性指标纳入经济社会发展综合评价和绩效考核体系。

组织实施中要以科学发展观为指导,正确把握文化改革发展的重大关系,促进文化又好又快发展。要正确把握文化产品的意识形态属性和产业属性,正确处理社会效益和经济效益的关系,始终把社会效益放在首位,努力实现社会效益与经济效益的有机统一。要正确处理东部地区和中西部地区、城乡之间均衡发展的关系,切实加大对中西部地区和广大农村公共文化服务体系建设的支持力度,促进基本公共文化服务均等化。要正确处理繁荣市场和加强监管的关系,更加注重依法管理,综合运用法律、经济、行政、科技等手段,提高管理效能,确保文化健康有序发展。要正确处理坚持对外开放和维护文化安全的关系，在不断扩大对外开放、努力吸收世界各国优秀文明成果的同时，切实维护国家文化安全，形成以民族文化为主体、积极吸收外来有益文化的对外开放格局。要正确处理加强管理和营造良好创作环境的关系，进一步创新管理理念，强化服务意识，寓管理于服务之中，建立和完善有利于优秀人才健康成长和脱颖而出的体制机制，最大限度地调动广大文化工作者的积极性、主动性和创造性。在全社会营造鼓励文化创造的良好氛围，为广大群众成为社会主义文化建设者提供广阔舞台，让蕴藏于人民中的文化创造活力得到充分发挥。

安徽省第十一届人民代表大会第五次会议选举李斌为安徽省省长

云南省第十一届人民代表大会第五次会议选举秦光荣为云南省人大常委会主任李纪恒为云南省省长

《人民日报》发表评论员文章《加强自主创新 促进方式转变》

2月14日，党中央国务院在北京人民大会堂隆重举行国家科学技术奖励大会，中共中央总书记、国家主席、中央军委主席胡锦涛亲自为获得国家最高科学技术奖的谢家麟院士、吴良镛院士颁发奖励证书，一批优秀的科技成果受到表彰。我们谨向荣获2011年度国家科学技术奖获奖者表示热烈的祝贺，向全国广大科技工作者表示崇高的敬意！

党中央国务院连续12年举行国家科学技术奖励大会，充分体现了党和国家对科技工作的高度重视，对科技发展的殷切期望。12年来，广大科技工作者不负重托、不辱使命，奋勇攻关，取得了一批重大创新成果，为支撑经济发展、提升综合国力、改善民生发挥了巨大作用，为战胜各种自然灾害、应对国际金融危机、提升产业竞争力、培育战略性新兴产业作出了重要贡献。

“十二五”时期是我国全面建设小康社会的关键时期，是深化改革开放、加快转变经济发展方式的攻坚时期。加快转变经济发展方式，最根本的是要靠科技的力量，最关键的是要大幅提高自主创新能力。一个国家要保持充满活力、持续向上的发展态势，关键是要跟上世界科技革命和新兴产业发展潮流，不断形成新的战略支点。我们必须牢牢把握科学发展这一主题，紧紧围绕经济发展方式转变这一主线，充分调动广大科技工作者的积极性、主动性和创造性，紧紧抓住新一轮世界科技革命带来的战略机遇，时时瞄准世界科技发展前沿，更加注重自主创新，谋求经济长远发展主动权，形成长期竞争优势，为加快经济发展方式转变提供强有力的科技支撑。

科学技术是人类智慧的精华，是人类文明进步的象征。我们不仅要把科技进步作为经济社会发展的强大动力，还要把自主创新作为中华民族的精神追求。我们要在全社会大力弘扬追求真理、独立思考、大胆探索、勇攀高峰的科学精神，发扬学术民主，倡导百家争鸣，鼓励创新，宽容失败，为科技进步和优秀人才成长营造良好的学术环境和社会环境，努力培养和造就一支规模宏大、素质优良的科技队伍，为我国科技事业发展奠定坚实的人才基础。

科技成果只有转变为新型的生产方式和产业，才能推动经济发展方式的根本转变。必须把促进科技成果向现实生产力的转化，作为“十二五”时期科技工作的一项重要任务。要大力增强技术创新和研发能力，大幅度提高科技成果转化应用水平。要建立、健全企业主导技术研发的体制机制，鼓励企业协作开展关键共性技术研发。要鼓励广大科研人员、科研院所和高等学校以多种形式与企业合作，共同推进技术创新和科技成果转化应用，提升企业和产业素质，增强市场竞争能力。要进一步深化科技体制改革，促进科技资源优化配置和有效利用，推动科技与经济发展紧密结合。要坚定不移地实施国家知识产权战略，保护广大科技工作者和全社会的创新动力，激发创新活力。

今年是实施“十二五”规划承上启下的重要一年。建设创新型国家、坚持创新驱动，不仅提出了前所未有的巨大科技需求，也为广大科技工作者施展才华提供了前所未有的广阔舞台。相信全国的科技工作者会再接再厉、勇攀高峰，为提高自主创新能力、推进经济发展方式转变、保持经济平稳较快增长作出新的更大贡献！

商务部发布中国连续11年成为美国增长最快的出口市场

近年来，中国企业在美国投资发展的速度很快，规模不断扩大，领域也在不断延伸、拓宽，方式日趋多元化，已经成为发展互利共赢中美经贸关系重要推动力和亮点。近日，中国驻美国大使馆开通了“投资美国指南”网站，既体现了中方致力于推动对美国投资的良好意愿，也是服务中国企业赴美国投资的重要举措。

目前，中美互为第二大贸易伙伴，2011年双边贸易额达到4467亿美元，是两国刚建交时的180倍。去年，中国从美国进口首次超过了1000亿美元，达到1222亿美元，同比上升了20%，中国已经连续11年成为美国增长最快的出口市场。中美贸易有很强的密切的优势互补，中国丰富多样的消费品满足了美国消费者需求，而扩大从美国进口电子、航空、生物医药和农产品以及服务贸易，也符合我国扩大进口发展经济的需要。

与此同时，中美双方在投资领域开展了卓有成效的合作。目前美国仍然是中国利用外资最大的来源地之一。截至去年年底，美国对华投资项目累计达6.1万个，累计合同外资金额1623亿美元，实际投人676亿美元，美国企业在华经营获得了很好的效益，成为跨国公司母公司的利润中心。中国在美国的投资也快速增长，美国正在成为中国企业重要的海外投资基地。

国家副主席习近平在华盛顿出席美国副总统拜登和国务卿克林顿共同举行的欢迎午宴

国家副主席习近平在华盛顿分别会见美国国会众议长博纳和参院多数党领袖里德与少数党领袖麦康奈尔等

在会见博纳时，习近平说，中美关系40年来的长足发展证明，两国是互利共赢的合作关系，共同利益远远大于分歧。奉行积极、务实的对华政策，是美国历届政府的共同选择，也是美国共和、民主两党的主流共识。在当前国际金融危机影响远未消除，各种地区热点问题此起彼伏背景下，中美两国有责任、有义务承担起加强合作、共迎挑战的重任。

在会见里德、麦康奈尔时，习近平表示，自去年1月胡锦涛主席成功访美以来，中美关系取得新的重要进展，正处在一个新的历史起点上，更加需要双方秉持同舟共济、共克时艰的精神，在诸多领域加强合作，扩大利益汇合点，妥善处理两国关系中面临的一些敏感问题。习近平积极评价里德在美参院提出“承认中国春节的重要文化和历史意义决议案”，表示这有助于中美两国人民加强对彼此文化和传统的了解。

习近平就台湾问题表示，希望美方恪守一个中国原则，以实际行动支持两岸关系和平发展。在谈到人权问题时，习近平介绍了中国人权事业取得的巨大成就，表示人权事业是一个不断改善的进程，没有最好，只有更好。中国政府将一如既往推动人权事业取得更大进展，也愿与美方在平等和相互尊重基础上开展对话交流，加深了解，共同进步。

在谈到叙利亚问题和伊朗核问题时，习近平表示中方在叙利亚问题上的出发点和立足点是维护中东地区和平稳定和有关国际关系准则，愿通过自己的方式继续发挥建设性作用。中方一贯主张维护国际核不扩散体系，不赞成中东地区任何国家发展核武器，认为各方应坚持谈判和对话原则，寻求伊朗核问题和平解决。

博纳表示，在国会工作21年来始终致力于发展两国关系，完全同意习副主席对发展美中关系的主张，认为在当前错综复杂国际形势背景下，美中应进一步加强沟通，扩大合作。里德、麦康奈尔积极评价中国发展成就，表示美中作为世界大国，相互关系走向不仅影响各自国家发展，也关乎世界未来。双方应适应新的形势，建立更加密切的合作关系，处理好两国关系存在的问题，推动美中关系不断向前发展。

国家副主席习近平在华盛顿出席美国友好团体宴会并发表演讲

全国政协副主席董建华以及美中贸易全国委员会主席穆泰康、美中关系全国委员会主席希尔斯、美国商务部长布赖森、美国前国务卿基辛格和美国各界友好人士代表700多人出席宴会。

习近平发表了题为《共创中美合作伙伴关系的美好明天》的演讲。习近平首先向美国各友好团体，以及长期以来关心、支持中美关系发展的美国各界朋友致以诚挚问候和衷心感谢。他说，我此访是为进一步落实胡锦涛主席同奥巴马总统达成的重要共识，推进相互尊重、互利共赢的中美合作伙伴关系建设而来。昨天，我同奥巴马总统和拜登副总统分别进行了会见会谈，并与克林顿国务卿、帕内塔国防部长以及博纳众议长、里德参议员等先后见了面，我们就广泛议题进行了坦诚深入的沟通，达成了新的重要共识和丰硕合作成果。

习近平说，饮水不忘掘井人。我们会永远缅怀当年以非凡政治眼光和卓越政治智慧打开中美友好合作大门的两国老一辈领导人。中美关系曾经历风风雨雨，但总的趋势是在不断前行中。“青山遮不住，毕竟东流去”。在和平发展已成为时代主题的条件下，中美友好与合作是大势所趋、人心所向，不可阻挡、不可逆转。

进入本世纪第二个10年，中美关系站在新的历史起点上。我们应该认真落实两国元首共识，推动中美合作伙伴关系不断取得新进展，努力把两国合作伙伴关系塑造成21世纪的新型大国关系。我们应该在以下4个方面共同作出努力。

第一，持续增进中美相互理解和战略信任。战略互信是互利合作的基础，互信程度越深，合作空间越大。双方要多一些理解、少一些隔阂，多一些信任、少一些猜忌。我们愿同美方一道，保持高层密切往来，通过各种渠道多对话、多交流、多沟通，以相互理解和战略信任进一步挖掘中美互利合作的巨大潜力。

第二，切实尊重彼此核心利益和重大关切。历史表明，每当两国对涉及对方核心和重大利益问题处理得比较好，中美关系的发展就比较顺畅和稳定。反之，则会麻烦不断。希望美方始终恪守中美三个联合公报精神，坚持一个中国政策。希望美方切实履行承认西藏是中国一部分、反对“西藏独立”的承诺，慎重妥善处理涉藏问题。纵观人类历史，人权事业的发展始终是一个不断改进和完善的过程。中美两国可以继续开展对话交流，落实两国元首达成的尊重对方从本国国情出发选择发展道路的共识，进一步完善两国人权事业。

第三，努力深化中美合作互利共赢的格局。中美交流合作的本质是互利共赢。中国已经成为美国增长最快的出口市场。国际金融危机以来，中国采取积极措施扩大进口。中方已向美方提出促进中美贸易投资一揽子合作倡议。双方应该继续同舟共济、共克时艰，从更高层次、更大范围推动中美经贸合作，不断打造互利合作新亮点。

第四，不断加强在国际事务和全球性问题上的协调合作。当今世界正在经历深刻复杂的变化。中美在国际事务中共迎挑战、共担责任，既是两国合作伙伴关系的题中应有之义，也是国际社会的普遍期盼。双方应该进一步通过双边和多边机制，加强在热点问题上的协调，推进全球性问题上的合作，共同维护世界和平稳定、促进共同发展，推动国际体系朝着更加公平、公正、包容、有序的方向发展。

习近平希望两国有更多的各界人士共同加入到中美友好事业中来，顺势而为、乘风破浪、抓住机遇、加强交流，增进互信、深化合作，把中美合作伙伴关系不断推向前进。

布赖森代表奥巴马总统和拜登副总统在宴会上致辞，高度评价习近平副主席访美对增进美中相互了解与合作的积极作用，表示美国欢迎中国的和平发展，愿与中国加强合作，共同应对全球性挑战。基辛格在致辞中表示，习副主席在美中打开交往大门40周年之际访问美国，具有重要意义。40年美中关系的发展使双方有信心通过共同努力，深化合作，建设一个有利于美中两国和世界的合作伙伴关系。

国家副主席习近平在得梅因市会见艾奥瓦州州长布兰斯塔德 堪萨斯州州长布朗巴克 密歇根州州长斯奈德等

国务院副总理李克强在人民大会堂会见欧洲理事会主席范龙佩和欧盟委员会主席巴罗佐

李克强表示，中国和欧盟是国际舞台上两支重要战略力量，也是重要的全面战略伙伴，日益成为前进道路上的利益共同体。去年我访问了欧洲三国，同多位欧洲领导人会见会谈，直接感受到欧方高层对发展对华关系的高度重视、企业界对扩大合作的强烈愿望、民众对增进相互了解与友谊的殷切期待，展现出中欧关系的良好基础和广阔前景。当前，中欧关系发展正进入新的关键时期，希望双方以这次达成的重要共识为新起点，提升政治互信水平，充实战略合作内涵，相互尊重、平等相待、开放包容、相互支持，为推动建设和平、合作、发展的21世纪共同努力。

李克强指出，中国正在加快转变经济发展方式，保持经济平稳较快发展，这将为中欧合作提供更多机遇。双方应紧扣各自发展战略，发挥互补优势，做好做实经贸、金融、能源、城镇化、科技创新、人文等各领域合作，实现互利共赢。中方相信欧洲能克服当前困难，并将继续参与和支持有关各方为解决欧债问题所做的努力。

范龙佩和巴罗佐表示，中国的发展对欧洲是机遇，欧方愿进一步加强同中方的务实合作，更好地扩大双方利益，实现各自良好发展，推动欧中关系迈上更高水平，并为促进世界经济发展和稳定发挥作用。

中联部部长王家瑞在北京会见越共中组部部长苏辉若

中组部部长李源潮在北京会见美国科学院院士毛河光

江维杰在第十六届LG杯世界棋王战三番棋决赛中获得冠军

2月16日

国务院副总理李克强在上海召开经济发展和财税重点改革座谈会

座谈会于2月16日至17日召开。李克强强调，要按照“十二五”主题主线和中央经济工作会议的要求，坚持稳中求进的总基调，下力气实施好积极的财政政策，落实和完善结构性减税措施，推进财税重点改革，保持经济平稳较快发展和物价总水平基本稳定，促进创新驱动和转型发展。

在经济发展座谈会上，上海市政府负责同志和各类企业代表分别就当前经济运行情况和企业经营面临的形势，发表了意见和建议。李克强说，妥善应对复杂多变的国内外形势，一个重要任务就是要着力抓好稳增长和稳物价。没有增长作基础，发展就无从谈起；物价不稳，不仅影响群众生活，还会扰乱经济运行。抓好这“双稳”是稳中求进的基本要求，这样才能在经济发展中使人民群众感受到生活水平的提高。

李克强指出，做好今年经济工作，在保持“稳”的同时,还要在推动"进"上下功夫,在转方式、促改革、惠民生方面取得新进展、新突破。面对国际市场低迷、资源环境约束加剧等多重挑战,传统增长模式已难以为继,转型发展刻不容缓。中国经济要保持长期平稳较快发展,关键在于扩内需、调结构、促转型。扩内需是发展的战略基点,也是转型的重点方向。城镇化是扩内需最大的潜力所在,服务业是调结构最大的新兴领域,创新驱动是转型发展最大的活力源泉。要在进一步扩大开放的条件下深入扩大内需,外向型经济比重高的地区也应注重在竞争中拓展国内市场。要面向实体经济,推动技术创新、产品创新、管理创新、制度创新和战略创新,促进产业优化升级,提升市场竞争力,以创新引领转型,使经济社会发展向更高水平迈进。

李克强强调,财税杠杆是调节经济运行、促进结构调整的重要手段。保持经济平稳较快发展、推动创新转型,必须发挥好积极的财政政策的作用。一方面要加大公共支出、优化支出结构;另一方面要深化财税改革、实施结构性减税。要把支出和减税重点放在支持"三农"和小微企业上,放在建立机制、调整和优化结构上,放在稳定物价和保障改善民生上,为企业发展、科技创新、结构调整和产业升级创造更好环境,增强经济的活力、动力和可持续发展能力。

从今年开始,上海市在现代服务业和交通运输业领域启动了营业税改征增值税试点,目前已有12万户企业纳入试点范围。在财税重点改革座谈会上,李克强听取了上海市、江苏省负责同志和来自港口运输、信息服务、技术研发与产品营销等方面企业代表的意见和建议。大家普遍反映,通过改革,解决货物与劳务税制不统一问题,总体上减轻了税负,开拓了服务业市场,延长了产业链条,为企业营造了好的发展环境。

李克强说,在我国现行税制结构中,增值税和营业税是两个最重要的税种。营业税改征增值税,是推动经济结构调整、促进发展转型的一项重大改革,也是积极财政政策和结构性减税的重要内容。实施这项改革,有利于消除重复征税,增强服务业竞争能力,促进社会专业化分工,推动三次产业融合;有利于降低小额纳税人税负,扶持小微企业发展,带动扩大就业;有利于推动结构调整,促进科技创新。将增值税征收范围覆盖所有的货物和劳务,不仅是与世界通行做法接轨,也是健全有利于科学发展的税收制度的必然选择。他指出,营业税改征增值税改革涉及面广,利益调整复杂,推进改革的难度很大。要扎实做好试点工作,加强调查研究,及时跟踪评估,妥善解决遇到的问题。在此基础上,认真总结经验,完善实施方案,逐步扩大试点覆盖的行业和地区范围,"十二五"期间在全国推开,促进服务业更好更快发展,提高整个产业发展水平。

《人民日报》为发表国务院副总理李克强的文章《在改革开放进程中深入实施扩大内需战略》配发编者按

文章分五部分:一、在新的形势下继续处理好速度、结构、物价三者关系,为在改革开放进程中深入实施扩大内需战略创造良好环境;二、以扩大内需为战略基点加快推进经济结构调整;三、把发展的出发点和落脚点放在保障和改善民生上;四、坚定不移推进重点领域和关键环节改革;五、在稳中求进中促进经济社会协调发展。

文章指出,突出把握好稳中求进的工作总基调,统筹处理好速度、结构、物价三者关系,对于做好今年经济工作具有重大意义。处理好三者关系,关键在于保持经济平稳较快发展和物价总水平基本稳定,必须下大力气推进发展方式转变和经济结构调整,推动科学发展。

文章强调,调整经济结构最重要的是扩大内需。扩大内需是我国经济社会发展的战略基点。我国正处于重要战略机遇期,市场空间大,内需潜力大,对发展具有持久的拉动作用。扩内需的最大潜力在城镇化。城镇化不仅可扩大投资,而且能促进消费,对扩大内需具有重要推动作用。要在充分尊重农民意愿、切实维护农民权益、严格保护耕地的基础上,积极稳妥地推进城镇化,培育新的经济增长极;在工业化、城镇化发展的同时,同步推进农业现代化,实现"三化"并举。扩内需的最大产业潜力在服务业。服务业也是最大的就业容纳器,是科技创新重要的驱动力量。要在积极推动战略性新兴产业、高技术产业和先进制造业发展的同时,促进服务业特别是现代服务业加快发展,使经济发展更多依靠创新推动。消费需求是最终需求。要在保持投资合理规模的同时,完善政策,改善环境,尤其要增强居民消费能力,有效释放我国巨大的消费潜力。

文章指出,保障和改善民生,是扩大内需的重要举措和有效途径。加大民生投入,本身就是结构调整,是转方式的应有之义。要适应群众新期盼,把民生工作放到经济工作的重要位置,把重大民生工程摆在发展工程的优先序列,努力在保障和改善民生上取得新成效。

文章强调,扩内需、促发展、转方式,需要体制机制创新做保障。要把发展与改革更好地结合起来,加强顶层设计和统筹协调,尊重基层和群众的首创精神,在深化改革开放上取得新突破。

文章指出,必须把加快转变经济发展方式贯穿于经济社会发展全过程和各领域。在推动经济发展的同时,更加注重加强社会建设。一要合理划分"基本"与"非基本",政府保障基本公共服务,非基本公共服务主要依靠市场和社会力量提供。二要正确处理社会领域事业与产业的关系,既要维护社会事业的公益性,又要推进社会领域一些产业的市场化、产业化。三要重视解决关系人民群众切身利益的问题。提高人民生活质量和水平,促进经济社会协调发展。

2012年中小商业银行监管工作会议在上海召开

国家发改委 财政部发出《关于进一步规范职业资格类考试收费标准管理等有关问题的通知》

中共中央政治局常委李长春在人民大会堂会见越共中央组织部部长苏辉若

李长春说,加强党建经验交流,是中越两党交往的重要内容,对加强和改进两党建设、推进各自社会主义现代化建设具有重要意义。中国共产党愿同越南共产党一道,认真落实好两党2011—2015年合作计划,为两党两国事业兴旺发达提供坚强的思想、组织、作风和人才保障。

苏辉若说,越中两国是唇齿相依的友好邻邦,由老一辈革命家共同开创的友好合作关系源远流长,经历了时间的考验。当前,两国高层互访频繁,经贸合作稳步发展,党际交往不断深化。越方愿本着十六字方针和"四好"精神,与中方共同努力,推动两党两国关系向前发展,应对当今世界纷繁复杂的挑战。

国家副主席习近平在艾奥瓦州出席中美农业高层研讨会并致辞

习近平说,民以食为天。农业是人类社会赖以生存发展的基础产业,从战略高度推动国际农业和粮食合作,对于促进各国互利共赢、共同发展具有重大而深远的意义。农业是发展中美关系、深化中美合作的重要领域。长期以来,中美农业交流合作保持稳定发展良好势头,这首先得益于中美两国同为农业大国,两国在农业领域具有重大共同利益和广阔合作空间。其次得益于中国在过去10年认真履行入世承诺,农产品关税水平降为世界平均水平的1/4。同时,还得益于两国政府高度重视,得益于两国农业部门在中美战略与经济对话、中美商贸联委会、中美农业联委会等多个机制下开展了顺畅、有效的对话和务实合作。

习近平说,中国始终高度重视国家粮食安全,把发展农业、造福农村、富裕农民、稳定地解决13亿人口的吃饭问题作为治国安邦重中之重的大事。当前,中国的粮食库存充裕,市场供应充足,并在各地建立了粮食储备和成品粮油储备。这不但有效稳定了国内粮食市场价格,也为保障世界粮食安全作出重大贡献。中国积极开展国际农业交流合作,在南南合作框架内向有关发展中国家提供了力所能及的农业援助,为发展中国家提高农业生产水平和粮食生产能力、实现联合国千年发展目标发挥了积极作用。

习近平指出,在当前形势下,把中美农业领域的互利合作提高到一个新水平,不仅有利于保证各自国内经济平稳运行,而且有助于支持世界经济加快复苏。在新的历史起点上深化中美农业交流合作,一是要加强科技合作,着力提高农业生产效率,推动农业可持续发展。二是要加强经贸往来,着力提高资源配置效率,创造公平合理的市场环境。三是要加强沟通协调,着力深化应对国际农业热点问题的协调和合作,携手保障世界粮食安全。相信具有良好基础的中美农业交流合作,必将在现有水平上得到新的提升,展现出更加广阔的发展前景。

美方在致辞中表示,习近平副主席在对美国繁忙的访问之际专程出席研讨会,显示了中国领导人对加强美中农业合作的高度重视。他说,美中是全球最大的两个农业国,近年来两国农业领域合作密切,农业贸易增长迅速,给两国人民带来诸多福祉。当前粮食问题仍然是亟须解决的全球性问题之一。美中两国应基于共同利益和共同愿景,在相互尊重和互惠的基础上进一步加强农业领域合作,共同努力为解决当今世界的粮食问题、饥饿问题等作出贡献。相信美中两个伟大的经济体有能力帮助世界变得更美好。

国务院副总理回良玉在中南海紫光阁会见法国安盟保险集团董事长博西海

回良玉表示,中方高度重视与法国的双边关系。去年以来,两国元首三次成功会晤,双方政治互信不断增强,合作基础日趋牢固。回良玉应询介绍了中国经济社会发展情况,表示中国将坚定不移地推进改革开放,并坚持把加快农业农村发展作为各项工作的重中之重,希望法国安盟集团与中方企业在农业保险方面的合作实现互利共赢,继续为推动中法合作作出贡献。

博西海表示,法国安盟保险集团在华取得了积极发展,公司高度重视中国市场,希望能够为推动法中合作发挥积极作用。

国务院副总理王岐山在温哥华会见不列颠哥伦比亚省省长简蕙芝

国务委员刘延东在北京出席中日国民交流友好年开幕式并会见日本首相特使直岛正行

刘延东在会见中积极评价邦交正常化40年来中日关系的发展成就,并指出,中日两国坚持以史为鉴、面向未来，不断巩固和发展战略互惠关系，有利于实现互利双赢、共同发展，有利于亚洲和世界的和平稳定与发展。希望双方以纪念邦交正常化40周年为契机，根据中日四个政治文件确定的原则精神及两国领导人达成的重要共识，进一步加强各领域交流与合作，办好“中日国民交流友好年”活动，增进两国人民的了解和友谊，巩固中日关系民意基础，推进中日世代友好。

日方表示，愿同中方共同努力，大力加强两国国民之间的交流与各领域合作，不断深化日中战略互惠关系。

2月17日

全国人大常委会委员长吴邦国在人民大会堂主持召开十一届全国人大常委会七十六次委员长会议

会议决定，十一届全国人大常委会第二十五次会议2月27日至29日在北京举行。

十一届全国人大常委会第二十五次会议的一项重要任务是为即将举行的十一届全国人大五次会议做准备工作。委员长会议建议，常委会二十五次会议审议拟提请十一届全国人大五次会议审议的全国人大常委会工作报告稿，审议十一届全国人大五次会议议程草案、主席团和秘书长名单草案、列席人员名单草案。

委员长会议建议，十一届全国人大常委会第二十五次会议继续审议清洁生产促进法修正案草案，首次审议资产评估法草案；审议澳门特别行政区行政长官关于澳门特别行政区2013年立法会产生办法和2014年行政长官产生办法是否需要修改的报告；审议全国人大常委会代表资格审查委员会关于个别代表的代表资格的报告，审议有关任免案等。

委员长会议上，全国人大常委会副委员长兼秘书长李建国就常委会二十五次会议议程草案、日程安排意见作了汇报。全国人大常委会有关副秘书长，全国人大法律委员会、全国人大财政经济委员会、全国人大常委会代表资格审查委员会负责人就常委会二十五次会议的其他议程和十一届全国人大五次会议议程草案、日程安排意见、表决议案办法草案及全国人大常委会工作报告起草情况等作了汇报。

全国政协主席贾庆林在人民大会堂会见欧盟委员会前主席罗马诺·普罗迪

贾庆林说，近年来，中意高层往来频繁，政治、经济、文化、科技、环保等领域合作成果丰硕，在国际事务中保持良好沟通协调。中方高度重视发展中意友好合作关系，愿与意方一道共同努力，深化并扩大各领域务实合作，不断推动两国全面战略伙伴关系迈上新台阶，造福两国人民。

双方就当前欧洲形势和中欧关系发展进行了交流。贾庆林强调，中欧携手合作、共迎挑战、共谋发展，符合中欧双方的根本利益，将对世界未来发展产生重要影响。中方愿继续加强与欧方在各领域的对话与合作，共同为拓展双方务实合作、增进双方民众互信和友谊发挥积极作用，推动中欧关系在更高水平上向前发展。

普罗迪说，欧中之间存在广泛共同利益，近年来双方关系不断发展。在当今的多极化世界中，欧中双方应进一步加强对话与沟通，增进互信，推动双方合作不断深化。普罗迪表示，希望欧中尽早解决有关承认中国完全市场经济地位和军售禁运两大问题，为双方关系长远发展奠定条件。

国家主席胡锦涛根据全国人大常委会的决定任免驻外大使

一、免去宋哲的中华人民共和国驻欧盟使团团长、特命全权大使职务；

任命吴海龙为中华人民共和国驻欧盟使团团长、特命全权大使。

二、免去何亚非的中华人民共和国常驻联合国日内瓦办事处和瑞士其他国际组织代表、特命全权大使职务；

任命刘振民为中华人民共和国常驻联合国日内瓦办事处和瑞士其他国际组织代表、特命全权大使。

三、免去张宪一的中华人民共和国驻孟加拉人民共和国特命全权大使职务；

任命李军为中华人民共和国驻孟加拉人民共和国特命全权大使。

四、免去黄杰民的中华人民共和国驻科威特国特命全权大使职务；

任命崔建春为中华人民共和国驻科威特国特命全权大使。

五、免去魏文华的中华人民共和国驻科特迪瓦共和国特命全权大使职务；

任命张国庆为中华人民共和国驻科特迪瓦共和国特命全权大使。

六、免去刘玉琴(女)的中华人民共和国驻古巴共和国特命全权大使职务；

任命张拓为中华人民共和国驻古巴共和国特命全权大使。

国家副主席习近平在洛杉矶出席中美经贸合作论坛开幕式并发表演讲

习近平说，很高兴在尼克松总统访华和中美《上海公报》发表40周年之际来到美丽的洛杉矶，出席中美经贸合作论坛开幕式。洛杉矶是美国对华贸易交往的重要门户，洛杉矶关税区每年吞吐着40%的中美贸易总量。中美经贸合作论坛在这里举行，为两国工商界加强交流、深化合作提供了良好平台，谨对论坛的开幕表示热烈祝贺，向所有为推动中美关系发展作出贡献的朋友们表示诚挚的问候和良好的祝愿。

习近平说，40年来，特别是中美建交33年来，中美已从昔日几乎彼此隔绝走到今天相互交往日益密切、利益交汇日益加深，成为当今世界最重要、最富活力和最具潜力的双边关系之一。回顾中美经贸关系的发展进程，有三点深刻感受：

第一，经贸合作已成为中美两国关系的最大亮点。互利互惠的中美经贸关系正呈现合作领域持续拓展、合作规模日益扩大、合作层次不断提高的发展态势，两国早已互为第二大贸易伙伴。中国连续10年成为美国增长最快的出口市场之一，中国企业赴美投资积极性不断高涨，势头方兴未艾。

第二，互利共赢是中美经贸合作的最大特点。40年来特别是建交33年来，中国从发展中美经贸关系中受益良多，美国也同样获利丰厚。双方都是赢家，是实实在在的互利共赢。

第三，结构互补是中美经贸合作的最大优点。中美经济结构高度互补，既产生了内在合作需求，也形成了巨大合作利益。两国建立了多个对话合作机制，为凝聚共识、化解分歧、推进合作发挥了重要作用，也为促进世界经济强劲、可持续、平衡增长以及加强全球经济治理作出了积极贡献。

习近平说，中国国家主席胡锦涛和奥巴马总统一道确定的两国建设相互尊重、互利共赢的合作伙伴关系的大方向，充分体现了新形势下中美关系的特点与要求。在新的历史起点上推动互利共赢的中美经贸关系持续健康稳定发展，是两国政府的共同责任，也是两国企业的共同期待。他提出四点建议：

第一，把握市场机遇，促进贸易平衡发展。中国在“十二五”期间将加快转变经济发展方式，美国政府正在实施出口倍增计划，积极吸引外资。两国宏观经济政策的相向而行为深化经贸合作提供了新的重要机遇。

第二，营造良好环境，提高双向投资水平。我们将继续拓展对外开放广度和深度，鼓励一切在华企业在中国国内市场上公平竞争、积极创新，在赢得市场的同时推动技术进步和社会发展。希望美方继续为中国企业赴美投资创造公平、便利的环境，避免政治因素干扰经济合作，增强中国企业对美投资的信心。

第三，拓展合作领域，培育新的经贸增长点。希望双方企业敏锐抓住两国产业结构调整的契机，加快推动在清洁能源、信息技术等新兴领域开展合作，为深化经贸合作注入新的动力。希望两国企业家不断探索新的合作方式和途径，努力把新的合作机遇变成更多实实在在的合作成果。

第四，共同应对挑战，加强全球治理合作。中方愿同美方保持和加强在应对国际金融危机、多哈回合谈判、国际货币基金组织改革等全球性经贸问题上的沟通与协调，共同应对各种地区性、全球性挑战，推动落实二十国集团领导人戛纳峰会取得的积极成果，共同为加强全球治理体系改革、维护和促进世界经济稳定和持续发展作出贡献。

习近平说，改革开放30多年来，中国取得了举世瞩目的发展成就，但仍然是世界上最大的发展中国家。我们真诚希望国际社会理解中国人民渴望彻底摆脱贫困、实现富民强国的心情，相信中国人民走和平发展道路的诚意和决心，尊重中国人民对国家主权、安全、领土完整和社会稳定的珍视，以各种方式支持中国走和平发展道路。

国家副主席习近平和美国副总统拜登在洛杉矶共同会见出席中美省州长见面会的两国省州长

习近平指出，中美建交33年来，富有成效的地方交流合作一直是支撑两国关系发展的重要基础和推动力量。中美已建立38对友好省州和176对友好城市关系。过去10年，两国地方经贸合作势头强劲，两国地方间教育、文化、旅游等广泛领域友好交往和互利合作也得到长足发展。中美地方交流合作体现了中美关系互利共赢的本质，也给两国人民带来了实实在在的利益。中美地方合作大有希望、大有可为。

习近平说，在新形势下，中美省州之间应致力于加强经贸、投资、科技、教育、人文、旅游等各领域务实合作，促进两国经济增长和扩大就业，这不仅使两国人民从中受益，对推动世界经济强劲、可持续、平衡发展也具有重要意义。希望中美地方领导人共同努力，携手推动中美两国交流合作进一步向新的深度、广度发展，让中美地方交流合作取得更多互利共赢的丰硕成果。

拜登说，今天的会议充分反映出美中两国特别是与会省州地区的广泛的共同利益。近年来美国大部分州面向中国的出口有大幅增长，有的甚至超过400%。这说明中国的发展符合美国的利益。美中关系是世界上最重要的双边关系。美中合作前景广阔，双方合作可以帮助自身也可以影响世界。

全国人大常委会副委员长周铁农在阿什哈巴德会见土库曼斯坦国民议会主席努尔别尔德耶娃

全国文化体制改革工作会议在太原举行

中共中央政治局常委李长春对会议作出重要批示。

中共中央政治局委员、中央书记处书记、中宣部部长刘云山，中共中央政治局委员、国务委员刘延东出席会议并讲话。

李长春在批示中指出，党的十六大以来，各地各部门认真贯彻中央决策部署，推进文化体制改革取得丰硕成果，有利于文化科学发展、充满活力、富有效率的文化体制机制初步建立，覆盖城乡、惠及全民的公共文化服务体系框架基本形成，以公有制为主体、多种所有制共同发展的文化产业格局日益完善，文化引领风尚、教育人民、服务社会、推动发展的功能进一步发挥，中华文化的国际影响力和竞争力显著增强。经过这些年的探索，我们走出了一条中国特色社会主义文化发展道路，开创了文化建设新局面。

李长春强调，2012 年是贯彻落实党的十七届六中全会精神、在新的历史起点上深入推进文化改革发展的关键一年。要按照既定的路线图和时间表，加快推进文化体制机制改革创新，力争在党的十八大前如期完成既定的改革阶段性任务，努力增强文化发展活力和竞争力。要突出抓好农村和基层这个重点，深入推进重大文化惠民工程，加快完善公共文化服务体系，努力形成城乡文化一体化发展格局。要统筹速度与质量、结构与效益，加快构建现代文化产业体系和现代文化市场体系，加大骨干文化企业培育力度和国际文化市场开拓力度，努力推动文化产业成为国民经济支柱性产业。要坚持社会主义先进文化前进方向，牢固树立以人民为中心的创作导向，切实加强对文化产品创作生产的引导，努力推出更多思想性艺术性观赏性相统一、经得起历史和人民检验的精品力作。各级党委政府要更加自觉更加主动地肩负起文化改革发展的领导责任，坚持一手抓改革发展、一手抓科学管理，不断提高工作的科学化水平，努力以文化改革发展的优异成绩迎接党的十八大胜利召开。

刘云山在讲话中指出，必须紧紧抓住当前难得历史机遇，牢牢把握党的十七届六中全会、我国经济社会发展新阶段和今年工作特殊任务给文化改革发展提出的更高要求，以强烈的责任感使命感，只争朝夕、扎实工作，奋力开创文化改革发展新局面。要抓住关键环节，突出工作重点，着力推进国有文艺院团和非时政类报刊改革，不断完善转制企业运营机制，分类推进文化事业单位改革，推动文化体制改革全面深化，为文化长远发展、持续发展奠定坚实基础。要拓宽资金来源渠道，创新运行机制，着力在完善网络、均衡发展上下功夫，在共建共享、改善服务上下功夫，加快构建公共文化服务体系，更好地保障人民群众基本文化权益。要坚持走规模化、集约化、专业化发展路子，以结构调整为主线、以骨干企业为支撑、以科技创新为动力，推进文化领域资源整合，推进文化与科技融合，加强对文化市场的培育和引导，优化文化产业布局结构、提升发展质量效益。要按照“政府主导、企业主体、民间参与、合作共赢”的要求，在加强对外文化交流的同时，积极发展对外文化贸易，加强品牌建设和市场营销，更好地推动中华文化走出去。要积极适应文化改革发展的新形势新要求，加快推动文化行政管理部门转变职能，探索完善国有文化资产管理体制机制，健全宏观管理、提高管理效能，更好地以管理促发展促繁荣。

刘延东在讲话中要求，各地各部门要从党和国家事业发展全局的高度，从深入贯彻落实科学发展观的高度，充分认识推进文化改革发展的重要性紧迫性。要深入学习领会中央精神，进一步把思想和行动统一到党的十七届六中全会精神和国家“十二五”文化改革发展工作部署上来，使文化改革发展更好地体现中央部署、时代要求和人民期盼。要进一步加强统筹规划和协调指导，健全领导体制和工作机制，创新工作思路和方式方法，不断增强推进文化改革发展本领。要进一步完善政策体系，强化政策引导、扶持和保障，为文化改革发展提供强有力支撑。要进一步明确工作责任和时间进度，加强督促检查，确保文化改革发展各项任务落到实处、取得实效。

2 月 18 日

国家副主席习近平接受《爱尔兰时报》书面采访

在对爱尔兰进行正式访问前夕，国家副主席习近平接受了《爱尔兰时报》书面采访，就访问目的、中爱关系、欧盟的重要性、中国的发展等提问作了回答。

关于这次访问爱尔兰的目的，习近平表示，爱尔兰享有“翡翠岛国”的美誉，在中国知名度很高，中国人民对爱尔兰怀有美好情感。爱尔兰的“大河之舞”在中国有很多忠实观众，每次赴华演出都场场爆满，一票难求。爱尔兰的制度创新和经济奇迹为中国改革开放提供了有益借鉴。爱尔兰移民后裔在世界各地自尊自强，为所在国发展作出巨大贡献，中国人民对此深感钦佩。

习近平表示，我本人曾于 2003 年访问爱尔兰，贵国的优美风光和发展成就给我留下美好、深刻的印象。这次我应肯尼总理邀请对爱尔兰进行正式访问，主要是同爱尔兰领导人就中爱关系深入交换意见，进一步加深两国友谊，推动务实合作，使两国关系向更高水平迈进。我们也希望爱尔兰在欧盟内部发挥更大影响，促进中欧关系进一步发展。

习近平指出，访问期间，两国有关部门将签署一系列合作文件，还将专门举办中爱经贸投资论坛。希望两国企业界能抓住机遇，达成一些合作意向，做好做实一些互惠互利的合作项目。

关于中爱关系现状及未来双方发展合作，习近平表示，中爱建交30多年来，始终坚持相互尊重、平等相待。中爱在制度上、文化上都有一些差异，但这些差异并没有影响到我们的交往与合作。中爱在经贸上互利共赢。2011年，两国双边贸易额达58.7亿美元，中国连续5年成为爱尔兰在亚洲的最大贸易伙伴，爱方近3年来一直享有对华贸易顺差。中爱在人文等领域的交流合作也取得丰硕成果。爱尔兰现有1万多中国留学生，是人均拥有中国留学生比例最高的欧盟国家。

习近平指出，进一步发展中爱关系，符合两国和两国人民共同利益。我们期待未来双方发展合作在以下三个方面取得新的进展。

一是密切高层交往，加强各部门交流和各层级往来，增进政治互信，在双边和多边场合进一步加强协调与合作。

二是着眼共同发展，在更高水平、更宽领域推动互利互惠的务实合作，特别是充分挖掘两国在生物科技、通信技术、农业等重点领域的合作潜力，扩大双向经贸投资往来。

三是加强人文交流，鼓励两国文化艺术机构和艺术家开展交流合作，为两国旅游、教育等领域的交往创造便利条件，不断提升合作水平。

习近平强调，中方看好中爱合作前景，我们期待着同爱尔兰在携手发展过程中继续相互支持、彼此借鉴、共同进步。

在回答欧盟的重要性是否因欧洲主权债务危机下降的问题时，习近平表示，目前欧盟虽然遇到一些困难和挑战，世界上也不乏唱衰欧洲的声音，但欧盟在克服困难，战胜危机，维护和推进欧洲一体化成果方面有着高度的政治共识。中国不赞成唱空或者做空欧洲，因为我们相信，欧洲的困难是暂时的，欧盟和欧洲各国政府和人民是有能力、有智慧、有办法解决主权债务问题，实现经济复苏和增长的。

习近平强调，欧盟是世界上最大的经济体和中国第一大贸易伙伴，随着中欧关系发展和中欧合作规模持续扩大、水平不断提高，欧盟对中国的重要性进一步上升。中国坚持把对欧关系作为外交战略的优先方向之一，一贯支持欧洲一体化建设，支持包括爱尔兰在内的欧盟各国为克服危机、实现经济复苏所作的努力。我们已经通过扩大双边投资和经贸合作等渠道为欧洲朋友提供了力所能及的真诚帮助，中国还将继续以自己的方式支持欧盟、欧洲央行和国际货币基金组织为解决欧债问题所作的努力。一个团结、稳定、繁荣的欧洲，必将为实现世界经济强劲、可持续、平衡增长作出宝贵贡献。

关于中国的发展，习近平指出，中华人民共和国成立60多年、特别是改革开放30多年来，中国取得了巨大发展成就。国内生产总值跃居世界第二，人民生活水平大幅度提高，13亿中国人民的生活从贫困依次走向温饱和小康，生存权和发展权得到切实保障。中国特色的社会主义民主制度日臻完善，民众的政治参与度不断扩大，他们以各种方式为国家发展建言献策，并对政府工作实行有效监督。

习近平强调，中国仍然是世界上最大的发展中国家。中国的人口基数大，发展起点低，地区发展不平衡，资源禀赋不充裕，全国人均原油和液化天然气可开采储量不到世界平均水平的1/10，人均可再生的淡水资源总量仅为世界平均水平的1/3。中国人均国内生产总值还排在世界90多位，还有1.5亿人每天生活费不足1美元。中国的任何一项发展成就，如果除以13亿人口，都会变得很小；而中国的任何问题，如果乘以13亿人口，都会变得很大。所以，中国既为自己通过艰苦奋斗取得的成就感到自豪，更为发展中存在的矛盾和困难而自我警醒。

关于中国的发展是否会继续成为世界的机遇，习近平表示，2010年中国经济同比增长10.4%，2011年比上年增长9.2%。中国经济发展增速有所回落在很大程度上是在加强宏观调控过程中主动调控的结果，同时外需明显减弱、国内投资需求有所放缓、居民消费增长难度加大，也对经济增长存在一定影响。

习近平强调，过去5年，中国经济增长对世界经济增长的贡献率都在20%以上，成为拉动世界经济增长的重要引擎。从今年起，我们适当调低了经济增长速度预期目标，这有利于缓解物价、能源资源、环境等方面压力，也有利于加快转变经济发展方式、切实提高经济发展质量和效益。今年中国经济社会发展的总基调是稳中求进，经济增速不会出现大幅下滑。中国的发展仍处于重要战略机遇期，在较长时期内继续保持经济平稳较快发展仍具备不少有利条件。特别是未来5年，中国进口总额将达8万亿美元，每年对外投资将超过1000亿美元。这将给世界带来更大的市场、更多的机遇、更广阔的合作空间。中国是包括爱尔兰在内的欧洲各国应对危机、实现复苏可以借重的力量，是在国际多边事务中可以信赖的合作伙伴。

中国国际文化传播中心在北京召开2012年度工作会议

全国人大常委会副委员长司马义·铁力瓦尔地在

会上强调，要紧紧围绕创新文化走出去模式，提高国家文化软实力做工作，使推动中华文化走向世界的工作不断取得新突破，实现新发展。

司马义·铁力瓦尔地指出，要以高度的文化自觉和文化自信，把创新中华文化走出去模式放到党和国家工作大局中来认识，放到中国与世界关系的发展变化中来把握，放到提高中华文化国际影响力的总体布局中来谋划，精心组织好国家文化年、中国文化节等重大品牌活动。要大力倡导开拓创新精神，增强国际文化传播工作的生气与活力，形成与我国国际地位相对称的文化软实力，增进国际社会对中华文化的了解和认识，积极传播面向世界、面向未来、民族的、科学的、大众的社会主义文化，提高中华民族在世界上的影响。

《江泽民文选》第二卷外文版由外文出版社出版发行

中共中央文献编辑委员会编辑的《江泽民文选》第一至三卷，2006年8月由人民出版社出版。中共中央编译局将该书译成英文、法文、俄文、西班牙文、日文5个文种。《江泽民文选》第一卷外文版已于2010年2月出版发行，第三卷外文版也将随后出版发行。

刘翔在伯明翰室内田径赛男子60米栏决赛中以7秒41的成绩夺得冠军

苏宏道逝世

原军事学院顾问苏宏道同志，因病医治无效，于2012年2月18日在北京逝世，享年96岁。

苏宏道1955年被授予大校军衔，1964年晋升为少将军衔，曾荣获三级八一勋章、二级独立自由勋章、二级解放勋章和一级红星功勋荣誉章。

2月19日

国家副主席习近平在都柏林与爱尔兰总理肯尼举行会谈

习近平说，中爱两国虽然幅员大小、社会制度和文化传统不同，但两国人民彼此一直怀有友好感情。双方坚持平等相待，相互信任，树立了国与国友好共处的典范。肯尼总理先生领导的联合政府去年执政以来，全面加强对华合作，推动两国关系持续稳定发展。在国际金融危机背景下，双边贸易仍保持增长势头。双方在教育、科技、文化、卫生等各领域合作不断取得新进展，中爱友好的民意基础不断巩固。两国在重大国际问题上保持良好沟通和协调。爱方多年来坚定奉行一个中国政策，我们对此表示赞赏。

习近平表示，中方重视中爱关系，愿同爱方一道努力，把良好的政治关系基础不断转化为互利互惠的务实合作。习近平对两国关系发展提出两点建议：

一是提升两国传统友好和互信水平。双方可就如何提升合作关系进行具体商谈。中方鼓励两国议会、政党和政府各部门加强交流。希望爱方继续坚持一个中国原则，在涉及中国核心利益的问题上给予中方宝贵支持。在反对贸易保护主义、联合国改革等问题上，双方可以加强沟通和协调。

二是扩大各领域务实交流与合作。双方可以着眼长远，优势互补，充分发挥爱方的技术、人才、经验优势和中方的市场、资金、劳动力优势，共同研发产品和开拓市场。重点推动经贸、科技、教育、农业以及人文等领域的交流合作。

在谈到中欧关系时，习近平表示，中欧关系是中国外交战略的优先方向之一。中国作为欧盟的全面战略伙伴，一直支持欧洲一体化进程，重视欧元地位、看好欧元前景、支持欧元和欧元区经济稳定，支持欧洲在国际上发挥更大作用。对中欧之间存在的分歧，我们主张相互尊重、平等交流，以友好、务实的方式处理。我们相信，欧盟有能力、有智慧、有办法通过推进相关改革和调整走出眼前困境，迎来新的发展。中国将继续以自己的方式支持欧盟、欧洲央行和国际货币基金组织为解决欧债问题所做的努力。

肯尼表示，习副主席访问爱尔兰体现了爱中之间密切友好的关系，将进一步深化和发展两国业已存在的友好关系。爱中两国虽然大小不同，但两国人民有很多共同点，爱尔兰一向是中国的好朋友，发展对华关系是爱尔兰政府的重要任务。爱尔兰一贯坚持并将继续奉行一个中国政策。肯尼说，中国的发展改变了自身，也影响了世界。爱方愿与中国建立更加强有力的密切关系。希望双方加强在经贸、相互投资、教育、农牧业和旅游观光等领域的合作。爱尔兰愿为来爱投资并进入欧洲市场的中国企业提供便利和优惠，愿在欧中关系方面发挥积极的促进作用。

会谈结束后，双方共同出席了有关经贸、投资和教育等领域合作文件的签字仪式。

国务院副总理王岐山在中南海会见日本财务大臣安住淳

王岐山说，今年是中日邦交正常化40周年。40年来，中日关系越来越成熟，各领域合作成果丰硕。今年，第四次中日经济高层对话将在日本举行，希望双方充分发挥这一对话机制的平台作用，不断深化经贸、投资、金融合作，推动中日战略互惠关系不断向前发展。

王岐山强调，财金合作是中日经济合作的重点领域。希望双方进一步加强沟通协调，不断深化两国财金领域合作，积极探索贸易投资本币结算，促进两国金融市场健康稳定发展。

王岐山表示，当前世界经济形势十分复杂严峻，确保全球经济复苏是各国面临的首要任务。中日两国作为两个经济大国和二十国集团重要成员，应与其他成员国一道，同舟共济，确保二十国集团领导人洛斯卡沃斯峰会取得成功，推动国际经济金融体系改革，促进全球经济复苏和增长。

安住淳表示，日中邦交正常化40年来，两国经济关系日趋紧密，深化各层面合作的时刻已经到来。日本正在努力解决通货紧缩和财政赤字问题，愿与中方就双边、区域和全球财金问题，继续开展建设性的交流，推动双方在经贸、金融等领域合作取得新发展，不断深化日中战略互惠关系。

双方还就国际特别是欧洲经济形势等共同关心的问题交换了意见。

外交部部长助理马朝旭在二十国集团非正式外长会议上阐述中方立场

2月19日至20日，二十国集团非正式外长会议在墨西哥洛斯卡沃斯举行，主要讨论了全球治理等问题。外交部部长助理马朝旭在会议上阐述中方立场和看法时表示，在全球治理问题上，二十国集团应体现对多边主义和国际关系民主化的支持。

马朝旭指出，目前二十国集团面临的最大、最紧迫也最需采取行动的全球性挑战是世界经济复苏的不稳定。如果二十国集团继续发扬同舟共济、合作共赢精神，集中精力保增长、促稳定，将是对国际社会应对全球性挑战最大的贡献。为此，二十国集团应继续关注发达国家主权债务问题，落实好戛纳峰会有关共识；继续推动国际货币金融体系改革，落实好国际货币基金组织份额和治理改革决定；继续反对贸易保护主义，推动多哈回合谈判；继续重视全球发展问题，推动解决南北发展不平衡。

中国羽毛球男队在澳门举办的2012年世界羽联汤姆斯杯及尤伯杯亚洲区预选赛上获得冠军

2月20日

中共中央总书记胡锦涛主持中共中央政治局会议

会议讨论国务院拟提请第十一届全国人民代表大会第五次会议审议的《政府工作报告》。

会议指出，过去的一年，面对复杂多变的国际政治经济环境和艰巨繁重的国内改革发展任务，全国各族人民在中国共产党领导下，同心同德，团结奋进，改革开放和社会主义现代化建设取得新的重大成就。我国经济继续朝着宏观调控预期方向发展，抗风险能力不断增强，呈现增长较快、价格趋稳、效益较好、民生改善的良好态势。我们巩固和扩大了应对国际金融危机冲击成果，实现了“十二五”时期良好开局。这些成绩来之不易，显示了中国特色社会主义的优越性和生命力，增强了中华民族的自豪感和凝聚力，这是以胡锦涛同志为总书记的党中央科学决策、正确领导的结果，是全党全军全国各族人民齐心协力、顽强拼搏的结果。国务院和地方各级政府认真履行职责，做了大量卓有成效的工作。

会议强调，今年是“十二五”时期承前启后的重要一年。各级党委和政府要高举中国特色社会主义伟大旗帜，以邓小平理论和“三个代表”重要思想为指导，深入贯彻落实科学发展观，坚持稳中求进，加强和改善宏观调控，继续处理好保持经济平稳较快发展、调整经济结构、管理通胀预期的关系，加快推进经济发展方式转变和经济结构调整，着力扩大国内需求特别是消费需求，着力加强自主创新和节能减排，着力深化改革开放，着力保障和改善民生，全面推进社会主义经济建设、政治建设、文化建设、社会建设以及生态文明建设，努力实现经济平稳较快发展和物价总水平基本稳定，保持社会和谐稳定，以经济社会发展的优异成绩迎接党的十八大胜利召开。

会议指出，今年要继续实施积极的财政政策和稳健的货币政策，根据形势变化适时适度预调微调，进一步提高政策的针对性、灵活性、前瞻性，坚持突出主题、贯穿主线、统筹兼顾、协调推进，把稳增长、控物价、调结构、惠民生、抓改革、促和谐更好结合起来。全党全国要在以胡锦涛同志为总书记的党中央领导下，同心同德，开拓创新，扎实工作，奋力开创社会主义现代化建设新局面。

中共中央政治局就实施更加积极的就业政策进行第三十二次集体学习

中共中央总书记胡锦涛在主持学习时强调，实施更加积极的就业政策，把促进就业放在经济社会发展的优先位置，努力实现社会就业更加充分，关系亿万人民群众切身利益，关系改革发展稳定大局，对推动科学发展、促进社会和谐具有十分重要的意义。

人力资源和社会保障部劳动保障科学研究院劳动科学研究所莫荣研究员、中国社会科学院人口与劳动经济研究所蔡昉研究员就这个问题进行讲解，并谈了他们的意见和建议。

胡锦涛在主持学习时发表了讲话。他指出，就业是民生之本。促进就业是保障和改善民生的头等大事。党和政府高度重视就业工作，制定出台了一系列政策措施，千方百计扩大就业，保持了就业形势基本稳定。同时，我们必须清醒认识到，我国是人口大国，劳动者充分就业需求和劳动力总量过大、素质不相适应的矛盾是长期的。当前乃至整个"十二五"时期，在就业总量压力持续加大的同时，就业结构性矛盾更加突出，就业形势依然严峻。各级党委和政府要牢固树立以人为本、执政为民理念，增强实施更加积极就业政策的自觉性和主动性，把促进充分就业作为全面建设小康社会的重大战略任务，继续贯彻劳动者自主择业、市场调节就业、政府促进就业的方针，坚持不懈做好就业工作，努力实现就业规模持续扩大、就业结构进一步优化、劳动者素质明显提高、失业风险有效控制的目标，积极构建和谐劳动关系。

胡锦涛强调，要重点抓好以下工作。一是切实落实就业优先战略。要更加注重选择有利于扩大就业的经济社会发展战略，把扩大就业作为经济社会发展和经济结构调整的重要目标，把转变经济发展方式的过程转变为就业拉动力不断提高的过程，把促进城乡发展一体化的过程转变为统筹城乡就业的过程，使促进就业融入经济社会发展全部进程，实行更加有利于促进就业的产业、贸易、财政、税收、金融等政策措施，发挥好政府投资和重大项目带动就业的作用，采取措施减轻企业负担，切实保障劳动者合法权益。二是切实支持劳动者多渠道就业。要加强就业政策与有关经济政策的协调，与教育培训、社会保障及其他社会政策的有机结合，使各种政策措施相互协调配套，完善支持自主创业、自谋职业政策体系，鼓励和支持更多劳动者成为创业者，落实鼓励企业吸纳就业困难人员、下岗失业人员的有关扶持政策，推进失业保险、社会救助与促进就业工作有机结合，建立失业预警制度，防范和缓解失业风险。三是切实做好重点人群就业工作。要强化高校毕业生就业服务，强化就业困难人员就业援助，解决好就业困难人员、零就业家庭以及下岗失业人员就业问题，做好农民工就业工作，做好复员转业军人安置就业工作，加强妇女、少数民族群众、残疾人等就业工作。四是切实加强就业服务和管理。要综合利用各类职业培训资源，加强职业培训制度和能力建设，完善覆盖城乡的公共就业服务体系和人才服务体系，完善就业失业登记管理办法，健全人力资源市场运行机制和监管体系，建立、健全统一规范灵活的人力资源市场。

胡锦涛指出，各级党委和政府要加强对就业工作的领导，把促进就业摆在重要议程，加强就业形势分析和就业重点难点问题研究，实行就业工作目标责任制，实行有利于促进就业的财政政策。各有关部门要增强全局意识，落实工作责任，各司其职，协调配合，确保各项工作落实到位。要发挥工会、共青团、妇联、残联等人民团体以及其他社会组织的积极性，共同做好就业和再就业工作。要充分调动社会各方面积极性，做好促进就业创业宣传工作，营造促进就业创业的良好舆论环境和社会氛围。

国务院任免国家工作人员

任命连维良为国家发展和改革委员会副主任；任命王保安为财政部副部长；任命胡存智为国土资源部副部长；任命何亚非为国务院侨务办公室副主任；任命甘藏春为国务院法制办公室副主任；任命尹力为国家食品药品监督管理局局长；任命付建华为国家煤矿安全监察局局长；任命杨建平、林武为中央人民政府驻香港特别行政区联络办公室副主任；任命郜风涛为国有重点大型企业监事会主席；任命张越为常驻联合国亚洲及太平洋经济社会委员会代表。

免去贠小苏的国土资源部副部长职务；免去邵明立的卫生部副部长、国家食品药品监督管理局局长职务；免去赵铁锤的国家安全生产监督管理总局副局长、国家煤矿安全监察局局长职务；免去郜风涛的国务院法制办公室副主任职务；免去张德霖的国有重点大型企业监事会主席职务；免去刁鸣生的常驻联合国亚洲及太平洋经济社会委员会代表职务。

国家电网公司发布我国首个《公司的价值》白皮书

全国进出口工作会议暨第一百一十一届广交会筹备会在江西南昌召开

国家副主席习近平在都柏林与爱尔兰总统希金斯举行会谈

国家副主席习近平在都柏林与爱尔兰总理肯尼共同出席中爱经贸投资论坛并讲话

习近平说，长期以来，中爱两国坚持平等相待、互信互利，树立了国与国关系的典范。近年来，两国高层交往日益密切，相互了解不断加深，民间交流更加活跃，为深化双边经贸合作奠定了坚实的政治基础、营造了良好的社会氛围。我们高兴地看到，在两国政府和工商界共同努力下，中爱双边经贸合作一直保持良好发展势头。不断扩大的双边经贸合作，给两国和两国人民带来了实实在在的利益，也增进了双方交流，加深了彼此友谊。

习近平说，当前中国正在积极实施2011年至2015年国民经济和社会发展第十二个五年规划纲要，国内市场规模、进口规模和对外投资规模都有很大增长，这将给包括爱尔兰在内的世界各国企业带来巨大商机。希望两国企业家抓住机遇，把深化经贸合作作为促进经济共同发展的着力点和两国关系新亮点。习近平就此提出五点建议：

第一，扩大双边贸易，大力推动服务贸易发展。双方可以共同努力，在现有基础上进一步扩大贸易规模，积极发挥中爱经济和产业互补优势，寻找服务贸易合作新的契合点，挖掘更多具有针对性和互补性的产品和服务，充分释放双边贸易的发展潜力。

第二，加强相互投资，拓宽投资合作领域。两国政府有关部门应继续为两国企业加强相互投资提供支持，帮助企业拓宽投资领域，创新投资模式。我们将继续鼓励有实力的中国企业赴爱投资，也欢迎更多爱尔兰企业来华投资兴业，共享中国经济繁荣发展的机遇。

第三，发展高新科技，拓展新兴产业合作。爱尔兰在软件开发、信息通信等高新技术产业方面具有很强的产业集群优势和成果转化能力。中国正在大力推进产业结构调整、推动技术创新。这方面合作可以成为中爱经贸合作的重点。双方企业家应该抓住机遇，在拓展高新技术和新兴产业合作中增创互利合作新优势。

第四，扶持中小企业，夯实经贸关系基础。两国政府及其相关部门要积极为两国中小企业搭建合作平台、开辟新的渠道，为中小企业创造良好的投资和经营环境，进一步提高两国中小企业合作水平和国际竞争力。

第五，用好合作机制，发挥商协会桥梁作用。要加强两国经贸主管部门的沟通合作，充分发挥中爱经贸混委会的作用。同时，两国商协会组织应继续积极为企业牵线搭桥，为两国企业开展交流合作提供更有效的服务、更便利的环境。

习近平最后表示，只要中爱两国政府和工商界坚定信心，攻坚克难，开拓进取，携手奋进，中爱双边经贸合作一定能乘势而上、大有作为。

肯尼表示，习副主席此次访问期间双方签署的合作协议和论坛的成功召开，突出表明了双方推进经贸合作、加强双边关系的意愿。爱方对爱中关系发展充满信心，愿与中方建立更深、更强有力的双边关系。今年是中国的龙年，具有进取、创新、耐力的意义，希望两国工商界的朋友发扬龙年精神，共同创造爱中友好合作关系的美好明天。

国家副主席习近平在都柏林会见爱尔兰众议长巴雷特和参议长伯克

国家副主席习近平接受土耳其《晨报》书面采访

在对土耳其进行正式访问前夕，国家副主席习近平接受了土耳其《晨报》书面采访，就中土关系、双边合作、中土文化交流及土耳其在地区、国际事务中所发挥的作用等提问作了回答。

关于中土关系，习近平指出，中土建交41年来，在双方共同努力下，两国关系始终保持健康稳定发展的良好势头。特别是2010年10月建立战略合作关系以来，中土关系步入全面发展新阶段。两国高层交往密切，政治互信不断增强，在涉及彼此核心利益和重大关切的问题上相互支持。双方在经贸、金融、交通、能源等领域的务实合作稳步推进，给两国人民带来实实在在的利益。两国人文交流不断扩大，社会交往日益密切，中土友好更加深入人心。双方在联合国、二十国集团、亚洲相互协作与信任措施会议等多边框架内保持协调和配合，维护和促进了亚欧地区乃至世界的和平、稳定、发展。中方对两国关系发展现状感到满意，对双边关系发展前景充满信心。

习近平强调，在当前复杂多变的国际形势下，全面丰富两国战略合作关系内涵符合双方现实和长远利益。中方愿同土方一道，全面提升两国在各领域的务实合作水平，推动中土关系不断发展。

关于中土经贸合作，习近平表示，中土两国在互利共赢原则指导下，积极开展广泛领域的经贸合作，并取得长足发展。2011年，双边贸易额已达187亿美元，同比增长24%。双方务实合作富有成效，相互投资稳步增长。中土都是重要的新兴市场国家，在资金、技术、市场等方面具有明显的互补优势。中国的“十二五”规划和土耳其制定的2023年进入世界经济十强的目标为两国扩大合作提供了良好机遇。可以说，两国经贸合作潜力巨大、前景广阔、大有可为。中方愿同土方一道，充分发挥各自优势，扩大贸易规模，拓展合作领域，实现双方经贸合作更好更快发展。

习近平指出，土耳其地理位置优越，市场辐射能力强，有良好的工业和科技基础，很多关乎民生改善的大型基础设施建设项目正待实施。中方在基础设施、能源、通信等领域具有世界领先的技术水平和明显的价格优势，双方在上述领域的合作大有可为。此外，近年来双方加强了在核能、航天等高科技领域及绿色经济、新材料等领域的合作，积极培育务实合作新的增长点。中方还将继续鼓励中国企业以多种方式赴土耳其投资，希望土方为中国企业提供更好的投资环境和更为便利的工作条件。

在回答中土互办文化年的问题时，习近平表示，两国互办文化年在中土关系史上尚属首次，是今明两年双边关系中的一件大事。互办文化年，旨在宣传中土友好，增进传统友谊，为两国文化交流发展提供新的重要平台，使两国民众有机会全面认识和了解对方国家的历史和文化、现状和未来。中国政府高度重视今年在土耳其举行的"中国文化年"活动，将派出包括音乐、舞蹈、戏剧、文学、电影、论坛等70余个优秀文化项目赴土，向土耳其人民展示中国文化的神韵和风采。同时，中方也期待土耳其政府明年为中国观众带来精彩纷呈的土耳其文化艺术。相信在两国政府支持下，通过各界积极参与，互办文化年活动一定会取得圆满成功，在两国人文交流的史册上写下浓墨重彩的一笔。

关于新疆的最新发展情况，习近平表示，地处亚欧大陆腹地的新疆是我国多民族共同生活的家园，是亚欧大陆通道的重要枢纽，也是我国在更大范围、更广领域、更高层次上扩大对外开放的战略要地。中国政府一直致力于建设和发展新疆，改善和提高新疆包括维吾尔族在内的各族人民的生活水平。为推动新疆跨越发展、后发赶超，实现全疆的繁荣和稳定，中国政府于2010年专门就新疆发展作出长远规划和战略部署，出台了一系列支持新疆发展的政策，目标是确保新疆同全国一样到2020年实现全面建设小康社会奋斗目标。

2011年，新疆主要经济指标增速实现历史性突破。全区实现生产总值1048亿美元，增长12%。城镇居民人均可支配收入2460美元，增长13%。进出口贸易额217亿美元，增长26.6%。全年重点项目建成34项，新开工45项，在建140项，重点项目完成投资260亿美元，创历史新高。用于教育的财政支出66亿美元，增长31.6%，启动了10项国家、38项自治区改革试点项目。新疆正处在大建设、大开放、大发展的有利时机，相信新疆的明天一定会更美好。真诚欢迎更多土耳其企业家参加在乌鲁木齐举行的亚欧博览会，并到新疆投资兴业，谋求互利共赢。

关于土耳其在地区和国际事务方面发挥的作用，习近平表示，土耳其是二十国集团成员，也是重要的新兴国家和中东地区大国，长期以来为维护地区稳定、促进共同发展做了大量工作。近年来，土积极参与解决阿富汗、伊朗核、中东和平进程等国际和地区热点问题，推动不同文明之间开展交流，还将承办2015年的二十国集团领导人峰会。土耳其积极灵活的全方位外交政策使其在国际和地区事务上发挥着越来越重要的作用和影响。中方对此表示赞赏。

习近平强调，中土在许多重大国际问题上观点相近，合作密切。土在2009年至2010年担任联合国安理会非常任理事国期间，在安理会内积极活跃，中土两国就许多重大问题进行了很好的合作。在当前地区局势面临深刻复杂变化的情况下，中方愿进一步加强同土耳其的协调合作，与地区国家和组织携手努力，共同促进中东的和平、稳定与发展。

国务院副总理回良玉在钓鱼台国宾馆会见古巴部长会议副主席穆里略

回良玉表示，古巴是第一个同新中国建交的拉美国家，近年来，在双方共同努力下，中古友好关系保持快速发展势头，双方高层往来频繁，政治互信日益深化；经贸关系稳步发展，合作水平不断提升；人文交流蓬勃发展，合作内涵更加充实；在国际事务中相互协调，密切配合。中方愿同古方共同努力，保持高层往来，不断深化经贸领域务实合作，促进中古友好关系进一步发展。

穆里略表示，古巴党和政府高度重视对华关系。古中建交52年来，两国关系经受住了时间的考验，两国人民之间的友谊与日俱增，双边关系日益密切和成熟。古方愿同中方相互交流治国理政经验，不断扩大各领域务实合作，推动古中两国关系在既有良好基础上长期友好发展。

国防部部长梁光烈在八一大楼与印度尼西亚国防部部长普尔诺莫·尤斯吉安托罗举行会谈

2011年软件著作权登记量首次突破10万大关

清华大学原常务副校长陈吉宁接替顾秉林担任清华大学校长

丁俊晖获得2012年斯诺克威尔士公开赛冠军

2月21日

政协第十一届全国委员会第四十五次主席会议在北京召开

会议审议通过了政协第十一届全国委员会第五次会议各次全体会议执行主席和主持人名单，审议通过了政协第十一届全国委员会委员增补名单(草案)和其他有关人事事项名单(草案)，上述草案将提请政协第十六次常委会议审议。会议听取了政协第十一届全国委员会常务委员会第十六次会议和政协第十一届全国委员会第五次会议筹备工作情况的汇报。

全国政协副主席杜青林，全国政协副主席兼秘书长钱运录，全国政协副秘书长孙怀山，分别对有关事项作了说明和汇报。

贾庆林在讲话中指出，政协第十一届全国委员会第五次会议秘书处提前谋划，精心组织，周密安排，全面启动、扎实推进会议筹备工作，各方面工作都很有成效。现在离大会开幕只有不到两周的时间，时间紧、任务重,要按照中共中央的要求和部署,切实增强工作的责任感和紧迫感,再接再厉,精益求精,全力以赴做好会议的各项筹备组织工作,确保政协十一届五次会议圆满成功。

国务院副总理回良玉在云南考察抗旱救灾工作

2月21日至23日,回良玉先后来到受灾严重的昆明市、临沧市,深入民族村寨、送水站点详细了解生活用水保障情况,实地察看水库、塘堰蓄水和应急工程建设进展,来到田间地头、大棚设施察看作物受灾和土壤墒情。在昆明盘龙区茨坝小哨片区取水点,回良玉与送水乡村干部和前来取水的村民亲切交谈,仔细询问取水远不远、够不够,鼓励他们在党和政府的支持下自力更生、克服困难,叮嘱当地干部一定要把保障群众生活用水作为当前最大的民生来抓,想方设法解决他们面临的实际问题,帮助受灾群众渡过难关。

考察期间,回良玉听取了云南省委省政府的工作汇报,对云南经济社会发展、民族团结进步事业和前一阶段的抗旱救灾工作给予充分肯定。他强调,今后一个时期抗旱救灾形势十分严峻,防灾减灾各项工作丝毫不可放松。一要立足抗大旱、抗长旱,通过打井等多措并举开辟抗旱水源,加强水源统一管理和科学调度,落实人畜饮水安全措施,千方百计保障人民群众基本用水需求。二要积极调整农业结构,大力发展与地理气候相适应的特色农业和旱作农业,加强技术指导服务,组织开展生产自救,争取小春损失大春补、农业损失务工补。三要扎实做好困难群众生活救济,确保受灾群众有饭吃、有水喝,救助工作不漏一户、不掉一人。四要切实强化抗旱能力建设,适应干旱常态化趋势,认真落实全国抗旱规划要求,加快水利基础设施建设步伐,全面提高抗旱减灾能力。

国家副主席习近平在安卡拉同土耳其总统居尔举行会谈

习近平表示,中土两国虽远隔千山万水,但古代的丝绸之路将我们两个历史悠久的民族联结起来,携手谱写了一段人类文明友好交流和共同进步的美好篇章。1971年建交以来,特别是近年来,两国关系取得长足发展。中方高度重视发展中土关系,愿同土方一道努力,不断丰富中土战略合作关系内涵,为造福两国人民、促进亚欧地区乃至世界的和平、稳定、繁荣作出积极贡献。习近平就进一步发展中土关系提出四点建议:

(一)保持高层交往,巩固战略互信。中方高度重视并欢迎埃尔多安总理访华。两国外交部联合工作组机制可为梳理和规划双边关系发挥重要作用,双方要不断充实、完善并用好这一机制。

(二)拓展务实合作,实现共同发展。中方鼓励和支持中方企业扩大自土耳其进口,并继续寻求以综合手段解决双方贸易不平衡问题,也欢迎土耳其企业来华投资兴业。

(三)密切人文交流,增进民间友好。中方愿继续与土方加强智库及非政府组织等的交流与合作,同时扩大旅游合作,进一步夯实两国友好的社会基础。

(四)扩大多边合作,维护共同利益。中方支持土耳其在国际地区事务中发挥积极作用,愿在联合国、二十国集团和国际货币基金组织等框架内同土方加强合作,就国际和地区热点问题保持协调与配合,维护中土及发展中国家共同利益。

在谈到西亚北非局势时,习近平表示,我们希望地区有关国家尽快恢复稳定和正常秩序。中方尊重和支持地区国家自主处理内部事务。希望国际社会与地区国家一道,尊重《联合国宪章》宗旨和国际法基本准则,为推动缓解地区紧张局势发挥积极建设性作用。中方支持一切有助于地区局势恢复稳定的外交调解努力,愿同包括土方在内的国际社会加强沟通与协调,共同为促进西亚北非地区的和平、稳定与发展不懈努力。

居尔说,今年是中国的龙年,愿借此向中国人民拜年并祝龙年快乐。土方高度评价习副主席此次出访选择土耳其,认为这显示了中方对发展土中关系的重视,必将有力推动两国关系发展。中国积极致力于和平发展,注重改善民生,对外不输出价值观,国际地位和影响与日俱增,土方对此表示钦佩。在新形势下,土方愿与中国加强在经贸、能源、文化、旅游、铁路基础设施建设等方面的合作,深化在国际事务中的协调,推动土中战略合作关系向更高水平发展。居尔重申,土耳其坚持一个中国政策,始终尊重中国的主权和领土完整,坚决反对任何形式的恐怖主义。

会谈结束后,双方共同出席了两国有关经贸等领域合作文件的签字仪式。

国家副主席习近平在安卡拉会见土耳其议长奇切克

习近平指出,在涉及彼此核心利益问题上相互支持是中土战略关系的基石。中方坚定支持土方在维护国内政治稳定和经济发展方面的努力,土方在涉台、涉疆、涉藏等问题上给予中方宝贵支持。相信双方将继续在涉及对方核心利益和重大关切问题上相互理解和支持。务实合作是中土战略关系快速发展的动力,双方在交通、能源、通信等诸多领域务实合作稳步推进。人文交流是中土战略合作关系持续发展的保障。今年和明年中土将在对方国家举办文化年活动,双方应共同办好这两项重要活动，使两国友好更加深入人心。

习近平指出，立法机构交往是双边友好合作的重要组成部分。近年来，中国全国人大与土大国民议会的交往密切，为增进两国人民友谊、促进双边合作发展发挥了独特作用。中土虽然社会制度不同，历史文化各异，但都面临着实现发展、改善民生的共同任务，对促进中土友好合作关系全面发展具有重要意义。继续利用好议会交流这一平台，有利于推动两国更多的政治家特别是年青一代政治家更加关心和支持中土关系发展，让中土友谊之树更加枝繁叶茂。

奇切克表示，2010年双方建立战略合作关系，把两国关系提升到一个新的层次。土方愿与中方共同努力，深化两国战略关系内涵，拓展经贸合作，进一步密切两国议会间交往，共同办好土耳其和中国文化年活动，加强人文交流。奇切克重申，土耳其坚持一个中国政策，承认中华人民共和国是全体中国人民唯一合法代表，尊重中国的主权、独立和领土完整。

国家副主席习近平在伊斯坦布尔会见土耳其总理埃尔多安

习近平说，中土建交41年来特别是进入新世纪以来，两国友好合作关系在各个领域取得长足发展。2010年10月两国建立战略合作关系，标志着双边关系步入全面发展的新阶段。当前中土关系呈现出政治上相互信任，经济上互利合作，文化上相互借鉴，多边场合相互支持的鲜明特点。中方高度重视加强同土耳其的经贸合作，这符合双方根本利益，也有利于挖掘彼此巨大的合作潜力。习近平就进一步加强中土务实合作提出四点建议：

一是充分发挥各自优势，推动两国贸易平衡、健康发展。中方高度重视土方贸易逆差问题，将继续采取综合措施，逐步缓解双边贸易不平衡问题。也希望土方加大对本国产品在华推介力度。二是扩大融资，带动中方对土耳其基础设施建设的投资与合作。希望双方金融机构和企业乘势而上，顺势而为，充分利用当前有利条件，争取尽快谈成一两个影响大、效益好的合作项目。三是深化金融合作，尽快签署本币互换协议并在双边贸易中实现本币结算，为两国更大规模的经贸和投资活动提供便捷的货币结算支持。四是加强核能、航天等高科技领域合作，营造两国务实合作新增长点。双方还可加强在节能减排、绿色经济、新材料等领域的合作，实现各自经济的可持续发展。

习近平表示，“东突”问题关系到中国国家安全和社会稳定，涉及中方的核心利益。总理先生多次重申土方坚持一个中国政策，尊重中国的独立、主权和领土完整，强调新疆是中国领土不可分割的一部分，坚决反对任何人在土耳其境内从事任何破坏中国主权和领土完整的活动。中方对此表示赞赏。希望土方继续采取有效措施，反对和阻止“东突”势力在土耳其从事反华分裂活动，确保中土关系健康、稳定发展。

埃尔多安说，土方完全赞同习副主席就发展两国经贸务实合作提出的主张，希望进一步加强双方在经贸、金融、能源、航空航天、高速铁路、公路和大型承包工程以及旅游观光等方面的合作。两国企业家应抓住机遇，有所作为。土方希望加强与中方在地区及国际问题包括西亚北非局势等方面的沟通协调。埃尔多安重申，土耳其一贯奉行一个中国政策，认为中华人民共和国是全体中国人民唯一合法代表，决不允许在土耳其领土上从事任何有损中国独立、主权和领土完整的破坏活动。

国家副主席习近平在伊斯坦布尔会见伊斯坦布尔省省长穆特鲁

国务院副总理李克强在中南海紫光阁会见印度尼西亚国防部部长普尔诺莫·尤斯吉安托罗

李克强指出，近年来，中印尼贸易投资合作明显增强，能源、基础设施、科技、文化等领域合作日益扩大，两国防务部门和两军间合作取得长足发展。中方愿同印尼方在相互尊重、平等互利的基础上，加强政治对话和国际、地区问题上的沟通协调，拓展包括防务安全在内的各领域务实合作，推动两国战略伙伴关系不断向前发展。与其他各方一道共同维护地区和世界的和平与稳定。

普尔诺莫表示印尼同中方关系有着坚实基础和广阔前景，愿进一步全面深化双边合作，实现共赢发展。

全国人大常委会副委员长韩启德在安曼与约旦国王阿卜杜拉二世举行会谈

国务委员刘延东在北京出席金融信息量子通信验证网开通仪式

刘延东指出，量子通信技术对保障国家信息安全具有重要战略意义。近年来，我国量子通信研究发展迅速，取得一批重要原创成果。新华社和中国科技大学合作建设的金融信息量子通信验证网，实现了量子通信技术在金融信息传输方面的成功应用，将对推动量子信息技术更好服务于经济社会发展产生积极示范作用。

刘延东强调，前沿技术和战略高技术研究涉及我国现代化建设关键领域，事关自主创新能力和国家核心竞争力提升，必须从战略高度重视加强，务求实现更大突破。要强化基础研究和原始创新，瞄准新科技革命可能发生的前沿方向以及能带动技术创新、促进产业变革的重要科学问题，前瞻布局，持续攻关。要面向国家战略需求，围绕转变经济发展方式和培育发展战略性新兴产业，部署加强关键核心技术和产业共性技术研发，推进重大公益性科技创新。要注重在科研实践中凝聚和培养拔尖创新人才，完善资源配置和评价激励机制，让科研人员心无旁骛地在科学世界里施展才华。要加强协同创新，发挥政府的规划和引导作用，促进科研院所、高校和企业的紧密合作，强化创新链和产业链不同环节的相互衔接，努力以成果转化应用来带动科技创新，以科技创新的重大突破来支撑经济发展、社会进步和民生改善。

量子通信是最先实用化的量子信息技术，是至今为止唯一得到严格证明的、能从原理上确保通信无条件安全的通信技术。金融信息量子通信验证网在世界上首次实现了利用量子通信网络对金融信息的安全传输。

陈若琳在伦敦举办的第十八届国际泳联跳水世界杯暨奥运测试赛女子十米台比赛中获得冠军

2月22日

国务院总理温家宝在北京主持召开国务院常务会议研究部署十二五期间深化医药卫生体制改革工作

会议指出，2009年3月《中共中央 国务院关于深化医药卫生体制改革的意见》和国务院《医药卫生体制改革近期重点实施方案(2009—2011年)》发布以来，医药卫生体制五项重点改革取得明显进展。一是覆盖城乡全体居民的基本医疗保障制度框架初步形成。职工基本医疗保险、城镇居民基本医疗保险和新型农村合作医疗三项基本医保参保人数达到13亿，覆盖95%以上的城乡居民。保障范围从大病延伸到门诊小病。二是国家基本药物制度初步建立，政府办基层医疗卫生机构全部实施基本药物零差率销售。三是覆盖城乡的基层医疗卫生服务体系基本建成。2200多所县级医院和3.3万多个城乡基层医疗卫生机构得到改造完善，全科医生制度建设开始启动。四是基本公共卫生服务均等化水平明显提高。向城乡居民免费提供预防接种、健康档案等10类国家基本公共卫生服务，全面实施国家重大公共卫生服务项目。五是公立医院改革试点积极推进，政事分开、管办分开、医药分开、营利性和非营利性分开等体制机制创新稳步展开。

会议指出，当前医改还面临一些较为突出的矛盾和问题，特别是体制性、结构性等深层次矛盾尚未解决。必须进一步加强组织领导，把改革持续推向深入。"十二五"期间，要以建设符合我国国情的基本医疗卫生制度为核心，在三个方面重点突破：一是加快健全全民医保体系。巩固扩大基本医保覆盖面，重点做好农民工、非公有制经济组织从业人员、灵活就业人员，以及关闭破产企业退休人员和困难企业职工参保工作。提高基本医疗保障水平，到2015年，城镇居民医保和新农合政府补助标准提高到每人每年360元以上，三项基本医保政策范围内住院费用支付比例均达到75%左右。改革完善医保支付和医疗救助制度。积极发展商业健康保险。二是巩固完善基本药物制度和基层医疗卫生机构运行新机制。基本药物制度实施范围逐步扩大到村卫生室和非政府办基层医疗卫生机构。继续支持村卫生室、乡镇卫生院、社区卫生服务机构标准化建设，为基层医疗卫生机构培养15万名以上全科医生。三是积极推进公立医院改革。深化补偿机制改革，破除"以药养医"机制，推进医药分开、管办分开。建立现代医院管理制度，规范诊疗行为，调动医务人员积极性。2015年要实现县级公立医院阶段性改革目标，全面推开城市公立医院改革。

会议要求在重点突破以上三项改革的同时，统筹推进相关领域配套改革。继续推进基本公共卫生服务均等化，逐步提高人均基本公共卫生服务经费标准，2015年达到40元以上。加快人才培养和信息化建设，推进药品生产流通领域改革，积极发展医疗服务业。鼓励各地结合实际大胆探索、先行先试，不断完善政策，积累改革经验。要加强医疗卫生服务行为和质量监管，加强医德医风建设和行业自律。制定完善相关法律、法规，健全行业、人员、技术、设备的准入和退出机制。

会议要求放宽社会资本举办医疗机构的准入，扩大和丰富全社会医疗资源。鼓励有实力的企业、慈善机构、基金会、商业保险机构等社会力量以及境外投资者举办医疗机构，鼓励具有资质的人员依法开办私人诊所。进一步落实政策，改善执业环境，对各类社会资本举办非营利性医疗机构给予优先支持。

国务委员刘延东在人民大会堂会见以许荣茂为团长的香港新家园协会访京团

刘延东对香港新家园协会成立以来，为推动香港经济社会发展稳定所做的贡献表示肯定。对协会在香港新移民领域所做的大量有益工作表示赞赏。她希望香港新家园协会坚定爱国爱港立场，充分发挥自身优势，密切香港与内地的联系。与香港特区政府一起，帮助香港新移民更快更好地融入香港社会，与其他香港居民一道，把香港建设得更加美好。

《人民日报》发表评论员文章《大力弘扬核工业自主创新精神》

从1964年10月16日第一颗原子弹爆炸，到2011年7月21日中国实验快堆成功实现首次并网发电，中国核工业集团公司依靠自主创新，取得一系列世界瞩目的重大成果，极大地增强了我国的国防实力，提高了我国的国际地位，鼓舞了全民志气，振奋了民族精神，成为我国自主创新的典范。

核工业近60年的发展史，就是一部自力更生、自主创新的历史。核工业人的创新史再次证明，只要继承和发扬党的优良传统，牢记兴核强国的历史使命，坚持自主创新、科学发展，无论国际环境多么恶劣，无论条件多么艰苦，也一定能取得重大成就，为国家安全和经济社会发展作出重大贡献。应对当前复杂的国际经济形势，克服制约我国经济社会可持续发展的瓶颈，尤其需要大力弘扬核工业自主创新精神，迎难而上，再创辉煌。

大力弘扬核工业自主创新精神，就是要像核工业人那样，始终把国家安全和民族命运放在第一位。为了祖国的核事业，成千上万的核工业人牢记党和国家的重托，坚持“事业高于一切、责任重于一切”，扎根戈壁荒原、深山峡谷，甘愿隐姓埋名，以身许国，经受了各种艰难险阻的考验。在新的历史时期，核工业人继续秉持爱党、爱国、爱核工业三位一体的优良传统，在自主创新道路上爱岗敬业、勇挑重担，吃苦耐劳、敢为人先，淡泊名利、无私奉献。

大力弘扬核工业自主创新精神，就是要像核工业人那样，紧紧围绕国家的战略需求不懈攀登。上世纪60年代，面对西方大国的核垄断、核讹诈，核工业人先后研制成功原子弹、氢弹、核潜艇等，大大提高了我国的国防能力和国际地位。上世纪80年代，面对国家经济建设对能源的需求，核工业人坚持科研先行，建成大陆第一座核电站——秦山核电站，成为世界上第七个自主设计建造核电站的国家。随后，他们又向巴基斯坦成功出口、援建了恰希玛一期核电站，实现了我国高新技术出口的重大突破。

大力弘扬核工业自主创新精神，就是要像核工业人那样，甘当“老母鸡”、勇于奉献。“一花独放不是春，万紫千红春满园”，为了祖国核工业的发展，中核集团先后为兄弟单位输送了大批技术人才。光是从中国原子能科学研究院一家科研单位，就先后走出60多位院士；秦山核电站也为全国输送了数百名优秀科技人才。与此同时，中核集团着眼大局、立足长远，积极发展以核电为龙头、包括核燃料、核应用技术在内的三大核技术产业，整体拉动了机械、电气、仪表行业的技术进步，为国防建设和国民经济建设作出了独特贡献。

大力弘扬核工业自主创新精神，就是要积极实施人才战略。中核集团千方百计建设科技人才队伍，曾经拥有钱三强、王淦昌等一批著名的核科学家和一大批素质过硬的核工程技术专家。进入新世纪，面对人才竞争的严峻挑战，中核集团大力实施人才强企战略，构建了人才分层分类管理、考核评价、培养培训等六大体系，为中核集团的可持续创新发展提供了人才保障。

自主创新是企业发展的不竭动力，也是在关键领域获取和保持竞争优势的必然选择。让我们大力弘扬核工业自主创新精神，在各自的领域和岗位上奋发有为、努力工作，为建设创新型国家，实现中华民族伟大复兴作出更大贡献！

国家统计局发布2011年国民经济和社会发展统计公报

2011年，面对复杂严峻的国内外环境，全国各族人民在党中央、国务院的正确领导下，坚持以邓小平理论和“三个代表”重要思想为指导，坚持以科学发展为主题、以加快转变经济发展方式为主线，全面贯彻落实加强和改善宏观调控的各项政策措施，国民经济保持平稳较快发展，各项社会事业取得新的进步，实现了“十二五”时期良好开局。

一、综合

初步核算，全年国内生产总值471564亿元，比上年增长9.2%。其中，第一产业增加值47712亿元，增长4.5%；第二产业增加值220592亿元，增长10.6%；第三产业增加值203260亿元，增长8.9%。第一产业增加值占国内生产总值的比重为10.1%，第二产业增加值比重为46.8%，第三产业增加值比重为43.1%。

全年居民消费价格比上年上涨5.4%，其中食品价格上涨11.8%。固定资产投资价格上涨6.6%。工业生产者出厂价格上涨6.0%。工业生产者购进价格上涨9.1%。农产品生产价格上涨16.5%。

70个大中城市新建商品住宅销售价格月环比下降的城市个数逐步增加。12月份，70个大中城市中，环比价格下降的城市为52个，比1月份增加49个。

年末全国就业人员76420万人，其中城镇就业人员35914万人。全年城镇新增就业1221万人。年末城镇登记失业率为4.1%，与上年末持平。全年农民工总量为25278万人，比上年增长4.4%。其中，外出农民工15863万人，增长3.4%；本地农民工9415万人，增长5.9%。

年末国家外汇储备31811亿美元，比上年末增加3338亿美元。年末人民币汇率为1美元兑6.3009元人民币，比上年末升值5.1%。

全年公共财政收入103740亿元，比上年增加

20639亿元，增长24.8%；其中税收收入89720亿元，增加16510亿元，增长22.6%。

二、农业

全年粮食种植面积11057万公顷，比上年增加70万公顷；棉花种植面积504万公顷，增加19万公顷；油料种植面积1379万公顷，减少10万公顷；糖料种植面积195万公顷，增加4万公顷。

全年粮食产量57121万吨，比上年增加2473万吨，增产4.5%。其中，夏粮产量12627万吨，增产2.5%；早稻产量3276万吨，增产4.5%；秋粮产量41218万吨，增产5.1%。

全年棉花产量660万吨，比上年增产10.7%。油料产量3279万吨，增产1.5%。糖料产量12520万吨，增产4.3%。烤烟产量287万吨，增产5.1%。茶叶产量162万吨，增产9.9%。

全年肉类总产量7957万吨，比上年增长0.4%。其中，猪肉产量5053万吨，下降0.4%；牛肉产量648万吨，下降0.9%；羊肉产量393万吨，下降1.4%。年末生猪存栏46767万头，增长0.7%；生猪出栏66170万头，下降0.8%。禽蛋产量2811万吨，增长1.8%。牛奶产量3656万吨，增长2.2%。

全年水产品产量5600万吨，比上年增长4.2%。其中，养殖水产品产量4026万吨，增长5.2%；捕捞水产品产量1574万吨，增长1.9%。

全年木材产量7272万立方米，比上年下降10.1%。

全年新增有效灌溉面积181万公顷，新增节水灌溉面积221万公顷。

三、工业和建筑业

全年全部工业增加值188572亿元，比上年增长10.7%。规模以上工业增加值增长13.9%。在规模以上工业中，国有及国有控股企业增长9.9%；集体企业增长9.3%，股份制企业增长15.8%，外商及港澳台商投资企业增长10.4%；私营企业增长19.5%。轻工业增长13.0%，重工业增长14.3%。

全年规模以上工业中，农副食品加工业增加值比上年增长14.1%，纺织业增长8.3%，通用设备制造业增长17.4%，专用设备制造业增长19.8%，交通运输设备制造业增长12.0%，通信设备、计算机及其他电子设备制造业增长15.9%，电气机械及器材制造业增长14.5%。六大高耗能行业增加值比上年增长12.3%，其中，非金属矿物制品业增长18.4%，化学原料及化学制品制造业增长14.7%，有色金属冶炼及压延加工工业增长13.6%，黑色金属冶炼及压延加工工业增长9.7%，电力、热力的生产和供应业增长10.1%，石油加工、炼焦及核燃料加工业增长7.6%。高技术制造业增加值比上年增长16.5%。

全年规模以上工业企业实现利润54544亿元，比上年增长25.4%。

全年全社会建筑业增加值32020亿元，比上年增长10.0%。全国具有资质等级的总承包和专业承包建筑业企业实现利润4241亿元，增长24.4%，其中国有及国有控股企业1172亿元，增长36.0%。

四、固定资产投资

全年全社会固定资产投资311022亿元，比上年增长23.6%，扣除价格因素，实际增长15.9%。其中，固定资产投资(不含农户)301933亿元，增长23.8%；农户投资9089亿元，增长15.3%。东部地区投资130319亿元，比上年增长20.1%；中部地区投资70783亿元，增长27.5%；西部地区投资71849亿元，增长28.7%；东北地区投资32687亿元，增长30.4%。

在固定资产投资(不含农户)中，第一产业投资6792亿元，比上年增长25.0%；第二产业投资132263亿元，增长27.3%；第三产业投资162877亿元，增长21.1%。

全年房地产开发投资61740亿元，比上年增长27.9%。其中，住宅投资44308亿元，增长30.2%；办公楼投资2544亿元，增长40.7%；商业营业用房投资7370亿元，增长30.5%。

全年新开工建设城镇保障性安居工程住房1043万套(户)，基本建成城镇保障性安居工程住房432万套。

五、国内贸易

全年社会消费品零售总额183919亿元，比上年增长17.1%，扣除价格因素，实际增长11.6%。按经营地统计，城镇消费品零售额159552亿元，增长17.2%；乡村消费品零售额24367亿元，增长16.7%。按消费形态统计，商品零售额163284亿元，增长17.2%；餐饮收入额20635亿元，增长16.9%。

在限额以上企业商品零售额中，汽车类零售额比上年增长14.6%，粮油类增长29.1%，肉禽蛋类增长27.6%，服装类增长25.1%，日用品类增长24.1%，文化办公用品类增长27.6%，通信器材类增长27.5%，化妆品类增长18.7%，金银珠宝类增长42.1%，中西药品类增长21.5%，家用电器和音像器材类增长21.6%，家具类增长32.8%，建筑及装潢材料类增长30.1%。

六、对外经济

全年货物进出口总额36421亿美元，比上年增长22.5%。其中，出口18986亿美元，增长20.3%；进口17435亿美元，增长24.9%。进出口差额(出口减进口)1551亿美元，比上年减少264亿美元。

全年非金融领域新批外商直接投资企业27712

家，比上年增长1.1%。实际使用外商直接投资金额1160亿美元，增长9.7%。

全年非金融类对外直接投资额601亿美元，比上年增长1.8%。

全年对外承包工程业务完成营业额1034亿美元，比上年增长12.2%；对外劳务合作派出各类劳务人员45.2万人，增加4.1万人。

七、交通、邮电和旅游

全年货物运输总量369亿吨，比上年增长13.7%。货物运输周转量159014亿吨公里，增长12.1%。

全年规模以上港口完成货物吞吐量90.7亿吨，比上年增长11.9%，其中外贸货物吞吐量27.5亿吨，增长10.8%。规模以上港口集装箱吞吐量16231万标准箱，增长11.4%。

年末全国民用汽车保有量达到10578万辆(包括三轮汽车和低速货车1228万辆)，比上年末增长16.4%，其中私人汽车保有量7872万辆，增长20.4%。民用轿车保有量4962万辆，增长23.2%，其中私人轿车4322万辆，增长25.5%。

全年完成邮电业务总量13379亿元，比上年增长16.5%。其中，邮政业务总量1608亿元，增长25.0%；电信业务总量11772亿元，增长15.5%。全年局用交换机容量减少3070万门，总容量43467万门；新增移动电话交换机容量20406万户，达到170691万户。年末固定电话用户28512万户。其中，城市电话用户19110万户，农村电话用户9402万户。新增移动电话用户12725万户，年末达到98625万户，其中3G移动电话用户12842万户。年末全国固定及移动电话用户总数达到127137万户，比上年末增加11802万户。电话普及率达到94.9部/百人。互联网上网人数5.13亿人，互联网普及率达到38.3%。

全年国内出游人数26.4亿人次，比上年增长13.2%；国内旅游收入19306亿元，增长23.6%。入境旅游人数13542万人次，增长1.2%。其中，外国人2711万人次，增长3.8%；香港、澳门和台湾同胞10831万人次，增长0.6%。在入境旅游者中，过夜旅游者5758万人次，增长3.4%。国际旅游外汇收入485亿美元，增长5.8%。国内居民出境人数7025万人次，增长22.4%。其中因私出境6412万人次，增长24.5%，占出境人数的91.3%。

八、金融

年末广义货币供应量(M2)余额为85.2万亿元，比上年末增长13.6%；狭义货币供应量(M1)余额为29.0万亿元，增长7.9%；流通中现金(M0)余额为5.1万亿元，增长13.8%。

年末全部金融机构本外币各项存款余额82.7万亿元，比年初增加9.9万亿元，其中人民币各项存款余额80.9万亿元，增加9.6万亿元。全部金融机构本外币各项贷款余额58.2万亿元，增加7.9万亿元，其中人民币各项贷款余额54.8万亿元，增加7.5万亿元。

全年农村金融合作机构(农村信用社、农村合作银行、农村商业银行)人民币贷款余额66778亿元，比年初增加10012亿元。全部金融机构人民币消费贷款余额88717亿元，增加14803亿元。其中，个人短期消费贷款余额13555亿元，增加3965亿元；个人中长期消费贷款余额75162亿元，增加10838亿元。

全年上市公司通过境内市场累计筹资6780亿元，比上年减少3495亿元。其中，首次公开发行A股282只，筹资2825亿元，减少2058亿元；A股再筹资(包括配股、公开增发、非公开增发、认股权证)筹资2248亿元，减少1824亿元；上市公司通过发行可转债、可分离债、公司债筹资1707亿元，增加387亿元。全年公开发行创业板股票128只，筹资791亿元。

全年发行非上市公司企业(公司)债券3485亿元，比上年减少142亿元。企业发行短期融资券8029亿元，增加1287亿元；中期票据7270亿元，增加2346亿元。

全年保险公司原保险保费收入14339亿元，比上年增长10.5%，其中寿险业务原保险保费收入8696亿元；健康险和意外伤害险业务原保险保费收入1025亿元；财产险业务原保险保费收入4618亿元。支付各类赔款及给付3929亿元，其中寿险业务给付1301亿元；健康险和意外伤害险赔款及给付441亿元；财产险业务赔款2187亿元。

九、教育、科学技术和文化

全年研究生教育招生56.0万人，在学研究生164.6万人，毕业生43.0万人。普通高等教育本专科招生681.5万人，在校生2308.5万人，毕业生608.2万人。各类中等职业教育招生808.9万人，在校生2196.6万人，毕业生662.7万人。全国普通高中招生850.8万人，在校生2454.8万人，毕业生787.7万人。全国初中招生1634.7万人，在校生5066.8万人，毕业生1736.7万人。普通小学招生1736.8万人，在校生9926.4万人，毕业生1662.8万人。特殊教育招生6.4万人，在校生39.9万人，毕业生4.4万人。幼儿园在园幼儿3424.4万人。

全年研究与试验发展(R&D)经费支出8610亿元，比上年增长21.9%，占国内生产总值的1.83%，其中基础研究经费396亿元。全年国家安排了952项科技支撑计划课题，524项“863”计划课题。累计建设国家工程研究中心130个，国家工程实验室119个。累计建设国家地方联合工程研究中心101个，国家地方联合工程实验室116个。国家认定企业技术中心达到

793家。省级企业技术中心达到6824家。实施新兴产业创投计划，累计支持设立61家创业投资企业，投资创业企业108家。全年受理境内外专利申请163.3万件，其中境内申请147.9万件，占90.5%。受理境内外发明专利申请52.6万件，其中境内申请40.4万件，占76.7%。全年授予专利权96.1万件，其中境内授权86.4万件，占89.9%。授予发明专利权17.2万件，其中境内授权10.6万件，占61.5%。截至年底，有效专利274.0万件，其中境内有效专利220.2万件，占80.4%；有效发明专利69.7万件，其中境内有效发明专利31.8万件，占45.7%。全年共签订技术合同25.6万项，技术合同成交金额4763.6亿元，比上年增长21.9%。全年成功发射卫星19次。"天宫一号"目标飞行器和"神舟"八号飞船成功发射并实现空中交会对接。载人深潜器"蛟龙"号成功完成5000米海试。

年末全国共有产品检测实验室25669个，其中国家检测中心476个。全国现有产品质量、体系认证机构174个，已累计完成对83549个企业的产品认证。全国共有法定计量技术机构3740个，全年强制检定计量器具6179万台(件)。全年制定、修订国家标准1993项，其中新制定1559项。全年中央气象台和省级气象台共发布气象预警信号4034次，警报4337次。全国共有地震台站1480个，地震监测台网32个。全国共有海洋观测站74个。测绘地理信息部门公开出版地图2103种。

年末全国文化系统共有艺术表演团体2481个，博物馆2571个，全国共有公共图书馆2925个，文化馆3276个。广播电台197座，电视台213座，广播电视台2153座，教育电视台44个。有线电视用户20152万户，有线数字电视用户11455万户。年末广播节目综合人口覆盖率为97.1%；电视节目综合人口覆盖率为97.8%。全年生产电视剧469部14939集，动画电视261444分钟。全年生产故事影片558部，科教、纪录、动画和特种影片131部。出版各类报纸467亿份，各类期刊33亿册，图书77亿册(张)。年末全国共有档案馆4107个，已开放各类档案10376万卷(件)。

全年运动员在24个大项中获得138个世界冠军，共有4人1队8次创8项世界纪录。

十、卫生和社会服务

年末全国共有医疗卫生机构953432个，其中医院21638个，乡镇卫生院37374个，社区卫生服务中心(站)32812个，诊所(卫生所、医务室)177754个，村卫生室659596个，疾病预防控制中心3499个，卫生监督所(中心)3005个。卫生技术人员620万人，其中执业医师和执业助理医师251万人，注册护士224万人。医疗卫生机构床位515万张，其中医院368万张，乡镇卫生院103万张。全年甲、乙类法定报告传染病发病人数323.8万例，报告死亡15264人；报告传染病发病率241.44/10万，死亡率1.14/10万。

年末全国共有各类提供住宿的社会服务机构4.5万个，床位367.2万张，收养救助各类人员279.6万人。其中，农村养老服务机构3.2万个，床位232.6万张，收养各类人员182.8万人。各类社区服务设施14.8万个，其中，社区服务中心1.4万个，社区服务站4.9万个。年末2276.8万城市居民得到政府最低生活保障，比上年末减少33.7万人；5313.5万农村居民得到政府最低生活保障，增加99.5万人；552.0万农村居民得到政府五保救济，减少4.3万人。全年救助城市医疗困难群众711.4万人次，救助农村医疗困难群众1558.1万人次；资助1276.5万城镇困难群众参加城镇医疗保险，资助4544.3万农村困难群众参加新型农村合作医疗。

十一、人口、人民生活和社会保障

年末全国大陆总人口为134735万人，比上年末增加644万人，其中城镇人口为69079万人，占总人口比重首次超过50%，达到51.3%。全年出生人口1604万人，出生率为11.93‰。死亡人口960万人，死亡率为7.14‰。自然增长率为4.79‰。出生人口性别比为117.78。全国人户分离的人口为2.71亿人，其中流动人口为2.30亿人。

全年农村居民人均纯收入6977元，比上年增长17.9%，扣除价格因素，实际增长11.4%；农村居民人均纯收入中位数为6194元，增长19.1%。城镇居民人均可支配收入21810元，比上年增长14.1%，扣除价格因素，实际增长8.4%；城镇居民人均可支配收入中位数为19118元，增长13.5%。农村居民食品消费支出占消费总支出的比重为40.4%，城镇为36.3%。

年末全国参加城镇职工基本养老保险人数28392万人，比上年末增加2685万人。其中，参保职工21574万人，参保离退休人员6819万人。参加城镇基本医疗保险的人数47291万人，增加4028万人。其中，参加城镇职工基本医疗保险人数25226万人，参加城镇居民基本医疗保险人数22066万人。参加城镇基本医疗保险的农民工4641万人，增加58万人。参加失业保险的人数14317万人，增加941万人。参加工伤保险的人数17689万人，增加1528万人，其中参加工伤保险的农民工6837万人，增加537万人。参加生育保险的人数13880万人，增加1544万人。截至9月底，2646个县(市、区)开展了新型农村合作医疗工作，新型农村合作医疗参合率97.5%；新型农村合作医疗基金支出总额为1114亿元，受益8.4亿人次。全国列入国家新型农村社会养老保险试点地区参保人数32643万人。年末全国领取失业保险金人数为197万人。2011

年,国家将农村扶贫标准提高到年人均纯收入2300元(2010年不变价),按照新标准,年末农村扶贫对象为12238万人。

十二、资源、环境和安全生产

全年全国国有建设用地供应总量58.8万公顷,比上年增长37.2%。其中,工矿仓储用地19.3万公顷,增长26.2%;房地产用地16.7万公顷,增长9.2%;基础设施等其他用地22.8万公顷,增长86.1%。

全年水资源总量24022亿立方米。全年平均降水量567毫米。年末全国422座大型水库蓄水总量1956亿立方米,比上年末少蓄水69亿立方米。全年总用水量6080亿立方米,比上年增长1.0%。其中,生活用水增长2.5%,工业用水增长0.9%,农业用水增长0.8%,生态补水下降4.0%。万元国内生产总值用水量139立方米,比上年下降7.3%。万元工业增加值用水量82立方米,下降8.9%。人均用水量452立方米,增长0.4%。

全年完成造林面积614万公顷,其中人工造林414万公顷。林业重点工程完成造林面积311万公顷,占全部造林面积的50.7%。截至年底,自然保护区达到2640个,其中国家级自然保护区335个。新增水土流失治理面积3.9万平方公里,新增实施水土流失地区封育保护面积2.8万平方公里。截至年底,已确权集体林地面积为17333万公顷,其中发放林权证的面积为15100万公顷。

全年平均气温为9.3℃,共有7个台风登陆。

初步核算,全年能源消费总量34.8亿吨标准煤,比上年增长7.0%。煤炭消费量增长9.7%;原油消费量增长2.7%;天然气消费量增长12.0%;电力消费量增长11.7%。全国万元国内生产总值能耗下降2.01%。主要原材料消费中,钢材消费量8.4亿吨,增长9.0%;精炼铜消费量786万吨,增长5.2%;电解铝消费量1724万吨,增长12.1%;乙烯消费量1528万吨,增长7.5%;水泥消费量20.7亿吨,增长11.2%。

七大水系的398个水质监测断面中,Ⅰ—Ⅲ类水质断面比例占56.3%,比上年提高0.3个百分点;劣Ⅴ类水质断面比例占15.3%,下降2.0个百分点。七大水系水质总体上保持稳定。

近岸海域301个海水水质监测点中,达到国家一、二类海水水质标准的监测点占62.8%,三类海水占12.0%,四类、劣四类海水占25.2%。

在监测的330个城市中,有293个城市空气质量达到二级以上(含二级)标准,占监测城市数的88.8%;有33个城市为三级,占10.0%;有4个城市为劣三级,占1.2%。在监测的316个城市中,城市区域声环境质量好的城市占5.1%,较好的占72.8%,轻度污染的占21.5%,中度污染的占0.6%。

年末城市污水处理厂日处理能力达11255万立方米,比上年末增长7.8%;城市污水处理率达到82.6%,提高0.3个百分点。集中供热面积45.6亿平方米,增长4.6%。建成区绿地率达到34.7%,提高0.2个百分点。

全年各类自然灾害造成直接经济损失3096亿元,比上年下降42.0%。全年农作物受灾面积3247万公顷,下降13.2%,其中绝收289万公顷,下降40.5%。全年因洪涝、滑坡和泥石流灾害造成直接经济损失1260亿元,下降64.0%。全年因旱灾造成直接经济损失928亿元,增长22.6%。全年因低温冷冻和雪灾造成直接经济损失290亿元,下降8.9%。全年因海洋灾害造成直接经济损失60.5亿元,下降54.4%。全年累计发生赤潮面积1145平方公里,下降89.5%。全年大陆地区共发生5级以上地震17次,成灾15次,造成直接经济损失60.1亿元。全年共发生森林火灾5550起,下降28.1%。

全年各类生产安全事故共死亡75572人,比上年下降5.0%。亿元国内生产总值生产安全事故死亡人数为0.173人,下降13.9%;工矿商贸企业就业人员10万人生产安全事故死亡人数为1.88人,下降11.7%;道路交通万车死亡人数为2.8人,下降12.5%;煤矿百万吨死亡人数为0.564人,下降24.7%。

中共中央政治局常委李长春在人民大会堂会见古巴共产党中央政治局委员 古巴部长会议副主席穆里略

李长春表示,古巴是第一个同新中国建交的拉美国家,建交52年来,两国在探索具有本国特色的社会主义道路上相互理解,相互支持,结下了深厚友谊。近年来,中古友好合作关系进入了一个全面发展的新时期。双方在政治上相互信任、相互支持,经济上互惠互利、真诚合作,人文上相互学习、交流互鉴。

穆里略表示,古中建交以来,在相互尊重、平等互利的基础上,两国友好关系全面深入发展,务实合作不断扩大,两国人民间的友好感情日益加深。古巴党和政府高度重视发展对华关系,钦佩中国在经济社会发展中取得的成就,愿同中方相互交流社会主义建设经验,共同推动古中友好关系不断发展。

国家副主席习近平在伊斯坦布尔与土耳其副总理巴巴詹共同出席中土经贸合作论坛并发表讲话

习近平就进一步深化中土经贸合作提出四点建议:

一是增加政治互信,推进战略合作。要牢牢把握中土关系发展大方向，不断充实战略合作关系内涵。中方愿同土方在多边机制中就全球性和国际热点问题加强沟通与协调，共同促进世界和平与发展。

二是拓宽经贸合作领域，深化务实合作。要进一步发挥两国企业互补性优势，继续加强在交通、通信等基础设施建设领域的互利合作，着力培育两国务实合作新的增长点。

三是共同反对贸易保护主义。中土应该以实际行动促进贸易和投资自由化、便利化，为推动世界经济全面复苏作出贡献。中方不刻意追求对任何国家的贸易顺差，对中土贸易中的逆差问题，我们愿同土方继续保持沟通与合作，采取综合措施予以缓解。

四是加强人文交流，加深相互了解。中土都是千年古国、文明之邦，两国文化在长期交流过程中相互尊重、相互借鉴，成为推动中土关系发展的重要力量。今后双方应继续加强人文交流，进一步夯实战略合作关系的社会基础。

巴巴詹在致辞中表示，今天是土中经贸关系中的历史性日子。习副主席专程出席论坛并讲话，昨天他与居尔总统和埃尔多安等土耳其领导人进行亲切友好并富有成效的交流，就加强两国关系、推进互利合作达成重要共识，双方还签署了一系列合作文件，为两国关系未来发展打下了坚实基础。这对所有从事土中经贸合作的工商企业界朋友是一个巨大鼓舞，具有重要意义。近年来，世界贸易的一个突出特点是，发展中国家相互之间及发展中国家向发达国家出口的比例大幅增加，与十年前大不相同。双方企业家应适应新的形势，抓住机遇，顺应潮流，扩大合作，开创两国关系更加光明的未来。

国务院副总理张德江在中南海会见美国国际商业机器公司总裁兼首席执行官罗睿兰一行

2月23日

中共中央印发《关于加强新形势下党外代表人士队伍建设的意见》

《关于加强新形势下党外代表人士队伍建设的意见》（以下简称《意见》）以邓小平理论和“三个代表”重要思想为指导，深入贯彻落实科学发展观，适应党和国家事业发展、统一战线巩固壮大的新要求，结合党外代表人士的新特点，对进一步加强新形势下党外代表人士队伍建设作出全面部署，提出明确要求，是指导新形势下统一战线事业发展的纲领性文件。

《意见》指出，我们党历来高度重视党外代表人士队伍建设，始终把团结培养党外代表人士作为党和国家工作全局的重要方面，作为党治国理政的政治优势。加强党外代表人士队伍建设，事关坚持和发挥我国社会主义政治制度的特点和优势，事关为全面建设小康社会提供人才支持，事关巩固党的执政基础和扩大党的群众基础，事关推动新形势下统一战线事业不断向前发展。要深刻认识加强新形势下党外代表人士队伍建设的重要性和紧迫性，把握新形势下党外代表人士的特点和成长规律，着力培养大批高素质、有影响、作用大的党外代表人士，推动爱国统一战线不断巩固壮大。

《意见》明确了党外代表人士队伍建设的总体要求。党外代表人士是与中国共产党团结合作、作出较大贡献、有一定社会影响的非中共人士，包括民主党派代表人士、无党派代表人士、少数民族代表人士、宗教界代表人士、非公有制经济代表人士、港澳台海外代表人士等。政治坚定、业绩突出、群众认同，是党外代表人士的基本标准，也是加强党外代表人士队伍建设的根本要求。要适应新形势下坚持和完善社会主义政治制度、巩固和壮大爱国统一战线的要求，着眼贯彻实施《国家中长期人才发展规划纲要（2010—2020年）》，努力建设一支数量充足、结构合理、素质优良、作用突出的党外代表人士队伍。

《意见》对党外代表人士的发现储备、教育培养、选拔任用和管理等提出了具体要求。要有组织、有计划地广泛物色发现党外代表人士，把综合评价作为党外代表人士推荐使用的必经环节。要全面加强党外代表人士的教育培养，强化理论培训，加大实践锻炼力度，注重思想政治教育，充分发挥社会主义学院主阵地作用。要加大党外代表人士的选拔任用力度，认真贯彻党外代表人士安排的政策要求，不断健全选拔任用工作机制，切实搞好党与党外代表人士的合作共事。要注重党外代表人士的管理。

《意见》提出，要把联谊交友工作贯穿于党外代表人士发现、培养、使用和管理各个环节。要广交深交党外朋友，不断拓宽视野，广泛联系各界人士。党员领导干部和统战干部要带头做好联谊交友工作，各级党政领导班子要发挥示范带头作用。

《意见》还对加强和改善党对党外代表人士队伍建设的领导提出明确要求。各级党委要高度重视党外代表人士队伍建设，把党外代表人士培养选拔使用作为政治责任，从坚持和完善社会主义政治制度、实现国家长治久安的高度抓好落实。要健全工作机制，加强统筹协调，完善党委统一领导、统战部门牵头负责、各有关部门和社会团体密切配合的工作机制。要支持民主党派、工商联和有关社会团体在党外代表人士队伍建设中发挥作用。

全国政协主席贾庆林在人民大会堂会见缅甸联邦议会人民院议长吴瑞曼

贾庆林指出，当前，世界形势正在经历深刻复杂的变化，中缅关系既面临难得的发展机遇，也面临一些挑战。双方应坚持不懈地发展中缅友好，保持高层交往，加强战略沟通，尽早着手制订中缅全面战略合作伙伴关系行动计划，进一步完善协调合作机制。中国全国政协愿同缅甸人民院和民族院加强友好交流和人员往来，相互学习借鉴参政议政经验。作为友好邻邦，中方尊重缅甸人民自主选择的发展道路，支持缅方为实现国家稳定和发展所做的努力，愿同缅方共同努力，坚定不移地推进中缅互利合作，妥善处理双方合作中出现的问题，让中缅友好合作更好地造福两国人民。贾庆林表示，中缅边境地区保持和平稳定关乎两国的共同利益。中方尊重缅甸主权和领土完整，真诚希望缅方以和平方式妥善解决民族和解问题，维护中缅边境地区长治久安。

吴瑞曼说，缅甸政府和人民十分珍视同中方的胞波友谊，高度赞赏中国的发展成就，愿学习借鉴中国的成功经验。加强同中国的友好合作是缅甸的既定政策。缅方将坚定奉行一个中国政策，积极推动两国全面战略合作伙伴关系取得更大发展。

国务院副总理张德江在辽宁调研

2月23日至24日，张德江先后到机械、冶金、化工、新能源等企业调研，了解当前企业生产经营和工业转型升级情况。张德江指出，辽宁省是我国重要的老工业基地，工业基础好、实力雄厚，特别是实施东北地区等老工业基地振兴战略，焕发了新的活力，生产了不少重要装备和名牌产品，为国家经济建设和改革发展作出了重大贡献。新时期新阶段，辽宁要在质量品牌振兴、转变工业发展方式方面走在全国前列，努力形成新的产业优势和市场优势，创造新的经验，作出新的贡献。

张德江指出，当前工业经济发展面临的形势严峻复杂。各级政府工业主管部门和广大企业要牢牢把握稳中求进的工作总基调，密切关注经济形势变化，做好应对挑战的各项准备，及时研究采取有效措施，解决发展中遇到的困难和问题，牢牢把握工业发展和企业生产经营的主动权，全力以赴确保工业稳定增长，为保持国民经济平稳较快发展提供有力支撑。

张德江强调，要保持工业平稳较快增长、提高工业发展质量，必须更加注重质量品牌建设，坚持不懈、持之以恒地抓下去。要大力推动工业技术进步，切实加大技术投入，在企业广泛开展技术创新、技术改造、技术革新、技术发明活动，以技术进步保证产品质量、提升产品质量，以技术进步促进新产品开发和品牌创建。要切实加强质量管理，深入开展质量振兴行动，大力推广全面质量管理等先进管理技术和方法，落实企业质量主体责任，严格企业质量管理，增强职工质量意识，建立质量诚信体系，使我国工业产品不仅价廉物美，更要价廉质优，靠质量稳市场、扩市场，切实提升企业效益和竞争力。要加快我国企业品牌建设，树立名牌意识，始终把创品牌、育名牌作为企业发展战略，作为增强企业核心竞争力的重要措施，以质量保障品牌，以技术提升品牌，切实维护品牌形象、保持品牌信誉，努力建设“百年老店”，打造国际知名品牌，促进企业持续健康发展。

国务院总理温家宝签署第614号令公布《拘留所条例》

《拘留所条例》已经2012年2月15日国务院第192次常务会议通过，现予公布，自2012年4月1日起施行。

总　理　温家宝

2012年2月23日

拘留所条例

第一章　总　则

第一条　为了规范拘留所的设置和管理，惩戒和教育被拘留人，保护被拘留人的合法权益，根据有关法律的规定，制定本条例。

第二条　对下列人员的拘留在拘留所执行：

（一）被公安机关、国家安全机关依法给予拘留行政处罚的人；

（二）被人民法院依法决定拘留的人。

第三条　拘留所应当依法保障被拘留人的人身安全和合法权益，不得侮辱、体罚、虐待被拘留人或者指使、纵容他人侮辱、体罚、虐待被拘留人。

被拘留人应当遵守法律、行政法规和拘留所的管理规定，服从管理，接受教育。

第四条　国务院公安部门主管全国拘留所的管理工作。县级以上地方人民政府公安机关主管本行政区域拘留所的管理工作。

第二章　拘留所

第五条　县级以上地方人民政府根据需要设置拘留所。拘留所的设置和撤销，由县级以上地方人民政府公安机关提出意见，按照规定的权限和程序审批。

第六条　拘留所应当按照规定的建设标准，设置拘留区、行政办公区等功能区域。

第七条　拘留所依照规定配备武器、警械，配备交通、通信、技术防范、医疗和消防等装备和设施。

第八条　拘留所所需经费列入本级人民政府财政

预算。

第三章　拘　留

第九条　拘留所应当凭拘留决定机关的拘留决定文书及时收拘被拘留人。需要异地收拘的，拘留决定机关应当出具相关法律文书和需要异地收拘的书面说明，并经异地拘留所主管公安机关批准。

第十条　拘留所收拘被拘留人，应当告知被拘留人依法享有的权利和应当遵守的规定。拘留所收拘被拘留人后，拘留决定机关应当及时通知被拘留人家属。

第十一条　拘留所收拘被拘留人，应当对被拘留人的人身和携带的物品进行检查。被拘留人的非生活必需品及现金由拘留所登记并统一保管。检查发现的违禁品和其他与案件有关的物品应当移交拘留决定机关依法处理。

对女性被拘留人的人身检查应当由女性人民警察进行。

第十二条　拘留所发现被拘留人可能被错误拘留的，应当通知拘留决定机关，拘留决定机关应当在24小时内作出处理决定；对依照《中华人民共和国治安管理处罚法》第二十一条的规定不应当被执行拘留的，拘留所不予收拘，并通知拘留决定机关。

第十三条　拘留所发现被拘留人吸食、注射毒品成瘾的，应当给予必要的戒毒治疗，并提请拘留所的主管公安机关对被拘留人依法作出社区戒毒或者强制隔离戒毒的决定。

第四章　管理教育

第十四条　拘留所应当建立值班巡视制度和突发事件应急机制。值班巡视人员应当严守岗位，发现问题及时报告并妥善处理。

拘留所应当安装监控录像设备，对被拘留人进行安全监控。

第十五条　拘留所应当根据被拘留人的性别、是否成年以及其他管理的需要，对被拘留人实行分别拘押和管理。

对女性被拘留人的直接管理应当由女性人民警察进行。

第十六条　拘留所应当建立被拘留人管理档案。

第十七条　拘留所应当按照规定的标准为被拘留人提供饮食，并尊重被拘留人的民族饮食习惯。

第十八条　拘留所应当建立医疗卫生防疫制度，做好防病、防疫、治疗工作。

拘留所对患病的被拘留人应当及时治疗。被拘留人患病需要出所治疗的，由拘留所所长批准，并派人民警察管理；被拘留人患有传染病需要隔离治疗的，拘留所应当采取隔离治疗措施。

被拘留人病情严重的，拘留所应当立即采取急救措施并通知被拘留人的亲属。

第十九条　拘留所发现被拘留人有下列情形之一的，应当建议拘留决定机关作出停止执行拘留的决定：

（一）患有精神病或者患有传染病需要隔离治疗的；

（二）病情严重可能危及生命安全的。

第二十条　为被拘留人提供的拘留期间生活必需品应当由拘留所检查登记后转交被拘留人。非生活必需品，拘留所不予接收。

第二十一条　拘留所应当对被拘留人进行法律、道德等教育，组织被拘留人开展适当的文体活动。

拘留所应当保证被拘留人每日不少于2小时的拘室外活动时间。

拘留所不得强迫被拘留人从事生产劳动。

第二十二条　被拘留人检举、揭发违法犯罪行为经查证属实或者被拘留人制止违法犯罪行为的，拘留所应当予以表扬。

第二十三条　被拘留人有下列违法行为之一的，拘留所可以予以训诫、责令具结悔过或者使用警械：

（一）哄闹、打架斗殴的；

（二）殴打、欺侮他人的；

（三）故意损毁拘留所财物或者他人财物的；

（四）预谋或者实施逃跑的；

（五）严重违反管理的其他行为。

拘留所人民警察对被拘留人使用警械应当经拘留所所长批准，并遵守有关法律、行政法规的规定。

第二十四条　被拘留人在拘留期间有新的违法犯罪嫌疑的，拘留所应当报告拘留所的主管公安机关处理；拘留所发现被拘留人收拘前有其他违法犯罪嫌疑的，应当通知拘留决定机关或者报告拘留所的主管公安机关处理。

第二十五条　拘留所保障被拘留人在拘留期间的通信权利，被拘留人与他人的来往信件不受检查和扣押。被拘留人应当遵守拘留所的通信管理规定。

第二十六条　拘留所保障被拘留人在拘留期间的会见权利。被拘留人应当遵守拘留所的会见管理规定。

会见被拘留人应当持有效身份证件按照规定的时间在拘留所的会见区进行。

被拘留人委托的律师会见被拘留人还应当持律师执业证书、律师事务所证明和委托书或者法律援助公函。

第二十七条　被拘留人遇有参加升学考试、子女出生或者近亲属病危、死亡等情形的，被拘留人或者其近亲属可以提出请假出所的申请。

请假出所的申请由拘留所提出审核意见，报拘留决定机关决定是否批准。拘留决定机关应当在被拘留人或者其近亲属提出申请的12小时内作出是否准予请假出所的决定。

被拘留人请假出所的时间不计入拘留期限。

第二十八条 被拘留人或者其近亲属提出请假出所申请的，应当向拘留决定机关提出担保人或者交纳保证金。有关担保人和保证金的管理按照《中华人民共和国治安管理处罚法》的有关规定执行。

被拘留人请假出所不归的，由拘留决定机关负责带回拘留所执行拘留。

第二十九条 被拘留人提出举报、控告，申请行政复议，提起行政诉讼或者申请暂缓执行拘留的，拘留所应当在24小时内将有关材料转送有关机关，不得检查或者扣押。

第五章 解除拘留

第三十条 被拘留人拘留期满，拘留所应当按时解除拘留，发给解除拘留证明书，并返还代为保管的财物。

第三十一条 被拘留人在解除拘留时有下列情形之一的，拘留所应当向有关机关或者单位移交被拘留人：

(一)依法被决定驱逐出境、遣送出境的；

(二)依法被决定执行刑事强制措施的；

(三)依法被决定社区戒毒、强制隔离戒毒的；

(四)依法被决定采取强制性教育矫治措施的。

第六章 附 则

第三十二条 执行拘留的时间以日为单位计算，从收拘当日到第2日为1日。

第三十三条 国家安全机关设置的拘留所，由国家安全机关依照本条例的规定进行管理。

第三十四条 被公安机关依法给予行政强制措施性质拘留的人在拘留所执行拘押，应当与本条例第二条规定的被拘留人分别拘押，具体管理办法由国务院公安部门参照本条例规定。

第三十五条 本条例自2012年4月1日起施行。

全国政协副主席王刚在北京会见以党主席瓦内·舍曼为团长的利比里亚团结党干部考察团

王刚表示，中利两党建立关系以来，双方关系发展顺利，为两国增进相互了解、加强政治互信、拓展互利合作发挥了重要作用。中国共产党愿在党际交往四项原则基础上，与利比里亚团结党共同努力，进一步加强各层次交往，深化治国理政经验交流，将两党关系提升到新水平，为推动中利关系发展作出积极贡献。

瓦内·舍曼表示，利方感谢中国为利比里亚经济社会发展提供的无私帮助，愿深化两党交流合作，推动两国关系不断发展。

国防部部长梁光烈在八一大楼会见美国驻华大使骆家辉

梁光烈指出，保持中美两军关系的健康稳定发展，对增进中美战略互信、维护共同安全利益、加强管控危机和预防风险具有重要意义。两军关系要服从和服务于中美关系大局，努力为两国关系注入积极内涵，为双方的战略稳定提供有力支撑。中方愿与美方共同努力，尊重和照顾彼此核心利益与重大关切，妥善处理分歧和敏感问题，推动两军关系健康稳定可靠地向前发展。

骆家辉说，美中两国两军加强合作，共同应对自然灾害、极端主义等全球性问题，是世界对美中两国的共同期待。美中双方应加强沟通与交流，促进相互了解，化解误会，推动两国两军关系进一步向前发展。

何冲在第十八届跳水世界杯暨伦敦奥运测试赛男子单人三米板项目中获得冠军

陈若琳 汪皓在第十八届跳水世界杯暨伦敦奥运测试赛女子双人十米台比赛中获得金牌

徐邦达逝世

故宫博物院研究员、国家文物鉴定委员会委员、西泠印社顾问、著名书画鉴定家徐邦达先生因病医治无效，于2012年2月23日8时38分在北京逝世，享年101岁。

徐邦达，字孚尹，号李庵，1911年生于上海市，祖籍浙江省海宁市。徐邦达先生集鉴定家、收藏家、书法家、画家、诗人、词家于一身。1950年徐邦达调北京国家文物局从事古书画鉴定工作，致力于重建故宫博物院书画馆。1978年起，与启功、谢稚柳、刘九庵等组成全国书画巡回鉴定专家组，为我国古书画研究作出了杰出贡献。他的一生为国家鉴考、收购、征集传世名迹三四万件，全国各大博物馆所藏字画的一级品全部经过他的鉴定。作为中国艺术史界“鉴定学派”的一代宗师，徐邦达将传统鉴定方法与现代考古学手段相结合，为书画鉴定建立了可传授的研究方法和学术理论。

2月24日

全国人大常委会委员长吴邦国在人民大会堂会见缅甸联邦议会人民院议长吴瑞曼

吴邦国说，中缅两国山水相连，毗邻而居，两国人民有着深厚的友谊，经受了国际风云变幻的考验。近年来，建立在和平共处五项原则基础上的中缅关系取得长足发展，双方政治互信不断增强，在涉及各自重大利益问题上相互给予理解和支持，在经贸、军事、文化、宗教等各领域的交流与合作日益扩大，在国际和地区事务中保持密切协调与配合。发展对缅睦邻友好符合两国人民的根本利益，是中国政府坚定不移的方针。中方愿与缅方共同努力，保持高层密切交往，加强就重大国际地区问题和各自国内情况的沟通，增进战略互信，深化两国在经贸、交通、能源等重点领域的互利合作，发挥大项目合作的辐射和带动作用，提升经贸合作水平，促进各自国内经济发展；密切中国共产党和缅甸巩固与发展党之间的交流与合作，丰富文化、艺术、宗教等领域的友好往来，夯实中缅友好的民意和社会基础，推动中缅全面战略合作伙伴关系不断向前发展。

吴邦国说，作为国家关系的重要组成部分，议会交往在增进相互理解、深化人民友谊方面发挥着不可替代的作用。中国全国人大愿以议长阁下此访为契机，进一步加强与缅甸议会的友好关系，保持议会领导人互访势头，扩大各专门委员会和议员之间的往来，深化立法、监督、治国理政、民主法制建设方面的经验交流，不断丰富中缅关系的内涵。

吴瑞曼表示，作为中国的友好邻邦，缅甸为中国经济社会发展取得的巨大成就感到由衷高兴。认为中国的发展对包括缅甸在内的亚洲国家是机遇，愿意借鉴中国的发展经验，支持中国走和平发展道路。缅政府、议会、政党重视发展对华关系，愿同中方一道加强在政治、经贸、社会、人文等各领域的互利合作，把缅中全面战略合作伙伴关系不断推向新高度，造福两国人民。

国务院总理温家宝在北京主持召开国家科技教育领导小组会议讨论深化科技体制改革问题

会议指出，改革开放特别是国家中长期科技规划纲要颁布实施以来，我国科技工作取得显著进展，科技投入不断增加，科技实力、创新能力大幅提升，科技对经济社会发展的支撑引领作用明显增强。但是也要看到，我国科技体制还不能很好地适应经济社会发展和国际竞争的需要。科技和经济存在“两张皮”的问题，科技资源配置过度行政化与分散重复并存，科研评价机制不够合理。深化科技体制改革，着力解决制约科技创新的突出问题，建立、健全科学合理、富有活力、更有效率的科技体制机制，对于准确把握应对金融危机给我国未来发展带来的机遇和挑战，加快转变经济发展方式，建设创新型国家，具有重大而深远的意义。

会议强调，深化科技体制改革，要加强整体设计，突出重点任务，务求取得实效。一要强化企业技术创新主体地位。建立企业主导产业技术研发创新的体制和机制，支持企业加强研发中心建设，加大研发投入。支持企业与科研院所、高校组建技术创新联盟，联合攻克产业关键技术。鼓励科技人员创办科技型企业。二要强化协同创新，提高整体效能。加强统筹协调，整合科技资源，优化结构布局，建立基础研究、应用研究、技术创新和成果转化协调发展的机制。三要推进科技管理体制改革。加快转变政府管理职能，统筹发挥好政府在规划、政策等方面的调控作用和市场配置资源的基础性作用。改革科技项目和科技经费管理，完善科技评价和奖励制度，形成激励创新的正确导向。四要建立科学合理的人才评价标准，引导和支持科研人员持续研究和长期积累。加强诚信建设，弘扬科学精神，提倡独立思考，保障学术自由，营造科学民主、宽松包容的学术氛围。五要落实和完善激励创新的政策措施，特别要加大对中小企业、微型企业技术创新的支持力度。

全国学习贯彻《中共中央关于加强新形势下党外代表人士队伍建设的意见》电视电话会议在人民大会堂举行

全国政协主席贾庆林出席会议并讲话。

贾庆林指出，党外代表人士队伍建设是党和国家工作全局的重要方面，是中国共产党治国理政的政治优势。为进一步巩固壮大统一战线、推动党和国家事业发展，最近中共中央颁发了《中共中央关于加强新形势下党外代表人士队伍建设的意见》(以下简称《意见》)，这是新中国成立以来第一次以中共中央名义制定的关于党外代表人士队伍建设的专门文件，在统一战线发展史上具有里程碑意义。《意见》深刻论述了加强新形势下党外代表人士队伍建设的重要性和紧迫性，明确提出了党外代表人士队伍建设的指导思想、工作原则、目标任务和政策措施，是指导当前和今后一个时期党外代表人士队伍建设和统一战线工作的纲领性文件。

贾庆林强调，要着眼全局，充分认识加强新形势下党外代表人士队伍建设的重大意义。加强党外代表人士队伍建设，事关坚持和发挥我国社会主义政治制度的特点和优势，事关为全面建设小康社会提供人才支持，事关巩固党的执政基础和扩大党的群众基础，事关推动新形势下统一战线事业不断向前发展。培养选拔党外代表人士不是权宜之计，而是必须长期坚持的重要方针；不是一般工作，而是关系党和国家事业发展的战略任务。各地各部门要切实把思想和行动统一到《意见》精神上来，进一步增强政治责任感和使命感，坚持德才兼备、以德为先用人标准，以不断增强党外代表人士的代表性为重点，以广交深交党外朋友为基础，以加强理论培训和实践锻炼为途径，以提高素质、发挥作用为目标，努力建设一支数量充足、结构合理、素质优良、作用突出的党外代表人士队伍，为推动科学发展、促进社会和谐作出积极贡献。

贾庆林指出，要突出重点，切实做好加强新形势下党外代表人士队伍建设工作。要积极发现党外优秀人才，探索打破身份、区域、部门、行业和所有制限制的体制机制，实现人才选拔的宽领域、广覆盖，努力形成老中青相结合的队伍结构；要有针对性地做好培养工作，坚持政治培训为主，不断增强党外代表人士走中国特色社会主义道路的政治共识，通过实践锻炼提高组织领导能力，为他们的成长和发展提供平台；要加大推荐使用力度，有针对性地在人大、政府及政府工作部门、政协、法院和检察院、高等学校、国有企业、科研院所、人民团体等做好推荐使用工作，适当增加安排职数、扩大安排部门、推动正职安排，不断健全党外干部选拔任用工作机制；要注重管理和监督，建立、健全党外代表人士的管理监督制度，把党派监督、法律监督和群众监督结合起来，探索运用民主评议、述职述廉、定期考核、诫勉谈话等多种形式，全面了解他们的政治表现、思想状况、履行职责和廉洁自律情况。

贾庆林强调，当前和今后一个时期，各地各部门要把贯彻落实《意见》精神作为一项重要任务，加强领导、健全机制，深入学习、广泛宣传，联系实际、突出重点，明确责任、强化监督，确保中共中央的精神和要求落到实处，努力开创党外代表人士队伍建设工作新局面。

央行决定下调人民币存款准备金率 0.5 个百分点

中国人民银行决定，从今天起下调存款类金融机构人民币存款准备金率 0.5 个百分点。这是时隔两个多月来中国央行再次下调存款准备金率。此前，中国人民银行去年 11 月 30 日晚宣布，从 2011 年 12 月 5 日起将存款准备金率下调 0.5 个百分点。

银监会发布《绿色信贷指引》

全国人大常委会副委员长路甬祥在北京会见由缅甸联邦议会人民院议长吴瑞曼率领的缅甸联邦议会人民院代表团

中联部部长王家瑞在北京与古共中央第一书记劳尔特使 古共中央政治局委员马里诺·阿尔韦托·穆里略举行会谈

国家知识产权局召开新闻发布会公布 2011 年我国发明专利授权总体情况

国际知识产权局副局长甘绍宁说，2011 年，我国知识产权工作取得了重要进展，实现了“十二五”知识产权事业发展的良好开局。特别是最能反映科学技术发展水平现状以及趋势的发明专利授权量达到了 172113 件，同比增长 27.4%。其中，国内专利权人发明专利授权 112347 件，比上年增长 6.3 个百分点，占总量的 65.3%。

2011 年，我国发明专利授权量排名前十的省(区、市)(不含港澳台)分别是：广东、北京、江苏、上海、浙江、山东、四川、辽宁、湖北、陕西。

2011 年，我国发明专利授权量排名前十的城市(不含直辖市)分别是：深圳、杭州、南京、广州、西安、武汉、苏州、成都、无锡、长沙。

2011 年，我国发明专利授权量排名前十的国内企业(含港澳台)分别是：中兴通讯股份有限公司、华为技术有限公司、鸿富锦精密工业(深圳)有限公司、中国石油化工股份有限公司、杭州华三通信技术有限公司、友达光电股份有限公司、比亚迪股份有限公司、大唐移动通信设备有限公司、中芯国际集成电路制造(上海)有限公司和英业达股份有限公司。

另外，截至 2011 年年底，代表较高专利质量指标，体现专利技术和市场价值的我国有效发明专利拥有量达到 351288 件，首次超过国外在华发明专利拥有量，国内(不含港澳台)每万人口发明专利拥有量达到 2.37 件，充分显示了每万人口发明专利拥有量 3.3 件指标纳入国家“十二五”规划纲要对专利创造的显著促进作用。

国新办就四川灾后恢复重建全面完成等情况举行新闻发布会

四川省常务副省长魏宏、四川省发改委主任唐利民、四川省住房和城乡建设厅厅长杨洪波出席发布会并回答记者提问。

魏宏在发布会上通报说，经过 3 年多的艰苦奋斗，四川省灾后恢复重建已经胜利完成。目前，四川纳入国家灾后恢复重建总体规划的 29692 个项目已完工 99%，概算投资 8658 亿元已完成投资 99.5%。3 年多来，全省 142 个受灾县用于恢复重建和发展重建的资金达到 1.7 万亿元。目前没有完工的极少数项目，主要是受地震次生灾害和二次受灾影响，工程量大、建设周期长的项目，地方政府正全力组织实施，加快推进。

在民生事业方面，四川成功解决了 540 多万户、1200 多万城乡居民的住房修建问题；完成 20 万失地农民安置，帮助 170 多万受灾群众实现就业。对因灾导致的 9524 户困难家庭、1449 名“三孤”人员、2.7 万余名地震伤残人员从政策、制度和工作上给予了帮扶和救助。在 142 个受灾县高标准高质量地维修加固和重建了各类学校8283所、医疗卫生机构2292个。完成2334处重大地质灾害治理，整理复垦了200多万亩灾毁土地，恢复林草植被近450万亩。

2011年，6个重灾市（州）地区生产总值、地方财政一般预算收入、城镇居民人均可支配收入和农民人均纯收入，分别是震前2007年的1.95倍、2.39倍、1.7倍和1.75倍，灾区基本生活条件和经济社会发展水平已全面超过灾前水平。

北川老县城、汶川映秀镇、汉旺工业地址遗址和都江堰虹口地震遗址已纳入国务院灾后恢复重建地震遗址纪念地建设。在汶川映秀镇，既有按规划建设的汶川震中遗址纪念地，也有防灾减灾的示范地，以及在国际国内有关专家支持下打造的旅游风情小镇。

2月25日

《人民日报》发表评论员文章《回应群众期待 深化司法改革》

一个国家实行什么样的司法制度，是由这个国家的国情决定的。伴随着时代的风云流转，我国社会环境发生着深刻的变化，人民群众对公平正义的呼声也越来越高。如何在变革中实现司法对公平正义不变的守护？人民群众的感受为司法体制机制改革提供了动力来源和评价标准。

根据新形势新要求，2004年12月，中共中央全面启动司法体制机制改革。2008年，中央再次提出4个方面、60项改革任务，将司法体制机制改革推向新阶段。在党中央的领导下，中央和地方各有关部门高度重视、密切配合，坚持积极稳妥务实地推进各项改革。目前，两轮改革部署的各项任务已基本完成，取得了重要阶段性成果。

新阶段的司法体制机制改革工作对人民群众关心的热点问题，作出了全面回应：加强对侦查、审判和执行活动的法律监督，推进量刑规范化，深化司法公开，进一步强化司法权运行的监督制约，规范执法司法活动；改革死刑核准制度，制定非法证据排除规则，改革监狱体制和看守所监管制度，建立刑事被害人救助制度，完善国家刑事赔偿制度，更加切实地保障公民基本权利；落实宽严相济刑事政策，完善从严惩处严重犯罪的法律制度，建立、健全老年人、未成年人犯罪从宽处理机制，推进社区矫正，努力提升司法促进社会和谐的功能；完善政法干警招录培养体制，改进司法考试制度，推进司法人员分类管理，有效提高执法队伍整体素质和职业化水平。

8年来，司法体制机制改革在倾听群众呼声中前进，在回应群众关切中深化，在满足群众需求中迈进。既认真研究和吸收借鉴人类法治文明的有益成果，又不照抄照搬国外的司法制度；既与时俱进、时刻不忘群众感受，又坚持循序渐进，不超越现阶段实际提出过高要求。通过全国上下团结一致共同努力，中国特色社会主义司法制度进一步完善，司法机关严格、公正、文明、廉洁执法水平得到提高，政法事业科学发展的步伐更加扎实，赢得了广大人民群众的理解认同与支持拥护。改革的成效充分说明，中央深化司法体制改革的总体思路和部署举措，适合国情、切合实际，符合人民群众的期待和要求，更加坚定了我们走中国特色社会主义法治道路的信心和决心。

司法体制改革是我国政治体制改革的重要组成部分，具有很强的政治性、政策性和法律性。改革的成功实践告诉我们，必须始终坚持党的领导，积极稳妥，循序渐进，总体规划，分步推进；必须始终坚持中国特色社会主义方向，体现党的事业至上、人民利益至上、宪法法律至上的要求；必须始终坚持群众路线，真正做到改革为了人民、依靠人民、惠及人民；必须始终坚持统筹协调，妥善处理中央和地方、司法机关和其他部门、当前和长远等各种关系；必须始终坚持依法推进，以宪法和法律为依据。

改革没有穷期。只有不断总结经验，深化成果，司法体制机制改革才能不入歧途、不走弯路，获得源源不断的动力支持，始终顺应改革开放的潮流健康发展，始终随着法制建设的步伐不断推进，始终与人民群众对公平正义的呼唤同步深化。

全国水土保持工作会议在北京召开

会议内容显示，近10年，全国累计初步治理水土流失面积近110万平方公里，带动全国实施坡改梯面积近500万亩。全国有1.5亿群众从水土保持治理中直接受益，2000多万山丘区群众的生计问题得以解决。

据了解，修订后的《水土保持法》于去年正式施行，以新法为基础，水利部修订了水土保持监测资质管理、方案管理、设施验收管理和补偿费征收使用管理等配套法规。

在监督管理方面，近10年来全国共审批生产建设项目水土保持方案34万个，生产建设单位投入水土保持资金4000多亿元，减少水土流失量20多亿吨，人为水土流失得到有效遏制。在生态修复方面，全国有1250个县出台了封山禁牧政策，累计实施封育保护面积72万平方公里，使45万平方公里生态得到初步修复。

“长征三号丙”运载火箭成功将第十一颗北斗导航卫星送入太空预定转移轨道

这是一颗地球静止轨道卫星，是我国今年发射的首颗北斗导航系统组网卫星。

自2011年12月27日北斗卫星导航系统提供试运行服务以来,系统应用已逐步拓展到交通运输、气象、渔业、林业、电信、水利、测绘等行业以及大众用户,产生了显著的经济、社会效益。

按照北斗导航系统“三步走”的发展战略,今年我国还将陆续发射多颗北斗导航组网卫星,不断扩大覆盖区域,提升系统服务性能。今年年底,将形成覆盖亚太部分地区的服务能力。2020年左右,将建成由30余颗卫星组成的北斗卫星导航系统,提供覆盖全球的高精度、高可靠的定位、导航和授时服务。

2月26日

全国政协十一届常委会第十六次会议在北京开幕

全国政协主席贾庆林主持开幕会。

本次常委会议为期3天,主要议程是:审议通过关于召开政协第十一届全国委员会第五次会议的决定;审议通过政协第十一届全国委员会第五次会议议程(草案)和日程;审议通过提交政协第十一届全国委员会第五次会议审议的常务委员会工作报告和关于政协十一届四次会议以来提案工作情况的报告;审议通过政协第十一届全国委员会第五次会议秘书长、副秘书长名单;审议通过有关人事事项;听取各专门委员会关于2011年度工作情况的汇报;审议政协全国委员会2011年度对外交往工作总结;审议政协全国委员会办公厅2011年度工作总结;审议政协全国委员会办公厅关于纪念辛亥革命100周年活动情况的报告;审议有关视察考察和外事出访情况的报告。

上午的开幕会审议通过了关于召开政协第十一届全国委员会第五次会议的决定;听取了关于政协全国委员会常务委员会工作报告(草案)起草情况的说明、关于政协十一届四次会议以来提案工作情况的报告(草案)起草情况的说明、关于政协第十一届全国委员会第五次会议议程(草案)和日程(草案)的说明,以及有关人事事项的说明。全国政协副主席杜青林,全国政协副主席兼秘书长钱运录,全国政协提案委员会主任李铁林,全国政协副秘书长孙怀山分别就上述议题作了说明。

在下午的全体会议上,经济委员会主任张左己、人口资源环境委员会主任张维庆、教科文卫体委员会主任徐冠华、社会和法制委员会主任张福森、民族和宗教委员会主任田聪明、港澳台侨委员会主任陈云林、外事委员会副主任马秀红、文史和学习委员会主任陈福今分别汇报了本委员会2011年度的工作情况。

国办印发《2012年食品安全重点工作安排》

中国队在澳门举办的第二十届亚洲乒乓球锦标赛男子团体赛决赛中实现亚锦赛七连冠

2月27日

十一届全国人大常委会二十五次会议第一次全体会议在人民大会堂举行

这次会议的重要任务是为即将举行的十一届全国人大五次会议做准备。为此,27日的全体会议审议了全国人大常委会工作报告稿、十一届全国人大五次会议议程草案、主席团和秘书长名单草案、列席人员名单草案。同时,会议继续审议清洁生产促进法修正案草案,首次审议资产评估法草案等。

吴邦国委员长主持会议。常委会组成人员158人出席会议,符合法定人数。

会议听取了全国人大法律委员会副主任委员孙安民作的关于清洁生产促进法修正案草案审议结果的报告。常委会第二十三次会议对清洁生产促进法修正案草案进行了初次审议。提交本次常委会会议审议的草案二审稿,进一步明确了国务院及地方政府的清洁生产综合协调部门的职责分工,修改了清洁生产推行规划、中央财政清洁生产资金及其使用等内容,增加了治理产品过度包装行为的规定,细化了对企业实施强制性清洁生产审核的条件和标准,以增强法律规定的可操作性等。

随着市场经济的发展,我国的资产评估行业应运而生。资产评估行业的发展对于服务产权交易、完善经济秩序、维护资产所有者和投资者权益发挥了重要作用。但是,由于缺乏行业发展总体规划和法律规范、行业多头管理、评估市场人为分割等因素,存在多种行业标准和执业规范并存、行业监管薄弱,在国有产权交易、土地征用、房屋拆迁等领域出现了国有资产流失、交易价格显失公平、资产所有者权益受损、法律责任不清等问题,亟待制定专门的资产评估法律。受全国人大财政经济委员会委托,全国人大财政经济委员会副主任委员乌日图就资产评估立法必要性和草案起草工作、立法的宗旨和重点、草案的主要内容向会议作了说明。

会议审议了澳门特别行政区行政长官关于澳门特别行政区2013年立法会产生办法和2014年行政长官产生办法是否需要修改的报告。去年12月31日十一届全国人大常委会第二十四次会议通过的关于澳门基本法附件一第七条和附件二第三条的解释规定,澳门特别行政区行政长官产生办法和立法会产生办法是否需要进行修改，应由澳门特别行政区行政长官向全国人大常委会提出报告，由全国人大常委会依照澳门特别行政区基本法第四十七条和第六十八条的规定，根据澳门特别行政区的实际情况确定。澳门特别行政区行政长官的这个报告是根据上述解释规定提交的，反映了澳门社会的多数意见是维持行政长官由选举委员会选举产生，立法会由直接选举、间接选举和委任的议员组成的基本制度不变，在此前提下，希望全国人大常委会同意对2013年立法会产生办法和2014年行政长官产生办法作出适当修改。

会议听取了全国人大常委会代表资格审查委员会主任委员黄镇东作的关于个别代表的代表资格的报告，还审议了有关任免事项。

全国双拥模范城(县)命名暨双拥模范单位和个人表彰大会在人民大会堂举行

国务院总理温家宝参加会见并在会上讲话，国家副主席习近平参加会见并出席大会。

温家宝指出，当前和今后一个时期，是我国全面建设小康社会、推进社会主义现代化建设的关键时期。新的形势和任务，对做好双拥工作提出了更高的目标要求。一要加大支持国防和军队建设力度。统筹经济建设和国防建设，推进军地在经济、科技、教育、人才等领域深度融合，在全面建设小康社会进程中实现富国和强军的统一。大力支持国防重点工程和部队信息化建设。加强国防法规宣传教育，调整完善征兵政策，建立、健全吸引适龄青年踊跃参军的激励机制，确保高标准高质量完成征兵工作。二要切实做好退役军人安置工作。强化政府调控职能，建立多种方式结合、城乡一体的退役军人安置制度。完善大学生士兵退役后报考公务员和事业单位的优惠政策。实行退役军人免费职业技能培训。对愿意就读职业学校的可免试入学，家庭经济困难的适当减免学费。政府购买服务的公益性岗位，优先安置就业困难的退役军人。要通过完善和实施安置政策，让退役军人更有尊严、生活得更加体面，增强所有军人的荣誉感。三要稳步提高优待抚恤保障水平。按照“普惠”加“优待”的原则，将优抚对象优先纳入社会保障和公共服务体系，在此基础上再享受抚恤优待政策。加强光荣院、优抚医院、烈士纪念设施建设和管理，保障人员编制和经费投入。按照优先优待、对等安排的要求，做好军队干部随军家属就业和转业后家属随迁随调工作。四要充分发挥军队在支援经济社会建设中的优势和积极作用。模范践行全心全意为人民服务的光荣传统，大力弘扬拥政爱民的光荣传统，积极参加和支援国家经济社会建设事业，开展扶贫帮困、助学兴教，参加抢险救灾和维护社会治安，深入开展军民共建活动，促进社会和谐稳定。

温家宝要求，各级党委政府要把双拥工作纳入经济社会发展和部队建设总体规划，摆上重要议事日程。要充分发挥各级双拥工作领导小组和成员单位的职能作用，形成齐抓共管的整体合力。深入进行双拥宣传教育，广泛开展群众性双拥活动。

大会宣读了关于命名391个市(区)县为全国双拥模范城(县)，关于表彰爱国拥军模范单位、拥政爱民模范单位，关于表彰爱国拥军模范、拥政爱民模范的决定。大会向受到命名表彰的全国双拥模范城(县)、双拥模范单位和个人颁奖。山东省临沂市委书记张少军代表全国双拥模范城(县)、爱国拥军模范单位和个人，北京军区给水工程团政委黎勇代表拥政爱民模范单位和个人发言。

在下午的会议上，国务院副总理回良玉作了讲话。他在全面总结近年来双拥工作取得的成绩和经验后指出，双拥工作要适应新形势新任务新要求，坚持为党和国家中心任务服务、为提高部队战斗力服务、为广大军民服务、为促进社会和谐稳定服务，在办实事、解难题、求实效上下功夫，为推动科学发展、促进社会和谐，有效履行军队使命任务，提供坚强有力的可靠保障。

全国政协十一届常委会第十六次会议分组讨论常委会工作报告(草案)和提案工作情况报告(草案)等文件及有关事项

常委会组成人员在讨论中对常委会一年来的工作给予充分肯定。大家普遍认为，在中共中央坚强领导下，人民政协高举爱国主义、社会主义旗帜，坚持团结和民主两大主题，把握时代发展脉搏，紧扣党和国家工作大局，认真履行职能，广泛凝聚智慧力量服务科学发展，积极协调各方关系促进社会和谐，充分发挥自身优势推动文化建设，为实施“十二五”规划、夺取全面建设小康社会新胜利作出了重要贡献。大家在讨论中认为，常委会工作报告(草案)实事求是，平实精炼，反映了工作重点、突出了年度特点、体现了履职亮点，总结了一年来全国政协履行职能的新做法、新进展、新经验，具有较强的政治性、思想性、指导性。大家还就如何进一步完善报告(草案)提出了修改意见。常委会组成人员表示，2012年是实施“十二五”规划承上启下的重要一年，中国共产党将召开具有重大而深远意义的第十八次全国代表大会。各级政协组织和广大政协委员要认清使命、恪尽职守，牢牢把握稳中求进的工作总基调，着力加强履职能力建设，着力提高议政建言质量，着力突出社会服务成效，更好地发挥协调关系、汇聚力量、建言献策、服务大局的重要作用，以优异成绩迎接中国共产党第十八次全国代表大会胜利召开。

国务院副总理李克强在中南海紫光阁会见世界银行行长罗伯特·佐利克等世行高层人员

李克强说，国际金融危机的爆发与不断蔓延深化，暴露出了当前国际经济在体制机制、政策理念、发展方式等方面的弊端，我们面对的已经不是一场单纯的经济金融危机，需要国际社会共同探索实现发展的正确路径。过去30多年，中国同世行开展了全面广泛、互利共赢、富有成效的合作，特别是近年来加强了知识合作。中国愿继续与世行和其他国家一道，为推进国际经济治理改革、缩小南北差距等作出努力。

李克强指出，中国是最大的发展中国家，要实现现代化还有很长的路要走，需要应对诸多挑战，付出持续不懈努力。中国正在按照“十二五”规划，加快转变经济发展方式和调整经济结构，着力推动体制机制创新和扩大开放，更好地保障和改善民生，以保持经济长期平稳较快发展和经济社会协调发展。中国的发展和立足扩大内需将为世界经济带来更多机遇。

佐利克表示世行愿继续加强与中方合作，并共同推动全球减贫和发展。

国务院副总理王岐山在中南海会见世界银行行长罗伯特·佐利克

外交部部长杨洁篪致电联合国和阿盟共同任命的叙利亚危机联合特使安南就叙利亚问题交换看法

杨洁篪介绍了中方有关立场及所做工作，强调通过政治对话和平、妥善解决叙利亚问题符合叙利亚人民和国际社会共同利益。中方呼吁叙利亚政府和各政治派别立即、全面停止一切暴力行动，尽快开启包容性政治对话，积极寻求为各方所接受的方案。希望安南为推动政治解决叙利亚问题作出积极贡献。

外交部部长杨洁篪在北京同苏丹外交部部长卡尔提举行会谈

全国妇联决定授予10位优秀女性“全国三八红旗手标兵”荣誉称号

她们是：毅然挺身接住坠楼儿童，把危险留给自己的阿里巴巴（中国）网络技术有限公司职工吴菊萍；带动国际抗疟领域取得新突破、挽救数百万人生命的中国中医科学院中药研究所研究员屠呦呦；探索总结阳光带兵法、推动基层连队建设科学发展的中国人民解放军72556部队16分队政治指导员房萍；勇立科技前沿，带领中国本土软件企业实现新飞跃的江苏擎天信息科技集团董事长辛颖梅；办理700余件案件无一错案，把党的温暖送到群众心坎上的河北省唐山市人民检察院副检察长兼反渎局局长郑喜兰；广开致富渠道，带领村民共同富裕、和谐兴村，建成全国文明村的山东省潍坊市奎文区廿里堡街道南屯村农民南秀霞；走乡入村行程数万里，为新疆偏远农牧区群众送电影送文化的新疆维吾尔自治区塔城地区电影公司经理、女子放映队队长常寿兰；潜心钻研、技术一流，在纺织车间实现自我超越的天津天纺投资控股有限公司棉纺织工厂一织造车间织布帮接工张兵兵；立志永做人民公仆，与全村群众一起攻坚克难，走出一条富民之路、和谐之路的北京市朝阳区高碑店乡高碑店村党总支书记支芬；德艺双馨、情系群众，为振兴我国粤剧事业奉献一生的著名粤剧艺术大师、粤剧“红派”表演艺术创始人红线女。全国妇联还同时授予杨景怡等339人“全国三八红旗手”荣誉称号，授予北京市延庆县妇联等202个单位“全国三八红旗集体”荣誉称号。

全国妇联号召全国广大妇女以她们为榜样，学习忠于祖国、情系群众的崇高思想境界，学习自强不息、无私奉献的高尚道德情操，学习恪尽职守、兢兢业业的优秀工作作风，学习追求卓越、奋发进取的昂扬精神风貌，继承优良传统、弘扬时代精神，以优异成绩迎接党的十八大胜利召开。

2月28日

十一届全国人大常委会七十七次委员长会议在人民大会堂举行

全国人大常委会委员长吴邦国主持会议。

会议听取了全国人大常委会副委员长兼秘书长李建国作的关于十一届全国人大五次会议议程草案、主席团和秘书长名单草案、列席人员名单草案，以及全国人大常委会代表资格审查委员会关于个别代表的代表资格的报告和有关任免案审议情况的汇报。

会议听取了全国人大法律委员会主任委员胡康生作的关于修改清洁生产促进法的决定草案修改意见的汇报；听取了全国人大常委会副秘书长乔晓阳作的关于全国人大常委会关于澳门特别行政区2013年立法会产生办法和2014年行政长官产生办法有关问题的决定草案代拟稿起草情况的汇报。

委员长会议决定，根据常委会组成人员的审议意见，对上述议案和草案作进一步审议修改后，交付十一届全国人大常委会第二十五次会议闭幕会表决。

国务院总理温家宝在中南海紫光阁会见出席中国—印度尼西亚副总理级对话机制第三次会议的印尼政治法律安全统筹部部长苏扬托

温家宝说，这次会议取得重要成果，推动落实了两国高层达成的共识,为下一步双边关系发展打下良好基础。当前,国际金融危机还在发展,给东亚带来严峻挑战。中国和印尼要加强沟通配合,扩大互利合作,为维护两国共同利益,保持东亚稳定繁荣作出不懈努力。

苏扬托表示,印尼和中国关系很好,两国合作潜力巨大。印尼高度赞赏和重视中国在地区和国际事务中发挥的重要作用,愿同中方深化全方位合作,使两国战略伙伴关系造福两国人民,为促进东亚和平、稳定与繁荣作出更大贡献。

全国政协十一届常委会第十六次会议在北京闭幕

全国政协主席贾庆林出席并作重要讲话,全国政协副主席王刚主持闭幕会。

本次会议主要是为即将召开的全国政协十一届五次会议作准备。会议期间,常委会组成人员围绕会议议题深入协商讨论。常委们高度评价过去一年我国经济社会发展取得的重大成就,充分肯定人民政协围绕中心、服务大局作出的重要贡献。大家一致认为,一年来人民政协牢牢把握团结和民主两大主题,认真履行职能,充分发挥协调关系、汇聚力量、建言献策、服务大局的重要作用,各项工作迈上了新台阶。大家普遍认为,常委会工作报告总结成绩客观全面,概括经验准确精练,部署工作切实可行,符合中央的精神和要求,体现了政协的特色和实际,具有很强的思想性、指导性。会议要求,大会秘书处要认真研究、充分吸收常委们提出的意见建议,对提交政协十一届五次会议审议的文件进一步修改完善。

贾庆林在讲话中指出,全国政协十一届五次会议是在中共十八大之前召开的一次重要会议。开好这次会议,对于团结动员参加人民政协的各党派团体和各族各界人士共同奋斗,对于深入贯彻实施"十二五"规划,对于推动人民政协事业承前启后、继往开来,具有十分重要的意义。他强调,要认真落实中共中央要求,扎实做好各项工作,确保会议取得圆满成功。一是坚持正确方向,认真贯彻会议指导思想。要周密部署,精心准备,扎实做好思想引导、组织动员等各项工作,确保大会始终坚持正确的政治方向。二是充分发扬民主,努力提高议政建言质量。要始终坚持发扬民主、增进团结的重要方针,严格遵守政协章程,认真履行民主程序,充分尊重和保障政协各参加单位和政协委员在会上发表意见的民主权利,努力形成畅所欲言的民主氛围,多做促团结的事情,多提建设性的建议。要围绕保持经济平稳较快发展、加强和创新社会管理、推动文化改革发展等重大课题和人民政协事业发展中的重要问题,为推动科学发展、促进社会和谐建真言、献良策。三是加强协作配合,不断提高组织服务工作科学化水平,进一步完善制度规范,推进工作创新。四是扎实做好会议宣传报道工作,充分报道大会成果,为中共十八大的胜利召开、为人民政协事业发展营造良好舆论氛围。

贾庆林强调,我们要增强大局意识、责任意识,珍惜机会,恪尽职守,毫不懈怠,更加自觉地服务大局,更加有效地履行职能,努力把各项工作做得更好,为全面建设小康社会、加快推进社会主义现代化作出新的更大贡献。

会议以表决方式,通过了政协第十一届全国委员会第五次会议议程(草案)和日程,原则通过了提交政协十一届五次会议审议的政协常委会工作报告和政协十一届四次会议以来提案工作情况的报告,通过了政协十一届五次会议秘书长、副秘书长名单,决定钱运录为大会秘书长。会议决定增补刘明康等7人为政协第十一届全国委员会委员,决定增补刘明康为经济委员会副主任,钱冠林为人口资源环境委员会副主任,吴定富、陈冀平为社会和法制委员会副主任,马铁山、王学仁、白玛、华士飞、傅克诚为民族和宗教委员会副主任,刘德旺、魏礼群为文史和学习委员会副主任。因工作变动,黄道伟不再担任全国政协委员。

依据政协章程及有关规定,会议审议通过了关于撤销周镇宏政协第十一届全国委员会委员资格的决定。

全国政协主席贾庆林主持全国政协十一届常委会第十一次学习讲座

中国人民银行行长周小川应邀到会作了《当前经济金融形势与我国货币政策》的报告。他在报告中详细阐述了中央关于经济金融工作的方针、政策和要求,介绍了我国货币政策的基本情况和外汇储备对货币政策的影响,并结合当前经济金融形势分析了我国金融宏观调控的最新进展。

贾庆林在讲话中指出,前不久召开的中央经济工作会议和全国金融工作会议,深刻分析当前国际国内经济形势,明确提出了今年经济工作的总体要求、大政方针和主要任务,对做好当前和今后一个时期的经济工作和金融工作作出了具体部署。我们要认真贯彻中央的决策部署,突出把握好稳中求进的工作总基调,继续深入搞好调查研究,针对经济和金融领域的苗头性、倾向性、警示性问题,通过委员提案、调研报告、大会发言、政协信息等途径,多建睿智之言,多献务实之策,全面做好改革发展稳定各项工作,圆满实现今年经济社会发展的各项目标任务,为开创金融改革发展新局面、促进经济平稳较快发展和社会和谐稳定作出新的贡献,以优异成绩迎接中共十八大胜利召开。

国家副主席习近平在人民大会堂会见苏丹外交部部长卡尔提

习近平说，目前，苏丹与南苏丹之间的分歧有所上升，引起国际社会关注，中方对此也感到担忧。希望双方继续本着互谅互让的精神，从维护自身根本利益和地区和平稳定大局出发，保持耐心，积极谈判，尽早妥善解决有关分歧。

卡尔提说，苏方愿与中方一道，推动两国友好合作关系发展。在南北苏丹关系问题上，苏方将坚持和平选择，通过谈判解决彼此分歧。

国务院副总理李克强在中南海紫光阁会见哥伦比亚外长奥尔古因

李克强指出，在国际格局深刻调整的背景下，拉美国际地位和作用持续上升。中国与拉美各国同属发展中国家，在事关世界和平与发展等重大问题上有着广泛的共同利益，经济互补性强，互为重要贸易伙伴，合作前景十分广阔。希望双方进一步深化各领域合作，扩大贸易往来和相互投资，造福双方人民，维护广大发展中国家的利益。

奥尔古因表示，哥方高度重视对华关系，希望密切双方经贸和人员往来，愿为中方企业参与哥伦比亚国内基础设施建设、扩大投资等提供安全和便利的条件。

中国—印度尼西亚副总理级对话机制第三次会议在北京举行

国务委员戴秉国和印尼政治法律安全统筹部部长苏扬托共同主持。双方就两国关系及重大国际和地区问题友好深入地交换了意见，会议开得很成功。

戴秉国说，当前，国际形势正发生复杂深刻变化，中国和印尼都是新兴发展中大国，加强两国战略伙伴关系，符合各自根本和长远利益，对维护本地区和平稳定、促进中国—东盟关系和东亚合作、加强发展中国家团结、推动国际体系改革和全球经济治理等都具有重要意义。中方愿同印尼方保持高层交往，加强对话，深化互信，扩大合作，实现共同发展。

双方决定，采取进一步措施，落实“两国战略伙伴关系行动计划”。关于经贸合作，印尼表示，欢迎中国企业参与印尼基础设施建设。中方表示，愿鼓励支持中国企业积极参与印尼基础设施建设，积极推动双边贸易平衡快速增长，早日实现 2015 年达到 800 亿美元的目标。

双方同意，保持两军交往，扩大海事、航天、防灾救灾、粮食安全等领域合作；提升执法合作水平，共同打击恐怖主义和毒品等犯罪；探讨建立人文交流合作机制，加大文化、教育、卫生、媒体交流和青年交往；加强在地区和国际事务中协调配合，共同推动中国—东盟关系发展，促进亚洲和世界的和平、稳定与繁荣。双方同意，将该对话机制会议由两年一次增加为一年一次。

许昕和郭焱在中国澳门举行的第二十届亚洲乒乓球锦标赛混双决赛中获得冠军

2 月 29 日

十一届全国人大常委会二十五次会议在人民大会堂闭幕

会议经表决，通过了全国人大常委会关于修改清洁生产促进法的决定。国家主席胡锦涛签署第 54 号主席令予以公布。

吴邦国委员长主持会议。常委会组成人员 154 人出席会议，出席人数符合法定人数。

会议表决通过了全国人大常委会关于澳门特别行政区 2013 年立法会产生办法和 2014 年行政长官产生办法有关问题的决定。

会议表决决定，将十一届全国人大五次会议议程草案、十一届全国人大五次会议主席团和秘书长名单草案，提请十一届全国人大五次会议预备会审议；表决通过了十一届全国人大五次会议列席人员名单。会议表决原则通过了全国人大常委会工作报告稿，决定委托吴邦国委员长向十一届全国人大五次会议作报告。

会议表决通过了全国人大常委会代表资格审查委员会关于个别代表的代表资格的报告。根据全国人大常委会发表的公告，十一届全国人大代表现在实有 2978 人。

会议经表决，任命陈光国为十一届全国人大农业与农村委员会副主任委员。会议还表决通过了其他任免案。

在表决通过各项议案后，吴邦国发表讲话。他说，本次常委会会议的主要任务，是为即将召开的十一届全国人大五次会议做准备。目前，大会的各项筹备工作已经基本就绪。一个多月来，大会秘书处做了大量扎实细致的工作，希望大家继续以饱满的政治热情、良好的精神风貌、严谨的工作作风，努力做好各项服务保障工作，确保十一届全国人大五次会议顺利进行。

吴邦国说，本次常委会会议期间，常委会组成人员、专门委员会组成人员和列席会议的同志，认真审议了常委会工作报告稿。大家普遍认为，过去的一年，常委会以邓小平理论和“三个代表”重要思想为指导，深入贯彻落实科学发展观，坚持党的领导、人民当家做主、依法治国有机统一，围绕党和国家工作大局行使职权、开展工作，为坚持和完善人民代表大会制度，为改革开放和社会主义现代化建设作出了重要贡献。大家强调，今后一年是本届全国人大及其常委会任期的最后一年，要在以往工作的基础上，再接再厉、不辱使命，把各项工作做得更好，努力实现本届全国人大的各项目标任务。大家对报告稿普遍表示赞成，认为是一篇主题鲜明、实事求是的好报告。同时也对报告稿提出了一些修改意见和建议，会后将抓紧修改完善，按照法定程序提请大会审议。

吴邦国指出，根据澳门特别行政区基本法和全国人大常委会2011年12月份作出的有关解释，澳门特别行政区行政长官在广泛听取各界人士意见的基础上，向全国人大常委会提交了关于澳门特别行政区2013年立法会产生办法和2014年行政长官产生办法是否需要修改的报告。本次常委会会议认真审议了这个报告，依法作出决定，明确两个产生办法的基本制度维持不变，在此前提下可按照基本法有关规定作出适当修改。常委会作出的决定，贯彻“一国两制”方针和澳门基本法，符合澳门的实际，兼顾澳门社会各方面的利益和诉求，有利于澳门行政主导体制的有效运作，有利于维护澳门长期繁荣稳定和发展。相信澳门社会一定能够按照基本法和常委会的决定，通过广泛咨询，凝聚社会共识，顺利提出并通过两个产生办法的修改法案，推进澳门特别行政区政治体制不断发展和完善。

吴邦国说，本次常委会会议作出了关于修改清洁生产促进法的决定。针对2010年对这部法律进行执法检查时发现的突出问题，检查组提出了及时修改法律的建议和具体内容，为修改完善法律提供了重要参考。要认真总结这方面的好经验好做法，更加注重把法律的修改完善同开展执法检查、专题调研等结合起来，使法律的修改更具针对性，使法律的规定更具操作性，不断提高立法质量。

吴邦国说，本次常委会会议对资产评估法草案进行了初审。大家普遍认为，制定资产评估法，对于促进资产评估行业健康发展、维护社会主义市场经济秩序具有重要意义。请法律委员会会同有关方面抓紧修改完善法律草案，加强对注册评估师和评估机构的管理，规范资产评估行为，保护当事人合法权益和公共利益，尤其要防止国有产权交易中的资产流失。

吴邦国强调，即将召开的十一届全国人大五次会议，是在国际政治经济环境复杂多变、国内改革发展稳定任务艰巨繁重的背景下召开的一次重要会议，国内外都很关注。开好这次大会，对于全面贯彻落实中央重大决策部署，进一步凝聚全国各族人民的智慧和力量，促进经济平稳较快发展，保持社会和谐稳定，巩固和发展“十二五”时期开局良好势头，以优异成绩迎接党的十八大胜利召开，具有十分重要的意义。我们要把思想和行动统一到中央对形势的分析判断和对工作的总体部署上来，充分发扬民主，严格依法办事，认真审议各项报告和议案，虚心听取代表意见，自觉接受人民监督，与全体代表一道，努力把十一届全国人大五次会议开成一次民主、团结、求实、奋进的大会。

十一届全国人大常委会在人民大会堂举行题为《推动我国服务业大发展的若干问题》的讲座

全国人大常委会委员长吴邦国主持讲座。

主讲人中国社科院财经战略研究院院长助理、服务经济研究室主任夏杰长作了深入讲解。夏杰长说，近年来我国服务业的产业规模不断扩大，劳动就业比重稳步上升，投资占比稳步提高，消费结构加速升级，新业态不断涌现，体制改革进一步深化，对外开放迈出新的步伐。但市场化程度不高、发展需求不足、产业链普遍偏短、竞争力整体水平不高、国际环境不容乐观等问题，制约了我国服务业的快速高质发展。

夏杰长说，服务业是国民经济和社会发展的重要基础，其发达程度是衡量经济社会现代化水平和经济结构优化的重要标志，也是改善民生福祉的重要手段。我们正面临着服务业大发展的难得机遇，要充分发挥服务业在促增长、调结构、惠民生中的积极作用，开创服务业大发展的新局面。他认为，服务业发展需要重点突破的领域：一是优先发展生产性服务业，促进产业转型升级；二是努力培育新兴服务业，催生经济增长新引擎；三是全面提升消费性服务业，改善民生福利水平；四是积极发展为农服务产业，以现代服务业促进农业现代化。

夏杰长提出，推动我国服务业又好又快发展，要坚持创新发展、融合发展、集聚发展、双向开放的战略思路，鼓励服务于实体经济的服务业优先发展，实施有利于服务业发展的财税体制机制，构建支持服务业发展的金融政策体系，优化服务业投资结构、调整服务业投资政策，实施有利于现代服务业发展的土地管理政策，改善服务业发展的软环境，健全现代服务业统计体系。

国家主席胡锦涛签署第54号令公布《全国人民代表大会常务委员会关于修改〈中华人民共和国清洁生产促进法〉的决定》

《全国人民代表大会常务委员会关于修改〈中华人民共和国清洁生产促进法〉的决定》已由中华人民共和国第十一届全国人民代表大会常务委员会第二十五次会议于2012年2月29日通过，现予公布，自2012年7月1日起施行。

中华人民共和国主席　胡锦涛

2012年2月29日

全国人民代表大会常务委员会关于修改《中华人民共和国清洁生产促进法》的决定(略)

中华人民共和国清洁生产促进法

第一章 总 则

第一条 为了促进清洁生产,提高资源利用效率,减少和避免污染物的产生,保护和改善环境,保障人体健康,促进经济与社会可持续发展,制定本法。

第二条 本法所称清洁生产,是指不断采取改进设计、使用清洁的能源和原料、采用先进的工艺技术与设备、改善管理、综合利用等措施,从源头削减污染,提高资源利用效率,减少或者避免生产、服务和产品使用过程中污染物的产生和排放,以减轻或者消除对人类健康和环境的危害。

第三条 在中华人民共和国领域内,从事生产和服务活动的单位以及从事相关管理活动的部门依照本法规定,组织、实施清洁生产。

第四条 国家鼓励和促进清洁生产。国务院和县级以上地方人民政府,应当将清洁生产促进工作纳入国民经济和社会发展规划、年度计划以及环境保护、资源利用、产业发展、区域开发等规划。

第五条 国务院清洁生产综合协调部门负责组织、协调全国的清洁生产促进工作。国务院环境保护、工业、科学技术、财政部门和其他有关部门,按照各自的职责,负责有关的清洁生产促进工作。

县级以上地方人民政府负责领导本行政区域内的清洁生产促进工作。县级以上地方人民政府确定的清洁生产综合协调部门负责组织、协调本行政区域内的清洁生产促进工作。县级以上地方人民政府其他有关部门,按照各自的职责,负责有关的清洁生产促进工作。

第六条 国家鼓励开展有关清洁生产的科学研究、技术开发和国际合作,组织宣传、普及清洁生产知识,推广清洁生产技术。

国家鼓励社会团体和公众参与清洁生产的宣传、教育、推广、实施及监督。

第二章 清洁生产的推行

第七条 国务院应当制定有利于实施清洁生产的财政税收政策。

国务院及其有关部门和省、自治区、直辖市人民政府,应当制定有利于实施清洁生产的产业政策、技术开发和推广政策。

第八条 国务院清洁生产综合协调部门会同国务院环境保护、工业、科学技术部门和其他有关部门,根据国民经济和社会发展规划及国家节约资源、降低能源消耗、减少重点污染物排放的要求,编制国家清洁生产推行规划,报经国务院批准后及时公布。

国家清洁生产推行规划应当包括:推行清洁生产的目标、主要任务和保障措施,按照资源能源消耗、污染物排放水平确定开展清洁生产的重点领域、重点行业和重点工程。

国务院有关行业主管部门根据国家清洁生产推行规划确定本行业清洁生产的重点项目,制定行业专项清洁生产推行规划并组织实施。

县级以上地方人民政府根据国家清洁生产推行规划、有关行业专项清洁生产推行规划,按照本地区节约资源、降低能源消耗、减少重点污染物排放的要求,确定本地区清洁生产的重点项目,制定推行清洁生产的实施规划并组织落实。

第九条 中央预算应当加强对清洁生产促进工作的资金投入,包括中央财政清洁生产专项资金和中央预算安排的其他清洁生产资金,用于支持国家清洁生产推行规划确定的重点领域、重点行业、重点工程实施清洁生产及其技术推广工作,以及生态脆弱地区实施清洁生产的项目。中央预算用于支持清洁生产促进工作的资金使用的具体办法,由国务院财政部门、清洁生产综合协调部门会同国务院有关部门制定。

县级以上地方人民政府应当统筹地方财政安排的清洁生产促进工作的资金,引导社会资金,支持清洁生产重点项目。

第十条 国务院和省、自治区、直辖市人民政府的有关部门,应当组织和支持建立促进清洁生产信息系统和技术咨询服务体系,向社会提供有关清洁生产方法和技术、可再生利用的废物供求以及清洁生产政策等方面的信息和服务。

第十一条 国务院清洁生产综合协调部门会同国务院环境保护、工业、科学技术、建设、农业等有关部门定期发布清洁生产技术、工艺、设备和产品导向目录。

国务院清洁生产综合协调部门、环境保护部门和省、自治区、直辖市人民政府负责清洁生产综合协调的部门、环境保护部门会同同级有关部门,组织编制重点行业或者地区的清洁生产指南,指导实施清洁生产。

第十二条 国家对浪费资源和严重污染环境的落后生产技术、工艺、设备和产品实行限期淘汰制度。国务院有关部门按照职责分工,制定并发布限期淘汰的生产技术、工艺、设备以及产品的名录。

第十三条 国务院有关部门可以根据需要批准设立节能、节水、废物再生利用等环境与资源保护方面的产品标志,并按照国家规定制定相应标准。

第十四条 县级以上人民政府科学技术部门和其他有关部门,应当指导和支持清洁生产技术和有利于环境与资源保护的产品的研究、开发以及清洁生产技术的示范和推广工作。

第十五条 国务院教育部门,应当将清洁生产技术和管理课程纳入有关高等教育、职业教育和技术培训体系。

县级以上人民政府有关部门组织开展清洁生产的宣传和培训，提高国家工作人员、企业经营管理者和公众的清洁生产意识，培养清洁生产管理和技术人员。

新闻出版、广播影视、文化等单位和有关社会团体，应当发挥各自优势做好清洁生产宣传工作。

第十六条　各级人民政府应当优先采购节能、节水、废物再生利用等有利于环境与资源保护的产品。

各级人民政府应当通过宣传、教育等措施，鼓励公众购买和使用节能、节水、废物再生利用等有利于环境与资源保护的产品。

第十七条　省、自治区、直辖市人民政府负责清洁生产综合协调的部门、环境保护部门，根据促进清洁生产工作的需要，在本地区主要媒体上公布未达到能源消耗控制指标、重点污染物排放控制指标的企业的名单，为公众监督企业实施清洁生产提供依据。

列入前款规定名单的企业，应当按照国务院清洁生产综合协调部门、环境保护部门的规定公布能源消耗或者重点污染物产生、排放情况，接受公众监督。

第三章　清洁生产的实施

第十八条　新建、改建和扩建项目应当进行环境影响评价，对原料使用、资源消耗、资源综合利用以及污染物产生与处置等进行分析论证，优先采用资源利用率高以及污染物产生量少的清洁生产技术、工艺和设备。

第十九条　企业在进行技术改造过程中，应当采取以下清洁生产措施：

(一)采用无毒、无害或者低毒、低害的原料，替代毒性大、危害严重的原料；

(二)采用资源利用率高、污染物产生量少的工艺和设备，替代资源利用率低、污染物产生量多的工艺和设备；

(三)对生产过程中产生的废物、废水和余热等进行综合利用或者循环使用；

(四)采用能够达到国家或者地方规定的污染物排放标准和污染物排放总量控制指标的污染防治技术。

第二十条　产品和包装物的设计，应当考虑其在生命周期中对人类健康和环境的影响，优先选择无毒、无害、易于降解或者便于回收利用的方案。

企业对产品的包装应当合理，包装的材质、结构和成本应当与内装产品的质量、规格和成本相适应，减少包装性废物的产生，不得进行过度包装。

第二十一条　生产大型机电设备、机动运输工具以及国务院工业部门指定的其他产品的企业，应当按照国务院标准化部门或者其授权机构制定的技术规范，在产品的主体构件上注明材料成分的标准牌号。

第二十二条　农业生产者应当科学地使用化肥、农药、农用薄膜和饲料添加剂，改进种植和养殖技术，实现农产品的优质、无害和农业生产废物的资源化，防止农业环境污染。

禁止将有毒、有害废物用作肥料或者用于造田。

第二十三条　餐饮、娱乐、宾馆等服务性企业，应当采用节能、节水和其他有利于环境保护的技术和设备，减少使用或者不使用浪费资源、污染环境的消费品。

第二十四条　建筑工程应当采用节能、节水等有利于环境与资源保护的建筑设计方案、建筑和装修材料、建筑构配件及设备。

建筑和装修材料必须符合国家标准。禁止生产、销售和使用有毒、有害物质超过国家标准的建筑和装修材料。

第二十五条　矿产资源的勘查、开采，应当采用有利于合理利用资源、保护环境和防止污染的勘查、开采方法和工艺技术，提高资源利用水平。

第二十六条　企业应当在经济技术可行的条件下对生产和服务过程中产生的废物、余热等自行回收利用或者转让给有条件的其他企业和个人利用。

第二十七条　企业应当对生产和服务过程中的资源消耗以及废物的产生情况进行监测，并根据需要对生产和服务实施清洁生产审核。

有下列情形之一的企业，应当实施强制性清洁生产审核：

(一)污染物排放超过国家或者地方规定的排放标准，或者虽未超过国家或者地方规定的排放标准，但超过重点污染物排放总量控制指标的；

(二)超过单位产品能源消耗限额标准构成高耗能的；

(三)使用有毒、有害原料进行生产或者在生产中排放有毒、有害物质的。

污染物排放超过国家或者地方规定的排放标准的企业，应当按照环境保护相关法律的规定治理。

实施强制性清洁生产审核的企业，应当将审核结果向所在地县级以上地方人民政府负责清洁生产综合协调的部门、环境保护部门报告，并在本地区主要媒体上公布，接受公众监督，但涉及商业秘密的除外。

县级以上地方人民政府有关部门应当对企业实施强制性清洁生产审核的情况进行监督，必要时可以组织对企业实施清洁生产的效果进行评估验收，所需费用纳入同级政府预算。承担评估验收工作的部门或者单位不得向被评估验收企业收取费用。

实施清洁生产审核的具体办法，由国务院清洁生产综合协调部门、环境保护部门会同国务院有关部门制定。

第二十八条　本法第二十七条第二款规定以外的企业，可以自愿与清洁生产综合协调部门和环境保护部门签订进一步节约资源、削减污染物排放量的协议。该清洁生产综合协调部门和环境保护部门应当在本地区主要媒体上公布该企业的名称以及节约资源、防治污染的成果。

第二十九条　企业可以根据自愿原则，按照国家有关环境管理体系等认证的规定，委托经国务院认证认可监督管理部门认可的认证机构进行认证，提高清洁生产水平。

第四章　鼓励措施

第三十条　国家建立清洁生产表彰奖励制度。对在清洁生产工作中作出显著成绩的单位和个人，由人民政府给予表彰和奖励。

第三十一条　对从事清洁生产研究、示范和培训，实施国家清洁生产重点技术改造项目和本法第二十八条规定的自愿节约资源、削减污染物排放量协议中载明的技术改造项目，由县级以上人民政府给予资金支持。

第三十二条　在依照国家规定设立的中小企业发展基金中，应当根据需要安排适当数额用于支持中小企业实施清洁生产。

第三十三条　依法利用废物和从废物中回收原料生产产品的，按照国家规定享受税收优惠。

第三十四条　企业用于清洁生产审核和培训的费用，可以列入企业经营成本。

第五章　法律责任

第三十五条　清洁生产综合协调部门或者其他有关部门未依照本法规定履行职责的，对直接负责的主管人员和其他直接责任人员依法给予处分。

第三十六条　违反本法第十七条第二款规定，未按照规定公布能源消耗或者重点污染物产生、排放情况的，由县级以上地方人民政府负责清洁生产综合协调的部门、环境保护部门按照职责分工责令公布，可以处十万元以下的罚款。

第三十七条　违反本法第二十一条规定，未标注产品材料的成分或者不如实标注的，由县级以上地方人民政府质量技术监督部门责令限期改正；拒不改正的，处以5万元以下的罚款。

第三十八条　违反本法第二十四条第二款规定，生产、销售有毒、有害物质超过国家标准的建筑和装修材料的，依照产品质量法和有关民事、刑事法律的规定，追究行政、民事、刑事法律责任。

第三十九条　违反本法第二十七条第二款、第四款规定，不实施强制性清洁生产审核或者在清洁生产审核中弄虚作假的，或者实施强制性清洁生产审核的企业不报告或者不如实报告审核结果的，由县级以上地方人民政府负责清洁生产综合协调的部门、环境保护部门按照职责分工责令限期改正；拒不改正的，处以5万元以上50万元以下的罚款。

违反本法第二十七条第五款规定，承担评估验收工作的部门或者单位及其工作人员向被评估验收企业收取费用的，不如实评估验收或者在评估验收中弄虚作假的，或者利用职务上的便利谋取利益的，对直接负责的主管人员和其他直接责任人员依法给予处分；构成犯罪的，依法追究刑事责任。

第六章　附　则

第四十条　本法自2003年1月1日起施行。

国务院总理温家宝主持召开国务院常务会议同意发布新修订的《环境空气质量标准》

为使环境空气质量评价结果更加符合实际状况，更加接近人民群众切身感受，会议同意发布新修订的《环境空气质量标准》。新标准增加了细颗粒物(PM2.5)和臭氧(O_3)8小时浓度限值监测指标。会议要求2012年在京津冀、长三角、珠三角等重点区域以及直辖市和省会城市开展细颗粒物与臭氧等项目监测，2013年在113个环境保护重点城市和国家环境保护模范城市开展监测，2015年覆盖所有地级以上城市。

会议指出，党中央、国务院高度重视大气污染防治工作。"十一五"以来，全国大气环境质量基本稳定，部分城市空气质量有所好转，大气中二氧化硫(SO_2)和可吸入颗粒物(PM10)等持续下降。但同时要看到，当前我国污染物排放总量依然较大，区域性大气污染问题仍很突出，大气环境形势严峻。要以更大的决心、更高的标准、更有力的措施，切实加强大气污染综合防治，推动空气质量持续改善。一要加快淘汰电力、钢铁、建材、有色、石化、化工等行业的落后产能。在大气污染联防联控重点区域积极推进使用清洁能源。对城区重污染企业实施搬迁和节能环保技术改造，优化工业布局。二要提高环境准入门槛。在重点区域实施更加严格的大气污染物排放特别限值，禁止新建、扩建除热电联产以外的燃煤电厂、钢铁厂、水泥厂。严把新建项目准入关，严格环境执法监管。充分发挥市场机制作用，大力发展环保产业。三要深化污染减排。推进电力行业和钢铁、石化等非电行业二氧化硫减排治理。加快燃煤机组脱硝设施建设，加强水泥行业氮氧化物治理。四要突出抓好机动车污染防治。提高车用燃油品质与机动车排放标准。到2015年，基本淘汰2005年以前注册运营的"黄标车"。五要加强协同防控。

在京津冀、长三角、珠三角等重点区域,实施大气污染联防联控。建立极端气象条件下大气污染预警体系。

会议强调,我国是发展中大国,正处于工业化、城镇化快速发展时期,保护环境、改善空气质量,需要全社会长期不懈的共同努力。要加强环境法制建设,加强科学宣传和教育引导,增强公众环保意识,落实机关企事业单位、社会组织和公民的环保责任,大力倡导和践行绿色环保的生产生活方式。

会议听取了北京市2012—2020年大气污染治理措施的汇报。

2012年对台工作会议在北京举行

2月29日至3月1日,对台工作会议在北京召开,全国政协主席贾庆林出席会议并作重要讲话。贾庆林指出,过去一年,各地各部门认真贯彻落实中央决策部署,推动两岸关系稳中有进,对台工作取得新进展新成效,维护了两岸关系和平发展成果,保持了两岸关系正确方向和良好势头。各有关方面和对台工作系统全体同志作出了突出贡献。贾庆林强调,各地各部门要坚持中央对台工作大政方针,继续深入贯彻胡锦涛总书记"12·31"重要讲话精神,以持续推进两岸关系和平发展为主题,以深入贯彻寄希望于台湾人民的方针为主线,进一步扎实有效做好各项对台工作,进一步巩固深化两岸关系和平发展,为实现祖国和平统一大业创造有利条件。

会议认为,过去四年,各地各部门认真贯彻两岸关系和平发展重要思想和政策主张,牢牢把握两岸关系和平发展主题,积极开展对台工作,推动两岸关系实现历史性转折,开创了两岸关系和平发展新局面。在两岸双方和两岸同胞的努力下,反对"台独"、认同"九二共识"的共同政治基础得到建立和巩固,两岸交流合作、协商谈判不断取得新成果。两岸直接双向"三通"全面实现,两岸经济合作框架协议成功签署和实施,两岸人民和社会各界交往形式多样、内容丰富,形成全方位、宽领域、多层次的交流格局。两岸关系和平发展趋势进一步增强,产生日益广泛的积极影响。越来越多的台湾同胞成为两岸交流合作的参与者、支持者和受益者。两岸关系和平发展的方针政策逐步深入人心,"九二共识"的重要性在岛内得到广泛认同。两岸关系的改善发展,也得到国际社会的普遍肯定。

会议强调,各地各部门要按照中央的要求,围绕持续推进两岸关系和平发展这一主题开展各项工作,把贯彻寄希望于台湾人民的方针落到实处,积极进取,务求实效,推动两岸关系取得更扎实的进展、更丰硕的成果。要巩固大陆和台湾同属一个中国的框架,努力增进两岸政治互信,继续反对和遏制"台独"分裂活动,使台湾民众进一步认识到台湾和大陆不能对立和分割,维护两岸关系继续稳定发展的宏观环境。要务实推进两岸协商,全面深化经济合作,促进两岸经济合作框架协议后续商谈取得新进展,并且继续为今后破解两岸政治难题创造条件。要大力促进各领域交流,继续加强文化教育交流,积极扩大两岸人民往来,努力为两岸同胞谋福祉,使交流合作的成果惠及更多台湾基层民众。要不断团结和汇聚一切支持两岸关系和平发展的各界人士,不断筑牢两岸关系和平发展的政治、经济、文化、社会基础,继续构建两岸关系和平发展框架。

会议强调,要切实加强和改善党对对台工作的领导,各级党委、政府和有关部门要高度重视对台工作,增强大局意识,密切协调配合,加强对台工作的投入和干部队伍建设,为做好新形势下的对台工作提供有力保障。

统一战线参与毕节试验区建设联席会议第五次全体(扩大)会议在北京召开

全国政协主席贾庆林作出重要批示。全国政协副主席杜青林出席会议并讲话。

贾庆林在批示中指出,2011年,统一战线和各有关方面深入贯彻"同心"思想,积极参与毕节试验区建设,取得显著成效。希望认真总结经验,以"同心"思想为引领,发挥优势、突出特色,努力把毕节试验区建设成为服务科学发展的试验区、多党合作的示范区,不断提高统一战线参与毕节试验区建设的科学化水平。

2011年,统一战线和各有关方面发挥优势,共同推进毕节试验区建设在"十二五"规划开局之年取得显著成绩,"同心"品牌影响广泛,以"同心"思想为统领,助推发展成效突出,民生改善赢得赞誉,人才培训力度加大。据统计,全年共完成项目175个,到位资金129亿元,培训各类人员5.6万多人。

杜青林在讲话中指出,统一战线要认真贯彻"同心"思想,科学定位发展目标,不断丰富发展内涵,努力创新发展思路,推动试验区建设实现新跨越。要坚持以"同心"思想作为根本指引,增进广泛共识,提升品牌效应,进一步深化统一战线参与毕节试验区建设。

杜青林强调,2012年统一战线参与毕节试验区建设,要认真贯彻落实中央领导同志重要指示和中央扶贫开发工作会议精神,以科学发展为主题,以加快转变经济发展方式为主线,围绕贯彻"同心"思想,牢牢把握"三大主题",精心组织实施"同心工程",突出"人才培训、改善民生、产业提升"三大亮点,巩固成果、深化试验、发挥示范,彰显"同心"品牌和"毕节模式"效能,进一步提高统一战线参与试验区建设科学化水平。要围绕助推发展献计出力,深化改革试验增强活力,精心实施"同心"人才战略,注重民生改善,完善机制发挥作用,确保取得实实在在的效果。

3月1日

国家主席胡锦涛在人民大会堂接受7国新任驻华大使递交的国书

这7位驻华大使分别是：罗马尼亚驻华大使科斯泰亚、尼泊尔驻华大使马斯基、叙利亚驻华大使穆斯塔法、奥地利驻华大使艾琳娜、玻利维亚驻华大使查卢普、塞浦路斯驻华大使玛丽奥蒂斯和卡塔尔驻华大使阿勒哈利法。

国务院总理温家宝签署第615号令公布《海洋观测预报管理条例》

《海洋观测预报管理条例》已经2012年2月15日国务院第192次常务会议通过，现予公布，自2012年6月1日起施行。

总　理　温家宝

2012年3月1日

海洋观测预报管理条例

第一章　总　则

第一条　为了加强海洋观测预报管理，规范海洋观测预报活动，防御和减轻海洋灾害，为经济建设、国防建设和社会发展服务，制定本条例。

第二条　在中华人民共和国领域和中华人民共和国管辖的其他海域从事海洋观测预报活动，应当遵守本条例。

第三条　海洋观测预报事业是基础性公益事业。国务院和沿海县级以上地方人民政府应当将海洋观测预报事业纳入本级国民经济和社会发展规划，所需经费纳入本级财政预算。

第四条　国务院海洋主管部门主管全国海洋观测预报工作。

国务院海洋主管部门的海区派出机构依照本条例和国务院海洋主管部门规定的权限，负责所管辖海域的海洋观测预报监督管理。

沿海县级以上地方人民政府海洋主管部门主管本行政区毗邻海域的海洋观测预报工作。

第五条　国家鼓励、支持海洋观测预报科学技术的研究，推广先进的技术和设备，培养海洋观测预报人才，促进海洋观测预报业务水平的提高。

对在海洋观测预报工作中作出突出贡献的单位和个人，给予表彰和奖励。

第二章　海洋观测网的规划、建设与保护

第六条　国务院海洋主管部门负责编制全国海洋观测网规划。编制全国海洋观测网规划应当征求国务院有关部门和有关军事机关的意见，报国务院或者国务院授权的部门批准后实施。

沿海省、自治区、直辖市人民政府海洋主管部门应当根据全国海洋观测网规划和本行政区毗邻海域的实际情况，编制本省、自治区、直辖市的海洋观测网规划，在征求本级人民政府有关部门的意见后，报本级人民政府批准实施，并报国务院海洋主管部门备案。

修改海洋观测网规划，应当按照规划编制程序报原批准机关批准。

第七条　编制海洋观测网规划，应当坚持统筹兼顾、突出重点、合理布局的原则，避免重复建设，保障国防安全。

编制海洋观测网规划，应当将沿海城市和人口密集区、产业园区、滨海重大工程所在区、海洋灾害易发区和海上其他重要区域作为规划的重点。

第八条　海洋观测网规划主要包括规划目标、海洋观测网体系构成、海洋观测站（点）总体布局及设施建设、保障措施等内容。

第九条　海洋观测网的建设应当符合海洋观测网规划，并按照国家固定资产投资项目建设程序组织实施。

海洋观测站（点）的建设应当符合国家有关标准和技术要求，保证建设质量。

第十条　国务院海洋主管部门和沿海县级以上地方人民政府海洋主管部门负责基本海洋观测站（点）的设立和调整。

有关主管部门因水利、气象、航运等管理需要设立、调整有关观测站（点）开展海洋观测的，应当事先征求有关海洋主管部门的意见。

其他单位或者个人因生产、科研等活动需要设立、调整海洋观测站（点）的，应当按照国务院海洋主管部门的规定，报有关海洋主管部门批准。

第十一条　海洋观测站（点）及其设施受法律保护，任何单位和个人不得侵占、毁损或者擅自移动。

第十二条　国务院海洋主管部门、沿海县级以上地方人民政府海洋主管部门，应当商本级人民政府有关部门按照管理权限和国家有关标准划定基本海洋观测站（点）的海洋观测环境保护范围，予以公告，并根据需要在保护范围边界设立标志。

禁止在海洋观测环境保护范围内进行下列活动：

（一）设置障碍物、围填海；

（二）设置影响海洋观测的高频电磁辐射装置；

（三）影响海洋观测的矿产资源勘探开发、捕捞作业、水产养殖、倾倒废弃物、爆破等活动；

（四）可能对海洋观测产生危害的其他活动。

第十三条　新建、改建、扩建建设工程，应当避免对海洋观测站（点）及其设施、观测环境造成危害；确实无法避免的，建设单位应当按照原负责或者批准设立、调整该海洋观测站(点)的主管部门的要求，在开工建设前采取增建抗干扰设施或者新建海洋观测站(点)等措施，所需费用由建设单位承担。

第三章　海洋观测与资料的汇交使用

第十四条　从事海洋观测活动应当遵守国家海洋观测技术标准、规范和规程。

从事海洋观测活动的单位应当建立质量保证体系和计量管理体系，加强对海洋观测资料获取和传输的质量控制，保证海洋观测资料的真实性、准确性和完整性。

第十五条　海洋观测使用的仪器设备应当符合国家有关产品标准、规范和海洋观测技术要求。

海洋观测计量器具应当依法经计量检定合格。未经检定、检定不合格或者超过检定周期的计量器具，不得用于海洋观测。对不具备检定条件的海洋观测计量器具，应当通过校准保证量值溯源。

第十六条　国家建立海上船舶、平台志愿观测制度。

承担志愿观测的船舶、平台所需要的海洋观测仪器设备由海洋主管部门负责购置、安装和维修；船舶、平台的所有权人或者使用权人应当予以配合，并承担日常管护责任。

第十七条　从事海洋观测活动的单位应当按照国务院海洋主管部门的规定，将获取的海洋观测资料向有关海洋主管部门统一汇交。

国务院海洋主管部门和沿海县级以上地方人民政府海洋主管部门应当妥善存储、保管海洋观测资料，并根据经济建设和社会发展需要对海洋观测资料进行加工整理，建立海洋观测资料数据库，实行资料共享。

海洋观测资料的汇交、存储、保管、共享和使用应当遵守保守国家秘密法律、法规的规定。

第十八条　国家机关决策和防灾减灾、国防建设、公共安全等公益事业需要使用海洋观测资料的，国务院海洋主管部门和沿海县级以上地方人民政府海洋主管部门应当无偿提供。

第十九条　国际组织、外国的组织或者个人在中华人民共和国领域和中华人民共和国管辖的其他海域从事海洋观测活动，依照《中华人民共和国涉外海洋科学研究管理规定》的规定执行。

国际组织、外国的组织或者个人在中华人民共和国领域和中华人民共和国管辖的其他海域从事海洋观测活动，应当遵守中华人民共和国的法律、法规，不得危害中华人民共和国的国家安全。

第二十条　任何单位和个人不得擅自向国际组织、外国的组织或者个人提供属于国家秘密的海洋观测资料和成果；确需提供的，应当报国务院海洋主管部门或者沿海省、自治区、直辖市人民政府海洋主管部门批准；有关海洋主管部门在批准前，应当征求本级人民政府有关部门的意见，其中涉及军事秘密的，还应当征得有关军事机关的同意。

第四章　海洋预报

第二十一条　国务院海洋主管部门和沿海县级以上地方人民政府海洋主管部门所属的海洋预报机构应当根据海洋观测资料，分析、预测海洋状况变化趋势及其影响，及时制作海洋预报和海洋灾害警报，做好海洋预报工作。

国务院海洋主管部门和沿海县级以上地方人民政府海洋主管部门所属的海洋预报机构应当适时进行海洋预报和海洋灾害警报会商，提高海洋预报和海洋灾害警报的准确性、及时性。

第二十二条　海洋预报和海洋灾害警报由国务院海洋主管部门和沿海县级以上地方人民政府海洋主管部门所属的海洋预报机构按照职责向公众统一发布。其他任何单位和个人不得向公众发布海洋预报和海洋灾害警报。

第二十三条　国务院有关部门、沿海地方各级人民政府和沿海县级以上地方人民政府有关部门应当根据海洋预报机构提供的海洋灾害警报信息采取必要措施，并根据防御海洋灾害的需要，启动相应的海洋灾害应急预案，避免或者减轻海洋灾害。

第二十四条　沿海县级以上地方人民政府指定的当地广播、电视和报纸等媒体应当安排固定的时段或者版面，及时刊播海洋预报和海洋灾害警报。

广播、电视等媒体改变海洋预报播发时段的，应当事先与有关海洋主管部门协商一致，但是因特殊需要，广播电视行政部门要求改变播发时段的除外。对国计民生可能产生重大影响的海洋灾害警报，应当及时增播或者插播。

第二十五条　广播、电视和报纸等媒体刊播海洋预报和海洋灾害警报，应当使用国务院海洋主管部门和沿海县级以上地方人民政府海洋主管部门所属的海洋预报机构提供的信息，并明示海洋预报机构的名称。

第二十六条　沿海县级以上地方人民政府应当建立和完善海洋灾害信息发布平台，根据海洋灾害防御需要，在沿海交通枢纽、公共活动场所等人口密集区和海洋灾害易发区建立海洋灾害警报信息接收和播发设施。

第二十七条　国务院海洋主管部门和沿海省、自治区、直辖市人民政府海洋主管部门应当根据海洋灾害分析统计结果，商本级人民政府有关部门提出确定海洋灾害重点防御区的意见，报本级人民政府批准后公布。

在海洋灾害重点防御区内设立产业园区、进行重大项目建设的，应当在项目可行性论证阶段，进行海洋灾害风险评估，预测和评估海啸、风暴潮等海洋灾害的影响。

第二十八条　国务院海洋主管部门负责组织海平面变化和影响气候变化的重大海洋现象的预测和评估，并及时公布预测意见和评估结果。

沿海省、自治区、直辖市人民政府海洋主管部门应当根据海洋灾害防御需要，对沿海警戒潮位进行核定，报本级人民政府批准后公布。

第五章　法律责任

第二十九条　国务院海洋主管部门及其海区派出机构、沿海县级以上地方人民政府海洋主管部门，不依法作出行政许可或者办理批准文件，发现违法行为或者接到对违法行为的举报不予查处，或者有其他未依照本条例规定履行职责的行为的，对直接负责的主管人员和其他直接责任人员依法给予处分；直接负责的主管人员和其他直接责任人员构成犯罪的，依法追究刑事责任。

第三十条　国务院海洋主管部门及其海区派出机构、沿海县级以上地方人民政府海洋主管部门所属的海洋预报机构瞒报、谎报或者由于玩忽职守导致重大漏报、错报、迟报海洋灾害警报的，由其上级机关或者监察机关责令改正；情节严重的，对直接负责的主管人员和其他直接责任人员依法给予处分；直接负责的主管人员和其他直接责任人员构成犯罪的，依法追究刑事责任。

第三十一条　未经批准设立或者调整海洋观测站(点)的，由有关海洋主管部门责令停止违法行为，没收违法活动使用的仪器设备和违法获得的海洋观测资料，并处2万元以上10万元以下的罚款；符合海洋观测网规划的，限期补办有关手续；不符合海洋观测网规划的，责令限期拆除；逾期不拆除的，依法实施强制拆除，所需费用由违法者承担。

第三十二条　违反本条例规定，有下列行为之一的，由有关海洋主管部门责令停止违法行为，限期恢复原状或者采取其他补救措施，处2万元以上20万元以下的罚款；逾期不恢复原状或者不采取其他补救措施的，依法强制执行；造成损失的，依法承担赔偿责任；构成犯罪的，依法追究刑事责任：

(一)侵占、毁损或者擅自移动海洋观测站(点)及其设施的；

(二)在海洋观测环境保护范围内进行危害海洋观测活动的。

第三十三条　违反本条例规定，有下列行为之一的，由有关主管部门责令限期改正，给予警告；逾期不改正的，处1万元以上5万元以下的罚款：

(一)不遵守国家海洋观测技术标准、规范或者规程的；

(二)使用不符合国家有关产品标准、规范或者海洋观测技术要求的海洋观测仪器设备的；

(三)使用未经检定、检定不合格或者超过检定周期的海洋观测计量器具的。

违反本条第一款第二项、第三项规定的，责令限期更换有关海洋观测仪器设备、海洋观测计量器具。

第三十四条　从事海洋观测活动的单位未按照规定汇交海洋观测资料的，由负责接收海洋观测资料的海洋主管部门责令限期汇交；逾期不汇交的，责令停止海洋观测活动，处2万元以上10万元以下的罚款。

第三十五条　单位或者个人未经批准，向国际组织、外国的组织或者个人提供属于国家秘密的海洋观测资料或者成果的，由有关海洋主管部门责令停止违法行为；有违法所得的，没收违法所得；构成犯罪的，依法追究刑事责任。

第三十六条　违反本条例规定发布海洋预报或者海洋灾害警报的，由有关海洋主管部门责令停止违法行为，给予警告，并处2万元以上10万元以下的罚款；构成违反治安管理行为的，依法给予治安管理处罚；构成犯罪的，依法追究刑事责任。

第三十七条　广播、电视、报纸等媒体有下列行为之一的，由有关主管部门责令限期改正，给予警告；情节严重的，对直接负责的主管人员和其他直接责任人员依法给予处分：

(一)未依照本条例规定刊播海洋预报、海洋灾害警报的；

(二)未及时增播或者插播对国计民生可能产生重大影响的海洋灾害警报的；

(三)刊播海洋预报、海洋灾害警报，未使用海洋主管部门所属的海洋预报机构提供的信息的。

第六章　附则

第三十八条　本条例下列用语的含义是：

(一)海洋观测，是指以掌握、描述海洋状况为目的，对潮汐、盐度、海温、海浪、海流、海冰、海啸波等进行的观察测量活动，以及对相关数据采集、传输、分析和评价的活动。

(二)海洋预报，是指对潮汐、盐度、海温、海浪、海流、海冰、海啸、风暴潮、海平面变化、海岸侵蚀、咸潮入侵等海洋状况和海洋现象开展的预测和信息发布的活动。

(三)海洋观测站(点)，是指为获取海洋观测资料，在海洋、海岛和海岸设立的海洋观测场所。

(四)海洋观测设施，是指海洋观测站(点)所使用的观测站房、雷达站房、观测平台、观测井、观测船、浮标、潜标、海床基、观测标志、仪器设备、通信线路等及附属设施。

（五）海洋观测环境，是指为保证海洋观测活动正常进行，以海洋观测站（点）为中心，以获取连续、准确和具有代表性的海洋观测数据为目标所必需的最小立体空间。

第三十九条　中国人民解放军的海洋观测预报工作，按照中央军事委员会的有关规定执行。

海洋环境监测及监测信息的发布，依照有关法律、法规和国家规定执行。

第四十条　本条例自2012年6月1日起施行。

全国政协主席贾庆林在北京主持召开会议就扎实做好西藏和四省藏区发展稳定工作进行部署

贾庆林指出，今年我们党将召开十八大，做好西藏和四省藏区工作，事关党和国家工作全局，意义重大。要注重统筹国内国际两个大局，牢牢把握稳中求进的工作总基调，努力保持西藏和四省藏区经济的平稳增长，切实维护社会稳定，团结凝集各方面力量，齐心协力打牢跨越式发展和长治久安的社会基础。

贾庆林强调，要继续巩固经济社会发展良好势头，认真实施《"十二五"支持西藏经济社会发展建设项目规划方案》，加紧衔接、尽快出台支持四省藏区经济社会发展的项目规划方案，加强资金管理，强化质量监管，确保落实中央每一项政策都不迟疑、不走样、不打折扣，每一个工程都成为人民满意工程，经得起历史和实践检验。要把保障和改善民生作为加快经济发展的出发点和落脚点，紧密结合各地实际，突出农牧区这个重点区域、农牧民这个重点人群、改善农牧民生产生活条件这个重点任务、推进基本公共服务均等化这个重点领域，认真落实中央各项惠民政策，不断满足人民群众在住房、教育、医疗、就业、社会保障等方面的需要。

贾庆林指出，当前达赖集团妄图在西藏和四省藏区持续制造事端。各级党委、政府要紧紧依靠人民群众，落实各项工作措施，坚决粉碎达赖集团搞乱藏区的图谋，切实维护西藏和四省藏区社会和谐稳定，使广大人民群众安居乐业。要发扬党密切联系群众的优良传统，广泛动员干部深入基层，了解民情民意，充实一线工作力量，提升基层组织和政权的凝聚力、战斗力。要充分发挥统一战线的法宝作用，充分发挥爱国宗教界人士的作用，加强依法管理，推进基本公共服务进寺庙。

全国信访系统深化创先争优活动电视电话会议在北京召开

本次会议要求，全国信访系统将突出信访工作重点，在推进领导接访下访、解决信访问题、化解信访积案中创先争优。

国务院副秘书长、国家信访局局长王学军在会上指出，今年全国信访系统在深化创先争优活动中，将进一步找准创先争优与信访业务工作的结合点、着力点和切入点。在推进领导干部接访下访上，突出抓指导、抓重点、抓实效，推动领导干部到基层一线接访下访，听民意，解难题，把信访问题解决在第一时间，解决在当地；在推动及时就地解决信访问题上，认真开展群众评议，主动接受群众监督，针对群众反映的问题，采取切实可行的措施，及时进行整改，全力打造信访部门为民服务品牌和群众满意的一流窗口单位；在协调推动信访积案化解上，进一步提升信访干部化解积案、解决疑难复杂问题的能力，紧扣全国已经梳理出来的信访积案，落实化解责任，加强协调指导，确保息诉罢访。

国务院副总理王岐山在中南海分别会见芝加哥商业交易所集团终身荣誉主席利奥·梅拉梅德和英国《经济学家》主编米克尔思韦特

外交部部长杨洁篪在新德里与印度总理辛格举行会谈

国防部部长梁光烈在八一大楼会见斯里兰卡国防和城市发展部常务秘书长戈塔巴雅·拉贾帕克萨一行

3月2日

全国政协十一届五次会议在人民大会堂举行新闻发布会

大会发言人赵启正发布新闻并回答中外记者提问。赵启正宣布，全国政协十一届五次会议定于3月3日下午3时在人民大会堂开幕，3月13日上午闭幕，会期10天。

目前，大会各项筹备工作已经就绪。截至2日中午12时，在2262名政协委员中已经有1501名到大会秘书处报到。大会已收到提案792件、大会发言稿429份。

政协履行职能各项工作取得新进展

赵启正介绍，2011年是中国"十二五"开局之年，全国政协紧紧围绕国家经济、政治、文化、社会建设中的重要问题，以及人民群众普遍关心的问题，进行了广泛的调查研究，积极反映社情民意，有效开展政治协商，向中共中央和国务院提出了许多重要意见和建议，履行职能的各项工作取得了新进展。

他介绍说，一年来，全国政协提案超过6000件，提案内容广泛，针对性强，效果明显。围绕“十二五”规划实施过程中重大问题的调查研究和协商议政，先后组织开展考察视察和专项调查85次。召开加快经济结构战略性调整，促进经济平稳较快发展专题议政性常委会议，向中共中央报送了一批高质量的意见和建议。

此外，召开深化文化体制改革，繁荣发展文化事业和文化产业专题协商会，提出促进城乡文化一体化发展，推动文化基本服务体系建设等建议，得到了中共中央高度重视和采纳，在中共十七届六中全会文件中得到了充分体现。

他介绍说，去年是辛亥革命100周年，全国政协举办了一系列有影响的纪念活动，进一步凝聚了中华儿女的智慧力量，为推进祖国和平统一大业和民族复兴伟业作出了重要贡献。

要坚持改革开放不动摇

在回答记者关于政治体制改革的问题时，赵启正说，20年前，邓小平同志告诫我们，改革开放越前进，承担和抵御风险的力量就越强。我们处理问题要完全没有风险不可能，冒点风险不怕。今天，中国的改革开放已经取得了举世瞩目的成就，国内外环境也发生了深刻变化，一方面深化改革的基础更加坚实了。另一方面，人们对进一步改革的认识也越来越有共识。此时，我们重温邓小平同志的南方谈话，回顾上世纪90年代初到现在的历程，我们更加深刻地认识到要坚持改革开放不动摇，我们会继续坚定地前进。

他表示，政治体制改革要在深思熟虑、征求各方面意见之后才能进行。无论怎样改革，都要在中国共产党领导下，在中国特色社会主义这个框架内进行。

改善空气质量要靠政府、企业和公众共同努力

我国新修订的《环境空气质量标准》正式发布，空气质量问题受到记者广泛关注。赵启正回答记者提问时说，今天北京市的空气质量是轻度污染，大概是PM2.5惹的祸。目前政府已经启动了PM2.5的监测和空气污染进一步治理工作，也公布了进程表。

赵启正说，政协委员们认为，改善空气质量需要政府、企业、公众和媒体共同努力，仅仅依靠监测数据是不够的。我们也呼吁企业减少污染，并积极参与空气质量改善工作，媒体进一步扩大宣传也是极为重要的。

赵启正说，新的研究结果告诉我们，从大处看，城市空气的污染源，汽车尾气“贡献”是很大的。从小处看，吸一支烟，可以使室内的PM2.5翻一番。一方面政府要加强改善空气的措施；一方面公众也要从我做起，要少吸烟、少开汽车、少放鞭炮。

内地和香港的“口水战”有害无益

在回答关于近期部分内地和香港居民之间出现的“口水战”问题时，赵启正表示，兄弟姐妹彼此往来难免有磕磕碰碰的时候，一则广告不能代表整个香港社会的看法，一句极端的语言也不能代表内地人的意见，“口水战”有害无益。

赵启正表示，至于“双非婴儿”之事，内地有关部门采取了许多措施，配合香港特区政府做了许多工作。内地公安部门不断加强力度，打击组织内地孕妇赴港生育的非法活动。

他认为，两地的绝大多数公众在交往中是融洽的、友善的，彼此也都有很多朋友。至于某些问题或者说是临时问题引起的摩擦，只要多交流意见、多包容、多协商，总会解决的。

政府和全社会都要认真对待“未富先老”

关于中国的老龄化问题，赵启正表示，中国的老龄化有自己的特点，就是“未富先老”，一般国家在人均GDP达到1万美元以后才进入老龄化社会，而中国在人均GDP3000美元时就进入老龄化社会了，政府和全社会都要认真对待。

赵启正说，政协委员对老龄化问题一直很关注，展开过专题调研，并建议加大国家财政投入，鼓励企业、民间组织和个人举办养老机构，创新机制，为老年人提供更有效的服务，营造一个尊老爱幼的社会氛围。

赵启正表示，经过努力，我们一定可以做到老有所养、老有所依。

中国企业“走出去”尚处初级阶段

在回答中国企业“走出去”的问题时，赵启正说，中国企业“走出去”有很成功的例子，但总体上还处于初级阶段，原因在于企业对国际市场还缺乏深入的认知和全面的把握，对国际惯例、通行规则还不够熟悉，也不太善于与当地开展公共外交。

他说，政协委员们认为，企业“走出去”有两方面的安全特别值得注意，一是人员安全，二是投资安全。本次大会之后，政协将开展一项调研，即中国企业“走出去”的公共外交。

中共中央政治局常委李长春在北京出席全国深入开展学雷锋活动座谈会并讲话

座谈会上，中央文明委授予辽宁鞍山钢铁集团职工郭明义“当代雷锋”荣誉称号。

李长春在讲话中指出，雷锋精神是党和人民极为宝贵的精神财富，是以爱国主义为核心的民族精神和以改革创新为核心的时代精神的重要组成部分，是建设社会主义核心价值体系的丰厚精神资源。在新的历史条件下弘扬雷锋精神，就要学习雷锋爱党爱国的坚定信念，激励人们成为中国特色社会主义共同理想的坚定信仰者；就要学习雷锋助人为乐的宝贵品格，激励

人们成为社会主义道德规范的模范践行者；就要学习雷锋敬业奉献的高尚情操，激励人们成为社会主义现代化事业的优秀建设者；就要学习雷锋锐意创新的进取精神，激励人们成为建设创新型国家的自觉推动者；就要学习雷锋艰苦奋斗的优良作风，激励人们成为全面建设小康社会的积极创业者。

国家发改委 财政部 农业部 供销合作总社等部门联合制定《2012年度棉花临时收储预案》

财政部部长谢旭人签署第69号财政部令发布《财政部门监督办法》

《财政部门监督办法》已经2012年2月23日财政部部务会议审议通过，现予公布，自2012年5月1日起施行。

部 长 谢旭人

2012年3月2日

财政部门监督办法

第一章 总 则

第一条 为了规范财政部门监督行为，加强财政管理，保障财政资金安全规范有效使用，维护国家财经秩序，根据国家有关财政管理法律、法规，制定本办法。

第二条 县级以上人民政府财政部门(以下简称财政部门)依法对单位和个人(以下统称监督对象)涉及财政、财务、会计等事项实施监督适用本办法。

省级以上人民政府财政部门派出机构在规定职权范围内依法实施监督。

第三条 财政部门应当按照财政管理体制、财务隶属关系对财政、财务等事项实施监督；按照行政区域对会计事项实施监督。

上级财政部门应当加强对下级财政部门监督工作的指导；下级财政部门应当及时将监督中发现的重大问题向本级人民政府和上级财政部门报告。

第四条 财政部门实施监督应当坚持事前、事中和事后监督相结合，建立覆盖所有政府性资金和财政运行全过程的监督机制。

第五条 财政部门实施监督应当与财政管理相结合，将监督结果作为预算安排的重要参考依据；根据监督结果完善相关政策、加强财政管理。

第六条 财政部门应当加强绩效监督，提高财政资金使用效益。

第七条 财政部门应当加强信息化建设，充分运用现代技术手段实施监督，提高监督效率。

第二章 监督机构和人员

第八条 财政部门的监督职责由本部门专职监督机构和业务管理机构共同履行；由专职监督机构实行统一归口管理、统一组织实施、统一规范程序、统一行政处罚。

第九条 专职监督机构应当履行下列监督职责：

(一)制定本部门监督工作规划；

(二)参与拟定涉及监督职责的财税政策及法律制度；

(三)牵头拟定本部门年度监督计划；

(四)组织实施涉及重大事项的专项监督；

(五)向业务管理机构反馈监督结果及意见；

(六)组织实施本部门内部监督检查。

第十条 业务管理机构应当履行下列监督职责：

(一)在履行财政、财务、会计等管理职责过程中加强日常监督；

(二)配合专职监督机构进行专项监督；

(三)根据监督结果完善相关财政政策；

(四)向专职监督机构反馈意见采纳情况。

第十一条 专职监督机构和业务管理机构实施监督，应当协调配合、信息共享。

第十二条 实施监督的财政部门工作人员(以下简称监督人员)应当具备与财政监督工作相适应的专业知识和业务能力。

监督人员应当廉洁自律，秉公执法，保守秘密。

第十三条 监督人员与监督对象有利害关系的应当回避。

监督对象有权申请有利害关系的监督人员回避。

监督人员的回避，由财政部门负责人决定。

第十四条 监督人员依法履行监督职责受法律保护。

对财政部门依法实施的监督，监督对象应当予以配合、如实反映情况；不得拒绝、阻挠、拖延；不得对监督人员打击报复。

第十五条 财政部门可以根据需要，聘请有关专业机构或者专业人员协助监督工作。

财政部门应当加强对所聘机构和人员的统一管理。

第三章 监督范围和权限

第十六条 财政部门依法对下列事项实施监督：

(一)财税法规、政策的执行情况；

(二)预算编制、执行、调整和决算情况；

(三)税收收入、政府非税收入等政府性资金的征收、管理情况；

(四)国库集中收付、预算单位银行账户的管理使用情况；

(五)政府采购法规、政策的执行情况；

(六)行政、事业单位国有资产，金融类、文化企业等国有资产的管理情况；

（七）财务会计制度的执行情况；

（八）外国政府、国际金融组织贷款和赠款的管理情况；

（九）法律、法规规定的其他事项。

对会计师事务所和资产评估机构设立及执业情况的监督，由省级以上人民政府财政部门依法实施。

第十七条　财政部门实施监督，可以依法采取下列措施：

（一）要求监督对象按照要求提供与监督事项有关的资料；

（二）调取、查阅、复制监督对象有关预算编制、执行、调整和决算资料，会计凭证和账簿、财务会计报告、审计报告、账户信息、电子信息管理系统情况，以及其他有关资料；

（三）经县级以上人民政府财政部门负责人批准，向与被监督单位有经济业务往来的单位查询有关情况，向金融机构查询被监督单位的存款；

（四）在证据可能灭失或者以后难以取得的情况下，经县级以上人民政府财政部门负责人批准，先行登记保存证据，并在 7 日内及时作出处理决定；

（五）对正在进行的财政违法行为，责令停止；拒不执行的，暂停财政拨款或者停止拨付与财政违法行为直接有关的款项；已经拨付的，责令暂停使用；

（六）法律、法规规定的其他措施。

第十八条　财政部门实施监督过程中，发现监督对象制定或者执行的规定与国家相关规定相抵触的，可以根据职权予以纠正或者建议有权机关予以纠正。

第十九条　对监督对象财政违法行为作出的处理、处罚决定及其执行情况，除涉及国家秘密、商业秘密、个人隐私外，财政部门可以公开。

第二十条　对有关财政违法行为的举报，财政部门应当按照规定处理，并为举报人保密。

第四章　监督方式和程序

第二十一条　财政部门实施监督，可以采取监控、督促、调查、核查、审查、检查、评价等方法。

第二十二条　财政部门实施监督，可以采取专项监督和日常监督相结合的方式。

专项监督应当结合年度监督计划，按照规定程序组织实施。

日常监督应当结合履行财政、财务、会计等管理职责，按照规定程序组织实施。

第二十三条　财政部门实施监督，应当依法对财政违法行为作出处理处罚；对不属于本部门职权范围的事项，应当按照规定程序移送有权机关处理。

第二十四条　财政部门实施监督，应当加强与监察、审计等有关机关的沟通和协作。有关机关已经作出的调查、检查、审计结论能够满足本部门履行职责需要的，应当加以利用。

财政部门履行监督职责，可以提请有关机关予以协助。

第五章　法律责任

第二十五条　监督对象有下列情形之一的，由县级以上人民政府财政部门责令限期改正，并给予警告；直接负责的主管人员和其他直接责任人员属于国家工作人员的，建议有关主管部门依法给予处分；涉嫌犯罪的，依法移送司法机关：

（一）拒绝、阻挠、拖延财政部门依法实施的监督的；

（二）不如实提供有关资料的；

（三）对监督人员进行打击报复的。

第二十六条　监督人员实施监督过程中玩忽职守、滥用职权、徇私舞弊或者泄露国家秘密、商业秘密的，依法给予行政处分；涉嫌犯罪的，依法移送司法机关。

第二十七条　监督对象对处理、处罚决定不服的，可以依法申请行政复议或者提起行政诉讼。

国家工作人员对处分不服的，可以依照有关规定申请复核或者提出申诉。

第六章　附　则

第二十八条　乡镇财政机构在规定职权范围内，或者受上级政府财政部门委托，依法实施监督工作，参照本办法执行。

第二十九条　本办法自 2012 年 5 月 1 日起施行。

国家质量监督检验检疫总局发布《市场采购出口商品检验监督管理办法(试行)》

外交部部长杨洁篪在首尔与韩国总统李明博举行会谈

“2011 全国人大十大新闻”评选揭晓

获选的十大新闻是：郑重宣布中国特色社会主义法律体系如期形成；通过刑法修正案（八）取消 13 个死刑罪名；倾听民意改税法，“个税起征点”调至 3500 元；修改道路交通安全法，加大“酒驾”违法行为处罚力度；开展食品安全法执法检查，推动有关部门抓好食品安全工作；专题询问城镇保障性住房建设管理情况，追问 1000 万套保障房建设进展；修改职业病防治法，从“重治”走向“重防”；指导县乡人大换届选举，确保选举依法有序进行；通过行政强制法，完善行政法律制度，推进依法行政；开展劳动合同法执法检查，推动法律实施中突出问题的解决。

3月3日

全国政协十一届五次会议在人民大会堂开幕

中国人民政治协商会议第十一届全国委员会第五次会议3日下午在人民大会堂开幕。今后10天，来自各党派团体和各族各界的全国政协委员将围绕关系国计民生的重大问题，切实履行政治协商、民主监督、参政议政的职能。

全国政协主席贾庆林，全国政协副主席王刚、廖晖、杜青林、帕巴拉·格列朗杰、白立忱、陈奎元、阿不来提·阿不都热西提、李兆焯、黄孟复、董建华、张梅颖、张榕明、钱运录、孙家正、李金华、郑万通、邓朴方、万钢、林文漪、厉无畏、罗富和、陈宗兴、王志珍、何厚铧在主席台前排就座。

党和国家领导人胡锦涛、吴邦国、温家宝、李长春、习近平、李克强、贺国强等在主席台就座，祝贺大会召开。

全国政协十一届五次会议应出席委员2262人，实到2192人，符合法定人数。

下午3时，王刚宣布大会开幕，全体起立，唱国歌。

大会首先审议通过了政协第十一届全国委员会第五次会议议程。

贾庆林代表政协第十一届全国委员会常务委员会，向大会报告工作。

林文漪代表政协第十一届全国委员会常务委员会，向大会报告政协十一届四次会议以来提案工作情况。

全国政协十一届五次会议议程

一、听取和审议政协全国委员会常务委员会工作报告

二、听取和审议政协全国委员会常务委员会关于政协十一届四次会议以来提案工作情况的报告

三、列席第十一届全国人民代表大会第五次会议，听取并讨论政府工作报告及其他有关报告

四、审议通过政协第十一届全国委员会第五次会议政治决议

五、审议通过政协第十一届全国委员会第五次会议关于常务委员会工作报告的决议

六、审议通过政协第十一届全国委员会提案委员会关于政协十一届五次会议提案审查情况的报告

全国政协主席贾庆林在政协十一届五次会议上作常委会工作报告

各位委员：

我代表中国人民政治协商会议第十一届全国委员会常务委员会，向大会报告工作，请予审议。

一、2011年工作回顾

2011年是“十二五”时期开局之年。面对复杂多变的国际形势和艰巨繁重的国内改革发展稳定任务，以胡锦涛同志为总书记的中共中央团结带领全国各族人民同心协力、锐意进取，隆重庆祝中国共产党成立90周年，制定实施“十二五”规划，统筹做好稳物价、调结构、保民生、促和谐的各项工作，巩固和扩大了应对国际金融危机成果，取得了社会主义经济建设、政治建设、文化建设、社会建设以及生态文明建设的重大成就，实现了“十二五”时期良好开局，谱写了全面建设小康社会、加快推进社会主义现代化的崭新篇章。

一年来，人民政协高举爱国主义、社会主义旗帜，坚持团结和民主两大主题，把握时代发展脉搏，紧扣党和国家工作大局，认真履行政治协商、民主监督、参政议政职能，广泛凝聚智慧力量服务科学发展，积极协调各方关系促进社会和谐，充分发挥自身优势推动文化建设，为实施“十二五”规划、夺取全面建设小康社会新胜利作出了重要贡献，人民政协事业呈现出蓬勃生机和活力。

（一）强化思想理论建设，切实增强走中国特色社会主义道路的自觉性和坚定性

常委会认为，科学理论是国家和民族的精神旗帜和思想指南，加强思想理论建设是人民政协始终坚持正确政治方向的根本保证。我们把思想理论建设摆在各项工作和建设的首要位置，抓住去年大事多、重大纪念活动多的契机，大力开展社会主义核心价值体系等主题学习教育活动，引导广大政协委员认真学习中国特色社会主义理论体系，用马克思主义中国化最新成果武装头脑、指导实践。我们举办了5次常委会组成人员集体学习，有1400多人次参加了委员培训、在京委员学习报告会等学习活动，圆满完成届内政协委员参加一次集中学习培训的目标。深化人民政协理论研究，发挥人民政协理论研究会的职能作用，加强研究队伍建设，协调力量就完善人民政协理论体系、推进协商民主制度建设等重大问题集中攻关，取得重要理论成果。

隆重庆祝中国共产党成立90周年，把学习贯彻胡锦涛同志“七一”讲话精神作为重要政治任务，迅速作出部署，主席会议、常委会议带头学习，各级政协组织和广大政协委员通过举办报告会、座谈会等多种形式学习领会，形成了深入学习贯彻讲话精神的热潮。各级政协组织、参加人民政协的各党派团体、各族各界人士和政协机关，紧密结合自身实际，积极举办内容丰富、形式多样的庆祝活动，开展中国革命史、创业奋斗史和改革开放史学习教育，组织参观《复兴之路》等

大型主题展览，召开专题理论研讨会，更加坚定了坚持中国共产党领导、走中国特色社会主义道路的信心和决心。

牢牢把握“振兴中华、民族复兴”的主题，在中共中央领导下认真组织纪念辛亥革命100周年系列活动。组织广大政协委员认真学习胡锦涛同志在纪念辛亥革命100周年大会上发表的重要讲话。支持拍摄电影《辛亥革命》及制作电视节目，召开国际学术研讨会，参加北美、西非侨界以及港澳各界组织的有关纪念活动，修缮辛亥革命遗址、出版《亲历辛亥革命》系列图书及举办书画展、图片展，邀请辛亥革命先驱后裔和海内外嘉宾重访革命故地、弘扬辛亥革命精神，广泛吸引两岸四地民众和海外华侨华人热情参与，形成了纪念辛亥革命、共襄复兴盛举的声势，进一步增强了海内外中华儿女的民族自豪感和自信心，进一步凝聚起推进祖国和平统一和实现中华民族伟大复兴的强大力量。

(二)紧扣主题主线协商议政，努力促进经济平稳较快发展

紧紧围绕科学发展主题和加快转变经济发展方式主线献计出力，是“十二五”时期人民政协履行职能、服务大局的主攻方向。全国政协十一届四次会议期间，委员们围绕加强和改善宏观调控、扩大内需特别是居民消费需求、优化产业结构、发展现代农业、推进科技创新、深化改革开放等重大问题积极议政建言，共提交提案6076件，大会发言774件，许多意见和建议被“十二五”规划和相关专项规划及政策文件吸收采纳。

加强对“十二五”规划实施过程中重大问题的调查研究和协商议政。先后组织开展考察视察和专项调研85次，召开“加快经济结构战略性调整，促进经济平稳较快发展”专题议政性常委会议，向中共中央报送了一批高质量的意见和建议。其中关于加强战略性新兴产业顶层设计和科学布局，深化电力体制改革促进新能源产业健康发展，加强海洋开发和权益保护，降低体制性成本加快建设高效率现代流通体系等建议，为推进经济结构战略性调整提供了有益参考；关于发挥内蒙古在我国向北开放中的区位优势，把深圳前海、珠海横琴建设成现代高端服务业聚集区和高新技术产品自由贸易区，促进东北老工业基地振兴，加快黄河上游经济区建设等意见，在促进区域经济协调发展中起到了积极作用；关于构建有利于转变经济发展方式的财税体制，推进收入分配体制改革，坚持市场化取向完善资源性产品价格形成机制等建议，为进一步深化改革提供了支持；关于设置国家“十二五”能源消耗总量约束性指标，将农业节水上升为国家战略，制订山西等资源大省综合配套改革试验总体方案和中长期规划，搞好晋蒙陕甘宁地区能源综合开发利用，加强涉铅行业污染防治，推动滇池治理保护和加强衡水湖等湿地保护，设立南水北调中线生态文明建设示范区等意见和建议，有力促进了资源节约型、环境友好型社会建设。

紧紧抓住武陵山区等连片特困地区扶贫攻坚这一重大课题，在连续7年跟踪调研基础上，协调民主党派、党政部门、政协专委会和地方政协等力量深入调研，提出的加大对试验区农村基础设施投入，建立与完善资金投入机制、生态补偿机制、区域合作机制等建议，受到中共中央高度重视和采纳，对《武陵山片区区域发展与扶贫攻坚规划》的制定和出台发挥了重要作用。全国政协常委视察团赴贵州调研，提出了制定全面支持贵州加快发展文件的建议，受到中共中央、国务院的高度重视，为国务院制定出台《关于进一步促进贵州经济社会又好又快发展的若干意见》起到了重要推动作用。就千岛湖优质水资源保护开展重点调研和对口协商，推动上下游相关省份和国家有关部委积极跟进，为确立统筹全流域经济社会发展和生态环境保护新机制作出了重要贡献。

举办宏观经济形势分析会、专题座谈会、金融沙龙以及与民主党派联合调研等活动，加强对国际国内经济运行状况的动态性、综合性研究，提出的把稳增长、控物价等短期调控目标与转方式、调结构等中长期发展目标统一起来，实施差异化货币信贷、金融监管和财税政策扶持非公有制企业特别是小型微型企业渡过难关，利用财政政策引导过剩的流动性转向战略性新兴产业、基础设施建设和海外投资等意见建议，为中央科学决策提供了有益参考。

(三)围绕文化建设献计出力，推动社会主义文化改革发展

中共十七届六中全会作出深化文化体制改革、推动社会主义文化大发展大繁荣的决策部署，对人民政协发挥作用、彰显价值提出了新的要求。中共十七届六中全会闭幕以后，我们及时召开常委会议学习贯彻全会精神，引导广大政协委员深刻理解和准确把握推进文化改革发展的重大意义、奋斗目标、工作方针和政策举措，进一步明确了努力方向和工作重点，充分发挥人才优势、资源优势和渠道优势，有计划、有目标、有步骤地参与社会主义文化建设，为推动社会主义文化大发展大繁荣作出了积极贡献。

围绕推进公共文化服务体系建设、促进文化事业和文化产业发展等重大问题深入开展调研，组织召开“深化文化体制改革，繁荣发展文化事业和文化产业”专题协商会，提出的促进城乡文化一体化发展，发挥社会资本在文化遗产保护和利用中的积极作用，维护农民工等群体基本文化权益，建立两岸文化产业发展示

范园区，制定文化“走出去”战略规划，以及加快发展博物馆事业，加强承德等地文化遗产保护利用，传承发展地方戏曲艺术等政策建议，受到中共中央高度重视。

大力支持各级政协组织和广大政协委员为文化改革发展办实事、办好事。着眼历史文化遗产保护与利用，加强与民主党派、党政部门、地方政协、文化机构的协调配合，推动杭州西湖申遗、蜀道文化遗产保护与申遗等工作取得重大进展。组织政协委员深入革命老区、民族地区、边疆地区、贫困地区开展文化惠民活动，受到基层群众欢迎和好评。支持文艺界政协委员开展文学创作、影视制作、书画交流和戏曲展演，推出了一批内涵丰富、艺术精湛、特色鲜明的文化精品力作。中国政协文史馆建设工程顺利进行，相关文物、展品的征集工作有序展开，全年编辑出版《文史资料选辑》等文史类专题图书12种1000多万字。积极推动中国美术、民间艺术等优秀传统文化“走出去”，举办“两岸四地中国戏曲艺术传承与发展·北京论坛”等，为弘扬和传播中华文化作出积极贡献。

（四）发挥密切联系群众独特优势，促进社会和谐稳定

常委会认为，促进社会和谐稳定，是广大人民根本利益所在，也是人民政协重大职责所系。我们认真学习贯彻中共中央关于加强和创新社会管理的重大决策部署，坚持把服务群众作为履行职能的出发点和落脚点，围绕发挥群众组织和社会组织作用，健全基层管理和服务体系，加强流动人口管理和服务等社会领域重大问题开展调研视察，召开“创新社会管理”和“推进公正廉洁执法，维护社会公平正义”专题座谈会，提出了许多重要意见和建议。比如，尽快研究确定社会组织长远发展的基本思路和制度框架，加强对新生代农民工群体和城镇流动人口的管理和服务，建立、健全企业职工工资正常增长机制，建立体现医务人员劳动价值的薪酬体系，健全退役军人安置管理法规政策体系等，为保障和改善民生、推动社会建设发挥了重要作用。

认真贯彻党的民族、宗教政策，大力促进民族团结、宗教和睦。参加新疆维吾尔自治区政协成立60周年庆祝活动，深入基层一线看望慰问，为各族干部群众送去党和政府的关怀和温暖。开展边境少数民族地区发展、民族自治县（旗）城镇化、对口支援新疆发展问题专题调研，支持民族地区自然灾害防治综合治理。联合有关部门开展“发挥宗教界在促进社会和谐中的积极作用”调研，提出的完善解决宗教教职人员社会保障问题实施办法等建议，受到重视和采纳。举办少数民族界、宗教界委员反映社情民意座谈会，充分发挥他们的影响力，宣讲党的民族、宗教政策，深入做好少数民族群众和信教群众工作，促进民族关系、宗教关系和谐。

加强反映社情民意信息和信访工作。认真办理政协委员、统一战线成员和各界群众来信来访，及时分析和把握全局性、苗头性、倾向性问题，全年受理、办理委员和群众来信来访60522件次，编报社情民意信息252期，反映意见和建议1896条。鼓励支持政协委员积极参与抢险救灾、捐资助学等公益慈善活动，以实际行动建言慈善、践行慈善。

（五）广泛凝心聚力，加强同港澳、台湾同胞和海外侨胞的团结联谊

常委会认为，实现祖国完全统一和中华民族伟大复兴，需要全体中华儿女的共同奋斗。我们通过多种方式和途径，进一步加强同香港同胞、澳门同胞、台湾同胞和海外侨胞的联系交往。开展支持港澳委员在特区和内地发挥作用的专题调研，提出的重要建议受到中共中央高度重视。支持港澳委员积极参与港澳和内地经济、政治、社会事务，支持行政长官和特别行政区政府依法施政，维护香港澳门长期繁荣稳定。及时向港澳委员通报内地经济社会发展情况和政协重要会议精神，组织港澳委员赴内地考察，为国家经济社会发展和加强内地与港澳交流合作献计出力。加强与港澳社会团体和代表人士的联络交流，参加香港友好协进会、港区省级政协委员联谊会、澳门中华文化联谊会、澳门中华妈祖基金会等举办的活动。进一步加强与港澳青少年的交流，推动港澳同胞爱国爱港、爱国爱澳优良传统薪火相传、发扬光大。

开展多层次、多渠道对台交流，坚持密切代表人士往来与扩大基层民众交往相结合、深化文化交流与加强经贸合作相促进，进一步强化同台湾岛内有关党派团体、民意代表、社会组织特别是青少年群体的交往。开展促进台资中小企业发展、推动两岸农业合作等专题调研，认真听取和反映台湾中小企业和农业创业园台商的愿望诉求。拓展河洛文化、文史资料、书画戏曲、宗教文化等交往途径，就加强社区文化和生态文化建设等赴台交流研讨，不断拓宽政协对台文化交流合作领域，增进两岸同胞中华文化认同和中华民族认同。

邀请海外侨胞代表人士列席全国政协十一届四次会议，帮助他们深入了解国情，围绕国家经济社会发展重大问题建言献策。开展侨资企业发展和西部地区少数民族侨务工作专题调研，努力维护海外侨胞和归侨侨眷合法权益。密切与海外华侨华人和社团沟通往来，鼓励海外侨胞自觉发挥在深化中外交流合作中的桥梁纽带作用，为深入实施“走出去”战略作出贡献。推动侨务工作与民族工作、宗教工作、对台工作相结合，拓展非洲侨务工作，开展少数民族侨胞工作，加大海外新

生代华侨华人工作力度，不断涵养侨务工作新资源，开拓侨务工作新领域。

（六）扩大国际交流合作，积极营造有利于我国发展的良好外部环境

随着我国同世界的联系越来越紧密，人民政协对外交往的优势更加凸显、舞台更加广阔。我们紧紧围绕服务国家总体外交战略和经济社会发展总目标，主动谋划、突出重点，取得了交流互访活跃、多边亮点突出、调研成果丰硕、公共外交创新的显著成绩。

积极开展高层互访，加强与外国相关组织和机构的交流往来，共组织39个团组赴56个国家访问或出席国际会议，接待来自10个国家、1个区域性组织的11个代表团访华，深化了与有关国家的政治互信和传统友谊，扩大了在经贸、能源、科技、文化等重点领域的务实合作，加强了同有关国际组织的友好往来。

深化公共外交实践和理论研究。举办“公共外交与跨文化交流”等系列座谈会，推动地方成立公共外交协会。全国政协代表团正式访问联合国并作大会发言。在外事出访和来访活动中重点加强对外国高层人士、外国主流媒体和社会各界人士的工作，介绍中国共产党领导的多党合作和政治协商制度，阐述我国对内坚持走科学发展道路、对外坚持走和平发展道路的理念，展示中国合作、开放、民主、进步的国际形象，进一步扩大了国际社会对华友好的民意基础和社会基础。

以中国经济社会理事会成立10周年为契机，全面参与经济社会理事会和类似组织国际协会各项活动，加强同各成员组织的密切沟通协调。与欧盟经济社会委员会合作，成功举办中欧圆桌会议第九、第十次会议，推动建立金砖国家经济社会理事会和类似组织圆桌会议交流机制。推动中国宗教界和平委员会与外国宗教和平组织双边交流机制化进程，巩固和发展同世界性、地区性跨宗教和平组织交往，积极宣传我国宗教政策，不断扩大在国际跨宗教组织中的影响力，为维护国家主权和尊严发挥了积极作用。

（七）坚持强基固本，切实加强和改进自身建设

坚持促进党派合作、突出界别特色、发挥委员主体作用、加强专门委员会和机关建设，形成“五位一体”的格局，是近年来人民政协加强自身建设的宝贵经验。我们支持和保障各民主党派、无党派人士通过政协全体会议、常委会议和专题协商会等平台履行职责、发挥作用，加大党派提案督办力度，加强与党派开展联合调研视察，更好地发挥民主党派在人民政协中的作用。加强界别组织建设，完善界别小组召集人工作制度，通过具有界别特点的调研、视察、联谊和提案等形式，充分体现政协界别在扩大公民有序政治参与中的渠道和平台优势。尊重和保障委员的各项民主权利，加强委员定期情况通报和跨省调研考察，开辟委员通过互联网发挥作用的新渠道，进一步激发政协委员履行职责的积极性、主动性和创造性。加大对京外委员、港澳委员的联络和服务力度，召开全国政协京外委员活动经验交流座谈会，探讨京外委员活动工作规律，为有效发挥政协委员主体作用创造条件。完善专委会工作机制，加强专委会合作联动，围绕政协重要会议和经济社会发展中重大课题，组织开展联合调研、跟踪调研和视察考察，形成履行职能的整体优势。加强“学习型、服务型、创新型、和谐型”机关建设，积极开展创先争优活动，切实健全规章制度，着力提高政务性服务能力和统筹协调能力，为人民政协履行职能提供优质高效的服务保障。

加强和改进经常性工作。制定提案审查处理、重点提案遴选和督办、优秀提案和先进承办单位评选表彰实施办法，丰富提案办理形式和内容，进一步增强办理实效。完善大会发言选题、遴选和成果转化机制，加大调研视察成果和优秀提案转化为政协大会发言力度，发言质量和社会影响不断提升。加强对重点信息的收集整理，完善党派团体、专门委员会和地方政协协调联动的信息工作格局，进一步发挥政协信息在党和国家舆情汇集和分析机制中的作用。加强政协对外宣传和网络宣传工作，深入报道各级政协组织和广大政协委员的工作经验和先进典型，努力为人民政协事业发展营造良好舆论氛围。

去年，我们对《中共中央关于加强人民政协工作的意见》颁布实施5年来的情况进行广泛调研和深入总结，向中共中央报送了专题报告，中共中央办公厅以16号文件予以转发，对新形势下再学习、再宣传、再落实中共中央5号文件精神提出明确要求。全国政协常委会组织集体学习并专门下发通知，对各级政协组织认真学习贯彻16号文件精神作出具体部署。截至目前，多数省区市已报送了学习贯彻报告，23个省区市和副省级市制定了加强人民政协政治协商的文件，部分省区市出台了加强民主监督工作的意见，对于巩固和发展中国共产党领导的多党合作和政治协商制度，更好地发挥人民政协这一政治组织和民主形式的优势，起到有力推动作用。

各位委员，过去一年我们取得的成绩，是以胡锦涛同志为总书记的中共中央坚强领导、重视关怀的结果，是各级党委、政府和社会各界热情帮助、鼎力支持的结果，是人民政协各参加单位、各级组织和广大委员团结协作、共同奋斗的结果。在这里，我代表全国政协常委会表示衷心的感谢！

总结一年来人民政协服务科学发展与实现自身科学发展的生动实践，我们进一步体会到，做好人民政协

工作，必须把增进共识作为思想政治建设的根本，深刻认识人民政协是建立在政治共识基础上的政治组织，要在尊重多样中寻求共识，在共迎挑战中深化共识，在共创辉煌中坚定共识，不断巩固发展团结合作的共同思想政治基础；必须把服务大局作为履职尽责的中心，深刻认识紧扣大局才能找准位置、体现价值，党和国家工作推进到哪里，人民政协工作就跟进到哪里，进一步凸显在服务社会主义经济建设、政治建设、文化建设、社会建设和生态文明建设中的独特作用；必须把制度化规范化程序化作为发挥作用的保障，深刻认识加强"三化"建设是坚持和完善中国特色社会主义制度的时代要求，推进政治协商、民主监督、参政议政制度更加完备、规范更加明确、程序更加严密，切实做到有制可依、有规可守、有序可循；必须把深入调研作为建言献策的根基，深刻认识没有调查研究就没有建言权，要深入基层、深入实际、深入群众，察实情、听实话、求实招，通过广集民智增强议政建言的水平，通过科学论证提高献计出力的成效；必须把改革创新作为推进工作的动力，牢牢把握时代脉搏，始终保持蓬勃朝气，总结新鲜经验，探索发展规律，不断推进人民政协理论创新、制度创新、工作创新，永葆人民政协事业的生机与活力。

同时要清醒看到，与新形势新任务的要求和人民政协肩负的使命相比，我们的工作中还存在一些不足，比如：委员主体作用有待进一步发挥，民主监督的成效有待进一步提高，有的调研和视察深入实际不够，有的提案和大会发言质量需要提高，有的制度规定还没有完全落实等。对这些问题，我们要认真对待，深入研究，切实改进。

二、2012年工作部署

2012年是实施"十二五"规划承上启下的重要一年，中国共产党将召开具有重大而深远意义的第十八次全国代表大会。人民政协承担的任务重大，肩负的责任光荣。我们必须认清形势、牢记使命、恪尽职守，始终保持昂扬向上的精神状态和开拓进取的工作干劲，努力为推动党和国家事业发展作出应有的贡献。人民政协今年工作的总体思路是：全面贯彻中共十七大和十七届三中、四中、五中、六中全会精神以及中央经济工作会议精神，坚持以邓小平理论和"三个代表"重要思想为指导，深入贯彻落实科学发展观，牢牢把握团结和民主两大主题，牢牢把握稳中求进的工作总基调，着力加强履职能力建设，着力提高议政建言质量，着力突出社会服务成效，更好地发挥协调关系、汇聚力量、建言献策、服务大局的重要作用，以优异成绩迎接中国共产党第十八次全国代表大会胜利召开！

（一）进一步巩固团结奋斗的共同思想政治基础

坚持共同理想信念和前进方向，是人民政协事业发展之基、团结凝聚之本。要始终以中国特色社会主义理论体系武装头脑、指导实践、推动工作，深入学习胡锦涛同志在庆祝中国共产党成立90周年、纪念辛亥革命100周年大会上的重要讲话精神，继续举办以社会主义核心价值体系为主要内容的形势报告会、理论研讨会、学习讲座，加强世情国情教育，开展统一战线和多党合作方针政策、优良传统教育，引导参加人民政协的各党派团体和各族各界人士，始终做到与中国共产党思想上同心同德、目标上同心同向、行动上同心同行。深入学习贯彻《中共中央关于加强人民政协工作的意见》《中共中央关于加强新形势下党外代表人士队伍建设的意见》和中办发〔2011〕16号文件精神，充分认识中国共产党领导的多党合作和政治协商制度产生和发展的历史必然性，充分认识中国特色社会主义政治制度的特点和优势，更加自觉地坚持中国共产党领导，更加坚定地走中国特色社会主义道路。按照中共中央的统一部署，扎实做好迎接中共十八大的各项工作。中共十八大召开后，及时组织参加人民政协各党派团体、各族各界人士学习贯彻会议精神，通过常委会议、主席会议、理论中心组学习、专题辅导报告等多种形式，迅速在各级政协组织和广大政协委员中掀起学习贯彻的高潮，切实把思想和行动统一到会议精神上来，把智慧和力量凝聚到会议确定的目标任务上来。

（二）积极为促进经济平稳较快发展和社会和谐稳定贡献力量

要坚持把推动科学发展作为履行职能的第一要务。以"大力发展实体经济，保持经济平稳较快发展"为议题召开专题议政性常委会议。协调民主党派、工商联组织、政协专门委员会、地方政协等力量，针对扩大国内消费需求、保持物价总水平基本稳定、增强农产品供给保障能力、加快产业结构优化升级、深入实施西部大开发战略、加强自主创新和节能减排、支持小型微型企业发展、水资源节约与污染防治、积极应对气候变化、深化财税金融等重点领域和关键环节改革、提高对外开放水平、加强国防建设等方面的重大问题进行深入研究，积极建言献策。密切跟踪国际国内经济发展态势，敏锐捕捉经济运行中苗头性、倾向性和警示性问题，围绕全年经济发展重要目标，加强动态研究，为中共中央、国务院科学民主决策服务。

要坚持把促进社会和谐稳定作为义不容辞的重要责任。召开"加强和创新社会管理"专题协商会。围绕加强社会管理体制机制建设，完善非公有制经济组织与社会组织管理，深化收入分配体制改革，加强社会诚信体系建设，深入做好农民工工作，构建和谐劳动关系，加强安全生产，深化公立医院改革，城镇保障性安居工程建设,加强食品、药品安全,工业化城镇化进程中的牧区、牧业、牧民问题等社会建设中的重点问题开展调研议政和民主监督活动,努力提出针对性和可行性强的意见和建议。完善界别联系群众的机制,围绕群众思想认识困惑点、利益关系交织点、社会矛盾易发点,深入做好宣传政策、解疑释惑、理顺情绪、化解矛盾的工作。坚持民族区域自治制度和中央关于民族、宗教工作的方针政策,重视发挥民族、宗教界委员的作用,切实维护民族团结、宗教和睦、社会稳定和国家统一。加强反映社情民意信息工作和信访工作,畅通信息搜集、报送和反馈渠道,了解和反映不同群体的利益诉求,提高信息工作系统性和科学性,促进社会舆情汇集和分析机制完善。

(三)着力推动社会主义文化大发展大繁荣

人民政协汇聚着众多优秀文化人才,积淀着深厚文化资源,在推动社会主义文化改革发展中大有可为。要全面贯彻落实中共十七届六中全会精神,组织政协委员特别是文化领域的专家、名家,联合各方面力量,围绕推进社会主义核心价值体系建设、加快发展文化产业、加强少数民族地区公共文化服务体系建设、加强两岸四地文化交流、艺术院校人才培养、加大长城保护力度、蜀道保护与申遗等文化领域重要课题,开展调研视察和研讨交流,形成一批有价值有分量的研究成果。切实做好文化惠民工作,继续开展和参与“三下乡”、“四进社区”、“送欢乐下基层”等活动,鼓励广大政协委员积极投身社会主义先进文化建设,创作生产更多的优秀文艺作品,不断满足群众的文化需求。进一步加强有政协特色的文化建设,深入挖掘和打造以多党合作文化、民族团结文化、宗教和顺文化、新的社会阶层信义文化、海内外同胞同根文化为主要内容的统一战线文化;围绕戏曲、书画等中华传统文化领域的重大问题议政建言,组织演出展览,扩大文化交流,引导广大政协委员积极参与中华文化“走出去”工程;建成中国政协文史馆并对外开放,使之成为宣传中国共产党领导的多党合作和政治协商制度的重要窗口。

(四)不断促进海内外中华儿女的大团结

海内外中华儿女血脉相连、情感相通、利益相关,携手同心才能实现中华民族伟大复兴。要坚定不移地贯彻“一国两制”、“港人治港”、“澳人治澳”、高度自治的方针和特别行政区基本法,积极支持特区政府依法施政。加强港澳委员队伍建设,完善工作机制,创造有利条件,充分发挥他们在特区和内地经济、政治、社会事务中的积极作用,扩大同港澳社会团体和代表人士的联系,关心港澳青少年健康成长,发展和壮大爱国爱港、爱国爱澳力量。组织开展促进内地与港澳交流合作等调研,组织港澳委员到内地视察考察,及时通报内地发展改革情况。牢牢把握两岸关系和平发展的主题,积极推动对台交流深入务实发展,进一步扩大同台湾岛内有关党派团体、社会组织、各界人士和基层民众的交往,不断夯实两岸关系和平发展的政治、经济、文化和民意基础。就两岸文化交流情况等开展专题调研,深化两岸文化交流合作,增进台湾民众特别是青少年群体对中华民族和中华文化的认同。加强与海外侨胞、归侨侨眷特别是新生代华侨华人的联系交往,打造政协侨务工作品牌。鼓励海外侨胞积极传承和传播中华优秀文化,进一步做好海外少数民族侨胞工作,关心和维护归侨侨眷合法权益,更好地发挥海外侨胞和归侨侨眷在扩大对外友好交往、促进祖国和平统一中的桥梁和纽带作用。

(五)继续深化同世界各国人民的友好往来

人民政协是践行我国公共外交理念的重要力量,是开展对外交往活动的重要平台,是增进我国和世界各国人民理解与合作的重要桥梁。要按照国家总体外交部署,进一步发挥人民政协对外友好交往的独特优势,努力为“十二五”规划顺利实施营造良好的外部环境和条件。积极开展高层互访,巩固和发展传统友谊,增进同有关国家的政治互信,争取国际社会对我国科学发展、和谐发展、和平发展、合作发展理念的理解和支持。同各国相关机构、相关国际组织开展多层次、多领域的交流与合作,发挥政协专门委员会在对外交往中的重要作用,拓展人民政协公共外交研究与实践。组织开展完善我国对外开放格局、中国海外权益保护等专题调研考察活动,提出有针对性、前瞻性的意见和建议。支持中国经济社会理事会参加国际协会及其成员组织的各种机制和活动,认真筹办国际协会夏季学校及中欧圆桌会议第十一、十二次会议,做好出席重要国际会议的相关工作。支持中国宗教界和平委员会开展双边和多边交流与合作,参加“世界宗教和平会议”等国际会议和论坛,为推动世界和平与发展作出积极贡献。

(六)切实提升人民政协工作的科学化水平

人民政协履行职能、发挥作用,关键在于提升工作科学化水平。要大力加强人民政协理论研究,围绕关于社会主义民主政治的基本原则和重点任务、社会主义民主的两种形式等重点课题,整合研究力量,健全研究网络,建立开放式、多层次、社会化研究机制,拿出更多有深度、有分量、有说服力的理论成果。召开全国地方政协工作经验座谈会,认真总结各级政协履行职能的实践以及开展提案、视察、调研、反映社情民意、对外交往等经常性工作的成功经验,进一步探索政协工作规律,把实践证明行之有效的做法上升为制度,努力形成内容协调、程序严密、配套完备、有效管用的制度体系。加大政协新闻宣传力度，充分运用各类媒体重点宣传政协工作取得的新进展、新经验，做好典型宣传，加强对外宣传和网络宣传，切实提高舆论引导能力。结合做好换届筹备工作，进一步推进自身建设，更好发挥民主党派、政协界别和专门委员会作用，加强政协委员队伍建设，密切与地方政协的联系，深入推进政协机关建设，为人民政协事业发展奠定更加坚实的基础。

各位委员！

伟大的团结凝聚伟大的力量，伟大的力量成就伟大的事业。让我们更加紧密地团结在以胡锦涛同志为总书记的中共中央周围，高举中国特色社会主义伟大旗帜，以邓小平理论和“三个代表”重要思想为指导，深入贯彻落实科学发展观，坚定信心、攻坚克难、开拓前进，为全面建设小康社会、实现中华民族伟大复兴作出新的更大贡献！

全国政协副主席林文漪在全国政协十一届五次会议上作提案工作报告

各位委员：

我代表中国人民政治协商会议全国委员会常务委员会，向大会报告政协十一届四次会议以来的提案工作，请予审议。

一

政协十一届四次会议以来，政协委员、政协各参加单位和专门委员会，心系国是，情牵民生，牢牢把握科学发展这个主题和加快转变经济发展方式这条主线，深入调查研究，积极建言献策。一年来，共提交提案6076件。其中，全体会议期间提案5762件，闭会期间提案314件。经审查，立案5603件。其中，委员提案5288件，八个民主党派中央和全国工商联提案279件，人民团体提案5件，界别、小组提案29件，专门委员会提案2件。总体来看，提案内容丰富，质量稳步提高，体现了委员们坚持围绕中心、服务大局，认真履行职责的高度政治责任感和使命感。

中共中央、国务院高度重视人民政协提案工作，大力支持人民政协通过提案履行职能。各承办单位把办理政协提案与密切联系群众、转变工作作风、推进科学民主决策紧密结合，加强与委员沟通协商，认真采纳提案建议，推动解决实际问题。许多单位的主要负责同志亲自部署提案办理工作，参与重点提案办理，审核签发办理复文。截至2012年2月20日，提案已办理答复5583件，占立案总数的99.64%。其中，已经解决或采纳的占28.26%，列入计划拟解决或拟采纳的占58.69%，用作参考的占13.05%。经过各方面共同努力，政协提案为实现“十二五”良好开局、加快推进改革开放和现代化建设作出了重要贡献。

(一)围绕主题主线，委员们认真履行职责，为协助党和政府保持经济平稳较快发展发挥了重要作用。关于加快传统产业改造升级、提高创新能力等建议，为国家发展改革委、财政部、科技部制定优化产业结构、淘汰落后产能、加快发展高技术服务业等政策措施提供了有益参考。关于减轻中小企业负担、解决中小企业融资难等建议，工业和信息化部、中国人民银行、中国银监会等积极采纳，加快中小企业服务体系建设，落实国务院关于鼓励和引导民间投资新36条，逐步引导和释放民间资本的市场活力，支持商业银行提升对中小企业特别是小型微型企业的金融服务水平。关于防范地方政府性债务风险等建议，审计署认真研究，提出了加强地方政府性债务管理、建立规范的地方举债融资机制、有效防范和化解潜在风险的意见，为中央决策提供了重要依据。关于加强耕地保护确保粮食安全、发展现代农业等建议，农业部、国土资源部、中国保监会等专门研究部署，加大政策资金扶持力度，加强耕地质量建设，强化农业基础，提高农业技术装备水平，健全农业保险制度，努力使各项支农惠农政策落到实处。关于推动沿边少数民族地区开放、加大对贫困地区支持力度等建议，为国务院完善沿边开发开放区域发展规划，加快云南、新疆等边疆地区发展，支持甘肃东乡族自治县等少数民族地区建设，加大武陵山片区扶贫开发力度，发挥了重要促进作用。关于严格水资源管理、强化水土流失综合治理、支持大型灌区建设等建议，全国政协会同水利部开展视察调研，为贯彻落实2011年中央1号文件，加快解决农村饮水安全问题，出台关于实行最严格的水资源管理制度的意见，加强太湖、洞庭湖等流域水环境综合治理发挥了积极作用。关于加强稀土管理、加快推进行业兼并重组等建议，为健全稀土行业管理体系、制定《国务院关于促进稀土行业持续健康发展的若干意见》，提供了重要参考。关于因地制宜科学分配各地总量减排指标等建议，环境保护部经过深入调研，在分配“十二五”总量减排指标时，实行区别对待和差异化减排要求，确保各地在保持合理发展速度的同时，通过减排促进环境质量改善和产业结构调整。关于加强湿地保护、草原生态和森林碳汇能力建设、海洋灾害防御等建议，国家林业局、国家海洋局等认真研究，积极推动相关立法工作，加快编制海洋灾害风险评估与区划工作方案。

(二)围绕发展社会事业、保障和改善民生，委员们积极建言献策，为协助党和政府推动社会主义文化发展繁荣、解决人民群众最关心的实际问题发挥了积极作用。关于促进基本公共文化服务均等化、加快文化产业结构调整、加强民族地区公共文化体系建设等建议，已体现在中共十七届六中全会的决定之中。关于免费开放公共图书馆、文化馆、美术馆,建设中国口述历史博物馆,加强荆州古城遗址保护等建议,文化部、国家文物局等进行专题研究,积极推进相关工作。关于推进义务教育均衡发展、统筹城乡教育资源等建议,为教育部制定国家教育发展第十二个五年规划及相关政策提供了有益参考。关于食品药品安全问题,各民主党派中央和政协委员提出提案100余件,国务院食品安全办、卫生部、工商总局、质检总局、食品药品监管局等在编制“十二五”期间国家食品安全监管体系规划时充分采纳相关建议,严厉打击、整治“瘦肉精”、“地沟油”等非法添加和违法生产加工行为,逐步建立安全监管追溯体系,努力净化食品药品安全环境。关于健全基层医疗卫生服务体系、提高新型农村合作医疗筹资标准等建议,卫生部、国家中医药管理局认真研究,加快建立全科医生制度,加强乡村医生队伍建设,提升基本医疗保障功能和服务绩效。关于发展养老事业问题,500多位委员和部分民主党派中央提出提案,民政部、人力资源和社会保障部等认真办理,将社会养老服务纳入国家经济社会发展专项规划,大力推进城乡居民社会养老保险制度建设。关于加强保障性住房建设及后续管理等建议,住房和城乡建设部等认真研究落实,国务院办公厅印发了关于保障性安居工程建设和管理的指导意见,要求重点发展公共租赁住房,加强经济适用住房和廉租住房管理,落实房地产市场调控政策。

(三)围绕加强和创新社会管理、促进社会和谐稳定,委员们充分发挥优势,为协助党和政府了解民意、协调关系、化解矛盾发挥了独特作用。关于加快慈善立法、把醉驾列入刑法等建议,已经纳入国家有关法律、法规或列入国家立法计划。关于打击黑恶势力、吸毒贩毒、拐卖妇女儿童犯罪,治理危险驾驶、违法载送等建议,中央政法委、最高人民法院、最高人民检察院、公安部等认真落实,积极部署相关工作,加大打击力度。关于加快户籍管理制度改革、促进新生代农民工融入城市等建议,公安部、共青团中央、全国妇联认真研究采纳,积极推动户籍制度改革,有序推进符合条件的农民工进城落户,建立与农民工的组织联系并帮助解决农民工的实际困难。关于加强网络管理、完善互联网行业制度性立法等建议,国务院新闻办等部门在制定互联网信息服务监督管理制度、加强网络信息安全建设中予以落实。关于加大政务信息公开力度、制定行政问责法、健全保护举报人制度等建议,财政部、国务院机关事务管理局在制定公务用车配备使用管理的政策措施时认真采纳,中央纪委、监察部加快开展行政问责相关法规和规范性文件的起草调研工作,正在修改《监察机关举报工作办法》。关于加强安全生产方面的建议,国家安全生产监管总局在起草《国务院关于坚持科学发展安全发展促进安全生产形势持续稳定好转的意见》以及《安全生产“十二五”规划》时已予以采纳,国务院国资委加大安全生产责任事故处罚力度,引导中央企业建立、健全履行社会责任的工作机制。关于深化内地与香港经贸合作、加强珠海拱北口岸建设与管理等建议,商务部、海关总署、广东省政府等认真落实,加强与香港在服务业等领域的合作,积极推进拱北口岸改扩建工作,取得了良好成效。

同时,提案提出的加强基层民主和社区建设、发展慈善和残疾人事业、做好民族宗教工作、加强领事保护工作等建议,对于完善宏观决策和加强顶层设计,提供了有益参考。

二

一年来,常委会以中共十七大和十七届三中、四中、五中、六中全会精神为指导,深入贯彻落实科学发展观,按照贾庆林主席关于提高提案工作科学化水平的要求,恪守服务大局的科学原则,坚持以质量求发展的科学导向,健全协调配合的科学机制,弘扬与时俱进的科学精神,围绕提高提案质量和办理实效,开展了大量工作。

(一)全面落实提案工作条例,健全协调配合的提案工作制度体系。一年来,常委会把贯彻落实第六次提案工作座谈会精神和提案工作条例、加强制度化建设作为一项重点工作,认真进行部署和组织实施。积极协助党政综合部门出台提案办理工作制度规范,推动形成党委重视、政府支持、政协主动、各方参与、社会关注的良好局面。制定提案审查、优秀提案和先进承办单位评选表彰等实施办法,推进提案工作制度化、规范化、程序化建设。

(二)完善提案督办机制,形成人民政协履行职能的整体合力。常委会坚持把提案工作作为一项全局性工作,全国政协领导带队开展重点提案调研、参加提案办理协商活动,全国政协办公厅印发通知对提案督办工作提出要求,各民主党派中央和全国工商联、政协各专门委员会共同协商确定重点提案、参与督办工作,努力形成履行职能的合力。一年来,围绕水资源管理制度落实、推进能源有序开发利用、完善基本药物制度、促进灾区发展振兴等提案,开展联合视察、考察、调研9次,召开提案办理协商会、重点提案办理落实情况座谈会14次,全国政协10位副主席,部分政协委员、40多个部委的负责同志参加,初步形成了广泛参与、联合办理、整体推进、协调高效的提案督办工作机制,办理成效明显增强。

(三)加强和改进服务工作,提高提案工作整体质量。面对提案综合性、全局性、前瞻性不断增强,提案办理难度不断加大的新情况新特点，常委会坚持与时俱进，不断推动经常性工作创新，提高服务工作水平。改进国家有关部委向委员通报情况的工作机制，将网民关注的社会热点问题整理为提案选题参考线索，召开提案承办单位暨党派提案工作座谈会、港澳全国政协委员提案工作座谈会，不断拓宽委员知情渠道，增强提案的针对性和可行性。进一步完善提案办理协商机制、加强《重要提案摘报》报送工作，切实发挥提案在履行职能中的作用。举办提高提案质量和办理质量专题研讨班、与地方政协开展座谈交流，推动提案工作整体水平的提高。出版《把握人民的意愿——政协提案及办理复文选》《情系国计民生——政协提案的故事(丛书)》，在中国政协网和中国政协新闻网上公开提案内容及办理复文，使提案工作更好地接受社会监督，增进社会了解。

在看到成绩的同时，我们也清醒地认识到，与新形势新任务的要求和广大政协委员的期望相比，提案工作还有差距。如何加强闭会期间提案工作，增强建言献策的时效性；如何加强协商沟通，增强提案答复的针对性；如何扩大社会参与面和公开度，发挥提案在履行民主监督职能中的作用等，还需要不断加强和改进。

三

2012年是实施“十二五”规划承上启下的重要一年，常委会将深入贯彻落实科学发展观，牢牢把握稳中求进的工作总基调，坚持“围绕中心、服务大局、提高质量、讲求实效”的提案工作方针，更加奋发有为地推进各项工作。

——提高提案质量，夯实提案工作基础。坚持把提高提案质量作为立足点，及时根据形势的发展变化，精心选题，深入调研，增强提案的针对性和可行性。充分发挥政协专门委员会和界别优势，建立、健全政协内部提案整合机制，形成更多高质量提案。规范提案审查程序，加大提案审查力度，把好提案审查立案关。适时召开全国政协优秀提案和先进承办单位表彰会，发挥示范带动作用。

——加大督办力度，提高提案办理质量。坚持以增强办理实效为目标，鼓励和支持政协委员、党派、团体和政协专门委员会参与重点提案督办工作，推动提案办理落实。完善提案办理协商机制，改进提案办理成效评价办法，推动承办单位突出办理重点，强化沟通协商，认真采纳提案建议。对委员关注度高、涉及部门较多、办理难度较大的提案，加强跟踪办理，力求抓出实效。

——加强统筹协调，提高服务工作水平。全面总结经验，抓好提案工作条例及配套制度的落实。充分发挥政协界别和专门委员会的作用，促进提案工作与委员视察、专题调研、大会发言、反映社情民意信息工作的有机结合，增强履职成效。探索社会公众有序参与提案工作的途径和方法，使提案工作更加贴近群众，更加富有时代特色。

各位委员，回顾一年来提案工作取得的成绩，我们感到欣慰；展望提案工作的广阔前景，我们充满信心。让我们紧密团结在以胡锦涛同志为总书记的中共中央周围，同心同德，再接再厉，充分运用提案方式履行职责，努力提高议政建言质量，以优异的成绩迎接中国共产党第十八次全国代表大会的胜利召开！

《人民日报》发表社论《凝聚思想共识 合力攻坚克难——热烈庆祝全国政协十一届五次会议开幕》

伴着初春的暖意，来自各党派团体、各族各界的全国政协委员今天齐聚北京，出席全国政协十一届五次会议，共商改革发展大计。我们对大会的召开表示热烈祝贺！

这次会议，是在中国共产党第十八次全国代表大会前召开的一次重要会议。如何围绕科学发展主题建言献策，推动中国乘势而上？如何紧扣加快转变经济发展方式主线献计出力，实现发展稳中求进？时代赋予人民政协光荣使命。我们相信，2000多名政协委员定会不负历史的期待和人民的重托。

2011年是“十二五”开局之年。面对复杂多变的世情国情，以胡锦涛同志为总书记的党中央团结带领全国各族人民同心协力、锐意进取，制定实施“十二五”规划，统筹做好稳物价、调结构、保民生、促和谐的各项工作，实现了“十二五”时期良好开局，谱写了全面建设小康社会、加快推进社会主义现代化的崭新篇章。

一年来，人民政协高举爱国主义、社会主义旗帜，牢牢把握团结和民主两大主题，紧紧围绕党和国家中心工作，认真履行政治协商、民主监督、参政议政职能。着眼于服务科学发展与实现自身科学发展，人民政协不断加强思想理论建设，进一步巩固各党派团体和各族各界人士团结奋斗的共同思想政治基础；围绕主题主线献计出力，进一步凸显人民政协围绕中心、服务大局的优势和作用；增强文化自觉，发挥人才资源渠道优势，进一步明确人民政协参与文化建设的努力方向和工作重点；坚持群众路线履职为民，进一步协助党和政府维护好人民群众的根本利益；广泛凝心聚力，拓展交流合作，进一步加强同港澳同胞、台湾同胞和海外侨胞的团结，营造有利于我国发展的良好环境；坚持强基固本，加强自身建设，进一步推动人民政协事业实现新发展。

过去一年卓有成效的工作证明，以奋发有为的精神参政议政，人民政协大有可为。正是通过积极务实、科学创新的工作，人民政协以理论创新推动事业发展，以制度创新保障有序规范，以工作创新增强履职成效，在凝聚思想共识上发挥了重要作用，在推进科学发展上产生了有力影响，在维护社会和谐稳定上创造了新鲜经验，在巩固和加强海内外中华儿女大团结上取得了可贵进展，不仅使人民政协事业开创了崭新局面，也为国家改革发展稳定贡献了力量。

2012年是实施"十二五"规划承上启下的重要一年，党的十八大召开是全党全国人民政治生活的一件大事。做好今年政协的各项工作，具有十分重要的意义。人民政协的履职能力建设、议政建言质量、社会服务成效，直接关系各项工作的落实推进；人民政协发挥好协调关系、汇聚力量、建言献策、服务大局的重要作用，必将推动党和国家事业的发展。我们要全面贯彻党的十七届六中全会精神以及中央经济工作会议精神，更好地发挥人民政协政治协商、民主监督、参政议政职能，为改革发展凝聚强大合力。

牢牢把握时代脉搏，才能凝聚社会共识；始终保持蓬勃朝气，才能推进国家进步。面对风云变幻的国际形势，面对艰巨繁重的国内任务，让我们更加紧密地团结在以胡锦涛同志为总书记的党中央周围，高举中国特色社会主义伟大旗帜，以邓小平理论和"三个代表"重要思想为指导，深入贯彻落实科学发展观，坚定信心、合力攻坚，奋力把改革开放和现代化建设事业推向前进。

预祝大会圆满成功。

外交部负责人发表谈话进一步阐述中方对政治解决叙利亚问题的主张

3月4日

党和国家领导人胡锦涛 吴邦国 贾庆林 李长春 习近平 李克强 贺国强等分别看望出席全国政协十一届五次会议委员并参加讨论共商国是

胡锦涛参加了医药卫生界、社会福利和社会保障界委员联组会。联组会上，张海迪、肖红、吴以岭、李宏塔、何伟、张彦森等委员踊跃发言，就推进公立医院改革、科学推行基本药物制度、扶持中医药创新发展、强化对社会力量办医的规范和支持、保障残疾人权益、应对人口老龄化等问题发表意见。胡锦涛听得专注、记得认真。在听取12位委员发言后，胡锦涛作了重要讲话。他强调，只有牢固树立以人为本、执政为民理念，处理好发展经济和改善民生的关系，坚持发展为了人民、发展依靠人民、发展成果由人民共享，我们的事业才能获得最广泛最可靠最牢固的群众基础和力量源泉。要把保障和改善民生放在更加突出位置，一方面充分发挥政府的主导作用，加大财政投入力度，健全基本公共服务体系，促进社会公平正义，更好解决人民最关心最直接最现实的利益问题；另一方面充分发挥社会的参与作用，引导和支持社会力量大力弘扬中华民族扶贫济困、扶弱助残的传统美德，共同为创造人民幸福美好生活作出贡献。胡锦涛指出，要深入推进医药卫生体制改革，按照保基本、强基层、建机制的要求，以建设符合我国国情的基本医疗卫生制度为核心，在加快健全全民医保体系、巩固完善基本药物制度和基层医疗卫生机构运行新机制、推进公立医院改革上狠下功夫，不断破除制约医药卫生事业发展的体制机制障碍。要加快健全覆盖城乡居民的社会保障体系，继续坚持广覆盖、保基本、多层次、可持续的方针，做好社会保险、社会救助、社会福利工作，健全基本养老、最低生活保障制度，促进社会保障事业可持续发展。胡锦涛强调，尊重、关心、帮助残疾人是社会文明进步的重要标志。要大力推进残疾人社会保障体系和服务体系建设，不断提高残疾人福利保障水平，促进残疾人平等参与社会生活、共享改革发展成果。贾庆林一同参加了联组会。

吴邦国参加了致公党、侨联界委员联组会。林明江、张恩迪、林兆枢等委员就发挥华侨华人独特作用、加强海外侨胞和归侨侨眷权益保护等问题纷纷建言。吴邦国认真听取委员们的意见建议，同大家亲切交流、共同讨论。吴邦国说，过去一年，我国经济继续朝着宏观调控预期方向发展，呈现增长较快、价格趋稳、效益较好、民生改善的良好态势，实现了"十二五"时期的良好开局。这些成绩的取得，是以胡锦涛同志为总书记的中共中央团结带领全国各族人民共同奋斗的结果，也凝聚着包括致公党、侨联在内的各民主党派和人民团体的心血和智慧，显示了中国特色社会主义的优越性和生命力，增强了海内外中华儿女的自豪感和凝聚力。吴邦国指出，中共中央历来高度重视多党合作和政治协商事业，希望致公党、侨联界各位委员一如既往地关注国家各项事业的发展，充分发挥凝聚侨心、汇聚侨智、发挥侨力、维护侨益的独特作用，积极履行政治协商、民主监督、参政议政职能，不断提高建言献策水平。一要为促进祖国和平统一和中华民族伟大复兴凝聚共识、汇聚合力；二要为推进改革开放和社会主义现代化建设贡献才智和力量；三要为增进中国人民与世界各国人民的了解和友谊多做工作。吴邦国强调，要认真贯彻实施国家侨务工作发展纲要，切实维护海外侨胞和归侨侨眷的合法权益，建立、健全涉侨纠纷协调处理机制，更加注重解决侨界困难群众的生产生活问题,尽心尽力为他们解难事、做好事、办实事。

贾庆林参加了对外友好界委员小组会。武大伟、周文重、刘古昌等委员围绕做好外交工作、推动人民政协对外友好交往等热烈讨论,纷纷提出意见建议。在认真听取委员发言后,贾庆林指出,人民政协对外友好交往是我国总体外交的重要组成部分,是增进我国人民与世界各国人民理解和合作的重要桥梁。过去的一年,人民政协围绕服务国家总体外交战略和经济社会发展总目标,主动谋划、突出重点,取得了交流互访活跃、多边亮点突出、调研成果丰硕、公共外交创新的显著成绩,这其中凝结着对外友好界委员的智慧和心血。贾庆林强调,新的形势和任务为人民政协对外友好交往提供了广阔舞台,也提出了新的更高要求。他希望大家认真贯彻中央对外工作大政方针和决策部署,更加注重统筹国内国际两个大局,着力加强履职能力建设,切实提高议政建言质量,进一步做好人民政协对外友好交往的各项工作,努力为实施"十二五"规划和全面建设小康社会营造良好的外部环境。要积极建言献策,加强对重大外交理论和实践问题的研究,为实施国家总体外交战略作出贡献;紧密结合我国实际,认真学习国外先进经验,更好地促进国家经济社会发展;发挥人民政协的独特优势,大力推进公共外交,不断扩大知华友华的民意基础。

李长春参加了文艺界委员联组会。王次炤、刘大为、宋春丽等委员畅所欲言,各抒己见,会场气氛活跃。李长春认真听取大家的发言后说,改革开放以来特别是中共十六大以来,我国文化建设开创了新局面,走出了一条中国特色社会主义文化发展道路,为坚持和发展中国特色社会主义提供了强大的思想保证、精神动力、舆论支持和文化条件。人民政协是推动社会主义文化大发展大繁荣的重要力量,政协文艺界委员们多年来为文化改革发展积极建言献策,付出了心血和智慧,作出了重要贡献。李长春希望文艺界认真贯彻落实中共十七届六中全会精神,践行"爱国、为民、崇德、尚艺"的文艺界核心价值观,投身文化改革发展的伟大实践,在推进社会主义核心价值体系建设、加强文化产品创作生产、构建公共文化服务体系、发展文化产业、深化文化体制机制改革创新、推动中华文化走出去、加强文化人才培养等方面取得更大成绩,进一步兴起贯彻落实全会精神的新高潮,以文化建设的优异成绩迎接中共十八大胜利召开。李长春勉励文艺界以纪念毛泽东同志《在延安文艺座谈会上的讲话》发表70周年为契机,进一步繁荣文艺创作生产,推出一批思想性艺术性观赏性相统一的精品力作,为人民创造出更好更多的精神食粮。要把德艺双馨作为毕生奋斗的目标,努力成为既富有崇高精神内涵又具有高超艺术才华的文艺家,成为经得起时代和历史检验的名家大师。

习近平参加了港澳地区全国政协委员联组会。余国春、黄如楷、黄景强等委员积极建言献策,习近平仔细听取大家的发言。习近平指出,2011年,在十分复杂的国内外环境中,国家实现了"十二五"时期良好开局,香港、澳门两个特别行政区继续保持繁荣稳定,这显示了中国特色社会主义巨大优越性,显示了"一国两制"方针强大生命力。求稳定、谋发展、促和谐进一步成为港澳社会的主流共识。习近平强调,今年国家经济社会发展稳中求进的总基调、开拓前进的总要求,对做好港澳有关工作也有借鉴意义。要准确把握当前国内外经济形势,始终坚持集中精力发展经济,切实有效改善民生,循序渐进推进民主,包容共济促进和谐,不断提高香港、澳门的国际竞争力,为保持港澳长期繁荣稳定创造更好条件。他还强调,要切实把握国家"十二五"规划实施的历史机遇,深化内地与港澳的互利合作,谋划长远,奋发有为。内地与港澳实现优势互补、共同发展,这是"一国两制"的制度设计所蕴涵的能同时造福内地和港澳的一种内在动力和独特优势。要推动内地与港澳互利合作不断迈上新台阶。习近平希望港澳地区全国政协委员牢记使命,更加积极主动地为国家发展建言献策,更加积极主动地参与港澳社会政治事务,更加团结地维护港澳社会和谐稳定,积极推动社会各阶层、各界别、各群体顾全大局、理性沟通,妥善处理各种矛盾和问题,进一步促进港澳社会的包容共济、和谐稳定。

李克强参加了无党派人士、社科界委员联组会。李稻葵、孟洛明、景天魁等委员就科技创新、社会科学和文化发展、保障和改善民生等问题作了发言。李克强不时插话询问有关情况,同大家深入探讨。李克强说,去年我国实现了"十二五"时期经济社会发展良好开局,这是在中共中央正确领导下全国各族人民共同奋斗的结果,也凝聚着包括无党派人士、社科界在内的各党派团体和各族各界人士的智慧心血。今年国内外形势复杂严峻,要按照科学发展观的要求,突出把握好稳中求进的工作总基调,加快转变经济发展方式,坚持扩大内需特别是消费需求,推进经济结构战略性调整,赢得发展的先机和主动权。科技创新是结构调整的最大活力所在,要把科技创新与转变经济发展方式有机结合起来,更加注重掌握核心技术、提高劳动者素质和增强文化创造力,充分发挥人力资源优势,努力破解资源环境瓶颈制约,不断提高可持续发展能力,塑造国际竞争新优势。改革开放是结构调整的根本动力,要推动改革创新,进一步消除体制性结构性障碍,为发展提供保障。转方式应贯穿经济社会发展全过程和各领域,要加强社会建设,全面推进医改、保障房建设和就业、社保、教育、文化等领域重大民生工程建设，促进经济社会协调发展。李克强希望无党派人士、社科界各位委员进一步发挥专长和优势，加强自然科学和社会科学研究与应用，继续为国家改革开放和社会主义现代化建设献智出力、多做贡献。

贺国强参加了工会、共青团、青联、妇联界委员联组会。李滨生、罗梅、洪天慧等委员先后发言，就保护劳动者合法权益、关爱农村留守妇女儿童等坦陈己见。贺国强认真倾听，不时记下要点。他在发言中说，在过去的一年，以胡锦涛同志为总书记的中共中央团结带领全党全国各族人民攻坚克难、拼搏奋进，党和国家事业发展取得新的重大成就。人民政协认真履行政治协商、民主监督、参政议政职能，为实现"十二五"时期良好开局、夺取全面建设小康社会新胜利作出了重要贡献。贺国强指出，今年是我们党和国家发展进程中具有特殊重要意义的一年，希望各级工青妇组织及相关界别政协委员认真履行职责、积极建言献策、广泛汇集力量，影响带动群众做好改革发展稳定各项工作，为党和国家事业发展作出应有贡献。贺国强通报了中共十七大以来党风廉政建设和反腐败工作情况。他强调，要认真学习贯彻胡锦涛总书记在中共十七届中央纪委第七次全会上的重要讲话精神，认真总结经验、正确分析形势，既充分肯定反腐倡廉建设取得的显著成效，坚定信心；又深刻认识反腐败斗争的长期性、复杂性、艰巨性，坚定决心，不断把党风廉政建设和反腐败斗争推向前进。贺国强希望各级工青妇组织及相关界别政协委员立足本职岗位、发挥独特优势、加强自身建设，在反腐倡廉建设中发挥积极作用。

十一届全国人大五次会议在人民大会堂举行预备会议

全国人大常委会委员长吴邦国主持会议。

十一届全国人大代表共2978人。截至3月3日，已经报到的代表2946人。出席今天预备会议的代表2724人，出席人数符合法定人数。

吴邦国在主持会议时宣布：十一届全国人大五次会议于3月5日召开，会议的各项准备工作目前已经全部就绪。

吴邦国指出，十一届全国人大五次会议的指导思想是：全面贯彻党的十七大和十七届三中、四中、五中、六中全会及中央经济工作会议精神，以邓小平理论和"三个代表"重要思想为指导，深入贯彻落实科学发展观，坚持中国特色社会主义政治发展道路，认真行使宪法和法律赋予全国人大的职权，紧紧围绕科学发展这个主题，完成好大会的各项任务，将大会开成一个民主、团结、求实、奋进的大会，动员全国各族人民紧密地团结在以胡锦涛同志为总书记的党中央周围，团结一心、开拓进取、扎实工作，为保持经济平稳较快发展和社会和谐稳定、夺取全面建设小康社会新胜利而奋斗，以新的成绩迎接党的十八大胜利召开。

预备会议经表决，选举产生了十一届全国人大五次会议主席团和秘书长。大会主席团由170人组成，王兆国为大会秘书长。

根据预备会议表决通过的会议议程。

十一届全国人大五次会议议程

一、听取和审议国务院总理温家宝关于政府工作的报告

二、审查和批准2011年国民经济和社会发展计划执行情况与2012年国民经济和社会发展计划草案的报告

批准2012年国民经济和社会发展计划

三、审查和批准2011年中央和地方预算执行情况与2012年中央和地方预算草案的报告

批准2012年中央预算

四、审议全国人民代表大会常务委员会关于提请审议《中华人民共和国刑事诉讼法修正案(草案)》的议案

五、审议全国人民代表大会常务委员会关于提请审议《第十一届全国人民代表大会第五次会议关于第十二届全国人民代表大会代表名额和选举问题的决定(草案)》的议案

六、审议全国人民代表大会常务委员会关于提请审议《中华人民共和国香港特别行政区选举第十二届全国人民代表大会代表的办法(草案)》的议案

七、审议全国人民代表大会常务委员会关于提请审议《中华人民共和国澳门特别行政区选举第十二届全国人民代表大会代表的办法(草案)》的议案

八、听取和审议全国人民代表大会常务委员会委员长吴邦国关于全国人民代表大会常务委员会工作的报告

九、听取和审议最高人民法院院长王胜俊关于最高人民法院工作的报告

十、听取和审议最高人民检察院检察长曹建明关于最高人民检察院工作的报告

十一届全国人大五次会议主席团常务主席名单

吴邦国　王兆国　路甬祥　乌云其木格(女，蒙古族)
韩启德　华建敏　陈至立(女)　周铁农　李建国
司马义·铁力瓦尔地(维吾尔族)　蒋树声　陈昌智
严隽琪(女)　桑国卫

十一届全国人大五次会议在人民大会堂举行新闻发布会

大会发言人李肇星就会议议程和人大工作等问题回答中外记者提问。

李肇星说，十一届全国人大五次会议将于3月5日上午开幕，14日上午闭幕，会期9天半。14日会议闭幕后，国务院总理温家宝将与中外记者见面并回答问题。

“尊重和保障人权”有望写入刑诉法

刑事诉讼法修正案草案将提交本次会议审议。李肇星说，尊重和保障人权是我国宪法确立的一项重要原则，体现了社会主义制度的本质要求。考虑到刑事诉讼制度关系公民人身自由等基本权利，修正案草案将“尊重和保障人权”写入总则，这样既能更充分地体现我国司法制度的社会主义性质，也有利于司法机关在刑事诉讼程序中更好地遵循和贯彻这一原则。

李肇星介绍，修正案草案在证据制度、强制措施、辩护制度、侦查程序、审判程序、执行程序、特别程序中都注意体现这一原则。

李肇星说，这次修改刑诉法，坚持统筹处理好惩治犯罪与保障人权的关系。要有利于保证准确及时地查明犯罪事实，正确应用法律惩罚犯罪分子，又要保障无罪的人不受刑事追究，尊重和保障人权，保证公民的诉讼权利和其他合法权利。

此外，李肇星还表示中国特色社会主义法律体系形成后，全国人大及其常委会继续加强和改进立法工作。在新的一年，将抓紧修改与经济社会发展不相适应的法律，及时制定对推动科学发展、促进社会和谐有重要意义的法律，加强文化法制建设，不断提高立法质量。

首次实行“城乡按相同人口比例”选举人大代表

根据2010年通过的修改后的选举法，我国人大代表将实行城乡按相同人口比例选举。无论是2011年开始的新一轮县乡人大代表换届选举，还是十一届全国人大五次会议后十二届全国人大代表的选举，都将贯彻落实这一重要原则。

李肇星介绍，本次大会将就下一届全国人民代表大会代表的选举问题作出决定。全国人大由各省、自治区、直辖市、特别行政区和解放军选举产生的代表组成，全国人大常委会在分配这些选举单位应选代表名额时要按新选举法规定的原则分配，即“人人平等”——城乡按相同人口比例的原则分配2000名代表名额；“地区平等”——各省、区、市不论人口多少都分配相同的地区基本名额数；“民族平等”——保证人口再少的民族至少有1名全国人大代表。

李肇星说，新一轮县乡人大代表换届选举第一次实行城乡按相同人口比例选举人大代表，“这是我们全国人民政治生活中的一件大事，是人民当家做主的又一次重要实践。”他指出，这次县乡人大换届选举有好多新内容，比如增强代表的广泛性、明确选举机构职责、增加乡镇人大代表名额、代表候选人与选民见面等。

李肇星说，我国的选举制度是采取以直接选举为基础，直接选举和间接选举相结合的办法，符合我国的国情。

2012年国防费预算比上年预算执行数增长11.2%

李肇星说，中国政府坚持国防建设与经济建设协调发展的方针，根据国防需求和国民经济发展水平合理确定国防费规模。2012年中国国防费预算为6702.74亿元人民币，比上年预算执行数增长11.2%。他指出：“中国政府对国防费实行严格的财政拨款制度，每年的国防费预算都纳入国家预算草案，由全国人民代表大会审查和批准。”

李肇星强调，中国坚持走和平发展道路，实行防御性国防政策。中国的国防投入与其他主要国家相比是较低的。2011年，中国国防开支占其国内生产总值的比例仅为1.28%，美、英等国都在2%以上。中国有限的军事力量是为了维护国家主权安全、领土完整，根本不会对别国构成威胁。

代表建议所提问题得到解决或计划逐步解决的占建议总数77.2%

李肇星说，十一届全国人大四次会议上，代表们共提出议案566件，由大会主席团分别交由全国人大各专门委员会审议。各专门委员会认真审议，并向全国人大常委会会议报告了审议结果。十一届全国人大四次会议期间，代表们共提出建议8043件，由全国人大常委会办公厅交由177家承办单位研究办理。经各单位共同努力，代表提出的建议已全部办理答复。

他表示，从办理情况看，代表建议所提问题得到解决或计划逐步解决的占建议总数的77.2%，多数代表对议案、建议办理工作表示满意，或者基本满意。

对于专题询问的问题，李肇星表示，专题询问已成为全国人大经常性的监督方式，今后还会在实践中不断加强。

据介绍，2010年以来，全国人大常委会就财政决算、粮食安全、医药卫生体制改革、保障性住房建设、教育改革等问题，结合审议国务院相关报告，开展了六次专题询问。专题询问丰富了人大监督方式方法，增强了监督实效，有利于妥善解决群众关心的问题。

他表示，今年全国人大常委会还将就国有企业改革发展、农田水利建设、饮用水安全等问题开展专题询问。

3月5日

十一届全国人大五次会议在人民大会堂开幕

会议由大会主席团常务主席、执行主席吴邦国主持。大会主席团常务主席、执行主席王兆国、路甬祥、乌云其木格、韩启德、华建敏、陈至立、周铁农、李建国、司马义·铁力瓦尔地、蒋树声、陈昌智、严隽琪、桑国卫在主席台执行主席席就座。

胡锦涛、温家宝、贾庆林、李长春、习近平、李克强、贺国强等和大会主席团成员在主席台就座。

上午9时，吴邦国宣布中华人民共和国第十一届全国人民代表大会第五次会议开幕。

国务院总理温家宝代表国务院向大会作政府工作报告。

根据会议议程，在9天半的会期里，出席会议的全国人大代表将听取和审议政府工作报告，审议刑事诉讼法修正案草案、关于十二届全国人大代表名额和选举问题的决定草案，听取和审议全国人大常委会工作报告等。

开幕会上，印发了关于2011年国民经济和社会发展计划执行情况与2012年国民经济和社会发展计划草案的报告、关于2011年中央和地方预算执行情况与2012年中央和地方预算草案的报告，提请审查批准。

国务院总理温家宝在十一届全国人大五次会议上作政府工作报告

各位代表：

现在，我代表国务院，向大会报告政府工作，请各位代表审议，并请全国政协委员提出意见。

一、2011年工作回顾

过去的一年，面对复杂多变的国际政治经济环境和艰巨繁重的国内改革发展任务，全国各族人民在中国共产党领导下，同心同德，团结奋进，改革开放和社会主义现代化建设取得新的重大成就。国内生产总值47.2万亿元，比上年增长9.2%；公共财政收入10.37万亿元，增长24.8%；粮食产量57121万吨，再创历史新高；城镇新增就业1221万人，城镇居民人均可支配收入和农村居民人均纯收入实际增长8.4%和11.4%。我们巩固和扩大了应对国际金融危机冲击成果，实现了"十二五"时期良好开局。

一年来，我们主要做了以下工作：

(一)加强和改善宏观调控，遏制物价过快上涨，实现经济平稳较快发展。

我们实施积极的财政政策和稳健的货币政策，坚持正确处理保持经济平稳较快发展、调整经济结构和管理通胀预期的关系，更加注重把握好政策实施的重点、力度和节奏，努力做到调控审慎灵活、适时适度，不断提高政策的针对性、灵活性和前瞻性。在全球通胀预期不断增强，国际市场大宗商品价格高位波动，国内要素成本明显上升，部分农产品供给偏紧的严峻形势下，我们把稳定物价总水平作为宏观调控的首要任务，坚持综合施策，合理运用货币政策工具，调节货币信贷增速，大力发展生产，保障供给，搞活流通，加强监管，居民消费价格指数、工业生产者出厂价格指数涨幅从8月份起逐月回落，扭转了一度过快上涨势头。下半年，世界经济不稳定性不确定性上升，国内经济运行出现一些新情况新问题，我们一方面坚持宏观调控的基本取向不变，保持宏观经济政策基本稳定，继续控制通货膨胀；一方面适时适度预调微调，加强信贷政策与产业政策的协调配合，加大结构性减税力度，重点支持实体经济特别是小型微型企业，重点支持民生工程特别是保障性安居工程，重点保证国家重大在建、续建项目的资金需要，有针对性地解决经济运行中的突出矛盾。我们坚定不移地加强房地产市场调控，确保调控政策落到实处、见到实效。投机、投资性需求得到明显抑制，多数城市房价环比下降，调控效果正在显现。我们高度重视防范和化解财政金融领域的潜在风险隐患，及时对地方政府性债务进行全面审计，摸清了多年形成的地方政府性债务的总规模、形成原因、偿还时限和区域分布。这些债务在经济社会发展中发挥了积极作用，形成了大量优质资产；也存在一些风险隐患，特别是部分偿债能力较弱地区存在局部性风险。我们认真开展债务清理整顿和规范工作，严格控制增量，积极稳妥解决债务偿还和在建项目后续融资问题。目前，我国政府性债务水平是可控的、安全的。总的看，我国国民经济继续朝着宏观调控预期方向发展，抗风险能力不断增强，呈现增长较快、价格趋稳、效益较好、民生改善的良好态势。

(二)加快转变经济发展方式，提高发展的协调性和产业的竞争力。我们坚持有扶有控，促进结构调整和优化升级，增强发展后劲。

巩固和加强农业基础。全面落实强农惠农富农政策，加大农业生产补贴力度，稳步提高粮食最低收购价，加强以农田水利为重点的农业农村基础设施建设，开展农村土地整治，加强农业科技服务和抗灾减灾，中央财政"三农"支出超过1万亿元，比上年增加1839亿元。农业全面丰收，粮食总产量实现了历史罕见的"八连增"，连续5年超万亿斤，标志着我国粮食综合生产能力稳定跃上新台阶。继续推进农村危房改造，解决了6398万农村人口的饮水安全和60万无电地区人口的用电问题，农村生产生活条件进一步改善。

加快产业结构优化升级。大力培育战略性新兴产业,新能源、新材料、生物医药、高端装备制造、新能源汽车快速发展,三网融合、云计算、物联网试点示范工作步伐加快。企业兼并重组取得新进展。支持重点产业振兴和技术改造,中央预算投资安排150亿元,支持4000多个项目,带动总投资3000亿元。加快发展信息咨询、电子商务等现代服务业,新兴服务领域不断拓宽。交通运输产业快速发展,经济社会发展的基础进一步夯实。

推进节能减排和生态环境保护。发布实施"十二五"节能减排综合性工作方案、控制温室气体排放工作方案和加强环境保护重点工作的意见。清洁能源发电装机达到2.9亿千瓦,比上年增加3356万千瓦。加强重点节能环保工程建设,新增城镇污水日处理能力1100万吨,5000多万千瓦新增燃煤发电机组全部安装脱硫设施。加大对高耗能、高排放和产能过剩行业的调控力度,淘汰落后的水泥产能1.5亿吨、炼铁产能3122万吨、焦炭产能1925万吨。实施天然林保护二期工程并提高补助标准,实行草原生态保护奖补政策,开展湖泊生态环境保护试点。植树造林9200多万亩。

促进区域经济协调发展。深入实施区域发展总体战略和全国主体功能区规划。出台实施促进西藏、新疆等地区跨越式发展的一系列优惠政策。制定实施新10年农村扶贫开发纲要和兴边富民行动规划。区域发展协调性进一步增强,中西部和东北地区主要经济指标增速高于全国平均水平,东部地区产业转型升级步伐加快。城镇化率超过50%,这是中国社会结构的一个历史性变化。胜利完成四川汶川特大地震灾后恢复重建任务,积极推进青海玉树、甘肃舟曲、云南盈江抗灾救灾和恢复重建工作。

(三)大力发展社会事业,促进经济社会协调发展。各级政府加大对科技、教育、文化、卫生、体育事业的投入,全国财政支出2.82万亿元。

持续提升科技创新能力。加强基础研究和前沿技术研究。实施国家科技重大专项,突破一些关键核心技术,填补了多项重大产品和装备的空白。"天宫一号"目标飞行器与"神舟"八号飞船先后成功发射并顺利交会对接,成为我国载人航天发展史上新的里程碑。

扎实推进教育公平。深入贯彻落实教育改革和发展规划纲要。经过25年坚持不懈的努力,全面实现九年制义务教育。免除3000多万名农村寄宿制学生住宿费,其中1228万名中西部家庭经济困难学生享受生活补助。建立起完整的家庭经济困难学生资助体系。初步解决农民工随迁子女在城市接受义务教育的问题。推动实施"学前教育三年行动计划",提高幼儿入园率。大力发展职业教育。加强中小学教师培训工作,扩大中小学教师职称制度改革试点,提高中小学教师队伍整体素质。首届免费师范生全部到中小学任教,90%以上在中西部。

大力加强文化建设。中央财政加大对文化惠民工程的支持,各地对公益性文化事业投入显著增加。扩大公共文化设施免费开放范围,服务面逐步拓展。文化体制改革继续推进,文化产业快速发展。文物保护、非物质文化遗产保护和传承取得重要进展。大力加强群众体育设施建设,全民健身活动蓬勃开展,体育事业取得新成绩。

积极稳妥推进医药卫生事业改革发展。基本医疗保险覆盖范围继续扩大,13亿城乡居民参保,全民医保体系初步形成。政策范围内住院费用报销比例提高,重大疾病医疗保障病种范围进一步扩大。各级财政对城镇居民医保和新农合的补助标准由每人每年120元提高到200元。国家基本药物制度在政府办基层医疗卫生机构实现全覆盖,基本药物安全性提高、价格下降。公立医院改革试点有序进行。基层医疗卫生服务体系基本建成。基本公共卫生服务均等化取得新进展。

(四)切实保障和改善民生,解决关系群众切身利益的问题。我们坚持民生优先,努力使发展成果惠及全体人民,促进社会公平正义。

实施更加积极的就业政策。多渠道开发就业岗位,全力推动以创业带动就业,加强职业技能培训和公共就业服务体系建设。加大财政、税收、金融等方面支持力度,着力促进高校毕业生、农民工等重点人群就业。高校毕业生初次就业率77.8%,同比提高1.2个百分点。农民工总量2.53亿人,比上年增长4.4%,其中,外出农民工1.59亿人,增长3.4%。

积极调整收入分配关系。着力提高低收入群众收入。农村居民人均纯收入实际增速为1985年以来最高,连续两年快于城镇居民;各地普遍较大幅度调高最低工资标准;连续第7年提高企业退休人员基本养老金,全年人均增加1680元,5700多万人受益;进一步提高城乡低保补助水平以及部分优抚对象抚恤和生活补助标准,对全国城乡低保对象、农村五保供养对象等8600多万名困难群众发放一次性生活补贴;建立社会救助和保障标准与物价上涨挂钩的联动机制。扩大中等收入者所占比重。个人所得税起征点从2000元提高到3500元。降低900多万个体工商户税负。中央决定将农民人均纯收入2300元(2010年不变价)作为新的国家扶贫标准,比2009年提高92%,把更多农村低收入人口纳入扶贫范围,这是社会的巨大进步。

加强社会保障体系建设。社会保障覆盖范围继续扩大,全国参加城镇基本养老保险、失业保险、工伤保险和生育保险人数大幅增加。2147个县(市、区)实施城镇居民社会养老保险试点,1334万人参保,641万人领取养老金。2343个县(市、区)开展新型农村社会养老保险试点,3.58亿人参保,9880万人领取养老金,覆盖面扩大到60%以上。解决了500多万名集体企业退休人员养老保障的历史遗留问题。将312万名企业“老工伤”人员和工亡职工供养亲属纳入工伤保险统筹管理。养老保险跨地区转移接续工作有序推进。社会保障体系不断健全,向制度全覆盖迈出重大步伐,这是推进基本公共服务均等化取得的重要成就。

大力推进保障性安居工程建设。出台关于保障性安居工程建设和管理的指导意见,完善财政投入、土地供应、信贷支持、税费减免等政策,着力提高规划建设和工程质量水平,制定保障性住房分配、管理、退出等制度和办法。中央财政安排资金1713亿元,是2010年的2.2倍,全年城镇保障性住房基本建成432万套,新开工建设1043万套。

努力维护社会公共安全。加强安全生产监管,做好重特大安全事故的处置、调查、问责工作。完善食品安全监管体制机制,集中打击、整治非法添加和违法生产加工行为。坚持以人为本、服务为先,加强和创新社会管理,着力排查化解各类社会矛盾,依法打击违法犯罪活动,保持社会和谐稳定。

(五)深入推进改革开放,为经济社会发展注入新的活力和动力。我们按照“十二五”规划提出的改革任务,加大攻坚力度,推动重点领域和关键环节的改革。

完善公共财政体系特别是预算管理制度,把预算外资金全部纳入预算管理,扩大国有资本经营预算实施范围,深化部门预算改革,推进政府预算、决算公开,98个中央部门和北京、上海、广东、陕西等省市公开“三公经费”。在全国范围实施原油、天然气资源税从价计征改革,出台营业税改征增值税试点方案。把跨境贸易人民币结算范围扩大到全国,启动境外直接投资人民币结算试点,开展外商直接投资人民币结算业务。深化集体林权制度改革,启动国有林场改革试点,依法开展草原承包经营登记。推进水利建设管理体制改革,创新水资源管理体制。深化国有企业改革。启动实施电网主辅分离改革重组以及上网电价和非居民用电价格调整方案。基本完成乡镇机构改革。事业单位分类改革有序开展。

我们坚持出口和进口并重,利用外资和对外投资并举,全面提升开放型经济水平。积极推进市场多元化战略,努力优化贸易结构。全年货物进出口总额3.64万亿美元,增长22.5%,其中,出口增长20.3%,进口增长24.9%,贸易顺差进一步下降。实际使用外商直接投资1160亿美元,服务业和中西部地区比重提高。企业“走出去”步伐加快,非金融类对外直接投资601亿美元。积极参与国际和区域经济合作,多边双边经贸关系继续深化。

我们在民主法制建设、国防和军队建设、港澳台工作和外交工作等方面,都取得了卓有成效的进展。

过去一年的成绩来之不易,显示了中国特色社会主义的优越性和生命力,增强了中华民族的自豪感和凝聚力。这是以胡锦涛同志为总书记的党中央科学决策、正确领导的结果,是全党全军全国各族人民齐心协力、顽强拼搏的结果。我代表国务院,向全国各族人民,向各民主党派、各人民团体和各界人士,表示诚挚的感谢!向香港特别行政区同胞、澳门特别行政区同胞、台湾同胞和海外侨胞,表示诚挚的感谢!向关心和支持中国现代化建设的各国政府、国际组织和各国朋友,表示诚挚的感谢!

我们也清醒地看到,我国经济社会发展仍然面临不少困难和挑战。从国际看,世界经济复苏进程艰难曲折,国际金融危机还在发展,一些国家主权债务危机短期内难以缓解。主要发达经济体失业率居高难下,增长动力不足,新兴经济体面临通货膨胀和经济增速回落的双重压力。主要货币汇率剧烈波动,大宗商品价格大幅震荡。国际贸易投资保护主义强化。从国内看,解决体制性结构性矛盾,缓解发展不平衡、不协调、不可持续的问题更为迫切、难度更大,经济运行中又出现不少新情况新问题。主要是:经济增长存在下行压力,物价水平仍处高位,房地产市场调控处于关键阶段,农业稳定发展、农民持续增收难度加大,就业总量压力与结构性矛盾并存,一些企业特别是小型微型企业经营困难增多,部分行业产能过剩凸显,能源消费总量增长过快。一些长期矛盾与短期问题相互交织,结构性因素和周期性因素相互作用,国内问题和国际问题相互关联,宏观调控面临更加复杂的局面。政府工作仍存在一些缺点和不足,节能减排、物价调控目标没有完成;征地拆迁、安全生产、食品药品安全、收入分配等方面问题还很突出,群众反映强烈;政府管理和服务水平有待提高,廉政建设亟须加强。

我们一定要以对国家和人民高度负责的精神,采取更加有力的措施,切实解决存在的问题,努力把各项工作做得更好,决不辜负人民的重托。

二、2012年工作总体部署

今年是“十二五”时期承前启后的重要一年,也是本届政府任期的最后一年。我们要恪尽职守、锐意进取、攻坚克难,决不懈怠,交出一份人民满意的答卷。

我国发展仍处于重要战略机遇期,在较长时期内继续保持经济平稳较快发展具备不少有利条件。工业化、城镇化和农业现代化快速推进，消费结构和产业结构升级蕴藏着巨大的需求潜力；经过30多年改革开放，我国发展建立了良好的物质基础和体制条件，宏观调控经验不断丰富，企业竞争力和抗风险能力明显提高；东部地区创新发展能力增强，中西部地区和东北等老工业基地发展潜力不断释放；经济发展的传统优势依然存在，劳动力资源丰富、素质提高；财政收支状况良好，金融体系运行稳健，社会资金比较充裕。世界经济政治格局正在发生深刻变化，和平、发展、合作仍然是时代潮流，总体上有利于我国和平发展。我们要坚定信心，善于运用有利条件和积极因素，继续抓住和用好重要战略机遇期，推动经济平稳较快发展，不断增强我国的综合国力和国际影响力。

我们要高举中国特色社会主义伟大旗帜，以邓小平理论和"三个代表"重要思想为指导，深入贯彻落实科学发展观，坚持稳中求进，加强和改善宏观调控，继续处理好保持经济平稳较快发展、调整经济结构和管理通胀预期的关系，加快推进经济发展方式转变和经济结构调整，着力扩大国内需求特别是消费需求，着力加强自主创新和节能减排，着力深化改革开放，着力保障和改善民生，全面推进社会主义经济建设、政治建设、文化建设、社会建设以及生态文明建设，努力实现经济平稳较快发展和物价总水平基本稳定，保持社会和谐稳定，以经济社会发展的优异成绩迎接党的十八大胜利召开。

今年经济社会发展的主要预期目标是：国内生产总值增长7.5%；城镇新增就业900万人以上，城镇登记失业率控制在4.6%以内；居民消费价格涨幅控制在4%左右；进出口总额增长10%左右，国际收支状况继续改善。同时，要在产业结构调整、自主创新、节能减排等方面取得新进展，城乡居民收入实际增长和经济增长保持同步。这里要着重说明，国内生产总值增长目标略微调低，主要是要与"十二五"规划目标逐步衔接，引导各方面把工作着力点放到加快转变经济发展方式、切实提高经济发展质量和效益上来，以利于实现更长时期、更高水平、更好质量发展。提出居民消费价格涨幅控制在4%左右，综合考虑了输入性通胀因素、要素成本上升影响以及居民承受能力，也为价格改革预留一定空间。

综合考虑各方面情况，要继续实施积极的财政政策和稳健的货币政策，根据形势变化适时适度预调微调，进一步提高政策的针对性、灵活性和前瞻性。

继续实施积极的财政政策。保持适度的财政赤字和国债规模。今年拟安排财政赤字8000亿元，赤字率下降到1.5%左右，其中中央财政赤字5500亿元，代发地方债2500亿元。优化财政支出结构、突出重点，更加注重向民生领域倾斜，加大对教育、文化、医疗卫生、就业、社会保障、保障性安居工程等方面的投入。更加注重加强薄弱环节，加大对"三农"、欠发达地区、科技创新和节能环保、水利、地质找矿等的支持。更加注重勤俭节约，严格控制"三公经费"，大力精简会议和文件，深化公务用车制度改革，进一步降低行政成本。继续控制楼堂馆所建设规模和标准，压缩大型运动会场馆建设投入。全面加强对重点领域、重点部门和重点资金的审计。实施结构性减税。认真落实和完善支持小型微型企业和个体工商户发展的各项税收优惠政策，开展营业税改征增值税试点。继续对行政事业性收费和政府性基金进行清理、整合和规范。加强地方政府性债务管理和风险防范。按照分类管理、区别对待、逐步化解的原则，继续妥善处理存量债务。进一步清理规范地方政府融资平台公司。坚决禁止各级政府以各种形式违规担保、承诺。同时，把短期应对措施和长期制度建设结合起来，严格控制地方政府新增债务，将地方政府债务收支分类纳入预算管理。

继续实施稳健的货币政策。按照总量适度、审慎灵活的要求，兼顾促进经济平稳较快发展、保持物价稳定和防范金融风险。综合运用各种货币政策工具，调节好货币信贷供求，保持社会融资规模合理增长。广义货币预期增长14%。优化信贷结构，支持国家重点在建、续建项目和保障性安居工程建设，加强对符合产业政策、有市场需求的企业特别是小型微型企业的信贷支持，切实降低实体经济融资成本。继续严格控制对高耗能、高污染和产能过剩行业的贷款。完善人民币汇率形成机制，增强人民币汇率双向浮动弹性，保持人民币汇率在合理均衡水平上的基本稳定。大力发展外汇市场，丰富外汇产品，为市场主体提供更多的汇率避险工具，管好用好外汇储备。建立、健全系统性金融风险防范和监管协调机制，增强抵御风险能力。加强跨境资本流动监控。规范各类借贷行为，引导民间融资健康发展。

全面做好今年的工作，必须坚持突出主题、贯穿主线、统筹兼顾、协调推进，把稳增长、控物价、调结构、惠民生、抓改革、促和谐更好地结合起来。稳增长，就是要坚持扩大内需、稳定外需，大力发展实体经济，努力克服国内外各种不稳定不确定因素的影响，及时解决苗头性、倾向性问题，保持经济平稳运行。控物价，就是要继续采取综合措施，保持物价总水平基本稳定，防止价格走势反弹。调结构，就是要有扶有控，提高经济增长质量和效益，增强发展的协调性和可持续性。惠民生，就是要坚持把保障改善民生作为工作的根本出发点和落脚点，把促进社会公平正义放在更加突出的位置，切实办成一些让人民群众得实惠的好事实事。抓改革，就是要以更大的决心和气力推进改革开放，着力解决影响经济社会长期健康发展的体制性、结构性矛盾，在一些重点领域和关键环节取得新突破。以开放促改革、促发展、促创新。促和谐，就是要正确处理改革、发展、稳定三者关系，积极有效化解各种矛盾和风险隐患，防止局部性问题演变成全局性问题，促进社会和谐稳定。

三、2012年主要任务

（一）促进经济平稳较快发展。

扩大内需特别是消费需求是我国经济长期平稳较快发展的根本立足点，是今年工作的重点。

着力扩大消费需求。加快构建扩大消费的长效机制。大力调整收入分配格局，增加中低收入者收入，提高居民消费能力。完善鼓励居民消费政策。大力发展社会化养老、家政、物业、医疗保健等服务业。鼓励文化、旅游、健身等消费，落实好带薪休假制度。积极发展网络购物等新型消费业态。支持引导环保建材、节水洁具、节能汽车等绿色消费。扩大消费信贷。加强城乡流通体系和道路、停车场等基础设施建设。加强产品质量安全监管。改善消费环境，维护消费者合法权益。

不断优化投资结构。保持投资稳定增长，促进投资和消费良性互动。认真落实《国务院关于鼓励和引导民间投资健康发展的若干意见》，出台具有可操作性的实施细则。加强政府投资对结构调整的引领作用，优先保证重点在建、续建项目，有序推进国家重大项目开工建设。把好土地、信贷、节能、环保、安全、质量等准入和审核关，加强对重大项目特别是政府和国有投资项目的监管、督查，提高投资质量和效益。

（二）保持物价总水平基本稳定。

这是关系群众利益和经济社会发展全局的重点工作。要在有效实施宏观经济政策、管好货币信贷总量、促进社会总供求基本平衡的基础上，搞好价格调控，防止物价反弹。

增加生产、保障供给。继续把抑制食品价格过快上涨作为稳定物价的重点。落实好"米袋子"省长负责制和"菜篮子"市长负责制，保障主要农产品供给。大中城市要有合理的菜地保有量，稳定和提高本地应季蔬菜自给水平，同周边地区和优势产区协作建设"菜篮子"产品基地。加强重要商品产运销衔接，完善政府储备和商业储备体系，做好主要农产品收储和投放，增强市场调控能力。

搞活流通、降低成本。严格执行蔬菜等鲜活农产品运输绿色通道政策。认真落实对农产品批发市场、集贸市场、社区平价菜店等的扶持政策，鼓励城市连锁超市、高校、大型企业、社区与农产品流通企业、专业合作社、种养大户对接，减少流通环节，增加零售网点，充分发挥流通主渠道作用。深化流通体制改革。扩大物流企业营业税差额纳税试点范围，完善大宗商品仓储设施用地税收政策。调整完善部分农产品批发、零售增值税政策，推动流通标准化、信息化建设。要多管齐下，切实把流通效率提上去、中间成本降下来，真正让生产者和消费者都得到好处。

加强监管、规范秩序。重点加强对食品、药品价格和医疗、通信、教育等服务收费的监督检查，坚决治理交通运输领域乱收费乱罚款，纠正大型零售商业企业违规收费行为，严厉查处发布虚假信息、囤积居奇、操纵价格、恶意炒作等违法行为。把握好舆论导向，正确引导社会预期。

（三）促进农业稳定发展和农民持续增收。

在工业化和城镇化发展进程中，要更加重视农业现代化。必须坚持把解决好"三农"问题作为各项工作的重中之重，进一步加大强农惠农富农政策力度，巩固和发展农业农村好形势。

稳定发展农业生产，多渠道增加农民收入。继续开展粮食稳定增产行动，稳定粮食种植面积，着力提高单产。引导农民调整结构，扩大紧缺、优质农产品生产，支持蔬菜、肉蛋奶、水产品等生产。农业补贴要继续增加总量，提高标准，扩大范围，完善机制，新增补贴重点向种养大户、农民专业合作社及各种生产服务组织倾斜。继续提高粮食最低收购价，今年小麦、稻谷最低收购价平均每50公斤分别提高7.4元和16元。健全主产区利益补偿机制，增加粮油、生猪等重要农产品生产大县奖励补助资金。实施新10年农村扶贫开发纲要，按照新的国家扶贫标准，全面做好扶贫开发工作，加大集中连片特殊困难地区扶贫开发力度，让扶贫对象更多地分享改革发展成果。

加快农业科技进步。农业的根本出路在科技。要大力推动农业科技创新，加大对良种繁育、疫病防控、农产品质量安全等关键技术研发和应用的支持力度。加快推进基层农技推广服务体系改革和建设，健全乡镇或区域性农业公共服务机构。完善农业技术补贴制度，促进先进适用农业技术到田到户。建好现代农业示范区，推进高产创建和标准化创建。加快农业机械化步伐。

加强农业农村基础设施建设。今年中央财政用于"三农"的投入拟安排12287亿元，比上年增加1868亿元。要搞好灌区配套改造和小型农田水利建设，大力发展节水农业，加大土地开发整理复垦力度，大规模建设旱涝保收高标准基本农田。加快中小河流治理、小型水库除险加固和山洪地质灾害综合防治。加强农村水电路气以及文化体育等基础设施建设，推进农村环境治理，加快农村危房改造，继续改善农村生产生活条件。

深化农村改革。坚持农村基本经营制度不动摇。要认真搞好土地确权登记颁证。土地承包经营权、宅基地使用权、集体收益分配权是法律赋予农民的财产权利，任何人都不能侵犯。加强土地承包经营权流转管理和服务，发展适度规模经营。严格保护耕地。制定出台农村集体土地征收补偿条例。扶持发展农民专业合作社、产业化龙头企业，开展多种形式的农业社会化服务，发展农业保险，提高农业产业化、组织化程度。深化农村综合改革。推进国有农场、林场体制改革，继续深化集体林权制度改革。

（四）加快转变经济发展方式。

解决发展不平衡、不协调、不可持续的问题，关键在于加快转变经济发展方式，推进经济结构战略性调整，这既是一个长期过程，也是当前最紧迫的任务。

促进产业结构优化升级。推动战略性新兴产业健康发展。建立促进新能源利用的机制，加强统筹规划、项目配套、政策引导，扩大国内需求，防止太阳能、风电设备制造能力的盲目扩张。发展新一代信息技术，加强网络基础设施建设，推动三网融合取得实质性进展。大力发展高端装备制造、节能环保、生物医药、新能源汽车、新材料等产业。扩大技改专项资金规模，促进传统产业改造升级。以汽车、钢铁、造船、水泥等行业为重点，控制增量，优化存量，推动企业兼并重组，提高产业集中度和规模效益。落实并完善促进小型微型企业发展的政策，进一步减轻企业负担，激发科技型小型微型企业发展活力。实施有利于服务业发展的财税、金融政策，支持社会资本进入服务业，促进服务业发展提速、比重提高、水平提升。

推进节能减排和生态环境保护。节能减排的关键是节约能源，提高能效，减少污染。要抓紧制定出台合理控制能源消费总量工作方案，加快理顺能源价格体系。综合运用经济、法律和必要的行政手段，突出抓好工业、交通、建筑、公共机构、居民生活等重点领域和千家重点耗能企业节能减排，进一步淘汰落后产能。加强用能管理，发展智能电网和分布式能源，实施节能发电调度、合同能源管理、政府节能采购等行之有效的管理方式。优化能源结构，推动传统能源清洁高效利用，安全高效发展核电，积极发展水电，加快页岩气勘查、开发攻关，提高新能源和可再生能源比重。加强能源通道建设。深入贯彻节约资源和保护环境基本国策。开展节能认证和能效标识监督检查，鼓励节能、节水、节地、节材和资源综合利用，大力发展循环经济。加强环境保护，着力解决重金属、饮用水源、大气、土壤、海洋污染等关系民生的突出环境问题。努力减少农业面源污染。严格监管危险化学品。今年在京津冀、长三角、珠三角等重点区域以及直辖市和省会城市开展细颗粒物（PM2.5）等项目监测，2015年覆盖所有地级以上城市。推进生态建设，建立、健全生态补偿机制，促进生态保护和修复，巩固天然林保护、退耕还林还草、退牧还草成果，加强草原生态建设，大力开展植树造林，推进荒漠化、石漠化、坡耕地治理，严格保护江河源、湿地、湖泊等重要生态功能区。加强适应气候变化特别是应对极端气候事件能力建设，提高防灾减灾能力。坚持共同但有区别的责任原则和公平原则，建设性推动应对气候变化国际谈判进程。我们要用行动昭告世界，中国决不靠牺牲生态环境和人民健康来换取经济增长，我们一定能走出一条生产发展、生活富裕、生态良好的文明发展道路。

促进区域经济协调发展。实施区域发展总体战略和主体功能区规划，充分发挥各地特色和优势，进一步提高区域发展的协调性和基本公共服务均等化水平。认真落实西部大开发新10年的政策措施，加大实施中部地区崛起战略的力度，加快推进东北地区等老工业基地振兴，积极支持东部地区转型发展、在更高层次上参与国际竞争与合作。要加大对革命老区、民族地区、边疆地区和贫困地区的扶持力度。更好地发挥经济特区、上海浦东新区、天津滨海新区在改革开放中先行先试的重要作用。制定和实施海洋发展战略，促进海洋经济发展。加强和完善跨区域合作机制，消除市场壁垒，促进要素流动，引导产业有序转移，推动区域经济良性互动、协调发展。

积极稳妥推进城镇化。要遵循城市发展规律，从各地实际出发，促进大中小城市和小城镇协调发展。根据资源环境和人口承载能力，优化全国生产力布局，形成合理的城镇体系和与国土规模、资源分布、发展潜力相适应的人口布局。各类城市都要夯实经济基础，创造就业机会，完善基础设施，改善人居环境，加强管理服务，提升城镇化质量和水平。更加注重把在城镇稳定就业和居住的农民工有序转变为城镇居民；放宽中小城市落户条件，合理引导人口流向，让更多农村富余劳动力就近转移就业。加强对农民工的人文关怀和服务，着力解决农民工在就业服务、社会保障、子女入园上学、住房租购等方面的实际问题，逐步将城镇基本公共服务覆盖到农民工。关爱留守儿童、留守妇女和留守老人。让农民无论进城还是留乡，都能安居乐业、幸福生活。

（五）深入实施科教兴国战略和人才强国战略。

大力发展科技、教育事业，培养高素质的人才队伍，是国家强盛、民族复兴的必由之路。

坚持优先发展教育。中央财政已按全国财政性教育经费支出占国内生产总值的4%编制预算，地方财政要相应安排，确保实现这一目标。教育经费要突出保障重点，加强薄弱环节，提高使用效益。深入推进教育体制改革，加强教师队伍建设，大力实施素质教育，逐步解决考试招生、教育教学等方面的突出问题。推进学校民主管理，逐步形成制度。促进义务教育均衡发展，资源配置要向中西部、农村、边远、民族地区和城市薄弱学校倾斜。继续花大气力推动解决择校、入园等人民群众关心的热点难点问题。农村中小学布局要因地制宜，处理好提高教育质量和方便孩子们就近上学的关系。办好农村寄宿学校，实施好农村义务教育学生营养改善计划。加强校车和校园安全管理，确保孩子们的人身安全。加强学前教育、继续教育和特殊教育，建设现代职业教育体系。办好民族教育。高等教育要与经济社会发展和国家战略需要紧密结合，提高教育质量和创新能力。完善国家助学制度，逐步将中等职业教育免学费政策覆盖到所有农村学生，扩大普通高中家庭经济困难学生资助范围。大力发展民办教育，鼓励和引导社会资本进入各级各类教育领域。教育寄托着人民的希望，关系国家的未来，我们一定要把这项事业办得更好！

大力推进科技创新。加强国家创新体系建设。深化科技体制改革，推动企业成为技术创新主体，促进科技与经济紧密结合。支持企业加强研发中心建设，承担国家和地区重大科技项目。引导科研机构、高等院校的科研力量为企业技术创新服务，更好地实现产学研有机结合，提高科技成果转化和产业化水平。推动基础研究和前沿技术研究，提高原始创新能力。完善科技评价和奖励制度。倡导学术诚信，鼓励独立思考，保障学术自由，弘扬科学精神。坚定不移地实施国家知识产权战略。

全面加强人才工作。深化人才体制改革，大力培养造就高水平创新创业人才、青年人才和急需紧缺人才，引进高层次人才。完善人才培养、任用、评价、激励机制。努力营造人才辈出、人尽其才、才尽其用的良好社会环境。

(六)切实保障和改善民生。

实现好、维护好、发展好最广大人民的根本利益是以人为本理念的具体体现。要把保障和改善民生作为政府工作的重要任务。

千方百计扩大就业。就业是关系国家发展和人民福祉的大事。今年就业压力仍然很大，各级政府务必坚持就业优先战略，继续实施更加积极的就业政策。重点扶持就业容量大的服务业、创新型科技企业和小型微型企业，创造更多就业岗位。鼓励以创业带动就业。抓好高校毕业生、农民工和城镇就业困难人员就业，加强退役军人技能培训与就业安置工作。鼓励高校毕业生投身农村、基层、中西部地区建设。加强职业培训和公共就业服务工作。加快建立、健全统一规范灵活的人力资源市场。积极构建和谐劳动关系，加强对劳务派遣的规范管理，开展劳动关系争议排查，加强劳动监察和调解仲裁，维护劳动者合法权益。

加快完善社会保障体系。今年年底前实现新型农村社会养老保险和城镇居民社会养老保险制度全覆盖。扩大各项社会保险覆盖面。增加企业退休人员基本养老金。加强城乡低保和社会救助工作，加快发展社会福利事业和慈善事业。加强各项社会保障制度衔接。多渠道增加社会保障基金，加强社会保险基金、社会保障基金投资监管，实现保值增值。加强社保服务能力建设，有条件的地方可对各类社保经办机构进行整合归并，有些服务可委托银行、商业保险机构代办。加快全国统一的社会保障卡发放。

大力推进医药卫生事业改革发展。加快健全全民医保体系，巩固扩大基本医保覆盖面，提高基本医疗保障水平和管理服务水平。城镇居民医保和新农合补助标准提高到每人每年240元。全面推开尿毒症等8类大病保障，将肺癌等12类大病纳入保障和救助试点范围。巩固完善基本药物制度，加强基层医疗卫生服务体系建设。推进公立医院改革，实行医药分开、管办分开，破除以药补医机制。鼓励引导社会资本办医，加快形成对外开放的多元办医格局。充分调动医务工作者积极性，建立和谐的医患关系。加强公共卫生服务，预防控制严重威胁群众健康的重大传染病、慢性病、职业病。加强药品安全工作。扶持和促进中医药和民族医药事业发展。

全面做好人口和计划生育工作。继续稳定低生育水平，综合治理出生人口性别比偏高问题，提高出生人口质量。加快实现计划生育优质服务全覆盖，将免费孕前优生健康检查试点范围扩大到60%的县(市、区)。提高农村部分计划生育家庭奖励扶助、特殊扶助标准。加强流动人口计划生育服务管理。做好妇女儿童工作，扩大农村妇女宫颈癌、乳腺癌免费检查覆盖面，提高妇女儿童发展和权益保障水平。进一步完善残疾人社会保障体系和服务体系。积极发展老龄事业，加快建设社会养老服务体系，努力让城乡老年人都老有所养，幸福安度晚年。

继续搞好房地产市场调控和保障性安居工程建设。严格执行并逐步完善抑制投机、投资性需求的政策措施，进一步巩固调控成果，促进房价合理回归。继续推进保障性安居工程建设，在确保质量的前提下，基本建成500万套，新开工700万套以上。抓紧完善保障性住房建设、分配、管理、退出等制度。采取有效措施，增加普通商品住房供给。加快建设城镇住房信息系统，改革房地产税收制度，促进房地产市场长期平稳健康发展。

加强和创新社会管理。加强社会矛盾化解、社会管理创新、公正廉洁执法。强化政府社会管理和公共服务职能。提高城乡基层群众性自治组织的自治能力。发挥社会组织在社会管理中的积极作用。积极稳妥推进户籍管理制度改革，推动实行居住证制度，为流动人口提供更好服务。以信息共享、互联互通为重点，加快建设国家电子政务网。大力推进政务诚信、商务诚信、社会诚信建设，构建覆盖全社会的征信系统。加强和改进互联网管理，营造健康的网络环境。健全重大决策社会稳定风险评估机制和突发事件应急管理机制。实施安全发展战略，加强安全生产监管，防止重特大事故发生。深入开展打击侵犯知识产权和制售假冒伪劣商品行动。增强食品安全监管能力，提高食品安全水平。加强和改进信访工作，健全群众利益诉求表达机制。加强法律服务和法律援助。严密防范和依法打击违法犯罪活动，保障人民群众生命财产安全。

(七)促进文化大发展大繁荣

文化是人类的精神家园，优秀文化传承是一个民族生生不息的血脉。要提供优质丰富的文化产品，不断满足人民群众的精神文化需求。深入推进社会主义核心价值体系建设。加强社会公德、职业道德、家庭美德和个人品德教育，做好青少年思想道德教育工作，努力形成知荣辱、讲正气、守诚信、作奉献、促和谐的良好风尚。大力发展公益性文化事业。以农村和中西部地区为重点，加强基层文化设施建设。推动哲学社会科学繁荣发展，积极发展新闻出版、广播影视、文学艺术和档案事业。加强文化遗产保护，繁荣发展少数民族文化事业。深化文化体制改革，继续推动经营性文化单位转企改制。提高文化产业规模化、集约化、专业化水平，推动文化产业成为国民经济支柱性产业。深入开展对外人文交流，促进中外文化相互借鉴。广泛开展全民健身活动，增强人民体质，促进体育事业和体育产业协调发展。中华文化具有强大的向心力和震撼力，当代中华儿女一定要肩负起弘扬中华文化的历史重任。

(八)深入推进重点领域改革

改革开放是决定中国前途命运的正确抉择。必须按照科学发展观要求，尊重群众首创精神，大胆探索，以更大决心和勇气继续全面推进经济体制、政治体制等各项改革，破解发展难题。当前和今后一段时期，改革的重点领域和关键环节是：进一步转变政府职能，完善宏观调控体系，理顺政府与市场的关系，更好地发挥市场配置资源的基础性作用；推进财税体制改革，理顺中央与地方及地方各级政府间财政分配关系，更好地调动中央和地方两个积极性；深化土地、户籍、公共服务改革，理顺城市与农村的关系，推动工业化、城镇化和农业现代化协调发展；推进社会事业、收入分配等改革，理顺经济与社会发展的关系，有效保障社会公平正义；推进依法行政和社会管理创新，理顺政府与公民和社会组织的关系，建设服务、责任、法治、廉洁政府。今年改革的重点任务是：

深化财税金融体制改革。完善分税制，健全转移支付制度，提高一般性转移支付规模和比例。完善县级基本财力保障机制。稳步推进地方财政预算、决算公开。深化国库集中收付、政府采购及国债管理制度改革。健全消费税制度。全面深化资源税改革，扩大从价计征范围。深入推进国有控股大型金融机构改革，规范发展小型金融机构，健全服务小型微型企业和“三农”的体制机制。推动实施银行业新监管标准。推进建立存款保险制度。深化政策性金融机构改革。健全完善新股发行制度和退市制度，强化投资者回报和权益保护。积极发展债券市场。推进保险业改革发展。深化利率市场化改革。稳步推进人民币资本项目可兑换，扩大人民币在跨境贸易和投资中的使用。

推动多种所有制经济共同发展。毫不动摇地巩固和发展公有制经济，毫不动摇地鼓励、支持、引导非公有制经济发展。深入推进国有经济战略性调整，完善国有资本有进有退、合理流动机制。研究推进铁路、电力等行业改革。完善和落实促进非公有制经济发展的各项政策措施，打破垄断，放宽准入，鼓励民间资本进入铁路、市政、金融、能源、电信、教育、医疗等领域，营造各类所有制经济公平竞争、共同发展的环境。

深化价格改革。稳妥推进电价改革，实施居民阶梯电价改革方案，完善水电、核电及可再生能源定价机制。逐步理顺煤电价格关系。完善成品油价格改革，推进天然气价格改革。实行最严格的水资源管理制度，合理制定和调整各地水资源费征收标准，推进农业水价综合改革。开展碳排放和排污权交易试点。

深化收入分配制度改革。抓紧制订收入分配体制改革总体方案。努力提高居民收入在国民收入分配中的比重，提高劳动报酬在初次分配中的比重。完善工资制度，建立工资正常增长机制，稳步提高最低工资标准。创造条件增加居民财产性收入。建立公共资源出让收益的全民共享机制。加大对高收入者的税收调节力度，严格规范国有企业、金融机构高管人员薪酬管理，扩大中等收入者比重，提高低收入者的收入，促进机会公平。规范收入分配秩序，有效保护合法收入，坚决取缔非法收入，尽快扭转收入差距扩大的趋势。

积极稳妥推进事业单位分类改革。科学划分事业单位类别,分类指导、分业推进、分级组织、分步实施,深化事业单位管理体制和人事、收入分配、社会保障制度改革。

加快推进政府改革。扩大社会主义民主,依法实行民主选举、民主决策、民主管理、民主监督,保障人民的知情权、参与权、表达权和监督权。全面贯彻依法治国基本方略,尊重和维护宪法和法律的权威,严格依法行政,坚决纠正有法不依、执法不严、违法不究、粗暴执法、渎职失职和执法腐败等行为。加强廉政建设,深入开展反腐败斗争,扎实推进惩治和预防腐败体系建设的各项长期性、基础性工作,着力解决人民群众反映强烈的突出问题。严格依法设定、实施、清理、规范行政审批事项。严禁领导干部插手政府采购、工程招标、土地矿业权拍卖等经济活动。严格执行领导干部廉洁从政各项规定。加强行政监督、民主监督、舆论监督。坚决查处各类违纪违法案件,严厉惩治腐败分子。

(九)努力提高对外开放的质量和水平

我国对外开放已进入新的阶段,进出口贸易、双向投资的地位和作用发生了深刻变化。必须适应新的形势,创新对外经济工作思路,转变对外经济发展方式,提升开放型经济水平,形成开放型经济新格局。

保持对外贸易稳定发展。我们强调扩大内需,但决不能忽视外需对我国经济发展的重要作用。要保持外贸政策基本稳定。稳定出口退税政策,扩大贸易融资和信用保险,改进海关、质检、外汇等方面的监管和服务,帮助企业克服订单不足、成本升高、摩擦增多等多重困难和压力。要加快转变外贸发展方式。深入实施科技兴贸、以质取胜和市场多元化战略,支持企业培育自主品牌、营销网络和研发中心,引导加工贸易向产业链高端延伸、向中西部转移。巩固美日欧传统市场,开拓新兴市场。稳定劳动密集型产品出口,扩大高技术、高附加值产品出口,控制高耗能、高污染产品出口。大力发展服务贸易,承接服务外包。制定加强进口、促进贸易平衡的指导意见,完善进口政策,搭建更多的进口促进平台,推动进出口平衡发展。

提高利用外资质量。坚持积极有效利用外资的方针,更加注重优化结构和提高质量。实施新修订的外商投资产业指导目录,引导外资更多投向先进制造业、高新技术产业、节能环保产业、现代服务业和中西部地区。

实施"走出去"战略。我国正处于对外投资加快发展的重要阶段,要加强宏观指导,强化政策支持,简化审批手续,健全服务保障。引导各类所有制企业有序开展境外能源、原材料、农业、制造业、服务业、基础设施等领域投资合作和跨国并购。创新境外经贸合作区发展模式,支持"走出去"的企业相互协同、集群发展。规范发展对外劳务合作。放宽居民境外投资限制。加强对外投资风险管理,维护我境外企业人员和资产安全。

参与全球经济治理和区域合作。努力保持与发达国家经贸关系稳定发展,全面深化与发展中国家的互利合作。继续推进自贸区建设和区域经济一体化进程。积极参与二十国集团等全球经济治理机制建设,加强与主要经济体宏观经济政策协调,反对各种形式的保护主义,继续在多哈回合谈判、国际金融体系改革中发挥建设性作用。

各位代表!

我国是统一的多民族国家,各民族共同团结奋斗、共同繁荣发展,国家才能兴旺发达。要坚持和完善民族区域自治制度,认真贯彻落实中央支持少数民族和民族地区发展的政策措施,大力实施扶持人口较少民族发展、推进兴边富民行动和发展少数民族事业规划。坚定不移地巩固和发展平等团结互助和谐的社会主义民族关系。

认真贯彻党的宗教工作基本方针。维护宗教团体、宗教界人士和信教群众的合法权益,充分发挥他们在促进经济发展、文化繁荣、社会和谐中的积极作用。

全面贯彻党的侨务政策。维护海外侨胞和归侨侨眷合法权益,支持他们积极参与祖国现代化建设与和平统一大业。

各位代表!

巩固的国防和强大的军队,是维护国家主权、安全和发展利益的坚强后盾。要着眼全面履行新世纪、新阶段军队历史使命,全面加强军队革命化现代化正规化建设,不断提高以打赢信息化条件下局部战争能力为核心的完成多样化军事任务的能力。加强思想政治建设,坚持党对军队绝对领导的根本原则和人民军队的根本宗旨。积极开展信息化条件下军事训练。加快全面建设现代后勤步伐。大力提高国防科技和武器装备自主创新能力。着力培养高素质新型军事人才。积极稳妥地实施国防和军队改革。坚持依法治军、从严治军。全面建设现代化武装警察力量。加强国防动员和后备力量建设。坚决完成反恐维稳、处置突发事件、抢险救灾等任务。坚持军民结合、寓军于民,走中国特色军民融合式发展路子。巩固发展军政军民团结。

各位代表!

香港、澳门与祖国休戚相关、荣辱与共。我们将坚定不移地贯彻"一国两制"、"港人治港"、"澳人治澳"、高度自治的方针,全力支持香港、澳门发展经济,改善民生，推进民主。支持特区政府积极应对国际经济风险挑战，维护经济金融稳定和长期繁荣发展。衔接和落实好支持港澳经济社会发展的系列政策措施，大幅提升内地对港澳服务贸易开放水平，加快推进港珠澳大桥等基础设施建设和对接，深化合作，支持港澳参与国际和区域经济合作。支持香港巩固和提升国际金融、贸易、航运中心地位，建设离岸人民币业务中心。支持澳门建设世界旅游休闲中心，推进横琴新区建设，促进经济适度多元发展。我们相信，有伟大祖国作为坚强后盾，香港、澳门同胞一定能够把自己的家园建设得更加美好！

过去的一年，两岸关系经受了严峻考验，取得了积极进展。反对"台独"、认同"九二共识"，巩固交流合作成果，促进两岸关系和平发展，日益成为两岸同胞的共同意愿。新的一年，我们要继续坚持中央对台工作的大政方针，增强两岸关系发展的政治、经济、文化和民意基础，拓展两岸关系和平发展新局面。要全面深化经济金融合作，推动两岸经济合作框架协议后续商谈取得新进展。加快海峡西岸经济区建设。积极扩大各界往来，开展文化、教育等交流，使两岸同胞联系更紧密，感情更贴近，利益更融合。全体中华儿女要更加紧密地团结起来，为完成祖国统一大业、实现中华民族伟大复兴而努力奋斗！

各位代表！

新的一年，外交工作要更好地服务于改革开放和社会主义现代化建设大局，为促进世界经济增长、维护和平稳定作出更大贡献。我们将继续深化同周边国家的睦邻友好关系，积极参与周边各种合作机制，推动区域合作深入发展，共同营造和平稳定、平等互信、合作共赢的地区环境。我们将与广大发展中国家加强团结合作，深化传统友谊，扩大互利合作，推动实现联合国千年发展目标，维护发展中国家的正当权益和共同利益。我们将加强与各大国的战略对话，增进战略互信，拓展合作领域，推进相互关系长期稳定健康发展。我们将积极参与多边事务和全球治理，推动国际秩序朝着更加公正合理的方向发展。我们将坚定不移地走和平发展道路，坚持独立自主的和平外交政策，奉行互利共赢的开放战略，同世界各国一道，为促进人类文明进步，增进各国人民的福祉和建设一个持久和平、共同繁荣的和谐世界而不懈努力！

各位代表！

回顾过去，我们拼搏奋进，取得显著成就；展望未来，我们任重道远，仍须不懈努力。让我们紧密团结在以胡锦涛同志为总书记的党中央周围，解放思想，开拓创新，扎实工作，奋力开创社会主义现代化建设新局面！

国家发改委关于2011年国民经济和社会发展计划执行情况与2012年国民经济和社会发展计划草案的报告

各位代表：

受国务院委托，现将2011年国民经济和社会发展计划执行情况与2012年国民经济和社会发展计划草案提请十一届全国人大五次会议审议，并请全国政协各位委员提出意见。

一、2011年国民经济和社会发展计划执行情况

2011年，面对复杂多变的国际政治经济环境和国内经济运行的新情况新变化，各地区、各部门按照中央的决策部署，以科学发展为主题，以加快转变经济发展方式为主线，按照十一届全国人大四次会议审议批准的国民经济和社会发展计划，加强和改善宏观调控，正确处理保持经济平稳较快发展、调整经济结构和管理通胀预期的关系，巩固和扩大应对国际金融危机冲击成果，国民经济继续朝着宏观调控的预期方向发展，呈现增长较快、价格趋稳、效益较好、民生改善的良好态势。计划执行情况总体是好的，实现了"十二五"良好开局。

（一）经济平稳较快发展。

经济运行总体平稳，效益保持较高水平。初步核算，国内生产总值471564亿元，比上年增长9.2%，超过预期目标1.2个百分点。经济增速较上年出现了适度回落，但符合年初确定的调控方向，仍处在较快区间。第一、二、三产业分别增长4.5%、10.6%和8.9%，超过预期目标0.2个、2.4个和0.4个百分点。全部工业增加值18.86万亿元，增长10.7%。加强煤电油气运供需衔接，居民生活、重点时段、重要领域的需求得到较好保障。经济增长的质量和效益继续改善，规模以上工业企业实现利润5.45万亿元，比上年增长25.4%；全国公共财政收入10.37万亿元，增长24.8%，财政赤字比预算减少500亿元。

消费、投资稳定增长，内需动力明显增强。扩大消费的各项政策措施得到认真落实并不断完善。社会消费品零售总额183919亿元，增长17.1%，超过预期目标1.1个百分点。投资结构得到调整和优化，民间投资的增速和比重继续提高。全社会固定资产投资311022亿元，增长23.6%，超过预期目标5.6个百分点，其中，东部、中部、西部和东北地区投资分别增长20.1%、27.5%、28.7%和30.4%；民间投资（不含农户）增长34.3%，所占比重提高4.5个百分点。最终消费、资本形成总额分别拉动经济增长4.7个和5个百分点；最终消费的贡献率为51.6%，提高10.1个百分点，资本形成总额的贡献率为54.2%，提高1.4个百分点。

(二)物价涨势得到初步遏制。

市场供应保持稳定。大力发展农业特别是粮食生产,支持蔬菜生产基地建设,落实生猪生产扶持政策;启动实施棉花、油菜籽、大豆、玉米临时收储,建立北方大城市冬春蔬菜储备制度;适时组织玉米、大豆、食用油、棉花、食糖、猪肉等紧缺商品进口和投放,累计投放国家储备粮3986万吨、食糖127万吨。

货币条件明显改善。综合运用多种货币政策工具,6次上调存款准备金率,3次上调存贷款基准利率。全年新增人民币贷款7.47万亿元,比上年少增3901亿元;年末广义货币供应量M2余额同比增长13.6%,低于预期目标2.4个百分点。

流通成本得到控制。取消、降低和减免了一批涉农涉企收费。对农副产品生产用水、用电实行了价格优惠政策,对蔬菜批发、零售免征增值税。收费公路专项清理和取消政府还贷二级公路收费工作有序推进。农贸市场摊位和超市进场的收费行为得到进一步规范。

市场监管继续加强。严厉查处少数商贸企业的价格违法行为,深入开展反价格欺诈、打击恶意囤积、查处散布虚假涨价信息等专项行动,大力推进反价格垄断执法工作。全年共查处各类价格违法案件4.51万件,实施经济制裁20.91亿元。

价格涨幅逐步收窄。居民消费价格同比涨幅由7月份的6.5%逐月回落到12月份的4.1%,全年上涨5.4%,没有实现预期目标。重点城市房价涨幅回落,12月份,70个大中城市中,新建商品住宅价格同比下降的有9个,环比价格下降的城市扩大到52个。

涨价影响得到缓解。社会救助和保障标准与物价上涨挂钩的联动机制全面建立,价格调节基金制度依法设立并不断完善,各地全年累计发放价格临时补贴近百亿元。

(三)农业和农村发展保持良好态势。

主要农产品全面增产。夏粮、早稻、秋粮季季丰收,分别比上年增产2.5%、4.5%和5.1%;全年粮食产量达到57121万吨,增长4.5%,实现连续8年增产,总产、单产都创历史新高。油料产量3279万吨,增长1.5%;糖料产量12520万吨,增长4.3%;棉花产量660万吨,增长10.7%;肉类总产量7957万吨,增长0.4%;水产品产量5600万吨,增长4.2%。

强农惠农富农政策全面落实。全国财政用于"三农"的支出达29342亿元,增长21.2%;中央预算内投资用于农业和农村建设的比重超过50%。新增千亿斤粮食生产能力建设全面推进,江河治理、骨干水源、大型灌区建设与节水改造等重点工程的投入增加,农田水利建设和中小河流治理得到加强。全年补充耕地31.33万公顷,建成高标准基本农田400多万公顷。对农业生产的补贴力度加大,小麦、稻谷最低收购价平均每50公斤分别提高5.4元和14元。

农村生产生活条件进一步改善。解决了6398万农村居民和农村学校师生的饮水安全问题,农村安全饮水普及率达到75%。新建和改造农村电网线路34万公里,新改建农村公路19万公里,启动了331个水电新农村电气化县建设,新增沼气用户280万户、小水电代燃料用户11万户。改造农村危房265万户,比上年增加145万户。支持建设了粮食收储仓容430万吨、农产品批发市场115个、农产品冷链物流项目186个。农村流通"万村千乡"市场工程和连锁经营网络建设向纵深发展。

(四)经济结构调整积极推进。

自主创新能力增强,战略性新兴产业发展势头良好。创新2020工程开始实施。新建国家(重点)实验室54家、国家工程实验室28家,认定国家科技基础条件平台23家、国家级企业技术中心88家,中央和地方联合共建实验室(工程中心)173家。"天宫一号"与"神舟"八号成功实现交会对接,北斗卫星导航系统投入试运行服务,百亩超级杂交稻试验田亩产突破900公斤。设立战略性新兴产业专项资金,新增新兴产业创业投资基金41只。具有自主知识产权的地面数字电视国家标准和第四代移动通信技术标准成为新的国际标准。平板显示、集成电路、智能制造装备、生物制药和育种、国家基因库等重大工程实现阶段性突破,21个电子商务示范城市、5个云计算示范城市启动建设,中关村国家自主创新示范区发展规划纲要颁布实施。高技术制造业增加值增长16.5%,比规模以上工业增加值增速高2.6个百分点。

产业转型升级加快,基础保障能力提升。新的产业结构调整指导目录颁布实施。中央预算内投资安排重点产业振兴和技术改造专项资金150亿元,支持了4000多个企业技术改造项目。装备制造业快速发展,重大技术装备自主化水平明显提高。淘汰落后产能工作积极开展,淘汰落后的水泥产能1.5亿吨、炼铁产能3122万吨、焦炭产能1925万吨、煤矿产能2463万吨,关闭小火电机组超过700万千瓦,均超额完成计划目标。交通基础设施建设加快推进,新建铁路投产里程2167公里,京沪高铁投入运营;新增公路通车里程7.14万公里,改扩建国省道完成2万公里;改善内河航道里程1091公里;新增运输机场5个。能源特别是可再生能源和清洁能源加快发展,新增非化石能源电力装机超过3400万千瓦,占全部新增装机的1/3以上。全年原煤产量35.2亿吨,增长8.7%;原油产量2.04亿吨,增长0.3%;发电量47001亿千瓦小时,增长11.7%。

服务业发展环境不断改善，水平继续提高。颁布实施了支持现代物流业、高技术服务业、家庭服务业发展的政策措施，运用国家服务业发展引导资金支持了服务业集聚区和生产性服务平台建设。积极推进服务业综合改革试点和现代服务业创新发展示范城市建设。加强现代服务业新兴业态培育，推动服务业规模化、品牌化、网络化经营，信息、咨询、文化创意、电子商务等现代服务业发展加快。

区域发展总体战略深入推进，主体功能区战略实施开局良好。西部大开发新10年政策措施全面实施。新开工22项西部大开发重点工程，投资总规模2079亿元。促进西藏、新疆跨越式发展和长治久安以及加快青海等四省藏区发展的各项举措得到较好落实，新时期对口支援工作全面开展。东北地区等老工业基地振兴成果得到巩固和扩大，产业结构调整和改革开放取得新的进展，中央财政用于资源枯竭城市财力性转移支付资金达到135亿元，比上年增加60亿元。促进中部地区崛起规划全面实施，“三基地、一枢纽”建设稳步推进，中西部地区承接产业转移工作有序展开。东部地区经济转型升级迈出新步伐，全国海洋经济发展试点工作稳步开展。出台了成渝经济区、海峡西岸经济区、河北沿海等区域规划和云南桥头堡、中原经济区等区域性政策文件，深圳前海、珠海横琴、福建平潭、浙江舟山等试验功能区建设顺利推进。全国主体功能区规划颁布实施，对国家重点生态功能区实行了财政转移支付政策。汶川地震灾后恢复重建胜利完成，灾区基本生产生活条件和经济社会发展水平明显超过震前。玉树、舟曲、盈江灾后恢复重建进展顺利。

(五)节能减排和生态环境保护工作进一步加强。

节能工作积极推进。全年单位国内生产总值能耗下降2.01%，虽然没有完成计划目标，但工作力度继续加大，政策措施不断完善。“十二五”节能减排综合性工作方案颁布实施。支持重点节能项目924个，建成后可形成2200多万吨标准煤的年节能能力。节能产品惠民工程深入实施，推广高效节能空调1600多万台、电机500多万千瓦、节能灯1.6亿只。节能与新能源汽车示范推广试点工作进展顺利。半导体照明应用工程试点在37个城市开展。合同能源管理政策进一步落实。支持循环经济和资源节约重大项目415个，建成后可形成年节水9.2亿吨、废物循环利用量7240万吨的能力。国家“城市矿产”示范基地、产业园区循环化改造、餐厨废弃物资源化利用进展顺利，再制造产业化取得初步成效。

生态环境保护得到加强。长江黄河上中游水土保持、天然林资源保护二期、京津风沙源治理、岩溶地区石漠化综合治理、小流域治理、防护林体系建设等重点工程继续推进，坡耕地水土流失综合治理试点扩大，退耕还林成果进一步巩固，退牧还草政策进一步完善，开展湖泊生态环境保护试点。植树造林610多万公顷。塔里木河、石羊河近期治理任务基本完成，太湖等重点流域水环境综合治理积极推进。城镇污水垃圾处理设施建设力度加大，新增城镇污水日处理能力1100万吨、垃圾日处理能力11万吨。5000多万千瓦新增燃煤发电机组全部安装脱硫设施。80%以上的铅蓄电池企业已关闭或停产。全年二氧化硫排放量、化学需氧量排放量分别下降2.2%和2%，超额完成计划目标0.7个和0.5个百分点；氨氮排放量下降1.52%，完成计划目标；氮氧化物排放量上升5.73%，没有完成计划目标；万元工业增加值用水量82立方米，下降8.9%，完成计划目标；工业固体废物综合利用率66.74%，没有完成计划目标；城市污水处理率和生活垃圾无害化处理率分别达到82.6%和78%，超额完成计划目标。

应对气候变化工作务实推进。“十二五”控制温室气体排放工作方案颁布实施，在七省市开展碳排放权交易试点，积极参加联合国气候大会德班会议等国际谈判，加强应对气候变化国际合作和人才培训。

(六)保障改善民生力度加大。

就业形势保持稳定。就业政策得到较好落实，城镇新增就业人数1221万人，超过预期目标321万人，年末城镇登记失业率4.1%，实现了预期目标。高校毕业生初次就业率达到77.8%，比上年提高1.2个百分点。下岗失业人员和就业困难人员实现再就业分别达到553万人和180万人。外出农民工15863万人，增长3.4%。

居民收入继续提高。城镇居民人均可支配收入和农村居民人均纯收入分别达到21810元和6977元，剔除价格因素，实际增长8.4%和11.4%，农民收入是1985年以来实际增速最快的一年。外出农民工月均收入达到2049元，比上年增长21.2%。颁布了新10年农村扶贫开发纲要，集中连片特殊困难地区扶贫攻坚启动实施，易地搬迁农村贫困人口90万人，超额完成计划目标3万人。

覆盖城乡居民的社会保障制度基本建立。2147个县(市、区)开展了城镇居民社会养老保险试点，2343个县(市、区)开展了新型农村社会养老保险试点，覆盖面达60%以上。连续第7年提高企业退休人员基本养老金，新型农村合作医疗和城镇居民基本医疗保险的财政补助标准提高到每人每年200元，将312万名企业“老工伤”人员和工亡职工供养亲属纳入工伤保险统筹管理。年末参加城镇基本养老、城镇基本医疗、失业、工伤、生育保险人数分别达2.89亿人、4.73亿人、1.43亿人、1.77亿人和1.39亿人，国家新农保试点地区参保人数达3.26亿人。城乡最低生活保障制度惠及农村5300多万人、城市2200多万人。

大规模推进保障性安居工程建设。落实并完善优惠政策，运用多种融资渠道，支持廉租住房建设，国有工矿、林区林场、垦区和中央下放煤矿棚户区改造，以及农村危房改造、游牧民定居工程，其中中央安排财政性资金1713亿元，是上年的2.2倍。增加保障性安居工程用地供应，做到了应保尽保。截至年末，基本建成城镇保障性安居工程住房432万套；新开工1043万套(户)，超额完成计划目标。

(七)教育、卫生、文化等社会事业全面发展。

教育事业改革发展积极推进。农村义务教育经费保障水平继续提高，公用经费年生均基准定额又提高了100元，中西部地区小学年生均达到500元、初中700元。在集中连片特殊困难地区启动实施了农村义务教育学生营养改善计划，惠及2600万农村在校学生。九年义务教育巩固率91.5%，比上年提高1.8个百分点；高中阶段教育毛入学率84%，比上年提高1.5个百分点；普通高等学校招生681.5万人，研究生56万人，均完成计划目标。基层医疗卫生服务体系进一步健全，全科医生临床培养基地、基层医疗卫生信息化建设启动，每千人口医院和卫生院病床数达到3.51张，比上年增长7.3%。中央对深化文化体制改革、推动社会主义文化大发展大繁荣进行了全面部署，公共文化服务体系建设成效显著，文化产业加快发展，广播电视村村通工程、文化信息资源共享工程、新闻出版东风工程取得重要进展，国家文化和自然遗产地保护性基础设施建设力度加大，国家博物馆改扩建工程、国家话剧院剧场工程竣工。哲学社会科学、新闻出版、文学艺术等事业繁荣发展。全国重点景区和旅游线路的配套设施进一步改善，旅游产业规模持续扩大，旅游接待总人数达到27.8亿人次，增长12.7%。人口自然增长率4.79%。完成计划目标。社会养老服务体系建设步伐加快，每千名老人拥有养老床位数达到20.1张，比上年增长11.7%。全民健身计划深入推进，体育事业加快发展。残疾人康复和托养工程启动实施。

(八)改革开放继续深化。

重点领域和关键环节改革迈出新步伐。25个省份基本完成集体林权制度改革任务，国有林场改革试点正式启动，水利建设管理体制改革顺利推进。国有企业改革继续深化，电网企业主辅分离改革取得实质性进展，三网融合试点扩大到各直辖市和各省(区)的省会城市及其他符合条件的城市。制定出台了促进小型微型企业发展的扶持政策，非公有制经济发展的体制环境进一步改善。资源性产品价格改革稳步推进，煤炭电力价格综合调控方案和试行居民阶梯电价指导意见出台，天然气价格形成机制改革在部分地区试点，排污权有偿使用和交易试点以及水价改革有序推进。全民基本医保体系初步形成，基本药物制度在城乡政府办基层医疗卫生机构基本实现全覆盖，公立医院改革试点稳步推进。修订后的资源税暂行条例颁布施行，个人所得税改革方案出台实施。逐步建立金融宏观审慎政策框架，实施差别准备金动态调整机制，符合现代银行特点的公司治理体制机制不断健全，跨境贸易和投资人民币结算范围扩大到全国。国有文艺院团转企改制取得实质性进展，非时政类报刊出版单位改革正式启动，教育体制改革试点工作顺利推进。综合配套改革试验取得积极进展。

开放型经济水平继续提升。进出口贸易趋向平衡。外贸进出口总额36421亿美元，增长22.5%，其中，出口18986亿美元，增长20.3%；进口17435亿美元，增长24.9%；贸易顺差1551亿美元，比上年减少264亿美元。利用外资结构继续优化。全年非金融领域实际使用外商直接投资1160亿美元，增长9.7%，其中服务业使用外资增长20.5%。借用国外贷款252亿美元，增长23%。企业“走出去”稳步推进。全年非金融类境外直接投资601亿美元，与上年基本持平；对外承包工程业务完成营业额1034亿美元，增长12.2%。

“十二五”规划实施总体上进展顺利。(1)进行年度分解的7个约束性指标中的11个分项指标，单位工业增加值用水量、化学需氧量排放量、二氧化硫排放量、氨氮排放量、城镇参加基本养老保险人数、城乡三项基本医疗保险参保率、城镇保障性安居工程建设、全国总人口8个分项指标，完成或超额完成年度任务；但是，单位国内生产总值能源消耗和二氧化碳排放量、氮氧化物排放量3个分项指标，没有完成年度计划目标。(2)进行年度分解的9个预期性指标中，国内生产总值、城镇化率、高中阶段教育毛入学率、城镇居民人均可支配收入、农村居民人均纯收入、城镇登记失业率、城镇新增就业人数等7个指标，实现或超额完成年度预期目标；但是，服务业增加值比重、研究与试验发展经费支出占国内生产总值比例2个指标没有实现年度预期目标。(3)一些指标未能完成年度计划任务或实现年度预期目标，主要原因是：经济发展方式还没有根本转变，经济结构调整仍然滞后，重化工业比重偏大，产业技术水平总体偏低；有的约束性指标是“十二五”规划新确定的，工作基础比较薄弱，尚未形成完整有效的政策措施，已有措施的作用还没有得到充分发挥，实际工作也需要进一步提高和改进。

在严峻复杂的国内外环境下，我国经济社会发展保持良好态势，成绩来之不易。这是党中央国务院科学决策、正确领导的结果，是各地区各部门不懈努力、扎实工作的结果，是全国各族人民同心同德、团结奋斗的结果，也充分体现了中国特色社会主义制度的优越性。

在充分肯定成绩的同时，我们清醒地认识到，2012年宏观调控面临的形势仍然严峻复杂。从国际看，世界经济复苏的不确定性不稳定性上升，下行压力明显增加，欧洲主权债务危机继续恶化，国际金融市场剧烈动荡，贸易和投资保护主义加剧。国际和地区热点问题此起彼伏，全球能源资源稳定供应面临重大挑战。从国内看，发展中不平衡、不协调、不可持续的矛盾和问题仍很突出。一是经济增长存在下行压力。外需持续疲弱和内需增长放缓可能同时显现。2011年9月份以来我国出口增速持续回落，2012年面临的困难进一步加大。内需增长的制约因素继续增多，消费增速可能稳中趋缓，企业投资能力和意愿有所减弱。二是物价上涨压力仍然较大。劳动力、土地、能源资源等要素价格上涨呈长期化趋势，面临的输入性通胀因素不容低估，部分农产品紧平衡格局难以改变，理顺资源性产品价格关系也会在一定程度上推升价格总水平。三是农业稳定增产的难度较大。农业基础尚不巩固，科技水平不高，资源约束加剧，务农比较收益较低。同时，粮食在实现"八连增"后，面临产量基数高、生产成本高等新的情况。四是节能减排形势严峻。结构不合理问题突出，淘汰落后产能、促进服务业和战略性新兴产业发展的市场条件和政策环境有待完善，能源消费增长较快，节能减排长效机制尚不健全，污染物排放量仍然较大，环境污染事故呈多发态势。五是部分企业生产经营困难加重。一些行业产能过剩问题凸显，企业亏损面扩大，特别是一些小型微型企业经营困难突出。同时，财政金融领域存在潜在风险，房地产市场调控处于关键阶段，收入分配差距依然较大，教育、卫生事业改革发展任务艰巨，在安全生产、产品质量、征地拆迁等方面存在一些群众反映强烈的问题，影响社会的和谐稳定。对于上述问题，我们将高度重视，在工作中认真加以解决和应对。

二、2012年经济社会发展的总体要求和主要目标

2012年的经济社会发展工作，要全面贯彻党的十七大和十七届三中、四中、五中、六中全会精神，以邓小平理论和"三个代表"重要思想为指导，深入贯彻落实科学发展观，继续实施积极的财政政策和稳健的货币政策，保持宏观经济政策的连续性和稳定性，增强调控的针对性、灵活性、前瞻性，继续处理好保持经济平稳较快发展、调整经济结构、管理通胀预期的关系，加快推进经济发展方式转变和经济结构调整，着力扩大国内需求，着力加强自主创新和节能减排，着力深化改革开放，着力保障和改善民生，保持经济平稳较快发展和物价总水平基本稳定，保持社会和谐稳定，以经济社会发展的优异成绩迎接党的十八大胜利召开。

按照上述总体要求，综合考虑需要和可能，并与"十二五"规划《纲要》相衔接，提出2012年经济社会发展的主要预期目标：

——经济平稳较快增长。国内生产总值增长7.5%，比上年的目标下调0.5个百分点。主要考虑：一是反映国内外经济走势和发展速度的趋势性变化，当前国际金融危机深层次影响持续显现，国内稳增长、控物价、转方式任务相当繁重，增长速度预期目标适当调低一些，可以更好地反映经济走势。同时，7.5%仍是一个较快的增速，在我国经济总量较大、外部环境严峻的情况下，实现这一目标仍需付出艰苦的努力。二是与"十二五"规划目标逐步衔接，引导各地把工作着力点进一步放到调整经济结构、转变发展方式、提高经济增长的质量和效益上来。三是充分考虑资源环境的承受能力，增长目标适当调低一些，有利于减轻日益凸显的资源环境约束压力，也有利于缓解经济运行中的一些突出矛盾。

——经济结构优化升级。进一步增加科技投入，研究与试验发展经费支出占国内生产总值比例进一步提高；稳定发展农业，提高农产品供给能力；大力发展战略性新兴产业，推动信息化与工业化的深度融合，传统产业改造升级取得新进展；加快发展服务业，提高服务业增加值占国内生产总值的比重；切实加大节能减排工作力度，单位国内生产总值能耗下降3.5%左右，二氧化碳排放强度降幅更大一些，化学需氧量、二氧化硫排放量均下降2%，氨氮排放量下降1.5%，氮氧化物排放量实现零增长。主要考虑是：国内外经济环境的发展变化，给我国经济发展带来不少困难和挑战，同时也对调整经济结构形成一种"倒逼机制"。要按照主题主线的要求，依靠科技和体制创新推动产业升级，促进三次产业在更高水平上协同发展，健全节能减排激励约束机制，推动经济结构调整向纵深发展，增强发展的平衡性、协调性和可持续性。

——物价总水平基本稳定。居民消费价格涨幅控制在4%左右，低于2011年实际涨幅。主要考虑是：一方面，当前我国总供给和总需求基本平衡，绝大多数产品供应充足，特别是粮食生产实现"八连增"，为保持物价总水平基本稳定奠定了物质基础；引发物价过快上涨的短期因素有所减弱，2012年的翘尾影响约为1.1个百分点，低于上年。另一方面，要素价格上涨呈长期化趋势，成本推动价格上涨的压力将持续存在；全球流动性仍比较充裕，输入性通胀因素不容低估；而且要为疏导价格矛盾、推进价格改革留出一定空间。

——人民生活水平进一步提高。城镇新增就业

900万人以上，城镇登记失业率控制在4.6%以内，人口自然增长率控制在6.5‰以内，城乡居民收入实际增长与经济增长保持同步，新农保和城镇居民社会养老保险制度全覆盖，城镇保障性安居工程住房基本建成500万套，新开工700万套以上。主要考虑是：2012年，经济增长速度有可能回落，继续扩大就业规模、增加居民收入、健全保障体系等，将面临不少困难和挑战。在这种情况下，要处理好发展经济与改善民生的关系，把保障改善民生放在更加突出的位置，加大投入力度，完善制度安排，下更大力气解决好涉及人民群众切身利益的现实问题，顺利实现民生领域各项预期目标。

——国际收支状况继续改善。外贸进出口总额增长预期目标为10%左右，贸易顺差进一步缩小，服务贸易较快发展；利用外资结构继续优化，对外投资稳步扩大。主要考虑是：2012年，世界经济整体发展环境不会明显好转，贸易和投资保护主义加剧，外部需求疲弱，我国出口将面临十分严峻的形势。但是，我国劳动力素质持续提高，技术创新步伐加快，拓展国际市场的能力进一步增强，具有全方位、多层次、宽领域参与经济全球化的综合优势，只要我们实施好更加积极主动的开放战略，加快转变外贸发展方式，敏锐捕捉国际市场变化中蕴含的新机遇，努力巩固传统市场，深度开拓新兴市场，就能够稳定和扩大来之不易的国际市场份额，保持对外贸易稳定发展。

三、2012年经济社会发展的主要任务和措施

2012年是实施“十二五”规划承前启后的重要一年，做好经济社会发展各项工作，对于巩固和扩大应对国际金融危机冲击成果，促进科学发展，加快转变经济发展方式，具有十分重要的意义。为顺利完成经济社会发展目标任务，要突出把握好稳中求进的工作总基调，按照稳增长、控物价、调结构、惠民生、抓改革、促和谐的要求，重点做好以下十个方面工作：

(一)进一步提高针对性、灵活性、前瞻性，加强和改善宏观调控。坚持统筹兼顾，切实把握好各项目标、任务之间的平衡，正确处理速度、结构、物价三者关系，特别是要把解决经济社会发展中的突出矛盾和问题、有效防范经济运行中的潜在风险放在宏观调控的重要位置，准确把握调控的力度、节奏和重点。继续实施积极的财政政策和稳健的货币政策。在财政政策方面，要完善结构性减税政策，保持适度的财政赤字和国债规模，着力优化支出结构，更加注重向民生领域倾斜。2012年，全国公共财政收入预算拟安排113600亿元，比上年增长9.5%，公共财政支出124300亿元，比上年增长14.1%；拟安排财政赤字8000亿元，比上年减少500亿元，其中，中央财政赤字5500亿元，代地方发债2500亿元。在货币政策方面，综合考虑经济增长与物价走势，按照总量适度、审慎灵活的要求，调节好货币信贷供给，保持社会融资规模合理增长。着力优化信贷结构，加强对国家重点在建续建项目和保障性安居工程建设的支持，加强对符合产业政策、有市场需求的企业特别是小型微型企业的支持。强化贷后管理，使信贷资金更好地服务实体经济。继续严格控制对高耗能、高污染行业和产能过剩行业的贷款。建立、健全系统性金融风险防范和监管协调机制，加强跨境资本流动监控，促进民间借贷规范化发展。2012年广义货币供应量M2预期增长14%，比上年提高0.4个百分点。搞好财政、货币、投资、产业、价格、土地、环保等各项政策的协调配合，努力形成宏观调控的整体合力，提高调控的科学性，增强调控的有效性。

(二)着力扩大国内需求，保持经济平稳较快发展。(1)促进消费需求持续增长。2012年，社会消费品零售总额预期增长14%。着力增加低收入者收入，稳步提高最低工资标准和企业退休人员基本养老金水平，完善机关事业单位工资制度。加强农村和中小城市商贸流通、文化旅游、体育健身、宽带网络等基础设施建设。健全鼓励节能、节水、环保产品的消费政策，优先支持首套自住普通商品住房贷款需求。进一步研究制定促进消费持续增长的长期政策。积极发展旅游业，2012年，旅游业总收入预期达到24750亿元，增长10%。落实好带薪休假制度，鼓励文化、旅游、健身、家政、医疗保健和养老消费，积极发展网络购物等新兴消费业态。扩大消费信贷。强化产品质量安全监管，加大对食品药品生产经营中违法行为的惩处力度。(2)进一步优化投资结构。2012年，全社会固定资产投资预期增长16%；拟安排中央预算内投资4026亿元，比去年增加200亿元，优先保障国家批准的在建续建项目，有序推进“十二五”规划确定的重大项目开工建设，加大对保障性安居工程、教育、卫生、文化、水利、新疆、西藏以及青海等四省藏区发展等方面的投入力度，重点支持“三农”、节能减排、环境保护和生态建设、自主创新和结构调整、社会事业和社会管理等领域的基础设施建设。加强对重大项目特别是政府和国有投资项目的监管、督查，提高投资质量和效益。完善鼓励引导民间投资的配套措施和实施细则，支持民间投资进入铁路、市政、金融、能源、电信、教育、医疗等领域。严格控制高耗能、高排放和产能过剩行业盲目扩张，从严控制党政机关楼堂馆所建设。(3)加强煤电油气运的运行调节。做好煤炭产运需衔接，强化电力需求侧管理，稳定油气供应，搞好运输综合协调，确保重点时段、重点地区、重点单位和居民生产生活需求。加强经济运行特别是能源形势的分析研判，完善应急机制，强化应急保障。加

强煤、电通道建设,尽快开工建设蒙西至华中地区煤运通道,扩大既有铁路运煤能力。2012年,预期原煤产量36.5亿吨左右,增长3.7%;原油2.04亿吨,产量与上年持平;发电量5.05万亿千瓦时,增长7.5%;铁路货运量41.6亿吨,增长5.8%。同时,通过国际市场调节,提高国内保障能力。

(三)标本兼治、综合施策,保持物价总水平基本稳定。(1)保障市场供应。把稳定农副产品价格作为稳物价的重点。落实好"米袋子"省长负责制和"菜篮子"市长负责制。加强重要商品特别是生活必需品的产运销衔接,完善政府储备与商业储备体系,做好主要农产品收储和投放工作,搞好进出口调节。继续严格控制玉米深加工。(2)降低流通成本。制定实施降低流通费用综合性工作方案。继续执行鲜活农产品运输绿色通道政策,落实好对公益性农产品批发市场、农贸市场等的扶持措施,推动大中城市建设平价商店,支持粮油仓储设施建设,积极发展农产品冷链物流和粮食现代物流。加快推进西部地区取消政府还贷二级公路收费,规范农贸市场、大型零售商业企业的收费行为。扩大物流企业营业税差额纳税试点范围,落实好大宗商品仓储设施用地城镇土地使用税政策,调整完善部分农产品批发、零售增值税政策。加快发展农超对接、农校对接、农批对接等直供直销模式。(3)增强调控能力。完善粮食、生猪、食用油、化肥、电煤等重要商品价格调控预案。加快建立基本蔬菜品种政策性保险制度,健全冬春蔬菜储备制度。合理把握政府管理价格调整的时机、节奏和力度。建立、健全价格调节基金制度,落实并完善社会救助和保障标准与物价上涨挂钩的联动机制,保障低收入群众基本生活。制定政府定价成本监审、经营者价格行为规范、经营服务性收费等法律、法规。(4)加强市场监管。深入开展涉农涉企涉及广大群众生活的价格和收费检查,规范电信服务行为,强化资费监管,组织电煤合同执行情况检查,清理涉煤基金和收费,开展商业银行收费专项检查,整顿交通运输领域乱罚款乱收费,继续加大反价格垄断执法力度。严厉查处各类价格违法行为。

(四)坚持不懈抓好"三农"工作,促进农业稳定发展、农民持续增收。(1)增强农产品供给保障能力。组织实施好全国新增千亿斤粮食生产能力规划,加强粮食综合生产能力建设,稳定粮食种植面积。落实好重要农畜禽产品生产扶持政策。加强渔政渔港建设与管理。2012年,粮食播种面积预期16亿亩以上,粮食产量5000亿公斤以上,棉花、油料、糖料、肉类总产量分别达到600万吨、3280万吨、12600万吨、8100万吨。(2)加快推进农业科技创新。继续实施种养业良种工程、植保工程、动物防疫体系和农产品质检体系建设项目。加快研究和推广农业优良品种、高效节水等先进技术,全面推进基层农技推广体系改革与建设,提高农业劳动生产率。(3)加强农业基础设施建设。继续推进黄河、淮河、太湖等大江大河大湖治理,加快实施南水北调东中线一期等重大水利工程,加大重点水源工程建设力度,加强中小河流治理、病险水库和病险水闸除险加固以及山洪地质灾害监测预报预警体系建设和综合防治。积极推进大型灌区建设与节水改造、节水灌溉增效示范、大型灌溉排水泵站更新改造工程以及田间工程建设。加大土地开发整理复垦力度,大规模建设旱涝保收高标准基本农田。2012年,拟安排中央预算内投资683亿元用于水利建设,比上年计划增加32亿元。(4)改善农村生产生活条件。加快农村饮水安全工程建设步伐,大力发展农村可再生能源,加强农村电网改造和农村公路建设,积极推进农村危旧房改造,扎实推进游牧民定居工程。2012年,再解决6000万农村人口的饮水安全问题,农村安全饮水普及率达到81%,新改建农村公路20万公里。(5)落实并完善强农惠农富农政策。进一步提高小麦和稻谷最低收购价,平均每50公斤分别提高7.4元和16元。适时启动玉米、大豆、油菜籽、棉花、食糖、生猪临时收储,落实和完善糖料收购价格政策。增加农机购置补贴和农资综合补贴,完善农作物良种补贴政策,扩大化肥淡季储备规模。大力发展农村二三产业特别是农产品加工业,加大对农民专业合作组织发展的扶持力度。重视解决农民工特别是新生代农民工在就业、社保、劳动报酬、居住、子女入学等方面的困难,有序引导符合条件的农民工进城落户。

(五)加快推进经济结构调整,提高发展的质量和效益。(1)加快培育发展战略性新兴产业和高技术产业。2012年,拟安排中央预算内投资75亿元,支持自主创新和战略性新兴产业发展。建立、健全以企业为主导的产业技术创新体制。实施战略性新兴产业规划和自主创新能力建设规划,编制发布战略性新兴产业重点产品和服务指导目录,组织实施一批重大产业创新工程和应用示范工程,加大新兴产业创投计划实施力度,深入开展国家创新型城市试点工作。加强信息资源开发和共享,提升信息安全保障能力。实施宽带中国战略,启动宽带上网提速工程和下一代互联网商用推广计划,推进物联网应用示范,开展医药卫生、安全生产等国家信息化试点示范。2012年,研究与试验发展经费支出占国内生产总值比例达到1.92%。(2)促进传统产业转型升级。2012年,拟安排中央预算内投资160亿元支持重点产业振兴和技术改造,比上年计划增加10亿元。推进煤炭、钢铁、水泥、有色、石化、装备、船舶、汽车等产业跨区域、跨行业、跨所有制兼并重组。鼓励和支持实体经济发展。发布实施重点产业生产力布局和调整规划。支持产业结构调整重点项目。继续依法淘汰落后产能。积极推动能源生产和利用方式变革，加快现代能源产业和综合交通运输体系建设。2012年，预期新增铁路营业里程6366公里、公路通车里程10万公里、运输机场4个，新增水电发电量560亿千瓦时、核电107亿千瓦时。(3)推动服务业加快发展。2012年，服务业增加值预期增长7.9%，达到22.81万亿元。发布实施“十二五”服务业发展规划，研究进一步推进服务业综合改革试点的支持政策。制定鼓励服务业新兴产业、新型业态发展目录。开展国家服务业发展示范区建设。大力发展信息服务、研发设计、检验检测、节能环保、电子商务等高技术服务业，积极发展现代物流业和家政服务业。(4)改善中小企业发展环境。重点支持实体经济尤其是符合产业政策的小型微型企业发展。推动建立一批公共服务平台。认真落实和完善支持小型微型企业发展的各项税收优惠政策。健全对小型微型企业的信贷支持、信用担保、贷款贴息和风险补偿等机制，积极稳妥发展股权投资、小企业集合债券、创业投资等融资工具。(5)促进区域协调发展。全面实施西部大开发“十二五”规划，加快制定西部大开发政策实施细则，新开工一批西部大开发重点工程，积极推进基础设施建设，促进特色优势产业和社会事业发展。组织实施东北振兴“十二五”规划，统筹推进老工业基地调整改造和资源型城市可持续发展，研究制定新10年振兴政策措施。出台进一步实施促进中部地区崛起战略的若干意见，重点推进农业现代化、新型工业化和城镇化协调发展。积极支持东部地区转型发展，加快产业升级和体制创新，在更高层次上参与国际竞争与合作，积极推进海洋经济发展试点。按照“十二五”规划《纲要》要求，积极促进重点区域发展。发挥东中西部产业发展比较优势，引导中西部地区有序承接产业转移，建立区域产业合作的新机制和新平台。全面实施对口支援规划，认真做好民生、产业、教育卫生、科技文化以及干部人才等方面的对口支援工作。支持西藏、新疆以及青海等四省藏区跨越式发展和长治久安，加大对革命老区、民族地区、边疆地区、贫困地区、库区和移民安置区发展的支持力度。增加以工代赈、易地扶贫搬迁规模，重点支持直接关系贫困人群基本生产生活的工程项目建设和集中连片特殊困难地区发展。扎实做好玉树、舟曲、盈江等灾后恢复重建工作。全面落实全国主体功能区规划，加快制定并实施相关配套政策，抓紧出台分类管理的区域政策和绩效评价办法，完成省级主体功能区规划编制，推进主体功能区建设。积极稳妥推进城镇化，2012年末，全国城镇化率预期达到52.07%，提高0.8个百分点。

(六)下大力气推进节能减排和环境保护，加快建设资源节约型环境友好型社会。(1)严格落实目标责任。抓紧制订出台合理控制能源消费总量工作方案。开展对省级政府节能减排目标责任评价考核。推进节能减排绩效管理，完善评价考核机制和奖惩制度。(2)突出抓好重点领域。实施万家企业节能低碳行动，开展重点用能单位能源消耗在线监测体系建设试点。推进能效标识和节能产品认证。实施绿色节能建筑行动方案，加快既有建筑节能改造，推进新型墙体材料发展。搞好新能源汽车示范推广。大力支持公共交通发展，鼓励老旧汽车报废更新。实行最严格水资源管理制度。继续深入开展节能减排全民行动。(3)加快重点工程建设。加大节能技术改造、节能技术产业化示范、节能产品惠民、合同能源管理推广和节能能力建设等重点工程实施力度。推进城镇生活污水和垃圾处理设施建设，加强脱硫脱硝设施建设和运行监管。2012年，拟安排中央预算内投资145亿元，用于城镇污水垃圾处理设施及污水管网工程建设；城市污水处理率、生活垃圾无害化处理率分别达到83%和79%，提高0.4个和1个百分点。(4)大力发展循环经济。扩大循环经济专项资金规模，加快实施产业园区循环化改造，加强“城市矿产”示范基地建设，深化再制造示范试点，推进餐厨废弃物利用，实施资源综合利用“双百”工程。加大清洁生产技术产业化示范和推广力度，实施重点污染物产生量削减工程。推进海水淡化示范工程。2012年，万元工业增加值用水量下降7.2%，工业固体废物综合利用率提高1.02个百分点。(5)强化政策引导。加大差别电价、惩罚性电价实施力度，试行电厂烟气脱硝电价，适当提高氮氧化物等污染物排放收费标准。严格执行固定资产投资项目节能评估和审查制度。开展节能量交易试点。积极支持非化石能源发展，在确保安全的基础上高效发展核电。(6)加强生态环境保护。积极推进重金属污染、农村面源污染和重点流域特别是大江大河大湖水污染防治，搞好农作物秸秆综合利用，加强海洋污染治理。强化大气污染治理，推进重点区域联防联控。继续实施巩固退耕还林成果专项、天然林资源保护二期、防护林体系、青海三江源自然保护区、西藏生态安全屏障等重点生态保护工程，加强长江黄河上中游、京津风沙源、石漠化地区、黄土高原、南方崩岗地区、东北黑土区等重点区域生态治理。继续推进石羊河流域综合治理、敦煌水资源合理利用与生态保护工程。开展天然草原退牧还草工作。抓好生态补偿机制立法和生态文明示范工程试点。加大汛期和重点区域地质灾害防治力度。2012年，综合治理水土流失面积5万平方公里，新增造林面积600万公顷以上。(7)扎实做好应对气候变化工作。落实“十二五”控制温室气体排放工作方案,推进低碳发展试验试点,探索建立碳排放交易市场,加快建立温室气体排放统计核算体系,实施全社会低碳行动。积极参与应对气候变化的国际合作。认真做好联合国可持续发展大会参会筹备工作。

(七)深化重点领域和关键环节改革,健全科学发展的体制机制保障。(1)加强改革的总体指导和综合协调。落实2012年深化经济体制改革重点工作的意见,扎实推进各类综合配套改革试验。(2)进一步转变政府职能,完善宏观调控体系,理顺政府与市场的关系,更好地发挥市场配置资源的基础性作用。(3)坚持和完善公有制为主体、多种所有制经济共同发展的基本经济制度。深入推进国有经济战略性调整和国有企业公司制股份制改革,健全国有资本经营预算和收益分享制度。按照政企分开、政资分开的要求,研究制定铁路体制改革方案。稳步开展电力输配分开试点,促进形成分布式能源发电无歧视、无障碍上网新机制,制定出台农村电力体制改革指导意见。扩大三网融合试点。落实并完善促进非公有制经济发展的各项政策措施,增强非公有制经济和中小企业参与市场竞争、增加就业、发展经济的活力和竞争力。(4)稳步推进资源性产品价格和环保收费改革。加快推进销售电价改革,试行居民用电阶梯价格制度,完善水电、核电及可再生能源电价形成机制。积极稳妥推进输配电价改革和电力市场竞价上网。择机推出成品油价格改革方案。逐步理顺煤电价格关系、天然气与可替代能源比价关系。继续开展排污权交易试点。(5)深化收入分配制度改革。提高居民收入在国民收入分配中的比重,提高劳动报酬在初次分配中的比重,健全初次分配和再分配调节体系。稳步提高最低工资标准,逐步扩大工资集体协商覆盖范围。建立公共资源出让收益的全民共享机制。创造条件增加居民财产性收入。加大对高收入者的税收调节力度,扩大中等收入者的比重,提高低收入者的收入。规范收入分配秩序,有效保护合法收入,坚决取缔非法收入,尽快扭转收入分配差距扩大趋势。(6)继续深化医药卫生体制改革。制定实施“十二五”深化医药卫生体制改革规划。完善全民基本医保制度,2012年城镇职工和城镇居民基本医保参保率、新农合参合率稳定在95%。继续提高城镇居民基本医保和新农合政府补助标准。探索建立重特大疾病保障机制,积极发展商业健康保险。推进以县级医院为重点的公立医院改革,深化基层医疗卫生机构综合改革。加快全科医生制度建设。巩固完善基本药物制度,落实基本药物集中采购、多渠道补偿政策。(7)加快财税、金融体制改革。提高一般性转移支付规模和比例,加强县级政府的财力保障。完善预算编制和执行管理制度。推进营业税改征增值税试点,适时扩大试点范围。合理调整消费税征收范围和税率结构。深化资源税制度改革,扩大从价计征范围。研究制定住房保有、交易环节税收改革方案。因地制宜培育面向小型微型企业和“三农”的金融机构,创新服务模式,引导大中型银行延伸服务网点,规范发展小额贷款公司和村镇银行。深化利率市场化改革和汇率形成机制改革。稳步推进人民币资本项目可兑换,扩大人民币在跨境贸易和投资中的使用。促进多层次资本市场健康发展,完善股份制企业特别是上市公司分红制度,稳定和提升市场信心。加强和改进金融监管,有效防范和及时化解潜在金融风险。(8)深入推进农村领域改革。稳定和完善农村土地承包关系,稳步扩大农村土地承包经营权登记试点,按照依法自愿有偿原则引导土地规范有序流转,加强土地承包经营权流转管理和服务。健全水利工程建设和管理体制。继续推进农村综合改革,深化集体林权制度改革,稳定和完善草原承包经营制度,推进国有农场、林场和林区改革。

(八)实施更加积极主动的开放战略,进一步提高开放型经济水平。(1)保持对外贸易稳定发展。进一步落实出口退税、出口信贷、出口信用保险等政策措施,稳定出口增长,优化出口结构。继续严格控制高耗能、高污染产品出口。积极扩大进口,完善进口贴息、进口信贷、进口关税等政策措施,增加重要资源、先进技术设备、关键零部件和紧缺农产品进口。大力发展服务贸易和服务外包。深化国际交流合作,推进自由贸易区谈判,妥善处理贸易摩擦。(2)提高利用外资质量和水平。不断扩大对外经济技术合作,引导外资重点投向高端制造、高技术产业、现代服务业、新能源、节能环保等领域,投向中西部地区和东北地区。深化沿海地区对外开放,扩大内陆开放,出台沿边地区开发开放指导意见,推动跨境经济合作区建设,支持与周边国家基础设施互联互通。健全外商投资项目管理制度,发挥好外资并购安全审查机制作用。完善全口径外债管理,提高国外贷款使用效率。2012年,预期非金融领域外商直接投资1200亿美元,增长3.5%。(3)加快实施“走出去”战略。推进双边重要投资合作项目。完善境外投资管理制度,创新境外经贸合作区发展模式,建立、健全境外投资风险评估和突发事件应急处理机制。继续做好对外援助工作。2012年,预期非金融类境外直接投资660亿美元,增长10%。

(九)大力保障和改善民生,进一步提高城乡居民生活水平。(1)落实就业优先战略。大力发展就业容量大的劳动密集型产业、中小企业、创新型科技企业和服务业。加强对高校毕业生、农民工、城镇就业困难人员等重点人群的就业创业服务和职业技能培训，培养和发展技能型人才，落实自主创业扶持政策。建立统一规范灵活的人力资源市场，推进基层劳动就业服务体系建设。健全劳动关系协调机制。(2)完善社会保障体系。提升社会保险统筹层次和待遇水平，提高城乡低保和社会优抚对象补助标准。积极稳妥推进事业单位养老保险制度改革和重特大疾病医疗救助试点。加强社会保障公共服务能力建设。积极发展老龄事业，加快建设社会养老服务体系，支持残疾人康复托养设施和工伤康复中心建设。政府对城镇居民医保和新农合补助标准提高到每人每年240元。2012年，实现新型农村和城镇居民社会养老保险制度全覆盖；城镇基本养老保险、城镇基本医疗保险、失业保险、工伤保险、新型农村社会养老保险的参保人数分别增长5.4%、1.5%、2.5%、4.6%和10.3%；为残疾人服务设施数达到3410个，每千名老人拥有养老床位数达到22.1张，分别增长5.6%和10%。(3)扎实推进保障性安居工程建设。加快保障房项目前期工作进度，切实保障土地供应，加大财政金融支持，鼓励社会力量参与保障房及配套设施建设，建立、健全保障性安居工程投融资、建设、营运、分配和管理机制，确保质量安全和公平公正分配。加快棚户区改造、农村危房改造、国有垦区林区危房改造和游牧民定居工程建设。拟安排保障性安居工程中央预算内投资690亿元，比去年增加100亿元。(4)巩固和扩大房地产市场调控成果。继续严格执行并逐步完善抑制投机投资性需求的政策措施，改进房地产价格监管办法，鼓励支持中小户型、中低价位普通商品住房建设，促进房价合理回归。抓紧研究健全促进房地产市场健康发展的长效机制。

(十)全面加强社会建设，提升公共服务能力和水平。(1)加快教育事业改革发展。进一步增加教育投入，2012年，国家财政性教育经费支出占国内生产总值比例达到4%，中央预算内投资用于教育的比重达到7%左右。促进义务教育资源向中西部、农村、边远、民族地区和城市薄弱学校倾斜，巩固义务教育普及成果，继续实施中小学校舍安全工程，推进义务教育学校标准化建设，合理布局建设寄宿制学校，加强边远艰苦地区农村学校教师周转宿舍建设。推动建立、健全校车管理制度。建立、健全保障农村义务教育学生在校膳食营养的长效机制。提升职业教育基础能力，改善民族地区教育基础薄弱县普通高中办学条件。推进农村学前教育发展。完善特殊教育体系。在集中连片特殊困难地区实施教育扶贫工程。支持中西部高校改善办学条件。推进教育信息化建设。2012年，九年义务教育巩固率达到91.8%，高中阶段教育毛入学率达到85%，普通高等学校计划招生685万人，研究生58.4万人。(2)完善医疗和公共卫生服务体系。加强卫生应急和重大疾病防控。加快推进儿童医疗服务体系、重大疾病防控体系、基层医疗卫生服务体系建设，实施基本公共卫生和重大公共卫生服务项目。继续推进人口和计划生育服务体系建设，扩大农村妇女宫颈癌、乳腺癌免费检查覆盖面，将免费孕前优生健康检查试点范围扩大到60%的县(市、区)。2012年，拟安排中央预算内投资230亿元，支持医疗卫生事业发展；每千人口医院和卫生院病床数达到3.72张，增长6%，每万人口全科医生数达到0.89人。(3)促进社会主义文化大发展大繁荣。推进社会主义核心价值体系建设。深化文化体制改革。大力发展公益性文化事业，完善覆盖城乡的公共文化服务体系。继续实施文化信息资源共享工程、广播电视村村通工程等重点文化惠民工程。启动地市级图书馆、文化馆、博物馆建设。加强各类文化遗产和自然遗产保护。繁荣和发展哲学社会科学。积极发展新闻出版、广播电视、文学艺术等事业。2012年，广播、电视人口覆盖率分别达到97.26%和97.92%。推进文化产业结构调整和科技创新，大力弘扬中华优秀传统文化。实施一批重大文化产业项目，发展壮大传统文化产业，加快培育新的文化业态，促进文化产业与其他产业融合发展。完善公共体育服务体系，提高群众体育水平。(4)加强和创新社会管理。编制实施国家基本公共服务体系规划，加强以城乡社区为核心的基层社会管理服务平台建设，促进公共服务信息和社会管理信息共享。推进社会信用体系建设。引导规范社会组织发展。完善综合防灾减灾体系。加强对社会发展形势和潜在风险点的评估和动态监测，妥善解决群众合法合理诉求，做好社会治安、安全生产、食品药品安全监督和应急管理等工作，维护社会和谐稳定。

继续加强内地与香港、澳门两个特别行政区在经贸、科技、教育、文化、卫生、体育等领域的交流合作，落实更紧密经贸关系安排及其补充协议的各项优惠措施。支持香港进一步巩固和提升国际金融、贸易、航运中心地位，加强内地与香港基础设施领域合作；支持澳门建设世界旅游休闲中心，促进经济适度多元化发展。深化两岸经济文化合作与交流，不断提高两岸经贸和产业合作水平，支持海峡西岸经济区在两岸交流合作中发挥先行先试作用。

各位代表，做好2012年经济社会发展各项工作，任务艰巨，责任重大。我们将更加紧密地团结在以胡锦涛同志为总书记的党中央周围，高举中国特色社会主义伟大旗帜，坚持以邓小平理论和“三个代表”重要思想为指导，深入贯彻落实科学发展观，认真接受全国人大的指导和监督，虚心听取全国政协的意见和建议，坚定信心，开拓进取，扎实工作，努力实现经济社会发展目标任务，以优异成绩迎接党的十八大胜利召开！

财政部关于2011年中央和地方预算执行情况与2012年中央和地方预算草案的报告

各位代表：

受国务院委托，现将2011年中央和地方预算执行情况与2012年中央和地方预算草案提请十一届全国人大五次会议审议，并请全国政协各位委员提出意见。

一、2011年中央和地方预算执行情况

2011年，在中国共产党的坚强领导下，全国各族人民同心同德、团结奋斗，各地区、各部门全面贯彻中央的决策部署，认真落实第十一届全国人民代表大会第四次会议的有关决议，牢牢把握科学发展主题和加快转变经济发展方式主线，加强和改善宏观调控，国民经济朝着宏观调控预期方向发展，人民生活不断改善，改革开放继续深化，实现了"十二五"良好开局。在此基础上，财政发展改革深入推进，预算完成情况较好。

(一)公共财政预算执行情况

全国财政收入103740.01亿元，比2010年(下同)增长24.8%。加上预算安排从中央预算稳定调节基金调入1500亿元，使用的收入总量为105240.01亿元。全国财政支出108929.67亿元，增长21.2%。加上补充中央预算稳定调节基金2892亿元和地方财政结转下年支出1918.34亿元，支出总量为113740.01亿元。全国财政收支总量相抵，差额8500亿元。

其中：中央财政收入51306.15亿元，完成预算的111.9%，增长20.8%。加上从中央预算稳定调节基金调入1500亿元，使用的收入总量为52806.15亿元。中央财政支出56414.15亿元，完成预算的103.8%，增长16.7%。其中：中央本级支出16514.19亿元，增长3.3%；中央对地方税收返还和转移支付39899.96亿元，增长23.4%。加上补充中央预算稳定调节基金2892亿元，支出总量为59306.15亿元。收支总量相抵，赤字6500亿元，比预算减少500亿元。2011年年末中央财政国债余额72044.51亿元，控制在年度预算限额77708.35亿元以内。

地方本级收入52433.86亿元，加上中央对地方税收返还和转移支付39899.96亿元，地方财政收入总量92333.82亿元，增长26.6%。地方财政支出92415.48亿元，增长25.1%，加上结转下年支出1918.34亿元，支出总量为94333.82亿元。收支总量相抵，差额2000亿元。

1. 中央预算主要收支项目执行情况

(1)主要收入项目执行及超收使用情况

财政收入总体情况较好，是经济平稳较快增长、企业效益较好、物价上涨、税收征管水平提高以及将原预算外资金纳入预算管理等因素的综合反映。中央财政收入超过预算5446亿元，主要是年初收入预算安排是根据2011年国民经济和社会发展相关预期指标测算的，执行中大部分经济指标超过预期，相应带动税收收入超过预算。具体看：外贸进口增长24.9%，超过年初预期较多，进口环节税收比预算超收2729亿元；规模以上工业增加值增长13.9%，全社会固定资产投资增长23.6%，社会消费品零售总额增长17.1%，居民消费价格上涨5.4%，工业生产者出厂价格上涨6%，工业生产者购进价格上涨9.1%，均高于年初预期，国内增值税和消费税比预算超收1143亿元；全国规模以上工业企业实现利润增长25.4%，好于年初预期，企业所得税比预算超收1642亿元。(出口退税比预算增加1200亿元，相应冲减财政收入。)

主要收入项目。国内增值税18277.39亿元，完成预算的104%；国内消费税6935.93亿元，完成预算的106.7%；进口货物增值税、消费税13560.26亿元，完成预算的120.9%；关税2559.1亿元，完成预算的117.9%；企业所得税10021.81亿元，完成预算的119.6%；个人所得税3633.06亿元，完成预算的116.4%；出口货物退增值税、消费税9204.74亿元，完成预算的115%；非税收入2676.95亿元，完成预算的128.7%。

超收收入使用。按照有关法律、法规和第十一届全国人民代表大会第四次会议有关决议要求，在中央财政超收的5446亿元中，用于增加对地方税收返还和一般性转移支付944亿元，增加教育支出300亿元，增加科学技术支出76亿元，增加保障性安居工程支出160亿元，增加公路建设、对部分困难群众和公益性行业油价补贴支出621亿元，增加困难群众一次性生活补贴支出207亿元；用于削减中央财政赤字500亿元；用于补充中央预算稳定调节基金2638亿元，留待下年度经预算安排使用。2011年中央财政超收收入安排使用情况，国务院已向十一届全国人大常委会第二十四次会议报告。

(2)主要支出项目执行情况

按照中央决策部署，经全国人大审议批准，中央财政进一步加大了对农业、教育、医疗卫生、社会保障和就业、保障性安居工程、文化、科学技术等方面的投入，各项重点支出得到较好保障。

教育支出3248.6亿元，完成预算的109.6%，增长27.5%。其中，中央本级支出999.05亿元，对地方转移支付2249.55亿元。支持中西部地区和民族地区发展农村学前教育，支出101.3亿元。完善农村义务教育经费保障机制，支出859.1亿元，农村中小学公用经费年生均基准定额提高100元,全国所有农村义务教育学生全部享受免除学杂费和免费教科书政策,1228万名家庭经济困难寄宿生获得资助,2600万名学生得到营养膳食补助。实施农村义务教育薄弱学校改造计划,支出186.81亿元。免除2900万名城市义务教育学生学杂费,支持1167万名农民工随迁子女在城市接受义务教育,支出77亿元。加强职业教育基础能力建设,免除395万名中等职业学校家庭经济困难学生和涉农专业学生学费,支出133.98亿元。健全家庭经济困难学生资助政策体系,支出311.19亿元,约1867万名学生受益。支持高等教育发展,支出1090.54亿元。

科学技术支出2034.06亿元,完成预算的104.6%,增长17.7%。其中,中央本级支出1942.14亿元,对地方转移支付91.92亿元。实施国家科技重大专项,支出435亿元。支持"973"计划等基础研究,支出294.8亿元。加强应用技术研究,支出997.7亿元。全面启动重大科研装备自主研制工作,提高我国科研装备研发水平。加强地方科技基础条件建设,改善科研工作环境。

文化体育与传媒支出415.88亿元,完成预算的111.1%,增长31.6%。其中,中央本级支出188.72亿元,对地方转移支付227.16亿元。支持44751家博物馆、纪念馆等公益性文化设施免费开放,推进广播电视无线覆盖等重点文化惠民工程,强化重点文物、大遗址、红色文化资源和非物质文化遗产保护,提高重点媒体国际传播能力。深化文化体制改革,促进文化产业发展。

医疗卫生支出1747.78亿元,完成预算的101.2%,增长17.7%。其中,中央本级支出71.32亿元,对地方转移支付1676.46亿元。将新型农村合作医疗和城镇居民基本医疗保险的财政补助标准由每人每年120元提高到200元,补助766.55亿元。全面实施国家基本药物制度,深化基层医疗卫生机构综合改革,清理化解基层医疗卫生机构债务,将城乡居民年人均基本公共卫生服务经费标准由15元提高到25元,实施重大公共卫生服务项目,补助352.2亿元。推进公立医院体制机制改革,加强医疗卫生机构能力建设,支出149.99亿元。加大城乡医疗救助力度,支出114.83亿元。

社会保障和就业支出4715.77亿元,完成预算的106.8%,增长23.9%。其中,中央本级支出502.48亿元,对地方转移支付4213.29亿元。新型农村和城镇居民社会养老保险覆盖面扩大到60%以上地区,对60周岁及以上居民发放养老金,补助196亿元。对全国城乡低保对象、农村五保供养对象等8600多万名困难群众发放生活补贴,补助311亿元。提高企业退休人员基本养老金,月人均水平达到1500多元,健全企业职工基本养老保险省级统筹制度,妥善解决未参保集体企业退休人员基本养老保险问题,补助企业职工基本养老保险基金1846.9亿元。建立社会救助和保障标准与物价上涨挂钩的联动机制,将城乡最低生活保障标准分别由月人均251元和117元提高到278元和135元,提高孤儿基本生活补助标准,增加救助流浪乞讨人员的补助,支持残疾人社会保障和服务体系建设,补助797.4亿元。落实优抚对象等人员抚恤和生活补助待遇,适时调整抚恤补助标准,支出236.88亿元。保障受灾群众基本生活,支出86.4亿元。支持做好国有企业政策性关闭破产相关工作,妥善安置职工。扩大鼓励创业的财税政策扶持范围,落实各项就业扶持政策,增加小额担保贷款财政贴息,支出413.84亿元。

住房保障支出1720.63亿元,完成预算的133.1%,增长52.8%。其中,中央本级支出328.82亿元,对地方转移支付1391.81亿元。加快保障性安居工程建设,支出1432.57亿元,加上通过以前年度结转资金安排的280亿元,共支出1712.57亿元。

农林水事务支出4785.26亿元,完成预算的104.3%,增长23.3%。其中,中央本级支出416.57亿元,对地方转移支付4368.69亿元。加强农业农村基础设施建设,支出1398.78亿元,推进1250个小型农田水利重点县建设,支持1100个县开展山洪地质灾害防治,提前完成重点小型病险水库除险加固任务,治理1239条中小河流。完善农资综合补贴动态调整机制和农业保险保费补贴政策,稳定农作物良种补贴政策,进一步扩大农机购置补贴范围,支出1351.3亿元。加大农业技术推广力度,推动现代农业和农民专业合作组织发展,支出163亿元。改造中低产田、建设高标准农田2428.7万亩,支出230.12亿元。在主要牧区省份建立草原生态保护补助奖励机制,支出136亿元。构建财政综合扶贫政策体系,支持集中连片特殊困难地区扶贫攻坚,补助314.1亿元。建成村级公益事业一事一议财政奖补项目34万个,有序推进公益性乡村债务化解试点,支出183亿元。

节能环保支出1623.03亿元,完成预算的102%,增长12.5%。其中,中央本级支出74.19亿元,对地方转移支付1548.84亿元。强化重点节能工程建设,可形成2200多万吨标准煤的年节能能力;加大节能产品惠民工程实施力度,推广节能电机500多万千瓦、高效节能空调1600多万台、节能灯1.6亿只,淘汰1.5亿吨水泥、3122万吨炼铁、1925万吨焦炭的落后产能;实施三河三湖及松花江流域水污染防治等重大减排工程,建设城镇污水处理设施配套管网2万公里,在17个省份约1万个村庄开展农村环境连片整治示范,支出节能减排资金944亿元。实施天然林资源保护二期工程,巩固退耕还林、退牧还草成果,支出474.56亿元。推进新型能源建筑应用示范工程,强化生物质能源综合利用,开展可再生能源建筑应用示范,鼓励发展循环经济,支出139.43亿元。

交通运输支出3298.59亿元,完成预算的115.1%,增长26.9%。其中,中央本级支出331.11亿元,对地方转移支付2967.48亿元。强化公共交通基础设施,改扩建国省道完成2万公里,改善内河航道里程1091公里,新改建农村公路19万公里,支出2199.21亿元。对城市公交等公益性行业给予油价补贴,支出641.48亿元。支持取消政府还贷二级公路收费,补助地方260亿元。

资源勘探电力信息等事务支出826.96亿元,完成预算的111%。其中,中央本级支出464.12亿元,对地方转移支付362.84亿元。加强资源勘探电力信息等基础设施建设,支出429.75亿元。支持战略性新兴产业技术研发和产业化示范,实施重大产业创新发展等工程,对高端装备研发给予补贴,支出35亿元。促进中小企业发展,支出102.96亿元。

粮油物资储备事务支出890.62亿元,完成预算的78.8%,下降2.4%,与预算有差异主要是据实结算的储备粮食利息费用少于预计。其中,中央本级支出540.08亿元,对地方转移支付350.54亿元。全额取消粮食主产区粮食风险基金地方配套并解决粮食风险基金缺口,落实粮食直补政策,支出320.33亿元。稳步提高小麦、稻谷最低收购价,实施油菜籽、大豆等临时收储政策,增加石油、有色金属等重要物资储备,支出450.23亿元。

国防支出5835.97亿元,完成预算的100%,增长12.6%。其中,中央本级支出5829.62亿元,对地方转移支付6.35亿元。支持改善官兵生活待遇,加强军队信息化建设,更新装备及配套设施,提高军队抢险救灾应急能力。

公共安全支出1695.47亿元,完成预算的104.8%,增长14.9%。其中,中央本级支出1037.01亿元,对地方转移支付658.46亿元。推进政法经费保障体制改革,增强基层政法部门的服务能力。

需要说明的是,因据实结算的粮油物资储备事务等支出减少,2011年中央财政支出结余254亿元,转入中央预算稳定调节基金。

(3)中央对地方税收返还和转移支付执行情况

中央对地方税收返还和转移支付39899.96亿元,完成预算的106.9%,增长23.4%。其中:税收返还5078.38亿元,增长1.7%;一般性转移支付18299.93亿元,增长38.3%;专项转移支付16521.65亿元,增长17.1%。在一般性转移支付中,均衡性转移支付7486.81亿元,义务教育转移支付1065.01亿元,基本养老金和低保等转移支付2750.98亿元,新型农村合作医疗等转移支付779.81亿元,村级公益事业奖补等转移支付184.71亿元,资源枯竭城市转移支付135亿元,成品油税费改革转移支付581亿元。

2.地方预算主要收支项目执行情况

主要收入项目。国内增值税5989.25亿元,增长15.3%;营业税13504.05亿元,增长22.7%;企业所得税6738.54亿元,增长33.5%;个人所得税2421.03亿元,增长25.2%;城市维护建设税2608.09亿元,增长50.2%;契税2763.61亿元,增长12.1%;非税收入11342.75亿元,增长43.4%。

主要支出项目。教育支出15117.06亿元,增长27.8%;科学技术支出1864.23亿元,增长17.3%;文化体育与传媒支出1701.58亿元,增长22.2%;医疗卫生支出6296.17亿元,增长33.1%;社会保障和就业支出10641.41亿元,增长22.6%;住房保障支出3493.67亿元,增长75.5%;农林水事务支出9473.49亿元,增长22.4%;城乡社区事务支出7641.01亿元,增长27.8%;交通运输支出7141.26亿元,增长78.6%。以上各项支出,包括地方用中央税收返还和转移支付资金安排的支出。

汇总各项支出,2011年全国财政用在与人民群众生活直接相关的教育、医疗卫生、社会保障和就业、住房保障、文化方面的民生支出合计38108亿元,增长30.3%;用在农业水利、公共交通运输、节能环保、城乡社区事务等方面与民生密切相关的支出合计35629亿元。全国财政用于"三农"的支出合计29342亿元,增长21.2%。其中:支持农业生产支出10393亿元,对农民的粮食直补、农资综合补贴、良种补贴、农机购置补贴支出1439亿元,促进农村教育、卫生等社会事业发展支出16240亿元,农产品储备费用和利息等支出1270亿元。需要说明的是,民生和"三农"支出不是单独的预算科目,为了便于审议,将与民生和"三农"相关的支出项目综合反映出来,因而存在一些交叉重复。

(二)政府性基金预算执行情况

2011年全国政府性基金收入41359.63亿元,增长12.4%;全国政府性基金支出39642.43亿元,增长16.8%。

1.中央政府性基金预算执行情况

中央政府性基金收入3125.93亿元,完成预算的110.6%,下降1.6%。其中:铁路建设基金收入648亿元,港口建设费收入136.02亿元,彩票公益金收入317.45亿元,大中型水库移民后期扶持基金收入

217.41亿元，中央农网还贷资金收入100亿元等。加上2010年结转收入794.87亿元，2011年使用的中央政府性基金收入总量为3920.8亿元。中央政府性基金支出3103.49亿元，完成预算的85.8%，增长2.9%。其中：中央本级支出2156.87亿元，下降5.6%，包括铁路建设支出682.92亿元，港口建设支出73.35亿元，彩票公益金用于社会福利、体育、教育等社会公益事业支出191.25亿元，中央农网还贷资金支出105.26亿元等；对地方转移支付946.62亿元，增长29.2%。中央政府性基金结转下年支出817.31亿元。

2. 地方政府性基金预算执行情况

地方政府性基金本级收入38233.7亿元，增长13.8%。其中：国有土地使用权出让收入33166.24亿元，城市基础设施配套费收入857.26亿元，彩票公益金收入311.6亿元，地方教育附加收入688.13亿元。加上中央政府性基金对地方转移支付946.62亿元，地方政府性基金收入为39180.32亿元。地方政府性基金支出37485.56亿元，增长18.4%。其中：国有土地使用权出让收入安排的支出32931.99亿元，包括征地拆迁补偿等成本性支出23629.97亿元、农业土地开发整理和农村基础设施建设以及补助农民等支出2351.06亿元、用于教育支出197.46亿元、用于农田水利建设支出120.35亿元、用于保障性安居工程支出668.58亿元、按城市房地产管理法规定用于城市建设支出5964.57亿元；彩票公益金用于社会福利、体育、教育等社会公益事业支出301.4亿元；城市基础设施配套支出741.04亿元；地方教育附加安排的教育支出386.51亿元。地方政府性基金收入大于支出部分结转下年使用。

(三)中央国有资本经营预算执行情况

2011年中央国有资本经营收入765.02亿元，完成预算的90.6%，增长36.9%，与预算有差异主要是国有股减持数量少于预期。加上2010年结转收入35.59亿元，使用的收入总量为800.61亿元。中央国有资本经营支出769.54亿元，完成预算的89.6%，增长42%，与预算有差异主要是国有股减持收入减少，支出相应减少。其中：国有经济和产业结构调整支出491.66亿元，中央企业改革脱困补助支出23.12亿元，重大科技创新支出35亿元，重大节能减排支出35亿元，境外投资支出23.18亿元，安全生产保障能力建设支出9.55亿元，兼并重组支出80亿元，新兴产业等发展支出26.09亿元，调入公共财政预算用于社会保障等支出40亿元。

以上有关预算执行的具体情况详见《中华人民共和国2011年全国预算执行情况2012年全国预算(草案)》。

(四)积极的财政政策实施情况

扎实落实积极的财政政策，进一步巩固和扩大应对国际金融危机冲击成果，促进经济平稳较快发展和物价总水平基本稳定。

充分发挥财税政策的作用，促进物价总水平保持基本稳定。大力支持增加农产品供给，稳定成品油、化肥等供应，加大对生猪生产的扶持力度，加强储备物资市场调控，实施政策性粮油定向销售，扩大生活必需商品、原材料进口，促进市场供求平衡。对鲜活农产品运输车辆免收车辆通行费，开展收费公路专项清理，降低流通成本。落实对城乡低收入群体的各项补助政策，对部分困难群众和公益性行业给予油价补贴，降低物价上涨对困难群体的影响。

增加城乡居民收入，提高居民消费能力。合理调整国民收入分配关系，扩大财政补助规模，增加对农民的补贴，加强农业基础设施建设，深入推进财政扶贫开发，促进农民增收；提高城乡居民最低生活保障标准，增加企业退休人员基本养老金，扩大新型农村和城镇居民社会养老保险试点范围，落实义务教育学校、公共卫生和基层医疗卫生事业单位绩效工资等政策，提高居民消费能力。完善家电下乡和家电以旧换新政策。支持商贸流通发展，改善消费环境。

优化投资结构，加强经济社会发展的薄弱环节。中央基建投资主要用于支持保障性安居工程、以水利为重点的农业基础设施、教育卫生基础设施建设，节能减排和生态环保，新疆、西藏及青海等四省藏区经济社会发展，自主创新和战略性新兴产业发展等方面，优先保证重点在建、续建项目的资金需求，有序启动“十二五”规划重大项目建设。

完善结构性减税政策，引导企业投资和居民消费。将个人所得税工薪所得减除费用标准由2000元/月提高到3500元/月并调整税率结构，降低中低收入者税负。对部分小型微利企业继续实行所得税优惠政策，出台提高增值税、营业税起征点等一系列税收减免政策，减轻中小企业负担。对600多种资源性产品、基础原材料和关键零部件实施较低的年度进口关税暂定税率。继续实施西部大开发等税收优惠政策。取消和减免77项收费和基金，减轻企业和居民负担。

(五)财税改革进展情况

继续优化转移支付结构，增加一般性转移支付。完善县级基本财力保障机制，提高基层政府公共服务保障水平。在27个省份的1080个县实行省直管县财政管理方式改革。健全公共财政预算，细化政府性基金预算，扩大国有资本经营预算实施范围和社会保险基金预算试编范围。全面取消预算外资金，将所有政府性收入纳入预算管理。完善部门预算、国库集中收付、政府采购等预算管理制度，积极推进全过程预算绩效管理。出台营业税改征增值税的试点方案，促进服务业发展。改革个人所得税制度。开展对个人住房征收房产税改革试点，调整个人住房转让营业税政策。在全国范围内实施原油、天然气资源税从价计征改革，统一内外资企业的油气资源税制度。提高中央财政补助标准，在全国推进厂办大集体改革。支持国有金融机构改革，完善金融企业绩效评价制度。

（六）落实全国人大预算决议有关情况

按照第十一届全国人民代表大会第四次会议有关决议，以及全国人大财政经济委员会的审查意见，实施有利于转变经济发展方式的财税政策，着力保障重点支出，严格预算执行，健全预算管理制度，完善县级基本财力保障机制。深入推进财政科学化精细化管理。加强财税立法工作，积极做好出台车船税法和修订个人所得税法、资源税暂行条例的相关工作，稳步推进修改预算法、注册会计师法以及资产评估立法等工作。细化公共财政预算编制，预算年初到位率继续提高。狠抓预算支出执行管理，预算执行进度进一步加快。开展重大财税政策实施情况的专项检查，强化对“三农”、医改等重点民生资金的监督，覆盖所有政府性资金和财政运行全过程的监督机制不断健全。深入推进“小金库”专项治理工作，防治“小金库”长效机制初步建立。深化中央财政预决算公开，向社会公开的财政决算细化到项级科目。92个中央部门向社会公开了部门预算表和财政拨款表，并公开了部门决算。省级公共财政预算全部公开，地方部门预算、基层财政专项支出等公开工作明显加快。中央和地方有关部门公开了“三公经费”支出情况。规范地方政府融资平台公司债务管理，清理核实地方政府融资平台公司债务金额。接受全国人大常委会的询问，向全国人大常委会报告预算执行情况，并根据审议意见落实改进措施。国务院已向全国人大常委会报告有关情况。

总的看，2011年预算完成情况较好，各项财政工作取得了新的进展。这是党中央、国务院科学决策、正确领导的结果，是全国人大、政协监督指导、大力支持的结果，是各地区、各部门密切配合、扎实工作的结果，是全国各族人民共同努力、艰苦奋斗的结果。同时，我们也清醒地认识到，财政运行和财政工作还面临一些困难和问题：税制结构不尽合理，财税政策在促进经济发展方式转变和调节收入分配等方面作用发挥不够充分；转移支付制度尚不完善，转移支付结构需进一步优化；财政支出结构调整难度增加，保障和改善民生的任务艰巨；地方政府性债务举借和偿还机制不够健全，风险不容忽视；损失浪费现象时有发生，财政管理仍需加强，资金使用效益需进一步提高等。我们将高度重视这些问题，继续采取有效措施，努力加以解决。

二、2012年中央和地方预算草案

（一）当前我国财政经济形势

2012年我国经济发展面临的形势更加复杂，财政收支矛盾比较突出。收入方面，经济保持稳定增长将为财政增收奠定坚实基础。但国内外经济形势存在较多不确定性，企业实现利润增幅下降，加上结构性减税力度加大，提高个人所得税工薪所得减除费用标准和调整税率结构翘尾，开展营业税改征增值税试点，提高石油特别收益金起征点，延长实施并扩大小型微利企业所得税优惠政策适用范围，提高增值税和营业税起征点等，都将减少收入，影响财政收入增长。支出方面，增加国家财政性教育经费投入，实现新型农村和城镇居民社会养老保险制度全覆盖，提高企业退休人员基本养老金水平以及新型农村合作医疗和城镇居民基本医疗保险财政补助标准，加大保障性安居工程投入力度等，都需要增加较多的财政投入，财政支出压力较大。

（二）财政预算编制和财政工作总体要求

根据中央决策部署，2012年财政预算编制和财政工作，将全面贯彻党的十七大、十七届三中、四中、五中、六中全会和中央经济工作会议精神，以邓小平理论和“三个代表”重要思想为指导，深入贯彻落实科学发展观，紧紧围绕科学发展主题和加快转变经济发展方式主线，把握好稳中求进的工作总基调，实施积极的财政政策，深化财税制度改革，完善结构性减税政策，推动国民收入分配格局调整，进一步优化财政支出结构，加大对“三农”、教育、医疗卫生、社会保障和就业、文化、保障性安居工程、节能环保以及欠发达地区的支持力度，严格控制一般性支出，切实保障和改善民生，坚持依法理财、统筹兼顾和增收节支的方针，加强财政科学管理，提高财政资金使用绩效，推动经济结构调整和区域协调发展，促进经济平稳较快发展和物价总水平基本稳定，保持社会和谐稳定，以经济社会发展的优异成绩迎接党的十八大胜利召开。

实施积极的财政政策，主要体现在以下几个方面：

一是完善结构性减税政策，减轻企业和居民负担。落实新的个人所得税法。实施好提高增值税、营业税起征点等减轻小型微型企业税费负担的政策。对小型微利企业实施所得税减半征收优惠政策。开展好营业税改征增值税试点，并稳步扩大试点范围，促进服务业特别是现代服务业发展。降低部分进口商品关税，增加能源资源性产品、先进设备和关键零部件进口。扩大物流企业营业税差额纳税试点范围，完善大宗商品仓储设施用地城镇土地使用税政策，对蔬菜的批发、零售免征增值税，减轻物流企业和农产品生产流通环节的税收负担。依法落实好其他各项税收减免政策。清理取消部分涉及企业的行政事业性收费。

二是增加居民收入,提高消费能力。实施更加积极的就业政策,落实最低工资制度。扩大财政补助规模,提高城乡居民特别是中低收入者的收入,减轻群众在教育、医疗、住房等方面的负担,增强城乡居民消费能力。支持商贸流通体系建设,为城乡居民创造良好的消费环境。

三是进一步优化支出结构,着力保障和改善民生。保持较大的财政支出力度,加大民生投入,向基层、农村、边远地区和困难群体倾斜,推动教育、医疗卫生、社会保障和就业、保障性安居工程、公共文化等社会事业加快发展。优化投资结构,加强经济社会发展的薄弱环节。严格控制新上项目,防止重复建设。严格控制行政经费等一般性支出,切实降低行政成本。

四是促进经济结构调整和区域协调发展,推动经济发展方式加快转变。充分发挥财税政策在结构调整方面的重要作用,不断增加财政投入,完善有利于经济发展方式转变的财税体制机制。加大科技投入,优化科技支出结构,大力支持自主创新和提高产业核心竞争力。积极推动节能减排,加快发展新能源、可再生能源和清洁能源。建立、健全排污权有偿使用和交易政策体系。将草原生态保护补助奖励政策覆盖到国家确定的全部牧业半牧业县。加大对中小企业的资金支持力度,实施税费减免政策,促进中小企业稳健经营和持续发展。大力支持战略性新兴产业和高技术产业发展,促进传统产业优化升级,推动现代服务业加快发展。实施重大文化产业项目带动战略。落实促进区域协调发展的各项财税政策,提高困难地区落实各项民生政策的保障能力。扩大绿色重点小城镇试点,积极稳妥推进城镇化。

2012年,全国财政将在统筹兼顾的基础上集中财力办几件保障和改善民生的大事:一是加大教育投入力度,确保实现国家财政性教育经费支出占国内生产总值4%的目标;二是加快推进社会保障体系建设,实现新型农村和城镇居民社会养老保险制度全覆盖;三是深化医药卫生体制改革,提高新型农村合作医疗和城镇居民基本医疗保险的财政补助标准,加快公立医院改革试点,缓解看病贵、看病难的问题;四是扎实推进保障性安居工程建设,在做好未完工项目建设的同时,新开工建设700万套以上,缓解城镇低收入群众、新就业职工、农民工住房困难问题;五是大力促进文化发展繁荣,保证公共财政对文化建设投入的增长幅度高于财政经常性收入增长幅度,更好地满足人民群众精神文化需求;六是加大强农惠农富农政策力度,大力支持农田水利等农村生产生活基础设施建设,着力推动农业科技创新,促进农业增产、农民增收和农村繁荣。

(三)公共财政预算安排情况

根据中央经济工作会议确定的2012年经济社会发展预期指标、经济社会政策和预算编制的总体要求,2012年公共财政预算主要指标拟安排如下:中央财政收入55920亿元,比2011年执行数(下同)增长9%;从中央预算稳定调节基金调入2700亿元,合计可使用的收入总量为58620亿元。中央财政支出总量64120亿元,增长13.7%。其中,中央本级支出18519亿元,增长12.1%;中央对地方税收返还和转移支付45101亿元,增长13%;中央预备费500亿元,与2011年预算持平。收支总量相抵,中央财政赤字5500亿元,比2011年执行数减少1000亿元。中央财政国债余额限额82708.35亿元。

根据地方预算初步安排情况,中央财政代编的地方本级收入57680亿元,增长10%,加上中央对地方税收返还和转移支付45101亿元,地方财政收入合计102781亿元;中央代地方发债2500亿元。地方财政支出105281亿元,增长13.9%。发行地方债比上年增加500亿元,主要是考虑保障性安居工程需加大投入,规范地方政府融资平台公司债务管理后公益性在建项目需要安排一部分后续资金等。地方财政收支预算由地方各级人民政府编制,报同级人民代表大会批准。

汇总中央和地方预算安排,全国财政收入113600亿元,增长9.5%。加上从中央预算稳定调节基金调入2700亿元,可安排的收入总量为116300亿元。全国财政支出124300亿元,增长14.1%。收支差额8000亿元(其中,中央财政赤字5500亿元),比上年减少500亿元,占国内生产总值的比重下降到1.5%左右。

1. 中央预算主要收支项目安排情况

(1)主要收入项目安排情况

根据国民经济和社会发展计划相关预期指标,考虑财税政策调整的增减收因素,对各项收入进行具体分析测算,2012年中央财政主要收入项目指标拟安排如下:国内增值税20250亿元,增长10.8%;国内消费税7700亿元,增长11%;关税和进口货物增值税、消费税17528亿元,增长8.7%;企业所得税11120亿元,增长11%;个人所得税3400亿元,下降6.4%;出口货物退增值税、消费税9950亿元,增长8.1%;非税收入2826亿元,增长5.6%。

(2)主要支出项目安排情况

进一步优化财政支出结构,中央财政主要支出项目拟安排如下:

教育支出3781.32亿元,增长16.4%。其中,中央本级支出1028.87亿元,对地方转移支付2752.45

亿元。落实促进学前教育发展的一系列政策措施，重点支持中西部地区和东部困难地区，补助150亿元，增长48.1%。完善农村义务教育经费保障机制，推进农村义务教育薄弱学校改造，实施农村义务教育教师特设岗位计划和中小学教师国家级培训计划，促进义务教育均衡发展，安排资金1057.54亿元。在集中连片特殊困难地区实施农村义务教育学生营养改善计划，安排奖补资金160亿元。免除城市义务教育学生学杂费，支持进城务工人员随迁子女公平接受义务教育，安排资金82亿元。继续加强职业教育基础能力建设，逐步实行中等职业教育免费制度，安排资金256.8亿元，增长91.7%。健全家庭经济困难学生国家资助政策体系，补助206.97亿元。推进“985”工程、“211”工程等，大力支持地方高校发展，安排资金1352.5亿元，增长24%。

科学技术支出2285.46亿元，增长12.4%。其中，中央本级支出2234.4亿元，对地方转移支付51.06亿元。进一步优化科学技术支出结构，突出支持重点。保障国家科技重大专项实施，安排资金456亿元。增加对国家自然科学基金投入，推动国家重点实验室和基础科研机构能力建设等，安排资金324.59亿元。支持前沿技术研究、社会公益研究和重大共性关键技术研究开发等，安排资金1193.9亿元，增长19.7%。加强产业关键技术研发、产业化和企业创新能力建设，安排资金41.2亿元。启动国家科技成果转化引导基金，推动科技成果转化。引导地方科技工作发展，促进形成各具特色的区域创新体系。加大知识产权保护力度，推动发展自主知识产权。

文化体育与传媒支出493.84亿元，增长18.7%。其中，中央本级支出207.33亿元，对地方转移支付286.51亿元。大力推动公共文化服务体系建设，支持博物馆、公共图书馆等公益性文化设施免费开放，继续实施重点文化惠民工程，安排资金145.46亿元。加大对国家重点文物、大遗址、红色文化资源和非物质文化遗产保护力度，安排资金61.24亿元，增长40%。加强重点媒体国际传播能力建设，促进中华文化“走出去”，安排资金27.5亿元，增长37.5%。支持文化产业发展，安排资金34亿元，增长70%。

医疗卫生支出2035.05亿元，增长16.4%。其中，中央本级支出83.31亿元，对地方转移支付1951.74亿元。将新型农村合作医疗和城镇居民基本医疗保险的财政补助标准增加到每人每年240元，并适当提高报销水平，补助1050亿元，增长37%。完善国家基本药物制度，深化基层医疗卫生机构综合改革。健全城乡基本公共卫生服务经费保障机制，继续实施基本公共卫生服务项目和艾滋病、结核病等重大传染病防治，安排资金358亿元。加快推进以县级医院为重点的公立医院改革试点。支持做好城乡医疗救助工作，安排资金114.83亿元。

社会保障和就业支出5750.73亿元，增长21.9%。其中，中央本级支出570.63亿元，对地方转移支付5180.1亿元。从7月1日起实现新型农村和城镇居民社会养老保险制度全覆盖，补助771亿元。继续提高企业退休人员基本养老金水平，健全企业职工基本养老保险省级统筹制度，补助2173.73亿元。适当提高城乡居民最低生活保障标准，中央财政分别按月人均15元和12元增加补助，进一步完善孤儿、残疾人、流浪乞讨人员等社会救助体系，安排资金928.88亿元。适时调整优抚对象等人员抚恤和生活补助标准，安排资金288.37亿元。保障受灾群众基本生活，安排资金130亿元。加大就业扶持政策力度，安排资金439.17亿元。

房保障支出2117.55亿元，增长23.1%。其中，中央本级支出374.4亿元，对地方转移支付1743.15亿元。加强保障性安居工程建设，适当扩大农村危房改造范围并提高中央财政补助标准，扎实推进游牧民定居工程建设，安排资金1787.46亿元，增长24.8%。

农林水事务支出5491.45亿元，增长14.8%。其中，中央本级支出427.44亿元，对地方转移支付5064.01亿元。大力推进小型农田水利重点县建设，适当提高建设标准和补助标准，加强中小河流治理、小型病险水库除险加固和山洪地质灾害防治，安排农业农村基础设施建设支出1654.46亿元。完善农作物良种补贴政策，增加农资综合补贴、农机购置补贴规模，扩大农业保险保费补贴区域和品种，进一步加大造林补贴力度，安排资金1693.38亿元。加大农业科技投入，改善农业科技创新条件，支持现代种业发展和基层农技推广体系建设，促进农业科技成果转化与技术推广，安排资金101亿元，增长53%。以粮食主产区和产粮大县为重点，加强农业综合开发，安排资金290.12亿元。全面落实草原生态保护补助奖励政策，安排资金150.58亿元。大幅增加综合扶贫投入，其中财政专项扶贫资金安排372.86亿元，增长18.7%，提高农村贫困地区和贫困人口自我发展能力。深入推进村级公益事业建设一事一议财政奖补，完善村级公益事业民办公助机制等，补助248亿元。

节能环保支出1769.1亿元，增长9%。其中，中央本级支出63.44亿元，对地方转移支付1705.66亿元。推进重点节能工程建设，加强重点领域节能，加大节能产品惠民工程实施力度，淘汰落后产能，强化重金属污染防治和农村环境综合整治，推进城镇污水处理设施配套管网建设，安排节能减排资金1069.19亿元，增长

13.3%。巩固天然林保护、退耕还林、退牧还草成果，安排资金474.56亿元，与上年持平。加快发展新能源、可再生能源和清洁能源，推进能源清洁化利用，大力支持循环经济发展，安排资金141亿元。积极应对全球气候变化，支持落实控制温室气体排放行动目标。

交通运输支出3565.93亿元，增长8.1%。其中，中央本级支出434.65亿元，对地方转移支付3131.28亿元。提高综合交通运输能力，推进国省干线、内河航运、综合客货运枢纽等公共交通基础设施建设，安排资金2367.44亿元。继续对城市公交、农村客运等公益性行业给予油价补贴，安排资金659.46亿元。支持地方取消政府还贷二级公路收费，补助260亿元。

资源勘探电力信息等事务支出877.26亿元，增长6.1%。其中，中央本级支出450.6亿元，对地方转移支付426.66亿元。促进中小企业特别是小型微型企业发展，安排资金146.59亿元，增长42.4%。推进资源勘探电力信息等基础设施建设，安排资金396.74亿元。继续支持战略性新兴产业技术研发和产业化示范，安排资金70亿元。

粮油物资储备事务支出974.19亿元，增长9.4%。其中，中央本级支出609.57亿元，对地方转移支付364.62亿元。继续实施粮食直补政策，安排粮食风险基金320.3亿元。健全粮、棉等主要农产品收储制度，稳步提高小麦、稻谷最低收购价，安排粮油等重要物资储备资金518.76亿元。

国防支出6503.11亿元，增长11.4%。其中，中央本级支出6479.2亿元，对地方转移支付23.91亿元。支持国防和军队现代化建设，改善部队训练生活条件，提高完成多样化军事任务的能力。

公共安全支出1826.64亿元，增长7.7%。其中，中央本级支出1142.89亿元，对地方转移支付683.75亿元。完善政法经费保障体制，稳步提高地方政法经费补助水平，支持地方特别是中西部地区化解政法机关基础设施建设债务，提高公共服务和社会管理能力。加强基层监管部门食品检验检测能力建设，促进保障食品安全。

(3)中央对地方税收返还和转移支付安排情况

中央对地方税收返还和转移支付45101亿元，增长13%。其中：税收返还5188.55亿元，增长2.2%；一般性转移支付22526.19亿元，增长23.1%；专项转移支付17386.26亿元，增长5.2%。在一般性转移支付中，均衡性转移支付8583.65亿元(其中：县级基本财力保障机制奖补资金1075亿元，重点生态功能区转移支付371亿元，产粮大县奖励资金277.65亿元)，义务教育等转移支付1680.32亿元，基本养老金和低保等转移支付3774.38亿元，新型农村合作医疗等转移支付1063.48亿元，村级公益事业奖补等转移支付253.09亿元，成品油税费改革转移支付784亿元。

汇总各项支出，2012年中央财政用在与人民群众生活直接相关的教育、医疗卫生、社会保障和就业、住房保障、文化方面的民生支出安排合计13848亿元，增长19.8%；用在农业水利、公共交通运输、节能环保、城乡社区事务等方面与民生密切相关的支出安排合计15124亿元；中央对地方税收返还和一般性转移支付大部分也将用于保障和改善民生。中央财政用于“三农”的支出安排合计12286.6亿元，增长17.9%。其中：支持农业生产支出4724.2亿元，对农民的粮食直补、农资综合补贴、良种补贴、农机购置补贴支出1628亿元，促进农村教育、卫生等社会事业发展支出5313.9亿元，农产品储备费用和利息等支出620.5亿元。中央基建投资安排合计4026亿元。

中央预算稳定调节基金情况。2011年年初余额为878亿元，执行中用超收收入补充和支出结余转入，共增加2892亿元，年底余额为3770亿元。2012年年初预算调入使用2700亿元后，剩余1070亿元。

2. 地方预算主要收支项目安排情况

主要收入项目。国内增值税6640亿元，增长10.9%；营业税14820亿元，增长9.7%；企业所得税7550亿元，增长12%；个人所得税2267亿元，下降6.4%；城市维护建设税2920亿元，增长12%；契税3050亿元，增长10.4%；非税收入12485亿元，增长10.1%。

主要支出项目。教育支出17900.24亿元，增长18.4%；科学技术支出2110.3亿元，增长13.2%；文化体育与传媒支出1971.5亿元，增长15.9%；医疗卫生支出7264.6亿元，增长15.4%；社会保障和就业支出12367.29亿元，增长16.2%；住房保障支出4024亿元，增长15.2%；农林水事务支出10816.78亿元，增长14.2%；城乡社区事务支出8586.05亿元，增长12.4%；交通运输支出7790亿元，增长9.1%。以上各项支出，包括地方用中央税收返还和转移支付资金安排的支出。

地方财政收支预算由地方各级人民政府编制，报同级人民代表大会批准。

(四)政府性基金预算安排情况

1. 中央政府性基金预算安排情况

中央政府性基金收入2990.35亿元，下降4.3%。其中：铁路建设基金收入680.4亿元，港口建设费收入92亿元，民航基础设施建设基金及机场管理建设费收入218.35亿元，彩票公益金收入349.2亿元，大中型水库移民后期扶持基金收入234.8亿元，中央农网还贷资金收入105亿元等。加上上年结转收入817.31亿元,可安排的中央政府性基金收入总量为3807.66亿元。中央政府性基金支出3807.66亿元,增长22.7%。其中:中央本级支出2497.33亿元,增长15.8%,包括铁路建设支出680.4亿元,港口建设支出64.44亿元,民航基础设施建设及机场管理建设支出134.08亿元,彩票公益金用于社会福利、体育、教育等社会公益事业支出319.51亿元,中央农网还贷资金支出109.68亿元等;对地方转移支付1310.33亿元,增长38.4%。

2. 地方政府性基金预算安排情况

地方政府性基金本级收入31806.41亿元,下降16.8%。其中:国有土地使用权出让收入27010.66亿元(下降18.6%),城市基础设施配套费收入722.49亿元,彩票公益金收入304.41亿元,地方教育附加收入770.04亿元等。加上中央政府性基金对地方转移支付1310.33亿元,地方政府性基金收入为33116.74亿元。地方政府性基金支出33116.74亿元,下降11.7%。其中:用国有土地使用权出让收入安排的支出28241.05亿元,包括征地拆迁补偿等成本性支出19415.71亿元、农业土地开发整理和农村基础设施建设以及补助农民等支出1534.92亿元、教育支出305.94亿元、农田水利建设支出297.97亿元、保障性安居工程支出624.89亿元、城市建设支出6061.62亿元;彩票公益金用于社会福利、体育、教育等社会公益事业支出312.49亿元;城市基础设施配套费安排的支出637.44亿元;地方教育附加安排的教育支出665.99亿元。

汇总中央和地方预算安排,全国政府性基金收入34796.76亿元,下降15.9%,加上上年结转收入817.31亿元,可安排的全国政府性基金收入总量为35614.07亿元;全国政府性基金支出35614.07亿元,下降10.2%。

(五)国有资本经营预算安排情况

1. 中央国有资本经营预算安排情况

2012年,进一步扩大中央国有资本经营预算实施范围,将部分部委所属的一些企业纳入国有资本经营预算,增加用于保障和改善民生的支出。中央国有资本经营收入844亿元,增长10.3%。其中:利润收入823亿元,产权转让收入20亿元等。加上上年结转收入31.07亿元,可安排的中央国有资本经营收入总量为875.07亿元。中央国有资本经营支出875.07亿元,增长13.7%。主要用于:中央企业兼并重组支出80亿元,国有经济和产业结构调整支出133亿元,重大科技创新支出110亿元,节能减排支出80亿元,支持企业"走出去"支出80亿元,企业改革补助支出225亿元,新兴产业发展支出45亿元,国有股减持收入补充全国社会保障基金支出20.1亿元,其他用于国有企业改革发展的支出51.97亿元,调入公共财政预算用于社会保障等民生方面的支出50亿元(增长25%)。

2. 地方国有资本经营预算安排情况

地方国有资本经营收入402.49亿元。其中:利润收入208.98亿元,股利、股息收入76.2亿元,产权转让收入79.91亿元,其他国有资本经营收入36.02亿元等。地方国有资本经营支出402.49亿元。主要用于:企业兼并重组支出30.46亿元,国有经济和产业结构调整支出166.98亿元,科技创新及产业化支出28.11亿元,节能减排支出16.79亿元,企业改革补助支出70.2亿元,其他项目支出49.1亿元等。

汇总中央和地方预算安排,全国国有资本经营收入1246.49亿元,加上上年结转收入31.07亿元,可安排的全国国有资本经营收入总量为1277.56亿元;全国国有资本经营支出1277.56亿元。

汇总上述公共财政预算、政府性基金预算中安排用于教育的支出,以及其他财政性教育经费,2012年国家财政性教育经费支出21984.63亿元,占国内生产总值4%以上。

以上有关预算安排的具体情况详见《中华人民共和国2011年全国预算执行情况2012年全国预算(草案)》。

三、坚持依法理财,强化科学管理,确保完成2012年预算

(一)加强和改善财政宏观调控。密切跟踪经济发展变化,督促检查积极的财政政策实施情况,处理好保持经济平稳较快发展、调整经济结构、管理通胀预期的关系,保持财政政策的连续性和稳定性,增强财政宏观调控的针对性、灵活性和前瞻性,注重财政发展的可持续性。发挥财政政策的作用,推动经济结构调整,扩大居民消费,支持科技创新和节能环保,推进战略性新兴产业和现代服务业发展,促进区域协调和城乡统筹发展,切实提高经济发展的质量和效益。发挥财税政策稳定物价的作用。努力保障粮食稳产增产,增加主要农副产品供应。加强重要商品物资储备和投放,支持生活必需商品、重要原材料进口。推进现代农产品流通体系建设,减轻物流企业和农产品生产流通环节税收负担,完善公路收费政策,切实降低流通成本。健全社会救助和保障标准与物价上涨挂钩的联动机制,落实好城乡低保对象、农村五保供养对象以及大中专院校家庭经济困难学生的补助政策。

(二)深化财税体制改革。健全财政转移支付制度,继续提高一般性转移支付规模和比例,清理归并部分专项转移支付项目,提高转移支付资金使用效益。完善省以下财政体制,健全县级基本财力保障机制,进一步均衡省以下财力分配,增强县级政府基本公共服务能力。深化预算管理制度改革,完善公共财政预算,提

高政府性基金预算的规范性和透明度，扩大国有资本经营预算实施范围及逐步增加其对社保等民生方面的支出安排，健全社会保险基金预算制度。将部门预算制度改革覆盖到县级，将国库集中收付制度改革覆盖到各级政府及所属预算单位。推进政府会计改革，逐步建立政府财务报告制度。加快建立、健全预算绩效管理制度。完善增值税制度，推进营业税改征增值税试点。健全消费税制度，促进节能减排和引导合理消费。进一步推进资源税改革，促进资源节约和环境保护。研究制定房产保有、交易环节税收改革方案，稳步推进房产税改革试点。推进城市维护建设税改革。深化环境保护税费改革。按照正税清费的原则，继续清理整合行政事业性收费和政府性基金。

（三）强化财政科学化精细化管理。加强财政法制建设，做好修改预算法、注册会计师法的相关工作，推进环境保护税法、资产评估法等法律以及国有资本经营预算条例等行政法规的立法工作。细化预算编制，进一步减少代编预算规模，提高预算年初到位率。强化基本支出管理，推动项目滚动预算编制，完善重大项目预算事前评审机制。切实加强预算支出执行管理，提高预算支出的及时性、均衡性、有效性和安全性。严格规范超收收入的使用管理。扩大预算支出绩效评价试点范围，原则上所有中央部门和省、市、县都要开展预算支出绩效评价试点。强化财政管理基础工作和基层建设。

切实加强地方政府性债务管理和风险防范。按照分类管理、区别对待、逐步化解的原则，继续妥善处理存量债务，落实偿债责任。进一步清理规范地方政府融资平台公司，坚决禁止各级政府以各种形式违规担保承诺。同时，把短期应对措施和长期制度建设结合起来，建立、健全地方政府性债务管理制度。严格控制地方政府新增债务，建立地方政府债务规模管理和风险预警机制，把地方政府债务收支逐步分类纳入预算管理。

积极推进财政预决算公开，增强预算透明度。扩大部门预决算公开范围，细化部门预决算公开内容。做好“三公经费”、行政经费公开工作，推进基层财政专项支出公开。严格财政监督，深入开展中央重大决策落实情况和民生、“三农”等政策资金使用的监督检查，保障政策有效落实。

（四）狠抓增收节支。在落实完善结构性减税政策的基础上，依法加强收入征管，坚决制止和纠正越权减免税收，严厉打击偷骗税违法活动，努力实现应收尽收。切实保障各项重点支出，严格控制一般性支出和“三公经费”，严格控制各种论坛、研讨会、庆典等活动和楼堂馆所建设，切实降低行政成本。积极推动节约型机关建设。坚持勤俭办一切事业，严肃财经纪律，厉行节约，坚决反对大手大脚花钱和铺张浪费行为。

各位代表，完成2012年预算意义重大。我们将在以胡锦涛同志为总书记的党中央领导下，高举中国特色社会主义伟大旗帜，坚持以邓小平理论和“三个代表”重要思想为指导，深入贯彻落实科学发展观，自觉接受全国人大的监督，虚心听取全国政协的意见和建议，开拓进取，扎实工作，确保预算圆满完成，为全面实现2012年经济社会发展目标作出积极贡献，以优异成绩迎接党的十八大胜利召开！

国家主席胡锦涛电贺普京当选俄罗斯联邦总统

胡锦涛在贺电中说，进入新世纪，俄罗斯人民为实现国家稳定和发展作出了不懈努力，取得了巨大成就。相信俄罗斯人民在国家富强和民族振兴的伟大事业中将创造更加辉煌的业绩。中俄两国是友好邻邦和全面战略协作伙伴，不断巩固睦邻友好，扩大互利合作，深化战略协作，对促进两国共同发展和振兴，对维护地区和世界和平与稳定具有重要意义。在新的形势下，中方愿与俄方一道，并肩携手，持之以恒，进一步落实好未来10年中俄关系发展规划及各领域合作共识和协议，努力把平等信任、相互支持、共同繁荣、世代友好的中俄全面战略协作伙伴关系推上更高水平。

国家主席胡锦涛参加十一届全国人大五次会议江苏代表团审议

胡锦涛强调，要高举中国特色社会主义伟大旗帜，以邓小平理论和“三个代表”重要思想为指导，深入贯彻落实科学发展观，继续牢牢把握科学发展这个主题，紧紧扣住转变经济发展方式这条主线，锐意进取，埋头苦干，以优异成绩迎接党的十八大胜利召开。

在江苏代表团，代表们围绕会议议题讲认识、谈体会，联系江苏实际讲情况、说变化，着眼未来发展讲打算、提建议，大家发言踊跃，现场气氛热烈。罗志军、李学勇、陈丽芬、柯军、武继军等10位代表分别就推动科学发展、加快转变经济发展方式、建设社会主义新农村、培养拔尖创新人才、深化文化体制改革等问题发表意见。胡锦涛边听边记，并不时同代表们交流意见。

在认真听取代表发言后，胡锦涛作了发言。他首先表示完全赞成政府工作报告，并对一年来全国及江苏各项事业发展取得的显著成就给予充分肯定，殷切希望江苏充分发挥比较优势和先导作用，全面深入实施“十二五”规划，率先全面建成小康社会，开启基本实现现代化新征程。胡锦涛着重就江苏在坚持科学发展、转变经济发展方式、统筹城乡区域发展、保障和改善民生、深化改革开放、推进社会主义文化大发展大繁荣等方面迈出新步伐提出了明确要求。

在谈到坚持科学发展时，胡锦涛指出，在当代中国，坚持发展是硬道理的本质要求就是坚持科学发展。解决当前我们面临的发展不平衡、不协调、不可持续的突出矛盾和问题，必须把科学发展观贯彻落实到经济社会发展的全过程和各领域。要牢牢扭住经济建设这个中心不动摇，按照稳中求进的工作总基调，保持经济平稳较快发展，不断提升综合经济实力，不断增强国际竞争力。要更加注重以人为本，坚持从最广大人民根本利益出发谋发展、促发展；更加注重全面协调可持续发展，不断增强发展的平衡性、协调性、可持续性；更加注重统筹兼顾，充分调动全社会的发展积极性，形成现代化建设强大合力。

在谈到转变经济发展方式时，胡锦涛强调，要按照发展新阶段的新要求和国际产业演进的新趋势，深入推进产业结构调整，巩固和增强实体经济优势，形成具有国际竞争力的现代产业体系。要巩固扩大节能减排成果，加快发展循环经济、绿色产业、低碳技术，不断提高生态文明水平。要完善创新机制，优化创新环境，实施科技创新工程，强化企业创新主体地位，促进产学研紧密结合，着力打造创新高地，努力引领创新趋势，全面提升经济发展的质量、效益、竞争力。

在谈到深化改革开放时，胡锦涛指出，发达地区处在改革开放前沿，一些在发展中带有趋势性、规律性的现象往往会先在发达地区出现，一些在发展中存在的深层次矛盾和问题往往会先在发达地区显露，国际经济环境和发展态势的最新变化往往先波及发达地区。这些为发达地区深化改革开放提供了难得的机遇和条件、提出了新的要求和挑战。发达地区要坚持把改革作为强大动力，深入推进重点领域和关键环节改革，加快构建有利于科学发展的体制机制；要巩固发展开放型经济特色和优势，加快转变外贸发展方式，积极推进沿海开发开放，吸引更多金融资本、优质要素向沿海集聚，加快培育沿海新的经济增长极。

全国人大常委会委员长吴邦国参加十一届全国人大五次会议安徽代表团审议

代表们围绕培育战略性新兴产业、发展实体经济、统筹城乡发展等争相发言，吴邦国认真倾听，不时插话同大家讨论。

在仔细听取张宝顺、吴存荣、王亚非等代表发言后，吴邦国发了言，表示完全赞同政府工作报告，并对安徽省的工作给予充分肯定。他指出，过去的一年，我国社会主义现代化建设取得新的重大成就，实现了“十二五”时期良好开局。这些成绩来之不易，是以胡锦涛同志为总书记的党中央科学决策、正确领导的结果，是全国上下齐心协力、顽强拼搏的结果。今年是我国发展进程中具有特殊重要意义的一年，我们党将召开具有重大而深远意义的第十八次全国代表大会。做好全年各项工作，保持经济社会发展良好势头，具有十分重要的意义。我们要把思想和行动统一到中央对形势的分析判断和对工作的整体部署上来，深入贯彻落实科学发展观，牢牢把握稳中求进的总基调，结合实际创造性地开展工作，努力实现经济平稳较快发展，保持社会和谐稳定，以优异成绩迎接党的十八大胜利召开。吴邦国在发言中着重强调了三点：

一要在转变经济发展方式上取得新进展。要把中央关于转方式、调结构的决策部署真正落实到具体措施上、体现在实际工作中，着力扩大内需特别是消费需求，把重点更多放在保障和改善民生、加快发展服务业、提高中等收入者比重上来，推动经济增长更多依靠内需拉动；着力加快科技进步和自主创新步伐，引导支持创新要素向企业聚集，促进产业结构优化升级，推动经济增长更多依靠创新驱动；着力推进节能减排，强化法律规范和政策引导，淘汰落后产能，发展绿色产业和循环经济，推动经济增长建立在可持续发展基础上。

二要在深化改革开放上取得新突破。要着眼于解决制约经济社会发展的深层次矛盾和问题，加强改革顶层设计和总体规划，努力在一些重点领域和关键环节取得突破，加快形成有利于科学发展的体制机制。要深化财税体制改革，深入研究收入分配体制改革总体方案，继续深化国有企业改革，把国有企业做优做强，深化金融体制改革，积极培育面向小型微型企业和“三农”的金融机构，加快落实促进非公有制经济健康发展的政策措施，完善促进民间投资体制。

三要在改善民生上取得新成效。要正确处理发展经济和改善民生的关系，把保障和改善民生放在更加突出位置，加大财政投入力度，切实办好涉及民生的大事要事，加大大别山区扶贫工作力度，重点加强对困难群众的帮扶，保障他们的基本生活。要加强和创新社会管理，妥善解决群众合法合理诉求，努力从源头上预防和减少矛盾，维护社会和谐稳定。

全国政协主席贾庆林参加十一届全国人大五次会议北京代表团审议

在听取郭金龙、王云峰、闫傲霜等代表发言后，贾庆林说，温家宝总理所作的政府工作报告，通篇贯穿了科学发展这个主题和加快转变经济发展方式这条主线，突出了稳中求进的工作总基调，体现了保障和改善民生、促进社会公平正义的政策导向，是一个求真务实、开拓奋进、鼓舞人心的好报告。

贾庆林指出，2011 年，北京市委、市政府坚决贯彻中央的决策部署，加快转变经济发展方式，大力实施

“人文北京、科技北京、绿色北京”战略，积极推进创新驱动，加快城乡一体化步伐，首都各项事业迈上了新的台阶。特别是，下决心对汽车实行限购政策，对房地产市场实行严格的调控措施，对首钢涉钢产业实行全面停产，经济结构进一步优化，呈现出速度、结构、质量、效益协调发展的新格局。

贾庆林强调，今年是“十二五”时期承前启后的重要一年，下半年将召开党的十八大，做好北京的各项工作意义十分重大。要认真贯彻中央的决策部署，牢牢把握稳中求进的工作总基调，全力推进科技创新和文化创新，着力加强节能减排和生态环境建设，切实保障和改善民生，促进经济平稳较快发展和社会和谐稳定，以优异成绩迎接党的十八大胜利召开。

贾庆林指出，加快转变经济发展方式，推进经济结构战略性调整，这既是一个长期过程，也是当前最紧迫的任务。要大力发展实体经济，坚持以制造业特别是高端制造业为主体，坚持以促进中小企业发展为基础，坚持以增强科技创新能力为支撑，引导人才和资金更多投向实体经济，妥善处理好实体经济与虚拟经济的关系，使虚拟经济更好地服务于实体经济发展。要积极推进生态文明建设，大力开展植树造林，全面防治大气污染，综合运用经济、法律和必要的行政手段，突出抓好工业、交通、建筑等重点领域节能减排，大力发展天然气等清洁能源，进一步降低单位产值的能耗、水耗和污染物排放水平，不断增强可持续发展能力。特别是要按照新修订的《环境空气质量标准》的要求，采取更有力的措施，做好细颗粒物（PM2.5）的监测治理工作，切实改善首都空气质量。要坚持统筹城乡发展的方针政策，推动投资重点、建设重点、发展重点向郊区转移，促进高端要素向郊区转移、聚集，加大城乡结合部改造力度，大力发展都市型现代农业，让更多的农民就地城镇化，加快实现城乡一体化新格局。

中共中央政治局常委李长春参加十一届全国人大五次会议四川代表团审议

李长春在发言中说，温家宝总理所作的政府工作报告，牢牢把握了主题主线，牢牢把握了稳中求进的总基调，是一个抓改革、促发展、惠民生、求实效的好报告，完全赞成这个报告。

李长春对四川灾后恢复重建和经济社会发展取得的成就给予充分肯定。他说，汶川特大地震3年多来巴蜀大地的历史性变化，生动展示了中国特色社会主义集中力量办大事和“一方有难八方支援”的制度优越性，彰显了中国共产党以人为本、执政为民理念，是加强社会主义核心价值体系建设的宝贵资源。要大力宣传抗震救灾与恢复重建的巨大成就，使之成为激励全国各族人民战胜一切艰难险阻、夺取全面建设小康社会新胜利的强大精神动力。

李长春指出，当前四川经济社会发展已经站在一个新的历史起点上。他希望四川坚持突出主题、贯穿主线，深入挖掘、总结推广抗震救灾和恢复重建的宝贵经验，进一步提高自主创新能力，深化改革，扩大开放，加快建设西部经济发展高地，加快从经济大省向经济强省跨越。

李长春强调，党的十七届六中全会提出了坚持社会主义文化发展道路、建设社会主义文化强国的战略任务，为推动社会主义文化建设提供了宝贵历史机遇。政府工作报告也对促进文化大发展大繁荣作出了新部署、提出了新要求。我们一定要认真贯彻中央决策部署，紧紧抓住和用好文化繁荣发展的黄金机遇期，进一步兴起贯彻落实全会精神新高潮，加快构建覆盖城乡的公共文化服务体系，加快文化体制改革步伐，大力发展文化产业，使之尽快成为国民经济支柱性产业，加大对文化产品创作生产的引导，多出精品力作，推动文化改革发展实现新跨越、开创新局面，以优异成绩迎接党的十八大胜利召开。要深入开展学雷锋活动，与建设社会主义核心价值体系结合起来，与弘扬伟大抗震救灾精神结合起来，使之成为群众自我学习、自我教育、自我提高的大课堂，为推动科学发展、促进社会和谐提供强大力量。要继续发扬优良传统，深入开展民族团结进步宣传教育，不断巩固各民族共同团结奋斗、共同繁荣发展的大好局面。

国家副主席习近平参加十一届全国人大五次会议上海代表团审议

习近平指出，温家宝总理所作的政府工作报告，充分体现了中央经济工作会议精神和“十二五”主题主线要求，充分体现了以人为本、执政为民和对人民高度负责精神，凝聚人心、催人奋进。他表示完全赞成这个报告。

习近平说，过去的一年，上海坚决贯彻党中央、国务院各项决策部署，深入贯彻落实科学发展观，扎实推进创新驱动、转型发展，在发展方式转变和经济结构调整上取得新成效，在发展成果惠及全体人民上取得新进步，在提高党的建设科学化水平上取得新进展。他对上海去年各项工作取得的新成绩新进步表示祝贺。

习近平指出，今年，我们党将召开十八大，上海市委也要换届。做好今年各项工作，要全面把握中央提出的稳中求进的工作总基调，坚定信心、攻坚克难、开拓前进。上海在国家改革发展稳定大局中占有重要位置，希望上海的同志们再接再厉，扎实工作，保持经济平稳较快发展，保持物价总水平基本稳定，保持社会大局稳定，在转变经济发展方式上取得新进展，在深化改革开放上取得新突破，在改善民生上取得新成效，以经济社会发展的优异成绩迎接党的十八大胜利召开。

习近平要求上海坚定不移走科学发展之路，继续扎实抓好转型发展。进一步在全市各级干部中形成一个共识：不能以牺牲环境和资源为代价、不能以积累社会矛盾为代价、不能以增加历史欠账为代价一味追求快速发展；进一步在全市各级干部中坚定一个信念：在坚持科学发展道路上即使遇到的困难有千万重，抓好创新驱动、转型发展一刻也不能松，在保持经济平稳较快发展过程中，加快建设“四个中心”，加快智慧城市和郊区新城建设以及生态文明建设。

习近平要求上海加快改革创新步伐，把创新驱动真正落到实处。要抓住和用好重要战略机遇期，总结和运用成功经验，保持敢闯敢试劲头，坚持社会主义市场经济改革方向，围绕建立有利于科学发展和转变经济发展方式的体制机制，尽快在一些重要领域和关键环节的改革上取得突破，努力形成上海发展新优势。要进一步形成以深化改革带动创新发展的鲜明导向，着力培育创新文化，推动创新型经济蓬勃发展、创新型人才加速集聚、创新环境不断优化、创新活力充分释放。要突出科技创新，突出高端引领，突出企业在技术创新中的主体地位，突出制度创新。他还要求上海在实现创新驱动方面，着力抓好创新人才培养，坚持面向现代化、面向世界、面向未来，花大气力、下硬功夫从基础教育抓起，从孩子抓起。

全国政协副主席王刚在北京会见列席全国政协十一届五次会议的海外侨胞

王刚在会见时说，长期以来，广大海外侨胞心怀故土、情系桑梓，以各种形式支持祖国建设和发展，发挥了独特作用，作出了重要贡献。实践充分证明，广大海外侨胞是我国改革开放和社会主义现代化建设的重要资源，是促进祖国和平统一的重要力量，是增进中国人民与各国人民友好交往的重要桥梁。

王刚指出，邀请海外侨胞列席全国政协大会，充分体现了祖国对几千万海外侨胞的高度重视和特殊关怀，也为海外侨胞了解祖国经济社会发展情况、服务国家现代化建设提供了重要渠道和平台。王刚希望列席大会的海外侨胞珍惜政治荣誉，把握难得机会，深入了解我国的国情政务和社情民意；发挥自身优势，积极建言献策，为推动国家经济社会又好又快发展贡献聪明才智；加强交流沟通，增进彼此友谊，在政协大家庭中相交相知，共谋伟大祖国繁荣发展的美好未来。

全国政协副主席万钢出席会见活动。

中印边境事务磋商和协调工作机制第一次会议在北京举行

会议于3月5日至6日举行。会议期间，外交部副部长傅莹会见了印方代表团。

双方就当前中印边境地区形势、保持边境地区和平稳定以及加强边境地区交往合作等议题进行了深入讨论，并取得积极成果。双方一致表示，保持和促进中印边境地区和平安宁符合两国的共同利益。当前，中印边境形势总体稳定。双方将按照两国领导人有关共识的要求，充分发挥工作机制作用，进一步加强沟通，增进互信，扩大合作，共同维护两国边境地区和平安宁。中方代表团团长为外交部边海司司长邓中华。双方商定工作机制第二次会议将在印度举行。

中印边境事务磋商和协调工作机制由温家宝总理于2010年12月访印时提议建立，负责从外交层面处理两国间的重要边境事务。2012年1月17日，两国政府代表就建立这一机制签署了协定。

3月6日

国家主席胡锦涛致电俄罗斯总统普京就中俄双边关系及重大国际和地区问题深入交换意见

胡锦涛表示，近年来，在双方共同推动下，中俄关系快速发展，硕果累累。双方建立了完备的会晤磋商机制，保持着高水平的政治互信；制定并签署了《中俄睦邻友好合作条约》等法律文件，为两国关系发展奠定了牢固法律基础；两国经贸合作发展迅速，一批战略性合作项目顺利实施；中俄国家年、语言年等大型人文交流活动成功举办；双方在国际舞台和地区事务中也保持着良好协调和配合，为维护世界和地区和平安全、促进共同进步发展作出了积极贡献。

普京表示，中国是俄罗斯的好邻居、好邻邦、好朋友，两国关系建立在两国根本利益的牢固基础上，发展水平是前所未有的。目前，两国各领域务实合作不断加强，在重大国际问题上保持密切沟通和协调。俄罗斯政府和人民高度重视发展对华关系，愿意同中方一道，加强经贸、科技、能源、航天等各领域务实合作，促进人文交流和民间交流。在复杂多变的国际形势下，俄中两国合作为世界和平稳定发展发挥着重要作用。

国务院总理温家宝参加十一届全国人大五次会议甘肃代表团审议

温家宝说，这些年，我对甘肃讲得最多的是生态建设，一直重点关注民勤治沙、敦煌保护、祁连山冰川保护和黑河石羊河治理这几件事。我多次讲过，决不能让民勤成为第二个罗布泊，决不能让敦煌成为第二个楼兰。经过不懈努力,现在都取得了一定成效。民勤地下水位由逐年下降转为局部回升,青土湖在干涸50多年后有了10平方公里水面;石羊河治理近期目标已经完成;敦煌月牙泉水位从2008年起开始回升;黑河累计向阿拉善调水100多亿立方米,东居延海水域面积超过了上世纪50年代水平,下游额济纳旗生态环境明显好转。这些成绩,不仅对甘肃长远发展,而且对全国生态建设,都具有十分重要的意义。

温家宝说,这些年,在甘肃干部群众努力下,甘肃的扶贫开发、农业发展、特色产业、结构调整、教育等,都有很大进展。特别是圆满完成了汶川地震灾后恢复重建任务,舟曲灾后重建顺利推进。总的看,甘肃经济社会发展的形势是好的。

温家宝说,甘肃的发展,是西部大开发的一个缩影。西部大开发是一个长期的过程,要按照科学发展观的要求,全面实施西部大开发新10年政策措施,加大政策支持力度和工作力度,提高西部地区综合经济实力和群众生活水平。要加快发展特色优势产业,努力把资源优势转化为经济优势,增强西部地区自我发展能力。要把保障和改善民生作为西部大开发的首要目标,大力发展社会事业,促进西部地区人民共享改革发展成果。要继续推进基础设施建设和生态环境保护,全面增强西部地区可持续发展能力,一年接一年、一代接一代地干下去,这样才能见到成效。

温家宝强调,改变一个地方的面貌,绝非易事。一定要有科学的态度和必胜的信心,有持之以恒和艰苦奋斗的精神,有排除万难的坚定决心。

全国政协主席贾庆林出席全国政协十一届五次会议中共界委员联组会并讲话

会上,委员们围绕做好政协工作、加快文化强国建设、制定实施海洋发展战略等积极建言献策。贾庆林认真听取委员们的发言,同大家共商国是。他指出,长期以来,中共界委员充分发挥表率作用,模范履行职责使命,为推进人民政协事业发展和服务党的总目标总任务作出了重要贡献。贾庆林强调,做好今年的政协工作影响深远,发挥好政协组织中共产党员的先锋模范作用至关重要。中共界委员要深入贯彻落实中央的决策部署,进一步增强党员意识、委员意识,更加忠实地履行职责,更加积极地做好工作,真正成为合作共事的模范、发扬民主的模范、求真务实的模范、廉洁奉公的模范,以优异成绩迎接党的十八大胜利召开。要坚持正确的政治方向,在贯彻党的路线方针政策上发挥先锋模范作用,把党的重大决策和工作部署贯彻到人民政协全部工作中去,使党的主张成为参加人民政协的各党派团体和各族各界人士的广泛共识;把握稳中求进的总基调,在围绕中心、服务大局上发挥先锋模范作用,多为保持经济平稳较快发展献计出力,多为保障和改善民生提供有针对性的意见建议,提高为加强和创新社会管理服务的针对性和实效性,积极协助党和政府做好工作;搞好合作共事,在巩固和发展我国多党合作事业上发挥先锋模范作用,促进中国共产党与各民主党派、无党派人士的团结合作,进一步巩固党的执政基础和扩大党的群众基础,推动新形势下统一战线和人民政协事业不断向前发展。

国务院副总理李克强参加十一届全国人大五次会议辽宁代表团审议

李克强强调,今年要按照中央的决策部署,坚持稳中求进,处理好速度、结构、物价三者关系,加快转变经济发展方式和调整经济结构,着力提高发展的质量和效益,促进经济社会协调发展。

李克强对辽宁省过去一年经济社会发展取得的显著成绩给予充分肯定。他指出,改革开放是推进老工业基地全面振兴的必由之路。要进一步采取改革措施,破除制约发展的体制机制障碍,努力在重点领域和关键环节改革上取得突破,推动产业加快转型升级,不断壮大实体经济;适应对外开放的新趋势,在扩大开放条件下扩大内需,发挥沿海经济带的带动作用,积极参与国际市场竞争,提高对外经贸与投资的质量和水平,建设面向东北亚、带动东北地区对外开放的新高地,形成沿海和内地良性互动、中心城市和县域经济相互支撑的格局。

李克强说,要全面振兴老工业基地,必须同步推进工业化、城镇化和农业现代化,实现"三化"协调发展。工业化不仅是发展工业,也包括发展服务业。要大力发展装备制造业,增强创新能力,提升工业制造能力和水平。要加快发展服务业特别是生产性服务业,促进服务业与工业融合发展。要积极稳妥推进城镇化,把符合条件的农村转移人口逐步转为城镇居民,增强就业容纳能力,提高资源节约集约利用和生态环境保护水平,发挥城镇化对拉动经济的潜力和作用。在工业化、城镇化过程中要更加重视农业现代化,切实加强"三农"工作,支持提高重要农产品特别是粮食综合生产能力,改善农村生产生活条件,促进农业发展和农民增收。

李克强指出,推进老工业基地全面振兴,要突出持续改善民生。要针对就业、社保、教育、医疗、住房等领域的实际问题,继续实施好一批重大民生工程,提高基本公共服务水平。深化收入分配制度改革。重视解决城乡二元结构以及"城市内部二元结构"问题,加快棚户区改造步伐,推进公租房等保障房建设,解决好低收入和中等偏下收入群众的住房困难。进一步深化医药卫生体制改革,完善全民基本医保制度,为人民群众提供更好的基本医疗卫生服务。

李克强希望辽宁抓住机遇,乘势而上,发挥自身特色和比较优势,推动转型创新,努力实现经济增长、居民收入和发展效益同步,使群众切实感受和分享发展的成果,进一步推进老工业基地全面振兴。

中央纪委书记贺国强参加十一届全国人大五次会议湖南代表团审议

贺国强说,去年以来,在以胡锦涛同志为总书记的党中央领导下,党和国家各项事业在攻坚克难、拼搏奋进中取得了新的重大成就。温家宝总理所作的政府工作报告,系统总结了去年的政府工作,明确提出了今年政府工作的总体部署和主要任务,是一个求真务实、开拓进取、鼓舞干劲、催人奋进的报告,我完全赞成。

贺国强说,近几年来,湖南全省上下抢抓机遇、开拓进取、真抓实干,各项事业都在过去基础上又上了一个新台阶。从2007年到2011年,全省地区生产总值、财政总收入、进出口总额等重要指标都翻了一番。这说明湖南经济社会发展不仅速度是快的,质量和效益也是好的。

贺国强重点就进一步加快湖南发展需要把握好的几个问题,和与会代表进行了交流。他指出,湖南能有今天的好局面好势头,很大程度上得益于解放思想,得益于改革开放;加快湖南发展步伐,首要的一条也是要进一步解放思想、深化改革。要发扬湖南敢为人先、敢闯敢试的优良传统,进一步更新观念、锐意创新,不断研究探索深化改革的新举措、推动发展的新途径、维护稳定的新办法,切实以思想解放和观念转变推动经济社会又好又快发展。贺国强指出,要把调整经济结构作为加快湖南发展的根本途径,以推进新型工业化为重点加快产业结构调整,以推进新型城镇化为重点加快城乡区域结构调整,以推进“两型社会”建设为重点加快生态建设和环境保护,着力提高湖南经济社会发展整体水平。贺国强指出,要加快教育、科技、文化事业发展,充分发挥历史传统和现有优势,着力提升湖南文化软实力,加快建设教育强省、科技强省、文化强省。贺国强强调,要切实加强领导班子和干部队伍建设,教育和引导各级干部进一步增强政治意识和大局意识,树立求真务实、真抓实干的作风,自觉维护和促进班子团结,始终保持清正廉洁,为湖南改革发展稳定提供坚强的组织保证。

贺国强指出,3月5日是毛主席作出“向雷锋同志学习”号召的纪念日。雷锋精神教育和激励了几代人,已经成为我们民族精神的重要组成部分,永远也不会过时。当前,全国正在广泛深入地开展学雷锋活动。湖南作为雷锋同志的家乡,尤其要把学雷锋活动作为弘扬社会主义核心价值体系的重要内容,并使之经常化,不断赋予新的内涵,让雷锋精神常学常新、代代传承。

十一届全国人大五次会议在人民大会堂举行记者会就中国外交政策和对外关系答记者问

杨洁篪:各位记者朋友,大家上午好。很高兴在这里跟大家见面。温家宝总理在政府工作报告中已经就中国外交政策和对外工作作了全面阐述。我在这里很乐意回答大家的提问。

中央电视台记者:过去十年,国际形势风云变幻,中国外交经受了接连不断的考验。您如何看待中国过去十年的外交工作?今年某些地区和国家对峙与冲突依然持续,您认为中国外交该如何应对新的挑战?您对今年外交有何展望?

杨洁篪:我想今天的答问从回顾中国外交十年的情况开始,以近知远,这是很有意义的。

这十年外交工作既是世界大发展大变革大调整的十年,也是中国外交奋发进取,取得丰硕成果的十年。在以胡锦涛同志为总书记的党中央领导下,中国外交坚定服务大局,妥善应对乱局,积极开创新局,为中国经济和社会发展创造了有利外部环境。

我想十年的外交工作可以如下概括:

一是“谋大局”。始终把国家的主权和安全放在首位,积极为国内经济社会发展服好务,同时要有力地维护海外中国公民和法人的正当权益,坚定维护国家的主权安全和发展利益。

二是“求合作”。加强同世界各国和国际及地区组织的友好合作,政治、经济、文化互动,双多边结合,开创同各国合作共赢的新局面。

三是“促改革”。积极参与全球治理,引导国际体系和国际格局朝着更加有利于广大发展中国家的方向发展,扩大中国和广大发展中国家在国际事务中的代表权和影响力。

四是“树形象”。借助我国领导人出访和外国领导人来访,借助北京奥运会、上海世博会等重要平台,积极开展公共和人文外交,增进中外人民之间的友谊,充分展示中国文明、民主、开放、进步的形象。

五是“做贡献”。就是积极维护世界和平,促进共同发展。我们已经日益成为解决国际地区热点问题的建设性参与者和拉动世界经济增长的重要贡献者。

当前,国际形势的变化深刻复杂,和平、发展、合作的时代潮流更加强劲。但与此同时,国际金融危机深层次的影响正在显现,世界经济复苏缓慢。气候变化、能源安全、粮食安全等问题也相当突出。这些问题都会对今后一个时期的国际形势发展和外交工作产生深刻的影响。

今年我们要继续开展全方位、多层次、宽领域外交工作，要坚持统筹国内国际两个大局，不断推进外交实践和理论创新，为迎接党的十八大胜利召开、为全面实施“十二五”规划作出积极贡献。

具体来讲，我们今年外交工作的重点：

一是要服务发展。就是要围绕为我国加快转变经济发展方式服好务这条主线，妥善应对外部各种风险和挑战，为我们国家的经济和社会发展争取更多有利的外部环境。

二是维护和平。坚定维护国家主权和安全，更加积极地倡导通过对话、协商、谈判的方式来处理和解决国际和地区问题，特别是热点问题，发挥中国负责任的大国作用。

三是促进合作。我们要进一步加强同世界各国、各个国际和地区组织之间的友好合作，深化共同利益，携手应对全球性挑战，以更好地维护世界和平，促进共同发展。

俄罗斯新闻社记者：您对近日在俄罗斯举行的总统大选有什么评价？中方对中俄战略协作伙伴关系的发展有什么考虑？另外，今年中国是上海合作组织轮值主席国，将承办上合组织2012年峰会，中方对此有什么考虑？对上合组织的发展有什么期待？

杨洁篪：我们注意到，3月4日俄罗斯已经顺利地举行了总统大选。胡锦涛主席已经向当选总统普京发去贺电。我们预祝俄罗斯人民在国家富强和民族振兴道路上取得更大的成就。

中国政府将坚定不移地同俄罗斯一起，推进中俄全面战略协作伙伴关系，全面加强两国务实合作。

今年的中俄关系可以概括为“一个中心，五个重点”。“一个中心”就是全面贯彻落实未来十年中俄关系的发展规划。“五个重点”：一是搞好今年双方高层接触和互访；二是加大相互在政治上的支持；三是进一步推进双方在经贸、能源、科技、地方和基础设施等方面的互利合作；四是加强双方人文交流，特别是要办好俄罗斯旅游年；五是密切双方在国际和地区事务中的合作。我们相信通过双方努力，中俄全面战略协作伙伴关系一定会结出更加丰硕的果实。

今年是上合组织的“睦邻友好年”，也是上合组织第二个十年的开局之年，中方将主持今年上海合作组织峰会，主题是深化睦邻友好、规划组织未来。这次会议主要议题为三项：一是深化上合组织各项友好合作措施，制定上合组织未来十年发展战略；二是部署下一阶段务实合作，特别是要建立多边合作的融资保障机制；三是就国际和地区形势进行讨论，特别是要讨论完善上合组织应对威胁本地区和平、安全、稳定事态的措施。我们相信这次会议一定会对上合组织的发展起到承前启后、继往开来的作用。

关于上合组织发展的未来，我认为各方会进一步地发掘毗邻优势，加强地区安全稳定方面的合作，进一步加强本地区的互联互通和人文交流，以造福各国人民。

美国华尔街日报记者：中国是否将美国把战略中心转向亚洲看作是对中国构成威胁？如果是的话，中国将采取什么样的反制措施来抗衡？另外，考虑到中美两国在伊朗、叙利亚以及其他问题上存在一些分歧，两国应该采取什么样的措施来加深互信？

杨洁篪：我认为有必要先就中美关系的总体情况阐述一些看法。

今年是中美《上海公报》发表40周年。40年来，中美关系经历了风风雨雨，但总的态势是不断地向前发展，双方交往合作的大门越开越大。中美交往史已经深刻揭示：中美和则两利、斗则俱伤。保持中美关系健康稳定发展是两国的共同责任，也符合国际社会的根本利益。我认为即使中美之间存在一些分歧和矛盾，但总的发展势头是向前的，而不是后退的。

胡锦涛主席去年对美国进行了成功的国事访问，同奥巴马总统就共同建设中美相互尊重、互利共赢的合作伙伴关系达成了重要共识。一年多来，胡锦涛主席、温家宝总理同奥巴马总统进行了多次重要会晤。上个月，习近平副主席对美国进行了成功访问，有力地推进了两国合作伙伴关系的建设。

我们一直认为应该坚持从战略高度和长远角度来看待和处理中美关系，牢牢把握两国合作伙伴关系的大方向。双方应该始终坚持中美三个联合公报和中美联合声明的原则，切实尊重彼此核心利益和重大关切。美方尤其要恪守承诺，慎重、妥善处理台湾、涉藏等涉及中国核心利益的问题。双方应该继续通过高层互访和接触，比如中美战略与经济对话等渠道来加深沟通协调，增进战略互信，排除各种干扰，建立起大国之间良性互动、合作共赢的新局面。

亚太是中美利益交汇最集中的地区。这一地区总的态势是什么？大家可以分析一下。我认为谋和平、求合作、促发展是本地区的大势所趋、人心所向，不可阻挡。中国在国际社会中跟其他各国，无论是大国小国、弱国强国、贫国富国，都是平等的一员。中国的道路条条通向亚太，条条通向世界。我们愿意同各国合作，共同建设一个更加美好、更加平等的世界。我认为有关各方都应该致力于亚太地区的和平稳定，致力于本地区的发展繁荣。我们希望并欢迎美国在这一地区发挥建设性的作用。当然,我们也希望美国尊重中国的利益和关切。我们愿意同美国和本地区的其他国家一起,共同建设一个更加稳定、发展的亚太地区。

在叙利亚和伊朗问题上,中美之间保持着密切的沟通。总之,中东地区的和平、稳定和发展,符合中东地区人民根本利益,也符合国际社会根本利益。这是我们处理中东有关问题的出发点和立足点。

你刚才提到叙利亚、伊朗,我就先谈谈伊朗问题。在伊朗核问题上,我们反对中东任何国家,包括伊朗,研发和拥有核武器。同时,我们认为所有国家都有在遵守义务的前提下和平利用核能的权利。我们认为,应该通过对话而不是对抗,通过合作而不是制裁来妥善地处理和解决这个问题。我们反对单边制裁,国际上多数国家普遍持这个立场。同时,我们非常重视六国同伊朗磋商谈判的机制,这六国里面就包括中国和美国。在这个机制中,我们同美国、俄罗斯、欧盟等国家和有关组织保持着密切的沟通和协调。我们希望能够尽早地举行下一次会谈,以推进解决伊朗核问题的进程。

中央人民广播电台记者:从去年年底以来,中国与周边国家领导人密集互访、互动频繁。同时有人认为,一些周边国家同中国围绕领土和海洋权益的争议在升温。还有一些国家对中国国力增长和外交姿态的担忧也在上升。您如何评价中国与周边国家的关系?中国将如何处理和解决同一些周边国家存在的争议?

杨洁篪:看中国和周边国家的关系,我认为应该看发展的大趋势,这种关系发展的根本趋势是好的。中国奉行与邻为善、以邻为伴的周边外交政策,致力于深化同亚洲国家的互利合作。当前,我们同亚洲国家关系的发展态势是好的,充满着各种积极的因素。

一是高层交往“密”。去年,中国和绝大多数亚洲国家都进行了高层互访。以东盟国家为例,我们跟东盟国家之间高层互访超过50起。这些高层交往对于促进双方相互了解、友好合作发挥了不可替代的引领作用。

二是利益融合“深”。你刚才讲到,有些周边国家担心中国的国力日益强大,我倒觉得他们是担心中国发展速度太慢。我最近访问了一些亚洲国家,他们希望中国经济保持现在的这种良好状态,能够进一步发展,这有利于双方经贸和其他领域的互利合作,造福于中国和有关国家的人民,何乐而不为?

这个世界是一个很不平衡的世界,有人拿着大喇叭,有人只有小喇叭,有人没有喇叭。但是我始终认为数字比喇叭重要。中国现在已经成为周边大多数国家最大的贸易伙伴,去年我们同亚洲国家贸易总额超过1万亿美元,我们在亚洲地区投资近200亿美元。中国和亚洲国家在科技、金融、能源、基础设施等领域合作的广度和深度都是前所未有的。

三是相互协作“多”。我们同亚洲国家在处理重大国际和地区问题、推进区域合作、妥善应对国际金融危机、抗击大自然灾害等方面携手努力、共同合作。

四是人文交流“亲”。去年,我们同许多亚洲国家都举办了友好年、青年大联欢,见证了中国人民和亚洲各国人民的深情厚谊。

对于同周边部分国家存在的一些矛盾和分歧,我们致力于通过对话协商,和平解决这些争议。同时,我们也希望有关各方尊重中国的正当权益,与中方相向而行,避免可能导致局势复杂化的言行,共同推动亚洲稳定、发展与进步。中国同有关国家在这方面已经取得了进展,过去一段时间里,就和平解决争端、共同推进互利合作达成了一系列重要共识。

这里我要特别提一下南海问题。中方一贯主张以事实为基础,根据国际关系基本准则,由直接当事国通过谈判妥善解决南海争议。在争议解决之前,可以“搁置争议、共同开发”。中国同有关国家就和平解决争议、推进南海务实合作达成了一系列重要共识,当然还有很多工作要做。我还想指出,我们同东盟国家就《南海各方行为宣言》指导方针达成一致。总之,我认为中国和有关国家有能力、有智慧处理好南海问题,共同维护南海地区的和平与稳定。

新华社记者:刚才您对过去十年的外交工作进行了回顾,我想问个向前看的问题。您认为在今后十年,世界将会发生哪些重要变化?中国又会发挥怎样的作用?

杨洁篪:今后十年是我国和平发展极为重要的十年。我们将庆祝中国共产党成立100周年,将实现全面建成小康社会的宏伟目标。同时,有必要指出,判断一个国家的综合经济实力,不仅仅是用一个指标,而是要用一个指标体系;不仅仅是用一个总量指标,而是要用多个结构性指标。中国作为发展中国家的基本属性没有改变,中国基本实现现代化还有很长的路要走。我们充满信心,我们会实现我们的目标,但是我们对形势、对要走的路也有着非常客观的判断。我们不妄自菲薄,也不好为人师。

今后十年将是世界上一系列趋势性、格局性变化加速发展的十年,将是各方密切互动、变中求治的十年。有四个大的趋势特别值得重视:

一是谋发展的势头更加强劲。各方更加注重转变经济发展方式,在经济全球化背景下,努力扩大自身参与全球经济合作和竞争的新优势。

二是世界多极化趋势更加明朗。发展中国家整体实力将增强,国际力量对比将向着相对均衡的方向发展。

三是围绕国际体系变革的竞争与合作更加深入。各方力求对国际规则和国际秩序的调整演变施加更大影响。全球治理和现行国际体系变革会继续稳步推进。

四是国际和地区热点以及全球性问题会更加突出,有的热点问题会继续升温。气候变化、能源资源、粮食安全等问题会层出不穷,恐怖主义等全球性问题依然存在。各国之间相互依存、利益融合度将会继续上升。我相信,同舟共济、共克时艰的理念会更加深入人心。

综合各方面因素,我认为今后十年我国外部环境中的有利因素和不利因素会叠加交织,险和难、时与势是一个问题的两个方面,机遇与挑战并存,并且可能相互转化。总体上看,对我国来讲机遇仍然大于挑战。我们国家仍然处于发展的重要战略机遇期。

中国将坚持奉行独立自主的和平外交政策,坚持走和平发展的道路,坚持互利共赢的开放战略,坚持同各国共同建设持久和平、共同繁荣的和谐世界。我们特别主张合作共赢,就是说在寻求自身利益的同时,要考虑别国的利益,要相互照顾,权责共担,弘义融利。要共同努力,推动国际秩序向着更加公正合理的方向发展,建设一个更加美好的世界。

印度报业托拉斯记者:我想问的问题是,新兴市场国家和许多发展中国家快速发展对国际格局有什么影响?金砖国家领导人即将在本月举行会晤,中国对这次会晤有什么期待?另外不久前您对印度进行了访问。访问期间,您与印方领导人广泛交流了看法,还就加强海上合作等达成了共识。请您评价一下现在的中印关系以及中印之间存在的问题。

杨洁篪:当前世界一大批新兴市场和发展中国家快速发展,这对推动国际秩序朝着公平合理方向发展是极为有利的。去年在我国三亚举行的金砖国家领导人第三次会晤是十分成功的。我相信不久将在印度举行的第四次金砖国家领导人会晤也会取得圆满成功。

就中方来讲,我们希望此次会议取得三方面的成果:一是要促增长,就是要增强世界经济增长的信心,为全球经济复苏增添新的动力;二是要促稳定,就是要发挥金砖国家在国际事务中的重要作用,促进地区局势缓和与稳定;三是要促合作,就是要推进成员国之间在经济、金融等方面的务实合作,为各国人民乃至世界人民带来更多好处。

最近我访问了印度,主要目的是为我国领导人出席金砖国家领导人第四次会晤作准备,同时也为了推进中印关系。我感到中印双方都希望两国关系能健康、稳定发展,都希望加强交流,增进互信,开拓合作。我同贵国外长就保持两国高层交往势头、推进中印各领域务实合作、加强人员往来、推进人文交流等都达成了一致意见。我认为我们要按照两国领导人的共识来努力做好具体工作,包括进行海上合作对话以及双方继续共同努力,维护边境地区和平与安宁。

日本经济新闻记者:今年是日中邦交正常化40周年。请问您对当前日中关系有何评价?对进一步发展两国关系有何考虑?日本和中国之间有一些敏感问题,在这种情况下,您认为应如何增进日中战略互信、改善国民感情?作为今年日中韩合作的协调国,中方对日中韩合作有何评价?

杨洁篪:中日邦交正常化40年来,两国关系在各方面取得了长足进展。中国政府高度重视中日关系。我们主张双方应在中日四个政治文件的基础上,不断增进政治互信,扩大各领域务实合作,增进国民感情,推进中日战略互惠关系。

关于中日关系中存在的历史、钓鱼岛等敏感问题,我们希望日方充分认识到这些问题的复杂性和敏感性。这些问题关系到中日两国关系的政治基础和两国关系的大局。我们认为,日本方面要真正做到以史为鉴、面向未来,切实从两国关系大局出发,处理好这些十分敏感的问题。

我也认为有必要来谈谈如何增进战略互信和增进两国国民感情的问题。增进中日战略互信的关键是要从战略上正确客观认识对方的发展,真正视对方发展为机遇,把对方看作是自己发展的伙伴。2008年,胡锦涛主席访问日本时,同日本领导人一起发表了第四个中日政治文件。双方就"互为合作伙伴、互不构成威胁","相互支持对方的和平发展"等重大问题达成了重要政治共识。将这些共识转化为两国交往的实际行动,我想中日互信就能够不断深化。

我认为增进国民感情是一项系统工程,双方都要着眼长远,多层次地做工作,特别是要多做青年之间交流工作,使更多的人投入到中日友好的事业中。

今年中国是中日韩合作的协调国。温家宝总理将在中国与日本、韩国领导人举行第五次中日韩领导人会议。我们愿意同日本、韩国方面加强协调合作,深化相互间务实合作,深化社会人文交流,同时就一些重要国际地区问题交换看法。我们认为,各方应该努力来推进中日韩自贸区建设,深化三国面向未来的全方位合作伙伴关系。

中新社记者:您如何看待当前的朝鲜半岛局势?去年以来,有关各方围绕重启六方会谈进行了接触和沟通,您对重启六方会谈有何看法?不久,第二届核安全峰会将在韩国首尔举行,请问中方对此有何期待?

杨洁篪:维护朝鲜半岛和平稳定,实现半岛无核化,实现有关国家关系正常化,构筑东北亚和平安全机制，符合各方共同利益，也为国际社会所期待。现在，六方会谈已经成为探讨和解决上述问题的有效机制和重要平台。

我认为最近一段时间出现了各方良性互动的积极态势。作为六方会谈的主席国，中国一直在同各方保持密切接触和对话，做劝和促谈工作，取得了一些重要成效。同时，我们也欢迎其他各方彼此进行对话，比如最近朝美进行了对话。我们认为朝美对话取得了一些积极进展，对此表示欢迎。我们希望各方都凝聚智慧、排除干扰，共同为推进六方会谈的进程，为实现半岛无核化和东北亚长治久安发挥建设性作用。

第二届核安全峰会本月下旬将在首尔举行，中国领导人将应邀出席。峰会期间，各方将围绕加强核材料和核设施的安全，加强防范核恐怖活动进行讨论。我相信通过各方努力，这次会议也会制定新的加强核安全的具体措施。这样将有利于进一步凝聚国际社会在核安全方面的共识，为相关的国际努力注入新的动力。

香港凤凰卫视记者：现在国际社会最为关心的问题就是叙利亚问题。中国一直希望通过政治途径寻求和平解决，但是叙利亚的情况看起来好像并不太乐观。您对于未来中东局势有何看法？中国在这个问题上的看法和立场是否会影响中国和阿拉伯国家之间的关系？

杨洁篪：我们认为，中东地区形势正在发生一些重大变化，但是最了解这个地区情况的是中东人民，中东地区的问题主要应该由中东人民自己来解决，中东的前途命运应该掌握在中东人民手中。

长期以来，中国坚定支持阿拉伯国家和人民的正义事业，彼此建立了深厚的友谊。我们之间没有历史积怨，有的是越来越多的共同利益，有的是携手努力维护和平、促进发展的共识。

十个手指有长短。中国和一些阿拉伯国家有时在一些具体做法上可能不尽相同，但是在维护中东地区整体稳定和发展繁荣方面的目标是一致的。中阿合作是全面的、战略性的，双方之间的友谊是经得起风云变幻考验的。

关于叙利亚问题，正如各位所知，外交部负责人最近发表了谈话，提出了中方关于处理和解决叙利亚问题的六点主张和呼吁。中国领导人就此问题在不同场合阐述了中方观点，中国外交部有关官员也正在同各方交流看法，我本人也同一些方面的负责人通过电话或者当面交谈。实际情况是，中国的上述立场和主张，特别是最近外交部负责人发表的谈话，得到了国际社会普遍高度重视，得到了越来越多的理解和支持。

西班牙埃菲社记者：您怎么评价中欧关系？欧元还有未来吗？欧洲解决自己债务问题的努力是否会为中国投资带来机会呢？

杨洁篪：我认为中欧领导人最近举行的会晤取得了重要成果，中欧关系发展前景广阔。虽然欧元经历了不少困难，但是我们相信欧洲有能力、有智慧克服暂时的困难，解决债务问题，迎来新的发展。中国对欧洲一直抱有信心，我们一直以自己的方式来支持欧元和欧洲金融的稳定，我们愿意继续向欧洲投资，达到互利双赢的目的。

《人民日报》记者：近年来，中国同非洲国家关系的发展引起国际社会广泛关注，您如何评价当前的中非关系和中非合作？此外，有人认为中国在非洲的影响力在上升，请问中国在非洲事务中发挥了怎样的作用？

杨洁篪：非洲人民选择中国作为同他们真诚合作的伙伴，我们为此感到荣幸，我们也感到自己的责任重大。中国是发展中国家，愿意同广大非洲国家携手合作，共建美好未来。

要说中国在非洲的影响上升，不如说世界认为非洲面临着巨大发展机遇的共识在上升。我认为国际社会应该共同积极支持非洲的和平发展事业，共同积极支持非洲联合自强和自主解决本地区问题，共同积极支持非洲国家增强自主发展能力，共同积极支持非洲国家在国际事务中维护自身权益发挥更大作用。

记者会历时 1 小时 45 分钟，500 多名中外记者参加。

全国政协十一届五次会议举行记者会

全国政协常委、全国政协经济委员会副主任厉以宁，全国政协委员、中央财经领导小组办公室副主任、中央农村工作领导小组办公室主任陈锡文，全国政协委员、国家税务总局原副局长许善达，全国政协委员、全国政协外事委员会副主任、商务部原副部长马秀红，全国政协委员、中国工商银行行长杨凯生，全国政协委员、中国机械工业集团董事长任洪斌出席并回答记者提问。

7.5% 的增长目标符合稳中求进方针

“稳中求进的‘进’指的是什么呢？就是提高经济增长的质量。第一，我们要优化结构，经过调整后，使得我们的结构更加协调。第二，一定要让我们的经济在低碳化的过程中运行，要节能减排，加强环境保护。第三，我们一定要致力于改善民生，提高人民的生活。”厉以宁说。

厉以宁认为，要使经济增长上去并不难，加大投资、增加放款，就能使经济增长率上去，但这就违背了稳中求进的方针，所以说今年决定 GDP7.5% 的增速和

CPI控制在4%左右是合适的。

增加社保收支同时调减其他领域收支

许善达认为,目前政府收入占GDP的比重大约是35%,中国作为发展中国家,和一些发达国家相比,35%左右的水平已经不低了。

"问题在于我们的结构。我觉得收支结构里面,社保基金的比重过小,所以,目前的任务是在稳定税收总规模前提下调整结构,更多地增加社保的收入和支出,相应调减一些其他领域的收入支出,以合乎中国和谐社会发展的要求。"许善达说。

虽有不尽如人意之处,但是总体不断完善

马秀红介绍,2011年中国实际使用外资的金额超过了1160亿美元,同比增长了近10%,也创造了中国吸收外资的历史新高,这主要得益于中国投资环境的不断完善。

"我们的投资环境在公开透明的法律政策环境、高效便利的行政环境和平等竞争的市场环境方面都取得了很大的进展,但是也存在一些不尽如人意之处。"马秀红说,应该不断完善投资环境,为外资企业创造一个更加宽松和更加有利于发展的环境。

政府偿债能力比较充分,总体是可控的

杨凯生说,目前地方性政府债务和中央财政发行的国债两者相加总额为17.5万亿元,占我国GDP的比重是43%左右。这个数字比世界上一些国家的水平要低得多,"因此我认为总理所说的总体水平是可控的、安全的,这个说法是成立的。"

杨凯生介绍,以工商银行为例,2011年年末整体贷款不良率是0.94%,其中给地方政府融资性平台贷款的不良率是0.73%,低于整体贷款不良率的水平。因此,无论从宏观上看还是从微观上看,地方政府融资性平台的风险到目前为止是安全可控的。

防止实体经济不实、虚拟经济过虚

"实体经济创造真正的物质财富,现代经济发展到一定时期,虚拟经济需要对实体经济给予支持,但是虚拟经济的发展一定要以实体经济为基础,并且要以服务实体经济为前提。"任洪斌说。

任洪斌认为,作为实体经济的主体,制造企业一定要坚持有质量的增长,真正地把实体经济做实。现阶段中国的制造企业应该转变增长方式,要由规模扩张转向技术进步、劳动者素质提高以及管理创新等因素来驱动经济的内生增长,真正实现有质量的增长。

产量波动不足为奇,要避免大起大落

"经过8年的努力,我们年度的粮食产量增加了2810亿斤,应该说这是一个非常了不起的成就。"陈锡文说。

陈锡文表示,从这些年的经验来看,粮食增产很重要的一条就是要努力提高单位面积的产量。我们一定要采取各种各样的措施调动农民的生产积极性,加强农业的基础设施建设,促进农业科技进步。从中长期的趋势来看,通过不断努力,我国粮食产量还会保持向上增长的势头。

鼓励科学研究,但作为商品使用要慎重

陈锡文认为,转基因技术作为现代生命科学、生物科学的前沿领域是应当鼓励科学家去研究的,从长期看转基因技术可能对我们的育种方式有积极促进作用。但是直接作为商品让居民去消费,国家会非常慎重的。

"转基因的农产品,特别是人直接食用的产品关系到人的生命健康和安全,国家对它是非常慎重的。也就是说,不经过批准,任何单位都不能生产商品性转基因农产品,不许将转基因农产品拿到市场上销售,这个规定是很严格的。"陈锡文说。

国务院发出《国务院关于支持农业产业化龙头企业发展的意见》

各省、自治区、直辖市人民政府,国务院各部委、各直属机构:

农业产业化是我国农业经营体制机制的创新,是现代农业发展的方向。农业产业化龙头企业(以下简称龙头企业)集成利用资本、技术、人才等生产要素,带动农户发展专业化、标准化、规模化、集约化生产,是构建现代农业产业体系的重要主体,是推进农业产业化经营的关键。支持龙头企业发展,对于提高农业组织化程度、加快转变农业发展方式、促进现代农业建设和农民就业增收具有十分重要的作用。为加快发展农业产业化经营,做大做强龙头企业,现提出如下意见:

一、总体思路、基本原则和主要目标

(一)总体思路。坚持为农民服务的方向,以加快转变经济发展方式为主线,以科技进步为先导,以市场需求为坐标,加强标准化生产基地建设,大力发展农产品加工,创新流通方式,不断拓展产业链条,推动龙头企业集群集聚,完善扶持政策,强化指导服务,增强龙头企业辐射带动能力,全面提高农业产业化经营水平。

(二)基本原则。坚持家庭承包经营制度,充分尊重农民的土地承包经营权,健全土地承包经营权流转市场,引导发展适度规模经营;坚持遵循市场经济规律,充分发挥市场配置资源的基础性作用,尊重企业与农户的市场主体地位和经营决策权,不搞行政干预;坚持因地制宜,实行分类指导,探索适合不同地区的农业产业化发展途径;坚持机制创新,大力发展龙头企业联结农民专业合作社、带动农户的组织模式,与农户建立紧密型利益联结机制。

(三)主要目标。培育壮大龙头企业,打造一批自主创新能力强、加工水平高、处于行业领先地位的大型龙头企业;引导龙头企业向优势产区集中,形成一批相互配套、功能互补、联系紧密的龙头企业集群;推进农业生产经营专业化、标准化、规模化、集约化,建设一批与龙头企业有效对接的生产基地;强化农产品质量安全管理,培育一批产品竞争力强、市场占有率高、影响范围广的知名品牌;加强产业链建设,构建一批科技水平高、生产加工能力强、上中下游相互承接的优势产业体系;强化龙头企业社会责任,提升辐射带动能力和区域经济发展实力。

二、加强标准化生产基地建设,保障农产品有效供给和质量安全

(四)强化基础设施建设。切实加大资金投入,强化龙头企业原料生产基地基础设施建设。支持符合条件的龙头企业开展中低产田改造、高标准基本农田、土地整治、粮食生产基地、标准化规模养殖基地等项目建设,切实改善生产设施条件。国家用于农业农村的生态环境等建设项目,要对符合条件的龙头企业原料生产基地予以适当支持。

(五)推动规模化集约化发展。支持龙头企业带动农户发展设施农业和规模养殖,开展多种形式的适度规模经营,充分发挥龙头企业示范引领作用。深入实施"一村一品"强村富民工程,支持专业示范村镇建设,为龙头企业提供优质、专用原料。支持符合条件的龙头企业申请"菜篮子"产品生产扶持资金。龙头企业直接用于或者服务于农业生产的设施用地,按农用地管理。鼓励龙头企业使用先进适用的农机具,提升农业机械化水平。

(六)实施标准化生产。龙头企业要大力推进标准化生产,建立、健全投入品登记使用管理制度和生产操作规程,完善农产品质量安全全程控制和可追溯制度,提高农产品质量安全水平。鼓励龙头企业开展粮棉油糖示范基地、园艺作物标准园、畜禽养殖标准化示范场、水产健康养殖示范场等标准化生产基地建设。支持龙头企业开展质量管理体系和无公害农产品、绿色食品、有机农产品认证。有关部门要建立、健全农产品标准体系,鼓励龙头企业参与相关标准制定,推动行业健康有序发展。

三、大力发展农产品加工,促进产业优化升级

(七)改善加工设施装备条件。鼓励龙头企业引进先进适用的生产加工设备,改造升级贮藏、保鲜、烘干、清选分级、包装等设施装备。对龙头企业符合条件的固定资产,按照法律、法规规定,缩短折旧年限或者采取加速折旧的方法折旧。对龙头企业从事国家鼓励发展的农产品加工项目且进口具有国际先进水平的自用设备,在现行规定范围内免征进口关税。对龙头企业购置符合条件的环境保护、节能节水等专用设备,依法享受相关税收优惠政策。对龙头企业带动农户与农民专业合作社进行产地农产品初加工的设施建设和设备购置给予扶持。

(八)统筹协调发展农产品加工。鼓励龙头企业合理发展农产品精深加工,延长产业链条,提高产品附加值。在确保口粮、饲料用粮和种子用粮的前提下,适度发展粮食深加工。认真落实国家有关农产品初加工企业所得税优惠政策。保障龙头企业开展农产品加工的合理用地需求。

(九)发展农业循环经济。支持龙头企业以农林剩余物为原料的综合利用和开展农林废弃物资源化利用、节能、节水等项目建设,积极发展循环经济。研发和应用餐厨废弃物安全资源化利用技术。加大畜禽粪便集中资源化力度,发挥龙头企业在构建循环经济产业链中的作用。

四、创新流通方式,完善农产品市场体系

(十)强化市场营销。支持大型农产品批发市场改造升级,鼓励和引导龙头企业参与农产品交易公共信息平台、现代物流中心建设,支持龙头企业建立、健全农产品营销网络,促进高效畅通安全的现代流通体系建设。大力发展农超对接,积极开展直营直供。支持龙头企业参加各种形式的展示展销活动,促进产销有效对接。规范和降低超市和集贸市场收费,落实鲜活农产品运输"绿色通道"政策,结合实际完善适用品种范围,降低农产品物流成本。铁道、交通运输部门要优先安排龙头企业大宗农产品和种子等农业生产资料运输。

(十一)发展新型流通业态。鼓励龙头企业大力发展连锁店、直营店、配送中心和电子商务,研发和应用农产品物联网,推广流通标准化,提高流通效率。支持龙头企业改善农产品贮藏、加工、运输和配送等冷链设施与设备。支持符合条件的国家和省级重点龙头企业承担重要农产品收储业务。探索发展生猪等大宗农产品期货市场。鼓励龙头企业利用农产品期货市场开展套期保值,进行风险管理。

(十二)加强品牌建设。鼓励和引导龙头企业创建知名品牌,提高企业竞争力。支持龙头企业申报和推介驰名商标、名牌产品、原产地标记、农产品地理标志,并给予适当奖励。整合同区域、同类产品的不同品牌,加强区域品牌的宣传和保护,严厉打击仿冒伪造品牌行为。

五、推动龙头企业集聚,增强区域经济发展实力

(十三)培育壮大龙头企业。龙头企业要完善法人治理结构,建立现代企业制度。落实《国务院关于促进

企业兼并重组的意见》(国发〔2010〕27号)的相关优惠政策,支持龙头企业通过兼并、重组、收购、控股等方式,组建大型企业集团。支持符合条件的国家重点龙头企业上市融资、发行债券、在境外发行股票并上市,增强企业发展实力。积极有效利用外资,在符合世贸组织规则前提下加强对外商投资的管理,按照《国务院办公厅关于建立外国投资者并购境内企业安全审查制度的通知》(国办发〔2011〕6号)的规定,对外资并购境内龙头企业做好安全审查。

(十四)推动龙头企业集群发展。积极创建农业产业化示范基地,支持农业产业化示范基地开展物流信息、质量检验检测等公共服务平台建设。引导龙头企业向优势产区集中,推动企业集群集聚,培育壮大区域主导产业,增强区域经济发展实力。

六、加快技术创新,增强农业整体竞争力

(十五)提高技术创新能力。鼓励龙头企业加大科技投入,建立研发机构,加强与科研院所和大专院校合作,培育一批市场竞争力强的科技型龙头企业。通过国家科技计划和专项等支持龙头企业开展农产品加工关键和共性技术研发。鼓励龙头企业开展新品种新技术新工艺研发,落实自主创新的各项税收优惠政策。鼓励龙头企业引进国外先进技术和设备,消化吸收关键技术和核心工艺,开展集成创新。发挥龙头企业在现代农业产业技术体系、国家农产品加工技术研发体系中的主体作用,承担相应创新和推广项目。

(十六)加强技术推广应用。健全农业技术市场,建立多元化的农业科技成果转化机制,为龙头企业搭建技术转让和推广应用平台。农业技术推广机构要积极为龙头企业开展技术服务,引导龙头企业为农民开展技术指导、技术培训等服务。各类农业技术推广项目要将龙头企业作为重要的实施主体。

(十七)强化人才培养。落实《国家中长期人才发展规划纲要(2010—2020年)》的要求,培养一大批具有世界眼光、经营管理水平高、熟悉农业产业政策、热心服务"三农"的新型龙头企业家。鼓励龙头企业采取多种形式培养业务骨干,积极引进高层次人才,并享受当地政府人才引进待遇。有关部门要加强对龙头企业经营管理和生产基地服务人员的培训,组织业务骨干到科研院所学习进修。鼓励和引导高校毕业生到龙头企业就业,对符合基层就业条件的,按规定享受学费补偿和国家助学贷款代偿等政策。

七、完善利益联结机制,带动农户增收致富

(十八)大力发展订单农业。龙头企业要在平等互利的基础上,与农户、农民专业合作社签订农产品购销合同,协商合理的收购价格,确定合同收购底价,形成稳定的购销关系。规范合同文本,明确双方权责关系。要加强对订单农业的监管与服务,强化企业与农户的诚信意识,切实履行合同约定。鼓励龙头企业采取承贷承还、信贷担保等方式,缓解生产基地农户资金困难。鼓励龙头企业资助订单农户参加农业保险。支持龙头企业与农户建立风险保障机制,对龙头企业提取的风险保障金在实际发生支出时,依法在计算企业所得税前扣除。

(十九)引导龙头企业与合作组织有效对接。引导龙头企业创办或领办各类专业合作组织,支持农民专业合作社和农户入股龙头企业,支持农民专业合作社兴办龙头企业,实现龙头企业与农民专业合作社深度融合。鼓励龙头企业采取股份分红、利润返还等形式,将加工、销售环节的部分收益让利给农户,共享农业产业化发展成果。

(二十)开展社会化服务。充分发挥龙头企业在构建新型农业社会化服务体系中的重要作用,支持龙头企业围绕产前、产中、产后各环节,为基地农户积极开展农资供应、农机作业、技术指导、疫病防治、市场信息、产品营销等各类服务。

(二十一)强化社会责任意识。逐步建立龙头企业社会责任报告制度。龙头企业要依法经营,诚实守信,自觉维护市场秩序,保障农产品供应。强化生产全过程管理,确保产品质量安全。积极稳定农民工就业,大力开展农民工培训,引导企业建立人性化企业文化和营造良好的工作生活环境,保障农民工合法权益。加强节能减排,保护资源环境。积极参与农村教育、文化、卫生、基础设施等公益事业建设。龙头企业用于公益事业的捐赠支出,对符合法律、法规规定的,在计算企业所得税前扣除。

八、开拓国际市场,提高农业对外开放水平

(二十二)扩大农产品出口。积极引导和帮助龙头企业利用普惠制和区域性优惠贸易政策,增强出口农产品的竞争力。加强农产品外贸转型升级示范基地建设,扩大优势农产品出口。在有效控制风险的前提下,鼓励利用出口信用保险为农产品出口提供风险保障。提高通关效率,为农产品出口提供便利。支持龙头企业申请商标国际注册,积极培育出口产品品牌。

(二十三)开展境外投资合作。引导龙头企业充分利用国际国内两个市场、两种资源,拓宽发展空间。扩大农业对外合作,创新合作方式。完善农产品进出口税收政策,积极对外谈判签署避免双重征税协议。对龙头企业境外投资项目所需的国内生产物资和设备,提供通关便利。

(二十四)完善国际贸易投资服务。切实做好龙头企业开拓国际市场的指导和服务工作,加强国际农产品贸易投资的法律政策研究,及时发布市场预警信息和投资指南。完善农产品贸易摩擦应诉机制，积极应对各类贸易投资纠纷。进一步完善农产品出口检验检疫制度，继续对出口活畜、活禽、水生动物以及免检农产品全额免收出入境检验检疫费，对其他出口农产品减半收取检验检疫费。

九、狠抓落实，健全农业产业化工作推进机制

（二十五）强化组织领导。各地区、有关部门要深刻认识新形势下支持龙头企业发展加快推进农业产业化经营的重要意义，牢固树立扶持农业产业化就是扶持农业、扶持龙头企业就是扶持农民的观念，把发展农业产业化作为我国农业农村工作中一件全局性、方向性的大事来抓。各地区、有关部门要按照本意见精神，结合本地区、本部门实际，抓紧研究制定贯彻落实意见。强化各级农业部门的农业产业化工作职能，明确负责农业产业化工作机构，保障工作经费，加强队伍建设。完善农业产业化部门间协商工作机制，强化协作配合，落实责任分工，形成工作合力。

（二十六）落实政策措施。各级财政要多渠道整合和统筹支农资金，在现有基础上增加扶持农业产业化发展的相关资金，切实加大对农业产业化和龙头企业的支持力度。中小企业发展专项资金要将中小型龙头企业纳入重点支持范围，国家农业综合开发产业化经营项目要向龙头企业倾斜。农业发展银行、进出口银行等政策性金融机构要加强信贷结构调整，在各自业务范围内采取授信等多种形式，加大对龙头企业固定资产投资、农产品收购的支持力度。鼓励农业银行等商业性金融机构根据龙头企业生产经营的特点合理确定贷款期限、利率和偿还方式，扩大有效担保物范围，积极创新金融产品和服务方式，有效满足龙头企业的资金需求。大力发展基于订单农业的信贷、保险产品和服务创新。鼓励融资性担保机构积极为龙头企业提供担保服务，缓解龙头企业融资难问题。中小企业信用担保资金要将中小型龙头企业纳入重点支持范围。全面清理取消涉及龙头企业的不合理收费项目，切实减轻企业负担，优化发展环境。

（二十七）加强指导服务。健全农业产业化调查分析制度，建立省级以上重点龙头企业经济运行调查体系，加强行业发展跟踪分析。完善重点龙头企业认定监测制度，实行动态管理。建立、健全主要农产品生产信息收集和发布平台，无偿为龙头企业的生产经营决策提供所需信息。发挥龙头企业协会的作用，加强行业自律，规范企业行为，服务会员和农户。认真总结龙头企业带动农户增收致富、发展现代农业的好经验好做法，大力宣传农业产业化发展成就，对发展农业产业化成绩突出的单位和个人按照国家有关规定给予表彰奖励，营造全社会关心支持农业产业化和龙头企业发展的良好氛围。

国务院

2012年3月6日

3月7日

党和国家领导人胡锦涛 吴邦国 温家宝 贾庆林 李长春 习近平 李克强 贺国强等分别参加十一届全国人大五次会议一些代表团审议

胡锦涛来到云南代表团参加审议。胡锦涛强调，云南要牢牢抓住国家加大实施西部大开发战略力度和支持云南省加快建设面向西南开放重要桥头堡的宝贵机遇，坚持以科学发展为主题，以加快转变经济发展方式为主线，进一步解放思想、开拓进取，进一步凝聚力量、扎实奋斗，不断开创改革开放和社会主义现代化建设新局面。要着力加快转变经济发展方式，充分认识转变经济发展方式是解决当前发展中深层次矛盾和问题的根本之策、是拓展未来发展新空间新优势的战略之举，下大气力落实好国家宏观调控政策措施、做好“三农”工作、调整优化产业结构、推动科技进步与创新、搞好节能减排和环境保护，真正做到以转变谋发展、以转变促跨越。要着力深化改革开放，推进重点领域和关键环节改革，提高对内对外开放水平。要着力加强以改善民生为重点的社会建设，更好满足群众在教育、就业、社会保障、医药卫生、住房等方面的基本需求，坚决打好新一轮扶贫开发攻坚战，特别是要把抗旱救灾保民生作为当前的中心工作，千方百计保障城乡居民生活用水，努力保障春季生产用水。要着力推进民族团结进步事业，牢牢把握各民族共同团结奋斗、共同繁荣发展的主题，加强民族团结进步教育，加快民族地区经济社会发展步伐，推动少数民族文化事业繁荣发展，不断巩固和发展平等团结互助和谐的社会主义民族关系。

吴邦国来到浙江代表团参加审议。会上，赵洪祝、夏宝龙、鲁冠球等代表争相谈感受、踊跃提建议。吴邦国同代表们一起审议，共商发展大计。他对浙江省的工作给予充分肯定，希望浙江认真贯彻中央决策部署，适应国际环境和自身发展阶段变化，继续解放思想、勇于创新，率先转变经济发展方式，加快调整经济结构，发展现代服务业和高新技术产业，增强经济发展内生动力，提高经济发展质量，努力在推动科学发展上走在全国前列。吴邦国强调，中小企业在创造财富、吸纳就业、提高居民收入方面发挥着不可替代的作用。要完善支持中小企业发展的法律政策，放宽市场准入，降低税费负担，规范民间借贷市场，发展面向中小企业的小型金融机构和担保机构，降低企业融资成本，建设更具

针对性的公共技术、信息和人才培训服务平台，引导中小企业和小企业集群加强品牌与设计、物流与销售两方面工作，促进产业结构和产品结构转型升级。

温家宝来到天津代表团参加审议。黄兴国、何树山、穆祥友等代表着重围绕产业结构调整、保障和改善民生、天津滨海新区发展等问题展开讨论。温家宝在认真听取代表的发言后说，天津发展的势头很好，特别是天津滨海新区正在成为全国最具潜力、最有活力、最为开放的现代化新区之一。天津滨海新区开发开放，是党中央、国务院作出的重要战略部署。天津滨海新区有着为国家改革开放积累经验的重大责任，必须发挥好先行先试作用，成为改革开放新的桥头堡。当年办经济特区的时候，小平同志就明确对特区领导者们讲："你们自己去搞，杀出一条血路来。"这主要是因为当时没有经验，需要特区为改革开放探路子。现在我国改革开放步入"深水区"，改革的复杂性、艰巨性明显加大，许多难题需要破解。希望天津滨海新区充分发挥自身优势，也起到"杀出一条血路来"的作用。天津滨海新区的发展仍处在关键时期，不进则退，只有深化改革，才有更广阔的前途。

贾庆林来到台湾代表团参加审议。会上，代表们畅所欲言，各抒己见。在认真听取陈蔚文、陈耀中、胡有清等代表发言后，贾庆林说，去年的对台工作卓有成效，不仅促进两岸关系实现了稳中有进，而且很好地应对了面临的挑战。事实证明，两岸关系和平发展是人心所向，"台独"是没有出路的。他强调，做好新形势下对台工作，要坚持中央对台工作大政方针和胡锦涛总书记关于两岸关系和平发展的重要思想，以持续推进两岸关系和平发展为主题，以深入贯彻寄希望于台湾人民的方针为主线，巩固和强化两岸关系和平发展的政治基础，扩大和深化两岸各领域交流合作，为实现祖国和平统一创造有利条件。贾庆林重申了我反对"台独"的一贯立场，同时表示欢迎民进党人士以适当身份来大陆参访，多了解大陆的发展情况和对台政策。

李长春来到内蒙古代表团参加审议。代表们围绕促进民族地区经济社会发展、加强草原生态保护、推进基层文化建设等发表看法。在听取胡春华、巴特尔、贾建慧等代表发言后，李长春作了发言。他对内蒙古自治区经济社会发展取得的成绩给予充分肯定，希望内蒙古自治区坚持突出主题，始终贯穿主线，一手抓资源型产业巩固提升，一手抓非资源型产业和战略性新兴产业振兴发展，推动转变经济发展方式取得实质性进展，走出一条科学发展、富民强区之路。李长春强调，党的十七届六中全会吹响了向社会主义文化强国进军的新号角。他希望内蒙古自治区认真贯彻全会精神，扎实推进文化体制改革，坚持面向基层、面向农牧区，加快构建覆盖城乡的公共文化服务体系，积极推进广播电视"户户通"工程，充分发掘民族文化资源，大力发展优势文化产业；开展少数民族特色文化保护工作，繁荣发展民族文化事业；加强民族团结进步教育，不断巩固各民族共同团结奋斗、共同繁荣发展的大好局面。

习近平来到山东代表团参加审议。代表们围绕会议议题讲情况、谈体会、提建议，习近平听得十分专注。在认真听取姜异康、姜大明、许立全等代表发言后，习近平对山东去年各项工作取得的新进展给予充分肯定。他强调，山东要实现由经济大省向经济强省的跨越，最根本、最关键的是要下大决心、花硬功夫打好转方式、调结构这场硬仗。要着力推进工业化、城镇化、农业现代化同步发展，着力促进全省区域协调发展，着力发展实体经济、培育现代产业体系，着力抓好节能减排和环境保护；同时要扎实办好民生领域各项实事，切实保障人民基本文化权益，加强和创新社会管理，使改革发展成果更好惠及全省人民。习近平希望山东省各级党组织按照保持党的先进性和纯洁性的要求，大力加强思想政治建设，引导广大党员干部坚定正确的政治立场，牢固树立正确的政绩观，不断增强服务群众的意识和本领，以各项工作的优异成绩迎接党的十八大胜利召开。

李克强来到湖北代表团参加审议。李鸿忠、王国生、姚绍斌等代表结合湖北实际发了言。辛喜玉代表向李克强送上一瓶丹江口水库清水，表达南水北调水源地群众的心意。李克强说，中部地区崛起正在发力，对全国大局具有重要作用。要努力走出工业化、城镇化、农业现代化协调发展的路子，发挥"三化并举"对扩内需、调结构、转方式的综合效应，保护好粮食安全和生态环境，为经济长期平稳较快发展和提高发展质量注入持续动力。要打好新一轮扶贫开发攻坚战，支持革命老区、民族地区发展，帮助库区移民逐步致富，保证南水北调一泓清水北上。要筑牢社会保障的安全网，把财政资金更多地向民生领域倾斜，注重建立、健全机制，切实保障好义务教育、基本医疗、基本住房、基本养老等基本民生，使困难群众生活有依靠、有奔头。李克强希望湖北抓住机遇、统筹发展，努力构建促进中部地区崛起的重要战略支点。

贺国强来到广东代表团参加审议。代表们的发言议题广泛，涉及公民道德教育、党风廉政建设、医疗卫生保障等多个领域。在听取朱小丹、陈瑞爱、刘小华等代表发言后，贺国强作了发言。他充分肯定了广东近年来的工作，指出，今年是邓小平同志视察南方重要谈话发表20周年，我们要深刻理解和全面把握改革开放以来党和国家的伟大历程、奋斗业绩和历史经验，紧密结合新的形势和任务，切实增强贯彻执行党的基本路线的自觉性和坚定性。要坚持以经济建设为中心这个兴国之要不动摇，不断巩固党和国家兴旺发达、长治久安的物质基础；坚持四项基本原则这个立国之本不动摇，不断夯实党和国家生存发展的政治基石；坚持改革开放这个强国之路不动摇，不断增强党和国家发展进步的活力源泉。贺国强还要求始终坚持“两手抓”，深入推进党风廉政建设和反腐败斗争，为坚持党的基本路线、推进党和国家事业发展提供有力保证。他希望广东坚定不移地坚持党的基本路线，继续当好改革开放和科学发展的“排头兵”。

创先争优巾帼建功全国三八红旗手(集体)表彰大会在北京召开

会前，中共中央政治局委员、全国人大常委会副委员长王兆国，中共中央政治局委员、国务委员、国务院妇女儿童工作委员会主任刘延东等会见了受表彰的全国三八红旗手标兵及全国三八红旗手和集体、城乡妇女岗位建功先进集体和个人代表。

王兆国在会见时发表讲话。刘延东出席会议。全国人大常委会副委员长、全国妇联主席陈至立出席会议并讲话。

大会隆重表彰了在创先争优活动中涌现出的全国三八红旗手标兵、全国三八红旗手(集体)及城乡妇女岗位建功先进集体和个人。受表彰代表天津天纺投资控股有限公司棉纺织工厂一织造车间织布帮接工张兵兵，上海市柏万青志愿者工作室负责人柏万青，中国航天科技集团公司第五研究院508所回收着陆技术室降落伞组组长竺梅芳，黑龙江省哈尔滨市双城市周家镇东跃村农民刘彩华，山西省太原高速公路有限责任公司小店“女子”收费站收费员秦茜茜作了大会发言。

纪念三八国际劳动妇女节中外妇女招待会在北京召开

国务委员刘延东出席招待会。

全国人大常委会副委员长陈至立说，2001—2010年中国妇女儿童发展纲要如期完成。2011年7月，中国政府颁布了新十年中国妇女儿童发展纲要，并召开了第五次全国妇女儿童工作会议，为中国妇女儿童事业的进一步发展奠定了更加坚实的基础。

陈至立指出，2012年是我国发展进程中具有特殊意义的一年，中国共产党第十八次代表大会将胜利召开，国家将继续深入实施“十二五”规划，保持经济平稳较快发展。相信在新的一年里，妇女事业一定会取得长足进步和发展。她表示，妇女是推动世界和平、发展的一支伟大力量。面对人类诸多共同挑战，各国相互依存度增加，世界各国妇女的发展、友好交流与合作变得尤为重要。各国妇女应进一步加强交流合作、深化友谊、互相支持，为维护持久和平、促进共同发展、建设和谐世界贡献力量。

外交部部长杨洁篪向在华盛顿举办的纪念尼克松总统访华和《上海公报》发表40周年中美关系研讨会发表视频讲话

杨洁篪说，40年前，尼克松总统对中国进行了历史性访问，中美双方发表了具有划时代意义的《上海公报》。两国老一辈领导人以非凡的战略眼光和卓越的政治智慧，开启了中美关系的新纪元。40年过去了，在双方共同努力下，中美关系历经风雨，不断向前发展，已成为世界上最重要、最具活力、最具潜力的双边关系之一。两国高层交往频繁，对话机制逐步完善，经贸等双边领域合作快速发展，人民交往和地方合作日益紧密，在国际事务中的协调不断加强。40年中美关系发展历程表明，中美共同利益远远大于分歧，合作始终是主流，良好的中美关系符合双方利益。

杨洁篪表示，进入21世纪第二个10年，中美关系站在新的历史起点上。2011年1月，胡锦涛主席访美，与奥巴马总统就共同建设相互尊重、互利共赢的中美合作伙伴关系达成共识，引领中美关系进入新阶段。近年来，胡锦涛主席、吴邦国委员长、温家宝总理多次同美国领导人进行重要会晤，促进中美合作。上个月，习近平副主席对美国的访问有力推进了中美合作伙伴关系建设。

杨洁篪强调，当前，国际形势正在发生前所未有的复杂深刻变化。中美作为两个大国，共同利益更加广泛，共同责任更加艰巨。中美关系的发展事关两国人民福祉，牵系世界和平、稳定与繁荣。我们应按照两国元首达成的共识，紧紧抓住建设中美合作伙伴关系这条主线，加强对话，增进互信，深化合作，切实尊重彼此核心利益和重大关切，妥善处理有关问题，推动中美关系健康稳定发展，开创中美关系更加美好的明天。

为纪念美国尼克松总统访华和《上海公报》发表40周年，美国和平研究所、尼克松基金会和基辛格中美关系研究所在美举办主题为“改变世界的一周：尼克松总统对华历史性访问和中美关系的未来”研讨会，重温40年前尼克松总统访华的重大意义，探讨如何进一步推动中美关系发展。美国国务卿希拉里·克林顿、前国务卿基辛格、前国家安全事务助理斯考克罗夫特等各界有关人士，中国驻美国大使张业遂等出席。

全国政协新闻出版界与中国新闻文化促进会在北京举行“担负文化繁荣重任推进新闻文化事业”联合研讨会

全国政协主席贾庆林致信祝贺。

贾庆林在贺信中指出，新闻媒体是文化建设的重要阵地，新闻宣传是文化传播的主渠道，在文化发展中处于特殊地位。在全国两会召开之际，你们联合召开研讨会，研究探讨提高新闻文化工作科学化水平、营造良好健康的新闻文化环境，对于提高新闻工作水平、更好地发挥新闻宣传工作的作用，具有重要意义。贾庆林强调，当前，我国社会主义文化建设已经站在一个新的历史起点上，新闻文化事业迎来了难得的发展机遇。希望全国政协新闻出版界认真贯彻党的十七大和十七届六中全会精神，充分发挥自身优势，与中国新闻文化促进会一道，团结广大新闻界、文化界的同志，努力形成推动新闻文化事业健康发展的强大合力，为我国社会主义文化大发展大繁荣作出更大贡献！

参加会议的150多位全国新闻出版及文化界知名人士认为，文化是媒体的灵魂，媒体是文化的翅膀，推进社会主义文化大发展大繁荣，新闻文化工作者责任重大。会议还提出了当前新闻文化建设面临两个重要任务，一是营造新闻文化发展的良好环境；二是树立新闻人的核心价值体系，形成传输快捷、技术先进、覆盖全面的新闻传播格局。

中国新闻文化促进会会长李东东表示，中国新闻文化促进会将与全国政协新闻出版界委员加强联系，携手合作，进一步团结广大新闻界和文化界同仁，积极联络广大新闻传播媒体，加强新闻人文化素养建设，肩负起发展和提高新闻事业、推广振兴民族文化的历史使命，努力成为新闻出版业大发展大繁荣的积极推动力量。

3月8日

十一届全国人大五次会议在人民大会堂举行第二次全体会议

会议听取关于刑事诉讼法修正案草案的说明、关于十二届全国人大代表名额和选举问题的决定草案的说明、关于香港特别行政区选举十二届全国人大代表的办法草案和澳门特别行政区选举十二届全国人大代表的办法草案的说明。

胡锦涛、吴邦国、温家宝、贾庆林、李长春、习近平、李克强、贺国强等出席会议。

受全国人大常委会委托，全国人大常委会副委员长王兆国就刑事诉讼法修正案草案作了说明。

受全国人大常委会委托，全国人大常委会副委员长兼秘书长李建国作了关于十二届全国人大代表名额和选举问题的决定草案的说明、关于香港特别行政区选举十二届全国人大代表的办法草案和澳门特别行政区选举十二届全国人大代表的办法草案的说明。

李建国说，根据宪法和有关法律的规定，十一届全国人大到2013年3月任期届满，届满之前需选举产生十二届全国人大代表。十二届全国人大代表选举是选举法修改后首次实行城乡按相同人口比例进行选举。做好这次选举工作，对于发展社会主义民主政治，保障人民当家做主，加强国家政权建设，充分发挥中国特色社会主义制度的优越性，广泛凝聚各方面的智慧和力量，推动科学发展，促进社会和谐，具有十分重要的意义。

李建国说，十二届全国人大代表选举的最大特点是首次实行城乡按相同人口比例选举人大代表，需要对省、自治区、直辖市的全国人大代表名额重新进行分配，以更好地体现人人平等、地区平等、民族平等。为此，我们对十二届全国人大代表名额分配问题进行了认真研究，重点就代表名额分配的原则以及需要把握的若干问题作了深入论证，并征求了中央有关部门和各省、自治区、直辖市人大常委会的意见。在此基础上，按照宪法和选举法的有关规定，委员长会议拟订了十一届全国人大五次会议关于十二届全国人大代表名额和选举问题的决定草案。十一届全国人大常委会第二十四次会议对决定草案进行了审议，并决定提请本次大会审议。

李建国说，根据选举法和香港基本法、澳门基本法的有关规定，香港特别行政区和澳门特别行政区居民中的中国公民，根据全国人民代表大会确定的名额和代表产生办法，分别在香港、澳门选出全国人大代表，参加最高国家权力机关的工作。根据全国人民代表大会和地方各级人民代表大会选举法的规定，在十一届全国人大任期届满前，需制定香港、澳门选举十二届全国人大代表的办法。全国人大常委会办事机构、工作机构会同国务院有关部门共同研究起草了两个选举办法草案，并分别召开座谈会，征询了香港特别行政区和澳门特别行政区全国人大代表、全国政协委员的意见。十一届全国人大常委会第二十四次会议审议了这两个选举办法草案，决定提请本次大会审议。

李建国还就三个法律案草案的主要内容作了说明。

大会主席团常务主席、执行主席华建敏主持会议。今天是“三八”国际劳动妇女节，全体会议开始时，大会主席团向参加会议的女代表、女委员、女工作人员，向全国各族各界妇女，向世界各国妇女，致以节日的祝贺。

党和国家领导人吴邦国 温家宝 贾庆林 李长春 习近平等分别参加全国两会一些团组审议和讨论

吴邦国参加了青海代表团审议。会上，代表们认真审议刑事诉讼法修正案草案、第十二届全国人大代表名额和选举问题的决定草案等。在听取骆惠宁、李承宝等代表发言后，吴邦国说，完善刑事诉讼法律制度，对于更好地依法惩治犯罪、保障人权、维护社会秩序具有重要意义。依法选举第十二届全国人大代表是国家政治生活中的一件大事，也是选举法修改后首次实行城乡按相同人口比例选举全国人大代表。我们要发扬民主、集思广益，把相关法律案审议好修改好完善好。吴邦国对青海省经济社会发展和玉树灾后重建给予充分肯定。他指出，青海资源丰富、民族众多，是全国重要的生态安全屏障，希望青海抓住深入实施西部大开发战略、中央支持四省藏区发展带来的新机遇，创新发展模式，依托资源优势发展循环经济，坚持绿色发展，加快基础设施建设，完善生态补偿机制，加强生态环境保护，避免简单重复传统发展方式，防止落后产能、过剩产能扩张，实现跨越式发展。要切实保障和改善民生，关心群众生活，落实党的民族政策和宗教政策，增进各族人民团结。

温家宝参加了经济界、农业界政协委员联组讨论。杨凯生、宋丰强、贾康等委员就改进小型微型企业金融服务、促进实体经济发展、发展现代农业等方面提出政策建议。温家宝与大家频繁互动，诚恳回应。在谈到结构性减税时，温家宝说，实施结构性减税政策要与改革完善税制紧密结合。既要减轻企业和个人的税负，又要使税制有利于转变经济发展方式和结构调整，有利于正确处理中央与地方的关系，有利于解决分配不公，有利于缩小城乡和地区发展差距，有利于经济与社会协调发展。温家宝强调，各级政府和各有关部门要牢牢把握发展实体经济这一坚实基础，推动形成做实业光荣的社会氛围。要给不同所有制企业营造公平竞争的环境，让企业有信心、有条件专注于实业发展，脚踏实地、持之以恒发展实体经济。最后，温家宝说，“大智兴邦，不过集众思”。政府一定要认真倾听群众和各有关方面的意见，查找不足，改进工作。越是形势复杂、众说纷纭的时候，越要坚持科学民主决策、集思广益，越要重视发挥人民政协的政治协商、民主监督、参政议政作用。

贾庆林参加了民盟界政协委员联组讨论。刘光复、温思美、俞敏洪等委员围绕加快转变经济发展方式、大力增强科技创新能力、实施科教兴国和人才强国战略等问题积极建言献策，会场气氛热烈。贾庆林认真听取发言，同大家一起讨论。他说，民盟作为与中国共产党风雨同舟、和衷共济的亲密友党，成立70多年来，为中国革命、建设和改革事业作出了不可磨灭的历史功绩。在过去一年里，民盟充分发挥界别优势，紧扣主题主线深入考察调研，帮助解决贫困地区上学难、看病难等问题，积极促进两岸教育、文化等领域交流合作，着力加强自身建设，各方面工作都取得很好成绩。贾庆林强调，今年是我国发展进程中具有特殊重要意义的一年。深入实施“十二五”规划，为中共十八大召开营造良好环境，是全党全国各族人民的共同任务，也是包括民盟在内的各民主党派的重要责任。他希望民盟广大成员紧紧围绕党和国家中心工作，积极参政议政，搞好政治交接，进一步提升履职能力和水平，推动统一战线和多党合作事业健康发展，为改革开放和社会主义现代化建设作出更大贡献。要大力弘扬优良传统，不断增进多党合作的政治共识，始终与中国共产党在思想上同心同德、目标上同心同向、行动上同心同行；充分发挥智力优势，深入开展调查研究，促进经济平稳较快发展和社会和谐稳定；广泛凝聚智慧力量，进一步调动文化界盟员的积极性、主动性和创造性，共同推进文化改革发展；切实加强队伍建设，协助做好党外代表人士工作，为我国多党合作事业发展提供人才支持。

李长春参加了河北代表团审议。代表们围绕促进经济平稳较快发展、做大做强文化产业、加强历史遗迹保护利用等发表意见。在认真听取张庆黎、袁淑梅、郑雪碧等代表发言后，李长春作了发言。他对河北经济社会发展取得的成绩给予充分肯定，希望河北紧紧抓住京津冀区域经济一体化纳入国家“十二五”规划、河北沿海地区发展规划上升为国家战略等重大发展机遇，大力提高自主创新能力，大力发展优势特色产业，大力发展沿海经济，努力形成与京津地区配套发展、相互促进的经济格局，走出一条具有河北特色的科学发展、跨越发展新路。李长春勉励河北进一步兴起贯彻落实党的十七届六中全会精神新高潮，充分发掘丰厚的历史文化资源和革命文化资源，扎实推进社会主义核心价值体系建设，加快构建覆盖城乡的公共文化服务体系，加快推动文化产业成为国民经济支柱性产业，大力发展红色旅游，在推动文化改革发展方面继续走在全国前列，创造新鲜经验。

习近平分别参加了香港代表团、澳门代表团审议。在香港代表团，习近平在认真听取范徐丽泰、吴清辉、马逢国等代表发言后指出，要科学判断形势，把握好今年工作稳中求进的总基调。他强调，当前香港经济社会发展总体上仍是机遇大于挑战、希望多于困难。在世界经济总体形势仍然十分严峻复杂、国际经济发展不确定不稳定因素增多的情况下，香港特区政府和社会各界要紧紧抓住国家“十二五”规划实施的重大机遇，发挥自身优势，用足用好中央支持的政策措施，推动香港在深化与内地互利合作中实现更大发展。他希望大家以国家整体利益为重,以香港的根本利益和长远利益为重,以全体港人的福祉为重,切实发挥积极表率作用,引导社会各界顾全大局,理性沟通,凝聚共识,加强协调,和衷共济,在爱国爱港的旗帜下实现最广泛的团结,共同维护好、发展好香港社会和谐稳定的良好局面,促进香港实现更好发展。在澳门代表团,习近平在认真听取刘艺良、招银英、高开贤等代表发言后指出,要增强对国家大政方针和重点工作的整体把握,以利更好推动各项工作。当前和今后一个时期,澳门经济社会发展既面临难得的发展机遇,也面临不少挑战。澳门社会各界要同特区政府一道,坚定信心、抓住机遇,坚持不懈地推进经济适度多元发展,有效增强抵御风险能力,继续做好保障和改善民生工作,把与内地的互利合作不断向广度深度推进,巩固和发展澳门当前经济社会发展的良好局面。他希望澳门地区全国人大代表立足大局,履职尽责,继续全力支持行政长官和特区政府依法施政,努力促进澳门社会和谐稳定,大力培养爱国爱澳年轻人才,积极推动澳门与内地的交流和沟通,为"一国两制"在澳门的成功实践增添新的光彩,为国家建设和澳门发展不断作出新贡献。

全国人大常委会副委员长王兆国作关于《中华人民共和国刑事诉讼法修正案(草案)》的说明

各位代表:

我受全国人大常委会委托,现对《中华人民共和国刑事诉讼法修正案(草案)》作说明。

一、修改刑事诉讼法的必要性

刑事诉讼法是规范刑事诉讼活动的基本法律。我国现行刑事诉讼法于1979年制定,1996年八届全国人大四次会议进行了修正。实践证明,我国的刑事诉讼制度总体上是科学的、合理的。刑事诉讼法修改16年来,我国经济社会快速发展,在刑事犯罪方面也出现了新的情况,有必要在认真梳理代表议案、深入总结实践经验、广泛征求意见的基础上,按照中央深化司法体制和工作机制改革的要求,对刑事诉讼法予以修改完善。主要体现在以下几个方面:

修改刑事诉讼法是进一步加强惩罚犯罪和保护人民的需要。当前,在惩罚犯罪工作中面临许多新的情况,存在一些迫切需要解决的问题。同时,国家民主法制建设的推进和人民群众法制观念的增强,对维护司法公正和保护公民权利提出了更高要求。各方面对刑事诉讼法的修改十分关注。本届以来,全国人大代表有2485人次和1个代表团提出相关议案81件。司法机关和其他方面也在不断提出修改刑事诉讼法的建议。迫切需要通过完善刑事诉讼程序,进一步保障司法机关准确及时惩罚犯罪,保护公民诉讼权利和其他合法权利。

修改刑事诉讼法是加强和创新社会管理,维护社会和谐稳定的需要。当前,我国正处于社会转型期和矛盾凸显期,刑事案件居高不下,严重暴力犯罪增多,犯罪的种类和手段出现了新的变化,这些都对我国社会管理提出了严峻挑战。通过刑事诉讼准确惩罚犯罪,维护社会秩序,对于加强和创新社会管理具有重要和不可替代的作用。适时修改刑事诉讼法,着力保障公共安全,着力化解社会矛盾,解决人民群众反映强烈、影响社会和谐稳定的突出问题,对于国家长治久安和人民安居乐业具有重要意义。

修改刑事诉讼法是深化司法体制和工作机制改革的需要。深化司法体制和工作机制改革,是中央从发展社会主义民主政治、加快建设社会主义法治国家的高度,作出的重要战略部署。进一步规范司法行为,推进建设公正高效权威的社会主义司法制度,需要加快完善刑事诉讼制度。刑事诉讼法的修改,是贯彻落实中央深化司法体制和工作机制改革要求的具体举措。

二、修正案草案的形成过程

按照全国人大常委会的工作安排,全国人大常委会法工委从2009年年初开始着手刑事诉讼法修改方案的研究起草工作。在多次听取全国人大代表和各方面意见的基础上,经反复与中央政法机关和有关单位共同研究,形成了刑事诉讼法修正案草案稿。2011年8月,十一届全国人大常委会第二十二次会议对刑事诉讼法修正案草案进行了初次审议。会后,将草案印发中央有关部门、各地和有关方面征求意见,中国人大网站全文公布草案向社会征求意见。根据常委会组成人员的审议意见和各方面意见,对修正案草案进行了修改完善。2011年12月,常委会第二十四次会议对刑事诉讼法修正案草案进行了再次审议。委员们认为,修正案草案经过常委会两次审议,吸收了常委会组成人员的审议意见和各方面意见,已趋成熟。会议决定将修正案草案提请十一届全国人大五次会议审议。

全国人大常委会办公厅按照法定程序,于今年1月11日将刑事诉讼法修正案草案发送全国人大代表进行阅读讨论。代表们总体赞成修正案草案,同时提出了一些修改意见。根据常委会组成人员的审议意见和代表们在讨论中提出的意见,对修正案草案作了进一步修改完善,形成了现在提请大会审议的刑事诉讼法修正案草案。

在修正案草案起草和修改工作中,注意把握了以下几个问题:一是,坚持从我国基本国情出发,循序渐进地推进我国刑事诉讼制度的完善。完善刑事诉讼程序和相关制度,应当立足于我国仍处于并将长期处于社会主义初级阶段的基本国情和阶段性特征，既要与时俱进，又不超越现阶段的实际，不盲目照搬外国的司法制度和诉讼制度。二是，坚持统筹处理好惩治犯罪与保障人权的关系。刑事诉讼法的修改完善，既要有利于保证准确及时地查明犯罪事实，正确应用法律，惩罚犯罪分子，又要保障无罪的人不受刑事追究，尊重和保障人权，保护公民的诉讼权利和其他合法权利。三是，坚持着力解决在惩治犯罪和维护司法公正方面存在的突出问题。通过深入调查研究，加强与各有关方面的沟通协调，努力形成共识，解决司法实践中的突出问题。同时，注意发挥法律的引导作用，为刑事诉讼活动提供明确的法律规范。

对于这次刑事诉讼法修改，各方面总体认为，修正案草案坚持社会主义法治理念，贯彻宽严相济刑事政策，落实中央深化司法体制和工作机制改革的要求，适应新形势下惩罚犯罪和保护人民的需要，着力解决当前司法实践迫切需要解决的问题，符合我国国情和实际。在常委会审议和征求意见过程中，各方面对修正案草案还提出了其他一些修改意见和建议。这些意见和建议中，有些各方面认识还不一致，有些还缺乏实践经验。考虑到刑事诉讼法的修改要根据经济社会发展的实际，循序渐进，逐步完善，对于这些问题，可以继续研究探索。

三、修正案草案的主要内容

刑事诉讼法修正案草案共110条，主要内容是：

(一)将“尊重和保障人权”写入刑事诉讼法

尊重和保障人权是我国宪法确立的一项重要原则，体现了社会主义制度的本质要求。刑事诉讼法在程序设置和具体规定中都贯彻了这一宪法原则。刑事诉讼制度关系公民的人身自由等基本权利，将“尊重和保障人权”明确写入刑事诉讼法，既有利于更加充分地体现我国司法制度的社会主义性质，也有利于司法机关在刑事诉讼程序中更好地遵循和贯彻这一宪法原则。据此，修正案草案将刑事诉讼法第二条修改为：中华人民共和国刑事诉讼法的任务，是保证准确、及时地查明犯罪事实，正确应用法律，惩罚犯罪分子，保障无罪的人不受刑事追究，教育公民自觉遵守法律，积极同犯罪行为作斗争，维护社会主义法制，尊重和保障人权，保护公民的人身权利、财产权利、民主权利和其他权利，保障社会主义建设事业的顺利进行。

(二)关于证据制度

证据制度是刑事诉讼的基本制度，对于保证案件质量，正确定罪量刑具有关键作用。修正案草案重点完善了非法证据排除制度，强化证人出庭和保护制度。

1. 完善非法证据排除制度。现行刑事诉讼法对严禁刑讯逼供和以其他非法的方法收集证据作了规定。为从制度上进一步遏制刑讯逼供和其他非法收集证据的行为，维护司法公正和刑事诉讼参与人的合法权利，有必要在法律中对非法证据的排除作出明确规定。据此，修正案草案在刑事诉讼法规定严禁刑讯逼供的基础上，增加不得强迫任何人证实自己有罪的规定。同时，明确规定了非法证据排除的具体标准：采用刑讯逼供等非法方法收集的犯罪嫌疑人、被告人供述和采用暴力、威胁等非法方法收集的证人证言、被害人陈述，应当予以排除。违反法律规定收集物证、书证，可能严重影响司法公正的，应当予以补正或者作出合理解释；不能补正或者作出合理解释的，对该证据应当予以排除。还规定了人民法院、人民检察院和公安机关都有排除非法证据的义务，以及法庭审理过程中对非法证据排除的调查程序。

另外，为从制度上防止刑讯逼供行为的发生，修正案草案增加规定了拘留、逮捕后及时送看守所羁押，在看守所内进行讯问和讯问过程的录音录像制度。

2. 明确证人出庭范围，加强对证人的保护。证人出庭作证，对于核实证据、查明案情、正确判决具有重要意义。修正案草案规定：公诉人、当事人或者辩护人、诉讼代理人对证人证言有异议，且该证人证言对案件定罪量刑有重大影响，人民法院认为有必要的，证人应当出庭作证。并规定证人没有正当理由不出庭作证的，人民法院可以强制其到庭，对于情节严重的，可处以十日以下的拘留；同时，考虑到强制配偶、父母、子女在法庭上对被告人进行指证，不利于家庭关系的维系，规定被告人的配偶、父母、子女除外。

为进一步加强对证人以及鉴定人、被害人的保护，修正案草案增加规定：对于危害国家安全犯罪、恐怖活动犯罪、黑社会性质的组织犯罪、毒品犯罪等案件，证人、鉴定人、被害人因在诉讼中作证，本人或者其近亲属的人身安全面临危险的，人民法院、人民检察院和公安机关应当采取必要的保护措施。证人、鉴定人、被害人认为因作证面临危险的，可以请求予以保护。

(三)关于强制措施

强制措施对于保障刑事诉讼活动的顺利进行具有重要作用。修正案草案重点完善了逮捕、监视居住的条件、程序和采取强制措施后通知家属的规定。

1. 进一步明确逮捕条件和审查批准程序。针对司法实践中对逮捕条件理解不一致的问题，为有利于司法机关准确掌握逮捕条件，修正案草案将刑事诉讼法关于逮捕条件中“发生社会危险性，而有逮捕必要”的规定细化为：可能实施新的犯罪；有危害国家安全、公共安全或者社会秩序的现实危险；可能毁灭、伪造证据，干扰证人作证或者串供；可能对被害人、举报人、控告人实施打击报复；企图自杀或者逃跑。还明确规定：

对有证据证明有犯罪事实，可能判处十年有期徒刑以上刑罚的，或者可能判处徒刑以上刑罚，曾经故意犯罪或者身份不明的犯罪嫌疑人、被告人，应当予以逮捕。

为保证人民检察院正确行使批准逮捕权，防止错误逮捕，修正案草案增加规定了人民检察院审查批准逮捕时讯问犯罪嫌疑人和听取辩护律师意见的程序，以及在逮捕后对羁押必要性继续进行审查的程序。

2. 适当定位监视居住措施，明确规定适用条件。监视居住同取保候审类似，都是限制犯罪嫌疑人、被告人人身自由的强制措施，但限制自由的程度不同。现行刑事诉讼法对这两种强制措施规定了相同的适用条件。考虑到监视居住的特点和实际执行情况，将监视居住定位于减少羁押的替代措施，并规定与取保候审不同的适用条件比较妥当。据此，修正案草案规定监视居住适用于符合逮捕条件，但患有严重疾病生活不能自理的，怀孕或者正在哺乳自己婴儿的，系生活不能自理的人的唯一扶养人的，因为案件的特殊情况或者办理案件的需要，采取监视居住措施更为适宜的，以及羁押期限届满，案件尚未办结，需要采取监视居住措施等情形。同时，规定对于涉嫌危害国家安全犯罪、恐怖活动犯罪、特别重大贿赂犯罪的犯罪嫌疑人，监视居住在住处执行可能有碍侦查的，经上一级人民检察院或者公安机关批准，可以在指定的居所执行，但是不得在羁押场所和专门的办案场所执行。为防止这一措施在实践中被滥用，规定人民检察院对指定居所监视居住的决定和执行实行监督。

3. 严格限制采取强制措施后不通知家属的例外情形。现行刑事诉讼法规定：拘留、逮捕后，除有碍侦查或者无法通知的情形以外，应当把拘留、逮捕的原因和羁押的处所，在二十四小时以内，通知被拘留人、被逮捕人的家属。其中，“有碍侦查”情形的界限比较模糊。另外，对指定居所监视居住后通知家属未作规定。综合考虑惩治犯罪和保护犯罪嫌疑人、被告人权利的需要，有必要对采取强制措施后不通知家属的例外情形作出严格限制。据此，修正案草案删去了逮捕后有碍侦查不通知家属的例外情形，明确规定，采取逮捕和指定居所监视居住措施的，除无法通知的以外，应当在逮捕或者执行监视居住后二十四小时以内通知家属。同时，将拘留后因有碍侦查不通知家属的情形，仅限于涉嫌危害国家安全犯罪、恐怖活动犯罪，并规定有碍侦查的情形消失以后，应当立即通知被拘留人的家属。

(四)关于辩护制度

辩护制度是刑事诉讼程序中保障犯罪嫌疑人、被告人依法行使辩护权的重要制度。修正案草案重点完善了辩护人在刑事诉讼中法律地位和作用的规定，扩大了法律援助的适用范围。

1. 明确犯罪嫌疑人在侦查阶段可以委托辩护人。修正案草案将刑事诉讼法关于犯罪嫌疑人在侦查阶段只能聘请律师提供法律帮助的规定修改为：犯罪嫌疑人在侦查期间可以委托律师作为辩护人。

2. 完善律师会见程序。关于辩护律师会见在押的犯罪嫌疑人、被告人，现行刑事诉讼法规定：在侦查阶段，对于涉及国家秘密的案件，律师会见在押的犯罪嫌疑人，需经侦查机关批准。修订后的律师法规定，律师凭律师执业证书、律师事务所证明和委托书或者法律援助公函，有权会见犯罪嫌疑人。经同有关方面反复研究认为，在刑事诉讼法中应当吸收律师法的相关规定，但对于极少数案件，从维护国家安全、公共安全的实际情况考虑，律师在侦查阶段会见犯罪嫌疑人，事先经侦查机关许可是必要的。据此，修正案草案规定，危害国家安全犯罪、恐怖活动犯罪、特别重大贿赂犯罪案件，在侦查期间辩护律师会见在押的犯罪嫌疑人，应当经侦查机关许可。

关于律师阅卷，修正案草案规定，辩护律师在审查起诉和审判阶段，均可以查阅、摘抄、复制本案的案卷材料。

3. 扩大法律援助的适用范围。为进一步保障犯罪嫌疑人、被告人的辩护权和其他权利，修正案草案扩大了法律援助在刑事诉讼中的适用范围，将审判阶段提供法律援助修改为在侦查、审查起诉、审判阶段均提供法律援助，并扩大了法律援助的对象范围。

(五)关于侦查措施

侦查是侦查机关为追究犯罪，依法进行的专门调查工作和有关的强制性措施。修正案草案重点完善了讯问犯罪嫌疑人的程序和必要的侦查措施，同时，强化对侦查措施的规范和监督，防止滥用。

1. 完善侦查措施。根据侦查取证工作的实际需要，修正案草案增加规定了口头传唤犯罪嫌疑人的程序，适当延长了特别重大、复杂案件传唤、拘传的时间，增加规定了询问证人的地点，完善人身检查的程序，在查询、冻结的范围中增加规定债券、股票、基金份额等财产。

国家安全法、人民警察法规定，侦查机关因侦查犯罪的需要，根据国家有关规定，经过严格的批准手续，可以采取技术侦察措施。现行刑事诉讼法对于技术侦察措施没有作出规定。修正案草案增加了严格规范技术侦察措施的规定。

2. 强化对侦查活动的监督。为保护相关诉讼参与人的合法权利，修正案草案增加规定，当事人和辩护人、诉讼代理人、利害关系人，对司法机关及其工作人员采取强制措施法定期限届满不予以释放、解除或者变更的，应当退还取保候审保证金不退还的，对与案件无关的财物采取查封、扣押、冻结措施的,应当解除查封、扣押、冻结不解除的,贪污、挪用、私分、调换、违反规定使用查封、扣押、冻结财物的等行为有权申诉、控告,并规定了相应程序。

(六)关于审判程序

审判是决定被告人是否构成犯罪和判处刑罚的关键阶段。修正案草案进一步完善了审判程序中的重要环节。

1. 调整简易程序适用范围,完善第一审程序。在保证司法公正的前提下,适当调整简易程序的适用范围,实行案件的繁简分流,有利于提高诉讼效率。为此,修正案草案将适用简易程序审判的案件范围,修改为基层人民法院管辖的可能判处有期徒刑以下刑罚、被告人承认自己所犯罪行的案件。同时,根据审判工作实际,对第一审普通程序中的案卷移送制度、开庭前的准备程序、与量刑有关的程序、中止审理的程序等作了补充完善。

2. 明确第二审应当开庭审理的案件范围,对发回重审作出限制规定。一是,为保证案件的公正审理,修正案草案进一步明确了第二审应当开庭审理的案件范围,增加规定:上诉人对第一审认定的事实、证据提出异议,可能影响定罪量刑的,被告人被判处死刑的上诉案件等,第二审人民法院应当开庭审理。二是,为避免案件反复发回重审,久拖不决,增加规定:对于因事实不清楚或者证据不足,第二审人民法院发回原审人民法院重新审判的案件,原审人民法院再次作出判决后,被告人提出上诉或者人民检察院提出抗诉的,第二审人民法院应当依法作出判决或者裁定。三是,为落实上诉不加刑原则,避免发生在上诉案件中第二审人民法院发回重审,下级人民法院在重审中加刑的情况,增加规定:第二审人民法院发回重新审判的案件,除有新的犯罪事实,人民检察院补充起诉的以外,原审人民法院也不得加重被告人的刑罚。此外,修正案草案还完善了查封、扣押、冻结的财物及其孳息的处理程序等。

3. 完善附带民事诉讼程序。附带民事诉讼程序对于有效化解社会矛盾纠纷,保证被害人及时得到赔偿,具有重要作用。在总结司法实践经验的基础上,修正案草案对附带民事诉讼程序作了补充修改。一是,增加规定:被害人死亡或者丧失行为能力的,被害人的法定代理人、近亲属有权提起附带民事诉讼。二是,增加规定:附带民事诉讼的原告人或者人民检察院可以申请人民法院采取保全措施。三是,增加规定:人民法院审理附带民事诉讼案件,可以进行调解,或者根据物质损失情况作出判决、裁定。

4. 对死刑复核程序作出具体规定。为体现适用死刑的慎重,进一步保证死刑复核案件质量,加强对死刑复核程序的法律监督,修正案草案明确规定:最高人民法院复核死刑案件,应当作出核准或者不核准死刑的裁定。对于不核准死刑的,最高人民法院可以发回重新审判或者予以改判。同时,增加规定:最高人民法院复核死刑案件,可以讯问被告人,辩护律师提出要求的,应当听取辩护律师的意见。在复核死刑案件过程中,最高人民检察院可以向最高人民法院提出意见。最高人民法院应当将死刑复核结果通报最高人民检察院。

5. 对审判监督程序进行补充完善。通过审判监督程序对确有错误的生效判决、裁定予以纠正,有利于确保案件质量,维护司法公正。修正案草案对申诉案件决定重审的条件,指令原审人民法院以外的下级人民法院审理,人民检察院派员出席法庭,再审案件强制措施的决定程序,原判决、裁定的中止执行等内容作了补充完善。

(七)关于执行程序

刑罚执行程序是惩罚和改造罪犯的重要规范。修正案草案重点完善了暂予监外执行规定,强化人民检察院对减刑、假释、暂予监外执行的监督。

1. 严格规范暂予监外执行的适用。暂予监外执行,是对符合法定条件的罪犯在监狱外执行刑罚的制度。修正案草案进一步严格规范了暂予监外执行的决定、批准和及时收监的程序,为防止罪犯利用这一制度逃避刑罚,并增加规定:不符合暂予监外执行条件的罪犯通过贿赂等非法手段被暂予监外执行的,其在监外执行的期间不计入执行刑期;罪犯在暂予监外执行期间脱逃的,脱逃的期间不计入执行刑期。

2. 强化人民检察院对减刑、假释、暂予监外执行的监督。修正案草案增加规定:监狱、看守所提出减刑、假释建议或者暂予监外执行的书面意见的,应当同时抄送人民检察院。人民检察院可以向人民法院或者批准机关提出书面意见。

(八)增加规定特别程序

根据刑事诉讼活动的实际情况和近年来各地积极探索的好的经验,有必要针对未成年人刑事案件等特定案件和一些特殊情况,规定特别的程序。修正案草案增加一编"特别程序",对有关程序作出专门规定。

1. 规定未成年人刑事案件诉讼程序。为更好地保障未成年人的诉讼权利和其他合法权益,修正案草案在总结实践经验的基础上,针对未成年人刑事案件的特点,对办案方针、原则、诉讼环节的特别程序作出规定。其中,设置了附条件不起诉制度,规定对于未成年人涉嫌侵犯人身权利民主权利、侵犯财产、妨害社会管理秩序犯罪,可能判处一年有期徒刑以下刑罚,符合起诉条件,但有悔罪表现的,人民检察院可以作出附条件不起诉的决定。同时，为有利于未成年犯更好地回归社会，设置了犯罪记录封存制度。

2. 设置特定范围公诉案件的和解程序。刑事诉讼法对自诉案件的和解作了规定。为有利于化解矛盾纠纷，需要适当扩大和解程序的适用范围，将部分公诉案件纳入和解程序。同时，考虑到公诉案件的国家追诉性质和刑罚的严肃性，防止出现新的不公正，对建立这一新的诉讼制度宜审慎把握，和解程序的适用范围也不能过大。修正案草案规定，公诉案件适用和解程序的范围为因民间纠纷引起，涉嫌侵犯人身权利民主权利、侵犯财产犯罪，可能判处三年有期徒刑以下刑罚的故意犯罪案件，以及除渎职犯罪以外的可能判处七年有期徒刑以下刑罚的过失犯罪案件。但是，犯罪嫌疑人、被告人在五年以内曾经故意犯罪的，不适用这一程序。并规定对于当事人之间达成和解协议的案件，可以依法对被告人从宽处罚。

3. 设置犯罪嫌疑人、被告人逃匿、死亡案件违法所得的没收程序。为严厉惩治腐败犯罪、恐怖活动犯罪，并与我国已加入的联合国反腐败公约及有关反恐怖问题的决议的要求相衔接，需要对犯罪所得及时采取冻结追缴措施。修正案草案增加规定：对于贪污贿赂犯罪、恐怖活动犯罪等重大犯罪案件，犯罪嫌疑人、被告人逃匿，在通缉一年后不能到案，或者犯罪嫌疑人、被告人死亡，依照刑法规定应当追缴其违法所得及其他涉案财产的，人民检察院可以向人民法院提出没收违法所得的申请。并设置公安机关移送人民检察院的程序和人民法院的审理程序。

4. 设置依法不负刑事责任的精神病人的强制医疗程序。《刑法》第十八条规定：精神病人在不能辨认或者不能控制自己行为的时候造成危害结果，经法定程序鉴定确认的，不负刑事责任，但是应当责令他的家属或者监护人严加看管和医疗；在必要的时候，由政府强制医疗。为保障公众安全，维护社会秩序，修正案草案增加规定：实施暴力行为，危害公共安全或者严重危害公民人身安全，经法定程序鉴定依法不负刑事责任的精神病人，有继续危害社会可能的，由公安机关移送人民检察院，人民检察院向人民法院提出强制医疗的申请，由人民法院作出决定。并对案件的审理程序、法律援助和法律救济、强制医疗的解除和人民检察院的监督等作出规定。

此外，根据有关方面的意见，修正案草案还对刑事案件证据种类、证明标准、举证责任，取保候审和监视居住的监督管理，辩护人和诉讼代理人的申请回避权，辩护人对阻碍其依法行使诉讼权利的申诉控告及处理机制，中级人民法院的管辖范围，人民法院案件审理期限，社区矫正执行等规定作了补充完善。

《中华人民共和国刑事诉讼法修正案(草案)》和以上说明，请审议。

2012国际滑联短道速滑世界锦标赛在上海开幕

3月9日

十一届全国人大五次会议在人民大会堂举行第三次全体会议

全国人大常委会委员长吴邦国受全国人大常委会委托向大会报告工作。

胡锦涛、温家宝、贾庆林、李长春、习近平、李克强、贺国强等在主席台就座。

会议由大会主席团常务主席、执行主席王兆国主持。

大会执行主席王三运、白克明、刘奇葆、杜德印、李肇星、张宝顺、张春贤、陈存根、罗保铭、周强、胡康生、姜异康、袁纯清、栗战书、梁国扬在主席台执行主席席就座。

全国人大常委会委员长吴邦国在十一届全国人大五次会议上作工作报告

各位代表：

我受全国人大常委会委托，向大会报告工作，请予审议。

过去一年的主要工作

2011年，面对复杂多变的国际形势和艰巨繁重的国内改革发展稳定任务，以胡锦涛同志为总书记的党中央团结带领全国各族人民，同心协力，锐意进取，全面推进社会主义经济建设、政治建设、文化建设、社会建设以及生态文明建设，各项工作都取得新的成绩，实现了“十二五”时期良好开局。

过去一年，全国人大常委会以邓小平理论和“三个代表”重要思想为指导，深入贯彻落实科学发展观，坚持党的领导、人民当家做主、依法治国有机统一，按照十一届全国人大四次会议精神，围绕党和国家工作大局行使职权、开展工作。一年来，共审议24件法律、法律解释和有关法律问题的决定草案，通过14件，决定提请本次大会审议4件，听取审议国务院、最高人民法院、最高人民检察院14个工作报告，检查4部法律实施情况，决定批准我国与外国缔结的条约、协定以及加入的国际公约5件，还决定和批准任免一批国家机关工作人员，为坚持和完善人民代表大会制度，为推进改革开放和社会主义现代化建设作出了重要贡献。

一、立法工作继续加强

常委会继续加强和改进立法工作，更加注重修改完善现行法律,更加注重推进科学立法、民主立法,着力提高立法质量,不断完善中国特色社会主义法律体系。

(一)刑事诉讼法修正案草案提请大会审议。修改刑事诉讼法是全国人大及其常委会立法工作的一个重点,社会方方面面都很关注,仅本届以来就有2485人次全国人大代表提出相关议案。我们在认真梳理代表议案、充分调查研究、广泛征求意见的基础上,形成了刑事诉讼法修正案草案,从证据制度、辩护制度、强制措施、审判程序、执行程序等方面作了重要补充和完善。去年8月份的常委会会议对草案进行了初审,会后向社会全文公布征求意见,12月份的常委会会议再次审议,并决定将草案提请本次大会审议。常委会组成人员普遍认为,草案贯彻中央关于深化司法体制改革的精神,总结多年司法实践经验,吸纳代表相关议案内容,正确处理惩治犯罪与保障人权的关系,符合我国国情和实际,已经基本成熟。

为了把刑事诉讼法修正案草案审议好,本次大会前,我们已将草案送各位代表审阅、提出意见。会议期间,常委会向大会作了说明,各代表团也进行了认真审议。相信经过全体代表的共同努力,一定能够把这部法律修改好完善好。

(二)修改制定一批重要法律。常委会通过的关于修改个人所得税法的决定,主要内容有两点:一是将工薪所得减除费用标准由每月2000元提高至3500元,二是将工薪所得税率由9级超额累进税率修改为7级,扩大了低档税率的适用范围,并将第一级税率由5%降至3%。这次修改进一步降低了中低收入者的税负,适当增加了高收入者的税负。按照"十二五"规划纲要的要求,下一步要加快推进个人所得税改革,建立、健全综合与分类相结合的个人所得税制度,更好发挥税收调节收入分配的作用。

修改职业病防治法,增强法律规定的可操作性。一是明确用人单位应当依法落实职业病防治措施,保障所需资金投入,并进一步强化了监管部门的责任。二是完善职业病诊断和鉴定机制,简化劳动仲裁程序,重点解决职业病诊断难的问题。三是规定用人单位应当保障职业病患者依法享受国家规定的待遇,用人单位已经不存在或无法确认劳动关系的职业病患者,可以向地方人民政府申请医疗和生活等方面的救助。

行政强制法关系到行政权的行使和公民合法权益的保障,涉及问题比较复杂,立法难度比较大。在反复调研论证和沟通协商的基础上,常委会经过5次审议通过了行政强制法。在立法过程中,我们始终强调正确处理权力与权利、权力与责任的关系,既对行政强制行为进行规范、制约和监督,避免和防止权力滥用,维护公民、法人和其他组织合法权益,又赋予行政机关必要的强制手段,保障行政机关依法履行职责,提高行政管理效率。

香港特别行政区基本法、澳门特别行政区基本法的解释权,是宪法和两个基本法赋予全国人大常委会的重要职权。去年8月,常委会审议通过关于《香港特别行政区基本法》第十三条第一款和第十九条的解释。这是第一次由香港特别行政区终审法院在审理案件过程中,就基本法有关中央人民政府管理的事务和中央与特别行政区关系的条款,提请全国人大常委会进行解释。常委会的解释明确国家豁免属于外交事务范畴、决定国家豁免规则和政策属于中央的权力、香港特别行政区须遵循国家统一的国家豁免规则和政策,使有关案件审理于法有据。去年12月,常委会审议通过关于《澳门特别行政区基本法》附件一第七条和附件二第三条的解释,明确了修改澳门特别行政区行政长官产生办法和立法会产生办法的程序。这是全国人大常委会第一次对《澳门特别行政区基本法》行使解释权。今年2月,常委会在认真审议澳门特别行政区行政长官提出的有关报告基础上,又依法作出关于澳门特别行政区2013年立法会产生办法和2014年行政长官产生办法有关问题的决定。常委会对两个基本法作出的有关解释和决定,充分体现了"一国两制"方针,既维护了基本法规定的中央的权力,又保证了香港、澳门两个特别行政区的高度自治权,对于推动基本法全面正确实施,保障香港、澳门长期繁荣稳定,具有重要意义。

常委会还修改了兵役法、居民身份证法、清洁生产促进法,作出了关于加强反恐怖工作有关问题的决定。审议了民事诉讼法、预算法修正案草案和精神卫生法、出境入境管理法、军人保险法、资产评估法草案等。

(三)推进科学立法、民主立法。我们在总结以往实践经验的基础上,着重加强了以下几方面工作。

一是扩大公民对立法的有序参与,积极回应社会关切。个人所得税法的修改,涉及人民群众切身利益。常委会将草案向社会全文公布征求意见,一个多月共收到意见23万多条,同时书面征求各地方、中央有关部门和部分企业、高等院校、研究机构的意见,还专门召开座谈会、论证会,直接听取公众代表和专家学者的意见。我们本着认真负责的态度,在综合考虑各方面意见尤其是社会反馈意见的基础上,经过充分审议,并与国务院反复协调,对草案作出新的重要修改,上调了工薪所得减除费用标准,降低了工薪所得第一级税率。

二是更加注重法律体系的科学和谐统一。社会保险法和刑法修正案(八)通过后,常委会及时对煤炭法、建筑法、道路交通安全法的个别条款作出修改,解决了相关法律规定不一致、不衔接的问题。行政强制法出台后，我们要求有关方面抓紧对现行法规、规章和其他规范性文件中设定的行政强制进行专项清理。国务院和各地方高度重视、专项部署，到去年年底这项工作已基本完成。

三是开展立法后评估试点工作。选择科学技术进步法、农业机械化促进法开展立法后评估，重点就有关科技项目知识产权的归属和使用、企业研发投入的激励机制，以及农机跨区域作业服务、农机购置补贴、农机燃油补贴等法律制度的科学性、可操作性以及法律执行的有效性作出客观评价。常委会审议了相关报告，要求在认真总结试点经验的基础上，进一步完善立法后评估工作机制，推动这项工作经常化规范化。

中国特色社会主义法律体系形成后，加强法制宣传教育、确保法律有效实施就显得更为紧迫、更加重要。去年，中共中央批转的关于形成中国特色社会主义法律体系的报告，要求进一步加强法律实施和普法教育，大力弘扬社会主义法治精神。我们认真贯彻落实中央精神，结合听取审议"五五"普法工作情况报告，作出关于进一步加强法制宣传教育的决议，强调要全面落实依法治国基本方略，充分认识法制宣传教育的重要性、长期性和紧迫性，以中国特色社会主义法律体系的形成为契机，着力增强法制宣传教育的针对性和实效性，着力提高公职人员特别是各级领导干部依法办事的能力和水平，加快形成自觉学法、遵法、守法、用法的社会氛围。还通过发布白皮书、拍摄文献纪录片《铸法》等多种形式，广泛宣传中国特色社会主义法律体系，为增强全社会法律意识和法治观念、推动法律有效实施起到了积极作用。

二、监督工作扎实推进

常委会紧紧围绕推动"十二五"规划纲要顺利实施，继续加强和改进监督工作，更加紧扣大局、更加贴近民生，取得实实在在的效果。

（一）推动经济发展方式转变。常委会高度重视加快转变经济发展方式，每年都选择不同侧重点听取审议工作报告、开展执法检查和专题调研。去年听取审议了加快转变经济发展方式、环境保护、旅游业发展等报告，开展了合理调整国民收入分配关系、促进民族地区经济社会发展等专题调研。大家指出，当前我国经济社会发展总体保持良好态势，国民经济继续朝着宏观调控预期方向发展。同时也要清醒地看到，我国发展中不平衡不协调不可持续问题仍然突出，制约科学发展的体制机制障碍仍然较多。大家强调，面对复杂多变的国际政治经济环境和国内经济运行新情况新变化，要化挑战为机遇，变压力为动力，把中央关于转方式、调结构的决策部署真正落实到具体措施上、体现在实际工作中。当前应重点做好以下工作：一是着力扩大内需特别是消费需求，把扩大内需的重点更多放在保障和改善民生、加快发展服务业、提高中等收入者比重上来，推动经济增长更多依靠内需拉动。二是加快科技进步和自主创新步伐，加大科技投入，引导支持创新要素向企业聚集，培育发展战略性新兴产业，改造提升传统产业，促进产业结构优化升级，推动经济增长更多依靠创新驱动。三是坚持不懈地推进节能减排，强化法律规范、政策引导，加强重点领域节能减排和生态保护，坚决淘汰落后产能，严格控制高耗能高污染产业盲目扩张，促进清洁生产，发展绿色产业和循环经济，完善生态补偿机制，推动经济增长建立在可持续发展的基础上。

为完善农村基本经营制度，保障农民合法权益，增强农业农村发展活力，常委会开展了农村土地承包法执法检查，并结合检查农村土地承包经营纠纷调解仲裁法实施情况，还听取审议了集体林权制度改革工作情况报告。大家指出，要落实最严格的耕地保护制度，切实保障农民土地承包经营权，保持土地承包关系稳定并长期不变，及时有效化解农村土地承包经营纠纷，加强农村土地承包经营权流转管理和服务，推动专业化、标准化、规模化、集约化农业发展，不断提升农业现代化水平。大家强调，要进一步完善集体林权制度改革配套措施，认真落实各项强林惠林政策，大力实施林业重点工程，积极发展林业产业和林下经济，走出一条资源增长、农民增收、生态良好的现代林业发展之路。

（二）促进保障和改善民生。听取审议城镇保障性住房建设和管理、中长期教育改革和发展规划纲要实施情况等报告。大家指出，要认真落实中央决策部署，坚持立足国情和实际，合理确定保障性住房的范围、方式和标准，充分考虑各级政府财政承受能力，在对现有居民住房状况充分调研的基础上，严格区分保障性住房和改善性住房的界限，建立、健全保障性住房分配和运营监管机制，真正使低收入住房困难户得到实惠。大家强调，要确保2012年财政性教育经费支出占国内生产总值比例达到4%，同时以深化教育体制改革为抓手，全面实施素质教育，着力培育创新能力，大力推进教育公平，把公共教育资源更多投向农村地区、贫困地区、民族地区，保障进城务工人员随迁子女平等接受义务教育。

开展劳动合同法、食品安全法第二轮执法检查，推动法律的有效实施。从检查情况看，劳动合同签订率显著提高，全国规模以上企业劳动合同签订率达到97%；工资集体协商有序展开，当期有效集体合同覆盖职工1.14亿人，比2007年增加76.5%。全国范围的食品安全综合协调机制初步建立，食品安全风险监测预警能力有所增强，有关方面对食品非法添加、滥用添加剂、“瘦肉精”等问题开展专项整治，查处了一批典型案件。在充分肯定相关工作的同时，大家指出，劳务派遣被滥用等问题还很突出，建议抓紧修改完善法律、法规，细化关于劳务派遣适用范围的规定，加强对派遣单位和用工单位的监督管理，切实保障劳务派遣人员劳动报酬、社保待遇等合法权益。大家强调，解决食品安全方面存在的突出问题，关键是要切实提高食品生产经营者的法律意识，做到严格自律、守法经营、诚信经营；切实提高食品安全监管工作水平，做到责任明确、恪尽职守、严格执法。常委会对老年人权益保障法开展执法检查，强调要从战略高度认识和谋划我国老龄工作，积极推进养老服务体系建设，切实维护老年人合法权益，走出一条适合国情的老龄事业发展路子。常委会还听取审议了国务院关于消防工作情况的报告。

(三)加强对财政预算的监督。依法听取审议计划、预算执行情况报告和中央决算报告、审计工作报告，审查批准2010年中央决算，并选择防范地方政府性债务风险、建立完善县级基本财力保障机制等开展了专题调研。针对当前地方政府性债务规模较大且增长较快、举债融资不够规范、不少地区和行业偿债能力较弱等问题，大家强调，要抓紧清理地方政府融资平台公司，对已形成的地方政府性债务要区别情况、分类处理，逐步化解地方政府性债务风险；要严格执行预算法、担保法等法律、法规，防止和制止地方政府违规担保行为，地方政府性债务收支要纳入预算，接受同级人大审查与监督；要健全中央和地方财力与事权相匹配的财政体制，进一步提高一般性转移支付所占比重，提高基层政府公共服务能力。

(四)加强对司法工作的监督。针对制约基层司法能力建设的突出问题，听取审议最高人民法院、最高人民检察院关于加强基层建设情况的报告。大家对“两高”自觉接受人大监督、积极改进工作给予充分肯定，希望各级法院和检察院在巩固已有成果的基础上，进一步抓好基层基础建设，更好地发挥保障社会公平正义、维护社会和谐稳定的作用。最高人民法院、最高人民检察院高度重视常委会的审议意见，分别召开会议研究制定整改措施，表示要把更多精力放在基层、更多资源用在基层，着力加强和改进基层基础建设。

依法开展专题询问，增强人大监督工作的力度。去年，我们选择保障性住房建设、教育改革、财政决算等方面的问题，采取联组会议和分组会议的方式开展专题询问。常委会组成人员深入调研、精心准备，提出问题更具深度和针对性，国务院有关部门负责同志虚心听取意见，实事求是回答询问。中央主要媒体进行现场报道，产生了积极的社会反响。通过这些年的实践，专题询问逐步机制化规范化，有力推动了有关方面改进工作。

三、代表工作深入开展

我们以贯彻实施修改后的代表法为契机，进一步加强和改进代表工作，支持和保障代表依法履行职责，充分发挥代表参与管理国家事务的作用。

一是坚持尊重代表主体地位，做好代表议案和建议办理工作。十一届全国人大四次会议主席团交付9个专门委员会审议的566件代表议案，已经办理完毕，15件议案涉及的6件法律已经常委会审议通过，69件议案涉及的7件法律草案正在审议，84件议案涉及的28个立法项目已列入立法计划或立法规划。有关专门委员会努力提高议案办理质量，代表议案在立法工作中的作用得到更好发挥。职业病防治法的修改，就吸收了代表议案提出的明确用人单位责任、进一步发挥工会组织作用、加强工作场所环境检测等意见。代表提出的8043件建议，交由177家承办单位研究办理，并选择社会普遍关注的11项内容作为重点建议，由有关专门委员会督办。目前，代表建议所提问题已经解决或计划解决的占总数的77%，支持粮食主产区发展、加强食品安全监管、发展养老服务业等一批建议的办理取得明显成效。

二是坚持为代表服务的思想，提高服务保障工作水平。加强代表专题调研和集中视察组织服务工作，1800多名代表参加专题调研，1700多名代表参加集中视察，形成100多份调研报告，为中央和地方决策提供了参考，也对提高代表议案和建议质量发挥了重要作用。为保障代表的知情权，及时向代表提供经济社会发展、预算编制执行、常委会履职等方面的资料信息，分别为在京代表和港澳代表举办情况通报会，并将书面材料印发全体代表。继续加强代表履职学习，先后举办6期专题培训班，1200多名代表参加，重点学习中国特色社会主义法律体系、“十二五”规划纲要等。

三是密切与人大代表的联系，提高常委会工作质量和水平。我们通过多种形式听取代表对常委会工作的意见和建议，并作为研究改进工作、制订工作计划的重要依据。继续扩大代表对常委会执法检查和立法调研等活动的参与，邀请代表列席常委会会议和专门委员会会议。代表们既有专业特长又了解基层情况，分析问题有理有据，提出建议务实中肯，为提高常委会审议质量和工作水平发挥了重要作用。

十一届全国人大代表的任期还有一年。过去四年来，代表们以高度的使命感和责任感，不负重托、恪尽职守，认真执行代表职务，依法参与管理国家事务。广大代表来自各地区、各民族、各方面，工作和生活在人民中间，对党和国家方针政策、宪法法律的贯彻实施情况有切身体会，对人民群众的生活和愿望有直接感受，对基层的情况和问题有深入了解。大家充分发挥同人民群众联系密切的优势，深入了解民情，充分反映民意，广泛集中民智，为坚持和完善人民代表大会制度、做好新形势下人大工作作出了积极贡献。

四、对外交往积极活跃

我们坚持服从服务于国家外交大局，有计划、有重点地加强同外国议会和多边议会组织的友好往来，为推动国家关系全面发展、维护我国发展重要战略机遇期发挥了重要作用。

成功召开中国全国人大与俄罗斯联邦委员会、国家杜马合作委员会第五次会议，系统总结中俄议会交往的宝贵经验，强调应把服务国家关系发展大局作为议会交往的根本方向，把促进务实合作作为议会交往的重要内容，把弘扬世代友好作为议会交往的首要任务。继续加强与美国、日本、法国等国议会和欧洲议会的机制交流，顺利启动与南非国民议会定期交流机制，根据国际形势的变化和各自国内发展的需要，选择共同关心的议题，坦诚对话、深入交流、扩大共识。积极开展专门委员会、友好小组等各层次友好往来，加强在治国理政、立法监督、发展经济、改善民生等方面的经验交流。积极参与多边议会组织活动，维护发展中国家正当要求和共同利益。

在对外交往中，我们以生动事实和翔实数据充分展示中国的发展成就，深刻论述与邻为善、以邻为伴的周边外交方针，广泛宣传中国始终不渝走和平发展道路，永远是维护世界和地区和平、促进共同发展的积极因素和坚定力量。

五、自身建设常抓不懈

人大是国家权力机关，是重要的政治机关。加强常委会自身建设尤其是思想政治建设，对做好人大各项工作至关重要。

去年7月1日，胡锦涛总书记在庆祝中国共产党成立90周年大会上发表的重要讲话，系统总结了我们党90年的光辉历程和宝贵经验，深刻阐述了坚持和发展中国特色社会主义的若干重大问题，对于在新形势下全面推进中国特色社会主义伟大事业具有重大而深远的意义。讲话集中论述了中国特色社会主义制度的基本内涵和重大意义，强调要继续大力推进社会主义民主政治建设，进一步发挥我国社会主义政治制度的优越性，为党和国家兴旺发达、长治久安提供更加完善的制度保障。常委会组成人员、专门委员会组成人员结合人大工作实际认真学习、深刻领会讲话精神。大家一致认为，胡锦涛总书记的重要讲话为坚持和完善人民代表大会制度、做好新形势下人大工作指明了方向，在人大工作的同志要自觉把思想和行动统一到讲话精神上来，站在坚持和发展中国特色社会主义的战略高度，把人民代表大会制度坚持好完善好。

一要坚定不移走自己的路。办好中国的事情，要立足中国的实际，依靠中国人民自己的力量，走符合中国国情的发展道路。我们这样一个有着13亿人口、56个民族、底子薄、起步晚的发展中大国，能够保持政局长期稳定和社会和谐，能够维护国家统一和民族团结，能够以世界上少有的速度持续快速发展起来，关键是我们在深刻总结国内外经验教训的基础上，探索出一条符合中国国情的中国特色社会主义道路。包括人民代表大会制度在内的中国特色社会主义制度，是当代中国发展进步的根本制度保障，必须倍加珍惜、长期坚持。把人民代表大会制度坚持好完善好，就是要深刻认识我国人民代表大会制度的本质特征，理直气壮地坚持自己的特色，充分认识我国人民代表大会制度与西方资本主义国家政体的本质区别，在重大原则问题上做到头脑清醒、立场坚定、旗帜鲜明，坚定不移走中国特色社会主义政治发展道路。

二要进一步发挥人民代表大会制度的特点和优势。我国人民代表大会制度是人民当家做主的根本途径和最高实现形式，也是党在国家政权中充分发扬民主、贯彻群众路线的最好实现形式，具有强大的生命力和巨大的优越性。把人民代表大会制度坚持好完善好，就是要发挥我们党是中国特色社会主义事业坚强领导核心的政治优势，确保党的主张经过法定程序成为国家意志，从制度上法律上保证党的路线方针政策的贯彻落实；就是要发挥国家一切权力属于人民的制度优势，确保人民通过各级人民代表大会行使管理国家的权力，动员全体人民以国家主人翁的地位投身改革开放和社会主义现代化建设，实现好、维护好、发展好最广大人民的根本利益；就是要发挥民主集中制的体制优势，坚持人民代表大会统一行使国家权力，监督和支持"一府两院"依法行使职权，保证国家机关协调高效运转，保证国家统一有效地组织各项事业，更好地发挥国家权力机关在国家政治生活中的重要作用。

三要不断推进人民代表大会制度完善和发展。改革开放30多年来，我们党领导的改革是全面的改革，包括经济体制、政治体制、文化体制、社会体制等方面的改革，不断推进社会主义制度自我完善和发展，赋予社会主义新的生机和活力。实践发展永无止境，探索和创新也永无止境。人民代表大会制度必将在党和人民的创造性实践中不断完善和发展。推进人民代表大会制度的完善和发展，就是要牢牢把握正确政治方向，坚持中国特色社会主义政治发展道路，坚持党的领导、人民当家做主、依法治国有机统一，坚持从国情和实际出发，积极稳妥、扎实推进人大工作的创新。要进一步健全国家权力机关的组织制度和运行机制，优化人大代表和常委会组成人员结构，密切人大代表同人民群众的联系，完善中国特色社会主义法律体系，加强和改进人大监督工作，在建设中国特色社会主义的伟大实践中不断推动人民代表大会制度与时俱进。

人民代表大会制度是我国的根本政治制度。坚持和完善人民代表大会制度，是坚持和发展中国特色社会主义的重要内容，是党和人民赋予我们的义不容辞的光荣使命。在人大工作的同志要加强理论武装，在政治上自觉同党中央保持高度一致，旗帜鲜明抵制各种错误思想理论影响，不断增强坚持和拓展中国特色社会主义道路的自觉性和坚定性，不断增强坚持和丰富中国特色社会主义理论体系的自觉性和坚定性，不断增强坚持和完善中国特色社会主义制度的自觉性和坚定性，做中国特色社会主义共同理想的坚定信仰者和忠实践行者。

一年来，全国人大各专门委员会依照宪法和法律赋予的职责，围绕全国人大及其常委会中心任务做了大量卓有成效的工作，为提高人大工作质量和水平发挥了重要作用。地方人大在依法履行职责的同时，积极配合和支持全国人大常委会的工作，为形成和完善中国特色社会主义法律体系、推动中央重大决策部署贯彻落实作出了积极贡献。全国人大机关以深入推进创先争优活动为抓手，切实加强思想建设、组织建设、作风建设和素质能力建设，为全国人大及其常委会依法履职当好参谋助手、搞好服务保障。

各位代表！

在以胡锦涛同志为总书记的党中央领导下，全国人大常委会各方面工作都取得了新的进展。这是全国人大代表、常委会组成人员、各专门委员会组成人员以及全国人大机关工作人员辛勤工作的结果，也是与国务院、最高人民法院、最高人民检察院的密切配合，与地方各级人大及其常委会和广大人民群众的大力支持分不开的。在此，我代表全国人大常委会，向大家表示衷心的感谢！

回顾过去一年的工作，我们在发挥代表作用、提高立法质量、增强监督实效等方面，与经济社会发展的新要求、人民群众的新期待还有差距。我们将自觉接受人民监督，虚心听取代表意见，不断加强和改进工作。

今后一年的主要任务

今年是我国发展进程中具有特殊重要意义的一年，我们党将召开具有重大而深远意义的第十八次全国代表大会。牢牢把握稳中求进的工作总基调，努力做好全年各项工作，巩固和发展“十二五”时期开局良好势头，对党的十八大胜利召开具有十分重要的意义。全国人大常委会工作的总体要求是：全面贯彻党的十七大和十七届三中、四中、五中、六中全会以及中央经济工作会议精神，以邓小平理论和“三个代表”重要思想为指导，深入贯彻落实科学发展观，坚定不移走中国特色社会主义政治发展道路，坚持党的领导、人民当家做主、依法治国有机统一，加强和改进立法工作，完善中国特色社会主义法律体系，加强和改进监督工作，推动中央重大决策部署贯彻落实，努力实现本届全国人大的各项目标任务，为促进经济平稳较快发展、保持社会和谐稳定作出新的贡献。我们要在以往工作的基础上，再接再厉、不辱使命，把今年各项工作做得更好。

一、在完善中国特色社会主义法律体系上迈出新步伐

今年的立法工作，要按照完善中国特色社会主义法律体系的总体要求，紧紧围绕党和国家中心工作，适应经济社会发展实际需要，统筹安排好立法项目，更好地发挥法律的规范、引导、保障和促进作用。一是推进社会领域立法，继续审议精神卫生法、出境入境管理法、军人保险法草案和民事诉讼法修正案草案，修改老年人权益保障法、劳动合同法，推动加强和创新社会管理。二是完善经济领域立法，继续审议预算法修正案草案和资产评估法草案，修改土地管理法、农业技术推广法、环境保护法、证券投资基金法、商标法等，推动形成有利于科学发展的体制机制。三是加强文化法制建设，研究制定公共图书馆法，推动文化事业发展；完善网络法律制度，发展健康向上的网络文化，维护公共利益和国家信息安全。继续督促有关方面做好配套法规制定工作，加强规范性文件备案审查工作，督促和指导最高人民法院、最高人民检察院做好司法解释集中清理工作，确保年内全面完成。

这里要强调的是，提高立法质量是加强和改进立法工作的永恒主题，也是完善中国特色社会主义法律体系的必然要求。总结这些年的好经验好做法，在具体工作中我们要着重把握好以下几点：一是切实加强对立法工作的组织协调，深入论证立法项目的必要性和可行性，科学编制立法规划和年度计划，着力督促有关方面认真解决立法中涉及的重大问题，使法律更好地适应经济社会发展的现实需要、回应人民群众的热切期盼。二是更加注重把修改完善法律同加强监督工作有机结合起来，在开展执法检查、专题调研时，深入分析现行法律规定不适应不完善的问题，为修改完善法律提供重要依据，使法律的修改更具针对性，使法律的规定更具可操作性。三是积极推进科学立法、民主立法的制度化、规范化、程序化，进一步改进和完善法律草案公开征求意见的方式方法，更加注重深入实际、深入基层调查研究，直接听取群众意见，正确反映和统筹兼顾不同方面的利益，使公民参与立法的过程成为广泛集中民智、凝聚社会共识的过程。

二、在推动中央重大决策部署贯彻落实上见到新成效

为做好今年经济社会发展工作，党中央明确提出，要保持宏观经济政策基本稳定，保持经济平稳较快发展，保持物价总水平基本稳定，保持社会大局稳定，继续抓住和用好我国发展的重要战略机遇期，在转变经济发展方式上取得新进展，在深化改革开放上取得新突破，在改善民生上取得新成效。常委会要进一步加强和改进监督工作，努力推动中央重大决策部署的贯彻落实。一是听取审议国务院关于调整国民收入分配、国有企业改革与发展、县级基本财力保障机制运行、农田水利建设、土地管理和矿产资源开发利用及保护等工作情况的报告，检查农业法实施情况，督促有关方面在转方式、调结构上取得新进展。二是听取审议国务院关于保障饮用水安全、社会救助等工作情况的报告，检查残疾人保障法实施情况，督促有关方面加大保障和改善民生工作力度。三是听取审议国务院关于深化文化体制改革、推动社会主义文化大发展大繁荣工作情况的报告，检查文物保护法实施情况，推动党的十七届六中全会精神的贯彻落实。四是听取审议计划、预算执行情况报告以及中央决算报告和审计工作报告，审查批准2011年中央决算，推动贯彻落实中央宏观调控政策，促进经济平稳较快发展。五是听取审议国务院关于外国人入出境及居留就业管理工作、监狱法实施和监狱工作、禁毒法实施和禁毒工作情况等报告，推动社会管理创新。六是听取审议最高人民法院关于知识产权审判工作情况的报告、最高人民检察院关于民事行政检察工作情况的报告，促进公正廉洁司法。为强化对有关工作的监督，将选择国有企业改革与发展、农田水利建设、保障饮用水安全等开展专题询问，并就加快转变经济发展方式、加强环境保护、城市社区建设等方面的有关问题开展专题调研。

做好今年的监督工作，应着重抓好以下几个环节：一是加强统筹协调，精心组织，周密安排，做到监督项目"任务、人员、时间"三落实。二是加强调查研究，善于听取各方面特别是基层群众的意见，善于用全局的、长远的眼光分析问题，提出务实中肯的意见和建议。三是加强同"一府两院"的沟通，通过多种形式及时交换意见，提高报告起草和审议质量，并督促有关方面认真研究落实常委会审议意见。

三、在代表服务、对外交往、自身建设等方面取得新进展

要把充分发挥代表作用作为坚持和完善人民代表大会制度的重要内容，继续加强代表服务保障工作，认真办理本次代表大会期间代表提出的议案建议，努力使办理过程成为提高常委会工作水平的过程，成为推动有关方面改进工作、解决问题的过程。继续邀请代表参与常委会和专门委员会活动，组织好代表闭会期间的活动，密切代表同原选举单位和人民群众的联系，更好地发挥代表参与管理国家事务的作用。

要按照我国外交工作的基本方针和总体部署，充分发挥人大对外交往的特点和优势，继续完善与外国议会定期交流机制，广泛开展同外国议会的友好往来，积极参与国际和地区议会组织活动，增进国际社会对我国基本国情、发展道路、内外政策的了解和认识，为我国经济社会发展营造良好的国际环境。

要继续加强常委会自身建设，牢牢把握人大工作正确政治方向，坚决贯彻执行中央重大决策部署，讲政治、顾大局、守纪律。密切联系人民群众，深入开展调查研究，认真办好专题讲座，增强依法履职的责任感和使命感，以更加奋发有为的精神面貌做好各项工作。开展纪念现行宪法公布施行30周年系列活动，认真总结坚持和完善人民代表大会制度、做好新形势下人大工作的好经验好做法。继续加强与地方人大的联系，共同推进社会主义民主法制建设。进一步加强全国人大机关队伍建设。

各位代表，去年上半年以来，全国各地贯彻落实中央决策部署，按照修改后的选举法的要求，全面开展了县乡两级人大换届选举工作。今年下半年到明年年初，设区的市、自治州和省、自治区、直辖市人大换届选举工作也要陆续展开。本次大会将对第十二届全国人大代表选举的有关事项作出决定。人大换届选举事关国家政权建设，是国家政治生活中的一件大事。我们要坚持党的领导，充分发扬民主，严格依法办事，把模范遵守宪法和法律、密切联系群众、努力为人民服务、群众信赖的人选选为国家权力机关组成人员，充分体现人民当家做主的国家政权性质，充分体现国家权力机关的广泛代表性，充分体现人大代表来自人民扎根人民的特点优势，为坚持和完善人民代表大会制度、发展社会主义民主政治提供坚实的组织保障。

各位代表，我们的事业伟大而崇高，我们的使命艰巨而光荣。让我们更加紧密地团结在以胡锦涛同志为总书记的党中央周围，高举中国特色社会主义伟大旗帜，以邓小平理论和"三个代表"重要思想为指导，深入贯彻落实科学发展观，万众一心，开拓进取，扎实工作，以优异成绩迎接党的十八大胜利召开，为夺取全面建设小康社会、加快推进社会主义现代化新胜利而努力奋斗！

全国政协十一届五次会议在人民大会堂举行第二次全体会议

16位政协委员就加快财税体制改革、调节国民收入分配，合理划定界限、发挥市场配置资源的基础性作

用,齐心协力共助小微企业“保生存谋发展”等作大会发言。中共中央政治局常委、全国政协主席贾庆林出席会议。

会议的执行主席是王刚、帕巴拉·格列朗杰、白立忱、李兆焯、黄孟复、厉无畏、罗富和。会议由万钢主持。

中共中央政治局委员、国务院副总理张德江,以及中共中央、国务院有关部门负责人到会听取发言。

党和国家领导人胡锦涛 温家宝 李长春 习近平 李克强 贺国强分别参加十一届全国人大五次会议一些代表团审议

在西藏代表团,胡锦涛同代表们一起审议。代表们踊跃发言,大家结合西藏实际讲成绩、说变化、谈打算、提建议。达娃扎西代表讲述了西藏最偏远的阿里地区开展创先争优强基惠民活动的明显成效,白丹措姆、晓红代表列举了门巴族、珞巴族群众生活改善的最新数字,普布代表谈到了西藏国有企业改革发展的积极进展,多吉次珠代表介绍了拉萨市加强和创新社会管理的情况……胡锦涛认真听取发言,不时询问情况,为西藏发展取得的新成绩和发生的新变化感到由衷的高兴。8位代表发言后,胡锦涛强调,要坚持中央关于西藏工作的指导思想,走有中国特色、西藏特点的发展路子,扎扎实实做好西藏改革发展稳定各项工作。要继续着力推进跨越式发展,牢牢抓住发展这个第一要务,按照提升一产、壮大二产、做强三产思路,培育特色优势产业,发展现代特色农牧业,加强基础设施建设,推进科技创新和服务,不断夯实建设社会主义新西藏的物质基础。要继续着力保障和改善民生,把更多财力投放到民生建设领域,重点面向农牧区和农牧民,提升基本公共服务水平,切实解决好人民最关心最直接最现实的利益问题,让各族群众共享改革发展成果。要继续着力加强生态保护,走生产发展、生活富裕、生态良好的文明发展道路,切实保护好雪域高原的一草一木、山山水水。要继续着力维护社会和谐稳定,加强和创新社会管理,深入持久开展民族团结宣传教育活动,坚决维护祖国统一和民族团结,确保西藏社会大局稳定。胡锦涛希望西藏各级干部时刻牢记全心全意为人民服务的根本宗旨,发扬艰苦奋斗、求真务实的优良作风,为西藏发展稳定无私奉献,使“老西藏精神”在雪域高原上永放光芒。

在广西代表团,温家宝同代表们一起审议。代表们围绕推进北部湾经济区开放开发、加强农村基础设施建设、打好新一轮扶贫开发攻坚战、保障和改善民生等积极发言。温家宝听得十分专注,并对代表的发言一一作出回应。在认真听取郭声琨、马飚、杨盛川等代表发言后,温家宝说,在我们这样一个统一的多民族国家,民族关系始终是至关重要的社会关系,民族和谐始终是社会和谐的重要组成部分。我们讲各民族共同团结奋斗、共同繁荣发展,必须同时抓好团结和发展两件大事。广西这些年发展得很好,一个重要因素是民族团结提供了好的环境,民族团结促进了发展,反过来,发展又加强了民族团结。温家宝强调,平等、团结、互助、和谐是我国社会主义民族关系的本质特征,平等是基础。各民族一律平等,不仅包括法律上、政治上的平等,也包括经济、文化各个方面的平等。只有各民族完全平等,国家才能长期稳定和发展。要在平等的基础上,不断推进各民族的相互学习、相互交流,依法妥善处理涉及民族因素的矛盾和纠纷,努力营造各民族和睦相处、和衷共济、和谐发展的良好氛围。

在海南代表团,李长春同代表们一起审议。会上,罗保铭、蒋定之、李建保等代表就海南国际旅游岛建设、发展文化旅游产业、弘扬雷锋精神等发表了意见。李长春认真倾听,不时插话,与大家互动交流。在听取代表们发言后,李长春作了发言,对海南经济社会发展取得的成绩给予充分肯定,希望海南进一步兴起贯彻落实党的十七届六中全会精神新高潮,抓住机遇、乘势而上,把国际旅游岛建设与文化建设更好结合起来,加快建设廉洁高效的政务环境、民主公正的法治环境、公平诚信的市场环境、安全稳定的社会环境、舒适便利的生活环境、健康向上的人文环境,不断提升公民思想道德素质和社会文明程度,使国际旅游岛成为展示良好文明素质的窗口。李长春强调,文化和旅游密不可分、相辅相成,文化是旅游之“魂”,旅游是文化之“体”。他希望海南发挥文化产业优化结构、扩大消费、增加就业、推动可持续发展、促进跨越式发展的独特优势,推动文化资源与市场相融合,使文化产业与旅游业相互促进、共同发展。

在新疆代表团,习近平同代表们一起审议。代表们围绕会议议题畅所欲言,会场气氛活跃。习近平在认真听取张春贤、努尔·白克力、马宁·再尼勒等代表发言后指出,新疆工作在党和国家工作全局中具有特殊重要的战略地位。他希望自治区党委政府、生产建设兵团团结带领全疆各族干部群众,按照中央新疆工作座谈会决策部署,毫不动摇地坚持发展和稳定两手抓、两手都要硬,谱写科学发展、稳疆兴疆、富民固边新篇章。要突出抓好科学发展,充分利用国家政策支持和全国各地支援,充分发挥自身比较优势和后发优势,走出一条质量高、效益好、老百姓受益大的科学发展之路;切实保障和改善民生,让新疆各族干部群众更多更好地共享改革发展成果;始终高举团结稳定旗帜,牢固树立“四个认同”、“三个离不开”思想,自觉维护民族团结,坚决反对民族分裂,确保新疆社会大局持续稳定。习近平还强调,做好新疆工作不仅是新疆的事情,也是全党全国的事情。各地区各部门要一如既往地加大对新疆的支持力度，做新疆跨越式发展和长治久安的参与者、推动者。

在福建代表团，李克强同代表们一起审议。孙春兰、苏树林、章联生等代表围绕会议议题谈看法、提建议，李克强不时询问，与大家共话发展改革民生，他对福建经济社会发展取得的成绩给予充分肯定。李克强说，沿海作为我国改革开放的先行起步地区，在新的形势下，有基础有条件有潜力继续在全国率先发展。要拓展发展空间，争创新的优势，大力推动产业转型升级、积极发展海洋经济，在提高质量效益中跃上新的发展平台；要依靠改革开放，加快转变经济发展方式，鼓励在政策上体制上先行先试、创新创造，更好发挥市场机制作用，破解资源环境制约，加大对欠发达地区发展的扶持，为解决发展不平衡不协调不可持续问题作出示范；要健全相关机制，切实保障民生，沿海地区财力基础相对较好，更有条件加大民生投入，应注重合理区分基本与非基本需求，探索形成政府保基本、非基本主要靠市场的有效机制，实现经济发展与民生改善互促共进。李克强希望福建把握机遇，开拓奋进，扎实推进海峡西岸经济区特别是平潭综合实验区建设，促进两岸深化合作、共同发展。

在河南代表团，贺国强同代表们一起审议。卢展工、郭庚茂、张晓阳等代表围绕促进基本公共服务均等化、加快综合交通体系建设、推进科技创新等问题展开讨论。在认真听取代表发言后，贺国强发了言，他肯定了河南近年来的工作，希望河南抓住重要机遇，把握主题主线，把加快经济结构调整作为战略重点，把巩固农业基础地位作为基础工程，把统筹城乡、区域协调发展作为重要任务，把保障和改善民生作为根本出发点和落脚点，把加强和改进党的建设作为重要保证，努力推动中原经济区的建设和发展。贺国强强调，在深入推进党风廉政建设和反腐败斗争中，要着力解决反腐倡廉建设中人民群众反映强烈的突出问题，深化专项治理、促进党员干部廉洁自律、解决发生在群众身边的腐败问题，不断以反腐倡廉建设实际成效取信于民、造福于民。

由中宣部 中央文明办 教育部 共青团中央共同举办的全国道德模范高校巡讲活动在东北大学举行首场报告会

3 月 10 日

十一届全国人大五次会议主席团在人民大会堂举行第二次会议

会议分别经过表决，决定将十一届全国人大五次会议关于政府工作报告、计划报告、预算报告的决议草案和关于修改刑事诉讼法的决定草案等提请各代表团审议。

主席团常务主席吴邦国主持会议。会议应到 170 人，出席 164 人，出席人数符合法定人数。

3 月 5 日至 6 日，各代表团认真审议了政府工作报告。代表们认为，政府工作报告全面贯彻党的十七大和十七届三中、四中、五中、六中全会以及中央经济工作会议精神，贯穿了科学发展的主题，突出了加快转变经济发展方式的主线，体现了以人为本、执政为民的理念，总结工作实事求是、重点突出，部署工作积极稳妥、针对性强，表示赞成这个报告。代表们结合审议政府工作报告，对国务院过去一年的工作给予充分肯定，普遍赞同今年经济社会发展的预期目标、总体思路和要做好的各方面工作，认为这些目标、任务和要求，经过努力是可以实现的。审议中，代表们也提出了一些意见和建议。国务院根据代表们的审议意见，对政府工作报告认真进行了修改，共修改 19 处，其中比较重要的修改有 9 处。

会议经过表决，决定将十一届全国人大五次会议关于政府工作报告的决议草案提请各代表团审议。

全国人大财政经济委员会主任委员石秀诗向会议作了财政经济委员会关于 2011 年国民经济和社会发展计划执行情况与 2012 年国民经济和社会发展计划草案的审查结果报告。财政经济委员会认为，2011 年国民经济继续朝着宏观调控的预期方向发展，计划执行情况总体是好的，实现了“十二五”规划的良好开局。2012 年国民经济和社会发展计划报告与计划草案主要目标和总体安排可行，建议批准国务院提出的《关于 2011 年国民经济和社会发展计划执行情况与 2012 年国民经济和社会发展计划草案的报告》，批准 2012 年国民经济和社会发展计划草案。

全国人大财政经济委员会主任委员石秀诗还向会议作了财政经济委员会关于 2011 年中央和地方预算执行情况与 2012 年中央和地方预算草案的审查结果报告。财政经济委员会认为，2011 年中央和地方预算执行情况总体是好的，2012 年中央和地方预算草案是可行的，建议批准国务院提出的《关于 2011 年中央和地方预算执行情况与 2012 年中央和地方预算草案的报告》，批准 2012 年中央预算草案。

会议经过表决，通过了这两个审查结果报告。

3 月 7 日，各代表团认真审查了计划报告、计划草案和预算报告、预算草案。国务院根据代表们的审查意见，对计划报告、预算报告认真进行了修改。会议经过表决，决定将关于 2011 年国民经济和社会发展计划执行情况与 2012 年国民经济和社会发展计划的决议草案、关于2011年中央和地方预算执行情况与2012年中央和地方预算的决议草案，提请各代表团审议。

3月8日至9日，各代表团认真审议了刑事诉讼法修正案草案。全国人大法律委员会根据各代表团的审议意见，对刑事诉讼法修正案草案进行了审议，提出了关于修改刑事诉讼法的决定草案。主席团会议听取了全国人大法律委员会主任委员胡康生作的法律委员会关于刑事诉讼法修正案草案审议结果的报告。

会议经过表决，决定将关于修改刑事诉讼法的决定草案提请各代表团审议。

3月8日至9日，各代表团认真审议了关于十二届全国人大代表名额和选举问题的决定草案。全国人大法律委员会根据各代表团的审议意见，对决定草案进行了审议。全国人大法律委员会主任委员胡康生向主席团会议作了审议结果的报告。

会议经过表决，决定将关于十二届全国人大代表名额和选举问题的决定草案提请各代表团审议。

3月8日至9日，各代表团认真审议了香港特别行政区选举十二届全国人大代表的办法草案、澳门特别行政区选举十二届全国人大代表的办法草案。全国人大法律委员会根据各代表团的审议意见，对两个办法草案进行了审议，提出了办法草案修改稿。全国人大法律委员会主任委员胡康生向主席团会议分别作了关于这两个办法草案审议结果的报告。

会议分别经过表决，决定将两个办法草案修改稿提请各代表团审议。

十一届全国人大五次会议主席团常务主席第一次会议在人民大会堂举行

十一届全国人大五次会议主席团常务主席、全国人大常委会委员长吴邦国主持会议。

会议听取了十一届全国人大五次会议主席团常务主席、大会副秘书长、全国人大常委会副委员长兼秘书长李建国作的十一届全国人大五次会议秘书处关于政府工作报告审议和修改情况以及决议草案代拟稿起草情况的汇报。

会议听取了全国人大财政经济委员会主任委员石秀诗作的全国人大财政经济委员会关于2011年国民经济和社会发展计划执行情况与2012年国民经济和社会发展计划草案的审查结果报告、关于2011年中央和地方预算执行情况与2012年中央和地方预算草案的审查结果报告。

会议听取了李建国作的十一届全国人大五次会议秘书处关于2011年国民经济和社会发展计划执行情况与2012年国民经济和社会发展计划的决议草案代拟稿、关于2011年中央和地方预算执行情况与2012年中央和地方预算的决议草案代拟稿的汇报。

会议还听取了大会副秘书长、全国人大法律委员会主任委员胡康生作的全国人大法律委员会关于刑事诉讼法修正案草案审议结果的报告、关于十二届全国人大代表名额和选举问题的决定草案审议结果的报告、关于香港特别行政区选举十二届全国人大代表的办法草案审议结果的报告和关于澳门特别行政区选举十二届全国人大代表的办法草案审议结果的报告。

会议同意将上述审议结果报告和关于政府工作报告、计划报告、预算报告的决议草案代拟稿，关于修改刑事诉讼法的决定草案，关于十二届全国人大代表名额和选举问题的决定草案，香港特别行政区、澳门特别行政区选举十二届全国人大代表的办法草案修改稿提交大会主席团第二次会议审议。

党和国家领导人胡锦涛 吴邦国 温家宝在人民大会堂会见出席两会的少数民族代表

党和国家领导人吴邦国 温家宝 李克强 贺国强分别参加十一届全国人大五次会议一些代表团审议

吴邦国来到吉林代表团参加审议。孙政才、王儒林、聂文权等代表相继发言，高度评价全国人大常委会的工作，完全赞同全国人大常委会工作报告。吴邦国认真听取代表们发言，充分肯定吉林省经济社会发展取得的成绩，感谢大家对全国人大常委会工作的支持和监督。吴邦国表示，我们要在前四年工作的基础上，把今后一年的各项工作做得更好，努力实现本届全国人大的各项目标任务。他强调，坚持和完善人民代表大会制度、做好新形势下人大工作，最重要的是要坚持正确的政治方向，坚定不移走中国特色社会主义政治发展道路，坚持党的领导、人民当家做主、依法治国有机统一，牢牢把握我国人民代表大会制度本质特征，充分发挥人民代表大会制度的特点和优势，不断推进人民代表大会制度的完善和发展，为党和国家兴旺发达、长治久安提供坚实的制度保障。

温家宝来到陕西代表团参加审议。赵正永、谭永华、杨丰岐等代表踊跃发言，现场气氛热烈，温家宝不时与代表们就有关问题进行探讨交流。在听取代表发言后，温家宝说，我完全赞同吴邦国委员长所作的全国人大常委会工作报告。他强调，政府的一切权力来自人民，必须对人民负责，接受人民监督。温家宝指出，国际金融危机发生以来，世界科技创新和产业升级孕育着新突破，我们必须牢牢抓住这个机遇。陕西的发展正处在关键时期，走在上升通道。西安、宝鸡、杨凌等高新技术产业开发区，在航空航天、装备制造、电子信息、生物医药、现代农业等领域有良好基础，有的在国际国内达到领先水平。陕西的高等院校数量较多、学科专业齐全、教师素质较高。要敢于先行先试，推进科技、教育体制改革，促进科学研究与高等教育结合、科研机构与企业结合、科技与金融结合、军工与民用科技资源结合，努力把陕西建成西部地区的创新高地。

李克强来到贵州代表团参加审议。栗战书、赵克志、屈庆麟等代表围绕区域协调发展、循环经济、扶贫攻坚等问题积极发言，李克强认真倾听，并与大家交换看法。李克强在发言中表示完全赞同吴邦国委员长所作的全国人大常委会工作报告，并对贵州经济社会发展取得的成绩给予充分肯定。李克强指出，按照转变经济发展方式的要求，对经济结构进行战略性调整，不仅是东部地区的主攻方向，也是西部地区加快发展的重要任务。贵州区位重要、后发潜力大，要继续加强基础设施建设，大力发展特色优势经济，增强自我发展能力，促进工业化、城镇化、农业现代化协调发展，在科学发展中创造新鲜经验。统筹推进水利建设、生态建设、石漠化治理三位一体，推动可持续发展，努力走出破解资源环境制约的新路子。加大集中连片特殊困难地区扶贫开发力度，加快饮水安全、通村公路、城镇保障房和农村危房改造等重大工程建设，打牢保障基本民生的坚实基础，实现各民族共同团结奋斗、共同繁荣发展。

贺国强来到山西代表团参加审议。代表们纷纷谈看法、提建议，讨论十分热烈。在认真听取袁纯清、王君、郭凤莲等代表发言后，贺国强表示，完全赞成吴邦国委员长所作的全国人大常委会工作报告。他充分肯定了近年来山西经济社会发展取得的成绩，希望山西进一步做深煤炭产业、做强非煤产业、做优文化产业和旅游业、做实生态环境建设、加强和改进党的建设，努力推动经济社会又好又快发展。贺国强强调，要认真学习贯彻胡锦涛总书记关于保持党的先进性和纯洁性的一系列重要论述，在全面推进党的建设新的伟大工程中保持和发展党的先进性和纯洁性，在全面推进中国特色社会主义伟大事业中体现和检验党的先进性和纯洁性，在各级党组织和广大党员干部的实际行动中践行和落实党的先进性和纯洁性，为推动党和国家事业发展提供坚强政治保证。

全国政协十一届五次会议在人民大会堂举行第三次全体会议

16位政协委员就加速推进社会保障体系建设、推进基本公共教育服务均等化、改革收费公路制度、防治土壤污染等作大会发言。中共中央政治局常委、全国政协主席贾庆林出席会议。

大会的执行主席是阿不来提·阿不都热西提、董建华、张梅颖、李金华、邓朴方、林文漪、何厚铧。会议由何厚铧主持。

中共中央政治局委员、国务院副总理回良玉，以及中共中央、国务院有关部门负责同志到会听取发言。

第十一届全国人民代表大会财政经济委员会关于2011年中央和地方预算执行情况与2012年中央和地方预算草案的审查结果报告

十一届全国人大五次会议主席团：

第十一届全国人民代表大会第五次会议审查了国务院提出的《关于2011年中央和地方预算执行情况与2012年中央和地方预算草案的报告》和2012年中央和地方预算草案。全国人民代表大会财政经济委员会在对预算报告和预算草案进行初步审查的基础上，根据各代表团和有关专门委员会的审查意见，又作了进一步审查。国务院根据审查意见对预算报告做了修改。现将审查结果报告如下。

一、财政经济委员会认为，2011年中央和地方预算执行情况总体是好的。全国公共财政收入103740亿元，完成预算的115.6%，比上年(下同)增长24.8%；加上调入中央预算稳定调节基金1500亿元，收入总量为105240亿元。全国公共财政支出108930亿元，完成预算的108.7%，增长21.2%；加上补充中央预算稳定调节基金2892亿元和地方财政结转资金1918亿元，支出总量为113740亿元。全国公共财政收支总量相抵，差额8500亿元，比预算减少500亿元。其中，中央公共财政收入51306亿元，完成预算的111.9%，增长20.8%，加上调入中央预算稳定调节基金1500亿元，收入总量为52806亿元；中央公共财政支出56414亿元(含中央对地方税收返还和转移支付支出)，完成预算的103.8%，增长16.7%，加上补充中央预算稳定调节基金2892亿元，支出总量为59306亿元。中央公共财政收支总量相抵，赤字6500亿元，比预算减少500亿元。中央对地方转移支付34822亿元，完成预算的108%，增长27.3%。2011年末，中央财政国债余额72045亿元，控制在全国人大批准的77708亿元限额之内。地方公共财政收支差额2000亿元，与上年持平，由财政部代理发行地方政府债券弥补。

全国政府性基金收入41360亿元，完成预算的160.2%，增长12.4%；全国政府性基金支出39642亿元，完成预算的149%，增长16.8%。其中，中央政府性基金收入3126亿元，完成预算的110.6%，下降1.6%；中央政府性基金支出3103亿元，完成预算的85.8%，增长2.9%。

中央国有资本经营收入765亿元，完成预算的90.6%，增长36.9%。中央国有资本经营支出770亿元，完成预算的89.6%,增长42%。

财政经济委员会认为,2011年国务院和地方各级人民政府认真贯彻落实中共中央的决策部署和十一届全国人大四次会议提出的各项要求,贯彻落实科学发展观,加强和改善宏观调控,实施积极的财政政策和稳健的货币政策,巩固和扩大应对国际金融危机冲击成果,保持经济平稳较快发展,努力保障和改善民生,财政改革深入推进,各项社会事业发展取得新的成绩。2011年,预算管理进一步加强,预算的完整性进一步提高;积极调整支出结构,"三农"、教育、社会保障和就业、医疗卫生、科技等重点支出得到较好保障;县级基本财力保障机制建设取得积极进展;代编预算规模有所压缩。预算报告专门汇报了落实人大预算决议的情况,回应了人大代表的关切。同时,也应该指出,在预算执行和财政运行中还存在一些不容忽视的问题,主要是:在促进转变经济发展方式和调节国民收入分配方面,财税政策的针对性和有效性需要增强;财政支出绩效考核体系不够健全,工作有待加强;转移支付结构不够合理,均衡性转移支付所占比重偏低;追加预算多、结转资金多的现象仍比较突出;地方政府性债务管理制度不够完善,存在一定风险;地方土地出让收入使用不够规范。这些问题都应当认真研究,切实加以解决。

二、国务院提出的2012年中央和地方预算草案,全国公共财政收入安排113600亿元,比2011年预算执行数(下同)增长9.5%,调入中央预算稳定调节基金2700亿元,全国公共财政收入总量116300亿元;全国公共财政支出 124300亿元,增长14.1%;收支相抵,全国公共财政收支差额8000亿元。其中,中央公共财政收入安排55920亿元,增长9%,调入中央预算稳定调节基金2700亿元,中央公共财政收入总量58620亿元;中央公共财政支出安排64120亿元,增长13.7%;收支相抵,中央公共财政赤字5500亿元,减少1000亿元。中央对地方转移支付安排39912亿元,增长14.6%。到2012年末,中央财政国债余额限额82708亿元。国务院拟安排发行地方政府债券2500亿元,增加500亿元。

全国政府性基金收入安排34797亿元,下降15.9%;全国政府性基金支出安排35614亿元,下降10.2%。其中,中央政府性基金收入2990亿元,下降4.3%;中央政府性基金支出3808亿元,增长22.7%。

全国国有资本经营收入安排1246亿元,全国国有资本经营支出安排1278亿元。

财政经济委员会认为,国务院提出的2012年中央和地方预算草案,体现了中央关于稳增长、控物价、调结构、惠民生、抓改革、促和谐的总体要求,继续实施积极的财政政策,着力推动加快转变经济发展方式和经济结构调整,完善结构性减税政策,进一步优化财政支出结构,切实保障和改善民生,促进经济平稳较快发展和社会和谐稳定。总的看,预算草案是可行的。

财政经济委员会建议,批准国务院提出的《关于2011年中央和地方预算执行情况与2012年中央和地方预算草案的报告》,批准2012年中央预算草案。地方各级政府预算依法由本级人民代表大会审查批准。

三、2012年是实施"十二五"规划承上启下的重要一年,圆满完成预算,对于深入贯彻落实科学发展观,加快转变经济发展方式和经济结构调整,促进经济平稳较快发展和社会和谐稳定,都具有重要意义。为此,财政经济委员会提出以下建议。

(一)进一步增强积极财政政策的针对性和有效性。完善和落实结构性减税政策,切实减轻企业和居民负担。重点围绕推动转变经济发展方式、调整经济结构和国民收入分配结构,完善有利于扩大就业、增加居民收入、发展服务业、扩大居民消费,以及鼓励自主创新和节能减排的财税政策。支持小型微型企业吸收劳动力就业,引导民间扩大投资,鼓励企业加大研发投入,推动技术改造、科技创新和产业升级。健全以税收、社会保障、转移支付为主要手段的再分配调节机制,推动收入分配结构调整。

(二)积极落实好改善民生的各项政策。财政安排的民生支出应当主要用于改善公共服务和保障群众生活,努力解决好群众最关心、最迫切、最现实的重点问题。实现财政性教育经费占国内生产总值比重达到4%的目标,并明确使用方向,加强薄弱环节,解决突出问题,提高使用绩效,促进教育公平。政府性基金预算应当全面反映国有土地出让收益用于农田水利建设、教育、保障性住房建设等方面的情况。大力支持和推动公立医院体制机制改革。建立、健全财政民生支出的绩效考核体系,加强管理和监督,落实好改善民生的各项政策措施。2012年,国务院审计部门应当对全国社会保障资金进行全面审计。

(三)严格预算执行。依法加强税收收入和非税收入管理,做到应收尽收。严格按照人大批准的预算执行,执行中一般不出台新的减收增支或增收减支政策,未经法定程序,不得改变预算。执行中如有超收,可以用于减少财政赤字、增加预算稳定调节基金和其他必要的支出,超收收入安排使用情况应当向人大常委会报告。加强土地出让收支管理,对地方土地出让收支情况进行全面审计。

(四)规范预算管理。进一步明确公共财政预算、政府性基金预算和国有资本经营预算的功能定位和收支范围。研究健全覆盖全部国有企业的国有资本经营预算和收益分享制度。清理整合政府性基金项目，提高政府性基金预算的规范性。做好社会保险基金预算试编工作，2013年向全国人大正式提交全国社会保险基金预算。进一步清理整顿地方财政专户，严格财政收支管理，健全监督检查和责任追究机制。进一步推进预算和决算公开。研究切实可行的办法，妥善处理地方政府性债务，依法加强政府性债务管理。

（五）深化财税体制改革。加快建立、健全中央和地方财力与事权相匹配的财政体制，科学划分各级政府财政支出责任，切实提高均衡性转移支付比重，为基层政府履行职责提供基本财力保障。中央部门安排专项转移支付项目，应当充分考虑地方需求和财力状况，减少资金配套要求。要进一步优化税制结构，积极推进增值税和消费税改革，加快环境保护税费改革，完善资源税制，稳步推进房产税改革试点。加快财税立法进程，及时将条件成熟的税收法规上升为法律。完善部门预算管理制度，科学确定部门预算收支范围，健全支出绩效考评机制。进一步推进政府会计改革，逐步建立政府财务报告制度。

以上报告，请予审议。

全国人民代表大会财政经济委员会

2012年3月10日

第十一届全国人民代表大会财政经济委员会关于2011年国民经济和社会发展计划执行情况与2012年国民经济和社会发展计划草案的审查结果报告

十一届全国人大五次会议主席团：

第十一届全国人民代表大会第五次会议审查了国务院提出的《关于2011年国民经济和社会发展计划执行情况与2012年国民经济和社会发展计划草案的报告》以及2012年国民经济和社会发展计划草案。全国人民代表大会财政经济委员会在对计划报告和计划草案初步审查的基础上，根据各代表团和有关专门委员会的审查意见，又作了进一步审查。国务院根据审查意见对计划报告作了修改。现将审查结果报告如下。

一、财政经济委员会认为，过去的一年，国务院和地方各级人民政府认真落实中共中央决策部署和十一届全国人大四次会议决议，围绕科学发展主题和加快转变经济发展方式主线，贯彻实施“十二五”规划和年度计划，巩固和扩大应对国际金融危机冲击成果，正确处理保持经济平稳较快发展、调整经济结构和管理通胀预期的关系，国民经济继续朝着宏观调控的预期方向发展，计划执行情况总体是好的，实现了“十二五”规划的良好开局。同时也要看到，经济社会发展中不平衡、不协调、不可持续的问题仍很突出，经济结构调整进展缓慢，农业基础仍然薄弱，实体经济发展面临不少困难，部分企业特别是小型微型企业经营困难加剧，节能减排、物价调控目标没有完成，环境保护形势更为严峻，财政金融领域存在潜在风险，教育、医疗、社会保障和征地拆迁、安全生产、食品药品安全、收入分配等方面问题还很突出，群众反映强烈。对此，必须增强忧患意识，采取有效措施加以解决。

二、财政经济委员会认为，2012年国民经济和社会发展计划报告与计划草案符合中央经济工作会议精神和“十二五”规划纲要总体要求，符合我国经济社会发展实际，指导思想明确，重点突出，主要目标和总体安排可行，建议批准国务院提出的《关于2011年国民经济和社会发展计划执行情况与2012年国民经济和社会发展计划草案的报告》，批准2012年国民经济和社会发展计划草案。

三、财政经济委员会认为，2012年是实施“十二五”规划承上启下的重要一年，在计划执行过程中，要坚持以科学发展为主题，以加快转变经济发展方式为主线，按照稳中求进的工作总基调的要求，着重做好以下工作。

（一）切实加强和改善宏观调控，促进经济平稳较快发展。保持宏观经济政策的连续性和稳定性，合理把握宏观调控的力度、节奏和重点，切实增强调控的针对性、灵活性、前瞻性，统筹处理好稳增长、调结构、控物价三者关系，促进经济平稳较快发展。继续实施积极的财政政策，重点是加强对保障改善民生和经济结构调整的支持，完善有利于转变发展方式的财税政策。采取更加积极有效措施加大结构性减税力度，进一步清理行政事业性收费，切实减轻企业特别是小型微型企业负担。继续实施稳健的货币政策，综合运用多种货币政策工具，保持货币信贷总量合理增长，调整优化信贷结构，认真研究并合理确定存贷款利差，着力提高金融服务实体经济的水平，防范和化解潜在金融风险。继续搞好房地产市场调控，促进房价合理回归和房地产市场健康发展。精心搞好物价调控，有效管理流动性和通胀预期，保障基本生活必需品和重要生产资料供给，降低食用农产品税费水平，降低流通成本，保持物价总水平基本稳定。

（二）坚持扩大内需方针，着力提高居民消费需求。尽快出台收入分配体制改革总体方案，科学确定政府性收入水平，建立工资正常增长机制，扩大中等收入者比重，再分配要向低收入群体倾斜，尽快扭转收入差距扩大趋势，逐步提升“居民收入在国民收入中所占比重”和“劳动报酬在初次分配中所占比重”，提高居民收入水平和消费能力。完善消费政策，优化消费环境，拓宽消费领域，培育新的消费热点，增强消费对经济增长的拉动作用。调整优化投资结构，切实抓好重点在建、续建项目，严格新上项目准入标准，注重提高投资质量和效益。积极稳妥推进城镇化，加快新农村建设，统筹城乡协调发展。

（三）加快推进经济结构战略性调整，强化节能减排和生态环保工作。制定有效政策措施，加大经济结构调整力度，提高发展的质量、效益和水平。巩固和加强农业基础地位，继续实施最严格的耕地保护政策，加强农村农业基础设施建设，加快农业科技进步，稳定发展粮食生产，提高种粮比较效益。改造提升传统产业，培育发展战略性新兴产业，切实加强以企业为主体的科技创新能力建设，全面落实企业科技投入的激励政策，加大研发和技改投入，整合科技资源，加大科技攻关力度，提高科技资金的使用效率，加速科技成果转化为现实生产力。加快发展服务业，提高服务业发展水平和所占比重。下更大力气抓好节能减排和生态环境保护工作。抓紧完善并严格执行节能环保标准，加大执法检查力度，坚决淘汰落后产能，制止高耗能、高排放产能扩张，控制产能过剩行业重复建设。强化政府目标责任，采取切实可行措施，努力完成节能减排约束性目标。加强生态环境保护，重点抓好大气、水体、重金属、农业面源污染防治。实行能源消费强度和总量双控制，优化能源结构，大力推动煤炭清洁生产和高效利用，扎实做好应对气候变化工作。

（四）深化重点领域和关键环节改革，全面提升对外开放质量和水平。坚持社会主义市场经济改革方向，坚持用改革的办法解决发展中的突出矛盾和问题，加强改革顶层设计和制度安排，健全科学发展的体制机制。深化投资管理体制改革，加强对政府投资的有效监管，从严管理和规范地方政府举债融资行为。健全分层有序的金融市场体系，积极发展面向小型微型企业和“三农”的中小金融机构，加快利率市场化改革和汇率形成机制改革，加强和改进金融监管，引导规范民间融资健康发展。深化价格改革，完善能源资源价格形成机制，稳步推进各类电价定价机制改革，逐步理顺煤电价格关系。深化农村综合改革，保障农民合法权益。深化国有企业改革，推进国有经济战略性调整。完善和落实促进非公有制经济发展的各项政策措施，打破垄断，放宽准入，促进非公有制经济健康、快速发展。加快行政管理体制改革，切实转变政府职能，理顺政府与市场的关系，更好地发挥市场配置资源的基础性作用。稳步推进事业单位分类改革。保持外贸政策基本稳定，促进外贸稳定增长。推动出口结构优化升级，积极扩大进口，着力转变外贸发展方式。把促进资本双向流动和转变发展方式结合起来，提升我国企业参与国际分工的层次和国际化经营水平。

（五）大力保障和改善民生，促进社会和谐稳定。继续实施更加积极的就业政策，支持劳动密集型产业、服务业和小型微型企业发展，加强创业服务和职业技能培训，保护劳动者合法权益。健全覆盖城乡的社会保障体系，扩大保障覆盖范围，提高统筹层次。完善城乡低保制度和社会救助机制，积极发展老龄事业，完善残疾人社会保障和服务体系，促进社会公益事业健康发展。积极实施国家中长期教育改革和发展规划纲要，在增加教育投入的同时，注重管好用好教育经费，提高教育质量，推进义务教育均衡发展，促进教育公平。大力发展公益性文化事业，推进社会主义核心价值体系建设。继续深化医药卫生体制改革，完善基本医疗和公共卫生服务体系，加快推进公立医院改革。完善基本住房保障制度，抓紧制定并严格执行保障性住房建设、分配、管理、退出等制度和办法，切实做到公开、公正、透明。强化食品、药品、生产安全监管，有效防范并坚决遏制重特大事故发生。加强和创新社会管理，健全应急管理体制机制，妥善解决群众合法合理诉求，从源头上预防和减少各类社会矛盾，促进社会和谐稳定。

以上报告，请予审议。

全国人民代表大会财政经济委员会

2012年3月10日

3月11日

十一届全国人大五次会议在人民大会堂举行第四次全体会议

会议听取和审议最高人民法院工作报告和最高人民检察院工作报告。

胡锦涛、吴邦国、温家宝、贾庆林、李长春、习近平、李克强、贺国强等出席会议。

大会主席团常务主席、执行主席严隽琪主持会议。大会执行主席卢展工、吉炳轩、孙春兰、孙政才、汪光焘、张毅、欧广源、赵乐际、赵洪祝、胡春华、袁武、高祀仁、黄镇东等在主席台执行主席席就座。

最高人民法院院长王胜俊在十一届全国人大五次会议上作最高人民法院工作报告

各位代表：

现在，我代表最高人民法院向大会报告工作，请予审议，并请全国政协各位委员提出意见。

2011年，最高人民法院在以胡锦涛同志为总书记的党中央坚强领导下，在全国人民代表大会及其常委会有力监督下，认真贯彻十一届全国人大四次会议决议，适应中国特色社会主义法律体系形成后的新要求，忠实履行宪法和法律赋予的职责，深入推进社会矛盾化解、社会管理创新、公正廉洁执法三项重点工作，监督指导地方各级法院依法履职、公正司法，着力提升队伍素质、审判质量和司法公信力，各项工作取得新进展，为促进经济平稳较快发展与社会和谐稳定作出了积极努力。去年，最高人民法院受理案件11867件，同比下降1.8%；审结10515件，审限内结案率为95%。地方各级法院受理案件1220.4万件，同比上升4.4%，审、执结1147.9万件，审限内结案率为99%，结案标的额1.7万亿元。

一、加强刑事审判工作，全力维护国家安全和社会稳定

刑事审判担负着惩罚犯罪、保障人权、维护稳定的重要职能。各级法院共审结一审刑事案件84万件，判处罪犯105.1万人，同比分别上升7.7%和4.4%。最高人民法院及时出台司法解释，指导各级法院准确适用刑法修正案(八)；会同有关部门制定关于审理走私、诈骗、非法吸收公众存款等案件的司法解释，就相关犯罪的法律适用问题作出明确规定。认真贯彻宽严相济刑事政策，坚持实事求是、区别对待，宽严依法、宽严适度。加强对重大案件审判工作的监督指导，确保定性准确、量刑适当。依法行使死刑核准权，确保死刑只适用于极少数罪行极其严重的犯罪分子。各级法院依法惩处危害国家安全、公共安全和人民群众生命财产安全的严重刑事犯罪，审结杀人、抢劫、绑架、爆炸、黑社会性质组织、拐卖妇女儿童犯罪案件6.9万件，判处罪犯10.5万人；加大对危害食品药品安全犯罪行为的打击力度，审结涉及"瘦肉精"、"地沟油"等生产销售有毒有害食品犯罪案件278件，判处罪犯320人；加强危害生产安全刑事案件审判工作，审结重大责任事故犯罪案件1400件，判处罪犯1876人。审结贪污贿赂、渎职犯罪案件2.7万件，判处罪犯2.9万人，促进反腐败斗争深入开展。积极参与社会管理综合治理，大力推进未成年人犯罪案件审判工作，加强刑事附带民事诉讼调解、自诉案件和解以及刑事被害人救助工作，严格减刑、假释条件及办理程序，完善审判工作与社区矫正衔接机制，及时向有关部门提出加强和改进工作的司法建议，促进社会和谐稳定。

二、加强民事审判工作，切实保障人民群众合法权益

民事审判在明辨是非、化解矛盾、保障民生等方面具有重要作用。各级法院共审结一审民事案件488.7万件，同比上升10%。最高人民法院通过制定司法解释和指导性意见，全面加强对地方法院民事审判工作的监督指导，重点就依法妥善审理民间借贷、拖欠农民工工资等案件提出要求。各级法院审结婚姻家庭、损害赔偿、房屋买卖、医疗纠纷、劳动争议、土地承包、消费者权益保护等与群众利益密切相关的案件313.9万件，依法保护各方当事人特别是妇女、儿童、老年人、残疾人、农民工的合法权益。依法审理涉军案件，切实维护国防利益和军人军属合法权益。着眼于妥善化解矛盾，坚持"调解优先、调判结合"原则，规范调解行为，提高调解质量，一审民事案件调解与撤诉结案率为67.3%。健全诉讼与非诉讼相衔接的矛盾纠纷解决机制，推动完善人民调解、行政调解、司法调解相结合的大调解工作体系，加强人民调解协议司法确认工作，支持调解组织、仲裁机构、行业协会充分发挥作用，共同化解社会矛盾。

三、加强商事审判工作，依法促进经济平稳较快发展

商事审判对于调节经济关系、促进经济发展具有重要意义。各级法院共审结一审商事案件167.2万件，与上年基本持平。最高人民法院出台为防范化解金融风险、推进金融改革发展提供司法保障的意见，各级法院审结金融纠纷案件59.3万件，切实维护国家金融安全和金融秩序。制定适用公司法、企业破产法等司法解释，及时解决公司资本维持、股东资格认定等疑难问题，各级法院审结企业破产案件2531件，促进企业优胜劣汰，保护债权人和破产企业职工合法权益。注重维护市场交易秩序，保护诚实守信，制裁违约欺诈，各级法院审结买卖合同纠纷案件52.6万件。高度重视小型微型企业因资金链断裂引发的涉诉案件，尽可能采取调解方式化解纠纷，在切实保障当事人合法权益的同时，帮助困难企业渡过难关、发展生产。加强涉外商事和海事海商审判，制定审理船舶油污损害赔偿、海上货运代理纠纷等案件的司法解释，完善相关案件审理规则。各级法院审结涉外商事和海事海商案件2.2万件，通过准确适用法律、国际公约和国际商业惯例，妥善化解外经贸纠纷，平等保护中外当事人合法权益，促进对外开放和海洋经济健康发展。高度重视做好涉港澳、涉台案件审判工作，各级法院审结相关案件1.5万件；加强司法互助，相互委托送达司法文书、协助调查取证6325件。创新交流合作机制，举办"首届海峡两岸暨香港澳门司法高层论坛"，各级法院共有391人次赴港澳台开展司法交流，接待港澳台法律界人士538人次。通过加强了解，相互借鉴，提升了为改革发展服务的水平。

四、加强知识产权审判工作，依法促进创新型国家建设

知识产权审判对于保障文化发展和科技进步具有重要作用。各级法院共审结一审知识产权案件6.6万件，同比上升37.7%。最高人民法院制定为推动文化大发展大繁荣服务的意见，出台加强文化创造者权益保护和科技成果保护等30项措施，指导各级法院加大

知识产权司法保护力度。积极参与打击侵犯知识产权和制售假冒伪劣商品专项活动,最高人民法院对44件情节严重、影响恶劣的侵犯著作权案件进行重点督办。完善专利授权确权案件审判标准,加大驰名商标保护力度,遏制恶意抢注商标、"傍名牌"等行为。依法审理涉及工业设计、网络作品、民间文学艺术、非物质文化遗产等新类型著作权案件,促进文化产业和文化事业健康发展。依法审理不正当竞争案件,制裁垄断行为,营造公平竞争的市场环境。加强知识产权司法宣传,开展"4·26"世界知识产权日宣传周活动,发布中国法院知识产权司法保护状况白皮书、年度报告和典型案例,树立我国保护知识产权的良好形象。

五、加强行政审判和国家赔偿工作,依法维护社会管理秩序

妥善化解行政争议,是促进依法行政、保护行政相对人合法权益的必然要求。各级法院共审结一审行政案件13.6万件,同比上升5.1%。最高人民法院制定审理政府信息公开、农村集体土地等行政案件司法解释,就案件受理范围、举证责任及合法性审查标准等问题作出明确规定。积极探索行政争议实质性解决新途径,健全当事人诉权保护、非诉案件审查等长效机制,提高行政案件当事人服判息诉率。加强行政案件协调和解工作,统筹兼顾保障当事人合法权益与监督支持行政机关依法行政,对涉及土地征收、企业改制、社会保障等案件,努力通过协调和解方式化解矛盾。各级法院一审行政案件和解撤诉的6.5万件,占48%。认真研究国家赔偿法修改实施后遇到的新问题,及时出台司法解释,健全国家赔偿案件审判机制。各级法院共审结国家赔偿案件2035件,决定赔偿金额5019万元。

六、加强执行工作,努力实现当事人合法权益

执行工作担负着实现当事人胜诉权益的重要职责,一直为社会广泛关注。各级法院注重督促当事人主动履行义务,同时加强强制执行工作,共受理执行案件255.7万件,执结239.4万件,同比分别下降5.5%和4.6%。加强执行工作规范化建设,最高人民法院制定关于执行权合理配置和科学运行、委托执行以及委托评估、拍卖等工作的规定,强化对执行权的监督。深入开展反规避执行活动,推行财产申报调查、防止恶意诉讼、限制高消费等24项具体措施,构筑多层次惩戒机制,进一步破解执行难题。继续开展争创"无执行积案先进法院"活动和清理委托执行积案活动,完善执行联动威慑机制,探索建立执行财产调查网络系统,推动社会征信体系建设。去年,各级法院执行标的到位率为76.3%,同比上升2.4个百分点。认真做好《国有土地上房屋征收与补偿条例》实施后的司法应对工作,指导各级法院依法审查征收补偿行为合法性,加大执行力度,努力保障公共利益和公民、法人及其他组织合法权益。

七、加强立案信访和审判监督工作,切实解决人民群众合法诉求

立案工作是保护当事人诉权的重要环节。最高人民法院高度重视立案信访窗口建设,全面推行诉讼引导、立案审查、咨询解答、诉前调解等"一站式"便民服务,全国有90%以上的法院建成立案信访大厅;加大司法救助力度,为确有困难的当事人减免诉讼费9940万元。涉诉信访是听取当事人意见建议、解决群众反映问题的重要渠道。最高人民法院监督指导各级法院强化群众观念、加强源头治理、建立长效机制、坚持重心下移,大力推行涉诉信访评估预防、约期接谈、责任通报、多元化解、案件终结"五项制度";推进"诉访分离"工作,畅通权利救济渠道;深入开展涉诉信访积案清理工作,派出由院领导带队的检查组到17个省(自治区、直辖市)带案下访、督导检查。各级法院共接待群众信访79万人(件)次,同比下降25.9%。审判监督工作是人民法院加强内部监督的重要途径。最高人民法院建立发回重审、指令再审案件信息反馈机制,规范民事再审审查工作,完善审判监督工作评价体系,指导各级法院提升一审、二审案件审判质量。各级法院审结申诉和申请再审案件10.4万件,同比下降14.4%;依法提起再审4.2万件,同比下降7.3%;对原判确有错误的案件或因其他法定事由改判1.1万件,占当年生效裁判的0.14%。

八、加强司法改革,努力实现司法公正

坚定不移地推进司法改革,是做好人民法院工作的不竭动力。去年,人民法院继续贯彻落实中央关于深化司法体制和工作机制改革的决策部署,其中由最高人民法院牵头的12项重点任务已基本完成,"三五"改革纲要确定的优化职权配置、落实宽严相济刑事政策、加强队伍建设、加强经费保障、健全司法为民工作机制等五个方面改革都取得实质性进展。各级法院着力深化司法公开,完善裁判文书上网、案件信息查询等制度,充分发挥"司法公开示范法院"的作用,继续开展"公众开放日"等活动,拓展司法公开的广度和深度。推进司法民主,增加选任人民陪审员,总数达到8.3万人;扩大陪审员参审范围,全年参审案件111.6万件,占一审普通程序案件的46.5%。深化审判方式改革,开展小额速裁试点工作;全面推进量刑规范化改革,规范量刑程序,完善量刑方法,促进量刑公正。积极参与刑事诉讼法、民事诉讼法修订工作,及时向立法机关提出建议。深化审判管理改革,加强案件质量评查,完善司法过错责任追究机制,推动各级法院建立、健全科学有效的审判管理体系,促进审判质量稳步提升;发布第

一批指导性案例,指导各级法院妥善审理类似案件,统一裁判标准。去年,各类案件一审后当事人服判息诉率为90.61%,二审后达到98.99%。

九、加强队伍建设,不断提高法院队伍整体素质

建设高素质法院队伍,是做好人民法院工作的关键。最高人民法院指导各级法院大力加强社会主义核心价值体系和社会主义法治理念教育,深入开展创先争优和"发扬传统、坚定信念、执法为民"以及"人民法官为人民"主题教育实践活动,确保法院队伍始终坚持正确的政治方向和执法为民的根本宗旨。以提高司法能力为重点,完善人才培养机制,制定长期教育培训规划,各级法院共培训法官和其他工作人员14.2万人次;开展全国法院司法警察岗位大练兵,提高司法警务保障能力。确定第二批50个全国法院文化建设示范单位,深入开展多种形式的法院文化创建活动,大力弘扬社会主义法治精神。改进司法作风,深入开展"群众观点大讨论"活动,强化审务督察,规范司法行为;大力学习宣传陈燕萍、詹红荔等法院系统先进典型,各级法院共有425个集体、560名个人受到中央有关部门表彰奖励。坚持不懈地抓好司法廉洁教育,加强廉政风险防控机制建设,完善司法廉洁制度体系;对10个高级法院进行了司法巡查,各级法院共有995名配偶子女从事律师职业的法院领导干部、审判执行岗位法官实行了任职回避;严格执行"四个一律"和"五个严禁"规定,各级法院查处违纪违法人员519人,其中因贪污、贿赂、徇私枉法受到刑事追究的77人,同比分别下降33.7%和30.6%。

十、加强基层基础建设,夯实人民法院工作根基

基层基础建设事关人民法院工作全局。最高人民法院根据形势任务发展要求,制定关于加强基层基础建设的意见。规范上下级法院审判业务关系,明确上级法院监督指导的范围与程序,促进提高基层司法水平。启动法官单独职务序列、法院人员分类管理改革,推进法官招录体制改革等工作,切实解决法官提前离岗、离职等问题,着力加强基层职业保障。配合有关部门逐步建立经费分类保障和正常增长机制,基层法院办案经费基本得到解决。认真做好援藏援疆工作,积极培养双语法官,加大对西部边远、民族地区法院建设的支持力度。推进信息技术在审判业务和司法行政工作等方面的应用,提高基层法院管理水平。去年10月份以来,最高人民法院根据全国人大常委会对人民法院基层建设专项报告的审议意见,进一步强化了加强基层建设的各项措施。

各位代表,自觉接受监督是人民法院正确履行职责、实现司法公正的重要保障。最高人民法院制定全面加强接受监督工作的意见,大力推进监督机制建设。自觉接受全国人大及其常委会监督,认真负责地做好年度工作报告和专项报告,坚决贯彻人大决议及常委会审议意见;积极配合做好法官任免工作;协助人大开展专项调研和执法检查,做好司法解释备案工作;加强代表联络,邀请8个省的部分全国人大代表赴西部基层法院视察,走访、接待或以其他形式听取代表意见989人次,办理全国人大代表建议及其他事项730件。认真接受全国政协民主监督,及时通报法院工作情况,走访、接待全国政协委员332人,办理全国政协委员提案及其他事项136件;加强与各民主党派、工商联、无党派人士的沟通联络,充分听取意见。依法接受检察机关诉讼监督,会同最高人民检察院制定对民事审判、行政诉讼实行监督的意见,在部分地方开展民事执行活动监督试点;依法审理检察机关对生效裁判提出的抗诉案件,认真办理检察机关的工作建议。注重加强与社会各界的联系,及时听取特邀咨询员和特约监督员的意见,邀请专家学者、律师、基层群众等召开座谈会68次;正确处理依法独立行使审判权与接受舆论监督的关系,积极回应社会关切,维护社会公平正义。

各位代表,人民法院工作取得的成绩和进步,是党的坚强领导、人大有力监督和政府、政协、有关部门及社会各界大力支持的结果,是全国人大代表和全国政协委员关心帮助的结果。我们衷心感谢各位代表、委员以及各级各部门对人民法院工作的关心支持,并恳请大家在今后的工作中给予我们更多的帮助。

我们清醒地认识到,人民法院工作中还存在一些问题:一是最高人民法院对地方各级法院监督指导的及时性、科学性、针对性有待进一步增强,认识和把握新情况、解决新问题的能力还需进一步提高。二是人民法院工作体制机制有待进一步完善,执行难、涉诉信访化解难等问题虽有明显缓解,但还没有根本解决;司法改革有待进一步深化,有的法院司法公开、司法民主措施落实不力,效果不好。三是有的法官对法律精神、司法政策的理解存在偏差,大局意识不强,一些案件未能有效实现办案法律效果和社会效果的有机统一;有的法官司法作风不正,工作方法简单,少数案件还存在程序不规范、审理超期限、文书不严谨等问题;极少数法官司法不廉,贪赃枉法,徇私舞弊,造成恶劣影响。四是基层基础工作仍然面临不少困难,人民法院受理案件数量持续增长,基层法官超负荷办案的现象比较普遍, 法官断层、人才流失问题严重,一些地方的司法环境有待进一步改善。对这些问题,我们将在各方面关心支持下,采取更加有力的措施,努力加以解决。

2012年,最高人民法院将继续坚持以审判工作为中心,认真践行"为大局服务、为人民司法"工作主题,着力在深化上下功夫、在落实上见成效、在巩固中求提

高,努力实现人民法院工作新发展,为全面建设小康社会、建设社会主义法治国家作出积极贡献。

一要着力发挥审判职能,为经济社会发展提供更加有力的司法保障。坚持能动司法,紧紧围绕科学发展这个主题和加快转变经济发展方式这条主线,把握好"稳中求进"的工作总基调,根据形势发展变化,加强司法应对,搞好司法服务;妥善化解因经济结构调整引发的矛盾纠纷,为经济转型升级提供司法保障;正确把握宽严相济刑事政策,依法惩治刑事犯罪,注重保障人权,维护社会稳定;坚持"调解优先、调判结合",妥善审理事关民生的各类案件,加大知识产权司法保护力度,推进解决执行难、涉诉信访化解难等突出问题;通过审判案件和法制宣传,坚持惩恶扬善,维护社会公德,鼓励诚实守信,弘扬良好风尚。加强司法公信建设,坚持严格执法、公正司法,健全人民法院执法办案考评机制,进一步提高审判质量、效率和效果。强化最高人民法院对下级法院的监督指导,加强和规范司法解释,适时出台指导性意见,完善案例指导制度,不断提升人民法院整体司法水平。

二要着力深化司法改革,努力让改革成果切实惠及人民群众。加强对已出台改革措施落实情况的督查和评估,健全司法改革目标责任制,巩固改革成果。着眼于方便群众诉讼,深化审判方式改革,完善小额速裁制度、量刑制度及旁听庭审制度,加强巡回审判;深化执行改革,完善执行联动机制和司法评估、拍卖制度;深化人事管理改革,完善人员分类管理制度。进一步落实司法公开、司法民主和司法为民措施,认真研究制约人民法院工作发展的体制性、机制性、保障性问题,着手谋划下一轮人民法院司法改革基本框架。

三要着力加大队伍建设力度,进一步提高法院队伍整体素质。加强思想政治建设,巩固创先争优和主题教育实践活动成果,认真开展"忠诚、为民、公正、廉洁"的政法干警核心价值观教育实践活动,切实做到知行统一;加强司法作风建设,强化群众观念,增进群众感情,规范司法行为;加强司法能力建设,建立科学有效的能力培养机制,开展全员岗位大培训活动,提高法官服务大局、化解矛盾、解决问题的能力;加强反腐倡廉建设,构建人民法院廉政风险防控体系,完善廉政教育和权力监督长效机制,加大查处违纪违法行为力度,促进公正廉洁司法。

四要着力解决基层存在的问题,不断提高人民法院基层建设水平。加强基层人才保障,强化基层法官培训,改进法官遴选制度,完善基层人员招录体制,有效解决基层法官短缺和断层问题;加强法官职业保障,落实有关政策规定,为基层法官公正司法创造良好环境;加强基层经费保障,积极争取有关部门支持,落实经费保障改革措施,完善地方法院基础建设管理,支持边远、民族地区法院建设,不断改善基层司法条件。

五要着力完善接受监督机制,促进司法公正。完善接受人大监督机制,认真做好年度报告和专项报告工作,健全人大代表联络、代表建议办理等制度。完善接受民主监督机制,加强与人民政协以及各民主党派、工商联、无党派人士的沟通。完善接受检察机关诉讼监督机制,依法审理抗诉案件,认真听取检察建议,共同维护司法公正和法律权威。完善接受社会监督机制,充分发挥特邀咨询员、特约监督员的作用,注重听取社会各界和基层群众的意见;更加重视新闻舆论监督,更加关注网上舆情,及时回应社会关切,不断加强和改进人民法院工作。

各位代表,面对新形势、新任务,我们要紧密团结在以胡锦涛同志为总书记的党中央周围,高举中国特色社会主义伟大旗帜,以邓小平理论和"三个代表"重要思想为指导,深入贯彻落实科学发展观,认真落实本次大会决议,奋发进取,扎实工作,不断开创人民司法事业新局面,以优异成绩迎接党的十八大胜利召开!

最高人民检察院检察长曹建明在十一届全国人大五次会议上作最高人民检察院工作报告

各位代表:

现在,我代表最高人民检察院向大会报告工作,请予审议,并请全国政协各位委员提出意见。

2011 年检察工作回顾

2011 年,在以胡锦涛同志为总书记的党中央正确领导下,在全国人大及其常委会的有力监督下,全国检察机关全面贯彻党的十七大和十一届全国人大四次会议精神,紧紧围绕科学发展这个主题和加快转变经济发展方式这条主线,认真履行宪法和法律赋予的职责,深入推进社会矛盾化解、社会管理创新、公正廉洁执法三项重点工作,不断强化法律监督、强化自身监督、强化队伍建设,各项检察工作取得新进展。

一、立足职能、服务大局,保障和促进经济平稳较快发展

围绕"十二五"时期我国经济社会发展主要目标任务,进一步完善落实服务大局的措施,立足检察职能,为保持经济平稳较快发展、实现"十二五"时期良好开局提供司法保障。

加大打击严重经济犯罪力度。依法批准逮捕走私、金融诈骗、非法集资、操纵股市、非法传销等严重经济犯罪嫌疑人 40604 人,提起公诉 54891 人,分别比上年增加 8.2% 和 8.1%。针对一些领域存在的有案不移、以罚代刑问题,会同国务院有关部门制定《关于加强行政执法与刑事司法衔接工作的意见》;部署专项监督

活动，督促行政执法机关依法移送涉嫌犯罪案件6414件，立案侦查徇私舞弊不移交刑事案件涉嫌犯罪的行政执法人员121人。

深化重点领域突出问题专项治理。加大查办工程建设领域职务犯罪力度，抓住规划调整、招标投标、资金使用、质量监管等重点环节，立案侦查贪污贿赂、渎职等职务犯罪案件8056件。结合办案在重大工程建设项目中开展专项预防，协助有关单位完善管理制度，保障投资安全。推进治理商业贿赂工作，在资源开发、产权交易、政府采购等领域，立案侦查涉及国家工作人员的商业贿赂犯罪案件10542件。

强化知识产权、能源资源和生态环境司法保护。会同有关部门制定《关于办理侵犯知识产权刑事案件适用法律若干问题的意见》，深入开展打击侵犯知识产权和制售假冒伪劣商品专项行动，起诉侵犯知识产权犯罪嫌疑人6870人。围绕促进可持续发展，起诉造成重大环境污染和严重破坏能源资源保护的犯罪嫌疑人17725人，立案侦查涉嫌环境监管失职、违法发放林木采伐许可证等渎职犯罪的国家机关工作人员873人。

端正执法理念，改进执法方式。加强执法理念教育，引导检察人员在严格公正执法的同时，坚持理性、平和、文明、规范执法。依法慎重对待改革发展中的新情况新问题，认真听取各方诉求，客观分析案件性质，正确把握法律政策界限。注重保障涉案人员合法权益，注重维护发案单位正常工作秩序，注重改进执法方式、规范执法行为，努力使执法办案活动有利于促进经济社会发展，实现法律效果和社会效果的有机统一。

二、全力维护社会和谐稳定，积极参与加强和创新社会管理

认真履行批捕、起诉等职责，推进社会矛盾化解、社会管理创新，重视解决影响社会和谐稳定的突出问题。

依法打击各类刑事犯罪。全面贯彻宽严相济刑事政策，共依法批准逮捕各类刑事犯罪嫌疑人908756人，同比减少0.8%；提起公诉1201032人，同比增加4.6%；依法决定不批准逮捕151095人、不起诉39754人，同比分别增加5%和6.1%。突出打击危害国家安全犯罪、严重暴力犯罪和抢劫、抢夺、盗窃等多发性侵财犯罪。积极参与打黑除恶专项斗争和扫黄打非、打击电信诈骗、禁毒等专项行动，配合有关部门集中整治城乡接合部等重点地区，保障人民群众生命财产安全。

积极预防和化解社会矛盾。推广检调对接工作机制，对民事申诉等案件本着自愿、合法、公正原则，配合人民调解组织先行调解。建立执法办案风险评估预警机制，在拟作出不立案、不批捕、不起诉等决定时，评估是否可能引发或激化矛盾，及时制定依法稳妥处理和化解预案。完善法律文书说理机制，就检察机关所作决定充分阐明事实和法律依据，促使当事人消除疑惑、及时息诉。建立上下级检察院共同处理重大涉检信访案件制度，办理群众信访804873件次。对近年来办理的31347件涉检信访案件进行评查，纠正存在错误或瑕疵的2333件。

积极参与加强和创新社会管理。加强社区矫正法律监督，促进对社区服刑人员的教育转化，促进社区矫正工作依法规范开展。加强对未成年犯罪嫌疑人的教育挽救，推行亲情会见、分案起诉、诉前引导、案后帮教等制度，对涉嫌犯罪的未成年人依法决定不批准逮捕13738人、不起诉3437人，同比分别增加5%和10.4%。积极参与整治网络赌博违法犯罪专项行动，依法打击利用网络传播淫秽物品等犯罪。针对办案中发现的突出问题，及时向有关部门提出改进管理、堵塞漏洞的检察建议。

三、以人为本、执法为民，切实维护人民群众合法权益

坚持把人民群众的关注点作为检察工作的着力点，更加注重保障和改善民生。

坚决惩治损害群众切身利益的犯罪。协同公安机关和行政执法机关开展食品药品安全专项整治和严厉打击“地沟油”违法犯罪专项活动，依法批准逮捕生产销售假药劣药、有毒有害食品等犯罪嫌疑人2012人，提起公诉1562人，立案侦查“瘦肉精”、“假牛肉”等食品安全事件中涉嫌渎职犯罪的国家机关工作人员202人。部署开展严肃查办危害民生民利渎职侵权犯罪专项工作，在征地拆迁、扶贫开发、社会保障、惠农资金管理使用、保障性安居工程等领域查办案件4779件。依法同步介入矿难、火灾、爆炸等重特大事故调查，立案侦查严重失职渎职造成人民群众生命财产重大损失的国家机关工作人员770人。

加强对困难群众和特殊群体的司法保护。重视打击侵害残疾人、老年人、未成年人权益的犯罪。积极参与打击拐卖儿童妇女犯罪专项行动，起诉拐卖、收买儿童妇女的犯罪嫌疑人3492人。会同有关部门加强拒不支付劳动报酬案件查处工作，维护劳动者特别是进城务工人员合法权益。推进刑事被害人救助工作，明确救助范围、标准和程序，对5368名生活确有困难的被害人或其近亲属提供救助。探索建立军事检察机关与地方检察机关协作机制，切实维护国防利益和军人军属合法权益。高度重视涉港、涉澳、涉台、涉侨案件，依法平等保护香港同胞、澳门同胞、台湾同胞、归侨侨眷合法权益。

健全联系群众、服务群众长效机制。加强控告申诉接待窗口规范化建设，建立综合性受理接待中心和

查询服务窗口，完善12309举报电话和民生服务热线。探索建立视频接访系统，方便群众向上级检察机关反映诉求。深入开展检察官进社区、进农村、进企业、进学校活动，健全落实下访巡访、联合接访等制度。推进检察工作重心下移，在人口集中的乡镇街道新设立派出检察室1118个，就地受理控告申诉，化解矛盾纠纷，加强法律监督。

四、严肃查办和积极预防职务犯罪，促进反腐倡廉建设

认真贯彻中央关于反腐倡廉建设的决策部署，加大查办职务犯罪案件力度，更加重视预防，努力遏制和减少职务犯罪。

严肃查办贪污贿赂等职务犯罪。全年共立案侦查各类职务犯罪案件32567件44506人，人数同比增加1%，其中贪污贿赂大案18464件，涉嫌犯罪的县处级以上国家工作人员2524人（含厅局级198人、省部级7人）。严肃查办利用执法权、司法权谋取私利、贪赃枉法案件，立案侦查涉嫌职务犯罪的行政执法人员7366人、司法工作人员2395人。加大惩治行贿犯罪力度，对4217名行贿人依法追究刑事责任，同比增加6.2%。加强反腐败国际司法合作，完善境内外追赃追逃机制，会同有关部门追缴赃款赃物计77.9亿元，抓获在逃职务犯罪嫌疑人1631人。

着力加强反渎职侵权工作。深入贯彻中央关于加大惩治和预防渎职侵权违法犯罪工作力度的要求，认真落实全国人大常委会两次审议渎职侵权检察工作专项报告的意见，与有关部门建立联席会议制度，共同推进惩治和预防渎职侵权违法犯罪工作。立案侦查渎职侵权犯罪案件7355件10585人，人数同比增加3.5%；其中重特大案件3667件，同比增加4.5%。加强反渎职侵权公共宣传，开展以"加强渎职侵权检察工作、促进依法行政与公正司法"为主题的宣传活动；举办惩治和预防渎职侵权犯罪大型展览全国巡展，216万名国家工作人员参观了展览。

深入开展职务犯罪预防。坚持惩防并举、注重预防，结合办案剖析职务犯罪发案原因，向有关单位提出预防建议41864件。开展服务和保障换届选举专题预防工作，促进形成依法有序、风清气正的选举氛围。广泛开展预防职务犯罪宣传，推动预防教育进党校和行政学院。加强警示教育基地建设，对国家工作人员进行反腐倡廉教育3800万人次。实现行贿犯罪档案查询系统全国联网，向社会提供查询68万余次。建立预防职务犯罪年度报告制度，1872个检察院向党委、人大、政府及有关部门提交了本地区职务犯罪发案态势和预防对策的综合报告。

五、强化对诉讼活动的法律监督，维护社会公平正义

认真落实中央关于深化司法体制和工作机制改革的部署，完善监督机制，提高监督能力，切实维护执法司法公正。

加强立案监督和侦查监督。重点监督纠正有案不立、有罪不究、刑讯逼供、暴力取证、动用刑事手段违法介入民事经济纠纷等问题。对应当立案而不立案的，督促侦查机关立案19786件；对不应当立案而立案的，督促撤案11867件。对应当逮捕而未提请逮捕、应当起诉而未移送起诉的，决定追加逮捕36976人、追加起诉31868人。落实审查逮捕阶段讯问犯罪嫌疑人、听取律师意见制度，对侦查中的违法情况提出纠正意见39432件次。

加强审判监督。推进量刑建议改革，落实检察长列席审判委员会等制度，重点监督纠正适用法律错误、量刑畸轻畸重等问题，对认为确有错误的刑事裁判提出抗诉5346件，对刑事审判中的违法情况提出纠正意见8655件次。加强民事行政检察工作，坚持依法监督、居中监督等原则，对认为确有错误的民事行政裁判提出抗诉10332件。坚持抗诉与息诉并重，对认为裁判正确的30592件申诉，耐心做好申诉人的服判息诉工作。与最高人民法院共同出台文件，完善对民事审判活动与行政诉讼的法律监督工作机制，开展民事执行活动法律监督试点工作。

加强刑罚执行和监管活动监督。规范和加强派驻监管场所检察室建设，推进与监管场所的执法信息联网和监控联网，对刑罚执行和监管活动中的违法情况提出纠正意见24075件次。开展保外就医专项检察，纠正减刑、假释、暂予监外执行不当11872人。会同公安机关、人民法院集中清理久押不决案件463件，依法纠正超期羁押242人次。开展看守所械具和禁闭使用情况专项检察，促进依法文明监管，维护在押人员合法权益。

六、加强对自身执法活动的监督制约，维护司法公信力

牢固树立监督者更要接受监督的意识，深化检察改革，不断完善对自身执法活动的监督制约机制，促进公正廉洁执法。

深化检务公开。严格执行诉讼参与人权利义务告知制度，对不起诉、申诉、重信重访案件必要时实行公开审查和听证。完善新闻发布制度，及时公布司法解释、通报重大案件办理情况。推进检察门户网站建设，加强检察信息网上发布，组织"大检察官系列访谈"、"检察官在线"、"走近国家公诉人"等活动。一些地方检察院建立网上查询、电话查询平台，方便案件当事人和律师了解进展、参与诉讼。普遍建立检察开放日制

度，最高人民检察院首次邀请港澳人士参加检察开放日活动。

规范执法行为。细化执法标准，单独或与最高人民法院等部门联合制定司法解释性质的文件12件。发展和完善案例指导制度，统一执法尺度。严格执行办理死刑案件证据规定和非法证据排除规定，落实和规范讯问职务犯罪嫌疑人全程同步录音录像制度，对侦查活动明确提出“十个依法、十个严禁”。依法保障律师执业权利，规定不得无故拖延、推诿或者刁难律师提出的合法要求。全面实施《检察机关执法工作基本规范》，分级分类轮训，全国检察人员分两批全部参加了执法规范统一考试。

加强案件管理。改革检察机关所办案件主要由各业务部门分别管理的模式，建立执法办案集中管理新机制，统一受理、登记、分流案件，统一接收、保管、移送涉案款物，统一开具、管理法律文书。全面推行执法信息网上录入、执法流程网上管理、执法活动网上监督、执法质量网上考核，特别是对遵守法定程序和办案期限及时跟踪监督，保证上一个环节的执法活动必须符合规范才能进入下一个环节，提高办案质量和效率。

强化内部监督。进一步明确加强检察机关内部监督工作的要求，突出加强对侦查、审查逮捕、公诉等重要岗位和不批捕、不起诉、撤案、变更强制措施等关键环节的监督，防止检察权的滥用。加强上级检察院对下级检察院执法办案的监督，建立、健全专项检查、同步监督、责任追究等机制。严格执行逮捕职务犯罪嫌疑人报上一级检察院审查决定制度，完善措施，切实保证侦查权依法正确行使。一年来，群众对检察人员的举报数量同比减少14%，涉检信访案件减少17.9%。

七、狠抓检察队伍建设和基层基础建设，提高整体素质能力

牢固树立固本强基思想，坚持把提高队伍素质、夯实基层基础作为加强自身建设的根本任务来抓。

把思想政治建设放在首位。扎实开展“发扬传统、坚定信念、执法为民”主题教育实践活动，注重解决理想信念、宗旨意识、执法办案等方面存在的突出问题。开展纪念中国共产党成立90周年和人民检察制度创立80周年活动，深化中国特色社会主义理论体系专题学习和社会主义法治理念教育，推进检察文化建设，表彰宣传李彬、吴群、郑喜兰、顾晓生、邵明强、李宪中、马俊欣等先进典型，夯实检察人员公正廉洁执法思想基础。

大力加强队伍专业化建设。依法推进检察人员分类管理，会同有关部门制定《检察官职务序列设置暂行规定》。完善和推行公开选拔、逐级遴选制度，最高人民检察院首次面向社会公开选拔检察官。以领导干部和执法办案一线检察官为重点，共培训检察人员11.9万人次。最高人民检察院完成省级检察院领导班子成员和市分州院检察长轮训，对全国基层检察长进行领导素能专题培训。开展侦查监督、公诉等部门网络培训、岗位练兵和论辩赛。加大对西部地区检察教育培训和人才培养支持力度，最高人民检察院直接培训西部检察人员946名。

坚持抓好自身反腐倡廉和纪律作风建设。加强廉洁自律工作，对检察机关领导干部廉洁从检情况进行专项检查。认真落实领导干部述职述廉、巡视等制度，最高人民检察院听取和评议10位省级检察长述职述廉报告，对5个省级检察院领导班子进行巡视。规范检察人员对外交往行为，加大对执法行为、检风检纪、警车使用的督察力度。集中开展“维护人民群众合法权益、解决反映强烈突出问题”专项检查活动，不断排查和解决自身执法不公正、不规范、不廉洁等问题。176名检察人员因违法违纪被查处，其中追究刑事责任20名，同比分别减少34.1%和47.4%。

扎实推进基层基础建设。全面部署人民检察院基层建设工作，广泛开展“创先争优在基层”活动，深入推进执法规范化、队伍专业化、管理科学化、保障现代化建设。坚持新增政法专项编制重点用于充实基层，改进基层检察人员招录方式，实施基层检察院人才工程，深化东中部地区与西部地区人才对口支援工作。落实经费保障体制和投资保障机制改革，争取中央财政增加转移支付资金和补助投资，加大对中西部和贫困地区基层检察院支持力度。加强检察援藏援疆工作，组织对口支援单位签订协议217个，促进西藏、新疆和四省藏区检察工作取得新进展。

一年来，检察机关自觉接受人大监督、民主监督和社会监督。认真学习十一届全国人大四次会议和全国政协十一届四次会议精神，专门部署落实“两会”审议讨论意见。按照全国人大要求，进一步做好司法解释集中清理工作。坚持主动向人大常委会报告重要工作，积极配合开展专题调研和执法检查。最高人民检察院向全国人大常委会专题报告了加强人民检察院基层建设的情况。对各省、自治区、直辖市人大常委会关于加强检察机关法律监督工作的决议或决定，检察机关认真贯彻落实。全国人大代表提出的86件议案、建议和全国政协委员提出的25件提案，全部办结并及时答复。落实与各民主党派、工商联和无党派人士联系机制，适时通报检察工作情况，诚恳听取意见。注重发挥人民监督员、特约检察员、专家咨询委员监督执法办案、参与检察决策等作用，人民监督员共监督职务犯罪七类案件3192件。

过去一年检察工作的成绩，是在以胡锦涛同志为总书记的党中央正确领导下，在全国人大及其常委会有力监督下，各级党委正确领导、人大有力监督和政府政协高度重视、大力支持的结果，是社会各界和广大人民群众关心、支持、帮助的结果。在此，我代表最高人民检察院表示衷心感谢！

各位代表，我们清醒地认识到，检察工作仍然存在不少突出问题：一是法律监督职能的发挥与经济社会发展的要求和人民群众的期待仍有不小差距。一些检察机关和检察人员执法理念存在偏差，服务大局、执法为民等意识不强，就案办案、不善于化解矛盾、不注重执法效果等问题不同程度存在。二是检察队伍整体素质有待进一步提高，队伍专业化程度不高，高层次人才相对缺乏，一些检察人员全面把握政策、准确适用法律、办理复杂案件、做好群众工作能力不强。三是违法违规办案和耍特权、逞威风等问题仍时有发生，少数检察人员顶风违纪，执法犯法甚至以权谋私、贪赃枉法，严重损害司法公信力。四是基层基础工作仍需加强。基层检察院建设发展不平衡，一些检察院执法规范化、管理科学化水平不高，案多人少等问题在一些地方依然突出。对此，最高人民检察院将高度重视，认真加以解决。

2012年检察工作安排

2012年是实施"十二五"规划承上启下的重要一年。检察机关要深入贯彻党的十七大和十七届三中、四中、五中、六中全会以及本次全国人大会议精神，紧紧围绕经济社会发展大局，牢牢把握稳中求进的工作总基调，坚持以执法办案为中心，忠实履行法律监督职责，更加重视自身建设，努力提升执法水平，为促进经济平稳较快发展、保持社会和谐稳定作出新贡献。

一、积极服务和保障经济社会科学发展。认真贯彻中央关于今年经济工作的决策部署，及时调整工作重心，完善保障措施。加大惩治严重经济犯罪力度，维护良好市场经济秩序。依法惩治侵害农民权益、危害农业生产、影响农村稳定的犯罪，部署开展集中查办和预防涉农惠民领域职务犯罪专项工作。加强知识产权司法保护，促进自主创新。依法妥善处理涉及企业的案件，既坚持依法办事、公正执法，又保护改革热情、支持创新创业。重视依法保障非公有制经济健康发展，依法平等保护中外投资者合法权益，营造各种所有制经济公平竞争、共同发展的法治环境。依法维护国家文化安全，保障文化事业产业健康发展，促进法治文化建设。更加关注民生，深入开展严肃查办危害民生民利渎职侵权犯罪专项工作，积极参与食品安全综合治理和专项整治。完善落实联系群众、服务群众长效机制，坚持检力下沉，推进巡回检察、视频接访等工作，依法妥善解决群众合法合理诉求，引导群众依法理性反映诉求、维护权益。

二、切实维护国家安全和社会和谐稳定。坚决依法打击境内外敌对势力的渗透颠覆分裂破坏活动。依法严厉打击严重刑事犯罪，突出打击危害公共安全犯罪、严重暴力犯罪、黑恶势力犯罪、涉众型经济犯罪和拐卖儿童妇女、"黄赌毒"等犯罪。主动融入党委领导、政府负责、社会协同、公众参与的社会管理格局，积极参与平安创建活动，促进完善治安防控体系和公共安全体系；配合有关部门加强和完善流动人口、特殊人群、非公有制经济组织和社会组织以及信息网络服务管理；切实把化解社会矛盾贯穿执法办案始终，加强涉检信访工作；针对执法办案中发现的问题及时提出检察建议，促进社会管理法治化、规范化。

三、加大查办和预防职务犯罪工作力度。依法严肃查办发生在领导机关和领导干部中的职务犯罪案件，严重损害群众经济权益、人身权利、民主权利的案件，发生在工程建设、房地产开发、土地管理和矿产资源开发等领域的案件，破坏生态环境、重大责任事故、食品药品安全事件涉及的案件，执法司法领域贪赃枉法、徇私舞弊的案件，以及充当黑恶势力"保护伞"的案件。深化治理商业贿赂工作，依法查处跨国(境)商业贿赂犯罪，进一步加大查办行贿犯罪力度。严格执行办案纪律，落实和完善讯问职务犯罪嫌疑人全程同步录音录像等制度。加强犯罪分析和对策研究，深入开展预防咨询、预防调查、警示教育等工作，落实预防职务犯罪年度报告制度，促进惩治和预防腐败体系建设。

四、加强和改进对诉讼活动的法律监督。坚持有法必依、执法必严、违法必究，适应中国特色社会主义法律体系形成和刑法、刑事诉讼法、民事诉讼法等法律修改的新要求，加大法律监督力度，提高法律监督水平，保障法律正确有效实施。推动落实完善行政执法与刑事司法衔接机制，加强对有案不移、有罪不究的监督。坚持惩治犯罪和保障人权并重，加强对刑讯逼供等违法取证活动的监督，坚决排除非法证据。深化量刑建议改革，促进量刑公正。加强派驻监管场所检察工作，健全刑罚变更执行同步监督机制，促进刑罚执行和监管活动依法进行。以全国人大常委会听取审议专项报告为契机，加强和规范民事行政检察监督，维护司法公正。自觉接受公安机关、人民法院在诉讼中的制约，完善保障律师执业权利、听取律师意见制度，共同维护社会主义法制统一、尊严、权威。

五、全面加强检察队伍建设和基层基础建设。以扎实开展"忠诚、为民、公正、廉洁"的政法干警核心价值观教育实践活动为主线，深化社会主义法治理念教育，牢固树立正确发展理念和执法理念，保持检察机关党员、干部的纯洁性。强化领导干部教育、管理和监督，提高准确把握大局、驾驭复杂局面、严格依法办事、做好群众工作的能力。重视提高检察人员综合素质，加强队伍专业化建设，今年起用两年时间将基层检察人员全部轮训一遍。加强检察文化建设，弘扬检察职业道德，培育检察职业精神。推进检察机关自身惩治和预防腐败体系建设，着力构建廉政风险防控机制。深化案件管理机制改革，全面加强案件管理和监督，严格落实执法过错责任追究制。针对执法中群众反映突出的问题，深入教育整顿，全面落实和完善执法工作基本规范。加大检务督察力度，严格执行各项纪律和禁令，对检察人员违法违纪行为坚决查处、决不姑息。认真贯彻全国人大常委会审议基层建设专项报告的意见，全面落实 2009—2012 年基层检察院建设规划，进一步加大对中西部和贫困地区、革命老区、民族地区、边疆地区检察院支持力度，促进基层建设全面协调发展。

六、更加自觉接受人大监督、民主监督和社会监督。认真落实人大决议和要求，完善接受人大监督的制度措施。经常主动向政协通报检察工作情况，完善落实与各民主党派、工商联和无党派人士联系机制。加强与人大代表、政协委员的经常性联系，认真负责办理议案、提案和建议。进一步深化检务公开，完善民意收集、研究、采纳、回应机制，注重运用各种新媒体平台，听取群众意见，真诚接受监督。大力加强检察宣传，使人民群众更多了解检察工作，更好监督检察工作。

各位代表，在新的一年里，全国检察机关要紧密团结在以胡锦涛同志为总书记的党中央周围，高举中国特色社会主义伟大旗帜，以邓小平理论和“三个代表”重要思想为指导，深入贯彻落实科学发展观，强化法律监督，维护公平正义，推动科学发展，促进社会和谐，以优异成绩迎接党的十八大胜利召开！

全国政协十一届五次会议举行第四次全体会议

16 位政协委员就尊重劳动倡导劳动、传承文化遗产建设文化强国、推动两岸关系和平发展等作大会发言。中共中央政治局常委、全国政协主席贾庆林出席会议。

今天会议的执行主席是杜青林、陈奎元、张榕明、钱运录、孙家正、郑万通、陈宗兴、王志珍。会议由郑万通主持。

中共中央政治局委员、中央书记处书记刘云山，以及中共中央、国务院有关部门负责人到会听取发言。

全国政协办公厅 中共中央统战部在钓鱼台国宾馆设宴招待出席全国政协十一届五次会议的香港特别行政区和澳门特别行政区全国政协委员

中共中央政治局常委、全国政协主席贾庆林出席，中共中央政治局委员、全国政协副主席王刚致辞。

王刚代表全国政协和中共中央统战部，对出席会议的港澳地区全国政协委员表示欢迎和问候，充分肯定委员们发挥的重要作用。王刚说，全国政协十一届四次会议以来，港澳地区全国政协委员忠实履行职责，积极服务国家发展，努力维护港澳繁荣稳定，作出了重要贡献。

王刚指出，今年是“十二五”时期承前启后的重要一年，中国共产党将召开第十八次全国代表大会。做好今年各项工作，具有十分重要的意义。王刚希望港澳地区全国政协委员继续围绕中心、服务大局，认真贯彻“一国两制”、“港人治港”、“澳人治澳”、高度自治的方针，充分发挥自身优势，广泛凝聚智慧力量，为保持香港、澳门长期繁荣稳定，为推动国家改革开放和社会主义现代化建设，为促进祖国和平统一和中华民族伟大复兴作出新的更大贡献。

招待会由全国政协副主席、中共中央统战部部长杜青林主持。中共中央政治局委员、国务委员刘延东，全国政协副主席李兆焯、董建华、张梅颖、钱运录、郑万通、万钢、林文漪、何厚铧，以及中央和国家机关有关部门、有关社会团体的负责人出席了招待会。

第三次中美亚太事务磋商在美国马里兰州安纳波利斯举行

此次磋商由中国外交部副部长崔天凯与美国助理国务卿坎贝尔共同主持。中国驻美国大使张业遂以及美国白宫国安会、副总统办公室、国防部等部门官员参加。

双方高度评价习近平副主席不久前对美国的成功访问，表示将继续认真落实两国元首建设中美合作伙伴关系共识和习副主席访美成果，安排下阶段高层交往和对话磋商，积极拓展合作，妥善管控分歧，推动中美关系健康稳定向前发展。

双方就亚太形势、中美在亚太关系、地区热点问题等交换了意见。双方都认为，中美就亚太事务加强磋商、协调与合作，不仅符合两国和两国人民的共同利益，也有利于亚太地区的和平、稳定与繁荣。双方都认识到在亚太开展良性互动的重要性，同意继续通过中美战略与经济对话、中美亚太事务磋商等机制或以其他适当方式，就亚太形势发展、地区重大突发事件及各自亚太政策保持紧密沟通和协调，及时互通信息。双方愿意共同为亚太地区的持久和平与长期繁荣作出积极贡献。

双方商定今年下半年在中国举行第四次磋商。

全国绿化委员会办公室发布《2011 年中国国土绿化状况公报》

2011 年是全面实施“十二五”规划起步之年，开展全民义务植树运动 30 周年，也是联合国确定的“国际森林年”。2011 年各地、各部门在党中央、国务院的正确领导下，紧紧围绕林业“双增”目标，扎实开展国土绿化工作，取得新的成绩。

一、全民义务植树深入开展

各级领导率先垂范。胡锦涛等党和国家领导人带头参加首都义务植树活动。胡锦涛总书记在植树时强调：“我们要在新的起点上进一步推进植树造林工作，坚持依靠群众、依靠科技、依靠改革，不断提高生态文明建设成效，努力促进经济社会可持续发展。”全国绿化委员会、中共中央直属机关绿化委员会、中央国家机关绿化委员会、首都绿化委员会共同组织开展以“国际森林年中国行动”为主题的“共和国部长义务植树活动”，197 名部级领导参加义务植树。全国人大、政协、中国人民解放军以及地方各级领导都带头参加义务植树。各级领导率先垂范，为推进义务植树活动发挥了示范引领作用。

组织发动广泛深入。全国绿化委员会、国家林业局以全民义务植树 30 周年为契机，组织开展了一系列纪念活动，利用各种媒体广泛宣传义务植树 30 年的辉煌成就、基本经验和先进典型，与人力资源和社会保障部联合表彰奖励一批全国绿化先进集体、劳动模范和先进工作者。去年 12 月 13 日，在全民义务植树决议颁布 30 周年之际，全国绿化委员会、国家林业局召开新闻发布会，通报 30 年来全民义务植树和国土绿化情况。各地也进一步加大造林绿化的宣传力度。

尽责形式丰富多样。各地区、各部门在坚持直接参加植树为基本形式的前提下，积极创新机制，大力推行栽植树木与抚育管护、认建认养、以资代劳等多种方式相结合的尽责形式。北京市加强义务植树组织管理，认真落实 18 种义务植树尽责形式，对申请以资代劳履行植树义务的单位，收缴以资代劳费，安排专业绿化队代其完成植树任务；对申请直接参与植树劳动的单位，统筹安排参加重点绿化工程的整地、栽植等绿化劳动。各级绿化委员会开通服务热线电话，强化服务，引导社会力量参与首都绿化美化建设。广东省绿化委员会将公民履行植树义务形式拓展为参加绿化劳动、缴纳绿化费、捐赠物资、认种认养、修建基础设施和宣传咨询等六大类 12 种，出台了《义务植树折算暂行标准》。云南、安徽等省区积极开辟义务植树基地。

植树活动蓬勃开展。全国绿化委员会、国家林业局组织开展以“植树造林，减缓气候变化，中国人民在行动”为主题的 2011 国际森林年活动。各地区、各部门积极响应，组织开展丰富多彩、形式多样的主题植树活动。

据统计，2011 年全国共有 6.14 亿人次参加义务植树，植树 25.14 亿株。截至 2011 年年底，全国参加义务植树人数累计达 133 亿人次，义务植树 614 亿株。我国的全民义务植树运动已成为世界上参与人数最多、持续时间最长、影响范围最大的生态文明实践活动。

二、林业生态工程建设成效显著

全年造林 613.8 万公顷。天然林保护工程造林 57.16 万公顷、森林改培 3.33 万公顷、森林抚育 175.13 万公顷；退耕还林工程荒山荒地造林 45.29 万公顷、封山育林 20.87 万公顷；“三北”及长江流域等重点防护林体系工程造林 134.43 万公顷；京津风沙源治理工程完成林业建设任务 53.63 万公顷；岩溶地区石漠化工程完成林业建设任务 21.17 万公顷。

重庆市深入推进“森林重庆”建设，组织实施城市、农村和长江两岸森林工程等多项造林绿化工程；福建省大力实施绿色城市、绿色村镇、绿色通道、绿色屏障“四绿”工程建设；浙江省启动实施“1818”平原绿化行动。辽宁、江西、广东、广西、海南、陕西等省区也组织实施地方重点造林绿化工程，加快林业生态建设步伐。

三、城乡绿化稳步推进

通过旧城改造增绿、庭院拆墙透绿、中心城区添绿、新区规划建绿、城郊造林扩绿等多种形式，新增城市建成区绿化覆盖面积 11.8 万公顷、人均公园绿地面积 0.52 平方米。城市建成区绿化覆盖率、绿地率达 38.62% 和 34.47%，183 个城市被命名为国家园林城市，31 个城市被命名为国家森林城市。北京、吉林、黑龙江、湖南、新疆等省区市加大四旁植树和农村庭院绿化美化力度，一批乡村被命名为森林乡村、绿化示范村，乡村面貌改善。

四、部门绿化不断深入

中央直属机关、中央国家机关推进山区义务植树基地和机关庭院绿化美化工作，中直机关新建庭院绿地面积 12 万多平方米，中央国家机关新增庭院绿化面积 6000 多平方米；交通运输系统新增公路绿化里程 10.11 万公里；铁道系统全年种植乔木 1178.3 万株、灌木 2421.4 万株；水利系统全年完成湖泊、库区绿化 3955 公顷，河渠沿岸绿化 5400 公里；教育系统积极发动广大师生参与造林绿化，各级各类学校绿化率近 30%；农垦系统全年绿化垦区农田林网 5.7 万公顷；中国人民解放军和武装警察部队积极支援驻地造林绿化和生态建设,已创建绿色营区和生态营区1000余个;各级共青团组织全年共组织300多万人次青少年参加植树;全国妇联组织发动妇女开展造林绿化活动,全年创建全国"三八绿色工程"示范基地39个;中国石油新增各类绿地1230公顷,矿区绿化覆盖率达33.17%;中国石化坚持生态优先的经营理念,推动绿化美化深入发展;冶金行业新增绿化面积380公顷,矿山企业绿化覆盖率达35%以上。

五、森林经营得到加强

各级林业部门加强组织领导,层层签订目标责任制,强化目标管理和绩效考核。森林抚育补贴试点管理全面加强,已建立县级自查、省级核查验收、国家抽查的质量控制体系以及资金拨付、调查设计、公开公示、技术培训、合同管理、监督指导、检查验收、成效监测、考核奖惩等一系列规章制度。各地围绕提高森林质量、促进林农职工就业增收,纷纷采取措施,加强森林抚育经营。2011年全国完成森林抚育800.2万公顷。根据对河北等29个省区市、141个单位进行抽查结果,森林抚育面积核实率达99.5%,抚育质量合格率达96.6%。

六、草原建设成效明显

国务院出台《关于促进牧区又好又快发展的若干意见》,召开了全国牧区工作会议。2011年起中央财政安排专项资金,在草原牧区实施生态保护补助奖励政策。全国已累计承包草原2.43亿公顷,占可利用草原面积的73%。与非工程区相比,草原保护建设工程区植被盖度平均提高10个百分点,高度平均提高42.8%。全年种草改良面积1046.67万公顷,建设草原围栏700万公顷。草原生态加速恶化的势头得到初步遏制,局部地区明显改善。

七、防沙治沙、自然保护区和湿地建设取得新成绩

防沙治沙取得重要进展。国家林业局编制了《全国防沙治沙综合示范区建设规划(2011—2020年)》。组织开展了省级政府防沙治沙目标责任期末综合考核。全年完成沙化土地治理152.8万公顷。

自然保护区建设和野生动植物保护得到加强。全国新建自然保护区91处,国务院批准晋升国家级自然保护区14处。加强大熊猫、朱鹮、金丝猴、扬子鳄等濒危野生动物保护,实施蟒蛇、黄腹角雉放归自然。编制了《全国极小种群野生植物拯救保护工程规划(2011—2015年)》。

湿地建设扎实推进。举办第二届中国湿地文化节暨亚洲湿地论坛,产生《无锡宣言》。新增湿地保护面积33万公顷,恢复湿地2.3万公顷。新增国家湿地公园(试点)68处、国际重要湿地4处,国家湿地公园总数达到213处。

八、森林、草原保护进一步加强

森林、草原有害生物防控加强。编制了《全国林业有害生物防治建设规划(2011—2020年)》。签订重大林业有害生物地方政府防治目标责任书。松材线虫病发生面积、病株数和县级疫点实现"三下降"。野生动物疫源疫病监测防控稳步推进。防治草原鼠害703万公顷、虫害534万公顷。

森林、草原火灾扑救能力提升。卫星林火监测系统投入运行,600个森林火险监测站并网使用,森林火险预警响应速度得到较大提升。森林防火国际合作更加深入。军事管理区森林火灾防控得到强化。全国森林火灾、受害森林面积和伤亡人数,同比分别下降28.1%、41.2%和15.7%。加强草原防火应急响应和草原防火基础建设,草原火灾发生次数和损失均处于历史低位。

森林、草原管理力度明显加大。制定了《森林增长指标考核评价实施方案》。印发《占用征收林地定额管理办法》。开展保护发展森林资源目标责任制建立和执行情况检查。加强草原保护建设系列规划的编制与实施,落实草原管护制度,已划定基本草原6200万公顷,禁牧草原面积9507万公顷,推行草畜平衡面积1.44亿公顷。

森林、草原执法力度加大。全年收缴林木木材50万余立方米,野生动物89万余头(只),收回林地8万余公顷,挽回经济损失40亿余元。各类草原违法案件结案率97.6%。

九、造林绿化政策机制更加完善

集体林权制度改革取得重大进展。明晰产权任务基本完成,全国确权集体林地1.73亿公顷,占集体林地总面积的95%。发证面积1.51亿公顷,8379万农户拿到林权证。配套改革逐步深入,林业合作经济组织相继成立,林权交易逐步规范,林下经济快速发展。

造林绿化政策支持继续加强。森林覆盖率、森林蓄积量纳入国家约束性指标考核,天然林保护二期工程、退耕还林(还草)、防护林体系建设等十余项造林绿化和生态建设重点工程列入国家"十二五"规划纲要。全国绿化委员会、国家林业局编制了《全国造林绿化规划纲要(2011—2020年)》,国家林业局编制了《林业发展"十二五"规划》。中央财政林木良种、造林、森林抚育补贴试点范围扩大、资金投入大幅增加,木本油料造林补助标准由每亩160元提高到200元。18种林机具纳入补贴范围。林下经济、竹产业首次纳入农业综合开发扶持范围。珍贵树种培育示范建设投资力度加大,浙江省建德市和海南省东方市成为国家珍贵树种培育示范市。天然林保护二期工程森林管护等补助标准提高2倍多。以农林剩余物为原料的综合利用产

品增值税即征即退政策将长期执行,退税比例达80%。中央财政投入136亿元,在内蒙古、新疆、西藏、青海、四川、甘肃、宁夏和云南等8个主要草原牧区省区和新疆生产建设兵团,全面建立了草原生态保护补助奖励机制。各地造林绿化保障措施也进一步增强。

2011年国土绿化仍然存在一些困难和问题。突出表现在:城乡之间、地区之间绿化发展不平衡,城乡绿地总量不足、质量不高,林地、草地生产力低,生态系统整体功能仍然十分脆弱;现有宜林地立地条件差,造林绿化成本高,推进造林绿化和生态建设纵深发展的难度加大,生态建设进入攻坚阶段;造林绿化资金投入总量不足、标准偏低,林业基础设施建设滞后;森林、草原有害生物防治和防火形势依然严峻,乱砍滥伐、非法侵占林地、绿地、草原案件居高不下。巩固造林绿化成果任务艰巨,国土绿化工作任重道远。

3月12日

十一届全国人大五次会议主席团常务主席第二次会议举行

十一届全国人大五次会议主席团常务主席、全国人大常委会委员长吴邦国主持会议。

会议听取了十一届全国人大五次会议副秘书长、全国人大法律委员会主任委员胡康生作的全国人大法律委员会关于修改刑事诉讼法的决定草案修改意见的报告、关于十二届全国人大代表名额和选举问题的决定草案修改意见的报告、关于香港特别行政区选举十二届全国人大代表的办法草案修改稿修改意见的报告、关于澳门特别行政区选举十二届全国人大代表的办法草案修改稿修改意见的报告。

会议听取了十一届全国人大五次会议主席团常务主席、大会副秘书长、全国人大常委会副委员长兼秘书长李建国作的大会秘书处关于全国人大常委会工作报告审议和修改情况以及决议草案代拟稿的汇报、关于最高人民法院工作报告审议和修改情况以及决议草案代拟稿的汇报、关于最高人民检察院工作报告审议和修改情况以及决议草案代拟稿的汇报。

会议还听取了大会副秘书长、全国人大常委会副秘书长王万宾作的大会秘书处关于代表提出议案处理意见的报告。

十一届全国人大五次会议主席团常务主席第二次会议同意将上述决定草案建议表决稿、办法草案建议表决稿、决议草案代拟稿和有关报告提交大会主席团第三次会议审议。

十一届全国人大五次会议主席团常务主席、全国人大常委会副委员长王兆国、路甬祥、乌云其木格、韩启德、华建敏、陈至立、周铁农、司马义·铁力瓦尔地、蒋树声、陈昌智、严隽琪、桑国卫等出席会议。

全国政协十一届常委会第十七次会议在北京举行

全国政协主席贾庆林主持会议。

会议审议通过了政协第十一届全国委员会第五次会议关于常务委员会工作报告的决议(草案)、政协第十一届全国委员会提案委员会关于政协十一届五次会议提案审查情况的报告(草案)、政协第十一届全国委员会第五次会议政治决议(草案)。决定将上述文件草案提交3月13日上午举行的政协十一届五次会议闭幕会审议。

贾庆林主席主持召开了全国政协第四十七次主席会议。会议听取了蒋作君副秘书长所作的关于政协十一届五次会议小组讨论情况的汇报。

目前,政协十一届五次会议按照预定的议程和安排进展顺利,会议求真务实、成果丰硕。委员们认真审议了政协常委会工作报告、提案工作情况报告以及各项决议草案;认真讨论了政府工作报告和计划报告、预算报告、“两高”工作报告和刑事诉讼法修正案等文件。委员们充分肯定了过去一年的工作成绩,并表示,要进一步增强政治责任感和使命感,紧紧围绕经济社会发展中的重大问题,牢牢把握团结和民主两大主题,积极履行政治协商、民主监督、参政议政职能,更好地发挥协调关系、汇聚力量、建言献策、服务大局的重要作用,以优异成绩迎接党的十八大胜利召开,为全面建设小康社会、加快推进改革开放和社会主义现代化建设事业作出新的更大贡献。

中央军委主席胡锦涛出席十一届全国人大五次会议解放军代表团全体会议并讲话

胡锦涛强调,全军要坚持以推动国防和军队建设科学发展为主题、以加快转变战斗力生成模式为主线,不断增强履行新世纪、新阶段我军历史使命的能力。贯彻国防和军队建设主题主线,必须始终把思想政治建设摆在各项建设首位,毫不动摇地坚持党对军队绝对领导的根本原则和制度。要扎实开展“讲政治、顾大局、守纪律”学习教育活动,严肃政治纪律和组织纪律,确保政令军令畅通。要加强军队反腐倡廉建设,保持军队党组织和干部队伍的纯洁性。贯彻国防和军队建设主题主线,必须始终扭住核心军事能力建设不放松,持续兴起军事训练热潮,不断提高我军基于信息系统的体系作战能力。必须狠抓依法治军、从严治军方针落实,加大经常性基础性工作力度,推动基层建设全面进步。

胡锦涛指出,全军要认真贯彻党的十七届六中全会精神和军委部署，繁荣发展先进军事文化，为建设社会主义文化强国作出积极贡献。要坚持以人为本，把培育当代革命军人核心价值观融入文化建设全过程，深入开展新形势下学雷锋活动，着力提高官兵思想道德和科学文化素质。要继承和发扬我军优良传统，进一步树立坚定的理想信念、大无畏的革命英雄主义精神、紧密团结的集体主义精神。要重视加强军营文化建设，不断丰富活跃部队文化生活，满足官兵日益增长的精神文化需求。

胡锦涛强调，全军要牢固树立发展是硬道理、稳定是硬任务的观念，自觉在党和国家工作大局下行动，切实做好维护社会和谐稳定工作。军地双方要认真抓好统筹经济建设和国防建设规划的贯彻实施，加快建立和完善有利于军民融合的体制机制。全军要大力发扬艰苦奋斗、勤俭建军优良传统，厉行节约，反对浪费，防止奢华，不断提高国防和军队建设效益。地方各级党委、政府要充分考虑和兼顾军事需求，继续关心支持军队建设，为国防和军队建设提供坚强后盾。

我国成为全球第二大农产品期货市场

目前，国内已有包括粮、棉、油、糖在内的13个农产品期货品种，2011年农产品期货交易量达到5.73亿手，占全部期货市场份额的54.33%，我国成为全球第二大农产品期货市场。在定价权方面，玉米、大豆等一批农产品期货已经成为国内市场的定价参照中心，为相关农民种地卖粮、企业生产提供了价格指南和经营的避风港。

中宣部部长刘云山在人民大会堂会见以古巴共产主义青年联盟全国局第一书记柳德米拉·阿拉莫为团长的古共青盟代表团

3月13日

十一届全国人大五次会议主席团举行第三次会议

主席团常务主席、全国人大常委会委员长吴邦国主持会议。会议应到170人，出席164人，出席人数符合法定人数。

11日上午，各代表团认真审议了关于修改刑事诉讼法的决定草案、关于十二届全国人大代表名额和选举问题的决定草案、香港特别行政区选举十二届全国人大代表的办法草案修改稿、澳门特别行政区选举十二届全国人大代表的办法草案修改稿。全国人大法律委员会根据各代表团的审议意见，对上述决定草案、办法草案修改稿分别进行了审议，并分别提出了草案建议表决稿。

会议听取和审议了全国人大法律委员会主任委员胡康生作的全国人大法律委员会关于修改刑事诉讼法的决定草案修改意见的报告、关于十二届全国人大代表名额和选举问题的决定草案修改意见的报告、香港特别行政区选举十二届全国人大代表的办法草案修改稿修改意见的报告、澳门特别行政区选举十二届全国人大代表的办法草案修改稿修改意见的报告。

会议分别表决通过了上述四个修改意见的报告，并决定将四个法律草案建议表决稿提请各代表团审议。

10日，各代表团认真审议了全国人大常委会工作报告。代表们一致认为，报告总结工作客观全面、重点突出，部署工作思路清晰、任务明确，特别是从坚持和发展中国特色社会主义的战略高度，深刻阐述了坚持和完善人民代表大会制度的基本经验和根本要求，是一篇政治性、思想性、指导性都很强的好报告，表示完全赞成。代表们充分肯定全国人大常委会的工作。大家一致认为，全国人大常委会以邓小平理论和"三个代表"重要思想为指导，深入贯彻落实科学发展观，坚持党的领导、人民当家做主、依法治国有机统一，围绕党和国家工作大局行使职权、开展工作，为坚持和完善人民代表大会制度，为改革开放和社会主义现代化建设作出了重要贡献。根据代表提出的意见和建议，报告进行了修改。

会议经表决，决定将关于全国人大常委会工作报告的决议草案提请各代表团审议。

12日，各代表团认真审议了最高人民法院工作报告和最高人民检察院工作报告。代表们对最高人民法院和最高人民检察院过去一年的工作给予充分肯定，对这两个报告提出的工作部署和安排表示赞成。根据代表们的审议意见，最高人民法院和最高人民检察院对各自的报告进行了修改。

会议经过表决，决定将关于最高人民法院工作报告的决议草案、关于最高人民检察院工作报告的决议草案提请各代表团审议。

十一届全国人大五次会议副秘书长王万宾向主席团会议作了关于代表提出议案处理意见的报告。王万宾说，到大会规定的议案截止时间，共提出议案489件，其中，有关立法方面的议案有477件，监督方面的议案有8件，其他方面的议案有4件；以代表团名义提出议案5件，30名以上代表联名提出议案484件。大会秘书处分析认为，代表所提议案案由鲜明、案据充分、方案具体，针对性、可操作性都较强。代表议案内容主要集中在贯彻稳中求进的工作总基调，努力实现经济平稳较快发展；切实保障和改善民生，努力保持社会和谐稳定；不断完善和有效实施法律，努力加快社会主义法治国家建设进程等方面。大会秘书处建议本次大会结束后，将代表议案分别交由全国人大有关专门委员会审议。各有关专门委员会审议后，分别依法向全国人大常委会提出审议结果的报告。为了审议好、处理好代表议案，大会秘书处建议认真研究分析代表议案，积极采纳代表议案的内容，进一步密切与代表的联系沟通。代表议案审议结果的报告经全国人大常委会审议通过后，印发十二届全国人大一次会议，同时向十一届全国人大代表作出反馈。

全国政协十一届五次会议在北京闭幕

会议号召，人民政协的各级组织、各参加单位和广大政协委员，更加紧密地团结在以胡锦涛同志为总书记的中共中央周围，高举中国特色社会主义伟大旗帜，以邓小平理论和"三个代表"重要思想为指导，深入贯彻落实科学发展观，坚定信心，攻坚克难，开拓前进，为全面建设小康社会、加快推进改革开放和社会主义现代化建设事业作出新的更大贡献。

胡锦涛、吴邦国、温家宝、李长春、习近平、李克强、贺国强等在主席台就座。

上午9时，闭幕会开始。贾庆林宣布，中国人民政治协商会议第十一届全国委员会第五次会议应出席委员2262人，今天实到2121人，符合法定人数。

会议通过了政协第十一届全国委员会第五次会议关于常务委员会工作报告的决议、政协第十一届全国委员会提案委员会关于政协十一届五次会议提案审查情况的报告、政协第十一届全国委员会第五次会议政治决议。

全国政协主席贾庆林在全国政协十一届五次会议闭幕会上的讲话

各位委员：

政协第十一届全国委员会第五次会议，在中共中央、全国人大常委会、国务院的高度重视和有关部门的大力支持下，经过全体委员的共同努力，圆满完成各项议程，开得很成功，是一次发扬民主、增进团结、凝聚共识的大会，是一次求真务实、开拓奋进、共谋发展的大会。

会议期间，胡锦涛总书记，吴邦国同志、温家宝同志、李长春同志、习近平同志、李克强同志、贺国强同志，以及党和国家其他领导同志，出席大会开幕会和闭幕会，参加联组讨论，与委员深入协商国是、共议发展大计，给全体委员以极大鼓舞和鞭策。胡锦涛同志在参加医药卫生界、社会福利和社会保障界委员联组会时强调，要处理好发展经济和改善民生的关系，坚持发展为了人民、发展依靠人民、发展成果由人民共享，充分体现了中国共产党以人为本、执政为民的理念，充分体现了对人民政协工作的高度重视。中共中央和国务院有关部门的负责同志听取大会发言、参加小组讨论，最高人民法院、最高人民检察院的负责同志听取委员对"两高"工作报告的意见，都对开好大会和推进政协工作给予大力支持。在此，让我们以热烈的掌声表示衷心的感谢！

会议期间，委员们牢记人民的重托，把握时代发展的脉搏，弘扬民主协商的传统，深入讨论政府工作报告、政协常委会工作报告和有关报告，紧紧围绕加强和改善宏观调控、加快转变经济发展方式、保障和改善民生、深化改革开放、加强文化建设、创新社会管理和推进人民政协事业等咨政建言，共提交大会发言833篇，提案6069件和社情民意信息1341篇，提出了很多有价值的意见和建议，充分体现了人民政协围绕中心、服务大局的不懈追求，充分展现了政协委员为国尽责、为民履职的时代风采。

今年是实施"十二五"规划承上启下的重要一年，也是本届政协任期的最后一年。几年来，广大政协委员尽职尽责，充分发挥了主体作用。调研视察饱含着大家的责任和情感，提案发言浸透着大家的心血和智慧，协商议政的丰硕成果中凝结着大家的无私奉献。人民政协是薪火相传、永续发展的事业，希望广大委员在本届任期的最后一年中，始终保持昂扬向上的精神状态，更加珍惜机遇和荣誉，更加忠实地履行职责，更加努力地开拓创新，为国家和人民作出应有的积极贡献，也为自己的人生留下值得回忆的宝贵经历。各级政协组织要切实为广大委员做好服务工作，思想上关心委员，学习上帮助委员，工作上支持委员，努力成为广大委员的团结民主之家、温暖和谐之家。

各位委员，让我们更加紧密地团结在以胡锦涛同志为总书记的中共中央周围，高举中国特色社会主义伟大旗帜，以邓小平理论和"三个代表"重要思想为指导，深入贯彻落实科学发展观，为全面建设小康社会、加快推进改革开放和社会主义现代化建设事业作出新的更大贡献。

全国政协十一届五次会议政治决议

中国人民政治协商会议第十一届全国委员会第五次会议，于2012年3月3日至13日在北京举行。

会议期间，胡锦涛总书记等党和国家领导同志出席会议并参加分组讨论，与委员共商国是。委员们以高度的政治责任感和使命感，围绕经济社会发展中的重大问题积极协商议政，提出了许多重要意见和建议。会议听取并赞同温家宝总理所作的政府工作报告，听取并赞同最高人民法院工作报告、最高人民检察院工作报告以及其他报告。会议听取并批准贾庆林主席代表政协第十一届全国委员会常务委员会所作的工作报告，听取并批准林文漪副主席代表政协第十一届全国委员会常务委员会所作的提案工作情况的报告。

会议认为，过去的一年，面对复杂多变的国际形势和艰巨繁重的国内改革发展任务，以胡锦涛同志为总书记的中共中央团结带领全国各族人民，同心同德，开拓奋进，推动改革开放和社会主义现代化建设取得了新的重大成就，胜利实现了“十二五”时期良好开局，充分体现了中国共产党的正确领导和中国特色社会主义制度的优越性。政协第十一届全国委员会及其常务委员会高举爱国主义、社会主义旗帜，紧紧围绕党和国家中心工作履职尽责，为制定和实施“十二五”规划、夺取全面建设小康社会新胜利作出了重要贡献，人民政协事业展现出蓬勃生机和旺盛活力。

会议指出，2012年是实施“十二五”规划承上启下的重要一年，中国共产党将召开第十八次全国代表大会。人民政协要全面贯彻中共十七大和十七届三中、四中、五中、六中全会精神，牢牢把握团结和民主两大主题，认真履行政治协商、民主监督、参政议政职能，更好地发挥协调关系、汇聚力量、建言献策、服务大局的重要作用，以优异成绩迎接中共十八大胜利召开！

会议强调，坚持中国特色社会主义是人民政协事业发展之基、团结奋斗之本。人民政协要认真贯彻落实《中共中央关于加强人民政协工作的意见》，深入践行社会主义核心价值体系，引导参加人民政协的各党派团体和各族各界人士始终做到与中国共产党思想上同心同德、目标上同心同向、行动上同心同行。要坚持和完善中国共产党领导的多党合作和政治协商制度，充分发挥中国特色社会主义政治制度的特点和优势，不断增强走中国特色社会主义政治发展道路的自觉性和坚定性。

会议指出，做好今年经济工作，必须按照中共中央的决策部署，牢牢把握稳中求进的工作总基调，坚持突出主题、贯穿主线、统筹兼顾、协调推进。要把解决经济社会发展中的突出矛盾和问题、有效防范经济运行中的风险放在宏观调控的重要位置，准确把握宏观调控的力度、节奏、重点，统筹处理速度、结构、物价关系，防止经济增速过快下滑和物价反弹；深入实施扩大内需战略，着力扩大消费需求，鼓励民间投资，保持对外贸易稳定发展，增强经济增长的内生动力；把解决好“三农”问题作为各项工作的重中之重，进一步加大强农富农惠农政策力度，加快农业科技进步和农田水利等基础设施建设，促进农业稳定发展和农民持续增收；大力发展壮大实体经济，落实扶持小型微型企业发展的政策措施，促进各类所有制经济公平竞争、共同发展；推进城乡区域协调发展，加强节能减排和生态环境保护，加快经济结构战略性调整步伐；深入实施科教兴国战略和人才强国战略，深化科技体制改革，加强国家创新体系建设，普及科学知识，推动企业成为技术创新主体，促进科技与经济紧密结合；以更大的决心和勇气继续全面推进财税金融和行政体制等方面的改革，努力在重点领域和关键环节取得实质性突破，着力提高对外开放的质量和水平，不断增强经济社会发展的动力和活力。人民政协要紧紧围绕推动经济发展和深化改革开放中的综合性、全局性、前瞻性问题，深入调查研究，积极建言献策，加强民主监督，促进党和政府科学民主决策和各项政策的落实。

会议认为，胡锦涛总书记在与医药卫生界、社会福利和社会保障界委员座谈时所作的重要讲话，对于做好新形势下保障和改善民生的各项工作具有重要指导意义。委员们强调，始终坚持发展为了人民、发展依靠人民、发展成果由人民共享，我们的事业就能获得最广泛最可靠最牢固的群众基础和力量源泉。要把保障和改善民生放在更加突出的位置，切实解决好人民群众最关心最直接最现实的利益问题。千方百计扩大就业，认真做好高校毕业生、农村转移劳动力、残疾人等重点人群就业工作；深入推进教育体制改革，提高教育质量，促进教育资源向中西部、农村、边远和民族地区倾斜；加快健全覆盖城乡居民的社会保障体系，促进社会保障体系可持续发展；深化收入分配制度改革，增加中低收入者收入，切实扭转收入差距扩大趋势；加大食品、药品和生产安全监管力度，保障人民群众生命财产安全。坚持民族区域自治制度和中共中央关于民族、宗教工作的基本方针政策，巩固和发展社会主义民族关系，切实维护民族团结、宗教和睦、社会稳定和国家统一。着力推进社会主义文化大发展大繁荣，加快诚信体系建设，推动学雷锋活动常态化，大力支持各级政协组织和广大政协委员为文化改革发展办实事、办好事。广大政协委员要深入基层联系群众，了解和反映不同群体的利益诉求，做好宣传政策、解疑释惑、理顺情绪、化解矛盾的工作，促进社会和谐稳定。

会议指出，人民政协要坚定不移地贯彻“一国两制”、“港人治港”、“澳人治澳”、高度自治的方针和特别行政区基本法，充分发挥港澳委员在港澳和内地经济、政治、社会事务中的积极作用，扩大同港澳社会团体和代表人士的联系，不断发展和壮大爱国爱港、爱国爱澳力量。坚持“和平统一、一国两制”方针，进一步扩大同台湾岛内党派团体、社会组织、各界人士和基层民众的交往，不断夯实两岸关系和平发展的政治、经济、文化和民意基础。加强与海外侨胞、归侨侨眷的联系交往，更好地发挥他们在扩大对外友好交往、促进祖国和平统一中的桥梁和纽带作用。

会议指出，人民政协是增进我国和世界各国人民理解与合作的重要桥梁。要紧紧围绕国家总体外交战略和经济社会发展总目标，积极开展多层次对外友好交往，拓展公共外交，扩大国际社会对华友好的民意基础，为我国发展营造良好外部环境。

会议强调，今年是本届政协任期的最后一年，要始终保持奋发有为的精神状态和求真务实、艰苦朴素的工作作风，认真履行政治协商、民主监督、参政议政职能，圆满完成各项任务。全面总结各级政协创造的成功经验，把实践证明行之有效的做法用制度形式确定下来，切实解决工作中存在的不足和问题，不断推进政协工作制度化、规范化、程序化。加大对人民政协重大理论和实践问题的研究力度，为人民政协事业长远发展提供坚实有力的理论支撑。以改革创新精神强化自身建设，不断提高政协工作科学化水平。

会议号召，人民政协的各级组织、各参加单位和广大政协委员，更加紧密地团结在以胡锦涛同志为总书记的中共中央周围，高举中国特色社会主义伟大旗帜，以邓小平理论和“三个代表”重要思想为指导，深入贯彻落实科学发展观，坚定信心，攻坚克难，开拓前进，为全面建设小康社会、加快推进改革开放和社会主义现代化建设事业作出新的更大贡献！

全国政协第十一届全国委员会提案委员会关于政协十一届五次会议提案审查情况的报告

政协第十一届全国委员会第五次会议期间，政协委员、政协各参加单位和专门委员会，认真贯彻大会指导思想，围绕科学发展这个主题和加快转变经济发展方式这条主线，积极运用提案建言献策。截至2012年3月8日下午2时，共提交提案6069件，比去年同期增加307件。提案委员会根据《中国人民政治协商会议全国委员会提案工作条例》，对全部提案进行了审查。经审查，立案5651件，作为委员来信转送有关部门研究参考126件，与提案者协商后并案、撤案292件。在立案的提案中，委员提案5311件，民主党派中央和全国工商联提案300件，人民团体、界别、小组、政协专门委员会提案40件。

总体来看，本次会议提案内容丰富，所提建议针对性、可行性强，质量进一步提高。提案更加关注事关改革发展的综合性全局性问题，关注事关人民群众切身利益的实际问题，关注事关国家长治久安和社会和谐稳定的突出问题，体现了委员们站在党和国家事业长远发展的高度，切实反映社会各界群众意愿的责任感和使命感。

围绕促进经济平稳较快发展，共提交提案2600余件。其中，涉及扩大内需、稳定物价的提案264件。主要建议有：调整收入分配格局，增加中低收入者收入，建立工资正常增长机制，提高居民消费能力。完善鼓励居民消费政策，改善消费环境，积极发展网络购物等新型消费业态。加强城乡流通体系建设，完善政府储备和商业储备体系，稳定农产品价格，控制食品价格过快上涨。涉及“三农”问题的提案236件。主要建议有：加强农田水利建设，稳定粮食种植面积，保障粮食安全。完善农业补贴政策，推动农业科技创新，多渠道增加农民收入。完善征地补偿安置和农村土地承包经营权流转制度，加强农村环境整治，深化农村综合改革和国有农场、林场体制改革。涉及经济结构调整和产业优化升级的提案350件。主要建议有：优化政策环境，发展实体经济，营造实业致富的社会氛围。落实并完善促进小型微型企业和服务业发展的财税、金融政策。发展新一代信息技术和高端装备制造、生物医药等产业，加快智能电网、特高压工程、云计算平台建设。涉及节能减排和资源、环境保护的提案578件。主要建议有：理顺能源价格体系，加快传统能源清洁高效利用和新能源开发，建立稀土资源储备制度。加强环境保护，解决重金属、饮用水源、大气、土壤、海洋污染等问题。发展低碳交通，支持绿色消费。推进草原生态建设，加强天然林和江河源、湿地、湖泊等重要生态功能区保护。涉及区域发展、扶贫开发的提案479件。主要建议有：加快制定实施与区域发展规划和主体功能区规划相配套的政策措施，推进沿边地区开发开放和中原经济区跨省域交流合作，加快革命老区、边远地区和集中连片贫困地区的扶贫开发。制定和实施海洋发展战略，加快海洋资源开发，维护国家主权和海洋权益。积极稳妥推进城镇化，提升城镇化质量和水平。涉及财税金融体制改革和多种所有制经济共同发展的提案599件。主要建议有：完善分税制和转移支付制度，提高财政资金使用效益，深化资源税改革。规范发展小型金融机构，加强民间融资风险防控，建立现代农村金融服务体系，扩大人民币在跨境贸易和投资中的使用。深化垄断行业和国有企业改革，支持民间资本进入铁路、市政、金融、能源、社会事业等领域。

围绕发展社会事业和改善民生，共提交提案1600余件。其中，涉及实施科教兴国战略的提案411件。主要建议有：理顺科技宏观管理体制，完善科技评价和奖励制度，推动基础研究和前沿技术研究，促进科技成果转化。切实落实财政性教育经费支出占国内生产总值4%的目标，加强教育经费使用监管，推动教育资源均衡配置。加快学前教育立法，着力解决择校、入园等问题。合理调整农村中小学布局，加强校车安全管理，规范高校考试招生政策。涉及促进文化大发展大繁荣的提案288件。主要建议有：推进社会主义核心价值体系、公民思想道德和诚信体系建设，弘扬优秀传统文化，加强公益性和基层文化建设，构建公共文化服务体系，推动城乡文化一体化发展。加强新农村建设和城镇化进程中文物保护，发展文化创意产业，推动文化与科技融合，深入开展对外人文交流。涉及医药卫生体育事业的提案402件。主要建议有：推进公立医院改革，健全全民医保体系。完善基本药物制度，加快中医药立法和民族医药研发，整治抗生素滥用。健全医疗纠纷第三方调解机制，构建和谐医患关系。加强和改进学校体育工作，规范全国综合性体育赛事，推动体育产业发展。涉及就业、住房、收入分配和社会保障的提案488件。主要建议有：加强政策引导、职业培训和公共服务，着力解决高校毕业生、农民工和城镇就业困难人员就业。严格执行并逐步完善抑制房地产投机的政策措施，健全保障性住房建设、分配、管理、退出机制，促进房价合理回归。规范国有企业、金融机构高管人员薪酬管理，增加企业退休人员基本养老金。加强城乡低保和社会救助工作，关爱农村留守儿童、妇女和老人，保障贫困残疾人基本生活和就业权利。加快养老保险接续、并轨和医疗保险异地结算工作，完善多层次的社会养老服务体系。

围绕加强和创新社会管理、促进社会和谐稳定，共提交提案1200余件。其中，涉及法律体系建设和廉政建设的提案441件。主要建议有：修改环境保护法，制定完善慈善事业、志愿者服务、公民救助他人行为、未成年人监护、文物保护、生态补偿等方面的法律、法规。完善司法监督，维护司法公正。深化行政审批制度改革，完善行政问责制，推进依法行政和政务公开。继续压缩“三公”消费，加强重点领域和关键岗位廉政风险防控，扎实推进惩治和预防腐败体系建设。涉及社会管理方面的提案427件。主要建议有：加强农村社会基层组织建设，健全农村社会矛盾协调化解机制。推进社区建设，加强流动人口服务管理，统筹研究解决农民工融入城市问题。加强网络信息安全管理，构建覆盖全社会的征信系统。健全突发事件应急管理机制，加强安全生产监管，防止重特大事故发生。涉及民族宗教、统一战线与人民政协工作的提案266件。主要建议有：修订《城市民族工作条例》，进一步加大对人口较少民族发展的扶持力度、推进兴边富民行动，充分发挥宗教团体、宗教界人士和信教群众的积极作用。大力发展港澳工业、金融、贸易、旅游业，深化两岸合作交流，加强海外华文教育。加强和改进政协工作，切实发挥人民政协在党和国家事业发展中协调关系、汇聚力量、建言献策、服务大局的作用。

会议期间，提案委员会以“大力发展实体经济，打牢经济发展基础”和“统筹城乡社会发展，促进农民工融入城市”为主题，召开两场提案办理协商会，国家15个部委的负责同志与八个民主党派中央和全国工商联、部分政协委员共商解决问题的办法。围绕小微企业发展、社会信用体系建设、保障性住房建设、农村社会养老保障等方面的提案，报送《重要提案摘报》22期，在中国政协网和中国政协新闻网公开提案346件。

大会闭幕后，3月19日将召开提案交办会，将提案送交175个承办单位办理。本次大会提案截止日期以后收到的提案，将及时审查立案，送交有关单位办理。

国务院总理温家宝与英国首相卡梅伦互致贺电庆祝中英建立大使级外交关系40周年

温家宝在贺电中说，40年来，国际形势风云变幻，中英关系经受住了各种考验，不断向前发展。目前，中英全面战略伙伴关系日臻成熟，合作内涵不断丰富，合作水平不断提升。两国相继建立起总理年度会晤、高级别的经济财金对话、战略对话和人文交流机制，在双边和国际事务中的合作深度和广度前所未有，两国关系的民意和利益基础日益加强。

温家宝表示，当前，国际格局正经历着深刻调整，国际社会面临的共同挑战日益增多。中英同为联合国安理会常任理事国和有影响的世界大国，肩负着重大使命，拥有广泛的共同利益。中方愿同英方共同努力，进一步增进两国政治互信，深化在双边和国际事务中的合作，继续造福两国人民，促进世界的繁荣与稳定。

卡梅伦在贺电中表示，英中建立大使级外交关系40年来，双边关系的广度和深度不断拓展。今年，英中高级别人文交流机制将在英国启动，伦敦将举行奥运会，相信这将为两国教育和文化关系迈上新台阶提供独特的机遇，对我们这一代人及我们的子孙后代意义重大。英方对与中国保持长期密切合作充满期待。

国务委员刘延东在中南海紫光阁会见美国耶鲁大学校长理查德·莱文一行

刘延东说，今年是美国前总统尼克松先生访华和中美《上海公报》发表40周年。实现中美关系更大发展，还要不断厚植两国人民友谊，巩固和扩大中美关系发展的社会和民意基础。刘延东指出，第二轮中美人文交流高层磋商以来，双方在教育、科技、文化、体育、妇女和青年等领域达成的40余项重要成果均已取得积极进展，在两国民众，特别是知识分子中产生了积极影响，为巩固和加强相互尊重、互利共赢的中美合作伙伴关系发挥了独特作用。

3月14日

十一届全国人大五次会议主席团举行第四次会议

主席团常务主席、全国人大常委会委员长吴邦国主持会议。主席团常务主席王兆国、路甬祥、乌云其木格、韩启德、华建敏、陈至立、周铁农、李建国、司马义·铁力瓦尔地、蒋树声、陈昌智、严隽琪、桑国卫出席会议。会议应到170人,出席166人,出席人数符合法定人数。

主席团第二次会议和第三次会议后,各代表团认真审议了十一届全国人大五次会议关于政府工作报告的决议草案、关于2011年国民经济和社会发展计划执行情况与2012年国民经济和社会发展计划的决议草案、关于2011年中央和地方预算执行情况与2012年中央和地方预算的决议草案、关于全国人大常委会工作报告的决议草案、关于最高人民法院工作报告的决议草案、关于最高人民检察院工作报告的决议草案、关于修改刑事诉讼法的决定草案、关于十二届全国人大代表名额和选举问题的决定草案,以及香港特别行政区、澳门特别行政区选举十二届全国人大代表的办法草案,同意提请大会全体会议表决。

今天的主席团会议分别表决通过,决定将上述决议草案、决定草案和办法草案提请大会全体会议表决。

十一届全国人大五次会议在人民大会堂闭幕

第十一届全国人民代表大会第五次会议在批准政府工作报告、全国人大常委会工作报告及其他重要报告,表决通过关于修改刑事诉讼法的决定和其他法律文件,圆满完成各项议程后,14日上午在人民大会堂闭幕。

2872名代表出席闭幕会,出席人数符合法定人数。

闭幕会由大会主席团常务主席、执行主席、全国人大常委会委员长吴邦国主持。

胡锦涛、温家宝、贾庆林、李长春、习近平、李克强、贺国强等和大会主席团成员在主席台就座。

大会主席团常务主席、执行主席王兆国、路甬祥、乌云其木格、韩启德、华建敏、陈至立、周铁农、李建国、司马义·铁力瓦尔地、蒋树声、陈昌智、严隽琪、桑国卫等在执行主席席就座。

上午10时,吴邦国宣布会议开始。

会议表决通过了关于政府工作报告的决议。决议指出,会议充分肯定国务院过去一年的工作,同意报告提出的2012年工作总体部署和主要任务,决定批准这个报告。

会议表决通过了关于2011年国民经济和社会发展计划执行情况与2012年国民经济和社会发展计划的决议,决定批准关于2011年国民经济和社会发展计划执行情况与2012年国民经济和社会发展计划草案的报告,批准2012年国民经济和社会发展计划;表决通过了关于2011年中央和地方预算执行情况与2012年中央和地方预算的决议,决定批准关于2011年中央和地方预算执行情况与2012年中央和地方预算草案的报告,批准2012年中央预算。

会议经表决,通过了全国人民代表大会关于修改刑事诉讼法的决定。中华人民共和国主席胡锦涛签署第55号主席令,公布了这一决定。本决定自2013年1月1日起施行。

会议表决通过了关于十二届全国人大代表名额和选举问题的决定、香港特别行政区选举十二届全国人大代表的办法和澳门特别行政区选举十二届全国人大代表的办法。根据关于十二届全国人大代表名额和选举问题的决定,十二届全国人大代表于2013年1月选出。

会议表决通过了关于全国人大常委会工作报告的决议。决议指出,会议充分肯定全国人大常委会过去一年的工作,同意报告提出的关于今后一年的主要任务,决定批准这个报告。

会议表决通过了关于最高人民法院工作报告的决议、关于最高人民检察院工作报告的决议。决议指出,会议充分肯定最高人民法院、最高人民检察院过去一年的工作,决定批准这两个报告。

大会完成各项议程后,吴邦国发表讲话。他说,十一届全国人大五次会议的各项议程已经进行完毕。在全体代表的共同努力下,会议开得很成功,进一步凝聚了共识,明确了任务,坚定了信心,是一次民主、团结、求实、奋进的大会。

吴邦国指出,会议期间,代表们肩负人民重托,以主人翁的高度责任感和历史使命感,认真履行宪法和法律赋予的职责,使会议的成果充分体现了党的主张和人民意志的统一,反映了全国各族人民的共同愿望。这次会议必将进一步团结和动员全国各族人民,更加奋发有为地投身改革开放和社会主义现代化建设。

吴邦国说,会议审议批准了政府工作报告等重要报告和文件。代表们一致认为,过去的一年,我国社会主义经济建设、政治建设、文化建设、社会建设以及生态文明建设都取得了新的成绩,实现了“十二五”时期良好开局。这是以胡锦涛同志为总书记的党中央科学决策、正确领导的结果,是全国各族人民团结奋斗、顽强拼搏的结果。代表们强调,今年是实施“十二五”规划承上启下的重要一年，我们党将召开第十八次全国代表大会。全面做好改革发展稳定各项工作，巩固和发展“十二五”时期开局良好势头，具有十分重要的意义。我们要认真贯彻本次会议精神，坚持稳中求进的工作总基调，把今年经济社会发展的总体部署和目标任务落实到具体措施上、体现在实际工作中，保持经济平稳较快发展，保持社会和谐稳定，以优异成绩迎接党的十八大胜利召开。

吴邦国指出，会议作出了关于十二届全国人大代表选举有关事项的决定。这次选举是首次实行城乡按相同人口比例选举全国人大代表，更好地体现了人人平等、地区平等、民族平等的原则。我们要坚持党的领导，充分发扬民主，严格依法办事，确保选举工作依法平稳有序进行，为坚持和完善人民代表大会制度、发展社会主义民主政治提供坚实的组织保障。

吴邦国说，会议通过了关于修改刑事诉讼法的决定。这次修改贯彻尊重和保障人权的宪法精神，对我国现行刑事诉讼法律制度作了重要补充和完善。我们要广泛宣传普及修改后的刑事诉讼法，做好施行前的准备工作，确保法律正确有效实施，更好地依法惩治犯罪、保障人权、维护社会秩序。

吴邦国指出，本届全国人大任期还有最后一年。四年来，全国人大及其常委会牢牢把握正确政治方向，坚持党的领导、人民当家做主、依法治国有机统一，依法行使职权，积极开展工作，形成和完善中国特色社会主义法律体系，推动中央重大决策部署贯彻落实，为全面建设小康社会、加快推进社会主义现代化作出了重要贡献。我们要认真总结这些年的好经验好做法，坚持中国特色社会主义政治发展道路，坚持从最广大人民的根本利益出发，坚持围绕党和国家工作大局开展工作，再接再厉，不辱使命，不断开创人大工作新局面，更好地发挥最高国家权力机关的重要作用。

吴邦国最后说，我们的道路光明而宽广，我们的步伐坚定而豪迈。让我们更加紧密地团结在以胡锦涛同志为总书记的党中央周围，高举中国特色社会主义伟大旗帜，以邓小平理论和“三个代表”重要思想为指导，深入贯彻落实科学发展观，同心同德，开拓进取，扎实工作，为夺取全面建设小康社会新胜利、谱写人民美好生活新篇章而努力奋斗。

上午10时30分，吴邦国宣布：第十一届全国人民代表大会第五次会议胜利闭幕。

国务院总理温家宝在人民大会堂答记者问

记者会开始时，温家宝说，记者朋友们，这是我在两会之后最后一次同大家见面了。我要感谢多年来记者朋友们对于中国改革和建设事业的关注。

今年可能是最困难的一年，但也可能是最有希望的一年。人民需要政府的冷静、果敢和诚信；政府需要人民的信任、支持和帮助。面对国际金融危机和欧债危机的蔓延、发展，关键是把我们自己的事情办好。我将在最后一年“守职而不废，处义而不回”，永远同人民在一起。

我愿意回答大家的问题。

新华社记者：总理，您好，我是新华社记者，也是中国新华新闻电视网的记者。今年是本届政府任期的最后一年，请问总理，您如何评价自己的工作？

温家宝：我担任总理已经9年了，这些年过得不易，也不平凡。但我总觉得还有许多工作没有做完，许多事情没有办好，有不少遗憾。我懂得政府的一切权力都是人民赋予的，我所做的工作都是应尽的责任。我为能做人民的公仆为人民办些实事而感到欣慰。我真诚希望，我，连同我这一生为人民做的有益的事情，人民都把他忘记，并随着我日后长眠地下而湮没无闻。

由于能力所限，再加上体制等各方面的原因，我的工作还有许多不足。虽然我没有因为不负责任而造成任何一件事情上的失误，但是作为国家最高行政机关的负责人，对于我在任职期间中国经济和社会发生的问题，我都负有责任。为此，我感到歉疚。

在最后一年，我将像常年负轭的老马，不到最后一刻决不松套。努力以新的成绩弥补我工作上的缺憾，以得到人民的谅解和宽恕。“入则恳恳以尽忠，出则谦谦以自悔”，我将坚守这个做人的原则，并把希望寄托后人。我相信，他们一定会比我做得更好。

我秉承“苟利国家生死以，岂因祸福避趋之”的信念，为国家服务整整45年，我为国家和人民倾注了我全部的热情、心血和精力，没有谋过私利。我敢于面对人民、面对历史。“知我罪我，其惟《春秋》”。

美国全国广播公司记者：得益于较好的国际环境和贸易体系，过去的十年，是中国经济发展最快的十年。在您任期的最后一年，特别是考虑到不久前在波士顿的国际码头工人协会向您授予奖项，如果您只能做一件事来使中美经贸关系实现再平衡，为更多的美国工人创造就业机会，您将会做什么事？有些批评人士表示中国扭曲了国际竞争，使贸易对自己有利，您是否会考虑改革中国的贸易体系？

温家宝：最近美国码头工人协会授予我一个“美国工人最佳之友奖”，这个奖与其说是授予我的，不如说是中美经贸互利共赢的一个范例。

如果我做一件事能够缓解中美贸易的不平衡，那么我选择哪一件事情？其实这个问题我已经深思熟虑很久了，并且在2009年和2011年两次同奥巴马总统做了深谈。我以为解决中美贸易的不平衡，以及由此引起的各种困难和摩擦，还是要通过合作的办法。因此，我比较完整地提出了关于促进中美经贸、金融与投资合作的一揽子计划的建议。它包括：首先，进一步发展中美之间的双向贸易。中国扩大美国产品的进口，美国要开放美国产品的出口，取消限制。其次，加强双向投资。两国应该为投资创造有利条件，并实行投资保护。再次，加强两国在新能源、新材料、节能环保、航天航空等高科技领域的合作，开辟新的合作领域。最后，加强基础设施建设的合作，并使这种合作与金融合作相联系。就是说中国愿意投资美国的基础设施建设，扩大美国工人的就业。这是一举双得的事情。

奥巴马总统非常重视我的建议，双方已经就此进行研究。我相信合作比对抗好，只要循着这条正确的路子走下去，中美经贸关系会走上一条健康、持久发展的道路。

至于你说到美国关心中国贸易体系改革的问题，如果讲得明确一点，主要指三个问题：第一，就是进出口的基本平衡。我可以明确地告诉你，在2011年中国经常性账户差额占GDP的比重已经降到2.8%，小于3%的国际公认的合理水平。就是说在国际收支和货物贸易上，中国已经实现了基本平衡。第二，汇率，也是美国关注的。从2005年汇改以来，中国实际有效汇率已经升值30%。请记者先生注意一种现象：从去年9月份开始，在香港市场无本金远期交割市场，也就是所谓NDF市场，开始双向波动。这就告诉我们，中国的人民币汇率有可能已经接近均衡水平。我们将继续加大汇改的力度，特别是较大幅度地实行双向的波动。第三，我们将坚持多哈回合谈判的宗旨，主张自由贸易、反对保护主义。

台湾《中国时报》记者：我想请教的问题是在过去4年两岸实现了“三通”直航，有关人员往来和经贸交流合作取得了历史性的高峰。台湾媒体评价认为，过去4年大概是两岸关系60年来最稳定、最和平发展的4年。未来4年可能延续这样的发展机遇。在今年政府最后任期一年，您所期待两岸文化交流前景是什么样的状况？在去年6月份，您提到过的《富春山居图》在台湾展出，不晓得您当时的心情是什么样的？今天大家很关心在明年3月您退休以后有没有可能到台湾自由行？

温家宝：我已经连续10年在这个场合谈台湾问题了，每一次心情都很不平静。我很高兴地看到，去年两岸同胞交往更频繁，感情更融洽，关系更紧密，“九二共识”和两岸关系的政治、经济、文化和民意基础更牢固。如果说在本届政府最后一年，在促进两岸关系和平发展，特别是在加强经贸关系方面再做一些实事。我首先考虑的是，要加快ECFA的后续谈判。在加强两岸经贸交往当中特别要照顾台湾中小企业、弱势产业和基层群众的利益，尤其是中南部群众的利益。两岸的金融合作会有进一步的发展，包括推进银行货币结算体系的合作，鼓励两岸银行相互参股，为支持经贸合作发挥金融的作用。对于台资在大陆的企业，我们要给予特别的关心，创造条件帮助他们转型升级、扩大内销市场。

我2010年在这里讲了《富春山居图》的故事。“精诚所至，金石为开”。我高兴地得知，这幅分离很久的《富春山居图》终于在台北合璧展出，这反映出中华文化具有强大的向心力和震撼力。我虽不能至，但心向往之。我常想，难道几千年的文化恩泽就不能消弭几十年的政治恩怨？我真诚希望两岸进一步加强文化交流和人员往来。

至于我在退休以后能不能到台湾去自由行。坦诚地讲，我愿意去，但是还得看条件。不过请你转达对台湾人民的问候。我想起了清代台湾割让后，台中一位诗人林朝崧的一句诗，叫“情天再补虽无术，缺月重圆会有时”。我相信，只要全体中华儿女共同努力，祖国统一和民族振兴的大业一定能够实现，这是整个中国人的骄傲。

新加坡《联合早报》记者：我的问题是，最近几年您多次在不同场合提到了政治体制改革，引起了很大的关注。请问您多次反复提到政治体制改革的原因在哪里？中国推进政治体制改革的难度又在什么地方？

温家宝：是的，这些年我多次谈到政治体制改革，应该说已经比较全面和具体了。如果问我为什么关注这件事情，我是出于责任感。粉碎“四人帮”以后，我们党作出了《关于建国以来若干历史问题的决议》，实行了改革开放。但是“文革”错误的遗毒和封建的影响并没有完全清除。随着经济的发展，又产生了分配不公、诚信缺失、贪污腐败等问题。我深知解决这些问题，不仅要进行经济体制改革，而且要进行政治体制改革，特别是党和国家领导制度的改革。

现在改革到了攻坚阶段，没有政治体制改革的成功，经济体制改革不可能进行到底，已经取得的改革和建设成果还有可能得而复失，社会上新产生的问题也不能从根本上得到解决，“文化大革命”这样的历史悲剧还有可能重新发生。每个有责任的党员和领导干部都应该有紧迫感。

当然，我深知改革的难度，主要是任何一项改革必须有人民的觉醒、人民的支持、人民的积极性和创造精神。在中国这样有13亿人口的大国，又必须从国情出发，循序渐进地建立社会主义民主政治。这不是一件轻而易举的事情，但是改革只能前进，不能停滞，更不能倒退，停滞和倒退都没有出路。

我知道，人们不仅看我说什么、我的理想和信念，更看我通过自己的努力能够实现什么样的目标。我可以对大家讲，为了中国的改革开放事业，只要还有一口气，我就奋斗一天。

《人民日报》记者：最近一轮房地产市场调控，大家都非常关注，中央的决心很大，力度也很大，一些城市的房价已经开始回落。请问总理，住房价格回落到什么程度才算是达到了调控目标？另外，面对经济增速放缓和地方财政压力，楼市调控会不会半途而废？

温家宝：出于一种责任感，我最近把从2003年开始的房地产调控认真地回顾了一下。其实我们在2003年已经提出了6条调控措施，2005年又制定了"国八条"，2006年又制定了"国六条"。但是，为什么调控不见成效？群众也在责怪我们，说房价越调越高，政策不出中南海。我听了感到十分痛心。我觉得房地产市场关系到财政、金融、土地等各项政策，涉及中央和地方的利益关系，涉及金融企业和房地产企业的利益，调控的阻力相当之大。

为什么这两年房地产调控在艰难中看到一点曙光，有所进展，首先是我们调控的决心坚定而不动摇；其次，我们抓住了抑制投机和投资性需求这个要害问题，采取了有针对性的政策措施。

对于房地产市场，我有个基本看法，那就是：中国有13亿人口，又处在工业化和城镇化快速发展阶段，对住房的需求是刚性的，而且将会是持续的。当然，我们说住有其居，并不意味着住者有其屋。从方向上看，应该鼓励更多的人租房。

关于房地产市场发展，我有几个观点：第一，要保持房地产业长期平稳健康发展。如果盲目发展，出现泡沫，一旦破灭，不仅影响房地产市场，而且会拖累整个经济。第二，什么叫房价合理回归？我以为合理的房价，应该是使房价与居民的收入相适应，房价与成本和合理的利润相匹配。现在我可以明确地告诉大家，一些地方房价还远远没有回到合理价位。因此，调控不能放松。如果放松，将前功尽弃，而且会造成房地产市场的混乱，不利于房地产长期、健康和稳定发展。第三，房地产市场的发展，毫无疑问要充分发挥市场配置资源的基础性作用，就是说要充分利用市场这只手。但是政府这只手也不可缺少，因为它能保证稳定和促进公平。

香港无线电视记者：总理您2003年曾经访问过香港，九年过去了，香港发生了很多的变化，而我们也将迎来新的变化。对于现在进行的香港特首选举，请问总理您有什么看法？另外除了政府换届和欧债危机等挑战外，您认为香港还面临着哪些深层次的问题有待解决？最后对于香港未来的发展您有什么祝愿？

温家宝：我是爱香港的。2003年我曾经去过一次香港，我在那里用了黄遵宪先生的一句诗来形容："寸寸河山寸寸金"。香港回归15年了，15年香港发展的变化证明了"一国两制"、"港人治港"、高度自治具有强大的生命力。

在这15年当中，香港走过的路也不平常，遇到了两次金融危机的冲击。但是在特区政府领导下，港人共同努力战胜了金融危机，香港至今仍保持着国际金融中心的地位和高度的自由市场经济。2011年香港的人均GDP达到3.42万美金，是历史上最高，就业也处于较好的水平。香港现在是困难与机遇同在，一方面金融危机和欧债危机的影响和压力还存在；另一方面，香港还面临着经济下行和通胀的双重压力。在这种情况下，香港必须努力发展经济、改善民生、推进民主、保持社会和谐，重点解决好社会公平、物价稳定、居民住房和教育医疗等重大问题。

现在香港正在进行第四任特首的选举，我相信只要坚持公开、公正、公平的原则，并且严格依照法律程序办事，香港一定能够选出一个为多数港人所拥护的特首。

目前香港确实有困难，我想起邓小平先生的一句话："香港人是能够治理好香港的，要有这个自信心。"

我真想再去一次香港，到淘大花园看看那里的居民，到港大同学生们进行交流。请记者转达我对香港同胞的问候。

《华盛顿邮报》记者：一年以前，我的一个记者同事曾经向您问到一个关于在中国进行直选的问题，当时您表示这个进程应该是循序渐进的，首先中国老百姓应该证明他们有能力来管好一个村的事务，然后他们逐渐可以管好一个乡、一个县的事务。今年，在世界许多国家老百姓都将会通过直接选举选出自己的领导人，人们不禁要问，什么时候在中国的老百姓才能够通过这种竞争性、直接性的选举选出他们的领导人呢？

温家宝：是的。我曾经不止一次地提出过，要坚定不移地实行村民自治，并且保护村民直选的合法权利。现在农村村委会许多实践证明，农民直选村委会是成功的。他们不仅有高度的热情，而且按照村委会组织法制定了严格的选举办法。

我至今还是这样认为，群众能够管好一个村，就能够管好一个乡的事情；能够管好一个乡，就能够管好一个县的事情。我们应该按照这条道路鼓励群众大胆实践，并且在实践中使他们受到锻炼。我相信，中国的民主会根据中国的国情循序渐进地得到发展。这是任何力量所阻挡不住的。

《财经》杂志记者：我的提问是，今年的经济增速调低为7.5%，这是暂时性的减速，还是会变成常态性？中国经济是否已经告别了高增长的阶段？国际社会在某种程度上将度过经济危机的希望寄予中国经济的高速增长，现在中国调低了增速会对国际经济复苏产生哪些影响？

温家宝：《政府工作报告》作了以后，世界上各种媒体反响最大的，就是关于中国经济增长的速度。我以为他们抓住了一个要害问题。这次我们将多年来8%的中国经济增速预期目标调低到7.5%，其主要目的就是要真正使经济增长转移到依靠科技进步和提高劳动者素质上来，真正实现高质量的增长，真正有利于经济结构调整和发展方式的转变，真正使中国经济的发展摆脱过度依赖资源消耗和污染环境，走上一条节约资源降低能耗，保护生态环境的正确道路上来，真正使中国经济的发展能惠及民生。

这个决心是在制定“十二五”规划时就下了的。我们“十二五”规划设定的目标是7%，今年确定经济增长7.5%，是为了与“十二五”规划的要求相衔接。同时，我也必须说明，这是我们主动调控的结果。应该承认，由于欧债危机、外部市场萎缩，中国经济有下行的压力。但我们调低速度主要是为了结构调整。

我想说明的一点是，当我们宣布这个指标以后，许多国家的经济界、专家学者、新闻媒体都认为，从本质上看这是一个利好消息。因为中国经济能够克服不平衡、不协调、不可持续的问题，真正走上一条注重质量的发展道路，从根本上有利于世界经济的发展。

现在，对于我们来说，还是要把握好保持经济平稳较快发展、调整经济结构、管好通胀预期三者的关系。中国的经济总量已经达到47万亿元人民币，在这个基础上，增长7.5%并不算低。如果一直保持这个速度，在经济总量不断增长的情况下，更不算低。而且我们要想方设法使同样的增长速度能够取得更大的经济效益，能够使人民得到更多的实惠。我们一定能够做到这一点，这是我们的目标。

中央电视台记者：我想问您的问题是，近年来您有很多次提起要促进社会的公平正义，但是现在社会上一些不公平的现象仍然是老百姓关注的焦点。请问您在任期之内还会做哪些工作进一步促进社会的公平正义？另外，我们知道您常常会上网，在网络上您可以看到网民对政府工作、对您本人的肯定和赞扬，但是也会有“拍砖”的，您怎么看待这些批评的声音？

温家宝：我曾经说过，公平正义比太阳还光辉。公平正义是社会主义的本质特征。实事求是地讲，9年来，我们为实现社会的公平正义做了大量不可磨灭的工作。首先，在法律上，我们通过修改宪法，将尊重和保障人权写入宪法。我们制定了物权法，使合法的私有财产得到法律保护。我们修改了选举法，使城乡选民具有平等的权利。我们废除了收容遣送条例，使农民能自由进城务工。在短短的几年，中国城市化率超过50%。其次，在农村，我们坚决地取消了农业税，减轻了农民的不合理负担。再次，在教育上，我们实行了九年免费义务教育，对农村的孩子上职业学校实行免费，同时对大学和农村高中阶段的教育实行奖助学金制度，对困难地区农村寄宿制学校学生给予补贴。最后，我们建立和完善了包括养老、失业、医疗、低保在内的社会保障体系。企业职工医疗保险、城市居民医疗保险和新农合已经覆盖13亿人口。这些都是我们朝着公平正义迈出的具有制度性的步伐。当然，我深知，社会分配不公以及司法不公引起群众的不满。我们必须继续推进促进社会公平的各项工作。

在我任职的最后一年，政府还将要做几件困难的事情，一定要做，努力做好，而不留给后人。第一件事情，就是要制订收入分配体制改革的总体方案。第二件事情，就是要制定并出台农村集体土地征收补偿条例，真正保障法律赋予农民的财产权利。第三件事情，实现城乡养老保险的全覆盖。第四件事情，按照新的标准全面推进集中连片贫困地区的扶贫工作。第五件事情，我们已经将教育经费占GDP的4%列入预算，我们一定要通过努力实现这个目标，并使经费合理使用。

政府的一切权力都是人民赋予的，我们应该创造条件让人民提出意见批评政府。因此，在网上听到有“拍砖”的声音，我并不感到奇怪，我以为这是正常的事情。群众许多批评的意见值得我们深思，而政府重视和决定的许多重大问题，经常是从群众“拍砖”里头得到的。我甚至考虑，把一些经常批评政府的代表人士请到中南海，面对面地听取他们意见。如果你们注意的话，在今年《政府工作报告》听取意见的安排中，我们已经尝试做了，但还很不够。

在我担任总理期间，确实谣诼不断，我虽然不为所动，但是心里也不免感到有些痛苦。这种痛苦不是“信而见疑、忠而被谤”的痛苦，而是我独立的人格不为人们所理解，因而我对社会感到有点忧虑。我将坚持“人言不足恤”的勇气，义无反顾地继续奋斗。

半岛电视台记者：众所周知，中国与阿拉伯国家和中东地区的友好关系是由来已久的，中国也一直致力于与国际社会一道解决问题。而在中东问题尤其是在叙利亚问题上，中国的立场与其他很多国家存在很大的分歧。那么中方解决叙利亚问题的立场以及出发点是什么？另外，中国如何看待阿拉伯人民追求民主的诉求？中方是否担心与阿拉伯人民的关系受到影响？

温家宝：在叙利亚问题上，中国没有私利，不会偏袒任何一方，包括叙利亚政府。我们将根据是非曲直作出自己正确的判断，并决定立场。中国在叙利亚问题上的立场可以概括为四点：第一，要保障平民的生命安全。叙利亚各方都要立即停止对无辜平民的杀戮。第二,中国尊重叙利亚人民要求变革和维护自身利益的合理诉求。第三,中国支持联合国和阿盟联合特使对叙利亚问题的政治斡旋。第四,对叙利亚人民现在遭受的人道主义苦难,我们深表同情,已经并将继续参与国际人道主义援助。中国也在用自己的方式加紧做叙利亚各方的工作,开启政治对话的进程。阿拉伯人民追求民主的诉求,必须得到尊重和切实的回应。而且我以为,这种民主的趋势是任何力量不可阻挡的。

中国同阿拉伯国家有着上千年的友好交往史,尊重伊斯兰文明、支持阿拉伯人民的正义事业,是我们一贯的立场。我们已经在各领域开展了富有成果的合作。前不久,我访问了沙特、阿联酋和卡塔尔。我总的感觉是,中国与阿拉伯国家、海湾国家有着共识,合作是主流。在阿拉伯世界的变革中,中国的立场将会为阿拉伯各国所理解,并且赢得信任,最终会增进中国与阿拉伯世界的关系。

中央人民广播电台记者:最近,社会上非常关注一个案件,就是浙江吴英案,您个人觉得吴英到底该不该被判死刑?同时,您怎么看当前民间资本投融资难的问题?

温家宝:我注意到,一段时间以来社会上十分关注吴英案。我想这件事情给我们的启示是:第一,对于民间借贷的法律关系和处置原则应该做深入地研究,使民间借贷有明确的法律依据。第二,对于案件的处理,一定要坚持实事求是,以事实为依据,以法律为准绳。我注意到,最高人民法院已下发了关于依法妥善审理民间借贷纠纷案件的通知,并且对吴英案采取了十分审慎的态度。第三,这件事情反映了民间金融的发展与我们经济社会发展的需求还不适应。现在的问题是,一方面企业特别是小型微型企业需要大量资金,而银行又不能满足,民间又有不少的资金。我们应该引导,允许民间资本进入金融领域,使其规范化、公开化,既鼓励发展,又加强监管。我可以告诉大家,中国人民银行和中国银监会正在积极考虑将温州作为民间金融综合改革的试点之一。

法新社记者:自去年以来,我们看到在中国藏区出现了一系列藏人自焚的现象。我想问您本人是否对这一现象深感关切?您认为您领导的政府将采用什么样的方式才能最好地应对这个局面?

温家宝:最近一段时间,在藏区发生了一些僧人自焚的现象。我们不赞成用这种极端的行为来干扰、破坏社会的和谐。年轻的僧人是无辜的,我们对他们这种行为感到十分沉痛。应该明确的是,西藏和四省藏区都是中国领土不可分割的一部分。在印度达兰萨拉设立的所谓的“西藏流亡政府”,不管是达赖喇嘛直接操控还是间接影响,都是政教合一的,其目的就是要把西藏和藏区从祖国分离出去。在这个问题上,我们的立场和原则是坚定的。

在西藏,我们实行民族区域自治制度。虽然西藏这些年经济社会有了很大的发展,但是毋庸讳言,西藏同内地相比还比较落后。因此,中央已经采取了积极的措施,包括制定和落实加快西藏发展的新规划。这些政策措施的主要目的,在于提高农牧民的生活水平。西藏经济要发展,但同时要注意保护西藏的生态环境和文化传统。我们尊重藏族同胞的宗教信仰自由,他们的信仰是受到法律保护的。我们对藏族同胞要采取平等和尊重的态度,并且不断地改善我们的工作。

温家宝:如果不累的话,我们再提两个问题。

中国新闻社记者:我们知道,中国经济多年来强劲增长,但贫富差距问题也日益突出。您在最近几年的《政府工作报告》中多次提到要努力扭转收入分配差距扩大的趋势。请问中国政府将采取哪些措施来解决这个问题,让更多的人分享改革和发展的成果?

温家宝:关于缓解收入分配差距的问题,我想着重从四个方面入手:第一,提高城乡居民的收入,提高最低工资水平,使城乡居民的收入能与经济增长和劳动生产率的提高相适应。第二,调节收入分配。要限制高收入者的收入,包括国有企业和国有金融企业高管人员的收入,要增加中等收入者的比重。第三,建立、健全社会保障制度。第四,保护合法收入,取缔非法收入。

我以为在收入分配中,特别应该把握好三点:第一,就是要为所有的人创造一个学习、就业和创业的均等机会和条件,让他们在同一起跑线上起跑。第二,要关心困难群体的生活。一个国家如果困难群体生活状况得以改善,那么整个国家群众生活的状况也就得以改善。第三,要重视财政和收入分配制度的改革,使共同富裕建立在制度的基础之上。

路透社记者:最后两个问题,第一个问题是关于您在《政府工作报告》中提到的地方债务的问题,您是怎么看待这个问题?到现在为止全国各地方政府的债务已经形成什么样的规模?在处理这个问题的过程中,你有什么想法呢?到底有多少债务会进行重组,还款的期限是否会延期?在应对这个问题过程中还有什么新的政策会出台?第二个问题是关于大家很关心的重庆市发生的所谓王立军事件。王立军进入美国领事馆以后,中央的有关部门已经进行调查。您本人是怎么看待这个事件的?您觉得这一事件会不会影响中央政府对重庆市政府和市委领导的信任?

温家宝：关于地方政府债务问题，我想明确地告诉你以下几点：第一，中国政府债务的负担率和赤字率目前处于较低的水平，低于许多发达国家和新兴经济体。第二，政府性债务的水平是可控的、安全的。2010年，我们主动审计了地方债务，总规模为10.7万亿。2011年，新增债务仅有3亿，其中新举债21536亿，偿债21533亿。第三，对于地方债务的处置，我们将妥善处理存量，严格控制增量。对存量，主要是按分类管理、区别对待、逐步化解的原则加以处置；对于增量，今后所有的地方债务，都必须列入财政预算管理，接受同级人民代表大会的监督。第四，在处理地方债务上，因为大量的债务形成的还是优质资产，有现金流和收益。对于这样的债务，我们将通过它的收益来进行偿还。对于公益性项目，要通过政府，包括中央政府和地方政府负责偿还。我可以负责地告诉你，我们去年已经成功地偿还了所有义务教育阶段学校的债务。当然，在偿还地方债务中，我们也会采取市场化的办法。比如资产处置、项目转让和股权出售。总之，我们会认真对待地方债务，决不会让它干扰中国的建设。

王立军事件发生以后，引起社会的高度关注，国际社会也十分关注。我可以告诉大家，中央高度重视，立即责成有关部门进行专门调查。目前调查已经取得进展，我们将以事实为依据，以法律为准绳，严格依法办理。调查和处理的结果一定会给人民以回答，并且要经受住法律和历史的检验。

多年来，重庆市历届政府和广大人民群众，为改革建设事业付出了很大的努力，也取得了明显的成绩。但是，现任重庆市委和市政府必须反思，并认真从王立军事件中吸取教训。

我在这里想讲一段话。新中国成立以来，在党和政府的领导下，我国的现代化建设事业取得了巨大的成就，但是我们也走过弯路，有过教训。党的十一届三中全会，特别是中央作出《关于建国以来党的若干历史问题的决议》以来，确立了解放思想、实事求是的思想路线和党的基本路线，并且作出了改革开放这一决定中国命运和前途的重大抉择。历史告诉我们，一切符合人民利益的实践，都要认真吸取历史的经验教训，并且经受住历史和实践的考验。这个道理全国人民都懂得。因此，我们对未来抱有信心。

我认真地没有敷衍地回答了记者朋友的每一个问题，整整3个小时了。是不是可以结束了？谢谢大家，再见。

这次见面会在人民大会堂三楼金色大厅举行，历时3小时。结束时，温家宝总理来到记者席前，同在场的中外记者亲切握手致意。参加采访的记者近千名。

国家主席胡锦涛签署第55号令公布《全国人民代表大会关于修改〈中华人民共和国刑事诉讼法〉的决定》

《全国人民代表大会关于修改〈中华人民共和国刑事诉讼法〉的决定》已由中华人民共和国第十一届全国人民代表大会第五次会议于2012年3月14日通过，现予公布，自2013年1月1日起施行。

中华人民共和国主席　胡锦涛

2012年3月14日

全国人民代表大会关于修改《中华人民共和国刑事诉讼法》的决定（略）

中华人民共和国刑事诉讼法

第一编　总　则

第一章　任务和基本原则

第一条　为了保证刑法的正确实施，惩罚犯罪，保护人民，保障国家安全和社会公共安全，维护社会主义社会秩序，根据宪法，制定本法。

第二条　中华人民共和国刑事诉讼法的任务，是保证准确、及时地查明犯罪事实，正确应用法律，惩罚犯罪分子，保障无罪的人不受刑事追究，教育公民自觉遵守法律，积极同犯罪行为作斗争，维护社会主义法制，尊重和保障人权，保护公民的人身权利、财产权利、民主权利和其他权利，保障社会主义建设事业的顺利进行。

第三条　对刑事案件的侦查、拘留、执行逮捕、预审，由公安机关负责。检察、批准逮捕、检察机关直接受理的案件的侦查、提起公诉，由人民检察院负责。审判由人民法院负责。除法律特别规定的以外，其他任何机关、团体和个人都无权行使这些权力。

人民法院、人民检察院和公安机关进行刑事诉讼，必须严格遵守本法和其他法律的有关规定。

第四条　国家安全机关依照法律规定，办理危害国家安全的刑事案件，行使与公安机关相同的职权。

第五条　人民法院依照法律规定独立行使审判权，人民检察院依照法律规定独立行使检察权，不受行政机关、社会团体和个人的干涉。

第六条　人民法院、人民检察院和公安机关进行刑事诉讼，必须依靠群众，必须以事实为根据，以法律为准绳。对于一切公民，在适用法律上一律平等，在法律面前，不允许有任何特权。

第七条　人民法院、人民检察院和公安机关进行刑事诉讼，应当分工负责，互相配合，互相制约，以保证准确有效地执行法律。

第八条　人民检察院依法对刑事诉讼实行法律监督。

第九条　各民族公民都有用本民族语言文字进行

诉讼的权利。人民法院、人民检察院和公安机关对于不通晓当地通用的语言文字的诉讼参与人,应当为他们翻译。

在少数民族聚居或者多民族杂居的地区,应当用当地通用的语言进行审讯,用当地通用的文字发布判决书、布告和其他文件。

第十条 人民法院审判案件,实行两审终审制。

第十一条 人民法院审判案件,除本法另有规定的以外,一律公开进行。被告人有权获得辩护,人民法院有义务保证被告人获得辩护。

第十二条 未经人民法院依法判决,对任何人都不得确定有罪。

第十三条 人民法院审判案件,依照本法实行人民陪审员陪审的制度。

第十四条 人民法院、人民检察院和公安机关应当保障犯罪嫌疑人、被告人和其他诉讼参与人依法享有的辩护权和其他诉讼权利。

诉讼参与人对于审判人员、检察人员和侦查人员侵犯公民诉讼权利和人身侮辱的行为,有权提出控告。

第十五条 有下列情形之一的,不追究刑事责任,已经追究的,应当撤销案件,或者不起诉,或者终止审理,或者宣告无罪:

(一)情节显著轻微、危害不大,不认为是犯罪的;

(二)犯罪已过追诉时效期限的;

(三)经特赦令免除刑罚的;

(四)依照刑法告诉才处理的犯罪,没有告诉或者撤回告诉的;

(五)犯罪嫌疑人、被告人死亡的;

(六)其他法律规定免予追究刑事责任的。

第十六条 对于外国人犯罪应当追究刑事责任的,适用本法的规定。

对于享有外交特权和豁免权的外国人犯罪应当追究刑事责任的,通过外交途径解决。

第十七条 根据中华人民共和国缔结或者参加的国际条约,或者按照互惠原则,我国司法机关和外国司法机关可以相互请求刑事司法协助。

第二章 管 辖

第十八条 刑事案件的侦查由公安机关进行,法律另有规定的除外。

贪污贿赂犯罪,国家工作人员的渎职犯罪,国家机关工作人员利用职权实施的非法拘禁、刑讯逼供、报复陷害、非法搜查的侵犯公民人身权利的犯罪以及侵犯公民民主权利的犯罪,由人民检察院立案侦查。对于国家机关工作人员利用职权实施的其他重大的犯罪案件,需要由人民检察院直接受理的时候,经省级以上人民检察院决定,可以由人民检察院立案侦查。

自诉案件,由人民法院直接受理。

第十九条 基层人民法院管辖第一审普通刑事案件,但是依照本法由上级人民法院管辖的除外。

第二十条 中级人民法院管辖下列第一审刑事案件:

(一)危害国家安全、恐怖活动案件;

(二)可能判处无期徒刑、死刑的案件。

第二十一条 高级人民法院管辖的第一审刑事案件,是全省(自治区、直辖市)性的重大刑事案件。

第二十二条 最高人民法院管辖的第一审刑事案件,是全国性的重大刑事案件。

第二十三条 上级人民法院在必要的时候,可以审判下级人民法院管辖的第一审刑事案件;下级人民法院认为案情重大、复杂需要由上级人民法院审判的第一审刑事案件,可以请求移送上一级人民法院审判。

第二十四条 刑事案件由犯罪地的人民法院管辖。如果由被告人居住地的人民法院审判更为适宜的,可以由被告人居住地的人民法院管辖。

第二十五条 几个同级人民法院都有权管辖的案件,由最初受理的人民法院审判。在必要的时候,可以移送主要犯罪地的人民法院审判。

第二十六条 上级人民法院可以指定下级人民法院审判管辖不明的案件,也可以指定下级人民法院将案件移送其他人民法院审判。

第二十七条 专门人民法院案件的管辖另行规定。

第三章 回 避

第二十八条 审判人员、检察人员、侦查人员有下列情形之一的,应当自行回避,当事人及其法定代理人也有权要求他们回避:

(一)是本案的当事人或者是当事人的近亲属的;

(二)本人或者他的近亲属和本案有利害关系的;

(三)担任过本案的证人、鉴定人、辩护人、诉讼代理人的;

(四)与本案当事人有其他关系,可能影响公正处理案件的。

第二十九条 审判人员、检察人员、侦查人员不得接受当事人及其委托的人的请客送礼,不得违反规定会见当事人及其委托的人。

审判人员、检察人员、侦查人员违反前款规定的,应当依法追究法律责任。当事人及其法定代理人有权要求他们回避。

第三十条 审判人员、检察人员、侦查人员的回避,应当分别由院长、检察长、公安机关负责人决定;院长的回避,由本院审判委员会决定;检察长和公安机关负责人的回避,由同级人民检察院检察委员会决定。

对侦查人员的回避作出决定前，侦查人员不能停止对案件的侦查。

对驳回申请回避的决定，当事人及其法定代理人可以申请复议一次。

第三十一条　本章关于回避的规定适用于书记员、翻译人员和鉴定人。

辩护人、诉讼代理人可以依照本章的规定要求回避、申请复议。

第四章　辩护与代理

第三十二条　犯罪嫌疑人、被告人除自己行使辩护权以外，还可以委托一至二人作为辩护人。下列的人可以被委托为辩护人：

(一)律师；

(二)人民团体或者犯罪嫌疑人、被告人所在单位推荐的人；

(三)犯罪嫌疑人、被告人的监护人、亲友。

正在被执行刑罚或者依法被剥夺、限制人身自由的人，不得担任辩护人。

第三十三条　犯罪嫌疑人自被侦查机关第一次讯问或者采取强制措施之日起，有权委托辩护人；在侦查期间，只能委托律师作为辩护人。被告人有权随时委托辩护人。

侦查机关在第一次讯问犯罪嫌疑人或者对犯罪嫌疑人采取强制措施的时候，应当告知犯罪嫌疑人有权委托辩护人。人民检察院自收到移送审查起诉的案件材料之日起三日以内，应当告知犯罪嫌疑人有权委托辩护人。人民法院自受理案件之日起三日以内，应当告知被告人有权委托辩护人。犯罪嫌疑人、被告人在押期间要求委托辩护人的，人民法院、人民检察院和公安机关应当及时转达其要求。

犯罪嫌疑人、被告人在押的，也可以由其监护人、近亲属代为委托辩护人。

辩护人接受犯罪嫌疑人、被告人委托后，应当及时告知办理案件的机关。

第三十四条　犯罪嫌疑人、被告人因经济困难或者其他原因没有委托辩护人的，本人及其近亲属可以向法律援助机构提出申请。对符合法律援助条件的，法律援助机构应当指派律师为其提供辩护。

犯罪嫌疑人、被告人是盲、聋、哑人，或者是尚未完全丧失辨认或者控制自己行为能力的精神病人，没有委托辩护人的，人民法院、人民检察院和公安机关应当通知法律援助机构指派律师为其提供辩护。

犯罪嫌疑人、被告人可能被判处无期徒刑、死刑，没有委托辩护人的，人民法院、人民检察院和公安机关应当通知法律援助机构指派律师为其提供辩护。

第三十五条　辩护人的责任是根据事实和法律，提出犯罪嫌疑人、被告人无罪、罪轻或者减轻、免除其刑事责任的材料和意见，维护犯罪嫌疑人、被告人的诉讼权利和其他合法权益。

第三十六条　辩护律师在侦查期间可以为犯罪嫌疑人提供法律帮助；代理申诉、控告；申请变更强制措施；向侦查机关了解犯罪嫌疑人涉嫌的罪名和案件有关情况，提出意见。

第三十七条　辩护律师可以同在押的犯罪嫌疑人、被告人会见和通信。其他辩护人经人民法院、人民检察院许可，也可以同在押的犯罪嫌疑人、被告人会见和通信。

辩护律师持律师执业证书、律师事务所证明和委托书或者法律援助公函要求会见在押的犯罪嫌疑人、被告人的，看守所应当及时安排会见，至迟不得超过四十八小时。

危害国家安全犯罪、恐怖活动犯罪、特别重大贿赂犯罪案件，在侦查期间辩护律师会见在押的犯罪嫌疑人，应当经侦查机关许可。上述案件，侦查机关应当事先通知看守所。

辩护律师会见在押的犯罪嫌疑人、被告人，可以了解案件有关情况，提供法律咨询等；自案件移送审查起诉之日起，可以向犯罪嫌疑人、被告人核实有关证据。辩护律师会见犯罪嫌疑人、被告人时不被监听。

辩护律师同被监视居住的犯罪嫌疑人、被告人会见、通信，适用第一款、第三款、第四款的规定。

第三十八条　辩护律师自人民检察院对案件审查起诉之日起，可以查阅、摘抄、复制本案的案卷材料。其他辩护人经人民法院、人民检察院许可，也可以查阅、摘抄、复制上述材料。

第三十九条　辩护人认为在侦查、审查起诉期间公安机关、人民检察院收集的证明犯罪嫌疑人、被告人无罪或者罪轻的证据材料未提交的，有权申请人民检察院、人民法院调取。

第四十条　辩护人收集的有关犯罪嫌疑人不在犯罪现场、未达到刑事责任年龄、属于依法不负刑事责任的精神病人的证据，应当及时告知公安机关、人民检察院。

第四十一条　辩护律师经证人或者其他有关单位和个人同意，可以向他们收集与本案有关的材料，也可以申请人民检察院、人民法院收集、调取证据，或者申请人民法院通知证人出庭作证。

辩护律师经人民检察院或者人民法院许可，并且经被害人或者其近亲属、被害人提供的证人同意，可以向他们收集与本案有关的材料。

第四十二条　辩护人或者其他任何人，不得帮助犯罪嫌疑人、被告人隐匿、毁灭、伪造证据或者串供，不得威胁、引诱证人作伪证以及进行其他干扰司法机关诉讼活动的行为。

违反前款规定的,应当依法追究法律责任,辩护人涉嫌犯罪的,应当由办理辩护人所承办案件的侦查机关以外的侦查机关办理。辩护人是律师的,应当及时通知其所在的律师事务所或者所属的律师协会。

第四十三条 在审判过程中,被告人可以拒绝辩护人继续为他辩护,也可以另行委托辩护人辩护。

第四十四条 公诉案件的被害人及其法定代理人或者近亲属,附带民事诉讼的当事人及其法定代理人,自案件移送审查起诉之日起,有权委托诉讼代理人。自诉案件的自诉人及其法定代理人,附带民事诉讼的当事人及其法定代理人,有权随时委托诉讼代理人。

人民检察院自收到移送审查起诉的案件材料之日起三日以内,应当告知被害人及其法定代理人或者其近亲属、附带民事诉讼的当事人及其法定代理人有权委托诉讼代理人。人民法院自受理自诉案件之日起三日以内,应当告知自诉人及其法定代理人、附带民事诉讼的当事人及其法定代理人有权委托诉讼代理人。

第四十五条 委托诉讼代理人,参照本法第三十二条的规定执行。

第四十六条 辩护律师对在执业活动中知悉的委托人的有关情况和信息,有权予以保密。但是,辩护律师在执业活动中知悉委托人或者其他人,准备或者正在实施危害国家安全、公共安全以及严重危害他人人身安全的犯罪的,应当及时告知司法机关。

第四十七条 辩护人、诉讼代理人认为公安机关、人民检察院、人民法院及其工作人员阻碍其依法行使诉讼权利的,有权向同级或者上一级人民检察院申诉或者控告。人民检察院对申诉或者控告应当及时进行审查,情况属实的,通知有关机关予以纠正。

第五章 证 据

第四十八条 可以用于证明案件事实的材料,都是证据。

证据包括:

(一)物证;

(二)书证;

(三)证人证言;

(四)被害人陈述;

(五)犯罪嫌疑人、被告人供述和辩解;

(六)鉴定意见;

(七)勘验、检查、辨认、侦查实验等笔录;

(八)视听资料、电子数据。

证据必须经过查证属实,才能作为定案的根据。

第四十九条 公诉案件中被告人有罪的举证责任由人民检察院承担,自诉案件中被告人有罪的举证责任由自诉人承担。

第五十条 审判人员、检察人员、侦查人员必须依照法定程序,收集能够证实犯罪嫌疑人、被告人有罪或者无罪、犯罪情节轻重的各种证据。严禁刑讯逼供和以威胁、引诱、欺骗以及其他非法方法收集证据,不得强迫任何人证实自己有罪。必须保证一切与案件有关或者了解案情的公民,有客观地充分地提供证据的条件,除特殊情况外,可以吸收他们协助调查。

第五十一条 公安机关提请批准逮捕书、人民检察院起诉书、人民法院判决书,必须忠实于事实真相。故意隐瞒事实真相的,应当追究责任。

第五十二条 人民法院、人民检察院和公安机关有权向有关单位和个人收集、调取证据。有关单位和个人应当如实提供证据。

行政机关在行政执法和查办案件过程中收集的物证、书证、视听资料、电子数据等证据材料,在刑事诉讼中可以作为证据使用。

对涉及国家秘密、商业秘密、个人隐私的证据,应当保密。

凡是伪造证据、隐匿证据或者毁灭证据的,无论属于何方,必须受法律追究。

第五十三条 对一切案件的判处都要重证据,重调查研究,不轻信口供。只有被告人供述,没有其他证据的,不能认定被告人有罪和处以刑罚;没有被告人供述,证据确实、充分的,可以认定被告人有罪和处以刑罚。

证据确实、充分,应当符合以下条件:

(一)定罪量刑的事实都有证据证明;

(二)据以定案的证据均经法定程序查证属实;

(三)综合全案证据,对所认定事实已排除合理怀疑。

第五十四条 采用刑讯逼供等非法方法收集的犯罪嫌疑人、被告人供述和采用暴力、威胁等非法方法收集的证人证言、被害人陈述,应当予以排除。收集物证、书证不符合法定程序,可能严重影响司法公正的,应当予以补正或者作出合理解释;不能补正或者作出合理解释的,对该证据应当予以排除。

在侦查、审查起诉、审判时发现有应当排除的证据的,应当依法予以排除,不得作为起诉意见、起诉决定和判决的依据。

第五十五条 人民检察院接到报案、控告、举报或者发现侦查人员以非法方法收集证据的,应当进行调查核实。对于确有以非法方法收集证据情形的,应当提出纠正意见;构成犯罪的,依法追究刑事责任。

第五十六条 法庭审理过程中,审判人员认为可能存在本法第五十四条规定的以非法方法收集证据情形的，应当对证据收集的合法性进行法庭调查。

当事人及其辩护人、诉讼代理人有权申请人民法院对以非法方法收集的证据依法予以排除。申请排除以非法方法收集的证据的，应当提供相关线索或者材料。

第五十七条　在对证据收集的合法性进行法庭调查的过程中，人民检察院应当对证据收集的合法性加以证明。

现有证据材料不能证明证据收集的合法性的，人民检察院可以提请人民法院通知有关侦查人员或者其他人员出庭说明情况；人民法院可以通知有关侦查人员或者其他人员出庭说明情况。有关侦查人员或者其他人员也可以要求出庭说明情况。经人民法院通知，有关人员应当出庭。

第五十八条　对于经过法庭审理，确认或者不能排除存在本法第五十四条规定的以非法方法收集证据情形的，对有关证据应当予以排除。

第五十九条　证人证言必须在法庭上经过公诉人、被害人和被告人、辩护人双方质证并且查实以后，才能作为定案的根据。法庭查明证人有意作伪证或者隐匿罪证的时候，应当依法处理。

第六十条　凡是知道案件情况的人，都有作证的义务。

生理上、精神上有缺陷或者年幼，不能辨别是非、不能正确表达的人，不能作证人。

第六十一条　人民法院、人民检察院和公安机关应当保障证人及其近亲属的安全。

对证人及其近亲属进行威胁、侮辱、殴打或者打击报复，构成犯罪的，依法追究刑事责任；尚不够刑事处罚的，依法给予治安管理处罚。

第六十二条　对于危害国家安全犯罪、恐怖活动犯罪、黑社会性质的组织犯罪、毒品犯罪等案件，证人、鉴定人、被害人因在诉讼中作证，本人或者其近亲属的人身安全面临危险的，人民法院、人民检察院和公安机关应当采取以下一项或者多项保护措施：

（一）不公开真实姓名、住址和工作单位等个人信息；

（二）采取不暴露外貌、真实声音等出庭作证措施；

（三）禁止特定的人员接触证人、鉴定人、被害人及其近亲属；

（四）对人身和住宅采取专门性保护措施；

（五）其他必要的保护措施。

证人、鉴定人、被害人认为因在诉讼中作证，本人或者其近亲属的人身安全面临危险的，可以向人民法院、人民检察院、公安机关请求予以保护。

人民法院、人民检察院、公安机关依法采取保护措施，有关单位和个人应当配合。

第六十三条　证人因履行作证义务而支出的交通、住宿、就餐等费用，应当给予补助。证人作证的补助列入司法机关业务经费，由同级政府财政予以保障。

有工作单位的证人作证，所在单位不得克扣或者变相克扣其工资、奖金及其他福利待遇。

第六章　强制措施

第六十四条　人民法院、人民检察院和公安机关根据案件情况，对犯罪嫌疑人、被告人可以拘传、取保候审或者监视居住。

第六十五条　人民法院、人民检察院和公安机关对有下列情形之一的犯罪嫌疑人、被告人，可以取保候审：

（一）可能判处管制、拘役或者独立适用附加刑的；

（二）可能判处有期徒刑以上刑罚，采取取保候审不致发生社会危险性的；

（三）患有严重疾病、生活不能自理，怀孕或者正在哺乳自己婴儿的妇女，采取取保候审不致发生社会危险性的；

（四）羁押期限届满，案件尚未办结，需要采取取保候审的。

取保候审由公安机关执行。

第六十六条　人民法院、人民检察院和公安机关决定对犯罪嫌疑人、被告人取保候审，应当责令犯罪嫌疑人、被告人提出保证人或者交纳保证金。

第六十七条　保证人必须符合下列条件：

（一）与本案无牵连；

（二）有能力履行保证义务；

（三）享有政治权利，人身自由未受到限制；

（四）有固定的住处和收入。

第六十八条　保证人应当履行以下义务：

（一）监督被保证人遵守本法第六十九条的规定；

（二）发现被保证人可能发生或者已经发生违反本法第六十九条规定的行为的，应当及时向执行机关报告。

被保证人有违反本法第六十九条规定的行为，保证人未履行保证义务的，对保证人处以罚款，构成犯罪的，依法追究刑事责任。

第六十九条　被取保候审的犯罪嫌疑人、被告人应当遵守以下规定：

（一）未经执行机关批准不得离开所居住的市、县；

（二）住址、工作单位和联系方式发生变动的，在二十四小时以内向执行机关报告；

（三）在传讯的时候及时到案；

（四）不得以任何形式干扰证人作证；

（五）不得毁灭、伪造证据或者串供。

人民法院、人民检察院和公安机关可以根据案件情况,责令被取保候审的犯罪嫌疑人、被告人遵守以下一项或者多项规定:

(一)不得进入特定的场所;

(二)不得与特定的人员会见或者通信;

(三)不得从事特定的活动;

(四)将护照等出入境证件、驾驶证件交执行机关保存。

被取保候审的犯罪嫌疑人、被告人违反前两款规定,已交纳保证金的,没收部分或者全部保证金,并且区别情形,责令犯罪嫌疑人、被告人具结悔过,重新交纳保证金、提出保证人,或者监视居住、予以逮捕。

对违反取保候审规定,需要予以逮捕的,可以对犯罪嫌疑人、被告人先行拘留。

第七十条 取保候审的决定机关应当综合考虑保证诉讼活动正常进行的需要,被取保候审人的社会危险性,案件的性质、情节,可能判处刑罚的轻重,被取保候审人的经济状况等情况,确定保证金的数额。

提供保证金的人应当将保证金存入执行机关指定银行的专门账户。

第七十一条 犯罪嫌疑人、被告人在取保候审期间未违反本法第六十九条规定的,取保候审结束的时候,凭解除取保候审的通知或者有关法律文书到银行领取退还的保证金。

第七十二条 人民法院、人民检察院和公安机关对符合逮捕条件,有下列情形之一的犯罪嫌疑人、被告人,可以监视居住:

(一)患有严重疾病、生活不能自理的;

(二)怀孕或者正在哺乳自己婴儿的妇女;

(三)系生活不能自理的人的唯一扶养人;

(四)因为案件的特殊情况或者办理案件的需要,采取监视居住措施更为适宜的;

(五)羁押期限届满,案件尚未办结,需要采取监视居住措施的。

对符合取保候审条件,但犯罪嫌疑人、被告人不能提出保证人,也不交纳保证金的,可以监视居住。

监视居住由公安机关执行。

第七十三条 监视居住应当在犯罪嫌疑人、被告人的住处执行;无固定住处的,可以在指定的居所执行。对于涉嫌危害国家安全犯罪、恐怖活动犯罪、特别重大贿赂犯罪,在住处执行可能有碍侦查的,经上一级人民检察院或者公安机关批准,也可以在指定的居所执行。但是,不得在羁押场所、专门的办案场所执行。

指定居所监视居住的,除无法通知的以外,应当在执行监视居住后二十四小时以内,通知被监视居住人的家属。

被监视居住的犯罪嫌疑人、被告人委托辩护人,适用本法第三十三条的规定。

人民检察院对指定居所监视居住的决定和执行是否合法实行监督。

第七十四条 指定居所监视居住的期限应当折抵刑期。被判处管制的,监视居住一日折抵刑期一日;被判处拘役、有期徒刑的,监视居住二日折抵刑期一日。

第七十五条 被监视居住的犯罪嫌疑人、被告人应当遵守以下规定:

(一)未经执行机关批准不得离开执行监视居住的处所;

(二)未经执行机关批准不得会见他人或者通信;

(三)在传讯的时候及时到案;

(四)不得以任何形式干扰证人作证;

(五)不得毁灭、伪造证据或者串供;

(六)将护照等出入境证件、身份证件、驾驶证件交执行机关保存。

被监视居住的犯罪嫌疑人、被告人违反前款规定,情节严重的,可以予以逮捕;需要予以逮捕的,可以对犯罪嫌疑人、被告人先行拘留。

第七十六条 执行机关对被监视居住的犯罪嫌疑人、被告人,可以采取电子监控、不定期检查等监视方法对其遵守监视居住规定的情况进行监督;在侦查期间,可以对被监视居住的犯罪嫌疑人的通信进行监控。

第七十七条 人民法院、人民检察院和公安机关对犯罪嫌疑人、被告人取保候审最长不得超过十二个月,监视居住最长不得超过六个月。

在取保候审、监视居住期间,不得中断对案件的侦查、起诉和审理。对于发现不应当追究刑事责任或者取保候审、监视居住期限届满的,应当及时解除取保候审、监视居住。解除取保候审、监视居住,应当及时通知被取保候审、监视居住人和有关单位。

第七十八条 逮捕犯罪嫌疑人、被告人,必须经过人民检察院批准或者人民法院决定,由公安机关执行。

第七十九条 对有证据证明有犯罪事实,可能判处徒刑以上刑罚的犯罪嫌疑人、被告人,采取取保候审尚不足以防止发生下列社会危险性的,应当予以逮捕:

(一)可能实施新的犯罪的;

(二)有危害国家安全、公共安全或者社会秩序的现实危险的;

(三)可能毁灭、伪造证据,干扰证人作证或者串供的;

(四)可能对被害人、举报人、控告人实施打击报复的;

(五)企图自杀或者逃跑的。

对有证据证明有犯罪事实,可能判处十年有期徒刑以上刑罚的,或者有证据证明有犯罪事实,可能判处徒刑以上刑罚,曾经故意犯罪或者身份不明的,应当予以逮捕。

被取保候审、监视居住的犯罪嫌疑人、被告人违反取保候审、监视居住规定,情节严重的,可以予以逮捕。

第八十条　公安机关对于现行犯或者重大嫌疑分子,如果有下列情形之一的,可以先行拘留:

(一)正在预备犯罪、实行犯罪或者在犯罪后即时被发觉的;

(二)被害人或者在场亲眼看见的人指认他犯罪的;

(三)在身边或者住处发现有犯罪证据的;

(四)犯罪后企图自杀、逃跑或者在逃的;

(五)有毁灭、伪造证据或者串供可能的;

(六)不讲真实姓名、住址,身份不明的;

(七)有流窜作案、多次作案、结伙作案重大嫌疑的。

第八十一条　公安机关在异地执行拘留、逮捕的时候,应当通知被拘留、逮捕人所在地的公安机关,被拘留、逮捕人所在地的公安机关应当予以配合。

第八十二条　对于有下列情形的人,任何公民都可以立即扭送公安机关、人民检察院或者人民法院处理:

(一)正在实行犯罪或者在犯罪后即时被发觉的;

(二)通缉在案的;

(三)越狱逃跑的;

(四)正在被追捕的。

第八十三条　公安机关拘留人的时候,必须出示拘留证。

拘留后,应当立即将被拘留人送看守所羁押,至迟不得超过二十四小时。除无法通知或者涉嫌危害国家安全犯罪、恐怖活动犯罪通知可能有碍侦查的情形以外,应当在拘留后二十四小时以内,通知被拘留人的家属。有碍侦查的情形消失以后,应当立即通知被拘留人的家属。

第八十四条　公安机关对被拘留的人,应当在拘留后的二十四小时以内进行讯问。在发现不应当拘留的时候,必须立即释放,发给释放证明。

第八十五条　公安机关要求逮捕犯罪嫌疑人的时候,应当写出提请批准逮捕书,连同案卷材料、证据,一并移送同级人民检察院审查批准。必要的时候,人民检察院可以派人参加公安机关对于重大案件的讨论。

第八十六条　人民检察院审查批准逮捕,可以讯问犯罪嫌疑人;有下列情形之一的,应当讯问犯罪嫌疑人:

(一)对是否符合逮捕条件有疑问的;

(二)犯罪嫌疑人要求向检察人员当面陈述的;

(三)侦查活动可能有重大违法行为的。

人民检察院审查批准逮捕,可以询问证人等诉讼参与人,听取辩护律师的意见;辩护律师提出要求的,应当听取辩护律师的意见。

第八十七条　人民检察院审查批准逮捕犯罪嫌疑人由检察长决定。重大案件应当提交检察委员会讨论决定。

第八十八条　人民检察院对于公安机关提请批准逮捕的案件进行审查后,应当根据情况分别作出批准逮捕或者不批准逮捕的决定。对于批准逮捕的决定,公安机关应当立即执行,并且将执行情况及时通知人民检察院。对于不批准逮捕的,人民检察院应当说明理由,需要补充侦查的,应当同时通知公安机关。

第八十九条　公安机关对被拘留的人,认为需要逮捕的,应当在拘留后的三日以内,提请人民检察院审查批准。在特殊情况下,提请审查批准的时间可以延长一日至四日。

对于流窜作案、多次作案、结伙作案的重大嫌疑分子,提请审查批准的时间可以延长至三十日。

人民检察院应当自接到公安机关提请批准逮捕书后的七日以内,作出批准逮捕或者不批准逮捕的决定。人民检察院不批准逮捕的,公安机关应当在接到通知后立即释放,并且将执行情况及时通知人民检察院。对于需要继续侦查,并且符合取保候审、监视居住条件的,依法取保候审或者监视居住。

第九十条　公安机关对人民检察院不批准逮捕的决定,认为有错误的时候,可以要求复议,但是必须将被拘留的人立即释放。如果意见不被接受,可以向上一级人民检察院提请复核。上级人民检察院应当立即复核,作出是否变更的决定,通知下级人民检察院和公安机关执行。

第九十一条　公安机关逮捕人的时候,必须出示逮捕证。

逮捕后,应当立即将被逮捕人送看守所羁押。除无法通知的以外,应当在逮捕后二十四小时以内,通知被逮捕人的家属。

第九十二条　人民法院、人民检察院对于各自决定逮捕的人,公安机关对于经人民检察院批准逮捕的人,都必须在逮捕后的二十四小时以内进行讯问。在发现不应当逮捕的时候,必须立即释放,发给释放证明。

第九十三条　犯罪嫌疑人、被告人被逮捕后,人民检察院仍应当对羁押的必要性进行审查。对不需要继续羁押的,应当建议予以释放或者变更强制措施。有关机关应当在十日以内将处理情况通知人民检察院。

第九十四条　人民法院、人民检察院和公安机关如果发现对犯罪嫌疑人、被告人采取强制措施不当的，应当及时撤销或者变更。公安机关释放被逮捕的人或者变更逮捕措施的，应当通知原批准的人民检察院。

第九十五条　犯罪嫌疑人、被告人及其法定代理人、近亲属或者辩护人有权申请变更强制措施。人民法院、人民检察院和公安机关收到申请后，应当在三日以内作出决定；不同意变更强制措施的，应当告知申请人，并说明不同意的理由。

第九十六条　犯罪嫌疑人、被告人被羁押的案件，不能在本法规定的侦查羁押、审查起诉、一审、二审期限内办结的，对犯罪嫌疑人、被告人应当予以释放；需要继续查证、审理的，对犯罪嫌疑人、被告人可以取保候审或者监视居住。

第九十七条　人民法院、人民检察院或者公安机关对被采取强制措施法定期限届满的犯罪嫌疑人、被告人，应当予以释放、解除取保候审、监视居住或者依法变更强制措施。犯罪嫌疑人、被告人及其法定代理人、近亲属或者辩护人对于人民法院、人民检察院或者公安机关采取强制措施法定期限届满的，有权要求解除强制措施。

第九十八条　人民检察院在审查批准逮捕工作中，如果发现公安机关的侦查活动有违法情况，应当通知公安机关予以纠正，公安机关应当将纠正情况通知人民检察院。

第七章　附带民事诉讼

第九十九条　被害人由于被告人的犯罪行为而遭受物质损失的，在刑事诉讼过程中，有权提起附带民事诉讼。被害人死亡或者丧失行为能力的，被害人的法定代理人、近亲属有权提起附带民事诉讼。

如果是国家财产、集体财产遭受损失的，人民检察院在提起公诉的时候，可以提起附带民事诉讼。

第一百条　人民法院在必要的时候，可以采取保全措施，查封、扣押或者冻结被告人的财产。附带民事诉讼原告人或者人民检察院可以申请人民法院采取保全措施。人民法院采取保全措施，适用民事诉讼法的有关规定。

第一百零一条　人民法院审理附带民事诉讼案件，可以进行调解，或者根据物质损失情况作出判决、裁定。

第一百零二条　附带民事诉讼应当同刑事案件一并审判，只有为了防止刑事案件审判的过分迟延，才可以在刑事案件审判后，由同一审判组织继续审理附带民事诉讼。

第八章　期间、送达

第一百零三条　期间以时、日、月计算。

期间开始的时和日不算在期间以内。

法定期间不包括路途上的时间。上诉状或者其他文件在期满前已经交邮的，不算过期。

期间的最后一日为节假日的，以节假日后的第一日为期满日期，但犯罪嫌疑人、被告人或者罪犯在押期间，应当至期满之日为止，不得因节假日而延长。

第一百零四条　当事人由于不能抗拒的原因或者有其他正当理由而耽误期限的，在障碍消除后五日以内，可以申请继续进行应当在期满以前完成的诉讼活动。

前款申请是否准许，由人民法院裁定。

第一百零五条　送达传票、通知书和其他诉讼文件应当交给收件人本人；如果本人不在，可以交给他的成年家属或者所在单位的负责人员代收。

收件人本人或者代收人拒绝接收或者拒绝签名、盖章的时候，送达人可以邀请他的邻居或者其他见证人到场，说明情况，把文件留在他的住处，在送达证上记明拒绝的事由、送达的日期，由送达人签名，即认为已经送达。

第九章　其他规定

第一百零六条　本法下列用语的含意是：

（一）“侦查”是指公安机关、人民检察院在办理案件过程中，依照法律进行的专门调查工作和有关的强制性措施；

（二）“当事人”是指被害人、自诉人、犯罪嫌疑人、被告人、附带民事诉讼的原告人和被告人；

（三）“法定代理人”是指被代理人的父母、养父母、监护人和负有保护责任的机关、团体的代表；

（四）“诉讼参与人”是指当事人、法定代理人、诉讼代理人、辩护人、证人、鉴定人和翻译人员；

（五）“诉讼代理人”是指公诉案件的被害人及其法定代理人或者近亲属、自诉案件的自诉人及其法定代理人委托代为参加诉讼的人和附带民事诉讼的当事人及其法定代理人委托代为参加诉讼的人；

（六）“近亲属”是指夫、妻、父、母、子、女、同胞兄弟姊妹。

第二编　立案、侦查和提起公诉

第一章　立　案

第一百零七条　公安机关或者人民检察院发现犯罪事实或者犯罪嫌疑人，应当按照管辖范围，立案侦查。

第一百零八条　任何单位和个人发现有犯罪事实或者犯罪嫌疑人，有权利也有义务向公安机关、人民检察院或者人民法院报案或者举报。

被害人对侵犯其人身、财产权利的犯罪事实或者犯罪嫌疑人，有权向公安机关、人民检察院或者人民法院报案或者控告。

公安机关、人民检察院或者人民法院对于报案、控告、举报,都应当接受。对于不属于自己管辖的,应当移送主管机关处理,并且通知报案人、控告人、举报人;对于不属于自己管辖而又必须采取紧急措施的,应当先采取紧急措施,然后移送主管机关。

犯罪人向公安机关、人民检察院或者人民法院自首的,适用第三款规定。

第一百零九条　报案、控告、举报可以用书面或者口头提出。接受口头报案、控告、举报的工作人员,应当写成笔录,经宣读无误后,由报案人、控告人、举报人签名或者盖章。

接受控告、举报的工作人员,应当向控告人、举报人说明诬告应负的法律责任。但是,只要不是捏造事实,伪造证据,即使控告、举报的事实有出入,甚至是错告的,也要和诬告严格加以区别。

公安机关、人民检察院或者人民法院应当保障报案人、控告人、举报人及其近亲属的安全。报案人、控告人、举报人如果不愿公开自己的姓名和报案、控告、举报的行为,应当为他保守秘密。

第一百一十条　人民法院、人民检察院或者公安机关对于报案、控告、举报和自首的材料,应当按照管辖范围,迅速进行审查,认为有犯罪事实需要追究刑事责任的时候,应当立案;认为没有犯罪事实,或者犯罪事实显著轻微,不需要追究刑事责任的时候,不予立案,并且将不立案的原因通知控告人。控告人如果不服,可以申请复议。

第一百一十一条　人民检察院认为公安机关对应当立案侦查的案件而不立案侦查的,或者被害人认为公安机关对应当立案侦查的案件而不立案侦查,向人民检察院提出的,人民检察院应当要求公安机关说明不立案的理由。人民检察院认为公安机关不立案理由不能成立的,应当通知公安机关立案,公安机关接到通知后应当立案。

第一百一十二条　对于自诉案件,被害人有权向人民法院直接起诉。被害人死亡或者丧失行为能力的,被害人的法定代理人、近亲属有权向人民法院起诉。人民法院应当依法受理。

第二章　侦　查

第一节　一般规定

第一百一十三条　公安机关对已经立案的刑事案件,应当进行侦查,收集、调取犯罪嫌疑人有罪或者无罪、罪轻或者罪重的证据材料。对现行犯或者重大嫌疑分子可以依法先行拘留,对符合逮捕条件的犯罪嫌疑人,应当依法逮捕。

第一百一十四条　公安机关经过侦查,对有证据证明有犯罪事实的案件,应当进行预审,对收集、调取的证据材料予以核实。

第一百一十五条　当事人和辩护人、诉讼代理人、利害关系人对于司法机关及其工作人员有下列行为之一的,有权向该机关申诉或者控告:

(一)采取强制措施法定期限届满,不予以释放、解除或者变更的;

(二)应当退还取保候审保证金不退还的;

(三)对与案件无关的财物采取查封、扣押、冻结措施的;

(四)应当解除查封、扣押、冻结不解除的;

(五)贪污、挪用、私分、调换、违反规定使用查封、扣押、冻结的财物的。

受理申诉或者控告的机关应当及时处理。对处理不服的,可以向同级人民检察院申诉;人民检察院直接受理的案件,可以向上一级人民检察院申诉。人民检察院对申诉应当及时进行审查,情况属实的,通知有关机关予以纠正。

第二节　讯问犯罪嫌疑人

第一百一十六条　讯问犯罪嫌疑人必须由人民检察院或者公安机关的侦查人员负责进行。讯问的时候,侦查人员不得少于二人。

犯罪嫌疑人被送交看守所羁押以后,侦查人员对其进行讯问,应当在看守所内进行。

第一百一十七条　对不需要逮捕、拘留的犯罪嫌疑人,可以传唤到犯罪嫌疑人所在市、县内的指定地点或者到他的住处进行讯问,但是应当出示人民检察院或者公安机关的证明文件。对在现场发现的犯罪嫌疑人,经出示工作证件,可以口头传唤,但应当在讯问笔录中注明。

传唤、拘传持续的时间不得超过十二小时;案情特别重大、复杂,需要采取拘留、逮捕措施的,传唤、拘传持续的时间不得超过二十四小时。

不得以连续传唤、拘传的形式变相拘禁犯罪嫌疑人。传唤、拘传犯罪嫌疑人,应当保证犯罪嫌疑人的饮食和必要的休息时间。

第一百一十八条　侦查人员在讯问犯罪嫌疑人的时候,应当首先讯问犯罪嫌疑人是否有犯罪行为,让他陈述有罪的情节或者无罪的辩解,然后向他提出问题。犯罪嫌疑人对侦查人员的提问,应当如实回答。但是对与本案无关的问题,有拒绝回答的权利。

侦查人员在讯问犯罪嫌疑人的时候,应当告知犯罪嫌疑人如实供述自己罪行可以从宽处理的法律规定。

第一百一十九条　讯问聋、哑的犯罪嫌疑人,应当有通晓聋、哑手势的人参加,并且将这种情况记明笔录。

第一百二十条 讯问笔录应当交犯罪嫌疑人核对，对于没有阅读能力的，应当向他宣读。如果记载有遗漏或者差错，犯罪嫌疑人可以提出补充或者改正。犯罪嫌疑人承认笔录没有错误后，应当签名或者盖章。侦查人员也应当在笔录上签名。犯罪嫌疑人请求自行书写供述的，应当准许。必要的时候，侦查人员也可以要犯罪嫌疑人亲笔书写供词。

第一百二十一条 侦查人员在讯问犯罪嫌疑人的时候，可以对讯问过程进行录音或者录像；对于可能判处无期徒刑、死刑的案件或者其他重大犯罪案件，应当对讯问过程进行录音或者录像。

录音或者录像应当全程进行，保持完整性。

第三节 询问证人

第一百二十二条 侦查人员询问证人，可以在现场进行，也可以到证人所在单位、住处或者证人提出的地点进行，在必要的时候，可以通知证人到人民检察院或者公安机关提供证言。在现场询问证人，应当出示工作证件，到证人所在单位、住处或者证人提出的地点询问证人，应当出示人民检察院或者公安机关的证明文件。

询问证人应当个别进行。

第一百二十三条 询问证人，应当告知他应当如实地提供证据、证言和有意作伪证或者隐匿罪证要负的法律责任。

第一百二十四条 本法第一百二十条的规定，也适用于询问证人。

第一百二十五条 询问被害人，适用本节各条规定。

第四节 勘验、检查

第一百二十六条 侦查人员对于与犯罪有关的场所、物品、人身、尸体应当进行勘验或者检查。在必要的时候，可以指派或者聘请具有专门知识的人，在侦查人员的主持下进行勘验、检查。

第一百二十七条 任何单位和个人，都有义务保护犯罪现场，并且立即通知公安机关派员勘验。

第一百二十八条 侦查人员执行勘验、检查，必须持有人民检察院或者公安机关的证明文件。

第一百二十九条 对于死因不明的尸体，公安机关有权决定解剖，并且通知死者家属到场。

第一百三十条 为了确定被害人、犯罪嫌疑人的某些特征、伤害情况或者生理状态，可以对人身进行检查，可以提取指纹信息，采集血液、尿液等生物样本。

犯罪嫌疑人如果拒绝检查，侦查人员认为必要的时候，可以强制检查。

检查妇女的身体，应当由女工作人员或者医师进行。

第一百三十一条 勘验、检查的情况应当写成笔录，由参加勘验、检查的人和见证人签名或者盖章。

第一百三十二条 人民检察院审查案件的时候，对公安机关的勘验、检查，认为需要复验、复查时，可以要求公安机关复验、复查，并且可以派检察人员参加。

第一百三十三条 为了查明案情，在必要的时候，经公安机关负责人批准，可以进行侦查实验。

侦查实验的情况应当写成笔录，由参加实验的人签名或者盖章。

侦查实验，禁止一切足以造成危险、侮辱人格或者有伤风化的行为。

第五节 搜 查

第一百三十四条 为了收集犯罪证据、查获犯罪人，侦查人员可以对犯罪嫌疑人以及可能隐藏罪犯或者犯罪证据的人的身体、物品、住处和其他有关的地方进行搜查。

第一百三十五条 任何单位和个人，有义务按照人民检察院和公安机关的要求，交出可以证明犯罪嫌疑人有罪或者无罪的物证、书证、视听资料等证据。

第一百三十六条 进行搜查，必须向被搜查人出示搜查证。

在执行逮捕、拘留的时候，遇有紧急情况，不另用搜查证也可以进行搜查。

第一百三十七条 在搜查的时候，应当有被搜查人或者他的家属，邻居或者其他见证人在场。

搜查妇女的身体，应当由女工作人员进行。

第一百三十八条 搜查的情况应当写成笔录，由侦查人员和被搜查人或者他的家属，邻居或者其他见证人签名或者盖章。如果被搜查人或者他的家属在逃或者拒绝签名、盖章，应当在笔录上注明。

第六节 查封、扣押物证、书证

第一百三十九条 在侦查活动中发现的可用以证明犯罪嫌疑人有罪或者无罪的各种财物、文件，应当查封、扣押；与案件无关的财物、文件，不得查封、扣押。

对查封、扣押的财物、文件，要妥善保管或者封存，不得使用、调换或者损毁。

第一百四十条 对查封、扣押的财物、文件，应当会同在场见证人和被查封、扣押财物、文件持有人查点清楚，当场开列清单一式二份，由侦查人员、见证人和持有人签名或者盖章，一份交给持有人，另一份附卷备查。

第一百四十一条 侦查人员认为需要扣押犯罪嫌疑人的邮件、电报的时候，经公安机关或者人民检察院批准，即可通知邮电机关将有关的邮件、电报检交扣押。

不需要继续扣押的时候，应即通知邮电机关。

第一百四十二条　人民检察院、公安机关根据侦查犯罪的需要，可以依照规定查询、冻结犯罪嫌疑人的存款、汇款、债券、股票、基金份额等财产。有关单位和个人应当配合。

犯罪嫌疑人的存款、汇款、债券、股票、基金份额等财产已被冻结的，不得重复冻结。

第一百四十三条　对查封、扣押的财物、文件、邮件、电报或者冻结的存款、汇款、债券、股票、基金份额等财产，经查明确实与案件无关的，应当在三日以内解除查封、扣押、冻结，予以退还。

第七节　鉴　定

第一百四十四条　为了查明案情，需要解决案件中某些专门性问题的时候，应当指派、聘请有专门知识的人进行鉴定。

第一百四十五条　鉴定人进行鉴定后，应当写出鉴定意见，并且签名。

鉴定人故意作虚假鉴定的，应当承担法律责任。

第一百四十六条　侦查机关应当将用作证据的鉴定意见告知犯罪嫌疑人、被害人。如果犯罪嫌疑人、被害人提出申请，可以补充鉴定或者重新鉴定。

第一百四十七条　对犯罪嫌疑人作精神病鉴定的期间不计入办案期限。

第八节　技术侦察措施

第一百四十八条　公安机关在立案后，对于危害国家安全犯罪、恐怖活动犯罪、黑社会性质的组织犯罪、重大毒品犯罪或者其他严重危害社会的犯罪案件，根据侦查犯罪的需要，经过严格的批准手续，可以采取技术侦察措施。

人民检察院在立案后，对于重大的贪污、贿赂犯罪案件以及利用职权实施的严重侵犯公民人身权利的重大犯罪案件，根据侦查犯罪的需要，经过严格的批准手续，可以采取技术侦察措施，按照规定交有关机关执行。

追捕被通缉或者批准、决定逮捕的在逃的犯罪嫌疑人、被告人，经过批准，可以采取追捕所必需的技术侦察措施。

第一百四十九条　批准决定应当根据侦查犯罪的需要，确定采取技术侦察措施的种类和适用对象。批准决定自签发之日起三个月以内有效。对于不需要继续采取技术侦察措施的，应当及时解除；对于复杂、疑难案件，期限届满仍有必要继续采取技术侦察措施的，经过批准，有效期可以延长，每次不得超过三个月。

第一百五十条　采取技术侦察措施，必须严格按照批准的措施种类、适用对象和期限执行。

侦查人员对采取技术侦察措施过程中知悉的国家秘密、商业秘密和个人隐私，应当保密；对采取技术侦查措施获取的与案件无关的材料，必须及时销毁。

采取技术侦查措施获取的材料，只能用于对犯罪的侦查、起诉和审判，不得用于其他用途。

公安机关依法采取技术侦查措施，有关单位和个人应当配合，并对有关情况予以保密。

第一百五十一条　为了查明案情，在必要的时候，经公安机关负责人决定，可以由有关人员隐匿其身份实施侦查。但是，不得诱使他人犯罪，不得采用可能危害公共安全或者发生重大人身危险的方法。

对涉及给付毒品等违禁品或者财物的犯罪活动，公安机关根据侦查犯罪的需要，可以依照规定实施控制下交付。

第一百五十二条　依照本节规定采取侦查措施收集的材料在刑事诉讼中可以作为证据使用。如果使用该证据可能危及有关人员的人身安全，或者可能产生其他严重后果的，应当采取不暴露有关人员身份、技术方法等保护措施，必要的时候，可以由审判人员在庭外对证据进行核实。

第九节　通　缉

第一百五十三条　应当逮捕的犯罪嫌疑人如果在逃，公安机关可以发布通缉令，采取有效措施，追捕归案。

各级公安机关在自己管辖的地区以内，可以直接发布通缉令；超出自己管辖的地区，应当报请有权决定的上级机关发布。

第十节　侦查终结

第一百五十四条　对犯罪嫌疑人逮捕后的侦查羁押期限不得超过二个月。案情复杂、期限届满不能终结的案件，可以经上一级人民检察院批准延长一个月。

第一百五十五条　因为特殊原因，在较长时间内不宜交付审判的特别重大复杂的案件，由最高人民检察院报请全国人民代表大会常务委员会批准延期审理。

第一百五十六条　下列案件在本法第一百五十四条规定的期限届满不能侦查终结的，经省、自治区、直辖市人民检察院批准或者决定，可以延长二个月：

（一）交通十分不便的边远地区的重大复杂案件；

（二）重大的犯罪集团案件；

（三）流窜作案的重大复杂案件；

（四）犯罪涉及面广，取证困难的重大复杂案件。

第一百五十七条　对犯罪嫌疑人可能判处十年有期徒刑以上刑罚，依照本法第一百五十六条规定延长期限届满，仍不能侦查终结的，经省、自治区、直辖市人民检察院批准或者决定，可以再延长二个月。

第一百五十八条　在侦查期间，发现犯罪嫌疑人另有重要罪行的,自发现之日起依照本法第一百五十四条的规定重新计算侦查羁押期限。

犯罪嫌疑人不讲真实姓名、住址,身份不明的,应当对其身份进行调查,侦查羁押期限自查清其身份之日起计算,但是不得停止对其犯罪行为的侦查取证。对于犯罪事实清楚,证据确实、充分,确实无法查明其身份的,也可以按其自报的姓名起诉、审判。

第一百五十九条　在案件侦查终结前,辩护律师提出要求的,侦查机关应当听取辩护律师的意见,并记录在案。辩护律师提出书面意见的,应当附卷。

第一百六十条　公安机关侦查终结的案件,应当做到犯罪事实清楚,证据确实、充分,并且写出起诉意见书,连同案卷材料、证据一并移送同级人民检察院审查决定;同时将案件移送情况告知犯罪嫌疑人及其辩护律师。

第一百六十一条　在侦查过程中,发现不应对犯罪嫌疑人追究刑事责任的,应当撤销案件;犯罪嫌疑人已被逮捕的,应当立即释放,发给释放证明,并且通知原批准逮捕的人民检察院。

第十一节　人民检察院对直接受理的案件的侦查

第一百六十二条　人民检察院对直接受理的案件的侦查适用本章规定。

第一百六十三条　人民检察院直接受理的案件中符合本法第七十九条、第八十条第四项、第五项规定情形,需要逮捕、拘留犯罪嫌疑人的,由人民检察院作出决定,由公安机关执行。

第一百六十四条　人民检察院对直接受理的案件中被拘留的人,应当在拘留后的二十四小时以内进行讯问。在发现不应当拘留的时候,必须立即释放,发给释放证明。

第一百六十五条　人民检察院对直接受理的案件中被拘留的人,认为需要逮捕的,应当在十四日以内作出决定。在特殊情况下,决定逮捕的时间可以延长一日至三日。对不需要逮捕的,应当立即释放;对需要继续侦查,并且符合取保候审、监视居住条件的,依法取保候审或者监视居住。

第一百六十六条　人民检察院侦查终结的案件,应当作出提起公诉、不起诉或者撤销案件的决定。

第三章　提起公诉

第一百六十七条　凡需要提起公诉的案件,一律由人民检察院审查决定。

第一百六十八条　人民检察院审查案件的时候,必须查明:

(一)犯罪事实、情节是否清楚,证据是否确实、充分,犯罪性质和罪名的认定是否正确;

(二)有无遗漏罪行和其他应当追究刑事责任的人;

(三)是否属于不应追究刑事责任的;

(四)有无附带民事诉讼;

(五)侦查活动是否合法。

第一百六十九条　人民检察院对于公安机关移送起诉的案件,应当在一个月以内作出决定,重大、复杂的案件,可以延长半个月。

人民检察院审查起诉的案件,改变管辖的,从改变后的人民检察院收到案件之日起计算审查起诉期限。

第一百七十条　人民检察院审查案件,应当讯问犯罪嫌疑人,听取辩护人、被害人及其诉讼代理人的意见,并记录在案。辩护人、被害人及其诉讼代理人提出书面意见的,应当附卷。

第一百七十一条　人民检察院审查案件,可以要求公安机关提供法庭审判所必需的证据材料;认为可能存在本法第五十四条规定的以非法方法收集证据情形的,可以要求其对证据收集的合法性作出说明。

人民检察院审查案件,对于需要补充侦查的,可以退回公安机关补充侦查,也可以自行侦查。

对于补充侦查的案件,应当在一个月以内补充侦查完毕。补充侦查以二次为限。补充侦查完毕移送人民检察院后,人民检察院重新计算审查起诉期限。

对于二次补充侦查的案件,人民检察院仍然认为证据不足,不符合起诉条件的,应当作出不起诉的决定。

第一百七十二条　人民检察院认为犯罪嫌疑人的犯罪事实已经查清,证据确实、充分,依法应当追究刑事责任的,应当作出起诉决定,按照审判管辖的规定,向人民法院提起公诉,并将案卷材料、证据移送人民法院。

第一百七十三条　犯罪嫌疑人没有犯罪事实,或者有本法第十五条规定的情形之一的,人民检察院应当作出不起诉决定。

对于犯罪情节轻微,依照刑法规定不需要判处刑罚或者免除刑罚的,人民检察院可以作出不起诉决定。

人民检察院决定不起诉的案件,应当同时对侦查中查封、扣押、冻结的财物解除查封、扣押、冻结。对被不起诉人需要给予行政处罚、行政处分或者需要没收其违法所得的,人民检察院应当提出检察意见,移送有关主管机关处理。有关主管机关应当将处理结果及时通知人民检察院。

第一百七十四条　不起诉的决定,应当公开宣布,并且将不起诉决定书送达被不起诉人和他的所在单位。如果被不起诉人在押,应当立即释放。

第一百七十五条　对于公安机关移送起诉的案件,人民检察院决定不起诉的,应当将不起诉决定书送达公安机关。公安机关认为不起诉的决定有错误的时候,可以要求复议,如果意见不被接受,可以向上一级人民检察院提请复核。

第一百七十六条　对于有被害人的案件,决定不起诉的,人民检察院应当将不起诉决定书送达被害人。被害人如果不服,可以自收到决定书后七日以内向上一级人民检察院申诉,请求提起公诉。人民检察院应当将复查决定告知被害人。对人民检察院维持不起诉决定的,被害人可以向人民法院起诉。被害人也可以不经申诉,直接向人民法院起诉。人民法院受理案件后,人民检察院应当将有关案件材料移送人民法院。

第一百七十七条　对于人民检察院依照本法第一百七十三条第二款规定作出的不起诉决定,被不起诉人如果不服,可以自收到决定书后七日以内向人民检察院申诉。人民检察院应当作出复查决定,通知被不起诉的人,同时抄送公安机关。

第三编　审　判

第一章　审判组织

第一百七十八条　基层人民法院、中级人民法院审判第一审案件,应当由审判员三人或者由审判员和人民陪审员共三人组成合议庭进行,但是基层人民法院适用简易程序的案件可以由审判员一人独任审判。

高级人民法院、最高人民法院审判第一审案件,应当由审判员三人至七人或者由审判员和人民陪审员共三人至七人组成合议庭进行。

人民陪审员在人民法院执行职务,同审判员有同等的权利。

人民法院审判上诉和抗诉案件,由审判员三人至五人组成合议庭进行。

合议庭的成员人数应当是单数。

合议庭由院长或者庭长指定审判员一人担任审判长。院长或者庭长参加审判案件的时候,自己担任审判长。

第一百七十九条　合议庭进行评议的时候,如果意见分歧,应当按多数人的意见作出决定,但是少数人的意见应当写入笔录。评议笔录由合议庭的组成人员签名。

第一百八十条　合议庭开庭审理并且评议后,应当作出判决。对于疑难、复杂、重大的案件,合议庭认为难以作出决定的,由合议庭提请院长决定提交审判委员会讨论决定。审判委员会的决定,合议庭应当执行。

第二章　第一审程序

第一节　公诉案件

第一百八十一条　人民法院对提起公诉的案件进行审查后,对于起诉书中有明确的指控犯罪事实的,应当决定开庭审判。

第一百八十二条　人民法院决定开庭审判后,应当确定合议庭的组成人员,将人民检察院的起诉书副本至迟在开庭十日以前送达被告人及其辩护人。

在开庭以前,审判人员可以召集公诉人、当事人和辩护人、诉讼代理人,对回避、出庭证人名单、非法证据排除等与审判相关的问题,了解情况,听取意见。

人民法院确定开庭日期后,应当将开庭的时间、地点通知人民检察院,传唤当事人,通知辩护人、诉讼代理人、证人、鉴定人和翻译人员,传票和通知书至迟在开庭三日以前送达。公开审判的案件,应当在开庭三日以前先期公布案由、被告人姓名、开庭时间和地点。

上述活动情形应当写入笔录,由审判人员和书记员签名。

第一百八十三条　人民法院审判第一审案件应当公开进行。但是有关国家秘密或者个人隐私的案件,不公开审理;涉及商业秘密的案件,当事人申请不公开审理的,可以不公开审理。

不公开审理的案件,应当当庭宣布不公开审理的理由。

第一百八十四条　人民法院审判公诉案件,人民检察院应当派员出席法庭支持公诉。

第一百八十五条　开庭的时候,审判长查明当事人是否到庭,宣布案由;宣布合议庭的组成人员、书记员、公诉人、辩护人、诉讼代理人、鉴定人和翻译人员的名单;告知当事人有权对合议庭组成人员、书记员、公诉人、鉴定人和翻译人员申请回避;告知被告人享有辩护权利。

第一百八十六条　公诉人在法庭上宣读起诉书后,被告人、被害人可以就起诉书指控的犯罪进行陈述,公诉人可以讯问被告人。

被害人、附带民事诉讼的原告人和辩护人、诉讼代理人,经审判长许可,可以向被告人发问。

审判人员可以讯问被告人。

第一百八十七条　公诉人、当事人或者辩护人、诉讼代理人对证人证言有异议,且该证人证言对案件定罪量刑有重大影响,人民法院认为证人有必要出庭作证的,证人应当出庭作证。

人民警察就其执行职务时目击的犯罪情况作为证人出庭作证,适用前款规定。

公诉人、当事人或者辩护人、诉讼代理人对鉴定意见有异议,人民法院认为鉴定人有必要出庭的,鉴定人应当出庭作证。经人民法院通知,鉴定人拒不出庭作证的,鉴定意见不得作为定案的根据。

第一百八十八条　经人民法院通知,证人没有正当理由不出庭作证的,人民法院可以强制其到庭,但是被告人的配偶、父母、子女除外。

证人没有正当理由拒绝出庭或者出庭后拒绝作证的，予以训诫，情节严重的，经院长批准，处以十日以下的拘留。被处罚人对拘留决定不服的，可以向上一级人民法院申请复议。复议期间不停止执行。

第一百八十九条 证人作证，审判人员应当告知他要如实地提供证言和有意作伪证或者隐匿罪证要负的法律责任。公诉人、当事人和辩护人、诉讼代理人经审判长许可，可以对证人、鉴定人发问。审判长认为发问的内容与案件无关的时候，应当制止。

审判人员可以询问证人、鉴定人。

第一百九十条 公诉人、辩护人应当向法庭出示物证，让当事人辨认，对未到庭的证人的证言笔录、鉴定人的鉴定意见、勘验笔录和其他作为证据的文书，应当当庭宣读。审判人员应当听取公诉人、当事人和辩护人、诉讼代理人的意见。

第一百九十一条 法庭审理过程中，合议庭对证据有疑问的，可以宣布休庭，对证据进行调查核实。

人民法院调查核实证据，可以进行勘验、检查、查封、扣押、鉴定和查询、冻结。

第一百九十二条 法庭审理过程中，当事人和辩护人、诉讼代理人有权申请通知新的证人到庭，调取新的物证，申请重新鉴定或者勘验。

公诉人、当事人和辩护人、诉讼代理人可以申请法庭通知有专门知识的人出庭，就鉴定人作出的鉴定意见提出意见。

法庭对于上述申请，应当作出是否同意的决定。

第二款规定的有专门知识的人出庭，适用鉴定人的有关规定。

第一百九十三条 法庭审理过程中，对与定罪、量刑有关的事实、证据都应当进行调查、辩论。

经审判长许可，公诉人、当事人和辩护人、诉讼代理人可以对证据和案件情况发表意见并且可以互相辩论。

审判长在宣布辩论终结后，被告人有最后陈述的权利。

第一百九十四条 在法庭审判过程中，如果诉讼参与人或者旁听人员违反法庭秩序，审判长应当警告制止。对不听制止的，可以强行带出法庭；情节严重的，处以一千元以下的罚款或者十五日以下的拘留。罚款、拘留必须经院长批准。被处罚人对罚款、拘留的决定不服的，可以向上一级人民法院申请复议。复议期间不停止执行。

对聚众哄闹、冲击法庭或者侮辱、诽谤、威胁、殴打司法工作人员或者诉讼参与人，严重扰乱法庭秩序，构成犯罪的，依法追究刑事责任。

第一百九十五条 在被告人最后陈述后，审判长宣布休庭，合议庭进行评议，根据已经查明的事实、证据和有关的法律规定，分别作出以下判决：

（一）案件事实清楚，证据确实、充分，依据法律认定被告人有罪的，应当作出有罪判决；

（二）依据法律认定被告人无罪的，应当作出无罪判决；

（三）证据不足，不能认定被告人有罪的，应当作出证据不足、指控的犯罪不能成立的无罪判决。

第一百九十六条 宣告判决，一律公开进行。

当庭宣告判决的，应当在五日以内将判决书送达当事人和提起公诉的人民检察院；定期宣告判决的，应当在宣告后立即将判决书送达当事人和提起公诉的人民检察院。判决书应当同时送达辩护人、诉讼代理人。

第一百九十七条 判决书应当由审判人员和书记员署名，并且写明上诉的期限和上诉的法院。

第一百九十八条 在法庭审判过程中，遇有下列情形之一，影响审判进行的，可以延期审理：

（一）需要通知新的证人到庭，调取新的物证，重新鉴定或者勘验的；

（二）检察人员发现提起公诉的案件需要补充侦查，提出建议的；

（三）由于申请回避而不能进行审判的。

第一百九十九条 依照本法第一百九十八条第二项的规定延期审理的案件，人民检察院应当在一个月以内补充侦查完毕。

第二百条 在审判过程中，有下列情形之一，致使案件在较长时间内无法继续审理的，可以中止审理：

（一）被告人患有严重疾病，无法出庭的；

（二）被告人脱逃的；

（三）自诉人患有严重疾病，无法出庭，未委托诉讼代理人出庭的；

（四）由于不能抗拒的原因。

中止审理的原因消失后，应当恢复审理。中止审理的期间不计入审理期限。

第二百零一条 法庭审判的全部活动，应当由书记员写成笔录，经审判长审阅后，由审判长和书记员签名。

法庭笔录中的证人证言部分，应当当庭宣读或者交给证人阅读。证人在承认没有错误后，应当签名或者盖章。

法庭笔录应当交给当事人阅读或者向他宣读。当事人认为记载有遗漏或者差错的，可以请求补充或者改正。当事人承认没有错误后，应当签名或者盖章。

第二百零二条 人民法院审理公诉案件，应当在受理后二个月以内宣判，至迟不得超过三个月。对于可能判处死刑的案件或者附带民事诉讼的案件，以及有本法第一百五十六条规定情形之一的，经上一级人民法院批准，可以延长三个月；因特殊情况还需要延长的，报请最高人民法院批准。

人民法院改变管辖的案件，从改变后的人民法院收到案件之日起计算审理期限。

人民检察院补充侦查的案件，补充侦查完毕移送人民法院后，人民法院重新计算审理期限。

第二百零三条　人民检察院发现人民法院审理案件违反法律规定的诉讼程序，有权向人民法院提出纠正意见。

第二节　自诉案件

第二百零四条　自诉案件包括下列案件：

(一)告诉才处理的案件；

(二)被害人有证据证明的轻微刑事案件；

(三)被害人有证据证明对被告人侵犯自己人身、财产权利的行为应当依法追究刑事责任，而公安机关或者人民检察院不予追究被告人刑事责任的案件。

第二百零五条　人民法院对于自诉案件进行审查后，按照下列情形分别处理：

(一)犯罪事实清楚，有足够证据的案件，应当开庭审判；

(二)缺乏罪证的自诉案件，如果自诉人提不出补充证据，应当说服自诉人撤回自诉，或者裁定驳回。

自诉人经两次依法传唤，无正当理由拒不到庭的，或者未经法庭许可中途退庭的，按撤诉处理。

法庭审理过程中，审判人员对证据有疑问，需要调查核实的，适用本法第一百九十一条的规定。

第二百零六条　人民法院对自诉案件，可以进行调解；自诉人在宣告判决前，可以同被告人自行和解或者撤回自诉。本法第二百零四条第三项规定的案件不适用调解。

人民法院审理自诉案件的期限，被告人被羁押的，适用本法第二百零二条第一款、第二款的规定；未被羁押的，应当在受理后六个月以内宣判。

第二百零七条　自诉案件的被告人在诉讼过程中，可以对自诉人提起反诉。反诉适用自诉的规定。

第三节　简易程序

第二百零八条　基层人民法院管辖的案件，符合下列条件的，可以适用简易程序审判：

(一)案件事实清楚、证据充分的；

(二)被告人承认自己所犯罪行，对指控的犯罪事实没有异议的；

(三)被告人对适用简易程序没有异议的。

人民检察院在提起公诉的时候，可以建议人民法院适用简易程序。

第二百零九条　有下列情形之一的，不适用简易程序：

(一)被告人是盲、聋、哑人，或者是尚未完全丧失辨认或者控制自己行为能力的精神病人的；

(二)有重大社会影响的；

(三)共同犯罪案件中部分被告人不认罪或者对适用简易程序有异议的；

(四)其他不宜适用简易程序审理的。

第二百一十条　适用简易程序审理案件，对可能判处三年有期徒刑以下刑罚的，可以组成合议庭进行审判，也可以由审判员一人独任审判；对可能判处的有期徒刑超过三年的，应当组成合议庭进行审判。

适用简易程序审理公诉案件，人民检察院应当派员出席法庭。

第二百一十一条　适用简易程序审理案件，审判人员应当询问被告人对指控的犯罪事实的意见，告知被告人适用简易程序审理的法律规定，确认被告人是否同意适用简易程序审理。

第二百一十二条　适用简易程序审理案件，经审判人员许可，被告人及其辩护人可以同公诉人、自诉人及其诉讼代理人互相辩论。

第二百一十三条　适用简易程序审理案件，不受本章第一节关于送达期限、讯问被告人、询问证人、鉴定人、出示证据、法庭辩论程序规定的限制。但在判决宣告前应当听取被告人的最后陈述意见。

第二百一十四条　适用简易程序审理案件，人民法院应当在受理后二十日以内审结；对可能判处的有期徒刑超过三年的，可以延长至一个半月。

第二百一十五条　人民法院在审理过程中，发现不宜适用简易程序的，应当按照本章第一节或者第二节的规定重新审理。

第三章　第二审程序

第二百一十六条　被告人、自诉人和他们的法定代理人，不服地方各级人民法院第一审的判决、裁定，有权用书状或者口头向上一级人民法院上诉。被告人的辩护人和近亲属，经被告人同意，可以提出上诉。

附带民事诉讼的当事人和他们的法定代理人，可以对地方各级人民法院第一审的判决、裁定中的附带民事诉讼部分，提出上诉。

对被告人的上诉权，不得以任何借口加以剥夺。

第二百一十七条　地方各级人民检察院认为本级人民法院第一审的判决、裁定确有错误的时候，应当向上一级人民法院提出抗诉。

第二百一十八条　被害人及其法定代理人不服地方各级人民法院第一审的判决的，自收到判决书后五日以内，有权请求人民检察院提出抗诉。人民检察院自收到被害人及其法定代理人的请求后五日以内，应当作出是否抗诉的决定并且答复请求人。

第二百一十九条 不服判决的上诉和抗诉的期限为十日，不服裁定的上诉和抗诉的期限为五日，从接到判决书、裁定书的第二日起算。

第二百二十条 被告人、自诉人、附带民事诉讼的原告人和被告人通过原审人民法院提出上诉的，原审人民法院应当在三日以内将上诉状连同案卷、证据移送上一级人民法院，同时将上诉状副本送交同级人民检察院和对方当事人。

被告人、自诉人、附带民事诉讼的原告人和被告人直接向第二审人民法院提出上诉的，第二审人民法院应当在三日以内将上诉状交原审人民法院送交同级人民检察院和对方当事人。

第二百二十一条 地方各级人民检察院对同级人民法院第一审判决、裁定的抗诉，应当通过原审人民法院提出抗诉书，并且将抗诉书抄送上一级人民检察院。原审人民法院应当将抗诉书连同案卷、证据移送上一级人民法院，并且将抗诉书副本送交当事人。

上级人民检察院如果认为抗诉不当，可以向同级人民法院撤回抗诉，并且通知下级人民检察院。

第二百二十二条 第二审人民法院应当就第一审判决认定的事实和适用法律进行全面审查，不受上诉或者抗诉范围的限制。

共同犯罪的案件只有部分被告人上诉的，应当对全案进行审查，一并处理。

第二百二十三条 第二审人民法院对于下列案件，应当组成合议庭，开庭审理：

(一)被告人、自诉人及其法定代理人对第一审认定的事实、证据提出异议，可能影响定罪量刑的上诉案件；

(二)被告人被判处死刑的上诉案件；

(三)人民检察院抗诉的案件；

(四)其他应当开庭审理的案件。

第二审人民法院决定不开庭审理的，应当讯问被告人，听取其他当事人、辩护人、诉讼代理人的意见。

第二审人民法院开庭审理上诉、抗诉案件，可以到案件发生地或者原审人民法院所在地进行。

第二百二十四条 人民检察院提出抗诉的案件或者第二审人民法院开庭审理的公诉案件，同级人民检察院都应当派员出席法庭。第二审人民法院应当在决定开庭审理后及时通知人民检察院查阅案卷。人民检察院应当在一个月以内查阅完毕。人民检察院查阅案卷的时间不计入审理期限。

第二百二十五条 第二审人民法院对不服第一审判决的上诉、抗诉案件，经过审理后，应当按照下列情形分别处理：

(一)原判决认定事实和适用法律正确、量刑适当的，应当裁定驳回上诉或者抗诉，维持原判；

(二)原判决认定事实没有错误，但适用法律有错误，或者量刑不当的，应当改判；

(三)原判决事实不清楚或者证据不足的，可以在查清事实后改判；也可以裁定撤销原判，发回原审人民法院重新审判。

原审人民法院对于依照前款第三项规定发回重新审判的案件作出判决后，被告人提出上诉或者人民检察院提出抗诉的，第二审人民法院应当依法作出判决或者裁定，不得再发回原审人民法院重新审判。

第二百二十六条 第二审人民法院审理被告人或者他的法定代理人、辩护人、近亲属上诉的案件，不得加重被告人的刑罚。第二审人民法院发回原审人民法院重新审判的案件，除有新的犯罪事实，人民检察院补充起诉的以外，原审人民法院也不得加重被告人的刑罚。

人民检察院提出抗诉或者自诉人提出上诉的，不受前款规定的限制。

第二百二十七条 第二审人民法院发现第一审人民法院的审理有下列违反法律规定的诉讼程序的情形之一的，应当裁定撤销原判，发回原审人民法院重新审判：

(一)违反本法有关公开审判的规定的；

(二)违反回避制度的；

(三)剥夺或者限制了当事人的法定诉讼权利，可能影响公正审判的；

(四)审判组织的组成不合法的；

(五)其他违反法律规定的诉讼程序，可能影响公正审判的。

第二百二十八条 原审人民法院对于发回重新审判的案件，应当另行组成合议庭，依照第一审程序进行审判。对于重新审判后的判决，依照本法第二百一十六条、第二百一十七条、第二百一十八条的规定可以上诉、抗诉。

第二百二十九条 第二审人民法院对不服第一审裁定的上诉或者抗诉，经过审查后，应当参照本法第二百二十五条、第二百二十七条和第二百二十八条的规定，分别情形用裁定驳回上诉、抗诉，或者撤销、变更原裁定。

第二百三十条 第二审人民法院发回原审人民法院重新审判的案件，原审人民法院从收到发回的案件之日起，重新计算审理期限。

第二百三十一条 第二审人民法院审判上诉或者抗诉案件的程序，除本章已有规定的以外，参照第一审程序的规定进行。

第二百三十二条　第二审人民法院受理上诉、抗诉案件,应当在二个月以内审结。对于可能判处死刑的案件或者附带民事诉讼的案件,以及有本法第一百五十六条规定情形之一的,经省、自治区、直辖市高级人民法院批准或者决定,可以延长二个月;因特殊情况还需要延长的,报请最高人民法院批准。

最高人民法院受理上诉、抗诉案件的审理期限,由最高人民法院决定。

第二百三十三条　第二审的判决、裁定和最高人民法院的判决、裁定,都是终审的判决、裁定。

第二百三十四条　公安机关、人民检察院和人民法院对查封、扣押、冻结的犯罪嫌疑人、被告人的财物及其孳息,应当妥善保管,以供核查,并制作清单,随案移送。任何单位和个人不得挪用或者自行处理。对被害人的合法财产,应当及时返还。对违禁品或者不宜长期保存的物品,应当依照国家有关规定处理。

对作为证据使用的实物应当随案移送,对不宜移送的,应当将其清单、照片或者其他证明文件随案移送。

人民法院作出的判决,应当对查封、扣押、冻结的财物及其孳息作出处理。

人民法院作出的判决生效以后,有关机关应当根据判决对查封、扣押、冻结的财物及其孳息进行处理。对查封、扣押、冻结的赃款赃物及其孳息,除依法返还被害人的以外,一律上缴国库。

司法工作人员贪污、挪用或者私自处理查封、扣押、冻结的财物及其孳息的,依法追究刑事责任;不构成犯罪的,给予处分。

第四章　死刑复核程序

第二百三十五条　死刑由最高人民法院核准。

第二百三十六条　中级人民法院判处死刑的第一审案件,被告人不上诉的,应当由高级人民法院复核后,报请最高人民法院核准。高级人民法院不同意判处死刑的,可以提审或者发回重新审判。

高级人民法院判处死刑的第一审案件被告人不上诉的,和判处死刑的第二审案件,都应当报请最高人民法院核准。

第二百三十七条　中级人民法院判处死刑缓期二年执行的案件,由高级人民法院核准。

第二百三十八条　最高人民法院复核死刑案件,高级人民法院复核死刑缓期执行的案件,应当由审判员三人组成合议庭进行。

第二百三十九条　最高人民法院复核死刑案件,应当作出核准或者不核准死刑的裁定。对于不核准死刑的,最高人民法院可以发回重新审判或者予以改判。

第二百四十条　最高人民法院复核死刑案件,应当讯问被告人,辩护律师提出要求的,应当听取辩护律师的意见。

在复核死刑案件过程中,最高人民检察院可以向最高人民法院提出意见。最高人民法院应当将死刑复核结果通报最高人民检察院。

第五章　审判监督程序

第二百四十一条　当事人及其法定代理人、近亲属,对已经发生法律效力的判决、裁定,可以向人民法院或者人民检察院提出申诉,但是不能停止判决、裁定的执行。

第二百四十二条　当事人及其法定代理人、近亲属的申诉符合下列情形之一的,人民法院应当重新审判:

(一)有新的证据证明原判决、裁定认定的事实确有错误,可能影响定罪量刑的;

(二)据以定罪量刑的证据不确实、不充分、依法应当予以排除,或者证明案件事实的主要证据之间存在矛盾的;

(三)原判决、裁定适用法律确有错误的;

(四)违反法律规定的诉讼程序,可能影响公正审判的;

(五)审判人员在审理该案件的时候,有贪污受贿,徇私舞弊,枉法裁判行为的。

第二百四十三条　各级人民法院院长对本院已经发生法律效力的判决和裁定,如果发现在认定事实上或者在适用法律上确有错误,必须提交审判委员会处理。

最高人民法院对各级人民法院已经发生法律效力的判决和裁定,上级人民法院对下级人民法院已经发生法律效力的判决和裁定,如果发现确有错误,有权提审或者指令下级人民法院再审。

最高人民检察院对各级人民法院已经发生法律效力的判决和裁定,上级人民检察院对下级人民法院已经发生法律效力的判决和裁定,如果发现确有错误,有权按照审判监督程序向同级人民法院提出抗诉。

人民检察院抗诉的案件,接受抗诉的人民法院应当组成合议庭重新审理,对于原判决事实不清楚或者证据不足的,可以指令下级人民法院再审。

第二百四十四条　上级人民法院指令下级人民法院再审的,应当指令原审人民法院以外的下级人民法院审理;由原审人民法院审理更为适宜的,也可以指令原审人民法院审理。

第二百四十五条　人民法院按照审判监督程序重新审判的案件,由原审人民法院审理的,应当另行组成合议庭进行。如果原来是第一审案件,应当依照第一审程序进行审判，所作的判决、裁定，可以上诉、抗诉；如果原来是第二审案件，或者是上级人民法院提审的案件，应当依照第二审程序进行审判，所作的判决、裁定，是终审的判决、裁定。

人民法院开庭审理的再审案件，同级人民检察院应当派员出席法庭。

第二百四十六条 人民法院决定再审的案件，需要对被告人采取强制措施的，由人民法院依法决定；人民检察院提出抗诉的再审案件，需要对被告人采取强制措施的，由人民检察院依法决定。

人民法院按照审判监督程序审判的案件，可以决定中止原判决、裁定的执行。

第二百四十七条 人民法院按照审判监督程序重新审判的案件，应当在作出提审、再审决定之日起三个月以内审结，需要延长期限的，不得超过六个月。

接受抗诉的人民法院按照审判监督程序审判抗诉的案件，审理期限适用前款规定；对需要指令下级人民法院再审的，应当自接受抗诉之日起一个月以内作出决定，下级人民法院审理案件的期限适用前款规定。

第四编 执 行

第二百四十八条 判决和裁定在发生法律效力后执行。

下列判决和裁定是发生法律效力的判决和裁定：

(一)已过法定期限没有上诉、抗诉的判决和裁定；

(二)终审的判决和裁定；

(三)最高人民法院核准的死刑的判决和高级人民法院核准的死刑缓期二年执行的判决。

第二百四十九条 第一审人民法院判决被告人无罪、免除刑事处罚的，如果被告人在押，在宣判后应当立即释放。

第二百五十条 最高人民法院判处和核准的死刑立即执行的判决，应当由最高人民法院院长签发执行死刑的命令。

被判处死刑缓期二年执行的罪犯，在死刑缓期执行期间，如果没有故意犯罪，死刑缓期执行期满，应当予以减刑，由执行机关提出书面意见，报请高级人民法院裁定；如果故意犯罪，查证属实，应当执行死刑，由高级人民法院报请最高人民法院核准。

第二百五十一条 下级人民法院接到最高人民法院执行死刑的命令后，应当在七日以内交付执行。但是发现有下列情形之一的，应当停止执行，并且立即报告最高人民法院，由最高人民法院作出裁定：

(一)在执行前发现判决可能有错误的；

(二)在执行前罪犯揭发重大犯罪事实或者有其他重大立功表现，可能需要改判的；

(三)罪犯正在怀孕。

前款第一项、第二项停止执行的原因消失后，必须报请最高人民法院院长再签发执行死刑的命令才能执行；由于前款第三项原因停止执行的，应当报请最高人民法院依法改判。

第二百五十二条 人民法院在交付执行死刑前，应当通知同级人民检察院派员临场监督。

死刑采用枪决或者注射等方法执行。

死刑可以在刑场或者指定的羁押场所内执行。

指挥执行的审判人员，对罪犯应当验明正身，讯问有无遗言、信札，然后交付执行人员执行死刑。在执行前，如果发现可能有错误，应当暂停执行，报请最高人民法院裁定。

执行死刑应当公布，不应示众。

执行死刑后，在场书记员应当写成笔录。交付执行的人民法院应当将执行死刑情况报告最高人民法院。

执行死刑后，交付执行的人民法院应当通知罪犯家属。

第二百五十三条 罪犯被交付执行刑罚的时候，应当由交付执行的人民法院在判决生效后十日以内将有关的法律文书送达公安机关、监狱或者其他执行机关。

对被判处死刑缓期二年执行、无期徒刑、有期徒刑的罪犯，由公安机关依法将该罪犯送交监狱执行刑罚。对被判处有期徒刑的罪犯，在被交付执行刑罚前，剩余刑期在三个月以下的，由看守所代为执行。对被判处拘役的罪犯，由公安机关执行。

对未成年犯应当在未成年犯管教所执行刑罚。

执行机关应当将罪犯及时收押，并且通知罪犯家属。

判处有期徒刑、拘役的罪犯，执行期满，应当由执行机关发给释放证明书。

第二百五十四条 对被判处有期徒刑或者拘役的罪犯，有下列情形之一的，可以暂予监外执行：

(一)有严重疾病需要保外就医的；

(二)怀孕或者正在哺乳自己婴儿的妇女；

(三)生活不能自理，适用暂予监外执行不致危害社会的。

对被判处无期徒刑的罪犯，有前款第二项规定情形的，可以暂予监外执行。

对适用保外就医可能有社会危险性的罪犯，或者自伤自残的罪犯，不得保外就医。

对罪犯确有严重疾病，必须保外就医的，由省级人民政府指定的医院诊断并开具证明文件。

在交付执行前，暂予监外执行由交付执行的人民法院决定；在交付执行后，暂予监外执行由监狱或者看守所提出书面意见,报省级以上监狱管理机关或者设区的市一级以上公安机关批准。

第二百五十五条 监狱、看守所提出暂予监外执行的书面意见的,应当将书面意见的副本抄送人民检察院。人民检察院可以向决定或者批准机关提出书面意见。

第二百五十六条 决定或者批准暂予监外执行的机关应当将暂予监外执行决定抄送人民检察院。人民检察院认为暂予监外执行不当的,应当自接到通知之日起一个月以内将书面意见送交决定或者批准暂予监外执行的机关,决定或者批准暂予监外执行的机关接到人民检察院的书面意见后,应当立即对该决定进行重新核查。

第二百五十七条 对暂予监外执行的罪犯,有下列情形之一的,应当及时收监:

(一)发现不符合暂予监外执行条件的;

(二)严重违反有关暂予监外执行监督管理规定的;

(三)暂予监外执行的情形消失后,罪犯刑期未满的。

对于人民法院决定暂予监外执行的罪犯应当予以收监的,由人民法院作出决定,将有关的法律文书送达公安机关、监狱或者其他执行机关。

不符合暂予监外执行条件的罪犯通过贿赂等非法手段被暂予监外执行的,在监外执行的期间不计入执行刑期。罪犯在暂予监外执行期间脱逃的,脱逃的期间不计入执行刑期。

罪犯在暂予监外执行期间死亡的,执行机关应当及时通知监狱或者看守所。

第二百五十八条 对被判处管制、宣告缓刑、假释或者暂予监外执行的罪犯,依法实行社区矫正,由社区矫正机构负责执行。

第二百五十九条 对被判处剥夺政治权利的罪犯,由公安机关执行。执行期满,应当由执行机关书面通知本人及其所在单位、居住地基层组织。

第二百六十条 被判处罚金的罪犯,期满不缴纳的,人民法院应当强制缴纳;如果由于遭遇不能抗拒的灾祸缴纳确实有困难的,可以裁定减少或者免除。

第二百六十一条 没收财产的判决,无论附加适用或者独立适用,都由人民法院执行;在必要的时候,可以会同公安机关执行。

第二百六十二条 罪犯在服刑期间又犯罪的,或者发现了判决的时候所没有发现的罪行,由执行机关移送人民检察院处理。

被判处管制、拘役、有期徒刑或者无期徒刑的罪犯,在执行期间确有悔改或者立功表现,应当依法予以减刑、假释的时候,由执行机关提出建议书,报请人民法院审核裁定,并将建议书副本抄送人民检察院。人民检察院可以向人民法院提出书面意见。

第二百六十三条 人民检察院认为人民法院减刑、假释的裁定不当,应当在收到裁定书副本后二十日以内,向人民法院提出书面纠正意见。人民法院应当在收到纠正意见后一个月以内重新组成合议庭进行审理,作出最终裁定。

第二百六十四条 监狱和其他执行机关在刑罚执行中,如果认为判决有错误或者罪犯提出申诉,应当转请人民检察院或者原判人民法院处理。

第二百六十五条 人民检察院对执行机关执行刑罚的活动是否合法实行监督。如果发现有违法的情况,应当通知执行机关纠正。

第五编 特别程序

第一章 未成年人刑事案件诉讼程序

第二百六十六条 对犯罪的未成年人实行教育、感化、挽救的方针,坚持教育为主、惩罚为辅的原则。

人民法院、人民检察院和公安机关办理未成年人刑事案件,应当保障未成年人行使其诉讼权利,保障未成年人得到法律帮助,并由熟悉未成年人身心特点的审判人员、检察人员、侦查人员承办。

第二百六十七条 未成年犯罪嫌疑人、被告人没有委托辩护人的,人民法院、人民检察院、公安机关应当通知法律援助机构指派律师为其提供辩护。

第二百六十八条 公安机关、人民检察院、人民法院办理未成年人刑事案件,根据情况可以对未成年犯罪嫌疑人、被告人的成长经历、犯罪原因、监护教育等情况进行调查。

第二百六十九条 对未成年犯罪嫌疑人、被告人应当严格限制适用逮捕措施。人民检察院审查批准逮捕和人民法院决定逮捕,应当讯问未成年犯罪嫌疑人、被告人,听取辩护律师的意见。

对被拘留、逮捕和执行刑罚的未成年人与成年人应当分别关押、分别管理、分别教育。

第二百七十条 对于未成年人刑事案件,在讯问和审判的时候,应当通知未成年犯罪嫌疑人、被告人的法定代理人到场。无法通知、法定代理人不能到场或者法定代理人是共犯的,也可以通知未成年犯罪嫌疑人、被告人的其他成年亲属,所在学校、单位、居住地基层组织或者未成年人保护组织的代表到场,并将有关情况记录在案。到场的法定代理人可以代为行使未成年犯罪嫌疑人、被告人的诉讼权利。

到场的法定代理人或者其他人员认为办案人员在讯问、审判中侵犯未成年人合法权益的,可以提出意见。讯问笔录、法庭笔录应当交给到场的法定代理人或者其他人员阅读或者向他宣读。

讯问女性未成年犯罪嫌疑人，应当有女工作人员在场。

审判未成年人刑事案件，未成年被告人最后陈述后，其法定代理人可以进行补充陈述。

询问未成年被害人、证人，适用第一款、第二款、第三款的规定。

第二百七十一条　对于未成年人涉嫌刑法分则第四章、第五章、第六章规定的犯罪，可能判处一年有期徒刑以下刑罚，符合起诉条件，但有悔罪表现的，人民检察院可以作出附条件不起诉的决定。人民检察院在作出附条件不起诉的决定以前，应当听取公安机关、被害人的意见。

对附条件不起诉的决定，公安机关要求复议、提请复核或者被害人申诉的，适用本法第一百七十五条、第一百七十六条的规定。

未成年犯罪嫌疑人及其法定代理人对人民检察院决定附条件不起诉有异议的，人民检察院应当作出起诉的决定。

第二百七十二条　在附条件不起诉的考验期内，由人民检察院对被附条件不起诉的未成年犯罪嫌疑人进行监督考察。未成年犯罪嫌疑人的监护人，应当对未成年犯罪嫌疑人加强管教，配合人民检察院做好监督考察工作。

附条件不起诉的考验期为六个月以上一年以下，从人民检察院作出附条件不起诉的决定之日起计算。

被附条件不起诉的未成年犯罪嫌疑人，应当遵守下列规定：

（一）遵守法律、法规，服从监督；

（二）按照考察机关的规定报告自己的活动情况；

（三）离开所居住的市、县或者迁居，应当报经考察机关批准；

（四）按照考察机关的要求接受矫治和教育。

第二百七十三条　被附条件不起诉的未成年犯罪嫌疑人，在考验期内有下列情形之一的，人民检察院应当撤销附条件不起诉的决定，提起公诉：

（一）实施新的犯罪或者发现决定附条件不起诉以前还有其他犯罪需要追诉的；

（二）违反治安管理规定或者考察机关有关附条件不起诉的监督管理规定，情节严重的。

被附条件不起诉的未成年犯罪嫌疑人，在考验期内没有上述情形，考验期满的，人民检察院应当作出不起诉的决定。

第二百七十四条　审判的时候被告人不满十八周岁的案件，不公开审理。但是，经未成年被告人及其法定代理人同意，未成年被告人所在学校和未成年人保护组织可以派代表到场。

第二百七十五条　犯罪的时候不满十八周岁，被判处五年有期徒刑以下刑罚的，应当对相关犯罪记录予以封存。

犯罪记录被封存的，不得向任何单位和个人提供，但司法机关为办案需要或者有关单位根据国家规定进行查询的除外。依法进行查询的单位，应当对被封存的犯罪记录的情况予以保密。

第二百七十六条　办理未成年人刑事案件，除本章已有规定的以外，按照本法的其他规定进行。

第二章　当事人和解的公诉案件诉讼程序

第二百七十七条　下列公诉案件，犯罪嫌疑人、被告人真诚悔罪，通过向被害人赔偿损失、赔礼道歉等方式获得被害人谅解，被害人自愿和解的，双方当事人可以和解：

（一）因民间纠纷引起，涉嫌刑法分则第四章、第五章规定的犯罪案件，可能判处三年有期徒刑以下刑罚的；

（二）除渎职犯罪以外的可能判处七年有期徒刑以下刑罚的过失犯罪案件。

犯罪嫌疑人、被告人在五年以内曾经故意犯罪的，不适用本章规定的程序。

第二百七十八条　双方当事人和解的，公安机关、人民检察院、人民法院应当听取当事人和其他有关人员的意见，对和解的自愿性、合法性进行审查，并主持制作和解协议书。

第二百七十九条　对于达成和解协议的案件，公安机关可以向人民检察院提出从宽处理的建议。人民检察院可以向人民法院提出从宽处罚的建议；对于犯罪情节轻微，不需要判处刑罚的，可以作出不起诉的决定。人民法院可以依法对被告人从宽处罚。

第三章　犯罪嫌疑人、被告人逃匿、死亡案件违法所得的没收程序

第二百八十条　对于贪污贿赂犯罪、恐怖活动犯罪等重大犯罪案件，犯罪嫌疑人、被告人逃匿，在通缉一年后不能到案，或者犯罪嫌疑人、被告人死亡，依照刑法规定应当追缴其违法所得及其他涉案财产的，人民检察院可以向人民法院提出没收违法所得的申请。

公安机关认为有前款规定情形的，应当写出没收违法所得意见书，移送人民检察院。

没收违法所得的申请应当提供与犯罪事实、违法所得相关的证据材料，并列明财产的种类、数量、所在地及查封、扣押、冻结的情况。

人民法院在必要的时候，可以查封、扣押、冻结申请没收的财产。

第二百八十一条 没收违法所得的申请，由犯罪地或者犯罪嫌疑人、被告人居住地的中级人民法院组成合议庭进行审理。

人民法院受理没收违法所得的申请后，应当发出公告。公告期间为六个月。犯罪嫌疑人、被告人的近亲属和其他利害关系人有权申请参加诉讼，也可以委托诉讼代理人参加诉讼。

人民法院在公告期满后对没收违法所得的申请进行审理。利害关系人参加诉讼的，人民法院应当开庭审理。

第二百八十二条 人民法院经审理，对经查证属于违法所得及其他涉案财产，除依法返还被害人的以外，应当裁定予以没收；对不属于应当追缴的财产的，应当裁定驳回申请，解除查封、扣押、冻结措施。

对于人民法院依照前款规定作出的裁定，犯罪嫌疑人、被告人的近亲属和其他利害关系人或者人民检察院可以提出上诉、抗诉。

第二百八十三条 在审理过程中，在逃的犯罪嫌疑人、被告人自动投案或者被抓获的，人民法院应当终止审理。

没收犯罪嫌疑人、被告人财产确有错误的，应当予以返还、赔偿。

第四章 依法不负刑事责任的精神病人的强制医疗程序

第二百八十四条 实施暴力行为，危害公共安全或者严重危害公民人身安全，经法定程序鉴定依法不负刑事责任的精神病人，有继续危害社会可能的，可以予以强制医疗。

第二百八十五条 根据本章规定对精神病人强制医疗的，由人民法院决定。

公安机关发现精神病人符合强制医疗条件的，应当写出强制医疗意见书，移送人民检察院。对于公安机关移送的或者在审查起诉过程中发现的精神病人符合强制医疗条件的，人民检察院应当向人民法院提出强制医疗的申请。人民法院在审理案件过程中发现被告人符合强制医疗条件的，可以作出强制医疗的决定。

对实施暴力行为的精神病人，在人民法院决定强制医疗前，公安机关可以采取临时的保护性约束措施。

第二百八十六条 人民法院受理强制医疗的申请后，应当组成合议庭进行审理。

人民法院审理强制医疗案件，应当通知被申请人或者被告人的法定代理人到场。被申请人或者被告人没有委托诉讼代理人的，人民法院应当通知法律援助机构指派律师为其提供法律帮助。

第二百八十七条 人民法院经审理，对于被申请人或者被告人符合强制医疗条件的，应当在一个月以内作出强制医疗的决定。

被决定强制医疗的人、被害人及其法定代理人、近亲属对强制医疗决定不服的，可以向上一级人民法院申请复议。

第二百八十八条 强制医疗机构应当定期对被强制医疗的人进行诊断评估。对于已不具有人身危险性，不需要继续强制医疗的，应当及时提出解除意见，报决定强制医疗的人民法院批准。

被强制医疗的人及其近亲属有权申请解除强制医疗。

第二百八十九条 人民检察院对强制医疗的决定和执行实行监督。

附 则

第二百九十条 军队保卫部门对军队内部发生的刑事案件行使侦查权。

对罪犯在监狱内犯罪的案件由监狱进行侦查。

军队保卫部门、监狱办理刑事案件，适用本法的有关规定。

财政部 国家发改委 国家能源局印发《可再生能源电价附加补助资金管理暂行办法》

外交部部长杨洁篪致电约旦外交大臣朱达

杨洁篪说，中方致力于推动叙利亚问题的政治解决，中方最近提出了6点主张，中国外交部官员多次访问叙利亚及有关地区国家，与相关各方交流看法并做工作，敦促叙各方止暴、对话，支持国际社会为政治解决叙利亚问题所做的积极努力。中方愿继续为推动叙问题早日得到公正、和平、妥善解决发挥建设性作用。

双方还就巴以问题交换了意见。

教育部印发《高等学校"十二五"科学和技术发展规划》

3月15日

全国社会保障基金理事会第四届理事大会第二次会议在北京召开

理事长戴相龙表示，2011年，社保基金会着力加强资产配置和投资运营的精细管理，面对全球及中国经济与金融市场发生的重大变化，及时研判市场发展趋势，动态调整资产配置和投资策略，稳步开展各类资产的投资。2011年基金投资已实现收益431亿元，实现收益率5.58%。

截至2011年年底，社保基金会投资运营总资产8689亿元，其中，直接投资资产为5042亿元，委托投资资产为3647亿元。到2011年年底，各大类资产的实际比例分别为：固定收益占50.66％，股票资产占32.39％，实业投资占16.31％，现金及等价物占0.64％。2001—2011年的11年里，全国社保基金共实现投资收益2847亿元，年均收益率为8.41%，比同期通胀率高出6个百分点。

11年来，社保基金会经历多次国内外金融市场重大变化，仍取得较好收益。股票投资收益波动大，但只要在合理价位上购买股票，坚持长期投资，从长期看，仍可获得比固定收益产品更高的收益。社保基金会于2003年6月开始投资股票，历年股票资产占全部资产的比例平均为19.22％，累计获得投资收益1326亿元，占全部投资收益的46％；累计投资收益率为364.5％，年化投资收益率达到18.61％，比全部基金累计平均收益率高出10个多百分点。社保基金会将总结过去投资股票的经验和教训，在对股票投资上始终坚持十分谨慎的态度，确保获得长期稳定较好收益。

全国政协副主席王刚在北京会见以前总理川·立派为顾问和前副总理素贴·特素班为团长的泰国民主党高级干部考察团

第二届中国舞蹈艺术终身成就奖在北京揭晓

中国舞蹈艺术“终身成就奖”是经中国文联批准，在中国舞蹈“荷花奖”子项中增设的奖项。由中国舞协主席团投票选举，获得本届“终身成就奖”的8位德高望重的舞蹈艺术家是：冯国佩、李正一、李承祥、斯琴塔日哈、舒巧、孙加保、资华筠、赵青(以年龄为序)。

大型民族舞剧《英雄格萨尔》在北京国家大剧院上演

《格萨尔王》是世界上最长的史诗，被誉为藏族社会生活的百科全书，是藏文化的标志性作品。成都军区战旗文工团经过4年的深入挖掘创作，首次将这部史诗经典改编成舞剧，搬上舞台。舞剧《英雄格萨尔》分为序“神子降生”、“赛马称王”、“山河之殇”、“霍岭大战”和尾声三幕五部分，充分展示了藏族同胞热爱和平、追求正义、向往光明的美好愿望和大无畏的英雄主义精神。整台舞剧突出原生态特色和地域特点，将舞蹈艺术、影像艺术、造型艺术、科技艺术融为一体，同时运用了戏剧、杂技、说唱等多门类艺术形式，增强了艺术表现力。

3月16日

国务院总理温家宝在北京主持召开国务院常务会议确定《政府工作报告》重点工作部门分工

会议指出，十一届全国人大五次会议审议通过的《政府工作报告》，确定了今年工作的总体部署和主要任务，这是政府向全国人民作出的庄严承诺。会议决定，将《政府工作报告》确定的重点工作分解落实到国务院各部门、各单位，明确责任，确保实现经济社会发展的预期目标。

会议强调，今年是“十二五”时期承前启后的重要一年，也是本届政府任期的最后一年，贯彻落实《政府工作报告》，做好政府工作，具有特殊重要的意义。各部门、各单位要以对国家、人民和历史高度负责的精神，善始敬终，恪尽职守，努力把各项工作做得更好。一要加强领导，抓好落实。抓紧制订落实重点工作的实施方案，提出明确要求，提高工作质量和水平。领导干部要以身作则，全面负起责任。二要通力协作，强化配合。需要多个部门参与的工作，牵头部门要切实负起组织协调责任，其他部门要积极配合。三要求真务实，开拓进取。所有工作都要讲求实效，坚决反对形式主义、官僚主义。四要加强检查，健全问责。各部门、各单位要自觉维护中央政策的统一性、权威性和严肃性，确保政令畅通，做到令行禁止。

会议指出，政府工作千头万绪，要坚持统筹兼顾、突出重点，抓住关键环节，着力解决经济社会发展中的突出矛盾，着力解决社会广泛关注、人民群众有迫切需要的问题。要切实搞好宏观调控，保持经济平稳较快发展；切实做好改善民生和发展社会事业的各项工作，维护社会公平正义；切实推动加快经济发展方式转变和经济结构调整取得新进展；切实加大改革力度，增强经济发展的动力与活力。在做好各项重点工作的同时，今年还要努力完成以下任务：一是制定收入分配体制改革的总体方案；二是制定并出台农村集体土地征收补偿条例，真正保障农民承包地的财产权；三是实现城乡养老保险全覆盖；四是按照新的标准全面推进集中连片贫困地区扶贫工作；五是实现教育经费占国内生产总值4％的目标，并使经费得到合理使用；六是坚定不移贯彻房地产市场调控政策；七是出台引导民间投资健康发展的“新36条”实施细则。

会议指出，当前，国民经济继续朝着宏观调控预期方向发展，国内需求平稳增长，工业生产总体稳定，市场信心基本稳定并有所提升，物价涨幅持续回落并有望进一步趋稳，今年经济工作开局良好。但也要看到，经济社会发展仍然面临不少困难和挑战，世界经济复苏缓慢，国内经济增长存在下行压力。必须增强危机意识和忧患意识，把困难和问题估计得更充分，把工作做得更扎实，牢牢把握工作的主动权，巩固和发展来之不易的好形势。

证监会发布《关于进一步加强保荐业务监管有关问题的意见》

国家副主席习近平在人民大会堂会见以色列副总理兼外长利伯曼

习近平表示，中以建交20年以来，各领域友好合作关系持续推进，成果显著。双方各层次交往频繁，经贸合作不断深入，科技、农业、投资等领域务实合作蓬勃开展，文教、地方、民间等交流十分活跃。希望双方以建交20周年为契机，弘扬传统友谊，增进政治互信，密切友好交往与合作，推动中以关系全面深入发展。

习近平说，中国一贯主张并致力于中东问题的全面、公正、合理解决，认为以色列和巴勒斯坦及阿拉伯国家应在联合国有关决议、"土地换和平"原则、"阿拉伯和平倡议"和中东和平"路线图"计划等基础上，通过政治谈判化解争端、达成和解，实现以阿全面、持久和平。

利伯曼说，犹太民族和中华民族有着深厚的历史友谊，以中建交后各领域交流与合作成效显著。以方高度重视对华关系，愿与中方共同努力，推动两国友好合作关系进一步发展。以方希望同阿拉伯国家实现和平共处。

国务院副总理王岐山在中南海分别会见美国科恩集团总裁兼首席执行官威廉·科恩和杜邦公司董事长兼首席执行官柯爱伦

外交部部长杨洁篪在北京与以色列副总理兼外长利伯曼举行会谈

中国自主研发的世界首套第三代核电主管道从四川启运

我国自主研发的世界首套第三代核电AP1000主管道，从四川德阳出发运往山东海阳核电站。这套由中国第二重型机械集团公司自主研发、生产的世界首套AP1000主管道的面世，标志着我国摆脱了第三代核电站关键装备对国外的依赖，同时也为我国第三代核电站的修建铺平了道路。

据悉，第三代AP1000核电主管道是当今世界上最先进的连接核电站反应堆压力容器、主泵和蒸发器的大型厚壁承压管道，其作用相当于人体输送血液的大动脉。目前中国二重已掌握了AP1000主管道制造核心技术，形成了稳定的制造工艺和质量保障措施，具备了年产5—6套主管道的生产能力。首套第三代核电AP1000主管道交付海阳核电站之后，三门核电站将是我国下一个采用AP1000主管道的核电站。

中国电解铝工业节能减排取得新突破

"低温低电压铝电解新技术"16日在中孚实业林丰铝电公司顺利通过国家科技部验收，吨铝直流电耗由2008年的13235千瓦时降低到了11819千瓦时，降幅达10.7%，多项技术达到国际领先水平。如果全行业推广后，可实现我国电解铝工业年节电275亿千瓦时。

我国电解铝工业历经30多年发展，逐步成为重要的基础产业，但由于生产过程中耗电高，历来被称为"高耗能产业"，也是国家重点调控的产业之一。研究开发低温、低电压新技术是电解铝工业节能降耗的发展方向，也是世界铝工业共同面对的重大技术难题。

2007年8月，应国家科技部等七部委要求，在中国有色金属工业协会领导下，以中孚实业为牵头单位联合行业内高校、科研单位和优势企业成立了"高效节能铝电解技术创新战略联盟"，并被列为科技部首批17个重点战略联盟。2009年，"低温低电压铝电解新技术"列入国家科技支撑计划项目。项目负责人梁学民等项目组专家在世界上首次开发成功电磁及磁流体稳定技术，低温低电压电解槽结构，低温低电压工艺运行技术。

中共中央政治局常委李长春在中国国家博物馆参观中国妇女儿童十年发展成就展

李长春称赞展览内容全面、生动翔实、特色鲜明，充分展示了以胡锦涛同志为总书记的党中央对妇女儿童事业的高度重视和亲切关怀，展示了改革开放特别是进入新世纪以来妇女儿童事业取得的巨大成就和宝贵经验，展示了我国亿万妇女儿童的幸福生活和昂扬精神风貌，展示了妇女儿童事业发展的蓬勃生机和美好前景。

本次展览由国务院妇女儿童工作委员会、中华全国妇女联合会共同举办，3月6日在国家博物馆开幕，以"优化妇女发展环境，促进儿童健康成长"为主题，通过文字、数据、图片、影视资料、实物等方式，展示了全国妇女儿童事业发展概貌和各省区市、新疆生产建设兵团以及香港、澳门、台湾地区妇女儿童事业发展成就，呈现了我国妇女儿童事业绚丽多彩的发展画卷。

中共中央政治局常委李长春在中国国家博物馆参观中国动漫产业发展成果展

李长春说，动漫产业投入的是智力资源、产出的是知识产权,充分体现了文化与科技融合的强大力量,体现了文化产业优化结构、扩大消费、增加就业、推动可持续发展、促进跨越式发展的显著特点和独特优势,是文化产业中正处于强劲发展的新兴产业,在传播先进文化、丰富群众精神文化生活、促进青少年健康成长、培育新的经济增长点等方面具有不可代替的重要作用,发展前景十分广阔。

李长春指出,党的十七届六中全会对推进文化改革发展作出了全面部署,我国文化建设进入了黄金机遇期。要认真贯彻落实全会精神,加快改革创新步伐,促进动漫产业大发展大繁荣。要深入挖掘中华文化的丰富资源,推陈出新、鼓励原创,创作生产一批思想性艺术性观赏性相统一、人民喜闻乐见的优秀作品,更好地满足人民群众特别是广大青少年的精神文化需求。要加快形成以企业为主体、市场为导向、产学研相结合的技术创新体系,大力推动文化与科技相融合,催生一批有活力有竞争力的自主创新企业,不断壮大我国动漫产业核心竞争力。要充分发挥动漫产业吸纳人才的独特优势,造就更多既懂艺术又懂技术、既善创作又善经营的复合型人才,为加快动漫产业发展提供人才支撑。要加快我国动漫产品走出去步伐,把我国丰厚文化底蕴的资源优势转化为文化产业优势,不断提升竞争力和影响力,在推动中华文化走出去方面走在前列。

本次展览由文化部、财政部等10部委组成的扶持动漫产业发展部际联席会议办公室主办,分政策与扶持、平台与企业、品牌与产业、技术与未来四个展厅,通过文字、图片、图表、实物、多媒体技术等多种形式,全面展示了党的十七大以来中国动漫产业发展的丰硕成果。

拉萨市第六次荣获“全国双拥模范城”称号

3月17日

国务院总理温家宝在河南考察

3月17日至18日,温家宝来到河南省漯河市临颍县、舞阳县看望广大农民群众和基层农业科技人员,考察春季农业生产。河南是全国重要的粮食生产大省。温家宝自担任总理以来已9次到河南考察。他说,要充分发挥科技优势,抓好春季田间管理,制定灾害防范预案,千方百计夺取今年农业丰收。

财政部制定并印发《民航发展基金征收使用管理暂行办法》

国务院副总理王岐山在中南海会见国际货币基金组织总裁克里斯蒂娜·拉加德

世界最大光伏并网电站群在青海柴达木盆地建成

青海柴达木盆地近日建成并安全并网大规模光伏电站1000余兆瓦,成为目前世界上太阳能光伏装机容量最集中的地区。

截至目前,青海省2011年核准的42个光伏发电项目中,已经建成并网40个,装机容量953兆瓦,加上2010年的两个特许权招标项目,青海省内已经实现并网发电的光伏电站有44个,总装机容量达到了1003兆瓦。44个光伏电站中,有42个集中分布在柴达木盆地。因此,柴达木盆地有着同一地区短期内最大光伏电站安装量、世界上目前最大的光伏电站并网系统工程、世界范围内首度实现千兆瓦级光伏电站并网等多个“世界之最”。

据了解,今后几年,青海计划将光伏发电装机容量扩大到4000兆瓦,预计太阳能清洁能源将占青海能源总量的15%左右。

3月18日

中办印发《中管金融企业领导人员管理暂行规定》

《中管金融企业领导人员管理暂行规定》(以下简称《管理规定》)适应中管金融企业改革发展需要,以建设善于引领金融企业科学发展的坚强领导集体、造就高素质的社会主义金融企业家队伍为目标,对中管金融企业领导人员职位设置、任职条件和资格、选拔任用、考核评价、监督约束等内容作出了明确规定,提出要加大市场化选聘力度、实行契约化管理、建立任期制等深化企业人事制度改革的新措施,为加强中管金融企业领导人员管理提供了制度保障。

《管理规定》共10章70条。其中,第一章,主要明确了制定目的、适用范围和中管金融企业领导人员管理必须坚持的原则;第二章,主要对中管金融企业董事会、监事会、经营管理层、党委的职数、交叉任职安排以及领导人员的任期等作出具体规定;第三章,主要明确了中管金融企业领导人员应当具备的基本条件和任职资格;第四章到第九章,主要对中管金融企业领导人员的选拔任用、考核评价、薪酬和激励、监督约束、培养锻炼、退出的内容、方式、程序等作出规定;第十章,对中管金融企业其他重要岗位领导人员的管理等相关事项予以说明。

中组部印发《中管金融企业领导班子和领导人员综合考核评价办法(试行)》

该办法紧密结合中管金融企业特点,借鉴国际先进的管理工具和考核理念,科学设计了中管金融企业领导班子和领导人员考评指标内容，建立了规范的考核评价程序，对商业银行、政策性银行和金融控股公司实行分类考核，强化考评结果的运用，明确将综合考核评价结果作为领导班子调整和领导人员培养、使用、奖惩的重要依据，引导中管金融企业既重视经营业绩，又高度关注风险控制、稳健经营，保证金融企业实现科学发展。

国务院副总理李克强在北京出席2012年中国发展高层论坛开幕式并致辞

李克强指出，要坚持稳中求进，立足扩大内需，强化创新驱动，依靠改革开放，加快转方式、调结构，保持经济长期平稳较快发展。

李克强说，当前世界经济复苏与增长前景尚不明朗，不确定和不稳定因素较多。中国经济继续保持平稳较快发展，长期向好的基本面没有改变，但发展中不平衡、不协调、不可持续的问题依然突出。要按照“十二五”发展主题主线的要求和十一届全国人大五次会议批准的政府工作报告的部署，把握好稳中求进的总基调，保持经济平稳较快发展和物价总水平基本稳定，努力在转变经济发展方式、深化改革开放、保障改善民生上取得新突破。

李克强强调，加快转变经济发展方式，促进经济长期平稳较快发展，主攻方向是调整经济结构，战略基点是扩大内需。城镇化是扩大内需的最大潜力。要在严格保护耕地、保障粮食安全、不断改善农村生产生活条件的情况下，积极稳妥地推进城镇化，推动工业化、城镇化和农业现代化协调发展，实现“三化”并举，拉动经济持续增长。要把发展服务业放在扩大内需更加突出的位置，在大力发展先进制造业和高技术产业的同时，加快发展生产性和生活性服务业，这样不仅可以大量吸纳就业，而且能够提升工业发展水平。要把扩大内需和改善民生更好地结合起来。围绕保障群众的基本需求，实施好保障房建设、新一轮医改、集中连片扶贫攻坚等重大民生工程和重大发展工程，注重发展经济和提高居民收入同步，以增强居民消费能力和信心，促进消费和投资良性互动，使全体人民共享发展成果。

李克强指出，创新是经济社会发展的最大活力。推进结构调整，必须坚持企业为主体，市场为导向，加强政府引导，增加各方面资金投入，全面推进技术创新、管理创新和产品创新，提高自主增长能力和创新驱动力，实现结构优化和产业升级。创新需要人才，发展需要高素质的劳动者。经过多年努力，我国已经培养了数千万各类科研人员和工程师，拥有数以亿计勤劳熟练的产业工人，每年还有几百万大学毕业生进入工作一线，这是中国现代化建设的宝贵财富。应努力把我国人口众多的特点转化为人力资源、人才资源丰富的优势，促进经济增长由主要依靠增加物质资源消耗向主要依靠科技进步、劳动者素质提高、管理创新转变，为保持长期平稳较快发展奠定坚实基础。

李克强说，发展必须转方式，转方式根本在于创新体制机制，改革开放是实现经济转型和推动现代化建设的强大动力。目前，中国的改革已经进入攻坚期。要深化财税、金融、企业、价格、收入分配制度等方面改革，努力在重点领域和关键环节取得突破，更好地发挥市场配置资源的基础性作用，破除制约经济社会发展的体制机制障碍，增强发展的内生动力。同时，中国扩内需、调结构是在对外开放条件下进行的，要促进进出口贸易平衡发展，创新利用外资和对外投资方式，为各类企业公平竞争、共同发展提供良好环境。

本届中国发展高层论坛的主题是“中国和世界：宏观经济与结构调整”。来自国内外的企业家、专家学者、政府官员和国际组织代表共500多人参加开幕式。论坛由国务院发展研究中心主办。

国务院副总理李克强在钓鱼台国宾馆会见国际货币基金组织总裁克里斯蒂娜·拉加德

李克强说，当前，世界经济和金融市场面临的风险和挑战增多，一些国家的主权债务危机，短期内也难以缓解。国际社会包括二十国集团、国际货币基金组织等多边合作平台，应进一步加强协调，共同努力，促进全球经济沿着强劲、可持续和平衡的方向发展。

李克强赞赏基金组织在增强新兴市场和发展中国家话语权方面所做的努力。希望基金组织继续加快改革，更好地履行维护全球经济和金融市场稳定的宗旨。中方支持包括基金组织在内的国际主要金融机构在解决欧债问题中发挥重要作用，愿继续以开放的态度参与和推进基金组织各项改革。

拉加德表示中国经济增长和扩大内需政策，为世界经济的稳定和复苏作出了重要贡献，愿进一步深化与中国在各领域的合作。

中联部部长王家瑞在北京会见以色列副总理兼外长利伯曼

王家瑞说，中共重视发展与以各友好政党的合作关系，愿以两国建交20周年为契机，不断拓展双方合作的深度和广度，携手推动两国友好关系提升至更高层次。

利伯曼说，以中两国在很多领域有很强的互补性，双方进一步加强各合作领域的优势互补，有利于为深化合作奠定更良好的基础。以方愿意加强两国政党、议会及青年政治家的相互交流。

3月19日

第十三次全国民政会议在人民大会堂举行

国务院总理温家宝出席会议并讲话。

温家宝在讲话中说，改革开放以来，我国民政事业加快发展。特别是近些年来，我们坚持以人为本，更加注重保障和改善民生、促进社会公平正义，民政事业取得了突破性的重大成就。一是建立覆盖城乡居民的社会救助制度，为城乡困难群众提供了基本保障。二是建立灾害救助制度，把救灾工作纳入科学化、法制化轨道。三是建立流浪乞讨人员救助制度，有效维护了他们的合法权益和人格尊严。四是建立孤儿国家保障制度，使这个最弱小、最困难的群体能够生有所养、病有所医、住有所居、学有所教，在祖国大家庭里健康成长。五是建立新型退役士兵安置制度，充分体现了国家和全社会对退役军人的尊重和优待。

温家宝指出，当前民政事业面临新的机遇和挑战。随着工业化、城镇化、市场化、信息化的发展，我国社会结构、社会形态和利益格局深刻变革，人们的社会心理、行为方式和利益诉求明显改变，对生活有了更高期待，对获得公平的机会、实现全面发展有了更迫切的愿望。相比之下，我国的社会管理和公共服务体制改革相对滞后，公共管理服务还不能满足人们的期待和愿望。要准确把握社会发展的趋势，加快民政事业改革和发展。

温家宝强调，全面加强民政工作，必须坚持以人为本，构建政府管理与社会自治相结合、政府主导与社会参与相结合的社会管理和公共服务体制，最大限度地调动各方面积极性，激发社会活力。优化政府机构设置和职能配置，整合资源，构建直接面向基层、面向社区、面向家庭和群众、职能有机统一的管理服务体制。一要发展基层民主，增强社会自治功能。健全基层民主制度，保障人民依法直接行使民主权利、管理基层公共事务和公益事业。政府的事务性管理工作、适合通过市场和社会提供的公共服务，可以适当的方式交给社会组织、中介机构、社区等基层组织承担，降低服务成本，提高服务效率和质量。二要加强城乡社区建设，提高基层社会管理服务效能。按照属地原则，建立面向社区内所有常住人口的社会管理服务体制。建立为社区居民和流动人口提供公共管理服务的综合性平台。三要加快完善社会救助和社会福利体系，完善制度，提高保障水平，解决好城乡困难群众基本生活问题。逐步拓展社会福利保障范围，推动社会福利由补缺型向适度普惠型转变。四要进一步完善政策措施，积极支持发展社会互助团体和组织，鼓励企业、团体、家庭及个人开展社会互助和慈善活动。

温家宝要求，各级政府要切实加强对民政工作的组织领导，充分发挥民政部门在社会建设中的骨干作用，并把民政方面的政策制定、工作部署和检查落实作为检验政府工作的重要内容。新增财政投入要优先用于救灾救济、城乡低保、五保供养和优抚安置、社会福利。各有关部门要加强协调配合，健全协作机制，形成齐抓共管、共同做好民政工作的新格局。

全国民政会议每五年举行一次。第十三次全国民政会议的主要任务是，总结近年来民政事业改革发展情况，研究部署今后一个时期的民政工作，表彰为民政事业作出贡献的先进单位和个人。中央各有关部门，各省（区、市）、计划单列市人民政府和新疆生产建设兵团有关负责人，全国民政系统先进集体、先进工作者和劳动模范、“孺子牛奖”获得者代表等出席会议。

国务院总理温家宝在人民大会堂会见出席中国发展高层论坛2012年会的境外代表

温家宝说，世界上不少著名的企业家、学者和经济专家坚持参加论坛，表明大家对中国改革开放和现代化事业充满信心。外国朋友们一定要坚信，中国改革开放的方向和政策不能改变，也不会改变。中国的各项改革事业会继续前进，决不会中断。中国与世界的友好交往，特别是经贸合作会继续加强，而不会削弱。各位朋友从这些年的经历可以看到中国的发展和进步，增强对中国未来的信心。

温家宝说，改革开放30多年的历史已经告诉我们，中国的发展和进步离不开世界。同样，世界的发展和进步也需要中国。中国与世界已经密切到谁也离不开谁的地步，我们需要加强友谊与合作。希望各国的企业界、专家学者经常对中国的改革和建设提出批评和建议，我们一定会持开放、包容的态度。因为我们懂得一个道理，只有开放包容，中国才能进步。

论坛外方主席利伟诚说，我们会抱着谦谦自悔的精神来对待您向我们提出的建议。

全国政协十一届五次会议提案交办会在北京举行

全国政协副主席王刚出席会议并讲话。王刚强调，要充分认识做好新形势下政协提案办理工作的重要意义，把提案办理工作摆在更加突出位置，采取切实有效措施，进一步提高提案办理工作的质量和实效，圆满完成全国政协十一届五次会议的提案办理任务，以优异成绩迎接党的十八大胜利召开。

王刚说，全国政协十一届四次会议以来，人民政协提案办理工作取得了显著成绩，为巩固和扩大应对国际金融危机冲击成果、保持经济平稳较快发展、促进社会和谐稳定发挥了重要作用。他指出,做好人民政协提案工作,必须坚持把服务大局作为重要原则,把提高提案质量作为重要基础,把增强办理实效作为重要目标,把推进制度建设作为重要保障,把凝聚各方力量作为重要途径,不断提高提案办理工作科学化、制度化、规范化水平。

王刚强调,政协提案凝聚着广大政协委员的智慧和汗水,承载着广大人民群众的愿望和呼声,必须认真办理、郑重答复,努力使政协委员参政议政、建言献策的成果体现到推动经济社会又好又快发展的实践中去。要统筹兼顾、突出重点,增进协作、深入沟通,加强领导、明确责任,真正把办理提案工作与推进实际工作紧密结合起来,使办理提案的过程成为了解民情民意、回应社会关切的过程,成为发现问题、研究问题、解决问题的过程,成为协调关系、汇聚力量、服务大局的过程,成为谋发展、抓改革、惠民生、促和谐的过程。

王刚要求,政协办公厅和各专门委员会要积极参与到提案办理工作中去,努力为提案顺利办理创造条件。特别是提案委员会要充分发挥组织协调作用,不断完善提案协调办理机制,积极为各有关方面办理提案做好协调服务工作,确保办理的各项提案尤其是重点提案件件有回音、事事有着落。

中央政法委员会第二十二次全体会议在北京召开

国家副主席习近平在人民大会堂会见美国艾奥瓦州副州长雷诺兹

习近平表示,中美关系的长期健康稳定发展,需要双方不懈努力。无论在什么情况下,无论遇到什么挑战,双方都应坚持从两国人民的根本利益出发,坚持两国元首达成的共识,不断加强对话,增进互信,扩大合作,排除干扰,确保中美关系沿着正确的轨道前进。

习近平说,中美地方合作是中美关系的重要组成部分和亮点,两国地方合作大有可为。下一步,双方应着眼两国长期互利合作大局,乘势而上,用好现有机制和平台,充分发挥地方优势,坚持互利共赢原则,在推进中美合作伙伴关系的大背景下推动两国地方合作不断迈上新台阶,造福两国人民。

雷诺兹说,艾州愿以习副主席的访问为契机,进一步深化双方合作,为美中合作伙伴关系发展作出新的贡献。

国务院副总理王岐山在中南海分别会见汇丰控股集团行政总裁欧智华和国际金融协会总裁达拉拉

中联部部长王家瑞在北京会见以中央委员 国家社科院院长坎培·班马莱通为团长的老挝人民革命党代表团

国防部部长梁光烈在北京会见文莱国防部副部长穆斯塔帕

3月20日

国家食品药品监管局发布新修订的《保健食品命名规定》和《保健食品命名指南》

全国人大常委会副委员长王兆国在圣地亚哥与智利众议长梅莱罗举行会谈

王兆国说,中智两国高层交往频繁,经贸联系日益紧密,科技、能源、文化等领域交流丰富活跃,相互了解与友谊不断加深,为两国人民带来实实在在的利益;在国际和地区事务中保持密切协调与配合,共同维护发展中国家的利益。中方对智利坚定奉行一个中国政策表示赞赏,对中智关系的发展感到高兴。

王兆国说,议会交往是国家关系的重要组成部分。中国全国人大愿与智利众议院一道,继续保持高层互访势头,密切专门委员会、议员友好小组间的往来,完善定期交流机制,深入交流立法监督、治国理政等方面经验,推动两国各领域更加全面更高水平的合作,为促进全面合作伙伴关系的深入发展、增进两国人民的友谊作出新的贡献。

梅莱罗说,智利坚定奉行一个中国政策,发展与中国的全面合作伙伴关系是智利政府、议会和各政党的共识。智方感谢中方在智遇到困难时给予的真诚帮助,为有与中方如此良好的关系感到骄傲。智利议会期待深化与中国全国人大的友好交往,积极发挥定期交流机制的作用,推动智中友好不断发展。

全国人大常委会副委员长王兆国在圣地亚哥会见智利参议长希拉尔迪

国务院副总理王岐山在中南海会见未来十年中美经济合作展望课题指导委员会的美方代表

国务委员戴秉国在中南海会见奥地利萨尔茨堡州州长布格施塔勒一行

中国拥有第二代转基因棉花国际发明专利

从转基因生物新品种培育重大专项棉花项目执行专家组在中国农业科学院举办的新闻发布会上获

悉，在转基因重大专项的大力支持下，我国第二代转基因棉花研究总体跃居世界领先水平，并拥有国际发明专利等自主知识产权，为摆脱高端棉花长期依赖进口的局面，打下坚实基础。这是我国继转基因抗虫棉之后，在这一高科技领域取得的又一项标志性重大科技成果。

中国农业科学院棉花研究所所长、中国工程院院士喻树迅指出，我国原棉"缺口"逐年加大，已从2002年的12%上升到2011年的40%。我国棉纤维内在品质相对较差，绝大多数只能适纺32支纱，而适纺60支以上高支纱的优质原棉严重依赖进口。

以改善纤维品质、提高作物产量、增强抗逆性等为主要目标的第二代转基因技术，近年来已成为世界科研领域竞相研究的热点。

3月21日

国务院总理温家宝主持召开国务院常务会议讨论通过《"十二五"综合交通运输体系规划》和《全国农村饮水安全工程"十二五"规划》

会议指出，"十一五"时期，我国交通运输发展取得重大成就，"五纵五横"综合交通运输网络建设进程加快，铁路、公路、水路、民航和管道等各种运输方式的网络框架基本形成，技术装备和服务水平明显提升，有力支持了经济社会发展，改善了人民群众的生活质量。但我国交通运输发展还很不平衡，总体运输能力仍然不足，交通网络的覆盖广度与通达深度还很不够，各种运输方式的衔接不够高效。随着工业化、城镇化和农业现代化的推进，我国客货运输需求将持续增长，旅客运输需求将更加多样化、多层次。必须贯彻落实科学发展观，正确处理安全、速度、质量、效益的关系，继续加强综合交通运输体系建设，更好地发挥交通运输在产业优化布局、人口合理分布、城镇空间科学拓展等方面的引导作用。

会议明确了"十三五"时期综合交通运输体系建设的原则。一是安全质量，建立严格的安全监管和质量管理制度，并贯穿于交通运输规划、设计、建设、运营各阶段。着力提升技术和装备水平。二是合理布局，与区域经济发展、城镇化格局、资源分布和产业布局相适应，实现通道畅通、枢纽高效。三是优化结构，统筹发展各种运输方式，优化运输结构。四是适度超前，在满足现阶段客货运输需求基础上，适度超前建设基础设施。五是讲求效益，促进各种运输方式有效衔接，一体服务。六是绿色发展，节约集约利用资源，切实保护环境。七是多元投入，鼓励民间资本参与交通运输建设。八是改革创新，深化管理体制改革，完善政府运输监管，提高运输服务水平和物流效率。

会议确定了"十二五"时期的建设目标：初步形成以"五纵五横"为主骨架的综合交通运输网络，基本建成国家快速铁路网和国家高速公路网，铁路运输服务基本覆盖大宗货物集散地和20万以上人口城市，农村公路基本覆盖乡镇和建制村，海运服务通达全球，70%以上的内河高等级航道达到规划标准，民用航空网络进一步扩大和优化，基本建成42个全国性综合交通枢纽。

会议要求，今年要围绕"十二五"规划确定的任务目标，认真推进交通运输基础设施建设。建成一批重大铁路项目，适时开工一批急需必需项目；推进国家高速公路网规划项目和农村公路建设，加大国省干线改造力度；实施一批航道和陆岛交通项目，改善长江干线通航条件；开工建设和续建、完成一批机场与城市轨道交通工程。

会议指出，《全国农村饮水安全工程"十一五"规划》要求"十一五"期间解决1.6亿农村人口的饮水安全问题，力争用两个五年计划时间，解决全国农村饮水安全问题。各地区、各部门高度重视，认真落实，"十一五"期间累计完成投资1053亿元，解决了2.1亿农村人口的饮水安全问题，全国农村集中式供水人口比例提高到58%。农村饮水安全工程建设项目的实施，提高了农民健康水平，改善了农村生产生活条件，推进了基本公共服务均等化。

会议指出，总体上看，目前我国农村的供水保障水平仍然较低，饮水安全工程建设任务十分繁重。"十二五"期间，要在持续巩固已建工程成果基础上，进一步加快建设步伐，全面解决2.98亿农村人口和11.4万所农村学校的饮水安全问题，使全国农村集中式供水人口比例提高到80%左右。一要统筹兼顾，分步实施。优先解决严重影响居民身体健康的水质问题、涉水重病区的饮水安全问题以及局部地区严重缺水问题。二要规模发展，注重实效。有条件的地区发展规模化集中供水，不具备条件的地方可以采取分散式供水或分质供水。三要防治结合，确保水质。加强水源地保护和水污染防治，完善水质检测与监测制度。四要建管并重，促进节水。建立、健全县级供水技术服务体系。积极推行用水户全过程参与建设和管理。认真落实节水政策和措施，促进节约用水。五要坚持政府主导，农民参与。农村饮水安全建设管理由地方政府负总责，中央给予指导和资金支持，群众投入以投工投劳为主。鼓励和引导社会资金投入。

中共中央政治局常委李长春在北京中国国际展览中心参观第二十届中国国际广播电视信息网络展览会

李长春强调，发展现代传播体系，提高社会主义先进文化的辐射力和影响力，是党的十七届六中全会提出的一项战略任务。要认真贯彻落实全会精神，大力推进文化与科技的融合，用先进科学技术武装现代传播体系，以源源不断的科技创新成果，推动我国现代传播体系建设取得新成效。要瞄准世界广播电视领域科技发展的前沿，选取一批全局性、战略性重大科技课题，研发一批具有自主知识产权的核心技术、关键技术、共性技术，以先进技术支撑广播电视装备、软件、系统的自主开发和应用，切实提高我国广播电视领域的自主创新能力和技术装备水平。要健全以企业为主体、市场为导向、产学研相结合的文化技术创新体系，培育一批创新能力强、拥有核心技术和知名品牌的广播电视科技企业，不断增强我国文化产业的竞争力和影响力。要加快走出去步伐，增强广播电视技术装备和服务的国际竞争力，为推动中华文化走出去作出积极贡献。

由国家广电总局主办的中国国际广播电视信息网络展览会，是国内以及亚太地区广播电视行业规模最大的技术设备展览会，也是全球知名的数字电视与宽带网络行业展览会。本次展会秉承“创新、融合、服务”的理念，吸引了亚洲、欧洲、美洲等30多个国家和地区的1000余家厂商参展。

全国非公有制企业党的建设工作会议在北京召开

国家副主席习近平会见会议代表并讲话。

习近平指出，党的十六大以来，在以胡锦涛同志为总书记的党中央领导下，非公有制企业党的建设在探索中前进、在创新中加强，取得显著成绩。同时也要看到，非公有制企业仍属于党建工作新领域，新情况新问题多，工作基础薄弱，需要下大力气来抓。中央办公厅日前印发的《关于加强和改进非公有制企业党的建设工作的意见》，总结多年实践经验，明确了非公有制企业党建工作许多重大问题，各级党委要认真贯彻落实，推动非公有制企业党建工作不断取得新进步。

习近平指出，加强和改进非公有制企业党建工作，抓好“两个覆盖”、发挥好党组织“两个作用”、加强“两支队伍”建设很重要。抓好“两个覆盖”，就是要抓好党组织覆盖和党的工作覆盖，加大党员发展力度，做好流动党员管理服务和引进党员职工工作，不具备建立党组织条件的要采取多种方式积极开展党的工作，增强党的影响力。发挥好党组织“两个作用”，就是党组织要在职工群众中发挥政治核心作用，在企业发展中发挥政治引领作用，把贯彻党的路线方针政策、维护职工群众合法权益、引领建设先进企业文化、创先争优推动企业发展贯穿党组织活动始终。加强“两支队伍”建设，就是要加强党组织书记和党建工作指导员队伍建设，为开展非公有制企业党建工作提供组织保障。

习近平强调，非公有制企业面广量大、类型多样，各级党委要切实加强领导、落实责任，健全机构、配强力量，对民营、外资等不同规模、不同类型企业要注重分类指导，增强工作的针对性和实效性。

国务院副总理李克强在北京主持召开国务院南水北调工程建设委员会第六次全体会议并讲话

李克强强调，要按照科学发展的要求，加强统筹协调，携手通力攻坚，扎实推进工程建设，确保按期实现通水目标，把这项重大工程建成为质量可靠放心的工程、移民稳定致富的工程、管理阳光廉洁的工程。

李克强指出，干旱缺水是我国很多地区经济社会发展的重大制约，特别是近年来北方干旱频率加大，去年入冬至今年3月中，京津地区降水较常年同期偏少四成以上，地下水得不到补充，问题十分突出，而且这会是一个较长的过程。要从根本上破解缺水的困局，实现可持续发展，必须加快转变经济发展方式和调整经济结构，在大力节水和治污的同时，加快推进南水北调这样的优化我国水资源配置的重大战略工程。经过近十年来各方共同努力，南水北调工程已取得重大进展，为完成全部任务、实现预期目标打下了良好基础。当前，东线通水已进入到计时，中线也将在后年实现通水，今年是最为关键的一年。要进一步增强紧迫感，真抓实干，科学安排工程进度，同步推进主体工程和配套建设，抓紧研究健全后续管理机制和水源区生态补偿政策，确保工程按计划通水并持续发挥效益，促进实现受水区与水源区互利共赢、共同发展。

李克强强调，在南水北调工程建设中，要注意重点把握好三方面要求。一是把工程建成质量可靠放心的工程。在确保通水的同时，决不能放松工程质量和水质安全。要加强工程质量监管。实现东线沿线水质监测全覆盖，坚决杜绝污染源，加强治污成果检查考核，开展中线总干渠两侧保护区生态建设，保证北上水质稳定达标。二是把工程建成移民稳定致富的工程。库区和沿线广大移民为调水作出了很大贡献，要加大移民后期帮扶力度。帮助他们解决实际困难，创造更多就业和发展空间，使他们安居安定安心，更好地参与和融入当地经济社会发展，实现逐步致富。三是把工程建成管理阳光廉洁的工程。南水北调是一项规模宏大、涉及面广的系统工程，要严格建设资金监管，科学控制成本，发挥审计、稽查、检查联动机制作用，堵塞漏洞，切实用好每一笔资金，把宝贵的资金用在刀刃上。

李克强指出，南水北调工程建设任务重、责任大、困难多，有关部门要按照党中央、国务院决策部署，加大投资、财政、金融、价格、土地等方面的政策支持，工程沿线省(市)要加强相互配合,健全对口协作机制,保质保量完成好各项任务。

据了解,南水北调工程自2002年年底开工以来,155项设计单元工程,已批复初设154项,开工147项,完建48项,基本形成全线开工建设局面。2011年全年完成投资578亿元,累计完成投资1376亿元。

国家副主席习近平在人民大会堂会见埃及外长阿姆鲁

习近平表示,中方高度重视发展中埃关系,愿同埃方共同努力,继续巩固两国政治互信,加强在国际事务中的协调与配合。中方愿与埃方分享中国改革、发展经验,鼓励中国企业赴埃投资,推进苏伊士经贸合作区建设,进一步深化双方在经贸、文教、科技等各领域的交流与合作,推动中埃战略合作关系不断迈上新台阶。

阿姆鲁说,埃中建交后各领域交流与合作取得丰硕成果。埃方高度重视对华关系,感谢中方给予埃方的支持和帮助,愿与中方共同努力,推动埃中战略合作关系全面深入发展。

双方还就共同关心的国际和地区问题交换了意见。

全国政协副主席王刚在北京会见奥地利萨尔茨堡州州长布格施塔勒一行

王刚表示,加强双方省州间的务实合作,夯实两国友好民意和社会基础,对发展中奥两国关系具有重要意义。萨尔茨堡州政府在发展对华关系方面富有远见,积极推动双方开展多领域的交流合作,为发展双边关系,特别是推动企业间合作发挥了积极作用。中方欢迎奥方发挥自身优势,扩大对华投资,深化务实合作,通过互利合作实现共赢发展。

布格施塔勒表示愿发挥萨尔茨堡州的优势,促进奥中在经济、文化、旅游等方面合作。

全国人大常委会副委员长王兆国在巴西利亚会见巴西众议长马亚

全国政协副主席杜青林在利马与秘鲁国会主席阿武加塔斯举行会谈

3月22日

中共中央总书记胡锦涛在人民大会堂会见中国国民党荣誉主席吴伯雄

胡锦涛强调,在反对"台独"、认同"九二共识"的基础上推动两岸关系和平发展,符合两岸同胞的共同愿望,符合中华民族的整体利益,符合时代发展进步的潮流。我们应该沿着这条正确道路继续向前迈进,不断巩固成果、深化合作,努力再创新局,为台海地区谋和平,为两岸同胞谋福祉,为中华民族谋复兴。

胡锦涛指出,过去4年,两岸关系实现历史性转折,展现出和平发展新局面,取得了一系列重大成果。实践证明,两岸关系和平发展已经得到越来越多台湾同胞的认同,同时也得到国际社会普遍肯定和欢迎。当前,两岸关系迎来新的发展机遇,面临着继往开来的新形势。我们始终把两岸关系放在中华民族发展的历史进程中加以考虑。两党和两岸双方都应该本着对人民负责、对历史负责的态度,从民族整体和根本利益出发,深入思考和认真规划今后两岸关系发展。

胡锦涛强调,我们将继续贯彻推动两岸关系和平发展的各项方针政策,以持续推动两岸关系和平发展为主题,以广泛团结广大台湾同胞为主线,不断开创两岸关系和平发展新局面。我们强调要把握和平发展这个主题,就是要准确客观看待台海形势,汇聚一切有利于两岸关系发展的因素,稳步有序推动两岸关系取得新的进展。我们强调要把握广泛团结广大台湾同胞这条主线,就是要最大限度鼓励台湾同胞同我们一道推进两岸交流合作,想方设法解决好与他们切身利益相关的问题,使他们更多享有两岸关系和平发展的成果。

胡锦涛强调,两党和两岸双方继续巩固和增进政治互信,仍然是今后两岸关系保持良好发展势头的首要关键和前进动力。增进政治互信,重在坚持"九二共识",坚决反对"台独"。为此,需要采取实际行动,作出更多努力。两岸虽然还没有统一,但中国领土和主权没有分裂,大陆和台湾同属一个中国的事实没有改变。确认这一事实,符合两岸现行规定,应该是双方都可以做到的。维护一个中国框架,对增进双方政治互信有利,对两岸关系稳定发展有利。同时,两岸双方可以通过加强两岸文化交流,宣导认同中华文化、中华民族的理念,增进台湾同胞身为中国人的认同。

胡锦涛指出,在建立政治互信基础上搁置争议、求同存异、良性互动,这是两党和两岸双方这些年彼此交往的一条基本经验,也是两岸关系改善发展的重要条件。希望双方继续保持良性互动,维护两岸关系的积极和谐气氛。

胡锦涛强调,要继续稳步推进两岸经济文化等领域的交流合作。双方应该积极促进两岸经济合作框架协议各项后续商谈取得新成果,推动两岸产业合作取得实质进展,积极扩大金融领域互利合作。同时,双方还应该积极考虑在文化教育领域商签相关协议,以推动两岸文教交流机制化和向更高水平迈进。希望通过双方共同努力,使两岸同胞在经济合作中增加共同利益,在文化交流中增强精神纽带，在直接往来中增进彼此感情，真正像一家人一样，携手推动两岸关系和平发展。

吴伯雄表示，过去几年两岸双方在和平发展的正确路线下促成两岸关系良性发展的历史性变化，成为60多年来最为和平稳定的时期，值得共同珍惜与巩固。目前两岸关系出现历史的新机遇，应该好好把握，继续向前，行稳致远，把和平发展的根基扎得更牢固。希望两岸增进互信，累积善意，深化合作，扩大交流，在"和平稳定、经贸共荣、文教交融"的理念下落实良性互动。本着对历史负责的态度，真正做到中华民族不再内战，海峡两岸不再内耗，让两岸同胞、所有中华儿女拥有充满光明的愿景，这是两党应该共同奋斗的目标。

吴伯雄强调，国民党在大陆政策上坚持"九二共识"、反对"台独"，有信心促进两岸良性互动，期待开拓两岸关系的新局面。坚持"九二共识"是国共两党重要的政治互信。海峡两岸并非国与国的关系。根据双方现行体制和相关规定，两岸都坚持一个中国，在此基础上求同存异，同的是"两岸同属一中"，对于异的部分我们正视现实，搁置争议。

吴伯雄表示，台湾与大陆血脉相连，他作为从大陆迁移到台湾的第四代客家人，是土生土长的台湾人，也是炎黄子孙、中华民族的一分子，也是中国人。他深爱台湾，同许多台湾人一样有强烈的"台湾意识"，但这决不同于主张永远分离的"台独意识"。台湾与大陆的历史文化脉络不可割断。两岸应增进文化教育交流，共同传承和发扬博大精深的中华文化，让子孙后代都以接受中华文化的洗礼为荣为傲。这是我们责无旁贷的历史任务。

全国政协主席贾庆林在钓鱼台国宾馆会见中国国民党荣誉主席吴伯雄一行

贾庆林指出，当前正值两岸关系继往开来的重要时刻，胡锦涛总书记同吴伯雄荣誉主席会面，就下一步推动两岸关系发展深入交换意见，达成许多重要共识，对于增进两岸双方政治互信，巩固共同政治基础，深化两岸关系和平发展具有指导意义和重要影响。我们真诚希望国共两党以两岸同胞福祉和中华民族根本利益为重，面向未来，增进互信，良性互动，聚同化异，为增进两岸同胞福祉和实现中华民族伟大复兴而努力奋斗。

贾庆林强调，国共两党交流对话平台对保持两岸关系发展的正确方向和良好势头发挥了不可替代的重要作用，新形势下应继续发挥好这一平台的作用，为巩固深化两岸关系和平发展创造更有利的条件，提供更有力的保障。

吴伯雄表示，在与胡锦涛总书记的会见中，双方就发展两岸关系达成了许多重要共识。两岸关系和平发展、台海和平稳定的形势得来不易，应当巩固成果，稳步向前推进。国共两党交流对话平台要继续保持下去。

国务院转发国家发改委《关于2012年深化经济体制改革重点工作的意见》

《关于2012年深化经济体制改革重点工作的意见》(以下简称《意见》)从十个方面提出了2012年的改革重点工作：一是加快财税体制改革；二是深化金融体制改革；三是深化资源性产品价格和环保体制改革；四是深化收入分配和社会保障制度改革；五是深化文化体制改革；六是深化教育科技医药卫生等社会体制改革；七是推进行政体制改革；八是完善统筹城乡发展体制机制；九是深化涉外经济体制改革；十是积极推进综合配套改革试点。

在坚持和完善基本经济制度方面，《意见》提出三个要点。

一是完善国有资产管理体制。深入推进国有经济战略性调整，健全国有资本有进有退、合理流动机制，优化国有资本战略布局。继续推进国有企业公司制股份制改革，加快建立现代企业制度。健全国有资本经营预算与收益分享制度，提高国有资本收益用于社会公共支出的比重。

二是按照政企分开、政资分开的要求，研究制定铁路体制改革方案。深化电力体制改革，稳步开展输配分开试点，促进形成分布式能源发电无歧视、无障碍上网新机制，制定出台农村电力体制改革指导意见。提出理顺煤电关系的改革思路和政策措施。扩大三网融合试点范围。深化省以下邮政监管体制改革。

三是抓紧完善鼓励引导民间投资健康发展的配套措施和实施细则。鼓励民间资本进入铁路、市政、金融、能源、电信、教育、医疗等领域，鼓励、引导民间资本进行重组联合和参与国有企业改革。完善扶持小型微型企业发展的财税金融政策，支持中小型企业上市融资，继续推进中小企业服务体系建设。深化流通体制改革。

《意见》提出，加快财税体制改革，稳步扩大营业税改征增值税试点行业和地区范围，适时扩大房产税试点范围；深化金融体制改革，积极培育面向小型微型企业和"三农"的小型金融机构，修订《贷款通则》，合理引导民间融资，深化利率市场化改革，健全新股发行制度和退市制度等。

《意见》还提出，深化资源性产品价格改革，稳妥推进电价改革，实施居民阶梯电价改革方案，深化成品油价格市场化改革，择机推出改革方案；深化收入分配和社会保障制度改革，抓紧制订收入分配制度改革总体方案，规范公务员津贴补贴制度，推进事业单位实施绩效工资制度，改革国有企业工资总额管理办法，加快研究城镇企业职工基础养老金全国统筹方案。

国务院副总理回良玉在徐州主持召开全国春季农业生产工作会议

会议全面部署春耕生产和农业农村工作。回良玉在会上强调，抓好春季农业生产，保障主要农产品有效供给，对于经济社会发展全局具有特别重要的意义。各地区、各部门要切实把握好稳中求进工作总基调，把春季农业生产作为当前农业农村工作的中心任务，大力加强田间管理，努力扩大春播面积，强化抗灾减灾措施，切实保障农资供应，充分发挥科技的支撑作用，千方百计夺取夏季粮油丰收，力争在连续八年增产增收基础上再创农业稳定发展、农民持续增收新佳绩。

回良玉指出，今年夏粮播种面积增加、播种质量好，冬麦区墒情普遍较好，苗情长势总体正常，春耕备耕基础较好。同时也要看到，春季农业生产也面临着天气剧烈波动、生产成本上涨、青壮年劳动力短缺等不利影响。对此，我们一定要保持清醒头脑，进一步增强责任感和紧迫感，立足于应对最复杂、最困难局面细化部署，立足于调动农民积极性强化政策，着力做好春季农业生产各项工作，努力实现全年农业生产良好开局。

回良玉强调，当前春耕生产正由南向北全面展开，各地区、各有关部门要迅速行动起来，关键是念好"好、抗、高、强、实"五字诀。一要坚持"好"字优先，坚决打好春季农业生产第一仗。要抓好春季田间管理，因时、因地、因苗、因墒落实好田间管理措施。抓好春播面积落实，调整农业生产结构，扩大市场紧缺品种种植。抓好春季植树造林，动员各方面力量参与造林绿化。二要坚持"抗"字当头，努力实现抗灾夺丰收。立足抗大灾、抗多灾，做好充分的应对准备，努力做到防在未发之时、避在危险之前、抗在关键时点、救在第一时间，最大限度减轻灾害损失。要提高灾害性天气预测预报的准确率和精细化水平，制定完善春旱、低温、倒春寒等防范预案。积极推广抗旱保春播技术，保证适时播种、应播尽播。继续做好黄河防凌汛和南方防春汛工作，强化动植物疫病防控和森林草原防火措施，大力加强农田水利建设，提高抗御旱涝灾害能力。三要坚持"高"字为要，充分发挥科技在农业生产中的支撑作用。要高标准、高要求推动春耕生产，加快推广防灾减灾高产高效关键技术，大规模开展高产创建，提高农业科技创新能力，提高基层农技推广服务能力，提高农民科学种养能力，提高春季农业生产科技水平。四要坚持"强"字固本，为春季农业生产提供有力保障。要强化政策支持，强化农机、信息、技术、代耕代种等农业社会化服务，强化种子、化肥、农药、柴油、电力等供应，努力保持春耕物资和服务价格基本稳定。五要坚持"实"字挂帅，着力抓好"三农"工作部署和强农惠农富农政策落实。要把抓落实作为硬任务硬本领硬要求，分解细化任务，明确时间表和责任人，加强督促检查，确保党的强农惠农富农政策走进千家万户、落实到田间地头。弘扬求真务实精神，转变工作作风，带着感情做好农业农村各项工作。认真安排好受灾群众和困难群众生活。

国家外汇管理局公布数据显示2011年我国外债余额为6949.97亿美元

2011年末，我国外债余额为6949.97亿美元(不包括香港特区、澳门特区和台湾地区对外负债)。其中，登记外债余额为4457.97亿美元，企业间贸易信贷余额为2492亿美元。其中，登记外债余额为4457.97亿美元，企业间贸易信贷余额为2492亿美元。

据初步计算，2011年，我国外债负债率为9.52%；债务率为33.31%；偿债率为1.72%；短期外债与外汇储备的比例为15.75%，均在国际公认的安全线之内。

在外债余额中，中长期外债(剩余期限)余额为1940.96亿美元；短期外债(剩余期限)余额为5009.01亿美元，其中，企业间贸易信贷占49.75%，银行贸易融资占24.26%，二者合计占短期外债(剩余期限)余额的74.01%，主要与我国近年来对外贸易的快速发展密切相关。

国务院副总理李克强在中南海紫光阁会见俄罗斯联邦总统事务管理局局长科任

李克强说，中方一贯坚持从战略高度和长远眼光重视发展中俄关系，始终将发展中俄关系作为中国外交的主要优先方向之一，愿同俄方一道，推动两国关系实现更大发展。

李克强指出，中俄都处在发展振兴的重要战略机遇期，面临相似的国际环境和挑战，务实合作空间广阔。希望两国加强各层次交往，深化经贸、能源、科技、地方等领域合作，不断扩大人文交流和民间交往，实现互利共赢。

科任表示愿同中方相关部门加强交往与合作，相互学习借鉴。

国务委员马凯在钓鱼台国宾馆会见俄罗斯联邦总统事务管理局局长科任

中央军委主席胡锦涛签署命令发布《中国人民解放军参加联合国维持和平行动条例(试行)》

《中国人民解放军参加联合国维持和平行动条例

(试行)》(以下简称《条例》)自2012年5月1日起施行。

《条例》着眼全面履行新世纪、新阶段我军历史使命,在科学总结我军参加联合国维和行动22年实践经验的基础上,对我军参加联合国维和行动作了系统规范,是新时期我军维和工作的基本遵循和依据。

《条例》涵盖我军参加联合国维和行动的各个方面和主要环节,主要包括总则、职责、派遣与回撤、教育与训练、管理和保障、奖励与处分等内容。《条例》明确规定,军队参加联合国维和行动是根据联合国决议和我国政府与联合国达成的协议,派出参加维和行动的部队和维和军事专业人员,进驻指定国家或地区,在联合国主导下,组织实施维持和平的行动。《条例》根据联合国维和任务实际和形势发展需要,界定了我军参加联合国维和行动担负的任务,明确了总部机关、军区和军兵种的有关职责分工。对派遣和回撤维和部队与军事专业人员的审批程序作了详细规定,对各类人员教育训练的组织实施和检查考核作出了明确规定,《条例》还对我军参加联合国维和行动的管理、保障和奖惩作了具体规范。

《条例》发布施行,对于推动我军参加联合国维和行动顺利开展,进一步加强我军参加联合国维和行动能力建设,展现我国爱和平、负责任的国际形象,展现我军和平之师的良好风貌,具有重要意义。

中共中央总书记胡锦涛致信祝贺中华书局成立100周年

中共中央总书记、国家主席、中央军委主席胡锦涛在贺信中指出,百年来,中华书局恪守传承文明职责,秉持守正出新宗旨,在一代又一代员工的不懈努力下,整理、出版了一大批古籍经典和学术新著,受到广大读者的普遍赞誉和充分信任,为弘扬中华文化、促进学术繁荣、提高民族素质、推动社会进步作出了重要贡献。

胡锦涛强调,优秀传统文化是中华民族的宝贵精神财富,是发展社会主义先进文化的深厚基础。希望中华书局以成立百年为新的起点,认真贯彻党的十七届六中全会精神,大力推进体制和机制创新,始终坚持古为今用、推陈出新的出版方向,继续保持笃实谨严、精审细校的科学态度,不断推出更多代表国家最高水准的优秀出版物,在传播中华民族优秀传统文化、建设社会主义文化强国的进程中再创新的辉煌。

中华书局成立100周年庆祝大会在人民大会堂举行

李长春在会见与会代表时指出,胡锦涛总书记的贺信充分肯定了中华书局长期以来作出的重要贡献,殷切希望中华书局进一步做好新形势下的出版工作,体现了党中央对中华书局的高度重视和亲切关怀。这也是对全国出版战线的巨大鼓舞和鞭策。李长春希望全国出版界,特别是中国出版集团公司和中华书局以学习贯彻胡锦涛总书记贺信为契机,兴起深入贯彻落实党的十七届六中全会精神新热潮,高举旗帜、围绕大局、服务人民、改革创新,坚持先进文化前进方向,不断创新体制机制,推进文化与科技相融合,进一步增强整体实力和市场竞争力,出版更多思想性、知识性、可读性相统一的优秀作品,更好地弘扬中华优秀文化,增强时代感和吸引力,推动中华文化走出去,在新的起点上再接再厉,以优异成绩迎接党的十八大胜利召开。

中央宣传部部长刘云山,国务委员刘延东出席大会。刘云山在会上讲话时希望中华书局和出版界按照胡锦涛总书记贺信提出的要求,认真贯彻党的十七届六中全会精神,树立高度的文化自觉和文化自信,以强烈的责任感、使命感,推动出版业实现新的发展、新的跨越。要坚守民族文化立场,珍视厚重的文化传统,更好地肩负起传播和弘扬中华优秀传统文化的历史责任。要把推进社会主义核心价值体系建设作为根本任务,塑造兴国之魂,礼赞高尚情操,更好地发挥引领社会发展进步的独特作用。要坚持以人民为中心的出版导向,推出更多思想性、知识性、可读性相统一的优秀出版物,更好地满足人民群众多样化的需求。要大力推进体制机制改革创新,加快转变发展方式,优化出版结构、合理配置资源,拓展发展优势和发展空间,不断增强出版业可持续发展能力。要进一步深化"走基层、转作风、改文风"活动,引导出版工作者在深入基层、深入群众中不断开阔视野、汲取营养、提升境界,弘扬职业精神和职业道德,为人民做出版、为社会出好书。

3月23日

国家主席胡锦涛在人民大会堂与印度尼西亚总统苏西洛举行会谈

胡锦涛表示,中方愿同印尼一道,结合各自发展战略和规划,从以下几个方面进一步深化两国战略伙伴关系。

一、加强战略沟通,增进睦邻互信。两国领导人可通过多种方式保持密切联系。两国政府要充分发挥各磋商机制的作用,加强在重大问题上的沟通与协调。两国立法机构、政党要加强对话交流。

二、扩大经贸合作,促进共同发展。双方要拓展合作领域,优化贸易结构,促进双边贸易快速平衡增长。中方支持印尼实施经济发展总体规划,将继续鼓励有实力、信誉好的中国企业积极参与印尼六大经济走廊建设，扩大对印尼的投资。中方愿同印尼加强油气、矿产、电力、清洁能源和可再生能源领域合作，与印尼建立长期可靠的能源合作伙伴关系。双方要继续加强在双边和中国与东盟框架下的农业合作。

三、深化防务安全合作，提升合作水平。双方要逐步扩大防务、安全合作，办好联演联训，增加互访交流，共同打击恐怖势力、跨国犯罪，维护各自国家和地区安全稳定。

四、拓展海上航天合作，丰富合作内涵。双方要以两国签署海上合作文件为契机，进一步推进海上合作。同时要努力推动两国航天合作取得积极进展。

五、扩大人文交流，夯实友好基础。双方要继续加强文教、媒体、青年、旅游等领域的交流合作，办好孔子学院和印尼研究中心，实施好百名青年交流项目，促进两国社会各界友好交往，使中印尼友谊深入人心，薪火相传。

六、加强国际地区合作，维护共同利益。中方重视并乐见印尼在国际和地区事务中发挥重要作用，愿同印尼加强在多边机制框架下的协调与配合，妥善应对全球性挑战和热点问题，推动国际秩序朝着更加公正合理的方向发展。

苏西洛表示，胡锦涛主席提出的上述六点建议将进一步推动两国关系全面发展，印尼方面完全赞同。印尼希望同中方保持密切高层交往和各级别、各领域对话磋商，推动务实合作取得更多互利共赢的成果。印尼欢迎中国企业扩大在印尼投资，参与印尼基础设施重大项目建设，他对提前实现 2015 年双边贸易额达到 800 亿美元的目标充满信心。印尼支持加强两国人文交流，特别是青年之间的交往，不断深化相互友好。印尼主张通过各国协商合作处理本地区事务，希望同中方加强在区域合作框架内的沟通协调，共同促进地区和平、稳定和繁荣。

会谈后，两国元首出席了关于海洋、禁毒、贸易、旅游等领域双边合作文件签字仪式。

全国人大常委会委员长吴邦国在北京与印度尼西亚总统苏西洛举行会谈

吴邦国在会见苏西洛时说，中国和印尼是隔海相望的友好邻邦。2005 年建立战略伙伴关系以来，在双方共同努力下，各领域合作逐步走向深入。在政治上，双方战略互信不断加强，在经济上，虽然受到国际金融危机的冲击，但经贸合作仍保持好的发展势头，在安全、人文等领域的交流也取得长足发展。中国印尼同为亚太地区具有重要影响的国家，又都是快速增长的新兴经济体，面临着相同的发展任务和外部环境，有必要进一步加强合作，共同应对挑战，促进共同发展。中方高度重视发展同印尼的关系，相信总统阁下此访将对两国关系持续发展产生新的推动。

吴邦国表示，近年来，中国全国人大与印尼国会、人民协商会议和地方代表理事会开展了很好的合作，为促进中国印尼战略伙伴关系的发展作出了积极贡献。希望双方发扬好的合作传统，服务两国关系深入发展的需要，顺应两国人民加强友好的愿望，密切往来，推动务实合作，为双方关系增添新的内容、注入新的活力。

苏西洛说，印尼愿进一步加强与中国全方位的友好合作，通过这种合作促进各自国内发展。他表示，印尼高度赞赏中国经济社会发展取得的成就，认为一个经济发展、社会稳定的中国对亚太地区乃至世界的和平、稳定、发展有重要意义。

国务院总理温家宝在北京与印度尼西亚总统苏西洛举行会谈

全国政协主席贾庆林在山东调研

3 月 23 日至 28 日，贾庆林先后来到潍坊、烟台、青岛等地，深入工厂企业、城乡社区、科研院所，与干部群众共商改革发展大计。

贾庆林在调研时强调，要认真贯彻中央的决策部署和全国两会精神，紧扣主题主线，坚持稳中求进的工作总基调，广泛凝聚各方面的智慧和力量，着力破解制约发展的突出问题，着力保障和改善民生，推动经济平稳较快发展和社会和谐稳定，以优异成绩迎接党的十八大胜利召开。

纪念韩光同志诞辰 100 周年座谈会在人民大会堂举行

中国人民银行与澳大利亚储备银行在北京签署本币互换协议互换 2000 亿元人民币

中国央行表示，协议的签署旨在加强双边金融合作，促进两国贸易和投资，共同维护地区金融稳定。澳大利亚央行发表声明称，该协议旨在促进中澳两国的投资和贸易往来，特别是以本币为计价单位的交易，并加强双方的金融合作。同时，还反映了两国间以人民币进行贸易结算和进行人民币计价投资的机会增加。

国家副主席习近平在人民大会堂分别会见以干事长舆石东为团长的日本民主党代表团和俄罗斯副总理苏尔科夫

在会见日本民主党代表团时，习近平说，40 年的发展历程给我们重要启示：一是要加强对话沟通，增进战略互信；二是要与时俱进，加强互利合作；三是要扩大人文交流，实现世代友好；四是要着眼共同利益，共同应对地区及全球性挑战。习近平强调，当前中日关系正站在新的起点上，面临进一步发展的新机遇，中方愿与日方一道，继往开来，共同推动中日关系长期健康稳定发展。

舆石东说，40年来，日中交流取得飞跃发展，各领域合作成效显著。日方愿同中方共同努力，推动日中战略互惠关系进一步发展。舆石东说，日中两党自2006年建立两党交流机制以来，开展了广泛的对话与交流。日本民主党愿通过这一机制与中国共产党进一步加强交流合作，促进日中两国关系深入发展。

在会见苏尔科夫时，习近平表示，中俄互为重要的战略协作伙伴，两国关系健康稳定发展是促进各自加快发展振兴的关键因素，是推动世界多极化、维护地区及世界和平稳定的主要积极因素。当前，中俄关系呈现积极发展势头，政治上互信互助，高层交往频繁，双边贸易额快速增长，在国际事务中保持密切协调配合。中方愿与俄方共同努力，紧紧围绕落实两国元首达成的中俄关系未来10年发展规划及一系列重要合作共识，保持中俄关系发展的连续性，加强在各领域包括科技创新领域的合作，推动中俄全面战略协作伙伴关系不断迈上新台阶，更好地造福两国人民，更好地维护地区及世界的和平、发展与稳定。

习近平表示，中俄今明两年互办"旅游年"，是两国元首着眼双边关系长远发展大局达成的重要共识，是继互办"国家年"和"语言年"之后举办的又一项国家级大型主题年活动，对双方相互展示各自丰富多彩的自然和人文旅游景观，加强人员往来，加深两国人民的传统友谊，促进本国经济发展具有重要意义。中方愿同俄方密切配合，广泛动员社会各界积极参与，有声有色地搞好中俄旅游年各项活动。相信在双方的共同努力下，中俄旅游年一定会取得圆满成功。

苏尔科夫首先热烈祝贺中国最近成功举行两会，全世界包括俄罗斯在内都非常关注中国的发展及其取得的成就。普京总理曾撰文明确表示，中国的发展对俄罗斯是机遇，有利于俄罗斯的发展。苏尔科夫说，完全赞同习副主席对中俄关系和"俄罗斯旅游年"的看法，俄罗斯坚定地致力于发展俄中全面战略协作伙伴关系，愿与中国加强在科技创新、旅游等各领域的务实合作，推动两国关系不断取得新的进步。

国家副主席习近平在人民大会堂会见参加中日民间交流活动的日本前首相鸠山由纪夫

习近平说，今年是中日邦交正常化40周年。两国领导人将今年确定为"中日国民交流友好年"，双方正在各领域各层次开展丰富多彩的交流活动。

习近平指出，在当前国际地区格局深刻演变、世界经济复苏缓慢形势下，中日既存在广泛的共同利益，也面临日益增多的共同挑战，中日关系对亚洲、对世界的重要性进一步上升。双方应全面加强在双边、地区和全球层面的对话、交流与合作，不断充实中日战略互惠关系的内涵，共同为亚洲和世界的和平、稳定与繁荣作出积极贡献。

鸠山由纪夫表示，希望双方在纪念日中邦交正常化40周年之际，重温两国老一辈领导人达成的重要共识，不断增进政治互信，积极推动日中民间友好交流，共同致力于推进中日韩和东亚一体化合作，推动日中关系不断向前发展。

国务院副总理王岐山在人民大会堂与俄罗斯副总理苏尔科夫举行会谈

王岐山表示，近年来，中俄全面战略协作伙伴关系持续快速发展，政治互信日益加深，经贸、能源、科技、人文等领域合作成果丰硕。双方在涉及主权、安全、发展等核心利益问题上相互坚定支持，在国际事务中密切协作。中方始终将发展中俄关系作为外交主要优先方向之一，愿与俄方共同努力，全面落实中俄关系未来10年发展规划，为中俄全面战略协作伙伴关系发展注入新的动力。

王岐山指出，中俄两国都是旅游大国，旅游资源丰富，旅游市场互补性强，旅游交流合作有着良好的传统和扎实的基础。当前中俄旅游合作正面临前所未有的发展机遇。中俄互办"旅游年"是继互办"国家年"、"语言年"之后又一主题年活动，必将进一步扩大两国消费需求，促进两国经济和就业增长，更好地造福于两国人民。希望双方密切配合，加强合作，共同把旅游培育成两国战略合作的新亮点，争取到2015年两国双向旅游人数突破500万人次。双方应加强旅游推介，深化旅游教育培训，扩大旅游双向投资，完善旅游安全保障机制，推动地方旅游合作。相信在双方共同努力下，中俄旅游年必将取得圆满成功。

王岐山表示，中俄两国均致力于推动经济转型，加快现代化建设。双方应加强科技创新合作，为两国经济发展提供强有力的科技支撑。

苏尔科夫表示，俄方高度重视俄中全面战略协作伙伴关系，愿深化与中方的全方位合作。相信俄中旅游年活动将推动两国经济和人文领域合作，增进相互理解。他完全赞同王岐山关于加强两国旅游合作的建议，希望更多的中国游客到俄罗斯旅游，欢迎中国企业赴俄罗斯投资旅游、基础设施项目，通过旅游合作带动两国高新技术领域合作，实现优势互补。

全国政协副主席杜青林在乌拉圭首都蒙得维的亚与乌拉圭总统穆希卡和副总统兼国会主席阿斯托里举行会谈

中组部部长李源潮在人民大会堂会见以干事长舆石东为团长的日本民主党代表团

国防部部长梁光烈在八一大楼会见瑞典三军总司令约兰松一行

梁光烈指出，随着两国关系的全面发展，中瑞两军关系不断向前迈进。两军保持高层互访势头，军事互信不断增强。希望双方在现有友好合作的基础上，加强专业领域的务实交流与合作，把两军友好合作关系提升到更高水平。

约兰松说，近年来瑞中两国关系得到了很好的发展，在经济、文化等诸多领域进行着广泛的交流与合作。瑞典重视发展对华关系。两军之间增进了解、加强合作对双方都非常重要。

3月24日

中共中央政治局常委李长春在北京与印度尼西亚总统苏西洛举行会谈

李长春说，2005年胡锦涛主席与总统阁下共同宣布两国建立战略伙伴关系以来，中印尼关系进入全面快速发展的新时期。中国和印尼都是重要的发展中大国，共同利益广泛，合作潜力巨大。中方高度重视对印尼关系，愿同印尼方一道，共同推动中印尼战略伙伴关系不断取得新的更大发展。

李长春说，政党交流是两国战略伙伴关系的重要组成部分。中国共产党愿与民主党领导的印尼执政联盟加强交流与合作，分享治国理政经验，为两国关系发展注入新的动力。人文合作是两国战略伙伴关系的重要基础。国之交在于民相亲，中方愿与印尼方一道，推进文化、体育、旅游、媒体合作，为两国关系发展奠定坚实的民意基础。

苏西洛表示说，印尼与中国战略伙伴关系的发展不仅对两国而且对亚太乃至世界都至关重要。青年是两国关系的未来，两国青年团互访是一个很好的创举，希望两国青年加强交流，增进了解，相互学习，取长补短，共同开创两国关系的美好未来。

中央纪委书记贺国强在吉林长春就学习贯彻全国两会和第十七届中央纪委第七次全会等重要会议精神进行调研

贺国强3月24日至25日在长春市调研时强调，要认真贯彻落实中央精神，紧紧抓住难得机遇，牢牢把握主题主线，充分发挥自身优势，统筹推进工业化、城镇化和农业现代化，加快推动东北地区老工业基地全面振兴。

考察期间，贺国强听取了吉林省委、省政府和省纪委的工作汇报，对吉林近年来的工作给予充分肯定。他说，中央实施振兴东北地区等老工业基地战略以来，经过包括吉林在内的东北地区的共同努力，东北振兴打了一个漂亮仗，应该说目前东北地区已进入了良性发展的轨道。他希望吉林切实抓住国家实施东北振兴"十二五"规划、支持长吉图开发开放先导区建设等宝贵机遇，统筹推进工业化、城镇化和农业现代化，进一步深化改革开放，保障和改善民生，维护社会和谐稳定，奋力谱写全面建设小康社会、加快推进社会主义现代化的新篇章。

2012全国企业管理创新大会在北京召开

中华人民共和国和印度尼西亚共和国发表联合声明

一、应中华人民共和国主席胡锦涛阁下的邀请，印度尼西亚共和国总统苏西洛·班邦·尤多约诺阁下于2012年3月22日至24日对中国进行国事访问。

二、中国政府和人民给予苏西洛总统及印尼代表团热情友好接待，高度评价苏西洛总统此访对深化中印尼战略伙伴关系的重要意义。

三、苏西洛总统对胡锦涛主席和中国政府与人民在其访问期间给予他和印尼代表团热情款待表示衷心感谢，这彰显了两国和两国人民间的持久友谊和全面合作。

四、访华期间，胡锦涛主席在北京同苏西洛总统举行了会谈，全国人大常委会委员长吴邦国和国务院总理温家宝分别会见了苏西洛总统，中共中央政治局常委李长春与苏西洛总统共同会见了两国青年代表，苏西洛总统还同中国知名企业家代表见面。中国清华大学向苏西洛总统授予荣誉博士学位，表彰他领导印尼为促进本国经济发展和本地区和平、稳定与发展所发挥的作用。

五、在会谈会见中，两国领导人对中印尼自2005年4月25日建立战略伙伴关系以来各领域合作取得的进展表示满意。双方承诺将中印尼战略伙伴关系提升到更高水平。

政治、防务和安全领域

六、双方重申将继续奉行相互尊重主权、独立和领土完整的原则。苏西洛总统重申印尼坚持一个中国政策，支持两岸关系和平发展和中国和平统一大业。胡锦涛主席赞赏印尼方立场，重申中国尊重和支持印尼为维护国家统一和领土主权完整所做的努力。

七、双方一致认为，应保持两国高层密切协调和磋商，继续完善现有各层级对话机制。2012年2月28日，中国国务院国务委员戴秉国与印尼政治法律安全统筹部部长苏扬托在北京一致同意将双边副总理级对话机制会议由两年一次增加为一年一次，两国领导人对此表示赞赏。双方还表示，将根据两国关系发展需要，积极探讨进一步充实该机制对话的内容。双方欢迎两国外交部长尽早共同主持召开双边合作联委会第二次会议。

八、在防务安全领域，双方欢迎并支持两国安全防务部门加强沟通与合作，同意推动落实联演联训、国防工业以及非传统安全领域的合作。中方欢迎印尼成立和平安全中心，表示愿积极支持在该中心设立汉语中心。

九、双方高兴地看到，两国在司法、执法领域合作取得进展，一致认为双方应积极推动《中国和印尼引渡条约》尽早生效，两国执法部门应进一步密切高层互访和业务团组交流，深化在打击跨国犯罪和恐怖主义、禁毒、执法能力建设领域以及在情报信息交流、案件协查、缉捕和遣返犯罪嫌疑人等方面的高效、务实合作，共同维护两国国内安全和社会稳定。

经济发展领域

十、双方对两国经济合作稳步推进表示满意，同意继续致力于扩大和深化双边经贸合作。双方还同意进一步发挥好现有中印尼经贸联委会机制作用，积极推进两国各类经济合作机制建设，并在必要时就经济事务举行更高级别的双边磋商，共同推动中印尼经贸合作长期健康顺利发展。

十一、在贸易领域，两国领导人高兴地看到，近年来双边贸易额稳步上升，对双方在2015年前实现800亿美元贸易目标表示乐观。双方重申愿继续加快实现双边贸易顺利、平衡、可持续发展进程。

十二、在投资领域，双方将继续鼓励两国企业增加和拓展双向投资。苏西洛总统欢迎中国企业在印尼增加投资，参与印尼产业能力建设。

十三、在基础设施领域，中方重申将继续参与印尼基础设施发展项目，特别是印尼2011—2025年经济发展总体规划包括的项目。

十四、在经贸规划合作方面，双方同意结合中国“十二五”规划和印尼2011—2025年经济发展总体规划共同编制《中印尼经贸合作五年规划》。两国经贸部门于2012年3月15日至16日召开中印尼经济合作工作组第一次会议，正式启动规划编制工作。

十五、在工业领域，双方同意全面积极落实两国在2006—2011年签署的各项产业合作协议。

海上合作领域

十六、双方积极评价两国在海洋领域进行富有成效的合作，欢迎两国签署海上合作谅解备忘录，同意成立海上合作委员会并启动两国海上合作基金。

十七、双方承诺继续加强在航行安全、海上安全、海军合作、海洋科研环保、海上搜救、船舶建造、海上能力建设和渔业等领域的合作，继续加强在国际海事组织等国际场合的协调与配合。双方同意共同推进“蓝色经济”，继续支持中印尼海洋与气候中心开展互利合作项目。

科技领域

十八、双方同意进一步发挥好两国科技联委会作用，不断深化在信息通信、农业、海洋渔业、生物科技和生物医药技术等领域的合作。

十九、中方感谢印尼长期支持中国远望号航天测量船赴印尼相关海域实施北斗导航卫星发射海上测控任务，重申将进一步加强两国航天合作，支持印尼航天技术发展。

粮食、水和能源安全

二十、双方对自然灾害和部分地区不断加剧的政治经济动荡给全球粮食、水和能源安全带来的影响深表关注。双方重申将继续加强双边合作与协调，共同应对粮食、水和能源安全问题。

二十一、在农业领域，双方同意加强在粮食生产及农产品质量安全领域的合作，并积极探讨在两国农业部2001年签署的农业合作谅解备忘录框架下开展务实合作。

二十二、在能源领域，鉴于平价的能源供应是两国实现可持续发展的必要条件，双方认为有必要保证能源安全。因此，双方同意进一步发挥好两国能源论坛作用，巩固和拓展在油气、矿产和电力等领域的合作，积极探讨开发新能源和可再生能源的合作机会。印尼方向中方介绍了印尼为完善矿产资源管理所作的努力，期待中国企业增加对印尼矿业的投资，并承诺将继续为包括中国投资者在内的外国投资者营造更加有利的投资环境。

二十三、在水安全领域，双方同意加强在水资源可持续管理、综合性水利枢纽开发、涉水灾害防御以及水处理方面的合作。

社会和文化领域

二十四、双方高兴地看到，两国在文化、教育、科技、旅游、档案和青年交流领域的合作取得进展，一致认为加强上述领域的合作将进一步深化相互了解与信任。

二十五、在文化领域，双方认为应进一步加强合作，促进两国文化产业方面的交流。双方同意建立两国部长牵头的人文交流合作机制。

二十六、在教育领域，双方积极评价孔子学院和印尼研究中心为促进中印尼文化交流和加强两国语言培训发挥的作用，表示将进一步加强两国教育机构间的合作，继续加强两国学生和教师交流。

二十七、在青年交流领域，双方欢迎2012年开展100名青年交流互访项目，并支持继续开展这一项目。

二十八、在旅游领域，双方认为两国在旅游领域合作潜力巨大，鼓励两国相关机构包括私营部门加强合作，增加互访游客人数，扩大对旅游业的投资，为两国游客提供便利。

二十九、在档案领域，双方同意进一步加强在文化遗产、历史文献和文献保护领域的合作。

国际和地区事务

三十、两国领导人还就共同关心的国际和地区问题交换意见，强调两国更紧密的伙伴关系对加强多边主义、促进地区和国际和平、稳定与经济发展具有重要意义。双方赞赏并相互支持彼此在全球和本地区发挥更大作用，重申加强伙伴关系，在双方共同关心的国际和地区问题上保持协调与配合，共同致力于本地区乃至世界的和平、稳定与繁荣。

三十一、两国领导人强调，中国和印尼有必要在以东盟为主导的地区合作框架下加强配合与协调。2011年中国和东盟共同庆祝建立对话关系20周年，双方高度评价中国—东盟战略伙伴关系取得的成就，承诺将推动中国—东盟自贸区建设、互联互通取得积极成果，不断拓展和深化中国同东盟在政治、安全、经济和社会文化等领域的合作。中方重申将坚定支持东盟一体化和共同体建设，支持东盟在区域合作中发挥主导作用，尊重各方在“10+3”、东亚峰会上达成的共识，包括《东亚峰会互利关系原则宣言》。

三十二、双方强调，各方已就《南海各方行为宣言》后续指针达成一致，这有利于继续维护南海地区和平、安全和稳定。各方应继续确保全面有效地落实《南海各方行为宣言》，用好中国—东盟海上合作基金，加强务实合作，并朝着在协商一致基础上最终制定“南海行为准则”而努力。

三十三、双方一致认为，建立东南亚无核武器区对维护本地区的和平和稳定具有重要意义。双方愿共同努力，推动《东南亚无核武器区条约》议定书早日签署。

三十四、双方支持有关各方推进六方会谈进程，全面均衡落实9·19共同声明所确定的各项目标。

三十五、双方欢迎缅甸取得的积极进展，强调保持这一势头具有重要意义，呼吁西方国家解除对缅甸的经济制裁，相信这将有助于缅甸促进社会和经济发展。

三十六、关于地区经济一体化，双方强调，本地区国家间加强互联互通和开展密切、互利、可持续的贸易与投资合作具有重要意义，双方将为此加强协调与合作。

三十七、双方对近期中东和北非局势表示关注，呼吁冲突各方立即停止一切暴力行动，通过包容性和平对话和政治协商寻求各方均可接受、反映各派意愿的解决办法。双方强调应根据《联合国宪章》的宗旨和原则以及相关国际法和国际准则实现上述目标。

三十八、双方对霍尔木兹海峡持续的紧张局势造成的影响深表关注，认为油价上涨将导致通胀压力上升，进而加剧发展中国家贫困问题，还将进一步恶化许多国家业已存在的高通胀问题。双方呼吁国际社会敦促有关各方保持最大限度的克制，采取措施缓解该地区紧张局势。

三十九、双方讨论了欧元区主权债务问题及其对全球经济的负面影响，承诺在这一问题上加强双边和包括国际货币基金组织、二十国集团、亚欧会议在内多边合作框架下的协调与合作。双方还将继续呼吁维护发展中国家的发展权。

四十、中方表示将全力支持印尼担任2013年亚太经合组织东道主。双方承诺将加强协调与配合，致力于实现茂物目标，并继续维护开放性地区主义，在发展中经济体和发达经济体制定的不同时间表内，继续保持本地区开放、自由的贸易和投资势头。考虑到各经济体发展程度不同，双方重申将加强合作，进一步加强经济技术合作，全面实现茂物目标。

四十一、会谈结束后，胡锦涛主席和苏西洛总统出席了下列合作文件的签字仪式：

(一)《中华人民共和国政府和印度尼西亚共和国政府海上合作谅解备忘录》

(二)《中华人民共和国政府和印度尼西亚共和国政府关于加强禁毒合作的谅解备忘录》

(三)《中华人民共和国国家档案局和印度尼西亚共和国国家档案馆档案合作谅解备忘录》

(四)《中华人民共和国海关总署和印度尼西亚中央统计局关于对外货物贸易统计数据交换的谅解备忘录》

(五)《中华人民共和国国家旅游局和印度尼西亚共和国旅游与创意经济部关于中国公民赴印度尼西亚旅游实施方案的谅解备忘录修订案》

(六)《中华人民共和国国家海洋局和印度尼西亚共和国海洋与渔业部关于发展中国—印尼海洋和气候中心的安排》

四十二、双方对苏西洛总统此次国事访问的成果表示满意，相信此访将为进一步增进双边关系、加强两国合作和提升中印尼战略伙伴关系奠定坚实基础。

2012年3月24日于北京

国务院副总理王岐山与俄罗斯副总理苏尔科夫在北京共同出席中俄旅游合作论坛开幕式并致辞

王岐山在致辞时表示，近年来，中俄全面战略协作伙伴关系发展势头良好，政治、经济、能源、科技、人文等各领域合作进展顺利。中国和俄罗斯都是旅游大国，两国旅游合作成果丰硕，合作机制不断完善，人员往来快速增长，旅游产业蓬勃发展。中国是俄罗斯第二大旅游客源国，俄罗斯已成为中国第三大旅游客源国。

王岐山表示，中俄两国旅游资源十分丰富，均拥有深厚的历史文化底蕴和奇异多彩的自然景观，旅游合作面临前所未有的发展机遇。中国政府已将旅游业确立为战略性支柱产业，正在推动旅游业加快转变发展方式，扩大对外开放，加强"软环境"和"硬环境"建设，提高旅游服务的质量和水平。俄罗斯政府也在通过完善基础设施、健全服务体系、设立旅游经济特区等措施，大力发展旅游产业。中俄双方应发挥各自优势，加强交流合作，把旅游业培育成中俄战略合作的新亮点。双方应以中俄互办"旅游年"为契机，调动企业和民众积极性，争取到2015年双向旅游人数突破500万人次；进一步扩大旅游市场开放，支持和鼓励有实力的企业到对方国家投资旅游业；加强青少年旅游交往，使中俄友谊薪火相传，世代友好；加强边境旅游政策沟通协调，拓展地方旅游合作；探索完善旅游投融资、宣传推广、中介服务、安全保障等合作机制，推动两国旅游合作向更高层次发展。

苏尔科夫表示，"俄罗斯旅游年"是今年俄中双边关系中的重要活动，将为深化俄中全面战略协作伙伴关系创造良好氛围。活动将使中国人民广泛了解俄罗斯历史文化和自然风光，感受俄罗斯人民的热情好客，让两国人民更加亲近。俄方希望通过本次旅游论坛活动，全面总结俄中旅游合作现状，推动两国旅游合作。两国可加强旅游宣介，完善便利旅游的签证政策，提升旅游专业人才水平，加强地方旅游合作，进一步开展青少年旅游交流项目，强化游客安全保障。

全国哲学社会科学规划领导小组会议在北京举行

中共中央政治局委员刘云山主持会议并讲话。会议强调，要认真贯彻落实中央关于哲学社会科学工作一系列重要指示精神，坚持正确导向、突出国家水准、注重科学管理、服务专家学者，充分发挥国家社科基金的示范引导作用，推动哲学社会科学研究繁荣发展。

会议认为，党的十六大以来，国家社科基金管理工作认真贯彻中央精神，注重服务经济社会发展，坚持以改革开放和社会主义现代化建设重大现实问题为主攻方向，重点资助体现国家发展战略需求的研究课题，在加快经济结构调整和转变经济发展方式、推进文化大发展大繁荣、改进创新社会管理以及加强党的建设等方面推出一批优秀成果，带动培养一批优秀人才，较好地发挥了社科界的思想库、智囊团作用。近些年，国家社科基金每年都有大幅增加，充分体现了党中央对哲学社会科学工作的高度重视，为繁荣发展哲学社会科学提供了有力保障。会议要求，一定要认真做好规划，突出资助重点，严格标准、严格程序、严格要求，加强项目研究全程管理，确保基金增长与使用效益同步提高。

刘云山指出，当前，我国发展进入一个新的阶段，贯彻落实党的十七届六中全会精神、推动社会主义文化大发展大繁荣，给哲学社会科学工作提供了难得机遇，也提出了更高要求。要深刻认识国家社科基金在推动哲学社会科学繁荣发展中的重要作用，牢固树立政治意识、大局意识、责任意识，进一步增强做好工作的责任感使命感，维护好国家社科基金品牌，增强公信力和权威性。要始终以改革创新精神谋划和推动工作，创新工作理念、拓展工作思路，大力实施哲学社会科学创新工程，切实提高工作科学化规范化水平，不断推出代表国家水准、具有世界影响、经得起实践和历史检验的优秀成果。要大力倡导理论联系实际的马克思主义学风，不断完善以现实问题为中心的研究机制，增强理论研究的针对性实效性，推动社科界形成关注现实、崇尚精品、讲求责任、注重诚信的学术风气。要运用多种载体宣传国家社科基金项目成果及其社会效益，宣传为哲学社会科学作出贡献的优秀人才，不断提升国家社科基金的社会影响力。要充分发挥工作优势和资源优势，吸引凝聚优秀人才，团结服务专家学者，发挥好党联系知识分子的桥梁纽带作用。

3月25日

国家主席胡锦涛抵达韩国首尔出席首尔核安全峰会

国家主席胡锦涛和夫人刘永清25日下午乘专机从北京启程赴韩国，开始为期8天的韩、印、柬亚洲三国之行。

首尔核安全峰会是2010年华盛顿核安全峰会的后续会议。这次峰会以加强核材料和核设施安全为主题，将全面回顾华盛顿峰会以来国际社会在核安全领域取得的进展，重点讨论加强核安全的国家措施和国际合作。50多个国家领导人和有关国际组织负责人将出席会议。

北京市政府与8省区市政府签署《食品安全联动协作机制备忘录》

备忘录的签署有利于构建“从农田到餐桌”的全程控制体系。

据了解，北京与各省区市加强协作的重点包括：互通不合格食品及案件信息；建立重大案件及跨区域案件协作机制；建立检测结果互认机制，为市场准入提供便利条件；建立技术协作关系，共同攻克食品安全领域的技术难题；携手实施“从农田到餐桌”的全过程监控和溯源管理；北京与各有关省区市企业开展产销对接、农超对接、农餐对接、场厂挂钩、场地挂钩等形式的产销直挂，降低流通成本；为进京生鲜食品运输车辆提供交通便利等。

中阿合作论坛第二届中国艺术节开幕式在巴林首都麦纳麦巴林文化中心举行

全国出版界个人最高奖——韬奋出版奖在北京揭晓

第十一届韬奋出版奖获奖者为：生活·读书·新知三联书店总经理樊希安、北京大学出版社社长王明舟、化学工业出版社总编辑潘正安、军事科学出版社编辑室主任潘宏、新世界出版社社长杨雨前、中国建筑工业出版社社长兼总编辑沈元勤、中国科技出版传媒集团党组书记向安全、中国青年出版总社总编辑胡守文、中国轻工业出版社副总编辑马静、中国社会新闻出版总社总编辑米有录、河北出版传媒集团副总经理张晨光、长春出版社社长杨德宏、上海文艺出版社总编辑郏宗培、青岛出版集团总经理吴宝安、湖南科学技术出版社科普·生活图书事业部主任孙桂均、新华文轩出版传媒有限责任公司总经理罗勇、妇女生活杂志社总编辑孟祥琴、湖南省新华书店有限责任公司董事长秦玉莲、人民军医出版社顾问杨磊石、广东省出版业协会副会长兼秘书长曾宪志。

据介绍，本届评选工作围绕本着有利于造就出版业名家大师和领军人物，有利于建设宏大的出版人才队伍，有利于促进新闻出版业的繁荣发展的理念展开，坚持评奖标准和评奖程序，先由各省区市新闻出版局或版协初评，中国出版协会组织专家复评，新闻出版总署相关负责人和中国出版协会副理事长组成评委会进行终评，最终从近百名候选人中评选出20名获奖者。

3月26日

国家主席胡锦涛在首尔会见韩国总统李明博

两国元首就中韩关系及共同关心的国际和地区问题深入交换意见，一致同意以建交20周年和举办中韩友好交流年为契机，推动中韩关系不断取得新的发展。

胡锦涛表示，今年是中韩建交20周年，也是中韩友好交流年。20年来，双方政治沟通顺畅，经贸合作扩大和深化，友好交流日益活跃，在多边事务中保持密切沟通和协调。希望双方在认真总结中韩关系发展历程和经验的基础上做好下一步发展规划，推动中韩关系在新的历史时期更上一层楼，不断取得新的发展。双方要重点做好3个方面工作。

一是加强政治和战略互信。加强高层交往，通过相关部门的战略对话等机制，就共同关心的双边及国际和地区重大问题加强沟通，坦诚相待，增进理解，扩大共识，相互照顾对方重大关切，牢牢把握两国友好合作大方向。

二是扩大两国务实合作。我们有信心提前实现到2015年双边贸易额3000亿美元的目标。双方应该加强宏观经济政策协调，确保各自经济和双边经贸合作平稳健康发展。加快推进中韩自由贸易区建设。中方欢迎韩方扩大对华高端制造业、现代服务业、现代农业、新兴产业的投资，支持通过建设产业园等方式实现韩国对华投资向规模化、集约化方向发展。中方将继续鼓励本国企业扩大对韩投资。

三是改善两国关系民意基础。充分利用中韩友好交流年、韩国访问年、丽水世博会等契机，举办形式多样、丰富多彩的活动，加强媒体交流，增进两国人民相互了解和友好感情。

李明博欢迎胡锦涛出席首尔核安全峰会，对中方对峰会的重视和支持表示感谢。

李明博表示，建交20年来，韩中关系发展迅速，特别是2008年两国确立战略合作伙伴关系后，双方高层交往频繁，经贸等领域合作成果丰硕，人文交流密切。韩方对中国发展抱有信心，期待着同中国建立更紧密、更强有力的战略伙伴关系，实现共同繁荣，为促进东北亚乃至世界和平与发展作出更大贡献。完全赞同胡锦涛主席提出的3点建议，韩方希望同中方加强战略对话，深化互信。韩方愿同中方早日启动两国自由贸易区谈判，并为中国企业在韩投资创造良好条件，早日实现两国经贸合作新目标。韩方愿以韩中友好交流年为契机，加深两国民间友好。

在听取了韩方对当前朝鲜半岛局势的看法后，胡锦涛强调，最近，朝鲜半岛局势又出现一些新情况，引起国际社会高度关注。我们同包括韩方在内的有关各方保持着密切沟通。目前，半岛局势非常复杂敏感，我们不希望看到来之不易的半岛缓和势头发生逆转。中方愿同各方一道，继续为维护半岛和平稳定作出积极努力。

国家主席胡锦涛在首尔会见美国总统奥巴马

胡锦涛表示，奥巴马总统就职3年来，中美关系总体保持稳定发展。两国在双边重要领域以及应对重大国际和地区问题上的协调和合作富有成效。特别是双方决定共同建设相互尊重、互利共赢的中美合作伙伴关系，为中美关系长远发展指明了方向。当前，国际形势继续发生深刻复杂变化，世界经济中的不稳定不确定因素仍然较多。维护中美合作伙伴关系建设大局，事关中美两国利益和两国人民福祉，也会对世界和平、稳定、繁荣产生重要影响。中方愿同美方一道，始终从战略高度和长远角度出发，不断加强对话、交流、合作，切实尊重彼此核心利益和重大关切，妥善处理分歧和敏感问题，推动中美关系沿着建设合作伙伴关系的正确轨道向前发展，更好造福两国人民和各国人民。

胡锦涛就两国关系发展提出4点建议。一是坚持合作伙伴关系大方向，坚持不懈推进合作伙伴关系建设。二是全方位拓展互利共赢的务实合作，努力开创多层次、宽领域、全方位务实合作，加强基础设施建设合作和地方合作，推动两国经贸关系向新的广度和深度发展。三是确保中美在亚太良性互动，中方尊重美方在亚太的存在和正当利益，欢迎美方在地区事务中发挥建设性作用；希望美方充分考虑中方利益关切并予切实尊重；双方应该加强沟通对话，努力实现合作共赢。四是继续为中美关系注入动力，采取更多灵活方式，确保两国高层及时开展高质量的战略沟通。中方欢迎美方今年来华举行新一轮中美战略与经济对话、人文交流高层磋商以及战略安全对话，就发展中美合作谈出新共识新举措。

关于中美经贸关系，胡锦涛强调，中美经贸合作的本质是互利共赢，一些经贸摩擦是在两国互利合作不断扩大和深化过程中发生的，应该在合作过程中以合作方式逐步解决。美国放宽高技术产品对华出口限制有利于扩大对华出口、拉动美国经济增长，也有利于平衡中美贸易，希望美方采取实际步骤。

关于人民币汇率，胡锦涛指出，2005年人民币汇率形成机制改革以来，人民币实际汇率已升值30%。美国贸易逆差和失业等结构性问题不是人民币汇率造成的，即使人民币大幅升值也解决不了美国经济面临的问题。中方将继续推进人民币汇率形成机制改革，更大程度发挥市场供求的调节作用，增强人民币汇率弹性，保持其在合理均衡水平上的基本稳定。

奥巴马表示，就任总统后，同胡锦涛主席已举行了11次会晤，这充分反映出双方对保持良好美中关系的高度重视。近年来，双方通过一系列高层交往和美中战略与经济对话等机制坦诚深入沟通，增进了互信，深化了合作，并以建设性方式有效处理分歧和摩擦，取得了积极成果，美方对此感到满意。美方期待着就双边及重大国际和地区问题同中方加强对话、协调、合作，促进互利共赢的伙伴关系，这对美中两国、对世界都至关重要。上个月，美中双方共同纪念了尼克松总统访华40周年。美方愿同中方继续一道努力，在下一个40年将美中关系建设得更好。

奥巴马表示，不久前，美中双方发表了《关于加强美中经济关系的联合情况说明》，证明美中通过接触对话可以推动两国经贸合作取得更多成果。美方正在着手解决美对华高技术产品出口限制问题，欢迎中国企业扩大对美国基础设施建设等领域的投资，并将采取更多便利措施。

双方就朝鲜宣布将发射卫星和当前朝鲜半岛局势深入交换了意见。在听取奥巴马介绍了美方立场后，胡锦涛强调，中方对事态发展表示关切和忧虑，呼吁有关各方着眼大局和长远，保持冷静克制，通过外交途径、以和平方式妥善解决有关问题，维护半岛及东北亚和平稳定，这符合各方共同利益。长期以来，中方为实现半岛无核化、维护半岛和平稳定作出了不懈努力。希望美朝继续接触对话，维护已达成的共识，改善相互关系。中方愿同有关各方保持密切沟通和协调，共同为维护地区和平稳定大局发挥建设性作用。

双方还就伊朗、叙利亚、南北苏丹等问题交换了意见。

国家主席胡锦涛在首尔会见南非总统祖马

胡锦涛强调，当前，国际形势正在经历深刻复杂变化。发展中大国加强团结协作、应对共同挑战比任何时候都更加重要，也更加紧迫。在双方共同签署的《北京宣言》指导下，中南全面战略伙伴关系蓬勃发展。双方高层交往密切，政治互信加深，经贸、人文、科技、旅游等领域的合作乘势而上。当前，中南关系发展面临良好历史机遇，中方愿同南方一道努力，从以下几方面着手，推进中南全面战略伙伴关系，使之成为发展中大国团结合作的典范。

一是扎实推进政治交往。保持高层交往势头，巩固在涉及彼此重大核心利益上的相互理解和支持。深化治国理政和发展经验的交流互鉴。

二是全面深化务实合作。结合各自发展规划和战略，加强在基础设施建设、金融、矿业、核电、新能源、汽车制造、农业等领域的互利合作。中方鼓励中国金融机构和企业扩大对南投资，积极参与南非基础设施建设和绿色经济、农业加工等项目。

三是积极促进人文交流。加强航空、旅游、文化等领域交流合作，扩大媒体、智库、非政府组织友好交往，增进两国人民相互了解和友谊。

祖马表示,发展南中关系,不仅可以造福两国,也利于非洲。南非高度重视发展同中国的全面战略伙伴关系,愿同中方一道,落实好《北京宣言》等各项共识,加强双方高层、党际、人文交往,推动各领域互利合作。南非正在实施大规模基础设施建设规划,欢迎中方积极参与。南方希望扩大高附加值产品对华出口。

胡锦涛赞赏南非在促进非洲和平与发展方面作出的重要贡献,表示中方坚定支持非洲国家联合自强和自主解决本地区问题的努力。中方将加强同非洲国家和非洲地区组织的团结合作,积极参与非洲国家跨国跨地区基础设施建设,在力所能及的范围内支持非洲区域经济一体化进程。中非合作论坛第五届部长级会议将于今年7月在中国举行,中方愿同包括南非在内的非洲国家一道,办好此次会议,推动中南和中非友好合作关系深入向前发展。

祖马表示,非洲国家高度赞赏中国支持和帮助非洲发展,感谢中国援建非洲国家联盟会议中心。南方将同中方密切配合,使中非合作论坛第五届部长级会议取得积极成果。

胡锦涛指出,中南两国在许多重大国际问题上有着共同利益,中方期待着同南方密切在联合国、二十国集团、金砖国家等重要国际组织和机制中的协调和合作,为提升发展中国家在国际舞台的集体力量和发言权、推动国际政治经济秩序朝着更加公正合理的方向发展作出更大贡献。

祖马表示,南方希望同中方加强在金砖国家等多边机制内的沟通协调,促进发展中国家团结合作,维护共同利益,实现共同发展。

国务院总理温家宝出席第五次廉政工作会议并讲话

温家宝强调,要全面贯彻落实中央关于党风廉政建设和反腐败斗争的决策部署,深化改革和加强制度建设,深入推进政务公开,创造条件让人民群众监督政府。

中共中央政治局常委、国务院副总理李克强,国务院副总理回良玉、王岐山,国务委员刘延东、梁光烈、孟建柱出席会议,国务委员马凯主持会议。

中共中央政治局常委、中央纪委书记贺国强,中共中央书记处书记何勇应邀出席会议。

温家宝指出,多年来,我们坚持在各项工作中全面贯彻反腐倡廉的要求,加强制度建设,坚持依法行政,推进政务公开,加强政风行风建设,加强领导干部廉洁从政监督管理,政府改革建设和反腐倡廉工作取得明显进展。十年来,国务院部门取消调整行政审批事项共计2183项,占原有总数的60.6%,地方政府取消调整的行政审批事项占原有总数的一半以上。国务院先后下发了《全面推进依法行政实施纲要》和《关于加强法治政府建设的意见》,制定行政法规和规章,除依法不能公开的,都向社会公开征求意见。实施《政府信息公开条例》,目前已有92个中央部门公开了部门预算,90个中央部门公开了部门决算,98个中央部门和部分省市公开了"三公"经费使用情况。2011年审计机关向社会发布预算执行及财政收支等方面审计结果公告8000多篇。查处了一批涉案金额巨大、影响恶劣的案件,严厉惩治了一批腐败分子。

温家宝强调,当前反腐倡廉建设与人民群众的期待仍有较大差距,腐败现象在行政权力集中的部门和资金资源管理权集中的领域易发多发,社会事业、国有企业等领域腐败案件逐渐增多,发生在领导干部中的腐败问题依然突出。温家宝强调,执政党的最大危险就是腐败。这个问题解决不好,政权的性质就可能改变,就会"人亡政息"。这是我们面临的一个极为严峻的重大考验。今年要重点抓好以下几方面工作。

(一)深入推进行政审批制度改革。对各部门和地方政府现有的管理职能和审批事项要逐一审核,再取消和调整一批审批事项。重点放开对社会资本投资的限制,打破垄断,扩大开放,公平准入,鼓励竞争。完善并严格执行审批项目设定和实施制度。没有法律、法规依据,任何行政机关不得设定或变相设定审批事项。加强对审批权力的监督制约,推进审批过程、结果公开,强化全过程监控。

(二)推进公共资源配置市场化改革。完善国有土地使用权和矿业权出让制度,整治国有建设用地出让中规避"招拍挂"、违反规定设置出让条件和领导干部插手干预等问题。深化政府采购制度改革。完善采购预算、招标投标、专家评审、供应商管理等制度。加快建设全国统一的电子化政府采购管理交易平台,实现政府采购业务全流程电子化操作。推进招标投标管理改革。整合各部门分散设立的招标投标市场,加快建立、健全统一规范的招投标和公共资源交易市场。

(三)深化财政管理体制改革。完善财政转移支付制度,逐步减少专项转移支付,扩大一般性转移支付规模。完善转移支付项目资金管理办法、资金分配过程和结果公开制度,以公开透明促进规范管理。深化部门预算管理制度改革。提高预算编制科学化、精细化水平,严格控制预算事项和支出调整。今年年底前县以上各级所有预算单位、有条件的乡级预算单位全部实行国库集中收付制度。大力推进预算决算公开。报送全国人大审查部门预算的国务院部门和单位,要公开全部预算决算表格，并细化到款级科目，教育、医疗卫生、社会保障和就业、“三农”、保障性住房等支出要细化到项级科目。

(四)推进行政经费使用管理改革。严格控制“三公”经费，今年继续实行零增长。禁止用公款购买香烟、高档酒和礼品。加强车辆编制管理，清理和规范越野车购置和使用。各单位公务接待费用、公务车购置和运行费用、出国出境经费要详细公开。严格控制行政机关、国有企业事业单位修建装修办公楼等楼堂馆所。禁止超标准使用和豪华装修办公室，禁止使用公款和利用机关影响购置、搜罗奇花异石和高档艺术品装饰办公区域。严格控制和规范庆典、研讨会、论坛等活动，国有及国有控股企业、国有金融机构不得赞助与企业经营无关的上述活动。

(五)加强行政机关和国有企业事业单位财务管理。扩大公务卡制度实施范围，今年年底前在各级政府及所属预算单位全面推行公务卡结算制度改革。加强现金管理，完善发票管理和财务报销制度。抓紧制定国有企业和金融机构负责人职务消费的禁止性规定。

(六)扎实抓好反腐倡廉长期性基础性工作。加强领导干部廉洁自律，严格执行领导干部报告个人有关事项制度、对配偶子女均已移居国(境)外的国家工作人员加强管理的制度。加强督促检查，研究推进领导干部报告个人有关事项在一定范围内公开。大力加强政风建设，突出整治行政机关懒散问题和不作为、乱作为等不良风气。采取切实有效措施解决会议多、文件长的问题。坚决纠正损害群众利益的不正之风。清理规范银行、电信、流通等领域服务收费。强化对农村土地权益保障和城乡征地拆迁的监管。认真解决保障性住房建设、分配、运营、管理等方面的问题。从严查处腐败案件。

温家宝强调，要把反腐倡廉建设与政府各项业务工作和制度建设紧密结合起来。严格落实党风廉政建设责任制，做到有部署、有督查、有落实。要进一步加强民主监督，对群众举报、社会舆论和新闻媒体反映的问题，要及时回应，认真调查核实，依法处理，结果要反馈或向社会公布。

国务院总理温家宝致电瓦努阿图总理基尔曼庆祝中瓦建交30周年

国家副主席习近平在钓鱼台国宾馆与爱尔兰总理肯尼举行会谈

外交部部长杨洁篪在首尔会见巴基斯坦外长希娜

我国是世界上渔船数量最多的国家

《人民日报》报道：我国现有渔船总数达106万艘，约占世界总数的1/4，其中海洋渔船总数达31.61万艘。但我国渔业装备落后，捕捞、加工方式落后，危旧渔船数量众多，关键设备均由国外进口。

农业部渔船检验局局长柳正表示，我国海洋渔业的现状与国家需求极不相称，海洋渔船呈现“五多五少”特征。即小型渔船多，大型船舶少；木质渔船多，钢质渔船少；老旧渔船多，新造渔船少，全国海洋渔船船龄普遍偏高，船龄10年以上的渔船占60.8%；沿岸渔船多，远海渔船少；能耗投入多，效益产出少，目前渔船燃油生产性成本投入已占捕捞总成本近70%。

3月27日

国家主席胡锦涛出席首尔核安全峰会并发表讲话

这次峰会以加强核材料和核设施安全为主题，回顾2010年华盛顿峰会以来取得的进展，重点讨论加强核安全国家措施和国际合作。53个国家和4个国际组织领导人或代表与会。

当地时间上午9时，会议开始。韩国总统李明博主持，与会领导人围绕议题发言。

胡锦涛在会上发表题为《深化合作，提高核安全水平》的讲话。

与会领导人在发言中介绍了各自看法和举措，一致认为，2010年华盛顿核安全峰会以来，国际社会在加强本国核安全、促进国际核合作方面取得积极进展。当前，国际核安全面临核恐怖主义等威胁，形势不容乐观。各方肯定首尔峰会重要意义，承诺集中政治意愿，加强协调合作，采取切实有效措施，包括帮助发展中国家提高核安全能力和技术水平，保护核设施安全，防止核材料流失和扩散，确保和平利用核能，维护世界和平与安全。

峰会发表了公报，重申各国承诺，并提出具体措施建议。下届核安全峰会2014年在荷兰举行。

国家主席胡锦涛在首尔核安全峰会上发表题为《深化合作，提高核安全水平》的讲话

尊敬的李明博总统，各位同事：

2010年在华盛顿举行的首届核安全峰会，凝聚了国际社会核安全共识，开启了合作应对核安全挑战新进程。两年来，各国在核安全领域取得积极进展，对核安全重要性的认识普遍提高，相关国际法框架日趋完善，国际合作不断深化，核材料和核设施安全状况大幅改善，应对核恐怖主义能力显著提升。

与此同时，我们面临的核安全形势依然严峻。国际形势中不稳定不确定因素有所增加。核材料流失和扩散风险有增无减,核恐怖主义威胁依然不容忽视。有效管控核能开发利用中的安全风险任重道远。

中国高度重视核安全,坚决反对核扩散和核恐怖主义。过去两年来,中国积极采取核安全措施,取得了新的阶段性成果。

——中国高度重视国家核安全能力建设。中国加大核安全投入,完善核安全法规体系,着力提高核安全管理水平。中国对全国核设施安全状况进行全面检查。中国加强核安全人力资源建设,建立全方位培训计划和多元化培训模式,培训本国核安全从业人员500多名。中国还加强放射源和放射性废物安全管理,推进国家放射源数据库建设。

——中国严格履行核安全国际义务。中国已经批准修订后的《核材料实物保护公约》和《制止核恐怖主义行为国际公约》,并根据公约要求加紧制定和完善相关配套法规,采取更严格的核材料保护措施。中国严格履行联合国安理会第1540号、第1887号等决议规定的义务,采取措施防范非国家行为者非法获取核及其他放射性材料。

——中国广泛开展核安全国际合作。中国支持国际原子能机构在核安全领域发挥中心作用,同该机构签署了核安全合作协议,在核安全法规标准、大型活动核安全、核安全能力建设和人员培训等领域开展了密切合作。在华建立核安全示范中心工作进展顺利,该中心具备人员培训、技术研发、国际交流等多项职能,涵盖核安全、保障监督、核材料管制、实物保护等多个领域。中国建成了海关辐射探测培训中心,防范核材料走私能力不断提高。在高浓铀研究堆改造、放射源安全、人员培训、核出口管制等方面,中国同一些国家也开展了卓有成效的合作。

——中国确保大型公众活动核安全。近年来,中国承办了上海世博会、广州亚运会等多项重大国际活动。为确保活动顺利进行,防范核恐怖活动,中国采取一系列有效措施,包括开发使用新型核安全装备,加大对相关场所核探测和检查力度等。

——中国积极对外提供核安全及核能安全援助。中国同国际原子能机构合作,多次在华举办地区性核安全培训班,为亚太地区10多个国家近百人提供培训。中国向国际原子能机构核安全基金捐款,用于支持中国和亚洲地区其他国家核安全能力建设。中国倡导建立了中日韩核电安全合作机制,为提升本地区核能安全和核安全水平作出了贡献。

今后,中国将进一步采取核安全措施,确保本国核材料和核设施安全,深入参与相关国际合作,将着重做好以下工作。我们将加强核安全措施,加大监督检查力度,排除安全隐患,提高整体核安全水平,履行有关国际公约,制定和完善配套法规体系,健全和优化核安全管理机制。我们将努力把本国的核安全示范中心建成技术交流和教育培训的地区中心,推动该中心同本地区其他示范中心开展合作互联,共同致力于提升本地区核安全水平。我们将支持国际原子能机构核安全工作,全面深化同国际原子能机构各领域合作,继续向国际原子能机构核安全基金捐款。我们将在做好本国高浓铀研究堆改造工作的同时,积极利用相关经验,帮助有需要的国家进行研究堆改造。我们将同各国分享中国在大型国际活动核安全方面积累的经验,确保公众安全。

各位同事,

只有各国通力合作,才能实现普遍核安全的共同目标。在此,我愿就新形势下增进核安全提出以下主张。

第一,坚持科学理性的核安全理念,增强核能发展信心。核能在保障能源安全、应对气候变化等方面具有不可替代的作用。我们应该正视核能安全风险,吸取核事故教训,采取有效措施,增强核能的安全性和可靠性,推动核能的安全、可持续发展。

第二,强化核安全能力建设,承担核安全国家责任。我们应该建立、健全核安全法律和监管体系,强化核应急队伍建设,加大研发投入,加强人员培训,为加强核安全提供制度保障,为应对紧急事态提供机制保障,为提高核安全水平提供技术保障,为增强核安全能力提供人力资源保障。

第三,深化国际交流合作,提升全球核安全水平。我们应该推进核安全国际法律文书的普遍性,并使其得到严格遵守和切实履行。要充分发挥国际原子能机构作用,推广核安全标准和规范,分享核安全先进经验和做法。要积极提供核安全援助,重点帮助发展中国家建立和完善核安全基础架构,提高核安全技术水平。

第四,标本兼顾、综合治理,消除核扩散及核恐怖主义根源。我们应该坚持联合国宪章宗旨和原则,坚持互信、互利、平等、协作的新安全观,坚持以和平方式解决热点问题和国际争端,为加强核安全营造有利国际环境。

各位同事!

实现核能全面和平利用,是国际社会的共同目标。为实现这一目标,中国将一如既往推动全面禁止和彻底销毁核武器,恪守不首先使用核武器政策,致力于国际核不扩散努力,支持各国和平利用核能权利。

实践证明,只有确保核安全,才能保障核能可持续发展。中方愿同国际社会一道,深化合作,努力提高全球核安全水平,为建设持久和平、共同繁荣的和谐世界作出应有贡献。

谢谢各位!

国家主席胡锦涛接受金砖国家媒体联合书面采访

在出席将于印度新德里举行的金砖国家领导人第四次会晤前夕,国家主席胡锦涛接受了金砖国家媒体巴西《商报》、《俄罗斯报》、《印度教徒报》、《人民日报》、南非《商业日报》联合书面采访。

问:金砖国家领导人第四次会晤将于3月28日至29日在印度新德里举行。中方对这次会晤有何期待?

答:金砖国家领导人第四次会晤是在国际形势继续发生深刻复杂变化、世界经济复苏面临不确定因素、新兴市场国家和发展中国家在国际事务中的地位和作用不断上升的背景下举行的,是金砖国家合作进程中的又一件大事。轮值主席国印度为筹备这次会晤做了大量富有成效的工作。中方愿同各成员国一道努力,推动会晤取得积极成果。

中方期待这次会晤继续体现金砖国家同舟共济、互利共赢的合作伙伴精神,继续就共同关心的国际经济、金融、发展事务及其他重大问题加强协调和合作,促进各领域务实合作,共同为世界经济稳定复苏传递信心,为加强全球经济治理提供动力,为促进全球共同发展贡献力量。我们也希望这次会晤能够加强金砖国家合作机制建设,规划未来合作,为金砖国家合作的长远发展夯实基础。

我期待着同其他金砖国家领导人在新德里会晤,共商合作大计,共创美好未来。

问:中方如何看待新兴市场国家和发展中国家实力增强对世界格局的影响?

答:当前,一大批新兴市场国家和发展中国家经济快速发展,成为维护世界和平、促进共同发展的重要力量。

这些国家坚持走和平发展、合作发展、和谐发展之路,是全球共同发展的重要组成部分,有利于世界经济更加平衡、国际关系更加合理、全球治理更加有效、世界和平更加持久。

2008年国际金融危机发生后,这些国家用自身发展带动全球经济复苏,在全球经济治理中的代表性和发言权不断增加,推动国际秩序朝着更加公平合理的方向发展。事实再次证明,没有新兴市场国家和发展中国家振兴,就没有世界的普遍繁荣;没有新兴市场国家和发展中国家安定,就没有世界的和平稳定。这些国家发展对世界格局的影响是建设性的。国际社会应该从长远角度和战略高度,积极看待并支持这些国家发展。

问:中方如何看待金砖国家合作发展势头、未来发展方向及在全球治理中的作用?金砖国家如何加强协调,维护发展中国家利益?

答:金砖国家是发展中国家利益的维护者和促进者,在合作中努力推动"南南合作"和"南北对话",推动落实联合国千年发展目标、早日实现多哈回合谈判发展回合授权的目标、增加发展中国家在全球经济治理中的发言权,反对各种形式的保护主义。金砖国家开展合作是经济全球化和国际关系民主化的客观要求,顺应和平、发展、合作的时代潮流,有利于建设一个持久和平、共同繁荣的和谐世界。

从叶卡捷琳堡到巴西利亚,从三亚到新德里,金砖国家领导人会晤机制不断完善,已经形成多层次、宽领域的合作架构。各成员国政治互信不断增强,在经济、金融、贸易、发展等诸多领域的务实合作不断深化,在重大国际事务中的沟通和协调不断加强,在全球治理中发挥了建设性作用。应当说,金砖国家合作基础牢固,潜力巨大,前景广阔。

中国始终把同包括金砖国家在内的新兴市场国家和发展中国家合作作为外交政策重点,坚定支持并积极参与金砖国家合作。我们愿同其他金砖国家携手努力,不断扩大利益共同点,提高合作水平,为促进人类和平与发展的崇高事业作出更大贡献。

问:中方如何看待金砖国家的务实合作?金砖国家合作机制建立后,迄今已取得哪些重要合作成果?在加强机制建设和务实合作方面,近期将提出哪些新的重要倡议?

答:务实合作是金砖国家合作的重要支撑。近年来,金砖国家务实合作从无到有,内涵不断丰富,形式日趋多样。这些合作符合各方共同利益,在各成员国有良好的经济、社会、民意基础。

过去一年,金砖国家积极落实《三亚宣言》行动计划,在金融、工商、卫生、农业、统计、科技、智库等各领域扩大合作,为各国人民带来了实实在在的好处,进一步巩固了金砖国家合作势头。

对金砖国家下一步的务实合作,中方认为可重点从两方面入手。一是强本固基,本着务实高效的原则,把当前的合作内容抓好抓实、打造品牌项目。二是开拓进取,根据金砖国家经济社会发展需要,适当探索新的合作领域,挖掘合作潜力,为金砖国家合作机制注入新活力。

我相信,只要各成员国继续遵循开放、团结、互助的原则,共同作出努力,金砖国家各领域务实合作一定能不断取得进展,造福各国人民。

问:中方如何评价中国同其他金砖国家的关系?南非去年加入金砖国家,中方如何看待南非这一新成员对金砖国家的贡献?

答：中国同金砖国家其他成员国都是战略伙伴。发展同金砖国家成员国的关系是中国外交政策的优先领域之一。

巴西是第一个同中国建立战略伙伴关系的发展中国家。近年来，两国高层交往频繁，政治互信不断增强，合作机制日臻完善，在重大国际和地区事务中保持密切沟通和协调。

中俄互为最大邻国和全面战略协作伙伴，两国关系始终保持健康稳定的良好发展势头。目前，双方正进一步积极落实两国领导人确定的中俄关系未来10年发展规划及达成的一系列重要合作共识和协议，两国各领域合作全面推进。

中印战略合作伙伴关系近年全面发展。作为两个互为邻国的发展中大国，中印关系持续健康稳定发展，不仅将造福两国人民，也有利于亚洲乃至世界的和平、稳定、繁荣。

中南两国人民有着深厚的传统友谊。建交以来，两国关系全面快速发展，两国政治、经贸、人文、国际事务等各领域合作成果丰硕，不仅惠及两国，也有力促进了中非关系和发展中国家团结合作。南非加入金砖国家使金砖国家的代表性更加广泛。

我期待着同其他金砖国家领导人在新德里会晤，就双边关系和共同关心的重大国际和地区问题交换看法。

国务院总理温家宝在人民大会堂与爱尔兰总理肯尼举行会谈

双方宣布建立中爱互惠战略伙伴关系。

温家宝说，中爱自1979年建交以来，两国关系不断密切和深化。双方在政治上相互尊重、平等相待，照顾彼此重大关切。中国在推进经济发展中，借鉴了许多爱方的经验，同时也为爱方提供了巨大的市场。中国已经成为爱尔兰在亚洲最大的贸易伙伴。面对深刻变化的国际政治经济格局和各种严峻挑战，双方要以建立互惠战略伙伴关系为契机，全面规划和推进各领域交流与合作，使中爱关系发展更多造福两国人民。

温家宝表示，中方欢迎爱方在实施新的“亚洲战略”中，将中国作为首要合作伙伴，相信通过不懈努力，中爱经贸合作定会取得新的成果。为此，一要发挥投资促进机制的作用，推动两国企业加强人员、信息交流，引导合作方向。中方重视爱方提出的“欧盟—中国门户”项目，希望欧盟与中方尽早启动投资协定谈判，为中欧投资合作提供有力的法律保障。二要在国际服务贸易领域加强交流，开展务实合作。欢迎爱方参加在北京举行的首届中国国际服务贸易交易会。三要完善科技合作机制，加大合作投入，扩大合作领域。中国政府支持双方以企业为主体，开展产学研合作，推进科研成果向产业转化。四要拓展在农业、文化、教育、环保、旅游、卫生等领域的交流与合作，丰富两国互惠战略伙伴关系内涵。

肯尼表示，爱中友好源远流长。近年来，两国关系保持了强劲发展势头，各领域交流合作不断深化，给双方带来实实在在的利益。爱尔兰正在进行一系列财政改革，促进经济增长，爱中合作面临新机遇。爱尔兰视中国为好朋友和重要合作伙伴，坚定奉行一个中国政策，愿与中方加强战略沟通，增进互信，扩大贸易、投资、科技、旅游、农业、文化、教育等领域的互利合作，推动爱中互惠战略伙伴关系不断向前发展。爱方重申支持欧盟承认中国完全市场经济地位和解除对华军售禁令，愿成为欧盟扩大同中国合作的门户。

会谈后，两国领导人出席了有关双边合作文件的签字仪式。

国务院总理温家宝在人民大会堂会见联合国—阿盟叙利亚危机联合特使安南

温家宝说，叙利亚危机给叙利亚人民带来了灾难，也影响了中东地区的和平稳定。日前安理会发表主席声明，阐明国际社会在叙利亚问题上的重大关切和共同意愿，吸纳了特使提出的六点建议，表示全力支持特使的努力。你临危受命，任重道远。中国政府将积极予以支持和配合，同国际社会一道，为斡旋取得成功创造有利条件。

温家宝表示，中方将加大对叙利亚政府和有关各方的工作力度，呼吁他们抓住当前的重要契机，以实际行动对特使斡旋作出积极回应，并信守承诺。

温家宝强调，当务之急是保障叙利亚平民的生命安全，各方要立即停止暴力行动，配合国际人道主义救援，为开启通过对话，和平解决叙利亚问题的进程奠定基础。

温家宝指出，实现叙利亚的长治久安，从根本上要靠顺应叙利亚人民的改革意愿，切实保障他们的合法权益，发展经济，改善民生。这需要叙利亚政府和国内各派、各界的共同努力。叙利亚的前途命运最终由叙利亚人民自己决定。

安南表示将与包括中国在内的国际社会保持密切沟通和协作，根据六点建议，加紧做叙利亚政府和反对派工作，尽快制止暴力行动，开启政治解决叙利亚问题的进程，切实保障叙利亚人民的根本利益，维护中东和平稳定。

国务院出台《关于落实〈政府工作报告〉重点工作部门分工的意见》

根据分工，国家发展和改革委员会、财政部、交通运输部等部门负责“搞好价格调控，防止物价反弹”工作。

住房和城乡建设部、发展改革委、财政部、国土资源部、人民银行、税务总局等负责“继续搞好房地产市场调控和保障性安居工程建设”。发展改革委、财政部等部门负责“深化收入分配制度改革”。

为保持物价总水平基本稳定，意见要求搞好价格调控，防止物价反弹。增加生产、保障供给。继续把抑制食品价格过快上涨作为稳定物价的重点。落实好“米袋子”省长负责制和“菜篮子”市长负责制，保障主要农产品供给。

意见还要求大中城市要有合理的菜地保有量，稳定和提高本地应季蔬菜自给水平，同周边地区和优势产区协作建设“菜篮子”产品基地。

国务院副总理王岐山在北京考察中关村非上市公司股份转让试点工作

王岐山强调，场外交易市场是多层次资本市场的重要组成部分。要按照“十二五”规划和全国金融工作会议的要求，把握好“稳中求进”的总基调，认真总结试点经验，加快推进体制机制改革和组织制度创新，探索建设场外交易市场，努力提高直接融资比重，优化金融结构，满足多元化投融资需求，更好地服务实体经济。

王岐山指出，我国资本市场诞生20多年来，发展快、变化大，成绩显著，特别是近几年相继推出创业板、股指期货和融资融券业务等，为促进经济社会全面发展发挥了重要作用。但要清醒地看到，我国资本市场发育还比较稚嫩，发展方式比较粗放，市场结构不合理，金融创新不足，直接金融发展滞后。当前，我国正处于工业化、城镇化加速期，为资本市场发育成长创造了难得的机遇。要着力转变金融发展方式，优化金融结构，充分发挥市场配置资源的基础性作用，更好地促进资本市场又好又快发展。

王岐山强调，中关村非上市公司股份转让试点以来，总体运行平稳。在试点过程中，主要面向广大中小企业特别是创新型、成长型中小企业，透明度高，准入门槛较低，同时坚持市场化原则，充分发挥行业自律组织、主办券商等各类市场主体的作用，积累了宝贵经验。要认真总结这些成功经验，继续完善市场监管、准入与退出、信息披露等基础性制度建设，为探索建立全国统一的场外交易市场创造条件。

王岐山强调，防范风险对于资本市场健康发展至关重要。要处理好政府与市场、创新与监管的关系，不断完善市场规则，明确监管职责，加强金融监管部门与地方政府的协调配合，打击违法和纠正违规行为，守住不发生系统性区域性金融风险的底线。

国务院任免国家工作人员

任命邱小平为人力资源和社会保障部副部长。

免去孙宝树的人力资源和社会保障部副部长职务。

国务院副总理李克强在中南海紫光阁会见美国苹果公司首席执行官蒂姆·库克

李克强说，当前，全球科技和产业正孕育新突破，世界经济要实现健康复苏和强劲、可持续、平衡增长，需要新技术、新产业的发展和成长。中国政府坚持把科技进步作为推动科学发展、加快转变经济发展方式的重要支撑，着力增强创新能力，注重培育发展战略性新兴产业，加快建设创新型国家。

李克强指出，经贸合作是中美建设相互尊重、互利共赢合作伙伴关系的重要基石。中国转方式、扩内需、科技创新等都是在扩大开放条件下进行的。中国将依法为中外资等各类企业平等竞争创造良好环境，加强知识产权保护。希望包括苹果公司在内的跨国企业拓展与中方合作，在推动产业转移中积极参与中西部地区发展，加强人文关怀，共同分享机遇。

库克表示将与中方深化全方位合作，依法诚信经营。

全国人大常委会副委员长陈至立在纽约分别会见联合国副秘书长 联合国妇女署执行主任巴切莱特和联合国开发计划署署长克拉克

国务院副总理王岐山在中南海会见出席第十八届中法经济研讨会的法国前总理拉法兰

国防部部长梁光烈在八一大楼与立陶宛国防部部长尤克内维奇涅举行会谈

全国造林绿化表彰动员大会在人民大会堂举行

中共中央政治局委员、国务院副总理、全国绿化委员会主任回良玉出席会议并讲话。

会议首先对为国土绿化工作作出突出贡献的先进集体和先进个人进行了表彰。回良玉指出，党中央、国务院历来高度重视造林绿化工作。党的十六大以来，中央作出了一系列加快林业改革发展的战略决策，采取了一系列强林惠林的政策措施，造林绿化取得举世瞩目的巨大成就。这10年是造林绿化事业地位提升最快、林业多种功能全面发挥的10年，是植树造林形势最好、国土绿化步伐全面加快的10年，是造林绿化事业改革力度最大、发展活力全面迸发的10年，是造林绿化资金投入最多、支持保护政策全面加强的10

年，是森林资源增长最快、造林绿化综合效益全面显现的10年。造林绿化事业的快速发展，初步遏制了生态状况整体恶化的趋势，为促进农民增收、繁荣农村经济发挥了重要作用，为维护国家生态安全、应对气候变化、促进经济社会可持续发展作出了重要贡献，进一步探索和拓宽了适合我国国情的造林绿化事业发展道路。

回良玉强调，目前我国仍然是一个缺林少绿、生态脆弱的国家，生态差距仍然是我国与发达国家存在差距的一个重要方面，生态问题仍然是制约我国可持续发展的一个突出因素，生态建设仍然是我国现代化建设的一个重大任务。我们要进一步增强责任感、紧迫感、使命感，抓住机遇，坚持把科学发展观的深刻内涵与造林绿化的自身规律紧密结合起来，把转变经济发展方式的总体要求与造林绿化的具体实践紧密结合起来，把建设资源节约型、环境友好型社会的重大任务与造林绿化的多种功能紧密结合起来，进一步提高造林绿化工作的针对性、有效性，努力把造林绿化提高到一个新的水平。

回良玉要求，继续坚持全国动员、全民动手、全社会办林业的基本方针，形成共同推进造林绿化的强大合力；继续推进林业重点工程建设，着力加强国土绿化的薄弱环节；继续加快转变林业发展方式，全面提高造林绿化的质量效益；继续加强森林资源保护，夯实造林绿化事业可持续发展的基础；继续深化林业改革，不断完善造林绿化事业发展的体制机制，努力推动造林绿化事业又好又快发展。

回良玉强调，当前我国部分地区降水持续偏少，森林火险等级居高不下，森林火灾时有发生。现在又正值春耕时节，农事活动频繁，野外用火增多；随着清明、“五一”的来临，祭祀、旅游人员增加，森林防火形势十分严峻。各地务必加强对森林防火工作的组织领导，认真落实责任，加强隐患排查，严格火源管理，做好预警监控和应急值守，抓好防火物资储备，做到火患早排除、火情早发现、火灾早处置，确保不发生重大森林火灾，确保不发生重大人员伤亡。

3月28日

国家主席胡锦涛在新德里出席金砖国家领导人第四次会晤

这次金砖国家领导人会晤的主题是“金砖国家致力于全球稳定、安全和繁荣的伙伴关系”。胡锦涛将就全球治理、可持续发展、金砖国家合作等问题阐述中方立场，并同与会领导人深入交换意见。会晤期间，胡锦涛还将会见其他金砖国家领导人。

国家主席胡锦涛在新德里会见俄罗斯总统梅德韦杰夫

胡锦涛表示，中俄双方去年共同确定了未来10年中俄关系发展方向和目标，并制定两国各领域合作规划，为中俄全面战略协作伙伴关系发展注入了新的动力。两国各领域务实合作硕果累累，促进了两国发展繁荣。

胡锦涛强调，当前国际形势更加复杂多变，希望双方更加积极落实重要合作共识，保持高层密切交往，加大相互政治支持，确保各领域合作机制顺畅运转，推进经贸、能源、航天、高技术、地方、人文等重点领域大型项目合作，办好中俄旅游年，扩大青少年交流，加强在国际事务中的协调配合。

梅德韦杰夫表示，俄中关系是名副其实的全面战略协作伙伴关系。两国领导人交往频繁，就双边关系及重大问题及时交换看法，对确保两国关系发展的正确方向非常重要。俄方愿同中方保持定期高层互访和会晤，密切沟通交流。《〈俄中睦邻友好合作条约〉实施纲要（2009年至2012年）》执行良好，去年两国贸易额再创新高，能源合作进展顺利，重大石油、核电项目正常运行。俄方对实现两国贸易额2015年1000亿美元、2020年2000亿美元的目标有信心。俄方愿同中方落实好地区合作纲要，搞好俄中旅游年，加深相互了解和友谊。

胡锦涛表示，今年将在中国举行的上海合作组织峰会是本组织发展进入第二个10年的首届峰会，具有承前启后的重要意义。中方高度重视，愿同俄方密切沟通配合，推动峰会在规划组织未来发展和务实合作等方面取得更多新成果。

两国元首就朝鲜半岛局势交换了意见。胡锦涛指出，中俄在维护半岛和地区和平稳定方面有共同立场。前一段，双方一直就此保持密切沟通协调，积极作有关各方工作。当前，半岛形势十分复杂敏感，中方愿同俄方继续密切配合，敦促有关各方保持冷静克制，推动各方通过对话接触缓和和改善关系，维护半岛和平稳定大局。

梅德韦杰夫表示，俄方对朝鲜半岛局势看法同中方一致。有关各方应该保持冷静克制，通过接触对话，维护半岛和地区和平稳定。俄方将继续同中方保持密切沟通协调。

关于叙利亚问题，胡锦涛强调，中俄双方都主张充分尊重叙利亚主权、独立、统一、领土完整，尊重叙利亚人民的自主选择。中方愿同俄方加强沟通协调，坚持通过政治对话和平解决叙利亚问题的方向，支持联合国—阿盟叙利亚危机联合特使安南的斡旋努力。中方愿同俄方及国际社会一道，为妥善解决叙利亚问题发挥建设性作用。

梅德韦杰夫表示,俄中在叙利亚问题上保持了密切沟通协调,采取了公正合理和一致立场。俄方将同中方一道,推动立即停止暴力,防止紧张局势进一步升级,敦促叙利亚政府及各派别以和平方式解决问题。

两国元首表示愿共同努力,推动即将举行的金砖国家领导人第四次会晤取得积极成果,加强成员国务实合作及在国际事务中协调配合,对外发出团结、信心、共赢的信号。

双方还就伊朗等问题交换了意见。

国家主席胡锦涛在新德里出席印度总统帕蒂尔为金砖国家领导人举行的文艺晚会

全国人大常委会委员长吴邦国在人民大会堂会见爱尔兰总理肯尼

吴邦国说,中方赞赏爱方坚定奉行一个中国政策,积极推动中欧关系发展。希望双方认真落实达成的合作共识,挖掘合作潜力,努力将两国的技术、资金和市场优势转化为合作成果,提升务实合作规模和水平。相信在双方共同努力下,中爱关系一定会发展得更好。

吴邦国表示,中国全国人大与爱尔兰议会的关系是中爱互惠战略伙伴关系的重要组成部分。希望双方继续开展多层次多渠道的友好往来,加强议会领导人、专门委员会之间的交流互访,深化治国理政、民主法制建设等方面的交流互鉴,为加深相互了解、增进人民之间的友谊、推动务实合作贡献智慧和力量。吴邦国还应询介绍了中国近年来民主法制建设和实施“十二五”规划的有关情况。

肯尼说,爱中互惠战略伙伴关系的建立为两国合作开辟了新的广阔空间。爱方愿与中方密切配合,将双方达成的合作共识落到实处,全面加强包括议会交流在内的各领域友好合作,造福两国人民。爱尔兰将继续为推动欧中关系发展发挥积极作用。

国务院总理温家宝在北京主持召开国务院第七次全体会议

会议决定任命梁振英为香港特别行政区第四任行政长官。

会议审议了香港特别行政区政府关于选举梁振英为香港特别行政区第四任行政长官人选的报告,听取了国务院港澳事务办公室主任王光亚关于香港特别行政区第四任行政长官人选产生过程的汇报。

温家宝总理在会上作了讲话。他指出,香港特别行政区第四任行政长官选举是依法进行的,符合香港特别行政区基本法和有关法律的规定。梁振英先生的当选,反映了香港社会对他的认同、信任和期望。

温家宝说,中央政府将坚定不移地贯彻“一国两制”、“港人治港”、高度自治的方针,全力支持行政长官和特区政府依法施政,支持特区政府积极应对国际经济风险挑战,维护香港经济金融稳定和长期繁荣发展。相信梁振英先生就任行政长官后,一定会带领香港特区政府,紧密团结香港各界人士,继往开来,齐心协力,努力发展经济,改善民生,推进民主,保持社会和谐,把香港建设得更加美好。

国务院总理温家宝签署第616号令任命梁振英为香港特别行政区第四任行政长官

依照《中华人民共和国香港特别行政区基本法》的有关规定,根据香港特别行政区行政长官选举委员会选举产生的人选,任命梁振英为中华人民共和国香港特别行政区第四任行政长官,于2012年7月1日就职。

总　理　温家宝

2012年3月28日

国务院总理温家宝在北京主持召开国务院常务会议决定设立温州市金融综合改革试验区

会议指出,温州市民营经济发达,民间资金充裕,民间金融活跃。近年来,温州部分中小企业出现资金链断裂和企业主出走现象,对经济和社会稳定造成一定影响。开展金融综合改革,切实解决温州经济发展存在的突出问题,引导民间融资规范发展,提升金融服务实体经济的能力,不仅对温州的健康发展至关重要,而且对全国的金融改革和经济发展具有重要的探索意义。会议批准实施《浙江省温州市金融综合改革试验区总体方案》,要求通过体制机制创新,构建与经济社会发展相匹配的多元化金融体系,使金融服务明显改进,防范和化解金融风险能力明显增强,金融环境明显优化,为全国金融改革提供经验。

会议确定了温州市金融综合改革的十二项主要任务:(一)规范发展民间融资。制定规范民间融资的管理办法,建立民间融资备案管理制度,建立、健全民间融资监测体系。(二)加快发展新型金融组织。鼓励和支持民间资金参与地方金融机构改革,依法发起设立或参股村镇银行、贷款公司、农村资金互助社等新型金融组织。符合条件的小额贷款公司可改制为村镇银行。(三)发展专业资产管理机构。引导民间资金依法设立创业投资企业、股权投资企业及相关投资管理机构。(四)研究开展个人境外直接投资试点,探索建立规范便捷的直接投资渠道。(五)深化地方金融机构改革。鼓励国有银行和股份制银行在符合条件的前提下设立小企业信贷专营机构。支持金融租赁公司等非银行金融机构开展业务。推进农村合作金融机构股份制改造。(六)创新发展面向小微企业和“三农”的金融产品与服务,探索建立多层次金融服务体系。鼓励温州辖区内各银行机构加大对小微企业的信贷支持。支持发展面向小微企业和“三农”的融资租赁企业。建立小微企业融资综合服务中心。(七)培育发展地方资本市场。依法合规开展非上市公司股份转让及技术、文化等产权交易。(八)积极发展各类债券产品。推动更多企业尤其是小微企业通过债券市场融资。建立、健全小微企业再担保体系。(九)拓宽保险服务领域,创新发展服务于专业市场和产业集群的保险产品,鼓励和支持商业保险参与社会保障体系建设。(十)加强社会信用体系建设。推进政务诚信、商务诚信、社会诚信和司法公信建设,推动小微企业和农村信用体系建设。加强信用市场监管。(十一)完善地方金融管理体制,防止出现监管真空,防范系统性风险和区域性风险。建立金融业综合统计制度,加强监测预警。(十二)建立金融综合改革风险防范机制。清晰界定地方金融管理的职责边界,强化和落实地方政府处置金融风险和维护地方金融稳定的责任。

会议强调,温州金融综合改革意义重大。浙江省和温州市政府要高度重视,加强组织领导,积极稳妥、深入细致地做好工作。浙江省要成立工作组具体负责实施改革方案。人民银行会同有关部门,要加强指导、协调和监管,随时注意总结经验。

国务院总理温家宝在北京主持召开国务院常务会议研究加强进口促进对外贸易平衡发展的政策措施

会议指出,随着资源环境约束日益强化和人民生活水平不断提高,我国对外贸易需要在保持出口稳定增长的同时,更加重视进口,适当扩大进口规模。这对于统筹利用国内外两个市场、两种资源,缓解资源环境瓶颈压力,加快科技进步和创新,改善居民消费水平,减少贸易摩擦,都具有重要的战略意义。要坚持进口与出口协调发展的原则,优化进口结构,稳定和引导大宗商品进口,积极扩大先进技术设备、关键零部件和能源原材料进口,适度扩大消费品进口。

会议确定了加强进口的政策措施:一是调整部分商品进口关税。以暂定税率的方式,降低部分能源原材料进口关税,降低部分与人民群众生活密切相关生活用品的进口关税,降低初级能源原材料及战略性新兴产业所需国内不能生产或性能不能满足需要的关键零部件进口关税。继续落实对自最不发达国家部分商品进口零关税待遇,加快降税进程,进一步扩大零关税商品范围。结合自由贸易区降税安排,引导企业扩大从自由贸易区成员方的进口。二是提供多元化融资便利。鼓励商业银行开展进口信贷业务,支持先进技术设备、关键零部件和能源原材料的进口。鼓励政策性银行对高新技术产品和资源类商品进口提供政策性金融支持。拓宽进口企业融资渠道。鼓励商业保险公司推出有利于扩大进口的保险产品和服务。加强和改善跨境贸易人民币结算工作。三是提高贸易便利化水平。口岸及海关特殊监管区域所在地的海关和出入境检验检疫机构实行工作日24小时预约通关和报检。清理进口环节不合理收费,规范收费行为。继续推进“大通关”建设,加快电子口岸建设。四是完善管理措施。清理进口环节的不合理限制与措施,降低进口环节交易成本。支持企业通过海关特殊监管区域和保税监管场所扩大相关商品进口。加强产业损害预警机制建设,完善进口商品质量安全风险预警与快速反应监管体系。

会议要求各地区、各有关部门加强组织领导,强化信息通报和政策协调,促进对外贸易持续健康发展。

中华人民共和国和爱尔兰发表关于建立互惠战略伙伴关系的联合声明

应中华人民共和国国务院总理温家宝的邀请,爱尔兰总理恩达·肯尼于2012年3月25日至29日对中国进行了正式访问。

访问期间,温家宝总理同肯尼总理举行了会谈,中国全国人民代表大会常务委员会委员长吴邦国、国家副主席习近平分别会见。

双方领导人回顾了1979年两国建交以来双边关系取得的长足发展及各领域合作的丰富成果,一致认为拓展和深化中爱关系符合两国人民的共同愿望和根本利益,有助于进一步增进两国务实、有效和富有成果的合作,推动两国关系向前发展。双方决定在现有良好关系的基础上,建立涵盖政治、经济、贸易、投资、食品和农业、文化、科技、教育、旅游和服务业等领域的互惠战略伙伴关系,并在今后重点加强以下合作:

一、双方一致同意保持高层交往势头,并强调其对双边关系的重要引领作用,扩大两国政府、立法机构、政党等在各个层级上的友好交流与合作,不断增进相互理解与信任,深化平等互信的政治关系。

双方将加强政治和经济领域对话,并推动中国外交部和爱尔兰外交和贸易部开展更为密切的磋商与合作。

双方表示,尊重彼此根据本国国情选择的发展道路和内外政策,以及对方国家主权和领土完整,照顾彼此核心利益和关切,确保两国关系长期健康稳定发展。

爱方重申,将继续坚定不移地奉行一个中国政策,反对任何损害中国领土完整的言论和主张,不支持台湾加入仅限主权国家参加的国际组织，支持两岸关系和平发展，支持中国实现和平统一大业。中方对此表示赞赏。

双方重申，将继续致力于尊重和保障人权，愿在相互平等和相互尊重的基础上，开展治国理政、民主法制建设方面的经验交流。

二、双方强调，将本着互惠互利的原则，深化两国经贸务实合作，优势互补，扩大双向贸易投资。

双方将充分发挥中爱经贸科技混委会作用，为两国企业交流合作提供更加优质的服务。拓展中爱服务贸易领域合作水平，进一步加强双方中小企业合作，鼓励有实力的本国企业赴对方国家投资兴业，并为对方企业提供便利。

三、双方愿进一步加强两国在科技、卫生及农业(包括食品和农业经济)、信息通信技术、软件业、金融服务等重要产业的合作，在生命科学领域共建中爱产学研合作联盟。

四、双方致力于进一步扩大两国人文交流。鼓励两国文化艺术机构开展互惠交流合作；继续加强双方在语言教学领域的合作，支持本国学生赴对方高校学习；促进双方联合培养高层次人才(博士和博士后)，欢迎两国高校及科研机构开展联合研究。爱方欢迎并支持在爱设立孔子学院和孔子课堂。

五、双方致力于推动中欧全面战略伙伴关系的发展。爱方支持欧盟尽早承认中国完全市场经济地位，重申爱尔兰坚持自由贸易的坚定立场。考虑到欧盟现有相关机制及近年来欧盟理事会的有关决议，爱方表示支持旨在解除欧盟对华军售禁令的努力。中方赞赏爱方坚持自由贸易的立场，期待中欧关系在爱尔兰2013年上半年担任欧盟轮值主席国期间取得新的发展。

六、中方注意到爱尔兰近年来为应对和解决爱主权债务问题挑战所采取的建设性举措，欢迎爱方促进其经济复苏的努力。

七、双方完全支持建立在公平、公正和规则基础上的多边国际体系，支持联合国在维护世界和平、促进共同发展、推动国际合作方面发挥核心作用，支持所有国家不分大小在国际事务中均发挥建设性作用。双方主张尊重《联合国宪章》的宗旨和原则，维护联合国的权威和作用。双方愿加强在联合国及其他国际组织中的协调与合作，赞赏对方积极派员参与联合国维和行动，并表示愿就此加强沟通与合作。中方支持爱尔兰在国际事务中发挥积极作用。

2012年3月28日于北京

第二次金砖国家经贸部长会议在新德里举行

我国商务部部长陈德铭，印度商工部部长夏尔马，南非贸工部部长戴维斯，巴西外交部部长帕特里奥塔，工业和贸易部部长皮蒙特尔，俄罗斯经济发展部部长纳比乌琳娜出席会议。本次会议主要有三项议题：一是审议经贸联络组报告；二是讨论多边议题，包括各国经济发展概况、全球经济形势及对贸易投资的影响、多哈回合谈判现状和前景、金砖国家在二十国集团等多边机制中的合作；三是探讨深化金砖国家经贸合作。

陈德铭在会上就利用好金砖国家合作机制扩大经贸合作提出四点倡议。一是完善市场环境，提高贸易投资便利化水平，努力消除各种贸易投资壁垒，共同推进通关便利化，大力发展电子商务，扩大本币结算范围。二是搭建更多平台，促进各种形式的经贸往来，支持其他成员到本国开展贸易投资促进活动，也可针对第三国市场开展合资生产。三是推动中小企业合作，为扩大中小企业交流与合作提供有利条件。中方愿与金砖国家积极探讨合作设立工业园区等有利扩大双向投资的方式。四是积极开展科技合作与产业合作。

金砖国家部长们评估了全球经济形势，并关切地注意到许多国家面临的经济困境，强调各方需加强政策协调，以实现全球经济的稳定、繁荣。鉴此，部长们强调有必要抵制保护主义倾向，并推动国际贸易成为经济增长和发展的引擎，同时尊重发展中国家现有的符合世贸组织规则的政策空间，帮助其实现增长、发展和稳定的正当目标。部长们注意到部分发达国家实行的农业补贴继续扭曲贸易并破坏了发展中国家特别是最不发达国家的粮食安全和发展前景，敦促各方避免此种形式的保护主义。

国家副主席习近平在人民大会堂与阿联酋阿布扎比王储穆罕默德举行会谈

习近平表示，在当前国际形势下，中阿在发展各自经济、促进世界和地区和平发展方面拥有广泛共同利益和巨大合作潜力。中方赞赏阿方对发展对华关系的积极态度，愿同阿方共同努力，以两国建立战略伙伴关系为契机，全面提升中阿友好合作水平。一是要巩固政治互信，密切协调配合；二是要深化能源合作，夯实战略基础；三是要加强经贸合作，造福两国人民；四是要促进人文交流，扩大民间交往，为中阿友好奠定更加坚实的基础。

穆罕默德表示，阿中伙伴关系是战略性、长期的，两国始终相互尊重、真诚友好，近年来友好合作关系全面深入发展。阿支持中国的统一大业，对中国在国际特别是中东地区事务中发挥的重要作用表示赞赏和感到高兴。阿方认为，两国合作空间广阔，前景光明。阿方愿同中方共同努力，进一步加强在经贸、能源、教育、文化和地区事务等各领域的合作，把两国关系建成国与国之间友好合作的典范。

全国人大常委会副委员长陈至立在华盛顿与美国国务卿希拉里·克林顿共同出席第三届中美妇女领导者交流与对话会

陈至立说，两国关系在两国各领域交流中的作用日益凸显。去年在中美人文交流高层磋商机制框架下启动的“中美妇女领导者交流与对话”，掀开了两国妇女交流与合作的崭新一页，为促进两国友好交流与合作注入了新的活力，并已成为机制中十分积极活跃的交流平台。她表示，妇女作为母亲，更渴望世界和平进步，有更多的共同语言，更易相互沟通与理解。妇女间的广泛交流定能为加强两国人民的了解与理解，促进两国相互尊重、互利共赢的合作伙伴关系健康稳定向前发展增添不竭动力。

希拉里·克林顿感谢陈至立对“中美妇女领导者交流与对话”所作出的积极承诺，认为美中人文交流和美中妇女交流与合作具有深远意义，赞赏机制启动以来双方在妇女与可持续发展、提高乳腺癌认知以及妇女领导者能力建设等方面开展的积极合作和取得的成就。她强调两国加强合作的重要性，表示面对全球化进程中的挑战需要美中双方携手共进。

3月29日

金砖国家领导人第四次会晤在新德里举行

国家主席胡锦涛、巴西总统罗塞夫、俄罗斯总统梅德韦杰夫、印度总理辛格、南非总统祖马出席。

当地时间10时许，会晤开始。印度总理辛格主持会晤。这次会晤的主题是“金砖国家致力于全球稳定、安全和繁荣的伙伴关系”，与会领导人就全球治理、可持续发展、金砖国家合作等问题深入交换意见，达成广泛共识。

胡锦涛在会上发表题为《加强互利合作 共创美好未来》的重要讲话。

与会领导人支持巴西今年6月举办联合国可持续发展大会、印度今年10月举办《生物多样性公约》缔约方大会第十一次会议。

会晤后，与会领导人出席了有关合作协议签署仪式并联合会见记者。胡锦涛表示，金砖国家发展是全球共同发展的重要组成部分，金砖国家合作顺应了和平、发展、合作的时代潮流，有利于推动国际关系民主化。中方愿同其他金砖国家成员国加强伙伴关系，共同推动建设持久和平、共同繁荣的和谐世界。

会晤发表了《德里宣言》，规划了下阶段合作，宣布下次会晤2013年在南非举行。

国家主席胡锦涛在金砖国家领导人第四次会晤时发表题为《加强互利合作 共创美好未来》的讲话

尊敬的辛格总理，各位同事：

很高兴在新德里同大家再次相聚。感谢辛格总理和印度政府为本次会晤所做的周到安排。

当今世界正处于大发展、大变革、大调整时期。虽然影响世界和平稳定的国际和地区热点问题此起彼伏，世界经济复苏面临诸多不稳定不确定因素，国际发展问题十分突出，但谋和平、求发展、促合作的时代潮流没有改变，建设一个持久和平、共同繁荣的和谐世界仍是人心所向。

在这样的重要历史时期，一批新兴市场国家和发展中国家抓住机遇、加快发展，积极探索符合本国国情的发展道路，在国际关系中倡导民主和睦，在经济全球化进程中寻求合作共赢，在团结中促合作、合作中谋发展，不仅改变着30多亿人口的生活面貌，而且日益成为促进南南合作、南北合作的重要力量。

我们相信，发展中国家的发展，将提高人类社会生产力整体水平，有利于世界经济更加平衡、国际关系更加合理、全球治理更加有效、世界和平更加持久。国际社会应该立足当前、着眼长远，共同为发展中国家营造良好发展环境。

各位同事！

金砖国家是新兴市场国家和发展中国家大家庭的重要组成部分，是维护世界和平、促进共同发展的积极力量。金砖国家合作起步时间不长，但已经形成多层次、宽领域的合作架构，使金砖国家人民得到实实在在的好处。当前，金砖国家合作正处在新的起点。我们应该认真思考和探索如何继往开来、开拓进取，推动金砖国家合作迈向新的台阶。为此，我愿提出以下建议。

第一，坚持共同发展，促进共同繁荣。金砖国家人口占世界的40%，经济总量占世界的近20%，对外贸易额占全球的15%。我们坚持办好自己的事情，保持经济增长、民生改善的良好势头，这本身就是对世界经济复苏和增长的重大贡献。

第二，坚持平等协商，深化政治互信。金砖国家都是维护地区和世界和平稳定的重要力量，应该通过对话和交流增强政治互信，充分照顾彼此重大利益和关切，成为国际上相互尊重、平等协商的典范，永远做好朋友、好伙伴。对已形成共识的问题，要大力协同加以推进。对一时难以形成共识的问题，要循序渐进积累合作条件。

第三，坚持务实合作，夯实合作基础。务实合作是金砖国家合作的重要支撑。金砖国家国情不同、发展方式各异,这是实现优势互补、促进互惠合作的机遇。要本着务实高效的原则,努力使各领域合作发挥应有作用,巩固金砖国家合作的经济、社会、民意基础。要落实好我们已达成的共识,加强财政金融部门磋商和合作,把当前合作内容抓好抓实、打造品牌项目,同时挖掘合作潜力、丰富合作内涵。

第四,坚持国际合作,促进世界发展。金砖国家要同世界其他各国加强沟通和交流,分享合作成果。要推动全球经济治理改革,增加新兴市场国家和发展中国家代表性和发言权。要共同推动南南合作、南北对话,做发展中国家利益的维护者。要加强在国际经济、金融、贸易、发展领域的沟通和协调,共同推动世界经济强劲、可持续、平衡增长。要加强在二十国集团、联合国等多边机制中的沟通和协调,体现金砖国家对多边主义的重视和支持。

我相信,一个合作架构不断完善、合作成果更加丰富的金砖国家合作机制,有利于增进各成员国人民福祉,也必将为世界和平、稳定、繁荣作出更大贡献。

各位同事!

经过改革开放30多年的发展,中国取得了举世瞩目的发展成绩。中国的快速发展,不仅使13亿中国人民脱贫致富,也为世界各国创造了发展机遇。同时,中国经济保持平稳较快发展也面临不少挑战,中国仍然是世界上最大的发展中国家。中国将牢牢把握科学发展这个主题,加快推进经济发展方式转变和经济结构调整,着力扩大国内需求,着力保障和改善民生,保持经济平稳较快发展,保持社会和谐稳定。

不管国际形势如何变化,中国将始终高举和平、发展、合作旗帜,始终不渝走和平发展道路,始终不渝奉行互利共赢的开放战略,在实现自身发展的同时致力于促进世界共同发展。中国坚定支持金砖国家合作,坚持同广大发展中国家风雨同舟、和衷共济。

谢谢大家!

金砖国家领导人第四次会晤发表《德里宣言》

宣言体现了中国、巴西、俄罗斯、印度和南非五国在金砖国家合作、全球经济治理、全球和地区形势等问题上达成的重要共识。

宣言指出,五国领导人在热烈友好的气氛中,本着以开放、团结、互谅互信为基础,加强金砖国家共同发展的伙伴关系的共同愿望,围绕"金砖国家致力于全球稳定、安全和繁荣的伙伴关系"这一主题进行讨论,五国愿继续与国际社会合作,以负责任和建设性方式应对挑战,维护全球福祉和稳定。

关于金砖国家合作,宣言认为,金砖国家合作是为促进和平、安全与发展而开展对话和合作的平台,在不少领域已作出实质性努力。五国有丰富的知识、技术能力和最佳实践可供分享,可以开展有意义的合作造福于民。宣言表示,鼓励金砖国家研究机构通过联合项目、研讨会以及青年科学家交流等渠道进行知识共享;鼓励挖掘金砖国家在增进全球粮食安全和营养合作方面的潜力,提高农业产量和生产率,提高市场透明度,减少大宗商品价格过度波动,从而提高人民生活质量;支持金砖国家在公共卫生领域合作机制化;欢迎金砖国家相关证券交易所成立金砖国家证券交易所联盟的联合倡议;鼓励金砖国家在青年、教育、文化、旅游和体育领域拓宽沟通渠道和人员交流。

宣言对今年将在巴西举行联合国可持续发展大会、在印度举行《生物多样性公约》缔约方大会以及在墨西哥举行二十国集团领导人峰会表示支持,对不久前俄罗斯加入世界贸易组织、南非成功主办《联合国气候变化框架公约》第十七次缔约方大会暨《京都议定书》第七次缔约方会议表示祝贺。宣言对金砖国家积极就全球经济治理开展合作、应对气候变化挑战、强调可持续发展、致力于千年发展目标实现、推动多哈回合谈判取得平衡成果作出了承诺。

关于世界经济形势,宣言指出,发达国家主权债务问题累积,以及各方对发达国家中长期财政调整的担心,使世界经济增长面临不确定性。发达国家中央银行为稳定国内经济而采取扩张性政策措施,导致流动性过剩,给新兴市场国家带来溢出效应,导致资本流动和商品价格过度波动。

宣言呼吁进一步加强国际金融监管和改革,加强政策协调和金融监管合作,促进全球金融市场和银行体系的健康发展。宣言指出,全球金融架构对维护全球货币金融体系稳定性和完整性具有重要意义,为此五国呼吁建立更具代表性的国际金融架构,提高发展中国家的发言权和代表性,同时建立并完善一个符合各国利益的、支持新兴市场和发展中国家发展的、公正的国际货币体系。宣言指出,五国探讨了建立一个新的开发银行的可能性,以期为金砖国家和其他发展中国家基础设施和可持续发展项目筹集资金,并作为对现有多边和区域金融机构促进全球增长和发展的补充。

宣言对国际货币基金组织份额和治理结构改革进展缓慢表示关切,认为迫切需要在2012年国际货币基金组织和世界银行年会前如期落实2010年治理和份额改革方案,在2013年1月前全面审查份额公式,以更好地体现经济权重,提高新兴市场和发展中国家的发言权和代表性,并于2014年1月前完成下一轮份额总检查。宣言强调,只有所有成员真正承诺切实落实

2010年改革方案，增加国际货币基金组织当前借贷能力的工作才可能取得成功。宣言重申了五国支持采取措施保护国际货币基金组织最贫穷成员国发言权和代表性的主张。

宣言表示欢迎发展中国家提名候选人竞选世界银行行长，重申国际货币基金组织和世界银行的负责人应通过公开、择优的程序遴选；呼吁世界银行加强对新兴市场和发展中国家的发展融资，不再使用过时的“捐助国—受援国”分类。

关于全球和地区安全形势，宣言表示，希望看到中东和北非地区受动乱影响的国家作为受国际社会尊重的国家，早日恢复和平、稳定与繁荣；认为阿以冲突的解决将从整体上改善中东和北非地区局势，强调在普遍认可的国际法律框架下实现阿以冲突的全面、公正、持久解决；呼吁以和平方式解决叙利亚危机，支持由叙利亚主导的包容性政治进程，欢迎联合国和阿盟为此付出共同努力；承认伊朗根据国际义务和平利用核能的权利，支持根据联合国安理会有关决议，通过政治、外交和有关各方开展对话的手段解决伊朗问题。

宣言还包括“德里行动计划”，对金砖国家开展下一个年度的合作进行了规划。

国家主席胡锦涛在新德里会见印度总理辛格

就中印关系发展及共同关心的国际和地区重大问题交换意见，达成新的重要共识。两国领导人共同宣布2012年为“中印友好合作年”，表示要以此为契机把中印战略合作伙伴关系提高到新水平。

胡锦涛积极评价近年来中印关系全面快速发展，强调中印作为两个最大发展中国家和亚洲大国，面临重要发展机遇，中印关系具有巨大合作潜力和广阔发展空间。坚持中印友好、深化战略合作、促进共同发展是中国坚定不移的方针，永恒的友谊、真诚的朋友是中方对中印关系的期待。中国愿意看到一个和平、发展、繁荣的印度，致力于建设一个更加富有活力的中印关系。中方愿同印方一道，抓住机遇，加快发展，共同应对挑战，共享发展成果，造福两国人民，为亚洲乃至世界和平、稳定、繁荣作出更大贡献。

胡锦涛就发展中印关系提出5点建议。一是保持高层往来，增进政治互信，扩大政府、立法机构、政党、军队往来，用好各种对话磋商机制，加强战略沟通，探讨就海上合作等新领域开展协商对话。二是深化务实合作，扩大互利双赢，加强经济政策协调，在基础设施建设、信息技术、相互投资、环境保护等领域开展合作。三是加强人文交流，促进了解互鉴，继续组织中印青年百人团互访，落实好印度汉语教学等重大项目，加强旅游合作，推动人员交流，鼓励两国地方和媒体扩大往来和合作。四是妥善处理分歧，维护和平稳定，本着和平友好、平等协商、相互尊重、相互谅解的精神，推进两国边界谈判，利用好边境事务磋商和协调工作机制，共同维护边境地区和平安宁。五是加强沟通协调，扩大在国际事务中的合作，加强在联合国、二十国集团、金砖国家等机制中的协调和配合，携手应对气候变化、能源和粮食安全等重大国际问题，加强地区事务对话和协调，共同维护本地区安全稳定，促进地区各国发展繁荣。

辛格表示，印中关系是21世纪最重要的双边关系之一。印中两国都致力于快速发展，可以相互学习、交流借鉴、携手发展。印方愿同中方保持高层交往，加深战略互信，扩大互利合作，办好两国战略经济对话，提升双边贸易和相互投资水平，实现2015年双边贸易额突破1000亿美元目标。印方将采取切实措施欢迎中国企业对印投资，参与印度基础设施建设。印方鼓励开展两国政党、媒体、人文交流，增进相互了解和友谊。印方愿同中方加强在地区和国际事务中的协调和配合，共同致力于促进世界和平、稳定、发展。

辛格表示，印度无意也不会参与任何遏制中国的战略。印度承认西藏自治区是中国领土一部分、不允许藏人在印从事反华活动。印方希望同中方一道努力，维护两国边境地区和平安宁，通过友好谈判妥善解决边界问题。

会见后，胡锦涛和辛格按照当地传统举行点灯仪式，亲自点燃象征纯洁吉祥的灯火，正式启动“中印友好合作年”，表达对中印两国人民友谊的美好祝福。

全国人大常委会委员长吴邦国在北京与阿联酋阿布扎比王储穆罕默德举行会谈

吴邦国在会见穆罕默德时说，自1984年建交以来，中阿关系保持快速深入发展的良好势头，合作成果丰硕。这与包括王储殿下在内的中阿两国领导人的亲自关心和大力推动分不开。此访期间，两国领导人就深化双边关系、加强务实合作深入交换意见，达成重要共识。相信访问必将对中阿战略伙伴关系发展产生新的推动。他强调，中方高度重视发展与阿联酋的关系，视阿为可信赖的朋友和合作伙伴，愿与阿方一道，加强政府、议会等各方面的友好往来，在涉及彼此核心利益和重大关切问题上给予相互坚定支持，不断增进政治互信；发挥互补优势，在扩大基础设施建设、能源等传统领域合作的同时，积极探索在清洁能源、金融、投资等新领域的合作；扩大教育、文化、旅游等交流，夯实长期友好的民意基础，推动中阿关系不断迈上新台阶。中国全国人大支持中阿发展更为紧密的友好合作关系，愿进一步加强与阿国民议会的友好往来，赋予中阿关系新的内涵。

穆罕默德表示,阿联酋人民对中国人民怀有深厚感情,阿方高度重视发展对华关系,双方在许多领域的合作具有战略性。阿方致力于深化对华友好,进一步加强在经贸、能源、人文等领域的互利合作和交流,增进两国人民之间的了解和友谊,推动阿中关系持续向前发展。

国务院总理温家宝在北京与阿联酋阿布扎比王储穆罕默德举行会谈

温家宝说,当前,两国各领域交流与合作正步入新的发展阶段。双方要科学规划,密切配合,促进能源合作有序、高效、可持续发展;采取有效方式,加强在基础设施、高端制造业、绿色产业领域的投资合作;扩大教育和文化交流;共同推动中国与海合会自贸区谈判尽快取得成功。

穆罕默德说,阿中建立战略伙伴关系符合双方根本利益,开展互利合作前景广阔。阿方将继续坚定奉行一个中国政策,支持中国在国际和地区事务中发挥更大作用,愿与中方一道,进一步加强各领域务实合作,推动新时期阿中关系取得更大发展。

双方还就西亚北非地区局势交换了意见。

国务院副总理王岐山在中南海会见美国摩根士丹利公司董事长兼首席执行官高闻

国务院副总理回良玉在斯科普里与马其顿共和国总统伊万诺夫举行会谈

国务委员刘延东在人民大会堂会见日本前首相村山富市率领的日本地震灾区青少年代表团

3月30日

国务院总理温家宝签署第618号令公布《国务院关于修改〈机动车交通事故责任强制保险条例〉的决定》

现公布《国务院关于修改〈机动车交通事故责任强制保险条例〉的决定》,自2012年5月1日起施行。

总　理　温家宝

2012年3月30日

国务院关于修改《机动车交通事故责任强制保险条例》的决定

国务院决定对《机动车交通事故责任强制保险条例》做如下修改:

第五条第一款修改为:"保险公司经保监会批准,可以从事机动车交通事故责任强制保险业务。"

本决定自2012年5月1日起施行。

《机动车交通事故责任强制保险条例》根据本决定做相应的修改,重新公布。

机动车交通事故责任强制保险条例

(2006年3月21日中华人民共和国国务院令第462号公布 根据2012年3月30日《国务院关于修改〈机动车交通事故责任强制保险条例〉的决定》修订)

第一章　总　则

第一条　为了保障机动车道路交通事故受害人依法得到赔偿,促进道路交通安全,根据《中华人民共和国道路交通安全法》《中华人民共和国保险法》,制定本条例。

第二条　在中华人民共和国境内道路上行驶的机动车的所有人或者管理人,应当依照《中华人民共和国道路交通安全法》的规定投保机动车交通事故责任强制保险。

机动车交通事故责任强制保险的投保、赔偿和监督管理,适用本条例。

第三条　本条例所称机动车交通事故责任强制保险,是指由保险公司对被保险机动车发生道路交通事故造成本车人员、被保险人以外的受害人的人身伤亡、财产损失,在责任限额内予以赔偿的强制性责任保险。

第四条　国务院保险监督管理机构(以下称保监会)依法对保险公司的机动车交通事故责任强制保险业务实施监督管理。

公安机关交通管理部门、农业(农业机械)主管部门(以下统称机动车管理部门)应当依法对机动车参加机动车交通事故责任强制保险的情况实施监督检查。对未参加机动车交通事故责任强制保险的机动车,机动车管理部门不得予以登记,机动车安全技术检验机构不得予以检验。

公安机关交通管理部门及其交通警察在调查处理道路交通安全违法行为和道路交通事故时,应当依法检查机动车交通事故责任强制保险的保险标志。

第二章　投　保

第五条　保险公司经保监会批准,可以从事机动车交通事故责任强制保险业务。

为了保证机动车交通事故责任强制保险制度的实行,保监会有权要求保险公司从事机动车交通事故责任强制保险业务。

未经保监会批准,任何单位或者个人不得从事机动车交通事故责任强制保险业务。

第六条　机动车交通事故责任强制保险实行统一的保险条款和基础保险费率。保监会按照机动车交通事故责任强制保险业务总体上不盈利不亏损的原则审批保险费率。

保监会在审批保险费率时，可以聘请有关专业机构进行评估，可以举行听证会听取公众意见。

第七条　保险公司的机动车交通事故责任强制保险业务，应当与其他保险业务分开管理，单独核算。

保监会应当每年对保险公司的机动车交通事故责任强制保险业务情况进行核查，并向社会公布；根据保险公司机动车交通事故责任强制保险业务的总体盈利或者亏损情况，可以要求或者允许保险公司相应调整保险费率。

调整保险费率的幅度较大的，保监会应当进行听证。

第八条　被保险机动车没有发生道路交通安全违法行为和道路交通事故的，保险公司应当在下一年度降低其保险费率。在此后的年度内，被保险机动车仍然没有发生道路交通安全违法行为和道路交通事故的，保险公司应当继续降低其保险费率，直至最低标准。被保险机动车发生道路交通安全违法行为或者道路交通事故的，保险公司应当在下一年度提高其保险费率。多次发生道路交通安全违法行为、道路交通事故，或者发生重大道路交通事故的，保险公司应当加大提高其保险费率的幅度。在道路交通事故中被保险人没有过错的，不提高其保险费率。降低或者提高保险费率的标准，由保监会会同国务院公安部门制定。

第九条　保监会、国务院公安部门、国务院农业主管部门以及其他有关部门应当逐步建立有关机动车交通事故责任强制保险、道路交通安全违法行为和道路交通事故的信息共享机制。

第十条　投保人在投保时应当选择具备从事机动车交通事故责任强制保险业务资格的保险公司，被选择的保险公司不得拒绝或者拖延承保。

保监会应当将具备从事机动车交通事故责任强制保险业务资格的保险公司向社会公示。

第十一条　投保人投保时，应当向保险公司如实告知重要事项。

重要事项包括机动车的种类、厂牌型号、识别代码、牌照号码、使用性质和机动车所有人或者管理人的姓名(名称)、性别、年龄、住所、身份证或者驾驶证号码(组织机构代码)、续保前该机动车发生事故的情况以及保监会规定的其他事项。

第十二条　签订机动车交通事故责任强制保险合同时，投保人应当一次支付全部保险费；保险公司应当向投保人签发保险单、保险标志。保险单、保险标志应当注明保险单号码、车牌号码、保险期限、保险公司的名称、地址和理赔电话号码。

被保险人应当在被保险机动车上放置保险标志。

保险标志式样全国统一。保险单、保险标志由保监会监制。任何单位或者个人不得伪造、变造或者使用伪造、变造的保险单、保险标志。

第十三条　签订机动车交通事故责任强制保险合同时，投保人不得在保险条款和保险费率之外，向保险公司提出附加其他条件的要求。

签订机动车交通事故责任强制保险合同时，保险公司不得强制投保人订立商业保险合同以及提出附加其他条件的要求。

第十四条　保险公司不得解除机动车交通事故责任强制保险合同；但是，投保人对重要事项未履行如实告知义务的除外。

投保人对重要事项未履行如实告知义务，保险公司解除合同前，应当书面通知投保人，投保人应当自收到通知之日起 5 日内履行如实告知义务；投保人在上述期限内履行如实告知义务的，保险公司不得解除合同。

第十五条　保险公司解除机动车交通事故责任强制保险合同的，应当收回保险单和保险标志，并书面通知机动车管理部门。

第十六条　投保人不得解除机动车交通事故责任强制保险合同，但有下列情形之一的除外：

(一)被保险机动车被依法注销登记的；

(二)被保险机动车办理停驶的；

(三)被保险机动车经公安机关证实丢失的。

第十七条　机动车交通事故责任强制保险合同解除前，保险公司应当按照合同承担保险责任。

合同解除时，保险公司可以收取自保险责任开始之日起至合同解除之日止的保险费，剩余部分的保险费退还投保人。

第十八条　被保险机动车所有权转移的，应当办理机动车交通事故责任强制保险合同变更手续。

第十九条　机动车交通事故责任强制保险合同期满，投保人应当及时续保，并提供上一年度的保险单。

第二十条　机动车交通事故责任强制保险的保险期间为 1 年，但有下列情形之一的，投保人可以投保短期机动车交通事故责任强制保险：

(一)境外机动车临时入境的；

(二)机动车临时上道路行驶的；

(三)机动车距规定的报废期限不足 1 年的；

(四)保监会规定的其他情形。

第三章　赔　偿

第二十一条　被保险机动车发生道路交通事故造成本车人员、被保险人以外的受害人人身伤亡、财产损失的，由保险公司依法在机动车交通事故责任强制保险责任限额范围内予以赔偿。

道路交通事故的损失是由受害人故意造成的，保险公司不予赔偿。

第二十二条　有下列情形之一的，保险公司在机动车交通事故责任强制保险责任限额范围内垫付抢救费用，并有权向致害人追偿：

(一)驾驶人未取得驾驶资格或者醉酒的；

(二)被保险机动车被盗抢期间肇事的；

(三)被保险人故意制造道路交通事故的。

有前款所列情形之一，发生道路交通事故的，造成受害人的财产损失，保险公司不承担赔偿责任。

第二十三条　机动车交通事故责任强制保险在全国范围内实行统一的责任限额。责任限额分为死亡伤残赔偿限额、医疗费用赔偿限额、财产损失赔偿限额以及被保险人在道路交通事故中无责任的赔偿限额。

机动车交通事故责任强制保险责任限额由保监会会同国务院公安部门、国务院卫生主管部门、国务院农业主管部门规定。

第二十四条　国家设立道路交通事故社会救助基金(以下简称救助基金)。有下列情形之一时，道路交通事故中受害人人身伤亡的丧葬费用、部分或者全部抢救费用，由救助基金先行垫付，救助基金管理机构有权向道路交通事故责任人追偿：

(一)抢救费用超过机动车交通事故责任强制保险责任限额的；

(二)肇事机动车未参加机动车交通事故责任强制保险的；

(三)机动车肇事后逃逸的。

第二十五条　救助基金的来源包括：

(一)按照机动车交通事故责任强制保险的保险费的一定比例提取的资金；

(二)对未按照规定投保机动车交通事故责任强制保险的机动车的所有人、管理人的罚款；

(三)救助基金管理机构依法向道路交通事故责任人追偿的资金；

(四)救助基金孳息；

(五)其他资金。

第二十六条　救助基金的具体管理办法，由国务院财政部门会同保监会、国务院公安部门、国务院卫生主管部门、国务院农业主管部门制定试行。

第二十七条　被保险机动车发生道路交通事故，被保险人或者受害人通知保险公司的，保险公司应当立即给予答复，告知被保险人或者受害人具体的赔偿程序等有关事项。

第二十八条　被保险机动车发生道路交通事故的，由被保险人向保险公司申请赔偿保险金。保险公司应当自收到赔偿申请之日起1日内，书面告知被保险人需要向保险公司提供的与赔偿有关的证明和资料。

第二十九条　保险公司应当自收到被保险人提供的证明和资料之日起5日内，对是否属于保险责任作出核定，并将结果通知被保险人；对不属于保险责任的，应当书面说明理由；对属于保险责任的，在与被保险人达成赔偿保险金的协议后10日内，赔偿保险金。

第三十条　被保险人与保险公司对赔偿有争议的，可以依法申请仲裁或者向人民法院提起诉讼。

第三十一条　保险公司可以向被保险人赔偿保险金，也可以直接向受害人赔偿保险金。但是，因抢救受伤人员需要保险公司支付或者垫付抢救费用的，保险公司在接到公安机关交通管理部门通知后，经核对应当及时向医疗机构支付或者垫付抢救费用。

因抢救受伤人员需要救助基金管理机构垫付抢救费用的，救助基金管理机构在接到公安机关交通管理部门通知后，经核对应当及时向医疗机构垫付抢救费用。

第三十二条　医疗机构应当参照国务院卫生主管部门组织制定的有关临床诊疗指南，抢救、治疗道路交通事故中的受伤人员。

第三十三条　保险公司赔偿保险金或者垫付抢救费用，救助基金管理机构垫付抢救费用，需要向有关部门、医疗机构核实有关情况的，有关部门、医疗机构应当予以配合。

第三十四条　保险公司、救助基金管理机构的工作人员对当事人的个人隐私应当保密。

第三十五条　道路交通事故损害赔偿项目和标准依照有关法律的规定执行。

第四章　罚　则

第三十六条　未经保监会批准，非法从事机动车交通事故责任强制保险业务的，由保监会予以取缔；构成犯罪的，依法追究刑事责任；尚不构成犯罪的，由保监会没收违法所得，违法所得20万元以上的，并处违法所得1倍以上5倍以下罚款；没有违法所得或者违法所得不足20万元的，处20万元以上100万元以下罚款。

第三十七条　保险公司未经保监会批准从事机动车交通事故责任强制保险业务的，由保监会责令改正，责令退还收取的保险费，没收违法所得，违法所得10万元以上的，并处违法所得1倍以上5倍以下罚款；没有违法所得或者违法所得不足10万元的，处10万元以上50万元以下罚款；逾期不改正或者造成严重后果的，责令停业整顿或者吊销经营保险业务许可证。

第三十八条　保险公司违反本条例规定，有下列行为之一的，由保监会责令改正，处5万元以上30万元以下罚款；情节严重的，可以限制业务范围、责令停止接受新业务或者吊销经营保险业务许可证：

(一)拒绝或者拖延承保机动车交通事故责任强制保险的；

(二)未按照统一的保险条款和基础保险费率从事机动车交通事故责任强制保险业务的；

(三)未将机动车交通事故责任强制保险业务和其他保险业务分开管理，单独核算的；

(四)强制投保人订立商业保险合同的；

(五)违反规定解除机动车交通事故责任强制保险合同的；

(六)拒不履行约定的赔偿保险金义务的；

(七)未按照规定及时支付或者垫付抢救费用的。

第三十九条　机动车所有人、管理人未按照规定投保机动车交通事故责任强制保险的，由公安机关交通管理部门扣留机动车，通知机动车所有人、管理人依照规定投保，处依照规定投保最低责任限额应缴纳的保险费的2倍罚款。

机动车所有人、管理人依照规定补办机动车交通事故责任强制保险的，应当及时退还机动车。

第四十条　上道路行驶的机动车未放置保险标志的，公安机关交通管理部门应当扣留机动车，通知当事人提供保险标志或者补办相应手续，可以处警告或者20元以上200元以下罚款。

当事人提供保险标志或者补办相应手续的，应当及时退还机动车。

第四十一条　伪造、变造或者使用伪造、变造的保险标志，或者使用其他机动车的保险标志，由公安机关交通管理部门予以收缴，扣留该机动车，处200元以上2000元以下罚款；构成犯罪的，依法追究刑事责任。

当事人提供相应的合法证明或者补办相应手续的，应当及时退还机动车。

第五章　附　则

第四十二条　本条例下列用语的含义：

(一)投保人，是指与保险公司订立机动车交通事故责任强制保险合同，并按照合同负有支付保险费义务的机动车的所有人、管理人。

(二)被保险人，是指投保人及其允许的合法驾驶人。

(三)抢救费用，是指机动车发生道路交通事故导致人员受伤时，医疗机构参照国务院卫生主管部门组织制定的有关临床诊疗指南，对生命体征不平稳和虽然生命体征平稳但如果不采取处理措施会产生生命危险，或者导致残疾、器官功能障碍，或者导致病程明显延长的受伤人员，采取必要的处理措施所发生的医疗费用。

第四十三条　机动车在道路以外的地方通行时发生事故，造成人身伤亡、财产损失的赔偿，比照适用本条例。

第四十四条　中国人民解放军和中国人民武装警察部队在编机动车参加机动车交通事故责任强制保险的办法，由中国人民解放军和中国人民武装警察部队另行规定。

第四十五条　机动车所有人、管理人自本条例施行之日起3个月内投保机动车交通事故责任强制保险；本条例施行前已经投保商业性机动车第三者责任保险的，保险期满，应当投保机动车交通事故责任强制保险。

第四十六条　本条例自2006年7月1日起施行。

财政部印发《金融企业准备金计提管理办法》

国务委员马凯在中南海会见美国西屋电气公司新任总裁兼首席执行官费澜德一行

马凯说，中美两国企业在第三代核电技术领域的创新合作，为人类和平利用核能、保持能源可持续发展以及应对气候变化挑战提供了新的选择。

双方表示将全力以赴把合作项目建设好，并进一步加强在核电领域的合作。

3月31日

国家主席胡锦涛在金边会见柬埔寨首相洪森

双方就双边关系及地区形势深入交换意见，一致同意，共同推动中柬全面战略合作伙伴关系不断向前发展，两国人民永做好邻居、好朋友、好兄弟、好伙伴，扩大各领域互利合作，到2017年实现两国贸易额翻一番，达到50亿美元。

胡锦涛表示，建交半个多世纪以来，两国领导人共同缔造和精心培育的中柬友谊经受住了时间和国际风云变幻考验。两国建立了全面战略合作伙伴关系，彼此高度信任、真诚合作、坚定支持、共同发展。中方赞赏洪森首相一向重视发展对华关系，长期以来在重大问题上坚定支持中方，为中柬关系发展作出了重要贡献。

胡锦涛就发展中柬关系提出4点建议：一是保持密切交往，加强战略沟通，制订落实中柬全面战略合作伙伴关系行动计划，加强党际交往，扩大人员培训合作，相互借鉴治国理政经验。明年是中柬建交55周年，中方建议将明年定为“中柬友好年”，扩大人文交流和民间往来。二是扩大务实合作，实现互利双赢，结合各自优势和发展战略，统筹规划经贸合作，加强农业合作，中方鼓励有实力的中国企业赴柬投资兴业，推进基础设施建设合作，增加民航运力，促进旅游业发展。三是加强安全执法合作，共同打击恐怖主义、制毒贩毒等跨境犯罪活动，保持两军交往。四是密切多边配合，加强相互支持，加强在联合国、东亚合作、东盟地区论坛、大湄公河次区域经济合作等多边场合的沟通、协调和配合，维护两国及广大发展中国家共同利益。

洪森说，柬中长期友好，相互信赖，互利合作基础坚实，柬埔寨政府和人民感谢中国提供重要支持和帮助。路遥知马力，柬中关系的发展历程证明，柬中是睦邻友好合作的典范。相信胡锦涛主席对柬埔寨的访问将有力增进两国互信，推动柬中全面战略合作伙伴关系持续发展。柬方坚持一个中国政策，愿同中方保持密切交往，就各自发展战略交流互鉴，拓展经贸、农业、基础设施建设、安全执法等领域合作，办好柬中友好年，鼓励青年交流。柬埔寨希望同中方在联合国等多边组织内加强协调和配合。

洪森表示，东盟应在东亚合作中发挥主导作用。柬方感谢中方支持柬埔寨轮值东盟主席国，愿同中方加强在地区事务中的沟通和合作。

会见后，两国领导人共同出席了多项合作文件签字仪式。

国家主席胡锦涛在金边会见柬埔寨国王西哈莫尼

胡锦涛表示，西哈努克太皇同中国几代领导人亲密交往，视中国为第二故乡，伟大友谊跨越半个多世纪，历久弥坚，被两国人民传为美谈。西哈莫尼国王继承西哈努克太皇光荣传统，高度重视发展两国友好合作关系，为弘扬中柬传统友谊作出了新的重要贡献，对此我们高度赞赏。胡锦涛指出，中方珍视中柬传统友谊，将本着与邻为善、以邻为伴的方针，全力推进两国全面战略合作伙伴关系发展，造福两国人民。

西哈莫尼说，胡锦涛主席对柬埔寨的国事访问具有历史意义，必将促进柬中传统友好，取得丰硕成果。柬埔寨始终将中国视为最亲密的伟大朋友。柬埔寨王室将继续沿着西哈努克太皇开辟的对华友好道路，为巩固和发展柬中友好合作关系发挥积极作用。

国家主席胡锦涛在金边分别会见柬埔寨参议院主席 人民党主席谢辛和国会主席韩桑林

国务院总理温家宝在人民大会堂与意大利总理蒙蒂举行会谈

温家宝表示，意大利作为制造业和出口大国，有能力通过实施改革，实现经济持续增长。中方愿与意方着手制定新的经济合作规划，充分发挥中意政府委员会的作用，加强对合作的统筹协调；中国政府鼓励中国企业扩大对意投资，希望意方推动欧盟为此创造更为开放、便利的环境，欢迎意大利企业拓展中国市场；双方要继续促进中小企业合作和贸易增长，引导两国有实力的企业拓展高新科技、环保领域的合作；开展多种形式的金融合作，加强财经对话，在国际金融体系改革方面密切沟通协调；充分利用两国丰厚的文化旅游资源，扩大人文交流。

蒙蒂表示，中国是意大利重要的战略伙伴，意中加强合作符合双方的共同利益。意大利政府正加紧进行财政改革，促进金融稳定和经济增长，意方感谢中方的宝贵支持和信任。中国企业扩大对意投资非常重要，意方将在国内和欧盟框架下为此创造更有利的条件。意方愿与中方深化友谊，扩大合作，密切在国际事务中的协调配合，推动意中关系和欧中关系取得更大发展。

国务院总理温家宝在人民大会堂与哈萨克斯坦总理马西莫夫举行中哈总理第一次定期会晤

温家宝说，近年来中哈相互帮助，携手应对国际金融危机，务实合作势头强劲。在中哈建交20周年之际，启动两国总理定期会晤机制，必将加强对双边各领域交流与合作的统筹协调，推动解决重大问题，开拓新的合作领域，推动中哈全面战略伙伴关系取得新进展。

温家宝表示，世界经济的复苏和增长将是一个艰难曲折的过程，中哈要坚定信心，从长计议，制定两国经贸合作中长期规划和两国毗邻地区合作规划纲要；进一步完善合作的法律框架。尽快商签中哈口岸管理协定和两国短期劳务协定；密切两国政府主管部门和企业之间的协调配合，加快口岸设施升级改造，建设好霍尔果斯国际边境合作中心，实施中哈原油管道扩建工程；推进和商定能源、基础设施领域新的大型合作项目；推动落实上海合作组织框架下的各项共识，促进区域经济合作深入发展。

马西莫夫表示，哈中总理定期会晤机制的启动必将有力地促进和维护双方共同利益，推动两国关系更好发展。哈方愿以此为契机，与中方密切沟通配合，落实达成的各项共识，解决存在的问题。哈方希望同中方深化传统能源合作，开拓新能源合作，扩大基础设施建设领域的合作，为两国经济发展注入新的动力。哈方愿与中方共同努力，推动在北京举行的上合组织峰会取得成功。

会谈后，两国总理共同签署了《中哈总理第一次定期会晤联合公报》。

中哈总理第一次定期会晤发表联合公报

应中华人民共和国国务院总理温家宝邀请，哈萨克斯坦共和国总理卡里姆·马西莫夫于2012年3月30日至4月2日对中国进行了正式访问。

3月31日，温家宝总理与马西莫夫总理在北京举行了中哈总理第一次定期会晤。中华人民共和国副主席习近平与马西莫夫总理举行了会见。访问期间，马西莫夫总理出席了博鳌亚洲论坛2012年年会，中华人民共和国国务院副总理李克强与马西莫夫总理举行了会见。

两国领导人就发展中哈全面战略伙伴关系，深化务实合作，以及共同关心的国际和地区问题深入交换意见，达成广泛共识。

一

双方满意地指出，中哈建交20年来，两国坚持相互尊重、平等互利的原则，政治互信和务实合作不断深化。2011年两国元首签署《中华人民共和国和哈萨克斯坦共和国关于发展全面战略伙伴关系的联合声明》，将两国关系提升到新的水平。

发展中哈全面战略伙伴关系，符合两国和两国人民的共同利益，也有利于本地区的和平、稳定与发展。

双方将认真总结20年来两国关系发展的成功经验，本着《中华人民共和国和哈萨克斯坦共和国睦邻友好合作条约》的原则和精神，不断加强战略协调与配合，深化各领域互利合作，共同应对新威胁和新挑战，为促进世界的和平与发展事业共同努力。

双方重申尊重对方选择的发展道路，支持对方为维护国家主权、安全、领土完整所做的努力，将继续在涉及彼此核心利益的重大问题上相互坚定支持。

二

双方一致认为，建立和启动中哈总理定期会晤机制，是两国关系步入新的发展阶段的战略举措。双方将充分发挥中哈总理定期会晤和中哈合作委员会的重要作用，进一步加强双边各级别、各领域的对话、交流与合作，不断充实中哈全面战略伙伴关系的内涵。

三

双方高度评价中哈经贸合作取得的丰硕成果，表示将进一步挖掘合作潜力，丰富贸易种类，优化贸易结构，扩大贸易规模，努力消除影响双边贸易合作的不利因素，确保实现在2015年前将双边贸易额提高到400亿美元的目标。

双方将鼓励两国企业加强在粮食贸易领域的合作关系，按照市场原则，在平等互利的基础上开展贸易。

双方认为，扩大投资合作对推动两国务实合作向更高水平发展具有重要意义。双方将进一步促进相互投资，优化投资环境，支持和鼓励本国企业赴对方国家投资兴业。优先落实重新修订的《中华人民共和国政府和哈萨克斯坦共和国政府在非资源领域合作项目措施计划》。哈方愿吸引中方参与矿产资源、高科技和先进制造业等多领域投资合作。

双方对两国能源合作的高水平表示满意，将继续落实两国在油气领域签署的政府间协议。双方将采取必要措施，为中哈油气管道的建设和运营创造有利条件。

双方将继续在和平利用核能领域开展合作，包括扩大天然铀开发和贸易。

双方愿继续加强金融合作，积极落实《中国人民银行与哈萨克斯坦国家银行人民币/哈萨克坚戈双边货币互换协议》，推动双边本币结算发展，继续支持两国金融机构在国际结算、贸易融资和项目融资等领域开展合作，鼓励两国企业使用本币相互贷款和投资。

双方对中哈霍尔果斯国际边境合作中心启动以及“霍尔果斯—阿腾科里”新跨境铁路通道开通给予高度评价，将进一步加强协调与配合，确保中心顺利运营。为进一步提高口岸通关能力，双方将加快完成“霍尔果斯—阿腾科里”铁路口岸的建设工作，并推动“霍尔果斯—阿腾科里”跨境铁路通道尽快投入运营。双方表示将推动《中华人民共和国政府和哈萨克斯坦共和国政府关于中哈国界管理制度的协定》尽快生效，尽早商签新的中哈边境口岸协定。双方将研究建立农产品快速通关“绿色通道”制度问题。

双方积极支持推进两国道路运输、铁路和航空领域合作，以深化两国经贸合作、为双方合作提供便利。双方全力支持建设“中国西部—欧洲西部”公路。

双方对两国科技合作稳定发展的态势表示满意，认为有必要继续加强在生物技术等高技术领域的互利合作，建立两国科技合作长效机制，推动两国地方科研机构、科学生产联合体和企业扩大相互合作。

双方强调，中哈毗邻地区合作潜力巨大。双方将积极研究制订《中华人民共和国和哈萨克斯坦共和国毗邻省州合作规划纲要》，实现两国毗邻地区发展战略有序对接，为进一步开展合作奠定坚实基础。

双方支持进一步加强两国实业界互利合作，同意确定中哈企业家对话机制，希望该机制成为加强和推动中哈务实合作的有效平台。

四

双方强调，将以中哈建交20周年为契机，继续深化两国教育、文化、体育、卫生、广播影视等领域合作，鼓励两国高校建立直接联系，加强双方学生、学者的交流互访，以及商签新的人文合作协定。

哈方欢迎中方将哈萨克斯坦列为中国公民组团出境旅游目的地国。双方将加快制订具体实施方案，推动两国旅游合作有序开展。

双方高度评价中哈利用和保护跨界河流联合委员

会的工作成果以及在环境保护方面开展的合作。双方将本着互利共赢原则，继续完善相关法律基础。

五

双方认为，联合国在维护世界和平、促进共同发展和加强国际合作方面发挥着重要作用。双方在联合国等国际组织开展了良好合作。双方支持对联合国安理会进行合理、必要改革，以更好地履行《联合国宪章》赋予的维护国际和平与安全的首要职责。双方认为，应该通过广泛民主讨论，争取在兼顾各方利益的基础上，就“一揽子”改革方案达成最广泛一致。

双方一致认为，在过去的10年里，上海合作组织成为维护地区安全、促进经贸和人文区域合作发展的有效机制。哈方支持并愿配合中方办好2012年6月在北京举行的上海合作组织成员国元首理事会例行会议。双方愿共同努力，认真落实各成员国领导人达成的共识，推动联合项目，以增进成员国团结互信、深化务实合作。

中方将与哈方继续加强在亚洲相互协作与信任措施会议框架内的合作，将一如既往地支持哈方主办阿斯塔纳经济论坛、世界和传统宗教领袖大会等大型国际活动。

双方商定，中哈总理定期会晤每两年举行一次，在中国和哈萨克斯坦轮流举行。如有特殊需要，也可举行非例行会晤。

中哈总理第二次定期会晤将于2014年在哈萨克斯坦举行，具体日期将通过外交途径另行商定。

中华人民共和国	哈萨克斯坦共和国
国务院总理	总理
温家宝	卡·马西莫夫

2012年3月31日于北京

国务院副总理王岐山在浙江考察

3月31日至4月1日，中共中央政治局委员、国务院副总理王岐山在浙江省绍兴市、宁波市考察工作，并召开华东7省市外贸形势座谈会。

王岐山说，要认真分析研判国内外复杂的经济形势，从方方面面、点点滴滴入手，挖掘潜力，狠抓落实，确保完成今年进出口增长目标。要保持出口政策的连续性和稳定性，落实好出口退税、贸易融资等各项政策，加大对大型成套设备出口的信用保险支持力度，有针对性地解决重点行业和中小企业的实际困难。要着力提高贸易便利化水平，清理各种不合理收费，为外贸发展创造良好的软硬环境。

王岐山指出，扩大进口是转变外贸发展方式、充分利用国际资源、促进贸易平衡的重要举措。要按照国务院常务会议的要求，落实有关加强进口的政策措施。调整部分商品进口关税，为进口企业提供多元化融资支持，清理进口环节的不合理限制措施。进一步优化进口国别和地区结构，积极扩大先进技术设备、关键零部件和能源原材料进口，适度扩大消费品进口。

王岐山强调，商务、海关、质检、金融等有关部门要深入市场和企业，了解实际情况，解决实际问题，更好地服务于企业和地方经济发展。要充分发挥各级地方政府的积极性和创造性。各地区要层层分解指标，抓好落实，确保完成已确定的任务。

考察期间，王岐山对浙江省近年来经济社会发展取得的成绩给予充分肯定。浙江省和国务院有关部门、政策性金融机构负责同志参加了座谈会和考察。

海关总署发布《海关总署关于修订〈中华人民共和国进境物品归类表〉和〈中华人民共和国进境物品完税价格表〉的公告》

国家副主席习近平在人民大会堂与哈萨克斯坦总理马西莫夫举行会谈

习近平说，中方始终将发展中哈关系作为外交重要优先方向，愿与哈方认真落实两国元首达成的重要共识，以建交20周年为契机，加强相互支持和战略协作，拓展务实合作。双方应充分发挥中哈总理定期会晤机制以及中哈政府间合作委员会等机制作用，加强对两国务实合作的指导与协调；充分发挥两国能源合作优势互补的特点，推进在清洁能源、新能源等领域的合作；加快基础设施领域的合作；加强毗邻地区合作，推动中哈关系不断迈上新的台阶。

马西莫夫表示，2011年，胡锦涛主席与纳扎尔巴耶夫总统一系列会晤为两国确立了全面战略伙伴关系的发展方向，具有重要意义。当前两国关系处于历史最好时期，相信此访将进一步推动两国关系发展。他说，哈方高度评价中国近年来在政治、经济和社会发展方面取得的辉煌成就，愿与中方共同努力，推动哈中合作提高到新的水平。哈方愿在双边和上海合作组织框架内，加强与中方的协调配合，共同维护中亚地区的和平稳定与发展。他并重申，哈方坚定奉行一个中国原则，坚定支持中方打击分裂主义等“三股势力”的努力。

国务院副总理李克强在海南博鳌会见出席博鳌亚洲论坛2012年年会的论坛理事会和咨询委员会成员并举行座谈

李克强说，本届年会将围绕变革世界中的亚洲、寻求亚洲健康与可持续发展之路，集思广益，凝聚共识，这有利于促进亚洲共同发展，推动亚洲同世界其他地区的合作。

在听取博鳌亚洲论坛理事长、日本前首相福田康夫,论坛咨询委员会主席、菲律宾前总统拉莫斯,论坛理事、新加坡荣誉国务资政吴作栋,论坛理事、美国前财政部长保尔森等成员的发言后,李克强说,多年来,论坛本着平等、互惠、合作、共赢的宗旨,立足亚洲,面向世界,针对亚洲合作和应对全球性挑战建言献策,为亚洲的发展发挥了积极作用。

李克强指出,面对纷繁复杂、机遇与挑战并存的国际环境,亚洲发展既要增强内生动力,又要以全球视野加强与地区外国家合作。当前世界各经济体的主要任务是走向复苏,亚洲各国的主题是发展,新兴经济体与发达国家交流应对危机的经验十分重要,我们既要立足当前,努力实现稳定复苏,又要着眼长远,推动强劲、可持续、平衡增长和长期健康发展。

李克强希望,本次论坛围绕亚洲和新兴经济体面临的重大和迫切问题进行研究和交流,提供更多有针对性的"博鳌观点"、"博鳌方案"。中国作为东道国,愿与有关各方一道,继续为论坛发展提供支持和帮助。

博鳌亚洲论坛理事会和咨询委员会成员们表示,亚洲在世界的地位和作用日益重要,愿继续努力办好论坛,进一步扩大论坛的影响力,凝结各方智慧,为亚洲和世界发展贡献更多力量。

博鳌亚洲论坛成立于2001年,是一个非官方、非营利的地区性国际组织。论坛定期在海南博鳌举行年会,迄今已召开10次。本届年会于4月1日至3日在博鳌举行,主题为"变革世界中的亚洲:迈向健康和可持续发展"。

国务院副总理李克强在海南博鳌会见越南副总理黄中海

国务院副总理回良玉在斯科普里会见马其顿总理格鲁埃夫斯基

国务院副总理王岐山在浙江绍兴会见世界银行行长美国候选人 美国达特茅斯学院院长金墉

我国在西昌卫星发射中心成功发射"亚太7号"通信卫星

3月31日18时27分,我国在西昌卫星发射中心用"长征三号乙"运载火箭,将法国泰雷兹阿莱尼亚宇航公司制造的"亚太7号"通信卫星成功送入预定轨道。

火箭升空约26分钟后,西安卫星测控中心传来的数据表明,星箭分离正常,卫星准确进入近地点209公里、远地点50419公里、轨道倾角27.4度的地球同步转移轨道,发射任务获得圆满成功。

4月1日

国务院总理温家宝在广西南宁会见马来西亚总理纳吉布

温家宝说，当前中马关系保持良好发展势头，政治互信牢固，在涉及彼此重大利益的问题上相互理解和支持。中马贸易额连续4年位居中国同东盟国家贸易榜首，即将突破1000亿美元。双方在国际地区事务中维护了共同利益。

温家宝表示，双方要进一步加强沟通配合，着重在以下几方面作出努力：一是建设好中马钦州产业园区，并积极探讨在马来西亚合建产业园区；二是稳步推进能源、交通、生产领域的大项目合作，带动投资和贸易合作；三是拓展金融合作，在扩大双边本币互换规模基础上，加快贸易本币结算；四是加强执法安全合作，打击电信诈骗和恐怖活动，启动中马引渡条约和刑事司法互助协议谈判，商签打击跨国犯罪合作协议；五是密切人文交流，办好两国青年互访活动，落实中马高等教育学历学位互认协议；六是坚持相互尊重、求同存异、协商一致的原则，推动“10 + 1”、“10 + 3”、东亚峰会等合作机制健康发展，巩固东亚国家的团结，促进地区和平、稳定与繁荣。

纳吉布表示，马中建交38年来，两国关系不断向前发展，有着光明的未来。中国经济持续、快速发展和马中互利合作有力地促进了马来西亚国内建设，马来西亚政府愿与中方一起，将马中钦州产业园区打造成两国合作的示范园区，共同探索和培育新的合作增长点，深化经贸、能源、交通、金融、航空、司法安全、人文等领域合作，巩固两国人民的友谊，密切在地区事务中的配合，推动双边关系全面发展。

会见后，两国总理共同出席了中马钦州产业园区合资公司签约仪式。

国务院总理温家宝在广西钦州与马来西亚总理纳吉布共同出席中马钦州产业园区开园仪式

国务院总理温家宝在广西 福建调研

4月1日至3日，温家宝在广西钦州，福建泉州、莆田、福州等地就经济运行情况进行调研。他深入企业车间看望一线员工，并多次与企业负责人座谈。他还在福州主持召开福建、上海、江苏、浙江4省（市）经济形势座谈会。

温家宝在座谈中说，目前全球经济形势依然严峻复杂。我们要密切关注国内外形势变化，全面分析，妥善应对，处理好保持经济平稳较快发展、调整结构和管好通胀预期三者之间的关系。经济平稳较快发展是基础，调整结构是关键，物价稳定是保障。一要加强和改善宏观调控。这是政府工作最重要的任务，也是做好其他工作的基础。要根据形势变化尽快出台预调微调措施，同时做好政策准备，留有相应的政策空间。抓紧落实已经出台的结构性减税等政策，并不断加以完善。货币政策要兼顾促进经济平稳较快发展、保持物价稳定和防范金融风险，有针对性地适时适度调节。坚定不移地扩大消费需求，保持适度的投资规模，提高投资质量和效益，确保国家重大在续建项目资金需求，有序推进“十二五”规划重大项目按期实施，尽快启动一批事关全局、带动作用强的重大项目。对有还款能力的项目要继续支持，防止资金链断裂。继续搞好价格调控，防止物价反弹。二要落实强农惠农政策。抓好春季农业生产，争取农业再获丰收，保障主要农产品有效供给。三要努力保持对外贸易稳定增长。加快出口退税进度，为企业扩大出口创造有利条件。研究出台新的政策措施，重点支持企业开拓新兴市场、培育自主品牌、扩大服务产品出口。积极扩大进口尤其要重视进口先进技术装备，帮助企业抓住时机，加快技术改造。四要大力促进中小企业发展。完善财税支持政策，扩大中小企业专项资金规模。改善中小企业金融服务，缓解小型微型企业融资困难。切实打破垄断，放宽准入，营造各类所有制经济公平竞争、共同发展的制度环境。温家宝强调，各地区各部门要密切关注经济发展，加强经济走势分析。领导干部要深入基层，调查研究，掌握情况，及时采取有针对性的工作措施，更加注重保障和改善民生，努力保持经济平稳较快发展。

国务院副总理李克强在博鳌会见出席博鳌亚洲论坛2012年年会的台湾两岸共同市场基金会代表团名誉团长吴敦义一行

李克强表示，不久前胡锦涛总书记会见中国国民党荣誉主席吴伯雄时，全面阐述了我们在新形势下持续推动两岸关系发展的基本思路。我们将巩固反对“台独”、认同“九二共识”的共同政治基础，继续贯彻推动两岸关系和平发展的各项方针政策，不断开创两岸关系和平发展的新局面。

李克强强调，两岸同胞同属中华民族，两岸经济同属中华民族经济。进一步深化两岸经济合作，有利于促进两岸共同发展、造福两岸同胞。一是抓紧推动ECFA后续协商，力争尽早签署两岸投资保护和促进协议，推动其他商谈取得实质性进展。二是加快推进两岸金融领域合作。采取积极措施，尽快启动商议建立两岸货币清算机制，推进两岸银行、证券、保险业建立并完善监管合作机制。三是大力加强两岸产业合作，共同推动产业结构优化升级。我们鼓励和支持有条件的大陆企业赴台投资，期望台湾方面为此提供必要的环境和公平的条件。

李克强指出，两岸还应继续推动其他领域的交流合作。我们欢迎并支持年内新增10个大陆居民赴台个人旅游试点城市，这将有利于增进两岸同胞相互了解，促进台湾旅游业发展。

吴敦义表示，过去4年两岸关系走上了和平稳定发展的正确道路，台湾局势摆脱了动荡，两岸在"九二共识"基础上的协商迄今达成16项协议，两岸经济在全球经济不景气的形势下实现了稳步发展。两岸关系和平发展的局面值得共同珍惜和巩固。他对这次会见双方就加快ECFA后续协商、建立两岸货币清算机制等一系列合作事项达成一致感到高兴，期望双方秉持求同存异、两岸和平、讲信修睦、民生优先的理念，进一步扩大交流，务实协商，加强合作，为两岸人民谋福祉，为中华民族谋繁荣，为炎黄子孙开盛世。

国务院副总理李克强在博鳌分别与意大利总理蒙蒂 巴基斯坦总理吉拉尼 哈萨克斯坦总理马西莫夫 伊朗副总统穆罕默迪扎德 泰国副总理吉滴叻举行会谈

全国人大常委会副委员长桑国卫在坎帕拉举行的各国议会联盟(议联)第一百二十六届大会上发言

桑国卫说，当前，和平、发展、合作的时代潮流更加强劲，多边主义和国际关系民主化深入人心，开放合作、互利共赢成为国际社会广泛共识。同时，国际金融危机的深层次影响愈加显现，国际安全形势不稳定、不确定因素增多，各种传统和非传统安全问题进一步交织，气候变化、能源资源安全、重大自然灾害等威胁和挑战增加。

各国议会联盟第一百二十六届大会3月31日开幕，包括中国全国人大代表团在内的122个国家的近1000名议会代表出席大会。

4月2日

国家主席胡锦涛致电阿塞拜疆总统阿利耶夫庆祝两国建交20周年

胡锦涛表示，中阿两国人民友谊源远流长。建交20年来，中阿关系持续健康稳定发展。两国高层交往密切，政治互信不断加深，经贸、能源、交通、通信、人文等领域合作成果显著，给两国人民带来实实在在的利益。双方在彼此关切的重大问题上保持沟通与协调，在国际和地区事务中开展了良好合作，有效维护了双方的共同利益。

胡锦涛表示，中方一贯重视同阿塞拜疆发展长期稳定的友好合作关系，支持阿政府为维护社会稳定、促进经济发展、提高人民生活水平所做的努力。中方愿以两国建交20周年为契机，进一步增进双方相互理解和信任，提升各领域务实合作水平，推动双边关系不断迈上新台阶。

阿利耶夫在贺电中表示，发展对华关系是阿塞拜疆对外政策的重要方向。阿方高度重视发展同世界主要大国中国的关系，愿不断扩大在双边层面和在国际事务中的合作。建交20年来，双方保持高级别政治对话，经贸、文化、人文领域合作取得积极成果，为两国关系迈向更高水平奠定了良好基础。相信在双方共同努力下，两国友好合作将会更加密切，更好地造福于两国人民。

中华人民共和国和柬埔寨王国发表联合声明

一、应柬埔寨国王诺罗敦·西哈莫尼邀请，中华人民共和国主席胡锦涛于2012年3月30日至4月2日对柬埔寨王国进行国事访问。访问期间，胡锦涛主席分别会见了柬埔寨国王诺罗敦·西哈莫尼、参议院主席谢辛亲王、国会主席韩桑林亲王和首相洪森亲王。双方在亲切友好的气氛中就双边关系及共同关心的国际和地区问题深入交换意见，达成广泛共识。

二、双方相互通报了各自国内形势。中方对柬埔寨人民在西哈莫尼国王和以洪森首相为首的王国政府领导下，在维护国家稳定，促进经济发展，拓展对外交往等方面取得的显著成就表示祝贺。柬方高度评价中国改革开放和现代化建设取得的成就，相信中国的发展有利于促进本地区和世界的和平、稳定与发展。

三、双方一致认为，自1958年7月19日两国建立外交关系以来，由毛泽东主席、周恩来总理等中国老一辈领导人和诺罗敦·西哈努克太皇共同缔造和精心培育的中柬传统友谊历久弥坚，不断发扬光大。近年来，双方领导人保持密切交往，政治、经济、社会、文化等各领域友好交流与合作全面推进，建立了全面战略合作伙伴关系，中柬关系步入了新的历史发展时期。

双方认为，在国际和地区形势深刻复杂变化背景下，中柬两国深化战略互信，密切务实合作，不断丰富全面战略合作伙伴关系内涵，具有重要的现实意义和长远的战略意义，符合两国和两国人民的根本利益，有利于本地区的和平、稳定与发展。

四、为进一步增进两国人民间的深厚友谊，全面扩大和深化两国各领域友好交流与合作，双方同意加紧制订落实中柬全面战略合作伙伴关系的行动计划，并就以下内容达成一致：

(一)保持高层互访和交往的良好传统，两国领导人将继续通过双边互访、多边场合会晤等灵活多样的形式进行经常性接触,就双边关系和国际地区问题及时交换意见,加强战略沟通,牢牢把握中柬友好合作关系的正确方向。

(二)充分肯定党际交流合作对推动中柬全面战略合作伙伴关系健康稳定发展的重要意义,同意根据独立自主、完全平等、互相尊重、互不干涉内部事务四项原则和两国执政党交流合作备忘录,保持两党领导人互访,增进相互了解与信任,交流借鉴治国理政经验。

(三)从战略高度重视和深化中柬经贸合作,本着"平等互利、注重实效、优势互补、共同发展"的原则,进一步提升两国经贸合作规模、质量和水平。

第一,结合各自国家经济发展战略,加强对双方务实合作的统筹规划,促进两国经贸合作持续健康发展。双方一致同意,2017年两国贸易额将达到50亿美元,在现有的25亿美元基础上实现翻一番。

第二,加强协调配合,抓紧落实现有经贸合作项目。中方愿继续为柬埔寨国家建设提供力所能及的经济援助,根据平等互利原则,支持柬埔寨交通、能源、通信、水利等基础设施建设。

第三,探索新型合作模式,采取多种形式增进合作效益。中方积极支持有实力、信誉好的中国企业在基础设施、农业、工业、旅游和合作区建设等重点领域与柬方加强合作。

第四,访问期间,双方签署了《中柬经济技术合作协定》等合作文件。

(四)深化两军合作,保持两国防务部门和军队各层级人员往来,密切开展军事训练、人员培训、院校建设、后勤保障等领域合作。

(五)进一步深化两国执法安全领域合作,加强执法部门高层互访和业务团组交流,推进在打击跨国拐卖人口犯罪和电信诈骗犯罪、打击恐怖主义、禁毒、执法能力建设领域以及在案件协查等方面的高效、务实合作,共同维护两国国内安全和社会稳定,为本地区的和平与安宁做贡献。

(六)充分发挥各领域对口合作机制的作用,进一步扩大科技、教育、文化、卫生、传媒、体育等各领域友好交流与合作。双方决定,将2013年中柬建交55周年确定为"中柬友好年",共同举办内容丰富、形式多样的庆祝活动,扩大人文交流和民间往来。加强青少年友好交往,培养中柬友好接班人,夯实两国友好的民意基础,使两国永做好邻居、好朋友、好兄弟、好伙伴。

(七)柬方重申继续坚定奉行一个中国政策,承认中华人民共和国政府是代表全中国的唯一合法政府,台湾是中国领土不可分割的一部分,反对任何形式的"台湾独立",继续支持两岸关系和平发展和中国的和平统一大业。中方对柬方的理解和支持表示高度赞赏。

(八)进一步加强在联合国、亚欧会议等多边论坛中的协调配合,共同维护广大发展中国家的利益。

五、中方支持柬方作为今年东盟轮值主席国为推动东亚合作所做努力。双方重申,将进一步加强在东盟与中日韩、东亚峰会、大湄公河次区域经济合作等区域合作机制中的密切合作,坚持东盟在区域合作中的主导地位,支持将发展作为区域合作的主题,共同推动东亚合作健康发展,为维护地区稳定、缩小发展差距、促进共同繁荣作出更大贡献。

六、双方愿密切配合,在中国—东盟建立对话关系20年来业已取得的丰硕成果的基础上,不断拓展和深化中国同东盟在政治、安全、经济、互联互通、社会文化及国际地区事务中的合作,将中国—东盟战略伙伴关系推向新的高度。

七、双方同意进一步加强在东盟地区论坛、东盟防长扩大会等地区安全对话与合作机制中的协调配合,共同推动相关机制继续坚持东盟主导、协商一致、不干涉内政、照顾各方舒适度等行之有效的原则,深化"建立信任措施"(CBM),重点在非传统安全领域开展合作。双方重申支持建立东南亚无核武器区,愿共同努力,推动《东南亚无核武器区条约》议定书尽早生效。

八、双方认为,中国和东盟国家应继续遵循《南海各方行为宣言》的宗旨和精神,充分发挥《指针》等现有各机制的作用,推动全面落实《南海各方行为宣言》,办好年内举办的纪念《南海各方行为宣言》签署10周年研讨会。大力推进南海务实合作,共同维护南海和平稳定,使南海成为中国与东盟国家之间的和平之海、友谊之海、合作之海。

九、双方一致认为,胡锦涛主席对柬埔寨的国事访问取得了圆满成功,推动中柬全面战略合作伙伴关系迈上了新的台阶,具有重要的里程碑意义。胡锦涛主席对西哈莫尼国王以及柬埔寨政府和兄弟的柬埔寨人民所给予的隆重、热情和友好的接待表示衷心感谢,邀请西哈莫尼国王方便时再次访华,西哈莫尼国王对此表示感谢并愉快地接受了邀请。

2012年4月2日于金边

博鳌亚洲论坛2012年年会在博鳌开幕

国务院副总理李克强出席开幕式并发表了题为《凝聚共识　促进亚洲健康可持续发展》的主旨演讲。

意大利总理蒙蒂、哈萨克斯坦总理马西莫夫、巴基斯坦总理吉拉尼分别在开幕式上讲话。伊朗副总统穆罕默迪扎德、泰国副总理吉滴叻、越南副总理黄中海等贵宾出席开幕式。博鳌亚洲论坛理事会副理事长、中方首席代表曾培炎出席开幕式。

来自亚洲和世界的2000多名政界、工商界人士和专家学者等出席了博鳌亚洲论坛2012年年会开幕式。

国务院副总理李克强在博鳌亚洲论坛2012年年会发表题为《凝聚共识　促进亚洲健康可持续发展》的主旨演讲

尊敬的各位贵宾,女士们、先生们,朋友们:

很高兴参加博鳌亚洲论坛2012年年会,与来自世界各国的朋友们见面。我们开会的地方——博鳌,十多年前还是一个鲜为人知的小渔村,现在已成为可以共商亚洲发展之计的大平台。博鳌是在中国和亚洲开放发展中快速成长起来的,它的开放与变化表明了中国与亚洲、亚洲与世界的联系日益密切。可以说,身在博鳌能够"博览天下"、"博采众长",博鳌论坛是一个立足亚洲、面向世界、开放包容的大平台。论坛本次年会以变革的世界为背景,谋求亚洲健康与可持续发展,很有意义。在此,我谨代表中国政府,对年会的召开表示热烈祝贺!对各位远道而来的嘉宾表示诚挚欢迎!

世界在关注亚洲,亚洲也在关注世界。当今时代,国际形势正在发生深刻复杂的调整和变化。我们看到,虽然全球经济显露恢复的迹象,一些国家出现好的增长兆头,但国际金融危机深层次影响尚未消除,欧洲主权债务危机还在持续,实现世界经济全面复苏仍然是一个长期艰难曲折的过程。同时,世界经济结构调整步伐加快,新一轮科技变革与产业创新正在孕育,经济全球化、区域一体化在曲折中推进,国际政治经济秩序深刻调整,新兴经济体的重要性日益显现。

博鳌论坛诞生于亚洲金融危机之后。十多年来,亚洲国家在应对风险中提高了自身免疫力,在调整变革中促进了经济健康发展。这次国际金融危机中,亚洲经济率先复苏,呈现出比较好的基本面。目前,亚洲经济总量已占世界的30%以上,亚洲经济增长对世界的贡献率超过30%。亚洲成为全球新兴经济体最为集中的地区,后发优势和发展潜能进一步展现。

当然,亚洲许多国家发展水平总体较低,区域内各国发展差距仍然很大,资源环境制约日益加剧,地区安全稳定存在挑战,发展的道路并非平坦,成长中的烦恼也不少。同时,一些国家和地区还面临经济增长下行、物价上涨、就业压力加大等问题。这些都需要认真加以对待。

亚洲的发展,机遇和挑战并存,希望和困难同在;但机遇多于挑战,困难可以克服。回顾历史,亚洲孕育了多个文明,创造过辉煌。近代以来,亚洲历经磨难和考验,在奋斗中不断发展。现在,亚洲已经站在一个新的起点上,自强不息、开拓进取的亚洲人民正在携手创造新的崛起,面向世界,走向未来,迈向现代化。在世界调整与变革的大势下,我们愿与亚洲各国一道,凝聚共识,携手努力,应对挑战,战胜困难,共同推动亚洲健康与可持续发展。

一是立足内生增长。这是亚洲健康与可持续发展的独特优势,也是亚洲开放型经济发展的新趋势。亚洲人口约占全球的45%,绝大多数国家是发展中国家,各国国内和各国之间发展不平衡,内需市场潜力巨大。亚洲还拥有世界上最多的劳动人口,有最大的工程师与科研人员队伍,人力资源优势明显。在继续发挥比较优势、参与全球竞争的同时,着力开拓内需市场;在保持投资适度增长、增加要素投入的同时,充分发挥消费的作用,发挥科技进步和劳动者素质提高的潜能,亚洲经济是能够实现强劲、可持续、平衡增长的。

二是秉承开放包容。这是亚洲健康与可持续发展的必然要求。过去亚洲经济的快速增长是在开放中实现的,今后亚洲进一步发展仍需坚持开放,包括向世界开放和各国相互开放。实行开放的地区政策,在开放中相互促进、取长补短,对亚洲持久发展意义重大。各国应增进相互信任,加强学习借鉴,倡导包容性增长,在重大国际和地区问题上保持沟通协调,积极应对气候变化、粮食和能源资源安全等全球性挑战,主动参与全球治理结构和国际金融体系调整改革。同时,我们欢迎地区外国家参与亚洲发展进程并发挥建设性作用。这有利于促进亚洲繁荣,有利于促进新兴经济体与发达经济体深化合作,有利于世界和平、稳定和发展。参加本次年会的嘉宾有1/3来自欧美国家,这从一个侧面反映了亚洲更加开放。

三是实现互利共赢。这是亚洲健康与可持续发展的有效途径。近年来,亚洲国家之间各种务实合作不断加深,东南亚、中亚、东北亚、南亚等区域合作成果丰硕。目前,亚洲区域内贸易占全部贸易的比重已超过50%,彼此在合作中获得了发展的红利。新的形势下,需要各国继续加强磋商与合作,推动全球贸易自由化、投资便利化,反对各种形式的保护主义,提升交通、通信、能源等基础设施互联互通和网络化水平,深化区域及次区域合作,促进亚洲和世界各国共同发展。开放合作于人有利,于己有利,是互利共赢之路。

四是促进团结和谐。这是亚洲健康与可持续发展的有力保障。亚洲各国体制和模式多样,民族和文化多元,团结互助格外重要。建设一个和平、团结、和谐的亚洲,需要继续发扬同舟共济的精神,共同应对金融危机冲击和经济风险挑战,共同克服重大自然灾害的影响,共同解决发展中遇到的阶段性难题;需要在经济发展中更加重视社会公平正义,更多帮助欠发达地区和困难群体,促进各国人民共享发展的成果。

五是坚持和平发展。这是亚洲健康与可持续发展的重要基石。亚洲之所以能够取得今天的发展成就，很大程度上得益于长期保持了总体和平稳定的局面。在经济全球化和新的国际体系中，各国和亚洲的繁荣发展，应当也只能通过和平与合作来实现。从战略高度考虑彼此关系，求同存异，寻求利益最大交汇点，是各方根本利益和长远利益所在。无论是以往的遗留问题，还是现实的分歧和争端，只要有关各方从维护相互友好关系和发展大局出发，尊重历史，遵循国际关系的基本准则，是能够通过对话协商与和平谈判解决的。这是亚洲之福、世界之幸。

女士们、先生们！

中国是亚洲大家庭的一员，中国经济与亚洲经济密不可分。中国坚持走经济社会全面协调可持续的科学发展之路，也将为亚洲健康与可持续发展贡献力量。近年来，中国经济继续朝着宏观调控的预期方向发展，实现了经济平稳较快增长和民生不断改善。中国经济的基本面是好的，发展的态势没有改变，有条件保持经济长期平稳较快发展。

我们也认识到，中国仍然是世界上最大的发展中国家，发展中不平衡、不协调、不可持续问题依然突出，一些结构性矛盾凸显，需要逐步解决。当前，我们将按照推动科学发展、加快转变经济发展方式的要求，把握稳中求进的总基调，既立足当前，稳增长、控物价、促和谐；又着眼长远，在调结构、惠民生、抓改革等方面取得新进展，继续促进中国经济社会全面协调可持续发展。

继续促进中国经济社会发展，加快转型是关键。加快转变经济发展方式是中国“十二五”发展的主线，经济结构战略性调整是转方式的主攻方向，扩大内需是结构调整的首要任务，城镇化是中国内需最大的潜力所在。中国人口多，地域辽阔，正处于工业化、城镇化持续发展的阶段。去年城镇人口比率刚刚超过50%，每提高1个百分点就会有1000多万人口从农村转入城镇，能够释放巨大的消费和投资需求。同时，提升工业发展水平，促进服务业加快发展并提升其比重，可以为扩大内需、增加就业提供强有力的产业支撑；保障粮食安全、保护生态环境、发展现代农业，可以为扩大内需奠定坚实的物质基础。总之，协调推进工业化、城镇化和农业现代化，实行“三化”并举，是中国现代化的必由路径，也是转方式、调结构、扩内需的战略举措，可以助推中国在“十二五”期间乃至更长时期保持经济适度较快增长，不断提高发展的质量和效益。

继续促进中国经济社会发展，改善民生是根本。我们加快转型、调整结构，根本目的是保障和改善民生。而保障和改善民生又有利于增加收入、刺激消费、开拓市场，发展经济与改善民生相辅相成，可以形成良性互动。中国正在进行的就业扶持、保障性安居工程建设、全民医保等医改重点工作的推进、集中连片扶贫攻坚等都是重大民生工程，也是重大发展工程。实施这些工程，致力于保障群众基本生活，同时增加中低收入者收入，都是调节收入分配的重大措施。我们将着眼于提高人民生活水平和质量，构建社会保障的安全网，推进基本公共服务均等化，鼓励就业创业，努力实现居民收入增长和经济发展同步，提高居民消费能力，扩大国内需求，使现代化建设不断向前推进，使全体人民共享成果、切实受益。

继续促进中国经济社会发展，改革创新是动力。30多年来中国发展取得巨大成就，进入新世纪后现代化建设迈出重大步伐，靠的是改革开放。面对世情、国情的深刻变化，破除那些不利于经济发展方式转变的体制机制障碍，还是要靠改革开放。中国改革已进入攻坚时期。我们将深化财税、金融、价格、收入分配、企业等方面改革，努力在重点领域和关键环节实现新突破，更好地发挥市场机制在资源配置中的基础性作用，全面推进制度创新、技术创新、管理创新，注重增强发展的内生动力和内在活力。中国扩大内需是在对外开放条件下进行的。我们坚持实行更加积极主动的开放战略，实行出口和进口并重、利用外资和对外投资并举，有重点地扩大进口、促进对外贸易平衡发展，努力提高开放型经济发展水平。中国对内外资企业一视同仁，致力于营造公开透明、公平竞争、可预期的市场和法治环境，加大知识产权保护力度，促进各类企业在创新转型中共同发展。

女士们、先生们！

中国把扩大对亚洲开放作为对外开放的战略重点。目前，中国是亚洲第一大进口市场，是许多亚洲经济体的最大贸易伙伴，也是亚洲重要的投资来源地，与亚洲国家各领域交往十分频繁。我们愿与各有关国家一道，继续推进中国—东盟、上合组织、中日韩、东盟和中日韩、亚太经合组织等区域合作机制建设，推进双边与多边自贸区建设，拓展在新兴产业、基础设施、金融、科技等方面的合作；扩大人文合作尤其是青年交流和民间往来，推进文化交流与文明对话，增进各国人民友谊。

中国始终不渝走和平发展道路，致力于营造一个和平和谐的国际和周边环境，决不谋求霸权。中国的和平发展基于本国国情和文化传统，基于自身根本利益和长远利益，基于世界发展大势和客观规律，是我们坚定不移的战略抉择。中国坚持实行睦邻友好政策，永做亚洲国家的好邻居、好伙伴，与大家一起努力，共同促进亚洲和世界的繁荣发展与和谐进步。

我们相信，广袤的亚洲大地一定能为各国发展提供广阔的空间。面对变革的世界，亚洲人民完全有能力把握机遇、携手前行,实现亚洲健康与可持续发展,共建人类美好未来!

最后,祝博鳌亚洲论坛2012年年会圆满成功!祝各位嘉宾工作顺利、身体健康、心情愉快!

谢谢大家!

国务院副总理回良玉在坎帕拉与乌干达总统穆塞韦尼举行会谈

回良玉说,中国与乌干达有着深厚的传统友谊,中方赞赏穆塞韦尼总统为中乌、中非友好事业作出的贡献。近年来,中乌经贸合作形式多样,发展迅速,充分体现了互利共赢、共同发展的特点。中方愿与乌方携手努力,继续深化两国各个领域,特别是经贸、农业、基础设施建设领域的务实合作,以两国建交50周年为契机,共同推动中乌友好合作关系迈上新的台阶。

穆塞韦尼说,乌中友谊源远流长。作为中国的老朋友,很高兴看到中国取得的巨大成就。乌在建设自己国家的过程中,尽管取得了一些进步,但在公路、铁路等基础设施建设、农产品、矿产加工等领域还存在亟须解决的问题。乌方愿与中方一道,努力寻求新的合作方式,进一步推动两国经贸关系健康发展。

国务院副总理回良玉在温得和克与纳米比亚总统波汉巴举行会谈

回良玉表示,纳米比亚是中国在非洲的重要合作伙伴。中纳在农业、能源、水产、旅游等领域有着广阔的合作前景。希望通过此访具体落实两国元首达成的共识,进一步巩固中纳传统友谊,全面深化两国务实合作,推动两国关系再上新台阶。

波汉巴表示,纳米比亚感谢中方一直以来给予的大力支持。纳方愿与中方一道,继续巩固传统友谊,积极探索双边合作的新方式,努力将两国关系提升到更高水平。同时,纳方愿意继续与中方保持在国际事务和多边国际组织中的良好沟通与合作。

双方还就当前国际形势和热点问题以及中非关系等交换了意见。

4月3日

党和国家领导人胡锦涛 吴邦国 温家宝 贾庆林 李长春 习近平 李克强 贺国强等在北京市丰台区永定河畔参加首都义务植树活动

植树过程中,胡锦涛总书记向国家林业局负责同志了解了全国造林绿化情况,对30多年来植树造林、绿化国土取得的显著成就给予充分肯定。胡锦涛强调,开展全民义务植树活动,是应对气候变化、改善生态环境、实现绿色增长的有效途径。我们要年复一年地把全民义务植树活动开展下去,广泛动员干部群众,充分发挥科技作用,积极扩大绿化面积,努力巩固植树成果,为祖国大地披上美丽绿装,为科学发展提供生态保障。

胡锦涛还对一起植树的北京市负责同志说,北京要真正成为首善之区,必须在绿化美化工作中走在前面。希望你们加快绿色北京建设步伐,全面提升城市环境质量,让生态文明建设成果更好地惠及全市人民。

博鳌亚洲论坛2012年年会在博鳌闭幕

本次年会受到亚洲内外各界的广泛关注,参会正式代表1432人,中外媒体记者835人。逾50位国际组织负责人和各经济体的部长级官员出席年会。

与会代表紧紧围绕亚洲面临的机遇与挑战,就如何实现可持续发展等议题展开了深入探讨。

年会期间还举行了东盟分论坛、印度经济分论坛、收入分配与经济转型、"变革世界中的亚洲:迈向健康与可持续发展"主题晚餐会、"世界经济展望2012:确定性与不确定性"主题早餐会等会议。

全国人大常委会副委员长陈至立在加德满都分别会见尼泊尔总理巴特拉伊和制宪会议主席内姆旺

陈至立指出,中尼是亲密邻邦,中尼友好源远流长。温家宝总理今年1月成功访尼掀开了两国关系新篇章,此次中国妇女代表团访尼是落实温总理访问成果的具体举措,希望通过妇女间的交流,进一步增进两国人民的友谊,为发展两国世代友好的全面合作伙伴关系作出新贡献。她祝愿尼早日完成和平与制宪进程,实现和平、和解与发展。

巴特拉伊和内姆旺表示,希望中国妇女发展的成功经验能够为尼妇女提供良好借鉴。尼方对中国一贯的支持和帮助表示感谢,强调尼中之间不存在任何分歧和利益冲突,尼永远是中国的好朋友,尼政府和议会将继续坚定不移奉行一个中国的原则立场。

4月4日

国家外汇管理局公布《2011年中国国际收支报告》

报告显示,2011年国际收支继续保持经常项目与资本项目"双顺差",经常项目顺差与国内生产总值之比降至2005年以来最低水平。

据悉,2011年,我国经常项目顺差较上年下降15%,与GDP之比为2.8%,较2010年下降1.2个百分点,为2005年以来最低水平。

国际收支平衡，也称对外经济平衡，是宏观经济四大目标之一。在开放经济条件下，国内均衡和对外均衡之间存在着密切的相互决定、相互影响的关系。国际上将经常项目差额控制在GDP的4%以内视为国际收支平衡的重要指标。《2011年中国国际收支报告》认为，2008年以来，我国经常项目顺差与GDP之比逐步降至国际公认的合理区间，既体现了国内经济发展方式转变、涉外经济政策调整的成效，也反映了国外经济金融形势的变化，还显示人民币汇率正逐渐趋于合理均衡水平。

经常项目大额顺差是中国2005年以来才有的现象，以前是顺差和逆差交替出现且规模及占比均不大。2008年以来，受周期和结构性因素的共同影响，中国经常项目顺差规模及其占GDP之比逐年下降，现已回落到国际认可的合理水平。但由于资本流出渠道不足，相关政策支持尚不到位，民间对外投资特别是金融投资水平较低，无法完全消化经常项目顺差，客观上造成国际收支“双顺差”、外汇储备继续较快增长。

2011年，我国国际收支总顺差4228亿美元，较2010年下降19%，低于2007—2010年年均顺差4686亿美元的规模。《2011年中国国际收支报告》预计，2012年，我国国际收支仍将保持顺差，但顺差大幅减少。发达国家的结构性问题短期内难以解决，国际经济金融将持续动荡，我国可能面临跨境资本流动反复波动的风险。随着外汇供求关系趋于平衡，人民币汇率预期分化，全年人民币汇率走势可能形成有升有贬、双向波动的局面。

4月5日

全国人大常委会文物保护法执法检查组第一次全体会议在北京举行

全国人大常委会委员长吴邦国作出重要批示。

吴邦国指出，我国是历史悠久的文明古国，有着丰富灿烂的文化遗产。全面贯彻落实文物保护法，是继承和弘扬中华民族优秀传统文化、推动社会主义文化大发展大繁荣的必然要求。全国人大常委会这次在全国范围内开展文物保护法执法检查，主要目的就是在党的十七大和十七届六中全会精神指导下，督促、支持各级政府和有关国家机关依法履行职责，改进工作，加强管理，推动我国文物保护事业全面发展。希望检查组精心准备，扎实工作，组织开展好这次执法检查，圆满完成工作任务，为建设中华民族共有精神家园作出积极贡献。

中共中央政治局委员、全国人大常委会副委员长王兆国，全国人大常委会副委员长路甬祥、韩启德、李建国、严隽琪出席会议。在听取有关部门汇报后，王兆国作了讲话。

此次执法检查组组长由路甬祥副委员长担任，他在会议上部署了检查工作总体安排。他说，这次执法检查的重点是文物安全情况，处理文物保护与经济建设、社会发展的关系情况，文物流通领域管理情况，执法能力建设和配套法规制定情况，以及进一步修改完善法律的意见和建议。他指出，这次执法检查时间紧、任务重，一定要突出重点，务求实效。

根据安排，执法检查组将分为5个小组，于今年4月至5月赴北京、河北、浙江、江西、山东、河南、湖北、四川、甘肃、新疆开展检查。同时，委托其他省、自治区、直辖市人大常委会对本行政区域内文物保护法的实施情况进行检查，并向检查组提供书面报告。

全国政协主席贾庆林在人民大会堂会见泰国公主诗琳通

贾庆林欢迎诗琳通公主第34次访华，并表示，我们赞赏泰国王室为中泰友好作出的重要贡献，诗琳通公主已成为中泰友好的美好象征。中方高度重视同泰国的合作，将坚持“与邻为善、以邻为伴”和“睦邻、安邻、富邻”的政策方针，积极推动中泰关系取得更大发展。贾庆林还向诗琳通介绍了中国国内发展情况。

诗琳通感谢贾主席会见，高度评价中国经济社会发展成就，感谢中方对她每次访华所给予的热情友好接待，表示将继续为促进泰中友谊，尤其是科技教育合作作出努力。

国务院总理温家宝签署第617号令公布《校车安全管理条例》

《校车安全管理条例》已经2012年3月28日国务院第197次常务会议通过，现予公布，自公布之日起施行。

总　理　温家宝

2012年4月5日

校车安全管理条例

第一章　总　则

第一条　为了加强校车安全管理，保障乘坐校车学生的人身安全，制定本条例。

第二条　本条例所称校车，是指依照本条例取得使用许可，用于接送接受义务教育的学生上下学的7座以上的载客汽车。

接送小学生的校车应当是按照专用校车国家标准设计和制造的小学生专用校车。

第三条　县级以上地方人民政府应当根据本行政区域的学生数量和分布状况等因素，依法制定、调整学校设置规划，保障学生就近入学或者在寄宿制学校入学，减少学生上下学的交通风险。实施义务教育的学校及其教学点的设置、调整，应当充分听取学生家长等有关方面的意见。

县级以上地方人民政府应当采取措施，发展城市和农村的公共交通，合理规划、设置公共交通线路和站点，为需要乘车上下学的学生提供方便。

对确实难以保障就近入学，并且公共交通不能满足学生上下学需要的农村地区，县级以上地方人民政府应当采取措施，保障接受义务教育的学生获得校车服务。

国家建立多渠道筹措校车经费的机制，并通过财政资助、税收优惠、鼓励社会捐赠等多种方式，按照规定支持使用校车接送学生的服务。支持校车服务所需的财政资金由中央财政和地方财政分担，具体办法由国务院财政部门制定。支持校车服务的税收优惠办法，依照法律、行政法规规定的税收管理权限制定。

第四条　国务院教育、公安、交通运输以及工业和信息化、质量监督检验检疫、安全生产监督管理等部门依照法律、行政法规和国务院的规定，负责校车安全管理的有关工作。国务院教育、公安部门会同国务院有关部门建立校车安全管理工作协调机制，统筹协调校车安全管理工作中的重大事项，共同做好校车安全管理工作。

第五条　县级以上地方人民政府对本行政区域的校车安全管理工作负总责，组织有关部门制定并实施与当地经济发展水平和校车服务需求相适应的校车服务方案，统一领导、组织、协调有关部门履行校车安全管理职责。

县级以上地方人民政府教育、公安、交通运输、安全生产监督管理等有关部门依照本条例以及本级人民政府的规定，履行校车安全管理的相关职责。有关部门应当建立、健全校车安全管理信息共享机制。

第六条　国务院标准化主管部门会同国务院工业和信息化、公安、交通运输等部门，按照保障安全、经济适用的要求，制定并及时修订校车安全国家标准。

生产校车的企业应当建立、健全产品质量保证体系，保证所生产(包括改装，下同)的校车符合校车安全国家标准；不符合标准的，不得出厂、销售。

第七条　保障学生上下学交通安全是政府、学校、社会和家庭的共同责任。社会各方面应当为校车通行提供便利，协助保障校车通行安全。

第八条　县级和设区的市级人民政府教育、公安、交通运输、安全生产监督管理部门应当设立并公布举报电话、举报网络平台，方便群众举报违反校车安全管理规定的行为。

接到举报的部门应当及时依法处理；对不属于本部门管理职责的举报，应当及时移送有关部门处理。

第二章　学校和校车服务提供者

第九条　学校可以配备校车。依法设立的道路旅客运输经营企业、城市公共交通企业，以及根据县级以上地方人民政府规定设立的校车运营单位，可以提供校车服务。

县级以上地方人民政府根据本地区实际情况，可以制定管理办法，组织依法取得道路旅客运输经营许可的个体经营者提供校车服务。

第十条　配备校车的学校和校车服务提供者应当建立、健全校车安全管理制度，配备安全管理人员，加强校车的安全维护，定期对校车驾驶人进行安全教育，组织校车驾驶人学习道路交通安全法律、法规以及安全防范、应急处置和应急救援知识，保障学生乘坐校车安全。

第十一条　由校车服务提供者提供校车服务的，学校应当与校车服务提供者签订校车安全管理责任书，明确各自的安全管理责任，落实校车运行安全管理措施。

学校应当将校车安全管理责任书报县级或者设区的市级人民政府教育行政部门备案。

第十二条　学校应当对教师、学生及其监护人进行交通安全教育，向学生讲解校车安全乘坐知识和校车安全事故应急处理技能，并定期组织校车安全事故应急处理演练。

学生的监护人应当履行监护义务，配合学校或者校车服务提供者的校车安全管理工作。学生的监护人应当拒绝使用不符合安全要求的车辆接送学生上下学。

第十三条　县级以上地方人民政府教育行政部门应当指导、监督学校建立、健全校车安全管理制度，落实校车安全管理责任，组织学校开展交通安全教育。公安机关交通管理部门应当配合教育行政部门组织学校开展交通安全教育。

第三章　校车使用许可

第十四条　使用校车应当依照本条例的规定取得许可。

取得校车使用许可应当符合下列条件：

(一)车辆符合校车安全国家标准，取得机动车检验合格证明，并已经在公安机关交通管理部门办理注册登记；

(二)有取得校车驾驶资格的驾驶人；

(三)有包括行驶线路、开行时间和停靠站点的合理可行的校车运行方案；

(四)有健全的安全管理制度；

（五）已经投保机动车承运人责任保险。

第十五条 学校或者校车服务提供者申请取得校车使用许可，应当向县级或者设区的市级人民政府教育行政部门提交书面申请和证明其符合本条例第十四条规定条件的材料。教育行政部门应当自收到申请材料之日起3个工作日内，分别送同级公安机关交通管理部门、交通运输部门征求意见，公安机关交通管理部门和交通运输部门应当在3个工作日内回复意见。教育行政部门应当自收到回复意见之日起5个工作日内提出审查意见，报本级人民政府。本级人民政府决定批准的，由公安机关交通管理部门发给校车标牌，并在机动车行驶证上签注校车类型和核载人数；不予批准的，书面说明理由。

第十六条 校车标牌应当载明本车的号牌号码、车辆的所有人、驾驶人、行驶线路、开行时间、停靠站点以及校车标牌发牌单位、有效期等事项。

第十七条 取得校车标牌的车辆应当配备统一的校车标志灯和停车指示标志。

校车未运载学生上道路行驶的，不得使用校车标牌、校车标志灯和停车指示标志。

第十八条 禁止使用未取得校车标牌的车辆提供校车服务。

第十九条 取得校车标牌的车辆达到报废标准或者不再作为校车使用的，学校或者校车服务提供者应当将校车标牌交回公安机关交通管理部门。

第二十条 校车应当每半年进行一次机动车安全技术检验。

第二十一条 校车应当配备逃生锤、干粉灭火器、急救箱等安全设备。安全设备应当放置在便于取用的位置，并确保性能良好、有效适用。

校车应当按照规定配备具有行驶记录功能的卫星定位装置。

第二十二条 配备校车的学校和校车服务提供者应当按照国家规定做好校车的安全维护，建立安全维护档案，保证校车处于良好技术状态。不符合安全技术条件的校车，应当停运维修，消除安全隐患。

校车应当由依法取得相应资质的维修企业维修。承接校车维修业务的企业应当按照规定的维修技术规范维修校车，并按照国务院交通运输主管部门的规定对所维修的校车实行质量保证期制度，在质量保证期内对校车的维修质量负责。

第四章 校车驾驶人

第二十三条 校车驾驶人应当依照本条例的规定取得校车驾驶资格。

取得校车驾驶资格应当符合下列条件：

（一）取得相应准驾车型驾驶证并具有3年以上驾驶经历，年龄在25周岁以上、不超过60周岁；

（二）最近连续3个记分周期内没有被记满分记录；

（三）无致人死亡或者重伤的交通事故责任记录；

（四）无饮酒后驾驶或者醉酒驾驶机动车记录，最近1年内无驾驶客运车辆超员、超速等严重交通违法行为记录；

（五）无犯罪记录；

（六）身心健康，无传染性疾病，无癫痫、精神病等可能危及行车安全的疾病病史，无酗酒、吸毒行为记录。

第二十四条 机动车驾驶人申请取得校车驾驶资格，应当向县级或者设区的市级人民政府公安机关交通管理部门提交书面申请和证明其符合本条例第二十三条规定条件的材料。公安机关交通管理部门应当自收到申请材料之日起5个工作日内审查完毕，对符合条件的，在机动车驾驶证上签注准许驾驶校车；不符合条件的，书面说明理由。

第二十五条 机动车驾驶人未取得校车驾驶资格，不得驾驶校车。禁止聘用未取得校车驾驶资格的机动车驾驶人驾驶校车。

第二十六条 校车驾驶人应当每年接受公安机关交通管理部门的审验。

第二十七条 校车驾驶人应当遵守道路交通安全法律、法规，严格按照机动车道路通行规则和驾驶操作规范安全驾驶、文明驾驶。

第五章 校车通行安全

第二十八条 校车行驶线路应当尽量避开急弯、陡坡、临崖、临水的危险路段；确实无法避开的，道路或者交通设施的管理、养护单位应当按照标准对上述危险路段设置安全防护设施、限速标志、警告标牌。

第二十九条 校车经过的道路出现不符合安全通行条件的状况或者存在交通安全隐患的，当地人民政府应当组织有关部门及时改善道路安全通行条件、消除安全隐患。

第三十条 校车运载学生，应当按照国务院公安部门规定的位置放置校车标牌，开启校车标志灯。

校车运载学生，应当按照经审核确定的线路行驶，遇有交通管制、道路施工以及自然灾害、恶劣气象条件或者重大交通事故等影响道路通行情形的除外。

第三十一条 公安机关交通管理部门应当加强对校车行驶线路的道路交通秩序管理。遇交通拥堵的，交通警察应当指挥疏导运载学生的校车优先通行。

校车运载学生，可以在公共交通专用车道以及其他禁止社会车辆通行但允许公共交通车辆通行的路段行驶。

第三十二条 校车上下学生，应当在校车停靠站点停靠；未设校车停靠站点的路段可以在公共交通站台停靠。

道路或者交通设施的管理、养护单位应当按照标准设置校车停靠站点预告标识和校车停靠站点标牌，施划校车停靠站点标线。

第三十三条 校车在道路上停车上下学生，应当靠道路右侧停靠，开启危险报警闪光灯，打开停车指示标志。校车在同方向只有一条机动车道的道路上停靠时，后方车辆应当停车等待，不得超越。校车在同方向有两条以上机动车道的道路上停靠时，校车停靠车道后方和相邻机动车道上的机动车应当停车等待，其他机动车道上的机动车应当减速通过。校车后方停车等待的机动车不得鸣喇叭或者使用灯光催促校车。

第三十四条 校车载人不得超过核定的人数，不得以任何理由超员。

学校和校车服务提供者不得要求校车驾驶人超员、超速驾驶校车。

第三十五条 载有学生的校车在高速公路上行驶的最高时速不得超过80公里，在其他道路上行驶的最高时速不得超过60公里。

道路交通安全法律、法规规定或者道路上限速标志、标线标明的最高时速低于前款规定的，从其规定。

载有学生的校车在急弯、陡坡、窄路、窄桥以及冰雪、泥泞的道路上行驶，或者遇有雾、雨、雪、沙尘、冰雹等低能见度气象条件时，最高时速不得超过20公里。

第三十六条 交通警察对违反道路交通安全法律、法规的校车，可以在消除违法行为的前提下先予放行，待校车完成接送学生任务后再对校车驾驶人进行处罚。

第三十七条 公安机关交通管理部门应当加强对校车运行情况的监督检查，依法查处校车道路交通安全违法行为，定期将校车驾驶人的道路交通安全违法行为和交通事故信息抄送其所属单位和教育行政部门。

第六章 校车乘车安全

第三十八条 配备校车的学校、校车服务提供者应当指派照管人员随校车全程照管乘车学生。校车服务提供者为学校提供校车服务的，双方可以约定由学校指派随车照管人员。

学校和校车服务提供者应当定期对随车照管人员进行安全教育，组织随车照管人员学习道路交通安全法律、法规、应急处置和应急救援知识。

第三十九条 随车照管人员应当履行下列职责：

(一)学生上下车时，在车下引导、指挥，维护上下车秩序；

(二)发现驾驶人无校车驾驶资格，饮酒、醉酒后驾驶，或者身体严重不适以及校车超员等明显妨碍行车安全情形的，制止校车开行；

(三)清点乘车学生人数，帮助、指导学生安全落座、系好安全带，确认车门关闭后示意驾驶人启动校车；

(四)制止学生在校车行驶过程中离开座位等危险行为；

(五)核实学生下车人数，确认乘车学生已经全部离车后本人方可离车。

第四十条 校车的副驾驶座位不得安排学生乘坐。

校车运载学生过程中，禁止除驾驶人、随车照管人员以外的人员乘坐。

第四十一条 校车驾驶人驾驶校车上道路行驶前，应当对校车的制动、转向、外部照明、轮胎、安全门、座椅、安全带等车况是否符合安全技术要求进行检查，不得驾驶存在安全隐患的校车上道路行驶。

校车驾驶人不得在校车载有学生时给车辆加油，不得在校车发动机引擎熄灭前离开驾驶座位。

第四十二条 校车发生交通事故，驾驶人、随车照管人员应当立即报警，设置警示标志。乘车学生继续留在校车内有危险的，随车照管人员应当将学生撤离到安全区域，并及时与学校、校车服务提供者、学生的监护人联系处理后续事宜。

第七章 法律责任

第四十三条 生产、销售不符合校车安全国家标准的校车的，依照道路交通安全、产品质量管理的法律、行政法规的规定处罚。

第四十四条 使用拼装或者达到报废标准的机动车接送学生的，由公安机关交通管理部门收缴并强制报废机动车；对驾驶人处2000元以上5000元以下的罚款，吊销其机动车驾驶证；对车辆所有人处8万元以上10万元以下的罚款，有违法所得的予以没收。

第四十五条 使用未取得校车标牌的车辆提供校车服务，或者使用未取得校车驾驶资格的人员驾驶校车的，由公安机关交通管理部门扣留该机动车，处1万元以上2万元以下的罚款，有违法所得的予以没收。

取得道路运输经营许可的企业或者个体经营者有前款规定的违法行为，除依照前款规定处罚外，情节严重的，由交通运输主管部门吊销其经营许可证件。

伪造、变造或者使用伪造、变造的校车标牌的，由公安机关交通管理部门收缴伪造、变造的校车标牌，扣留该机动车，处2000元以上5000元以下的罚款。

第四十六条 不按照规定为校车配备安全设备，或者不按照规定对校车进行安全维护的，由公安机关交通管理部门责令改正，处1000元以上3000元以下的罚款。

第四十七条　机动车驾驶人未取得校车驾驶资格驾驶校车的，由公安机关交通管理部门处1000元以上3000元以下的罚款，情节严重的，可以并处吊销机动车驾驶证。

第四十八条　校车驾驶人有下列情形之一的，由公安机关交通管理部门责令改正，可以处200元罚款：

(一)驾驶校车运载学生，不按照规定放置校车标牌、开启校车标志灯，或者不按照经审核确定的线路行驶；

(二)校车上下学生，不按照规定在校车停靠站点停靠；

(三)校车未运载学生上道路行驶，使用校车标牌、校车标志灯和停车指示标志；

(四)驾驶校车上道路行驶前，未对校车车况是否符合安全技术要求进行检查，或者驾驶存在安全隐患的校车上道路行驶；

(五)在校车载有学生时给车辆加油，或者在校车发动机引擎熄灭前离开驾驶座位。

校车驾驶人违反道路交通安全法律、法规关于道路通行规定的，由公安机关交通管理部门依法从重处罚。

第四十九条　校车驾驶人违反道路交通安全法律、法规被依法处罚或者发生道路交通事故，不再符合本条例规定的校车驾驶人条件的，由公安机关交通管理部门取消校车驾驶资格，并在机动车驾驶证上签注。

第五十条　校车载人超过核定人数的，由公安机关交通管理部门扣留车辆至违法状态消除，并依照道路交通安全法律、法规的规定从重处罚。

第五十一条　公安机关交通管理部门查处校车道路交通安全违法行为，依法扣留车辆的，应当通知相关学校或者校车服务提供者转运学生，并在违法状态消除后立即发还被扣留车辆。

第五十二条　机动车驾驶人违反本条例规定，不避让校车的，由公安机关交通管理部门处200元罚款。

第五十三条　未依照本条例规定指派照管人员随校车全程照管乘车学生的，由公安机关责令改正，可以处500元罚款。

随车照管人员未履行本条例规定的职责的，由学校或者校车服务提供者责令改正；拒不改正的，给予处分或者予以解聘。

第五十四条　取得校车使用许可的学校、校车服务提供者违反本条例规定，情节严重的，原作出许可决定的地方人民政府可以吊销其校车使用许可，由公安机关交通管理部门收回校车标牌。

第五十五条　学校违反本条例规定的，除依照本条例有关规定予以处罚外，由教育行政部门给予通报批评；导致发生学生伤亡事故的，对政府举办的学校的负有责任的领导人员和直接责任人员依法给予处分；对民办学校由审批机关责令暂停招生，情节严重的，吊销其办学许可证，并由教育行政部门责令负有责任的领导人员和直接责任人员5年内不得从事学校管理事务。

第五十六条　县级以上地方人民政府不依法履行校车安全管理职责，致使本行政区域发生校车安全重大事故的，对负有责任的领导人员和直接责任人员依法给予处分。

第五十七条　教育、公安、交通运输、工业和信息化、质量监督检验检疫、安全生产监督管理等有关部门及其工作人员不依法履行校车安全管理职责的，对负有责任的领导人员和直接责任人员依法给予处分。

第五十八条　违反本条例的规定，构成违反治安管理行为的，由公安机关依法给予治安管理处罚；构成犯罪的，依法追究刑事责任。

第五十九条　发生校车安全事故，造成人身伤亡或者财产损失的，依法承担赔偿责任。

第八章　附　则

第六十条　县级以上地方人民政府应当合理规划幼儿园布局，方便幼儿就近入园。

入园幼儿应当由监护人或者其委托的成年人接送。对确因特殊情况不能由监护人或者其委托的成年人接送，需要使用车辆集中接送的，应当使用按照专用校车国家标准设计和制造的幼儿专用校车，遵守本条例校车安全管理的规定。

第六十一条　省、自治区、直辖市人民政府应当结合本地区实际情况，制定本条例的实施办法。

第六十二条　本条例自公布之日起施行。

本条例施行前已经配备校车的学校和校车服务提供者及其聘用的校车驾驶人应当自本条例施行之日起90日内，依照本条例的规定申请取得校车使用许可、校车驾驶资格。

本条例施行后，用于接送小学生、幼儿的专用校车不能满足需求的，在省、自治区、直辖市人民政府规定的过渡期限内可以使用取得校车标牌的其他载客汽车。

国家副主席习近平在钓鱼台国宾馆会见泰国公主诗琳通

国务院副总理李克强在中南海紫光阁会见新西兰外长麦卡利

李克强说，今年是中新建交40周年。40年来，在双方共同努力下,中新关系取得长足发展。可以说,目前中新关系处于历史最好时期。

李克强指出,当前国际形势继续发生深刻复杂变化。中新同为亚太地区重要国家,在维护和促进地区稳定和发展、应对全球性挑战等方面拥有广泛共同利益。双方应以建交40周年为新起点,进一步增进政治互信,深化务实合作,扩大人文交流,密切多边协调,将中新关系建设成不同历史文化、不同社会制度、不同发展阶段国家和平共处、互利共赢的典范。

麦卡利说,新中关系发展潜力巨大,新方高度重视对华关系,愿与中方加强各层级和各领域的交流与合作,推动新中关系上一个新的台阶。

国务院副总理回良玉在哈拉雷与津巴布韦总理茨万吉拉伊举行会谈

外交部发言人洪磊敦促帕劳公正妥善处理涉中国船员事件

洪磊在例行记者会上说,据帕劳有关部门向中方通报的情况,3月31日,帕劳警方追捕涉嫌非法进入帕劳海域捕鱼的中国渔船时,误击中一名中国船员致其死亡,并抓扣25名船员。

他说,事件发生后,外交部高度重视。因中国与帕劳未建立外交关系,代管帕劳事务的中国驻密克罗尼西亚使馆立即启动应急机制,敦促帕方向中方通报案情,公正、妥善处理此事,并委托帕劳友好社团看望被扣船员。

洪磊说,使馆领事官员将于5日赴帕劳探视被扣船员,进一步了解有关情况,提供必要协助,并敦促帕方公正妥善处理。

我国科学家在辽宁西部发现一种新的暴龙类恐龙

这种被命名为华丽羽王龙的食肉恐龙是迄今发现的体型最大的带羽毛恐龙。研究人员介绍,华丽羽王龙生存在大约距今1.25亿年的白垩纪早期,体长9米左右,体型比已知最大的带羽毛恐龙要大40倍。

吴鹏在全国游泳冠军赛200米混合泳中夺得冠军

在绍兴举行的全国游泳冠军赛暨奥运选拔赛男子200米个人混合泳决赛中,浙江队选手吴鹏以1分59秒50的成绩夺得冠军。

4月6日

国家主席胡锦涛致电亚美尼亚总统萨尔基庆祝两国建交20周年

全国政协主席贾庆林在北京国家会议中心参观第十二届中国国际核工业展览会

财政部 国家税务总局发出《关于在部分行业试行农产品增值税进项税额核定扣除办法的通知》

各省、自治区、直辖市、计划单列市财政厅(局)、国家税务局,新疆生产建设兵团财务局:

为调整和完善农产品增值税抵扣机制,经国务院批准,决定在部分行业开展增值税进项税额核定扣除试点。现将有关事项通知如下:

一、自2012年7月1日起,以购进农产品为原料生产销售液体乳及乳制品、酒及酒精、植物油的增值税一般纳税人,纳入农产品增值税进项税额核定扣除试点范围,其购进农产品无论是否用于生产上述产品,增值税进项税额均按照《农产品增值税进项税额核定扣除试点实施办法》(附件1)的规定抵扣。

二、除本通知第一条规定以外的纳税人,其购进农产品仍按现行增值税的有关规定抵扣农产品进项税额。

三、对部分液体乳及乳制品实行全国统一的扣除标准(附件2)。

四、各级财税机关要认真组织试点各项工作,及时总结试点经验,并向财政部和国家税务总局报告试点过程中发现的问题。

财政部 国家税务总局

2012年4月6日

附件1:农产品增值税进项税额核定扣除试点实施办法(略)

附件2:全国统一的部分液体乳及乳制品扣除标准表(略)

财政部 中国气象局印发《中央财政人工影响天气补助资金管理暂行办法》

国家副主席习近平在人民大会堂会见出席中国和墨西哥政府间两国常设委员会第五次会议的墨西哥外长埃斯皮诺萨

习近平表示,中方高度重视发展中墨关系,在当前国际格局继续发生复杂深刻变化、世界经济缓慢复苏的背景下,双方不断巩固和深化战略合作,既有利于两国共同繁荣,也对加强发展中国家团结合作、促进世界和平发展具有十分重要的意义。中方愿以两国建交40周年为契机,与墨方共同努力,不断深化双方政治互信,夯实两国关系的政治基础,同时,充分利用两国常设委员会等双边合作机制,执行好《2011—2015年共同行动计划》,落实好各领域互利合作,推动中墨战略伙伴关系持续、健康、稳定发展,更好地造福于两国人民。

埃斯皮诺萨说,两国建交40年来,墨中各领域合作取得了丰硕成果,具有广泛的发展前景。墨方感谢中方对墨承办二十国集团洛斯卡沃斯峰会给予的支持。墨方愿与中方一道,在中墨政府间两国常设委员会指导下,进一步加强协调配合,推动双方在政治、经贸、文教、科技等各领域合作不断迈上新的台阶。

国务院副总理王岐山在中南海会见墨西哥外长埃斯皮诺萨

王岐山说,当前世界经济形势依然复杂严峻,洛斯卡沃斯峰会的主题应当是确保全球经济复苏和增长。中墨同为二十国集团成员和新兴市场国家,要加强各层面的沟通与协调,共同推动洛斯卡沃斯峰会取得成功。二十国集团领导人峰会作为全球经济治理平台,应当发挥同舟共济的精神,共同应对挑战,引领世界经济走向可持续的复苏。

埃斯皮诺萨表示,墨西哥是第一个承办二十国集团领导人峰会的拉美国家。墨方感谢中方对峰会筹备工作给予的大力支持,这对峰会成功举办至关重要。墨方愿与中方进一步加强协调配合,推动洛斯卡沃斯峰会取得积极务实成果。

全国人大常委会副委员长桑国卫在哈博罗内与博国民议会议长玛格丽特·纳萨举行会谈

国家核事故应急协调委员会五届二次全体(扩大)会议在北京举行

会议对国家核应急工作报告、《国家核应急预案》和《国家核应急工作“十二五”规划》进行审议。同时,当天会上宣布成立国家核事故应急协调委专家委员会,作为国家核事故应急协调委决策咨询的支撑机构。

针对如何将国家核应急工作提高到一个新的水平,国家核应急协调委主任委员、工业和信息化部部长苗圩提出,一是认清形势,切实增强做好核应急工作的责任感和使命感;二是战略规划,切实推进核应急工作全面协调可持续发展;三是夯实基础,切实加强核应急组织体系及支撑体系全面建设;四是落实责任,切实履行好核应急各级组织的职能职责。

在此次会上,国家核事故应急协调委增加了成员单位,由原来的18个增加到24个,指挥协调力度进一步加大;设立省级核应急组织的省份由12个增加到了16个,我国核应急组织机构和核应急体系进一步完善。

焦刘洋在全国游泳冠军赛女子200米蝶泳决赛中夺得冠军

4月7日

中宣部部长刘云山在海口出席学习型党组织建设理论研讨会并讲话

刘云山强调推进学习型党组织建设是新形势下加强党的建设的创新举措,需要从理论和实践结合上不断深化探索、不断深入推进。要认真贯彻落实中央决策部署,进一步加深对学习型党组织建设重要意义、内涵特征、目标任务等基本问题的认识,努力把握工作规律、提高学习成效,为推动科学发展、促进社会和谐提供有力思想保证和智力支持。

刘云山指出,我们党作为一个执政60多年、推进改革开放30多年的马克思主义政党,领导人民创造了不凡的执政业绩,赢得了人民广泛拥护。但随着时代条件和执政环境的深刻变化,我们党面临的新情况新问题不断增多。只有深入推进学习型党组织建设,更加重视学习、善于学习,才能更好地顺应时代潮流、完善执政方略,才能更好地增强工作本领、深化执政实践,才能更好地保持党的先进性和纯洁性、巩固执政基础。必须从提高党的执政能力和执政水平、实现好党的执政使命的高度,充分认识建设学习型党组织的重大意义,切实增强做好工作的责任感紧迫感。

刘云山强调,建设学习型党组织,赋予学习更深的内涵、更高的要求。建设学习型党组织,就要有高度的学习自觉,树立主动学习、全员学习、终身学习的理念,使学习成为各级党组织和党员干部的鲜明品格。要有较强的学习能力,从思想观念、内容形式、方法手段等各个方面进行探索,使学习成为各级党组织和党员干部跟上时代和实践发展步伐的有效途径。要有明确的学习目的和良好的学风,坚持学以致用、学用结合,突出实践特色、注重实际效果,使学习成为改造客观世界和主观世界的强大动力。

外交部部长杨洁篪在宁波会见出席第六次中日韩外长会议的日本外相玄叶光一郎

杨洁篪说,中日友好是两国人民的共同愿望。不久前,胡锦涛主席在首尔核安全峰会期间与野田佳彦首相交谈,双方再次确认,以今年中日邦交正常化40周年为契机,推动两国关系取得新的发展。中方愿同日方继续加强高层交往,就双边关系及重大问题保持沟通和协调,深化经贸、财金、节能环保等领域务实合作,办好“中日国民交流友好年”。

杨洁篪强调,中日双方应本着公认的国际关系准则和相互尊重的原则，妥善处理敏感问题，切实增进相互了解和友好感情，从而使中日战略互惠关系健康发展。

玄叶光一郎表示，中国的发展对日本是机遇，日方高度重视推进日中战略互惠关系，希望利用“日中国民交流友好年”，加强两国高层交往，扩大交流和合作。日方愿同中方就重大地区和国际问题加强对话。

两国外长一致认为，今年将在中国举行的中日韩领导人会议对新形势下推进三国合作具有重要意义，中日双方将密切沟通合作，推动会议取得成功。

双方还就朝鲜半岛局势等问题交换了意见。

2009—2010 年度国家文物局“田野考古奖”揭晓

在浙江杭州召开的 2012 年度全国考古工作会议上，2009—2010 年度国家文物局“田野考古奖”揭晓，山西翼城大河口西周墓地、内蒙古赤峰市巴林左旗辽代祖陵陵园遗址、浙江良渚古城 2009—2010 年的调查发掘、陕西西汉帝陵考古调查发掘 4 个考古项目荣获一等奖。

4 月 8 日

第六次中日韩外长会议在宁波举行

中国外交部部长杨洁篪主持会议，日本外务大臣玄叶光一郎、韩国外交通商部长官金星焕出席。

三国外长就中日韩合作进展和未来方向、筹备第五次中日韩领导人会议及共同关心的地区和国际问题交换了意见。

杨洁篪积极评价三国合作取得的积极进展，强调在当前世界经济不确定不稳定因素增加的情况下，中日韩更应联合自强、共谋发展，这不仅有利于三国，也有利于亚洲和世界。三国要从战略高度和长远角度，牢牢把握友好合作大方向，加强沟通协调，增进理解互信，深化务实合作，推动社会人文交流，携手推进区域经济一体化进程，提升面向未来、全方位合作的伙伴关系。

在本次会议上，杨洁篪还表示，中日韩三国是东亚主要国家，推进东亚合作，促进东亚地区发展繁荣是三国责任所在，符合三国共同利益。在世界经济形势前景不明的背景下，东亚国家应联合自强，提升合作水平，合力推进地区经济一体化建设，促进东亚地区和平稳定和共同发展。

三国外长听取了中日韩合作秘书处秘书长申凤吉的报告，对三国合作良好势头和秘书处工作表示满意。三方探讨了三国合作，表示愿加强在经贸、金融、节能环保、气象、防灾救灾等领域合作，尽快缔结中日韩投资协定，尽早启动中日韩自贸区谈判，加快中日韩循环经济示范基地建设，积极开展人文交流和公共外交。三国外长还同意采取措施支持东盟加快发展。

三国外长表示将全力配合，推动今年将在中国举行的第五次中日韩领导人会议取得丰富成果。

三国外长就东北亚形势、东亚合作、气候变化、核安全、实现联合国千年发展目标和国际经济形势等共同关心的地区和国际问题交换了意见。

三国外长就朝鲜半岛局势，包括朝方宣布将发射卫星事交换了看法。杨洁篪重申了中方有关立场。杨洁篪表示，中方对有关事态发展表示关切和忧虑。维护半岛和平稳定，实现东北亚长治久安，符合各方共同利益。中方呼吁有关各方着眼大局和长远，保持冷静克制，通过外交途径，以和平方式妥善解决有关问题。中方愿同有关各方保持密切沟通和协调，共同为维护地区和平稳定大局和推进六方会谈进程发挥建设性作用。

会后，三国外长出席三国合作秘书处网站启动仪式，并共同会见记者。

秦山核电二期扩建工程建成投产

中核集团宣布，秦山核电二期扩建工程 4 号机组比计划提前 60 天正式投入商业运行。至此，我国“十一五”期间首个开工的核电工程——秦山核电二期扩建工程（即秦山核电二期 3 号、4 号机组）全面建成投产。

秦山核电二期扩建工程是在秦山核电二期 1 号、2 号机组的基础上进行改进的核电工程，设计建造两台 65 万千瓦压水堆核电机组。它的全面建成投产，使秦山核电基地运行机组数量达 7 台，总装机容量达 432 万千瓦，年发电能力为 330 亿至 340 亿千瓦时，成为我国运行机组数量最多的核电基地。

中国稀土行业协会在北京成立

今后，该协会将在稀土行业的政策制定、促进行业规范、解决国际贸易摩擦等问题上发挥重要作用。

据悉，该协会是以有色金属协会、中铝公司、中国五矿、中国有色等 13 家单位为发起人，联合全国 142 家企业发起设立的国家一级行业协会，隶属于工信部。

中国第 28 次南极科学考察队圆满完成各项考察任务乘坐“雪龙”号极地科学考察船抵达上海

赵健民逝世

原中顾委委员，第三机械工业部党组副书记、副部长、顾问组组长赵健民同志，因病医治无效，于 2012 年

4月8日在北京逝世，享年100岁。

赵健民是中共第八届候补中央委员，在党的十二大、十三大上当选中顾委委员。

洪绂曾逝世

中国共产党的亲密朋友，我国农业战线杰出的领导干部，著名农业科学家，农业部原副部长，九三学社第九、十、十一届中央委员会副主席洪绂曾同志，因病于2012年4月8日在江苏省苏州市逝世，享年80岁。

4月9日

第六届世界华侨华人社团联谊大会在人民大会堂举行

国家主席胡锦涛在人民大会堂会见第六届世界华侨华人社团联谊大会全体代表。

全国政协主席贾庆林，国家副主席习近平，国务院副总理李克强参加会见。

本届世界华侨华人社团联谊大会的主题是“弘扬中华优秀文化·展示侨胞良好形象”。来自110个国家和地区的约570名华侨华人社团负责人出席大会。

国务委员戴秉国出席大会开幕式并致辞。他指出，中国党和政府历来高度重视文化建设。中共十七届六中全会重点研究深化文化体制改革、推动社会主义文化大发展大繁荣问题并作出决定，充分体现了中国党和政府对文化建设的高度自觉，反映了全中国各族人民的共同意愿，符合海内外中华儿女传承和弘扬中华优秀文化的共同愿望。5000万海外侨胞不仅是中国大发展的独特资源，是在海外展现中华民族形象的重要窗口，也是中华文化的重要传承者和传播者。广大海外侨胞在积极融入住在国主流社会的同时，更加注重保持民族特性、传承中华文化，这既是对民族文化的传承，也是对住在国多元文化的丰富。戴秉国表示，中国政府将支持海外侨胞积极开展中外人文交流。他对海外侨胞提出三点期望：一是增进中外文化交流，展示中华文化新形象；二是开展侨务公共外交，展示当代中国新形象；三是推动和谐侨社建设，展示海外侨胞新形象。

国务院总理温家宝在人民大会堂与土耳其总理埃尔多安举行会谈

温家宝表示，中土自2010年建立战略合作关系以来，高层交往频繁，双方在涉及彼此主权和领土完整的重大问题上相互理解和支持，各领域交流与合作深入发展。中方高度重视土耳其作为新兴大国的地位和作用。面对西亚北非局势持续动荡和世界经济增长乏力的不利影响，中土要进一步密切战略沟通协调，携手维护地区和平稳定，深化合作，促进共同发展。

温家宝提出，双方要积极探讨制定中土经贸合作中长期规划，加强政府的指导和协调作用；密切配合，推动铁路、桥梁等大型基础设施项目合作长期、有序、高效进行；尽快签署和实施新修订的投资促进和保护协定，为两国企业加强合作提供法律保障和更多的便利条件；拓展在核能、航天、电子等高新科技领域的合作；利用互办文化年的重要契机，扩大人文交流。

埃尔多安表示，两国关系友好，发展前景广阔。土方愿同中方加强高层交往和战略磋商，深化互利合作，增进两国人民之间的了解和友谊，更好地维护和促进共同利益。

埃尔多安说，土耳其政府坚定奉行一个中国政策，不允许任何人在土耳其从事反华分裂活动。我在此次新疆之行中亲眼看到了新疆的巨大发展变化，留下美好印象。土方愿进一步加强同新疆的交流与合作。温家宝赞赏土方支持中方维护国家统一和促进新疆稳定发展的立场，表示中国政府支持新疆维吾尔自治区同土方开展友好交流与合作。

双方就叙利亚和伊朗问题交换了看法。

会谈后，两国总理出席了双边有关合作文件的签字仪式。

国务院副总理回良玉在雅加达与印度尼西亚经济统筹部部长哈达举行会谈

回良玉就全面推进中国与印尼战略伙伴关系提出五点建议：第一，用好现有机制，统筹经贸合作，结合两国各自发展战略，尽快制定经贸合作具体规划；第二，推进双边贸易平衡快速发展，鼓励有实力、信誉好的企业前来投资兴业，实现互利共赢；第三，发挥各自优势，加强农林渔业合作，使之成为两国务实合作的新亮点；第四，加强防灾救灾合作，相互学习借鉴经验，拓展新的合作领域；第五，加强地区协作，维护共同利益。

哈达说，很高兴与回良玉副总理就进一步推进两国合作关系进行讨论。相信两国领导人达成的共识会进一步推动两国关系再上一个新台阶。印尼方愿与中方一道，共同推进落实有关协议，提升两国合作水平。印尼方欢迎中国企业前来印尼投资兴业。希望继续加强双边务实合作，扩大双边贸易额。印尼方希完善双边合作机制，加强能源、基础设施建设、制造业、农林渔业等领域的合作，积极探讨适合双方的合作方式。

会谈后，回良玉和哈达还共同出席了关于加强地震科技合作等文件的签字仪式。

国务院副总理王岐山在中南海会见美国阿肯色州州长迈克·毕比

国务委员孟建柱在中南海会见老挝人民军副总参谋长波相

中联部部长王家瑞在北京会见以越共中央办公厅副主任黄公环为团长的越南党政干部考察团

4月10日

国家主席胡锦涛在人民大会堂会见土耳其总理埃尔多安

胡锦涛表示，中方赞赏土耳其政府重视发展对华关系、坚持一个中国政策，愿与土方加深政治互信，尊重和照顾彼此核心关切，在事关各自主权和领土完整的重大问题上继续相互理解、坚定支持。中土两国经济互补性较强，双方要发挥各自优势，扩大和深化各领域务实合作，推动中土战略合作不断取得新成果。双方要充分利用两国互办文化年活动的有利时机，继续推进人文领域的交流合作，增进两国人民了解和传统友谊。当前，国际形势复杂多变，世界经济艰难复苏，西亚北非地区局势持续动荡。在新形势下，双方要加强多边事务的协调和配合，在重大国际和地区问题上保持密切沟通和协调，共同维护和促进世界和平与发展。

埃尔多安说，土方希望同中方保持高层交往，扩大经贸、投资、人文等领域互利合作与交流。土耳其坚定奉行一个中国政策，重视中国在重大地区和国际问题上的立场和作用，愿同中方加强沟通和配合。

全国人大常委会委员长吴邦国在人民大会堂会见土耳其总理埃尔多安

吴邦国指出，在当今国际格局深刻演变的背景下，中土关系已超越双边关系的范畴，越来越具有战略影响，面临广阔发展前景。中方高度重视同土方的传统友谊和互利合作，始终坚持从战略高度看待中土关系，赞赏土方长期坚持一个中国政策，在台湾、涉疆等核心利益问题上坚定支持中方立场，愿同土方一道，保持高层往来，不断增进政治互信，扩大务实合作领域，特别是相互投资、科技创新、旅游文化等领域的合作，为实现两国共同发展，促进亚洲乃至世界的和平、稳定与繁荣作出不懈努力。

在谈到两国立法机构关系时，吴邦国说，中国全国人大与土耳其大国民议会的友好往来是中土战略合作关系的重要组成部分。近年来，两国议会领导人、专门委员会和友好小组保持友好交往，在治国理政、立法监督等方面的交流互鉴富有成效，在国际和地区议会组织中开展了良好的合作。希望双方保持密切交往的势头，为增进两国人民之间的相互了解与友谊、促进务实合作、夯实中土友好的社会基础多做实事，为中土关系注入新的活力。

埃尔多安表示，土方愿同中方共同努力，扩大经贸、投资、旅游、基础设施等领域的互利合作，推动两国关系深入发展。土方高度重视与中国全国人大的交流与合作，希望两国立法机构、专门委员会和友好小组加强交流，为两国关系发展发挥积极作用。

国务院总理温家宝在中南海紫光阁会见新当选并获任命的香港特别行政区第四任行政长官梁振英

温家宝对梁振英说，未来五年对香港的发展至为重要。新一届特区政府要把发展经济、改善民生摆在各项工作的首要位置。中央政府一直不遗余力地支持香港的发展，今后也会根据需要及时推出相应的政策措施，进一步加强两地的交流合作。只要是有利于两地优势互补、共同发展，有利于香港长期繁荣稳定的事情，中央政府都会认真研究，积极促成。

温家宝说，履行好特区行政长官的职责，要团结香港各界人士，充分发挥全体香港人的聪明才智。要加强与各界人士的沟通交流，努力化解分歧和矛盾，真正做到“集众思、广忠益”，齐心协力，共谋发展。要清正廉洁。“政者，正也。子帅以正，孰敢不正？”唯有立身正、为政正，才能聚人心、合众力，开拓施政新局面。

温家宝希望梁振英坚持“一国两制”、“港人治港”、高度自治的方针，认真贯彻基本法，团结带领特区政府和社会各界人士，以扎实有效的工作，让香港公众看到新气象、新希望。

梁振英感谢中央政府对他的任命，表示将恪尽职守，全力做好工作，不辜负中央政府和香港市民的信任与重托。

中共中央决定对薄熙来同志严重违纪问题立案调查

鉴于薄熙来同志涉嫌严重违纪，中央决定，依据《中国共产党章程》和《中国共产党纪律检查机关案件检查工作条例》的有关规定，停止其担任的中央政治局委员、中央委员职务，由中共中央纪律检查委员会对其立案调查。

国务院副总理李克强在中南海会见第七届中华慈善奖获奖者代表

李克强说，长期以来，一大批企业和爱心人士弘扬慈心善举，特别是在发生灾难时慷慨解囊，更多的普通大众和志愿者在基层一线默默奉献，把爱心撒播到社会的各个角落。你们用实际行动证明了大爱无疆的道理，对树立优良社会风气起到了推动作用。

李克强指出，慈善事业是社会保障体系的有益补充，是社会建设不可或缺的重要方面，也是社会文明水平的标志。慈善在一定程度上可以被称之为“第三次分配”，是在自愿的基础上社会资源再分配的一种有效形式。通过先富帮后富、八方助一方，帮助困难群众保障基本需求和改善生活，推动迈向共同富裕，使人民群众共享发展成果。

李克强说，要大力弘扬慈善精神。慈善精神与中华民族扶危济困、乐善好施的优良传统一脉相承，与以人为本、科学发展的理念相连相通。要怀仁慈之心，行善义之举，倡导现代慈善理念和新型财富观，发扬人道主义精神，使慈善成为社会大众的一种精神追求和行为方式。

李克强指出，慈善作为一种社会责任，贵在见诸行动。他勉励获奖者要再接再厉，继续带头踊跃投身慈善事业。通过自身行为，引导更多的人、更多的社会资源参与慈善活动，汇入献爱心的洪流之中，以自己的点滴行动，昭示和弘扬“人人皆可慈善”的理念。

李克强强调，要健康发展慈善事业。各级政府要着力营造良好环境，落实并完善慈善捐赠的税收优惠等政策，加强对慈善行为的精神褒奖，积极培育慈善组织。社会公信力是慈善事业的生命线。要加强全社会监督，完善管理制度，强化行业自律，推动慈善运作更加公开透明，使每一笔捐助都体现捐献者意愿，用到最需要的地方，帮助最需要的人。把慈善活动打造成阳光工程，以良好的形象取信公众、取信社会，推动我国的慈善事业不断发展壮大，在促进社会和谐进步中发挥应有作用。

国家知识产权局区域专利信息服务(广州)中心在广州萝岗区揭牌

国家副主席习近平在人民大会堂与土耳其总理埃尔多安举行会谈

习近平说，近年来两国关系保持健康快速发展势头。双方政治互信不断增强，经贸、投资等领域互利合作持续深化，文化和民间交往日益频繁.在国际和地区事务中保持密切磋商。中方对两国关系取得的进展感到满意。

习近平说，在彼此核心关切问题上相互尊重和支持，既是中土政治互信的体现，更是中土战略合作关系健康发展的基石。总理先生明确表示不会允许在土耳其境内发生任何破坏中国独立、主权和领土完整的活动，中方对此表示赞赏。中国政府高度重视新疆的发展和改善民生，正在举全国之力推动新疆经济实现跨越式发展，同时采取措施维护新疆的稳定和长治久安。目前的新疆正处于经济社会快速发展、人民生活水平显著提高、各族群众和睦共处的黄金时期。希望总理先生回国后推动更多的土耳其企业家到新疆投资兴业，帮助新疆更好更快发展。

埃尔多安表示，土中合作潜力巨大，愿与中方共同努力，加强在经贸、投资、航空、高速铁路、旅游以及工程承包等领域的合作，推动土中战略合作关系不断深化发展。埃尔多安重申，土方坚定奉行一个中国政策。

双方还就西亚北非局势等共同关心的问题交换了看法。

国务院副总理回良玉在雅加达与印度尼西亚副总统布迪奥诺举行会谈

国务院副总理王岐山在北京与土耳其总理埃尔多安共同出席中国—土耳其商务论坛并分别致辞

王岐山表示，中土同为二十国集团成员和新兴经济体，两国经济优势互补，合作前景十分广阔。土耳其正在努力实现2023年进入世界经济十强的宏伟目标，中国正在实施“十二五”规划，加快转变经济发展方式，调整经济结构，巨大的市场潜力不断释放。希望双方立足当前，着眼长远，继续加强交通、能源、通信等传统领域的合作，把铁路建设作为两国基础设施合作的优先方向，拓展核能、航天、节能环保等新兴领域的合作，创新合作模式，培育新的合作增长点。希望双方加快制定中长期经贸合作规划，完善经贸联委会、新丝绸之路工作组等合作机制，尽快签署新修订的双边投资保护协定，深化旅游和金融合作，优化贸易结构，努力实现双边贸易额2015年500亿美元、2020年1000亿美元的目标。中国政府愿与土耳其政府一道，继续为双方企业合作营造良好的环境。

埃尔多安表示，希望双方加强在政治、经济、社会、文化等领域的全方位合作，实现共同发展，互利共赢。欢迎中国企业扩大对土投资，分享土经济发展带来的机遇。土中同为全球工程承包大国，在工程承包领域加强合作潜力很大，双方可携手在第三国开展合作。土中贸易增长很快，希望双方共同努力，促进双边贸易平衡发展。土耳其具有丰富的旅游资源，每年吸引外国游客达3100万人次，希望更多的中国人前往旅游。

4月11日

中共中央总书记胡锦涛电贺金正恩被推举为朝鲜劳动党第一书记

平壤朝鲜劳动党第一书记金正恩同志：

欣悉朝鲜劳动党代表会议推举金正恩同志为朝鲜劳动党第一书记。我谨代表中国共产党中央委员会并以我个人名义向你和朝鲜劳动党中央委员会表示热烈祝贺。

我们欣慰地看到，朝鲜人民继承金正日同志遗志，紧密团结在朝鲜劳动党的周围，在金正恩同志领导下，努力建设社会主义强盛国家。

中朝两国是山水相连的友好邻邦。不断巩固和发展中朝传统友好合作关系，是中国党和政府坚定不移的方针。我们愿同朝鲜同志携手努力，继续深化中朝传统友谊，扩大各领域务实合作，共同促进朝鲜半岛和东北亚的持久和平与稳定，把两党两国老一辈领导人亲手缔造和培育的中朝关系巩固好、建设好、发展好。

衷心祝愿第一书记同志和朝鲜劳动党在领导朝鲜人民建设强盛国家的事业中不断取得新的更大成就。

中国共产党中央委员会总书记　胡锦涛

2012年4月11日于北京

国家主席胡锦涛在中南海会见新当选并获任命的香港特别行政区第四任行政长官梁振英

胡锦涛说，中央相信你和新一届特区政府一定能够团结带领香港社会各界人士，和衷共济、同心协力、继往开来，努力发展经济、改善民生、推进民主、促进和谐，共同开创香港长期繁荣稳定的新局面，为“一国两制”在香港的成功实践作出更大贡献。中央将继续坚定不移地贯彻“一国两制”、“港人治港”、高度自治的方针，严格按照基本法办事，全力支持你和特区政府依法施政。我们对香港的美好未来充满信心。

梁振英表示，目前香港机遇和挑战并存，他一定不辜负中央政府的厚望，团结各界别、各阶层人士为未来齐心奋斗，发挥香港优势，实现稳步前进。

全国人大常委会委员长吴邦国在人民大会堂主持召开十一届全国人大常委会第八十次委员长会议

会议决定十一届全国人大常委会第二十六次会议4月24日至27日在北京举行。

根据委员长会议建议的议程，十一届全国人大常委会第二十六次会议将继续审议军人保险法草案、民事诉讼法修正案草案、出境入境管理法草案，首次审议农业技术推广法修正案草案。

按照宪法和法律的规定，十一届全国人大到2013年3月任期届满，十二届全国人大代表应于2013年1月选出。今年3月，十一届全国人大五次会议通过了关于十二届全国人大代表名额和选举问题的决定。全国人大常委会委员长会议据此拟订了十二届全国人大代表名额分配方案草案、十二届全国人大少数民族代表名额分配方案草案、台湾省出席十二届全国人大代表协商选举方案草案，建议十一届全国人大常委会第二十六次会议予以审议。

委员长会议还建议，十一届全国人大常委会第二十六次会议审议国务院关于提请审议批准《万国邮政联盟组织法第八附加议定书》的议案；审议国务院关于农田水利建设工作情况的报告，关于监狱法实施和监狱工作情况的报告，关于外国人入出境及居留、就业管理工作情况的报告；审议有关任免案。

委员长会议上，全国人大常委会副委员长兼秘书长李建国就十一届全国人大常委会第二十六次会议议程草案和日程安排意见作了汇报。全国人大常委会有关副秘书长、全国人大有关专门委员会负责人就十一届全国人大常委会第二十六次会议的相关议案作了汇报。

全国人大常委会副委员长王兆国在北京会见“中国特色社会主义工会发展道路”专题学习班全体学员并讲话

王兆国强调，要进一步坚定走中国特色社会主义道路的信念，始终与党中央保持高度一致，牢牢把握稳中求进的总基调，坚定不移地走中国特色社会主义工会发展道路，在推进中国特色社会主义伟大事业中充分发挥工会作用，为迎接党的十八大胜利召开营造良好的社会环境。

王兆国说，当前国际国内形势复杂多变，工会干部特别是高级领导干部，必须以政治家的标准，不断提升应对复杂形势的能力和驾驭全局工作的水平，站在全局、宏观的高度把握工会发展方向，从党的要求和职工群众的愿望出发谋划工会工作。要增强政治意识、大局意识、责任意识、忧患意识，始终保持理论上的清醒、政治上的坚定和行动上的自觉，坚定不移地走中国特色社会主义工会发展道路，坚持中国工运事业的正确方向，切实维护广大职工的根本利益和具体利益，努力凝聚各方面积极因素，共同坚持和发展中国特色社会主义，不断巩固党的执政地位和社会主义制度。

王兆国强调，中国特色社会主义工会发展道路来之不易，必须倍加珍惜，始终坚持，毫不动摇。工会领导干部要从内心实实在在地去认识、去理解、去实践、去发展，做到真学真懂真信真用，努力把自己锤炼成中国特色社会主义工会发展道路的坚定拥护者、积极传播者、自觉践行者。要着眼于我国目前所处的改革关键期、矛盾凸显期对工会工作提出的新要求，努力破解构建和谐劳动关系、维护职工合法权益、加强工会组织建设、激发基层工会活力等方面面临的突出问题，大胆探索、开拓创新，不断丰富完善中国特色社会主义工会发展道路，使这条道路永葆生机和活力。

全国人大常委会副委员长王兆国在人民大会堂会见出席研讨活动的拉美国家工会领导人

陆浩杰在福建福州举行的2012年全国男子举重锦标赛暨伦敦奥运会举重选拔赛77公斤级比赛中获得冠军

4月12日

全国人大常委会委员长吴邦国在河南调研

4月12日至17日，吴邦国先后来到郑州、新乡、焦作、洛阳等地，就加快中原经济区建设、做好改革发展稳定工作等进行调查研究。在郑州日产、风神轮胎、中石化洛阳工程公司，他要求企业加强自主创新，不断提高核心竞争力；在旭飞光电、保绿能源、卓林数码、中航锂电、普莱柯生物工程公司，他鼓励大家集中力量突破关键核心技术，抢占战略性新兴产业制高点；在现代农业研究开发基地，他走进试验田查看良种小麦长势，了解棉花无钵移栽技术，充分肯定河南在农业科技方面取得的成绩和为保障国家粮食安全作出的重要贡献；在郑州综合交通枢纽、新郑综合保税区、郑州商品交易所、国家动漫产业基地和洛阳博物馆，他希望河南充分发挥区位优势和历史文化资源优势，大力发展文化创意、交通物流、旅游观光等现代服务业；在郑州大学新校区，他观看大学生创新成果展示，听取科研情况汇报，勉励广大师生为家乡和国家发展贡献智慧；在郑州鑫苑社区和新乡富康、祥和农村社区，他走进便民超市、服务中心和村民新居，深入了解民生改善和社会主义新农村建设情况。

调研期间，吴邦国听取了河南省工作汇报，对河南的工作给予充分肯定。他说，河南省委、省政府认真贯彻中央决策部署，结合实际创造性地开展工作，全省综合实力跨上新台阶，结构调整取得成效，社会建设全面进步，人民生活明显改善。希望河南抓住机遇，开拓创新，扎实工作，走出一条工业化、城镇化、农业现代化协调发展的路子，为全国同类地区“三化”协调发展创造经验，在支撑中部地区崛起和服务全国大局中发挥更大作用。为此，吴邦国强调了四点：

一要坚持发展是硬道理。建设中原经济区，促进中部地区崛起，关键靠发展。要深入贯彻落实科学发展观，坚持在发展中转变，以转变促发展，更加注重把握投资导向，更加注重质量和效益，更加注重生态环境保护，把更多精力放在结构调整和优化升级上。充分发挥劳动力、土地、资源丰富的优势，有序承接东部地区产业转移，积极发展战略性新兴产业，引导和支持创新要素向企业聚集，加快构建激励创新的体制机制，大力培养创新团队和领军人物，推动经济发展更多依靠创新驱动。

二要科学编制和细化中原经济区专项规划。积极探索不以牺牲农业和粮食、生态和环境为代价的“三化”协调发展的路子，是中原经济区建设的核心任务，也是中央对河南的要求和期望。要按照国家关于中原经济区建设的战略定位、空间布局和发展重点，抓紧做好各类专业基地、综合市场、示范园区专项规划。坚持高标准高起点，把规划的前瞻性和可操作性结合起来，科学规划、总体部署，分步实施、扎实推进。

三要积极探索以工促农、以城带乡的有效机制。充分发挥县市统筹城乡协调发展的重要作用，把发展产业集聚区和推动新型城镇化结合起来，以此作为壮大县域经济的重要抓手和产业转型升级的突破口，拓宽农民转移就业渠道，带动社会主义新农村建设，促进基本公共服务均等化和城乡一体化。同时要把农村土地整理开发的增值收益更多留给农民，探索提高农民财产性收入的路子。

四要把保障和改善民生放在突出位置。河南是人口大省，农村人口多，就业压力大。要大力发展中小企业，加强职业技能培训，引导农村劳动力转移就业，提高城乡居民收入。进一步完善城乡社会保障体系，深化教育、医疗领域改革，抓好保障性住房建设，办好涉及民生的大事实事。解决民生问题既要量力而行又要尽力而行，把工作重点放在农村，把更多的新增财力用于农村，在基础设施建设和社会事业发展方面向农村倾斜。

国家副主席习近平在人民大会堂会见来华出席上海合作组织成员国安全会议秘书第七次会议的各国代表团团长

习近平表示上海合作组织执法安全领域合作已走过10年不平凡历程，取得丰硕成果。安秘会作为安全政策和安全合作高级协调机构，为打击“三股势力”、毒品走私、跨国有组织犯罪发挥了重要作用，为本组织履行维护地区稳定的职责作出重要贡献。这次会议各方就加强危机预警、打击网络犯罪以及联合执法达成共识，原则通过《上海合作组织关于应对威胁本地区和平、安全与稳定事态的政治外交措施及机制条例》修订案和《打击“三股势力”2013 年至 2015 年合作纲要》草案，为今年 6 月北京峰会做了充分准备，也为本组织在未来 10 年提高防范和处置地区紧急事态的能力打下了基础。中方对上述成果予以高度评价。

习近平指出，当前，国际地区形势继续复杂深刻演变。西亚北非局势持续动荡，恐怖主义、跨国犯罪、毒品走私依然猖獗，网络犯罪等非传统安全威胁日益突出，对地区安全稳定和成员国发展带来新的挑战，同时也孕育着推进和深化安全合作的新机遇。为此，成员国一要巩固战略互信；二要完善合作机制；三要着眼长远；四要扩大国际合作，将本组织打造成为维护地区稳定、促进世界和平的平台。

习近平说，当今世界各国安全和发展利益联系更加紧密，任何一个国家都不可能独善其身。中国将坚持奉行“与邻为善、以邻为伴”的周边外交方针，与本组织各国共迎挑战，共享机遇，通过扎实有效的务实合作，推动构建持久和平、共同繁荣的和谐地区。

上海合作组织成员国安全会议秘书第七次会议在北京举行

国务委员孟建柱主持会议并发言。

孟建柱指出，上合组织所在地区的安全形势总体稳定，但是受到国际金融形势前景不明、西亚北非局势持续动荡、阿富汗安全形势变化等诸多不确定因素的影响，“三股势力”仍是本地区面临的主要安全威胁之一，毒品问题、跨国有组织犯罪和网络犯罪对地区安全稳定的破坏力有所扩大。上合组织必须有针对性地加强安全领域相关合作，建立更有效的防范和打击机制。充分发挥安秘会等各级安全合作机制作用，加快研究赋予本组织常设机构禁毒职能，积极维护网络安全，加强边防合作，防范“三股势力”和其他犯罪向本地区渗透，同其他国际和地区组织开展安全合作，完善上合组织应对威胁地区和平、安全与稳定事态的机制。

哈萨克斯坦、吉尔吉斯斯坦、俄罗斯、塔吉克斯坦、乌兹别克斯坦的安全会议秘书或代表出席会议并分别发言。会议就维护上合组织及其周边地区安全，打击“三股势力”、毒品走私、跨国有组织犯罪和网络犯罪等交换了意见。各方均认为，应进一步健全上合组织安全合作体系，完善预警应急机制，加强上合组织的快速反应能力和行动能力，切实维护成员国自身和整个地区的安全与稳定。各方一致同意在执法安全领域采取措施，加强边防合作和联合执法，保障多边合作项目平安顺利推进，巩固禁毒部门三级合作机制，打击网络恐怖主义和网络犯罪。会议结束后，与会代表签署了会议纪要，发表了成果新闻稿并会见记者。

上海合作组织成员国安全会议秘书第七次会议发表成果新闻稿

2012 年 4 月 12 日，上海合作组织（以下简称上合组织或本组织）成员国安全会议秘书第七次会议在中国北京举行。哈萨克斯坦共和国总统助理、安全会议秘书塔仁，中华人民共和国国务院国务委员孟建柱，吉尔吉斯共和国国防会议秘书塔巴尔季耶夫，俄罗斯联邦安全会议第一副秘书布拉温，塔吉克斯坦共和国安全会议秘书卡霍罗夫，乌兹别克斯坦共和国总统国家安全会议秘书塔什马托夫与会。会议由中方主持。

上合组织秘书长伊马纳利耶夫和地区反恐怖机构执委会主任朱曼别科夫列席。

中国国家副主席习近平会见了各代表团团长。

与会各方围绕国际和地区安全形势的最新变化，结合筹备拟于 2012 年 6 月在北京举行的上合组织峰会，在一贯的友好和建设性气氛中就深化上合组织下一个 10 年安全合作交换了意见。

各方对本组织成员国禁毒部门领导人会议、上合组织成员国就查明和切断恐怖主义、分裂主义、极端主义势力向成员国境内渗透渠道所作出的努力、“天山一 2 号（2011）”联合反恐演习的成功举行给予积极评价；对过去一段时期内上合组织成员国打击恐怖主义、分裂主义和极端主义的合作情况表示满意；对 2009 年 6 月 16 日签订的《上海合作组织反恐怖主义公约》正式生效表示欢迎。各方指出，上合组织已成为地区和平与稳定的重要保障。

各方表示，国际和地区热点问题此起彼伏，新矛盾新挑战层出不穷，本组织维护地区和平、促进共同发展的任务更加艰巨。成员国将在不干涉内政、尊重彼此独立、主权、领土完整原则的基础上，完善安全合作体系，提高上合组织应对威胁和挑战的反应能力。

各方研究了完善上合组织应对威胁地区和平、安全和稳定事态的政治和外交机制，以及下一阶段合作打击恐怖主义、分裂主义和极端主义等问题。

各方一致认为，维护地区安全与稳定很大程度上取决于阿富汗问题的解决，应尊重阿独立、主权和领土完整，支持阿人民实施和平重建的努力。

各方强调毒品走私问题对本地区造成严重威胁，将进一步加强禁毒合作，加强配合，强化业务部门务实合作，更好地应对毒品威胁。

各方指出，恐怖主义、分裂主义、极端主义势力不断利用国际互联网开展破坏活动，威胁到成员国安全与稳定，表示愿继续就维护国际信息安全开展合作。

各方听取了上合组织地区反恐怖机构执委会主任

关于该机构工作的报告。

根据会议成果，各方签署了《上海合作组织成员国安全会议秘书第七次会议纪要》。

国务委员孟建柱在钓鱼台国宾馆会见乌兹别克斯坦总统国家安全会议秘书塔什马托夫

孟建柱指出，近年来，中乌在共同打击“三股势力”等方面密切合作，维护了两国安全，促进了中亚地区的和平安宁。双方应继续发扬良好合作传统，推动两国执法安全合作迈上新台阶。进一步加强两国执法安全部门在业务交流、执法培训、警用装备等方面的交流合作。继续加大对“三股势力”打击力度，严防其制造暴恐事件。不断加强对中乌大型合作项目的安保力度，共同确保中乌天然气管道等大型合作项目安全稳定运营。加强在阿富汗问题上的合作，共同推动阿和平重建进程，帮助阿实现和平、稳定与发展。

国务委员刘延东在贝尔法斯特会见北爱尔兰行政当局首席部长罗宾逊 副首席部长麦吉尼斯

国台办主任王毅在华盛顿会见美国常务副国务卿伯恩斯

王毅说，美方强调将继续在台湾问题上恪守一个中国政策，不支持“台湾独立”，欢迎并乐见两岸双方在各个领域进一步开展对话与合作。

王毅表示，大陆方面的对台政策将保持稳定性和连续性，我们愿循序渐进地继续推进两岸关系的和平发展。王毅强调，中华民族完全有智慧，有能力通过两岸平等协商解决好有关台湾的各种问题。在这一进程中，希望美方继续发挥积极作用，期待中美共同努力，使台湾问题真正成为中美关系中的积极因素，而不是消极因素；真正成为合作的因素，而不是摩擦的因素；真正成为增进战略互信的因素，而不是导致战略互不信任的因素。

第十届重庆高新技术交易会暨第六届中国国际军民两用技术博览会在重庆开幕

4月13日

国务院总理温家宝在北京主持召开国务院常务会议分析一季度经济形势并研究部署下一阶段经济工作

会议指出，当前我国经济运行总体平稳。一季度国内生产总值同比增长8.1%，居民消费价格上涨3.8%；工业生产平稳增长，结构调整积极推进，农业生产形势较好，夏收作物长势好于常年；进出口贸易基本平衡，财政金融平稳运行，全国公共财政收入增长14.7%，支出增长33.6%；人民生活继续改善，城镇新增就业332万人，城镇居民人均可支配收入和农民人均现金收入扣除物价因素后实际分别增长9.8%和12.7%。3月份部分主要经济指标比前两个月有所回升，市场信心持续趋稳，制造业采购经理人指数连续4个月上升。总的看，我国经济的基本面是好的，经济增速处于合理区间；经济发展具备很大潜力，宏观调控政策具有较大回旋余地。

会议指出，我国经济社会发展仍面临不少困难和挑战。国际金融危机没有结束，欧债危机的根本问题还没有解决。国内经济运行存在下行压力，物价上涨压力仍然存在，小型微型企业融资难问题仍然比较突出，出口行业面临困难增多。我们既要看到有利条件和积极因素，坚定做好经济工作的信心，也要保持清醒头脑，冷静观察，沉着应对，未雨绸缪。坚持稳中求进，正确处理保持经济平稳较快发展、调整经济结构和管理通胀预期三者的关系。加强政策储备，预留政策空间，做好应对困难和挑战的准备，牢牢把握经济工作的主动权。

会议对下一阶段重点工作做了部署。(一)继续加强和改善宏观调控。加强总需求管理，及时预调微调，进一步提高政策的针对性、灵活性和前瞻性。抓紧落实并完善结构性减税政策，扩大营业税改征增值税试点的行业和地区范围，加大对小微企业的扶持力度。货币政策要兼顾促进经济平稳较快发展、保持物价稳定和防范金融风险，更加注重满足实体经济发展的合理资金需要。(二)着力扩大内需。既要坚定不移地扩大消费需求，也要保持适度的投资规模，提高投资质量和效益。确保国家重大在建续建项目资金需求，有序推进“十二五”规划重大项目按期实施。加强农村和西部地区基础设施、城市市政工程、铁路、节能环保等建设。加强中西部承接产业转移示范区建设。切实打破垄断，放宽准入，激发民间投资活力。严格规范地方政府融资平台，继续妥善清理地方政府性存量债务，对有还款能力的项目继续予以支持，防止资金链断裂。完善促进消费的政策。(三)努力实现农业再获丰收。落实强农惠农富农政策，抓好夏季粮油生产，组织好春播备耕工作，加强病虫害防控，提高“菜篮子”生产能力，保障主要农产品有效供给。(四)保持物价总水平基本稳定。完善流通政策和大中城市居民生活必需品储备制度，促进农副产品价格平稳运行。保障国内成品油市场供应，保持价格相对稳定。强化市场价格监管，维护市场正常秩序。(五)努力保持对外贸易稳定增长。认真落实稳定外贸的政策措施，加快出口退税进度，积极支持企业开拓新兴市场。积极扩大进口,推动进出口平衡发展。(六)加快推进产业转型升级。加大对企业创新和优化升级的支持力度,着力加强企业技术改造。全面落实"十二五"节能减排综合性工作方案,大力推进资源节约和环境保护。(七)巩固房地产市场调控成果。坚持房地产调控政策不动摇,决不让调控出现反复。采取有效措施增加普通商品房供给。推进保障性安居工程建设,完善公租房、廉租房的配套设施。(八)着力保障和改善民生。加强就业和社会保障工作,落实社会救助和保障标准与物价挂钩的联动机制,保障困难群众基本生活。扎实做好新型农村社会养老保险和城镇居民社会养老保险制度全覆盖工作。加快教育、卫生、文化等领域建设,积极推进基本公共服务均等化。依法处理征地拆迁、安全生产、环境保护等方面损害群众利益的行为,维护社会和谐稳定。(九)认真落实深化经济体制改革重点工作。加强总体指导和综合协调,稳步推进财税金融、资源性产品价格、收入分配、医药卫生等重点领域改革,增强发展动力和活力。

会议要求,各地区、各部门要加强经济运行监测,密切跟踪分析经济形势发展变化,做好应对各种风险的预案。要增强全局观念,加强协调配合,凝神聚力,真抓实干,以优异成绩迎接党的十八大胜利召开。

国务院副总理王岐山在中南海分别会见美国财政部副部长布伦纳德和前芝加哥市市长戴利

外交部部长杨洁篪致电美国国务卿希拉里·克林顿就当前叙利亚局势交换意见

外交部部长杨洁篪与俄罗斯外交部部长拉夫罗夫印度外长克里希纳共同出席在莫斯科举行的中俄印三国外长第十一次会晤

三国外长就深化三国合作和共同关心的重大国际和地区问题深入交换意见,达成重要共识。

杨洁篪积极评价三方合作,表示作为新兴市场国家合作的重要平台,中俄印合作机制既因应了谋和平、促合作、求发展的时代呼声,也凸显了新兴国家开展互利、共赢、不针对第三方合作的重要意义,具有强大的生命力。中方倡导开展平等互利、合作共赢的政治对话以及务实合作,提升新兴市场国家的合作水平,引导新形势下的三边和多边的合作方向。

三方一致认为,当前国际形势正在经历复杂而深刻的变化,世界多极化进程不可阻挡,新兴市场国家和发展中国家在国际事务中发挥着越来越重要的作用。中俄印作为新兴发展中大国和安理会成员,有责任为维护地区和世界和平、发展、稳定发挥积极作用。

三方一致同意加强在联合国、二十国集团、金砖国家等多边机制中的合作,在促进本地区繁荣稳定和世界经济复苏与发展,推动多边主义和国际关系民主化方面发挥积极作用,为构建持久和平、共同繁荣的和谐世界作出贡献。

三国外长还就当前一些重大国际和地区热点问题交换了意见,表示支持国际社会为解决有关问题发挥建设性作用,以《联合国宪章》的宗旨和原则及公认的国际关系准则为基础,尊重当事国主权、独立、统一和领土完整,发挥联合国的作用,积极劝和促谈,努力通过政治和外交手段和平解决有关问题。

三国外长对上次武汉会晤以来三国务实合作取得的积极进展和合作成果表示满意,认为三国未来合作空间广阔,应加强在减灾救灾、医疗卫生、农业、工商业、智库、新能源等广泛领域合作,挖掘潜力,做大三国务实合作,造福于三国人民。

会晤后,三国外长发表了联合公报,并共同会见了记者。

中俄印三国外长第十一次会晤发表联合公报

一、2012年4月13日,中华人民共和国、俄罗斯联邦和印度共和国外交部长在莫斯科举行第十一次会晤。

二、外长们重申中国、俄罗斯、印度三国建设性合作的重要意义,强调三国合作不针对其他任何国家,有助于推动地区和平、安全和稳定,并造福于三国人民。

三、外长们回顾了2010年11月14日至15日在武汉举行的第十次会晤所作决定的落实情况。

外长们强调在灾害管理领域开展合作的重要性,赞赏2011年5月24日至26日在印度海德拉巴举行的关于应用地球空间技术监测和预报水旱灾害的三国信息和技术交流项目成果。外长们欢迎2011年9月6日至9日在俄罗斯圣彼得堡举行的中俄印第四次灾害管理问题专家会的成果,并确认了下步三方的合作重点。

外长们欢迎三国间贸易投资关系得到加强,注意到2011年9月21日至22日在俄罗斯顿河畔罗斯托夫举行了中俄印第三届工商论坛。

外长们满意地注意到,第十一届三国专家学者对话会于2011年11月15日至16日在北京举行。

外长们支持在应对突发事件、医疗卫生、农业、工商业、能源、创新和高科技等领域推进务实合作,同时在上述领域各多边机制框架内密切相关协作。

四、外长们认为,世界正在发生复杂、深刻变化,多极化发展进程难以阻挡。同时全球性挑战日益严峻、复杂。在此背景下,外长们强调需集体应对全球挑战,包括地区冲突、大规模杀伤性武器扩散、恐怖主义、跨国有组织犯罪、贩毒、自然和人为灾害、金融和经济不稳定、粮食短缺和气候变化等。中东和北非的事件表明,国际社会应采取协调行动,通过谈判和平解决冲突问题,此外别无他途。外长们确认,中国、俄罗斯、印度将密切合作应对上述挑战,包括在联合国及其他相关多边场合保持协商。

五、外长们强调亚太地区应在公认的国际法准则和原则以及承认安全不可分割、互相尊重和信任的基础上,建立公开、透明的安全与合作架构,以回应本地区国家的合法诉求。

六、外长们注意到,东亚峰会为各方就共同关心的战略、政治和经济等广泛问题开展对话提供了前景广阔的平台,旨在推动东亚地区和平、稳定和经济繁荣。中国、俄罗斯和印度呼吁本着加强机构间协调的精神,在亚欧会议、东南亚国家联盟、上海合作组织、东盟地区论坛、南亚区域合作联盟、亚洲相互协作与信任措施会议、东盟防长扩大会议等各种地区组织、论坛和对话框架内推进伙伴关系。

七、外长们对阿富汗局势深表关切,强调国际社会继续参与解决阿富汗问题至关重要。外长们呼吁国际社会应坚决打击恐怖主义组织,避免阿重新成为恐怖分子和极端势力的避风港,进而威胁本地区及区域外安全。外长们重申致力于阿富汗的和平、稳定、独立和繁荣。

八、外长们强调联合国在促进阿富汗和平与稳定方面的中心协调作用,重申三国愿在联合国框架下以及其他国际和地区机制内就阿富汗问题保持密切互动,包括阿富汗地区经济合作会议、伊斯坦布尔进程及上海合作组织等。欢迎阿富汗在上述区域机制中发挥更大作用的愿望。

外长们表示,国际安全援助部队的撤出应视当地安全情况及阿富汗安全部队负责本国安全的能力而定。国际安全援助部队应根据联合国安理会决议的授权履行职责。

九、外长们认为,阿富汗民族和解进程应坚持阿富汗主导、阿富汗所有,这已写入2010年7月20日通过的《喀布尔会议公报》,并在2011年12月5日发表的《波恩会议结论》中得到了进一步体现。《波恩会议结论》也得到了阿富汗政府和国际社会的一致支持。

十、外长们强调,国际社会的当务之急是根据巴黎进程有关决定和《上海合作组织禁毒战略》打击阿富汗毒品生产和走私。

十一、外长们坚定支持联合国在维护国际和平与安全、促进共同发展、推动国际合作方面的中心协调作用。重申应对联合国包括安理会进行全面改革,使其更有效率、更具代表性。俄罗斯和中国重申重视印度在国际事务中的地位,支持印度在联合国发挥更大作用的愿望。

十二、外长们重申,中国、俄罗斯和印度作为拥有先进核技术的负责任国家,将把防止核武器扩散、积极努力加强核不扩散机制作为三国共同任务。外长们欢迎2012年3月在首尔成功举办了核安全峰会,支持落实峰会公报的有关决定。

十三、外长们注意到当前伊朗核问题形势,不应任由其升级为冲突,产生灾难性后果,这不符合任何一方利益。伊朗在地区和平发展和繁荣方面发挥着举足轻重的作用,而这一地区则具有重大政治和经济意义。伊朗应作为国际社会负责任的成员行使其合法权利。外长们关注伊朗核问题的形势发展,承认伊朗在履行相应国际义务的同时,可行使和平利用核能的权利。外长们支持通过政治、外交手段及对话方式,包括伊朗与国际原子能机构之间的对话,解决所有相关问题。外长们敦促伊朗遵守安理会有关决议,与国际原子能机构全面开展合作。外长们希望于2012年4月14日举行的伊朗核问题六国政治总司长会议取得积极成果。

十四、外长们对朝鲜的发射行为表示严重关切,呼吁最大限度克制、不采取任何可能导致朝鲜半岛紧张局势升级的行动。

外长们重申通过政治和外交手段妥善解决朝鲜半岛问题的重要意义,呼吁所有各方进一步努力,以寻求尽早重启六方会谈,实现中国、美国、朝鲜、俄罗斯、韩国、日本于2005年9月19日所达成的《共同声明》中所提出的目标。

十五、外长们强烈谴责各种形式和表现的恐怖主义,强调任何理由都不应成为恐怖主义行为具有正当性的借口。外长们认为国际社会应以最强有力的集体行动应对恐怖主义这一共同挑战,重申不应仅对恐怖分子采取行动,同时也应打击恐怖行动支持者和资助者。

十六、外长们强调,应协助其他联合国会员国更好地落实联合国全球反恐战略、推动更多国家加入联合国有关反恐公约、促进落实包括安理会第1373号决议(2001年)和第1624号决议(2005年)等在内的相关决议。外长们强调,应支持安理会反恐委员会的相关活动,加强反恐委员会执行局在反恐相关重要领域的能力。

十七、外长们对将信息通讯技术更多地用于威胁国家安全以及国际和平与安全表示关切。鉴此,外长们认为国际社会应制定相关的规范和准则。

十八、在中东北非局势不断演变的背景下,外长们重申将致力于在法律框架内通过和平手段,根据《联合国宪章》的宗旨和原则,在没有外部干涉的情况下寻求该地区国家所面临危机的解决办法。

十九、外长们强调将致力于维护叙利亚的主权、独立、统一和领土完整,坚定要求通过各方放弃暴力及叙主导的包容性政治进程和平解决叙危机。

外长们强调应支持联合国—阿盟联合特使科菲·安南先生的努力,包括他关于在叙尽早部署联合国观察员团的建议。

二十、外长们重申将致力于在包括联合国安理会相关决议、马德里和会原则、阿拉伯和平倡议等公认的国际法框架基础上,寻求阿以冲突的全面、公正和持久解决。

二十一、外长们注意到全球金融和经济危机的复苏进程并不平坦。新兴市场国家和发展中国家正成为全球经济增长的推动力量。外长们认为,主要经济体应准确、及时地协调各自努力,以促进全球强劲、可持续和平衡增长。外长们特别关注南北之间持续的发展差距,强调缩小南北差距的措施将推动全球增长。

二十二、中国和印度外长欢迎俄罗斯联邦加入世界贸易组织,这使该组织更具代表性,同时也巩固了建立在规则基础上的多边贸易体系。

外长们注意到所有国家均有必要采取具体步骤反对任何形式的保护主义,并努力在多哈回合谈判框架内,取得与该回合发展授权相符的全面、成功的成果。

二十三、外长们重申二十国集团是世界经济合作的主要论坛,强调国际金融机构改革的目标仍有待实现,尤其是发达国家和发展中国家投票权的公平分配等问题。中国和印度支持俄罗斯担任2013年二十国集团主席国。

二十四、外长们欢迎2011年12月在南非德班举行的《联合国气候变化框架公约》第十七次缔约国大会取得的成果。

外长们对将于2012年6月在巴西里约热内卢举行的联合国可持续发展大会抱有信心。此次会议将为国际社会推进可持续发展领域的全球合作提供重要契机。

二十五、外长们欢迎2012年3月29日在印度新德里举行的金砖国家领导人第四次会晤取得的成果。会议成果展现了这一合作机制日益增长的地位和分量。

二十六、外长们赞赏三国外交部主管司局长在2011年7月12日举行的磋商,并同意定期举办上述磋商。

二十七、中国和俄罗斯外长赞赏印度与上海合作组织进行建设性接触,及其希望在上海合作组织发挥更大作用的愿望。

二十八、中国和印度外长感谢俄罗斯外长为三国外长第十一次会晤所做的热情周到安排。

二十九、外长们决定在印度举办下届三国外长会晤。

外交部部长杨洁篪致电美韩日外长就朝鲜半岛局势交换意见

杨洁篪说,中方注意到朝鲜已实施卫星发射计划,同时也注意到有关各方的反应。一段时间以来,我们同有关各方保持了密切沟通。中方认为,应对当前事态,要着眼大局来把握,以维护半岛和平稳定为出发点和落脚点,审时度势,保持冷静克制,缓和局势。

希拉里·克林顿和金星焕表示,重视中方在朝鲜半岛问题上的立场和作用,愿同中方保持沟通协调。

中央军委副主席习近平在人民大会堂会见越南人民军总参谋长杜伯巳一行

习近平强调,中越社会制度相同,理想信念相通,前途命运相连,这既是推进两国务实合作的独特优势,也有益于妥善处理两国矛盾和分歧。面对当前复杂变化的国际形势,双方应共同努力,多做有益工作,保持两国关系正确发展方向,积极造福两国人民,维护本地区乃至世界的和平、稳定与发展。

杜伯巳说,越南人民始终铭记中国人民在越南民族解放和建设社会主义事业中给予的援助和支持,十分珍惜越中传统友谊。在新的历史时期,越方始终重视并致力于发展两国全面战略合作伙伴关系,愿意与中方一道,进一步加强各领域的交流与合作,坚定维护越中友好大局,妥善处理分歧,为促进地区的和平、稳定与发展共同努力。越中两军要进一步加强合作交流,成为维护两国关系大局的坚强支柱。

2011年度全国十大考古新发现评选结果在北京揭晓

这十个项目按年代排列分别是:河南郑州老奶奶庙遗址暨嵩山东南麓旧石器地点群,福建漳平奇和洞遗址,浙江余杭玉架山史前聚落遗址,内蒙古通辽哈民史前聚落遗址,四川宜宾石柱地遗址,湖北随州叶家山西周早期曾侯墓地,辽宁建昌东大杖子战国墓地,江苏盱眙大云山江都王陵,山西大同云冈石窟窟顶北魏辽金佛教寺院遗址,山东京杭大运河七级码头、土桥闸与南旺分水枢纽遗址。

同往年相比,今年的十大项目有一半都集中在史前考古,对于这一考古薄弱领域的学术突破大有裨益。比如河南郑州老奶奶庙遗址暨嵩山东南麓旧石器地点群确切证明，早在距今3万—5万年前中原地区已有繁荣的旧石器文化与复杂的栖居形态，为研究现代人类及其行为在东亚地区出现与发展提供了非常重要的新视角。

国家减灾委 民政部针对贵州省部分地区风雹灾情启动国家四级救灾应急响应

据贵州省民政厅报告，截至4月13日12时，近期风雹灾害造成全省42.19万人受灾，因灾死亡1人、伤病99人，紧急转移安置和需紧急生活救助10.5万人，因灾倒塌和严重损坏房屋4010户10681间，一般损坏房屋43098间，农作物受灾面积10235公顷，直接经济损失2.52亿元。

4月14日

全国政协主席贾庆林在马来西亚沙巴州首府哥打基纳巴卢会见沙巴州首席部长穆萨·阿曼

贾庆林说，当前中马关系正处于历史最好时期，主要体现在四个方面：一是高层交往频繁。两国领导人建立了深厚友谊，对指导和引领双边关系发展发挥了无可替代的作用。二是经贸关系紧密。去年双边贸易额突破900亿美元，创历史新高，马有可能成为继日本、韩国之后亚洲第三个同中国贸易额超千亿美元的国家。两国还启动了钦州产业园区这一两国政府间首个园区合作项目的建设。三是人文交流活跃。两国签署了高等教育学历学位互认协议。去年双方人员往来超过300万人次，像走亲戚一样来往密切。四是务实合作深入。两国在执法、科技等领域正商签一系列合作文件，在重大国际和地区问题上保持良好的协调与配合。

贾庆林说，中国与沙巴州地理相近，交通便捷，双方合作潜力大。我们将继续支持中国企业赴沙巴等地投资兴业，鼓励更多中国游客赴马旅游。中方愿同马方共同努力，进一步深化中马战略性合作，造福两国和两国人民。

穆萨·阿曼表示，贾庆林主席经停沙巴体现了中国领导人对发展马中关系的重视。马中两国人民素怀友好情谊，近年来双方关系发展势头良好。沙巴州自然条件优越，旅游资源丰富，欢迎更多中国企业和游客来沙巴投资、观光。沙巴州愿为推动马中关系发展发挥积极作用。

中国人民银行宣布银行间即期外汇市场人民币兑美元交易价浮动幅度由5‰扩大至1%

自2012年4月16日起，银行间即期外汇市场人民币兑美元交易价浮动幅度由5‰扩大至1%，这是继2007年5月人民币兑美元汇率波动幅度由3‰扩大至5‰后，人民币汇率波动幅度的再度扩大。

央行称，自4月16日起，每日银行间即期外汇市场人民币兑美元的交易价可在中国外汇交易中心对外公布的当日人民币兑美元中间价上下1%的幅度内浮动。外汇指定银行为客户提供当日美元最高现汇卖出价与最低现汇买入价之差不得超过当日汇率中间价的幅度由1%扩大至2%，其他规定仍遵照《中国人民银行关于银行间外汇市场交易汇价和外汇指定银行挂牌汇价管理有关问题的通知》执行。

央行表示，未来将根据国内外经济金融形势，以市场供求为基础，参考篮子货币汇率变动，维护人民币汇率的正常浮动，保持人民币汇率在合理、均衡水平上的基本稳定，维护宏观经济和金融市场的稳定。

4月15日

全国政协主席贾庆林在新西兰克赖斯特彻奇会见克赖斯特彻奇市市长帕克

贾庆林说，中新同为亚太地区重要国家，两国经济互补性强，友好交往源远流长，开展互利合作拥有坚实的政治、经济和民意基础。我此次访问适逢中新建交40周年，我们愿与新方一道，以两国建交40周年为契机，充分利用中新自贸协定创造的有利条件和双方经济发展战略的契合点，推动中新全面合作关系在新的起点上取得更大发展。

帕克表示，克赖斯特彻奇市与中国的历史渊源深厚，又是新中两国人民的儿子路易·艾黎的故乡，近年来新中关系有了很大的发展，我们对此感到荣幸和满意。新西兰对能成为第一个与中国签订自贸协定的西方国家深感自豪，我有幸在人民大会堂见证了协定的签字仪式，终生难忘。我们愿与中方共同努力，在该协定的基础上，进一步加强合作，推动两国关系再上新的台阶。

第一百一十一届中国进出口商品交易会在广州琶洲国际会展中心开幕

2012年F1世界锦标赛瑞银中国大奖赛正赛在上海奥迪国际赛车场举行

4月16日

全国政协主席贾庆林在惠灵顿与新西兰议长史密斯举行会谈

贾庆林表示，加强对外交往、增进与世界各国人民的了解和友谊，是中国全国政协的一项重要任务。中国政协愿与新西兰议会加强交流和合作，相互借鉴治国理政经验，为各自国家经济社会发展和中新全面合作关系健康稳定发展作出积极贡献。

史密斯说，发展新中关系对新西兰具有重要意义。近年来两国关系取得长足发展，特别是新中自贸协定签署以来，两国务实合作更加密切，对新西兰克服金融危机影响、保持经济增长作出了积极贡献。我很荣幸在新中关于中国加入世贸组织谈判中发挥了积极作用，可以说支持新中关系发展是我政治生涯中的重要组成部分。新西兰议会愿为新中关系发展继续发挥建设性作用。

双方还就共同关心的问题交换了意见。

全国政协主席贾庆林在惠灵顿与新西兰代总理英格利希举行会谈

贾庆林说，近年来中新关系保持良好发展势头，新西兰在发展对华关系方面创造了多个"第一"。双方高层交往频繁，政治互信不断增强。经贸合作成果丰硕，中新自由贸易协定、本币互换协议实施顺利，去年双边贸易额达87.23亿美元，比2008年双边自贸协定实施时翻了一番多。中国已成为新西兰第二大贸易伙伴和出口市场，又是第一大进口来源地。新西兰也成为中国最大的乳制品进口来源地。两国在科教、文化、旅游等领域交流合作卓有成效，地方和民间交往日益密切，中国已成为新西兰最大的海外学生来源地和成长最快的海外游客市场。中新在应对国际金融危机、气候变化、推进亚太区域合作等国际和地区事务中保持了密切沟通与协调。

贾庆林表示，今年是中新建交40周年。40年来，中新关系不断走向成熟，内涵日臻丰富，给两国人民带来了实实在在的好处，也为亚太乃至世界和平、稳定与发展作出了积极贡献。我们对中新关系40年来发展成就感到满意，对未来发展前景充满信心。回顾历史，中新关系之所以能不断发展，一是相互尊重，相互理解，平等相待，照顾彼此核心利益和重大关切；二是互利共赢，使经贸合作成为双边关系的"推进器"；三是民间友好，"国之交在于民相亲"，两国人民的相互理解和友谊对双边关系发展起到重要推动作用。

贾庆林表示，中新应充分利用双方经济发展战略契合点，进一步深化两国务实合作。应继续利用好中新自贸协定和双边本币互换协议，争取提前实现两国领导人确立的2015年双边贸易额达到200亿新元的目标。在深化传统领域合作的同时，开拓新的合作增长点。双方应结合建交40周年庆祝活动，进一步扩大教育、科技、文化、旅游、媒体等广泛领域的合作。中方支持新方在国际和地区事务中发挥积极作用，愿同新方进一步加强在多边机制中的沟通协调，为亚太地区乃至世界的和平与发展作出贡献。

英格利希表示，贾庆林主席到访是近年来新中高层交往日益密切的重要体现，对增进两国相互了解与合作具有重要意义。新西兰从新中关系发展中受益良多。新方决心从战略高度推进新中合作，愿以两国建交40周年为契机，加强同中方在政治、经贸、教育、旅游和航空等领域合作，欢迎更多中国企业和游客来新投资、观光，使新中关系不断发展，造福两国人民。

会谈结束后，贾庆林和英格利希共同出席了两国有关投资及清洁能源合作协议的签字仪式。

国务院副总理回良玉在北京出席全国森林草原防火工作电视电话会议并讲话

回良玉在会上强调，目前全国各地正陆续进入春季森林草原防火紧要期，部分地区森林草原火险等级持续偏高。对此我们要保持高度警惕，抓好责任落实，严控野外火源，仔细排查隐患，科学组织扑救，严防发生重特大森林草原火灾和人员伤亡，为坚持稳中求进、实现科学发展提供有力保障。

回良玉指出，党中央、国务院对森林草原防火工作历来高度重视，近年来针对气候变化的新特点、森林草原火险的新情况、防控工作的新形势、社会发展进步的新要求，立足国情、林情、火情，采取一系列有力举措，强基础、建机制、提能力，在工作理念上更加注重以人为本、在工作原则上更加注重依靠法治依靠科学依靠群众、在工作举措上更加注重夯实基础、在工作方式上更加注重科学扑救、在工作机制上更加注重协调配合，初步走出了一条中国特色森林草原防火道路。森林草原防火工作成效显著，为巩固生态建设成果、保护人民生命财产安全、维护社会稳定作出了重要贡献。

回良玉强调，森林草原火灾的致火因素复杂，扑救难度较大，防控工作任何时候都不可放松。一要加强基层基础，健全基层火险监测预警基础设施，壮大基层专业化防火力量。二要加强科技创新，充分运用卫星遥感、红外探火等先进技术手段，提高灭火效率。三要加强投入支持，建立森林草原防火经费稳定增长机制，加快实施《全国森林防火中长期发展规划》。四要加强法制建设，强化执法监督检查，加大对失火纵火违法犯罪行为的打击力度。五要加强责任落实，进一步强化和完善行政首长负责制，严格落实部门分工责任制，充分发挥各级森林草原防火主管部门的职能作用。

回良玉强调，当前正值春耕时节、"五一"即将来临，农事活动频繁，旅游人员增加，野外用火明显增多。要保持高度戒备，加强对重点区域、重点时段的防范，坚决管住野外用火，努力避免人为火灾，排查和整改存在的隐患。要强化应急值守，严格执行报告制度。要抓紧完善预案，搞好动员、加强会商，确保响应级别和响应措施及时到位。各类森林消防力量要靠前驻防，整装待命，发生火灾后迅速出击、尽早扑救，力争实现有火不成灾。

中共中央政治局常委李长春在伦敦出席伦敦国际书展“市场焦点”中国主宾国开幕式并致辞

李长春在致辞中说，伦敦书展是国际上最重要的书展之一。中国担任本届伦敦书展主宾国，为世界各国近距离观察和感知中华文化打开了一扇重要窗口，也为中国出版业全面领略和借鉴世界出版物精品提供了一个重要契机，并为进一步促进中英两国乃至世界各国之间的出版贸易和文化交流合作提供了重要平台。

李长春说，今年是中英两国建立大使级外交关系40周年，伦敦还将举办第三十届夏季奥林匹克运动会，中英两国关系面临新的发展机遇。此次中国主宾国活动的举办，不仅能推动两国出版和文化的交流与合作，还将进一步增进两国人民的理解和友谊。

李长春说，本届中国主宾国活动丰富多彩，将全面展示中华文化的独特魅力和当代中国发展的崭新面貌，让各位朋友更好地感知中国、了解中国、认识中国。我们也期待通过这些活动，学习借鉴包括英国在内的世界各国出版业发展的成功经验，为增进世界各国人民的相互了解和友谊架设桥梁与纽带，推动不同国家、不同文明、不同文化之间的对话与交流，携手建设持久和平、共同繁荣的和谐世界。

国务委员刘延东在伦敦出席中英出版传媒产业投资论坛

刘延东回顾了中英人文交流的悠久历史。她指出，中国有丰富历史人文资源和广阔文化消费市场，英国有现代技术手段和成熟的商业运营模式，可以形成优势互补、合作共赢的格局。近年来中英文化交流得到了官方与民间的双重推动，规模和活跃程度都前所未有，为民众相互了解和促进中英友好发挥了积极作用。

刘延东强调，世界之美在于文明多元多样多彩。要在多样中求大同，在差异中求和谐，在交流中求发展。要充分理解各国不同国情、发展阶段和历史文化特点，尊重各国自主选择社会制度和发展道路。要开放包容，博采众长，交流对话，寻求共识，避免分歧转化为对抗。要把握好数字时代文化传播的新特征，不断开拓新媒体、新技术和新兴文化产业的合作领域。

刘延东介绍了中国建设文化强国的战略目标，强调中国将坚持走中国特色文化发展道路，继承优秀传统文化，借鉴世界文明成果，构建覆盖城乡的公共文化服务体系，推动文化成为国民经济支柱产业。中华文化将不断释放新的创造力，也将对人类文明进步作出更大贡献。

国务委员刘延东在伦敦与英国副首相克莱格举行会谈

国务委员刘延东与英国文化大臣亨特在伦敦维多利亚与阿尔伯特博物馆共同主持中英高级别人文交流机制第一次会议

刘延东提出了机制建设四点原则构想：一、登高望远，把握方向，加强顶层设计，整合各方资源，开辟全面战略伙伴关系的新境界。二、相互尊重，互鉴共荣，理性并妥善处理分歧，在交流中扩大共识，在合作中学习互鉴。三、多方参与，官民并举，让人民成为人文交流的主体，为官方和民间交往构筑更好平台。四、注重实效，循序渐进，先易后难，扎实推进，确定合作重点。

刘延东就人文交流六大领域提出建议：用好中英教育部长级磋商机制，鼓励高校联合科研和各级各类教育合作；启动重点科技领域战略合作计划，成立中英技术创新合作中心，加强科技金融创新和战略研究合作；鼓励文化机构和艺术家开展交流合作；加强影视媒体管理机构往来，推动两国媒体和影视界合作；落实《中英奥委会体育合作备忘录》和《中英体育协议》；深化青年交流，加强全国青联和英国文化委员会等机构的合作关系。

亨特表示，英中人文交流机制成为两国高端联系的第三根支柱，必将拓宽两国现有牢固的人文关系，加深两国人民之间更加直接的联系，并为两国经贸交流带来更多商机。英方愿与中方一道，在教育、科技创新、文化创意、体育、旅游等领域不断拓展新的合作。

会上，英国外交国务大臣布朗和中国教育部副部长郝平介绍了机制建设的具体设想。会后，刘延东与亨特共同签署《中英两国政府关于建立高级别人文交流机制的谅解备忘录》。

外交部部长杨洁篪在北京与突尼斯外交部部长阿卜杜赛拉姆举行会谈

杨洁篪表示，中突传统友好。在新形势下，中方愿与突方一道，进一步加强政治互信，深化互利合作，扩大人员往来，推动两国友好合作关系不断向前发展。

阿卜杜赛拉姆表示，突方高度重视发展对华关系，愿与中方共同努力，推动双边各领域友好合作不断迈上新台阶。

4月17日

国务院总理温家宝在人民大会堂与泰国总理英拉举行会谈

温家宝表示，中泰决定建立全面战略合作伙伴关系，对两国和东亚的和平发展具有重要意义。中方愿与泰方加强战略沟通，紧密地携手应对挑战，推动各领域合作取得更大进展。

温家宝提出，双方要密切配合，认真落实中泰第二份战略性合作共同行动计划和经贸合作五年发展规划；着力推动贸易与投资合作，扩大本币结算规模，争取提前实现2015年双边贸易额达到1000亿美元；加强铁路建设合作，促进中国与东盟交通便利化；扩大在海洋、电信、科技、能源、农业等领域的合作，密切人文交流；中方愿为泰国灾后重建、水利建设继续提供帮助；双方要携手推进中老缅泰四国湄公河联合执法合作，加强在东亚合作、大湄公河次区域经济合作中的协调配合；认真落实《南海各方行为宣言》，共同维护南海和平稳定。

英拉感谢中方对泰抗洪救灾和灾后重建的帮助和支持，表示两国高层互访频繁，各领域交流与合作成果丰硕。建立泰中全面战略合作伙伴关系符合两国的共同利益，泰方愿与中方加强战略沟通，利用各种双边机制，扩大各领域的交流合作。泰方将尽快完成湄公河中国船员遇害案的司法程序，依法严惩犯罪分子，切实维护湄公河航运安全。泰方愿为推动东盟—中国合作，维护南海和平稳定发挥积极作用。

会谈后，两国总理共同出席了双边有关合作文件的签字仪式。

全国政协主席贾庆林在惠灵顿与新西兰总督迈特帕里举行会谈

贾庆林表示，新西兰是第一个就中国加入世贸组织同中方结束双边谈判、第一个承认中国完全市场经济地位、第一个与中国签署并实施自由贸易协定的发达国家。两国共同创造的多个"第一"值得我们为之骄傲。

贾庆林说，中新关系的一大特色是两国有着日益紧密的经贸联系和活跃的人文交流，为两国关系发展奠定了坚实的民意基础。路易·艾黎先生是中新友好的象征，他在中国工作了60年，是全国政协委员，为中国的发展建设、为让世界了解中国作出了积极贡献。我们应共同努力，深化务实合作，推进人文交流，使中新关系不断向前发展，更好造福两国人民。

迈特帕里说，两国领导人密切互访及在此期间展现出的热情友好对两国关系发展作用巨大。新中友好关系发展得益于我们共同的朋友路易·艾黎，得益于双方紧密的经贸关系和活跃的人文交流，得益于我们都坚持"和而不同、殊途同归"，即以不同的方式追求共同的目标。新西兰政府和人民都支持和欢迎新中关系发展。相信在双方共同努力下，两国人民会拥有一个更加美好的未来。迈特帕里并重申新方坚持一个中国原则。

全国政协主席贾庆林在惠灵顿维多利亚大学当代中国研究中心发表演讲

尊敬的麦金农主席，尊敬的柯林斯部长，尊敬的奎格利代校长，尊敬的国会议员，老师们，同学们，女士们，先生们，朋友们：

在这秋风送爽的美好时节，我很高兴来到"艺术与文化之都"惠灵顿，并有机会与新西兰各界朋友见面。维多利亚大学历史悠久、享有盛誉，建校百年来培养了大批优秀人才。贵校高度重视中国文化研究，早在40多年前就开设了汉语课程，2009年设立了新西兰唯一的研究中国的专门机构，为增进中新人文交流与合作发挥了积极作用。借此机会，我向维多利亚大学以及在座的各位朋友表示诚挚的感谢，并通过你们向新西兰人民致以亲切的问候！

新西兰是南太平洋上一个美丽富饶的国家，素有"长白云之乡"和"百分百纯净国度"的美誉。著名影片《阿凡达》《指环王》中展现的新西兰自然风光令全球观众为之倾倒。质量上乘的乳制品、品种各异的猕猴桃、香郁醇厚的葡萄酒，以及独具特色的毛利文化、国际领先的电影制作技术，都成为享誉全球的新西兰象征。2001年，我曾访问过新西兰，留下了非常美好的印象。时隔11年，我再次踏上这片土地，深切感受到新西兰的巨大发展。在来惠灵顿之前，我考察了克赖斯特彻奇市地震"红区"的重建情况，为重建工作取得的积极进展感到鼓舞，也为新西兰人民乐观向上、坚忍不拔的精神深深感动。可以说，今天的新西兰政治稳定、经济发展、社会祥和，展现出广阔的发展前景。我为新西兰经济社会发展取得的成就感到由衷的高兴。

女士们、先生们！

中国和新西兰虽然远隔重洋，但两国人民的友好交往源远流长。早在19世纪中叶，首批中国移民就劈波斩浪，来到万里之遥的新西兰，为新西兰早期发展作出了重要贡献。在漫长的岁月中，侨居在新西兰的中国人同当地人民并肩劳作、和谐相处,播下了中新友谊的种子。上世纪20年代,新西兰人民的好儿子、中国人民的伟大朋友路易·艾黎先生来到中国,为中国人民的解放和建设事业奋斗了整整60年。1972年,中新老一辈领导人以非凡的政治智慧开启了两国外交关系的大门,中新关系从此掀开了新的篇章。建交40年来,在两国政府和人民的共同努力下,中新关系取得了长足发展,特别是2006年两国领导人就建立和发展中新21世纪互利共赢的全面合作关系达成重要共识,推动双边关系进入新的发展阶段。

政治上,中新是平等互信的好伙伴。两国高层互访和接触频繁,各级别的来往不断。新方坚持一个中国政策,在台湾等涉及中国核心利益问题上秉持正确立场,中方对此表示赞赏。两国在许多重大国际和地区问题上有着相同或相近的看法,在联合国、亚太经合组织、东亚峰会、太平洋岛国论坛等多边组织中保持着良好的磋商与合作。良好的政治关系为两国全面合作关系发展奠定了坚实基础。

经济上,中新是互利共赢的好搭档。新西兰在发展对华经贸关系方面走在发达国家前列,创造了中国对外关系史上的多个"第一"。新西兰是第一个就中国加入世界贸易组织同中国结束双边谈判、承认中国完全市场经济地位、同中国启动双边自由贸易协定谈判、签署并实施双边自贸协定的西方发达国家,是第一个同中国香港特别行政区签署、实施自贸安排的国家,也是目前唯一与中国大陆和香港均有自贸安排的国家。中新自贸协定实施3年多来,已成为中新经贸关系迅速发展的新引擎。去年,双边贸易额超过87亿美元,是2008年自贸协定实施时的2.3倍,是1972年建交时的970倍。中国已成为新西兰第二大贸易伙伴、出口市场和第一大进口来源地。伴随着双边经贸合作的快速发展,两国在环保、金融、电信、能源资源、食品安全等领域的合作也日益加强。中新务实合作正在向全方位、多层次、宽领域方向发展,成为双边关系发展的不竭动力。

人文上,中新是交流互鉴的好朋友。双方在科教、文化、旅游等人文领域的交流与合作蓬勃发展,民间交往日益活跃。目前,中新共有29对友好省市。中国已成为新西兰最大的海外留学生来源地、第四大和成长最快的海外游客市场。在新西兰,每4名海外留学生中就有一名中国学生。中国在新西兰设立的3所孔子学院和8所孔子课堂,为新西兰民众特别是青年人了解中国传统文化提供了平台。新西兰越来越多的中小学开设中文课程,学习中文人数接近1.3万。新西兰独特的文化也通过北京奥运会、上海世博会走进了中国人民心中。两国人民相互理解和友谊的不断加深,对双边关系的健康稳定发展发挥了重要的推动作用。

中新两国没有历史积怨,也不存在根本利害冲突,两国产业结构和资源禀赋高度互补,人民之间彼此素怀友好情谊。两国关系发展具有良好的政治、经济、民意基础。我相信,在两国政府和人民的共同努力下,中新关系必将不断走向成熟,成为不同社会制度、不同文化背景、不同发展阶段国家和平共处、合作共赢的典范。

女士们、先生们!

改革开放30多年来,中国成功找到了一条适合本国国情的中国特色社会主义道路,取得了举世瞩目的发展成就。过去的一年,我们不断巩固和扩大应对国际金融危机冲击成果,保持了经济平稳较快发展势头。国内生产总值达到47.2万亿元人民币,比上年增长9.2%;货物进出口总额3.64万亿美元;粮食总产量5.7亿多吨,实现连续8年增产。同时我们也清醒地认识到,中国仍然是一个发展中国家,人均GDP仅为新西兰的五分之一,全球排名在100位左右,经济发展中不平衡、不协调、不可持续的矛盾和问题仍很突出,一些结构性矛盾凸显,需要逐步解决。中国实现现代化还有很长的路要走,还需要付出长期艰苦的努力。

随着中国经济社会的快速发展和世界政治经济格局的深刻调整,国际社会对中国的兴趣越来越浓厚:中国经济能不能保持持续发展势头?中国的对外开放政策会不会发生变化?中国将来是否继续走和平发展道路?在这里,我愿坦诚地做个回答。

——中国将坚定不移地促进经济平稳较快发展。发展是中国的第一要务,是解决中国一切问题的关键。面向未来,中国制定了国民经济和社会发展第十二个五年规划纲要,提出要以科学发展为主题,以加快转变经济发展方式为主线,促进经济长期平稳较快发展和社会和谐稳定。上个月,中国成功召开了全国两会,明确了今年经济社会发展的目标任务。我们将坚持稳中求进,按照推动科学发展、加快转变经济发展方式的要求,把稳增长、控物价、调结构、惠民生、抓改革、促和谐更好地结合起来,继续促进经济社会全面协调可持续发展。

——中国将坚定不移地扩大对外开放。中国过去30多年的快速发展靠的是改革开放,中国未来发展仍然需要依靠改革开放。中国对外开放的大门已经打开,就决不会关上,今后只会越开越大。目前,中国关税总水平已经降至9.8%,远远低于发展中国家的平均水平;中国服务贸易开放部门达到100个,接近发达国家的水平。"十二五"期间,中国进口规模有望超过8万亿美元,对外投资超过5000亿美元,将给世界各国带来巨大机遇。我们将实行更加积极主动的开放战略,进一步扩大对外经济技术合作,促进对外贸易平衡发展,引导企业有序开展对外投资合作,营造公平透明的市场环境,在更大范围、更宽领域和更深层次上提高开放型经济水平和质量。

——中国将坚定不移地走和平发展道路。中华民族自古以来就有以和为贵的传统,对和平的热爱已经深深融入自己的血脉之中。中国的和平发展道路是立足于中国自身基本国情的长期战略选择,是基于对国际形势的冷静分析和科学判断作出的理性选择。无论国际风云如何变幻,中国都将高举和平、发展、合作的旗帜,坚持独立自主的和平外交政策,坚定不移地走和平发展道路,既通过维护和平发展自己,又通过自身的发展促进世界和平。事实已经并将继续证明,中国永远是维护世界和平、促进共同发展的坚定力量。

——中国将坚定不移地推进全球共同繁荣。中国作为国际社会负责任的一员,始终致力于推动世界共同繁荣。近年来,中国对世界经济增长的贡献率超过10%。在应对国际金融危机过程中,中国对世界经济复苏作出了重要贡献。包括新西兰在内的许多国家都曾表示,对华经贸关系特别是对华出口的强劲增长是相关国家成功走出经济衰退的主要动力,中国的发展符合各国的根本利益。中国的发展进步离不开世界,世界的繁荣稳定也离不开中国。中国越发展,给世界各国提供的机遇就越多,对全球发展的贡献就越大。中国将继续寻求和扩大同世界各国的利益交汇点,与国际社会加强合作,共同应对风险挑战,共同分享发展机遇,推动世界持久和平与共同繁荣。

女士们、先生们!

当今世界正处在大发展大变革大调整时期。中国和新西兰同为亚太地区重要国家,都是联合国、东亚峰会、亚太经合组织等重要国际、地区机制成员。在新形势下,加强中新全面合作关系,符合两国人民共同利益,有利于促进两国自身发展,有利于维护亚太地区乃至世界的和平、稳定与繁荣。前不久,新西兰政府结合本国国情和中国"十二五"规划,发布了首份《中国战略报告》,实现了两国经济社会发展战略的对接。在中新建交40周年之际,我们愿与新方一道,抓住机遇,同心协力,将中新各领域业已存在的良好合作关系提升到一个新水平,为两国人民带来更多福祉。为此,我愿就进一步深化中新全面合作关系提出四点建议。

第一,保持高层交往,增进政治互信。我们愿与新方继续保持高层密切往来,充分利用双方各领域交流与磋商机制,及时就发展两国关系及其他共同关心的重要问题保持沟通,加强对彼此发展方向和道路的理解和认知,尊重、照顾彼此核心利益和重大关切,妥善处理分歧,牢牢把握两国关系发展的正确方向。

第二,发挥互补优势,扩大务实合作。两国应着眼于经济结构互补性强的特点,立足于两国经济社会发展战略的契合点,在深化农、林、牧业传统领域合作的同时,积极拓展在食品安全、清洁能源、基础设施建设等领域合作,为中新关系发展不断增添新的动力。应充分利用双边自贸协定和本币互换协议等合作文件,鼓励和支持资质好、有经验、具备比较优势的本国企业到对方国家投资兴业。同时,双方应共同反对保护主义,努力为对方投资企业创造公平竞争的环境。此访期间,两国有关部门和企业签署了经贸、化工等领域的合作文件。相信这些新的合作项目将进一步丰富两国务实合作内涵。

第三,深化人文交流,巩固民意基础。双方应结合建交40周年庆祝活动,充分利用友城交往、孔子学院等平台,鼓励两国学术机构、媒体、社会团体、地方和青年之间的交往,加强在教育、文化、科技、旅游、新闻等领域合作,掀起两国人文交流的新高潮。中国的中央电视台即将在新西兰设立首个记者站。两国相关政府部门正积极商签电视合拍协议。上述合作必将进一步促进两国人民的相互了解。

第四,加强沟通协调,维护共同利益。双方应加强在重要多边机制中以及重大国际地区热点问题上的沟通协调,加强在应对气候变化、应对国际金融危机、推进区域发展、打击跨国犯罪和防灾减灾等领域的合作,共同化解各种挑战,为推动建设和谐亚太、促进世界持久和平与共同繁荣作出新贡献。

新西兰是南太平洋地区的重要国家。中新在维护地区稳定与发展方面拥有共同利益。中方尊重新西兰在南太平洋地区的传统重要影响,赞赏新方在促进地区经济社会发展方面发挥的建设性作用,愿继续与新方加强协调与合作,共同维护南太平洋地区的稳定和发展。

女士们、先生们!

中国有句名言,"古交如真金,百炼色不回"。中新友谊和合作经历了时间和国际风云变幻的考验,也必将迎来更加美好的未来。让我们携起手来,顺应时代发展的潮流,精诚合作、继往开来,不断为中新传统友谊注入新的活力,推动中新全面合作关系取得新的更大发展!

谢谢大家。

国务院副总理李克强在北京出席全国深化医药卫生体制改革工作会议并讲话

李克强指出,医改是一个世界性难题,没有现成模式可循,已取得的成效坚定了我们的信心,但下一步任务仍然艰巨,医改已进入"深水区",如逆水行舟、不进则退。进一步深化医改，是全面建设小康社会的紧迫任务，是把转方式贯穿于经济社会发展全过程和各领域的重要内容，是关系人人的重大民生和发展工程。3年来的实践充分表明，医改不仅可以增进十几亿中国人的健康福祉，解除后顾之忧，而且有利于激发内需活力，创造更大消费空间，增强经济发展的持续动力。要充分认识深化医改的重要性、紧迫性和复杂性，奋力打好这场攻坚战和持久战。

李克强强调，“十二五”时期，深化医改要坚持把基本医疗卫生制度作为公共产品向全民提供的基本理念，坚持保基本、强基层、建机制的基本原则，坚持统筹安排、突出重点、循序推进的基本路径。抓住医保、医药、医疗3个重点环节，实行“三轮驱动”，取得新的更大进展。

李克强说，在医保方面，要加快健全全民医保体系。这也是世界上许多国家医改的主要内容。要稳定扩大基本医保覆盖面，提高医保补助标准和住院费用报销比例。在全国范围内推行医疗支付方式改革，加快推进基本医保和医疗救助即时结算。探索建立重特大疾病保障机制，积极发展商业健康保险，逐步建立、健全中国特色的全民医保体系。

李克强说，在医药方面，要稳步推进基本药物制度和基层医疗卫生机构运行机制建设。这是改革的关键一环，涉及多方面利益调整。要通过完善基本药物采购制度、规范药品生产流通秩序，把药价降下来，把质量保障好。推动基本药物制度拓展延伸到村和非政府办基层医疗卫生机构，鼓励公立医院优先使用基本药物，使更多群众从中受惠。

李克强说，在医疗方面，要积极推进公立医院改革、鼓励多元办医。这是保障群众基本医疗需求和适应多样化需求的有效途径。要按照“四分开”的要求，以县级公立医院改革试点为重点，做好逐步破除以药补医、创新体制机制、推行便民惠民改革举措3篇大文章，探索走出公立医院改革的路子。认真落实好鼓励和引导社会资本办医的政策措施，在织牢基本医疗网的基础上，推动非基本医疗服务产业加快发展，逐步成长为国民经济的支柱产业，并带动大量就业。李克强指出，在抓好上述3个重点环节的同时，还要统筹推进基层医疗服务能力建设、提升公共服务水平、建立医疗卫生和医保信息系统、抓好人才培养等配套改革。

李克强强调，深入推进“十二五”时期医改工作，任务重，责任大。各级政府要加强组织领导，做好周密安排，落实各项责任。进一步增加资金投入，中央、省级财政要加大对困难地区的专项转移支付力度，把钱花在有用有效的地方和制度建设上，促进形成合理、可持续的投入和医疗运行机制。有关部门要加强统筹协调，密切合作，增强改革合力。各地要因地制宜，大胆探索，创造新的经验。

李克强指出，进一步深化医改，要充分调动广大医务人员的积极性、主动性和创造性，发挥他们作为改革主力军的作用。医务人员要珍惜职业价值，提升医德医术，更好为患者服务。同时，要在全社会倡导尊医重卫，优化医务人员执业环境，完善医疗纠纷处理机制，多方共同努力，构建和谐医患关系。

各省、自治区、直辖市、计划单列市、副省级省会城市政府和新疆生产建设兵团负责人，国务院医改领导小组成员单位和有关部门的负责人出席会议。

国务委员马凯出席全国集中开展安全生产领域“打非治违”专项行动电视电话会议并讲话

马凯指出，近年来，在党中央、国务院的正确领导下，各地区、各有关部门和单位全面加强安全生产，全国安全生产继续保持了总体稳定、持续好转的发展态势。同时要看到，安全生产形势依然严峻，特别是非法违法、违规违章行为仍然是发生安全事故尤其是重特大事故的重要原因。2011年，全国因非法违法行为造成的较大以上事故起数和死亡人数比例为41.5%和46.0%，非法违法重特大事故起数和死亡人数比例达61.1%和65.0%；今年一季度，非法违法较大以上事故起数和死亡人数比例上升到46.5%和49.0%。各地区、各有关部门和单位要以对人民群众生命财产高度负责的态度，以煤矿、非煤矿山、道路和水上交通、建筑施工、消防、危险化学品、烟花爆竹、民用爆炸物品、冶金9个行业领域为重点，全面组织开展“打非治违”专项行动，务求取得实效。

马凯强调，开展“打非治违”专项行动要完成两项任务。一是要严厉打击非法违法生产经营建设行为，对于无资质、无证照或证照不全，不具备安全生产条件，存在重大安全隐患、严重危及人民群众生命安全，以及拒不执行安全监管监察指令、抗拒安全执法等行为，要立即责令停产整顿或依法取缔关闭。经过这次专项行动，首先要做到重点治理领域不允许再存在无照无证或证照不全仍在运行的非法生产经营建设的现象，不留死角；新设立企业，必须严格安全生产的市场准入条件，依法设立。专项行动后，依然存在非法生产经营的，要从严追究当事人、监管部门和有关领导的责任。二是坚决治理纠正违规违章行为，对于安全生产制度不健全，作业规程不完善，违章操作、违章指挥、违反劳动纪律，以及隐患排查治理不到位、安全设施配备不规范等行为，要责令限期改正，并加强跟踪督查，严防事故发生。要坚持依法依规、统筹兼顾、标本兼治，突出重点行业、重点地区、重点企业和重点问题，努力实现事故总量进一步下降、防范重特大事故能力进一步增强、安全生产法治秩序进一步改善的目标。

马凯要求，各地区、各部门要切实加强对“打非治违”工作的组织领导，成立由政府负责同志牵头的专项行动领导小组，严格落实地方政府特别是县乡政府的责任。要建立、健全联合执法机制，强化部门协调配合，着力推进源头治理，加强宣传和舆论引导，不断把“打非治违”专项行动推向深入。

马凯还对全面做好当前安全生产工作提出了明确要求。他强调，要将专项行动与安全生产日常工作相结合，既要突出重点，又要兼顾其他，吸取近年来汛期发生重特大事故的教训，坚持一手抓预防，一手抓应急，继续扎实推进“安全生产年”活动，全面加强安全生产各项工作。

安全监管总局局长骆琳就专项行动方案作了说明，公安部、交通运输部、国土资源部负责同志就相关行业领域的“打非治违”工作作了发言。

中共中央政治局常委李长春在伦敦与英国首相卡梅伦举行会谈

李长春说，当前我们两国都在实施新的五年发展规划，中英关系面临着难得的发展机遇。为进一步加强中英关系，李长春提出四点建议：一是坚持从战略高度和长远角度把握两国关系大方向，不断增进政治互信；二是继续推动开展互利共赢的经贸合作，夯实两国关系的经济基础；三是以伦敦国际书展、奥运会、“艺述英国”等活动为重要契机，进一步拓展人文交流的广度和深度，为双边关系的健康长远发展固本培元；四是在国际问题上保持密切沟通与协调，推动建立更加合理有效的国际治理机制，共同促进世界和平发展。

李长春强调，党际关系是中英全面战略伙伴关系的重要组成部分，中国共产党愿继续加强同包括保守党在内的英主流政党的交流与合作，以促进国家关系的发展。

卡梅伦说，英方高度重视发展对华关系，愿进一步加强两国高层交流，欢迎更多中国领导人访英。在当前形势下，加强两国经贸合作尤为重要，欢迎更多中国企业到英国投资兴业，充分发挥两国经济互补性强的优势，全力推动两国经贸合作取得积极成果。卡梅伦赞赏中国通过扩大内需拉动经济增长的政策，支持欧盟扩大同中国的经贸关系。

卡梅伦表示，英方重视两国政党交往，愿与中方配合，继续加强两国政党在各领域的友好交往。

双方还就共同关心的国际和地区问题广泛深入交换了意见。

中共中央政治局常委李长春在伦敦会见英国48家集团俱乐部主席斯蒂芬·佩里及“青年破冰者”代表

国家副主席习近平在人民大会堂会见突尼斯外交部部长阿卜杜赛拉姆

习近平指出，去年突尼斯发生了历史性变革，中方尊重突尼斯人民的意愿和选择。相信在突尼斯政府和人民的共同努力下，突尼斯将在国家建设的道路上不断取得新的成就。

习近平说，中突建交48年以来，两国一直相互理解，真诚合作。当前，两国关系迎来新的发展机遇，中方愿与突方共同努力，推进各领域务实合作，不断提升两国友好合作关系水平，造福两国和两国人民。

阿卜杜赛拉姆完全赞同习近平对双边关系的积极评价，表示突中传统友谊深厚，突方高度重视发展突中友好关系，感谢中方给予突尼斯人民的支持，愿与中方一道，推动新时期两国各领域互利合作向前发展。

双方还就西亚北非地区形势交换了意见。

国务委员刘延东在布鲁塞尔与比利时首相迪吕波举行会谈

刘延东表示，中比关系近年来发展顺利，双方高层和各级别交往频繁，经贸合作增长强劲，各领域合作成果丰硕，在地区和国际事务中保持良好沟通与协调。中比关系取得成就，有两点经验非常重要：一是相互尊重，平等相待；二是务实创新，互利共赢。中方重视中比友好合作关系，愿同比方一道，继续巩固政治互信，尊重和照顾彼此核心利益和重大关切，不断探索新的合作方式，实现互利共赢。

刘延东说，中比人文合作方兴未艾，在科技、教育、文化、传媒、体育等领域的合作成果喜人。比利时是欧盟创始成员国和欧盟总部所在地，可以在中欧人文交流中发挥独特作用。希望比利时不仅成为中国企业赴欧投资兴业的门户，也成为中欧人文交流的桥头堡。

迪吕波说，中国经济社会发展取得的巨大成就令人钦佩，中国的国际地位举足轻重。比方十分重视发展对华关系，赞赏中方为世界经济再平衡发挥的重要积极作用。比方愿与中方一道，进一步深化人文经贸等领域的全方位合作，并为推动欧盟整体对华关系作出积极贡献。

中组部部长李源潮在北京生命科学研究所调研

北京生命所成立7年来，积极试行与国际接轨的科研管理运行机制，吸引和凝聚海外留学高层次人才，目前已建立27个实验室，主任多是从海外回来的年轻科学家。累计在国内外核心期刊发表创新性研究成果

180多篇，其中在《自然》《科学》《细胞》发表的有23篇。2012年有4位科研人员获美国霍华德·休斯医学研究所“国际青年科学家奖”。座谈会上，从美国全职回国工作的生命所所长王晓东博士表示，生命所要做世界上最好的科学，有最好的创意，敢啃硬骨头，用一流的科研成果回馈社会、造福人民。

李源潮参观了4个实验室，详细了解科研工作情况，认真听取科学家们的意见。他说，生命所的建设和发展是解放思想、创新机制的成功实践，为深化我国科研与人才体制机制改革、加强基础科学研究探索了一条新路。希望生命所进一步完善科研机制，大力引进海外留学人才特别是拔尖青年人才，多出一流成果，多出优秀人才，努力攀登生命科学研究高峰，成为世界一流的科研机构。

李源潮指出，要根据基础科学研究与科技研发的不同特点，创新科研和人才体制机制。要学习借鉴国际先进经验，创建以科学家为本的基础科学研究管理体制，探索实行所长负责、科学家自主研究的运行机制，最大限度地调动科学家的创新积极性。要充分发挥中心城市的作用，不拘一格引进和用好国内外拔尖科研人才。党委、政府及组织部门要当好“后勤部长”，为科研人才心无旁骛搞科研创造条件。

最高人民法院发布2011年中国法院知识产权司法保护十大案件

这十大案件包括：淘宝网商标侵权纠纷案、“拉菲”商标纠纷案、“大运”与“江淮”汽车商标纠纷案、空调器“舒睡模式”专利侵权纠纷案、百度MP3搜索著作权纠纷案、“3Q”之争引发的不正当竞争纠纷案、“开心网”不正当竞争纠纷案、“卡斯特”商标3年不使用撤销行政纠纷案、“抗β-内酰胺酶抗菌素复合物”发明专利无效案、鞠文明等非法复制发行计算机软件侵犯著作权罪案等。

4月18日

国家主席胡锦涛在人民大会堂会见泰国总理英拉

胡锦涛表示，中泰双方要以两国建立全面战略合作伙伴关系为契机，加强各层次友好交往，不断增进政治互信和睦邻友好。双方要以中泰第二份战略性合作共同行动计划和经贸合作五年发展规划为指导，进一步扩大双边贸易和双向投资，为提前实现双边贸易新目标共同努力。双方要继续推进防务安全执法合作，共同打击恐怖主义、跨国犯罪，营造有利于各自和地区国家发展的良好环境。双方要拓展人文交流的广度和深度，让中泰传统友谊不断焕发出新活力。双方要加强国际和地区事务合作，共同促进世界和平与发展。中方愿深化中国同东盟政治互信和互利合作，推动中国—东盟合作和东亚合作不断取得新进展。

英拉说，中国长期以来给予泰国宝贵支持和合作，去年泰国遭受水灾，中国及时提供了援助，泰方深表感谢。我此次访华，同中国领导人就提升泰中关系达成重要共识，双方签署第二份战略性合作共同行动计划，为今后两国合作提供了明确指南。泰方积极致力于推动泰中全面战略合作伙伴关系不断发展，愿同中方加强高层和党际交往，拓展经贸、投资、环保、能源等领域合作，扩大旅游、教育、人文交流。泰方高度重视和赞赏中国在亚洲发挥的重要作用，愿为推动东盟—中国友好合作关系发展作出更大贡献，共同促进地区和平、稳定和发展。

全国人大常委会委员长吴邦国在人民大会堂会见泰国总理英拉

国务院总理温家宝在北京主持召开国务院常务会议

会议研究部署今年政府信息公开重点工作，讨论通过《节能与新能源汽车产业发展规划(2012—2020年)》，审议并原则通过《女职工劳动保护特别规定(草案)》。

会议指出，自2008年5月《政府信息公开条例》施行以来，政府信息公开工作取得显著进展，财政预决算、“三公”经费支出等信息公开迈出较大步伐。实践表明，这项工作对于保障人民群众的知情权、参与权和监督权，加强法治政府建设和防治腐败，推进社会主义民主，具有重要意义。

会议要求坚持把政务公开作为政府施政的基本准则，继续规范和深化政府信息公开工作，加快公开步伐，扩大公开范围，细化公开内容，提高公开的质量和实效。今年要重点推进以下几方面的政府信息公开：(一)推进财政预决算、“三公”经费和行政经费公开。报送全国人大审查部门预算的国务院部门和单位，要公开财政部批复的全部预算表格并细化到款级科目，有关教育、医疗卫生、社会保障和就业、农林水事务、住房保障支出等要细化到项级科目。中央部门要细化“三公”经费的解释说明，公开车辆购置及保有量、因公出国(境)团组数及人数、公务接待有关情况，公开行政经费支出情况。省级政府要在两年内全面公开“三公”经费，并推进公开部门预决算。(二)推进保障性住房信息公开。公布年度保障性安居工程建设计划、项目开工和竣工情况，以及项目名称、地址和建设套数等，全面公开分配的政策、程序、房源、对象、过程和退出情况等。(三)推进食品安全信息公开。依法公开食品生产经营许可、专项检查整治、违法生产经营行为查处等日常监管信息。强化食品安全标准公开,拓宽公众参与标准起草的渠道。(四)推进环境保护信息公开。推进建设项目环评等信息的主动公开,加大超标污染物监测信息公开力度,及时公布重特大突发环境事件处理情况。(五)推进招投标信息公开。全面公开招投标违法违规行为、企业名单及处理情况。国有资金占控股或主导地位依法应招标的项目,要准确公开招投标信息、投标单位及从业人员信用信息等。(六)推进生产安全事故信息公开。及时准确发布事故应对、处置、调查处理信息,主动公开事故调查报告。(七)推进征地拆迁信息公开。严格履行公告、告知、论证和听取意见等程序,全面公布补偿方案、补偿标准和补偿结果等各环节信息。(八)推进价格和收费信息公开。政府指导价、政府定价和收费标准调整时,要公开原因、标准和执行期限。行政事业性收费要及时公开收费的依据、项目、范围和标准。

会议讨论通过《节能与新能源汽车产业发展规划》。会议指出,加快培育和发展节能与新能源汽车产业,对于缓解能源和环境压力,推动汽车产业转型升级,培育新的经济增长点,具有重要意义。要以纯电驱动为汽车工业转型的主要战略取向,当前重点推进纯电动汽车和插电式混合动力汽车产业化,推广普及非插电式混合动力汽车、节能内燃机汽车,提升我国汽车产业整体技术水平。争取到2015年,纯电动汽车和插电式混合动力汽车累计产销量达到50万辆,到2020年超过500万辆;2015年当年生产的乘用车平均燃料消耗量降至每百公里6.9升,到2020年降至5.0升;新能源汽车、动力电池及关键零部件技术整体上达到国际先进水平。为此,一要实施技术创新工程。建立研发体系,突破关键核心技术,大幅提高汽车燃料经济性水平和动力电池系统安全性、可靠性、轻量化水平。二要加快推广应用和试点示范。实施鼓励购买和使用节能汽车政策,开展私人购买新能源汽车补贴试点。三要因地制宜建设慢速充电桩和公共快速充换电设施,制定动力电池回收利用管理办法,建立动力电池梯级利用和回收管理体系。四要完善标准体系和准入管理制度,加大财税金融政策支持,营造有利于产业发展的市场环境,加强科研和人才保障,积极开展国际合作。会议强调,发展节能与新能源汽车产业,要依托现有产业基础,科学规划产业布局,防止低水平盲目投资和重复建设。

会议审议并原则通过《女职工劳动保护特别规定(草案)》。草案调整了女职工禁忌从事的劳动范围,将女职工生育享受的产假由90天延长至98天,并规范了产假待遇。

国务院总理温家宝致电德国总理默克尔就解决欧债问题交换意见

温家宝指出,很高兴看到欧盟和欧盟有关国家及国际社会在应对欧债危机中作出的努力及收到的成效。事实说明,解决欧债问题,欧洲自身的努力至关重要。中国对欧洲经济和欧元稳定一直抱有信心,只要欧盟团结一致、政策得当,就一定能战胜危机,走上持续复苏的轨道。

温家宝强调,当前,国际金融危机没有结束,欧洲经济金融稳定对世界经济稳定和可持续复苏具有十分重要的影响。中方从战略和全局的高度重视欧债问题,坚定支持维护欧元和欧洲经济稳定,支持欧洲做好应做的事情,支持国际货币基金组织等主要国际金融机构发挥重要作用。

默克尔介绍了欧洲经济形势和应对欧债危机的最新进展。

国务院副总理王岐山在北京与泰国总理英拉共同出席中国—泰国企业家午餐会并分别致辞

王岐山说,中国是泰国第一大出口市场、第二大投资来源地。泰国是中国在东盟的第二大贸易伙伴,中国已成为泰国第二大旅游客源国。双边本币互换额度达到700亿元人民币,跨境贸易本币结算规模不断扩大。这些成果给两国人民带来了实实在在的利益。

王岐山表示,中泰两国经济互补性强,合作基础牢固。中泰建立全面战略合作伙伴关系,掀开了两国关系新的一页。面对当前严峻复杂的全球经济形势,中泰两国关键要把自己的事情办好。希望双方认真落实第二份战略性合作共同行动计划以及经贸合作五年发展规划,继续深化金融、旅游、农业、公路、航运等领域合作,促进两国地方交流与合作,争取提前实现2015年双边贸易额1000亿美元的目标。中方支持有实力的企业赴泰投资,参与泰国铁路、水利、基础设施、清洁能源等重点项目建设。中方愿与泰方一道,继续加强在“10＋1”、“10＋3”、东亚峰会等平台的沟通协调,为双方企业合作营造良好的环境,开创中泰经贸合作的美好明天。

英拉表示,中国经济快速发展,政治稳定、发展潜力巨大,是泰国最重要的贸易伙伴。在《中国—东盟全面经济合作框架协议》下,零关税优惠措施大大促进了双边贸易。我此访与中方就进一步发展经贸关系确定了更高目标,未来5年将实现泰中贸易每年增长20%,投资增长15%,旅游人次增长20%。泰国经济基础和金融环境良好,投资政策优惠,处于东盟中心优越的地理位置，并在大力改善水利等基础设施，因此我们有信心实现两国确定的经贸合作目标。泰国政府真诚欢迎来自中国，无论是国企还是民企、政府还是民间的投资。

国务委员刘延东与欧盟青年事务委员瓦西利乌在布鲁塞尔欧盟总部共同启动中欧高级别人文交流对话机制并主持第一次会议

刘延东说，建交37年来，中欧关系历经国际风云变幻，逐步形成了相互依存，利益交融的紧密关系。新形势下，中欧关系的长远稳定发展离不开人民的更多参与和支持。中欧人文交流将与政治互信和经贸往来相互促进，相互补充，共同构成中欧关系的三大支柱。中欧高级别人文交流对话机制的启动顺应时代发展潮流，符合双方人民的真诚愿望，是中欧关系的一个创举，将进一步充实中欧全面战略伙伴关系的内涵。

刘延东回顾了中欧在教育、语言、文化、青年交流等领域卓有成效的合作，就机制发展方向提出四点原则构想：一、着眼长远，战略谋划，使机制更加富有活力和效率；二、相互尊重，平等相待，最大限度寻求共识，培育多元共生的气度；三、以人为本，面向民众，让更多的公众汇聚到中欧友好事业中来；四、循序渐进，注重实效，突出重点，分阶段实施，逐步拓展合作领域，扩大人文交流的成效。刘延东并提出了对话机制框架下具体合作建议。

瓦西利乌表示完全赞同中方提出的机制发展原则构想。她说，人的交流是欧中关系的基本元素，为双方关系奠定了坚实基础。近年来，欧中在教育、培训、文化、科研、青年及语言多样性等方面的合作突飞猛进。人文交流对话机制拥有和高级别战略对话、经贸高层对话同等重要的地位，它的启动符合双方人民的共同期待，是欧中关系中重要而关键的一步。欧方将与中方一道，加大投入，提高效率，让这一机制不断造福于双方人民。

会后，刘延东与瓦西利乌共同签署《中欧高级别人文交流对话机制第一次会议联合宣言》，并出席了欧盟副主席兼数字化议程委员克洛斯举行的午宴。

外交部部长杨洁篪在北京与叙利亚外长穆阿利姆举行会谈

杨洁篪说，近来叙利亚政府和反对派均宣布停火，止暴已初步实现，中方对此表示欢迎。杨洁篪介绍了中方在叙利亚问题上的原则立场和所做工作，希望叙利亚政府继续履行联合国和阿盟叙危机联合特使安南"六点建议"，积极配合安南斡旋工作，切实落实停火、撤军等承诺，执行安理会日前通过的向叙利亚派遣联合国监督团先遣小组的决议，配合部署监督停火机制，并真正开启包容性政治对话和改革进程，推动叙利亚问题的公正、和平、妥善解决。与此同时，中方希望叙利亚反对派同样履行停火等承诺，执行安南"六点建议"。

最高人民法院发布《中国法院知识产权司法保护状况(2011年)》白皮书

白皮书中指出，我国知识产权案件呈现新收案件增幅较大、重大疑难复杂和新类型案件增多等特点。

白皮书中指出，目前我国知识产权案件总体呈现出以下特点：一是新收案件增幅较大。2011年，全国地方人民法院共新收知识产权民事一审案件59612件，同比增长38.86%；共新收刑事一审案件5707件，同比上升42.96%。二是重大疑难复杂和新类型案件增多。三是专利案件数量持续上升，涉及自主知识产权的专利纠纷增多，起诉外国公司和外资企业的案件开始增多。四是涉及商业标志的争议越来越多。五是版权保护已经超出传统的文化意义而更多地向经济意义拓展。六是随着市场竞争程度的日益激烈和商业行为模式的多样化，越来越多的市场竞争行为需要依法予以界定和规范。

同时，著作权案件持续大幅增长，始终占有知识产权案件总数的一半有余；网络成为版权保护的主战场；串案和关联案件较多；与网络技术开发和应用有关的版权纠纷受到业界的高度关注，加强版权保护与促进新商业模式发展的利益平衡空前重要。

第九届中国(北京)国际园林博览会吉祥物在北京发布

吉祥物方案作品"园园"运用北京市市花"月季"为设计元素，糅合了现代手法和传统的、民族的表现元素，绽放的花朵有力地表现了"绿色交响　盛世园林"的主题，时尚化、拟人化的设计活泼可爱、富有活力、充满着自信，集"健康、活泼、开放、动感、时尚、和谐"于一身。

第九届园博会吉祥物征集工作于2011年年初启动，最终有163家单位及个人参与了吉祥物设计，共收到作品226件，经过专家评审、深化设计、社会意见征求及会议审议，最终确定"园园"为吉祥物。

4月19日

全国政协主席贾庆林在斯里巴加湾市会见文莱立法会议长伊萨

贾庆林说，建交21年来，两国关系保持健康稳定发展。特别是2005年胡锦涛主席成功访文,与苏丹陛下就加强双边关系达成广泛共识,推动中文关系进入新的发展阶段。去年两国贸易额达13亿美元,顺利实现两国领导人确定的目标。双方人文交流也日益深入,去年成功举行中文建交20周年暨"中文友好年"系列庆祝活动,掀起两国民间友好新高潮。

贾庆林说,我们将继续聚精会神搞建设,一心一意谋发展。一个稳定发展、繁荣和谐的中国不会对任何国家构成威胁,只会给世界特别是本地区国家带来机遇。中国将坚持走和平发展道路,坚持"与邻为善、以邻为伴"和"睦邻、安邻、富邻"的周边外交政策,同亚洲国家和平友好相处,共同发展繁荣,做亚洲国家的好邻居、好朋友、好伙伴。

伊萨表示,贾庆林主席此访充分显示了两国关系的重要性,将为双方合作注入新的活力。文中建交虽只有21年,但两国人民的传统友谊超越千年。文莱高度重视与中国的关系,特别赞赏中国对大小国家都一视同仁的和平友好政策。近年来两国各领域合作特别是人文交流日益活跃令人鼓舞。文方高度评价中国发展给本地区及其他地区国家带来的机遇,愿与中国进一步加强交流合作,推动两国关系不断向前发展。

全国政协主席贾庆林在斯里巴加湾市出席文莱—中国友好协会举行的午宴并致辞

贾庆林指出,过去的一年,面对复杂多变的国际政治经济环境和艰巨繁重的国内改革发展任务,中国仍保持国内生产总值增长9.2%,实现了"十二五"时期良好开局。同时,中国发展中不平衡、不协调、不可持续问题仍然突出,实现既定的发展目标仍需付出长期艰苦努力。

贾庆林表示,中国在努力实现"十二五"规划目标任务的过程中,将释放出巨大的投资和消费需求。这将为包括文莱在内的东盟各国企业提供重要商机,使本地区乃至世界的经济发展从中获益。希望在座各位朋友都能积极参与到中文互利合作中来,为中文关系更加美好的明天贡献自己的力量。

文中友协会长达马鲁丁在致辞中表示,文中友协愿在现有基础上,帮助两国企业开展更多务实合作,继续为文中经贸往来和友好交往贡献力量。

全国政协主席贾庆林在斯里巴加湾市会见文莱苏丹哈桑纳尔

贾庆林并就促进中文关系发展提出4点建议:一是保持高层交往。通过高层交往就共同关心的重大问题进行沟通,促进政治互信,推动双边关系发展。二是拓展经贸合作。两国应将双边合作与各自国家发展战略紧密结合,寻求利益共同点。进一步加强能源领域合作,积极利用经贸磋商机制,充分发挥中国—东盟自贸区政策优势,推动双边贸易持续快速增长。三是密切人文交流,加强青年交往,使中文友好薪火相传。四是促进南海合作。中文都主张直接当事国通过和平协商解决南海争议。当前南海形势正在朝积极方向发展,中方愿同文方一道,落实《南海各方行为宣言》,推动中国和东盟国家的南海务实合作,将南海建设成为和平之海、友谊之海、合作之海。

哈桑纳尔说,多年来我一直同中国领导人保持紧密合作,以确保两国悠久而紧密的关系不断发展。很高兴近年来文中在经贸、能源、农业、人文等领域合作日益密切,希望这些合作能继续拓展深化。文中在南海问题上保持了密切沟通和合作,文方赞同有关声索国通过和平协商解决南海争议,共同维护地区的和平与稳定。哈桑纳尔并重申,文莱坚定奉行一个中国政策。

国务院发布《国务院关于进一步支持小型微型企业健康发展的意见》

意见指出,当前小型微型企业经营压力大、成本上升、融资困难和税费偏重等问题仍很突出,必须引起高度重视。意见要求,各地区、各部门要结合实际,研究制定本意见的具体贯彻落实办法,加大对小型微型企业的扶持力度:

——进一步加大对小型微型企业的财税支持力度。提高增值税和营业税起征点;将小型微利企业减半征收企业所得税政策,延长到2015年年底并扩大范围;自2011年11月1日至2014年10月31日,对金融机构与小型微型企业签订的借款合同免征印花税,将金融企业涉农贷款和中小企业贷款损失准备金税前扣除政策延长至2013年年底,将符合条件的农村金融机构金融保险收入减按3%的税率征收营业税的政策延长至2015年年底。

——完善财政资金支持政策。充分发挥现有中小企业专项资金的支持引导作用,2012年将资金总规模由128.7亿元扩大至141.7亿元,以后逐年增加。依法设立国家中小企业发展基金。中央财政安排资金150亿元,分5年到位,2012年安排30亿元。基金主要用于引导地方、创业投资机构及其他社会资金支持处于初创期的小型微型企业等。

——政府采购支持小型微型企业发展。应当安排不低于年度政府采购项目预算总额18%的份额专门面向小型微型企业采购。在政府采购评审中,对小型微型企业产品可视不同行业情况给予6%—10%的价格扣除。

——继续减免部分涉企收费并清理取消各种不合规收费。自2012年1月1日至2014年12月31日三年内对小型微型企业免征部分管理类、登记类和证照类行政事业性收费。

——努力缓解小微企业融资难。银行业金融机构对小型微型企业贷款的增速不低于全部贷款平均增速，增量高于上年同期水平，对达到要求的小金融机构继续执行较低存款准备金率。

——加快发展小金融机构。在加强监管和防范风险的前提下，适当放宽民间资本、外资、国际组织资金参股设立小金融机构的条件。

——规范对小型微型企业的融资服务。除银团贷款外，禁止金融机构对小型微型企业贷款收取承诺费、资金管理费。开展商业银行服务收费检查。严格限制金融机构向小型微型企业收取财务顾问费、咨询费等费用，清理纠正金融服务不合理收费。

——切实拓宽民间投资领域。要尽快出台贯彻落实国家有关鼓励和引导民间投资健康发展政策的实施细则，促进民间投资便利化、规范化，鼓励和引导小型微型企业进入教育、社会福利、科技、文化、旅游、体育、商贸流通等领域。各类政府性资金要对包括民间投资在内的各类投资主体同等对待。

——加强对小型微型企业的公共服务。到2015年，支持建立和完善4000个为小型微型企业服务的公共服务平台，重点培育认定500个国家中小企业公共服务示范平台，发挥示范带动作用。

国办印发《"十二五"全国城镇生活垃圾无害化处理设施建设规划》

中共中央政治局常委李长春在渥太华与加拿大总督约翰斯顿举行会谈

李长春说，中加友谊源远流长，白求恩大夫的事迹在中国家喻户晓。近年来，中加人文领域的交流合作不断深化，形式和内容不断丰富，举办了一系列文化合作项目，加拿大汉语热也不断升温，增进了两国人民之间的相互了解和友谊。希望两国文化教育部门继续加强对话与合作，在巩固现有成果的基础上将双边人文合作推上新台阶。

约翰斯顿说，这是我就任总督后第一次会见中国高级代表团，我曾经访华十多次，对中国抱有深厚情谊。加中人民之间的友好交流也日益增强，白求恩已经成为加中传统友谊的一个象征和代表，发展加中关系有着深厚的民意基础。当前，加中两国领导人保持密切交往，在经贸、人文等领域务实合作成果日益丰富，加中关系正处于一个顺利发展的好时期。约翰斯顿表示，愿继续加强双方各领域的友好合作，共同把加中关系提升到一个新水平。

中共中央政治局常委李长春在渥太华与加拿大总理哈珀举行会谈

李长春说，今年是中国实施"十二五"规划承上启下的重要一年，加政府也在积极推进贸易多元化和"亚太门户计划"战略，这为两国关系发展带来重要机遇。中方愿与加方共同努力，继续深化各领域的交流与合作。一是继续增进政治互信，保持两国领导人经常性接触，扩大政党、政府等领域的交流对话；二是深化经贸合作，力争提前实现2015年双边贸易额翻番的目标；三是加强人文交流，继续推进文化、教育、媒体合作，尽早实现5年内双向留学生达到10万人的目标；四是加强国际合作，促进在联合国等多边机制中的协调，共同致力于维护亚太和世界的和平、稳定与发展。

哈珀表示，进一步加强高层交往对两国关系发展具有战略意义。当前，加中关系已成为世界上最重要的双边关系之一，各领域合作潜力巨大。加方重视中国的国际地位和世界影响，愿与中方一道，继续保持高层交往，进一步拓展双方在政治、能源、资源、文化、教育等领域的合作，不断深化在气候变化等全球性议题上的合作，加强在二十国集团等多边机制中的协调，共同推动两国战略伙伴关系向前发展。

国家副主席习近平在人民大会堂会见韩国全国市道知事协议会会长全罗南道知事朴晙莹

中华人民共和国和泰王国关于建立全面战略合作伙伴关系的联合声明

应中华人民共和国国务院总理温家宝邀请，泰王国总理英拉·钦那瓦于2012年4月17日至19日率团对中华人民共和国进行正式访问。

访问期间，中华人民共和国主席胡锦涛、全国人大常委会委员长吴邦国分别会见英拉总理。温家宝总理同英拉总理举行会谈。中华人民共和国副主席习近平会见英拉总理。国务院副总理王岐山同英拉总理共同出席中泰企业家午餐会。双方就双边关系以及共同关心的地区和国际问题深入交换意见。会见、会谈气氛坦诚，富有建设性，成果丰硕。英拉总理对中国政府和人民的盛情款待表示感谢。

中国领导人高度赞赏普密蓬国王陛下、诗丽吉王后陛下以及其他王室成员长期以来对中泰友好关系的关心和支持，请英拉总理转达对国王和王后陛下的诚挚问候和良好祝愿。泰方对此表示感谢。

双方一致认为，此访进一步推动并提升了中泰战

略性合作关系。会见、会谈结束后,双方达成以下共识:

一、双方重申继续推动两国关系深入发展的政治意愿,将根据双方1999年2月5日在曼谷签署的《中华人民共和国与泰王国关于二十一世纪合作计划的联合声明》、2001年8月29日发表的中泰关于战略性合作的联合公报以及此访期间于2012年4月17日签署的《中泰战略性合作共同行动计划(2012—2016)》,进一步推动落实各领域合作。

二、长期以来,建立在悠久历史文化紧密联系基础上的两国关系保持旺盛活力,合作成果丰硕,双方对此表示满意。双方一直为两国人民的福祉、两国的繁荣以及本地区的和平、稳定与发展等共同目标而坚持不懈地努力。

三、双方重申,两国的和平、稳定、繁荣与发展紧密相连,也与地区乃至全球变化中的地缘政治、地缘经济架构密切相关。双方认为,当前形势为两国进一步扩大合作带来了巨大发展潜力和机遇。为此,双方决定建立中泰全面战略合作伙伴关系。

四、双方重申,两国伙伴关系将继续以和平共处五项原则这一世界公认的国际法原则为指导,秉持友好和善意的精神。泰方继续坚持一个中国政策,承认中华人民共和国政府是代表全中国的唯一合法政府,承认台湾是中国领土不可分割的一部分,支持两岸关系和平发展。

五、双方认为,应进一步巩固并加强中泰副总理级经贸联委会、两国外交磋商、两国国防部年度防务安全磋商和中泰科技联委会等现有双边合作机制以及中国云南省、广东省和福建省厦门市同泰国建立的合作工作组的作用,支持两国更多省市缔结友好关系,不断推进双方全面战略合作伙伴关系,扩大两国共同利益,实现两国人民根本利益。

六、双方强调加强行政、立法、司法和政党等各领域、各层级互访交流的重要性。两国政府各部门应加强交流,增进相互理解和政治互信,推动双方合作取得更大更全面的发展。

七、双方对2011年12月22日在泰国曼谷签署《中华人民共和国政府和泰王国政府关于可持续发展合作谅解备忘录》表示欢迎,该备忘录包含的发展高速铁路和其他铁路系统、综合水资源管理体系、经济的清洁可再生替代能源和能效研发、教育和人力资源发展等方面合作,体现了两国间全面战略合作伙伴关系的内涵。

八、双方同意采取以下适当和必要的措施,共同推动两国全面战略合作伙伴关系不断发展:

(一)推动在传统和非传统安全领域的更广泛合作,打击恐怖主义、贩毒、贩卖人口、非法移民、电信诈骗和网络犯罪,加强湄公河执法安全合作。

(二)促进双边贸易便利化,争取到2015年实现双边贸易额1000亿美元目标。稳步推进在互利领域的双向投资。双方将继续推动使用本国货币用于贸易和投资结算,减少汇率风险对两国经贸合作的影响。

(三)积极推动陆路和水路交通合作,特别是湄公河航运和高速铁路建设合作,推进地区互联互通建设,包括东盟与外部的互联互通。双方同意利用好包括昆明至曼谷公路、南宁至莫拉限公路和南宁至纳空帕依公路等现有连接中泰的陆路交通网络。

(四)推进两国旅游合作,提高旅游产品质量,推动环境友好型旅游产业发展。大力鼓励民间交往,夯实双边关系未来发展的根本和基础。

(五)在对方国家推广本国语言文化并设立文化中心,为在泰国的孔子学院和孔子课堂以及在中国的泰语角和泰语研究提供支持。在两国教育合作协议和相互承认高等教育学历和学位的协定框架下,加强双方学生交流以及在教育机构、汉语教学方面的合作,鼓励青年志愿者加强交流。

(六)加强农业、科技、海洋和环境领域合作,扩大双边农产品贸易,加强农业科技合作。进一步加强太阳能、风能和生物质能等清洁能源和能效领域的交流与合作。共同推动中泰气候与海洋生态联合实验室的建立和发展。

(七)加强在水资源管理、洪涝等灾害的防灾减灾以及灾后重建等领域的交流与合作。

(八)拓展卫生、体育领域合作,促进双方在医学研究、医药生产、传染病防控、应对突发公共卫生事件等方面的合作。

(九)中方重申支持东盟在区域合作进程中继续发挥主导作用,支持东盟为地区和平、稳定和繁荣作出更大贡献。泰国作为下一任中国—东盟关系协调国,将与中方密切合作,共同推动中国—东盟战略伙伴关系向前发展。泰国作为中国—东盟自贸区东盟方主席,将继续与中方密切合作,以实现本地区共同利益。双方将继续加强协调配合,在中国—东盟、东盟与中日韩(10+3)等机制框架下不断深化现有合作,推动东亚一体化进程。双方重申东亚峰会应坚持“领导人引领”的战略论坛性质,促进共识,循序渐进,照顾各方舒适度,重点关注共同关心的地区和国际问题。

(十)中方重申支持泰方关于发展“10+3”互联互通伙伴关系的倡议,愿同泰方密切配合,推动倡议落实。

(十一)双方积极评价2011年7月中国与东盟国家就落实《南海各方行为宣言》指针达成一致,并启动

《宣言》框架下的合作。鼓励各方以《宣言》签署十周年为契机，抓住当前难得机遇，全面落实《宣言》，推进南海合作，使南海真正成为和平之海、友谊之海、合作之海。

（十二）继续推进大湄公河次区域经济合作，支持落实2011年12月通过的《大湄公河次区域经济合作新十年战略框架（2012—2022）》，为消除地区贫困、促进经济社会发展作出更大贡献。

（十三）进一步加强在联合国、世界贸易组织、亚太经合组织、亚欧会议、亚洲合作对话等其他国际和地区机制中的协调与配合。

九、泰方对中国政府和人民在2011年泰国发生特大洪灾期间给予泰方的资金和物资援助深表感谢。

2012年4月19日于北京

国务委员刘延东在布鲁塞尔与欧洲理事会主席范龙佩举行会谈

国防部部长梁光烈在云南昆明出席成都军区民兵工作会议并讲话

梁光烈强调，加强新时期民兵工作，必须立足平时、着眼战时，大力提高民兵建设的质量效益。要以军事斗争准备需求为牵引，优化队伍结构，调整编组方式，加强装备保障和军事训练，着力提高民兵科技参战支前能力。要针对西南地区灾害事故多、应急救援任务重的特点，突出新型应急队伍建设，努力改善应急装备器材，强化针对性训练和联演联训，不断提升民兵应急救援专业水平。要适应西南地区维稳处突的要求，加强民兵教育管理，引导他们做好群众工作，充分发挥其在巩固基层政权、维护一方平安中的独特作用。要坚持政府主导、多方参与，进一步完善保障机制，切实搞好民兵建设的综合保障。

梁光烈指出，贯彻全国民兵工作会议精神，关键要以更有力的领导、更有效的举措、更务实的作风抓落实。要坚持军地齐抓共管，认真落实双重领导制度，各司其职，密切配合，形成一同筹划部署、一同检查督导、一同抓好落实的工作格局。要加强统筹指导，科学制定规划计划，确保建设任务逐级逐项落实。要重视抓好对基层人武部的指导帮带，抓好专武干部选拔配备和素质培养，加大基础建设投入，不断提升基层人武部建设水平。

全国人大常委会副委员长王兆国 中宣部部长刘云山在北京展览馆参观共青团新媒体和文化成果交流展览会

王兆国、刘云山对共青团新媒体和文化成果交流展览会给予充分肯定，指出互联网、手机等新媒体迅猛发展和广泛普及，给经济社会带来深刻影响，成为人们特别是广大青年学习、工作、生活的重要交流渠道。共青团积极运用新媒体和文化载体开展工作，是贯彻落实党的十七届六中全会精神的重要举措，是深入推进社会主义核心价值体系建设的有益探索。今年是中国共青团成立90周年，希望各级共青团组织按照胡锦涛总书记提出的“两个全体青年”的目标要求，紧跟时代发展步伐，创新工作途径方式，积极适应青年学习知识、接受信息渠道的新变化，适应青年精神文化生活的新期待，大力推进富有时代特色、符合青年需求的新媒体建设。要坚持以文化人、以文育人，创作更多青年喜闻乐见的优秀文化产品，打造传播社会主义核心价值体系的新载体新平台，进一步提高团组织的吸引力、凝聚力、影响力，使团的工作和团的活动更好地贴近青年、融入青年、服务青年。

国家海洋局公布《全国海岛保护规划》

这是我国第一次针对海岛出台规划，对我国海岛经济发展、探索海岛发展新模式具有重要意义。

据《全国海岛保护规划》的最新统计数据显示，我国拥有面积大于500平方米的海岛7300多个，海岛陆域总面积近8万平方千米，海岛岸线总长14000多千米。其中距离大陆岸线10公里之内的海岛数量占总数的70%。

此次《全国海岛保护规划》的期限为2011—2020年，展望到2030年。提出了到2020年实现“海岛生态保护显著加强、海岛开发秩序逐步规范、海岛人居环境明显改善、特殊用途海岛保护力度增强”的规划目标。

两岸文化创意产业展在台北开幕

卫生部 保监会 财政部和国务院医改办联合印发《关于商业保险机构参与新型农村合作医疗经办服务的指导意见》

全国妇联主席陈至立在北京出席妇女儿童工作领导（协调）小组联席会议并讲话

陈至立充分肯定2011年各领导（协调）小组开展的工作及取得的显著成效，高度评价各部门对妇女儿童工作的重视和大力支持。她说，各部门切实把促进妇女发展、维护妇女儿童合法权益等事项提上议事日程，进一步完善协调机制，普遍加大政策、资金、项目扶持力度，多项工作实现创新突破。

陈至立强调，今年是实施“十二五”规划承上启下的重要一年，是党的十八大召开之年。她要求各成员单位要在党和国家事业全局中谋划和推进妇女儿童工作，把做好妇女儿童工作领导(协调)小组的各项工作与落实好两会精神结合起来，与贯彻落实第五次全国妇女儿童工作会议精神结合起来，努力在国家发展的大战略中深化活动、打造品牌、促进发展。

陈至立要求，各领导(协调)小组要不断创新活动的内容和形式，拓展活动范围，强化活动成效，使活动真正成为服务大局、服务基层、服务妇女群众的重要载体。要深入研究经济社会转型过程中妇女儿童面临的新情况、新问题，把服务妇女儿童的好事办好、实事做实，确保广大妇女得实惠、普受惠、长受惠。她希望各部门从实际出发，总结经验、强化合作，构筑推进妇女儿童工作的长效机制，使妇女儿童工作焕发新的活力，实现新的发展。

贾亦斌逝世

著名的爱国民主人士，中国国民党革命委员会的杰出领导人，中国共产党的优秀党员，中国人民政治协商会议第二、三、四、九届全国委员会委员，第五、六、七、八届全国委员会常务委员，第四届全国人大代表，中国国民党革命委员会第五、六、七届中央委员会副主席，第八、九、十、十一届中央委员会名誉副主席贾亦斌同志，因病于 2012 年 4 月 19 日在北京逝世，享年 100 岁。

贾亦斌，原名贾再恒，字思齐，1912 年 11 月出生于湖北省阳新县。1932 年入南京陆军步兵学校学习，抗日战争期间多次参与正面战场对日作战。1943 年任国民政府军事委员会少将参议，同年入陆军大学特别班第七期学习。抗日战争胜利以后，坚决主张和平，反对内战。1949 年 4 月，加入中国共产党，同月率部在浙江嘉兴起义。新中国成立后，先后在上海市公安局、中国人民解放军第九兵团、中国土产出口公司上海分公司、中国食品出口公司上海分公司工作。1957 年 8 月加入民革，历任民革上海市委员会第三、四、五、六届副主任委员，第四届中央委员会委员。1979 年 10 月调民革中央工作，先后任民革第五、六、七届中央委员会副主席，第八、九、十、十一届中央委员会名誉副主席。曾兼任中国国际文化交流中心理事会副理事长，中国和平统一促进会常务理事、顾问，湖南谭嗣同研究会名誉会长等职。

4 月 20 日

国务院总理温家宝在雷克雅未克与冰岛总统格里姆松举行会谈

温家宝表示，中冰建交 41 年的历程表明，不同社会制度和文化背景的国家，可以在相互尊重、平等相待基础上发展友好关系。中冰有着广泛的共同利益，我这次访问冰岛，不仅带来了中国人民对冰岛人民的友谊，也带来了加强合作的真诚愿望。双方要共同努力，加快两国自贸协定谈判，争取明年率先建成中欧之间第一个自贸区。中方愿同冰方认真落实达成的共识，在投资、清洁能源、科技、教育等领域扩大交流合作，在北极事务中加强协调配合，携手应对挑战，共享发展机遇，造福两国人民。

格里姆松表示，冰中完全可以相互学习借鉴，共同发展进步。近年来，冰中交流与合作领域不断扩大，前景广阔，希望两国尽快商签自贸协定，扩大经贸、地热、节能环保、教育、科研、旅游等领域的合作，密切在北极事务中的沟通与协调，推动两国关系取得更大发展。

国务院总理温家宝在雷克雅未克与冰岛总理西于尔扎多蒂举行会谈

温家宝表示，中方愿与冰方加快双边自贸协定谈判，争取明年实现两国自由贸易；扩大相互投资，确保大型合作项目取得成功；提升在地热开发利用以及地学科研领域的合作水平，共同拓展第三方市场；密切在北极事务中的磋商，在极地、海洋、环境、航运等相关领域开展务实合作，共同促进北极地区的和平、稳定和可持续发展；加强教育、旅游、文化、体育交流，增进两国人民的相互了解和友谊。

西于尔扎多蒂表示，冰中关系很好，两国经贸合作发展迅速，冰岛正在进行一系列改革，努力实现经济复苏和增长，视中国为可靠的朋友，感谢中方为冰方为应对金融危机提供的宝贵支持。冰方愿以温家宝总理此访为契机，加快两国自贸协定谈判，进一步扩大两国在贸易、投资、地热、人文等领域的友好交流与合作，使冰中关系更加密切。冰岛支持中国成为北极理事会观察员，参与北极地区的和平开发利用，冰方愿与中方在现有基础上加强合作。

会谈后，两国总理共同出席了《中华人民共和国政府与冰岛共和国政府关于北极合作的框架协议》等合作文件的签字仪式。

中央纪委书记贺国强在山东调研

4 月 20 日至 24 日，贺国强到山东济南、青岛、潍坊、淄博等地调研。

坚持稳中求进、保持经济社会平稳较快发展，是贺国强此次调研的重点。在中国石化青岛炼化公司、齐鲁石化公司，贺国强深入车间一线了解生产经营情况，要求企业加强技术改造，推进产品创新，不断提高企业生产经营水平和效益。在南车四方股份公司，贺国强登上高速铁路试验列车，听取技术研发、质量管理等情况介绍，勉励企业着力打造过硬产品，努力提升品牌信誉，让中国的高速列车驶出国门、驰骋世界。在潍柴动力股份有限公司，贺国强希望国有企业继承优良传统，弘扬时代精神，推进企业民主建设，加强和改进企业管理，充分调动广大职工的主人翁精神和积极性、创造性。在山东东岳集团、浪潮集团，贺国强鼓励企业充分发挥人才作用，积极推进自主创新，努力让更多的产品从“中国制造”变为“中国创造”。

山东是农业大省，贺国强十分关心“三农”工作情况。在寿光市上口镇口子村的麦田里，他要求加大生产投入，抓好田间管理，制定防灾预案，稳定农民种粮积极性，千方百计夺取夏粮丰收。在寿光市蔬菜高科技示范园，贺国强参观了正在举办的寿光国际蔬菜科技博览会，强调要加强农业科技创新和技术推广，做大做强特色优势产业，积极探索中国特色农业现代化之路。

考察期间，贺国强听取了山东省委、省政府和省纪委的工作汇报，对山东近年来的工作给予充分肯定。他希望山东各级党委、政府和广大干部群众牢牢把握机遇，充分发挥优势，坚持稳中求进，在全面建设小康社会的新征程上谱写山东更加美好的明天。他要求各级党组织要坚持党要管党、从严治党，以改革创新精神加强和改进党的建设，特别是要严明党的政治纪律，讲政治、顾大局、守纪律，自觉同以胡锦涛同志为总书记的党中央保持高度一致，坚决贯彻中央要求和部署，以实际行动维护改革发展稳定的良好局面。他强调，要切实加强换届后新班子的思想政治建设，教育引导各级领导干部尤其是新进入班子的年轻干部树立正确的权力观、地位观，把人民赋予的权力真正用来为人民服务；要切实增强公仆意识，做到以公仆之心鞠躬尽瘁，以赤子之心执政为民；要切实严格要求自己，严格要求亲属、子女和身边工作人员，永葆共产党人的政治本色，真正做到为民、务实、清廉。

国务院副总理王岐山在上海市考察并主持召开保险业改革与发展座谈会

王岐山说，改革开放以来，保险业发展快、变化大。伴随着工业化、城镇化加快推进，人民生活水平不断提高，保险业的发展潜力和机遇巨大。面对当前国内外各种挑战，要坚定信心，鼓舞士气，扎实工作，努力推动保险业又好又快发展。

王岐山指出，我国保险业还处在初级发展阶段，市场发育比较稚嫩，体制机制改革、组织制度创新、法律、法规完善等都需要一个探索的过程。必须按照“十二五”规划的要求，立足当前，着眼长远，从点点滴滴入手，加快转变保险业发展方式，优化保险业布局和结构，实现发展的速度与结构、质量、效益相统一。大力发展养老、医疗、责任等保险业务，培育专业化、区域性保险机构。改革和完善政策性保险业务，加大对大型成套设备出口的支持力度。要把市场机制与政策支持有机结合起来，加强对“三农”、小微企业、科技创新、航运等方面的保险服务。

王岐山强调，“百业兴、金融兴；百业稳、金融稳”。要处理好保险业与百业的关系，强化保险监管，完善宏观审慎、资本充足、准入退出、风险处置等监管制度，加强监管协调配合，守住不发生系统性、区域性风险的底线。依法打击各种保险欺诈行为，解决理赔难、销售误导等问题，规范市场秩序，维护保险消费者合法权益，树立保险业良好形象。

王岐山指出，现代化的核心是人的现代化。保险企业要领好班子，带好队伍，抓好经营管理，加强人才培养，建立有效的激励约束机制，充分调动广大干部职工的积极性。

王岐山考察了部分金融机构。他说，保险业是朝阳产业。各类保险企业要紧紧围绕多样化的市场需求，突出主业，加快业务、产品和服务创新。地方保险企业要立足当地，办出特色。

考察期间，王岐山对上海市近年来经济社会发展以及上海国际金融中心建设取得的成绩给予充分肯定。他希望上海加强软硬环境建设，加快金融改革创新，发挥好示范作用。

财政部出台《边境地区转移支付资金管理办法》

审计署发布汶川地震灾后恢复重建2011年度跟踪审计结果

2008年9月起，审计署以“促进灾后恢复重建顺利进行，保障灾后恢复重建不出重大问题”为目标，组织审计机关对汶川地震灾后恢复重建进行了连续3年的全过程跟踪审计。

审计结果表明，灾区基础设施条件得到根本性改善。截至2011年9月底，3省灾区共恢复重建了2810个交通项目、619个水利项目、1265个能源项目、311个通信项目、1030个市政公共设施等城镇项目，建设了2000个防灾减灾和生态修复项目。都江堰至映秀高速公路、成都至都江堰铁路等一大批关系灾区长远发展的基础设施项目相继建成并投入运营，38个重建城镇拔地而起，为灾区后续发展提供了有力的基础设施保障；震损水库全部除险加固，生态环境逐步修复，灾区防灾减灾保障能力明显增强。

审计署2011年度跟踪审计的939个项目2031.80

亿元规划总投资中,发现有63个项目、26个施工单位、4个勘察设计单位、8个监理单位不同程度地存在管理不合规、勘察设计不到位的问题。审计指出后,各相关单位和相关灾区政府依法、依纪进行了严肃处理和认真整改。

中共中央政治局常委李长春在渥太华与加拿大外长贝尔德举行会谈

李长春说,当前两国高层交往密切,各领域合作都取得积极进展,充分显示了中加关系发展的良好势头和巨大潜力。中加同为亚太地区重要国家,在维护世界及地区和平、稳定、发展方面拥有广泛的共同利益和合作空间。李长春表示,中方高度重视发展与加拿大的关系,愿与加方一道,继续增进政治互信,不断加强在资源、能源和新技术领域的合作,积极推动人文交流取得更多成果,以一个不断发展和深化的中加关系造福于两国人民。

贝尔德说,加中合作的良好势头充分反映了两国领导人推动双边关系的共识和愿望,也符合两国人民的根本利益。加方关注中国实施"十二五"规划的相关情况,认为这为两国加强合作带来新的机遇。贝尔德表示,加方愿进一步加强与中方在各领域的合作,特别是以经贸务实合作的新成果为两国关系注入发展动力。

会见后,李长春和贝尔德共同出席了两国有关文化合作协议的签字仪式。

国务委员刘延东在尼科西亚与塞浦路斯总统赫里斯托菲亚斯举行会谈

刘延东表示,中塞一直是相互信赖的朋友和伙伴,建交40年来,双方平等相待、密切合作,相互尊重主权独立和领土完整,以坚实的政治关系为基础,不断推动经贸、人文等领域合作取得丰硕成果。

刘延东说,中方支持两国开展多种形式的互利合作,鼓励有实力的企业来塞投资。中欧高级别人文交流对话机制的启动,必将为中欧、中塞关系的发展注入新的活力。中方愿与塞方一道,继续推动双边互利合作又好又快地发展。双方应不断巩固政治互信,密切人员往来,深化务实合作,进一步发挥高等教育、文化艺术、科技交流、卫生、旅游等领域人文合作的优势。

赫里斯托菲亚斯表示,塞中友谊源远流长,中国是塞浦路斯人民信赖的朋友。塞方高度赞赏中国政府"以人为本、执政为民"的治国理念,祝愿中国在现代化进程中取得更加辉煌的成就。塞中两国承担着发展经济和改善人民生活的共同目标,经贸合作前景广阔,塞方热忱欢迎中国企业来塞投资经商,并将积极提供便利。人文交流是两国人民心心相印的共同诉求,塞中签署一系列人文合作文件将极大增进两国人民的相互沟通与了解。塞方将以担任欧盟轮值主席国为契机,为深化欧盟对华关系作出不懈努力。

会见后,刘延东与赫里斯托菲亚斯共同见证两国教育部签署《中塞高等教育合作协议》。

4月21日

国务院总理温家宝在冰岛最大的地热电站赫利舍迪地热电站考察

温家宝表示,广大发展中国家要在实现发展的同时应对气候变化,就必须走节约能源和开发利用包括地热在内的新能源的道路。中国地热资源分布较广,是世界上地热资源最丰富的国家之一,但开发利用尚处于起步阶段,市场潜力巨大。冰岛为中国培养了许多地热人才,我们将同冰岛在地热等清洁能源的开发利用、科研、推广等方面加强交流合作,实现互利共赢,为促进全球可持续发展作出不懈努力。

温家宝结合自己在地质科学领域学习、工作的经验体会,以及中国地质研究的新成果,阐述了地质科学对于国计民生的重要意义。

全国政协主席贾庆林在泰国华侨华人举行的公宴大会上发言

尊敬的泰国中华总商会刘锦庭主席,尊敬的泰国潮州会馆蔡汉强主席,女士们,先生们,朋友们:

很高兴应贵国国会上议院邀请,对友好邻邦泰国进行正式友好访问,并有机会同泰国华侨华人和各界朋友欢聚一堂。首先,我谨向在座各位给予我们代表团隆重热情的款待表示衷心感谢,向你们并通过你们向全体泰国华侨华人致以亲切问候和良好祝愿!

此访是我担任中国全国政协主席后首次访泰,但之前我曾多次到访贵国。泰国美丽的自然风光,悠久的历史文化,充满活力的社会经济,热情友善的人民,给我留下了美好而深刻的印象。

中泰两国地缘相近、人文相亲,是好邻居、好伙伴、好朋友、好亲戚。建交以来,中泰关系经受住了国际风云变幻的考验,始终保持快速健康发展势头,成为不同社会制度国家友好相处的典范。政治上,两国相互理解、彼此信赖,两国领导人保持经常交往和密切沟通,双方在涉及各自国家重大利益的问题上相互理解和支持,在彼此遇到困难时守望相助,充分体现了两国政府和人民之间的真挚情谊。经济上,两国互利合作、共同发展,2011年双边贸易额达到647亿美元,中国是泰国第二大贸易伙伴,泰国也成为中国在东盟国家中的第二大贸易伙伴。人文上,两国深化交流、相互借鉴,双方已合作在泰国开设12所孔子学院和11个孔子课堂,曼谷中国文化中心年内将建成,泰国连续多年成为中国游客的首选之地。我们对两国各领域合作取得的丰硕成果表示满意。

几天前,英拉总理成功访华,两国确立了全面战略合作伙伴关系的新定位,制定了面向未来5年的中泰战略性合作共同行动计划,确定了加强高铁、水利、清洁能源、教育等四个重点领域合作,为中泰关系未来发展开辟了更加广阔的空间。

正如普密蓬国王所言,"中泰关系密不可分"。中泰两国友好合作关系的顺利发展离不开泰国王室、政府、议会、各党派以及包括在座华侨华人朋友在内的泰国各界的支持和推动。普密蓬国王陛下、诗丽吉王后陛下和王室成员长期关心和支持中泰友好。诗琳通公主殿下34次成功访华,已成为中泰友好的象征。泰国历届政府均重视和大力推动中泰友好,泰国人民对中国人民怀有兄弟般的情谊。中国政府和人民对发展中泰友好合作关系同样抱有强烈的愿望,愿同泰国各界一道,把我们两国和两国人民之间的这种真挚情谊世代传承下去,并使之成为两国关系不断发展的永恒动力。

女士们、先生们!

1967年东盟在曼谷成立,开启了东盟国家团结合作的进程。自1991年中国同东盟建立对话关系以来,中国一贯支持东盟的发展,积极参与东亚合作。中国作为域外大国率先加入《东南亚友好合作条约》,率先同东盟建立战略伙伴关系,率先同东盟商签自贸协议,积极支持东盟无核区建设。中国同东盟携手合作,为东亚乃至亚太的和平、稳定和繁荣作出了重要贡献。去年是中国和东盟建立对话关系20周年,双方贸易额达到3628亿美元,再创历史新高,中国已成为东盟第一大贸易伙伴。双方人文交流不断深化,仅去年1月至9月,双方人员往来已突破千万人次。

中国政府一贯重视同东盟的战略伙伴关系,愿本着"与邻为善、以邻为伴"的方针,全面推进双方在各领域的交流与合作。在去年中国—东盟纪念峰会上,中国政府宣布了深化中国—东盟务实合作的六项具体倡议,包括扩大贸易和投资合作、突出互联互通等基础设施建设、深化金融领域合作、开拓海上务实合作、深化科技和可持续领域合作、更加重视社会和民生领域合作,全面规划了双方未来合作蓝图,为中国—东盟关系发展注入了新的强劲动力。

当今世界正在经历大发展、大变革、大调整,东亚地区面临新的机遇和挑战。包括中国、泰国在内的东亚国家应发扬主人翁精神,倍加珍惜本地区来之不易的良好发展局面,牢牢把握合作大局,坚持发展、合作、互利、共赢的主题,共同应对经济社会发展的重大挑战,维护地区的稳定和谐与持续发展。我们要继续坚持东盟在东亚合作中的主导作用,坚持各合作机制的既定方向,坚持协商一致、照顾各方舒适度等多年来在区域合作实践中形成并行之有效的理念和原则,同域外国家在相互尊重、平等互利基础上,共同推动东亚合作的持续健康稳定发展。

今年泰国将担任中国—东盟关系协调国。中国愿同泰国和其他东盟国家一道,共同推动中国—东盟战略伙伴关系发展,为营造和平稳定、平等互信、合作共赢的地区环境作出更大贡献。

女士们、先生们!

改革开放30多年来,中国找到了一条适合本国国情的中国特色社会主义道路,取得了举世瞩目的发展进步。过去的一年,面对复杂多变的国际政治经济环境和艰巨繁重的国内改革发展任务,中国社会主义现代化建设事业取得新的重大成就,国内生产总值增长9.2%,实现了"十二五"时期良好开局。同时,我们也清醒地认识到,中国仍然是世界上最大的发展中国家,发展中不平衡、不协调、不可持续问题仍然突出,实现既定的发展目标仍需付出长期艰苦努力。

上个月,中国成功召开了全国两会,确定了今年经济社会发展的目标任务。稳中求进是今年我们各项工作的总基调。我们将按照这一总基调,把稳增长、控物价、调结构、惠民生、抓改革、促和谐更好地结合起来,处理好保持经济平稳较快发展、调整经济结构和管理通胀预期的关系,努力实现经济平稳较快发展和物价总水平基本稳定,保持社会和谐稳定。今年我们主动将经济增长预期调整为7.5%,比去年目标略低,目的是要引导各方面把工作着力点放在加快转变经济发展方式、切实提高经济发展质量和效益上来,以利于实现更长时期、更高水平、更好质量的发展。从中国经济运行的总体态势看,我们完全有条件、有能力实现全年的目标任务。

中国在实施"十二五"规划的过程中,将释放出巨大的投资和消费需求,进口总额将达8万亿美元,每年对外投资将超过1000亿美元。我相信,这将为包括泰国在内的东盟各国企业提供重要商机,使本地区乃至世界的经济发展从中获益。

女士们、先生们!

中国的发展进步,海外华侨华人功不可没。中国民主革命的伟大先驱孙中山先生曾经动情地称赞华侨是"革命之母"。包括泰国华侨在内的海外侨胞是孙中山先生从事革命活动的重要依靠力量,华侨社会成为孙中山先生学习、生活和从事革命活动的重要依托。

海外侨胞对辛亥革命作出了卓越贡献。新中国成立后特别是改革开放以来,包括泰国在内的海外华侨华人积极投身中国现代化建设事业,或在中国投资兴业,或为中外交流牵线搭桥,为中国快速发展发挥了不可替代的独特作用。对于他们的丰功伟绩,中华民族永远不会忘记。

泰国是海外华侨华人聚居最多的国家之一。长期以来,广大在泰华侨华人同当地其他各族人民和睦相处,有力地推动了泰国经济繁荣、社会进步,也为中泰友好事业发展发挥了重要的桥梁和纽带作用。今天在座的各位华侨华人朋友,既是中泰友好合作的亲历者,也是见证者和推动者。希望各位朋友一如既往地关心支持中国的发展进程,积极推动两岸和平统一大业,为中华民族的伟大复兴贡献才智,为中泰友好事业代代相传作出新的更大贡献。

最后,祝愿:

泰王国繁荣昌盛、人民幸福,

中泰关系持续健康发展、两国友谊世代传承,

在座的各位朋友身体健康,阖家幸福!

谢谢大家!

4月22日

国务院总理温家宝在汉诺威工业博览会开幕式上发表题为《坚持改革开放 推动创新发展》的演讲

尊敬的默克尔总理,女士们、先生们:

很高兴在中德建交40周年之际出席汉诺威工业博览会。汉诺威工博会是当今世界规模最大、最具影响力的综合性工业盛会,是"世界工业发展的晴雨表"。25年前,中国首次担任工博会合作伙伴国,有力推动了中国与世界各国的贸易、投资和技术交流合作。今天,中国再次担任工博会合作伙伴国,中国和德国这两个世界上最重要的制造业大国紧密合作,协同推动全球工业界对话与合作,必将对世界工业的创新与发展发挥更加重要的作用。我谨对本届工博会的举办表示热烈祝贺,对默克尔总理和德国政府所作周到安排表示衷心感谢,并预祝工博会取得圆满成功!

新中国成立特别是改革开放以来,中国工业化取得了举世瞩目的成就。1978年到2011年,国内生产总值年均增长9.9%,从全球第十位跃居第二位;我们建成了完备的工业体系,全球500多种主要工业产品中,中国有220余种产量位居世界前列;进出口贸易总额从206亿美元增长到3.64万亿美元,从全球第二十九位上升到第二位。今天的中国,已经成为一个名副其实的制造业大国。中国工业化快速推进,使综合国力大幅提升,人民生活明显改善,国际地位和影响力显著提高。

中国用30多年时间走过了发达国家上百年的工业化历程,不仅创造了巨大的物质财富,也得到了一些重要启示。

坚持市场取向改革。改革是中国经济发展和社会进步的永恒动力。中国工业化进程加快的根本原因,是实现了从高度集中的计划经济体制向充满活力的社会主义市场经济体制的转变。改革激发了企业的活力,使企业成为自主经营、自负盈亏的市场主体。改革释放出社会蕴藏的巨大潜力,数以亿计的农村富余劳动力从农业进入非农产业,从农村进入城市,城镇化率从1978年的17.9%提高到2011年的51.3%,劳动、资本、知识、技术和管理的活力竞相迸发,成为中国工业化的强大动力。

坚持扩大对外开放。中国工业化进程加快推进的重要途径,是广泛参与国际分工、国际交换和国际竞争,充分利用两个市场、两种资源。特别是加入世贸组织后,中国经济全面融入世界,大大加快了工业化进程。截至2011年年底,在中国的外商直接投资累计约1.16万亿美元,当年吸收外资1160亿美元,已连续19年居发展中国家首位。外资企业带来了先进技术和管理经验,成为中国工业化的重要力量和中国经济的重要组成部分。越来越多的中国企业走向国际市场,成为推动世界经济增长的新生力量。

坚持依靠科技创新。我们紧紧把握世界经济科技发展趋势,通过科技创新,掌握了一批具有自主知识产权的关键技术,在制造业领域大大缩小了与发达国家的技术差距。我们高度重视发展教育事业,目前中国高校在校学生规模超过2300万人,是1978年的27倍,为工业化进程提供了坚实的人才保障。2011年,中国的发明专利授权量上升到世界第三位,全国技术交易市场规模达到4760亿元。科技教育成为促进我国工业跨越式发展的重要支撑。

坚持协调推进工业化、城镇化和农业现代化。对于中国这样一个有着十几亿人口的大国来说,立足国内解决粮食和主要农产品供给问题,始终是治国安邦的头等大事。虽然农业份额会下降、农村人口会减少,但农业在国民经济中的基础作用不会改变。我们坚持在工业化、城镇化深入发展中同步推进农业现代化,为国民经济平稳较快发展奠定了坚实基础。

女士们、先生们:

中国的工业化没有完成,"中国制造"总体上还处在国际产业链的中低端,与国际先进水平差距很大。中国工业化面临的突出矛盾和问题,主要是:产业发展模式粗放,市场竞争力不强,科技创新能力不足,资源利用效率不高。实现工业化仍然是中国现代化进程

中艰巨的历史任务。对此，我们的认识是清醒的。我们将坚持推进创新型国家建设，加快转变经济发展方式和调整经济结构，大力推动“中国制造”向“中国创造”转变。坚持以信息化带动工业化，以工业化促进信息化，努力走出一条科技含量高、经济效益好、资源消耗低、环境污染少、人力资源优势得到充分发挥的新型工业化路子。

女士们、先生们：

当前国际金融危机没有结束，世界经济复苏充满艰难曲折。这场危机给全球工业发展造成了巨大的冲击，也带来了新的机遇。战胜这场国际金融危机，是全球工业界的重大使命。

大力发展实体经济。这是实现世界经济稳定发展的根基。引发这次国际金融危机的一个重要原因，就是一些发达经济体虚拟经济过度膨胀、与实体经济脱节；世界经济迟迟走不出危机阴霾，也与实体经济缺乏新的增长点有关。中德两国经济在这场危机冲击中能够率先实现稳定增长，主要是因为两国长期重视实体经济发展，有坚实的实体经济基础。我们要从国际金融危机中汲取经验教训，引导更多的人力、财力和物力投向实体经济，营造更加有助于扩大就业和发展实体经济的环境，推动世界经济实现强劲、平衡、可持续增长。

大力推动科技创新。这是推动世界经济复苏的强大动力。从历史上看，大的经济危机往往伴随着新的科技革命；经济复苏往往离不开技术创新。全球正在进入空前的创新密集和产业振兴时代，各领域的科技创新层出不穷，新的市场、新的需求和新的经济增长点正在形成。每个国家和企业都要有远大的目光，紧紧把握世界科技发展的新趋势和经济社会发展的新要求，推动世界经济创新发展。

大力推进开放合作。这是促进共同发展繁荣的必然选择。汉诺威工博会的一项重要使命，就是促进各国经济技术合作交流。每年大量优秀科技成果从这里走进市场，走向世界，这极大增强了工博会的魅力，给我们带来深刻启迪。我们要继续深化国际经贸合作，坚决反对各种形式的保护主义。加快完善全球经济治理，使之朝着更加公正合理的方向发展。携手应对气候变化、生态恶化、疾病和自然灾害、能源资源和粮食安全等全球性问题挑战，共同建设人类美好家园。

女士们、先生们：

中国工业化在相当长时期内还会快速发展，蕴藏着巨大发展潜力和商机，这不仅属于中国企业，也属于世界各国企业。我愿意重申，中国坚持对外开放的基本国策决不会改变。我们将继续完善法律、法规和政策，扩大市场准入，加大知识产权保护力度，在自主创新产品认定、政府采购等方面对所有在中国依法注册的企业一视同仁，为各国企业营造一个更加公平、透明、稳定、可预期的发展环境。参加汉诺威工博会的企业都是全球工业界的翘楚和生力军，我们真诚欢迎各国企业积极参与中国改革开放进程，共享中国繁荣进步的机遇和成果！

谢谢大家！

国务院总理温家宝在汉诺威分别会见德国前总理施密特和施罗德

国务院总理温家宝在汉诺威与德国总理默克尔举行会晤

温家宝表示，近年来，中德深化合作，不仅增强了两国应对国际金融危机的力量，而且有利于中欧关系发展，在世界上产生了积极影响。当前，国际社会还面临许多复杂严峻的挑战，中德要坚持相互尊重、平等相待，照顾彼此核心利益；中国经济持续较快发展，为德国提供了巨大市场，中方欢迎德国企业扩大对中国特别是中国中西部地区投资；双方要密切在科技、教育、青年等领域的交流，加强在国际事务中的协调配合，以中德建交40周年为契机，将两国关系推向更高水平。

默克尔表示，德中建交40年来，两国关系发展迅速，已经成为战略合作伙伴，特别是近年来高层互访频繁，相互了解不断加深，德中政府磋商推动了双边合作全面发展。默克尔向温家宝详细介绍了欧洲债务问题的最新情况，感谢中方给予的有力支持。她表示，欧洲将进一步推进改革和一体化进程，注重发展实体经济和科技创新。德方愿推动欧盟加强与中国的合作。

温家宝说，欧债问题给欧洲带来了困难，也为加强欧洲一体化提供了机遇。欧盟是中国最大的贸易伙伴，欧洲经济好了对中国有利。中国支持欧洲一体化，对欧洲抱有信心。中国重视德国在欧盟中的地位和作用，愿与德方共同努力，推动中欧关系继续向前发展。

全国政协主席贾庆林在曼谷会见泰国国王御代表诗琳通公主

国务委员戴秉国在北京会见由朝鲜劳动党中央政治局候补委员金永日率领的朝鲜劳动党代表团

戴秉国表示，中朝传统友谊是两党两国和两国人民的宝贵财富，中方愿同朝方共同努力，推动中朝友好合作关系发展到新的更高水平。他表示相信，在朝鲜劳动党第一书记金正恩同志领导下，朝鲜党、政府和人民一定会在推进强盛国家建设的事业中不断取得新的成就。

金永日赞同戴秉国对朝中关系的评价，表示朝方高度重视朝中两党两国友好合作关系，一定会继承金正日总书记的遗训，遵循金正恩第一书记的教导，竭尽全力推动朝中传统友谊不断向前发展。

2011绿色中国年度焦点人物评选揭晓

在纪念第43个世界地球日之际，2011绿色中国年度焦点人物评选揭晓，颁奖仪式今天在北京举行。全国人大常委会原副委员长许嘉璐，中共海南省委书记罗保铭获年度大奖；中国科学院院士、国务院参事唐守正等51人分获其他奖项。

绿色中国年度焦点人物评选活动旨在弘扬生态理念，树立绿色典型，建设生态文明，共建绿色中国。活动由全国绿化委员会、国家林业局、中国绿化基金会、中国生态文明研究与促进会主办，人民网、国家林业局宣传办、国家林业局经济发展研究中心和绿色中国杂志社联合承办。

人民日报社副总编辑马利，国家林业局党组成员、中纪委驻国家林业局纪检组长陈述贤出席颁奖仪式并致辞。

2011中国经济女性年度人物揭晓

广东香江集团有限公司总裁翟美卿、中国船舶工业集团公司副总经理路小彦、华润(集团)有限公司副总经理兼华润电力控股有限公司董事局主席周俊卿、时代集团公司总裁王小兰、中国兵器装备集团公司副总经理兼保定天威集团有限公司董事长周舰、赞华集团(控股)有限公司常务副总裁陶莹、广东深圳赛百诺基因技术有限公司总裁徐卫、五七一九工厂厂长向巧、云南昊龙实业集团有限公司董事长锁芳、天津天一建设集团总裁李兰贞等10人荣获“2011中国经济女性年度人物”称号。此次活动由中国妇女报社主办。

4月23日

国家主席胡锦涛在人民大会堂会见由朝鲜劳动党中央政治局候补委员金永日率领的朝鲜劳动党代表团

胡锦涛说，朝鲜劳动党第四次代表会议和最高人民会议第十二届五次会议胜利召开，这是朝鲜党和人民政治生活中的一件大事，对朝鲜党和国家建设承上启下、继往开来具有重要意义。我们相信，在金正恩同志领导下，朝鲜劳动党和政府一定能够带领朝鲜人民团结奋斗，开拓进取，在建设社会主义强盛国家事业中不断取得新成就。

胡锦涛表示，中朝传统友谊是两党两国老一辈革命家亲手缔造和培育的，是我们共同的宝贵财富。不断巩固和发展中朝友好合作关系是中国党和政府坚定不移的方针。我们将一如既往本着继承传统、面向未来、睦邻友好、加强合作的精神，同朝鲜同志一道，保持高层交往和党际交流，促进务实合作和睦邻友好，加强在重大国际和地区问题上的战略沟通和协调，为维护半岛持久和平稳定，实现东北亚长治久安，促进共同发展而不懈努力。

金永日说，朝鲜劳动党和朝鲜最高人民会议最近分别顺利召开第四次代表会议和十二届五次会议，推举金正恩同志为朝鲜劳动党第一书记、朝鲜国防委员会第一委员长，为朝鲜人民继承金日成主席、金正日总书记的遗志，继续推进朝鲜革命和建设事业奠定了坚实基础。金永日表示，朝方对中国人民在中国共产党领导下，落实科学发展观，推进和谐社会建设中取得的成就感到十分高兴。

金永日说，朝中两党两国的传统友谊是两党两国几代领导人亲手培育的，朝方对两党两国关系持续发展感到高兴。不断发展朝中两党两国友好合作关系是金日成主席和金正日总书记的遗训，是朝鲜劳动党坚定不移的立场。朝方将一如既往，努力推动两党两国关系继续向前发展。

国务院总理温家宝在汉诺威与德国总理默克尔共同出席中德工商峰会开幕式并致辞

温家宝说，面对复杂多变的国际形势，中德两国的共同利益和共同责任都在增加。我们要加倍珍惜来之不易的成果，以更加积极的态度，推动两国务实合作向更大规模、更广领域、更高水平迈进。温家宝提出以下倡议：

第一，扩大双边贸易。扩大市场开放，反对贸易保护主义，努力实现2015年双边贸易额达到2800亿美元的目标。

第二，促进双向投资。继续加强汽车、化工、机械等传统领域合作，并逐步向高端制造业、海洋和极地、航天航空等领域拓展。

第三，拓展环保合作。加强节能环保标准、新能源技术、生态示范建筑、生态城市规划等领域合作，共同办好中德生态园。

第四，深化人文交流。办好“中国文化年”和“中德未来之桥”等活动，密切两国民众特别是青年的交流，增进两国人民之间的感情。

温家宝最后说，回首过去，中德两国携手走过了40年不平凡的历程，留下了光辉的足迹。展望未来，我们将更加坚定地站在一起，做南北对话和共同发展的典范。相信两国工商界人士一定会抢抓机遇，乘势而上，奋力开创中德战略伙伴关系新局面，共同开辟一条大国之间互利共赢的光明之路。

国务院总理温家宝在哥德堡会见瑞典西哥特兰省省长贝克斯特伦

温家宝表示，中瑞友好交往源远流长，可以追溯到近300年前的“哥德堡号”商船。瑞典是最早承认新中国的西方国家，中瑞经贸合作成果丰硕，吉利与沃尔沃的合作是双方成功应对金融危机、实现互利共赢的范例，为瑞典创造了新的就业机会。两国经贸合作领域宽广，瑞典有着先进的技术和管理经验，中国有着广阔的市场，双方完全可以合作得更好，相信中瑞友谊会更加深厚、牢固。

贝克斯特伦表示瑞中友好有着悠久的历史和坚实的基础，两国开展了良好的合作，温家宝总理此访一定会进一步巩固和发展两国的友好合作关系。

全国政协主席贾庆林在曼谷与泰国总理英拉举行会谈

贾庆林说，中泰两国确立了全面战略合作伙伴关系的新定位，制定了面向未来5年的中泰战略性合作共同行动计划，确定了加强高铁、水利、清洁能源、教育等四个重点领域合作，使两国关系站在一个新的历史起点上，为双方关系发展开辟了更加广阔的空间。

贾庆林表示，无论国际和地区形势如何变化，中国发展对泰友好的基本方针都不会改变。泰国是第一个同中国建立战略性合作关系的东盟国家。中国始终视泰国为亲密朋友和可信赖的合作伙伴，愿与泰方密切合作，推动中泰关系持续快速发展，使两国关系在促进亚洲团结合作，共同维护本地区来之不易的和平、稳定与发展方面进一步发挥引领和示范作用。这符合两国和两国人民的根本利益，也有利于亚洲和世界的和平与稳定。

贾庆林说，今年泰国将担任中国—东盟关系协调国。中方愿同泰方保持密切配合，把握好合作大方向，共同推动东亚合作取得更多实质进展。

英拉表示，中泰友好源远流长，“中泰一家亲”名副其实。泰方高度评价中方重视发展与泰国关系，感谢中国政府与泰方一道将两国关系提升为全面战略合作伙伴关系。中国是亚洲地区重要国家，中国稳定发展对亚洲地区具重要意义。泰方愿与中方携手努力，进一步促进中国—东盟友好关系，共同做亚洲团结合作和地区和平稳定的推动者、维护者。

全国政协主席贾庆林在曼谷分别会见泰国国会主席兼下议院议长颂萨和国会副主席兼上议院议长提拉德

贾庆林就进一步发展中泰关系提出四点建议：一是加强高层交往，保持战略沟通。两国领导人经常交往是中泰之间的优良传统，对推动双边关系发展发挥了不可替代的作用。二是深化务实合作，促进共同发展。两国经贸互补性强，合作潜力大。双方可结合各自国家发展战略，落实好两国经贸合作五年发展规划，进一步扩大双边贸易和双向投资，为提前实现双边贸易新目标共同努力。三是扩大人文交流，夯实友好基础。发挥孔子学院和曼谷中国文化中心的平台作用，加强文化、教育、旅游及青年交往等领域合作。四是加强在国际地区事务中沟通协调。今年7月泰国将接任中国—东盟关系协调国，中方愿深化同东盟政治互信和互利合作，推动中国—东盟关系和东亚合作不断取得新进展，共同维护亚洲稳定发展大局。

贾庆林说，加强对外交往、增进与世界各国人民了解和友谊，是中国全国政协的一项重要任务。中国全国政协愿与泰国国会上、下议院加强交流，相互学习借鉴参政议政、治国理政经验，为各自国家经济社会发展和中泰关系发展贡献力量。

颂萨、提拉德表示此访对加强中国全国政协与泰国议会交往合作具有重要意义，泰方愿与中方一道，深化友谊，加强合作，共同维护亚洲和平、稳定与发展。颂萨表示，泰中友谊基础深厚，历史悠久，两国有着兄弟般的亲戚关系。双方应在这一特殊关系基础上，进一步加强在经贸、投资、基础设施建设以及人文等领域合作。提拉德表示完全同意贾庆林关于发展两国关系的主张。他说，泰中友谊历经千年，人民交往源远流长，中国文化的影响随处可见。泰国人民对中国人民素怀敬重之情，都有发展泰中关系的积极意愿。

全国政协主席贾庆林在曼谷会见泰国枢密院主席炳·廷素拉暖上将

中央纪委书记贺国强在济南出席加强基层党风廉政建设座谈会并讲话

贺国强在认真听取与会同志的发言后指出，党的十七大以来，各级纪检监察机关认真贯彻中央要求，大力加强基层党风廉政建设，取得了明显成效，但当前发生在群众身边的腐败问题依然比较突出，必须进一步采取有力措施加以解决。

贺国强强调，当前和今后一个时期，各地区各部门要在查处面上各类案件的同时，着力查处以下10个方面发生在群众身边的腐败问题：一是要严肃查处征地拆迁中的腐败问题。重点查处以非法手段强制征地拆迁的案件,违反国家征地拆迁补偿安置政策和标准以及贪污、截留、挪用征地拆迁补偿资金的案件,征地拆迁中官商勾结、权钱交易的案件。二是要严肃查处矿产资源开发等领域的腐败问题。重点查处违规审批探矿权、采矿权以及利用矿产资源开发整合谋取非法利益的案件,基层干部违规违纪参股办矿的案件,矿山等重特大安全生产事故背后的腐败案件。三是要严肃查处各类学校办学中乱收费问题。重点查处各类学校以各种名目乱收费的案件,学校在招生、基建、采购、后勤等环节以权谋私、收受贿赂等案件。四是要严肃查处医药购销和医疗服务中的腐败问题。重点查处医务人员以各种名目开单提成、收受“红包”的案件,药品和医疗器械采购、工程招标投标、项目合作等环节收受贿赂的案件。五是要严肃查处食品药品制假售假的腐败问题。重点查处制售假冒伪劣食品药品的案件,食品药品安全监管中失职渎职、纵容放任制假售假并造成严重后果的案件,制售假劣种子和农资、坑农害农的案件。六是要严肃查处国有企业领导人员侵占国家、集体利益和侵害职工群众权益的腐败问题。重点查处国有企业领导人员损害国有资产权益的案件,在企业重组改制、资产评估、产权交易、资本运营和经营管理中隐匿、侵占、转移国有资产的案件,搞同业经营、关联交易以及利用企业内幕消息、商业秘密等谋取非法利益的案件。七是要严肃查处基层干部吃拿卡要、收受财物的腐败问题。重点查处贪污、挪用、挤占强农惠农富农资金、扶贫资金、救灾救济资金、住房公积金、社保基金的案件,违规收受礼金、有价证券、支付凭证等案件。八是要严肃查处执法不公、为黑恶势力充当“保护伞”的腐败问题。重点查处基层干部和司法执法人员执法不公、以案谋私、贪赃枉法的案件,收受贿赂和礼金为黑恶势力充当“保护伞”的案件。九是要严肃查处基层干部买官卖官、拉票贿选等腐败问题。重点查处基层选人用人和换届选举中买官卖官、拉票贿选的案件,利用宗教宗族家族势力、黑恶势力干扰、操纵、破坏基层选举的案件。十是要严肃查处基层干部作风粗暴、欺压群众、奢侈浪费等腐败问题。重点查处基层干部玩忽职守、滥用职权并造成严重后果的案件,基层干部奢靡享乐、生活腐化、奢侈浪费造成严重影响的案件。

贺国强强调,加强基层党风廉政建设、解决发生在群众身边的腐败问题,既要注重治标,更要注重治本。要加强教育、管理、监督,深化改革,完善制度,不断从源头上铲除基层滋生腐败现象的条件。要认真落实党风廉政建设责任制,加强基层党组织和基层纪检监察组织建设,为深入推进基层党风廉政建设提供有力组织保证。要真正重视、真情关怀、真心爱护基层干部,充分调动他们的工作积极性和主动性,为他们创造良好的工作生活环境和条件。

国务院副总理回良玉在河北考察夏粮和春耕生产

回良玉强调,夺取夏粮丰收,实现全年粮食稳定发展目标,对于稳定经济社会发展大局至关重要。目前正值夏粮产量形成的关键时期、春播作物播种的关键时节,各地区、各有关部门要认真贯彻落实今年中央一号文件精神,加大对粮食和农业生产的扶持力度,抓好夏收作物田间管理,引导农民种足种好春播作物,加强技术指导和农资供应,大力推进科学抗灾减灾,确保粮食“九连丰”,力争实现“九连增”。

考察期间,回良玉听取了河北省农业农村工作汇报,对前一阶段夏粮和春耕生产取得的成绩予以充分肯定。他强调,今年春管春播动手早、行动快、措施实,夏粮再获丰收有条件,早稻生产开局良好,春耕备耕进展顺利。但对存在的困难和问题也要高度重视,对可能出现的不利气候条件、对农资价格高位运行可能带来的影响都不可低估。要进一步加大工作力度,继续抓好春季和全年农业生产。一要坚持粮食稳定发展目标不动摇,一季一季抓好落实,力争夏粮增产、早稻增产、秋粮稳定,巩固粮食发展的好势头。二要坚持抗灾夺丰收不放松,牢牢绷紧抗灾减灾这根弦,强化监测预警,适时启动应急响应,大力推进科学抗灾,努力把灾害损失降到最低程度。三要坚持科技兴粮创高产,推进粮食高产创建上层次、上水平,组织专家分区域、分作物、分季节、分灾种制定技术方案,开展技术指导,因地、因时落实好关键技术,促进先进适用技术到田到户。四要坚持落实政策鼓干劲,不断发出重农抓粮的信号,最大程度发挥政策的激励效应。五要坚持转变作风求实效,以实干兴农、以实干强农、以实干富农。

中共中央政治局常委李长春在波哥大与哥伦比亚总统桑托斯举行会谈

李长春说,中哥建交32年来,两国关系取得长足发展,高层互访频繁,政治互信加深,经贸合作稳步拓展,人文交流不断深化,双方在能源、矿业、通信、基础设施等领域的合作富有成效。双方在安理会改革、气候变化、可持续发展等全球性议题上也保持良好沟通与配合,维护了两国的共同利益,促进了发展中国家的团结与合作。

李长春说,当前国际形势复杂多变。中哥同属发展中国家,中方愿与哥方一道,继续从战略高度和长远角度看待和处理双方关系,规划好两国全方位合作,共同致力于推动建立公正合理的国际政治经济新秩序。为此,李长春提出四点建议:一是保持高层交往,增进政治互信；二是不断优化贸易结构，全面推进互利合作；三是密切沟通和协调，加强两国在国际事务中的合作；四是扩大人文交流，加强民间友好。李长春还对哥伦比亚在台湾、涉藏等问题上给予中国的支持表示感谢。

桑托斯表示，当前哥中两国都处在发展的重要时期，都在致力于可持续发展，具有很强的互补性，合作潜力巨大。哥方愿继续拓展双边经贸合作，深化人文交流，加强在联合国、G20等多边机制中的协调和在气候变化、打击恐怖主义等全球议题上的合作。桑托斯表示相信，在两国领导人的共同推动下，哥中友好合作关系一定会发展到新的更高水平。

全国人大常委会副委员长王兆国在人民大会堂与智利前总统 参议员弗雷举行会谈

国防部部长梁光烈在八一大楼分别会见塔吉克斯坦国防部部长海鲁洛耶夫上将 乌兹别克斯坦国防部副部长尼亚佐夫少将

国防部部长梁光烈在八一大楼与吉尔吉斯斯坦国防部部长奥穆拉利耶夫举行会谈

第二届北京国际电影节在北京开幕

4月24日

国家主席胡锦涛在人民大会堂与南苏丹总统基尔举行会谈

胡锦涛就进一步发展中南友好合作关系提出三点建议：一、平等互信，深化政治关系。中方愿同南方加强两国高层领导人和各级别对话交流.以及在中非合作论坛框架下的合作，在彼此关切的重大问题上保持沟通。二、互利互惠，扩大务实合作。中方愿同南方本着统筹规划、循序渐进、务求实效的精神，扩大和加强两国经贸、能源、基础设施建设等领域的合作，愿帮助南方把资源优势转化为经济发展优势。三、全面友好，推进人文交流。中南双方应着眼两国关系的长远发展，加强文化、教育、人员培训、卫生等领域的交流与合作。中方将继续为南方培训急需专业人才，适时向南派出医疗队。

基尔完全赞同中方对发展两国关系的主张，表示南苏丹坚定奉行一个中国政策，将中国视为重要战略合作伙伴，愿同中方保持密切交往，拓展经贸、能源、农业、基础设施建设等领域合作，欢迎中国企业扩大在南苏丹投资。南苏丹人民对中国怀有友好感情，感谢中方提供的宝贵援助，希望加强两国社会、人文交流与合作。南苏丹将积极支持和参与今年在中国举行的中非合作论坛第五届部长级会议，共同推动中非关系发展。

基尔介绍了当前南北苏丹关系局势及南苏丹有关立场，表示南苏丹致力于通过协商谈判解决双方分歧和冲突，缓和紧张局势，早日达成全面、一揽子协议，实现和平共处，希望包括中国在内的国际社会提供支持和帮助。

会谈后，两国元首出席了中南两国政府经济技术合作协定等合作文件的签字仪式。

十一届全国人大常委会二十六次会议在人民大会堂举行第一次全体会议

会议继续审议军人保险法草案、民事诉讼法修正案草案、出境入境管理法草案，首次审议农业技术推广法修正案草案，审议十二届全国人大代表名额分配方案草案等。

全国人大常委会委员长吴邦国主持会议。常委会组成人员146人出席会议，出席人数符合法定人数。

会议听取了全国人大法律委员会副主任委员胡彦林作的关于军人保险法草案审议结果的报告。十一届全国人大常委会第二十四次会议对军人保险法草案进行了初次审议。会后，全国人大法律委、常委会法工委通过印发草案、召开座谈会、深入调查研究等方式，听取国务院有关部门、军地有关部门和专家学者等方面的意见。根据常委会组成人员的审议意见和各方面的意见，法律委员会对草案进行了逐条审议，认为草案总体上是可行的。提交本次常委会会议审议的草案二审稿，进一步明确了军人保险制度适用本法的具体范围；增加规定军人伤亡保险所需资金由国家承担，个人不缴纳保险费；明确随军未就业的军人配偶参加保险，应当缴纳养老保险费和医疗保险费，国家给予相应的补助。

十一届全国人大常委会第二十三次会议对民事诉讼法修正案草案进行了初次审议。会后，全国人大常委会法工委将草案印发各省(区、市)、中央有关部门和法学教学研究单位征求意见，中国人大网全文公布草案向社会征求意见。全国人大法律委、常委会法工委就草案的主要问题多次召开座谈会，听取最高人民法院、最高人民检察院、国务院有关部门和各方面的意见。各方面普遍认为，草案认真总结多年来的民事审判经验，落实中央深化司法体制和工作机制改革的要求，着力解决社会普遍关注和审判实践迫切需要解决的问题，总体赞成草案的修改内容，并提出一些修改意见。全国人大法律委员会副主任委员李适时汇报了民事诉讼法修正案草案的修改情况，重点汇报了诚实信用原则、法律监督程序、公益诉讼制度、诉讼代理人的范围、专家参与诉讼、先行调解、小额诉讼制度、第二审程序的开庭审理、申请再审的期限、人民法院对申请撤销和不予执行仲裁裁决的审查条件等问题。

会议听取了全国人大法律委员会副主任委员张柏林作的关于出境入境管理法草案修改情况的汇报。十一届全国人大常委会第二十四次会议对出境入境管理法草案进行了初次审议。会后，全国人大法律委、外事委和常委会法工委通过印发草案、召开座谈会和到地方调研等形式听取各方面意见。提交本次常委会会议审议的草案二审稿增加规定，要求涉及出入境管理的各部门之间应做好衔接配合，做到分工负责，权责一致；明确了国家建立统一的出境入境管理信息平台，实现有关管理部门信息共享；明确了出入境管理工作应加强服务意识，做到管理与服务并重，并对中国公民出入境提供便利措施；在普通签证类别中增加“人才引进”一类，以更好吸引海外优秀人才；加大了对违法行为的处罚力度。

按照宪法和法律的规定，十一届全国人大到2013年3月任期届满，十二届全国人大代表应于2013年1月选出。今年3月，十一届全国人大五次会议通过了关于十二届全国人大代表名额和选举问题的决定。全国人大常委会委员长会议据此拟订了十二届全国人大代表名额分配方案草案、十二届全国人大少数民族代表名额分配方案草案、台湾省出席十二届全国人大代表协商选举方案草案。受委员长会议委托，全国人大常委会副秘书长王万宾就上述3个草案作了说明。

农业技术推广法自1993年施行以来，对于促进农业科技成果转化与应用，保障农业农村经济发展发挥了重要作用。但是，随着农村改革的深化和现代农业发展，现行法律的部分规定已不能适应新形势下开展农业技术推广工作的需要，亟须作出修改。2010年，全国人大常委会对农业技术推广法进行了执法检查，全国人大农业与农村委员会会同农业部等七部门对这部法律进行了立法后评估。2011年全国人大农业与农村委员会启动了法律修改工作，在深入调查研究、总结实践经验、广泛听取意见基础上形成了提交常委会审议的修正案草案。全国人大农业与农村委员会主任委员王云龙就法律修改的必要性，修改的宗旨和原则，农技推广的职责分类、国家农技推广机构的设置与管理体制、农技推广机构的队伍建设、多元化推广服务组织的地位与作用、提高农技推广水平、农技推广工作的保障措施、法律责任等作了说明。

会议听取了国家邮政局局长马军胜受国务院委托就关于提请审议批准《万国邮政联盟组织法第八附加议定书》的议案所作的说明。会议还审议了有关任免案。

国务院总理温家宝在斯德哥尔摩与瑞典国王卡尔十六世·古斯塔夫举行会谈

温家宝说，近年来，两国高层交往频繁，经贸联系更加紧密，文化交流十分活跃。我这次访问瑞典是为了进一步深化两国的友好合作关系。瑞典在环保、高科技、绿色经济等领域走在世界前列，中国愿学习借鉴瑞方的经验，加强合作，实现互利共赢，推动全球可持续发展取得新进展。

古斯塔夫国王说，当今世界发展很不平衡，人类面临许多艰巨挑战。瑞典重视可持续发展，希望加强同中国的合作，共同提高参与全球竞争的能力。相信瑞中两国人民可以在实现可持续发展的道路上成为好朋友、好伙伴。

国务院总理温家宝在斯德哥尔摩与瑞典首相赖因费尔特举行会谈

温家宝表示，瑞典在环保和可持续发展领域处于世界领先地位，中国将可持续发展作为国家战略，愿在政策对话、机制建设、务实合作以及国际多边领域同瑞方开展长期、全方位合作；瑞典是欧盟最具创新力的国家，中方将采取具体举措，支持本国企业和科研机构同瑞方加强创新合作，推动实施一批重点项目；中方欢迎瑞方在现代制造业、高新科技、服务业、农业等领域扩大对中国尤其是中西部地区投资，中国政府鼓励更多本国企业到瑞典发展，希望瑞方推动欧盟尽早同中国启动投资协定谈判；双方要进一步扩大在教育、文化、旅游等领域的交流，增进两国人民特别是青年之间的相互了解和友谊。

赖因费尔特说，近年来，双边关系深入发展，中国成为瑞典在亚洲最大的贸易伙伴和重要的经济合作伙伴。面对全球化带来的挑战，瑞中要加强在环保和可持续发展以及创新领域合作，实现互利共赢。欢迎中国扩大对瑞典的投资，希望有更多的中国公民到瑞典学习、旅游和工作。瑞典愿为推动欧中关系发展发挥积极作用。

会谈后，两国领导人共同出席了双边有关合作文件的签字仪式，并共同会见了记者，双方发表了中瑞关于在可持续发展方面加强战略合作的框架文件。

国务院总理温家宝在哥德堡参观沃尔沃轿车公司总部

中国和瑞典在斯德哥尔摩发表《中华人民共和国和瑞典王国关于在可持续发展方面加强战略合作的框架文件》

全文如下：

中华人民共和国国务院总理温家宝应瑞典王国首相弗雷德里克·赖因费尔特邀请于2012年4月23至25日对瑞典王国进行正式访问。两国领导人就中瑞在可持续发展方面加强战略合作深入交换看法，达成重要共识，同意发表框架文件。

一、在1972年斯德哥尔摩人类环境会议发表《人类环境宣言》40周年之际，回顾全球可持续发展事业走过的历程，重申人类共同的利益和信念，坚定加强国际合作的决心，具有特殊重要意义。

二、面对国际金融危机不利影响和全球性问题不断加剧，各国更应重视经济发展同人口、社会、地球极限、环境相协调；坚持发展经济，改变不可持续的生产方式和消费模式；坚持社会公平正义、法治，确保发展成果惠及全体人民；坚持以人为本，保持资源和环境的可持续利用。

三、中瑞在可持续发展方面合作基础扎实，成效显著，前景广阔。双方愿本着相互尊重、平等互利的原则，在可持续发展方面建立和发展长期、全面、高水平的伙伴关系，并将此作为两国合作的战略重点。

四、双方将利用中瑞环境合作协调员会机制，进一步加强合作关系，并确立以下重点领域：污染物总量减排；保障城乡饮用水源地环境安全；包括汞在内的重金属、持久性有机污染、危险化学品、危险废物等污染防治；提升城镇环境基础设施建设和运行水平；加强生态环境保护；健全环境监管体系。双方愿在中国环境与发展国际合作委员会框架下继续开展合作，瑞方愿继续为该委员会提供资金与智力支持。

五、双方强调科技创新对于可持续发展的重要性。促进在新能源与可再生能源、清洁技术、可持续城市建设等方面的科研创新合作，加强科研人员交流，建立科研创新合作网络。双方愿在科研创新合作基础上，鼓励合作方实施包括技术示范在内的互利创新相关项目，加强企业参与，促进技术成果的产业转化与应用。双方将结合中瑞高新技术园区开展互补合作，建立以网络和孵化器合作形式的联合研究中心等合作平台，鼓励产业对接，开展全面、稳定与长期的合作。有关伙伴方也将鼓励加强现有的可持续城市发展伙伴关系。

双方将秉承互利共赢理念，不断深化双边经贸领域的节能环保合作。加大双向投资力度，推进清洁生产、节能减排，大力发展低碳产业，开发利用新能源和可再生能源，缓解经济发展与资源环境矛盾。中国商务部和瑞典外交部将在中瑞经贸联委会下设立经贸领域节能环保工作组，共同支持和推动两国企业和机构开展投资贸易合作，积极探索在中国国家级经济技术开发区内合作推动建立中瑞生态园，打造中瑞经贸合作的新亮点。中国国家发展改革委员会与瑞典企业、能源和通信部分别牵头，在中瑞环境及能源技术合作机制下，共同支持和推动两国企业和机构开展技术和人员交流以及务实的投资合作。

六、双方决定充分利用中国“十二五”规划和“欧洲2020”战略带来的契机，在中欧相关机制框架下开展能源、城镇化、节能减排、化学品和废物管理等可持续发展领域合作。

七、气候变化是人类面临的共同挑战，要求各国加强合作，在可持续发展框架下有效应对。《联合国气候变化框架公约》及其《京都议定书》是国际合作应对气候变化的政治和法律基础。中瑞欢迎2011年12月联合国气候变化德班会议取得的成果，包括关于京都议定书第二承诺期的决定、启动绿色气候基金和建立“德班平台”，愿继续以共同但有区别的责任和各自能力原则为指导，同国际社会一道落实有关决定，共同推动应对气候变化的全球努力不断取得实质进展。同时，双方愿加强在气候变化领域的双边务实合作，共同提高低碳发展和适应气候变化的能力。

八、双方一致同意，2012年在巴西里约热内卢举办的联合国可持续发展大会将为在可持续发展和消除贫困背景下发展绿色经济、加强可持续发展机制框架提供机遇，并同意在大会及其筹备进程中加强沟通与协作，推动大会取得积极、务实成果。

2012年4月24日于斯德哥尔摩

国家副主席习近平在人民大会堂会见以日本国际贸易促进协会会长河野洋平为团长的2012年度日本国际贸易促进协会访华团

习近平说，邦交正常化40年来，中日关系历经风雨考验，取得了长足的发展，其中凝聚了两国几代人的心血和汗水，值得倍加珍视和精心维护。在新的形势下，作为在亚洲和世界上有重要影响的国家，中日两国应顺应时代潮流，进一步增强政治互信，拓展务实合作，积极扩大人文交流，妥善处理敏感问题，共同推动中日战略互惠关系健康稳定发展。

习近平指出，目前中国正在积极落实“十二五”规划，加快转变经济发展方式，努力实现全面协调可持续发展。日本正在推进灾后重建和经济振兴，在节能环保、绿色循环经济和高新科技等领域有独特优势，中国在相关领域有巨大市场。新形势下，双方互补优势更加突出，合作潜力进一步增大，应从扩大共同利益的角度出发，更加积极地拓展经贸合作，把两国关系的经济盘子做得更大。

河野洋平表示，无论形势如何发展变化，双方应坚持日中友好的大方向，着眼大局，推动两国关系继续向前发展。双方应根据两国经贸合作发展的现实需要，重点加强在金融和知识产权领域的合作。

最高人民法院院长王胜俊在北京出席第七次上海合作组织成员国最高法院院长会议并讲话

王胜俊表示，中国政府和中国人民正在为建设一个富强、民主、文明的社会主义法治国家而努力奋斗。在中国民主法制建设进程中，中国一向重视向其他国家学习借鉴有关完善法律制度和发展法治的有益经验。中国最高人民法院希望通过这次大会，进一步了解上合组织各成员国在建设法治国家方面的好做法，进一步借鉴各成员国在完善司法制度方面的好经验，不断改进中国最高人民法院的工作。

根据上一届上合组织成员国最高法院院长会议的决定，本届会议的议题是“深化司法改革——最高法院职能定位”、“法院与媒体的合作”和“刑事诉讼中的职权配置”。

上海合作组织成员国国防部长会议在北京召开

哈萨克斯坦国防部长贾克瑟别科夫、吉尔吉斯斯坦国防部长奥穆拉利耶夫、俄罗斯国防部长谢尔久科夫、塔吉克斯坦国防部长海鲁洛耶夫、乌兹别克斯坦国防部副部长尼亚佐夫出席会议。上海合作组织秘书长伊马纳利耶夫、地区反恐机构副主任萨伊弗洛耶夫应邀出席会议。国务委员兼国防部长梁光烈主持会议并做大会发言。

梁光烈在大会发言时说，回顾历次国防部长会议，成员国国防部长遵照成员国元首共识，友好相见、坦诚相待，交流对地区和世界安全形势的看法，研判对地区安全稳定的新威胁新挑战，协调事关地区安全稳定重大问题的态度立场，有力地增进了成员国之间的军事安全互信，推动了成员国间的友谊与合作。

梁光烈表示，未来10年是上海合作组织发展的关键时期，对各成员国自身发展和本地区稳定至关重要。他提出未来上海合作组织防务安全合作发展应遵循的四项原则：一是坚持贯彻“上海精神”。成员国应坚持以一律平等、相互尊重、协商一致为基础开展防务安全合作；二是坚持打击“三股势力”的合作重点。成员国防务安全合作应以提高抵御现实威胁的能力为目标，加强组织行动能力和快速反应能力建设；三是坚持机制化建设的方向。各方应全力建设机制完善、协调顺畅、合作全面、开放和谐的新型防务安全合作机制；四是努力增进人民的理解和支持。防务安全合作应成为联系成员国人民文明交融的纽带。

会后，国防部长们签署了《联合公报》，并共同会见记者。

中央军委副主席习近平在人民大会堂会见出席上合组织成员国国防部长会议各国国防部长

习近平会见了哈萨克斯坦国防部长贾克瑟别科夫、吉尔吉斯斯坦国防部长奥穆拉利耶夫、俄罗斯国防部长谢尔久科夫、塔吉克斯坦国防部长海鲁洛耶夫、乌兹别克斯坦国防部副部长尼亚佐夫、上海合作组织秘书长伊马纳利耶夫、地区反恐机构副主任萨伊弗洛耶夫。

习近平说，上海合作组织自成立以来，各成员国团结一致、密切协作，推动本组织不断向前发展，取得了重要成就。防务安全合作是上合组织的重要合作领域。过去10年，防务安全合作取得丰硕成果，合作机制日臻完善，合作内容不断充实，合作成效令人瞩目，为成员国国家间关系增加了新的内涵，为维护地区安全稳定和促进共同发展注入了积极因素，为建设持久和平、共同繁荣的和谐地区作出了重要贡献。

习近平说，今年中方担任上海合作组织轮值主席国。中方高度重视在上海合作组织框架内开展防务安全合作，愿与各方一道，遵照组织宪章和元首共识，在互信互利的基础上共同规划防务安全合作的发展蓝图，扎实推进务实合作，切实增强本组织抵御现实威胁的能力，建立更加完善的安全合作体系，确保地区长治久安和繁荣昌盛。

与会成员国国防部长表示，上海合作组织在防务安全领域的务实合作取得丰硕成果，将继续推动成员国间联合反恐军事演习、边防部队合作等各项防务安全合作不断向前发展，为维护地区安全与稳定作出更大贡献。

上海合作组织成员国国防部长会议发表联合公报

上海合作组织成员国国防部长会议于2012年4月24日至26日在中国北京举行。哈萨克斯坦共和国国防部部长阿·雷·贾克瑟别科夫、中华人民共和国国务委员兼国防部部长梁光烈上将、吉尔吉斯共和国国防部部长塔·巴·奥穆拉利耶夫少将、俄罗斯联邦国防部部长阿·爱·谢尔久科夫、塔吉克斯坦共和国国防部部长舍·海·海鲁洛耶夫上将和乌兹别克斯坦共和国国防部副部长鲁·萨·尼亚佐夫少将（以下称部长们）参加了会议。上海合作组织秘书处秘书长穆·桑·伊马纳利耶夫中将、地区反恐怖机构执行委员会副主任萨·萨·萨伊弗洛耶夫中将列席了会议。会议由中华人民共和国国务委员兼国防部部长梁光烈上将主持。

部长们指出，当前国际形势正经历巨大变化。全球化和信息化使世界各国之间相互依存加强，为各国携手巩固世界和平与稳定、建立多极化世界创造了更多条件。与此同时，地区动荡与热点问题此起彼伏，传统安全威胁加剧了包括国际信息安全领域在内的非传统安全威胁。

部长们认为，在此背景下，上海合作组织成员国所在地区呈现军政形势高度稳定的特点。各国政府均采取谋发展、促合作的政策措施。但恐怖主义、分裂主义、极端主义及贩毒等跨国有组织犯罪依然威胁地区和平。只有各成员国共同努力才能有效应对上述挑战。

部长们重申，作为非军事政治联盟，上海合作组织防务安全领域合作的主要任务是，在《上海合作组织宪章》《打击恐怖主义、分裂主义和极端主义上海公约》《上海合作组织反恐怖主义公约》《上海合作组织成员国国防部合作协定》和《上海合作组织成员国关于举行联合反恐军事演习的协定》的基础上，加强军事信任措施，共同打击恐怖主义及其他地区安全挑战与威胁。

部长们指出，自2011年3月在哈萨克斯坦首都阿斯塔纳举行成员国国防部长会议以来，成员国防务部门积极落实《上海合作组织成员国国防部2012—2013年合作计划》，取得新的成果。各方对中方为推动成员国国防部防务安全论坛机制化付出的努力给予高度评价。

部长们认为，“和平使命—2012”联合反恐军事演习的各项准备工作进展顺利，希望各参演方继续加强协调，密切合作。部长们高度评价塔吉克斯坦共和国国防部为组织此次演习作出的贡献。

部长们强调，加强上海合作组织防务安全合作具有重要的战略意义。今年是组织第二个10年的起始之年，在这一承前启后的历史性时刻，应从保证本地区长治久安、繁荣昌盛、人民幸福的战略高度谋划设计防务安全合作未来发展，为建设和谐欧亚地区作出新的更大的贡献。

部长们指出，以“互信、互利、平等、协商，尊重多样文明，谋求共同发展”为核心内容的“上海精神”是成员国开展防务安全合作的最重要指南。进一步发展成员国防务安全部门之间的协作是防务安全合作的重要方面。

部长们高度评价中华人民共和国国防部为筹备和召开此次会议所做的努力，对中方热情友好的接待和提供的良好工作条件表示感谢。

部长们商定，2013年上海合作组织成员国国防部长会议将在吉尔吉斯共和国举行。哈、中、吉、俄、塔国防部长商定，2014年上海合作组织成员国武装力量联合反恐军事演习将在中华人民共和国举行。

国防部部长梁光烈在八一大楼会见哈萨克斯坦国防部部长贾克瑟别科夫

国务院正式批准在吉林珲春设立“中国图们江区域(珲春)国际合作示范区”

卫生部发布《抗菌药物临床应用管理办法》

4月25日

国家主席胡锦涛电贺陶尔·马坦·鲁阿克当选东帝汶民主共和国总统

胡锦涛在贺电中说，中国与东帝汶建交十年来，两国关系取得长足发展，各领域交流与合作富有成果。双方在国际和地区事务中进行了良好配合。中方高度重视发展同东帝汶的睦邻友好关系，支持东帝汶为推动经济社会发展所做的努力。我愿与阁下一道，巩固两国传统友谊，拓展务实合作，推动中国与东帝汶睦邻友好关系不断迈上新台阶。

十一届全国人大常委会二十六次会议在人民大会堂举行第二次全体会议

会议审议国务院关于农田水利建设工作情况的报告，关于监狱法实施和监狱工作情况的报告，关于外国人入出境及居留、就业管理工作情况的报告等。

吴邦国委员长出席会议。会议由乌云其木格副委员长主持。常委会组成人员144人出席会议，出席人数符合法定人数。

受国务院委托，水利部部长陈雷报告了农田水利建设工作情况。他说，近年来，中央坚持把农田水利建设作为保障农业稳定发展和国家粮食安全的重要基础，不断完善政策支持体系，加大各项工作力度，推动农田水利进入新的发展阶段：农田水利建设财政投入不断增加，大中型灌区改造等重点项目加快实施，节水灌溉和田间配套工程建设大力推进，农村饮水安全工程建设全面提速，防洪减灾薄弱环节建设明显加强，农田水利管理改革不断深化。2011年，在中央一号文件和中央水利工作会议的推动下，各地各部门进一步加强农田水利建设，全国冬春农田水利基本建设超额完成计划任务。

在分析了当前我国农田水利建设面临的主要问题后，陈雷从10个方面报告了进一步加强农田水利建设的措施：进一步加大农田水利投入力度，继续深化农田水利重点环节改革，全面实施大中型灌区节水改造，切实抓好小型农田水利重点县建设，大力发展节水灌溉和旱作农业，不断提高农业抗御洪涝干旱灾害能力，加快解决农村饮水安全问题，积极开展水土保持和农村水环境治理，着力加强农田水利建设与运行管理，加快农田水利法制化和规范化建设。

受国务院委托，司法部部长吴爱英报告了监狱法实施和监狱工作情况。她说，全国人大常委会1994年审议通过了《中华人民共和国监狱法》。国务院就贯彻落实监狱法、加强和改进监狱工作制定了一系列政策措施。近年来，全国监狱系统认真贯彻实施监狱法，坚持"惩罚与改造相结合、以改造人为宗旨"的监狱工作方针，坚持依法治监，严格依法做好刑罚执行工作，大力加强罪犯教育改造，持续保持监狱场所安全稳定，深入推进监狱体制改革，积极实施监狱布局调整，大力加强监狱信息化建设，大力加强监狱人民警察队伍建设，为维护国家安全和社会稳定作出了积极贡献。

吴爱英说，做好新形势下监狱工作，要深入贯彻实施监狱法，坚持把降低刑满释放人员重新违法犯罪率作为衡量监管工作的"首要标准"，进一步做好罪犯教育改造工作，继续保持监狱场所安全稳定，深入推进监狱工作改革发展，进一步推进监狱法制建设，进一步加强监狱人民警察队伍建设，确保公正廉洁执法。

受国务院委托，公安部副部长杨焕宁报告了关于外国人入出境及居留、就业管理工作情况。他说，随着我国经济社会的快速发展，来华外国人数量持续较快增长，入境目的和身份日益多样，在华活动更加广泛复杂，流动性增强。国务院各有关部门坚持服务与管理并重，依法行政，密切协作，不断加强服务管理创新，努力构建对外国人"入境、居留、出境"全过程动态服务管理体系，有效提升了外国人服务管理能力和水平，促进了我国改革开放和经济社会发展，有力维护了国家安全和社会稳定。

在报告了有关外国人服务管理工作面临的新情况、新问题以及在管理措施、体制机制和法制建设等方面存在的困难和问题后，杨焕宁说，加强外国人服务管理工作，要坚持以科学发展观为指导，将扩大开放作为宏观政策导向，建设优质的投资环境、旅游环境、就业环境和国际人才竞争环境，有效防范控制涉外不稳定因素，更好地服务于改革开放和经济社会协调发展。下一步要不断完善统一、高效的服务管理机制，建立涉外服务管理信息共享机制，进一步加强对非法入境、非法居留和非法就业外国人的管理，完善入出境和停居留制度，完善外国人就业管理制度，推动涉外管理立法等。

全国人大常委会委员长吴邦国在人民大会堂与南苏丹总统基尔举行会谈

吴邦国说，中南两国人民友好交往追溯久远，深入人心。中南建交后，双边关系开局良好，各领域合作呈现巨大发展潜力。中方支持南苏丹为维护稳定、发展经济所作的不懈努力，愿不断深化中南友好，加强务实合作，尤其是在中非合作论坛框架下的互利合作，帮助南苏丹发展经济，改善民生。中方高度赞赏南苏丹坚持奉行一个中国政策。

基尔表示，南苏丹十分珍惜与中国的传统友谊，视中国为可信赖的朋友和合作伙伴。南苏丹高度重视对华关系，感谢中方长期以来提供的帮助，愿加强与中国在各领域的合作，包括议会交流。南苏丹将继续坚定奉行一个中国政策。

双方还就南北苏丹关系交换了意见。

国务院总理温家宝在华沙与波兰总统科莫罗夫斯基举行会谈

温家宝表示，波兰具有悠久的历史和灿烂的文化，是中东欧大国和欧盟重要成员。中波有着传统友谊，相互尊重彼此选择的发展道路，两国关系发展势头良好，合作潜力巨大。中方愿与波方认真落实政治、经贸、人文等各领域的重要共识，进一步深化中波战略伙伴关系，这符合双方的根本利益，也必将对中欧关系的稳定健康发展产生积极影响。

科莫罗夫斯基表示，波兰人民对中国人民怀有深厚的情谊，钦佩中国取得的巨大成就。近年来，在相互尊重基础上，两国关系不断取得进展。波中都在致力于振兴国家和民族，双方可以相互学习借鉴。波方愿与中方密切高层交往，加强各领域互利合作，造福两国人民。波兰愿为推动中东欧地区与中国的友好关系以及深化欧中全面战略伙伴关系发挥积极作用。

国务院总理温家宝在华沙与波兰总理图斯克举行会谈

温家宝说，中国和波兰建交以来，虽然世界和两国都发生了巨大变化，但双方在涉及彼此主权和领土完整的重大问题上始终相互理解、相互支持，尊重对方选择的发展道路。两国人民之间的友好感情没有变。当前，国际政治、经济、安全格局正发生深刻复杂变化，中方高度重视波兰的发展潜力和在欧洲以及国际事务中的重要影响，愿与波方加强高层交往和各领域合作，推动中波战略伙伴关系不断向前发展。

温家宝表示，中方同意建立中波总理定期会晤机制，增进政治互信和战略沟通；成立两国政府间合作委员会，统筹协调各领域合作；双方要制定经贸合作中长期规划，确定合作重点领域和重大项目；采取积极措施，促进双边贸易平衡增长，争取5年内实现贸易额翻一番；成立产业合作指导委员会，建立和完善两国企业交流平台，加强在投资、基础设施、新能源、高科技领域的合作；密切文化、教育、旅游、青年和地方交流，增进相互了解和友谊。

温家宝表示，波兰为筹备即将举行的中国与中东欧国家领导人会晤和经贸论坛做了大量工作，中方表示高度赞赏，愿与波兰和有关各国密切配合，携手开辟中国与中东欧国家友好合作新局面。

图斯克说，波中两国相互尊重彼此选择的发展道路，都有着加强合作的强烈愿望。图斯克完全赞同温家宝就发展两国关系所提的建议。他说，波中关系处于历史最高水平，波方愿同中方加强政治对话，发挥总理定期会晤机制对双边关系的引领作用；鼓励两国企业扩大相互投资，促进贸易便利化，开辟能源、财金等新领域的合作；采取积极措施，进一步扩大人文交流和地方合作。波兰愿充分发挥自身影响和优势，为增进中东欧国家同中国的相互了解与合作以及欧中关系发展作出积极贡献。

会谈后，两国总理共同出席了双边有关合作文件的签字仪式，并共同会见了记者。

国务院总理温家宝在斯德哥尔摩与瑞典首相赖因费尔特共同出席斯德哥尔摩+40可持续发展伙伴论坛部长对话并发表演讲

尊敬的卡尔十六世·古斯塔夫国王陛下，尊敬的韦斯特贝里议长、赖因费尔特首相，各位部长，女士们、先生们、朋友们：

我代表中国政府，对斯德哥尔摩+40可持续发展伙伴论坛的召开表示热烈祝贺！

40年前，联合国在这里召开了首次人类环境会议，发表了具有划时代意义的历史性文献《人类环境宣言》，形成了人类环境行动计划，提出了一个响遍世界的口号：只有一个地球！那次会议标志着人类对环境问题的普遍觉醒，开启了可持续发展的新纪元。中国的环保和可持续发展事业也从此摆上政府的重要日程。今天，我们隆重纪念这一历史盛会，重温宣言的经典篇章，更加赞叹前人的远见卓识，更能领悟当代人的重大责任。

中国是可持续发展的坚定支持者和实践者。在中国的传统价值观中，蕴含着可持续发展精神。两千多年前，中国古代哲学家就提出"天人合一"、"道法自然"的思想，倡导人与自然和谐相处，这是可持续发展追求的最高境界。40年来，中国参加了可持续发展理念形成和发展中具有里程碑意义的历次国际大会，我们把节约资源、保护环境确立为基本国策，把可持续发展战略上升为国家战略。进入新世纪，我们将科学发展观确立为经济社会发展的重要指导方针，其基本要求是坚持以人为本、实现全面协调可持续发展。

中国人讲求言必信、行必果。40年来，我们用可持续发展的丰富实践，忠实地履行对国内人民和国际社会的承诺。我们实行最严格的耕地和水资源管理制度，用占世界不足10%的耕地和人均仅有世界水平28%的水资源，养活了占世界1/5的人口。我们几十年如一日坚持植树造林，建成的人工林已达62万平方公里。我们在过去6年淘汰了8383万千瓦能耗高、污染重的小火电机组，相当于一个欧洲中等国家的电力装机规模。我们大力发展清洁低碳能源，目前是世界上水电、风电装机总量最大的国家。2005年以来，在经济快速增长过程中，中国的单位国内生产总值能源消耗降低了21%，主要污染物二氧化硫、化学需氧量排放总量分别下降16%和14%。30多年来，我们减少了2亿多农村贫困人口，是最早实现千年发展目标中"贫困人口减半"的国家。

我们也清醒地认识到，中国是世界上最大的发展中国家，正处于工业化、城镇化快速发展的进程中，发展中不平衡、不协调、不可持续的问题还很突出。中国的资源禀赋差、人均占有量低，生态环境脆弱，各地发展很不平衡，按照新的国家扶贫标准，我们还有1.28亿农村贫困人口，每年新增劳动力1000多万，发展经济和保护环境的任务都十分繁重。目前，中国正在实施经济社会发展第十二个五年规划，这个规划体现了中国政府的坚强决心，那就是：我们决不靠牺牲生态环境和人民健康来换取经济增长，一定要走出一条生产发展、生活富裕、生态良好的文明发展道路。

我们的思路和做法：一是坚持把加快转变经济发展方式和调整结构作为推进可持续发展的战略举措。改善需求结构，扭转经济增长过多依靠投资和出口的状况，增强消费对经济增长的拉动作用。优化产业结构，提高服务业的比重和水平，促进工业化、城镇化和农业现代化协调发展。调整要素投入结构，提高人力资源、科技进步对经济增长的贡献，减少对物质资源的消耗。二是坚持把建设资源节约型、环境友好型社会作为推进可持续发展的系统工程。没有一服药可以包治百病，也没有一个单项措施可以根治资源环境问题。我们努力在工业、农业、服务业等国民经济的各个领域，在政府、企业、家庭等社会组织的各个系统，推行有利于节约资源、保护环境的生产方式、生活方式和消费模式，建设低投入、高产出，低消耗、少排放，能循环、可持续的国民经济体系。三是坚持把完善体制机制、加强能力建设作为推进可持续发展的基本保障。解决资源环境问题需要市场和政府同时发挥作用。我们注重完善能够反映市场供求状况、资源稀缺程度和环境损害成本的资源性产品价格形成机制，建立、健全有利于节约资源、保护环境的财税金融体制和生态补偿机制，在全国各地区和重点企业实行节能减排目标责任制。加强可持续发展的科技创新、人才培养、法律、法规建设和国际交流合作。四是坚持把消除贫困、提高人民生活质量作为推进可持续发展的根本目的。《人类环境宣言》中有一句话：世间一切事物中，人是第一宝贵的。我们不断加强以改善民生为重点的社会建设，完善就业、社保、教育、医疗、扶贫、住房等方面的政策和体制，推进基本公共服务均等化，努力使全体人民学有所教、劳有所得、病有所医、老有所养、住有所居，促进社会公平正义和社会和谐。

女士们、先生们！

推动可持续发展是当今世界的潮流，也是长期艰巨的任务，需要我们不断在理念上有所创新、在实践上有所突破、在行动上携手共进。对此，我有以下观点与大家分享。

第一，保障人人享有平等的环境权利。人不仅有基本的政治、经济和发展权利，还应当有基本的环境权利，有权获得良好的生活环境，有权不遭受污染的危害，有权参与对影响环境行为的监督管理。要提高公民的环境权利意识和责任意识，加强对公民环境权利的保障，以更加合理地利用环境，更加自觉地保护环境，为可持续发展注入强大而持久的动力。

第二，坚持走绿色发展道路。人不是自然的奴隶，也不是自然的主宰，而应是自然的朋友。处理好人类发展与保护环境的关系，是一个永恒的课题。当前，绿色发展正在全球兴起，发展节能环保等绿色产业、创新绿色科技、生产绿色产品、开发绿色能源、倡导绿色消费，不仅有助于减缓经济发展与资源环境的矛盾，而且可以创造新的市场需求，提供新的就业岗位。经济的“绿色化”不是增长的负担，而是增长的引擎，是实现可持续发展的有效途径。我们应大力发展绿色经济，实现发展与可持续的共赢。

第三，加强可持续发展全球治理。目前可持续发展的全球共识已经形成，但共同行动还有欠缺、还不平衡，加强国际合作、完善全球治理势在必行。完善可持续发展全球治理，应当统筹兼顾经济增长、社会进步和环境保护这三大支柱，而不是局限于环境治理；应当坚持共同但有区别的责任原则，促进发展中国家获得公平的发展权，承担与自身能力相适应的责任。要尊重各国可持续发展自主权，增加发展中国家在可持续发展全球治理机制中的代表性和话语权，而不是构筑绿色壁垒。发达国家应切实履行官方发展援助承诺，提供充足的资金和先进的技术，增强发展中国家的环境保护和可持续发展能力。

北欧国家是环境保护与可持续发展的倡导者和先行者，在促进人与自然和谐发展方面走在世界前列。长期以来，瑞典在相关领域的能力建设方面向中方提供了宝贵帮助，中瑞开展了卓有成效的务实合作，两国在造纸行业二噁英减排、汞污染防治、可再生能源以及河北曹妃甸、江西共青城、无锡太湖生态城或生态园等项目合作上取得了积极进展，这是发达国家与发展中国家绿色合作的亮点，对此我高度赞赏。我访问期间，双方发表了加强在可持续发展领域战略合作框架文件，将在人员交流、联合科研、政策对话、产业合作以及多边领域建立长期合作的伙伴关系，这必将为进一步密切两国关系、推进共同发展注入新的活力。

女士们、先生们！

对于自然规律、经济社会发展规律，人类还有许多未知的领域。我希望今天的会议不仅仅是一次纪念，也是一种反思、一次承诺。瑞典前首相帕尔梅曾说：“政治就是意愿。”中国有句古话：“兄弟同心，其利断金。”我们只有一个地球，我们共同生活在这个星球上，有责任携起手来，保护好赖以生存的家园，不让它出现“寂静的春天”，而是永远享有鸟语花香的世界。

谢谢大家！

国务院任免国家工作人员

任命胡祖才为国家发展和改革委员会副主任；任命余欣荣为农业部副部长；任命赵树丛为国家林业局局长；任命李捷为中国社会科学院副院长；任命任正晓为国家粮食局局长。

免去彭森的国家发展和改革委员会副主任职务；免去贾治邦的国家林业局局长职务；免去朱佳木的中国社会科学院副院长职务；免去杨明生的中国保险监督管理委员会副主席职务；免去桂敏杰的中国证券监督管理委员会副主席职务；免去聂振邦的国家粮食局局长职务。

中国证监会批准上海期货交易所开展白银期货交易

国家副主席习近平在人民大会堂会见美国华特迪士尼公司董事长兼首席执行官罗伯特·艾格

国务院副总理李克强在中南海紫光阁与南苏丹总统基尔举行会谈

李克强表示，中南务实合作是两国友好关系的重要基础。中方向南苏丹提供了一些力所能及的援助，体现了中国人民对南苏丹人民的友好情谊。中南经济互补性强，合作潜力大，双方应抓住机遇，努力开创两国务实合作新局面。要积极落实中方援助项目，早日惠及南苏丹人民；中方将鼓励更多有实力、信誉好的企业赴南投资，希望南政府创造更好投资环境，并切实保护在南中资企业人员和财产安全；妥善处理石油合作，确保中南石油合作的稳定性和持续性；努力拓展农业、基础设施、文教卫生等方面的合作。

基尔表示珍视与中国的友好关系，愿同中方深化各领域互利合作，为中方企业赴南投资提供安全与便利的环境。

中央纪委书记贺国强在人民大会堂会见以总书记安德罗斯·基普里亚努为团长的塞浦路斯劳动人民进步党代表团

国防部部长梁光烈在八一大楼会见巴基斯坦海军参谋长桑迪拉一行

梁光烈表示，希望双方继续增进战略沟通，增加人员往来，深化务实合作，推进两军关系，特别是两国海军关系不断深入发展。梁光烈对近日巴基斯坦客机坠毁造成重大人员伤亡表示哀悼，并对遇难者家属表示慰问。

桑迪拉说，巴基斯坦珍视巴中友谊，感谢中方多年来给予的无私援助，也将继续在涉及中国核心关切问题上给予坚定支持。

全国哲学社会科学规划领导小组组长刘云山在北京出席2012年度国家社科基金项目评审工作会议并讲话

刘云山指出，党的十六大以来，哲学社会科学战线紧紧围绕党和国家工作大局，深入研究回答重大理论和现实问题，扎实推进哲学社会科学创新，巩固发展了哲学社会科学积极健康向上的良好态势，为全面建设小康社会、加快推进社会主义现代化作出了重要贡献。在新的历史起点上推动哲学社会科学繁荣发展，必须深入学习贯彻我们党在领导哲学社会科学工作长期实践中形成的一系列重要方针和原则，正确认识和处理坚持马克思主义与发展马克思主义、坚持“二为”方向与贯彻“双百”方针、传承借鉴与创新发展、繁荣发展与引导管理、个人学术追求与社会责任的关系，不断深化对哲学社会科学工作的规律性认识，更好地发挥哲学社会科学认识世界、传承文明、创新理论、咨政育人、服务社会的重要功能。

刘云山强调，面对新形势新任务新要求，哲学社会科学必须紧扣时代脉搏、聚焦中国问题，推出更多高水平的研究成果，更好服务党和国家事业发展全局。要深化党的理论创新成果研究，认真实施中国特色社会主义理论体系普及计划，着力推进马克思主义中国化时代化大众化；深化社会主义核心价值体系研究，探索引领多样化社会思潮的有效途径和办法，着力增强全党全国人民团结奋进的精神力量；深化改革发展稳定重大问题研究，积极回答社会普遍关注的热点难点问题，着力推动科学发展、促进社会和谐；深化中国特色社会主义文化发展道路研究，不断丰富发展社会主义文化建设理论，着力推动社会主义文化强国建设；深化重大国际问题研究，着力维护国家利益和安全。要深入实施哲学社会科学创新工程，推进以问题为导向的研究体系创新、学术话语体系创新、科研组织管理体系创新，着力建设具有中国特色、中国风格、中国气派的哲学社会科学。要创造性地做好国家社科基金工作，把坚持正确导向、突出国家水准、注重科学管理、服务专家学者贯穿工作始终，充分发挥国家社科基金的示范引导作用。

教育部向广东省政府发出通知正式同意建立南方科技大学

通知显示，根据《高等教育法》《普通高等学校设置暂行条例》和《普通本科学校设置暂行规定》的有关规定，以及全国高等学校设置评议委员会讨论议定，南方科技大学获批建立，为多科性本科学校，由广东省领导和管理，学校发展所需经费由广东省统筹安排解决。全日制在校生规模暂定为8000人。

南方科技大学曾被外界视为中国高等教育改革的试验田。2011年6月，南方科技大学首批由学校自主招收的45名学生全部放弃高考，引起各界高度关注。在该校公布的管理暂行办法中，“教授治学、学术自治”原则被写入总则。

4月26日

十一届全国人大常委会八十一次委员长会议在人民大会堂举行

全国人大常委会委员长吴邦国主持会议。

会议听取了全国人大法律委员会主任委员胡康生作的关于军人保险法草案二次审议稿修改意见的汇报。

会议听取了全国人大常委会副秘书长王万宾作的关于十二届全国人大代表名额分配方案草案、十二届全国人大少数民族代表名额分配方案草案和台湾省出席十二届全国人大代表协商选举方案草案审议情况的汇报。

会议听取了全国人大外事委员会主任委员李肇星作的关于批准《万国邮政联盟组织法第八附加议定书》的议案审议情况及全国人大常委会关于批准《万国邮政联盟组织法第八附加议定书》的决定草案代拟稿的汇报。

会议还听取了全国人大常委会副委员长兼秘书长李建国作的关于任免案审议情况的汇报。

委员长会议决定，根据常委会组成人员的审议意见，对上述议案和草案作进一步审议修改后，交付十一届全国人大常委会第二十六次会议闭幕会表决。

国务院总理温家宝在第二届中国—中东欧国家经贸论坛上致辞

尊敬的图斯克总理阁下，各位领导人，女士们，先生们：

我时隔25年重访波兰，站在这片古老而神奇的土地上，有耳目一新的感觉。伟大的波兰人民勤劳智慧，奋发图强，国家呈现出勃勃生机和繁荣景象。波兰成功应对国际金融危机，经济持续增长，金融保持稳定，国际地位和影响力不断提升。作为战略伙伴，我们为波兰感到由衷的高兴！

中波两国人民是好朋友、好伙伴。近年来，双边关系不断迈上新台阶。昨天我同图斯克总理举行了全面、深入、富有成果的会谈，就深化两国友谊与合作达成重要共识：中波将建立总理定期会晤机制，加强高层交往；成立两国政府间合作委员会，统筹协调各领域合作；双方将制定经贸合作中长期规划，设立产业合作指导委员会，加强在投资、基础设施、高科技、新能源领域的合作，促进双边贸易平衡增长，争取5年内翻一番；进一步密切文化、教育、旅游、青年和两国地方省市交流。这些举措必将为两国战略伙伴关系发展注入新的强劲动力，产生广泛而深远的积极影响。

女士们，先生们：

去年6月，我在匈牙利出席首届中国与中东欧国家经贸论坛期间，一些欧洲国家的领导人和企业家表示，希望在地区层面拓展与中国的合作，我对此深表赞同。今天，我们如愿在美丽的华沙相聚，共商经贸合作大计。我对波兰政府的精心组织和热情接待表示衷心感谢，对长期以来致力于中国与中东欧国家友好合作的各界人士致以崇高敬意！

经贸合作是中国与中东欧国家关系中最活跃、最具潜力的领域。2001年，双方贸易额仅43亿美元，2011年达到529亿美元，年均增长27.6%。国际金融危机以来，双方贸易逆势而上，其中中国自中东欧国家的进口年均增长30%。双向投资日趋活跃，中国企业在中东欧地区投资已涵盖化工、机械、家电、电信、汽车和新能源等行业，并向农业、金融、科技等领域拓展，对当地经济增长和就业的贡献与日俱增。双方基础设施建设合作初见成效，贝尔格莱德多瑙河大桥等成为标志性项目。

人文交流一直是双方关系的重要推动力。目前，中国和中东欧国家共有37对友好省州，58对友好城市。在中东欧国家，越来越多的人在学习汉语，孔子学院和孔子课堂多达58个。2011年中东欧国家居民赴中国旅游的人数达23万人次，首站前往中东欧国家的中国游客接近7.5万人次。双方人民来往多了，相互了解和友谊更加深入。

中国与中东欧国家虽然在社会制度、国情、文化等方面存在差异，但这些都不会改变我们发展友好关系的共同愿望和坚定信念。只要双方坚持相互尊重、平等相待、互利合作，就一定能巩固传统友谊，实现共同发展。

女士们，先生们：

今年以来，世界经济形势有所好转，但复苏的基础十分脆弱，存在较大不确定性。中国和中东欧国家携手应对挑战，符合双方的根本利益。中方愿以最大的诚意，深化与中东欧国家的友好关系，大力提升务实合作水平，造福双方人民。

——我们要扩大合作规模。中方愿与中东欧国家共同努力，相互扩大市场开放，力争双方贸易额到2015年达到1000亿美元。中方理解中东欧国家对贸易不平衡的关切，愿意进口更多中东欧产品，并为各国企业到中国参加展览会和交易会提供便利。中方将于近期向中东欧派出“贸易投资促进团”，加大力度，鼓励中国企业赴中东欧投资兴业，希望得到各国支持和帮助。

——我们要拓展合作领域。开展包括贸易、投资、基础设施、旅游等领域的全方位合作。中东欧国家对基础设施建设的需求很大，中国企业在规划、设计和建设等方面拥有成熟技术和丰富经验，工程造价经济实惠，双方合作前景广阔。中方倡议成立“交通网络建设专家咨询委员会”，各国本着自愿原则参加，共同探讨通过合资合作、联合承包等多种形式，参与中东欧高速公路、铁路示范网络建设。中方倡议成立中国—中东欧国家旅游促进联盟，相互推介旅游产品，联合开发旅游线路，探讨开通更多直航航线。欢迎中东欧企业参加今秋在上海举办的中国国际旅游交易会，中方愿意协助举办中国—中东欧国家专场旅游产品推介会。

——我们要健全合作机制。双方有必要继续举办经贸论坛，召开领导人会议；中方将设立中国—中东欧国家合作秘书处，负责沟通协调，推动落实双方达成的共识；双方的贸易投资促进机构要合作建设商务信息平台，重点为中小企业合作牵线搭桥；中方愿同更多的中东欧国家商签本币互换协议，开展跨境贸易本币结算，互设银行分支机构。

——我们要夯实合作基础。中方倡议明年在中国举办“中国—中东欧国家文化合作论坛”，更多开展互办文化节活动；双方要加强教育政策对话，推动高校交流，扩大语言教学合作；推动广电媒体开展节目互换、联合拍片和人员交流；鼓励友好省市发挥优势，带动双方的地方合作。青年是双方世代友好的希望，中方倡议明年在中国举办首届“中国与中东欧青年政治家论坛”，欢迎各国青年精英踊跃参与。

为有力推进同中东欧国家的务实合作，中国政府决定：设立100亿美元的专项信贷额度，配备一定比例的优惠性质贷款，重点用于支持双方在基础设施、高新技术、绿色经济等领域的合作项目；发起设立中国—中东欧投资合作基金，首期募集基金目标为5亿美元；根据中东欧国家实际情况和需求，推动中国企业未来5年在各国合建一个经济技术园区；5年内向中东欧国家提供5000个奖学金名额，邀请1000名学生来中国研修汉语，派出1000名学生和学者赴中东欧国家学习交流；设立“中国与中东欧国家关系研究基金”，中方每年提供200万元人民币研究经费。

女士们，先生们：

中国与中东欧国家的友好关系面临快速发展的重要机遇，迎来了充满希望的春天。只要我们辛勤培育播下的种子，就一定能收获丰硕的果实。波兰杰出的科学家居里夫人说过，“如果能追随理想而生活，本着自由的精神、勇往直前的毅力、诚实不欺的思想而行，一定能臻于至美至善的境地”。让我们携手并进，共同谱写中国与中东欧国家友好关系的新篇章！

谢谢大家！

国务院总理温家宝在华沙与16个中东欧国家领导人共同举行中国—中东欧国家领导人会晤

温家宝表示，举行中国和中东欧国家领导人会晤，在历史上还是第一次。我是带着增进友谊、加强合作的愿望而来的。多年来，虽然世界发生了巨大变化，中国和中国人民始终铭记中东欧国家曾经给予的宝贵帮助和支持。这种传统友谊是双方共同的宝贵财富。无论国际风云如何变幻，我们都要将它发扬光大，传承下去，造福后人。

温家宝指出，面对全球化快速发展、国际金融危机以及欧债问题带来的严峻挑战，中国和中东欧国家都有进一步密切关系、深化合作的强烈愿望。温家宝就推进中国和中东欧国家关系提出四条原则建议：

第一，坚持相互尊重、平等相待，照顾彼此重大关切，深化政治互信。

第二，着力加强经贸领域的务实合作。尽快建立和完善工作机制和交流平台，确定合作重点，充分利用中国推出的一系列重要举措，争取短时间内取得实质性成果。

第三，加强人文交流。从战略高度重视青年往来和媒体交流。

第四，共同为中欧关系发展注入新的活力。

温家宝说，此次会晤为中国与中东欧国家关系发展奠定了良好基础。让我们以此为新的起点，把握机遇，应对挑战，做好朋友、好伙伴，在平等互利、共同发展的道路上迈出新的步伐。

与会的中东欧国家领导人高度评价温家宝的建议，表示中国是中东欧国家发展进程中的重要伙伴，双方合作潜力巨大，前景广阔。中东欧国家钦佩中国改革开放取得的辉煌成就，愿与中方加强相互学习借鉴，携手努力，实现互利共赢。中东欧国家愿为推动欧中战略伙伴关系发展发挥积极作用。

中国与中东欧国家领导人会晤发表新闻公报

2012年4月26日，中国与中东欧国家领导人会晤在波兰华沙举行。中华人民共和国国务院总理温家宝和波兰共和国总理唐纳德·图斯克、波斯尼亚和黑塞哥维那部长会议主席维耶科斯拉夫·贝万达、克罗地亚共和国总理佐兰·米拉诺维奇、捷克共和国总理彼得·内恰斯、爱沙尼亚共和国总理安德鲁斯·安西普、匈牙利总理欧尔班·维克托、拉脱维亚共和国总理瓦尔季斯·东布罗夫斯基斯、立陶宛共和国总理安德留斯·库比柳斯、马其顿共和国总理尼古拉·格鲁埃夫斯基、黑山总理伊戈尔·卢克希奇、罗马尼亚总理米哈伊·温古雷亚努、塞尔维亚共和国总理米尔科·茨韦特科维奇、斯洛伐克共和国总理罗伯特·菲乔、斯洛文尼亚共和国总理亚内兹·扬沙、阿尔巴尼亚共和国副总理埃德蒙·哈吉纳斯托、保加利亚共和国副总理西美昂·迪扬科夫出席会晤。

一、出席华沙高级别会晤的领导人赞赏波兰主办此次会晤，也感谢其为中国—中东欧国家经贸论坛所做组织工作，这一论坛司2011年6月在匈牙利举办的论坛类似。与会领导人强调高层交往对国与国关系发展的引领和推动作用，愿今后继续开展此类形式的合作。与会领导人欢迎近年来中国与中东欧国家各领域合作的进展，一致认为在当前不断变化和相互依存日益深化的世界里，各国利益交融更加紧密，应进一步加强交流与合作，以便更好地把握机遇，迎接挑战。拓展和深化相互关系符合中国与中东欧各国人民的共同愿望和根本利益，有助于准进各方合作。

二、与会领导人表示，中国与中东欧国家传统友好，其相互关系是整个中欧关系的重要组成部分。各国领导人将以战略眼光从长远角度看待彼此关系，本着相互尊重、平等互利的原则，建立面向未来、共同发展的友好伙伴关系。中方重申支持欧洲一体化进程，支持中东欧国家为促进经济健康发展采取的举措。中东欧国家欢迎中国经济持续平稳较快增长及其对全球经济增长的重要贡献。

三、与会领导人认识到发展更加紧密的经济关系对促进彼此发展和地区合作具有重要意义，愿继续深化在贸易、投资、财金等领域的信息交流与务实合作。中方愿采取积极措施支持中国与中东欧国家在基础设施建设、高新科技、清洁能源等领域合作。为进一步促进双向投资，各方将致力于消除贸易和投资保护主义。

四、当前，中国和欧洲总体合作不断扩大，中国同欧盟建立了全面战略伙伴关系。与会领导人对在此背景下举行会晤感到高兴。

五、与会领导人认为，人文交流对增进相互了解、巩固传统友谊具有不可替代的重要作用。各国政府将支持举办文化节，互派高水平文艺团体，相互派遣留学生，相互支持语言教学，加强研究机构学术交流，搭建青年交流平台，鼓励和支持友好省市关系，在旅游领域开展实质性合作。

六、此次会晤为与会领导人就包括维护和平、全球经济治理、能源安全、食品和粮食安全、气候变化和可持续发展等国际问题交换意见提供了机会。

中国关于促进与中东欧国家友好合作的十二项举措

一、成立中国与中东欧国家合作秘书处。秘书处设在中国外交部，负责沟通协调合作事宜、筹备领导人会晤和经贸论坛并落实有关成果。中东欧 16 国根据自愿原则指定本国对口部门及 1 名协调员参与秘书处协调工作。

二、设立总额 100 亿美元的专项贷款，其中配备一定比例的优惠性质贷款，重点用于双方在基础设施建设、高新技术、绿色经济等领域的合作项目。中东欧 16 国可向中国国家开发银行、进出口银行、工商银行、中国银行、建设银行和中信银行提出项目申请。

三、发起设立“中国—中东欧投资合作基金”，首期募集基金目标为 5 亿美元。

四、中方将向中东欧地区国家派出“贸易投资促进团”并采取切实措施推进双方经贸合作。愿与各国共同努力，力争中国与中东欧 16 国贸易额至 2015 年达到 1000 亿美元。

五、根据中东欧国家的实际情况和需求，推动中国企业在未来 5 年同各国合建 1 个经济技术园区，也愿继续鼓励和支持更多中国企业参与各国已有的经济技术园区建设。

六、愿与中东欧 16 国积极探讨货币互换、跨境贸易本币结算以及互设银行等金融合作，加强对务实合作的保障与服务。

七、成立“中国—中东欧交通网络建设专家咨询委员会”。由中国商务部牵头，中东欧 16 国本着自愿原则加入，共同探讨通过合资合作、联合承包等多种形式开展区域高速公路或铁路示范网络建设。

八、倡议 2013 年在中国举办“中国—中东欧国家文化合作论坛”，并在此框架下定期举行文化高层和专家会晤及互办文化节、专题活动。

九、在未来 5 年向中东欧 16 国提供 5000 个奖学金名额。支持 16 国孔子学院和孔子课堂建设，未来 5 年计划邀请 1000 名各国学生来华研修汉语。加强高校校际交流与联合学术研究，未来 5 年派出 1000 名学生和学者赴 16 国研修。中国教育部计划明年在华举办“中国—中东欧国家教育政策对话”。

十、倡议成立“中国—中东欧国家旅游促进联盟”。由中国国家旅游局牵头，欢迎双方民用航空主管部门、旅游和航空企业参与，旨在加强相互推介和联合开发旅游线路，并探讨开通与中东欧 16 国更多直航。中国国家旅游局计划今秋在上海中国国际旅游交易会期间协办中国—中东欧国家专项旅游产品推介会。

十一、设立“中国与中东欧国家关系研究基金”。中方愿每年提供 200 万元人民币，支持双方研究机构和学者开展学术交流。

十二、中方计划于 2013 年举办首届“中国与中东欧青年政治家论坛”，邀请双方青年代表出席，增进相互了解与友谊。

国务院总理温家宝在华沙分别会见波兰众议院议长科帕奇和参议院议长博鲁塞维奇

中共中央政治局常委李长春在雅加达与印度尼西亚总统苏西洛举行会谈

李长春说，中国与印尼隔海相望，传统友谊源远流长。两国建立战略伙伴关系以来，双边关系步入全面快速发展的新阶段，各领域合作都取得丰硕成果，两国关系站到了新的历史起点上。在当前国际形势深刻复杂变化的背景下，发展中印尼战略伙伴关系意义重大。

李长春说，当前两国都在实施经济社会发展规划，中国“十二五”规划开局良好，印尼也启动了 2011—2025 年经济发展总体规划，这对拓展双边务实合作带来了重要机遇和广阔空间。李长春表示,中国党和政府面向未来,致力于加强两国战略伙伴关系。为此,他提出四点建议:一是认真落实两国领导人达成的重要共识,促进政治互信,加强经贸合作;二是积极推动人文领域的交流与合作,夯实两国关系发展的社会基础;三是深化两国党际交流合作,中国共产党愿在党际关系四项原则的基础上,深化与包括民主党在内的印尼主要政党的友好交往;四是加强在地区和国际事务中的沟通与协调,共同促进地区和世界的和平、稳定与发展。

苏西洛说,当前两国关系进入了全面发展的新时期,双方在各领域的交流合作都在不断深化。他完全赞同李长春对加强两国关系的建议,认为当前全面推动两国战略伙伴关系的重中之重就是要认真落实双方领导人达成的一系列重要共识。苏西洛表示,印尼将继续与中方一道,在两国战略伙伴关系的框架下,不断推进和深化双方在经贸、文化、教育、媒体、地区和国际等领域的合作,共同为两国战略伙伴关系增添新内涵。

苏西洛说,印尼与中国虽然国情不同,但都在积极探索符合自身国情、人民拥护的发展道路。中国共产党杰出的执政成就,特别是中国的快速发展为广大发展中国家提供了值得借鉴的宝贵经验。印尼愿继续加强两国党际交流与合作,深化治国理政经验交流,通过相互学习借鉴促进各自国家的现代化建设。

中共中央政治局常委李长春在雅加达与印度尼西亚国会议长马祖基举行会谈

李长春说,两国建立战略伙伴关系以来,双方在金融、投资、能源、教育、文化、海上等领域的合作得到快速发展,两国议会、政党交往也积极展开。他对印尼国会在推动对华关系方面所做的卓有成效的工作表示赞赏。李长春表示,两国关系之所以处在历史最好时期,是与两国领导人从战略高度和长远角度看待和把握两国关系分不开的。

李长春说,中国和印尼同为发展中大国,都是二十国集团的成员国,在地区和国际事务中都发挥着重要影响。中方愿与印尼一道努力,增进政治互信,夯实两国关系的政治基础;加强经贸合作,强化经济纽带;深化人文交流,促进相互理解。在双方共同努力下,把战略伙伴关系不断引向深入,为推进两国关系发展、地区稳定、世界和平和人类进步作出贡献。

马祖基说,近年来两国高层交往频繁,政治互信不断增强,人民友谊不断加深。他赞同李长春对当前两国关系的积极评价,表示要深入挖掘两国关系发展的潜力,进一步深化双方在经贸、投资、旅游、教育、文化和媒体等领域的合作,拓展两国议会、政党、青年间的交流,加强在国际和地区事务中的协调与配合。

会见结束后,李长春和马祖基共同出席了两国有关广电、文化、教育、金融、投资、农业等领域合作协议的签字仪式。

国家副主席习近平在人民大会堂会见俄罗斯副总理罗戈津

习近平说,当前,国际和地区形势正在发生复杂深刻的演变,世界处于大发展、大变革、大调整时期。中俄在许多重大问题上有着广泛的共识。双方应进一步加强战略协作,既应对好挑战,又利用好机遇,维护好两国的共同利益,并为促进世界和平、稳定以及发展、繁荣作出贡献。

罗戈津说,俄将中国视为真诚的朋友和最主要的战略伙伴。当前,两国关系保持积极、健康、稳定的良好发展势头。俄方愿同中方共同努力,深化政治互信,加强相互支持,扩大务实合作,推动俄中关系全面迈上新台阶。

国务院副总理李克强在莫斯科会见中俄友好人士代表

李克强表示,国之交贵在民相亲,民间友好是国家关系持续发展的基础和保障。中国和俄罗斯互为最大邻邦。他向长期矢志不渝致力于两国友好的人士表示感谢和敬意。

李克强指出,中俄友好有着广泛的社会和民众基础,中俄关系提升为全面战略协作伙伴关系为两国民间交往构筑了更加广阔的舞台。中国政府高度重视中俄民间交往,大力支持两国各类友好活动的开展,使中俄友好厚植民间,发展壮大。巩固和发展中俄民间友好,需要承前启后、继往开来。他勉励并希望更多年轻人加入中俄友好队伍,后浪推前浪,让中俄关系代代相传、世代友好、好上加好。

中国俄罗斯友好协会会长陈昊苏、俄中友协第一副主席库利科娃等在会见时纷纷发言。大家表示,中俄友好源远流长,两国人民始终对对方抱有友好感情。中国和俄罗斯都面临发展的重要机遇,两个伟大国家在振兴的道路上应该加强相互理解和支持。深入开展中俄民间交流是大势所趋、人心所向。在座的许多人一辈子都在从事推动两国友好的工作,为成为这一进程的参与者和推动者感到自豪。大家将继续承担起历史使命,投身这一事业,在不同岗位上撒下友好的种子,让其生根、发芽、开花,使两国友好的社会基础更加巩固,推动中俄全面战略协作伙伴关系深入发展,为两国世代友好作出自己的贡献。

国务院副总理王岐山在中南海分别会见英国前首相布莱尔和英国罗斯柴尔德投资信托公司主席雅各布·罗斯柴尔德勋爵

中央军委副主席习近平在人民大会堂会见泰国国防部部长素坤蓬·素旺那达一行

习近平说，当前，中泰关系发展顺利，建立全面战略合作伙伴关系具有里程碑式的历史意义，符合两国人民的共同愿望。两国友好交流与合作几乎涵盖了所有领域，取得了丰硕成果，为两国人民带来了实实在在的利益。中方感谢泰方在涉及中国核心利益问题上给予中国的宝贵支持。中方高度重视并珍惜中泰传统友谊，愿与泰方一道，不断拓展和深化两国全面战略合作伙伴关系。

素坤蓬说，长期以来，两国相互尊重、真诚相待，建立了亲戚般的友好关系，"泰中一家亲"深入人心。泰方珍视对华合作，重视发展两军友好关系，愿继续加强各层次多领域交往，推动两军合作深入发展。

全国军队转业干部安置工作电视电话会议在北京召开

国务委员马凯，中央军委委员李继耐出席并讲话。会议要求，要深入贯彻落实科学发展观和中央关于军转工作的方针政策，把妥善安置军队转业干部作为一项重要的政治任务，坚持以人为本，统筹兼顾，突出重点，加大工作力度，严格落实政策，细致做好服务，健全完善制度，圆满完成2012年军转安置各项工作任务。

马凯在讲话时指出，做好军转安置工作，事关国防和军队建设，事关经济社会发展，事关社会和谐稳定。各地区各部门要坚决把思想和行动统一到中央的部署和要求上来，切实把这项工作抓紧抓实抓好。一要不折不扣落实军转安置计划，采取有效措施，拓宽安置渠道，挖掘安置潜力，千方百计完成安置任务。二要满腔热情做好军转安置服务，通过加强自主择业服务和教育培训等，协助解决军转干部的实际问题，使他们切实感受到组织的关怀和温暖。三要建立、健全公正科学的安置机制，进一步推进安置政策公开、安置办法公开、安置程序公开和安置结果公开，让安置工作在阳光下运行。四要积极稳妥推进安置制度改革，认真做好军转安置政策制度顶层设计工作。五要深入细致做好部分企业军转干部解困和稳定工作。要切实加强对军转安置工作的组织领导，认真落实工作责任制，严肃安置工作纪律，加强协调配合和督促指导，积极营造军转工作良好氛围，确保高标准、高质量完成今年军转安置工作各项任务。

李继耐在讲话时指出，要站在政治和全局的高度，充分认清做好军转安置工作的重大意义，更加自觉地用党中央、中央军委和胡主席的决策指示统一思想和行动，认清形势，坚定信心，抓好军转安置这件大事。要认真贯彻中央的部署要求，全面落实安置计划，严格执行安置政策，着力解决重点难点问题，继续突出师团职转业干部安置这个重点，继续从优安置各类功臣模范，进一步做好自主择业干部的管理服务工作，重视做好随调随迁家属安置工作，真正使广大转业干部得到妥善安置、合理使用。

2011年，全国共安置了4.3万名军转干部，圆满完成了军转安置的各项任务。

国防部部长梁光烈在八一大楼与泰国国防部部长素坤蓬·素旺那达举行会谈

国务院副总理王岐山在北京主持召开会议研究部署打击侵权假冒和推进政府机关软件正版化工作

王岐山强调，这项工作直接关乎保障民生，关乎转方式、调结构和创新型国家建设，是一个历史时期的任务，也是当前一项经常性的工作。各地区、各有关部门要牢牢把握稳中求进的总基调，既要立足当前，实施持续打击，坚决遏制制售假冒伪劣行为蔓延势头，守住不发生区域性、系统性风险的底线，又要着眼长远，标本兼治，完善体制机制和法律、法规，做到破中有立，常态化推进，为保障民生和科学发展营造良好环境。

王岐山指出，今年一季度，各地区、各有关部门认真贯彻落实国务院决策部署，围绕侵犯知识产权和制售假冒伪劣商品的突出问题，保持高压严打态势，集中整治，严防反弹；积极推进软件正版化检查整改工作，落实软件采购经费，加强长效机制建设，取得了积极成效；知识产权局等有关部门积极开展"知识产权宣传周"活动，推进"尊重知识、崇尚创新、诚信守法"为核心的知识产权文化建设，营造保护知识产权、自觉抵制侵权的良好社会氛围。

王岐山说，当前侵犯知识产权和制售假冒伪劣商品形势依然严峻，各地区、各有关部门要保持清醒的认识。要坚持宁断一指不伤九指，突出季度、年度工作重点，采取切实有效措施，集中力量取得阶段性成效。要坚决打击制售假冒伪劣食品、药品、农资、建材等坑害群众行为，重点整治侵权盗版、假冒商标等知识产权领域的焦点问题。要强化执法协作，密切行政执法和刑事司法衔接，建立、健全打击侵权假冒长效机制。

王岐山强调，舆论宣传是打击侵权假冒工作的重要内容，要曝光一批典型案例和违法违规企业，宣传一批保护知识产权的先进典型，发挥舆论宣传对广大企业、消费者的服务、提醒和教育作用，维护企业和消费者的合法权益。

王岐山要求,要认真落实软件采购经费纳入财政预算规定,建立、健全软件资产管理和审计监督等制度,严格时间进度,加大督查力度,确保今年6月底前所有省级政府机关完成软件正版化检查整改任务。

第三届世界佛教论坛在香港红磡体育馆开幕

全国政协主席贾庆林为论坛发来贺信。

贾庆林在贺信中指出,佛教在人类文明和文化发展史上具有重要地位,传入中国后与中华文化会通融合,成为中华传统文化的重要组成部分。佛教强调众生平等、尊重包容,主张庄严国土、利乐有情,倡导无缘大慈、同体大悲,对于净化人心、利益人群,乃至增进人类福祉发挥了重要而积极的作用。

贾庆林在贺信中表示,世界佛教论坛是弘扬佛教文化、维护世界和平的重要平台。本次论坛主题为"和谐世界,同愿同行",必将推动世界各国佛教界携起手来,和衷共济,为促进世界的持久和平与共同繁荣作出应有贡献。希望各位高僧大德交流弘法利生经验,挖掘优秀文化资源,阐发佛教义理精髓,探讨人类共同面临问题的化解之道,一道为人心和善、社会和谐、世界和平作出积极贡献。

来自世界数十个国家和地区的近千名佛教界人士、专家学者和其他社会知名人士出席了开幕式。本次论坛为期2天,将于27日闭幕。论坛期间,与会代表将围绕"和谐世界,同愿同行"的主题,举行论坛大会发言、7场分论坛、6场电视论坛和1场网络论坛等活动。

4月27日

十一届全国人大常委会二十六次会议在人民大会堂闭幕

会议经表决,通过了《中华人民共和国军人保险法》。国家主席胡锦涛签署第56号主席令,公布了这部法律。

全国人大常委会委员长吴邦国主持会议。常委会组成人员149人出席会议,出席人数符合法定人数。

会议表决通过了十二届全国人大代表名额分配方案、十二届全国人大少数民族代表名额分配方案、台湾省出席十二届全国人大代表协商选举方案;表决通过了全国人大常委会关于批准《万国邮政联盟组织法第八附加议定书》的决定;表决通过了有关任免案。

在表决通过各项议案后,吴邦国发表讲话。他说,会议审议通过的军人保险法,适应经济社会发展需要和军人职业特点,注重与社会保险体系相衔接,从法律上对军人伤亡保险、退役养老保险和医疗保险、随军未就业军人配偶保险等问题作出规定,进一步完善了军人保险制度,对于减轻军人后顾之忧,激励官兵履职尽责,维护军人合法权益,促进国防和军队建设具有重要意义。

吴邦国说,根据新修改的选举法和十一届全国人大五次会议作出的有关决定,本次会议审议通过了十二届全国人大代表名额分配方案、少数民族代表名额分配方案和台湾省出席十二届全国人大代表协商选举方案。这次对十二届全国人大代表名额的分配,是在深入调研、认真测算的基础上进行的,并广泛征求了中央有关部门和各省、自治区、直辖市人大常委会的意见,体现了总量不变、城乡同比、三个平等、优化结构、相对稳定的原则,得到各方面的普遍赞同。目前,关于十二届全国人大代表选举的6个法律文件已经全部出台,选举的组织实施工作提上日程。我们要按照中央的统一部署,坚持党的领导,充分发扬民主,严格依法办事,平稳有序、扎实细致地做好各项工作,确保十二届全国人大代表选举工作顺利进行。

吴邦国指出,农田水利建设是保障农业稳定发展和国家粮食安全的重要基础。全国人大常委会一贯重视和关注农田水利建设工作,这次会议听取审议了国务院关于农田水利建设工作情况的报告,并开展了专题询问。常委会组成人员和列席会议的同志指出,近年来我国农田水利建设虽然取得长足发展,但基础薄弱、投入不足、利用率低、管理不到位的问题仍然比较突出。大家强调,国务院及其有关部门要认真贯彻去年中央一号文件和中央水利工作会议精神,把农田水利建设作为农村基础设施建设的重点任务,加快扭转农田水利建设滞后局面,努力走出一条中国特色农村水利建设的路子。一要建立、健全以公共财政为主的多元投入稳定增长机制,加大对粮食主产区农田水利建设投入力度,尽快出台土地出让收益用于农田水利建设的具体办法,加强对水利投资的统筹安排和监督管理,提高资金使用效益。二要实行严格的水资源管理制度和节约用水制度,推进农业灌溉用水总量控制和定额管理,大力研发和推广现代节水灌溉技术和设备,培育和发展抗旱作物品种,提高水资源利用率。三要深化小型农田水利工程产权制度改革,通过明确所有权、使用权,充分调动农民和各方面建设水利、管护水利、有效利用水利的积极性和责任感。

吴邦国说,会议还听取审议了国务院关于监狱法实施和监狱工作情况的报告。常委会组成人员和列席会议的同志认为,监狱法颁布实施18年来,全国监狱系统坚持依法治监,加强罪犯教育改造,完善监狱管理体制,规范监狱执法行为,为维护国家安全和社会稳定做了大量工作,应当给予充分肯定。同时大家指出,当前监狱工作仍面临不少困难和问题，希望有关方面高度重视，努力做好新形势下的监狱工作，进一步健全监狱安全稳定长效机制，切实保证监狱场所持续安全稳定；进一步加强监狱人民警察队伍建设，不断提高政治业务素质和执法能力；进一步推进监狱法制建设，做好监狱法修改和相关法规规章完善工作，为加强和创新社会管理、维护社会和谐稳定作出新的贡献。

吴邦国说，会议对出境入境管理法草案进行了二审，同时听取审议了关于外国人入出境及居留、就业管理工作情况的报告。在同一次常委会会议上，就内容相关的议题，既审议法律草案又审议专项工作报告，这还是第一次。从审议情况看，这样安排有利于我们更加全面客观地了解实际情况，从全局的角度思考问题，有针对性地提出改进工作、完善法律的意见和建议。今后，我们要认真总结这方面的经验，更好地把立法工作和监督工作有机结合起来，不断提高常委会工作的质量和水平。

吴邦国指出，今年我们党将召开第十八次全国代表大会，这是我国政治生活中的一件大事。牢牢把握稳中求进的工作总基调，确保经济平稳较快发展，确保社会和谐稳定，为党的十八大胜利召开营造良好环境，具有十分重要的意义。我们要更加紧密地团结在以胡锦涛同志为总书记的党中央周围，认真贯彻十一届全国人大五次会议精神，把思想和行动统一到中央决策部署上来，把注意力和精力集中到推动科学发展、促进社会和谐上来，自觉地服从服务于党和国家工作大局，自觉地维护改革发展稳定的良好局面，毫不动摇地坚持人大工作正确政治方向，坚定不移地走中国特色社会主义政治发展道路，坚持党的领导、人民当家做主、依法治国有机统一，在重大原则问题上做到头脑清醒、立场坚定、旗帜鲜明，把人民代表大会制度坚持好完善好，把人大的各项工作组织好落实好，以做好本职工作的实际行动，迎接党的十八大胜利召开。

十一届全国人大常委会在人民大会堂举行题为《关于城市文化建设与文化遗产保护的思考》的专题讲座

全国人大常委会委员长吴邦国主持讲座。

主讲人文化部党组成员、故宫博物院院长单霁翔从城市化发展带来的挑战和机遇、城市文化建设应该避免出现的问题、城市文化建设和文化遗产保护的发展趋势、加强城市文化建设和文化遗产保护的体会和建议 4 个方面作了深入讲解。

单霁翔认为，今后十几年间，我国城市经济必将继续以较快速度增长，城市建设还将大规模展开，这些在给城市发展带来难得历史机遇的同时，也将提出更为严峻的挑战。如何在城市化加速发展进程中，在全球化的历史条件下，持续推进城市文化建设和文化遗产保护，这一问题比以往任何时期都更加尖锐地提了出来，成为迫切需要研究解决的现实问题。

单霁翔提出，改革开放以来，我国城市建设取得了举世瞩目的成就。但是一些城市在物质建设取得成就的同时，在文化建设方面却重视不够。城市文化建设，应该避免城市记忆的消失，避免城市面貌的趋同，避免城市建设的失调，避免城市形象的低俗，避免城市环境的恶化，避免城市精神的衰落，避免城市管理的错位，避免城市文化沉沦。

单霁翔建议，当前城市文化建设和文化遗产保护呈现从“功能城市”走向“文化城市”、从“文物保护”走向“文化遗产保护”的发展趋势。加强城市文化建设和文化遗产保护，必须坚持不懈地抓好文物法制建设、摸清文物家底、文物人才培养、文物安全保障等四项基础工作。新的历史时期文化遗产应拥有尊严，文化遗产事业应融入经济社会发展，文化遗产保护成果应惠及广大民众。我们必须采取更加积极的方针，更加科学的方式，更加有效的方法，努力建设文化城市和保护文化遗产。

国家主席胡锦涛签署第 56 号令发布《中华人民共和国军人保险法》

《中华人民共和国军人保险法》已由中华人民共和国第十一届全国人民代表大会常务委员会第二十六次会议于 2012 年 4 月 27 日通过，现予公布，自 2012 年 7 月 1 日起施行。

中华人民共和国主席　胡锦涛

2012 年 4 月 27 日

中华人民共和国军人保险法

第一章　总　则

第一条　为了规范军人保险关系，维护军人合法权益，促进国防和军队建设，制定本法。

第二条　国家建立军人保险制度。

军人伤亡保险、退役养老保险、退役医疗保险和随军未就业的军人配偶保险的建立、缴费和转移接续等适用本法。

第三条　军人保险制度应当体现军人职业特点，与社会保险制度相衔接，与经济社会发展水平相适应。

国家根据社会保险制度的发展，适时补充完善军人保险制度。

第四条　国家促进军人保险事业的发展，为军人保险提供财政拨款和政策支持。

第五条　中国人民解放军军人保险主管部门负责全军的军人保险工作。国务院社会保险行政部门、财政部门和军队其他有关部门在各自职责范围内负责有关的军人保险工作。

军队后勤(联勤)机关财务部门负责承办军人保险登记、个人权益记录、军人保险待遇支付等工作。

军队后勤(联勤)机关财务部门和地方社会保险经办机构,按照各自职责办理军人保险与社会保险关系转移接续手续。

第六条 军人依法参加军人保险并享受相应的保险待遇。

军人有权查询、核对个人缴费记录和个人权益记录,要求军队后勤(联勤)机关财务部门和地方社会保险经办机构依法办理养老、医疗等保险关系转移接续手续,提供军人保险和社会保险咨询等相关服务。

第二章 军人伤亡保险

第七条 军人因战、因公死亡的,按照认定的死亡性质和相应的保险金标准,给付军人死亡保险金。

第八条 军人因战、因公、因病致残的,按照评定的残疾等级和相应的保险金标准,给付军人残疾保险金。

第九条 军人死亡和残疾的性质认定、残疾等级评定和相应的保险金标准,按照国家和军队有关规定执行。

第十条 军人因下列情形之一死亡或者致残的,不享受军人伤亡保险待遇:

(一)故意犯罪的;

(二)醉酒或者吸毒的;

(三)自残或者自杀的;

(四)法律、行政法规和军事法规规定的其他情形。

第十一条 已经评定残疾等级的因战、因公致残的军人退出现役参加工作后旧伤复发的,依法享受相应的工伤待遇。

第十二条 军人伤亡保险所需资金由国家承担,个人不缴纳保险费。

第三章 退役养老保险

第十三条 军人退出现役参加基本养老保险的,国家给予退役养老保险补助。

第十四条 军人退役养老保险补助标准,由中国人民解放军总后勤部会同国务院有关部门,按照国家规定的基本养老保险缴费标准、军人工资水平等因素拟订,报国务院、中央军事委员会批准。

第十五条 军人入伍前已经参加基本养老保险的,由地方社会保险经办机构和军队后勤(联勤)机关财务部门办理基本养老保险关系转移接续手续。

第十六条 军人退出现役后参加职工基本养老保险的,由军队后勤(联勤)机关财务部门将军人退役养老保险关系和相应资金转入地方社会保险经办机构,地方社会保险经办机构办理相应的转移接续手续。

军人服现役年限与入伍前和退出现役后参加职工基本养老保险的缴费年限合并计算。

第十七条 军人退出现役后参加新型农村社会养老保险或者城镇居民社会养老保险的,按照国家有关规定办理转移接续手续。

第十八条 军人退出现役到公务员岗位或者参照公务员法管理的工作人员岗位的,以及现役军官、文职干部退出现役自主择业的,其养老保险办法按照国家有关规定执行。

第十九条 军人退出现役采取退休方式安置的,其养老办法按照国务院和中央军事委员会的有关规定执行。

第四章 退役医疗保险

第二十条 参加军人退役医疗保险的军官、文职干部和士官应当缴纳军人退役医疗保险费,国家按照个人缴纳的军人退役医疗保险费的同等数额给予补助。

义务兵和供给制学员不缴纳军人退役医疗保险费,国家按照规定的标准给予军人退役医疗保险补助。

第二十一条 军人退役医疗保险个人缴费标准和国家补助标准,由中国人民解放军总后勤部会同国务院有关部门,按照国家规定的缴费比例、军人工资水平等因素确定。

第二十二条 军人入伍前已经参加基本医疗保险的,由地方社会保险经办机构和军队后勤(联勤)机关财务部门办理基本医疗保险关系转移接续手续。

第二十三条 军人退出现役后参加职工基本医疗保险的,由军队后勤(联勤)机关财务部门将军人退役医疗保险关系和相应资金转入地方社会保险经办机构,地方社会保险经办机构办理相应的转移接续手续。

军人服现役年限视同职工基本医疗保险缴费年限,与入伍前和退出现役后参加职工基本医疗保险的缴费年限合并计算。

第二十四条 军人退出现役后参加新型农村合作医疗或者城镇居民基本医疗保险的,按照国家有关规定办理。

第五章 随军未就业的军人配偶保险

第二十五条 国家为随军未就业的军人配偶建立养老保险、医疗保险等。随军未就业的军人配偶参加保险,应当缴纳养老保险费和医疗保险费,国家给予相应的补助。

随军未就业的军人配偶保险个人缴费标准和国家补助标准,按照国家有关规定执行。

第二十六条 随军未就业的军人配偶随军前已经参加社会保险的,由地方社会保险经办机构和军队后勤(联勤)机关财务部门办理保险关系转移接续手续。

第二十七条 随军未就业的军人配偶实现就业或者军人退出现役时,由军队后勤(联勤)机关财务部门将其养老保险、医疗保险关系和相应资金转入地方社会保险经办机构,地方社会保险经办机构办理相应的转移接续手续。

军人配偶在随军未就业期间的养老保险、医疗保险缴费年限与其在地方参加职工基本养老保险、职工基本医疗保险的缴费年限合并计算。

第二十八条 随军未就业的军人配偶达到国家规定的退休年龄时,按照国家有关规定确定退休地,由军队后勤(联勤)机关财务部门将其养老保险关系和相应资金转入退休地社会保险经办机构,享受相应的基本养老保险待遇。

第二十九条 地方人民政府和有关部门应当为随军未就业的军人配偶提供就业指导、培训等方面的服务。

随军未就业的军人配偶无正当理由拒不接受当地人民政府就业安置,或者无正当理由拒不接受当地人民政府指定部门、机构介绍的适当工作、提供的就业培训的,停止给予保险缴费补助。

第六章 军人保险基金

第三十条 军人保险基金包括军人伤亡保险基金、军人退役养老保险基金、军人退役医疗保险基金和随军未就业的军人配偶保险基金。各项军人保险基金按照军人保险险种分别建账,分账核算,执行军队的会计制度。

第三十一条 军人保险基金由个人缴费、中央财政负担的军人保险资金以及利息收入等资金构成。

第三十二条 军人应当缴纳的保险费,由其所在单位代扣代缴。

随军未就业的军人配偶应当缴纳的保险费,由军人所在单位代扣代缴。

第三十三条 中央财政负担的军人保险资金,由国务院财政部门纳入年度国防费预算。

第三十四条 军人保险基金按照国家和军队的预算管理制度,实行预算、决算管理。

第三十五条 军人保险基金实行专户存储,具体管理办法按照国家和军队有关规定执行。

第三十六条 军人保险基金由中国人民解放军总后勤部军人保险基金管理机构集中管理。

军人保险基金管理机构应当严格管理军人保险基金,保证基金安全。

第三十七条 军人保险基金应当专款专用,按照规定的项目、范围和标准支出,任何单位和个人不得贪污、侵占、挪用,不得变更支出项目、扩大支出范围或者改变支出标准。

第七章 保险经办与监督

第三十八条 军队后勤(联勤)机关财务部门和地方社会保险经办机构应当建立、健全军人保险经办管理制度。

军队后勤(联勤)机关财务部门应当按时足额支付军人保险金。

军队后勤(联勤)机关财务部门和地方社会保险经办机构应当及时办理军人保险和社会保险关系转移接续手续。

第三十九条 军队后勤(联勤)机关财务部门应当为军人及随军未就业的军人配偶建立保险档案,及时、完整、准确地记录其个人缴费和国家补助,以及享受军人保险待遇等个人权益记录,并定期将个人权益记录单送达本人。

军队后勤(联勤)机关财务部门和地方社会保险经办机构应当为军人及随军未就业的军人配偶提供军人保险和社会保险咨询等相关服务。

第四十条 军人保险信息系统由中国人民解放军总后勤部负责统一建设。

第四十一条 中国人民解放军总后勤部财务部门和中国人民解放军审计机关按照各自职责,对军人保险基金的收支和管理情况实施监督。

第四十二条 军队后勤(联勤)机关、地方社会保险行政部门,应当对单位和个人遵守本法的情况进行监督检查。

军队后勤(联勤)机关、地方社会保险行政部门实施监督检查时,被检查单位和个人应当如实提供与军人保险有关的资料,不得拒绝检查或者谎报、瞒报。

第四十三条 军队后勤(联勤)机关财务部门和地方社会保险经办机构及其工作人员,应当依法为军队单位和军人的信息保密,不得以任何形式泄露。

第四十四条 任何单位或者个人有权对违反本法规定的行为进行举报、投诉。

军队和地方有关部门、机构对属于职责范围内的举报、投诉,应当依法处理;对不属于本部门、本机构职责范围的,应当书面通知并移交有权处理的部门、机构处理。有权处理的部门、机构应当及时处理,不得推诿。

第八章 法律责任

第四十五条 军队后勤(联勤)机关财务部门、社会保险经办机构,有下列情形之一的,由军队后勤(联勤)机关或者社会保险行政部门责令改正;对直接负责的主管人员和其他直接责任人员依法给予处分;造成损失的,依法承担赔偿责任:

(一)不按照规定建立、转移接续军人保险关系的;

(二)不按照规定收缴、上缴个人缴纳的保险费的；

(三)不按照规定给付军人保险金的；

(四)篡改或者丢失个人缴费记录等军人保险档案资料的；

(五)泄露军队单位和军人的信息的；

(六)违反规定划拨、存储军人保险基金的；

(七)有违反法律、法规损害军人保险权益的其他行为的。

第四十六条　贪污、侵占、挪用军人保险基金的，由军队后勤(联勤)机关责令限期退回，对直接负责的主管人员和其他直接责任人员依法给予处分。

第四十七条　以欺诈、伪造证明材料等手段骗取军人保险待遇的，由军队后勤(联勤)机关和社会保险行政部门责令限期退回，并依法给予处分。

第四十八条　违反本法规定，构成犯罪的，依法追究刑事责任。

第九章　附　则

第四十九条　军人退出现役后参加失业保险的，其服现役年限视同失业保险缴费年限，与入伍前和退出现役后参加失业保险的缴费年限合并计算。

第五十条　本法关于军人保险权益和义务的规定，适用于人民武装警察；中国人民武装警察部队保险基金管理，按照中国人民武装警察部队资金管理体制执行。

第五十一条　本法自2012年7月1日起施行。

国务院总理温家宝应波兰总理图斯克邀请通过波兰政府新闻中心发表电视讲话

朋友们：

我很高兴在访问波兰期间，有机会通过波兰政府新闻中心电视频道，向伟大的波兰人民致以亲切问候和崇高敬意。过几天，就是国际劳动节、波兰国旗节和波兰国庆节。借此机会，我向波兰人民致以节日的美好祝福。

这是25年来，中国总理第一次访问波兰。岁月如梭，真情不变。我和中国代表团受到波兰政府和人民隆重、友好的接待，有宾至如归的感觉。我们看到的是一个充满生机、蓬勃向上的波兰，心里由衷的高兴和钦佩。

我同图斯克总理举行了富有成果的会谈，同科莫罗夫斯基总统、科帕奇众议长和博鲁塞维奇参议长进行了友好会见，达成一系列重要共识。双方一致表示，坚持相互尊重、平等相待，支持对方走自主选择的发展道路；同意建立中波总理定期会晤机制，密切高层交往，增进政治互信；成立中波政府间合作委员会和产业合作指导委员会，推动双向投资和贸易平衡增长，争取5年内实现双边贸易额翻一番，加强在基础设施建设、新能源、高科技等领域的合作；中方邀请50名波兰青年明年访问中国，愿与波方尽快互设文化中心，以北京—华沙开通直航为契机，密切人员往来，拓展旅游合作。

访问期间，中国—中东欧国家首次领导人会晤和第二届经贸论坛成功召开，我还同各国领导人举行了双边会晤。我深切体会到，中东欧国家同中国一样，珍视传统友谊，有着加强合作的真诚愿望。当前，中国与中东欧国家关系面临重要发展机遇，前景十分广阔。中方将切实履行承诺，包括向中东欧地区派出贸易投资促进团、设立100亿美元专项信贷和5亿美元投资合作基金。我们要共同努力，落实各项倡议，加强协调配合，推动合作取得实实在在成果，造福中国和中东欧国家人民。

中国支持欧盟一体化进程，相信欧洲能够通过改革增强发展活力，实现经济复苏和增长。一个稳定、繁荣、强大的欧洲，有利于深化中欧全面战略伙伴关系，促进世界和平与发展。

中国、波兰和中东欧各国正处于发展的关键时期，面临国家建设和民族振兴的艰巨任务。只要彼此信赖、相互帮助、加强合作，任何力量都阻挡不了我们前进的步伐。中国永远是中东欧国家的好朋友、好伙伴。让我们携手并进，共同开创更加美好的未来。

祝波兰繁荣昌盛，

祝波兰人民幸福安康！

国务院总理温家宝在波兰奥斯维辛市参观奥斯威辛集中营

温家宝说，这是人类历史刻骨铭心的一页，它是沉重的，也是不能忘却的。奥斯威辛的不幸是全人类的不幸。它告诫人们，不能忘记历史，要铭记历史，只有记住历史，才能建设美好的未来；它告诫人们，要反对战争、恐怖、种族灭绝和一切罪恶，维护人的自由、尊严、安全和幸福；它告诫人们，那些曾经发动过战争，对别国和人类造成灾难的国家必须正视历史，以史为鉴，只有自我反省才能得到国际社会的尊重。灾难虽然已经过去，但是它的警示将永远留给人类！

温家宝在纪念馆留言簿上写道："不懂得历史就没有美好的未来。"

庆祝五一国际劳动节大会在人民大会堂召开

全国人大常委会副委员长王兆国指出，劳动是推动社会发展进步的重要因素。在新的历史起点上继续推动发展，仍然必须依靠劳动。要大力弘扬工人阶级伟大品格和劳模精神，使通过劳动创造美好幸福生活成为广大职工特别是青年职工的共同追求,更加踊跃参加创先争优建功立业劳动竞赛活动,为全面建设小康社会、推进中国特色社会主义伟大事业作出新的更大贡献。

王兆国指出,工会肩负着组织职工、引导职工、服务职工、维护职工合法权益的历史重任。要坚决贯彻落实党中央关于工人阶级和工会工作的一系列重要指示精神,深入学习、广泛宣传、积极实践中国特色社会主义工会发展道路,准确把握科学内涵、精神实质和理论体系,始终保持工会工作正确方向。要立足特点、发挥优势,坚持在职工群众工作中的主导地位,发挥做职工群众工作的主体作用,面对面、心贴心、实打实地做好职工群众工作。要大力发展和谐劳动关系,坚持主动依法科学维权,推动职工群众共享改革发展成果,团结动员广大职工在实现党和国家事业稳中求进、推进“十二五”规划顺利实施进程中发挥主力军作用。

王兆国强调,党领导的改革开放和社会主义现代化建设的全部活动和整个进程,都必须全心全意依靠工人阶级。各级党委和政府想问题、办事情、作决策,都要站在职工群众的立场上,努力解决职工群众最关心、最直接、最现实的利益问题。要切实加强和改进对工会工作的领导,支持工会依照法律和章程创造性地开展工作,把更多的资源和手段赋予工会组织,为工会组织发挥作用创造更加有利的条件。

中国共产党全国台湾省籍党员代表会议在北京闭幕

全国政协主席贾庆林会见全体代表并讲话。

贾庆林说,党的十八大将于今年下半年在北京召开。这是我们党在全面建设小康社会的关键时期和深化改革开放、加快转变经济发展方式的攻坚时期召开的一次十分重要的会议,是全党全国各族人民政治生活中的一件大事。希望当选的台湾省籍党员代表,不辜负广大台籍党员和群众的重托,以高度的政治责任感和历史使命感,认真履行职责,为开好十八大作出应有的贡献。

贾庆林指出,当前两岸关系和平发展正在由开创期进入巩固深化的新阶段。我们要坚持中央对台工作大政方针,继续深入贯彻胡锦涛总书记“12·31”重要讲话精神,以持续推进两岸关系和平发展为主题,以广泛团结广大台湾同胞为主线,扎实做好巩固深化两岸关系和平发展这篇大文章,进一步筑牢两岸关系和平发展的政治、经济、文化、社会基础,努力构建两岸关系和平发展框架,为实现祖国和平统一创造有利条件。

贾庆林表示,各级台联和定居在大陆的台湾同胞,与台湾各界有着广泛、密切的联系,是党和政府联系台湾同胞的重要桥梁和纽带。特别是台湾省籍的中共党员,长期以来为推动两岸关系发展、促进祖国和平统一,做了卓有成效的工作,发挥了不可替代的作用。希望大家继续发挥自身优势,进一步广泛团结岛内、港澳和海外台湾同胞,引导和争取更多的台湾同胞共同致力于促进两岸关系和平发展。要大力推进两岸文化交流合作,共同继承和弘扬中华优秀文化,为深化两岸关系和平发展夯实思想文化基础。要坚持深入基层、深入民众,了解台湾同胞的思想状态和实际需求,有针对性地开展为民谋利和争取民心的工作。

为期3天的中国共产党全国台湾省籍党员代表会议以差额选举方式,选举产生了台湾省出席中国共产党第十八次全国代表大会的代表。

国务院副总理李克强在莫斯科与俄罗斯总统梅德韦杰夫举行会谈

李克强表示,中俄作为上海合作组织重要成员,应深入思考上合组织未来发展战略,积极促进成员国之间加强经济合作,共同推动各自国家经济发展和民生改善。中方积极支持俄方办好明年二十国集团第八次峰会,提升新兴市场国家和发展中国家在二十国集团中的地位和作用,与各方一道,促进世界经济强劲、可持续、平衡增长。中俄和其他金砖国家应进一步加固经济利益纽带,推动完善全球治理机制,在重大国际和地区问题上加强沟通协调,以发挥更大作用。

梅德韦杰夫说,李克强副总理这次访问是推动两国关系发展的重要举措。俄中关系对世界的发展极为重要。俄方对近几年双边关系发展感到满意,愿与中方一道,进一步落实好俄中关系未来10年发展规划的各项措施。

李克强与梅德韦杰夫就加强经贸投资、能源、科技创新、人文等领域合作和地方合作深入交换了意见。

国务院副总理李克强在莫斯科总理官邸与俄罗斯当选总统 俄罗斯总理普京举行会谈

李克强表示,在两国领导人的亲自关注和积极推动下,中俄建立起平等信任、相互支持、共同繁荣、世代友好的全面战略协作伙伴关系,双边关系取得了前所未有的大发展。两国应不断努力,开拓创新,将中俄关系提升到更高水平,开创更为广阔的前景,使其发展得更加顺利。

李克强表示,经贸合作是中俄战略协作伙伴关系的重要基石,是支撑中俄关系向前发展的重要动力。中俄应进一步结合本国经济发展战略,充分挖掘各自潜力和优势,不断夯实各领域务实合作,更好地促进两国的共同发展,更好地造福两国人民。第一,同步提升经贸合作规模和质量。扩大在相互投资、深加工、机电产品贸易、联合研发和本地化生产等方面的合作,优化贸易结构，提高产品的技术含量和附加值。第二，重视并积极推进战略性大项目合作，共同提升中俄整体经济的国际竞争力。第三，适应两国创新发展和经济转型需要，开展高科技和创新合作。推动两国科研机构、高科技企业和高校开展直接合作，确定并实施一批有影响的中长期、大规模科技合作项目。第四，拓展地方合作。继续落实并优化《中国东北地区与俄罗斯远东及东西伯利亚地区合作规划纲要》，加快推进跨境基础设施建设。第五，本着互利共赢原则，扩大和深化在核能、天然气、原油、煤炭等方面全方位、多层次的能源合作，更好地促进两国经济发展。

普京说，在俄中双方共同努力下，俄中关系达到了前所未有的高水平。俄中合作规模不断拓展，涉及领域不断增多，取得了重要成果。李克强副总理此次访问将推动双方在各领域的务实合作进一步发展。俄方愿与中方共同努力，力争早日实现两国元首确定的年双边贸易额在 2015 年达到 1000 亿美元目标，扩大双向投资，加强能源、科技、创新领域合作。

国务院副总理李克强在俄罗斯国家杜马大厦与俄罗斯国家杜马主席纳雷什金举行会谈

国务院副总理李克强在俄罗斯联邦政府接待宫会见俄罗斯联邦委员会主席马特维延科

国防部部长梁光烈在八一大楼与特立尼达和多巴哥国家安全部部长桑迪举行会谈

国务委员刘延东在北京出席治理教育乱收费部际联席会议第十二次会议并讲话

刘延东指出，近年来，各地各有关部门按照中央部署要求，采取一系列政策措施，教育乱收费源头治理取得重要进展，专项治理实现新的突破，制度建设得到加强，监督检查力度加大，有力遏制了教育乱收费势头。但一些热点难点问题尚未得到根本解决，治理任务仍然繁重。

刘延东强调，治理教育乱收费是深化改革、实现教育科学发展的客观要求，是促进公平、维护人民群众切身利益的重要举措，是推进党风廉政建设、纠正行业不正之风的重要内容，是各级政府义不容辞的责任。要深化义务教育阶段择校乱收费治理，突出重点区域，抓住关键环节，分解目标责任，细化政策措施，力争得到明显缓解。要加大中小学教辅材料散滥整治力度，严把出版、推荐、选用和价格关。继续实施好学前教育三年行动计划，严格执行幼儿园收费管理办法，解决"入园难"、"入园贵"的问题。要加快推进改制学校清理规范工作，坚决纠正中小学校有偿补课行为，严格规范高校自主招生、特殊类型招生，严厉查处违规收费行为，营造风清气正的育人环境。要加大监督检查力度，强化责任追究，确保教育经费管理和教育惠民政策落实到位，严防发生违规违纪行为。

刘延东要求，各地各有关部门要加强组织领导，落实责任分工，密切协作配合，完善制度和工作机制，为治理教育乱收费提供坚实保障。要深入调研，对久拖不治和苗头性问题，采取措施，切实纠正。要做好舆论宣传，公开曝光典型案例，发挥好社会监督作用。

4 月 28 日

各民主党派学习践行社会主义核心价值体系活动经验交流会在北京举行

全国政协主席贾庆林作出重要批示。

贾庆林在批示中指出，两年来，各民主党派通过开展多种形式的学习践行社会主义核心价值体系活动，取得了阶段成果，积累了宝贵经验。将这项事关多党合作事业发展的长期战略任务继续推向深入，责任重大，意义深远。希望认真总结经验，以"同心"思想为指导，着眼增进政治共识，深入搞好政治交接，不断丰富和展示学习践行活动的成果。

全国政协副主席杜青林出席会议并讲话。他指出，开展好学习践行活动，必须坚持思想教育与发挥作用相统一，继承传统与弘扬时代精神相结合，政治引导与自觉自主自为相促进，典型示范与整体推进相统筹。希望各民主党派以"同心"思想为引领，深化学习践行活动的丰富内涵，在充分讨论中析事明理，在交流碰撞中深化认识，使核心价值真正深入人心。把握学习践行活动的着力重点，突出弘扬优良传统、搞好政治交接，把各民主党派与中国共产党"同心"的理念和事业一代一代传下去，不断发扬光大。丰富学习践行活动的内容形式，着力服务科学发展、促进民生改善、推进民主政治建设、增进社会和谐，提升活动的价值和成效。进一步加强理论研究和科学谋划，发挥好先进典型带动作用，确保学习践行活动全面深入、扎实有效推进，更好地展现参政党的进步品质，有力彰显中国特色社会主义政党制度的独特优势。

国务院总理温家宝签署第 619 号令公布《女职工劳动保护特别规定》

《女职工劳动保护特别规定》已经 2012 年 4 月 18 日国务院第 200 次常务会议通过，现予公布，自公布之日起施行。

总　理　温家宝

2012 年 4 月 28 日

女职工劳动保护特别规定

第一条 为了减少和解决女职工在劳动中因生理特点造成的特殊困难，保护女职工健康，制定本规定。

第二条 中华人民共和国境内的国家机关、企业、事业单位、社会团体、个体经济组织以及其他社会组织等用人单位及其女职工，适用本规定。

第三条 用人单位应当加强女职工劳动保护，采取措施改善女职工劳动安全卫生条件，对女职工进行劳动安全卫生知识培训。

第四条 用人单位应当遵守女职工禁忌从事的劳动范围的规定。用人单位应当将本单位属于女职工禁忌从事的劳动范围的岗位书面告知女职工。

女职工禁忌从事的劳动范围由本规定附录列示。国务院安全生产监督管理部门会同国务院人力资源社会保障行政部门、国务院卫生行政部门根据经济社会发展情况，对女职工禁忌从事的劳动范围进行调整。

第五条 用人单位不得因女职工怀孕、生育、哺乳降低其工资、予以辞退、与其解除劳动或者聘用合同。

第六条 女职工在孕期不能适应原劳动的，用人单位应当根据医疗机构的证明，予以减轻劳动量或者安排其他能够适应的劳动。

对怀孕7个月以上的女职工，用人单位不得延长劳动时间或者安排夜班劳动，并应当在劳动时间内安排一定的休息时间。

怀孕女职工在劳动时间内进行产前检查，所需时间计入劳动时间。

第七条 女职工生育享受98天产假，其中产前可以休假15天；难产的，增加产假15天；生育多胞胎的，每多生育1个婴儿，增加产假15天。

女职工怀孕未满4个月流产的，享受15天产假；怀孕满4个月流产的，享受42天产假。

第八条 女职工产假期间的生育津贴，对已经参加生育保险的，按照用人单位上年度职工月平均工资的标准由生育保险基金支付；对未参加生育保险的，按照女职工产假前工资的标准由用人单位支付。

女职工生育或者流产的医疗费用，按照生育保险规定的项目和标准，对已经参加生育保险的，由生育保险基金支付；对未参加生育保险的，由用人单位支付。

第九条 对哺乳未满1周岁婴儿的女职工，用人单位不得延长劳动时间或者安排夜班劳动。

用人单位应当在每天的劳动时间内为哺乳期女职工安排1小时哺乳时间；女职工生育多胞胎的，每多哺乳1个婴儿每天增加1小时哺乳时间。

第十条 女职工比较多的用人单位应当根据女职工的需要，建立女职工卫生室、孕妇休息室、哺乳室等设施，妥善解决女职工在生理卫生、哺乳方面的困难。

第十一条 在劳动场所，用人单位应当预防和制止对女职工的性骚扰。

第十二条 县级以上人民政府人力资源社会保障行政部门、安全生产监督管理部门按照各自职责负责对用人单位遵守本规定的情况进行监督检查。

工会、妇女组织依法对用人单位遵守本规定的情况进行监督。

第十三条 用人单位违反本规定第六条第二款、第七条、第九条第一款规定的，由县级以上人民政府人力资源社会保障行政部门责令限期改正，按照受侵害女职工每人1000元以上5000元以下的标准计算，处以罚款。

用人单位违反本规定附录第一条、第二条规定的，由县级以上人民政府安全生产监督管理部门责令限期改正，按照受侵害女职工每人1000元以上5000元以下的标准计算，处以罚款。用人单位违反本规定附录第三条、第四条规定的，由县级以上人民政府安全生产监督管理部门责令限期治理，处5万元以上30万元以下的罚款；情节严重的，责令停止有关作业，或者提请有关人民政府按照国务院规定的权限责令关闭。

第十四条 用人单位违反本规定，侵害女职工合法权益的，女职工可以依法投诉、举报、申诉，依法向劳动人事争议调解仲裁机构申请调解仲裁，对仲裁裁决不服的，依法向人民法院提起诉讼。

第十五条 用人单位违反本规定，侵害女职工合法权益，造成女职工损害的，依法给予赔偿；用人单位及其直接负责的主管人员和其他直接责任人员构成犯罪的，依法追究刑事责任。

第十六条 本规定自公布之日起施行。1988年7月21日国务院发布的《女职工劳动保护规定》同时废止。

附录：

女职工禁忌从事的劳动范围

一、女职工禁忌从事的劳动范围：

（一）矿山井下作业；

（二）体力劳动强度分级标准中规定的第四级体力劳动强度的作业；

（三）每小时负重6次以上、每次负重超过20公斤的作业，或者间断负重、每次负重超过25公斤的作业。

二、女职工在经期禁忌从事的劳动范围：

（一）冷水作业分级标准中规定的第二级、第三级、第四级冷水作业；

（二）低温作业分级标准中规定的第二级、第三级、第四级低温作业；

（三）体力劳动强度分级标准中规定的第三级、第四级体力劳动强度的作业；

(四)高处作业分级标准中规定的第三级、第四级高处作业。

三、女职工在孕期禁忌从事的劳动范围：

(一)作业场所空气中铅及其化合物、汞及其化合物、苯、镉、铍、砷、氰化物、氮氧化物、一氧化碳、二硫化碳、氯、己内酰胺、氯丁二烯、氯乙烯、环氧乙烷、苯胺、甲醛等有毒物质浓度超过国家职业卫生标准的作业；

(二)从事抗癌药物、己烯雌酚生产，接触麻醉剂气体等的作业；

(三)非密封源放射性物质的操作，核事故与放射事故的应急处置；

(四)高处作业分级标准中规定的高处作业；

(五)冷水作业分级标准中规定的冷水作业；

(六)低温作业分级标准中规定的低温作业；

(七)高温作业分级标准中规定的第三级、第四级的作业；

(八)噪声作业分级标准中规定的第三级、第四级的作业；

(九)体力劳动强度分级标准中规定的第三级、第四级体力劳动强度的作业；

(十)在密闭空间、高压室作业或者潜水作业，伴有强烈振动的作业，或者需要频繁弯腰、攀高、下蹲的作业。

四、女职工在哺乳期禁忌从事的劳动范围：

(一)孕期禁忌从事的劳动范围的第一项、第三项、第九项；

(二)作业场所空气中锰、氟、溴、甲醇、有机磷化合物、有机氯化合物等有毒物质浓度超过国家职业卫生标准的作业。

公安部部长孟建柱在北京出席全国公安机关反腐倡廉建设电视电话会议并讲话

孟建柱强调，要认真学习贯彻十七届中央纪委七次全会和国务院第五次廉政工作会议精神，始终保持公安队伍忠诚本色和纯洁性，发扬优良传统，弘扬浩然正气，努力打造一支忠诚、为民、公正、廉洁的公安队伍，确保公安机关更好地打击犯罪、服务人民。

孟建柱要求，要坚持把思想政治建设作为党风廉政建设的首要环节，切实把公安队伍的纯洁性体现在忠诚本色上。坚持发扬优良传统与加强党性锻炼相结合，坚持强化教育与严格管理相结合，加强理论武装，坚定理想信念，增强党性修养，严格纪律要求，确保广大公安民警思想上纯洁、信仰上坚定、行动上自觉，始终保持忠于党、忠于祖国、忠于人民、忠于法律的政治本色。

孟建柱强调，要坚持把密切警民关系作为培育良好警风的核心要求，切实把公安队伍的纯洁性体现在为民服务上。要继承和发扬密切联系群众的优良传统，坚持把人民放在心中最高位置，积极探索新形势下加强群众工作的新思路、新方法，在加强与群众联系沟通中增进感情，在回应群众的热切期待中提升形象，在确立民意导向警务机制中激发群众工作热情，深入推进城乡社区警务战略，把公安工作深深扎根于人民群众之中。

孟建柱要求，要坚持把深入推进执法规范建设作为提升公信力的基本途径，切实把公安队伍的纯洁性体现在公正执法上。主动适应刑事诉讼法修改后对公安执法工作提出的新要求，深入推进执法规范化建设，着力解决执法突出问题，强化对执法权力的制约，以规范促公正、以规范强能力。全面深化警务公开，让公安执法活动在阳光下运行。要坚持把完善惩防体系作为反腐倡廉建设的根本任务，坚持教育、制度、监督并重，坚持廉洁自律、查处案件、纠正不正之风并举，切实把公安队伍的纯洁性体现在廉洁从警上，努力营造风清气正的良好警风。

财政部重新修订印发《文化产业发展专项资金管理暂行办法》

第一章　总　则

第一条　为进一步规范和加强文化产业发展专项资金(以下简称专项资金)管理，提高资金使用效益，根据《中华人民共和国预算法》和有关法律、法规，制定本办法。

第二条　专项资金由中央财政安排，专项用于提高文化产业整体实力，促进经济发展方式转变和结构战略性调整，推动文化产业跨越式发展。

第三条　专项资金的管理和使用应当体现国家文化发展战略和规划，符合国家宏观经济政策、文化产业政策、区域发展政策及公共财政基本要求，坚持公开、公正、公平的原则，确保专项资金的规范、安全和高效使用。

第四条　财政部负责专项资金预算管理、资金分配和拨付，对资金使用情况进行监督检查。

第二章　支持方向与方式

第五条　专项资金的支持方向：

(一)推进文化体制改革。对中央级经营性文化事业单位改革过程中有关费用予以补助，并对其重点文化产业项目予以支持。

(二)培育骨干文化企业。对中央确定组建的大型文化企业集团公司重点发展项目予以支持，对文化企业跨地区、跨行业、跨所有制联合兼并重组和股改等经济活动予以支持。

(三)构建现代文化产业体系。对国家文化改革发展规划所确定的重点工程和项目、国家级文化产业园区和示范基地建设、文化内容创意生产、人才培养等予以支持,并向中西部地区、特色文化产业和新兴文化业态倾斜。

(四)促进金融资本和文化资源对接。对文化企业利用银行、非银行金融机构等渠道融资发展予以支持;对文化企业上市融资、发行企业债等活动予以支持。

(五)推进文化科技创新和文化传播体系建设。对文化企业开展高新技术研发与应用、技术装备升级改造、数字化建设、传播渠道建设、公共技术服务平台建设等予以支持。

(六)推动文化企业"走出去"。对文化企业扩大出口、开拓国际市场、境外投资等予以支持。

(七)财政部确定的其他文化产业发展领域。

第六条　专项资金支持项目分为重大项目和一般项目,支持方式包括:

(一)项目补助。对符合支持条件的重点发展项目所需资金给予补助。

(二)贷款贴息。对符合支持条件的申报单位通过银行贷款实施重点发展项目所实际发生的利息给予补贴。

(三)保费补贴。对符合支持条件的申报单位通过保险公司实施重点发展项目所实际发生的保费给予补贴。

(四)绩效奖励。对符合支持条件的申报单位按照规定标准给予奖励。

(五)财政部确定的其他方式。

第三章　重大项目

第七条　本办法所称重大项目,是指财政部按照国家文化改革发展规划要求,组织实施的文化产业重点工程和项目。

第八条　财政部根据专项资金支持方向和文化产业发展需要印发年度专项资金重大项目申报通知,符合条件的申请人可按要求进行申报。

第九条　重大项目申请人应当是符合申报通知要求的部门或企事业单位。

第十条　重大项目申请人应按要求提交项目申请书及其他相关材料。申请书包括以下内容:申请人基本情况、项目背景材料、项目目标及主要内容、项目执行进度安排、申请资金额及预算安排、地方财政资金支持情况和其他相关内容。

第十一条　重大项目申请人应按以下程序进行申报:

(一)中央各部门、资产财务关系在财政部单列的中央企业,直接向财政部申报;

(二)中央各部门归口管理的申报单位,由主管部门报财政部;

(三)地方申报单位,由各省、自治区、直辖市、计划单列市财政部门报财政部。

第十二条　财政部负责对重大项目的组织、立项、评审等工作,并根据评审结果研究确定具体支持项目和金额。

第十三条　财政部负责对重大项目的实施情况进行监督检查和追踪问效。

第四章　一般项目

第十四条　本办法所称一般项目,是指申请人按照本办法所确定的支持方向自行申报的文化产业项目。

第十五条　财政部根据专项资金支持方向和文化产业发展需要印发年度专项资金一般项目申报通知,符合条件的申请人可按要求进行申报。

第十六条　一般项目申请人为在中国境内设立的企业,以及从事文化产业相关工作的部门或事业单位。

第十七条　一般项目申请人除需按要求提交资质证明和专项资金申请文件外,还应提供下列材料:

(一)申请项目补助的,需提供项目可行性研究报告以及相关合同等复印件;

(二)申请贷款贴息的,需提供银行贷款合同、贷款承诺书、付息凭证等复印件;

(三)申请保费补贴的,需提供保险合同、保险费发票等复印件;

(四)申请绩效奖励的,需提供相关证明、合同、原始凭证等复印件;

(五)财政部要求提供的其他资料。

第十八条　一般项目申请人应按以下程序进行申报:

(一)中央各部门、资产财务关系在财政部单列的中央企业,直接向财政部申报;

(二)中央各部门归口管理的申报单位,由主管部门报财政部;

(三)地方申报单位向地方财政部门申报,由各省、自治区、直辖市、计划单列市财政部门汇总后报财政部;

(四)企业集团下属单位,通过企业集团统一进行申报。

第十九条　中央各部门负责组织本部门及归口管理单位的一般项目申报工作。各省、自治区、直辖市、计划单列市财政部门负责组织本地区一般项目申报工作。

第二十条　中央各部门和各省、自治区、直辖市、计划单列市财政部门要建立规范的项目审核机制,重点是审核申请人是否具备申请资格；申报程序是否符合要求；申请项目数量是否超出有关限制条件；有关申报文件材料是否真实有效等。

第二十一条　中央各部门和各省、自治区、直辖市、计划单列市财政部门在对申报项目初步审核、遴选的基础上，按规定向财政部汇总报送本部门或本地区申报项目。

第二十二条　财政部组织成立专项资金专家评审委员会，负责审核有关申请材料，重点是项目是否符合国家文化产业政策；项目可行性、实施计划及准备情况；项目投资概算、自筹资金情况、地方财政投入情况等，在此基础上提出扶持项目预算安排建议。

第二十三条　财政部根据专项资金专家评审委员会建议，结合预算管理要求及专项资金规模研究确定具体支持项目和金额。

第五章　资金使用

第二十四条　财政部确定资金分配方案后，按照预算和国库管理规定，及时下达并拨付资金。

第二十五条　专项资金预算一经批复，应严格执行。资金使用单位应按规定报告资金使用情况。

第二十六条　资金使用单位应当按照"专款专用、单独核算、注重绩效"的原则，及时制定内部管理办法，建立、健全内部控制制度，加强对专项资金的管理。

第二十七条　财政部建立重点文化产业项目库，对获得补助资金的项目实施跟踪管理。

第二十八条　专项资金结转和结余按照财政部门有关规定执行。

第六章　监督管理

第二十九条　中央各部门和各省、自治区、直辖市、计划单列市财政部门应当建立专项资金监督检查制度，督促资金使用单位及时报告资金使用情况，并于每年3月31日前将有关材料汇总后报财政部备案。资产财务关系在财政部单列的中央企业，按上述要求直接报财政部备案。

第三十条　资金使用单位应遵守国家财政、财务规章制度和财经纪律，自觉接受财政、审计等部门的监督检查。

第三十一条　财政部驻各地财政监察专员办事处，对专项资金的拨付使用情况及项目实施情况进行监督检查。

第三十二条　财政部对专项资金使用情况进行跟踪检查，根据需要组织或委托有关机构对项目开展绩效评价，检查和评价结果作为以后年度安排资金的重要依据。

第三十三条　项目申请人存在下列情况之一的，不予支持：

（一）申报项目存在重大法律纠纷的；

（二）未按规定报告以往年度专项资金使用情况的；

（三）受补助项目经绩效评价不合格未按要求整改的；

（四）因违法行为被执法部门处罚未满2年的；

（五）违反本办法规定，正在接受有关部门调查的。

第三十四条　任何单位和个人不得滞留、截留、挤占、挪用专项资金。对以虚报、冒领等手段骗取专项资金的，一经查实，财政部将收回专项资金，并按《财政违法行为处罚处分条例》（国务院令第427号）的相关规定进行处理。

第七章　附　则

第三十五条　本办法由财政部负责解释。

第三十六条　本办法自发布之日起施行，《财政部关于印发〈文化产业发展专项资金管理暂行办法〉的通知》（财教〔2010〕81号）同时废止。

国办转发知识产权局等部门《关于加强战略性新兴产业知识产权工作的若干意见》并发出通知

各省、自治区、直辖市人民政府，国务院各部委、各直属机构：

知识产权局、发展改革委、教育部、科技部、工业和信息化部、财政部、商务部、工商总局、版权局、中科院《关于加强战略性新兴产业知识产权工作的若干意见》已经国务院同意，现转发给你们，请认真贯彻执行。

国务院办公厅

2012年4月28日

关于加强战略性新兴产业知识产权工作的若干意见

为提高我国战略性新兴产业的知识产权创造、运用、保护和管理能力，推动战略性新兴产业的培育和发展，根据《国务院关于加快培育和发展战略性新兴产业的决定》（国发〔2010〕32号）、《国务院办公厅印发贯彻落实国务院关于加快培育和发展战略性新兴产业决定重点工作分工方案的通知》（国办函〔2011〕58号）等文件精神，现提出以下意见：

一、充分认识知识产权对培育和发展战略性新兴产业的重要意义

战略性新兴产业是我国转变经济发展方式、调整产业结构的重要力量，引导着未来经济社会发展，体现了新兴科技与新兴产业的深度融合。战略性新兴产业创新要素密集，投资风险大，发展国际化，国际竞争激烈，对知识产权创造和运用依赖强，对知识产权管理和保护要求高。积极创造知识产权，是抢占新一轮经济

和科技发展制高点、化解战略性新兴产业发展风险的基础；有效运用知识产权，是培育战略性新兴产业创新链和产业链、推动创新成果产业化和市场化的重要途径；依法保护知识产权，是激发创新活力、支撑战略性新兴产业可持续发展、形成健康有序市场环境的关键；科学管理知识产权，是充分运用国内国外资源、提升战略性新兴产业创新水平、发挥创新成果市场价值的保障。做好战略性新兴产业知识产权工作，关系培育战略性新兴产业的成效和战略性新兴产业未来发展。各地区、各有关部门要充分认识知识产权工作对培育和发展战略性新兴产业的重要意义，把握战略性新兴产业发展规律，立足当前、着眼长远，加大工作力度，切实做好战略性新兴产业知识产权工作，促进战略性新兴产业发展。

二、明确战略性新兴产业知识产权工作思路和目标

(一)总体思路。

以邓小平理论和“三个代表”重要思想为指导，深入贯彻落实科学发展观，坚持市场驱动与政府引导相结合、分类指导与重点突破相结合、先行先试与辐射带动相结合的原则，促进知识产权创造，推动知识产权转化运用，不断提高企业知识产权管理水平，着力优化知识产权保护环境，有效推动企业运用知识产权实现创新发展，稳步构筑知识产权比较优势，为战略性新兴产业快速健康发展提供有力支撑。

(二)主要目标。

到2015年：

——知识产权创造能力明显增强。战略性新兴产业领域发明专利拥有量和专利国际申请量分别比2010年增长两倍。积累一批布局合理、结构优化、能有力增强产业竞争力的核心技术专利，在部分产业形成局部优势。打造一批国际知名商标、软件和版权。在战略性新兴产业领域国际标准制定中的影响力明显增强。

——知识产权运用水平显著提高。形成以咨询、评估、金融、法律等为重点，全方位配套、一体化衔接的知识产权服务体系和以知识产权为纽带的产学研合作机制。战略性新兴产业知识产权融资和转移转化渠道更加顺畅，知识产权运用环境更加优化。企业运用知识产权参与国际市场竞争的能力明显增强。

——企业和研发机构知识产权管理能力普遍加强。初步形成符合战略性新兴产业发展特点的企业知识产权管理体系和知识产权战略实施机制。涌现出一批具备知识产权比较优势的领军企业和研发机构，形成一批多层次、多领域的战略性新兴产业知识产权联盟。

到2020年：

我国战略性新兴产业的知识产权创造、运用、保护和管理水平显著提高，知识产权有效支撑战略性新兴产业发展，涌现一批国际竞争力强、具有较强产业影响力和知识产权优势的企业，形成较为明显的战略性新兴产业知识产权比较优势。

三、促进知识产权创造，夯实战略性新兴产业创新发展基础

(一)引导战略性新兴产业知识产权科学布局。紧密追踪市场竞争和专利技术动向，定期发布战略性新兴产业行业知识产权动态信息，引导企业和研发机构有针对性地申请或引进知识产权，构筑知识产权比较优势。建立重大经济科技活动知识产权审议制度。推动重大科技项目围绕产业发展制定并实施知识产权战略，形成符合市场竞争需要的战略性知识产权组合。

(二)提升战略性新兴产业知识产权质量。建立科学有效的评价指标体系，引导企业和研发机构以市场竞争为导向不断提高知识产权质量、优化知识产权结构。逐步加大知识产权质量和市场价值在相关考核和评价中的权重。实施知识产权质量提升工程，不断提高代理机构、企业、研发机构知识产权质量管理意识和能力。

(三)促进战略性新兴产业领域获得知识产权。完善知识产权申请与审查制度，建立并完善专利审查绿色通道、商标审查绿色通道和软件著作权快速登记通道。优化专利审查方式，加强关键技术专利的审查质量管理，支持战略性新兴产业创新成果及时获得稳定性较强的知识产权。

四、促进知识产权市场应用，推动战略性新兴产业实现知识产权价值

(一)拓展知识产权投融资方式。完善知识产权投融资政策，支持知识产权质押、出资入股、融资担保。探索与知识产权相关的股权债权融资方式，支持社会资本通过市场化方式设立以知识产权投资基金、集合信托基金、融资担保基金等为基础的投融资平台和工具。鼓励开展与知识产权有关的金融产品创新，探索建立知识产权融资机构，支持中小企业快速成长。

(二)创新知识产权转移转化形式。发挥国家科技成果转化引导基金作用，鼓励社会资本出资促进知识产权转化，鼓励开展知识产权流转储备、转移转化风险补偿等活动。促进战略性新兴产业集聚区知识产权运营综合服务体系建设，培育一批在区域经济发展中发挥重要作用的知识产权运营机构。探索建立知识产权拍卖及相关制度。加快完善知识产权入股、股权和分红权等形式的激励机制和资产管理制度。完善知识产权交易政策，加快建立知识产权评估交易机制，支持设立以知识产权转移为重点的技术转移机构，推进知识产权交易市场体系建设，促进知识产权交易。加强专

利技术组合与商标保护的衔接配套,鼓励运用商标保护专利技术组合产品。

(三)构建产学研合作新机制。积极探索以合作开展共性关键技术研发为手段、以知识产权利益分享为纽带、以创新成果有效转化应用为目的的产学研合作机制。推动相关行业建立知识产权联盟。进一步落实国家财政投入形成的知识产权的运用管理政策,推动知识产权在重大科技项目关联企业和研发机构间的许可使用。

五、加强企业知识产权管理运用能力和相关服务体系建设,支撑战略性新兴产业形成竞争优势

(一)实施产业集聚区知识产权集群管理。在战略性新兴产业集聚区探索建立以优势企业为龙头、技术关联企业为主体、知识产权布局与产业链相匹配的知识产权集群管理模式。加快推动产业集聚区的知识产权公共服务平台建设,加强知识产权数据库配套、技能培训、管理咨询、维权援助等服务。推动建立产业集聚区知识产权战略支持中心。

(二)提升企业知识产权管理能力。推行企业知识产权管理标准,鼓励创建知识产权优势企业、开发核心知识产权产品,引导和鼓励企业加大经费投入、建立企业知识产权管理体系和知识产权战略实施机制。实施企业知识产权高端人才培养计划。进一步推广专业服务机构为企业培养知识产权实务人才的模式,为企业加强知识产权管理提供人才支撑。

(三)提高企业知识产权信息运用水平。建立战略性新兴产业知识产权统计制度,促进知识产权信息的交流与共享,引导企业有效运用海内外知识产权制度信息和战略性新兴产业知识产权状况信息,支持企业实现创新发展。加强行业与企业知识产权预警能力建设,完善预警机制。结合战略性新兴产业发展需要,分领域开发公益性专利数据库。鼓励各类机构对专利数据进行深度加工和商业推广。

(四)加强知识产权服务体系建设。实施知识产权服务机构培育项目,开展知识产权分析研究机构和管理咨询机构的培育工作,培育一批能够支撑知识产权审议、满足企业实施知识产权战略需求的服务机构。根据知识产权服务的内容特点,分类制定服务标准和服务规范,加强知识产权服务机构的服务资质管理和分级分类管理。支持专业服务机构开发知识产权管理系统和工具,为创新型中小企业和小微企业提供全程服务。

六、完善知识产权保护政策措施,优化战略性新兴产业发展环境

(一)完善知识产权保护法律、法规和政策。探索制定战略性新兴产业领域新产品、新技术等的专利保护政策,完善相关领域的专利审查标准。积极应对新一代信息技术发展带来的挑战,完善互联网知识产权保护法律、法规。

(二)加强有针对性的知识产权保护措施。定期开展有针对性的专项行动,加强战略性新兴产业领域知识产权执法保护。强化战略性新兴产业领域展会知识产权保护,加大战略性新兴产业专业市场和重大技术标准中的知识产权保护力度。加强商品流通领域的知识产权监管,探索运用现代信息技术实施商品流转环节的全程保真监控。将战略性新兴产业领域的维权援助纳入全国维权援助机构的中心工作,建立由企业、行业组织、研发机构和服务机构共同参与的维权援助体系。

七、加强知识产权国际合作,支持战略性新兴产业企业走出去

(一)支持在国外部署知识产权。利用现有资金渠道加大对战略性新兴产业领域在国外申请专利的支持力度。支持我国企业和研发机构积极开展全球研发外包,在境外开展联合研发和设立研发机构,建立企业和研发机构与专利申请目的国专业服务机构的对接机制,促进我国企业和研发机构在国外申请专利。加强国际合作,进一步提高企业和研发机构国外获取知识产权的效率。

(二)鼓励到国外运营知识产权。支持战略性新兴产业企业在国外成立知识产权运营公司,开展知识产权运营。引导企业在境外注册商标,积极培育国际知名商标。支持战略性新兴产业领域的企业、研发机构、知识产权联盟等与国外研究机构、产业集群建立战略合作关系,联合开展知识产权运营。支持行业协会、非政府组织、企业、研发机构参与战略性新兴产业领域国际标准制定,积极推动相关技术标准在国外推广应用。

(三)加大国外知识产权维权援助力度。收集国外知识产权专业服务机构信息,发布国外知识产权专业服务机构指导目录,方便企业在国外获得当地专业化服务。在主要贸易目的地、对外投资目的地建立保护知识产权工作机制,进一步健全和完善相关知识产权预警应急机制、国外维权和争端解决机制,指导和帮助企业在当地及时有效得到知识产权保护。引导建立行业或知识产权联盟联合防御基金,提高企业应对国际知识产权纠纷的能力。

八、加强组织领导协调,确保各项政策措施贯彻落实

(一)加强组织领导。知识产权局会同发展改革委、教育部、科技部、工业和信息化部、财政部、商务部、工商总局、版权局、中科院等有关部门和单位建立战略性新兴产业知识产权工作长效推进机制,统筹协调并指

导落实相关工作。各地要建立相应协调机制，将战略性新兴产业知识产权工作纳入本地区重要工作议程，列入年度工作要点，统筹调配资源，推动各项政策措施落实。

（二）创新工作模式。各地区和有关部门要结合战略性新兴产业发展需要和工作实际，积极探索、稳步推进知识产权管理模式创新。行业协会要充分发挥作用，开展知识产权服务模式创新。

（三）积极利用财税支持政策。充分利用《国务院关于加快培育和发展战略性新兴产业的决定》（国发〔2010〕32号）和《国务院办公厅关于加快发展高技术服务业的指导意见》（国办发〔2011〕58号）确定的各项财税支持政策，加强知识产权政策与有关财税政策的衔接配套。完善知识产权资助和费用减免政策，加大对战略性新兴产业的支持力度。发挥市场主体作用，支持、引导社会资金投入，逐步建立多渠道资金保障机制。加大地方资金保障力度，确保各项工作顺利开展。

国务院副总理李克强与俄罗斯第一副总理舒瓦洛夫共同出席在莫斯科国际贸易中心举行的中俄贸易和投资促进会议开幕式并讲话

李克强指出，近年来，中俄关系取得了前所未有的大发展，全面战略协作伙伴关系不断深化。目前中国已成为俄罗斯第一大贸易伙伴，俄罗斯是中国双边贸易增长最快的贸易对象。双方投资合作扎实推进，一批大型项目稳步实施，为促进两国经济发展起到了重要作用。

李克强表示，中俄经贸合作的快速发展，得益于两国关系的全面深化，也得益于双方经济的繁荣发展。两国经济较快增长为密切合作提供了重要基础，两国经济创新转型为提升合作水平注入了新动力，两国的开放发展为拓展合作开辟了新空间。面向未来，两国贸易和投资合作站在新的历史起点上。双方应乘势而上，秉持互利共赢理念，坚持巩固传统合作与拓展新领域并重，在扩大项目规模的同时增加相互投资，不仅注重数量增长而且注重质量提升，促进两国双边贸易额2015年前达到1000亿美元、2020年前达到2000亿美元，并争取实现更高水平的目标。

李克强就加强中俄贸易和投资合作提出四方面建议：第一，突出战略性重点领域合作。倡导两国大企业继续联合推动重大装备、基础设施等重要领域合作。在油气、煤炭、核电等能源合作上，既深化资源合作，又加强设备与技术、精深加工等上下游的产业合作。第二，培育新的合作亮点。积极开展航空航天、纳米技术、高端制造、节能环保、生物医药、信息技术等领域合作。在金融机构融资、金融服务、扩大本币结算等方面深化合作，更好地促进实体经济发展。第三，着力加强薄弱环节。把相互投资作为双边合作的优先方向之一。中方愿意更多进口俄方高附加值、高技术含量的机电产品。双方创造条件生产适应对方市场需要的产品。第四，扩大地方合作交流。进一步推动两国地方加强彼此合作，交流发展经验，解决实际问题，探索共建地方合作发展基金，促进地方合作在空间上均衡发展。

舒瓦洛夫在致辞时表示，俄中关系极为重要，双方从相互经贸合作中都获得了实实在在的利益。俄中都在加快国内经济转型。两国应进一步深化经贸合作，扩大规模，完善结构，加强相互投资，拓展新的领域合作。

中国和俄罗斯工商企业界代表约1200人出席会议。

出席会议前，李克强和舒瓦洛夫共同出席了签字仪式。两国有关部门负责人签署了政府间合作文件；双方企业签署了26项重要合作协议，涉及基础设施、能源资源、机电装备、高技术、金融等各个领域，项目总金额达152亿美元。

国务院副总理李克强在莫斯科会见俄罗斯工商企业界代表

李克强表示，中俄互为最大友好邻邦，同为重要新兴经济体，都面临着发展和振兴国家的重任；两国同处亚太和亚欧大陆，地缘相近的优势、经济互补的条件、政治互信的关系，决定了中俄经贸合作潜力巨大、前景广阔。经贸和体育都是竞争性很强的领域，都适用追求更快、更高、更强的信念和精神。在座的都是俄罗斯工商界的领军人物，你们的企业是俄罗斯经济的重要支柱，与中国企业已经开展了多种形式的合作，积累了重要经验。希望你们在中俄经贸和投资往来中更好地开展竞争、合作，结出更多丰硕的成果。

俄罗斯第一副总理舒瓦洛夫表示，俄中经贸合作发展良好，潜力巨大，俄方愿继续改善投资环境，与中方一道不断拓展合作领域。

俄罗斯工商企业界负责人分别介绍了与中国开展合作情况，表示中国市场对俄罗斯充满吸引力，俄中经贸合作正面临发展的重要机遇，大有可为。俄罗斯工商企业界对此充满热情和期待，愿与中方深入开展在贸易、投资、创新、能源、金融等领域合作。

俄罗斯斯科尔科沃创业基金会主席维克森贝尔格表示，他们在合作中了解到，中国企业界正在从“中国制造”走向“中国创造”，基金会将在此进程中发挥积极作用。俄罗斯直接投资基金总裁德米特里耶夫表示，该基金将与中国中投公司加强合作，为两国务实合作提供金融支持。基础元素投资集团兼俄铝集团董事长杰里帕斯卡表示，公司将与中方一起，加强资源产品上下游一体化合作，共同开拓两国市场。

国务院副总理李克强在莫斯科大学发表演讲

尊敬的萨多夫尼奇校长，尊敬的梅利尼科夫第一副主席，老师们、同学们：

很高兴又一次来到莫斯科大学，在这庄严肃穆的礼堂与老师、同学们见面。20多年前我曾访问过莫斯科大学，此时此刻有故地重来之感。那次访问中，我和贵校的负责人、师生专门讨论了中俄互派留学生的问题。20多年过去了，事遂人愿，莫斯科大学为中国培养了一大批留学生，目前就有1500名中国留学生在这里学习。在此，我谨向莫大的老师、同学们表示衷心感谢，感谢你们对中国学子给予的帮助！

大学是人才的熔炉、思想的宝库、科学的殿堂。莫斯科大学"祖国、科学、荣誉"的校训，给人深刻印象和丰富遐想。站在这里，我也不禁想起莫大创始人、俄罗斯科学之父罗蒙诺索夫。他发明了彩色玻璃烧制技术，并作诗赞美中国精美的瓷器及其烧制工艺。这从一个侧面反映了科学与文学、俄罗斯艺术与中国工艺、西方文明和东方文明的内在联系。长期以来，莫斯科大学以厚重精深的底蕴，孕育了许多栋梁巨匠，培养了众多优秀人才，也为中俄关系发展作出了重要而特殊的贡献。前天我到莫斯科，参加的第一场活动就是会见中俄友好代表人士，其中就有两位莫斯科大学的教授。当时我说，你们身后有成千上万、成万上亿中俄友好参与、支持、推动者汇成的大军。今天，我在这里看到如此之多热衷于中俄友好的人士，更加感受到中俄友好的根基在人民之中、在青年学生之中。

老师们、同学们！

中国和俄罗斯都是文明古国和世界大国，两国人民、两国青年对人类的前途和命运都肩负责任，需要我们用全球视野和战略思维，深入认识国际关系中的中俄关系。

当今世界正处在大发展大调整大变革之中，和平、发展、合作是时代潮流，同时国际金融危机的影响尚未消除，全球性挑战日益增多。这其中，有两个趋势日益明显。

一是，全球化与多极化并行发展。当前，经济全球化、区域一体化深入推进，生产要素在全球范围内优化配置，信息网络无处不在，人类从来未像今天这样联系紧密，世界更加扁平化，成为相互依存的"地球村"。同时，世界多极化越来越清晰，各种力量加快分化组合又相互平衡，发达国家转型与新兴经济体崛起同步进行，任何一种力量都不可能自己左右整个世界局势的变化。

二是，共同性与多样性相伴而生。发展经济、改善民生、促进社会公平正义，已成为各国人民的普遍追求。这是世界发展的共同性，反映了人类进步的趋势。另一方面，正像一束阳光有着七种色彩，世界又是异彩纷呈的，文明具有多样性，多元文化能够并存，各国可以从自己国情出发选泽正确的、符合人民利益的发展道路。

人们从上述趋势中认识到，这是一个开放、多元、共生的世界，既有共性又有特性，既应相互借鉴又应彼此包容。这个世界需要和平、需要合作，使人们在共同发展中追求幸福生活。这个世界需要尊重、需要平等，在保障各国自身应有权利的同时，促进国际关系民主化，构建更加公正合理的国际政治经济新秩序。

中国和俄罗斯有着广泛的共同利益。顺应世界大势，发展中俄关系，推动建设持久和平、共同繁荣的和谐世界，是我们共同的历史责任。

老师们、同学们！

我此次访俄，不论是在飞机上俯瞰俄罗斯大地，还是与这片土地上奋斗的人民接触，都深深感受到俄罗斯欣欣向荣的景象。近年来，俄罗斯致力于发展经济、促进社会公平，大力推进以创新为核心的经济现代化战略，各项事业取得显著成就，人民生活水平不断提高，国际地位进一步提升。俄罗斯是世界重要一极，俄罗斯的发展、繁荣、振兴符合中国的利益，也有利于世界和平与稳定。衷心祝愿俄罗斯更加繁荣昌盛！

中国实行改革开放以来，现代化建设加快推进，经济总量已居世界前列，人民生活总体达到小康水平。同时，发展中还存在不平衡、不协调、不可持续的问题，我们正在努力加以解决。面向未来，中国将加快转变经济发展方式，大力调整经济结构，着力保障和改善民生，促进经济长期平稳较快发展，促进社会公正与和谐。

目前中俄关系处于最好的时期。双方相互把对方的发展视为自己发展的机遇。两国人民的友谊就像俄罗斯谚语所形容的一样，是"胳膊肘般的感情"。回顾和展望两国关系，可以说过去基础深厚、现在机遇难得、未来潜力巨大。

中俄关系发展的深厚基础源于历史的传承和人民的意愿。双方交往源远流长。尤其值得珍视的是，两国人民在二战时期并肩战斗，抗击法西斯侵略。再过几天就是5月9日，贵国将举行卫国战争胜利67周年纪念日活动。今天下午，我将参观俯首山卫国战争纪念馆，并看望俄罗斯二战老战士，其中很多人曾经在中国的东北同中国军民一起抗日，为最终赢得胜利作出了贡献。我们不会忘记俄罗斯人民对中国人民解放事业和建设事业给予的宝贵支持。

中俄关系发展的难得机遇来自于两国的现实需要和比较优势。冷战结束后，两国关系不断向前发展，去年又建立了全面战略协作伙伴关系，为大国关系特别是新兴大国关系树立了典范。中国和俄罗斯同为主要新兴经济体和金砖国家，都处于经济发展的上升阶段。两国日益密切的战略协作、不断扩大的经济规模、十分明显的互补优势，必将为两国合作注入源源不断的动力。

中俄关系发展的广阔空间来自于相互开放的大格局。俄罗斯完成了加入世贸组织的谈判，正在加快实施包括远东地区在内的地区开发战略。中国在扩大对外开放进程中实施扩大内需战略，深入推进西部大开发，加快中西部地区发展，把沿边开放、向西开放作为新一轮开放的重点，把对俄罗斯的开放作为全方位对外开放的重要战略方向。中俄同处亚太地区，也都是亚欧大陆国家；两国地缘相近，互为最大的邻国，都愿意看到对方的发展、繁荣和强大，双方合作大有可为。两国在广袤的亚欧大陆开放合作，必将对周边地区和亚欧国家产生联动效应，为两国发展开拓更为广阔的战略空间。

老师们、同学们！

大家知道，中国人喜欢的围棋和俄罗斯人喜欢的象棋，都讲究谋势布局。我们现在谋的是中俄合作的大局，顺应的是世界和平、发展、合作的大势。这不是权宜之计，需要着眼长远、脚踏实地。

我们之间的合作是战略互动、共同创新的合作。中俄互为最重要、最有价值的战略伙伴，应坚持从长远和全局上看待彼此，用务实合作、大项目合作来充实战略协作关系。双方还需顺应世界科技与产业变革的趋势，谋求合作的新突破。不仅扩大合作规模，更应提升合作质量，尤其是在科技创新、新兴产业发展等方面密切合作，以提升两国的核心竞争力。战略与创新的合作需要智慧，智慧更多地是来自大学、学者、学子，来自在座的各位。

我们的合作是人文相融、情感相通的合作。两天前，我见到一位从事中俄友好50多年的俄中友协女士。她告诉我，一辈子都在做有利于俄中友好的事。我认为她有一颗年轻的心，希望她把俄中人民友谊传递下去。在这里，我代表中国政府宣布，邀请300名莫斯科大学的学生今年暑期到中国去研修、游学，并为此提供所有条件。我们在中国等待你们！

我们的合作是维护世界和平、携手担当的合作。中国和俄罗斯都是负责任的大国，是国际新秩序的建设者、世界和平的维护者。加强国际事务的合作、维护联合国宪章和国际关系基本准则，推动建设国际新秩序，是中俄双方一致的看法。相信年轻的一代必将传承我们的友谊和传统。

老师们、同学们！

前天我见到的两位莫斯科大学教授，其中一位的外祖父是中国第一座长江大桥——武汉长江大桥的设计者。50多年前，双方专家和建设者密切合作，把天堑变成了通途。这位教授告诉我，她正在继承外祖父的事业，致力于建设"汉语桥"。这不是物质不灭定律所界定的肉眼可以看得见的实物形态之桥，而是能够搭载更多人、能够联通中俄人民心灵的精神世界之桥，是一座新的更为宏大的桥。这次访问中，我感受到许许多多中俄青年正在用自己的身心打造中俄友谊之桥。青年代表未来、掌握未来、开拓未来。正因为如此，我坚信，中俄友谊的大道必定越来越宽广，中俄友谊的前程必定越来越美好！

最后，祝各位教有所成、学有所长！祝中俄两国和两国人民世代友好！

谢谢大家！

第八届中国国际动漫节在杭州开幕

国务委员刘延东出席开幕式，并宣布本届动漫节开幕。全国人大常委会副委员长路甬祥出席开幕式。

由国家广播电影电视总局、浙江省人民政府主办的中国国际动漫节是唯一的国家级动漫专业节展，也是我国动漫行业最具权威性、最具影响力的行业会展，已成功举办了七届。本届动漫节以"动漫我的城市，动漫我的生活"为主题，内容包括会展、论坛、大赛、活动四个板块共计50多个项目，吸引了来自61个国家和地区的展商参会。

从本届开始，中国国际动漫节移师杭州市滨江区的白马湖动漫广场，国际化和专业化程度进一步提高。动漫节首次设立中外动漫教育展，首次设立COSPLAY海外赛区。参展商中包括了日本集英社、日本东映公司和以"愤怒的小鸟"著称的芬兰Rovio工作室等诸多全球知名企业。

2005年，杭州举办了首届中国国际动漫节，2006年，国家广电总局确定将这一节展永久落户杭州。从2005年至2011年，有近600万人次的观众参与了历届动漫节的各项活动，会展总成交额达460余亿元。

4月29日

国务院副总理李克强在喀山与伏尔加河沿岸联邦区地方领导人举行座谈

李克强表示，此次访问俄罗斯期间，我与俄罗斯领导人就深化中俄关系和加强各领域务实合作达成重要共识。要切实落实中俄关系未来10年发展规划，将中俄全面战略协作伙伴关系提高到新水平，就需要调动好中央和地方两方面的积极性，在扩大开放中合作发展。

李克强表示，伏尔加河沿岸联邦区地理位置优越，工业基础雄厚，科研力量发达，所呈现的活力、创造力和潜力为深化中俄地方合作提供了有利条件。

李克强就进一步拓展中俄地方合作提出三点建议：第一，从国家层面加大对地方合作的推动。中国正在实施扩大内需战略，加快中西部和东北地区发展振兴，强化向西开放。俄罗斯也在实施国家振兴计划和地区发展战略。双方应把握两国发展战略交汇点，丰富地方合作内容。第二，突出合作重点。要找准两国合作的薄弱环节，在扩大贸易规模同时，增加相互投资和创新合作。中方将鼓励中国企业赴俄罗斯投资兴业，推动科研机构、高等院校参与合作，提升合作水平。第三，完善合作机制。要深入发展中国有关省市与俄罗斯联邦主体的友好省州、友好城市关系，增进人文交流，加深两国人民的了解，使双方合作有桥梁、无障碍，推动经贸、投资、创新等方面务实合作扎扎实实向前发展。

巴比奇表示，俄中经贸关系具有前所未有的重要性。双方要深入落实两国领导人达成的共识，积极推动俄中地方交流，加强投资、创新等领域的合作，为推动俄中全面战略协作伙伴关系作出贡献。

4月30日

国务院副总理李克强在布达佩斯与匈牙利副总理瑙夫劳契奇举行会谈

李克强表示，中方高度重视发展中匈关系，愿与匈方共同努力，增进政治互信，推进经贸、创新等务实合作，加强文化、旅游等人文交流，相互沟通借鉴治国理政经验，加快相关合作设施和机制建设，通过发展友好城市关系等形式，促进地方和城市合作，推动中匈关系健康、稳定、深入向前发展。

瑙夫劳契奇表示匈方期待通过此次访问，总结匈中关系发展成果，共商推动两国关系大计，为两国关系发展注入新动力。

国务院副总理李克强在布达佩斯总统府与匈牙利代总统 议长克韦尔举行会谈

李克强表示，中方愿积极推动与匈方的务实合作，共同为扩大两国贸易规模、促进贸易平衡发展创造条件，中方将鼓励有实力、有条件的中国企业到匈牙利投资兴业，为其提供金融支持。希望匈方加强企业对华市场开拓力度，并为中方企业到匈投资提供更多便利。在全球化深入发展形势下，两国应同舟共济，进一步加强在各领域的务实合作。人文交流是发展两国关系的重要基础，应积极推动落实双方已达成的协议，以增进两国人民的相互了解和理解。

克韦尔表示，匈方赞赏中国在国际政治和经济事务中发挥的重要作用，把中国作为匈牙利的战略合作伙伴。李克强副总理此次访问将深化双方务实合作，加强匈中友好关系。匈方愿扩大与中国的贸易，增加对华出口，吸引更多中国企业投资，共同应对国际金融危机，深化两国教育、旅游等人文交流。

我国在西昌卫星发射中心用“长征三号乙”运载火箭成功发射两颗北斗导航卫星

针对江西 湖南风雹 暴雨灾情国家启动四级救灾应急响应

国家减灾委、民政部针对江西、湖南近期风雹、暴雨等灾情，紧急启动国家四级救灾应急响应，派出工作组赶赴灾区，查看灾情，指导开展救灾工作。

据江西省民政厅报告，4月中旬以来的风雹、暴雨灾害共造成11市70县124.1万人受灾，因灾死亡18人。据湖南省民政厅报告，4月28日以来发生的风雹、暴雨灾害共造成岳阳、益阳等5市州21县市75.8万人受灾。

5月1日

国务院总理温家宝看望北京市环卫和公交职工

第一百一十一届广交会第三期在广州开幕

截至二期结束，本届广交会境外采购商累计报到人数为166707人，较上届广交会同期166347人略有增长，显示我国出口市场正在出现回暖复苏迹象。信息显示，欧美日等主要出口市场成交冷热不均，新兴市场成交良好，参展企业延续近几届广交会倾向于签短单、小单的趋势，多数成交合同交货期在3个月以内，表明采购商市场信心尚未完全恢复。

国务院副总理李克强在布鲁塞尔与比利时副首相兼外交大臣雷恩代尔举行会谈

李克强表示，改革开放30多年来，中国在经济社会发展方面取得巨大成就。中国找到了适合自身国情的发展道路，将继续坚定不移地走下去，坚持深化改革、扩大开放，推动经济社会协调发展，以人为本，让人民的生活更加美好。

雷恩代尔表示，比利时新政府将继续恪守一个中国原则。比方希望中国将比利时作为进入欧洲的门户，欢迎更多的中国企业赴比利时投资，深化两国金融合作。比方重视中国在二十国集团和其他国际组织中发挥的重要作用，希望加强与中国在国际事务中的沟通协调。比利时对中国坚持改革开放和现代化建设感到鼓舞，这符合比利时和欧盟的共同利益。

第十四届中美科技合作联委会在北京开幕

国家主席胡锦涛发来贺信。

胡锦涛在贺信中指出，当今世界，科学技术进步比历史上任何时候都更加深刻地影响着经济发展、社会进步和人民福祉。中美两国都认识到科技是经济社会发展中最活跃、最具革命性的因素，都高度重视科技创新，并积极推进科技合作。现在，科技合作已成为中美关系发展的重要推动力量，成为两国人文交流的重要组成部分。中美两国本着平等、互利、双赢的精神开展科技合作，这不仅有利于加快两国科技事业发展，而且有利于促进世界科技进步，造福于全人类。

国务委员刘延东出席了会议并会见由美国总统科技事务助理、白宫科技政策办公室主任霍尔德伦率领的美国政府科技代表团。会见结束后，刘延东出席了中美科技合作项目签字仪式并发表讲话。

中美科技合作联委会是根据《中美科技合作协定》成立的中美政府间机构，每两年在两国轮流举行一次。本届联委会回顾了上届联委会以来两国科技发展与合作情况，并就农业、能源、核安全、卫生、基础科学、环境、计量科技、生物多样性、灾害管理用的遥感技术等开展了专题讨论，成立了相关科技领域合作工作组，签署了农业研究旗舰项目议定书和国际科技合作伙伴计划合作谅解备忘录等文件。

“新时期党的建设科学化书系”出版座谈会在北京举行

“新时期党的建设科学化书系”由党建读物出版社策划并组织出版，历时两年，是迄今为止最大规模研究介绍党的建设科学化最新研究成果的出版工程，也是国家出版基金重点资助项目和“十二五”国家重点出版规划项目。书系分为“理论研究”、“制度研究”、“方法研究”3个系列，共26册，全面反映党建研究与实践的最新成果和新鲜经验。

我国最北端铁路工程古洛铁路古莲至月牙湖段投入运营

经过3年的施工，古洛铁路一期古莲至月牙湖段今日正式投入运营。古洛铁路是黑龙江省“十一五”期间的重点建设项目之一。线路从嫩林线终点延展铺至中俄界河黑龙江边，全长85公里，一期工程为古莲至月牙湖段，二期工程为月牙湖至洛古河段。随着该段铁路投入运营，月牙湖站取代漠河站成为中国最北火车站。

5月2日

全国人大常委会残疾人保障法执法检查组第一次全体会议在北京举行

全国人大常委会委员长吴邦国作出重要批示。

吴邦国指出，残疾人是一个数量众多、特性突出的社会群体，关爱残疾人，保障残疾人权益，是社会文明进步的重要标志。残疾人保障法执法检查，要突出重点，注重实效，深入了解法律实施情况，督促有关方面高度重视残疾人工作，推动解决基本生活保障、教育、就业、康复等残疾人最关心、最直接、最现实的利益问题，让广大残疾人平等参与社会生活，共享改革发展成果，促进社会公平正义，促进残疾人事业与经济社会协调发展。

此次执法检查组组长由李建国副委员长兼秘书长担任，他在会议上部署了检查工作的总体安排。

根据安排，此次执法检查共分6个小组，于今年5月至6月分别赴天津、内蒙古、辽宁、山西、浙江、湖南6省(区、市)开展检查。同时，委托其余25个省(区、市)

人大常委会对本行政区域内残疾人保障法的实施情况进行检查。

国务院总理温家宝在北京主持召开国务院常务会议讨论通过《社会保障"十二五"规划纲要》和《国家中长期动物疫病防治规划(2012—2020年)》

会议指出,"十一五"时期是新中国成立以来社会保障体系建设发展最快的时期,制度建设取得突破性进展,覆盖城乡居民的社会保障体系框架基本形成,保障水平较大幅度提高,社会保障管理服务体系初步建立。颁布了社会保险法,修订了工伤保险条例;建立新型农村社会养老保险制度并开展试点,全面建立企业职工基本养老保险省级统筹制度;全面实施城镇居民基本医疗保险制度、新型农村合作医疗制度和城乡医疗救助制度,职工基本医疗保险制度进一步完善;建立和实施农村最低生活保障制度、城市生活无着流浪乞讨人员救助制度,完善了灾害救助、临时救助等制度;推进了社会慈善、社会捐赠、群众互助等社会扶助活动和志愿服务活动的制度化建设。社会保障事业的历史性进步,是改革开放以来经济快速发展、综合国力大大增强的结果,是以人为本执政理念和科学发展观的集中体现。

会议指出,目前我国城乡社会保障发展还很不平衡,农村地区明显滞后,一些基本保障制度覆盖面较窄。随着城镇化的推进,迫切需要加强制度整合与衔接,加快实现管理服务一体化。"十二五"时期,要坚持"广覆盖、保基本、多层次、可持续"的基本方针,以增强公平性、适应流动性、保证可持续性为重点,更加注重保障公平,更加注重统筹城乡发展,更加注重优质高效服务,更加注重可持续发展,加快建立、健全覆盖城乡居民的社会保障体系。力争到"十二五"期末,形成基本完备的社会保障制度,比较健全的管理服务体系,并稳步提高保障水平,基本解决历史遗留问题,为全面建设小康社会提供水平适度、持续稳定的社会保障网。

会议确定了以下主要任务:(一)推进制度建设。实现城乡居民社会养老保险制度全覆盖,改革机关事业单位养老保险制度。完善医疗、工伤、失业、生育保险制度和社会救助制度。实施应对人口老龄化的社会保障政策,完善家庭养老支持政策。大力发展补充保险。(二)加快城乡社会保障统筹。整合城乡社会保障制度和经办管理资源,提高社会保险统筹层次,建立有效的社会保险关系转移接续制度。(三)扩大社会保障覆盖范围。基本养老、基本医疗保险保障人群实现基本覆盖。完善被征地农民的社会保障政策。(四)逐步提高保障标准,缩小城乡、区域、群体之间的差距。统筹建立基本养老金正常调整机制。普遍开展和推进城镇居民基本医疗保险、新农合门诊医疗费用统筹。逐步提高各级财政补助标准,职工、城镇居民基本医疗保险和新农合政策范围内住院费用支付比例均达到75%左右。(五)加强社会救助体系建设,大力发展社会福利和慈善事业。(六)加强社会保障管理与监督。严格基金监管,维护基金安全。加快社会保障管理服务规范化、信息化、专业化建设步伐。

会议讨论通过了《国家中长期动物疫病防治规划(2012—2020年)》。会议指出,动物疫病防治关系国家食物安全和公共卫生安全。要坚持预防为主方针,按照政府主导、社会参与的原则,实施分病种、分区域、分阶段的防治策略,全面提升兽医公共服务和社会化服务水平,全面提高动物疫病综合防治能力。力争到2020年,口蹄疫、高致病性禽流感等16种优先防治的国内动物疫病达到规划设定的考核标准,动物发病率、死亡率和公共卫生风险显著降低,重点防范的外来动物疫病传入和扩散风险有效降低。为此,一要加强重大动物疫病和重点人畜共患病防治,推进重点病种从有效控制到净化消灭。二要强化源头防治,提高动物整体健康水平。三要加强外来动物疫病防范,强化风险管理。四要实行区域化管理,重点加强国家优势畜牧业产业带、人畜共患病重点流行区、外来动物疫病传入高风险区、动物疫病防治优势区等"一带三区"防治工作。五要切实加强能力建设,着力提高动物疫情监测预警能力、突发疫情应急管理能力、动物疫病强制免疫能力、动物卫生监督执法能力、动物疫病防治信息化和社会化服务能力,适应新时期动物疫病防治工作需要。

国家安全监管总局和财政部联合印发《安全生产举报奖励办法》

办法规定,举报安全生产重大事故隐患、安全生产非法违法行为的,奖励1000元至1万元。对举报瞒报、谎报一般事故的,奖励3000元至5000元;举报瞒报、谎报较大事故的,奖励5000元至1万元;举报瞒报、谎报重大事故的,奖励1万元至2万元;举报瞒报、谎报特别重大事故的,奖励3万元。该办法适用于煤矿、非煤矿山、道路交通、危险化学品、烟花爆竹、冶金机械等行业和领域涉及的安全生产事项。

办法指出,办法所称安全生产重大事故隐患,是指危害和整改难度较大,应当全部或者局部停产停业,并经过一定时间整改治理方能排除的隐患,或者因外部因素影响致使生产经营单位自身难以排除的隐患。

举报人可以通过安全生产举报投诉特服电话"12350",或者以书信、电子邮件、传真、走访等方式举报安全生产重大事故隐患和非法违法行为。

国务院副总理李克强在布鲁塞尔埃格蒙宫与比利时首相迪吕波举行会谈

李克强表示,比利时在科技创新和人才方面有优势,中方在新能源、生物科技、节能环保、新材料领域有较大需求,比利时是最早向中国转让技术的欧盟国家,应进一步积极开拓中国市场,在高技术转让方面迈出更加灵活开放的步伐。中国致力于推动经济社会协调发展,将为包括比利时在内的各国企业在华投资创造公平、合理、可预期的法律和政策环境。这将为双方企业合作提供良好条件。中方将继续支持欧元稳定,相信欧方有能力克服暂时的困难,走出困境。

迪吕波表示,过去30多年,中国取得了巨大成就,希望中国发展得更好,继续对外开放,这符合中国和世界的共同利益。比方赞赏中国致力于提升经济发展质量,推进法制建设,愿在相互尊重基础上与中国积极推进合作关系。双方应挖掘经贸、科技合作潜力,扩大人文交流。比利时感谢中国支持欧盟应对欧债危机的努力。比利时与中国都致力于建设和平繁荣的多极化世界,希望深化与中国在国际事务中的协调配合。

会谈结束后,李克强与迪吕波共同出席了两国检验检疫、设立镜子基金合作协议的签字仪式。

国务院副总理李克强在布鲁塞尔皇宫与比利时国王阿尔贝二世举行会谈

国务院副总理回良玉在中南海紫光阁会见赞比亚外长卢宾达

外交部部长杨洁篪在北京与赞比亚外长卢宾达举行会谈

第二次中美战略安全对话在北京举行

外交部副部长张志军和美国常务副国务卿伯恩斯共同主持了对话,中国人民解放军副总参谋长马晓天、中国驻美国大使张业遂、美国国防部代理副部长米勒、美军太平洋总部司令洛克利尔等参加。双方在坦诚、务实的气氛中就共同关心的战略安全、综合安全问题深入交换了意见,加深了相互了解。双方同意继续发展好中美战略安全对话机制,使之为增进两国战略互信发挥更大作用。

国防部部长梁光烈在八一大楼会见美国国防部代理副部长米勒

梁光烈说,近年来中美两国关系总体保持了稳定发展的良好势头。两国高层领导人多次会晤,推动了两国建设相互尊重、互利共赢的合作伙伴关系不断向前发展。他表示,当前中美两军关系面临新的发展机遇,需要双方共同努力,按照"尊重、互信、对等、互惠"的原则,把握正确发展方向,扩大共同利益,化解矛盾分歧,确保两军关系沿着健康稳定的轨道向前发展。

米勒说,美方愿与中方一道,保持两军关系健康稳定发展,增进美中战略互信,维护共同安全利益。

《风范长存天地间——朱光亚同志逝世一周年纪念文集》出版发行

《风范长存天地间》是一本主要反映朱光亚同志逝世后,社会各界缅怀追思朱光亚突出贡献和崇高精神的纪念文章、新闻报道集,分"缅怀文章"和"媒体报道"两部分,共收录纪念文章61篇、新闻报道46篇,近30万字。全书通过大量第一手权威资料,以独特视角和生动笔触,真实记录了朱光亚的非凡人生和卓越贡献,深情讴歌了这位科学巨擘的大师风范和人格魅力,也从一个侧面再现了"两弹一星"伟业的光辉历程。

5月3日

第四轮中美战略与经济对话在钓鱼台国宾馆开幕

国家主席胡锦涛出席开幕式并发表重要讲话。美国总统奥巴马发来书面致辞。

奥巴马在致辞中说,美国坚定致力于建设相互尊重、互利共赢的美中合作伙伴关系。美中双方通过频繁高层交往,已创建起有效沟通的框架。美中战略与经济对话机制彰显了美中关系的广度和深度及双方合作的能力,它增进了沟通、增强了互信、深化了合作,表明美中两国可以通过双边和多边合作,确保全球安全、稳定和繁荣。

奥巴马表示,美中两国可以向世界证明,美中关系的未来不会重蹈历史覆辙,两国可以携手解决21世纪面临的严峻经济和安全挑战,为发展持久信任、长期稳定、充满希望的美中关系奠定坚实基础。

胡锦涛特别代表、国务院副总理王岐山和国务委员戴秉国与奥巴马特别代表、国务卿希拉里·克林顿和财政部部长蒂莫西·盖特纳共同主持对话并分别在开幕式上致辞。

国家主席胡锦涛在第四轮中美战略与经济对话开幕式上的致辞

克林顿国务卿,盖特纳财长,各位来宾,女士们,先生们,朋友们:

时隔两年,中美战略与经济对话再次在北京举行,中美双方将共同探讨新形势下如何推动两国关系向前发展。首先,我谨对第四轮中美战略与经济对话开幕,表示祝贺！对远道而来的美国朋友们,表示欢迎！

2009年,我同奥巴马总统在伦敦会晤时共同商定,建立中美战略与经济对话机制。3年多来,中美战略与经济对话作为两国级别最高、参与部门最多、讨论议题最广的机制,促进了两国高层战略沟通,加深了对彼此战略意图和政策的了解,扩大了对中美关系发展方向的共识;有力推进了互利合作,增进了两国人民相互了解和友谊;丰富了两国各领域各层次交流沟通。

在本轮对话中,希望双方再接再厉,共同努力,既立足当前,又着眼长远,推动中美战略与经济对话成为两国加强战略沟通、增进战略互信、促进战略合作的长效机制,为建设中美合作伙伴关系不断进行探索和实践。

女士们、先生们!

40年前,中美两国老一辈领导人用“跨越太平洋的握手”开启了中美关系的大门,开始探索不同社会制度、历史文化、发展阶段大国的相处之道。40年来,中美关系发展的广度和深度,远远超过了当年人们的想象。

一年前,我对美国进行了国事访问,同奥巴马总统就共同建设相互尊重、互利共赢的合作伙伴关系达成重要共识。中美分别是当今世界最大的发展中国家和最大的发达国家,中美关系持续健康稳定向前发展,不仅能给两国人民带来实实在在的利益,而且将为促进世界和平、稳定、繁荣作出宝贵贡献。

女士们、先生们!

当今世界,经济全球化深入发展,科技进步日新月异,机遇和挑战并存。各国人民都期待21世纪成为人类历史上第一个共享和平安宁、共同发展繁荣的世纪。人们认为,中美合作将给两国和世界带来巨大机遇,中美对抗将给两国和世界带来巨大损害。无论国际风云如何变幻,无论中美两国国内情况如何发展,双方都应该坚定推进合作伙伴关系建设,努力发展让两国人民放心、让各国人民安心的新型大国关系。

发展中美新型大国关系,需要创新思维。40年前,中美发表《上海公报》是一个创举,《上海公报》在肯定双方共同点的同时,如实列出存在的分歧,确立了中美关系的基本指导原则。当前,人类已进入21世纪第二个十年。我们的思想、政策、行动应该与时俱进,以创新的思维、切实的行动,打破历史上大国对抗冲突的传统逻辑,探索经济全球化时代发展大国关系的新路径。

发展中美新型大国关系,需要相互信任。我们这个星球有足够大的空间,应能容得下中美两国和其他国家共同发展。改革开放30多年来,中国坚持和平发展,开创了一条依靠中国人民勤劳智慧、通过中国人民同各国人民合作共赢实现发展的正确道路。走和平发展道路,是我们始终不变的战略选择,是中国对全世界的郑重承诺。

发展中美新型大国关系,需要平等互谅。中美两国国情不同,不可能在所有问题上都意见一致。双方必须学会相互尊重,善于抓住“同”,把共同利益的蛋糕做大;正确对待“异”,尊重和照顾彼此利益关切。对存在的分歧,应通过对话交流,增进理解,妥善处理,以免影响中美关系大局。

发展中美新型大国关系,需要积极行动。中国有句古话,为者常成,行者常至。我们要采取扎实有效的行动,把双方达成的各项共识落到实处,推动广泛领域务实合作,加强在国际和地区问题上的协调,促进亚太地区乃至世界和平稳定,让两国人民和各国人民切实享受中美合作带来的好处。

发展中美新型大国关系,需要厚植友谊。国之交在于民相亲。我们要积极推进两国社会各界交流交往,让更多人成为中美友好合作的参与者、支持者。我高兴地得知,第三轮中美人文交流高层磋商将与第四轮中美战略与经济对话同时举行,期待第三轮磋商进一步促进中美两国人民相互了解和友谊。

女士们、先生们!

我们所在的这个大厅叫芳菲苑。中国唐代诗人韩愈有两句诗:“草木知春不久归,百般红紫斗芳菲。”意思是时不我待,必须奋发进取。中美关系正面临进一步发展的机遇,同时也面临新的挑战。让我们抓住机遇,排除干扰,共同努力,走出一条相互尊重、合作共赢的新型大国关系之路。

预祝第四轮中美战略与经济对话取得圆满成功。

国务院副总理回良玉在国家防总指挥中心主持召开国家防总全体会议

会议研究分析今年汛情旱情形势,安排部署防汛抗旱工作。

回良玉要求,各地区、各有关部门要立足防大汛、抗大旱、救大灾,有力有序有效地做好各项工作,确保大江大河、大型和重点中型水库、大中城市的防洪安全,努力保证中小河流和一般中型、小型水库安全度汛,切实保障城乡居民生活用水安全,千方百计满足生产和生态用水需求。一要切实强化组织领导,落实好防汛抗旱行政首长责任制,完善防汛抗旱督察制度,严肃防汛抗旱纪律。二要切实强化抗旱工作,受旱地区要强化水利工程调度管理,千方百计增辟抗旱水源,广泛动员群众浇灌补墒,为春耕创造有利条件;人饮困难突出的地区要充分考虑持续干旱的最不利情况,千方百计保障群众生活用水。三要切实强化防汛准备，抓住主汛期到来前的有限时间，全面消除工程隐患，修订完善各类预案，加强培训演练，充实物资储备，认真开展防汛抗旱检查，促进防汛措施落实。四要切实强化预报预警，重点加强局部性、突发性灾害天气的监测预报，突出做好大江大河暴雨区、山洪地质灾害易发区、台风登陆影响区的精细化预报，第一时间发布预警信息，提前转移危险地区群众。五要切实强化科学防控，科学调度骨干水利工程，高度重视水库、水电站安全度汛，严格执行巡堤查险工作规定；凡存在病险或正在施工的水库，要降低水位甚至空库运行，避免垮坝失事。六要切实强化各成员单位的协调配合，建立、健全部门联动机制，相互支持、通力合作，特别要有针对性地制订解放军、武警部队参加抢险救灾的各种预案，充分发挥他们在抗洪抢险和抗旱减灾中的突击队作用。

国家副主席习近平在钓鱼台国宾馆会见美国国务卿克林顿和财政部部长盖特纳

习近平强调，中美作为政治制度、历史文化背景、经济发展水平不同的两个大国，构建新型大国关系，既要有"不到长城非好汉"的决心和信心，也要有"摸着石头过河"的耐心和智慧。双方应持续不断增进相互了解信任，深化互利共赢格局，加强在重大国际和地区问题上的协调合作，促进人民友好。今年对中美关系是十分关键的一年，希望美方着眼大局和长远，排除干扰，与中方共同努力，维护和促进中美关系健康稳定发展。

克林顿表示，在本轮美中战略与经济对话中，双方坦诚、深入交流，取得重要进展，体现了两国合作伙伴关系精神。美中建设相互尊重、互利共赢的新型大国关系史无前例，确实如同"摸着石头过河"，有时风平浪静，有时波涛汹涌。双方要坚持对话，扩大交流，增进互信，缩小分歧，加强合作，共同应对各种风险和挑战。

国家副主席习近平在人民大会堂会见以高村正彦为团长的日本日中友好议员联盟代表团

习近平表示，在当前形势下，为进一步促进中日关系健康稳定发展，双方应着重在三个方面作出努力。一是要遵循两国领导人达成的重要共识，不断增进政治和战略互信，推动中日关系始终沿着正确方向向前发展。二是要大力开展人文交流，努力拉近两国国民感情距离。今年是"中日国民交流友好年"，双方应抓住和用好这一契机，通过在广泛领域开展丰富多彩的交流，吸引更多民众尤其青少年参与，维护和增强中日友好的民意基础。三是要切实管控危机，妥善处理敏感问题，尤其在涉及对方核心利益和重大关切问题上，要采取极为慎重的态度。

高村表示，日中邦交正常化40年来，两国关系取得巨大发展，推进日中战略互惠关系对两国都十分重要。日中议联愿以40周年为契机，继续为推动两国关系不断发展贡献力量。

国务院副总理李克强与欧盟委员会副主席阿尔穆尼亚在布鲁塞尔共同出席中欧城镇化伙伴关系高层会议开幕式并讲话

李克强指出，此次会议是落实第十四次中欧领导人会晤共识、推动中欧城镇化伙伴关系向前发展的具体行动，标志着双方开启了城镇化战略合作的新进程。

李克强表示，中欧在城镇化领域的合作由来已久，成效显著。中欧城镇化处于不同发展阶段，双方各有优势，对合作都有需求。城镇化是中国扩内需的最大潜力所在，资源环境是中国发展的瓶颈制约。中国有序推进城镇化、破解资源环境难题，需要立足国情走自己的路，学习和引进欧洲先进理念、技术与管理经验。当"欧洲设计"遇上"中国制造"，"欧洲技术"遇上"中国市场"，就会产生显著效应。

李克强就此提出三方面建议：第一，共促绿色发展。中欧应加强在新能源和可再生能源、节能环保产业、循环经济以及废弃物利用等方面的合作，共同建设绿色城市、低碳城市。第二，深化项目合作。应放宽市场准入，加大知识产权保护力度，提高合作水平。第三，加强管理交流，深化城市规划、管理政策、文化保护等方面的交流合作，促进城镇化健康发展。

阿尔穆尼亚等欧盟主要机构领导人在讲话时表示，本次会议是欧中城镇化合作新的里程碑。中国已经开启了宏大的城镇化进程，致力于经济社会平衡发展、注重以人为本。欧洲各国要抓住机遇，与中国分享城市规划、节能环保、绿色低碳、公共服务等方面的先进理念、经验、技术。欧中城镇化伙伴合作有利于中国的可持续发展，也有利于促进欧洲经济振兴，将推动欧中关系取得新的实质性成果。

国务院副总理李克强在欧盟委员会大楼会见欧盟委员会主席巴罗佐

李克强表示，中国保持经济长期稳定发展具有良好条件，也为加强中欧合作提供了重要机遇。城镇化和节能环保对中国可持续发展具有重要意义，欧洲在此领域具有先进的理念、科技和管理，希望欧洲把握机遇，对与中国进行高技术合作更加灵活开放，促进欧洲技术和中国市场结合，加强新能源、特别是清洁能源方面的合作。双方加快创新步伐，加大知识产权保护力度，有利于推进中欧经贸合作，促进双方经济发展。中方愿看到欧元稳定、欧洲经济稳定，这有利于世界经济发展稳定，也符合中国的利益。中国坚定支持欧洲一体化进程，希望看到欧洲团结、发展、繁荣。

巴罗佐表示，欧中关系不断深化，合作加强，成果丰硕，越来越具有世界影响。欧方感谢中国支持欧洲加强欧洲一体化努力。欧方致力于深入发展与中国的全面战略伙伴关系，双方有义务和责任深化合作。欧盟在城镇化方面有较多先进经验和技术，愿与中国加强交流，相互支持。能源合作是欧中合作重点，双方应加强政策协调，积极开展合作。欧中应加强投资合作，为相互投资提供良好的法律环境。欧中已建立人文交流机制，应充分发挥其在增进双方理解方面的重要作用。

会见后，巴罗佐与李克强就中欧加强在二十国集团内合作、共同应对气候变化等诸多问题广泛深入地交换了意见。

国务院副总理李克强出席在布鲁塞尔举行的中欧高层能源会议闭幕式

外交部部长杨洁篪就中美战略与经济对话接受媒体专访

在第四轮中美战略与经济对话在北京举行之际，外交部部长杨洁篪接受了媒体采访。

问：请杨外长介绍中美战略与经济对话的由来及其在中美总体关系中的重要性。

答：中美战略与经济对话是胡锦涛主席和奥巴马总统2009年共同倡导建立的，讨论事关两国关系发展的全局性、战略性、长期性问题。对话机制的成立，体现了中美关系的广度和深度，彰显了两国领导人的高瞻远瞩。前三轮对话成果丰硕，双方谈出了许多重要共识，比如，中美要做伙伴，而不是对手；要合作共赢，而不是恶性竞争；要相互尊重，而不是损害对方核心利益和重大关切等等；双方发表了1份联合新闻稿、2份战略对话具体成果清单、3份经济对话联合成果情况说明及《中美关于促进经济强劲、可持续、平衡增长和经济合作的全面框架》，达成225项具体成果。4位特别代表开创了不定期通话、小范围会晤等灵活沟通方式，战略对话框架下创建了战略安全对话、亚太事务磋商等新机制。这些为两国元首作出共建相互尊重、互利共赢的中美合作伙伴关系的战略性决定作出了重要铺垫，为促进中美关系发展和两国高层战略沟通发挥了独特重要作用。

对话见证了过去3年多中美关系走过的不平凡历程。3年来，中美关系总体稳定发展。胡主席与奥巴马总统成功实现国事互访，先后11次会晤，就两国关系发展达成重要共识，将中美关系推进到共建合作伙伴关系的历史新阶段。吴邦国委员长2009年访美，温家宝总理同奥巴马总统4次会晤，均富有成果。今年年初，习近平副主席访美，有力推进了中美合作伙伴关系的建设。虽然这期间，中美关系也有过起伏，仍存在台湾、经贸摩擦、人权等需要妥善处理的问题，但合作始终是中美关系的主流，两国关系保持总体平稳并不断取得进展。

当前，国际形势正在发生复杂深刻变化。中美作为世界上两个大国，继续保持中美关系的稳定发展势头，不仅符合两国人民的根本利益，也是国际社会的期望。本轮对话正是在上述背景下举行的，时机重要、意义深远。中方希望通过此次对话，进一步落实两国元首共建中美合作伙伴关系的重要共识，推动中美关系在今年以及未来更长时期内稳定发展。

中美双方都高度重视对话。今天上午，胡主席出席联合开幕式并发表了重要讲话，就推进互利共赢合作、发展新型大国关系提出重要主张，为中美关系和本轮对话指明了方向。奥巴马总统也发来书面致辞。明天，胡主席、温总理、李克强副总理将分别会见美方代表团主要成员。习副主席今晚将会见美方两位特别代表并出席欢迎晚宴。

王岐山副总理、戴秉国国务委员作为胡主席特别代表，同奥巴马总统特别代表克林顿国务卿、盖特纳财政部长共同主持对话，并分别主持其框架下的经济对话和战略对话。

问：请你介绍中美经济对话的概况。

答：今天上午联合开幕式后，王岐山副总理和盖特纳财长共同主持了经济对话开幕式。王副总理指出，3年来，在经济对话框架下，双方牢牢把握全局性、战略性、长期性的定位，坦诚对话，密集沟通，不断深化宏观经济、贸易投资、财政金融等领域的合作，共同推进全球经济治理改革，对两国经济增长和就业增加发挥了重要作用。实践证明，这一对话机制是广泛、务实而富有成效的，照顾了彼此关切，最大限度地避免了经济问题"政治化"，充分体现了中美合作互利双赢的本质。美方对此作出积极反应。

本轮经济对话围绕"深化战略沟通与务实合作，推进持久互利的中美经济关系"的主题，就"促进强劲、可持续和平衡增长"、"拓展贸易和投资机遇"、"金融市场稳定和改革"3个议题进行了深入讨论，并举行了一场工作午餐，取得了积极成果。中方愿与美方以本轮对话为契机，把两国元首的共识转化为实实在在的成果，共同推动中美乃至全球经济强劲、可持续、平衡增长。

问：杨外长您参加了中美战略对话，请您谈谈体会？

答：战略对话由戴秉国国务委员和克林顿国务卿共同主持，包括3场小范围会谈、1场大范围会谈和1场工作午餐。其中小范围会谈的场次和时间是4轮对话中最多的，以使两位特别代表有充分的时间进行深入沟通。目前，日程已经过半，我得到的深刻印象是：

首先，进一步深化了推进合作伙伴关系建设、构建新型大国关系的共识。双方一致认为，两国元首达成的共建合作伙伴关系共识为中美关系指明了方向，应坚决落实不动摇。戴秉国国务委员指出，构建新型大国关系之路是21世纪的时代需求，双方应以合作伙伴关系为指引，摒弃"零和"博弈思维，构建包容共赢世界，共同走出新型大国关系之路。

其次，双方都强调培育战略互信的重要性，认为一个繁荣的美国对中国有利，一个繁荣的中国也对美国有利。中方强调，中国坚定不移走和平发展道路，是国际体系的维护者、国际责任的践行者、国际规则的遵守者。美方应尊重中方核心利益和重大关切，妥善处理台湾、涉藏、人权等问题。

再次，进一步推进了各领域务实合作。双方同意继续推进《中美能源和环境十年合作框架》，结成5对绿色合作伙伴，决定签署海洋与渔业科技合作、海关联合培训等文件。中方宣布加入"全球清洁炉灶联盟"。双方还同意在页岩气、生物燃料、海关、执法、防扩散、气候变化、打击野生动植物走私等领域加强合作。

又次，双方阐述了对亚太以及其他国际和地区问题上的看法和立场，表示要加强在这些领域和问题上的协调合作，以促进世界和地区和平、稳定与繁荣。

此外，中美两国主管部门还举行了第二次中美战略安全对话。

最后，我想指出，此次中美战略与经济对话增进了对彼此战略意图和政策的了解，扩大了对中美关系发展方向的共识，深化了双方协调合作。双方同意继续建设好、发展好对话机制，使之成为两国加强战略沟通、增进战略互信、推动战略合作的长效机制，为推进中美合作伙伴关系建设不断作出开创性的探索和实践。

第十六届"中国青年五四奖章"评选揭晓

在纪念建团90周年前夕，共青团中央、全国青联决定，授予王锡章等25名同志第十六届"中国青年五四奖章"、沈阳军区某集团军工兵团汽车连等3个青年集体"中国青年五四奖章集体"。

获第十六届"中国青年五四奖章"称号的是：福建省公安厅刑侦总队副总队长王锡章，中国船舶重工集团公司第702研究所水下工程研究开发室总体结构组副组长叶聪，甘肃省夏河县桑科乡达久滩卫生室医生旦正草（女，藏族），浙江大学医学院附属第二医院教授、博士生导师田梅（女），国家海洋局北海分局潜航员管理办公室潜航员付文韬，中国证券登记结算有限责任公司北京数据技术分公司数据服务部总监冯艺东，乌鲁木齐铁路局库尔勒电务段安全员尼红（女，蒙古族），江西农业大学动物生物技术重点实验室副主任任军，中国人民解放军75738部队87分队队长刘珪，安徽省岳西县毛尖山乡留守儿童服务中心主任、板舍敬老院院长刘磊，中国工程物理研究院激光聚变研究中心副主任许乔，新疆维吾尔自治区石河子市石河子乡努尔巴克村农民许登金，广东省深圳市关爱行动组委会办公室工作人员孙影（女），中国航天科技集团公司六院7103厂钳工组组长杨峰，上海闸环灵石环境卫生工程有限公司公厕班班长李影（女），中国科学院西安光学精密机械研究所国家重点实验室副主任李学龙，武警广西总队北海市支队政治处主任何方礼，中国人民解放军93793部队51分队正连职飞行员何晓莉（女），山西师范大学临汾学院中文系07A1班学生孟佩杰（女），中国石油天然气集团公司大庆油田公司1205钻井队队长胡志强，河南省渑池县文联聘用人员、农民赵仁伟，贵州省黔西南州贞丰县龙场镇龙河村卫生室卫生员钟晶（女，布依族），浙江省慈溪市宁波双源纺织厂职工热汗古丽·依米尔（女，维吾尔族），广西壮族自治区横县马山乡克安村党总支书记助理、团支部书记郭炜靖，湖北省英山县草盘地镇党委委员、副镇长、居委会党支部第一书记高金磊。

获"中国青年五四奖章集体"称号的是：沈阳军区某集团军工兵团汽车连（"雷锋连"），海南省鹦哥岭自然保护区工作站青年团队，中国平煤神马集团平煤股份六矿综采四队大学生采煤班。

5月4日

纪念中国共产主义青年团成立90周年大会在人民大会堂举行

中共中央总书记胡锦涛出席大会并发表重要讲话。

党和国家领导人吴邦国、温家宝、贾庆林、李长春、习近平、李克强、贺国强等出席纪念大会。

参加会见和出席纪念大会的领导同志还有：王兆国、刘云山、刘延东、李源潮、何勇、王沪宁，以及中央军委委员李继耐等。

中央党政军群有关部门和北京市的负责同志以及首都各界团员青年代表等约6000人参加了纪念大会。

中共中央总书记胡锦涛在纪念中国共产主义青年团成立90周年大会上的讲话

青年朋友们，同志们：

今天是五四青年节。我们在这里隆重集会，纪念中国共产主义青年团成立90周年，共同回顾中国青年运动波澜壮阔的历史，共同瞻望我们伟大祖国灿烂美好的未来，共同抒发我国各族青年奋发有为的情怀。

首先，我代表党中央，向全国各族团员青年和各级共青团组织、广大共青团干部，致以热烈的祝贺和诚挚的问候！

90年前，在中国革命风云激荡的历史变革中，在伟大五四运动的深刻影响下，中国共产主义青年团宣告成立。这是中国共产党为动员广大青年投身中国社会伟大变革而采取的重大行动，表明我们党充分认识到青年在中国社会发展进步中的重要地位和作用。从此，在党的领导下，在中国人民争取民族独立、人民解放和国家富强、人民富裕的长期奋斗中，中国青年运动展开了浩浩荡荡的发展征程。

90年来，在中国革命、建设、改革各个历史时期，中国共产党始终高度重视青年、关怀青年、信任青年，对青年一代寄予殷切期望。毛泽东同志赞扬青年是“早晨八、九点钟的太阳”，强调希望寄托在青年身上，号召广大青年走与工农群众相结合的道路。邓小平同志满怀深情地指出，“青年一代的成长，正是我们事业必定要兴旺发达的希望所在”，希望广大青年争当有理想、有道德、有文化、有纪律的一代新人。江泽民同志强调，“青年兴则国家兴，青年强则国家强”，希望广大青年为党和人民事业坚忍不拔开拓前进。党的十六大以来，党中央要求全党都“关注青年、关心青年、关爱青年”，希望广大青年充分发挥聪明才智、尽情展现人生价值，让青春在为党和人民建功立业中焕发出绚丽光彩。这充分表明，中国共产党从来都把青年看作是民族的希望、祖国的未来，从来都把青年作为党和人民事业发展朝气蓬勃的推动力量，从来都热情鼓励和坚定支持青年在人民前进的伟大实践中实现人生理想和远大抱负。

90年来，在中国共产党领导下，一代又一代青年用青春和热血书写了彪炳史册的壮丽篇章。在新民主主义革命时期，广大青年冲锋在前，为争取民族独立、人民解放浴血奋战、赴汤蹈火。在社会主义革命和建设时期，广大青年发愤图强，为改变国家一穷二白面貌勇挑重担、艰苦创业。在改革开放新的历史时期，广大青年锐意进取，为推进改革开放和社会主义现代化建设顽强拼搏、再立新功。一代又一代青年茁壮成长、发奋成才，涌现出一个个可歌可泣的英模人物，谱写出一首首感人至深的青春凯歌。实践充分表明，广大青年确实是我国社会最积极、最活跃、最有生气的一支力量，确实是值得信赖、堪当重任、大有希望的！

90年来，共青团组织始终发扬“党有号召、团有行动”的优良传统，自觉围绕党在各个历史时期的中心任务，发挥自身优势，团结带领广大团员青年，推动中国青年运动始终沿着与民族同命运、与祖国共奋进、与时代齐发展的方向前进。特别是改革开放以来，共青团组织主动适应新形势新任务，积极探索、大胆创新，组织带领广大青年为改革开放和社会主义现代化建设赤诚奉献，开创了共青团事业发展新局面。实践充分表明，共青团不愧是党的忠实助手和后备军，不愧是党联系青年的牢固桥梁和纽带，不愧是社会主义国家政权的重要社会支柱。

中国青年运动90年的历史发展，留下了极为宝贵的经验和启迪，我们要牢牢记取、倍加珍惜。

——必须始终坚持中国共产党的领导。中国共产党是团结带领全国各族人民夺取事业胜利的坚强领导核心。一部中国青年运动史，说到底，就是一部广大青年在党的领导下不懈奋斗的历史。只有坚持中国共产党的领导，广大青年才能朝着正确方向奋勇前进，中国青年运动才能沿着正确道路蓬勃发展。

——必须始终弘扬爱国主义精神。爱国主义是伟大民族精神的集中体现，是伟大五四精神的核心内容。爱国主义旗帜感召和凝聚了一代又一代青年为祖国和人民忘我奉献。只有弘扬爱国主义精神，广大青年才能激发出经久不息的奋斗热情，中国青年运动才能获得源源不断的精神力量。

——必须始终走在时代前列。青年的前进步伐从来都与时代的前进步伐紧密相连。与时代并肩前行，走在祖国和人民前进队伍的行列中，是青年成长发展、大有作为的前提条件。只有走在时代前列，广大青年才能成就远大抱负，中国青年运动才能为推动社会发展进步作出积极贡献。

——必须始终投身人民伟大实践。人民是推动历史前进的根本动力。人民创造历史的丰富实践，是青年磨砺意志、增长才干的最好课堂。与人民相结合，拜人民为师，向人民学习，是青年健康成长的必由之路。只有投身人民伟大实践，广大青年才能站稳最基本最扎实的政治立场，中国青年运动才能拥有最强大最深厚的前进动力。

——必须始终尊重青年主体地位。青年是青年运动的主体，青年运动是青年人的事业。必须尊重青年、理解青年、相信青年、依靠青年，充分照顾青年特点、发挥青年优势。只有尊重青年主体地位，广大青年才能焕发出极大的创造热情，中国青年运动才能始终保持勃勃的生机活力。

青年朋友们、同志们！

经过中国共产党人和全国各族人民前赴后继、顽强奋斗，一个生机盎然的社会主义中国已经巍然屹立在世界东方，13亿中国人民正在中国特色社会主义伟大旗帜指引下，满怀信心推进全面建设小康社会进程，加快推进社会主义现代化，中华民族伟大复兴展现出前所未有的光明前景。同时，也要清醒地看到，我们虽然取得了举世瞩目的发展成就，但我国仍然处于社会主义初级阶段，仍然是世界上最大的发展中国家，发展中不平衡、不协调、不可持续问题依然突出，人民生活水平还不高，前进道路上面对着这样那样的风险和挑战，实现社会主义现代化和全体人民共同富裕还有很长的路要走，还需要付出极大的努力。

当代青年是无比幸运的一代，又是责任重大的一代。祖国发展的巨大成就为青年成长进步创造了良好条件，祖国建设的艰巨任务为青年大展身手提供了广阔舞台。广大青年要以邓小平理论和“三个代表”重要思想为指导，深入贯彻落实科学发展观，牢记光荣使命，珍惜宝贵机遇，以坚定的信念、宽广的胸怀、创造的激情、务实的态度，踊跃投身改革开放和社会主义现代化建设伟大实践，努力做科学发展的奋力推动者、和谐社会的积极构建者，用自己的双手为全面建设小康社会、建成富强民主文明和谐的社会主义现代化国家奉献力量，谱写中国青年运动浓墨重彩的新篇章。这里，我给广大青年提5点希望。

第一，希望广大青年坚持远大理想。理想是指引人生的灯塔。青年时期牢固树立远大理想，人生道路就会越走越宽广，无论遇到怎样的艰难险阻，都能义无反顾、勇往直前。中国特色社会主义是当代中国发展进步的根本方向，是全国各族人民的共同理想。广大青年一定要高举中国特色社会主义伟大旗帜，坚定不移走中国特色社会主义道路，努力掌握和运用中国特色社会主义理论体系，坚信中国特色社会主义制度具有巨大优越性和强大生命力，把个人奋斗同人民为实现中国特色社会主义共同理想的奋斗紧密结合起来，不为任何风险所惧、不为任何干扰所惑，矢志不渝朝着崇高理想奋进，在为党和人民事业的奋斗中创造人生辉煌。

第二，希望广大青年坚持刻苦学习。青年是学习的黄金时期，学习是青年的首要任务。面对日趋激烈的国际竞争，面对艰巨繁重的改革发展任务，我们能不能始终把握未来发展的主动权，很重要的一条就是看青年一代整体素质强不强、拔尖人才多不多。广大青年一定要面向现代化、面向世界、面向未来，以只争朝夕的紧迫感，如饥似渴地学习，既认真学好基础知识又及时进行知识更新，既刻苦钻研专业知识又广泛涉猎其他知识，既重视学习文化知识又努力掌握实用技能，不断充实自己、提高自己、丰富自己。同时，要深入了解国情，自觉到基层一线去，到艰苦环境中去，到祖国和人民最需要的地方去，在实践的熔炉中增长见识、砥砺品质、强化本领，努力成为可堪大用、能负重任的栋梁之材。

第三，希望广大青年坚持艰苦奋斗。没有艰苦奋斗精神的民族难以自立自强，没有艰苦奋斗精神的国家难以发展进步，没有艰苦奋斗精神的青年难以担当重任。青年要干成一番事业，就必须不畏艰难、矢志奋斗。广大青年一定要牢记“忧劳兴国、逸豫亡身”的道理，敢于吃苦、勇挑重担，不怨天尤人、不贪图安逸，依靠自己的辛勤努力开辟人生和事业的前进道路；一定要牢记“天下大事、必作于细”的道理，从小事做起、从基础做起，不沉湎幻想、不好高骛远，用埋头苦干的行动创造实实在在的业绩；一定要牢记“艰难困苦、玉汝于成”的道理，迎难而上、百折不挠，不畏惧挫折、不彷徨退缩，在千磨万击中历练人生、收获成功。

第四，希望广大青年坚持开拓创新。创新是时代的主旋律。我们面对的是日新月异的世界，我们从事的是前无古人的事业，创新是掌握民族发展命运的关键之举，是战胜各种风险挑战的制胜之道。青年最具创新热情和创造潜力。广大青年一定要大力发扬以改革创新为核心的时代精神，有那么一种勇立潮头的浩气，有那么一种超越前人的勇气，有那么一种与时俱进的朝气，立足岗位、立足实际，讲求科学、讲求方法，把创新潜能充分发挥出来，为推动理论创新、制度创新、科技创新、文化创新以及其他各方面创新贡献聪明才智。只要青年一代的创造热情极大增强、创造能力极大提高、创造活力极大迸发，我国改革开放和社会主义现代化事业一定能够不断开辟新的发展空间、取得新的突破性进展。

第五，希望广大青年坚持高尚品行。我们要建设的现代化，是物质文明和精神文明全面发展的社会主义现代化。青年从来都是开风气之先的力量，应该主动走在建设社会主义核心价值体系的前列，为开创社会新风发挥积极作用。广大青年一定要把正确的道德认知、自觉的道德养成、积极的道德实践紧密结合起来，提高品德修养，弘扬传统美德，倡导新风正气，用高尚的道德行为推动全社会文明程度的提高。要争当诚实守信的模范，带头履行社会责任，努力营造守信光荣、失信可耻的社会氛围；争当奉献社会的模范，带头学雷锋，积极参加志愿服务活动，多做扶贫济困、扶弱助残的实事好事，大力传播我为人人、人人为我的社会公德；争当促进和谐的模范，带头弘扬社会主义法治精神，推动形成依法办事的行为规范、理性平和的社会心态、礼让宽容的人际关系，自觉维护安定团结的社会大局。广大青年要通过自己的实际行动，让爱国主义、集体主义、社会主义思想更加深入人心，让社会主义荣辱观更好引领社会风尚。

共青团作为党领导的先进青年的群众组织，肩负着团结带领广大青年为党和人民事业而奋斗的光荣任务。共青团组织一定要适应新形势，以改革创新精神推进各项工作和自身建设，更好履行组织青年、引导青年、服务青年、维护青少年合法权益的职能，不断提高共青团工作科学化水平。要着力把牢正确政治方向，把党的理论路线方针政策和中央决策部署贯彻落实到共青团各项工作中去，增强青年思想政治工作的针对性和实效性，引导广大团员青年真心实意紧跟党走中国特色社会主义道路。要着力提高服务青年能力，把为青年服务作为共青团一切工作的出发点和落脚点，为广大团员青年学习、工作、生活提供实实在在的帮助，让他们真正感受到党和政府的关怀、团组织的关爱。要着力创新活动方式，把贴近实际、贴近生活、贴近青年作为开展工作的重要原则，提高团的活动对广大团员青年的吸引力和感召力，推动共青团工作提升整体水平、实现全面活跃。要着力夯实基层基础，把加强团的基层建设当作全团的重点工程来抓，增强基层活力和战斗力，努力使团的基层组织网络覆盖全体青年，使团的各项工作和活动影响全体青年。广大团干部是推动共青团事业发展的骨干力量，要以增强政治意识、提高业务本领、转变工作作风、坚持严格自律为重点，加强团干部队伍建设，努力打造一支让党放心、让青年满意的高素质团干部队伍。

代表广大青年，赢得广大青年，依靠广大青年，是中国共产党不断从胜利走向胜利的重要保证。各级党委务必把青年工作作为一项带有根本性、战略性的工作，倾听青年心声，关心青年疾苦，鼓励青年成长，支持青年创业，及时制定和完善政策措施，尽力为青年身心健康、事业发展、生活幸福提供良好环境和条件。要加强对共青团的领导，及时研究解决共青团事业发展中的实际问题，关心帮助共青团干部锻炼成长，更好发挥共青团组织在改革发展稳定各项工作中的重要作用。

青年朋友们、同志们！

伟大的时代召唤着青年，辉煌的事业期待着青年。党和人民坚信，我国各族青年一定会不负重托、不辱使命，在全面建设小康社会、坚持和发展中国特色社会主义、实现中华民族伟大复兴的征程上创造更加壮美的青春业绩。

祖国的未来属于中国青年！

民族的光荣属于中国青年！

国家主席胡锦涛在人民大会堂会见美国国务卿克林顿和财政部部长盖特纳

胡锦涛说，在双方共同努力下，第四轮中美战略与经济对话达成许多重要共识，取得积极成果。希望双方团队认真总结经验，再接再厉，进一步建设好发展好对话机制，充分发挥其加强战略沟通、增进战略互信、推动战略合作的重要作用，更好服务于中美合作伙伴关系建设。

胡锦涛表示，中美双方就建立和发展相互尊重、互利共赢的合作伙伴关系达成重要共识，为中美关系发展指明了方向。面对深刻复杂变化的国际形势，中美双方应该着眼大局、放眼长远，从维护两国和两国人民根本利益出发，不断增进了解和互信，扩大共识和合作，切实尊重彼此核心利益，妥善处理分歧和敏感问题，更好推进合作伙伴关系建设，为中美关系开创更加充满希望的未来。

克林顿、盖特纳表示，本轮美中战略与经济对话取得很好的成果。这再次证明，两国元首以战略远见，决定建设相互尊重、互利共赢的美中合作伙伴关系，符合两国和两国人民的共同利益，具有重大历史意义，是一条正确的道路。美方期待着同中方一道努力，本着坦诚、开放的精神，继续保持高层交往，加强对话，缩小分歧，扩大合作，共同应对困难和挑战。美方积极评价中方坚持推进经济改革和市场开放，美方致力于建立和发展更紧密、更强有力的美中经济关系，并在全球治理进程中同中方加强合作。

全国人大常委会委员长吴邦国在人民大会堂与日本众议院议长横路孝弘举行会谈

吴邦国就进一步发展中日关系提出四点意见。一是牢牢把握中日关系发展的大方向，在中日四个政治文件确定的各项原则基础上，始终从战略高度和长远角度把握中日关系，坚持和平、友好、合作不动摇。二是增强发展伙伴意识，深化两国在经贸、节能环保、绿色低碳、财金等广泛领域的务实互利合作，加强在区域合作中的沟通和协调，共同推动东亚一体化进程。三是继承和弘扬中日友好传统，办好“中日国民交流友好年”，吸引两国更多民众尤其是青少年广泛参与进来，力争以此有效增进两国人民的友好感情。四是妥善处理重大敏感问题，维护两国关系大局。

横路孝弘说，今年是日中邦交正常化40周年，具有非同寻常的意义。日方愿与中方一道，推动日中战略互惠关系深入发展。日本国会愿与中国全国人大继续加强在各领域的交流与合作，增进国民间了解和感情，为推动两国关系发展发挥积极作用。

国务院总理温家宝在中南海紫光阁分别会见美国国务卿克林顿和财政部部长盖特纳

温家宝表示，中国将坚定不移地推进改革开放，走和平发展的道路。中美之间尽管社会制度、历史文化背景不同，但完全可以建立和谐共处、合作共赢的新型大国关系。中美合作关系已经超越了双边范畴，正在也将继续深刻影响整个世界。

美方表示，面对各种全球性挑战和不确定因素，美中保持良好沟通，在政治、经贸、能源、人文、安全、地方等领域开展了富有成效的合作，在国际和地区事务中加强协调，两国关系不断向前发展。美方赞赏中方进行的一系列经济改革，支持中方的合作建议，愿与中方共同努力，认真落实双方达成的共识，推动合作取得更多实质成果，为世界经济的复苏与增长作出积极贡献。美方欢迎中方扩大对美投资，欢迎中国企业在美国市场发挥更大作用。美方愿与中方密切协调配合，共同推动解决国际、地区热点问题。

国家副主席习近平在人民大会堂与日本众议院议长横路孝弘举行会谈

国务院副总理李克强在人民大会堂会见美国财政部部长盖特纳

第四轮中美战略与经济对话在北京举行

国家主席胡锦涛特别代表、国务院副总理王岐山和国务委员戴秉国同美国总统奥巴马特别代表、国务卿克林顿和财政部部长盖特纳共同主持对话。

双方回顾了过去3年多中美关系取得的进展，一致认为，两国利益融合度深，相互依存度高，两国的成功对彼此利益攸关，合作应成为中美关系的决定性特征。双方决定不断强化双边关系，加强在重大国际地区问题上的协调与合作，构建21世纪新型国家关系模式，造福两国人民和世界人民。

在经济对话中，王岐山表示，中美经济对话是两国推动经济领域互利合作的重要平台。3年来，双方从一点一滴做起，达成了218项合作成果，给两国人民带来实实在在的利益，为发展中美新型大国关系注入强劲动力，两国元首均对此高度评价。本次对话，双方认真落实两国元首共识，就促进经济强劲、可持续、平衡增长，拓展贸易和投资机遇，金融市场稳定与改革等议题坦诚对话，取得67项互利共赢成果。

双方认为，要继续加强宏观经济政策沟通交流，都将切实采取措施，加快转变发展方式，调整经济结构，促进两国经济增长、就业增加和民生改善，为全球经济可持续复苏作出贡献。双方愿相向而行，进一步释放贸易投资合作潜力。尽快启动第七轮双边投资协定谈判，加强基础设施、清洁能源、高端制造、现代服务业等领域的合作。美方承诺，努力促进民用高技术产品对华出口。美方欢迎中国企业赴美投资，并承诺提供各种便利。双方同意加强在航空器适航审定领域的合作。双方就国际经济规则和标准问题进行了战略性研讨。同意就跨太平洋伙伴关系协定（TPP）等区域性贸易安排保持信息沟通，共同研究国际贸易统计方法新趋势。

美方承诺加快审批有关中资银行在美业务申请，认同中国在综合并表监管领域取得的显著进展。美方支持人民币在满足现有标准时加入国际货币基金组织特别提款权货币篮子。双方同意，在国际金融监管、打击非法融资、金融领域税收和执法、保险消费者保护、金融市场基础设施等领域加强沟通合作。

在战略对话中，双方围绕推进中美合作伙伴关系建设、开创新型大国关系，增进战略互信，深化广泛领域务实合作，促进中美在亚太良性互动和国际地区问题上的协调合作，完善对话机制等议题交换了意见，取得新的重要共识。

双方认为，尽管中美政治制度、历史文化、发展水平不同，但两国不应是“零和”博弈的对手，而要做互利共赢的合作伙伴，加强对话、交流、互信、合作。双方同意，利用今年二十国集团峰会、东亚峰会等场合，促进高层交往。保持和加强两军务实交流合作。推进农业、渔业、林业、科技、环保、海关、执法、海事安全等广泛领域合作，积极促进地方合作和人文交流。双方签署了绿色合作伙伴计划。双方承认，中美在亚太地区拥有共同利益，面临共同挑战，都致力于维护和促进本地区的和平、稳定、繁荣，应实现中美在亚太良性互动。双方就朝鲜半岛局势、伊朗核、叙利亚等问题深入交换了看法。两国有关部门举行了第二次中美战略安全对话以及气候变化、能源安全、外交政策、南亚、南北苏丹、联合国维和等问题对口磋商，并决定适时举行中东事务磋商和新一轮战略安全磋商、多边军控与防扩散磋商。双方将共同促进国际社会减贫努力。本轮对话共达成几十项具体成果。

克林顿和盖特纳表示，本轮对话议题广泛，内容丰富。在21世纪，美中两国利益攸关，相互依存，“零和”思维已经过时，只能导致恶性竞争和负面后果。美国视中国为机遇，而不是威胁。美方将本着相互尊重、互利共赢的精神，同中方加强对话，增进互信，深化合作，妥处分歧，建设全面、强劲、更有承受力的美中关系。

国务院副总理王岐山和国务委员戴秉国 美国国务卿克林顿和财政部部长盖特纳在钓鱼台国宾馆共同会见中美企业家代表

王岐山表示，在推动中美经济合作中，应充分发挥企业和市场作用。今天企业家们介绍的情况和提出的建议很好、很有启发,有些意见非常坦诚甚至有些刺耳,但有助于增进彼此了解。希望美国经济部门主管官员今后也能多会见中国企业家,了解他们的诉求,帮助他们解决困难。两国政府在为企业服务方面,不存在最好,而要追求更好。

戴秉国表示,尼克松访华40年以来,中美两国企业家为发展两国关系作出了巨大贡献,功不可没。未来40年,中美关系将会有更大发展并闯出一条新型大国关系之路,这需要两国企业家继续作出努力与贡献。两国政府的任务就是为企业间开展合作创造更好条件。

克林顿和盖特纳表示,企业合作是美中关系重要组成部分,美国企业希望增加对华出口,更便利地进入中国市场。同时,美国政府也欢迎中国企业赴美投资,并承诺进一步改进相关签证等服务。

中国企业家希望美国政府营造一个更加开放、公平、自由竞争的市场环境,在签证、审批、科研投入资助与并购上给予平等对待,对中国企业赴美投资提供便利,进一步开放美金融市场,加强在基础设施领域合作,切实放宽对华民用商品出口限制等。双方企业家表示,希望为两国经济社会发展作出更大贡献。

第三轮中美人文交流高层磋商在北京举行

国务委员刘延东与美国国务卿、中美人文交流高层磋商机制美方主席希拉里·克林顿共同主持会议。

刘延东就加强新时期中美人文交流提出三点倡议。一要推动人文交流纵深发展,使之更好地服务于中美构建21世纪新型大国关系的历史任务。双方应挖掘民间合作潜力,厚植两国合作共赢的社会和民意基础。二要充实人文交流的内涵,使之"源头活水"不断、"细水长流"永远。双方应坚持以人为本、面向民众、注重实效,完善官民并举的格局,为地方特别是基层创造更多机会,使人文交流覆盖更广泛、内容更丰富、形式更多样。三要推动中美人文交流超越双边范畴,使之成为不同国家和谐共处、不同文明融合共生的典范。双方应以开放包容的胸怀,培育共识,增进互信,消弭分歧,化解偏见,为世界不同社会制度、历史文化传统和发展阶段的国家友好合作提供有益启示。

希拉里·克林顿在致辞中表示,国与国之间关系归根结底根植于人民。人文交流是两国关系中富有热情、最有意义的一部分,是外交工作中作用最持久的内容。人文交流对建设合作伙伴关系非常关键,是面向未来的事业,没有一项投资能有如此好的回报。过去两年多双方的努力已经看到了成果。两国应扩大人文交流的途径,消除交流障碍。同时,汇聚社会资源,确保人文交流高层磋商机制长期可持续发展。我们正在开创美中新型关系,相信这一关系将决定21世纪乃至更长时间的历史发展。

会议全面总结了中美人文交流取得的进展,规划了今后一个时期的工作思路,并就加强教育、科技、文化、体育、妇女、青年等领域合作达成一系列重要共识,确定了数十项合作项目。

全国人大常委会副委员长陈至立在人民大会堂会见吉尔吉斯斯坦前总统奥通巴耶娃一行

《五月的鲜花——心中的歌儿唱给党》2012年全国大学生校园文艺会演在北京举行

中共中央政治局常委李长春与首都高校学生代表一起观看演出。

中共中央政治局委员、中宣部部长刘云山,中共中央政治局委员刘延东,全国政协副主席陈奎元一同观看演出。

由中宣部、教育部、共青团中央主办的这场演出,是一台完全由大学生自编自演的主题综艺晚会,来自全国近百所高校的2500名大学生参加演出,通过歌舞、音诗画、情景表演等多种形式,热情歌颂了我们党领导人民进行革命、建设、改革的丰功伟绩,生动展现了当代大学生对党的崇敬之情、永远跟党走的坚定信念、为党和人民事业不懈奋斗的坚强决心,展现了他们积极健康、昂扬向上的精神风貌,展现了中国特色社会主义事业合格建设者和可靠接班人的时代风采。

《中国共产主义青年团成立九十周年》纪念邮票首发式在北京举行

纪念邮票1套共2枚。第一枚邮票以"胸怀理想"为主题,以飘扬的团旗为主体,以团的一大会址为背景,以火炬中火焰的红黄色彩加以渲染,象征中国共青团成立初期的历史画面。第二枚邮票以"朝气蓬勃"为主题,用线条勾勒出积极向上、朝气蓬勃的共青团员形象,以长城图形和鲜艳的团徽为背景,寓意广大团员青年面向未来、开创未来。

5月5日

第四次中日韩文化部长会议在上海召开

文化部部长蔡武、日本文部科学大臣平野博文、韩国文化体育观光部长官崔光植出席会议。会议签署了《中日韩文化部长会议——上海行动计划(2012年至2014年)》。

中日韩文化部长会议是中国、日本和韩国在文化艺术、文化产业、文化遗产和非物质文化遗产等领域加强交流与合作的重要政府间协商机制，为三国文化部长定期交换意见提供了良好的平台。迄今为止，在中日韩三方的共同努力下，中日韩文化部长会议已相继在中国南通(2007年)、韩国济州(2008年)、日本奈良(2011年)成功举办，分别发表了《南通宣言》《济州宣言》和《奈良宣言》，为加强和深化中日韩三国文化交流与合作发挥了积极作用。

中国海军第十批护航编队完成240艘船舶护航后返航

据新华社报道：中国海军第十批护航编队历时186天，共完成40批240艘中外船舶护航任务，今天返回湛江军港。

海军第十批护航编队自2011年11月2日从湛江起航，全体官兵战风斗浪，不畏艰险，历时186天，总航程98180海里，共完成40批240艘中外船舶护航任务。在完成护航任务后，编队先后对莫桑比克、泰国进行了友好访问，并停靠香港向市民开放，展示了中国海军威武之师、文明之师的良好形象。

5月6日

我国在酒泉卫星发射中心用“长征二号丁”运载火箭成功发射“天绘一号02星”

15时10分，中国在酒泉卫星发射中心用“长征二号丁”运载火箭成功发射“天绘一号02星”，卫星升空后顺利进入预定轨道。

“天绘一号02星”由中国航天科技集团公司所属航天东方红卫星有限公司研制，主要用于科学研究、国土资源普查、地图测绘等诸多领域的科学试验任务。卫星获取的遥感信息和试验结果，将对我国科学研究和国民经济建设起到积极作用。

“长征二号丁”运载火箭由中国航天科技集团公司所属上海航天技术研究院研制。这次发射是长征系列运载火箭的第161次飞行。

中华职业教育社成立95周年纪念大会在北京举行

全国政协主席贾庆林、国务委员刘延东分别发来贺信。

全国政协副主席、中共中央统战部部长杜青林出席会议并讲话。他指出，中华职业教育社因应时代而生、顺应潮流而进，在职业教育方面具有独特优势、作出重要贡献。站在新起点、面对新任务，需要抓住时代契机，勇担历史使命，着眼国家所需育同心之才，大力培养产业转型升级和农村发展必备的实用技术人才；围绕民生所急谋同心之举，集中打造契合社会需求、影响大、效果好的民心工程；突出交流所长聚同心之力，协助党和政府开辟社会力量参与职业教育的新渠道，在全面建设小康社会中发挥更大作用、实现更大作为。

全国人大常委会副委员长、民建中央主席陈昌智代表各民主党派中央、全国工商联，教育部副部长鲁昕代表国务院有关部委，全国台联会长梁国扬代表各群众团体，向大会分别致贺词。全国政协副主席、中华职业教育社理事长张榕明作总结讲话。

两岸备战伦敦奥运运动医学研讨会在高雄落下帷幕

两天会期内，两岸部分伦敦奥运随团医学专家就运动员的疾病防治、健康护理和临床治疗展开讨论，并就医疗团队在亚运会和奥运会的经验传承等交换意见。

中国奥林匹克委员会首席医务官李国平表示，两岸在运动医学上有值得相互借鉴的地方，两岸可致力于深化运动医学方面的合作交流，为体育健儿在伦敦奥运会取得优异成绩而不懈努力。

5月7日

国家主席胡锦涛电贺普京当选俄罗斯联邦新一届总统

胡锦涛在贺电中说，当前，中俄关系保持良好发展势头。中俄互为最大邻国和最重要的战略协作伙伴，发展平等信任、相互支持、共同繁荣、世代友好的全面战略协作伙伴关系，符合两国人民的根本利益和共同意愿，有利于促进地区和世界的和平、稳定与发展、繁荣。中方高度重视中俄关系，将一如既往与俄方携手努力，以两国关系发展取得的丰硕成果为基础，以进一步落实中俄关系未来10年发展规划为中心任务，全面深化双方各层次各领域，以及在国际和地区事务中的务实合作与战略协作，推动中俄全面战略协作伙伴关系不断迈上新台阶，更好地造福两国和两国人民。

国家主席胡锦涛电贺弗朗索瓦·奥朗德当选法兰西共和国总统

胡锦涛在贺电中表示，中法长期友好、携手合作，符合两国和两国人民的根本利益，对维护和促进世界的和平、稳定与发展也具有重要意义。中法两国同为联合国安理会常任理事国和世界主要经济体，在维护世界和平、促进共同发展等重大问题上，有广泛共同利益，肩负重要责任。中方始终从战略高度和长远角度看待和发展中法关系，愿同法方一道，本着相互尊重、平等友好、合作共赢的精神，推动互信互利、成熟稳定、面向全球的中法全面战略伙伴关系不断深入向前发展，以更好地造福两国人民和世界人民。

全国水资源工作会议在北京召开

国防部部长梁光烈在五角大楼与美国国防部部长帕内塔举行会谈

梁光烈就发展中美新型军事关系提出四点提议：一是打破思维定势，确立有利于两军关系发展的相关政策；二是加强对话交流，不断增进战略互信；三是围绕共同利益，深化务实合作；四要始终着眼大局，妥善处理有关分歧和敏感问题。

帕内塔说，发展美中军事关系必须打破思维定势，始终着眼于未来。美方支持建立一种面向21世纪的强有力的两军关系，希望双方加强合作，共同应对安全威胁与挑战。

国防部部长梁光烈在华盛顿会见二战期间美国“飞虎队”老兵及家属

国防部部长梁光烈在白宫会见美国总统国家安全事务助理多尼伦

梁光烈说，中美两军关系虽然时起时伏，但总体上是向前发展的。两军之间应切实增强互信，实实在在地搞好务实性合作，克服两军关系障碍，推动中美两军关系健康稳定地向前发展。

多尼伦说，奥巴马总统让他传递这样一个信息：总统本人坚定致力于与中国发展积极合作全面的关系。两军关系是两国关系的重要组成部分，良好的两军关系能够减少误解、误判，避免发生意外事件。

胡锦涛《在纪念中国共产主义青年团成立90周年大会上的讲话》单行本由人民出版社出版

5月8日

国务院总理温家宝电贺梅德韦杰夫当选俄罗斯联邦政府总理

温家宝在贺电中高度评价中俄全面战略协作伙伴关系取得的重要成果及呈现的积极发展势头，表示愿与梅德韦杰夫共同努力，充分发挥中俄总理定期会晤机制的作用，全面扩大两国各领域务实合作，推动中俄全面战略协作伙伴关系不断取得新成果。

全国政协主席贾庆林在人民大会堂会见出席全国台湾同胞投资企业联谊会成立五周年庆典活动代表并讲话

贾庆林说，五年来，全国台企联履行宗旨，不负众望，团结带领广大台商，旗帜鲜明地反对“台独”，积极促进两岸经济交流与合作，为推动两岸关系和平发展，发挥了独特的、不可或缺的重要作用。台企联已经成为两岸有影响力、有号召力、有责任感的社会团体，得到了两岸同胞的充分肯定。

贾庆林指出，实践证明，在反对“台独”、认同“九二共识”的基础上推动两岸关系和平发展，符合两岸同胞的共同愿望，符合中华民族的整体利益，符合时代发展进步的潮流，也为广大台商的事业发展创造了十分有利的条件。当前，两岸关系迎来新的发展机遇，巩固深化两岸关系和平发展，是今后一个时期的主要任务，需要两岸同胞共同为之作出努力。为此，两岸双方要不断增进政治互信，两岸同胞应继续扩大交流往来，两岸经济需要进一步深化互利合作。

贾庆林强调，两岸同属一个中国，两岸经济同属中华民族经济，两岸同胞都是一家人。我们将继续贯彻推动两岸关系和平发展的各项方针政策，把深化两岸经济合作作为优先和重点。希望两岸经济合作框架协议各项后续商谈尽快取得新的成果，两岸产业合作不断深化，金融互利合作持续进展，两岸经济文化等各项交流不断向前迈进，从而为两岸企业创造更多商机，为两岸同胞尤其是台湾基层民众带来更多利益。台资企业已成为大陆经济社会的重要组成部分，为大陆经济发挥了积极的促进作用。我们愿继续为台资企业在大陆创造更良好的发展条件，提供更有利的政策支持，继续维护好保障好台湾同胞的正当合法权益，继续关心、支持台企联和各地台资企业协会的健康发展。

贾庆林最后希望全国台企联继续团结和带领广大台商更加积极主动地参与两岸各个领域、各个层次的交往，以实际行动支持两岸关系和平发展，为深化两岸经济交流合作、推动两岸关系和平发展作出新的更大贡献。

国务院副总理回良玉在北京出席全国水资源工作会议并讲话

回良玉指出，近年来，各级水利部门认真贯彻落实中央关于水资源工作的决策部署，积极践行可持续发展治水思路，坚持以人为本、人水和谐，注重科学治水、依法管水，积极探索实行最严格水资源管理制度，有力促进了水资源合理开发、优化配置、全面节约和有效保护。

回良玉强调，要深入贯彻落实2011年中央一号文件和中央水利工作会议精神，严格执行国务院关于实行最严格水资源管理制度的意见，要像重视国家粮食安全一样重视水资源安全，像严格土地管理一样严格水资源管理，像抓好节能减排一样抓好节水工作。要统筹生活、生产、生态用水，建立、健全水资源管理责任和考核制度。要深化水资源管理体制改革，推进水务管理一体化。要加大依法治水管水力度，强化水利科技创新，加强协调配合，广泛动员全社会力量，努力走出一条中国特色水资源管理道路。

最高人民法院对外公布《关于审理因垄断行为引发的民事纠纷案件应用法律若干问题的规定》

这是最高人民法院在反垄断审判领域出台的第一部司法解释，对于指导人民法院正确适用反垄断法、依法制止垄断行为、保护和促进市场公平竞争具有重要意义。

中国银行业协会发布《2011年中国信用卡产业发展蓝皮书》

统计显示，截至2011年年末，全国信用卡新增发卡量5500万张，累计发卡2.85亿张，同比增长24.3%。

统计同时显示，2011年，我国信用卡交易达28.5亿笔，交易金额达7.56万亿元，分别同比增长18.75%和47.95%。信用卡交易金额在社会消费品零售总额中的占比从2010年的32.55%上升至41.72%，信用卡交易带动了0.46%的消费增长。

然而，由于信用卡规模的大幅增长，信用卡未偿信贷余额、逾期半年未偿信贷总额、延滞账户透支余额有较快增长。同时，信用卡欺诈方式不断翻新，互联网欺诈日益增多，需要采取综合措施，加强和完善风险管理。

国家副主席习近平在人民大会堂会见阿盟秘书长阿拉比

习近平表示，在当前形势下，进一步深化中阿战略合作关系，对于构建持久和平、共同繁荣的和谐世界、促进中东地区的和平与稳定具有重大意义。双方应进一步增进政治互信，深化战略合作；坚持互利互惠，拓展务实合作；扩大人文交流，促进文明对话；加强中阿合作论坛机制化、正规化建设，加强论坛对中阿关系发展的引领作用。习近平说，中国政府高度重视本月底即将召开的中阿论坛第五届部长级会议，希望双方以此次会议为契机，推动中阿战略合作关系迈上一个新台阶。

阿拉比表示，阿方高度重视对华关系，认为与中国保持长期紧密的关系符合阿拉伯国家利益，有利于本地区的和平、稳定与发展。阿方感谢中国作为安理会常任理事国长期以来对阿拉伯国家正义事业的支持，高度评价中国在国际和中东地区事务中发挥的积极作用，认为中国是世界大国中真正支持发展中国家正义诉求的国家。阿拉比说，阿中合作论坛成立以来取得巨大成功，阿方愿与中方共同努力，开好月底召开的阿中合作论坛部长级会议，使阿中战略合作关系适应新的形势，不断取得新的发展。

双方还就西亚北非地区局势交换了意见。

中央纪委书记贺国强在人民大会堂会见以党的领袖盖博拉斯美为团长的柬埔寨奉辛比克党代表团

贺国强说，中国共产党和奉辛比克党自建立党际关系以来，合作内容日益丰富，合作水平不断提高。去年两党签署了交流合作备忘录，党际关系步入新的发展时期。希望两党继续保持高层交往，加强治党治国经验交流，进一步密切在国际和地区事务中的协调配合，为推动国家关系不断发展发挥更大作用。

盖博拉斯美说，柬中传统友谊是柬埔寨政府、政党和人民的共同宝贵财富，奉辛比克党高度重视与中国共产党的合作关系。当前形势下，包括奉辛比克党在内的柬各方倍加珍惜并全力发展柬中睦邻友好合作关系，将落实好胡锦涛主席访柬期间与柬方领导人达成的重要共识，推动柬中全面战略合作伙伴关系不断向前发展。

外交部部长杨洁篪在北京与阿拉伯国家联盟秘书长阿拉比举行会谈

中国侨联法律顾问委员会在北京举行成立30周年纪念大会

新华社报道：中国侨联法律顾问委员会成立30年来，以为侨服务为宗旨，依法维护归侨侨眷和海外侨胞在国内的合法权益。截至目前，中国侨联法顾委已拥有海内外委员121名，并在全国30个省级侨联、180个地市县侨联成立了法律咨询服务机构，拥有专兼职法律工作者3000余人。作为一个由海内外司法界、法学界、律师界组成的法律咨询服务机构，中国侨联法律顾问委员会是侨联依法维护侨益的一支重要力量。

冯其庸诗书画展在中国美术馆开展

参展作品中，约有半数为作者89岁到90岁期间所作。

2012年全国体操锦标赛暨奥运会选拔赛在上海开赛

5月9日

国家主席胡锦涛在人民大会堂与哥伦比亚总统桑托斯举行会谈

胡锦涛表示，中方高度重视中哥关系，始终将哥伦比亚视为中国在拉美的好朋友、好伙伴。我们愿同哥方一道，进一步深化两国友好合作：(一)在政治方面，要密切交往，增进互信，长期友好。两国高层领导人、政府部门、立法机构、政党要加强对话交流，在彼此关切的重大问题上相互理解，相互支持。(二)在经济方面，要挖掘潜力，互利互惠，共促发展。双方要积极探讨深化经贸合作的新途径新方式，促进贸易增长和双向投资，扩大基础设施、能源、矿业、水利、电信、农业等领域合作。两国金融机构要拓展业务往来，为两国经贸和经济技术合作提供金融融资服务。(三)在人文方面，要突出特色，丰富内涵，深化友谊。双方要通过多种形式扩大文化、教育、广播影视、减灾防灾等领域的交流合作，加强青年、民间、地方友好往来，办好系列交流活动，相互学习借鉴。(四)在国际事务中，要加强磋商，相互协调，共迎挑战。中方愿同哥方进一步密切在国际和地区事务中的协调和配合，携手应对全球性挑战，促进中拉关系全面发展。

桑托斯表示，哥中两国合作潜力大，两国关系面临难得机遇。哥方愿同中方保持高层互访及其他各层次交往，深化了解与互信。哥方希望两国加强经贸、投资、农业等合作，并将创造有利条件，吸引中国企业赴哥投资，在基础设施、能源、资源等领域开展合作。哥方对两国自贸协定谈判持积极态度。哥方鼓励两国人文交流，深化友谊。当前，国际形势复杂多变，哥伦比亚愿同中方加强在重大国际和地区问题上的协调配合，携手应对全球经济治理、气候变化、可持续发展等问题和挑战，维护共同利益，实现共同发展。哥伦比亚愿为推动拉中关系发展发挥积极作用。

会谈后，两国元首出席了中哥政府间经济技术合作协定等合作文件的签字仪式。

国务院总理温家宝在北京主持召开国务院常务会议研究部署推进信息化发展保障信息安全工作

会议指出，当前，世界各国信息化快速发展，信息技术的研发和应用正在催生新的经济增长点，以互联网为代表的信息技术在全球范围内带来了日益广泛、深刻的影响。加快推进信息化建设，建立、健全信息安全保障体系，对于调整经济结构，转变发展方式，保障和改善民生，维护国家安全，具有重大意义。今后一段时期，要以促进资源优化配置为着力点，构建现代信息技术产业体系，全面提高经济社会信息化发展水平；加强统筹协调和顶层设计，健全信息安全保障体系，切实增强信息安全保障能力，维护国家信息安全，促进经济平稳较快发展和社会和谐稳定。

会议讨论通过《关于大力推进信息化发展和切实保障信息安全的若干意见》，确定了以下重点工作：(一)实施"宽带中国"工程。加快信息网络宽带化升级，推进城镇光纤到户，实现行政村宽带普遍服务。加快部署下一代互联网，重点研发下一代互联网关键芯片、设备、软件和系统，推动产业化。加快推进电信网、广电网、互联网三网融合，培育壮大相关产业和市场。(二)推动信息化和工业化深度融合。重点推动企业信息化水平全面提升，推广节能减排信息技术，增强信息产业核心竞争力，引导电子商务健康发展，推进服务业信息化。(三)加快社会领域信息化。继续深化电子政务应用，加快电子政务服务向街道、社区和农村延伸，建设服务型政府。提高社会管理和城市运行信息化水平，加快推进教育、医疗、就业、社会保障和减灾救灾等民生领域信息化。发展先进网络文化。(四)推进农业农村信息化。重点提高农业生产经营信息化水平，完善农业农村综合信息服务体系。(五)健全安全防护和管理。重要信息系统和基础信息网络要与安全防护设施同步规划、同步建设、同步运行，强化技术防范，严格安全管理，切实提高防攻击、防篡改、防病毒、防瘫痪、防窃密能力。加强地理、人口、法人、统计等基础信息资源的保护和管理，强化企业、机构在网络经济活动中保护用户数据和国家基础数据的责任。(六)加快安全能力建设。完善网络与信息安全基础设施，加强信息安全应急等基础性工作，提高风险隐患发现、监测预警和突发事件处置能力。加大信息安全技术研发力度，支持信息安全产业发展。

会议要求明确分工，落实责任，加快法规制度和标准建设，加大财税政策扶持，确保各项工作顺利推进。

国务院总理温家宝在天津会见出席国际行动理事会第三十届年会的外国前政要

温家宝会见加拿大前总理克雷蒂安、日本前首相福田康夫、新加坡荣誉国务资政吴作栋、马来西亚前总理巴达维、爱尔兰前总理埃亨和德国前总理施密特。

国家副主席习近平在人民大会堂会见国际行动理事会成员加拿大前总理克雷蒂安和德国前总理施密特等

习近平指出，当今世界正处在大发展、大变革、大调整之中，和平、发展、合作、变革的时代潮流更加强劲，与此同时也面临诸多不稳定不确定因素。中国愿与世界各国加强合作，共同维护世界和平稳定，促进世界发展繁荣。希望国际行动理事会继续关注关系世界前途命运的重大问题，继续关注和支持中国改革开放发展，为促进中国与各国人民之间的理解、信任与合作贡献力量。

中央纪委书记贺国强在人民大会堂会见伊朗副总统兼环保组织主席穆罕默迪扎德一行

贺国强说，中伊建交 40 多年来，两国关系始终保持稳健发展势头，双方高层往来密切，政治互信日益增强，务实合作稳步发展，各领域交流合作不断扩大，在国际和地区事务中也保持着良好的沟通和协调。中方重视发展中伊关系，愿一如既往秉持互信互利、共同发展的原则，深化双方各领域合作，推动两国关系不断发展，造福两国人民。

贺国强介绍了中国实施“十二五”规划情况和当前经济社会发展情况，表示愿意加强中伊两国在经贸、环保等领域合作，充分挖掘潜力，扩大合作规模，促进两国经济社会可持续发展。

穆罕默迪扎德说，伊中两国关系近年来发展顺利，宽领域、多层次合作不断推进。伊中关系具有战略性，不仅有利于两国，也有利于整个世界。伊方愿同中国一道，推动双方关系不断拓展。穆罕默迪扎德表示，在访华期间亲眼见证了中国的飞速发展，并对中国在建设领域取得的非凡成就表示衷心祝贺。

“2012 中国能源年度人物”颁奖典礼暨中国电力与能源研讨会在北京举行

国家电网公司总经理刘振亚当选“2012 中国能源年度人物”。

“2012 中国能源年度人物”研究评价项目是由中国能源报主办的一项一年一度的公益性活动。首届，也是上一届“中国能源年度人物”得主为国家发改委原副主任、国家能源局原局长张国宝。

我国首座深水钻井平台在南海首钻成功

中国首座自主设计、建造的第六代深水半潜式钻井平台“海洋石油 981”今日在中国南海海域正式开钻。这是中国石油公司首次独立进行深水油气勘探开发，标志着中国海洋石油工业的深水战略迈出了实质性的步伐。

2012 年“春雨工程”——全国文化志愿者边疆行启动仪式在浙江宁波鄞州区举行

“春雨工程”全国文化志愿者边疆行，是由文化部与中央文明办自 2010 年起共同实施的一项文化惠民活动。该活动由各地文化部门组织招募文化志愿者，深入边疆民族地区为当地群众提供文艺演出、讲座培训和文化展览等公益性文化服务。2012 年“春雨工程”全国文化志愿者边疆行有 40 多支文化志愿团的 1500 多名文化志愿者将奔赴 12 个边疆民族省(区)，以及新疆生产建设兵团和湖南、湖北、四川的 5 个少数民族自治州，为当地提供文化服务，各地的文化志愿服务项目将正式组织实施。

5月10日

全国人大常委会委员长吴邦国在人民大会堂与哥伦比亚总统桑托斯举行会谈

吴邦国表示，议会交往是国家关系的重要组成部分。近年来，中国全国人大和哥伦比亚议会保持着密切友好往来，在各国议会联盟、拉美议会等国际和地区议会组织中合作良好。中国全国人大重视发展同哥伦比亚议会的友好合作关系，愿继续积极开展多种形式的交流与合作，增进人民友谊，为推进两国关系的健康、稳定发展作出贡献。

桑托斯表示，哥中建交 32 年来，两国关系不断加强。双方高层互访频繁，相互理解不断加深，经贸合作成果丰硕。当前，亚太和拉美地区加快发展，在新兴市场国家重要性日益上升背景下，哥中两国加强包括议会交往在内的多方面、多领域合作，实现共同发展，不仅有利于各自国家的发展繁荣，也有利于地区的和平与稳定。桑托斯并重申，哥坚定奉行一个中国政策。

国务院总理温家宝在中南海紫光阁与哥伦比亚总统桑托斯举行会谈

温家宝表示，中哥经济互补性强，两国要尽快启动自贸协定谈判，争取在较短时间内取得成功，为扩大贸易与投资合作开辟更加广阔的前景。中国政府鼓励本国企业赴哥伦比亚参与基础设施建设和资源开发利用。双方可在科技、农业、减灾等领域开展更多的交流合作，增强可持续发展能力。中国愿在平等互利基础上，同拉美区域经济合作组织加强联系。

桑托斯表示，中国的快速发展改变了世界的面貌，也为哥中合作提供了新的机遇。两国经济合作潜力巨大，尽快签署自贸协定符合双方共同利益。哥方愿学习借鉴中国的发展经验，进一步扩大双方各领域的交流合作，加强在国际、地区事务中的沟通、协调，推动两国关系全面向前发展。

“2012 绿色经济遂宁会议”在四川遂宁举行

民盟中央第一副主席张梅颖应邀出席会议。全国政协主席贾庆林为本次会议专程发来贺信。

此次会议由四川省人民政府、全国政协人口资源环境委员会、国土资源部、环境保护部、住房和城乡建设部、农业部、国家林业局主办,来自国家有关部门负责人、著名科学家、专家、学者、部分城市负责人以及联合国有关机构官员等200余名海内外嘉宾出席会议。

会议期间还举行了"绿色发展·美好生活"主题演讲。

国务院副总理李克强在人民大会堂与哥伦比亚总统桑托斯举行会谈

外交部部长杨洁篪在北京与俄罗斯外长拉夫罗夫举行会谈

双方重申中俄双方将继续保持密切协调,引导伊核问题保持在外交谈判的轨道上。

会谈后,两国外长共同会见了记者。会见中,杨洁篪重申,应坚持政治解决叙利亚问题。杨洁篪还对记者表示,中方支持阿富汗早日实现和平、稳定、独立和发展,愿意继续为阿富汗和平重建提供力所能及的帮助。

外交部部长杨洁篪在北京分别会见吉尔吉斯斯坦外长卡扎克巴耶夫和乌兹别克斯坦外长卡米洛夫

我国成功发射"遥感卫星十四号"

15时6分,我国在太原卫星发射中心用"长征四号乙"运载火箭,成功将"遥感卫星十四号"送入太空。同时,成功搭载发射了"天拓一号"卫星。"遥感卫星十四号"主要用于科学试验、国土资源普查、农作物估产及防灾减灾等领域。搭载的"天拓一号"卫星是一颗微小卫星,主要用于科学试验和遥测探测。

5月11日

国家主席胡锦涛在人民大会堂会见出席上海合作组织外长理事会会议的五国外长

胡锦涛会见哈萨克斯坦外交部部长卡济哈诺夫、吉尔吉斯斯坦外交部部长卡扎克巴耶夫、俄罗斯外交部部长拉夫罗夫、塔吉克斯坦外交部部长扎里菲、乌兹别克斯坦外交部部长卡米洛夫。

胡锦涛表示,将于下个月召开的上海合作组织北京峰会是一次承前启后、继往开来的重要会议。作为上海合作组织轮值主席国,中方将与其他各成员国加强沟通协调,全力以赴做好各项准备工作,为确保上海合作组织北京峰会取得圆满成功作出积极努力。

胡锦涛指出,经过10年的发展,上海合作组织已成为本地区一支重要力量。面对新形势、新任务,各成员国应该秉持"上海精神",以安全合作和务实合作为重点,全面深化和拓展各领域交流合作,使上海合作组织成为各成员国可靠的安全保障,有效的合作平台,为维护成员国共同利益,促进地区经济发展繁荣作出更大贡献。

俄罗斯外交部部长拉夫罗夫代表参加会见的上海合作组织成员国外交部长表示,本次上海合作组织外长理事会会议为即将召开的上海合作组织北京峰会进行了充分准备,达成许多重要共识,反映了各成员国在新形势下加强安全、经贸、人文等领域务实合作、推动本组织积极开展对外交往的共同意愿。会议形成的有关文件将提交各成员国元首审议,相信北京峰会必将取得丰硕成果,为本组织下一步发展指明方向。各成员国感谢中方为北京峰会所做的大量卓有成效的筹备工作,愿与中方共同努力,推动峰会取得成功。

第二届台胞社团论坛在人民大会堂举行

全国政协主席贾庆林出席并讲话。

贾庆林表示,本届论坛以"进一步发挥台胞社团作用,促进两岸关系和平发展"为主题,涵盖海内外150个台胞社团,洋溢着亲情、乡情和友情,反映了海内外中华儿女共促两岸关系和平发展的美好愿望,必将推动大家进一步加深了解、增进共识,以更加开阔的视野和更加强烈的使命感,更好地团结广大台胞乡亲,促进两岸关系和平发展。

贾庆林强调,当前两岸关系和平发展正在由开创期进入巩固深化的新阶段。和平发展的良好局面要靠两岸同胞同心维护和开创,和平发展的重要成果要由两岸同胞共同创造和享有。海峡两岸各领域、各界别的广大民间组织,包括遍及海内外的台胞社团,是促进两岸交流的组织者,是深化互利合作的主力军,是推动两岸关系和平发展的重要力量。希望包括台胞社团在内的广大民间组织,充分发挥各自优势,更广泛地团结两岸各界各阶层民众,更积极地促进两岸民间大交流大合作,为巩固深化两岸关系和平发展作出新的更大贡献。第一,实现中华民族伟大复兴应当成为共同旗帜。要从民族大义出发,凝聚起共同意志,保两岸同胞之福祉,扬中华儿女之尊严,共享中华民族伟大复兴的辉煌与荣耀。第二,扩大两岸关系和平发展成果应当成为共同使命。要在增强两岸关系和平发展的政治、经济、文化和社会基础方面多下功夫,在清除"去中国化"的"台独"思想方面多做努力,在推动两岸经贸合作、文化交流、人员往来等方面多做实事,努力使交流合作的成果惠及更多台湾基层民众。第三,深化两岸民间交流应当成为共同任务。要全方位、多领域推动两岸民间交流往来,不断开辟新渠道,构建新平台,创造新形式,汇聚一切支持两岸关系和平发展的各行各界民间人士,投身于两岸大交流大合作的时代潮流。两岸同胞应当牢牢把握两岸关系和平发展的主题,心手相连,情谊相牵,为两岸关系和平发展,为中华民族繁荣昌盛共同努力奋斗。

中国国民党副主席蒋孝严说,海峡两岸同属一个中国,两岸人民同文同种,血浓于水。和平发展,振兴中华,是历史发展的必然趋势,也是我们共同努力的目标。长期以来,台胞社团穿梭于两岸,为增进两岸同胞了解,扩大两岸互信共识,起到了独特的桥梁作用。当前两岸经贸交流与人员往来已逐步正常化和制度化,台胞社团应该抓住契机,再接再厉,为两岸人民扮演手牵手、心连心的角色,特别要着眼两岸关系长远发展,在两岸青少年中大力弘扬中华优秀文化,为两岸关系和平发展不断注入新活力。

中央纪委监察部在北京召开学习贯彻《关于加强和改进中央和国家机关纪检监察组织建设的意见》座谈会

中央纪委书记贺国强出席会议并讲话。

贺国强指出,中央和国家机关在党和国家工作全局中处于重要地位、承担着重要职责,做好中央和国家机关党风廉政建设和反腐败工作,直接关系到党的路线方针政策和中央重大决策部署的贯彻落实,关系到党的领导水平和执政能力的提高,关系到党和政府的形象。

贺国强强调,加强和改进中央和国家机关纪检监察组织建设,一是要健全组织机构,加强工作力量。要抓紧健全和规范组织机构,需要新设党组纪检组(纪委)、监察局的,要根据工作需要,成熟一个报批设立一个,逐步健全和规范;设置党组纪检组(纪委)条件不成熟的,要通过加强机关纪委力量做好部门党风廉政建设和有关监督工作;没有设立机关纪委的要抓紧建立,已经建立的要进一步规范,切实实现纪检组织和工作全覆盖。要选好配强中央和国家机关纪检监察组织领导班子特别是主要负责同志,严格按照有关标准和条件做好纪检监察干部配备工作,不断增强领导班子整体功能和干部队伍生机活力。二是要明确职责任务,完善体制机制。中央和国家机关纪工委,各部门党组纪检组(纪委)、监察局、机关纪委要根据党组织隶属关系和干部管理权限,认真履行各项职责,完成好各自承担的工作任务。要自觉接受上级纪检监察机关和所在部门党组(党委)的领导,定期汇报工作,及时报告重要情况,积极争取上级纪检监察机关和所在部门党组(党委)的指导和支持。要加强各纪检监察组织之间的协调配合,形成各司其职、各负其责、齐抓共管、优势互补的工作格局。三是要加强队伍建设,提高工作水平。要紧紧抓住思想政治建设这个根本、能力建设这个关键、作风建设这个重点、制度建设这个保障,不断提高纪检监察工作科学化、制度化、规范化水平。四是要加强组织领导,狠抓工作落实。中央和国家机关各部门党组(党委)要切实担负起加强本部门纪检监察组织建设的领导责任,主要负责同志要大力支持纪检监察工作和纪检监察组织建设,各部门纪检监察组织要对照《意见》要求抓好工作落实。

中央纪委副书记何勇主持会议。

国务院副总理回良玉在四川成都观摩防灾救灾综合实战演练

回良玉指出,我国是世界上自然灾害最为严重的国家之一。在抗御各类重特大自然灾害的实践中,按照党中央、国务院的决策部署,我们立足国情和灾情实际,确立了以人为本、民生优先的根本宗旨,健全了统一指挥、协调联动的体制机制,明确了依法推进、规范有序的基本准则,形成了以防为主、防救结合的重要理念,确定了需求引领、科学防控的目标要求,完善了军民联防、群防群控的工作模式,探索走出了一条有中国特色的防灾减灾道路。在应对汶川特大地震中,防灾减灾抗灾救灾工作经受了重大考验和全面检验,抗震救灾和恢复重建取得伟大胜利,创造了世界抗灾救灾史上的奇迹,地震灾区呈现出安居乐业、安全和谐、欣欣向荣的新气象。

回良玉强调,当前和今后一个时期,全球气候变化背景下的极端天气事件明显增多,全球地震活动也进入活跃期,自然灾害的反常性、突发性、多样性、不可预见性将日益凸显,防灾减灾面临的任务十分繁重。防灾减灾工作要重点抓好以下几个方面:一要着力强化组织领导和协调配合,全面落实以行政首长负责制为核心的各项抗灾救灾责任制,加强部门、军地协调联动,形成强大工作合力;二要着力强化灾害检测预警,健全完善灾害监测网络,努力做到监控到位、预报准确、预警及时,提前转移安置危险地区群众;三要着力强化防灾减灾基础,进一步加强防灾减灾骨干工程建设,提高城乡建筑物灾害防御性能,全面提升基层防灾减灾能力;四要着力强化隐患排查治理,及时采取防范措施,严格落实监控管理责任,切实做好应对各类突发灾害的准备工作;五要着力强化应急保障能力,及时修订完善各类灾害应急预案,加强专兼结合的救援队伍建设，增加救灾物资储备和技术装备配备；六要着力强化防灾减灾文化建设，紧紧围绕今年“防灾减灾日”主题，积极弘扬抗灾救灾精神，推进防灾减灾知识进机关、进学校、进企业、进社区、进家庭。

中直工委 中央国家机关工委 全国总工会 北京市总工会在人民大会堂联合举行全国劳动模范先进事迹巡回报告团首场报告会

“中国·天津第十九届投资贸易洽谈会暨第八届PECC国际贸易投资博览会”在天津开幕

国家副主席习近平在人民大会堂会见俄罗斯外长拉夫罗夫

习近平指出，中俄同为世界大国、联合国安理会常任理事国和主要新兴经济体，多年来双方对重大国际及地区问题保持着相近或一致的看法和立场，开展着密切的沟通协调和配合，维护了共同利益，促进了地区及世界总体和平与稳定势头。

拉夫罗夫表示，俄方对当前俄中关系的良好发展感到满意。两国建立了全方位、多层次的有效合作机制。双方政治互信达到空前水平，双边贸易额再创历史新高，人文交流也日益密切，在联合国、二十国集团、上海合作组织框架内以及西亚北非局势等重大国际、地区问题上，双方进行了非常良好的协调与配合。俄方愿与中方全面加强各领域合作，推动俄中全面战略协作伙伴关系不断深入发展。

上海合作组织成员国外长理事会会议在北京举行

中国外交部部长杨洁篪主持会议，哈萨克斯坦外交部部长卡济哈诺夫、吉尔吉斯斯坦外交部部长卡扎克巴耶夫、俄罗斯外交部部长拉夫罗夫、塔吉克斯坦外交部部长扎里菲、乌兹别克斯坦外交部部长卡米洛夫出席。

杨洁篪表示，当今世界正处于大发展大变革大调整时期，国际和地区形势复杂多变，地区热点问题此起彼伏，给本地区安全、发展带来诸多不稳定、不确定因素。同时，本地区各国致力于加快经济建设，努力维护社会稳定，本组织发展面临新的机遇。新形势下，我们要全面深入落实成员国领导人达成的各项共识，团结协作，巩固互信，坚持以安全和务实合作为优先方向，坚持本组织倡导的新安全观、新合作观、新发展观、新文明观，加强在重大国际和地区问题上的沟通、协调与配合。中方愿同各成员国携手共进，推动上海合作组织朝着建设持久和平、共同繁荣的和谐地区的既定目标不断向前迈进。

外长们对过去一年来上海合作组织各领域合作取得的积极进展，特别是“睦邻友好年”系列活动成功举办表示满意，一致认为，在新形势下，本组织应更好地发挥职能，扎实推进成员国务实合作，为维护地区和平稳定、促进共同发展作出不懈努力。外长们同意，继续提高应对新威胁、新挑战的能力，完善危机预警和应急处置能力，深化打击“三股势力”、毒品走私、跨国有组织犯罪和信息安全合作，共同应对金融、能源、粮食安全问题。扩大经贸、投资、交通、通信、农业、创新等领域合作，逐步成立上海合作组织专门账户、开发银行或其他金融信贷机构。大力推动人文交流。

外长们同意，上海合作组织应继续加强同观察员国、对话伙伴国以及联合国等友好国家和组织的务实合作。

外长们表示，愿共同努力，确保上海合作组织北京峰会取得成功。会议原则通过了《上海合作组织中期发展战略规划》草案并决定提交北京峰会审议批准。

外长们对阿富汗和西亚北非局势表示关注，主张成员国应继续发挥建设性作用，促进阿富汗和平重建，呼吁恪守《联合国宪章》宗旨和国际法准则，尊重地区国家和人民的自主选择，确保相关地区和平稳定和繁荣进步。

会议听取了上海合作组织秘书长伊马纳利耶夫和地区反恐怖机构执委会主任朱曼别科夫的工作汇报。

会后，外长们签署了《上海合作组织成员国外长理事会会议决议》并共同会见记者。

外交部部长杨洁篪在北京分别会见哈萨克斯坦外长卡济哈诺夫和塔吉克斯坦外长扎里菲

“海外华侨华人汉语测评中心”揭牌仪式在天津语言文字培训测试中心举行

首届全国户外运动大赛暨中国宁海户外运动节在浙江宁海开幕

本次大赛引进了专业性赛事全国攀岩巡回赛，还将进行划艇、山地车、轮滑、越野、泥地跑、溜索等22个户外运动项目的比赛，吸引了2000余名来自全国各地的户外运动爱好者。

5月12日

国家主席胡锦涛与斯洛文尼亚总统图尔克互致贺电庆祝中斯两国建交20周年

胡锦涛在贺电中说，建交20年来，中斯关系健康发展。双方高层交往密切，政治互信加深，经贸、文化、教育、科技等领域合作富有成果，人文和民间交流日益活跃，在国际和地区事务中保持良好沟通与协调，双边关系的内涵不断充实和丰富。经过20年发展，中斯关系已处于新的历史起点，面临更加广阔的发展前景。中方愿与斯方共同努力，坚持相互尊重、平等互利的原则，进一步增进政治互信，深化务实合作，共谋发展繁荣，共创两国关系的美好未来。

斯洛文尼亚总统图尔克指出，建交20周年是斯中关系史上的里程碑，也是庆祝两国和两国人民间建立的牢固友谊和卓越关系的契机，是思考如何进一步建设和加强双边各领域互利合作的契机。在双方共同努力下，加强斯中关系的目标必将实现。

第二届中国女医师大会在北京开幕

全国人大常委会副委员长陈至立出席会议并讲话。

陈至立说，中国女医师协会为提高女医师的学术研究和医务水平，维护女医师权益，促进同各国女医务工作者之间的交流合作，在医学科学领域里充分展示女性"半边天"的风采作出了积极贡献。广大女医师为完成农村"两癌"检查任务作出了突出贡献。

陈至立希望女医师协会充分发挥人才优势、专业优势和资源优势，进一步调动广大女医师的积极性和创造性，在推动医学学术创新，弘扬医德医风，构建和谐医患关系，提高人民健康水平方面作出更大贡献；希望女医师协会充分发挥桥梁纽带作用，关注女医师的发展，及时反映女医师的要求和心声，动员女医师更好投入到医疗事业和医改大潮中，维护女医师的权益，推动更多的女医师参政议政，获得更高的学术地位，维护女医师的尊严。

央行今年第二次下调存款准备金率

中国人民银行今天发布消息称，从5月18日起，下调存款类金融机构人民币存款准备金率0.5个百分点。这是央行今年以来第二次下调存款准备金率。

首届汉旺论坛在四川德阳举行

国内外有关国家和地区的350余名代表参加论坛，对中国灾后重建模式、紧急救援、清洁能源与可持续发展等主题进行研讨。

汉旺论坛以汉旺镇命名，旨在建立世界性防灾、救灾交流平台，在防御灾害领域发挥积极作用。

彭光涵逝世

国务院侨务办公室原党组成员、副主任彭光涵，因病于2012年5月12日在北京逝世，享年94岁。彭光涵是政协第五届、六届、七届全国委员会委员。

5月13日

国家主席胡锦涛与克罗地亚总统约西波维奇互致贺电庆祝中克两国建交20周年

胡锦涛在贺电中说，建交20年来，在双方共同努力下，中克关系不断发展。两国建立了全面合作伙伴关系，高层交往频繁，政治互信日益加深，经贸合作不断扩大，文化、教育、旅游等领域合作卓有成效。中克关系发展势头良好，充满活力。中方愿与克方携手努力，进一步增进政治互信，加强各级别对话，深化务实合作，推动中克全面合作伙伴关系取得更大发展，造福两国人民。

克罗地亚总统约西波维奇表示，克罗地亚是中国在东南欧地区可以信赖的好朋友。克罗地亚加入欧盟后，中国将在欧盟内多一个新的伙伴和盟友，期待克中两国继续提升合作水平，加深友谊。

第五次中日韩领导人会议在人民大会堂举行

中国国务院总理温家宝、韩国总统李明博、日本首相野田佳彦出席会议。会议由温家宝主持。三国领导人回顾了中日韩合作的进展，进一步明确了未来合作的目标和重点，并就共同关心的国际和地区问题深入交换看法。三国领导人同意年内正式启动中日韩自贸区谈判，并见证签署中日韩投资协定。

温家宝表示，中日韩在应对国际金融危机中同舟共济，务实合作取得显著成效。面对日本3·11特大地震和海啸灾难，三国守望相助，共渡难关。中日韩已成为休戚相关的命运共同体。加强合作符合三国和三国人民的根本利益，增强了战胜困难、共同发展的力量。当前，国际金融危机尚未结束，东北亚和东亚地区面临诸多不稳定、不确定因素，中日韩要加强战略沟通协调，不断增进三国之间的政治互信和战略互信，尊重和照顾彼此重大关切，营造积极友善的社会氛围，妥善处理影响合作的不利因素，维护共同利益，开创中日韩合作新局面。

温家宝就加强三国务实合作提出以下建议：

第一，加快推进中日韩自贸区建设。三国要密切协调，确保年内正式启动三国自贸协定谈判。在谈判中既要坚持开放、公平和透明原则，也要照顾彼此关切，最大程度实现互利共赢，争取早日建成三国自贸区，为东亚经济一体化注入强劲动力。

第二，深化产业和金融合作。以签署中日韩投资协定为契机，为三国扩大投资合作创造稳定、公平、便利的环境，促进三国经济融合。建设中日韩地方经济合作示范区，扩大三国间贸易本币结算，推动东亚财金合作。

第三,加强可持续发展领域合作。继续推进环境十大优先领域合作与联合行动计划,探讨制定东北亚环境管理体制,推进中日韩循环经济示范基地建设,加强在城镇化建设、新能源、防灾减灾等领域合作。

第四,拓展社会人文交流。三国要继续努力,增进三国民众之间的相互了解,改善国民感情。继续办好东北亚名人会、著名记者圆桌会;落实文化合作《上海计划》,加强影视、动漫等文化产业的交流与合作;实施“亚洲校园”计划,建立三国教育部长会议机制;简化签证手续,促进人员往来便利化;持续开展青少年交流。

在谈到东北亚局势时,温家宝指出,东北亚的和平稳定涉及地区各国的切身利益,是实现持续发展和繁荣的首要前提。我们要坚持通过对话谈判解决有关问题,重视各方合理的安全关切,继续推进六方会谈,实现朝鲜半岛无核化,共同致力于东北亚的长治久安。当务之急是尽全力防止朝鲜半岛紧张局势进一步升级,各方要最大限度地发挥智慧,保持冷静克制和耐心,展示善意,以缓解对抗,重新走上对话和谈判的正确道路。

李明博和野田佳彦表示,中日韩合作规模大,领域广,成果丰硕,不仅给三国带来实实在在的利益,而且有利于地区的稳定与发展。三国应进一步加强沟通协调,面向未来,共同推动三国合作不断达到更高水平。三国要加紧推进自贸区建设,年内启动自贸谈判;签署投资协定意义重大,要认真落实协定内容,并加强在可持续发展、人文等领域的交流合作,共同维护东北亚的和平稳定。

外交部部长杨洁篪、国家发展和改革委员会主任张平、商务部部长陈德铭、中国驻日本大使程永华、中国驻韩国大使张鑫森等出席会议。

会议后,中日韩领导人共同出席了《中日韩三国关于促进、便利和保护投资的协定》的签字仪式,并共同会见了记者。

国务院总理温家宝在人民大会堂分别与韩国总统李明博和日本首相野田佳彦举行会谈

在会见李明博时,温家宝表示,中韩即将启动两国自贸协定谈判,双方要本着互利共赢的精神加紧工作,争取早日达成一致。中方欢迎韩国企业参与中国经济结构调整和产业升级,也鼓励本国企业到韩国投资兴业。双方要积极建设中韩产业园、中日韩循环经济示范基地和地方经济合作园区,加强金融合作。温家宝祝贺丽水世博会开幕,表示中国将积极参加相关活动,相信丽水世博会将取得成功。

李明博表示,韩中建交20年来,两国政治互信不断增强,各领域合作不断扩大,双边关系全面发展,日益成熟、稳固。韩方愿与中方加强沟通协调,抓紧推进两国自贸协定谈判,认真落实韩中日投资协定,推动两国和地区合作取得更多实质成果,造福两国和本地区人民。

在会见野田佳彦时,温家宝说,中日邦交正常化40年来,两国关系取得长足发展,但也经历过曲折,经验和教训都是深刻的。当前,中日关系面临新的发展机遇,双方有着更广泛的共同利益。推进合作需要有牢固的政治互信和战略互信作为保障。温家宝重申了中方在涉疆、钓鱼岛等问题上的原则立场,敦促日方按照中日四个政治文件的原则精神,切实尊重中方核心利益和重大关切,谨慎、妥善处理有关问题,坚持两国关系发展的正确方向。

野田佳彦说,中国的发展对日本和国际社会是机遇。日方重视并致力于推进日中战略互惠关系,愿按照日中四个政治文件的原则和精神,与中方加强高层往来,增进政治互信,加强互利合作和人文交流。野田佳彦表示,日方无意干涉中国内政。关于两国之间存在的问题,日方愿立足大局,同中国一起妥善处理,避免影响双边关系。

国务院总理温家宝在人民大会堂与韩国总统李明博 日本首相野田佳彦共同出席第四届中日韩工商峰会并致辞

温家宝表示,今年以来,世界经济继续缓慢复苏,但国际金融危机没有结束。外部环境的不利因素对中日韩的影响日益凸显,三国经济下行压力加大。面对困难,我们要坚定信心,通过深化合作,加强经济融合,不断提升竞争力。

温家宝指出,建立中日韩自贸区是着眼未来的战略举措,是三国工商界的期盼,三国决定年内启动中日韩自贸协定谈判。早日完成谈判并建成自贸区,将有利于发挥三国比较优势,共同开拓市场,促进经济强劲、可持续、平衡增长,激发东北亚经济发展活力。正式签署中日韩投资协定具有里程碑意义。中国欢迎日韩扩大对中国投资,也希望日韩两国成为中国主要投资目的地。中方倡议利用中国山东毗邻日韩的区位优势,建设中日韩地方经济合作示范区,并积极考虑在日韩选择合作的区域,建立三国产业合作基地。

温家宝说,当前中国经济运行态势总体良好。我们有信心、有条件、有能力实现今年经济发展目标。

温家宝最后说,经过13年的不懈努力,中日韩合作已经站到新的历史起点上。我们要抓住发展机遇,携手应对挑战,朝着共同繁荣进步的目标,不断前进,创造新的辉煌。

第五次中日韩领导人会议发表关于提升全方位合作伙伴关系的联合宣言

我们，中华人民共和国、大韩民国和日本国的领导人于2012年5月13日在北京举行第五次领导人会议，就进一步密切三国合作、促进共同发展、为地区和世界的稳定、发展与繁荣作出贡献进行深入探讨。

欢迎自1999年启动以来，特别是2008年三国独立举行领导人会议以来，三国合作取得的积极进展。满意地回顾了三国落实2008年《三国伙伴关系联合声明》、2009年《中日韩合作十周年联合声明》、2010年《2020中日韩合作展望》的情况，高兴地看到三国合作给三国人民带来了巨大福祉。

充分认识到，在世界经济前景不明、发达经济体债务问题不断发酵、西亚北非局势持续动荡、东亚地区继续保持发展势头的背景下，三国进一步提升合作水平有利于促进三国经济稳定增长，加速东北亚地区经济一体化进程，为东亚合作注入新的活力和动力，维护地区和平、稳定与繁荣，推动世界经济复苏和增长。重申将从战略视角审视和把握三国合作，强调将在相互尊重、平等互利、开放透明的基础上，推动三国关系朝着睦邻互信、全面合作、互惠互利、共同发展的方向前进。

为此，我们一致同意，进一步提升三国面向未来的全方位合作伙伴关系。

一、增进政治互信

我们强调，将进一步增进高层交往，为三国间相互关系及三国合作稳定发展提供持续、有力的政治支持。

欢迎今年三国首次亚洲政策磋商以及以往举行的非洲、拉美和反恐事务磋商取得的积极成果，支持三国继续轮流主办这些磋商，并积极探讨在更多领域加强沟通与协调，不断增进理解与互信。

注意到三国已在救灾、核安全和地震联合研究等领域展开广泛合作，鼓励三国在打击海盗、能源安全、网络安全、疫病防控、反恐、防止大规模杀伤性武器扩散等诸多非传统安全领域拓展合作。

欢迎东日本大地震以来，三国根据2011年第四次中日韩领导人会议联合宣言及其附件推进灾害管理及核安全合作。日方对中、韩政府和人民给予的帮助表示感谢。中、韩支持日方关于今年7月在遭受震灾的日本东北部地区主办“大规模自然灾害高级别国际会议”的倡议。

我们欢迎中国和日本就海上搜救协议达成原则共识，重申加强三国搜救合作以确保海事安全的重要性。

欢迎三国合作秘书处于2011年9月在韩国首尔正式建立，支持秘书处提供高质服务，为促进三国合作发挥积极作用。

二、深化经贸合作

我们将进一步密切经贸联系，深化利益融合。赞同今年5月在北京举行的第九次中日韩经贸部长会议取得的成果，重申将加强合作，营造具有吸引力的贸易和投资环境。

我们欢迎三国自贸区联合研究的结论和建议。认识到中日韩建立自贸区将促进三国经济增长与繁荣。我们支持三国经贸部长关于年内启动中日韩自贸区谈判的建议。为此，三国应立即开始准备工作，包括启动国内程序和工作层磋商。

欢迎三国签署中日韩投资协定，认为该协定对于促进、便利和保护三国间相互投资将产生极大的推动作用。同意尽快完成各自国内程序，以使该协定及早生效。

三国将共同努力推动地区财金合作，确保地区金融市场稳定，实现地区可持续发展。鉴此，我们对将清迈倡议多边化资金规模扩大一倍、提高与国际货币基金组织贷款规划的脱钩比例和引入危机预防功能等加强清迈倡议多边化领域取得的重大进展表示欢迎。同时欢迎进一步加强亚洲债券市场倡议及成功启动“10+3”宏观经济研究办公室的经济监测活动。

我们重申致力于推动三国金融合作。我们欢迎去年关于扩大双边货币互换规模的安排，这为稳定地区金融市场作出了重要贡献。我们同意促进三国外汇储备部门相互投资对方国债，进一步加强包括信息共享在内的合作，从而强化三国之间经济关系。

鼓励三国海关积极落实2011年修订的《中日韩海关合作行动计划》，继续加强在知识产权保护、海关手续与贸易便利化、经认证的经营者(AEO)互认、海关执法和情报与人力资源开发等务实领域的合作。

重申有关产品安全的措施应符合WTO/SPS和WTO/TBT协议的要求，将采取有关措施促进人类的健康、动物的健康和动植物卫生，推动三国间贸易健康发展。

鼓励三国建立检验检疫磋商合作机制，促进贸易健康发展。

欢迎三国在发展陆海联运及建立东北亚物流信息服务网络方面所取得的进展，鼓励全面推进本区域陆海联运合作和加快扩展网络服务范围。

强调信息通信领域合作对三国经济社会发展的重要意义，支持三国进一步开展交流与合作。

鼓励和支持泛黄海经济技术交流会议等三国间的次区域合作，推动三国经贸合作进一步发展。

三、促进可持续发展

我们强调发展循环经济对于三国经济长期稳定发

展、维护经济增长与环境保护的协调和统一的重要性。我们认识到建设中日韩循环经济示范基地的重要性，对中国为在华选择示范基地备选园区所做努力表示赞赏，期待加紧努力，早日发挥基地的示范作用。同时，决定继续保持深入磋商，根据各自需求，探讨建立若干不同特色的循环经济示范基地。

赞赏今年5月在北京举行的第十四次中日韩环境部长会议成果，欢迎落实《中日韩环境合作联合行动计划2010—2014》取得的进展。高兴地看到三国在共同打击电子废弃物及其他废弃物越境转移方面努力建立合作机制，希望继续就此开展联合研究，更好地发挥合作机制作用。注意到沙尘暴是地区环境挑战之一，确认三国有必要就沙尘暴加强合作。我们也认识到应对本区域跨境空气污染问题的重要性。我们鼓励三国就遗传资源获取和惠益分享、环保技术交流等开展合作。我们欢迎日方提出2012年举办灾害应对措施研讨会的提议。

一致认为绿色低碳增长对促进可持续发展十分重要，有利于协调环境保护和经济增长。忆及2011年第四次中日韩领导人会议通过的《通过可再生能源和能源效率合作实现可持续增长》声明，欢迎三国在上述文件基础上为实现绿色低碳增长开展合作，包括2012年3月在日本举办的绿色技术论坛，三国青年决策者之间活跃的人员交流，以及利用清洁能源部长会议、亚太经合组织、国际能效合作伙伴关系等现有国际框架开展的合作。

承认包括三国在内的东亚地区在绿色低碳增长方面的巨大潜力和挑战，鉴此，我们欢迎2011年11月亚太经合组织领导人会议通过的《檀香山宣言》和今年4月15日在日本东京举行的东亚低碳增长伙伴关系对话会取得的成果，希望继续在此机制下开展进一步对话，深化合作。

认识到“全球绿色增长研究所”与其他国际组织和发展执行机构合作，在为发展中国家制定绿色增长战略提供支持方面发挥的重要作用。

欢迎三国为实现《爱知目标》及使《获取与惠益分享名古屋议定书》尽早生效所做的努力，确认就此加强三方合作的重要性。

欢迎去年11月在日本举行的第四次中日韩核安全监管高官会及其成果，鼓励三国核安全监管当局根据已签署的《中日韩三国核安全合作倡议》所附的行动事项单，切实开展合作。我们认为今年12月将在日本举行的福岛核安全部长级会议取得成功对推进国际核安全合作至关重要。

认识到三方就应对潜在的大规模地震、海啸和火山爆发开展合作的重要性。我们注意到，考虑到三国间不断增长的贸易量和旅游者数量，交流气象观测和天气预报数据的重要性，鼓励在世界气象组织框架内就开展区域气象数据交流的途径进行讨论。

认识到三国卫生部长定期会晤机制及三方在传染性及非传染性疾病防控、食品安全、临床试验、紧急情况准备与应对、与卫生有关的千年发展目标等方面开展务实合作的重要性，重申强化卫生合作，增进人民健康福祉。

强调推进三国科技联合研究计划和前瞻计划对于提升三国科研水平、创新能力和工业技术竞争力的积极意义，鼓励三国加大资金、人力等投入，提高联合研究计划和前瞻计划的效果和影响。

重申性别平等和提高女性地位对实现可持续发展的重要性，决定推进三国在促进性别平等方面的合作。

我们对近来全球能源价格大幅上涨感到忧虑，致力于加强合作维护能源市场稳定。

欢迎首次中日韩农业部长会议今年4月14日至15日在韩国济州岛成功举行，认为会议有助于促进农业可持续发展和提高农业产量及生产力。赞赏会议通过农业合作联合公报，包括每年举行三国农业部长会议的决定。

重申三国在农业、森林可持续经营、荒漠化防治和野生动物保护领域加强合作的重要性，决定按有关合作文件推进合作。

四、扩大社会人文交流

我们注意到2008年以来三国策划、组织和实施了多项文化交流活动，有力促进了三国人民的理解、互信与友好。鼓励和支持三国文化部门举办更多活动，特别是适时启动“东亚文化之都”活动，将来启动“中日韩文化艺术节”项目磋商。鼓励三国在文化遗产保护和文化产业发展方面加强交流与合作。

为进一步推进三国教育合作，我们决定为建立中日韩教育部长会议机制继续作出努力。欢迎今年三国开始实施的“亚洲校园”高等学校交流试点项目，期待该试点项目取得成功。鼓励三国通过该试点项目为建立一个共同的亚洲质量保障体系作出贡献并进一步扩大该项目的规模和范围，为本地区培养更多、更好的优秀人才。

强调公共外交对进一步加强三国人民相互了解与互信的重要性。鼓励和支持三国外交部门进一步探讨在此领域合作的方式，适时探讨建立三国公共外交论坛。

确认三国旅游交流的重要性，看好未来旅游业发展前景。一致认为应立足长远，通过审议各自程序及其他措施，共同努力推动旅游业发展。鼓励三国进一步简化签证程序，扩大友好城市交流，以实现2015年三国旅游交流总人数达到2600万人次的目标。

注意到2005年建立中日韩人事政策网络机制以来，三国召开了人事部门首长会议，开展了青年公务员交流，有力促进了三国各自在人事行政领域的改革与发展。期待在该领域进一步加强交流与合作。

欢迎中日为纪念邦交正常化40周年、中韩为纪念建交20周年以及韩日为庆祝联合举办足球世界杯赛10周年所开展的一系列友好交流活动。欢迎三国开展的社会各界特别是青少年的友好交流活动，鼓励三国扩大媒体、学术、工商界、体育等民间交往，弘扬和平友好精神，增进国民感情，巩固三国友好合作的社会基础。

五、加强地区和国际问题的沟通与协调

我们强调，中日韩三国合作与"10+1"、"10+3"、东亚峰会、东盟地区论坛及亚太经合组织等地区论坛在东亚不断发展的地区架构中相互促进，相互补充，以共同实现东亚的和平、稳定与繁荣。

我们视东盟为区域合作的重要伙伴，重申支持东盟在东亚合作中发挥主导作用。我们愿共同努力，帮助东盟国家发展，推进东盟共同体建设。我们愿支持东盟落实《东盟互联互通总体规划》的努力，加强与东盟在粮食、能源、科技、环保、灾害管理等领域的合作。我们将与东盟共同努力，深化在"10+3"框架下的财金合作。在推动东亚经济一体化方面，我们重申"东盟加自贸伙伴国工作组"应尽快成立，考虑东亚自贸区和东亚全面经济伙伴关系的倡议，加快关于建立东盟"区域全面经济伙伴关系"的讨论以启动谈判。

支持三国加强沟通与协调，共同应对气候变化、金融风险、能源与粮食安全、公共卫生、自然灾害、恐怖主义及大规模杀伤性武器扩散等全球性挑战，促进共同发展，实现互利共赢。

我们重申，加快行动以在2015年前实现千年发展目标极其重要。在新的全球挑战背景下，在对现有千年发展目标进行评估和总结经验基础上，我们将在讨论制定2015年后的全球发展议程方面进一步合作。我们支持联合国在制定2015年后的全球发展目标方面发挥主导作用。我们认为，二十国集团的发展议程有助于推动相关国际努力。

欢迎今年首尔核安全峰会的成功举行及其对进一步加强核安全的促进作用。中国和日本祝贺韩国担任峰会主席国，韩国感谢中国和日本在峰会期间所发挥的建设性作用。

三国将密切配合，共同为今年将举行的二十国集团峰会、亚太经合组织领导人会议、亚欧首脑会议、"10+3"领导人会议和东亚峰会取得成功作出积极贡献。

我们决定共同努力加强二十国集团的作用，致力于推动洛斯卡沃斯峰会取得成功。希望峰会集中讨论世界经济最紧迫的问题，例如推动经济复苏与增长，维护金融稳定，按照商定的时间表落实国际货币基金组织2010年份额和治理改革方案，反对贸易保护主义，进一步促进发展议程。我们将密切配合，共同推动二十国集团峰会进程，推动全球经济实现强劲、可持续和平衡增长。

我们期待2013年在韩国举行第六次中日韩领导人会议。

中宣部部长刘云山在河北调研文化工作

刘云山深入张家口市一些社区、村镇和宣传文化单位进行考察，听取基层干部群众对文化建设的意见建议，对河北经济社会发展和宣传思想文化工作给予充分肯定。

刘云山强调，加强基层文化建设，必须树立以人民为中心的工作导向，坚持文化发展为了人民、文化成果惠及人民、文化建设依靠人民。要推动更多的文化资源投向基层、更多的文化服务延伸到基层，加快构建公共文化服务体系，抓好重点文化惠民工程的巩固、提升、完善，努力做到广覆盖、高水平、重实效，不断提高公共文化产品和服务的供给能力，切实保障人民群众的基本文化权益。要坚持因地制宜、从实际出发，充分发挥富有自身特色的地方文化优势，充分挖掘充满乡土气息的民间文化资源，大力发展丰富多彩、充满活力的群众文化，培育一批特色鲜明的知名文化品牌，培育一批乡土文化能人、民族民间文化传承人，实现文化资源优势向文化发展优势的转化。要在继承优秀传统文化的基础上，大力推动内容创新、技艺创新、业态创新，把传统元素与时尚元素结合起来，把民族精神与时代精神结合起来，使文化产品更好地体现民族特色、地方特点，更好地符合群众需求。要充分尊重人民群众的主体地位，开辟渠道、搭建平台，吸引群众广泛参与，让群众在文化建设中自我表现、自我教育、自我服务，充分调动广大群众参与文化建设的积极性主动性创造性。

范敬宜新闻教育基金在清华大学设立

范敬宜是我国著名新闻工作者、新闻教育家、清华大学新闻与传播学院首任院长。"范敬宜新闻教育基金会"旨在继承和发扬范敬宜先生的新闻教育思想，激励青年学生投身新闻事业，鼓励新闻教育者辛勤耕耘，倡导新闻业界人士关心新闻教育。

基金将面向全国，分设新闻学子奖、新闻学者奖和新闻教育之友奖。

5月14日

国家主席胡锦涛在人民大会堂会见韩国总统李明博 日本首相野田佳彦

胡锦涛表示，当前，中韩、中日关系总体保持良好发展势头，各领域交流合作成果显著。中方高度重视中韩、中日关系，愿同两国一道，进一步落实高层互访成果，牢牢把握双边关系发展大方向，巩固睦邻互信，推进务实合作，妥善处理存在的问题和分歧，尊重和照顾彼此重大关切，推动中韩、中日关系持续健康稳定发展。

李明博表示，韩中日合作发展快速，富有成果。本次韩中日领导人会议就一些重大问题进行了深入讨论，就启动三国自贸区建设、促进三国投资等达成协议，意义重大，韩方对此积极评价。希望三国不断加强在政治、经济、人文等领域交往与合作，共同促进本地区稳定繁荣和世界经济复苏。

野田佳彦表示，亚太地区是全球经济增长的中心，充满机遇。日中韩都是本地区重要国家，三国合作至关重要，不可或缺。日方希望三国以本次会议达成的重要成果为契机，增进互信，提升经贸、投资合作水平，扩大人员，特别是青年之间友好往来，共同致力于维护本地区稳定与发展。

李明博和野田佳彦表示，韩国和日本愿同中方加强双边交流合作及在重大地区问题上的沟通与协调。

全国政协主席贾庆林在人民大会堂会见罗马尼亚审计法院院长沃克罗尤

贾庆林说，中罗建交60多年来，两国关系一直发展顺畅。特别是2004年中罗建立全面友好合作伙伴关系以来，双边关系进入新的发展阶段。两国高层接触频繁，政治互信深厚牢固，经贸合作蓬勃开展，传统友谊历久弥新。双方应珍视并运用好中罗友谊这笔宝贵的财富，进一步推进务实合作，将两国友好的优势转化为实实在在的成果，真正惠及两国人民。贾庆林指出，罗马尼亚是中东欧地区的重要国家，希望罗方借助中国—中东欧合作这一新平台，在推动中国与中东欧国家关系，乃至中欧关系发展方面继续发挥积极、建设性作用。

沃克罗尤表示，罗马尼亚人民不会忘记中方在各个时期给予的帮助和支持。罗方高度重视发展罗中关系，愿与中方共同努力，加强各领域互利合作，进一步巩固和发展罗中友好关系。

道德领域突出问题专项教育和治理活动视讯会议在北京召开

会议认为，党的十六大以来，以胡锦涛同志为总书记的党中央高度重视思想道德建设，并作出一系列重要部署。各地各部门认真贯彻中央精神，深入开展社会主义荣辱观宣传教育，不断深化精神文明创建和志愿服务，组织开展全国道德模范评选表彰，切实加强未成年人思想道德建设，有力促进了公民道德素质的提升，巩固发展了积极健康向上的思想道德主流。同时，当前社会道德领域还存在不少亟待解决的突出问题，人民群众反映强烈，必须采取有力措施及时加以解决。

中宣部部长刘云山指出，开展道德领域突出问题专项教育和治理，是顺应群众期待、回应社会关切的重要举措。要围绕增强道德荣誉感，广泛开展公民道德教育，引导人们牢固树立有德光荣、失德可耻的理念，使基本道德规范成为全体公民的自觉遵循。要围绕加强诚信建设，集中治理群众反映强烈的突出问题，切实纠正行业不正之风，大力营造恪守诚信的社会环境。要围绕发挥重点人群的示范作用和基础作用，深入推进道德实践活动，引导广大党员干部努力做全社会的表率，引导广大青少年树立正确的道德观念，推动形成我为人人、人人为我的良好氛围。要围绕树立正确的道德取向，继续实施以净化荧屏声频和强化文化市场监管为重点的文化环保工程，大兴网络文明之风，为推进道德建设创造良好社会文化环境。

全国政协副主席王刚在内比都与缅甸联邦议会议长兼民族院议长吴钦昂敏举行会谈

国务院副总理王岐山在中南海会见由会长米仓弘昌和名誉会长御手洗富士夫率领的日本经济团体联合会代表团

外交部部长杨洁篪在北京与澳大利亚外长卡尔举行会谈

第三届国际职业技术教育大会在上海开幕

国务委员刘延东出席开幕式并致辞。

刘延东在致辞中指出，职业教育作为现代国民教育体系的重要组成部分，是面向人人、面向全社会的教育，对促进就业、繁荣经济、消除贫困、保障公平和社会和谐具有重要意义。中国政府高度重视职业教育，坚持就业导向，促进产教结合，积极构建现代职业教育体系，为现代化建设培养了大批高素质技能人才。

刘延东倡议，世界各国应本着平等互利、合作共赢的原则，加强职业教育国际交流合作，努力实现优势互补、共同发展，使职业教育真正成为创造未来繁荣和实现人的全面发展的有效途径。要改革职业教育理念，突出服务实体经济，着力培养人才的创新技能，增强职业教育对经济增长和可持续发展的驱动作用。要努力提高包括青年、妇女及困难群体、特殊群体在内的劳动者的就业择业创业能力，增强职业教育对社会和谐发展的促进作用。要着眼终身学习需要，创新教育内容和方式，增强职业教育对人的全面发展的提升作用。要完善政策体系，营造政府、学校、企业、社区和家庭广泛参与的社会环境，加强职业教育与其他各类教育的衔接融合，增强职业教育对整个教育事业协调发展的支撑作用。

大会期间，刘延东会见了联合国教科文组织总干事博科娃一行，并出席了科技部与联合国教科文组织关于在华建立"国际科学和技术战略研究与培训中心"的协定签字仪式。

国际职业技术教育大会系联合国教科文组织举办的全球性大会，前两届分别于1987年和1999年在德国柏林和韩国首尔召开。本届大会以"为工作和生活培养技能"为主题，来自117个联合国教科文组织成员国和72个国际组织的800多名代表参加会议。

北京画院成立"齐白石艺术国际研究中心"和"传统中国绘画研究中心"

5月15日

世界贸促高峰论坛在北京举行

国家主席胡锦涛发来贺信。

胡锦涛指出，这些年来，中国坚持对外开放的基本国策，积极参与国际经济合作和竞争，大力发展对外贸易，以自己的发展促进地区和世界共同发展。今后，中国将实行更加积极主动的开放战略，继续改善贸易和投资环境，促进对外贸易平衡发展，维护和加强多边贸易体制，推动建设公正合理的国际自由贸易体系。

国务院副总理王岐山出席论坛并致辞。

王岐山指出，改革开放30多年来，特别是加入世贸组织10年来，中国发展快、变化大，对外开放取得了辉煌成就。伴随着工业化、城镇化的快速推进，13亿人口的巨大市场潜力逐渐爆发。我们将按照"十二五"规划的要求，加快转变外贸发展方式，调整外贸结构，不断提高对外开放水平。在稳定出口增长的同时，积极扩大进口，促进贸易平衡发展。我们欢迎各国企业来华投资，也积极推动中国企业"走出去"，通过与有关国家签订双边投资保护协定，加快自贸区建设，促进贸易和投资便利化。我们将通过打击制售假冒伪劣商品行为、保护知识产权、完善法律、法规等措施，营造更加公平、规范、透明的投资环境。

法国前总理、参议院副议长拉法兰，日本前众议院议长河野洋平，墨西哥前总统福克斯，马来西亚前副首相敦·穆萨·希塔姆以及来自30多个国家和地区的贸促机构及商协会的领导人出席了论坛。

世界贸促高峰论坛由中国贸促会主办，旨在加强各国和地区贸促机构及商协会之间的合作与交流，为世界经济的复苏与繁荣作出贡献。

全国人大常委会委员长吴邦国在海牙与荷兰女王贝娅特丽克丝举行会谈

全国人大常委会委员长吴邦国在海牙与荷兰首相吕特举行会谈

吴邦国指出，中荷关系发展潜力巨大、前景广阔，希望双方在新的历史起点上，共同推动双边关系向更高水平、更深层次发展。为此，吴邦国提出三点建议。一是保持高层交往势头，进一步加强政府、议会、政党等各方面友好交往，就共同关心的问题深入交换意见，尊重彼此核心利益，不断加深政治互信，巩固中荷关系的政治基础。二是优化贸易环境，积极扩大双向投资。中方将为外国企业提供更加稳定透明、规范高效的投资环境，也希望荷方为中国企业赴荷投资提供更多便利。双方要进一步加强在反对贸易保护主义方面的协调与合作，推动欧盟少用、慎用贸易救济措施，发挥各自技术和市场优势，加强高端制造业、新能源、节能环保、金融保险等领域合作，努力培育双边经贸合作新的增长点。三是进一步深化人文交流，落实好新一轮文化、教育、科技合作谅解备忘录，加强旅游合作，通过丰富多彩、形式多样的交流活动，增进两国人民的了解和友谊，不断夯实国家关系发展的民意基础。

吕特表示，对华关系是荷兰外交政策的重点，荷方坚持一个中国原则并以此作为对华政策的基石，愿在平等和相互尊重的基础上积极发展荷中关系，全面推动经贸、人文、环境等领域交流合作，特别是农业、高科技、新能源等方面的合作，反对和抵制各种形式的贸易保护主义，扩大相互投资，深化人文交流，欢迎更多中国企业到荷兰投资，欢迎更多中国游客来荷旅游观光。

国务院总理温家宝在人民大会堂会见参加世界贸促高峰论坛的各国代表

温家宝指出，当前，世界经济形势有所好转，但复苏基础还很脆弱，存在较大不确定性。各国工商界和贸促机构要抓住机遇，携手应对挑战，反对各种形式的保护主义，促进贸易、投资便利化，推动建立公平合理的全球经济新秩序。

温家宝说，中国贸促会成立60年来，为加强中国与世界各国各地区的贸易、投资和经济技术合作，增进中外人民之间的友谊作出了积极贡献。希望贸促会不断扩大对外交往与合作，为促进中国和世界的经济发展作出不懈努力。

各国代表高度赞扬中国发展取得的巨大成就，认为面对国际金融危机，中国在开放市场、加强合作方面扮演了重要角色。各国愿与中国扩大贸易、投资合作，共同推动世界经济增长。

国务院总理温家宝在人民大会堂会见马其顿总理格鲁埃夫斯基

国家副主席习近平在北京出席对外友协第十届全国理事会会议并讲话

习近平指出，民间外交是增进人民友谊、促进国家关系发展的基础性工作，是国家总体外交的重要组成部分。党和国家一贯高度重视民间外交。毛泽东、周恩来、邓小平、江泽民、胡锦涛等党和国家领导人率先垂范、身体力行，广交深交各国友人，并结下真挚的友谊。在他们亲切关怀和指导下，民间外交为打破帝国主义对新中国的封锁，为服务国内改革开放和现代化建设，为促进我国与世界各国人民的交流与合作发挥了重要作用。

习近平强调，在新世纪、新阶段，民间外交的任务更加繁重、作用更加突出、舞台更加广阔。党和国家将一如既往地支持民间外交事业发展，不断加强中国人民同各国人民的相互了解和友谊，为继续抓住和用好我国发展的重要战略机遇期、全面建成小康社会争取更为有利的外部条件。

习近平表示，站在新的历史起点上，希望全国友协顺应国内外形势发展变化，坚持围绕中心、服务大局，解放思想、勇于创新，不断开拓工作领域、深化工作内涵、创新工作机制，更加自觉地在推动民间外交上发挥引导作用，在开展公共外交上发挥骨干作用，在促进中外地方政府合作上发挥桥梁作用，为国家发展和世界和平再创佳绩、再立新功。

国务院副总理李克强在中南海紫光阁会见澳大利亚外长卡尔

李克强指出，中澳双方应以《中澳联合声明》为指导，把握好两国关系大方向，继续本着相互尊重、平等相待、互利共赢的精神，坚持不懈地增进政治互信，尊重彼此核心利益和重大关切，妥善处理分歧和敏感问题；深化经贸等各领域互利合作，为企业相互投资创造公平、公正、非歧视、便利的环境；扩大民间友好往来，推动中澳全面合作关系迈上新台阶，更好地造福两国人民，并为亚太地区和世界和平、稳定与繁荣作出积极贡献。

卡尔表示中国发展对澳大利亚和世界都有利，澳方愿重申对两国关系的坚定承诺，以建交40周年为契机，加强同中方在广泛领域的合作，为澳中关系发展不断注入新的动力。

国务院副总理王岐山在中南海分别会见布隆迪第二副总统热尔韦·鲁菲基里和墨西哥财政和公共信贷部部长何塞·安东尼奥·梅亚德·库里贝尼亚

国防部部长梁光烈在里加与拉脱维亚外交部部长埃德加斯·林克维奇斯举行会谈

国务委员刘延东在上海部分企业和高校调研

我国首艘深水铺管起重船“海洋石油201”起航南海

“海洋石油201”建造竣工和起航仪式今天在青岛举行。该船将起航开赴南海投入试铺管作业和荔湾3—1气田1500米深水铺管施工作业。

这是继5月9日‘海洋石油981”成功开钻后我国海洋石油工业“深水战略”取得的又一实质性成果，标志着这一具有世界先进水平的深海开发重大装备历经一系列码头试验和两次全面试航验证已成功建成。与“海洋石油981”主要用于南海深水油气田的钻井、完井和修井作业不同“海洋石油201”承担着深水油气田海上生产设施建设的重任，能够从事固定式、浮式和水下油气生产设施安装以及海底管道铺设等全方位海上施工作业。

5月16日

全国人大常委会委员长吴邦国在海牙与荷兰议会两院议长举行会谈

在谈到议会交往时，吴邦国指出，议会交往是国家关系的重要组成部分，对加强政治互信、促进务实合作、增进人民友谊具有十分重要的作用。我此次访荷的一个重要目的，就是加强中国全国人大与荷兰议会的友好关系，进一步提升两国议会合作水平。一要密切各层次各领域友好往来，保持双方议会高层交往势头，加强专门委员会、友好小组、议员以及办事机构之间的交流，增进相互了解，深化政治互信，加强互学互鉴。中方欢迎两位议长在方便的时候访问中国。

二要促进务实合作，及时制定和修改双边合作文件，推动有关部门在签证颁发、海关质检、投资保护、劳务许可等方面相互提供便利；发挥议员联系广泛、议会信息密集的优势，为双方在高端制造、节能环保、新能源、生物技术等领域合作献计献策，为企业和地方合作牵线搭桥。三要加强人文交流，积极参与两国建交40周年庆祝活动，吸引更多的民众特别是青年人关注和投身中荷友好事业，为中荷关系长远发展构建坚实的民意基础。

德赫拉夫、费尔贝特一致表示，支持荷政府把一个中国原则作为对华政策的基石，赞赏中国在国际和地区事务中发挥的建设性作用。荷议会两院愿以荷中建交40周年为契机，进一步加强与中国全国人大的友好往来和务实合作，不断为国家关系的全面发展作出贡献。

国务院总理温家宝在北京主持召开国务院常务会议

会议指出，"十一五"时期，我国基本公共服务体系建设取得显著成效，由政府主导提供、旨在保障全体公民生存和发展基本需求的基本公共服务制度框架初步形成。免费义务教育全面实施，面向全体劳动者的劳动就业服务体系初步建立，社会保险制度由城镇向农村、由职工向居民扩展，社会救助和社会福利体系基本形成，城乡基层医疗卫生服务体系逐步健全，国家基本药物制度初步建立，保障性安居工程加快建设，公共文化设施逐步完善。

"十二五"时期，要本着尽力而为、量力而行，统筹城乡、强化基层的原则，进一步创新体制机制，增强公共服务供给能力，加快建立、健全符合国情、可持续的基本公共服务体系，努力提升基本公共服务水平和均等化程度，推动经济社会协调发展，为全面建成小康社会夯实基础。这是深入贯彻落实科学发展观的重大举措，是深化收入分配制度改革、维护社会公平正义的迫切需要，是全面建设服务型政府的内在要求。

会议确定了以下主要任务：一是明确"十二五"时期基本公共服务的范围、项目、重点任务和国家基本标准，在基本公共教育、劳动就业服务、社会保险、基本社会服务、基本医疗卫生、人口和计划生育、基本住房保障、公共文化体育及残疾人基本公共服务领域，实施一批保障工程，改善基础设施条件，健全服务网络。二是逐步建立城乡一体化的基本公共服务制度，健全促进区域基本公共服务均等化的体制机制，加大公共资源向农村、贫困地区和社会弱势群体倾斜力度，把更多的财力、物力投向基层，缩小基本公共服务水平差距，促进资源均衡配置、发展机会均等。三是建立与经济发展和政府财力增长相适应的基本公共服务财政支出增长机制，明确政府间事权和支出责任，完善转移支付制度，健全财力保障机制，切实增强各级财政特别是县级财政提供基本公共服务的保障能力。四是加快建立政府主导、社会参与、公办民办并举的基本公共服务供给模式。在坚持政府负责的前提下，充分发挥市场机制作用，鼓励社会力量参与，推动基本公共服务提供主体和提供方式多元化。五是切实加强组织领导和统筹协调，建立、健全规划实施机制，明确各地区、各部门责任分工，加强评估、监督和问责。

会议研究了促进节能家电等产品消费的政策措施，决定安排财政补贴265亿元，启动推广符合节能标准的空调、平板电视、电冰箱、洗衣机和热水器，推广期限暂定一年；安排22亿元支持推广节能灯和LED灯；安排60亿元支持推广1.6升及以下排量节能汽车；安排16亿元支持推广高效电机。

会议指出，扩大节能产品消费既能稳定增长、扩大内需，又能促进调整结构、节能减排，各地区、各有关部门要高度重视，切实抓好各项政策措施的落实。一要推进重大节能技术产业化示范工程。加快高效节能产品生产装置升级改造。实施能效"领跑者"制度，对达到"领跑者"能效指标的超高效产品设立较高补贴标准。二要严格能评制度。新上项目采用风机、水泵、空压机、电机、空调、照明器具等要达到国家1级能效标准，将产品能效指标列入设备招标文件和采购合同。三要提高能效准入门槛。加快制修订重点用能产品能效标准，强化标准的倒逼机制和引领作用。四要加强监督检查。对存在骗补行为的推广企业和销售企业，取消其推广资格，加倍扣减相应的补贴资金，追究企业负责人责任。依法打击能效虚标行为。五要深入开展"节能减排全民行动"，倡导节约、绿色、低碳消费理念。

会议审议通过《对外劳务合作管理条例(草案)》。草案严格规定了从事对外劳务合作经营活动应具备的条件和许可程序；规范了对外劳务合作有关合同的订立和履行，明确了对外劳务合作企业的义务和责任；规定了政府及其部门的服务和管理职责。

中央党校校长习近平出席中央党校举行的春季学期第二批学员开学典礼并讲话

习近平强调，坚持实事求是，最基础的工作在于真正摸清楚本地区本部门本单位的实际情况，真正摸清楚影响改革发展稳定的突出问题，真正及时了解人民群众的所思所盼，这样才能真正掌握客观实际，真正做到耳聪目明、心中有数。这里最重要的，是要清醒认识和准确把握我国社会主义初级阶段的基本国情和基本特点，全面看待和辩证分析我国经济社会发展出现的新情况新变化，真正做到既尽力而为又量力而行，推动经济社会又好又快发展。坚持实事求是，关键在于探求和掌握事物发展的规律。作决策、抓工作、办事情、谋发展，都要认识规律、遵循规律，这样才能使我们的工作真正取得主动权，保证改革发展不断取得胜利。

习近平指出，群众路线是我们党的根本工作路线，它同党的实事求是思想路线是相辅相成、在本质要求上完全统一的。要把坚持实事求是与坚持从群众中来、到群众中去紧密结合和统一起来，把对上级负责与对群众负责紧密结合和统一起来，深入基层了解情况，深入群众听取意见，使各项决策和各方面工作符合实际情况、符合客观规律、符合人民意愿。

习近平强调，领导干部对党和人民事业肩负着光荣而重大的领导责任，始终贯彻执行党的实事求是思想路线，对于推动科学发展、促进社会和谐至关重要。各级领导干部要把实事求是贯彻到领导工作全过程，自觉做坚持实事求是的表率。这就必须打牢马克思主义理论功底，在学习中国特色社会主义理论体系上下功夫，切实掌握认识世界、认识客观规律的思想武器，打牢坚持实事求是的思想理论基础；必须加强党性修养，坚持一切以人民利益和党的事业为重，自觉践行全心全意为人民服务的根本宗旨，以坚强的党性来保证做到实事求是；必须坚持求真务实，大力弘扬党的优良作风，做到讲实情、出实招、办实事、求实效，为坚持实事求是提供作风保证；必须与坚持解放思想、开拓进取有机统一起来，勇于变革、勇于创新，永不僵化、永不停滞，在深入研究新情况、不断解决新问题的实践中努力开创各项工作新局面。

国务委员孟建柱在北京出席国家禁毒委员会全体会议并讲话

孟建柱指出，要持续开展堵源截流、破案攻坚、重点整治和专项打击行动，坚决打掉毒品犯罪分子的嚣张气焰。要充分发挥各地区、各部门、各警种的资源优势和专业优势，坚持打合成战、科技战，坚决遏制现实社会和网络虚拟社会毒品犯罪活动蔓延的势头。要认真总结借鉴侦办“10·5”案件的成功经验，进一步完善禁毒国际合作机制，深化双边和国际禁毒合作，不断提高境外除源和打击跨国跨境毒品犯罪能力。

孟建柱强调，要注重理念转变，坚持以人为本，不断创新吸毒人员管理服务，把社区戒毒社区康复工作作为社会管理和公共服务的重要内容，纳入社区建设的总体规划和社区卫生医疗服务体系。对吸毒人员要不抛弃、不放弃，努力为他们解决生活救助、医疗服务、社会保障等实际问题。各级党委政府要切实加强对禁毒工作的统筹协调，调动各方面力量，发挥各方面积极性，更加注重协调行动、密切配合，更加注重整合资源、信息共享。要紧紧依靠人民群众，积极推进禁毒工作社会化，不断发展壮大禁毒公益事业，进一步提高群众自觉抵御毒品侵害的意识和能力。

国家主席胡锦涛根据全国人大常委会的决定任免驻外大使

一、免去唐国强的中华人民共和国驻挪威王国特命全权大使职务；

任命赵军为中华人民共和国驻挪威王国特命全权大使。

二、免去李树立的中华人民共和国驻刚果共和国特命全权大使职务；

任命关键为中华人民共和国驻刚果共和国特命全权大使。

三、免去李福顺(女)的中华人民共和国驻加蓬共和国特命全权大使职务；

任命孙继文为中华人民共和国驻加蓬共和国特命全权大使。

四、免去魏强的中华人民共和国驻巴巴多斯特命全权大使职务；

任命徐宏为中华人民共和国驻巴巴多斯特命全权大使。

五、免去吕凡的中华人民共和国驻智利共和国特命全权大使职务；

任命杨万明为中华人民共和国驻智利共和国特命全权大使。

中共中央政治局常委李长春在人民大会堂会见以总书记菲利佩·保恩德为团长的莫桑比克解放阵线党代表团

李长春说，中莫两党的深厚友谊经受了时间和国际风云变幻的考验。近年来，两党高层交往更加频繁，治国理政经验交流不断加强。中国共产党高度重视同莫解阵党的传统友好合作关系，愿与莫解阵党一道，继续积极探索交流合作的新途径、新方法，不断深化两党关系，为推动两国关系发展作出更大贡献。

保恩德通报了当前莫桑比克国内形势和莫桑比克解放阵线党加强自身建设的情况。他高度评价莫中两党两国关系，感谢中国党和政府对莫桑比克民族独立、解放战争和国家建设给予的同情、支持和帮助。保恩德说，当前两国关系发展势头良好，经贸合作快速发展，愿在互利共赢的基础上，进一步加强务实合作，促进国家关系的发展。

国务院副总理王岐山在中南海会见出席第三十七届国际证监会组织年会的境外代表

王岐山说，当前世界经济形势依然复杂严峻，首要任务是确保复苏、增长和就业。国际社会都在深刻反思这场国际金融危机，本届年会围绕全球资本市场改革发展与监管合作进行研讨，具有重要的现实意义。希望国际证监会组织充分发挥自身作用，促进各国加强监管合作，逐步改革和完善国际证券业规则和标准，推动全球资本市场稳定健康发展。

王岐山指出，近年来中国资本市场发展快、变化大，但发育仍比较稚嫩。要借鉴国际资本市场发展的成功经验，进一步深化体制机制改革，加快组织制度创新，加强市场监管，积极稳妥地扩大对外开放，切实保护广大投资者的利益。

国际证监会组织执行委员会主席、巴西证券委员会主席玛丽亚·桑塔娜等表示，愿与中方继续加强资本市场发展、改革、监管、创新等方面的交流与合作。

我国南海大部分海域将进入伏季休渔期

今日12时起，我国南海大部分海域将进入为期两个半月的伏季休渔期。届时，在北纬12度以北至“闽粤海域交界线”的南海海域(含北部湾)，除单层刺网、钓业外，禁止其他所有作业类型生产。

由于黄岩岛海域位于中沙群岛海域，属于此次休渔制度的控制范围。

根据农业部《关于2012年南海海域伏季休渔的通告》，休渔期间，所有禁止作业的渔船一律停港、封网。任何单位不得向休渔渔船供油、供冰，或收购、运销、代冻、储藏鱼等。凡违反休渔规定进行捕捞的，没收渔获物和违法所得，处5万元以下的罚款；情节严重的，没收渔具，吊销捕捞许可证；情节特别严重的，可以没收渔船；构成犯罪的，依法追究刑事责任。

“《光明日报》创先争优理论征文颁奖暨座谈会”在北京举行

5月17日

国务院总理温家宝致电巴西总统罗塞夫

温家宝表示，当前中巴关系发展势头良好，互利合作富有成果，在重大国际问题上密切协调，两国关系的战略性和全球性日益凸显。在当前国际格局不断变化调整，全球经济复苏面临许多不稳定、不确定因素的形势下，中巴加强合作意义重大，前景十分广阔。中方愿与巴方共同努力，推动两国战略伙伴关系再上新台阶，带动中国与拉美关系深入发展。

罗塞夫表示，巴中是重要的战略合作伙伴，互利合作潜力很大，双方在重大国际问题上有着广泛共识。罗塞夫感谢中方在巴方筹备联合国可持续发展大会过程中给予的支持，希望国际社会共同努力，广泛凝聚政治共识，推动大会在促进经济发展、社会进步、环境保护方面取得积极成果，相信中方将为此发挥重要作用。

国务院总理温家宝在中南海紫光阁会见联合国开发计划署署长克拉克

温家宝表示，中国仍是世界上最大的发展中国家，实现现代化还有很长的路要走。我们将坚持改革开放，推动经济社会环境全面协调可持续发展，同包括联合国开发计划署在内的国际社会加强交流合作，为实现世界各国各地区共同发展进步作出不懈努力。

克拉克表示，中国不仅在发展经济、消除贫困方面取得了巨大成就，而且在参与国际发展合作方面发挥了积极作用。联合国开发计划署高度重视中国的经验和影响力，愿与中方提高合作水平，扩大合作领域，共同推动实现联合国千年发展目标和全球的可持续发展。

全国政协主席贾庆林在云南调研

17日至22日，贾庆林先后来到红河哈尼族彝族自治州、丽江市等地，深入工厂企业、田间地头、村寨社区、边境口岸、宗教寺庙，与各族干部群众共商经济社会发展和民族团结进步大计。调研期间，他还听取了云南省委、省政府的工作汇报，对云南经济社会发展取得的成绩给予充分肯定。

贾庆林强调，稳中求进，不仅是今年经济社会发展的工作总基调，而且是做好今年各项工作的总基调。要按照稳中求进的要求，进一步完善强农惠农富农政策，切实推进水利建设，扎实做好耕地保护工作，加强和改善生态环境，巩固和加强农业基础地位。要积极促进产业结构优化升级，发展壮大特色优势产业，推动新兴产业健康发展，增强科技创新能力，加速资本、项目、技术和人才等生产要素集聚，提高产业集中度和核心竞争力。在加快转方式、调结构的同时，努力实现经济平稳较快发展。要加快实施建设我国面向西南开放重要桥头堡战略，巩固和加强我国与周边国家的传统友谊与经济合作，加快互联互通步伐，推进沿边开发开放，努力实现合作共赢，不断提高对外经贸合作的层次与水平。

在谈到统战、政协工作时，贾庆林指出，各级党委要进一步加强对统战、政协工作的领导，更加有效地听取民意、集中民智，更加积极地提高水平、改进工作，真正把统一战线这一重要法宝和人民政协这一政治组织的作用运用好、发挥好。各级政协组织和统战部门要充分发挥自身优势，坚持为服务大局履职尽责，为推动发展建言献策，为促进和谐凝心聚力。要深入思考、系统总结这些年来人民政协履行职能的生动实践和成功经验，进一步探索政协工作规律，共同推动人民政协事业创新发展、永续发展。

中共中央政治局常委李长春在广东调研

李长春在中共中央政治局委员、广东省省委书记汪洋陪同下，先后来到珠海、深圳、广州等地，深入企业、社区、产业园区和宣传文化单位，就认真贯彻落实党的十七届六中全会精神，加快转变经济发展方式、推进文化改革发展等进行调研。

李长春强调，科技创新是文化发展的重要动力，文化与科技融合是增强文化产业核心竞争力的重要途径。他希望广东深入贯彻党的十七届六中全会精神，准确把握世界文化发展的新趋势，紧紧抓住现代科技迅猛发展的新机遇，充分发挥文化和科技相互促进的作用，大力推进文化创新，积极发展文化产业，使文化建设成为加快转变经济发展方式的助推器，成为大力发展现代服务业、促进经济转型升级的突破口，成为推动科学发展的重要引擎。

国务院副总理李克强在人民大会堂会见参加上海合作组织第二次财长和央行行长会议的各成员国财政部长 央行行长

李克强指出，当前，世界经济处于深刻调整和变革之中，复苏面临严峻挑战，加强上合组织框架内的区域经济和财金合作，对于提振市场信心、维护本地区金融稳定和经济可持续增长具有重要作用。上合组织成员国各具优势，相互合作前景广阔，这一地区有条件成为世界经济发展中的亮点。各成员应加强宏观经济政策协调，分享发展与改革经验；加强财税、金融务实合作，扩大和落实共识，推进贸易投资自由化和项目融资机制建设，合作渠道越广，发展的活力就越强；加强在国际经济组织中的合作和重大财金问题上的立场协调，维护共同利益，实现多赢共赢。

乌兹别克斯坦第一副总理兼财政部部长阿齐莫夫代表与会成员国积极评价上合组织财金合作的重要意义，表示愿与中国一道继续深化区域经贸联系，加强财金合作，共同巩固和提升本地区在世界经济中的地位。

国务委员孟建柱在钓鱼台国宾馆会见乌兹别克斯坦第一副总理兼财政部部长阿齐莫夫

国防部部长梁光烈在华沙与波兰副总理瓦尔德马·帕夫拉克举行会谈

梁光烈说，两国经贸合作发展顺利，在文化、教育、科技、金融等领域的务实合作成果丰硕，两军友好交流合作也不断取得新的进展。中国政府和军队重视发展两国两军关系，视波兰为中国在欧盟内的重要合作伙伴。我们愿与波方共同努力，加强各领域务实合作，提升两军互信与合作水平，推动中波战略伙伴关系不断向前发展。

帕夫拉克说，中国是波兰的重要合作伙伴，双方经贸合作发展顺利，潜力很大。波方重视发展波中战略伙伴关系，愿与中方进一步深化各领域合作。波兰政府将继续支持两国军队开展友好交往和务实合作。

国家文化科技创新工程正式启动

科技部、中宣部、财政部、文化部、广电总局、新闻出版总署等12个单位今天在深圳联合召开国家文化科技创新工程联席会议，审议通过了《文化科技创新工程纲要》(以下简称《纲要》)，并对文化科技创新工程实施做了部署。此举标志着国家文化科技创新工程正式启动。

《纲要》提出，到2015年，要明显提高科技对文化产业的支撑、带动作用，初步建立文化科技创新体系，推动文化产业逐步成长为国民经济支柱性产业；到2020年，要实现文化与科技深度融合，文化科技创新体系得到完善，文化和科技融合示范基地成为文化产业的重要载体，形成完善的文化科技支撑体系，文化产业成为国民经济支柱性产业。

中国网络视听节目服务协会向业界发出《关于抵制色情暴力等有害视听节目的倡议书》

《关于抵制色情暴力等有害视听节目的倡议书》(以下简称《倡议书》)，呼吁网络视听节目服务单位自觉传播优秀文化，抵制有害节目，加强行业自律，营造健康文明的网络环境。

《倡议书》指出，近年来，网络视听节目发展迅速，在促进网络文化建设、满足人民精神文化需求方面发挥了积极作用。但最近一段时间以来，个别节目存在内容低俗、渲染色情暴力等问题，亟须加强引导和规范。为此，中国网络视听节目服务协会倡议网络视听节目服务单位：始终坚持社会主义先进文化前进方向；始终坚持把社会效益放在首位；始终自觉遵守法律、法规和社会公德；始终坚守社会责任，加强行业自律；始终自觉接受社会监督，及时受理、办理和回复公众的意见建议。

法商管理高端论坛在北京落幕

国内管理创新领域的盛会——法商管理高端论坛

今天在中国政法大学落幕，500余位嘉宾围绕“法商智慧、协同创新、全球整合”三大关键词，进行了热烈讨论。

“把法商智慧作为核心关键词，是基于对当前商业环境的考虑。”中国政法大学商学院院长孙选中说，近来，很多知名企业、企业家出了问题，根本原因在于法商智慧的缺失。毒胶囊、吴英非法集资等案，充分证明了这一点。另据了解，论坛期间，《法商案例》《法商评论》等法商管理系列图书正式出版。

5月18日

国家主席胡锦涛与荷兰女王贝娅特丽克丝互致贺电庆祝两国建交40周年

胡锦涛在贺电中说，中荷建立大使级外交关系40年来，在双方共同努力下，两国相互了解和信任不断深化，经贸、农业、科技、教育、人文等各领域务实合作成果丰硕，在国际和地区事务中保持良好沟通协调。

胡锦涛表示，中方高度重视发展同荷兰的关系，愿同荷兰一道，以建交40周年为契机，进一步加强两国各层次、各领域交流，扩大互利合作，推动中荷友好关系不断迈上新台阶，更好地造福两国和两国人民。

贝娅特丽克丝女王表示，荷中自正式建交以来，在政治、经济、文化和社会等广泛领域建立了紧密联系，开展了建设性合作，为两国关系发展奠定了坚实基础。希望庆祝两国建立大使级外交关系40周年的活动进一步加深双方相互理解和友谊。

全国人大常委会委员长吴邦国在萨格勒布与克罗地亚议长什普雷姆举行会谈

吴邦国就加强中克议会合作提出三点建议：一是在继续保持议会领导人互访的同时，扩大专门委员会、友好小组、办事机构之间的友好往来，增进相互了解和理解，巩固政治互信。中方欢迎什普雷姆议长和更多的克议员访华。二是加强治国理政等方面的经验交流。虽然中克社会制度、政治体制不同，但都面临着发展经济、改善民生、促进民主法制建设的共同任务，在各自的发展实践中也积累了独特的经验。双方可选择共同关心的议题深入交流与对话，相互学习、相互借鉴，服务国内经济社会建设需要。三是促进务实合作。充分发挥立法机构职能作用，及时修改和制定双边合作法律文件，进一步促进经贸、投资便利化。督促落实双方已达成的合作共识，为扩大企业、地方、人文等领域合作多做实事，不断夯实中克关系的物质基础和民意基础。

什普雷姆说，在发展对华关系上，克政府、议会和各党派有着高度共识。克方对两国在政治、经贸、党际、地方、教育等各领域的合作表示满意，愿与中方一道，继续深化各领域友好合作，推动克中全面合作伙伴关系不断发展。作为中国人民的好朋友，克方对中国经济在国际金融危机背景下仍充满活力深表钦佩，赞赏中方提出的构建和谐世界的理念。他重申，克方将坚定奉行一个中国政策。

国务院总理温家宝在武汉主持召开六省经济形势座谈会

温家宝在武汉主持召开座谈会，与河北、辽宁、江苏、湖北、广东、陕西六省负责人一起分析研究当前形势。各省反映，目前经济运行总体平稳，结构调整取得新进展，民生持续改善，但需求不足、部分行业和企业效益下降等矛盾比较突出，经济下行压力加大。温家宝说，做好当前的经济工作，必须准确分析和判断形势，及时适度预调微调，为经济发展创造良好的政策环境。实施结构性减税是财政支持经济发展的重要举措，要抓紧落实有关政策措施，特别要加快推进营业税改征增值税试点，扩大试点范围，切实减轻企业税负。要在坚持稳健货币政策基本取向不变的前提下，进一步提高货币政策的针对性和有效性，引导货币信贷平稳适度增长，更加注重满足实体经济的需求；加强金融监管政策与货币政策的协调配合，改善信贷投放能力，保持货币政策传导机制畅通有效；进一步优化信贷结构，切实做到有保有压，加大对国家重点在建续建项目的信贷投放，加大对小型微型企业的信贷支持，切实降低企业融资成本。

温家宝强调，要着力扩大内需，提高经济增长的稳定性和可持续性。完善促进消费的政策措施，抓紧落实节能产品惠民工程，抓紧确定继续支持家电下乡的政策，扩大建材下乡试点范围，增强消费对经济增长的拉动作用。推进“十二五”规划重大项目按期实施，尽快启动一批事关全局、带动性强的项目。对在建续建项目要进行梳理，分门别类解决存在问题，防止出现“半拉子”工程。加强市政工程、铁路、节能环保、信息化、农村和西部地区基础设施等建设。支持民间资本进入铁路、市政、金融、能源、电信、教育、医疗等领域，激发民间投资活力。妥善处理地方政府性债务，在控制财政金融风险的前提下，继续支持有还款能力的项目，避免资金链断裂。

全国公安系统英雄模范立功集体表彰大会在人民大会堂举行

第七届中部投资贸易博览会在长沙开幕

国务院副总理王岐山出席开幕式及高峰论坛，并发表演讲。

王岐山指出，中部崛起战略实施以来，六省经济发展势头良好，已成为中国经济社会全面发展的重要支撑，成绩来之不易。这得之于党中央、国务院的正确领导，得之于六省广大干部群众的不懈努力，得之于海内外各界朋友的大力支持。

王岐山强调，在当前全球经济复杂严峻的情势下，关键要把自己的事情办好。中部六省要认真贯彻中央的决策部署，全面落实中部地区崛起战略。继续推进环长株潭城市群、太原城市群、皖江城市带、鄱阳湖生态经济区、中原经济区、武汉城市圈发展，加快粮食、能源、原材料、装备制造及高技术产业基地和综合交通运输枢纽建设。积极推进资源节约型和环境友好型社会建设。充分发挥市场配置资源的基础性作用，扩大对内和对外开放，积极承接东部和国际产业转移，促进生产要素的合理流动和优化配置。加快金融体制机制改革和组织制度创新，培育和发展各类小型金融机构，加大对“三农”、小微企业等薄弱环节的信贷支持，更好地服务于实体经济发展。切实保护知识产权，严厉打击制售假冒伪劣商品行为，维护市场秩序，营造良好的“软”、“硬”环境。

第十四届海峡两岸经贸交易会和第九届中国福建商品交易会在福州开幕

第八届中国(深圳)国际文化产业博览交易会在深圳会展中心开幕

新华社报道：为期4天的第八届中国(深圳)国际文化产业博览会今天在深圳隆重开幕。

深圳文博会是中国唯一一个国家级、国际化、综合性文化产业博览交易会，也是中国唯一一个获得国际展览联盟认证的综合性文化产业博览交易会。

本届文博会主展馆共计1928个政府组团、企业和机构参展，全国31个省、自治区、直辖市及港澳台地区全部参展。本届文博会投融资项目涉及的领域、层次更趋多样化，主展馆各政府组团均加强了投融资项目交易内容，各分展馆也优先选择产业化较高的展品参展。据不完全统计，本届文博会已征集到3319个文化产业投融资项目，内容涵盖影视音像、传媒出版、娱乐演艺、动漫游戏等12个行业。

预计全球95个国家和地区的15098名海外采购商参会。

《中国文化产业2012投融资项目手册》在第八届文博会发布

光明日报社和经济日报社联合发布第四届中国“文化企业30强”名单

保利文化集团股份有限公司、上海东方传媒集团有限公司、江苏凤凰出版传媒集团有限公司等企业榜上有名。

从各项数据指标来看，今年“文化企业30强”呈现三个特点：一是文化企业总体实力更强、规模更大。今年“30强”企业总的主营收入、税前利润和净资产与去年“30强”相比，三项指标分别增长29.3%、64.2%和44.1%。二是转制国有文化企业优势更加凸显。在今年“30强”企业中，2003年以来转企改制的企业共19家，占总数的63.3%。国有或国有控股有24家，占总数的80%。三是新兴业态类变化较大。今年“30强”新增4家新兴业态企业，反映了文化与科技融合、文化与旅游结合的产业潜力正在发挥。

中国工业博物馆在沈阳开馆

中国唯一的综合性工业博物馆——中国工业博物馆在辽宁省沈阳市铁西区开馆。馆内展出了来自北京、上海、内蒙古、香港等22个省市和地区，年代跨度4000余年的1300余件实体文物。这座占地约8万平方米的地标性建筑，记录了中国工业百年发展历程，也见证了沈阳这座工业城市振兴的脚印。

赖昌星两罪并罚被判无期徒刑

赖昌星走私犯罪集团首要分子赖昌星走私普通货物、行贿犯罪一案，今天上午在厦门市中级人民法院依法公开宣判。法院认定，赖昌星犯走私普通货物罪，判处无期徒刑，剥夺政治权利终身，并处没收个人全部财产；犯行贿罪，判处有期徒刑十五年，并处没收个人财产人民币二千万元，两罪并罚，决定执行无期徒刑，剥夺政治权利终身，并处没收个人全部财产；赖昌星的违法犯罪所得依法予以追缴。

厦门市中级人民法院经审理查明，1991年起，被告人赖昌星通过在香港、厦门等地设立公司、建立据点、网罗人员等，形成走私犯罪集团。1995年12月至1999年5月，赖昌星犯罪集团采取伪报品名、假复出口、闯关等手段，走私香烟、汽车、成品油、植物油、化工原料、纺织原料及其他普通货物，案值共计人民币273.95亿元，偷逃应缴税额人民币139.99亿元。为实施走私活动和牟取其他不正当利益，赖昌星于1991年至1999年间，直接经手或指使犯罪集团成员先后向64名国家工作人员贿送钱款、房产、汽车等财物，折合人民币共计3912.89万元。

5月19日

全国人大常委会委员长吴邦国在萨格勒布与克罗地亚总统约西波维奇举行会谈

吴邦国说,克历届政府将发展对华关系作为外交政策重点,坚定奉行一个中国政策,长期以来在台湾、涉藏、涉疆、人权等问题上给予中方宝贵支持。中方尊重克罗地亚根据本国国情选择的发展道路和内外政策,祝贺克在欧洲一体化进程中取得的重大进展。明年7月克加入欧盟后,中国在欧盟中又多了一个可信赖的好朋友。双方经贸合作潜力巨大。克罗地亚地理位置优越,森林、水利资源丰富,旅游、造船、医药等产业发达,目前正积极致力于吸引外资、改善民生。中国经过改革开放30多年的发展积累,形成一批有实力、讲信誉的大企业,去年中国对外非金融类直接投资超过600亿美元,出境旅游人数达到7000万人次。双方应把发展互利合作作为当前深化中克关系的重中之重,充分发挥两国经贸混委会等合作机制作用,加强统筹规划,拓展合作空间,尤其是要密切基础设施建设、双向投资、旅游等领域合作。

约西波维奇说,我们两国都致力于发展和平、友好的合作关系,克高度赞赏中国奉行的和平外交政策,由衷钦佩中国经济社会发展取得的巨大成就,愿同中方继续保持高层交往势头,加强各层次各方面的交流合作,深化贸易、投资、基础设施、旅游等领域的互利合作,推动克中全面合作伙伴关系不断向前发展。他重申克方坚定奉行一个中国政策。

全国人大常委会委员长吴邦国在萨格勒布会见克罗地亚总理米拉诺维奇

中央纪委书记贺国强在甘肃岷县考察指导救灾工作

贺国强指出,目前,抢险救灾正处于关键阶段。灾区各级党委、政府要认真贯彻中央的要求,切实加强对抗灾救灾和灾后重建工作的组织领导,继续全力救治受伤人员,妥善安置受灾群众生活,加强卫生防疫工作,搞好险情监测,防止次生灾害发生;要把救灾工作与扶贫开发工作结合起来,抓紧组织群众恢复生产、重建家园,认真组织编制灾后重建规划和方案,对重建工程尤其是学校、医院等要严把规划关、设计关、施工关、监理关、验收关,确保灾后重建工程优质高效;要完善防灾减灾体系,加强对农村和城市的住房建设以及铁路、公路等重大基础设施建设的水利、生态、环保评估,努力从源头上防治自然灾害;要加强监督检查,确保救灾款物真正用于受灾群众,确保灾后重建项目成为优质工程、廉洁工程、民心工程。

铁道部发布《关于鼓励和引导民间资本投资铁路的实施意见》

新华社报道:铁道部近日发布《关于鼓励和引导民间资本投资铁路的实施意见》(以下简称《意见》),"鼓励和引导民间资本依法合规进入铁路领域",并将规范设置投资准入门槛,创造公平竞争、平等准入的市场环境。并强调,"市场准入标准和优惠扶持政策要公开透明,对各类投资主体同等对待,对民间资本不单独设置附加条件"。

《意见》称,要深入推进铁路投融资体制改革,探索建立铁路产业投资基金,积极支持铁路企业股改上市,创新铁路债券发行方式,鼓励保险基金扩大投资铁路的范围和力度,探索利用项目融资、融资租赁、信托计划等多种融资工具,为民间资本投资铁路提供投融资平台,拓宽民间资本投资参与铁路建设的渠道和途径。

在民间资本投资方向上,铁路几乎没有限制:包括铁路干线、客运专线、城际铁路、煤运通道和地方铁路、铁路支线、专用铁路、企业专用线、铁路轮渡及其场站设施等项目。在铁路工程建设领域,凡符合国家规定资质条件的民营企业,允许参与铁路工程勘察设计、施工、监理、咨询以及建设物资设备采购投标。对民营企业和其他各类所有制企业采用统一的招标条件,确保公平竞争。

2012年科技活动周在北京开幕

由科技部、中宣部、中国科协等部门共同组织开展的2012年科技活动周于5月19日至25日举行。

国务委员刘延东出席今天的开幕式并讲话。她指出,增强自主创新能力是国家发展战略的核心和转变经济发展方式的关键。要进一步深化科技体制改革,完善科技创新的政策环境,激发科技人员积极性、创造性,强化科技资源开放共享和协同创新,大幅度提高原始创新、集成创新和引进消化吸收再创新能力。要切实促进科技与经济紧密结合,强化企业技术创新主体地位,提高科研院所和高等院校服务经济社会发展的能力,更好地发挥科技的支撑引领作用。要着力解决关系农业发展、民生改善、社会管理创新的重大科技问题,使科技创新成果惠及广大人民群众,促进和谐社会建设。

今年科技活动周以"携手建设创新型国家"为主题,突出"科技与文化融合,科技与生活同行"特色,在全国范围内同步开展大规模群众性科技活动。科技周主场展览包括科技生活家园、科技文化乐园、科普影院、首都科学讲堂和科普商店等五大板块,活动内容丰富多样,着力突出科技周"科普博览"品牌形象,有效彰显科技改变生活的独特魅力。

大型文献纪录片《大鲁艺》在中央电视台播出

在毛泽东同志《在延安文艺座谈会上的讲话》发表70周年之际,一部再现延安鲁迅艺术文学院成长、发展过程的5集大型文献纪录片《大鲁艺》在中央电视台播出。

该片采用了口述历史的表达方式,100多位平均年龄90岁的亲历者在荧屏上深情讲述了70年前的那段峥嵘岁月。该片由中央电视台、陕西省委宣传部、陕西省广播电影电视局、陕西广播电视台联合摄制。在《大鲁艺》摄制完成的同时,一批同步制作的鲁艺人物肖像摄影作品也随之包装完成,近80位珍贵的老艺术家肖像将作为该片配套发行的音像制品及书籍封面,近期将与观众见面。

5月20日

国家主席胡锦涛致电东帝汶总统鲁阿克祝贺东帝汶民主共和国独立10周年暨中国和东帝汶建交10周年

胡锦涛在贺电中说,作为新生国家,东帝汶建国以来,有效维护了国家和平与稳定,构建并完善了政府架构,积极推动经济发展,努力提高人民生活水平。在对外交往中,东帝汶致力于融入亚洲大家庭,同各国发展友好关系。中国政府和人民对东帝汶在国家建设中取得的积极进展感到由衷的高兴。

鲁阿克在贺电中说,中国在国际舞台上的地位持续上升。作为亚洲唯一的联合国安理会常任理事国,中国在国际事务中发挥着建设性和负责任的作用。中国积极应对全球环境保护等问题并取得积极成效,令人印象深刻。作为发展中国家的领头羊,中国将为应对全球共同挑战发挥积极促进作用。东中建交10年来,双方相互尊重,各领域合作成果丰硕,两国友好取得长足发展。我们对两国关系的未来充满信心。

全国人大常委会委员长吴邦国在布罗夫尼克会见杜布罗夫尼克市市长弗拉胡希奇

国务院副总理回良玉在北京出席全国助残日文化活动

今天是第22个全国助残日。上午,国务院副总理、国务院残疾人工作委员会主任回良玉、北京市委书记刘淇,全国政协副主席、中国残联名誉主席邓朴方,来到北京市地坛公园观看北京市残疾人优秀文化成果展示,并向全国8500万残疾人和广大残疾人家属表示亲切问候和良好祝愿。回良玉强调,残疾人文化是弘扬人道主义思想、讴歌自强不息精神的励志文化,是倡导平等友爱、包容互助的和谐文化。重视和加强残疾人文化服务,有利于提高残疾人自身综合素质,推进残疾人融入社会,培养残疾人自尊自信、积极进取的生活态度,改善和丰富残疾人生活。要采取有力措施,进一步完善残疾人公共文化服务体系,切实保障残疾人基本文化权益,使广大残疾人享受到更多精神文化生活带来的快乐。

今年"全国助残日"的主题是"加强残疾人文化服务,保障残疾人文化权益"。在地坛公园方泽坛,回良玉兴致勃勃地观看了景泰蓝、核桃雕等残疾人制作的工艺品成果展示,非视觉摄影、无臂书画等残疾人文化技能展示,询问文化助残公益活动情况,听取北京市有关区县遴选的精品残疾人文化特色项目介绍。回良玉表示,这些展示各有特点、引人入胜,充分展示了广大残疾人的聪明才智,充分体现了残疾人自强不息的可贵精神,看了以后感到十分欣慰。他鼓励广大残疾人朋友发扬自尊、自信、自强、自立精神,注重提高自身的能力和素质,更加积极主动地融入社会,用文化改变自身命运,用文化托起人生理想。

解放军艺术学院在北京举办大型广场晚会——《不朽篇章放光芒》

晚会以继承延安文艺传统,弘扬先进军事文化,促进社会主义文化大发展大繁荣为主题,以象征革命文艺事业穿越历史、薪火相传的"舞动的红绸"为表现元素,荟萃舞蹈、歌曲、朗诵、秧歌等众多艺术形式,通过"历史回声"、"改革春风"、"继往开来"和"科学发展"四个篇章,生动反映了《讲话》发表70年来党领导国家和军队文艺事业的蓬勃发展和辉煌成就。

总政治部和军委办公厅领导、全国各大文艺团体和驻京部队官兵代表1000余人观看了演出。

5月21日

全国创先争优理论研讨会在北京召开

国家副主席习近平出席会议并讲话。

习近平指出,先进性和纯洁性是马克思主义政党的本质属性,贯穿于党的性质、宗旨、任务和全部工作中,体现在各级党组织和全体党员的实际行动上。这种先进性和纯洁性,不是固定不变的,而是与时俱进、随着形势和任务的发展变化而不断丰富与发展的；不是一劳永逸的，而是必须通过坚持不懈地加强党的自身建设才能保持与发展的。正反两方面历史经验深刻表明，保持、发展先进性和纯洁性始终是马克思主义政党根本的思想政治任务，关系党的生死存亡和前途命运。

习近平强调，要从思想上政治上加强党的先进性和纯洁性建设，坚持从思想教育入手，教育引导党员和干部认真学习并实践中国特色社会主义理论体系特别是科学发展观，加强党性修养和党性锻炼，模范践行社会主义核心价值体系，做共产主义远大理想和中国特色社会主义共同理想的坚定信仰者和忠实执行者；要从巩固党的阶级基础和群众基础上加强党的先进性和纯洁性建设，始终把实现好、维护好、发展好最广大人民根本利益作为检验先进性和纯洁性的试金石，进一步建立、健全联系群众、服务群众的长效机制，在时时处处为群众排忧解难、造福人民的实践中体现党的先进性和纯洁性；要从提高领导骨干素质上加强党的先进性和纯洁性建设，建设好领导干部队伍，坚持在实践中培养、考察、锻炼、使用干部，推动领导干部以率先垂范的实际行动体现党的先进性和纯洁性；要从夯实组织基础上加强党的先进性和纯洁性建设，把抓基层、打基础作为一项永久的战略任务坚持不懈地抓下去，不断提高基层党建工作科学化水平，充分发挥基层党组织的战斗堡垒作用和党员的先锋模范作用；要从完善党内制度及工作机制上加强党的先进性和纯洁性建设，坚持党要管党、从严治党，增强自我净化、自我完善、自我革新、自我提高能力，健全以党章为根本、以民主集中制为核心的制度体系，为保持党的先进性和纯洁性提供制度保证。

习近平指出，保持党的先进性和纯洁性是党的建设一项长期而又常新的战略任务，需要不断地结合新形势新任务从理论和实践结合上进行研究。他希望各级党组织和广大理论工作者加强和深化这方面研究，不断取得新的成果。

国务院副总理李克强在江苏考察

5 月 21 日至 22 日，李克强在江苏考察时强调，要把握好稳中求进的总基调，立足当前，着眼长远，积极扩大内需，稳定经济增长，加快转变经济发展方式，推动转型升级，增强内生增长动力，促进经济平稳较快发展。

考察期间，李克强充分肯定了江苏近年来经济社会发展取得的成就，希望江苏继续发挥优势，强化创新驱动，推进结构调整，在率先全面实现小康并向基本现代化迈进的进程中再创佳绩。

国务委员刘延东在黑龙江调研

刘延东深入到科技企业、科技园区和高校调研，充分肯定近年来黑龙江推进科技教育事业发展和实施老工业基地振兴战略取得的积极成效。她希望黑龙江进一步发挥好工业基础雄厚、科教资源丰富的优势，坚持走中国特色新型工业化道路，努力实现老工业基地发展的新跨越。

中国证监会修订并公布《证券发行与承销管理办法》

中国证监会召开新闻通气会，正式向社会公布中国证券监督管理委员会令第 78 号《关于修改〈证券发行与承销管理办法〉的决定》(以下简称《决定》)。

证监会有关部门负责人介绍，《决定》对《证券发行与承销管理办法》(以下简称《办法》)主要进行了 5 个方面的修改：

一是对《指导意见》涉及发行与承销管理的有关要求做了具体体现，使之进一步可操作化。

(1)扩大自主推荐询价对象范围，引入个人投资者参与询价，同时对个人投资者作为询价对象提出了一定的条件，对主承销商利用自主推荐权利向个人投资者输送利益的行为提出了监管措施。

(2)为增加新上市公司流通股数连有效缓解股票供应不足，提高网下配售比例，原则上网下发行比例不低于 50%，取消网下配售股票的限售期，但规定询价对象与发行人、承销商可自主约定网下配售股票的持有期限。

(3)为平衡网上、网下投资者的投资需求，在充分发挥机构投资者定价能力的基础上，尊重网上投资者的参与意愿，建立网下向网上回拨机制。

(4)提高了定价方式的灵活性，鼓励发行人和承销商创新定价方式。较之前以询价方式确定发行价格的单一定价模式，此次《办法》提出，首次公开发行股票，除可以询价方式定价外，也可以通过发行人与主承销商自主协商直接定价等其他合法可行的方式确定发行价格。

采用询价方式定价的，发行人和主承销商可以根据初步询价结果直接确定发行价格，也可以通过初步询价确定发行价格区间，在发行价格区间内通过累计投标询价确定发行价格。

二是明确了发行承销过程中信息披露的规范性要求，强调了机构投资者和公众投资者获得信息的公平性。《办法》对初步沟通、推介、询价的方式、披露信息的范围都作出了更加严格、具体的规定，比如，发行人及其主承销商向公众投资者进行推介时，向公众投资者提供的发行人信息的内容及完整性应与向询价对象提供的信息保持一致。

三是加强了询价、定价过程的监管。为体现《指导意见》提出的加强对询价、定价过程监管的要求,《办法》进一步明确了发行人、主承销商在推介、询价、定价过程中的行为规范,并在"监管与处罚"一章分别制定了有针对性的监管措施。

四是加强了对违法违规行为和不当行为的监管和处罚。加强对违法违规和不当行为的处罚力度是改革得以顺利推进、取得良好效果的基础。对于发行人、证券公司、证券服务机构、询价对象及其直接负责的主管人员和其他直接责任人员违反法律、法规和有关规定的行为,《办法》提出了明确的监管措施。

五是加强了证券业协会对发行承销的行业自律管理。为充分发挥证券业协会的自律管理职能,《办法》对证券业协会进行了授权。强调证券业协会应根据自律规则,对有关单位和个人的违规行为采取自律惩戒措施,加强对发行定价过程的监管。下一步,监管部门将加强与证券业协会的沟通配合,建立监管协作机制,实现监管信息共享、监管措施互动。

国务委员刘延东在中南海紫光阁会见联合国人口基金执行主任巴巴通德·奥索蒂梅欣

中联部部长王家瑞在北京会见以总书记吴泰乌为团长的缅甸联邦巩固与发展党代表团

《从延安走来》美术作品展在中国美术馆举办

展览由文化部主办、中国美术馆承办,这是文化部为纪念毛泽东《在延安文艺座谈会上的讲话》发表70周年,所举办的优秀剧目展演、画展以及国家艺术院团下基层慰问演出、创作采风等系列文化活动之一。

系列活动自今日起,至6月上旬结束。

第八届中国国际文化产业博览交易会在深圳闭幕

截至今日12时,本届文博会总成交额达1432.90亿元,比上一届增加187.41亿元,同比增长15.05%。

据介绍,本届文博会主要有8个方面的亮点和成果:一是展会主题更加突出,"文化和科技融合,创意与市场对接"的特色进一步凸显。二是参展阵容更加壮大,核心层企业比例进一步提高。主展馆共有来自全国各地的1928家政府组团、企业机构踊跃参展,比上一届增加32家。三是文化内涵更加丰富,档次和品位进一步提升。本届文博会在主会场和分会场都重点突出文化产业核心层,推进文化与科技融合创新,突出绿色低碳、新技术等内容。四是交易功能更显实效,合同成交额进一步增长。五是投融资平台作用更加明显,"文化+金融"发展模式进一步成熟。主展馆各政府组团均强化了投融资项目交易内容。六是展会运作模式更加专业化,国际化水平进一步提升。海外组团规模和规格明显高于往届,全球95个国家和地区的16081名海外采购商参会,比上一届增加4000多名。七是展览管理服务更加到位,规范化水平进一步提高。八是媒体和公众关注度更高,文博会影响力进一步提升。

5月22日

全国人大常委会委员长吴邦国在卢森堡与卢森堡国民议会议长莫萨举行会谈

全国创先争优理论研讨会在北京结束

中共中央政治局委员、中央书记处书记、中组部部长李源潮指出,要认真总结创先争优活动的实践经验,深化对党的先进性和纯洁性建设规律认识,推动基层党组织和党员深入持久开展创先争优,使创先争优常态化长效化,以优异成绩迎接党的十八大胜利召开。

李源潮指出,先进和优秀是中国共产党的特征和追求。创先争优要围绕中心、服务大局,为科学发展、社会和谐提供动力和保证。要切实解决群众反映强烈的突出问题,把创先争优办成群众满意工程。共产党员的先进和优秀首先应当体现在本职岗位上,把正在干的事情干得更好。要把创先争优融入岗位职责,使之岗位化、日常化。要坚持党群共建创先争优,形成党内带党外、党员带群众的良好氛围。领导机关和领导干部要带头创先争优,发挥表率作用。

国家副主席习近平在人民大会堂会见以总书记吴泰乌为团长的缅甸联邦巩固与发展党代表团

全国人大常委会副委员长路甬祥在明斯克与白俄罗斯总理米亚斯尼科维奇举行会谈

全国政协副主席王刚在安曼与约旦参议院代议长拉瓦比德举行会谈

外交部发言人洪磊主持例行记者会

洪磊表示,黄岩岛是中国固有领土。中方一直通过外交协商方式积极推动菲方改变错误做法,缓和事态,以利于双边关系的正常发展。菲律宾拉拢任何第三方以任何方式干扰或介入黄岩岛事件,必将使事态进一步升级,甚至改变问题的性质,中方对此坚决反对。

洪磊在例行记者会上表示，中方渔业主管部门正在对中方渔船被朝鲜抓扣案件详情进行调查。他说，外交部高度重视此次中方渔船被抓扣案件。事发后，中方与朝方分别在北京和平壤保持密切沟通，最终促成被扣渔船渔民获释安全回国。其间，外交部和中国驻朝鲜使馆敦促朝方按照双边有关规定，妥善处理领事探视和情况通报等事宜，并确保被扣渔民的安全、合法权益和人道主义待遇。

中央军委副主席习近平在人民大会堂会见以色列国防军总参谋长甘茨

习近平指出，作为两国关系的重要组成部分，中以两军关系同样在稳步发展。近年来，两军高层互访增多，务实交流不断扩大，人员培训富有成果。中以两国军队建设各有优长，应进一步加强合作，相互学习借鉴有益经验。

甘茨说，以中两国关系传统友好。在两国领导人的关心和推动下，近年来以中各领域合作正在不断深化。以方愿同中方共同努力，进一步推动两国两军友好合作关系向前发展。

国务院副总理回良玉在北京出席第三次全国人工影响天气工作会议并讲话

回良玉说，今后一个时期，人工影响天气在缓解我国水资源紧缺中的地位更加重要，在防灾减灾抗灾中的作用更加突出，在社会发展中的影响更加广泛。各地区、各部门一定要深刻认识人工影响天气的极端重要性和紧迫性，与时俱进地做好新时期人工影响天气工作。一要着力提升重点领域服务能力，更加注重防灾减灾、云水资源开发利用、生态建设保护等重点领域服务，切实提升保障水平。二要着力提升基础保障能力，更加注重基础设施和装备现代化建设。三要着力提升科技支撑能力，更加注重提高科技水平、作业效率和总体效益，争取在关键领域科研创新和装备技术等方面取得新突破。四要着力提升区域统筹能力，更加注重顶层设计和集约化发展，建立完善作业空域划定、跨省区作业协调机制和跨省区作业调度运行决策机制。五要着力提升安全监管能力，加快建立责任明确、操作规范、制度严格、措施到位的安全生产监督管理体系。

会议对人工影响天气工作先进集体和先进个人进行了表彰。水利部部长陈雷出席会议。中国气象局局长郑国光在会上作了工作报告。人工影响天气协调会议组成人员和各省(区、市)、新疆生产建设兵团人工影响天气领导小组负责同志，中央有关部门、单位负责同志出席会议。

2012“理解与合作”对话活动在北京开幕

此次对话活动的主题是“增进相互理解，促进务实合作”。全国人大常委会副委员长、中国国际交流协会会长周铁农出席开幕式并致辞。

周铁农表示，当今世界是一个充满多样性的世界，不同国家和民族在漫长的发展过程中，逐渐形成各具特色的政治制度、经济体制和文化传统，在追求美好生活过程中开创了不同的发展道路。我们应以欣赏包容的眼光看待世界的多样性，不断增进彼此间的理解，共同应对挑战，共迎发展机遇，共担发展责任，共享发展成果。

周铁农强调，民间友好是国与国关系的基础和前提，民间外交是国家总体外交的重要组成部分，民间组织在增进理解、深化合作方面大有可为。中国一贯支持民间友好和民间外交事业发展，希望此次对话活动成为增进理解、互学互鉴的舞台，向世界人民介绍一个真实、全面的中国，也将其他国家的先进经验介绍给中国。

联合国秘书长潘基文在向此次对话活动发来的贺信中表示，中国作为一个充满多样性的大国，在展示通过加深理解推动进步方面发挥示范作用。他希望此次对话活动推进建设全人类共同家园的进程，并预祝对话活动取得圆满成功。

本次对话活动由中国国际交流协会和中国和平发展基金会共同主办。来自亚洲、非洲、美洲、欧洲等近20个国家的百余名中外代表参加了对话活动。

第十五届中国北京国际科技产业博览会开幕

下午，第十五届北京科博会主题报告会在北京人民大会堂举行。北京市委书记刘淇出席主题报告会，科技部部长、科博会组委会主席万钢出席主题报告会并讲话。来自境外科技、经贸代表团组，国内外科技界、产业界代表，全国各省(区)、市代表团，国家有关部委负责人和首都相关各界人士近3000人参加了主题报告会。

万钢在讲话指出，经过长期不懈的努力，科博会已经成为一个具有广泛国际影响力的综合性科技盛会，成为中国与世界各国进行科技交流合作的重要平台。在国际金融危机深层次影响仍在持续、全球经济复苏动力不足的今天，本届科博会围绕“凝聚创新智慧，做强实体经济”这一主题展开，具有鲜明的时代特征和重要的现实意义。

国家海洋局党组书记、局长刘赐贵应邀作了题为《实施科技兴海战略，推动海洋经济创新发展》的专题演讲。

第十五届北京科博会由科技部、商务部、教育部、工业和信息化部、国务院国有资产监督管理委员会、中国国际贸易促进委员会、国家知识产权局和北京市人民政府共同主办，于5月22日至27日在北京举办。其中，由国家海洋局主办的"海洋科技展"首度亮相科博会。展览主题是"海洋科技引领海洋经济发展——探索海洋、开发海洋、保护海洋"，包括了科技兴海和海洋公益性行业科研专项成果、天津与上海临港等区域海洋产业发展、海洋仪器设备装备、海洋生物产业、涉海院校科研成果等展区，共有200多个海洋科技成果和项目参展，其中极地考察、大洋调查、海洋能源利用、海水淡化和海洋生物制药等成果是此次展览的亮点。

"同在蓝天下——为农民工塑像中国画主题创作展"在国家博物馆举办

5月23日

中央军委主席胡锦涛在北京会见北京军区第十次党代表大会代表

胡锦涛指出，北京军区部队所处的战略地位非常重要，肩负的历史使命十分光荣。近年来，军区党委坚决贯彻党中央、中央军委决策指示，忠诚履行党和人民赋予的神圣使命，团结带领广大官兵真抓实干、锐意进取，部队革命化现代化正规化建设全面加强，军事斗争准备持续推进，信息化建设取得重大成果，遂行任务的能力显著提升，出色完成了一系列重大任务，为维护国家主权、安全、发展利益作出了重要贡献。

胡锦涛强调，要把坚决听党指挥、绝对忠诚可靠作为部队建设的根本常抓不懈，深入持久抓好中国特色社会主义理论体系武装，引导各级认真学习马克思主义哲学，切实掌握辩证唯物主义和历史唯物主义的世界观、方法论，以提高学习和运用科学发展观的水平。要大力发展先进军事文化，大力培育当代革命军人核心价值观，大力强化官兵爱军精武的报国意志和敢打必胜的战斗精神。要加强基于信息系统的体系作战能力建设，统筹推进作战力量和应急处突力量建设，统筹做好综合防卫军事斗争准备和非战争军事行动准备，推动部队机械化和信息化复合发展。要根据部队所处环境和部队自身特点的新变化，进一步探索科学带兵、科学管理的有效机制，加大依法治军、从严治军力度，按照军队基层建设纲要抓好各项建设．推动基层建设全面发展和整体提高，确保部队安全稳定。要深入开展军民共建与和谐创建活动，巩固和发展军政军民团结，积极参加地方经济社会建设，为加快转变经济发展方式、深化改革开放、维护社会稳定、改善民生作出应有贡献，以优异成绩迎接党的十八大胜利召开。

纪念毛泽东同志《在延安文艺座谈会上的讲话》发表70周年座谈会在人民大会堂举行

国家主席胡锦涛作出重要指示。中共中央政治局常委李长春出席座谈会并讲话。

胡锦涛指出，毛泽东同志《在延安文艺座谈会上的讲话》，把马克思主义基本原理同中国革命文艺实践创造性地结合起来，是我们党领导文艺事业的经典文献。70年来，在《讲话》精神指引下，一代又一代文艺工作者自觉投身人民群众创造历史的伟大实践，创作出一大批具有正确政治立场、深刻思想内涵、感人艺术魅力的优秀作品，推动文艺事业健康发展，为我国革命、建设、改革提供了强大精神力量。胡锦涛强调，70年的历史充分表明，《讲话》始终闪耀着伟大的真理光芒，《讲话》所指明的方向和道路始终是我国文艺事业发展必须遵循的正确方向和道路。

胡锦涛勉励广大文艺工作者在新的历史条件下，认真重温《讲话》精神，按照党的十七届六中全会提出的要求，坚持中国特色社会主义文化发展道路，全面贯彻"二为"方向和"双百"方针，牢牢把握以人民为中心的创作导向，切实尊重文艺规律，大力推进改革创新，更加自觉地贴近实际、贴近生活、贴近群众，为人民奉献更多思想性艺术性观赏性高度统一的精品力作，为推动社会主义文化大发展大繁荣、建设社会主义文化强国贡献智慧和力量。

全国人大常委会委员长吴邦国在卢森堡与卢森堡首相容克举行会谈

吴邦国说，中方高度重视发展与卢森堡的友好合作关系，愿与卢方共同努力，将两国关系不断提高到新的水平。卢森堡是重要的国际金融中心之一，希望双方着力加强在金融领域的合作，特别是法规建设、经营管理和人员培训等方面的合作，加强两国央行间的交流。中方欢迎卢企业积极参与中国经济结构调整和产业优化升级，加大在高端制造业、高新技术、现代服务业等新兴领域的合作。中方支持中国企业扩大在卢投资，更好地发挥卢森堡作为中资企业进入欧洲的重要中转站作用，同时也希望卢在融资、签证和员工招聘等方面提供更多便利条件。

容克表示，虽然卢中两国国情不同，在一些问题上看法不尽一致，但这并不妨碍双边关系的发展，因为双方在许多国际和地区问题上的立场相同或相近，有着更加广泛的共同利益。卢森堡高度重视发展对华关系，十分钦佩中国的发展成就，是中国在欧洲的真诚朋友和合作伙伴。希望进一步加强双方在金融服务、航空运输、旅游、教育等领域的互利合作，欢迎更多的中国企业赴卢投资兴业，并将卢作为进入欧洲国家的桥梁。

他重申，卢坚持一个中国原则，尊重中国的主权和领土完整，决不鼓励任何分裂中国的行为。

全国人大常委会委员长吴邦国在卢森堡与卢森堡大公亨利举行会谈

国务院总理温家宝在北京主持召开国务院常务会议分析经济形势

会议指出，当前我国经济运行总体平稳，经济增速保持在年初预期目标区间内，但国内外环境更加错综复杂，出现一些新的变化。世界经济复苏的曲折性、艰巨性进一步凸显。国内经济运行中仍然存在一些突出矛盾和问题，特别是经济下行压力加大。我们要看到有利条件和积极因素，坚定做好经济工作的信心，同时要充分估计面临形势的复杂性和严峻性，冷静观察，沉着应对，未雨绸缪，牢牢掌握经济工作的主动权，确保实现今年经济社会发展目标。

会议强调，要认真贯彻稳中求进的工作总基调，正确处理保持经济平稳较快发展、调整经济结构和管理通胀预期三者的关系，把稳增长放在更加重要的位置。要根据形势变化加大预调微调力度，提高政策的针对性、灵活性和前瞻性，积极采取扩大需求的政策措施，为保持经济平稳较快发展创造良好政策环境。

会议要求，要继续落实好结构性减税政策，减轻企业税负。要坚持稳健货币政策的基本取向，保持合理的社会融资规模，进一步优化信贷结构，更加注重满足实体经济的需求。着力扩大内需，完善促进消费的政策措施。抓紧落实扩大节能产品惠民工程实施范围，支持自给式太阳能等新能源产品进入公共设施和家庭，加快普及光纤入户，加大对保障性住房和农村危房改造支持力度。推进“十二五”规划重大项目按期实施，启动一批事关全局、带动性强的重大项目，已确定的铁路、节能环保、农村和西部地区基础设施、教育卫生、信息化等领域的项目，要加快前期工作进度。认真梳理在建续建项目，切实解决存在问题，防止出现“半拉子”工程。鼓励民间投资参与铁路、市政、能源、电信、教育、医疗等领域建设。大力支持小型微型企业创业兴业。稳定和完善出口政策，支持企业积极开拓市场，促进外贸稳定增长。落实强农惠农富农政策，努力实现农业再获丰收，保障主要农产品有效供给。稳定和严格实施房地产市场调控政策。

会议强调，要加快转变经济发展方式，积极推进经济结构调整，深化重点领域改革，特别要促进产业转型升级，淘汰落后过剩产能，引导企业加强管理和科技创新，苦练内功，深挖潜力，不断增强发展后劲和市场竞争力。

中国证监会对外公布《关于进一步提高首次公开发行股票公司财务信息披露质量有关问题的意见》

中国证监会今天召开新闻通气会，正式向社会公布证监会《关于进一步提高首次公开发行股票公司财务信息披露质量有关问题的意见》(以下简称《意见》)。

证监会有关部门负责人介绍，做好财务信息披露工作、提升财务报告信息质量，是深化新股发行体制改革的一项重要工作。真实、准确、完整的财务信息披露，使新股发行价格能够真实反映公司价值，从而有利于资本市场定价功能的正常发挥；也是保护投资者知情权、投资者决策权的前提和基础，有助于推动上市公司完善投资者回报机制，保护投资者合法权益。为此，证监会根据《关于进一步深化新股发行体制改革的指导意见》(证监会公告〔2012〕10 号)的有关要求发布《意见》。

《意见》主要包括以下三方面内容：

一是明确发行人、会计师事务所和保荐机构在首次公开发行股票公司财务信息披露工作中的相关责任，要求各市场主体归位尽责。发行人作为信息披露第一责任人，应依法承担财务报告的会计责任、财务信息披露的披露责任，确保招股说明书披露的财务信息真实、准确、完整；会计师事务所及其签字会计师应当严格按照执业标准出具审计报告、审核报告和其他鉴证报告；保荐机构要切实履行对发行人的辅导、尽职调查和保荐责任。

二是针对当前首次公开发行股票公司财务信息披露工作中存在的突出问题，对发行人、会计师事务所和保荐机构提出以下九个方面的工作要求，主要包括：发行人应建立、健全财务报告内部控制制度，合理保证财务报告的可靠性、生产经营的合法性、营运的效率和效果；发行人及相关中介机构应确保披露的财务信息真实、准确、完整地反映公司的经营情况；相关中介机构应关注发行人申报期内的盈利增长情况和异常交易，防范利润操纵；发行人及各中介机构应严格按照《企业会计准则》《上市公司信息披露管理办法》和证券交易所颁布的相关业务规则的有关规定进行关联方认定，充分披露关联方关系及其交易；发行人应结合经济交易的实际情况，谨慎、合理地进行收入确认和毛利率分析，相关中介机构应关注收入确认的真实性、合规性和毛利率分析的合理性；相关中介机构应对发行人主要客户和供应商进行核查；发行人应完善存货盘点制度，相关中介机构应关注存货的真实性和存货跌价准备是否充分计提；发行人及相关中介机构应充分关注现金收付交易对发行人会计核算基础的不利影响；相关中介机构应保持对财务异常信息的敏感度，防范利润操纵。

三是进一步完善和落实责任追究机制。证券监管部门将加强对财务信息披露违法违规行为的监管,对于发行人的财务造假、利润操纵等重大违法违规行为,坚决予以查处,并对负有责任的相关中介机构和相关人员予以惩处。证券监管部门将建立首次公开发行股票公司相关中介机构不良行为记录制度并纳入统一监管体系,形成监管合力;根据各相关中介机构不良行为的性质和情节,分别采取责令改正、监管谈话、出具警示函、认定为不适当人选等行政监管措施;构成违法违规的,依法进行行政处罚;涉嫌犯罪的,依法移送司法机关,追究刑事责任。上述不良行为记录及有关监管措施将记入诚信档案。

该负责人表示,新股发行财务信息披露相关参与主体要从推动资本市场健康稳定发展,强化投资者权益保护,提升资本市场服务实体经济能力的高度,充分认识提高财务信息披露质量的重要意义,进一步明确职责、完善质量控制制度,以充分、完整、准确的信息披露为中心,按照《意见》提出的工作要求切实做好首次公开发行股票公司的财务信息披露工作。

国家主席胡锦涛在人民大会堂接受8国新任驻华大使递交的国书

这8位驻华大使分别是:新加坡驻华大使罗家良、赞比亚驻华大使尼伦达、坦桑尼亚驻华大使马尔莫、塞拉利昂驻华大使卡马拉、约旦驻华大使卡拉莱、哈萨克斯坦驻华大使叶尔梅科巴耶夫、乌兹别克斯坦驻华大使库尔班诺夫和保加利亚驻华大使舒丘尔利埃夫。

国务院副总理王岐山在中南海分别会见微软公司首席执行官史蒂夫·鲍尔默

在会见鲍尔默时,王岐山说,保护知识产权关乎创新型国家建设。中国政府高度重视保护知识产权,努力为企业创新发展营造良好的环境。去年以来,中国政府大力推进政府机关软件正版化工作,中央国家机关软件正版化已顺利完成,省级政府机关今年6月底前、市县级政府机关明年12月底前将陆续完成检查整改任务。各级政府均要把软件采购经费纳入财政预算,建立、健全软件资产管理和审计监督等制度。确保政府机关软件正版化不倒退、不反复。对市场上出现的盗版软件进行可持续打击,积极推动事业单位和国有企业实施软件正版化,做到年年有进步。

鲍尔默认为,中国政府在保护知识产权和软件正版化方面成效卓著,表示愿进一步扩大对华合作,为推动中美经济关系健康发展作出贡献。

中央纪委书记贺国强在人民大会堂会见博茨瓦纳前总统莫哈埃等出席2012“理解与合作”对话活动的外方主要与会代表

国务院副总理回良玉在人民大会堂会见卢旺达外交与合作部部长穆希基瓦博

2012年中国(西安)国际社会公共安全产品暨警察反恐技术装备博览会在西安开幕

本届博览会以“平安陕西·科技引领·数字安防·美好生活”为主题,共组织了700余家安防企业的2000余种产品现场展示。分别设有社会公共安全防范产品展区、消防产品展区及交通安全产品、物联网应用、智能实体防护、智慧城市、智能家居体验等多个体验展示区。

5月24日

全国人大常委会委员长吴邦国在萨苏埃拉王宫与西班牙国王胡安·卡洛斯一世举行会谈

吴邦国说,中西长期友好,相互支持,是相互信赖的好朋友。良好的政治关系有力地促进了双边经贸、文化、教育等领域的交流与合作。中西关系涉及领域之广、合作水平之高,在建交之初是难以料想的。在当前国际形势正经历复杂深刻变化的情况下,深化中西全面战略伙伴关系,不仅有利于促进各自国内经济社会发展,也有利于维护世界的和平、稳定与发展。中方高度重视发展同西班牙的关系,愿与贵方共同努力,深化政治互信,加强各领域务实合作,以合作应对危机、促进共同发展,不断提升中西关系水平,更好地造福两国人民。

卡洛斯说,西班牙王室和历届政府积极致力于发展对华关系。希望双方加强在贸易、文化、旅游、航空等领域的合作,特别是要扩大相互投资,这不仅有利于提升西中经贸合作水平,而且有助于提升全球对西班牙和欧洲经济的信心。西班牙王室愿继续为促进西中友好事业发展作出积极努力。

全国人大常委会委员长吴邦国在马德里与西班牙众议长波萨达举行会谈

吴邦国说,中方感谢西班牙在台湾、西藏、人权等涉及中国核心利益和重大关切问题上给予的坚定支持,赞赏西班牙积极推动欧盟承认中国完全市场经济地位、解除对华军售禁令。中方支持西班牙为稳定金融和恢复经济增长作出的努力,相信西班牙一定能克服暂时困难,中方也愿继续提供力所能及的帮助。他强调，加强中西关系，符合两国和两国人民的根本利益，也有利于促进中欧合作。明年将迎来中西建交40周年，中方愿与西方保持高层互访，密切政府、议会、政党之间的往来，加强在贸易、农业、交通、通信、可再生能源等领域的合作，活跃在文化、旅游、教育等方面的交流，加强在联合国、二十国集团等多边机制内的协调配合，推动两国关系在新的历史起点上不断向前发展。

波萨达说，西班牙重视发展与中国的关系，无论国内政局发生什么变化，这一政策都将长期坚持、不会改变。西新一届政府和议会愿进一步发展与中国的友好合作，继续做欧盟内中国最坚定的支持者。西方感谢中方提供的帮助，中国朋友的支持坚定了西班牙战胜困难的信心。他重申，西班牙将坚定奉行一个中国政策。

全国人大常委会委员长吴邦国在马德里与西班牙首相拉霍伊举行会谈

国务院总理温家宝致电马来西亚总理纳吉布就双边关系和共同关心的问题交换看法

温家宝说，当前，中马两国高层保持密切沟通协调，妥善应对国际和地区局势中的不稳定、不确定因素，推动各领域合作取得显著进展，中马关系走在中国同东盟国家关系前列。温家宝强调，集中精力发展经济，改善民生，携手应对挑战，是本地区人民的共同愿望。中方愿同马来西亚一道，为维护东亚和平稳定合作大局，促进共同繁荣进步作出不懈努力。

纳吉布表示，近年来，马中关系经受住国际风云变幻的考验，造福了两国人民。中国是马来西亚紧密和可靠的朋友，任何事情都阻挡不了马中友好关系的发展。马方愿同中方加强合作，更好地维护两国和本地区国家的共同利益。

国务院总理温家宝在中南海紫光阁会见美籍华人科学家诺贝尔物理学奖得主崔琦教授

全国政协主席贾庆林在人民大会堂会见以李兆基为团长的香港培华教育基金会访京团全体成员

在谈到当前香港形势时，贾庆林指出，求稳定、谋发展、促和谐，是当前香港主流民意，香港经济有望继续保持向好态势，市民对未来的信心逐步增强。这样的局面来之不易，香港社会各界应当倍加珍惜和共同维护。中央将继续坚定不移地贯彻“一国两制”、“港人治港”、高度自治的方针，严格按照基本法办事，全力支持行政长官和特区政府依法施政。相信特区政府一定能够按照胡锦涛主席提出的“集中精力发展经济、切实有效改善民生、循序渐进推进民主、包容共济促进和谐”的总体要求，团结带领香港社会各界人士，共同保持香港繁荣稳定，为“一国两制”在香港的成功实践作出更大的贡献。

贾庆林对香港培华教育基金会提出三点希望。一是要坚定爱国爱港立场，坚决拥护“一国两制”方针和基本法，支持行政长官和特区政府依法施政，维护香港的繁荣稳定；二是继续打造“培华”这一品牌，紧紧围绕“人才强国战略”培养国家紧缺的各类人才，为改革开放和现代化建设再立新功；三是进一步发挥桥梁和纽带作用，为香港长期繁荣稳定、中华民族复兴和祖国完全统一作出新的更大的贡献。

中办印发《关于加强和改进非公有制企业党的建设工作的意见(试行)》

非公有制企业是发展社会主义市场经济的重要力量。加强和改进非公有制企业党的建设工作，是坚持和完善我国基本经济制度、引导非公有制经济健康发展、推动经济社会发展的需要，是加强和创新社会管理、构建和谐劳动关系、促进社会和谐的需要，是增强党的阶级基础、扩大党的群众基础、夯实党的执政基础的需要，是以改革创新精神提高党的基层组织建设科学化水平、全面推进党的建设新的伟大工程的需要。根据党章和公司法等有关法律、法规，现就加强和改进非公有制企业党的建设工作提出如下意见。

一、明确非公有制企业党组织的功能定位

1. 地位作用。非公有制企业党组织是党在企业中的战斗堡垒，在企业职工群众中发挥政治核心作用，在企业发展中发挥政治引领作用。

2. 主要职责。(1)宣传贯彻党的路线方针政策。组织党员深入学习马克思列宁主义、毛泽东思想、邓小平理论和“三个代表”重要思想，认真贯彻落实科学发展观，宣传贯彻执行党的路线方针政策、上级党组织和本组织的决议，教育党员和职工群众自觉遵守国家法律、法规和有关规章制度，引导和监督企业合法经营，自觉履行社会责任。(2)团结凝聚职工群众。加强和改进思想政治工作，密切联系群众，注重人文关怀和心理疏导，主动关心、热忱服务党员和职工群众，帮助解决实际困难，把广大职工群众团结在党组织周围。(3)维护各方合法权益。积极反映群众诉求，畅通和拓宽表达渠道，依法维护职工群众合法权益，协调各方利益关系，及时化解矛盾纠纷，构建和谐劳动关系，促进企业和社会稳定。(4)建设先进企业文化。坚持用社会主义核心价值体系引领企业文化建设，组织开展丰富多彩的企业文化活动，塑造积极向上的企业精神，树立高尚的职业道德，促使企业诚信经营。(5)促进企业健康发展。组织带领党员和职工群众围绕企业发展创先争优,发挥党组织和党员先进模范作用,促进生产经营。(6)加强自身建设。完善组织设置,健全工作制度,推进学习型党组织建设,坚持党的组织生活,做好发展党员和教育、管理、监督、服务工作,充分发挥纪检组织在维护和执行党的纪律中的职能作用,提高党务工作者素质,领导工会、共青团等群众组织,支持和带动群众组织发挥作用,进一步增强党组织的创造力、凝聚力、战斗力。

二、建立、健全领导体制和工作机制

3. 健全领导机构和管理体系。县以上地方党委一般要有非公有制企业党建工作机构,统筹负责非公有制企业党建工作。具备条件的,可单独为实体工作机构,并内设纪检机构;不具备条件的,可依托或挂靠有关职能部门,做到有人员编制、有经费保障,建立、健全沟通协调、督促检查、考核评价等制度。

非公有制企业相对集中的各类开发区(园区),应设立企业党委或综合党委,负责非公有制企业党建工作。对大量分散的规模以下企业,要充分发挥乡镇(街道)、村(社区)党组织作用,实行区域化、网格化管理。对专业性、行业性较强的企业,可依托相关管理部门或行业协会(商会)建立党组织,实行归口管理。

4. 建立直接联系工作机制。对规模以上非公有制企业党组织,在不改变党组织隶属关系的情况下,可由县以上地方党委组织部门或非公有制企业党建工作机构直接联系,重点指导党组织领导班子思想政治建设、党组织书记培养选拔和教育培训。对一些社会影响大、党员数量多的大型企业党组织,可改变隶属关系,由县以上党组织直接管理。

三、努力推进党的组织和工作覆盖

5. 明确目标要求。加大工作力度,努力实现职工50人以上的非公有制企业有党员;具备建立党组织条件的企业,实现党的组织覆盖;因条件暂不具备尚未建立党组织的企业,实现党的工作覆盖。

6. 扩大组织覆盖。按照保持党员队伍先进性和纯洁性的要求,严格把关,注重质量,加大在非公有制企业生产一线职工、专业技术骨干及经营管理人员中发展党员的工作力度,重视在农民工中发展党员,注意培养发展符合条件的企业出资人入党。企业规模和社会影响较大的出资人,可由县以上党组织做好教育、引导和培养工作,吸收入党时,应征求同级党委统战部门意见。引导和督促流动党员及时转接组织关系。有3名以上正式党员、条件成熟的,要单独建立党组织。暂不具备单独组建条件的,要以开发区(园区)、乡镇(街道)、村(社区)、专业市场、商业街区、商务楼宇等为单位,组建区域性党组织,或依托行业协会(商会)、个体私营企业协会和龙头企业、专业经济合作组织组建行业性党组织。联合党组织中具备单独组建条件的,要及时单独建立党组织。发挥党员服务中心、党建工作站"孵化器"作用,为建立党组织创造条件。

7. 扩大工作覆盖。对未建立党组织的非公有制企业,可通过选派党建工作指导员、确定党建工作联络员、建立工会和共青团组织等方式,积极开展党的工作,推动企业建立党组织。对兼并重组的企业,注意保持党的工作连续性,妥善做好职工群众的分流安置和思想稳定工作。积极协调有关职能部门,推动党的政策进企业、政府服务进企业、先进文化进企业。

四、探索党组织和党员发挥作用的有效途径

8. 建立双向互动工作机制。按照企业需要、党员欢迎、职工赞成的原则,注意取得非公有制企业出资人理解和支持,把党组织活动与企业生产经营管理紧密结合起来,实现目标同向、互促共进。建立党组织与企业管理层共同学习制度,熟悉党和国家政策法规、了解上级决策部署、沟通企业生产经营情况。探索建立党组织书记参加或列席企业管理层重要会议制度、党组织与企业管理层沟通协商和恳谈制度。党组织要邀请企业出资人、经营管理人员参加相关活动,注重发挥企业管理层中党员和党员工会主席的作用,做好党的工作。

9. 探索开展开放式党组织活动。认真落实党的组织生活制度,督促指导非公有制企业党组织按期换届。创新党组织活动方式,除党章规定的党内活动外,提倡党群活动一体化。推动企业党组织与其他单位党组织开展结对共建活动。提倡开设网上党建园地、网上党校、党建微博、网上论坛等,把党的活动阵地拓展到网络上,增强党组织活动的吸引力和影响力。

10. 创新党员教育管理服务。尊重党员主体地位,保障和落实党员的知情权、参与权、选举权、监督权。加强党员教育培训,注重把党员培养成生产经营骨干,把生产经营骨干培养成党员。探索流动党员"一方隶属、多重管理"模式,对已确认身份但未及时转接组织关系的党员,应组织其参加企业党组织活动,发挥先锋模范作用。推进党员管理信息化,健全城乡一体、流入地党组织为主、流出地党组织配合的流动党员教育管理服务工作制度,实行具有多种服务功能、便于党员参加党组织活动的党员信息卡制度。从思想、工作、生活上关心党员,及时反映涉及党员切身利益的重要情况,健全党内激励、关怀、帮扶机制,注重解决老党员和生活困难党员实际问题,增强党员的归属感和荣誉感。

11. 深入开展创先争优活动。结合非公有制企业实际,以党建强、发展强为目标,按照生产经营好、企业文化好、劳动关系好、党组织班子好、党员队伍好、社会评价好的标准，广泛开展"双强六好"党组织创建活动和党员示范岗、党员责任区、党员公开承诺活动，促进企业党组织履职尽责创先进、广大党员立足岗位争优秀。各地要逐级培育选树一批"双强六好"企业党组织，纳入直接联系和重点管理范围，发挥其示范带动作用。

五、加强以党组织书记为重点的党务工作者队伍建设

12. 选优配强党组织书记。按照守信念、讲奉献、重品行，懂经营、会管理、善协调，热爱党务工作和熟悉群众工作的标准，选优配强非公有制企业党组织书记。党组织书记一般从企业内部选举产生，注意从生产、经营、管理骨干中推荐人选，也可从党政机关干部、国有企事业单位经营管理人员、党务工作者和复转军人、大学生"村官"中推荐人选，或面向社会公开招聘党务工作人才，再通过党内选举程序任职。重视选派优秀专职党务工作者担任联合党组织书记。提倡机关优秀年轻党员干部到企业挂职从事党建工作。规模大、党员数量多的企业主要出资人担任党组织书记的，应配备专职副书记。提倡不是企业出资人的党组织书记、副书记通过法定程序兼任工会主席、副主席；也可以由党员工会主席通过法定程序担任党组织书记、副书记。

非公有制企业党组织书记要立足本职，率先垂范，做学习宣传党的路线方针政策、贯彻执行上级党组织和本组织决议的组织者，承担急难险重任务、促进企业健康发展的推动者，凝聚服务党员和职工群众、维护企业和谐稳定的践行者，推进基层党建创新、增强生机活力的引领者。

13. 壮大党务工作者队伍。通过多样化选用、规范化管理、专业化培训、制度化激励等途径和方式，建设一支素质优良、结构合理、数量充足、专兼职结合的非公有制企业党务工作者队伍。重视建立党务工作者人才库。规模大、党员数量多的企业，要配备专职党务工作者。探索设立党建工作论坛，为党务工作者搭建工作交流平台。加强党建工作指导员队伍建设，充分发挥其组织宣传、联系服务、协调指导作用。

14. 提升能力素质。把非公有制企业党务工作者纳入党员干部教育培训总体规划，依托各级党校、行政学院和高校开展培训工作。党务工作者的培训主要由县级党组织负责，市级以上党组织抓好示范培训。党组织书记每年至少参加1次集中培训，累计时间不少于3天。对新任党组织书记要进行任职培训。重点加强党的路线方针政策、党务知识、群众工作、企业生产经营管理等方面的培训，提高做好群众工作本领和服务企业发展能力。有计划地选派优秀党组织书记到党政机关、国有企事业单位挂职学习锻炼。

15. 强化管理和激励。建立、健全非公有制企业党组织书记向上级党组织和本单位党员群众报告工作以及述职评议等制度。研究制定符合企业特点的党组织书记综合考核评价办法。推动企业建立、健全党组织书记薪酬待遇保障制度，使他们干事有平台、待遇有保障、干好有发展。有条件的地方，上级党组织可给予党组织书记和党务工作者适当的工作津贴。推荐符合条件的党组织书记作为各级党代会代表、人大代表、政协委员人选。建立党组织书记劳动合同变更、解除或终止前向上级党组织备案制度。党组织书记因坚持原则遭受不公正待遇时，上级党组织应及时了解情况，给予帮助和支持。

六、加强对非公有制企业出资人的教育引导

16. 加强教育培训。建立非公有制企业出资人教育培训制度，着力加强中国特色社会主义理论体系、党的知识和国家法律、法规教育。对党员出资人，要教育引导他们遵守党规党纪和执行党的决议，自觉履行党员义务，服从党组织的教育、管理和监督。对非党员出资人，要教育引导他们树立中国特色社会主义共同理想，在党的领导下坚定走中国特色社会主义道路，努力成为中国特色社会主义事业合格建设者。各级党委组织、统战部门要共同抓好企业出资人教育培训工作。

17. 搞好服务管理。各级党委组织部门和非公有制企业党建工作机构可直接联系一批知名度较高、社会反映好的非公有制企业，经常听取他们对加强党建工作的意见建议；有关方面在研究制定相关经济社会发展政策法规时，要注意听取企业出资人意见，帮助企业解决在发展中遇到的难题。对企业出资人的评先选优、政治安排，要事先征求企业党组织和非公有制企业党建工作机构、地方工会组织的意见，党委统战、组织部门要严格审查把关，重点考察其思想政治表现、遵纪守法、道德品质、履行社会责任、支持党建工作等方面情况。对政治方向有偏差、履行社会责任不积极、社会评价不良的企业出资人，要批评教育；对违纪违法的，有关部门和单位要依纪依法进行查处。

七、强化非公有制企业党建工作保障

18. 加强组织领导和工作指导。地方各级党委要把非公有制企业党建工作纳入本地区党的建设总体布局，并作为市、县委书记履行基层党建工作责任制专项述职和相关部门领导班子考核评价的重要内容，建立、健全目标管理、定期研究、情况通报、领导干部联系点等制度。党委组织部门要加强统筹协调和工作指导，纪检机关和统战、工商、财政、商务、工商联等部门和单位要结合各自职能，协同做好有关工作。区别不同类型企业，加强分类指导，不断研究新情况，探索解决新问题。采取多种形式，大力宣传非公有制企业党建工

作典型，定期评选表彰先进，形成全社会关注、支持非公有制企业党建工作的良好氛围。

19. 加强经费保障。将非公有制企业党组织工作经费纳入企业管理费用，建立并落实税前列支制度。建立党费拨返制度，企业党员交纳的党费可全额返还企业党组织，用于开展党建活动；还可从各级党组织留存党费中，按照一定比例，采取以奖代补等方式，支持非公有制企业党建工作。有条件的地方，可对非公有制企业党建工作给予必要的经费支持。探索采取企业赞助、党员自愿捐助等方式，多渠道解决经费问题。

20. 加强场所建设。按照有场所、有设施、有标志、有党旗、有书报、有制度的“六有”标准，加强非公有制企业党组织活动场所规范化建设。采取资源整合、企业自筹、上级党组织支持相结合的方式，帮助党员数量较多、条件具备的企业，建设相对固定的活动场所。倡导国有企事业单位、机关和乡镇(街道)、村(社区)党组织与非公有制企业党组织活动场所共用、资源设施共享。有条件的地方，特别是在非公有制企业集聚的区域，要科学规划，合理布局，统一建设区域性、开放性、综合性的党群活动服务中心。

各地区、各有关部门要结合实际，制定贯彻落实本意见的具体措施。

国防部部长梁光烈在八一大楼会见南非国防军司令肖基上将一行

国务委员刘延东在甘肃主持召开中西部部分省区教育座谈会

在座谈会上，刘延东听取了甘肃、宁夏、贵州等8省市关于学前教育、义务教育、校舍安全工程、学生营养餐计划等教育重大工程实施情况介绍，充分肯定各地在贯彻教育规划纲要、推动教育改革发展方面取得的积极成效。刘延东指出，中西部地区经济发展水平相对落后，基础条件比较薄弱，加快教育事业发展任务艰巨，必须以更大的推进力度、更多的经费投入，切实解决面临的特殊困难和问题，全面提高教育发展水平。

刘延东强调，要以教育重大工程为抓手，推动教育规划纲要目标任务全面落实，促进各级各类教育协调发展。要实施好学前教育三年行动计划，积极推进科学保教，让孩子们快乐生活、健康成长。要推进义务教育学校标准化建设和教育信息化建设，缩小区域、城乡、校际差距。要合理调整学校布局，处理好整合优质教育资源和方便就近入学的关系，推进校舍安全工程，加强寄宿制学校建设，保障留守儿童、残疾儿童、流浪儿童等特殊群体受教育权利。要因地制宜，创新机制，切实抓好农村义务教育学生营养改善计划，确保学生吃得营养、吃得安全。职业教育要以就业为导向，促进校企合作，增强服务经济社会发展能力。中西部地区的高校要立足区域特点和资源优势，加强特色学科建设，坚持走以质量提升为核心的内涵式发展道路。要加大教育对口支援力度，加快民族教育发展，为民族地区培养更多优秀人才。

第六届中国国际有机食品博览会在上海国际展览中心召开

此次中国国际有机食品博览会由中国绿色食品发展中心与纽伦堡展览集团共同主办，是亚洲具有影响力的有机产品贸易盛会。

来自中国湖西岛有机农场出产的“湖西岛”牌有机大米、有机糙米及手工酿造有机香醋、手工酿造有机晾晒酱油，全部获得本次大会的金质奖章。

5月25日

全国人大常委会委员长吴邦国在西班牙参议院大厦会见西班牙参议长加西亚

全国政协主席贾庆林在人民大会堂会见以萨摩亚议会议长拉乌利·施密特为团长的五国政治家联合考察团

贾庆林对各建交岛国坚持一个中国政策，在台湾等事关中国核心利益的问题上给予中方坚定支持表示赞赏。贾庆林表示，中方尊重各岛国根据各自国情选择的发展道路，支持各国不断发展经济、改善民生，愿在和平共处五项原则基础上与各岛国加强各领域互利合作，实现共同发展，推动中太关系不断迈上新台阶。

贾庆林还简要介绍了中国共产党领导的多党合作和政治协商制度以及中国民主政治发展情况。

拉乌利首先祝贺中国共产党领导中国人民在经济社会发展中所取得的伟大成就，感谢中国政府和中国人民对太平洋岛国经济、社会和基础设施建设等方面所给予的支持和帮助。中国共产党的执政实践为太平洋岛国提供了丰富的发展经验，太平洋岛国将继续加强同中国的交流和合作。

中组部部长李源潮在北京与新任市委书记座谈

李源潮在与新任市委书记座谈时，勉励他们按照胡锦涛总书记要求，向市委书记的榜样杨善洲学习，把党和人民赋予的责任看得比泰山还重。

李源潮指出，市委书记是党在一个地区科学发展的带头人，要领班子、带队伍、抓发展、保稳定，担负好立党为公、执政为民的重任。要对党的事业负责，解放思想、改革创新，积极破解制约科学发展的难题；增强维护社会稳定的预见性和前瞻性，见微知著、抓小抓早；做好党建工作第一责任人，用心抓党建，重点抓班子、抓干部。要为人民尽责，谋民利创民富，保民生解民难，聚民意促民主，格外关心困难群众的生产生活，让发展的成果惠及全体百姓。

李源潮说，新任市委书记要打牢为党和人民履职尽责的基础。要坚定中国特色社会主义理想信念，一辈子坚持共产党人的先进追求，一辈子坚守共产党人的精神家园。要把学习作为工作与生活的习惯，多读书少应酬，善于总结经验、研究问题，虚心向先进学习。要直接联系群众，增进与群众的深厚感情，求真务实、艰苦奋斗。要严格执行党的纪律，依靠内心自觉和外在约束，保持清正廉洁政治本色。

2011年以来，在地方领导班子集中换届中，全国新任市(地州盟)委书记有130多名、新任市(地州盟)长有160多名。

国务院国资委公布《关于国有企业改制重组中积极引入民间投资的指导意见》

该指导意见提出，今后要积极引入民间投资参与国有企业改制重组，发展混合所有制经济，建立现代产权制度，进一步推动国有企业转换经营机制、转变发展方式。

国有企业改制重组中引入民间投资，应当符合国家对国有经济布局与结构调整的总体要求和相关规定，遵循市场规律，尊重企业意愿，平等保护各类相关利益主体的合法权益；应当通过产权市场、媒体和互联网广泛发布拟引入民间投资项目的相关信息，并且要优先引入业绩优秀、信誉良好和具有共同目标追求的民间投资主体。

民间投资主体参与国有企业改制重组可以用货币出资，也可以用实物、知识产权、土地使用权等法律、行政法规允许的方式出资。民间投资主体可以通过出资入股、收购股权、认购可转债、融资租赁等多种形式参与国有企业改制重组。民间投资主体之间或者民间投资主体与国有企业之间可以共同设立股权投资基金，参与国有企业改制重组，共同投资战略性新兴产业，开展境外投资。

国有企业改制上市或国有控股的上市公司增发股票时，应当积极引入民间投资。国有股东通过公开征集方式或通过大宗交易方式转让所持上市公司股权时，不得在意向受让人资质条件中单独对民间投资主体设置附加条件。

财政部 工业和信息化部印发《中小企业发展专项资金管理办法》

国新办发表《2011年美国的人权纪录》

国务院新闻办今天发表《2011年美国的人权纪录》，以回应美国国务院24日发表的《2011年国别人权报告》对中国人权事业的歪曲指责。

人权纪录说，美国的国别人权报告，再次对世界近200个国家和地区的人权状况品头论足，对中国人权事业歪曲指责，而对其自身糟糕的人权状况却熟视无睹、只字未提。为了让世界人民了解美国真实的人权状况，敦促美国反思其所作所为，特发表《2011年美国的人权纪录》。

人权纪录从生命、财产和人身安全，公民权利和政治权利，经济、社会和文化权利，种族歧视，妇女和儿童权利以及侵犯他国人权6个方面揭露了美国糟糕的人权状况。

这是国务院新闻办公室针对美国一年一度的国别人权报告连续第13年发表美国的人权纪录。

人权纪录指出，美国公民的政治权利和自由受到严重侵犯，美国标榜自己是自由之地不过是自欺欺人。在“占领华尔街”运动中，成千上万的示威者遭受粗暴和武力对待，众多示威者遭到逮捕，这种肆意践踏民众集会示威和言论自由的行为，为美国的自由民主作出了真实的注解。

人权纪录说，美国拥有强大的人力、财力和物力资源可以对暴力犯罪进行有效的控制，但是美国社会却长期充斥暴力犯罪，公民的生命、财产和人身安全得不到应有的保障。美国将拥枪权置于公民生命和人身安全的保障之上，枪支管理松懈，枪支泛滥。美国枪支暴力和枪支致死率在发达国家中最高。

国务院副总理李克强在人民大会堂会见日本前首相鸠山由纪夫

国务院副总理王岐山在中南海会见欧洲经济界人士

中联部部长王家瑞在北京会见以萨摩亚议会议长拉乌利·施密特为团长的五国政治家联合考察团

国防部部长梁光烈在八一大楼会见赞比亚国防部部长姆万巴一行

梁光烈在会见时说，中国与赞比亚的友谊是两国老一代领导人亲手缔造的，建交48年来，两国关系发展顺利，高层交往密切，各领域合作广泛，取得了显著成果。长期以来，中赞两军高层互访频繁，务实合作卓有成效。中方非常重视发展中赞两军关系，愿与赞方共同努力，进一步拓展合作领域，丰富合作内涵，将两军友好合作关系推向更高水平。

姆万巴说，赞比亚愿加强与中方在各领域合作，推动两国、两军关系不断发展。

2012年普利兹克建筑奖颁奖典礼在人民大会堂举行

国务院副总理李克强在人民大会堂出席国际建筑界大奖——2012年普利兹克建筑奖颁奖典礼，并同出席典礼的美国凯悦集团主席普利兹克、建筑奖评委及来自各国的历届获奖代表等合影留念。

李克强向远道而来的世界各地知名建筑大师表示欢迎。他说，这次颁奖典礼在中国举办，尚属首次，这说明了国际建筑界对中国建筑成就的充分肯定。建筑是历史和文化的载体，展现着一个城市和国家的形象。建筑既要有本土风格和民族特色，又要充分吸收世界先进理念和技术，这样才能有长久生命力。加强中国与世界建筑设计行业的交流合作，有利于促进东西方建筑文化的交流融合，推动世界建筑文明不断向前发展，创造更好的人居环境。

本年度获奖者为中国美院建筑艺术学院院长、建筑师王澍。

普利兹克建筑奖设立于1979年，被誉为“建筑领域的诺贝尔奖”，每年颁发一次，授予一名建筑师或团队，以表彰获奖者在建筑设计中表现出的才智、洞察力和奉献精神。目前，已有包括贝聿铭在内的15个国家30多位世界著名建筑大师获奖。

中外建筑业专家学者600多人参加了颁奖典礼。

“全球趋势2030国际学术研讨会”在北京举行

该研讨会由外交学院与欧盟安全问题研究所共同主办。

来自欧盟驻华使团、欧盟安全问题研究所、意大利驻华使馆、中国社会科学院、中国现代国际关系研究院、北京大学、人民大学、国际关系学院和外交学院等机构的外交官和专家学者参与讨论。

刘忠德逝世

中共中央宣传部原副部长，文化部原党组书记、部长刘忠德同志因病医治无效，于5月25日在北京逝世，享年79岁。

刘忠德1933年5月出生于吉林省集安市。1948年年初，参加党领导的秘密侦察组，同年夏加入东北民主青年联盟，同年11月转入中国新民主主义青年团，任团总支组织委员。1948年秋到解放军牡丹江航空学校飞行员大队学习。1953年考入哈工大建筑工程系工业与民用建筑专业。1958年11月加入中国共产党。大学毕业后留校从事党团工作。1962年9月调南京工学院工作。“文化大革命”中受到冲击。1982年2月起，任南京工学院党委副书记、书记、中共江苏省委委员。1985年6月后，任国家教委党组成员、副主任兼秘书长。1988年5月任国务院副秘书长。1990年6月起，任中宣部副部长，中宣部副部长兼文化部党组副书记、副部长，中宣部副部长兼文化部党组书记、代部长。1993年3月起，任中宣部副部长，文化部党组书记、部长。

刘忠德是党的十三大、十四大、十五大代表，第十四届、十五届中央委员。全国政协第九届、十届常委，教科文卫体委员会主任委员。

5月26日

中共中央总书记胡锦涛电贺梅德韦杰夫当选俄罗斯统一俄罗斯党新一届主席

胡锦涛在贺信中表示，近年来，在双方共同努力下，中俄关系不断提升，快速发展，各领域交流合作日益深化，成果丰硕。中方愿同俄方一道，进一步拓展和加强两国务实合作和战略协作，为加快各自建设和发展，促进地区和世界的和平、稳定与发展而共同努力。

中国共产党与统一俄罗斯党友好关系的建立，丰富了中俄关系的内涵，拓展了双方交流合作的领域，为相互学习借鉴治国理政经验搭建了重要平台。中国共产党愿进一步巩固和加强同统一俄罗斯党的友好关系，推动平等互信、相互支持、共同繁荣、世代友好的中俄全面战略协作伙伴关系深入发展。

国务院副总理回良玉在北京出席第十届全国创业之星经验交流表彰大会并讲话

回良玉强调，要抓住工业化、城镇化、农业现代化同步推进的新机遇，采取更加有力的措施，营造更为有利的政策和制度环境，引导农民创现代农业之业，鼓励农民就地就近创业，支持农民进城入镇创业，倡导外出的农民返乡创业，努力走出一条以创业带动就业、以就业促进增收的新路子，努力实现农村劳动力充分就业。要充分尊重农民的首创精神，激发农民的创新活力，让亿万农民创造社会财富的潜能得到充分释放，积极性、主动性和创造性竞相迸发。

回良玉强调，促进农民就业创业，关键是要营造有利的政策和制度环境，打造有效的就业创业平台，全面提升农民就业创业能力。要不断深化改革创新，加快建立、健全城乡劳动者平等就业体制机制，推进户籍管理、就业帮扶、社保扩面、教育资源共享等措施的落实，吸纳有条件的农民工、特别是新生代农民工转为城镇居民。要切实转变政府职能,积极为农民就业创业提供服务,加大财政、税收、土地、工商管理等优惠政策支持。要适应现代农业建设和产业转型升级的要求,进一步加强农民教育和培训,加快培养有文化、懂技术、会经营的新型农民和有专长、有技能的各类专门人才,努力使走出去的农民具有较强的务工技能,留在土地上的农民学会先进农业技术,从事创业的农民掌握经营管理知识,大力支持、积极鼓励青年农民务农。要着力打造就业创业平台,多措并举拓展就业创业渠道,既要挖掘农业内部的"容人之量",又要拓展农村二三产业的就业空间,还要广辟外出务工经商的转移渠道,特别是要抓住沿海地区产业向中西部地区转移的有利契机,努力拓展中西部地区就地就近就业创业空间。

回良玉希望"创业之星"志存高远,勇于开拓、超越自我,不断把事业做大做强;诚信守法经营,自觉履行社会责任;积极投身家乡建设发展,带领父老乡亲创业兴业,为促进农业稳定发展和农民持续增收再立新功,为建设社会主义新农村作出新的更大的贡献。

银监会印发《关于鼓励和引导民间资本进入银行业的实施意见》

为贯彻落实《国务院关于鼓励和引导民间投资健康发展的若干意见》,鼓励和引导民间资本进入银行业,加强对民间投资的融资支持,银监会近日出台了《关于鼓励和引导民间资本进入银行业的实施意见》(以下简称《实施意见》)。

《实施意见》明确,民间资本进入银行业与其他资本遵守同等条件,支持符合银行业行政许可规章相关规定,公司治理结构完善,社会声誉、诚信记录和纳税记录良好,经营管理能力和资金实力较强,财务状况、资产状况良好,入股资金来源真实合法的民营企业投资银行业金融机构。支持民间资本参与村镇银行发起设立或增资扩股,并将村镇银行主发起行的最低持股比例由20%降低到15%。

《实施意见》强调,要为民间资本进入银行业创造良好环境。各级银行业监督管理机构要鼓励各类投资者投资入股银行业金融机构,在市场准入实际工作中不得单独针对民间资本进入银行业设置限制条件或其他附加条件;要及时公布有关投资银行业金融机构的法规、政策和程序,以及银行业市场准入行政许可事项、结果,不断提高银行业市场准入的透明度;要进一步加强对民间资本进入银行业的服务、指导,依法答复相关法规和政策咨询;要严格履行监管职责,接受社会公众依法对银行业市场准入工作进行监督。

《实施意见》指出,要坚持审慎监管,促进民间资本投资的银行业金融机构稳健经营和稳步发展。民间资本进入银行业与其他各类资本同等遵守有关投资银行业金融机构的审慎规定,各银行业金融机构均应遵守《商业银行与内部人和股东关联交易管理办法》等相关规定,规范关联交易等行为,控制关联交易和其他风险。对于已经或者可能发生信用危机,或者有违法经营、经营管理不善等情形的银行业金融机构,银行业监督管理机构应当依法及时采取相应的风险处置措施。

《实施意见》要求,银行业应加大对民间投资的融资支持。银行业金融机构要切实落实强化小微企业金融服务的政策措施,根据民间投资特点,积极开展融资模式、服务手段和产品创新,提供多层次金融服务,进一步支持民营企业发展,重点满足符合国家产业和环保政策、有利于扩大就业、有偿还意愿和偿还能力、具有商业可持续性的小型微型企业的融资需求。

"中星2A"卫星在西昌成功发射

23时56分,我国在西昌卫星发射中心用"长征三号乙"运载火箭成功发射"中星2A"卫星,卫星顺利进入预定转移轨道。

"中星2A"卫星是中国卫星通信集团有限公司所属的一颗通信广播卫星,由中国航天科技集团公司所属中国空间技术研究院研制。"中星2A"卫星可为全国广播电台、电视台、无线发射台和有线电视网等机构提供广播电视及宽带多媒体等传输业务,将为中国通信广播事业提供更好的服务。

"长征三号乙"运载火箭由中国航天科技集团公司所属中国运载火箭技术研究院研制。这是长征系列运载火箭的第163次飞行。

"2011中国散文排行榜"评选结果正式发布

活动历经数月,从2011年全国公开发表的散文作品中筛选出部分精品力作,30篇散文佳作榜上有名,其中老作家李存葆凭借文化散文《呼伦贝尔记忆》高票折桂,同时上榜的还有梁晓声《兄长》、李国文《婉容的早餐》、陈奕纯《时间的同一个源头》、迟子建《阿来的如花世界》、王惠明《我们家的名片》、余秋雨《断裂的爱》、安谅《与巴尔鲁克的激情相会》、苏叔阳《早该说的一些话》等。

评选活动由中国散文年会组委会、海外文摘杂志社、散文选刊·下半月杂志社主办,全国数百家文学报刊与读者荐稿,采用专家评选、无记名投票相结合的方式进行评选。

"中国散文排行榜"从1988年开始设立,于当年年底专家评选、下年年初向全国权威发布,至今已经在全国成功举办23年。

第九届中国摄影金像奖颁奖典礼在湖北十堰武当山举行

《人民日报》摄影记者李舸与其他9位摄影家一起获得创作记录类金像奖。中国摄影金像奖是由中国文联和中国摄影家协会联合主办的全国性摄影艺术最高个人奖项。

5月27日

国务院副总理回良玉在北京出席第五届中国农村发展高层论坛并讲话

回良玉强调,目前我国进入了加快形成城乡经济社会发展一体化新格局的重要时期,我们必须主动适应新变化,积极应对新挑战,更加科学有效地促进农业农村又好又快发展。一要坚持以确保国家粮食安全和主要农产品有效供给为目标,加快推进现代农业建设,保护和利用好耕地和水资源,改善农业生产条件,加快农业科技创新,加大农业支持保护力度。二要坚持以改善农村民生为目标,积极推进基本公共服务均等化,把促进农民就业增收放到更加突出的位置,把国家基础设施建设和社会事业发展的重点放到农村。三要坚持以增强农村发展活力为目标,深入推进城乡联动改革,建立城乡要素平等交换机制,稳定和完善农村基本经营制度,积极稳妥推进户籍制度改革,保障农民土地财产权益。四要坚持以保障现代化建设顺利进行为目标,协调推进城镇化和新农村建设,着力提高城镇特别是小城镇综合承载能力、增强对农村的辐射带动作用,实现城乡良性互动、共同繁荣。

回良玉强调,"三农"理论和政策研究工作者要大胆研究探索,积极建言献策,更好地为农村改革发展服务。要弘扬科学精神,坚持求真务实,敢于讲真话、道实情,勤于建真言、献良策。要满怀深厚感情,密切联系群众,为农业发展鼓与呼、为农民群众谋福利。要理论联系实际,直面农业农村发展现实,深入分析研判突出问题和主要矛盾。要服务"三农"决策,多出有重要理论价值和实际应用价值的研究成果。

中国农村发展高层论坛已成为"三农"理论与政策研究者相互交流、增进共识的重要平台。本届论坛以"制度创新、技术进步与现代农业发展"为主题,200多位专家学者和农村改革试验区代表参加了会议。

全国人大常委会副委员长路甬祥在金边王宫与柬埔寨国王西哈莫尼举行会谈

"和谐中华·第三届海峡两岸经典文化推广会演"在两岸四地同时开幕

"和谐中华·第三届海峡两岸经典文化推广会演"27日在济南市、厦门市、台湾台中市及香港、澳门等地同时开幕,数万名青少年同声诵读中华经典,盛况空前。

海峡两岸经典文化推广会演由济南市政府、台中市政府、山东省台办、国台办两岸关系杂志社、中国孔子基金会和台湾"中华华夏文化交流协会"共同主办。前两届会演分别于2010年、2011年在台中市、济南市举办。

第二十一届国际木偶联合大会暨国际木偶节在四川成都举办

历经近百年历史的国际木偶联会大会暨国际木偶节,在2012年落户"非遗之都"成都,并将于5月27日至6月3日在国际非遗博览园举办第二十一届木偶盛会。

本届国际木偶节将有全球五大洲超过45个国家和地区、120多支世界顶级木偶皮影剧团、上千名专业演员,每天7小时在国际非遗博览园9大舞台表演,呈现531场演出及经典剧目。

国际木偶联会大会暨国际木偶节,每4年举办一次,至今已经成功举办了20届,其影响力和参与国家的广泛性,堪称木偶界的奥运会。

5月28日

中共中央政治局召开会议研究深化科技体制改革

中共中央总书记胡锦涛主持会议。

会议指出,建设创新型国家,加快转变经济发展方式,实现我国发展的战略目标,最根本的是要靠科技的力量,最关键的是要大幅提高自主创新能力。当前,我国进入全面建设小康社会的关键时期和深化改革开放、加快转变经济发展方式的攻坚时期。科技在经济发展中的作用日益凸显,新科技革命和全球产业变革步伐加快,我国科技发展既面临重要战略机遇,也面对严峻挑战。必须在深化科技体制改革上取得新的重要进展,建立、健全科学合理、富有活力、更有效率的创新体系,激发全社会创造活力,实现创新驱动发展。

会议强调,深化科技体制改革,要高举中国特色社会主义伟大旗帜,以邓小平理论和"三个代表"重要思想为指导,深入贯彻落实科学发展观,大力实施科教兴国战略和人才强国战略,坚持自主创新、重点跨越、支撑发展、引领未来的指导方针,全面落实科技规划纲要,以提高自主创新能力为核心,以促进科技与经济社会发展紧密结合为重点，着力解决制约科技创新的突出问题，充分发挥科技在经济发展方式转变和经济结构调整中的支撑引领作用，加快建设国家创新体系，为2020年进入创新型国家行列、全面建成小康社会和新中国成立100年时成为世界科技强国奠定坚实基础。

会议要求，深化科技体制改革要突出重点、务求实效。要围绕科技与经济紧密结合这个核心问题，强化企业技术创新主体地位，加快建立企业主导产业技术研发创新的体制机制。要提高科研院所和高等学校创新服务能力，强化协同创新，加强统筹协调，优化结构布局，推进科研院所分类改革，强化科技资源开放共享，建立基础研究、应用研究、技术创新、成果转化协调发展的机制，提高国家创新体系整体效能。要统筹发挥政府调控作用和市场在资源配置中的基础性作用，完善科技项目、经费管理制度和科技评价、奖励制度，形成激励创新正确导向。要加强高水平领军人才和青年科技人才培养，引进海外优秀人才，支持归国留学人才创新创业。要建立、健全科学合理的人才评价标准，加强科研诚信建设，营造科学民主、宽松包容的学术氛围，进一步激发广大科技人员积极性和创造性。要落实和完善相关法律、法规和政策措施，为科技创新发展提供有力保障。

首届中国(北京)国际服务贸易交易会在北京国家会议中心开幕

国务院总理温家宝出席开幕式并发表了题为《在扩大开放中推动服务贸易发展》的演讲。

老挝总理通辛、卡塔尔首相哈马德、津巴布韦总理茨万吉拉伊、肯尼亚副总统穆西约卡、萨摩亚副总理福诺托，世界贸易组织、联合国贸发会议、经合组织负责人，北京市市委书记刘淇，澳门特区行政长官崔世安等出席了开幕式。

开幕式前，温家宝参观了交易会综合展示区。展示区由主题核心展区、省市展区、港澳台展区、国际展区、央企展区、跨国公司展区等六部分组成，展示了国内外服务贸易领域发展现状和最新成果。温家宝参观了国电公司环保节能技术服务项目、北京市科技创新与文化创新"双轮驱动"典型项目、中关村国家自主创新示范区标志性企业项目、摩托罗拉软件和服务项目、美国通用电气集团公司远程会诊系统项目等。

经国务院批准，由中华人民共和国商务部和北京市人民政府共同主办的中国(北京)国际服务贸易交易会，自2012年起每年在北京举行。

国务院总理温家宝在首届中国(北京)国际服务贸易交易会开幕式上的演讲

尊敬的各位嘉宾，女士们，先生们：

今天我们欢聚一堂，共同迎来首届中国国际服务贸易交易会隆重开幕。我谨对各位嘉宾表示热烈欢迎，并衷心祝愿交易会取得圆满成功！

京交会是世界上第一个专门为服务贸易搭建的综合性国际展会。创办这样一个交易会，是中国扩大对外开放、推动服务业和服务贸易快速发展的重要举措。希望参会企业不虚此行，收获更多的信息、友情和商机。

服务业是衡量一国经济发展水平的重要标志。目前，服务业占世界经济的比重接近70%，服务贸易占世界贸易总额的20%以上，服务领域跨国投资占全球跨国投资的近2/3。伴随经济全球化深入发展和产业结构深刻调整，新兴服务业和服务贸易蓬勃发展，成为推动世界经济和贸易增长的重要动力。

加快发展服务业，是中国转变发展方式和调整经济结构的主攻方向，是城乡居民生活水平持续改善的内在要求。"十一五"期间，我们制定了加快发展服务业的指导意见，出台一系列促进服务业和服务贸易发展的政策措施。2011年，服务业占国民经济的比重达到43.1%，吸纳就业人口约2.7亿；服务贸易总额突破4000亿美元，居世界第四位；服务业吸收外资552亿美元，首度超过制造业成为利用外资最多的领域。

我们也清醒地看到，受多种因素影响，中国服务业总体供给不足，结构不合理，竞争力不强，对国民经济发展的贡献率不高，与经济社会加快发展、产业结构调整升级的要求不相适应。为此，中国政府在"十二五"规划中明确提出，要把推动服务业大发展作为产业结构优化升级的战略重点，服务业增加值占GDP总量的比重要从43%提升至47%，2015年服务进出口总额达到6000亿美元。中国服务业发展潜力巨大，与扩大内需相辅相成，我们完全有信心、有办法促进服务业发展提速、比重提高、水平提升。

——我们要深入推进服务领域各项改革。坚持市场化、产业化、社会化的改革方向，坚决打破部门分割、地区封锁和行业垄断，充分释放服务业的发展潜力和活力。要深化金融、电信、铁路、民航等服务行业改革，放宽市场准入，引入竞争机制，实现投资主体多元化。对属于基本公共服务范畴的基本公共教育、基本医疗卫生、基本住房保障、基本社会服务、社会保险、就业服务、公共文化体育等，坚持在政府负责的前提下，注重发挥市场机制作用，鼓励社会力量参与。按照政企分开、政事分开、事业企业分开、营利性机构与非营利性机构分开的原则，加快事业单位改革，使相当部分事业单位逐步转化为企业。深化政府机关后勤服务社会化改革，实现由内部自我服务为主，向主要由社会提供服务为主转变。建立统一、开放、竞争、有序的服务业市场，坚决破除阻碍民营企业投资的“玻璃门”和“弹簧门”。凡是法律、法规没有明令禁入的服务领域，都要向社会资本开放。

——我们要积极扩大服务业对外开放。坚持以开放促改革促发展，是中国加快服务业发展的重要思路。在加入世界贸易组织谈判中，中国就服务业对外开放作出了广泛而深入的承诺。中国完全兑现了承诺，开放了100个服务部门，其中54个允许外商独资，23个允许外资控股，基本没有设置地域限制、数量限制和歧视性待遇。我们还在一些服务领域实行自主开放，比如开放交强险，提高外资在合资证券公司中的股比等。实践证明，中国是说话算数、勇于担当的国家，是致力于互利共赢、共同发展的国家。今后，我们将坚持进口与出口并重、“引进来”与“走出去”并重的方针，全面提升服务业的开放水平，努力提高服务贸易在对外贸易中的比重。要鼓励软件和信息服务、文化、建筑服务等优质服务出口，大力发展服务外包，使“中国服务”与“中国制造”并肩进入国际市场；也要积极扩大服务进口，鼓励引进先进技术、管理经验和高端服务，预计今后五年中国服务进口总额将超过1.25万亿美元。要继续扩大服务业对外开放，欢迎各国企业来中国投资兴业；也要鼓励有实力的企业“走出去”，在境外建立地区总部、营销网络和研发中心。

——我们要大力优化服务业结构。适应产业结构和消费结构升级的趋势，重点发展现代服务业，规范提升传统服务业。现代服务业是制造业的“心脏”和“大脑”，是实体经济发展的重要支撑和强大动力。中国处于工业化的关键阶段，现代制造业和现代服务业相互促进、协调发展，是必须长期坚持的战略方针。要适应制造业转型升级的迫切要求，大力发展金融、物流、商贸、广告会展、科技服务、信息服务等生产性服务业，促进生产性服务业与先进制造业深度融合，提高制造业的附加值和竞争力。同时，大力发展旅游、健身、家政、养老等生活性服务业，满足城乡居民多样化需求。鼓励传统服务企业改革创新和兼并重组，走规模化、品牌化、网络化经营之路，培育一批具有较强竞争力的大型服务企业。

——我们要努力营造有利于服务业发展的政策环境。纠正“重工业、轻服务业”的发展思路，加快实施有利于服务业发展的政策。逐步实行服务业用电、用水、用气与工业同价。扩大服务业用地供给，工业企业退出的土地优先用于发展服务业。拓宽服务业企业融资渠道，支持有实力的服务企业上市融资和发行债券。取消针对服务业的各种不合理收费，对合理的收费要依法公示并接受社会监督。目前，上海市正在实行服务业营业税改征增值税试点，我们将在总结试点经验的基础上，逐步扩大范围，完善服务业税收制度。

女士们，先生们：

当前，世界经济复苏充满曲折艰难。在开放中谋求发展、在合作中实现共赢，是世界经济贸易持续发展的关键。国际社会应当携起手来，共同推动服务贸易自由化便利化，促进国际服务贸易发展，为实现世界经济强劲、可持续、平衡增长提供有力支撑。为此，我愿提出几点倡议：

第一，加快推动多哈谈判，促进服务贸易自由化进程。服务贸易谈判涉及150多个成员和100多个部门，是多哈回合谈判中的重点，也是谈判的难点。拆除贸易保护的藩篱，是各国服务企业的共同期待。中方一贯主张尽快结束多哈回合谈判，营造公正、自由、透明的服务贸易环境，增强各国对多边贸易体系的信心，为全球经济贸易复苏注入强大动力。中方始终是支持谈判的积极力量，将以最大诚意推动谈判早日达成实质性成果。

第二，加强服务贸易监管合作，营造更加便利的政策环境。除了市场准入壁垒外，各国服务业法律、法规、管理政策、产业标准不一致，也是阻碍服务贸易发展的重要因素。随着全球服务业的国际分工日益加深，服务外包规模扩大，加强监管政策合作迫在眉睫。要推动全球服务业行政审批透明化，加强专业人员的资格互认，协调行业技术标准，确保各国出台的服务贸易政策更加客观、公正、合理，更加有利于服务贸易加快发展。

第三，加快高新技术与服务业融合，共同推进服务贸易创新与变革。通信技术和互联网技术快速发展，为全球服务贸易带来了前所未有的发展机遇。各国政府和企业应把握住科技发展的脉搏，加快普及移动互联网和信息技术产品的应用，不断提高电信服务效率，大力发展电子商务，推动信息和通讯技术领域的产学研合作，加强服务领域知识产权保护，为服务贸易向高端发展提供坚实支撑。

第四，关注发展中国家的诉求，促进全球服务贸易均衡发展。与发达国家相比，发展中国家服务业发展水平低，服务出口能力薄弱，制约了世界服务贸易快速发展。中方呼吁国际社会更加重视发展中国家服务贸易发展环境的培育和能力建设，帮助最不发达国家尽快融入世界贸易体系。发达国家应率先对发展中国家优势服务部门开放市场，以实际行动帮助发展中国家提高服务出口能力。

女士们，先生们：

中国正处于调整经济结构和转变发展方式的关键时期，服务业发展面临历史性的机遇，即将迎来快速发展的春天。京交会应运而生，承载着促进服务业和服务贸易发展的历史使命。我坚信，京交会一定会抓住机遇，不辱使命，成为具有持续发展力和影响力的国际盛会，中国对外开放的道路一定会越走越宽广！

谢谢大家！

国务院总理温家宝在人民大会堂分别会见津巴布韦总理茨万吉拉伊 老挝总理通辛和卡塔尔首相兼外交大臣哈马德

在会见茨万吉拉伊时，温家宝说，中国与津巴布韦有着深厚的传统友谊，两国关系政治基础牢固。中方愿在教育、医疗、农业、能源等与民生密切相关的领域继续向津方提供帮助。双方要加强对经贸合作的指导规划。中国政府鼓励本国企业赴津巴布韦投资，更多地向津方转让实用技术，增强津方自我发展能力。

茨万吉拉伊感谢中国长期以来对津巴布韦的帮助和支持，表示津方致力于巩固和发展两国业已存在的良好关系，愿学习借鉴中国的发展经验，扩大互利合作，推动两国关系取得更大发展。

在会见通辛时，温家宝说，中国和老挝都处于改革和发展的关键时期，面对错综复杂的形势，双方要巩固睦邻友好，维护共同利益，抓紧研究制订落实中老全面战略合作伙伴关系的行动计划，在矿产、水电、农业、交通等重点领域加强合作。中方赞赏老方积极参与湄公河执法安全合作，希望沿岸各国齐心协力，为地区经济发展和人民生活创造稳定安宁的环境。

通辛说，老中是好邻居、好朋友、好同志、好伙伴，感谢中方长期以来提供的宝贵支持，老方愿与中方加强在治国理政方面的交流借鉴，保持高层交往，深化经贸、交通、科技、人文等领域的交流合作，共同打击贩毒和跨国犯罪，密切在国际、地区事务中的协调配合。

在会见哈马德时，温家宝说，近年来，中国和卡塔尔的友好合作关系不断发展，造福了两国人民。中方愿同卡方加强能源、金融、基础设施建设、投资等领域合作的统筹规划，认真落实达成的各项共识，更好地实现互利双赢。

哈马德表示，温家宝总理今年初对卡塔尔的访问取得了重要成果，卡方愿发展与中国更加紧密的关系，扩大在能源、投资等领域的互利合作。卡方重视中国在叙利亚问题上的立场和努力，愿与中方保持沟通协调，确保安南特使的"六点建议"得到落实。

国务院总理温家宝在国家会议中心会见出席首届中国（北京）国际服务贸易交易会的世贸组织总干事拉米

温家宝表示，越是在世界经济困难的时候，越应当大力推进贸易自由化，这有利于促进世界经济增长，增加就业。中国是国际自由贸易规则的遵循者，也是推进者。中国政府将加强同世贸组织的配合，推动多哈回合谈判取得进展。

拉米表示，服务业占世界经济的比重越来越大。国际社会乐见中国在推进服务贸易方面发挥引领作用。中国通过举办京交会，向外界发出促进世界经济复苏、支持贸易自由化进程、坚持改革开放的强有力信号。拉米感谢中国积极参与多哈回合谈判，认为国际社会应增强信心，共同作出不懈努力。

全国政协主席贾庆林在人民大会堂与老挝总理通辛举行会谈

全国人大常委会副委员长路甬祥在金边会见柬埔寨首相洪森等柬领导人

国防部部长梁光烈在金边与柬埔寨副首相兼国防大臣迪班举行会谈

国防部部长梁光烈在金边应约会见菲律宾国防部部长加斯明

梁光烈指出，黄岩岛是中国固有领土，不存在任何争议，此次黄岩岛事件完全是由于菲军舰在黄岩岛海域武力袭扰中国渔民引起的。菲方在事件发生后的一系列做法，使事态复杂化。中方要求菲方切实尊重中国主权，不要再采取使事态更趋复杂化、扩大化的行动。希望菲防务部门和军队以大局为重，保持冷静、克制，谨言慎行，以实际行动维护地区和平稳定。

加斯明说，在双方外交部门处置有关敏感问题的同时，希望两国防务部门继续保持沟通，以利促进有关问题的和平、合理解决。

首届中国（北京）国际服务贸易交易会举行高峰论坛

5月29日

中共中央总书记胡锦涛主持中共中央政治局第三十三次集体学习

胡锦涛强调，要牢牢把握科学发展这个主题，紧紧围绕转变经济发展方式这条主线，遵循工业化客观规律，适应市场需求变化，根据科技进步新趋势，积极发展结构优化、技术先进、清洁安全、附加值高、吸纳就业能力强的现代产业体系，提高工业发展质量和效益，努力从工业大国向工业强国转变，为全面建设小康社会、加快推进社会主义现代化奠定坚实物质基础。

中国电子信息产业发展研究院罗文研究员、中国社会科学院工业经济研究所金碚研究员就这个问题进行讲解。

中共中央政治局各位同志认真听取了他们的讲解,就有关问题进行了讨论。

胡锦涛在主持学习时发表了讲话。他指出,新中国成立以来特别是改革开放以来,我们在长期实践中探索和走出了中国特色新型工业化道路,我国工业建设取得举世瞩目的成就,建成了门类齐全、独立完整的现代工业体系和国民经济体系,实现了从农业大国向工业大国的历史性转变。同时,我们也必须看到,我国工业发展长期依靠高投入、高消耗,存在着发展方式粗放、结构不合理、核心技术受制于人、资源环境约束强化、区域发展不平衡等深层次矛盾和问题。这些矛盾和问题解决不好,不仅会影响我国工业健康发展,而且会给整个经济发展带来不利影响。

胡锦涛指出,工业是实体经济的主体,也是转变经济发展方式、调整优化产业结构的主战场。坚持走中国特色新型工业化道路,走出一条科技含量高、经济效益好、资源消耗低、环境污染少、人力资源优势得到充分发挥的新型工业化路子,是加快转变经济发展方式的重要途径,是全面建设小康社会的必然要求,是提高我国综合国力和国际竞争力的重要保障。

胡锦涛强调,要着力推进工业发展制度环境建设,加强战略谋划和顶层设计,加强促进工业发展的制度建设,加强重大问题研究,完善政策体系,增强消费对工业发展的拉动作用,发挥工业产品在扩大内需中的积极作用,营造各方面关心、支持工业发展的良好氛围。要着力推进现代产业体系建设,根据工业转型升级总体要求,围绕改造提升制造业、培育发展战略性新兴产业、大力发展生产性服务业,瞄准重点领域和方向,集中力量尽快取得实质性突破,提高工业制造基础能力、新产品开发能力、品牌创建能力、产业集中度,促进全产业链整体升级,切实提高产业核心竞争力和经济效益,增强工业可持续发展能力。要着力推进创新驱动,抓住新一轮世界科技革命带来的战略机遇,深入实施科教兴国战略和人才强国战略,加快建设创新型国家,大力增强科技创新能力,为坚持走中国特色新型工业化道路奠定坚实科技和人力资源基础。

政协第十一届全国委员会第四十八次主席会议在北京召开

会议决定6月下旬召开全国政协十一届常委会第十八次会议,建议这次常委会议的议题为围绕“牢牢把握稳中求进的工作总基调,促进经济平稳较快发展”建言献策。中共中央政治局常委、全国政协主席贾庆林主持会议并讲话。

会议审议通过了政协第十一届全国委员会常务委员会第十八次会议议程草案和日程,审议通过了有关人事事项的决定草案。会议决定,将上述草案提请第十八次常委会议审议。全国政协副主席、中共中央统战部部长杜青林,全国政协副主席兼秘书长钱运录,全国政协副秘书长孙怀山,分别对有关事项作了说明。

贾庆林在讲话中指出,政协十一届十八次常委会议,是中共十八大之前人民政协举行的一次重要协商议政活动,意义重大。今年以来,我国经济运行继续朝着宏观调控的预期方向发展,但仍面临许多新情况新问题。促进经济平稳较快发展,为十八大召开营造良好环境,关键要把握好稳中求进的工作总基调,加强和改善宏观调控,加快转变经济发展方式,做好经济发展和社会稳定各项工作。

贾庆林强调,要进一步增强责任感和紧迫感,把各项筹备工作做得更加深入细致、扎实有效,确保会议圆满成功。一是有效形成工作合力,努力形成运转协调、衔接紧密、相互促进的工作格局;二是深入研究论证,加强对调研视察成果的归纳整理和提炼升华,切实增强对策建议的针对性、科学性和实效性,努力形成一批高质量的大会发言,充分展现人民政协参政议政的能力和水平;三是认真抓好成果转化,对常委们的真知灼见,要及时迅捷地反映和报送,加强跟踪反馈,促进成果转化落实;四是切实做好政协各方面工作的经验总结。十届全国政协以来,政协围绕经济社会发展中的重大问题认真调查研究,提出了许多具有综合性、全局性、前瞻性的意见和建议,有效服务了党和国家工作大局。要认真总结成功经验,努力提高政协工作的科学化水平,使政协各项工作在党和国家事业发展中发挥更大作用。

中国宋庆龄基金会成立30周年纪念大会在人民大会堂举行

全国政协主席贾庆林出席大会并讲话。

贾庆林说,宋庆龄先生是伟大的爱国主义者,是为新中国的成立和发展作出杰出贡献的政治家,是在国际上具有重大影响和享有崇高声誉的社会活动家。作为国际上公认的20世纪最伟大的女性之一,宋庆龄先生为世界和平和人类进步作出了杰出贡献,深受中国人民和世界人民的尊敬和爱戴。在邓小平同志倡导下,经中共中央批准,1982年5月正式成立了中国宋庆龄基金会。这是新中国成立后唯一一个以党和国家领导人的名字命名的基金会,对于弘扬宋庆龄精神、传承她的未竟事业具有重大而深远的意义。

贾庆林指出,中国宋庆龄基金会成立30年来,紧紧围绕党和国家工作大局,始终秉持“和平、统一、未来”的建会宗旨,认真履行人民团体和公益机构双重职能，取得了令人振奋的可喜成绩，在海内外产生了积极影响。实践充分证明，宋庆龄基金会不愧为促进我国公益事业发展的重要团体，不愧为推动祖国和平统一的重要桥梁，不愧为拓展我国民间外交的重要平台。

贾庆林提出要求：一是继承优良传统，努力在弘扬宋庆龄精神上发挥更大作用。要继续深入研究宋庆龄精神，筑牢基金会事业发展的思想根基。大力弘扬和践行宋庆龄精神，为基金会持续发展提供源源不断的力量支持。二是秉持根本宗旨，努力在推动党和国家事业发展上作出更大贡献。要积极参与国际民间事务，为推动中国走向世界、世界了解中国贡献力量。认真贯彻中央对台工作方针政策，进一步巩固两岸关系和平发展的坚实基础。积极发展青少年儿童文教、科技和福利事业，促进青少年的身心健康和全面发展。三是把握双重属性，努力在强化自身建设上取得更大成效。作为人民团体，要建立、健全功能明确、运行高效、监管有力的管理体制和运行机制，进一步探索新形势下密切联系群众的途径载体，不断丰富参与社会服务的渠道空间。作为公益慈善机构，要坚持依法依规办事，加强对基金和公益项目的管理，提高基金会的信息公开度和社会公信力。

国家副主席习近平在人民大会堂与肯尼亚副总统穆西约卡举行会谈

国务院副总理李克强在人民大会堂会见世界经济论坛主席施瓦布

李克强说，当前国际经济形势复杂严峻，正处在发展变化的敏感期，不确定不稳定因素在增加，国际社会加强合作十分必要。希望世界经济论坛继续提供交流平台，推动各方围绕应对当前全球挑战、完善发展模式、促进可持续发展等寻求共识、形成合力。

李克强指出，中国与世界经济论坛的成功合作，促进了国际社会对中国的了解，拓展了相互合作的渠道。中国将在继续积极开展对外经贸、技术交流与合作的同时，更加注重深化智力和知识领域的合作，分享各国发展经验，促进共赢发展。

施瓦布表示相信中国在世界经济中将发挥越来越重要的作用，愿利用论坛资源为中国的发展服务。

国家副主席习近平在人民大会堂会见美国比尔及梅琳达·盖茨基金会联席主席比尔·盖茨

习近平表示，当前中美双方正按照两国元首达成的共识，积极推进相互尊重、互利共赢的合作伙伴关系建设，双方在广泛领域的合作蓬勃发展。这不仅造福了两国人民，也有利于世界的和平与发展。习近平赞赏盖茨基金会长期关注和支持人类健康和发展事业，致力于消除全球贫困和疾病防治，并同中国相关部门在卫生、农业、科技等领域积极开展互利合作。习近平希望盖茨基金会同中国合作方一道切实抓好合作项目的落实，继续探索和创新有效的合作模式，健全合作机制，实现优势互补；同时充分利用各种资源渠道，加强科技创新和成果应用，为提升中国和广大发展中国家医疗卫生水平发挥积极作用。

比尔·盖茨表示，美中保持良好的合作关系对世界十分重要。基金会积极投身于全球健康和发展项目，高度重视与中方的合作，将继续推进有关项目，为中国疾病控制和健康事业发展作出自己的贡献。

中央纪委书记贺国强在人民大会堂会见以政治委员会第一书记卡·巴巴耶夫为团长的土库曼斯坦民主党代表团

国务院副总理李克强在人民大会堂会见美国大都会集团董事长坎达里安

国务院副总理王岐山在中南海分别会见世贸组织总干事拉米和出席首届中国(北京)国际服务贸易交易会的外国部长

王岐山分别会见世贸组织总干事拉米和出席首届中国(北京)国际服务贸易交易会的澳大利亚贸易部部长埃默森，以色列工业、贸易和劳工部部长西姆洪，莫桑比克财政部部长曼努埃尔、新加坡贸工部部长林勋强、乌拉圭外交部部长阿尔马格罗。

王岐山说，中国愿与世贸组织加强合作，改革和完善世界贸易规则，改进国际贸易统计方法，还原全球生产和贸易价值链的本来面貌，更好地促进贸易和投资自由化，推动全球经济增长和就业增加。

拉米表示，在当前国际金融危机尚未结束的情况下，经贸问题"去政治化"十分重要。世贸组织将继续致力于推动和维护自由贸易。

王岐山说，服务贸易是推动世界经济复苏和增长的重要力量。在当前全球经济严峻复杂的情势下，举办本届京交会，有利于加强国际贸易投资合作，反对保护主义，促进全球经济走向可持续复苏，对外发出一个积极信号。中国正处于工业化、城镇化加速期，伴随着转方式、调结构步伐加快，服务业和服务贸易发展潜力巨大，将为各国企业合作带来新的机遇。

埃默森等5位部长均表示，高度重视发展对华经济关系，愿继续加强各领域务实合作，推动双边关系健康发展。

外交部部长杨洁篪在新加坡与新加坡总统陈庆炎举行会谈

国防部部长梁光烈在金边与新加坡国防部部长黄永宏举行会谈

中国远洋渔业协会成立大会在北京举行

国务院副总理回良玉致信祝贺,向长期奋斗在远洋渔业一线的广大干部职工和渔民群众致以诚挚的问候。

回良玉在贺信中说,我国是一个人多地少、资源相对不足的发展中国家,积极推动远洋渔业发展,是顺应国际海洋开发潮流、合理利用世界海洋生物资源的有效途径,是满足人民群众食用需求、确保国家食物安全的现实需要,是实施"走出去"战略、开展互利共赢国际合作的时代要求和战略抉择。在党中央、国务院高度重视下,我国远洋渔业自1985年起步,走过了辉煌的发展历程。经过远洋渔业人的艰苦奋斗和不懈努力,产业规模日益扩大、产业结构不断优化、管理制度逐步健全、综合实力和国际竞争力显著提升,我国已经成功跻身世界主要远洋渔业国家行列。

回良玉指出,在新的历史发展阶段,中国远洋渔业协会应运而生,这是我国远洋渔业的一件大事。希望中国远洋渔业协会坚持"服务成员企业、辅助行政决策、加强行业自律、完善产业体系、促进交流合作"的宗旨,健全组织结构、加强制度建设、培养人才队伍,充分发挥好桥梁纽带作用、组织协调作用、行业服务作用和规范自律作用,为促进我国远洋渔业的持续健康发展作出新的更大贡献。

我国在太原成功发射"遥感卫星十五号"

15时31分,我国在太原卫星发射中心用"长征四号丙"运载火箭成功发射"遥感卫星十五号",卫星顺利进入预定轨道。"遥感卫星十五号"主要用于科学试验、国土资源普查、农作物估产及防灾减灾等领域,将对我国国民经济发展发挥积极作用。此次发射是长征系列运载火箭的第164次飞行。

"遥感卫星十五号"和"长征四号丙"运载火箭均由中国航天科技集团公司所属上海航天技术研究院负责研制生产。

首届《儿童文学》金近奖在浙江颁奖

颁奖典礼在著名儿童文学作家、《儿童文学》杂志创始人金近先生的故乡浙江上虞举行。评奖作品为两年内在《儿童文学》上、下两刊中发表的原创作品与优秀插图。毛云尔《老王家的狗》等20篇文章获得作品奖,周珊如等9人获得插画奖。

《儿童文学》杂志在金近先生及一批老一辈著名作家的关怀与参与下,于1963年创办。现在《儿童文学》的月均发行量达100万册以上,成为中国儿童文学领域中影响最大的杂志之一。《儿童文学》金近奖是为了纪念与弘扬金近先生献身儿童文学事业的无私精神,进一步繁荣儿童文学创作而设立的。

第二十六届金鹰奖评选暨第九届中国金鹰电视艺术节在北京启动

5月30日

国务院总理温家宝在北京主持召开国务院常务会议讨论通过《"十二五"国家战略性新兴产业发展规划》和《全国游牧民定居工程建设"十二五"规划》

会议指出,发展战略性新兴产业是一项重要战略任务,在当前经济运行下行压力加大的情况下,对于保持经济长期平稳较快发展具有重要意义。《"十二五"国家战略性新兴产业发展规划》(以下简称《规划》)面向经济社会发展的重大需求,提出了七大战略性新兴产业的重点发展方向和主要任务。(一)节能环保产业要突破能源高效与梯次利用、污染物防治与安全处置、资源回收与循环利用等关键核心技术,发展高效节能、先进环保和资源循环利用的新装备和新产品,推行清洁生产和低碳技术,加快形成支柱产业。(二)新一代信息技术产业要加快建设下一代信息网络,突破超高速光纤与无线通信、先进半导体和新型显示等新一代信息技术,增强国际竞争力。(三)生物产业要面向人民健康、农业发展、资源环境保护等重大需求,强化生物资源利用等共性关键技术和工艺装备开发,加快构建现代生物产业体系。(四)高端装备制造产业要大力发展现代航空装备、卫星及应用产业,提升先进轨道交通装备发展水平,加快发展海洋工程装备,做大做强智能制造装备,促进制造业智能化、精密化、绿色化发展。(五)新能源产业要发展技术成熟的核电、风电、太阳能光伏和热利用、生物质发电、沼气等,积极推进可再生能源技术产业化。(六)新材料产业要大力发展新型功能材料、先进结构材料和复合材料,开展共性基础材料研究和产业化,建立认定和统计体系,引导材料工业结构调整。(七)新能源汽车产业要加快高性能动力电池、电机等关键零部件和材料核心技术研发及推广应用,形成产业化体系。《规划》还提出了20项重大工程。

会议强调,推动战略性新兴产业健康发展,要充分发挥市场配置资源的基础性作用,注重优化政策环境,激发市场主体积极性。加强自主创新,增强自主发展能力。加强国际交流合作,走开放式创新和国际化发展道路。

会议讨论通过了《全国游牧民定居工程建设"十二五"规划》。会议指出,新中国成立特别是改革开放以来,党中央、国务院高度重视牧区经济社会发展,牧民生产生活条件得到很大改善,绝大部分游牧民实现定居。"十二五"时期,要深入推进游牧民定居工程,基本解决尚未定居的 24.6 万户、115.7 万名游牧民定居问题,促进牧区畜牧业发展方式转变和草原生态保护,维护民族团结和边疆稳定,为全面建成小康社会奠定坚实基础。

会议强调,实施游牧民定居工程,要优先建设保障游牧民基本生产生活的定居房、牲畜棚圈,尽量做到饮水、供电、道路、通信、医疗、学校等设施同步配套,因地制宜建设饲草基地、青稞基地,实现经济效益、社会效益和生态效益的统一。工程建设要从不同地区游牧民的实际需要出发,尊重民族习俗和游牧民意愿。多方筹措建设资金,减轻游牧民自筹资金压力。拓宽牧民增收渠道,确保游牧民定得下、稳得住、能发展。

第三次全国对口支援新疆工作会议在人民大会堂召开

党和国家领导人温家宝、习近平参加了会见。国务院副总理李克强参加会见并在会上讲话。

李克强在讲话中说,两年来,19 个支援省市、中央和国家机关、有关企业和新疆维吾尔自治区、新疆生产建设兵团认真贯彻中央的决策部署,团结协作,开展了规模空前的对口援疆,取得了令人瞩目的巨大成就。在对口援疆的强力推动下,天山南北形成了大建设、大开放、大发展的局面。回顾两年来的工作,关键是做到了全面援疆、民生优先,同时坚持科学推进、规划先行,制定特殊支持政策调动各方面积极性,形成了互动互利的援疆热潮。

李克强指出,当前,世界经济复苏的曲折性、艰巨性凸显,我国经济下行压力也在加大。保持经济平稳较快发展,要坚持扩大内需的长期战略方针,这也是转变经济发展方式的重大举措。新疆地域辽阔、资源丰富、发展潜力巨大,是实施扩大内需战略的主战场之一,是深入推进西部大开发的重点所在,也是承接国内产业转移的重要区域。进一步做好对口援疆工作、推动新疆实现跨越式发展和长治久安,对于培育西部地区开发开放新的增长极,对于稳定经济增长,对于调整优化区域经济结构,都具有重要现实意义。

李克强说,构筑全方位对外开放格局,也要求进一步做好援疆工作。目前发达经济体增长前景不确定,而中亚地区、欧亚大陆许多新兴经济体保持了较快发展势头。新疆地处亚欧大陆腹地和亚欧大陆桥中间地带,是我国向西开放的桥头堡之一。我们要顺应新的形势,在继续提升沿海开放、向东开放的同时,加快沿边开放、向西开放,拓展开放发展、合作发展的空间。新一轮对口援疆工作,要在这一大背景下加以谋划和推动。

李克强强调,对口援疆既是一项长期而艰巨的任务,又是当前一项重要而紧迫的工作。要坚持工作目标不动摇、工作热情不降低、工作力度不减弱,以更高的效率推进住房、就业、医疗、社保等民生项目,加强交通、水利等重大基础设施和生态环保建设,推进产业援疆发展特色经济,加大科技、教育、人才、干部等智力援疆力度,推动新疆与内地之间、各民族之间加深交流交往交融,努力开创对口援疆工作新局面。

这次会议的主要任务是深入贯彻落实中央新疆工作座谈会和前两次全国对口支援新疆工作会议精神,总结新一轮对口支援新疆工作全面实施以来取得的成绩和经验,研究解决存在的困难和问题,部署当前和今后一个时期对口支援新疆工作,进一步推进新疆跨越式发展和长治久安。有关地区、部门和单位负责同志共 430 人参加了会议。

国家副主席习近平在人民大会堂会见乌拉圭外长阿尔马格罗

国务院副总理李克强在中南海紫光阁会见美国通用电气公司董事长兼首席执行官 美国总统就业和竞争力委员会主席杰夫·伊梅尔特

李克强指出,中国正在积极扩大内需,保持经济平稳较快增长,加快转变经济发展方式,培育和发展战略性新兴产业,美国正推进产业回归和重振制造业。两国在高端制造、节能环保、新能源、生物、绿色发展、新一代信息通信技术等领域有广阔合作空间,可以创造新的巨大需求。希望通用电气发挥自身优势,以更加开放的态度与中方开展投资和技术合作,实现共赢发展。

伊梅尔特表示通用电气公司对在华发展充满信心,将继续落实对中国的长期承诺和投资。

中国将开征废弃电器电子产品处理基金

财政部今天发布,经国务院批准,自今年 7 月 1 日起中国将开征废弃电器电子产品处理基金,这是国家为促进废弃电器电子产品回收处理而设立的政府性基金。财政部、环境保护部、国家发展改革委、工业和信息化部、海关总署、国家税务总局已于日前联合发布了

《废弃电器电子产品处理基金征收使用管理办法》。

办法指出，缴纳该基金的对象为电器电子产品生产者、进口电器电子产品的收货人或者其代理人，其中电器电子产品生产者包括自主品牌生产企业和代工生产企业。

办法明确，基金将分别按照电器电子产品生产者销售、进口电器电子产品的收货人或者其代理人进口的电器电子产品数量定额征收。纳入基金征收范围的电器电子产品按照《废弃电器电子产品处理目录》执行，财政部会同环境保护部、国家发展改革委、工业和信息化部根据废弃电器电子产品回收处理补贴资金的实际需要，在听取有关企业和行业协会意见的基础上，可适时调整基金征收标准。

根据办法，电器电子产品生产者应缴纳的基金，由国家税务局负责征收。进口电器电子产品的收货人或者其代理人应缴纳的基金，由海关负责征收。电器电子产品生产者按季申报缴纳基金。

5月31日

国务院总理温家宝在北京主持召开国务院常务会议再次听取全国民用核设施综合安全检查情况汇报

会议指出，国务院2011年3月16日常务会议听取了应对日本福岛第一核电站核事故有关情况的汇报，决定对全国核设施进行安全检查。有关部门组织核安全、地震、海洋等方面专家，用9个多月时间对全国41台运行、在建核电机组，3台待建核电机组，以及所有民用研究堆和核燃料循环设施等，进行了综合安全检查。中国工程院组织开展了我国核能发展的再研究重大咨询项目，形成了《新形势下我国核电发展的建议》阶段研究报告。今年2月8日，国务院常务会议听取了综合安全检查情况汇报，对进一步深入检查及落实整改措施做了部署。

安全检查的总体结论是：我国核安全标准全面采用国际原子能机构的安全标准，核安全法规标准体系与国际接轨。民用核设施在选址中对地震、洪水等外部事件进行了充分论证。核电厂在设计、制造、建设、调试和运行等各环节均进行了有效管理，总体质量受控。

检查认为，我国运行和在建核电厂基本能够满足我国现行核安全法规和国际原子能机构最新标准的要求，具备一定的严重事故预防和缓解能力，风险受控，安全有保障；民用研究堆和核燃料循环设施满足我国现行核安全法规要求，风险受控，安全有保障。

检查发现的问题主要是：个别核电厂的防洪能力不满足新的要求，个别民用研究堆和核燃料循环设施抗震能力未达到新的标准，部分核电厂未制定实施严重事故预防和缓解规程，海啸问题评估和应对基础比较薄弱等。对这些问题，有关部门和企业迅速组织整改，目前已取得阶段性成效。

会议讨论并原则通过《核安全与放射性污染防治“十二五”规划及2020年远景目标》。我国核安全与放射性污染防治的根本方针是：安全第一，质量第一。基本原则是：预防为主、纵深防御，新老并重、防治结合，依靠科技、持续改进，坚持法治、严格监管，公开透明、协调发展。总体目标是：核设施与核技术利用装置安全水平进一步提高，辐射环境安全风险明显降低，基本形成综合配套的事故防御、污染治理、科技创新、应急响应和安全监管能力，保障核安全、环境安全和公众健康；核电安全保持国际先进水平，核安全与放射性污染防治水平全面提升，辐射环境质量保持良好。

会议同意公布《关于全国民用核设施综合安全检查情况的报告》和《核安全与放射性污染防治“十二五”规划及2020年远景目标》，向社会征求意见。

国务院副总理李克强在人民大会堂会见泰国正大集团董事长谢国民

李克强指出，企业合作、民间交流是国与国交往的重要组成部分，也是两国民众加深了解和友谊的有效途径。中国正在协调推进工业化、城镇化和农业现代化，继续深化改革开放，将会释放巨大市场需求潜力，带来新的贸易投资机遇。希望正大集团等各国企业发挥优势，深化与中方企业的合作，继续积极参与中国经济建设特别是加大对中西部地区的投资力度，实现互利共赢。

谢国民表示正大集团将继续拓展在华业务，扩大在农牧业、食品加工、零售业等方面的合作，为促进泰中友好作出积极努力。

国务院副总理王岐山在中南海会见波兰副总理兼经济部部长瓦尔德马·帕夫拉克

中国—阿拉伯国家合作论坛第五届部长级会议在突尼斯哈马迈特开幕

突尼斯总统马尔祖基和外长阿卜杜赛拉姆、中国外长杨洁篪、阿盟秘书长阿拉比以及来自其他阿拉伯国家的部长及部长代表出席会议开幕式。

作为中方执行主席，杨洁篪外长在主旨讲话中说，中阿合作论坛自2004年成立以来，已成为新时期中阿开展集体对话与合作的重要平台。过去两年中，中阿双方落实了第四届部长级会议的宣言和行动计划，政治关系不断巩固,经贸合作强劲增长,人文交流丰富多彩,取得了丰硕成果。

中央军委主席胡锦涛签署命令追授《南京政治学院学报》编辑部原主编严高鸿"模范理论工作者"荣誉称号

严高鸿,男,1948年4月出生,1968年3月入伍,1969年2月入党,安徽省广德县人。2010年12月18日,他在参加学院研究生学位论文开题报告会时,因突发心脏病,以身殉职。

命令指出,严高鸿同志把毕生精力献给了国防教育事业和马克思主义理论教育研究事业,是一名优秀的马克思主义理论工作者。他从事政治理论教学研究31年,刻苦钻研党的创新理论,先后发表55篇学术论文、主持完成8项国家和军队科研规划课题、出版17部专著和教材,为马克思主义哲学、军事哲学、军事思维学研究作出显著贡献,获得军队杰出专业技术人才奖等多个奖项。他主持编写的《中国社会主义建设概论》教材,在理论教育研究领域产生重要影响;提出的"纳入人类实践的自然环境作为构成生产力的重要因素,通过生产力系统参与了对社会发展的决定性作用"观点,被学术界称为"严高鸿命题"。他积极宣传党的创新理论,每年授课250课时以上,开设的13门课程成为学院的精品课或特色课,先后到军地单位作报告600多场次,受到听众的普遍称赞。他躬身实践党的创新理论,几十年如一日忘我工作,主编《南京政治学院学报》13年,坚持把办刊与提高教学科研水平、与培养理论骨干人才有机结合起来,为推进马克思主义中国化时代化大众化作出了应有贡献。中央军委决定,追授严高鸿同志"模范理论工作者"荣誉称号。

江苏无锡国家数字电影产业园揭牌

英伦华夏(E3D)、中乐文化、泓雅集、冯小宁工作室等50多个涉及数字影视软件研发、后期制作等领域的国内外知名影视文化项目签约入驻。

无锡国家数字电影产业园是目前经由国家广电总局批准的第一个数字电影产业园区,位于长广溪国家湿地公园景区,总规划面积约6平方公里。据介绍,该产业园计划在未来3—5年内引进影视及其衍生产业企业500家,实现影视及其相关产业年产值200亿元,成为国际知名的数字影视拍摄制作基地。

中央电视台播出庆祝2012年"六一"国际儿童节晚会《幸福像花儿一样》

6月1日

国家主席胡锦涛与哥斯达黎加共和国总统钦奇利亚互致贺电庆祝中哥建交五周年

胡锦涛在贺电中说,建交五年来,在双方的共同努力下,中哥关系稳步发展。双方高层交往频繁,政治互信日益增强,在经贸、金融、文化、教育、科技等领域务实合作成果丰硕,在重大国际和地区事务中保持良好沟通和协调。中方高度重视发展同哥斯达黎加的关系,愿同哥方一道,以建交五周年为契机,不断增进两国人民相互了解,进一步深化双边各领域互利合作,推动中哥友好合作关系迈上新台阶。

钦奇利亚在贺电中表示,五年来,哥中关系发展顺利。双方不断加强相互理解和对话合作,取得了丰硕成果。这充分表明两国对发展各领域关系的高度重视。哥中继续巩固和发展政治、经贸、学术、文化和技术创新等领域合作的前景广阔。双方将继续加强多边和地区框架下的对话与合作,为促进世界和平与安全作出贡献。

全国政协主席贾庆林在人民大会堂会见阿尔及利亚全国经济社会理事会主席巴贝斯

纪念胡乔木同志诞辰100周年座谈会在人民大会堂举行

中共中央政治局常委李长春出席座谈会。

胡乔木同志是中国共产党的优秀党员,久经考验的忠诚的共产主义战士,无产阶级革命家,杰出的马克思主义理论家、政论家和社会科学家,思想理论宣传文化战线的卓越领导人。

中宣部部长刘云山在座谈会上讲话。刘云山指出,胡乔木同志的一生是英勇奋斗、无私奉献的一生,是追求真理、光明磊落的一生。在长达60多年的革命生涯中,胡乔木同志坚定理想信念,忠诚于党,热爱祖国和人民,把毕生精力奉献给中国革命、建设和改革事业。胡乔木同志为党和国家许多重大决策的确立竭尽智慧才华,为党的思想理论建设和宣传文化工作作出卓越贡献,为党的文献编纂和党史研究工作倾注大量心血,为推动新时期哲学社会科学事业繁荣发展发挥了重要作用。我们纪念胡乔木同志,就要学习他坚持真理、献身理想的崇高追求,学习他实事求是、勇于创造的探索精神,学习他求知若渴、好学不倦的高尚志趣,学习他尊重知识、爱才惜才的远见卓识,学习他无私奉献、谦虚谨慎的优良品德。刘云山强调,要大力弘扬胡乔木等老一辈革命家的崇高精神,更加紧密地团结在以胡锦涛同志为总书记的党中央周围,坚持以马克思列宁主义、毛泽东思想、邓小平理论和“三个代表”重要思想为指导,深入贯彻落实科学发展观,开拓进取、扎实工作,以良好的精神状态和优异的工作业绩,迎接党的十八大胜利召开,为中国特色社会主义事业作出新的更大贡献。

《人民日报》为发表中纪委书记贺国强的文章《着力解决发生在群众身边的10个方面腐败问题 不断以反腐倡廉建设新成效取信于民造福于民》配发编者按

文章指出,党的十七大以来,各级纪检监察机关认真贯彻中央要求,大力加强基层党风廉政建设,取得了明显成效,但当前发生在群众身边的腐败问题依然比较突出,必须进一步采取有力措施加以解决。

文章强调,各级纪检监察机关要深入贯彻落实十七届中央纪委第七次全会特别是胡锦涛总书记重要讲话精神,在继续加大力度查办大案要案特别是高中级干部违纪违法案件的同时,把着力解决发生在群众身边的腐败问题摆上更加重要的位置来抓,严肃查处征地拆迁、矿产资源开发、各类学校乱收费、医药购销和医疗服务、食品药品制假售假、国有企业领导人员侵占国家和集体以及职工权益、基层干部吃拿卡要和收受财物、为黑恶势力充当“保护伞”、买官卖官和拉票贿选、作风粗暴和奢侈浪费等方面的腐败问题,以反腐倡廉建设的新成效取信于民、造福于民。

国务院副总理王岐山在人民大会堂与俄罗斯副总理德沃尔科维奇举行中俄能源谈判代表第八次会晤

王岐山表示,当前中俄能源合作面临重要机遇。双方应认真落实两国领导人达成的共识,推动两国能源合作迈上新台阶,更好地造福两国人民。俄罗斯天然气资源丰富,中国市场潜力巨大,双方应从战略高度坚定不移地推进中俄天然气合作。去年中俄原油管道年输油达1500万吨,成为中俄能源合作的标志性工程。双方应进一步扩大原油贸易,加强石油领域上下游一体化合作,中方参与俄方上游项目开发,俄方参与中方下游炼厂合作,实现优势互补。继续深化核能合作,平衡推动田湾二期、示范快堆、实验快堆、核燃料、浮动核电站、空间核动力等领域合作。中方愿继续推动双方企业在煤炭贸易、煤炭资源综合一体化开发、煤制油、煤矿建设工程承包、煤机贸易等方面合作。俄罗斯远东及东西伯利亚地区电力资源丰富,中方将继续鼓励企业从俄进口电力,扎实推进中俄电网领域务实合作。双方应进一步深化在能效、生物质能和水电等方面的合作。

德沃尔科维奇表示,俄中能源合作是两国经济合作的重要领域。根据两国领导人达成的共识，双方积极推进有关合作，第七次能源谈判代表会晤达成的协议大部分已经落实。同时，两国在天然气、石油、核电、煤炭、电力、可再生能源等方面的合作仍有巨大潜力，俄方视中方为长期稳定的能源消费市场，愿进一步推动关键领域的合作不断取得新的成果。

会晤结束后，王岐山与德沃尔科维奇共同签署了《中俄能源谈判代表第八次会晤纪要》。

中央军委主席胡锦涛签署命令发布《中国人民解放军放射性污染防治条例》

新华社报道：中央军委主席胡锦涛签署命令，发布《中国人民解放军放射性污染防治条例》(以下简称《条例》)，自2012年7月1日起施行。

《条例》以胡主席和中央军委关于加强放射性污染防治工作的重要指示为指导，贯彻国家放射性污染防治法的基本原则，结合军队实际，明确了军队放射性污染防治工作的管理职责，规定了军队放射性污染预防和治理的基本制度以及监督管理的措施要求。

《条例》的发布施行，对于加强军队放射性污染防治工作，保护人员、装备和环境安全，具有重要意义。

全国农业科技教育工作会议在合肥举行

国务院副总理回良玉出席会议并讲话。

回良玉强调，当前和今后一个时期，农业科技教育工作的主要任务就是全面贯彻落实中央一号文件精神，推动农业科技教育事业又好又快发展。一是以保障国家粮食安全和主要农产品供给为宗旨，切实把握好农业科技创新的方向和重点，力争在核心关键、基础前沿技术领域取得突破，当务之急是要攻克种业难关，加快培育一批具有重大应用价值和自主知识产权的突破性新品种。二是以主体多元化、服务优质化为方向，充分调动各类农技服务主体的积极性，全面提升农业技术推广能力，共同为农民提供质优价廉、方便实用的农技服务，合力破解“最后一公里”的难题。三是以科技资源整合为重点，深入推进农业科技体制机制创新，加强统筹协调，优化布局结构，强化协同创新，完善评价机制，推动产学研、农科教紧密结合，不断提高农业科研产出效率。四是以培养高素质人才为中心，全面振兴农业教育，努力提高高等农业教育质量，大力发展农业职业教育，提升农业学科建设科学化水平，吸引优秀中学生学农，鼓励优秀大学生到农村创业。五是以保障农业后继有人为目标，加大各类农村人才培养计划和培训工程的实施力度，强化政策引导，创新培训模式，通过技能培训、产业带动、创业扶持等多种途径，培养造就一批有文化、懂技术、会经营的新型农民和农村带头人。六是以政府投入为主导，持续加大农业科技教育投入力度，积极引导和鼓励金融机构、社会资金投入农业科技教育，形成多元化、多渠道、高效率的农业科技教育投入格局。七是以互利共赢为出发点，加强农业科技教育国际交流合作，实现在更高起点上的自主创新和跨越发展。八是以多方协同参与为核心，建立富有效率的协作配合机制，弘扬科学精神，创造良好学术氛围；加大宣传力度，引导全社会关心支持，努力营造良好的农业科技教育事业发展环境。

国新办发布《中华人民共和国可持续发展国家报告》

在今天举行的国务院新闻办新闻发布会上，我国发布了《中华人民共和国可持续发展国家报告》，阐述了中国实施可持续发展战略付出的努力和取得的进展，分析了存在的差距和面临的挑战，提出了今后的战略举措，并阐明了对将于今年6月下旬举行的联合国可持续发展大会的原则立场。

国家发改委副主任杜鹰在新闻发布会上表示，继续深入实施可持续发展战略是中国的必然选择。世界各国在推进可持续发展的过程中，应当坚持“共同但有区别的责任”的原则。发展中国家要尽其所能的推进向绿色发展转型，发达国家要切实履行官方的援助承诺，提供资金和先进的技术来增强发展中国家可持续发展的能力。

杜鹰说，可持续发展理念形成40年以来，特别是改革开放以来，中国一直坚持可持续发展的理念，并且把它上升为国家战略，特别是进入新世纪以来，中国明确提出了科学发展观这一推进经济社会发展的重要指导思想，我国在可持续发展领域取得了举世瞩目的成绩。例如：我国实行了最严格的耕地和水资源保护制度，用占全球不到10%的耕地，以及人均仅有世界平均水平28%的水资源，养活了占全球1/5的人口；我们坚持了开发式扶贫的方针，十年来，中国的贫困人口从9422万人减少到2688万人，贫困发生率从10.2%下降到2.8%等。

我国今后推进可持续发展的总体思路是：把经济结构调整作为推进可持续发展战略的重大举措，把保障和改善民生作为推进可持续发展战略的主要目的，把加快消除贫困进程作为推进可持续发展战略的紧迫任务，把建设资源节约型和环境友好型社会作为推进可持续发展战略的重要着力点，把全面提升可持续发展能力作为推进可持续发展战略的基础保障。

第三届中国工业软件发展高层论坛在北京举行

论坛以“提升工业软件整体实力、服务中国工业转型”为主题，发布并解读了《2011中国工业软件产业发展年度报告》。此报告全面展示了中国工业软件发展现状、竞争格局、未来市场与技术发展趋势，剖析了产业面临的机遇和挑战，提出了促进工业软件快速发展的建议。

民政部在北京举行流浪儿童救助宣传日活动

今天是“六一”儿童节，民政部在北京举行流浪儿童救助宣传日活动。民政部表示，今年年底前将实现我国城市街面基本上没有流浪儿童的目标。

去年12月，民政部、中央综治办、教育部、公安部以及卫生部等8个部委联合下发文件，要在全国开展为期一年的接送流浪孩子回家的专项行动。根据行动的安排，在今年2月份到10月份是行动的集中行动环节。今年1月份到4月份全国各个直辖市、省会城市以及计划单列市一共救助流浪未成年人1.1万人次，各地有关部门也在积极开展流浪未成年人的救助保护工作。

民政部部长李立国介绍，流浪未成年人的救护工作现在呈现比较良好的局面，城市街面儿童流浪的现象已经明显比之前减少。今后各地救助保护机制、救助保护站在保障受助未成年人基本生活的基础上，还应该注重开展的心理辅导、教育矫治以及法律援助、技能培训、就业帮扶和跟踪回访等多项延伸性的服务，来帮助流浪的未成年人用一种积极健康的身心回归到家庭，融入到社会。

节能平板电视和节能空调推广活动正式启动

新华社报道：财政部发布消息，宣布财政补贴推广高效节能平板电视和节能空调活动将于今年6月1日正式启动，推广期暂定一年，中央财政每台家电补贴资金100元至400元不等。

财政部、国家发展改革委、工业和信息化部日前联合下发了通知，明确将采取财政补贴方式，支持高效节能平板电视和节能空调的推广使用，此举旨在贯彻落实国务院常务会议关于促进节能家电等产品消费的决定。

通知规定，支持推广的高效节能平板电视为能效1级的液晶电视和等离子电视，且能效指数分别达到1.7及以上水平、1.4及以上水平，被动待机功率不大于0.5瓦。支持推广的高效节能空调为能效等级2级及以上，额定制冷量在14000W以下，气候类型为T1的分体式房间空气调节器。

三部门初步预计，推广高效节能平板电视和节能空调将拉动消费1350多亿元，实现年节电约120亿千瓦时，折合标准煤400万吨。

6月2日

马克思主义理论研究和建设工程工作会议在北京召开

会议对八年来的工作进行系统总结，对深入推进工程进行全面部署。中共中央政治局常委李长春出席会议并讲话。他指出，要深入贯彻党的十七届六中全会精神，以高度的理论自觉和理论自信深入推进工程，更好地推动党的思想理论建设，推动哲学社会科学繁荣发展，为党的十八大胜利召开营造良好的思想理论氛围。

李长春指出，实施马克思主义理论研究和建设工程，是以胡锦涛同志为总书记的党中央，从深入推进马克思主义中国化时代化大众化、坚持和发展中国特色社会主义事业的战略高度，作出的一项重大决策。工程实施八年来，在党中央的高度重视和直接领导下，取得了重要阶段性成果，为推进党和国家事业发展作出了贡献。实践证明，党中央作出实施马克思主义理论研究和建设工程的决策是完全正确的。通过工程实施，进一步高扬了马克思主义旗帜，创新了理论工作机制，打开了繁荣发展哲学社会科学的突破口，搭建了培养马克思主义理论人才的重要平台，有力促进了党的思想理论建设和哲学社会科学繁荣发展。马克思主义理论研究和建设工程，不愧是关系中国特色社会主义事业发展全局的战略工程、生命工程、基础工程。

李长春强调，深入推进马克思主义理论研究和建设工程，是新的历史起点上我们党坚持和发展马克思主义的重要举措，也是贯彻落实党的十七届六中全会精神的必然要求。我们党成立91年、在全国执政63年、领导改革开放34年以来，推动中国经济社会发生了深刻变革和快速发展，开辟和拓展了中国特色社会主义道路，创立和发展了中国特色社会主义理论体系，形成和完善了中国特色社会主义制度，这是中国共产党领导全国各族人民进行的重大创新，是人类文明史上的伟大创举。如何在学习借鉴人类文明成果的基础上，用中国的理论研究和话语体系解读中国实践、中国道路，不断概括出理论联系实际的、科学的、开放融通的新概念、新范畴、新表述，打造具有中国特色、中国风格、中国气派的哲学社会科学学术话语体系，是理论界和学术界面临的重大而紧迫的时代课题。

李长春强调，必须充分认识深入推进工程对党和国家事业长远发展的战略意义，以对党对人民对历史高度负责的精神，把马克思主义理论研究和建设工程不断引向深入，加强理论创新和学术创新，继续推进充分反映马克思主义中国化最新成果的哲学社会科学学科体系和教材体系建设；加强对重大理论和现实问题的研究阐释，引导干部群众更好地统一思想、凝聚共识；进一步加大工程的宣传力度，充分展示党的思想理论建设的丰硕成果；深入开展对外交流，努力扩大我国在国际学术领域的话语权和影响力；继续发挥工程的纽带和桥梁作用，大力加强马克思主义理论队伍建设。各级党委和有关部门要把工程摆在重要位置，加强领导，作出部署，精心组织，使这项重大战略部署得到更好的贯彻落实。

中共中央政治局委员、中央书记处书记、中宣部部长刘云山主持会议。中共中央政治局委员、国务委员刘延东，全国政协副主席、中国社会科学院院长陈奎元出席会议。

中央宣传思想工作领导小组成员，马克思主义理论研究和建设工程主管单位负责人，工程咨询委员会委员，课题组部分首席专家，中国特色社会主义理论体系研究基地负责人，各省、自治区、直辖市和新疆生产建设兵团党委宣传部及教育厅(教委)、教育局主要负责人，教育部部分直属高校和各省区(市)重点综合高校主要负责人，中央主要新闻单位负责人，共320人参加了会议。徐光春、袁贵仁、王伟光、刘树成在会上作了发言。

“海洋六号”赴太平洋执行科考任务

我国综合海洋调查船“海洋六号”今天从广州起航，赴太平洋执行大洋第27航次科考任务，此次科考任务包括富钴结壳资源调查、中国载人深潜器“蛟龙”号7000米级海试保障等，预计9月底返回。

6月3日

国家副主席习近平在钓鱼台国宾馆会见美国艾奥瓦州州长布兰斯塔德率领的友好代表团

习近平表示，很高兴时隔3个多月与艾奥瓦州的老朋友再次相逢。

习近平指出，近年来，中美人民交往不断加强。30多年前中美刚建交时，双方一年只有几千人互访。现在每天就有约9000人往返于中美之间。在美留学的中国人和在华学习的美国人也分别达到了16万和2.3万。习近平说，人民交往是两国关系发展的基础，是建设中美合作伙伴关系、探索新型大国关系之路的重要组成部分，是推动中美关系发展的不竭动力。新形势下双方应努力做好以下工作：一是要以人为本、惠及民生。通过全方位、多层次的交往合作，推动取得越来越多的成果，造福两国人民，使更多人成为中美友好合作的建设者、贡献者和受益者。二是要持之以恒、细水长流。要用“积土成山、积水成渊”的精神，从点滴做起，坚定不移推动两国人民交往，让中美友好世代相传。三是要与时俱进、开拓创新。要顺应形势发展，把握时代脉搏，不断开拓新领域、尝试新形式，开创中美人民交往新局面。

习近平最后表示，艾奥瓦州的老朋友曾在我2月访美时说过这样一句话：友谊是一件大事，充满友谊的世界才是和平的世界。美中两国一定能够建立更紧密的关系和更深厚的友谊。这句话给中国代表团留下深刻印象，也反映了两国人民的信念。只要我们坚持这一信念，中美友好事业就一定能永葆活力，世代相传。

艾奥瓦州州长布兰斯塔德表示，我们这次访问带来了300万艾奥瓦州人民对您2月访美时重返艾奥瓦州的衷心感谢和访问成功的真诚祝贺。他说，您与艾奥瓦州结成的持久友谊是美中两国人民持久友谊的象征，对未来美中两国关系的发展具有重要意义。

河北省省委书记张庆黎、全国友协会长李小林等参加会见。

“蛟龙”号载人潜水器出征

今天，搭载我国“蛟龙”号载人潜水器的“向阳红09”试验母船从江苏江阴起航，奔赴马里亚纳海沟区域执行“蛟龙”号7000米级海试任务，此次任务还将采集海底生物和水样进行科学研究。

世界生物材料大会首次在我国举行

第九次世界生物材料大会在成都举行，这是全球生物材料领域层次最高的综合性会议，创办32年来首次在发展中国家举办。

6月4日

国务院总理温家宝签署第620号令公布《对外劳务合作管理条例》

《对外劳务合作管理条例》已经2012年5月16日国务院第203次常务会议通过，现予公布，自2012年8月1日起施行。

总　理　温家宝

2012年6月4日

对外劳务合作管理条例

第一章　总　则

第一条　为了规范对外劳务合作，保障劳务人员的合法权益，促进对外劳务合作健康发展，制定本条例。

第二条　本条例所称对外劳务合作，是指组织劳务人员赴其他国家或者地区为国外的企业或者机构

(以下统称国外雇主)工作的经营性活动。

国外的企业、机构或者个人不得在中国境内招收劳务人员赴国外工作。

第三条　国家鼓励和支持依法开展对外劳务合作,提高对外劳务合作水平,维护劳务人员的合法权益。

国务院有关部门制定和完善促进对外劳务合作发展的政策措施,建立、健全对外劳务合作服务体系以及风险防范和处置机制。

第四条　国务院商务主管部门负责全国的对外劳务合作监督管理工作。国务院外交、公安、人力资源社会保障、交通运输、住房城乡建设、渔业、工商行政管理等有关部门在各自职责范围内,负责对外劳务合作监督管理的相关工作。

县级以上地方人民政府统一领导、组织、协调本行政区域的对外劳务合作监督管理工作。县级以上地方人民政府商务主管部门负责本行政区域的对外劳务合作监督管理工作,其他有关部门在各自职责范围内负责对外劳务合作监督管理的相关工作。

第二章　从事对外劳务合作的企业与劳务人员

第五条　从事对外劳务合作,应当按照省、自治区、直辖市人民政府的规定,经省级或者设区的市级人民政府商务主管部门批准,取得对外劳务合作经营资格。

第六条　申请对外劳务合作经营资格,应当具备下列条件:

(一)符合企业法人条件;

(二)实缴注册资本不低于600万元人民币;

(三)有3名以上熟悉对外劳务合作业务的管理人员;

(四)有健全的内部管理制度和突发事件应急处置制度;

(五)法定代表人没有故意犯罪记录。

第七条　申请对外劳务合作经营资格的企业,应当向所在地省级或者设区的市级人民政府商务主管部门(以下称负责审批的商务主管部门)提交其符合本条例第六条规定条件的证明材料。负责审批的商务主管部门应当自收到证明材料之日起20个工作日内进行审查,作出批准或者不予批准的决定。予以批准的,颁发对外劳务合作经营资格证书;不予批准的,书面通知申请人并说明理由。

申请人持对外劳务合作经营资格证书,依法向工商行政管理部门办理登记。

负责审批的商务主管部门应当将依法取得对外劳务合作经营资格证书并办理登记的企业(以下称对外劳务合作企业)名单报至国务院商务主管部门,国务院商务主管部门应当及时通报中国驻外使馆、领馆。

未依法取得对外劳务合作经营资格证书并办理登记,不得从事对外劳务合作。

第八条　对外劳务合作企业不得允许其他单位或者个人以本企业的名义组织劳务人员赴国外工作。

任何单位和个人不得以商务、旅游、留学等名义组织劳务人员赴国外工作。

第九条　对外劳务合作企业应当自工商行政管理部门登记之日起5个工作日内,在负责审批的商务主管部门指定的银行开设专门账户,缴存不低于300万元人民币的对外劳务合作风险处置备用金(以下简称备用金)。备用金也可以通过向负责审批的商务主管部门提交等额银行保函的方式缴存。

负责审批的商务主管部门应当将缴存备用金的对外劳务合作企业名单向社会公布。

第十条　备用金用于支付对外劳务合作企业拒绝承担或者无力承担的下列费用:

(一)对外劳务合作企业违反国家规定收取,应当退还给劳务人员的服务费;

(二)依法或者按照约定应当由对外劳务合作企业向劳务人员支付的劳动报酬;

(三)依法赔偿劳务人员的损失所需费用;

(四)因发生突发事件,劳务人员回国或者接受紧急救助所需费用。

备用金使用后,对外劳务合作企业应当自使用之日起20个工作日内将备用金补足到原有数额。

备用金缴存、使用和监督管理的具体办法由国务院商务主管部门会同国务院财政部门制定。

第十一条　对外劳务合作企业不得组织劳务人员赴国外从事与赌博、色情活动相关的工作。

第十二条　对外劳务合作企业应当安排劳务人员接受赴国外工作所需的职业技能、安全防范知识、外语以及用工项目所在国家或者地区相关法律、宗教信仰、风俗习惯等知识的培训;未安排劳务人员接受培训的,不得组织劳务人员赴国外工作。

劳务人员应当接受培训,掌握赴国外工作所需的相关技能和知识,提高适应国外工作岗位要求以及安全防范的能力。

第十三条　对外劳务合作企业应当为劳务人员购买在国外工作期间的人身意外伤害保险。但是,对外劳务合作企业与国外雇主约定由国外雇主为劳务人员购买的除外。

第十四条　对外劳务合作企业应当为劳务人员办理出境手续,并协助办理劳务人员在国外的居留、工作许可等手续。

对外劳务合作企业组织劳务人员出境后,应当及时将有关情况向中国驻用工项目所在国使馆、领馆报告。

第十五条　对外劳务合作企业、劳务人员应当遵守用工项目所在国家或者地区的法律，尊重当地的宗教信仰、风俗习惯和文化传统。

对外劳务合作企业、劳务人员不得从事损害国家安全和国家利益的活动。

第十六条　对外劳务合作企业应当跟踪了解劳务人员在国外的工作、生活情况，协助解决劳务人员工作、生活中的困难和问题，及时向国外雇主反映劳务人员的合理要求。

对外劳务合作企业向同一国家或者地区派出的劳务人员数量超过100人的，应当安排随行管理人员，并将随行管理人员名单报中国驻用工项目所在国使馆、领馆备案。

第十七条　对外劳务合作企业应当制定突发事件应急预案。国外发生突发事件的，对外劳务合作企业应当及时、妥善处理，并立即向中国驻用工项目所在国使馆、领馆和国内有关部门报告。

第十八条　用工项目所在国家或者地区发生战争、暴乱、重大自然灾害等突发事件，中国政府作出相应避险安排的，对外劳务合作企业和劳务人员应当服从安排，予以配合。

第十九条　对外劳务合作企业停止开展对外劳务合作的，应当对其派出的尚在国外工作的劳务人员作出妥善安排，并将安排方案报负责审批的商务主管部门备案。负责审批的商务主管部门应当将安排方案报至国务院商务主管部门，国务院商务主管部门应当及时通报中国驻用工项目所在国使馆、领馆。

第二十条　劳务人员有权向商务主管部门和其他有关部门投诉对外劳务合作企业违反合同约定或者其他侵害劳务人员合法权益的行为。接受投诉的部门应当按照职责依法及时处理，并将处理情况向投诉人反馈。

第三章　与对外劳务合作有关的合同

第二十一条　对外劳务合作企业应当与国外雇主订立书面劳务合作合同；未与国外雇主订立书面劳务合作合同的，不得组织劳务人员赴国外工作。

劳务合作合同应当载明与劳务人员权益保障相关的下列事项：

(一)劳务人员的工作内容、工作地点、工作时间和休息休假；

(二)合同期限；

(三)劳务人员的劳动报酬及其支付方式；

(四)劳务人员社会保险费的缴纳；

(五)劳务人员的劳动条件、劳动保护、职业培训和职业危害防护；

(六)劳务人员的福利待遇和生活条件；

(七)劳务人员在国外居留、工作许可等手续的办理；

(八)劳务人员人身意外伤害保险的购买；

(九)因国外雇主原因解除与劳务人员的合同对劳务人员的经济补偿；

(十)发生突发事件对劳务人员的协助、救助；

(十一)违约责任。

第二十二条　对外劳务合作企业与国外雇主订立劳务合作合同，应当事先了解国外雇主和用工项目的情况以及用工项目所在国家或者地区的相关法律。

用工项目所在国家或者地区法律规定企业或者机构使用外籍劳务人员需经批准的，对外劳务合作企业只能与经批准的企业或者机构订立劳务合作合同。

对外劳务合作企业不得与国外的个人订立劳务合作合同。

第二十三条　除本条第二款规定的情形外，对外劳务合作企业应当与劳务人员订立书面服务合同；未与劳务人员订立书面服务合同的，不得组织劳务人员赴国外工作。服务合同应当载明劳务合作合同中与劳务人员权益保障相关的事项，以及服务项目、服务费及其收取方式、违约责任。

对外劳务合作企业组织与其建立劳动关系的劳务人员赴国外工作的，与劳务人员订立的劳动合同应当载明劳务合作合同中与劳务人员权益保障相关的事项；未与劳务人员订立劳动合同的，不得组织劳务人员赴国外工作。

第二十四条　对外劳务合作企业与劳务人员订立服务合同或者劳动合同时，应当将劳务合作合同中与劳务人员权益保障相关的事项以及劳务人员要求了解的其他情况如实告知劳务人员，并向劳务人员明确提示包括人身安全风险在内的赴国外工作的风险，不得向劳务人员隐瞒有关信息或者提供虚假信息。

对外劳务合作企业有权了解劳务人员与订立服务合同、劳动合同直接相关的个人基本情况，劳务人员应当如实说明。

第二十五条　对外劳务合作企业向与其订立服务合同的劳务人员收取服务费，应当符合国务院价格主管部门会同国务院商务主管部门制定的有关规定。

对外劳务合作企业不得向与其订立劳动合同的劳务人员收取服务费。

对外劳务合作企业不得以任何名目向劳务人员收取押金或者要求劳务人员提供财产担保。

第二十六条　对外劳务合作企业应当自与劳务人员订立服务合同或者劳动合同之日起10个工作日内，

将服务合同或者劳动合同、劳务合作合同副本以及劳务人员名单报负责审批的商务主管部门备案。负责审批的商务主管部门应当将用工项目、国外雇主的有关信息以及劳务人员名单报至国务院商务主管部门。

商务主管部门发现服务合同或者劳动合同、劳务合作合同未依照本条例规定载明必备事项的，应当要求对外劳务合作企业补正。

第二十七条　对外劳务合作企业应当负责协助劳务人员与国外雇主订立确定劳动关系的合同，并保证合同中有关劳务人员权益保障的条款与劳务合作合同相应条款的内容一致。

第二十八条　对外劳务合作企业、劳务人员应当信守合同，全面履行合同约定的各自的义务。

第二十九条　劳务人员在国外实际享有的权益不符合合同约定的，对外劳务合作企业应当协助劳务人员维护合法权益，要求国外雇主履行约定义务、赔偿损失；劳务人员未得到应有赔偿的，有权要求对外劳务合作企业承担相应的赔偿责任。对外劳务合作企业不协助劳务人员向国外雇主要求赔偿的，劳务人员可以直接向对外劳务合作企业要求赔偿。

劳务人员在国外实际享有的权益不符合用工项目所在国家或者地区法律规定的，对外劳务合作企业应当协助劳务人员维护合法权益，要求国外雇主履行法律规定的义务、赔偿损失。

因对外劳务合作企业隐瞒有关信息或者提供虚假信息等原因，导致劳务人员在国外实际享有的权益不符合合同约定的，对外劳务合作企业应当承担赔偿责任。

第四章　政府的服务和管理

第三十条　国务院商务主管部门会同国务院有关部门建立对外劳务合作信息收集、通报制度，为对外劳务合作企业和劳务人员无偿提供信息服务。

第三十一条　国务院商务主管部门会同国务院有关部门建立对外劳务合作风险监测和评估机制，及时发布有关国家或者地区安全状况的评估结果，提供预警信息，指导对外劳务合作企业做好安全风险防范；有关国家或者地区安全状况难以保障劳务人员人身安全的，对外劳务合作企业不得组织劳务人员赴上述国家或者地区工作。

第三十二条　国务院商务主管部门会同国务院统计部门建立对外劳务合作统计制度，及时掌握并汇总、分析对外劳务合作发展情况。

第三十三条　国家财政对劳务人员培训给予必要的支持。

国务院商务主管部门会同国务院人力资源社会保障部门应当加强对劳务人员培训的指导和监督。

第三十四条　县级以上地方人民政府根据本地区开展对外劳务合作的实际情况，按照国务院商务主管部门会同国务院有关部门的规定，组织建立对外劳务合作服务平台(以下简称服务平台)，为对外劳务合作企业和劳务人员无偿提供相关服务，鼓励、引导对外劳务合作企业通过服务平台招收劳务人员。

国务院商务主管部门会同国务院有关部门应当加强对服务平台运行的指导和监督。

第三十五条　中国驻外使馆、领馆为对外劳务合作企业了解国外雇主和用工项目的情况以及用工项目所在国家或者地区的法律提供必要的协助，依据职责维护对外劳务合作企业和劳务人员在国外的正当权益，发现违反本条例规定的行为及时通报国务院商务主管部门和有关省、自治区、直辖市人民政府。

劳务人员可以合法、有序地向中国驻外使馆、领馆反映相关诉求，不得干扰使馆、领馆正常工作秩序。

第三十六条　国务院有关部门、有关县级以上地方人民政府应当建立、健全对外劳务合作突发事件预警、防范和应急处置机制，制定对外劳务合作突发事件应急预案。

对外劳务合作突发事件应急处置由组织劳务人员赴国外工作的单位或者个人所在地的省、自治区、直辖市人民政府负责，劳务人员户籍所在地的省、自治区、直辖市人民政府予以配合。

中国驻外使馆、领馆协助处置对外劳务合作突发事件。

第三十七条　国务院商务主管部门会同国务院有关部门建立对外劳务合作不良信用记录和公告制度，公布对外劳务合作企业和国外雇主不履行合同约定、侵害劳务人员合法权益的行为，以及对对外劳务合作企业违法行为的处罚决定。

第三十八条　对违反本条例规定组织劳务人员赴国外工作，以及其他违反本条例规定的行为，任何单位和个人有权向商务、公安、工商行政管理等有关部门举报。接到举报的部门应当在职责范围内及时处理。

国务院商务主管部门会同国务院公安、工商行政管理等有关部门，建立、健全相关管理制度，防范和制止非法组织劳务人员赴国外工作的行为。

第五章　法律责任

第三十九条　未依法取得对外劳务合作经营资格，从事对外劳务合作的，由商务主管部门提请工商行政管理部门依照《无照经营查处取缔办法》的规定查处取缔；构成犯罪的，依法追究刑事责任。

第四十条　对外劳务合作企业有下列情形之一的，由商务主管部门吊销其对外劳务合作经营资格证书，有违法所得的予以没收：

(一)以商务、旅游、留学等名义组织劳务人员赴国外工作;

(二)允许其他单位或者个人以本企业的名义组织劳务人员赴国外工作;

(三)组织劳务人员赴国外从事与赌博、色情活动相关的工作。

第四十一条 对外劳务合作企业未依照本条例规定缴存或者补足备用金的,由商务主管部门责令改正;拒不改正的,吊销其对外劳务合作经营资格证书。

第四十二条 对外劳务合作企业有下列情形之一的,由商务主管部门责令改正;拒不改正的,处5万元以上10万元以下的罚款,并对其主要负责人处1万元以上3万元以下的罚款:

(一)未安排劳务人员接受培训,组织劳务人员赴国外工作;

(二)未依照本条例规定为劳务人员购买在国外工作期间的人身意外伤害保险;

(三)未依照本条例规定安排随行管理人员。

第四十三条 对外劳务合作企业有下列情形之一的,由商务主管部门责令改正,处10万元以上20万元以下的罚款,并对其主要负责人处2万元以上5万元以下的罚款;在国外引起重大劳务纠纷、突发事件或者造成其他严重后果的,吊销其对外劳务合作经营资格证书:

(一)未与国外雇主订立劳务合作合同,组织劳务人员赴国外工作;

(二)未依照本条例规定与劳务人员订立服务合同或者劳动合同,组织劳务人员赴国外工作;

(三)违反本条例规定,与未经批准的国外雇主或者与国外的个人订立劳务合作合同,组织劳务人员赴国外工作;

(四)与劳务人员订立服务合同或者劳动合同,隐瞒有关信息或者提供虚假信息;

(五)在国外发生突发事件时不及时处理;

(六)停止开展对外劳务合作,未对其派出的尚在国外工作的劳务人员作出安排。

有前款第四项规定情形,构成犯罪的,依法追究刑事责任。

第四十四条 对外劳务合作企业向与其订立服务合同的劳务人员收取服务费不符合国家有关规定,或者向劳务人员收取押金、要求劳务人员提供财产担保的,由价格主管部门依照有关价格的法律、行政法规的规定处罚。

对外劳务合作企业向与其订立劳动合同的劳务人员收取费用的,依照《中华人民共和国劳动合同法》的规定处罚。

第四十五条 对外劳务合作企业有下列情形之一的,由商务主管部门责令改正;拒不改正的,处1万元以上2万元以下的罚款,并对其主要负责人处2000元以上5000元以下的罚款:

(一)未将服务合同或者劳动合同、劳务合作合同副本以及劳务人员名单报商务主管部门备案;

(二)组织劳务人员出境后,未将有关情况向中国驻用工项目所在国使馆、领馆报告,或者未依照本条例规定将随行管理人员名单报负责审批的商务主管部门备案;

(三)未制定突发事件应急预案;

(四)停止开展对外劳务合作,未将其对劳务人员的安排方案报商务主管部门备案。

对外劳务合作企业拒不将服务合同或者劳动合同、劳务合作合同副本报商务主管部门备案,且合同未载明本条例规定的必备事项,或者在合同备案后拒不按照商务主管部门的要求补正合同必备事项的,依照本条例第四十三条的规定处罚。

第四十六条 商务主管部门、其他有关部门在查处违反本条例行为的过程中,发现违法行为涉嫌构成犯罪的,应当依法及时移送司法机关处理。

第四十七条 商务主管部门和其他有关部门的工作人员,在对外劳务合作监督管理工作中有下列行为之一的,依法给予处分;构成犯罪的,依法追究刑事责任:

(一)对不符合本条例规定条件的对外劳务合作经营资格申请予以批准;

(二)对外劳务合作企业不再具备本条例规定的条件而不撤销原批准;

(三)对违反本条例规定组织劳务人员赴国外工作以及其他违反本条例规定的行为不依法查处;

(四)其他滥用职权、玩忽职守、徇私舞弊,不依法履行监督管理职责的行为。

第六章 附 则

第四十八条 有关对外劳务合作的商会按照依法制定的章程开展活动,为成员提供服务,发挥自律作用。

第四十九条 对外承包工程项下外派人员赴国外工作的管理,依照《对外承包工程管理条例》以及国务院商务主管部门、国务院住房城乡建设主管部门的规定执行。

外派海员类(不含渔业船员)对外劳务合作的管理办法,由国务院交通运输主管部门根据《中华人民共和国船员条例》以及本条例的有关规定另行制定。

第五十条 组织劳务人员赴香港特别行政区、澳门特别行政区、台湾地区工作的,参照本条例的规定执行。

第五十一条　对外劳务合作企业组织劳务人员赴国务院商务主管部门会同国务院外交等有关部门确定的特定国家或者地区工作的，应当经国务院商务主管部门会同国务院有关部门批准。

第五十二条　本条例施行前按照国家有关规定经批准从事对外劳务合作的企业，不具备本条例规定条件的，应当在国务院商务主管部门规定的期限内达到本条例规定的条件；逾期达不到本条例规定条件的，不得继续从事对外劳务合作。

第五十三条　本条例自2012年8月1日起施行。

中办 国办印发《关于进一步加强人民政协提案办理工作的意见》

新华社报道：近日，中共中央办公厅、国务院办公厅印发了《关于进一步加强人民政协提案办理工作的意见》(以下简称《意见》)，要求各地区各部门结合实际认真贯彻执行，全面提升政协提案办理工作科学化水平。

《意见》指出，人民政协事业是中国特色社会主义事业的重要组成部分。提案是人民政协履行政治协商、民主监督、参政议政职能的重要形式，办理好政协提案是各级党政机关的重要职责。

《意见》强调，做好政协提案办理工作，对于坚持和完善中国共产党领导的多党合作和政治协商制度，发展人民民主、加强民主监督，更好地发挥我国政治制度和政党制度的优势，深入推进社会主义民主政治建设；对于凝聚各方面智慧和力量，调动社会各界积极性主动性创造性，形成推进中国特色社会主义事业的强大合力；对于充分发挥人民政协作为党和政府联系群众、团结各界的重要桥梁纽带作用，切实做好新形势下群众工作，实现好、维护好、发展好最广大人民根本利益；对于提升决策科学化、民主化水平，加强和改进党和政府工作，具有十分重要的意义。各地区各部门一定要从党和国家事业长远发展的高度，进一步深化对政协提案办理工作重要意义的认识，把做好这项工作作为一项重要政治责任，摆在更加突出的位置，采取切实有效措施，努力推动政协提案办理工作迈上新台阶。

《意见》指出，加强政协提案办理工作，要高举中国特色社会主义伟大旗帜，以邓小平理论和“三个代表”重要思想为指导，深入贯彻落实科学发展观，坚定不移走中国特色社会主义政治发展道路，坚持围绕中心、服务大局，以增强办理实效为目标，以规范办理程序、完善办理机制为保障，全面提升提案办理工作科学化水平，逐步构建职责分明、重点突出、督办有力、落实到位的政协提案办理工作格局。要完善提案交办制度，规范提案办理内部运行机制，强化提案办理协商机制，抓好重点提案办理工作，积极采纳提案中的合理建议，健全提案答复机制，完善提案办理督查制度，使政协提案在全面建设小康社会、加快推进社会主义现代化进程中发挥更大作用。

《意见》强调，各地区各部门要认真落实《中国人民政治协商会议全国委员会提案工作条例》，切实把政协提案办理工作抓紧抓好。各级党委和政府要把政协提案办理工作纳入整体工作布局，定期听取政协提案办理工作情况汇报，研究解决政协提案办理工作中的重大问题，推动建立党委、政府、政协共同交办和督办提案机制。承办单位要根据提案办理工作需要，强化工作力量，明确承办机构，加大经费投入。要把是否重视政协提案办理工作、是否与提案者充分沟通协商、是否切实解决有关问题作为评价办理成效的基本内容，并逐步将政协提案办理工作纳入绩效考核体系。要支持政协组织对政协提案办理工作开展民主评议和民主监督。

《意见》要求，要充分发挥各级政协组织在政协提案办理工作中的重要作用。政协组织要采取有效措施提高提案质量。加大提案审查工作力度，完善提案分类办法，细化提案审查标准，规范提案审查程序，健全重点提案遴选机制。建立、健全提案质量评议制度，完善优秀提案评选办法。完善提案内容及答复意见公开机制。

《意见》提出，要采取多种形式，大力宣传人民政协运用提案履行职能的有效做法，宣传各地区各部门积极办理政协提案取得的成效，宣传社会主义民主政治建设取得的进展，宣传中国特色社会主义政治制度的优势，努力营造全社会广泛关注、积极参与、大力支持政协提案办理工作的良好氛围。

全国人大财经工作座谈会在贵阳召开

会议总结交流近三年来人大财经工作的经验和体会，研究探讨今后做好人大财经工作的措施和方法，进一步提高人大财经工作的质量和水平。

全国人大常委会副委员长华建敏发来贺信。

全国人大财经委主任委员石秀诗说，坚持服务大局，认真贯彻落实党和国家重大决策部署，是做好人大财经工作的根本保证；坚持以人为本，努力维护和实现广大人民群众根本利益，是做好人大财经工作的内在要求；坚持增强实效，促进国民经济又好又快发展，是做好人大财经工作的重中之重；坚持民主集中制，严格依法按程序办事，是做好人大财经工作的制度保证；坚持调查研究，是做好人大财经工作的基本方法。

全国人大常委会预算工委主任廖晓军说，今后预算工委要在增强工作针对性和时效性、加快财税立法步伐和提高立法质量、财税体制改革和重大财税问题的解决、改进服务等四个方面狠下功夫，不断提高各项工作的水平。

各省(区、市)人大常委会及财经委、人大常委会预算工委有关负责人参加会议。

国务院副总理回良玉在中南海紫光阁会见新西兰毛利人事务部部长皮塔·沙普尔斯

回良玉说，今年是中新建交40周年。两国在各领域的交流与合作近年来不断迈上新台阶，为促进亚太地区和谐与繁荣作出了积极贡献。我们愿与新方一道，继续本着相互尊重、平等相待、互利共赢的精神，增进互信，务实合作，把两国关系推向更高水平。

回良玉表示，中国政府高度重视民族工作，走出了一条符合中国国情的解决民族问题和实现各民族共同发展、共同繁荣的正确道路。中国主张各国根据本国国情和民族实际情况，自主选择妥善处理本国民族事务的方法和途径，反对任何国家、组织借口民族、宗教或人权事务干涉别国内政。

沙普尔斯表示，希望通过访问，增进新中两国人民之间的相互了解，推动两国关系进一步发展。

国防部部长梁光烈在八一大楼会见巴基斯坦空军参谋长巴特一行

中央军委发布《二〇二〇年前军队院校教育改革和发展规划纲要》

《二〇二〇年前军队院校教育改革和发展规划纲要》(以下简称《纲要》)从形势任务、思路目标、教育改革、院校建设以及组织实施5个方面共20项具体内容，对未来十年我军院校教育改革和发展作出总体规划部署。

《纲要》着眼推进军队院校教育科学发展，遵循教育规律，把握时代要求，确定了“优先发展、协调发展、重点发展、内涵发展、开放发展”的工作方针；聚焦军队院校教育关键领域，明确要建立和完善以岗位需求为牵引的人才培训体系、以任职教育为主体的新型院校体系、以能力培养为导向的现代教学体系、以法规制度为保证的教育质量管理体系、以高水平学科专业为支撑的教学科研创新体系、以优质资源为依托的开放办学体系，系统勾画了未来十年军队院校教育改革发展蓝图。

《纲要》突出军队院校教育主要类型，着重围绕生长干部学历教育、任职教育、研究生教育、士官教育以及办学模式、教育质量管理6个方面改革，提出了一系列创新举措；把握信息化条件下院校教育规律性要求和阶段性特征，重点抓住思想政治、学科专业、教员队伍、办学条件、正规化5个方面建设，提出了一系列配套措施。总部将加强《纲要》执行的组织领导，制定落实路线图，细化各级职责分工，建立督察和问责机制，以推进5项改革试点、5个专项计划和6大建设工程为抓手，全面推进各项改革和建设任务的有效落实。

国家宗教局在上海召开宗教活动场所管理经验交流会

会议期间，上海玉佛寺、陕西万寿八仙宫等12个宗教活动场所的代表作交流发言和专题片展播，展示他们在加强和创新管理中取得的经验和成绩。

国家宗教局局长王作安指出，随着国际形势的深刻变化和我国社会的深刻变革，宗教领域出现了一些新情况、新问题，加强和创新宗教活动场所管理，对依法管理宗教事务、做好新形势下的宗教工作，具有基础性、关键性的意义。

6月5日

国家主席胡锦涛与希腊总统帕普利亚斯互致贺电庆祝两国建交40周年

胡锦涛在贺电中说，建交40年来，两国关系取得长足发展。双方政治互信更加牢固，海运、经贸合作不断扩大，民间友好与日俱增。两国业已建立全面战略伙伴关系，近年来在应对国际金融危机的挑战中，双边友好合作更加密切。

帕普利亚斯在贺电中表示，希中建交40年来，双边关系发展成就瞩目。双方建立了全面战略伙伴关系，经济、政治和社会领域合作日益深化，人民友谊不断巩固。当前，为应对21世纪的政治经济挑战，希腊乃至整个欧洲正经历深刻变革。在此关键时期，我希望希中两国继续加强各领域合作，将全面战略伙伴关系提升至更高水平。

国家主席胡锦涛在人民大会堂与俄罗斯总统普京举行会谈

两国元首就双边关系和共同关心的重大国际和地区问题深入交换了意见，达成重要共识。双方一致同意，进一步深化平等信任的中俄全面战略协作伙伴关系，促进共同发展，维护世界和平、安全、稳定。

胡锦涛表示，近年来，在双方共同努力下，中俄关系继续保持积极健康稳定发展势头。两国高层交往密切，双方政府及各部门合作机制运转良好，务实合作规模和质量同步提升，人文交流更加活跃，俄罗斯旅游年活动顺利开展，双方在重大国际和热点问题上保持密切协调和配合。

胡锦涛指出，当前，世界多极化、经济全球化深入发展。同时，国际形势中不稳定不确定因素增多。中俄两国发展振兴既面临重要战略机遇，也面临不少挑战。中方愿同俄方一道，坚持从战略全局和长远角度处理两国关系，以积极落实中俄关系未来十年发展规划为中心任务，加大相互支持，加深全面合作，加固中俄世代友好，加强在国际和地区事务中的战略协作，更好促进两国共同发展，维护好两国振兴发展的和平国际环境。中俄关系发展得更好、更亲密，对两国人民是福音，对世界也是福音。

胡锦涛表示，中俄都致力于调整经济结构，都在积极应对世界经济中的风险和不利影响。两国应该根据各自国内发展和世界经济形势新特点，发挥经济互补性强的优势，改善经贸合作结构，提高经贸合作质量，重点开展以下几方面的合作。一是扩大投资合作，重点推进能源及上下游合作、资源深加工、联合机电制造等大项目合作。二是开展高技术和创新合作，建立从合作研发、创新到成果商业化、产业化的创新合作模式。三是开展战略性大项目合作，希望两国政府继续提供政策和资金支持。四是继续推进跨境基础设施建设，支持扩大地方合作。

胡锦涛指出，双方要扩大人文合作，在相继举办国家年、语言年和旅游年基础上，制订未来十年人文合作行动计划，重点加强两国青少年交流。执法安全合作是中俄全面战略协作的重要体现，双方要加强统筹协调，深化合作，推动国家间合作机制化。

普京表示，俄中全面战略协作伙伴关系不断迈上新台阶，达到前所未有的高水平。两国有着广泛共同利益和高度战略互信。两国领导人交往频繁，政治对话密切。前不久，双方成功举行了“海上协作”联合军事演习。两国在重大国际问题上保持密切沟通、协调、配合，为推动建立公正合理的国际新秩序作出了积极贡献，也为深化两国各领域合作创造了很好条件，两国经贸、科技、人文等领域交往合作富有成果。中国不仅是俄罗斯的好朋友，也是国际舞台上可信赖的好伙伴。俄方将继续一如既往本着战略协作精神，以制定《俄中睦邻友好合作条约》实施纲要(2013年至2016年)为契机，推动俄中关系更好发展。

普京表示，俄中合作潜力巨大、前景广阔。俄方对实现双边贸易额2015年达到1000亿美元、2020年达到2000亿美元的目标有信心。俄方希望同中方加强协商，积极规划，大力推进有关重点合作项目，深化油气、能源、核能、电力、新能源、林业、环保等领域合作，开展联合科技研发，改善经贸合作结构，提升合作水平。俄方愿同中方加强军事及执法安全合作，促进人文、新闻、旅游交流，支持俄远东西伯利亚地区和中国东北地区进行合作。

会谈后，两国元首共同签署《中华人民共和国和俄罗斯联邦关于进一步深化平等信任的中俄全面战略协作伙伴关系的联合声明》，出席有关双边合作文件的签字仪式并共同会见记者。

中华人民共和国和俄罗斯联邦关于进一步深化平等信任的中俄全面战略协作伙伴关系的联合声明

应中华人民共和国主席胡锦涛邀请，俄罗斯联邦总统普京于2012年6月5日至6日对中华人民共和国进行国事访问。两国元首在北京举行了会谈。中国全国人民代表大会常务委员会委员长吴邦国、中华人民共和国国务院总理温家宝、国家副主席习近平、国务院副总理李克强分别会见了普京总统。

访问期间，双方签署了一系列部门间、企业间重要合作文件，涵盖工业、民用航空、传统能源、核能、相互投资、旅游、斯科尔科沃和中关村科技园区合作、出口信贷和保险、媒体合作等领域。

一

双方回顾了新世纪以来中俄关系的发展历程，对两国各领域合作取得的丰硕成果感到满意。

双方将致力于进一步加强平等信任、相互支持、共同繁荣、世代友好的中俄全面战略协作伙伴关系，恪守尊重彼此利益和自主选择社会制度和发展道路的权利，互不干涉内政，在主权、领土完整和安全等核心利益问题上相互支持，互利共赢，不对抗的原则。两国元首指出，这一方针是两国外交最主要优先方向之一，符合两国的根本国家利益，有利于实现两国的发展繁荣，有利于维护地区及世界的和平、安全与稳定。

双方将进一步落实两国领导人确定的未来10年中俄关系发展规划。为此，双方商定如下：

——保持密切高层交往，完善议会、政府及部门间合作机制；

——完成2009—2012年中华人民共和国和俄罗斯联邦睦邻友好合作条约实施纲要，制定并批准2013—2016年实施纲要；

——在中俄战略安全磋商机制框架内加强双方在地区以及全球问题上的沟通和协调；

——全面深化各领域务实合作，努力在2015年前将双边贸易额提高到1000亿美元、2020年前提高到2000亿美元，同步提升经贸合作的质量，加强在投资、能源、高科技、航空航天、跨境基础设施建设等领域的合作，重点推动两国战略性大项目合作，扩大地方合作与企业交流；

——为进一步夯实双边关系的社会基础，制订中俄人文合作行动计划，举办好2012年中国“俄罗斯旅游年”和2013年俄罗斯“中国旅游年”活动，推动两国青年经常性交往，包括协商确定未来5年互派青年代表团机制，落实好莫斯科大学300名青年学生今年暑期来华研修计划，向中俄友好、和平与发展委员会以及其他双边社会团体提供协助；

——本着睦邻友好、彼此理解、相互信任、平等互利的精神深化两国边境地区的合作，包括对国界线进行联合检查，落实边境地区军事领域相互信任和裁减军事力量的措施，界河航行，对界河进行必要治理，保护环境，促进边境地区协调发展，推进跨境基础设施和边境口岸建设；

——增进两军传统友谊，深化两军各层次、各领域合作，开展旨在提高两军协同能力和促进地区和平、安全与稳定的联合军事演习；

——完善打击跨国犯罪、反恐、禁毒等领域的现有合作机制，扩大司法及检察机关的合作，继续探讨建立中俄执法安全合作委员会问题；

——在移民问题全面协作框架内完善条约法律基础，以便利两国公民合法往来，防范和打击非法移民活动；

——通过密切协作，包括通过对等增设领事机构，维护两国公民的合法权益。

二

双方指出，国际关系正经历快速深刻变革。国与国相互依存进一步加强，全球经济治理机制改革深入推进。新兴经济体的作用不断提升，世界多极化趋势深入发展。应对当今全球性挑战的必要性客观上要求各国团结一致，开展各种形式的协作和互利合作。

双方主张，国际社会应在以下方面共同努力：

——政治领域，在平等和相互尊重的基础上开展各领域合作，促进在国际关系中确立法治原则，促进多极化和国际关系民主化；加强联合国核心作用，恪守《联合国宪章》和公认的国际法原则和准则，反对对其进行修改和肆意解读的企图，尊重各国主权和领土完整，尊重各国人民独立选择社会制度和发展道路的权利，坚持通过和平对话方式化解矛盾与分歧，反对干涉别国内政。

——经济领域，开展合作、优势互补，推动经济全球化朝着均衡、互利、照顾彼此利益的方向发展，建立公正、公开、合理、非歧视的国际贸易体制，携手落实联合国千年发展目标，积极发挥国际和地区经济金融组织的作用，挖掘联合国、二十国集团、金砖国家、上海合作组织的合作潜力。

——安全领域，以平等和互信为基础开展合作，建立公平有效机制维护共同、平等、不可分割的安全，摒弃“冷战”思维和集团对抗，反对绕开《联合国宪章》动用武力或以武力相威胁。

——人文领域，既保持民族特色，又相互借鉴。尊重文化多样性，促进消除各国民众之间的精神隔阂和意识形态偏见，努力建立真正的文明对话，将文化交流作为实现国际关系和谐的有效工具。

——环保领域，开展国际合作，利用创新技术走可持续增长的道路，实现人与自然和谐共存。

三

双方高度评价2011年至2012年中方担任上海合作组织主席国期间取得的巨大成绩，旨在维护地区安全与稳定、拓展经济和人文交流的条约法律基础显著巩固。由中方倡议举办的“睦邻友好年”活动进一步确立了上海合作组织的基本理念，促进了上海合作组织各国人民之间文化传统的相互借鉴。各方积极致力于弘扬持久和平、共同繁荣、相互尊重的原则，使上海合作组织的威望和影响显著提升。

双方认为，即将在北京举行的上海合作组织元首峰会将为上海合作组织发展注入新的动力，是本组织在国际和地区事务中加强其作用的重大举措。

双方认为，在上海合作组织框架内就保障地区和平与安全进一步深化合作具有重要意义。为此，应在本组织框架内就地区安全问题，包括阿富汗问题定期举行磋商，邀请观察员国及其他有关各方参加。

中俄两国将通过落实能源、节能、交通、农业和高技术等领域的大型合作项目推动上海合作组织经济合作。为给上述合作项目提供融资保障，双方将继续积极推动在专家层面探讨组建上海合作组织发展基金（专门账户）和开发银行有关问题。

双方支持上海合作组织扩大同其他有关国家、国际组织的对话，重申坚持上海合作组织开放原则，重视有关国家加入上海合作组织的愿望，将加紧协商涉及扩员的法律、财务和行政条件。

四

双方重申，维护朝鲜半岛和平稳定，实现半岛无核化，符合有关各方共同愿望，实现这一目标对维护亚太地区的和平、稳定与安全至关重要。双方坚决反对任何有损于朝鲜半岛和平稳定和不利于实现半岛无核化的行为，希望有关各国保持克制，避免半岛局势进一步复杂化。双方认为，对话协商是解决朝鲜半岛问题的唯一有效途径。中俄呼吁有关各国早日重启六方会谈，以和平方式均衡解决有关各方关切，实现本地区长治久安。

双方重申，坚定支持维护叙利亚阿拉伯共和国的主权、独立、统一和领土完整，恪守《联合国宪章》的宗旨和原则，强调叙利亚局势发展对中东乃至世界和平、稳定具有重要意义，坚定认为，叙利亚危机必须通过冲突各方停止暴力,开启全面政治对话,并在没有外来干涉的情况下寻求公正、和平解决。双方坚决反对通过外来武力干涉解决叙利亚危机的图谋以及在联合国安理会等场合强行推动“政权更迭”。双方深信,国际社会必须加强协作,共同支持联合国—阿盟叙利亚危机联合特使安南的斡旋努力,敦促叙冲突各方立即停止武装对抗,全面落实安南“六点建议”和平计划及联合国安理会有关决议。为此,中俄双方欢迎在严格遵守联合国安理会第2043号决议基础上在叙部署联合国监督团。

双方呼吁叙政府及所有反对派尽快开启政治对话,努力推动叙局势正常化,恢复叙国内安全和法律秩序。

双方反对使用或威胁使用武力,不赞同对伊朗采取过度施压和单边制裁行动,主张在伊核问题上积极劝和促谈,通过对话与谈判和平解决,防止局势继续朝对抗方向发展。尤其在阿富汗和西亚北非局势总体动荡的背景下,这将对地区各国以及国际社会带来严重的负面影响。

双方支持阿富汗成为和平、稳定、独立、发展、没有恐怖主义及毒品犯罪的国家。双方欢迎上海合作组织给予阿富汗观察员国地位。双方认为,必须集中力量发展和完善上海合作组织等现有涉阿富汗事务地区合作机制,避免机制重叠造成效率低下。

双方强调,亚太地区在全球事务中的作用不断上升。双方欢迎加强地区一体化和多边合作,指出该进程有利于加强国际关系多极化、民主化,维护亚太地区和平与稳定。双方指出,亚太地区仍存在诸多挑战与威胁,要求地区各国共同努力加以应对。双方认为,两国的优先任务是,加强相互协作,推动两国元首共同倡议,致力于在亚太地区构筑安全和可持续发展的格局,以维护该地区各国共同利益,保持稳定与安全环境。双方支持包括上海合作组织、亚太经济合作组织、东亚峰会、东盟地区论坛、东盟与对话伙伴国防长会议、亚洲相互协作和信任措施会议、亚洲合作对话在内的地区组织、论坛和对话机制之间发展伙伴关系。双方重申愿在上述及其他多边机制框架内密切协调。

中华人民共和国主席　俄罗斯联邦总统
胡锦涛　弗·弗·普京

2012年6月5日于北京

国家主席胡锦涛接受上海合作组织成员国媒体书面采访

上海合作组织成员国元首理事会第十二次会议在北京举办前夕,国家主席胡锦涛接受了《人民日报》,以及俄罗斯、哈萨克斯坦、吉尔吉斯斯坦、塔吉克斯坦、乌兹别克斯坦等上海合作组织成员国媒体的联合书面采访。全文如下:

问:上海合作组织成员国元首理事会第十二次会议即将在北京举行。您如何评价本组织十多年来的发展成就,对组织未来发展有何展望?对本次峰会有何期待?

答:上海合作组织成立以来,以维护地区和平、促进共同发展为己任。在不平凡的历程中,各成员国团结协作、携手并进,共同推动上海合作组织发展取得诸多重要成就。

一是创立了新型国家关系模式。通过缔结《上海合作组织成员国长期睦邻友好合作条约》,把世代友好、永葆和平思想以法律形式确定下来,致力于发展睦邻友好合作关系,推动本组织成员国互信互利、团结协作达到前所未有的高水平。

二是树立了符合和平与发展潮流的价值观。在互信、互利、平等、协商、尊重多样文明、谋求共同发展的“上海精神”引领下,求同存异,和谐相处,共谋发展。“上海精神”贯穿本组织发展历史,是本组织发展壮大的宝贵财富,为塑造新型国际关系、推动国际政治经济秩序朝着更加公正合理的方向发展提供了有益经验。

三是维护了本地区和平稳定。本组织最早明确提出打击恐怖主义、分裂主义、极端主义的目标,并签订《反恐公约》,确定应对危害本地区和平、安全、稳定事态的政治、外交、安全措施,举行十余次联合反恐军事演习,深入开展执法安全专项行动,有效遏制了“三股势力”、毒品走私、跨国有组织犯罪,为维护地区和平稳定发挥了重要作用。

四是促进了本地区国家共同发展。通过签署《多边经贸合作纲要》,推动本地区交通、能源、通信合作项目取得重大进展。中方先后承诺向其他成员国提供120多亿美元优惠贷款支持上述项目。成员国外贸总额和经济总量占世界贸易总额和经济总量的比例从十年前的8%和4.8%均提升至13%。各方文化、教育、卫生、科技、紧急救援等领域合作不断推进,合作层次日益丰富,合作形式日趋多样,有力推动了本地区国家共同发展。

五是提升了本组织国际地位和影响力。遵循《联合国宪章》宗旨和原则,通过秘书处和地区反恐怖机构两个常设机构积极开展广泛国际合作,吸收4个观察员、2个对话伙伴,同联合国等国际和地区组织建立联系并开展合作。积极参与解决阿富汗问题,为加快阿富汗和平重建进程作出贡献,成为处理本地区安全问题不可或缺的重要力量。

上海合作组织业已取得的成就充分证明,本组织是地区和平稳定的重要保障,是促进地区各国共同发展繁荣的强大动力，是符合时代潮流的新型区域合作组织。

当今世界正处在大发展大变革大调整时期，各国都面临前所未有的机遇和挑战。未来十年，是各成员国发展的关键时期，也是上海合作组织发展的关键时期。我们将秉持“上海精神”，共享机遇，共迎挑战，同舟共济，开拓创新，建设新型区域合作模式。我们将继续坚持以安全合作和务实合作为重点，全面深化和拓展上海合作组织成员国交流合作，努力营造团结和睦的政治环境、和平稳定的安全环境、互利共赢的发展环境、和谐友好的国际环境，使上海合作组织成为各成员国可靠的安全保障、有效的合作平台、增进人民友谊的纽带，为维护成员国共同利益、促进地区经济发展作出更大贡献。

即将召开的北京峰会是一次继往开来的会议，与会各成员国元首将深入研究国际和地区形势发展变化给上海合作组织发展带来的机遇和挑战，对本组织未来发展作出规划和部署。会议将批准和签署一系列重要合作文件，为本组织长远发展明确战略方向和目标。我相信，在各方共同努力下，这次峰会将取得成功，谱写上海合作组织发展新篇章。

问：同其他国际和地区组织相比，上海合作组织有什么突出特点？

答：当今世界，国际和区域组织合作方兴未艾。上海合作组织之所以焕发出勃勃生机，在于其探索并走出了一条新型区域组织合作之路，顺应了和平与发展的时代潮流，与成员国人民求和平、谋发展、促合作的共同愿望相适应，创立了以“上海精神”为核心的新安全观、新合作观、新发展观、新文明观。

上海合作组织倡导的新安全观，就是要坚定维护成员国主权、安全、发展利益，坚定支持成员国根据本国国情选择的发展道路，坚定支持地区事务由地区各国做主，反对形形色色的干涉主义，防范区域外动荡冲击，为成员国发展创造良好外部环境。

上海合作组织倡导的新合作观，就是要遵循以合作谋和平、以合作促发展、以合作化争端的理念，坚持结伴不结盟，在涉及成员国核心利益的问题上加强磋商和沟通，就重大国际和地区问题加强协调和配合，维护好成员国和发展中国家共同利益。

上海合作组织倡导的新发展观，就是要顺应经济全球化大势，结合地区经济发展特点，根据成员国自身特点和发展战略规划，实现优势互补、互利共赢，为成员国发展创造有利条件，促进成员国经济发展和民生改善。

上海合作组织倡导的新文明观，就是要推动不同文明交流互鉴、兼容并蓄，承认各国文化传统、社会制度、价值观念、合作需求上的差异，尊重彼此的自主选择，使不同文明取长补短、在求同存异中和谐发展。

上海合作组织秉持不结盟、不对抗的原则，实现了不同文化、宗教、社会制度国家和谐共进，妥善应对了各种威胁和挑战，确保了成员国经济社会稳定发展的良好势头，保持了旺盛生命力和强大吸引力，已成为欧亚大陆不同国家深化睦邻友好合作、推动共同发展繁荣、维护地区和平稳定、开展多样文明对话的典范。下一步，成员国将共同努力完善区域合作组织模式，为成员国人民带来更多福祉。

问：上海合作组织发展已进入第二个十年。当前，国际和地区形势发生了深刻变化，面临的安全挑战更加错综复杂，成员国将如何携手应对安全领域的威胁和挑战？

答：当前，国际形势复杂多变，地区热点问题此起彼伏，国际金融危机余波未平，本地区“三股势力”复趋活跃，贩毒和跨国有组织犯罪屡禁不止，给本地区安全和发展带来诸多不稳定不确定因素。在这样的背景下，我们更要团结协作，维护地区和平稳定，促进共同发展。

我们将坚持新安全观，注重综合安全、共同安全、合作安全，全面增强抵御现实威胁和各种风险能力。我们将坚持地区事务由地区各国做主，防范区域外动荡冲击，在阿富汗和平重建进程中发挥更大作用。我们将准确把握影响地区安全的核心问题和关键因素，建立更加完善的安全合作体系，提高防范和处置危机能力和效率。我们将在重大国际和地区问题上加强沟通、协调、配合，维护成员国共同安全利益和发展利益。

北京峰会将完善《上海合作组织关于应对威胁本地区和平、安全与稳定事态的政治外交措施及机制条例》，批准《上海合作组织成员国打击恐怖主义、分裂主义和极端主义2013年至2015年合作纲要》。我相信，这些新举措将有利于上海合作组织更好维护本地区和平、安全、稳定。

问：本次峰会期间，成员国将如何推进各领域友好合作？在加强基础设施建设、经贸投资、融资保障机制等方面有何举措？

答：本次峰会的主要议题之一就是研究“进一步加强成员国友好合作的措施”。我们将积极探索新形势下成员国和平、发展、合作的长远之策。有关举措将写入本次峰会关于构建持久和平、共同繁荣地区的宣言和《上海合作组织中期发展战略规划》。

交通运输是成员国合作的优先方向之一。目前，成员国正就签署《国际道路运输便利化协定》进行协商。这一协定的签署将促进覆盖上海合作组织地区公路网络的形成，有助于充分发挥本地区过境运输方面的巨大潜力，为商品、货物高效便捷流动和人民往来创造条件，推动各成员国加快发展经济、提高人民生活水平。我们将积极推动建立和完善上海合作组织融资保障机制。中方希望上述机制得以早日建立，更好服务于成员国经济建设和区域发展。

问：上海合作组织成员国在解决朝核、伊朗核、阿富汗等热点问题上将如何加强协作？

答：上海合作组织成员国就共同关心的国际和地区问题举行经常性磋商已形成机制。各成员国协调立场，为推动有关问题妥善解决作出了应有贡献。

成员国一致认为，对话协商是解决朝鲜半岛核问题的唯一正确选择，希望通过六方会谈推动半岛无核化进程，维护半岛和东北亚和平稳定大局。

成员国支持六国同伊朗开启可持续对话进程，通过政治外交手段解决伊朗核问题，呼吁各方避免可能导致对抗进一步升级的言论和行动。这对维护中东地区和平稳定，以及寻求全面、长期、妥善解决伊朗核问题的方案，具有重要现实意义。

上海合作组织支持阿富汗建成独立、和平、繁荣、睦邻、没有恐怖主义和毒品的国家，支持联合国在协调援助阿富汗的努力中发挥主导作用。上海合作组织已经成立上海合作组织—阿富汗联络组。本次峰会将吸收阿富汗为观察员。今后，上海合作组织将继续举行相关磋商和会议，以实际行动支持阿富汗重建进程。

问：本次峰会期间，俄罗斯、哈萨克斯坦、吉尔吉斯斯坦、塔吉克斯坦、乌兹别克斯坦元首均将访华。您如何评价中国同上述成员国的双边关系？

答：中国同俄罗斯互为最重要的战略协作伙伴，两国关系始终保持着积极健康发展的良好势头。现在，双方致力于发展平等信任、相互支持、共同繁荣、世代友好的全面战略协作伙伴关系，积极落实两国关系未来十年发展规划，各领域合作取得丰硕成果。双方在涉及彼此核心利益的问题上相互坚定支持，政治互信不断增强。双边贸易额去年创下了接近800亿美元的新纪录，一批战略性大项目合作已经实施或正在商谈，务实合作质量和规模同步提升。双方正在举办“旅游年”，人文交流活动蓬勃开展。中俄两国在国际和地区事务中的协调和配合日益密切，维护了两国共同利益，捍卫了《联合国宪章》和国际关系基本准则。

普京总统于6月上旬对中国进行国事访问，这是他就任新一届总统后首次访华。我相信，在双方共同努力下，普京总统此访一定会取得成功，为中俄各领域合作深入发展注入新的动力。一个更加密切合作的中俄关系有利于中俄两国、有利于世界。

哈萨克斯坦、吉尔吉斯斯坦、塔吉克斯坦、乌兹别克斯坦既是上海合作组织成员国，也是中国的友好邻邦和重要合作伙伴。今年是中国同中亚国家建交20周年。在20年发展历程中，中国同中亚国家达成了相互尊重、平等相待、互利共赢、共同发展的合作原则，建立起高度的政治互信，形成了完善的高层会晤和双边合作机制，务实合作成果丰硕，安全合作卓有成效，人文交流不断扩大，在国际和地区事务中密切协作，双方关系水平不断迈上新台阶。

展望未来，中国同俄罗斯、哈萨克斯坦、吉尔吉斯斯坦、塔吉克斯坦、乌兹别克斯坦的双边关系基础更加牢固，内涵更加丰富，前景更加广阔。我们愿同五国一道，以本次峰会和五国元首访华为契机，谱写睦邻友好、共同发展新篇章。

国家主席胡锦涛在人民大会堂与塔吉克斯坦总统埃莫马利·拉赫蒙举行会谈

胡锦涛就发展中塔关系提出4点建议。一是巩固政治基础。继续保持高层密切交往，及时就双边关系及共同关心的国际和地区问题沟通协调，共同应对威胁和挑战。二是加强务实合作。拓展能源资源合作，推进基础设施互联互通，深化农业合作。三是推进安全合作。两国执法安全部门要保持密切沟通和协调，中方支持塔办好上海合作组织“和平使命—2012”反恐军演。四是加强人文合作。加强教育、科技、文化、体育等领域合作，密切新闻界、企业界和青年互访交流。

拉赫蒙表示，塔吉克斯坦人民为中国改革开放取得的伟大成就感到由衷高兴，发展对华全面友好合作关系是塔吉克斯坦外交的优先方向之一。塔方愿同中方加强高层交往，扩大能源、农业、交通基础设施建设等领域合作，促进人文交流，携手打击“三股势力”和贩毒等跨国犯罪，维护地区和平、安宁和发展。

会谈后，两国元首共同签署《中华人民共和国和塔吉克斯坦共和国联合宣言》，出席有关双边合作文件的签字仪式。

中华人民共和国和塔吉克斯坦共和国发表联合宣言

应中华人民共和国主席胡锦涛邀请，塔吉克斯坦共和国总统埃莫马利·拉赫蒙于2012年6月1日至7日对中华人民共和国进行访问并出席上海合作组织成员国元首理事会第十二次会议。

访问期间，中国国家主席胡锦涛和塔吉克斯坦总统拉赫蒙在北京举行了正式会谈，中国国务院总理温家宝、中国人民政治协商会议全国委员会主席贾庆林分别会见了拉赫蒙总统。

双方就中塔关系以及共同关心的国际和地区问题

深入交换意见，达成以下共识：

一、双方满意地指出，中塔建交20年来，两国睦邻友好合作关系发展取得重大成果。2007年1月15日两国元首共同签署《中华人民共和国和塔吉克斯坦共和国睦邻友好合作条约》，为两国关系发展奠定了坚实的法律基础。

双方认为，中塔关系和两国各领域合作快速发展将为两国人民带来实实在在的利益。双方将继续保持高层交往势头，就双边关系和重大国际问题及时交换意见。两国政府及各部门将加强联系，扩大和巩固政治、经贸、安全、人文等领域合作，不断提升中塔睦邻友好合作关系水平。

二、塔方重申坚持一个中国原则，中华人民共和国政府是代表全中国的唯一合法政府，塔方支持两岸关系和平发展及中国和平统一大业。中方对此高度评价。

三、双方一致认为，恐怖主义、分裂主义和极端主义是本地区乃至全球安全与稳定面临的严重威胁。双方将根据2001年6月15日签订的《打击恐怖主义、分裂主义和极端主义上海公约》和2003年9月2日签订的《中华人民共和国和塔吉克斯坦共和国关于打击恐怖主义、分裂主义和极端主义的合作协定》，进一步加强在双边和多边框架内的密切合作，采取必要措施，共同打击"三股势力"、贩毒、武器走私等一切形式的跨国有组织犯罪，继续开展防务安全合作，维护两国和本地区的和平、安宁与稳定。

四、双方积极评价中塔经贸合作取得的重要成果，决定进一步发挥两国政府间经贸合作委员会及下设新疆—塔吉克斯坦经贸合作分委会的作用，落实两国在经贸领域达成的合作共识，创新合作模式，完善合作规划，不断提高经贸合作的质量和水平。为扩大经贸联系，双方将继续改善贸易投资环境，为相互投资提供支持和便利。

五、双方对交通领域合作成果表示满意，将继续积极开展该领域合作，促进区域交通基础设施网络化建设，实施本地区航空、铁路和公路等交通领域互联互通项目。同时采取有效措施，扩大在国际道路运输领域的互利合作。

六、双方愿加强两国电力领域的合作，促进并落实电力生产和区域能源基础设施网络化建设合作项目。双方愿为两国有关部门和企业落实上述合作项目提供支持和便利。

七、双方将加强矿产资源勘探开发领域合作，在实施好现有合作项目的基础上，共同优化投资环境，进一步扩展合作领域，扩大合作规模。

八、双方对中塔卡拉苏—阔勒买口岸合作取得显著成效表示满意，决定采取有效措施，共同落实《中华人民共和国政府和塔吉克斯坦共和国政府关于边境口岸及其管理制度的协定》，同时继续加快口岸基础设施建设，为进一步推进两国经贸合作和人员往来提供便利。

九、双方将加强金融领域合作，鼓励并支持在双边贸易中使用本币结算，支持两国银行建立代理行关系并开展多种形式的合作。

十、双方一致认为，扩大农业领域合作是两国合作的优先方向之一。双方将进一步发挥两国农业合作委员会的作用，在农作物种植和良种推广、灌溉技术、农业机械、农业技术交流等方面开展合作。

十一、双方将落实《中华人民共和国政府和塔吉克斯坦共和国政府关于加强中华人民共和国新疆维吾尔自治区和塔吉克斯坦共和国合作的协议》，充分利用地理毗邻优势和中国—亚欧博览会的平台作用，推动中国新疆维吾尔自治区与塔吉克斯坦相关州市在经贸、交通、通信、电力、矿产开发、口岸、农业等领域合作再上新台阶。

十二、双方表示，愿扩大和充实在防救灾领域的合作，提升防救灾能力。

十三、双方将继续扩大文化、教育、卫生、旅游、体育和新闻等领域的互利合作，促进两国青年团体的友好交往，支持两国高校建立联系和探讨合作，不断夯实两国友好合作的社会基础。

十四、双方认为，联合国应在维护世界和平与稳定、促进共同发展、加强国际合作方面发挥核心作用。双方支持联合国及其安理会进行合理和必要的改革，提高工作效力和效率。

双方在联合国安理会改革问题上主张优先增加发展中国家代表性，使中小国家有更多机会参与安理会决策；支持在广泛民主协商的基础上，通过"一揽子"改革方案，就联合国安理会改革所有相关问题达成最广泛一致。

十五、中方在担任上海合作组织主席国期间工作卓有成效，在"睦邻友好年"框架下举行多项活动，加强上海合作组织促进地区和平与发展的作用，积极推动上海合作组织与其他国家和国际组织扩大交往。塔方对此高度评价。

双方认为，在中方积极筹划和各方共同努力下，今年6月6日至7日在北京举行的上海合作组织峰会将在规划本组织未来发展、维护地区安全稳定、推动成员国务实合作等各方面取得重要成果。

双方将继续与上海合作组织其他成员国一道，加强相互协作，致力于巩固上海合作组织保障地区安全，应对共同威胁和挑战，推进经济和人文合作的作用。

十六、双方强调，实现阿富汗的和平与稳定十分重要，中亚地区的稳定与安全同阿富汗局势休戚相关。

双方强调，应在联合国主导和有关各方参与下加快阿富汗和平重建进程，充分发挥上海合作组织等现有涉阿地区合作组织和机制作用。

双方一致认为，实施第五届阿富汗区域经济合作会议提出的有关电力和交通基础设施等项目，推动区域经济合作，对阿富汗经济重建具有长远意义。

塔吉克斯坦共和国总统埃莫马利·拉赫蒙对中华人民共和国主席胡锦涛和中国人民给予塔方代表团的热情友好接待表示感谢，并邀请中华人民共和国主席胡锦涛在方便的时候对塔吉克斯坦共和国进行国事访问。访问日期将通过外交渠道商定。

中华人民共和国主席　塔吉克斯坦共和国总统
胡锦涛　埃莫马利·拉赫蒙
2012年6月5日于北京

国家主席胡锦涛在人民大会堂与吉尔吉斯斯坦总统阿坦巴耶夫举行会谈

胡锦涛就推动两国务实合作提出5点建议。一是加快推进中吉乌铁路和中吉乌公路等跨境基础设施建设。二是积极推进吉电网改造、中吉跨界水电联合开发项目，全面加强电力合作。三是改善投资环境，大力促进相互投资。四是协调两国地方发展战略，推动毗邻地区合作。五是继续扩大在反恐、禁毒、边防、大型活动安保、突发事件处置等方面的配合，加强执法安全合作。

阿坦巴耶夫说，20年来，吉中关系不断迈上新台阶。“远亲不如近邻”，吉方感谢中方始终真心诚意地支持吉尔吉斯斯坦主权、独立、稳定和发展，珍视同中国的睦邻友好合作，愿同中方携手努力，共创两国关系的美好未来。

阿坦巴耶夫表示，吉中合作前景广阔，吉方希望扩大两国经贸往来，抓紧商谈有关铁路、公路等项目，促进互联互通，加强电力等能源合作，在农业、矿业、轻工业等领域开展新的合作，鼓励两国地方交往。吉方将一如既往地在涉及中国核心利益和重大关切问题上坚定支持中方，愿加大双方安全执法合作，共同打击“三股势力”，维护两国和地区稳定和安宁。

会谈后，两国元首共同签署《中华人民共和国和吉尔吉斯共和国联合宣言》，出席有关双边合作文件的签字仪式。

中华人民共和国和吉尔吉斯共和国发表联合宣言

应中华人民共和国主席胡锦涛邀请，吉尔吉斯共和国总统阿尔马兹别克·阿坦巴耶夫于2012年6月4日至7日对中华人民共和国进行了访问并出席了上海合作组织成员国元首理事会第十二次会议。

访问期间，中国国家主席胡锦涛和吉尔吉斯斯坦总统阿坦巴耶夫在北京举行了正式会谈，中国国务院总理温家宝、中国人民政治协商会议全国委员会主席贾庆林分别会见了阿坦巴耶夫总统。

双方在热情友好的气氛中就中吉双边关系现状和发展前景，以及双方共同关心的重大国际和地区问题深入交换意见，达成广泛共识。

双方一致认为，无论世界形势如何变化，深化中华人民共和国和吉尔吉斯共和国睦邻友好和互利合作关系都将是两国外交的优先方向。双方愿共同努力，开创中吉关系发展的崭新未来。

为此，并为推动中吉关系进入新的发展阶段，双方声明如下：

一

吉尔吉斯共和国总统此次访问正值中华人民共和国和吉尔吉斯共和国建交20周年。双方积极评价两国关系在双边和多边层面不断发展的良好势头。目前，两国高层交往密切，政治、经贸、人文合作不断发展。

2002年6月24日签订的《中华人民共和国和吉尔吉斯共和国睦邻友好合作条约》是两国法律体系不可分割的一部分，为新世纪两国关系持续稳定发展奠定了坚实的法律基础。双方确认，巩固和深化中吉关系是两国外交优先发展方向，符合两国人民根本利益。

双方指出，相互尊重、平等互信、相互帮助、互利合作是中吉关系发展永恒的原则。双方将恪守上述原则，认真贯彻落实两国建交以来签订的各项协议，采取必要措施，努力推动中吉睦邻友好合作关系向前发展。

双方指出，政治互信是中吉关系的基础。双方将保持两国领导人密切交往的势头，就双边关系和重大国际和地区问题交换意见，推动两国政府、立法机构，以及政党、社会团体、企业和金融机构之间的全面沟通与合作，不断巩固双方的相互理解和信任。

双方将继续在涉及对方国家主权、领土完整、稳定和安全以及中亚地区和平与稳定问题上相互给予坚定支持。

吉方坚定奉行一个中国政策，承认中华人民共和国政府是代表全中国的唯一合法政府，台湾是中国领土不可分割的一部分。吉方反对任何形式的“台湾独立”，支持两岸关系和平发展和中国和平统一大业。中方尊重吉尔吉斯共和国人民根据本国国情选择的发展道路，支持吉人民为维护本国的独立、主权、领土完整、安全所做的努力，并愿为吉社会经济发展提供必要帮助。

中方高度评价并坚定支持吉方为打击中亚地区“三股势力”所做的努力。

双方重申决不允许任何组织或个人在本国领土上从事有损对方国家主权、统一、领土完整及社会稳定、国家安全的活动。同时,双方强调,两国开展安全领域合作不针对任何第三国。

双方将共同努力,维护联合国在国际社会打击恐怖主义和应对其他新威胁、新挑战方面的核心作用。

双方指出,恐怖主义、分裂主义和极端主义是本地区安全与稳定的主要威胁。双方将加强两国有关部门的协调与合作,并在上海合作组织框架内继续采取有力措施,共同打击包括"东突"恐怖势力在内的"三股势力",维护和促进两国及本地区的和平与安宁。

双方责成两国有关部门着手研究制定未来10年《中华人民共和国和吉尔吉斯共和国合作纲要》。

二

中华人民共和国和吉尔吉斯共和国之间的高层交往和两国政府间、部门间双边合作委员会是保障双方各领域合作不断发展的重要机制,是双方就双边和重要地区和国际问题及时交换意见、协调立场的有效渠道。

双方愿继续加强两国国防部门间的磋商、协调与合作,以有效应对影响地区安全的新威胁和新挑战。

双方将继续加强两国执法部门的协调行动,共同打击毒品走私、洗钱、跨国有组织犯罪等活动,加强武器和爆炸物管控。

双方将根据本国法律,为两国自然人、法人在本国境内从事贸易、投资活动等提供便利条件,采取有效措施切实保护对方公民安全和合法权益。双方将采取必要措施打击非法移民活动和促进两国人员往来。

双方认为,两国在防灾救灾领域保持高水平合作,发展势头良好。为保障安全应对紧急情况,应加强双方有关部门在防灾救灾问题上的建设性对话。

三

中华人民共和国和吉尔吉斯共和国经贸合作对双边关系全面发展具有重要意义。

双方认为,建立在互利原则基础上的经贸领域合作发展潜力巨大,并强调应按照各自国内法律和相关国际条约规定扩大贸易和投资规模,促进经贸合作和包括相互投资在内的投资领域合作。

双方将继续改善投资环境,支持两国企业在本国境内,包括边境地区积极开展经营活动。双方将采取有效措施,保障两国公民和法人在本国境内的安全和合法权益。

双方认为,加强中吉边境地区合作对于丰富和促进中吉友好合作具有重要意义。双方同意尽快研究制定《中吉毗邻地区合作规划纲要》,为两国毗邻地区开展合作奠定法律基础。

双方重视中吉政府间经贸合作委员会对推动双边经贸关系的作用,将加强交流与协商,推动解决双边经贸合作中的重要问题。

吉方感谢中方多年来给予吉方的各种援助,这对推动吉社会经济发展具有重大意义。中方表示,将继续给予吉方力所能及的帮助。

双方认为,应加强能源、交通、矿产资源开发、农业和其他领域的合作。

交通领域合作能够促进经贸关系发展,是双边关系的重要组成部分。为此,双方愿优先加强该领域合作。

双方认为,尽快实施中吉乌(兹别克斯坦)铁路建设符合两国及其他中亚国家的利益。鉴此,双方责成两国有关部门加强沟通协调。

双方表示,愿推动能源和矿产资源开发领域的具体合作项目,并继续为企业间的合作创造良好环境。

双方将开展环保领域的合作,以采取必要措施防止污染,确保包括跨界水等自然资源保护和合理利用。

双方表示,愿继续在上海合作组织框架内研究在吉尔吉斯斯坦南部地区实施"上海合作组织小区"项目问题。

双方将继续加强文化、教育、卫生、旅游、体育、信息和青年政策领域的联系,全力支持两国互办文化日。

四

双方将在联合国、上海合作组织及其他国际和地区组织框架内就相关问题继续加强外交协调,就推动双方重要倡议给予相互支持和帮助。

双方认为,上海合作组织的宗旨和原则符合本地区当前发展趋势和实际情况,其活动有利于巩固地区安全与稳定。推动上海合作组织持续健康稳定发展是中吉两国的共同目标。

双方积极评价上海合作组织在巩固成员国睦邻友好、促进成员国共同发展及维护地区安全与稳定事业中所做的贡献,强调应进一步加强组织框架内安全、经济和人文领域合作,保障地区发展和提高成员国人民福祉。

吉方高度评价中方担任主席国期间为巩固和发展上海合作组织所做的贡献。中方相信吉尔吉斯共和国能够成功担任上海合作组织下一任主席国,并顺利举办本组织2013年峰会,愿给予吉方积极支持。

五

双方表示愿继续在国际事务中开展协商和协作,同其他有关国家共同努力,维护中亚地区的持久和平与稳定。

双方一致认为应保持高层密切交往。吉尔吉斯共和国总统阿尔马兹别克·阿坦巴耶夫感谢中方对其访华给予的热情友好接待,并邀请中华人民共和国主席胡锦涛在双方方便的时候访问吉尔吉斯共和国。胡锦涛主席对此表示感谢。

中华人民共和国主席　吉尔吉斯共和国总统

胡锦涛　阿尔马兹别克·阿坦巴耶夫

2012年6月5日于北京

国务院总理温家宝在人民大会堂分别与吉尔吉斯斯坦总统阿坦巴耶夫和塔吉克斯坦总统拉赫蒙举行会谈

上海合作组织成员国文化部长第九次会晤在北京举行

各成员国代表团团长共同签署了《上海合作组织成员国文化部长会晤北京宣言》,这是本次文化部长会晤的标志性文件,也是上合组织人文领域的首个宣言文件。

应中国文化部邀请,来自上合组织成员国哈萨克斯坦、吉尔吉斯斯坦、俄罗斯、塔吉克斯坦、乌兹别克斯坦,观察员国印度、伊朗、蒙古、巴基斯坦,对话伙伴国白俄罗斯、斯里兰卡,主席国客人阿富汗等12国的代表团以及上合组织秘书处代表等40余人出席了会晤。

本次会晤主题是"上海合作组织未来10年文化合作发展规划"。

与会各方回顾了过去一个阶段上合组织框架内文化领域合作的发展历程,指明了未来十年巩固和深化本组织框架内文化领域合作的途径,以此开启上合组织文化合作的新篇章。各方将加强在文化遗产和传统文化保护方面的合作,共同保护文化多样性,共同推动包括"丝绸之路"在内的文化项目列入联合国教科文组织《世界遗产名录》。

中国文化部部长蔡武担任会议主席。会晤中,蔡武对未来10年上合组织在文化领域的合作提出三点建议:

一是要坚持"上海精神"与和谐发展的基本宗旨,继续践行协商一致、互利共赢的合作模式,营造团结协作的合作氛围;二是要充分利用各国的文化优势,广开思路、积极创新,推动各成员国间的文化交流与合作朝着全方位、宽领域、多层次的方向发展;三是要充分发挥文化的作用,通过加强文化交流与合作增进各国人民之间的相互理解和友谊,并最终造福于各国人民。同时,要将青年交流纳入未来的上合文化交流规划,使友谊世代相传。中方的建议得到与会各方的高度评价和完全赞同。

会后,各成员国代表团团长共同签署了《上海合作组织成员国文化部长会晤北京宣言》《上海合作组织成员国文化部长第九次会晤纪要》等成果性文件,并通过了《上海合作组织成员国政府间文化领域合作协定2012—2014年执行计划》《上海合作组织成员国第九次文化部长会晤新闻声明》。

全国政协主席贾庆林在北京会见出席中国绿化基金会"2011绿色公益盛典活动"代表并讲话

贾庆林指出,当前我国正处于全面建设小康社会的关键时期,林业和生态建设也面临着新的形势和任务。我们要进一步增强责任感和紧迫感,坚持走科学发展道路,依靠群众、依靠科技、依靠改革,最大限度地调动社会力量,推动林业和生态建设取得更大成绩,为提高生态文明水平,建设资源节约型、环境友好型社会作出应有贡献。要加快转变林业发展方式,坚持数量和质量并重,充分发挥科学技术在林业发展中的促进作用,全面抓好林业生态体系、产业体系和生态文化体系建设,推动林业全面协调可持续发展,为社会提供丰富的生态产品、物质产品和文化产品。要加大植树造林力度,坚持多林种、多树种、多形式、多层次造林,切实抓好重点工程造林,积极推进碳汇造林,广泛开展社会造林,积极发展封山育林、封沙育林育草和飞播造林,加大荒漠化防治力度,多管齐下,推进造林绿化又好又快发展,为改善生态环境和应对气候变化作出贡献。要坚持全国动员、全民动手,进一步拓宽公民参与全民义务植树的渠道,提高义务植树的公民参与度和林木成活率,尽职尽责抓好部门绿化和行业绿化,大力推进身边增绿、护绿活动,形成建设绿色家园的合力。

贾庆林希望中国绿化基金会要加强自身建设,紧紧围绕国家林业和生态建设的大局,加强宣传动员,健全规章制度,搭建服务平台,拓宽筹资渠道,严格资金管理和项目管理,不断提高工作的科学化水平,以优异的工作质量赢得更大的社会合作。

"2011绿色公益盛典活动"由中国绿化基金会举办,旨在表彰2011年度为绿化公益事业作出突出贡献的先进典型,进一步激发全社会参与绿化公益事业的热情。

2012年中国经济社会论坛在长沙开幕

全国政协副主席王刚出席会议并讲话。

王刚说,自2002年以来,论坛坚持面向世界、服务国内,广泛汇聚各界之士、凝聚各方智慧,紧紧围绕党和国家中心工作,分析新情况,研究新问题,提出新对策,为推动我国经济社会又好又快发展作出了积极贡献。

王刚指出,实现"十二五"时期良好开局,为我国进一步发展奠定了坚实基础,但当前经济社会发展中不平衡、不协调、不可持续的矛盾和问题仍很突出，对我们做好经济社会发展工作提出了更高要求。中国经济社会理事会要充分发挥人才荟萃、智力密集的优势，紧紧抓住当前改革发展中的综合性、全局性问题以及经济运行中的苗头性、倾向性问题，深入开展调查研究，努力提出真知灼见。要积极创新工作思路、工作方式和工作平台，努力取得更多高水平的研究成果，为党和政府决策提供更多有针对性、可操作性强的意见建议，使理事会研究咨询工作在服务党和国家事业发展中发挥更大作用。

中共中央政治局常委李长春在人民大会堂会见出席上海合作组织成员国文化部长第九次会晤的各国代表团团长

国务委员孟建柱在北京与吉尔吉斯斯坦总统阿坦巴耶夫举行会谈

国防部部长梁光烈在八一大楼与中非国防部长级代表让—弗朗西斯·博齐泽举行会谈

全国科学道德和学风建设宣讲教育工作会议在北京召开

全国人大常委会副委员长韩启德出席会议并讲话。

韩启德指出，近年来，科研领域学风浮躁、学术不端行为滋长，加强科学道德和学风建设已经是当前一项刻不容缓的急迫任务。韩启德强调，科学道德和学风建设要做到“双覆盖”，即覆盖所有的教育和科研单位，覆盖所有学生和科研人员，努力实现宣讲教育和制度建设相结合；科技界、教育界要通力协作，把宣讲教育推向深入，打好科学道德和学风建设这场攻坚战和持久战。

国务院副总理李克强在北京主持召开中国生物多样性保护国家委员会第一次会议并讲话

会议审议了《联合国生物多样性十年中国行动方案》和《实施中国生物多样性保护战略行动计划任务分工》。会议认为，党中央、国务院高度重视生态环境保护与建设。近年来，我国生物多样性保护取得明显成效。部分区域生态系统得到恢复，一些重点保护物种数量稳中有升，全社会保护意识显著增强。同时应该看到，我国生物多样性总体下降的趋势仍未得到遏制，保护形势依然严峻。

在听取有关部门负责同志发言后，李克强指出，当前和今后一个时期，要统筹生物多样性保护和经济社会发展。坚持在发展中保护、在保护中发展，保护是为了更好的发展。要突出加强重点区域、重点物种的生物多样性保护，推进自然保护区、生物遗传资源库等重大工程建设。对重要生态功能区、生态环境敏感区和脆弱区等，应划定生态红线，禁止与保护无关的开发活动。项目建设应充分考虑保护生物多样性的因素，落实生态恢复责任。

李克强强调，加强生物多样性保护，必须进一步深化改革开放。要完善体制机制，特别是建立生态环境补偿机制，并把生物多样性保护纳入其中，给予相应的财税补偿和支持，注重做好生物多样性丰富地区扶贫开发和改善民生工作，使群众和地方不因保护生态环境和生物多样性在经济上受损，而要公平分享保护带来的好处。他说，40年前联合国首次人类环境会议发出了“只有一个地球”的呼声，当前保护生物多样性已日益成为人类面临的全球性重大挑战。我们要广泛开展国际交流合作，在相互学习借鉴中推广应用先进理念、经验和技术，共同解决好生物多样性保护问题。

6月6日

上海合作组织成员国元首理事会第十二次会议小范围会谈在人民大会堂举行

国家主席胡锦涛作为主席国元首主持会议。哈萨克斯坦总统纳扎尔巴耶夫、吉尔吉斯斯坦总统阿坦巴耶夫、俄罗斯总统普京、塔吉克斯坦总统拉赫蒙、乌兹别克斯坦总统卡里莫夫出席会议。

会议讨论了本次峰会议题、日程等程序性问题，各成员国元首就上海合作组织发展有关问题交换意见。

胡锦涛在讲话中表示，本次会议召开恰逢上海合作组织发展进入第二个十年之际。上海合作组织已经走过不平凡历程。尽管国际形势风云变幻，但本组织保持了稳定健康快速发展的良好态势，顺利完成机制建设，在反恐领域取得举世瞩目的成就，经济、人文等各领域合作迈出坚实步伐，显示出巨大发展潜力和广阔前景。实践证明，上海合作组织的建立和发展符合各成员国共同利益，为维护地区安全稳定、促进共同发展发挥了重要作用。

胡锦涛指出，当前，国际和地区形势复杂多变，本组织发展面临新的机遇和挑战。本次峰会上，我们要确定本组织未来十年发展方向和目标，凝聚共识，开拓进取，努力实现上海合作组织新发展，为各成员国带来实实在在的利益，为维护地区和世界和平稳定作出新的贡献。

第一，我们要高举和平、和谐旗帜，努力建设和谐地区。全面深入落实《长期睦邻友好合作条约》，增进成员国互信，加强相互支持，巩固内部团结。

第二,我们要高举反恐、维稳旗帜,坚决维护地区和平稳定,维护各成员国安全利益和发展利益。严厉打击“三股势力”,遏制毒品走私和跨国有组织犯罪。密切沟通和协调,就本地区及周边地区重大问题发出明确和协调一致的信号。在涉及主权、领土完整、国家安全、社会稳定、发展道路等核心利益问题上加大相互支持力度。

第三,我们要高举合作、发展旗帜,努力实现共同繁荣。发挥互补优势,加强区域合作,全面推进金融、能源、粮食、交通四大重点领域合作。通过有效合作,提高成员国经济发展质量和效益,增强抵御风险能力,提高国际竞争力,实现互利共赢。

第四,我们要高举开放、合作旗帜,努力扩大上海合作组织国际影响力。加强本组织同有关国际和地区组织交往。广泛宣传本组织倡导的“上海精神”和新安全观、新发展观、新合作观、新文明观,宣传世代友好和构建和谐地区理念。

胡锦涛最后指出,未来十年是上海合作组织发展关键时期。我们要抓住机遇,全面推动互利合作,将本组织建设成为成员国休戚与共的利益和命运共同体,共同建设和谐美好家园,携手创造共同发展繁荣的美好未来。

各成员国元首一致认为,上海合作组织为推动各成员国合作、共同应对危机和挑战、维护地区安全稳定发挥了重要作用。在当前复杂多变的国际地区形势下,成员国应该巩固团结、加强战略规划、明确未来方向、深化务实合作,推动本组织进一步发展,造福本地区人民。要加强经贸、粮食、能源安全领域合作。探讨新的融资方式,促进基础设施建设等领域合作。加强安全执法合作,提高行动能力和快速反应能力,共同打击“三股势力”和毒品走私等跨国有组织犯罪。加强人文交流,巩固睦邻友好。加强在重大国际和地区问题上的沟通协调,致力于构建持久和平、共同繁荣的和谐地区。

元首们对阿富汗局势表示关注,希望阿富汗早日实现和平、稳定、睦邻、发展。

元首们还讨论了叙利亚、伊朗核等问题,呼吁通过协商谈判政治解决,维护地区安全和稳定。

国家主席胡锦涛在人民大会堂与哈萨克斯坦总统纳扎尔巴耶夫举行会谈

胡锦涛就深化两国全面战略合作提出以下建议。一是增进政治互信,密切各层次交往,加强政治对话,扩大战略共识,坚定不移在涉及彼此关切的重大问题上相互支持,维护两国战略安全和发展利益。二是扩大务实合作,促进两国产业对接,培育合作新亮点,深化能源合作,及早启动在核能、太阳能、风能等新领域合作,加快实施边境口岸现代化改造和配套设施建设,扩大相互投资,加强地方合作,着手制定中哈毗邻地区合作规划纲要。三是扩大人文交流,加强文化、教育、体育、旅游、卫生、青年等领域交流合作,推动人文合作向多层次、宽领域发展。四是深化安全合作,更有效地打击“三股势力”和毒品走私等跨国有组织犯罪活动,加强网络和信息安全合作。五是密切多边协作,加强在联合国、上海合作组织、亚信等多边框架内的协调配合,共同倡导互信、互利、平等、协作的新安全观,为两国发展营造良好外部环境。

纳扎尔巴耶夫表示,哈方对近年来两国经贸、能源等领域合作进展表示满意,愿继续实施好两国油气合作项目,并拓展非资源领域合作,将农业、科技、生物制药等打造成新的合作重点。哈方欢迎中国企业积极参与哈交通基础设施建设,加快推进跨境铁路和公路项目。建设好霍尔果斯国际边境合作中心,促进两国边境地区共同发展。希望两国互办“文化年”,使睦邻友好深入人心。哈方将继续坚定支持中方打击“三股势力”。哈中在重大国际和地区问题上持相同或相近立场,哈方愿同中方加强沟通和协调,共同维护地区和平、稳定、发展。

会谈后,两国元首共同签署《中华人民共和国和哈萨克斯坦共和国联合宣言》,出席有关双边合作文件的签字仪式。

中华人民共和国和哈萨克斯坦共和国发表联合宣言

应中华人民共和国主席胡锦涛邀请,哈萨克斯坦共和国总统努尔苏丹·纳扎尔巴耶夫于2012年6月5日至7日对中华人民共和国进行了访问并出席了上海合作组织成员国元首理事会第十二次会议。

胡锦涛主席和纳扎尔巴耶夫总统在北京举行正式会谈。两国元首在亲切友好的气氛中高度评价了中华人民共和国与哈萨克斯坦共和国(以下简称双方)建交20年来双边关系发展历程。两国元首满意地指出双方在这一时期取得的主要成果:政治关系不断提升,相互给予一贯支持,务实合作迅猛发展,人文和民间交往日趋活跃,在国际和地区事务中密切协调配合。中哈关系取得的丰硕成果,充分表明两国发展睦邻友好和全面战略合作,符合两国和两国人民的根本利益。在两国关系发展进入新的历史阶段之际,双方声明如下:

一

双方决定进一步发展全面战略伙伴关系,充实两国关系内涵。双方将在恪守《中华人民共和国和哈萨克斯坦共和国睦邻友好合作条约》以及其他现行双边条约基础上,切实贯彻《中华人民共和国和哈萨克斯坦共和国关于发展全面战略伙伴关系的联合声明》的原则精神，进一步密切各层次交往，增进政治互信，在涉及彼此关切的重大问题上继续相互支持，坚定不移地尊重对方走自主选择的发展道路，深化维护安全领域的合作。

双方将保持两国领导人之间的密切交往，就双边关系和国际及地区重大问题定期交换意见，促进两国政府、立法机构、政党、社会团体、企业和金融机构等开展全面交流与合作。

双方重申支持对方为维护国家主权、安全和领土完整所做的努力，根据公认的国际法原则和本国法律，不允许在本国领土上成立和运作有损对方主权、安全和领土完整的组织和团伙。

中华人民共和国支持哈萨克斯坦共和国及其领导人为确保国家沿着符合本国国情的发展道路快速发展、促进经济社会进步所做的努力，支持哈方提出的举行亚洲相互协作与信任措施会议和世界与传统宗教领袖大会的倡议。

哈萨克斯坦共和国坚持一个中国原则，承认中华人民共和国政府是代表全中国的唯一合法政府，台湾是中国领土不可分割的一部分。哈方反对“台湾独立”，支持两岸关系和平发展和中国和平统一大业。

二

双方一致认为，经济合作是中哈全面战略伙伴关系的重要组成部分。今年3月中国国务院总理温家宝和哈萨克斯坦总理马西莫夫在北京成功举行中哈总理第一次定期会晤。

双方满意地指出，中哈经贸合作潜力巨大，2011年双边贸易额接近250亿美元，同两国建交初期相比增长60多倍。双方对实现两国元首提出到2015年将双边贸易额提高到400亿美元的目标充满信心。

双方愿进一步优化两国贸易结构，增加高附加值和高科技产品在双边贸易中的比重，共同采取措施促进贸易结构多元化。

双方将充分发挥中哈总理定期会晤机制、中哈合作委员会的指导和协调作用，促进两国各领域合作。

双方认为，能源领域合作对发展双边经济关系具有重要意义。双方将本着互利原则，继续扩大和深化能源合作，加快中哈天然气管道二期工程建设，尽早启动中国—中亚天然气管道C线哈境内段建设，共同确保中哈原油管道和中国—中亚天然气管道各自境内段长期安全稳定运营。双方将在和平利用核能领域开展合作。

双方还将在可替代能源和页岩气开发领域开展合作。

双方将支持两国金融机构与企业积极合作，落实好双边货币互换协议，探讨在双边贸易中使用本币结算。

双方将尽快商签中哈经贸合作中长期发展规划。

双方鼓励相互投资，推动在《哈萨克斯坦工业创新发展规划》等框架下吸引中方资本参与哈非资源领域项目，优先实施新修订的《中华人民共和国政府和哈萨克斯坦共和国政府关于加强两国非资源经济领域合作规划落实措施计划》。

双方决定加强铁路、公路等跨境基础设施建设，实现中哈第二条跨境铁路霍尔果斯—阿腾科里全线通车运行。双方将加快实施边境口岸的现代化改造，为两国跨境运输和经贸往来提供便利条件。

中方重视利用两国跨境运输优势，愿提供协助确保必要的铁路和公路货物运输总量。

双方愿进一步发展口岸和海关领域合作，进一步促进双边及区域贸易，并采取切实措施为双方人员往来提供便利。

双方认为，加强两国科技合作对发展中哈全面战略伙伴关系具有重要意义。双方将采取有效措施，进一步深化两国在高科技领域，包括生物技术、地震学等非资源领域的互利合作，努力建立中哈科技合作长效机制，推动两国开展从合作研发到共同科技成果产业化的全面合作。

三

双方高度评价中哈利用和保护跨界河流联合委员会的工作成效。

双方认为，在共同利用中哈跨界河流以及保护水质方面的互利合作对双边关系进一步发展具有重要意义。

双方将在《中华人民共和国政府和哈萨克斯坦共和国政府跨界河流水质保护协定》《中华人民共和国政府和哈萨克斯坦共和国政府环境保护合作协定》的基础上，加强对两国跨界河流水质的监测，预防污染。双方愿积极推动落实《中华人民共和国政府和哈萨克斯坦共和国政府跨界河流水量分配技术工作重点实施计划》。双方将遵循互利和照顾对方利益的原则，继续完善法律基础，致力于公平合理地利用中哈跨界河流水资源并保护其生态环境。

四

双方指出，发展人文合作对巩固两国传统友谊具有重要意义。双方将全面加强文化、教育、卫生、体育和旅游等领域合作，进一步密切两国文艺团体、学术机构、新闻媒体和青年组织间的交流互访。双方将研究人文领域合作的新形式，努力拓宽合作方向。

双方强调发展边境地区合作的重要性，认为中哈毗邻而居，开展毗邻地区合作具有得天独厚的优势，有利于促进双方边境地区发展。双方将加快制定《中哈毗邻地区合作规划纲要》。双方将共同运营好中哈霍尔果斯国际边境合作中心，推动两国毗邻地区经贸合作。

五

双方对中哈紧急救灾领域合作表示满意，决定进一步加强两国紧急救灾部门的合作，在预防和消除紧急情况、消防安全、事故救援、人员培训、地震等问题上开展密切协作。

六

双方指出，恐怖主义、分裂主义、极端主义和跨国有组织犯罪活动，包括非法贩运武器弹药、麻醉药品、精神药物和易制毒化学品、经济犯罪等对地区及世界和平与稳定构成严重威胁。双方将在双边、上海合作组织及其他国际组织等多边框架内，继续密切合作应对上述威胁和挑战，共同打击"三股势力"，进一步加强反恐情报交流和反恐行动协调，开展网络、计算机和信息安全领域合作，扩大边防和执法安全合作。

七

双方指出，国际合作是两国全面战略伙伴关系的重要组成部分。双方将继续加强在国际舞台上的协作，共同应对全球性和区域性挑战，推进人类和平与发展的进步事业。

双方认为，上海合作组织成立以来，为深化成员国睦邻互信与友好合作，促进成员国共同发展发挥了重要作用。双方指出，中国成功担任了"睦邻友好年"的轮值主席国，上海合作组织各领域务实合作取得新的重要进展。

双方指出，在北京举行的上海合作组织成员国元首理事会第十二次会议对规划上海合作组织发展具有重要意义。双方支持上海合作组织以构建持久和平、共同繁荣的和谐地区为目标，继续以维护安全、加强经济和人文合作、改善民生为合作方向。双方主张加强上海合作组织务实合作，将在保障国际信息安全、建立协商一致的项目融资保障机制等方面作出共同努力。

双方认为，联合国在维护世界和平、促进共同发展和加强国际合作方面应继续发挥核心作用，将继续加强在联合国框架下的协调配合。

中方欢迎哈萨克斯坦共和国担任第三十八届伊斯兰合作组织外长理事会轮值主席国，支持哈方关于伊斯兰合作组织同上海合作组织发展关系，包括签署上述两个组织的秘书处合作备忘录的倡议。

双方将继续加强在亚信框架内的合作，推动该进程顺利发展，加强成员国互信与合作，维护地区和平与安全。

中华人民共和国主席　　哈萨克斯坦共和国总统
胡锦涛　　努尔苏丹·纳扎尔巴耶夫

2012年6月6日于北京

国家主席胡锦涛在人民大会堂与乌兹别克斯坦总统卡里莫夫举行会谈

胡锦涛就深化两国合作提出4点建议。一是增进政治互信，加大相互支持，坚定支持对方选择的发展道路及在涉及核心利益问题上的立场，在国际和地区事务中保持密切沟通和协调。二是推动务实合作，扩大经贸合作规模，落实好《中乌政府间长期贸易协定》及双边货币互换协议，深化能源合作，加快落实《中乌非资源和高科技领域合作规划》，合作建设经济特区和经济技术开发区，加强交通基础设施领域合作。三是密切执法安全合作，共同打击"三股势力"、贩毒和跨国有组织犯罪。四是扩大人文合作，加强两国各界，特别是青年交流对话，增进相互了解，巩固友好基础。

卡里莫夫表示，乌方将继续在重大问题上坚定支持中方，特别是加大执法安全合作、打击"三股势力"。乌方希望深化两国经贸、能源、投资合作，实施好油气管道建设项目，扩大矿产、航空运输等领域合作，推进铁路等交通基础设施互联互通。乌方愿同中方开展科技、教育、卫生、旅游等领域合作，增进人文交流。乌方高度重视中国在国际和地区事务中发挥的重要积极作用，愿同中方加强在多边舞台沟通协调和在上海合作组织中支持配合。

会谈后，两国元首共同签署《中华人民共和国和乌兹别克斯坦共和国关于建立战略伙伴关系的联合宣言》，出席有关双边合作文件的签字仪式。

中华人民共和国和乌兹别克斯坦共和国发表关于建立战略伙伴关系的联合宣言

应中华人民共和国主席胡锦涛邀请，乌兹别克斯坦共和国总统伊斯拉姆·卡里莫夫于2012年6月5日至7日对中华人民共和国进行访问并出席上海合作组织北京峰会。

两国元首在亲切友好的气氛中就双边关系、各领域务实合作及国际和地区问题交换了意见，达成一系列广泛共识。

中华人民共和国和乌兹别克斯坦共和国(以下简称双方)高度评价两国建交20周年来双边合作发展取得的显著成就。

双方强调将遵循《联合国宪章》和公认的国际法准则。

双方重申，1994年10月24日签订的《中华人民共和国和乌兹别克斯坦共和国关于相互关系基本原则和发展与加深互利合作的声明》和2005年5月25日签订的《中华人民共和国和乌兹别克斯坦共和国友好合作伙伴关系条约》为中乌发展互利和长期伙伴关系开辟了更为广阔的前景。

双方一致认为，切实落实上述具有关键意义的文件，恪守相互尊重、平等互信、互利合作的原则，中乌关系发展将有持久动力。

基于当前双边关系的全新水平，同时坚信建立中华人民共和国和乌兹别克斯坦共和国战略伙伴关系将促进两国关系在进入新的历史阶段之际取得进一步发展，双方声明如下：

一

双方一致决定将两国关系提升至战略伙伴关系水平。双方将切实贯彻两国领导人达成的各项共识精神，从新的战略高度积极促进和加深双方政治、经贸、金融、交通、科技、人文以及安全领域的合作。

双方将继续相互坚定支持对方选择的发展道路，支持对方在核心利益问题上的立场，支持双方在国际上提出的合作倡议。

双方重申支持对方为维护主权、安全和领土完整所做的努力，不参与有损对方主权、安全和领土完整的同盟或集团，不采取任何此类行动，包括不同第三国缔结此类条约。

双方不允许第三国利用本国领土从事损害另一方国家主权、安全和领土完整的活动，不允许任何国家在本国领土建立此类组织和团体。

乌兹别克斯坦共和国重申，中华人民共和国政府是代表全中国的唯一合法政府，台湾是中国领土不可分割的一部分，乌方坚持一个中国政策，反对任何形式的“台湾独立”。中方高度评价乌方支持两岸关系和平发展和中国和平统一大业。

二

双方决定共同推动扩大贸易、金融、投资领域互利合作，认为这是推进两国战略伙伴关系的重要因素。

双方愿推动中乌政府间合作委员会及其分委会积极运作，充分发挥双边经贸、能源、交通、科技、人文和安全领域合作机制，为双方商品、服务、投资、技术进入对方市场创造良好条件。

双方将继续执行两国于2009年10月14日签署的《中华人民共和国和乌兹别克斯坦共和国长期贸易协定》和2010年6月9日签署的《中华人民共和国政府和乌兹别克斯坦共和国政府间非资源和高科技领域合作规划》。

双方将研究在乌兹别克斯坦建立各类企业的可行性，包括先进工业和创新型企业。

双方将研究中国企业扩大向乌兹别克斯坦投资问题。双方将为两国企业相互投资创造良好环境。双方认为，这对扩大双方投资规模至关重要。

双方高度评价金融领域合作成果。在该框架下双方在乌兹别克斯坦完成了各个领域的合作项目。双方愿继续在中方提供援助和贷款基础上实施合作项目。

双方高度评价能源领域合作成果，指出保障中国—乌兹别克斯坦天然气管道天然气长期稳定供应，以及加强石油、天然气、铀矿共同勘探开发，运用可再生和替代能源新技术的重要性。

双方将加强交通领域合作，并指出中吉(尔吉斯斯坦)乌铁路是战略项目，符合中国和中亚国家利益。双方将与有关方面共同努力，争取早日启动项目建设。

双方认为，发展科技特别是高新技术领域互利合作，对两国社会经济发展具有重要意义。双方将加强专家交流，发展关键领域的双边科研合作。

三

双方指出，国际合作是两国战略伙伴关系的重要组成部分。双方将继续加强在联合国等多边框架内的合作，共同应对全球性和区域性挑战及安全威胁，共同致力于推进全球和地区的和平、安全和发展。

双方认为，上海合作组织成立以来，在维护地区稳定、促进成员国发展方面发挥了重要作用。今后10年是上海合作组织政治经济发展的关键阶段。在新的国际和地区形势下，中乌将同上海合作组织其他成员国共同应对时代挑战，巩固本国和地区稳定，实施现代化和创新发展，提高自身竞争力。

双方将进一步深化在本组织内的协调配合，提高本组织应对各种危机和安全威胁能力，促进成员国务实合作交流，为建设持久和平、稳定、繁荣的地区作出不懈努力。

双方强调，在本组织内解决国际和地区事务时将继续奉行不结盟、去意识形态、不对抗的方针。

中方高度评价乌兹别克斯坦共和国对中华人民共和国担任上海合作组织主席国工作给予的鼎力支持。

四

双方坚决谴责和反对任何形式的恐怖主义、极端主义和分裂主义，并强调，它们是本地区安全与稳定的主要威胁。

双方将在2003年9月4日签署的《中华人民共和国和乌兹别克斯坦共和国关于打击恐怖主义、分裂主义和极端主义的合作协定》的基础上，全面加强两国执法、安全部门以及其他相关部门的协调与合作，共同打击包括“东突”恐怖势力在内的“三股势力”、贩毒和跨国有组织犯罪，并加强在双方境内举行的大型国际活动安保等方面合作。

双方重申加强两国天然气管道以及其他大型油气

项目安保合作的必要性。

五

双方一致认为，中亚保持和平稳定，符合地区所有国家的利益。双方坚决反对外部势力干涉中亚国家内政，破坏中亚的和平稳定，为促进中亚地区的和平、安全和稳定作出应有贡献。

六

双方强调，中亚地区的稳定与安全同阿富汗局势密切相关。双方始终高度关注阿富汗局势未来发展及其对周边国家和地区的影响。双方高度评价两国为实施阿富汗社会经济项目所做贡献，认为这为实现阿富汗和平稳定发挥着重要作用，同时也正促进阿富汗和平重建进程，从而推动其发展成为对邻国和整个地区而言繁荣的国家和积极的因素。

七

双方将继续在保护和改善环境、合理利用自然资源方面进行合作。

八

双方指出，发展人文领域合作将进一步巩固两国世代友好，愿继续在文化、教育、艺术、体育和旅游等双方共同感兴趣的领域进行积极合作。双方将在乌兹别克斯坦实施"家庭年"计划方面开展交流合作。

乌兹别克斯坦共和国总统卡里莫夫对中华人民共和国主席胡锦涛和中国人民给予乌兹别克斯坦代表团的热情友好接待表示感谢。

中华人民共和国主席　乌兹别克斯坦共和国总统
胡锦涛　伊斯拉姆·卡里莫夫

2012年6月6日于北京

国家主席胡锦涛在人民大会堂与土库曼斯坦总统别尔德穆哈梅多夫举行会谈

胡锦涛就推动两国务实合作提出以下建议，一是深化天然气合作，拓展非资源领域合作，落实《中土政府在若干经济领域合作规划》，推动交通、通信、化工、纺织、农业、医疗卫生、高技术等领域合作。二是扩大人文合作，密切两国民间组织、文艺团体、青年及媒体友好交往，办好两国"文化日"活动，巩固中土友好社会基础。三是加强安全合作，两国执法部门加强沟通交流，使双方安全合作取得实质成果。

别尔德穆哈梅多夫表示，土中关系稳步发展，两国在许多重大国际和地区问题上立场一致，相互理解、相互支持。两国经贸、能源等领域合作蒸蒸日上。土方希望以两国建交20周年为新起点，加强高层交往，增进互信，深化合作，实现共同发展，促进中亚地区和平、稳定、繁荣。

别尔德穆哈梅多夫表示，土方愿扩大两国油气合作，同中方建立长期稳定的供求伙伴关系，并共同促进国际能源安全。希望双方扩大经贸往来，在交通运输、基础设施建设、通信、纺织、机械制造、金融等领域拓展新的合作。土方愿促进两国旅游、体育交流。土方将继续在涉及中国核心利益问题上坚定支持中方，加强两国执法安全合作，共同打击"三股势力"和毒品走私等跨境犯罪活动。

全国人大常委会委员长吴邦国在人民大会堂与俄罗斯总统普京举行会谈

国务院总理温家宝在钓鱼台国宾馆与俄罗斯总统普京举行会谈

国务院总理温家宝在人民大会堂分别与乌兹别克斯坦总统卡里莫夫 哈萨克斯坦总统纳扎尔巴耶夫和伊朗总统艾哈迈迪—内贾德举行会谈

国务院总理温家宝在北京主持召开国务院常务会议听取关于制定《商业银行资本管理办法(试行)》的汇报

2010年11月，二十国集团首尔峰会批准了巴塞尔银行监管委员会提交的资本监管和流动性监管改革方案。在2011年11月二十国集团戛纳峰会上，各国领导人承诺于2013年1月1日前实施新资本监管标准，并于2019年前全面达标。据此，中国银监会结合国内银行业实际，制定了《商业银行资本管理办法(试行)》，拟于2013年1月1日开始实施。

《管理办法》建立了与国际新监管标准接轨、符合我国银行业实际的资本监管制度。(一)建立统一配套的资本充足率监管体系。对系统重要性银行和其他银行的资本充足率监管要求分别为11.5%和10.5%，与国内现行监管要求保持一致。(二)严格明确资本定义。明确了各类资本工具的合格标准，提高了次级债券等资本工具的损失吸收能力。允许商业银行将超额贷款损失准备计入银行资本，并对国内银行已发行的不合格资本工具给予10年过渡期。(三)扩大资本覆盖风险范围。除信用风险和市场风险外，将操作风险也纳入资本监管框架。明确了资产证券化、场外衍生品等复杂交易性业务的资本监管规则，引导国内银行审慎开展金融创新。(四)按照审慎性原则重新设计各类资产的风险权重。下调小微企业贷款和个人贷款的风险权重，引导商业银行扩大小微企业和个人贷款投放，更有效地服务实体经济。下调公共部门实体债权的风险权重，适度上调商业银行同业债权的风险权重。(五)合理安排资本充足率达标过渡期，以利于保持适当的信贷增速。

会议强调，银行业保持稳健运行对于国民经济健康发展至关重要。近年来，我国银行业稳步推进改革开放，资本实力和风险防控能力持续增强，为成功应对国际金融危机、促进经济金融持续稳定健康发展发挥了关键作用。制定实施《管理办法》，强化商业银行资本约束机制，是贯彻全国金融工作会议精神，进一步加强银行业监管、深化银行业改革的重大举措，对于提升我国银行业稳健度，防范系统性风险，促进商业银行转变发展方式，增强服务实体经济的能力，增强银行业国际竞争力，具有重要意义。

会议要求，有关方面要密切配合，积极稳妥实施好《管理办法》，尤其要加强监管政策与产业政策、财政政策、货币政策的配合协调，兼顾促进经济平稳较快发展、防范金融风险、实施国际规则的要求，把握好工作的节奏和力度。各商业银行要加快转变发展方式，合理调整资产结构，加大对中小企业的支持力度，不断提高服务实体经济的水平。要加强金融系统各个领域、各个环节的风险防范，营造良好的金融环境，更好地服务经济社会发展大局。

全国政协主席贾庆林在人民大会堂分别与塔吉克斯坦总统拉赫蒙和吉尔吉斯斯坦总统阿坦巴耶夫举行会谈

央视财经50指数在深交所正式挂牌

央视财经50指数是国内沪深两市第一个媒体指数，填补了中国资本市场在指数领域的一项空白。

央视财经50指数代码为“399550”，简称“央视50”，由中央电视台财经频道联合北京大学经济学院金融系等五所高校的专业院系，以及中国上市公司协会等机构，共同编制而成。该指数从“成长、创新、回报、公司治理、社会责任”5个维度对上市公司进行评价，合计50家A股公司构成样本股，共覆盖9个大类行业，17个分类行业。

中央电视台副台长魏地春表示，希望通过央视财经50指数，能够更好地观察中国经济的发展脉络，为中国亿万投资者提供一个新的参考系。深圳证券交易所总经理宋丽萍表示，打造媒体指数，是中国资本市场的一个有益尝试。

第二十届中国昆明进出口商品交易会暨第五届南亚国家商品展在昆明国际会展中心开幕

全国政协副主席、全国工商联主席黄孟复出席开幕式。老挝副总理宋沙瓦·凌沙瓦，越南副总理阮善仁，孟加拉人民联盟总书记赛义德·阿什拉夫·伊斯拉姆，柬埔寨国务大臣兼商业大臣占·蒲拉西等外国政要出席开幕式。

据介绍，本届昆交会以“互联互通，合作共赢”为主题，进一步突出了“共同的展会共同举办，共同的成果共同分享”的办会理念。展会共设置机电馆、生物资源馆、境外来展馆、投资促进馆、家居建材展区和大型工程机械展区，并设巴基斯坦主题国展示区；共设置室内标准展位2485个，其中昆交会1983个、南亚国家商品展502个。预计将有约1.2万人的参展商和近2.3万人的境内外采购商到会参展或采购。

国家副主席习近平在人民大会堂与俄罗斯总统普京举行会谈

习近平表示，中俄互为最大邻国，又同为重要新兴经济体，都把发展经济作为第一要务，都在调整经济结构，转变发展方式，致力于实现创新发展和开放发展，这为两国务实合作带来重要新机遇。希望双方有关部门认真落实双方领导人达成的合作共识，充分发挥互补优势，按照互利共赢、相互考虑和照顾彼此关切和利益的原则，推动中俄务实合作实现新的发展，使两国的利益交融越来越紧密，两国关系的物质基础越来越牢固。

普京表示，完全赞同习副主席对两国关系的看法和主张，俄方高度珍惜与中国的关系，对俄中关系发展充满信心。在当前世界形势下，俄中双方应进一步加强各领域务实合作，充分体现双方关系的战略水平，使两国关系能造福两国人民，推动世界的和平稳定与发展。

国家副主席习近平在人民大会堂与哈萨克斯坦总统纳扎尔巴耶夫举行会谈

习近平指出，上海合作组织成立以来，经历了国际风云变幻，走过了不平凡的发展历程，成为本地区乃至国际上拥有较高声望和独特影响的多边机制，成为成员国值得信赖的战略依托。中哈作为全面战略伙伴，应进一步加强在国际和地区事务包括在上海合作组织中的合作，更好地维护两国的共同利益，更好地促进世界及地区的和平、稳定与发展。

纳扎尔巴耶夫表示，现在两国关系处在新的起点上，哈方愿与中方一道，以此次访问为契机进一步加强在经贸、能源、高铁和高科技等领域的合作，加强在上海合作组织等国际多边场合的协调配合，把两国关系推向更高水平。纳扎尔巴耶夫重申，哈方坚定奉行一个中国政策，支持中方打击“三股势力”的努力。

国务院副总理李克强在人民大会堂与俄罗斯总统普京举行会谈

国务院副总理李克强在人民大会堂与乌兹别克斯坦总统卡里莫夫举行会谈

国务院副总理李克强在人民大会堂会见印度外长克里希纳

李克强说，中国和印度都是具有古老文明的伟大国家，发展良好的中印关系，符合两国人民根本利益。中印也是世界上最大的两个发展中国家，两国的合作远远大于竞争，中印的快速发展，也是世界的需要。近年来，双边关系保持健康稳定发展势头。当前国际形势的深刻演变和亚洲地区的崛起，为中印关系发展提供了重要机遇。中方愿与印方共同努力，保持战略沟通，增进政治互信，妥善处理分歧，维护边境地区和平安宁，将中印战略合作伙伴关系提高到新水平。

李克强表示，深化务实合作、实现互利共赢是发展中印关系的重要基石。双方应为企业贸易投资创造良好环境，推动双边贸易平衡发展，加强基础设施、信息技术等领域合作。扩大人文交流，促进了解互鉴。加强在联合国、二十国集团、金砖国家等机制中的协调配合，携手应对国际金融危机、气候变化、能源和粮食安全等全球性挑战，维护发展中国家共同利益。

克里希纳表示印中关系是世界上最重要的双边关系之一，印方愿同中方增进互信和友谊，创造更好条件促进双方经贸和投资合作。

国务院副总理王岐山在北京出席上海合作组织工商论坛开幕式并致辞

王岐山说，在上海合作组织北京峰会即将召开之际，举办本次工商论坛具有重要意义。上海合作组织成立11年来，为促进本地区务实合作发挥了重要作用。2011年，中国与其他成员国贸易额首次突破1000亿美元，比2001年增长了9倍。中国对其他成员国累计投资达200多亿美元。跨境石油天然气管线、公路、铁路、通信等一批重大合作项目相继建成，能源矿产、加工制造、商贸物流、农业等领域合作深入推进，金融合作成效显著，区域经济一体化取得重大进展。事实证明，上海合作组织成员国经济联系日益紧密，给各成员国人民带来了实实在在的利益。

王岐山强调，伴随着经济全球化深入发展，进一步加强本地区经济合作，有利于丰富和充实上海合作组织的内涵，有利于各成员国发展经济，改善民生，共同应对当前各种挑战。希望各成员国政府继续携手合作，积极落实《多边经贸合作纲要》，优化贸易结构，扩大相互投资，提高贸易投资便利化水平。加快基础设施互联互通建设，深化能源矿产合作，不断拓展农业、制造业、高科技、旅游等领域合作，挖掘区域经济合作新的增长点。推进本币结算、货币互换，加强区域金融合作，创新融资模式。更大程度发挥市场的作用，加强地方、企业、市场等各层面合作，营造良好的“软”、“硬”合作环境。

上海合作组织工商论坛是上海合作组织元首理事会第十二次会议框架内活动之一。

国家副总理王岐山在北京会见出席上海合作组织工商论坛的中亚国家政要

“消除障碍·促进融合”国际论坛在北京举行

国务院副总理回良玉出席开幕式并代表中国政府致辞。

全国政协副主席邓朴方出席开幕式并致辞。

回良玉强调，残疾人问题，是世界各国普遍面临的重要社会问题，促进残疾人融合发展，是国际社会共同谋求的重要发展目标。各国政府、民间组织和国际社会应进一步行动起来，不断加强残疾人事务领域国际合作，加快改善残疾人生存状况，着力推动残疾人融合发展。中国政府将一如既往高度重视残疾人事业，全面履行《残疾人权利公约》，依法保障残疾人的政治、经济、社会、文化教育权利，努力实现残疾人“平等、参与、共享”目标，帮助残疾人参与发展进程，共享发展成果。

邓朴方在致辞中指出，人道主义始终是国际残疾人运动的主旋律，提倡人道主义，就是肯定残疾人的价值，尊重残疾人的尊严，正视残疾人的问题。人权保障与社会发展不可分割，希望各国和国际社会继续以务实的行动保障残疾人权利的实现。

中央军委副主席习近平在人民大会堂会见澳大利亚国防部部长斯蒂芬·史密斯一行

习近平说，当前，中澳关系保持良好的发展势头。两国高层及各级别交往频繁，在经贸等广泛领域开展了卓有成效的互利合作，在重大国际和地区问题上保持了密切沟通与协调。中澳关系的健康稳定发展符合两国和两国人民的根本利益，也有利于地区的和平、稳定与发展。中方愿与澳方一道，以建交40周年为契机，推动两国全面合作关系不断向前发展，更好地造福两国人民。

史密斯感谢习近平拨冗会见。他说，澳大利亚政府高度重视发展对华关系，愿同中方共同努力，以两国建交40周年为契机，深化包括防务领域在内的各领域交流与合作，推动澳中关系不断迈上新台阶。

国防部部长梁光烈在八一大楼与澳大利亚国防部部长斯蒂芬·史密斯举行会谈

双方就中澳双边和防务关系、地区安全以及其他共同关心的问题进行了坦诚而富有成果的会谈。双方认为中澳两国都是亚太地区的重要国家,在维护亚太地区和平、稳定、发展方面有着共同的利益和愿望。发展中澳积极互利的防务关系符合两国的根本利益。

双方认为两国防务关系是两国关系的重要组成部分,重申发展积极、互利防务关系的重要性,将继续保持高层接触和对话,并同意寻求两国国防部长开展经常性对话的机会。澳方邀请中国国防部长2013年访澳。中方邀请澳国防军司令和国防部秘书长年内来华参加第十五次防务战略磋商。

双方同意将继续深化两军各领域的务实合作。双方肯定了2011年11月在四川省举行的中澳首次人道主义救援减灾联合演练"合作精神2011"取得的成功。史密斯正式邀请中国人民解放军于今年晚些时候赴澳参加"合作精神2012"联合演练。

双方对不久前澳"巴拉腊特"号护卫舰访华感到满意,澳方欢迎中国海军护航编队按计划于今年晚些时候在结束亚丁湾护航返航时访澳。双方同意在此访期间交流反海盗行动的经验。

澳方对中国向南苏丹、利比里亚等地派遣维和部队参加联合国维和任务、为国际安全作出持续而积极的贡献表示欢迎。双方同意探讨未来举行双边维和演习。

双方同意,将加强在军事文化领域的交流,促进对对方军事文化的了解。双方同意加强两军培训机构、防务部门人员和学术领域的交流,包括语言和技术培训课程。

"上海合作组织成员国艺术节——非遗和传统文化展示"活动在清华大学美术学院开幕

6月7日

上海合作组织成员国元首理事会第十二次会议在人民大会堂举行

国家主席胡锦涛、哈萨克斯坦总统纳扎尔巴耶夫、吉尔吉斯斯坦总统阿坦巴耶夫、俄罗斯总统普京、塔吉克斯坦总统拉赫蒙、乌兹别克斯坦总统卡里莫夫出席会议。胡锦涛作为主席国元首主持会议。与会领导人就深化成员国友好合作以及重大国际和地区问题深入交换意见,并对上海合作组织未来发展作出规划,达成新的重要共识。

胡锦涛发表题为《维护持久和平 促进共同繁荣》的重要讲话。

纳扎尔巴耶夫表示,新形势下,成员国要加强规划,确保本组织在安全、经济、人文领域平衡发展。坚决打击"三股势力"及国际网络犯罪,推动成员国多边经济合作,建设好上海合作组织大学,促进教育、人文交流。

阿坦巴耶夫表示,各成员国要在"上海精神"指引下,加强团结,深化务实合作。尽早建立本组织专门账户和开发银行,促进能源、交通基础设施互联互通。吉尔吉斯斯坦将接任上海合作组织轮值主席国,愿为推动本组织发展继续作出积极努力。

普京表示,上海合作组织应该策划好未来发展战略和行动计划。强化安全合作,赋予本组织地区反恐怖机构禁毒职能。深化经济合作,发挥本组织实业家理事会和银联体作用,推动大型合作项目,加快物流等产业发展。鼓励人文交流,俄方将举办成员国企业和边境地区青年论坛。本组织应该本着开放原则,同其他国家和国际地区组织发展联系。

拉赫蒙表示,上海合作组织在政治、安全、经济、人文等领域取得积极成果,开辟了成员国睦邻友好合作的新道路。成员国应该总结经验,相互支持,共同构建安全、幸福、和谐、繁荣的大家庭。

卡里莫夫表示,《上海合作组织中期发展战略规划》为本组织未来发展指明了方向,明确了重点。相信本次峰会将有力推动成员国务实合作,有效应对新威胁新挑战,为成员国营造和平安全的外部环境。

各方高度评价中方为推动上海合作组织发展作出的重要贡献,相信本次峰会将成为本组织发展历程中新的里程碑。

观察员国伊朗总统艾哈迈迪—内贾德、蒙古国总统额勒贝格道尔吉、巴基斯坦总统扎尔达里以及印度外长克里希纳,主席国客人土库曼斯坦总统别尔德穆哈梅多夫、阿富汗总统卡尔扎伊出席会议并发言。他们表示,愿加强同上海合作组织的联系,维护地区和平稳定,实现共同发展。

与会各方还就阿富汗、伊朗核等问题交换了意见。

上海合作组织秘书长伊马纳利耶夫、上海合作组织地区反恐怖机构执行委员会主任朱曼别科夫以及联合国、独联体、欧亚经济共同体、集安条约组织等国际和地区组织负责人与会。

会议同意接收阿富汗为上海合作组织观察员国、土耳其为上海合作组织对话伙伴国。

会议决定,2013年上海合作组织峰会在吉尔吉斯斯坦举行。

会议结束后,成员国元首签署《上海合作组织成员国元首关于构建持久和平、共同繁荣地区的宣言》、关于《上海合作组织中期发展战略规划》的决议、关于《上海合作组织关于应对威胁本地区和平、安全与稳定事态的政治外交措施及机制条例》的决议、关于《上海合作组织成员国打击恐怖主义、分裂主义和极端主义2013年至2015年合作纲要》的决议等重要文件,并共同会见记者。

会议发表《上海合作组织元首理事会会议新闻公报》。

国家主席胡锦涛在上海合作组织成员国元首理事会第十二次会议上的讲话

尊敬的各位同事:

在上海合作组织发展进入第二个十年之际,我们在这里举行本组织第十二次元首峰会,共谋和平发展大计。本次峰会是继往开来的大会,对上海合作组织未来发展具有重要意义。

过去十年里,各成员国团结协调,共同推动上海合作组织发展,取得举世瞩目的成果。我们完善组织机制建设,签署上百份重要合作文件,吸收观察员和对话伙伴国,为本组织发展打下坚实基础,扩大了本组织的国际影响。

面对国际形势风云变幻,我们成功应对阿富汗战争、伊拉克战争、国际金融危机及西亚北非局势动荡给本地区和平与发展带来的挑战,同时顺应和平发展潮流,根据本组织各成员国诉求,共同贯彻"上海精神",缔结《长期睦邻友好合作条约》,弘扬世代友好的和平理念,开创了区域合作新模式,取得了一系列重大合作成果。特别应该指出的是,我们共同打击恐怖主义、分裂主义、极端主义"三股势力"以及毒品走私和跨国有组织犯罪,有力维护了成员国安全利益和发展利益,维护了地区和平、安全、稳定。上海合作组织已经成为和平发展的旗帜,得到各成员国人民广泛拥护和支持,国际影响和地位显著提高。

当前,国际和地区形势复杂多变,国际金融危机深层次影响依然存在,地区热点问题此起彼伏,西亚北非局势持续动荡,给本地区形势带来诸多不稳定不确定因素。上海合作组织发展面临新的机遇和挑战。本组织各成员国均面临艰巨的发展任务,需要稳定的内部环境和和平安宁的外部环境,我们只有加强合作、团结一致,坚定不移推动上海合作组织发展,真正抓住和用好机遇,才能有效应对面临的挑战和问题,才能维护本地区和平稳定、实现共同发展繁荣。

上海合作组织正站在新的起点上。我们应该脚踏实地,制定并努力落实未来十年上海合作组织发展目标,明确发展方向,规划具体步骤和措施,确保上海合作组织更好更快发展,给各成员国带来实实在在的利益,为地区乃至世界和平与发展作出新的贡献。

——我们要把上海合作组织建设成为和谐和睦的家园。各成员国应该加强沟通和磋商,增进相互理解和信任,全面落实《长期睦邻友好合作条约》,本着相互尊重、平等协商、互谅互让的精神解决存在的问题,努力构建和谐地区,为本地区各国人民建设和谐和睦的家园。为此,中方建议成立上海合作组织睦邻友好合作委员会,推动成员国民间交往,打牢上海合作组织发展的民意基础和社会基础。

——我们要把上海合作组织建设成为地区安全稳定的有力保障。各成员国应该深入落实《打击恐怖主义、分裂主义和极端主义上海公约》,建立并完善安全合作机制,采取协调一致的行动,打压"三股势力"活动空间,铲除毒品走私和跨国有组织犯罪等黑恶势力。要以修订应急机制条例为契机,全面提高组织行动能力和快速反应能力。本地区各国内部事务应该由各国人民自己做主,我们坚决反对以任何借口干涉成员国内政,坚定支持各国为维护主权独立、领土完整、安全稳定所做的努力。

——我们要把上海合作组织建设成为地区经济发展的推动力量。本组织地跨欧亚,幅员辽阔,资源丰富,发展潜力巨大。我们应该从地区经济形势特点和各国发展实际需求出发,充分利用上海合作组织这一有效平台,发挥各自优势,坚定不移推进务实合作,努力实现共同发展繁荣。各成员国要努力建成铁路、公路、航空、电信、电网、能源管道互联互通工程,为古老的"丝绸之路"赋予新的内涵。我们要建立开发银行、粮食安全合作机制、种子库和农业示范推广基地、能源俱乐部,推动贸易和投资便利化,全面促进各国经济发展。我们要加强科技、文化、教育、卫生等领域合作,开发高技术产品,发展高技术产业,全面提高各国经济在未来全球经济中的竞争力。

今后3年,中方将为其他成员国培训1500名专家。今后10年,中方将为其他成员国提供3万个政府奖学金名额,邀请1万名孔子学院师生来华研修。为促进成员国发展,支持上海合作组织框架内经济合作项目,中方决定向其他成员国再提供100亿美元贷款。

——我们要把上海合作组织建设成为开展国际交往、扩大国际影响力的有效平台。各成员国在许多重大国际和地区问题上有着共同利益和广泛共识。我们应该通过这一平台同国际和地区组织加强磋商,维护和平、促进发展,推进世界多极化和国际关系民主化。在重大国际和地区问题上,各成员国要加强沟通、协调立场,根据事情本身的是非曲直和成员国共同利益发出协调一致的声音,为维护世界和平稳定、促进各国共同发展作出新的更大的贡献。

各位同事!

一年来,各成员国给予中方巨大支持和帮助,为确保本次峰会成功并取得积极成果付出了不懈努力。在这里,我向大家表示诚挚谢意。中方将本着积极务实、友好合作的精神支持下一任主席国吉尔吉斯斯坦的工作,愿同各成员国一道,全面落实元首理事会会议达成的共识,稳步推进本组织各项合作,携手并进,开拓进取,共同开创上海合作组织发展的未来。

谢谢各位。

上海合作组织成员国元首发表关于构建持久和平共同繁荣地区的宣言

上海合作组织(以下简称上合组织或本组织)成员国元首于2012年6月6日至7日在北京举行上合组织成员国元首理事会会议。

元首们指出,进入21世纪以来,国际关系体系发生着复杂的变化,世界格局走向多极化,区域协作加强,全球化进一步发展,国与国相互依存更加紧密,信息技术作用越来越大。

国际社会迫切需要共同有效应对全球挑战。世界经济形势十分复杂,不稳定性和不确定性依然突出。大规模经济金融危机可能再次爆发,恐怖主义、毒品走私、跨国犯罪、发展失衡、粮食短缺、气候变化、大规模杀伤性武器扩散的危险、地区和局部冲突等威胁和问题仍然存在。

上合组织反映了各成员国人民的共同愿望,继续为和平、合作、发展而富有成效地开展工作,践行了互信、互利、平等、协商、尊重多样文明、谋求共同发展的"上海精神",推动建立了友好合作的国家关系有效模式。

在成员国共同努力下,上合组织已成为和平与可持续发展的保障,维护着本地区的安全、稳定和发展,有力地打击了恐怖主义、分裂主义、极端主义、毒品走私和跨国有组织犯罪,发展了区域合作,加强了睦邻互信关系。

成员国将继续加强边境地区军事领域信任,采取必要措施避免发生边界争端,维护和平、安宁与稳定。

成员国将继续加强在本组织框架内的合作,提升合作水平,把上合组织地区建成持久和平、友好、繁荣与和谐的地区。

为此,元首们声明如下:

一

成员国呼吁国际社会实现多种文明和平共存与对话,谋求共识,协同可持续发展,尊重各国传统和文化价值观念,在公认的国际法准则和原则基础上巩固国家间关系。

成员国恪守《联合国宪章》《上海合作组织宪章》和《上海合作组织成员国长期睦邻友好合作条约》及成员国加入的其他国际条约,不断发展和深化相互关系。

成员国在彼此尊重主权、独立、领土完整和自主选择的社会制度和发展道路,互不干涉内政的基础上建设相互关系。成员国彼此支持各方为保持国内稳定、发展国民经济所做的努力。

成员国不参加针对其他成员国的联盟或集团,采取一切措施依照国际法通过政治外交手段解决彼此间或与其他国家间出现的问题。

二

成员国认为,应在国际关系中推广互信、互利、平等、协作的新安全观,在世界上建立尊重所有国家利益的、不可分割的安全空间。

个别国家或国家集团单方面不受任何限制地加强反导系统将对国际安全和战略稳定产生危害。有关问题必须由所有有关国家通过政治外交努力来解决。成员国坚定地认为,实现自身安全不能以损害其他国家的安全为代价。

成员国支持建立无核武器世界,严格遵守《不扩散核武器条约》。上合组织呼吁所有核武器国家签署《建立中亚无核武器区条约》的有关议定书,切实推动中亚无核武器区的建立。

成员国主张确保外空安全、和平利用外空、防止外空武器化,推动制定《防止在外空放置武器、对外空物体使用或威胁使用武力条约》,推动制定并在国际社会实施外空透明与建立信任措施。

成员国将在尊重国家主权和不干涉别国内政的原则基础上,推动建立和平、安全、公正和开放的信息空间。成员国反对将信息和通信技术用于危害成员国政治、经济和社会安全的目的,防止利用国际互联网宣传恐怖主义、极端主义和分裂主义思想。

三

成员国认为,地区事务须由本地区相关国家和国际组织协商解决。维护地区安全与稳定的具体协作方式和机制应由该地区国家决定。

如出现对本组织某一成员国或整个地区的和平、稳定与安全构成威胁的形势,成员国将根据本组织相关文件采取政治外交措施,及时妥善应对。

成员国继续加强双边和多边合作,共同打击恐怖主义、分裂主义和极端主义,非法贩运毒品和武器等跨国犯罪活动、非法移民以及应对其他安全领域的新威胁新挑战。

成员国支持阿富汗建成独立、中立、和平、繁荣和没有恐怖主义、毒品犯罪的国家,认为阿民族和解进程应由阿人主导、阿人所有。成员国支持联合国在协调解决阿富汗问题的国际努力中发挥主导作用。成员国将协助阿富汗人民进行国家重建。成员国决定给予阿富汗上合组织观察员地位。

成员国对西亚北非地区局势深表关切,衷心希望这一地区实现和平、稳定、繁荣和进步。呼吁国际社会遵循《联合国宪章》宗旨和国际法准则,尊重地区国家和人民的自主选择,推动缓解地区紧张局势,反对进行武力干预或强行推动“政权更迭”,不赞成进行单边制裁。

成员国强调,必须停止叙利亚境内的一切暴力行为,支持尊重叙主权、独立、领土完整的广泛国内对话。欢迎联合国安理会支持调解危机的政治努力,认为通过政治对话和平解决叙利亚问题符合叙利亚人民和国际社会的共同利益。

成员国对围绕本组织观察员国伊朗的有关事态发展深表担忧,认为任何以武力解决伊朗问题的企图都是不可接受的。这种企图将产生不可预见的严重后果,威胁地区乃至世界的稳定与安全。呼吁各方保持最大克制,避免可能导致对抗进一步升级的言论和行动。

成员国认为,各国应遵守《联合国宪章》的宗旨和原则以及国际关系基本准则,主张应严格执行安理会有关决议。支持六国与伊朗开启可持续对话进程,通过有关各方对话谈判以政治外交手段解决伊核问题。期待伊朗作为国际社会负责任成员在维护和平与繁荣方面发挥重要作用。

四

成员国根据本国社会经济发展优先方向,通过相互支持,不断在现代化和创新发展基础上增强经济发展潜力,大力推进经验交流和务实往来。

成员国认为,经济全球化应有助于建立均衡、互利、公正、高效、非歧视的惠及世界各国的贸易关系。

成员国愿继续同国际社会一道,为消除国际经济金融危机的影响,实现世界经济可持续增长作出贡献。

成员国将深化和完善互利互惠的区域经济合作,促进贸易和投资便利化,实施共同投资的大型项目并吸收观察员国和对话伙伴参与。

成员国认为,应继续促进各成员国边境地区及毗邻地区合作,加强互联互通,共享经济发展成果。

成员国将努力保障本地区能源安全。

成员国重视发展连接欧亚的交通基础设施,建立相应的国际交通走廊,提高各种交通运输方式的联运效果,并将为完成上述任务继续加强合作。

成员国根据本国法律和各自承担的国际义务,保障生活在其境内的其他成员国公民的社会经济权益。

五

上合组织地区的顺利发展需要和平、安全和稳定的国际环境,需要为建立公正、民主的国际秩序坚持不懈地努力。

联合国应在维护世界和平与安全、促进共同发展、加强国际互利合作方面发挥核心作用。成员国重申支持联合国通过改革提高效率,增强及时有效应对挑战和威胁的能力。

有关各方应继续协商,就联合国安理会改革问题找到能够照顾彼此利益和关切的“一揽子”解决方案,达成最广泛一致。为维护联合国会员国团结,不应人为预设谈判时限,不应过早提交讨论任何在目前阶段尚未得到压倒性多数会员国支持的方案,包括不采取“零散处理”的做法。

成员国重视进一步发展与本组织观察员国、对话伙伴以及与本组织签署相关文件的国际组织、地区组织之间的友好关系和富有成效的协作关系。继续与其他赞同上合组织宗旨和原则的国际组织和机制开展对话。

成员国满意地指出,国际社会对与上合组织建立联系的兴趣上升,欢迎土耳其共和国成为上合组织对话伙伴,参与本组织框架内的合作。

六

成员国强调,在“上海精神”指引下,上合组织作为国际关系的一个重要主体和建设性力量,已成为21世纪国家之间和区域合作的典范。

成员国将通过在本地区构建和谐友好伙伴关系,继续促进世界的和平、公正、民主与多元,推动各国和全人类的进步与繁荣。

哈萨克斯坦共和国总统　纳扎尔巴耶夫
中华人民共和国主席　胡锦涛
吉尔吉斯共和国总统　阿坦巴耶夫
俄罗斯联邦总统　普京
塔吉克斯坦共和国总统　拉赫蒙
乌兹别克斯坦共和国总统　卡里莫夫
2012年6月7日于北京

上海合作组织成员国元首理事会会议新闻公报

2012年6月6日至7日,上海合作组织(以下简称上合组织或本组织)成员国元首理事会会议在北京举行。哈萨克斯坦共和国总统纳扎尔巴耶夫、中华人民共和国主席胡锦涛、吉尔吉斯共和国总统阿坦巴耶夫、俄罗斯联邦总统普京、塔吉克斯坦共和国总统拉赫蒙、乌兹别克斯坦共和国总统卡里莫夫与会。

会议由中华人民共和国主席胡锦涛主持。

上合组织秘书长伊马纳利耶夫、上合组织地区反恐怖机构(以下简称地区反恐怖机构)执行委员会主任朱曼别科夫出席了会议。

上合组织各观察员国代表团团长伊朗伊斯兰共和国总统艾哈迈迪—内贾德、蒙古国总统额勒贝格道尔吉、巴基斯坦伊斯兰共和国总统扎尔达里、印度共和国外交部部长克里希纳,以及主席国客人阿富汗伊斯兰共和国总统卡尔扎伊、土库曼斯坦总统别尔德穆哈梅多夫列席会议并讲话。

联合国秘书长特别代表、联合国中亚地区预防外交中心主任延恰,独联体执委会主席列别捷夫,欧亚经济共同体秘书长曼苏罗夫,集体安全条约组织秘书长博尔久扎也列席了会议。

元首们就当前国际和地区形势、重大国际和地区问题以及上合组织未来发展前景交换了意见。

元首们指出,上合组织的成立与发展,有力地促进了区域合作,增强了睦邻友好与互信,开创了上合组织成员国和谐共存的局面。

成员国对本组织工作的评价,对进一步完善务实合作的立场和方法已写入《上海合作组织成员国元首关于构建持久和平、共同繁荣地区的宣言》。宣言中还写入了成员国关于建立公正、民主、多极化的新型世界格局并据此来发展国家之间关系的共同主张,谋求建立不可分割的世界安全空间的决心,走符合本国国情的创新和可持续发展道路并以自身发展促进世界进步的愿望,以及为此而开展国际合作的具体措施。

元首们批准了《上海合作组织中期发展战略规划》,指出上合组织是开放和谐的区域合作组织,制度基础顺畅有效,组织机构稳定运行,有助于深化成员国睦邻友好和共同繁荣。

元首们听取并批准了上合组织秘书长关于本组织工作的报告和地区反恐怖机构理事会关于地区反恐怖机构工作的报告。

在过去一年里,上合组织举行了成员国总理理事会会议(2011年11月7日,圣彼得堡)、救灾部长会议(2011年9月28日,杜尚别)、经贸部长会议(2011年10月26日,杜尚别)、交通部长会议(2011年10月28日,莫斯科)、禁毒部门领导人会议(2012年4月2日,北京)、安全会议秘书会议(2012年4月12日,北京)、最高法院院长会议(2012年4月23日至25日,北京)、审计部门领导人会议(2012年4月23日至24日,上海)、国防部长会议(2012年4月24日,北京)、外交部长会议(2012年5月11日,北京)、上合组织论坛(2012年4月23日至24日,阿拉木图)、财长和央行(国家银行)行长会议(2012年5月16日至17日,北京)、文化部长会议(2012年6月4日至7日,北京)、总检察长会议(2012年6月5日至6日,杜尚别)。

上合组织10周年纪念峰会之后,成员国在政治、经济和人文等主要合作领域共同开展了大量工作,取得了一系列具体成果。

元首们指出,恐怖主义、分裂主义、极端主义、非法贩运毒品、跨国有组织犯罪等威胁的尖锐性有增无减,世界不同地区局势持续动荡。在此背景下,在危机预警、应急处置方面积极开展政治外交工作及开展安保合作依然是十分迫切的任务。

元首们批准了修订后的《上海合作组织关于应对威胁本地区和平、安全与稳定事态的政治外交措施及机制条例》和《上海合作组织成员国打击恐怖主义、分裂主义和极端主义2013年至2015年合作纲要》,进一步扩大了成员国安全合作的法律基础。

元首们强调成员国在维护国际信息安全领域开展合作的重要性,指出应防止利用信息通信技术破坏世界和平、稳定和安全,继续在联合国框架内推动制定"信息安全国际行为准则"。

元首们支持通过政治外交手段解决伊朗核问题。

元首们指出,个别国家或国家集团不顾其他国家的正当利益,单方面不受任何限制地加强反导系统,将对国际安全和全球战略稳定产生危害。有关问题必须由所有相关国家通过政治外交努力加以解决。

元首们指出,区域经济合作取得重要成果,应进一步促进贸易和投资便利化,加强非资源领域经济技术合作,打击商品走私,保护知识产权。

元首们强调应继续采取实际措施发展本地区多边经济金融合作,指出成员国财长和央行(国家银行)行长会议机制对于本组织国家间交流保障经济金融稳定的经验、促进财金合作具有重要作用。

元首们积极评价为研究成立上合组织发展基金(专门账户)、开发银行问题所做的工作,责成继续开展上述工作并尽快完成。

各方愿努力保障上合组织地区能源安全。

元首们强调,必须尽快使2010年6月签署的《上海合作组织成员国政府间农业合作协定》生效,以提高农业合作效率。

元首们认为,应重视加强本组织文化、科技、创新、旅游、卫生合作,特别是确保上合组织地区卫生防疫状况良好。

成员国指出,上合组织"睦邻友好年"活动的成功举办,进一步加强了成员国间的友谊与合作。

元首们对本组织秘书处和地区反恐怖机构的工作给予高度评价,认为其有效保障了上合组织、实业家委员会、银联体和上合组织论坛工作顺畅运转,使之在利用经济合作和学术合作潜力方面发挥重要作用。

元首们认为,随着国际形势的发展,以及上合组织活动日趋增多,有必要加强各方及本组织常设机构对本组织活动的新闻宣传工作,树立上合组织的客观、积极形象。

上合组织成员国支持扩大国际协作,加强与观察员国和对话伙伴,以及联合国及其专门机构、东盟、独联体、集安条约组织、欧亚经济共同体等国际和地区组织的合作。

各成员国注意到有关国家要求加入上合组织的愿望,将继续就扩员所需法律、财务和行政条件进行协商,争取在协商一致基础上尽快完成这项工作。

成员国将继续奉行扩大上合组织国际交往的方针,与其他多边组织和机制开展合作。

元首们决定给予阿富汗伊斯兰共和国上合组织观察员地位,给予土耳其共和国上合组织对话伙伴地位。

元首们决定任命梅津采夫(俄罗斯联邦)为上合组织秘书长,任命张新枫(中华人民共和国)为上合组织地区反恐怖机构执行委员会主任,任期均为2013年1月1日至2015年12月31日。

元首们高度评价中国在担任上合组织主席国期间所做的工作,对中方在北京峰会期间给予的热情接待表示感谢。

根据《上合组织宪章》规定,下一阶段本组织主席国将由吉尔吉斯共和国担任。上合组织成员国元首理事会下次会议将于2013年在吉尔吉斯共和国举行。

国家主席胡锦涛在人民大会堂与巴基斯坦总统扎尔达里举行会谈

胡锦涛强调,中方珍视两国传统友谊,把发展中巴关系作为中国外交的优先方向之一。中方愿同巴方一道努力,巩固和发展中巴战略合作伙伴关系。胡锦涛就推动双边关系发展提出5点建议。一是加强战略沟通和合作,继续保持密切高层互访,及时就涉及两国的重大问题交换意见。二是深化经贸务实合作,发挥好两国经贸联委会机制作用,加强规划,深化能源、交通基础设施建设、农业、通信、航天、科技等领域合作。中方将继续为巴基斯坦经济社会发展提供力所能及的帮助,鼓励和支持有关企业和金融机构积极参与巴基斯坦能源和电力项目的开发建设。三是加强执法安全合作,共同打击“三股势力”。四是密切人文交往,扩大教育、文化、媒体等领域的合作,加强地方、青年、妇女交流。五是加强多边协调,中方赞赏巴方为推动区域合作所作的努力,愿同巴方加强在上海合作组织和南盟中的协调和合作。

扎尔达里表示,巴方期待着继续加强两国交往和合作,保持密切高层互访,巩固民间友好。巴方欢迎中国企业扩大在巴投资,参与交通基础设施建设。希望双方加大能源合作,保障巴经济发展和民生改善。巴方将继续在涉及中国核心利益的问题上坚定支持中方,严厉打击恐怖主义活动。巴方祝贺上海合作组织北京峰会取得成功,希望同中方加强在重大地区问题上的协调和配合,共同维护地区和平稳定。

会谈后,两国元首共同出席有关双边合作文件的签字仪式。

国家主席胡锦涛在人民大会堂与蒙古国总统额勒贝格道尔吉举行会谈

胡锦涛指出,去年两国建立战略伙伴关系以来,双边贸易额增长迅速,双方人员往来频繁。为进一步发展中蒙关系,两国政治上要不断加深互信,从战略高度和长远角度把握中蒙关系发展大方向。中方将继续坚持互利共赢、共同发展的理念,加强两国务实合作。希望双方结合各自国情,继续按照矿产资源开发、基础设施建设、金融合作三位一体、统筹推进的总体思路,发挥各自优势,提升合作深度和广度,丰富中蒙战略伙伴关系内涵,造福两国和两国人民。

额勒贝格道尔吉表示,蒙方希望加强两国高层交往以及议会、政党交流,共同打击贩毒等跨国犯罪,推进大项目合作,提升经贸、基础设施建设合作水平,希望以互办“文化年”为契机,增进两国民间友好感情。蒙方作为上海合作组织观察员国,对该组织发展感到高兴,愿同中方加强在多边及地区事务中的沟通和协调。

全国人大常委会委员长吴邦国在人民大会堂与伊朗总统艾哈迈迪—内贾德举行会谈

吴邦国说,中国坚持和平发展道路,奉行独立自主的外交政策,致力于同所有国家发展友好关系与互利合作。伊朗是发展中大国,也是西亚北非地区大国。中方愿本着相互尊重、平等相待的原则,进一步加强对伊关系,保持各层次友好往来,积极探讨新形势下深化务实合作的新途径,推动中伊关系不断取得新的更大发展。

艾哈迈迪—内贾德表示,伊方对近年来两国关系的发展表示满意,认为这符合两国和两国人民的利益,愿继续加强和深化伊中友好合作,支持双方议会进一步密切友好往来,为增进两国人民友谊、促进务实合作作出更大的贡献。

国务院总理温家宝在中南海紫光阁与巴西众议长马亚举行会谈

温家宝表示,中方愿与巴方保持高层交往,深化政治和战略互信;加强在制造业、基础设施建设、能矿、金融、高科技等重点领域合作;带动中国同拉丁美洲和加勒比国家共同体、南方共同市场等拉美区域组织的友好关系发展；推动南南合作和南北对话取得更多成果。中方积极支持巴方办好即将在里约举行的联合国可持续发展大会，为全球可持续发展进程注入新的动力。

马亚说，巴中两国有许多共同点和广泛的共同利益，加强合作有利于促进各自的发展，为世界作出更大的贡献。巴西议会愿与中方进一步密切交流，深化友谊与合作，推动两国战略伙伴关系取得新进展。

国家副主席习近平在钓鱼台国宾馆与巴基斯坦总统扎尔达里举行会谈

国家副主席习近平在人民大会堂与乌兹别克斯坦总统卡里莫夫举行会谈

国务院副总理李克强在人民大会堂与蒙古国总统额勒贝格道尔吉举行会谈

国务院副总理回良玉在北京出席2012亚太经合组织中国工商领导人论坛开幕式并致辞

回良玉在致辞中说，当前，世界经济正在经历复杂的调整和变化，实现全面复苏仍然是一个长期艰难曲折的过程。世界经济结构调整取得新进展，但仍未满足转变经济发展方式的迫切要求。科技创新孕育新突破，但仍未形成强有力的新的经济增长点。在此背景下，本届论坛以“发展的挑战”为主题，围绕“发展”的重要性和艰巨性开展讨论，有利于我们深刻认识和了解中国和亚太地区经济形势新变化新特点，准确把握未来一段时间世界经济和区域合作发展方向，共同探讨解决工商界所关心的问题。

回良玉强调，亚太经合组织是成熟的政府间多边经济合作平台，其成员在全球经济中的地位举足轻重。为了更好与亚太及世界各地工商界开展经贸合作，中国政府将进一步扩大对外开放，实现互利共赢；深化经济体制改革，改善商业投资环境；积极参与全球经济治理，维护多边贸易体系，深化区域经济一体化；加强公共和私营部门合作，推动工商界发挥更大作用。

回良玉还在论坛期间会见了参会的澳大利亚前总理陆克文以及来自亚太经合组织各成员的工商界领导人。

国防部部长梁光烈在八一大楼会见斯里兰卡陆军司令贾亚苏里亚

财政部印发《革命老区转移支付资金管理办法》

《革命老区转移支付资金管理办法》明确革命老区转移支付资金主要用于革命老区专门事务和民生事务，该资金不要求县级财政配套，不得为其他专项资金进行配套。

革命老区转移支付资金是指中央财政设立，主要用于加强革命老区专门事务工作和改善革命老区民生的一般性转移支付资金。财政部表示，此次制定管理办法，旨在促进革命老区各项社会事业发展，支持革命老区改善和保障民生，进一步规范革命老区转移支付资金管理，提高资金使用效益。

“中国语言能力测试研究发展中心”揭牌仪式在天津市语言文字培训测试中心举行

中国语言能力测试研究发展中心是由教育部、国家语言文字工作委员会共同设立的。

该中心将承担促进中国汉语能力测评研究与推广、开展国家语委语言文字应用研究课题、组织国内外同行进行学术交流、编辑出版相关教材与学术书刊等任务。

以“畅想未来”为主题的首届中国广播剧微剧大赛在北京拉开帷幕

太湖文化论坛中医药文化发展（南昌）高级别会议在南昌举行

会议由太湖文化论坛、国家中医药管理局、江西省人民政府共同主办。全国政协副主席、太湖文化论坛名誉主席张梅颖参加会议并讲话。

张梅颖说，中医药文化脱胎于中国传统文化，在认识生命、维护健康、防治疾病的思想和方法上，带有鲜明的中华文化精神特征。我们以什么样的态度对待中医药文化，体现着人类对发展方向的认识。她倡议：一是促进中医药文化的传承。要加强中医药典籍的整理，深化基础理论的研究。二是推动中医药领域的创新。需要与时俱进，吐故纳新，不断总结医疗实践，加强自主创新与传承创新，同时注重吸收现代医学发展成果，利用现代科技手段，提高质量标准体系及制作工艺。三是加强中医药文化同其他医药文化的交流。相互借鉴，取长补短。四是推进中医药文化的国际化。用国际社会能接受的方式，使更多国家和人民了解中医、热爱中医。

6月8日

国家主席胡锦涛在人民大会堂与阿富汗总统卡尔扎伊举行会谈

两国元首就双边关系和共同关心的问题深入交换

了意见，达成广泛共识。双方发表了《中阿关于建立战略合作伙伴关系的联合宣言》。

胡锦涛就发展中阿关系提出5点建议。一是深化政治互信，两国领导人保持经常会晤和接触，就重大问题加强战略沟通，两国有关部门认真落实联合宣言中达成的各项共识。二是推进经贸合作，本着互利互惠、共同发展的原则，加强经贸、承包工程、资源能源开发、农业、基础设施建设等领域务实合作。中国政府将继续鼓励有实力的中国公司赴阿投资。三是扩大人文交流，加强教育、文化、新闻等领域交流合作，中方愿继续为阿富汗培训各领域专业人才。四是加强安全合作，共同打击“三股势力”和贩毒等跨国犯罪。五是拓展多边协调合作，中方愿同阿方加强在上海合作组织及南盟等框架内的协调和合作，并将继续积极参与涉阿国际和地区合作。

卡尔扎伊表示，过去十年来，阿中关系积极发展，这是由于中国奉行睦邻友好政策，为阿富汗和解重建提供了宝贵理解、支持和帮助。阿富汗人民为有中国这样的好邻居感到荣幸，为两国建立战略合作伙伴关系感到高兴。阿富汗愿同中国发展长期友好合作，完全赞同中方发展两国关系的建议主张，希望同中国加强政治交往，拓展经贸、能源等领域合作，欢迎中国企业扩大在阿富汗投资，支持两国开展人文交流。

卡尔扎伊介绍了对阿富汗及地区局势的看法，表示高度重视中国在阿富汗和平重建进程中的作用，希望在中国和国际社会支持帮助下，阿富汗及本地区能够早日实现和平、安全、稳定、发展。

中华人民共和国与阿富汗伊斯兰共和国发表关于建立战略合作伙伴关系的联合宣言

应中华人民共和国国家主席胡锦涛邀请，阿富汗伊斯兰共和国总统卡尔扎伊于2012年6月5日至8日出席上海合作组织成员国元首理事会第十二次会议并访华。6月8日，胡锦涛主席和卡尔扎伊总统在坦诚、友好的气氛中，就双边关系和共同关心的国际和地区问题深入交换了意见，达成广泛共识。

两国元首全面回顾了中阿关系发展历程，一致认为，自1955年1月20日建交以来，两国一直恪守和平共处五项原则，相互尊重、相互信任、相互支持，传统友谊不断加深。2002年阿富汗启动和平重建进程以来，中阿关系掀开新的一页，政治互信不断加强，双边合作不断拓展和深化，两国睦邻友好的全面合作伙伴关系顺利发展。

两国元首一致认为，当前国际地区形势正发生深刻复杂变化，为共同应对挑战，维护地区和平、稳定与发展，两国应从战略和长远角度看待和发展双边关系。鉴此，两国决定，建立中阿战略合作伙伴关系，并指定双方外交部牵头，制定落实战略合作伙伴关系行动计划。

为确定这一战略合作伙伴关系的内涵和基本原则，中华人民共和国和阿富汗伊斯兰共和国(以下简称双方)声明如下：

一、双方愿在和平共处五项原则基础上，根据《联合国宪章》的宗旨和原则以及公认的国际法准则，恪守2006年签署的《中华人民共和国和阿富汗伊斯兰共和国睦邻友好合作条约》及其他双边文件确定的双边关系各项基本原则，建立中阿战略合作伙伴关系。

双方一致认为，中阿战略合作伙伴关系将是两国之间持久和全面的关系，符合两国和两国人民的根本利益，有利于进一步巩固两国传统友谊和拓展包括政治、经济、文化和安全在内的各领域合作，也有利于本地区乃至世界的和平、稳定与发展。

二、双方一致同意，政治、经济、人文、安全以及国际地区事务合作是构成中阿战略合作伙伴关系的五大支柱。

三、双方认为，高层交往对双边关系发展具有特殊重要意义，政治互信是中阿关系的基础。双方将积极推动两国领导人交往，利用国际多边场合举行两国领导人会晤，就双边关系和国际地区重大问题交换意见，加强战略沟通。双方将进一步促进两国政府、议会和政党间的交流与合作，不断增进相互理解和信任。

双方承诺在涉及国家主权、统一和领土完整的问题上给予对方坚定支持，不允许各自领土用于从事反对对方的任何活动。阿方重申，坚定奉行一个中国政策，承认中华人民共和国政府是代表全中国的唯一合法政府，坚定支持中方在台湾、涉藏、涉疆等涉及中国核心利益的重大问题上的立场。中方重申其尊重阿富汗独立、主权、领土完整和国家统一的承诺，尊重阿富汗人民根据自身国情选择的发展道路，支持阿富汗民族和解进程，并相信，有阿富汗人民的决心和其国际地区伙伴的支持及合作，阿富汗一定会早日实现和平、稳定与发展。

四、双方一致同意，在2006年签订的《中华人民共和国政府和阿富汗伊斯兰共和国政府贸易和经济合作协定》基础上，继续探讨扩大和深化两国经贸投资合作的新途径和新方式。双方同意继续在资源和能源开发、基础设施建设、工程和农业等领域加强务实合作。中方重申支持阿富汗和平重建进程，将一如既往地向阿富汗提供力所能及的帮助，继续鼓励有实力的中资企业赴阿参与建设和开发。中方宣布，2012年中国政府将向阿方提供1.5亿元人民币无偿援助。阿方感谢中方长期以来为阿富汗和平重建提供的无私帮助,感谢中方提供的新援助承诺。

五、双方指出,两国友好往来历史悠久,中阿传统友谊源远流长,开展两国人文交流具有良好基础和重要意义。双方将大力促进文化、教育、卫生、新闻媒体等领域交流与合作,开展形式多样的人文交流,进一步增进两国人民之间的了解和友谊。双方将为深化与拓展上述交流与合作创造一切有利条件。中方将继续为阿富汗提供专业技术人员培训,为更多阿富汗青年来华留学提供包括政府奖学金在内的便利,支持阿富汗国家发展。

六、双方强烈反对任何形式的恐怖主义、极端主义、分裂主义,以及有组织犯罪行为。双方商定,加强两国安全领域交流与合作,共同打击恐怖主义、非法移民、非法贩运武器和毒品等跨境威胁活动,加强情报交流和边境管控,加强预防传染病、防灾减灾等非传统安全领域合作。中方坚定支持阿方为打击恐怖主义和毒品走私、维护国家稳定所做的努力,呼吁国际社会支持这一努力。阿方重申在打击恐怖主义、极端主义和分裂主义"三股势力"方面继续坚定支持中方,将采取切实措施,加强对在阿中资机构与人员的安全保障。

七、双方指出,当前国际地区形势正发生深刻复杂变化,双方将加强在联合国等多边框架内的协调与合作,就重大国际和地区问题保持沟通,协调立场。双方愿加强在南盟框架下的协调合作。中方欢迎阿富汗在上海合作组织中发挥更大作用,包括其作为上海合作组织观察员国的新作用,支持阿富汗改善和发展同本地区国家关系的努力。双方强调致力于继续在伊斯坦布尔进程中开展合作,这有助于在地区层面建立信任,促进阿富汗乃至整个地区的和平、稳定与发展。

八、中阿建立战略合作伙伴关系旨在进一步深化中阿传统友谊与合作,将充分尊重和照顾本地区国家的合理关切和利益,促进地区和平、稳定与发展,不针对任何第三方。

九、卡尔扎伊总统感谢胡锦涛主席邀请其出席上海合作组织成员国元首理事会第十二次会议并访华,祝贺会议成功召开。

2012年6月8日于北京

国家主席胡锦涛在人民大会堂与伊朗总统艾哈迈迪—内贾德举行会谈

胡锦涛表示,近年来,中伊关系不断发展,给两国人民带来实实在在利益。中方从战略高度和长远角度看待中伊关系,愿同伊方一道,从4个方面推动中伊友好合作关系健康稳步发展。一是加强两国领导人、政府部门、立法机构和党际友好往来。二是本着循序渐进、互利互惠的原则,推进务实合作。三是深化人文交流,增进两国人民相互了解和友谊。四是在重大国际和地区问题上保持沟通和协调,维护地区和平稳定,促进共同发展。

艾哈迈迪—内贾德表示,伊中都是文明古国,古代"丝绸之路"把两国联系在一起。伊朗对中国取得的发展成就感到高兴,希望继续加强同中国友好交往,扩大经贸、能源、农业、基础设施建设等领域合作,促进人文交流,推动双边关系不断向前发展,这符合两国利益,有利于地区和世界和平、稳定、发展。

艾哈迈迪—内贾德介绍了伊方在伊朗核问题上的立场,表示伊方希望通过对话解决,将进一步作出积极努力,愿继续同有关各方保持沟通。

全国人大常委会委员长吴邦国在人民大会堂与巴西众议长马亚举行会谈

吴邦国表示,中巴建交以来,特别是建立战略伙伴关系以来,双方坚持相互尊重、互利共赢、共同发展原则,坚持从战略高度和长远角度发展两国关系,中巴关系进入全面快速深入发展的新阶段。当前国际形势复杂多变,作为世界上具有重要影响的国家,中国和巴西有必要进一步加强合作。希望双方继续保持高层交往,积极开展政府、议会、政党之间的友好往来,深化政治互信;充分发挥各自优势,结合两国制定的发展战略,推进投资、基础设施建设、高科技等领域的务实合作;扩大人文交流,活跃双方在文化、卫生、旅游等方面往来,增进人民友谊;加强在联合国、世贸组织、二十国集团、金砖国家等多边框架内的协调与配合,共同维护发展中国家的利益,推动中巴战略伙伴关系不断迈上新台阶。

马亚表示,巴西和中国是当今世界的两支重要力量。巴中加强合作,不仅有利于各自国内发展,而且对促进世界和平、稳定有重要影响。近年来,巴中在政治、经贸、人文等双边领域开展了很好的合作,在二十国集团、金砖国家等多边组织内密切配合,巴方对此表示满意。此次访问期间,我们不仅感受到中国经济充满活力,更感受到巴中合作前景广阔。巴西众议院愿通过加强与中国全国人大的友好交流与合作,为推动巴中关系发展作出积极贡献。

全国政协主席贾庆林在中国航天科工集团公司调研

贾庆林指出,当今世界正处在大发展大变革大调整时期,和平发展合作仍然是时代主旋律。促进世界和平与发展,维护国家主权、安全和发展利益,必须有强大的经济实力作基础,也必须有强大的国防实力作后盾。作为军工集团,中国航天科工集团公司肩负着光荣的历史责任,发挥着不可替代的重要作用。

贾庆林强调,要着力弘扬优良传统。继承和发扬"自力更生、艰苦奋斗、大力协同、无私奉献、严谨务实、勇于攀登"的航天传统精神和"两弹一星"精神、载人航天精神,以钱学森、黄纬禄等同志为榜样,切实增强为国增光、为国分忧的责任感和使命感,以更加奋发有为的精神状态和严谨务实的工作作风,出色完成党和国家交给的各项任务。要着力提高自主创新能力。认真贯彻中央的精神,坚持把自主创新作为战略基点,着力突破更多核心技术、关键技术,获得更多自主知识产权,在建设创新型国家中发挥好"排头兵"作用。要着力做强做优企业。加快转变经济发展方式,加快培育发展战略性新兴产业,促进产业转型升级,深化改革调整,推进二次创业,统筹军民融合发展,在促进经济平稳较快发展中更好地发挥骨干作用。要着力加强队伍建设。坚持用事业凝聚人才、用实践造就人才、用机制激励人才、用制度保障人才,努力形成一支德才兼备、作风过硬的航天科技人才队伍,造就一批世界一流的科学家和科技领军人才,培养一大批创新人才和创新团队,为推进航天事业发展提供强有力的人才支撑。

全国政协主席贾庆林在人民大会堂会见以主任马克伊为团长的白俄罗斯总统办公厅代表团

中共中央政治局常委李长春在国家核电技术公司调研

李长春说,近年来,我国核电发展步伐逐步加快,对调整能源结构、保护生态环境、促进科技进步和增强综合国力发挥了积极作用。国家核电技术公司组建以来,积极开展国际合作,依托重大项目,引进消化吸收再创新,不断完善企业管理和运营体系,为推动我国核电技术发展作出了应有贡献。新闻媒体要热情支持、积极宣传我国核电等新能源的健康发展,为推动能源结构转型升级、加快转变经济发展方式营造良好舆论氛围。要宣传我国核电企业自主创新、奋力开拓取得的积极进展,宣传这些企业干部职工艰苦奋斗、无私奉献的良好精神风貌,宣传这些企业在承担社会责任方面作出的积极贡献。

李长春指出,提高自主创新能力是国家发展战略的核心,是深入贯彻落实科学发展观的必然要求,是加快转变经济发展方式的重要途径。他希望国家核电技术公司大力发扬艰苦创业、顽强拼搏的精神,进一步加强国际合作,坚持原始创新、集成创新、引进消化吸收再创新,加快完成重大科技专项,为祖国和人民交出一份满意的答卷。要始终把核电运行安全放在首要位置,完善和发展安全保障体系,不断运用最先进技术确保核电安全,为发展清洁能源、实现节能减排,建设创新型国家和资源节约型环境友好型社会作出积极贡献。

国务委员马凯在山东 河北调研铁路建设工作

马凯强调,要坚决贯彻落实党中央、国务院关于铁路改革发展的决策部署,努力实现铁路建设等方面工作的更大进展。当前要重点抓好以下四个方面工作:一要科学有序地继续加快铁路建设。按照"保在建、上必须、重配套"的原则,确保完成今年的建设任务。国家有关部门、地方政府和金融机构要进一步加大对铁路建设的支持力度,铁路部门要多渠道筹集建设资金,满足铁路建设特别是重点项目资金需求。二要始终把确保铁路运营安全和建设安全放在首位。以高铁和客车安全为重点,完善规章制度,强化安全生产过程控制,确保铁路运输安全稳定。三要深化铁路改革和扩大开放。今年要在铁路投融资体制改革上迈出实质性步伐,吸引利用更多社会资本参与铁路建设。四要努力提高铁路服务质量。加强和改进铁路运输组织工作,提高运输保障能力。落实好各项便民利民措施,努力为广大人民群众提供优质的运输服务。

央行下调人民币存贷款基准利率并调整浮动区间

中国人民银行决定,自2012年6月8日起下调金融机构人民币存贷款基准利率。金融机构一年期存款基准利率下调0.25个百分点,一年期贷款基准利率下调0.25个百分点;其他各档次存贷款基准利率及个人住房公积金存贷款利率相应调整。

自同日起:(1)将金融机构存款利率浮动区间的上限调整为基准利率的1.1倍;(2)将金融机构贷款利率浮动区间的下限调整为基准利率的0.8倍。

第二届中国国际循环经济成果交易博览会在青岛开幕

本届博览会以"循环经济新成就,绿色发展新动力"为主题,着眼"十二五"时期循环经济发展新要求,集中展示重点行业和领域循环经济试点成果,进一步普及循环经济理念。博览会为期3天,将有500多家国内外展商参展,展示面积达3万平方米。

国务院副总理王岐山在中南海会见国际货币基金组织第一副总裁戴维·利普顿

国务委员戴秉国在钓鱼台国宾馆与阿富汗总统卡尔扎伊举行会谈

“消除障碍·促进融合”国际论坛在北京闭幕并发布《北京宣言》

为期3天的“消除障碍·促进融合”国际论坛在京闭幕。会议期间，联合国有关机构、世界主要残疾人组织、有关国家和地区代表、国务院残工委成员单位等代表及专家学者围绕如何保障残疾人权益，使之全面融入社会生活进行了广泛而深入的讨论。论坛发布了旨在履行联合国《残疾人权利公约》，实现“千年发展目标”及2015年后残疾人融合发展战略的《北京宣言》。

本次论坛达成多项共识，一是积极敦促落实有关残疾人的法律条文；二是进一步发挥政府在主导残疾人事务方面的作用，真正把残疾人事务纳入国家社会发展的主流，并从国家制度层面加以保障，彻底消除有形的和无形的障碍，让残疾人生活得更有尊严、更有质量；三是加强国际合作。提倡各国和各地区之间开展有关残疾人事务的信息沟通、经验分享、技术交流、项目合作，促进全球残疾人事务的均衡发展；四是加强残疾人组织特别是发展中国家残疾人组织的能力建设，使残疾人组织更好地代表和反映残疾人意愿和意见；五是呼吁联合国把残疾人发展问题列入千年发展目标和实现过程，特别是在制定2015年后的全球经济社会发展目标框架时，将残疾人的融合发展放在突出位置，并逐步建立起与之相适应的工作机制。

6月9日

国家主席胡锦涛与格鲁吉亚总统萨卡什维利互致贺电庆祝两国建交20周年

胡锦涛表示，建交20年来，中格友好合作关系持续稳定发展。两国保持友好交往，经贸、文化、教育、科技等领域合作不断扩大，取得积极成果。两国在联合国等多边框架内保持沟通和协调，促进了相互理解和合作。中方重视发展对格关系，愿以两国建交20周年为契机，增进两国人民友谊，促进各领域交流与合作，推动中格关系不断向前发展。

萨卡什维利在贺电中表示，格中在相互尊重、维护两国共同利益的基础上，开展了友好合作并取得显著成果。相信随着两国民间交流、政治、经贸关系日益密切，格中关系将进一步发展，互利合作将不断深化。

商务部发布《家电维修服务业管理办法》

根据《家电维修服务业管理办法》规定，家电维修从业人员应当具备从事相应维修活动的职业、技术资质。从事高处作业、焊接与热切割作业、制冷与空调作业、电工作业、危险化学品安全作业等特种作业的人员，应具备国家规定的特种作业资格，执证上岗。涉及特种作业的家电维修经营者，其负责人和安全管理人员，须进行相关安全责任培训。

同时，家电维修经营者应通过企业互联网站、电话等形式向消费者提供本企业维修服务人员身份资质查验，应为上岗工作人员配制职业资质标识，要求在岗工作时佩戴或向消费者出示。

6月10日

纪念毛泽东同志“发展体育运动，增强人民体质”题词发表60周年系列活动在北京举行

国务委员刘延东出席活动并强调，毛泽东同志的题词揭示了我国体育事业的根本任务和发展方向，各级党委和政府要加强领导，大力发展全民健身事业，努力构建公共体育服务体系，切实提升全民健康素质，开创体育事业科学发展的新局面，推动我国由体育大国向体育强国迈进。

刘延东强调，要积极提倡广大人民群众从自身做起，把养成体育锻炼意识、拥有健康体魄作为人生财富，把积极参加体育锻炼作为终身习惯。要积极倡导“每天锻炼一小时、健康工作五十年、幸福生活一辈子”，使体育锻炼成为人民群众工作、学习、生活的一部分。要坚持以人为本、政府主导，按照公益性、基本性、均等性、便利性的要求，不断完善公共体育服务体系，充分发挥社会组织的积极作用，统筹城乡、区域体育协调发展，推动全民健身活动向广度和深度拓展。要坚持群众体育和竞技体育协调发展，不断增强竞技体育综合实力和国际竞争力。

第十三届“中国·青海绿色经济投资贸易洽谈会”在西宁开幕

本届青洽会拟签约项目211个，投资总额1509亿元人民币，并淘汰不符合绿色发展要求的项目。

主办方透露，本届青洽会拟签约的项目中，10亿元以上的30个，投资总额1025亿元，约占拟签约项目总投资的68%。这些项目符合国家产业政策，符合绿色、低碳、聚集、循环的要求，具备上游产业基础。

2012兰州国际马拉松赛在甘肃兰州鸣枪开赛

严庆清逝世

中国人民政治协商会议第八届全国委员会常务委员，中国国民党革命委员会山东省委员会原主委，山东省第六、七、八届人民代表大会常务委员会副主任，山东大学教授严庆清，因病于2012年6月10日在济南去世，享年88岁。

6月11日

中国科学院第十六次院士大会 中国工程院第十一次院士大会在人民大会堂开幕

中共中央总书记、国家主席、中央军委主席胡锦涛出席会议并发表重要讲话。他强调，两院院士和广大科技工作者要肩负起自己的使命和责任，坚定不移走中国特色自主创新道路，坚持自主创新、重点跨越、支撑发展、引领未来的方针，把推动科技创新驱动发展作为重要任务，紧紧围绕改革开放和社会主义现代化建设的紧迫需求，抓住新科技革命的战略机遇，大幅提高自主创新能力，大力推动科技惠及民生，推动我国经济社会发展尽快走上创新驱动的轨道。

中共中央政治局常委、全国人大常委会委员长吴邦国，中共中央政治局常委、国务院总理温家宝，中共中央政治局常委、全国政协主席贾庆林，中共中央政治局常委李长春，中共中央政治局常委、中央书记处书记、国家副主席、中央军委副主席习近平，中共中央政治局常委、国务院副总理李克强等党和国家领导人出席会议。

大会由中国工程院院长周济主持。中国科学院院长白春礼致开幕词。

1200多位两院院士，中央和国家机关有关部门负责人出席大会。

国家主席胡锦涛在中国科学院第十六次院士大会中国工程院第十一次院士大会上的讲话

各位院士，同志们：

中国科学院第十六次院士大会、中国工程院第十一次院士大会今天隆重开幕了。首先，我代表党中央、国务院，向两院院士大会的召开，表示热烈的祝贺！

2010年6月，我们召开了中国科学院第十五次院士大会、中国工程院第十次院士大会。会议强调要坚定不移走中国特色自主创新道路，切实把科学技术摆在优先发展的战略地位，把增强自主创新能力作为战略基点，把科技进步与国家发展战略、经济社会发展目标、人民日益增长的物质文化需要紧密结合起来，构建完整的创新体系，下大气力解决影响我国未来发展的重大科学和关键技术问题，大力发展与民生相关的科学技术，牢牢把握发展主动权，抢占未来发展先机。

两年来，两院院士和广大科技工作者紧紧围绕我国发展重大战略需求，瞄准世界科技前沿，开拓进取，锐意创新，奋勇拼搏，我国科技工作取得一系列新成就新进展。“天宫一号”与“神舟”八号交会对接成功，“蛟龙”号载人潜水器创下5188米的下潜记录，实现了我国空间海洋技术新跨越。首座实验快堆成功并网运行，“天河一号”超级计算机研制成功，煤制乙二醇和甲醇制烯烃实现工业化应用，风能、光伏发电、储能电池等关键技术取得新突破，宽带无线移动互联网、量子通信实用化取得新进展。百亩超级杂交稻试验田亩产突破900公斤，食品安全检验检测技术、重大药物创制和低成本医疗设备研发等提高了保障和改善民生能力。基础前沿领域取得了中微子振荡、铁基超导、拓扑绝缘体等一批世界领先的科学成果，量子信息、纳米科技、干细胞和再生医学、生命起源和进化等若干重要和新兴领域的前沿探索进入世界前列。两院作为科学技术思想库，积极推进决策科学化，为国家相关决策提供了重要科学依据。我代表党中央、国务院，向为我国科技事业作出突出贡献的两院院士和广大科技工作者，致以诚挚的问候！

当前，世界主要国家为了摆脱国际金融危机影响和推动经济复苏增长，克服全球共同面临的能源资源环境等重大问题，纷纷加大科技投入，抢占科技制高点，争取发展主动权。科技竞争在综合国力竞争中的地位更加突出，科学技术日益成为经济社会发展的主要驱动力。信息技术、生物技术、纳米科技、认知科技呈现群发突破的生动景象，知识创新、技术创新和产业创新深度融合催生新一代技术群和新产业生长点。能源资源科技将推动能源结构战略性调整、促进可持续能源和资源体系的形成，材料和制造技术将加速绿色化、智能化、可再生循环的进程，空间海洋和平利用和开发将为可持续发展提供巨大增量资源，生态环境保护能力提升将有力促进人与自然和谐相处。量子世界的调控，暗物质、暗能量的探测，生命现象系统整体的认知，都有可能引发科学知识体系的结构性变革。

“十二五”时期，我国仍处于发展的重要战略机遇期。国家制定了“十二五”规划纲要，强调要以科学发展为主题、以加快转变经济发展方式为主线、以调整需求结构和扩大内需为导向，确立了经济平稳较快发展、经济结构战略性调整取得重大进展、城乡居民收入普遍较快增长、社会建设明显加强、改革开放不断深化等重大目标。党的十七届五中全会强调，要推动我国经济发展更多依靠科技创新驱动，全面落实国家中长期科技、教育、人才规划纲要，大力提高科技创新能力。形势和任务对两院院士和广大科技工作者提出了新的更高的要求，也提供了大显身手的广阔舞台。

两院院士和广大科技工作者要肩负起自己的使命

和责任,以邓小平理论和“三个代表”重要思想为指导,深入贯彻落实科学发展观,坚定不移走中国特色自主创新道路,坚持自主创新、重点跨越、支撑发展、引领未来的方针,把推动科技创新驱动发展作为重要任务,紧紧围绕改革开放和社会主义现代化建设的紧迫需求,抓住新科技革命的战略机遇,大幅提高自主创新能力,增强共性、核心、关键技术突破能力,促进科技成果向现实生产力转化,大力推动科技惠及民生,推动我国经济社会发展尽快走上创新驱动的轨道。这里,我对两院院士提几点希望。

第一,希望两院院士坚持勇于创新,积极引领科技加快发展。实现创新驱动发展,最根本的是要依靠科技的力量,最关键的是要大幅提高自主创新能力。只有具备强大科技自主创新能力,才能在全球日益激烈的竞争中牢牢把握发展主动权,才能真正建成创新型国家,进而向世界科技强国进军。包括两院院士在内的广大科技工作者要着力提高自主创新能力,不断取得基础性、战略性、原创性的重大成果。要加快推进国家重大科技专项,深入实施知识创新和技术创新工程,增强原始创新、集成创新和引进消化吸收再创新能力。要加强战略高技术创新,发展空天战略高技术,保证我国有效进出与和平利用空间;发展海洋战略高技术,提高我国海洋经济水平,保护海洋航运安全,开发深海资源;发展生物安全应对技术,有效防控对人民生活和生态环境的生物威胁;发展信息网络战略高技术,建设基于网络信息的社会态势预警、分析、监控、应急体系,维护信息基础设施和网络安全。要加强基础研究和原始科学创新,在生命科学、空间海洋、地球科学、纳米科技等领域力争取得原创性突破。要加强先导技术研究,在关系长远发展的信息技术、生物技术、能源技术等关键领域力争取得重大创新成果。

第二,希望两院院士坚持服务发展,积极推动科技与经济紧密结合。实现创新驱动发展,最关键的是要促进科技与经济紧密结合,既要从经济社会发展需求中找准科技创新主攻方向,又要把科技成果迅速转化为现实生产力。要牢固树立服务发展意识,更加积极地投身经济社会发展主战场。要面向重点产业转型升级,加强系统集成创新,推进信息化与工业化融合,实现关键工艺技术、高端产品研发重大突破,从根本上扭转重点产业关键核心技术严重依赖国外的局面。要面向培育发展高技术产业和新兴产业,加快科技成果转移转化,促进高技术产业向技术创新引领型转变,从产业链低端向产业链高端延伸,力争在战略性新兴产业若干方面引领世界技术和产业发展方向。要面向推进农业现代化,推动农业发展方式转变,发展高产、优质、高效、绿色农业,满足对农产品总量、质量、安全和多功能需求,延伸农业产业链,提高农业综合生产力。要面向建设可持续能源资源体系,加快科技创新和成果应用,促进能源结构调整,加强传统化石能源高效清洁安全利用,加快新能源产业化,提高油气资源、重要矿产资源、水资源的勘探、开发、综合利用能力。

第三,希望两院院士坚持创新为民,积极促进科技成果造福人民。实现创新驱动发展,必须坚持把以人为本贯穿科技工作始终,让广大人民群众共享科技创新成果,让广大人民生活得更健康、更舒适、更安全、更幸福。要面向民生重大需求,加强关系人民衣食住行的科技创新,努力解决人民群众高度关注的食品安全、饮水安全、空气质量的科技问题,努力解决多发病、常见病、急性传染病诊断和治疗药物问题,发展早期监测、早期干预技术,努力攻克对人民群众有严重危害的重大慢性疾病医疗技术,发展应对人口老龄化的科学技术。要面向生态环境保护重大需求,发展城乡环境保护、治理、修复技术,着力解决环境污染、垃圾处理等突出问题,开展示范和推广应用,促进城镇化健康发展和新农村建设,提高自然灾害监测预报和防灾减灾能力。要自觉弘扬科学精神、传播科学知识,努力提高全民科学素质和全社会创新意识,激发全社会创造活力。要运用先进科学技术手段,创新文化载体,促进现代文化产业发展,满足人民群众多样化文化需求。

第四,希望两院院士坚持锐意改革,积极推动科技发展体制机制创新。实现创新驱动发展,必须建立、健全科学合理、富有活力、更有效率的国家创新体系。改革开放以来,我国科技体制改革不断深入,极大解放和发展了科技生产力。同时,我们也必须清醒地认识到,我国科技体制与加快转变经济发展方式、抢占未来发展制高点的迫切需要仍不适应,与新一轮科技革命和科技创新驱动发展的新要求仍不适应,与社会主义市场经济体制仍不适应,必须继续深化科技体制改革。中央正在制定《关于深化科技体制改革、加快国家创新体系建设的意见》。深化科技体制改革,要以促进科技与经济社会紧密结合、支撑引领可持续发展为核心,着力解决制约科技创新的突出问题,加强科学研究与高等教育有机结合,建设国家创新体系,强化基础性、前沿性技术和共性技术研究平台建设,加强军民科技资源集成融合,推进各具特色的区域创新体系建设,鼓励发展科技中介服务,深化科研经费管理制度改革,完善科技成果评价奖励制度。大家工作在科技创新第一线,对科技工作的特点和规律比较了解,对科技体制存在的问题有切身感受。希望两院院士站在全局高度,积极探索符合规律的新机制新模式,正确处理好个人和集体、局部和整体、当前和长远的关系,积极支持和投身科技体制改革。

第五,希望两院院士坚持甘为人梯,积极培养和提携优秀青年才俊。实现创新驱动发展,人才为本。一部科技发展的历史,也是一代代科学家不断继承创新、超越前人的历史。拥有一大批创新型青年人才,是国家创新活力之所在,也是科技发展希望之所在。两院院士都是学有建树的学术带头人,许多同志既是科学家也是教育家,发现、培养、提携青年人才是大家的一项重任。要善于发现青年人才,不拘一格,慧眼识才,坚持科学标准,客观公正评价人才,热情关心和支持有科学潜质的优秀青年人才。要积极培养青年人才,身体力行,言传身教,坚持科学研究和人才培养紧密结合,遵循创新型人才成长规律,积极探索培养创新型人才新思路新方法。要大力提携青年人才,虚怀若谷,举贤荐能,着力营造包容兼蓄、和谐有序的人才成长环境,真诚尊重人、细致关心人、充分信任人,发扬学术民主,提倡不同学术观点的平等讨论,鼓励青年人才敢于发表和坚持自己的学术见解、敢于质疑和超越老师的学术思想、敢于开辟新的研究方向,营造多出成果、多出人才的学术环境。要建设好学术梯队,放手使用优秀青年人才,以更加开放的心态广揽英才,为他们奋勇创新提供舞台,为他们加快成才铺路搭桥,促进优秀人才脱颖而出、在实践中茁壮成长。

第六,希望两院院士坚持建言献策,积极发挥决策咨询重要作用。实现创新驱动发展需要科学决策,科学决策需要科学咨询。两院要发挥国家科学技术思想库作用,紧紧围绕应对全球性重大挑战、突破我国现代化进程中的发展瓶颈、破解科学技术发展中的重大问题,深入开展咨询研究,客观独立发表意见,坦率真诚提出建议。两院和国家有关部门要积极构建有利于发挥院士专家咨询作用的体制和程序。两院院士作为我国科技界的领军人才,要前瞻新科技革命方向,善于从我国经济社会发展的战略需求中提炼重大科学技术问题,引导我国科技工作提升创新起点、优化学科布局、凝炼前沿方向。

各位院士、同志们!

院士称号是我国科技界的最高学术荣誉,院士的一言一行都会对社会风尚和学术风气产生很大影响。希望两院院士牢固树立追求真理、造福人类、服务国家的理念,继承中华民族"先天下之忧而忧,后天下之乐而乐"的传统美德,传承老一代科学家爱国奉献、淡泊名利的优良品质,以身作则,严格自律,模范遵循学术规范和科学伦理,自觉抵制学术不端行为和不正之风,加强科研诚信建设,团结带领全国科技界为加快建设国家创新体系、建设创新型国家而努力奋斗,以优异成绩迎接党的十八大胜利召开!

2012年全国食品安全宣传周在北京启动

国务院副总理李克强作出重要批示。他指出:食品安全是事关每个家庭、每个人的重大基本民生问题,必须在加强监管、坚决严厉依法打击食品安全违法犯罪的同时,着力提升整个食品行业的道德诚信素质,这是实现食品安全形势持续稳定好转的根本基础。

食品安全宣传周期间,各地区、各有关部门将紧紧围绕"共建诚信家园,同铸食品安全"的主题,利用多种媒介和载体,开展形式多样、内容丰富的宣传活动,展示食品安全治理整顿成果,介绍打击食品安全违法犯罪、惩处严重失信行为的典型案例和重点部署,进一步强化食品生产经营者的诚信意识、法律意识。同时,深入宣传诚实守信模范单位和个人,激浊扬清、弘扬正气,营造守信光荣、失信可耻的浓厚氛围,增强生产经营者履行食品安全主体责任的自觉性;广泛普及食品安全知识,动员全社会参与食品安全监督,形成维护食品安全的强大合力。

"2012·国际合作社年"主题报告会在人民大会堂举行

国务院副总理回良玉出席报告会并代表中国政府致辞。

回良玉强调,中国政府历来高度重视合作社事业发展,出台了一系列支持合作社发展的法律、法规和相关政策,推动合作社理论与中国具体实际相结合,推进合作社自主发展、创新发展,尤其是近些年来大力扶持农民专业合作社发展,鼓励和支持农民在自愿基础上开展联合合作、提高组织化程度,走出了一条适合市场经济特点、吻合"三农"特征、切合合作社特性的中国特色合作社改革发展之路。目前,中国的农民专业合作社达到55万家,入社农户4300万户,占全国农户总数的17.2%,为推进农业现代化、建设社会主义新农村作出了重要贡献。

国家副主席习近平在人民大会堂会见利比亚外交部部长阿舒尔·本·哈伊勒

中央纪委书记贺国强在万象与老挝总理通辛举行会谈

外交部部长杨洁篪在北京与利比亚外交部部长阿舒尔·本·哈伊勒举行会谈

国际航空运输协会第六十八届年会暨世界航空运输峰会在北京举行

国务委员马凯出席开幕式并致辞。

马凯指出，中国政府历来高度重视民航业的改革发展，始终把民航发展摆在十分重要的战略地位。改革开放以来，中国民航取得了辉煌的成绩，有力支持了中国的经济建设、社会发展和对外开放事业，为世界民航发展作出了积极贡献。当前和今后一个时期，中国民航将坚持以科学发展为主题，以加快转变发展方式为主线，以保障持续安全为前提，以增强基础保障能力为着力点，以提高发展质量为主攻方向，努力促进民航长期平稳较快发展。

马凯强调，合作与交流是世界航空业发展的必然选择。国际航空运输协会是促进民航国际合作与交流的重要机构和平台。希望全球航空业积极开展管理创新，积极推动行业变革，大力提升发展质量和效率，继续加强国际间交流合作，共同应对各种风险挑战，为实现民航事业和全球经济社会的发展作出新的更大贡献。

国新办发布《国家人权行动计划(2012—2015年)》白皮书

这是我国第二个以人权为主题的国家规划。为了持续全面推进中国人权事业发展，这个计划对今后4年中国人权发展的目标、任务和具体措施作出了规划。

国家人权行动计划分为导言，经济、社会和文化权利，公民权利和政治权利，少数民族、妇女、儿童、老年人和残疾人的权利，人权教育，国际人权条约义务的履行和国际人权交流与合作，以及实施和监督等7个部分。

国家人权行动计划以邓小平理论和“三个代表”重要思想为指导，深入贯彻落实科学发展观，结合《中华人民共和国国民经济和社会发展第十二个五年规划纲要》，将人权事业与经济建设、政治建设、文化建设、社会建设以及生态文明建设结合起来，顺应各族人民过上更好生活的新期待，继续把保障人民的生存权和发展权放在首位，切实保障和改善民生，着力解决关系群众切身利益的问题，提高经济、社会和文化权利保障水平，努力使发展成果惠及全体人民。国家人权行动计划同时对发展社会主义民主政治，完善社会主义法治，扩大公民有序政治参与，全面保障公民权利和政治权利；对保障少数民族、妇女、儿童、老年人和残疾人的合法权益；对广泛开展各种形式的人权教育和培训，在全社会传播人权理念，普及人权知识；对继续认真履行已参加的国际人权条约，积极开展国际人权领域的交流与合作等方面均作出了详细的计划，明确了目标任务和具体措施。

国家人权行动计划介绍了第一期行动计划制定和实施以来中国人权事业的发展状况。它指出，自2009年《国家人权行动计划(2009—2010年)》颁布实施以来，中国人民的经济、政治、社会和文化权利保障得到全面加强，各领域的人权保障在制度化、法治化的轨道上不断推进，中国人权事业的发展进入了一个新的阶段。

制订新一期《行动计划》，对于巩固中国人权事业已取得的重大进步和成就，继续解决好当前存在的问题，积极应对新的挑战；对于从立法、行政、司法等各个环节进一步完善人权保障措施，提升人权保障的制度化和法治化水平；对于进一步落实尊重和保障人权的宪法原则，保障人民的经济、政治、社会和文化权利，实现中国人权事业全面发展；对于推动科学发展，促进社会更加公正、和谐，努力使每一个社会成员生活得更有尊严、更加幸福，努力实现全面建设小康社会宏伟目标，具有重要意义。

“回顾辉煌历程 喜迎党的十八大”读书竞赛活动在北京启动

6月12日

国务院总理温家宝在中南海紫光阁会见美国前国务卿基辛格

保监会发出《关于进一步规范保险中介市场准入的通知》

各保监局：

为贯彻全国保险监管工作会议精神，进一步规范保险中介市场，除保险中介服务集团公司以及汽车生产、销售和维修企业、银行邮政企业、保险公司投资的注册资本为5000万元以上的保险代理、经纪公司及其分支机构和全国性保险代理、经纪公司的分支机构的设立申请继续受理外，暂停其余所有保险专业中介机构的设立许可。对本通知发布之前已经受理的设立申请，继续按程序办理。

保监会将尽快修订《保险专业代理机构监管规定》《保险经纪机构监管规定》和《保险公估机构监管规定》，完善保险中介市场准入机制，促进保险中介转型升级。

中国保险监督管理委员会

2012年6月12日

国务院副总理李克强在人民大会堂会见韩国三星集团副会长崔志成

李克强指出，经过各方努力，中韩经贸合作已形成全方位、深层次、互利共赢的良好格局，互为重要贸易伙伴。两国在经济和科技发展上有很强的互补性。中方正在积极培育和发展新一代信息技术等战略性新兴产业，这次三星集团到中国投资世界先进的存贮芯片项目，符合中国产业政策方向。我们欢迎更多跨国企业与中方加强研发、生产、营销等多链条合作，以更长远的眼光，把更多技术含量高的项目投向中国特别是中西部地区，生产更加贴近市场需求的产品，共享发展机遇。

崔志成介绍了三星集团在华业务发展情况，表示将继续积极扩大对华投资与合作。

中央纪委书记贺国强在金边分别与柬埔寨人民党名誉主席 国会主席韩桑林和奉辛比克党领袖盖博拉斯美举行会谈

国务院副总理回良玉在人民大会堂会见欧盟委员会农业委员乔洛什

回良玉说，近年来中欧双方高层交往频繁，各级别对话富有成果，在重大国际和地区问题上保持着密切沟通与协调。中方重视发展同欧盟的全面战略伙伴关系，希望双方充分发挥各自优势，加强对话与交流，进一步扩大和深化在农业、经贸等各领域的互利合作。

回良玉还指出，解决好13亿人吃饭问题是中国政府面临的首要民生问题。中国政府坚持立足国内实现粮食基本自给的方针，注重学习借鉴欧盟等地的先进经验和技术，正在致力于发展现代农业，提高农业效益。

乔洛什委员表示，欧方愿意与中国在农业领域加强多渠道、多层次的交流与合作，促进共同发展。

北京人民艺术剧院建院60周年座谈会在人民大会堂举行

中共中央政治局常委李长春，北京市委书记刘淇，中宣部部长刘云山，中共中央政治局委员、国务委员刘延东发来贺信。

北京人民艺术剧院成立于1952年6月12日，是具有独特表演风格的国家级话剧院，戏剧大师曹禺是剧院的首任院长。当年北京人艺的建院"四巨头"曹禺、焦菊隐、欧阳山尊和赵起扬，共同为北京人艺制定了发展蓝图。

60年来，北京人艺秉承"戏比天大"的艺术宗旨，历经几代戏剧人的艺术实践，已然超越了建院时的目标，努力实现现实主义与民族化、体验与体现、再现审美与表现审美上的结合，形成了鲜明的艺术风格，创建了独具特色的"北京人艺演剧学派"。

60年来，北京人艺排演了《茶馆》《雷雨》《龙须沟》《骆驼祥子》《狗儿爷涅槃》《天下第一楼》《李白》《窝头会馆》《我们的荆轲》《我爱桃花》《有一种毒药》《屠夫》《关系》等300多部中外剧目，演出场次数以万计，培养了许多优秀艺术家和戏剧工作者，在中国话剧史上留下了辉煌的印记，为繁荣我国文艺舞台，丰富广大人民群众精神生活 发展中国话剧艺术作出了卓越贡献。

第四届全国少数民族文艺会演在国家体育馆开幕

6月13日

全国人大常委会委员长吴邦国在人民大会堂主持召开十一届全国人大常委会第八十三次委员长会议

会议决定十一届全国人大常委会第二十七次会议6月26日至30日在北京举行。

根据委员长会议建议的议程，常委会第二十七次会议将继续审议出境入境管理法草案、预算法修正案草案；首次审议老年人权益保障法修订草案、劳动合同法修正案草案、证券投资基金法修订草案；审议中国人民解放军选举全国人民代表大会和县级以上地方各级人民代表大会代表的办法修正案草案；审议澳门特别行政区行政长官崔世安报请批准的澳门特别行政区基本法附件一澳门特别行政区行政长官的产生办法修正案草案，报请备案的澳门特别行政区基本法附件二澳门特别行政区立法会的产生办法修正案草案。

委员长会议建议的常委会第二十七次会议议程还有：审议国务院关于2011年中央决算的报告，审查和批准2011年中央决算；审议国务院关于2011年度中央预算执行和其他财政收支的审计工作报告；审议国务院关于保障饮用水安全工作情况的报告、关于禁毒法实施和禁毒工作情况的报告；审议全国人大常委会执法检查组关于检查文物保护法实施情况的报告；审议吴邦国委员长访问荷兰、克罗地亚、卢森堡和西班牙四国情况的书面报告；审议任免案。

委员长会议听取了常委会办公厅关于指定台湾省出席十二届全国人大代表协商选举会议召集人有关情况的汇报，决定指定十一届全国人大常委会委员梁国扬负责召集协商选举会议。

委员长会议上，全国人大常委会副委员长兼秘书长李建国就常委会第二十七次会议议程草案、日程安排意见作了汇报。全国人大常委会有关副秘书长、全国人大有关专门委员会负责人就常委会第二十七次会议的相关议程作了汇报。

全国人大常委会委员长吴邦国在人民大会堂与斯里兰卡议长恰马尔举行会谈

吴邦国说，今年是中斯建交55周年和《米胶协定》签署60周年，希望双方以此为契机，保持高层互访势头，加强政府、议会、政党、地方等各方面人员往来，增进相互了解，在涉及对方核心利益和重大关切问题上继续给予坚定支持，中方支持斯根据本国国情选择的发展道路；深化务实合作，共同推进在农业、渔业、海洋、基础设施建设等领域的互利合作，中方支持中国企业扩大对斯里兰卡的投资，参与斯里兰卡战后重建和经济社会发展；活跃教育、旅游、文物保护等领域的交流，夯实友好基础；加强在联合国、上海合作组织等多边机制下的沟通协调，维护发展中国家的共同利益，为中斯全面合作伙伴关系注入新的生机与活力。

恰马尔表示，斯方愿与中方一道，加强两国政府、议会、政党和地区交往，促进投资、旅游、基础设施等领域合作，密切在上海合作组织中的合作，把斯中关系发展得更好，造福两国人民。恰马尔重申，斯里兰卡将始终奉行一个中国原则，这是斯里兰卡外交政策的核心内容。

国务院总理温家宝在北京主持召开国务院常务会议研究部署进一步加强食品安全工作

会议指出，食品安全是重大民生问题。当前，人民群众对食品安全高度关注，迫切要求加快解决食品安全领域存在的突出问题。党和国家对解决食品安全问题十分重视，先后制定了《关于加强食品等产品安全监督管理的特别规定》、食品安全法及其实施条例，设立了国务院食品安全委员会，开展了一系列食品安全专项治理和整顿。但必须看到，我国食品产业基础薄弱、量大面广，存在素质总体不高、生产经营管理不规范、安全隐患多等问题，特别是少数生产经营者道德失范、诚信缺失，生产加工伪劣食品，给食品安全造成很大危害。现行的监管体制、法规标准、检验检测体系等仍然不够完善，食品安全风险监测、评估预警水平还不高，监管执法力量不足，基层食品安全工作体系薄弱，保障食品安全的任务繁重艰巨。

会议对今后一个时期食品安全工作作了部署，要求各级政府进一步将食品安全工作摆上重要日程，切实加大工作力度，采取有力措施，尽快解决当前存在的食品安全突出问题。主要任务是：(一)健全食品安全监管体系。完善食品安全监管体制机制，构建全程覆盖、运转高效的监管格局，强化属地管理责任和基层工作体系。(二)严格食品安全监管。深入开展食品安全治理整顿，规范生产经营秩序。依法严厉打击食品安全违法犯罪行为，确保对犯罪分子刑事责任追究到位。加强食用农产品和食品生产经营监管，建立、健全严格的食品退市、召回和销毁管理制度。(三)严格落实生产经营者主体责任。食品生产经营单位依法履行食品安全主体责任，食品企业法定代表人或主要负责人负首要责任，企业质量安全主管人员负直接责任。建立食品安全信用档案，及时向社会公布食品生产经营者的信用情况，为诚信者创造良好发展环境，对失信行为予以惩戒。(四)加强监管能力建设。充实和强化基层监管执法力量，加强法律、法规、业务技能、工作作风教育培训，提高执法水平。完善食品安全标准体系和风险监测评估体系，提高检验检测和应急处置能力。(五)完善食品安全政策法规，着力解决违法成本低的问题。落实责任制和责任追究制，加大行政问责力度。(六)动员全社会广泛参与，构建群防群控工作格局。大力推行食品安全有奖举报。普及食品安全法律、法规及食品安全知识，充分调动人民群众参与食品安全治理的积极性主动性，形成强大合力。

会议审议通过《机关事务管理条例(草案)》。草案按照加强管理、规范工作、保障正常运行、降低运行成本、建设节约型机关的要求，明确了机关运行经费、机关资产和服务管理的基本制度。草案对公务接待、公务用车购置和运行、因公出国(境)的预算管理作了规定，要求各级政府建立、健全机关运行经费公开制度，定期公布预算和决算情况；要求各级政府推进机关后勤服务、公务用车和公务接待服务等工作的社会化改革，建立、健全相关管理制度。

会议审议通过《无障碍环境建设条例(草案)》。草案根据创造无障碍环境、保障残疾人等社会成员平等参与社会生活的要求，本着实用、易行、广泛受益的原则，对无障碍设施建设、无障碍信息交流和无障碍社区服务作了规定，以方便残疾人等社会成员自主安全地通行道路，出入相关建筑物，搭乘公共交通工具，获取和交流信息，获得社区服务。

中共中央政治局常委李长春在河南调研

6月13日至17日，李长春先后到洛阳、平顶山、许昌、郑州等地，进企业、入社区、访农户、考察基层文化单位，就贯彻落实党的十七届六中全会精神、加快转变经济发展方式、推进文化改革发展等进行调研。

李长春强调，各级党委和政府特别是宣传文化部门要深入贯彻落实党的十七届六中全会精神，充分认识推进文化改革发展的重要性和紧迫性，进一步增强文化自觉和文化自信，推动文化体制改革向广度和深度拓展，加快构建有利于文化繁荣发展的体制机制，不断开创文化改革发展新局面，以优异成绩迎接党的十八大胜利召开。

国务院副总理李克强在中南海紫光阁会见缅甸外长吴温纳貌伦

中央纪委书记贺国强在金边与柬埔寨国王西哈莫尼举行会谈

贺国强说，中柬两国相互尊重、相互支持、相互合作，符合两国和两国人民的根本利益，有利于我们各自国家的发展繁荣，也有利于地区和平与稳定。中方高度重视巩固和加强中柬传统友谊，我们愿同柬方一道，认真落实胡锦涛主席同陛下达成的共识，保持高层互访，深化经贸合作，扩大人文交流，加强在重大国际和地区事务中的沟通和配合，不断把中柬全面战略合作伙伴关系提升到更高水平。

西哈莫尼说，很高兴看到在柬中两国几代领导人共同培育下柬中传统友好关系不断发展，展现出强大的生命力。相信此访必将为柬中友好关系进一步发展注入新动力。柬埔寨王室长期致力于推动柬中友好，愿与中方共同努力，推动两国关系在现有基础上不断向前发展。

中央纪委书记贺国强在金边与柬埔寨人民党副主席 政府首相洪森举行会谈

国务院副总理王岐山在中南海分别会见美国前国务卿亨利·基辛格和美国国际商业机器公司董事长彭明盛率领的董事会成员

第九届光华工程科技奖颁奖大会在北京举行

26位工程科技专家获得奖励。我国著名水利水电专家、两院院士潘家铮荣获光华工程科技奖"成就奖"。光华工程科技奖包括"成就奖"、"工程奖"和"青年奖"3个奖项，每两年颁奖一次。

获得"工程奖"的专家共13名，包括机车车辆动力学专家张卫华，光电子技术专家马佳光，光学工程专家赵葆常，冶金技术专家李东英，催化化学与化工专家林民，石油地质与勘探专家胡见义，非能源矿产开发专家王运敏，岩石力学、岩土与水利水电工程专家葛修润，结构工程专家聂建国，环境工程专家刘鸿亮，卫星气象专家许健民，林产化学加工、生物质资源化学利用专家宋湛谦和医学免疫学专家曹雪涛。

获得"青年奖"的专家共12名，分别是跨流域空气动力学计算与应用研究专家李志辉，电机与电器专家夏长亮，通信与信息系统专家陈山枝，非线性电路与系统专家吕金虎，冶金与材料工程专家张福明，高分子材料工程专家张立群，电气工程专家汤广福，采矿工程专家张农，食品科学专家江正强，核技术环保应用专家吴明红，植物保护专家张友军和中药学专家黄璐琦。

"成就奖"、"工程奖"和"青年奖"获奖者分别获得100万、15万和10万元人民币的奖励。

光华工程科技奖被誉为中国工程科技界最高奖项。由中国工程院管理并承办，主要奖励在工程科技及管理领域取得突出成绩和重要贡献的工程师和科学家。自1996年首届颁奖，至今已是第九届，共有174人获此殊荣。

2012年度陈嘉庚科学奖和首届陈嘉庚青年科学奖颁奖

2012年度陈嘉庚科学奖和首届陈嘉庚青年科学奖颁奖仪式13日在两院院士大会上举行。四个项目和六位青年科学家共同分享这两个奖项。

2012年度陈嘉庚科学奖获奖项目共四项，其中"高质量拓扑绝缘体薄膜的外延生长和量子现象研究"项目获得陈嘉庚数理科学奖；"基于派—共轭分子的有机功能材料的研究"项目获得陈嘉庚化学科学奖；"肝癌早期诊断、早期治疗与转移的研究"项目获得陈嘉庚生命科学奖；"可扩展并行计算机技术"项目获得陈嘉庚信息技术科学奖；陈嘉庚地球科学奖和陈嘉庚技术科学奖空缺。

获得首届陈嘉庚青年科学奖数理科学奖、化学科学奖、生命科学奖、地球科学奖、信息技术科学奖和技术科学奖的分别是：中国科技大学彭承志、中国科学院上海有机化学研究所胡金波、中国科学院上海生命科学研究院生物化学与细胞生物学研究所宋保亮、中国科技大学汪毓明、哈尔滨工业大学高会军、中国航天科技集团公司第五研究院第五一〇研究所成永军。

据介绍，陈嘉庚科学奖是以对我国科教事业发展作出重要贡献的著名华侨领袖陈嘉庚名字命名的科学奖励，设立于2003年，奖励具有中国自主知识产权的重要原创性科学技术成果；陈嘉庚青年科学奖设立于2010年，奖励作出具有中国自主知识产权的原创性成果的40周岁以下青年科技人才。两个奖项每两年评选一次，对促进我国科学技术的创新与发展起到了很好的激励与推动作用。

6月14日

全国人大常委会副委员长王兆国在山东考察

王兆国6月14日至17日在山东考察工作时强调，要始终坚定走中国特色社会主义道路的理想信念，把中国特色社会主义工会发展道路学习好宣传好实践好，扎实做好工会各项工作，团结动员广大职工充分发挥主力军作用，以优异成绩迎接党的十八大胜利召开。

王兆国强调，社会物质财富和精神财富要靠劳动创造，实现发展要靠实体经济推动。必须按照稳中求进、科学发展的要求，大力弘扬工人阶级伟大品格和劳模精神，团结动员广大职工通过勤奋劳动、诚实劳动、创新劳动，促进经济社会平稳较快发展。要以"面对面、心贴心、实打实服务职工在基层"活动为契机，扎实做好新形势下职工群众工作，在积极参与加强和创新社会管理中切实体现工会作为。要继续推动"两个普遍"，大力发展和谐劳动关系，更好地维护职工合法权益，以职工队伍的稳定促进社会和谐。

全国党政机关违规公务用车处置工作会议在北京召开

会议透露，党政机关公务用车问题专项治理工作开展一年来，各地区各部门按照中央的部署和要求，按照从严从紧、总量减少的原则对公务用车编制进行重新核定，中央和国家机关本级一般公务用车压减达35%。截至目前，全国共清理出违规公务用车19.96万辆。各地区各部门陆续制定出台新的公务用车配备使用管理办法和执法执勤用车管理、越野车管理、中央企业负责人公务用车管理等一批专门性管理制度，促进了公务用车管理的科学化、制度化和规范化。据不完全统计，专项治理工作开展以来，各级专项治理工作机构共督办查处群众信访举报和媒体披露的案件949件，给予党纪政纪处分170人。同时，一些地方在换届时严控新购新配公务用车，减少了车辆购置，节约了财政资金。

工业和信息化部在北京召开全国食品工业"十二五"发展交流会

据了解，"十一五"以来，我国食品工业持续快速增长。到2011年，全国规模以上食品企业已达3.1万家，全行业技术装备水平显著提升，企业管理进一步改善，但小、微型企业和小作坊仍然占到90%左右，行业发展方式粗放、自主创新能力不足、质量安全基础薄弱、道德文化建设缺失等问题仍比较突出。

工业和信息化部提出，"十二五"期间，要把食品企业诚信体系建设作为加强食品行业管理的切入点和重要抓手，重点做好以下几方面工作。

一是加快制定和完善重点食品行业产业政策和准入条件。二是引导和推动优势企业兼并重组，大力培育新兴食品产业，促进食品工业集群集聚发展。三是加快建设科技创新与服务平台，推进关键技术自主创新与产业化。四是持续推进企业质量管理提升和食品安全措施改进，着力推进食品工业企业诚信建设。五是推进食品安全可追溯体系建设，逐步实现对全程的关键信息采集、管理和监控，着力提升两化融合水平。

国家税务总局发布《出口货物劳务增值税和消费税管理办法》

国务院副总理李克强在中南海紫光阁会见比利时副首相兼外交 外贸和欧洲事务大臣雷恩代尔

李克强说，当前，中比关系发展良好。在国际形势复杂变化、世界经济复苏艰难曲折的大背景下，中比应开拓创新，进一步推进两国务实合作。积极扩大双向投资，推动城镇化合作，加强高科技、节能环保、金融等领域合作，分享技术，开拓市场，实现双赢。同时，双方可利用比利时有"欧洲首都"之称的区位优势，深化人文合作，加强智库、学者交流，增进中欧相互了解和友谊。

雷恩代尔表示比利时重视发展对华关系，愿扩大同中方在各领域的全面合作，为企业相互投资创造更好环境，并为推动中欧关系发展发挥积极作用。

外交部部长杨洁篪在北京与比利时副首相兼外交外贸和欧洲事务大臣雷恩代尔举行会谈

教育部印发《国家教育事业发展第十二个五年规划》

《世纪伟人邓小平》大型展览在香港开幕

全国政协副主席董建华、中央政府驻港联络办公室副主任李刚、外交部驻港特派员公署特派员宋哲、解放军驻港部队副司令员董朝等出席了开幕仪式，并担任主礼嘉宾。

董建华在致辞时表示，没有邓小平就没有改革开放，也没有今天的中国；没有邓小平就没有"一国两制"，也不会有今天香港繁荣稳定的局面。无论是改革开放还是"一国两制"，港人都是最直接的受益者。

董建华表示，真诚希望港人能更了解国情，以积极的心态，面对未来，"我相信国家的未来会更好，香港的未来也会更好。邓小平先生民族振兴的愿望一定会实现"。

6月15日

国家主席胡锦涛在哥本哈根会见丹麦女王玛格丽特二世和亨里克亲王

胡锦涛强调，中国重视同丹麦的关系，愿在相互尊重、平等互利基础上，扩大友好交流合作，推动中丹全面战略伙伴关系不断向前发展。

胡锦涛表示，文化交流是两国人民加深相互了解的重要纽带。近年来，中丹文化交往活跃，希望双方共同努力，推动中丹文化交流进一步深化。

玛格丽特二世和亨里克亲王表示，自2008年双方建立全面战略伙伴关系以来，两国关系保持良好发展势头，丹麦人民对胡锦涛主席这次国事访问热烈欢迎并充满期待,相信访问必将加强两国经贸、可持续发展等领域合作,推动丹中关系更好发展。中国有着悠久的历史和文化,希望两国人民加强交往,增进相互了解和友谊。

国务院总理温家宝在中南海向新聘任的国务院参事和中央文史研究馆馆员颁发聘书并同参事 馆员座谈

温家宝首先向新聘任的国务院参事徐一帆、邓小虹、何星亮、杜学芳、邓小南和新聘任的中央文史研究馆馆员杨福家、梁晓声、叶嘉莹、王永炎、刘大钧、陈来、吴静山、李燕、李小可颁发聘书。

温家宝在座谈会上说,推进决策民主化科学化,不仅是领导方法和工作作风问题,还涉及政治体制改革、加强民主政治建设问题。我国正处在并将长期处在社会主义初级阶段。这个阶段是社会主义从不够完善到比较完善、从不够成熟到比较成熟的阶段,需要不断探索和改革。我们不仅要深化经济体制改革,完善社会主义市场经济体制;而且要积极稳妥地推进政治体制改革,大力发展社会主义民主政治。这两个方面都很重要,体现了社会主义本质特征的内在要求。党的十七大指出:要"加强公民意识教育,树立社会主义民主法治、自由平等、公平正义理念"。建设社会主义民主政治,必须重视和坚持这些基本理念。我们追求的目标,不仅是经济的发展,而且是人的自由平等和全面发展,是整个社会的进步。

温家宝最后说,未来十年,是我国现代化进程中至关重要的十年。希望各位参事、馆员和特约研究员继续深入实际调查研究,努力提高咨询国是水平,创作出更多的文化精品。

国务院任免国家工作人员

任命陈改户为国家民族事务委员会副主任;任命徐科(女)为卫生部副部长;任命潘功胜为中国人民银行副行长;任命杨栋梁为国家安全生产监督管理总局局长;任命路建平为新华通讯社副社长;任命李继平、王明珠(女)为国务院食品安全委员会办公室副主任。

免去吴仕民的国家民族事务委员会副主任职务;免去杜金富的中国人民银行副行长职务;免去骆琳的国家安全生产监督管理总局局长职务;免去许又声的国务院侨务办公室副主任职务;免去庹震的新华通讯社副社长职务。

国务院常务会议审议并原则通过民用核设施综合安全检查报告和核安全规划

检查报告显示,总体上讲,我国核设施安全是有保障的。由于与日本福岛核电厂所处厂址条件不同,我国核设施发生类似福岛核事故的可能性极低。

报告也指出,我国核设施在应对引发福岛核事故类似的极端自然灾害事件时,仍存在一些薄弱环节。环境保护部(国家核安全局)、国家能源局制定了短、中、长期计划,要求和督促各民用核设施按期完成相应改进工作。目前,这些改进工作进展顺利,一些短期项目已经完成,中长期项目正在按计划开展。

据介绍,按照国务院统一部署,2011 年 3 月至 12 月,环境保护部(国家核安全局)、发展改革委(国家能源局)和中国地震局对全国 41 台运行、在建核电机组,3 台待建核电机组,以及各民用研究堆和核燃料循环设施进行了综合安全检查。这次核安全检查是福岛核事故后对我国核设施进行的一次安全再评估,其内容和深度基本与国际社会在福岛核事故后开展的检查保持一致。

从核电厂运行安全业绩看,我国大陆目前已投入运行的核电机组共 15 台,迄今未发生过国际核事件分级(INES)2 级及以上的运行事件,也未发生过对人员或环境造成污染和危害的事件。根据世界核运营者组织(WANO)主要性能指标,我国运行核电机组普遍处于国际较好水平,部分机组达到国际先进水平,有些机组名列前茅。

国办印发《关于县级公立医院综合改革试点的意见》

意见确定了"十二五"期间推进县级公立医院综合改革试点的工作思路和工作任务。

意见指出,要围绕政事分开、管办分开、医药分开、营利性和非营利性分开的改革要求,推进县级医院综合改革。以破除以药补医为关键环节,改革补偿政策,落实医院自主经营管理权,统筹推进管理体制、补偿机制、人事分配、价格机制、医保支付制度、采购机制、监管机制等综合改革,建立起维护公益性、调动积极性、保障可持续的县级医院运行新机制。

意见将破除"以药补医"机制作为县级公立医院综合改革试点的关键环节。在改革补偿机制方面,鼓励探索医药分开的多种形式,取消药品加成政策,将对试点县级医院的补偿由服务收费、药品加成收费和政府补助三个渠道改为服务收费和政府补助两个渠道。医院由此减少的合理收入,通过调整医疗技术服务价格和增加政府投入等途径予以补偿。同时,明确要发挥医疗保障制度的补偿和控费作用,推行总额预付和按病种、按人头、按服务单元等付费方式,按照总量控制、结构调整的原则合理调整医疗服务价格,坚持质量优先、价格合理的原则规范药品采购供应,以及落实完善政府投入政策等主要措施。

意见提出，要坚持以改革促发展，加强以人才、技术、重点专科为核心的能力建设，统筹县域医疗卫生体系发展，力争使县域内就诊率提高到90%左右，基本实现大病不出县。

意见提出，2012年选择300个左右的县推进县级医院综合改革，力争2013年上半年总结评估，形成基本路子，为2015年实现县级医院阶段性改革目标打好基础。

国土资源部全国工商联出台《关于进一步鼓励和引导民间资本投资国土资源领域的意见》

《关于进一步鼓励和引导民间资本投资国土资源领域的意见》(以下简称《意见》)提出，要保障民间资本投资主体参与国土资源领域市场竞争的平等权利。在土地整治和矿山环境恢复治理工程招投标、土地供应、矿业权出让和矿产资源整合中，市场准入标准、支持政策和管理程序要公开、公正和透明，切实保证民间资本投资主体与其他投资主体平等进入、公平竞争的待遇。要鼓励民间资本投资主体盘活国有建设用地。民间资本投资主体以出让方式取得的土地，可依法通过转让、租赁、作价出资入股等方式盘活利用。在依法依规的前提下，支持、鼓励民间资本投资主体以市场交易、合资合作等方式盘活利用其他国有建设用地。要积极为民间资本提供相关政策、技术、法律等服务，保障民间资本投资矿产勘查开采的合法权益。

《意见》明确，鼓励和引导民间资本参与矿产资源勘查开发，鼓励民间资本自主组建勘查单位，申请勘查资质，参与“找矿突破战略行动”，开展地质勘查。加大对民间资本投资矿产勘查开采的支持力度，在符合国土资源部相关规定的基础上，公益性地质资料和成果信息全面向投资矿产资源勘查开采的民间资本投资主体公开等。要鼓励和引导民间资本参与油气资源勘查开采，包括支持民间资本依法投资参与非常规油气资源(页岩气、煤层气、油砂等)的勘查开采，并依法保护民间资本参与石油天然气勘查开采的合法权益。要鼓励和引导民间资本参与土地整治和矿山地质环境恢复治理，民间资本投资主体可依照程序向当地国土资源主管部门申报土地整治项目，经批准后，利用自筹资金或者结合生产建设活动，开展土地整治。对于难以确定复垦治理义务人的历史遗留的工矿废弃地和废弃矿山，民间资本投资主体可通过招标挂牌等方式参与土地复垦和矿山地质环境恢复治理工作。

中央纪委书记贺国强在布特拉加亚与马来西亚总理纳吉布举行会谈

国务院副总理王岐山与丹麦王储腓特烈 副首相韦斯塔格在哥本哈根共同出席中丹企业家座谈会

王岐山表示，中国和丹麦处于不同的发展阶段，经济互补性强，合作前景广阔。中国正处于工业化、城镇化加速期，伴随着中国不断走向富裕和文明，有购买力的市场需求不断爆发。丹麦最近发布了“2020经济方案”和“新兴市场战略”。两国资金、技术、人才和市场等方面各有所长。在当前世界经济严峻复杂形势下，加强中丹经贸合作，有利于促进两国经济和就业增长。希望两国企业进一步深化贸易、投资、金融、基础设施、旅游、航运等领域合作，不仅开拓两国市场，更应共同开发国际市场。两国企业要不断把合作的设想变成现实的故事。

腓特烈王储说，胡锦涛主席访丹向两国经济界发出了进一步加强经贸合作的明确信号。丹方愿与中方深化合作，共同推动两国经济繁荣与发展。韦斯塔格副首相表示，中国是丹麦在全球第七大和亚洲最大贸易伙伴。在世界和欧盟经济经历困难时刻，丹中面临共同机遇和挑战。两国企业应在过去良好合作基础上，充分发挥各自优势，相互学习，深化合作。

国务委员马凯在中南海紫光阁会见欧盟委员会人道主义援助和危机应对委员格奥尔基耶娃一行

第二届中国人才发展论坛在深圳开幕

本届中国人才发展论坛以“创新创业人才开发理论与实践”为主题。著名物理学家、诺贝尔物理学奖获得者李政道发来贺词。

李源潮指出，人才是科技创新创业的主要承载者，大力培养、引进和支持人才创新创业是我国坚定不移的战略选择。加快创新创业人才开发，必须不断变革不合时宜的阻碍创新创业人才发展的观念，不断改革创新人才开发体制机制。要立足中国实际和实践探索，借鉴国际有益经验，从理论、政策、制度、方法、保障等方面，积极推进中国特色创新创业人才开发体系的建立。

李源潮指出，创新创业人才开发是一项系统工程。要根据国家经济发展转型、产业结构升级和参与国际竞争需要，确定人才开发的目标和重点。要以用为本，建立有利于人才潜心研究和创新创业的人才评价、流动、激励、保障科学机制。要高端引领，大力培养、引进领军人才、骨干人才、青年拔尖人才和重点领域急需紧缺的高层次人才。要产学研紧密结合，充分发挥企业在人才开发中的主体作用，不断提高学校和科研院所人才培养质量。要大力引进海外高层次人才，提高人才的国际化水平和国际竞争力。要不拘一格，鼓励人人成才。要加大政府人才投资，积极引导企业和社会加大人才资本投入，形成多元化的人才投入机制。

联合国教科文组织创意城市网络"设计之都"揭牌仪式在北京举行

全国政协副主席、台盟中央主席林文漪出席联合国教科文组织创意城市网络"设计之都"揭牌仪式。

"设计之都"设立于2004年，是联合国教科文组织创办的"创意城市网络"的一部分。入选城市必须具有已经形成一定规模和水平的设计产业；具有一定数量的设计学校和较高的师资水平；具有成功举办国际级设计交易会和展览的经验；具有设计特色的城市形象；设计人才、设计企业聚集度高和设计行业活动充满活力；设计产业发展环境良好；设计产业可带动城市创意产业发展。

北京拥有6处联合国教科文组织授予的世界遗产，每年举办国际展览超过240个，各类设计企业2万余家，设计从业人员近25万人，具有建设"设计之都"的强大资源基础。自2010年北京市启动申报"设计之都"至今，历时两年，被联合国教科文组织批准作为"设计之都"加入联合国教科文组织创意城市网络。

中国动漫集团厦门基地在厦门软件园落成

庆典仪式上，中国动漫集团4个重点项目——3D立体真人动画特摄电视连续剧《超级英雄》、以我国汉字文化为主要表现内容的动画电视剧《汉字漫游记》、展现中国故宫文化和十二生肖文化的国产原创动画电视剧《安格格时空漫游》、中韩合拍3D立体动画电影《小企鹅波鲁鲁冰雪大赛车》在现场隆重展示。

中国动漫集团作为中宣部、财政部、文化部批准设立的唯一国家级国有文化企业集团，和文化部重点支持的国有动漫骨干企业，成立不到3年，在节目制作、园区建设、国际合作、人才培训等方面均取得了一定的成绩。

第五届海峡两岸合唱节在福州拉开帷幕

活动由中国音乐家协会和福州市政府共同主办。作为第四届海峡论坛的重点项目之一，本届合唱节将持续至20天。共有海峡两岸27支合唱团队参加，总参赛人数1500多人，其中台湾队伍10支、福建团队10支、其他省份队伍7支。

6月16日

"神舟"九号载人飞船在酒泉卫星发射中心发射成功

北京时间18时56分，执行我国首次载人交会对接任务的"神舟"九号载人飞船，在酒泉卫星发射中心发射升空后准确进入预定轨道，顺利将3名航天员送上太空。正在丹麦进行国事访问的中共中央总书记、国家主席、中央军委主席胡锦涛闻讯后，第一时间发来贺电。中共中央政治局常委、全国人大常委会委员长吴邦国等前往酒泉卫星发射中心观看发射。

15时40分许，航天员出征仪式在问天阁举行。吴邦国等领导同志来到这里，亲切看望执行这次载人交会对接任务的航天员景海鹏、刘旺和我国出征太空的首位女航天员刘洋。吴邦国对航天员们说，你们即将出征执行我国首次载人交会对接任务，我代表党中央、国务院、中央军委和胡锦涛总书记，代表全国各族人民，来为你们壮行，预祝你们成功。我相信，有祖国和人民作强大后盾，有各方面的精细准备，有首次交会对接任务的坚实基础，有经过严格训练养成的过硬素质，你们一定能够完成这一光荣而神圣的使命。希望你们坚定信心、沉着冷静，严谨细致、精心操作，顽强拼搏、再创辉煌。祖国和人民期待着你们胜利归来。

在酒泉期间，吴邦国等领导同志听取了"天宫一号"与"神舟"九号载人交会对接任务和"神舟"九号发射任务有关情况汇报，视察了测发指挥大厅、垂直总装测试厂房和水平转载测试间，向聂荣臻元帅墓和东风革命烈士纪念碑敬献了花篮。

按照计划，"神舟"九号载人飞船在轨运行期间将与"天宫一号"目标飞行器先后进行一次自动交会对接和一次由航天员手动控制完成的交会对接。3名航天员将进入"天宫一号"目标飞行器驻留，并开展科学实验和技术试验。目前，在轨运行260天的"天宫一号"目标飞行器已进入高度约343千米的近圆对接轨道，迎接"神舟"九号载人飞船的到来。

国家主席胡锦涛在哥本哈根与丹麦首相托宁·施密特举行会谈

胡锦涛就发展中丹关系提出5点建议。一是增强政治互信，保持两国高层交往，加强两国立法机构、政府部门、政党交流合作，增进相互了解和信任。二是深化经贸投资合作，中丹在能源、绿色经济、农业和食品安全、生物制药等领域合作潜力巨大，中小企业合作需求旺盛，两国政府应该予以大力支持。中方欢迎丹麦企业加大对华投资，鼓励有实力的中国企业赴丹兴业。三是打造环保合作亮点，坚持互利合作，共同做好节能环保事业，尽快落实中丹生态园合作项目，建立风能与智能电网创新中心，支持双方生物质能等可再生能源合作项目。四是加强人文交流，创建新平台、开拓新渠道，联合筹建科研教育中心，支持在对方国家语言教学，加大互派留学生和访问学者力度，鼓励职业教育合作，早日互设文化中心。五是密切多边合作，中方重视并支持丹方在国际事务中发挥独特积极作用，愿同丹方加强在气候变化、发展援助等重大国际问题上协调和合作，在联合国等框架内加强沟通。

托宁·施密特表示，丹中经济互补互利性强，胡锦涛主席访问期间，双方签署多项合作协议，这证明两国合作潜力巨大，丹中是共同致力于可持续发展的好伙伴。希望双方保持高层及其他各级别交往，加强规划，重点开展清洁和可再生能源、环境保护、水资源、航运物流、食品安全、通信、科技研发等领域合作，支持扩大双向投资和两国企业合作，希望双方以互设文化中心为契机，促进人文交流，鼓励两国高校合作。丹麦重视中国的国际作用，希望同中方加强在重大国际和地区问题上的沟通和协调。

会谈后，两国领导人共同出席经贸、投资、能源、文化等领域双边合作文件签字仪式。

国家主席胡锦涛在哥本哈根会见丹麦议长吕克托夫特

全国政协主席贾庆林在厦门会见出席第四届海峡论坛的两岸各界人士

贾庆林表示，海峡论坛迄今连续举办四届，成为促进两岸民间交流的最重要平台。本届海峡论坛聚焦“汇聚民意，共谋福祉”，希望通过此次活动，进一步凝聚两岸民众的共识，进一步促进两岸各界交流合作，进一步增进两岸民众的福祉。

贾庆林强调，当前，两岸关系和平发展由开创期进入巩固深化的新阶段。在新的形势下，我们将继续实行推动两岸关系和平发展的方针政策，希望通过两岸共同努力，切实巩固深化两岸关系和平发展的政治、经济、文化和社会基础，不断开创各领域交流合作的新局面。

贾庆林强调，实现巩固深化两岸关系和平发展的目标，从根本上说要靠两岸同胞共同努力。两岸交流合作参与的人越多越好，接触的面越广越好，交流得越深入越好。我们也欢迎民进党人士以适当身份到大陆走走看看，多了解大陆的发展情况和对台政策。即使是那些曾经主张、追随和从事“台独”的人，我们也鼓励和欢迎他们回到支持两岸关系和平发展的正确方向上来。

中国国民党副主席洪秀柱表示，近几年两岸关系大步迈进，两岸人民都认识到搁置争议才能面对现状务实解决问题，求同存异才能互惠互利、创造双赢。两岸关系发展前景乐观可期，还有待双方克服波折、增进互信才能再创新局。两岸民众拥有共同的历史、文化和深厚的血缘关系，应当深化文教交流，共同发扬灿烂的中华文化，建构两岸交流的良好环境。我们都应该多说有利于两岸关系的好话，多做有利于两岸人民的好事。

全国公安厅局长座谈会在苏州开幕

公安部部长孟建柱指出，基层基础工作是整个公安工作的根基，是推动公安事业科学发展的基石。要大力加强和改进派出所工作，进一步明确职责任务，理顺所队关系，创新勤务模式，着力提升基础防范、动态管理水平。深入实施城乡社区警务战略，打造专职化社区民警队伍，引导鼓励民警扎根社区、融入群众，当好人民群众的贴心人，架起党同人民群众的连心桥，着力提升保障民生、服务群众水平。健全完善情报信息主导警务机制，整合警务资源，改革警务模式，创新警务流程，着力提升基础信息支撑决策、引领实战水平。

孟建柱强调，要正确处理继承与创新的关系，坚定不移地传承群众工作优良传统，完善民意主导警务机制，尽心竭力为群众做好事、办实事、解难事，把公安工作深深扎根于人民群众之中。坚持不懈地创新工作方法，以信息化引领警务工作创新和警务机制变革，努力实现指挥调度扁平化、警务实战合成化、勤务部署科学化，不断提升公安机关核心战斗力。

中央纪委书记贺国强在吉隆坡出席马来西亚中资企业座谈会

中央纪委书记贺国强在吉隆坡与马来西亚政府副总理毛希丁举行会谈

外交部部长杨洁篪在丹麦哥本哈根会见丹麦外交大臣瑟芬达尔

杨洁篪表示，胡锦涛主席这次对丹麦进行的国事访问将给中丹全面战略伙伴关系发展注入强劲动力。下阶段，双方主要任务是抓紧落实两国领导人达成的共识，深化和拓展合作，将此访各项规划和倡议转化为实实在在的成果，推动中丹关系在相互尊重、平等互利基础上不断向前发展，成为中欧合作的典范。

瑟芬达尔表示，丹麦高度重视丹中全面战略伙伴关系，丹麦政府最近出台了对华增长战略，旨在加强两国交流合作。相信胡锦涛主席此访必将有力地增进两国相互了解，扩大互利合作，推动丹中关系迈上新的更高水平。丹麦愿继续为发展欧中关系发挥积极作用。

双方还就欧债危机、叙利亚等问题交换了意见。

卫生部等8部门发布《食品安全国家标准“十二五”规划》

《食品安全国家标准“十二五”规划》指出,我国将全面清理整合现行食品标准,2015年年底前基本完成相关标准的整合和废止工作。

《食品安全国家标准“十二五”规划》指出,食品安全国家标准要以食品安全风险评估结果为依据,符合我国国情和食品产业发展实际,适应人民生活水平不断提高的需要,同时要积极借鉴相关国际标准和管理经验,注重标准的操作性。

“十二五”期间,重点做好食品中污染物、真菌毒素、致病性微生物等危害人体健康物质限量,农药和兽药残留限量,食品添加剂使用、食品营养强化剂使用,预包装食品标签和营养标签等食品安全基础标准制定、修订工作。

2015年年底前,制定、修订肉类、酒类、植物油、调味品、婴幼儿食品、乳品、水产品、饮料等主要大类食品产品安全标准。同时,制定公布20余项食品安全国家标准,基本形成食品生产经营全过程的食品安全控制标准体系。

第三届亚洲沙滩运动会开幕式在山东海阳河清岛体育场举行

6月17日

国家主席胡锦涛接受墨西哥主流媒体书面采访

关于洛斯卡沃斯峰会,胡锦涛表示,当前,世界经济继续保持复苏态势,经济增长前景有所改善,但复苏的不稳定不确定因素依然突出,全球总需求依然不足,主要经济体增长乏力,各国宏观经济政策协调难度增加。实现世界经济强劲、可持续、平衡增长还要付出艰苦努力。

胡锦涛指出,二十国集团包括了主要发达国家和新兴市场国家,构成相对均衡,代表性较强,为应对国际金融危机、促进世界经济稳定和复苏发挥了重要作用,成为全球经济治理的主要平台。在当前世界经济形势下,各成员应该本着同舟共济、互利共赢的精神,共同致力于保增长、促稳定,巩固并增强来之不易的经济复苏势头。为此,我们要继续加强宏观经济政策协调,在合作中谋共赢。要继续推进国际金融体系改革,尽快完成国际货币基金组织份额和治理改革目标,完善国际货币体系,加强国际金融监管。要继续反对各种形式的保护主义,推动多哈回合谈判。要继续重视发展问题,努力促进发展中国家经济发展,以此带动全球总需求扩大。对欧洲主权债务等各方普遍关注的问题,二十国集团要以建设性和合作性的方式予以讨论,鼓励并支持欧方有关努力,共同向市场传递信心。

胡锦涛表示,墨西哥担任二十国集团主席国以来,为筹备洛斯卡沃斯峰会做了大量工作。我期待同其他二十国集团成员国领导人在洛斯卡沃斯共商促进世界经济稳定和复苏大计。

关于发展中国家加强团结合作,更好维护共同利益,胡锦涛强调,中国是发展中国家一员,加强同广大发展中国家团结合作,更好维护发展中国家共同利益,始终是中国外交政策的基本立足点。

胡锦涛指出,发展中国家加快发展有力推动了国际体系变革进程,发展中国家加强合作有利于促进世界多极化、经济全球化,也有利于世界和平、稳定、发展。新形势下,发展中国家要加强协调,维护发展中国家发展空间和发展权利,推动国际社会继续关注发展问题,加强国际发展合作,敦促发达国家切实履行援助承诺,致力于解决南北发展不平衡问题,推动建设持久和平、共同繁荣的和谐世界。

关于中墨关系,胡锦涛表示,中墨建交40年来,在双方共同努力下,双边关系得到长足发展。特别是2003年中墨建立战略伙伴关系以来,两国关系进入全面快速发展新阶段,高层交往频繁,政治互信不断深化。两国成立政府间常设委员会,制订并实施了两个《共同行动计划》,墨西哥成为首个同中国制订《共同行动计划》的拉美国家。两国还建立了战略对话、议会对话论坛等机制。两国经贸合作日益密切,中国已成为墨西哥在全球的第二大贸易伙伴,墨西哥是中国在拉美的第二大贸易伙伴。两国文化、教育、科技、旅游等领域交流蓬勃发展,中墨友好深入人心。两国在联合国、二十国集团、亚太经合组织等重要多边框架内保持密切协调和配合,维护了发展中国家共同利益。

胡锦涛强调,面对当前复杂多变的国际形势,中墨不断巩固和深化战略合作,不仅有利于两国共同繁荣,对加强发展中国家团结合作、促进世界和平与发展也有重要意义。我们愿同墨方一道努力,夯实双边关系政治基础,积极落实《共同行动计划》,深入发掘两国经贸、科技、文化等领域合作潜力,不断丰富两国战略伙伴关系内涵,推动两国互利合作长期健康稳定发展。

关于中国经济形势,胡锦涛指出,当前,中国经济运行总体平稳。在外部经济环境复杂严峻的大背景下,中国有针对性地加强和改善宏观调控,加快转变经济发展方式和调整经济结构,构建扩大内需长效机制,促进经济增长向依靠消费、投资、出口协调拉动转变,保持经济平稳较快发展,保持社会和谐稳定。今年第一季度,中国国内生产总值同比增长8.1%,经常账户盈余占国内生产总值比重已下降至1.4%。这些为世界经济复苏和增长作出了重要贡献。

胡锦涛指出，中国经济是世界经济的重要组成部分。我们将继续实施积极的财政政策和稳健的货币政策，正确处理保持经济平稳较快发展、调整经济结构、管理通胀预期的关系。我们有信心继续保持中国经济平稳较快发展，为世界经济发展作出实实在在的贡献。

国家主席胡锦涛在洛斯卡沃斯与墨西哥总统卡尔德龙举行会谈

双方就中墨关系和二十国集团洛斯卡沃斯峰会深入交换看法，达成重要共识。

胡锦涛指出，在当前国际形势深刻复杂变化背景下，中墨深化战略合作具有重要意义。中方愿同墨方一道，面向未来，推动两国合作长期、健康、稳定发展。一是从战略高度和长远角度规划双边关系，把握两国关系发展正确方向，充分用好各种政治合作机制，增强互信，在涉及彼此核心利益和重大关切问题上相互理解和支持。二是结合各自发展战略，深挖潜力，拓宽渠道，扩大相互投资，加强科技、农业、基础设施建设、社会发展、旅游等领域合作，促进双边贸易健康平衡发展。三是加强文化交流和教育合作，推动政党、立法机构、地方政府、媒体、民间机构友好往来，增进相互了解。四是在联合国、二十国集团、亚太经合组织等多边框架内加强协调，就重大国际问题密切合作，维护发展中国家共同利益，共同建设和谐世界。

卡尔德龙表示，墨中都是发展中国家，在许多重大问题上看法一致，合作密切，两国关系在相互尊重、平等互利基础上良好发展，两国高层交往频繁，常设委员会机制有效促进了各领域合作。希望双方扩大经贸等领域合作，加强执法合作，共同打击毒品犯罪。墨西哥高度评价中国为维护世界和平稳定发挥的重要作用，愿同中方加强在国际事务中的协调和配合。

国家主席胡锦涛在洛斯卡沃斯会见埃塞俄比亚总理梅莱斯

胡锦涛强调，发展问题是非洲当前面临的紧迫课题。中方一贯重视并支持非洲发展，支持非洲国家实施非洲发展新伙伴计划，并通过中非合作论坛向非方提供帮助，重点推进农业、基础设施建设、人力资源开发等领域合作。中非合作论坛第五届部长级会议 7 月将在北京举行。中方愿同非方共同规划好今后合作，推动中非新型战略伙伴关系进一步发展。

梅莱斯表示，中国奉行尊重别国主权、互不干涉内政原则，真诚支持和帮助非洲，深受非洲国家欢迎。中国是非洲发展复兴进程中的重要伙伴，非洲国家希望分享和借鉴中国发展成功经验，欢迎中国扩大对非投资，加强制造业、基础设施建设等领域互利合作，相信中国将为促进非洲和平、稳定、发展发挥更大作用。埃方愿同中方一道努力，使中非合作论坛第五届部长级会议取得成功，共创非中合作美好未来。

全国人大常委会委员长吴邦国在酒泉卫星发射中心接见"天宫一号"与"神舟"九号载人交会对接任务参研参试单位代表

吴邦国代表党中央、国务院、中央军委和胡锦涛总书记，向参加工程研制、建设、试验的同志们表示诚挚的问候和崇高的敬意。

吴邦国说，"神舟"九号飞船的成功发射，标志着"天宫一号"与"神舟"九号载人交会对接任务实现良好开局、迈出重要一步。这凝聚着几代航天人的不懈追求和心血汗水，饱含着参加任务全体科技工作者、干部职工、部队官兵的辛勤劳动和聪明才智。大家为我国航天事业作出的卓越贡献，党和人民永远不会忘记。

吴邦国指出，载人航天工程实施 20 年来，在党中央、国务院、中央军委的正确领导下，在工程全线的共同努力下，全体同志脚踏实地、埋头苦干、攻坚克难，取得了一个又一个令世人瞩目的辉煌成就。我们可以自豪地说，载人航天工程已经成为中国特色社会主义蓬勃发展的重要体现，已经成为我国综合国力不断提升的重要标志。

吴邦国强调，"天宫一号"与"神舟"九号载人交会对接任务，是我国载人航天工程"三步走"战略第二步的关键之战，意义重大，影响深远。希望大家牢记党和人民的期望重托，牢记肩负的神圣使命，大力发扬"两弹一星"精神和载人航天精神，戒骄戒躁、再接再厉、顽强拼搏，确保"天宫一号"与"神舟"九号载人交会对接任务圆满成功，以优异成绩迎接党的十八大胜利召开，为中华民族伟大复兴作出更大贡献。

中共中央政治局委员、国务委员刘延东等参加接见。

全国政协主席贾庆林在厦门举行的第四届海峡论坛大会上致辞

各位同胞，各位朋友，女士们，先生们：

大家上午好！

盛夏时节，美丽的厦门万木葱茏、生机盎然。今天，我很高兴与新老朋友们一道，共同参加第四届海峡论坛。受胡锦涛总书记委托，我代表中共中央，对第四届海峡论坛的举办表示热烈的祝贺！向所有前来参加论坛的两岸同胞特别是来自宝岛台湾的乡亲们表示诚挚的问候！

2009 年，在两岸关系实现历史性转折的新形势下，为了促进两岸民间尤其是基层民众的交流，两岸 50 多个单位和民间团体共同发起创办了海峡论坛。

这是两岸交流的一个创举，顺应了两岸同胞加强交流合作的迫切愿望，为两岸基层民众搭建了一个相互学习借鉴的重要平台。三年来，海峡论坛始终以“扩大民间交流、加强两岸合作、促进共同发展”为主题，始终坚持面向基层、面向民众的务实方向，始终保持民间性、大众性、广泛性的鲜明特色。在两岸各有关方面和广大民众的共同努力和积极参与下，海峡论坛已经成为规模最大、参与人数最多、形式最多样、内容最丰富的两岸民间交流盛会，发挥了促进两岸关系和平发展的独特功能和重要作用。每年上万名台湾民众前来参与海峡论坛，是两岸民间交流蓬勃活力和旺盛生命力的生动写照。

各位乡亲、各位朋友！

两岸关系发展事关中华民族的长远利益，也与海峡两岸每一位同胞的切身福祉息息相关。过去四年，两岸双方在反对“台独”、坚持“九二共识”的共同基础上，建立政治互信，保持良性互动，推动两岸关系实现了历史性转折，开创了两岸关系和平发展新局面。两岸实现了全面直接双向“三通”，圆了两岸民众30年的夙愿。两岸签署了包括经济合作框架协议(ECFA)在内的16项协议，推进了两岸交流合作制度化。两岸经济合作不断深化，文化交流精彩纷呈。两岸人民往来规模迅速扩大，去年突破了700万人次。两岸民间交流蓬勃开展，遍及各界别、各领域，特别是基层民众交流迅速兴起，两岸市县乡镇之间，工会、农会、渔会、水利会、妇女、青年等各类民间团体，签署了数百项交流合作协议。两岸大交流形成了全方位、宽领域、多层次的格局和形式多样、内容丰富、参与广泛的态势。

过去的一年，在两岸同胞共同努力下，两岸关系实现了稳中有进，又迎来了新的发展机遇。在两岸关系面临严峻考验的时候，在事关两岸关系发展前景的重大抉择面前，台湾同胞认识到坚持“九二共识”对于稳定台海局势的重要意义，表达了期盼两岸扩大交流合作、持续推进协商的愿望，最终选择了坚定支持两岸关系和平发展。事实再次证明，两岸关系和平发展是一条正确道路，符合两岸同胞的共同期待和根本利益。

当前，两岸关系和平发展由开创期进入了巩固深化的新阶段。我们将继续贯彻推动两岸关系和平发展的各项方针政策，以持续推进两岸关系和平发展为主题，以广泛团结广大台湾同胞为主线，巩固增强反对“台独”、认同“九二共识”的共同基础，积极推进两岸经济合作和ECFA后续商谈，持续深化两岸文化教育交流，努力让更多台湾民众尤其是基层民众在两岸交流合作中受益，进一步筑牢两岸关系和平发展的政治、经济、文化和社会基础，不断开创两岸各领域互利合作新局面。

各位乡亲、各位朋友！

两岸关系和平发展，有利于台海地区保持安定祥和，有利于两岸同胞增进利益福祉，有利于中华民族走向伟大复兴。不断促进两岸关系和平发展，是两岸同胞的共同事业和共同责任。我相信，两岸广大民间组织和基层民众应该也完全能够为此发挥更大的作用，作出更大的贡献。这里，我就新形势下扩大和深化两岸民间交流，谈四点意见。

第一，进一步保持两岸民间交流蓬勃发展的良好势头。两岸关系虽历经风雨坎坷，但总体上不断向前发展。其中一个重要原因，就是两岸民间交流始终没有中断，对推动两岸关系发展发挥了不可替代的重要作用。多年来，两岸同胞积极开展各领域交流往来，不断打破旧的樊篱限制，不断消除彼此的误解隔阂，不断开辟新的合作道路。如今，两岸往来之便捷、经济联系之密切、各项交流之活跃、同胞感情之融洽、共同利益之广泛，都是前所未有的。两岸关系发展的动力来自民间，发展的潜力也蕴藏于民间。扩大深化两岸民间交流，是推进两岸关系和平发展的重要途径，是两岸同胞相互理解、彼此借鉴、取长补短、互利共赢的最好方式。新形势下，我们要采取更积极的措施，支持和鼓励两岸各领域、各界别、各行业的广大民众更加广泛、深入地开展交流合作，尤其要进一步扩大和加强两岸基层交流，促使更多的基层民众投身于两岸大交流大合作。我们热忱欢迎更多的台湾乡亲到大陆参访交流，同时也鼓励更多的大陆各界人士深入台湾基层，广交台湾朋友。期待两岸民间交流合作继续成为融洽两岸同胞感情的“连心桥”，推进两岸关系和平发展的“发动机”。

第二，进一步发挥两岸民间交流汇聚民意的积极作用。多年来，两岸民众通过交流合作，不但增进了彼此的感情融合，而且形成了发展两岸关系的许多重要共识。认同两岸同胞同属中华民族，反对“台独”势力分裂国土和破坏台海和平，支持两岸加强交流合作和推进平等协商，已经成为两岸同胞的普遍共识，成为台湾社会的主流民意。越来越多的台湾同胞认识到两岸关系良性发展与自身利益息息相关，“台独”是一条走不通的死路，台湾的前途系于两岸关系和平发展、系于中华民族伟大复兴。我们希望，两岸同胞在彼此交往和互利合作的过程中，不断增进思想感情的深度交流，不断化解彼此间的隔阂疑虑，不断增强两岸同胞一家人的观念，不断凝聚支持两岸关系发展的共同意志，努力形成大团结的新局面，为巩固深化两岸关系和平发展提供强有力的民意支撑。

第三，进一步通过两岸民间交流增进广大民众的福祉。两岸交流合作的蓬勃发展，给两岸同胞带来了实实在在的利益,越来越多的台湾同胞从中受益。两岸各地、各领域、各界别、各行业的民间组织应当更广泛地建立联系,寻求合作机会,共谋互利双赢,增进民众福祉。我们希望两岸双方共同为民间交流提供更便利的条件和更多的政策支持。大陆各地各部门都有责任努力为台湾同胞办实事、做好事、解难事、谋福祉。要更多了解包括中小企业和农渔业者在内的台湾基层民众的需求,继续实施并适时扩大对台惠民政策,使更多的台湾民众在两岸关系和平发展中受益。要积极鼓励两岸青少年更广泛地开展交流,为台湾学生来大陆就读提供更加有利的条件,为台湾学生和其他台湾居民在大陆就业创造更有利的环境。越来越多的台湾同胞成为两岸关系和平发展的参与者、推动者和受益者,日益将个人的切身利益和事业前途与两岸关系发展更紧密地联系在一起,两岸关系和平发展就一定能不断获得新的动力,两岸关系前进的道路就会越走越宽广。

第四,进一步提高两岸民间交流的质量和水平。经过多年的发展,两岸民间交流合作已达到相当的规模,打下很好的基础。今后,我们要适应巩固深化两岸关系和平发展的新形势,听取两岸同胞的意见,顺应两岸民众的期待,更加注重提高交流的质量和水平,更加注重回应基层民众的需求,更加注重双方的实际需要,更加注重求真务实、真抓实干。各方面的交流合作都要找准对接点,提高实效性,不断充实内涵、创新形式,加强机制化建设,使两岸民间交流合作更加广泛、深入、持久和常态化地开展下去。

各位乡亲、各位朋友!

"天下之势,以渐而成;天下之事,以积而固。"过去四年,两岸关系和平发展的新局面,是两岸同胞共同努力的结果。今后一个时期,巩固深化两岸关系和平发展,是两岸同胞应当承担的共同责任。两岸民间交流越红火,两岸关系的前景就越光明;两岸民间交流越深入,两岸关系的道路就越广阔。让我们把握机遇、携手合作,共同开创中华民族的美好未来。

最后,祝第四届海峡论坛取得圆满成功!

祝各位同胞、各位乡亲身体健康、万事如意!

谢谢大家。

第四届海峡论坛·海峡妇女论坛在厦门开幕

全国人大常委会副委员长陈至立出席开幕式并致辞。

陈至立指出,两岸妇女在弘扬中华优秀传统文化、促进两岸民间交流中扮演着独特的、重要的、不可替代的角色,是促进两岸关系和平发展的参与者、支持者和受益者。中华全国妇女联合会历来高度重视并积极促进海峡妇女的交流合作,愿与台湾的妇女组织和妇女姐妹一道,增进互信,凝聚共识,一道打拼,为增进两岸妇女同胞福祉,为开创两岸共同发展、和平繁荣的美好前景而努力奋斗。相信两岸妇女在继承中华民族优良文化和传统美德的同时,一定会与时俱进,冲破传统文化对妇女发展进步的某些束缚,跟上时代步伐,展现时代风采,做新时代女性,为中华民族的伟大复兴贡献智慧和力量。

第三届中国行政改革论坛在北京举行

此次论坛的主题为"十年来中国行政体制改革回顾与展望"。全国政协副主席李金华出席论坛并致辞。

李金华在致辞中说,经过多年努力,我国政府职能转变迈出重要步伐,社会管理和公共服务职能有所加强;政府组织机构逐步优化,法治政府建设全面推进,行政管理方式不断改进,决策科学化、民主化水平不断提高,行政监督、行政问责不断增强,我国行政体制改革取得了显著成绩。深化行政体制改革,要加强顶层设计,特别需要解决好4个方面的问题:一是进一步切实转变政府职能;二是进一步加强法治政府建设;三是进一步推行政务公开;四是进一步推进反腐倡廉工作。

2012年度"质检邀您看企业·食品安全大家行"活动在北京启动

6月18日

国家主席胡锦涛在洛斯卡沃斯会见德国总理默克尔

胡锦涛表示,中德都是世界重要国家,互为重要合作伙伴,有着广泛共同利益。在当前国际形势复杂多变、世界经济面临挑战情况下,中德增进政治互信、深化务实合作,有助于促进两国经济稳步增长,也有助于促进中欧合作和世界经济稳定复苏。双方要保持密切高层交往,深化相互理解和信任,认真落实贸易、投资、金融、基础设施建设等领域一揽子合作,加强企业和地方合作,提升经贸合作水平,加强人文交流,推动中德关系持续稳定向前发展。

默克尔表示,德中交往密切,合作成果丰硕,双方就许多重要问题进行深入交流,德方对两国关系良好发展感到满意,期待着年内在中国举行新一轮两国政府磋商,促进双向投资和企业合作,办好庆祝德中建交40周年活动和在德国举办的"中国文化年"活动,推动德中关系进一步发展。

国家主席胡锦涛在洛斯卡沃斯出席金砖国家领导人会晤

胡锦涛同巴西总统罗塞夫、俄罗斯总统普京、印度总理辛格、南非总统祖马就金砖国家合作和二十国集团洛斯卡沃斯峰会交换了意见。

胡锦涛指出,金砖国家在诸多领域加强了协调和合作,政治互信不断增强,务实合作日益深化。下一步,金砖国家要共同致力于发展经济、改善民生,把自己的事情办好,努力保持发展势头,对促进世界经济稳定复苏作出贡献。要继续坚定不移推动国际经济金融领域改革,增加新兴市场国家和发展中国家代表性和发言权,完善全球经济治理,营造有利于世界经济长期健康发展的体制框架。要共同致力于深化各领域务实合作,坚持加强财政和金融部门磋商。金砖国家应该加强协调和合作,在国际社会解决欧债问题的努力中发挥积极作用。

会议期间,五国领导人还讨论了参与国际货币基金组织增资问题。胡锦涛强调,二十国集团成员要从维护全球经济稳定和增长的大局出发,鼓励并支持欧元区国家采取有关举措,提振市场信心。五国领导人认为确保国际货币基金组织拥有充足资源,有利于国际社会应对当前世界经济金融领域的重大挑战。金砖国家愿为此作出贡献。同时国际货币基金组织也应该全面、及时落实其2010年确定的份额和治理改革方案。会议还讨论了五国建立货币互换安排和外汇储备库的可能性,要求五国财长和央行行长予以落实。

政协十一届常委会第十八次会议在北京开幕

会议的主要议题是围绕"牢牢把握稳中求进的工作总基调,促进经济平稳较快发展"建言献策。中共中央政治局常委、全国政协主席贾庆林主持开幕会。中共中央政治局委员、国务委员刘延东应邀出席会议并作报告。

贾庆林指出,坚持稳中求进、促进经济平稳较快发展是中央经济工作会议提出的要求,也是人民政协围绕中心、服务大局的主攻方向。他希望常委会组成人员紧紧围绕会议议题,深入讨论、各抒己见、积极建言,努力提出有价值的意见和建议,为党中央、国务院的决策提供参考。

刘延东就当前经济形势和科技支撑经济社会发展的有关情况作了报告。

这次常委会议为期4天。按照议程,常委会组成人员将围绕本次会议议题所设的七个专题进行讨论,建言献策,同时还将审议全国政协有关视察考察情况的报告和外事出访报告,审议通过有关人事事项。

第二届中非青年领导人论坛在北京开幕

中共中央政治局常委、全国政协主席贾庆林出席开幕式并发表主旨讲话。

贾庆林首先代表中国共产党、中国政府和人民,向论坛的举办表示热烈祝贺,向开创中非友谊的老一代领导人和参加论坛的青年领导人致以崇高敬意和亲切问候。他说,举办中非青年领导人论坛是中非青年交往史上一大创举,本届论坛以"中非合作与青年发展"为主题,顺应了中非合作蓬勃发展的大势,反映了广大青年参与中非合作、实现自身发展、推动各自国家繁荣富强的迫切愿望,必将对中非青年事业的发展和中非合作的深化产生广泛而深远的影响。

贾庆林说,中非友谊源远流长、根基牢固,中国和非洲人民休戚与共、并肩奋斗,结下了深厚的友谊,中非合作关系不断发展和巩固。在中非友好关系发展历程中,青年始终扮演着重要角色。从领导非洲民族解放运动并与毛泽东等中国领导人共同开启中非友好大门的非洲青年志士,到建设坦赞铁路的中国青年建设者,一批又一批中非青年用热血和汗水,在中非关系史上书写了可歌可泣的壮丽篇章。中国共产党和中国政府一贯重视和支持中非青年合作事业,将继续与非洲政党和政府共同努力、积极行动,全面支持中非青年交流与合作,推动中非友好薪火相传、永续发展。

贾庆林就中非青年传承中非友谊、密切中非合作提出三点希望:一是弘扬传统,努力做中非友谊的有力推动者。希望中非青年深刻认识加强中非关系的战略意义,更加积极地了解中非友谊的历史,更加自觉地坚持真诚友好、平等相待、相互支持、共同发展的原则,更加广泛地宣传中非友好的成果,为推动中非友谊深入发展作出更大贡献。二是开拓进取,努力做中非合作的积极促进者。希望中非青年解放思想、勇于探索,发挥聪明才智,积极投身中非合作事业,为拓展和深化中非合作作出更大贡献。三是胸怀天下,努力做世界和平与正义的坚定维护者。希望中非青年着眼全局,与各国有识之士和进步力量一道,共同推进南南合作,积极维护发展中国家权益,促进国际关系民主化,为实现世界持久和平与共同繁荣作出更大贡献。

出席开幕式的外宾首先对中国"神舟"九号飞船的成功发射表示热烈祝贺并对第二届中非青年领导人论坛的召开表示祝贺。大家一致认为,中国成功实现了经济的强劲增长并使发展成果为全体人民共享。中国的发展不会给任何人带来威胁,只会给包括非洲在内的全世界带来更多的机遇。非中友谊与合作源远流长,非中青年对推动非中友好合作及可持续发展发挥着日益重要的作用。大家还表示,将珍惜这次难得的机会,分享各自国家的经验,并学习中国人民的智慧和中国共产党治国理政的经验。

团中央书记处第一书记陆昊，以及坦桑尼亚革命党副主席姆塞夸、纳米比亚人组党总书记伊塔娜、赞比亚爱国阵线总书记卡林巴、南非总统府部部长沙巴纳等出席开幕式，来自非洲38个国家和中国的近200名青年领导人代表与会。论坛由中国共产党与纳米比亚人组党联合举办。

国家能源局发布《国家能源局关于鼓励和引导民间资本进一步扩大能源领域投资的实施意见》

《国家能源局关于鼓励和引导民间资本进一步扩大能源领域投资的实施意见》(以下简称《实施意见》)指出，我国将拓宽民间资本投资范围。列入国家能源规划的项目，除法律、法规明确禁止的以外，均向民间资本开放，鼓励符合条件的民营企业以多种形式参与国家重点能源项目建设和运营。

《实施意见》强调，要深化能源领域体制改革，加快机制创新，为民间资本进入能源领域营造良好的市场环境。加强规划、政策和标准的引导，发挥市场配置资源的基础性作用，保障民间资本公平获得资源开发权利。鼓励符合条件的民营企业，依法合规成为大型煤炭矿区开发主体以及煤层气、页岩气、油页岩等非常规油气开发主体。水电、风电等特许开发权的配置，不得设定限制民间资本进入的歧视性条件。

根据《实施意见》，我国将继续支持民间资本参与能源资源勘探开发参与能源资源勘探开发，发展煤炭加工转化和炼油产业，参与石油和天然气管网建设，参与电力建设，并继续支持民间资本全面进入新能源和可再生能源产业，鼓励民营资本扩大风能、太阳能、地热能、生物质能领域投资。

据了解，目前，我国非国有煤矿产量约占全国的40%，民营水电站装机约占全国的26%，民营风电装机约占全国的20%，民营炼油企业加工能力约占全国的18%，火电、水电、煤炭深加工等领域已经涌现出一批非公有制骨干企业。民间资本在太阳能热利用、生物质能开发以及晶体硅材料、太阳能热水器、太阳能电池制造等领域居于主导地位，在风电设备制造产业发挥着重要的作用。民间资本已经进入西气东输三线等国家“十二五”重点项目建设领域。

国家主席胡锦涛根据全国人大常委会的决定任免驻外大使

一、免去李连生的中华人民共和国驻厄立特里亚国特命全权大使职务；

任命牛强为中华人民共和国驻厄立特里亚国特命全权大使。

二、免去李国邦的中华人民共和国驻塞浦路斯共和国特命全权大使职务；

任命刘昕生为中华人民共和国驻塞浦路斯共和国特命全权大使。

三、免去杨秀萍(女)的中华人民共和国驻斯里兰卡民主社会主义共和国特命全权大使职务；

任命吴江浩为中华人民共和国驻斯里兰卡民主社会主义共和国特命全权大使。

四、免去杨伟国的中华人民共和国驻巴林王国特命全权大使职务；

任命李琛为中华人民共和国驻巴林王国特命全权大使。

五、免去沈智良的中华人民共和国驻多民族玻利维亚国特命全权大使职务；

任命李东为中华人民共和国驻多民族玻利维亚国特命全权大使。

国务院副总理王岐山在洛斯卡沃斯会见美国财政部部长盖特纳

国防部部长梁光烈在八一大楼与新加坡国防部部长黄永宏举行会谈

首届“中非合作论坛——文化部长论坛”在北京举行

中国文化部部长蔡武、非洲45个国家的文化部长或部长代表、非洲国家驻华使节以及中方有关专家学者相聚一堂，探讨加强中非文化交流与合作，共叙友谊，共谋发展。

今年是《中非合作论坛——沙姆沙伊赫行动计划》的收官之年，此次论坛主题为“继往开来——开创中非文化交流与合作新局面”。与会代表回顾了中非合作论坛北京峰会以来的中非文化合作关系，全面评估了《北京行动计划》和《沙姆沙伊赫行动计划》文化领域条款的执行情况，并就如何深化中非文化交流与合作进行了深入探讨。作为论坛重要成果，与会中非文化部长共同宣布通过了《中非文化部长论坛北京宣言》。

蔡武表示，中国和非洲大陆都是人类文明的发祥地，都有着源远流长、灿烂多姿的传统文化，现在，又都处于经济社会加快发展的重要时期。中非两大文明间的交流对话，有助于推动中非文化互鉴，有助于维护世界文化的多样性，有助于扩大发展中国家在国际上的文化话语权，有助于推动世界文化的繁荣发展。

尼日利亚文化、旅游与指导部部长埃德姆·杜克说，我们很高兴地看到中非之间的文化交流一直非常活跃，一直在深化，同时这种互惠性的交流不断增长。我们也清楚看到，所有的非洲人民、中国人民都从中获得了很多的裨益。

据文化部统计，自2006年中非合作论坛北京峰会建立中非新型战略伙伴关系以来，中非已成功举办5届“中非文化聚焦”系列文化活动、3届“非洲文化人士访问计划”和2届“中非文化人士互访计划”，并安排文化高层互访共计43起，新签署36个双边政府间文化协定及执行计划。

与此同时，中非共开展近70个共1600余人的艺术团互访演出，涉及非洲近160国(次)，举办展览互访30多起，开展治国理政、造型艺术、大型庆典、手工艺、编舞、杂技等多个门类的中非人力资源培训合作20多项，互访人员共160余位。此外，中国还向非洲36国(次)提供总价值约720万元人民币的文化物资援助。

论坛举办期间，我国还与塞内加尔、利比里亚、厄立特里亚以及尼日尔四国分别签署了文化合作协定年度执行计划，进一步丰富论坛成果，扩大论坛影响。

6月19日

国家主席胡锦涛在墨西哥洛斯卡沃斯召开的二十国集团领导人第七次峰会上发表题为《稳中求进 共促发展》的讲话

尊敬的卡尔德龙总统，各位同事：

很高兴在洛斯卡沃斯同大家相会。首先，我谨对卡尔德龙总统和墨西哥政府为本次峰会所做的精心准备和周到安排，表示衷心的感谢！

戛纳峰会以来，在二十国集团成员和国际社会共同努力下，世界经济保持复苏态势，增长前景有所改善。同时，世界经济运行中的不稳定不确定因素依然突出，主要经济体增长乏力，全球总需求依然不足，一些国家主权债务问题突出，国际贸易增速明显回落，保护主义抬头，大宗商品价格高位波动，通胀形势不容乐观。

上述情况表明，导致国际金融危机的深层次矛盾尚未消除，新的风险又在形成和积聚。在这样的形势下，我们既要巩固应对国际金融危机的成果、保持经济社会稳定和发展，又要稳中求进，探索新思路，采取新举措，解决新问题，推动世界经济强劲、可持续、平衡增长。为此，我愿提出以下建议。

第一，坚定不移推动世界经济稳定复苏。当前，二十国集团成员面临的主要任务仍然是保增长、促就业、促稳定。我们应该继续本着同舟共济、合作共赢的精神，认真分析当前世界经济存在的系统性风险，共商妥善应对之策，巩固和增强来之不易的复苏势头。我们应该继续以建设性、合作性方式支持一些欧洲国家解决债务问题的努力，推动这些国家经济早日迈入稳定增长轨道。我们应该认真落实以往峰会承诺，加强宏观经济政策协调，充分考虑各国国情和合理关切。我们应该充分发掘创新潜力，推动科技进步和创新，培育新兴产业，为世界经济持续增长提供动力。我们应该高度关注大宗商品价格高位波动对世界经济增长的负面影响，从源头上理顺价格形成机制，反对将价格上涨简单归因于新兴市场国家发展带来的需求增加。

第二，坚定不移深化国际金融体系改革。建立公平、公正、包容、有序的国际金融体系，对世界经济健康稳定增长十分重要。我们应该推动国际金融体系改革进一步深入，当务之急是落实好国际货币基金组织2010年份额和治理改革方案，为国际货币基金组织提供长期稳定的资金来源。中方赞同增加国际货币基金组织资源，提高其应对危机和紧急救助能力，以更好履行维护全球经济金融稳定职责。我们应该提高国际金融机构负责人遴选程序的透明度和合理性，增加发展中国家代表性和发言权。我们应该加强国际金融监管，使金融体系更好服务和促进实体经济发展。我们应该完善国际货币体系，扩大国际货币基金组织特别提款权使用并改善其货币篮子组成，建立币值稳定、供应有序、总量可调的国际储备货币体系。

第三，坚定不移促进国际贸易健康发展。国际贸易是世界经济增长的重要推动力量。我们应该重视当前国际贸易增速回落对世界经济的负面影响，共同营造自由开放、公平公正的全球贸易环境，消除贸易障碍，增强贸易发展动力。我们应该坚定推进贸易自由化便利化，恪守历次峰会承诺，反对各种形式的保护主义，继续授权世界贸易组织、联合国贸发会议等国际机构加强对贸易和投资限制措施的监督。我们应该保持各种双边和地区自由贸易安排的开放性和包容性，使之成为全球贸易自由化的重要促进力量。我们应该维护并加强多边贸易体制，继续推进多哈回合谈判。我们应该关注国际贸易中的价值链问题，使贸易统计标准更加全面准确地反映各国从贸易中获益情况，更加客观理性地看待所谓贸易失衡问题。

第四，坚定不移推进发展事业。实现共同发展是世界经济持久增长的根本之道。我们应该重视有关国家应对国际金融危机的政策措施对发展中国家的外溢效应，推动国际社会在促进广大发展中国家繁荣进步、缩小南北差距方面下真功夫并见到实效。二十国集团应该加强同联合国的合作，支持联合国及其专门机构继续在发展领域发挥重要作用，增强国际金融机构推动发展和促进减贫功能。我们应该加大对发展中国家开展对外贸易的支持，切实解决发展中国家特别是最不发达国家在贸易领域的关切，尽快实现对最不发达国家产品的免关税、免配额待遇。我们应该在粮食安全、基础设施等发展问题上加大投入，着力破解导致南北发展失衡加剧的难题。

第五，坚定不移倡导可持续发展。推动绿色增长是缓解资源环境压力、实现世界经济可持续发展的重要手段。我们应该积极发展节能环保等绿色产业，增加资金投入，强化机制保障，努力建设资源节约型、环境友好型社会。我们应该坚持共同但有区别的责任原则，充分考虑各国发展绿色产业面临的资源禀赋、发展阶段、能力水平差异，支持各方自主选择符合本国国情的可持续发展道路。我们应该加强有利于绿色增长的国际技术传播和合作，避免产生新的绿色贸易壁垒。联合国可持续发展大会即将召开，我们应该坚定支持联合国在可持续发展领域的主渠道地位，推动大会取得实质性成果。

各位同事！

今年以来，中国继续加强和改善宏观调控，着力稳增长、控物价、调结构、惠民生、抓改革、促和谐，保持了经济运行总体平稳。同时，中国经济发展中不平衡、不协调、不可持续的矛盾和问题仍很突出。中国将牢牢把握科学发展这个主题、加快转变经济发展方式这条主线，继续实施积极的财政政策和稳健的货币政策，保持宏观经济政策的连续性和稳定性，增强调控的针对性、灵活性、前瞻性，继续处理好保持经济平稳较快发展、调整经济结构、管理通胀预期的关系，着力扩大国内需求，保持经济平稳较快发展和物价总水平基本稳定，保持社会和谐稳定。

各位同事！

世界经济发展正处在承前启后、继往开来的关键阶段，完善全球经济治理任重道远，我们应该倍加珍惜二十国集团的作用和影响，牢牢把握世界经济发展大势，同心同德，协调合作，共同克服前进道路上的风险和挑战，共同推动世界发展繁荣！

谢谢大家。

国家主席胡锦涛在洛斯卡沃斯会见美国总统奥巴马

胡锦涛就中美发展新型大国关系提出4点建议。一是坚持对话、增强互信，继续通过访问、会晤、通话、通信等形式保持高层战略沟通，充分发挥高层交往对中美关系的重要引领和推进作用。二是深化合作、互利共赢，扎实推进经贸、投资、执法、教育、科技等传统领域合作，拓展能源、环境、基础设施建设等新兴领域合作亮点。推进地方交流合作，巩固和扩大政治、经济、安全、人文、教育、青年等领域交往。三是妥处分歧、排除干扰，希望美方坚定奉行积极务实的对华政策，排除国内政治干扰，加强舆论引导，以实际行动支持两岸关系和平发展，确保美国大选年中美关系稳定。四是共担责任、共迎挑战，中方愿同美方继续坦诚对话，增信释疑，务实合作，实现在亚太地区良性互动。希望美方尊重中方重大利益和合理关切。中方愿同美方继续就地区热点问题开展沟通和协调，推动问题妥善解决。

奥巴马表示，赞成胡锦涛主席对下阶段两国关系的展望。美方愿同中方在现有成果基础上，继续用好战略与经济对话等机制，再接再厉，加强沟通，增进互信，发展合作；加强在二十国集团等机制内的协作，共同应对全球经济挑战，促进各国经济和世界经济稳定增长。完全赞同胡主席在第四轮美中战略与经济对话开幕式上的讲话，愿同中方探索构建新型大国关系，这将为发展健康稳定的美中关系、有效应对全球挑战提供重要框架。美方重申，一个繁荣稳定的中国符合美国和世界利益，一个繁荣增长的美国也符合中国和世界的利益。

国家主席胡锦涛在洛斯卡沃斯与法国总统奥朗德举行会谈

胡锦涛就发展中法关系提出4点建议。一是始终从战略高度和长远角度看待和处理中法关系，保持高层交往，深化战略互信。二是巩固核能、飞机制造等传统领域合作，推动新能源、高技术合作，扩大相互投资，促进双边贸易平衡发展。三是加强人文交流，鼓励青年和地方交往。四是就重大国际和地区问题加强沟通和协调。

奥朗德表示，法中两国都主张多极化，在许多重大问题上看法一致。法国高度重视法中关系，愿同中国携手应对各种全球挑战，维护世界和平稳定。法国新一届政府坚定不移致力于发展法中全面战略伙伴关系，期待着同中方加强战略对话，扩大经贸、投资、能源、航空等领域合作，促进人文交流，就重大国际和地区问题保持沟通和协调。法国将继续为推动欧中关系发展作出积极努力。

国务院总理温家宝在卡萨布兰卡与摩洛哥政府首脑本·基兰举行会谈

温家宝表示，中方高兴地看到摩洛哥政府和人民妥善应对国际金融危机和西亚北非局势的重大变化，保持了社会稳定和经济发展。本地区国家人民要求变革的愿望应得到重视，有关各方要通过和平、包容的政治对话解决问题，保护平民生命财产安全和合法权利。中方愿同国际社会一道，为促进西亚北非地区和平、稳定和发展作出不懈努力。

本·基兰表示，摩洛哥人民对中国人民怀有友好情谊，钦佩中国取得的发展成就。摩洛哥正在以自己的方式推进改革，应对形势的变化，始终奉行对中国友好的政策，愿进一步加强两国高层交往，扩大经贸、人文等领域的交流合作，密切在国际、地区事务中的沟通、协调，推动两国关系全面向前发展。

全国政协主席贾庆林在北京会见出席中国和平统一促进会八届二次理事大会的全体代表

贾庆林指出，近年来，在两岸同胞的共同努力下，两岸关系实现了历史性转折，取得了一系列突破性进展，开创了前所未有的和平发展新局面。两岸关系和平发展的方针政策逐步深入人心，反对“台独”、认同“九二共识”的共同政治基础继续巩固，协商谈判不断取得新成果。直接双向“三通”全面实现，经济合作框架协议成功签署和实施，两岸人民和社会各界全方位、宽领域、多层次的交流格局已经形成。实践证明，两岸关系和平发展符合两岸同胞的共同愿望，符合中华民族的整体利益，符合时代发展进步的潮流，得到越来越多台湾同胞的认同，也得到国际社会的普遍肯定和欢迎。

贾庆林强调，当前两岸关系和平发展进入了巩固深化的新阶段。中国和平统一促进会推动两岸关系和平发展，要进一步增进两岸政治互信，广泛宣传“和平统一、一国两制”基本方针和中共中央关于推动两岸关系和平发展的各项政策主张，努力争取更多方面、更多人士对两岸同属一个中国、维护一个中国框架的理解和支持，为再创两岸关系和平发展新局面创造有利条件。要进一步汇聚更广泛的支持力量，整合海内外反“独”促统力量，促进海内和岛外反“独”促统组织的团结联合，把海内外同胞凝聚起来，共同致力于推动两岸关系和平发展。要进一步扩大两岸民间交流往来，着力加强入岛交流，通过多种形式深入与台湾各地尤其是基层民众的接触互动，使两岸同胞联系更紧密、感情更贴近、利益更融合。要进一步营造更有利的良好环境，运用好民间团体的便利条件，积极开展公共外交，争取越来越多的所在国政府和民众坚定支持一个中国的政策。加强与海外华侨华人的沟通交流，特别是密切联系海外台胞和融入海外主流社会的华侨华人及华裔新生代，巩固发展海内外中华儿女共同反对分裂、促进统一的良好局面。

国务院副总理李克强在中国科学院半导体所考察

李克强首先来到半导体照明研发中心和半导体集成技术研究中心，考察新一代光电器件研制平台。李克强说，在应对国际金融危机中，世界主要国家在努力促进经济复苏和增长的同时，都普遍加大了结构调整的力度，其中一个重要着力点就是面向未来市场，发展新一代信息技术、节能环保、新材料等新兴产业，世界科技与产业正在孕育新的革命性突破。我国要在世界大变革大调整中不落后，进而抢占长远发展制高点，必须大处着眼，细处着手，把稳增长、扩内需、调结构、转方式更好地结合起来，发挥市场“倒逼机制”的作用，既加快改造传统产业，巩固提升原有基础，又加快发展战略性新兴产业，形成新的增长点和综合竞争优势，在这个过程中，要注意防止盲目重复建设，淘汰落后生产能力，从而使经济结构更具抗风险能力、经济增长更有质量效益。

李克强来到五层的国家重点实验室，这里汇聚了国家最高科学技术奖获得者师昌绪等众多院士、专家和中青年科研工作者。李克强走进他们中间，与大家亲切交流，了解正在进行的科研项目、在世界相同领域所处的位置，以及未来发展前景等。

全国农村党风廉政建设工作经验交流会在北京召开

中央纪委副书记何勇出席会议并讲话。

何勇指出，党中央高度重视农村党风廉政建设，中央纪委历次全会把加强农村党风廉政建设作为一项重要任务进行部署。各地区各部门认真贯彻中央决策部署，常抓不懈，持续推进，农村党风廉政建设取得明显成效，为全面做好农村改革发展各项工作提供了重要保障。

何勇指出，建设社会主义新农村、实现农村改革发展目标任务，必须深入推进农村党风廉政建设。要加强监督检查，推动中央关于农业农村改革发展各项方针政策和决策部署的贯彻落实。要深入贯彻落实《农村基层干部廉洁履行职责若干规定(试行)》，促进农村基层干部切实改进作风、认真履行职责。要坚决维护农民群众切身利益，促进农村和谐稳定。要加强农村基层民主建设，保障农村党员、群众知情权、参与权、管理权和监督权。要加强干部队伍建设，努力建设一支守信念、讲奉献、有本领、重品行的农村基层干部队伍。

据介绍，该办法在遵循按序审查的基本原则下，为具有重要经济和社会影响、具备相当发明高度的战略性新兴产业和绿色技术的重要专利申请建立了一条专利审批快速通道，将有助于进一步加快重要科技成果转化、培养和发展战略性新兴产业和绿色技术。国家知识产权局将根据申请人的请求，对符合条件的发明专利申请进行优先审查，自优先审查请求同意之日起30个工作日内发出第一次审查意见通知书，并在一年内结案。该办法将于今年8月1日起正式施行。

国家知识产权局发布《发明专利申请优先审查管理办法》

该办法对予以优先审查的发明专利申请的范围作了详细规定，即涉及节能环保、新一代信息技术、生物、高端装备制造、新能源、新材料、新能源汽车等技术领域的重要专利申请；涉及低碳技术、节约资源等有助于绿色发展的重要专利申请；就相同主题首次在中国提出专利申请又向其他国家或地区提出申请的该中国首次申请；其他对国家利益或者公共利益具有重大意义需要优先审查的专利申请。

据该办法的要求，请求优先审查的发明专利申请必须采用电子申请形式提交，应当启动实质审查程序。申请人需要提交《发明专利申请优先审查请求书》等相关材料来办理优先审查手续，申请人答复审查意见通知书的期限为2个月。

国家电力监管委员会发布《加强电力监管支持民间资本投资电力的实施意见》

水利部印发《鼓励和引导民间资本参与水土保持工程建设实施细则》

中共中央政治局常委李长春在人民大会堂会见出席"中非合作论坛——文化部长论坛"的非洲45个国家的代表团团长

李长春指出，文化是心灵的沟通。中非开展广泛深入的文化交流与合作意义重大，不仅有助于增进双方人民的了解和信任，推动双方务实合作，同时也有助于维护世界文化的多样性，扩大发展中国家在国际上的文化话语权，推动世界文化的繁荣发展。首届中非文化部长论坛的举办，是中非文化关系史上的大事，标志着中非文化高层战略对话机制的建立，将为未来中非文化交流与合作提供前瞻性和战略性的指引，对中非文化关系的进一步发展产生深远影响。李长春还简要介绍了中国文化建设的情况。

尼日利亚文化、旅游与指导部部长埃德姆·杜克表示，本次文化部长论坛的成功召开和相关文件的签署将对今后中国与非洲国家文化关系的发展产生深远和积极的影响。

中央纪委书记贺国强在莫斯科与俄罗斯国家杜马主席纳雷什金举行会谈

全国政协副主席王刚在北京会见由总书记伊塔娜率领的纳米比亚人组党代表团一行

国防部部长梁光烈在八一大楼会见韩国"星友会"会长高明昇及其率领的代表团

文化体制改革工作座谈会在兰州召开

会议认为，党的十七届六中全会以来，各地各部门认真贯彻中央决策部署，强化领导责任、完善政策举措、全力攻坚克难，推动文化体制改革取得新的突破，文化事业文化产业发展迈出新的步伐，兴起了文化改革发展热潮。当前，文化体制改革总的进展顺利，大多数地区已完成或接近完成既定的改革目标。同时也要看到，一些地方的改革还存在不小差距，继续推进改革的任务还很重。必须进一步增强责任感使命感，增强自觉性主动性，抓住机遇、乘势而上，深入推进文化改革发展，以优异成绩和丰硕成果向党的十八大献礼。

中宣部部长刘云山强调，改革越是深化拓展、越是攻坚克难，越要加强组织领导、提供有力保障。要加强统筹协调，充分发挥各部门各方面的积极性，形成推进文化改革发展的强大合力。要落实和完善配套政策，在用好用足现有政策的基础上研究制定新的政策措施，不断优化文化改革发展的政策环境。要强化督促检查，细化目标任务，落实工作责任，切实做好深入细致的思想政治工作，充分调动广大文化工作者的积极性主动性创造性，确保文化改革发展的各项任务落到实处、取得实效。

《第一资源——科学人才观简明读本》出版座谈会在北京召开

《第一资源——科学人才观简明读本》由江苏省人才工作领导小组和凤凰出版传媒集团编写出版。参加座谈的同志一致认为，该书比较全面系统、深刻生动地阐述了科学人才观的理论来源、主要内涵、实践意义，深入浅出、通俗易懂，是一本很好的科学人才观普及读本。

中组部部长李源潮出席座谈会并讲话。

李源潮指出，科学人才观来源于我国创新人才发展的实践，是科学发展观在人才工作领域的具体应用。要把宣传和普及科学人才观贯穿于实施国家中长期人才发展规划的全过程，让人才是科学发展第一资源、人才要优先发展、人才发展以用为本、人人皆可成才等核心价值理念真正深入人心。要以科学人才观为指导，抓好人才发展规划提出的各项重大任务落实，解决人才发展中遇到的新矛盾新问题。要认真总结基层的实践创造，充分吸收国际人才发展的先进思想理念，不断创新完善人才发展体制机制,努力提高我国人才国际竞争力。

2012 年度"中国爱心城市"公益活动在北京启动

中华社会救助基金会理事长许嘉璐出席活动。

本年度"中国爱心城市"公益活动将以"爱心城市宣传、孤老关爱救助项目及第二届中国爱心城市大会"为主要内容,重庆市、呼和浩特市、长沙市、太原市、蚌埠市、南昌市、汕头市、沧州市、晋江市及遵化市将参加这一公益活动。

6 月 20 日

国家主席胡锦涛在西班牙特内里费岛与西班牙副首相萨恩斯·德圣玛丽亚举行会谈

胡锦涛表示,当前,中西关系正处在最好时期,双方政治上相互理解和支持,经贸合作不断拓展,双向投资和技术合作成为新亮点,人文交流日趋活跃,在国际和地区事务中保持着良好沟通和协调。面对当前深刻复杂多变的国际形势,中西双方应该进一步发挥各自优势,增进政治互信,扩大经贸合作,深化人文交流,加强国际事务合作,把中西全面战略伙伴关系提高到新水平。

萨恩斯·德圣玛丽亚表示,西中两国在许多重大问题上看法一致,西班牙希望同中国发展更为紧密的关系。当前,两国合作面临新的机遇,西方愿同中方保持高层交往,加强经贸、投资、科技、新能源、旅游、人文等领域交流合作,在国际事务中继续相互支持、协调配合。

国家主席胡锦涛在西班牙特内里费岛致电西班牙国王卡洛斯

国务院总理温家宝出席在里约热内卢召开的联合国可持续发展大会

会上,温家宝发表了《共同谱写人类可持续发展新篇章》的演讲。

温家宝表示,自工业革命以来,人类社会创造了超过以往所有时代的物质财富,同时也面临人口膨胀、发展失衡、资源枯竭、环境恶化等重大挑战。我们期待一个绿色繁荣的世界,让现代文明惠及全人类、泽被子孙后代。

温家宝提出,携手推进可持续发展,应当坚持公平公正、开放包容的发展理念。继续发扬伙伴精神,坚持里约原则,特别是共同但有区别的责任原则;应当积极探索发展绿色经济的有效模式,因地制宜,把发展绿色经济作为各国推动可持续发展、促进世界经济复苏的有效途径;应当完善全球治理机制,充分发挥联合国的领导作用,更好统筹经济发展、社会进步和环境保护三大支柱。

温家宝说,中国是负责任、有担当的发展中大国,中国越发展,给世界带来的机遇和作出的贡献就越大。中国将帮助发展中国家提高环境保护能力,加强生态保护和荒漠化治理以及应对气候变化。

温家宝最后说,推动可持续发展是功在当代、利在千秋的伟大事业。我期待这次会议取得丰硕成果,描绘一幅"我们憧憬的未来"新蓝图,订立一份人类与自然和谐相处的新契约。中国愿与国际社会一道,共享机遇、共迎挑战,共同谱写人类可持续发展事业新篇章。

联合国可持续发展大会是自 1992 年联合国环境与发展大会和 2002 年可持续发展世界首脑会议后,在可持续发展领域举行的又一次规模大、级别高的国际会议。大会将围绕"可持续发展和消除贫困背景下的绿色经济"和"促进可持续发展的机制框架"两大主题展开讨论,全面评估 20 年来可持续发展领域的进展和差距,重申政治承诺,应对可持续发展的新问题与新挑战。120 多个国家的国家元首或政府首脑出席大会。

国务院总理温家宝在联合国可持续发展大会高级别圆桌会上发表题为《创新理念 务实行动 坚持走中国特色可持续发展之路》的讲话

主席先生,女士们、先生们、朋友们:

很高兴参加今天的圆桌会议,就"展望未来、落实成果"这一主题交流看法。历史和现实表明,全球可持续发展的道路是曲折的,但前途是光明的,我们对此充满信心。落实大会的成果,要靠各国的行动。中国将与国际社会一道,坚定不移走可持续发展道路。

中国是可持续发展理念的坚定支持者。上世纪 70 年代以来,从斯德哥尔摩到里约热内卢,中国参加了可持续发展理念形成和发展过程中历次重要国际会议,并作出积极贡献。进入新世纪,中国结合国内外实践,提出以人为本、全面协调可持续的科学发展观,建设资源节约型、环境友好型社会和生态文明,走新型工业化道路,这些先进理念,充分体现了中国特色,也吸取了有益的国际经验。

中国是可持续发展战略的积极实践者。我们注重统筹兼顾经济发展、社会进步和环境保护。在经济发展方面,过去 34 年国内生产总值年均增长 9.9%,贫困人口减少 2 亿多,中国成为最早实现联合国千年发展目标中"贫困人口比例减半"的国家。中国实行最严格的耕地和水资源保护制度,用占全球不到 10%的耕地和人均仅有世界平均水平28%的水资源，养活了占全球1/5的人口。在社会建设方面，全面实现免费义务教育，不断深化养老保障制度改革，初步建立覆盖城乡居民的基本养老和基本医疗保障体系。在环保领域，全面推进节能减排，过去6年单位国内生产总值能源消耗降低了21%，相当于减少二氧化碳排放约16亿吨，主要污染物排放总量减少了15%左右。建成世界上最大的人工林，面积达62万平方公里。我们用行动履行了对本国人民和国际社会的庄严承诺。

中国是可持续发展国际合作的有力推动者。我们积极开展南南合作，为世界可持续发展作出了力所能及的贡献。截至2011年年底，中国累计免除50个重债穷国和最不发达国家约300亿元人民币债务，对38个最不发达国家实施了超过60%的产品零关税待遇，并向其他发展中国家提供了1000多亿元人民币优惠贷款。我们积极推进南北合作，与发达国家在环境保护、气候变化、能源资源等领域形成了制度化的合作机制。我们积极参与国际组织的活动，认真履行国际公约，承担了与自身能力相符的责任与义务。

展望未来，中国推进可持续发展任重道远。中国仍是一个发展中国家，虽然经济总量较大，但人均国民收入还排在世界的90位左右，按照新的扶贫标准，还有1亿多人处于贫困线以下，资源环境压力不断增大，发展中不平衡不协调不可持续的问题依然突出。

我们将全面实施“十二五”规划，凝聚全社会力量，采取综合性措施，加快转变经济发展方式，调整优化经济结构，合理控制能源消费总量，大力建设节约资源、保护环境的生产生活方式和消费模式，努力完成2015年比2010年单位国内生产总值二氧化碳排放下降17%、能源消耗下降16%、非化石能源比重提高到11.4%、主要污染物排放总量降低8%到10%的约束性指标，提高发展质量，实现绿色繁荣。

我们将更加积极地推进国际合作，参与可持续发展全球治理，并逐步增加对其他发展中国家的援助，与国际社会携手并肩、同舟共济，为子孙后代创造更加美好的家园。

谢谢！

国务院总理温家宝在里约热内卢与印度总理辛格举行会谈

温家宝表示，在当前错综复杂的国际和地区形势下，中印面临共同的挑战和机遇，进一步深化中印战略合作伙伴关系符合两国和世界的根本利益。双方要增进政治互信和战略互信，确保两国关系沿着正确轨道前进；提高务实合作规模和水平，鼓励相互投资，争取促成一些有影响力、惠及民生的大项目；推进青年、地方及媒体交流，为双边关系发展创造良好社会环境；继续推动边界问题解决进程，维护边境地区和平与安宁；密切在国际地区事务中的协调配合，为促进全球繁荣、稳定与可持续发展作出新的贡献。

辛格表示，近年来，印中各领域合作取得重大进展，在国际、地区事务中进行了良好配合。面对深刻变化的世界政治、经济形势，印度高度重视同中国的关系，视其为印度现代化战略的重要组成部分，对世界和平稳定具有重要意义。印度不允许任何人利用印领土从事反华活动，不会参与任何遏制、包围中国的行动。辛格表示，印方愿与中方加强战略沟通和协调，继续支持两国边界问题特别代表的工作，维护边境地区安宁。双方要进一步发挥经济互补性强的优势，开展全方位的经贸合作。

住房城乡建设部等7部门发出通知鼓励民间资本参与保障房建设

住房和城乡建设部会同国家发展和改革委员会、财政部、国土资源部、中国人民银行、国家税务总局、中国银行业监督管理委员会联合发布了《关于鼓励民间资本参与保障性安居工程建设有关问题的通知》(以下简称《通知》)，要求各地有关部门以多种方式引导民间资本参与保障性安居工程建设，落实民间资本参与保障性安居工程建设的支持政策，为民间资本参与保障性安居工程建设营造良好环境。

《通知》指出，鼓励和引导民间资本根据市、县保障性安居工程建设规划和年度计划，通过直接投资、间接投资、参股、委托代建等多种方式参与廉租住房、公共租赁住房、经济适用住房、限价商品住房和棚户区改造住房等保障性安居工程建设，按规定或合同约定的租金标准、价格面向政府核定的保障对象出租、出售。

《通知》明确，民间资本参与保障性安居工程建设的，银行业金融机构可依据相关规定对实行公司化运作并符合贷款条件的项目，按照风险可控、商业可持续原则给予积极支持；地方政府可采取贴息方式对公共租赁住房建设和运营给予支持，民间资本参与各类棚户区改造，享受与国有企业同等的政策；可以在政府核定的保障性安居工程建设投资额度内，通过发行企业债券进行项目融资；符合财政部、国家税务总局相关规定的，可以享受有关税收优惠政策。同时，按规定免收行政事业性收费和政府性基金；项目用地上适用国家规定的保障性安居工程土地供应和开发利用政策；公共租赁住房项目可以规划建设配套商业服务设施，统一管理经营，以实现资金平衡。

《通知》强调，各地要高度重视，积极采取措施，消除民间资本参与保障性安居工程建设的政策障碍，加强对民间资本参与保障性住房建设和运营的指导监督，为民间资本参与保障性住房投资、建设、运营和管理创造良好的环境。

国新办发布《中国的稀土状况与政策》白皮书

《中国的稀土状况与政策》白皮书，全面介绍了我国稀土的现状、保护和利用情况、发展原则和目标以及相关政策，以增进国际社会对我国稀土的了解。

白皮书全文9000余字，分为前言、稀土现状、发展原则和目标、有效保护和合理利用资源、促进稀土利用与环境协调发展、推进技术进步和产业升级、促进公平贸易和国际合作等部分。

白皮书指出，我国是稀土资源较为丰富的国家之一。20世纪50年代以来，我国稀土行业取得了很大进步。我国的稀土储量约占世界总储量的23%，呈现出资源分布"北轻南重"、资源类型较多、轻稀土矿伴生的放射性元素对环境影响大、离子型中重稀土矿赋存条件差四大显著特点。经过多年努力，我国成为世界上最大的稀土生产、应用和出口国。

白皮书表示，我国稀土行业的快速发展，不仅满足了国内经济社会发展的需要，而且为全球稀土供应作出了重要贡献。目前，我国承担了世界90%以上的市场供应。长期以来，我国认真履行加入世界贸易组织的承诺，遵守世界贸易组织规则，促进稀土的公平贸易。

白皮书指出，稀土开发在造福人类的同时，资源和环境问题不断凸显，资源的合理利用和环境的有效保护是世界面临的共同挑战。近年来，我国的稀土行业存在资源过度开发、生态环境破坏严重、产业结构不合理、价格严重背离价值等问题。

白皮书表示，稀土作为一种不可再生的自然资源，必须采取措施有效保护、合理利用。多年来，我国努力对稀土实施保护性开采，促进资源的可持续利用。

白皮书强调，我国将加强稀土行业的科学管理，促进稀土行业持续健康发展。我国要不断加强、完善对高能耗、高污染、资源性产品和相关行业的管理，在稀土领域采取一系列有力措施，促进稀土开发利用与生态环境的协调发展，决不以牺牲环境为代价换取稀土行业的发展。

同时，我国把提高稀土的科学开发和应用技术水平放在重要位置，着力营造政策环境，加快推进稀土技术进步和产业升级，努力破解资源、环境瓶颈制约，为稀土可持续发展提供技术支撑。

随着经济全球化的深入发展，我国在稀土领域的国际交流合作日益增多。白皮书表示，我国将继续按照世界贸易组织规则，加强稀土行业的科学管理，向国际市场供应稀土产品，为世界经济发展和繁荣作出贡献。

世界知识产权组织保护音像表演外交会议在北京举办

来自世界知识产权组织154个成员国、49个国际组织共721名代表参加会议。会议期间，将举办世界知识产权组织版权金奖颁奖典礼暨第四届中国国际版权博览会开幕式等活动。

教书育人楷模先进事迹首场报告会在人民大会堂举行

报告会开始前，中共中央政治局常委李长春亲切看望了报告团成员和2011中国大学生年度人物，向教书育人楷模致以崇高敬意，向获奖大学生表示热烈祝贺，向全国广大师生致以诚挚问候。他强调，要深入宣传教书育人楷模和大学生先进人物的事迹，形成崇尚先进、学习先进、争当先进的鲜明导向，在全社会大力营造爱岗敬业、尊师重教和促进学生健康成长的良好环境，为推进社会主义核心价值体系建设、促进教育事业科学发展提供有力的思想保证、精神动力和舆论支持。

全国第二批"消除婴幼儿贫血行动"项目县启动仪式在四川凉山举行

全国人大常委会副委员长、全国妇联主席、中国儿童少年基金会理事长陈至立在四川凉山彝族自治州喜德县出席启动仪式。这次启动的第二批项目县实施工作，将为西部23万名婴幼儿发放"爱心营养包"，帮助他们解决因营养缺乏而导致的贫血问题。

根据中国疾病预防控制中心的调查，西部贫困地区6—24月龄婴幼儿贫血率高达60%。为了改善农村婴幼儿营养状况，2011年全国妇联、卫生部、中国儿童少年基金会共同推出了"消除婴幼儿贫血行动"公益项目。通过向贫困地区6—36个月婴幼儿免费发放婴幼儿辅食营养补充品"爱心营养包"和开展面向婴幼儿家长的健康教育，降低适龄婴幼儿贫血患病率。2011年首批已在我国西部11省份的35个国家扶贫开发工作重点县实施，受益婴幼儿达23万名。

国际奥委会授权的《奥林匹克宣言》广场在北京建成

《奥林匹克宣言》广场是一个开放性广场，坐落在北京奥林匹克森林公园南门西侧。广场的背景以仰山森林为天际线，与自然景观融为一体。

《乔石谈民主与法制》一书出版座谈会在北京举行

该书收录了从1985年到1998年乔石担任党和国家领导人期间，有关民主与法制的重要讲话、报告、谈话、文章共102篇，约44万字，其中直接涉及人大制度和人大工作的文稿有40多篇，内容包括坚持和完善人民代表大会制度，加强人大立法工作、监督工作、代表工作、对外交往和自身建设，推进依法治国，推进社会主义民主政治建设等。编入书中的文稿，绝大部分是第一次公开发表。

全书分上下两集，反映了乔石在探索社会主义民主与法制建设的实践中所作的深入思考，展现了我国改革开放以来民主法制建设的一段重要历程，为学习研究社会主义民主法制建设伟大历程提供了珍贵史料，对于进一步推进我国社会主义民主与法制建设的深入开展与研究、做好新形势下的人大工作具有重要意义。

6月21日

国务院批准设立地级三沙市

新华社报道：民政部网站21日刊登《民政部关于国务院批准设立地级三沙市的公告》。国务院于近日批准，撤销海南省西沙群岛、南沙群岛、中沙群岛办事处，设立地级三沙市，管辖西沙群岛、中沙群岛、南沙群岛的岛礁及其海域。三沙市人民政府驻西沙永兴岛。

民政部新闻发言人就国务院批准设立地级三沙市答记者问

记者：据了解，海南省三沙市业已成立，请介绍有关情况？

发言人：国务院于近日批准，撤销海南省西沙群岛、南沙群岛、中沙群岛办事处，设立地级三沙市，管辖西沙群岛、中沙群岛、南沙群岛的岛礁及其海域。三沙市人民政府驻西沙永兴岛。

记者：据了解，我国一直设有专门行政机构对西沙群岛、中沙群岛、南沙群岛的岛礁及其海域实施管辖，请介绍有关情况？

发言人：中国最早发现、命名并持续对西沙群岛、中沙群岛、南沙群岛的岛礁及其海域行使主权管辖。中华人民共和国成立后，于1959年设立了西沙群岛、南沙群岛、中沙群岛办事处，由海南行政区领导，管辖西沙群岛、中沙群岛、南沙群岛的岛礁及其海域。1988年撤销海南行政区，设立海南省，西沙群岛、南沙群岛、中沙群岛办事处相应划归海南省管辖。此次设立地级三沙市，是我国对海南省西沙群岛、中沙群岛、南沙群岛的岛礁及其海域行政管理体制的调整和完善。

记者：设立海南省三沙市有什么意义？

发言人：设立三沙市有利于进一步加强我国对西沙群岛、中沙群岛、南沙群岛的岛礁及其海域的行政管理和开发建设，保护南海海洋环境。

国务院总理温家宝在里约热内卢与巴西总统罗塞夫举行会谈

双方会谈取得丰硕成果，共同宣布将中巴关系提升为全面战略伙伴关系，建立外长级全面战略对话。两国领导人签署了中巴政府《十年合作规划》。

温家宝说，中巴建立战略伙伴关系19年来，双方合作取得丰硕成果，促进了彼此经济社会发展，增强了发展中国家参与国际事务的信心和力量。中巴共同利益从没有像今天这样广泛而紧密。中国愿与巴西全方位深化合作，在建设现代化强国、推动建立公正合理的国际新秩序道路上继续携手前行。

温家宝表示，中巴政府《十年合作规划》描绘了两国关系发展新的蓝图，双方要发挥中巴高委会等机制的作用，加强统筹协调，全面落实规划内容。温家宝提出以下建议：

第一，本着开放共赢精神，加强贸易投资合作，优化双边贸易结构，共同开辟新的市场。面对不利的世界经济形势。

第二，着眼长远，建立稳定、持久、多元化的能源和矿产资源伙伴关系。

第三，密切配合，将基础设施建设领域的合作打造成新的亮点。

第四，抓住机遇，加强货币金融合作，尽快实现双边贸易本币结算，促进人民币与雷亚尔直接挂牌交易，支持互设金融机构。双方已就1900亿元人民币和600亿雷亚尔双边本币互换安排达成一致；要促进双边贸易本币结算人民币和雷亚尔直接挂牌交易。

第五，加大投入，推动两国高科技合作达到更高水平。双方要编制中巴航天合作十年规划，认真履行在中国生产公务机的协议，深化纳米、生物、环保、海洋等领域的合作。

第六，进一步密切文化、教育和青年交流。

罗塞夫表示，中国是巴西重要的战略伙伴，在双方共同努力下，两国关系达到前所未有的高水平，这有利于两国的发展，也符合包括拉美国家在内的广大发展中国家的共同利益。罗塞夫表示，巴中关系面临重要的发展机遇，温总理所提各项建议具有战略指导意义，巴方愿全面推进同中国在经贸、科技、航天、航空、农业等领域的交流合作，密切在重大国际问题上的协调配合，不断充实两国关系的战略内涵。

会谈后，两国领导人共同见证签署了中巴在贸易、科技、农业、海关等领域的合作文件。

中华人民共和国政府和巴西联邦共和国政府发表联合声明

一、中华人民共和国国务院总理温家宝在对巴西进行正式访问期间，于2012年6月21日在里约热内卢同巴西联邦共和国总统迪尔玛·罗塞夫举行会谈。

二、温家宝总理对巴西成功承办联合国可持续发展大会表示祝贺。罗塞夫总统对中方在会议筹备和举办过程中给予的支持表示感谢。两国领导人重申将继续共同努力，在双边交流、"基础四国"和其他多边机制框架下就可持续发展政策加强合作。

三、两国领导人在亲切友好的气氛中对双边关系予以积极评价，就共同关心的国际和地区问题交换意见，并达成重要共识。双方认为，两国政治互信不断深化，两国关系不论在双边范畴还是多边领域都富有活力，具有广阔的发展前景。双方再次承诺，将通过加强政治对话和扩大双边合作等推动中巴关系取得质的飞跃。双方还就防务合作以及开展社会政策交流、人权磋商和议会交流等达成共识。

四、温家宝总理和罗塞夫总统宣布将中巴关系提升为全面战略伙伴关系。双方强调，这一决定反映了两国全球性和战略性影响日益提升，在国际形势发生深刻变化的背景下，两国合作领域将更加广泛。双方决定建立外长级全面战略对话，每年至少举行一次会议。

五、双方强调，2012年2月13日在巴西利亚举行的中国—巴西高层协调与合作委员会第二次会议取得了非常积极的成果，其下属11个分委会和工作组的有关活动也取得进展。

六、温家宝总理和罗塞夫总统祝贺双方在访问期间签署中巴《十年合作规划》，该规划将同中巴《共同行动计划》一道，推动双边务实合作取得实质性进展，深化中巴关系的战略内涵。十年合作规划将指导两国未来十年在科技创新、航天、能源、矿产、基础设施、交通、投资、工业、金融、经贸、文化、教育、民间交流等领域的合作。

七、两国领导人强调，十年合作规划对推动两国科技创新合作具有重要意义，对提高两国人民生活水平和推动两国较好参与21世纪知识经济至关重要。双方积极评价两国在科技和创新领域，特别是纳米科技、气象、生物技术、农业技术、环保、气候变化、清洁和可再生能源、绿色经济、竹子技术、通信技术等领域的合作，以及旨在推动两国中小技术型企业合作而进行的科技园对话等活动。双方祝贺签署有关建立中巴气象卫星联合中心和生物技术中心的合作文件，这将有利于推动双方在气象信息、灾害预警、生物制药、生物信息和生物材料等领域开展共同研究。

八、温家宝总理和罗塞夫总统宣布，经过双方共同努力，力争年内发射中巴地球资源卫星03星、2014年发射04星。双方同意将共同推动03星和04星卫星数据的国际分发。双方同意就编制中巴航天合作十年规划开展深入讨论。

九、在世界经济经历严峻困难的时刻，中巴两国表现出平衡运用财政、货币等政策促进经济增长、提高人民生活条件的能力。两国领导人对此表示祝贺，并认为扩大和促进双边贸易和投资多元化是互利的。双方强调两国贸易和投资对提高对象国产品附加值意义重大，重申愿通过友好磋商、对话等渠道解决贸易问题，共同反对贸易保护主义。

十、温家宝总理和罗塞夫总统宣布，中巴合资的哈尔滨安博威飞机工业有限公司在华生产公务机项目将于近期投产。双方表示希望尽快完成巴西马可波罗公司与中国黄海汽车合资合作的有关谈判。

十一、两国领导人强调，人文交流对深化中巴友谊至关重要。为此，双方强调两国在科学无国界项目框架下的合作前景广阔。在该项目框架内，巴方将派学生和研究人员赴中国学习；中方将每年提供200个中国政府奖学金名额，并免收该项目学生的学费和注册费。两国领导人还注意到双方为促进有关合作作出的努力，包括通过在对方大学开展本国语言教学深化彼此了解、拉近两国社会距离，促进旅游合作，在对方国家建立文化中心和开展体育领域合作。在这一背景下，两国领导人对2013年在巴西举办"中国文化月"和在中国举办"巴西文化月"表示欢迎。

十二、两国领导人重申高度重视金砖国家(巴西、俄罗斯、印度、中国、南非)机制，并认为随着金砖国家成为国际舞台日益重要的参与者，这一机制正日趋巩固。

十三、两国领导人在评价当前国际经济形势时，对当前世界经济面临的困难表示关切。中巴愿继续保持经济增长势头，为世界经济实现强劲、可持续、平衡增长作出贡献。中巴认为主要储备货币发行国的政策应兼顾对本国经济和世界经济的影响。为此，双方重申愿在金砖国家和二十国集团框架内深化有关世界经济的讨论，以便采取协调行动克服当前不利形势。在这一背景下，双方强调，尽快落实2010年达成的份额改革方案，并推动国际货币基金组织治理改革方案，以及监督框架改革十分重要。

十四、双方领导人宣布两国央行决定建立规模为1900亿元人民币/600亿巴西雷亚尔的双边本币互换机制,并指示两国央行尽快落实已达成的谅解。

十五、两国领导人重申,需对当前全球治理机构进行改革,以适应新型国际秩序的要求。为此,中巴两国支持对联合国进行广泛改革,包括优先扩大发展中国家在安理会的代表性,以使其更加高效、有力地应对当前全球性挑战。中方对巴西在重大国际问题上的贡献表示赞赏,理解并支持巴方希在联合国中发挥更大作用的愿望。

十六、温家宝总理和罗塞夫总统强调联合国在寻求和平解决非洲和中东地区冲突中的核心作用。关于以色列—巴勒斯坦问题,双方强调各方紧急重启谈判十分重要,要求国际社会进一步加大力度支持对话,克服困难,推动重启谈判。两国领导人认为,四方委员会应向联合国安理会,并通过安理会向国际社会通报其努力进展。关于叙利亚问题,双方对叙国内局势深表担忧,再次呼吁立刻结束暴力,开启政治对话,和平解决危机。双方坚定支持有效落实联合国—阿盟叙利亚危机联合特使安南提出的"六点建议",立即结束暴力和对人权的侵犯,开放人道主义援助通道,开启包容性的政治进程,以便通过对话和谈判,结束现在危机并满足叙利亚人民的合理诉求。双方强调对叙主权和领土完整的承诺。对伊朗同伊朗核问题六国重启旨在和平解决伊朗核问题的对话表示欢迎,并鼓励各方继续致力于逐步建立互信。双方鼓励伊朗和国际原子能机构深化对话和合作,并强调伊朗在遵守《不扩散核武器条约》有关规定的情况下拥有和平利用核能的权利。

十七、访问期间,除《十年合作规划》外,双方还签订了经贸、金融、海关、农业、科技、文化、教育交流等双边合作文件。

十八、中方对温家宝总理访问巴西联邦共和国期间巴方的热情友好接待表示感谢。

2012年6月21日于里约热内卢

国务院总理温家宝在里约热内卢出席"最不发达国家与里约+20"高级别边会并发表讲话

温家宝表示,40年前,联合国确认的最不发达国家有24个,今天增加到48个,全世界仍有13亿人口生活在贫困线以下。这些国家和人民很少分享到全球化和信息化的成果,仍处于贫困化与边缘化的困境。这是我们必须正视的挑战。

温家宝指出,帮助最不发达国家发展,是国际社会的共同责任。世界各国特别是发达国家应当切实履行承诺,增加对最不发达国家的官方发展援助,减轻其债务负担。国际社会应当加强南南合作和南北合作,帮助最不发达国家融入经济全球化,缩小"数字鸿沟"。最不发达国家应当把发展经济、改善民生作为最紧迫、最重要的任务,积极寻找适合本国国情的可持续发展道路。

温家宝表示,帮助最不发达国家发展是中国长期坚持的政策。今后,中国将一如既往地支持最不发达国家的经济与社会发展事业,促进最不发达国家可持续发展。

此次高级别边会由尼泊尔、土耳其、比利时及联合国有关机构主办,联合国秘书长潘基文、联大主席纳赛尔等出席。

国务院总理温家宝在里约热内卢与联合国秘书长潘基文举行会谈

温家宝说,国际金融危机尚未结束,欧债问题又给世界经济复苏造成严重冲击,受影响最大的是发展中国家。面对严峻挑战,本次联合国可持续发展大会要发出积极、明确、有力信号,推进可持续发展国际合作;坚持"共同但有区别的责任"原则,尊重各国自主选择发展道路的权利;将落实千年发展目标置于优先地位;以消除贫困为重点,统筹经济、社会发展和环境保护。中方将继续支持联合国发挥领导作用,推动全球特别是发展中国家的可持续发展事业取得新进展。

潘基文表示,中国为世界经济复苏,推进南南合作和全球可持续发展事业作出了重要贡献,为联合国可持续发展大会取得积极成果发挥了重要作用,得到国际社会的普遍赞誉。潘基文赞赏中方为政治解决叙利亚问题所做的努力,特别是对安南特使斡旋的支持,希望国际社会向叙各方发出明确信息,尽快停止暴力,切实推进政治解决进程。潘基文表示,联合国愿与中国加强合作,为和平解决叙利亚等地区热点问题,维护世界的和平、稳定,推动国际发展合作作出不懈努力。

国务院总理温家宝在里约热内卢与不丹首相吉格梅·廷莱举行会谈

国务院总理温家宝在里约热内卢与刚果(布)总统萨苏举行会谈

政协十一届常委会第十八次会议在北京闭幕

中共中央政治局常委、全国政协主席贾庆林出席闭幕会并讲话。

中共中央政治局委员、全国政协副主席王刚主持会议。

这次会议是中共十八大之前人民政协举行的一次重大协商议政活动,也是本届全国政协最后一次专题议政性常委会议。中共中央、国务院高度重视，中共中央政治局委员、国务委员刘延东出席开幕会并作报告。中央国家机关34个部委负责同志到会听取意见和建议。这次会议以"牢牢把握稳中求进的工作总基调，促进经济平稳较快发展"为主题，与会的常委和委员围绕主题，突出重点，发扬民主，踊跃建言，提出了很多建设性的意见和建议。会议共收到182份大会发言、社情民意信息和提案，16位常委和委员作了大会口头发言。

贾庆林在讲话中指出，我们要准确把握当前国际国内经济形势，认真贯彻落实稳中求进的工作总基调。国际上看，国际金融危机还没有过去，发达国家在危机爆发前存在的一系列重大问题没有得到根本解决，世界经济还会出现各种波动和震荡。我们要冷静观察，沉着应对。从我国情况看，今年1—5月份国民经济运行总体上是稳定健康的，但出现了下行压力，我们要高度重视，坚定信心，把经济下行的压力转变为调结构、转方式的动力，以实际行动认真贯彻"十二五"规划提出的主题主线，把稳增长摆在更加突出的位置，努力实现全年经济社会发展的各项目标任务。

贾庆林说，今年下半年我国经济社会发展的任务仍然十分繁重，还将召开中共十八大。我们要以奋发有为、开拓创新的精神状态，以毫不懈怠、真抓实干的工作作风，积极推进人民政协的各项工作，做到不负重托、不辱使命。要着重抓好以下四方面重点工作：一、继续围绕经济社会发展中的重大战略问题建言献策。加强对经济领域、区域发展中重大问题的研究，如确保国家粮食安全、水资源问题、能源安全问题、发展战略性新兴产业问题、加快推进集中连片特困地区发展问题等；加强对体制改革中重大问题的研究，如深化科技体制改革问题、深化财税体制改革问题；二、切实开好"全国地方政协工作经验交流会"和"中国人民政协理论研究工作座谈会"，深入总结十届政协以来人民政协在理论创新、制度创新和工作创新方面的重要成果和经验，积极探索新时期政协理论研究工作的特点和规律，为进一步做好政协工作提供参考和借鉴；三、精心筹备"加强和创新社会管理"专题协商会，紧扣保障和改善民生、创新社会管理体制机制、做好新形势下的群众工作、新经济组织与社会组织管理等重大问题，深入协商讨论，多出议政成果；四、认真做好相关换届筹备工作。

贾庆林强调，各级政协组织和广大政协委员要牢固树立政治意识和大局意识，切实把迎接中共十八大胜利召开作为当前首要的政治任务，继续做好各项经常性工作，积极协助党和政府维护社会和谐稳定大局，深入宣传人民政协事业发展的成绩经验和我国政治制度、政党制度的优越性，努力营造良好社会环境。中共十八大闭幕后，要及时召开常委会议、主席会议等，迅速掀起学习大会精神的高潮，切实把十八大精神贯彻好、落实好。

会议通过表决，增补王秀峰、石军、杨衍银、贾治邦为政协第十一届全国委员会委员；任命贾治邦为全国政协人口资源环境委员会副主任、杨衍银为全国政协港澳台侨委员会副主任，任命王秀峰为全国政协提案委员会驻会副主任、石军为全国政协经济委员会驻会副主任；王国卿不再担任提案委员会驻会副主任，改任提案委员会副主任。

会议表决通过了关于接受梁振英请求辞去政协十一届全国委员会常务委员、委员职务的决定。

全国政协十一届常委会在北京举办第十二次学习讲座

全国政协主席贾庆林主持讲座并讲话。

环境保护部副部长张力军应邀到会作了《我国生态环境保护现状与问题》的报告。他阐释了我国生态环境保护的原则立场、政策措施、成绩经验和存在的主要问题，介绍了"十二五"时期国家环境保护的总体部署，以及当前和今后一个时期生态环境保护的重点任务。

贾庆林在讲话中指出，建设生态文明是推进中国特色社会主义事业的重大战略任务，涉及全体人民群众的切身利益，受到全社会的广泛关注。中共中央、国务院高度重视生态环境建设，环境保护工作取得积极进展。各级政协组织和广大政协委员要深刻认识建设生态文明的重要性、紧迫性和艰巨性，切实把思想和行动统一到中央关于生态环境建设的决策和部署上来，深入贯彻落实科学发展观，牢固树立生态文明的理念，围绕加快经济发展方式的转变，加快产业结构和能源结构调整，坚持走绿色发展道路中的一些综合性、全局性和前瞻性问题，深入调查研究，积极建言献策，探索代价小、排放低、效益好、可持续的环境保护新道路，努力为转变经济发展方式、破解发展难题，推动经济社会发展和生态文明建设作出新的贡献。

国务院副总理李克强在人民大会堂会见全国模范地质队——浙江省第七地质大队先进事迹报告团

中央纪委书记贺国强在圣彼得堡与俄罗斯总统普京举行会谈

中央军委副主席习近平在人民大会堂会见新加坡国防部部长黄永宏一行

国务委员刘延东在北京出席 2011 中国大学生年度人物颁奖典礼和座谈会

刘延东指出，党中央、国务院高度重视青年学生的健康成长，把加强和改进大学生思想政治教育作为培养中国特色社会主义事业合格建设者和可靠接班人、确保党和国家事业兴旺发达的战略任务，作出了一系列重大决策和部署。

刘延东强调，社会主义现代化建设为青年学生发挥聪明才智、实现自身价值提供了广阔的舞台。希望广大青年学生坚定信念、砥砺品行，始终胸怀祖国，心系民族复兴，自觉践行社会主义核心价值体系，在为国家和人民事业奋斗中有作为、做奉献；刻苦学习、勇于创新，及时更新知识，不断丰富自己，培养探索兴趣，激发创新热情，为推动理论创新、制度创新、科技创新、文化创新贡献才智；扎根人民、奉献社会，积极投身基层一线，在艰苦环境中历练人生，到祖国和人民最需要的地方建功立业，书写美好、壮丽的青春篇章。

纪念马寅初先生诞辰 130 周年座谈会在人民大会堂举行

全国人大常委会副委员长周铁农，全国政协副主席罗富和，中国人口学会名誉会长彭珮云出席座谈会。

罗富和说，马寅初先生是中国共产党的亲密朋友，享誉海内外的经济学家、人口学家和教育家，第一、第二、第五届全国人大常委会委员，第二、第四、第五届全国政协常委。他一生热爱祖国、追求真理、献身科学研究、真情服务人民，为国家和民族贡献了全部心血和智慧，他的光辉业绩将永载史册。

罗富和强调，马寅初先生的一生，是为国家富强、民族振兴不懈奋斗的一生，是全心全意为人民服务的一生。他的卓越贡献，永远铭记在我们心中；他的崇高风范，永远值得我们纪念和学习。

国家人口计生委主任王侠指出，纪念马寅初先生，就是要坚持和弘扬他胸怀全局的战略眼光、实事求是的科学精神、情系民生的人本情怀，不断开创人口计生工作新局面。

6 月 22 日

国务院总理温家宝在蒙得维的亚与乌拉圭总统穆希卡举行会谈

温家宝表示，中方赞赏乌方坚持自由、开放的贸易政策，双方要共同努力，促进两国贸易持续、平衡增长和多元化发展，开展深加工合作，提升产品附加值和竞争力；发挥农业合作联合委员会的指导规划作用，扩大农作物种植、畜牧业、水产养殖业的科研、生产合作；中国愿参与乌方能源和港口等基础设施建设，探讨汽车、矿业等领域的合资、合作项目，推进物流、金融、软件等领域的服务贸易。温家宝强调，中方高度重视南方共同市场的影响以及乌方的特殊作用，愿与南共市一道，着眼长远，制定规划，推动双方友好合作全面、深入发展。

穆希卡表示，近年来，两国关系全面发展，各领域合作成效显著，潜力巨大，乌方愿与中国发展长期友好合作关系，以温家宝总理此访为契机，认真规划两国各领域合作，发挥各自优势，进一步扩大农业、畜牧业、经贸、基础设施建设、新能源和可再生能源等领域互利合作，加强文化、教育交流，增进两国人民的相互了解与友谊，密切在国际事务中的协调配合。乌拉圭将为推动南方共同市场与中国关系发展发挥积极作用。

会谈后，两国领导人共同出席了双边有关合作文件的签字仪式。

中华人民共和国政府与乌拉圭东岸共和国政府发表联合声明

一、应乌拉圭东岸共和国总统何塞·穆希卡邀请，中华人民共和国国务院总理温家宝于 2012 年 6 月 22 日至 23 日对乌拉圭进行正式访问。

二、访问期间，温家宝总理同何塞·穆希卡总统举行会谈，并分别会见达尼洛·阿斯托里副总统兼国会主席、参议长和豪尔赫·奥里科众议长。

两国领导人就双边关系及共同关心的国际和地区问题深入交换意见，达成广泛共识。

三、双方高度评价中乌建交 24 年来，两国长期稳定、平等互利的友好合作关系取得的长足发展。双方一致认为，加强两国互利友好合作关系，符合两国和两国人民根本利益。双方愿继续深化政治互信，扩大务实合作，促进人文交流，加强多边合作，推动两国关系全面持续深入发展。

四、乌方重申坚定奉行一个中国政策，中方对此表示赞赏和感谢。

五、双方充分肯定两国各领域务实合作取得的显著成绩。双方同意，进一步扩大在经贸领域的合作，实现共同发展。双方愿加强在文教、科技、农牧业、旅游、体育、学术、地方等领域交流合作，增进相互了解与友谊，共同夯实中乌友好的社会和民意基础。

六、双方一致同意，加强在联合国、世界贸易组织等国际组织中的协调与配合，共同维护广大发展中国家的正当权益，推动建设持久和平、共同繁荣的和谐世界。

七、双方对在巴西里约热内卢召开的联合国可持续发展大会取得积极成果表示祝贺。双方一致认为，两国应结合各自国情和发展经验，加强在新能源、环保等领域的交流合作，为促进可持续发展国际合作作出积极贡献。

两国领导人强调，负责拟定具有全球法律约束力的汞问题文书政府间谈判委员会开展的工作具有重要意义，表示愿继续共同努力推动该领域的谈判进程，特别是推动将于2012年6月27日至7月2日在乌拉圭东角举行的政府间谈判委员会第四次会议取得成功。

八、访问期间，双方签署了《中华人民共和国政府与乌拉圭东岸共和国政府经济技术合作协定》《中华人民共和国农业部与乌拉圭东岸共和国牧农渔业部谅解备忘录》《中华人民共和国环境保护部与乌拉圭东岸共和国住房、国土规划和环境部环境合作谅解备忘录》《中华人民共和国国家质量监督检验检疫总局与乌拉圭东岸共和国牧农渔业部谅解备忘录》《华为技术有限公司承建乌拉圭电信公司国家宽带数通承载网协议》等协议。

九、双方一致认为，温家宝总理此次访问乌拉圭取得圆满成功，对推动中乌友好合作关系发展具有重要意义。

温家宝总理对穆希卡总统和乌拉圭政府在访问期间给予的热情接待表示衷心感谢。

2012年6月22日

第五届跨国公司领袖圆桌会议在北京举行

全国政协主席贾庆林出席开幕式并讲话。

贾庆林说，2007年以来，在联合国大力支持下，有关方面积极参与和中国国际跨国公司促进会的不懈努力下，跨国公司领袖圆桌会议已成功举办了四届。会议秉承联合国发展理念，贯彻"平等、诚信、合作、共赢"宗旨，汇集智慧力量，共谋繁荣发展，成为中外跨国公司交流合作的高端平台，成为中外企业领袖与政府部门沟通对话的常态机制，成为经济领域具有较大影响力的国际盛会。在当前国际形势发生深刻复杂变化的背景下，本届圆桌会议以"促进跨国公司投资，强化企业社会责任，推动可持续发展"为主题，有利于深化中外跨国公司互惠合作，有利于广泛凝聚共识、共同应对挑战，推动中国经济可持续发展和世界经济复苏增长。

贾庆林强调，当今世界是开放的世界，中国的发展进步离不开世界，世界的繁荣稳定也离不开中国。中国过去的发展靠的是改革开放，中国未来的发展仍然要靠改革开放。面对世界、面向未来，中国高举和平、发展、合作旗帜的决心不会变，中国坚持对外开放的基本国策和互利共赢的开放战略不会变，中国加强与包括跨国公司在内的世界各国企业深层次合作的既定方针不会变。为进一步推动中外跨国公司互利合作，实现中国经济与世界经济共同发展，要继续扩大双向投资，不断提升合作层次，更好履行社会责任。中外跨国公司借助圆桌会议这一高端平台，加强沟通、增进交流、深化合作，携手应对新的时代挑战，为世界经济和人类社会可持续发展作出新的更大贡献。

张德江当选中共重庆市委书记

中共重庆市第四届委员会第一次全体会议选举张德江为市委书记，黄奇帆、张轩（女）为市委副书记，当选为市委常委的还有马正其、徐敬业、范照兵、刘光磊、徐松南、翁杰明、吴政隆、梁冬春、刘学普（土家族）、徐海荣。中共重庆市第四届纪律检查委员会第一次全体会议选举徐敬业为市纪委书记，李维超、张伟、王勇为市纪委副书记。

第十五届上海国际电影节亚洲新人奖颁奖典礼在上海举行

香港导演曾翠珊的作品《大蓝湖》获得评委会特别奖、印度导演加兰·古尔作品《腐蚀》获得最佳影片奖、内地导演彭磊凭作品《乐队》获得最佳导演奖。

第十四届国际病毒性肝炎和肝病大会在上海召开

全国人大常委会副委员长陈至立出席会议并致辞。陈至立指出，中国政府和社会各界高度重视提高人民的医疗卫生水平和健康素质，全国人口期望寿命由1981年的67.9岁提高到2010年的73.5岁。中国在病毒性肝炎和肝病的预防、治疗和科研等方面取得积极进展。但病毒性肝炎和肝病仍是危害人类健康的严重疾病，需要世界各国共同努力，开展广泛的国际合作，积极应对。

她建议大会聚焦主题，勇于创新，深入开展学术交流，切实推动病毒性肝炎与肝病防治方面的科技创新；聚集智慧，以大会为平台，集贤汇智，鼓励不同观点的交流与讨论，并为青年人提供施展才干、脱颖而出的学术舞台；聚汇成果，在破解肝炎和肝病防治中的重点、难点和瓶颈问题上取得更多成果；前瞻新疗法、新药物的发展方向，早日实现技术突破，让广大人民群众生活得更安全、更健康。

6月23日

国务院总理温家宝在蒙得维的亚会见乌拉圭众议长奥里科

温家宝说，中方愿同乌方一道，继续深化政治互信,扩大务实合作,密切人文交流,加强在多边领域的协调配合,推动中乌关系迈上新台阶。两国友好需要人民支持,两国政府间合作协议需要法律保障,希望两国立法机构进一步加强交流合作,为全面发展两国友好合作关系作出更大贡献。

奥里科表示,近年来,两国关系不断发展,造福了两国人民。进一步发展与中国的友好合作是乌拉圭各政党的共识,符合乌拉圭人民的利益,乌拉圭众议院愿为此发挥积极作用。

国务院总理温家宝在蒙得维的亚会见乌拉圭副总统兼国会主席 参议长阿斯托里

国务院发布《关于加强食品安全工作的决定》

各省、自治区、直辖市人民政府,国务院各部委、各直属机构:

食品安全是重大的民生问题,关系人民群众身体健康和生命安全,关系社会和谐稳定。党中央、国务院对此高度重视,近年来制定实施了一系列政策措施。各地区、各部门认真抓好贯彻落实,不断加大工作力度,食品安全形势总体上是稳定的。但当前我国食品安全的基础仍然薄弱,违法违规行为时有发生,制约食品安全的深层次问题尚未得到根本解决。随着生活水平的不断提高,人民群众对食品安全更为关注,食以安为先的要求更为迫切,全面提高食品安全保障水平,已成为我国经济社会发展中一项重大而紧迫的任务。为进一步加强食品安全工作,现作出如下决定。

一、明确加强食品安全工作的指导思想、总体要求和工作目标

(一)指导思想。以邓小平理论和“三个代表”重要思想为指导,深入贯彻落实科学发展观,从维护人民群众根本利益出发,进一步加强对食品安全工作的组织领导,完善食品安全监管体制机制,健全政策法规体系,强化监管手段,提高执法能力,落实企业主体责任,提升诚信守法水平,动员社会各界积极参与,促进我国食品安全形势持续稳定好转。

(二)总体要求。坚持统一协调与分工负责相结合,严格落实监管责任,强化协作配合,形成全程监管合力。坚持集中治理整顿与严格日常监管相结合,严厉惩处食品安全违法犯罪行为,规范食品生产经营秩序,强化执法力量和技术支撑,切实提高食品安全监管水平。坚持加强政府监管与落实企业主体责任相结合,强化激励约束,治理道德失范,培育诚信守法环境,提升企业管理水平,夯实食品安全基础。坚持执法监督与社会监督相结合,加强宣传教育培训,积极引导社会力量参与,充分发挥群众监督与舆论监督的作用,营造良好社会氛围。

(三)工作目标。通过不懈努力,用3年左右的时间,使我国食品安全治理整顿工作取得明显成效,违法犯罪行为得到有效遏制,突出问题得到有效解决;用5年左右的时间,使我国食品安全监管体制机制、食品安全法律、法规和标准体系、检验检测和风险监测等技术支撑体系更加科学完善,生产经营者的食品安全管理水平和诚信意识普遍增强,社会各方广泛参与的食品安全工作格局基本形成,食品安全总体水平得到较大幅度提高。

二、进一步健全食品安全监管体系

(四)完善食品安全监管体制。进一步健全科学合理、职能清晰、权责一致的食品安全部门监管分工,加强综合协调,完善监管制度,优化监管方式,强化生产经营各环节监管,形成相互衔接、运转高效的食品安全监管格局。按照统筹规划、科学规范的原则,加快完善食品安全标准、风险监测评估、检验检测等的管理体制。县级以上地方政府统一负责本地区食品安全工作,要加快建立、健全食品安全综合协调机构,强化食品安全保障措施,完善地方食品安全监管工作体系。结合本地区实际,细化部门职责分工,发挥监管合力,堵塞监管漏洞,着力解决监管空白、边界不清等问题。及时总结实践经验,逐步完善符合我国国情的食品安全监管体制。

(五)健全食品安全工作机制。建立、健全跨部门、跨地区食品安全信息通报、联合执法、隐患排查、事故处置等协调联动机制,有效整合各类资源,提高监管效能。加强食品生产经营各环节监管执法的密切协作,发现问题迅速调查处理,及时通知上游环节查明原因、下游环节控制危害。推动食品安全全程追溯、检验检测互认和监管执法等方面的区域合作,强化风险防范和控制的支持配合。健全行政执法与刑事司法衔接机制,依法从严惩治食品安全违法犯罪行为。规范食品安全信息报告和信息公布程序,重视舆情反映,增强分析处置能力,及时回应社会关切。加大对食品安全的督促检查和考核评价力度,完善食品安全工作奖惩约束机制。

(六)强化基层食品安全管理工作体系。推进食品安全工作重心下移、力量配置下移,强化基层食品安全管理责任。乡(镇)政府和街道办事处要将食品安全工作列为重要职责内容,主要负责人要切实负起责任,并明确专门人员具体负责,做好食品安全隐患排查、信息报告、协助执法和宣传教育等工作。乡(镇)政府、街道办事处要与各行政管理派出机构密切协作,形成分区划片、包干负责的食品安全工作责任网。在城市社区和农村建立食品安全信息员、协管员等队伍,充分发挥

群众监督作用。基层政府及有关部门要加强对社区和乡村食品安全专、兼职队伍的培训和指导。

三、加大食品安全监管力度

（七）深入开展食品安全治理整顿。深化食用农产品和食品生产经营各环节的整治，重点排查和治理带有行业共性的隐患和“潜规则”问题，坚决查处食品非法添加等各类违法违规行为，防范系统性风险；进一步规范生产经营秩序，清理整顿不符合食品安全条件的生产经营单位。以日常消费的大宗食品和婴幼儿食品、保健食品等为重点，深入开展食品安全综合治理，强化全链条安全保障措施，切实解决人民群众反映强烈的突出问题。加大对食品集中交易市场、城乡结合部、中小学校园及周边等重点区域和场所的整治力度，组织经常性检查，及时发现、坚决取缔制售有毒有害食品的“黑工厂”、“黑作坊”和“黑窝点”，依法查处非法食品经营单位。

（八）严厉打击食品安全违法犯罪行为。各级监管部门要切实履行法定职责，进一步改进执法手段、提高执法效率，大力排查食品安全隐患，依法从严处罚违法违规企业及有关人员。对涉嫌犯罪案件，要及时移送立案，并积极主动配合司法机关调查取证，严禁罚过放行、以罚代刑，确保对犯罪分子的刑事责任追究到位。加强案件查处监督，对食品安全违法犯罪案件未及时查处、重大案件久拖不结的，上级政府和有关部门要组织力量直接查办。各级公安机关要明确机构和人员负责打击食品安全违法犯罪，对隐蔽性强、危害大、涉嫌犯罪的案件，根据需要提前介入，依法采取相应措施。公安机关在案件查处中需要技术鉴定的，监管部门要给予支持。坚持重典治乱，始终保持严厉打击食品安全违法犯罪的高压态势，使严惩重处成为食品安全治理常态。

（九）加强食用农产品监管。完善农产品质量安全监管体系，加快推进乡镇农产品质量安全监管公共服务机构建设，开展农产品质量安全监管示范县创建，着力提高县级农产品质量安全监管执法能力。严格农业投入品生产经营管理，加强对食用农产品种植养殖活动的规范指导，督促农产品标准化生产示范园（区、场）、农民专业合作经济组织、食用农产品生产企业落实投入品使用记录制度。扩大对食用农产品的例行监测、监督抽查范围，严防不合格产品流入市场和生产加工环节。加强对农产品批发商、经纪人的管理，强化农产品运输、仓储等过程的质量安全监管。加大农产品质量安全培训和先进适用技术推广力度，建立、健全农产品产地准出、市场准入制度和农产品质量安全追溯体系，强化农产品包装标识管理。健全畜禽疫病防控体系，规范畜禽屠宰管理，完善畜禽产品检验检疫制度和无害化处理补贴政策，严防病死病害畜禽进入屠宰和肉制品加工环节。加强农产品产地环境监管，加大对农产品产地环境污染治理和污染区域种植结构调整的力度。

（十）加强食品生产经营监管。严格实施食品生产经营许可制度，对食品生产经营新业态要依法及时纳入许可管理。不能持续达到食品安全条件、整改后仍不符合要求的生产经营单位，依法撤销其相关许可。强化新资源食品、食品添加剂、食品相关产品新品种的安全性评估审查。加强监督抽检、执法检查和日常巡查，完善现场检查制度，加大对食品生产经营单位的监管力度。建立、健全食品退市、召回和销毁管理制度，防止过期食品等不合格食品回流食品生产经营环节。依法查处食品和保健食品虚假宣传以及在商标、包装和标签标识等方面的违法行为。严格进口食品检验检疫准入管理，加强对进出口食品生产企业、进口商、代理商的注册、备案和监管。加强食品认证机构资质管理，严厉查处伪造冒用认证证书和标志等违法行为。加快推进餐饮服务单位量化分级管理和监督检查结果公示制度，建立与餐饮服务业相适应的监督抽检快速检测筛查模式。切实加强对食品生产加工小作坊、食品摊贩、小餐饮单位、小集贸市场及农村食品加工场所等的监管。

四、落实食品生产经营单位的主体责任

（十一）强化食品生产经营单位安全管理。食品生产经营单位要依法履行食品安全主体责任，配备专、兼职食品安全管理人员，建立、健全并严格落实进货查验、出厂检验、索证验票、购销台账记录等各项管理制度。规模以上生产企业和相应的经营单位要设置食品安全管理机构，明确分管负责人。食品生产经营单位要保证必要的食品安全投入，建立、健全质量安全管理体系，不断改善食品安全保障条件。要严格落实食品安全事故报告制度，向社会公布本单位食品安全信息必须真实、准确、及时。进一步健全食品行业从业人员培训制度，食品行业从业人员必须先培训后上岗并由单位组织定期培训，单位负责人、关键岗位人员要统一接受培训。

（十二）落实企业负责人的责任。食品生产经营企业法定代表人或主要负责人对食品安全负首要责任，企业质量安全主管人员对食品安全负直接责任。要建立、健全从业人员岗位责任制，逐级落实责任，加强全员、全过程的食品安全管理。严格落实食品交易场所开办者、食品展销会等集中交易活动举办者、网络交易平台经营者等的食品安全管理责任。对违法违规企业，依法从严追究其负责人的责任，对被吊销证照企业的有关责任人，依法实行行业禁入。

(十三)落实不符合安全标准的食品处置及经济赔偿责任。食品生产经营者要严格落实不符合食品安全标准的食品召回和下架退市制度,并及时采取补救、无害化处理、销毁等措施,处置情况要及时向监管部门报告。对未执行主动召回、下架退市制度,或未及时采取补救、无害化处理、销毁等措施的,监管部门要责令其限期执行;拒不执行的,要加大处罚力度,直至停产停业整改、吊销证照。食品经营者要建立并执行临近保质期食品的消费提示制度,严禁更换包装和日期再行销售。食品生产经营者因食品安全问题造成他人人身、财产或者其他损害的,必须依法承担赔偿责任。积极开展食品安全责任强制保险制度试点。

(十四)加快食品行业诚信体系建设。加大对道德失范、诚信缺失的治理力度,积极开展守法经营宣传教育,完善行业自律机制。食品生产经营单位要牢固树立诚信意识,打造信誉品牌,培育诚信文化。加快建立各类食品生产经营单位食品安全信用档案,完善执法检查记录,根据信用等级实施分类监管。建设食品生产经营者诚信信息数据库和信息公共服务平台,并与金融机构、证券监管等部门实现共享,及时向社会公布食品生产经营者的信用情况,发布违法违规企业和个人"黑名单",对失信行为予以惩戒,为诚信者创造良好发展环境。

五、加强食品安全监管能力和技术支撑体系建设

(十五)加强监管队伍建设。各地区要根据本地实际,合理配备和充实食品安全监管人员,重点强化基层监管执法力量。加强食品安全监管执法队伍的装备建设,重点增加现场快速检测和调查取证等设备的配备,提高监管执法能力。加强监管执法队伍法律、法规、业务技能、工作作风等方面的教育培训,规范执法程序,提高执法水平,切实做到公正执法、文明执法。

(十六)完善食品安全标准体系。坚持公开透明、科学严谨、广泛参与的原则,进一步完善食品、食品添加剂、食品相关产品安全标准的制修订程序。加强食品安全标准制修订工作,尽快完成现行食用农产品质量安全、食品卫生、食品质量标准和食品行业标准中强制执行标准的清理整合工作,加快重点品种、领域的标准制修订工作,充实完善食品安全国家标准体系。各地区要根据监管需要,及时制定食品安全地方标准。鼓励企业制定严于国家标准的食品安全企业标准。加强对食品安全标准宣传和执行情况的跟踪评价,切实做好标准的执行工作。

(十七)健全风险监测评估体系。加强监测资源的统筹利用,进一步增设监测点,扩大监测范围、指标和样本量,提高食品安全监测水平和能力。统一制定实施国家食品安全风险监测计划,规范监测数据报送、分析和通报等工作程序,健全食品安全风险监测体系。加强食用农产品质量安全风险监测和例行监测。建立、健全食源性疾病监测网络和报告体系。严格监测质量控制,完善数据报送网络,实现数据共享。加强监测数据分析判断,提高发现食品安全风险隐患的能力。完善风险评估制度,强化食品和食用农产品的风险评估,充分发挥其对食品安全监管的支撑作用。建立、健全食品安全风险预警制度,加强风险预警相关基础建设,确保预警渠道畅通,努力提高预警能力,科学开展风险交流和预警。

(十八)加强检验检测能力建设。严格食品检验检测机构的资质认定和管理,科学统筹、合理布局新建检验检测机构,加大对检验检测能力薄弱地区和重点环节的支持力度,避免重复建设。支持食品检验检测设备国产化。积极稳妥推进食品检验检测机构改革,促进第三方检验检测机构发展。推进食品检验检测数据共享,逐步实现网络化查询。鼓励地方特别是基层根据实际情况开展食品检验检测资源整合试点,积极推广成功经验,逐步建立统筹协调、资源共享的检验检测体系。

(十九)加快食品安全信息化建设。按照统筹规划、分级实施、注重应用、安全可靠的原则,依托现有电子政务系统和业务系统等资源,加快建设功能完善的食品安全信息平台,实现各地区、各部门信息互联互通和资源共享,加强信息汇总、分析整理,定期向社会发布食品安全信息。积极应用现代信息技术,创新监管执法方式,提高食品安全监管的科学化、信息化水平。加快推进食品安全电子追溯系统建设,建立统一的追溯手段和技术平台,提高追溯体系的便捷性和有效性。

(二十)提高应急处置能力。健全各级食品安全事故应急预案,加强预案演练,完善应对食品安全事故的快速反应机制和程序。加强食品安全事故应急处置体系建设,提高重大食品安全事故应急指挥决策能力。加强应急队伍建设,强化应急装备和应急物资储备,提高应急风险评估、应急检验检测等技术支撑能力,提升事故响应、现场处置、医疗救治等食品安全事故应急处置水平。制定食品安全事故调查处理办法,进一步规范食品安全事故调查处理工作程序。

六、完善相关保障措施

(二十一)完善食品安全政策法规。深入贯彻实施食品安全法,完善配套法规规章和规范性文件,形成有效衔接的食品安全法律、法规体系。推动完善严惩重处食品安全违法行为的相关法律依据,着力解决违法成本低的问题。各地区要积极推动地方食品安全立法工作,加强食品生产加工小作坊和食品摊贩管理等具体办法的制修订工作。定期组织开展执法情况检查,

研究解决法律执行中存在的问题,不断改进和加强执法工作。大力推进种植、畜牧、渔业标准化生产。完善促进食品产业优化升级的政策措施,提高食品产业的集约化、规模化水平。提高食品行业准入门槛,加大对食品企业技术进步和技术改造的支持力度,提高食品安全保障能力。推进食品经营场所规范化、标准化建设,大力发展现代化食品物流配送服务体系。积极推进餐饮服务食品安全示范工程建设。完善支持措施,加快推进餐厨废弃物资源化利用和无害化处理试点。

(二十二)加大政府资金投入力度。各级政府要建立、健全食品安全资金投入保障机制。中央财政要进一步加大投入力度,国家建设投资要给予食品安全监管能力建设更多支持,资金要注意向中西部地区和基层倾斜。地方各级政府要将食品安全监管人员经费及行政管理、风险监测、监督抽检、科普宣教等各项工作经费纳入财政预算予以保障。切实加强食品安全项目和资金的监督管理,提高资金使用效率。

(二十三)强化食品安全科技支撑。加强食品安全学科建设和科技人才培养,建设具有自主创新能力的专业化食品安全科研队伍。整合高等院校、科研机构和企业等科研资源,加大食品安全检验检测、风险监测评估、过程控制等方面的技术攻关力度,提高食品安全管理科学化水平。加强科研成果使用前的安全性评估,积极推广应用食品安全科研成果。建立食品安全专家库,为食品安全监管提供技术支持。开展食品安全领域的国际交流与合作,加快先进适用管理制度与技术的引进、消化和吸收。

七、动员全社会广泛参与

(二十四)大力推行食品安全有奖举报。地方各级政府要加快建立、健全食品安全有奖举报制度,畅通投诉举报渠道,细化具体措施,完善工作机制,实现食品安全有奖举报工作的制度化、规范化。切实落实财政专项奖励资金,合理确定奖励条件,规范奖励审定、奖金管理和发放等工作程序,确保奖励资金及时兑现。严格执行举报保密制度,保护举报人合法权益。对借举报之名捏造事实的,依法追究责任。

(二十五)加强宣传和科普教育。将食品安全纳入公益性宣传范围,列入国民素质教育内容和中小学相关课程,加大宣传教育力度。充分发挥政府、企业、行业组织、社会团体、广大科技工作者和各类媒体的作用,深入开展"食品安全宣传周"等各类宣传科普活动,普及食品安全法律、法规及食品安全知识,提高公众食品安全意识和科学素养,努力营造"人人关心食品安全、人人维护食品安全"的良好社会氛围。

(二十六)构建群防群控工作格局。充分调动人民群众参与食品安全治理的积极性、主动性,组织动员社会各方力量参与食品安全工作,形成强大的社会合力。支持新闻媒体积极开展舆论监督,客观及时、实事求是报道食品安全问题。各级消费者协会要发挥自身优势,提高公众食品安全自我保护能力和维权意识,支持消费者依法维权。充分发挥食品相关行业协会、农民专业合作经济组织的作用,引导和约束食品生产经营者诚信经营。

八、加强食品安全工作的组织领导

(二十七)加强组织领导。地方各级政府要把食品安全工作摆上重要议事日程,主要负责同志亲自抓,切实加强统一领导和组织协调。要认真分析评估本地区食品安全状况,加强工作指导,及时采取有针对性的措施,解决影响本地区食品安全的重点难点问题和人民群众反映的突出问题。要细化、明确各级各类食品安全监管岗位的监管职责,主动防范、及早介入,使工作真正落实到基层,力争将各类风险隐患消除在萌芽阶段,守住不发生区域性、系统性食品安全风险的底线。国务院各有关部门要认真履行职责,加强对地方的监督检查和指导。对在食品安全工作中取得显著成绩的单位和个人,要给予表彰。

(二十八)严格责任追究。建立、健全食品安全责任制,上级政府要对下级政府进行年度食品安全绩效考核,并将考核结果作为地方领导班子和领导干部综合考核评价的重要内容。发生重大食品安全事故的地方在文明城市、卫生城市等评优创建活动中实行一票否决。完善食品安全责任追究制,加大行政问责力度,加快制定关于食品安全责任追究的具体规定,明确细化责任追究对象、方式、程序等,确保责任追究到位。

国务院

2012年6月23日

中央纪委书记贺国强在伊尔库茨克州与州长叶罗先科举行会谈

"神九"航天员"天宫"送祝福

中午12点,3名航天员在完成各项科学实验后,聚集在摄像机前,与地面航天员中心的工作人员进行亲切通话,互致问候。

第十五届上海国际电影节颁发中国新片电影频道传媒大奖

本届传媒大奖有11部电影入围。最终,冯小宁导演的新作《甲午大海战》获得最佳影片奖,林黎胜导演凭借作品《百万巨鳄》夺得最佳导演奖,香港演员午马凭借《画圣》夺得最佳男主角奖,方青卓凭借《暴走妈妈》夺得最佳女主角奖。

6月24日

国务院总理温家宝在布宜诺斯艾利斯与阿根廷总统克里斯蒂娜共同出席中国与阿根廷建交40周年庆祝活动

温家宝表示，中阿都处于发展的关键阶段，面临许多共同的挑战，渴望实现国家富强和民族振兴。国际金融危机对世界造成巨大冲击，也带来新的合作机遇。两国的命运从未像今天如此紧密联系在一起。我这次访问阿根廷的目的，就是要在新形势下，同阿方深化友谊与信任，规划两国各领域交流合作，加强在重大国际地区事务中的沟通协调。无论国际风云如何变幻，无论遇到何种困难，中阿两国和两国人民都将相互支持，相互帮助，经受住考验，实现共同发展。让我们携起手来，坚定信心，开创中阿关系更加美好的明天。

克里斯蒂娜说，40年来，特别是两国建立战略伙伴关系以来，阿中在政治、经济、文化等领域的合作日益紧密，两国人民之间的友谊更加深厚。面对深刻复杂变化的国际形势，两国的共同利益不断扩大，阿方感谢中方的坚定支持，愿与中方抓住机遇，共迎挑战，加强交流与合作，推动两国关系迈上新台阶，共同维护世界和平，促进可持续发展。

“神九”航天员成功实施手控交会对接

今天12时55分，在航天员的精确操控下，“神舟”九号飞船成功实现与“天宫一号”目标飞行器交会对接，我国首次航天员手控交会对接取得圆满成功。

航天员手控交会对接在阳照区进行。此前，3名航天员已按计划顺利撤出“天宫一号”，在“神舟”九号飞船返回舱座椅就座。11时12分，“天宫一号”与“神舟”九号组合体按照地面指令分离，“神舟”九号自动撤离至与“天宫一号”相对距离400米停泊点处。随后，“神舟”九号以均匀的速度和稳定的姿态向“天宫一号”逐渐靠拢。12时38分，“神舟”九号飞船转由航天员手动控制。就座在中间座椅的航天员刘旺操作平移和姿态控制手柄，控制“神舟”九号飞船向“天宫一号”目标飞行器缓缓接近。航天员景海鹏、刘洋密切监视飞船仪表参数和对接靶标。

12时48分，“神舟”九号与“天宫一号”对接环接触，经过捕获、缓冲与校正、拉回、锁紧等过程，“神舟”九号飞船与“天宫一号”目标飞行器建立刚性连接，形成组合体。

15点58分，3名航天员再次进驻“天宫一号”，他们将继续开展相关科学实验。

重返“天宫一号”后，3名航天员还向今天成功下潜至7000米深度的“蛟龙”号3位潜航员表达了祝贺和问候。

历史文献纪录片《信仰》在中央电视台综合频道首播

该片由中央组织部、中央文献研究室、中央党史研究室、中央电视台联合摄制，分“只要主义真”、“壮志换新天”、“时代先锋行”3集，通过讲述革命、建设、改革各个历史时期优秀共产党员的感人故事，深刻阐述了共产党人的核心价值观。

第十五届上海国际电影节在上海落下帷幕

首次走上大银幕的俄罗斯舞台剧演员弗拉德斯·巴格多纳斯凭借在《指挥家》中的表演摘得金爵奖影帝桂冠。影后则由墨西哥影片《悲伤成梦》中倾情演出的乌苏拉·普鲁内达夺得。

曾在2004年上海国际电影节上摘取过金爵奖的伊朗导演克斯罗·马素米凭借《熊》捧得最佳影片大奖。中国导演高群书获封最佳导演。加拿大影片《从未放弃的爱》摘得了评委会大奖。日本导演内田贤治自导自演的《盗钥匙的方法》为他带来了最佳编剧奖项。最佳摄影奖得主为中国影片《萧红》的摄影师石栾。最佳音乐奖颁给了西班牙影片《蛹》。

6月25日

国家主席胡锦涛电贺穆罕默德·穆尔西当选埃及总统

胡锦涛在贺电中说，中埃建交56年来，两国关系健康稳定发展。中埃战略合作关系的建立把两国关系推上了新的发展阶段。中方尊重埃及人民自主选择的政治制度和发展道路，支持埃方为维护国家稳定、促进经济社会发展所做的努力，相信在阁下的领导下，埃及人民在国家建设的伟大事业中一定能够开创新局面。中方始终从战略高度和长远角度看待和发展对埃关系，愿同埃方共同努力，推动中埃战略合作关系迈上新台阶，以更好造福两国和两国人民。

国务院总理温家宝在布宜诺斯艾利斯与阿根廷总统克里斯蒂娜举行会谈

温家宝表示，中方愿全面参与阿根廷和拉美地区的基础设施建设，加强同阿方在石油和天然气上中下游、核电、风能、太阳能领域合作，扩大本币互换规模，开展双边贸易本币结算；中方感谢阿方多年来为中国南极科考提供后勤补给，愿同阿方加强在极地、海洋、环保等领域合作；双方要认真落实刑事司法协助条约,尽早商签引渡条约,加强民航和旅游合作,密切人文、青年交流,为两国关系发展营造安定、友好、便利的环境。

克里斯蒂娜表示,建交40年来,两国关系发展迅速,各领域合作成果丰硕,促进了两国的共同发展。温家宝总理此访将推动两国关系迈上新台阶。面对国际金融危机的严峻挑战,阿方愿学习、借鉴中国的发展经验,与中方加强战略沟通,认真规划两国各领域合作,扩大经贸、农业、基础设施建设、能源、水电、交通、矿产资源开发等领域互利合作。阿方欢迎中国企业扩大对阿投资,积极参与阿大型建设项目。拉共体与中国加强合作符合双方共同利益,阿方将发挥积极推动作用。

两国领导人共同见证了双边有关合作文件的签署。

国务院总理温家宝在布宜诺斯艾利斯会见阿根廷副总统兼参议长布杜和众议长多明格斯

中华人民共和国政府和阿根廷共和国政府发表联合声明

一、应阿根廷共和国总统克里斯蒂娜·费尔南德斯·德基什内尔的邀请,中华人民共和国国务院总理温家宝于2012年6月23日至25日对阿根廷进行正式访问。

二、访问期间,温家宝总理与克里斯蒂娜·费尔南德斯·德基什内尔总统在亲切友好的气氛中举行工作会谈,并会见阿根廷副总统兼参议长阿马多·布杜和众议长胡利安·多明格斯。两国领导人就双边关系及共同关心的国际和地区问题坦诚深入地交换了意见,达成广泛共识。

三、温家宝总理和克里斯蒂娜·费尔南德斯·德基什内尔总统共同主持中阿建交40周年庆祝活动。双方回顾了建交40年来,特别是2004年建立战略伙伴关系以来双边关系的发展,并对此给予积极评价。

四、双方决定以两国建交40周年为契机,以长远眼光推动中阿战略伙伴关系全面持续发展。双方同意加强高层交往,增进政府、议会和政党间交流与合作,就共同关心的问题交换看法,以深化政治和战略互信。

五、为推动双边关系有序和谐发展,双方决定在战略伙伴框架下,启动两国政府间共同行动计划制订工作,以指导和协调两国各领域合作。该共同行动计划(2013年至2017年)将包括两国现有及优先推动的合作领域和项目。

六、双方表示将在涉及彼此核心利益的问题上继续给予对方坚定支持。中国政府重申坚定支持阿根廷共和国对马尔维纳斯群岛的主权要求,以及重启有关谈判,根据联合国相关决议规定寻求马尔维纳斯群岛问题最终和平解决。阿方重申坚定奉行一个中国政策,支持台海两岸关系和平发展和中国的和平统一。

七、双方认为,中阿贸易关系取得了长足发展,2002年至2011年间,双边贸易年均增长超过31%,达到历史最高水平。双方一致强调,以实际行动致力于实现双边贸易多元化和平衡发展,确保双边互利经济关系的持续发展。

八、两国领导人强调,中阿经济关系对推动两国生产领域发展和创造体面就业具有重要意义。鉴此,双方一致同意继续致力于深化经济关系、增加贸易和促进投资。双方一致认为,上述措施将有效帮助两国应对发端于发达国家的国际金融危机的深层次影响。

九、双方回顾了自2011年5月两国有关部门签署双向投资促进合作谅解备忘录以来的各项行动及其进展。双方表示将推动高质量、促就业的投资项目在各自国家落户,以促进平衡互利的全球化进程。

十、双方一致同意加强经贸混委会等交流机制的作用,促进各领域务实合作。双方承诺将继续积极鼓励增加生产领域相互投资,消除政策性障碍,提高投资便利化程度,加强两国政府和企业间关系,促进各自致力于社会包容和平等的经济社会政策。

十一、双方积极评价克里斯蒂娜总统2010年对中国进行国事访问期间确定的基础设施合作项目所取得的进展,并承诺支持扩大该领域的双边合作。

十二、双方指出两国有关机构签署的大量协议体现了双方农业及粮食领域合作取得的进展,一致决定推动两国有关机构间现有的项目及技术合作,以加强粮食产业链合作,扩大双边贸易,保障粮食安全。

双方同意深化两国技术部门在动植物卫生领域的现有合作,以增加双边贸易的产品种类,促进出口产品多样化。

双方对建立中阿农产品加工示范园的倡议表示欢迎。这一农业及粮食产品生产平台将有助于推动相关领域的技术创新。

十三、双方一致同意继续加强在文化、教育、科技、旅游和司法等共同感兴趣领域的交流与合作。

十四、两国一致同意为食品、清洁能源和交通等领域大型研发项目提供资金支持,并支持两国研究人员和企业参与推动科技成果转化,更好地为创造就业、促进社会发展、贸易平衡和提高两国人民生活水平服务。

十五、两国领导人强调能源对当今世界的重要性。为此,双方表示愿在石油开采及投资项目、第二代生物燃料、氢能、核能、太阳能、煤炭气化技术、铁路电气化和玄武岩工业化生产等领域开展合作。

十六、此外,双方愿推动科学研究和技术创新相结合，促进各生产领域的技术转让。两国领导人同意建立机制，促进对两国企业在科技和生产创新项目上的融资支持。

十七、两国领导人充分肯定双方自2008年以来在食品科学联合研究中心框架下积极开展的工作，并表示将继续推动该领域的合作。

十八、双方强调，中阿同为发展中大国，在各自地区和国际舞台上发挥着日益重要的作用，在很多问题上拥有广泛共识。双方愿继续加强在国际组织和多边场合的协调，推动发展中国家在77国集团+中国框架下的合作。

十九、中方对阿方推动中方与南共市成员国加强对话、进一步密切互利友好合作、促进共同发展的意愿表示赞赏。

二十、双方重申致力于多边主义，一致认为联合国应在推动建立更加公正、合理和平等的国际秩序过程中发挥主导作用。双方重申安理会改革的必要性，认为改革应使安理会工作更加民主和透明，增强其应对全球性威胁和挑战的能力。应寻求共识，反对推动未达成最广泛共识的解决方案。

二十一、2008年爆发的国际金融危机暴露了发达国家在全球金融体系治理方面存在的不足。在发展中国家影响力不断增强的背景下，双方应加强协调，推动建立一个更加公正、公平的国际经济秩序。

二十二、双方在国际金融机构改革进程中协调立场、推动发展中国家更多参与决策至关重要。双方还应在推动形成全球可持续增长模式及世界财富分配体系等重大问题上加强战略协调。

二十三、两国认为二十国集团机制显示了发展中国家在全球体系中的重要性不断提高，符合发展中国家要求更多参与国际组织和机构并拥有更大代表性的呼声。与之前的多边框架相比，二十国集团更为包容和多元化，是国际体系民主化进程中的重要进展。两国高度评价二十国集团新兴市场成员间协调机制的作用。阿根廷今年是该机制的轮值主席国。两国政府对二十国集团议程的许多方面有着相同的看法，将在该集团框架下加强立场协调，以充分反映发展中国家的正当利益和诉求。

二十四、双方承诺在多边贸易领域中加强协调，并对多哈回合谈判中出现的困难表示关切。双方一致认为应重申多哈发展授权。双方承诺与各方在遵循透明、包容和多边主义原则的基础上继续推动谈判，照顾发展中国家特别是最不发达国家在农业领域的关注和需求，一揽子达成一个全面、均衡、雄心勃勃的协议。

二十五、访问期间，双方签署了《中华人民共和国和阿根廷共和国关于刑事司法协助的条约》《中华人民共和国农业部与阿根廷共和国农牧渔业部关于全面深化农业领域合作的共同行动计划》《中华人民共和国农业部与阿根廷共和国农牧渔业部种子合作谅解备忘录》《中华人民共和国国家能源局与阿根廷共和国联邦计划、公共投资与服务部关于核能合作的协定》《中华人民共和国国家粮食局与阿根廷共和国农牧渔业部合作谅解备忘录》，以及涉及金融、交通等领域合作文件。

二十六、双方一致认为，温家宝总理此次访问对推动中阿战略伙伴关系具有重要意义。

温家宝总理对克里斯蒂娜·费尔南德斯·德基什内尔总统及阿根廷政府在访问期间给予的热情接待表示衷心感谢。

2012年6月25日

国务院总理温家宝在布宜诺斯艾利斯出席中国与南方共同市场国家领导人视频会议

国务院总理温家宝与南方共同市场轮值主席阿根廷总统克里斯蒂娜及巴西总统罗塞夫、乌拉圭总统穆希卡共同出席中国与南共市国家领导人视频会议，就深化双方关系，加强经贸合作交换意见，达成广泛共识。

温家宝在讲话中说，南共市成立20多年来，大力推进与区外国家和组织的对话合作，在地区事务中的地位和影响力显著提升。中国与南共市经贸联系日益密切，已成为南共市第二大贸易伙伴和第二大出口市场。这几天，我先后访问了巴西、乌拉圭和阿根廷，与三国领导人进行了富有成果的会谈，签署了许多重要协议，推动中国与三国关系达到了更高水平。面对国际金融危机冲击和复杂多变的国际局势，中国同南共市拥有广泛的共同利益，双方深化合作潜力巨大、前景广阔，将更多造福我们的国家和人民，也将有力推动南南合作，增强发展中国家整体实力，引导国际政治、经济格局调整变化。

温家宝提出以下建议：

第一，加强战略沟通和互信。年内举行中国同南共市外长对话，就当前重大国际和地区问题协调立场，密切在多边领域的协调配合。温家宝祝贺巴西成功举办联合国可持续发展大会，为推动全球可持续发展注入新的活力。

第二，深化务实合作。认真落实双方达成的各项共识，优化贸易结构，提升产品竞争力，力争2016年中国同南共市贸易额在2011年基础上翻一番，达到2000亿美元；扩大相互投资、金融和科技合作，使双方经贸关系的质量有较大提高；对建立中国同南共市自贸区进行可行性研究，共同推动南美区域交通网络建设，在多边贸易体系中维护发展中国家利益。

第三,增进民间友好。扩大中国与南共市地区的人员往来,以及旅游、文化、教育交流,增进相互了解,为双方关系发展奠定坚实的社会基础。

温家宝表示,今天的会议在中国同南共市关系历史上具有里程碑意义。中方愿同南共市一道,抓住机遇,携手应对挑战,促进共同发展,推动双方友好合作关系达到更高水平。

克里斯蒂娜表示,在国际金融危机、欧债危机远未解决,世界经济增长乏力的情况下,进一步加强与中国的合作有利于增强南共市国家的经济活力,为南共市发展提供难得的历史机遇。希望双方创新合作方式,扩大经贸、科技、能源等领域合作。

罗塞夫感谢温家宝总理出席联合国可持续发展大会并发表重要讲话,为大会取得积极成果发挥了重要作用。她说,当前形势下,南共市加强与中国的合作具有重要的战略意义,这不仅符合双方共同利益,而且将对南美地区产生积极影响。

穆希卡感谢中国对南共市国家的帮助和支持,表示在平等互利基础上加强与中国的合作有利于南共市有效应对国际金融危机冲击,实现共同发展。

会议就发表《中华人民共和国与南方共同市场关于进一步加强经济、贸易合作联合声明》达成一致。

具备世界级集成电路研发及生产能力的浪潮集成电路产业园在山东济南奠基

这是山东省首个高端集成电路产业园区。园区建成后,将形成涵盖芯片设计研发、晶圆制造、封装测试、原材料及生产设备配套在内的较为完整的集成电路产业链,成为具有世界先进水平的集成电路研发中心和规模化芯片生产基地。

6月26日

中共中央总书记胡锦涛同"神舟"九号航天员亲切通话

上午10时许,中共中央总书记、国家主席、中央军委主席胡锦涛在北京航天飞行控制中心,同"神舟"九号航天员景海鹏、刘旺、刘洋亲切通话。

胡锦涛在通话中代表党中央、国务院、中央军委,代表全国各族人民,向3位航天员表示诚挚问候,希望他们精心操作、密切配合,全力完成后续任务,盼望他们胜利归来、平安回家。

景海鹏代表"神舟"九号任务飞行乘组表示:感谢胡主席,感谢全国人民。中国航天员在太空也有了自己的家,我们为伟大祖国感到骄傲和自豪。

通话结束后,胡锦涛等领导同志来到现场工作人员中间,同大家一一握手,勉励他们再接再厉,奋力夺取载人交会对接任务全面胜利。

贾庆林、李长春、习近平、李克强参加了通话活动。

"神舟"九号载人飞船于北京时间6月16日在酒泉卫星发射中心成功发射。飞船在轨运行期间与"天宫一号"目标飞行器先后进行了一次自动交会对接和一次白航天员手动控制完成的交会对接,标志着中国已经完整掌握空间交会对接技术。

十一届全国人大常委会第二十七次会议在北京举行

根据会议通过的议程,本次常委会会议继续审议出境入境管理法草案、预算法修正案草案,首次审议老年人权益保障法修订草案、劳动合同法修正案草案、证券投资基金法修订草案等。

吴邦国委员长主持第一次全体会议。常委会组成人员149人出席会议,出席人数符合法定人数。

会议听取了全国人大法律委员会副主任委员张柏林作的关于出境入境管理法草案审议结果的报告。出境入境管理法草案已经常委会两次审议。根据常委会组成人员的审议意见和各方面的意见,法律委员会对草案作了修改。提交审议的草案三审稿,将普通签证的类别和签发办法由国务院有关部门规定明确为由国务院规定,明确工作类居留证件的有效期最短为九十日,将地方制定的边民往来规定限定为地方性法规、地方政府规章。

十一届全国人大常委会第二十四次会议对预算法修正案草案进行了初次审议。会后,全国人大法律委员会根据常委会组成人员的审议意见和各方面意见,对草案进行了逐条审议。会议听取了全国人大法律委员会副主任委员洪虎作的关于预算法修正案草案修改情况的汇报。提交本次常委会会议审议的草案二审稿,增加规定乡镇一级均设立预算;明确市级人大未设立专门委员会的可由常委会工作机构对有关预算草案进行初步审查;增加关于公共预算支出经济分类的具体规定;明确规定除法律和国务院另有规定外,地方政府不得发行地方政府债券;增加规定上级政府应当将转移支付的预计数提前下达;进一步规范财政专户的设立和管理等。

随着我国经济社会的发展、人口和家庭结构的变化,老年人权益保障出现了一些新情况新问题,需要在法律制度上进一步完善。2007年,民政部和全国老龄办启动了老年人权益保障法修改工作。为加快立法步伐,2011年3月,由全国人大内务司法委员会牵头组织起草工作,经反复研究修改形成了提交常委会审议的修订草案。内务司法委员会副主任委员张学忠就老年人权益保障法修改的必要性、修改的过程和思路、草案的体例结构和修改的主要内容作了说明。此次修改幅度较大,新增条款多数属于社会服务、社会优待和宜居环境等方面的内容。

会议听取了全国人大财政经济委员会副主任委员乌日图作的关于劳动合同法修正案草案的说明。现行劳动合同法2007年审议通过,它的颁布实施对于促进劳动力资源的市场配置、规范劳动关系、完善劳动合同制度、明确劳动合同双方当事人的权利义务、保护劳动者的合法权益发挥了重要作用。尤其是在2008年以来应对国际金融危机的过程中,劳动合同法对于维护企业职工队伍和社会和谐稳定,引导企业与职工和衷共济、共克难关起到了积极作用。劳务派遣是劳动合同法规范的一项重要内容,也是劳动合同法实施中遇到的一个重大问题。为从法律上严格规范劳务派遣用工,全国人大常委会法工委牵头起草了劳动合同法修正案草案,经全国人大财政经济委员会审议通过,提请常委会审议。草案从严格限制劳务派遣用工岗位范围,对设立劳务派遣单位实行行政许可,切实维护被派遣劳动者享有与用工单位的劳动者同工同酬的权利,增加对相应违法行为的处罚,处理好法律实施的衔接等方面对现行法律做了修改。

自2004年6月1日证券投资基金法实施以来,我国基金业发生了很大变化,现行基金法的部分规定已不能完全适应市场发展形势和基金监管的需要。为规范基金业,特别是非公开募集基金的设立与投资运作,遏制各种名目的非法集资,加强基金业监管,加大基金投资者权益保护力度,促进基金业的健康发展,迫切需要对现行基金法进行修改。全国人大财政经济委员会副主任委员吴晓灵就证券投资基金法修订草案作了说明。修订草案将非公开募集基金纳入调整范围,加强基金投资者权益保护力度,修改完善公开募集基金的部分规定,增加对基金服务机构的规定。中国人民解放军选举全国人民代表大会和县级以上地方各级人民代表大会代表的办法于1981年制定,1996年做了修订。随着国家社会主义民主法制建设的不断推进和军队建设改革的深入发展,现行选举办法的一些内容亟待完善,主要是有的规定与新修改的选举法的相关内容不一致。同时,多年来军队在人大代表选举工作中积累了一些有益经验,也需要通过法律的形式固定下来。受中央军委委托,中央军委委员、总政治部主任李继耐从参加军队选举的人员范围、选举委员会的组成和任期、军人代表大会的任期、军队人大代表的辞职等方面对选举办法修正案草案作了说明。

会议审议了澳门特别行政区行政长官崔世安报请全国人大常委会批准的《中华人民共和国澳门特别行政区基本法附件一澳门特别行政区行政长官的产生办法修正案草案》、报请全国人大常委会备案的《中华人民共和国澳门特别行政区基本法附件二澳门特别行政区立法会的产生办法修正案草案》,以及关于两个修正案草案的说明。这两个修正案草案,是经澳门特别行政区立法会全体议员2/3多数通过,行政长官同意后,报请全国人大常委会批准、备案的。

6月26日是国际禁毒日。受国务院委托,国务委员、公安部部长孟建柱作了关于禁毒法实施和禁毒工作情况的报告。他说,2008年6月禁毒法实施以来,各地区、各有关部门认真贯彻预防为主,综合治理,禁种、禁制、禁贩、禁吸并举的方针,以开展禁毒人民战争为载体,依法加强各项禁毒工作,有效遏制了毒品泛滥的势头,一些地方毒品问题严重的状况得到改变。但是,受境内外各种因素的影响,禁毒斗争形势依然严峻复杂。当前和今后一个时期,要进一步加强组织领导、宣传教育、对吸毒人员的戒治挽救、毒品管制工作、国际合作和法律制度建设,努力实现禁毒斗争形势持续好转,最大限度遏制毒品问题蔓延扩散,最大限度减少毒品社会危害。

会议听取了全国人大常委会副委员长路甬祥代表执法检查组作的关于检查文物保护法实施情况的报告。这次执法检查是1982年11月文物保护法颁布实施以来,由全国人大常委会在全国范围内组织开展的第一次执法检查。检查组认为,文物保护法实施30年来,文物保护事业取得了显著成绩,但贯彻实施文物保护法的任务依然艰巨而繁重。对进一步贯彻实施文物保护法,检查组从增强依法保护、科学保护文物的意识,切实保障文物安全,健全完善管理体制,规范引导文物流通秩序,提升文物保护科技水平,促进文物合理利用,进一步完善文物保护法律制度等方面提出了有针对性的建议。

会议还审议了有关任免案。

全国人大常委会副委员长王兆国、乌云其木格、韩启德、华建敏、陈至立、周铁农、李建国、司马义·铁力瓦尔地、蒋树声、陈昌智、严隽琪、桑国卫等出席会议。

最高人民法院、最高人民检察院负责人,全国人大各专门委员会成员,各省、自治区、直辖市人大常委会负责人,部分全国人大代表等列席会议。

国务院总理温家宝在圣地亚哥联合国拉丁美洲和加勒比经济委员会上发表题为《永远做相互信赖的好朋友》的演讲

尊敬的巴尔塞纳执行秘书女士,女士们,先生们:

我很高兴在出席联合国可持续发展大会和访问拉美四国期间,到拉丁美洲和加勒比经济委员会做客。首先,我谨代表中国政府和人民,向智利人民及拉美各国人民致以诚挚问候，对长期以来为促进中拉关系发展作出贡献的拉美经委会致以崇高敬意！

拉丁美洲和加勒比地域辽阔、山河壮丽、资源丰饶、文化灿烂，是一片神奇的土地。这里孕育了著名的玛雅、印加、阿兹特克文化，不但有大自然巧夺天工的杰作，而且是世界古代文明的摇篮。蓊郁浩莽的亚马孙原始森林，伟岸雄奇的安第斯山脉，风光旖旎的加勒比海，塑造了拉美大陆的独特风貌，令人神往。玛雅人发明的精确天文历法，阿兹特克人修建的宏伟日月金字塔，印加人培育的玉米、马铃薯、南瓜，作为人类文明的共同成果享誉全球、传遍世界，这些都见证了拉美人民非凡的创造力。拉美还是文学、艺术的圣地，不仅有热情奔放、优美动听的拉丁歌舞，而且产生了聂鲁达、马尔克斯、博尔赫斯等一批世界文学巨匠。拉美文明既是自身历史发展的积铢累寸，也是世界各种文明交流、融合的果实。文化的融合不以人的意志为转移。拉美文明和中华文明一样，都重视兼收并蓄、开放创新，善于借鉴吸收人类一切优秀文明成果，这是两大文明传承不衰、兴盛发达之根本。

这是我第三次访问拉丁美洲。此行加深了我对拉美国家的感性认识和理性思考。从里约热内卢到蒙得维的亚，从布宜诺斯艾利斯到圣地亚哥，我处处体会到拉美人民的热情友好，处处感受到拉美经济社会发展的勃勃生机。尤其令我钦佩的是，近年来，拉美各国政府以寻求经济社会协调发展为执政重心，适应形势变化调整内外政策，有效应对国际金融危机的冲击，实现经济平稳回升，成为拉动全球经济复苏的重要引擎之一。拉美各国协力推进地区一体化，建立拉美和加勒比国家共同体，大大增强了地区凝聚力、行动力和影响力。今天的拉美，已成为一支快速崛起的重要新兴力量，在全球经济治理、可持续发展等重大问题上发挥着日益重要的建设性作用。作为拉美人民的好朋友、好伙伴，中国人民感到由衷高兴。我们坚信，拉美发展得越好，对世界和平与发展越有利。

中国和拉美虽然相距遥远，但中拉友好交往源远流长。进入新世纪，中拉关系迈入快速发展的新时期，呈现出全方位、宽领域、多层次发展的良好态势。双方高层往来更加密切，政治互信日益巩固。2008年，中国政府发布《中国对拉丁美洲和加勒比政策文件》，提出建设中拉平等互利、共同发展的全面合作伙伴关系，得到拉美国家的积极响应。双方务实合作实现跨越式发展。2001年以来，双方贸易额年均增长30%以上，2011年达到2415亿美元。中国成为拉美第二大贸易伙伴国和主要投资来源国。双方在金融、资源能源、基础设施、高科技、农业等领域合作也取得长足发展。中拉人文交流日益丰富。中国和拉丁美洲都是人类文明的发源地，有相似的国情和灿烂的文化。今天，我们又处于相同的发展阶段，面临相同的发展任务，拥有广泛的共同利益。只要我们坚持相互尊重、平等相待，始终照顾彼此核心利益和重大关切，就完全可以成为相互信任、彼此依靠的好朋友，成为优势互补、合作共赢的好伙伴，中拉友谊就能像喜马拉雅山和安第斯山一样不可动摇！

女士们，先生们：

当今世界正处于大发展大调整大变革时期。国际金融危机的影响持续加深，世界经济复苏艰难曲折，国家关系和国际体系酝酿深刻变革，国际社会正面临越来越多的新课题。中国和拉美国家都是充满希望、蓬勃向上的发展中国家，都是国际新兴力量的重要组成部分，都是维护世界和平、促进共同发展的积极力量。在错综复杂的国际形势下，中国和拉美国家的共同利益在扩大，相互需求在增加，企业加强合作、人民增进交往的愿望日益强烈。深化合作、彼此借重、谋求共赢，符合双方人民的根本利益，也有利于世界的均衡发展和繁荣稳定。中方愿以最大的诚意，推动中拉全面合作伙伴关系向前发展，把双方务实合作提高到全新的水平。这里，我愿提出以下倡议：

第一，以政治互信为基础，深化中拉战略合作。我们要进一步密切高层交往，建立多种形式的政府磋商机制，拓展双方立法机构、政党、地方政府之间的交往，加强治国理政经验交流。中方倡议成立中拉合作论坛，为加强中拉整体合作搭建更高平台。中国是支持拉美国家联合自强的坚定力量。我们愿同拉共体“三驾马车”建立外长定期对话机制，并于年内举行首次对话，也愿适时探讨建立中国与拉共体领导人会晤机制。我们期待与拉美国家共同努力，在国际事务中发挥建设性作用，维护发展中国家的共同利益。

第二，以经贸合作为重点，拓展中拉共同利益。利益关系是中拉关系的实质和核心。中拉经济互补性强，开展经贸合作的前景广阔。双方应反对贸易保护主义，相互扩大市场开放，优化贸易结构，加强海关、质检合作，力争未来五年双方贸易额突破4000亿美元。中国不追求贸易顺差，不仅进口拉美的原材料，也希望更多地进口制成品和高附加值商品，实现双方贸易关系平衡和可持续发展。中拉要进一步加强投资和金融合作。中方发起设立中拉合作基金，中国金融机构将首期出资50亿美元，欢迎拉美国家参与基金建设，共同投资双方在制造业、高新技术、可持续发展等领域的合作项目。中国国家开发银行牵头设立100亿美元专项贷款，推动中国同拉美的基础设施建设合作，包括与生产和民生密切相关的铁路、公路、港口、电站、电网和电讯设施。我们不仅鼓励有实力、信誉好的中国企业到拉美投资,加强产业合作,而且还要同拉美国家乃至整个拉美和加勒比地区探讨建立产业合作机制,推动深化产业对接和融合。中方正在考虑同更多拉美国家商签本币互换协议,开展本币贸易结算,相互增设银行分支机构。中国政府将继续向拉美有关国家提供力所能及的经济援助,实施更多惠及民生的项目。今年10月,第六届中拉企业家高峰会将在中国杭州举行,欢迎拉美企业积极参加。

第三,以农业合作为抓手,维护中拉粮食安全。拉美土地肥沃,风调雨顺,农业生产有着得天独厚的条件。中国是拉美农产品长期、稳定的出口市场,双方开展农业合作,能够实现互利双赢。中方倡议成立中拉农业部长论坛,2013年在中国举办首次会议。建立50万吨规模的中拉粮食应急储备机制,用于应对突发自然灾害和人道救援。中国政府将注资5000万美元,设立中拉农业合作发展专项资金。我们计划在拉美设立5—8个农业科技研发中心、农业加工示范园、农业投资开发区。双方未来五年互派农业专家和技术人员500人次,力争使中拉农产品贸易额突破400亿美元。

第四,以人文交流为纽带,增进中拉人民友谊。中拉文明都具有开放、包容的特性,可以在相互交流中取长补短、共同进步。人文交流越深入,中拉人民的共识就会越多,中拉友谊就能世代相传。我们要积极开展文明对话,扩大教育、文化、新闻、体育等领域的合作,促进不同种族、宗教信仰和文化的相互尊重、和谐共处。中国政府支持在拉美设立中国文化中心,未来五年内将向拉美国家提供5000个奖学金留学生名额。中方倡议成立中拉科技创新论坛,在航空航天、新能源、资源环境、海洋、极地科研等领域加强合作。我们支持举办中拉青年政治家论坛,为双方青年提供更多交流机会。中国与拉美国家旅游资源丰富,合作潜力大。要尽快建立中拉旅游工作促进机制,相互推介旅游资源,支持企业开通更多直航航线,为双方人员往来提供便利。

女士们,先生们:

自从上个世纪70年代末实行改革开放以来,中国这个古老的东方大国发生了翻天覆地的变化,但中国仍属于发展中国家的基本国情没有改变,中国与广大发展中国家加强团结合作的外交政策没有改变,中国人民同拉美人民之间的真挚感情没有改变。中国越发展,同世界的联系越紧密,就越需要一个和平稳定的外部环境,越需要加强同世界各国的密切合作。和平共处、开放包容、共同发展,是我们30多年来发展对外关系的宝贵经验,也是我们不断进步的重要法宝。中国将坚定不移地走和平发展道路,争取和平的国际环境来发展自己,又以自己的发展促进世界的和平与繁荣。这既符合全体中国人民的根本利益,也会给包括拉美在内的世界各国人民带来更多福祉。中国的发展进步,是世界各国的机遇,而不是挑战,更不是威胁。

"远方的朋友宛如天上的星辰,距离遥远却交相辉映。"让我们手牵手,肩并肩,共同开创一个中拉人民世代友好、共同发展的新时代!

谢谢大家!

国务院总理温家宝在圣地亚哥与智利总统皮涅拉举行会谈

双方宣布中智建立战略伙伴关系,完成双边自贸协定关于投资的补充协定谈判,同意成立两国政府间合作机制,并着手制订共同行动计划。

温家宝说,中智建交42年的历史证明,两国和两国人民是相互信任、真诚合作、共同发展的好朋友。当前,中智都处于发展的关键阶段,中方高度重视智利不断提升的国际地位和竞争力,愿同智方紧密地协调配合,把彼此优势和需求充分结合起来,携手应对挑战,更好地实现互利共赢,促进亚太以及世界和平、稳定与繁荣。

温家宝提出以下建议:

第一,尽快正式签署和批准两国自贸协定关于投资的补充协定,全面建成中智自贸区。两国要在扩大货物贸易的同时,推动服务贸易和相互投资,再用三年时间,使两国贸易额翻一番。

第二,在矿业领域建立突破简单的初级产品贸易模式,建立长期、稳定、高水平的伙伴关系,开展全方位合作。利用两国丰富的农业资源,扩大农产品贸易、加工生产合作和科技合作。

第三,中方愿积极参与智利基础设施建设,并与智方共同推动拉美区域交通网络建设。

第四,开展本币互换,扩大人民币结算,鼓励两国金融机构互设分支机构。

第五,密切在人文、旅游、青年等领域的交流,增进人民之间的相互了解和友谊。

第六,加强在极地、海洋、航天、地震等领域的合作,以及在《南极条约》框架内的协调配合。

温家宝说,中国为拉美一体化取得重大进展感到高兴,愿与智方一道,推动中国与拉共体、拉美太平洋联盟关系不断发展。

皮涅拉请温家宝转达对胡锦涛主席的亲切问候和良好祝愿,代表智利政府和人民热烈欢迎温家宝访问智利。他表示,中国是智利真诚的朋友和可靠的伙伴。两国建交以来,开展了富有成效的合作,有力推动了智利的经济发展。智利高度重视并优先发展同中国的关系，钦佩中国的发展成就，愿学习、借鉴中国的发展经验。智方完全赞同温家宝总理的建议，愿以两国建立战略伙伴关系为契机，认真落实双方达成的共识，全面推进两国各领域友好互利合作，密切在国际、地区事务中的协调配合，推动智中关系和拉中关系取得更大发展。智方欢迎中国企业扩大对智投资，提升合作水平，促进共同发展。

会谈后，两国领导人共同出席了双边有关合作文件的签字仪式，并共同会见了记者。

国务院总理温家宝在圣地亚哥与智利参议长埃斯卡洛纳举行会谈

国务院总理温家宝在圣地亚哥与智利众议长蒙克贝格举行会谈

中华人民共和国政府和智利共和国政府发表联合声明

应智利共和国总统塞瓦斯蒂安·皮涅拉·埃切尼克阁下邀请，中华人民共和国国务院总理温家宝阁下于2012年6月25日至26日对智利进行正式访问。

温家宝总理和塞瓦斯蒂安·皮涅拉·埃切尼克总统及两国代表团正式成员就两国关系及双边合作机制的发展情况深入交换了意见，达成广泛共识。温家宝总理还分别会见了智利参议长卡米洛·埃斯卡洛纳和众议长尼古拉斯·蒙克贝格。

双方肯定两国建交41年来，特别是2004年建立全面合作伙伴关系以来，双边关系全面快速发展。两国政治上相互信任，经贸关系快速发展，各领域合作富有成效，在国际事务中积极协调。鉴此，双方决定将双边关系定位为战略伙伴关系。

两国领导人同意继续保持高层交往，深化政治互信。将通过现有双边对话机制，包括双边关于人权和司法问题的非正式磋商与交流，积极推动政府层面合作。

两国领导人强调了两国间议会外交的重要性，并高度评价中智外交部间政治磋商机制和议会政治对话机制发挥的作用。

智方重申奉行一个中国政策。中方对此表示赞赏和感谢。

双方均认为，国家间边界问题应在遵守国际法的基础上，通过有关各方对话和友好协商解决分歧。

两国领导人一致认为，双方经济互补性强，应继续推动和加强在贸易、矿业、农业、科技、可再生能源、服务业、教育、林业等领域的合作，推动在其他具有巨大发展潜力并能惠及双方的领域的交流。

双方对中智自由贸易协定关于投资的补充协定谈判圆满结束表示祝贺，这将为促进和保护两国相互投资提供新的法律依据。此外，双方同意加强质检、海关等领域合作，优化贸易结构，培育新的贸易增长点，稳步扩大双边贸易，并发挥比较优势，推进服务贸易发展。

双方强调两国科技混委会及其2011—2013年行动计划的重要性，并一致认为，应深化地震、天文、信息技术、创新、新能源、可再生能源、基础科学、研究、空间科学、环保以及南极事务等领域的交流，促进互利合作。

双方同意，推动中国省市和智利大区间的交流，探寻新的地方商贸机会；扩大互访、促进文化、学术和旅游等领域的交流，以增进两国人民的相互了解、合作与友谊。

双方指出，中智同为发展中国家，在许多重大国际和地区问题上拥有广泛共识。双方愿加强在联合国、世界贸易组织、亚太经合组织、东亚—拉美合作论坛等国际组织和多边机制框架内的沟通，就全球经济治理、国际金融体系改革、多哈回合谈判、气候变化、加强发展中国家的合作等问题保持密切协调与合作。

双方重申，将继续致力于确保太平洋海洋资源的长期可持续利用。希望《南太平洋公海渔业资源养护与管理公约》尽早生效。

双方对拉美和加勒比国家共同体的正式成立感到高兴，中方欢迎智利外长将作为拉共体轮值主席国外长访华，并与拉共体"三驾马车"其他成员国代表一道，就深化双方关系、开展合作的可能性以及其他共同关心的议题进行探讨。

中方对智利成功主办"拉美太平洋联盟"第四届峰会表示祝贺，愿与联盟建立联系，并同智方以及联盟其他成员国一道，共同促进亚太区域合作。

访问期间，双方签署了《关于完成中智自由贸易协定关于投资的补充协定谈判的联合声明》，以及农业、质检、电信等领域合作文件。

双方一致认为，温家宝总理此次对智利进行的正式访问取得成功，对推动中智友好合作关系发展具有重要意义。

温家宝总理对皮涅拉总统和智利政府在访问期间给予的热情接待表示衷心感谢。

2012年6月26日

全国政协副主席王刚在北京会见纳米比亚全国委员会安全 宪法与法律委员会主席坎科希一行

王刚表示，自建立关系以来，中国全国政协和纳米比亚全国委员会友好交往密切，促进了两国关系不断发展。我们愿继续加强双方的友好交流，进一步丰富交往内涵，提升合作水平，为增进中纳人民传统友谊、推动两国友好合作关系发展作出积极贡献。

坎科希说，中国是纳米比亚的好朋友。纳米比亚希望学习借鉴中国发展经验，促进自身发展。

纪念安子介先生诞辰100周年座谈会在人民大会堂举行

全国政协主席贾庆林出席座谈会。

安子介先生是杰出的社会活动家，著名爱国人士，香港知名实业家，中国人民政治协商会议第八届、第九届全国委员会副主席。

全国政协副主席廖晖在座谈会上全面回顾了安子介先生的生平业绩和卓越贡献。他说，安子介先生的一生，是爱国的一生，是跟随时代不断进步的一生。他具有强烈的民族责任感和历史使命感，热爱祖国，热爱香港，热心公益，博学多才，在海内外享有崇高声誉，不愧为爱国爱港人士的一面旗帜。他的诸多成就和历史贡献已载入史册，他的爱国精神和高尚品格永远值得我们学习和敬仰。今天，我们纪念安子介先生，就是要学习他爱国爱港的赤子情怀，坚定不移地贯彻落实“一国两制”、“港人治港”、高度自治的方针和基本法，努力为保持香港长期繁荣稳定、实现祖国完全统一贡献智慧和力量；就是要学习他艰苦奋斗、自强不息的拼搏精神，脚踏实地，不畏挫折，朝着既定目标不懈努力；就是要学习他好学不倦、不断进取的高尚志趣，努力掌握和运用各种新思想新知识新经验，切实做到学以立德、学以广才、学以致用；就是要学习他奉献社会、热心公益的优秀品德，勇于担当社会责任，真情关心民众疾苦，尽心竭力为人民群众办实事、做好事、解难事。

廖晖指出，再过5天，我们就将迎来香港回归祖国15周年。在这喜庆的日子里，我们更加深切怀念为香港顺利回归祖国作出历史贡献的前辈。可以告慰他们的是，“一国两制”的科学构想已经变成日益丰富的生动现实，在中央政府和祖国内地的大力支持下，香港特别行政区政府和社会各界人士同心同德，砥砺奋进，一定能够保持香港的长期繁荣稳定，也一定能够把香港的未来建设得更加美好。

国务院副总理李克强在中南海紫光阁会见联合国副秘书长 艾滋病规划署执行主任西迪贝

李克强说，中国政府高度重视艾滋病防治，特别是近年来，投入和防控力度持续加大，今年又出台了遏制与防治艾滋病“十二五”行动计划，不断扩大宣传教育、监测检测、治疗、综合干预、母婴阻断等“五个覆盖面”，增加抗病毒及机会性感染治疗基本药物种类。目前，中国艾滋病快速蔓延的势头基本得到遏制，病死率显著降低。中国可以在2015年实现艾滋病防治领域的千年发展目标，也愿继续加强与国际组织的合作，帮助和推动艾滋病疫情严重国家有效开展防治工作。

李克强表示，中国政府鼓励、支持和引导民间组织和志愿者积极参与行为干预、普及知识、监测咨询以及人文关怀和救助等艾滋病综合防治工作，支持媒体发挥独特作用，开展宣传，加强舆论监督，共同推动艾滋病防控工作。

西迪贝高度评价中国艾滋病防治工作，并期待中国在加强艾滋病领域的南南合作方面发挥更大作用。

中央纪委书记贺国强在人民大会堂会见由波兰最高监察院院长雅采克·耶杰尔斯基率领的波兰最高监察院代表团

贺国强强调，中国共产党高度重视党风廉政建设和反腐倡廉建设，坚持标本兼治、综合治理、惩防并举、注重预防的战略方针，进一步加大惩治和预防腐败力度，反腐倡廉建设不断取得新的成效。中国政府愿意与包括波兰在内的世界各国和地区政府加强合作，携手治理腐败。

耶杰尔斯基高度评价中国的经济社会发展和反腐倡廉成效。他表示，波方愿意进一步加强与中方在反腐倡廉领域的交往，深化务实合作，推动两国友好关系深入发展。

国务院副总理回良玉在中南海紫光阁会见博茨瓦纳总统事务和公共管理部部长马西西一行

回良玉表示，中国政府历来高度重视扶贫开发工作，始终将减缓贫困作为国家发展的重要目标和任务。中国和博茨瓦纳同属发展中国家，两国都面临着消除贫困、改善民生、实现可持续发展的历史性任务。中方愿与博方共同努力，继续保持高层交往势头，进一步促进减贫领域的国际交流合作。

马西西表示，希望通过访问，学习和借鉴中国的扶贫开发历程和经验，进一步增进博中两国人民之间的相互了解，推动两国关系进一步发展。

国务院副总理王岐山在北京会见出席保护音像表演外交会议的世界知识产权组织总干事高锐等境外代表

国防部部长梁光烈在八一大楼会见美军太平洋总部司令塞缪尔·洛克利尔

我国第一家以科普为主题的科技视频网——北京科技视频网在北京上线

6月27日

国家主席胡锦涛同圭亚那共和国总统拉莫塔尔互致贺电庆祝中圭建交40周年

胡锦涛在贺电中说，建交40年来，在双方共同努力下，中圭关系取得长足发展。两国高层交往不断，政治互信加深，各领域交流与合作成果丰硕，在国际和地区事务中保持良好沟通与协调。中国政府高度重视发展同圭亚那的关系，愿同圭方一道，以两国建交40周年为契机，进一步深化传统友谊，扩大互利合作，推动双边友好合作关系全面深入发展。

拉莫塔尔在贺电中表示，40年来，圭中关系不断深入发展，政治、外交、经济、文化等领域交流与合作富有成效，双方在国际事务中有着广泛的共同利益。圭政府和人民珍视两国传统友谊，期待圭中关系不断巩固和发展。

十一届全国人大常委会第二十七次会议在人民大会堂举行第二次全体会议

会议听取国务院关于2011年中央决算的报告、国务院关于2011年度中央预算执行和其他财政收支的审计工作报告、全国人大财政经济委员会关于2011年中央决算审查结果的报告，听取国务院关于保障饮用水安全工作情况的报告等。

吴邦国委员长出席会议。会议由韩启德副委员长主持。常委会组成人员145人出席会议，出席人数符合法定人数。

受国务院委托，财政部部长谢旭人向全国人大常委会提出2011年中央决算报告和中央决算草案。谢旭人说，2011年中央公共财政收入51327.32亿元，完成预算的111.9%，比2010年增长20.8%。加上从中央预算稳定调节基金调入1500亿元，使用的收入总量为52827.32亿元。中央公共财政支出56435.32亿元，完成预算的103.8%，比2010年增长16.8%。加上用于补充中央预算稳定调节基金2892亿元，支出总量为59327.32亿元。中央公共财政收支总量相抵，赤字6500亿元，比预算减少500亿元。2011年年末中央财政国债余额72044.51亿元，控制在年末国债余额限额77708.35亿元以内。

谢旭人说，汇总各项支出，2011年中央财政用在与人民群众生活直接相关的教育、医疗卫生、社会保障和就业、保障性住房、文化方面的民生支出合计11659.31亿元，增长30.7%；用在农业水利、公共交通运输、节能环保、城乡社区事务等方面与民生密切相关的支出合计13944.32亿元。中央财政对地方的税收返还和一般性转移支付支出经地方统筹安排后也大部分用于保障和改善民生。2011年中央财政用于“三农”的支出合计10497.7亿元，增长22.4%。

谢旭人说，2011年中央预算执行情况总体较好，但在预算编制、预算执行、项目管理等方面也存在一些需要研究解决的问题。下一步将进一步提高财政管理科学化精细化水平，着力强化预算编制和执行管理，提高预算管理规范化水平；着力抓好管理基础工作和基层建设，夯实预算管理基础；着力推进预算绩效管理，努力提高财政资金使用效益；着力加强地方政府性债务管理，积极防范财政风险；着力推进预决算公开，进一步提高财政运行透明度；着力强化财政监督，切实保障财政资金安全。

受国务院委托，审计署审计长刘家义报告了2011年度中央预算执行和其他财政收支的审计情况。从审计情况看，2011年度中央预算执行和其他财政收支情况总体较好，实现了“十二五”时期良好开局。

刘家义逐一报告了中央财政管理审计情况，中央部门预算执行和决算草案审计情况，县级财政性资金审计情况，重点民生项目及其他专项审计情况，重大投资项目审计情况，汶川、玉树、舟曲灾后恢复重建跟踪审计情况，土地和资源环境保护审计情况，金融审计情况，企业审计情况以及审计查出的重大违法违规问题和经济犯罪案件的情况。下一步，审计署将继续做好审计结果公告工作，并按国务院要求督促有关方面认真整改。刘家义还提出了加强财政管理的意见：一是深化财政体制改革，健全统一完整的政府预算体系；二是加强财政制度建设，提高预算执行效果和预算公开质量；三是优化财政支出结构，进一步加大对民生领域的投入；四是清理规范税收优惠和变相减免财政性收入等政策，维护税法的统一公平；五是加强财政政策与其他政策的协调配合，发挥宏观调控的整体合力。

会议听取了全国人大财政经济委员会主任委员石秀诗作的关于2011年中央决算审查结果的报告。财经委认为，2011年中央决算总体情况是好的，建议批准这个决算草案。同时，建议国务院责成有关部门和地方政府对存在的问题认真进行整改，并在2012年年底前将纠正、改进情况和处理结果向全国人大常委会报告。针对2011年中央决算反映出的问题，财经委建议：改进预算编制和执行，加强预算绩效管理，完善决算编制，加强财政监督，深化财税改革。

受国务院委托，国家发展和改革委员会副主任杜鹰做了关于保障饮用水安全工作情况的报告。报告认为，近年来，各地区、有关部门把城乡饮用水安全保障工作摆在突出重要的位置,进一步加大了工作和投入力度,工程建设显著加快,监管力度持续加强,城市和农村饮用水安全保障工作取得了明显成效,饮用水状况总体安全。

报告指出,我国正处于工业化、城镇化快速发展的阶段,经济社会发展和资源环境承载力的矛盾突出,结构性污染依然严重,水环境质量堪忧,对饮用水安全保障提出了新的挑战。在城市,水源地水质状况不容乐观、部分地区供水能力不足、供水水质不达标问题突出、体制机制有待健全、法律、法规和配套政策亟须完善;在农村,供水设施仍较为薄弱,工程建设管理难度大,工程长效运行机制需进一步完善,水源保护和水质保障相对薄弱,部分地区基层管理和技术力量不足。

杜鹰报告了下一步工作措施,主要包括:严格责任落实,加强饮用水水源建设、保护和管理,加快城市供水设施改造与建设,强化农村饮用水安全工程建设和管理,加强监测能力建设,加强监督管理,加大投入保障力度,完善法律、法规和标准体系,加强科技支撑,加强公众参与等。

会议审议了吴邦国委员长访问荷兰、克罗地亚、卢森堡和西班牙四国情况的书面报告。

会议还听取了全国人大常委会代表资格审查委员会主任委员黄镇东作的关于个别代表的代表资格的报告。

全国人大常委会副委员长王兆国、路甬祥、乌云其木格、华建敏、陈至立、周铁农、李建国、司马义·铁力瓦尔地、蒋树声、陈昌智、严隽琪、桑国卫出席会议。

国务委员戴秉国,最高人民法院、最高人民检察院负责人,全国人大各专门委员会成员,各省、自治区、直辖市人大常委会负责人,部分全国人大代表等列席会议。

全国政协主席贾庆林在人民大会堂会见出席"2012城市可持续发展北京论坛"的美国华盛顿特区市长文森特·格雷等外国城市市长和副市长

国务院批转《社会保障"十二五"规划纲要》

新华社报道:国务院日前批转了《社会保障"十二五"规划纲要》(以下简称《纲要》),要求各地区各部门认真贯彻执行。

《纲要》共分十个部分:一、发展环境;二、指导思想;三、发展目标;四、大力推进社会保障制度建设,基本解决制度缺失问题;五、加快城乡社会保障统筹,稳步推进保障制度和管理服务一体化建设;六、进一步扩大社会保障覆盖范围,基本养老、基本医疗保险保障人群实现基本覆盖;七、逐步提高保障标准,增强保障能力;八、建立、健全社会救助体系,大力发展福利和慈善事业;九、加强社会保障管理与监督,提升管理服务水平;十、强化基础保障,确保纲要实施。

《纲要》指出,"十二五"时期,是实现全面建设小康社会的关键时期,是加快经济发展方式转变、保持经济平稳较快发展的攻坚时期,也是社会保障领域深化改革和在关键环节上实现突破的重要时期。

《纲要》强调,要坚持"广覆盖、保基本、多层次、可持续"的基本方针,以增强公平性、适应流动性、保证可持续性为重点,加快建立覆盖城乡居民的社会保障体系,使广大人民群众得到基本保障,共享经济社会发展的成果,促进社会主义和谐社会建设。

《纲要》确定的社会保障事业发展的主要目标是,社会保障制度基本完备,体系比较健全,覆盖范围进一步扩大,保障水平稳步提高,历史遗留问题基本得到解决,为全面建设小康社会提供水平适度、持续稳定的社会保障网。

国家副主席习近平在北京出席庆祝香港特别行政区成立15周年成就展开幕式

在开幕式前,习近平会见了香港特别行政区行政长官曾荫权、候任行政长官梁振英。

习近平等中央领导同志和曾荫权、梁振英一起为展览开幕式剪彩。国务委员刘延东和曾荫权在开幕式上分别致辞。刘延东致辞说,香港回归祖国15年来,"一国两制"、"港人治港"、高度自治方针得到顺利实施;在中央政府和祖国内地的大力支持下,各项建设事业全面进步;与祖国内地交流合作全方位推进,实现优势互补、共同发展;对外交往更为活跃,国际联系进一步拓展提升。

刘延东表示,中央政府将继续坚定不移地贯彻落实"一国两制"、"港人治港"、高度自治方针,全力支持香港特别行政区行政长官和特区政府依法施政,团结带领香港各界人士发展经济、改善民生、推进民主、促进和谐,深化内地与香港在各个领域的交流合作,维护和促进香港的长期繁荣稳定。

曾荫权致辞表示,香港回归祖国的15年是一个丰富多彩的历程。在中央政府及全国人民的大力支持与关怀下,加上香港市民坚毅不挠的精神,香港特区多次成功应对金融、公共卫生和其他特大挑战。这次展览将向祖国同胞展示香港回归祖国15年来的成就,以及多姿多彩的城市面貌、各行各业的最新发展、未来的展望和计划。

全国民族团结进步创建活动经验交流会在银川召开

全国政协主席贾庆林作出重要批示。国务院副总理回良玉出席会议并讲话。

贾庆林在批示中指出,民族团结进步创建活动,是在实践中逐步探索形成的推进民族团结进步事业的重要举措和有效载体。要牢牢把握各民族共同团结奋斗、共同繁荣发展的民族工作主题,以这次经验交流会为契机,认真总结各地区、各部门开展民族团结进步创建活动的经验做法,培养、树立和推广示范典型,突出重点,强化措施,注重实效,切实推动民族团结进步创建活动广泛深入开展,推进民族团结进步事业繁荣发展,为不断巩固和发展平等团结互助和谐的社会主义民族关系作出新的更大贡献。

回良玉强调,各民族团结进步,是中华民族的前途所在、力量所在、生命所在。做好民族工作是事关国家团结统一和长治久安的重大任务。各地区、各有关部门要进一步增强开展创建活动的责任感和紧迫感,推动创建活动更加广泛、深入、持久地开展。一要把创建活动与激发少数民族和民族地区加快发展的积极性紧密结合起来,推动国家支持民族地区发展的政策、相关规划的贯彻落实和创新发展,引导各族人民为全面建设小康社会共同奋斗。二要把创建活动与保障和改善民生紧密结合起来,大力发展教育、卫生、文化等社会事业,促进各族群众的就业,让各族人民进一步共享改革发展成果。三要把涉及民族因素的矛盾纠纷化解作为创建活动的重要任务,建立推进民族团结的长效机制,切实维护民族团结和社会稳定。四要把加强民族团结宣传教育作为创建活动的重要抓手,在全社会唱响民族大团结的时代强音,促进各民族互相信任、互相尊重、互相学习、互相帮助。五要把创建活动作为民族工作创新发展的重要契机,大力推进民族领域的社会管理创新,努力拓展中国特色解决民族问题的宽广道路。回良玉要求,各地要为创建工作提供更加坚实的组织保障,健全组织领导、协调配合、监督检查、考核评价、经费保障等机制,不断把创建活动引向深入。

工业和信息化部发布《关于鼓励和引导民间资本进一步进入电信业的实施意见》

国务院副总理李克强在中南海紫光阁会见美中贸易全国委员会代表团

李克强指出,中美经济高度互补,合作远大于竞争,机遇远多于挑战。建交30多年来,双边贸易额增长180多倍,合作内容已拓展到经济的各个领域,中国成为美出口增长最快的市场之一。双方应进一步抓住机遇,排除各种干扰,放宽不合理限制,把各方面合作潜力转化为实实在在的合作成果,不断扩大利益交汇点,这也可以为双方创造更多就业岗位。美国工商界一直是中美关系发展和经贸合作的参与者、促进者和受益者,希望美中贸委会继续发挥自身影响力和独特优势,使美国各方面更多认识中美合作互利共赢的好处。

美中贸委会主席麦睿博感谢李克强副总理会见,表示愿为促进美中关系发展、推动双边贸易扩大和帮助中方企业赴美投资作出更大努力。

2012中国海外学子创业周在大连开幕

来自世界各地的1800多名留学人员,与全国25个省区市及1000多家高等院校、科研院所和人才机构代表,参加本届创业周活动。

据介绍,自2008年年底以来,中央组织实施的“千人计划”已经分7批引进2263名海外高层人才,其中回国创办企业的有445人,创办高新技术企业400多家,主要集中在信息技术、生物医药、新能源、新材料、节能环保等高科技领域,成为推动我国战略性新兴产业发展的一支重要力量。据统计,“千人计划”创业企业注册的资本总额为163.34亿元,年度研发投入总额为55.66亿元,2011年总营业额达632亿元,累计实现利税98.6亿元。

大连海外学子创业周举办12年以来,吸引了来自60多个国家和地区的1.4万余名留学人员参加,其中6800多名海外学子回国工作,创办企业1900多家,获专利3700多项,累计创造价值6000多亿元。

6月28日

全国政协主席贾庆林在人民大会堂会见伊斯兰合作组织秘书长伊赫桑奥卢一行

贾庆林强调中国与伊斯兰国家是相互支持的政治伙伴、互利共赢的经济伙伴、交流互鉴的人文伙伴,中国与伊斯兰世界的友好关系已成为不同文明和谐相处、平等合作的典范。贾庆林对伊斯兰国家在台湾、涉疆、涉藏等关系中国核心利益问题上所给予的支持表示赞赏。

贾庆林指出,在世界形势发生深刻复杂变化的情况下,中国与伊斯兰国家要抓住合作主线,加强沟通协调,推进文明对话,排除外部干扰,在更宽广的平台上、以更长远的眼光规划双方关系发展。

伊赫桑奥卢完全赞同贾庆林对伊中关系的评价,并表示,伊斯兰国家高度重视发展与中国的关系。伊斯兰合作组织愿同中方加强沟通与合作,推动伊斯兰世界与中国的友好合作关系向更高层次和更宽领域发展。

国务院总理温家宝签署第621号令公布《机关事务管理条例》

《机关事务管理条例》已经2012年6月13日国务院第208次常务会议通过,现予公布,自2012年10月1日起施行。

总 理 温家宝

2012年6月28日

机关事务管理条例

第一章 总 则

第一条 为了加强机关事务管理,规范机关事务工作,保障机关正常运行,降低机关运行成本,建设节约型机关,制定本条例。

第二条 各级人民政府及其部门的机关事务管理活动适用本条例。

第三条 县级以上人民政府应当推进本级政府机关事务的统一管理,建立、健全管理制度和标准,统筹配置资源。

政府各部门应当对本部门的机关事务实行集中管理,执行机关事务管理制度和标准。

第四条 国务院机关事务主管部门负责拟订有关机关事务管理的规章制度,指导下级政府公务用车、公务接待、公共机构节约能源资源等工作,主管中央国家机关的机关事务工作。

县级以上地方人民政府机关事务主管部门指导下级政府有关机关事务工作,主管本级政府的机关事务工作。

第五条 县级以上人民政府应当加强对本级政府各部门和下级政府的机关事务工作的监督检查,及时纠正违法违纪行为。

县级以上人民政府发展改革、财政、审计、监察等部门和机关事务主管部门应当根据职责分工,依照有关法律、法规的规定,加强对机关运行经费、资产和服务管理工作的监督检查;接到对违反机关事务管理制度、标准行为的举报,应当及时依法调查处理。

第六条 机关事务工作应当遵循保障公务、厉行节约、务实高效、公开透明的原则。

第七条 各级人民政府应当依照国家有关政府信息公开的规定建立、健全机关运行经费公开制度,定期公布公务接待费、公务用车购置和运行费、因公出国(境)费等机关运行经费的预算和决算情况。

第八条 各级人民政府应当推进机关后勤服务、公务用车和公务接待服务等工作的社会化改革,建立、健全相关管理制度。

第二章 经费管理

第九条 各级人民政府及其部门应当加强机关运行经费管理,提高资金使用效益。

本条例所称机关运行经费,是指为保障机关运行用于购买货物和服务的各项资金。

第十条 县级以上人民政府机关事务主管部门应当根据机关运行的基本需求,结合机关事务管理实际,制定实物定额和服务标准。

县级以上人民政府财政部门应当根据实物定额和服务标准,参考有关货物和服务的市场价格,组织制定机关运行经费预算支出定额标准和有关开支标准。

第十一条 县级以上人民政府财政部门应当根据预算支出定额标准,结合本级政府各部门的工作职责、性质和特点,按照总额控制、从严从紧的原则,采取定员定额方式编制机关运行经费预算。

第十二条 县级以上人民政府应当将公务接待费、公务用车购置和运行费、因公出国(境)费纳入预算管理,严格控制公务接待费、公务用车购置和运行费、因公出国(境)费在机关运行经费预算总额中的规模和比例。

政府各部门应当根据工作需要和机关运行经费预算制定公务接待费、公务用车购置和运行费、因公出国(境)费支出计划,不得挪用其他预算资金用于公务接待、公务用车购置和运行或者因公出国(境)。

第十三条 县级以上人民政府机关事务主管部门按照规定,结合本级政府机关事务管理实际情况,统一组织实施本级政府机关的办公用房建设和维修、公务用车配备更新、后勤服务等事务的,经费管理按照国家预算管理规定执行。

第十四条 政府各部门应当依照有关政府采购的法律、法规和规定采购机关运行所需货物和服务;需要招标投标的,应当遵守有关招标投标的法律、法规和规定。

政府各部门应当采购经济适用的货物,不得采购奢侈品、超标准的服务或者购建豪华办公用房。

第十五条 政府各部门采购纳入集中采购目录由政府集中采购机构采购的项目,不得违反规定自行采购或者以化整为零等方式规避政府集中采购。

政府集中采购机构应当建立、健全管理制度,缩短采购周期,提高采购效率,降低采购成本,保证采购质量。政府集中采购货物和服务的价格应当低于相同货物和服务的市场平均价格。

第十六条 县级以上人民政府应当建立、健全机关运行经费支出统计报告和绩效考评制度,组织开展机关运行成本统计、分析、评价等工作。

第三章 资产管理

第十七条 县级以上人民政府机关事务主管部门按照职责分工,制定和组织实施机关资产管理的具体制度,并接受财政等有关部门的指导和监督。

第十八条 县级以上人民政府应当根据有关机关

资产管理的规定、经济社会发展水平、节能环保要求和机关运行的基本需求，结合机关事务管理实际，分类制定机关资产配置标准，确定资产数量、价格、性能和最低使用年限。政府各部门应当根据机关资产配置标准编制本部门的资产配置计划。

第十九条 政府各部门应当完善机关资产使用管理制度，建立、健全资产账卡和使用档案，定期清查盘点，保证资产安全完整，提高使用效益。

政府各部门的闲置资产应当由本级政府统一调剂使用或者采取公开拍卖等方式处置，处置收益应当上缴国库。

第二十条 县级以上人民政府应当对本级政府机关用地实行统一管理。城镇总体规划、详细规划应当统筹考虑政府机关用地布局和空间安排的需要。

县级以上人民政府机关事务主管部门应当统筹安排机关用地，集约节约利用土地。

对政府机关新增用地需求，县级以上人民政府国土资源主管部门应当严格审核，并依照有关土地管理的法律、法规和规定办理用地手续。

第二十一条 县级以上人民政府应当建立、健全机关办公用房管理制度，对本级政府机关办公用房实行统一调配、统一权属登记；具备条件的，可以对本级政府机关办公用房实行统一建设。

政府各部门办公用房的建设和维修应当严格执行政府机关办公用房建设、维修标准，符合简朴实用、节能环保、安全保密等要求；办公用房的使用和维护应当严格执行政府机关办公用房物业服务标准。

第二十二条 政府各部门超过核定面积的办公用房，因办公用房新建、调整和机构撤销腾退的办公用房，应当由本级政府及时收回，统一调剂使用。

各级人民政府及其部门的工作人员退休或者调离的，其办公用房应当由原单位及时收回，调剂使用。

第二十三条 政府各部门不得出租、出借办公用房或者改变办公用房使用功能；未经本级人民政府批准，不得租用办公用房。

第二十四条 国务院机关事务主管部门会同有关部门拟订公务用车配备使用管理办法，定期发布政府公务用车选用车型目录，负责中央国家机关公务用车管理工作。执法执勤类公务用车配备使用管理的具体规定，由国务院财政部门会同有关部门制定。

县级以上地方人民政府公务用车主管部门负责本级政府公务用车管理工作，指导和监督下级政府公务用车管理工作。

第二十五条 政府各部门应当严格执行公务用车编制和配备标准，建立、健全公务用车配备更新管理制度，不得超编制、超标准配备公务用车或者超标准租用车辆，不得为公务用车增加高档配置或者豪华内饰，不得借用、占用下级单位和其他单位的车辆，不得接受企业事业单位和个人捐赠的车辆。

第二十六条 政府各部门应当对公务用车实行集中管理、统一调度，并建立、健全公务用车使用登记和统计报告制度。

政府各部门应当对公务用车的油耗和维修保养费用实行单车核算。

第四章 服务管理

第二十七条 县级以上人民政府机关事务主管部门应当制定统一的机关后勤服务管理制度，确定机关后勤服务项目和标准，加强对本级政府各部门后勤服务工作的指导和监督，合理配置和节约使用后勤服务资源。

政府各部门应当建立、健全本部门后勤服务管理制度，不得超出规定的项目和标准提供后勤服务。

第二十八条 各级人民政府应当按照简化礼仪、务实节俭的原则管理和规范公务接待工作。

国务院机关事务主管部门负责拟订政府机关公务接待的相关制度和中央国家机关公务接待标准。县级以上地方人民政府应当结合本地实际，确定公务接待的范围和标准。政府各部门和公务接待管理机构应当严格执行公务接待制度和标准。

县级以上地方人民政府公务接待管理机构负责管理本级政府公务接待工作，指导下级政府公务接待工作。

第二十九条 各级人民政府及其部门应当加强会议管理，控制会议数量、规模和会期，充分利用机关内部场所和电视电话、网络视频等方式召开会议，节省会议开支。

第三十条 政府各部门应当执行有关因公出国(境)的规定，对本部门工作人员因公出国(境)的事由、内容、必要性和日程安排进行审查，控制因公出国(境)团组和人员数量、在国(境)外停留时间，不得安排与本部门业务工作无关的考察和培训。

第五章 法律责任

第三十一条 违反本条例规定，接到对违反机关事务管理制度、标准行为的举报不及时依法调查处理的，由上级机关责令改正；情节严重的，由任免机关或者监察机关对责任人员依法给予处分。

第三十二条 违反本条例规定，有下列情形之一的，由上级机关责令改正，并由任免机关或者监察机关对责任人员给予警告处分；情节较重的，给予记过或者记大过处分；情节严重的，给予降级或者撤职处分：

(一)超预算、超标准开支公务接待费、公务用车购置和运行费、因公出国(境)费，或者挪用其他预算资金用于公务接待、公务用车购置和运行、因公出国(境)的；

(二)采购奢侈品、超标准的服务或者购建豪华办公用房的;

(三)出租、出借办公用房,改变办公用房使用功能,或者擅自租用办公用房的;

(四)超编制、超标准配备公务用车或者超标准租用车辆,或者为公务用车增加高档配置、豪华内饰,或者借用、占用下级单位、其他单位车辆,或者接受企业事业单位、个人捐赠车辆的;

(五)超出规定的项目或者标准提供后勤服务的;

(六)安排与本部门业务工作无关的出国(境)考察或者培训的。

第三十三条　机关事务管理人员在机关事务管理活动中滥用职权、玩忽职守、徇私舞弊或者贪污受贿的,依法给予处分;构成犯罪的,依法追究刑事责任。

第六章　附　则

第三十四条　其他国家机关和有关人民团体的机关事务管理活动,参照本条例执行。

第三十五条　本条例自2012年10月1日起施行。

国务院总理温家宝签署第622号令公布《无障碍环境建设条例》

《无障碍环境建设条例》已经2012年6月13日国务院第208次常务会议通过,现予公布,自2012年8月1日起施行。

总　理　温家宝

2012年6月28日

无障碍环境建设条例

第一章　总　则

第一条　为了创造无障碍环境,保障残疾人等社会成员平等参与社会生活,制定本条例。

第二条　本条例所称无障碍环境建设,是指为便于残疾人等社会成员自主安全地通行道路、出入相关建筑物、搭乘公共交通工具、交流信息、获得社区服务所进行的建设活动。

第三条　无障碍环境建设应当与经济和社会发展水平相适应,遵循实用、易行、广泛受益的原则。

第四条　县级以上人民政府负责组织编制无障碍环境建设发展规划并组织实施。

编制无障碍环境建设发展规划,应当征求残疾人组织等社会组织的意见。

无障碍环境建设发展规划应当纳入国民经济和社会发展规划以及城乡规划。

第五条　国务院住房和城乡建设主管部门负责全国无障碍设施工程建设活动的监督管理工作,会同国务院有关部门制定无障碍设施工程建设标准,并对无障碍设施工程建设的情况进行监督检查。

国务院工业和信息化主管部门等有关部门在各自职责范围内,做好无障碍环境建设工作。

第六条　国家鼓励、支持采用无障碍通用设计的技术和产品,推进残疾人专用的无障碍技术和产品的开发、应用和推广。

第七条　国家倡导无障碍环境建设理念,鼓励公民、法人和其他组织为无障碍环境建设提供捐助和志愿服务。

第八条　对在无障碍环境建设工作中作出显著成绩的单位和个人,按照国家有关规定给予表彰和奖励。

第二章　无障碍设施建设

第九条　城镇新建、改建、扩建道路、公共建筑、公共交通设施、居住建筑、居住区,应当符合无障碍设施工程建设标准。

乡、村庄的建设和发展,应当逐步达到无障碍设施工程建设标准。

第十条　无障碍设施工程应当与主体工程同步设计、同步施工、同步验收投入使用。新建的无障碍设施应当与周边的无障碍设施相衔接。

第十一条　对城镇已建成的不符合无障碍设施工程建设标准的道路、公共建筑、公共交通设施、居住建筑、居住区,县级以上人民政府应当制定无障碍设施改造计划并组织实施。

无障碍设施改造由所有权人或者管理人负责。

第十二条　县级以上人民政府应当优先推进下列机构、场所的无障碍设施改造:

(一)特殊教育、康复、社会福利等机构;

(二)国家机关的公共服务场所;

(三)文化、体育、医疗卫生等单位的公共服务场所;

(四)交通运输、金融、邮政、商业、旅游等公共服务场所。

第十三条　城市的主要道路、主要商业区和大型居住区的人行天桥和人行地下通道,应当按照无障碍设施工程建设标准配备无障碍设施,人行道交通信号设施应当逐步完善无障碍服务功能,适应残疾人等社会成员通行的需要。

第十四条　城市的大中型公共场所的公共停车场和大型居住区的停车场,应当按照无障碍设施工程建设标准设置并标明无障碍停车位。

无障碍停车位为肢体残疾人驾驶或者乘坐的机动车专用。

第十五条　民用航空器、客运列车、客运船舶、公共汽车、城市轨道交通车辆等公共交通工具应当逐步达到无障碍设施的要求。有关主管部门应当制定公共交通工具的无障碍技术标准并确定达标期限。

第十六条 视力残疾人携带导盲犬出入公共场所，应当遵守国家有关规定，公共场所的工作人员应当按照国家有关规定提供无障碍服务。

第十七条 无障碍设施的所有权人和管理人，应当对无障碍设施进行保护，有损毁或者故障及时进行维修，确保无障碍设施正常使用。

第三章 无障碍信息交流

第十八条 县级以上人民政府应当将无障碍信息交流建设纳入信息化建设规划，并采取措施推进信息交流无障碍建设。

第十九条 县级以上人民政府及其有关部门发布重要政府信息和与残疾人相关的信息，应当创造条件为残疾人提供语音和文字提示等信息交流服务。

第二十条 国家举办的升学考试、职业资格考试和任职考试，有视力残疾人参加的，应当为视力残疾人提供盲文试卷、电子试卷，或者由工作人员予以协助。

第二十一条 设区的市级以上人民政府设立的电视台应当创造条件，在播出电视节目时配备字幕，每周播放至少一次配播手语的新闻节目。

公开出版发行的影视类录像制品应当配备字幕。

第二十二条 设区的市级以上人民政府设立的公共图书馆应当开设视力残疾人阅览室，提供盲文读物、有声读物，其他图书馆应当逐步开设视力残疾人阅览室。

第二十三条 残疾人组织的网站应当达到无障碍网站设计标准，设区的市级以上人民政府网站、政府公益活动网站，应当逐步达到无障碍网站设计标准。

第二十四条 公共服务机构和公共场所应当创造条件为残疾人提供语音和文字提示、手语、盲文等信息交流服务，并对工作人员进行无障碍服务技能培训。

第二十五条 举办听力残疾人集中参加的公共活动，举办单位应当提供字幕或者手语服务。

第二十六条 电信业务经营者提供电信服务，应当创造条件为有需求的听力、言语残疾人提供文字信息服务，为有需求的视力残疾人提供语音信息服务。

电信终端设备制造者应当提供能够与无障碍信息交流服务相衔接的技术、产品。

第四章 无障碍社区服务

第二十七条 社区公共服务设施应当逐步完善无障碍服务功能，为残疾人等社会成员参与社区生活提供便利。

第二十八条 地方各级人民政府应当逐步完善报警、医疗急救等紧急呼叫系统，方便残疾人等社会成员报警、呼救。

第二十九条 对需要进行无障碍设施改造的贫困家庭，县级以上地方人民政府可以给予适当补助。

第三十条 组织选举的部门应当为残疾人参加选举提供便利，为视力残疾人提供盲文选票。

第五章 法律责任

第三十一条 城镇新建、改建、扩建道路、公共建筑、公共交通设施、居住建筑、居住区，不符合无障碍设施工程建设标准的，由住房和城乡建设主管部门责令改正，依法给予处罚。

第三十二条 肢体残疾人驾驶或者乘坐的机动车以外的机动车占用无障碍停车位，影响肢体残疾人使用的，由公安机关交通管理部门责令改正，依法给予处罚。

第三十三条 无障碍设施的所有权人或者管理人对无障碍设施未进行保护或者及时维修，导致无法正常使用的，由有关主管部门责令限期维修；造成使用人人身、财产损害的，无障碍设施的所有权人或者管理人应当承担赔偿责任。

第三十四条 无障碍环境建设主管部门工作人员滥用职权、玩忽职守、徇私舞弊的，依法给予处分；构成犯罪的，依法追究刑事责任。

第六章 附 则

第三十五条 本条例自2012年8月1日起施行。

全国创先争优表彰大会在人民大会堂召开

国家副主席习近平，中央纪委书记贺国强参加会见并出席表彰大会。

习近平系统阐述了新的形势下充分发挥党的独特优势问题。他指出，中国共产党在91年的奋斗中形成了自己的理论优势、政治优势、组织优势、制度优势和密切联系群众的优势。这种独特优势，具有决定性的意义和力量，是我们党始终保持先进性和纯洁性的根本法宝。正是这种优势的坚持发挥，使我们党能够由小到大、由弱到强，团结带领全国各族人民谱写了中国革命、建设、改革的壮丽篇章，根本改变了中国人民和中华民族的前途和命运。

习近平强调，在新的形势下，我们要十分珍惜这些优势，在建设中国特色社会主义历史进程中始终坚持和充分发挥这些优势。他指出，充分发挥党的理论优势，最重要的就是必须坚持马克思主义，不断推进马克思主义中国化时代化大众化，努力提高广大党员和干部的思想理论素质，从理论上保持和发展党的先进性和纯洁性；充分发挥党的政治优势，最重要的就是必须通过强有力的思想政治工作，教育广大党员和干部坚定中国特色社会主义信念，坚持贯彻艰苦奋斗、勤俭建国的方针，从政治上保持和发展党的先进性和纯洁性；充分发挥党的组织优势，最重要的就是必须坚持健全党的组织体系和完善党的组织方式,努力建设高素质干部队伍和人才队伍,切实做好抓基层打基础工作,从组织上保持和发展党的先进性和纯洁性;充分发挥党的制度优势,最重要的就是必须坚持民主基础上的集中和集中指导下的民主相结合,不断巩固党的团结统一和增强党的创造活力,从制度上保持和发展党的先进性和纯洁性;充分发挥党密切联系群众的优势,最重要的就是必须坚持党的根本宗旨,贯彻党的群众路线,使党的一切工作充分体现人民群众的意志、利益和要求,从作风上保持和发展党的先进性和纯洁性。

表彰大会由中共中央政治局委员、中央书记处书记、中央组织部部长李源潮主持。他指出,各级党组织和广大共产党员要以胡锦涛总书记亲切会见受表彰的代表为动力,认真学习贯彻习近平同志重要讲话精神,学习宣传先进典型,以更加强烈的责任意识、更加务实的工作作风、更加良好的能力素质、更加清正的自身形象,深入持久推进创先争优活动,为党的十八大胜利召开营造良好社会环境。

国务院发出《关于大力推进信息化发展和切实保障信息安全的若干意见》

各省、自治区、直辖市人民政府,国务院各部委、各直属机构:

大力推进信息化发展和切实保障信息安全,对调整经济结构、转变发展方式、保障和改善民生、维护国家安全具有重大意义。近年来,各地区、各部门认真贯彻落实党中央、国务院决策部署,加快推进信息化建设,建立、健全信息安全保障体系,有力地促进了经济社会发展。当前,世界各国信息化快速发展,信息技术的应用促进了全球资源的优化配置和发展模式创新,互联网对政治、经济、社会和文化的影响更加深刻,围绕信息获取、利用和控制的国际竞争日趋激烈,保障信息安全成为各国重要议题。但是,我国信息化建设和信息安全保障仍存在一些亟待解决的问题,宽带信息基础设施发展水平与发达国家的差距有所拉大,政务信息共享和业务协同水平不高,核心技术受制于人;信息安全工作的战略统筹和综合协调不够,重要信息系统和基础信息网络防护能力不强,移动互联网等技术应用给信息安全带来严峻挑战。必须进一步增强紧迫感,采取更加有力的政策措施,大力推进信息化发展,切实保障信息安全。为此,提出以下意见。

一、指导思想和主要目标

(一)指导思想。

以邓小平理论和"三个代表"重要思想为指导,深入贯彻落实科学发展观,以促进资源优化配置为着力点,加快建设下一代信息基础设施,推动信息化和工业化深度融合,构建现代信息技术产业体系,全面提高经济社会信息化发展水平。坚持积极利用、科学发展、依法管理、确保安全,加强统筹协调和顶层设计,健全信息安全保障体系,切实增强信息安全保障能力,维护国家信息安全,促进经济平稳较快发展和社会和谐稳定。

(二)主要目标。

重点领域信息化水平明显提高。信息化和工业化融合不断深入,农业农村信息化有力支撑现代农业发展,文化、教育、医疗卫生、社会保障等重点领域信息化水平明显提高;电子政务和电子商务快速发展,到"十二五"末,国家电子政务网络基本建成,信息共享和业务协同框架基本建立;全国电子商务交易额超过18万亿元,网络零售额占社会消费品零售总额的比重超过9%。

下一代信息基础设施初步建成。到"十二五"末,全国固定宽带接入用户超过2.5亿户,互联网国际出口带宽达到每秒6500吉比特(Gbit),第三代移动通信技术(3G)网络覆盖城乡,国际互联网协议第6版(IPv6)实现规模商用。

信息产业转型升级取得突破。集成电路、系统软件、关键元器件等领域取得一批重大创新成果,软件业占信息产业收入比重进一步提高。

国家信息安全保障体系基本形成。重要信息系统和基础信息网络安全防护能力明显增强,信息化装备的安全可控水平明显提高,信息安全等级保护等基础性工作明显加强。

二、实施"宽带中国"工程,构建下一代信息基础设施

(一)加快发展宽带网络。实施"宽带中国"工程,以光纤宽带和宽带无线移动通信为重点,加快信息网络宽带化升级。推进城镇光纤到户和行政村宽带普遍服务,提高接入带宽、网络速率和宽带普及率。加强3G网络纵深覆盖,支持具有自主知识产权的3G技术TD-SCDMA及其后续演进技术TD-LTE产业链发展,科学统筹3G及其长期演进技术协调发展。加快下一代广播电视网络建设,推进广播电视网络数字化、双向化和互联互通改造。

(二)推进下一代互联网规模商用和前沿性布局。加快部署下一代互联网,抓紧开展IPv6商用试点,适时推动IPv6大规模部署和商用,推进国际互联网协议第4版(IPv4)向IPv6的网络演进、业务迁移与商业运营。完善互联网国家顶层网络架构,升级骨干网络,实现高速度高质量互联互通。重点研发下一代互联网关键芯片、设备、软件和系统,推动产业化步伐。加快未来网络体系架构关键理论和核心技术的研发,加强战略布局,建设面向未来互联网创新发展的示范平台。

(三)加快推进三网融合。总结试点经验,在确保信息和文化安全的前提下,大力推进三网融合,推动广电、电信业务双向进入,加快网络升级改造和资源共享,加强资源开发、信息技术和业务创新,大力发展融合型业务,培育壮大三网融合相关产业和市场。加快相关法律、法规和标准体系建设,健全适应三网融合的体制机制,完善可管、可控的网络信息和文化安全保障体系。

三、推动信息化和工业化深度融合,提高经济发展信息化水平

(一)全面提高企业信息化水平。推广使用数字化研发设计工具,加快重点行业生产装备数字化和生产过程智能化进程,全面普及企业资源计划、供应链、客户关系等管理信息系统。实施重大信息化示范项目,引导企业业务应用向综合集成和产业链协同创新转变。继续实施中小企业信息化推进工程和制造业信息化科技工程,提高中小企业和制造业企业信息化水平。完善企业信息化和工业化融合水平评估认定体系,支持面向具体行业的信息化公共服务平台发展。

(二)推广节能减排信息技术。推动工业、建筑、交通运输等领域节能减排信息技术的普及和深入应用,加大主要耗能、耗材设备和工艺流程的信息化改造。建立、健全资源能源综合利用效率监测和评价体系,提升资源能源供需双向调节水平。建立、健全主要污染物排放监测和固体废弃物综合利用信息管理系统,完善污染治理监督管理体系。

(三)增强信息产业核心竞争力。加大国家科技重大专项对信息产业核心基础产品、网络共性关键技术开发的支持力度,加快推动新一代移动通信、基础软件、嵌入式软件以及制造执行系统、工业控制系统、大型管理软件等技术的研发和应用。加强统筹规划,积极有序促进物联网、云计算的研发和应用。实施工业电子产品提升工程,推进信息技术与工业技术融合创新,提高汽车、船舶、机械等产品智能化水平。推动电子信息产品制造企业由单纯提供产品向提供综合解决方案和信息服务转变。

(四)引导电子商务健康发展。健全安全、信用、金融、物流和标准等支撑体系,探索有效监管模式,建立规范有序的电子商务市场秩序。引导电子商务平台向提供涵盖信息流、物流、资金流的全流程服务发展。鼓励大中型企业开展网络采购和销售,加强供应链协同运作,重点推动小型微型企业普及电子商务应用。实施移动电子商务试点示范工程,创建电子商务试点示范城市,创新电子商务发展模式,改善电子商务发展环境。

(五)推进服务业信息化进程。推动银行业、证券业和保险业信息共享,支持金融产品和服务创新,促进消费金融发展,提高面向小型微型企业和农业农村的金融服务水平。加快推进交通、旅游、休闲娱乐等服务业信息化。培育和发展地理信息产业,大力发展信息系统集成、互联网增值业务和信息安全服务。提高工业设计信息化水平。

四、加快社会领域信息化,推进先进网络文化建设

(一)提升电子政务服务能力。围绕提升服务和监管能力,促进政府管理创新,加强电子政务顶层设计。以互联互通为重点,形成统一的国家电子政务网络,完善项目建设管理、绩效评估和运行维护机制。扎实推进药品、食品、住房、能源、金融、价格等重要监管信息系统建设。推动重点领域信息共享和业务协同,加快电子政务服务向街道、社区和农村延伸,支持基层政府和社区开展管理和服务模式创新试点示范。加强地理空间和自然资源、人口、法人、金融、税收、统计等基础信息资源的开发利用,促进共享。全面提升电子政务技术服务能力,鼓励业务应用向云计算模式迁移。加强电子文件管理与应用。

(二)提高社会管理和城市运行信息化水平。建立全面覆盖的社会管理综合信息系统。完善人口信息共享机制,实现实有人口动态管理,提高人口信息动态监测和分析预测能力。建设公众诉求信息管理平台,改进信访工作方式。加强网络舆情分析,健全网上舆论动态引导管理机制。推动城市管理信息共享,推广网格化管理模式,加快实施智能电网、智能交通等试点示范,引导智慧城市建设健康发展。

(三)加快推进民生领域信息化。加快学校宽带网络建设,推动优质数字教育资源开发和共享,完善教育管理信息系统,构建面向全民的终身学习网络和服务平台,大力发展远程教育,形成教育综合信息服务体系。完善医疗服务与管理信息系统,加快建立居民电子健康档案和电子病历,加强国家和区域医药卫生信息共享,夯实远程医疗发展的基础。构建覆盖城乡居民的劳动就业和社会保障信息服务体系,全面推行社会保障卡应用,推动就业信息共享。推进减灾救灾、社会救助、社会福利和慈善事业等社会服务信息化。提高面向残疾人等特殊人群的信息服务能力。

(四)发展先进网络文化。鼓励开发具有中国特色和自主知识产权的数字文化产品,加强知识产权保护,壮大数字内容产业,培育数字内容与网络文化产业骨干企业,扩展数字内容产业链。加强重点新闻网站建设,规范管理综合性商业网站,构建积极健康的网络传播新秩序和网络氛围。积极推进数字图书馆等公益性文化信息基础设施建设,开发精品网络科普资源,完善公共文化信息服务体系。

五、推进农业农村信息化，实现信息强农惠农

（一）提高农业生产经营信息化水平。推动农业适用信息技术的研发应用，加快推进农业生产基础设施、装备与信息技术的融合。提高种植业、养殖业生产信息化和农村专业合作社、农产品批发市场经营信息化水平。加强农业生产环境监控、生产过程监测、行业发展监管，建立和完善农产品质量安全追溯体系。积极培育、示范、推广适用的农业信息化应用模式。

（二）完善农业农村综合信息服务体系。规范各类农业信息服务系统，建立全国农业综合信息服务平台，鼓励发展专业信息服务，加快推进涉农信息资源开发、整合和综合利用。继续推进农村基层信息服务站和信息员队伍建设，形成村为节点、县为基础、省为平台、全国统筹的农村综合信息服务体系。

六、健全安全防护和管理，保障重点领域信息安全

（一）确保重要信息系统和基础信息网络安全。能源、交通、金融等领域涉及国计民生的重要信息系统和电信网、广播电视网、互联网等基础信息网络，要同步规划、同步建设、同步运行安全防护设施，强化技术防范，严格安全管理，切实提高防攻击、防篡改、防病毒、防瘫痪、防窃密能力。加大无线电安全管理和重要信息系统无线电频率保障力度。加强互联网网站、地址、域名和接入服务单位的管理，完善信息共享机制，规范互联网服务市场秩序。

（二）加强政府和涉密信息系统安全管理。严格政府信息技术服务外包的安全管理，为政府机关提供服务的数据中心、云计算服务平台等要设在境内，禁止办公用计算机安装使用与工作无关的软件。建立政府网站开办审核、统一标识、监测和举报制度。减少政府机关的互联网连接点数量，加强安全和保密防护监测。落实涉密信息系统分级保护制度，强化涉密信息系统审查机制。

（三）保障工业控制系统安全。加强核设施、航空航天、先进制造、石油石化、油气管网、电力系统、交通运输、水利枢纽、城市设施等重要领域工业控制系统，以及物联网应用、数字城市建设中的安全防护和管理，定期开展安全检查和风险评估。重点对可能危及生命和公共财产安全的工业控制系统加强监管。对重点领域使用的关键产品开展安全测评，实行安全风险和漏洞通报制度。

（四）强化信息资源和个人信息保护。加强地理、人口、法人、统计等基础信息资源的保护和管理，保障信息系统互联互通和部门间信息资源共享安全。明确敏感信息保护要求，强化企业、机构在网络经济活动中保护用户数据和国家基础数据的责任，严格规范企业、机构在我国境内收集数据的行为。在软件服务外包、信息技术服务和电子商务等领域开展个人信息保护试点，加强个人信息保护工作。

七、加快能力建设，提升网络与信息安全保障水平

（一）夯实网络与信息安全基础。研究制定国家信息安全战略和规划，强化顶层设计。落实信息安全等级保护制度，开展相应等级的安全建设和管理，做好信息系统定级备案、整改和监督检查。强化网络与信息安全应急处置工作，完善应急预案，加强对网络与信息安全灾备设施建设的指导和协调。完善信息安全认证认可体系，加强信息安全产品认证工作，减少重复检测和重复收费。

（二）加强网络信任体系建设和密码保障。健全电子认证服务体系，推动电子签名在金融等重点领域和电子商务中的应用。制定电子商务信用评价规范，建立互联网网站、电子商务交易平台诚信评价机制，支持符合条件的第三方机构开展信用评价服务。大力推动密码技术在涉密信息系统和重要信息系统保护中的应用，强化密码在保障电子政务、电子商务安全和保护公民个人信息等方面的支撑作用。

（三）提升网络与信息安全监管能力。完善国家网络与信息安全基础设施，加强网络与信息安全专业骨干队伍和应急技术支撑队伍建设，提高风险隐患发现、监测预警和突发事件处置能力。加强信息共享和交流平台建设，健全网络与信息安全信息通报机制。加大对网络违法犯罪活动的打击力度。进一步完善监管体制，充实监管力量，加强对基础信息网络安全工作的指导和监督管理。倡导行业自律，发挥社会组织和广大网民的监督作用。

（四）加快技术攻关和产业发展。统筹规划，整合力量，进一步加大网络与信息安全技术研发力度，加强对云计算、物联网、移动互联网、下一代互联网等方面的信息安全技术研究。继续组织实施信息安全产业化专项，完善有关信息安全政府采购政策措施和管理制度，支持信息安全产业发展。

八、完善政策措施

（一）加强组织领导。在国家信息化领导小组和国家网络与信息安全协调小组的领导下，各有关部门要按照职责分工，认真落实各项工作任务，加强协调配合，形成合力，共同推进信息化发展和网络信息安全保障工作。各地区要将保障网络与信息安全列入重要议事日程，逐级建立并认真落实网络与信息安全责任制，明确主管领导，确定工作机构，负责督促落实网络与信息安全规章制度，组织制订应急预案，处理重大网络与信息安全事件等，并根据本地实际情况，建立省（区、市）、地（市）两级网络与信息安全协调机制。

（二）加强财税政策扶持。发挥财税政策的杠杆作用，加大对信息化和工业化深度融合关键共性技术研

发与推广、公共服务平台、重大示范工程建设等的支持力度。完善农村通信普遍服务补偿机制，优先支持农村、欠发达地区综合信息基础设施建设和改造。整合利用现有资金渠道，中央财政加大投入，重点支持信息安全重要基础性工作。各地区、各部门要将基础性公益性网络与信息安全设施运行维护、安全服务和检查等费用纳入财政预算。

（三）加快法规制度和标准建设。完善信息化发展和网络与信息安全法律、法规，研究制定政府信息安全管理、个人信息保护等管理办法。健全相关法规制度，明确并落实企事业单位和社会组织维护信息安全的责任。制定完善新一代信息技术在重点领域的应用标准，注重发挥标准对产业发展的技术支撑作用。培育国家信息安全标准化专业力量，加快制定三网融合、云计算、物联网等领域安全标准。积极参与制定信息安全国际行为准则、互联网治理等国际规则和标准。

（四）加强宣传教育和人才培养。开展面向全社会的信息化应用和信息安全宣传教育培训。支持信息安全与保密学科师资队伍、专业院系、学科体系、重点实验室建设。加强大中小学信息技术、信息安全和网络道德教育，在政府机关和涉密单位定期开展信息安全教育培训。各级财政要加大对信息安全宣传教育和培训等公益性活动的支持。加快培养创新型、应用型信息化人才。

国务院

2012年6月28日

国务院印发《节能与新能源汽车产业发展规划（2012—2020年）》

《节能与新能源汽车产业发展规划（2012—2020年）》（以下简称《规划》）指出，节能与新能源汽车已成为国际汽车产业的发展方向，未来10年将迎来全球汽车产业转型升级的重要战略机遇期。

《规划》明确，以纯电驱动为新能源汽车发展和汽车工业转型的主要战略取向，当前重点推进纯电动汽车和插电式混合动力汽车产业化，推广普及非插电式混合动力汽车、节能内燃机汽车，提升我国汽车产业整体技术水平。到2015年，纯电动汽车和插电式混合动力汽车累计产销量力争达到50万辆；到2020年，纯电动汽车和插电式混合动力汽车生产能力达200万辆、累计产销量超过500万辆，燃料电池汽车、车用氢能源产业与国际同步发展。

在产业布局方面，《规划》提出，在产业发展过程中，要注意防止低水平盲目投资和重复建设。

《规划》提出，新能源汽车尚处于产业化初期，需要加大政策支持力度，积极开展推广试点示范，加快培育市场，推动技术进步和产业发展。

国办印发《国家食品安全监管体系“十二五”规划》

这个规划是贯彻落实《国务院关于加强食品安全工作的决定》有关要求的，它紧紧围绕完善食品安全监管体系和增强监管能力，提出在“十二五”期间，全面推进法规标准、监测评估、检验检测、过程控制、进出口食品监管、应急管理、协调机制、科技支撑、食品安全诚信、宣教培训十大体系建设，并针对其中的薄弱环节和急需解决的突出问题，着力抓好食品安全追溯系统和互联互通信息平台等9项重点建设任务。

在这个规划的实施中，突出5个强化。一是强化弱项短板。重点解决监管体系中存在的突出矛盾和问题，提高监管能力和水平。二是强化预防为主。坚持关口前移，着力加强风险监测、评估预警、标准制定等工作，做到防患于未然。三是强化基层基础。重点加强基层监管队伍日常监管和应急处置装备，尤其是快速检测设备的配备，提高快速反应、有效监管的能力。四是强化资源整合。推进检验机构合理布局、资源共享，避免重复建设。五是强化科技支撑。在加强传统监管手段基础上，注重信息网络、电子追溯等先进科学技术的推广运用。

这个规划明确了“十二五”期间若干重要建设目标，如省、市、县三级食品安全监管队伍全面完成装备配备的标准化建设；食品安全事故防范处置能力大幅度增强，重大食品安全事故能得到有效防范和及时处置；食品污染物和有害因素监测覆盖全部县级行政区域，监测点由344个扩大到2870个，监测样本量从12.4万个/年扩大到287万个/年；食源性疾病监测网络哨点医院由312个扩大到3120个；食品生产经营者安全信用档案全面建立等。

国务院副总理王岐山在丽水出席韩国丽水世博会中国国家馆日官方仪式

“理论热点面对面·2012”网络座谈会在人民网强国论坛举行

人保部劳动工资研究所所长苏海南、国家行政学院决策咨询部研究员王小广、北京大学国家发展研究院教授李玲等8位嘉宾通过人民网强国论坛，解读中宣部理论局组织编写的通俗理论读物《辩证看 务实办——理论热点面对面·2012》，并就缩小收入差距、坚持房地产调控、降低看病费用、推进素质教育、提升道德风气、保障食品安全、遏制环境污染、深化反腐倡廉8个方面的问题与网友进行了在线交流。

访谈期间，网友参与非常踊跃，强国论坛同时在线人数176万，网友提问、跟帖2500多条，嘉宾共回答了90个问题。强国论坛对访谈进行了图文直播。

《中国广播电影电视发展报告(2012)》蓝皮书在北京发布

蓝皮书显示：2011年，全国广播影视总收入达2894.79亿元；全国数字电视用户首次突破1亿户，全年电影票房超过131亿元，截至2012年1月底，已有约9600块银幕，银幕总数跃居世界第二。

2011年，全国广播影视总收入达2894.79亿元，同比增长17.72%。其中，广播电视行业广告收入实现19%以上大幅增长，达1122.90亿元。全国有线广播电视入户率达49.43%，用户首次突破2亿户，其中数字电视用户首次突破1亿户，达11489万户。有线网络产业收入增长率为16%，收入达563.78亿元。全年电影票房超过131亿元，增长近29%。全年新增加803家影院，银幕总数跃居世界第二。

2011年，全国生产完成并获得发行许可证的电视剧共计469部14942集，稳居世界第一。全年制作完成的国产电视动画片共435部、26.12万分钟，跃居世界首位；电影产量791部，其中故事片558部，产量保持世界第三，仅次于印度和美国。

至2011年12月底，我国手机网民规模达3.56亿，手机网络音乐和视频的使用率分别达45.7%和22.5%。云媒体电视在2011年集中亮相；视听新媒体展现出多种业务形态整合发展的强劲势头，跨媒体、跨区域联合运营呈现新局面。

截至2011年年底，已有26个省(区、市)完成或基本完成一省一网整合，有线网络“一省一网”基本实现；“三网融合”首批试点稳步发展，试点城市增至54个。

蓝皮书还显示，2011年全国影视文化产品与服务出口总额共计1.56亿美元，出口覆盖100多个国家和地区。其中影视节目出口约1.6万多小时，出口额6700多万美元。共有55部影片销往22个国家和地区，海外票房和销售收入20.46亿元人民币。

文化部发布《关于鼓励和引导民间资本进入文化领域的实施意见》

中国作协在北京举行“网络文学作品研讨会”

这是中国作协自成立以来首次专门研讨网络文学作品。各文学网站推荐了5部代表作品：《遍地狼烟》(李晓敏)、《扶摇皇后》(天下归元)、《隋乱》(酒徒)、《新宋》(阿越)、《凝暮颜》(杨蓥莹)。

专家认为，网络文学表现出与传统文学相异的特点，需要探索符合其特点的评价体系。

6月29日

“神舟”九号载人飞船返回舱成功着陆

10时03分，在经过近13天太空飞行后，“神舟”九号载人飞船返回舱顺利着陆，航天员景海鹏、刘旺、刘洋安全返回，“天宫一号”与“神舟”九号载人交会对接任务获得圆满成功。中共中央、国务院、中央军委致电祝贺。中共中央政治局常委、国务院总理温家宝，中共中央政治局常委、中央纪委书记贺国强等在北京航天飞行控制中心观看飞船回收实况。温家宝宣读了中共中央、国务院、中央军委的贺电。

“神舟”九号飞船于6月16日18时37分，从酒泉卫星发射中心发射升空，先后与“天宫一号”目标飞行器在轨成功进行了两次交会对接，第一次为自动交会对接，第二次由航天员手动控制完成。在轨飞行期间，航天员景海鹏、刘旺、刘洋按计划开展了一系列空间科学实验和技术试验，取得了丰富成果。

上午9时许，温家宝、贺国强等领导同志来到北京航天飞行控制中心飞控大厅，通过中心指挥显示系统观看“神舟”九号飞船回收实况。飞控大厅内，电子显示屏上实时显示着“神舟”九号飞船运行的轨迹和参数，各岗位工作人员紧张有序地忙碌着。

9时16分，“神舟”九号飞船返回舱与轨道舱分离。9时17分，返回制动发动机点火。9时38分，返回舱与推进舱分离。电子显示屏上的图像清晰显示，飞船返回舱飞行高度不断降低，正从太空飞向祖国的怀抱。

10时03分，在穿越稠密的大气层后，返回舱在内蒙古中部预定区域安全着陆。担负搜救回收任务的西安卫星测控中心所属着陆场站及时发现目标，空中搜救分队第一时间到达返回舱着陆现场。返回舱舱门开启后，经过短时间地面重力再适应，航天员景海鹏、刘旺、刘洋先后健康出舱。他们面带微笑，向前来迎接的人们不断挥手致意。

11时25分，载人航天工程总指挥常万全在北京航天飞行控制中心宣布：“神舟”九号飞船返回舱已在内蒙古主着陆场安全着陆，3名航天员身体状况良好。“天宫一号”与“神舟”九号载人交会对接任务取得圆满成功！大厅内顿时响起阵阵掌声。

在热烈的气氛中，温家宝宣读了中共中央、国务院、中央军委的贺电。贺电说，中共中央、国务院、中央军委特向胜利完成这次任务的航天员，向所有参加这次任务的科技工作者、干部职工和解放军指战员，表示热烈祝贺和亲切慰问！

随后，温家宝、贺国强等领导同志走到飞控大厅操作台，同参试人员亲切握手，共庆我国首次载人交会对接任务获得圆满成功。梁光烈、马凯等在北京航天飞行控制中心一同观看了飞船回收实况。

中共中央 国务院 中央军委电贺“天宫一号”与“神舟”九号载人交会对接任务成功

总装备部、工业和信息化部、国家国防科技工业局、中国科学院、中国航天科技集团公司、中国航天科工集团公司、中国电子科技集团公司并参加“天宫一号”与“神舟”九号载人交会对接任务的全体同志：

欣悉“天宫一号”与“神舟”九号载人交会对接任务取得圆满成功，中共中央、国务院、中央军委特向胜利完成这次任务的航天员，向所有参加这次任务的科技工作者、干部职工和解放军指战员，表示热烈祝贺和亲切慰问！

“天宫一号”与“神舟”九号载人交会对接任务的圆满成功，实现了我国空间交会对接技术的又一重大突破，标志着我国载人航天工程第二步战略目标取得了具有决定性意义的重要进展。这是建设创新型国家取得的新成就，是中国人民在攀登世界科技高峰征程上铸就的新辉煌，是中华民族为人类探索利用外层空间作出的又一卓越贡献，对于增强我国综合国力、振奋民族精神，鼓舞和激励全国人民奋力夺取全面建设小康社会新胜利，不断开创中国特色社会主义事业新局面，具有重大而深远的意义。全体航天人建立的丰功伟绩将彪炳史册，祖国和人民永远不会忘记！

科技进步永无止境，太空探索任重道远。希望你们紧密团结在以胡锦涛同志为总书记的党中央周围，高举中国特色社会主义伟大旗帜，以邓小平理论和“三个代表”重要思想为指导，深入贯彻落实科学发展观，大力弘扬“两弹一星”精神和载人航天精神，自强不息、团结拼搏，开拓创新、扎实工作，努力推进我国航天事业跨越发展，以优异成绩迎接党的十八大胜利召开，为实现中华民族伟大复兴作出新的更大贡献！

中共中央

国务院

中央军委

2012 年 6 月 29 日

国务院发出《关于支持赣南等原中央苏区振兴发展的若干意见》

《关于支持赣南等原中央苏区振兴发展的若干意见》（以下简称《若干意见》）指出，赣南等原中央苏区地跨赣闽粤，是土地革命战争时期中国共产党创建的最大最重要的革命根据地，是中华苏维埃共和国临时中央政府所在地，是人民共和国的摇篮和苏区精神的主要发源地，为中国革命作出了重大贡献和巨大牺牲，在中国革命史上具有特殊重要的地位。新中国成立特别是改革开放以来，赣南等原中央苏区发生了翻天覆地的变化，但由于种种原因，经济社会发展明显滞后，与全国的差距仍在拉大。

《若干意见》对赣南等原中央苏区的战略定位是：全国革命老区扶贫攻坚示范区，全国稀有金属产业基地、先进制造业基地和特色农产品深加工基地，重要的区域性综合交通枢纽，我国南方地区重要的生态屏障，红色文化传承创新区。发展目标是：到 2015 年，赣南等原中央苏区在解决突出的民生问题和制约发展的薄弱环节方面取得突破性进展；到 2020 年，赣南等原中央苏区整体实现跨越式发展。

《若干意见》共 11 章 45 条，主要包括：优先解决突出民生问题，加快完成农村危旧土坯房改造、农村安全饮水、农村电网改造升级、农村道路建设等任务，提高特殊困难群体生活水平，凝聚振兴发展民心民力；大力夯实农业基础，加快发展现代农业，促进农民持续增收，推进城乡统筹发展；加快交通、能源、水利等基础设施建设，构建功能完善、安全高效的现代化基础设施体系，增强振兴发展支撑能力；培育壮大特色优势产业，积极发展特色优势矿产业、先进制造业和红色文化旅游产业，着力增强“造血”功能，走出振兴发展新路子；加强生态建设和环境保护，牢固树立绿色发展理念，坚持在发展中保护、在保护中发展，促进经济社会发展与资源环境相协调；大力发展教育、卫生、文化体育、就业和社会保障等各项社会事业，促进基本公共服务均等化，让改革发展成果更多地惠及广大城乡居民；坚持以改革开放促振兴发展，着力构建有利于加快发展、转型发展的体制机制，打造内陆开放型经济新格局，为振兴发展注入强劲活力；在财税、金融、投资、产业、国土资源、生态补偿、人才、对口支援等方面加大政策扶持力度，努力推动赣南等原中央苏区实现全面振兴。

中共中央政治局常委李长春在辽宁调研

6 月 29 日至 7 月 3 日，李长春先后到辽阳、鞍山、营口、盘锦、沈阳等地，深入企业、高校、农村、社区和宣传文化单位，就贯彻落实党的十七届六中全会精神、加快转变经济发展方式、推进文化改革发展等进行调研。

李长春指出，辽宁老工业基地翻天覆地的变化充分证明，中央关于振兴东北地区等老工业基地的战略决策是完全正确的。他希望辽宁紧紧抓住当前难得历史机遇,加快经济结构调整和产业优化升级,促进工业化和信息化高度融合,大力发展高端制造特别是智能制造业,为我国从装备制造业大国向装备制造业强国转变作出更大贡献。

调研结束时,李长春听取了辽宁省委省政府工作汇报,对辽宁经济社会发展取得的成绩给予充分肯定。他希望辽宁牢牢把握主题主线,全面振兴装备制造业,大力提高自主创新能力,加快推动高水平对外开放,努力走出一条具有辽宁特色的科学发展、创新发展、和谐发展新路。

中华人民共和国与南方共同市场发表关于进一步加强经济 贸易合作联合声明

中华人民共和国(以下简称中国)和南方共同市场(以下简称南共市)强调中国与南共市开展经贸合作对推动各自经济发展中所发挥的重要作用,本着巩固经济关系的意愿,承诺在互利的基础上深化和加强合作。

双方对当前因发达经济体自身危机而引发的世界经济形势的不确定性和不稳定性表示关注,将共同应对贸易保护主义,特别是农业领域的保护主义,确保多边贸易体系的可预测性。

为此发表声明如下:

一、中国和南共市重视并将继续推动双方在经贸领域的合作,将共同采取措施,实现贸易结构多元化,并以平衡的方式提高中国与南共市各成员国间的贸易额,力争使中南双边贸易额于2016年达到2000亿美元。

二、双方认为,双向投资是促进经贸关系发展的重要手段,将为相互间投资提供良好环境。

三、双方强调融资在双边贸易和创造就业的生产型投资中所发挥的重要作用,将寻求推动旨在提升各自金融机构能力的合作。

四、双方将加强在涉及经贸领域合作的各种法律、法规和政策的信息交流。

五、双方将加强在多边贸易体系内的合作,对多哈回合面临的困境表示担忧,一致认为有必要重申发展授权并继续谈判,推动取得考虑发展中国家利益和需求,尤其在农业领域的利益和需求的雄心的、全面的和平衡的协议。

六、为推进上述目标,双方同意召开一次中国和南共市政府代表会议,并提出下列措施:

(一)加强政府和组织在促进经贸合作中的作用;

(二)推动互派经贸团组和参加双方举办的贸易投资展览、展会,并为此提供便利;

(三)通过举办有关培训班和研讨会,培训政府官员、各领域专家和技术人员,加强双方在能力建设领域的交流与合作;

(四)共同探讨通过机制和行动来增加并便利贸易交流以便落实本声明所设目标和行动。

2012年6月29日

2012年全国职业院校技能大赛在天津闭幕

中共中央政治局委员、国务委员刘延东致信祝贺。

刘延东在贺信中说,职业教育承担着服务国家战略、促进人的全面发展的重大使命。要紧紧围绕国家经济社会发展的总体部署,全面落实教育规划纲要,以提升质量为核心,以改革创新为动力,加快建设适应需求、有机衔接、多元立交的中国特色、世界水准的现代职业教育体系。

今年的全国职业院校技能大赛由教育部、天津市政府等23个部门、组织共同举办,共设18个专业大类、96个比赛项目,参赛队伍4000支,参赛选手近万人,是历届大赛中参赛选手最多、专业覆盖面最广、规格最高的一届。大赛共有1118人次获得一等奖,2264人次获得二等奖,3262人次获得三等奖。大赛组委会还评选出优秀组织奖10个、合作企业突出贡献奖11个。

元上都遗址成为我国第三十项世界文化遗产

俄罗斯圣彼得堡当地时间6月29日18时23分,第三十六届世界遗产委员会会议一致同意将中国申报的文化遗产项目元上都遗址列入《世界遗产名录》。至此,元上都遗址成为我国第三十项世界文化遗产。

世界遗产委员会认为,元上都遗址作为草原都城遗址,展示了文化融合的特点,见证了北亚地区游牧文明和农耕文明之间的碰撞及相互交融,符合世界遗产4条价值标准,满足遗产真实性和完整性要求。

6月30日

国家主席胡锦涛出席香港特别行政区政府欢迎晚宴并发表重要讲话

18时许,宴会厅里到处欢声笑语,一派喜气洋洋。胡锦涛在香港特别行政区行政长官曾荫权陪同下来到宴会厅,出席盛大欢迎晚宴。

在热烈的掌声中,胡锦涛发表了热情洋溢的讲话。他首先代表中央政府和全国各族人民,向全体香港市民致以诚挚问候和良好祝愿。胡锦涛说,这是我第三次来到香港特别行政区。每次来,都对这座城市的发展活力和独特魅力有新的感受。事实证明,“一国两制”方针是完全正确的、具有强大生命力,香港同胞完全有智慧、有能力把香港管理好、建设好、发展好。

胡锦涛表示，香港回归祖国15年来历经风雨，成就来之不易。董建华先生和曾荫权先生作为行政长官，先后领导特别行政区政府依法施政、恪尽职守、迎难而上、开拓进取，为香港、为国家作出了重要贡献。

胡锦涛指出，展望未来，香港既面临有利的发展机遇，也面对许多严峻挑战。他勉励香港同胞进一步弘扬自强不息的拼搏精神，强化主人翁意识，责无旁贷地承担起管理香港、建设香港、发展香港的责任，埋头苦干、自信自强，用自己的智慧和勤劳创造美好生活；进一步弘扬同舟共济的团结精神，始终以国家和香港整体利益为重，提倡多一些合作、多一些协商、多一些包容，关爱基层，扶助贫弱，守望相助，共享和谐，齐心协力应对挑战；进一步弘扬灵活应变的创新精神，立足香港、依托祖国、面向世界，善抓机遇、积极应变，大胆探索、锐意创新，使香港各项事业不断焕发出新的生机和活力。

胡锦涛最后强调，有中央政府大力支持和祖国内地作坚强后盾，有回归15年来打下的良好基础，新一任行政长官梁振英先生和新一届特别行政区政府一定能够团结带领香港社会各界，齐心协力，砥砺奋进，把香港建设成为经济繁荣、政制民主、社会和谐、环境优美、生活美好、同祖国内地关系更密切、同世界联系更广泛的现代化国际大都市。

曾荫权在致辞中代表香港市民和香港特别行政区政府，对胡锦涛主席亲临香港表示最衷心的欢迎和感谢。曾荫权表示，15年来，香港和祖国携手走过精彩丰盛、光明灿烂的路。在中央政府和全国人民支持下，香港贯彻落实"一国两制"、"港人治港"、高度自治方针，社会、经济、民生各方面都稳步发展。曾荫权为下一届特别行政区政府送上诚挚的祝愿，并深信凭借背靠祖国、面向世界的优势，香港会不懈奋斗，再创辉煌，为国家作出更大贡献。

中共中央政治局委员、国务委员刘延东，中共中央书记处书记、中央政策研究室主任王沪宁，全国人大常委会副委员长兼秘书长李建国，全国政协副主席廖晖，中央军委委员、总政治部主任李继耐等出席晚宴。

全国政协副主席董建华，澳门特别行政区行政长官崔世安，香港特别行政区候任行政长官梁振英，香港特别行政区政府主要官员、行政会议成员、立法会议员、终审法院和高等法院法官，以及香港各界代表和其他嘉宾也出席了晚宴。

国家主席胡锦涛在香港会见香港特别行政区现任政府主要官员 行政会议成员 立法会主席和终审法院首席法官

胡锦涛表示，5年来，在中央政府和祖国内地大力支持下，在行政长官曾荫权先生和香港特别行政区政府带领下，香港成功应对国际金融危机冲击，经济平稳发展，民生不断改善，民主有序推进，社会和谐稳定，各项事业取得了明显进步。这些成就的取得，与各位的辛勤工作密不可分。胡锦涛代表中央政府，对大家所付出的辛劳表示诚挚的慰问。

胡锦涛强调，香港要充分发挥现有的优势，特别是背靠内地的优势，保持和巩固国际金融、贸易、航运中心的地位，并在国家的发展全局中进一步发挥作用。

国家主席胡锦涛在香港会见香港社会各界代表人士

国家主席胡锦涛下午在香港会展中心亲切会见香港社会各界代表人士并发表重要讲话。

胡锦涛表示，长期以来，香港社会各界代表人士为香港顺利回归祖国、保持繁荣稳定做了大量卓有成效的工作，也为祖国内地改革开放和现代化建设作出了重要贡献。我代表中央政府，向你们表示衷心的感谢和崇高的敬意。

胡锦涛指出，香港回归祖国15年来，"一国两制"实践取得举世瞩目的成功。实践充分证明"一国两制"具有强大生命力和巨大优越性。在前进的道路上我们还会面临风险和困难。只要我们团结一致，齐心协力，我相信，就一定能够推动香港各项建设事业迈上新台阶，香港的明天一定会更加美好。

刘延东、王沪宁、李建国、廖晖和李继耐等参加会见。

全国政协副主席董建华、香港特别行政区行政长官曾荫权、香港特别行政区候任行政长官梁振英也参加了会见。

国家主席胡锦涛在香港会见中央驻港机构和主要中资机构负责人并发表重要讲话

胡锦涛指出，香港回归祖国15年来，走过了不平凡历程，取得了举世瞩目的成就。中央驻港机构和中资机构的同志们认真贯彻香港特别行政区基本法和中央对香港的一系列方针政策，全力支持行政长官和特别行政区政府依法施政，积极推动内地同香港交流合作，为促进香港繁荣稳定、推进"一国两制"事业作出了重要贡献。

胡锦涛希望大家以更加昂扬的精神风貌、更加踏实的工作作风、更加优异的工作业绩，为香港的长期繁荣稳定作出新的更大贡献。

国家主席胡锦涛在香港会见澳门特别行政区行政长官崔世安

胡锦涛肯定了澳门当前形势和澳门特别行政区政

府的工作，希望澳门特别行政区政府进一步做好各方面工作，尤其是要高度重视民生工作，推动澳门各项事业不断取得新进步。

崔世安说，澳门形势稳定，当前澳门特别行政区政府集中精力发展经济、改善民生，发挥澳门自身优势，努力取得新的工作成绩。

十一届全国人大常委会第二十七次会议在人民大会堂闭幕

会议经表决，分别通过了《中华人民共和国出境入境管理法》、全国人大常委会关于修改《中国人民解放军选举全国人民代表大会和县级以上地方各级人民代表大会代表的办法》的决定。国家主席胡锦涛签署第57号、第58号主席令，分别予以公布。

全国人大常委会委员长吴邦国主持会议。常委会组成人员145人出席会议，出席人数符合法定人数。

会议表决通过了全国人大常委会关于批准澳门特别行政区基本法附件一澳门特别行政区行政长官的产生办法修正案的决定，批准了这一修正案。该修正案自批准之日起生效。

会议表决通过了全国人大法律委员会关于澳门特别行政区基本法附件二澳门特别行政区立法会的产生办法修正案草案审查意见的报告，同意对这一修正案予以备案，自公布之日起生效。该修正案将以公告方式予以公布。

会议表决通过了全国人大常委会关于批准2011年中央决算的决议，批准了2011年中央决算。

会议表决通过了全国人大常委会代表资格审查委员会关于个别代表的代表资格的报告。根据全国人大常委会发表的公告，十一届全国人大现实有代表2977人。

会议还表决通过了有关任免案。

在表决通过各项议案后，吴邦国发表讲话。他说，本次会议通过的出境入境管理法，在总结中国公民出境入境管理法和外国人入境出境管理法实施经验的基础上，统一了法律的调整范围，细化了出境入境的管理规定，规范了外国人停留居留行为，强化了边防检查以及调查、遣返、处罚等措施，对于更好地维护国家安全和社会秩序，促进对外开放和经济社会发展具有重要意义。

吴邦国说，修改后的解放军选举人大代表办法，适应社会主义民主法制建设的新形势和军队建设发展的新要求，对参加军队选举的人员范围、选举委员会的组成和任期、军队人大代表的辞职程序等作出相应调整，为做好军队人大代表选举工作提供了更加完备的制度保障。

吴邦国指出，预算法的修改涉及我国财政管理体制改革，社会各界都很关注。去年12月常委会会议对预算法修正案草案初审后，法律委员会就草案中的重大问题与有关部门反复沟通，并根据各方面意见对草案做了进一步修改，本次会议又进行了再审。从两次会议审议的情况看，常委会组成人员和列席会议的同志普遍认为，预算法的修改要有利于强化预算编制的完整性、预算执行的规范性和预算监督的严肃性，进一步加强预算审查和监督，更好发挥财政预算在加强和改善宏观调控、调整分配关系等方面的重要作用；有利于建立、健全财力保障与支出责任相匹配的财政管理体制，进一步规范财政转移支付制度，既反映改革发展的成功经验，又为深化改革留下空间。审议中大家还强调，要高度重视防范财政风险尤其是防范和化解我国地方政府性债务风险，地方各级预算都要按照量入为出、收支平衡的原则编制，不能打赤字，也不能违法违规发行地方债券，切实保障国家经济安全。

吴邦国说，本次会议对老年人权益保障法修订草案进行了初审。这个草案是根据去年老年人权益保障法执法检查提出的建议，在深入总结法律实施经验、广泛听取各方面意见的基础上形成的。大家对这次修改的总体思路和主要内容表示赞同，并提出一些完善草案的意见和建议，强调在积极发展养老社会保障和社会服务的同时，要进一步巩固家庭养老基础性地位，完善家庭赡养与扶养的权利义务，促进家庭和睦和代际和谐，大力弘扬中华民族敬老、养老、助老的传统美德。

吴邦国指出，这次会议的一项重要内容，是审议澳门特别行政区基本法附件一行政长官产生办法修正案草案、附件二立法会产生办法修正案草案，并依法分别予以批准和备案，使这两个修正案正式生效。审议中，常委会组成人员和列席会议的同志普遍认为，两个草案符合澳门基本法和全国人大常委会有关解释和决定，凝聚了澳门社会各界共识，回应了澳门社会各界诉求，有利于扩大澳门市民的参政平台，有利于循序渐进地推进澳门的政制发展。吴邦国强调，澳门回归祖国12年来，澳门基本法规定的澳门特别行政区政治体制，对保持澳门长期繁荣稳定和发展发挥了重要作用。在这个体制下，澳门居民享有前所未有的民主权利，有效行使了澳门基本法赋予澳门的高度自治权。只要坚定不移地贯彻落实“一国两制”方针，严格依照基本法办事，就一定能够保持澳门长期繁荣稳定和发展，就一定能够开创澳门更加美好的明天。

吴邦国说，这次会议听取审议了2011年中央决算报告和审计工作报告，批准了2011年中央决算。审议中，常委会组成人员和列席会议的同志普遍认为，2011年中央决算总体情况是好的，国务院及其有关部门认真贯彻落实中央重大决策部署，继续实行积极的财政政策，着力加大“三农”、民生等重点领域支出力度，各项工作都取得了新的进展，财政赤字和国债余额均控制在十一届全国人大四次会议批准的范围之内。大家在充分肯定去年财政和审计工作的同时，还围绕完善决算编制、深化财税改革等问题提出了一些意见和建议，希望国务院及其有关部门认真研究落实。对审计查出的问题，请国务院责成有关方面切实进行整改，依法追究责任，完善体制机制，并在今年年底前将整改和处理情况向全国人大常委会报告。

吴邦国说，本次会议还听取审议了国务院关于保障饮用水安全、禁毒法实施和禁毒工作情况的两个报告，并结合审议保障饮用水安全工作情况报告开展了专题询问。常委会组成人员和列席会议的同志对相关工作给予充分肯定，同时提出不少改进工作的意见和建议。大家指出，我国水资源总量不足，再加上水污染严重和供水设施建设滞后，饮用水安全形势更为严峻。各地区各部门要把保障饮用水安全作为一项重大民生工程来抓，综合运用经济、法律、技术和必要的行政手段，切实加强饮用水水源保护和管理，积极推进农村饮用水安全工程建设和城市供水管网改造，着力提升饮用水水源、水质的监测监控和应急处置能力，不断提高饮用水安全保障工作的能力和水平。大家强调，要充分认识禁毒斗争的长期性、艰巨性和复杂性，牢固树立禁毒工作常抓不懈的思想，深入推进禁毒人民战争，打击毒品犯罪毫不手软，挽救吸毒人员多管齐下，开展国际合作扎实有效，最大限度遏制毒品蔓延扩散、减少毒品社会危害，为经济社会发展创造良好环境。

吴邦国指出，检查文物保护法实施情况，是这部法律自1982年颁布实施以来的第一次。在本次常委会会议的审议中，常委会组成人员和列席会议的同志充分肯定执法检查组的工作，普遍赞成执法检查报告。大家指出，我国文物保护利用的整体水平与我们国家文明古国的地位还不相称，与人民群众日益增长的文化需求还有差距，全面贯彻落实文物保护法的任务艰巨而繁重。各地方各部门要认真贯彻落实党的十七大和十七届六中全会精神，正确处理文物保护与经济发展、社会建设的关系，健全文物保护管理体制，规范引导文物流通秩序，提升文物保护科技水平，完善文物保护法律制度，让文物保护成果更好更多地惠及广大人民群众，推动文物保护事业全面发展。

十一届全国人大常委会在人民大会堂举行题为《现代农业发展视野下的国家粮食安全战略》的专题讲座

全国人大常委会委员长吴邦国主持讲座。

主讲人中国人民大学农业与农村发展学院副院长朱信凯从我国现代农业发展与粮食安全现状，保障粮食安全的国际经验与启示，现代农业发展视野下的粮食安全战略，大力发展现代农业、确保粮食安全的政策建议4个方面作了深入讲解。

朱信凯在深入阐述了我国粮食生产连续10年取得历史最好成绩的同时，认为需要清醒看到当前我国粮食安全保障面临的严峻形势：资源条件贫乏，经济社会要素投入大，保障食物及粮食安全的总供给能力不宽裕，粮食生产的成本增长高于产值增长，农产品对外贸易已由出口大国变为进口大国，人口的增加与土地和水资源紧缺的矛盾加剧等。

朱信凯说，世界主要国家的经验启示我们：保障粮食安全，要坚持“立足国内生产，实现基本自给”的原则，要充分发挥国内外“两个市场”、“两种资源”的作用，要注重粮食安全与农民增收的有机统一，要注重农业科技创新和经营模式创新，要健全法律、法规体系。

在分析未来粮食生产潜力时，朱信凯认为，首先要不断加强耕地保护措施，其次要逐步实现节水农业，还要加快中低产田改造。

讲解中，朱信凯还谈了他对大力发展现代农业、确保粮食安全的政策建议：加强对粮食安全战略的总体规划与设计；推进农业管理体制改革；加强农业科学技术研究，尤其要重视农业管理及软科学的研究。

全国人大常委会关于批准2011年中央决算的决议

（2012年6月30日第十一届全国人民代表大会常务委员会第二十七次会议通过）

第十一届全国人民代表大会常务委员会第二十七次会议听取了财政部部长谢旭人受国务院委托作的《国务院关于2011年中央决算的报告》和审计署审计长刘家义受国务院委托作的《国务院关于2011年度中央预算执行和其他财政收支的审计工作报告》。会议结合审议审计工作报告，对《2011年中央决算（草案）》和中央决算报告进行了审查。会议同意全国人民代表大会财政经济委员会提出的《关于2011年中央决算审查结果的报告》，决定批准《2011年中央决算》。

全国人大常委会关于批准《中华人民共和国澳门特别行政区基本法附件一澳门特别行政区行政长官的产生办法修正案》的决定

第十一届全国人民代表大会常务委员会第二十七次会议决定：

根据《中华人民共和国澳门特别行政区基本法》附件一、《全国人民代表大会常务委员会关于〈中华人民共和国澳门特别行政区基本法〉附件一第七条和附件二第三条的解释》和《全国人民代表大会常务委员会关于澳门特别行政区2013年立法会产生办法和2014年行政长官产生办法有关问题的决定》,批准澳门特别行政区提出的《中华人民共和国澳门特别行政区基本法附件一澳门特别行政区行政长官的产生办法修正案》。

《中华人民共和国澳门特别行政区基本法附件一澳门特别行政区行政长官的产生办法修正案》自批准之日起生效。

国家主席胡锦涛签署第57号令发布《中华人民共和国出境入境管理法》

《中华人民共和国出境入境管理法》已由中华人民共和国第十一届全国人民代表大会常务委员会第二十七次会议于2012年6月30日通过,现予公布,自2013年7月1日起施行。

中华人民共和国主席　胡锦涛

2012年6月30日

中华人民共和国出境入境管理法

第一章　总　则

第一条　为了规范出境入境管理,维护中华人民共和国的主权、安全和社会秩序,促进对外交往和对外开放,制定本法。

第二条　中国公民出境入境、外国人入境出境、外国人在中国境内停留居留的管理,以及交通运输工具出境入境的边防检查,适用本法。

第三条　国家保护中国公民出境入境合法权益。

在中国境内的外国人的合法权益受法律保护。在中国境内的外国人应当遵守中国法律,不得危害中国国家安全、损害社会公共利益、破坏社会公共秩序。

第四条　公安部、外交部按照各自职责负责有关出境入境事务的管理。

中华人民共和国驻外使馆、领馆或者外交部委托的其他驻外机构(以下称驻外签证机关)负责在境外签发外国人入境签证。出入境边防检查机关负责实施出境入境边防检查。县级以上地方人民政府公安机关及其出入境管理机构负责外国人停留居留管理。

公安部、外交部可以在各自职责范围内委托县级以上地方人民政府公安机关出入境管理机构、县级以上地方人民政府外事部门受理外国人入境、停留居留申请。

公安部、外交部在出境入境事务管理中,应当加强沟通配合,并与国务院有关部门密切合作,按照各自职责分工,依法行使职权,承担责任。

第五条　国家建立统一的出境入境管理信息平台,实现有关管理部门信息共享。

第六条　国家在对外开放的口岸设立出入境边防检查机关。

中国公民、外国人以及交通运输工具应当从对外开放的口岸出境入境,特殊情况下,可以从国务院或者国务院授权的部门批准的地点出境入境。出境入境人员和交通运输工具应当接受出境入境边防检查。

出入境边防检查机关负责对口岸限定区域实施管理。根据维护国家安全和出境入境管理秩序的需要,出入境边防检查机关可以对出境入境人员携带的物品实施边防检查。必要时,出入境边防检查机关可以对出境入境交通运输工具载运的货物实施边防检查,但是应当通知海关。

第七条　经国务院批准,公安部、外交部根据出境入境管理的需要,可以对留存出境入境人员的指纹等人体生物识别信息作出规定。

外国政府对中国公民签发签证、出境入境管理有特别规定的,中国政府可以根据情况采取相应的对等措施。

第八条　履行出境入境管理职责的部门和机构应当切实采取措施,不断提升服务和管理水平,公正执法,便民高效,维护安全、便捷的出境入境秩序。

第二章　中国公民出境入境

第九条　中国公民出境入境,应当依法申请办理护照或者其他旅行证件。

中国公民前往其他国家或者地区,还需要取得前往国签证或者其他入境许可证明。但是,中国政府与其他国家政府签订互免签证协议或者公安部、外交部另有规定的除外。

中国公民以海员身份出境入境和在国外船舶上从事工作的,应当依法申请办理海员证。

第十条　中国公民往来内地与香港特别行政区、澳门特别行政区,中国公民往来大陆与台湾地区,应当依法申请办理通行证件,并遵守本法有关规定。具体管理办法由国务院规定。

第十一条　中国公民出境入境,应当向出入境边防检查机关交验本人的护照或者其他旅行证件等出境入境证件,履行规定的手续,经查验准许,方可出境入境。

具备条件的口岸,出入境边防检查机关应当为中国公民出境入境提供专用通道等便利措施。

第十二条　中国公民有下列情形之一的,不准出境:

(一)未持有效出境入境证件或者拒绝、逃避接受边防检查的;

(二)被判处刑罚尚未执行完毕或者属于刑事案件

被告人、犯罪嫌疑人的；

(三)有未了结的民事案件，人民法院决定不准出境的；

(四)因妨害国(边)境管理受到刑事处罚或者因非法出境、非法居留、非法就业被其他国家或者地区遣返，未满不准出境规定年限的；

(五)可能危害国家安全和利益，国务院有关主管部门决定不准出境的；

(六)法律、行政法规规定不准出境的其他情形。

第十三条　定居国外的中国公民要求回国定居的，应当在入境前向中华人民共和国驻外使馆、领馆或者外交部委托的其他驻外机构提出申请，也可以由本人或者经由国内亲属向拟定居地的县级以上地方人民政府侨务部门提出申请。

第十四条　定居国外的中国公民在中国境内办理金融、教育、医疗、交通、电信、社会保险、财产登记等事务需要提供身份证明的，可以凭本人的护照证明其身份。

第三章　外国人入境出境

第一节　签　证

第十五条　外国人入境，应当向驻外签证机关申请办理签证，但是本法另有规定的除外。

第十六条　签证分为外交签证、礼遇签证、公务签证、普通签证。

对因外交、公务事由入境的外国人，签发外交、公务签证；对因身份特殊需要给予礼遇的外国人，签发礼遇签证。外交签证、礼遇签证、公务签证的签发范围和签发办法由外交部规定。

对因工作、学习、探亲、旅游、商务活动、人才引进等非外交、公务事由入境的外国人，签发相应类别的普通签证。普通签证的类别和签发办法由国务院规定。

第十七条　签证的登记项目包括：签证种类，持有人姓名、性别、出生日期、入境次数、入境有效期、停留期限，签发日期、地点，护照或者其他国际旅行证件号码等。

第十八条　外国人申请办理签证，应当向驻外签证机关提交本人的护照或者其他国际旅行证件，以及申请事由的相关材料，按照驻外签证机关的要求办理相关手续、接受面谈。

第十九条　外国人申请办理签证需要提供中国境内的单位或者个人出具的邀请函件的，申请人应当按照驻外签证机关的要求提供。出具邀请函件的单位或者个人应当对邀请内容的真实性负责。

第二十条　出于人道原因需要紧急入境，应邀入境从事紧急商务、工程抢修或者具有其他紧急入境需要并持有有关主管部门同意在口岸申办签证的证明材料的外国人，可以在国务院批准办理口岸签证业务的口岸，向公安部委托的口岸签证机关(以下简称口岸签证机关)申请办理口岸签证。

旅行社按照国家有关规定组织入境旅游的，可以向口岸签证机关申请办理团体旅游签证。

外国人向口岸签证机关申请办理签证，应当提交本人的护照或者其他国际旅行证件，以及申请事由的相关材料，按照口岸签证机关的要求办理相关手续，并从申请签证的口岸入境。

口岸签证机关签发的签证一次入境有效，签证注明的停留期限不得超过三十日。

第二十一条　外国人有下列情形之一的，不予签发签证：

(一)被处驱逐出境或者被决定遣送出境，未满不准入境规定年限的；

(二)患有严重精神障碍、传染性肺结核病或者有可能对公共卫生造成重大危害的其他传染病的；

(三)可能危害中国国家安全和利益、破坏社会公共秩序或者从事其他违法犯罪活动的；

(四)在申请签证过程中弄虚作假或者不能保障在中国境内期间所需费用的；

(五)不能提交签证机关要求提交的相关材料的；

(六)签证机关认为不宜签发签证的其他情形。

对不予签发签证的，签证机关可以不说明理由。

第二十二条　外国人有下列情形之一的，可以免办签证：

(一)根据中国政府与其他国家政府签订的互免签证协议，属于免办签证人员的；

(二)持有效的外国人居留证件的；

(三)持联程客票搭乘国际航行的航空器、船舶、列车从中国过境前往第三国或者地区，在中国境内停留不超过二十四小时且不离开口岸，或者在国务院批准的特定区域内停留不超过规定时限的；

(四)国务院规定的可以免办签证的其他情形。

第二十三条　有下列情形之一的外国人需要临时入境的，应当向出入境边防检查机关申请办理临时入境手续：

(一)外国船员及其随行家属登陆港口所在城市的；

(二)本法第二十二条第三项规定的人员需要离开口岸的；

(三)因不可抗力或者其他紧急原因需要临时入境的。

临时入境的期限不得超过十五日。

对申请办理临时入境手续的外国人，出入境边防检查机关可以要求外国人本人、载运其入境的交通运输工具的负责人或者交通运输工具出境入境业务代理单位提供必要的保证措施。

第二节 入境出境

第二十四条 外国人入境,应当向出入境边防检查机关交验本人的护照或者其他国际旅行证件、签证或者其他入境许可证明,履行规定的手续,经查验准许,方可入境。

第二十五条 外国人有下列情形之一的,不准入境:

(一)未持有效出境入境证件或者拒绝、逃避接受边防检查的;

(二)具有本法第二十一条第一款第一项至第四项规定情形的;

(三)入境后可能从事与签证种类不符的活动的;

(四)法律、行政法规规定不准入境的其他情形。

对不准入境的,出入境边防检查机关可以不说明理由。

第二十六条 对未被准许入境的外国人,出入境边防检查机关应当责令其返回;对拒不返回的,强制其返回。外国人等待返回期间,不得离开限定的区域。

第二十七条 外国人出境,应当向出入境边防检查机关交验本人的护照或者其他国际旅行证件等出境入境证件,履行规定的手续,经查验准许,方可出境。

第二十八条 外国人有下列情形之一的,不准出境:

(一)被判处刑罚尚未执行完毕或者属于刑事案件被告人、犯罪嫌疑人的,但是按照中国与外国签订的有关协议,移管被判刑人的除外;

(二)有未了结的民事案件,人民法院决定不准出境的;

(三)拖欠劳动者的劳动报酬,经国务院有关部门或者省、自治区、直辖市人民政府决定不准出境的;

(四)法律、行政法规规定不准出境的其他情形。

第四章 外国人停留居留

第一节 停留居留

第二十九条 外国人所持签证注明的停留期限不超过一百八十日的,持证人凭签证并按照签证注明的停留期限在中国境内停留。

需要延长签证停留期限的,应当在签证注明的停留期限届满七日前向停留地县级以上地方人民政府公安机关出入境管理机构申请,按照要求提交申请事由的相关材料。经审查,延期理由合理、充分的,准予延长停留期限;不予延长停留期限的,应当按期离境。

延长签证停留期限,累计不得超过签证原注明的停留期限。

第三十条 外国人所持签证注明入境后需要办理居留证件的,应当自入境之日起三十日内,向拟居留地县级以上地方人民政府公安机关出入境管理机构申请办理外国人居留证件。

申请办理外国人居留证件,应当提交本人的护照或者其他国际旅行证件,以及申请事由的相关材料,并留存指纹等人体生物识别信息。公安机关出入境管理机构应当自收到申请材料之日起十五日内进行审查并作出审查决定,根据居留事由签发相应类别和期限的外国人居留证件。

外国人工作类居留证件的有效期最短为九十日,最长为五年;非工作类居留证件的有效期最短为一百八十日,最长为五年。

第三十一条 外国人有下列情形之一的,不予签发外国人居留证件:

(一)所持签证类别属于不应办理外国人居留证件的;

(二)在申请过程中弄虚作假的;

(三)不能按照规定提供相关证明材料的;

(四)违反中国有关法律、行政法规,不适合在中国境内居留的;

(五)签发机关认为不宜签发外国人居留证件的其他情形。

符合国家规定的专门人才、投资者或者出于人道等原因确需由停留变更为居留的外国人,经设区的市级以上地方人民政府公安机关出入境管理机构批准可以办理外国人居留证件。

第三十二条 在中国境内居留的外国人申请延长居留期限的,应当在居留证件有效期限届满三十日前向居留地县级以上地方人民政府公安机关出入境管理机构提出申请,按照要求提交申请事由的相关材料。经审查,延期理由合理、充分的,准予延长居留期限;不予延长居留期限的,应当按期离境。

第三十三条 外国人居留证件的登记项目包括:持有人姓名、性别、出生日期、居留事由、居留期限,签发日期、地点,护照或者其他国际旅行证件号码等。

外国人居留证件登记事项发生变更的,持证件人应当自登记事项发生变更之日起十日内向居留地县级以上地方人民政府公安机关出入境管理机构申请办理变更。

第三十四条 免办签证入境的外国人需要超过免签期限在中国境内停留的,外国船员及其随行家属在中国境内停留需要离开港口所在城市,或者具有需要办理外国人停留证件其他情形的,应当按照规定办理外国人停留证件。

外国人停留证件的有效期最长为一百八十日。

第三十五条 外国人入境后,所持的普通签证、停留居留证件损毁、遗失、被盗抢或者有符合国家规定的事由需要换发、补发的，应当按照规定向停留居留地县级以上地方人民政府公安机关出入境管理机构提出申请。

第三十六条　公安机关出入境管理机构作出的不予办理普通签证延期、换发、补发，不予办理外国人停留居留证件、不予延长居留期限的决定为最终决定。

第三十七条　外国人在中国境内停留居留，不得从事与停留居留事由不相符的活动，并应当在规定的停留居留期限届满前离境。

第三十八条　年满十六周岁的外国人在中国境内停留居留，应当随身携带本人的护照或者其他国际旅行证件，或者外国人停留居留证件，接受公安机关的查验。

在中国境内居留的外国人，应当在规定的时间内到居留地县级以上地方人民政府公安机关交验外国人居留证件。

第三十九条　外国人在中国境内旅馆住宿的，旅馆应当按照旅馆业治安管理的有关规定为其办理住宿登记，并向所在地公安机关报送外国人住宿登记信息。

外国人在旅馆以外的其他住所居住或者住宿的，应当在入住后二十四小时内由本人或者留宿人，向居住地的公安机关办理登记。

第四十条　在中国境内出生的外国婴儿，其父母或者代理人应当在婴儿出生六十日内，持该婴儿的出生证明到父母停留居留地县级以上地方人民政府公安机关出入境管理机构为其办理停留或者居留登记。

外国人在中国境内死亡的，其家属、监护人或者代理人，应当按照规定，持该外国人的死亡证明向县级以上地方人民政府公安机关出入境管理机构申报，注销外国人停留居留证件。

第四十一条　外国人在中国境内工作，应当按照规定取得工作许可和工作类居留证件。任何单位和个人不得聘用未取得工作许可和工作类居留证件的外国人。

外国人在中国境内工作管理办法由国务院规定。

第四十二条　国务院人力资源社会保障主管部门、外国专家主管部门会同国务院有关部门根据经济社会发展需要和人力资源供求状况制定并定期调整外国人在中国境内工作指导目录。

国务院教育主管部门会同国务院有关部门建立外国留学生勤工助学管理制度，对外国留学生勤工助学的岗位范围和时限作出规定。

第四十三条　外国人有下列行为之一的，属于非法就业：

(一)未按照规定取得工作许可和工作类居留证件在中国境内工作的；

(二)超出工作许可限定范围在中国境内工作的；

(三)外国留学生违反勤工助学管理规定，超出规定的岗位范围或者时限在中国境内工作的。

第四十四条　根据维护国家安全、公共安全的需要，公安机关、国家安全机关可以限制外国人、外国机构在某些地区设立居住或者办公场所；对已经设立的，可以限期迁离。

未经批准，外国人不得进入限制外国人进入的区域。

第四十五条　聘用外国人工作或者招收外国留学生的单位，应当按照规定向所在地公安机关报告有关信息。

公民、法人或者其他组织发现外国人有非法入境、非法居留、非法就业情形的，应当及时向所在地公安机关报告。

第四十六条　申请难民地位的外国人，在难民地位甄别期间，可以凭公安机关签发的临时身份证明在中国境内停留；被认定为难民的外国人，可以凭公安机关签发的难民身份证件在中国境内停留居留。

第二节　永久居留

第四十七条　对中国经济社会发展作出突出贡献或者符合其他在中国境内永久居留条件的外国人，经本人申请和公安部批准，取得永久居留资格。

外国人在中国境内永久居留的审批管理办法由公安部、外交部会同国务院有关部门规定。

第四十八条　取得永久居留资格的外国人，凭永久居留证件在中国境内居留和工作，凭本人的护照和永久居留证件出境入境。

第四十九条　外国人有下列情形之一的，由公安部决定取消其在中国境内永久居留资格：

(一)对中国国家安全和利益造成危害的；

(二)被处驱逐出境的；

(三)弄虚作假骗取在中国境内永久居留资格的；

(四)在中国境内居留未达到规定时限的；

(五)不适宜在中国境内永久居留的其他情形。

第五章　交通运输工具出境入境边防检查

第五十条　出境入境交通运输工具离开、抵达口岸时，应当接受边防检查。对交通运输工具的入境边防检查，在其最先抵达的口岸进行；对交通运输工具的出境边防检查，在其最后离开的口岸进行。特殊情况下，可以在有关主管机关指定的地点进行。

出境的交通运输工具自出境检查后至出境前，入境的交通运输工具自入境后至入境检查前，未经出入境边防检查机关按照规定程序许可，不得上下人员、装卸货物或者物品。

第五十一条 交通运输工具负责人或者交通运输工具出境入境业务代理单位应当按照规定提前向出入境边防检查机关报告入境、出境的交通运输工具抵达、离开口岸的时间和停留地点，如实申报员工、旅客、货物或者物品等信息。

第五十二条 交通运输工具负责人、交通运输工具出境入境业务代理单位应当配合出境入境边防检查，发现违反本法规定行为的，应当立即报告并协助调查处理。

入境交通运输工具载运不准入境人员的，交通运输工具负责人应当负责载离。

第五十三条 出入境边防检查机关按照规定对处于下列情形之一的出境入境交通运输工具进行监护：

(一)出境的交通运输工具在出境边防检查开始后至出境前、入境的交通运输工具在入境后至入境边防检查完成前；

(二)外国船舶在中国内河航行期间；

(三)有必要进行监护的其他情形。

第五十四条 因装卸物品、维修作业、参观访问等事由需要上下外国船舶的人员，应当向出入境边防检查机关申请办理登轮证件。

中国船舶与外国船舶或者外国船舶之间需要搭靠作业的，应当由船长或者交通运输工具出境入境业务代理单位向出入境边防检查机关申请办理船舶搭靠手续。

第五十五条 外国船舶、航空器在中国境内应当按照规定的路线、航线行驶。

出境入境的船舶、航空器不得驶入对外开放口岸以外地区。因不可预见的紧急情况或者不可抗力驶入的，应当立即向就近的出入境边防检查机关或者当地公安机关报告，并接受监护和管理。

第五十六条 交通运输工具有下列情形之一的，不准出境入境；已经驶离口岸的，可以责令返回：

(一)离开、抵达口岸时，未经查验准许擅自出境入境的；

(二)未经批准擅自改变出境入境口岸的；

(三)涉嫌载有不准出境入境人员，需要查验核实的；

(四)涉嫌载有危害国家安全、利益和社会公共秩序的物品，需要查验核实的；

(五)拒绝接受出入境边防检查机关管理的其他情形。

前款所列情形消失后，出入境边防检查机关对有关交通运输工具应当立即放行。

第五十七条 从事交通运输工具出境入境业务代理的单位，应当向出入境边防检查机关备案。从事业务代理的人员，由所在单位向出入境边防检查机关办理备案手续。

第六章 调查和遣返

第五十八条 本章规定的当场盘问、继续盘问、拘留审查、限制活动范围、遣送出境措施，由县级以上地方人民政府公安机关或者出入境边防检查机关实施。

第五十九条 对涉嫌违反出境入境管理的人员，可以当场盘问；经当场盘问，有下列情形之一的，可以依法继续盘问：

(一)有非法出境入境嫌疑的；

(二)有协助他人非法出境入境嫌疑的；

(三)外国人有非法居留、非法就业嫌疑的；

(四)有危害国家安全和利益，破坏社会公共秩序或者从事其他违法犯罪活动嫌疑的。

当场盘问和继续盘问应当依据《中华人民共和国人民警察法》规定的程序进行。

县级以上地方人民政府公安机关或者出入境边防检查机关需要传唤涉嫌违反出境入境管理的人员的，依照《中华人民共和国治安管理处罚法》的有关规定执行。

第六十条 外国人有本法第五十九条第一款规定情形之一的，经当场盘问或者继续盘问后仍不能排除嫌疑，需要作进一步调查的，可以拘留审查。

实施拘留审查，应当出示拘留审查决定书，并在二十四小时内进行询问。发现不应当拘留审查的，应当立即解除拘留审查。

拘留审查的期限不得超过三十日；案情复杂的，经上一级地方人民政府公安机关或者出入境边防检查机关批准可以延长至六十日。对国籍、身份不明的外国人，拘留审查期限自查清其国籍、身份之日起计算。

第六十一条 外国人有下列情形之一的，不适用拘留审查，可以限制其活动范围：

(一)患有严重疾病的；

(二)怀孕或者哺乳自己不满一周岁婴儿的；

(三)未满十六周岁或者已满七十周岁的；

(四)不宜适用拘留审查的其他情形。

被限制活动范围的外国人，应当按照要求接受审查，未经公安机关批准，不得离开限定的区域。限制活动范围的期限不得超过六十日。对国籍、身份不明的外国人，限制活动范围期限自查清其国籍、身份之日起计算。

第六十二条 外国人有下列情形之一的，可以遣送出境：

(一)被处限期出境，未在规定期限内离境的；

(二)有不准入境情形的；

(三)非法居留、非法就业的；

（四）违反本法或者其他法律、行政法规需要遣送出境的。

其他境外人员有前款所列情形之一的，可以依法遣送出境。

被遣送出境的人员，自被遣送出境之日起一至五年内不准入境。

第六十三条　被拘留审查或者被决定遣送出境但不能立即执行的人员，应当羁押在拘留所或者遣返场所。

第六十四条　外国人对依照本法规定对其实施的继续盘问、拘留审查、限制活动范围、遣送出境措施不服的，可以依法申请行政复议，该行政复议决定为最终决定。

其他境外人员对依照本法规定对其实施的遣送出境措施不服，申请行政复议的，适用前款规定。

第六十五条　对依法决定不准出境或者不准入境的人员，决定机关应当按照规定及时通知出入境边防检查机关；不准出境、入境情形消失的，决定机关应当及时撤销不准出境、入境决定，并通知出入境边防检查机关。

第六十六条　根据维护国家安全和出境入境管理秩序的需要，必要时，出入境边防检查机关可以对出境入境的人员进行人身检查。人身检查应当由两名与受检查人同性别的边防检查人员进行。

第六十七条　签证、外国人停留居留证件等出境入境证件发生损毁、遗失、被盗抢或者签发后发现持证人不符合签发条件等情形的，由签发机关宣布该出境入境证件作废。

伪造、变造、骗取或者被证件签发机关宣布作废的出境入境证件无效。

公安机关可以对前款规定的或被他人冒用的出境入境证件予以注销或者收缴。

第六十八条　对用于组织、运送、协助他人非法出境入境的交通运输工具，以及需要作为办案证据的物品，公安机关可以扣押。

对查获的违禁物品，涉及国家秘密的文件、资料以及用于实施违反出境入境管理活动的工具等，公安机关应当予以扣押，并依照相关法律、行政法规规定处理。

第六十九条　出境入境证件的真伪由签发机关、出入境边防检查机关或者公安机关出入境管理机构认定。

第七章　法律责任

第七十条　本章规定的行政处罚，除本章另有规定外，由县级以上地方人民政府公安机关或者出入境边防检查机关决定；其中警告或者五千元以下罚款，可以由县级以上地方人民政府公安机关出入境管理机构决定。

第七十一条　有下列行为之一的，处一千元以上五千元以下罚款；情节严重的，处五日以上十日以下拘留，可以并处二千元以上一万元以下罚款：

（一）持用伪造、变造、骗取的出境入境证件出境入境的；

（二）冒用他人出境入境证件出境入境的；

（三）逃避出境入境边防检查的；

（四）以其他方式非法出境入境的。

第七十二条　协助他人非法出境入境的，处二千元以上一万元以下罚款；情节严重的，处十日以上十五日以下拘留，并处五千元以上二万元以下罚款，有违法所得的，没收违法所得。

单位有前款行为的，处一万元以上五万元以下罚款，有违法所得的，没收违法所得，并对其直接负责的主管人员和其他直接责任人员依照前款规定予以处罚。

第七十三条　弄虚作假骗取签证、停留居留证件等出境入境证件的，处二千元以上五千元以下罚款；情节严重的，处十日以上十五日以下拘留，并处五千元以上二万元以下罚款。

单位有前款行为的，处一万元以上五万元以下罚款，并对其直接负责的主管人员和其他直接责任人员依照前款规定予以处罚。

第七十四条　违反本法规定，为外国人出具邀请函件或者其他申请材料的，处五千元以上一万元以下罚款，有违法所得的，没收违法所得，并责令其承担所邀请外国人的出境费用。

单位有前款行为的，处一万元以上五万元以下罚款，有违法所得的，没收违法所得，并责令其承担所邀请外国人的出境费用，对其直接负责的主管人员和其他直接责任人员依照前款规定予以处罚。

第七十五条　中国公民出境后非法前往其他国家或者地区被遣返的，出入境边防检查机关应当收缴其出境入境证件，出境入境证件签发机关自其被遣返之日起六个月至三年以内不予签发出境入境证件。

第七十六条　有下列情形之一的，给予警告，可以并处二千元以下罚款：

（一）外国人拒不接受公安机关查验其出境入境证件的；

（二）外国人拒不交验居留证件的；

（三）未按照规定办理外国人出生登记、死亡申报的；

（四）外国人居留证件登记事项发生变更，未按照规定办理变更的；

(五)在中国境内的外国人冒用他人出境入境证件的;

(六)未按照本法第三十九条第二款规定办理登记的。

旅馆未按照规定办理外国人住宿登记的,依照《中华人民共和国治安管理处罚法》的有关规定予以处罚;未按照规定向公安机关报送外国人住宿登记信息的,给予警告;情节严重的,处一千元以上五千元以下罚款。

第七十七条　外国人未经批准,擅自进入限制外国人进入的区域,责令立即离开;情节严重的,处五日以上十日以下拘留。对外国人非法获取的文字记录、音像资料、电子数据和其他物品,予以收缴或者销毁,所用工具予以收缴。

外国人、外国机构违反本法规定,拒不执行公安机关、国家安全机关限期迁离决定的,给予警告并强制迁离;情节严重的,对有关责任人员处五日以上十五日以下拘留。

第七十八条　外国人非法居留的,给予警告;情节严重的,处每非法居留一日五百元,总额不超过一万元的罚款或者五日以上十五日以下拘留。

因监护人或者其他负有监护责任的人未尽到监护义务,致使未满十六周岁的外国人非法居留的,对监护人或者其他负有监护责任的人给予警告,可以并处一千元以下罚款。

第七十九条　容留、藏匿非法入境、非法居留的外国人,协助非法入境、非法居留的外国人逃避检查,或者为非法居留的外国人违法提供出境入境证件的,处二千元以上一万元以下罚款;情节严重的,处五日以上十五日以下拘留,并处五千元以上二万元以下罚款,有违法所得的,没收违法所得。

单位有前款行为的,处一万元以上五万元以下罚款,有违法所得的,没收违法所得,并对其直接负责的主管人员和其他直接责任人员依照前款规定予以处罚。

第八十条　外国人非法就业的,处五千元以上二万元以下罚款;情节严重的,处五日以上十五日以下拘留,并处五千元以上二万元以下罚款。

介绍外国人非法就业的,对个人处每非法介绍一人五千元,总额不超过五万元的罚款;对单位处每非法介绍一人五千元,总额不超过十万元的罚款;有违法所得的,没收违法所得。

非法聘用外国人的,处每非法聘用一人一万元,总额不超过十万元的罚款;有违法所得的,没收违法所得。

第八十一条　外国人从事与停留居留事由不相符的活动,或者有其他违反中国法律、法规规定,不适宜在中国境内继续停留居留情形的,可以处限期出境。

外国人违反本法规定,情节严重,尚不构成犯罪的,公安部可以处驱逐出境。公安部的处罚决定为最终决定。

被驱逐出境的外国人,自被驱逐出境之日起十年内不准入境。

第八十二条　有下列情形之一的,给予警告,可以并处二千元以下罚款:

(一)扰乱口岸限定区域管理秩序的;

(二)外国船员及其随行家属未办理临时入境手续登陆的;

(三)未办理登轮证件上下外国船舶的。

违反前款第一项规定,情节严重的,可以并处五日以上十日以下拘留。

第八十三条　交通运输工具有下列情形之一的,对其负责人处五千元以上五万元以下罚款:

(一)未经查验准许擅自出境入境或者未经批准擅自改变出境入境口岸的;

(二)未按照规定如实申报员工、旅客、货物或者物品等信息,或者拒绝协助出境入境边防检查的;

(三)违反出境入境边防检查规定上下人员、装卸货物或者物品的。

出境入境交通运输工具载运不准出境入境人员出境入境的,处每载运一人五千元以上一万元以下罚款。交通运输工具负责人证明其已经采取合理预防措施的,可以减轻或者免予处罚。

第八十四条　交通运输工具有下列情形之一的,对其负责人处二千元以上二万元以下罚款:

(一)中国或者外国船舶未经批准擅自搭靠外国船舶的;

(二)外国船舶、航空器在中国境内未按照规定的路线、航线行驶的;

(三)出境入境的船舶、航空器违反规定驶入对外开放口岸以外地区的。

第八十五条　履行出境入境管理职责的工作人员,有下列行为之一的,依法给予处分:

(一)违反法律、行政法规,为不符合规定条件的外国人签发签证、外国人停留居留证件等出境入境证件的;

(二)违反法律、行政法规,审核验放不符合规定条件的人员或者交通运输工具出境入境的;

(三)泄露在出境入境管理工作中知悉的个人信息,侵害当事人合法权益的;

(四)不按照规定将依法收取的费用、收缴的罚款及没收的违法所得、非法财物上缴国库的;

(五)私分、侵占、挪用罚没、扣押的款物或者收取的费用的;

(六)滥用职权、玩忽职守、徇私舞弊,不依法履行法定职责的其他行为。

第八十六条 对违反出境入境管理行为处五百元以下罚款的,出入境边防检查机关可以当场作出处罚决定。

第八十七条 对违反出境入境管理行为处罚款的,被处罚人应当自收到处罚决定书之日起十五日内,到指定的银行缴纳罚款。被处罚人在所在地没有固定住所,不当场收缴罚款事后难以执行或者在口岸向指定银行缴纳罚款确有困难的,可以当场收缴。

第八十八条 违反本法规定,构成犯罪的,依法追究刑事责任。

第八章 附 则

第八十九条 本法下列用语的含义:

出境,是指由中国内地前往其他国家或者地区,由中国内地前往香港特别行政区、澳门特别行政区,由中国大陆前往台湾地区。

入境,是指由其他国家或者地区进入中国内地,由香港特别行政区、澳门特别行政区进入中国内地,由台湾地区进入中国大陆。

外国人,是指不具有中国国籍的人。

第九十条 经国务院批准,同毗邻国家接壤的省、自治区可以根据中国与有关国家签订的边界管理协定制定地方性法规、地方政府规章,对两国边境接壤地区的居民往来作出规定。

第九十一条 外国驻中国的外交代表机构、领事机构成员以及享有特权和豁免的其他外国人,其入境出境及停留居留管理,其他法律另有规定的,依照其规定。

第九十二条 外国人申请办理签证、外国人停留居留证件等出境入境证件或者申请办理证件延期、变更的,应当按照规定缴纳签证费、证件费。

第九十三条 本法自2013年7月1日起施行。《中华人民共和国外国人入境出境管理法》和《中华人民共和国公民出境入境管理法》同时废止。

国家主席胡锦涛签署第58号令公布《全国人民代表大会常务委员会关于修改〈中国人民解放军选举全国人民代表大会和县级以上地方各级人民代表大会代表的办法〉的决定》

《全国人民代表大会常务委员会关于修改〈中国人民解放军选举全国人民代表大会和县级以上地方各级人民代表大会代表的办法〉的决定》已由中华人民共和国第十一届全国人民代表大会常务委员会第二十七次会议于2012年6月30日通过,现予公布,自公布之日起施行。

中华人民共和国主席 胡锦涛

2012年6月30日

全国人民代表大会常务委员会关于修改《中国人民解放军选举全国人民代表大会和县级以上地方各级人民代表大会代表的办法》的决定(文略)

中国人民解放军选举全国人民代表大会和县级以上地方各级人民代表大会代表的办法

第一章 总 则

第一条 根据《中华人民共和国宪法》和《中华人民共和国全国人民代表大会和地方各级人民代表大会选举法》的有关规定,制定本办法。

第二条 人民解放军现役军人和参加军队选举的其他人员依照本办法选举全国人民代表大会和县级以上地方各级人民代表大会代表。

第三条 人民解放军及人民解放军团级以上单位设立选举委员会。

人民解放军选举委员会领导全军的选举工作,其他各级选举委员会主持本单位的选举工作。

第四条 连和其他基层单位的军人委员会,主持本单位的选举工作。

第五条 人民解放军现役军人,在军队安置和待移交地方安置的离休、退休人员,在军队工作的文职人员、职员、职工、非现役公勤人员以及行政关系在军队的其他人员,参加军队选举。

驻军的驻地距离当地居民的居住地较远,随军家属参加地方选举有困难的,经选举委员会或者军人委员会批准,可以参加军队选举。

第六条 驻地方工厂、铁路、水运、科研等单位的军代表,在地方院校学习的军队人员,可以参加地方选举。

第七条 本办法第五条所列人员,凡年满十八周岁,不分民族、种族、性别、职业、家庭出身、宗教信仰、教育程度、财产状况、居住期限,都具有选民资格,享有选举权和被选举权。

依照法律被剥夺政治权利的人没有选举权和被选举权。

精神病患者不能行使选举权利的,经选举委员会确认,不参加选举。

第二章 选举委员会

第八条 人民解放军选举委员会的组成人员,由全国人民代表大会常务委员会批准。其他各级选举委员会的组成人员,由上一级选举委员会批准。

下级选举委员会受上级选举委员会的领导。

选举委员会任期五年,行使职权至新的选举委员会产生为止。

第九条 人民解放军选举委员会由十一至十九人组成,设主任一人,副主任一至三人,委员若干人。其他各级选举委员会由七至十七人组成,设主任一人,副主任一至二人,委员若干人。

第十条 团级以上单位的选举委员会组织、指导所属单位的选举,办理下列事项:

(一)审查军人代表大会代表资格;

(二)确定选举日期;

(三)公布人民代表大会代表候选人名单;

(四)主持本级军人代表大会或者军人大会的投票选举;

(五)确定选举结果是否有效,公布当选的人民代表大会代表名单;

(六)主持本级军人代表大会或者军人大会罢免和补选人民代表大会代表、接受人民代表大会代表辞职。

第十一条 选举委员会下设办公室,具体承办本级有关选举的日常工作。

办公室设在政治机关,工作人员由本级选举委员会确定。

第三章 代表名额的决定和分配

第十二条 人民解放军应选全国人民代表大会代表的名额,由全国人民代表大会常务委员会决定。

第十三条 各总部、大军区级单位和中央军事委员会办公厅应选全国人民代表大会代表的名额,由人民解放军选举委员会分配。

第十四条 各地驻军应选县级以上地方各级人民代表大会代表的名额,由驻地各该级人民代表大会常务委员会决定。

有关选举事宜,由省军区、警备区、军分区、人民武装部分别与驻地的人民代表大会常务委员会协商决定;大军区所在的省、自治区、直辖市,统一由大军区负责与该级人民代表大会常务委员会协商决定。

第四章 选区和选举单位

第十五条 驻军选举县级人民代表大会代表,由驻该行政区域的现役军人和参加军队选举的其他人员按选区直接选举产生。选区按该行政区域内驻军各单位的分布情况划分。

选区的大小,按照每一选区选一名至三名代表划分。

第十六条 驻军应选的设区的市、自治州、省、自治区、直辖市人民代表大会代表,由团级以上单位召开军人代表大会选举产生。

各总部、大军区级单位和中央军事委员会办公厅的军人代表大会,选举全国人民代表大会代表。

第十七条 人民解放军师级以上单位的军人代表大会代表,由下级军人代表大会选举产生。下级单位不召开军人代表大会的,由军人大会选举产生。

旅、团级单位的军人代表大会代表,由连和其他基层单位召开军人大会选举产生。

军人代表大会由选举委员会召集,军人大会由选举委员会或者军人委员会召集。

军人代表大会每届任期五年。军人代表大会代表任期从本届军人代表大会举行第一次会议开始,到下届军人代表大会举行第一次会议为止。

第五章 代表候选人的提出

第十八条 人民解放军选举全国和县级以上地方各级人民代表大会代表,候选人按选区或者选举单位提名产生。

中国共产党在军队中的各级组织,可以推荐代表候选人。选民或者军人代表大会代表,十人以上联名,也可以推荐代表候选人。推荐者应向选举委员会或者军人委员会介绍候选人的情况。接受推荐的代表候选人应当向选举委员会或者军人委员会如实提供个人基本情况。提供的基本情况不实的,选举委员会或者军人委员会应当向选民或者军人代表大会代表通报。

第十九条 人民解放军选举全国和县级以上地方各级人民代表大会代表实行差额选举,代表候选人的人数应多于应选代表的名额。

由选民直接选举的,代表候选人的人数应多于应选代表名额三分之一至一倍;由军人代表大会选举的,代表候选人的人数应多于应选代表名额五分之一至二分之一。

第二十条 由选民直接选举的,代表候选人由选举委员会或者军人委员会汇总后,将代表候选人名单以及代表候选人的基本情况在选举日的十五日以前公布,并交各该选区的选民反复讨论、协商,确定正式代表候选人名单。如果所提代表候选人的人数超过本办法第十九条规定的最高差额比例,由选举委员会或者军人委员会交各该选区的选民讨论、协商,根据较多数选民的意见,确定正式代表候选人名单;对正式代表候选人不能形成较为一致意见的,进行预选,根据预选时得票多少的顺序,确定正式代表候选人名单。正式代表候选人名单以及代表候选人的基本情况应当在选举日的七日以前公布。

团级以上单位的军人代表大会在选举人民代表大会代表时,提名、酝酿代表候选人的时间不得少于两天。各该级选举委员会将依法提出的代表候选人名单以及代表候选人的基本情况印发军人代表大会全体代表酝酿、讨论。如果所提代表候选人的人数符合本办法第十九条规定的差额比例,直接进行投票选举。如果所提代表候选人的人数超过本办法第十九条规定的最高差额比例，进行预选，根据预选时得票多少的顺序，按照本级军人代表大会确定的具体差额比例，确定正式代表候选人名单，进行投票选举。

第二十一条　军人代表大会在选举全国和县级以上地方各级人民代表大会代表时，代表候选人不限于本级军人代表大会代表。

第二十二条　选举委员会或者军人委员会应当介绍代表候选人的情况。

推荐代表候选人的组织或者个人可以在选民小组或者军人代表大会小组会议上介绍所推荐的代表候选人的情况。直接选举时，选举委员会或者军人委员会根据选民的要求，应当组织代表候选人与选民见面，由代表候选人介绍本人的情况，回答选民的问题。但是，在选举日必须停止对代表候选人的介绍。

第六章　选举程序

第二十三条　直接选举时，各选区应当召开军人大会进行选举，或者按照方便选民投票的原则设立投票站进行选举。驻地分散或者行动不便的选民，可以在流动票箱投票。投票选举由军人委员会或者选举委员会主持。

军人代表大会的投票选举，由选举委员会主持。

第二十四条　人民解放军选举全国和县级以上地方各级人民代表大会代表，一律采用无记名投票的方法。选举时应当设有秘密写票处。

选民因残疾等原因不能写选票，可以委托他信任的人代写。

第二十五条　选民如果在选举期间外出，经军人委员会或者选举委员会同意，可以书面委托其他选民代为投票。每一选民接受的委托不得超过三人，并应当按照委托人的意愿代为投票。

第二十六条　选举人对代表候选人可以投赞成票，可以投反对票，可以另选其他任何选民，也可以弃权。

第二十七条　投票结束后，由选民推选的或者军人代表大会代表推选的监票、计票人员和选举委员会或者军人委员会的人员将投票人数和票数加以核对，作出记录，并由监票人签字。

代表候选人的近亲属不得担任监票人、计票人。

第二十八条　每次选举所投的票数，多于投票人数的无效，等于或者少于投票人数的有效。

每一选票所选的人数，多于规定应选代表人数的作废，等于或者少于规定应选代表人数的有效。

第二十九条　直接选举时，参加投票的选民超过选区全体选民的半数，选举有效。代表候选人获得参加投票的选民过半数的选票时，始得当选。

军人代表大会选举时，代表候选人获得全体代表过半数的选票，始得当选。

第三十条　获得过半数选票的代表候选人的人数超过应选代表名额时，以得票多的当选。如遇票数相等不能确定当选人时，应就票数相等的候选人再次投票，以得票多的当选。

获得过半数选票的当选代表的人数少于应选代表名额时，不足的名额另行选举。另行选举时，根据在第一次投票时得票多少的顺序，按照本办法第十九条规定的差额比例，确定候选人名单。如果只选一人，候选人应为二人。

依照前款规定另行选举县级人民代表大会代表时，代表候选人以得票多的当选，但是得票数不得少于选票的三分之一；团级以上单位的军人代表大会在另行选举设区的市、自治州、省、自治区、直辖市和全国人民代表大会代表时，代表候选人获得军人代表大会全体代表过半数的选票，始得当选。

第三十一条　选举结果由选举委员会或者军人委员会根据本办法确定是否有效，并予以宣布。

第七章　对代表的监督和罢免、辞职、补选

第三十二条　人民解放军选出的全国和县级以上地方各级人民代表大会代表，受选民和原选举单位的监督。选民或者选举单位都有权罢免自己选出的代表。

第三十三条　对于县级人民代表大会代表，原选区选民十人以上联名，可以向旅、团级选举委员会书面提出罢免要求。

罢免要求应当写明罢免理由。被提出罢免的代表有权在军人大会上提出申辩意见，也可以书面提出申辩意见。

旅、团级选举委员会应当将罢免要求和被提出罢免的代表的书面申辩意见印发原选区选民。

表决罢免要求，由旅、团级选举委员会主持。

第三十四条　军人代表大会举行会议时，团级以上单位的选举委员会可以提出对由该级军人代表大会选出的人民代表大会代表的罢免案。罢免案应当写明罢免理由。

军人代表大会举行会议时，被提出罢免的代表有权在会议上提出申辩意见，或者书面提出申辩意见。罢免案经会议审议后予以表决。

第三十五条　罢免代表采用无记名投票的表决方式。

第三十六条　罢免县级人民代表大会代表，须经原选区过半数的选民通过。

罢免由军人代表大会选出的人民代表大会代表，由各该级军人代表大会过半数的代表通过。

罢免的决议，须报送同级人民代表大会常务委员会和军队上一级选举委员会备案。

第三十七条 人民解放军选出的设区的市、自治州、省、自治区、直辖市和全国人民代表大会代表，可以向原选举单位的选举委员会书面提出辞职。人民解放军选出的县级人民代表大会代表，可以向原选区的选举委员会或者军人委员会书面提出辞职。接受辞职，须经军人代表大会或者军人大会全体人员的过半数通过，并报送各该级人民代表大会常务委员会和军队上一级选举委员会备案。

因执行任务等原因无法召开军人代表大会的，团级以上单位的选举委员会可以接受各该级选出的设区的市、自治州、省、自治区、直辖市和全国人民代表大会代表辞职。选举委员会接受人民代表大会代表辞职后，应当及时通报选举产生该代表的军人代表大会的代表，并报送各该级人民代表大会常务委员会和军队上一级选举委员会备案。

第三十八条 代表在任期内因故出缺，由原选区或者原选举单位补选。

人民解放军选出的县级以上地方各级人民代表大会代表，在任期内调离本行政区域的，其代表资格自行终止，缺额另行补选。

补选代表时，代表候选人的名额可以多于应选代表的名额，也可以同应选代表的名额相等。

第八章 附 则

第三十九条 人民解放军的选举经费，由军费开支。

“蛟龙”号载人潜水器 7000 米级海试圆满成功

今天，随着我国“蛟龙”号载人潜水器完成 7000 米级海试第六次下潜试验，“蛟龙”号 7000 米级海试取得圆满成功，这标志着“蛟龙”号成功完成了从 1000 米级到 7000 米级的全部海试任务，即将进入试验性应用阶段。

海试现场指挥部表示，在 7000 米级海试的六次下潜试验中，“蛟龙”号三次下潜深度超过 7000 米，最大下潜深度达到 7062 米，每次下潜都达到了预定的试验目标。海试团队对潜水器 289 项、水面系统 24 项功能和性能进行了逐一验证，并对关键指标进行了多次充分验证。

海试现场总指挥刘峰表示，“蛟龙”号在 7000 米级海试中创造了我国载人深潜新纪录，实现了我国深海技术发展的新突破和重大跨越，标志着我国深海载人技术达到国际领先水平，使我国具备了在全球 99.8% 的海洋深处开展科学研究、资源勘探的能力。

本次海试取得了宝贵的海底地质样品、生物样品、沉积物样品和水样，以及大量的海底影像资料，是目前世界科学家利用载人潜水器首次在马里亚纳海沟 7000 米深度的海底获得的第一手宝贵资料，充分证明了“蛟龙”号所具备的优越海底作业能力。

海试过程中，我国自行选拔培训的 8 名潜航员和试航员下潜深度全部超过 7000 米，至此，在全球载人深潜历史上到达和超过这一深度的 11 人当中，我国占有 8 位。

截至 2012 年，“蛟龙”号载人潜水器研制工作已走过 10 年，海上试验从 2009 年开始已历时 4 年。海试团队从最初“摸着石头过河”，到下潜 50 米、1109 米、3759 米、5188 米，再到成功完成 7000 米级海试，克服人力、物力、财力缺乏，一步一个脚印完成了前无古人的重大任务。

新疆伊犁哈萨克自治州新源县 巴音郭楞蒙古自治州和静县交界处发生 6.6 级地震

凌晨 5 时 07 分，新疆伊犁哈萨克自治州新源县、巴音郭楞蒙古自治州和静县交界处发生 6.6 级地震，震源深度 7 公里，天山一线强烈有感。截至 6 月 30 日 18 时，地震已造成 1.3 万人受灾，3400 多人紧急转移安置、2700 多间房屋不同程度倒损。

7月1日

国家主席胡锦涛在庆祝香港回归祖国15周年大会暨香港特别行政区第四届政府就职典礼上的讲话

同胞们,朋友们:

今天,我们怀着喜悦的心情在这里隆重集会,庆祝香港回归祖国15周年。首先,我代表中央政府和全国各族人民,向全体香港市民,致以诚挚的问候!向刚刚宣誓就职的香港特别行政区第四任行政长官梁振英先生和第四届政府主要官员、行政会议成员,表示热烈的祝贺!向所有关心香港、为香港顺利回归并保持繁荣稳定作出贡献的海内外同胞和国际友人,表示衷心的感谢!

香港回归祖国是彪炳中华民族史册的伟大业绩,也是上个世纪末具有重大国际影响的历史事件。从回归祖国那一刻起,香港就进入了新的时代、开启了新的航程。15年来,“一国两制”、“港人治港”、高度自治的方针得到全面贯彻落实。香港同胞当家做主,自行管理特别行政区自治范围内的事务。香港居民享有的民主权利和自由比历史上任何时候都更为广泛。在经历了国际金融危机等冲击后,香港经济平稳发展,继续保持国际金融、贸易、航运中心的地位,一直被公认为全球最自由开放、最具竞争力的经济体和最具发展活力的地区之一。香港社会事业全面进步,就业水平持续提高,社会保障明显改善。香港同祖国内地的交流全方位扩展,经贸关系更加紧密,各领域合作不断深化。香港继续为国家改革开放和现代化建设作出独特贡献,并从祖国内地获得越来越多的发展机遇和源源不断的发展动力。香港同胞对国家、民族的认同和感情与日俱增,在各种严重灾难面前与祖国内地人民同舟共济、守望相助,充分体现出血浓于水的同胞亲情。香港对外交往更为活跃,国际影响进一步扩大。

这一切充分证明,“一国两制”是历史遗留的香港问题的最佳解决方案,也是香港回归后保持长期繁荣稳定的最佳制度安排;推进“一国两制”事业,符合香港同胞利益和愿望,也符合国家和民族根本利益。在“一国两制”伟大实践中,香港这颗璀璨的明珠放射出更加绚丽的色彩。

“一国两制”事业是前无古人的伟大创举,需要在实践中不断开拓前进。30年前,邓小平同志创造性地提出“一国两制”的伟大构想,亲自领导制定了中央对香港的一系列基本方针政策,直接指导了中英香港问题谈判和香港基本法起草工作,为香港回归祖国、实现祖国和平统一大业作出了奠基性的贡献。以江泽民同志为核心的中国共产党的第三代中央领导集体,妥善应对香港回归前后出现的各种复杂矛盾和挑战,确保了香港顺利交接和平稳过渡,为全面贯彻落实“一国两制”方针做了大量开创性的工作。这些年来,中央政府把保持香港长期繁荣稳定作为新时期治国理政的重大课题,鼓励和支持香港特别行政区政府和社会各界人士集中精力发展经济、切实有效改善民生、循序渐进推进民主、包容共济促进和谐,进一步丰富和发展了“一国两制”理论和实践。在已经取得成就的基础上不断探索,把“一国两制”事业继续推向前进,是中央政府、香港特别行政区政府和社会各界人士的共同使命。

中央政府对香港的一系列方针政策和重大举措,根本出发点和落脚点就是维护国家主权、安全、发展利益,保持香港长期繁荣稳定。这是在香港实践“一国两制”的核心要求和基本目标。为此,必须坚持全面准确理解和贯彻“一国两制”方针,严格按照基本法办事,把坚持“一国”原则和尊重两制差异、维护中央权力和保障特别行政区高度自治权、维护国家整体利益和保障香港社会各界利益、支持香港积极开展对外交往和反对外部势力干预香港事务等有机结合起来,任何时候都不能偏废。

同胞们、朋友们!

我们在充分肯定香港回归祖国15年来取得巨大成就的同时,也要清醒地看到香港社会仍然存在一些深层次矛盾和问题。未来5年对香港长远发展具有重要影响,是必须紧紧抓住而且可以有所作为的重要机遇期。在这里,我向香港特别行政区新一届政府和社会各界提出4点希望。

第一,努力促进社会和谐稳定。和谐稳定是发展之基,改善民生是和谐稳定之本。香港特别行政区新一届政府要坚持以人为本的施政理念,准确把握社情民意,采取切实有效措施,积极稳妥解决民生问题和其他社会矛盾,更加注重机会公平,更加关注弱势群体,更加关心年青一代,使全体市民共享发展成果、提高生活水平。香港社会各阶层各界别人士要以大局为重,在爱国爱港旗帜下实现最广泛的团结,齐心支持新一届政府依法有效施政,共同增强香港社会凝聚力。

第二,努力维护基本法的权威。法治是香港的核心价值。基本法在香港特别行政区具有最高法律地位,是依法治港的基石。要全面落实基本法各项规定,完善与基本法实施相关的制度和机制。香港特别行政区行政、立法、司法机关都要带头严格遵守基本法,坚决维护基本法,依照基本法规定行使职权。香港回归祖国以来,政制民主循序渐进,并取得长足进展。要按照基本法和全国人大常委会有关决定的规定,继续推进香港民主进程。

第三，努力提升竞争力。香港要在日益激烈的国际和地区竞争中立于不败之地，必须在提升自身竞争力上下功夫。要加强香港长远发展的战略谋划，更好发挥政府促进经济社会发展作用。要更新发展理念，鼓励和支持各类创新活动，不断提高服务业水平，培育新的经济增长点。要把握世界经济格局的深刻变化，充分发挥香港国际联系广泛等方面优势，抢占发展先机。同时，更要善于借助祖国内地经济的蓬勃发展，拓展香港与祖国内地交流合作的广度和深度，促进优势互补、互利双赢、共同发展。

第四，努力加强人才培养。人才是最重要的战略资源，当今世界的竞争最核心的是人才竞争。要大力发展教育、科技、文化事业，全方位、多层次培养造就各项事业发展所需要的大量高素质人才。要高度重视爱国爱港人才特别是优秀年轻政治人才培养，为他们增长才干、脱颖而出提供机会和平台，使爱国爱港传统薪火相传、"一国两制"事业后继有人。

同胞们、朋友们！

中央政府实行"一国两制"、"港人治港"、高度自治方针将毫不动摇，全力支持香港特别行政区行政长官和政府依法施政将毫不动摇，同香港各界人士一道维护和促进香港长期繁荣稳定将毫不动摇。我们坚信，在中央政府、香港特别行政区政府和社会各界人士共同努力下，"一国两制"实践一定会越来越丰富，香港与祖国内地共同繁荣发展的道路一定会越走越宽广！

国家主席胡锦涛在香港会见香港特别行政区行政长官梁振英

胡锦涛强调，我们相信，你一定能够带领新一届特别行政区政府继往开来，稳中求变，广泛团结香港社会各界人士，共同开创香港发展新局面。中央政府将全力支持你和特别行政区政府依法施政，保持香港长期繁荣稳定，共同把"一国两制"伟大事业继续推向前进。

梁振英表示，衷心感谢胡主席在百忙中亲临香港出席庆祝香港回归祖国15周年活动，带来中央政府和全国人民对香港和香港同胞的关心和支持。他将牢记胡主席在庆典上提出的4点希望，团结带领新一届特别行政区政府和香港社会各界人士齐心协力，不辜负中央政府的期望。

国土资源部有关负责人解读今起实施的《闲置土地处置办法》

国土资源部政策法规司司长王守智就当前国内闲置土地处置相关热点、焦点、难点问题，接受新华社记者专访。

避免拆迁纠纷　禁止"毛地"出让

记者：为什么要对1999年实施的《闲置土地处置办法》进行修订？

王守智：近年来我国经济快速发展，土地管理形势发生了较大变化。原《闲置土地处置办法》在执行中遇到一些新的情况。如闲置土地处置涉及当事人重大财产权益，现行处理方式缺少与当事人协商环节；闲置土地认定标准、处置主体等缺乏处置程序性规定，需要进一步明晰；因政府原因导致的闲置土地占了较大比例，需要妥善处置盘活利用等。

主要坚持三项基本原则：坚持依法从严和权益保障原则，充分体现土地权利人利益诉求和权益保障。坚持以用为先和惩防并重原则。促进已有闲置土地盘活利用，尽量避免产生新的闲置土地。坚持适用可行和操作具体原则，进一步明确处置程序。

记者：怎样避免新的闲置土地产生？

王守智：办法明确要求必须是"净地"，禁止"毛地"出让，就避免因拆迁等原因造成的土地闲置。市、县政府供应的土地应当是土地权利清晰，安置补偿落实到位，没有法律经济纠纷，地块位置、使用性质、容积率等规划条件明确，具备动工开发必需的基本条件。

明确出让合同和划拨决定书应当约定开工、竣工时间和违约责任，强化违约责任对土地使用者和政府双方的约束；项目动工开发、竣工时间和违约责任等作出明确约定、规定；约定、规定动工开发时间应当综合考虑，为动工开发预留合理时间；因特殊情况，未约定、规定动工开发日期，或者约定、规定不明确的，以实际交付土地之日起一年为动工开发日期等。

强化了上级国土资源主管部门对下级国土资源主管部门的监管措施。规定省级以上国土资源主管部门对闲置土地情况严重的地区，可在土地利用总体规划、土地利用年度计划、建设用地审批、土地供应等方面采取限制新增加建设用地等措施。

不允许以"围墙"为动工标志

记者：对"闲置土地"如何准确认定？

王守智：闲置土地的认定标准更加清晰，操作性更强。过去由于没有"动工"状态的具体标准，管理者经常遇到用地者以"围墙"为动工标志的现象，不利于闲置土地的认定和处置。另外，开发建设面积占应动工开发建设总面积1/3或已投资额不足25%的计算标准也不清晰，闲置认定的难度很大。

这次修订，专门在附则中作出名词解释，其中，"动工开发"定义为依法取得施工许可证后，区分需挖深基坑的项目、使用桩基的项目和其他项目，分别确定标准；"已投资额、总投资额"均不含土地价款和相关税费。

强调政府与土地使用权人平等地位

记者：如何保障土地使用权人合法权益？

王守智：特别强调闲置土地处置的一些程序，比如调查认定、组织听证等，以保障土地使用权人合法权益。

此次修订增加了闲置土地认定环节和方式，要求在确定土地闲置事实、依据以及闲置原因基础上作出结论；完善了征缴土地闲置费和无偿收回土地使用权的程序，明确收费和收回批准权限在政府，国土资源主管部门具体执行；明确了土地使用者申请听证和复议、诉讼的权利。

针对以往因政府原因造成土地闲置情况较多，强化政府原因导致土地闲置责任，区分政府原因和企业原因，特别是明确政府不按期交地、修改规划、政策调整、处置信访事件、军事管制、文物保护等因政府原因导致的土地闲置，采取协商方式处置。

强调政府与土地使用权人在民事合同关系中的平等地位，规定对因政府原因造成闲置土地，应由政府或者政府有关部门承担违约责任，加强监管。增设了国土资源主管部门在闲置土地日常监管和调查处置中的法律责任，强化行政和刑事责任约束。

对因政府原因导致的闲置土地的处置上，在依法依规前提下，采取更加灵活和更加符合实际的措施，包括明确延长动工开发期限、调整土地用途和规划条件、安排临时使用、协议有偿收回、置换土地等，强化土地权利人保护。

为促进闲置土地有效利用，还采取了一些新措施。如明确土地使用权人开发进度报告制度；在用地申请和闲置土地登记等方面加强控制，增强对土地使用权人违规闲置土地的威慑力；在融资等方面加强与相关监管部门联动等。

国家安全生产监督管理总局发布《烟花爆竹生产企业安全生产许可证实施办法》

汉宜铁路正式通车

横贯我国东、中、西部地区的沪汉蓉快速铁路大通道的重要组成部分(武)汉宜(昌)铁路正式开通运营。这意味着连接我国东、中、西部地区的首条横向快速铁路大通道——沪汉蓉快速铁路基本建成。

汉宜铁路东起汉口站，终至宜昌东站，穿越江汉平原腹地的汉川、天门、仙桃、潜江、荆州、枝江等地市，正线全长293.1公里，设计时速200公里，为国家Ⅰ级双线电气化铁路，设计总概算239.88亿元，是我国《中长期铁路网规划》中沪汉蓉快速大通道的重要"一横"。汉宜铁路东连京广线、武九线、武广高铁、合武高铁和在建的京石武高铁，西接焦柳线、宜万线、武康线，中部在荆州与拟建的蒙西煤运大通道相连，在全国铁路网中起着承东启西、连接南北的重要衔接作用。

汉宜铁路初期运营计划开行动车26对，武汉到荆州最快只需1小时，武汉到宜昌最快只需1小时39分钟，比过去缩短2小时20分左右。汉宜铁路通过与宜万铁路连接，将大大方便武汉地区旅客西行入川，川渝地区出行至武汉的时空距离，由以前的10多个小时缩短至5小时。昔日"蜀道之难，难于上青天"的历史被改写。

2012中国红色旅游博览会开幕式暨文艺晚会在江西萍乡举行

7月2日

中国人民银行发布《中国金融稳定报告(2012)》

报告对2011年我国金融体系的稳定状况进行了全面评估。报告认为，面对复杂多变的国内外经济金融形势，2011年我国经济保持平稳较快发展，金融业改革持续深化，整体抗风险能力进一步提升，金融市场运行平稳，政府、企业和住户部门财务状况良好，金融基础设施建设稳步推进，金融体系总体稳健。

报告指出，2011年我国经济继续朝着宏观调控预期方向发展，结构调整有序推进；国内需求平稳增长，外部需求相对稳定；财政收入增长迅速，用于民生和"三农"的财政支出力度加大；物价指数前升后降，通货膨胀压力有所缓解；房地产调控继续加强，房地产价格逐步回落；货币信贷增速回归常态，人民币汇率稳中有升。金融市场在改革创新中稳步发展，继续保持健康平稳的运行态势，充分发挥优化资源配置、支持实体经济发展的积极作用。政府、企业和住户部门财务状况总体良好。金融基础设施建设稳步推进，有力促进了金融生态环境的改善和金融体系的稳健运行。

基于对2011年我国银行、证券期货和保险业的分行业评估，报告指出，银行业各项改革稳步推进，资产负债规模持续扩大，对"三农"和小微企业的金融支持进一步加强，资产质量整体提升，资本充足水平基本稳定，存款增长放缓，流动性压力上升。银行业压力测试结果表明，以17家商业银行为代表的银行体系应对宏观经济冲击的能力较强，在压力情景下，总体仍能保持运行稳健，部分领域风险值得关注。证券期货业健康发展，机构数量和资产规模持续增加，业务创新稳步推进，合规监管不断强化，抗风险能力有所增强。保险业总体保持平稳发展态势，资产规模持续扩大，机构体系不断完善，保费收入增长，服务领域拓宽，改革创新继续推进，对外开放水平进一步提高。

报告认为，2012 年是“十二五”时期承前启后的重要一年，我国经济与社会发展处于重要战略机遇期，但同时也面临国际国内诸多挑战。为此，需做好以下几个方面的工作：继续实施稳健的货币政策，保持合理的社会融资规模，加大金融对实体经济的支持力度；积极推动市场制度建设，完善资源配置的市场机制，进一步深化利率市场化和汇率形成机制等重点领域改革，为保持经济长期平稳较快增长创造良好的金融环境；稳步推进金融创新，完善监管框架，着力防范和化解重点领域潜在风险，密切关注具有金融功能的非金融机构风险，全面提升金融业综合实力和抗风险能力；进一步健全逆周期的金融宏观审慎管理制度框架，丰富和完善政策工具和手段，提高系统性金融风险防范能力。

国务院副总理王岐山在中南海会见美国证券交易委员会主席玛丽·夏皮罗

国务院安委办通报广州“6·29”重大事故

国务院安全生产委员会办公室 2 日通报造成 20 人死亡的广州市“6·29”重大事故时指出，该起事故不仅暴露出部分危险化学品运输车辆、货运车辆驾驶人安全意识淡薄等问题，也暴露出一些地方政府、部门对高速公路周边的建筑物和构筑物监管存在漏洞。

据通报，6 月 29 日 4 时 20 分左右，湖南省株洲市茶陵县盛兴物流有限公司一辆重型半挂油罐车，从广东省茂名市到东莞市。当车辆行驶至广州市沿江高速公路南岗段夏港入口附近，临时停靠在道路最外侧车道和应急车道中间时，一辆个体经营货车从后方驶来与油罐车发生追尾，造成油罐内所载溶剂油泄漏。溶剂油顺着高速公路排水管流入高速公路高架桥下的货物堆场，桥下突然发生爆燃。大火迅速引燃桥下堆放的木板及临时搭建的工棚，造成 20 人死亡、31 人受伤，其中 16 人重伤。

依据有关规定，国务院安委会已对该起事故的查处实行挂牌督办，查处结果将及时向社会公布。

为有效防范和坚决遏制重大事故的发生，安委办要求，要加大对货运车辆及货运驾驶人的监管力度。重型载货汽车和半挂牵引车应当在出厂前安装卫星定位装置，并接入道路货运车辆公共监管与服务平台。要着力提高驾驶人培训标准和考试难度，增加复杂路况、恶劣天气、突发情况应对处置技能的培训和考试内容，对大中型货运车辆驾驶人施行夜间驾驶考试。

安委办要求，实施更加严格的危险化学品运输监管措施，要充分利用危险化学品运输车辆动态监管系统，加强对危险化学品运输车辆的实时动态监控，严禁危险化学品运输车辆在高速公路违规停车。此外，要严厉打击高速公路建筑控制区内违法修建建筑物、构筑物等非法违法行为，深入排查消防火灾隐患，严肃事故查处和问责。

7 月 3 日

统一战线同心论坛在北京举行

全国政协主席贾庆林作出重要批示。全国政协副主席杜青林出席论坛并讲话。

杜青林强调，“同心”思想具有丰富的科学内涵。理解把握“同心”思想，核心是增进最广泛政治共识，同心同德、同心同向、同心同行；关键是坚持求同存异基本原则，充分体现广泛包容与创造活力；重点是明确各领域具体要求，发挥应有的指导作用；根本是最大限度地凝心聚力，促进多样共存、和谐共生、有序共进，为党和国家事业发展提供有力保障。

杜青林指出，要深入推进“同心”思想的贯彻落实，以“同心”思想巩固统一战线共同思想政治基础，强化统一战线服务大局的优势作用，指导党外代表人士队伍建设，推动统一战线理论实践创新，增强统一战线凝聚力，真正把“同心”思想贯穿统战工作全过程和各方面，推动“同心”行动取得新的更大成效。

全国农民专业合作社经验交流会在北京举行

国务院副总理回良玉出席会议并讲话。

回良玉强调，今后一个时期，发展农民专业合作社，既要重视增加数量、扩大覆盖面，更要注重提升水平和质量，进一步增强农民专业合作社的自身实力和发展活力，提高带动和服务能力。农民专业合作社要牢记服务为本的理念，积极为农户提供低成本、便利化的服务，帮助成员实现增产增收；坚持规范办社的方针，健全内部规章制度，强化财务管理，加强社务公开，切实做到依法办社、依章办事；增强自我发展的能力，不断做大做强合作社，提高自身经济实力和市场竞争力；强化诚实守信的意识，建立良好规范的信用管理制度，为消费者提供更多质优价廉、生态安全的产品。

回良玉强调，我国农民专业合作社目前还处于发展的初期阶段，要进一步营造农民专业合作社健康发展的良好环境。要加强组织领导、强化指导和服务，加大扶持力度、强化支持和引导，完善法律、法规、强化规范和保障，加强队伍建设、强化支撑和推动，搞好典型示范、强化带动和引领，促进农民专业合作社又好又快发展。

财政部 国家发改委印发《电力需求侧管理城市综合试点工作中央财政奖励资金管理暂行办法》

国务院安全生产委员会全体会议在北京召开

国务委员马凯主持会议并讲话。

马凯强调，各地区、各部门和各单位要深刻认识安全生产工作对保障经济发展和社会和谐稳定的重要意义，切实增强责任感和紧迫感，采取更加坚决有力的措施，狠抓工作落实，确保下半年安全生产形势持续稳定好转。要深入开展“打非治违”专项行动，加大检查、巡查、督导工作力度，严格落实“四个一律”打击治理措施，确保整治到位、不留死角。要强化安全生产管理和监督，严格落实企业主体责任、政府和部门监管责任，加强安全生产目标责任考核，依法依规严肃事故查处和责任追究。要继续深化各重点行业领域隐患排查治理，加强重大隐患挂牌督办，突出抓好以瓦斯防治为重点的煤矿安全工作，着力加强道路交通安全监管，严格驾驶人、营运车辆、运输企业准入和安全管理，严厉整治各类交通违法违规行为。要进一步强化安全保障能力建设，加快修订安全生产法，加强安全技术装备改造，尽快完成应急救援基地建设，扎实推进安全生产标准化建设和职业病防治工作。要健全完善安全监管体制机制，加强基层安全监管力量，深入开展安全文化建设，加强宣传和教育培训，增强公众法治意识和安全素质。马凯特别强调，当前正值汛期，要强化预警预报和信息共享，落实各项安全措施，严防自然灾害引发生产安全事故。

国家副主席习近平在人民大会堂会见以日本关西经济联合会会长森详介 大阪商工会议所会长佐藤茂雄为首的日本关西财界代表团

习近平首先对代表团的来访表示欢迎，对关西经济界长期以来为促进中日两国经贸关系发展所做的贡献表示赞赏，并希望包括关西地区在内的日本经济界今后积极参与中国的经济建设。

习近平还指出，今年是中日邦交正常化40周年，40年前，两国老一辈政治家面对巨大的政治困难和障碍，从两国人民的根本利益和两国关系长远大局出发，以高度的历史责任感和政治勇气，作出战略决断，一举实现中日邦交正常化，希望中日双方共同努力，继续为中日关系的健康稳定发展创造一个良好的环境，这也有利于两国乃至亚洲地区经贸合作关系的发展。希望经济界朋友继续为增进两国人民相互了解，全面建设中日战略互惠关系作出贡献。

森详介和佐藤茂雄感谢习近平副主席的会见，并表示日本关西经济联合会等经济团体将和中国经济界一道继续为发展日中经济关系作出努力。

外交部部长杨洁篪在北京与葡萄牙国务部部长兼外交部部长波塔斯举行会谈

杨洁篪表示，中葡是相互信任的好朋友。在双方共同努力下，双边关系不断取得新进展。中方愿继续本着同舟共济的精神，与葡方扩大各领域友好交流和互利合作。中国高度重视同欧盟的关系，希望双方以开放和建设性姿态深化合作，推动中欧关系不断向前发展。

波塔斯表示，中国在国际事务中发挥着重要作用，葡方赞赏中国取得的发展成就，一直把对华关系放在对外关系中的优先位置。

双方还就欧债形势和共同关心的热点问题交换了看法。

公安部部长孟建柱在北京会见以色列公安部部长阿罗诺维奇

孟建柱指出，中以两国执法安全部门1993年建立合作关系以来，双方人员往来密切，合作日趋务实。希望双方进一步加强在案件侦办、打击跨国有组织犯罪等领域的合作，提升两国执法安全合作水平，共同维护本地区的和平、稳定与发展。

国防部部长梁光烈在八一大楼与国防部部长阿尔杜罗·普里塞利举行会谈

2012年增值电信业务合作发展大会在北京召开

本次大会的主题是“形势、局势、走势——创新分享，共建用户可感知服务”。

2012年，移动互联网继续爆发式增长。据统计，预计年底，我国移动互联网的用户规模将达到4.5亿，总体规模将达到976.2亿元。面对高速稳定增长的用户，互联网巨头、电信运营商、终端制造商、应用开发者纷纷抢滩。同时移动通信软硬件智能化进程不断加快，增值服务不断向教育、医疗、娱乐等各个行业渗透，产业融合趋势愈发明显，增值电信业务迎来创新发展契机。

本次大会聚焦增值电信业务和移动互联网两大领域，围绕着技术与服务的创新应用、新格局下增值电信业务的发展特点、移动互联网发展趋势等多个主题进行探讨。会议将邀请政府领导、三大运营商企业高管、行业专家及互联网企业代表，对中国移动互联网产业及发展趋势进行全面的解读、项目案例分享、明星产品秀，致力推动电信增值业务、移动互联网创新发展。

国务委员刘延东在北京出席全国运动员文化教育和运动员保障工作电视电话会议并讲话

刘延东强调，运动员的职业生涯具有阶段性特征，因此，加强运动员文化教育，切实做好运动员保障工作，是坚持以人为本、落实科学发展观在体育工作中的具体体现，是促进体育事业健康、可持续发展、体现社会文明进步的客观要求，是体育事业中的民心工程。各级政府及相关部门要深化体教结合，健全不同学历层次办学体系，确保每个运动员依法接受文化教育。要将体教结合纳入教育发展规划，保证教育经费投入，合理配备文化课教师，推动体校与优质中小学共建、联办，整合优质资源，提高教育质量。要健全国家队和省(区、市)运动队文化测试制度，5 年内实现全国性青少年比赛赛前文化课测试全覆盖。要完善涉及收入分配、就业安置、伤病防治、社会保险等运动员保障工作机制，确保年内运动员在役期间工伤保险全覆盖，逐步实现运动员社会保障全覆盖，进一步做好退役运动员就业安置。要借鉴国外和地方的好经验好做法，深入研究探索完善体育人才培养模式，加强大型体育场馆的运营管理。要加强领导，明确责任，完善政策，强化督导，确保各项制度措施落到实处。她希望广大体育工作者继续大力弘扬中华体育精神，扎实做好伦敦奥运会备战参赛工作，力争取得运动成绩和精神文明双丰收。

中国和平发展基金会 2012 年年会在天津举行

全国政协副主席孙家正出席并致辞。

孙家正对基金会过去一年的工作予以充分肯定。他表示，在当前复杂多变的国际和周边形势下，民间交往日益成为超越意识形态、促进各国相互交流与合作的重要手段。以推动中国民间交往为宗旨的中国和平发展基金会要明确目标、开拓创新，紧紧围绕党和国家的中心工作和总体外交工作大局，充分发挥自身优势，为发展中国民间外交事业、维护世界的和平、稳定和发展作出积极的贡献。他就基金会的发展提出三点建议：一是进一步完善管理、健全制度；二是要正确处理公益活动与人文交流的关系；三是提升知名度，注意“品牌”效应。

7月4日

温家宝在北京主持召开国务院常务会议部署 2011 年度中央预算执行等审计查出问题的整改工作并听取全国社会保障资金审计情况汇报

会议指出，审计监督是宪法和审计法赋予审计机关的一项重要职责。国务院高度重视和支持审计工作。近年来，审计机关不断加强财政、金融和企业及重大民生项目审计工作，严肃查处违法违规问题，在推进反腐倡廉建设、推动完善国家治理等方面发挥了重要作用。有关地区和部门按照国务院部署认真整改，审计发现的问题及时得到纠正。与此同时，制度建设不断推进，预算公开进展加快，薄弱环节得到加强。

会议指出，审计发现的问题能否得到彻底整改，关系到政府的执行力和公信力，各级领导要高度重视。一要切实把整改工作摆到重要位置。涉及国务院部门的，国务院领导同志要根据工作分工亲自过问，各部门、各单位主要负责人是整改工作第一责任人；涉及地方的，省(区、市)政府的主要负责人要亲自挂帅，加强督促检查。对于拖延、推诿甚至拒不整改的，要严肃追究有关人员责任。二要着力解决好民生领域审计发现的突出问题。认真查处和纠正涉及保障房、医疗卫生服务、入学就业、征地拆迁、环境保护等方面侵犯群众利益的违法违纪行为。三要认真做好整改情况公开工作。在全面公开审计查出问题整改结果的基础上，实事求是、全面客观回应社会关切，充分尊重公众知情权和监督权。四要加大财政管理体制改革力度。加强预算管理，细化预算编制，强化执行管理。完善转移支付制度，减少专项转移支付，扩大一般性转移支付规模，健全绩效评价制度。深入推进预决算公开，细化公开内容。有关地区、部门和单位要在 10 月底前将整改情况报告国务院。国务院将在年底前向全国人大常委会专题报告。

会议听取了全国社会保障资金审计情况的汇报。今年 3 月至 5 月，审计署组织全国各级审计机关 4 万多名审计人员，重点审计了 2011 年全国省市县三级地方政府管理的 9 项社会保险基金、6 项社会救助资金、3 项社会福利资金共 18 项社会保障资金，核查了 2005 年以来相关数据；延伸审计了 29273 家企业、4207 家医院和 8101 个村(居)委会。从审计情况看，2011 年 18 项社会保障资金收入 2.84 万亿元，比 2005 年增长 3.13 倍；支出 2.11 万亿元，增长 3 倍；年末累计结余 3.11 万亿元，增长 4.35 倍。审计表明，各项社会保障资金总体安全，基金运行平稳。社会保障体系不断完善，收支规模不断扩大，为稳定公众消费预期，保障社会和谐稳定，发挥了重要作用。

审计发现，一些地方和单位社会保障工作存在政策执行不到位、管理不够规范和违纪违规等问题。主要是：社会保险制度衔接不够，部分地区社会保障资金未纳入财政专户管理，部分保障政策尚未完全落实到位，资金管理效益不够高，少数单位和个人违规牟取利益。对于审计发现的问题，各地正在组织整改。

会议指出，我国社会保障工作制度初建，下一阶段要全力加强规范化建设。一要进一步完善制度法规。尽快修订《社会保险费征缴暂行条例》《失业保险条例》等法规。二要健全运行机制。建立科学的责任分担机制,明确各级政府的社会保障责任。三要加强监督管理。积极推进建立规范完整的社会保障预算。明确社会保障信息公示和披露的方式和程序。重点加强对医疗保险、社会救助以及特殊群体社会保障政策贯彻落实情况的监督检查。建立全国统一的社会保障信息平台。

会议强调,要严肃财经纪律,对审计揭露出来的腐败案件和犯罪线索要彻查到底,决不姑息。

国家副主席习近平在人民大会堂会见泰国外交部部长素拉蓬

国务院副总理李克强在中南海紫光阁会见葡萄牙国务部部长兼外交部部长波塔斯

李克强指出,中欧之间有着广泛的共同利益。中方注意到欧盟夏季峰会就应对欧债问题达成重要共识,向世界传递了信心,相信这有利于促进欧洲经济复苏和发展。中方将继续以建设性、合作性方式支持一些欧洲国家解决债务问题的努力,愿进一步扩大与欧方各领域务实合作,实现互利共赢。希望葡方在欧盟内部继续发挥积极影响,促进中欧关系不断向前发展。

波塔斯表示葡萄牙高度重视葡中关系,愿同中方加强友好交流与务实合作,实现共同发展。

外交部部长杨洁篪在北京与泰国外交部部长素拉蓬举行会谈

7月5日

国家主席胡锦涛在人民大会堂与古巴国务委员会主席兼部长会议主席劳尔·卡斯特罗举行会谈

双方就发展双边关系及共同关心的国际和地区问题深入交换意见,达成广泛共识。

胡锦涛表示,中方愿同古方共同努力,推动中古关系迈上新台阶:一、两国高层和各层次保持密切交往,充分发挥党际和政府间各对话机制作用,加强治党治国经验交流。二、扩大经贸合作,促进共同发展。双方要创新合作方式,优化贸易结构,加强经贸、能源、基础设施建设、农业、生物技术等领域合作,鼓励双向投资。三、拓展文化、教育、新闻、媒体等领域交流合作,加强两国人民特别是青年友好交往,为中古友好事业培养更多人才。四、加强在联合国改革、气候变化、可持续发展等重大问题上的协调配合,共同推动建设持久和平、共同繁荣的和谐世界。

劳尔·卡斯特罗表示,当前,古巴党和政府正在贯彻古巴共产党第六次全国代表大会精神,加强党的建设,稳步推进改革进程,探索走符合自身国情的发展道路,促进经济社会全面协调发展。古方重视中国发展的成功经验,愿同中方保持密切交往,加强治国理政方面的交流借鉴,扩大经贸、投资、可再生能源等领域合作,使古中关系取得更丰硕成果。

会谈后,两国领导人出席了中古政府经济技术合作协定等合作文件的签字仪式。

全国人大常委会委员长吴邦国在人民大会堂会见古巴国务委员会主席兼部长会议主席劳尔·卡斯特罗

国务院副总理王岐山在江苏考察

考察期间,王岐山深入了解进出口企业的生产经营情况。

王岐山强调,企业是市场主体。各级政府和商务、金融、海关、质检等部门要从方方面面、点点滴滴入手,强化服务,为企业营造良好的软硬环境。要完善出口政策,突出重点行业、企业和产品,落实好大型成套设备出口信用保险等支持政策,加大对有市场、有技术、有效益企业的支持力度,切实解决中小出口企业的融资困难,进一步提高贸易便利化水平。积极扩大先进技术设备、关键零部件和能源原材料进口,适度扩大消费品进口。抓紧研究适合我国国情的投资保护协定范本以及全球贸易价值链问题。加快完善体制、机制和人才储备,充分利用资金、产业等优势,支持企业"走出去"。

王岐山考察了常州天合光能有限公司、强生(苏州)医疗器材有限公司等企业。他指出,企业要迎难而上,变压力为动力,强化技术研发,从发展、改革、创新、管理上要效益,增强竞争力。要突出主业,在稳定出口市场的同时,打开潜力巨大的国内市场,加快企业转型升级。当了解到国外对光伏电池等产品实施反倾销反补贴时,王岐山专门现场研究,要求有关部门积极应对国际贸易摩擦,为企业排忧解难,有力有效维护企业利益。

国家发改委发布《关于利用价格杠杆鼓励和引导民间投资发展的实施意见》

根据《关于利用价格杠杆鼓励和引导民间投资发展的实施意见》(以下简称《实施意见》),国家将主要是通过深化电力、天然气、水利工程供水等领域价格改革,对城市供水供气供热、保障性住房、铁路、医疗等公共事业实施支持性价格政策,充分调动民间资本参与相关领域投资经营的积极性。

《实施意见》还提到,将加大涉企收费减免力度,规范金融服务价格行为,加强市场价格监管,推进价格和收费信息公开，优化民营企业发展环境。

“国家高新技术产业开发区建设二十年成就展”在北京国家会议中心开展

国家高新区建设20年成就展由科学技术部、国家发展和改革委、财政部、国土资源部、住房和城乡建设部主办，成就展以“科学发展、创新驱动、铸就辉煌”为主题，以探索中国特色自主创新道路为主线，分为战略部署区、改革创新、产业发展、面向未来、和谐园区、铸就辉煌、美好明天7个展区，全方位展示了国家高新区20年的发展改革历程和创新驱动发展取得的辉煌成就。

20年前，党中央、国务院为促进科技与经济结合、发展高科技产业化，作出了建设国家高新技术产业开发区的重大战略决策。目前国务院批准建立的88个国家高新区已成为我国科技体制改革的先行区、自主创新的策源地、高科技产业化的主战场、战略性新兴产业的集聚区。从1991年至2011年，国家高新区营业总收入年平均增长45%，实现了持续强劲增长，有力支撑了国家经济建设。2011年，国家高新区实现营业总收入133425.1亿元，占全国的12.3%；高新区企业获得授权发明专利2.94万件，占全国企业发明专利的50.7%；拥有高新技术企业1.6万家，占全国总数的41%。

国务院副总理李克强在中南海紫光阁会见新加坡副总理张志贤

中联部部长王家瑞在北京分别会见新加坡副总理张志贤和葡萄牙国务部部长兼外交部部长波塔斯

全国人大常委会副委员长陈至立在黑龙江调研并就妇女土地权益保障工作召开座谈会

陈至立强调，农村土地承包法、妇女权益保障法和村民委员会组织法等法律及国务院有关通知都对保障妇女的合法权益作出了明确规定，并强调对村规民约中违反男女平等原则、侵害妇女合法权益的内容要坚决废止。她指出，目前我国的许多村规民约尚未体现甚至违背有关法律、法规的精神，有必要及时进行修订。她说，依法修订村规民约是完善农村基层民主法制建设的基础性工作，是维护农村妇女合法权益、促进男女平等的重要途径，是化解基层社会矛盾、促进农村和谐稳定的重要措施，对充分调动和发挥广大农村妇女建设社会主义新农村的积极性，增强党的群众基础都具有重要意义。

陈至立要求，各级妇联要在各级党委直接领导下，协同有关部门积极推进村规民约修订工作。修订工作要与加强基层民主法制建设结合起来；与进一步普及和宣传有关法律、法规结合起来；与切实维护妇女权益结合起来；与化解社会矛盾、加强和创新社会管理结合起来。

“2012中国创新创业大赛”在北京启动

由科技部、教育部、财政局和全国工商联共同指导的“2012中国创新创业大赛”在北京启动。这是我国首届创新创业大赛，也是国内最高规格的创新创业赛事。

7月6日

全国科技创新大会在北京举行

胡锦涛、吴邦国、温家宝、贾庆林、李长春、习近平、李克强、贺国强等出席会议。

胡锦涛在会议上发表重要讲话强调，大力实施科教兴国战略和人才强国战略，坚持自主创新、重点跨越、支撑发展、引领未来的指导方针，全面落实国家中长期科学和技术发展规划纲要，以提高自主创新能力为核心，以促进科技与经济社会发展紧密结合为重点，进一步深化科技体制改革，着力解决制约科技创新的突出问题，充分发挥科技在转变经济发展方式和调整经济结构中的支撑引领作用，加快建设国家创新体系，为全面建成小康社会进而建设世界科技强国奠定坚实基础。

胡锦涛指出，我国已经构建了比较完整的学科体系，拥有丰富的科技人力资源，科技发展具有良好基础，完全有条件发挥自身特色和优势，跟上世界新的科技革命和产业变革步伐。同时，我们也要清醒地看到，面对新形势新要求，我国自主创新能力还不够强，科技体制机制与经济社会发展和国际竞争的要求还不相适应。我们必须增强机遇意识、忧患意识、责任意识，牢牢把握新的科技革命和产业变革的机遇、世界科技创新格局调整的机遇、经济发展水平不断提高和市场不断扩大的机遇，坚定立足自主创新，深化科技体制改革，为加快建设创新型国家提供体制机制保障，争取在不太长的时间内确保国家创新能力得到大幅提升。

胡锦涛指出，到2020年，我们要达到的目标是：基本建成适应社会主义市场经济体制、符合科技发展规律的中国特色国家创新体系，原始创新能力明显提高，集成创新、引进消化吸收再创新能力大幅增强，关键领域科学研究实现原创性重大突破，战略性高技术领域技术研发实现跨越式发展，若干领域创新成果进入世界前列；创新环境更加优化，创新效益大幅提高，创新人才竞相涌现，全民科学素质普遍提高，科技支撑引领经济社会发展能力大幅提升，进入创新型国家行列。

胡锦涛强调，从现在起，到实现进入创新型国家行列的目标，只有不到10年的时间，形势非常紧迫，任务十分艰巨。当务之急，就是要进一步解放思想、深化改革，破除一切束缚创新的思想观念桎梏和体制机制障碍，最大限度解放和发展科技第一生产力。胡锦涛就深化科技体制改革、加快创新型国家建设提出6点意见。第一，进一步推动发展更多依靠创新驱动，坚持把科技摆在优先发展的战略位置，把科技创新作为经济发展的内生动力，激发全社会创造活力，推动科技实力、经济实力、综合国力实现新的重大跨越。第二，进一步提高自主创新能力，大力培育和发展战略性新兴产业，运用高新技术加快改造提升传统产业，加快农业科技创新，发展关系民生和社会管理创新的科学技术，推进基础前沿研究。第三，进一步深化科技体制改革，着力强化企业技术创新主体地位，提高科研院所和高等学校服务经济社会发展能力，推动创新体系协调发展，强化科技资源开放共享，深化科技管理体制改革。第四，进一步完善人才发展机制，坚持尊重劳动、尊重知识、尊重人才、尊重创造的重大方针，统筹各类人才发展，建设一支规模宏大、结构合理、素质优良的创新人才队伍。第五，进一步优化创新环境，完善和落实促进科技成果转化应用的政策措施，促进科技和金融结合，加强知识产权创造、运用、保护、管理，在全社会进一步形成讲科学、爱科学、学科学、用科学的浓厚氛围和良好风尚。第六，进一步扩大科技开放合作，提高我国科技发展国际化水平，在更高起点上推进自主创新。

胡锦涛强调，建设创新型国家是全党全社会的共同任务。各级党委和政府务必提高认识、增强紧迫感，加强领导、狠抓落实。要加大科技投入，发挥政府在科技发展中的引导作用，加快形成多元化、多层次、多渠道的科技投入体系，实现2020年全社会研发经费占国内生产总值2.5%以上的目标。各级党政领导尤其是主要领导要学习科技知识，坚持用科技知识指导发展，在重大决策中听取专家意见，做好科学论证。要关心和爱护广大科技人员，及时研究和解决他们遇到的各种实际困难。广大科技工作者要始终把祖国和人民放在心中，努力作出无愧于时代、无愧于人民的创新成果。

出席会议的领导同志还有：回良玉、刘云山、李源潮、汪洋、张高丽、张德江、俞正声、何勇、路甬祥、马凯、万钢等。

国家科技教育领导小组成员，各省、自治区、直辖市和计划单列市、新疆生产建设兵团党政负责同志，中央和国家机关有关单位、有关人民团体负责同志，解放军各总部和武警部队负责同志，各民主党派中央和全国工商联有关负责人，部分行业协会、高等学校、科研单位、企业和国家高新区代表和部分科技专家等出席会议。

国务院总理温家宝在中南海紫光阁会见古巴国务委员会主席兼部长会议主席劳尔·卡斯特罗

温家宝说，中古友好关系有着深厚基础。劳尔主席的来访对于双方在新形势下加强交流互鉴，携手应对挑战意义重大。中方愿与古方结合各自发展规划，按照“政府引导、市场运作、企业主体、互利共赢”的方针，在贸易、农业、科技、能源、基础设施等领域扩大互利合作，促进彼此经济建设和发展，造福两国人民。

劳尔·卡斯特罗表示，温家宝总理在拉美经委会发表的演讲引起拉美国家和国际社会的高度重视，是发展拉中关系的纲领性文件。古方将为推动落实中方提出的各项倡议发挥积极作用。

中央纪委书记贺国强在北京出席全国巡视工作理论研讨会并讲话

贺国强强调，党的十七大以来的工作实践，进一步深化了我们对巡视工作特点和规律的认识，积累了宝贵经验。一是必须坚持以中国特色社会主义理论体系特别是科学发展观为指导，紧紧围绕发展这个党执政兴国的第一要务，紧扣科学发展这个主题和加快转变经济发展方式这条主线，紧跟党和国家关于经济社会发展的重大决策开展巡视工作，把以人为本的理念、执政为民的要求和统筹兼顾的方法贯彻到巡视工作之中，不断增强巡视工作的系统性和协调性。二是必须牢牢把握党内监督这个主题，把严明党的政治纪律作为巡视工作的首要任务，加强对党的路线方针政策和中央重大决策部署贯彻执行情况的监督，维护党的集中统一，确保中央政令畅通；坚持突出重点、抓住关键，把各级领导班子及其成员特别是党政“一把手”作为重点对象，及时发现和推动解决一些地方和单位存在的突出问题；坚持发扬党内民主，把加强对干部的监督同信任、激励和保护干部结合起来，积极支持被巡视单位做好工作。三是必须着力发现和推动解决问题，把主要精力和时间用在发现和推动解决问题上，通过事前精心准备、深入了解情况、充分听取各方面意见、做好综合分析、强化成果运用等，真正发现存在的突出问题，促进被巡视地区和单位改进工作。四是必须严格依纪依法办事，严格按照巡视工作条例规定的巡视范围、对象、任务以及工作程序、方式方法、保密纪律以及巡视工作的相关纪律要求，坚决贯彻落实各项法规制度，切实维护巡视制度的严肃性和权威性。五是必须坚持以改革创新精神推进工作，及时总结推广各地区各部门各单位创造的新鲜经验，深入研究巡视工作的重大理论和实际问题，不断推进巡视工作实践创新、理论创新和制度创新。六是必须坚持和完善中央统一领导、分级负责的领导体制和工作机制，认真落实中央有关精神，明确和规范省(区、市)党委巡视、国务院国资委对中央企业巡视及部分中央和国家机关、中央企业、中管金融企业内部巡视的职责，紧紧依托纪委和组织部门、依靠被巡视地区和单位党组织开展工作，把加强巡视干部队伍建设作为一项基础性工程来抓，把巡视工作同其他形式的监督结合起来，不断增强巡视工作的整体合力。

最高人民法院等五部门联合发布《关于建立犯罪人员犯罪记录制度的意见》

《人民日报》报道：最高人民法院、最高人民检察院、公安部、司法部和国家安全部联合发布了《关于建立犯罪人员犯罪记录制度的意见》(以下简称《意见》)。《意见》进一步明确了我国犯罪人员犯罪信息的登记主体和登记内容、犯罪人员信息管理方式方法、犯罪人员信息通报和查询等工作机制以及违反规定处理犯罪人员信息的责任，并结合我国新修订刑事诉讼法的有关规定，提出建立未成年人轻罪犯罪记录封存制度。

为深入贯彻落实党和国家对违法犯罪未成年人的“教育、感化、挽救”方针和“教育为主、惩罚为辅”原则，切实帮助失足青少年回归社会，根据未成年人的生理、心理特点，结合我国未成年人保护工作的实际，建立未成年人轻罪犯罪记录封存制度。

央行决定下调金融机构人民币存贷款基准利率

中国人民银行决定，自2012年7月6日起下调金融机构人民币存贷款基准利率。金融机构一年期存款基准利率下调0.25个百分点，一年期贷款基准利率下调0.31个百分点；其他各档次存贷款基准利率及个人住房公积金存贷款利率相应调整。

自同日起，将金融机构贷款利率浮动区间的下限调整为基准利率的0.7倍。个人住房贷款利率浮动区间不作调整，金融机构要继续严格执行差别化的各项住房信贷政策，继续抑制投机投资性购房。

第十八届中国兰州投资贸易洽谈会在兰州开幕

全国人大常委会副委员长华建敏出席开幕式并宣布大会开幕。兰洽会从本届起正式升格为国家级节会，由商务部、国家工商行政管理总局、国家旅游局等8个部门和甘肃省、天津市等18个省区市联合主办，由中国侨商联合会等20家境内外商协会机构协办。今年的兰洽会吸引了156个参会代表团组，其中国内代表团组122个，外宾代表团组34个，参会参展宾客超过2万人，创历届规模之最。

在开幕式当天举行的签约仪式上，来自甘肃省14个市州的项目单位代表与来自境外及其他兄弟省区市的企业，现场签订了54个招商引资合同项目，签约项目总额达1051.88亿元人民币。本次兰洽会将有731个合同项目在会期签约，签约总额4439.91亿元，是兰洽会历史上签约额增幅最大、成果最丰硕的一届。

国家副主席习近平在钓鱼台国宾馆会见古巴国务委员会主席兼部长会议主席劳尔·卡斯特罗

习近平说，面对当前复杂多变的国际形势，不断巩固和深化中古友好互利合作符合两国和两国人民的根本利益。中方愿与古方共同努力，落实好两国领导人达成的共识，继续保持高层交往，重点推进经贸、能源、农业、科技等领域合作，在国际事务中密切配合，为加强发展中国家团结，促进世界和平与繁荣作出贡献。

劳尔·卡斯特罗表示，古方钦佩中国的发展成就，愿借鉴中方发展经验，与中方扩大在经贸、投资、农业、科技等领域的互利合作，推动两国关系取得更加丰硕的成果。古巴高度重视中国在国际和地区事务中的重要作用，愿为促进拉美与中国关系发展作出积极努力。

国务院副总理李克强在人民大会堂会见古巴国务委员会主席兼部长会议主席劳尔·卡斯特罗

第四届全国少数民族文艺会演在北京京西宾馆落幕

本届文艺会演评奖结果同时揭晓，《魅力西藏》等剧目以及部分演出单位和个人获得各类奖项。中共中央政治局常委、全国政协主席贾庆林出席闭幕式暨颁奖晚会，并为获奖集体和个人代表颁奖。

回良玉、刘云山、刘延东、路甬祥、司马义·铁力瓦尔地、杜青林、孙家正一同出席闭幕式暨颁奖晚会，为获奖集体和个人代表颁奖，并观看了演出。

国家民委主任、第四届全国少数民族文艺会演组委会主席杨晶主持闭幕式颁奖仪式。中央和国家机关，北京市人民政府等有关单位负责同志，参加本届文艺会演各代表团团长、演职人员代表，以及首都各界人士参加了闭幕式。

中国人民解放军八一电影制片厂成立60周年庆祝大会在北京举行

7月7日

国务院总理温家宝在江苏调研

温家宝来到常州市飞龙新苑小区看望居民,并与省、市保障性住房建设、管理、质量监督等单位负责人座谈。

温家宝强调,目前房地产市场调控仍然处在关键时期,调控任务还很艰巨。必须坚定不移做好调控工作,把抑制房地产投机投资性需求作为一项长期政策。

温家宝强调,进一步做好调控工作,要把握好以下几个方面:一要继续坚决抑制投机投资性需求,防止变相放松购房政策,防止不实信息炒作误导。要把抑制房地产投机投资性需求作为一项长期政策。继续严格实施差别化住房信贷、税收政策和住房限购措施。加强市场监管,对涉及违规骗取购房资格的开发企业、中介机构和个人,要严肃查处。对有地方出台或变相放松房地产市场调控政策的,要有针对性地及时制止纠正。同时,抓紧研究推进房地产税收制度改革,加快建立、健全房地产市场调控的长效机制和政策体系。要毫不动摇地继续推进房地产市场各项调控工作,促进房价合理回归,决不能让房价反弹,造成功亏一篑。二要采取有效措施,积极引导和支持房地产企业调整产品结构,增加普通商品房供给,满足合理的自住性需求。三要继续稳步推进保障性安居工程建设,尽快形成有效供给。今年上半年保障性住房已经开工470万套,基本建成260万套,相关工作正在平稳推进。各地区要积极拓宽筹资渠道,加快用地审批和供应,吸引多元投资主体参与建设,确保开工和建设任务顺利完成。要高度重视工程质量,让老百姓住上放心房。注意完善保障性住房的配套设施,方便群众生活和工作。合理确定公租房租金水平。特别要注重保障性住房建设的可持续性,抓紧完善保障性住房建设、分配、管理、退出等制度。

国家副主席习近平在北京出席"世界和平论坛"开幕式并致辞

习近平首先对论坛的开幕表示热烈祝贺,向与会嘉宾和专家学者致以诚挚问候。他说,"世界和平论坛"是中国举办的第一个高级别非官方国际安全论坛,论坛的主题"各方共赢:和平、安全、合作",是攸关当今世界前途命运和各国人民幸福安康的重大课题,就此展开深入研讨和交流,将为促进世界和平与安全提供新思路、探索新方法、作出新贡献。

习近平指出,当今世界正处于大发展、大变革、大调整时期,国际形势正发生着极为深刻复杂的变化。和平与发展仍然是时代的主题。与此同时,国际社会也面临更加复杂多样的安全挑战,维护世界和平、促进共同安全依然任重而道远。

习近平指出,当今世界,不同制度、不同类型、不同发展阶段的国家利益交融、相互依存日益紧密。各国不仅利益与共,而且安危与共。在这样的新形势下,安全问题的内涵既远远超越了"冷战"时期对峙平衡的安全,也超越了传统意义上的军事安全,同时也超越了一国一域的安全。面对复杂多样的安全挑战,任何一个国家都难以置身事外而独善其身,也不可能靠单打独斗来实现所谓的绝对安全。各国必须坚持以合作的胸怀、创新的精神、负责任的态度,同舟共济、合作共赢,共同应对各种问题和挑战,携手营造和谐稳定的国际和地区安全环境。为此,我们应该恪守以下理念和原则:

第一,必须以发展求安全。经济发展繁荣是维护安全的重要保障。应该继续高度重视并切实解决好全面协调可持续发展这个重大课题,持续致力于自身发展,积极支持发展中国家发展,努力缩小南北发展差距,真正实现共同发展繁荣。

第二,必须以平等求安全。平等相待是维护安全的基本前提。在任何时候任何情况下,都要坚持和平共处五项原则,不干涉别国内政,不把自己意志强加于人,通过平等对话、互利合作,实现各国普遍安全。

第三,必须以互信求安全。增进互信是维护安全的必要条件。要不断增进各国战略和政治互信,妥善处理分歧、矛盾和敏感问题,切实尊重他国核心和重大利益,不断扩大战略共识,夯实维护安全的深厚根基。

第四,必须以合作求安全。对话合作是维护安全的根本途径。要超越"你输我赢、你兴我衰"的"零和"思维,坚持以合作谋和平、以合作保安全、以合作化干戈,努力寻求和扩大各方利益汇合点,致力于实现双赢和共赢。

第五,必须以创新求安全。要坚决摒弃落后于时代发展潮流的思想观念和陈旧的方式方法,牢固树立互信、互利、平等、协作的新安全观,树立综合安全、共同安全、合作安全新理念,努力为解决老问题寻找新答案,为应对新问题寻找好答案,不断破解人类面临的发展难题和安全困境。

习近平强调,正处在快速工业化、城镇化进程中的当代中国,始终致力于聚精会神搞建设、一心一意谋发展,同时始终致力于维护世界和平、促进人类共同发展。中国谋求的发展,是和平的发展、开放的发展、合作的发展、共赢的发展。实践证明,中国已成为国际体系的积极参与者、建设者、贡献者。中国持续快速发展得益于世界和平与发展,同时中国发展也为世界各国提供了共同发展的宝贵机遇和广阔空间。中国将继续坚持走和平发展道路,继续坚持推动构建新型大国关系,继续坚定维护亚太地区和平稳定,继续坚持承担应尽的国际责任和义务。

习近平最后表示,当今世界总体和平稳定与局部冲突动荡并存、发展与安全的机遇和挑战同在,唯有同舟共济、合作共赢,才能逐步实现世界的普遍和平与安全,使21世纪成为各国共享和平安宁、共同发展繁荣的世纪。

论坛主席唐家璇主持开幕式。论坛特邀嘉宾秘鲁前总统加西亚也在开幕式上致辞。

开幕式前,习近平会见了出席论坛的秘鲁前总统加西亚、马来西亚前总理巴达维、巴基斯坦前总理阿齐兹、法国前总理德维尔潘、日本前首相鸠山由纪夫、俄罗斯前国家安全会议秘书伊万诺夫、欧盟理事会前秘书长兼共同外交与安全政策高级代表索拉纳等外国前政要,并与他们集体合影留念。

外交部部长杨洁篪、教育部部长袁贵仁、商务部国际贸易谈判代表兼副部长高虎城等出席上述活动。

论坛由清华大学主办,中国人民外交学会协办。来自22个国家的专家、学者和36个国家的驻华使节等中外来宾近500人出席开幕式。

7月8日

国务院发出《关于促进民航业发展的若干意见》

各省、自治区、直辖市人民政府,国务院各部委、各直属机构:

民航业是我国经济社会发展重要的战略产业。改革开放以来,我国民航业快速发展,行业规模不断扩大,服务能力逐步提升,安全水平显著提高,为我国改革开放和社会主义现代化建设作出了突出贡献。但当前民航业发展中不平衡、不协调的问题仍较为突出,空域资源配置不合理、基础设施发展较慢、专业人才不足、企业竞争力不强、管理体制有待理顺等制约了民航业的可持续发展。为促进民航业健康发展,现提出以下意见:

一、总体要求

(一)指导思想。以邓小平理论和"三个代表"重要思想为指导,深入贯彻落实科学发展观,以转变发展方式为主线,以改革创新为动力,遵循航空经济发展规律,坚持率先发展、安全发展和可持续发展,提升发展质量,增强国际竞争力,努力满足经济社会发展和人民群众出行需要。

(二)基本原则。

——以人为本、安全第一。树立和落实持续安全理念,为社会提供安全优质的航空服务。

——统筹兼顾、协调发展。统筹民航与军航、民航与其他运输方式、民航业与关联产业,以及各区域间协调发展。

——主动适应、适度超前。加强基础设施建设,提高装备水平和服务保障能力。

——解放思想、改革创新。破除体制机制障碍,最大限度解放和发展民航生产力。

——调整结构、扩容增效。合理利用空域等资源,增加飞行容量,推进技术进步和节能减排。

(三)发展目标。到2020年,我国民航服务领域明显扩大,服务质量明显提高,国际竞争力和影响力明显提升,可持续发展能力明显增强,初步形成安全、便捷、高效、绿色的现代化民用航空体系。

——航空运输规模不断扩大,年运输总周转量达到1700亿吨公里,年均增长12.2%,全国人均乘机次数达到0.5次。

——航空运输服务质量稳步提高,安全水平稳居世界前列,运输航空百万小时重大事故率不超过0.15,航班正常率提高到80%以上。

——通用航空实现规模化发展,飞行总量达200万小时,年均增长19%。

——经济社会效益更加显著,航空服务覆盖全国89%的人口。

二、主要任务

(四)加强机场规划和建设。机场特别是运输机场是重要公共基础设施,要按照国家经济社会发展和对外开放总体战略的要求,抓紧完善布局,加大建设力度。机场规划建设既要适度超前,又要量力而行,同时预留好发展空间,做到确保安全、经济适用、节能环保。要按照建设综合交通运输体系的原则,确保机场与其他交通运输方式的有效衔接。着力把北京、上海、广州机场建成功能完善、辐射全球的大型国际航空枢纽,培育昆明、乌鲁木齐等门户机场,增强沈阳、杭州、郑州、武汉、长沙、成都、重庆、西安等大型机场的区域性枢纽功能。新建支线机场,应统筹考虑国防建设和发展通用航空的需要,同时结合实际加快提升既有机场容量。要整合机场资源,加强珠三角、长三角和京津冀等都市密集地区机场功能互补。注重机场配套设施规划与建设,配套完善旅客服务、航空货运集散、油料供应等基础设施,大型机场应规划建设一体化综合交通枢纽。

(五)科学规划安排国内航线网络。构建以国际枢纽机场和国内干线机场为骨干,支线和通勤机场为补充的国内航空网络。重点构建年旅客吞吐量1000万人次以上机场间的空中快线网络。加强干线、支线衔接和支线间的连接,提高中小机场的通达性和利用率。

以老少边穷地区和地面交通不便地区为重点，采用满足安全要求的经济适用航空器，实施“基本航空服务计划”。优化内地与港澳之间的航线网络，增加海峡两岸航线航班和通航点。完善货运航线网络，推广应用物联网技术，按照现代物流要求加快航空货运发展，积极开展多式联运。

（六）大力发展通用航空。巩固农、林航空等传统业务，积极发展应急救援、医疗救助、海洋维权、私人飞行、公务飞行等新兴通用航空服务，加快把通用航空培育成新的经济增长点。推动通用航空企业创立发展，通过树立示范性企业鼓励探索经营模式，创新经营机制，提高管理水平。坚持推进通用航空综合改革试点，加强通用航空基础设施建设，完善通用航空法规标准体系，改进通用航空监管，创造有利于通用航空发展的良好环境。

（七）努力增强国际航空竞争力。适应国家对外开放和国际航空运输发展的新趋势，按照合作共赢的原则，统筹研究国际航空运输开放政策。鼓励国内有实力的客、货运航空企业打牢发展基础，提升管理水平，开拓国际市场，增强国际竞争能力，成为能够提供全球化服务的国际航空公司。完善国际航线设置，重点开辟和发展中远程国际航线，加密欧美地区航线航班，增设连接南美、非洲的国际航线。巩固与周边国家的航空运输联系，推进与东盟国家航空一体化进程。加强国际航空交流与合作，积极参与国际民航标准的制定。

（八）持续提升运输服务质量。要按照科学调度、保障有力的要求，努力提高航班正常率。建立面向公众的航班延误预报和通报制度，完善大面积航班延误预警和应急机制，规范航班延误后的服务工作。推广信息化技术，优化运行流程，提升设备能力，保证行李运输品质。完善服务质量标准体系和实施方法，简化乘机手续，创新服务产品，打造特色品牌，提高消费者满意度。

（九）着力提高航空安全水平。坚持“安全第一、预防为主、综合治理”的方针，牢固树立持续安全理念，完善安全法规、制度体系，建立、健全安全生产长效机制。坚持和完善安全生产责任制度，严格落实生产运营单位安全主体责任。推行安全隐患挂牌督办制度和安全问责制度，实行更加严格的安全考核和责任追究。完善航空安保体制机制，加强行业主管部门与地方政府的沟通协调，确保空防安全。加强专业技术人员资质管理，严把飞行、空管、维修、签派、安检等关键岗位人员资质关。加大安全投入，加强安全生产信息化建设，积极推广应用安全运行管理新技术、新设备。加强应急救援体系建设，完善重大突发事件应急预案。

（十）加快建设现代空管系统。调整完善航路网络布局，建设国内大容量空中通道，推进繁忙航路的平行航路划设，优化繁忙地区航路航线结构和机场终端区空域结构，增加繁忙机场进离场航线，在海洋地区增辟飞越国际航路。优化整合空管区划，合理规划建设高空管制区。大力推广新一代空管系统，加强空管通信、导航、监视能力及气象、情报服务能力建设，提升设备运行管理水平。完善民航空管管理体制与运行机制。

（十一）切实打造绿色低碳航空。实行航路航线截弯取直，提高临时航线使用效率，优化地面运行组织，减少无效飞行和等待时间。鼓励航空公司引进节能环保机型，淘汰高耗能老旧飞机。推动飞机节油改造，推进生物燃油研究和应用，制定应对全球气候变化对航空影响的对策措施。制定实施绿色机场建设标准，推动节能环保材料和新能源的应用，实施合同能源管理。建立大型机场噪音监测系统，加强航空垃圾无害化处理设施建设。

（十二）积极支持国产民机制造。鼓励民航业与航空工业形成科研联动机制，加强适航审定和航空器运行评审能力建设，健全适航审定组织体系。积极为大飞机战略服务，鼓励国内支线飞机、通用飞机的研发和应用。引导飞机、发动机和机载设备等国产化，形成与我国民航业发展相适应的国产民航产品制造体系，建立、健全售后服务和运行支持技术体系。积极拓展中美、中欧等双边适航范围，提高适航审定国际合作水平。

（十三）大力推动航空经济发展。通过民航业科学发展促进产业结构调整升级，带动区域经济发展。鼓励各地区结合自身条件和特点，研究发展航空客货运输、通用航空、航空制造与维修、航空金融、航空旅游、航空物流和依托航空运输的高附加值产品制造业，打造航空经济产业链。选择部分地区开展航空经济示范区试点，加快形成珠三角、长三角、京津冀临空产业集聚区。

三、政策措施

（十四）加强立法和规划。健全空域管理相关法律、法规，推动修订《中华人民共和国民用航空法》。加强航空安全、空中交通、适航审定、通用航空等方面的立法工作，建立比较完备的民航法规和标准体系。编制全国空域规划和通用航空产业规划，完善《全国民用机场布局规划》。各地区编制本地民航发展规划，要做好与当地经济社会发展、土地利用、城乡建设等规划的衔接。

（十五）加大空域管理改革力度。以充分开发和有效利用空域资源为宗旨，加快改革步伐，营造适应航空运输、通用航空和军事航空和谐发展的空域管理环境，统筹军民航空域需求，加快推进空域管理方式的转变。加强军民航协调，完善空域动态灵活使用机制。科学划分空域类别,实施分类管理。做好推进低空空域管理改革的配套工作,在低空空域管理领域建立起科学的基础理论、法规标准、运行管理和服务保障体系,逐步形成一整套既有中国特色又符合低空空域管理改革发展特点的组织模式、制度安排和运行方式。

(十六)完善管理体制机制。适应民航业发展要求理顺民航业管理体制机制,强化民航系统各地区管理机构建设。加强民航业主管部门对民航企业的行业管理力度,完善国有大型航空运输企业考核体系,引导企业更加注重航空运输的社会效益。全面贯彻《民用机场管理条例》,深化机场管理体制改革,进一步明确地方政府在机场发展中的主体责任和相关职能。发挥市场对资源配置的基础性作用,逐步推进民航运输价格改革,健全价格形成机制。完善民航机场和空管收费政策。加快航油、航材、航信等服务保障领域的市场开放,鼓励和引导外资、民营资本投资民航业。

(十七)强化科教和人才支撑。将民航科技创新纳入国家科技计划体系,建立相应的国家级民航重点实验室。加强空管核心技术、适航审定、航行新技术的研发和推广,推动北斗卫星系统在民航领域的应用。加快航空运输系统核心信息平台的升级换代,保障基础信息网络和重要信息系统安全,增强民航装备国产化的实验验证能力。实施重大人才工程,加大飞行、机务、空管等紧缺专业人才培养力度。强化民航院校行业特色,鼓励有条件的非民航直属院校和教育机构培养民航专业人才。对民航行政机构专业技术人员薪酬待遇等实行倾斜政策,稳定民航专业人才队伍。

(十八)完善财税扶持政策。加大对民航建设和发展的投入,中央财政继续重点支持中西部支线机场建设与运营。加强民航发展基金的征收和使用,优化基金支出结构。完善应急救援和重大专项任务的行政征用制度。实行燃油附加与航油价格的联动机制。保障机场及其综合枢纽建设发展用地,按规定实行相应的税收减免政策。支持符合条件的临空经济区按程序申请设立综合保税区等海关特殊监管区域,按规定实行相应的税收政策。继续在规定范围内给予部分飞机、发动机、航空器材等进口税收优惠。

(十九)改善金融服务。研究设立主体多元化的民航股权投资(基金)企业。制定完善相关政策,支持国内航空租赁业发展。鼓励银行业金融机构对飞机购租、机场及配套设施建设提供优惠的信贷支持,支持民航企业上市融资、发行债券和中期票据。完善民航企业融资担保等信用增强体系,鼓励各类融资性担保机构为民航基础设施建设项目提供担保。稳步推进国内航空公司飞机第三者战争责任险商业化进程。

各地区、各部门要充分认识促进民航业发展的重要意义,进一步统一思想,提高认识,扎实工作,采取切实措施落实本意见提出的各项任务,积极协调解决民航业发展中的重大问题,共同开创民航业科学发展的新局面。

国务院

2012年7月8日

全国人大常委会副委员长周铁农在人民大会堂会见加纳议会第一副议长阿伽霍及其率领的加纳议会代表团

7月9日

中国国家博物馆建馆100周年纪念大会在北京举行

国家主席胡锦涛致信中国国家博物馆。中共中央政治局常委李长春出席纪念大会并为文博界老专家颁奖。

胡锦涛强调,党的十七届六中全会提出了建设社会主义文化强国的战略任务。希望中国国家博物馆坚持走中国特色社会主义文化发展道路,以建馆百年为新的起点,解放思想、开拓进取,进一步丰富馆藏内容、提升科研水平、改进展陈方式、创新体制机制、优化服务质量、拓展对外交流,加快世界一流博物馆建设步伐,更好地发挥展示中华文化的重要窗口作用、培育民族精神的重要基地作用、引领文博事业科学发展的重要示范作用,在社会主义文化大发展大繁荣的进程中再创辉煌。

李长春出席大会并为获得"学术成就与突出贡献奖"的4位文博界老专家颁奖。

中央宣传部部长刘云山,国务委员刘延东出席纪念大会。刘云山在会上讲话时,中国国家博物馆和文博界要始终牢记传承历史文明、弘扬先进文化的重要使命,珍视无比丰厚的优秀文化传统,珍视中华民族的伟大创造,让传统文化的有益思想价值不断发扬光大,成为我们今天建设社会主义核心价值体系的精神滋养。要切实履行好服务人民大众、满足人们文化需求的基本职责,完善服务规范,拓展服务功能,把专业性、知识性和趣味性、观赏性有机结合起来,更好地普及历史知识、传播优秀文化,充分发挥博物馆的文化传播和社会教育作用。要大力弘扬锐意改革、勇于创新的进取精神,积极推进展示内容、展陈方式和管理运营方式的创新,多运用形象化、具象化的展示方式,多开展互动式、体验式的活动项目,不断增强文博展示的吸引力、感染力。要充分发挥促进文化交流、推动文化走出去的独特作用,坚持"请进来"与"走出去"相结合,开展多渠道多形式的对外文化交流与合作,充分发挥文化的桥梁纽带作用,让世界更好地了解中国、感知中国,让中国更好地了解世界、走向世界。各级党委、政府要高度重视,加大投入力度,完善扶持政策,加强人才培养,努力为我国文博事业发展创造良好环境。

国务院总理温家宝在北京主持召开经济形势座谈会听取专家和企业负责人意见

7月9日上午和10日上午,国务院总理温家宝先后主持召开两次经济形势座谈会,听取专家和企业负责人的意见和建议。

座谈会上,来自研究机构、中外资企业的专家刘世锦、曹远征、华生、许小年、鲁政委、马骏、屈宏斌、周其仁结合自己的研究领域,就当前经济形势、下一阶段宏观经济政策的取向和重点发表了各自见解;来自汽车、投资、商贸、物流、电子商务、新能源、房地产等领域的企业负责人胡茂元、王会生、刘强东、徐敏杰、曾鸣、施正荣、蒋卫平分别结合本行业、本企业的运行情况,分析判断形势并提出政策建议。温家宝对他们提出的意见和建议一一回应,与他们就有关问题深入交流。他说,广泛听取各方面不同意见,对中央正确判断形势,制定更加符合实际的宏观经济政策具有重要作用。

温家宝说,作为一个发展中大国,需要保持一定的经济增长速度,经济社会发展、民生改善才有相应的基础。当前国内外经济形势比较复杂。稳增长首先要正确判断形势,既要看到经济下行的压力,也要看到经济增长的动力;既要有忧患意识,也要增强信心。稳增长不仅是当务之急,而且是一项长期的艰巨任务。稳增长的政策措施包括促进消费、出口多元化等,但当前重要的是促进投资的合理增长。在促进投资当中,非常紧要的是要注重投向、注重结构、注重质量和效益,要有利于改善民生、有利于科学发展。要重视对新技术研发和新兴产业的支持,在市场压力比较大的情况下,这方面的企业仍然有旺盛的生命力。稳增长还要与财政、金融、企业以及其他方面的改革结合起来,用改革的办法,用市场的办法,推进结构调整和发展方式转变,提高产业竞争力,增强经济发展的活力和可持续性。

温家宝说,实施积极的财政政策,当前要特别注意完善结构性减税,扩大营业税改增值税试点范围,减少流通环节税收和费用,减轻小微企业税负。要加快推进重点领域和关键环节的改革,为经济社会发展注入新的动力。鼓励和引导民间投资健康发展的“新36条”相关实施细则已全部出台,要抓好落实,尤其要在铁路、市政、能源、电信、卫生、教育等领域抓紧做几件看得见、鼓舞人心的实事,以提振投资者信心。

国务院副总理李克强、回良玉、王岐山,国务委员兼国务院秘书长马凯参加了座谈会。

全国政协主席贾庆林在人民大会堂会见加纳议会第一副议长阿伽霍

全国供销合作社系统先进集体 劳动模范和先进工作者表彰大会在人民大会堂举行

国务院副总理回良玉出席会议并讲话。

回良玉强调,我国经济社会正处在体制深刻变化、结构重大调整的阶段,外部环境日益复杂。供销合作社系统要准确把握经济社会发展的新变化,把握农业农村的新形势,深入贯彻中央关于加强“三农”工作部署,大胆探索,奋力拼搏,努力成为农业社会化服务的骨干力量、农村现代流通的主导力量、农民专业合作的带动力量。一要牢牢把握主题主线,在推动经济社会又好又快发展中积极贡献力量。二要始终坚持为农服务宗旨,在竭诚服务“三农”中发挥更大作用。三要着力深化改革创新,为供销合作事业科学发展不断注入新动力。四要积极参与社会管理创新,为构建社会主义和谐社会添砖加瓦。

回良玉指出,供销合作社长期扎根农村、服务城乡,具有艰苦奋斗、勤俭办社、敬业奉献的优良传统,闻名全国的“扁担精神”、“背篓精神”就是从供销合作社走向了全国。在供销合作社改革发展新的征程上,一代又一代先进模范人物所展现的伟大劳模精神,是供销合作社系统百万干部职工和千万社员崇高品格的生动体现,是一笔宝贵财富。要大力弘扬劳模精神,为激励广大干部职工团结奋斗凝聚强大精神力量。

会议表彰了全国供销合作社系统先进集体、劳动模范和先进工作者。中央和国家机关有关部门负责同志,全国供销总社及各省区市供销合作社的有关负责同志,受表彰的先进个人和先进集体代表,参加了会议。

国务委员孟建柱在万象与老挝人民革命党中央总书记朱马利举行会谈

孟建柱说,湄公河“10·5”案件发生后,中老双方密切配合,推动建立中老缅泰湄公河流域执法安全合作机制,并抓获“金三角”特大武装贩毒首犯糯康,这是中老缅泰执法安全合作的重要成果,有力维护了湄公河沿岸各国人民生命财产安全。老方向中方移交糯康,充分体现了中老两国兄弟般的战略互信。中方愿与老挝及有关国家加强沟通与配合,做好糯康后续审讯工作。

孟建柱表示,目前湄公河流域安全形势依然严峻,中方愿与老方共同努力,加强协调与配合,进一步推动湄公河执法安全合作,为地区经济发展和人民生活创造稳定安宁的环境。

国务委员孟建柱在万象会见老挝副总理兼国防部部长当斋

国务委员戴秉国在北京会见法国外长法比尤斯

国防部部长梁光烈在八一大楼会见欧盟外交和安全政策高级代表阿什顿

新闻出版总署发布《2011年新闻出版产业分析报告》

关注森林活动组委会主任王刚在内蒙古自治区呼伦贝尔市出席第九届中国城市森林论坛开幕式并讲话

王刚指出，要坚持秉承宗旨，注重突出特色，不断开拓创新，努力使关注森林活动的思路更加清晰、举措更加务实、成效更加显著。要始终致力于服务党和国家工作大局，把全部力量都投入到推动党和国家事业发展上来，深入开展调研，谋划长远之计，探求治本之策，为党和政府科学决策提供重要参考。要始终致力于推动生态文明建设，坚持节约资源和保护环境的基本国策，积极倡导建设以低碳排放为特征的生产方式、生活方式和消费模式，积极探索发展绿色经济的有效途径，开展国土绿化和森林保护活动，努力推进资源节约型、环境友好型社会建设。要始终致力于改善人民群众生活环境，大力推进身边增绿行动，积极推动城市、乡镇、村庄、校园的绿化美化，努力创造更多优质公共生态产品，营造更加美好的生产生活环境，使生态建设成果真正惠及广大人民群众。

王刚希望本届论坛秉承宗旨，锐意创新，注重深入研究世界城市生态建设的发展趋势和当前我国城市森林建设面临的重大问题，认真总结交流各地发展城市森林的好经验好做法，为提高城市森林建设工作科学化水平献计出力。

刘正威逝世

贵州省委原书记、省人大常委会原主任，中央国家机关工委原副书记刘正威同志，因病于2012年7月9日在北京逝世，享年82岁。

7月10日

国务院总理温家宝在中南海紫光阁会见欧盟外交与安全政策高级代表兼欧盟委员会副主席阿什顿

温家宝表示，近年来，中欧关系取得了积极进展，成为不同社会制度、历史文化背景国家之间交流合作的成功典范。应对国际金融危机和欧债问题对欧洲是严峻挑战，也是重要机遇，也推动中欧关系更加成熟和稳定。中方欢迎欧盟夏季峰会就促进增长达成的重要成果，支持欧洲继续采取有力措施，提振市场信心。中欧经济互补性强，相互依存不断加深。双方要着眼长远和全局，坚持市场开放和互利共赢，把彼此发展战略和优势紧密结合起来，探讨在基础设施建设、投资、金融、高新技术、环保等领域开展一揽子合作，赋予中欧全面战略伙伴关系新的内涵，更有力地携手应对挑战，实现共同发展。

阿什顿表示，欧方感谢中国一贯坚定支持欧洲一体化，特别是当欧洲处于困难的时候，中国给予的支持和帮助十分宝贵。欧中关系的发展历程证明，双方完全可以超越差异和不同，在相互尊重、平等互利基础上，求同存异，加强合作，携手应对各种挑战，实现互利共赢。欧方珍视对华关系，愿同中方一道积极筹备欧中第十五次领导人会晤，增进互信，扩大合作，推动欧中关系不断向前发展。

国务院总理温家宝在中南海紫光阁会见法国外长法比尤斯

全国人大常委会副委员长陈至立在广西南宁调研

美国《财富》杂志公布2012年世界企业500强名单

今年中国内地(含香港在内，不含台湾地区)入围世界企业500强公司的数量连续第九年增加，共有73家公司上榜，比去年增加了12家，超越日本的68家，跃居入围企业数量第二位。如果加上台湾地区，中国今年共有79家公司上榜。

今年，中国内地共有5家民营企业上榜，分别是中国平安保险、江苏沙钢集团、华为投资控股有限公司，以及今年新入榜的山东魏桥创业集团有限公司和浙江吉利控股集团。

尽管中国内地企业在入围数量上再次取得重大突破，但在行业结构上却很难令人满意。入围企业多数是一些具有自然垄断性质行业的企业，包括石化、电网、银行等。但是，在信息技术、现代物流、高端制造等行业的入围企业明显少于美、日等发达国家。这意味着中国内地企业在成长性、竞争力等方面还存在较大差距，应当继续通过加快结构调整、转变发展方式、提高运行质量和科研水平来缩短与世界顶尖企业的差距。

财政部 中国科协印发《基层科普行动计划专项资金管理办法》

国家副主席习近平在苏州出席第二届中非民间论坛开幕式并发表主旨讲话

习近平首先对论坛开幕表示热烈祝贺,向与会嘉宾和民间人士致以诚挚问候。他说,中非民间组织齐聚一堂,围绕“民意沟通、民间友好、民生合作”的主题,共同探讨中非互利发展新举措、中非民间交流新形式、中非合作双赢新思路,对促进中非人民友好、推动中非关系发展具有重要意义。

习近平说,中非友谊源远流长、基础坚实。中华人民共和国成立以后,中非关系开创了新纪元。半个多世纪以来,在双方几代领导人共同缔造、精心培育下,在争取民族解放、谋求国家振兴的崇高事业中,中非双方始终坚持相互尊重、平等相待,始终坚持相互信任、相互支持,始终坚持互利共赢、共同发展,始终坚持人民友好、并肩同行,结下了深厚友谊,经受住了历史岁月和国际风云变幻的考验,树立了南南合作的典范。

习近平强调,中国是世界上最大的发展中国家,非洲是发展中国家最集中的大陆。非洲在中国对外关系全局中具有重要地位。进入21世纪第二个十年,中非关系站到了新的历史起点上,中非友好合作面临新的发展机遇。中国愿同非洲各国一道,不断把中非新型战略伙伴关系推向前进。

第一,坚持继往开来,维护共同利益。在新的历史条件下,继承中非老一辈政治家的远见卓识和优良传统,牢牢把握中非关系发展的正确方向,从战略高度和长远角度看待和推进中非关系,不断巩固和加强中非团结合作,促进共同发展进步,推动建立公正合理的国际政治经济新秩序,进一步夯实中非合作的政治基础。

第二,坚持与时俱进,不断开拓创新。要积极顺应中国和非洲人民生活改善的新要求、新期待,有效解决新形势下中非合作面临的新课题、新挑战,不断探索深化中非友好的新办法、新途径。要积极创造条件,让中非双方更多民众分享日益丰硕的中非合作成果,进一步夯实中非合作的民意基础。

第三,坚持务实合作,促进互利共赢。要牢牢把握中非经济发展带来的新机遇,以落实双方达成的合作共识为重点,不断扩大中非贸易和投资规模,优化贸易和投资结构,培育经贸合作新亮点和新的增长点,提升经贸合作质量和水平,进一步夯实中非合作的物质基础。

第四,坚持团结合作,共建和谐世界。当今世界正处于大发展、大变革、大调整之中,和平与发展仍然是世界的主题。促进世界和平、发展、合作,离不开中非人民的团结合作;推进建设持久和平、共同繁荣的和谐世界,离不开中非关系的和谐发展。中非应该相互学习、取长补短,在文明互鉴中共同进步。应该加强在国际事务中的团结合作,共同维护发展中国家正当权益,进一步夯实中非合作的战略基础。

第五,坚持全方位合作,推动中非关系立体化发展。要从更大范围、更广领域、更高层次上推动中非关系发展,加强政府外交、议会外交、政党外交、公共外交、民间外交的有效互动,建立起中非全方位、立体化合作体系,推动中非新型战略伙伴关系全面协调可持续发展。希望中非民间组织进一步创新合作理念,拓宽合作领域,增进民间交往,深化团结合作,进一步夯实中非合作的社会基础。

习近平最后表示,中国政府和人民一贯高度重视中非民间交往,支持中非民间组织积极参与中非友好合作。希望出席论坛的政治家、各界人士充分利用这一平台,广开思路,畅所欲言,为推进中非新型战略伙伴关系作出新的更大贡献。

全国政协副主席、中国民间组织国际交流促进会会长孙家正,论坛特邀嘉宾莫桑比克前总统希萨诺、中共江苏省委书记罗志军在开幕式上致辞。联合国秘书长潘基文也为论坛发来贺信。

开幕式前,习近平会见了出席论坛的尼日利亚前总统奥巴桑乔、莫桑比克前总统希萨诺、坦桑尼亚前总统姆卡帕、加纳前总统库福尔、苏丹前国家元首达哈卜、布隆迪前总统恩蒂班通加尼亚、埃塞俄比亚第一夫人阿泽布和苏丹第一夫人薇达德等非洲政要,并与他们集体合影留念。

论坛由中国民间组织国际交流促进会和非盟委员会联合主办,中国国际交流协会、中国人民争取和平与裁军协会、中国和平发展基金会和苏州市人民政府协办。来自中国和35个非洲国家的民间组织、学术界、企业界和媒体界等来宾600余人出席开幕式。

国务院副总理李克强在人民大会堂会见法国外长法比尤斯

李克强指出,中方密切关注欧债问题发展,积极支持欧盟应对主权债务问题的努力。中欧是相互依存、互利共赢的伙伴,进一步发展中欧全面战略伙伴关系不仅有利于欧洲应对主权债务问题,也有利于促进世界和平、稳定与繁荣,符合双方共同利益。希望法方继续在欧盟内部发挥积极影响,促进中法、中欧关系不断向前发展。

法比尤斯表示,法方重视中方的国际地位和作用,法国新政府愿与中方一道,密切高层交往,加强对话和务实合作,扩大共同利益,推动两国关系全面发展。

国务委员孟建柱在内比都与缅甸总统吴登盛举行会谈

国务委员孟建柱在内比都分别与缅甸联邦议会人民院议长吴瑞曼和国防军总司令敏昂莱举行会谈

全国人大常委会副委员长王兆国在人民大会堂会见出席研讨活动的非洲国家工会领导人

第三轮中欧高级别战略对话在北京举行

国务委员戴秉国和欧盟外交与安全政策高级代表兼欧盟委员会副主席阿什顿共同主持，双方就国际形势、重大国际和地区问题以及发展新形势下的中欧关系等广泛议题坦诚、深入地交换了意见。

戴秉国强调，中欧之间拥有广泛的共同利益，相互依存紧密。双方没有根本利害冲突，都主张世界多极化和多边主义，都倡导不同文明对话交流，双方经济发展各具优势，互补性强，互为彼此发展的重要机遇。中欧双方应从战略高度和长远角度出发，在相互尊重、平等相待、互利共赢基础上加强对话、互信和合作，推动中欧全面战略伙伴关系不断向前发展，造福中欧和世界人民。

戴秉国表示，中方始终支持欧洲一体化进程，支持欧洲应对主权债务问题的努力，支持欧元区稳定，相信欧盟有智慧、有能力克服当前困难，迎来新的更大发展。

阿什顿表示，新形势下欧中关系更具全球性和战略性，面临良好发展机遇。欧方希望同中方深化和扩大合作，相互学习、借鉴，分享发展理念和经验，共同应对全球性挑战，成为共同发展的伙伴和维护世界和平的力量。欧方支持中国和平发展，尊重中国的主权和领土完整。

双方同意从以下几方面推动中欧务实合作：一、坚持并完善中欧高级别战略对话机制，平等相待，相互理解尊重，以建设性方式妥善处理分歧。二、挖掘新潜力、开拓新领域，进一步提升经贸合作水平，扎实推进城镇化、新能源、节能环保、可持续发展等领域合作，鼓励双向投资，妥善解决贸易摩擦。三、加强人文交流，支持民间、青年和学术交往。四、加强在国际事务中的沟通协调，定期开展各级别外交政策磋商，举行中欧防务安全部门政策对话，开展反海盗护航合作。

双方讨论了第十五次中欧领导人会晤筹备工作，表示将共同努力，使会晤取得成功，更好地规划和指导未来中欧合作。

外交部部长杨洁篪在金边出席东盟与中日韩外长会

解放军军乐团扩编成立60周年庆祝大会在北京举行

全国文物工作会议在北京召开

会前，中共中央政治局常委李长春亲切会见与会代表。

国务委员刘延东出席并讲话。

刘延东在讲话中指出，广大文物工作者要全面落实“十二五”时期各项任务和文物保护责任，努力推进文化遗产强国建设；扎实推进文物保护重点工作，切实提高文物安全防范能力；充分发挥文物资源优势，更多更好地服务社会、促进发展、惠及民生；加快政策法规体系建设，营造有利于文物事业科学发展的良好环境；健全机构和队伍，全面加强能力建设；增强全民文物保护意识，引导全社会共同参与文物保护。

会上，全国文物系统50个先进集体和30位先进工作者受到表彰。

中共中央政治局常委李长春在人民大会堂会见即将出征第三十届奥运会的中国体育代表团

李长春指出，奥运会是当今世界规模最大、影响最广泛的体育盛会，奥林匹克精神是人类文明进步的重要体现。中国恢复参加奥运会以来，我国体育健儿胸怀祖国、奋勇拼搏，不断创造新的成绩，极大增强了全国各族人民的自信心和自豪感。李长春希望中国体育代表团在伦敦奥运会上，大力弘扬“团结、友谊、进步”的奥林匹克精神，努力促进世界各国人民的相互了解和友谊；发扬顽强拼搏、为国争光的中华体育精神，不畏强手、勇攀高峰，铸就我国竞技体育新的辉煌，以优异成绩鼓舞和激发全国各族人民和海内外中华儿女的爱国热情，振奋民族精神，凝聚奋进力量；以胜不骄、败不馁，遵守规则、公平竞争，热情友好、文明礼貌的体育道德和文明素养，向全世界展现中华民族的良好形象，以实际行动为全社会尤其是广大青少年树立榜样，引导社会文明风尚，为推动社会主义精神文明建设作出新的贡献。

第三十届奥运会将于7月27日至8月12日在英国伦敦举行。本届奥运会设26个大项、302个小项，预计将有来自205个国家和地区的1万多名运动员参赛。中国体育代表团由621人组成，其中运动员396人。

中国男篮在广州进行的斯坦科维奇杯洲际篮球决赛中夺得冠军

7月11日

国务院总理温家宝在北京主持召开国务院常务会议

会议部署深化流通体制改革加快流通产业发展并

通过《节能减排“十二五”规划》。

会议指出,改革开放以来,我国流通产业取得长足发展,交易规模快速增长,基础设施显著改善,新型业态不断涌现,现代流通方式加快发展,流通产业已经成为国民经济的基础性和先导性产业。但总的看,我国流通产业仍处于粗放型发展阶段,流通网络布局不合理,城乡发展不均衡,产业集中度偏低,信息化、标准化、国际化程度不高,流通效率低、成本高问题突出。当前和今后一个时期,要围绕提高流通效率、方便群众生活、保障商品质量、引导生产发展和促进居民消费,加快推进流通产业发展方式转变,着力解决制约产业发展的关键问题,逐步建立起统一开放、竞争有序、安全高效、城乡一体的现代流通体系。

会议讨论通过《关于深化流通体制改革加快流通产业发展的意见》,明确了主要任务、支持政策和保障措施:(一)加强现代流通体系建设。构建全国骨干流通网络,优化城市流通网络布局,增加农村商业网点,畅通农产品进城和工业品下乡双向流通渠道。(二)创新流通方式。推广供应链管理,加快发展电子商务,打造农产品产销一体化流通链条。(三)提高保障能力。支持建设和改造一批具有公益性质的流通设施,完善重要商品储备制度。强化市场运行分析和预测预警,提高迅速集散应急商品能力。(四)提升信息化水平。推动物联网等技术在流通领域的应用,建设流通领域公共信息服务平台,支持流通企业利用先进信息技术提高科学管理水平。(五)培育企业核心竞争力。积极培育大型流通企业,支持中小流通企业特别是小微企业专业化、特色化发展,鼓励流通品牌创新发展。(六)规范市场秩序。加强关键商品流通准入管理,健全流通追溯体系,加强商品质量监督检查。依法打击侵犯知识产权、制售假冒伪劣商品等违法行为,建设商业诚信体系。(七)深化改革开放。消除地区封锁和行业垄断,鼓励民间资本进入流通领域。提高流通产业利用外资的质量和水平,支持流通企业“走出去”。(八)切实降低流通环节费用。推进工商用电用水同价,落实好鲜活农产品运输“绿色通道”政策,规范农产品流通领域收费行为,坚决取缔违规和不合理收费。(九)完善支持政策。科学编制商业网点规划,加大流通业用地支持力度。在一定期限内免征农产品批发市场、农贸市场城镇土地使用税和房产税。将免征蔬菜流通环节增值税政策扩大到有条件的鲜活农产品。落实总分支机构汇总纳税政策,促进连锁经营企业跨地区发展。积极推进营业税改征增值税试点,完善流通业税制。(十)健全法律、法规和标准体系。全面清理和取消妨碍公平竞争、设置行政壁垒、排斥外地产品和服务进入本地市场的规定。完善流通标准化体系。加快建立全国统一、科学规范的流通统计调查体系和信息共享机制。

会议讨论通过《节能减排“十二五”规划》,要求形成加快转变经济发展方式的“倒逼机制”,建立、健全有效的激励和约束机制,大幅度提高能源利用效率,显著减少污染物排放,确保到2015年实现单位国内生产总值能耗比2010年下降16%,化学需氧量、二氧化硫排放总量减少8%,氨氮、氮氧化物排放总量减少10%的约束性目标。为此,一要调整优化产业结构。抑制高耗能、高排放行业过快增长,加快淘汰落后产能,改造提升传统产业,调整能源消费结构,推动服务业和战略性新兴产业发展。二要推动提高能效水平。切实加强工业、建筑、交通运输、农业和农村、商用和民用、公共机构节能管理,开展万家企业节能低碳行动。三要强化主要污染物减排。加强电力、钢铁、水泥等行业污染物防治,推进农村污染治理和畜禽清洁养殖,控制机动车污染物排放,推进大气中细颗粒污染物治理。四要深入开展节能减排全民行动,倡导与我国国情相适应的文明、节约、绿色的生产方式和消费方式。《节能减排“十二五”规划》提出了节能改造、节能产品惠民、合同能源管理推广、节能技术产业化示范、城镇生活污水处理设施建设、重点流域水污染防治、脱硫脱硝、规模化畜禽养殖污染防治、循环经济示范推广、节能减排能力建设等十大重点工程和保障措施。

会议要求各地区、各部门进一步强化目标责任评价考核,加强监督检查,确保“十二五”节能减排目标实现。

国务院印发《国家基本公共服务体系“十二五”规划》

第二届中非民间论坛在苏州闭幕

全国政协副主席、中国文联主席、中国民间组织国际交流促进会会长孙家正致辞。

孙家正说,本届论坛以“民意沟通、民间友好、民生合作”为主题,不仅得到了中国与非洲广大非政府组织的热烈响应,而且得到了各国政府、联合国和地区组织的大力支持。

与会代表一致认为,中非民间交流与合作是中非新型战略伙伴关系的重要民意基础,中非民间论坛是中非人民之间的重要对话平台,应正式确定中非民间论坛机制。要进一步推广和实践“增进民间友好、促进务实合作、推进世界和平”的中非民间友好三原则,启动“中非民间友好伙伴计划”,规划了中非民间组织未来3年在非洲合作开展的8项民生活动。

论坛最后通过了《致中非合作论坛第五届部长级

会议建议书》。

国务院副总理王岐山在中南海会见巴西发展 工业和外贸部部长费尔南多·皮门特尔

国务委员孟建柱在曼谷会见泰国总理英拉

外交部部长杨洁篪在金边出席中国—东盟外长会

中国—东盟(10+1)外长会今天在柬埔寨金边举行,外交部部长杨洁篪出席并发表讲话。

在本次外长会上,各方高度评价中国与东盟建立对话关系20多年来取得的积极成果,一致认为要继续增进睦邻互信,深化务实合作,保持双方战略伙伴关系全面发展的良好势头。会议重点讨论了进一步深化中国—东盟关系的思路和举措,达成广泛共识。

杨洁篪外长重申中国坚持走和平发展道路,坚持与邻为善、以邻为伴的周边外交方针。强调在当前国际金融危机深层次影响持续显现的背景下,中国与东盟在维护地区和平稳定、保持亚洲发展势头方面拥有共同的利益和责任,双方应坚持从战略高度和长远角度看待和把握彼此关系,加强战略沟通,继续推进务实合作,实现互利共赢。杨外长还就推进中国—东盟经贸、互联互通、海上合作、社会人文等领域合作提出具体建议,表示中方愿根据东盟共同体建设需要,不断调整中国—东盟合作重点,使双方合作与东盟共同体建设相伴而行。

东盟国家赞赏中国为亚洲发展及世界经济复苏作出的贡献,感谢中国长期以来对东盟共同体建设及东盟在东亚合作中主导作用的支持,欢迎中国在雅加达设立驻东盟使团,赞同杨外长关于加强中国—东盟合作的主张,表示愿同中国共同努力,推动双方合作向前发展。

国务委员刘延东在陕西调研科技创新工作

刘延东实地考察了西安、咸阳、杨凌等地的科技创新工作,充分肯定近年来陕西省发挥科教资源优势,大力加强科技创新,依靠科技支撑引领经济社会发展取得的显著成绩。

刘延东强调,促进科技与经济社会发展紧密结合是深化科技体制改革的中心任务。要加快建立、健全企业主导产业技术研发的体制机制,支持行业骨干企业整合创新资源,加强技术集成、工艺创新和商业模式创新,推动战略性新兴产业培育发展和传统产业改造提升。要发挥高新技术产业开发区等创新创业载体的辐射带动作用,推动创新要素向特色优势产业聚集,培育一批具有国际竞争力的产业集群。高校和科研院所要发挥学科和人才优势,注重围绕国家战略和市场需求加强协同创新,加快知识传授和技术转移,解决现代化建设面临的各类科技问题。要支持和引导科技中介服务机构规范化、专业化发展,为科技创新和成果转化提供服务保障。要提高科技管理的科学化水平,促进科技资源优化配置和高效利用,营造创新创业的良好环境。

7月12日

全国政协主席贾庆林在河北调研

7月12日至18日,贾庆林先后来到张家口、邯郸、衡水、沧州、石家庄等地,深入工厂企业、农村乡镇、城市社区和港口码头,与干部群众共商稳增长、惠民生大计。

加快转变经济发展方式、保持经济平稳较快发展,是贾庆林此次调研的重点。贾庆林指出,当前我国经济运行总体上是平稳健康的,但下行压力仍然较大。我们要把稳增长摆在更加突出的位置,努力实现全年经济社会发展的各项目标。要着力发展现代农业,切实抓好粮食生产,加强农业科技创新和应用,推进农业产业化经营,加强以水利为重点的农业基础设施建设,着力培养大批有文化、懂技术、会经营的新型农民,促进农业稳定发展和农民持续增收。要着力加强科技创新,加快用先进技术改造提升传统产业,切实提升战略性新兴产业的核心竞争力,大力提高能源科技创新水平,充分发挥科技对经济社会发展的支撑引领作用。要着力加强生态环境建设,全面落实各项节能减排政策措施,加快发展循环经济,加强污染防治,深入开展植树造林,切实增强可持续发展能力。

贾庆林十分关心统筹区域发展情况。在黄骅港综合港区,他深入考察港口整体运营情况,实地查看散杂货泊位和集装箱码头,并与干部职工就港口和地区发展进行深入探讨。在神华河北国华沧东发电有限公司,他详细询问企业的发展规划及海水淡化情况。

调研期间,贾庆林还专程看望了河北省政协、统战部机关干部及各民主党派、工商联负责人和无党派人士。

第七届泛北部湾经济合作论坛在广西南宁开幕

全国人大常委会副委员长陈至立、全国政协副主席白立忱出席开幕式。

陈至立指出,中国与东盟国家通过互利合作,不仅促进了地区经济的繁荣,也维护了地区和平,为全球区域合作树立了典范。泛北部湾区域国家合作领域不断拓展、层次不断提升,成为中国与东盟全面合作框架下的次区域合作的一大亮点。全面推动泛北部湾区域经济合作，顺应了经济全球化和区域经济一体化的趋势，符合中国—东盟一系列协定、宣言和领导人共识，符合泛北部湾各国当前和长远利益。中国政府将继续坚定不移地奉行“与邻为善、与邻为伴”的方针，进一步扩大开放合作，为推动区域经济发展、促进共同繁荣而不懈努力。她建议双方积极推进《泛北部湾经济合作可行性研究报告》的落实；科学设计合作路径，合理安排合作项目；加快推进中国—东盟互联互通建设；加强泛北地区人文交流，共同开创泛北部湾经济合作的美好未来。

本届论坛由国家发展和改革委员会、广西壮族自治区政府、人民日报社等14个单位联合主办。

央行公布上半年内地新增贷款4.86万亿元

央行发布2012年上半年金融统计数据报告显示，6月份人民币贷款增加9198亿元，同比增加2859亿元。上半年信贷投放已达全年8万亿信贷目标的六成，符合预期。数据显示，今年第二季度前两个月信贷稍显冷清，4月份新增人民币贷款仅6818亿元，为年内最低，5月份也不到8000亿的水准。6月份反弹中长期贷款接近1200亿元，为年内新高。分析人士认为是因为今年5月中旬以来，内地政府下调了存款准备金率和利率，加快了投资项目的审批速度，并放松了部分贷款限制，从而提振了市场对银行信贷的需求。

国务院副总理李克强在人民大会堂与澳大利亚副总理兼国库部长韦恩·斯旺举行会谈

李克强指出，中澳同为亚太地区重要国家，拥有重要的合作基础和巨大的合作潜力。在当前国际形势深刻复杂变化的背景下，希望双方相向而行，增强政治互信，本着相互尊重、平等相待、互利共赢的精神，发挥各自优势，以各领域合作的深化促进双边关系的提升，推动自贸区谈判进程，共同为两国企业经贸投资合作创造公平、公正、非歧视、便利的环境，密切人文交流，提升合作规模和质量，不断扩大利益汇合点。

斯旺表示，经过40年的发展，澳中关系已进入一个新的阶段。澳方高度重视发展对华关系，愿加强同中方在各领域的合作和在重大国际、地区问题上的协调，推动两国关系向更高水平迈进。

外交部部长杨洁篪在金边与美国国务卿希拉里·克林顿举行会谈

杨洁篪说，亚太是中美利益交织最密集、互动最频繁的地区。中美在亚太应构建合作共赢的良性互动模式。希望美国尊重包括中方在内本地区国家的利益和关切。中方愿与美方继续通过战略与经济对话、亚太事务磋商等渠道就亚太事务保持密切沟通，推进在本地区的合作，推动地区各合作机制健康发展。

克林顿说，美国致力于发展积极、合作、全面的美中关系。美中关系非常重要，良好的双边关系不仅符合美中两国的利益，而且还有利于整个地区。两国之间建有包括战略与经济对话在内的多种互动机制，双方在亚太地区加强合作将会对外发出积极信号。美方赞赏中方在重大国际和地区问题上发挥的建设性作用，愿进一步加强与中方的沟通协调，共同推动双边关系和地区合作不断取得新的进展。

外交部部长杨洁篪在金边与韩国外交通商部长官金星焕举行会谈

文化部发布《“十二五”时期国家动漫产业发展规划》

这是我国动漫产业首次进行单列规划。规划明确，“十二五”期间我国将着力打造5至10个知名国产动漫品牌和骨干动漫企业，同时完善动漫产业融资政策，鼓励各类资本投入动漫产业。

2011年，我国动漫产业产值达621.72亿元，较2010年增长32.04%。产业结构进一步优化，新媒体动漫产值达35.34亿元，占整个动漫产业规模的8%，动漫产业“走出去”步伐加快，核心动漫产品出口额达7.14亿元，国际竞争力不断提升。

首届中国公益慈善项目交流展示会在深圳开幕

国务院副总理回良玉发来贺信。

回良玉在贺信中说，各级政府和有关部门要高度重视公益慈善事业，不断完善政策措施和激励机制，进一步加强监督管理，增强社会公众参与慈善事业的动力，促进公益慈善组织公开透明、健康发展，共同开创公益慈善事业蓬勃发展的新局面，为建设社会主义和谐社会作出更大贡献。

本次展会以“发展·融合·透明”为主题，汇聚国内544家公益慈善组织(项目)、基金会、企业、教研机构及省、直辖市、自治区参展团，展示国内优秀的公益慈善组织(项目)和公益创意。这是我国首次举办国家级、综合性公益慈善项目交流展示会。

中国社科院发布《中国慈善发展报告(2012)》

报告显示，截至2011年年底，我国社会组织46.2万个，比2010年增长了3.6%。其中，社会团体25.5万个，民办非企业单位20.4万个，基金会2614个。吸纳社会各类人员就业599.3万人，比上年下降3.1%。社会组织中在民政系统完成登记注册的只占48%。

7 月 13 日

第七次全国信访工作会议在北京召开

会议于 7 月 13 日至 14 日在北京召开。会前，中共中央总书记胡锦涛亲切会见与会代表，向受到表彰的先进集体和先进个人表示热烈的祝贺，向辛勤工作在信访事业第一线的全国广大信访工作者致以诚挚的问候。

温家宝、习近平、李克强参加会见。

会议表彰了全国信访系统 100 个先进集体、100 名先进工作者，分别授予 305 人全国信访系统优秀信访局长、优秀办信员、优秀接谈员、优秀督查员和优秀信访工作者称号，并向从事信访工作 25 年以上的信访工作者颁发荣誉证书。

中共中央党校举行 2012 年春季学期毕业典礼

中共中央党校举行 2012 年春季学期毕业典礼。中共中央政治局常委、中央书记处书记、中央党校校长习近平出席毕业典礼，并为学员颁发毕业证书。

中央党校本期毕业学员共 740 人。另有中直机关分校、中央国家机关分校、部队分部和国务院国资委分校的 3300 多名学员同期毕业。学员们普遍反映，通过参加学习培训，增强了保持和发展党的先进性与纯洁性、坚持实事求是思想路线的自觉性和坚定性，提升了党性修养；深化了对马克思列宁主义、毛泽东思想特别是中国特色社会主义理论体系的学习理解，夯实了理论功底；加深了对当前世界大势和我国大政方针的理解认识，丰富了知识，强化了世界眼光和战略思维；汲取了理论联系实际、学以致用的智慧和力量，增强了工作本领。

中央党校常务副校长李景田在毕业典礼上讲话，希望学员们坚持终身学习，做学习型领导干部；切实贯彻中央决策部署，以优异成绩迎接党的十八大胜利召开；坚持创先争优长效化，做保持和发展党的先进性与纯洁性的表率。

国务院副总理李克强在湖北考察

李克强来到湖北省武汉、黄冈等地，走进工厂车间、山区农村和县级医院，看望暑天辛勤工作的一线职工和基层群众，并召开座谈会，就经济运行、结构转型和老区发展等进行调研考察。

在武汉，李克强主持召开座谈会。来自不同类型、不同所有制企业的代表介绍了生产经营状况，谈了下一步打算和建议。李克强说，当前国内外经济形势比较复杂，既要看到经济下行的压力，也要看到经济增长的动力。我们要有忧患意识，同时也要增强信心，在做好稳定经济增长这篇大文章的同时，下好结构调整促进经济转型这盘关键棋。结构调整中存在巨大的市场需求，把稳增长与调结构、抓改革结合起来，可以增强经济发展的活力和可持续性。要立足在经济全球化条件下扩大内需、调整结构，落实好结构性减税、促进消费、鼓励和引导民间投资等政策，培育新兴产业，淘汰落后产能，实现更高质量、更高水平的发展。

国家统计局发布上半年 GDP 增 7.8% 经济有望企稳回升

国家统计局新闻发言人盛来运在国务院新闻办的发布会上宣布，上半年国民经济运行总体平稳，经济发展稳中有进。据初步测算，上半年国内生产总值(GDP) 227098 亿元，按可比价格计算，同比增长 7.8%。其中，一季度增长 8.1%，二季度增长 7.6%。

外交部发言人刘为民在例行记者会上就钓鱼岛和南海问题答记者问

外交部发言人刘为民在回答有关钓鱼岛的问题时表示，钓鱼岛及其附属岛屿自古以来就是中国的固有领土。中国渔政船前往中方管辖海域是执行正常公务。中方拒绝日方就中国渔政船进入钓鱼岛附近海域提出的抗议，并对日方船只干扰中方公务船执行公务表示强烈不满。

在回答有关南海问题时，刘为民表示，中国对南沙群岛及其附近海域拥有无可争辩的主权。中方已多次就菲律宾部分油气招标区块侵犯中方权益一事提出交涉。任何国家或公司未经中国政府允许在中国管辖海域从事油气活动都是非法的。

国务委员孟建柱在青瓦台与韩国总统李明博举行会谈

孟建柱说，执法安全合作是中韩战略合作伙伴关系的重要组成部分，对维护双方共同利益，保障两国关系长期稳定健康发展具有重要意义。中方愿与韩方进一步加强执法安全领域合作，妥善处理涉及两国公民切身利益的案件，精心维护好两国关系的大局。

李明博说，韩中都是亚洲地区重要国家，在国际和地区事务中有重要影响。韩方愿与中方共同努力，继续加强执法安全等各领域的友好合作，并在重大地区和国际问题上保持密切协调与配合，维护和扩大双方共同利益。

《中国网络视听节目服务自律公约》在北京发布

《中国网络视听节目服务自律公约》(以下简称《公约》)要求，各缔约单位坚守社会责任，坚持社会效益优先，大力弘扬优秀文化，积极推动产业发展，严格实行行业自律；积极生产制作和传播内容健康、形式新颖、生动活泼、贴近受众的网络视听节目，包括网络剧、微电影、影视类动画片、纪录片等。

《公约》要求，各缔约单位不传播法律、法规禁止的节目，共同抵制腐朽落后的思想文化，不传播危害未成年人身心健康、违背社会公德、损害民族优秀文化传统的节目内容。

《公约》要求，各缔约单位实行网络视听节目内容总编辑负责制度；实行节目内容先审后播制度，建立和完善快速处理响应机制。

《公约》要求，各缔约单位建立互联网视听节目行业信息共享互助机制，健全"互联网视听节目信息库"系统，积极推荐优秀节目，及时删除有害内容。对信息库系统中仅应由缔约单位掌握的信息，负有保密责任。

《公约》经中国网络视听节目服务协会理事会会议讨论通过。该协会成立于2011年8月，现有人民网、新华网、中国网络电视台、优酷、新浪、搜狐、腾讯等260家缔约单位。

萨马兰奇体育发展基金会在北京成立

国家体育总局局长刘鹏，北京市委书记、市长郭金龙，小萨马兰奇和家族成员，西班牙驻华大使欧亨尼奥·布雷戈拉特以及西班牙巴塞罗那市市长哈维尔·特里亚斯等参加了在人民大会堂举行的基金会成立仪式。国际奥委会主席罗格发来贺电。

萨马兰奇体育发展基金会由萨马兰奇家族发起，其原始基金构成包括来自萨马兰奇家族、国际奥委会、中国奥委会、北京奥运城市发展促进会、西班牙政府、西班牙巴塞罗那市政府及多家国内外机构的捐赠。

萨马兰奇先生生前与中国结下了深厚的情谊。他曾说过："我一生得到过许多称号和荣誉，但我最珍惜的称号就是——中国人民的老朋友。"

第二届中国儿童戏剧节在北京开幕

自7月13日至8月26日，27部国内外优秀剧目将在本届戏剧节中依次亮相，秉承"高品质、低票价、公益性"的特点，演出以北京为中心，并在苏州、大连、广州、湖州等地巡演，同时组织优秀剧目进社区进农村。

潘家铮逝世

国家电网公司高级顾问，中国工程院原副院长，中国科学院、中国工程院资深院士潘家铮同志，因病于2012年7月13日在北京逝世，享年85岁。

潘家铮1927年11月出生，浙江绍兴人。1950年8月于浙江大学土木工程专业毕业后，在钱塘江水力发电勘测处参加工作。1987年1月加入中国共产党。1954年后，曾任上海水力发电勘测设计院、水电部十二局勘测设计院工程师、设计总工程师，水电部规划设计管理局副总工程师等职。1979年后，任电力部水电总局副总工程师，水利水电规划设计院、水利水电建设总公司总工程师，水利电力部总工程师，能源部水电总工程师。1993年后，任电力部技术顾问、长江三峡总公司技术委员会主任、中国工程院副院长、国家电力公司顾问、国家电网公司高级顾问等职。

潘家铮是政协第八届、九届全国委员会委员。曾任国务院学位委员会委员，中国大坝委员会主席，国务院三峡工程质量检查专家组组长，国务院南水北调工程建设委员会专家委员会主任，清华大学教授、博士生导师。

7月14日

中国法学会研究会会长会议在北京召开

中共中央政治局委员、中央政法委副书记王乐泉出席会议并作了重要讲话。中国法学会会长韩杼滨主持开幕式。

王乐泉强调，广大法学、法律工作者只有坚持从实际出发，深深扎根于社会主义法治建设的伟大实践，密切关注具有全局性、战略性、前瞻性的重大法学问题，深入思考、勇于探索，才能取得丰硕的研究成果。

王乐泉要求，中国法学会各研究会要始终把思想政治建设放在首位，进一步加强组织建设，选好配强会长，倡导实事求是、扎实严谨的研究风气，特别要大力发扬理论联系实际的优良传统和良好学风，真正使研究成果能用、管用，更好地服务于中国特色社会主义法治国家建设。

外交部部长杨洁篪致电联合国秘书长潘基文

杨洁篪表示，关于叙利亚问题，当务之急是立即实现停火止暴，避免叙利亚局势恶化失控。国际社会要继续支持安南特使斡旋努力，落实安南六点建议、安理会有关决议和叙利亚问题"行动小组"日内瓦外长会议公报，推动叙利亚问题尽快得到政治解决。

潘基文表示重视中方有关立场和作用，愿同中方保持密切沟通。

7月15日

国务院总理温家宝在成都就当前经济形势进行调研

温家宝在成都主持召开河南、湖南、广西、四川、陕西五省区负责人经济形势座谈会。

温家宝说，我们要全面估量形势，既要看到面临的问题、困难和风险，特别是经济下行的压力，也要看到经济发展的基本面仍然是好的，有很多有利条件和积极因素，发展中出现了不少亮点，经济增长的动力和潜力仍然较大。农业再获丰收，夏粮连续9年增产，为稳定物价、促进经济平稳增长提供了坚实基础；高技术产业发展较快，反映了结构调整取得新的进展；物价逐月回落，为宏观调控提供了更大空间，也使人民生活得到改善；城镇居民收入和农民纯收入较大幅度增长；中西部地区发展速度快于东部地区，地区差距进一步缩小；财政运行平稳，用于教育、科技、社会保障、医疗等民生领域的支出较大幅度增长；基础设施改善、企业技术改造、设备更新和新兴市场开拓都有很大的需求。做好下半年经济工作，要适当加大政策预调微调力度，切实提高政策的针对性、前瞻性和有效性。要把稳定投资与实施中长期发展规划结合起来，与积极稳妥推进城镇化和农业现代化结合起来，与保障和改善民生结合起来，与结构调整、技术改造、产业升级结合起来，与开拓新兴市场结合起来，与促进民间投资结合起来。

温家宝强调，要深化改革开放，增强经济发展的动力与活力。今年的改革任务相当繁重，我们对一些重点领域和关键环节作出了部署，各地区各部门都要以更大的决心和勇气加以推进，坚决破除阻碍科学发展的体制机制障碍。

温家宝还强调，发展经济的根本目的在于改善民生、增进人民的福祉。今年的《政府工作报告》对一些重大民生工作作出了具体承诺，我们一定要努力做好。要加快教育、科技、文化改革发展。继续深化医药卫生体制改革。深化收入分配制度改革，努力增加人民收入。继续完善社会保障体系。特别是要确保今年年底前实现新型农村社会养老保险和城镇居民社会养老保险制度全覆盖。要千方百计扩大就业。当前要特别重视抓好高校毕业生的就业工作。继续做好农民工和城镇就业困难人员就业工作，关心和解决好城乡困难群众的生活。

《现代汉语词典》第6版全新面世

历经5年修订，在中国社会科学院语言研究所和商务印书馆的共同努力下，《现代汉语词典》第6版正式面世。

从1956年7月立项到1978年第1版问世，再到今天出版的第6版，《现代汉语词典》内容日益丰富、日臻完善，已经成为读者公认的经典工具书。《现代汉语词典》第6版融汇了语言学研究的新进展，反映了社会生活和语言实际的新变化。该辞书出版是一项国家文化建设的基础性工程，也是一个民族科学、文化、语言的结晶。

7月16日

全国人大常委会委员长吴邦国在黑龙江调研

7月16日至21日，中共中央政治局常委、全国人大常委会委员长吴邦国赴黑龙江大兴安岭、佳木斯等地调研。从广袤林区到三江平原、从农技中心到田间地头、从小城镇建设工地到农户小院，他同广大干部群众亲切交谈，共商科学发展大计。

吴邦国强调，要全面贯彻中央决策部署和“十二五”规划纲要的总体要求，准确判断和把握当前经济形势，坚持科学发展，坚持稳中求进，变压力为动力，把更多精力放在转方式、调结构上，着力推动产业优化升级，着力提高自主创新能力，着力保障和改善民生，更加注重经济增长的质量和效益，更加注重经济增长的协调性和可持续性，努力在加快转变经济发展方式上取得实质进展。

在农垦建三江管理局勤得利灌区渠首站，吴邦国听取了黑龙江水利工程建设情况汇报，要求继续加大农田水利建设投入力度，加快发展节水灌溉，提高用水效率；在全国单块面积最大的二道河农场万亩大地号，吴邦国饶有兴致地观看农用飞机喷洒作业情况，并走进稻田察看水稻长势，勉励加大良种良法的研发力度；在北大荒精准农业农机中心，吴邦国与正在实施追肥作业的职工视频通话，并兴致勃勃地观看了现代农机展示，希望加强农业机械自主研发，提升农业装备水平；在七星农场国家农业科技园，得知全省垦区农业科技贡献率达到67%，吴邦国感到十分欣慰。

吴邦国指出，黑龙江的粮食生产在全国具有重要战略地位，为保障国家粮食安全作出了重要贡献。希望认真总结千亿斤粮食产能巩固提高工程建设经验，重点抓好三江、松嫩两大平原农业综合开发试验区建设，大力推进农业专业化、标准化、规模化、集约化经营，培育发展农产品龙头企业，促进农副产品深加工，深化流通领域改革，加快建设国家级现代化大农业示范区，努力在全国现代农业发展中发挥引领示范作用。

全国人大常委会副委员长兼秘书长李建国陪同调研。

“蛟龙”号载人深潜海试队凯旋

上午，“蛟龙”号载人潜水器海试队在圆满完成人类首次7000米级海底作业和科研实验任务后，乘坐“向阳红09”船返抵山东省青岛市。国土资源部、国家海洋局举行了欢迎凯旋的仪式。

中共中央政治局常委、国务院副总理李克强发来贺电，代表党中央、国务院向参加“蛟龙”号研制人员、海试队员和海试保障人员，表示热烈的祝贺和亲切的慰问。

在欢迎凯旋的仪式上，国土资源部部长徐绍史宣读了李克强的贺电。李克强指出，“蛟龙”号载人潜水器研制和海试成功，实现了我国深海装备和深海技术的重大进步，对于提升认识海洋、保护海洋、开发海洋的能力，推动我国从海洋大国向海洋强国迈进，将产生重大而深远的影响。希望继续弘扬科学求实、团结协作、顽强拼搏的传统，不断攀登我国载人深潜事业的新高峰。

全国政协副主席、科技部部长万钢，有关部门和地方的负责同志，以及全体参试人员的家属出席了欢迎仪式。

2012年6月3日，“向阳红09”船自江阴起航奔赴马里亚纳海沟执行“蛟龙”号载人潜水器7000米级海试任务。期间，“蛟龙”号共完成6次下潜试验，其中3次超越7000米，最大下潜深度达到7062米；对潜水器289项、水面支持系统24项功能和性能指标进行了逐一验证，开展了坐底、定深定高航行、近底巡航和海底微地形地貌精细测算作业内容，取得了地质、生物、沉积物样品和水样，并记录了大量珍贵的海底影像资料。

全国政协经济委员会上半年宏观经济形势分析座谈会在北京举行

全国政协副主席郑万通出席会议。

当前，我国经济运行下行压力较大，国内外环境错综复杂，新变化、新问题不断出现。如何把握好稳中求进的工作总基调、促进经济平稳较快发展，成为各方共同关注的焦点。

座谈会邀请国家统计局副局长许宪春介绍上半年国民经济运行情况，还邀请了来自发展改革委宏观经济研究院、民建中央、农工党中央的专家学者以及北京、安徽两省市政协经济委员会的负责同志参加会议。

厉以宁、郑新立、张国宝、刘明康等全国政协经济委员会委员和专家学者分析了宏观经济总体形势，并就今后一段时间如何促进国民经济平稳健康发展提出意见和建议。

十一届全国人大财经委员会举行全体会议听取国务院有关部门关于今年上半年经济运行情况的汇报

华建敏副委员长出席会议并讲话。全国人大其他专门委员会负责同志列席会议。

委员们认为，上半年经济运行虽继续放缓，但缓中趋稳的迹象日益明显，主要经济指标仍处于调控预期的增长区间，经济运行总体情况是好的。

委员们强调，稳增长必须紧紧围绕科学发展的主题和转变发展方式的主线，在稳增长的同时进一步加大调结构的力度，实现“稳中有调”。现阶段，稳增长离不开投资，但要审慎把握投资力度和方向，注重改善投资结构，提升投资质量和效益，防止盲目投资加剧产能过剩矛盾和财政金融风险。要继续放宽民间资本市场准入，真正破除民间投资“玻璃门”、“弹簧门”现象，依法有效保障民间投资合法权益，提振投资者信心。要充分利用市场倒逼机制，坚决淘汰落后产能，对破产企业职工要做好再就业和社会保障工作。要加快调整收入分配结构，提高居民收入水平，缩小收入差距，扩大居民消费需求。要稳步推进城镇化，重点推进小城镇建设，统筹城乡经济社会发展。要积极发展养老等社会服务业，努力培育新的消费热点。要转变外贸发展方式，优化外贸结构，在保持传统出口市场份额的同时，努力开拓新兴市场，促进对外贸易稳定发展。

国务院副总理王岐山在北京主持召开会议强调深入打击侵权假冒行为加快推进政府机关软件正版化

国务院副总理、全国打击侵犯知识产权和制售假冒伪劣商品工作领导小组组长王岐山在北京主持召开会议，研究部署三季度打击侵权假冒及推进政府机关软件正版化工作。他强调，这项工作是转方式、调结构、惠民生、促和谐、保障群众生产生活和消费安全的重要举措，也是保护创新环境、提升国家软实力的内在需要。各地区、各有关部门要结合贯彻落实全国科技创新大会精神，按照稳中求进的总基调，突出重点，抓出成效，以优异成绩迎接党的十八大胜利召开。

王岐山强调，软件正版化工作必须建立长效机制。要巩固省级政府机关软件正版化工作成果，防止反弹。要按照分级负责的原则，指导地方建立工作机制，加强督查指导，确保明年12月底前所有市县级政府机关全部完成整改任务。同时，要积极探索推进事业单位实施软件正版化。

最高人民检察院印发《关于进一步依法严厉打击食品安全犯罪行为的通知》

通知要求各级检察机关加大打击食品安全犯罪力度，增强查办食品安全犯罪行为背后职务犯罪的敏锐性，坚决深挖和严肃查办食品安全犯罪行为背后的职务犯罪。

通知要求，各级检察机关要积极配合有关部门开展食品安全治理整顿，监督公安机关依法立案侦查，切实防止和纠正以罚代刑、有案不移、有案不立、放纵犯罪等行为。要建立、健全快速反应机制，对公安机关立案侦查的重大食品安全犯罪案件，要派员介入侦查；对公安机关提请批捕、移送起诉的食品安全犯罪案件，要组织精干力量优先办理；对提起公诉的食品安全犯罪案件，要选派业务骨干出庭支持公诉；对有罪判无罪或者量刑明显不当的食品安全犯罪案件，要依法及时提出抗诉。

通知强调，侦查监督、公诉部门在办理危害食品安全犯罪案件时，要注意发现其背后的行政监管、执法部门以及司法机关工作人员收受贿赂、徇私舞弊、玩忽职守等职务犯罪线索，并及时移送职务犯罪侦查部门。反贪污贿赂、反渎职侵权部门要广辟案源，既集中力量查办大案要案，也决不忽视人民群众反映强烈的其他案件。

外交部部长杨洁篪与第六十七届联合国大会候任主席耶雷米奇举行会谈

韬奋图书馆在北京举行开馆仪式

由生活·读书·新知三联书店设立、以社会公众为服务对象的公益性社区专题图书馆韬奋图书馆今日在北京举行开馆仪式。

韬奋图书馆现有藏书2.5万余册，其中约1/5为20世纪50年代前的版本。其中最珍贵的，是抗战胜利后筹建韬奋图书馆时各方捐赠及购置的图书。韬奋图书馆以近现代出版史和出版人物研究为特色专题。

7月17日

国务院在人民大会堂召开全国就业创业工作表彰大会

国务院总理温家宝出席会议并讲话，国务院副总理李克强出席会议。

会前，温家宝等领导同志在人民大会堂金色大厅亲切会见了全体与会代表，并与大家合影留念，随后为受表彰的先进集体和先进个人代表颁奖。

温家宝首先代表党中央、国务院向受表彰的先进集体和先进个人表示热烈的祝贺，向长期奋战在就业创业工作一线的广大干部职工，向关心支持就业创业工作的广大企业、人民团体和社会各界人士表示衷心的感谢和诚挚的慰问。

温家宝指出，党中央、国务院高度重视就业工作，坚持以人为本、全面协调可持续的科学发展观，坚持把促进就业作为保障和改善民生的头等大事，确立了就业优先发展战略，制定实施了具有中国特色的积极就业政策。各地区、各部门认真贯彻落实，在劳动力总量增加较多、就业压力很大的情况下，保持了就业规模持续扩大和就业形势基本稳定。2003年至2011年全国城镇新增就业人数累计达9800万，4000多万高校毕业生实现稳定就业；3000万国有企业下岗职工得到妥善安置，2800多万下岗失业人员顺利实现再就业；2011年年底全国农民工总量达到2.5亿多人，比2003年年底增加1.39亿人；全国中等和高等职业教育年招生已超过1200万人，每年参加各种类型培训的超过1.5亿人次。

温家宝指出，近10年来，就业创业工作探索了不少成功做法，积累了许多宝贵经验，要认真总结，继续坚持，不断完善。一是坚持促进经济发展与扩大就业相结合，使经济平稳较快发展的过程成为就业不断扩大的过程。二是坚持发挥市场机制作用与强化政府责任相结合，建立全国统一的劳动力市场和市场导向的就业机制，创造有利于稳定扩大就业的制度环境。三是坚持统筹城乡就业发展，将农民工就业服务、就业指导、职业培训纳入公共服务体系，大力促进农村劳动力在非农产业转移就业。四是坚持大力发展职业教育，加强职业培训，形成企业、职业院校和各类培训机构共同参与的职业教育基本格局。

温家宝强调，当前和今后一个时期，我国就业形势将更加复杂、更加严峻，促进劳动者充分就业的任务十分繁重，必须作出更大的努力。第一，坚持就业优先战略，继续实施更加积极的就业政策。在制定国民经济发展规划、调整产业结构和产业布局时，优先考虑扩大就业规模、改善就业结构、创造良好就业环境的需要，探索建立经济政策对就业影响的评价机制，把就业完成情况纳入政府综合考核体系。第二，保持经济平稳较快发展，增强经济发展对就业的拉动作用。在转变经济发展方式和推动经济结构调整中扩大就业，更加注重发展实体经济；在统筹城乡发展、积极稳妥推进工业化、城镇化和农业现代化中扩大就业，创造更多城乡就业机会。第三，加大工作和政策力度，着力解决好重点群体就业问题。继续把促进高校毕业生就业摆在当前就业工作的首位，积极拓展就业领域。推进农村富余劳动力转移就业，逐步解决好农民工在城镇就业、落户、子女就学、社会保障等方面的实际问题。强化对就业困难人员的就业援助，继续做好复员转业军人安置就业工作，加强妇女、少数民族群众、残疾人等就业工作。第四，积极扶持中小企业发展，促进以创业带动就业。中小企业特别是小微型企业是稳定扩大就业的主力军。要认真落实扶持政策，减轻企业负担，优化发展环境。要激发高校毕业生、科技人员、返乡农民工等人员的创业动力，营造有利于创业的环境，提高创业成功率。第五，大力兴办职业教育和技能培训，全面提升劳动者就业能力和技能水平。高等教育要与就业需求更加紧密结合起来，更加注重人才培养质量和就业市场需要。加强农村职业教育和农民技能培训，着力培养有文化、懂技术、会经营的新型农民。

国务院副总理回良玉、王岐山，国务委员刘延东、梁光烈、孟建柱、戴秉国出席会议，国务委员兼国务院秘书长马凯主持会议。

各省（区、市）和计划单列市人民政府、新疆生产建设兵团分管负责人及中央和国家机关有关单位负责人、中央管理的有关企业负责人等出席会议。

国务院总理温家宝在中南海紫光阁会见出席第三轮中美工商领袖和前高官对话会美方代表

温家宝说，当前世界经济下行压力加大，不稳定、不确定因素增多，为经济增长创造良好条件，是各国面临的共同任务。中美有着广泛的共同利益，经济互补性强，合作大于竞争，机遇多于挑战。

温家宝希望两国工商界坚定对中国经济发展的信心，加强沟通协作，将彼此关切反映给两国政府，将解决问题的善意传递给两国人民，为推动中美经贸关系健康稳定发展作出新的贡献。

美方表示，美中经济相互依赖，在世界经济下滑的背景下，双方要增进相互了解，采取有力举措，加强合作，向两国工商界和国际社会传递积极信号，美方愿同中方共同作出努力。

中共中央政治局常委李长春在西藏考察

7月17日至21日，李长春先后到林芝、拉萨等地，深入农村、牧区和宣传文化单位，就贯彻落实党的十七届六中全会精神和中央第五次西藏工作座谈会精神，推进西藏跨越式发展和长治久安，加强民族团结进步宣传教育和文化建设等进行考察调研。

考察调研期间，李长春听取了西藏自治区党委和政府工作汇报，对西藏经济社会发展取得的成绩给予充分肯定。他希望西藏牢牢抓住中央深入实施西部大开发战略、进一步贯彻落实中央第五次西藏工作座谈会精神等重大机遇，把中央要求与西藏实际紧密结合起来，创造性地开展工作，走出一条有中国特色、西藏特点的发展路子，努力实现推进西藏经济社会跨越式发展和长治久安两大历史任务。

中央党校校长习近平在北京出席全国党校校长会议开幕式并讲话

习近平强调，我国正处在全面建设小康社会的关键时期和深化改革开放、加快转变经济发展方式的攻坚时期，党中央对党校工作寄予殷切期望，党校工作使命光荣，责任重大。各级党校要切实运用党校工作积累的成功经验，深刻认识和把握党校教育规律，更好地指导和推进党校工作。第一，坚持把党校姓党作为党校的灵魂，贯穿于教学、科研、行政、后勤各个方面工作之中，融入到党校教员和管理人员的思想与行动之中。第二，坚持党校的科学定位，发挥好党校教育的自身优势，突出服务大局的特色、理论教育和党性教育的特色、思想库的特色。第三，坚持质量立校，把高标准办学作为党校各项工作的重要抓手，通过扎实持久的工作使教学科研、基础设施、人才队伍、管理服务、学风校风的质量和水平不断得到改进和提高。第四，坚持把深化改革作为党校各项工作的强大动力，进一步转变培训观念，创新培训内容，改进培训方式，整合培训资源，优化培训队伍，在推进党校各方面改革上取得新进展。第五，坚持制度管校，严格按照《党校工作条例》办学，进一步提高党校工作的制度化、规范化、科学化水平。第六，坚持抓好学风校风建设，把从严治校作为党校各项工作的重要方针，推动形成良好的学风校风，保证党校教育目标的实现。第七，坚持人才强校，进一步形成尊重人才、爱护人才、用好人才的氛围和导向，努力营造充满活力、富有效率、更加开放的人才制度环境。第八，坚持上级党校对下级党校的指导，加强中央党校与地方党校之间以及地方各级党校相互之间在教学、科研、管理服务等方面的通力合作，充分发挥党校系统的整体优势。第九，坚持党委对党校的领导，在政治思想上更加关心，在财力、物力上加大支持力度，在组织人才上加强保障，在领导方法上注意改进，把党委的领导和支持作为做好党校各项工作的根本保障。

全国维护社会稳定工作电视电话会议在北京召开

中美企业投资与合作论坛在北京召开

中美两国代表围绕相互投资中的问题和机遇进行了坦诚交流。双方认为，充分实现双向投资对两国都有益处，需要两国政府和商业界加强合作，共同行动来提升两国间的投资合作水平。中美两国应加强互信，避免将经济议题政治化，为两国双向投资创造良好环境。中国国际经济交流中心理事长曾培炎和美国全国商会会长兼首席执行官托马斯·多诺霍在开幕式上致辞。

中方代表认为，经济全球化大趋势，要求各国提高开放水平，坚持贸易、投资自由化和便利化的基本原则。中美双向投资取得了长足发展，对两国经济发展起到重要作用，但仍然存在规模不够大、发展不平衡等问题，这与两国在世界经济中的地位很不相符。

关于对中国投资环境趋紧的担心，中方代表强调，这主要受全球经济增长放缓的影响，也有来自日益严峻环境压力、资源和人力成本快速上升等因素。中国政府始终坚持互利共赢的开放战略，一贯致力于为外资创造更加开放、更加优化的投资环境。随着各项政策实施到位，中国的投资环境会继续得到改善。

美方代表希望中国加强知识产权保护，推进国企市场化改革，这有利于促进美国企业到中国投资和开展技术合作，对中国企业的技术创新也至关重要，也有利于中国国企顺利开拓国际市场。

本次论坛由中国国际经济交流中心和美国全国商会共同主办，旨在为中美两国政府和企业家搭建相互交流的平台，并为中国企业赴美投资提供建设性意见。中美两国共约 300 位政府官员、企业家和专家学者代表参加了论坛。

国家副主席习近平在人民大会堂会见第六十七届联合国大会候任主席耶雷米奇

习近平表示，当前，世界多极化趋势日益明显，世界经济在转型中艰难复苏，国际体系和机制酝酿深刻变革。新形势下，联合国作为最具普遍性和权威性的政府间国际组织，应在全球治理中发挥核心作用。中国坚定维护《联合国宪章》的宗旨和原则，全面参与联合国各领域工作，认真履行应尽的责任和义务，将一如既往地支持联合国及联大主席的工作，为推动联合国各项事业的发展继续作出积极贡献。

耶雷米奇赞同中方对当前形势和联合国作用的看法，表示就任联大主席后，将积极推动第六十七届联大把促进可持续发展等广大会员国共同关心的问题作为工作重点，全力维护会员国团结。耶雷米奇高度评价中方对联合国工作所做贡献，表示联合国愿进一步加强同中方合作。

国务院副总理李克强在人民大会堂会见出席中美投资论坛 中美工商领袖和前高官对话会的美国全国商会会长多诺霍 前商务部长古铁雷斯等美方代表

中央纪委书记贺国强在人民大会堂会见乌克兰外交部部长格里先科

外交部部长杨洁篪在北京与乌克兰外长格里先科举行会谈

杨洁篪积极评价中乌关系发展成果，表示中方愿以今年两国建交 20 周年为契机，同乌方加强各领域合作，不断深化两国战略伙伴关系。格里先科表示，乌方重视发展对华关系，愿促进两国关系持续深入发展。

会谈后，双方共同签署了《中华人民共和国外交部与乌克兰外交部 2012—2013 年磋商计划》。

马大猷逝世

著名物理学家、无线电学家和教育家，中国科学院资深院士，第七、八届全国政协常务委员，中国民主同盟中央委员会原名誉副主席，中国共产党党员，中国科学院声学研究所教授马大猷同志，因病于 2012 年 7 月 17 日在北京去世，享年 97 岁。

马大猷祖籍广东潮州，1915 年出生于北京。1936 年毕业于北京大学物理系。1938 年赴美国留学，1940 年获哈佛大学哲学博士学位，同年回到祖国，曾先后在西南联合大学和北京大学任教，1948 年任北京大学工学院院长，1952 年任哈尔滨工业大学教务长。1955 年当选中国科学院学部委员，同年调中国科学院工作，历任物理研究所、电子研究所、声学研究所研究员、副所长，数学物理学部常务副主任，研究生院常务副院长等职。曾兼任中国声学学会名誉理事长、中国环境科学学会副理事长、中国电子学会副理事长等职。

马大猷 1951 年加入中国民主同盟，1979 年加入中国共产党，历任中国民主同盟第五、六、七届中央委员会副主席，第八、九届中央委员会名誉副主席。是第四届全国人大代表，第二、三、五、六届全国政协委员，第七、八届全国政协常务委员。

7 月 18 日

国家主席胡锦涛在人民大会堂与联合国秘书长潘基文举行会谈

胡锦涛强调，多年来，中国积极参与联合国各领域活动，倡导、支持、践行多边主义，认真履行应尽的国际责任和义务。中方将继续支持秘书长工作，为促进中国和联合国合作作出积极努力。

胡锦涛表示，即将举行的中非合作论坛第五届部长级会议是加强中非团结的一次重要会议，会议将回顾论坛成立以来取得的重要成果，全面规划中非合作发展蓝图。中方愿同非洲国家一道，共同开好这次会议，推动中非新型战略伙伴关系不断向前发展。

潘基文表示，中国为维护世界和平、促进共同发展发挥了重要作用。联合国感谢中国积极参与联合国维和行动，为推动实现联合国千年发展目标、促进全球可持续发展作出了重大贡献。联合国应对各种全球性挑战，需要中国支持和合作。联合国可持续发展大会取得成功与中国的重要努力分不开。中国发展经验值得其他国家借鉴，中非合作论坛的发展充分证明，中国致力于加强同其他发展中国家合作，是推动南南合作的典范。联合国希望加强同中国的合作，共同致力于世界和平、安全、发展。

双方还就叙利亚等问题交换了意见。

国家主席胡锦涛在人民大会堂与南非总统祖马举行会谈

胡锦涛就加强中南合作提出4点建议。一是保持高层交往势头,深化党际交流,坚定支持彼此在重大核心利益问题上的关切,巩固战略互信。二是紧密结合两国发展战略,拓展务实合作,促进双边贸易平衡发展。中国政府鼓励和支持中国企业对南非十大产品、十大投资领域进行采购和投资,积极参与南非经济特区建设。三是促进人文交流,巩固两国友好民意基础。中方支持南非经济社会发展,愿为南非培训更多专业技术人才。四是密切在联合国、世界贸易组织、二十国集团、金砖国家、气候变化"基础四国"等重要国际组织和机制中协调配合,促进世界和平与发展。

祖马表示,南非和中国共同致力于加强两国关系,双方合作内涵日益丰富,中国成为南非最大贸易伙伴。南非重视同中国的战略伙伴关系,希望同中方保持频繁高层磋商,密切党际和人文交往,深化互利合作。南非希望增加对华出口,欢迎中国企业加大对南非基础设施、工业园区、矿产等领域投资,巩固双边贸易增长势头,带动非洲经济发展。南非愿同中方加强在联合国、金砖国家等多边场合的协调和合作。

国家主席胡锦涛在人民大会堂与吉布提总统盖莱举行会谈

胡锦涛指出,随着中吉关系不断深入发展,两国合作内容越来越丰富,中方视吉布提为重要合作伙伴,愿同吉方一道,从以下几方面努力,推动中吉关系进一步发展。一是增强政治互信,加强双边和多边磋商,继续在各自关切的重大问题上相互支持,中方重视吉方为推进解决索马里等地区问题发挥的积极作用,愿同吉方加强在重大国际和地区问题上磋商和协调,维护发展中国家权益,促进地区和平。二是扩大经贸合作,建立两国经贸混委会,加强合作规划。中方鼓励中国企业赴吉布提投资兴业,参与吉方基础设施建设等项目,支持吉布提经济社会发展和民生改善。三是促进人文交流,充分利用双边渠道以及中非、中阿合作论坛等机制,加强文化、教育、卫生、人力资源培训等领域交流合作,巩固两国友好民间基础。

盖莱表示,中国为吉布提经济社会发展提供了宝贵帮助,吉布提人民对中国怀有真挚的友好情谊。吉布提希望借鉴中国发展的成功经验。吉方欢迎中国企业赴吉布提投资,在港口、铁路、公路基础设施建设、能源等领域开展合作,并利用吉布提的区位优势,扩大同东非地区人员和商品往来,促进本地区一体化。

国家主席胡锦涛在人民大会堂与尼日尔总统伊素福举行会谈

胡锦涛就发展中尼关系提出4点建议。一是保持友好交往势头,增强政治互信,积极开展政府、政党、立法机构往来,在涉及彼此关切的重大问题上加强沟通、相互支持。二是深化经贸务实合作,实现互利共赢,双方要共同落实好尼日尔交通基础设施、医院等项目,推动工程合作,积极开展农业、水利、交通、电力、资源开发等领域合作。三是密切人文交流,夯实友好基础,两国妇女、青年、新闻媒体、民间团体要加强往来,增进友谊。四是密切地区事务中合作,中方赞赏和支持尼日尔为维护地区和平稳定发挥积极作用。

伊素福表示,尼中合作发展良好。尼日尔敬佩中国取得的巨大发展成就,感谢中国为尼日尔经济社会发展提供宝贵帮助,尼方愿同中国保持友好交往,加强互利合作。尼日尔正在大力发展经济,消除贫困和饥饿,希望在这些领域继续得到中国支持。尼方高度赞赏中国在国际上倡导和奉行和平共处五项原则,认为中国的立场和主张对推动建立公正合理的国际政治经济新秩序、实现世界和平与发展至关重要。尼日尔所处的非洲萨赫勒地区安全形势面临严峻挑战。尼日尔致力于维护地区安全和稳定,希望同中国加强合作。

第四届中非企业家大会在人民大会堂开幕

国务院总理温家宝出席并发表主旨讲话。

温家宝说,近年来,尽管国际风云变幻莫测,中非友好合作这棵参天大树经受住了风雨的考验,茁壮成长,我们收获的不仅有着实实在在的果实,还有比金子更宝贵的友谊和互信。事实再一次证明,中非永远是好朋友、好伙伴、好兄弟!

温家宝指出,中非经贸合作日益紧密,无论规模还是水平,都在发生可喜变化。双方贸易额快速增长,结构和质量不断改善。非洲对中国出口三年中翻了一番,商品种类更加丰富;融资合作成效显著,项目安排更加科学合理,增强了非洲自我发展能力;投资合作势头强劲,领域和方式趋于多元化,带动了非洲工业发展;中国对非洲援助力度加强,更加重视可持续发展,为非洲应对粮食安全、气候变化等挑战发挥了积极作用。

温家宝说:双方要加强政府间的磋商协作,制定切实可行的中长期合作规划,促进彼此产业对接和融合,建立、健全相关法律、法规;要促进中非贸易平衡发展,中方将扩大非洲产品进口,进一步对非洲国家开放市场;要进一步加强投资合作,坚持"政府引导、企业主体、市场运作、互利共赢"的方针,更加注重改善民生和促进就业，更加注重保护非洲生态环境，尊重当地文化和风俗，更加注重管理审核，提高投资效益和质量；要共同应对粮食危机，为非洲经济社会发展提供基础性保障；要促进可持续发展领域的国际合作，实施更多有利于改善民生和促进可持续发展能力的项目。

温家宝最后说，在对非合作方面，中国坚持开放、包容、共赢，愿同非洲和国际社会一道，为推动世界和平与发展，促进全人类的福祉，作出新的更大的贡献。

赤道几内亚总统奥比昂、尼日尔总统伊素福、佛得角总理内韦斯、肯尼亚总理奥廷加以及近千名中非企业家代表出席大会。

国务院总理温家宝在人民大会堂分别会见肯尼亚总理奥廷加和佛得角总理 佛得角非洲独立党主席内韦斯

国家副主席习近平在钓鱼台国宾馆与南非总统祖马举行会谈

习近平说，中非合作论坛第五届部长级会议是中非友谊和团结的又一次盛会，将出台一系列对非合作新举措，相信此次会议的成功召开将给中非关系带来新的发展机遇。中方愿同南方一道，以落实本届部长会成果为契机，共同推动中非互利合作和中非新型战略伙伴关系不断向前发展。

祖马表示，南方对当前两国、两党关系发展感到满意，相信此访将有助于推动南中、非中友好合作关系的发展。在当前南非和非洲大陆面临重要发展机遇和挑战背景下，南方愿在战略伙伴关系框架下，与中方加强各领域包括基础设施领域的合作，推动两国以及非中关系不断迈上新台阶。

国家副主席习近平在人民大会堂会见联合国秘书长潘基文

国务院副总理李克强在中南海紫光阁会见世界卫生组织总干事陈冯富珍

中组部部长李源潮在人民大会堂与联合国秘书长潘基文举行会谈

中宣部部长刘云山在人民大会堂会见新加坡国家发展部部长 人民行动党主席许文远一行

中联部部长王家瑞在北京与佛得角非洲独立党主席内韦斯举行会谈

外交部部长杨洁篪在北京与联合国秘书长潘基文举行会谈

庆祝中国人民武装警察部队重新组建 30 周年大型演唱会《忠诚卫士永向党》在北京举行

国家防总公布 2012 年上半年洪涝灾害损失情况

从国家防总获悉：截至 7 月 18 日，今年以来全国累计有 28 个省(区、市)遭受洪涝灾害，受灾人口 4894 万人，因灾死亡 236 人、失踪 101 人，紧急转移 156 万人，倒塌房屋 20 万间，农作物受灾 4634 千公顷，洪涝灾害直接经济损失约 659 亿元。

第五届"中国农村发展研究奖"颁奖大会在北京举行

来自理论界、高等院校及从事农业管理与研究的干部学者约 200 人出席。《粮安天下》等 6 部专著、《参保人为何集中在缴费档次中的最低标准》等 10 篇论文获奖。原中央农村政策研究室主任、著名经济学家杜润生荣获"中国农村发展研究"特别贡献奖。

"中国农村发展研究奖"2004 年首次评选，每两年评选一次，由农村发展研究专项基金管理委员会设立并负责评审颁发，宗旨为支持和奖励在我国农村经济发展政策研究领域理论创新、制度创新、技术创新等方面有所贡献的集体和个人。

7 月 19 日

中非合作论坛第五届部长级会议在人民大会堂开幕

国家主席胡锦涛、南非总统祖马、贝宁总统亚伊、赤道几内亚总统奥比昂、吉布提总统盖莱、尼日尔总统伊素福、科特迪瓦总统瓦塔拉、佛得角总理内韦斯、肯尼亚总理奥廷加、埃及总统特使阿姆鲁、联合国秘书长潘基文以及 50 个论坛非洲成员国外交部长和主管对外经济合作事务的部长、非洲联盟委员会主席让·平、部分非洲地区和国际组织代表等出席开幕式。

胡锦涛发表题为《开创中非新型战略伙伴关系新局面》的重要讲话。

论坛共同主席国埃及总统特使、外交部部长阿姆鲁随后宣读穆尔西总统贺词。

论坛下届共同主席国南非总统祖马、非盟现任轮值主席国贝宁总统亚伊、联合国秘书长潘基文先后致辞。

祖马表示，非中友谊源远流长，非中战略伙伴关系建立在相互尊重、平等互利、合作共赢基础上，体现了南南合作精神。在2006年论坛北京峰会上，胡锦涛主席宣布了中国政府支持非洲发展的八项举措。6年来，中方兑现了承诺，使国际社会深刻理解了中国珍视同非洲的友谊，加强同非洲的团结合作是中国外交政策的重要原则。新形势下，非洲国家希望同中国加强在基础设施建设、信息、通信技术、能源等领域合作，实现共同发展。相信本届会议将为未来几年非中合作奠定坚实基础。南非作为论坛下届共同主席国，将同中方密切合作，共同推动非中关系发展。

亚伊表示，长期以来，在非洲人民争取民族独立和国家发展的事业中，中国政府和人民给予了宝贵支持和帮助。中国援建的非盟会议中心是非中传统友谊新的标志。当前，非洲国家联合自强，实现和平、稳定、发展的愿望更加强烈，希望同中国加强合作，应对粮食安全、可持续发展等方面的挑战，在国际事务中加强协调和配合，推动国际秩序朝着更加公正合理的方向发展。

潘基文表示，中非伙伴关系是南南合作的重要组成部分，为非洲带来了机遇，也为世界经济注入新动力。希望中非合作论坛今后在消除贫困、提升非洲自主发展能力、推动绿色经济、促进中非人文交流等方面发挥更大作用。联合国坚定支持中非合作，愿与中国、非洲共同努力，推动实现世界持久和平、发展、繁荣。

国家主席胡锦涛在中非合作论坛第五届部长级会议开幕式上发表题为《开创中非新型战略伙伴关系新局面》的讲话

尊敬的各位同事、各位嘉宾，女士们，先生们，朋友们：

今天，有机会同出席中非合作论坛第五届部长级会议的各位朋友在北京相聚，共叙中非人民友谊，共商全面深化中非友好合作大计，我感到十分高兴。首先，我谨代表中国政府和人民，并以我个人的名义，对远道而来的各国嘉宾，表示热烈的欢迎！借此机会，我愿通过在座各位非洲朋友，向兄弟的非洲人民转达中国人民的诚挚问候和良好祝愿！

2000年10月，中非合作论坛应运而生。这一创举符合时代要求，反映了新形势下中非人民求和平、谋发展、促合作的共同愿望。论坛成立12年来，各成员国团结一致、密切协作，推动这一合作机制持续向前发展、取得重要成就。本届部长级会议的主题是“继往开来，开创中非新型战略伙伴关系新局面”。中非双方应该再接再厉、共同努力，既立足当前，又着眼长远，共同描绘下一阶段中非合作发展蓝图，为中非关系取得新的更大的发展打下坚实基础。

女士们、先生们！

6年前，我们在这里召开了中非合作论坛北京峰会，中非双方一致同意建立中非新型战略伙伴关系。6年来，在中非双方共同努力下，中非新型战略伙伴关系取得了重大进展。中非在政治上互尊互信、友好关系全面发展，双方高层交往更加密切，对话交流更加深入，相互支持更加坚定，中国同非洲各国和非盟等地区组织关系深入发展，中国同多个非洲国家建立战略伙伴关系和战略对话机制，支持非洲国家自主解决地区热点问题，支持非洲一体化建设。中非在经济上互利互惠、务实合作不断深化，双方携手应对国际金融危机冲击，论坛北京峰会和第四届部长级会议推出的两组务实合作“八项举措”得到有效落实，中非全方位立体式合作体系稳步构筑。中国对非贸易和投资规模不断扩大。2011年中非贸易额达到1663亿美元，比2006年增加2倍。中国累计对非直接投资金额已达150多亿美元，项目遍及非洲50个国家。中国援建的非盟会议中心落成移交。中国对非援助稳步增长，为非洲国家援建了100多所学校、30所医院、30个抗疟中心和20个农业技术示范中心。中国兑现了向非洲提供150亿美元优惠性质贷款的承诺。中非在文化上互学互鉴、人文交流日趋活跃，中非文化聚焦、联合研究交流计划、智库论坛、民间论坛、青年领导人论坛等一系列交流活动相继启动。中国为非洲国家培训各类人员近4万名，向非洲国家提供2万多个政府奖学金名额。中非双方合作在22个非洲国家设立了29所孔子学院或孔子课堂。中非20对知名高校在“中非高校20 + 20合作计划”框架下结为“一对一”合作关系。中非在国际事务中互帮互助、团结协作更加紧密，双方在联合国改革、应对气候变化、可持续发展、世贸组织多哈回合谈判等重大问题上密切配合，维护发展中国家共同利益，促进国际关系民主化，推动国际秩序朝着更加公正合理的方向发展。

事实证明，中非新型战略伙伴关系是中非传统友谊薪火相传的结果，符合中非双方根本利益，顺应和平、发展、合作的时代潮流。这一关系的建立，开启了中非关系新的历史征程，给双方交流合作注入了新的生机活力。我坚信，在双方共同努力下，中非新型战略伙伴关系必将迎来更加美好的未来。

女士们、先生们！

同6年前相比，国际形势又发生了很大变化，和平、发展、合作仍然是时代潮流，但国际形势中不稳定不确定因素明显增多，国际金融危机影响犹存，国际和地区热点此起彼伏，不公正不合理的国际政治经济秩序依然影响和制约着世界和平与发展。广大发展中国家发展势头不断增强，但仍面临很多困难和挑战。

近年来，非洲国家和人民自强不息、开拓进取，推动非洲和平与发展事业取得了令人瞩目的成就。同时，非洲在发展振兴道路上依然面临严峻挑战。国际社会应该继续加大对非洲和平与发展问题的关注和投入，尊重非洲意愿、倾听非洲声音、照顾非洲关切，帮助非洲尽早实现联合国千年发展目标。

中国是世界上最大的发展中国家，非洲是世界上发展中国家最集中的大陆，中国和非洲人口占世界人口的1/3以上，是促进世界和平与发展的重要力量。中国同非洲的命运紧紧相连，中非友谊深深扎根在双方人民心中，中非人民始终真诚友好、平等相待、相互支持、共同发展。不管国际风云如何变幻，我们支持非洲和平、稳定、发展、团结的决心不会改变，中国真心诚意支持非洲国家自主选择发展道路，真心诚意帮助非洲国家增强自我发展能力，继续坚定同非洲人民站在一起，永远做非洲人民的好朋友、好伙伴、好兄弟。

国际形势的深刻变化，中非人民对中非关系发展的殷切期待，都要求我们以高度的责任感和使命感，适应新形势，提出新目标，推出新举措，解决新问题，努力开创中非新型战略伙伴关系新局面。

——开创中非新型战略伙伴关系新局面，中非应该增强政治互信。我们要继续弘扬传统友谊，保持高层交往势头，加强战略对话，扩大治国理政经验交流，排除外来干扰，增进相互了解和信任。中国愿同国际社会一道，坚定支持非洲国家维护和平稳定、促进联合自强的努力，在非洲事务中发挥积极和建设性作用。

——开创中非新型战略伙伴关系新局面，中非应该拓展务实合作。我们要继续拓宽合作领域，积极探索新的合作方式，更加重视农业、制造业、基础设施建设等非方优先发展领域的合作，更加重视开展投资、金融、服务业、技术转让等深层次合作，更加重视改善贸易结构、提高贸易质量，更加重视帮助非洲国家提高自我发展能力，使合作成果更多惠及双方人民。

——开创中非新型战略伙伴关系新局面，中非应该扩大人文交流。我们要继续促进中非两大文明多层次、多形式交流互动，加强教育、文化、科技、卫生、体育、旅游等领域交流，密切青年、妇女、民间团体、新闻媒体、学术机构联系，为中非合作提供精神动力和文化支持，使中非友好更加深入人心。

——开创中非新型战略伙伴关系新局面，中非应该密切在国际事务中的协调和配合。我们要共同维护《联合国宪章》宗旨和原则，倡导国际关系民主化，推动和谐均衡的全球发展，反对以大欺小、恃强凌弱、倚富压贫，加强磋商和协调，照顾彼此关切，携手应对气候变化、粮食安全、可持续发展等全球性挑战。

——开创中非新型战略伙伴关系新局面，中非应该加强合作论坛建设。我们要根据国际形势和中非关系发展的新情况新特点，不断探索论坛发展的新思路新途径，创新论坛发展理念和合作形式，充分发挥论坛成员的积极性、主动性、创造性，不断增强论坛凝聚力和影响力，使之成为更加富有成效的合作平台。

女士们、先生们！

新中国成立60多年特别是改革开放30多年来，中国经济社会发展取得了显著成就。我们始终铭记和衷心感谢广大非洲国家和人民对中国发展给予的大力支持和帮助。尽管前进道路并不平坦，但我们对中国发展前景充满信心。中国在坚持自己和平发展的同时，将继续致力于维护世界和平、促进共同发展。

今后3年，中国政府将采取措施，在以下5个重点领域支持非洲和平与发展事业，推进中非新型战略伙伴关系。

第一，扩大投资和融资领域合作，为非洲可持续发展提供助力。中国将向非洲国家提供200亿美元贷款额度，重点支持非洲基础设施、农业、制造业和中小企业发展。

第二，继续扩大对非援助，让发展成果惠及非洲民众。中国将适当增加援非农业技术示范中心，帮助非洲国家提高农业生产能力；实施“非洲人才计划”，为非洲培训3万名各类人才，提供政府奖学金名额18000个，并为非洲国家援建文化和职业技术培训设施；深化中非医疗卫生合作，中方将派遣1500名医疗队员，同时继续在非洲开展“光明行”活动，为白内障患者提供相关免费治疗；帮助非洲国家加强气象基础设施能力建设和森林保护与管理；继续援助打井供水项目，为民众提供安全饮用水。

第三，支持非洲一体化建设，帮助非洲提高整体发展能力。中国将同非方建立非洲跨国跨区域基础设施建设合作伙伴关系，为项目规划和可行性研究提供支持，鼓励有实力的中国企业和金融机构参与非洲跨国跨区域基础设施建设；帮助非洲国家改善海关、商检设施条件，促进区域内贸易便利化。

第四，增进中非民间友好，为中非共同发展奠定坚实民意基础。中国倡议开展“中非民间友好行动”，支持和促进双方民间团体、妇女、青少年等开展交流合作；在华设立“中非新闻交流中心”，鼓励中非双方新闻媒体人员交流互访，支持双方新闻机构互派记者；继续实施“中非联合研究交流计划”，资助双方学术机构和学者开展100个学术研究、交流合作项目。

第五，促进非洲和平稳定，为非洲发展创造安全环境。中国将发起“中非和平安全合作伙伴倡议”，深化同非盟和非洲国家在非洲和平安全领域的合作，为非盟在非开展维和行动、常备军建设等提供资金支持，增加为非盟培训和平安全事务官员和维和人员数量。

女士们、先生们！

共同开创中非新型战略伙伴关系新局面，共同推动建设持久和平、共同繁荣的和谐世界，是我们共同的目标和责任。让我们携起手来，为实现共同的美好未来而不懈努力！

最后，预祝中非合作论坛第五届部长级会议圆满成功！

谢谢大家。

国家主席胡锦涛在人民大会堂与非洲联盟轮值主席 贝宁总统亚伊举行会谈

胡锦涛表示，非盟委员会首次作为中非合作论坛正式成员出席本届部长级会议，中方期待非盟在论坛事务中发挥积极作用，为论坛建设和中非关系发展作出重要贡献。中方愿同包括贝宁在内的论坛非方成员一道，以这次会议召开为契机，全面加强中非各领域友好合作，推动中非新型战略伙伴关系不断向前发展。

亚伊表示，贝宁正致力于发展经济、改善民生，希望在交通基础设施建设、农业、教育、卫生等领域同中国加强合作。非中团结友好合作是双方共同的宝贵财富。当前，非洲大陆既面临难得的发展机遇，也面临冲突、贫困、粮食安全等挑战，非洲国家希望同中国加强合作，实现和平、稳定、发展。贝宁作为非盟轮值主席国，将继续积极推动非中战略伙伴关系发展，愿为中非合作论坛建设作出更大贡献。

国家主席胡锦涛在人民大会堂与赤道几内亚总统奥比昂举行会谈

胡锦涛就发展中赤几关系提出3点建议。一是深化政治领域合作，保持政府、政党友好交往，增进政治互信，在涉及各自主权、安全重大问题上继续相互给予坚定支持。二是推进经贸、农业、能源、基础设施建设、人力资源培训等领域合作，中方愿继续在力所能及的范围内为赤几国家建设提供帮助。三是加强在国际事务中的团结协作，维护发展中国家共同利益。

奥比昂表示，赤道几内亚同中国的友好合作取得长足进展，中国积极参与赤几国家建设，为赤几经济发展和民生改善作出了重要贡献，事实证明，中国是赤道几内亚人民的好朋友。赤道几内亚珍视两国传统友谊，希望同中国保持高层交往，加强在经贸、农业、基础设施建设、医药卫生等领域合作，实现共同发展。赤道几内亚主张国际关系民主化，愿同中国加强在重大国际和地区问题上的沟通协调。

国务院总理温家宝在中南海紫光阁与南非总统祖马举行会谈

全国政协主席贾庆林在人民大会堂与科特迪瓦总统瓦塔拉举行会谈

第十一届全国见义勇为英雄模范表彰大会在人民大会堂举行

国办转发民政部等部门《关于加强见义勇为人员权益保护的意见》并发出通知

各省、自治区、直辖市人民政府，国务院各部委、各直属机构：

民政部、教育部、公安部、财政部、人力资源社会保障部、住房城乡建设部、卫生部《关于加强见义勇为人员权益保护的意见》已经国务院同意，现转发给你们，请认真贯彻执行。

国务院办公厅

2012年7月19日

关于加强见义勇为人员权益保护的意见

国家对公民在法定职责、法定义务之外，为保护国家利益、社会公共利益和他人的人身、财产安全挺身而出的见义勇为行为，依法予以保护，对见义勇为人员的合法权益，依法予以保障，对见义勇为人员及其家庭的生活困难给予必要帮扶。为切实解决见义勇为人员及其家庭实际困难，进一步做好见义勇为人员权益保护工作，现提出以下意见：

一、充分认识加强见义勇为人员权益保护的重要意义

见义勇为是中华民族的传统美德，也是社会主义核心价值体系的重要组成部分，对发展社会主义先进文化、构建和谐社会具有积极促进作用。近年来，各地区、各部门在鼓励见义勇为行为、保护和表彰见义勇为人员方面做了大量工作，陆续出台法规政策，同时利用优待抚恤政策和社会救助体系对符合条件的见义勇为人员及其家庭给予了一定程度的保障。但在实践中，见义勇为权益保护工作仍存在政策措施不统一、补偿标准不明晰、保护措施操作性不强等亟待解决的突出问题。解决见义勇为人员及其家庭实际困难，加强见义勇为人员权益保护，对于大力弘扬社会主义核心价值体系、倡导良好社会风尚，维护社会和谐稳定，具有十分重要的现实意义。各地区、各部门要充分认识解决见义勇为人员及其家庭困难、加强见义勇为人员权益保护的重要性，坚持政府主导、社会广泛参与，立足于解决实际困难、保障合法权益，从基本生活、医疗、就业、教育、住房等方面，切实保障好见义勇为人员的合法权益。

二、积极完善见义勇为人员权益保护的政策措施

（一）保障低收入见义勇为人员及其家庭的基本生

活。对符合城乡低保条件的见义勇为人员及其家庭，应按有关规定纳入低保范围，做到应保尽保；符合相关条件的还可申请相应的专项救助和临时救助。按照国家规定享受的抚恤金、补助金不计入家庭收入，见义勇为人员所得奖金或者奖品按照现行税收政策的有关规定免征个人所得税。对致孤人员，属于城市社会福利机构供养范围的优先安排到福利机构供养，符合农村五保供养条件的纳入农村五保供养范围；对致孤儿童，纳入孤儿保障体系，按照相关标准发放孤儿基本生活费。

(二)提高见义勇为负伤人员医疗保障水平。对见义勇为负伤人员，医疗机构要建立绿色通道，坚持"先救治、后收费"的原则，采取积极措施进行救治。对急危重症的，要优先救治。因紧急救治发生的医疗费用，有加害人或责任人的，由加害人或责任人承担；无加害人或责任人以及加害人或责任人逃逸或者无力承担的，按规定通过基本医疗保障制度解决；因负伤造成长期医疗费用个人负担较重的人员，可通过适当医疗费用减免、城乡医疗救助等方式帮助其解决实际困难；致孤儿童的医疗保障，纳入城镇居民基本医疗保险、新型农村合作医疗、城乡医疗救助等制度覆盖范围，符合条件的优先给予救助，参保(合)费用可通过城乡医疗救助制度解决。

(三)扶持就业困难的见义勇为人员就业。对就业困难的见义勇为人员，只要其有就业能力和就业愿望，优先纳入就业援助，予以重点支持，帮助他们就业、再就业。地方政府开发的公益性岗位，要优先安排符合就业困难人员条件的见义勇为人员。见义勇为人员申请从事个体经营的，工商、税务、技术监督等有关部门应优先依法办理证照，有关费用依法给予减免。

(四)加大对适龄的见义勇为人员或其子女受教育的保障力度。见义勇为死亡或致残人员子女入公办幼儿园，在同等条件下优先接收。义务教育阶段，要将见义勇为死亡或致残人员适龄子女按照就近入学的原则安排在公办学校就读。对见义勇为人员以及因见义勇为死亡或致残人员子女中考、高考给予一定优待，各省、自治区、直辖市人民政府可结合国家有关政策和当地实际研究制定具体办法。对因见义勇为死亡或致残以及经济困难的家庭，教育部门要根据有关规定优先落实教育资助政策。

(五)解决见义勇为人员家庭住房困难。各级政府要积极解决中低收入见义勇为人员家庭的住房困难。对符合廉租住房、公共租赁住房和经济适用住房保障条件的城市见义勇为人员家庭，优先纳入住房保障体系，优先配租、配售保障性住房或发放住房租赁补贴。对符合农村危房改造条件的见义勇为人员家庭要给予优先安排。

三、认真落实见义勇为伤亡人员抚恤补助政策

对见义勇为死亡人员，凡符合烈士评定条件的，依法评定为烈士，其家属按照《烈士褒扬条例》享受相关待遇。不符合烈士评定条件，属于因公牺牲情形的，按照《军人抚恤优待条例》有关规定予以抚恤；属于视同工伤情形的，享受一次性工亡补助金以及相当于本人40个月工资的遗属特别补助金，其中一次性工亡补助金由工伤保险基金按有关规定支付，遗属特别补助金由当地财政部门安排，民政部门发放。不属于上述情形的，按照上一年度全国城镇居民人均可支配收入的20倍加40个月的中国人民解放军排职少尉军官工资标准发放一次性补助金，有工作单位的由所在单位落实待遇；无工作单位的由民政部门会同见义勇为基金会负责发放，所需资金通过见义勇为专项基金统筹解决；尚未建立见义勇为专项基金的，由当地财政部门安排，民政部门发放。

对见义勇为致残人员，凡符合享受工伤保险待遇条件的，依据《工伤保险条例》落实相应待遇；不符合享受工伤保险待遇条件的，按照《伤残抚恤管理办法》及有关规定，由民政部门评定伤残等级并落实相应待遇。

各有关部门要积极配合做好见义勇为伤亡人员抚恤补助待遇的申报、认定和落实工作。加大精神奖励力度，对已落实伤亡抚恤补助政策的，原则上不再另行发放一次性物质奖励；对仍有特殊生活困难的，要采取积极措施给予帮扶。

四、切实加强见义勇为人员权益保护工作的组织领导

(一)加强组织领导。各级政府要切实加强组织领导，将鼓励见义勇为行为、保护见义勇为人员权益工作摆上重要位置，在政策、资金、待遇等方面给予大力支持。要努力推进见义勇为人员权益保护工作的法制建设，制定和完善相关政策，建立、健全长效机制，切实保护见义勇为人员的合法权益。各地教育、公安、民政、财政、人力资源社会保障等相关部门要建立、健全工作机制，确保见义勇为伤亡人员抚恤补助政策落到实处。公安部门要加大对见义勇为人员的保护力度，防止见义勇为人员受打击、报复或陷害。对于见义勇为人员在非户籍地发生的见义勇为行为，事发地政府要积极与见义勇为人员的户籍所在地政府进行沟通协商，共同做好见义勇为人员权益保护工作。各有关部门要加强协调配合，建立联动机制，形成工作合力，及时落实见义勇为人员的相关待遇，研究解决见义勇为人员权益保护工作中遇

到的各种问题。

（二）强化宣传引导。各级政府要高度重视见义勇为宣传工作，充分利用报刊、广播、电视、网络等媒体和图书、影视等文艺作品，不断加大宣传力度，同时通过举办报告会、巡讲等活动，大力宣扬见义勇为人员的先进事迹，倡导科学合理实施见义勇为行为，充分展现党和政府对见义勇为人员的关爱、广大人民群众对见义勇为行为的支持与肯定，给予见义勇为人员及其家庭更多的精神关怀和鼓舞，努力在全社会营造人人关爱见义勇为人员的浓厚氛围。

（三）鼓励社会参与。各级政府要积极培育、扶持见义勇为人员权益保护等各类社会组织的发展，引导他们不断加强自身能力建设，建立、健全管理制度，依法自我管理，科学运行，拓展筹款渠道，增强筹款能力，进一步提高管理和服务水平。鼓励他们充分发挥自身优势，整合社会资源，动员社会力量，积极开展宣传教育、公益捐助、志愿服务等多种关心、关爱活动，在宣传、表彰、奖励、帮助解决见义勇为人员及其家庭实际困难等方面切实发挥作用。

国家副主席习近平在人民大会堂与肯尼亚总理奥廷加举行会谈

习近平表示，中方愿与肯方共同努力，推动两国友好合作关系持续深入发展。双方应通过高层交往加强治国理政经验交流，增进政治互信，加强在涉及彼此核心利益和重大关切问题上的支持；进一步深化务实合作，夯实两国友好的物质基础，中方愿积极考虑参与肯尼亚重点发展项目融资和建设，通过多种形式促进双边贸易平衡发展；推动双方人文交流蓬勃发展，加强在教育、文化、新闻和旅游等领域交流合作，不断巩固民间友好。

奥廷加表示，近年来，肯中合作蓬勃发展，非中在中非合作论坛框架下的合作也给非洲带来了重要变化，增强了非洲发展的生机和活力。肯方希望加强肯中关系，造福两国人民。肯方将坚定奉行一个中国政策。欢迎中国公司赴肯尼亚投资兴业，参与石油、基础设施、港口、电力、制造业等领域建设，希望更多的中国公民赴肯尼亚旅游。肯方愿加强与中方在联合国改革、应对气候变化等国际事务中的协调配合。

国务委员戴秉国在北京与联合国秘书长潘基文举行会谈

全国政协副主席王刚在北京会见以吉尔吉斯斯坦议会副议长塔·马梅多夫为团长的吉尔吉斯斯坦“故乡”党干部考察团

中央军委批复同意组建中国人民解放军海南省三沙警备区

中央军委批复广州军区，同意组建“中国人民解放军海南省三沙警备区”，主要负责三沙市辖区国防动员和民兵预备役工作，协调军地关系，担负城市警备任务，支援地方抢险救灾，指挥民兵和预备役部队遂行军事行动任务等。

根据我国行政区域划分情况和军事机构设置有关规定，我国在省级、地级、县级行政区划单位都设置了相应的军事机构，作为本地区的军事领导指挥机关。三沙警备区同我国其他地级市设置的军分区、警备区一样，为正师级单位，是同级地方党委的军事部兼同级人民政府的兵役机关，接受上级军事机关和同级地方党委、政府双重领导。

国务委员刘延东在北京出席国家教育考试指导委员会成立会议并讲话

刘延东强调，成立国家教育考试指导委员会，是落实中长期教育规划纲要的重要举措，根本目的是对国家教育考试制度改革进行顶层设计，有效解决人民群众普遍关心的教育考试方面的突出问题。高考是我国重大的社会公平制度，要加快研究制定高考改革总体方案，重点改革考试内容和形式，规范考试程序，建立、健全综合评价体系，完善多样化的录取方式，增加考生选择机会，落实高校招生自主权，保障公平公正，形成不拘一格选英才的良好局面。要指导地方和学校的教育改革实践，坚持试点先行，以点带面，确保改革的科学、协调、渐进和有序。要加强政策宣传，倡导科学的教育观和成才观，引导社会各界理性认识和期待考试招生制度改革，为改革创造良好的社会环境。

国务院副总理李克强在北京主持召开国务院深化医药卫生体制改革领导小组第十一次全体会议

会议听取了国务院医改办公室负责人关于今年上半年医改进展情况和下半年工作安排的汇报，审议了关于开展城乡居民大病保险的指导意见。会议认为，上半年医改各项重点工作扎实推进，基本医保人口覆盖率稳步提高，基本药物制度实施范围继续扩大，县级公立医院综合改革试点全面启动，一些大城市也开展了公立医院改革路径的有益探索，医改成果进一步巩固和深化。

李克强指出，大病保障是衡量一个国家医疗保障水平的重要标准。目前，我国全民基本医保已经覆盖城乡，但大病保障制度尚未建立，群众大病医疗费用负担仍然较重，因病致贫、因病返贫的问题和风险还比较突出，往往一个人得大病，全家陷入困境。近几年，不少地方在大病保险方面开展了积极探索,取得了成功经验。要下决心抓紧把大病医保纳入全民医保范围,拓展和延伸基本医保的功能,这有利于从制度上筑牢、织密社会安全网,切实解决大病患者的特殊困难,解除他们的后顾之忧,给病人及其家庭带来希望、带来温暖。

李克强强调,建立大病保障制度,要注重创新机制,把基本医保与商业保险结合起来,相互衔接、功能互补。一方面,要加大政府投入,逐步提高基本医保最高支付限额,用于支持群众看大病;另一方面,要发挥市场机制的作用,鼓励地方因地制宜,采取政府委托办理、购买服务等办法,支持商业保险机构承办大病保险,这样可以充分发挥其专业优势,提高运行效率和服务水平,放大基本医保的效用,强化社会互助共济的功能,形成政府、个人和保险机构共同分担大病风险,医疗保障水平与经济社会发展水平、居民消费水平及财政承受能力相适应的机制。同时,要搞好基本医保、大病保险、医疗救助、慈善救助以及商业补充保险的衔接,探索形成多种形式的大病保障制度,不断提升保障能力。

李克强指出,公立医院是我国医疗服务体系的主体,也是医改的重点和难点。破解公立医院改革难题,解决群众看病难、看病贵问题,必须抓住破除"以药补医"这个关键环节,进行利益格局调整,采取综合配套措施,使医院在取消药品加成后能够更加有效顺畅地运行,把工作重点切实转移到改善医疗诊治、提高服务质量上来。

李克强说,要在坚持公立医院公益性质的基础上,积极探索公立医院改革的有效路径。要总结推广一些地方的经验,取消药品加成,建立医事服务费并纳入医保支付范围,这样既可以减轻患者负担,又可以合理提高医务人员报酬、调动医生看病的积极性,鼓励他们优质服务、合理用药,通过避免开大处方,还可以降低医保支付压力,推动形成人民群众得实惠、医护人员添动力、医疗保障可持续、医院发展有后劲的良性循环。

国土资源部 住建部发出紧急通知要求坚持房地产市场调控不放松

国土资源部召开视频会议,就国土资源部、住房城乡建设部联合下发的《关于进一步严格房地产用地管理巩固房地产市场调控成果的紧急通知》(以下简称《通知》)进行部署,要求坚持房地产市场调控不放松,密切配合做好各项工作,不断巩固调控成果,坚决防止房价反弹。

《通知》指出,近期房地产和土地市场出现的一些波动,虽并未改变市场整体格局,但市场运行的复杂性和不稳定性在增加,房地产市场调控仍然处在关键时期,任务还很艰巨。对此,各级国土资源主管部门、住房城乡建设(房地产、城乡规划)主管部门要有清醒认识,坚持房地产市场调控不放松,密切配合做好各项工作,不断巩固调控成果,坚决防止房价反弹。

《通知》要求各地要把落实住房用地供应计划作为下半年的重点工作,应保尽保保障性安居工程用地,并以提高计划完成率、增加有效供应为首要目标,进一步加大普通商品住房用地的供应力度。从7月开始,国土资源部将对保障新安居工程用地和普通商品住房用地供应实行月度指导,对落实情况较差的将予以通报,年底对各省(区、市)进行目标责任考核。下半年各地要密切跟踪市场形势,切实把握好土地出让节奏、时序和价格,防止出现商服和住宅高价地,扰乱市场预期,破坏市场稳定。

根据《通知》,市县国土资源主管部门要进一步完善地价专业评估和集体决策程序,合理确定起始价、底价,在土地出让前还应全面分析、研判市场形势,对可能出现高价地的要及时调整竞价方式,制订出让方案和现场预案。对预判成交价格创历史总价新高、或单价最高,或溢价率超过50%的房地产用地(包括商服、住宅或商住综合),及时调整出让方案,采用"限房价、竞地价"或配建保障房、公共设施等办法出让土地。

《通知》强调,各地要严格执行房地产市场调控政策,不得擅自调整放松要求。已放松的,要立即纠正。《通知》还重申了已有的房地产用地管控政策,并要求加大闲置土地处置力度。

7月20日

国家主席胡锦涛在人民大会堂与科特迪瓦总统瓦塔拉举行会谈

胡锦涛就发展中科关系提出3点建议:一是加强高层交往,扩大政府、立法机关、执政党交流,增进政治互信。中方重视并支持科方在促进非洲团结、稳定、发展中发挥的重要作用,愿同科方加强在重大国际和地区事务中磋商和协调。二是深化经贸合作。中方将继续支持科特迪瓦和平重建事业,鼓励有实力的中国企业参与科特迪瓦经济建设。三是加强人文交流。扩大文化、教育、卫生、人力资源培训等领域合作,推动民间交往,增进两国人民相互了解和友谊。

瓦塔拉表示,科中关系发展良好,中国向科特迪瓦提供了宝贵帮助,是科特迪瓦人民的好朋友,发展科中友好合作关系是科特迪瓦坚定不移的政策。科特迪瓦正致力于国家重建振兴,希望同中国扩大交往,加强农业、水利、电力、交通基础设施建设、专业人才培训等领域合作，科方欢迎中国企业投资。科特迪瓦作为西非国家经济共同体轮值主席国，愿积极推动西非国家同中国关系发展。

国家主席胡锦涛在人民大会堂会见埃及外交部部长阿姆鲁

胡锦涛指出，中埃双方要密切政治往来，在涉及彼此核心利益和重大关切问题上继续相互理解、相互支持，在国际和地区事务中加强协作。中方愿同埃方扩大经贸、农业、人文等领域交流和合作，造福两国人民。埃及是中非合作论坛共同主席国，中方愿同埃方携手努力，推动中非新型战略伙伴关系取得更大发展。我们相信，在双方共同努力下，中埃传统友谊将更加牢固，两国战略合作关系将进一步深化和发展。

阿姆鲁表示，埃及和中国都是文明古国，两国人民有着深厚的传统友谊，埃及人民始终视中国为好朋友、好伙伴。埃及正处在重要变革进程中，面临发展经济、改善民生的艰巨任务，埃方愿借鉴中国发展的成功经验，同中国继续保持高层往来，扩大经贸领域合作，欢迎中国企业赴埃及投资。埃方坚信，加强埃中合作，不仅符合两国根本利益，也有利于非洲和阿拉伯世界。埃方愿同中方一道，推动非中、阿中关系不断向前发展。

全国政协主席贾庆林在人民大会堂分别会见吉布提总统盖莱和佛得角总理 佛得角非洲独立党主席内韦斯

在会见盖莱时，贾庆林表示，中吉建交33年来，两国关系一直健康稳定发展，经受住了国际风云变幻的考验。近年来，两国各领域合作不断拓展和深化，为两国关系发展注入新动力。吉方坚持一个中国政策，在事关中国核心利益的问题上始终坚定地与中方站在一起，并为中国海军在亚丁湾和索马里海域执行护航任务提供便利和支持，中方对此表示感谢。

盖莱表示，两国友谊深厚，作为非盟和阿盟的成员，吉布提愿在双边和中非、中阿战略伙伴关系的框架下，进一步加强对华关系，与中方致力于维护国际和地区和平，促进各自经济和社会发展，对两国友好合作前景充满信心。吉布提坚定奉行一个中国政策。与许多非洲国家一样，吉布提认为中国是非洲真正的朋友，对中国无私地帮助非洲发展深表谢意和赞赏，愿继续在国际上与中国站在一起，同甘共苦。

在会见内韦斯时，贾庆林表示，中佛建交36年来，两国关系发展顺利。政治上双方相互尊重，平等相待，在彼此重大关切问题上一贯相互理解和支持。经济上双方坚持优势互补，互利互惠，在基础设施、电信、渔业等领域开展了卓有成效的合作。进入新世纪，中非合作论坛和中国—葡语国家经贸合作论坛为两国扩大务实合作提供了新的广阔平台。新形势下，中方愿与佛方共同努力，增进政治互信，深化各领域务实合作，并探索合作的新领域、新方式。

内韦斯表示，佛中关系稳固，在重大国际和地区问题上加强合作与协调。希望借此次访华进一步加强两国关系，巩固基础设施、卫生和教育等传统领域合作，开辟旅游、航空、海运、信息技术、能源等新领域。佛得角希望中国在非发挥更大作用，将一如既往地促进非中友好合作，成为中国与西非国家发展关系的门户和平台。佛得角坚定奉行一个中国原则，将永远做中国的好朋友。

中央纪委书记贺国强在北京出席加快转变经济发展方式集中检查汇报会并讲话

贺国强指出，开展加快转变经济发展方式监督检查是中央作出的一项重要决策，也是中央交给我们的一项重要政治任务。自去年4月中央部署这项工作以来，在党中央、国务院的坚强领导和中央领导小组的有力指导下，经过领导小组各成员单位、中央检查组和各地区各部门各单位的共同努力，监督检查工作有力有序推进，取得了重要进展和显著成效。

为推动中央关于加快转变经济发展方式重大决策部署的贯彻落实，中央加快转变经济发展方式监督检查工作领导小组于今年6月上旬组织12个检查组分赴21个省(区、市)和新疆生产建设兵团开展了为期3周的集中检查。在认真听取各检查组组长的工作汇报后，贺国强强调，党的十七大以来，我们认真履行严明党的纪律、保证党的路线方针政策和中央重大决策部署贯彻落实这一纪检监察机关的首要职责，先后开展了对中央重大决策部署执行情况的一系列监督检查，取得了良好成效，积累了宝贵经验。一是围绕中心任务，及时跟进督查。坚持对中央的重大决策、重点工作、重大活动及时跟进、积极参与，各项服务、保障工作抓早抓紧抓实，深入开展监督检查，有力推动相关工作。二是加强组织领导，形成工作合力。坚持中央统一领导、强化统筹协调、健全工作体系，充分调动各监督检查主体的积极性和主动性，不断增强监督检查的系统性、协调性和整体性。三是突出工作重点，抓住关键环节。每项工作一开始就明确监督检查的重点内容，并结合形势任务的发展变化及时作出调整，切实以重点工作的成效和关键环节的突破带动监督检查工作整体推进。四是着力发现问题，强化成果运用。全面客观地了解相关情况，认真细致地查找存在问题，同时狠抓督促整改，推动完善政策，严格执行纪律，严肃责任追究。五是创新方式方法，增强监督实效。坚持以改革创新精神推进工作，积极探索有效开展监督检查的新办法、新途径，不断提高监督检查工作质量和效率。六是不断健全制度，建立长效机制。坚持立足当前、着眼长远，认真总结实践经验，建立、健全监督检查常态运行机制和贯彻落实中央重大决策部署的长效机制。

中央纪委副书记、中央加快转变经济发展方式监督检查工作领导小组组长何勇主持会议。监察部部长马馼，中央纪委副书记干以胜等中央加快转变经济发展方式监督检查工作领导小组成员单位负责人出席会议。

国务院印发《“十二五”国家战略性新兴产业发展规划》

《“十二五”国家战略性新兴产业发展规划》(以下简称《规划》)提出，到 2015 年，战略性新兴产业增加值将占国内生产总值比重达到 8% 左右，对产业结构升级、节能减排、提高人民健康水平、增加就业等的带动作用明显提高。到 2020 年，力争使战略性新兴产业成为国民经济和社会发展的重要推动力量，增加值占国内生产总值比重达到 15%，部分产业和关键技术跻身国际先进水平，节能环保、新一代信息技术、生物、高端装备制造产业成为国民经济支柱产业，新能源、新材料、新能源汽车产业成为国民经济先导产业。

《规划》确定了节能环保、新一代信息技术、生物、高端装备制造、新能源、新材料、新能源汽车七大战略性新兴产业的重点发展方向和主要任务。

在政策措施方面，根据《规划》，我国将加大财税金融政策扶持，建立稳定的财政投入增长机制，设立战略性新兴产业发展专项资金；加快研究完善和落实鼓励创新、引导投资和消费的税收支持政策；运用风险补偿等措施，鼓励金融机构加大对战略性新兴产业的信贷支持；扶持发展创业投资企业。完善技术创新和人才政策，加强企业技术创新能力建设，加强知识产权体系建设，加强技术标准体系建设，建设高素质人才队伍。营造良好的市场环境，完善市场培育、应用与准入政策，深化国际合作。

全国现代农业建设现场交流会在黑龙江召开

国务院在黑龙江农垦建三江管理局和佳木斯市召开全国现代农业建设现场交流会。

国务院副总理回良玉在会上强调，当前我国正处在加快改造传统农业、走中国特色农业现代化道路的关键时刻，要按照中央关于“三化同步”推进的要求，切实把现代农业建设摆在更加突出的位置。

回良玉强调，推进现代农业建设，必须从我国基本国情出发，围绕农业科学发展这个主题和转变农业发展方式这条主线，立足当前、着眼长远，突出重点、把握关键。一要着力保障国家粮食安全和主要农产品有效供给。按照“提升能力保供给，优化结构促平衡，完善体系增效益，强化监管保安全，利用贸易调余缺”的要求，加强农产品生产基地建设，优化品种结构和区域布局，完善现代农业产业体系，加快推进农业标准化，加强全程质量安全监管，利用好国内外两个市场、两种资源，全面提升农产品供给保障能力和质量安全水平。二要着力强化现代农业的物质技术人才基础。全面增强科技创新、技术集成、转化应用三大能力，突出强化水利、农田、生态三大基础设施，努力改善农业机械、农资工业、信息网络三大装备条件，加快建设科研、推广、新型农民三大人才队伍。三要着力健全现代农业经营制度。在坚持农村基本经营制度的基础上，按照依法自愿有偿和加强服务的原则，完善土地承包经营权流转市场，发展多种形式的适度规模经营。加快发展农业社会化服务，引导各类资本规范有序进入现代农业建设。四要着力完善现代农业支持保护体系。完善现代农业投入保障制度，引导推动公共财政资金向农业配置、信贷资金向农业流动。完善现代农业要素投入补贴制度，扩大范围、提高标准、完善办法。完善现代农业市场制度，促进农产品价格整体水平逐年提高。完善现代农业资源环境保护制度，保护好耕地、水资源。

农业部部长韩长赋主持会议。

国务院副总理王岐山在北京出席省部级领导干部金融监管和风险防范研讨班座谈会

王岐山指出，面对当前严峻复杂的全球经济形势，关键要把自己的事情办好。“百业兴，则金融兴；百业稳，则金融稳”。金融系统要认真贯彻落实中央的决策部署，坚定信心，立足当前，着眼长远，实施好稳健的货币政策，适当加大预调微调力度，提高针对性、前瞻性和有效性。进一步优化信贷结构，确保重点项目建设资金供给，加大对“三农”、小微企业的支持力度，满足有市场、有效益进出口企业的信贷需求。金融机构要找准定位，一心一意办好主业，办出特色，防止盲目扩张，实现自身可持续发展。

王岐山强调，防范和化解金融风险，关乎金融安全、经济发展和社会稳定，必须时刻紧绷这根弦。人民银行、银监会、证监会、保监会要密切配合，加强与有关部门及地方政府的沟通协调，层层落实责任，形成监管合力。各级地方党委政府要加强地方金融机构管理，切实防范和化解金融风险，确保一方平安。要进一步完善金融市场准入和退出机制，防范道德风险。密切关注苗头性问题,加强风险识别、监测和预警,完善应急预案,做到早发现,早报告,早处置。要严厉打击非法集资、金融传销等违法金融活动,清理整顿各类交易场所,切实防范企业“走出去”的金融风险。

王岐山说,现代化的核心是人的现代化。做好金融工作,最终靠人。金融系统要加强各级领导班子建设,全面提高干部队伍素质。各级领导干部要努力学习金融知识和政策法规,不断增强运用金融服务全局和维护金融安全的本领。

国家副主席习近平在人民大会堂与非洲联盟轮值主席 贝宁总统亚伊举行会谈

习近平说,中方赞赏贝宁作为非盟轮值主席,为维护非洲和平稳定所做的积极努力。作为非洲的真诚朋友和伙伴,中方对非洲发展前景充满信心,将一如既往地重视非洲的关切和利益,支持非洲经济社会发展,联合自强,在国际事务中维护自身权益的努力。此次中非合作论坛部长级会议全面规划了中非合作的发展蓝图,胡锦涛主席代表中国政府宣布了今后三年中非合作的新举措,对推动中非重点领域交流合作,支持非洲可持续发展具有重要意义。

亚伊表示,中国是贝宁最好的朋友和伙伴,双方始终相互信任,相互帮助,相互支持,两国关系发展良好。中非合作论坛是加强非中合作、促进世界和平、稳定、发展的重要平台。论坛第五届部长会议成功举行,胡锦涛主席宣布的新举措深受非洲国家欢迎,必将进一步巩固非中传统友谊,扩大互利合作。贝宁等非洲国家欢迎中方扩大对非投资,愿与中国携手努力,全面落实会议成果,深化农业、基础设施建设、教育、人力资源开发等领域的合作,加强在国际、地区事务中的协调配合,推动非中新型战略伙伴关系取得更加丰硕的成果。

国家副主席习近平在人民大会堂会见世界卫生组织总干事陈冯富珍

国务院副总理李克强在中南海紫光阁分别与尼日尔总统伊素福和赤道几内亚总统奥比昂举行会谈

中组部部长李源潮在北京会见以中组部部长占西·普西坎为团长的老挝人民革命党中组部代表团

中非合作论坛第五届部长级会议在北京闭幕

外交部部长杨洁篪介绍了本次会议情况及成果。

杨洁篪说,此次部长级会议是中非双方的又一次重要聚会。国家主席胡锦涛和南非、贝宁等非洲国家领导人与会,体现了中非双方对这次会议的高度重视。在中非双方共同努力下,会议取得了丰富成果,达到了预期目标。

一是凝聚共识、提升互信。胡锦涛主席和一些非洲国家领导人共同出席了会议开幕式并发表重要讲话,为新形势下中非关系发展指明了方向。胡锦涛主席为出席会议并访华的非洲国家元首分别举行了欢迎仪式和会谈,国务院总理温家宝、全国政协主席贾庆林、国家副主席习近平、国务院副总理李克强、国务委员戴秉国等分别会见了来华与会的非洲国家领导人以及国际和地区组织负责人,温家宝总理和一些非洲国家领导人共同出席了第四届中非企业家大会开幕式,习近平副主席同一些非洲前政要一道出席了第二届中非民间论坛,中非双方领导人就中非关系、中国同有关国家双边关系、中非合作论坛建设及共同关心的国际和地区问题进行了友好充分交流,达成广泛共识。

二是开拓创新、深化合作。在会议开幕式上,胡锦涛主席代表中国政府宣布了支持非洲和平与发展、推进中非新型战略伙伴关系的新举措,涉及投融资、援助和民生、非洲一体化、中非民间交往和非洲和平安全等领域。会议顺利通过了《中非合作论坛第五届部长级会议北京宣言》和《中非合作论坛第五届部长级会议——北京行动计划(2013年至2015年)》两个成果文件,为未来三年中非各领域合作绘制了美好蓝图。

三是与时俱进、完善机制。这次会议是与会非方成员最多、配套活动内容最丰富的一次部长会。

杨洁篪说,相聚短暂,相知犹长。中非传统友谊历久弥坚,中非新型战略伙伴关系发展永无止境。新形势下,中方愿与非洲朋友一道,全面落实本届会议后续行动,不断开创中非友好合作新局面,为世界的持久和平与共同繁荣作出更大贡献。

7月21日

全国社会管理综合治理工作会议在北京召开

会上,浙江宁波市、湖北宜昌市、贵州贵阳市、江苏南通市、河南新郑市、广东深圳市、河北肃宁县采取大会发言与播放专题片相结合的方式,介绍了本地区近年来开展社会管理创新综合试点的探索实践、取得的丰富成果,中央综治委调研组介绍了北京、上海、天津、重庆加强和创新社会管理的经验,中央综治委8个专项组负责人分别介绍了下步工作的安排。

国务院副总理、中央综治委副主任回良玉作了总结讲话。

中央政法委副书记、中央综治委副主任王乐泉,中央综治委副主任刘云山和中央综治委副主任马凯分别主持了有关会议。国务委员、中央综治委副主任孟建柱,全国政协副主席、中央综治委副主任钱运录出席会议。各省、自治区、直辖市和新疆生产建设兵团,各省会城市和计划单列市综治委主任,中央和国家有关部门及全国社会管理创新综合试点地区的负责同志约500人参加会议。

7月22日

国务院发出《关于加强道路交通安全工作的意见》

各省、自治区、直辖市人民政府,国务院各部委、各直属机构:

为适应我国道路通车里程、机动车和驾驶人数量、道路交通运量持续大幅度增长的形势,进一步加强道路交通安全工作,保障人民群众生命财产安全,提出以下意见:

一、总体要求

(一)指导思想。以邓小平理论和"三个代表"重要思想为指导,深入贯彻落实科学发展观,牢固树立以人为本、安全发展的理念,始终把维护人民群众生命财产安全放在首位,以防事故、保安全、保畅通为核心,以落实企业主体责任为重点,全面加强人、车、路、环境的安全管理和监督执法,推进交通安全社会管理创新,形成政府统一领导、各部门协调联动、全社会共同参与的交通安全管理工作格局,有效防范和坚决遏制重特大道路交通事故,促进全国安全生产形势持续稳定好转,为经济社会发展、人民平安出行创造良好环境。

(二)基本原则。

——安全第一,协调发展。正确处理安全与速度、质量、效益的关系,坚持把安全放在首位,加强统筹规划,使道路交通安全融入国民经济社会发展大局,与经济社会同步协调发展。

——预防为主,综合治理。严格驾驶人、车辆、运输企业准入和安全管理,加强道路交通安全设施建设,深化隐患排查治理,着力解决制约和影响道路交通安全的源头性、根本性问题,夯实道路交通安全基础。

——落实责任,强化考核。全面落实企业主体责任、政府及部门监管责任和属地管理责任,健全目标考核和责任追究制度,加强督导检查和责任倒查,依法严格追究事故责任。

——科技支撑,法治保障。强化科技装备和信息化技术应用,建立、健全法律、法规和标准规范,加强执法队伍建设,依法严厉打击各类交通违法违规行为,不断提高道路交通科学管理与执法服务水平。

二、强化道路运输企业安全管理

(三)规范道路运输企业生产经营行为。严格道路运输市场准入管理,对新设立运输企业,要严把安全管理制度和安全生产条件审核关。强化道路运输企业安全主体责任,鼓励客运企业实行规模化、公司化经营,积极培育集约化、网络化经营的货运龙头企业。严禁客运车辆、危险品运输车辆挂靠经营。推进道路运输企业诚信体系建设,将诚信考核结果与客运线路招投标、运力投放以及保险费率、银行信贷等挂钩,不断完善企业安全管理的激励约束机制。鼓励运输企业采用交通安全统筹等形式,加强行业互助,提高企业抗风险能力。

(四)加强企业安全生产标准化建设。道路运输企业要建立、健全安全生产管理机构,加强安全班组建设,严格执行安全生产制度、规范和技术标准,强化对车辆和驾驶人的安全管理,持续加大道路交通安全投入,提足、用好安全生产费用。建立专业运输企业交通安全质量管理体系,健全客运、危险品运输企业安全评估制度,对安全管理混乱、存在重大安全隐患的企业,依法责令停业整顿,对整改不达标的按规定取消其相应资质。

(五)严格长途客运和旅游客运安全管理。严格客运班线审批和监管,加强班线途经道路的安全适应性评估,合理确定营运线路、车型和时段,严格控制1000公里以上的跨省长途客运班线和夜间运行时间,对现有的长途客运班线进行清理整顿,整改不合格的坚决停止运营。创造条件积极推行长途客运车辆凌晨2时至5时停止运行或实行接驳运输。客运车辆夜间行驶速度不得超过日间限速的80%,并严禁夜间通行达不到安全通行条件的三级以下山区公路。夜间遇暴雨、浓雾等影响安全视距的恶劣天气时,可以采取临时管理措施,暂停客运车辆运行。加强旅游包车安全管理,根据运行里程严格按规定配备包车驾驶人,逐步推行包车业务网上申请和办理制度,严禁发放空白旅游包车牌证。运输企业要积极创造条件,严格落实长途客运驾驶人停车换人、落地休息制度,确保客运驾驶人24小时累计驾驶时间原则上不超过8小时,日间连续驾驶不超过4小时,夜间连续驾驶不超过2小时,每次停车休息时间不少于20分钟。有关部门要加强监督检查,对违反规定超时、超速驾驶的驾驶人及相关企业依法严格处罚。

(六)加强运输车辆动态监管。抓紧制定道路运输车辆动态监督管理办法,规范卫星定位装置安装、使用行为。旅游包车、三类以上班线客车、危险品运输车和校车应严格按规定安装使用具有行驶记录功能的卫星定位装置,卧铺客车应同时安装车载视频装置,鼓励农村客运车辆安装使用卫星定位装置。重型载货汽车和半挂牵引车应在出厂前安装卫星定位装置,并接入道路货运车辆公共监管与服务平台。运输企业要落实安全监控主体责任,切实加强对所属车辆和驾驶人的动态监管,确保车载卫星定位装置工作正常、监控有效。对不按规定使用或故意损坏卫星定位装置的,要追究相关责任人和企业负责人的责任。

三、严格驾驶人培训考试和管理

(七)加强和改进驾驶人培训考试工作。进一步完善机动车驾驶人培训大纲和考试标准,严格考试程序,推广应用科技评判和监控手段,强化驾驶人安全、法制、文明意识和实际道路驾驶技能考试。客、货车辆驾驶人培训考试要增加复杂路况、恶劣天气、突发情况应对处置技能的内容,大中型客、货车辆驾驶人增加夜间驾驶考试。将大客车驾驶人培养纳入国家职业教育体系,努力解决高素质客运驾驶人短缺问题。实行交通事故驾驶人培训质量、考试发证责任倒查制度。

(八)严格驾驶人培训机构监管。加强驾驶人培训市场调控,提高驾驶人培训机构准入门槛,按照培训能力核定其招生数量,严格教练员资格管理。加强驾驶人培训质量监督,全面推广应用计算机计时培训管理系统,督促落实培训教学大纲和学时。定期向社会公开驾驶人培训机构的培训质量、考试合格率以及毕业学员的交通违法率和肇事率等,并作为其资质审核的重要参考。

(九)加强客货运驾驶人安全管理。严把客货运驾驶人从业资格准入关,加强从业条件审核与培训考试。建立客货运驾驶人从业信息、交通违法信息、交通事故信息的共享机制,加快推进信息查询平台建设,设立驾驶人"黑名单"信息库。加强对长期在本地经营的异地客货运车辆和驾驶人安全管理。督促运输企业加强驾驶人聘用管理,对发生道路交通事故致人死亡且负同等以上责任的,交通违法记满12分的,以及有酒后驾驶、超员20%以上、超速50%(高速公路超速20%)以上,或者12个月内有3次以上超速违法记录的客运驾驶人,要严格依法处罚并通报企业解除聘用。

四、加强车辆安全监管

(十)提高机动车安全性能。制定完善相关政策,推动机动车生产企业兼并重组,调整产品结构,鼓励发展安全、节能、环保的汽车产品,积极推进机动车标准化、轻量化,加快传统汽车升级换代。大力推广厢式货车取代栏板式货车,尽快淘汰高安全风险车型。抓紧清理、修订并逐步提高机动车安全技术标准,督促生产企业改进车辆安全技术,增设客运车辆限速和货运车辆限载等安全装置。进一步提高大中型客车和公共汽车的车身结构强度、座椅安装强度、内部装饰材料阻燃性能等,增强车辆行驶稳定性和抗侧倾能力。客运车辆座椅要尽快全部配置安全带。

(十一)加强机动车安全管理。落实和完善机动车生产企业及产品公告管理、强制性产品认证、注册登记、使用维修和报废等管理制度。积极推动机动车生产企业诚信体系建设,加强机动车产品准入、生产一致性监管,对不符合机动车国家安全技术标准或者与公告产品不一致的车辆,不予办理注册登记,生产企业要依法依规履行更换、退货义务。严禁无资质企业生产、销售电动汽车。落实和健全缺陷汽车产品召回制度,加大对大中型客、货汽车缺陷产品召回力度。严格报废汽车回收企业资格认定和监督管理,依法严厉打击制造和销售拼装车行为,严禁拼装车和报废汽车上路行驶。加强机动车安全技术检验和营运车辆综合性能检测,严格检验检测机构的资格管理和计量认证管理。对道路交通事故中涉及车辆非法生产、改装、拼装以及机动车产品严重质量安全问题的,要严查责任,依法从重处理。

(十二)强化电动自行车安全监管。修订完善电动自行车生产国家强制标准,着力加强对电动自行车生产、销售和使用的监督管理,严禁生产、销售不符合国家强制标准的电动自行车。省级人民政府要制定电动自行车登记管理办法,质监部门要做好电动自行车生产许可证管理和国家强制性标准修订工作,工业和信息化部门要严格电动自行车生产的行业管理,工商部门要依法加强电动自行车销售企业的日常监管。对违规生产、销售不合格产品的企业,要依法责令整改并严格处罚、公开曝光。公安机关要加强电动自行车通行秩序管理,严格查处电动自行车交通违法行为。地方各级人民政府要通过加强政策引导,逐步解决在用的超出国家标准的电动自行车问题。

五、提高道路安全保障水平

(十三)完善道路交通安全设施标准和制度。加快修订完善公路安全设施设计、施工、安全性评价等技术规范和行业标准,科学设置安全防护设施。鼓励地方在国家和行业标准的基础上,进一步提高本地区公路安全设施建设标准。严格落实交通安全设施与道路建设主体工程同时设计、同时施工、同时投入使用的"三同时"制度,新建、改建、扩建道路工程在竣(交)工验收时要吸收公安、安全监管等部门人员参加,严格安全评价,交通安全设施验收不合格的不得通车运行。对因交通安全设施缺失导致重大事故的,要限期进行整改,整改到位前暂停该区域新建道路项目的审批。

(十四)加强道路交通安全设施建设。地方各级人民政府要结合实际科学规划,有计划、分步骤地逐年增加和改善道路交通安全设施。在保证国省干线公路网等项目建设资金的基础上，加大车辆购置税等资金对公路安保工程的投入力度，进一步加强国省干线公路安全防护设施建设，特别是临水临崖、连续下坡、急弯陡坡等事故易发路段要严格按标准安装隔离栅、防护栏、防撞墙等安全设施，设置标志标线。加强公路与铁路、河道、码头连接交叉路段特别是公铁立交、跨航道桥梁的安全保护。收费公路经营企业要加强公路养护管理，对安全设施缺失、损毁的，要及时予以完善和修复，确保公路及其附属设施始终处于良好的技术状况。要积极推进公路灾害性天气预报和预警系统建设，提高对暴雨、浓雾、团雾、冰雪等恶劣天气的防范应对能力。

（十五）深入开展隐患排查治理。地方各级人民政府要建立完善道路交通安全隐患排查治理制度，落实治理措施和治理资金，根据隐患严重程度，实施省、市、县三级人民政府挂牌督办整改，对隐患整改不落实的，要追究有关负责人的责任。有关部门要强化交通事故统计分析，排查确定事故多发点段和存在安全隐患路段，全面梳理桥涵隧道、客货运场站等风险点，设立管理台账，明确治理责任单位和时限，强化对整治情况的全过程监督。切实加强公路两侧农作物秸秆禁烧监管，严防焚烧烟雾影响交通安全。

六、加大农村道路交通安全管理力度

（十六）强化农村道路交通安全基础。深入开展“平安畅通县市”和“平安农机”创建活动，改善农村道路交通安全环境。严格落实县级人民政府农村公路建设养护管理主体责任，制定改善农村道路交通安全状况的计划，落实资金，加大建设和养护力度。新建、改建农村公路要根据需要同步建设安全设施，已建成的农村公路要按照“安全、有效、经济、实用”的原则，逐步完善安全设施。地方各级人民政府要统筹城乡公共交通发展，以城市公交同等优惠条件扶持发展农村公共交通，拓展延伸农村地区客运的覆盖范围，着力解决农村群众安全出行问题。

（十七）加强农村道路交通安全监管。地方各级人民政府要加强农村道路交通安全组织体系建设，落实乡镇政府安全监督管理责任，调整优化交警警力布局，加强乡镇道路交通安全管控。发挥农村派出所、农机监理站以及驾驶人协会、村委会的作用，建立专兼职道路交通安全管理队伍，扩大农村道路交通管理覆盖面。完善农业机械安全监督管理体系，加强对农机安全监理机构的支持保障，积极推广应用农机安全技术，加强对拖拉机、联合收割机等农业机械的安全管理。

七、强化道路交通安全执法

（十八）严厉整治道路交通违法行为。加强公路巡逻管控，加大客运、旅游包车、危险品运输车等重点车辆检查力度，严厉打击和整治超速超员超载、疲劳驾驶、酒后驾驶、吸毒后驾驶、货车违法占道行驶、不按规定使用安全带等各类交通违法行为，严禁三轮汽车、低速货车和拖拉机违法载人。依法加强校车安全管理，保障乘坐校车学生安全。健全和完善治理车辆超限超载工作长效机制。研究推动将客货运车辆严重超速、超员、超限超载等行为列入以危险方法危害公共安全行为，追究驾驶人刑事责任。制定客货运车辆和驾驶人严重交通违法行为有奖举报办法，并将车辆动态监控系统记录的交通违法信息作为执法依据，定期进行检查，依法严格处罚。大力推进文明交通示范公路创建活动，加强城市道路通行秩序整治，规范机动车通行和停放，严格非机动车、行人交通管理。

（十九）切实提升道路交通安全执法效能。推进高速公路全程监控等智能交通管理系统建设，强化科技装备和信息化技术在道路交通执法中的应用，提高道路交通安全管控能力。整合道路交通管理力量和资源，建立部门、区域联勤联动机制，实现监控信息等资源共享。严格落实客货运车辆及驾驶人交通事故、交通违法行为通报制度，全面推进交通违法记录省际转递工作。研究推动将公民交通安全违法记录与个人信用、保险、职业准入等挂钩。

（二十）完善道路交通事故应急救援机制。地方各级人民政府要进一步加强道路交通事故应急救援体系建设，完善应急救援预案，定期组织演练。健全公安消防、卫生等部门联动的省、市、县三级交通事故紧急救援机制，完善交通事故急救通信系统，加强交通事故紧急救援队伍建设，配足救援设备，提高施救水平。地方各级人民政府要依法加快道路交通事故社会救助基金制度建设，制定并完善实施细则，确保事故受伤人员的医疗救治。

八、深入开展道路交通安全宣传教育

（二十一）建立交通安全宣传教育长效机制。地方各级人民政府每年要制定并组织实施道路交通安全宣传教育计划，加大宣传投入，督促各部门和单位积极履行宣传责任和义务，实现交通安全宣传教育社会化、制度化。加大公益宣传力度，报刊、广播、电视、网络等新闻媒体要在重要版面、时段通过新闻报道、专题节目、公益广告等方式开展交通安全公益宣传。设立“全国交通安全日”，充分发挥主管部门、汽车企业、行业协会、社区、学校和单位的宣传作用，广泛开展道路交通安全宣传活动，不断提高全民的交通守法意识、安全意识和公德意识。

（二十二）全面实施文明交通素质教育工程。深入推进“文明交通行动计划”，广泛开展交通安全宣传进农村、进社区、进企业、进学校、进家庭活动，推行实时、动态的交通安全教育和在线服务。建立交通安全警示提示信息发布平台，加强事故典型案例警示教育，开展交通安全文明驾驶人评选活动，充分利用各种手段促进驾驶人依法驾车、安全驾车、文明驾车。坚持交通安全教育从儿童抓起，督促指导中小学结合有关课程加强交通安全教育，鼓励学校结合实际开发有关交通安全教育的校本课程，夯实国民交通安全素质基础。

（二十三）加强道路交通安全文化建设。积极拓展交通安全宣传渠道，建立交通安全宣传教育基地，创新宣传教育方法，以学校、驾驶人培训机构、运输企业为重点，广泛宣传道路交通安全法律、法规和安全知识。推动开设交通安全宣传教育网站、电视频道，加强交通安全文学、文艺、影视等作品创作、征集和传播活动，积极营造全社会关注交通安全、全民参与文明交通的良好文化氛围。

九、严格道路交通事故责任追究

（二十四）加强重大道路交通事故联合督办。严格执行重大事故挂牌督办制度，健全完善重大道路交通事故"现场联合督导、统筹协调调查、挂牌通报警示、重点约谈检查、跟踪整改落实"的联合督办工作机制，形成各有关部门齐抓共管的监管合力。研究制定道路交通安全奖惩制度，对于成效显著的地方、部门和单位予以表扬和奖励；对发生特别重大道路交通事故的，或者一年内发生3起及以上重大道路交通事故的，省级人民政府要向国务院作出书面检查；对一年内发生两起重大道路交通事故或发生性质严重、造成较大社会影响的重大道路交通事故的，国务院安全生产委员会办公室要会同有关部门及时约谈相关地方政府和部门负责同志。

（二十五）加大事故责任追究力度。研究制定重特大道路交通事故处置规范，完善跨区域责任追究机制，建立、健全重大道路交通事故信息公开制度。对发生重大及以上或者6个月内发生两起较大及以上责任事故的道路运输企业，依法责令停业整顿；停业整顿后符合安全生产条件的，准予恢复运营，但客运企业3年内不得新增客运班线，旅游企业3年内不得新增旅游车辆；停业整顿仍不具备安全生产条件的，取消相应许可或吊销其道路运输经营许可证，并责令其办理变更、注销登记直至依法吊销营业执照。对道路交通事故发生负有责任的单位及其负责人，依法依规予以处罚，构成犯罪的，依法追究刑事责任。发生重特大道路交通事故的，要依法依纪追究地方政府及相关部门的责任。

十、强化道路交通安全组织保障

（二十六）加强道路交通安全组织领导。地方各级人民政府要高度重视道路交通安全工作，将其纳入经济和社会发展规划，与经济建设和社会发展同部署、同落实、同考核，并加强对道路交通安全工作的统筹协调和监督指导。实行道路交通安全地方行政首长负责制，将道路交通安全工作纳入政府工作重要议事日程，定期分析研判安全形势，研究部署重点工作。严格道路交通事故总结报告制度，省级人民政府每年1月15日前要将本地区道路交通安全工作情况向国务院作出专题报告。

（二十七）落实部门管理和监督职责。各有关部门要按照"谁主管、谁负责，谁审批、谁负责"的原则，依法履行职责，落实监管责任，切实构建"权责一致、分工负责、齐抓共管、综合治理"的协调联动机制。要严格责任考核，将道路交通安全工作作为有关领导干部实绩考评的重要内容，并将考评结果作为综合考核评价的重要依据。

（二十八）完善道路交通安全保障机制。研究建立中央、地方、企业和社会共同承担的道路交通安全长效投入机制，不断拓展道路交通安全资金保障来源，推动完善相关财政、税收、信贷支持政策，强化政府投资对道路交通安全投入的引导和带动作用，将交警、运政、路政、农机监理各项经费按规定纳入政府预算。要根据道路里程、机动车增长等情况，相应加强道路交通安全管理力量建设，完善道路交通警务保障机制。地方各级人民政府要研究出台高速公路交通安全发展的相关保障政策，将高速公路交通安全执勤执法营房等配套设施与高速公路建设同步规划设计、同步投入使用并给予资金保障，高速公路建设管理单位要积极创造条件予以配合支持。

国务院

2012年7月22日

哈罗铁路全线铺轨完成

新疆哈密至罗布泊铁路，今天上午全线铺轨完成，这标志着罗布泊无人区从此结束不通铁路的历史。

哈罗铁路北起哈密火车南站，途经花园乡、南湖、罗中等9个车站，直达罗布泊中部的罗中镇，全长373.8公里。2010年2月开始施工，近万名建设者克服了罗布泊无人区高温酷暑，无水无电，以及沙尘暴等极端天气影响，按时保质完成了铺轨建设。

京津冀等地突降特大暴雨

7月21日至22日，京津冀等地发生特大暴雨过程。据国家防总初步统计，截至目前北京和河北共有12人因灾死亡和失踪，详细灾情正在进一步统计核实中。

7月21日至22日，全国降雨主要集中在从长江上游到东北的雨带上，强度最大的地区主要在华北的京津冀地区和长江上游，其中北京市普降大暴雨到特大暴雨，全市面平均雨量170毫米，最大点雨量达460毫米，为1949年以来最大值。

受强降雨影响，长江上游、黄河中游、西辽河上游、海河大清河等10多条河流发生超警洪水。海河流域北运河北关闸22日1时洪峰水位19.77米，相应流量1590立方米每秒，水位和流量均列新中国成立以来有实测记录第一位；下游支流凉水河榆林庄水文站22日6时水位涨至19.22米，相应流量555立方米每秒，水位和流量均列1958年有实测记录以来第一位。

北京历史记录以来最大暴雨已造成37人遇难

北京市政府新闻办晚间通报，本次降雨总量之多历史罕见，截至22日17点，北京市境内共发现因暴雨遇难37人。道路、桥梁、水利工程多处受损，全市民房多处倒塌，几百辆汽车损失严重。据初步统计经济损失近百亿元。

丁关根逝世

中国共产党的优秀党员，久经考验的忠诚的共产主义战士，我党宣传思想文化战线的卓越领导人，中国共产党第十三届中央政治局候补委员、中央书记处书记，第十四届、十五届中央政治局委员、中央书记处书记丁关根同志，因病医治无效，于7月22日6时20分在北京逝世，享年83岁。

7月23日

国家主席胡锦涛在北京出席省部级主要领导干部专题研讨班开班式并发表讲话

胡锦涛指出，党的十六大以来，我们走过了很不平坦的道路。综观这10年，国际形势风云变幻，国内改革发展稳定任务繁重，我们紧紧抓住和用好我国发展的重要战略机遇期，战胜一系列严峻挑战，奋力把中国特色社会主义事业推进到一个新的发展阶段。我们之所以能取得这样的历史性成就和进步，最重要的就是坚持以马克思列宁主义、毛泽东思想、邓小平理论、“三个代表”重要思想为指导，勇于推进实践基础上的理论创新，形成和贯彻了科学发展观，为全面建设小康社会、加快推进社会主义现代化提供了有力的理论指导。深入贯彻落实科学发展观仍然是一项长期艰巨的任务，面临着一系列极具挑战性的矛盾和困难。我们必须以更加坚定的决心、更加有力的举措、更加完善的制度来贯彻落实科学发展观，真正把科学发展观转化为推动经济社会又好又快发展的强大力量。

胡锦涛指出，全党同志必须牢记，我国过去30多年的快速发展靠的是改革开放，我国未来发展也必须坚定不移依靠改革开放。只有改革开放才能发展中国、发展社会主义、发展马克思主义。我们一定要坚持党的十一届三中全会以来的路线方针政策，坚持把改革创新精神贯彻到治国理政各个环节，更加自觉、更加坚定地推进改革开放，不断在制度建设和创新方面迈出新步伐，奋力把改革开放推向前进。

在谈到加快转变经济发展方式时，胡锦涛强调，以经济建设为中心是兴国之要，发展仍是解决我国所有问题的关键。在当代中国，坚持发展是硬道理的本质要求就是坚持科学发展。以科学发展为主题、以加快转变经济发展方式为主线，是关系我国发展全局的战略抉择。全党同志一定要统一思想、提高认识，坚决执行中央加快转变经济发展方式的重大决策部署，把推动发展的立足点转到提高质量和效益上来，扎扎实实抓好实施创新驱动发展战略、推进经济结构战略性调整、推动城乡发展一体化、全面提高开放型经济水平等战略任务的贯彻落实，着力激发各类市场主体发展新活力，推动工业化、信息化、城镇化、农业现代化同步发展，全面深化经济体制改革，不断增强长期发展后劲。

在谈到推进政治体制改革时，胡锦涛强调，改革开放以来，我们始终把政治体制改革摆在改革发展全局的重要位置，坚定不移加以推进，取得了重大进展，成功开辟和坚持了中国特色社会主义政治发展道路。推进政治体制改革，必须坚持党的领导、人民当家做主、依法治国有机统一，发展更加广泛、更加充分的人民民主，保证人民依法实行民主选举、民主决策、民主管理、民主监督，更加注重发挥法治在国家和社会治理中的重要作用，维护国家法治的统一、尊严、权威，保障社会公平正义，保证人民依法享有广泛权利和自由。

胡锦涛最后指出，要切实做好关心群众生产生活工作，时刻把群众安危冷暖放在心上，特别是要做好关心困难群众工作，千方百计帮助他们排忧解难。要加强宣传舆论工作，大力宣传改革开放以来特别是党的十六大以来我们党带领人民推进改革开放和社会主义现代化建设取得的伟大成就，增强全党全国各族人民坚定不移走中国特色社会主义道路的信心。全党要更加紧密地团结在党中央周围，扎扎实实做好各方面工作，以优异成绩迎接党的十八大胜利召开。

国家副主席习近平在主持开班式时指出，胡锦涛总书记的讲话十分重要。讲话科学分析了当前我国面临的新形势新任务，深刻阐述了事关党和国家全局的若干重大问题，深刻回答了党和国家未来发展的一系列理论和实践问题，对进一步统一党的高级干部思想认识具有十分重要的指导意义。希望同志们认真学习总书记重要讲话，深刻领会讲话精神。

全国政协主席贾庆林在人民大会堂分别会见澳大利亚自由党领袖托尼·阿博特和韩国前总理郑元植

在会见阿博特时，贾庆林说，中国共产党与澳大利亚自由党自建立党际关系以来，保持了密切交流，增进了相互了解，为两国关系的发展作出了贡献。我们愿在独立自主、完全平等、互相尊重、互不干涉内部事务的原则基础上，进一步加强同包括自由党在内的澳主要政党的友好交流与合作，不断增进两国人民的相互了解和友谊，共同推动中澳关系的长期健康稳定发展。

阿博特说，澳中两国在许多问题上有着广泛的共同利益，在诸多领域保持着互利友好合作关系。澳方坚持一个中国原则，支持发展和深化澳中关系。澳自由党愿在推动两国合作和交往特别是人员往来方面作出积极努力。

在会见郑元植时，贾庆林表示，中韩互为近邻，建交20年来，在双方的共同努力下，两国关系全方位、宽领域、多层次发展，利益深度融合，联系空前紧密，各领域交流合作成果丰硕，在许多重大国际和地区事务中也保持了良好沟通与协作。贾庆林主席高度评价卢泰愚前总统等韩方领导人为中韩建交所做的重要贡献。他说，当前中韩关系正站在新的历史起点上，面临新的发展机遇。中方愿与韩方一道，以中韩建交20周年和中韩友好交流年为契机，继续推动两国关系和各领域务实合作不断向前发展。

郑元植表示，韩方高度重视韩中关系，愿与中方共同努力将两国关系推向新高度。

三沙市第一届人民代表大会第一次会议在西沙永兴岛开幕

大会将选举产生三沙市首任人大常委会主任和首任市长。

据了解参加此次会议的人大代表共有45名，分为西沙、南沙和中沙三个代表团，每个代表团共有15名代表。这45名代表是在7月21日由来自西南中沙15个选区的1100多名选民选举产生。

中联部部长王家瑞在北京会见尼泊尔共产党(毛主义)主席基兰一行

国防部部长梁光烈在八一大楼与阿富汗国防部部长瓦尔达克举行会谈

2012中国电影科技论坛在北京举行

2012中国电影科技论坛的主题为“动画电影与高新科技应用”。与会专家和动画电影创作人员围绕电影技术革新与动画电影创作、数字时代电影的动画化与游戏化风格趋势、数字技术发展与动画观念更新等话题进行了讨论，并结合当前产业现状为动画电影未来的发展提出了建议。

与会人员认为，近年来，我国动画产业发展得到了中央的高度重视，各地政府积极研究制定扶持国产动画产业发展的政策，极大地推动了国产动画产业的发展。然而我们必须看到，动画电影本身的艺术质量和技术水平近几年来虽然得到长足发展，但还存在很多不足，与国际先进水平存在一定差距。原创能力不强、制作水平粗糙，仍是当前我国动画发展最突出的问题。我国动漫产业亟待提高专业素质、健全市场要素、加强行业自律。如何着力扶植一批有实力的动画电影企业，打造一批深受观众喜爱的动画形象和品牌，应该成为我国发展动画电影产业的重中之重。

国家防汛抗旱总指挥部总指挥回良玉在北京主持召开国家防总指挥长会议

回良玉强调，今年是我国经济社会发展进程中十分重要的一年，做好防汛抗洪工作，意义十分重大。各地区、各有关部门对当前严峻的汛情、灾情形势要有清醒的认识，对艰巨的防汛抗洪和抢险救灾任务要有足够的准备，进一步增强紧迫感、责任感，在前一段安排部署的基础上，进行再督促、再检查、再落实。一要进一步全面加强防汛抗洪工作。坚决克服麻痹侥幸思想，按照防御大洪水、特大洪水的标准，扎实做好各项防汛准备，抓紧修复水毁病险工程，加强灾害性天气的监测预报预警，强化应急值守、巡堤查险和群众转移避险等各项制度的落实，充分发挥人民解放军、武警部队、民兵预备役在抗洪抢险中的主力军、突击队作用，确保人民群众生命安全。二要进一步加强城市暴雨内涝应对工作。把城市防洪安全放到防汛工作的突出位置，科学确定排涝标准，强化应急响应机制，开展城市防灾减灾知识宣传教育，减少城市洪灾损失。三要进一步加强山洪灾害防御工作。充分应用山洪灾害监测预警系统建设成果，强化基层组织，细化防避方案，落实责任措施，完善预案体系，提高基层干部群众防灾、避灾、自救、互救的能力。四要进一步加强江河洪水调度工作。密切监测天气和水雨情变化，科学调度水库、湖泊、闸坝和分洪河道、蓄滞洪区等骨干水利工程，落实“拦、调、分、滞、泄、守”等各项措施，实施有效的洪水管理。五要进一步加强抗旱保丰收工作。坚持防汛抗旱两手抓，组织旱区强化抗旱水源调度管理，细化完善供用水方案，确保城乡居民饮水安全。做好防范伏秋旱各项准备工作，特别是北方粮食主产区和长江中下游地区要科学利用雨洪资源，在确保防汛安全的前提下，尽可能增加抗旱水源,为实现秋粮丰收提供坚实保障。六要进一步做好受灾群众安置救助工作,确保有饭吃、有衣穿、有干净水喝、有住处、有病能医。七要进一步加强对防汛抗旱工作的组织领导。切实强化防汛抗旱行政首长责任制,落实责任主体,明确职责范围,严肃工作纪律,做到思想到位、责任到位、措施到位。

7月24日

国家主席胡锦涛在人民大会堂会见美国总统国家安全事务助理多尼隆

胡锦涛说,近年来,在双方共同努力下,中美关系总体保持了稳定发展的良好势头。我同奥巴马总统就建设相互尊重、互利共赢的中美合作伙伴关系和探索构建中美新型大国关系达成重要共识。中方愿与美方一道努力,进一步落实好双方达成的有关共识,加强对话,保持沟通,增进互信,扩大合作,尊重和照顾彼此重大利益关切,稳慎妥善处理有关敏感问题,推动中美关系健康稳定向前发展。

多尼隆表示,美中关系是当今世界最重要的双边关系之一。美方愿同中方一道,落实两国元首达成的重要共识,深化在双边各领域以及全球和地区事务中的合作,坚定致力于发展美中合作伙伴关系,共同探索构建美中新型大国关系。

国家副主席习近平在北京出席省部级主要领导干部专题研讨班结业式并作总结讲话

习近平指出,改革开放30多年来社会主义在中国开创的辉煌局面和取得的巨大成就充分证明,中国特色社会主义是深深植根于中国大地、符合中国国情、具有强大生命力的社会主义。在当代中国,只有中国特色社会主义能够发展中国、造福人民、振兴中华。习近平强调,经过改革开放30多年来的实践,中国特色社会主义伟大旗帜由我们这个有着8200多万名党员的世界上最大的共产党更高地举起来,在我们这个具有5000多年文明历史和13亿多人口的发展中大国更高地举起来,继续引领中国共产党和中国人民朝着全面建成小康社会的目标、朝着建设富强民主文明和谐的社会主义现代化国家的目标、朝着实现中华民族伟大复兴的目标,坚定不移、扎扎实实、富有成效地不断向前迈进,这对于中国的繁荣昌盛,对于彰显社会主义制度的优越性,对于世界和平和人类进步事业的发展,无疑具有重大的现实意义和深远的历史意义。

习近平强调,加强和改进党的建设,结合新的实际把我们党在长期奋斗中形成的独特优势发挥好,这是我们全部伟大事业能够战胜一切困难风险而继续前进的根本保证。他指出,我们党坚持推进马克思主义中国化并用中国化理论成果武装全党,坚持用科学理论和革命精神教育、团结、鼓舞广大党员和党的干部为实现共同目标而奋斗,这是巨大的理论优势。我们党坚持远大理想与具体历史阶段奋斗目标相统一,始终站在时代前列引领中国社会前进的正确方向,坚持独立自主、自力更生的奋斗精神,建立和执行铁的纪律,这是巨大的政治优势。我们党集中了中国工人阶级和中国人民、中华民族数量众多的先进分子,集中了全国各个领域德才兼备的优秀人才,建立了科学严密的组织体系,具有强大的组织动员力,这是巨大的组织优势。我们党坚持民主基础上的集中和集中指导下的民主相结合,形成并保持党的团结统一和蓬勃活力,这是巨大的制度优势。我们党坚持全心全意为人民服务的根本宗旨,坚持从群众中来、到群众中去的工作路线,坚持党的一切工作体现人民的意志、利益和要求,这是密切联系群众的优势,也是我们党最大的优势。这些优势是我们党的传家宝,是我们党的宝贵资源。我们党靠这些优势起家,靠这些优势成就伟业,也一定能够发挥这些优势去开创更加美好的未来。

国务院专项督查房地产市场调控政策措施落实情况

新华社报道:党中央、国务院高度重视房地产市场平稳健康发展。针对近期房地产市场出现的新情况、新问题,为进一步推动房地产市场调控政策措施落实,坚决抑制投机投资性需求,巩固房地产市场调控成果,国务院决定从7月下旬开始,派出8个督查组,对16个省(市)贯彻落实国务院房地产市场调控政策措施情况开展专项督查。

此次督查的重点是检查住房限购措施执行情况,差别化住房信贷政策执行情况,住房用地供应和管理情况,税收政策执行和征管情况。国务院督查组将深入有关部门和机构核查政策落实情况,实地查看商品住房项目,听取基层群众意见和建议。对落实房地产市场调控政策措施有偏差、不到位的,国务院督查组将督促进行整改。

此次督查的地区是:北京市、天津市、河北省、辽宁省、吉林省、上海市、江苏省、浙江省、福建省、山东省、河南省、湖北省、湖南省、广东省、重庆市、四川省。对其他地区落实情况,国务院有关部门也将通过各种方式进行督促检查。

三沙市成立大会暨揭牌仪式在西沙永兴岛举行

上午,三沙市成立大会暨揭牌仪式在三沙市委、市政府办公大楼前的广场上隆重举行。简朴而庄重的会场旁，两幅巨大的中华人民共和国地图和南海地图格外醒目。

揭牌仪式开始后，举行了庄重的升国旗、奏唱国歌仪式。民政部副部长孙绍骋在大会上宣读了国务院关于同意海南省设立地级三沙市的批复；广州军区有关负责人宣读了中央军委关于同意组建“中国人民解放军海南省三沙警备区”的批复。三沙市正式成为我国第285个地级市，也是我国领土最南端、陆地面积最小、管辖总面积最大、人口最少的地级市。

有关参会领导分别为中共三沙市委、三沙市人大常委会、三沙市人民政府、三沙警备区揭牌，还为中华人民共和国海南省三沙市地名碑揭牌。

海南省省委书记罗保铭说，党中央、国务院审时度势，果断决策，设立地级三沙市。海南省委、省政府坚决贯彻中央的方针政策和部署要求，依法履行对西沙群岛、中沙群岛、南沙群岛的岛礁及其海域行政管理和开发保护的神圣职责，努力把三沙市建设成为维护南海主权和南海资源开发服务的重要基地。

罗保铭说，建设三沙市任务艰巨、责任重大，我们要坚持统一筹划和规划，分期重点实施，加快军民融合式建设发展，扎实做好三沙市建市的各项工作，当前要重点加强政权建设，确保三沙市的行政管理有序高效。

11时10分，三沙市新地名碑的揭牌仪式在美丽的西沙海岸举行。随后，三沙市人民检察院、三沙市中级人民法院同时揭牌。

国务院副总理回良玉在三峡工程和长江干堤考察汛情

回良玉7月24日至25日来到三峡工程和长江干堤考察汛情，指导防汛抗洪工作，看望和慰问奋战在一线的广大军民。他强调，目前正值“七下八上”防汛抗洪的紧要期、关键期，各地区各有关部门要把抗灾救灾工作放在更加突出的位置，立足于防大汛、抢大险、抗大灾，切实加强组织领导，严格落实防控责任，强化各项应对举措，做好气象、水文监测预警和值守巡查，落实防汛抢险物资队伍，科学调度防洪工程，确保大江大河大湖、大型和重点中型水库、重要基础设施防洪安全，确保人民群众生命财产安全。

回良玉指出，目前全国正处在主汛期，海河流域的京津冀地区刚刚遭受特大暴雨袭击，西北、东北地区多次发生局地强降雨过程，第8号台风“韦森特”给广东、广西等地带来大范围强降雨，全国防汛形势十分严峻。各地区各有关部门务必保持高度警惕，坚决克服麻痹思想和侥幸心理，进一步做好防御流域性大洪水和强台风的各项准备工作。要在总结前一阶段经验教训的基础上，进一步完善各类防灾避灾减灾预案，尤其要落实人员转移安置预案。要加强对雨情、水情、汛情的监测，第一时间发布预报预警信息，及时转移受威胁地区群众。要高度重视城市暴雨内涝应对工作，切实加强学校校舍、工矿企业、铁路公路、旅游景区、低洼地区等部位的防洪保安，加大隐患排查整改力度，着力做好山洪、滑坡、泥石流等灾害预防工作，坚决避免群死群伤事件发生。

外交部发言人洪磊就菲律宾总统国情咨文提及黄岩岛事件答记者问

有记者问：据报道，菲律宾总统阿基诺23日发表国情咨文，提及黄岩岛事件，要求中方尊重菲主权，请问中方对此有何评论？

洪磊说，黄岩岛事件的经纬是清楚的。《联合国海洋法公约》不是确定黄岩岛领土归属的法律依据，不能改变该岛主权属于中国的事实。中方维护领土主权的立场是坚定的。中方也始终致力于双边协商处理事件。目前黄岩岛形势总体趋于缓和。我们希望菲方多做有利于局势进一步缓和、有利于两国关系健康发展的事情。

财政部 教育部印发《农村义务教育学生营养改善计划专项资金管理暂行办法》

7月25日

国务院总理温家宝在北京主持召开国务院常务会议

会议决定扩大营业税改征增值税试点范围，研究部署进一步实施促进中部地区崛起战略，加强和改进最低生活保障工作。

会议决定，自2012年8月1日起至年底，将交通运输业和部分现代服务业营业税改征增值税试点范围，由上海市分批扩大至北京、天津、江苏、浙江、安徽、福建、湖北、广东和厦门、深圳10个省（直辖市、计划单列市）。明年继续扩大试点地区，并选择部分行业在全国范围试点。

会议讨论通过《关于大力实施促进中部地区崛起战略的若干意见》。会议指出，包括山西、安徽、江西、河南、湖北和湖南六省在内的中部地区，在国家区域发展格局中占有举足轻重的战略地位。要继续大力实施促进中部地区崛起战略，更加注重转型发展和协调、可持续发展，着力激发中部地区内需潜能，进一步拓展发展空间，努力实现中部地区全面崛起。

会议确定了以下重点任务：（一）加强粮食生产基地、能源原材料基地和现代装备制造及高技术产业基地建设。规划建设一批现代农业示范区，推进大型煤炭基地和储备中心建设，因地制宜推广分布式新能源发电，建设布局合理、安全环保的原材料精深加工基地，推动形成一批具有核心竞争力的新兴产业集群。(二)统筹发展各种运输方式，全面提升综合交通运输能力，强化综合交通运输枢纽地位。加快长江、淮河干流及重要支流高等级航道和重点内河港口建设，新建和扩建一批支线机场，鼓励发展通用航空。(三)支持重点地区发展。加快构建沿陇海、沿京广、沿京九和沿长江经济带，推动晋中南、皖北、赣南、湘南地区开发开放，培育新的经济增长带。实施中心城市带动战略。全面加强县城和中心镇基础设施和公共服务设施建设，强化对农村的生产生活服务功能。(四)扶持欠发达地区加快发展。推进集中连片特困地区扶贫开发攻坚工程，加大对老工业基地调整改造的支持力度，促进资源型城市可持续发展。(五)切实保障和改善民生。推动义务教育均衡发展，加快发展职业教育，实施中西部高等教育振兴计划。加快农村三级卫生服务网和城市社区卫生服务体系建设。千方百计扩大就业，健全社会保障体系。(六)加强资源节约和环境保护。加大耕地保护和生态环境建设力度，大力推进节能减排，加强水利和防灾减灾体系建设，促进经济社会与人口资源环境协调发展。(七)大力推进改革创新，全方位扩大开放。支持武汉、郑州、长沙等地区加快金融改革和金融创新。稳步推进省直管县改革试点。加快长江流域开发开放，探索建立沿长江大通关模式，支持具备条件的地方设立海关特殊监管区域。完善科技创新体制，有序承接国内外产业转移，促进产业结构优化升级。

会议要求加强对中部地区的政策支持。加大中央财政转移支付力度，重点支持粮食主产区提高财政保障能力，支持中部地区改善民生和促进基本公共服务均等化，支持三峡库区、丹江口库区、神农架林区等重点生态功能区建设。

会议对进一步加强和改进最低生活保障工作进行了部署。(一)完善低保对象认定条件。除户籍状况和家庭收入外，增加家庭财产作为认定低保对象的基本条件。(二)规范审核审批程序。凡认为符合条件的城乡居民都有权直接向乡镇政府(街道办事处)提出低保申请。乡镇政府(街道办事处)负责组织入户调查和民主评议。县级政府民政部门负责审批。严格执行低保审核审批公示制度，规范公示的内容、形式和时限。全面推行低保金社会化发放。(三)建立核对机制，加强动态管理，确保准确、高效、公正认定低保等社会救助对象，将不再符合低保条件的及时退出保障范围。(四)健全监管机制。鼓励社会组织参与、评估、监督低保工作。公开低保监督咨询电话，畅通投诉举报渠道。会议要求加强低保工作能力建设，充实基层力量，强化业务培训，不断提高管理服务水平。

全国宣传部长座谈会在北京召开

中宣部部长刘云山出席会议并讲话。

刘云山指出，胡锦涛总书记的重要讲话从坚持和发展中国特色社会主义的政治高度和宽广视野，科学阐述了事关党和国家全局的若干重大问题，深刻回答了党和国家未来发展的一系列理论和实践问题，对于团结动员全党全国各族人民解放思想、实事求是、与时俱进、开拓创新，满怀信心地为全面建成小康社会而奋斗具有十分重要的意义。要深刻把握讲话的总要求，把握深入贯彻落实科学发展观、坚持和发展中国特色社会主义的重大意义和实践要求，把握推进经济建设、政治建设、文化建设、社会建设以及生态文明建设和党的建设的重大部署，切实用讲话精神统一思想认识、推动宣传思想文化各项工作。

刘云山强调，各级宣传部门和新闻单位要精心组织、周密安排，利用多种形式、多种渠道，集中深入地进行宣传。要大力宣传胡锦涛总书记讲话的重大意义，宣传讲话的一系列重要论述，及时报道全党全社会的热烈反响，报道各地区各部门学习贯彻的实际行动。要推出一批有深度、有说服力的文章、评论、言论，帮助人们更好地理解和掌握讲话的精神实质，增强贯彻落实科学发展观的自觉性坚定性，增强走中国特色社会主义道路的信念信心。

刘云山指出，要按照胡锦涛总书记重要讲话的要求，切实做好宣传舆论工作，兴起迎接党的十八大宣传教育热潮。要深入推进马克思主义中国化最新成果的学习教育，更好地用中国特色社会主义伟大旗帜凝聚力量，巩固全党全国人民团结奋斗的共同思想基础。要继续深化“科学发展　成就辉煌”主题宣传，全方位展示辉煌成就，更透彻地揭示内在原因，唱响共产党好、社会主义好、改革开放好的时代主旋律。要有针对性地加强社会热点难点问题的引导，把讲怎么看与讲怎么办结合起来，进一步凝聚社会共识、壮大主流思想舆论。要集中展示文化改革发展的丰硕成果，深入推进社会主义核心价值体系建设，广泛开展迎接十八大、讲文明树新风活动，着力营造喜庆热烈、文明和谐的社会文化氛围。要精心组织对外宣传，大力宣传介绍我们党以人为本、执政为民的理念，宣传我坚持科学发展、和谐发展、和平发展的主张，努力形成于我有利的国际舆论环境。

中宣部常务副部长雒树刚主持会议。各省、自治区、直辖市和新疆生产建设兵团党委宣传部长，中央宣传文化系统各单位负责同志出席会议。

北京市第十三届人大常委会第三十四次会议任命王安顺为北京市副市长 代理市长

国家副主席习近平在人民大会堂会见美国总统国家安全事务助理多尼隆

习近平表示，今年是尼克松总统访华和《上海公报》发表40周年。过去40年，中美关系总体不断向前发展。时代在变化，中美两国也在发展，中美关系正处在重要历史关头，双方要着眼长远，加强全方面、多层次交流，增进互信、合作和友好，妥善管控分歧，推动中美关系沿着两国元首共同确定的建设相互尊重、互利共赢的合作伙伴关系方向不断向前发展，探索出一条中美新型大国关系之路，造福两国人民和世界人民。

多尼隆表示，当前，美中关系积极、稳定、富有成果，双方高层交往频繁，各种沟通、对话机制有效运作，合作不断扩大和深化。美方致力于同中国加强接触、互信、合作，共同努力构建美中新型大国关系。

国务院副总理王岐山在中南海会见美国总统国家安全事务助理多尼隆

中国第一代中继卫星系统正式建成

23时43分，我国在西昌卫星发射中心用“长征三号丙”运载火箭成功发射“天链一号03星”，卫星顺利进入太空预定轨道。这次发射成功后，“天链一号”卫星将实现全球组网运行，标志着我国第一代中继卫星系统正式建成。

“天链一号03星”是我国发射的第三颗地球同步轨道数据中继卫星，经联调后，将与2008年发射的01星、2011年发射的02星实现全球组网运行，建成比较完备的中继卫星系统。这一系统将进一步提高我国载人航天飞行任务的测控覆盖率，为我国“神舟”飞船以及未来空间实验室、空间站建设提供数据中继和测控服务。同时，还将为我国中、低轨道资源卫星提供数据中继服务，为航天器发射提供测控支持。

2012第三届北京奥运城市体育文化节以奥林匹克公园中心区为主场地举行

本届文化节包括四大类约30项活动，全民健身夏日广场活动是一大亮点。组织者将在奥林匹克公园中心区南区广场设立总面积达250平方米的巨型LED大屏幕，每天进行奥运赛事转播。其间还将向游客免费开放500平方米的3D奥运直播电视节目体验馆。此外，广场上还将举行运动嘉年华、体育文化博览以及时尚艺术展示等多项体育文化活动。

本届文化节还包括第四届北京奥运城市发展论坛、第八届北京国际体育电影周、青少年奥林匹克教育系列活动等，并纳入了部分同期举办的大型文化体育活动。

“同根、同源、同心——中华三祖文化与黄帝城遗址公园建设高层论坛”在全国政协礼堂举行

全国政协副主席孙家正出席论坛开幕式。

“三祖文化”是指5000年前黄帝、炎帝与蚩尤在河北涿鹿一带共同创造的灿烂文化。将蚩尤作为中华民族的人文始祖和黄帝、炎帝相提并论，确立了中华民族同祖同源的观点，明确了始祖文化是爱国主义的精髓和民族团结的基石。从1995年起，已举办了六届“三祖文化”学术研讨会，先后有近百名专家学者参与了学术研讨。

7月26日

中共中央在中南海召开党外人士座谈会

座谈会就当前经济形势和下半年经济工作听取各民主党派中央、全国工商联领导人和无党派人士的意见和建议。中共中央总书记胡锦涛主持座谈会并发表重要讲话。

中共中央政治局常委温家宝、贾庆林、习近平、李克强出席座谈会。温家宝通报了上半年经济工作有关情况，介绍了中共中央、国务院关于做好下半年经济工作的考虑。

胡锦涛表示，今年以来，面对错综复杂的国内外经济形势，我们按照稳中求进的工作总基调，正确处理保持经济平稳较快发展、调整经济结构、管理通胀预期三者关系，保持了经济平稳较快发展。各民主党派中央、全国工商联和无党派人士紧紧围绕中央决策部署，聚焦“十二五”规划目标任务、经济社会发展重大问题、人民群众关注的重点难点问题，发挥各自特色和优势，深入开展调查研究，为中共中央、国务院决策提供了有益参考，为推动科学发展、维护社会和谐稳定作出了积极贡献。胡锦涛代表中共中央、国务院，向各民主党派、工商联和无党派人士表示衷心感谢。

胡锦涛指出，在肯定成绩的同时，我们要保持清醒头脑，深刻认识和高度重视经济运行中的突出矛盾和问题，坚持把稳增长放在更加重要的位置，做好充分应对准备。

胡锦涛就做好下半年经济工作提出6点意见。一是要切实加强和改善宏观调控，继续实施积极的财政政策和稳健的货币政策，进一步落实和完善已出台的各项政策措施，加大财政政策和货币政策对实体经济的支持，着力扩大国内需求。二是要切实抓好农业生产,落实好各项强农惠农富农政策,加大农业生产支持力度,促进农业增产、农民增收,努力实现全年粮食丰收,进一步推进农业现代化。三是要切实加快转变经济发展方式,强化创新驱动作用,推动企业加快产业转型升级,不断培育新的经济增长点,改善服务业发展环境,大力支持小微企业和服务业发展。四是要切实推进改革开放,稳步推进资源价格、行政管理、医药卫生、财政金融等重要领域和关键环节改革,实施好出口市场多元化战略,改善投资环境。五是要切实保障和改善民生,着力扩大和稳定就业,加强和完善社会保障制度建设,加大对困难群众的扶助力度,扎实推进保障性住房建设,提高社会管理能力和水平。六是要切实防范经济风险,密切关注世界经济运行中的各种风险变化,提高抵御风险冲击能力。

胡锦涛强调,做好下半年经济工作,任务艰巨,需要各方面共同努力。希望各民主党派中央、全国工商联和无党派人士准确把握中共中央关于当前经济形势的判断和稳增长的各项决策部署,深入调查研究,积极建言献策,做好各自成员和所联系群众的团结稳定工作,为实现今年各项工作目标广泛凝聚共识、汇聚力量。

温家宝在通报时说,今年以来,我国经济社会发展形势总体上是好的,国民经济运行符合稳中求进的总要求。经济运行总体平稳,经济增速虽然放缓,但仍保持在年初确定的预期目标区间内,特别是通过及时加强预调微调,5月份、6月份呈现出缓中趋稳态势。管理通胀预期、调整经济结构、保障改善民生、推进改革开放等各方面工作都有新进展。我们也清醒地看到,当前经济运行面临的困难和风险仍不可低估。从国际看,世界经济低速增长可能持续相当长时期,扩大外需的难度增大。从国内看,最突出的问题是经济下行压力仍然比较大。我们要贯彻稳中求进的工作总基调,正确处理保持经济平稳较快发展、调整经济结构、管理通胀预期的关系。坚持把稳增长放在更加重要的位置,继续实施积极的财政政策和稳健的货币政策,保持政策的连续性和稳定性,加大预调微调力度,着力提高政策的针对性、前瞻性和有效性。进一步实施结构性减税政策,扩大营业税改征增值税试点范围,认真落实支持小型微型企业发展等政策措施。综合运用多种货币政策工具,引导货币信贷平稳适度增长,优化信贷结构。坚持把扩大消费需求作为调整结构的重要着力点,着力扩大有效投资。完善和落实促进非公有制经济发展政策,激发民间投资活力。毫不放松地抓好农业和粮食生产。深化重点领域和关键环节改革,促进对外经济稳定发展。坚定不移地贯彻执行房地产市场调控政策,切实防止房价反弹,促进房价合理回归。加快发展社会事业,保障和改善民生。

三联书店创建80周年庆祝大会在人民大会堂举行

在三联书店创建80周年之际,中共中央总书记胡锦涛致信三联书店。

胡锦涛强调,在深化文化体制改革、推动社会主义文化大发展大繁荣的新形势新任务面前,希望三联书店坚持走中国特色社会主义文化发展道路,以创建80周年为契机,创新体制机制,发挥特色优势,不断推出思想性、知识性、可读性有机统一的精品出版物,为建设社会主义文化强国贡献新的力量。

党和国家领导人吴邦国、温家宝、李长春、习近平、李克强分别向三联书店创建80周年表示祝贺。

中央宣传部部长刘云山出席庆祝大会并讲话。国务委员刘延东致信祝贺三联书店创建80周年并出席庆祝大会。刘云山在讲话中充分肯定了三联书店创建80年来取得的显著成绩和作出的重要贡献,希望三联书店和出版界深入贯彻落实党的十七届六中全会精神,按照胡锦涛总书记在贺信中提出的要求,弘扬优良传统,坚持特色品位,不懈开拓创新,自觉肩负起传播社会主义先进文化的重要责任,推动出版业实现新的跨越。要牢记出版使命,把建设社会主义核心价值体系作为根本任务,宣传先进思想理论,倡导文明道德风尚,更好地以先进文化引领社会发展进步。要竭诚服务读者,深入研究读者多层次多样化的阅读需求,丰富题材种类,降低消费门槛,为人民群众提供更好更多的精神食粮。要坚持一流水准,着眼世界学术文化发展前沿,立足中国哲学社会科学发展实际,推出更多体现中国视角、具有中国气派的学术文化精品。要继续深化改革,大力推进体制机制、内容形式和传播方式创新,推动出版业与现代信息技术融合,更好地激发出版业的创造活力和发展动力。要加强队伍建设,遵循人才成长规律,着力培养一批学术造诣深厚的编辑人才、一批懂经营善管理的复合型人才、一批适应出版业走出去的国际化人才,为出版业繁荣发展提供有力支撑。

全国政协副主席孙家正在人民大会堂会见以越南胡志明共青团中央书记处书记阮孟勇为团长的越南青年代表团

国防部在北京举行例行记者会

国防部新闻发言人杨宇军就三沙警备区、武装直升机知识产权、中国国防动员网等问题回答了记者的提问。

针对三沙警备区成立后，陆海空三军部队会进驻的说法，杨宇军说，三沙警备区和西沙水警区是两个不同的军事机构。三沙警备区是一个新组建的军事机构，隶属海南省军区。西沙水警区隶属海军南海舰队，主要担负有关管辖海域的防卫作战任务。三沙警备区和西沙水警区根据各自的职能任务履行职责。

三沙警备区的主要领导已经任命，警备区司令员是蔡喜宏大校，政治委员是廖朝毅大校。我国军事机构是否下辖作战部队，主要是根据担负的军事任务需要作出安排。

杨宇军说，所谓中国在研发武装直升机过程中窃取美国技术的说法，与事实严重不符。中国武器装备发展始终坚持独立自主、自主创新的原则，依靠自己的力量研制和生产。中国的武装直升机及其配装的发动机均为自行研制生产，具有完全自主知识产权。

为推动国防动员建设科学发展，加强国防动员宣传教育，提高国防动员工作效率，中国国防动员网将于近日开通上线。该网是国家国防动员委员会的官方网站，将对外权威发布我国国防动员建设方针政策、法律、法规和重要举措，面向全民宣传普及国防动员的知识与技能，反映公众对国防动员的意见建议。

北京市通报“7·21”特大自然灾害遇难人数

北京市防汛抗旱指挥部26日晚通报“7·21”特大自然灾害遇难人员情况称，截至目前，北京区域内共发现77具遇难者遗体，其中66名遇难者身份已经确认，11名遇难者身份仍在确认中。北京市同时公布了66名遇难者名单。

北京市防汛抗旱指挥部新闻发言人解释说，之所以至今才公布遇难者人数，是由于暴雨引发山洪泥石流，给遇难者搜寻工作带来极大困难，遇难者身份确认也需要经过反复调查、核实。到目前为止，对受灾现场的搜寻工作已基本完成，遇难者统计人数不会再有大的增加。截至今晚发布会，北京市尚未再接到新的失踪人员报告，“但是我们不放弃搜寻”。

这位新闻发言人代表北京市防汛抗旱指挥部向灾害中的遇难者表示哀悼，向遇难者家属表示慰问，并表示要认真总结反思，汲取教训，全力做好善后工作，不断提高防灾抗灾水平。

杨岩逝世

原农垦部副部长，中国农业科学院原党组书记杨岩同志，因病医治无效，于2012年7月26日在北京逝世，享年93岁。

7月27日

国家主席胡锦涛在人民大会堂会见“天宫一号”与“神舟”九号载人交会对接任务航天员及参研参试人员代表

中共中央总书记、国家主席、中央军委主席胡锦涛27日上午在北京人民大会堂会见“天宫一号”与“神舟”九号载人交会对接任务航天员及参研参试人员代表，代表党中央、国务院、中央军委，向胜利完成任务的3名航天员，向所有参加这次任务的科技工作者、干部职工和解放军指战员，表示热烈祝贺和诚挚问候，勉励大家大力弘扬载人航天精神，团结拼搏、开拓奋进，推动我国航天事业不断取得新的更大成绩。

中共中央政治局常委、全国人大常委会委员长吴邦国，中共中央政治局常委、国务院总理温家宝，中共中央政治局常委、全国政协主席贾庆林，中共中央政治局常委李长春，中共中央政治局常委、国家副主席、中央军委副主席习近平，中共中央政治局常委、国务院副总理李克强，中共中央政治局常委、中央纪委书记贺国强等参加了会见。

人民大会堂北大厅里，洋溢着喜悦的气氛。上午10时许，胡锦涛等中央领导同志来到参研参试人员代表中间，全场响起热烈的掌声。胡锦涛与代表们亲切握手，并同航天员景海鹏、刘旺、刘洋热情交谈，关切地询问他们的工作和身体情况。随后，胡锦涛等高兴地与大家合影留念。

“神舟”九号飞船6月16日发射升空，6月29日返回舱着陆，在轨运行期间先后与“天宫一号”目标飞行器成功进行自动和手控交会对接，实现了我国空间交会对接技术的重大突破，标志着我国载人航天工程第二步战略目标取得具有决定性意义的重要进展。

全国政协主席贾庆林在哈尔滨太阳岛宾馆会见中国国民党荣誉主席吴伯雄和应邀出席第八届两岸经贸文化论坛的两岸各界人士

贾庆林首先代表中共中央对吴伯雄率团出席第八届两岸经贸文化论坛表示热烈欢迎，并转达胡锦涛总书记对吴伯雄的亲切问候。贾庆林说，两岸经贸文化论坛作为国共两党和两岸各界人士交流对话的重要平台，自2006年以来已经举办了七届，发挥了汇集两岸民意、凝聚各界共识、提供政策建言的先导作用，对推动两岸关系发展发挥了重要的积极作用。这些年来，两岸关系呈现出和平发展的崭新局面，形势发生了历史性变化。实践证明，两岸关系和平发展是一条正确的道路，我们要坚定不移地走下去。我们将保持对台方针政策的连续性和稳定性，继续坚持行之有效的思路和做法，与时俱进，务实前行，切实巩固深化两岸关系和平发展的政治、经济、文化和社会基础，不断开创两岸关系发展的新局面。

贾庆林指出，今年 3 月，在两岸关系面临继往开来新形势的时刻，胡锦涛总书记与吴伯雄荣誉主席在北京会见，围绕进一步发展两岸关系达成重要共识，明确了努力方向；就两岸同属一个中国形成了更为清晰的共同认知，增进了政治互信。我们两党应当本着对历史负责、对人民负责的态度，继续落实好这些共识，推动两岸关系不断向前迈进，把两岸关系和平发展的根基扎得更牢固，让两岸同胞、所有中华儿女都拥有充满光明的愿景。

贾庆林指出，过去几年两岸关系发展的经验表明，只要两岸双方在建立政治互信基础上搁置争议、求同存异，保持良性互动、相互释放善意，两岸关系就会呈现积极和谐气氛，就比较容易取得实际成果。当前两岸关系和平发展进入巩固深化的新阶段，希望双方进一步加强沟通，善意互动，使两岸关系保持良性健康的发展势头，不断取得新的成果，更多地造福两岸同胞。

吴伯雄表示，今年 3 月在与胡锦涛总书记的会见中，我们确认了过去四年两岸关系和平发展是一条正确的道路，也确认要增进政治互信、经济合作、文教交流、文化认同。根据各自的体制和规定，双方都坚持一个中国，两岸关系不是国与国关系。对于一个中国涵义的分歧，我们主张求同存异。吴伯雄强调，反对“台独”是国民党长期不变的立场，“九二共识”是两岸协商的基础。两岸关系和平发展的道路之所以能冲破干扰、勇往直前，很重要的是两岸双方增进了认同“九二共识”与反对“台独”的政治互信，这对于两岸关系和平发展的巩固和深化，起到了保证作用。两岸双方应该强化这项互信，为台湾海峡开太平，为两岸人民谋幸福。

中共中央台办主任王毅、中共黑龙江省委书记吉炳轩、海协会会长陈云林、国务院侨办主任李海峰、黑龙江省省长王宪魁，中国国民党副主席林丰正、蒋孝严，新党主席郁慕明、亲民党秘书长秦金生等参加会见。

会见结束后，贾庆林设宴招待出席论坛的两岸代表。

全国政协主席贾庆林在黑龙江调研

7 月 27 日至 30 日，贾庆林先后来到哈尔滨、大庆、鸡西等地，深入企业、社区、农场和建设工地，与干部群众共商改革发展大计。调研期间，他对近年来黑龙江经济社会发展取得的成绩给予充分肯定。

促进经济平稳较快发展，是贾庆林此次调研的重点。在沃尔沃汽车大庆整车制造基地、新华(大庆)国际石油资讯中心、哈尔滨科技创新城，他走进建设工地、交易大厅、研发中心，与企业员工、研发人员深入交流，详细了解生产经营、市场开拓、技术创新等情况。在哈尔滨西客站工程和哈西综合交通枢纽工程现场，他认真考察城市规划发展和基础设施建设情况。

加强生态建设和环境保护，提升生态文明建设水平，是贾庆林十分关心的问题。在大庆龙凤湿地，看到人与自然和谐相处，他表示赞许。在鸡西兴凯湖，他详细了解黑龙江生态环境建设情况，对进一步做好工作提出了殷切希望。贾庆林强调，推进生态文明建设，是涉及生产方式和生活方式根本性变革的战略任务。要坚持不懈抓好生态建设，深入开展植树造林，大力实施生态修复工程，强化重点生态功能区保护管理，不断改善生态环境质量。要扎实推进节能减排，牢固树立绿色发展、低碳发展理念，进一步降低单位产值的能耗、水耗和污染物排放水平。要完善生态型产业体系，大力发展林下经济，加快发展生态旅游产业，实现生态效益与经济效益的双赢，推动黑龙江由生态资源大省向生态经济强省跨越。

调研期间，贾庆林还专程看望了黑龙江省政协、统战部机关干部及各民主党派、工商联负责人和无党派人士。他指出，各级党委要切实加强对统战、政协工作的领导，在支持统战、政协工作方面办更多实事，在解决统战、政协面临的困难方面出更多实招，在发挥统战、政协优势方面想更多实策，真正把统一战线和人民政协的作用运用好发挥好。各级政协组织和统战部门要深入总结统一战线和人民政协理论和实践创新的重要成果，积极探索新时期统战、政协工作的特点和规律，不断提高工作科学化水平，推动统一战线和人民政协事业不断发展。要深入实际、深入基层、深入群众，围绕加强和创新社会管理中的重大问题深入开展调查研究，积极协助党和政府多做协调关系、化解矛盾、理顺情绪、增进团结的工作，努力为十八大召开营造良好社会环境。

国务院副总理李克强在中南海紫光阁会见土库曼斯坦副总理霍贾穆罕默多夫

李克强说，中国把推动向西开放作为扩大开放的重要内容，与中亚地区的合作会更加紧密。中土经济有很强的互补性，互为发展机遇。希望双方创造条件，创新方式，积极推进能源长期战略性合作，打造交通通信、医疗卫生、高技术、基础设施等非资源领域合作的新亮点，推动人文交流向多层次、宽领域发展，充实和丰富合作格局，巩固友好基础，造福两国人民。

霍贾穆罕默多夫表示，土中合作已取得巨大成就，发展前景广阔。土库曼斯坦高度重视发展对华关系，愿同中方加强全方位合作，为双边关系发展不断注入新的动力。

中国和土库曼斯坦合作委员会第二次会议在北京举行

国务院副总理、中土合作委员会中方主席王岐山与土库曼斯坦副总理、中土合作委员会土方主席霍贾穆罕默多夫共同主持会议。

王岐山表示，在双方共同努力下，中土合作委员会已成为指导和协调两国各领域合作的重要平台。自第一次会议以来，双方在经贸、投资、金融、文化、高科技、安全执法等各领域合作取得重要进展，中国已成为土库曼斯坦第一大贸易伙伴和最大的天然气出口市场。

王岐山表示，土库曼斯坦是中国重要、可靠的天然气供应国，中国是土库曼斯坦长期、稳定的天然气出口市场。中方愿与土方共同努力，全面推动能源合作，完成今年年底累计供气440亿立方米的目标，确保中土天然气管道C线按时建成投产，共同推进阿姆河右岸和南约洛坦气田开发项目，积极落实土方向中国每年增供250亿立方米天然气协议。继续推进交通、通信、金融、电力、化工、建材、高新技术等非资源领域合作，进一步完善投资环境，为对方企业来本国投资经营及两国人员往来提供便利。继续推进文化、教育、体育、广播影视、文物保护、旅游等人文领域合作。深入开展安全合作，打击“三股势力”及其他跨国有组织犯罪，加强大型油气项目和设施安保合作。通过全面深化务实合作，推动中土友好合作关系不断向前发展，更好造福两国人民。

霍贾穆罕默多夫说，近年来，在两国元首的关心下，土中关系取得了长足发展，成为能源战略伙伴。土中合作委员会开展了大量卓有成效的工作。双方能源合作进展顺利，发挥了火车头作用，土库曼斯坦拥有丰富的天然气资源，现在和将来都是中国稳定、可靠的供给国。两国经贸、安全、人文等领域合作成果丰硕。土库曼斯坦视中国为可信赖的朋友与伙伴，希望本着互利共赢的精神，深化各领域合作，进一步提升两国友好关系。

双方商定于2014年在土库曼斯坦举行该委员会第三次会议。

会后，王岐山和霍贾穆罕默多夫签署了《中华人民共和国和土库曼斯坦合作委员会第二次会议纪要》，并见证两国有关部门签署《中华人民共和国政府与土库曼斯坦政府经济技术合作协定》。

国务委员戴秉国在伦敦与英国外交大臣黑格举行会谈

戴秉国指出，中英关系十分重要，发展潜力和合作空间巨大。要克服两国关系中存在的困难，为两国关系发展创造更好的气氛和条件，充分发挥中英关系发展潜力，造福两国人民。

黑格说，英方积极看待中国的发展，高度重视对华关系，愿着眼大局，同中方加强对话、沟通，加深相互了解，扩大合作，促进中英关系积极发展。

第三十届奥林匹克运动会在伦敦隆重开幕

第三十届奥林匹克运动会开幕式今晚在伦敦奥林匹克体育场隆重举行。

中国政府代表、国务委员戴秉国与来自约80个国家和地区的领导人等国际贵宾一同出席了开幕式。

开幕式于21时开始举行。午夜零时18分，英国女王伊丽莎白二世宣布：第三十届奥林匹克运动会开幕。

经历了116年发展历程的现代奥运会已成为人类文明实现分享、交融的盛会。来自204个国家和地区的约10500名运动员将参加伦敦奥运会26个大项、302个小项的角逐，还有4名运动员以“独立参赛者”的身份参赛。

在入场式中，中国体育代表团在第42个出场。男篮名将易建联手擎五星红旗，走在最前面，延续了自1984年洛杉矶奥运会以来中国队开幕式旗手一直由男篮队员担任的传统。参加本届奥运会的中国体育代表团由621人组成，其中运动员396人，他们将参加除足球、手球和马术之外的23个大项、212个小项的比赛。中国体育代表团副团长肖天表示，中国代表团的目标是努力拼搏，正常发挥，保持强项优势，赛出风格和水平，争取实现比赛成绩和精神文明双丰收，为国争光。

2012生态文明贵阳会议在贵阳召开

会议由全国政协人口资源环境委员会、科学技术部、环境保护部、住房和城乡建设部、北京大学和贵州省人民政府共同主办。全国政协主席贾庆林作出重要批示。

贾庆林在批示中指出，从2009年开始，全国政协人资环委、北京大学、贵州省政府等单位连续三年举办生态文明贵阳会议，对探索生态文明建设规律、推广生态文明建设经验起到了积极作用。2012生态文明贵阳会议以“全球变局下的绿色转型和包容性增长”为主题，顺应了绿色经济、可持续发展的世界潮流。希望会议深入贯彻落实科学发展观，认真研究如何统筹兼顾经济发展、社会进步和环境保护,为传播生态文明理念、推动生态文明建设作出更大贡献。

全国政协副主席李金华代表全国政协对会议的召开表示热烈祝贺。他提出要努力推动绿色转型,实现绿色发展;高度关注民生,实现协调发展;推动公平正义,实现成果共享;加强交流合作,实现发展共赢。

生态文明贵阳会议自2009年至今已经连续举办4届,致力于探索生态文明建设理论、交流生态文明建设经验、推进生态文明建设实践,如今已逐渐成为政府、企业、专家、学者、民众等多方共同参与,共建共享生态文明的长期性、制度性平台。

7月28日

第八届两岸经贸文化论坛在哈尔滨开幕

以"深化和平发展,造福两岸民众"为主题的第八届两岸经贸文化论坛上午在黑龙江哈尔滨开幕。中共中央政治局常委、全国政协主席贾庆林和中国国民党荣誉主席吴伯雄出席开幕式并发表演讲。

贾庆林说,两岸关系和平发展符合两岸同胞的共同期待和中华民族的根本利益,是一条正确的康庄大道。在建立政治互信基础上求同存异、良性互动,是两岸关系改善发展的重要条件。按照先易后难、循序渐进的思路推进两岸协商和各领域交流,是拓展两岸关系的有效途径。两岸同胞的广泛参与和普遍支持,是两岸关系持续发展的根本动力。

贾庆林就开辟两岸关系和平发展更加光明的前景提出四点建议:巩固政治基础,保持和平发展势头;深化经贸合作,扩大和平发展成效;加强文教交流,拓展和平发展内涵;造福两岸同胞,汇聚和平发展力量。

吴伯雄说,过去七次论坛里形成的共同建议,有120余项已经被两岸重视和采纳,并通过海协会和海基会的制度性协商,变成推动两岸关系的非常大的助力。要确保两岸关系和平发展趋势,第一希望能够巩固互信的基础,第二希望能够深化经贸合作,深化文化交流。集中大家的智慧让两岸和平发展继续好好走下去,是我们这次论坛共同的责任。

开幕式由中共中央台办主任王毅和中国国民党副主席林丰正共同主持。王毅在致辞时说,当前两岸关系和平发展迈入巩固深化的新阶段,有必要认真总结经验,明确努力目标,保持正确方向。本届论坛主要围绕和平发展的回顾与前瞻、深化经贸合作、扩大文教交流三个议题展开研讨,旨在集思广益,汇集民意,凝聚共识,引领方向。希望两岸嘉宾积极建言献策,共同为开辟两岸关系和平发展新局面贡献心力。

林丰正宣读了中国国民党荣誉主席连战的贺词。贺词说,论坛邀集两岸精英探讨深化两岸和平发展、造福两岸民众的可行途径,不仅彰显两岸合作促进经贸文化交流的时代意义,同时也反映出海峡两岸民众期待通过双方的合作追求和平、发展与繁荣的心愿。相信会议成果必将有助增进两岸经贸合作、文化交流,为两岸和平发展再创新猷。

两岸经贸文化论坛是根据国共两党领导人2005年4月达成的"两岸和平发展共同愿景"而设立的两党定期沟通平台的重要形式,旨在集各方智慧,共同探讨两岸民众最关心、最迫切需要解决的各种问题。

本届论坛大会为期两天,参加论坛的两岸人士将围绕主题进行讨论并在29日形成"共同建议",为两岸主管部门制定和实施相关政策提供重要的参考。来自国共两党高层人士,台湾其他党派的代表,两岸工商界、经济界、产业界、文化教育界及两岸有关专家学者400余人出席论坛。

易思玲在伦敦奥运会女子十米气步枪比赛中获得冠军

这也是本届奥运会的第一枚金牌。

王明娟以抓举91公斤挺举114公斤总成绩205公斤夺得伦敦奥运会女子举重48公斤级冠军

孙扬以3分40秒14的成绩打破男子400米自由泳世界纪录并夺得伦敦奥运会冠军

叶诗文以4分28秒43的成绩打破女子400米混合泳世界纪录并夺得伦敦奥运会冠军

7月29日

第八届两岸经贸文化论坛在哈尔滨闭幕

中共中央政治局常委、全国政协主席贾庆林和中国国民党荣誉主席吴伯雄出席闭幕式并讲话。

贾庆林表示,两岸关系和平发展顺应民心、合乎时势,是一条正确的道路,要坚定不移地走下去。当前,两岸关系和平发展由开创期进入巩固深化的新阶段。推动两岸关系不断取得新的成果,更多地造福两岸民众,是我们的共同责任。

吴伯雄在讲话中表示,本届论坛成果丰硕,成功圆满。17项"共同建议"富有建设性和可行性,是两岸各界人士共同智慧的结晶,必将对推动两岸关系和平发展发挥积极和重要的作用。

闭幕式由中共中央台湾工作办公室主任王毅和中国国民党副主席蒋孝严共同主持。

蒋孝严宣读了第八届两岸经贸文化论坛“共同建议”。

第八届两岸经贸文化论坛发出共同建议

由中共中央台湾工作办公室海峡两岸关系研究中心与中国国民党国政研究基金会共同主办的第八届两岸经贸文化论坛，于2012年7月28日至29日在黑龙江省哈尔滨市举行。中共中央政治局常委贾庆林和中国国民党荣誉主席吴伯雄出席论坛并致辞。国共两党有关方面负责人，其他党派代表，两岸工商产业界、金融界、旅游观光界、文化教育界、影视出版界等方面人士和专家学者共同出席。两岸有关部门主管人士作为特邀嘉宾和特邀专家出席本次论坛。

与会人士聚焦本届论坛“深化和平发展，造福两岸民众”的主题，就和平发展回顾与前瞻、深化经贸合作、扩大文教交流三项议题展开深入讨论。会议认为，2008年5月以来，两岸关系发生历史性变化，取得重大积极进展，呈现前所未有的良好发展势头。当前，两岸关系面临继往开来的新形势。两岸双方应掌握这一契机，巩固和平发展成果，深化互信合作，促进共同繁荣。与会各界人士经过充分交流研讨，提出以下共同建议：

1. 两岸人民同属中华民族。两岸关系和平发展符合两岸民众共同利益和中华民族整体利益，也是得到两岸民众普遍支持的正确道路。两岸应继续努力，在反对“台独”、坚持“九二共识”的既有立场基础上，增进彼此互信，保持良性互动，求同存异，共创双赢，按照先易后难、循序渐进的思路，持续推进两岸协商谈判和两岸交流制度化，扩大民众参与，促进两岸关系不断向前发展，增进两岸人民福祉。

2. 继续落实“两岸和平发展共同愿景”，加强两岸对话，沟通和平发展理念，鼓励学术界就两岸关系和平发展相关议题及互信机制进行探讨，进一步扩大共识，巩固互信，为逐步解决两岸关系中的深层问题创造条件。

3. 循序渐进推动两岸互设综合性办事机构，更有效地服务两岸民众。

4. 从中华民族整体和长远利益出发，基于两岸关系不是国与国关系，双方应努力在国际事务中避免内耗，通过平等务实协商，促进双方合作，妥善处理两岸民间团体和谐参与国际非政府组织的活动。

5. 进一步发挥两岸经济合作委员会的作用，支持双方加快ECFA后续协商进程，争取在今年年底前完成服务贸易协议商谈，推动货物贸易协议商谈尽速取得实质进展。

6. 支持双方尽速签署投资保护和促进协议，并做好相关落实工作，逐步减少投资限制，妥善处理投资争端，完善投资环境，促进双向投资合作均衡发展。

7. 扩大两岸金融合作成果。尽速建立两岸货币清算机制，进一步扩大双方货币双向兑换。促进建立两岸银行、证券、保险监理合作平台，加强金融监管合作，共同维护金融市场稳定，并积极为业务开展提供便利。鼓励两岸金融机构加强交流与合作，以因应国际金融危机，并强化服务两岸企业。

8. 完善两岸产业合作机制。促进研究创新产业合作模式，在医疗服务、节能环保、云计算、无线城市、LED照明、冷链物流、TFT—LCD、电动汽车等先期合作项目取得有益经验的基础上，推出优惠政策，进一步推动新能源、新一代信息技术等重大项目的试点合作，累积技术实务经验，共同开拓国际市场。推动两岸科技研究机构之交流与合作，为两岸产业合作提供技术支撑。继续发挥两岸产业合作论坛凝聚共识、加强交流的作用。

9. 支持两岸企业加强合作，共同提升竞争力。加大对台资中小企业的政策支持力度，提振企业发展信心。协助大陆台资企业加快转型升级，开拓大陆内需市场。支持建立两岸菁英企业家交流合作平台。加强知识产权保护，营造创新发展的良好环境，共同打造民族自有品牌，携手开拓世界市场。

10. 扩大深化两岸旅游合作。支持两岸逐步扩大双向旅游规模，继续增加赴台个人旅游试点城市及组团社的数量。推动两岸授权机构建立、健全旅游安全保障机制、突发事件应急处理机制及旅游服务督导机制。

11. 积极推动两岸人员往来与民间交流。鼓励两岸建立制度化合作机制，进一步简化两岸人员往来手续，研究加快实施出入境便利措施，使两岸人员往返朝着流程极简化、签注数字化、管控即时化、凭证无纸化、通关快速化的目标迈进，为两岸民众往来创造更为便捷的条件。

12. 积极鼓励两岸加强人文交流，共同研议通过教育文化交流和大众传播媒体，推动社会教育，传承发扬博大精深的中华文化和优秀传统。两岸同胞同为炎黄子孙，应积极增强本是一家人的观念以及对中华民族精神的认同。

13. 进一步深化两岸青年交流，鼓励民间召开两岸青年论坛，促进两岸青年间更多的互动与了解。

14. 持续推动两岸文化交流与合作的制度化建设。规划召开两岸文化论坛。研究两岸文化交流相关协议及出版交流、影视制作、文化遗产、文化艺术等领域之合作。营造有利于两岸文化交流的政策环境。推动实现两岸民间文化团体互设办事机构。促进两岸文化创意产业建立交流平台，提升整体竞争力，共同弘扬中华文化。

15. 促进两岸教育交流合作。加强两岸教育界交流，促进青少年全面客观了解历史。针对双方校际、教师、学生交流实施现状进行讨论与沟通，努力创造便利条件，提升两岸教育交流合作成效。支持两岸合编的中华语文工具书《两岸常用词典》的推广使用，加强中华语文知识库的建设。积极促进商签教育交流与合作相关协议。

16. 深化两岸出版交流合作。支持扩大两岸出版物贸易和版权贸易，共同建立书刊进出口平台。在继续推动传统出版合作的同时，加强数字出版新兴产业合作与人才培养，共同开拓海外华文市场，提升中华文化在国际上的影响力。落实海峡两岸知识产权保护合作协议，共同维护两岸出版市场秩序，建立两岸打击盗版合作平台，切实保障业者和创作人合法权益。

17. 加强两岸广播电影电视领域的机制化交流合作。拓展两岸广电媒体交流合作渠道，支持两岸合拍电影、电视剧，开展节目合作，增进两岸影视创作人才经验交流。

120 吨推力火箭发动机完美试车

新华社报道：在 200 秒的时间之内，100 多吨燃料产生了巨大的火焰，而在发动机内部，最高温度超过了 3000 摄氏度。7 月 29 日，中国新一代大推力液氧煤油火箭发动机在西安进行的“极限工况热试车”获得成功，进一步验证了其稳定性和可靠性。

此次进行极限工况热试车的液体火箭发动机，单台推力为 120 吨，由位于西安南郊的中国航天科技集团第六研究院研制，将作为计划 2014 年首飞的“长征五号”火箭主动力发动机。

据航天六院科研人员介绍，现阶段我国使用的液体火箭发动机单台推力是 70 吨左右。未来我国要建设太空实验站，需要更大推力的火箭发动机。据介绍，我国现在的火箭最多只能把八九吨重的航天器送入太空，而新型发动机研制成功，将使我国火箭运载能力提高近 3 倍。

历经 10 多年研制的 120 吨级液氧煤油发动机，是我国首型拥有自主知识产权的高压补燃循环发动机，具有高性能、高可靠、无毒无污染等特点。它的研制成功，意味着我国成为继俄罗斯之后第二个掌握液氧煤油高压补燃循环火箭发动机核心技术的国家。该型发动机前不久经过了项目验收。此次点火试验，就是要在高转速、高温的极限状态下，检测发动机是否可以保持稳定和可靠。这台发动机在极限考验中表现完美，预示着中国航天动力的新旧更迭将加快。

吴敏霞 何姿在伦敦奥运会女子双人三米板决赛中获得冠军

7 月 30 日

中央军委在北京八一大楼隆重举行晋升上将军衔警衔仪式

中央军委主席胡锦涛向晋升上将军衔警衔的同志颁发命令状。

上午 9 时 30 分，晋升仪式在庄严的国歌声中开始。中央军委副主席习近平宣读了 6 月 28 日中央军委主席胡锦涛签署的晋升上将军衔命令和国务院总理温家宝、中央军委主席胡锦涛签署的晋升武警上将警衔命令。

这次晋升上将军衔警衔的 6 位高级军官警官是：总政治部副主任杜金才，国防大学政治委员刘亚洲，济南军区政治委员杜恒岩，成都军区政治委员田修思，武警部队司令员王建平、政治委员许耀元。

晋升上将军衔警衔的 6 位高级军官警官军容严整、精神抖擞地列队主席台前。胡锦涛主席向他们颁发命令状，并与他们亲切握手，表示祝贺。佩带了上将军衔警衔肩章的 6 位高级军官警官向胡锦涛等领导同志敬礼，向参加仪式的全体同志敬礼，全场响起热烈的掌声。

中央军委委员梁光烈、陈炳德、李继耐、廖锡龙、常万全、靖志远、吴胜利、许其亮出席晋衔仪式。

晋衔仪式在嘹亮的军歌声中结束。

胡锦涛等领导同志与晋升上将军衔警衔的军官警官合影留念。

出席晋衔仪式的还有四总部、驻京各大单位和军委办公厅的领导等。

国务院总理温家宝在北京主持召开国务院常务会议听取鼓励民间投资实施细则制定情况汇报并部署鼓励和支持企业加强技术改造工作

会议指出，改革开放以来，我国非公有制经济从无到有、由小到大，快速发展，在经济社会发展中的地位和作用日益突出，已经成为促进经济发展、推动科技创新、调整产业结构、繁荣城乡市场、扩大社会就业的重要力量。坚持“两个毫不动摇”的方针，鼓励和引导民间投资健康发展，直接关系坚持社会主义初级阶段基本经济制度，关系维护平等保护物权的法律制度，关系真正建立公平竞争的市场环境，关系激发社会活力、促进社会进步。2010 年《国务院关于鼓励和引导民间投资健康发展的若干意见》印发实施以来，特别是今年以来，各有关部门贯彻落实国务院部署，着眼于降低准入门槛、创造公平竞争条件,制定出台了42项“新36条”的实施细则。这些细则涉及与经济社会发展和人民生活相关的各行各业,在消除制约民间投资发展障碍方面迈出了实质性步伐。

会议要求各地区、各有关部门采取切实有效措施,确保各项政策落到实处,为包括民营经济在内的各类市场主体创造公平、透明、可预期的市场环境,营造各种所有制经济依法平等使用生产要素、公平参与市场竞争、同等受到法律保护的体制环境。一要在铁路、市政、能源、电信、金融、卫生、教育等领域尽快推出一批引导民间投资参与的重点项目,发挥示范带动效应。二要及时跟踪细则实施情况及效果,不断完善政策措施,提高可操作性。对企业反映的部分行业领域进入规则、标准和条件仍不够明确具体等问题,要抓紧研究解决。三要加快推进重点行业领域改革。深入推进行政审批制度改革,进一步清理、取消和调整行政审批事项,理顺政府和市场的关系。四要加强对民间资本和民营企业的引导,促进民营经济持续健康发展。会议决定,国务院近期组织专项督查。

会议指出,我国工业正处在由大到强转变的重要时期。在国际金融危机深层次影响仍在显现、国内经济下行压力加大的情况下,要及时采取有力政策措施,鼓励和支持企业采用新技术、新工艺、新设备、新材料,对现有设施、工艺条件及生产服务等进行改造提升,增强创新和竞争能力,加快产业升级。这对于推进结构调整和发展方式转变、提高工业发展的质量和效益,对于促进合理投资、扩大消费需求、保持经济平稳较快发展,都具有重要意义。

会议确定了鼓励和支持企业技术改造的重点方向:一是加快推进技术创新和科技成果产业化,推动先进技术产业化应用。二是加快推广应用先进制造系统、智能制造设备及大型成套技术装备。支持重点企业瞄准世界前沿技术,加快装备升级改造,推动关键领域的技术装备达到国际先进水平。三是加快推广国内外先进节能、节水、节材技术和工艺,提高能源资源利用效率,提高成熟适用清洁生产技术普及率。四是着力推进精益制造,改进工艺流程,提高制造水平。五是深化信息技术应用,加快推广应用现代生产管理系统等关键共性技术,推进信息化和工业化深度融合。

会议决定,中央财政安排资金以贴息方式支持重点行业加快实施技术改造。要用好现行有关税收优惠政策。鼓励金融机构对技术改造项目提供多元化融资便利,支持企业采用融资租赁等方式开展技术改造,扩大企业技术改造直接融资规模。会议强调,鼓励和支持企业技改,要以企业为主体、市场为导向,注重效益,注重节能环保。

全国省市县乡四级党委换届圆满完成

新华社报道:根据党章规定和中央统一部署,从2011年第四季度至今年7月初,全国31个省、自治区、直辖市党委集中进行了换届。在此之前,从2010年12月至今年4月底,全国应换届的374个市(州)、2789个县(市、区、旗)、33368个乡镇党委已经完成换届。至此,在中央的坚强领导下,这次全国省市县乡四级党委换届有序、健康、平稳,取得圆满成功。

此次省市县乡四级党委换届,是在全面建设小康社会的关键时期,深化改革开放、加快转变经济发展方式的攻坚时期进行的,是全党政治生活中的一件大事。党中央对此高度重视,中央政治局常委会议和中央政治局会议多次专题研究,中央领导同志多次作出重要指示,中共中央专门下发了《关于全国省、市、县和乡四级党委换届自下而上、适当集中安排的通知》。中组部会同中央纪委等单位,认真履行职责,切实加强指导,全力以赴做好各项工作。各级党委和纪检机关、组织部门紧紧围绕中央提出的“好报告、好班子、好风气”三好目标,认真落实发扬民主、推进改革、严肃纪律三项关键举措,保证了换届工作顺利进行。

这次省市县乡四级党委换届体现出以下鲜明特点:

——坚持重点配备,优化班子结构。以换届为契机,围绕建设善于领导科学发展的坚强领导集体,大力选拔政治坚定、实绩突出、作风过硬、群众公认的干部,着力选配朝气蓬勃、奋发有为的好班子。

本次换届,选出新一届省区市党委常委404人,平均年龄54岁,50岁以下105人;女干部37人,少数民族干部50人;大学以上学历398人,其中研究生290人。新提名省区市党委常委中,担任过市县党政正职的占63%,具有高校、企业、科研院所等任职经历的占42.5%,从基层成长起来的占61.6%。通过换届,新一届省区市党委班子中充实了一批熟悉党务、经济、社会管理等方面干部,实现了班子成员年龄、经历、专长、性格的合理搭配和优势互补,呈现出新形象、新气象。

选举产生新一届市级党委常委4384人、县级党委常委30028人、乡镇党委委员275205人。新一届市、县党委领导班子成员具有基层工作经历的分别占51.7%、66.1%;具有大学及以上学历的分别占90.0%、90.6%。市党政正职具有下一级党政正职经历的占66.8%,县委书记具有县级领导班子或乡镇领导工作经历的占86.4%。从选举结果看,一大批了解基层、年富力强,熟悉经济建设、社会管理、群众工作的优秀干部充实到了市、县领导班子,较好地实现了班子配备的目标要求，增强了领导科学发展的功能和合力。

——坚持推进改革，激发队伍活力。换届中，坚持德才兼备、以德为先用人标准，坚持民主、公开、竞争、择优，积极运用近年来干部人事制度改革的成熟举措，进一步提高选人用人的公信度。

把德的考核放在首位，积极探索考察干部德的有效途径，努力把干部的德考核准、考察实。突出考核科学发展实绩，防止简单地把经济总量、发展速度等作为评价干部政绩的主要依据。注重考核廉洁自律情况，坚持把征求纪检监察机关意见作为必经程序，对考察中反映的问题认真核查、不放过疑点，有问题的坚决不列入人选，切实防止“带病提拔”、“带病提名”。

巩固完善领导班子配备改革成果。全国精简市委常委111职、副书记16职，县委常委886职、副书记168职。

加大干部交流力度。根据岗位职责和干部的素质条件，把最优秀、最适合的干部选配到关键岗位。新一届省区市党委班子成员中，交流干部占50.3%。市、县、乡党政正职和关键岗位干部基本实现交流任职。

引入竞争择优机制。不少地方采取公开选拔等竞争性选拔方式，集中选拔了一批优秀干部，储备了一批年轻干部、女干部等结构需要的人选。

——坚持发扬民主，保障党员权利。这次换届，坚持把发扬民主贯穿全过程，坚持走群众路线，党员和代表民主参与程度全面提高，成为加强党内民主建设的又一次生动实践。

扩大代表产生过程中的民主。坚持自下而上、上下结合，反复酝酿、逐级遴选。新一届省区市党代表差额比例由上次换届的26.4%提高到28.7%，基层一线代表由31.2%提高到33.4%，妇女代表由22.4%提高到25.8%，少数民族代表占14.2%，代表的先进性和广泛性进一步增强。新一届市、县党代表差额比例平均为22.3%、21.7%。

扩大干部考察中的民主。对新一届班子人选进行全额定向民主推荐，对现任班子成员进行民主测评、民主评议，注重干部在群众中的口碑。增强民主推荐、民主测评的科学性、真实性，防止简单以票取人。普遍采取考察预告、差额考察、考察公示、实绩分析、实地考察、延伸考察等方法，努力提高干部考察质量。

扩大选举过程中的民主。改进候选人介绍方式，增进选举人对候选人的了解。适当提高省区市党委委员、候补委员候选人差额比例，由上次换届的平均11.3%提高到11.9%。普遍提高市、县党委委员、候补委员候选人差额比例。其中，市委委员、候补委员的差额比例平均为14.9%，县委委员、候补委员的差额比例平均为11.3%。

——坚持正风肃纪，树立正确导向。把严肃换届纪律摆在突出位置，坚持教育在先、预防在先、警示在先，坚决整治跑官要官、拉票贿选等不正之风，做到严密组织、严明纪律、严肃教育、严格监督、严厉查处、严加考核。从省区市党代会代表民主测评情况看，认为本地换届选举风气“很好”的占94.1%，“好”的占5.4%。从2011年全国组织工作满意度调查结果看，选人用人公信度和组织工作满意度，分别比上年提高了3.73分、3.17分，防止和纠正用人不正之风提高了4.21分。最坚决的态度、最有力的措施，确保了整个换届风清气正。

唐山曹妃甸综合保税区获国家批复

新华社报道：从河北唐山曹妃甸工业区管委会了解到，曹妃甸综合保税区获得国务院批复，规划面积为4.59平方公里。

曹妃甸地处渤海湾西岸，作为中国少有的天然深水港址，具有巨大的开发价值和宏伟的发展前景。“面向大海有深槽，背靠陆地有滩涂”，是曹妃甸最明显的特征和优势，为大型深水港口和临港工业的开发建设提供了得天独厚的条件。2008年被中国国务院正式批准为循环经济示范区，2009年被批准对外籍船舶开放。

据介绍，今后曹妃甸综合保税区将具备保税仓储、国际中转、国际配送、国际采购、转口贸易、研发设计、出口加工、商品展示、检测维修、港航服务十大功能，将借助国家给予的保税政策优势，紧紧围绕高附加值、高科技含量、高税收、大物流这“三高一大”产业，做强先进装备制造业，做大国际贸易，做好高端现代服务业。综合保税区的招商引资工作已经提前展开。

国务院副总理王岐山在中南海分别会见美国和澳大利亚客人

王岐山在会见美国内布拉斯加州州长戴夫·海涅曼时说，中美经济关系是两国关系的压舱石。在当前全球经济严峻复杂的形势下，中美加强经济合作尤为重要。近年来，中美地方间合作发展快、潜力大，体现了中美关系互利共赢的本质，给两国人民带来了实实在在的利益。希望内布拉斯加州与中国地方省市进一步加强经贸、投资、金融、人文、旅游、基础设施等各领域合作。两国政府要为双方地方、企业等各层面合作营造良好的环境。

海涅曼表示，内布拉斯加州愿与中方在更多领域开展合作，欢迎中国企业前来投资兴业。

王岐山同日会见了澳大利亚福蒂斯丘金属集团董事长弗雷斯特、澳大利亚国民银行董事长钱尼、澳大利亚—新西兰国民银行首席执行官史密斯、澳大利亚商会主席谢泼德等澳大利亚企业界代表。双方就中澳经济关系、世界经济形势等交换了看法。

王岐山说，今年是中澳建交40周年。中澳经济互补性强，深化务实合作，有利于促进两国经济增长和就业增加。企业是中澳经贸合作的主体。希望两国企业继续加强经贸、投资、金融、能源、资源、旅游、基础设施等各领域合作，推动中澳全面合作关系健康稳定发展。

弗雷斯特等表示，愿继续深化对华合作，为两国经济关系发展作出贡献。

国防部部长梁光烈在北京会见韩国国防部副部长李庸杰

梁光烈说，中韩建交20年来，高层交往频繁，政治互信不断加深，经贸合作迅猛发展，人文交流日趋活跃。中方高度重视两国战略合作伙伴关系，认为继续推动双边友好、深化互利合作，符合两国根本利益，也有利于地区和平、稳定与繁荣。中韩两军关系是两国关系的重要组成部分。近年来，两军保持高层互访，建立了国防战略对话机制和相邻海空军直通电话机制，各领域交流深入开展。今后，中方愿与韩方共同努力，推动两国两军关系不断向前发展。

李庸杰说，两国正式建交以来，双边关系发展迅速。实践证明，良好的韩中关系符合双方的共同利益。韩方愿意与中方加强在各个领域的交流，促进两国共同发展，努力维护地区和平与稳定。

庆祝中国人民解放军建军85周年军乐交响音乐会《忠诚之歌》在北京举行

“嫦娥三号”正样研制顺利明年下半年择机发射

新华社报道：从国防科工局组织召开的探月工程“嫦娥三号”任务正样研制工作推进会上了解到，中国探月工程“嫦娥三号”任务正样研制进展顺利，各项工作抓紧推进，将于明年下半年择机发射。

“嫦娥三号”任务是中国探月工程‘绕、落、回’三步走中的第二步，也是承前启后的关键一步。它将实现中国航天器首次在地外天体软着陆，开展着陆器悬停、避障、降落及月面巡视勘察。“嫦娥三号”任务的顺利实施，将使中国航天相关技术实现巨大跨越，为中国深空探测的发展奠定重要的技术基础，在中国航天事业的发展中具有里程碑意义。

据介绍，根据探月工程领导小组安排，工程在后续研制工作中，将始终秉承“质量第一、成功至上”的原则，高度重视质量可靠性工作，坚持全过程抓质量管控，系统性地开展以“回想”和“预想”为主的“双想”活动，确保工程各系统符合质量与可靠性要求。

国务院副总理回良玉等在北京看望伦敦残奥会中国代表团

国务院副总理、国务院残疾人工作委员会主任回良玉，全国政协副主席、国务院残疾人工作委员会副主任、中国残联名誉主席邓朴方来到中国残疾人体育运动管理中心，看望刻苦训练并即将出征伦敦残奥会的中国代表团残疾人运动员、教练员，代表党中央、国务院向他们表示亲切问候和良好祝愿，勉励他们顽强拼搏，再创佳绩，实现人生价值，为祖国和人民赢得新的荣誉。

回良玉指出，在党中央、国务院的高度重视和亲切关怀下，经过广大残疾人体育工作者的不懈努力，我国残疾人体育事业取得辉煌成就。我国残疾人运动员多次在世界残疾人体育大赛上取得骄人成绩，残疾人群众体育活动不断发展，集中展现了残疾人自尊、自信、自强、自立的拼搏精神，令人感动和鼓舞。回良玉说，残奥会是世界残疾人竞技体育的最高赛事，也是向世界展示我国残疾人事业发展成就和中华民族风采的舞台。伦敦残奥会是继2008年北京残奥会后，又一次国际残疾人体育重大赛事，希望中国代表团以精湛的运动水平和良好的精神风貌，在残奥会上发扬自强不息、顽强拼搏、与命运抗争的残疾人体育精神，力争取得优异成绩，再创辉煌；要与各国残疾人运动员加强交流，增进友谊，充分展示我文明大国形象，充分展示中国残疾人积极向上、乐观进取的精神风貌，努力争取运动成绩和精神文明双丰收。

第十四届残奥会将于8月29日至9月10日在英国伦敦举行。中国代表团由414人组成，其中运动员282人，将参加射箭、田径、游泳、轮椅篮球等15个大项的比赛。

中国加入世界骨髓库惠及百万华人患者

《人民日报》报道：今日，中华骨髓库正式加入世界骨髓库，首批5万人份数据信息上传至实时库容。此举将惠及我国百万名白血病患者，同时丰富世界骨髓库的遗传资源，尤其是提高海外华人病患配型成功的几率。

中华骨髓库是世界上最大的华人骨髓库。截至目前，全国骨髓库已登记入库捐助者信息约148万份，并成功为2700多人实施了造血干细胞捐献。其中，中华骨髓库已向10个国家(地区)捐献了100例造血干细胞，多数受捐人为华人白血病患者。

7月31日

中共中央在北京召开政治局会议讨论研究当前经济形势

会议分析研究上半年经济形势和下半年经济工作。中共中央总书记胡锦涛主持会议。

会议认为，今年以来，国际政治经济环境复杂多变，国内经济发展面临的困难增多。各地区各部门在党中央、国务院正确领导下，按照稳中求进的工作总基调，正确处理保持经济平稳较快发展、调整经济结构、管理通胀预期的关系，加强和改善宏观调控，加大预调微调力度，经济社会发展总的形势是好的。经济增速保持在预期范围之内，农业形势进一步向好，物价涨幅回落，经济结构调整继续推进，改革开放不断深化，城乡居民生活进一步改善，社会保持和谐稳定。同时，我国经济发展面临的国际环境仍然严峻，影响我国经济平稳运行的不利因素仍然较多，经济发展面临诸多困难和挑战。我们既要看到经济运行中的问题和风险，增强忧患意识，做好应对准备；也要看到经济发展的基本面是好的，切实增强责任意识，坚定做好经济工作的信心，促进经济保持平稳较快发展。

会议要求，各地区各部门要切实把思想和行动统一到中央对经济形势的分析判断和各项决策部署上来，齐心协力，真抓实干，确保经济社会发展各项工作取得更大成绩。要加强和改善宏观调控，继续实施积极的财政政策和稳健的货币政策，加大结构性减税政策力度，保持货币信贷平稳适度增长；着力扩大国内需求，改善居民消费能力和环境，积极促进绿色产品和服务消费，在优化投资结构的同时扩大有效投资，落实促进民间投资的政策措施，加大对国家重大项目建设的支持；加快推进经济结构调整，强化创新驱动作用，促进产业升级，毫不放松抓好节能减排，大力支持小微企业和服务业发展，推进区域协调发展和城镇化；加强农业基础地位，抓好粮食等主要农产品生产，努力实现农业再获丰收；做好重要商品供需调节，保持物价总水平基本稳定；促进对外经济稳定发展，落实和完善稳定外贸政策，实施市场多元化战略，积极培育国际竞争新优势；深化财税、金融、价格、医药卫生、教育文化等领域改革，力争在健全体制机制方面不断取得新进展；坚定不移地贯彻执行房地产市场调控政策，坚决抑制投机投资性需求，切实防止房价反弹，增加普通商品房特别是中小套型住房供应，抓好保障性安居工程建设，满足居民合理的自住性住房需求；大力保障和改善民生，着力稳定和扩大就业，落实并完善社会保障政策，加强教育、文化、卫生等基本公共服务，创新社会管理，维护社会和谐稳定。

国防部在人民大会堂举行盛大招待会庆祝中国人民解放军建军85周年

胡锦涛、吴邦国、温家宝、贾庆林、李长春、习近平、李克强、贺国强等党和国家领导人出席招待会。

招待会开始时，国务委员兼国防部部长梁光烈上将致祝酒词。

梁光烈说，南昌起义标志着我们党独立领导的新型人民军队诞生。85年来，我军在党的领导下，以争取民族独立、人民解放和国家富强为己任，为党、国家和人民建立了彪炳千秋的丰功伟绩。

梁光烈表示，85年来，我军从小到大、由弱到强，培育和形成了听党指挥、服务人民、英勇善战的优良传统，始终保持政治本色，革命化现代化正规化水平显著提高。

梁光烈说，85年来，我们党的军事理论与时俱进地创新发展，为国防和军队建设提供了科学指南和强大思想武器。实践证明，人民军队建立的历史功勋，国防和军队建设取得的成就和进步，都是党的军事理论正确指引的结果。

梁光烈指出，我们要进一步增强机遇意识、大局意识、忧患意识、使命意识，牢固确立科学发展观的重要指导方针地位，紧紧围绕国防和军队建设主题主线，大力加强军队革命化现代化正规化建设，努力提高以打赢信息化条件下局部战争能力为核心的完成多样化军事任务的能力。

梁光烈强调，要毫不动摇地坚持党对军队绝对领导的根本原则和制度，不断拓展和深化军事斗争准备，坚决维护国家的主权、安全和发展利益。我们将牢牢把握两岸关系和平发展主题，继续反对和遏制“台独”分裂活动，为维护中华民族根本利益，实现国家完全统一作出应有努力。

梁光烈说，我们将坚定不移地走和平发展道路，坚持奉行独立自主的和平外交政策，继续发展与世界各国军队的友好交流与合作，为促进国际和地区安全稳定，推进建设持久和平、共同繁荣的和谐世界贡献力量。

梁光烈最后表示，全军和武警部队要更加紧密地团结在以胡锦涛为总书记的党中央周围，高举中国特色社会主义伟大旗帜，以邓小平理论和“三个代表”重要思想为指导，深入贯彻落实科学发展观，以高度负责、奋发有为的精神扎实工作，为建设巩固国防和强大军队不懈奋斗，坚决完成党和人民赋予的神圣使命，以优异成绩迎接党的十八大胜利召开！

王刚、王乐泉、王兆国、王岐山、回良玉、刘淇、刘云山、刘延东、李源潮等出席了招待会。

出席招待会的还有，中央和国家机关有关部门、人民团体以及北京市的负责人，解放军四总部、在京各大单位、武警部队和军委办公厅的负责人。

在京部分军队离退休老干部，全军英雄模范代表，首都民兵、军烈属和双拥模范代表，原国民党起义人员代表，外国驻华使节、武官和夫人等应邀出席招待会。

全国政协主席贾庆林在北京会见台湾长荣集团总裁张荣发

贾庆林表示，在两岸同胞的共同努力下，两岸关系和平发展呈现蓬勃发展的良好局面，取得一系列重大进展。两岸关系的改善和发展，让两岸同胞的联系更加紧密，感情更加深厚，共同利益进一步扩大。事实证明，两岸关系和平发展是一条正确道路，符合两岸同胞利益，已经成为台湾社会的民意主流。两岸同胞应加强团结合作，克服困难，排除干扰，推动两岸关系继续沿着这条正确的道路前进。

贾庆林强调，当前，两岸关系和平发展已由开创期进入巩固深化的新阶段。希望两岸双方在坚持“九二共识”、反对“台独”的基础上，不断增进政治互信，巩固发展成果，深化经济合作，特别是积极促进两岸经济合作框架协议各项后续商谈取得新成果，让两岸同胞在经济交流中不断受益，让两岸企业在经济合作中不断壮大，共同繁荣中华民族经济。要持续扩大两岸各领域交流，不断增强两岸一家人意识，增进台湾同胞的中华文化、中华民族认同，筑牢两岸关系和平发展的社会基础。

张荣发表示，过去四年两岸关系在“九二共识”的基础上稳定发展，达成许多重要成果，实现了互利双赢。展望未来，衷心期盼两岸加强合作，造福两岸民众。两岸一家，台湾人当然也是中国人。只要两岸同胞携手努力，一定能够实现两岸共同繁荣发展。长荣集团将一如既往地积极参与两岸经济合作，为两岸关系和平发展尽一份心力。

中共中央台办、国务院台办主任王毅参加会见。

港珠澳大桥珠海连接线项目正式动工

港珠澳大桥珠海连接线项目今天开工建设，连接线总长13.43公里，双向六车道，计划于2016年年底与港珠澳大桥同步建成通车。

国家主席胡锦涛根据全国人大常委会的决定任免驻外大使

一、免去忻顺康的中华人民共和国驻津巴布韦共和国特命全权大使职务；

任命林琳为中华人民共和国驻津巴布韦共和国特命全权大使。

二、免去魏瑞兴的中华人民共和国驻纳米比亚共和国特命全权大使职务；

任命忻顺康为中华人民共和国驻纳米比亚共和国特命全权大使。

三、任命杨秀萍(女)为中华人民共和国驻东盟使团团长、特命全权大使。

四、免去张卫东的中华人民共和国驻密克罗尼西亚联邦特命全权大使职务；

任命张连云为中华人民共和国驻密克罗尼西亚联邦特命全权大使。

国务院副总理回良玉在中南海紫光阁会见吉尔吉斯斯坦第一副总理卡拉舍夫一行

全国政协副主席三刚在北京会见以党主席帕斯卡尔·尼亚本达为团长的布隆迪保卫民主力量干部考察团

国新办在北京举行建军85周年新闻发布会

国防部新闻事务局局长、国防部新闻发言人耿雁生，总参应急办公室副主任吴喜铧，总政办公厅政研室副主任王永胜，总后司令部战勤计划局局长贾祥玉，总装综合计划部综合局副局长林柏，围绕“中国军队是维护世界和平的重要力量”主题，介绍了人民解放军建设发展的有关情况，并回答了记者提问。

据耿雁生介绍，中国军队积极参与国际事务，拓展对外军事关系，与150多个国家建立了军事关系，与22个国家防务部门和军队开展了机制性战略磋商和防务对话，与30多个国家军队举行了50多次联演联训，积极参与联合国维和行动，参与亚丁湾、索马里海域护航行动，参加国际灾难救援行动。

他强调，中国军力发展的意图是明确、透明的。中国发展军力完全是出于维护国家主权、安全和发展利益的需要，不针对任何国家，也不会对任何国家构成威胁。

针对中国军队的武器装备发展是否已超过中国安全防卫需要的提问，林柏指出，近年来，根据我国自身安全防卫的需要，我们有计划地加强武器装备建设，相继研制和更新了一些新型武器装备，但与世界先进水平相比，无论是数量规模还是技术性能，都还有较大差距。

他说，坚持适量适度地发展武器装备，完全是为了维护国家主权、安全和领土完整，保证国家安全发展的需要。我们不会与任何国家进行军备竞赛，不会对任何国家构成军事威胁，更不会超出国力和经济实力来发展武器装备。

2012年“大学生志愿服务西部计划”“中国青年志愿者研究生支教团”和“优秀大学生西部基层建功计划”出征座谈会在北京举行

这标志着新一批17000名左右的高校毕业生将陆续奔赴西部基层开展志愿服务或上岗工作。

团中央于今年年初主要面向“985工程”“211工程”高校首次实施了“优秀大学生西部基层建功计划”。通过前期开展组织动员、人员遴选、联系推荐就业岗位等一系列工作，来自全国重点高校的429名学生被确定为本年度“优秀大学生西部基层建功计划”人选。他们将前往西部各省份从事党政机关、事业单位及国有企业等岗位工作。

伦敦奥运会第三比赛日中国以9金5银3铜名列奖牌榜首位

8月1日

《人民日报》发表社论《中国特色社会主义的坚强柱石——庆祝中国人民解放军建军85周年》

金星熠熠生辉，军旗猎猎飘扬，在党的十八大即将召开之际，中国人民解放军迎来了建军85周年。我们向全军和武警部队官兵、预备役军人和广大民兵，致以热烈的祝贺！向军队离退休老干部、转业退伍军人、伤残军人和烈军属，致以亲切的问候！

脚踏着祖国的大地，背负着民族的希望，人民解放军历经85年峥嵘岁月的洗礼锤炼，在忠实履行不同阶段历史使命中发展壮大，在为人民利益而奋斗的时代征程中保持本色。从武装斗争到建立政权，从守卫边疆到投身建设，人民解放军建立的赫赫功勋彪炳史册，人民军队在中国特色社会主义事业发展中的重要作用日益彰显。

“兵者，国之大事”，国防和军队建设，始终在中国特色社会主义事业总体布局中占有重要地位。没有巩固的国防和强大的军队，就没有我国现代化建设的顺利进行和巨大成就。一直以来，无论是坚决捍卫国家主权、安全、领土完整，还是推进自身改革发展，无论是积极参加和支援经济社会建设，还是主动参与抢险救灾，人民解放军自觉服从服务于党和国家工作大局，有效履行历史使命，证明自己不愧为中国特色社会主义的坚强柱石和重要建设力量。

处于新世纪、新阶段的历史节点，站在中国特色社会主义战略全局的高度，人民解放军肩负的历史使命更为艰巨繁重。国际风云变幻莫测，安全形势日益复杂，来自外部的风险前所未有，改革发展攻坚克难，面对这样的内外环境，人民解放军要为党巩固执政地位提供重要力量保证，为国家发展提供坚强安全保障，为维护国家利益提供有力战略支撑，为维护世界和平发挥重要作用，就要不断增强人民军队履行使命的能力，推动国防和军队建设又好又快发展，在新征程上开拓前进、再立新功。

85年的光荣历程表明，我军之所以能从小到大、由弱到强、从胜利走向胜利，始终保持强大的凝聚力和战斗力，根本原因就在于坚持党的领导。增强我军履行历史使命的能力，最根本的是高举中国特色社会主义旗帜，把坚决听党指挥、绝对忠诚可靠作为军队建设的首要任务常抓不懈，确保党指挥枪的根本原则和制度落到实处。只有深入持久抓好中国特色社会主义理论体系武装，建设先进军事文化，培育当代革命军人核心价值观，才能打牢履行使命的思想政治基础，确保人民军队沿着正确方向奋勇前进。

85年的辉煌业绩表明，顺应时代潮流不断改革完善自身，是我军英勇善战、攻坚克难的力量之源。增强我军履行历史使命的能力，最重要的是要以推动国防和军队科学发展为主题、以加快转变战斗力生成模式为主线，全面加强军队革命化、现代化、正规化建设。扭住核心军事能力建设不放松，不断提高基于信息系统的体系作战能力，提高国防科技和武器装备自主创新能力，积极稳妥推进国防和军队改革，坚持依法治军、从严治军，中国特色精兵之路就会越走越宽广，我军履行历史使命就有了强大的战斗力基础。

国富才能军强，军强方可卫国。人民解放军的发展，始终与国家民族命运休戚与共，始终与人民的福祉紧密相连。在中国特色社会主义旗帜指引下，在以胡锦涛同志为总书记的党中央坚强领导下，全军将士坚定信念、凝聚力量、攻坚克难、奋勇前进，必定能在全面建成小康社会征程上，为党和人民建立新的功勋。

国务院总理温家宝考察长江 黄河防汛工作

8月1日至2日，国务院总理温家宝到河南洛阳、湖北荆州考察防汛抗灾工作。他先后来到小浪底水利枢纽工程、三峡水利枢纽工程、荆江大堤，实地了解黄河、长江流域汛情，察看险段水情，检查指导防汛工作。

最近一段时间，我国极端灾害天气多发、重发，降雨偏多，洪涝灾害严重，入汛以来全国先后有330多条河流超警，近期还有两个强台风可能登陆我国，影响多个省份，防汛抗灾形势严峻。

温家宝指出，我们必须对防汛形势有清醒认识，全面做好防汛抗灾各项工作。一要把人民生命安全放在首位，及时做好受威胁群众的转移避险工作，安排好受灾群众生活。二要加强气象、水文监测预报预警，防范城市内涝、山洪、山体滑坡和泥石流等灾害。三要做好应对主要江河、流域性大洪水和台风的准备，科学调度水利工程，确保水库和江河堤坝安全。四要强化领导负责制，逐级落实防汛抗洪救灾责任。

1日上午，温家宝来到小浪底水利枢纽，听取了库区建设和防洪情况汇报，考察了大坝泄洪、排沙情况。他还来到孟津县煤窑新村，看望慰问小浪底水利枢纽工程移民，了解他们的生产生活情况。温家宝说，小浪底水利枢纽对黄河下游防汛安全具有不可替代的战略作用，投入运营以来，在防洪、供水、减淤、减沙方面发挥了重要作用，实现了黄河12年不断流，希望继续把工程维护好、运用好、管理好，为抗洪抗旱、缓解河道淤积发挥更大作用。

随后，温家宝在洛阳主持召开座谈会。在听取了黄河水利委员会和河南省防汛抗洪工作汇报后，他指出，黄河已经有30年没有出现大的洪水，今年出现的洪峰、险情提醒我们,必须高度重视黄河的防洪工作。一是全面加强预测预报预警,密切关注汛情变化,这是黄河防汛抗洪最基础的工作。二是切实做好抢大险的各项准备,确保黄河大堤万无一失。要针对黄河河势游荡、堤防易冲难防的特点,强化抢险队伍,备足抢险物料,切实加强巡堤查险。三是做好滩区避险,确保滩区群众的生命安全。对撤退道路、交通运输、对口安置、生活安排等,都要事先作出安排并落实到村、到户、到人。四是加强科学调控,合理利用雨洪资源。黄河防汛工作既要确保大堤安全,又要确保滩区群众安全;既要防御洪水,也要妥善处置泥沙;既要避免洪涝成灾,又要考虑抗旱用水。要在确保防洪安全的条件下,千方百计满足城乡居民生活用水需要,满足生产、输沙和生态用水需要。五是进一步加强防洪设施建设,实现黄河长久安澜。

在结束了小浪底的考察后,温家宝随即飞赴湖北荆州。万里长江险在荆江。2日上午,温家宝先后到长江北岸察看了荆江大堤尹家湾段,又到长江南岸公安县考察了南平镇松东河新城段和孟家溪镇金岗村,实地了解汛情,看望坚守在防汛一线的干部群众。近段时间,这些地段险情不断:7月22日尹家湾曾出现管涌;松东河新城段已22天在警戒水位以上。温家宝说,1998年抗洪之后,我们加固了长江大堤,防汛条件大大改善,但决不意味着可以高枕无忧,最近的险情就是对我们的提醒。他要求当地进一步完善预警巡查措施,确保人民群众生命财产安全。他还要求有关部门迅速研究部署荆南四河等防洪薄弱环节治理工程建设,切实提高这一地区的防洪能力。2日下午,温家宝还到三峡水利枢纽工程,考察了大坝泄洪腾库情况和三峡电站中控室。

温家宝在荆州听取长江水利委员会负责人、水利专家和湖北省防汛抗洪工作汇报后指出,保障长江安全,关键要抓好两件事:一是切实做好三峡等重要防洪工程的科学调度。要把防汛保安全作为第一位的任务,坚持蓄泄兼筹、江湖两利、上中下游协调、左右岸兼顾、干支流配合,加强三峡工程调度,科学安排下泄流量。二要加强堤防、湖库防汛应急值守和巡查排险。目前长江中游部分干流河段和洞庭湖周边水位持续在警戒水位以上,要组织足够力量巡堤查险,特别要加强对险工险段、河势发生变化堤段的巡查,确保万无一失。他强调,在做好防汛工作的同时,要高度重视抗旱工作。现在长江中下游部分地区已经出现旱情,要加强中小河流调度,增加水库、塘坝蓄水,扩大抗旱水源。

温家宝强调,中小河流仍然是防汛抗洪的突出薄弱环节,要作为今后一个时期防洪建设的重点。对洪涝灾害易发、保护区人口密集、保护对象重要的河流及河段,尤其要加快治理步伐。要切实做好山洪及滑坡、泥石流等地质灾害防治,加快实施防灾避让和重点治理。要落实责任措施,完善预案体系,提高各级政府和基层的应急处置能力。

国务院总理温家宝要求严密防控做好台风“苏拉”和“达维”应对工作

今年第9号台风“苏拉”和第10号台风“达维”于7月28日相继在西北太平洋上生成,目前正向我国沿海逼近。1日,正在河南考察黄河防汛工作的中共中央政治局常委、国务院总理温家宝要求,各地、各部门高度重视、严密防控,做好台风“苏拉”和“达维”应对工作,确保人民群众生命财产安全。

国务院在国家防总指挥中心召开防汛抗洪救灾专题会议

会议分析研判雨情、水情、汛情和台风发展态势,进一步安排部署防汛抗洪抢险救灾工作。中共中央政治局委员、国务院副总理、国家防汛抗旱总指挥部总指挥回良玉在会上强调,当前防汛抗洪救灾形势十分复杂严峻,各地区、各有关部门要进一步行动起来,以保障人民群众生命安全为核心,进一步完善和强化各项举措,着力加强长江、黄河和海河等流域洪水调度,确保大江大河和水库安全度汛,集中力量防御台风、山洪地质灾害和城市内涝,强化预报预警和统一指挥,加大巡堤查险和应急抢险力度,妥善安排受灾群众生产生活,坚决打好今年防汛抗洪救灾这场硬仗,以优异成绩迎接党的十八大胜利召开。

回良玉指出,今年入汛以来,我国大部分地方降雨偏多,洪涝灾害较重,特别是很多非传统洪涝地区发生了洪涝灾害,给防汛救灾工作带来很多困难。各地区、各有关部门认真贯彻党中央、国务院的要求,超前部署、精心组织、积极应对,最大限度地减轻了人员伤亡和灾害损失。他强调,当前部分江河水位持续偏高,有些地区仍将出现较强降雨过程,后期台风登陆可能偏多,发生流域性大洪水的几率在增加,加上部分地区水毁工程尚未修复,抗洪能力下降。对此,务必保持清醒认识和高度警惕,切不可松懈麻痹,切不可掉以轻心,必须再接再厉,切实做好防御更大洪水、抗御更大灾害的充分准备。

回良玉强调,防汛抗洪救灾责任重于泰山。各地区、各有关部门要认真贯彻中央的部署安排,有力有序有效地做好防汛抗洪救灾各项工作。一要突出重点任务。抓好台风防御,当务之急是做好第9号、第10号热带风暴登陆及次生灾害的应对工作,及时组织出海船只回港避风,及时转移海上作业和低洼地带群众。

抓好山洪和地质灾害防御，加强监测、提前预警、及时转移群众。抓好城市暴雨内涝防范，针对重点部位和薄弱环节，逐一制订应急排水抢险预案，落实排涝队伍和设备，加强巡护检查和防灾减灾知识宣传。二要抓好关键环节。进一步强化灾害性天气的预报预警，加强城市防御内涝的预警服务工作，增强面向偏远地区、农村和山区的预警信息发布能力。进一步完善应急预案，提高针对性和可操作性。进一步加强统一调度，合理安排“拦、分、蓄、滞、排”措施，科学有效地管理洪水。进一步加大巡堤查险力度，不疏漏一处隐患、不放过一丝险情。进一步充实抗洪救灾物资，加强应急抢险队伍建设。三要搞好分类指导。当前要重点加强长江、黄河和海河流域的防汛抗洪和抢险救灾工作，统筹上下游、左右岸，兼顾城镇和农村、防汛和抗旱。对水资源紧张的北方地区，还要高度重视雨洪资源的合理利用，尽可能多地补充地下水，多种方式增加抗旱水源。四要强化救灾安置和灾后重建。解决好受灾群众吃、穿、住、医等方面存在的困难，做好灾区防暑降温及防疫工作，抓紧组织群众开展生产自救、修复损毁基础设施，早日恢复正常生产生活秩序。五要加强组织领导。进一步明确责任、细化要求、实化措施、强化监督，切实把行政首长负责制落到实处。建立、健全部门联动机制，形成强大的抗灾救灾合力。强化军地、军民协作机制，做好部队参加抗洪抢险的各项保障和服务工作。要严肃纪律和问责制，对违反纪律、工作不力，造成重大损失和重大人员伤亡的，依法严肃追究责任。

中国首批赴南苏丹维和官兵获联合国“和平勋章”

中国首批赴南苏丹维和部队授勋仪式今天在南苏丹举行，维和部队338名官兵全部被授予联合国“和平荣誉勋章”，所属工兵、医疗分队荣获集体“总司令嘉奖”，27名官兵荣获个人“总司令嘉奖”。

中国首批赴南苏丹维和部队自今年1月11日部署任务区以来，克服重重困难，全力以赴投入维和事业，高标准完成了筑路架桥、承建机场以及马普尔DDR主体工程等120余项工程任务，救治病人1100余人次，特别是出色完成了救援失事客机、脱轨火车以及车祸警察等紧急任务，受到联南苏团和南苏丹各级官员的高度赞誉。

《求是》杂志第15期发表国家副主席习近平的文章《始终坚持和充分发挥党的独特优势》

7月份中国制造业采购经理指数PMI为50.1%

中国物流与采购联合会、国家统计局服务业调查中心发布的7月份中国制造业PMI为50.1%，比上月微幅回落0.1个百分点。该指数在生产建设淡季回落甚微，显示当前经济正在逐渐筑底，后期将延续趋稳走势。但当前需求偏弱、供大于求的下行压力仍未消除。

中国羽毛球队放弃上诉接受国际羽联处罚

针对伦敦奥运会羽毛球女双赛场发生的消极比赛事件，国际羽联今天开出一张史无前例的罚单，包括中国女双组合在内的4对选手全部被取消比赛资格。

7月31日，在奥运会羽毛球女双小组赛A组的最后一场比赛中，为了避开提前与本方队友在淘汰赛中相遇，世界排名第一的中国组合于洋/王晓理对阵韩国组合郑景银/金荷娜，以及韩国组合河贞恩/金旼贞对阵印尼组合波莉/乔哈里，都选择了消极对待比赛，引得温布利体育馆的观众嘘声四起。

世界羽联秘书长托马斯·伦丁表示：今天上午，世界羽联纪律委员会就此事召开了听证会，决定取消她们的参赛资格。伦丁说：“这几对组合被指控违反了世界羽联球员行为守则，即‘没有尽全力去赢得比赛’，和‘在场上的行为明显有害于羽毛球运动’。”

山西洪洞一煤矿发生透水事故

凌晨3点左右，山西洪洞县基安达煤矿发生透水事故，22人脱险升井，初步判断有12人被困井下，透水事故发生后不久，地面人员曾与其中4名被困人员通过话，目前，现场抢险救援已全面展开。

8月2日

全国人大常委会副委员长王兆国在北戴河会见参加休养的300名劳模代表并发表重要讲话

王兆国指出，劳动模范是民族的精英、国家的栋梁、社会的中坚、人民的楷模。爱岗敬业、争创一流，艰苦奋斗、勇于创新，淡泊名利、甘于奉献的劳模精神是我们时代的宝贵财富。希望广大劳模在各个方面都发挥模范带头作用，认真学习贯彻胡锦涛总书记7月23日重要讲话精神，高举中国特色社会主义伟大旗帜，坚定中国特色社会主义理想信念，在思想上、政治上、行动上同党中央保持高度一致；积极践行社会主义核心价值体系，以良好的社会公德、职业道德、家庭美德、个人品德带动全社会；不断学习新知识、掌握新技能，为建设创新型国家贡献力量。广大职工要学习劳模、争当劳模，通过脚踏实地、勤勤恳恳的劳动，在促进企业发展和实现国家富强的进程中实现自己的人生价值，为到2020年如期实现全面建成小康社会目标作出新贡献。

王兆国说，党中央、国务院一直十分关心爱护劳模，重视发挥劳动模范和先进人物的示范引领作用。各级党委和政府要继续重视劳模工作，切实为劳模成长和作用发挥营造更好的环境和条件。各级工会要进一步做好劳模的宣传、服务和管理工作，积极推动相关政策的落实，当好劳模的贴心人。

2012年劳模休养活动于7月28日启动，来自全国各地的300名全国劳动模范和全国先进工作者、全国五一劳动奖章获得者作为首批休养劳模，在北京、北戴河集中休养。

今年8月至11月，全总将组织4000名劳模参加集中休养，是历年来全总组织劳模休养活动人数最多的一次。

审计署公布全国社保资金审计结果

《人民日报》报道：审计署向社会发布了全国社会保障资金审计结果，首次全面揭示了我国社保体系建设和管理情况，公布了社保资金底数。

今年3月至5月，审计署组织全国审计机关对31个省(区、市)、5个计划单列市本级及所属市(地、州、盟、区)、县(市、区、旗)三级政府和新疆生产建设兵团管理的18项社会保障资金，以及人民银行、农业发展银行实施行业统筹管理的职工基本养老保险基金进行了审计，对地方试点或开展的其他社会保险进行了调查。

从审计情况看，各项社会保障资金总体安全，基金运行平稳。到2011年年末，社保资金累计结余31118.59亿元，比2005年增长435.24%。

公安部部长孟建柱在北京会见马来西亚内政部部长希沙姆丁

孟建柱说，近年来，中马关系发展顺利，两国高层互访频繁，政治互信不断加深，经贸合作成果显著。中方高度重视与马来西亚的友好合作，愿同马方一道，积极推动各领域务实合作，使中马关系取得更大发展。

孟建柱指出，中马执法部门相互支持，在反恐、打击跨国犯罪、遣返犯罪嫌疑人等领域合作不断深入，取得了积极进展。希望双方以这次签署两国政府关于打击跨国犯罪的合作协议为契机，加强交流、密切协作，共同把中马执法合作关系提升到新的水平。

会见后，双方签署了《中华人民共和国政府和马来西亚政府关于打击跨国犯罪的合作协议》。

中联部部长王家瑞在平壤与朝鲜劳动党第一书记金正恩举行会谈

王家瑞说，中国党和政府坚持从战略高度和长远角度看待中朝关系，不断巩固和发展中朝友好合作关系，是中国党和政府坚定不移的方针。我们愿同朝鲜同志一道，保持高层交往，加强党际交流，促进务实合作，加强在重大国际和地区问题上的战略沟通和协调，为维护半岛持久和平稳定，实现东北亚长治久安而不懈努力。

金正恩说，继承金正日同志遗训，世代传承并不断深化朝中传统友谊，是朝鲜党和政府坚定不移的意志。朝方将同中方共同努力，推动老一辈领导人亲手缔造和培育的朝中传统友谊发展到更高水平。

在谈到国内情况时，金正恩说，发展经济、改善民生，让朝鲜人民过上幸福、文明的生活，是朝鲜劳动党的奋斗目标。朝鲜人民正紧密团结在朝鲜劳动党的周围，以高昂斗志集中力量搞建设，积极推进社会主义各项事业。金正恩说，朝鲜将一如既往，为维护半岛和平稳定作出积极努力。

焦刘洋在伦敦奥运会女子200米蝶泳决赛中以2分04秒06的成绩夺冠并打破奥运会纪录

8月3日

国务院发出《关于深化流通体制改革加快流通产业发展的意见》

各省、自治区、直辖市人民政府，国务院各部委、各直属机构：

改革开放以来，我国流通产业取得长足发展，交易规模持续扩大，基础设施显著改善，新型业态不断涌现，现代流通方式加快发展，流通产业已经成为国民经济的基础性和先导性产业。但总的看，我国流通产业仍处于粗放型发展阶段，网络布局不合理，城乡发展不均衡，集中度偏低，信息化、标准化、国际化程度不高，效率低、成本高问题日益突出。为适应新形势下经济社会发展需要，加快推进流通产业改革发展，现提出如下意见：

一、指导思想、基本原则和主要目标

(一)指导思想。以邓小平理论和"三个代表"重要思想为指导，深入贯彻落实科学发展观，围绕提高流通效率、方便群众生活、保障商品质量、引导生产发展和促进居民消费，加快推进流通产业发展方式转变，着力解决制约流通产业发展的关键问题，有效降低流通成本，全面提升流通现代化水平。

(二)基本原则。坚持发挥市场作用与完善政府职能相结合。在更大程度上发挥市场配置资源的基础性作用，遵循价值规律和市场规则，强化企业在市场中的主体地位；提升政府公共服务、市场监管和宏观调控能力。坚持深化改革与扩大开放相结合。深化流通领域各项改革,为流通产业发展提供制度保障;继续推进流通产业对内对外开放,以开放促改革促发展。坚持促进发展与加强规范相结合,加大对重点领域和薄弱环节的支持力度,推动流通产业加快发展;强化规范市场秩序,提升行业发展质量,切实保障和改善民生。坚持立足当前与着眼长远相结合。既要紧密结合当前需要,着力降低流通成本,又要注重长远发展,建立流通引导生产、促进消费的长效机制。

(三)主要目标。到2020年,我国流通产业发展的总体目标是:基本建立起统一开放、竞争有序、安全高效、城乡一体的现代流通体系,流通产业现代化水平大幅提升,对国民经济社会发展的贡献进一步增强。

——流通领域提高效率降低成本效果显著,批发零售企业流动资产周转速度加快,全社会物流总费用与国内生产总值的比率明显降低。

——现代信息技术在流通领域得到广泛应用,电子商务、连锁经营和统一配送等成为主要流通方式,连锁化率达到22%左右,商品统一配送率达到75%左右,流通产业整合资源、优化配置的能力进一步增强。

——流通主体的竞争力明显提升,形成一批网络覆盖面广、主营业务突出、品牌知名度高、具有国际竞争力的大型流通企业。

——流通产业发展的政策、市场和法制环境更加优化,市场运行更加平稳规范,居民消费更加便捷安全,全国统一大市场基本形成。

二、主要任务

(四)加强现代流通体系建设。依托交通枢纽、生产基地、中心城市和大型商品集散地,构建全国骨干流通网络,建设一批辐射带动能力强的商贸中心、专业市场以及全国性和区域性配送中心。推动大宗商品交易市场向现货转型,增加期货市场交易品种。优化城市流通网络布局,有序推进贸易中心城市和商业街建设,支持特色商业适度集聚,鼓励便利店、中小综合超市等发展,构建便利消费、便民生活服务体系。鼓励大型流通企业向农村延伸经营网络,增加农村商业网点,拓展网点功能,积极培育和发展农村经纪人,提升农民专业合作社物流配送能力和营销服务水平。支持流通企业建立城乡一体化的营销网络,畅通农产品进城和工业品下乡的双向流通渠道。大力发展第三方物流,促进企业内部物流社会化。加强城际配送、城市配送、农村配送的有效衔接,推广公路不停车收费系统,规范货物装卸场站建设和作业标准。加快建设完整先进的废旧商品回收体系,健全旧货流通网络,促进循环消费。

(五)积极创新流通方式。大力推广并优化供应链管理,鼓励流通企业拓展设计、展示、配送、分销、回收等业务。加快发展电子商务,普及和深化电子商务应用,完善认证、支付等支撑体系,鼓励流通企业建立或依托第三方电子商务平台开展网上交易。创新网络销售模式,发展电话购物、网上购物、电视购物等网络商品与服务交易。统筹农产品集散地、销地、产地批发市场建设,构建农产品产销一体化流通链条,积极推广农超对接、农批对接、农校对接以及农产品展销中心、直销店等产销衔接方式,在大中城市探索采用流动售卖车。围绕节能环保、流通设施、流通信息化等关键领域,大力推进流通标准应用。鼓励商业企业采购和销售绿色产品,促进节能环保产品消费,支持发展信用消费。推动商品条码在流通领域的广泛应用,健全全国统一的物品编码体系。

(六)提高保障市场供应能力。支持建设和改造一批具有公益性质的农产品批发市场、农贸市场、菜市场、社区菜店、农副产品平价商店以及重要商品储备设施、大型物流配送中心、农产品冷链物流设施等,发挥公益性流通设施在满足消费需求、保障市场稳定、提高应急能力中的重要作用。完善中央与地方重要商品储备制度,优化储备品种和区域结构,适当扩大肉类、食糖、边销茶和地方储备中的小包装粮油、蔬菜等生活必需品储备规模。强化市场运行分析和预测预警,增强市场调控的前瞻性和预见性。加强市场应急调控骨干企业队伍建设,提高迅速集散应急商品能力,综合运用信息引导、区域调剂、收储投放、进出口等手段保障市场供求基本平衡。

(七)全面提升流通信息化水平。将信息化建设作为发展现代流通产业的战略任务,加强规划和引导,推动营销网、物流网、信息网的有机融合。鼓励流通领域信息技术的研发和集成创新,加快推广物联网、互联网、云计算、全球定位系统、移动通信、地理信息系统、电子标签等技术在流通领域的应用。推进流通领域公共信息服务平台建设,提升各类信息资源的共享和利用效率。支持流通企业利用先进信息技术提高仓储、采购、运输、订单等环节的科学管理水平。鼓励流通企业与供应商、信息服务商加强合作,支持开发和推广适用于中小流通企业的信息化解决方案。加强信息安全保障。

(八)培育流通企业核心竞争力。积极培育大型流通企业,支持有实力的流通企业跨行业、跨地区兼并重组。支持中小流通企业特别是小微企业专业化、特色化发展,健全中小流通企业服务体系,扶持发展一批专业服务机构,为中小流通企业提供融资、市场开拓、科技应用和管理咨询等服务。鼓励发展直营连锁和特许连锁,支持流通企业跨区域拓展连锁经营网络。积极推进批发市场建设改造和运营模式创新,增强商品吞吐能力和价格发现功能。推动零售企业转变营销方式，提高自营比重。支持流通企业建设现代物流中心，积极发展统一配送。加强知识产权保护，鼓励流通品牌创新发展。

（九）大力规范市场秩序。加强对关系国计民生、生命安全等商品的流通准入管理，形成覆盖准入、监管、退出的全程管理机制。充分利用社会检测资源，建立涉及人身健康与安全的商品检验制度。建立、健全肉类、水产品、蔬菜、水果、酒类、中药材、农资等商品流通追溯体系。加大流通领域商品质量监督检查力度，改进监管手段和检验检测技术条件。依法严厉打击侵犯知识产权、制售假冒伪劣商品、商业欺诈和商业贿赂等违法行为。加强网络商品交易的监督管理。规范零售商、供应商交易行为，建立平等和谐的零供关系。加快商业诚信体系建设，完善信用信息采集、利用、查询、披露等制度，推动行业管理部门、执法监管部门、行业组织和征信机构、金融监管部门、银行业金融机构信息共享。细化部门职责分工，堵塞监管漏洞。

（十）深化流通领域改革开放。建立分工明确、权责统一、协调高效的流通管理体制，健全部门协作机制，强化政策制定、执行与监督相互衔接，提高管理效能。加快流通管理部门职能转变，强化社会管理和公共服务职能。在有条件的地区开展现代流通综合试点，加强统筹协调，加快推进大流通、大市场建设。消除地区封锁和行业垄断，严禁阻碍、限制外地商品、服务和经营者进入本地市场，严厉查处经营者通过垄断协议等方式排除、限制竞争的行为。鼓励民间资本进入流通领域，保障民营企业合法权益，促进民营企业健康发展。进一步提高流通产业利用外资的质量和水平，引进现代物流和信息技术带动传统流通产业升级改造。支持有条件的流通企业“走出去”，通过新建、并购、参股、增资等方式建立海外分销中心、展示中心等营销网络和物流服务网络。积极培育国内商品市场的对外贸易功能，推进内外贸一体化。

三、支持政策

（十一）制定完善流通网络规划。制定全国流通节点城市布局规划，做好各层级、各区域之间规划衔接。科学编制商业网点规划，确定商业网点发展建设需求，将其纳入城市总体规划和土地利用总体规划。乡镇商业网点建设纳入小城镇建设规划。各地制定控制性详细规划和修建性详细规划时应充分考虑商业网点建设需求，做好与商业网点规划的相互衔接。完善社区商业网点配置，新建社区（含廉租房、公租房等保障性住房小区、棚户区改造和旧城改造安置住房小区）商业和综合服务设施面积占社区总建筑面积的比例不得低于10%。地方政府应出资购买一部分商业用房，用于支持社区菜店、菜市场、农副产品平价商店、便利店、早餐店、家政服务点等居民生活必备的商业网点建设。严格社区商业网点用途监管，不得随意改变必备商业网点的用途和性质，拆迁改建时应保证其基本服务功能不缺失。各地可根据实际发布商业网点建设指导目录，引导社会资金投向。

（十二）加大流通业用地支持力度。按照土地利用总体规划和流通业建设项目用地标准，在土地利用年度计划和土地供应计划中统筹安排流通业各类用地。鼓励利用旧厂房、闲置仓库等建设符合规划的流通设施，涉及原划拨土地使用权转让或租赁的，经批准可采取协议方式供应。政府对旧城区改建需搬迁的流通业用地，在收回原国有建设用地使用权后，经批准可以协议出让方式为原土地使用权人安排用地。鼓励各地以租赁方式供应流通业用地。支持依法使用农村集体建设用地发展流通业。制定政府鼓励的流通设施目录，对纳入目录的项目用地予以支持。依法加强流通业用地管理，禁止以物流中心、商品集散地等名义圈占土地，防止土地闲置浪费。

（十三）完善财政金融支持政策。积极发挥中央政府相关投资的促进作用，完善促进消费的财政政策，扩大流通促进资金规模，重点支持公益性流通设施、农产品和农村流通体系、流通信息化建设，以及家政和餐饮等生活服务业、中小流通企业发展、绿色流通、扩大消费等。鼓励银行业金融机构针对流通产业特点，创新金融产品和服务方式，开展动产、仓单、商铺经营权、租赁权等质押融资。改进信贷管理，发展融资租赁、商圈融资、供应链融资、商业保理等业务。充分发挥典当等行业对中小和微型企业融资的补充作用。拓宽流通企业融资渠道，支持符合条件的大型流通企业上市融资、设立财务公司及发行公司（企业）债券和中期票据等债务融资工具。引导金融机构创新消费信贷产品，改进消费信贷业务管理方式，培育和巩固消费信贷增长点。

（十四）减轻流通产业税收负担。在一定期限内免征农产品批发市场、农贸市场城镇土地使用税和房产税。将免征蔬菜流通环节增值税政策扩大到有条件的鲜活农产品。加快制定和完善促进废旧商品回收体系建设的税收政策。完善并落实家政服务企业免征营业税政策，促进生活服务业发展。落实总分支机构汇总纳税政策，促进连锁经营企业跨地区发展。积极推进营业税改增值税试点，完善流通业税制。

（十五）降低流通环节费用。抓紧出台降低流通费用综合性实施方案。优化银行卡刷卡费率结构，降低总体费用水平，扩大银行卡使用范围。加快推进工商用电用水同价。落实好鲜活农产品运输“绿色通道”政策，确保所有整车合法装载运输鲜活农产品车辆全部免缴车辆通行费，结合实际完善适用品种范围。切实规范农产品市场收费、零售商供应商交易收费等流通领域收费行为。深入推进收费公路专项清理，坚决取缔各种违规及不合理收费，降低偏高的通行费收费标准。从严审批一级及以下公路和独立桥梁、隧道收费项目。按照逐步有序的原则，加快推进国家确定的西部地区省份取消政府还贷二级公路收费工作进度。

四、保障措施

（十六）完善流通领域法律、法规和标准体系。推动制定、修改流通领域的法律、法规，提升流通立法层级。抓紧修订报废汽车回收管理办法，积极推动修改商标法、反不正当竞争法、广告法和消费者权益保护法等法律，研究制定典当管理、商业网点管理、农产品批发市场管理等方面的行政法规。全面清理和取消妨碍公平竞争、设置行政壁垒、排斥外地产品和服务进入本地市场的规定。积极完善流通标准化体系，加大流通标准的制定、实施与宣传力度。

（十七）健全统计和监测制度。加快建立全国统一科学规范的流通统计调查体系和信息共享机制，不断提高流通统计数据质量和工作水平。加强零售、电子商务、居民服务、生产资料流通等重点流通领域的统计数据开发应用，提高服务宏观调控和企业发展的能力。扩大城乡市场监测体系覆盖面，优化样本企业结构，推进信息采集智能化发展，保证数据真实、准确、及时，加快监测信息成果转化。

（十八）发挥行业协会作用。完善流通行业协会的运行机制，引导行业组织制定行业规范和服务要求，加强行业自律和信用评价。支持行业协会为流通企业提供法律、政策、管理、技术、市场信息等咨询及人才培训等服务，及时反映行业诉求，维护企业合法权益。

（十九）强化理论体系、人才队伍和基层机构建设。深化流通领域理论和重大课题研究，完善我国现代流通产业发展的理论和政策研究体系。大力培养流通专业人才，加快形成高校、科研院所与部门、行业企业联合培养人才的机制，积极开展职业教育与培训，提高流通专业人才培养质量。加强干部队伍建设，提高基层干部的服务意识和监管执法能力。加强基层流通管理部门建设，充实一线力量，保证基层流通管理工作通畅有效。

（二十）加强组织领导。国务院有关部门、地方各级人民政府要高度重视加快流通产业改革发展的重要性，切实加强组织领导，根据要求抓紧制定具体实施方案，完善和细化政策措施，确保各项任务落实到位。建立由商务部牵头的全国流通工作部际协调机制，加强对流通工作的协调指导和监督检查，及时研究解决流通产业发展中的重大问题。各地要将加快流通产业改革发展作为调结构、转方式、惠民生的重要抓手，完善配套政策和监管措施，保障流通产业改革发展所需资金，促进流通产业持续健康发展。

国务院

2012年8月3日

央行发布报告引导货币信贷平稳适度增长

中国人民银行发布的二季度货币政策执行报告指出，下一步将继续实施稳健的货币政策，综合运用多种货币政策工具组合，引导货币信贷平稳适度增长。

报告指出，要正确处理保持经济平稳较快发展、调整经济结构和管理通胀预期三者的关系，把稳增长放在更加重要的位置。继续实施稳健的货币政策，密切监测国内外经济金融形势发展变化，关注需求变化，增强调控的前瞻性、针对性和灵活性，适时适度进行预调微调。

报告强调，将综合运用逆回购、正回购、央行票据、存款准备金率等多种货币政策工具组合，继续发挥宏观审慎政策的逆周期调节作用，引导货币信贷平稳适度增长，保持合理的社会融资规模，着力优化信贷资源配置。

今年以来，中国央行曾于2月24日、5月12日两次下调存款准备金率，并多次于公开市场开展逆回购操作，向银行体系释放充裕流动性。

外汇方面，报告指出，自2012年4月16日起扩大人民币对美元汇率波幅以来，中国外汇市场总体运行平稳，市场行情呈现出弹性增强、价格连续性提升等特点。

央行表示，今后将继续按照主动性、可控性和渐进性原则，根据国内外经济金融形势，推进人民币汇率形成机制改革，更大程度地发挥市场供求对汇率的调节作用，增强人民币汇率双向浮动弹性，保持人民币汇率在合理、均衡水平上的基本稳定。同时继续改进外汇管理，大力发展外汇市场，推动外汇产品创新。

证监会宣布新三板试点范围扩大

证监会今天宣布，经国务院批准，决定扩大非上市股份公司股份转让试点，也就是俗称的“新三板”。首批扩大试点除中关村科技园区外，新增上海张江高新产业开发区，武汉东湖新技术产业开发区和天津滨海高新区。

我国将在2015年前建立起“北斗”导航检测认证体系

解放军总参谋部与国家认证认可监督管理委员会3日在北京举行战略合作协议签约仪式。我国将用3年时间建立起一个“法规配套、标准统一、布局合理、军民结合”的“北斗”导航检测认证体系，以期全面提升“北斗”导航定位产品的核心竞争力，确保“北斗”导航系统运行安全。

“北斗”导航定位系统是我国完全自主知识产权的卫星导航定位系统，始建于20世纪80年代，并计划在2012年年底正式开通服务。截至目前，“北斗”导航定位系统已经有11颗卫星在轨运行，拥有12万军民用户。到2020年前，“北斗”导航定位系统卫星数量将达到30颗以上，导航定位范围也将由区域拓展到全球，其设计性能将与美国第三代GPS导航定位系统相当。

8月4日

中共中央国务院邀请一线基层人才代表赴北戴河休假

为体现对广大一线基层人才的关心爱护，8月4日至10日，党中央、国务院邀请62位长期工作在教学、科研和生产一线的专家，特别是长年扎根在艰苦边远地区、边疆民族地区和革命老区的优秀专家和人才代表到北戴河休假。

对各领域优秀专家和专门人才，党中央、国务院十分关心，每年都邀请各领域专家学者到北戴河休假疗养，先后有600多名专家代表携家属休假。

短短一周的时间里，专家们游览了雄伟的“天下第一关”、万里长城第一站山海关老龙头和南戴河景区。尽管是在休假，然而专家代表们仍然抓紧时间，围绕人才的培养与建设等问题展开讨论。

专家代表们表示，在当前“尊重劳动，尊重知识，尊重人才，尊重创造”的环境下，知识分子迎来了大展才华，报效祖国的最好时期。在今后工作中，要始终把祖国和人民放在心中，扎根一线、不懈奋斗，为推动科学发展、促进社会和谐，作出更大的贡献。

外交部发言人秦刚就美国务院发表所谓南海问题声明阐明中方严正立场

秦刚说，8月3日，美国国务院就南海问题发表所谓声明，罔顾事实，混淆是非，发出了严重错误信号，无助于有关各方维护南海乃至亚太地区和平稳定的努力。中方对此表示强烈不满和坚决反对。

秦刚说，中国对南海诸岛及其附近海域拥有无可争辩的主权，这方面的历史事实是清楚的。而且，1959年中国就设立了隶属广东省的西、南、中沙群岛办事处，对西沙、中沙和南沙群岛的岛礁及其海域进行行政管辖。此次设立三沙市是中国对现有有关地方行政管辖机构的必要调整，是中国主权范围内的事情。

他说，需要指出的是，20多年来，在中国和有关地区国家的共同努力下，保持了南海的和平稳定，航行自由和正常贸易得到充分保障。2002年，中国和东盟国家共同签署《南海各方行为宣言》（以下简称《宣言》）。《宣言》明确规定，由直接有关的主权国家通过友好协商和谈判，以和平方式解决领土和管辖权争议，同时承诺不采取使争议复杂化、扩大化的行动。现在令人担心的是，个别国家不尊重、不遵守《宣言》，以挑衅的方式一而再、再而三地破坏《宣言》的基本原则和精神，也给商谈“南海行为准则”制造了困难。因此，中方在对同东盟国家商谈“南海行为准则”持开放态度的同时，主张各方必须严格遵守《宣言》，以为商谈“准则”创造必要条件和气氛。

秦刚说，美方对中国正常、合理之举的无端指责不能不使人们对美方的意图提出质疑。美国为什么对有的国家在南海划出大批油气区块、出台将中国的岛礁和海域划为己有的国内立法视而不见，为什么对有的国家出动军舰威胁中国渔民，对无争议的中国岛礁无理提出主权要求避而不谈，却对中方应对这些挑衅行为的合理、适度反应提出无端指责？又为什么在地区有关国家加强对话沟通、努力化解矛盾、平息事态之际突兀发声，拨弄是非？这种选择性视盲和发声有悖其所声称的对争议“不持立场”、“不介入”的态度，不利于地区国家的团结合作与和平稳定。

第四届职工职业技能大赛决赛在长春启动

本届技能大赛共设车工、钳工、铣工等7个工种，8月31日前分别在长春、沈阳、天津、南通、成都5个城市举行，4000万职工参加比赛。

孙杨以14分31秒02的成绩夺得伦敦奥运会男子1500米自由泳冠军并打破自己保持的世界纪录

陈定以1小时18分46秒的成绩夺得伦敦奥运会男子20公里竞走冠军并创造新的奥运会纪录

8月5日

国家副主席习近平在北戴河会见参加暑期休假活动的优秀专家和基层一线人才

习近平向全国各条战线各个领域的专家和广大基层一线人才表示诚挚问候和崇高敬意，勉励大家为党和国家事业作出新的更大贡献，以优异成绩迎接党的十八大胜利召开。

党中央、国务院对各领域高级专家和专门人才十分关心。暑期邀请专家到北戴河休假，是中央关心、联系和服务人才的一项重要制度性安排。2001年以来，已分10批次共邀请600多名专家携家属休假。为体现对广大一线基层人才的关心爱护，党中央、国务院专门邀请62位长期工作在教学、科研和生产一线，特别是长年扎根在艰苦边远地区、边疆民族地区和革命老区的优秀专家和人才代表参加。休假专家中，有勇攀科技高峰、作出突出贡献的两院院士，有为祖国铸利器、保和平的国防科技专家，有潜心研究、著述等身的社科专家，有辛勤耕耘、桃李满天下的教学名家，有德艺双馨、为群众喜爱的文艺名家，有刻苦钻研、技术精湛的知识型人才，有自学成才、革新多项工艺的农民发明家，有无私奉献、感动中国的最美乡村教师和最美边疆医生，有"上九天揽月"归来的"神舟"航天员，他们是全国各地各行业各领域广大基层一线人才的优秀代表。

国务委员刘延东，中央组织部部长李源潮等参加会见。

会见活动结束后，中央组织部听取专家意见。专家们感谢党中央、国务院对基层一线人才的重视和关怀，表示将始终把祖国和人民放在心中，把个人理想与国家发展、事业追求与人民需要、人生价值与社会进步融为一体，扎根一线、不懈奋斗，为推动科学发展、促进社会和谐，作出自己应有的贡献。

财政部 民航局印发《民航节能减排专项资金管理暂行办法》

中国海军军舰首次访问保加利亚

当地时间5日10时，来自中国海军的"烟台"舰缓缓驶抵保加利亚瓦尔纳港

随着更位长鸣笛敬礼，中国海军第十一批护航编队政委、"烟台"舰出访指挥员夏克伟海军少将踏上码头，与前来迎接的保海军副司令格奥尔基·莫特夫海军准将、参谋长科斯塔·安德列夫海军上校以及我驻保大使全权临时代办贾力、武官张戈大校等一一握手，标志中保建交63年来中国海军军舰首次访问保加利亚正式开始。

军乐队演奏两国国歌，莫特夫海军准将致欢迎词。他对中国海军军舰首次访问保加利亚表示热烈欢迎，认为此次访问是两国海军交往史上具有重要历史意义的事件。他特别提到了对中国海军"烟台"舰连续4个多月在海上执行任务，所进行的在亚丁湾、索马里海域护航行动深表钦佩。

夏克伟海军少将在致答词时说，根据联合国的有关决议，中国海军积极参与亚丁湾、索马里海域的护航行动，担负起了一个大国海军应有的责任。他说，中国海军秉承构建"和谐海洋"的理念，满载中国人民和军队对保加利亚人民和军队的友情来到黑海之滨，进行中国海军舰艇对保加利亚的首次友好访问，必将在中保两国两军的友好交往史上续写下新的篇章。

中国羽毛球队在伦敦奥运会羽毛球比赛中包揽5金

全国政协副主席王刚致电祝贺。

王刚在贺电中说，中国羽毛球队在伦敦奥运会上顶住极大压力，以敢于压倒一切对手的大无畏英雄气概，斩关夺隘、勇夺桂冠，包揽了羽毛球项目的5枚金牌，外加2枚银牌和1枚铜牌，取得了巨大胜利。实践证明，中国羽毛球队为国争光的雄心壮志、科学完备的战略战术、经住摔打的健康体魄是强大的，伟大的祖国和英雄的人民是我国体育事业发展的坚强后盾和保证，是我们取得胜利的根本原因。

王刚指出，雄关漫道真如铁，而今迈步从头越。伟大的中国人民有这种大无畏精神和豪迈气概。他希望中国羽毛球队再接再厉，发扬成绩，再创辉煌。

8月6日

财政部 住房和城乡建设部印发《中央补助城市棚户区改造专项资金管理办法》

根据《国有土地上房屋征收与补偿条例》，以及城市棚户区改造工作进展的新情况、新要求，财政部、住房城乡建设部日前修订了《中央补助城市棚户区改造专项资金管理办法》，旨在支持地方做好城市棚户区改造工作，加强中央补助城市棚户区改造专项资金管理，提高财政资金使用效益。

我国首艘300米饱和潜水母船"深潜号"交付使用

我国首艘300米饱和潜水母船"深潜号"6日在青岛交付给交通运输部上海打捞局。这艘亚洲领先、世界一流深潜水支持船投入使用，标志着中国海上大深度潜水、抢险救援打捞能力得以显著提升，也使中国深水工程作业能力向世界先进水平迈出了坚实的一步。

这艘船总长125.7米，型宽25米，型深10.6米的"深潜号"，满载排水量为15864吨，配有现代化的直升机起降平台，可航行作业于无限航区，能在复杂海况下不用锚泊自动将船定位在指定水面，其定位精度达到30厘米。此外，140吨主动式海浪升沉补偿吊机，进一步保障了潜水打捞作业的安全和效率。

"深潜号"的最大亮点是配置了一套300米饱和

潜水系统，最大工作深度可达水下300米，集生活舱、过渡舱、逃生舱、潜水钟、生命保障系统于一身。拥有12人居住舱，3人潜水钟可供3名潜水员同时进行潜水作业。它是目前中国工作深度最深，容纳潜水员人数最多，设计理念和配置最为先进的一套饱和潜水系统，在世界上属于先进水平。它还配置了目前国内最先进的无人遥控潜水器（ROV），最大水下作业深度可达到3000米，最大功率达到150马力，作业范围可覆盖我国70%水域，是国内唯一一艘支持300米饱和潜水作业系统的深潜水打捞船舶。

工业和信息化部发布稀土行业准入条件

工业和信息化部今天发布稀土行业准入条件，要求稀土矿山开发、冶炼分离、金属冶炼三类企业必须达到新的国家标准。其中，混合型稀土矿山企业生产规模不低于20000吨/年；离子型稀土矿山企业生产规模不低于500吨/年。

第三十一届中国·哈尔滨之夏音乐会开幕

第三十一届中国·哈尔滨之夏音乐会暨第十届全国声乐比赛6日在哈尔滨开幕，全国政协副主席、台盟中央主席林文漪出席了开幕式。

本届哈尔滨之夏音乐会期间，将举行"第十届全国声乐比赛"，共设美声、民族、流行音乐、合唱四个项目组，首次实现国家级声乐赛事各个项目集中举办。

哈尔滨之夏音乐会至今已走过51载，是中国举办时间最长、届次最多的国际化音乐节。本届"哈夏"历时10天，有美国、法国、西班牙、俄罗斯、芬兰、奥地利等20多个国家演出团体与中国顶级演出团体合作。

范朝利逝世

济南军区原副司令员范朝利同志(大军区正职待遇)，因病医治无效，于2012年8月6日在济南逝世，享年99岁。

范朝利是河南省新县人，1930年参加中国工农红军，同年加入中国共产党。土地革命战争时期，他历任战士、班长、排长、副连长、政治指导员、营政治委员、团政治委员、师参谋长等职，参加了鄂豫皖历次反"围剿"、川陕苏区反"围攻"等战役战斗，参加了长征。抗日战争时期，他历任团参谋长、旅参谋长、纵队参谋长、冀南军区参谋长、军分区司令员等职，参加了夜袭阳明堡、响堂铺、"百团大战"和平汉等战役战斗。解放战争时期，他历任纵队副司令员兼参谋长、军分区司令员、旅长、纵队副司令员、副军长等职，参加了豫北、邯郸、鲁西南、淮海、渡江等战役战斗。新中国成立后，他历任川南军区副司令员、军长等职，参加了川南剿匪等战役战斗，为部队革命化、现代化、正规化建设作出了贡献。

范朝利是中国共产党第十二届中央纪律检查委员会委员，第四、五届全国人大代表。他1955年被授予中将军衔，曾荣获二级八一勋章、一级独立自由勋章、一级解放勋章和一级红星功勋荣誉章。

8月7日

今年保障房用地已落实2万多公顷

新华社报道：7日，国土资源部副部长胡存智在京表示，近3年以来，国土资源部门实现了保障性安居工程用地应保尽保。去年共落实用地4.36万公顷，今年计划安排供应土地4.76万公顷，为年度测算需求的1.76倍，目前已落实2万多公顷。国土部改革保障性安居工程用地计划指标管理方式，审定并直接安排报国务院批准用地的106个城市的保障性住房用地计划指标，其他城市在下达计划中先行安排保障性住房用地计划指标，年内根据具体落实情况报国土部核销。

"东方梦工厂"落户上海

迄今为止投资规模最大的中外文化合作交流投资项目"东方梦工厂"今天正式落户上海黄浦江畔，该项目是中美两国在内容版权领域投资规模最大、涉及项目最多的合作项目。

"东方梦工厂"将由两大业务板块构成，一是影视产品及其衍生产品，二是位于徐汇滨江的大型都市文化集聚区"梦中心"。华人文化产业投资基金董事长、"东方梦工厂"CEO黎瑞刚介绍说，整体投资将超过30亿美元。

据悉，2016年，上海"东方梦工厂"将与美国梦工厂联合拍摄出品《功夫熊猫3》，首部由"东方梦工厂"本土原创的动画电影将于2017年面向全球发布，随后以每年1—3部的速度形成规模。"东方梦工厂"还将在此打造一个以梦想为主题的文化消费和时尚体验的都市文化集聚区"梦中心"。

8月8日

全国省级法学会会长研讨班在黑龙江开班

中央政法委副书记王乐泉在充分肯定各级法学会在组织推动法学研究、拓展对外法学交流、参与立法执法和法制宣传、培养法学法律人才、加强自身建设等方面取得的成绩后指出，要深入开展社会主义法治理念教育，确保法学研究工作沿着中国特色社会主义的正确方向前进；要深入研究重大法治问题，努力推进中国特色社会主义法治体系建设，为坚持和完善中国特色社会主义制度，加快建设社会主义法治国家作出新贡献。

王乐泉指出，各级法学会要根据经济社会发展的新形势对法治建设提出的新要求，围绕法治领域具有全局性、前瞻性、战略性的重大问题，组织动员广大法学法律工作者集中力量攻坚克难，努力形成一批有重要参考价值的研究成果，并积极推动研究成果转化为法律制度，应用于法治实践，真正当好各级党委、人大、政府和政法机关的“参谋”、“助手”，充分发挥“智囊团”与“思想库”的作用。要深入持久地开展“双百”等丰富多彩的活动，积极引导法学法律工作者走出书斋、走出课堂、走出机关，坚持深入基层、深入群众，对法治建设重大理论和实践问题进行新探索、作出新回答。

黑龙江省省委书记、省人大常委会主任吉炳轩致辞。中国法学会会长韩杼滨主持开班式。

全球华侨华人促进中国和平统一大会在马德里开幕

全球华侨华人促进中国和平统一大会当地时间8日上午在西班牙首都马德里开幕，全国政协副主席阿不来提·阿不都热西提在开幕式上作主旨演讲。

本次全球华侨华人促进中国和平统一大会的宗旨是广泛联合海外“反独促统”力量，巩固海外侨胞“反独促统”成果，团结海内外中华儿女共同致力于推动两岸关系和平发展，维护祖国领土完整和民族团结，将“反独促统”运动引向深入。

约800名来自全球45个国家的华侨华人代表及中国大陆和港澳台的嘉宾出席会议。大会共同主席、西班牙和平统一促进会会长徐松华，中国驻西班牙大使朱邦造，国务院台办副主任叶克冬，以及来自美国、南非、澳大利亚、英国和中国台湾等国家和地区的代表先后在开幕式上发言。

本次会议为期两天。会后将发表《马德里宣言》等纲领性文件。

第三届海峡两岸终身教育论坛在西宁举行

第三届海峡两岸终身教育论坛于8月8日至10日在青海西宁举行，来自海峡两岸的200余名专家、学者就职业教育与终身教育展开研讨。

此届论坛由中华职业教育社、台湾成人及终身教育学会联合主办，论坛的主题为“职业教育与学习型社会建设”。全国政协副主席张榕明在论坛上阐述了终身教育理念下职业教育所具有的鲜明特点及其对构建学习型社会的重要意义和作用，并对如何以职业教育为依托推动学习型社会建设进行了阐释，同时对未来两岸的教育合作提出了展望。

来自两岸的14位知名专家学者围绕“职业教育与学习型社会建设”的主题，深入分析两年来海峡两岸教育发展的新成果、新经验和新趋势。

首届全国公安院校教学技能大赛在大连举行

为期6天的首届全国公安院校教学技能大赛在辽宁大连开幕。国务委员、公安部部长孟建柱对大赛作出批示，要求各级公安机关进一步创新教育训练理念、完善教育训练机制、深化教育训练改革，为公安事业的科学发展作出新的更大的贡献。

孟建柱在批示中指出，举办全国公安院校教学技能大赛，是加强和改进公安教育训练工作的一项重要举措，也是对公安院校教师教官能力素质的一次集中检阅，对于进一步提升公安院校教学科研水平和人才培养质量，造就一支师德高尚、业务精湛、结构合理、充满活力的教师教官队伍具有重要意义。公安院校是公安教育训练工作的主阵地，广大教师教官是育警强警的骨干力量。近年来，各级公安机关认真贯彻公安部党委关于构建大教育大培训工作体系的决策部署，紧紧围绕实战需要，大力加强和改进教育训练工作，积极推进公安院校教学改革，不断改进教育训练方法，有力推动了公安教育训练工作的发展进步，为维护国家安全和社会稳定提供了坚实的人才智力支持。

此次全国公安院校教学技能大赛是对全国公安院校办学水平、教师教学能力、学生综合素质进行的一次全面检验。来自全国34所公安院校的476名专职教师和本专科在校学生参加此次大赛。

重大节假日小型客车将免收通行费

交通运输部发出通知，从今年国庆节假日起，开始实施重大节假日免收7座及以下小型客车通行费。各地要设置专门的重大节假日小型客车免费通道，避免收费车辆与免费车辆混合通行。

8月9日

海协会与海基会领导人第八次会谈在台北举行

上午，海峡两岸关系协会会长陈云林与台湾海峡交流基金会董事长江丙坤在台北圆山饭店举行两会恢复协商以来的第八次领导人会谈。

陈云林在致辞时说，两会领导人第八次会谈是积极落实两岸经济合作框架协议（ECFA）后续协商的重大举措。两岸投保协议的签署将提升两岸投资保护水平，为台商在大陆创造更好、更安全的投资环境和发展空间，也会提升大陆企业赴台投资的积极性和安全感，两岸双向投资将由此呈现新局面。海关合作协议是为了顺应ECFA生效后两岸贸易便利化的客观需求，强化双方海关在征税、监管、缉私、统计等方面的合作，提高通关效率，实施有效监管，便利ECFA顺利执行。

陈云林表示，希望此次会谈两项协议的签署能够成功迈出ECFA后续协商重要一步，相信这是一个良好的开端，不仅为两岸经济合作注入新动力，也为今后两岸服务贸易、货物贸易等ECFA后续协商打下良好基础。

江丙坤在致辞时表示，两岸投保协议的签署将为两岸投资人投资权益提供制度化保障，对产业投资有正面助益，也将有效健全两岸的投资环境，有助于共同提升竞争力。两岸海关合作协议的签署将有助于协助企业解决货物通关问题，有利于业者降低营运成本，同时也将简化两岸货物通关程序，建立便捷的通关环境，并进一步杜绝两岸非法货物走私。

他表示，面对两岸关系发展的新阶段，希望两会在既有基础上，继续秉持搁置争议、循序渐进、务实协商、追求双赢的精神，为开创两岸永续和平的美好未来携手努力。

两会领导人预定于9日下午签署《海峡两岸投资保护和促进协议》与《海峡两岸海关合作协议》。

国家统计局公布7月CPI同比上涨1.8%

国家统计局公布7月份主要宏观经济数据，7月份居民消费价格指数(CPI)同比涨幅1.8%，创30个月新低，进入“1”时代。然而，居民的实际感受可能有所不同，近期广州水叶菜价格就因为台风和高温双重因素作用“发高烧”。

从CPI分类数据来看，食品价格依然保持环比下降状态。不过，由于7月份全国多地区出现强暴雨情况，鲜菜价格成为食品类中唯一出现上涨的子分类。

另一方面，由于各地水、电价格的阶梯式收费模式逐渐开始实施，7月份水、电、燃料价格环比上涨1.4%，而6月时该数据为-0.9%。

尽管7月份物价指数同比增幅回落较大，但并不意味着物价降低，据国家统计局所公布的数据显示，与6月份相比，7月份全国居民消费价格出现上升，环比上涨0.1%，结束了连续3个月CPI环比负增长的局面。

全国人大常委会副委员长蒋树声在人民大会堂会见拉美和加勒比国家共同体“三驾马车”代表团

蒋树声与来访的拉美和加勒比国家共同体“三驾马车”代表智利外交部部长莫雷诺、委内瑞拉外交部部长马杜罗和古巴外交部副部长谢拉一行举行会谈。

蒋树声说，近年来，中拉关系保持快速发展的良好势头，双方高层交往增多，经贸合作规模扩大，在国际事务中保持着良好的沟通与协调。中方高度重视发展同拉美和加勒比国家关系，愿与拉共体展开平等对话与友好合作，不断推进中拉平等互利、共同发展的全面合作伙伴关系。

对方表示，拉共体高度重视发展对华友好关系，代表团此次访华主要目的是探讨与中国正式建立关系。拉中在许多重大问题上有相同或相似的看法，经济互补性强，有着良好的合作基础。拉方愿与中方一道努力，共同推进拉中关系再上新台阶。

湄公河第五次联合巡逻执法任务圆满完成

9日15时许，伴随着长鸣的汽笛声，于8月6日早晨起航开展中老缅泰四国湄公河联合巡逻执法的中国云南公安边防总队水上支队53901、53902、53903执法船徐徐靠泊在云南关累港码头。历时37小时，总航程521公里，由中老缅泰四国湄公河联合巡逻执法指挥部统一指挥的湄公河第五次联合巡逻执法任务圆满完成，四国执法安全合作取得新进展。

本次联合巡逻执法行动，是在四国联合指挥部的统一指挥下进行的。

中方指挥长、云南省公安边防总队副总队长朱德忠表示，随着湄公河联合巡逻执法行动的不断推进，中老缅泰在治安十分复杂的金三角水域老挝孟莫设立了联络点，深化了四国执法安全合作，对于有效打击该区域贩毒、贩枪等违法犯罪活动有着极其重要的意义。

我国人口平均预期寿命达74.83岁

从国家统计局了解到，根据第六次全国人口普查详细汇总资料计算，2010年我国人口平均预期寿命达到74.83岁，比10年前提高了3.43岁。2010年我国男性人口平均预期寿命为72.38岁，比2000年提高2.75岁；女性为77.37岁，提高4.04岁。男女平均预期寿命之差与十年前相比，由3.70岁扩大到4.99岁。

国家统计局人口司有关负责人指出，人口平均预期寿命是综合反映健康水平的基本指标。随着我国社会经济的快速发展，人民生活水平的不断提高，以及医疗卫生保障体系的逐步完善，我国人口平均预期寿命继续延长，婴儿死亡率进一步下降。

薄谷开来 张晓军故意杀人案一审开庭

8月10日

“天宫一号”与“神舟”九号载人交会对接任务代表团抵港访问

代表团成员包括圆满完成“天宫一号”与“神舟”九号首次载人交会对接任务的航天员乘组景海鹏、刘旺、刘洋等40余人。

当身着天蓝色制服的航天员出现在机场接机大厅时，在场的200多名香港小学生立即欢呼雀跃起来，他们不断挥舞着五星红旗和香港特区区旗。来自教育工作者联会黄楚标学校的4名小学生为代表团团长牛红光和景海鹏、刘旺、刘洋3名航天员献上鲜花，航天员们则微笑着回敬军礼。

“天宫一号”与“神舟”九号载人交会对接任务代表团一行应行政长官梁振英的邀请，于8月10日至13日访港。除3名航天员外，还包括团长、中国载人航天工程副总指挥牛红光，中国载人航天工程总设计师周建平，以及各大系统总指挥和总设计师代表。

代表团将与香港大、中、小学生和妇女界代表会面交流，出席在香港会议展览中心举行的“全港欢迎‘神舟’九号载人航天代表团大汇演”，并为“中国首次载人交会对接航天展”揭幕。

粤港两地电子签名证书今起互认

粤港两地共同制定的《粤港两地电子签名证书互认办法》（以下简称《互认办法》）今起发布，两地电子认证服务机构可向各自的主管部门申请为其所发的证书取得互认资格。

电子签名证书是由第三方电子认证服务机构签发的特殊电子文件，它具有保证使用者在网上传递信息的安全性、真实性、可靠性、完整性和不可抵赖性等功能，相当于使用者的网上身份证，是保护网络信息安全的重要手段。电子签名证书的第三方签发机构均由各国有关部门依据相关法律严格管理。

《互认办法》不仅为粤港两地证书的互认搭建了很好的政策环境，也是落实省委省政府建设法治化国际化营商环境、推动粤港澳服务贸易自由化的一项内容，它将有利于证书互认在粤港经济贸易服务领域的推广应用，促进粤港电子商务的诚信服务，加快粤港服务贸易的合作与发展，也会为将来广东对香港提供更便捷、更安全的跨境便民服务打下基础。

中联部部长王家瑞在北京会见委内瑞拉外长尼古拉斯·马杜罗·莫罗斯

外交部部长杨洁篪在雅加达与印度尼西亚总统苏西洛举行会谈

杨洁篪表示，在当前错综复杂的国际形势背景下，中印尼战略合作不仅体现在双边层面上，而且越来越多地体现在重大国际地区问题上的积极合作。中印尼关系面临广阔的发展前景。

苏西洛表示，印尼方面高度重视与中国的战略伙伴关系及东盟与中国的战略伙伴关系。印尼与中国合作已经取得了多方面重要成果，希望以此向世界树立不同国家之间开展友好双边合作的榜样。

世界第一列超级电容轻轨列车在湖南株洲下线

这种新型电力机车不再“背”着一副巨大的受电弓，不再需要沿途架设高压线，停站30秒钟就能快速充满电。

来自中国工程院、国务院国资委、湖南省的各界人士，在中国南车株洲电力机车有限公司试验线路上共同体验刚刚下线的世界第一列超级电容轻轨列车原型车。与普通电力机车相比，这辆涂装靓丽的轻轨列车每个车厢下沿边角有一个突出的充电桩。列车徐徐启动，很短时间内便可速提到80公里最高时速。期间，机车运行平稳而宁静。

这列最多能运载320人的新型轻轨列车最大的技术特性，在于运用了新开发的超级电容模组。这种具有世界前沿技术水平的新型储能装备，使列车能利用乘客上下车短短约30秒的时间在站台迅速充满电。列车充电后能高速驶向相距2公里左右的另一个站点，再上下客并充电，如此周而复始。

中央财政20亿元支持扩大“普通高中改造计划”

新华社报道：中央财政近日下达补助资金20亿元，支持中西部集中连片特殊困难地区普通高中校舍改扩建、图书和教学仪器设备配置、体育运动场等附属设施建设，并严格规定不得用于人员经费和偿还债务等方面。

为进一步改善集中连片特殊困难地区普通高中办学条件，从2012年起，中央财政将“普通高中改造计划”实施范围从西部集中连片特殊困难地区扩大到中西部集中连片特殊困难地区。

黑龙江黑瞎子岛乌苏大桥合龙

经过三年施工，位于黑龙江抚远县黑瞎子岛的乌苏大桥今天合龙，预计今年10月通车。乌苏大桥主桥长1606米，它的建成结束了黑瞎子岛过江浮桥的历史，对于未来开发抚远三角洲、发展中俄贸易将起到积极作用。

8月11日

住建部发布前7个月保障房开工率超七成

今年1—7月份，全国城镇保障性安居工程新开工580万套，完成年度计划的77%；基本建成360万套，完成年度计划的72%。

2009年至2011年年底，全国共开工建设廉租房435万套，面向城镇低收入住房困难家庭配租；开工建设公共租赁住房321万套，面向城镇中等偏下收入住房困难家庭、新就业无房职工和在城镇稳定就业的外来务工人员出租；开工建设各类棚户区改造住房882万套，主要用于改善居住在棚户区职工、城镇中低收入家庭的住房条件。

今年，国家对保障房建设的投资力度远超往年。截至今年5月底，国家对保障房建设投资3895亿元。

外交部部长杨洁篪在斯里巴加湾市与文莱王储比拉举行会谈

外交部部长杨洁篪在沙巴州与马来西亚总理纳吉布举行会谈

我国在全球首次实现量子信息百公里量级的自由空间量子隐形传态和纠缠分发

新华社报道：我国科学家潘建伟等人近期在国际上首次成功实现百公里量级的自由空间量子隐形传态和纠缠分发，为发射全球首颗"量子通讯卫星"奠定技术基础。国际权威学术期刊《自然》杂志8月9日重点介绍了该成果。

量子信息因其传输高效和绝对安全等特点，被认为可能是下一代IT技术的支撑性研究，并成为全球物理学研究的前沿与焦点领域。基于我国近10年来在量子纠缠态、纠错、存储等核心领域的系列前沿性突破，中科院于2011年启动了空间科学战略性先导科技专项，力争在2015年左右发射全球首颗"量子通讯卫星"。

中国科学技术大学教授潘建伟、彭承志、陈宇翱等人，与中科院上海技术物理研究所王建宇、光电技术研究所黄永梅等组成联合团队，于2011年10月在青海湖首次成功实现了百公里量级的自由空间量子隐形传态和纠缠分发。实验证明，无论是从地面指向卫星的上行量子隐形传态，还是卫星指向两个地面站的下行双通道量子纠缠分发均可行，为基于卫星的广域量子通信和大尺度量子力学原理检验奠定了技术基础。

《自然》杂志称其"有望成为远距离量子通信的里程碑"、"通向全球化量子网络"。

我国生产的火车头出口欧盟

今天，由我国研发制造的DF7G-E型火车头在天津港装船，即将运往爱沙尼亚，整辆机车通过了欧盟标准173项零部件及性能检测。

8月12日

中共中央 国务院向第三十届奥林匹克运动会中国体育代表团致贺电

中国体育代表团：

在举世瞩目的第三十届奥林匹克运动会上，中国体育代表团表现出色，收获了38枚金牌、27枚银牌、22枚铜牌，位居金牌榜和奖牌榜前列，谱写了我国竞技体育新的辉煌篇章，在世界面前展现出改革开放的中国各族人民的良好精神风貌。党中央、国务院向你们表示热烈的祝贺和诚挚的问候！

刚刚过去的17天里，中国体育代表团的运动健儿们在奥运赛场上频传捷报，雄壮的中华人民共和国国歌一次次奏响，鲜艳的中华人民共和国国旗一次次升起。你们大力弘扬中华体育精神和奥林匹克精神，胸怀祖国、牢记重托，不畏强手、奋力拼搏，展示出高超的运动技能和顽强的意志品质，为祖国和人民赢得了荣誉。你们同各国各地区体育同行相互切磋、深入交流，为促进国际奥林匹克运动发展、增进我国人民同各国各地区人民友谊发挥了积极作用。你们的优异表现，极大激发了全国各族人民的爱国热情，极大增强了海内外中华儿女的民族自信心和自豪感。

当前，全党全国各族人民正满怀信心地推进改革开放和社会主义现代化建设，努力以优异成绩迎接党的十八大胜利召开。希望你们立足新的起点，戒骄戒躁，再接再厉，总结经验，从零开始，不断提高运动竞技水平和体育道德水平，为推动我国体育事业科学发展、建设体育强国，为实现全面建成小康社会奋斗目标、开创中国特色社会主义事业新局面贡献更大力量！

祖国和人民期待着你们凯旋！

中共中央

国务院

2012年8月12日

中国体育代表团以38金27银22铜名列伦敦奥运会金牌奖牌榜第二

伦敦奥运会今日闭幕，54个国家和地区登上金牌榜，85个代表团登上奖牌榜。其中，美国以46金29

银29铜的成绩名列金牌和奖牌榜榜首,中国以38金27银22铜的成绩名列金牌、奖牌榜第二,东道主英国以29金17银19铜排在金牌榜第三、奖牌榜第四,传统强国俄罗斯以24金25银33铜列金牌榜第四、奖牌榜第三。

中国体育代表团在本届奥运会上打破6项世界纪录和6项奥运会纪录,并创中国代表团在境外参加奥运会的最好成绩。

完成"天宫一号"与"神舟"九号载人交会对接等海上测控任务的远望号测量船队返航

16时许,在一声长鸣汽笛中,圆满完成"天宫一号"与"神舟"九号载人交会对接等海上测控任务的远望三号、六号测量船,顺利返回中国卫星海上测控部港口。至此,执行首次载人交会对接海上测控任务的3艘远望号测量船全部凯旋。

4月18日起,远望三号、五号、六号测量船相继出征,布阵太平洋预定海域,联袂执行3次海上测控任务。首次载人交会对接任务中,广大参试人员严谨细实、团结拼搏,有效应对任务持续时间长、海域机动距离大、气象条件恶劣等严峻挑战,圆满完成了"神舟"九号飞船入轨后太阳帆板展开、飞船轨道维持、交会对接等关键弧段的海上测控通信任务。13天任务时间里,船队累计跟踪飞船和"天宫一号"目标飞行器88圈次、111个弧段、近900分钟,发送遥控指令1400多条,为我国航天事业发展作出了新的贡献。

6月的南太平洋正值冬季,冷空气频发,气象海况复杂多变。鉴此,船队科学统筹、周密计划,充分发挥布站灵活性高和应急反应快的优势,机动近5000海里,在太平洋上形成重要搭接弧段,为航天员手控交会对接提供了强有力的测控通信支持。远望五号测量船布阵4个测量点,创造了短时间布阵测量点最多、实时机动范围最广等两项航天远洋测控纪录。

据了解,组建34年来,远望号船队已80次远征大洋,总航程196万余海里,累计海上作业10500余天,圆满完成104次国家级重大科研试验任务,测控成功率达100%。

"中国首次载人交会对接航天展"在港揭幕

正在香港访问的"神舟"九号航天员景海鹏、刘旺、刘洋,12日上午来到香港科学馆,为"中国首次载人交会对接航天展"揭幕。

"中国首次载人交会对接航天展"由香港特区政府康乐及文化事务署和中国载人航天工程办公室主办,从12日起一连15天向公众免费开放,展览共展出16组珍贵展品、100多张有关"神舟"九号的照片、3名航天员的立体全身图像,以及介绍航天员在失重状态下进行多项实验的纪录片段等。透过这些展品,观众能够进一步了解"神舟"九号的航天任务和3名航天员的情况。

在香港特区政府署理财政司司长陈家强等陪同下,景海鹏、刘旺、刘洋身着蓝色的航天工作服,随"神九"航天代表团团长牛红光,以及代表团其他成员,出现在展览揭幕仪式现场。他们应邀在展览海报上签名留念,并与出席仪式的嘉宾一起,为展览剪彩。

展览展出的珍贵展品包括航天员重返地球乘坐的"神舟"九号飞船返回舱;2011年随"天宫一号"目标飞行器进入太空、见证了首次无人交会对接和首次载人交会对接全过程的国旗;"神舟"九号飞船返回舱主降落伞以及"天宫一号"与"神舟"九号交会对接模型等。

外交部部长杨洁篪在哥打基纳巴卢与马来西亚外交部部长阿尼法·阿曼举行会谈

杨洁篪说,中方愿与马方继续保持高层交往,抓好钦州和关丹产业园区建设,推进大项目合作,积极拓展金融合作,深化人文交流,推动中马关系不断取得新进展。

杨洁篪表示,中方重视发展与东盟的战略伙伴关系,支持东盟一体化建设,支持东盟在东亚合作中发挥主导作用,积极参与东亚各机制务实合作,愿与马方一道,共同促进本地区和平、稳定与繁荣。

8月13日

出席中国共产党第十八次全国代表大会代表全部选出

《人民日报》报道:按照党中央的统一部署,党的十八大代表选举工作已经顺利完成。今年4月至7月,全国各选举单位分别召开党代表大会或党代表会议选举产生了2270名出席党的十八大代表。

党的十八大代表是严格按照党章和中央关于做好代表选举工作的要求选举产生的。代表人选的推荐提名和代表的选举过程符合程序规定,坚持了党的民主集中制原则,充分发扬了党内民主。

当选代表符合中央规定的代表应具备的条件。代表结构比例符合中央的要求,具有广泛的代表性。他们中,既有党员领导干部,又有生产和工作第一线的党员,有经济、科技、国防、政法、教育、宣传、文化、卫生、体育和社会管理等各方面的代表。

出席党的十八大代表资格,届时还需经党的十八大代表资格审查委员会确认。

《人民日报》发表评论员文章《肩负神圣使命忠实履行职责》

经过全党各级党组织和广大党员的反复酝酿、逐级遴选,经过各选举单位的共同努力,2270名党的十八大代表已经全部选举产生了。他们将肩负全党8000多万名党员、400多万个基层党组织的信任和重托,带着全国各族人民的愿望和期盼,光荣地出席党的第十八次全国代表大会。在此,我们对当选为党的十八大代表的同志们表示热烈的祝贺!

党的十八大是我们党在全面建设小康社会关键时期和深化改革开放、加快转变经济发展方式攻坚时期召开的一次十分重要的会议,是全党全国各族人民政治生活中的一件大事,对于我们党高举中国特色社会主义伟大旗帜,团结带领全国各族人民继续全面建设小康社会、加快推进社会主义现代化、开创中国特色社会主义事业新局面,具有重大而深远的意义。选出符合中央要求、广大党员拥护的党代表,对于开好十八大至关重要。去年10月以来,各选举单位党组织认真按照中央的部署要求,严格履行党章、充分发扬民主、切实加强领导、坚持选好选优,圆满完成了十八大代表选举工作。选举产生的十八大代表,政治素质好、议事能力强,结构合理、分布广泛,具有先进性和广泛代表性,为十八大的胜利召开奠定了坚实的思想基础和组织基础。

一个代表一面旗。党的全国代表大会是党的最高领导机关,党的重大问题要由党的全国代表大会讨论决定。党的全国代表大会的代表是从全体党员中逐级遴选出的优秀分子,一言一行体现党的形象,备受社会关注。党的十八大代表要带头遵守和贯彻党章,按优秀党员的标准严格要求自己,从思想上、行动上保持先进性和纯洁性;带头执行党的路线方针政策,讲政治、顾大局、守纪律,始终同党中央保持高度一致;带头践行党的根本宗旨和社会主义核心价值体系,不断改进思想作风、工作作风和生活作风,赢得党员群众公认;带头创先争优,服务大局、服务群众,在生产、工作、学习和社会生活各个方面做好表率。

使命高于一切,责任重于泰山。党的十八大代表将听取和审查中央委员会和中央纪律检查委员会的报告,讨论和决定党的重大问题,选举新一届中央领导集体。十八大是实行党代表任期制后召开的第一次党的全国代表大会,与过去相比,这一届代表肩负的责任更重了,素质要求也更高了。每一位十八大代表都要进一步增强政治责任感和历史使命感,积极参加党组织举办的学习培训,加强应知应会知识学习,提高履职尽责能力。要坚持群众路线,深入基层调查研究,摸实情、听民声、问民计,把广大党员、群众的意见和要求反映到十八大上去。要以饱满的政治热情和昂扬的精神状态参与十八大的各项议程,正确行使民主权利,忠实履行代表职责,积极建言献策,为确保大会圆满成功作出应有的贡献。闭会期间,代表们要时刻牢记使命,认真学习宣传贯彻十八大精神,密切联系党员群众,立足本职干实事、拼搏奉献创一流,在推动科学发展、促进社会和谐中发挥更大的作用。

盛世迎盛会,党心聚民心。我们坚信,在以胡锦涛同志为总书记的党中央坚强领导下,经过全体代表的共同努力,党的十八大一定能开成一次团结的大会、胜利的大会、奋进的大会,为党和国家发展描绘更加美好的蓝图,在中华民族伟大复兴的征程上谱写更加灿烂辉煌的新篇章。

8月14日

国务院总理温家宝在浙江调研

8月14日至15日,国务院总理温家宝来到浙江杭州、湖州、嘉兴等地,调研经济运行情况。

温家宝指出,当前我国经济发展的基本面是好的,一些领域出现积极变化,保持经济平稳较快发展具备不少有利条件。同时也要清醒地看到,经济趋稳的基础还不牢固,经济困难可能还会持续一段时间。越是在困难情况下,越要增强信心,各级领导要有信心,广大企业要有信心,整个社会要有信心。要按照中央的统一部署,密切跟踪分析形势,及时发现经济运行中的新情况、新问题,并结合本地区、本部门实际,创造性地开展工作。我们有条件、有能力,也一定能够实现今年经济社会发展目标。

调研期间,温家宝来到网易公司、中控科技集团、诺力机械公司、海信惠而浦电器公司、五芳斋公司和雅莹服装公司等企业详细了解生产经营情况,并在企业里召开3场座谈会,与多个行业的几十位企业负责人深入交流。从实地调研和大家反映的情况看,当前企业发展仍面临很多困难和不小压力,但也有不少亮点。许多企业迎难而上,主动调整,千方百计开拓市场,不仅取得良好效益,也提高了竞争力,有的行业已出现回暖迹象。

温家宝说,我此行的目的概括起来就是八个字:增强信心,关注就业。今年以来,我们按照"稳增长、调结构、惠民生"的要求,为应对国际金融危机特别是欧债危机带来的外需减少等不利影响,采取了一系列调控措施。一是加大结构性减税力度,特别是推进营业税改征增值税试点,并且将试点范围扩大到10个省市,实施一系列减轻小微企业税费负担的政策措施。二是实施稳健的货币政策。两次调低存贷款基准利率，并扩大利率特别是贷款利率浮动区间，降低存款准备金率。三是在全国第二次较大规模支持企业技术改造。中央财政投入268亿元，以贴息方式支持企业技改。四是鼓励民间投资。出台了“新36条”的42个实施细则，目前民间投资占整个固定资产投资比重提高到62%，增长速度高于国有投资。五是实施“节能家电惠民工程”。一方面扩大消费，一方面促进相关企业生产。六是加大关系民生的基础设施建设。加快推进保障性安居工程和农村危房改造，启动部分大城市地下管网改造和给排水工程，加强农田水利设施建设等。这些措施已经并将继续对促进经济发展、结构调整、转变发展方式和改善民生发挥重要作用。

温家宝指出，近几个月，特别是7月以来，经济运行正在出现一些积极变化。一是投资、消费稳定增长，内需支撑作用进一步增强。二是东部地区规模以上工业增速在缓慢回升。广东、浙江、江苏三省7月份工业增速比上半年分别提高了1.4、1.9和0.7个百分点。三是劳动力市场总体平稳。1—7月城镇新增就业人数812万人，比去年同期增加39万人。四是结构调整成效显现。目前总的是轻工业比重工业好，高新技术产业比传统产业好，区域发展协调性也在进一步增强，反映出结构调整正出现“倒逼机制”的效应。五是物价涨幅继续回落，货币政策运用空间增大。7月末，广义货币M2同比增长13.9%，比上月末加快0.3个百分点，金融对经济的支持作用在加大。

温家宝说，中国是人口大国，劳动密集型企业将长期存在。他们的发展与就业和人民生活密切相关。对劳动密集型企业和中小企业，要落实好扶持政策，帮助解决融资难问题，减轻企业负担。一定要从制度和法律上保护民营企业平等的经营权利和合法的财产权利，让企业放心经营。劳动密集型企业要面向市场，加快转型升级，重视技术改造和品牌创新，稳定职工队伍，提高员工素质，增强企业应变能力。对外贸环境不利要做较长时间的准备，要加快转变外贸发展方式，积极开拓多元化市场尤其是新兴市场，加大政策扶持力度。

温家宝说，在经济比较困难的情况下，必须高度重视就业工作。要坚持就业优先的战略，扎实推进稳定就业的工作部署。一是强化政府责任，加强对就业工作的组织领导。二是鼓励企业稳定就业岗位，尤其对劳动密集型企业和中小企业要给予特殊扶持。三是做好重点群体的就业工作。要继续把促进高校毕业生就业摆在首位，同时做好返乡农民工的就业服务工作。四是为劳动者提供更加及时、便捷、有效的就业服务。五是抓住缺工缓解的有利时机，大力开展职业技能培训和创业培训。

调研期间，温家宝听取了浙江省委、省政府的工作汇报，并就当前经济形势和浙江工作发表了讲话。他还察看了太湖大堤，在湖州市长兴县虹桥镇太湖村实地了解水产养殖、销售情况，看望了湖州市白鱼潭社区居民。

“天宫一号”与“神舟”九号载人交会对接任务代表团抵澳访问

正在澳门访问的“天宫一号”与“神舟”九号载人交会对接任务代表团14日上午在旅游塔举行“神舟”九号载人航天报告会，约800名澳门市民现场聆听代表团介绍航天经历。

报告会由澳门科技委员会委员崔世平主持，代表团团长、中国载人航天工程副总指挥牛红光、中国载人航天工程总设计师周建平，航天员景海鹏、刘旺、刘洋，中央驻澳联络办主任白志健，外交部驻澳特派员公署副特派员冯铁以及澳门特区政府运输工务司司长刘仕尧出席。

3名航天员景海鹏、刘旺、刘洋在报告会分别讲述了经验和感受。第三次来澳的景海鹏称，此次来澳，发现澳门更加繁荣，一派安居乐业的景象，更感受到澳门居民对祖国航天事业的关心、关注和支持。

随后，牛红光、景海鹏和刘洋还对现场观众提出的问题进行了解答。

中朝共同开发和共同管理罗先经济贸易区和黄金坪 威化岛经济区联合指导委员会第三次会议在北京召开

商务部部长陈德铭和朝鲜劳动党中央行政部部长张成泽共同主持会议，联合指导委员会双方成员单位有关负责人出席会议。

双方一致认为，在两国政府和企业的共同努力下，两个经济区开发合作已取得显著成果，进入实质性开发阶段。双方已共同编制完成有关规划纲要，推动机制建设、人才培训、详细规划编制、法律、法规制订、通关便利化、通信、农业合作以及具体项目建设不断取得新的积极进展。朝方还为此专门修订了《罗先经贸区法》，制定了《黄金坪、威化岛经济区法》。

双方强调，继续积极稳妥推进两个经济区开发合作，对于进一步巩固和发展中朝传统友好合作关系，带动各领域交流与合作，促进两国经济发展、地区稳定与繁荣具有重要意义，符合两国人民的共同利益。双方将继续认真落实两国领导人共识，按照“政府引导、企业为主、市场运作、互利共赢”的开发合作原则，共同努力，充分利用、发挥各自优势，加快区内基础设施建设，吸引更多企业到区内投资兴业，将两个经济区建设成为中朝经贸合作示范区和与世界各国开展经贸合作的平台。

会议期间，双方宣布成立罗先经济贸易区管理委员会和黄金坪、威化岛经济区管理委员会，并签署了成立和运营管理委员会的协议、经济技术合作协定，以及农业合作、对罗先地区输电、园区建设、详细规划等相关协议。

罗先经济贸易区位于朝鲜东北部，毗邻中国吉林省延边地区，将重点发展原材料工业、装备工业、高新技术产业、轻工业、服务业、现代高效农业，逐步建设成为朝鲜先进制造业基地、东北亚地区国际物流中心和区域旅游中心；黄金坪、威化岛经济区位于鸭绿江下游，毗邻中国辽宁省丹东地区，将重点发展信息产业、旅游文化创意产业、现代农业、服装加工业，逐步建设成为朝鲜智力密集型的新兴经济区。

文化部公布《大运河遗产保护管理办法》

《大运河遗产保护管理办法》(以下简称《办法》)已经2012年7月27日文化部部务会议审议通过，8月14日文化部部长蔡武签发文化部令给予公布，并将于2012年10月1日起施行。这一《办法》的公布施行，为大运河遗产的保护、管理工作提供了有力的法制保障。

公安部A级通缉犯周克华在渝被警方击毙

14日6时50分，在公安部统一指挥下，经过重庆等地公安机关连续数日艰苦奋战，犯下累累罪行的公安部A级通缉犯周克华在重庆沙坪坝区覃家港镇童家桥村被公安民警击毙。至此，苏湘渝系列持枪抢劫杀人案件成功告破。

8月10日9时34分，重庆市沙坪坝区凤鸣山康居苑中国银行储蓄所门前发生一起持枪抢劫杀人案，案犯打死1人、打伤2人后逃逸。经查，该案与2004年以来发生在江苏南京、湖南长沙、重庆等地的多起持枪抢劫杀人案系同一犯罪嫌疑人周克华所为。周克华，男，汉族，1970年2月6日出生，系重庆市沙坪坝区井口镇二塘村人。

公安部第一时间向全国发出A级通缉令。在公安部统一协调指挥下，全国公安机关同步开展案件协查工作，湖南、四川、贵州等相邻省份层层设卡布控，形成了一张围捕顽凶的天罗地网。经过连续4昼夜奋战，在重庆沙坪坝区覃家港镇童家桥村莴笋沟背后，公安民警将其当场击毙。

8月15日

中央三部门紧急部署深化“扫黄打非”专项行动

全国“扫黄打非”办公室、中宣部、新闻出版总署15日在北京召开会议，紧急部署深化“扫黄打非”专项行动工作，要求各地各部门自8月下旬至10月下旬进一步深化打击非法出版物专项行动、集中整治淫秽色情出版物及信息专项行动(以下简称“两个专项行动”)，进一步加大依法打击力度，为党的十八大胜利召开营造良好的社会文化环境。

三部门要求，各地各部门要进一步明确重点任务和要求，在深化“两个专项行动”中，坚决查缴非法出版物，大力扫除淫秽色情音像制品和书刊、网络淫秽色情及低俗信息，严查医疗广告类非法报刊，遏制宣扬暴力凶杀、黑道帮派的“黑道书籍”。一要着力在统一思想、牢记使命、提高认识，树立决战意识上下功夫。二要着力在查办案件、宣传发动、落实责任，保持高压态势上下功夫。三要着力在明确目标、突出重点、讲究方法，增强深化“两个专项行动”实效上下功夫。抓好重点地区、重点环节、重点部位、重点对象，在两个月的时间内，坚决查办一批重点案件，铲除一批制售非法出版物的窝点和单位，查处一批传播有害信息的网站，取缔一批兜售非法出版物的游商地摊无证照经营者，惩处一批违法犯罪分子，曝光一批典型案件，切实净化出版物市场和网络环境。

国家统计局发布报告指出我国经济近9年年均增长10.7%

国家统计局15日发布报告指出，2003年至2011年，中国经济年均实际增长10.7%，社会生产力和综合国力显著提升。

报告说，2003年至2011年，中国经济10.7%的平均增速，不仅远高于同期世界经济3.9%的年均增速，而且高于改革开放以来9.9%的年均增速。其中有6年实现了10%以上的增长速度，在受国际金融危机冲击最严重的2009年，依然实现了9.2%的增速。

中国经济总量连续跨越新台阶。2011年，中国国内生产总值(GDP)达到47.2万亿元，扣除价格因素，比2002年增长1.5倍。经济总量居世界位次稳步提升，2010年成为世界第二大经济体。特别是国际金融危机爆发以来，中国经济成为带动世界经济复苏的重要引擎。中国经济总量占世界的份额由2002年的4.4%提高到2011年的10%左右，对世界经济增长的贡献率超过20%。

在经济总量稳步增长的同时，人均GDP也快速增加。2011年，中国人均GDP达到35083元，扣除价格因素，比2002年增长1.4倍，年均增长10.1%。按照平均汇率折算，中国人均GDP由2002年的1135美元上升至2011年的5432美元。

报告指出，十年来，在经济快速发展的同时，结构调整迈出新步伐，经济发展的协调性和竞争力明显增强。需求结构明显改善，内需对经济增长的贡献率由2002年的92.4%提高到2011年的104.1%；城镇化步伐明显加快，2011年中国城镇化率首次突破50%达到51.3%，比2002年提高12.2个百分点，城乡结构发生历史性变化；中西部地区加快发展，2011年中部、西部地区GDP占全国的比重分别为20.1%、19.2%，分别比2002年提高1.3、2.0个百分点。

报告说，十年来，中央坚持民生优先，把保障和改善民生作为一切工作的出发点和落脚点，人民群众享受到更多改革和发展的实惠。城乡居民收入快速增长，城镇居民人均可支配收入扣除价格因素年均实际增长9.2%，农村居民人均纯收入年均实际增长8.1%，是历史上增长最快的时期之一；覆盖城乡居民的社会保障体系建设取得突破性进展，全民医保体系初步形成。

报告同时也指出，当前中国经济发展中不平衡、不协调、不可持续的问题依然突出，支撑经济高速增长的优势有所弱化，经济增长面临的资源环境约束增强，收入分配差距较大，科技创新能力不强，城乡区域发展不平衡，制约科学发展的体制机制障碍依然较多等。

我国成为世界第一风电大国

《人民日报》报道：截至目前，我国并网风电达到5258万千瓦。其中，国家电网调度范围达到5026万千瓦，6年年均增速87%；2011年风电发电量706亿千瓦时，年均增速96%。我国已取代美国成为世界第一风电大国。

外交部就日方在钓鱼岛非法抓扣中国公民提出严正交涉

外交部副部长傅莹今天紧急召见日本驻华大使丹羽宇一郎，并与日本外务省副大臣山口壮通电话，就日方在钓鱼岛非法抓扣中国公民事提出严正交涉。

傅莹重申中国对钓鱼岛及其附属岛屿拥有主权的立场，要求日方确保14位中国公民的安全并立即无条件放人。

中国香港特区行政长官梁振英说，会密切关注事件，并要求日方保证香港居民的人身与财产安全。梁振英表示，国家与香港居民对钓鱼岛的主权问题立场鲜明，就是钓鱼岛亘古以来都是中国领土。

空军女飞行员驾驶歼—10战机首次单飞

据新华社报道：空军第一批歼击机女飞行员日前驾驶我国自主研发的歼—10战机顺利完成单飞，具备了独立驾驭第三代战机翱翔蓝天的能力。

至此，中国空军的第三代歼击机机群出现巾帼英姿。

空军2005年首次招收女歼击机飞行学员，35名幸运儿在20多万名应届高中生中脱颖而出。4年后，她们中的16名女学员正式编入作战部队。其中，何晓莉等5位姑娘跨上了梦寐以求的歼—10战机，其余的分别驾驶歼轰机、武装直升机、运输直升机等。

我国是世界上拥有女飞行员人数最多的国家，自1951年空军招收第一批女飞行员至今，先后有9批500多名女飞行员在祖国的蓝天上翱翔。

上海书展暨“书香中国”上海周在上海展览中心举行

8月16日

国家主席胡锦涛在人民大会堂同哥斯达黎加总统钦奇利亚举行会谈

双方就发展双边关系及共同关心的国际和地区问题深入交换意见，达成广泛共识。

胡锦涛说，哥斯达黎加是近年来第一个同中国建交的中美洲国家。建交5年来，双边关系快速发展，两国高层互访增多，政治互信增强，各领域合作持续扩大，在重大国际和地区问题上也保持良好的沟通和协调。中方赞赏哥斯达黎加坚定奉行一个中国政策。中哥关系的建立和发展给两国人民带来了实实在在的好处，促进了中国同拉丁美洲国家的了解与合作。

钦奇利亚表示，哥中建交以来，两国关系快速、良好发展。哥斯达黎加人民感谢中国为哥斯达黎加提供的宝贵支持和帮助。事实证明，哥中建交是哥斯达黎加明智和正确的选择，哥方希望同中国进一步发展友好合作关系。

胡锦涛说，哥斯达黎加是中美洲重要国家，在国际和地区事务中发挥着独特影响和作用，中方高度重视对哥关系，愿同哥方共同努力，从以下四方面推动中哥关系健康深入向前发展。一、深化两国高层交往，进一步增进政治互信，在各自关切的重大问题上密切磋商，相互支持。二、稳步推进务实合作。双方要继续扩大贸易规模，提升合作水平，促进贸易多元化。中方愿与哥方积极探讨加强两国在基础设施建设、能源、投资、农业等领域的合作。中方支持哥方承办第七届中国—拉美企业家高峰会，希望双方充分利用这一契机和平台，增进相互了解，促进互利合作。三、丰富人文科研交流。双方要进一步搞好文教、卫生、科研、旅游等领域的交流合作，加强两国生物多样性联合研究，办好在哥孔子学院。中方欢迎更多哥斯达黎加青年来华留学，愿帮助哥方推广汉语教学。四、密切多边事务协调配合。双方要继续就联合国事务、气候变化、可持续发展等重大问题保持沟通和磋商，维护两国和发展中国家的共同利益。

钦奇利亚表示，当前，哥中关系正处在新的起点上，发展前景广阔。哥斯达黎加愿同中国加强政治交往，增进相互了解和支持。希望以两国自由贸易协定生效为契机，扩大双边贸易和相互投资，吸引更多中国企业赴哥投资，并利用哥斯达黎加的区位优势，拓展拉美市场。哥方愿同中方加强在能源、基础设施建设等领域合作，促进文化、教育、科技、旅游、人力资源等领域交往取得更多成果。中国是促进世界和平与繁荣的重要力量，哥方重视同中国在联合国等国际组织中的沟通和协调，共同推动国际社会在全球治理、气候变化等领域合作。

胡锦涛说，拉美国家作为重要新兴力量更加积极参与国际事务，有力推动了国际力量格局向均衡化方向发展。当前，中拉关系呈现全方位、宽领域、多层次发展的良好态势。中方高度重视中拉关系，愿同拉美国家携手努力，把中拉平等互利、共同发展的全面合作伙伴关系提高到新水平。

钦奇利亚表示，哥斯达黎加欢迎并支持中方关于加强拉中关系的主张，愿为推动拉美和加勒比国家共同体等区域组织同中国的合作发挥积极作用。

会谈后，两国元首出席了中哥政府间经济技术合作协定及农牧业、卫生、民航等领域双边合作文件签字仪式。

国务院副总理回良玉在北京出席全国老龄工作委员会全体会议并讲话

回良玉在会上强调，要充分认识我国人口老龄化对经济社会发展的深远影响，切实增强发展老龄事业的责任感、紧迫感和使命感，树立积极老龄观，把解决单纯的养老问题提升到全面应对人口老龄化问题上来，主动适应人口老龄化的客观要求，抓紧做好全局规划，全面实施有中国特色的积极应对人口老龄化战略，推动我国老龄事业又好又快发展。

回良玉指出，三年前，我们启动了国家应对人口老龄化战略研究，这是我国从国家层面、战略高度全面审视中国人口老龄化问题的一项重大国情研究和决策研究。通过这次战略研究，摸清了我国人口老龄化的基本态势，探索了我国人口老龄化发展的基本规律，营造了积极应对人口老龄化的良好氛围，为中央立足长远、谋划全局、科学决策、积极应对人口老龄化提供了重要依据。

回良玉指出，本世纪上半叶是我国人口老龄化快速发展、老龄问题日益凸显的关键时期。当前，我国老年人口规模、老龄化程度、社会抚养负担超出预期，人口老龄化对经济社会发展的影响更加深远，我们应对人口老龄化的各项准备还不足。要主动适应人口老龄化发展的客观规律，充分利用当前经济社会平稳较快发展和社会抚养比相对较低的有利时机，解决好老龄事业发展中存在的突出矛盾和问题，促进老龄事业又好又快发展。

回良玉强调，要牢固树立积极老龄观，积极看待老年人，把老年人看作经济社会发展可以依靠的重要力量；积极面对老年生活，努力做到老有所学、老有所为、老有所乐；积极看待人口老龄化，努力满足广大老年人不断增长的物质文化需求。要以科学发展观为指导，全面实施有中国特色的积极应对人口老龄化战略，抓住“发展、保障、健康、参与、和谐”五个关键。一要把握发展重点，推进经济结构战略性调整，促进人口长期均衡发展，为积极应对人口老龄化提供坚实物质基础。二要完善保障制度，加快完善养老保障体系、医疗保障体系和养老服务体系。三要实施健康促进工程，完善健康支持体系，加快发展老年保健事业。四要扩大社会参与，建立、健全老年人参与社会体制机制，完善老年人力资源开发政策。五要促进和谐共融，实现家庭和睦、代际和顺、社会和谐。

回良玉要求，各地区、各部门要认真贯彻落实第三次全国老龄工作会议精神和《中国老龄事业发展“十二五”规划》，同时也要对未来20年的老龄事业发展进行总体规划和设计，不断健全老龄战略管理、养老保障、健康支持、养老服务、宜居环境和老龄工作体系，统筹提升各部门、各方面综合应对人口老龄化能力，实现老龄事业与经济社会发展全局相适应。

会议听取了全国老龄委副主任、民政部部长李立国关于国家应对人口老龄化战略研究工作汇报，决定在此基础上编制《国家中长期老龄事业发展规划纲要》。

国家统计局等三部门公布2011年各省份万元GDP能耗

国家统计局、国家发展和改革委员会、国家能源局16日公布了2011年各省区市万元地区生产总值（GDP）能耗等指标。

从万元GDP能耗降幅看，2011年降幅最高的是北京，比上年下降6.94%；海南、青海、宁夏和新疆则分别比上年上升5.23%、9.44%、4.60%和6.96%。

从万元GDP能耗绝对值看，2011年绝对值最低的是北京，万元GDP能耗为0.459吨标准煤/万元；最高的是宁夏，为2.279吨标准煤/万元。

各省区市2011年万元GDP能耗、万元工业增加值能耗、万元GDP电耗可在国家统计局网站（www.stats.gov.cn）上查阅。

此外,根据能源消费总量和国内生产总值统计结果计算,2011年全国万元GDP能耗为0.793吨标准煤/万元,降低2.01%。

国务委员孟建柱在北京与吉尔吉斯斯坦内务部部长雷萨利耶夫举行会谈

孟建柱说,中吉建交20年来,两国关系持续健康稳定发展。两国公安、内务部门联系渠道通畅,互信不断加深,在反恐怖、打击跨国犯罪、保护对方公民安全、技术装备交流、执法培训等诸多领域开展了密切合作,取得了显著成果。

孟建柱指出,中吉双方应积极落实两国元首达成的重要共识,进一步采取务实有效的措施,加强边境地区执法协作,有力打击"三股势力"和跨国犯罪活动,共同维护和促进两国及本地区的安全与稳定。

雷萨利耶夫表示,吉方高度重视发展与中国的执法安全合作关系,愿与中国公安部继续扩大和加强各领域的交流与合作。

中联部部长王家瑞在北京会见朝鲜劳动党中央行政部部长张成泽一行

外交部部长杨洁篪在北京会见叙利亚总统政治与新闻顾问夏班

8月17日

中共中央总书记胡锦涛在人民大会堂会见第三十届奥林匹克运动会中国体育代表团全体成员

中共中央总书记、国家主席、中央军委主席胡锦涛代表党中央、国务院,欢迎代表团载誉归来,向全体运动员、教练员和工作人员表示热烈祝贺和诚挚问候,勉励大家认真总结经验,继续顽强拼搏,为推动我国体育事业科学发展、建设体育强国贡献更大力量。

吴邦国、温家宝、贾庆林、李长春、习近平、李克强、贺国强等参加会见。

人民大会堂北大厅里,洋溢着欢庆胜利的喜悦气氛。下午3时30分许,胡锦涛等中央领导同志来到代表团成员中间,全场响起热烈掌声。胡锦涛与大家亲切握手、热情交谈,关切地询问他们这次的参赛情况和现在的身体状况,衷心感谢大家为祖国和人民赢得了荣誉。随后,胡锦涛等高兴地与大家合影留念。

国家主席胡锦涛在人民大会堂会见中朝两个经济区开发合作联合指导委员会朝方代表团

中共中央总书记、国家主席胡锦涛上午在人民大会堂会见了由朝鲜劳动党中央政治局委员、行政部部长、国防委员会副委员长张成泽率领的中朝两个经济区开发合作联合指导委员会朝方代表团。

胡锦涛说,中朝两国是山水相连的友好邻邦,两国人民有着深厚的传统友谊。中国党和政府始终从战略高度和长远角度看待和发展中朝关系。中方愿与朝方一道,认真落实双方达成的一系列重要共识,保持高层交往,加强交流合作,密切在国际和地区问题上的沟通协调,努力把中朝传统友好合作关系提高到新水平。胡锦涛表示,近年来,中朝经贸合作发展迅速,双方在贸易、投资等领域的合作取得了显著成果。希望双方充分利用和发挥各自优势,积极探讨新的合作方式,扎实推进两个经济区开发合作等重点项目,不断培育新的增长点,更好地为两国人民谋福祉。

张成泽说,由两党两国老一辈领导人亲自缔造和精心培育的朝中传统友谊经受了时代风雨的考验。世代传承和发展牢不可破的朝中友谊,是朝鲜党和政府坚定不移的意志。朝方愿与中方一道,共同推动两个经济区开发合作取得更大成果,进一步巩固和发展两党两国传统友好合作关系。

中联部部长王家瑞、国家发展和改革委员会主任张平、财政部部长谢旭人、商务部部长陈德铭、中共辽宁省省委书记王珉、中共吉林省省委书记孙政才、外交部副部长张志军等参加会见。

全国人大常委会委员长吴邦国 国务院总理温家宝 国家副主席习近平在北京分别会见哥斯达黎加总统钦奇利亚

吴邦国在会见时首先对钦奇利亚此次访华取得的丰硕成果表示祝贺,相信这将为推动中哥关系进一步发展注入新的动力。他说,近年来中哥高层交往密切,经贸合作不断扩大,民间往来日益增多,人文交流富有成果。中方感谢哥方在台湾、涉藏等问题上坚持一个中国立场。中哥虽然国情不同,但在国家建设等问题上有许多共同或者相似的目标,各自的发展战略为中哥拓展合作提供新的机遇。中方愿同哥方一道努力,进一步加强各领域友好交流和务实合作,推动中哥关系不断迈上新台阶。

钦奇利亚表示,通过此访更深入了解了中国的历史和文化,找到了双方合作的契合点。中国走出了一条成功的发展道路,取得了令人瞩目的发展成就,哥对此十分钦佩,并愿意积极学习中国的成功经验。哥中建交时间不长,但两国关系已步入成熟发展阶段,双方在经贸、投资、教育、文化等领域合作势头良好,在基础设施建设等方面的合作富有成效。哥方重视两国议会交流,希望加强议员之间的互访,增进两国人民之间的了解。

温家宝在会见时说，中哥建交5年来，双边关系经受住国际金融危机和地区局势复杂多变的考验，在各个领域都取得长足发展，不仅惠及两国和两国人民，也促进了中国与中美洲地区的友好交往，相信建立在相互尊重、平等互利基础上的中哥关系有着广阔前景。

温家宝表示，中国愿同哥方共同落实达成的各项合作协议，完善相关机制和法律框架；充分利用两国自贸协定，增加从哥方的进口，促进贸易多元化发展，扩大相互投资；探讨在交通、电力等基础设施建设方面开展合作的方式和途径；加强教育、科技、文化交流。

钦奇利亚表示，哥中建交时间虽然不长，但两国关系取得重要进展。哥中自贸协定的生效有力促进了双边贸易增长。哥方高度重视中国发展提供的巨大机遇，愿与中方扩大在经贸、基础设施建设、教育、文化、司法、科技等领域的合作，造福两国人民。哥方高度赞赏温家宝总理今年在联合国拉美经委会演讲中提出的加强拉中关系的政策主张和举措，愿在担任拉共体轮值主席国期间，发挥积极作用，与中方加强协调配合，推动拉中合作取得更多成果。

习近平在会见时欢迎钦奇利亚访问中国。习近平表示，今年是中哥建交5周年。在双方共同努力下，5年来双方关系快速、稳定发展，各领域交流合作成果丰硕。一是两国政治互信不断增强，高层交往频繁，政府、议会、政党间的交流合作不断扩大。哥方坚定奉行一个中国政策，中方对此表示赞赏。二是经贸合作富有成果，2011年双边贸易额比建交前的2006年增长120%。去年8月中哥自由贸易协定正式生效，为双边经贸关系发展开辟了广阔空间。三是人文交流日趋活跃，增进了两国人民的相互了解和友谊。

在谈到中拉关系时，习近平指出，拉美国家在国际事务中发挥着重要作用。中方高度重视发展同拉美国家关系，愿进一步加强中拉整体合作。中方愿与哥方保持密切协调与配合，就发展中拉关系进一步交换意见，推动中拉全面合作伙伴关系不断向前发展。

钦奇利亚表示完全赞同习副主席对哥中和拉中关系的看法和主张。她说，此次访问与中国领导人就广泛议题交换了意见，达成一系列重要共识，有助于双方关系的进一步发展。

外交部部长杨洁篪、中国驻哥斯达黎加大使李长华等参加上述会见。

国务院总理温家宝在中南海紫光阁会见中朝两个经济区开发合作联合指导委员会朝方代表团

温家宝表示，近年来，中朝经贸合作取得积极成果。下一步，双方要以罗先经贸区和黄金坪、威化岛经济区开发合作为重点，落实联合指导委员会达成的共识，扎实推进各项工作：一是加强两国政府对合作的领导和规划，完善法律、法规；二是鼓励相关地区积极参与，密切联系和协调；三是发挥市场机制作用，在土地、税收等方面创造良好条件；四是鼓励企业投资，为他们解决实际问题和困难；五是改善海关、质检等服务，为合作提供便利。中方愿与朝方共同努力，把两个经济区建设好、管理好，推动中朝经贸合作达到更高水平。

国务院督查组在16个省(市)就贯彻落实房地产市场调控政策措施情况进行督促检查

按照国务院的统一部署，7月下旬至8月上旬，国务院派出8个督查组，对16个省(市)贯彻落实房地产市场调控政策措施情况进行了督促检查。

从督查情况看，各地高度重视房地产市场调控工作，认真贯彻落实国务院关于房地产市场调控的各项政策措施。16个省(市)中，要求限购的城市结合当地实际，制定了住房限购措施，限购操作流程和日常管理基本规范；加大了对捂盘惜售、无证售房、销售现场违规、发布虚假信息等违规销售行为的查处力度；首套住房、二套住房认定和信贷政策，三套及以上住房停贷政策，非当地户籍居民家庭购房信贷政策执行较为严格；土地供应管理工作进一步加强，保障性住房用地供应得到单列和优先保证，保障性住房和中小套型普通商品住房用地占供应总量的70%的政策得到落实，土地出让方式逐步完善，住房用地供后监管不断强化；在房屋交易环节认真执行营业税、契税、个人所得税等各类税种政策，土地增值税清算和稽查力度不断加大，多数地区积极应用房地产价格评估技术加强存量房交易税收征管，"阴阳合同"造成的税收损失明显减少。总的看，国务院关于房地产市场调控的各项政策措施得到了较好落实，调控成效不断显现，投机投资性需求得到有效抑制。

同时，督查中也发现了一些需要特别关注的问题：一是近期一些城市房价环比出现上涨，导致市场预期发生变化，稳定房价的压力加大。二是个别地方存在通过放松限购条件、发放购房补贴等方式，刺激住房消费的苗头。三是部分城市今年上半年住房用地供应计划完成率较低，个别城市不到10%；一些地方的市场监管力度需要加大，部分城市尚未建立预售资金监管制度，一些楼盘的价格公示不够规范。

被日方非法抓扣的中国公民及船只启程返回

经中国政府多次严正交涉和多方努力，日前在钓鱼岛及其附近海域被日方非法抓扣的14名中国公民和"启丰二号"船已重获自由。在中国驻日使领馆工作组安排下，8月17日17时36分，7名中方人员登上了冲绳那霸至香港的班机。7名中方人员将原船返回，中国海监船和香港特区海事船将前往接应。

中国政府郑重重申，钓鱼岛及其附属岛屿自古以来就是中国的固有领土，这方面的历史事实是清楚的。日方对中国公民采取的任何单方面举措都是非法、无效的，不可能改变钓鱼岛及其附属岛屿属于中国的事实。

国家营养标签健康教育行动在北京启动

《人民日报》报道：我国将推行食品营养标签管理制度，强制标示能量和4种营养成分的含量值及参考值。8月17日，国家营养标签健康教育行动计划在京启动。今后3年，我国将开展以贯彻营养标签为主题的教育行动，并对食品企业进行营养标签知识指导。

明年1月1日起，《食品安全国家标准预包装食品营养标签通则》(以下简称《通则》)正式实施。《通则》规定，预包装食品应在标签强制标示能量和4种营养成分（“1+4”）含量值及其占营养素参考值百分比。其中4种营养成分为4类核心营养素，即蛋白质、脂肪、碳水化合物和钠。

8月18日

中共中央政治局常委李长春在内蒙古调研

8月18日至22日，李长春先后到赤峰、锡林郭勒、巴彦淖尔、鄂尔多斯、呼和浩特等地，深入企业、学校、农牧区、社区和宣传文化单位，就贯彻落实党的十七届六中全会精神，加快转变经济发展方式、推进文化改革发展等进行调研，听取内蒙古自治区党委和政府工作汇报，对内蒙古经济社会发展取得的成绩给予充分肯定。

李长春非常关心内蒙古经济社会发展情况。他来到锡林郭勒盟巴彦德力格尔嘎查牧民苏日雅家中，与全家人围坐一起拉家常，转达胡锦涛总书记对各族群众的亲切问候。伊利实业集团公司和蒙牛乳业集团公司是我国乳品行业的龙头企业，李长春来到企业了解乳品制作流程和安全监管情况。他强调，质量是企业的生命。要建立严格的质量保障体系，加强全过程监管，不断提升集约化、规模化、标准化水平，为群众提供绿色安全放心的乳品。

加强民族地区文化建设是李长春调研的一个重点。在锡林郭勒盟巴彦德力格尔嘎查，他详细了解广播电视户户通情况，与各族群众一起观看乌兰牧骑文艺巡演。在鄂尔多斯市王府路社区，他深入了解民族团结和基层文化建设情况。李长春强调，要结合内蒙古的实际，积极推进社会主义核心价值体系建设，深入开展民族团结进步宣传教育，不断巩固各民族共同团结奋斗、共同繁荣发展的大好局面。内蒙古博物院近年来向社会免费开放后，参观人数增长了7倍。李长春走进展厅仔细观看，了解草原民族发展历史，希望他们进一步丰富展陈内容，改进方式方法，提高服务水平，吸引更多群众特别是广大青少年参与互动，努力实现社会效益最大化。他还专程到赤峰博物馆和夏家店下层文化遗址，了解红山文化的起源和发展情况。在内蒙古日报传媒集团，李长春与编辑记者亲切交谈，勉励他们创新办报模式，把思想性指导性可读性结合起来，把提升传统媒体影响力与占领新兴媒体阵地结合起来，积极探索推进党报发行体制改革，扩大覆盖面，增强吸引力。他希望内蒙古依托丰富的文化资源，培育有实力的演艺企业，精心打造一批特色鲜明、群众喜闻乐见的优秀歌舞品牌，把内蒙古优秀民族文化推向全国、推向世界。

8月19日

中国伊斯兰教协会在人民大会堂举行欢度开斋佳节暨尊老敬老爱心行动主题茶话会

中共中央政治局委员、国务院副总理回良玉，全国人大常委会副委员长司马义·铁力瓦尔地，全国政协副主席、中共中央统战部部长杜青林，全国政协副主席白立忱、阿不来提·阿不都热西提等到会祝贺。

全国政协常委、中国伊斯兰教协会会长希拉伦丁·陈广元大阿訇在茶话会上致辞，他代表中国伊斯兰教协会向与会来宾表示感谢，向全国和世界各国穆斯林兄弟姐妹致以节日祝贺。他说，中国伊斯兰教协会作为全国性宗教团体，多年来一直致力于推动公益慈善事业发展。“斋月尊老敬老爱心行动”作为该协会第一次有计划举办的全国规模的公益慈善专项活动，得到了各地伊协和穆斯林企业界的大力支持和积极参与。中国伊协将继续为推动中国伊斯兰教公益慈善事业不懈努力。

中央统战部、国家民委、国家宗教局、全国老龄办、全国政协民宗委、中国红十字会等部门和单位有关负责同志参加茶话会。

首届世界晋商大会在山西太原举行

以“新晋商、新山西、新跨越”为主题的首届世界晋商大会8月19日至20日在山西太原举行，包括世界五百强企业代表在内的近1500名海内外晋商参会，签约项目总投资额突破万亿元。

本次大会由中共山西省委、山西省人民政府、中国侨联和全国工商联主办，通过为海内外晋商搭建联系平台，营造“重商、亲商、安商、富商”的良好氛围，实现海内外晋商的大团聚、大联合，吸引资金、项目和人才、技术等生产要素聚集山西，以促进山西转型跨越发展和扩大对外开放。目前，签约项目已突破800个，总投资额突破万亿，主要涉及现代服务业、装备制造及高精技术产业等项目。

外交部发言人秦刚在记者会上就日本右翼分子登上钓鱼岛表示强烈抗议

记者问：据报道，日本国会议员和右翼团体成员150人赴钓鱼岛海域举行所谓“慰灵”活动，其中10人登上钓鱼岛。中方对此有何评论？

秦刚说，日本右翼分子的非法行径侵犯了中国领土主权。外交部负责人已向日本驻华大使提出严正交涉，表示强烈抗议，敦促日方停止损害中国领土主权的行动。

他说，日方应切实处理好当前问题，避免严重干扰中日关系大局。

李可染画院在钓鱼台国宾馆芳菲苑举行成立大会并揭牌

全国人大常委会副委员长华建敏，全国政协副主席、中国文联主席孙家正，著名科学家李政道发来贺词。文化艺术界的领导、嘉宾，李可染的家属、学生以及来自全国各地的艺术家共千余人参加了大会。

第八届“宋庆龄少年儿童发明奖”颁奖典礼在北京举行

8月20日

全国人大常委会委员长吴邦国在人民大会堂主持召开十一届全国人大常委会第八十七次委员长会议

会议决定十一届全国人大常委会第二十八次会议8月27日至31日在北京举行。

根据委员长会议建议的议程，常委会第二十八次会议将继续审议民事诉讼法修正案草案、农业技术推广法修正案草案、精神卫生法草案；首次审议特种设备安全法草案、旅游法草案、环境保护法修正案草案。

委员长会议建议的常委会第二十八次会议议程还有：审议国务院关于今年以来国民经济和社会发展计划执行情况的报告、关于今年以来预算执行情况的报告、关于县级基本财力保障机制运行情况的报告；审议全国人大常委会执法检查组关于残疾人保障法实施情况的报告；审议全国人大内务司法委员会关于残疾人保障法立法后评估的报告；审议全国人大常委会代表资格审查委员会关于个别代表的代表资格的报告；审议全国人大常委会委员长会议关于提请审议香港特别行政区第十二届全国人民代表大会代表选举会议成员名单草案和澳门特别行政区第十二届全国人民代表大会代表选举会议成员名单草案的议案；审议任免案等。

委员长会议上，全国人大常委会副委员长兼秘书长李建国就常委会第二十八次会议议程草案、日程安排意见作了汇报。全国人大常委会有关副秘书长，全国人大有关专门委员会、全国人大常委会有关工作委员会和代表资格审查委员会负责人就常委会第二十八次会议的相关议程作了汇报。

中办转发《中共政协全国委员会党组关于〈中共中央关于加强人民政协工作的意见〉贯彻落实情况的报告》

国务院副总理李克强在中南海紫光阁会见阿尔巴尼亚外交部部长帕纳里蒂

李克强指出，中方尊重和理解阿尔巴尼亚争取加入欧盟的战略选择，高度重视欧洲的政治、经济影响力，认为欧洲是世界的重要一极，相信欧方有智慧、有能力妥善处理主权债务问题，迎来新的发展。中方愿与欧方创新思维，把握机遇，推动中欧关系全面、深入、持久发展。

帕纳里蒂表示阿尔巴尼亚珍视同中国的传统友谊，愿同中方加强友好交流，扩大务实合作，实现共同发展。

俄罗斯总统普京在莫斯科克里姆林宫会见国务委员戴秉国

国务委员戴秉国在莫斯科与俄罗斯联邦安全会议秘书帕特鲁舍夫举行中俄第七轮战略安全磋商

双方就中俄关系和共同关心的重大国际和地区问题深入交换了意见。

戴秉国表示，中俄两国都处在实现民族复兴和国家富强的进程中，各自发展都需要良好的内外环境，在战略安全上有着共同的利益和诉求。在复杂多变的国际形势下，加强中俄战略安全磋商和合作具有重大意义，双方要继续坚定支持对方维护主权、领土完整和国家安全，走符合本国国情的发展道路；继续共同维护《联合国宪章》的宗旨和公认的国际关系准则，推动世界多极化和国际关系民主化；继续共同维护周边战略安全，为各自发展营造和平稳定的周边环境；继续大力推进两国务实合作，为中俄关系更好发展提供坚实的物质基础。

中方愿同俄方一道，沿着两国元首共同确定的平等互信、相互支持、共同繁荣、世代友好的方向，坚定不移地推动中俄全面战略协作伙伴关系不断向前发展，造福两国人民，为世界和平、稳定和繁荣作出更大贡献。

帕特鲁舍夫表示，俄中全面战略协作伙伴关系稳步向前发展，两国务实合作成果丰硕，战略协作富有成效。俄方愿同中方共同努力，不断提升务实合作水平，利用好两国战略安全磋商等机制，加强在国际和地区问题上的沟通和协作，使俄中全面战略协作伙伴关系更好地服务两国发展，更好地维护地区和国际安全稳定，更好地推动国际秩序朝着更加公正合理方向发展。

双边还就叙利亚、伊朗、阿富汗、上海合作组织发展、金砖国家合作、亚太局势等问题交换了看法。

"风云二号 F"静止气象卫星交付使用

我国第四颗业务型静止气象卫星"风云二号 F"星在轨交付仪式，今天在北京举行。"风云二号 F"星正式交付中国气象局使用，将进一步提高我国气象探测精度，对台风、强对流等监测预报具有十分重要的意义。

"风云二号 F"星今年 1 月 13 日在西昌卫星发射中心成功发射，经过在轨测试和业务试运行，目前，星地系统运行稳定、可靠。自 4 月 1 日投入业务试运行以来，观测资料已经处理生成了 17 种定量产品、8 种图像产品。6 月以来，台风进入应急响应状态期间，中国气象局启动了 8 次"风云二号 F"星区域加密观测，时间频次最高达 5 分钟 / 次。

李娜在华盛顿举行的辛辛那提网球赛决赛中获得冠军

《人民日报》报道：19 日在美国举行的总奖金 216 万多美元的辛辛那提网球赛决赛中，李娜在以 1:6 先丢首盘的劣势下，奋勇以 6:3 和 6:1 连扳两盘，击败 5 号种子、德国姑娘科贝尔，捧起了她自去年法网以来第一个冠军奖杯。

薄谷开来 张晓军故意杀人案一审宣判

安徽省合肥市中级人民法院对被告人薄谷开来、张晓军故意杀人案作出一审判决，认定薄谷开来犯故意杀人罪，判处死刑，缓期二年执行，剥夺政治权利终身；张晓军犯故意杀人罪，判处有期徒刑九年。

被告人薄谷开来和张晓军部分亲友、英国驻华使领馆官员、媒体记者、人大代表、政协委员及各界群众一百余人参加了旁听。被害人尼尔·伍德亲属委托的诉讼代理人也到庭参加诉讼。

合肥市中级人民法院经审理查明，2011 年下半年，被告人薄谷开来及其子薄某某与被害人尼尔·伍德因经济利益发生矛盾，尼尔·伍德在电子邮件中言辞威胁薄某某，薄谷开来认为尼尔·伍德已威胁到其子薄某某的人身安全，决意将其杀害。为此，薄谷开来安排重庆市委办公厅原工作人员（其家中勤务人员）、同案被告人张晓军邀约并陪同尼尔·伍德到重庆，于 2011 年 11 月 13 日安排尼尔·伍德入住重庆市南山丽景度假酒店 16 栋 1605 室。薄谷开来准备了含有氰化物的毒药，当晚薄谷开来安排张晓军携带毒药陪同其前往尼尔·伍德住处，薄谷开来在房间内与尼尔·伍德饮酒、喝茶，张晓军在门外等候。后尼尔·伍德因醉酒倒在卫生间，薄谷开来叫张晓军进入房间并要去其随身携带的毒药，张晓军将尼尔·伍德扶到床上，薄谷开来趁尼尔·伍德呕吐后要喝水之机，将毒药倒入其口中，致尼尔·伍德死亡。后经公安部物证鉴定中心毒化检验，尼尔·伍德的死亡原因符合氰化物中毒所致。

合肥市中级人民法院认为，被告人薄谷开来伙同被告人张晓军采用投毒的方法杀害他人，其行为均已构成故意杀人罪。薄谷开来犯罪情节恶劣，后果严重，且在共同犯罪中起主要作用，系主犯，论罪应当判处死刑。鉴于本案被害人尼尔·伍德对薄谷开来之子薄某某使用威胁言辞，使双方矛盾激化；司法鉴定意见表明，薄谷开来有完全刑事责任能力，但患有精神障碍，对本次作案行为性质和后果的辨认能力完整，控制能力削弱；薄谷开来在归案后向有关部门提供他人违纪违法线索，为有关案件的查处起到了积极作用；薄谷开来当庭认罪、悔罪，故对薄谷开来判处死刑，可不立即执行。张晓军在共同犯罪中受薄谷开来指使，起帮助作用，系从犯，且归案后如实供述了主要犯罪事实，并当庭认罪、悔罪，对其可减轻处罚。合肥市中级人民法院在充分考虑控辩双方意见的基础上，依法作出上述判决。

判决结果宣布后，审判长询问被告人是否上诉，薄谷开来和张晓军当庭表示不上诉。

8 月 21 日

国家副主席习近平在北京出席国际天文学联合会第二十八届大会开幕式

国际天文学联合会第二十八届大会 21 日在北京开幕，中国国家副主席习近平出席开幕式并致辞。

国际天文学联合会主席罗伯特·威廉姆斯在开幕式上祝贺国际天文学联合会第二十八届大会成功召开，并对中方为本次大会所做的积极努力表示赞赏。

国际天文学联合会大会每 3 年举办一次，此次会议是 1935 年中国加入国际天文学联合会以来，首次承办联合会大会。会议期间，来自 88 个国家和地区的 2000 余名代表，将就天文学领域一系列重要议题展开交流和探讨。

国家副主席习近平在国际天文学联合会第二十八届大会开幕式上的致辞

尊敬的主席先生，女士们、先生们、朋友们：

今天，来自世界各地的 2000 多名天文学家欢聚北京，参加国际天文学联合会第二十八届大会开幕式。这是 1935 年加入国际天文学联合会以来，中国首次承办联合会大会。这次大会是国际天文学界的一件盛事。我谨代表胡锦涛主席和中国政府、中国人民，对本届大会的召开表示热烈的祝贺，向出席大会的各位来宾表示崇高的敬意和诚挚的欢迎！

天文学是人类认识宇宙的科学，是推动自然科学发展和高新技术发展、促进人类社会进步的最重要、最活跃的前沿学科之一，对其他门类的自然科学和技术进步有着巨大推动作用。浩瀚无垠的宇宙空间，让生活在地球上的人类充满好奇、为之神往；博大精深的天文科学，以其独特魅力吸引着世世代代有识之士为之孜孜钻研、不懈探寻。天文学作为一门研究天体和其他宇宙物质的位置、分布、运动、形态、结构、化学组成、物理性质及其起源和演化的学科，在人类认识世界、改造世界的活动中始终占有重要位置。我们看到，天文观测的每一次重大发现，都不断深化着人类对宇宙奥秘的认识；天文科学的每一项重大成就，都极大丰富了人类知识宝库；天文学与其他学科交叉融合实现的每一次重大突破，都对基础科学乃至人类文明进步带来现实的和长远的深刻影响。

中国作为世界文明古国之一，对于天文学的发展作出了重要贡献。我们的祖先很早就在日出而作、日落而息的劳作中，开始观察和探究宇宙的奥秘。早在 2300 多年前，中国伟大的诗人屈原就发出了“遂古之初，谁传道之？上下未形，何由考之？”的著名“天问”。公元前 13 世纪甚至更早，中华民族的先人就建立了天文台，中国至今仍保存着世界上历时最长、最完整的天象记录。90 多年前，中国现代天文学开始起步，1922 年中国天文学会成立，1928 年中国第一个现代天文研究所诞生，1934 年中国紫金山天文台建成。中华人民共和国成立以来、特别是改革开放以来，中国科学院建成了完整的现代化天文台站运行体系，继建成世界上光谱获取率最高的大视场光谱巡天望远镜之后，目前正在建设 500 米口径射电望远镜，并在空间天文和南极天文等重要前沿研究领域取得重要进展。

天文学的发展，是全人类认识宇宙的智慧结晶。天文学的发展历程，给予我们不少宝贵而深刻的启示。

第一，科学技术发展是人类认识世界、改造世界的强大动力。科学技术是经济社会发展中最活跃、最具革命性的因素。人类文明每一次重大进步都与科学技术的革命性突破密切相关。现代科学技术的发展正日益深刻地改变着人类的生产方式、生活方式和生存方式，成为经济社会发展的主要驱动力。实现经济社会可持续发展和人的全面发展，最根本的是要依靠科技的持续进步和创新。

第二，科学技术发展需要不懈探索和长期积累。人类对宇宙奥秘的探求同对其他领域发展规律的探索一样，是永无止境的。科学技术作为人类认识世界、改造世界的智慧结晶，是科学家们不懈探索、长期积累的创造性成果。只有心无旁骛地潜心研究，永不停息探索脚步，在巨人的肩膀上持续不懈前进，才能不断攀登世界科学高峰，推动人类进步。

第三，科学技术发展需要持续重视和加强基础研究。天文学是一门观测科学，包括天文学在内的重要基础研究，要求我们尊重科研活动的内在规律和长远价值，以战略眼光对此进行超前部署，加大投资力度和保障力度，为科学家们的前沿探求提供长期稳定的支持，使他们不断有所发现、有所发明、有所创造、有所前进，取得更多对人类有重大贡献的科学成果。

第四，科学技术发展需要打牢坚实的群众基础。科学技术是一项既造福社会又依赖社会的事业，科学技术发展需要广泛的公众理解和积极的社会参与。应该把科学普及放在与科技创新同等重要的位置，充分发挥教育在科学普及中的重要作用，在全社会、全人类进一步形成讲科学、爱科学、学科学、用科学的浓厚氛围和良好风尚，不断提高民众科学文化素质，不断激发人们创新创造的无穷动力和蓬勃活力。

第五，科学技术发展需要开展广泛务实的国际合作。科学无国界。广袤的宇宙空间，是人类的共同家园；不懈探索浩瀚宇宙，是人类的共同追求；蓬勃发展的天文科学，是人类的共同财富。当今时代，科学技术问题越来越具有全球性，除了天文学等基础研究领域的国际交流合作以外，解决人类共同面临的能源资源、生态环境、气候变化、自然灾害、粮食安全、人口健康等重大问题，也都需要开展多种形式的国际和地区科技交流合作，以共同推进人类科技创新、文明进步和可持续发展，造福于全人类。

当今世界是开放的世界，各国相互依存程度日益加深。改革开放 30 多年来，中国不但打开国门搞建设，也打开国门开展科技交流合作。特别是进入 21 世纪以来，世界自然科学界和工程科学界相继在中国召开了包括国际数学家大会、世界工程师大会等在内的一系列重要国际学术交流盛会。这极大开阔了中国科技界的国际视野，加深了国际科技界对中国的了解和认识，促进了中国和国际科技界的相互交流、借鉴与合作，也为中国科技界对世界科技发展作出贡献创造了有利条件。

我相信，国际天文学联合会第二十八届大会在中国的召开，必将对增进中国天文学家与各国天文学家的友谊、促进中国与国际天文学界的交流合作、推动中国天文学及相关学科发展产生积极影响；同时必将激励包括中国在内的世界各国充满好奇和求知欲望的年轻人，把他们关注的目光投向灿烂星空，激发他们投身天文观察和天文学研究的浓厚兴趣，投身当今世界科学技术的创新实践。

最后，我衷心祝愿本届大会取得圆满成功，衷心祝愿各国天文学家携手探索浩瀚宇宙、共创人类美好未来！

谢谢大家！

中央纪委书记贺国强在北京出席贯彻落实《建立健全惩治和预防腐败体系 2008—2012 年工作规划》工作成果交流会并讲话

在认真听取与会同志的发言后，贺国强指出，改革开放 30 多年来，我们党始终高度重视党风廉政建设和反腐败斗争，不断推进反腐倡廉理论和实践创新，走出了一条中国特色反腐倡廉道路。党的十六大以来，以胡锦涛同志为总书记的党中央从全局和战略高度出发，作出了建立、健全惩治和预防腐败体系的重大决策。这是对改革开放以来我国反腐倡廉建设经验的科学总结，是以中国特色社会主义理论体系特别是科学发展观指导反腐倡廉建设的重要体现，是新形势下反腐倡廉建设的工作重点和重要抓手，是党和国家事业健康顺利发展的重要保证，标志着我们党对反腐倡廉建设规律的认识达到了新的高度。我们要从理论和实践的结合上进一步深刻认识惩治和预防腐败体系建设的重要地位和作用，坚定不移、坚持不懈地把这项工作抓紧抓好。

贺国强指出，党的十七大以来，在党中央坚强领导下，经过各方面共同努力，《建立健全惩治和预防腐败体系 2008—2012 年工作规划》提出的各项任务基本完成，惩治和预防腐败体系建设呈现出科学谋划、系统治理、整体推进的良好局面，取得了新的重要进展和明显成效。实践证明，中央关于建立、健全惩治和预防腐败体系的重大决策是完全正确的，各地区各部门各单位推进惩治和预防腐败体系建设的工作是有力有效的。回顾近年来推进惩治和预防腐败体系建设的实践，我们主要有 5 个方面的体会：一是必须坚持围绕中心、服务大局，把惩治和预防腐败体系建设与党和国家中心工作紧密结合起来，严明党的政治纪律，加强对中央重大决策部署落实情况的监督检查，找准工作切入点和着力点。二是必须坚持整体推进、系统治理，全面贯彻反腐倡廉战略方针，坚持标本兼治、惩防并举、堵疏结合，注重用系统的思维、统筹的观念、科学的方法推进惩治和预防腐败体系建设，把教育的说服力、制度的约束力、监督的制衡力、改革的推动力、纠风的矫正力、惩治的威慑力有机结合起来，增强工作整体效能。三是必须坚持突出重点、抓住关键，把解决反腐倡廉建设中人民群众反映强烈的突出问题作为推进惩治和预防腐败体系建设的重要任务，深入开展专项治理，既做到以重点带全面、逐步完善惩治和预防腐败体系，又不断以反腐倡廉建设实际成效取信于民。四是必须坚持解放思想、改革创新，及时总结推广各地区各部门各单位创造的新鲜经验，深入研究惩治和预防腐败体系建设的重大理论和实际问题，不断探索惩治和预防腐败的新思路新办法新举措。五是必须坚持加强领导、形成合力，认真贯彻落实党风廉政建设责任制，坚持和完善反腐败领导体制和工作机制，通过抓组织领导、抓任务落实、抓监督检查，增强惩治和预防腐败体系建设整体合力，推动惩治和预防腐败体系建设深入发展。

贺国强强调，惩治和预防腐败体系建设是一个动态开放、与时俱进的系统工程，也是一项长期的战略任务。党的十八大将对当前和今后一个时期党和国家事业发展作出全面部署，也将对以完善惩治和预防腐败体系为重点的反腐倡廉建设作出新的部署。我们要认真学习贯彻党的十八大精神，认真总结惩治和预防腐败体系建设工作经验，精心制定下一个 5 年工作规划，推进工作创新，狠抓工作落实，坚定不移把惩治和预防腐败体系建设推向前进。

中共中央书记处书记、中央纪委副书记何勇主持会议。

国务院副总理李克强在北京考察保障性安居工程建设情况并召开保障房分配和运行现场会

李克强说，保障房作为宝贵的公共资源，公平分配是必须严守的"生命线"。要实现这一点，全程公开是前提，严格执行是关键，健全机制是保障。他强调，保障房建设可以多渠道、多方式推进，但保障对象和分配程序必须严格规范。保障房是解困房，要真正分配给低收入和中等偏下收入住房困难群众；保障房不是过去那种福利房，要坚决防止不符合条件者获得保障房。建立有效的纠错机制，严肃查处骗租骗购、利用各种手段侵占保障房等违规违纪行为。

李克强指出，目前保障房开工建设已达到全年目标的 70%以上，总体进展顺利。要突出抓好竣工入住这个环节，做到质量可靠、设施配套、布局合理，这样才能真正形成有效供给,更好地实行住房保障政策的初衷。一是对住房质量问题,要实行“零容忍”,严格责任追究,该赔偿的要赔偿,该清出市场的要清出市场。二是对配套设施欠缺的项目,要抓紧完善,保证市政等基本设施同步建成,尽快达到入住条件,并将此作为竣工的重要标准。三是对拟建的保障房项目,要精心规划,项目选址一定要从便利居民就业、就医、就学、购物等实际需求出发,使群众既安居、又乐业。

李克强最后说,要继续贯彻执行房地产市场调控政策,抑制投机投资性需求,增加普通商品住房供应,巩固调控成果,促进房地产市场长期平稳健康发展。

海峡两岸首条直通光缆建成

中国电信集团公司在厦门举行“海峡两岸第一条直通光缆建成庆典”仪式。这条厦门至金门直通光缆的建成,将使两岸之间通信能力提高百倍。

厦金海底光缆由中国电信主导,联合两岸电信运营商共同建设,共由两条24芯海底光缆构成,分别从厦门观音山至金门慈湖、厦门大嶝岛至金门古宁头,进而连通至台湾本岛,系统设计容量是目前两岸通信能力的100倍。

厦金海底光缆的建成,使两岸信息“高速通道”成为现实,结束了海峡两岸通信业务必须承载在多个国家和地区联合建设光缆上的历史。

中央纪委书记贺国强在人民大会堂会见以主席尼科斯·阿纳斯塔夏季斯为团长的塞浦路斯民主大会党代表团

谈到党际关系时,贺国强说,中国共产党与塞民主大会党在“独立自主、完全平等、互相尊重、互不干涉内部事务”的党际交往四项原则基础上,关系发展顺利,交流与合作日益增多。中国共产党愿进一步深化同民主大会党的友好合作,加强治国理政经验交流,推动中塞国家关系持续健康稳定发展。

阿纳斯塔夏季斯积极评价两党两国关系。他说,两国建交以来,双边关系发展顺利。塞方愿进一步加强双方在能源、投资、旅游等领域的合作,深化党际交流,为促进中欧关系发挥积极作用。他表示,塞方将继续坚持一个中国的原则立场,感谢中国党和政府在塞浦路斯问题上给予的宝贵支持。

国务委员戴秉国在莫斯科会见俄罗斯外长拉夫罗夫

戴秉国表示,中俄全面战略协作伙伴关系长期稳定向前发展,取得丰硕成果,这归功于两国领导人的战略远见和正确决策,是双方共同努力的结果。双方要坚定地维护和推动中俄全面战略协作伙伴关系不断发展,使中俄友好世代相传,为两国发展振兴,为世界和平、稳定和繁荣作出更大贡献。

拉夫罗夫表示,俄中全面战略协作伙伴关系不可逆转,这符合两国根本和长远利益,也有利于世界和平与稳定。俄中两国对许多重大国际问题看法一致,都坚持遵守《联合国宪章》的宗旨和原则以及公认的国际关系准则,俄方愿同中方继续加强战略沟通和协作。

国务委员戴秉国在莫斯科与俄罗斯著名智库 研究机构和主流媒体负责人座谈

外交部部长杨洁篪在北京与阿尔巴尼亚外交部长帕纳里蒂举行会谈

国办印发《〈国家环境保护“十二五”规划〉重点工作部门分工方案》的通知

8月22日

国家主席胡锦涛就埃塞俄比亚总理梅莱斯不幸去世向埃塞俄比亚总统吉尔马·沃尔德·乔治斯致唁电

胡锦涛在唁电中说,梅莱斯总理是埃塞俄比亚杰出领导人,是非洲著名政治家,生前致力于国家发展和非洲复兴的伟大事业。梅莱斯总理是中国人民的老朋友,高度重视发展对华关系。我们不会忘记他为中埃全面合作伙伴关系的建立和发展作出的重要贡献,对他英年早逝深感悲痛和惋惜。中国政府和人民十分珍视同埃塞俄比亚的传统友谊,愿与埃方共同努力,推动中埃全面合作伙伴关系不断向前发展。

国务院总理温家宝在北京主持召开国务院常务会议

会议决定取消和调整314项部门行政审批项目,批准广东省在行政审批制度改革方面先行先试。会议指出,自2001年行政审批制度改革工作全面启动以来,国务院已先后五批取消和调整行政审批项目。为进一步减少和规范行政审批,会议决定,在以往工作基础上,再取消和调整314项部门行政审批项目,其中取消184项、下放117项、合并13项。至此,国务院十年来分六批共取消和调整了2497项行政审批项目,占原有总数的69.3%。这次重点对投资领域、社会事业和非行政许可审批项目,特别是涉及实体经济、小微企业发展、民间投资等方面的审批项目进行了清理。

会议依据行政许可法有关规定,批准广东省“十二五”时期在行政审批制度改革方面先行先试,对行政法规、国务院及部门文件设定的部分行政审批项目在本行政区域内停止实施或进行调整。会议指出，广东省处于改革开放前沿，市场发育程度较高，经济社会发展正全面进入转型期，深化行政审批制度改革、进一步转变政府职能的要求十分紧迫。在广东省进行改革试点，对于深化行政审批制度改革，推进行政管理体制改革，完善社会主义市场经济体制，具有重要示范意义。会议要求，广东省要加强领导，精心制订试点方案，认真组织实施，把试点工作与转变政府职能结合起来，与强化监管和服务结合起来，为全国行政审批制度改革积累经验。各有关部门要积极支持、加强指导，及时帮助广东省解决试点中遇到的问题，确保试点顺利推进。

会议指出，十年来，行政审批制度改革不断深化，有力促进了政府职能转变，进一步增强了市场配置资源的基础性作用；有力促进了依法行政，进一步规范了政府行为；有力促进了政府管理创新，提高了行政效能；有力促进了反腐倡廉建设，进一步完善了政府系统预防和治理腐败的体制机制。今后一个时期，要坚定不移地深化行政审批制度改革。一要按照应减必减、该放就放的原则，进一步取消和调整行政审批项目。凡公民、法人或者其他组织能够自主决定的，市场竞争机制能够有效调节的，行业组织或者中介机构能够自律管理的，政府都要退出。凡可以采用事后监管和间接管理方式的，一律不设前置审批。以部门规章、文件等形式违反行政许可法规定设定的行政许可，要限期改正。探索建立审批项目动态清理工作机制。二要积极推进行政审批规范化建设。新设审批项目，必须于法有据，并严格按照法定程序进行合法性、必要性、合理性审查论证。没有法律、法规依据，任何部门不得以规章、文件等形式设定或变相设定行政审批项目。研究制定非行政许可审批项目设定和管理办法。三要加快推进事业单位改革和社会组织管理改革。把适合事业单位和社会组织承担的事务性工作和管理服务事项，通过委托、招标、合同外包等方式交给事业单位或社会组织承担。抓紧培育相关行业组织，推动行业组织规范、公开、高效、廉洁办事。四要进一步健全行政审批服务体系。继续推进政务中心建设，健全省市县乡四级联动的政务服务体系，并逐步向村和社区延伸。加强行政审批绩效管理，推行网上审批、并联审批和服务质量公开承诺等做法，不断提高行政审批服务水平。审批项目较多的部门要建立政务大厅或服务窗口。五要加强政府监管。对取消和调整的行政审批事项，要明确监管责任，制定后续监管措施，强化工作衔接，避免出现监管真空。各地区、各有关部门要把工作重点转到依法监管上来，切实履行职责，制定政策法规、标准规范，加强日常动态监管，保证市场秩序，保障人民群众生命健康安全。六要深入推进行政审批领域防治腐败工作。深化审批公开，推行“阳光审批”。加快推广行政审批电子监察系统。严肃查处利用审批权违纪违法案件。七要把行政审批制度改革与投资体制、财税金融体制、社会体制和行政管理体制改革结合起来。进一步理顺和规范政府与企业、与社会的关系，规范上下级政府的关系。进一步优化政府机构设置和职能配置，提高行政效能和公共管理服务质量。

会议审议通过了《气象设施和气象探测环境保护条例(草案)》。

全国地方政协工作经验交流会在北京开幕

全国政协主席贾庆林出席开幕会。全国政协副主席王刚出席并讲话。

王刚指出，善于总结和学习经验，是我们党领导人民战胜艰难险阻、不断取得胜利的重要法宝。10年来特别是十一届全国政协以来，各级政协坚持以科学发展观指导工作、推动实践，作出了重要贡献，积累了宝贵经验。要认真总结人民政协在履行职能、开展工作过程中探索形成的重要经验，把实践证明行之有效的成熟做法用制度形式确定下来，不断完善人民政协制度体系。

王刚强调，地方政协是整个人民政协事业的重要组成部分，具有重要地位和作用。及时总结和推广地方政协的工作经验，是人民政协的优良传统，也是全国政协加强与地方政协联系、进行工作指导的重要方式。要深入总结人民政协工作的成功经验，积极探索做好新形势下人民政协工作的新思路新举措，以更加有力的举措、更加完善的制度推进政协工作，增强履职实效，不断提高人民政协工作科学化水平。

王刚强调，在新的形势下，推进和发展人民政协事业，必须始终坚持做到与党和国家方向一致、目标一致、工作一致，坚定不移地把中国特色社会主义作为参加人民政协的各党派团体、各族各界人士的共同理想信念和共同前进方向，千方百计凝聚各方智慧和力量，紧紧围绕关系改革发展稳定全局的重大问题，积极为党和政府建真言、谋善举、献良策，为推动党和国家事业发展作出新的更大贡献。

国务院任免国家工作人员

任命顾朝曦为民政部副部长；任命王仲伟为文化部副部长；任命李东荣为中国人民银行副行长；任命滕佳材为国家工商行政管理总局副局长。

免去汪永清的国务院副秘书长职务；免去罗平飞、孙绍骋的民政部副部长职务；免去钟攸平的国家工商行政管理总局副局长职务；免去王仲伟的国务院新闻办公室副主任职务。

全国政协副主席孙家正在北京会见以尼泊尔总理夫人西斯拉·雅米为团长的尼泊尔主流媒体考察团

国务委员刘延东在湖北调研教育发展情况

刘延东深入十堰、襄阳、武汉等地的学校、科技园区、企业和文化单位调研,亲切看望农村基层教师、科技人员和文化工作者,对近年来湖北科技教育文化事业取得的成绩给予充分肯定。她强调,科技教育文化工作要认真贯彻中央决策部署,着力改革创新,发挥独特优势,为确保实现国家发展战略目标和改善民生等重要任务作出积极贡献。要坚持创新驱动发展,加快科技创新步伐,加大对企业技术研发的支持力度,提升高校和科研院所的创新能力,突破制约产业发展的技术瓶颈,总结完善并逐步推广武汉东湖国家自主创新示范区的成功经验,进一步完善相关政策,充分发挥国家高新区、国家高技术产业基地等创新中心的集聚辐射带动作用,促进产业结构优化升级和经济发展方式转变。要着力发展关系民生的科学技术,大力推广适用技术。要适应经济社会发展新要求和人民群众新期待,进一步优化教育学科专业、类型、层次结构和区域布局,注重将更多教育资源向农村地区、贫困地区和民族地区倾斜,促进各级各类教育协调发展,培养更多应用型、技能型、复合型高素质人才和拔尖创新人才。要发掘城乡特色文化资源,发展结构合理、科技含量高、富有创意、竞争力强的现代文化产业,完善覆盖城乡的公共文化服务体系,努力让广大人民群众共享改革发展成果。

调研期间,刘延东会见了湖北省部分优秀教师代表,充分肯定他们为教育事业发展作出的积极贡献,勉励他们忠于职守、关爱学生,为人师表、行为世范,做爱岗敬业的模范、言传身教的榜样、勇于创新的楷模和社会风尚的引领者。

北京等六城市将为非本市户籍就业人员和在读大学生办理出入境证件

公安部公布,自今年9月1日起,在北京、天津、上海、重庆、广州、深圳6个流动人口较多的城市推行为非本市户籍就业人员和在读大学生办理出入境证件的便民措施。

在上述6个城市就业的非本市户籍人员,可持户口簿、二代居民身份证、暂(居)住证,以及人力资源和社会保障部门出具的在就业地连续一年以上缴纳社会保险的证明;高等院校在读的非本市户籍大学生可持户口簿、二代居民身份证以及就读院校出具的在学证明,向公安机关出入境管理机构申请办理普通护照、往来港澳通行证及各类签注、往来台湾通行证及各类签注(包括首次申请、换补发证件、证件失效重新申请以及证件加注)。

残奥会中国体育代表团今天启程

残奥会中国体育代表团今天凌晨启程赶赴伦敦。本次代表团共有282名运动员,将参加田径、游泳、足球等15个项目的角逐。残奥会将于8月29日开幕。

8月23日

全国政协主席贾庆林在人民大会堂会见澳门地区中国和平统一促进会访京团一行

贾庆林指出,澳门回归13年来的成功实践充分证明,“一国两制”方针顺应了时代潮流和历史趋势,把握了民族根本利益和国家核心利益,激发了澳门同胞的主人翁责任感,具有强大的生命力,是完成祖国和平统一大业的正确方针。

贾庆林说,爱国爱澳始终是澳门社会的主流核心价值。澳门地区中国和平统一促进会是推动反“独”促统运动、推进两岸关系和平发展的重要力量。当前,两岸关系和平发展由开创期进入了巩固深化的新阶段。希望澳门统促会认真贯彻中央对台工作大政方针,充分发挥澳门在对台工作中的独特优势,着力加强对台交流交往,拓展工作领域,深化工作内涵,进一步汇聚澳门反“独”促统力量,共同致力于持续推进两岸关系和平发展,为实现祖国和平统一作出积极贡献。

贾庆林对澳门统促会提出4点希望。一是切实维护澳门的长期繁荣稳定,更好地发挥“一国两制”的示范作用;二是牢牢把握持续推进两岸关系和平发展主题,为巩固深化两岸关系和平发展凝聚共识和力量;三是紧紧抓住争取台湾民心这一工作主线,不断深化澳台两地交流合作;四是高举反“台独”、反分裂的鲜明旗帜,坚定不移地反对一切分裂祖国的行径。

会见时,访京团成员介绍了澳门统促会成立以来的工作及今后工作设想。

中共中央统战部、国务院港澳事务办公室、中央政府驻澳门特别行政区联络办公室等有关方面负责人参加会见。

中共中央政治局常委李长春参观2012北京国际广播影视设备展

李长春23日晚来到北京中国国际展览中心,饶有兴致地参观了中央电视台、中国国际广播电台、中央人民广播电台等展台,听取广播影视科技创新成果介绍,了解三网融合给人民群众文化生活带来的新变化，现场体验中国电影新技术效果。

李长春指出，科学技术是经济社会发展的重要动力源泉，也是文化改革创新的重要引擎。要以贯彻落实《中共中央、国务院关于深化科技体制改革加快国家创新体系建设的意见》为契机，深入实施科技带动战略，加快推进文化与科技融合，不断提高科技对文化事业和文化产业发展的支撑能力，增强中华文化的创造力、传播力和影响力、感染力。要进一步强化文化企业的技术创新主体地位，加快建立企业为主体、市场为导向、产学研用紧密结合的文化技术创新体系，培育一批特色鲜明、创新能力强的文化科技企业，使文化企业成为提出课题的主体、研发投入的主体、成果转化的主体、产学研用结合的主体，推动各种创新要素最大限度向文化企业集聚。

由国家广播电影电视总局主办的北京国际广播电影电视设备展览会，是广播影视界重要的技术交流和设备展示平台，是亚太地区规模最大的广播影视专业展览会。本届展会的主题是"品格媒体、品质生活"，展品覆盖广播影视内容采集、编辑、制作、播出、传输、管理等环节，展出面积超过5万平方米，参展单位近500家。

国务院扶贫开发领导小组在甘肃省定西市召开六盘山片区区域发展与扶贫攻坚启动会

国务院副总理、国务院扶贫开发领导小组组长回良玉强调，要深入贯彻落实中央关于新阶段扶贫开发工作的决策部署，把连片特困地区作为扶贫攻坚主战场，加大政策和资金扶持力度，集中力量解决制约片区经济社会发展的瓶颈问题，使片区扶贫攻坚尽快见到实效。

回良玉指出，1982年开始实施的"三西"（河西、定西、西海固）地区扶贫开发，是我国扶贫开发史上第一个有计划、有组织、大规模的开发式扶贫行动。在党中央、国务院的亲切关怀下，在地方党委政府的坚强领导下，"三西"地区各族人民充分发扬"领导苦抓、社会苦帮、群众苦干"的"三苦精神"，大力推行"兴河西之利，济中部之贫"和"有水走水路、无水走旱路、水旱路不通另找出路"的方略，展开了一场历时30年的反贫困斗争，取得了巨大成就。

回良玉强调，各有关地区和部门要继续发扬"三西"精神，同心同力，真抓实干，一步一步把规划落到实处。一要坚持不懈加强生态建设和治理，重点推进小流域综合治理和山、水、林（草）、田、路综合整治。二要全面加快各类基础设施建设，特别是要下大力气突破水利和交通两大瓶颈制约。三要扎实推进生态移民工程，统筹推进移民新村建设、产业培育、社会事业发展等各项工作，注重解决群众搬迁后的生产、生活出路问题。四要因地制宜发展特色优势产业，积极发展优质、高效、生态现代旱作节水农业，高水平建设一批循环经济基地，继续支持六盘山旅游扶贫试验区建设。五要大力实施教育扶贫工程，认真落实义务教育各项扶持政策，实施好"国家扶贫定向招生专项计划"、有力阻断贫困代际传递，加强实用技术和劳动力转移培训。六要强化跨省协调和合作，加强跨省重大基础设施项目、产业布局、经济协作等事项的衔接。七要加大部门支持力度，国家有关部门专项建设资金投入要向六盘山片区倾斜，列入行业规划的基础设施建设项目要优先审批和实施。

六盘山片区涉及陕西、甘肃、青海、宁夏四省（区）的15个地（市、州）、69个县（区、市），是连片特困地区中农民人均收入较低、贫困发生率较高的片区。国务院已批复《六盘山片区区域发展与扶贫攻坚规划（2011—2020年）》。

全国政协副主席王刚会见出席首届两岸和平发展法学论坛的台湾法律界人士

王刚说，近年来，两岸双方在反对"台独"、坚持"九二共识"的共同政治基础上推进两岸关系，开辟了两岸关系和平发展新局面。在两岸同胞的共同努力下，两岸人民交往日益密切，经济合作日益扩大，文化交流日益加强。实践证明，两岸关系和平发展符合两岸同胞的共同愿望，符合海内外中华儿女的共同期盼。

王刚指出，两岸法学界法律界的交流合作是两岸交流的重要组成部分，为维护两岸人民交往的合法权益、促进两岸各领域交流合作、推进两岸关系和平发展的制度化建设发挥了积极作用。他希望两岸法学界法律界人士携手同心，进一步加强两岸法学交流合作，密切彼此往来，巩固和深化两岸关系和平发展的法律基础，为中华民族伟大复兴作出更大贡献。

全国人大常委会副委员长乌云其木格出席会见，中共中央台办、国务院台办主任王毅，全国政协社会和法制委员会主任、海峡两岸关系法学研究会会长张福森，中国法学会常务副会长陈冀平和有关部门、团体负责人陪同会见，台湾法曹协会名誉理事长、21世纪基金会董事长高育仁及台湾法学界法律界代表参加会见。

国务委员戴秉国在乌兰巴托与蒙古国总统额勒贝格道尔吉举行会谈

戴秉国表示，中方真诚希望在自身发展的同时，同蒙方携手合作，共同发展。当前，两国合作面临重要历史机遇,发展前景广阔。希望双方加强高层交往,深化战略互信,扩大务实合作,增进人民友好,使中蒙关系成为政治上睦邻友好、相互尊重,经济上相互融合、互利共赢,安全上相互信任、无忧无虑,感情上相亲相近、世代友好的战略伙伴关系。

额勒贝格道尔吉表示,蒙方赞同中方对蒙政策主张,希望借鉴、借重中国的发展,加强对华合作,重点推进矿产资源、能源、交通基础设施等领域合作,共同抵御国际金融危机的影响,实现互利共赢、共同发展。蒙方在涉台、涉藏等问题上将继续尊重和支持中方的立场。

国务委员戴秉国在乌兰巴托与蒙古国总理阿勒坦呼雅格举行会谈

中非媒体合作论坛签署多项合作协议

8月23日至25日,首届“中非媒体合作论坛”在北京举行。论坛期间,中非广播电视业界签署了10项合作协议。

本次论坛由国家广播电影电视总局主办。来自中国和42个非洲国家的政府部长、广播电视媒体机构负责人、企业界高层管理人员和专家学者,以及非洲国家联盟、非洲广播联盟等国际组织的代表共200多人参加会议,围绕广播电视媒体政策、中非广播电视交流合作和广播电视数字化等议题进行了深入研讨和广泛交流。

中非双方签署的10项合作协议包括:在南非、苏丹、津巴布韦、毛里求斯等非洲国家电视台播放中国电影、电视剧、动画片和纪录片等优秀影视节目,中国广播电视节目在非洲国家落地播出,开展新闻交流合作,以及协助非洲国家进行广播电视数字化建设等。

首届藏戏大赛亮相拉萨雪顿节

西藏雪顿节今天落下帷幕,雪顿节的传统表演项目藏戏今年首次以比赛的形式亮相,来自拉萨、山南等地的7支藏戏队伍、近200名民间艺人参赛,每天吸引5万多人参观。

环保部发布上半年环境保护重点城市空气质量状况

环保部发布的《2012年上半年环境保护重点城市环境空气质量状况》(以下简称《报告》)显示,今年上半年,全国113个环境保护重点城市中,有33个城市空气质量超标,占29.2%,其中1个城市(乌鲁木齐)空气质量级别为劣三级。

环境空气质量达到一级标准的只有1个城市(海口);包括上海、广州和重庆在内的79个城市达到二级标准,即达到城镇规划中确定的居住区、商业交通居民混合区、文化区、一般工业区和农村地区的空气质量水平。

在33个空气质量超标的城市中,包括北京、天津、石家庄、唐山、太原、郑州、济南、成都和南京等,其中乌鲁木齐的空气质量最糟,所谓劣三级即低于特定工业区的空气质量水平。

整体来看,2012年上半年,113个环保重点城市空气中二氧化硫、二氧化氮和可吸入颗粒物(PM10)平均浓度分别为0.040毫克/立方米、0.036毫克/立方米和0.086毫克/立方米,同比分别下降9.1%、2.7%和5.5%。

8月24日

国家主席胡锦涛 国务院总理温家宝分别与韩国总统李明博 国务总理金滉植互致贺电庆祝中韩建交20周年

胡锦涛在贺电中说,20年前的今天,中韩建立外交关系,掀开了两国关系发展的崭新一页。20年来,在双方共同努力下,两国关系全面、迅速、深入发展,取得了令人瞩目的丰硕成果,给两国和两国人民带来实实在在的利益和福祉,也为地区和平稳定与繁荣发展作出了积极贡献。中韩两国在深化互利合作,促进地区及世界和平与发展方面拥有广泛共同利益。中方愿同韩方一道,加强交流,扩大合作,不断深化中韩战略合作伙伴关系,共同谱写中韩友好合作的新篇章。

温家宝在贺电中说,中韩是隔海相望的近邻,两国人民的友好交往源远流长。中韩两国加强交流、深化合作是大势所趋、民心所向,符合双方共同利益。中方愿同韩方一道,以两国建交20周年和中韩友好交流年为契机,不断丰富两国关系的内涵,推动中韩战略合作伙伴关系更上一层楼。

韩国领导人在贺电中说,韩中关系在短短20年里取得了前所未有的发展。特别是2008年韩中关系提升为战略合作伙伴关系后,两国各领域交流与合作实现了新飞跃。希望双方在过去20年丰硕成果的基础上,开创两国关系崭新的未来,实现共同繁荣,为本地区和世界的稳定与发展作出新的积极贡献。

国务院总理温家宝在广东调研

8月24日至25日,温家宝来到广东省广州、佛山、东莞等地,就当前经济走势特别是稳定外需、加快外贸转型升级进行调研。

温家宝说,从新出口订单指数等先行指标看,下一阶段出口仍将面临较多困难和不确定性,对此要高度重视。三季度是实现全年出口增长目标的关键时期,要有针对性地采取措施:一要继续落实和完善稳定出口政策。加快出口退税进度,确保及时退税。扩大出口信用保险规模,提高出口信用保险覆盖面,特别要注意发展对小微企业的信用保险,引入商业保险公司开展短期险业务试点,落实好大型成套设备出口融资保险专项安排。改善海关、质检、外汇管理服务,促进贸易便利化。二要加快转变外贸发展方式。鼓励外贸企业培育更多自主知识产权产品和自主品牌。加快建设外贸生产基地,搭建贸易平台,鼓励企业建立国际营销网络。三要积极扩大进口,重点增加进口先进技术设备、关键零部件以及与人民群众密切相关的生活用品。四要妥善应对贸易摩擦,降低贸易摩擦的风险和影响。拓展多双边区域经济合作,依法实施进口贸易救济。加强行业自律,规范贸易秩序。五要着力提高利用外资水平。坚持积极有效利用外资的方针,完善政策,改善投资环境。

温家宝指出,今年以来,中央不断加大预调微调力度,特别是5月份以来出台了一系列政策措施,对增强市场信心、促进经济增速企稳起到了较好作用。总的看,我国经济发展的基本面没有改变,稳定经济增长有不少有利条件和积极因素,但下半年影响经济平稳运行的不利因素依然较多,稳增长的难度仍然较大。我们要全面估量形势,沉着应对,牢牢把握经济工作的主动权。稳增长是中央确定的下半年经济工作的重点任务,是做好其他工作的重要基础,不仅对实现今年的发展目标有重要意义,也对明年的发展至关重要。要进一步加大宏观调控的力度,着力提高政策的针对性和有效性。他强调,面对当前的困难,要大力改善企业经营环境,增强企业信心。目前,"新36条"实施细则已经全部出台,要跟踪实施情况及效果,不断完善和落实鼓励引导民营经济发展的各项政策措施。他对企业负责人说,坚定信心是战胜困难的力量源泉,企业家要用智慧捕捉危机中蕴藏的机遇,以更长远和更开阔的眼光,开拓进取,奋发图强。

调研期间,温家宝听取了广东省委省政府的工作汇报,充分肯定了广东省在改革开放中取得的成绩,并对下一步工作提出了要求。他说,我对广东的未来充满信心,广东的发展前景一定会更加美好。

全国政协主席贾庆林在甘肃调研

8月24日至29日,贾庆林先后来到酒泉、嘉峪关、张掖、兰州等地,深入工厂企业、科技园区、农村乡镇和文化设施,与干部群众共商改革发展大计。调研期间,他听取了甘肃省委、省政府的工作汇报,对近年来甘肃经济社会发展取得的成绩给予充分肯定。

贾庆林十分关注西部地区加快转变经济发展方式、保持经济平稳较快发展的情况。在甘肃酒泉钢铁(集团)有限责任公司、紫轩酒业有限公司,他详细询问企业生产经营、研发设计和转型升级等情况。在玉门大唐风电场、甘肃奇正藏药有限公司、兰州金川科技园有限公司,他勉励大家加快发展新能源、生物制药、新材料等战略性新兴产业。在敦煌莫高窟、张掖国家湿地公园、肃南县祁连玉文化产业园等地,他认真听取生态环境建设、文化遗产保护、旅游产业发展等情况。贾庆林指出,当前,我国经济运行总体平稳,但经济社会发展面临的国际国内形势依然严峻,要把思想和行动切实统一到中央的分析判断和工作部署上来,把稳增长放在更加重要的位置,努力实现经济社会发展预期目标。要进一步加大强农惠农富农政策力度,加快推广旱作节水农业,突出发展特色优势农业,促进农业稳定发展和农民持续增收。要推进产业结构优化升级,加快改造提升传统产业,着力发展战略性新兴产业和旅游产业,积极构建结构优化、技术先进、清洁安全、附加值高、吸纳就业能力强、具有甘肃特色的现代产业体系。要切实加强生态建设和环境保护,做好防沙治沙工作,培育壮大循环经济,着力推进绿色发展、循环发展、低碳发展,为人民创造良好生产生活环境。要依托丰富的文化资源,大力发展文化事业和文化产业,加强文化遗产保护,打造国内外知名的文化品牌,努力形成文化建设与经济建设相互促进协调发展的良好局面。

中共中央政治局常委习近平在北京主持召开中央党的建设工作领导小组会议

在会议上,中央纪委、中央办公厅、中央组织部、中央宣传部等14家牵头单位汇报了贯彻实施党的十七大和十七届四中全会关于党的建设重要举措分工方案的情况,习近平在听取汇报后作了重要讲话。他指出,抓落实是领导工作中一个极为重要的环节,是党的思想路线和群众路线的根本要求。党的十七大之后5年来,中央党的建设工作领导小组认真贯彻胡锦涛同志狠抓落实的要求,坚持定下来的事情抓紧去办,一步一步向前推进工作。各牵头单位和参与单位对落实分工方案高度重视、责任到位,确保每项任务有布置、有检查、有成果。在党中央正确领导下,落实分工方案的工作取得明显成效,有明确时间要求和成果形式的项目绝大部分已经完成,属于经常性抓落实的项目也都取得明显进展和成效。

习近平强调,当前党的建设形势总的很好,同时也面临不少新情况新问题。适应改革发展稳定对党的建设的新要求和人民群众对党的工作的新期待,各级党组织必须以更大的力度和更加扎实的作风进一步加强党的建设。中央党的建设工作领导小组各成员单位和中央有关部门要增强忧患意识、责任意识、大局意识，对贯彻落实中央关于党的建设重大决策部署要聚精会神、一抓到底。特别是对分工方案中尚未最后完成的任务，要抓紧制定落实措施，善始善终抓好相关工作，确保各项任务全面完成，以优异成绩迎接党的十八大胜利召开。

中共中央政治局常委、中央纪委书记、中央党的建设工作领导小组副组长贺国强在会议上指出，今天的会议是一次抓落实的会议，也是一次总结工作的会议。近年来，中央党的建设工作领导小组注重抓党的建设重大决策部署的落实，采取制订方案、分解任务、调研指导、听取汇报、适时总结的方式方法推进工作，很有成效，要坚持下去。

中共中央政治局委员、中央书记处书记、中央组织部部长、中央党的建设工作领导小组副组长李源潮，中共中央书记处书记、中央政策研究室主任、中央党的建设工作领导小组成员王沪宁，以及中央党的建设工作领导小组其他成员出席会议。中央和国家机关有关部门党组(党委)负责同志列席会议。

中央人才工作协调小组在北京召开会议研究部署加强党管人才工作

中组部部长李源潮指出，要认真落实中央最近下发的《关于进一步加强党管人才工作的意见》(以下简称《意见》)，健全党管人才工作体制机制，提高党管人才工作水平，扎实推进人才强国战略，落实国家人才发展规划，为全面建成小康社会提供有力人才保证，以优异成绩迎接党的十八大胜利召开。

《意见》总结了改革开放特别是党的十六大、十七大以来加强党管人才工作的实践经验，进一步明确了加强党管人才工作的指导思想、总体要求，对建立、健全党委统揽全局、协调各方，政府部门各司其职、密切配合，充分发挥用人育人单位主体作用，调动社会各方面力量积极参与的党管人才工作体制机制作出了比较系统的规定，是新形势下加强党管人才工作的制度性文件。

李源潮指出，加强党管人才工作是党和国家事业发展的必然要求，各级党委要更加重视人才工作，切实履行好管规划、管政策、管改革、管统筹的职责。要加强科学理论指导，不断推动人才领域的思想解放、理论创新，用科学人才观指导人才工作实践。要推进人才强国战略实施，制定人才发展规划，确立人才优先发展的战略布局。要研究制定重要人才政策，通过政策创新不断解决人才发展中的重大问题。要实施重点人才工程，集中国家力量、汇聚社会资源，有效培养和充分使用人才。要改革人才体制机制，营造有利于人才辈出、人尽其才、才尽其用的制度环境。要以思想联系为重点，直接团结吸引重要人才，认真听取他们的意见和建议。要加强人才工作的统筹协调，充分依靠和调动各方面力量，形成人才工作合力。

国务院副总理李克强在人民大会堂会见参加中俄大学生研修活动的中俄学生

李克强今年4月访问俄罗斯期间，代表中国政府邀请莫斯科大学300名学生暑期来华研修。8月中旬，莫大学生来到中国，在北京、四川、陕西等地与中国大学生围绕文化、历史、科技、社会等内容开展了丰富多彩的体验交流活动。

座谈会上，李克强发表了热情洋溢的讲话，他说，中俄世代毗邻而居，传统友谊深厚，尤其是双方签署《中俄睦邻友好合作条约》以来，两国关系进入快速发展的新阶段。中俄都是世界上具有重要影响的国家，也都是主要的新兴经济体。中俄互为最大邻国，两国关系的深化与和睦发展，不仅能够造福两国人民，而且有利于地区和世界的和平发展。

当今世界正处在大变革大调整的时代，和平发展合作是不可阻挡的历史潮流。李克强寄语两国青年，勉励他们做维护世界和平发展的新一代。

教育部部长袁贵仁和有关部门负责人，俄罗斯驻华大使拉佐夫，莫斯科大学来华研修的300名学生以及参与这次研修活动的北京大学、北京师范大学、四川大学、西安交通大学的学生代表参加了上述活动。

中宣部部长刘云山在人民大会堂会见出席中非媒体合作论坛的外方代表

“海能Ⅰ”号潮流能电站运行发电

列入国家“863”计划的“海能Ⅰ”号百千瓦级潮流能发电站今天在浙江岱山县运行发电。潮流能是一种无污染、可再生的新能源，可为海岛提供电力。

伦敦奥运会内地金牌运动员代表团抵港访问

伦敦奥运会内地金牌运动员代表团24日中午抵达香港国际机场，展开为期3天的访问活动。代表团团长、国家体育总局局长刘鹏在机场表示，在中国体育代表团取得的成绩中，包含着广大香港同胞的心血和贡献。此次来港，就是感谢香港同胞、就是回报香港同胞，和香港同胞一起分享中华儿女的荣誉，共享奥运会的欢乐。

香港特区政府政务司司长林郑月娥、中央驻港联络办公室副主任李刚，以及民政事务局局长曾德成到场迎接。约200名香港学生在停机坪上挥舞旗帜欢迎代表团成员。

8月25日

国务委员马凯在北京出席促进铝应用高层论坛并讲话

马凯强调，要深入贯彻落实科学发展观，用全球视野、战略思维和长远眼光，探索把握原材料工业发展规律，切实转变我国原材料工业发展方式，加快实现由原材料大国向原材料强国的转变。

马凯充分肯定了改革开放以来我国原材料工业取得的显著成绩，指出了发展面临的困难和问题。他强调，促进原材料工业持续健康发展，对于加速推进我国工业化、现代化具有十分重要的意义。要重点抓好以下工作：一是切实转变发展方式。着力推进技术创新，加大技术改造力度，加快推动原材料工业走上创新驱动和内生增长的发展轨道。二是大力推进产业结构优化升级。加强政府指导，充分发挥市场机制作用，加快淘汰落后产能，加大兼并重组力度，加快推进产业升级换代。三是加快培育发展新材料产业。紧紧围绕国民经济和社会发展重大需求，大力提高新材料的自主创新能力，大力发展新型功能材料、高性能复合材料和先进复合材料。四是积极推动原材料工业绿色发展。以推进设计开发生态化、生产过程清洁化、资源利用高效化、环境影响最小化为目标，加大节能减排工作力度，增强原材料工业的可持续发展能力。五是加强国际经济技术交流与合作。诚挚欢迎国外企业利用资本、技术和人才优势，积极参与中国原材料工业的技术创新、结构调整、节能减排和新材料产业的培育发展。

马凯指出，要坚持稳中求进的工作总基调，把稳增长放在更加重要的位置，通过更加扎实有效的工作，努力促进铝工业持续健康发展。要通过制度创新、技术创新、管理创新，大力提高行业发展的质量和效益。要积极开拓国内外市场，把大力开拓高端铝材应用市场作为稳定产业增长的一项重要举措，政府要加大政策支持力度，行业协会要加强组织引导 企业要开发适销对路产品，努力扩大铝材在交通运输、航空航天、机械制造等领域的应用。

8月26日

全国人大常委会农业法执法检查组第一次全体会议在人民大会堂举行

会议正式启动农业法执法检查。中共中央政治局常委、全国人大常委会委员长吴邦国作出重要批示。

吴邦国指出，开展农业法执法检查，是今年常委会监督工作的一项重要内容。总结这些年我们加强对“三农”工作监督的好经验、好做法，搞好这次农业法执法检查，很重要的是在增强实效上下功夫，抓住影响农村改革发展的突出矛盾，分析问题切中要害，提出建议务实可行，跟踪落实一抓到底，切实推动法律的有效实施，更好地推进农业现代化、加快社会主义新农村建设。

全国人大常委会副委员长乌云其木格、司马义·铁力瓦尔地、陈昌智、桑国卫等出席会议。在听取有关部门汇报后，执法检查组组长乌云其木格作了讲话。她强调，全国人大常委会十分重视“三农”工作，曾先后7次对农业法的贯彻实施情况进行检查。这次执法检查要围绕发展现代农业、粮食安全、农业投入与支持保护、耕地保护和农业扶贫开发等5个重点问题，精心组织，切实抓好。要加强学习，提高对法律的认识水平；深入实际，了解真实情况；认真宣传报道各地在贯彻实施农业法过程中的好做法、好经验；高质量地完成执法检查报告，确保取得实效。

根据安排，执法检查组将分为5个小组，于今年9月到山西、内蒙古、江苏、福建、江西、山东、河南、四川、云南、新疆进行检查。全国人大常委会还委托其他省、自治区、直辖市人大常委会对本行政区域内法律实施情况进行检查。

青海湖畔新繁育212只普氏原羚

新华社报道：科研人员在近期的环青海湖巡查中，共监测记录到普氏原羚878只，其中包括212只新繁育的普氏原羚幼羚，比往年有所增加。普氏原羚是世界上最濒危的有蹄类动物，目前仅存于青海湖地区。

包茂高速陕西段发生特大交通事故

凌晨，陕西省延安市境内的包茂高速安塞段发生特大交通事故，一辆双层卧铺客车和一辆罐车(装有甲醇)追尾，并致两车起火。发生事故的客车约有39个座位，事故发生后有3人逃生，造成36人死亡。

8月27日

中共中央总书记胡锦涛致信祝贺中国儿童中心成立30周年

在中国儿童中心成立30周年之际，中共中央总书记、国家主席、中央军委主席胡锦涛致信中国儿童中心，向全体员工和离退休老同志表示热烈的祝贺和诚挚的问候。国务院总理温家宝也向中国儿童中心成立

30周年表示祝贺。

胡锦涛在贺信中指出,30年来,中国儿童中心始终坚持一切为了少年儿童的宗旨,积极开展为广大少年儿童喜闻乐见的一系列活动,在教育培养少年儿童方面取得了丰硕成果,为推动我国少年儿童事业发展作出了特殊贡献。

胡锦涛强调,少年儿童是国家和民族的未来。希望中国儿童中心全面贯彻党的教育方针,坚持面向广大少年儿童,不断探索新形势下少年儿童成长规律,为促进少年儿童快乐学习、健康成长、全面发展作出新的更大贡献。

十一届全国人大常委会第二十八次会议在人民大会堂举行第一次全体会议

根据会议通过的议程,本次常委会会议继续审议民事诉讼法修正案草案、农业技术推广法修正案草案、精神卫生法草案,首次审议特种设备安全法草案、旅游法草案、环境保护法修正案草案等。

全国人大常委会委员长吴邦国主持今天的全体会议。常委会组成人员149人出席会议,出席人数符合法定人数。

会议听取了全国人大法律委员会副主任委员李适时作的关于民事诉讼法修正案草案审议结果的报告。民事诉讼法修正案草案已经常委会两次审议。提交本次常委会会议审议的关于修改民事诉讼法的决定草案,对上下级法院之间案件的交办规定了限定条件;对案外被侵害人的救济程序增加了规定;进一步明确了举证期限的规定;明确根据各地情况确定小额诉讼标的额;对申请再审的审级增加了规定;明确了再审案件中止执行的情形;修改了人民检察院对审判的法律监督的规定。

会议听取了全国人大法律委员会副主任委员李重庵作的关于农业技术推广法修正案草案审议结果的报告。提交本次常委会会议审议的关于修改农业技术推广法的决定草案,在农业技术推广应当遵循的原则中增加有利于增加农民收入的规定;明确了基层农业技术推广机构的管理体制;规定乡镇农业技术推广机构的岗位应当全部为专业技术岗位;增加了推动企业、科研教学单位以及其他技术服务组织积极开展农业技术推广服务的规定;明确对基层农业技术推广机构人员的工作考核评定,应当听取所服务对象农民的意见。

十一届全国人大常委会第二十三次会议对精神卫生法草案进行了初次审议。会后,全国人大法律委员会、教科文卫委员会、常委会法制工作委员会采取多种形式充分听取意见。法律委员会根据常委会组成人员的审议意见和各方面的意见,对草案进行了逐条审议。会议听取了全国人大法律委员会副主任委员洪虎作的草案修改情况的汇报。提交本次常委会会议审议的草案二审稿,进一步明确了立法重点应当放在做好精神障碍的预防、治疗和康复工作上,依法保障、促进精神卫生事业发展;对精神障碍患者隐私方面合法权益的保护增加了规定;增加了发挥基层群众性自治组织、新闻媒体、社会组织在精神障碍预防方面作用的规定;对严重精神障碍患者诊断和复诊程序增加了规定,明确精神障碍的鉴定是医学鉴定,不是司法鉴定,规定精神障碍患者或其近亲属认为患者合法权益受到侵害时可以依法提起诉讼;增加规定,从人、财、物等方面保障精神卫生事业的发展。

随着我国经济快速发展,锅炉、压力容器、电梯、气瓶、起重机械等特种设备和设施数量迅猛增长,安全保障压力不断增大,人民群众对安全保障的要求不断提高,现有的行政法规已不能适应新时期特种设备安全工作的需要。全国人大财政经济委员会在广泛调研、多方征求意见和借鉴国外经验的基础上,数易其稿,形成了特种设备安全法草案。全国人大财经委副主任委员闻世震从立法的必要性、法律调整范围、监管体制、安全技术规范、企业安全主体责任、检验、法律责任等方面对草案作了说明。

旅游业属于涉及范围广、消耗资源低、带动系数大、创造就业多、综合效益好的服务性产业。为了不断丰富旅游产品,提升旅游服务质量,促进旅游业持续健康发展,迫切需要制定一部综合性的旅游法。全国人大财政经济委员会会同有关方面在深入调研、反复征求意见基础上,形成了提交本次常委会会议审议的法律草案。草案共10章98条,对于人民群众关心的旅游安全、零负团费、景区票价、强迫购物、导游执业许可、旅游者维权困难等,均有相应规范。全国人大财经委副主任委员尹中卿就立法必要性、立法总体思路、草案主要内容以及本法调整范围、资源保护、旅游发展规划、解决旅游项目低水平重复建设、旅游综合协调机制和旅游市场规范等问题作了说明。

现行环境保护法是1989年通过实施的。从1995年八届全国人大三次会议到2012年十一届全国人大五次会议,全国人大代表共2474人次以及台湾代表团、海南代表团提出修改环境保护法的议案78件。本次修改主要针对条件比较成熟、各方面意见比较一致、现实中迫切需要修改、在环境保护工作中具有共性的条文,不涉及要求对其他现行法律规定进行修改的内容,注意相关法律之间和相关法律制度之间的关联,实现保护和改善环境质量。全国人大环境与资源保护委员会主任委员汪光焘对修正案草案作了说明。草案对环境保护法的总则做了修改,充分体现新时期对环境保护工作的指导思想；调整篇章结构，突出强调政府责任、监督和法律责任；完善环境管理基本制度，保护改善我国环境质量和生态环境；进一步明确企业责任，完善防治污染和其他公害的制度等。

会议听取了全国人大常委会副委员长兼秘书长李建国代表执法检查组作的关于检查残疾人保障法实施情况的报告。这次执法检查是残疾人保障法颁布实施20多年来，全国人大常委会首次在全国范围内对这部法律的实施情况进行检查。这次执法检查在方式方法上作了一些新的尝试，一是将执法检查与立法后评估结合起来；二是采取网上征求意见方式；三是通过信访渠道了解法律实施情况；四是在较大范围发放调查统计表。检查组认为，从检查情况看，残疾人保障法的贯彻实施情况总体上是好的，但也还存在一些亟待解决的问题，需要引起重视。为进一步贯彻实施残疾人保障法，检查组建议，提高对残疾人事业重要性的认识，加强领导，加大投入；加强残疾人社会保障体系和服务体系建设，提高残疾人生活水平；积极采取措施，切实保障残疾人就业权利；提升医疗康复服务能力和水平，重视和加强残疾预防工作；加强残疾人教育，为残疾人平等参与社会创造条件；充分利用社会资源，统筹解决残疾人照护和托养问题等。

会议还审议了全国人大内务司法委员会关于残疾人保障法立法后评估的报告。报告认为，残疾人保障法制度设计较科学、合理，具有较强的可操作性，法律实施保障逐步加强，法律实施的绩效不断凸显。针对评估中发现的问题，报告提出了进一步完善残疾人法律体系、完善实施残疾人保障法的政策措施等建议。

会议听取了全国人大常委会代表资格审查委员会主任委员黄镇东作的关于个别代表的代表资格的报告。

受委员长会议委托，全国人大常委会副秘书长王万宾作了关于提请审议香港特别行政区第十二届全国人民代表大会代表选举会议成员名单草案和澳门特别行政区第十二届全国人民代表大会代表选举会议成员名单草案的议案的说明。

会议还审议了任免案。

全国人大常委会副委员长王兆国、路甬祥、乌云其木格、韩启德、华建敏、陈至立、周铁农、司马义·铁力瓦尔地、蒋树声、陈昌智、严隽琪、桑国卫等出席会议。

国务院副总理王岐山，最高人民法院、最高人民检察院负责人，全国人大各专门委员会成员，各省、自治区、直辖市人大常委会负责人，部分全国人大代表等列席会议。

中央司法体制改革领导小组第五次全体会议暨司法体制机制改革第十二次专题汇报会在北京举行

国家统计局发布数据显示我国工业企业利润连续4个月下降

今年前7个月全国规模以上工业企业实现利润26785亿元，同比下降2.7%。其中，7月当月实现利润3668亿元，同比下降5.4%。今年以来，工业企业利润已经连续4个月同比出现下降。

国务院副总理李克强在北京出席首届中非地方政府合作论坛开幕式并致辞

李克强在致辞中说，中国和非洲友好交往源远流长，相互合作硕果累累。中国是非洲第一大贸易伙伴，对非投资遍及50个国家。中非分别是世界上最大的发展中国家和发展中国家集团，非洲一些国家已进入中等收入行列，但还有很多仍处于低收入水平，中国也存在较明显的区域发展不平衡性，中非合作是面对相似发展境遇和共同发展使命而开展的合作，有利于双方携手振兴经济，也能够促进国际社会更加关注非洲，更加关注发展中国家，推动全球共同发展与持续繁荣。

李克强指出，把中非新型战略伙伴关系提升到新水平，关键是要"互信"、"互利"、"互动"。互信就是要立足共同战略利益，增进政治互信，在国际重大问题上加强沟通协调；互利就是要落实好中非合作论坛第五届部长级会议达成的协议和合作项目，更加注重推动农业、制造业等非资源领域合作与资源领域合作齐头并进，更加注重改善民生福祉，更加注重生态环保；互动就是要加强教育、卫生、文化、旅游等人文交流，促进中非两大文明交流互动，巩固合作的民意基础。

李克强强调，中非地方政府合作已成为中国同非洲国家双边关系的重要组成部分。中方愿一如既往地同非洲国家加强地方政府合作，拓展合作广度深度，今后5年，将推动中非友好城市数量再翻一番，培训更多非洲人才。互学互鉴，互派1000名地方管理人员、企业家和各界人士到对方访问，促进中非合作和友谊从高层向基层、从政府向民间延伸。

开幕式前，李克强会见了乌干达副总统爱德华·塞坎迪、布隆迪第一副总统泰朗斯·西农古鲁扎等外方嘉宾，欢迎他们参加中非地方政府合作论坛。外方嘉宾感谢中方为论坛举办付出的努力，表示要利用好这个平台，拓展互利合作，增进传统友谊，谱写非中友好新篇章。

中非地方政府合作论坛是中非合作论坛框架下，旨在促进中非地方政府交流合作的平台。论坛由中国人民对外友好协会、非洲城市与地方政府联合组织共同主办。来自非洲40个国家、中国29个省(区、市)的代表，相关国际组织和机构的代表，共约1700人参加开幕式。

国防部部长梁光烈在八一大楼与克罗地亚国防部部长安特·科特罗马诺维奇举行会谈

国务院在山西朔州召开“三北”防护林工作会议

国务院副总理回良玉在会上强调，要深刻认识“三北”防护林体系建设的重要性和艰巨性，把防沙治沙和水土保持作为根本任务，把改善生态环境和满足民生需求作为基本要求，把人工治理和自然修复作为主要手段，坚持全面推进，加强基地建设，完善政策措施，加大投入力度，创新体制机制，凝集各方力量，大力保护和扩大林草植被，努力走出一条生产发展、生活富裕、生态良好的文明发展道路。

回良玉指出，伴随着中国改革开放的脚步，“三北”防护林工程走过了34年历程，取得了举世瞩目的伟大成就。特别是党的十六大以来，“三北”防护林工程建设进入了一个崭新的发展时期，是森林资源增长最快、生态环境改善最明显、群众得实惠最多的时期，10年间森林覆盖率的提高量和活立木蓄积的增长量都大大超过之前23年的总和，以黄土高原为主的水土流失危害得到有效控制，成功实现了由“沙进人退”向“人进沙退”的历史性转变。

回良玉强调，“三北”地区仍然是我国林草植被最稀缺、生态环境最脆弱的地区，“三北”防护林工程是事关国家生态安全的战略性工程。当前，工程建设正处于承上启下、加快推进的重要时期，处于攻坚克难、转变发展方式的关键时期。我国粮食生产重心北移，“三北”地区能源、矿产开发和工业建设加快，对林业建设提出了更高要求。新的建设任务空前繁重，过去营造的防护林相当部分需要进行更新改造，而造林的难度也越来越大。要根据农村劳动力明显减少、劳动成本大幅提升的情况，顺应经济社会环境的深刻变化，大力推进科技、机制、管理和政策创新，加快发展方式转变。

回良玉强调，在新的历史条件下，“三北”防护林工程建设必须遵循自然规律、经济规律和社会发展规律，弘扬宝贵经验，大力开拓创新，确保完成好各项任务。一要加强组织领导，切实把“三北”工程建设摆到突出重要位置，全面落实行政领导负责制。二要加强规划实施，工程区各级政府要以国家工程规划为指导，科学制定本地区的规划和实施方案，全面落实各项建设任务。三要加强投入保障，中央和地方各级财政都要建立持续稳定的工程建设投入机制，同时加大信贷支持，拓宽融资渠道，广泛吸引各种资金投入工程建设。四要加强科学指导，因地制宜、因害设防，封飞造结合，乔灌草搭配，统筹运用自然修复与人工治理。集中建设一批百万亩人工林基地。加强森林经营，加快先进适用新技术、新模式示范推广，开展工程效益监测评价，全面提高工程建设科学化水平。五要加强改革创新，继续深化集体林权制度改革，健全林权流转机制，调动农民和社会各方面积极性。创新工程建设组织形式，逐步推广专业化造林。六要加强资源保护，严格执行保护林业资源的法律、法规，严厉打击破坏森林资源的违法犯罪行为，严密防范森林火灾和林业有害生物，保护好来之不易的建设成果。

“三北”防护林体系建设工程是1978年11月启动的，建设范围主要是风沙危害和水土流失严重的西北、华北、东北地区，工程规划期限为73年，分8期工程进行。本次会议对“三北”防护林工程建设进行了认真总结，决定正式启动第五期工程建设。

8月28日

国家主席胡锦涛在人民大会堂与埃及总统穆罕默德·穆尔西举行会谈

胡锦涛说，埃及是地区大国和具有代表性的发展中国家，中方重视埃及在国际和地区事务中发挥的重要作用，一向把埃及视为中国在阿拉伯世界和非洲大陆的战略合作伙伴。我们愿与埃方携手努力，共同开创新时期中埃关系新局面。为此，我提出以下几点建议：一、深化政治关系。两国高层领导人、政府、立法机构、政党要保持密切交往，相互借鉴治国理政经验。双方要充分发挥各对话磋商机制的作用，在涉及彼此核心利益的重大问题上继续相互坚定支持。二、促进经贸合作。双方要结合各自发展战略，进一步加强经贸往来，稳步推进苏伊士经贸合作区等大项目建设，扩大在基础设施建设、农业、交通、能源、金融等领域的合作，深入探讨加强贸易与投资的新思路新举措。中方鼓励和支持有实力、信誉好的中国企业赴埃及投资办厂，愿帮助埃方培训更多各类专业人才。三、扩大人文交流。双方要充分发挥文明古国和文化大国的优势，利用各种渠道和平台，促进不同文明对话和交流互鉴，深化两国在文教、卫生、新闻、科技、旅游等领域的交流合作，使中埃传统友谊薪火相传。四、加强多边合作。中方支持埃方在国际和地区事务中发挥更大作用，愿就地区和国际热点问题与埃方保持密切沟通，继续加强双方在中阿、中非合作论坛框架内的合作，为促进地区和世界的和平、稳定与发展而共同努力。

穆尔西说，埃方希望同中方保持高层交往，密切两国政府和党际联系。埃方愿同中方拓展在制造业、农渔业、金融、电子、通信和交通基础设施等广泛领域合作，扩大双边贸易规模，欢迎中国企业赴埃及投资兴业，愿为此创造安全、稳定的投资环境。埃方重视两国人文交流，希望促进埃中民航、旅游、教育、科技等领域交流。埃及作为阿拉伯世界和非洲大陆重要成员，愿为推动阿中、非中关系发展发挥积极作用。埃方赞赏和尊重中国在重大地区和国际问题上的公正立场，愿同中方加强沟通协调，携手应对各种挑战。

会谈后，两国领导人出席了中埃政府间经济技术合作协定等合作文件的签字仪式。

全国人大常委会副委员长王兆国在北京出席经济全球化与工会国际论坛开幕式并讲话

王兆国强调，各国工会都应该致力于尊重和保护劳动，保障劳动者权益，增进劳动者福祉，努力促进本国经济健康发展和全球经济复苏，使各国劳动者能分享世界经济增长的成果。

王兆国首先肯定经济全球化与工会国际论坛已经成为各国工会开展友好交流、进行平等对话的重要平台，为增进各国工会间的平等交流、相互理解和合作，促进实现社会公平正义和劳动者体面劳动，推动世界经济平稳健康发展，作出了积极贡献，并介绍了中国在推动经济社会发展中始终鼓励劳动创造、尊重劳动者地位、重视劳动者权益的做法和经验。

王兆国强调，把尊重和保护劳动与保障和发展劳动者权益紧密结合起来，推动实现劳动者体面劳动，既有助于实现国家经济社会的全面发展，又有助于实现劳动者的全面发展，归根到底有利于人类社会的全面发展。中国在社会发展中始终鼓励劳动创造，以促进实体经济发展为本，贯彻尊重劳动、尊重知识、尊重人才、尊重创造的方针，为劳动者充分发挥创新潜能和创造活力提供了良好的环境和条件。在社会关系中始终尊重劳动者的地位，积极宣传劳动者的伟大贡献，弘扬工人阶级伟大品格和劳模精神，努力营造“劳动最光荣、劳动者最伟大”的良好社会风气。在社会保障中始终重视劳动者权益，坚持民生优先，让劳动者权益能随着经济社会发展而发展，努力使发展成果惠及全体劳动者。

王兆国指出，中国党和政府一贯高度重视工会在国家经济和政治生活中的独特地位和重要作用，支持中国工会依照法律和章程开展工作，充分履行维护劳动者合法权益的神圣职责；支持中国工会同各国工会和国际工会组织进一步扩大交往、加强合作、增进友谊，为实现世界经济全面复苏携手努力，为推动建设持久和平、共同繁荣的和谐世界作出更大贡献。

全国政协副主席王刚在北京会见以书记处书记斯通波为团长的意大利民主党代表团

国务院副总理王岐山在中南海会见韩国三星电子首席执行官权五铉

王岐山说，今年是中韩建交20周年，中韩战略合作伙伴关系发展势头良好。中日韩投资保护协定正式签署，中韩自贸区政府间谈判正式启动，将进一步扩大中韩两国贸易投资，为双方企业合作带来新的机遇。双方应继续加强电子、通信、汽车制造、新能源、生物科技、基础设施等各领域合作，实现互利共赢。中国政府将坚定不移地深化改革、扩大开放，为外资企业在华经营创造良好的环境。

权五铉表示，对三星电子在华事业发展充满信心，愿继续扩大对华投资与合作。

国务委员孟建柱在北京与乌克兰内务部部长扎哈尔琴科举行会谈

孟建柱指出，中乌双方应进一步加强执法安全合作，共同打击跨国犯罪活动，有效保护对方国家公民在本国的安全，维护中乌间正常的经贸和人员往来秩序，维护和促进两国及本地区的安全与稳定。

会谈后，孟建柱和扎哈尔琴科共同签署了《中华人民共和国公安部和乌克兰内务部2013—2014年合作议定书》。

首届中非地方政府合作论坛在北京闭幕

国务委员戴秉国出席并发表讲话。全国政协副主席、中非友好协会会长阿不来提·阿不都热西提，乌干达副总统塞坎迪，布隆迪第一副总统西农古鲁扎等出席闭幕式。

戴秉国强调，地方政府合作是中非关系发展的重要组成部分，本届论坛围绕“推动地方合作，促进共同发展”主题展开热烈讨论，达成广泛共识，取得丰硕成果。中方愿同非洲国家一道，充分发挥论坛及其相关机制作用，积极落实本届论坛成果，不断为中非合作开辟新途径，充实新内容。

闭幕式上发表了《首届中非地方政府合作论坛北京宣言》，并举行中非省、自治区缔结友好关系等协议签约仪式。

全国政协副主席孙家正在北京会见以副主席埃尔米尼奥·夸尔天尼为团长的意大利议会“中国之友”协会代表团

2012北京国际出版论坛在北京举行

论坛由新闻出版总署、国务院新闻办公室和中国民主促进会中央委员会主办，中国图书进出口(集团)总公司承办。全国人大常委会副委员长、民进中央主席严隽琪出席论坛并致辞。

本届论坛的主题为“数字环境下出版企业的生存与发展”。来自国内外出版界的权威人士围绕论坛主题进行了主题演讲和交流。

8月29日

十一届全国人大常委会第八十八次委员长会议在北京举行

全国人大常委会委员长吴邦国主持会议。

会议听取了全国人大法律委员会主任委员胡康生作的关于修改民事诉讼法的决定草案修改意见的汇报和关于修改农业技术推广法的决定草案修改意见的汇报。

会议听取了全国人大常委会副委员长兼秘书长李建国作的关于个别代表的代表资格的报告和任免案审议情况的汇报。

会议还听取了李建国作的香港特别行政区第十二届全国人民代表大会代表选举会议成员名单草案、澳门特别行政区第十二届全国人民代表大会代表选举会议成员名单草案审议情况的汇报。

委员长会议决定,根据常委会组成人员的审议意见,对上述议案和草案作进一步审议修改后,交付十一届全国人大常委会第二十八次会议闭幕会表决。

全国人大常委会副委员长王兆国、路甬祥、乌云其木格、韩启德、华建敏、陈至立、周铁农、司马义·铁力瓦尔地、蒋树声、陈昌智、严隽琪、桑国卫出席会议。

十一届全国人大常委会第二十八次会议在人民大会堂举行第二次全体会议

会议听取国务院关于今年以来国民经济和社会发展计划执行情况的报告、关于今年以来预算执行情况的报告、关于县级基本财力保障机制运行情况的报告。

吴邦国委员长出席会议。会议由华建敏副委员长主持。常委会组成人员143人出席会议,出席人数符合法定人数。

受国务院委托,国家发展和改革委员会主任张平报告了今年以来国民经济和社会发展计划执行情况。他说,今年以来,面对国际环境复杂多变、国内发展困难增多的严峻形势,各地区各部门按照中央决策部署,认真落实十一届全国人大五次会议通过的各项决议,坚持稳中求进的工作总基调,围绕实现全年经济社会发展目标,正确处理速度、结构和物价三者关系,各项工作取得了新成绩,国民经济和社会发展计划执行情况是好的,经济增速和物价涨幅保持在预期目标区间内,结构调整和节能减排形势进一步向好,重点领域和关键环节改革进一步深化,民生得到进一步改善。

张平指出,在看到我国经济发展好的一面和有利条件的同时,我们也清醒地认识到,影响经济平稳运行的不利因素仍然很多,对国际形势的严峻性和国内形势的复杂性不可低估。从外部环境看,国际金融危机的深层次影响还在不断显现,世界经济下行压力加大,不稳定、不确定因素增多。从国内看,经济运行中长期积累的不平衡、不协调、不可持续的矛盾与当前经济下行压力加大、企业经营困难等问题交织在一起,增加了保持经济平稳较快发展的难度。下一步要着力扩大国内需求,毫不放松地抓好农业生产,下更大力气促进结构调整,保持物价总水平基本稳定,坚定不移地推进改革开放,大力保障和改善民生,努力实现全年经济社会发展目标。

受国务院委托,财政部部长谢旭人作了关于今年以来预算执行情况的报告。他说,今年以来,预算执行基本平稳,财政发展改革取得一些新的进展。1—7月,全国公共财政收入74467亿元,比2011年同期增长11.6%;全国公共财政支出63421亿元,增长23.4%。

在报告了十一届全国人大五次会议有关预算决议的落实情况后,谢旭人说,下一步要重点做好以下工作:继续实施积极的财政政策,促进经济稳定增长;发挥财税政策调控优势,推进经济结构调整和发展方式转变;促进社会事业发展,切实改善民生;推进财税体制改革,完善公共财政体系;强化财政科学管理,狠抓增收节支工作。

受国务院委托,谢旭人还报告了县级基本财力保障机制运行情况。他说,2010年以来,以实现县乡政府“保工资、保运转、保民生”为主要目标,全面推进县级基本财力保障机制建设。经过各级财政共同努力,全国县级财力水平明显提高,提供基本公共服务的能力显著增强,保障机制已初步形成,为各地弥补县级基本财力缺口提供了有力支撑,调动了县级政府发展县域经济、提供公共服务和改善民生的积极性,发挥了督促县级政府规范预算管理、注重支出绩效的导向作用。

谢旭人说,下一步要认真总结经验,努力改进不足,不断完善体制机制,进一步增强县级政府提供基本公共服务的保障能力。要深入推进财政体制改革,逐步形成稳定的制度性安排;建立动态保障机制,逐步扩大保障范围、提高保障标准;壮大县级财力基础,保障县级政府履行基本职责的财力需要;加强县级财政管理,探索实行绩效问责。

全国人大常委会副委员长王兆国、路甬祥、乌云其木格、韩启德、陈至立、周铁农、李建国、司马义·铁力瓦尔地、蒋树声、陈昌智、严隽琪、桑国卫出席会议。

国务委员孟建柱,最高人民检察院检察长曹建明,最高人民法院负责人,全国人大各专门委员会成员,各省、自治区、直辖市人大常委会负责人.部分全国人大代表等列席会议。

全国人大常委会委员长吴邦国在人民大会堂与埃及总统穆尔西举行会谈

国务院总理温家宝在中南海紫光阁与埃及总统穆尔西举行会谈

温家宝表示,中埃经贸合作建立在平等互利基础上,符合双方的根本利益。要发挥现有机制的作用,加强规划引导,研究开拓新的合作领域;密切协调配合,确保在建和商定的重大项目顺利实施,使它们尽快发挥经济和社会效益;扩大在民生和发展领域的合作,让更多普通民众得到实实在在的好处,提升埃方的生产能力和水平;完善有关促进和保护投资等方面的双边法律协定,为双方合作创造良好环境。

穆尔西表示,埃中传统友谊深厚,两国关系有着坚实基础。埃及正处于特殊历史阶段,进一步发展与中国的关系对埃及至关重要。埃方制定了长远的发展规划,有着优越的地缘条件,愿同中方加强经贸、投资、电子信息、基础设施建设、农业等领域合作,为中方企业在非洲拓展市场提供便利,推动埃中战略合作关系取得更大发展。

国务院总理温家宝在北京主持召开国务院常务会议

会议研究部署深入推进义务教育均衡发展和规范农村义务教育学校布局调整工作。

会议指出,我国已全面普及义务教育,从根本上解决了适龄儿童少年"有学上"问题。但区域、城乡、学校之间办学水平和教育质量还存在差距。要将推进均衡发展、保障适龄儿童少年接受良好义务教育作为今后一个时期的主要任务,努力使每一所学校符合国家办学标准,县域内学校之间差距明显缩小。

会议讨论通过《关于深入推进义务教育均衡发展的意见》,确定了以下政策措施:(一)推动优质教育资源共享。鼓励建立学校联盟,提倡对口帮扶,整体提升学校办学水平。大力推进教育信息化,提高社会教育资源利用水平。(二)均衡配置办学资源。增加财政对农村地区、贫困地区以及薄弱环节的投入。各省级政府要为农村中小学配齐图书、教学实验仪器设备、音体美等器材,改善学生宿舍、食堂等生活设施。(三)均衡配置教师资源。鼓励优秀高校毕业生到农村学校或薄弱学校任教。对长期在农村基层和艰苦边远地区工作的教师,在工资、职称等方面实行倾斜政策。逐步实行城乡统一的中小学编制标准。(四)保障进城务工人员随迁子女、农村留守儿童、残疾儿童少年、孤儿、流浪儿童等平等接受义务教育。(五)全面提高教育质量。建立以素质教育为导向的质量评价体系。促进学生全面发展和生动活泼主动发展,切实减轻学生过重课业负担。培养学生的社会责任感、创新精神和实践能力。鼓励学校开展教育教学改革实验,努力办出特色、办出水平。(六)加强和改进学校管理。完善学生学籍管理办法,建立以居住地学龄人口为基准的义务教育管理和公共服务机制。会议强调,推进义务教育均衡发展要遵循教育规律,符合客观实际,强化地方政府责任。要调动各方面积极性,在努力办好公办教育的同时,鼓励发展民办教育。

会议指出,保障适龄儿童少年就近入学是政府的法定责任,是基本公共服务的重要内容。农村义务教育学校布局,要统筹考虑城乡人口流动、学龄人口变化,以及当地地理环境及交通状况、教育条件保障能力、学生家庭经济负担等因素,充分考虑学生的年龄特点,努力满足适龄儿童少年就近接受良好义务教育的要求。

会议对规范农村义务教育学校布局调整提出了指导意见。一要科学制定农村义务教育学校布局规划。合理确定县域内教学点、村小、中心小学、初中学校布局,以及寄宿制学校和非寄宿制学校的比例,确保学校布局与学龄人口居住分布相适应。二要严格规范农村义务教育学校撤并程序。确因生源减少需要撤并学校的,必须严格履行论证、公示、报批等程序,广泛听取学生家长、学校师生、村民自治组织和乡镇政府的意见,保障群众充分参与并监督决策过程。已经撤并的学校或教学点,确有必要的应重新规划,按程序予以恢复。三要办好村小和教学点。提高生均公用经费标准,保证正常运转。采取多种措施改善办学条件,提高村小和教学点教学质量。四要加强农村寄宿制学校建设和管理。按照国家或省级标准为寄宿制学校配备教学、生活设施和必要的管理、服务、保安人员。加强安全管理和教育。落实校车安全管理条例,切实保障学生上下学交通安全。

会议审议通过了《教育督导条例(草案)》,明确了教育督导的范围、原则和方式。

国务院总理温家宝签署第623号令公布《气象设施和气象探测环境保护条例》

《气象设施和气象探测环境保护条例》已经2012年8月22日国务院第214次常务会议通过,现予公布,自2012年12月1日起施行。

总　理　温家宝

2012年8月29日

气象设施和气象探测环境保护条例

第一条　为了保护气象设施和气象探测环境，确保气象探测信息的代表性、准确性、连续性和可比较性，根据《中华人民共和国气象法》，制定本条例。

第二条　本条例所称气象设施，是指气象探测设施、气象信息专用传输设施和大型气象专用技术装备等。

本条例所称气象探测环境，是指为避开各种干扰，保证气象探测设施准确获得气象探测信息所必需的最小距离构成的环境空间。

第三条　气象设施和气象探测环境保护实行分类保护、分级管理的原则。

第四条　县级以上地方人民政府应当加强对气象设施和气象探测环境保护工作的组织领导和统筹协调，将气象设施和气象探测环境保护工作所需经费纳入财政预算。

第五条　国务院气象主管机构负责全国气象设施和气象探测环境的保护工作。地方各级气象主管机构在上级气象主管机构和本级人民政府的领导下，负责本行政区域内气象设施和气象探测环境的保护工作。

设有气象台站的国务院其他有关部门和省、自治区、直辖市人民政府其他有关部门应当做好本部门气象设施和气象探测环境的保护工作，并接受同级气象主管机构的指导和监督管理。

发展改革、国土资源、城乡规划、无线电管理、环境保护等有关部门按照职责分工负责气象设施和气象探测环境保护的有关工作。

第六条　任何单位和个人都有义务保护气象设施和气象探测环境，并有权对破坏气象设施和气象探测环境的行为进行举报。

第七条　地方各级气象主管机构应当会同城乡规划、国土资源等部门制定气象设施和气象探测环境保护专项规划，报本级人民政府批准后依法纳入城乡规划。

第八条　气象设施是基础性公共服务设施。县级以上地方人民政府应当按照气象设施建设规划的要求，合理安排气象设施建设用地，保障气象设施建设顺利进行。

第九条　各级气象主管机构应当按照相关质量标准和技术要求配备气象设施，设置必要的保护装置，建立、健全安全管理制度。

地方各级气象主管机构应当按照国务院气象主管机构的规定，在气象设施附近显著位置设立保护标志，标明保护要求。

第十条　禁止实施下列危害气象设施的行为：

(一)侵占、损毁、擅自移动气象设施或者侵占气象设施用地；

(二)在气象设施周边进行危及气象设施安全的爆破、钻探、采石、挖砂、取土等活动；

(三)挤占、干扰依法设立的气象无线电台(站)、频率；

(四)设置影响大型气象专用技术装备使用功能的干扰源；

(五)法律、行政法规和国务院气象主管机构规定的其他危害气象设施的行为。

第十一条　大气本底站、国家基准气候站、国家基本气象站、国家一般气象站、高空气象观测站、天气雷达站、气象卫星地面站、区域气象观测站等气象台站和单独设立的气象探测设施的探测环境，应当依法予以保护。

第十二条　禁止实施下列危害大气本底站探测环境的行为：

(一)在观测场周边3万米探测环境保护范围内新建、扩建城镇、工矿区，或者在探测环境保护范围上空设置固定航线；

(二)在观测场周边1万米范围内设置垃圾场、排污口等干扰源；

(三)在观测场周边1000米范围内修建建筑物、构筑物。

第十三条　禁止实施下列危害国家基准气候站、国家基本气象站探测环境的行为：

(一)在国家基准气候站观测场周边2000米探测环境保护范围内或者国家基本气象站观测场周边1000米探测环境保护范围内修建高度超过距观测场距离1/10的建筑物、构筑物；

(二)在观测场周边500米范围内设置垃圾场、排污口等干扰源；

(三)在观测场周边200米范围内修建铁路；

(四)在观测场周边100米范围内挖筑水塘等；

(五)在观测场周边50米范围内修建公路、种植高度超过1米的树木和作物等。

第十四条　禁止实施下列危害国家一般气象站探测环境的行为：

(一)在观测场周边800米探测环境保护范围内修建高度超过距观测场距离1/8的建筑物、构筑物；

(二)在观测场周边200米范围内设置垃圾场、排污口等干扰源；

(三)在观测场周边100米范围内修建铁路；

(四)在观测场周边50米范围内挖筑水塘等；

(五)在观测场周边30米范围内修建公路、种植高度超过1米的树木和作物等。

第十五条　高空气象观测站、天气雷达站、气象卫星地面站、区域气象观测站和单独设立的气象探测设施探测环境的保护，应当严格执行国家规定的保护范围和要求。

前款规定的保护范围和要求由国务院气象主管机构公布，涉及无线电频率管理的，国务院气象主管机构应当征得国务院无线电管理部门的同意。

第十六条 地方各级气象主管机构应当将本行政区域内气象探测环境保护要求报告本级人民政府和上一级气象主管机构，并抄送同级发展改革、国土资源、城乡规划、住房建设、无线电管理、环境保护等部门。

对不符合气象探测环境保护要求的建筑物、构筑物、干扰源等，地方各级气象主管机构应当根据实际情况，商有关部门提出治理方案，报本级人民政府批准并组织实施。

第十七条 在气象台站探测环境保护范围内新建、改建、扩建建设工程，应当避免危害气象探测环境；确实无法避免的，建设单位应当向国务院气象主管机构或者省、自治区、直辖市气象主管机构报告并提出相应的补救措施，经国务院气象主管机构或者省、自治区、直辖市气象主管机构书面同意。未征得气象主管机构书面同意或者未落实补救措施的，有关部门不得批准其开工建设。

在单独设立的气象探测设施探测环境保护范围内新建、改建、扩建建设工程的，建设单位应当事先报告当地气象主管机构，并按照要求采取必要的工程、技术措施。

第十八条 气象台站站址应当保持长期稳定，任何单位或者个人不得擅自迁移气象台站。

因国家重点工程建设或者城市（镇）总体规划变化，确需迁移气象台站的，建设单位或者当地人民政府应当向省、自治区、直辖市气象主管机构提出申请，由省、自治区、直辖市气象主管机构组织专家对拟迁新址的科学性、合理性进行评估，符合气象设施和气象探测环境保护要求的，在纳入城市（镇）控制性详细规划后，按照先建站后迁移的原则进行迁移。

申请迁移大气本底站、国家基准气候站、国家基本气象站的，由受理申请的省、自治区、直辖市气象主管机构签署意见并报送国务院气象主管机构审批；申请迁移其他气象台站的，由省、自治区、直辖市气象主管机构审批，并报送国务院气象主管机构备案。

气象台站迁移、建设费用由建设单位承担。

第十九条 气象台站探测环境遭到严重破坏，失去治理和恢复可能的，国务院气象主管机构或者省、自治区、直辖市气象主管机构可以按照职责权限和先建站后迁移的原则，决定迁移气象台站；该气象台站所在地地方人民政府应当保证气象台站迁移用地，并承担迁移、建设费用。地方人民政府承担迁移、建设费用后，可以向破坏探测环境的责任人追偿。

第二十条 迁移气象台站的，应当按照国务院气象主管机构的规定，在新址与旧址之间进行至少1年的对比观测。

迁移的气象台站经批准、决定迁移的气象主管机构验收合格，正式投入使用后，方可改变旧址用途。

第二十一条 因工程建设或者气象探测环境治理需要迁移单独设立的气象探测设施的，应当经设立该气象探测设施的单位同意，并按照国务院气象主管机构规定的技术要求进行复建。

第二十二条 各级气象主管机构应当加强对气象设施和气象探测环境保护的日常巡查和监督检查。各级气象主管机构可以采取下列措施：

（一）要求被检查单位或者个人提供有关文件、证照、资料；

（二）要求被检查单位或者个人就有关问题作出说明；

（三）进入现场调查、取证。

各级气象主管机构在监督检查中发现应当由其他部门查处的违法行为，应当通报有关部门进行查处。有关部门未及时查处的，各级气象主管机构可以直接通报、报告有关地方人民政府责成有关部门进行查处。

第二十三条 各级气象主管机构以及发展改革、国土资源、城乡规划、无线电管理、环境保护等有关部门及其工作人员违反本条例规定，有下列行为之一的，由本级人民政府或者上级机关责令改正，通报批评；对直接负责的主管人员和其他直接责任人员依法给予处分；构成犯罪的，依法追究刑事责任：

（一）擅自迁移气象台站的；

（二）擅自批准在气象探测环境保护范围内设置垃圾场、排污口、无线电台（站）等干扰源以及新建、改建、扩建建设工程危害气象探测环境的；

（三）有其他滥用职权、玩忽职守、徇私舞弊等不履行气象设施和气象探测环境保护职责行为的。

第二十四条 违反本条例规定，危害气象设施的，由气象主管机构责令停止违法行为，限期恢复原状或者采取其他补救措施；逾期拒不恢复原状或者采取其他补救措施的，由气象主管机构依法申请人民法院强制执行，并对违法单位处1万元以上5万元以下罚款，对违法个人处100元以上1000元以下罚款；造成损害的，依法承担赔偿责任；构成违反治安管理行为的，由公安机关依法给予治安管理处罚；构成犯罪的，依法追究刑事责任。

挤占、干扰依法设立的气象无线电台（站）、频率的，依照无线电管理相关法律、法规的规定处罚。

第二十五条　违反本条例规定，危害气象探测环境的，由气象主管机构责令停止违法行为，限期拆除或者恢复原状，情节严重的，对违法单位处2万元以上5万元以下罚款，对违法个人处200元以上5000元以下罚款；逾期拒不拆除或者恢复原状的，由气象主管机构依法申请人民法院强制执行；造成损害的，依法承担赔偿责任。

在气象探测环境保护范围内，违法批准占用土地的，或者非法占用土地新建建筑物或者其他设施的，依照城乡规划、土地管理等相关法律、法规的规定处罚。

第二十六条　本条例自2012年12月1日起施行。

中共中央政治局常委李长春在北京中国国际展览中心新馆参观第十九届北京国际图书博览会

国家副主席习近平出席在北京举行的全国组织系统讲党性重品行作表率活动总结会议并讲话

习近平指出，讲党性、重品行、作表率是党的十七大对全体党员特别是领导干部提出的明确要求。党的十七大之后5年来，各级组织部门紧密结合自身职责带头落实中央这一要求，围绕建设模范部门、打造过硬队伍，持续深入地开展讲党性、重品行、作表率活动，取得显著成效。通过这一活动，进一步促进了组工干部党性的增强、作风的转变和能力素质的提高，有力推动了组织部门的各项工作。这次受到表彰的先进集体和先进个人，集中体现了组工干部对党忠诚、公道正派的政治品质，改革创新、求真务实的优良作风，甘为人梯、清正廉洁的精神境界。各级组织部门和广大组工干部都应当向受到表彰的优秀代表学习。

习近平强调，我们党集中了中国工人阶级和中国人民、中华民族的先进分子，集中了全国各个领域德才兼备的优秀人才，按照民主集中制原则建立了科学严密的组织体系，具有强大的组织动员力，这是巨大的组织优势。发挥这个优势，要靠各级党组织，靠广大党员和干部，最直接的则要靠各级组织部门和组织系统全体同志。党的十七大以来，全国组织系统为发挥党的组织优势做了大量工作，取得很大成绩。希望组织系统的同志们再接再厉，继续努力，坚持健全党的组织体系和完善党的组织方式，努力建设高素质的干部队伍和人才队伍，切实做好抓基层打基础的工作，为改革发展稳定提供坚强的组织保证。

习近平指出，组织系统讲党性、重品行、作表率活动虽然告一段落，但讲党性、重品行、作表率作为一个永恒主题，在组织系统要长期坚持下去。各级组织部门要认真总结开展这次活动的经验，在建立、健全长效机制上下功夫，使讲党性、重品行、作表率的要求融入自身建设的全过程和各个方面，做到常态化、长效化。要深入学习贯彻胡锦涛同志在省部级主要领导干部专题研讨班上的重要讲话精神，进一步统一思想、奋发进取、扎实工作，以组织工作的优异成绩迎接党的十八大胜利召开。

中央纪委书记贺国强在北京出席反腐倡廉专项治理工作汇报会并讲话

贺国强强调，要深入贯彻胡锦涛总书记关于以人为本、执政为民的要求，全面总结近年来开展反腐倡廉专项治理工作的成效和经验，进一步把解决反腐倡廉建设中人民群众反映强烈的突出问题工作引向深入，以党风廉政建设的新成效取信于民。

贺国强指出，近几年来，中央纪委监察部全面贯彻反腐倡廉战略方针，在扎实做好党风廉政建设和反腐败斗争各项长期性、基础性工作的同时，坚持把开展专项治理、解决反腐倡廉建设中人民群众反映强烈的突出问题作为重点任务来抓。十七届中央纪委历次全会工作报告都把这项工作作为重要任务进行部署，2008年、2009年连续两年把“严厉整治一批严重损害群众利益的不正之风”作为“五个一批”工作部署的重要内容之一，2010年明确提出切实解决反腐倡廉建设中人民群众反映强烈的6个方面突出问题，2011年进一步提出从4个方面下功夫解决好反腐倡廉建设中人民群众反映强烈的突出问题，2012年要求重点抓好3项专项治理，特别是在今年4月召开的加强基层党风廉政建设座谈会上，鲜明提出要着力查处发生在群众身边的10个方面腐败问题。通过开展专项治理，有力遏制了消极腐败现象和不正之风在一些领域易发多发的势头，推动解决了一批反腐倡廉建设中人民群众反映强烈的突出问题，得到中央的充分肯定和社会各界的广泛好评，受到人民群众的普遍认可。

贺国强指出，今年以来，中央纪委监察部指导和推动各地区各部门各单位继续开展了工程建设领域突出问题、庆典研讨会论坛过多过滥问题、公务用车问题3项专项治理，取得了新的进展和成效。在工程建设领域突出问题专项治理方面，集中整治了一批突出问题，严肃查处了一批违纪违法案件，从2009年以来全国共排查工程建设项目42.51万个，发现问题26.19万个；纪检监察机关查办违纪违法案件2.58万件，给予党纪政纪处分1.74万人，移送司法机关处理9200余人。与此同时，制定完善了一批法规制度，推进了工程建设领域市场体系和信用体系建设。在庆典、研讨会、论坛过多过滥问题专项治理方面，通过全面进行清理和着力规范管理，从去年以来全国共撤销各种庆典、研讨会、论坛活动项目2549个，节约财政资金12.2亿元,建立、健全了一批管理办法和制度规定。在公务用车问题专项治理方面,通过严格清理纠正、加强规范管理、强化监督查处、推进改革试点,从去年以来共清理和处置全国党政机关违规公务用车19.96万辆,一般公务用车新编制数比车辆实有数减少4.4万余辆,中央和国家机关一般公务用车实有车辆减少35%。

贺国强指出,回顾近年来开展专项治理、解决反腐倡廉建设中人民群众反映强烈突出问题的工作实践,我们主要有以下5个方面的体会。一是关注社情民意,确定工作任务。坚持从人民群众反映最强烈的问题抓起、从人民群众最不满意的地方改起、从人民群众最盼望的事情做起,抓住那些社会关注度高、群众反映强烈,而且具备一定条件、通过一段时间集中治理可以达到阶段性目标的问题开展专项治理,不断增强反腐倡廉工作的针对性和实效性。二是突出工作重点,抓住关键环节。针对不同问题的具体情况和特点,抓住关键,找准症结,有的放矢,对症施治,努力以重点工作的成效带动整体工作的推进,以关键环节的突破带动突出问题的解决。三是认真督查整改,严格执行纪律。针对工作中发现的突出问题,实事求是地提出整改处理意见,狠抓整改落实,同时加大查办违纪违法案件力度,确保专项治理工作不走过场、不留死角。四是强化成果应用,健全长效机制。注重总结经验,坚持公开透明,着力完善制度,不断巩固和扩大治理成果。五是加强组织领导,形成工作合力。强化领导责任,加强工作指导,注重统筹协调,确保专项治理工作有力有序推进。

中央纪委副书记何勇主持会议。他强调,各有关部门要认真学习贯彻贺国强同志重要讲话精神,进一步统一思想,提高认识,切实增强做好反腐倡廉专项治理工作的紧迫感和责任感。中央纪委监察部机关各有关单位要加强组织领导、明确责任分工、突出工作重点、抓住关键环节、严格执行纪律、强化成果应用,把解决反腐倡廉建设中人民群众反映强烈的突出问题贯穿于业务工作之中,与中央和国家机关有关部委密切协调配合,及时掌握工作进展情况,确保任务落实。要认真总结有效做法和成功经验,提出从源头上防治的办法和措施,完善工作责任制和协调配合、考核评价、监督检查等方面的制度机制,着力健全长效机制,推动反腐倡廉专项治理工作深入开展。

国家副主席习近平在人民大会堂与埃及总统穆尔西举行会谈

习近平表示,中埃两国两千多年的传统友谊已深深扎根于两国人民心中。中埃关系历经考验发展到今天,主要得益于两国同属发展中国家,在维护国家主权和社会稳定等方面担负着共同任务,在促进世界和地区和平与稳定等方面有着广泛的共同利益;得益于中埃互利合作领域广阔,发展迅速,能为两国人民带来实实在在的利益;得益于中埃官方和民间交流与合作已形成良性互动,民意基础坚实;得益于两国同属文明古国,两大文明间的交流互鉴促进了世界文明的发展。习近平强调,中方高度重视发展中埃关系,始终将埃及视为值得信赖的重要合作伙伴,对埃友好政策不会改变。中方希望双方继续在涉及彼此核心利益和重大关切问题上相互理解和支持,保持和加强在重大国际和地区事务中的协调与配合;与埃方分享治国理政和改革发展经验;继续拓展经贸合作;在文化、教育、科技、农业等各领域深化与埃方的交流与合作,不断丰富两国战略合作关系内涵。

穆尔西表示,愿借此次访问向中国政府和人民表达亲切的问候和崇高的敬意。他说,埃中两国同属文明古国,人民之间的友谊源远流长,两国关系是战略性的关系。昨天同胡锦涛主席的会谈富有成果,对巩固埃中战略关系具有重要意义。穆尔西说,埃中两国合作领域宽广,潜力巨大。埃方希望与中国加强各领域特别是经贸、投资、航空、旅游等领域的合作,加强在发展过程中的相互学习和借鉴,推动埃中关系不断向前发展。

国务委员梁光烈在科伦坡与斯里兰卡总统马欣达·拉贾帕克萨举行会谈

中联部部长王家瑞在北京会见苏丹全国大会党对外关系部部长易卜拉欣·甘杜尔

8月30日

国家主席胡锦涛在人民大会堂会见德国总理默克尔

国家主席胡锦涛30日下午在人民大会堂会见了来华访问并出席第二轮中德政府磋商的德国总理默克尔。

胡锦涛首先祝贺第二轮中德政府磋商取得成功。胡锦涛说,作为世界有重要影响的国家,中德在双边、地区和多边事务中拥有广泛共同利益,肩负重要责任,面临共同挑战。中方高度重视对德关系,愿与德方一道,切实落实双方高层会晤成果和第二轮中德政府磋商提出的各项任务,增进战略互信,深化务实合作,把展望未来的中德战略伙伴关系推上更高水平。

默克尔表示,德中两国交往与合作无论是在政府之间,还是在经贸和民间层面都十分密切。第二轮德中政府磋商成果丰硕，双方签署了许多协议，这充分证明，德中关系基础牢固，是名副其实的战略伙伴关系。

在谈到欧洲债务问题时，胡锦涛表示，欧洲早日走出困境，有助于世界经济稳定复苏，也有助于中国经济发展。中国坚定支持欧方为此所做的努力，支持国际货币基金组织等机构为解决欧债问题发挥重要作用，愿同国际社会保持沟通和协调，共同防范风险，维护全球金融稳定，推动世界经济可持续复苏和增长。

默克尔表示，当前，世界经济存在诸多不确定因素，欧元区面临困难，中国冷静、妥善应对，并对欧元和欧洲经济给予信心和支持，这对欧洲尤为宝贵。欧元区国家有信心、有决心解决好债务问题，进一步推动欧洲一体化。德国希望加强欧中经贸和投资合作，坚决反对贸易和投资保护主义。

外交部部长杨洁篪、中国驻德国大使史明德等参加会见。

全国人大常委会委员长吴邦国在人民大会堂与德国总理默克尔举行会谈

吴邦国表示，中德关系的深入发展离不开两国立法机构的大力支持和积极参与。中国全国人大愿进一步加强与德联邦议院的友好往来，不断提升议会合作水平，使议会成为中德关系健康稳定发展的建设性力量。吴邦国还应询向客人介绍了中国近年来民主法制建设的进展情况。

默克尔表示，德中关系十分密切，各领域合作成果丰硕。德方愿以两国建交40周年为契机，密切各领域、各层次友好往来，继续发挥两国政府磋商机制等合作对话机制的作用，将德中合作推向更广领域、更高水平。希望两国立法机构加强交流与合作，为促进德中关系发展作出新的更大贡献。

国务院总理温家宝在人民大会堂与德国总理默克尔举行会谈并共同主持第二轮中德政府磋商

两国总理在小范围会谈中就中德关系、欧债问题等深入交换看法，达成重要共识。在政府磋商中，两国总理听取了双方外交、经济、科技、教育、环保等23个部门负责人进行对口会谈的工作汇报，并对下一阶段各领域合作进行指导和部署。

温家宝说，近年来，中德关系以应对国际金融危机为契机，取得重要成果，进入了新的发展阶段，产生了广泛的积极影响。深化中德合作是战略选择，双方要着眼长远，加强沟通和理解，坚持相互尊重、互利共赢，保持两国关系长期健康稳定发展，这符合两国的根本利益。

默克尔说，德中有着广泛的共同利益，两国高层互访频繁，各领域保持密切沟通协调，双边关系取得巨大发展，意义重大。

默克尔介绍了欧债的最新情况和应对考虑。她感谢中国对欧洲的支持和帮助，表示欧债问题的解决取得一些积极进展，但仍面临错综复杂局面，德国正同其他欧洲国家一道，推动进行内部改革，以减少债务，提高竞争力，维护欧元稳定和欧洲一体化建设。温家宝指出，欧盟峰会相继出台一系列标本兼治的重要措施，确定了解决问题的方向和途径，但落实起来不会一帆风顺。解决欧债问题的前景取决于有关国家推进自身改革的决心和实效，也取决于德、法等欧盟大国和欧盟、欧央行、国际货币基金组织采取行动的意愿和时机。温家宝表示，中方希望欧方在财政紧缩和刺激经济之间找到平衡，这是一条根本的出路，关键在于信心。政府要对国家有信心，金融机构要对企业有信心，企业要对市场有信心，消费者要对未来有信心。当前，中德、中欧合作都要围绕提振信心，让人民看到希望。

温家宝说，中方同德方以及欧盟机构保持了密切接触，在参与解决欧债问题方面采取了具体行动。希望欧方在落实欧盟峰会出台的一系列重要措施方面取得实质性成效，这有助于增强国际社会对欧债问题解决前景的信心。中方愿在充分考虑风险防控的前提下，继续投资于欧元区国债市场，并加强与欧盟、欧央行和基金组织，以及主要国家的沟通与协调，支持欧元区重债国走出困境。

两国总理就反对贸易保护主义，通过对话协商解决包括光伏产业在内的贸易摩擦，避免采取反倾销、反补贴措施达成一致，认为中德、中欧要进一步发挥各自优势，加强和深化企业合作，携手开拓市场，实现共同发展。

两国总理高度评价首轮中德政府磋商以来双方在各领域合作取得的成果，认为定期举行中德政府磋商有利于加强两国政府各部门对中德关系战略性、全局性的认识，密切相互之间的协调配合，在更高层次上规划和推动合作。在本轮磋商中，双方就加强先进制造业合作、成立中德经济顾问委员会、建立可再生能源战略伙伴关系、拓展海洋极地合作、“举办中德语言年”等达成一致，将共同制定具体举措。

温家宝说，当前，国际金融危机还没有结束，各种挑战层出不穷，但中德关系的基础比过去更加牢固，利益联系更加紧密，合作机制更加有效。今年是中德建交40周年，这次政府磋商具有承上启下的重要作用，达到了预期的目的。我相信中德可以成为更紧密的合作伙伴，衷心祝愿两国关系在未来发展得更好。

默克尔表示，德中政府磋商机制有力地推动了双方的相互理解和互利合作。希望这一机制继续发挥重要作用，推动德中战略伙伴关系不断向前发展。

磋商后，两国总理出席了双边有关合作文件的签字仪式，并共同会见了记者。磋商前，温家宝在人民大会堂北大厅为默克尔举行了欢迎仪式。

民建中央副主席宋海、外交部部长杨洁篪、国家发展和改革委员会主任张平、教育部部长袁贵仁、科技部部长万钢、工业和信息化部部长苗圩、财政部部长谢旭人、环境保护部部长周生贤、住房和城乡建设部部长姜伟新、人民银行行长周小川、商务部国际贸易谈判代表兼副部长高虎城、卫生部副部长张茅、中国驻德国大使史明德等出席欢迎仪式。

全国政协主席贾庆林在人民大会堂会见香港中国商会访京团

贾庆林说，香港中国商会成立以来，积极开展会务活动，取得了积极成效。一方面注重紧密联系内地有关方面，协助内地有关省市在香港举办招商活动；另一方面注重加强与香港特区政府、国外在港商会的联系。特别是去年和今年联合多家机构成功举办了两届“中国海外投资年会”，正逐渐成为具有一定国际影响的品牌活动。

贾庆林对香港中国商会提出三点希望：一是坚持爱国爱港，全面准确理解和贯彻“一国两制”方针，严格按照基本法办事，为保持香港长期繁荣稳定作出新的贡献；二是牢牢把握机遇，利用熟悉内地和香港的优势，为服务国家“十二五”规划，推动内地和香港的经济发展作出新的贡献；三是秉承“服务国家，繁荣香港，惠及全球”的办会宗旨，充分利用香港国际金融、航运、贸易中心的特殊地位和资源优势，积极配合国家实施“走出去”发展战略，为我国企业做大做强、走向世界，为国家现代化建设多做贡献。

全国政协主席贾庆林在人民大会堂会见世界台湾商会联合总会参访团

贾庆林指出，过去的4年，是台海局势最为安定祥和的4年，是两岸关系进展最为显著的4年，也是两岸交流合作成果最为丰硕的4年，在两岸关系发展进程中具有里程碑的重大意义。两岸关系的和平发展，给两岸民众带来越来越多实实在在的利益，得到两岸同胞的普遍认同和国际社会的广泛欢迎。事实证明，两岸关系和平发展顺应时代进步的潮流，符合两岸同胞共同福祉和中华民族根本利益，是一条正确的道路，我们要坚定地走下去。

贾庆林强调，两岸关系和平发展由开创期进入了巩固深化的新阶段。在这样的新形势下，我们将继续坚定实行推动两岸关系和平发展的各项方针政策，巩固深化两岸关系和平发展的政治、经济、文化和社会基础，不断开创新局面。

参访团团长黄正胜表示，台商在海外发展，得益于大陆经济持续快速发展，得益于台海和平稳定。两岸关系和平发展至关重要。我们都希望和平发展的趋势能保持下去，都希望两岸关系更融洽，两岸同胞更团结。

商务部等三部门发布我国对外直接投资实现“十连增”

商务部等三部门今天发布的《2011年度中国对外直接投资统计公报》显示，2011年中国对外直接投资净额746.5亿美元，较上年增长8.5%，实现了连续10年增长。

中华人民共和国和阿拉伯埃及共和国发表联合新闻公报

一、应中华人民共和国主席胡锦涛邀请，阿拉伯埃及共和国总统穆罕默德·穆尔西于2012年8月28日至30日对中华人民共和国进行国事访问。中国国家主席胡锦涛、全国人民代表大会常务委员会委员长吴邦国、国务院总理温家宝、国家副主席习近平分别与穆尔西总统举行了会谈和会见。两国领导人就双边关系和共同关心的国际、地区问题交换了意见，达成广泛共识。

二、双方强调，阿拉伯埃及共和国是最早承认中华人民共和国的阿拉伯和非洲国家，两国建交56年来，特别是1999年建立战略合作关系以来，双边关系不断巩固和深化，务实合作不断加强，实现了互利共赢，两国人民友谊历久弥坚。

三、中方尊重埃及人民自主选择政治制度和发展道路的权利，欢迎自2011年1月25日以来阿拉伯埃及共和国在和平政治过渡后取得的积极成果，祝贺埃及人民完成总统选举并组建新政府，支持埃方为实现经济、社会发展和人民的进步与福祉所做的一切努力，祝愿埃及人民在国家建设与发展的道路上不断取得新的成就。埃方强调恪守一个中国政策，支持中国政府在台湾、涉藏、涉疆等问题上的立场。

四、双方强调，愿在不断发展变化的国际形势下继续加强双方传统关系，不断开辟新的前景，密切合作，携手共进，在相互尊重、平等互利基础上进一步巩固中埃传统友谊，不断充实两国战略合作关系内涵，全面规划两国未来关系发展，以造福两国和两国人民。

五、双方愿进一步巩固两国政治关系，密切高层往来，增进两国政府、议会、政党、社会团体之间的各层次交往，交流治国理政、改革发展方面的经验，进一步健全并充分发挥业已存在的各交流及合作机制的作用。

六、双方认为，各领域务实合作是双边关系的重要组成部分。中方赞赏埃方提出的重振国家经济方略，将继续鼓励更多中国企业赴埃及投资兴业，并愿为埃及经济发展提供力所能及的帮助。双方表示将积极推动经贸往来，拓展在基础设施建设、农业、科技、卫生、交通、能源、金融、旅游、通信、环境等领域的合作，对稳步推进苏伊士经贸合作区等项目建设表示欢迎。

七、双方认为，应进一步密切在国际和地区事务中的协调与合作。中方支持埃及作为地区重要核心国家和中坚力量，在国际和地区事务中发挥更大作用。埃方赞赏并支持中方为维护发展中国家利益、促进发展中国家团结与合作所做的努力。

八、双方对中国—阿拉伯国家合作论坛的创立和发展，以及在论坛框架下确立中阿“全面合作，共同发展”的战略合作关系感到满意，对2012年5月在突尼斯共和国举行的论坛第五届部长级会议取得的积极成果表示高度赞赏。双方愿继续共同努力，推进论坛建设，推动中阿战略合作关系不断深入发展。双方欢迎根据在突尼斯召开的论坛第五届部长级会议通过的《中阿合作论坛2012年至2014年行动执行计划》，适时在埃及召开首届中阿旅游合作暨旅游投资大会。

九、双方认为，发展中非新型战略伙伴关系符合双方根本和战略利益，中非合作论坛作为中非之间集体对话的重要平台和务实合作的有效机制，对促进中非关系发展发挥着不可替代的作用。双方高度评价2012年7月在北京举行的论坛第五届部长级会议取得的成果。在筹备会议过程中，双方作为论坛共同主席国密切磋商与配合，为会议成功作出了重要贡献。双方愿共同努力落实好后续行动，进一步加强论坛建设，推动中非关系取得更大发展。

十、双方重申支持巴勒斯坦人民建立以1967年边界为基础、以东耶路撒冷为首都、拥有完全主权的独立的巴勒斯坦国，支持巴勒斯坦加入联合国等国际组织。支持国际社会进一步加大劝和促谈力度，推动巴以双方通过和平谈判最终实现巴勒斯坦问题的全面、公正解决。中方对埃方为促进巴以和平、推动巴勒斯坦人民内部和解所做贡献表示高度赞赏。埃方对中方在支持巴勒斯坦人民正义事业、维护中东地区和平稳定方面所做努力予以高度评价。

十一、双方认为，国际社会应尊重西亚北非地区人民寻求变革、发展的愿望和诉求，鼓励本地区国家的有关各方通过包容、和平的政治对话途径化解分歧，支持本地区的国家和人民自主探索符合本国国情的和平、稳定、发展、民主、繁荣之路。双方主张，国际社会应尊重本地区国家的主权、独立、统一和领土完整，加强对其经济援助与合作，推动热点问题解决进程，为地区和平、稳定与发展发挥积极、建设性作用。

十二、双方主张尽快寻求叙利亚问题的政治解决，反对外来军事干涉，敦促叙利亚政府及有关各方尽快停止杀戮和一切暴力活动。中方赞赏阿拉伯国家联盟为推动政治解决叙利亚问题所做的积极努力。

十三、双方主张维护联合国在国际事务中的核心地位和作用，重申有必要对联合国进行改革，重申应解决非洲国家遭受的历史不公，优先增加非洲国家在联合国安理会和其他各机构的代表性。

十四、双方主张不同文明相互尊重，支持通过开展包容、开放的对话，相互借鉴，促进世界文明的繁荣。

十五、访问期间，双方签署了以下文件：

《中华人民共和国政府和阿拉伯埃及共和国政府经济技术合作协定》《中华人民共和国科学技术部和阿拉伯埃及共和国农业与农垦部关于加强中埃农业技术研究示范基地合作的协议》《中华人民共和国工业和信息化部与阿拉伯埃及共和国通信和信息技术部信息通信领域合作谅解备忘录》《中华人民共和国环境保护部与阿拉伯埃及共和国环境事务国务部环境合作谅解备忘录》《中华人民共和国国家旅游局与阿拉伯埃及共和国旅游部旅游合作执行计划》《中国国家开发银行股份有限公司对埃及国民银行2亿美元授信协议》《中国国家开发银行股份有限公司与埃及科研部规划咨询合作框架协议》。

十六、穆尔西总统对胡锦涛主席及中方在其访华期间给予的热情友好接待深表感谢。

2012年8月30日于北京

国家主席胡锦涛根据全国人大常委会的决定任免驻外大使

一、免去史明德的中华人民共和国驻奥地利共和国特命全权大使职务；

任命赵彬为中华人民共和国驻奥地利共和国特命全权大使。

二、免去吴红波的中华人民共和国驻德意志联邦共和国特命全权大使职务；

任命史明德为中华人民共和国驻德意志联邦共和国特命全权大使。

三、免去程树平的中华人民共和国驻瓦努阿图共和国特命全权大使职务；

任命谢波华为中华人民共和国驻瓦努阿图共和国特命全权大使。

四、免去薛金维的中华人民共和国驻喀麦隆共和国特命全权大使职务；

任命沃瑞棣为中华人民共和国驻喀麦隆共和国特命全权大使。

五、免去孙玉玺的中华人民共和国驻波兰共和国特命全权大使职务；

任命徐坚为中华人民共和国驻波兰共和国特命全权大使。

六、免去夏煌的中华人民共和国驻尼日尔共和国特命全权大使职务；

任命石虎为中华人民共和国驻尼日尔共和国特命全权大使。

国家副主席习近平在人民大会堂与德国总理默克尔举行会谈

习近平表示，中德拥有悠久的历史和灿烂的文化，两国人民相互怀有友好的感情，双方应进一步加强民间来往，特别是青年、学生、智库和媒体交流，增进相互了解，为两国关系发展奠定坚实的社会基础；中德经济互补性强，互为在各自地区最大贸易伙伴，去年两国贸易额接近1700亿美元。双方应进一步深化合作，不断挖掘合作潜力，为两国务实合作注入长久、可持续的动力；中德都是国际上有重要影响的国家，也承担着重要责任，应加强在重大国际问题上的协调合作，推动建设一个持久和平、共同繁荣的世界。

习近平指出，中方一直从战略高度和长远角度看待中德关系。中德作为世界主要经济体、出口和制造业大国，同时又是战略伙伴，双方加强合作、共同应对挑战，有利于两国人民，对世界和平与发展也是重要贡献。希望中德双方继续坚持相互尊重、平等相待的原则，抓住合作共赢的主线，将"展望未来的战略伙伴关系"不断推向前进。

默克尔表示，德中关系现已发展成为名副其实的战略伙伴关系。两国领导人之间交往密切，双边互利合作广泛而紧密，人文交流非常活跃。习副主席表示希望双方共同推进"展望未来的战略伙伴关系"，德方对此完全赞同，愿与中方共同努力，继续保持两国关系的发展势头，进一步加强双方在经贸、医疗、环保、人文以及新兴产业等领域合作，加强在国际问题上的协调，反对贸易保护主义，使两国关系更好造福两国人民，也有利于世界的和平与发展。

国务院副总理李克强在中南海紫光阁与德国总理默克尔举行会谈

国务院副总理王岐山在中南海会见德国财政部部长朔伊布勒

国务院副总理回良玉在钓鱼台国宾馆与黑山共和国总理卢克希奇举行会谈

国务委员刘延东在北京会见美国俄勒冈州众议院共同议长罗布兰率领的俄勒冈州议会代表团

国防部在北京举行例行记者会

国防部新闻发言人耿雁生30日在北京举行的国防部例行记者会上，就美国国防部长访华、中国军队导弹试射与演习等问题回答了记者提问。

耿雁生介绍说，根据今年中美两军交往计划的安排，年内双方还要开展一系列的交流活动。美国国防部部长帕内塔将于9月中旬访华。这是继梁光烈部长今年5月访美之后，双方开展的又一项重要军事交往项目。

此外，中美两军还将在机制性交往、院校及专业领域展开交流，并计划举行反海盗联合演练等。

针对媒体提出的有关二炮部队导弹试射、南京军区登岛演习等问题，耿雁生指出，近期境内进行了一些正常的武器试验，这些试验不针对任何特定国家和目标。中国发展武器装备是为了满足维护国家安全的需要，中国将始终奉行防御性国防政策和积极防御的军事战略。

耿雁生表示，近日南京军区举行的演练活动是年度计划内的例行性安排，主要是为了检验和提高信息化条件下的陆海空联合作战能力。

耿雁生强调，钓鱼岛及其附属岛屿是中国的固有领土，这一点是毋庸置疑的。日方任何单方面的举动都无法改变这一事实。同时，中国军队也有能力维护国家的领土主权和海洋权益。

国办转发教育部等部门《关于做好进城务工人员随迁子女接受义务教育后在当地参加升学考试工作的意见》并发出通知

各省、自治区、直辖市人民政府，国务院各部委、各直属机构：

教育部、发展改革委、公安部、人力资源社会保障部《关于做好进城务工人员随迁子女接受义务教育后在当地参加升学考试工作的意见》已经国务院同意，现转发给你们，请认真贯彻执行。

国务院办公厅

2012年8月30日

关于做好进城务工人员随迁子女接受义务教育后在当地参加升学考试工作的意见

为贯彻落实中央有关文件精神和《国家中长期教育改革和发展规划纲要（2010—2020年）》要求，现就做好进城务工人员及其他非本地户籍就业人员随迁子女接受义务教育后在当地参加中考和高考(以下称随迁子女升学考试)工作,提出如下意见:

一、充分认识做好随迁子女升学考试工作的重要性。《国务院办公厅转发教育部等部门关于进一步做好进城务工就业农民子女义务教育工作意见的通知》(国办发〔2003〕78号)印发后,各地认真贯彻落实"以流入地政府为主,以全日制公办中小学为主"政策,进城务工人员随迁子女在当地接受义务教育的问题得到初步解决,一些地方还探索了随迁子女接受义务教育后在当地参加升学考试的办法。但随着进城务工人员规模不断扩大,随迁子女完成义务教育人数不断增多,随迁子女升学考试问题日益突出。进一步做好随迁子女升学考试工作,是坚持以人为本、保障进城务工人员随迁子女受教育权利、促进教育公平的客观要求,对于保障和改善民生、加强和创新社会管理、 维护社会和谐具有重要意义。

二、做好随迁子女升学考试工作的主要原则。坚持有利于保障进城务工人员随迁子女公平受教育权利和升学机会,坚持有利于促进人口合理有序流动,统筹考虑进城务工人员随迁子女升学考试需求和人口流入地教育资源承载能力等现实可能,积极稳妥地推进随迁子女升学考试工作。

三、因地制宜制定随迁子女升学考试具体政策。各省、自治区、直辖市人民政府要根据城市功能定位、产业结构布局和城市资源承载能力,根据进城务工人员在当地的合法稳定职业、合法稳定住所(含租赁)和按照国家规定参加社会保险年限,以及随迁子女在当地连续就学年限等情况,确定随迁子女在当地参加升学考试的具体条件,制定具体办法。各省、自治区、直辖市有关随迁子女升学考试的方案原则上应于2012年年底前出台。北京、上海等人口流入集中的地区要进一步摸清底数,掌握非本地户籍人口变动和随迁子女就学等情况,抓紧建立、健全进城务工人员管理制度,制定出台有关随迁子女升学考试的方案。

四、统筹做好随迁子女和流入地学生升学考试工作。对符合在当地参加升学考试条件的随迁子女净流入数量较大的省份,教育部、发展改革委采取适当增加高校招生计划等措施,保障当地高考录取比例不因符合条件的随迁子女参加当地高考而受到影响。对不符合在流入地参加升学考试条件的随迁子女,流出地和流入地要积极配合,做好政策衔接,保障考生能够回流出地参加升学考试;经流出地和流入地协商,有条件的流入地可提供借考服务。各地要加强对考生报考资格的审查,严格规范、公开透明地执行随迁子女升学考试政策,防止"高考移民"。

五、加强组织领导和协调配合。各地区、各有关部门要加强对随迁子女升学考试工作的组织领导,明确责任分工,密切协作配合,形成齐抓共管的工作格局。各地招生考试委员会要统筹做好随迁子女升学考试工作,教育部门会同有关部门依据随迁子女升学考试人数合理调配资源,做好招生计划编制、考生报名组织、考试实施以及招生录取等工作。发展改革部门要将进城务工人员随迁子女教育纳入当地经济社会发展规划。公安部门要加强对流动人口的服务管理,及时提供进城务工人员及其随迁子女的居住等相关信息。人力资源社会保障部门要及时提供进城务工人员的就业和社保信息。各地区、各有关部门要及时研究解决工作中出现的新情况新问题,认真总结和推广成功经验。要采取多种形式加强对随迁子女升学考试政策的宣传解读,做好舆论引导工作,营造良好氛围。

国家发改委等六部门正式公布《关于开展城乡居民大病保险工作的指导意见》

国家发展和改革委员会、卫生部、财政部、人力资源和社会保障部、民政部、保险监督管理委员会30日正式公布《关于开展城乡居民大病保险工作的指导意见》(以下简称《意见》)。《意见》指出,近年来,随着全民医保体系的初步建立,人民群众看病就医有了基本保障,但人民群众对大病医疗费用负担重反映仍较强烈。开展城乡居民大病保险工作,是在基本医疗保障的基础上,对大病患者发生的高额医疗费用给予进一步保障的一项制度性安排,目的是要切实解决人民群众因病致贫、因病返贫的突出问题。

《意见》指出,开展城乡居民大病保险工作要坚持以人为本,统筹安排;坚持政府主导,专业运作;坚持责任共担,持续发展;坚持因地制宜,机制创新的基本原则。政府负责基本政策制定、组织协调、筹资管理,并加强监管指导。商业保险机构利用其专业优势,支持商业保险机构承办大病保险,发挥市场机制作用,提高大病保险的运行效率、服务水平和质量。同时,强化社会互助共济的意识和作用,形成政府、个人和保险机构共同分担大病风险的机制。

在城乡居民大病保险的筹资机制方面。《意见》指出,各地可结合当地经济社会发展水平、医疗保险筹资能力、患大病发生高额医疗费用的情况、基本医疗保险补偿水平,以及大病保险保障水平等因素,科学合理确定筹资标准。同时,从城镇居民医保基金、新农合基金中划出一定比例或额度作为大病保险资金。城镇居民医保和新农合基金有结余的地区,利用结余筹集大病保险资金;结余不足或没有结余的地区,在城镇居民医保、新农合年度提高筹资时统筹解决资金来源,逐步完善城镇居民医保、新农合多渠道筹资机制。

在城乡居民大病保险的保障内容方面。《意见》指出，大病保险保障对象为城镇居民医保、新农合的参保(合)人，保障范围要与城镇居民医保、新农合相衔接。城镇居民医保、新农合应按政策规定提供基本医疗保障。在此基础上，大病保险主要在参保(合)人患大病发生高额医疗费用的情况下，对城镇居民医保、新农合补偿后需个人负担的合规医疗费用给予保障。此外，大病保险保障水平以力争避免城乡居民发生家庭灾难性医疗支出为目标，合理确定大病保险补偿政策，实际支付比例不低于50%；按医疗费用高低分段制定支付比例，原则上医疗费用越高支付比例越高。

在城乡居民大病保险的承办方式方面。《意见》指出，地方政府卫生、人力资源社会保障、财政、发展改革部门制定大病保险的筹资、报销范围、最低补偿比例，以及就医、结算管理等基本政策要求，并通过政府招标选定承办大病保险的商业保险机构。符合基本准入条件的商业保险机构自愿参加投标，中标后以保险合同形式承办大病保险，承担经营风险，自负盈亏。商业保险机构承办大病保险的保费收入，按现行规定免征营业税。

此外，承办大病保险的商业保险机构必须具备以下基本条件：符合保监会规定的经营健康保险的必备条件；在中国境内经营健康保险专项业务5年以上，具有良好市场信誉；具备完善的服务网络和较强的医疗保险专业能力；配备医学等专业背景的专职工作人员；商业保险机构总部同意分支机构参与当地大病保险业务，并提供业务、财务、信息技术等支持；能够实现大病保险业务单独核算。

8月31日

十一届全国人大常委会第二十八次会议在人民大会堂闭幕

十一届全国人大常委会第二十八次会议在完成各项议程后，上午在北京人民大会堂闭幕。会议经表决，分别通过了全国人大常委会关于修改民事诉讼法的决定、关于修改农业技术推广法的决定；决定免去李盛霖的交通运输部部长职务，任命杨传堂为交通运输部部长。国家主席胡锦涛签署第59号、60号、61号主席令，分别予以公布。

全国人大常委会委员长吴邦国主持会议。常委会组成人员143人出席会议，出席人数符合法定人数。

会议表决通过了全国人大常委会代表资格审查委员会关于个别代表的代表资格的报告。根据全国人大常委会发表的公告，十一届全国人大现实有代表2973人。

会议分别表决通过了香港特别行政区十二届全国人大代表选举会议成员名单、澳门特别行政区十二届全国人大代表选举会议成员名单。根据香港、澳门特别行政区选举第十二届全国人大代表的办法规定，香港、澳门特别行政区选举第十二届全国人大代表由全国人大常委会主持。委员长会议建议，委托全国人大常委会副委员长兼秘书长李建国负责主持这两项工作。

会议还表决通过了有关任免案。

在表决通过各项议案后，吴邦国发表讲话。他说，会议通过的关于修改民事诉讼法的决定，适应经济社会发展的需要和深化司法体制改革的要求，在认真研究代表议案和总结司法实践经验的基础上，对我国民事诉讼法律制度进行了修改完善，进一步保障当事人诉讼权利，健全证据制度，完善调解与诉讼衔接机制，细化审判和执行程序，强化民事诉讼法律监督等，对于更好地保护当事人行使诉讼权利，保证人民法院正确及时审理民事案件，维护经济社会秩序和公平正义，具有十分重要的意义。要深入学习和广泛宣传修改后的民事诉讼法，抓紧清理相关司法解释及规定，并做好其他准备工作，以确保法律的有效实施。修改后的农业技术推广法，贯彻中央关于加快推进农业科技创新、发展现代农业的政策措施，吸收执法检查报告和立法后评估报告提出的意见建议，着眼于完善公益性服务、社会化服务有机结合的农业技术推广体系，明确农业技术推广机构的公益性质，强化基层公益性农业技术推广服务，提升农业技术推广能力和水平，进一步增强了法律的针对性和可操作性，为促进农业科技成果转化与应用、推动农业和农村经济发展、实现农业现代化提供了更加完备的法律保障。

吴邦国指出，今年以来，国际政治经济环境复杂多变，国内经济发展面临的困难增多，大家对做好全年经济社会发展工作都十分关心。在听取审议计划、预算执行情况报告时，常委会组成人员和列席会议的同志普遍认为，面对错综复杂的国内外经济形势，党中央科学判断、正确决策，全国上下齐心协力、共同奋斗，我国经济社会发展总的形势是好的，国民经济运行符合稳中求进的总要求。大家指出，在看到成绩的同时，要充分认识实现全年经济社会发展预期目标的艰巨性，把思想和行动统一到中央对当前经济形势的分析判断和对工作的各项部署上来，坚持科学发展，坚持稳中求进，变压力为动力，把更多精力放在转方式、调结构上，着力推动产业优化升级，着力提高自主创新能力，着力保障和改善民生，更加注重经济增长的质量和效益，更加注重经济增长的协调性和可持续性，努力在转变经济发展方式上取得实质进展。要在依法加强税收征管的同时，认真落实和完善结构性减税政策，加大对实体经济的支持，在统筹安排财政支出的同时，着力保证重点支出、强化预算执行，坚持厉行节约、勤俭办一切事业。

吴邦国说，建立、健全县级基本财力保障机制，是“十二五”规划纲要确定的一项重大改革举措，关系到我国基层政权建设和经济社会发展大局。常委会对此高度重视，组织有关专门委员会和工作委员会，就这个问题多次开展专题调研，提出了许多好的意见和建议，本次会议又专门安排听取审议了国务院相关专项工作报告。常委会组成人员和列席会议的同志对这些年县级基本财力保障工作取得的积极进展给予肯定，同时强调，要把建立科学规范的县级基本财力保障机制作为深化财税体制改革的基础性工程和重要抓手，坚持立足当前、着眼长远，逐步建立起财力与事权相匹配的财政体制，为县级政府履行职责提供可靠财力保障。一要合理界定县级政府的支出责任，理顺各级政府间收入划分关系，逐步实现县级财力与责任相统一。二要加快调整转移支付结构，清理和压缩专项转移支付项目，提高一般性转移支付特别是均衡性转移支付比重。三要大力发展县域经济，壮大县级财力基础，重视化解地方政府性债务风险，增强县级财政自主保障能力。

吴邦国指出，检查残疾人保障法实施情况，是今年常委会监督工作的一项重要内容，也是这部法律颁布实施20年来在全国范围内的第一次执法检查，常委会和有关专门委员会高度重视。这次执法检查在方式方法上做了一些有益尝试，不仅通过网络、信访等多种渠道听取各方面意见，还将执法检查与立法后评估有机结合起来，了解情况更加全面深入，提出建议更有针对性，取得了很好的效果。审议中，常委会组成人员和列席会议的同志充分肯定执法检查组的工作，普遍赞成执法检查报告以及立法后评估报告。大家指出，关心和帮助残疾人，保障残疾人合法权益，是社会文明进步的重要标志，是社会主义制度优越性的重要体现。各地区、各部门要进一步加大对残疾人事业的投入，着力解决基本生活保障、医疗、康复、教育、就业等残疾人最关心、最直接、最现实的利益问题，努力为残疾人提供适合其特殊需求的基本公共服务，让广大残疾人平等参与社会生活，共享改革发展成果，促进残疾人事业与经济社会协调发展。

全国人大常委会副委员长王兆国、路甬祥、乌云其木格、韩启德、华建敏、陈至立、周铁农、李建国、司马义·铁力瓦尔地、蒋树声、陈昌智、严隽琪、桑国卫出席会议。

国务委员兼国务院秘书长马凯，最高人民法院院长王胜俊，最高人民检察院检察长曹建明，全国人大各专门委员会成员，各省、自治区、直辖市人大常委会负责人，部分全国人大代表等列席会议。

国家主席胡锦涛签署第59号令公布《全国人民代表大会常务委员会关于修改〈中华人民共和国民事诉讼法〉的决定》

《全国人民代表大会常务委员会关于修改〈中华人民共和国民事诉讼法〉的决定》已由中华人民共和国第十一届全国人民代表大会常务委员会第二十八次会议于2012年8月31日通过，现予公布，自2013年1月1日起施行。

中华人民共和国主席　胡锦涛

2012年8月31日

全国人民代表大会常务委员会关于修改《中华人民共和国民事诉讼法》的决定(略)

中华人民共和国民事诉讼法

（1991年4月9日第七届全国人民代表大会第四次会议通过，根据2007年10月28日第十届全国人民代表大会常务委员会第三十次会议《关于修改〈中华人民共和国民事诉讼法〉的决定》第一次修正，根据2012年8月31日第十一届全国人民代表大会常务委员会第二十八次会议《关于修改〈中华人民共和国民事诉讼法〉的决定》第二次修正）

第一编　总　则

第一章　任务、适用范围和基本原则

第一条　中华人民共和国民事诉讼法以宪法为根据，结合我国民事审判工作的经验和实际情况制定。

第二条　中华人民共和国民事诉讼法的任务，是保护当事人行使诉讼权利，保证人民法院查明事实，分清是非，正确适用法律，及时审理民事案件，确认民事权利义务关系，制裁民事违法行为，保护当事人的合法权益，教育公民自觉遵守法律，维护社会秩序、经济秩序，保障社会主义建设事业顺利进行。

第三条　人民法院受理公民之间、法人之间、其他组织之间以及他们相互之间因财产关系和人身关系提起的民事诉讼，适用本法的规定。

第四条　凡在中华人民共和国领域内进行民事诉讼，必须遵守本法。

第五条　外国人、无国籍人、外国企业和组织在人民法院起诉、应诉，同中华人民共和国公民、法人和其他组织有同等的诉讼权利义务。

外国法院对中华人民共和国公民、法人和其他组织的民事诉讼权利加以限制的，中华人民共和国人民法院对该国公民、企业和组织的民事诉讼权利，实行对等原则。

第六条　民事案件的审判权由人民法院行使。

人民法院依照法律规定对民事案件独立进行审

判，不受行政机关、社会团体和个人的干涉。

第七条　人民法院审理民事案件，必须以事实为根据，以法律为准绳。

第八条　民事诉讼当事人有平等的诉讼权利。人民法院审理民事案件，应当保障和便利当事人行使诉讼权利，对当事人在适用法律上一律平等。

第九条　人民法院审理民事案件，应当根据自愿和合法的原则进行调解；调解不成的，应当及时判决。

第十条　人民法院审理民事案件，依照法律规定实行合议、回避、公开审判和两审终审制度。

第十一条　各民族公民都有用本民族语言、文字进行民事诉讼的权利。

在少数民族聚居或者多民族共同居住的地区，人民法院应当用当地民族通用的语言、文字进行审理和发布法律文书。

人民法院应当对不通晓当地民族通用的语言、文字的诉讼参与人提供翻译。

第十二条　人民法院审理民事案件时，当事人有权进行辩论。

第十三条　民事诉讼应当遵循诚实信用原则。

当事人有权在法律规定的范围内处分自己的民事权利和诉讼权利。

第十四条　人民检察院有权对民事诉讼实行法律监督。

第十五条　机关、社会团体、企业事业单位对损害国家、集体或者个人民事权益的行为，可以支持受损害的单位或者个人向人民法院起诉。

第十六条　民族自治地方的人民代表大会根据宪法和本法的原则，结合当地民族的具体情况，可以制定变通或者补充的规定。自治区的规定，报全国人民代表大会常务委员会批准。自治州、自治县的规定，报省或者自治区的人民代表大会常务委员会批准，并报全国人民代表大会常务委员会备案。

第二章　管　辖

第一节　级别管辖

第十七条　基层人民法院管辖第一审民事案件，但本法另有规定的除外。

第十八条　中级人民法院管辖下列第一审民事案件：

（一）重大涉外案件；

（二）在本辖区有重大影响的案件；

（三）最高人民法院确定由中级人民法院管辖的案件。

第十九条　高级人民法院管辖在本辖区有重大影响的第一审民事案件。

第二十条　最高人民法院管辖下列第一审民事案件：

（一）在全国有重大影响的案件；

（二）认为应当由本院审理的案件。

第二节　地域管辖

第二十一条　对公民提起的民事诉讼，由被告住所地人民法院管辖；被告住所地与经常居住地不一致的，由经常居住地人民法院管辖。

对法人或者其他组织提起的民事诉讼，由被告住所地人民法院管辖。

同一诉讼的几个被告住所地、经常居住地在两个以上人民法院辖区的，各该人民法院都有管辖权。

第二十二条　下列民事诉讼，由原告住所地人民法院管辖；原告住所地与经常居住地不一致的，由原告经常居住地人民法院管辖：

（一）对不在中华人民共和国领域内居住的人提起的有关身份关系的诉讼；

（二）对下落不明或者宣告失踪的人提起的有关身份关系的诉讼；

（三）对被采取强制性教育措施的人提起的诉讼；

（四）对被监禁的人提起的诉讼。

第二十三条　因合同纠纷提起的诉讼，由被告住所地或者合同履行地人民法院管辖。

第二十四条　因保险合同纠纷提起的诉讼，由被告住所地或者保险标的物所在地人民法院管辖。

第二十五条　因票据纠纷提起的诉讼，由票据支付地或者被告住所地人民法院管辖。

第二十六条　因公司设立、确认股东资格、分配利润、解散等纠纷提起的诉讼，由公司住所地人民法院管辖。

第二十七条　因铁路、公路、水上、航空运输和联合运输合同纠纷提起的诉讼，由运输始发地、目的地或者被告住所地人民法院管辖。

第二十八条　因侵权行为提起的诉讼，由侵权行为地或者被告住所地人民法院管辖。

第二十九条　因铁路、公路、水上和航空事故请求损害赔偿提起的诉讼，由事故发生地或者车辆、船舶最先到达地、航空器最先降落地或者被告住所地人民法院管辖。

第三十条　因船舶碰撞或者其他海事损害事故请求损害赔偿提起的诉讼，由碰撞发生地、碰撞船舶最先到达地、加害船舶被扣留地或者被告住所地人民法院管辖。

第三十一条　因海难救助费用提起的诉讼，由救助地或者被救助船舶最先到达地人民法院管辖。

第三十二条　因共同海损提起的诉讼，由船舶最先到达地、共同海损理算地或者航程终止地的人民法院管辖。

第三十三条 下列案件,由本条规定的人民法院专属管辖:

(一)因不动产纠纷提起的诉讼,由不动产所在地人民法院管辖;

(二)因港口作业中发生纠纷提起的诉讼,由港口所在地人民法院管辖;

(三)因继承遗产纠纷提起的诉讼,由被继承人死亡时住所地或者主要遗产所在地人民法院管辖。

第三十四条 合同或者其他财产权益纠纷的当事人可以书面协议选择被告住所地、合同履行地、合同签订地、原告住所地、标的物所在地等与争议有实际联系的地点的人民法院管辖,但不得违反本法对级别管辖和专属管辖的规定。

第三十五条 两个以上人民法院都有管辖权的诉讼,原告可以向其中一个人民法院起诉;原告向两个以上有管辖权的人民法院起诉的,由最先立案的人民法院管辖。

第三节 移送管辖和指定管辖

第三十六条 人民法院发现受理的案件不属于本院管辖的,应当移送有管辖权的人民法院,受移送的人民法院应当受理。受移送的人民法院认为受移送的案件依照规定不属于本院管辖的,应当报请上级人民法院指定管辖,不得再自行移送。

第三十七条 有管辖权的人民法院由于特殊原因,不能行使管辖权的,由上级人民法院指定管辖。

人民法院之间因管辖权发生争议,由争议双方协商解决;协商解决不了的,报请它们的共同上级人民法院指定管辖。

第三十八条 上级人民法院有权审理下级人民法院管辖的第一审民事案件;确有必要将本院管辖的第一审民事案件交下级人民法院审理的,应当报请其上级人民法院批准。

下级人民法院对它所管辖的第一审民事案件,认为需要由上级人民法院审理的,可以报请上级人民法院审理。

第三章 审判组织

第三十九条 人民法院审理第一审民事案件,由审判员、陪审员共同组成合议庭或者由审判员组成合议庭。合议庭的成员人数,必须是单数。

适用简易程序审理的民事案件,由审判员一人独任审理。

陪审员在执行陪审职务时,与审判员有同等的权利义务。

第四十条 人民法院审理第二审民事案件,由审判员组成合议庭。合议庭的成员人数,必须是单数。

发回重审的案件,原审人民法院应当按照第一审程序另行组成合议庭。

审理再审案件,原来是第一审的,按照第一审程序另行组成合议庭;原来是第二审的或者是上级人民法院提审的,按照第二审程序另行组成合议庭。

第四十一条 合议庭的审判长由院长或者庭长指定审判员一人担任;院长或者庭长参加审判的,由院长或者庭长担任。

第四十二条 合议庭评议案件,实行少数服从多数的原则。评议应当制作笔录,由合议庭成员签名。评议中的不同意见,必须如实记入笔录。

第四十三条 审判人员应当依法秉公办案。

审判人员不得接受当事人及其诉讼代理人请客送礼。

审判人员有贪污受贿,徇私舞弊,枉法裁判行为的,应当追究法律责任;构成犯罪的,依法追究刑事责任。

第四章 回 避

第四十四条 审判人员有下列情形之一的,应当自行回避,当事人有权用口头或者书面方式申请他们回避:

(一)是本案当事人或者当事人、诉讼代理人近亲属的;

(二)与本案有利害关系的;

(三)与本案当事人、诉讼代理人有其他关系,可能影响对案件公正审理的。

审判人员接受当事人、诉讼代理人请客送礼,或者违反规定会见当事人、诉讼代理人的,当事人有权要求他们回避。

审判人员有前款规定的行为的,应当依法追究法律责任。

前三款规定,适用于书记员、翻译人员、鉴定人、勘验人。

第四十五条 当事人提出回避申请,应当说明理由,在案件开始审理时提出;回避事由在案件开始审理后知道的,也可以在法庭辩论终结前提出。

被申请回避的人员在人民法院作出是否回避的决定前,应当暂停参与本案的工作,但案件需要采取紧急措施的除外。

第四十六条 院长担任审判长时的回避,由审判委员会决定;审判人员的回避,由院长决定;其他人员的回避,由审判长决定。

第四十七条 人民法院对当事人提出的回避申请,应当在申请提出的三日内,以口头或者书面形式作出决定。申请人对决定不服的,可以在接到决定时申请复议一次。复议期间,被申请回避的人员,不停止参与本案的工作。人民法院对复议申请,应当在三日内作出复议决定,并通知复议申请人。

第五章 诉讼参加人

第一节 当事人

第四十八条 公民、法人和其他组织可以作为民事诉讼的当事人。

法人由其法定代表人进行诉讼。其他组织由其主要负责人进行诉讼。

第四十九条 当事人有权委托代理人,提出回避申请,收集、提供证据,进行辩论,请求调解,提起上诉,申请执行。

当事人可以查阅本案有关材料,并可以复制本案有关材料和法律文书。查阅、复制本案有关材料的范围和办法由最高人民法院规定。

当事人必须依法行使诉讼权利,遵守诉讼秩序,履行发生法律效力的判决书、裁定书和调解书。

第五十条 双方当事人可以自行和解。

第五十一条 原告可以放弃或者变更诉讼请求。被告可以承认或者反驳诉讼请求,有权提起反诉。

第五十二条 当事人一方或者双方为二人以上,其诉讼标的是共同的,或者诉讼标的是同一种类、人民法院认为可以合并审理并经当事人同意的,为共同诉讼。

共同诉讼的一方当事人对诉讼标的有共同权利义务的,其中一人的诉讼行为经其他共同诉讼人承认,对其他共同诉讼人发生效力;对诉讼标的没有共同权利义务的,其中一人的诉讼行为对其他共同诉讼人不发生效力。

第五十三条 当事人一方人数众多的共同诉讼,可以由当事人推选代表人进行诉讼。代表人的诉讼行为对其所代表的当事人发生效力,但代表人变更、放弃诉讼请求或者承认对方当事人的诉讼请求,进行和解,必须经被代表的当事人同意。

第五十四条 诉讼标的是同一种类、当事人一方人数众多在起诉时人数尚未确定的,人民法院可以发出公告,说明案件情况和诉讼请求,通知权利人在一定期间向人民法院登记。

向人民法院登记的权利人可以推选代表人进行诉讼;推选不出代表人的,人民法院可以与参加登记的权利人商定代表人。

代表人的诉讼行为对其所代表的当事人发生效力,但代表人变更、放弃诉讼请求或者承认对方当事人的诉讼请求,进行和解,必须经被代表的当事人同意。

人民法院作出的判决、裁定,对参加登记的全体权利人发生效力。未参加登记的权利人在诉讼时效期间提起诉讼的,适用该判决、裁定。

第五十五条 对污染环境、侵害众多消费者合法权益等损害社会公共利益的行为,法律规定的机关和有关组织可以向人民法院提起诉讼。

第五十六条 对当事人双方的诉讼标的,第三人认为有独立请求权的,有权提起诉讼。

对当事人双方的诉讼标的,第三人虽然没有独立请求权,但案件处理结果同他有法律上的利害关系的,可以申请参加诉讼,或者由人民法院通知他参加诉讼。人民法院判决承担民事责任的第三人,有当事人的诉讼权利义务。

前两款规定的第三人,因不能归责于本人的事由未参加诉讼,但有证据证明发生法律效力的判决、裁定、调解书的部分或者全部内容错误,损害其民事权益的,可以自知道或者应当知道其民事权益受到损害之日起六个月内,向作出该判决、裁定、调解书的人民法院提起诉讼。人民法院经审理,诉讼请求成立的,应当改变或者撤销原判决、裁定、调解书;诉讼请求不成立的,驳回诉讼请求。

第二节 诉讼代理人

第五十七条 无诉讼行为能力人由他的监护人作为法定代理人代为诉讼。法定代理人之间互相推诿代理责任的,由人民法院指定其中一人代为诉讼。

第五十八条 当事人、法定代理人可以委托一至二人作为诉讼代理人。

下列人员可以被委托为诉讼代理人:

(一)律师、基层法律服务工作者;

(二)当事人的近亲属或者工作人员;

(三)当事人所在社区、单位以及有关社会团体推荐的公民。

第五十九条 委托他人代为诉讼,必须向人民法院提交由委托人签名或者盖章的授权委托书。

授权委托书必须记明委托事项和权限。诉讼代理人代为承认、放弃、变更诉讼请求,进行和解,提起反诉或者上诉,必须有委托人的特别授权。

侨居在国外的中华人民共和国公民从国外寄交或者托交的授权委托书,必须经中华人民共和国驻该国的使领馆证明;没有使领馆的,由与中华人民共和国有外交关系的第三国驻该国的使领馆证明,再转由中华人民共和国驻该第三国使领馆证明,或者由当地的爱国华侨团体证明。

第六十条 诉讼代理人的权限如果变更或者解除,当事人应当书面告知人民法院,并由人民法院通知对方当事人。

第六十一条 代理诉讼的律师和其他诉讼代理人有权调查收集证据,可以查阅本案有关材料。查阅本案有关材料的范围和办法由最高人民法院规定。

第六十二条 离婚案件有诉讼代理人的,本人除不能表达意思的以外,仍应出庭;确因特殊情况无法出庭的,必须向人民法院提交书面意见。

第六章 证 据

第六十三条 证据包括:

(一)当事人的陈述;

(二)书证;

(三)物证;

(四)视听资料;

(五)电子数据;

(六)证人证言;

(七)鉴定意见;

(八)勘验笔录。

证据必须查证属实,才能作为认定事实的根据。

第六十四条 当事人对自己提出的主张,有责任提供证据。

当事人及其诉讼代理人因客观原因不能自行收集的证据,或者人民法院认为审理案件需要的证据,人民法院应当调查收集。

人民法院应当按照法定程序,全面地、客观地审查核实证据。

第六十五条 当事人对自己提出的主张应当及时提供证据。

人民法院根据当事人的主张和案件审理情况,确定当事人应当提供的证据及其期限。当事人在该期限内提供证据确有困难的,可以向人民法院申请延长期限,人民法院根据当事人的申请适当延长。当事人逾期提供证据的,人民法院应当责令其说明理由;拒不说明理由或者理由不成立的,人民法院根据不同情形可以不予采纳该证据,或者采纳该证据但予以训诫、罚款。

第六十六条 人民法院收到当事人提交的证据材料,应当出具收据,写明证据名称、页数、份数、原件或者复印件以及收到时间等,并由经办人员签名或者盖章。

第六十七条 人民法院有权向有关单位和个人调查取证,有关单位和个人不得拒绝。

人民法院对有关单位和个人提出的证明文书,应当辨别真伪,审查确定其效力。

第六十八条 证据应当在法庭上出示,并由当事人互相质证。对涉及国家秘密、商业秘密和个人隐私的证据应当保密,需要在法庭出示的,不得在公开开庭时出示。

第六十九条 经过法定程序公证证明的法律事实和文书,人民法院应当作为认定事实的根据,但有相反证据足以推翻公证证明的除外。

第七十条 书证应当提交原件。物证应当提交原物。提交原件或者原物确有困难的,可以提交复制品、照片、副本、节录本。

提交外文书证,必须附有中文译本。

第七十一条 人民法院对视听资料,应当辨别真伪,并结合本案的其他证据,审查确定能否作为认定事实的根据。

第七十二条 凡是知道案件情况的单位和个人,都有义务出庭作证。有关单位的负责人应当支持证人作证。

不能正确表达意思的人,不能作证。

第七十三条 经人民法院通知,证人应当出庭作证。有下列情形之一的,经人民法院许可,可以通过书面证言、视听传输技术或者视听资料等方式作证:

(一)因健康原因不能出庭的;

(二)因路途遥远,交通不便不能出庭的;

(三)因自然灾害等不可抗力不能出庭的;

(四)其他有正当理由不能出庭的。

第七十四条 证人因履行出庭作证义务而支出的交通、住宿、就餐等必要费用以及误工损失,由败诉一方当事人负担。当事人申请证人作证的,由该当事人先行垫付;当事人没有申请,人民法院通知证人作证的,由人民法院先行垫付。

第七十五条 人民法院对当事人的陈述,应当结合本案的其他证据,审查确定能否作为认定事实的根据。

当事人拒绝陈述的,不影响人民法院根据证据认定案件事实。

第七十六条 当事人可以就查明事实的专门性问题向人民法院申请鉴定。当事人申请鉴定的,由双方当事人协商确定具备资格的鉴定人;协商不成的,由人民法院指定。

当事人未申请鉴定,人民法院对专门性问题认为需要鉴定的,应当委托具备资格的鉴定人进行鉴定。

第七十七条 鉴定人有权了解进行鉴定所需要的案件材料,必要时可以询问当事人、证人。

鉴定人应当提出书面鉴定意见,在鉴定书上签名或者盖章。

第七十八条 当事人对鉴定意见有异议或者人民法院认为鉴定人有必要出庭的,鉴定人应当出庭作证。经人民法院通知,鉴定人拒不出庭作证的,鉴定意见不得作为认定事实的根据;支付鉴定费用的当事人可以要求返还鉴定费用。

第七十九条 当事人可以申请人民法院通知有专门知识的人出庭,就鉴定人作出的鉴定意见或者专业问题提出意见。

第八十条 勘验物证或者现场,勘验人必须出示人民法院的证件,并邀请当地基层组织或者当事人所在单位派人参加。当事人或者当事人的成年家属应当到场,拒不到场的,不影响勘验的进行。

有关单位和个人根据人民法院的通知,有义务保护现场,协助勘验工作。

勘验人应当将勘验情况和结果制作笔录,由勘验人、当事人和被邀参加人签名或者盖章。

第八十一条　在证据可能灭失或者以后难以取得的情况下,当事人可以在诉讼过程中向人民法院申请保全证据,人民法院也可以主动采取保全措施。

因情况紧急,在证据可能灭失或者以后难以取得的情况下,利害关系人可以在提起诉讼或者申请仲裁前向证据所在地、被申请人住所地或者对案件有管辖权的人民法院申请保全证据。

证据保全的其他程序,参照适用本法第九章保全的有关规定。

第七章　期间、送达

第一节　期　间

第八十二条　期间包括法定期间和人民法院指定的期间。

期间以时、日、月、年计算。期间开始的时和日,不计算在期间内。

期间届满的最后一日是节假日的,以节假日后的第一日为期间届满的日期。

期间不包括在途时间,诉讼文书在期满前交邮的,不算过期。

第八十三条　当事人因不可抗拒的事由或者其他正当理由耽误期限的,在障碍消除后的十日内,可以申请顺延期限,是否准许,由人民法院决定。

第二节　送　达

第八十四条　送达诉讼文书必须有送达回证,由受送达人在送达回证上记明收到日期,签名或者盖章。

受送达人在送达回证上的签收日期为送达日期。

第八十五条　送达诉讼文书,应当直接送交受送达人。受送达人是公民的,本人不在交他的同住成年家属签收;受送达人是法人或者其他组织的,应当由法人的法定代表人、其他组织的主要负责人或者该法人、组织负责收件的人签收;受送达人有诉讼代理人的,可以送交其代理人签收;受送达人已向人民法院指定代收人的,送交代收人签收。

受送达人的同住成年家属,法人或者其他组织的负责收件的人,诉讼代理人或者代收人在送达回证上签收的日期为送达日期。

第八十六条　受送达人或者他的同住成年家属拒绝接收诉讼文书的,送达人可以邀请有关基层组织或者所在单位的代表到场,说明情况,在送达回证上记明拒收事由和日期,由送达人、见证人签名或者盖章,把诉讼文书留在受送达人的住所;也可以把诉讼文书留在受送达人的住所,并采用拍照、录像等方式记录送达过程,即视为送达。

第八十七条　经受送达人同意,人民法院可以采用传真、电子邮件等能够确认其收悉的方式送达诉讼文书,但判决书、裁定书、调解书除外。

采用前款方式送达的,以传真、电子邮件等到达受送达人特定系统的日期为送达日期。

第八十八条　直接送达诉讼文书有困难的,可以委托其他人民法院代为送达,或者邮寄送达。邮寄送达的,以回执上注明的收件日期为送达日期。

第八十九条　受送达人是军人的,通过其所在部队团以上单位的政治机关转交。

第九十条　受送达人被监禁的,通过其所在监所转交。

受送达人被采取强制性教育措施的,通过其所在强制性教育机构转交。

第九十一条　代为转交的机关、单位收到诉讼文书后,必须立即交受送达人签收,以在送达回证上的签收日期,为送达日期。

第九十二条　受送达人下落不明,或者用本节规定的其他方式无法送达的,公告送达。自发出公告之日起,经过六十日,即视为送达。

公告送达,应当在案卷中记明原因和经过。

第八章　调　解

第九十三条　人民法院审理民事案件,根据当事人自愿的原则,在事实清楚的基础上,分清是非,进行调解。

第九十四条　人民法院进行调解,可以由审判员一人主持,也可以由合议庭主持,并尽可能就地进行。

人民法院进行调解,可以用简便方式通知当事人、证人到庭。

第九十五条　人民法院进行调解,可以邀请有关单位和个人协助。被邀请的单位和个人,应当协助人民法院进行调解。

第九十六条　调解达成协议,必须双方自愿,不得强迫。调解协议的内容不得违反法律规定。

第九十七条　调解达成协议,人民法院应当制作调解书。调解书应当写明诉讼请求、案件的事实和调解结果。

调解书由审判人员、书记员署名,加盖人民法院印章,送达双方当事人。

调解书经双方当事人签收后,即具有法律效力。

第九十八条　下列案件调解达成协议,人民法院可以不制作调解书:

(一)调解和好的离婚案件;

(二)调解维持收养关系的案件;

(三)能够即时履行的案件;

(四)其他不需要制作调解书的案件。

对不需要制作调解书的协议,应当记入笔录,由双方当事人、审判人员、书记员签名或者盖章后,即具有法律效力。

第九十九条 调解未达成协议或者调解书送达前一方反悔的,人民法院应当及时判决。

第九章 保全和先予执行

第一百条 人民法院对于可能因当事人一方的行为或者其他原因,使判决难以执行或者造成当事人其他损害的案件,根据对方当事人的申请,可以裁定对其财产进行保全、责令其作出一定行为或者禁止其作出一定行为;当事人没有提出申请的,人民法院在必要时也可以裁定采取保全措施。

人民法院采取保全措施,可以责令申请人提供担保,申请人不提供担保的,裁定驳回申请。

人民法院接受申请后,对情况紧急的,必须在四十八小时内作出裁定;裁定采取保全措施的,应当立即开始执行。

第一百零一条 利害关系人因情况紧急,不立即申请保全将会使其合法权益受到难以弥补的损害的,可以在提起诉讼或者申请仲裁前向被保全财产所在地、被申请人住所地或者对案件有管辖权的人民法院申请采取保全措施。申请人应当提供担保,不提供担保的,裁定驳回申请。

人民法院接受申请后,必须在四十八小时内作出裁定;裁定采取保全措施的,应当立即开始执行。

申请人在人民法院采取保全措施后三十日内不依法提起诉讼或者申请仲裁的,人民法院应当解除保全。

第一百零二条 保全限于请求的范围,或者与本案有关的财物。

第一百零三条 财产保全采取查封、扣押、冻结或者法律规定的其他方法。人民法院保全财产后,应当立即通知被保全财产的人。

财产已被查封、冻结的,不得重复查封、冻结。

第一百零四条 财产纠纷案件,被申请人提供担保的,人民法院应当裁定解除保全。

第一百零五条 申请有错误的,申请人应当赔偿被申请人因保全所遭受的损失。

第一百零六条 人民法院对下列案件,根据当事人的申请,可以裁定先予执行:

(一)追索赡养费、扶养费、抚育费、抚恤金、医疗费用的;

(二)追索劳动报酬的;

(三)因情况紧急需要先予执行的。

第一百零七条 人民法院裁定先予执行的,应当符合下列条件:

(一)当事人之间权利义务关系明确,不先予执行将严重影响申请人的生活或者生产经营的;

(二)被申请人有履行能力。

人民法院可以责令申请人提供担保,申请人不提供担保的,驳回申请。申请人败诉的,应当赔偿被申请人因先予执行遭受的财产损失。

第一百零八条 当事人对保全或者先予执行的裁定不服的,可以申请复议一次。复议期间不停止裁定的执行。

第十章 对妨害民事诉讼的强制措施

第一百零九条 人民法院对必须到庭的被告,经两次传票传唤,无正当理由拒不到庭的,可以拘传。

第一百一十条 诉讼参与人和其他人应当遵守法庭规则。

人民法院对违反法庭规则的人,可以予以训诫,责令退出法庭或者予以罚款、拘留。

人民法院对哄闹、冲击法庭,侮辱、诽谤、威胁、殴打审判人员,严重扰乱法庭秩序的人,依法追究刑事责任;情节较轻的,予以罚款、拘留。

第一百一十一条 诉讼参与人或者其他人有下列行为之一的,人民法院可以根据情节轻重予以罚款、拘留;构成犯罪的,依法追究刑事责任:

(一)伪造、毁灭重要证据,妨碍人民法院审理案件的;

(二)以暴力、威胁、贿买方法阻止证人作证或者指使、贿买、胁迫他人作伪证的;

(三)隐藏、转移、变卖、毁损已被查封、扣押的财产,或者已被清点并责令其保管的财产,转移已被冻结的财产的;

(四)对司法工作人员、诉讼参加人、证人、翻译人员、鉴定人、勘验人、协助执行的人,进行侮辱、诽谤、诬陷、殴打或者打击报复的;

(五)以暴力、威胁或者其他方法阻碍司法工作人员执行职务的;

(六)拒不履行人民法院已经发生法律效力的判决、裁定的。

人民法院对有前款规定的行为之一的单位,可以对其主要负责人或者直接责任人员予以罚款、拘留;构成犯罪的,依法追究刑事责任。

第一百一十二条 当事人之间恶意串通,企图通过诉讼、调解等方式侵害他人合法权益的,人民法院应当驳回其请求,并根据情节轻重予以罚款、拘留;构成犯罪的,依法追究刑事责任。

第一百一十三条　被执行人与他人恶意串通，通过诉讼、仲裁、调解等方式逃避履行法律文书确定的义务的，人民法院应当根据情节轻重予以罚款、拘留；构成犯罪的，依法追究刑事责任。

第一百一十四条　有义务协助调查、执行的单位有下列行为之一的，人民法院除责令其履行协助义务外，并可以予以罚款：

（一）有关单位拒绝或者妨碍人民法院调查取证的；

（二）有关单位接到人民法院协助执行通知书后，拒不协助查询、扣押、冻结、划拨、变价财产的；

（三）有关单位接到人民法院协助执行通知书后，拒不协助扣留被执行人的收入、办理有关财产权证照转移手续、转交有关票证、证照或者其他财产的；

（四）其他拒绝协助执行的。

人民法院对有前款规定的行为之一的单位，可以对其主要负责人或者直接责任人员予以罚款；对仍不履行协助义务的，可以予以拘留；并可以向监察机关或者有关机关提出予以纪律处分的司法建议。

第一百一十五条　对个人的罚款金额，为人民币十万元以下。对单位的罚款金额，为人民币五万元以上一百万元以下。

拘留的期限，为十五日以下。

被拘留的人，由人民法院交公安机关看管。在拘留期间，被拘留人承认并改正错误的，人民法院可以决定提前解除拘留。

第一百一十六条　拘传、罚款、拘留必须经院长批准。

拘传应当发拘传票。

罚款、拘留应当用决定书。对决定不服的，可以向上一级人民法院申请复议一次。复议期间不停止执行。

第一百一十七条　采取对妨害民事诉讼的强制措施必须由人民法院决定。任何单位和个人采取非法拘禁他人或者非法私自扣押他人财产追索债务的，应当依法追究刑事责任，或者予以拘留、罚款。

第十一章　诉讼费用

第一百一十八条　当事人进行民事诉讼，应当按照规定交纳案件受理费。财产案件除交纳案件受理费外，并按照规定交纳其他诉讼费用。

当事人交纳诉讼费用确有困难的，可以按照规定向人民法院申请缓交、减交或者免交。

收取诉讼费用的办法另行制定。

第二编　审判程序

第十二章　第一审普通程序

第一节　起诉和受理

第一百一十九条　起诉必须符合下列条件：

（一）原告是与本案有直接利害关系的公民、法人和其他组织；

（二）有明确的被告；

（三）有具体的诉讼请求和事实、理由；

（四）属于人民法院受理民事诉讼的范围和受诉人民法院管辖。

第一百二十条　起诉应当向人民法院递交起诉状，并按照被告人数提出副本。

书写起诉状确有困难的，可以口头起诉，由人民法院记入笔录，并告知对方当事人。

第一百二十一条　起诉状应当记明下列事项：

（一）原告的姓名、性别、年龄、民族、职业、工作单位、住所、联系方式，法人或者其他组织的名称、住所和法定代表人或者主要负责人的姓名、职务、联系方式；

（二）被告的姓名、性别、工作单位、住所等信息，法人或者其他组织的名称、住所等信息；

（三）诉讼请求和所根据的事实与理由；

（四）证据和证据来源，证人姓名和住所。

第一百二十二条　当事人起诉到人民法院的民事纠纷，适宜调解的，先行调解，但当事人拒绝调解的除外。

第一百二十三条　人民法院应当保障当事人依照法律规定享有的起诉权利。对符合本法第一百一十九条的起诉，必须受理。符合起诉条件的，应当在七日内立案，并通知当事人；不符合起诉条件的，应当在七日内作出裁定书，不予受理；原告对裁定不服的，可以提起上诉。

第一百二十四条　人民法院对下列起诉，分别情形，予以处理：

（一）依照行政诉讼法的规定，属于行政诉讼受案范围的，告知原告提起行政诉讼；

（二）依照法律规定，双方当事人达成书面仲裁协议申请仲裁、不得向人民法院起诉的，告知原告向仲裁机构申请仲裁；

（三）依照法律规定，应当由其他机关处理的争议，告知原告向有关机关申请解决；

（四）对不属于本院管辖的案件，告知原告向有管辖权的人民法院起诉；

（五）对判决、裁定、调解书已经发生法律效力的案件，当事人又起诉的，告知原告申请再审，但人民法院准许撤诉的裁定除外；

（六）依照法律规定，在一定期限内不得起诉的案件，在不得起诉的期限内起诉的，不予受理；

（七）判决不准离婚和调解和好的离婚案件，判决、调解维持收养关系的案件，没有新情况、新理由，原告在六个月内又起诉的，不予受理。

第二节 审理前的准备

第一百二十五条 人民法院应当在立案之日起五日内将起诉状副本发送被告，被告应当在收到之日起十五日内提出答辩状。答辩状应当记明被告的姓名、性别、年龄、民族、职业、工作单位、住所、联系方式；法人或者其他组织的名称、住所和法定代表人或者主要负责人的姓名、职务、联系方式。人民法院应当在收到答辩状之日起五日内将答辩状副本发送原告。

被告不提出答辩状的，不影响人民法院审理。

第一百二十六条 人民法院对决定受理的案件，应当在受理案件通知书和应诉通知书中向当事人告知有关的诉讼权利义务，或者口头告知。

第一百二十七条 人民法院受理案件后，当事人对管辖权有异议的，应当在提交答辩状期间提出。人民法院对当事人提出的异议，应当审查。异议成立的，裁定将案件移送有管辖权的人民法院；异议不成立的，裁定驳回。

当事人未提出管辖异议，并应诉答辩的，视为受诉人民法院有管辖权，但违反级别管辖和专属管辖规定的除外。

第一百二十八条 合议庭组成人员确定后，应当在三日内告知当事人。

第一百二十九条 审判人员必须认真审核诉讼材料，调查收集必要的证据。

第一百三十条 人民法院派出人员进行调查时，应当向被调查人出示证件。

调查笔录经被调查人校阅后，由被调查人、调查人签名或者盖章。

第一百三十一条 人民法院在必要时可以委托外地人民法院调查。

委托调查，必须提出明确的项目和要求。受委托人民法院可以主动补充调查。

受委托人民法院收到委托书后，应当在三十日内完成调查。因故不能完成的，应当在上述期限内函告委托人民法院。

第一百三十二条 必须共同进行诉讼的当事人没有参加诉讼的，人民法院应当通知其参加诉讼。

第一百三十三条 人民法院对受理的案件，分别情形，予以处理：

(一)当事人没有争议，符合督促程序规定条件的，可以转入督促程序；

(二)开庭前可以调解的，采取调解方式及时解决纠纷；

(三)根据案件情况，确定适用简易程序或者普通程序；

(四)需要开庭审理的，通过要求当事人交换证据等方式，明确争议焦点。

第三节 开庭审理

第一百三十四条 人民法院审理民事案件，除涉及国家秘密、个人隐私或者法律另有规定的以外，应当公开进行。

离婚案件，涉及商业秘密的案件，当事人申请不公开审理的，可以不公开审理。

第一百三十五条 人民法院审理民事案件，根据需要进行巡回审理，就地办案。

第一百三十六条 人民法院审理民事案件，应当在开庭三日前通知当事人和其他诉讼参与人。公开审理的，应当公告当事人姓名、案由和开庭的时间、地点。

第一百三十七条 开庭审理前，书记员应当查明当事人和其他诉讼参与人是否到庭，宣布法庭纪律。

开庭审理时，由审判长核对当事人，宣布案由，宣布审判人员、书记员名单，告知当事人有关的诉讼权利义务，询问当事人是否提出回避申请。

第一百三十八条 法庭调查按照下列顺序进行：

(一)当事人陈述；

(二)告知证人的权利义务，证人作证，宣读未到庭的证人证言；

(三)出示书证、物证、视听资料和电子数据；

(四)宣读鉴定意见；

(五)宣读勘验笔录。

第一百三十九条 当事人在法庭上可以提出新的证据。

当事人经法庭许可，可以向证人、鉴定人、勘验人发问。

当事人要求重新进行调查、鉴定或者勘验的，是否准许，由人民法院决定。

第一百四十条 原告增加诉讼请求，被告提出反诉，第三人提出与本案有关的诉讼请求，可以合并审理。

第一百四十一条 法庭辩论按照下列顺序进行：

(一)原告及其诉讼代理人发言；

(二)被告及其诉讼代理人答辩；

(三)第三人及其诉讼代理人发言或者答辩；

(四)互相辩论。

法庭辩论终结，由审判长按照原告、被告、第三人的先后顺序征询各方最后意见。

第一百四十二条 法庭辩论终结，应当依法作出判决。判决前能够调解的，还可以进行调解，调解不成的，应当及时判决。

第一百四十三条 原告经传票传唤，无正当理由拒不到庭的，或者未经法庭许可中途退庭的，可以按撤诉处理；被告反诉的，可以缺席判决。

第一百四十四条 被告经传票传唤,无正当理由拒不到庭的,或者未经法庭许可中途退庭的,可以缺席判决。

第一百四十五条 宣判前,原告申请撤诉的,是否准许,由人民法院裁定。

人民法院裁定不准许撤诉的,原告经传票传唤,无正当理由拒不到庭的,可以缺席判决。

第一百四十六条 有下列情形之一的,可以延期开庭审理:

(一)必须到庭的当事人和其他诉讼参与人有正当理由没有到庭的;

(二)当事人临时提出回避申请的;

(三)需要通知新的证人到庭,调取新的证据,重新鉴定、勘验,或者需要补充调查的;

(四)其他应当延期的情形。

第一百四十七条 书记员应当将法庭审理的全部活动记入笔录,由审判人员和书记员签名。

法庭笔录应当当庭宣读,也可以告知当事人和其他诉讼参与人当庭或者在五日内阅读。当事人和其他诉讼参与人认为对自己的陈述记录有遗漏或者差错的,有权申请补正。如果不予补正,应当将申请记录在案。

法庭笔录由当事人和其他诉讼参与人签名或者盖章。拒绝签名盖章的,记明情况附卷。

第一百四十八条 人民法院对公开审理或者不公开审理的案件,一律公开宣告判决。

当庭宣判的,应当在十日内发送判决书;定期宣判的,宣判后立即发给判决书。

宣告判决时,必须告知当事人上诉权利、上诉期限和上诉的法院。

宣告离婚判决,必须告知当事人在判决发生法律效力前不得另行结婚。

第一百四十九条 人民法院适用普通程序审理的案件,应当在立案之日起六个月内审结。有特殊情况需要延长的,由本院院长批准,可以延长六个月;还需要延长的,报请上级人民法院批准。

第四节 诉讼中止和终结

第一百五十条 有下列情形之一的,中止诉讼:

(一)一方当事人死亡,需要等待继承人表明是否参加诉讼的;

(二)一方当事人丧失诉讼行为能力,尚未确定法定代理人的;

(三)作为一方当事人的法人或者其他组织终止,尚未确定权利义务承受人的;

(四)一方当事人因不可抗拒的事由,不能参加诉讼的;

(五)本案必须以另一案的审理结果为依据,而另一案尚未审结的;

(六)其他应当中止诉讼的情形。

中止诉讼的原因消除后,恢复诉讼。

第一百五十一条 有下列情形之一的,终结诉讼:

(一)原告死亡,没有继承人,或者继承人放弃诉讼权利的;

(二)被告死亡,没有遗产,也没有应当承担义务的人的;

(三)离婚案件一方当事人死亡的;

(四)追索赡养费、扶养费、抚育费以及解除收养关系案件的一方当事人死亡的。

第五节 判决和裁定

第一百五十二条 判决书应当写明判决结果和作出该判决的理由。判决书内容包括:

(一)案由、诉讼请求、争议的事实和理由;

(二)判决认定的事实和理由、适用的法律和理由;

(三)判决结果和诉讼费用的负担;

(四)上诉期间和上诉的法院。

判决书由审判人员、书记员署名,加盖人民法院印章。

第一百五十三条 人民法院审理案件,其中一部分事实已经清楚,可以就该部分先行判决。

第一百五十四条 裁定适用于下列范围:

(一)不予受理;

(二)对管辖权有异议的;

(三)驳回起诉;

(四)保全和先予执行;

(五)准许或者不准许撤诉;

(六)中止或者终结诉讼;

(七)补正判决书中的笔误;

(八)中止或者终结执行;

(九)撤销或者不予执行仲裁裁决;

(十)不予执行公证机关赋予强制执行效力的债权文书;

(十一)其他需要裁定解决的事项。

对前款第一项至第三项裁定,可以上诉。

裁定书应当写明裁定结果和作出该裁定的理由。裁定书由审判人员、书记员署名,加盖人民法院印章。口头裁定的,记入笔录。

第一百五十五条 最高人民法院的判决、裁定,以及依法不准上诉或者超过上诉期没有上诉的判决、裁定,是发生法律效力的判决、裁定。

第一百五十六条 公众可以查阅发生法律效力的判决书、裁定书,但涉及国家秘密、商业秘密和个人隐私的内容除外。

第十三章 简易程序

第一百五十七条 基层人民法院和它派出的法庭审理事实清楚、权利义务关系明确、争议不大的简单的民事案件，适用本章规定。

基层人民法院和它派出的法庭审理前款规定以外的民事案件，当事人双方也可以约定适用简易程序。

第一百五十八条 对简单的民事案件，原告可以口头起诉。

当事人双方可以同时到基层人民法院或者它派出的法庭，请求解决纠纷。基层人民法院或者它派出的法庭可以当即审理，也可以另定日期审理。

第一百五十九条 基层人民法院和它派出的法庭审理简单的民事案件，可以用简便方式传唤当事人和证人、送达诉讼文书、审理案件，但应当保障当事人陈述意见的权利。

第一百六十条 简单的民事案件由审判员一人独任审理，并不受本法第一百三十六条、第一百三十八条、第一百四十一条规定的限制。

第一百六十一条 人民法院适用简易程序审理案件，应当在立案之日起三个月内审结。

第一百六十二条 基层人民法院和它派出的法庭审理符合本法第一百五十七条第一款规定的简单的民事案件，标的额为各省、自治区、直辖市上年度就业人员年平均工资百分之三十以下的，实行一审终审。

第一百六十三条 人民法院在审理过程中，发现案件不宜适用简易程序的，裁定转为普通程序。

第十四章 第二审程序

第一百六十四条 当事人不服地方人民法院第一审判决的，有权在判决书送达之日起十五日内向上一级人民法院提起上诉。

当事人不服地方人民法院第一审裁定的，有权在裁定书送达之日起十日内向上一级人民法院提起上诉。

第一百六十五条 上诉应当递交上诉状。上诉状的内容，应当包括当事人的姓名，法人的名称及其法定代表人的姓名或者其他组织的名称及其主要负责人的姓名；原审人民法院名称、案件的编号和案由；上诉的请求和理由。

第一百六十六条 上诉状应当通过原审人民法院提出，并按照对方当事人或者代表人的人数提出副本。

当事人直接向第二审人民法院上诉的，第二审人民法院应当在五日内将上诉状移交原审人民法院。

第一百六十七条 原审人民法院收到上诉状，应当在五日内将上诉状副本送达对方当事人，对方当事人在收到之日起十五日内提出答辩状。人民法院应当在收到答辩状之日起五日内将副本送达上诉人。对方当事人不提出答辩状的，不影响人民法院审理。

原审人民法院收到上诉状、答辩状，应当在五日内连同全部案卷和证据，报送第二审人民法院。

第一百六十八条 第二审人民法院应当对上诉请求的有关事实和适用法律进行审查。

第一百六十九条 第二审人民法院对上诉案件，应当组成合议庭，开庭审理。经过阅卷、调查和询问当事人，对没有提出新的事实、证据或者理由，合议庭认为不需要开庭审理的，可以不开庭审理。

第二审人民法院审理上诉案件，可以在本院进行，也可以到案件发生地或者原审人民法院所在地进行。

第一百七十条 第二审人民法院对上诉案件，经过审理，按照下列情形，分别处理：

（一）原判决、裁定认定事实清楚，适用法律正确的，以判决、裁定方式驳回上诉，维持原判决、裁定；

（二）原判决、裁定认定事实错误或者适用法律错误的，以判决、裁定方式依法改判、撤销或者变更；

（三）原判决认定基本事实不清的，裁定撤销原判决，发回原审人民法院重审，或者查清事实后改判；

（四）原判决遗漏当事人或者违法缺席判决等严重违反法定程序的，裁定撤销原判决，发回原审人民法院重审。

原审人民法院对发回重审的案件作出判决后，当事人提起上诉的，第二审人民法院不得再次发回重审。

第一百七十一条 第二审人民法院对不服第一审人民法院裁定的上诉案件的处理，一律使用裁定。

第一百七十二条 第二审人民法院审理上诉案件，可以进行调解。调解达成协议，应当制作调解书，由审判人员、书记员署名，加盖人民法院印章。调解书送达后，原审人民法院的判决即视为撤销。

第一百七十三条 第二审人民法院判决宣告前，上诉人申请撤回上诉的，是否准许，由第二审人民法院裁定。

第一百七十四条 第二审人民法院审理上诉案件，除依照本章规定外，适用第一审普通程序。

第一百七十五条 第二审人民法院的判决、裁定，是终审的判决、裁定。

第一百七十六条 人民法院审理对判决的上诉案件，应当在第二审立案之日起三个月内审结。有特殊情况需要延长的，由本院院长批准。

人民法院审理对裁定的上诉案件，应当在第二审立案之日起三十日内作出终审裁定。

第十五章 特别程序

第一节 一般规定

第一百七十七条 人民法院审理选民资格案件、宣告失踪或者宣告死亡案件、认定公民无民事行为能力或者限制民事行为能力案件、认定财产无主案件、确认调解协议案件和实现担保物权案件,适用本章规定。本章没有规定的,适用本法和其他法律的有关规定。

第一百七十八条　依照本章程序审理的案件,实行一审终审。选民资格案件或者重大、疑难的案件,由审判员组成合议庭审理;其他案件由审判员一人独任审理。

第一百七十九条　人民法院在依照本章程序审理案件的过程中,发现本案属于民事权益争议的,应当裁定终结特别程序,并告知利害关系人可以另行起诉。

第一百八十条　人民法院适用特别程序审理的案件,应当在立案之日起三十日内或者公告期满后三十日内审结。有特殊情况需要延长的,由本院院长批准。但审理选民资格的案件除外。

第二节　选民资格案件

第一百八十一条　公民不服选举委员会对选民资格的申诉所作的处理决定,可以在选举日的五日以前向选区所在地基层人民法院起诉。

第一百八十二条　人民法院受理选民资格案件后,必须在选举日前审结。

审理时,起诉人、选举委员会的代表和有关公民必须参加。

人民法院的判决书,应当在选举日前送达选举委员会和起诉人,并通知有关公民。

第三节　宣告失踪、宣告死亡案件

第一百八十三条　公民下落不明满二年,利害关系人申请宣告其失踪的,向下落不明人住所地基层人民法院提出。

申请书应当写明失踪的事实、时间和请求,并附有公安机关或者其他有关机关关于该公民下落不明的书面证明。

第一百八十四条　公民下落不明满四年,或者因意外事故下落不明满二年,或者因意外事故下落不明,经有关机关证明该公民不可能生存,利害关系人申请宣告其死亡的,向下落不明人住所地基层人民法院提出。

申请书应当写明下落不明的事实、时间和请求,并附有公安机关或者其他有关机关关于该公民下落不明的书面证明。

第一百八十五条　人民法院受理宣告失踪、宣告死亡案件后,应当发出寻找下落不明人的公告。宣告失踪的公告期间为三个月,宣告死亡的公告期间为一年。因意外事故下落不明,经有关机关证明该公民不可能生存的,宣告死亡的公告期间为三个月。

公告期间届满,人民法院应当根据被宣告失踪、宣告死亡的事实是否得到确认,作出宣告失踪、宣告死亡的判决或者驳回申请的判决。

第一百八十六条　被宣告失踪、宣告死亡的公民重新出现,经本人或者利害关系人申请,人民法院应当作出新判决,撤销原判决。

第四节　认定公民无民事行为能力、限制民事行为能力案件

第一百八十七条　申请认定公民无民事行为能力或者限制民事行为能力,由其近亲属或者其他利害关系人向该公民住所地基层人民法院提出。

申请书应当写明该公民无民事行为能力或者限制民事行为能力的事实和根据。

第一百八十八条　人民法院受理申请后,必要时应当对被请求认定为无民事行为能力或者限制民事行为能力的公民进行鉴定。申请人已提供鉴定意见的,应当对鉴定意见进行审查。

第一百八十九条　人民法院审理认定公民无民事行为能力或者限制民事行为能力的案件,应当由该公民的近亲属为代理人,但申请人除外。近亲属互相推诿的,由人民法院指定其中一人为代理人。该公民健康情况许可的,还应当询问本人的意见。

人民法院经审理认定申请有事实根据的,判决该公民为无民事行为能力或者限制民事行为能力人;认定申请没有事实根据的,应当判决予以驳回。

第一百九十条　人民法院根据被认定为无民事行为能力人、限制民事行为能力人或者他的监护人的申请,证实该公民无民事行为能力或者限制民事行为能力的原因已经消除的,应当作出新判决,撤销原判决。

第五节　认定财产无主案件

第一百九十一条　申请认定财产无主,由公民、法人或者其他组织向财产所在地基层人民法院提出。

申请书应当写明财产的种类、数量以及要求认定财产无主的根据。

第一百九十二条　人民法院受理申请后,经审查核实,应当发出财产认领公告。公告满一年无人认领的,判决认定财产无主,收归国家或者集体所有。

第一百九十三条　判决认定财产无主后,原财产所有人或者继承人出现,在民法通则规定的诉讼时效期间可以对财产提出请求,人民法院审查属实后,应当作出新判决,撤销原判决。

第六节　确认调解协议案件

第一百九十四条　申请司法确认调解协议,由双方当事人依照人民调解法等法律,自调解协议生效之日起三十日内,共同向调解组织所在地基层人民法院提出。

第一百九十五条　人民法院受理申请后,经审查,符合法律规定的,裁定调解协议有效,一方当事人拒绝履行或者未全部履行的,对方当事人可以向人民法院

申请执行；不符合法律规定的，裁定驳回申请，当事人可以通过调解方式变更原调解协议或者达成新的调解协议，也可以向人民法院提起诉讼。

第七节 实现担保物权案件

第一百九十六条 申请实现担保物权，由担保物权人以及其他有权请求实现担保物权的人依照物权法等法律，向担保财产所在地或者担保物权登记地基层人民法院提出。

第一百九十七条 人民法院受理申请后，经审查，符合法律规定的，裁定拍卖、变卖担保财产，当事人依据该裁定可以向人民法院申请执行；不符合法律规定的，裁定驳回申请，当事人可以向人民法院提起诉讼。

第十六章 审判监督程序

第一百九十八条 各级人民法院院长对本院已经发生法律效力的判决、裁定、调解书，发现确有错误，认为需要再审的，应当提交审判委员会讨论决定。

最高人民法院对地方各级人民法院已经发生法律效力的判决、裁定、调解书，上级人民法院对下级人民法院已经发生法律效力的判决、裁定、调解书，发现确有错误的，有权提审或者指令下级人民法院再审。

第一百九十九条 当事人对已经发生法律效力的判决、裁定，认为有错误的，可以向上一级人民法院申请再审；当事人一方人数众多或者当事人双方为公民的案件，也可以向原审人民法院申请再审。当事人申请再审的，不停止判决、裁定的执行。

第二百条 当事人的申请符合下列情形之一的，人民法院应当再审：

(一)有新的证据，足以推翻原判决、裁定的；

(二)原判决、裁定认定的基本事实缺乏证据证明的；

(三)原判决、裁定认定事实的主要证据是伪造的；

(四)原判决、裁定认定事实的主要证据未经质证的；

(五)对审理案件需要的主要证据，当事人因客观原因不能自行收集，书面申请人民法院调查收集，人民法院未调查收集的；

(六)原判决、裁定适用法律确有错误的；

(七)审判组织的组成不合法或者依法应当回避的审判人员没有回避的；

(八)无诉讼行为能力人未经法定代理人代为诉讼或者应当参加诉讼的当事人，因不能归责于本人或者其诉讼代理人的事由，未参加诉讼的；

(九)违反法律规定，剥夺当事人辩论权利的；

(十)未经传票传唤，缺席判决的；

(十一)原判决、裁定遗漏或者超出诉讼请求的；

(十二)据以作出原判决、裁定的法律文书被撤销或者变更的；

(十三)审判人员审理该案件时有贪污受贿，徇私舞弊，枉法裁判行为的。

第二百零一条 当事人对已经发生法律效力的调解书，提出证据证明调解违反自愿原则或者调解协议的内容违反法律的，可以申请再审。经人民法院审查属实的，应当再审。

第二百零二条 当事人对已经发生法律效力的解除婚姻关系的判决、调解书，不得申请再审。

第二百零三条 当事人申请再审的，应当提交再审申请书等材料。人民法院应当自收到再审申请书之日起五日内将再审申请书副本发送对方当事人。对方当事人应当自收到再审申请书副本之日起十五日内提交书面意见；不提交书面意见的，不影响人民法院审查。人民法院可以要求申请人和对方当事人补充有关材料，询问有关事项。

第二百零四条 人民法院应当自收到再审申请书之日起三个月内审查，符合本法规定的，裁定再审；不符合本法规定的，裁定驳回申请。有特殊情况需要延长的，由本院院长批准。

因当事人申请裁定再审的案件由中级人民法院以上的人民法院审理，但当事人依照本法第一百九十九条的规定选择向基层人民法院申请再审的除外。最高人民法院、高级人民法院裁定再审的案件，由本院再审或者交其他人民法院再审，也可以交原审人民法院再审。

第二百零五条 当事人申请再审，应当在判决、裁定发生法律效力后六个月内提出；有本法第二百条第一项、第三项、第十二项、第十三项规定情形的，自知道或者应当知道之日起六个月内提出。

第二百零六条 按照审判监督程序决定再审的案件，裁定中止原判决、裁定、调解书的执行，但追索赡养费、扶养费、抚育费、抚恤金、医疗费用、劳动报酬等案件，可以不中止执行。

第二百零七条 人民法院按照审判监督程序再审的案件，发生法律效力的判决、裁定是由第一审法院作出的，按照第一审程序审理，所作的判决、裁定，当事人可以上诉；发生法律效力的判决、裁定是由第二审法院作出的，按照第二审程序审理，所作的判决、裁定，是发生法律效力的判决、裁定；上级人民法院按照审判监督程序提审的，按照第二审程序审理，所作的判决、裁定是发生法律效力的判决、裁定。

人民法院审理再审案件，应当另行组成合议庭。

第二百零八条 最高人民检察院对各级人民法院已经发生法律效力的判决、裁定，上级人民检察院对下级人民法院已经发生法律效力的判决、裁定，发现有本法第二百条规定情形之一的，或者发现调解书损害国家利益、社会公共利益的，应当提出抗诉。

地方各级人民检察院对同级人民法院已经发生法律效力的判决、裁定，发现有本法第二百条规定情形之一的，或者发现调解书损害国家利益、社会公共利益的，可以向同级人民法院提出检察建议，并报上级人民检察院备案；也可以提请上级人民检察院向同级人民法院提出抗诉。

各级人民检察院对审判监督程序以外的其他审判程序中审判人员的违法行为，有权向同级人民法院提出检察建议。

第二百零九条　有下列情形之一的，当事人可以向人民检察院申请检察建议或者抗诉：

(一)人民法院驳回再审申请的；

(二)人民法院逾期未对再审申请作出裁定的；

(三)再审判决、裁定有明显错误的。

人民检察院对当事人的申请应当在三个月内进行审查，作出提出或者不予提出检察建议或者抗诉的决定。当事人不得再次向人民检察院申请检察建议或者抗诉。

第二百一十条　人民检察院因履行法律监督职责提出检察建议或者抗诉的需要，可以向当事人或者案外人调查核实有关情况。

第二百一十一条　人民检察院提出抗诉的案件，接受抗诉的人民法院应当自收到抗诉书之日起三十日内作出再审的裁定；有本法第二百条第一项至第五项规定情形之一的，可以交下一级人民法院再审，但经该下一级人民法院再审的除外。

第二百一十二条　人民检察院决定对人民法院的判决、裁定、调解书提出抗诉的，应当制作抗诉书。

第二百一十三条　人民检察院提出抗诉的案件，人民法院再审时，应当通知人民检察院派员出席法庭。

第十七章　督促程序

第二百一十四条　债权人请求债务人给付金钱、有价证券，符合下列条件的，可以向有管辖权的基层人民法院申请支付令：

(一)债权人与债务人没有其他债务纠纷的；

(二)支付令能够送达债务人的。

申请书应当写明请求给付金钱或者有价证券的数量和所根据的事实、证据。

第二百一十五条　债权人提出申请后，人民法院应当在五日内通知债权人是否受理。

第二百一十六条　人民法院受理申请后，经审查债权人提供的事实、证据，对债权债务关系明确、合法的，应当在受理之日起十五日内向债务人发出支付令；申请不成立的，裁定予以驳回。

债务人应当自收到支付令之日起十五日内清偿债务，或者向人民法院提出书面异议。

债务人在前款规定的期间不提出异议又不履行支付令的，债权人可以向人民法院申请执行。

第二百一十七条　人民法院收到债务人提出的书面异议后，经审查，异议成立的，应当裁定终结督促程序，支付令自行失效。

支付令失效的，转入诉讼程序，但申请支付令的一方当事人不同意提起诉讼的除外。

第十八章　公示催告程序

第二百一十八条　按照规定可以背书转让的票据持有人，因票据被盗、遗失或者灭失，可以向票据支付地的基层人民法院申请公示催告。依照法律规定可以申请公示催告的其他事项，适用本章规定。

申请人应当向人民法院递交申请书，写明票面金额、发票人、持票人、背书人等票据主要内容和申请的理由、事实。

第二百一十九条　人民法院决定受理申请，应当同时通知支付人停止支付，并在三日内发出公告，催促利害关系人申报权利。公示催告的期间，由人民法院根据情况决定，但不得少于六十日。

第二百二十条　支付人收到人民法院停止支付的通知，应当停止支付，至公示催告程序终结。

公示催告期间，转让票据权利的行为无效。

第二百二十一条　利害关系人应当在公示催告期间向人民法院申报。

人民法院收到利害关系人的申报后，应当裁定终结公示催告程序，并通知申请人和支付人。

申请人或者申报人可以向人民法院起诉。

第二百二十二条　没有人申报的，人民法院应当根据申请人的申请，作出判决，宣告票据无效。判决应当公告，并通知支付人。自判决公告之日起，申请人有权向支付人请求支付。

第二百二十三条　利害关系人因正当理由不能在判决前向人民法院申报的，自知道或者应当知道判决公告之日起一年内，可以向作出判决的人民法院起诉。

第三编　执行程序

第十九章　一般规定

第二百二十四条　发生法律效力的民事判决、裁定，以及刑事判决、裁定中的财产部分，由第一审人民法院或者与第一审人民法院同级的被执行的财产所在地人民法院执行。

法律规定由人民法院执行的其他法律文书，由被执行人住所地或者被执行的财产所在地人民法院执行。

第二百二十五条　当事人、利害关系人认为执行行为违反法律规定的,可以向负责执行的人民法院提出书面异议。当事人、利害关系人提出书面异议的,人民法院应当自收到书面异议之日起十五日内审查,理由成立的,裁定撤销或者改正;理由不成立的,裁定驳回。当事人、利害关系人对裁定不服的,可以自裁定送达之日起十日内向上一级人民法院申请复议。

第二百二十六条 人民法院自收到申请执行书之日起超过六个月未执行的,申请执行人可以向上一级人民法院申请执行。上一级人民法院经审查,可以责令原人民法院在一定期限内执行,也可以决定由本院执行或者指令其他人民法院执行。

第二百二十七条 执行过程中,案外人对执行标的提出书面异议的,人民法院应当自收到书面异议之日起十五日内审查,理由成立的,裁定中止对该标的的执行;理由不成立的,裁定驳回。案外人、当事人对裁定不服,认为原判决、裁定错误的,依照审判监督程序办理;与原判决、裁定无关的,可以自裁定送达之日起十五日内向人民法院提起诉讼。

第二百二十八条 执行工作由执行员进行。

采取强制执行措施时,执行员应当出示证件。执行完毕后,应当将执行情况制作笔录,由在场的有关人员签名或者盖章。

人民法院根据需要可以设立执行机构。

第二百二十九条 被执行人或者被执行的财产在外地的,可以委托当地人民法院代为执行。受委托人民法院收到委托函件后,必须在十五日内开始执行,不得拒绝。执行完毕后,应当将执行结果及时函复委托人民法院;在三十日内如果还未执行完毕,也应当将执行情况函告委托人民法院。

受委托人民法院自收到委托函件之日起十五日内不执行的,委托人民法院可以请求受委托人民法院的上级人民法院指令受委托人民法院执行。

第二百三十条 在执行中,双方当事人自行和解达成协议的,执行员应当将协议内容记入笔录,由双方当事人签名或者盖章。

申请执行人因受欺诈、胁迫与被执行人达成和解协议,或者当事人不履行和解协议的,人民法院可以根据当事人的申请,恢复对原生效法律文书的执行。

第二百三十一条 在执行中,被执行人向人民法院提供担保,并经申请执行人同意的,人民法院可以决定暂缓执行及暂缓执行的期限。被执行人逾期仍不履行的,人民法院有权执行被执行人的担保财产或者担保人的财产。

第二百三十二条 作为被执行人的公民死亡的,以其遗产偿还债务。作为被执行人的法人或者其他组织终止的,由其权利义务承受人履行义务。

第二百三十三条 执行完毕后,据以执行的判决、裁定和其他法律文书确有错误,被人民法院撤销的,对已被执行的财产,人民法院应当作出裁定,责令取得财产的人返还;拒不返还的,强制执行。

第二百三十四条 人民法院制作的调解书的执行,适用本编的规定。

第二百三十五条 人民检察院有权对民事执行活动实行法律监督。

第二十章 执行的申请和移送

第二百三十六条 发生法律效力的民事判决、裁定,当事人必须履行。一方拒绝履行的,对方当事人可以向人民法院申请执行,也可以由审判员移送执行员执行。

调解书和其他应当由人民法院执行的法律文书,当事人必须履行。一方拒绝履行的,对方当事人可以向人民法院申请执行。

第二百三十七条 对依法设立的仲裁机构的裁决,一方当事人不履行的,对方当事人可以向有管辖权的人民法院申请执行。受申请的人民法院应当执行。

被申请人提出证据证明仲裁裁决有下列情形之一的,经人民法院组成合议庭审查核实,裁定不予执行:

(一)当事人在合同中没有订有仲裁条款或者事后没有达成书面仲裁协议的;

(二)裁决的事项不属于仲裁协议的范围或者仲裁机构无权仲裁的;

(三)仲裁庭的组成或者仲裁的程序违反法定程序的;

(四)裁决所根据的证据是伪造的;

(五)对方当事人向仲裁机构隐瞒了足以影响公正裁决的证据的;

(六)仲裁员在仲裁该案时有贪污受贿,徇私舞弊,枉法裁决行为的。

人民法院认定执行该裁决违背社会公共利益的,裁定不予执行。

裁定书应当送达双方当事人和仲裁机构。

仲裁裁决被人民法院裁定不予执行的,当事人可以根据双方达成的书面仲裁协议重新申请仲裁,也可以向人民法院起诉。

第二百三十八条 对公证机关依法赋予强制执行效力的债权文书,一方当事人不履行的,对方当事人可以向有管辖权的人民法院申请执行,受申请的人民法院应当执行。

公证债权文书确有错误的,人民法院裁定不予执行,并将裁定书送达双方当事人和公证机关。

第二百三十九条 申请执行的期间为二年。申请执行时效的中止、中断,适用法律有关诉讼时效中止、中断的规定。

前款规定的期间，从法律文书规定履行期间的最后一日起计算；法律文书规定分期履行的，从规定的每次履行期间的最后一日起计算；法律文书未规定履行期间的，从法律文书生效之日起计算。

第二百四十条　执行员接到申请执行书或者移交执行书，应当向被执行人发出执行通知，并可以立即采取强制执行措施。

第二十一章　执行措施

第二百四十一条　被执行人未按执行通知履行法律文书确定的义务，应当报告当前以及收到执行通知之日前一年的财产情况。被执行人拒绝报告或者虚假报告的，人民法院可以根据情节轻重对被执行人或者其法定代理人、有关单位的主要负责人或者直接责任人员予以罚款、拘留。

第二百四十二条　被执行人未按执行通知履行法律文书确定的义务，人民法院有权向有关单位查询被执行人的存款、债券、股票、基金份额等财产情况。人民法院有权根据不同情形扣押、冻结、划拨、变价被执行人的财产。人民法院查询、扣押、冻结、划拨、变价的财产不得超出被执行人应当履行义务的范围。

人民法院决定扣押、冻结、划拨、变价财产，应当作出裁定，并发出协助执行通知书，有关单位必须办理。

第二百四十三条　被执行人未按执行通知履行法律文书确定的义务，人民法院有权扣留、提取被执行人应当履行义务部分的收入。但应当保留被执行人及其所扶养家属的生活必需费用。

人民法院扣留、提取收入时，应当作出裁定，并发出协助执行通知书，被执行人所在单位、银行、信用合作社和其他有储蓄业务的单位必须办理。

第二百四十四条　被执行人未按执行通知履行法律文书确定的义务，人民法院有权查封、扣押、冻结、拍卖、变卖被执行人应当履行义务部分的财产。但应当保留被执行人及其所扶养家属的生活必需品。

采取前款措施，人民法院应当作出裁定。

第二百四十五条　人民法院查封、扣押财产时，被执行人是公民的，应当通知被执行人或者他的成年家属到场；被执行人是法人或者其他组织的，应当通知其法定代表人或者主要负责人到场。拒不到场的，不影响执行。被执行人是公民的，其工作单位或者财产所在地的基层组织应当派人参加。

对被查封、扣押的财产，执行员必须造具清单，由在场人签名或者盖章后，交被执行人一份。被执行人是公民的，也可以交他的成年家属一份。

第二百四十六条　被查封的财产，执行员可以指定被执行人负责保管。因被执行人的过错造成的损失，由被执行人承担。

第二百四十七条　财产被查封、扣押后，执行员应当责令被执行人在指定期间履行法律文书确定的义务。被执行人逾期不履行的，人民法院应当拍卖被查封、扣押的财产；不适于拍卖或者当事人双方同意不进行拍卖的，人民法院可以委托有关单位变卖或者自行变卖。国家禁止自由买卖的物品，交有关单位按照国家规定的价格收购。

第二百四十八条　被执行人不履行法律文书确定的义务，并隐匿财产的，人民法院有权发出搜查令，对被执行人及其住所或者财产隐匿地进行搜查。

采取前款措施，由院长签发搜查令。

第二百四十九条　法律文书指定交付的财物或者票证，由执行员传唤双方当事人当面交付，或者由执行员转交，并由被交付人签收。

有关单位持有该项财物或者票证的，应当根据人民法院的协助执行通知书转交，并由被交付人签收。

有关公民持有该项财物或者票证的，人民法院通知其交出。拒不交出的，强制执行。

第二百五十条　强制迁出房屋或者强制退出土地，由院长签发公告，责令被执行人在指定期间履行。被执行人逾期不履行的，由执行员强制执行。

强制执行时，被执行人是公民的，应当通知被执行人或者他的成年家属到场；被执行人是法人或者其他组织的，应当通知其法定代表人或者主要负责人到场。拒不到场的，不影响执行。被执行人是公民的，其工作单位或者房屋、土地所在地的基层组织应当派人参加。执行员应当将强制执行情况记入笔录，由在场人签名或者盖章。

强制迁出房屋被搬出的财物，由人民法院派人运至指定处所，交给被执行人。被执行人是公民的，也可以交给他的成年家属。因拒绝接收而造成的损失，由被执行人承担。

第二百五十一条　在执行中，需要办理有关财产权证照转移手续的，人民法院可以向有关单位发出协助执行通知书，有关单位必须办理。

第二百五十二条　对判决、裁定和其他法律文书指定的行为，被执行人未按执行通知履行的，人民法院可以强制执行或者委托有关单位或者其他人完成，费用由被执行人承担。

第二百五十三条　被执行人未按判决、裁定和其他法律文书指定的期间履行给付金钱义务的，应当加倍支付迟延履行期间的债务利息。被执行人未按判决、裁定和其他法律文书指定的期间履行其他义务的，应当支付迟延履行金。

第二百五十四条　人民法院采取本法第二百四十二

条、第二百四十三条、第二百四十四条规定的执行措施后,被执行人仍不能偿还债务的,应当继续履行义务。债权人发现被执行人有其他财产的,可以随时请求人民法院执行。

第二百五十五条 被执行人不履行法律文书确定的义务的,人民法院可以对其采取或者通知有关单位协助采取限制出境,在征信系统记录、通过媒体公布不履行义务信息以及法律规定的其他措施。

第二十二章 执行中止和终结

第二百五十六条 有下列情形之一的,人民法院应当裁定中止执行:

(一)申请人表示可以延期执行的;

(二)案外人对执行标的提出确有理由的异议的;

(三)作为一方当事人的公民死亡,需要等待继承人继承权利或者承担义务的;

(四)作为一方当事人的法人或者其他组织终止,尚未确定权利义务承受人的;

(五)人民法院认为应当中止执行的其他情形。

中止的情形消失后,恢复执行。

第二百五十七条 有下列情形之一的,人民法院裁定终结执行:

(一)申请人撤销申请的;

(二)据以执行的法律文书被撤销的;

(三)作为被执行人的公民死亡,无遗产可供执行,又无义务承担人的;

(四)追索赡养费、扶养费、抚育费案件的权利人死亡的;

(五)作为被执行人的公民因生活困难无力偿还借款,无收入来源,又丧失劳动能力的;

(六)人民法院认为应当终结执行的其他情形。

第二百五十八条 中止和终结执行的裁定,送达当事人后立即生效。

第四编 涉外民事诉讼程序的特别规定

第二十三章 一般原则

第二百五十九条 在中华人民共和国领域内进行涉外民事诉讼,适用本编规定。本编没有规定的,适用本法其他有关规定。

第二百六十条 中华人民共和国缔结或者参加的国际条约同本法有不同规定的,适用该国际条约的规定,但中华人民共和国声明保留的条款除外。

第二百六十一条 对享有外交特权与豁免的外国人、外国组织或者国际组织提起的民事诉讼,应当依照中华人民共和国有关法律和中华人民共和国缔结或者参加的国际条约的规定办理。

第二百六十二条 人民法院审理涉外民事案件,应当使用中华人民共和国通用的语言、文字。当事人要求提供翻译的,可以提供,费用由当事人承担。

第二百六十三条 外国人、无国籍人、外国企业和组织在人民法院起诉、应诉,需要委托律师代理诉讼的,必须委托中华人民共和国的律师。

第二百六十四条 在中华人民共和国领域内没有住所的外国人、无国籍人、外国企业和组织委托中华人民共和国律师或者其他人代理诉讼,从中华人民共和国领域外寄交或者托交的授权委托书,应当经所在国公证机关证明,并经中华人民共和国驻该国使领馆认证,或者履行中华人民共和国与该所在国订立的有关条约中规定的证明手续后,才具有效力。

第二十四章 管 辖

第二百六十五条 因合同纠纷或者其他财产权益纠纷,对在中华人民共和国领域内没有住所的被告提起的诉讼,如果合同在中华人民共和国领域内签订或者履行,或者诉讼标的物在中华人民共和国领域内,或者被告在中华人民共和国领域内有可供扣押的财产,或者被告在中华人民共和国领域内设有代表机构,可以由合同签订地、合同履行地、诉讼标的物所在地、可供扣押财产所在地、侵权行为地或者代表机构住所地人民法院管辖。

第二百六十六条 因在中华人民共和国履行中外合资经营企业合同、中外合作经营企业合同、中外合作勘探开发自然资源合同发生纠纷提起的诉讼,由中华人民共和国人民法院管辖。

第二十五章 送达、期间

第二百六十七条 人民法院对在中华人民共和国领域内没有住所的当事人送达诉讼文书,可以采用下列方式:

(一)依照受送达人所在国与中华人民共和国缔结或者共同参加的国际条约中规定的方式送达;

(二)通过外交途径送达;

(三)对具有中华人民共和国国籍的受送达人,可以委托中华人民共和国驻受送达人所在国的使领馆代为送达;

(四)向受送达人委托的有权代其接受送达的诉讼代理人送达;

(五)向受送达人在中华人民共和国领域内设立的代表机构或者有权接受送达的分支机构、业务代办人送达;

(六)受送达人所在国的法律允许邮寄送达的,可以邮寄送达,自邮寄之日起满三个月,送达回证没有退回,但根据各种情况足以认定已经送达的,期间届满之日视为送达;

(七)采用传真、电子邮件等能够确认受送达人收悉的方式送达;

(八)不能用上述方式送达的,公告送达,自公告之日起满三个月,即视为送达。

第二百六十八条　被告在中华人民共和国领域内没有住所的,人民法院应当将起诉状副本送达被告,并通知被告在收到起诉状副本后三十日内提出答辩状。被告申请延期的,是否准许,由人民法院决定。

第二百六十九条　在中华人民共和国领域内没有住所的当事人,不服第一审人民法院判决、裁定的,有权在判决书、裁定书送达之日起三十日内提起上诉。被上诉人在收到上诉状副本后,应当在三十日内提出答辩状。当事人不能在法定期间提起上诉或者提出答辩状,申请延期的,是否准许,由人民法院决定。

第二百七十条　人民法院审理涉外民事案件的期间,不受本法第一百四十九条、第一百七十六条规定的限制。

第二十六章　仲　裁

第二百七十一条　涉外经济贸易、运输和海事中发生的纠纷,当事人在合同中订有仲裁条款或者事后达成书面仲裁协议,提交中华人民共和国涉外仲裁机构或者其他仲裁机构仲裁的,当事人不得向人民法院起诉。

当事人在合同中没有订有仲裁条款或者事后没有达成书面仲裁协议的,可以向人民法院起诉。

第二百七十二条　当事人申请采取保全的,中华人民共和国的涉外仲裁机构应当将当事人的申请,提交被申请人住所地或者财产所在地的中级人民法院裁定。

第二百七十三条　经中华人民共和国涉外仲裁机构裁决的,当事人不得向人民法院起诉。一方当事人不履行仲裁裁决的,对方当事人可以向被申请人住所地或者财产所在地的中级人民法院申请执行。

第二百七十四条　对中华人民共和国涉外仲裁机构作出的裁决,被申请人提出证据证明仲裁裁决有下列情形之一的,经人民法院组成合议庭审查核实,裁定不予执行:

(一)当事人在合同中没有订有仲裁条款或者事后没有达成书面仲裁协议的;

(二)被申请人没有得到指定仲裁员或者进行仲裁程序的通知,或者由于其他不属于被申请人负责的原因未能陈述意见的;

(三)仲裁庭的组成或者仲裁的程序与仲裁规则不符的;

(四)裁决的事项不属于仲裁协议的范围或者仲裁机构无权仲裁的。

人民法院认定执行该裁决违背社会公共利益的,裁定不予执行。

第二百七十五条　仲裁裁决被人民法院裁定不予执行的,当事人可以根据双方达成的书面仲裁协议重新申请仲裁,也可以向人民法院起诉。

第二十七章　司法协助

第二百七十六条　根据中华人民共和国缔结或者参加的国际条约,或者按照互惠原则,人民法院和外国法院可以相互请求,代为送达文书、调查取证以及进行其他诉讼行为。

外国法院请求协助的事项有损于中华人民共和国的主权、安全或者社会公共利益的,人民法院不予执行。

第二百七十七条　请求和提供司法协助,应当依照中华人民共和国缔结或者参加的国际条约所规定的途径进行;没有条约关系的,通过外交途径进行。

外国驻中华人民共和国的使领馆可以向该国公民送达文书和调查取证,但不得违反中华人民共和国的法律,并不得采取强制措施。

除前款规定的情况外,未经中华人民共和国主管机关准许,任何外国机关或者个人不得在中华人民共和国领域内送达文书、调查取证。

第二百七十八条　外国法院请求人民法院提供司法协助的请求书及其所附文件,应当附有中文译本或者国际条约规定的其他文字文本。

人民法院请求外国法院提供司法协助的请求书及其所附文件,应当附有该国文字译本或者国际条约规定的其他文字文本。

第二百七十九条　人民法院提供司法协助,依照中华人民共和国法律规定的程序进行。外国法院请求采用特殊方式的,也可以按照其请求的特殊方式进行,但请求采用的特殊方式不得违反中华人民共和国法律。

第二百八十条　人民法院作出的发生法律效力的判决、裁定,如果被执行人或者其财产不在中华人民共和国领域内,当事人请求执行的,可以由当事人直接向有管辖权的外国法院申请承认和执行,也可以由人民法院依照中华人民共和国缔结或者参加的国际条约的规定,或者按照互惠原则,请求外国法院承认和执行。

中华人民共和国涉外仲裁机构作出的发生法律效力的仲裁裁决,当事人请求执行的,如果被执行人或者其财产不在中华人民共和国领域内,应当由当事人直接向有管辖权的外国法院申请承认和执行。

第二百八十一条　外国法院作出的发生法律效力的判决、裁定,需要中华人民共和国人民法院承认和执行的,可以由当事人直接向中华人民共和国有管辖权的中级人民法院申请承认和执行,也可以由外国法院依照该国与中华人民共和国缔结或者参加的国际条约的规定，或者按照互惠原则，请求人民法院承认和执行。

第二百八十二条 人民法院对申请或者请求承认和执行的外国法院作出的发生法律效力的判决、裁定，依照中华人民共和国缔结或者参加的国际条约，或者按照互惠原则进行审查后，认为不违反中华人民共和国法律的基本原则或者国家主权、安全、社会公共利益的，裁定承认其效力，需要执行的，发出执行令，依照本法的有关规定执行。违反中华人民共和国法律的基本原则或者国家主权、安全、社会公共利益的，不予承认和执行。

第二百八十三条 国外仲裁机构的裁决，需要中华人民共和国人民法院承认和执行的，应当由当事人直接向被执行人住所地或者其财产所在地的中级人民法院申请，人民法院应当依照中华人民共和国缔结或者参加的国际条约，或者按照互惠原则办理。

第二百八十四条 本法自公布之日起施行，《中华人民共和国民事诉讼法(试行)》同时废止。

国家主席胡锦涛签署第60号令公布《全国人民代表大会常务委员会关于修改〈中华人民共和国农业技术推广法〉的决定》

《全国人民代表大会常务委员会关于修改〈中华人民共和国农业技术推广法〉的决定》已由中华人民共和国第十一届全国人民代表大会常务委员会第二十八次会议于2012年8月31日通过，现予公布，自2013年1月1日起施行。

中华人民共和国主席 胡锦涛

2012年8月31日

全国人民代表大会常务委员会关于修改《中华人民共和国农业技术推广法》的决定(略)

中华人民共和国农业技术推广法

第一章 总 则

第一条 为了加强农业技术推广工作，促使农业科研成果和实用技术尽快应用于农业生产，增强科技支撑保障能力，促进农业和农村经济可持续发展，实现农业现代化，制定本法。

第二条 本法所称农业技术，是指应用于种植业、林业、畜牧业、渔业的科研成果和实用技术，包括：

(一)良种繁育、栽培、肥料施用和养殖技术；

(二)植物病虫害、动物疫病和其他有害生物防治技术；

(三)农产品收获、加工、包装、贮藏、运输技术；

(四)农业投入品安全使用、农产品质量安全技术；

(五)农田水利、农村供排水、土壤改良与水土保持技术；

(六)农业机械化、农用航空、农业气象和农业信息技术；

(七)农业防灾减灾、农业资源与农业生态安全和农村能源开发利用技术；

(八)其他农业技术。

本法所称农业技术推广，是指通过试验、示范、培训、指导以及咨询服务等，把农业技术普及应用于农业产前、产中、产后全过程的活动。

第三条 国家扶持农业技术推广事业，加快农业技术的普及应用，发展高产、优质、高效、生态、安全农业。

第四条 农业技术推广应当遵循下列原则：

(一)有利于农业、农村经济可持续发展和增加农民收入；

(二)尊重农业劳动者和农业生产经营组织的意愿；

(三)因地制宜，经过试验、示范；

(四)公益性推广与经营性推广分类管理；

(五)兼顾经济效益、社会效益，注重生态效益。

第五条 国家鼓励和支持科技人员开发、推广应用先进的农业技术，鼓励和支持农业劳动者和农业生产经营组织应用先进的农业技术。

国家鼓励运用现代信息技术等先进传播手段，普及农业科学技术知识，创新农业技术推广方式方法，提高推广效率。

第六条 国家鼓励和支持引进国外先进的农业技术，促进农业技术推广的国际合作与交流。

第七条 各级人民政府应当加强对农业技术推广工作的领导，组织有关部门和单位采取措施，提高农业技术推广服务水平，促进农业技术推广事业的发展。

第八条 对在农业技术推广工作中作出贡献的单位和个人，给予奖励。

第九条 国务院农业、林业、水利等部门(以下统称农业技术推广部门)按照各自的职责，负责全国范围内有关的农业技术推广工作。县级以上地方各级人民政府农业技术推广部门在同级人民政府的领导下，按照各自的职责，负责本行政区域内有关的农业技术推广工作。同级人民政府科学技术部门对农业技术推广工作进行指导。同级人民政府其他有关部门按照各自的职责，负责农业技术推广的有关工作。

第二章 农业技术推广体系

第十条 农业技术推广，实行国家农业技术推广机构与农业科研单位、有关学校、农民专业合作社、涉农企业、群众性科技组织、农民技术人员等相结合的推广体系。

国家鼓励和支持供销合作社、其他企业事业单位、社会团体以及社会各界的科技人员，开展农业技术推广服务。

第十一条　各级国家农业技术推广机构属于公共服务机构，履行下列公益性职责：

（一）各级人民政府确定的关键农业技术的引进、试验、示范；

（二）植物病虫害、动物疫病及农业灾害的监测、预报和预防；

（三）农产品生产过程中的检验、检测、监测咨询技术服务；

（四）农业资源、森林资源、农业生态安全和农业投入品使用的监测服务；

（五）水资源管理、防汛抗旱和农田水利建设技术服务；

（六）农业公共信息和农业技术宣传教育、培训服务；

（七）法律、法规规定的其他职责。

第十二条　根据科学合理、集中力量的原则以及县域农业特色、森林资源、水系和水利设施分布等情况，因地制宜设置县、乡镇或者区域国家农业技术推广机构。

乡镇国家农业技术推广机构，可以实行县级人民政府农业技术推广部门管理为主或者乡镇人民政府管理为主、县级人民政府农业技术推广部门业务指导的体制，具体由省、自治区、直辖市人民政府确定。

第十三条　国家农业技术推广机构的人员编制应当根据所服务区域的种养规模、服务范围和工作任务等合理确定，保证公益性职责的履行。

国家农业技术推广机构的岗位设置应当以专业技术岗位为主。乡镇国家农业技术推广机构的岗位应当全部为专业技术岗位，县级国家农业技术推广机构的专业技术岗位不得低于机构岗位总量的80%，其他国家农业技术推广机构的专业技术岗位不得低于机构岗位总量的70%。

第十四条　国家农业技术推广机构的专业技术人员应当具有相应的专业技术水平，符合岗位职责要求。

国家农业技术推广机构聘用的新进专业技术人员，应当具有大专以上有关专业学历，并通过县级以上人民政府有关部门组织的专业技术水平考核。自治县、民族乡和国家确定的连片特困地区，经省、自治区、直辖市人民政府有关部门批准，可以聘用具有中专有关专业学历的人员或者其他具有相应专业技术水平的人员。

国家鼓励和支持高等学校毕业生和科技人员到基层从事农业技术推广工作。各级人民政府应当采取措施，吸引人才，充实和加强基层农业技术推广队伍。

第十五条　国家鼓励和支持村农业技术服务站点和农民技术人员开展农业技术推广。对农民技术人员协助开展公益性农业技术推广活动，按照规定给予补助。

农民技术人员经考核符合条件的，可以按照有关规定授予相应的技术职称，并发给证书。

国家农业技术推广机构应当加强对村农业技术服务站点和农民技术人员的指导。

村民委员会和村集体经济组织，应当推动、帮助村农业技术服务站点和农民技术人员开展工作。

第十六条　农业科研单位和有关学校应当适应农村经济建设发展的需要，开展农业技术开发和推广工作，加快先进技术在农业生产中的普及应用。

农业科研单位和有关学校应当将其科技人员从事农业技术推广工作的实绩作为工作考核和职称评定的重要内容。

第十七条　国家鼓励农场、林场、牧场、渔场、水利工程管理单位面向社会开展农业技术推广服务。

第十八条　国家鼓励和支持发展农村专业技术协会等群众性科技组织，发挥其在农业技术推广中的作用。

第三章　农业技术的推广与应用

第十九条　重大农业技术的推广应当列入国家和地方相关发展规划、计划，由农业技术推广部门会同科学技术等相关部门按照各自的职责，相互配合，组织实施。

第二十条　农业科研单位和有关学校应当把农业生产中需要解决的技术问题列为研究课题，其科研成果可以通过有关农业技术推广单位进行推广或者直接向农业劳动者和农业生产经营组织推广。

国家引导农业科研单位和有关学校开展公益性农业技术推广服务。

第二十一条　向农业劳动者和农业生产经营组织推广的农业技术，必须在推广地区经过试验证明具有先进性、适用性和安全性。

第二十二条　国家鼓励和支持农业劳动者和农业生产经营组织参与农业技术推广。

农业劳动者和农业生产经营组织在生产中应用先进的农业技术，有关部门和单位应当在技术培训、资金、物资和销售等方面给予扶持。

农业劳动者和农业生产经营组织根据自愿的原则应用农业技术，任何单位或者个人不得强迫。

推广农业技术，应当选择有条件的农户、区域或者工程项目，进行应用示范。

第二十三条　县、乡镇国家农业技术推广机构应当组织农业劳动者学习农业科学技术知识，提高其应用农业技术的能力。

教育、人力资源和社会保障、农业、林业、水利、科学技术等部门应当支持农业科研单位、有关学校开展有关农业技术推广的职业技术教育和技术培训，提高农业技术推广人员和农业劳动者的技术素质。

国家鼓励社会力量开展农业技术培训。

第二十四条　各级国家农业技术推广机构应当认真履行本法第十一条规定的公益性职责，向农业劳动者和农业生产经营组织推广农业技术，实行无偿服务。

国家农业技术推广机构以外的单位及科技人员以技术转让、技术服务、技术承包、技术咨询和技术入股等形式提供农业技术的，可以实行有偿服务，其合法收入和植物新品种、农业技术专利等知识产权受法律保护。进行农业技术转让、技术服务、技术承包、技术咨询和技术入股，当事人各方应当订立合同，约定各自的权利和义务。

第二十五条　国家鼓励和支持农民专业合作社、涉农企业，采取多种形式，为农民应用先进农业技术提供有关的技术服务。

第二十六条　国家鼓励和支持以大宗农产品和优势特色农产品生产为重点的农业示范区建设，发挥示范区对农业技术推广的引领作用，促进农业产业化发展和现代农业建设。

第二十七条　各级人民政府可以采取购买服务等方式，引导社会力量参与公益性农业技术推广服务。

第四章　农业技术推广的保障措施

第二十八条　国家逐步提高对农业技术推广的投入。各级人民政府在财政预算内应当保障用于农业技术推广的资金，并按规定使该资金逐年增长。

各级人民政府通过财政拨款以及从农业发展基金中提取一定比例的资金的渠道，筹集农业技术推广专项资金，用于实施农业技术推广项目。中央财政对重大农业技术推广给予补助。

县、乡镇国家农业技术推广机构的工作经费根据当地服务规模和绩效确定，由各级财政共同承担。

任何单位或者个人不得截留或者挪用用于农业技术推广的资金。

第二十九条　各级人民政府应当采取措施，保障和改善县、乡镇国家农业技术推广机构的专业技术人员的工作条件、生活条件和待遇，并按照国家规定给予补贴，保持国家农业技术推广队伍的稳定。

对在县、乡镇、村从事农业技术推广工作的专业技术人员的职称评定，应当以考核其推广工作的业务技术水平和实绩为主。

第三十条　各级人民政府应当采取措施，保障国家农业技术推广机构获得必需的试验示范场所、办公场所、推广和培训设施设备等工作条件。

地方各级人民政府应当保障国家农业技术推广机构的试验示范场所、生产资料和其他财产不受侵害。

第三十一条　农业技术推广部门和县级以上国家农业技术推广机构，应当有计划地对农业技术推广人员进行技术培训，组织专业进修，使其不断更新知识、提高业务水平。

第三十二条　县级以上农业技术推广部门、乡镇人民政府应当对其管理的国家农业技术推广机构履行公益性职责的情况进行监督、考评。

各级农业技术推广部门和国家农业技术推广机构，应当建立国家农业技术推广机构的专业技术人员工作责任制度和考评制度。

县级人民政府农业技术推广部门管理为主的乡镇国家农业技术推广机构的人员，其业务考核、岗位聘用以及晋升，应当充分听取所服务区域的乡镇人民政府和服务对象的意见。

乡镇人民政府管理为主、县级人民政府农业技术推广部门业务指导的乡镇国家农业技术推广机构的人员，其业务考核、岗位聘用以及晋升，应当充分听取所在地的县级人民政府农业技术推广部门和服务对象的意见。

第三十三条　从事农业技术推广服务的，可以享受国家规定的税收、信贷等方面的优惠。

第五章　法律责任

第三十四条　各级人民政府有关部门及其工作人员未依照本法规定履行职责的，对直接负责的主管人员和其他直接责任人员依法给予处分。

第三十五条　国家农业技术推广机构及其工作人员未依照本法规定履行职责的，由主管机关责令限期改正，通报批评；对直接负责的主管人员和其他直接责任人员依法给予处分。

第三十六条　违反本法规定，向农业劳动者、农业生产经营组织推广未经试验证明具有先进性、适用性或者安全性的农业技术，造成损失的，应当承担赔偿责任。

第三十七条　违反本法规定，强迫农业劳动者、农业生产经营组织应用农业技术，造成损失的，依法承担赔偿责任。

第三十八条　违反本法规定，截留或者挪用用于农业技术推广的资金的，对直接负责的主管人员和其他直接责任人员依法给予处分；构成犯罪的，依法追究刑事责任。

第六章　附　则

第三十九条　本法自公布之日起施行。

国家主席胡锦涛签署第61号令公布任免名单

根据中华人民共和国第十一届全国人民代表大会常务委员会第二十八次会议于2012年8月31日的决定：免去李盛霖的交通运输部部长职务；任命杨传堂为交通运输部部长。

中华人民共和国主席 胡锦涛

2012年8月31日

国务院总理温家宝和德国总理默克尔在天津与两国企业家座谈

温家宝说，加强中德经贸合作具有长远和战略意义，中国政府欢迎德国企业扩大对华投资，将不断改进工作，创造公平、透明的市场环境，加大知识产权保护力度。双方要共同努力，为两国企业合作提供有力的法律保障，推动建立便利、智能化的服务体系。希望两国企业界坚持互利共赢，不断开拓创新，提升合作规模和水平，增强社会责任感，通过对话协商解决出现的问题。

默克尔表示，德中企业互有优势，合作前景广阔。德国政府愿为中国企业扩大对德投资提供便利，支持两国企业通过友好协商解决问题。

企业家们表示，中德通过合作，彼此获益很多。两国政府的支持进一步增强了企业信心。双方将把握机遇，加强贸易投资合作，为两国经济社会发展作出更大贡献。

国务院总理温家宝在天津考察保障房建设

温家宝强调，衡量安居工程进展好坏、水平高低，不能只看开工数，也不能只看竣工数，而要看是否及时投入市场，解决群众的迫切需求，质量和服务群众是否满意。

温家宝说，做好保障房工作是稳定房价、巩固房地产市场调控成果的重要支撑。本轮房地产调控已经持续两年，取得了明显的成效，房价过快上涨势头总体上得到遏制。但是，房地产市场调控仍处于关键时期，巩固房地产市场调控成果，需要坚决遏制投资投机性购房需求，更重要的是增加住房有效供应，包括普通商品房和保障房供应。已建成的保障房要尽快投入市场，如果建成的保障房放在那里不能使用，或者群众使用不满意，既解决不了群众的困难，也不能发挥保障性安居工程推动经济增长的作用，就不能说是合格。

温家宝说，要高度重视保障性安居工程规划、建设、分配几个关键环节。第一，建设环节除了要按期进行施工外，最重要的是保障质量。要把质量作为安居工程的生命线。第二，分配和管理环节，必须建立严格的制度和规范的程序，体现公开、公正和透明。申请、受理、审核、公示每个过程都要做到公平，才能保障结果的公平。第三，布局和配套设施必须摆在重要位置。保障性住房规划选址要充分听取群众意见，充分考虑群众交通、上学、购物、就医等实际问题。配套设施和保障房要同步规划、同步建设，不仅让群众租得上、住得上，还要让群众实实在在感到生活方便。

温家宝还到天津公租房、经济适用房小区秋怡家园看望居民，了解他们的生活情况。

国家副主席习近平在北京出席由对外友协和韩国驻华大使馆共同举办的中韩建交20周年纪念招待会

招待会开始前，习近平亲切接见了与会的中韩专家研究委员会双方代表并合影留念。随后，在热烈的掌声中，习近平步入招待会现场，观看了中韩建交20周年纪念图书及纪念封揭幕仪式，并在与会中韩两国贵宾陪同下切了纪念庆祝蛋糕，还观看了富有浓郁中韩两国民族风情的精彩文艺演出。招待会始终洋溢着热烈友好的气氛。

中国人民对外友好协会会长李小林在招待会上致辞说，今年适逢中韩建交20周年和中韩友好交流年，习近平副主席莅临纪念招待会，充分显示了中国政府对发展中韩睦邻友好关系的高度重视。她说，巩固和发展中韩友好是两国人民的共同心愿。我们愿与韩方一道，共同努力，推动中韩睦邻友好合作关系不断向前发展。

韩国驻华大使李揆亨在致辞中感谢习副主席亲临招待会，高度评价韩中建交20年来取得的巨大成就，期待韩中两国永远做好邻居，齐心协力，开创共享和平、稳定与繁荣的未来。

中韩友协名誉会长罗豪才、外交部部长杨洁篪、中联部部长王家瑞等出席招待会。

来自中韩两国各界友好人士代表、部分驻华使节和企业家等约400余人也出席了招待会。

我国射击选手张翠平在第十四届伦敦残奥会R2—SH1级女子10米气步枪站姿比赛中获得中国体育代表团首枚金牌

9月1日

中央党校校长习近平在北京出席中央党校2012年秋季学期开学典礼并讲话

习近平指出，领导干部集中一段时间到党校学习，很有必要，很有好处。一是有利于补充和丰富知识。领导干部肩负领导责任，知识水平如何直接影响工作水平、领导水平和思想政治水平。当今时代，知识增长、更新很快，新知识新事物层出不穷。领导干部既要“温故知新”，又要“学新知新”，这样才能不断增强本领，才能保持思想活力和与时俱进，才能更好地胜任所肩负的领导工作。到党校进行系统学习，是补充和丰富知识的一种很好的机会与方式。二是有利于总结和提高。善于对思想和工作情况进行总结，对一个领导干部的进步和提高很重要。领导干部到党校学习，结合工作经历和通过读书学习回顾和总结自己以往的工作与生活，从中汲取经验与教训，坚持真理、修正错误，使自己的认识和工作立于新的起点，这对于增加领导工作中的战略智慧和主动权很有益处。三是有利于相互交流和学习。党校学员来自不同地方、不同部门和不同工作领域，来自四面八方、五湖四海，大家的知识积累、经验积累和个人经历、政治阅历也都不同，这为大家提供了一个相互交流、相互学习的良好环境。

习近平强调，领导干部进党校，最重要的是学习党的基本理论，提高理论素养。这是党校姓党的重要体现，也是党校同普通高等学校的主要区别。现在在干部特别是年轻干部中，最重要也是最需要注意并切实解决好的是理想信念问题和思想作风问题，最需要加强的是理论教育。各级领导干部都要坚持不懈地抓好理论学习，特别要认真学习邓小平理论、“三个代表”重要思想以及科学发展观，努力掌握马克思主义立场、观点、方法，增强坚持中国特色社会主义道路、理论体系、制度的自觉性坚定性。同时，要坚持不懈地学习党的优良传统和优良作风，牢固树立正确的世界观、权力观、事业观，养成宽阔的胸襟和眼界、高尚的思想情趣、艰苦朴素的生活作风，永做人民的忠实公仆。党校学员还要注意学习正确认识客观事物、做好领导工作所必须具有的辩证思维、战略思维、全局思维、创新思维等方面的知识和经验，学习历史的和现实的领导工作经验，努力提高领导水平和领导能力。

中共中央决定栗战书任中央办公厅主任

2012中国企业500强名单发布

由中国企业联合会、中国企业家协会发布的2012中国企业500强榜单今天公布。数据显示，2012中国企业500强的营业收入总额达到44.9万亿元，同比增长23.6%。中石化继续蝉联首位，中石油、国家电网、工商银行、建设银行、中国移动、农业银行、中国银行、中国建筑、中海油分列第二至第十位。2012中国企业500强中有70家企业入围2012《财富》世界500强，入围数量首次超过了日本，成为世界500强企业的第二大来源地。

证监会决定证券交易手续费今起降低20%

证监会决定，从今天起，沪、深证券交易所，中国证券登记结算公司和四家期货交易所联手，再次大幅度降低A股交易经手费、过户费和期货交易手续费。今年剩余4个月内，预计可减轻投资者交易成本155亿元。

全国政协副主席孙家正在黄山会见出席第一百五十一届“山村对话”国际研讨会的欧方代表

孙家正表示，中欧关系当前发展势头良好，高层交往频繁，各领域务实合作稳步推进，在重大国际与地区问题上保持着密切沟通与协调。中国坚定支持欧洲一体化进程，乐见欧洲保持团结和繁荣，希望欧元与欧洲经济保持稳定。中欧作为东西方文明的代表，应携手努力，树立不同文明互学互鉴的榜样。

德国外交部国务部长林克说，欧方与会代表通过此次访问与参加对话学到了很多东西，增进了对中国的了解。德国和欧洲同中国有着广泛的共同利益，愿进一步加强双方的全面战略伙伴关系，携手应对各种全球性挑战。

外交部发言人洪磊就美国共和党全国代表大会期间有关涉华言论答记者问

外交部发言人洪磊答记者问时呼吁美国政治家客观、理性看待中国的发展，停止无端指责中国、干涉中国内政，以负责任的态度多做促进中美互信与合作的事。

有记者问：美国共和党全国代表大会近日审议通过的新党纲谈及该党对华政策，该党总统候选人罗姆尼也在接受提名的演讲中点到中国。中方有何评论？

洪磊说，中方注意到美国共和党新党纲及罗姆尼先生接受提名演讲中的涉华内容。我要强调，中美推进相互尊重、互利共赢的合作伙伴关系，构建新型大国关系，是两国共同事业。推动中美关系持续健康稳定发展符合两国根本利益,有利于亚太地区乃至世界的和平、稳定、繁荣,是双方应该坚持的正确方向。

他说,美国政治家无论哪个党派,都应该认识到,客观、理性看待中国的发展,正确认识中美关系有关问题,停止无端指责中国、干涉中国内政,以负责任的态度多做促进中美互信与合作的事,从根本上讲也是符合美国自身利益的。

9月2日

国务院总理温家宝出席在乌鲁木齐召开的第二届中国—亚欧博览会并发表主旨演讲

温家宝指出,我们应当以更加坚定的决心、更加有力的举措,全面拓展各领域互利合作,增强本地区发展的内生动力,更好地造福亚欧各国人民。

温家宝指出,当今世界正在发生深刻复杂的历史性变革,亚欧国家既面临发展与合作的难得机遇,也面临不少严峻的挑战。特别是国际金融危机持续四年之久,世界经济复苏艰难曲折,给亚欧国家经济社会发展带来了不同程度的困难,推动发展、摆脱贫困、改善民生的任务紧迫而艰巨。

温家宝提出4点建议:第一,加强政治互信,维护地区和平与稳定。第二,扩大市场开放,促进共同发展。第三,推进跨境区域合作,加快互联互通进程。第四,深化人文交流,增进各国人民的友谊。

温家宝指出,随着中国全方位对外开放,新疆在中国向西开放和沿边开放的区位优势、人文优势、资源优势再度凸显出来。新疆成为中国与亚欧各国特别是周边邻国开展互利合作的桥头堡。新疆的改革开放和发展振兴,不仅惠及新疆各族人民,也将给亚欧国家带来更多的发展机遇。

温家宝最后说,世上本来没有路,路是人走出来的。两千多年前先人们开辟的“丝绸之路”是亚欧人民共同的荣耀。今天,我们要从历史传统中汲取营养,增强自信,开拓奋斗,携手并进,再创“丝绸之路”新辉煌,共同建设亚欧人民的美好未来。

开幕式前,温家宝参观了博览会展馆。

国务院总理温家宝在乌鲁木齐与出席第二届中国—亚欧博览会的各国政要举行会谈

这些外国政要是:柬埔寨首相洪森、吉尔吉斯斯坦总统阿坦巴耶夫、哈萨克斯坦总理马西莫夫、阿富汗第二副总统哈利利、土耳其副总理巴巴詹、马尔代夫总统瓦希德、塔吉克斯坦总理阿基洛夫、荷兰前首相巴尔克嫩德和英国前首相布莱尔。

“粤韵飞扬——广东民族乐团音乐会”在北京国家大剧院举行

中共中央政治局常委李长春与首都观众一起观看演出。

音乐会在欢腾热烈的民族乐曲《赛龙夺锦》中拉开帷幕。从客家汉乐《迎仙客》到潮州大锣鼓《春满渔港》,从二胡与乐队《弦意岭南》到民族管弦乐《花朝月夕》,从极具广东地方特色的乐器组合“五架头”到乐曲《粤风》《步步高》,这些岭南音乐经典作品和新创曲目的精彩演绎,时而刚柔相济、跌宕有致,时而豪迈明朗、幽默洒脱,动人的旋律在国家大剧院音乐厅内激荡回响,深深吸引了全场观众。这些作品,不仅保留了岭南音乐的浓郁特色,而且在创作观念和手法上运用现代音乐因素,在传统民族管弦乐队基础上增强了低音声部,使音响效果更加厚实饱满。优美动听的旋律、激情四溢的表演,赢得现场观众阵阵热烈掌声。

李长春称赞这台音乐会艺术创新的清新之风扑面而来,特色鲜明、气势宏大、充满激情、表演精湛,展现了广东音乐探索现代化、交响化,贴近观众、贴近时代的成果。李长春勉励乐团坚持面向观众、面向市场,大力弘扬优秀民族传统音乐,积极借鉴国外有益音乐成果,不断改革创新,创作演出更多深受人民群众喜爱的民族音乐作品,培养造就更多高水平音乐人才,为促进我国民族音乐繁荣发展、推动中华文化走向世界作出贡献。

中共中央政治局委员、广东省省委书记汪洋,全国政协副主席罗富和一同观看演出。

音乐会由广东省委宣传部、广东省文化厅主办,广东民族乐团排演。广东民族乐团自2002年以来坚持举办“音乐季”系列音乐会,采用市场运作模式,创作推出了一批优秀民族音乐作品,深受观众欢迎。

9月3日

第十八次全国地方立法研讨会在北京召开

会前,中共中央政治局常委、全国人大常委会委员长吴邦国在人民大会堂会见全体与会代表,向前来参加会议的各省(区、市)人大常委会负责同志、法制委法工委负责同志,向辛勤工作在立法工作第一线的全国广大立法工作者致以亲切问候,并与他们合影留念。

中共中央政治局委员、全国人大常委会副委员长王兆国出席开幕式并讲话。开幕式由全国人大常委会副委员长兼秘书长李建国主持。

王兆国在讲话中充分肯定了党的十六大以来我国立法工作取得的成就。他说,党的十六大以来,全国人大及其常委会、有立法权的地方人大及其常委会以形成并不断完善法律体系为目标，积极开展立法活动，立法工作取得辉煌成就：中国特色社会主义法律体系如期形成，国家经济建设、政治建设、文化建设、社会建设和生态文明建设的各个方面实现有法可依；在新的起点上继续推进立法工作，完善中国特色社会主义法律体系迈开重大步伐；在坚持依法立法的前提下深入推进科学立法、民主立法，立法质量显著提高。地方立法为确保法律体系如期形成并不断完善作出了重要贡献。成就来之不易，一定要倍加珍惜。

王兆国说，当前和今后一个时期，立法工作的任务仍然相当繁重，立法工作的难度更为突出，完善法律体系任重道远，立法工作只能加强不能削弱。要深刻把握当前面临的新形势新要求新任务，时刻保持头脑清醒，始终坚持理想信念，进一步加强和改进立法工作。要进一步发挥立法在中国特色社会主义事业中的引领和推动作用，提高立法的针对性、及时性和系统性；进一步发挥人大及其常委会在立法中的主导作用，切实加强对立法工作的统筹协调；进一步完善立法体制、工作机制和立法程序，不断提高科学立法、民主立法的成效；进一步保障宪法和法律的有效实施，使宪法和法律真正成为推进依法执政、依法治国的依据，成为促进依法行政、公正司法的准绳，成为全社会一体遵循的行为规范。

王兆国指出，着力培养高素质的立法工作人才，既是当前的紧迫需要，也是长远的战略任务。要切实加强立法工作队伍建设，为不断完善中国特色社会主义法律体系提供坚实的人才保障和智力支持。要高度重视、大力支持，把立法工作队伍建设成为民主法制建设的重要骨干力量和得力参谋助手；要着眼长远、注重实效，着力带出一支政治坚定、有真才实学、适应完善法律体系新任务的立法工作队伍；立法工作队伍要坚持理想、开拓创新，努力提高政治素质和业务素质，为不断完善法律体系作出新贡献。

这次会议的主要任务是，在中国特色社会主义法律体系形成的新起点上，按照坚持和完善中国特色社会主义制度的总体要求，全面总结近十年来特别是十一届全国人大以来的立法工作成就和经验，深入探讨今后一个时期进一步加强和改进立法工作、完善立法程序、提高立法质量的工作重点和举措，为贯彻落实党的十八大精神、积极推进新形势下立法工作做好准备。

全国人大各专门委员会、常委会办公厅和常委会各工作委员会负责人，各省(区、市)人大常委会负责人，各省(区、市)和较大的市人大法制委、常委会法工委负责人等出席会议。

国务院总理温家宝在新疆考察

9月3日至5日，在参加了第二届中国—亚欧博览会开幕式暨中国—亚欧经济发展合作论坛后，温家宝来到和田、喀什地区的和田县、洛浦县、墨玉县、喀什市、疏勒县、疏附县的农村、社区、企业、学校、医院看望各族干部群众，就新疆经济社会发展和民生改善进行调研。

温家宝强调，新疆的发展和稳定，关系全国改革发展稳定大局，关系祖国统一、民族团结、国家安全，关系中华民族伟大复兴。中央新疆工作座谈会后，新疆紧紧围绕推进跨越式发展和长治久安两大历史任务，着力推进经济发展，保障改善民生，维护社会稳定，天山南北形成了建设、开放和发展的新局面，呈现出生机勃勃的新气象。要深入贯彻落实科学发展观，紧紧抓住大好机遇，加快建设繁荣富裕、和谐稳定的美好新疆。

温家宝说，推进新疆跨越式发展是实现长治久安的重要基础和保障。要重视处理好几方面关系：一是资源输出与提高自身发展能力的关系。资源开发是新疆发展的突出优势。要加快建设国家大型油气、煤炭煤电煤化工和风电基地，建设能源资源陆上大通道，把相关产业打造成支柱产业，带动其他产业发展。与此同时，要着力完善新疆资源开发的利益分配机制，让各族人民平等享受发展成果。二是加快发展与改善民生的关系。无论是基础设施建设还是其他各类工商业项目，都要把吸收当地劳动力，扩大当地就业，增加当地居民收入，改善当地居民生活作为着力点。三是全区发展与南疆发展的关系。要坚持把发展南疆作为新疆工作的重点、国家支持的重点和援疆工作的重点，采取更加有力的政策措施，尽快缩小南疆北疆发展差距。

温家宝强调，推进新疆跨越式发展，必须牢固树立环保优先、生态立区理念。新疆的水资源开发利用要坚持节约优先、合理开发、优化配置、强化管理的原则，充分考虑承载能力，保持可持续利用。即使是生态环境建设，也要防止对水资源造成破坏。防治原有耕地、草地、林地的沙化，既要避免“沙进人退”，也要避免盲目“向沙漠进军”，造成“人进沙进”。要保护好新疆的森林、冰川、河流、湿地和绿洲，永葆天山南北的碧水蓝天。要发挥新疆独特的光热水土资源优势，大力发展现代农业。棉花是新疆的重要支柱产业，要加大支持力度，着力解决价格波动、收益不稳和运输瓶颈制约等问题，提高竞争力。

温家宝强调，要抓紧办好一批民生大事和实事。要大力发展教育事业，这是从根本上改变新疆面貌的最重要基础。千方百计扩大就业，重点落实好促进少数民族就业的各项政策。提高医疗卫生服务水平，今后在提高全国新农合统筹标准时,南疆地区新增的政府补助继续高于全国水平,所需经费由中央和自治区财政共同负担。扩大社会保障覆盖范围,提高统筹层次和保障水平。以南疆三地州、边境地区、特困山区为重点,做好新一轮扶贫开发工作。作为我国民族文化多样性最丰富的地区之一,新疆要保护好、运用好独特的文化遗产。

温家宝说,改革开放是新疆跨越式发展的强大动力,要努力在重点领域和关键环节不断取得新突破,增强新疆自我发展能力。邻疆各国是世界上发展最快的能源资源市场和潜力巨大的消费市场。新疆要立足本地实际,发挥政策优势,合理发展加工贸易,扩大特色产品出口,加快建设商贸流通中心,逐步提升国际影响力。

温家宝强调,民族团结、社会稳定是新疆发展进步的基石。要全面贯彻党的民族政策,坚持民族区域自治制度,坚持民族平等,坚持各民族共同团结奋斗、共同繁荣发展。要引导各族人民牢固树立汉族离不开少数民族、少数民族离不开汉族、各民族之间相互离不开的思想,巩固和发展平等团结互助和谐的社会主义民族关系。要全面正确贯彻党的宗教信仰自由政策,尊重少数民族风俗习惯,切实保障各族人民合法权益。对内对外开放都要注意保护民族传统文化。

温家宝说,50多年来,广大兵团干部群众白手起家,艰苦奋斗,在环境恶劣的戈壁滩上建立绿洲,兴建企业,建设城镇,创造了人类开发史上的奇迹。目前,兵团发展面临不少挑战,新疆各地普遍面临的问题,兵团或多或少都存在,兵团自身还有一些特殊困难。要从多方面采取措施,全面增强综合实力,实现兵团可持续发展。中央财政要加大转移支付,增强兵团公共服务能力。

温家宝还专门看望了上海、山东、广东和深圳的援疆干部,听取了他们汇报。他说,两年多来,在支援省市、中央和国家机关、有关企业和新疆方面的共同努力下,这项工作取得了显著成绩。新形势下,援疆工作任务更加繁重,要用先进的理念确定援疆项目,真正把先进的规划、先进的项目、先进的产品、先进的技术带给新疆。各种项目都要聚焦民生,适应群众思想观念的变化和新的要求,让当地人民生活得到改善,生态环境得到保护。要建立、健全援疆项目建设、管理、移交的机制,坚持以市场配置资源为主,坚持以新疆干部群众为主体,在搞好硬件建设的同时要重视软件建设,给当地留下好的机制。温家宝还说,对口援建实际是省区市之间的相互了解,增进友谊,互帮互学,共谋发展,共同进步。

全国政协主席贾庆林在人民大会堂会见布隆迪参议长恩蒂塞泽拉纳

贾庆林指出,发展同非洲国家的友好合作关系是中国对外政策的重要基石,也是中方长期、坚定的战略选择。中方愿同包括布隆迪在内的广大非洲国家共同努力,积极落实中非合作论坛第五届部长级会议成果,为非洲和平与发展注入新的动力,继续推动中非新型战略伙伴关系不断向前发展。

恩蒂塞泽拉纳表示,布方高度重视发展同中国的关系,愿与中方共同努力,深化各领域务实合作。布隆迪参议院希望进一步加强与中国全国政协的交流与合作,共同推动布中关系深入发展。

中共中央政治局常委李长春在北京会见以主席米洛·久卡诺维奇为团长的黑山社会主义者民主党代表团

国务院副总理回良玉在亚的斯亚贝巴与埃塞俄比亚代总理海尔马里亚姆举行会谈

中联部部长王家瑞在北京与黑山社会主义者民主党主席米洛·久卡诺维奇一行举行会谈

全国政协副主席王刚在南宁出席全国计划生育协会基层组织建设座谈会并讲话

王刚指出,30多年来,计生协组织建设紧紧围绕改革发展稳定大局,适应计划生育群众需要,在探索中前进,在创新中发展,为全面落实计划生育基本国策、扎实做好人口计生工作提供了有力保障。实践证明,坚持党的领导是加强计生协组织建设的首要原则,坚持服务大局是加强计生协组织建设的基本要求,坚持服务计划生育群众是加强计生协组织建设的根本目的,坚持改革创新是加强计生协组织建设的强大动力。

王刚强调,基层组织是计生协全部工作的基础和事业发展的基石,也是党和政府联系广大计划生育群众的重要纽带和计生协服务广大计划生育群众的依靠力量。要牢牢抓住贯彻计划生育基本国策这一中心任务,始终把服务科学发展作为第一要务,把服务社会和谐稳定作为重要责任,把服务计划生育群众作为根本宗旨,扎实推进新形势下计生协基层组织建设。要切实增强计生协基层组织建设实效,进一步拓展服务内涵,打造服务品牌,完善服务平台。要狠抓计生协基层组织自身建设,努力形成覆盖广泛、机构健全、队伍优化、功能增强、活动规范的组织格局。

潍柴7.38亿欧元重组德国凯傲

山东重工集团旗下潍柴动力公司与德国叉车巨头凯傲集团今天在济南签署战略合作协议，将斥资7.38亿欧元收购凯傲集团25%股权及下属新成立的林德液压公司70%控股权。这次合作是迄今为止中国企业在德国最大一起并购案例。

业内一直有"得液压件者得天下"的说法。全球液压系统一直被德国博世力士乐公司、美国伊顿公司、日本川崎公司垄断。此前，中国高端液压产品完全依赖进口，导致贸易逆差逐年增加。2000年，中国液压件进口额贸易逆差1.5亿美元，而到2011年，液压产品进口高达300亿元，贸易逆差增至37亿美元。

这次战略合作改变了中国高端液压产品依赖进口的局面。

飞行器新型试验风洞在四川绵阳建成使用

我国新建成的两座风洞和一套超级计算机系统，今天在四川绵阳投入使用。两座风洞主要用于高速飞行器防热试验和气动力试验；200万亿次的计算机系统主要用于飞行器的数值仿真计算。

据中国空气动力研究与发展中心介绍，这一成果标志着中国空气动力试验与研究能力迈上新台阶。

中国空气动力研究与发展中心主要承担着为中国各类航空航天飞行器进行选型、定型的空气动力试验与研究任务，是中国唯一大、中、小设备配套，风洞试验、数值计算、模型飞行试验"三大手段"齐备的空气动力试验研究机构。这次新建成投入使用的两座风洞和一个计算机系统，将有效地拓展中国风洞试验能力和数值仿真能力，更好地满足先进航空航天飞行器研制的需求，为提升中国飞行器研制水平提供有力的技术支撑。

9月4日

国家主席胡锦涛在人民大会堂会见新加坡总理李显龙

胡锦涛说，中新建交22年来，两国关系经历了国际风云变幻的考验，取得长足发展。双方相互了解不断加深，互利合作不断扩大。当前，国际格局正经历深刻复杂变化，亚洲发展面临的挑战增多。中新双方要继往开来，共迎挑战，在涉及两国核心利益和重大关切问题上相互理解、相互支持；要把互利合作同各自发展战略紧密结合起来，拓展合作的广度和深度；要加强在国际和地区事务中的协调与配合，推动亚洲和世界的和平与发展。

胡锦涛表示，中国的发展离不开亚洲，亚洲的发展也离不开中国。中国坚定奉行与邻为善、以邻为伴的周边外交方针，推动区域合作深入发展，坚定支持东盟一体化建设，支持东盟在东亚合作中发挥主导作用。中国愿同包括新加坡在内的东盟国家一道，努力营造和平稳定、平等互信、合作共赢的地区环境。

李显龙表示，新中关系发展很好。随着中国改革开放不断深化扩大，两国合作快速发展，取得丰硕成果，苏州工业园、天津生态园已成为两国互利合作的典范。新加坡愿同中国一道，不断探索合作的新领域、新方式，推动两国关系跟上时代步伐，继续向前发展。

李显龙表示，当前，亚洲形势总体稳定，发展前景看好。亚洲国家有能力通过合作，保持本地区和平稳定和经济增长势头，实现互利共赢。新加坡高度赞赏中国积极参与区域合作，欢迎并支持东盟加强同中国的合作伙伴关系，愿同中方共同努力，为推进区域一体化作出更大贡献，造福各国人民。

外交部部长杨洁篪、中国驻新加坡大使魏苇等参加了会见。

全国人大常委会委员长吴邦国在人民大会堂会见布隆迪参议长恩蒂塞泽拉纳

吴邦国说，中布人民有着深厚的传统友谊。近年来，两国高层交往频繁，各领域合作快速发展，双边关系进入新的发展阶段。他指出，中方一贯主张国际关系民主化，尊重世界多样性，国家不分大小、贫富、强弱，都是国际社会平等的一员。国际事务应由各国之间平等协商，国内事务应由本国人民自主决定。中布两国政治体制、人口面积、发展阶段不同，中方尊重布隆迪人民根据本国国情选择的发展道路，愿在相互尊重、平等互利原则基础上发展互利合作，继续在力所能及的范围内向布隆迪提供帮助，将中布关系不断提升到更高水平。

吴邦国表示，中国全国人大高度重视发展同布隆迪参议院和国民议会的友好关系，愿在现有基础上，加强多层次、多渠道友好往来，服务两国关系深入发展和各自国内经济建设需要，开展在治国理政、发展经济、改善民生等方面的经验交流，为促进中布关系全面发展发挥积极作用。

在谈到中非关系时，吴邦国强调，发展同非洲国家的友好合作关系是中国对外政策的重要基石，也是中方长期、坚定的战略选择。今年7月，胡锦涛主席在中非合作论坛第五届部长级会议上宣布了今后三年加强中非务实合作的新举措，为中非关系发展注入新的推动力。中方愿与包括布方在内的非洲国家一道，落实好会议后续行动，推动中非新型战略伙伴关系取得更大发展。

恩蒂塞泽拉纳说，布中关系好、水平高，体现在双边关系的各个方面。布隆迪感谢中方长期以来对布隆迪和平进程及经济社会发展给予的宝贵支持。当前布隆迪正处在国家建设的关键时期，希望学习中国促进经济发展、保持社会和谐稳定的有益经验，欢迎更多的中国企业到布隆迪投资兴业，参与布隆迪发展战略实施。布隆迪参议院愿加强与中国全国人大的友好往来，为促进国家关系发展作出积极贡献。

全国政协主席贾庆林在北京会见由海峡两岸民意交流基金会董事长饶颖奇先生率领的台湾民意代表交流参访团

贾庆林说，过去四年两岸关系取得了巨大发展，开创了崭新局面。两岸形成全方位、宽领域、多层次的大交流局面，文化交流更是精彩纷呈，增强了共同传承中华文化的精神纽带。两岸关系的总体面貌焕然一新，成果来之不易。这是两岸双方、社会各界共同努力的结果。

贾庆林就巩固深化两岸关系和平发展提出四点意见。第一，要坚定信心，坚持走两岸关系和平发展的道路。两岸关系和平发展符合两岸同胞的共同期待和中华民族的根本利益。当前，两岸关系和平发展已经由开创期进入巩固深化的新阶段。我们的大政方针不会改变，将继续贯彻推动两岸关系和平发展的各项方针政策，巩固深化两岸关系和平发展的政治、经济、文化和社会基础，努力让更多台湾民众尤其是基层民众在两岸交流合作中受益。第二，要巩固基础，保持两岸关系的正确方向。双方要深化政治互信，维护和巩固一个中国的框架。要切实求同存异，充分发挥政治智慧，采取更多实际行动，为拓展两岸关系新局面提供更坚实的保障，为解决两岸关系中的深层次问题创造更有利的条件。第三，要扩大交流，促进两岸各领域合作深入发展。我们要采取更积极的措施，支持和鼓励两岸各领域、各界别、各行业的广大民众开展各种形式的交流。要更加注重建立和巩固交流机制，更加注重求真务实。第四，要共谋双赢，增进两岸民众的福祉。应该继续把深化两岸经贸合作作为优先和重点，促进两岸经济优势互补，共同提高竞争力。我们会在广泛听取台湾民众意见的基础上，进一步出台促进两岸合作交流、惠及台湾同胞的政策措施，努力使各界各阶层更广大的台湾同胞都享受到两岸关系和平发展的成果。总之，要通过两岸双方共同努力，增强两岸同胞同为炎黄子孙的自豪感，增强“两岸一家人”的认同感，凝聚实现民族复兴的共同意志，为深化两岸关系和平发展提供精神支撑。

中共中央台办主任王毅，全国政协机关党组书记、副秘书长孙怀山，全国政协港澳台侨委员会主任、海协会会长陈云林等参加了会见。

这是台湾民意代表交流参访团应全国政协港澳台侨委员会的邀请第三次来北京参访。

人民政协理论研究工作座谈会在北京开幕

这次座谈会的主要任务是：认真学习贯彻胡锦涛总书记在省部级主要领导干部专题研讨班上的重要讲话精神，深入总结十届全国政协以来人民政协理论创新的重要成果，积极探索人民政协理论研究工作的特点和规律，谋划部署进一步加强人民政协理论建设的重大举措，为丰富和发展人民政协理论、推进人民政协事业发展作出新的贡献。中共中央政治局常委、全国政协主席贾庆林出席开幕式并发表重要讲话。

贾庆林在讲话中全面回顾了人民政协事业在中国共产党创立的人民政协理论指引下不断发展的光辉历程，着重阐释了中国特色社会主义人民政协理论的基本框架和内涵，进一步明确了人民政协理论建设的方向和任务。他指出，人民政协是在毛泽东人民政协思想指导下创立的。毛泽东人民政协思想确立了人民政协的基础理论和基本政策，有力地指导了人民政协的创立和发展。中国特色社会主义人民政协理论包括以邓小平同志为核心的中国共产党第二代中央领导集体、以江泽民同志为核心的中国共产党第三代中央领导集体和以胡锦涛同志为总书记的中共中央关于人民政协的重要思想、观点和论述，是马克思列宁主义统一战线理论、政党理论、民主政治理论与中国具体实践相结合的重大理论成果，是对毛泽东人民政协思想的继承和发展，是中国特色社会主义理论体系的重要组成部分。这一理论系统回答了在新时期建设什么样的人民政协、怎样建设人民政协等战略性课题，科学阐明了新时期人民政协的地位作用、性质界定、主要职能和履职原则等重大理论政策问题，是指导人民政协事业发展的强大思想武器。

贾庆林说，十届全国政协以来，人民政协在中国特色社会主义人民政协理论指引下，努力用理论创新推动实践创新，各项工作取得长足发展，显示了理论创新对实践发展的巨大指导和推动作用。他强调，推进中国特色社会主义事业的伟大实践，实现人民政协事业的不断发展，需要继续大力加强人民政协理论建设。要始终坚持正确政治方向，加快推进人民政协理论建设工程，坚持以实际问题为中心开展研究，形成协调配合的长效工作机制，不断开创人民政协理论建设新局面，为人民政协事业的发展和社会主义民主政治建设作出应有的贡献。

全国政协副主席郑万通主持会议。

全国政协副主席杜青林、张榕明、钱运录、林文漪、陈宗兴出席开幕会。这次理论研究工作座谈会为期两天。全国政协办公厅和各专门委员会,中国人民政协理论研究会,各省、自治区、直辖市和副省级市政协有关负责同志以及部分专家学者参加会议。

国务院副总理回良玉在布拉柴维尔与刚果(布)总统萨苏举行会谈

国防部部长梁光烈在新德里与印度总理辛格举行会谈

9月5日

国家主席胡锦涛在人民大会堂会见美国国务卿希拉里·克林顿

胡锦涛说,近年来,在双方共同努力下,中美关系总体稳定发展。双方积极建设相互尊重、互利共赢的中美合作伙伴关系。中美关系的战略意义和全球影响日益凸显,值得我们倍加珍惜、共同维护。中方愿同美方保持和加强对话、沟通、协调,排除各种干扰,确保中美关系始终沿着正确方向前进。

胡锦涛表示,保持中美经贸关系稳定发展对两国乃至世界经济复苏和增长都有重要影响。希望双方充分发挥互补优势,努力挖掘合作潜力,积极推进贸易和投资一揽子合作,不断提升双边经贸合作的质量和水平。同时,妥善处理双边经贸关系中存在的摩擦和分歧,避免经贸问题政治化。希望美方坚决抵制贸易保护主义,放宽高技术产品对华出口限制,为中国企业赴美投资提供公平竞争环境。

希拉里·克林顿表示,过去3年多来,美中双方保持了密切沟通、对话与合作。美中关系日趋成熟,基础更加牢固。当前,世界正在发生重大变化,建立什么样的美中关系具有特别重要的意义。美方致力于同中方超越差异,加强合作,携手应对全球性问题和挑战,以史无前例的方式证明,一个守成大国和一个新兴大国能够继续为各自人民创造美好未来,为世界和平与稳定作出贡献。美方愿扩大两国贸易与投资,加强双方在基础设施建设、新能源、环保等领域务实合作,进一步推动美中经济关系发展。

国务委员戴秉国、外交部部长杨洁篪等参加会见。

国务院总理温家宝在中南海紫光阁会见美国国务卿希拉里·克林顿

温家宝说,近年来,特别是国际金融危机爆发后,中美在许多领域加强沟通磋商,取得积极成果,两国关系总体保持稳定发展,这符合双方的共同利益。

温家宝指出,中美关系对世界有很大影响,不以任何人的主观意志为转移,或继续前进,或消极倒退,这取决于双方的努力。历史证明,不同社会制度的国家完全可以和平共处、共同发展,关键在于领导人要从全局和战略高度去思考和把握两国关系。美方应切实尊重中国主权和领土完整,照顾中国核心利益和国民感情,在亚太区域对话与合作中发挥建设性作用,维护和平、稳定、发展大局。

温家宝表示,面对严峻的国际经济形势,中美要开展大规模贸易、投资、金融一揽子合作,并为双方企业创造良好的环境,以达到互利共赢的目的。

克林顿表示赞同温总理对中美关系重要性的看法。她说,美中关系尽管经历过波折,但两国有许多共同看法,在应对国际金融危机中密切合作,为促进世界经济复苏作出了贡献,美方赞赏中国发挥的关键作用。当前,世界经济形势仍很脆弱,美中关系面临新的机遇和挑战,寻求互利共赢符合双方利益。美方愿与中方加强高层交往和民间交流,充分发挥各种对话机制的作用,增进相互了解与合作,推动美中关系不断向前发展。

外交部部长杨洁篪参加会见。

国务院副总理李克强在人民大会堂会见孟祥民先进事迹报告团

报告团成员介绍了孟祥民同志的先进事迹。孟祥民生前是山东省淄博市一名基层环保工作者,他忠于职守,秉公执法,对环保违法敢于碰硬,对企业污染防治热情服务,在身患癌症的情况下,仍坚守岗位,为家乡多一片碧水蓝天而忘我工作,在平凡的岗位上创造了不平凡的业绩。李克强向孟祥民的亲属表示慰问,他说,孟祥民同志的高尚情操,树立了新时期环保卫士的形象。我国环保事业的发展,离不开广大环保工作者的辛勤努力和亿万人民群众的积极参与。要激励大家学习先进,立足本职,为提高我国生态文明水平贡献力量。

李克强指出,资源相对不足、环境容量有限,是我国在新的发展阶段的基本国情。如果不能有效突破环境资源的瓶颈,现代化进程和可持续发展就会受到很大的制约。因此,必须加快转变经济发展方式,以加强生态环境保护为重要抓手,探索走出一条发展与环保相得益彰、发展质量和效益不断提高的新路,这是实现我国长远发展的必然要求。同时,生态环保建设需求巨大,也是稳增长的重要引擎。"十二五"期间仅环保投资预计就可达数万亿元,并可带动更大规模的相关基础设施、技术、设备和服务需求,推动节能环保绿色产业的发展,形成新的经济增长点,这对于激发内需、优化结构、拓展发展空间、建设生态文明能够发挥多重、叠加和持久的效应。

李克强强调,环境保护与民生密切相关,基本环境质量是一种公共产品,是政府应当提供的公共服务。随着生活水平不断提高,广大群众对改善环境越来越关注、越来越期待。要着力解决损害群众健康的突出环境问题,特别是水、空气、重金属污染等问题,逐步补上长期积累的环境历史欠账,不断改善人们生存发展的环境质量。应当看到,宜居安康的生态环境,是一个国家、一个地方极具吸引力的"名片"。加强生态环境保护可以增进群众身心健康,降低因污染而带来的事后治理等方面的成本,因而也是生产力,可以促进生态效益和经济效益、社会效益的同步提升。

李克强说,加强环境保护、建设生态文明人人有责,政府、企业、社会要共同努力,广大环保工作者更肩负着重要使命。希望大家以孟祥民同志为榜样,积极作为,严格执法,作环保理念的宣传者、环保监管的践行者、环保安全的捍卫者。环保工作者大多在基层、在一线,具体工作中会面临不少压力,各级政府要关心他们的工作和生活,帮助解决实际困难。

国务院副总理王岐山在吉林长春考察农村金融工作

王岐山指出,改进农村金融服务,关键要把市场机制和政策支持有机结合起来,形成支农合力。全国各地农村情况千差万别,要因地制宜,采取多种方式进行农村金融服务创新试点。保持农村信用社县域法人地位长期总体稳定,继续发挥好支农主力军作用。着力培育和发展村镇银行等新型农村金融机构,鼓励、引导和规范民间资本进入金融领域。扩大农业保险覆盖面,强化理赔服务。农业发展银行要守住本业,进一步做好支农政策性业务。落实好差异化的货币信贷、财政税收支持政策,完善市场准入、退出等监管制度。研究解决老少边穷地区农村金融服务不足的问题。扎实推进农村信用、支付结算等体系建设,营造良好的金融发展环境。

王岐山强调,防风险是金融业永恒的主题。对各类金融风险隐患,各地区要高度重视,与金融监管部门积极配合,做到早发现、早报告、早处置。要明确监管责任,层层抓好落实,严厉打击高利贷、非法集资等违法金融活动,守住不发生系统性区域性金融风险的底线。

王岐山考察了农发行、农信社、村镇银行、保险公司等金融机构。他说,农村金融机构要坚持服务"三农"的方向,立足当地,重心下沉,优化网点布局,完善激励约束机制,提高员工素质,一心一意把涉农业务做深做稳。

国务院副总理李克强在人民大会堂与美国国务卿希拉里·克林顿举行会谈

国务院副总理回良玉在达累斯萨拉姆与坦桑尼亚联合共和国总统贾卡亚·姆里绍·基奎特举行会谈

回良玉说,中方十分重视中坦和中非关系,希望双方通过政治互信促进友好合作,通过友好合作增进政治互信,落实好中非合作论坛第五届部长级会议成果,推动中坦友好合作和中非新型战略伙伴关系不断向前发展。中方鼓励有实力有信誉的企业来坦投资兴业,期待双方的交流与合作向更宽的领域拓展,也愿为促进坦的发展作出自己的贡献。祝愿坦桑尼亚顺利实现第一个五年计划,经济和社会发展不断取得新成就。回良玉还介绍了中国改革开放的情况。

基奎特说,中国通过改革开放取得了举世瞩目的成就,坦渴望学习中国的经验。坦欢迎中国企业来坦投资,期待双方在基础设施建设、教育和农业等多领域开展合作。

公安部部长孟建柱在北京与老挝公安部部长通班·森·阿蓬举行会谈

孟建柱指出,长期以来,中老两国公安部相互支持、坦诚相待,建立了全方位、多层次、宽领域的合作关系。希望双方继续大力推进湄公河流域执法安全合作,推动执法人员往来和业务交流,深化在边境管理和打击非法出入境、贩毒、人口拐卖以及案件协查和遣返犯罪嫌疑人等领域的务实合作,为地区经济发展和人民生活创造稳定安宁的环境。

通班表示,老挝党和政府十分重视与中国的友好关系,老方愿在湄公河流域执法安全合作和打击跨国犯罪等领域继续给予中方坚定支持,加强双边务实合作,推动两国执法安全合作迈上新台阶。

会谈后,双方签署了有关合作协议。

9月6日

国家主席胡锦涛抵达符拉迪沃斯托克出席亚太经合组织第二十次领导人非正式会议

当地时间19时30分,胡锦涛乘坐的专机抵达符拉迪沃斯托克国际机场。胡锦涛受到俄罗斯政府及当地高级官员热情迎接。

王沪宁、戴秉国等陪同人员同机抵达。

中国驻俄罗斯大使李辉也到机场迎接。

这次亚太经合组织领导人非正式会议主题是"融

合谋发展,创新促繁荣",将主要讨论贸易和投资自由化、区域经济一体化、加强粮食安全、建立可靠的供应链、加强创新增长合作等议题。胡锦涛将在会议上发表重要讲话,阐述中方对推动世界和亚太地区经济发展的主张、对今年会议重点议题的立场,回顾20年来亚太经合组织发展历程并展望其未来发展。

会议期间,胡锦涛还将出席亚太经合组织工商领导人峰会并发表主旨演讲,出席领导人同亚太经合组织工商咨询理事会代表对话会,会见一些成员领导人或代表。

全国人大常委会委员长吴邦国在人民大会堂与俄罗斯联邦委员会主席马特维延科举行会谈

吴邦国说,中方愿与俄方共同努力,按照两国元首达成的共识,坚定不移地将发展相互关系作为本国外交的主要优先方向之一,保持中俄关系发展的连续性,推动中俄全面战略协作伙伴关系不断迈上新台阶。

吴邦国说,立法机构的交流与合作,有力地推动中俄关系的发展。特别是议会合作委员会的成立,提升了双方议会合作的水平,使议会交往成为两国关系中富有活力和内涵的重要组成部分。在新的形势下,双方应在已有基础上,着力开展以下合作:一是按照中俄战略协作精神,加大相互政治支持,深化政治互信互助关系,共同维护两国主权、安全、发展利益。二是积极推动务实合作质量和规模同步提升,加强在治国理政、立法监督等领域的经验交流,促进两国共同发展振兴。三是借助中俄互办旅游年等活动,密切人文交流,促进人员往来,增进彼此了解互信,培养两国青年和青年政治家之间的友谊,深入弘扬中俄世代友好。四是加强在国际和地区议会组织中的沟通配合和战略协作,遵循《联合国宪章》的宗旨和原则以及国际关系基本准则,维护两国共同利益。

马特维延科说,俄中友好深入人心。发展俄中全面战略协作伙伴关系是俄罗斯外交的优先方向,深化俄中友好、加强战略协作是俄罗斯政府、议会、地方及社会各界的一致愿望。当前,俄中各领域合作都处于高水平,但仍有很大发展潜力和空间。两国领导人和人民之间的高度互信是俄中关系持续发展的重要基础,双方建立的完备合作机制为深化合作提供了有力保障。俄罗斯联邦委员会愿与中国全国人大共同努力,充分利用好合作委员会这一有效平台,开展全方位、多领域的合作,为双边关系的发展营造良好的法律环境,为俄中关系不断迈上新台阶作出更大贡献。

在谈到地方合作时,双方一致认为,地方合作是中俄关系未来10年发展规划的重点领域,对加强两国世代友好、促进双方利益交融具有重要意义。两国立法机构应充分发挥议员在地方具有广泛代表性的优势,为推动两国地方合作和经济发展做更多实事。

国务院总理温家宝在人民大会堂与新加坡总理李显龙举行会谈

温家宝表示,双方要进一步密切战略沟通,尊重彼此重大关切;推动苏州工业园区和天津生态城项目建设达到更高水平,在投资、金融、绿色经济等领域不断探索有效的合作方式;完善海上合作机制,加强在海洋环保、反海盗等方面的协调配合;开展形式多样的文化活动,扩大青年、媒体之间的交流。

温家宝指出,东亚地区在国际金融危机中保持稳定,经济快速增长,为世界所瞩目。加强中国与东盟的团结,深化互利合作,对于维护这一良好局面,促进共同利益至关重要,希望新加坡继续发挥重要作用。

李显龙表示,通过不懈努力,新中关系取得了长足发展,这符合双方的共同利益。新方愿与中方深化相互理解,开拓新的合作领域,增进人民之间的友谊,推动新中关系全面发展。中国的发展对亚洲和世界有利,新方将继续致力于推进东盟与中国的友好互利合作,共同维护地区和平、稳定与发展。

会谈后,两国领导人共同出席了双边有关合作文件的签字仪式。

国务院总理温家宝在人民大会堂会见出席中国—中东欧国家合作秘书处成立大会暨首次国家协调员会议外方代表

温家宝说,中国—中东欧国家合作秘书处的成立和首次国家协调员会议的召开,标志着合作平台和网络的建成,将有力地推动实施中方宣布的12项举措,中国与中东欧国家关系正在迈入一个崭新的发展阶段。我相信,建立在相互尊重、完全平等、真诚合作、互利共赢基础上的合作,必将进一步深化中国与中东欧国家的互信与友谊,更多造福双方人民。

温家宝表示,中方坚定支持欧洲一体化进程,赞赏欧方解决欧债问题的决心和作出的努力。加强中国与中东欧国家关系是深化中欧合作的重要组成部分,有利于中欧携手应对挑战,推动全面战略伙伴关系达到更高水平。

中东欧国家协调员代表表示,华沙会晤开创了中国—中东欧国家关系新的历史阶段。秘书处的成立和国家协调员会议的成功召开标志着落实领导人会晤成果的工作迈出了重要一步。中东欧国家愿在经济、科技、教育、文化、旅游等各领域发展同中国的全方位合作,相信这有助于增进中东欧国家与中国的传统友谊,符合各国人民的利益，也有助于促进欧中关系。

国务院总理温家宝在人民大会堂与俄罗斯联邦委员会主席马特维延科举行会谈

国务院副总理回良玉在桑给巴尔与桑给巴尔总统谢因举行会谈

第二届中国非物质文化遗产博览会在山东枣庄台儿庄古城开幕

黄荣逝世

广西壮族自治区党委原常委，自治区人大常委会原主任、党组书记黄荣同志，因病医治无效，于2012年9月6日在南宁逝世，享年102岁。

黄荣是党的八大代表、中央纪委委员，第一至七届全国人大代表，全国人大民委委员，广西(区)第一至三届政协副主席。

9月7日

国家主席胡锦涛在俄罗斯符拉迪沃斯托克与俄罗斯总统普京举行会谈

两国元首就深化中俄全面战略协作伙伴关系及共同关心的重大问题深入交换意见，达成重要共识。

胡锦涛指出，今年6月初上海合作组织北京峰会期间，我和总统先生举行了坦诚、深入、务实的会谈，确定今后一个时期中俄关系发展原则、方向和重点合作领域，为双边关系发展注入了新的动力。希望双方积极落实合作协议和共识。一是要深化战略互信，加大政治支持，确保两国政治关系继续在高水平上向前发展。二是要加强投资、高技术、创新等重点领域合作，推动战略性大项目合作，同步提高经贸合作规模和质量。三是要积极商谈《〈中俄睦邻友好合作条约〉实施纲要(2013年至2016年)》，落实好条约宗旨、原则、精神。四是要建立中俄执法安全合作机制，巩固和发展两军友好合作关系。五是要建立中俄地方领导人定期会晤机制，促进地方合作。六是要商定未来10年中俄人文合作行动计划，办好中俄旅游年，推进两国青年交往。七是要密切双方在重大国际和地区问题上协调和配合，维护联合国宪章宗旨和原则、国际关系基本准则，维护国际公平正义，促进地区及世界和平、安全、稳定。

胡锦涛强调，能源合作是中俄务实合作重点方向，具有战略性和长期性。希望双方遵循互利双赢原则，推动合作不断取得新进展。

普京表示，在两国领导人高度重视和直接推动下，俄中关系在非常高的水平上向前发展，取得了丰硕成果。双方政治互信不断加强，在各个领域均保持着密切沟通、协调和配合。双边贸易额在去年达到830亿美元基础上，正在向双方确定的2015年1000亿美元的目标迈进。两国航空、航天、油气、核能等领域合作取得新进展，人文合作持续扩大，国家旅游年框架下的各项活动顺利开展，并产生广泛的积极影响。俄方希望同中方共同努力，全面落实两国领导人达成的共识，推动俄中全面战略协作伙伴关系和各领域合作迈上新台阶。

胡锦涛指出，中俄都是亚太重要国家，是地区合作进程重要成员和积极推动者，双方密切配合，共同倡导互信、互利、平等、协作、不可分割的新安全观，携手推动地区合作和发展议程，为维护地区和平稳定、促进地区发展繁荣作出重要贡献。当前，世界经济形势中不稳定不确定因素增多，亚太地区形势总体稳定，但也面临不少挑战，亚太地区经济发展及其引领作用备受各方重视。俄方在这一背景下主办亚太经合组织第二十次领导人非正式会议，对推动亚太和世界经济增长具有重要意义。中方全力支持俄方办好这次会议。希望双方继续密切配合，共同推动会议取得丰富、务实成果。中方愿继续同俄方一道，推动各方加强团结、深化合作，以合作谋和平，以合作求安全，以合作促发展，共同推动构建平等、开放、和谐的亚太安全和合作格局。

普京感谢中方对俄方主办亚太经合组织会议的支持，表示俄方重视中国在亚太事务中的重要作用，愿同中方加强协调和合作，共同促进本地区和平、稳定和发展。

王沪宁、戴秉国等参加会见。

国家主席胡锦涛在俄罗斯符拉迪沃斯托克与越南国家主席张晋创举行会谈

胡锦涛就当前和今后一个时期中越关系发展提出3点意见。一是牢牢把握两国关系发展的正确方向。从对历史负责、对两国人民负责的战略高度，把握好两国关系发展的大方向，是两国领导人的共同责任。任何时候任何情况下，都必须高举中越友好旗帜不动摇。二是不断扩大两国关系的积极面。要充分发挥中越双边合作指导委员会、经贸合委会等机制作用，本着互利共赢的精神，推进两国互利合作取得更多成果。三是切实增进两国人民友好感情。要着眼两国关系长远发展，加强社会各界多层次、宽领域交流，多宣传报道两国友好合作。

张晋创表示，越中传统友谊是两党、两国人民的宝贵财富，双方有责任维护好。在“十六字”方针和“四好”精神指导下,不断巩固和发展越中全面战略合作伙伴关系是越南党和政府的一贯主张。越方愿同中方共同努力,保持高层交往,增进政治互信,推进经贸合作,丰富民间交往,加强在国际和地区事务中协调和配合。张晋创还代表越南党、政府和人民预祝中共十八大取得成功,祝愿中国人民在建设中国特色社会主义道路上取得更大成就。

胡锦涛强调,近来,中越关系因南海争议出现一些困难,这是我们不愿看到的。要坚持政治解决南海争议,坚持走搁置争议、共同开发的道路,坚持双边谈判和友好协商,坚持维护南海和平稳定大局。在当前形势下,双方要共同落实好两国就南海问题沟通磋商达成的共识,以及已签署的《关于指导解决中越海上问题基本原则协议》,保持冷静克制,避免采取任何使争议扩大化、复杂化、国际化的单方面行动,不使南海问题影响东亚合作和地区稳定大局。要充分利用两国政府边界谈判机制,探讨管控争议、稳定局势、缩小分歧、推进合作的有效措施,推动对话谈判取得积极进展。

张晋创表示,越方愿同中方一道,从两国关系战略利益出发,认真落实两国领导人达成的共识,通过和平友好协商推动海上问题早日妥善解决。

国家主席胡锦涛在俄罗斯符拉迪沃斯托克与文莱苏丹哈桑纳尔举行会谈

胡锦涛表示,中文关系保持良好发展势头。中方重视同文莱的睦邻友好合作关系。当前,文莱正在实施经济多元化发展战略,中国也在加快产业调整升级,加大对外投资。两国应该将双边合作同各自特点、优势、发展战略紧密结合起来,相互支持,共同发展。中方愿同文方一道努力,保持高层交往,加大经贸和投资合作,推进基础设施建设项目,积极开展能源合作,扩大人文交流,推动中文关系取得新的更大发展。

哈桑纳尔赞同胡锦涛对两国关系的评价,表示文中关系发展良好,双方保持密切高层交往,有力推动了两国政府和民间合作。文方感谢中方为文莱农业、渔业有关项目发展提供帮助。两国经贸合作发展迅速,越来越多的中国企业在文莱投资,双边贸易额已突破我和胡锦涛主席共同确定的目标。文方希望推动两国企业在投资、能源、石化等领域加强合作。哈桑纳尔重申,文莱将继续坚持奉行一个中国政策。

中共中央总书记胡锦涛在俄罗斯符拉迪沃斯托克与中国国民党荣誉主席连战举行会谈

胡锦涛强调国共两党领导人2005年共同发布的“两岸和平发展共同愿景”提出的主张,大多都已得到实现。两党选择的两岸关系和平发展道路,方向是正确的,前景是光明的。两党和两岸双方应该沿着这条道路继续向前迈进,不断巩固和深化两岸关系和平发展,共同实现中华民族伟大复兴。

胡锦涛就巩固和深化两岸关系和平发展阐述了三点看法。

第一,要坚定不移走两岸关系和平发展道路。两岸关系和平发展道路,符合两岸同胞共同愿望,符合中华民族整体利益,符合时代发展进步潮流。我们必须坚持这条务实道路,保持这一正确方向,加强两岸关系和平发展的制度化建设。

第二,要不断巩固两岸关系和平发展的政治基础。这几年,两岸双方确立了反对“台独”、坚持“九二共识”的共同政治基础,这是确保两岸关系沿着正确道路前进的关键所在。巩固和深化两岸关系和平发展,需要我们不断增进互信、扩大共识,尤其是要在共同坚持一个中国原则这一重大问题上毫不动摇,态度鲜明。

第三,要在世界格局变化和民族复兴的历史进程中把握两岸关系的前途。当今世界格局正在经历重大变革,国际力量对比发生着深刻变化。实现民族复兴,是近代以来中华儿女为之奋斗的夙愿,两岸关系和平发展应该成为中华民族伟大复兴的重要组成部分。两岸同胞应该更紧密地携起手来,共同壮大全民族的整体实力,共同应对复兴进程中面临的各种挑战。

在谈及台湾经济形势时,胡锦涛表示,我们始终关注台湾经济发展,关注台湾同胞福祉,希望同台湾加强互利合作,实现共同发展,携手应对国际经济形势带来的新挑战。为此,我们愿意通过双方合作,进一步抓好两岸经济合作框架协议的后续商谈,争取给两岸关系带来新成果,给两岸民众带来新实惠。

胡锦涛指出,2008年5月以来,两岸关系实现历史性转折,取得一系列重大进展,打开和平发展新局面。这段期间,连主席为此付出了心血,作出了历史性贡献,我们对此给予高度评价。

连战表示赞同胡锦涛总书记的意见。连战说,2005年两党领导人发布“两岸和平发展共同愿景”以来,两岸双方基于坚持“九二共识”、反对“台独”的共同体认,搁置争议,求同存异,追求双赢,逐步落实了愿景目标,开创了两岸稳定的新局与广泛的合作。两岸和平发展的道路是正确的,成果也是丰硕的。

连战表示,“九二共识”是两岸和平发展的基础,一个中国是处理两岸事务的基本原则,未来期盼双方进一步增进互信,加强合作,建构两岸关系和平稳定发展的架构,建议可由两岸学术界或智库等单位召开和平论坛,为此集思广益,创造条件。期待推动并完成两岸经济合作框架协议后续商谈,深化文教领域的交流合作,增进两岸同胞的福祉,开创中华民族的未来。

会见中，连战转达了中国国民党主席马英九对胡锦涛总书记的问候，胡锦涛也请连战转达对马英九的问候。

中共中央书记处书记、中央政策研究室主任王沪宁，国务委员戴秉国，中共中央办公厅主任栗战书、中共中央台湾工作办公室主任王毅等参加会见。

全国教师工作暨"两基"工作总结表彰大会在北京召开

中共中央总书记胡锦涛发来贺信，代表党中央、国务院，向全国广大教师和教育工作者表示节日的问候，向这次受表彰的先进集体和先进个人表示热烈的祝贺。

胡锦涛在贺信中指出，经过全党全社会的不懈努力，我国已经全面实现普及义务教育和扫除青壮年文盲的"两基"目标。这是我国教育发展史上的重要里程碑，对于促进教育公平、提高国民整体素质、推动经济社会又好又快发展都具有重要意义。希望各地区各部门坚持把教育摆在优先发展的战略地位，认真总结"两基"工作经验，切实巩固"两基"工作成果，加快建成覆盖城乡的基本公共教育服务体系，逐步实现基本公共教育服务均等化，真正办好人民满意的教育。

胡锦涛强调，教育大计，教师为本。我国教育事业的长足发展，同广大教师和教育工作者爱岗敬业、无私奉献是分不开的。在新形势下，希望广大教师和教育工作者全面贯彻党的教育方针，按照面向现代化、面向世界、面向未来的要求，切实做好教书育人各项工作，大力培养德智体美全面发展的社会主义建设者和接班人，为促进教育事业科学发展、建设教育强国和人力资源强国再立新功。

国务院总理温家宝出席大会并讲话。他强调，要适应人民群众接受更好教育的新期盼，把教育发展的重点放到提高质量、促进均衡发展上来，加快实现基本公共教育服务均等化，努力办好每一所学校，培养好每一个孩子。

温家宝指出，教育兴国是几代中国人的梦想。党的十六大以来，我们在推进教育发展、促进教育公平方面，主要做了3件大事：一是实施西部地区"两基"攻坚计划，农村地区特别是西部地区农村办学条件得到显著改善，义务教育基础薄弱的状况得到了扭转。二是在全国城乡全面实施真正免费义务教育，1亿多适龄儿童少年上学不花钱成为现实。三是建立、健全国家助学制度，保证学生不会因经济原因而中断学业。

温家宝指出，从1985年我们提出实行义务教育目标算起，经过几届政府和全社会25年的不懈努力，到2011年全国所有省级行政区、所有县级行政单位全部通过普及九年制义务教育和扫除青壮年文盲国家验收，人口覆盖率达到100%，青壮年文盲率下降到1.08%。这是我国教育发展史上的重要里程碑，也是中华民族伟大复兴道路上浓墨重彩的绚丽篇章。

温家宝强调，教育公平是社会公平的基石。完成了"两基"攻坚这一历史性任务，我国教育发展站在了新的历史起点上。我们基本解决了"有学上"问题，但更大的挑战是"上好学"。义务教育是教育公平最重要的领域，要大力推进义务教育均衡发展，加强学校标准化建设，着力缩小校际师资、设施差距，更加有效地保障所有儿童少年平等接受义务教育的权利。要全面推进素质教育，当前迫切需要把教育从应试和高考指挥棒下解放出来，解放学生、解放教师、解放学校。只有这样，学生、教师、学校才能按素质教育的要求去学习、去教学、去管理，真正提高教育质量。要深入推进教育改革，加快建立现代学校制度。倡导教育家办学，教育应当由懂教育的人办，不同类型的学校应有不同的管理和办学模式。完善升学考试制度，让学生有多次选择机会，克服一考定终身的弊端。大力发展民办教育，扩大教育资源，增强教育发展活力。

温家宝指出，教师是立教之本，有高水平的教师，才有高水平的教育。要坚持教书与育人并重，教师要把教书放在第一位。只有教好书，才能育好人。只有"教"，才能成为"师"。大学教授要进课堂，给本科生上课；中小学特级、高级教师要始终深入教学第一线。要关心农村教师的生活和成长，使他们进得来、留得住、干得好。教师要时刻加强师德修养，做到"既美其道，又慎其行"。

中共中央政治局委员、国务委员刘延东在大会总结时说，要深入学习贯彻胡锦涛总书记贺信和温家宝总理讲话精神，认真落实教育改革发展规划纲要，深化教育改革，创新体制机制，努力开创义务教育均衡发展和教师队伍建设新局面。要落实政府职责，把均衡发展作为新阶段义务教育的战略性任务，促进教育公平，提高教育质量，保障所有适龄儿童少年平等接受优质义务教育。要均衡配置教育资源，向薄弱学校、农村和中西部倾斜，规范学校布局调整，推进标准化建设，建立资源共享机制，缩小城乡、区域和校际差距。要关爱留守儿童，加强特殊教育学校建设。要全面实施素质教育，改革人才培养模式、教育教学方法、学校管理制度和督导评价体系，切实减轻课业负担，促进学生全面发展。1400万人民教师是办好教育的主体，要把教师队伍建设作为教育事业发展最重要的基础性工作，加大教师培养培训力度，大力提升师德水平和业务能力，创新教师管理制度，保障教师合法权益和待遇，继续营造尊师重教的社会氛围，以一流的师资支撑一流的教育、培养一流的人才。

全国人大常委会副委员长严隽琪、国务委员兼国务院秘书长马凯、全国政协副主席李兆焯出席大会。

国家教育体制改革领导小组成员单位,各省(区、市)和计划单列市、新疆生产建设兵团及所属相关部门负责人,国家教育咨询委员会委员,部分国家督学和高校负责人,以及受表彰的先进集体和先进个人代表等参加大会。300个全国"两基"工作先进单位、500名先进个人和80个先进地区受到表彰。

全国人大常委会委员长吴邦国 国务院副总理李克强在北京分别会见新加坡总理李显龙

国务院总理温家宝在云南 贵州地震灾区指导救灾工作

下午18时45分许,国务院总理温家宝乘飞机赶赴云南昭通地震灾区。在前往灾区的飞机上,他主持召开会议对抗震救灾工作作出部署。

11时19分40秒,云南省昭通市彝良县、贵州省毕节地区威宁彝族回族苗族自治县交界处发生5.7级地震,震源深度14公里。12时16分29秒,云南省彝良县再次发生5.6级地震,震源深度10公里。

在飞机上,温家宝听取随行有关部门负责人的情况汇报后说,此次地震是双震重叠,目前还余震不断。地震灾区地处山区,海拔较高,是少数民族聚居区,也是贫困地区,救灾工作难度不可低估。他就抗震救灾工作作出部署:一要迅即摸清灾情。把抢救人员放在第一位,加强搜救,尽量减少伤亡。我们到云南后,不管条件多么困难,都要到达地震现场,掌握震中灾情。当地医院要集中力量安置救治伤员。二要抓紧恢复交通、电力、通信等重要基础设施。交通是救援的生命线,要详细了解交通中断情况,及时组织抢修队伍,确保交通畅通安全。今晚是抢救伤员的关键时刻,要抓紧修复损毁的电网,迅即恢复电力供应。要保持通信畅通。三要安置好受灾群众。现在转移的群众大约有10万人,当前正值秋季,天气转凉,灾区又是山区,群众的生活条件比较困难。要全力支援灾区,让受灾群众有饭吃,有水喝,有保暖的衣被,力争有帐篷安置。四是加强地震监测预报,并组织群众做好避险,防止余震和次生灾害造成新的损失。五是加强统一指挥,成立以地方为主的抗震救灾指挥部,中央各部门做好支持救援工作。

温家宝说,我们经历了2008年汶川特大地震考验,有信心,有决心,也有能力应对昭通地震灾害。他还对有关部门协调组织抢救伤员、恢复交通和通信、安置受灾群众、卫生防疫、预报监测等方面的工作进行了分工。

公安部部长孟建柱在大连观摩全国公安特警2012红蓝对抗比武总决赛

国务委员、公安部部长孟建柱7日在辽宁大连观摩全国公安特警2012红蓝对抗比武总决赛时强调,要始终坚持从难从严训练,突出实战要求、苦练实战本领,科学管理队伍、文明规范执法,把公安特警队建设成为特别讲政治、特别守纪律、特别能吃苦、特别能奉献、特别能战斗的模范警队、英雄警队,更好地报效国家、服务人民。

在观看了总决赛各项科目比武后,孟建柱向全国公安特警致以亲切慰问。他说,参加这次比武活动的公安特警以昂扬的斗志、精湛的技能、顽强的作风,进行了激烈的竞技对抗,充分展示了公安特警训练取得的显著成果和公安特警有勇有谋、敢打必胜的良好精神风貌,对于深入推进公安特警正规化建设、不断提升队伍实战能力具有重要意义。孟建柱说,公安特警队自2005年组建以来,经过严格训练和实战磨砺,已成长为公安队伍中一支尖刀力量。广大公安特警在党和人民最需要的关键时刻挺身而出、勇往直前,顽强拼搏、连续奋战,为维护国家安全和社会稳定、保障人民群众生命财产安全作出了突出贡献,不愧为党和人民的忠诚卫士。

今年5月公安部部署开展全国公安特警2012红蓝对抗比武活动。各地公安特警队随即开展了综合体技能、特警搏击、战术射击、突击攻坚和突发事件处置战术"公安特警五项"科目普训工作。7月以来,全国7个特警合作区组织本区域红蓝对抗比武活动,选拔出成绩最佳队伍和人员,集结大连进行全国比武竞赛。

国防部部长梁光烈在万象与老挝人民革命党总书记朱马利举行会谈

第七届中国肿瘤学术大会在北京开幕

中国肿瘤学术大会是全国肿瘤学界最高水平的学术盛会,也是我国肿瘤学领域的品牌会议,每两年举办一次,自2000年首次在北京召开以来已成功举办了六届。

本届大会以"聚焦肿瘤转化医学·推动健康科学发展"为主题,是我国肿瘤学界最高水平的学术论坛之一,代表着中国肿瘤学最新发展前沿和最新进展。

9月8日

国家主席胡锦涛在俄罗斯符拉迪沃斯托克出席亚太经合组织第二十次领导人非正式会议并发表讲话

这次会议的主题是"融合谋发展,创新促繁荣"。

东道主俄罗斯总统普京宣布会议开始。第一阶段会议重点讨论贸易和投资自由化、区域经济一体化、建立可靠的供应链等问题，与会领导人就此交换意见。

胡锦涛在讲话中指出，贸易和投资自由化、区域经济一体化是亚太经合组织的核心议程。要秉承茂物目标精神，推进以茂物目标为核心的贸易和投资自由化便利化进程，处理好新议题和实现茂物目标的关系，中方支持将“自由贸易协定透明度”确定为今年“下一代”贸易和投资议题；要充分考虑各成员不同发展水平和具体情况，积极稳妥推进环境产品自由化进程；要加强环境技术传播和能力建设，帮助发展中成员提高发展环境产业和实现可持续发展能力；要加强信息交流和能力建设，积极探索区域经济一体化问题新思路，秉承开放、包容、透明原则，循序渐进推进亚太自由贸易区建设进程。

关于建立可靠的供应链，胡锦涛提出，要加大对基础设施建设投入，加强区域互联互通和网络化建设；要提高通关便利化水平，降低商品流通时间和成本；要加强经验交流和能力建设，提高本地区供应链的抗风险能力和灾后恢复能力；要营造良好政策环境，鼓励工商界积极参与供应链建设。

胡锦涛表示，中国一贯高度重视亚太经合组织作用，积极参与各层次各领域合作，为促进亚太经合组织发展作出了积极贡献。中国愿以主办2014年亚太经合组织领导人非正式会议为契机，深化同亚太经合组织各成员合作，为促进亚太地区和世界发展繁荣、提高人民福祉作出新的更大贡献。

国家主席胡锦涛在俄罗斯符拉迪沃斯托克出席亚太经合组织工商领导人峰会并发表演讲

胡锦涛强调，中国将坚持对外开放的基本国策，实行更加积极主动的开放战略，不断拓展新的开放领域和空间，完善适应发展开放型经济要求的体制机制，加快实施自由贸易区战略，加强同主要贸易伙伴的经济联系，深化同其他新兴市场国家和发展中国家务实合作。中国的发展将为亚太地区创造良好发展机遇，欢迎亚太工商界人士继续积极参与中国改革开放和现代化建设，分享中国发展机遇和成果。

当地时间9时30分许，胡锦涛在这次工商领导人峰会组委会主席、俄罗斯外贸银行董事长科斯京陪同下步入会场，全体与会者起立鼓掌。胡锦涛发表题为《深化互联互通 实现持续发展》的主旨演讲。

胡锦涛说，这次亚太经合组织工商领导人峰会以“加强基础设施建设，实现可持续增长”为主题，聚集关系经济复苏和长远发展的重大基础性问题，分析世界和亚太经济增长面临的机遇和挑战，对大家准确把握形势、明确合作方向和重点、全力推动亚太经济持续复苏和发展，具有十分重要的意义。我愿结合工商界人士关心的问题，就稳增长、促复苏背景下的基础设施建设问题提出几点看法。

第一，加强基础设施建设，夯实经济发展基础。营造公正、透明、高效的政务、法制和市场环境；提高农业、能源、水利、信息等领域基础设施水平，推进交通运输网络建设；发挥政府的重要作用，加大财政性资金支持，积极探索和完善投融资机制，建立多元参与机制。

第二，提高供应链联通性和便利化程度，充分发挥基础设施效能。持续推进《亚太经合组织供应链连接行动计划》，突破供应链瓶颈限制，消除货物、服务流通障碍；加强物流网络建设，简化海关程序；促进商务人员流动便利化。为中小物流企业在信息获取、跨境合作、能力建设等方面提供帮助。

第三，深化投资体制改革，共享基础设施建设发展机遇。政府部门应该支持民营部门进入基础设施产业，消除政策壁垒和体制障碍，拓宽社会资本进入渠道和途径，引入市场竞争机制；积极探索新的融资渠道和合作方式。

第四，加强交流合作，合力推动亚太互联互通建设。继续发挥亚太经合组织在供应链联通和贸易便利化等方面的优势，加强湄公河次区域经济合作、大图们倡议、东盟、东盟加中日韩、上海合作组织等机制交流合作；加强法规制度协调和人文合作。

胡锦涛指出，今年以来，中国经济运行总体平稳。同时，中国经济发展中不平衡、不协调、不可持续的矛盾和问题仍然突出。中国将继续实施积极的财政政策和稳健的货币政策，保持宏观经济政策的连续性和稳定性，继续处理好保持经济平稳较快发展、调整经济结构、管理通胀预期的关系，着力扩大国内需求，保持经济平稳较快发展和物价总水平基本稳定。我们将坚持把经济结构战略性调整作为加快转变经济发展方式的主攻方向，着力推动内生增长；坚持把发展经济和改善民生结合起来，着力推动包容性增长；坚持实施科教兴国和人才强国战略，着力推动创新驱动发展；坚持对外开放的基本国策，着力推动互利共赢。

胡锦涛表示，中方愿同各方携手合作，共同为亚太地区经济持续发展、人民福祉不断提高作出不懈努力。

胡锦涛发表演讲后，科斯京致答谢词。他表示，在当今世界经济格局中，中国的作用尤为重要，祝愿中国经济取得更大发展。

王沪宁、戴秉国等出席会议。

亚太经合组织工商领导人峰会是亚太经合组织年会期间的一个重要论坛。来自亚太地区工商企业界人士700多人听取了胡锦涛的演讲。

国家主席胡锦涛在俄罗斯符拉迪沃斯托克与印度尼西亚总统苏西洛举行会谈

双方就双边关系发展及共同关心的重大国际和地区问题深入交换意见,达成重要共识。

胡锦涛指出,当前,中印尼双边关系发展良好,给两国人民带来实实在在的利益。加强两国战略合作,不仅符合两国根本利益,也将在本地区起到积极示范作用。中方愿同印尼方继续本着互利合作、共同发展的精神,推动两国关系进一步发展。一是加强战略沟通,保持两国领导人经常性会晤,充分发挥副总理级对话机制、政府间双边合作联委会等机制作用,加强在重大问题上沟通和协调。二是加强经贸合作,尽早完成《中印尼经贸合作五年规划》编制工作,中国政府鼓励有实力的中国企业加强同印尼方在基础设施建设、制造业、能源资源等领域合作,支持印尼六大经济走廊建设。三是推进防务安全合作,开拓海上和航天合作,促进人文交流。

苏西洛表示,印尼和中国关系十分紧密,双方建立了战略伙伴关系,各领域合作进展顺利,双方确定的双边贸易额2015年800亿美元的目标有望提前实现。印尼方愿进一步发展两国友好合作关系,愿同中方继续保持高层交往和对话沟通机制,扩大贸易和投资规模,欢迎中国企业参与印尼能源产业、制造业、基础设施建设,希望加强两国在防务安全、海上、航天、教育、科技、旅游等领域合作。

胡锦涛指出,当前,亚太地区总体保持较快发展势头,但也面临不少挑战。中国和印尼应该牢牢把握本地区发展正确方向,坚持以发展为主题,推进地区各方面合作。通过对话协商妥善处理南海问题符合有关国家共同利益。中方愿同东盟国家一道,积极落实《南海各方行为宣言》,推动南海务实合作,共同维护本地区和平稳定。中国和印尼在维护南海和平稳定方面有广泛共同利益,中国重视印尼的地位和影响,赞赏印尼发挥的建设性作用,愿同印尼共同努力,维护东亚团结合作。

苏西洛赞同中方上述看法和主张,表示过去10年亚太地区保持稳定和发展,这是东盟国家和中国合作的结果。印尼希望本地区各国继续本着相互尊重、团结合作的精神,共创亚太地区美好未来。印尼尊重和重视中国在南海问题上的立场,有关各方应该通过友好协商妥善解决南海问题。印尼愿同中方密切合作,维护本地区和平稳定。

王沪宁、戴秉国等参加会见。

国务院总理温家宝在云南昭通地震灾区看望慰问受灾群众

国务院总理温家宝8日凌晨1时10分许抵达灾情最严重的云南昭通市彝良县后,随即乘车实地察看灾情,到医院了解伤员救治情况,在居民安置点看望转移群众。凌晨4时40分,他在彝良县抗震救灾指挥部主持召开会议部署抗震救灾工作。

云南昭通地震是一次震源浅、破坏性较强的地震,加上双震叠加,对灾区造成了很大影响。截至8日1时40分统计,地震已造成80人死亡,795人受伤,70多万人受灾。

由于昭通机场不具备夜降条件,7日晚,温家宝乘坐的飞机降落在离昭通市最近的四川宜宾机场,随即转乘火车赶赴昭通市彝良县。8日凌晨0时40分,他在火车上召集随行的国务院有关部门负责人和云南省有关负责人进一步听取灾情汇报,对到达彝良灾区后的工作作出安排。8日凌晨1时10分,火车抵达彝良站,随后换乘汽车沿着崎岖的山路前往地震中心地带。

1时40分许,汽车到达洛泽河镇毛坪大桥后已无法通行,温家宝走下车察看灾情。毛坪大桥一边是陡峭的山崖,一边是深陷的河谷。山上的巨石滚落在路上,最重的有几十吨,可以看到路旁被石块砸毁的各种车辆。温家宝详细询问受灾最为严重地区人员搜救和转移情况,要求尽一切努力救人。

由于余震不断,不时有石头从山上滚落,十分危险。温家宝不顾工作人员劝阻继续向前步行了约一里来地,察看村里是否还有没有转移出去的群众。在毛坪村道路旁,正在屋外躲避灾害的群众看到总理在深夜出现在这里,便纷纷围拢上去讲述地震发生时可怕的情景。温家宝详细询问村民们吃饭、喝水的情况。他说,你们的困难就是党和政府的困难,你们的痛苦就是党和政府的痛苦。这里的地质构造决定了还会有余震,要防止山体滑坡等造成的次生灾害。要特别注意安全,这是第一位的,要尽快把大家转移出去,尤其要照顾好老人和孩子。

彝良县人民医院收治了一批在地震中受伤的群众。由于床位紧张,不少群众在医院门诊楼外搭起的帐篷里接受治疗。凌晨2时30分许,温家宝来到这里看望正在接受治疗的群众。他走到二楼病房看望了几位重症病人,他们有的是因为在山上摘花椒被石头砸伤,有的是因为房屋倒塌而受伤,有老年人也有孩子。温家宝向医生详细询问了病情及治疗情况,并对病人家属说,请放心,我们一定会想尽办法救治受伤人员。

在门诊楼外的帐篷里,温家宝坐在4岁女孩陈正旭的床头。地震发生时,一块从山上滚下的巨石毁了她家的房屋,爷爷失去了生命,陈正旭被压在墙下,手部骨折,腿上也有不少伤痕。陈正旭的妈妈不停地流着眼泪,温家宝对她说,一定要坚强起来,照顾好孩子。

彝良县中心广场上扎满帐篷,地震灾区转移出来的群众一大部分安置在这里。凌晨3时40分许，温家宝来到这里走近帐篷关切地询问大家受灾和生活情况。他对广场上的群众说，我受党中央、国务院委托看望大家。现在，救灾人员正紧张进行救援，救援物资正陆续运往灾区，我们一定会把所有受灾群众的生活安置好，让大家有饭吃、有水喝、有住处，有病能治疗。现在仍然余震不断、危险还在，乡亲们还可能要离开家一段时间，希望大家同舟共济，共渡难关。人心齐、泰山移，越是困难的时候，越需要大家团结一致。我们有信心、有能力战胜这场灾害，有大家的共同努力，一定能在昭通建设更加美好的新家园。他向奋战在一线的广大解放军战士、武警部队和公安民警表示敬意。

4时40分，温家宝在临时搭起的帐篷里听取了云南省委、省政府抗震救灾的工作汇报，就下一步抗震救灾工作从八个方面做了部署：

第一，要尽全力救人。救人是当前第一位的工作。这次地震造成了严重的人员伤亡，由于地震发生在地形复杂的山区，条件十分恶劣，搜救工作一定要抓紧。黄金72小时十分关键，只要有一线希望，就要尽全力。今天白天要到达受灾的每一个村庄，不留一个盲点。这是一项硬性任务，急如星火，一点都不敢耽搁。

第二，尽最大努力救治伤员。现在住院的伤员是795人，恐怕还会增加。彝良的医院容量有限，这种情况，可能要分受伤轻重加以处理，有的可以转到省内其他地市医院救治，有的可以请相邻省份帮助，这些都要做好统一部署。我们的目标是尽量减少伤亡，尽最大努力救治伤员。

第三，妥善安置好受灾群众。受灾群众大约有20万外出避险，要保证每个人都有饭吃，有洁净的水喝，有病能治疗，尽量把群众安置在安全的地方，能够避风遮雨。一定要注意安全，注意防治传染病，因为天气渐凉，人积聚很多，容易暴发疾病，必须做好防疫工作，如安置地区的垃圾、医疗废弃用品的处理等，都要认真部署。

第四，尽快恢复基础设施。主要是道路、电力和电信，都遭到不同程度的破坏，特别是重灾区，到现在路还不通。必须千方百计抢修道路，路通了，救援力量、物资、设备才能到达，交通部门及地方要为打通道路而采取有力措施。电力的修复工作正在进行，但是有些地方还不通电，已经通电的地区电压不稳，电力直接关系到群众生活和医疗，南方电网已经派出力量，协助地方进行抢修。还有水利设施，特别是水库，要确保安全。对基础设施的恢复一定要抓紧，因为基础设施恢复了，才能给抢险救灾和灾后重建奠定基础。

第五，要做好地震监测预报和次生灾害和地质灾害的预防。目前地震还没有过去，余震不断，次生灾害和地质灾害，一段时期内都是预防的重点，现在许多岩石都已松散，在余震不断的情况下，很容易发生次生灾害，每一条沟、道路、村庄附近的岩层都要进行认真观察和防范。救援队伍的安全也应该放在第一位，我们争取做到救援人员不伤亡。

第六，做好群众工作，保持社会和谐稳定。救灾和灾后重建工作要持续一段时间，往往地震开始时，群众情绪还比较安定，时间久了，住在帐篷里，环境比较差，容易产生烦躁情绪，这种情况下，矛盾比较明显，一定要耐心细致地做好工作，发挥基层党组织的作用。在抗震救灾和恢复重建中，做好所有的工作都要依靠群众。

第七，提前谋划灾后重建工作。这是一项艰巨而繁重的任务，这个地方既是少数民族地区，又是贫困地区。耕地面积少，土地面积也少，重建一定要做好规划。首先是保障安全，同时要合理布局，集约和节约用地，方便群众，有利于生产生活。灾后重建工作一定要重视发挥政府和群众两方面积极性。中央政府和地方政府对重建给予政策支持，受灾群众也要克服困难，出工出劳，自力更生，重建家园。这些工作都需要强有力的组织、规划和领导。

第八，加强组织领导。组成抗震救灾总指挥部除了省委省政府和地方的领导以外，要吸收解放军和武警部队的领导参加。中央有关部门要给予大力支持。

全国人大常委会副委员长王兆国在石家庄出席第十四届中国科协年会开幕式并讲话

全国人大常委会副委员长王兆国出席开幕式并讲话。他强调，广大科技工作者要认真学习贯彻全国科技创新大会精神，更加坚定地走在科技改革发展的最前列，为推动实施创新驱动发展战略、加快建设创新型国家作出新的更大贡献。

王兆国指出，实施创新驱动发展战略是中央的一项重大决策，是实现经济平稳较快发展的客观要求，是推动社会全面进步的根本保障，也是应对国际激烈竞争的必然选择。要充分认识实施创新驱动发展战略的重要性和紧迫性，继续深化科技体制改革，推动完善人才培养与发展机制，加快建设创新文化，为科技工作者充分施展才华创造有利条件，营造全社会尊重和鼓励创新创业的良好环境，大力激发科技工作者推动实施创新驱动发展战略的积极性。广大科技工作者要更加坚定地走在科技改革发展的前列，全力支持和推动科技体制改革，更加积极自觉地提高自主创新能力，自觉践行社会主义核心价值体系，为加快国家创新体系建设、实施创新驱动发展战略、弘扬科学道德和创新文化建设多做贡献。

王兆国强调，各级党委和政府要切实加强和改进对科协工作的领导，重视发挥科协及所属团体在加快建设国家创新体系中的重要作用，逐步提高科普经费的增长速度，确保"十二五"时期我国公民具备基本科学素质的比例超过5%的目标顺利实现。切实加强与科技工作者的联系，倾听他们的意见和呼声，协调各方面力量为他们多办好事、实事，把科技工作者更加紧密地团结在党的周围。各级科协组织要认真履行"三服务一加强"工作职能，发挥好科技社团在推动全社会创新活动中的作用，承担起促进人才成长提高的重要任务，推动形成社会化科普工作格局，促进全民科学素质不断提高。

全国人大常委会副委员长、中国科协主席韩启德致开幕词。2200多名来自全国各地、各学科领域，工作在科研、生产、教学第一线的科技工作者参加了本届年会。

本届年会将围绕"科技创新与经济结构调整"的主题，按照"大科普、科学交叉、为举办地服务"的定位，开展学术交流和科学普及。

《朱镕基讲话实录》(线装本)首发式在长沙举行

《朱镕基讲话实录》(线装本)由中南传媒岳麓书社出版，一盒四函，每函四册，每册约95筒页(190面)，繁体竖排，全手工装订，内容与人民出版社2011年9月出版的《朱镕基讲话实录》一至四卷相一致，是继平装本、精装本之后，出版界推出的又一经典出版样式。

国家图书馆、中国第一历史档案馆、清华大学图书馆、湖南图书馆、长沙县和长沙市一中等在首发式上获赠《朱镕基讲话实录》(线装本)。

第九届全国大学生运动会在天津开幕

本届大运会会期10天，共设田径、游泳、足球、篮球、排球、乒乓球、武术、健美操、定向越野、跆拳道、毽球、桥牌12个比赛项目，全国31个省(区、市)和新疆生产建设兵团，以及香港、澳门特别行政区都派出了代表团，585支运动队的4700多名运动员将参加比赛。

9月9日

国家主席胡锦涛出席在俄罗斯符拉迪沃斯托克举行的亚太经合组织第二十次领导人非正式会议第二阶段会议并发表讲话

胡锦涛出席会议并就加强粮食安全和创新增长合作议题发表讲话。

关于粮食安全，胡锦涛强调，粮食安全攸关各国国计民生，事关人类发展和安全，需要协调加以应对。要夯实基础，加大农业投入，提高农业生产力水平，扩大粮食产能；要加强粮食交易市场基础设施建设，打造现代粮食物流体系，降低粮食储存、运输、消费环节全程损耗水平；要加大对农业生产、技术研发的投入，推广应用新技术，提高农业综合生产能力，保证食品安全和质量；要稳定粮食等大宗商品价格，防止过度投机和炒作，改善农业投资环境；要采取切实举措，保障弱势群体粮食供应。

关于创新增长合作，胡锦涛指出，应该营造鼓励创新的环境，强化科技创新支持政策，充分调动创新热情和创造活力；加大研发投入，加强创新人才和高技能人才培养和流动，促进科技成果向现实生产力转化；要发挥政府作用，为企业搭建创新合作平台，加强技术传播合作和技术转让。

会议发表了领导人宣言。

明年的亚太经合组织领导人非正式会议将在印度尼西亚举行。

国家主席胡锦涛在俄罗斯符拉迪沃斯托克与加拿大总理哈珀举行会谈

双方就中加关系和共同关心的国际和地区问题深入交换意见，达成重要共识。

胡锦涛指出，当前，国际形势复杂多变，影响世界经济复苏和增长的不稳定不确定因素明显增多。新形势下，中加关系重要性更加突出。双方应该珍惜来之不易的双边关系良好局面，努力推动中加战略伙伴关系健康稳定向前发展。一是坚持相互尊重、平等相待、互不干涉内政原则，增进政治互信，妥善照顾彼此核心利益和重大关切。二是发挥经济互补优势，稳步推进经贸、能源资源、科技、环保、基础设施建设、服务等领域合作，促进双边贸易平稳发展。以签署《中加投资保护协定》为契机，扩大双向投资合作，积极推进一些重大项目。三是持之以恒推进人文交流，增进相互了解和友谊，夯实中加关系民意基础。四是加强在联合国、二十国集团、亚太经合组织等多边机制中的协调和合作，共同促进亚太地区乃至世界和平稳定，丰富中加关系战略内涵。

哈珀表示，加中建立战略伙伴关系，双方签署和平利用核能合作协定，完成经济互补性研究报告，并将签署《中加投资保护协定》，这必将有力推动两国关系发展。当前，国际金融危机影响仍在延续，加强加中合作，不仅有利于两国，也有利于世界经济复苏。加方愿同中方保持高层交往，加强政治对话及在重大国际问题上的沟通和协调，扩大民间交流，加深相互了解，本着互利共赢精神，继续推动双边贸易和投资合作，共同反对各种形式的保护主义。加方支持中国主办2014年亚太经合组织领导人非正式会议,愿同中方加强在亚太事务中的合作。

会见后,两国领导人共同出席了《中加投资保护协定》签字仪式。

王沪宁、戴秉国等参加会见。

国家主席胡锦涛在俄罗斯符拉迪沃斯托克和智利总统皮涅拉共同出席《中智自由贸易协定关于投资的补充协定》签字仪式

该协定有30项条款及5个附件,涉及两国投资促进和保护相关事项。该协定的签署标志着中智自由贸易区全面建成,将为中智两国改善投资环境、扩大相互投资提供更大便利。

国务院总理温家宝签署第624号令发布《教育督导条例》

《教育督导条例》已经2012年8月29日国务院第215次常务会议通过,现予公布,自2012年10月1日起施行。

总　理　温家宝

2012年9月9日

教育督导条例

第一章　总　则

第一条　为了保证教育法律、法规、规章和国家教育方针、政策的贯彻执行,实施素质教育,提高教育质量,促进教育公平,推动教育事业科学发展,制定本条例。

第二条　对法律、法规规定范围的各级各类教育实施教育督导,适用本条例。

教育督导包括以下内容:

(一)县级以上人民政府对下级人民政府落实教育法律、法规、规章和国家教育方针、政策的督导;

(二)县级以上地方人民政府对本行政区域内的学校和其他教育机构(以下统称学校)教育教学工作的督导。

第三条　实施教育督导应当坚持以下原则:

(一)以提高教育教学质量为中心;

(二)遵循教育规律;

(三)遵守教育法律、法规、规章和国家教育方针、政策的规定;

(四)对政府履行教育工作相关职责的督导与对学校教育教学工作的督导并重,监督与指导并重;

(五)实事求是、客观公正。

第四条　国务院教育督导机构承担全国的教育督导实施工作,制定教育督导的基本准则,指导地方教育督导工作。

县级以上地方人民政府负责教育督导的机构承担本行政区域的教育督导实施工作。

国务院教育督导机构和县级以上地方人民政府负责教育督导的机构(以下统称教育督导机构)在本级人民政府领导下独立行使督导职能。

第五条　县级以上人民政府应当将教育督导经费列入财政预算。

第二章　督　学

第六条　国家实行督学制度。

县级以上人民政府根据教育督导工作需要,为教育督导机构配备专职督学。教育督导机构可以根据教育督导工作需要聘任兼职督学。

兼职督学的任期为3年,可以连续任职,连续任职不得超过3个任期。

第七条　督学应当符合下列条件:

(一)坚持党的基本路线,热爱社会主义教育事业;

(二)熟悉教育法律、法规、规章和国家教育方针、政策,具有相应的专业知识和业务能力;

(三)坚持原则,办事公道,品行端正,廉洁自律;

(四)具有大学本科以上学历,从事教育管理、教学或者教育研究工作10年以上,工作实绩突出;

(五)具有较强的组织协调能力和表达能力;

(六)身体健康,能胜任教育督导工作。

符合前款规定条件的人员经教育督导机构考核合格,可以由县级以上人民政府任命为督学,或者由教育督导机构聘任为督学。

第八条　督学受教育督导机构的指派实施教育督导。

教育督导机构应当加强对督学实施教育督导活动的管理,对其履行督学职责的情况进行考核。

第九条　督学实施教育督导,应当客观公正地反映实际情况,不得隐瞒或者虚构事实。

第十条　实施督导的督学是被督导单位主要负责人的近亲属或者有其他可能影响客观公正实施教育督导情形的,应当回避。

第三章　督导的实施

第十一条　教育督导机构对下列事项实施教育督导:

(一)学校实施素质教育的情况,教育教学水平、教育教学管理等教育教学工作情况;

(二)校长队伍建设情况,教师资格、职务、聘任等管理制度建设和执行情况,招生、学籍等管理情况和教育质量,学校的安全、卫生制度建设和执行情况,校舍的安全情况,教学和生活设施、设备的配备和使用等教育条件的保障情况,教育投入的管理和使用情况;

(三)义务教育普及水平和均衡发展情况,各级各类教育的规划布局、协调发展等情况；

(四)法律、法规、规章和国家教育政策规定的其他事项。

第十二条　教育督导机构实施教育督导，可以行使下列职权：

(一)查阅、复制财务账目和与督导事项有关的其他文件、资料；

(二)要求被督导单位就督导事项有关问题作出说明；

(三)就督导事项有关问题开展调查；

(四)向有关人民政府或者主管部门提出对被督导单位或者其相关负责人给予奖惩的建议。

被督导单位及其工作人员对教育督导机构依法实施的教育督导应当积极配合，不得拒绝和阻挠。

第十三条　县级人民政府负责教育督导的机构应当根据本行政区域内的学校布局设立教育督导责任区，指派督学对责任区内学校的教育教学工作实施经常性督导。

教育督导机构根据教育发展需要或者本级人民政府的要求，可以就本条例第十一条规定的一项或者几项事项对被督导单位实施专项督导，也可以就本条例第十一条规定的所有事项对被督导单位实施综合督导。

第十四条　督学对责任区内学校实施经常性督导每学期不得少于两次。

县级以上人民政府对下一级人民政府应当每 5 年至少实施一次专项督导或者综合督导；县级人民政府负责教育督导的机构对本行政区域内的学校，应当每 3 年至 5 年实施一次综合督导。

第十五条　经常性督导结束，督学应当向教育督导机构提交报告；发现违法违规办学行为或者危及师生生命安全的隐患，应当及时督促学校和相关部门处理。

第十六条　教育督导机构实施专项督导或者综合督导，应当事先确定督导事项，成立督导小组。督导小组由 3 名以上督学组成。

教育督导机构可以根据需要联合有关部门实施专项督导或者综合督导，也可以聘请相关专业人员参加专项督导或者综合督导活动。

第十七条　教育督导机构实施专项督导或者综合督导，应当事先向被督导单位发出书面督导通知。

第十八条　教育督导机构可以要求被督导单位组织自评。被督导单位应当按照要求进行自评，并将自评报告报送教育督导机构。督导小组应当审核被督导单位的自评报告。

督导小组应当对被督导单位进行现场考察。

第十九条　教育督导机构实施专项督导或者综合督导，应当征求公众对被督导单位的意见，并采取召开座谈会或者其他形式专门听取学生及其家长和教师的意见。

第二十条　督导小组应当对被督导单位的自评报告、现场考察情况和公众的意见进行评议，形成初步督导意见。

督导小组应当向被督导单位反馈初步督导意见；被督导单位可以进行申辩。

第二十一条　教育督导机构应当根据督导小组的初步督导意见，综合分析被督导单位的申辩意见，向被督导单位发出督导意见书。

督导意见书应当就督导事项对被督导单位作出客观公正的评价；对存在的问题，应当提出限期整改要求和建议。

第二十二条　被督导单位应当根据督导意见书进行整改，并将整改情况报告教育督导机构。

教育督导机构应当对被督导单位的整改情况进行核查。

第二十三条　专项督导或者综合督导结束，教育督导机构应当向本级人民政府提交督导报告；县级以上地方人民政府负责教育督导的机构还应当将督导报告报上一级人民政府教育督导机构备案。

督导报告应当向社会公布。

第二十四条　县级以上人民政府或者有关主管部门应当将督导报告作为对被督导单位及其主要负责人进行考核、奖惩的重要依据。

第四章　法律责任

第二十五条　被督导单位及其工作人员有下列情形之一的，由教育督导机构通报批评并责令其改正；拒不改正或者情节严重的，对直接负责的主管人员和其他责任人员，由教育督导机构向有关人民政府或者主管部门提出给予处分的建议：

(一)拒绝、阻挠教育督导机构或者督学依法实施教育督导的；

(二)隐瞒实情、弄虚作假，欺骗教育督导机构或者督学的；

(三)未根据督导意见书进行整改并将整改情况报告教育督导机构的；

(四)打击报复督学的；

(五)有其他严重妨碍教育督导机构或者督学依法履行职责情形的。

第二十六条　督学或者教育督导机构工作人员有下列情形之一的，由教育督导机构给予批评教育；情节严重的，依法给予处分，对督学还应当取消任命或者聘任；构成犯罪的，依法追究刑事责任：

(一)玩忽职守,贻误督导工作的;

(二)弄虚作假,徇私舞弊,影响督导结果公正的;

(三)滥用职权,干扰被督导单位正常工作的。

督学违反本条例第十条规定,应当回避而未回避的,由教育督导机构给予批评教育。

督学违反本条例第十五条规定,发现违法违规办学行为或者危及师生生命安全隐患而未及时督促学校和相关部门处理的,由教育督导机构给予批评教育;情节严重的,依法给予处分,取消任命或者聘任;构成犯罪的,依法追究刑事责任。

第五章 附 则

第二十七条 本条例自2012年10月1日起施行。

巴图巴根逝世

政协第八届全国委员会常务委员、民族和宗教委员会副主任,内蒙古自治区第六、七届人大常委会主任巴图巴根同志,因病于2012年9月9日在呼和浩特逝世,享年89岁。

巴图巴根是中共八大、十四大代表,第十二、十三届中央候补委员,第四至七届全国人大代表。

9月10日

中共中央 国务院向第十四届残奥会中国体育代表团致贺电

第十四届残奥会中国体育代表团:

在第十四届残奥会上,中国体育代表团的残疾人运动员自强不息、奋勇争先,取得95枚金牌、71枚银牌、65枚铜牌,位居金牌榜和奖牌榜第一位,创造了我国残疾人体育事业的新辉煌,向全世界展示了中国残疾人自尊、自信、自强、自立的良好精神风貌。党中央、国务院向你们表示热烈的祝贺和诚挚的问候!

中国体育代表团在本届残奥会上大力发扬残疾人体育精神和奥林匹克精神,敢于超越自我,勇于挑战极限,以汗水和毅力收获成功,以能力和境界赢得尊重,奏响了一曲曲壮丽的生命凯歌,为祖国和人民争得了荣誉,并在同各国各地区残疾人运动员交往中增进了彼此了解和友谊,为推动国际残疾人奥林匹克事业发展作出了突出贡献。你们的优异表现感动了全国各族人民,感动了海内外全体中华儿女,感动了全世界。祖国和人民为你们感到骄傲和自豪!

希望你们把荣誉作为新的起点,保持旺盛斗志,继续攀登高峰,为促进我国残疾人体育事业发展再立新功,并以此激励和带动广大残疾人在国家建设各个领域顽强拼搏,同全国人民一道共同为全面建成小康社会、建设富强民主文明和谐的社会主义现代化国家而不懈奋斗。

祖国和人民期盼着你们胜利归来!

中共中央

国务院

2012年9月10日

全国人大常委会委员长吴邦国在德黑兰与伊朗议长拉里贾尼举行会谈

双方就两国关系、议会交往以及共同关心的问题深入交换意见,达成广泛共识。

拉里贾尼热烈欢迎吴邦国委员长访伊,表示他本人和伊朗议会对此访高度重视,认为这不仅对加强两国议会交往具有十分重要的意义,而且必将为推动伊中关系全面发展注入新的动力。

吴邦国说,中伊建交40多年来,在双方共同努力下,两国各领域友好合作发展顺利,特别是近些年高层往来频繁,政治互信不断加深,中方尊重伊朗人民根据本国国情选择的发展道路和内外政策,伊方坚定奉行一个中国政策,在台湾、涉藏、涉疆等问题上给予中方宝贵支持。经贸合作成果显著,在能源、金融、基础设施建设等领域的合作取得积极进展,中国是伊朗最大的贸易伙伴,伊朗成为中国在中东地区第二大贸易伙伴。在教育、旅游、司法、环保等领域的合作日趋活跃,在国际和地区事务中保持良好沟通与配合。中伊关系的发展,不仅给两国和两国人民带来实实在在的利益,也为促进地区和平、稳定与发展作出积极贡献。吴邦国强调,在和平共处五项原则基础上发展与伊互利友好合作,是中国独立自主和平外交政策的重要内容,不会因国际和地区形势的变化而变化。我此次访问的目的,就是推动落实今年6月两国元首达成的新的重要共识,同伊方一道,进一步扩大两国政府、议会、政党及地方间的友好交往,密切在联合国、上海合作组织等多边框架内的沟通与配合,积极探讨务实合作的新模式新途径,重点推进现有合作项目早见成效,巩固和发展人文领域交流合作成果,推动中伊关系健康稳定向前发展。

在谈到议会交往时,吴邦国说,近年来,中国全国人大与伊朗伊斯兰议会开展形式多样的友好交流,有了比较好的合作基础,对增进两国人民的相互了解与友谊、促进双边关系发展发挥了不可替代的作用。希望双方继续加强议会领导人、专门委员会和友好小组等各层次各渠道友好往来,积极开展治国理政、立法监督等方面的经验交流,充分发挥立法机构职能作用,大力支持企业、地方、人文等领域的务实合作,密切在多边议会组织内的沟通与协调,为促进中伊友好合作关系全面发展作出新的贡献。

拉里贾尼完全赞同吴邦国对两国关系的评价和加强议会合作的建议。他说,伊中交往的历史源远流长,两国人民友谊深厚,伊方高度赞赏中国奉行的独立自主和平外交政策以及在国际和地区事务中发挥的积极作用,对伊中两国在政治、经贸、人文等各领域合作取得的积极进展感到欣慰,愿同中方一道继续加强各层次友好交往,加强在能源、基础设施建设、教育、科技等领域的互利合作,加强两国议会间的交流合作,把两国关系提升到新的水平。

吴邦国应询介绍了钓鱼岛问题的由来和最新发展。他强调,钓鱼岛自古以来就是中国的固有领土。在钓鱼岛问题上,中方的立场是一贯的、明确的。日方采取任何方式"购岛"都是非法的、无效的,中方坚决反对。中国政府和人民在维护领土主权问题上的立场是坚定不移的。

两位领导人还就伊核问题以及地区形势深入交换了意见。

全国人大常委会副委员长兼秘书长李建国等会见时在座。

国务院总理温家宝赴外交学院新校区为周恩来和陈毅铜像揭幕并讲话

国务院总理温家宝来到位于北京市昌平区的外交学院新校区,出席周恩来同志和陈毅同志铜像揭幕仪式。

1955年周恩来倡议成立外交学院并亲自题写校牌,陈毅担任外交部长期间长期兼任学院院长。57年来,外交学院培养了包括近300位大使在内的大批外交人才,被誉为"中国外交官的摇篮"。

铜像高4.5米,以1964年周恩来、陈毅一起出访南亚时所拍摄的照片为原型设计。

温家宝为铜像揭幕,全场高唱国歌,学生们深情朗诵了自己创作的配乐诗歌《永远的怀念》,表达对老一辈革命家、外交家的深切缅怀和投身外交事业、报效祖国的坚定志向。

温家宝在礼堂向师生们发表讲话。温家宝说,旧中国饱受屈辱,山河破碎,弱国无外交。中国政府和人民比任何人都珍惜来之不易的国家主权和民族尊严,即使在极其艰难困苦的情况下,也是铮铮铁骨。钓鱼岛是中国固有领土,在主权和领土问题上,中国政府和人民决不会退让半步。

全国政协主席贾庆林在人民大会堂会见厄瓜多尔国民代表大会第二副议长巴拉莱索

贾庆林说,中厄虽然远隔重洋,但两国人民的友好交往源远流长。近年来,在双方共同努力下,两国关系呈现快速发展的良好势头,两国在国际和地区事务中保持良好沟通与配合。中方赞赏并感谢厄方在台湾、涉藏、人权等问题上给予的理解和支持。

贾庆林指出,厄瓜多尔是拉美重要国家,在国际和地区事务中发挥着重要影响。近年来,厄政府和人民积极探索符合本国国情的发展道路,在发展国民经济、促进社会公正、提高人民生活水平等方面取得显著成就。中厄同为发展中国家,都致力于发展经济和改善民生,深化两国互利友好合作符合两国和两国人民的根本利益。中方高度重视发展同厄瓜多尔的关系,愿与厄方携手努力,不断提升两国各领域合作水平,共同开创中厄关系的美好未来。

贾庆林表示,中国全国政协愿同厄国民代表大会开展多层次、多形式的交往与合作,共同为推动中厄友好关系全面发展作出新贡献。

巴拉莱索说,厄瓜多尔高度重视发展与中国的友好关系,十分钦佩中国经济建设取得的辉煌成就,希望学习和借鉴中国的发展经验。她表示,厄方愿与中方共同努力,深化各领域的务实合作。厄瓜多尔国民代表大会将进一步加强与中国全国政协的交流与合作,积极推动厄中关系不断向前发展。

外交部就日本宣布"购岛"发表声明

全文如下:

2012年9月10日,日本政府不顾中方一再严正交涉,宣布"购买"钓鱼岛及其附属的南小岛和北小岛,实施所谓"国有化"。这是对中国领土主权的严重侵犯,是对13亿中国人民感情的严重伤害,是对历史事实和国际法理的严重践踏。中国政府和人民对此表示坚决反对和强烈抗议。

钓鱼岛及其附属岛屿自古以来就是中国的神圣领土,有史为凭、有法为据。钓鱼岛等岛屿是中国人最早发现、命名和利用的,中国渔民历来在这些岛屿及其附近海域从事生产活动。早在明朝,钓鱼岛等岛屿就已经纳入中国海防管辖范围,是中国台湾的附属岛屿。钓鱼岛从来就不是什么"无主地",中国是钓鱼岛等岛屿无可争辩的主人。

1895年,日本在甲午战争末期,趁清政府败局已定,非法窃取钓鱼岛及其附属岛屿。随后,日本强迫清政府签订不平等的《马关条约》,割让"台湾全岛及所有附属各岛屿"。第二次世界大战结束后,根据《开罗宣言》和《波茨坦公告》,中国收回日本侵占的台湾、澎湖列岛等领土,钓鱼岛及其附属岛屿在国际法上业已回归中国。历史不容翻案。日本在钓鱼岛问题上的立场,是对世界反法西斯战争胜利成果的公然否定,是对战后国际秩序的严重挑战。

1951年,日本同美国等国家签订片面的“旧金山和约”,将琉球群岛(即现在的冲绳)交由美国管理。1953年,美国琉球民政府擅自扩大管辖范围,将中国领土钓鱼岛及其附属岛屿裹挟其中。1971年,日、美两国在“归还冲绳协定”中又擅自把钓鱼岛等岛屿列入“归还区域”。中国政府对日、美这种私相授受中国领土的做法从一开始就坚决反对,不予承认。日本政府所谓钓鱼岛是日本的固有领土,日中之间不存在需要解决的领土争端,完全是罔顾史实和法理,是完全站不住脚的。

1972年中日邦交正常化和1978年缔结和平友好条约谈判过程中,两国老一辈领导人着眼大局,就“钓鱼岛问题放一放,留待以后解决”达成重要谅解和共识。中日邦交正常化的大门由此开启,中日关系才有了40年的巨大发展,东亚地区才有了40年的稳定与安宁。如果日本当局对两国当年的共识矢口否认,一笔勾销,那么钓鱼岛局势还如何能保持稳定?中日关系今后还如何能顺利发展?日本还如何能取信于邻国和世人?

近年来,日本政府在钓鱼岛问题上不断挑起事端,特别是今年以来姑息纵容右翼势力掀起“购岛”风波,以为自己出面“购岛”铺路搭桥。人们有理由认为,日方在钓鱼岛问题上的所作所为决不是偶然的,它所反映出来的政治趋向是很值得警惕的。我们不禁要问,日本到底要向何处去?日本未来走向能让人放心吗?

中国政府始终重视发展中日关系。中日两国和两国人民只能友好相处,不能彼此作对。推进中日战略互惠关系符合两国和两国人民的根本利益,有利于维护本地区和平、稳定与发展大局。但是中日关系的健康稳定发展需要日方同中方相向而行、共同努力。日本政府的“购岛”行为是同维护中日关系大局背道而驰的。

中国政府严正声明,日本政府的所谓“购岛”完全是非法的、无效的,丝毫改变不了日本侵占中国领土的历史事实,丝毫改变不了中国对钓鱼岛及其附属岛屿的领土主权。中华民族任人欺凌的时代已经一去不复返了。中国政府不会坐视领土主权受到侵犯。中方强烈敦促日方立即停止一切损害中国领土主权的行为,不折不扣地回到双方达成的共识和谅解上来,回到谈判解决争议的轨道上来。如果日方一意孤行,由此造成的一切严重后果只能由日方承担。

外交部部长杨洁篪在外交部召见日本驻华大使丹羽宇一郎就日本政府非法“购买”钓鱼岛提出严正交涉和强烈抗议

杨洁篪指出,钓鱼岛及其附属岛屿自古以来就是中国的固有领土,这方面的历史事实和法理依据是清楚的。中方郑重重申,日方对钓鱼岛及其附属岛屿采取所谓“购买”等单方面行动完全是非法和无效的,丝毫改变不了日本窃取中国领土的历史事实,丝毫动摇不了中国对钓鱼岛及其附属岛屿的领土主权。

杨洁篪强调,中国政府和人民决不容忍国家领土主权受到侵犯和损害,将坚决维护对钓鱼岛及其附属岛屿的主权。中方强烈敦促日方立即撤销“购岛”的错误决定,停止一切损害中国领土主权的行为。否则,由此产生的一切后果只能由日方承担。

中华人民共和国政府发表关于钓鱼岛及其附属岛屿领海基线的声明

中华人民共和国政府根据一九九二年二月二十五日《中华人民共和国领海及毗连区法》,宣布中华人民共和国钓鱼岛及其附属岛屿的领海基线。

一、钓鱼岛、黄尾屿、南小岛、北小岛、南屿、北屿、飞屿的领海基线为下列各相邻基点之间的直线连线:

1. 钓鱼岛1	北纬25°44.1′	东经123°27.5′
2. 钓鱼岛2	北纬25°44.2′	东经123°27.4′
3. 钓鱼岛3	北纬25°44.4′	东经123°27.4′
4. 钓鱼岛4	北纬25°44.7′	东经123°27.5′
5. 海豚岛	北纬25°55.8′	东经123°40.7′
6. 下虎牙岛	北纬25°55.8′	东经123°41.1′
7. 海星岛	北纬25°55.6′	东经123°41.3′
8. 黄尾屿	北纬25°55.4′	东经123°41.4′
9. 海龟岛	北纬25°55.3′	东经123°41.4′
10. 长龙岛	北纬25°43.2′	东经123°33.4′
11. 南小岛	北纬25°43.2′	东经123°33.2′
12. 鲳鱼岛	北纬25°44.0′	东经123°27.6′
1. 钓鱼岛1	北纬25°44.1′	东经123°27.5′

二、赤尾屿的领海基线为下列各相邻基点之间的直线连线:

1. 赤尾屿	北纬25°55.3′	东经124°33.7′
2. 望赤岛	北纬25°55.2′	东经124°33.2′
3. 小赤尾岛	北纬25°55.3′	东经124°33.3′
4. 赤背北岛	北纬25°55.5′	东经124°33.5′
5. 赤背东岛	北纬25°55.5′	东经124°33.7′
1. 赤尾屿	北纬25°55.3′	东经124°33.7′

国务院副总理李克强在人民大会堂会见世界经济论坛主席施瓦布及国际工商理事会成员并与他们座谈交流

国务院副总理回良玉在比什凯克与吉尔吉斯斯坦总统阿尔马兹别克·阿坦巴耶夫举行会谈

国务院副总理王岐山在中南海与丹麦首相托宁—施密特举行会谈

9月11日

全国人大常委会委员长吴邦国在德黑兰会见伊朗总统艾哈迈迪—内贾德

吴邦国首先转达了胡锦涛主席对艾哈迈迪—内贾德总统的亲切问候，艾哈迈迪—内贾德对此表示感谢，并请吴邦国委员长转达他对胡锦涛主席的良好祝愿。

吴邦国说，中国坚持走和平发展道路，奉行独立自主的和平外交政策，愿同所有国家发展友好合作关系。中伊是传统友好国家，没有任何历史遗留问题，也不存在现实利益冲突，发展中伊友好合作关系不仅符合两国和两国人民的根本利益，也有利于地区的和平、稳定和繁荣。在政治上，中方赞赏伊方坚定奉行一个中国政策，在涉及中国核心利益和重大关切问题上给予宝贵支持，尊重伊朗人民自主选择的发展道路。双方应在保持高层往来的同时，加强政府、议会、地方等各层次的友好往来，密切在联合国、上海合作组织等多边场合的沟通与合作。在经贸上，中伊同为发展中国家，经济互补性强，已有很好的合作基础。双方应继续本着相互尊重、互利共赢的原则，加大两国有关部门沟通协调，妥善解决经贸合作中存在的问题，扎实推进有关合作项目。在人文上，中伊都是历史悠久的文明古国，加强文化、教育、卫生、旅游、艺术等领域的交流合作潜力巨大。希望双方做好互设文化中心的工作，支持和促进两国青少年间的友好往来。中方欢迎伊方适时来华举办“伊朗文化周”活动。

在谈到伊核问题时，吴邦国指出，中方在伊核问题上一贯秉持公正、客观立场，反对任何中东地区国家研发和拥有核武器。同时认为，一国和平利用核能的权利应依法得到保障。中方始终认为对话与合作是妥善解决伊核问题的正确途径，反对一味制裁和施压，甚至以武力相威胁的做法，愿继续为和平解决伊核问题发挥建设性作用。希望伊方坚定走和谈之路，继续显示灵活务实态度，积极推动同六国谈判取得实质性进展。

艾哈迈迪—内贾德表示，伊方十分珍视伊中传统友谊，对勤劳智慧的中华民族充满敬意，对中国的发展成就感到由衷高兴，对中国在国际和地区事务中发挥的建设性作用高度赞赏，愿继续加强和深化同中国的友好合作关系，不断扩大经贸、能源、农业、基础设施建设等领域的务实合作，加强在教育、旅游、艺术等人文领域的交流互鉴，更好地造福于两国和两国人民。艾哈迈迪—内贾德还介绍了伊方在伊核问题上的立场，表示伊方希望通过对话和合作解决伊核问题，并愿继续同有关各方保持沟通。

全国人大常委会副委员长兼秘书长李建国等参加了上述活动。

全国人大常委会委员长吴邦国在德黑兰与伊朗第一副总统拉希米举行会谈

吴邦国在积极评价中伊关系后说，经贸合作是中伊友好关系的重要内容，在双方的共同努力下，近些年中伊务实合作稳步推进，经贸、能源、基础设施建设、工程承包等方面合作富有成效，给两国和两国人民带来了实实在在的利益。

吴邦国指出，经贸合作是中伊关系发展的物质基础，双方应本着相互尊重、互利共赢的原则，进一步深化双边经贸合作，推动中伊经贸合作稳定健康发展。为此，吴邦国提出三点建议：一是两国有关部门要加大沟通协调力度，积极克服不利因素，妥善解决双方经贸合作中存在的问题，为企业合作创造良好条件；二是扩大轨道交通、水利电力等基础设施领域合作，抓好已签约项目落实工作；三是完善合作环境，认真落实两国避免双重征税协定，在人员签证、物资清关等方面提供更多便利，依法保障合作企业的合法权益。

拉希米热烈欢迎吴邦国委员长的到访。他说，伊朗政府和人民对中国人民一向怀有友好感情。在当前形势下，伊方非常希望发展同中国的友好合作关系，愿继续加强同中方的沟通协调，创造有利条件，加快能源合作步伐，扩大在经贸、农业、基础设施等领域的合作，为两国关系发展注入强劲动力。

会见结束后，吴邦国委员长和拉希米第一副总统共同出席了《中华人民共和国与伊朗伊斯兰共和国引渡条约》和《中华人民共和国与伊朗伊斯兰共和国移管被判刑人条约》的签字仪式。

全国人大常委会副委员长兼秘书长李建国等参加了上述活动。

国务院总理温家宝出席在天津开幕的第六届夏季达沃斯论坛并致辞

温家宝强调，中国发展仍然处于重要战略机遇期，深入推进工业化、城镇化、信息化和农业现代化，将释放出巨大的发展潜力，中国经济这艘巨轮一定能够继续平稳快速前进，驶向更加光明的未来。

温家宝在致辞中回顾了十年来经济社会发展的历程。他说，这十年，中国经济运行的一个最突出特点，是经济增长速度快、波动幅度比较小；发展导向的一个根本性变化，是从“快字当头”转为“好字优先”；发展进程中最浓墨重彩的一笔，是坚持民生优先。这十年，中国践行可持续发展理念，把建设资源节约型、环境友好型社会确定为国家发展的重要战略；中国改革攻坚不断取得新突破，继续成为最鲜明的时代特征。2002年到2011年，国内生产总值年均增长10.7%，从世界第六位上升到第二位，人均国内生产总值由1000多美元提高到5432美元，对外贸易总额由世界第六位上升到第二位，外汇储备超过3万亿美元；产业结构优化升级，农业基础进一步巩固，区域发展协调性明显增强；各项社会事业全面发展，人民生活显著改善。

温家宝重点介绍了就业和社会保障、教育、医疗、扶贫等民生领域的重大进展。他说，十年来，城镇居民人均可支配收入和农村居民人均纯收入年均实际分别增长9.2%和8.1%，是新中国历史上增长最快的时期之一，近两年农村居民收入增幅超过城镇居民。中国亿万个家庭和他们生活所在的城镇与乡村，在这个过程中发生翻天覆地的变化，讲述了一个又一个通过努力奋斗改变自己生活与命运的动人故事。

温家宝还总结了近五年应对国际金融危机的做法和体会。他说，国际金融危机爆发后，我们把克服当前困难和促进长远发展结合起来，全面实施一揽子计划。正是因为当时的果断决策和科学应对，我们才避免了企业倒闭、工人失业、农民返乡，继续保持了中国经济发展的好势头，维护了社会和谐稳定，防止了现代化进程出现大的波折。这些年，社会财富不断增加，资产质量不断提高，抗风险能力不断增强。2009年至2011年年底，我国城镇保障房开工建设2100多万套，基本建成1100万套；新增铁路营业里程1.35万公里，新增公路里程37.6万公里；城市轨道交通、农村电网线路等基础设施明显改善，完成了7000多座大中型和重点小型水库除险加固；解决了大量农村人口饮水安全问题；建成一大批基层医疗卫生教育文化服务设施；一个新的汶川拔地而起，灾区经济社会发展实现了整体性跨越。同时，较好地控制了财政金融风险。2011年财政赤字和国债余额占国内生产总值的比重分别为1.8%和15.28%，低于2002年的2.57%和16.07%；银行业金融机构不良贷款率从2003年年底的15.2%下降到2011年年底的1.8%；地方政府性债务规模总体稳定，风险总体可控。

温家宝说，回望十年来走过的每一步，我对古老而又常青的祖国始终充满了深情，充满了热爱，充满了信心。十年的奋斗，我们推动经济社会发展迈上了一个大台阶，为今后发展奠定了更加坚实的物质、技术和体制基础。

在介绍了今年5月以来集中出台的政策措施后，温家宝说，从宏观经济各项指标的组合看，中国经济增速仍保持在年初确定的预期目标区间内，呈现出缓中趋稳的态势。随着政策措施落实到位并发挥作用，中国经济有望进一步趋稳。我们将根据经济运行的态势，进一步加大预调微调力度，着力刺激消费需求，着力扩大有效投资特别是激活民间投资活力，着力稳定外部需求，着力促进实体经济发展。

展望世界经济前景，温家宝说，国际社会一定要进一步加强宏观经济政策协调，推进全球治理体系改革，坚决反对贸易投资保护主义，提升贸易投资自由化、便利化水平，共同推动世界经济尽快稳定复苏。希望各国企业家大力加强技术研发、产品创新，大力发展节能环保等绿色产业，创造新的市场需求，培育新的经济增长点，实现企业成长、行业壮大、经济发展和社会进步的多赢目标。

温家宝致辞后回答了有关提问。

国务院总理温家宝在天津会见出席2012年天津夏季达沃斯论坛年会的外国政要

温家宝会见的各国政要有：卢旺达总统卡加梅、巴基斯坦总理阿什拉夫、拉脱维亚总理东布罗夫斯基斯、丹麦首相托宁—施密特、立陶宛总理库比柳斯和新加坡荣誉国务资政吴作栋。

全国政协主席贾庆林在政协礼堂围绕“加强和创新社会管理”问题召开专题协商会

贾庆林说，协助党和政府做好社会管理工作、促进社会和谐，是人民政协职责所系、优势所在。长期以来，各级政协组织认真贯彻中央决策部署，紧紧围绕加强和创新社会管理的综合性、全局性、前瞻性问题，就改革流动人口管理体制、完善信访工作制度、发挥宗教界及社会组织在促进社会和谐中的作用等，深入调研考察，认真协商议政，为促进社会管理改革创新作出了应有贡献。广大政协委员积极践行社会责任，深入基层开展惠民活动，踊跃参与社会公益事业，真情服务老、少、边、贫地区经济社会发展，协助党和政府办成了一些让人民群众得实惠的好事实事，在服务社会管理的实践中展示了政协委员的良好形象。

贾庆林指出，当前，我国既处于发展的重要战略机遇期，也处于社会矛盾凸显期。在经济体制深刻变革、社会结构深刻变动、利益格局深刻调整、思想观念深刻变化的新形势下，社会管理领域还存在许多紧迫的重要问题，加强和创新社会管理的任务仍然艰巨而繁重。他强调，我们要深入学习贯彻胡锦涛总书记在省部级主要领导干部专题研讨班上的重要讲话精神，深刻认识加强和创新社会管理的重要性和紧迫性，牢牢把握最大限度激发社会活力、最大限度增加和谐因素、最大限度减少不和谐因素的总要求，充分发挥人民政协的优势和作用，找准人民政协推动社会建设和管理的着力点和切入点，积极协助党和政府解决影响社会和谐稳定的突出问题，要重点围绕加快推进以改善民生为重点的社会建设、加强基层社会管理服务、加强社会管理制度建设等问题，深入调查研究，多提针对性强、切实可行的对策建议，为建设中国特色社会主义社会管理体系作出新的更大贡献。

中共中央政治局委员、全国政协副主席王刚，全国政协副主席陈宗兴分别主持会议。

全国人大外事委员会就日本政府宣布“购买”钓鱼岛及其部分附属岛屿发表声明

2012 年 9 月 10 日，日本政府不顾中方强烈反对，宣布“购买”钓鱼岛及其部分附属岛屿。这是日方公然侵犯中国领土主权、伤害中国人民感情、损害中日关系的又一严重事态。中国全国人民代表大会外事委员会对此表示强烈愤慨，予以严厉谴责。

钓鱼岛及其附属岛屿自古以来就是中国的固有领土，为中国人最早发现、命名和利用，中国对此拥有无可辩驳的历史和法律依据。日方对钓鱼岛及其附属岛屿采取的单方面行动完全是非法的，不具有国际法效力，丝毫动摇不了中国对这些岛屿的领土主权。

日本在甲午战争末期，以不可告人的非法手段窃取了钓鱼岛及其附属岛屿。第二次世界大战结束后，中国根据《开罗宣言》和《波茨坦公告》收回被日本侵占的领土，钓鱼岛及其附属岛屿在国际法上回归中国。其后日美两国擅自拿钓鱼岛的行政管辖权私相授受，中方对此坚决反对、不予承认。日方声称钓鱼岛是日本的“固有领土”，不仅是罔顾历史事实，也是对世界反法西斯战争胜利成果和战后国际秩序的公然挑战，全体中国人民对此决不答应。

日本应该认清世界大势。当今世界已不是列强当道、弱肉强食的世界；当今中国更不是积贫积弱、任人宰割的中国。中国政府采取必要措施捍卫国家领土主权、维护历史事实和正义理所当然。中国人民决不接受日本对钓鱼岛及其附属岛屿的非法侵占，日方任何旨在强化其对钓鱼岛地位的企图都不可能得逞。我们强烈敦促日方充分认清当前事态的危险性，在钓鱼岛问题上悬崖勒马，改弦更张，不要一错再错，否则必将搬起石头砸自己的脚。

全国政协外事委员会就日本政府宣布“购买”钓鱼岛及其部分附属岛屿发表声明

2012 年 9 月 10 日，日本政府不顾中方坚决反对，执意对中国领土钓鱼岛及部分附属岛屿实施所谓“国有化”，这是对中国领土主权的严重侵犯。参加中国人民政治协商会议的各党派、各团体、各族、各界人士对此表示强烈愤慨和严厉谴责。

钓鱼岛及其附属岛屿自古以来就是中国的神圣领土，中国是这些岛屿无可争辩的主人，有铁的历史事实为证。日本政府宣布“购岛”，实现所谓“国有化”，完全是非法、无效的，丝毫不能改变中国对钓鱼岛及其附属岛屿的领土主权。

日本通过甲午战争非法侵占台湾及包括钓鱼岛在内的附属岛屿是中国近代史上惨痛的一页。第二次世界大战结束后，钓鱼岛及其附属岛屿同台湾一道重归祖国怀抱，第二次世界大战的胜利果实和在此基础上确立的国际秩序不容颠覆。如今的中国已不再是当年积贫积弱的旧中国，我们决不容许任何国家染指中国的神圣领土。我们坚决支持中国政府为维护国家领土主权所采取的一切必要措施。

此次“购岛”事端是日本极右势力一手挑起的，他们制造“购岛”闹剧，用心险恶，就是要挑起中日两国民意对立，破坏中日关系。日本政府对右翼势力不加约束，反而纵容迎合，对造成当前事态负有不可推卸的责任。

中日关系发展到今天凝聚着两国几代人的不懈努力和智慧，值得双方倍加珍惜和维护。继续推进中日战略互惠关系符合两国和两国人民的根本利益。我们强烈敦促日方立即停止一切损害中国领土主权的行动，停止在钓鱼岛问题上玩火，与中方共同努力，以实际行动维护中日关系大局。

国防部新闻发言人就日本政府实施所谓钓鱼岛“国有化”发表谈话

新闻发言人耿雁生说，9 月 10 日，日本政府不顾中方强烈反对，悍然宣布“购买”钓鱼岛及其附属的南小岛和北小岛，实施所谓“国有化”，严重侵犯中国的领土主权。

他说，钓鱼岛及其附属岛屿是中国的固有领土，中方对此有着充分的历史和法理依据。日本政府的所谓“购岛”行为完全是非法的、无效的。

他说，今年以来，日本政府姑息纵容右翼势力掀起“购岛”风波，甚至自己出面“购岛”，严重破坏中日关系发展的大局。日本近年以种种借口扩充军备，频频制造地区紧张局势，接连在钓鱼岛问题上制造事端，值得亚洲近邻和国际社会高度警惕。

耿雁生表示，中国政府和军队捍卫国家领土主权的决心和意志是坚定不移的。我们正密切关注事态发展，保留采取相应措施的权利。

国务院副总理李克强在宁夏银川与中非总统博齐泽举行会谈

李克强首先转达了胡锦涛主席对博齐泽总统的亲切问候和良好祝愿。李克强表示，近年来，中国同中非关系呈现全面、快速发展的良好势头。两国高层交往密切，政治互信不断加深，在涉及各自核心利益问题上相互理解、相互支持，在经贸、能源、基础设施等领域务实合作成效显著，人文领域交流与合作不断取得新进展。越来越多的中国企业赴中非投资兴业，涉及农业、资源开发利用等多个领域，双方互利合作不断拓展，增进了两国人民相互了解和彼此感情，夯实了中国同中非友好合作的民意基础。

李克强指出，胡锦涛主席不久前在中非合作论坛第五届部长级会议上宣布了加强中国与非洲务实合作的新举措，中方愿与包括中非在内的非洲各国持续增强政治互信，加强经贸合作，推进人文交往，在重大国际和地区问题上相互支持配合，提升中国和非洲新型战略伙伴关系。

博齐泽表示，中非与中国关系发展前景广阔。希望双方在相互了解的基础上深化政治、经济、社会等层面的交流合作，加快农业、基础设施建设、矿产资源等领域务实合作，推动两国关系进一步向前发展。

国务院副总理李克强在宁夏银川与巴布亚新几内亚总理奥尼尔举行会谈

国务院副总理李克强在宁夏银川与密克罗尼西亚联邦总统莫里举行会谈

国务院副总理李克强在宁夏银川会见出席宁洽会暨第三届中阿经贸论坛开幕式的部分国家政要

李克强与泰国副总理春蓬、阿拉伯国家部长代表和来华出席第四届中国阿拉伯友好大会的阿拉伯各国对华友好组织、阿拉伯国家联盟及阿拉伯中国友好协会联合会负责人举行会谈。

公安部部长孟建柱在北京会见美国白宫国家禁毒政策办公室主任克利科斯基

孟建柱说，中美两国在禁毒领域加强合作，既体现了履行政治承诺、共同应对世界毒品问题的决心，也是密切两国关系的具体实践。近年来，中美禁毒执法部门合作关系保持良好发展势头，在情报交流和案件侦办、易制毒化学品管制等领域合作紧密务实，联合侦破了一批特大跨国贩毒案件。希望双方进一步加强在禁毒领域重大国际问题上的沟通协调，深化互利务实合作，为推动中美关系发展作出积极贡献。

克利科斯基表示，美方高度重视美中禁毒合作，愿与中方一道，加强互信与协调，扩大共识与成果，将双边禁毒合作提升到新水平。

会见结束后，孟建柱与克利科斯基签署了更新后的《中国国家禁毒委员会和美国白宫国家禁毒政策办公室关于加强合作的意向备忘录》。

国家海洋局印发《领海基点保护范围选划与保护办法》

《中华人民共和国海岛保护法》要求，国家应对领海基点划定保护范围，实行特别保护。为了指导领海基点保护范围选划工作，国家海洋局制定了本办法。该办法规定，国家海洋局负责监督指导领海基点保护范围的选划和保护工作，具体选划工作由领海基点所在省、自治区、直辖市人民政府负责。并对领海基点保护范围选划的程序、方法和要求进行了规范。

9月12日

国务院总理温家宝在北京主持召开国务院常务会议研究确定促进外贸稳定增长的政策措施

为支持发展对外贸易，会议讨论通过《关于促进外贸稳定增长的若干意见》，确定了以下政策措施：(一)加快出口退税进度，确保准确及时退税。(二)扩大融资规模，降低融资成本，支持商业银行努力扩大对小微企业的贸易融资，增加对符合条件出口企业的贷款。(三)扩大出口信用保险规模和覆盖面，特别注意发展对小微企业的信用保险。扩大短期险业务，支持中小企业开拓国际市场。认真落实大型成套设备出口融资保险专项安排。(四)提高贸易便利化水平。简化审批手续，提高通关效率，降低通关成本。在保障有效监管的前提下，将属地申报、口岸验放的适用范围放宽至部分B类企业。进一步调减法定检验检疫目录。免收2012年四季度所有法定检验检疫物出入境检验检疫费，2013年起执行降低后的检验检疫收费标准。(五)妥善应对贸易摩擦，维护我出口企业合法权益。依法实施进口贸易救济，保护国内产业安全。鼓励企业用好区域、次区域合作机制和已生效的自贸协定。(六)积极扩大进口，重点增加进口先进技术设备、关键零部件以及与人民群众密切相关的生活用品，支持企业技术改造，促进贸易平衡。(七)优化外贸国际市场布局，支持企业开拓非洲、拉美、东南亚、中东欧等新兴市场。(八)优化外贸国内区域布局，扩大中西部地区对外开放，推动边境省区发展对周边国家的经贸合作。会议要求各地区、各有关部门认真抓好政策落实，加强对外贸形势的监测研判，及时做好对企业的服务。

为加大对侵权和假冒伪劣行为打击力度，有效惩治犯罪，会议讨论通过了《关于做好打击侵犯知识产权和制售假冒伪劣商品工作中行政执法与刑事司法衔接的意见》(以下简称《意见》)。《意见》规定：(一)行政执法机关在依法查处侵权和假冒伪劣违法行为过程中,发现违法事实涉嫌构成犯罪、依法需要追究刑事责任的,应当依照有关规定向同级公安机关移送案件。(二)行政执法机关在执法检查和接受举报投诉时,发现侵权和假冒伪劣违法行为明显涉嫌犯罪的,要立即书面通报同级公安机关,并抄送同级人民检察院。公安机关接到通报后,应当立即调查,自接到通报之日起10个工作日内决定是否立案侦查并书面通知行政执法机关,同时抄送同级人民检察院。(三)公安机关对发现的违法行为,经审查不需要追究刑事责任但依法应当追究行政责任的,应当及时将案件移送同级行政执法机关,由行政执法机关依法作出处理。(四)对于情节严重、性质恶劣或疑难复杂的涉嫌犯罪案件,行政执法机关或公安机关可以联合执法打击,深挖首要违法犯罪分子,彻底摧毁产供销犯罪链条。(五)行政执法机关查办的案件,应当定期向本级人民政府和上级行政执法机关报告。对应当向公安机关移送的涉嫌犯罪案件,查办案件的行政执法机关不移送或逾期未移送的,由本级人民政府或上级行政执法机关责令限期移送;情节严重的,由监察机关对负有责任的人员依法给予处分;构成犯罪的,移送司法机关依法追究刑事责任。(六)公安机关不受理行政执法机关移送的案件,或对已受理案件未在法定期限内作出立案或不予立案决定的,行政执法机关可以建议人民检察院进行立案监督。《意见》还就完善工作机制、加强监督考核、保证衔接工作落到实处,作了具体规定,并要求行政执法机关依法将侵权和假冒伪劣案件纳入政府信息公开范围,接受社会监督。

为更加有效地对期货交易实施依法监管,会议对《期货交易管理条例》进行了修改。修改后的条例对期货交易行为进一步作了界定,明确了地方政府查处取缔非法期货交易活动的职责,修改充实了有关制度。

会议还研究了其他事项。

全国政协主席贾庆林在人民大会堂会见以陈幼南为团长的香港潮属社团总会访问团全体成员

贾庆林首先对访问团的到来表示热烈欢迎。他说,香港潮属社团总会是香港潮属社团的优秀代表和爱国爱港涉侨社团,多年来始终坚持爱国爱港立场,为促进香港社会和谐、维护香港繁荣稳定、推进内地改革开放和现代化建设等方面作出了积极贡献。

在简要介绍了内地经济社会发展情况后,贾庆林指出,"一国两制"是香港保持长期繁荣稳定的最佳制度安排,推进"一国两制"事业符合香港同胞的利益和愿望,符合中华民族的根本利益。中央政府将一如既往地坚决贯彻对香港的基本方针政策,坚定支持香港特别行政区行政长官和特区政府依法施政,坚持维护香港的长期繁荣稳定。

贾庆林希望香港潮属社团总会和潮属各界始终心系祖国,为推动祖国现代化建设多做贡献;坚持爱国爱港,积极参与香港社会政治事务,确保爱国爱港优良传统薪火相传、"一国两制"事业接续发展;弘扬中华文化,进一步增进香港同胞对中华文化的认同感和归属感;紧密团结协作,努力增强潮属社团的凝聚力,推动海内外潮籍儿女的团结联合。

会见时,陈幼南简要介绍了香港潮属社团总会成立以来的工作情况及未来设想。

中共中央政治局常委李长春在人民大会堂会见第十四届残奥会中国体育代表团全体成员

李长春代表党中央、国务院,欢迎代表团凯旋归来,向全体运动员、教练员和工作人员表示热烈祝贺和亲切问候。在热烈的掌声中,李长春发表了热情洋溢的讲话。他说,在这届残奥会上,我国体育健儿发扬"自强不息、奋勇争先"的残疾人体育精神,创造了优异成绩,谱写了我国残疾人体育事业发展的新篇章,为祖国赢得了巨大荣誉,祖国和人民感谢你们。你们在伦敦残奥会赛场上的优异表现,充分展示了中国残疾人自尊、自信、自强、自立的良好形象,展示了中国残疾人事业和人权事业的显著成就,展示了中华民族昂扬向上的精神风貌。

李长春说,残奥会既是残疾人体育竞技的赛场,也是残疾人展示顽强意志和坚韧品格的舞台。你们在残奥会上书写体育运动奇迹的同时,也创造了宝贵的精神财富,概括起来就是,为祖国争光、为民族争气的爱国精神,自强不息、奋勇争先的进取精神,挑战极限、超越自我的拼搏精神,不畏艰难、追求卓越的敬业精神,齐心协力、团结互助的协作精神。这些宝贵精神财富,必将激励广大干部群众攻坚克难,不断开创中国特色社会主义事业新局面。

李长春勉励代表团全体成员大力弘扬残奥会形成的宝贵精神财富,发扬优良传统,继续勇攀高峰,为推动我国残疾人体育事业科学发展,为全面建成小康社会、实现中华民族伟大复兴奉献自己的智慧和力量。他希望各级党委政府和社会各界继续大力支持残疾人事业发展,为残疾人多办好事实事,在全社会形成理解残疾人、尊重残疾人、关心残疾人、帮助残疾人、学习残疾人自强不息精神的良好风尚,让广大残疾人与全国人民一道向着更高水平的小康社会迈进,以优异成绩迎接党的十八大胜利召开。

中共中央政治局委员、中央书记处书记、中宣部部长刘云山,全国人大常委会副委员长周铁农,全国政协副主席邓朴方和中央军委委员、解放军总政治部主任李继耐参加会见。会见仪式由中共中央政治局委员、国务委员刘延东主持。

在英国伦敦举办的第十四届残奥会上，中国体育代表团表现出色，取得95枚金牌、71枚银牌、65枚铜牌，位居金牌榜和奖牌榜第一位。

国台办举办新闻发布会

发言人范丽青就近期两岸关系相关事宜回答记者提问。

新闻发布会上，范丽青介绍说，由中央和国务院33个部委共同参与的台商权益保障工作联席会议将于9月14日在北京召开。会议将就贯彻落实两岸投保协议进行具体部署，推动大陆各有关方面协同配合，共同努力，切实落实两岸投保协议。

范丽青表示，12日是《海峡两岸经济合作框架协议》（ECFA）生效两周年。ECFA生效两年来，在两岸特别是在台湾获得良好的经济、社会效益，得到大多数民众的肯定与支持。

在货物贸易方面，据大陆海关统计，2011年1月至2012年7月，大陆自台湾进口适用ECFA早收计划优惠关税产品的金额约为87.2亿美元，关税优惠约26.3亿元人民币；据台湾方面的统计，2011年1月至2012年4月，台湾自大陆进口适用ECFA早收优惠关税产品的金额约为14.68亿美元，关税优惠约3882万美元。以上数据表明，尽管全球经济持续下滑，但ECFA早收项下台湾产品对大陆的出口却逆势快速增长，充分体现出ECFA早收对台湾产品出口大陆的促进作用。

在服务贸易方面，双方在金融及非金融领域等多个服务业部门间的合作都取得实质性的进展，3家台资银行获准在大陆筹建分行并已开业，另有3家台资银行大陆分行获准办理大陆台资企业人民币业务，2家大陆银行台北分行也已开业。

中组部在北京召开大学生村官工作会议

中组部部长李源潮出席并讲话，要求认真总结大学生村官工作的经验，完善政策、健全机制，促进大学生村官健康成长，更好地为新农村建设培养骨干力量，为加强基层干部队伍建设提供优秀人才。

大学生村官工作是中央着眼于为新农村建设培养骨干力量，改善基层党政干部来源作出的重大决策。党的十七大以来，各地各部门围绕“下得去、待得住、干得好、流得动”的总要求，高标准选聘、高质量培训，放手使用、悉心指导，大学生村官工作健康发展。全国已累计选聘大学生村官30万名，目前在岗21.2万名，有8.2万名担任村“两委”干部，5000多人担任村党支部书记、村委会主任，有4位大学生村官当选党的十八大代表。

全国青联 全国学联就日本“购岛”发表声明

声明指出：2012年9月10日，日本政府不顾中方强烈反对和一再严正交涉，宣布“购买”钓鱼岛及其附属的南小岛和北小岛，实施所谓“国有化”。这是日方公然侵犯中国领土主权、伤害中国人民感情、损害中日关系的又一严重事态。中国青年和青年学生对此表示坚决反对和强烈谴责。

钓鱼岛及其附属岛屿自古以来就是中国的固有领土，中国对这些岛屿享有无可争辩的主权，有充分的历史和法律依据。日方在钓鱼岛问题上不断挑起事端，特别是今年宣布“购岛”，实现所谓“国有化”，完全是非法和无效的，丝毫动摇不了中国对这些岛屿的神圣主权。日方声称钓鱼岛是日本的“固有领土”，不仅是罔顾历史事实，也是对世界反法西斯战争胜利成果和战后国际秩序的公然挑战，中国青年和青年学生对此决不答应。

中国青年和青年学生历来站在捍卫国家领土主权的前列。决不容许任何国家染指中国的神圣领土。我们决不姑息任何形式的挑衅。中国青年和青年学生坚决拥护我国政府为捍卫国家领土主权所采取的一切必要措施和正义行动。始终坚定地与党和政府、与全国人民站在一起。

国务院副总理李克强在宁夏银川出席2012中国国际投资贸易洽谈会暨第三届中阿经贸论坛开幕式并演讲

李克强宣布开幕，并发表题为《携手壮大新兴市场，促进全球共同发展》的主旨演讲。

李克强在演讲中说，当前，世界经济复苏艰难曲折，经济仍存在下行压力。在应对挑战中，各国普遍加快了调整创新步伐。发达国家有很强的科技、人才和资金优势，经济基础雄厚，正在寻求探索振兴自身经济的有效途径。发展中国家则进一步挖掘自身潜力，保持了较快增长的态势，成为全球经济的重要拉动力量。

李克强指出，新兴市场与发展中国家经济的提升，得益于自身的底蕴发挥和探索创新，得益于经济全球化与贸易自由化，也得益于不断扩大的相互开放、真诚合作。这种合作，基于相互尊重与平等互利的原则，基于各自经济增长的内在需求，基于彼此市场多元化的客观驱动，具有很强的时代性、成长性和可持续性。

李克强说，中国是世界上最大的发展中国家，也是新兴市场国家，将着力推进经济创新转型和结构战略性调整，把发展的战略基点放在扩大国内需求上，推动工业化、城镇化、农业现代化同步发展。通过结构调整、改革开放和体制机制创新，促进中国巨大的内需潜力持续释放，这将支撑中国经济长期平稳较快发展，也会为世界其他国家创造更多的发展机遇。

李克强强调，向西开放是中国全方位对外开放的重大举措。我们在提升沿海和向东开放的同时，进一步扩大内陆和沿边开放，大力实施向西开放。中国正在西部地区加快建设一批向西开放的桥头堡，表明中国更加注重扩大内需与扩大开放相结合、西部大开发与西部大开放相结合、向发达国家开放与向发展中国家开放相结合，不断拓展新的市场空间。

李克强说，新的形势下，新兴市场与发展中国家应当在扩大同发达国家合作的同时，深化彼此之间的战略合作、互惠合作、持久合作。战略合作就是增强政治互信，支持彼此核心利益和重大关切，密切国际事务协调，推动建立国际政治经济新秩序。互惠合作就是促进贸易投资便利化，推动产业对接融合，加快区域经济一体化。持久合作就是完善合作机制，扩大民生改善等项目合作，加强人文交流，巩固民意基础。

李克强指出，进入新世纪，中国和阿拉伯国家确立了战略合作关系，各方面合作成果丰硕。中阿合作，是发展中国家之间的合作，是全方位、开放式、包容性的合作，是文化交流互动、不同民族习惯和宗教传统相互尊重的合作，有着很强的凝聚力和生命力。阿拉伯世界资源优势独特，目前正致力于推进产业多元化和城市化，大力改善民生。中国在技术、产业、市场等方面有比较优势。中阿之间的合作，前景十分广阔，应努力扩规模、上层次。

中非共和国总统博齐泽等在开幕式上讲话。密克罗尼西亚联邦总统莫里、巴布亚新几内亚总理奥尼尔、泰国副总理春蓬、匈牙利国会副主席乌伊海伊、摩洛哥议会副议长耶提姆、科摩罗前总统阿扎利、约旦前首相马贾利出席了开幕式。参加开幕式的还有来自阿拉伯地区国家、新兴市场国家、发展中国家和其他一些国家的企业家和各界人士。

开幕式前，李克强参观了宁治会展馆。他鼓励大家利用好这个平台，把生意做大、把友谊加深。

国务院副总理回良玉在塔什干与乌兹别克斯坦总统卡里莫夫举行会谈

回良玉表示，乌政治、社会稳定，民族、宗教和谐，经济发展良好。中方高度重视对乌关系，支持乌的独立、主权和自主选择的发展道路和模式。回良玉说，中方愿与乌方一道，继续保持和加强在政治、安全及上海合作组织框架内的协调，进一步促进在经贸、投资、基础设施建设、农业及文化等领域的务实合作，推动两国关系取得更多成果。

卡里莫夫总统高度评价中国的改革开放政策，表示中国在包括农业在内的经济发展领域取得了非凡成就，使中国变得日益繁荣和强大，相信中国的发展不可阻挡。乌支持中国的发展及维护国家核心利益和打击“三股势力”的努力。乌是中国可信赖的战略伙伴，愿在政治、安全、经贸、能源、科技、农业及上海合作组织建设等各方面加强同中国的友好合作关系。

国务院副总理回良玉在塔什干与乌兹别克斯坦总理米尔济亚耶夫举行会谈

国务院副总理回良玉在塔什干与乌兹别克斯坦第一副总理阿济莫夫举行会谈

9月13日

全国人大常委会委员长吴邦国在内比都与缅甸联邦议会民族院议长吴钦昂敏举行会谈

正在缅甸进行正式友好访问的全国人大常委会委员长吴邦国当地时间13日上午在民族院大厦会见了缅甸联邦议会民族院议长吴钦昂敏。

吴邦国积极评价中缅关系。他说，中缅两国毗邻而居，人民和睦相处，结下了深厚的“胞波”情谊。建交半个多世纪以来，中缅关系始终保持健康稳定发展，2011年中缅建立全面战略合作伙伴关系。近些年来，两国高层往来频繁，政治互信不断加深，经贸合作快速发展，人文交流日益活跃，传统友谊历久弥新。吴邦国指出，当前国际和地区形势正发生深刻复杂变化，中缅两国都处在改革和发展的关键时期，进一步深化传统友谊、加强互利合作、促进共同发展，符合中缅两国和两国人民的根本利益，也有利于促进本地区和平稳定发展。中方坚定奉行对缅睦邻友好政策，愿同缅方一道，牢牢把握中缅关系发展的新机遇，共同维护中缅友好合作大局，不断丰富和充实中缅全面战略合作伙伴关系内涵，更好地造福两国和两国人民。

在谈到议会交往时，吴邦国说，中缅关系的发展离不开两国立法机构的大力支持和积极推动。中国全国人大愿进一步加强与缅甸联邦议会民族院的友好往来，紧紧围绕国家关系发展大局，充分发挥议会交往的特点和优势，密切各层次友好往来，加强在治国理政、民主法制建设、保障改善民生等方面的经验交流，为推动各领域务实合作、促进国家关系全面发展贡献力量。

吴钦昂敏热烈欢迎吴邦国委员长到访。他说，中国是缅甸的亲密邻邦，缅中友好源远流长、深入人心。

缅方钦佩中国改革开放取得的巨大发展成就，赞赏中方在国际和地区事务中发挥的重要作用。缅甸联邦议会民族院高度重视发展与中国全国人大的关系，愿为推动两国各领域务实合作、深化两国人民传统友谊继续发挥积极作用。

全国人大常委会副委员长兼秘书长李建国、缅甸联邦议会民族院副议长吴妙年等会见时在座。

中国新闻社成立60周年纪念大会在北京举行

国务院总理温家宝为中国新闻社题词。中共中央政治局常委李长春，国务院副总理李克强分别发来贺信。中宣部部长刘云山出席纪念大会并讲话。全国政协副主席万钢出席大会。

温家宝为中国新闻社题词："传播中国声音，留下历史记忆。"李长春在贺信中向中国新闻社的全体同志表示热烈祝贺和亲切慰问，他指出，中国新闻社成立60年来，始终服务党和国家工作大局，以沟通世界、传递中国声音为使命，不断发展壮大，已经成为向海外华文媒体提供中国新闻和资讯的重要渠道，成为促进海峡两岸和全球华人新闻交流的纽带和桥梁。希望中国新闻社加快打造国际一流媒体，努力做到"中国立场、国际表达"，不断提高新闻信息的原创率、首发率、落地率，不断增强新闻宣传的针对性、时效性和吸引力、感染力，不断巩固和扩大在海外华人社会中的影响。李克强在贺信中指出，面对世界渴望更加全面深入准确认知中国的新形势，希望中国新闻社着力增强国际影响力，占领世界华文资讯制高点，开创国际传播新征程。

国防部部长梁光烈在八一大楼与摩尔多瓦国防部部长维塔列·马里努察举行会谈

9月14日

全国人大常委会委员长吴邦国在内比都与缅甸总统吴登盛举行会谈

吴邦国在高度评价中缅关系后指出，作为山水相连的近邻，中缅彼此尊重、相互信任、相互帮助、共同发展，是人心所向、大势所趋。中方始终坚持从战略高度和长远角度看待和发展中缅关系，愿同缅方一道共同努力，积极落实两国领导人达成的重要共识，推动中缅全面战略合作伙伴关系不断向前发展。一要不断增进战略互信。当前，国际和地区形势正发生复杂深刻变化，中缅两国都处在改革和发展的关键时期。双方应继续在涉及彼此重大利益问题上相互坚定支持，共同维护中缅友好合作大局。中方坚定奉行对缅睦邻友好政策，真诚希望缅政治稳定、经济发展、民生改善。二要加强中缅经贸合作。这些年来，中缅经贸合作取得了长足发展，但同双方良好的政治关系相比，深化两国互利合作的潜力还很大。当前要着力推动双方已商定的大项目合作，这些项目不仅对中方具有重要意义，而且有利于缅加快发展民族产业，改善相关地区人民生活。希望双方坚定合作信心，采取有效措施，积极化解困难，扎实推进中缅油气管道建设等重大合作项目顺利实施。中方继续鼓励和支持有实力、信誉好的中国企业扩大对缅投资，积极参与缅国内经济建设。三要深化人文交流。中缅文化交流源远流长，人民"胞波"情谊深厚。双方要继续扩大文化、教育、旅游等方面的交流合作，增进两国人民特别是青年之间的了解和友谊，不断夯实中缅睦邻友好的社会基础。中方支持缅甸承办2013年东南亚运动会，并愿提供力所能及的帮助。

吴登盛说，中国是缅甸真正的朋友。长期以来，中国政府和人民给予缅方政治上的支持和经济上的援助，缅甸政府和人民对此永远不会忘记。他表示，缅方愿同中方继续密切配合，保持高层交往势头，加强基础设施、农业、能源等领域务实合作，推动边境贸易和投资合作，提升企业合作信心。缅方欢迎中资企业来缅投资，发展劳动密集型产业和农产品深加工业，并愿为此提供便利。他重申，缅方将继续坚定奉行一个中国政策，坚定支持中方维护核心利益的立场和主张。

会见结束后，吴邦国委员长与吴登盛总统共同出席了9项中缅两国政府间经贸合作文件及2项金融合作协议的签字仪式，听取了中缅油气管道建设情况汇报。

国务院总理温家宝到清华大学看望师生并发表演讲

下午2时30分许，温家宝首先来到有着80年历史的机械工程学院精密仪器系。在IC装备重大专项实验室，温家宝听取了集成电路最核心装备光刻机研制和市场推广介绍。在制造系统实验室，他了解了微小卫星技术进展和学生实习、学校与企业合办研究中心的情况。他说，学生要培养创新性思维，科研人员要掌握核心技术，才能不断增强创新的能力。

温家宝还在清华大学校史馆参观了校史展。

随后，温家宝走进清华大学大礼堂，礼堂内座无虚席。面对1000多名学生，温家宝发表了演讲。他首先从清华的校训讲起。他说，1914年11月梁启超先生第一次来清华作演讲时引用《易经大传》中"天行健，君子以自强不息"、"地势坤，君子以厚德载物"的话，勉励学子们树立"完整人格"。

温家宝说，清华大学建立以来，为共和国培养了一代又一代优秀的专家学者。他们不计名利，忧道不忧贫,始终保持高尚的境界和爱国的热忱,在艰苦的环境中洗净铅华,彰显本色,传承了中华民族的优秀品质。今天我们要培养和重塑民族的道德理性,就必须汲取传统文化的精神营养,倡导心存敬畏、行己知耻、诚实守信的社会道德观,对社会要有奉献精神,对他人要有责任感,对弱者要有同情心,养成情操高尚的人格。这不仅是对社会的责任,对他人的尊重,更是人的自信与庄严。新一代清华人一定会牢记"自强不息,厚德载物"的校训,努力学习,勤奋成才,将来为祖国的现代化建设作出更大的贡献,谱写清华大学更加辉煌的篇章。

讲持续近1个小时。演讲过程中,学生们不时报以热烈掌声。

全国政协主席贾庆林在江苏 山东调研

9月14日至19日,贾庆林来到江苏盐城、徐州、苏州、无锡、南京和山东枣庄等地,深入工厂企业、科技园区、文化设施,与干部群众共商加快发展大计、共谋和谐稳定良策。他专程瞻仰了淮海战役烈士纪念塔,参观了新四军纪念馆、台儿庄大战纪念馆。调研期间,他对近年来江苏、山东经济社会发展取得的成绩给予充分肯定。

中国海监船舶编队抵达钓鱼岛海域开展维权巡航执法

6时许,由中国海监50、15、26、27船和中国海监51、66船组成的2个维权巡航编队,抵达钓鱼岛及其附属岛屿海域,对钓鱼岛及其附属岛屿附近海域进行维权巡航执法。这是我国政府宣布《中华人民共和国政府关于钓鱼岛及其附属岛屿领海基线的声明》后,中国海监首次在钓鱼岛及其附属岛屿海域开展的维权巡航执法,通过维权巡航执法行动,体现我国政府对钓鱼岛及其附属岛屿的管辖,维护我国的海洋权益。

我国向联合国秘书长交存钓鱼岛及其附属岛屿领海基点基线坐标表和海图

美国东部时间9月13日,中国常驻联合国代表李保东大使约见联合国秘书长潘基文,提交了中国钓鱼岛及其附属岛屿领海基点基线坐标表和海图。至此,我国已履行了《联合国海洋法公约》所规定的义务,完成了公布钓鱼岛及其附属岛屿领海基点基线的所有法律手续。

国务院副总理王岐山在中南海分别会见前英国金融服务局主席霍华德·戴维斯等20位中国证监会国际顾问委员会委员和加拿大7省区省长联合访华团

在会见中国证监会国际顾问委员会委员时,王岐山对各位委员长期为中国资本市场的改革发展献计献策表示赞赏。他说,近年来中国资本市场发展快、变化大,取得了显著成绩,但市场发育仍比较稚嫩。要借鉴国际资本市场发展的成功经验,进一步深化体制机制改革,加快组织制度创新,加强市场监管,积极稳妥地扩大对外开放,切实保护广大投资者的利益,促进资本市场健康稳定发展。

戴维斯等表示,对中国资本市场的发展前景充满信心,愿继续为中国资本市场发展贡献智慧和力量。

在会见加拿大省长联合访华团时,王岐山说,近年来中加高层交往频繁,各领域合作进展顺利。中加经济互补性强,合作潜力巨大。两国地方间合作快速发展,给两国人民带来了实实在在的利益。希望中加各省区市进一步加强经贸、投资、金融、旅游、科技、能源资源、节能环保等各领域合作,推动中加战略伙伴关系健康发展。两国政府要落实好中加双边投资保护协定,为双方地方、企业、市场等各层面合作营造良好的环境。

加拿大联邦理事会轮值主席、新斯科舍省省长德克斯特等表示,愿发挥加拿大各省区优势,与中方在更多领域开展务实合作,欢迎中国企业赴加投资兴业,欢迎中国游客赴加旅游。

外交部部长杨洁篪在北京与波兰外交部部长西科尔斯基举行会谈

国防部部长梁光烈在八一大楼会见古巴革命武装力量部副部长华金·金塔斯

梁光烈说,中国政府一贯高度重视发展中古两国的友好关系。半个多世纪以来,在双方共同努力下,中古关系不断向前发展,人民友谊与日俱增。中古两军加深友谊、加强交往、开展合作、相互支持,对促进两国关系的全面发展、维护国家的安全和发展利益具有重要战略意义。

金塔斯说,兄弟的中国人民取得的成就令人钦佩。多年来,古中两军关系日益深化,古方愿进一步加强两军交流与合作。

教育部颁布实施新的《普通高等学校本科专业目录(2012年)》和《普通高等学校本科专业设置管理规定》

9月15日

国务院总理温家宝致电俄罗斯总理梅德韦杰夫就年内将举行的中俄总理第十七次定期会晤和上海合作组织成员国总理会议等交换意见

温家宝表示,面对当前严峻复杂的国际局势,中俄紧密携手应对各种挑战，全面战略协作伙伴关系取得新进展。双方要保持密切沟通配合，推动中俄总理定期会晤和上合组织成员国总理会议取得成功，切实维护共同利益，促进本地区的和平、合作与繁荣。

梅德韦杰夫表示，俄中是友好邻邦，俄方高度重视与中国的关系，愿与中方共同努力，通过俄中总理定期会晤和上合组织成员国总理会议，推动俄中全面战略协作伙伴关系迈上新台阶。

国家副主席习近平等领导同志在北京参加全国科普日活动

上午，国家副主席习近平和王兆国、刘云山、刘延东、李源潮、何勇、韩启德等领导同志，来到中国农业大学，同首都群众和大学生一起参加全国科普日北京主场活动。习近平强调，要广泛普及食品与健康相关知识，推动全社会更加关注食品安全，坚决遏制各类食品安全违法犯罪行为，提高群众消费安全感和满意度。

今年全国科普日活动以"节约能源资源、保护生态环境、保障安全健康、促进创新创造"为主题，旨在推动《全民科学素质行动计划纲要》和全国科技创新大会精神的贯彻落实。围绕这一主题，各省、自治区、直辖市将组织开展5200多项主题科普活动。北京主场活动的主题是"食品与健康"。

上午9时30分许，习近平等领导同志来到主题展览区，饶有兴趣地观看了"舌尖上的变化"、"神奇的生物技术"、"农业物联网"、"食品安全监测"等与百姓生活息息相关的科普展板和实物，以及孩子们所做的科普实验互动体验活动。

参观活动结束时，习近平发表了即席讲话。他说，今年全国科普日活动内容丰富多彩，特别是北京的主场活动，专门组织了高校开放日，效果很好。他说，中国农大作为我国著名高等院校，这些年来不仅培养了大批农业科技人才，而且在服务社会、服务基层方面发挥了重要作用、取得了突出成果。希望把这些成功做法坚持下去，不断拓展科技成果服务"三农"的有效途径，不断探索面向社会公众开展科普活动的成功经验。

习近平指出，高等院校蕴藏着开展科普教育活动最为丰富的人才资源，在面向社会公众开展科普活动方面具有不可替代的优势，要把这一优势进一步发挥好。各级科协组织要进一步突出科普工作的大众性、基层性、基础性，让科普活动更多地走进社区、走进乡村，走进生产、走进生活。

首个城市国际旅游组织落户中国

由北京发起的首个以城市为主体的国际旅游组织——世界旅游城市联合会在北京宣布成立。来自全球的58个旅游城市和机构共同发表《北京宣言》，并将联合会总部永久设于北京。

世界旅游城市联合会是世界上第一个以城市为主体的国际性旅游组织，填补了旅游城市间没有国际合作组织的空白。联合会致力于实践"旅游让城市生活更美好"的核心理念，推动各会员城市开展富有成效的交流与合作，实现优势互补、资源共享、互利共赢，促进旅游产业繁荣发展。

世界旅游城市联合会成立后，将继续积极努力，促进会员城市间开展国际交流与合作，建立世界旅游城市评价体系和数据库，组织策划旅游宣传推广活动，开展人员培训工作。

9月16日

国务院副总理回良玉在河南南阳考察南水北调工程

回良玉指出，南水北调工程自2002年开工建设以来，历经十个年头，经过各方面的共同努力，工程建设顺利推进，东线工程已开始在防涝抗旱、生态保护等方面发挥作用，中线京石段工程已三次向北京应急调水，工程综合效益开始显现。到今年年底东线主体工程可望基本完工，明年通水；中线工程建设在加紧推进，后年也将实现通水。目前工程建设任务艰巨，时间紧迫，要进一步凝聚力量，攻坚克难，确保如期实现工程建设目标。

回良玉十分关心移民安置情况，他深入移民新村走访看望移民，了解移民的生产生活状况。他强调，移民群众舍小家、顾大家，为工程建设作出了重大贡献，妥善安置他们的生产生活是我们的重要责任，要坚持以人为本，民生优先，切实解决好移民群众的各种实际困难和问题。现在丹江口库区移民搬迁任务已基本完成，要把工作重心转向后期帮扶，切实落实好国家对移民的后期扶持政策，因地制宜发展特色优势产业，促进劳动力转移就业，加强就业、创业指导服务，确保移民"搬得出、稳得住、能发展、快致富"。

回良玉高度关注南水北调水质问题，专门来到丹江口水库察看。他强调，能不能确保一泓清水北上，关系到南水北调工程的成败，关系到沿线和京津地区人民生命健康。目前东线治污规划确定的项目已全部建成，中线水源保护措施在不断加强，水质持续改善。但治污和水源保护是一项长期的任务，要把水污染治理和生态环境保护放在更加重要的位置，调整产业结构，减少污染排放，强化水污染防治，加大水源地水土保持等生态建设力度，不断巩固和发展治污环保取得的成效，确保水源地和沿线水体安全。

考察期间，回良玉还深入田间地头，实地察看秋粮生产情况。基层干部群众反映，今年各方面支持得力，有望再获丰收。回良玉对河南省粮食生产工作给予充分肯定，勉励农民群众多种粮、种好粮。他要求切实抓好秋粮后期管理，确保丰收到手，同时认真做好秋粮收购准备工作。

我国决定向大陆架界限委员会提交东海外大陆架划界案

外交部边界与海洋事务司司长邓中华就我国政府决定向《联合国海洋法公约》设立的大陆架界限委员会提交东海部分海域200海里外大陆架划界案接受媒体采访。

邓中华表示，中国政府一贯主张中国在东海的大陆架自然延伸到冲绳海槽，从中国的领海基线量起超出了200海里。此次提交东海部分海域200海里外大陆架划界案，是中国政府基于这一客观事实及国际法对沿海国大陆架权利的相关规定作出的决定。

邓中华指出，提交外大陆架划界案是一个涉及科学、法律问题的复杂的系统工程，中国政府有关部门一直在进行积极努力和周密准备。2009年5月中国政府根据有关国际规定提交了东海200海里外大陆架的"初步信息"。现在提交划界案的相关技术准备工作已基本就绪。

邓中华强调，当前形势下，提交东海外大陆架划界案不仅意味着中国政府行使了《联合国海洋法公约》赋予的有关权利，履行了有关义务，更是向国际社会进一步宣示和强化了中国在东海的一贯主张，体现了中国政府维护国家海洋权益的坚定决心和意志。

解放军四总部致电慰问参加抗震救灾部队官兵

成都军区、空军、武警部队执行抗震救灾任务的全体指战员：

9月7日，云南彝良县、贵州威宁彝族回族自治县交界处连续发生地震，造成重大人员伤亡和财产损失。成都军区、空军、武警部队执行抗震救灾任务的官兵，坚决贯彻党中央、国务院、中央军委和胡主席命令指示，迅速赶赴灾区一线，全力投入抗震救灾。截至9月13日，累计救治伤员940余人，转移安置群众46930余人，搭设帐篷5520余顶，抢运发放物资4300余吨，疏通道路390余公里。任务部队官兵为夺取抗震救灾阶段性胜利作出了重要贡献，赢得了党和人民的高度赞誉。总参谋部、总政治部、总后勤部、总装备部向参加抗震救灾的解放军、武警部队官兵和民兵预备役人员表示亲切的慰问，致以崇高的敬意！

在这场抗震救灾斗争中，你们视灾情为命令，视灾区为战场，视时间为生命，迅即行动，昼夜兼程，冒着余震不断、山高路陡、山体滑坡等危险，以最快速度赶赴灾区展开救援；你们始终以饱满的政治热情和高昂的战斗意志，克服一切困难，创造一切条件，救出了一批批群众，排除了一个个险情，把灾害造成的损失减少到最小程度；你们想灾区群众之所想、急灾区群众之所急、解灾区群众之所难，积极协助地方政府解决受灾群众生活急需问题，及时把党中央、国务院、中央军委和胡主席的关怀送到灾区人民的心坎上；你们模范遵守党的民族政策和群众纪律，尊重少数民族风俗习惯，自觉接受地方抗震救灾指挥部领导，做到守纪如铁、秋毫无犯，树立和维护了人民军队的良好形象。你们用实际行动诠释了我军全心全意为人民服务的根本宗旨，践行了当代革命军人核心价值观，彰显了人民军队听党指挥、服务人民、英勇善战的优良传统，续写了全军官兵与各族人民团结一心、共克时艰的崭新篇章！你们的英勇事迹和崇高精神，值得全军部队学习。

当前，抗震救灾还处在关键阶段，后续任务仍然艰巨繁重。希望你们认真学习贯彻党中央、国务院、中央军委和胡主席的决策指示，大力弘扬伟大抗震救灾精神，以更加顽强的精神、更加科学的方法、更加有效的工作，圆满完成抗震救灾各项任务。全体官兵要始终保持不畏艰险、不怕疲劳、连续作战的旺盛斗志和战斗作风，再接再厉，全力以赴，进一步做好搜救人员、救治伤员、安置群众、修复设施、维护社会稳定等各项工作，为夺取抗震救灾全面胜利作出更大贡献。各级党组织要加强对抗震救灾工作的组织领导，科学组织、精心实施，在做好救灾工作的同时，高度重视部队自身安全稳定，推动救灾行动有力有序进行。广大党员干部要更好地发挥模范带头作用，到灾情最重的地方去、到困难最大的地方去，当尖兵、打头阵，团结带领官兵奋勇救灾，为党旗军旗增光添彩。

我们坚信，有党中央、国务院、中央军委和胡主席的坚强领导和英明指挥，有全国人民的大力支持，有广大官兵和民兵预备役人员的顽强奋战，一定能够夺取抗震救灾斗争的伟大胜利，把地震灾区建设成更加美好的新家园，以优异成绩迎接党的十八大胜利召开。

总参谋部
总政治部
总后勤部
总装备部
2012年9月16日

第七届全国农民运动会在河南南阳开幕

国务院副总理回良玉出席开幕式并宣布农运会

开幕。

本届农运会共有32个省区市代表团的3000多名运动员参赛，其中包括了由39人组成的台湾农民体育代表团。比赛共设田径、游泳、中国象棋等15个大项198个小项，既有深受广大农民群众喜爱、在农村开展普遍的篮球、乒乓球等现代竞技项目，也有舞龙舞狮等颇具农村特色的民族、民间传统项目，还设有自行车载重等与农民生产生活相结合的项目。风筝与武术项目的比赛已于今年8月率先进行。

胡绩伟逝世

人民日报社原社长胡绩伟同志，因病于2012年9月16日在北京逝世，享年96岁。

胡绩伟1916年8月出生于四川省自贡市。1936年7月参加革命工作，1938年1月入党，曾任成都民族解放先锋队宣传委员，成都《大声周刊》编辑，《星芒周报》主编，成都《星芒报》主编兼《四川日报》编辑。1940年3月任陕甘宁边区《群众报》主编。1946年6月兼任延安《解放日报》采访通讯部主任。1947年3月任《群众日报》总编辑、新华社西北总分社总编辑。1949年12月任群众日报社副社长。1950年3月起，任西北军政委员会新闻局副局长、文教委员会委员。1953年起，任《人民日报》编委会常委、副总编辑，党的核心小组副组长、宣传小组副组长。1977年1月任人民日报社党的核心小组组长、总编辑。1980年8月任《人民日报》编委会委员。1982年4月至1983年10月任人民日报社社长、编委会委员。1991年离休。

胡绩伟是中共第八次、第十一次、第十二次全国代表大会代表，第三届、五届全国人大代表，第六届全国人大常委会委员。

9月17日

全国人大常委会委员长吴邦国在科伦坡与斯里兰卡总统拉贾帕克萨举行会谈

吴邦国首先转达了胡锦涛主席对拉贾帕克萨总统的亲切问候，祝贺斯战后重建取得积极进展。拉贾帕克萨对此表示感谢，并请吴委员长转达他对胡锦涛主席的良好祝愿。

吴邦国说，建交半个多世纪以来，无论国际地区形势如何变幻，各自国内情况发生什么变化，中斯关系始终平稳健康发展。2005年，两国建立真诚互助、世代友好的全面合作伙伴关系，标志着双边关系发展进入到新的阶段。目前中斯关系正处于历史上最好时期。中方高度重视发展同斯里兰卡的友好合作关系，感谢斯方长期以来坚定奉行一个中国政策，尊重斯人民根据本国国情选择的发展道路，将一如既往支持斯方为维护稳定、发展经济、改善民生所作的努力，并愿继续为斯经济社会发展提供力所能及的帮助。

拉贾帕克萨表示，吴邦国委员长此访是斯中关系史上具有里程碑意义的大事，不仅有利于增进双方传统友谊，而且为两国关系下一步发展指明了方向。斯方感谢中国长期以来对斯里兰卡的有力支持，将继续坚定支持中方维护自身核心利益，愿以两国建交55周年和《米胶协定》签署60周年为契机，推动斯中全面合作伙伴系不断迈上新台阶。

经贸合作是中斯友好合作的重要组成部分。近年来双边贸易额持续增长，科伦坡港南集装箱码头、汉班托塔港二期、普特拉姆燃煤电站等一批重大基础设施合作项目进展顺利。吴邦国在充分肯定双方经贸合作取得成绩的同时，着重就下一步加强经贸合作提出三点建议。一是改善贸易结构，扩大贸易规模，中方将继续采取多种措施扩大自斯进口，希望斯方用好《亚太贸易协定》这个平台，提高商品竞争力，积极开拓中国市场。与此同时，双方应加强投资合作和旅游合作，中方鼓励更多中国企业加大对斯投资、更多中国公民赴斯旅游，希望斯方加大旅游资源推介力度。二是保持基础设施领域的合作势头，在落实好重点合作项目、确保在建项目按期保质完成的同时，根据斯国内发展的实际需要，充分运用先期合作的有益经验，不断挖掘合作潜力，培育新的合作亮点。三是加强在海洋科研、气候变化、防灾减灾等方面的合作，深化在畜牧业、农产品加工、生物质能源等领域的合作，努力把双方的互补优势转化为经贸合作的具体成果。拉贾帕克萨对此作出积极回应。他说，斯里兰卡正致力于建设“亚洲奇迹”，在基础设施建设、专业技术人才培训方面有很大的需求，欢迎中国企业加大对斯投资，积极开展铁路、港口、电站等基础设施建设领域的大项目合作，斯政府愿为此提供更多便利和条件。

会见结束后，吴邦国和拉贾帕克萨共同出席了《中华人民共和国政府和斯里兰卡民主社会主义共和国政府关于互免持外交、公务、因公普通护照人员签证协定》等6项两国政府间合作文件、10项企业间合作协议的签字仪式。

全国人大常委会副委员长兼秘书长李建国等参加了上述活动。

全国人大常委会委员长吴邦国在科伦坡与斯里兰卡议长恰马尔举行会谈

央行发布《金融业发展和改革“十二五”规划》

据新华社报道：9月17日，中国人民银行公开发布由中国人民银行、中国银行业监督管理委员会、中国证券监督管理委员会、中国保险监督管理委员会、国家外汇管理局共同编制的《金融业发展和改革“十二五”规划》(以下简称《规划》)。

《规划》依据《中华人民共和国国民经济和社会发展第十二个五年规划纲要》和2012年全国金融工作会议有关文件编制。《规划》分为九章,在回顾“十一五”时期金融业发展和改革取得的主要成就,分析“十二五”时期面临的机遇与挑战的基础上,提出了“十二五”时期金融业发展和改革的指导思想、主要目标和政策措施。从完善金融调控、优化组织体系、建设金融市场、深化金融改革、扩大对外开放、维护金融稳定、加强基础设施等七个方面,明确了“十二五”时期金融业发展和改革的重点任务。

《规划》提出“十二五”时期我国金融业发展和改革的指导思想是:高举中国特色社会主义伟大旗帜,以邓小平理论和“三个代表”重要思想为指导,深入贯彻落实科学发展观,全面推动金融改革、开放和发展,显著增强我国金融业综合实力、国际竞争力和抗风险能力,显著提高金融服务实体经济的水平,着力完善金融宏观调控和监管体制,形成种类齐全、结构合理、服务高效、安全稳健的现代金融体系,开创金融改革发展新局面。

《规划》提出“十二五”时期我国金融业发展和改革的主要目标是:金融服务业保持平稳较快增长,社会融资规模适度增长。金融结构调整取得明显进展,直接融资占社会融资规模比重显著提高。市场在金融资源配置中的基础性作用进一步增强,利率市场化改革取得明显进展,人民币汇率形成机制进一步完善,人民币资本项目可兑换逐步实现,多层次金融市场体系进一步完善。金融机构改革进一步深化,大型金融机构现代企业制度逐步完善,创新发展能力和风险管理水平明显提升,金融机构国际竞争力进一步增强。金融服务基本实现全覆盖,坚持金融服务实体经济的本质要求,支持科技创新和经济结构调整的力度进一步加大。金融风险总体可控,金融机构风险管理能力持续提升,系统性金融风险防范预警体系、评估体系和处置机制进一步健全,存款保险制度等金融安全网制度基本建立。

《规划》作为经国务院批准的国家级专项规划,是“十二五”时期金融业发展和改革的重要依据,对于贯彻落实2012年全国金融工作会议精神,巩固和扩大应对国际金融危机冲击成果,促进“十二五”时期金融业改革开放和健康发展,具有重要意义。各级政府部门和金融管理部门要按照《规划》的有关部署,全面履行职责,制定和落实支持金融业发展和改革的保障措施,实现《规划》提出的各项目标。

银监会印发《农户贷款管理办法》

《农户贷款管理办法》在广泛征求意见的基础上于今日发布,管理办法自2013年1月1日起施行。

管理办法结合农户贷款业务特点,按照手续便利性与业务规范性相结合、贷款可获得性与风控严密性相结合的原则,充分考虑农户所在地域、农林牧渔生产、农户消费等不同贷款需求特点,并吸收借鉴国际小微贷款管理技术,对业务发展与风险管理提出了具体要求。

全球首只人民币期货产品在港交所上市

人民币期货为美元兑人民币合约,合约的保证金、结算交易费用均以人民币计价。

国务院副总理李克强在中南海紫光阁会见联合国气候变化多哈会议主席阿卜杜拉·阿提亚

李克强说,气候变化需要国际社会携手合作应对。各国应在促进世界经济复苏的过程中,加快结构调整,推动节能环保和发展低碳经济,同时,要坚持联合国气候变化框架公约的原则和规定,特别是公平原则和“共同但有区别的责任”原则,充分考虑发展中国家所处发展阶段和未来发展空间,优先落实已达成的共识。再过几个月,联合国气候变化多哈会议将召开,希望卡塔尔作为东道国,在推动巴厘路线图谈判取得实质性成果、敦促发达国家承担大幅度减排目标并兑现提供资金、技术转让等承诺方面发挥积极作用。

李克强指出,当前,世界经济复苏中的挑战增多,国际大宗商品价格高位波动。主要能源生产国和消费国之间应加强合作,维护市场平稳。中卡能源合作已有良好基础,双方应从大局出发,建立长期稳定、互利共赢的能源合作关系,这符合两国长远战略和共同利益,有利于双边关系全面发展。

阿提亚表示愿与中方加强沟通协调,推动各方为应对气候变化共同努力,卡方将继续推进同中方能源等方面合作。

公安部部长孟建柱在北京会见马来西亚内政部部长希沙姆丁

国务委员戴秉国在中南海会见参加中越人民论坛第四次会议的中越双方代表

外交部部长杨洁篪在北京会见叙利亚反对派组织“全国民主变革力量民族协调机构”总协调员阿卜杜—阿济姆一行

我国已建成世界上最大的医疗保障网

国务院新闻办在新闻发布会上透露，2011年，城乡居民参加职工医保、城镇居民医保、新农合人数超13亿，覆盖率达95%以上，我国建立起世界上最大的医疗保障网。特别是覆盖8.3亿农民的新型合作医疗形成了很好的制度。国家支持8000多个公共卫生服务机构建设，免费向全体城乡居民提供10类41项基本公共卫生服务项目。经过不懈努力，我国疾病防治能力不断增强，卫生科技水平日益提高，居民健康水平明显改善。

9月18日

国家主席胡锦涛在天津出席发展中国家科学院第二十三届院士大会开幕式并致辞

胡锦涛在致辞时首先代表中国政府和人民，对大会的召开，表示诚挚的祝贺！对来自各个国家和地区的院士、科学家和各界人士，表示热烈的欢迎！

胡锦涛指出，世界科技正处于新一轮革命的前夜，经济社会发展的强大需求拉动，知识和技术体系的内生驱动，科技和经济、社会、文化、教育的深度融合，共同推动科技呈现出多点突破、交叉汇聚的生动景象。对广大发展中国家来说，科学技术更是改变国家命运、开创美好未来、创造幸福生活必须依靠的强大力量。发展中国家必须奋起直追、锐意创新，高度重视科技的作用，大力发展科学技术。

胡锦涛强调，广大发展中国家要立足本国国情和科技基础，适应世界科技发展大势，创造符合科技创新规律、适应本国发展要求的科技发展模式，走具有本国特色的科技发展道路。要着力加强创新能力建设，制定明确的科技发展战略，根据发展需求确定科技战略重点，促进科技和经济紧密结合，加快科技成果向现实生产力转化。要高度重视科技人才培养，使优秀人才脱颖而出、茁壮成长，形成一支高素质科技人才队伍。要大力加强开放合作，有目标、有重点地引进人才、智力、先进技术和管理，加强发展中国家科技交流合作，实现优势互补、互惠共赢。

胡锦涛指出，中国提出了到2020年进入创新型国家行列的奋斗目标。我们将秉持科学发展的理念，坚持把科技摆在优先发展的战略位置，深入实施科教兴国战略和人才强国战略，坚持自主创新、重点跨越、支撑发展、引领未来的方针，大力提升自主创新能力。

胡锦涛强调，中国作为发展中国家的一员，一向高度重视同其他发展中国家的科技合作。面向未来，中国将本着平等互信、务实共赢、共同发展、造福人民的精神，积极开展同发展中国家的科技合作。中国将进一步运用自身科技积累，针对发展中国家经济社会发展需求，加快先进适用技术援助和转移，共同解决关系经济社会发展和民生改善的共性关键科技问题。中国将进一步提高政府奖学金计划支持力度、扩大支持范围，支持科研机构、大学设立针对发展中国家的人才培养计划，欢迎更多发展中国家科技人员到中国开展研究，欢迎更多发展中国家青年学生到中国留学。中国将进一步支持发展中国家科技能力建设，在援外计划中逐步增加高技术含量项目，帮助发展中国家建设科研基础设施和技术示范平台，支持中国科研机构和企业在共同感兴趣的领域同发展中国家科研机构和企业建立联合研发机构。

在开幕式上，胡锦涛向获得发展中国家科学院科学奖的19位获奖者颁奖。

中国科学院院长、发展中国家科学院新一届院长白春礼主持开幕式。中央和国家机关有关部门负责人，天津市有关方面负责人参加了开幕式。

巴西科学院院长、发展中国家科学院院长帕里斯，联合国教科文组织，意大利，瑞典等国际组织和国家的代表在开幕式上发言。来自60多个国家和地区的400余位科学家出席了大会。

中共中央总书记胡锦涛在天津考察

下午，胡锦涛在天津出席发展中国家科学院第十二次学术大会暨第二十三届院士大会开幕式后，由国务委员刘延东和中共中央政治局委员、天津市市委书记张高丽等陪同，来到天津一些高新技术企业，就实施创新驱动发展战略进行调查研究，同干部群众共商加快转变经济发展方式、保持经济平稳较快发展大计，勉励大家同心协力、奋发进取，以优异成绩迎接党的十八大胜利召开。

天津力神电池股份有限公司主要从事锂离子电池的研发、生产。2000年6月，胡锦涛曾到这家刚投产不久的企业考察。当时的力神公司只是一个规模很小的高科技企业，公司员工不到200人，产能500万只、400多万安时，产品只有两种。经过10多年的不懈努力，力神公司已经发展成为国内重要的锂离子电池生产企业，产能达到4.5亿只、7亿多安时，产品有140多种，80%的产品出口。胡锦涛兴致勃勃地考察了这家企业的全自动生产线和琳琅满目的产品展厅。企业负责人向总书记汇报，力神公司这些年的发展主要得益于自主创新，目前公司已拥有一批自主知识产权。总书记语重心长地说，新能源是具有广阔发展前景的战略性新兴产业。希望你们面向市场需求，推进自主创新，着力攻克核心关键技术，使锂离子电池的性能不断提高、成本不断降低，在推动我国新能源产业发展中再创佳绩。

曙光信息产业股份有限公司是从事高性能计算机和通用服务器研发、生产的企业。在曙光品牌体验中心,胡锦涛认真参观陈列的产品,详细了解企业科研、生产情况。曙光公司依托雄厚的科技实力,研制出超百万亿次、超千万亿次等一批高性能计算机。得知这些情况,总书记称赞曙光公司走出了一条高新科技成果产业化的成功路子。胡锦涛强调,实现创新驱动发展,最关键的是要促进科技与经济紧密结合。他希望曙光公司坚持走中国特色自主创新道路,把握经济社会发展需要,瞄准世界信息技术发展前沿,加大研发力度,加快成果转化,努力推出更具技术优势和市场优势的高性能计算机,为推动我国信息化建设贡献更大力量。

总书记的亲切关怀和殷切期望,极大鼓舞和激励了广大科技人员和企业员工。大家决心牢记总书记嘱托,坚持推进自主创新,不断创造辉煌业绩,把伟大祖国建设得更加美好更加强盛。

全国政协主席贾庆林在南京会见海峡两岸企业家紫金山峰会代表

贾庆林说,两岸企业家紫金山峰会是在两岸关系和平发展进入巩固深化新形势下举办的一次盛会,为两岸企业家和经济界人士搭建起一个沟通对话的新平台。他希望峰会举办成功、办出实效,办成两岸经济界最受欢迎、最有影响力的交流平台。

贾庆林指出,大力开展两岸经济合作是实现两岸互利双赢、共同发展的基本途径,也是两岸关系和平发展的重要内容。两岸经济交流合作发展势头很好。大陆经济继续保持平稳较快发展,将为两岸企业界提供更广阔的发展空间和事业前景。希望两岸企业家抓住机遇,推进双向投资,深化互利合作,共同把两岸经济合作提高到一个新水平,为两岸关系和平发展奠定更扎实的经济基础。

贾庆林表示,我们鼓励和促进两岸经济交流合作的方针不会改变。大陆各地各部门将继续帮助广大台商和台资企业解决生产经营中遇到的困难和问题。同时,我们也愿意继续鼓励和支持大陆企业积极赴台投资,与台湾企业加强各方面合作,相互取长补短,实现共同发展。

贾庆林强调,两岸经济同属中华民族经济,两岸企业家都是中华儿女,应当以共同振兴民族经济为己任。首先要有民族情怀,增强"两岸一家人"、"兄弟一条心"的观念;同时又要有世界眼光,树立携手开拓国际市场的志向,共同为振兴中华民族经济作出贡献。

曾培炎、黄孟复、王毅、孙怀山等参加会见。

全国政协主席贾庆林在南京会见中国国民党荣誉主席连战

贾庆林指出,今天是"九一八"事变爆发81周年。这是一个中华民族永远不能忘记的日子。那时,中国积贫积弱,外敌野蛮入侵,使中华民族遭受了世所罕见的深重苦难。当前,两岸中国人正迎来共同繁荣发展、共谋民族振兴的历史机遇,中华民族任人欺凌的时代已经一去不复返了。

连战表示,两岸关系和平发展是正确的道路,我们努力与坚持的目标都是为了增进两岸同胞的福祉,开创中华民族的未来。我们反对"台独",认同"九二共识",一路走来,始终不变。坚持一个中国原则是理所当然的,我对两岸关系的前景深具信心。

连战还回顾了近代中国遭受外来侵略以及台湾被日本侵占的历史,强调身为在台湾的中国人,我们的民族情怀与大陆同胞是一致的。我们维护钓鱼岛主权的立场是不容置疑的。

中国国际经济交流中心理事长曾培炎,全国政协副主席黄孟复、林文漪等参加会见。

中央纪委书记贺国强在北京考察听取北京市委市政府和市纪委的工作汇报

《中华人民共和国钓鱼岛及其附属岛屿》专题地图正式出版发行

根据《中华人民共和国地图编制出版管理条例》,中国地图出版社已完成《中华人民共和国钓鱼岛及其附属岛屿》专题地图的编制工作。该图已于今日正式出版发行,这是中国政府加强对钓鱼岛及其附属岛屿管辖的又一具体措施。

《人民日报》发表评论员文章《文明理性展现中国力量》

近日,日本政府不顾中国政府和中国人民的强烈反对和抗议,宣布"购买"钓鱼岛及其附属岛屿,完成所谓"国有化"手续。这种罔顾历史和现实的非法"购岛"行径,是对国际公约和人类反法西斯胜利成果的公然背弃,是对来之不易的中日友好关系的再次践踏。

针对日方的恣意妄为,中国政府依照国际法和国际惯例,理直气壮展开了维护国家领土主权完整的各项反制措施:发表外交声明,公布中国钓鱼岛及其附属岛屿的领海基线,派出海监船舶编队开展维权巡航执法,驳回日本方面无理抗议,向各国驻华使节作专门通报,向联合国提交中国钓鱼岛及其附属岛屿领海基点基线坐标表和海图,向大陆架界限委员会提交东海部分海域200海里以外大陆架划界案。这一系列有理有利有节的行动，既体现了泱泱大国的成熟理性，更彰显了保卫领土、捍卫主权永不动摇、决不手软的决心。这些措施重创了日本将钓鱼岛主权问题固化的企图，赢得了国际社会的尊重与认同。

连日来，不少地方的群众尤其是青年人自发走上街头，抗议日本政府非法“购岛”行径，表达了中国人民的正义立场和爱国精神，形成了维护主权、捍卫领土的强大声势。爱国是一种最朴素最真挚的情感，也是每一个公民的光荣责任。当父母之邦受到挑衅，当神圣领土受到侵犯，每一个有正义感的人都会义愤填膺，每一个有血性的中华儿女都会慷慨激昂，表达捍卫祖国的坚定决心，诉说追求和平正义的拳拳期待。这种赤子之心、爱国之情弥足珍贵，这种公民表达天经地义，我们应该理解尊重、倍加呵护，让广大人民群众充分表达爱国热情，向世界展示中华民族爱好和平、抗击侵犯的正义力量。

爱国不需要理由，但需要理智。爱国主义从来就不是抽象的，它和国家的根本利益紧紧联系在一起。作为一个有着悠久文明历史的大国的公民，我们在表达自己的爱国主义热情时，应该坚守文明法治的底线。只有以大局为重，冷静理智、合法有序地表达自己的情感，自觉维护社会秩序，让世界看到中国人的团结、理性、智慧与勇气，让世人看到中国的坚定、开放、自信与自强，才能更有效地凝聚起捍卫民族尊严、国家利益的强大力量，赢得国际社会更多的理解、尊重与支持。

今天适逢“九一八”事变81周年。回顾历史，展望未来，我们既要勿忘国耻、警钟长鸣，更要坚定信心、团结奋斗。文明进步、日益强大的中国，早已告别了任人欺凌的时代，中国政府和13亿中国人民决不会坐视领土主权受到侵犯。我们坚信，在以胡锦涛同志为总书记的党中央坚强领导下，在全国人民的坚定拥护下，党和政府一定能够从国家民族的长远利益和根本利益出发，正确处理好中日关系，有力维护国家利益、人民利益。每一个爱国的中国人，都应加倍珍惜来之不易的大好局面，用文明理性展现中国力量，把我们的国家建设得更加繁荣富强，为捍卫领土主权提供坚实保障。

新兴国家互联网圆桌会议在北京举行

来自中国、俄罗斯、巴西、南非等国政府有关部门、学术机构和知名互联网企业的代表出席了会议。这是新兴国家间首次就互联网问题开展对话交流。

这次圆桌会议由中国、俄罗斯、巴西、南非互联网主管部门共同举办。国务院新闻办公室、国家互联网信息办公室主任王晨在会议上发表主旨演讲，俄罗斯通讯与大众传媒部副部长杰尼斯·斯维尔德洛夫、巴西外交部科技议题司总司长贝内蒂多·小丰赛尔、南非通信部代副总司长加布·拉德比分别作主题讲话。

王晨在题为《共同创造和平美好的网络空间》的主旨演讲中说，中国自1994年正式接入国际互联网以来，中国政府高度重视互联网的建设和发展，积极为互联网持续发展创造良好的法制、政策和市场环境。中国已经成为全球网络用户最多的国家。回顾过去18年来中国互联网的发展历程，主要有以下体会：把大力推进互联网的繁荣发展放在重要位置；加强技术创新不断丰富互联网服务和应用；推动互联网成为传播社会文明进步信息和理性建设性表达的新载体；把各相关责任主体都纳入到互联网治理体系中来。

王晨强调，应对日益严峻的网络安全挑战，迫切需要加强国际合作。新兴国家在互联网发展和治理问题上，有许多相同的看法、相似的做法、相近的诉求，同时也有广泛的共同利益和良好的合作基础。这次圆桌会议是新兴国家在互联网领域召开的首次政府多边会议，也是新兴国家在互联网领域开展交流合作的一个新渠道、新平台，是彼此交流观点、分享经验和做法的新开端。中国希望与各国共同努力，积极推进新兴国家互联网领域的交流合作，为全球互联网繁荣发展作出贡献。

俄罗斯通讯与大众传媒部副部长杰尼斯·斯维尔德洛夫、巴西外交部科技议题司总司长贝内蒂多·小丰赛尔、南非通信部代副总司长加布·拉德比在主题讲话中表示，这次圆桌会议是新兴国家加强互联网领域合作、开展对话交流的重要平台。我们在互联网发展方面有许多共同的认识，在互联网治理方面有很多相似做法，加强交流和合作不仅对各方有利，而且有利于促进全球互联网的发展。

俄罗斯、巴西、南非的外交、通信、安全、司法等部门代表参加了会议。

外交部、工信部、公安部、中国社科院等单位代表，人民网、新华网、中国网、中国日报网、中国网络电视台、中国经济网、光明网、中国广播网、中国新闻网、新浪网、搜狐网、腾讯网、百度网、奇虎360等业界代表以及中国人民大学、中国传媒大学、北京邮电大学的专家学者等参加了圆桌会议。

中宣部部长刘云山在人民大会堂会见出席新兴国家互联网圆桌会议的俄罗斯 巴西 南非等国代表

国防部部长梁光烈与美国国防部部长帕内塔在北京举行会谈并共同会见记者

国务委员兼国防部部长梁光烈上午在八一大楼与来访的美国国防部长莱昂·帕内塔举行了会谈。

梁光烈首先欢迎帕内塔的来访。他说，中美两国拥有广泛的共同利益。保持两国关系健康稳定地向前发展,不仅符合两国和两国人民的根本利益,也有利于亚太乃至世界的和平、稳定与繁荣。今年以来,胡锦涛主席和奥巴马总统两次会晤,就构建中美新型大国关系达成重要共识,为中美关系发展指明了方向。

梁光烈强调,作为两国防务部门的领导人,有责任和义务落实两国元首达成的重要共识,努力建设与两国新型关系相适应的新型军事关系。双方要在建设中美合作伙伴关系的大框架内处理两军关系,切实尊重、照顾彼此核心利益和重大关切,妥善处理矛盾和分歧。要在"尊重、互信、对等、互惠"的基础上扩大两军关系中的积极因素,减少消极因素,深化两军务实合作,不断提升两军关系的发展水平。

双方还就南海、美亚太"再平衡"战略以及共同关心的国际和地区热点问题交换了意见。梁光烈就钓鱼岛问题重申了中方的立场,他指出,钓鱼岛这一问题的升温,责任完全在日方。中国政府捍卫钓鱼岛领土主权的决心和意志是坚定不移的。中方绝不接受日本将钓鱼岛"收为国有"这一非法做法。中方将继续密切关注事态发展变化,并保留采取进一步措施的权利。我们坚决反对美方宣称《美日安保条约》适用于钓鱼岛,希望美方从地区和平稳定大局出发,切实履行对钓鱼岛主权归属问题不持立场的承诺。

帕内塔感谢梁光烈的邀请及中方的热情接待。他说,美中两国都是亚太重要国家,在反恐、反海盗、防扩散、维和、反毒品走私及人道主义救援与减灾方面拥有广泛的共同关切。美方的目标是将美中关系建成世界上最重要的双边关系,其中关键的是建立一个强有力的两军关系。双方应继续保持高层交往的势头,不断增进了解,扩大信任,减少误判,推动两军关系健康、稳定、可靠、持续地向前发展。帕内塔重申美在南海、钓鱼岛问题上不持立场,希望有关国家和平解决争端。

会谈结束后,梁光烈和帕内塔共同会见了记者,梁光烈指出,保持中美关系健康稳定发展,对两国、两国人民乃至整个世界都具有重要意义;中美双方应按照两国元首就构建新型大国关系达成的共识,努力走出一条合作共赢、共同繁荣、和平共进的发展道路;在建设中美合作伙伴关系的大框架内,双方应积极推进"平等互利、合作共赢"的新型军事关系务实发展,加强对话与沟通,增进了解与互信,深化交流与合作,不断提升两军关系的发展水平。

帕内塔表示,美中双方应从长远的角度来看待两军关系,不仅要看到双方在哪些方面取得了突破性进展,更需要看到随着时间的推移,双方在一些达成共识的领域是否取得稳定发展。一个良好的美中关系不仅有利于两国和两国人民,也有利于亚太地区的和平、稳定与繁荣。美方致力于与中国建立稳定的、建设性的关系,这是维护21世纪世界和平的重要条件。美方鼓励亚太各国加强与中国的交流,邀请中方参加2014年"环太平洋演习"。

会谈前,梁光烈为帕内塔举行了欢迎仪式,并陪同检阅了中国人民解放军三军仪仗队。

中国人民解放军副总参谋长马晓天、海军副司令员苏士亮、空军参谋长杨国海、二炮副司令员吴国华,国防部外事办副主任李际以及美国驻华大使骆家辉等参加了上述活动。

中国科学院院长白春礼院士被选为发展中国家科学院新任院长

第五届全国少数民族文学创作会议在人民大会堂开幕

会议于9月18日至20日召开。会议将总结回顾2003年第四届全国少数民族文学创作会议以来我国少数民族文学工作,交流文学创作经验,并对进一步繁荣发展少数民族文学进行研究部署。会议期间,还将举行全国第十届少数民族文学创作"骏马奖"颁奖典礼。

来自全国各省、自治区、直辖市的各民族作家、诗人、评论家、翻译家和理论工作者以及作家协会负责人,第十届"骏马奖"获奖作家和评委等,共约300人参加会见并出席会议。

国务委员马凯在北京出席第六届中国国际安全生产论坛暨安全生产及职业健康展览会开幕式并讲话

马凯强调,要牢固树立以人为本、安全发展的理念,坚决贯彻"安全第一,预防为主,综合治理"的方针,把保障人民群众生命财产安全放在首位,大力实施安全发展战略,认真落实各项安全生产措施,有效防范和坚决遏制各类生产安全事故,促进安全生产形势持续稳定好转。

马凯指出,中国政府始终高度重视安全生产工作,自首届论坛举办10年来,在科学发展观指引下,国民经济创造了持续较快增长的辉煌成就,安全生产和职业健康事业也取得了显著成效和长足进步。全国初步形成了基本适应安全生产需要的法律、法规体系,基本建立了覆盖全国的安全生产监管监察体系,制定了一系列标本兼治的政策措施,深入开展"打非治违"专项行动和重点行业领域专项整治,安全生产设施和条件显著改善,宣传教育和培训不断强化,安全生产应急救援体系基本形成。全国安全生产保持了总体稳定、持续好转的发展态势，事故总起数和死亡人数连续10年"双下降"，反映安全生产水平的主要指标均明显改善，但事故总量仍然较大，重大事故时有发生，安全生产任务依然艰巨。

马凯强调，经济社会发展必须建立在安全保障能力不断增强、劳动者生命安全和职业健康得到切实保障的基础之上。要坚持统筹兼顾、协调发展，把安全真正作为发展的前提和基础，加强统筹规划和协调推进，促进安全生产与经济社会同步发展；坚持依法治安、综合治理，严格安全生产执法，严厉打击和整治非法违法、违规违章行为，推动安全生产工作规范有序开展；坚持突出预防、落实责任，加大安全投入，严格安全准入，深入开展隐患排查治理，加强职业病危害防治，筑牢安全生产基础；坚持依靠科技、创新管理，强化安全科技研发和先进技术装备应用，加强专业人才培养和队伍建设，完善应急救援体系，创新安全管理体制机制，不断提升安全保障能力和管理水平。

马凯指出，保障劳动者的生命安全和职业健康是各国政府的共同责任。中国政府十分重视安全生产领域的国际交流与合作，希望各国专家学者继续关心支持中国安全生产和职业健康事业。

王立军徇私枉法 叛逃 滥用职权 受贿案一审开庭

9月17日、18日，四川省成都市中级人民法院一审开庭审理了重庆市原副市长、公安局原局长王立军徇私枉法、叛逃、滥用职权、受贿案。

成都市人民检察院指控：被告人王立军身为重庆市公安局局长，违背查禁犯罪职责，徇私枉法，明知薄谷开来有故意杀人重大嫌疑而故意包庇使其不受追诉，情节特别严重，其行为已触犯《中华人民共和国刑法》第三百九十九条第一款之规定；被告人王立军作为掌握国家秘密的国家机关工作人员，在履行公务期间，擅离岗位，叛逃外国驻华领馆，情节严重，其行为已触犯《中华人民共和国刑法》第一百零九条之规定；被告人王立军身为重庆市公安局局长，违反国家有关法律规定，未经批准或者伪造批准手续，先后对多人使用技术侦察措施，严重破坏了社会主义法制，侵犯了公民的合法权益，其行为已触犯《中华人民共和国刑法》第三百九十七条第一款之规定；被告人王立军作为国家工作人员，利用职务上的便利，非法收受他人财物共计折合人民币305万余元，为他人牟取利益，其行为已触犯《中华人民共和国刑法》第三百八十五条之规定，应当以徇私枉法罪、叛逃罪、滥用职权罪、受贿罪追究其刑事责任。被告人王立军后来要求重庆市公安局有关人员对薄谷开来涉嫌杀人案重建档案、调查补证、保留物证；向国家有关部门反映薄谷开来涉嫌故意杀人的问题，并提供有关证据材料，积极协助复查，为公安机关侦破该案起了重要作用，可以对徇私枉法罪酌情从轻处罚。被告人王立军犯叛逃罪后自动投案，并如实供述其叛逃的主要犯罪事实，属自首，根据《中华人民共和国刑法》第六十七条之规定，依法可以从轻或者减轻处罚。被告人王立军犯有数罪，根据《中华人民共和国刑法》第六十九条之规定，应当数罪并罚。被告人王立军揭发了他人重大违法犯罪线索，为有关案件的查办发挥了重要作用，有重大立功表现，根据《中华人民共和国刑法》第六十八条之规定，依法可以减轻处罚。

成都市中级人民法院根据最高人民法院指定管辖决定书立案受理此案后，及时向王立军送达了起诉书副本，告知其诉讼权利和义务，并通知律师会见被告人，查阅全案卷宗，充分保障了王立军的诉讼权利。因起诉指控王立军所犯叛逃罪和滥用职权罪涉及国家秘密，成都市中级人民法院于9月17日依法不公开开庭审理了上述两罪，于9月18日依法公开开庭审理了起诉指控王立军所犯受贿罪和徇私枉法罪。

法庭上，检察机关出示了有关证据，王立军及其委托的辩护人进行了质证，控辩双方充分发表了意见。在公开开庭审理阶段，王立军的亲属、媒体记者、人大代表、政协委员及各界群众旁听了庭审。

庭审结束后法庭宣布休庭，择期宣判。

伍绍祖逝世

原中国人民解放军国防科学技术工业委员会政治委员、党委书记，国家体育总局原局长、党组书记，中共中央直属机关工作委员会原主持常务工作的副书记伍绍祖同志，因病医治无效，于2012年9月18日在北京逝世，享年74岁。

伍绍祖原籍湖南耒阳，1939年4月生于陕西西安。1955年加入中国共产主义青年团，1958年12月加入中国共产党。1957年9月考入清华大学工程物理系理论核物理专业学习，1964年7月考取本专业研究生。1965年4月调到团中央国际联络部工作。1972年4月后，任国务院办公室秘书。1975年6月后，任解放军国防科委司令部二局参谋、科技部二局副科长、副局长，国防科工委副主任、党委副书记，政治委员、党委书记兼纪委书记等职。1988年12月后，任国家体委主任、党组书记，国家体育总局局长、党组书记，并任中国奥委会主席、中华全国体育总会主席，2000年、2008年奥申委执行主席。2000年5月起，任中直机关工委副书记，主持常务工作的副书记，中央党建工作领导小组成员。

伍绍祖是中共第十二、十三、十四、十五届中央委员。第三届全国人大代表。政协第十届全国委员会常务委员、社会和法制委员会副主任。第十八届、十九届全国学联主席，第四届全国青联常委、第五届全国青联副主席。1988年9月，被授予少将军衔。

9月19日

国家主席胡锦涛与多哥共和国总统福雷互致贺电庆祝两国建交40周年

胡锦涛在贺电中说，40年前，中多老一辈领导人作出建立两国大使级外交关系的英明决策，共同开创了中多友好事业。40年来，双方始终坚持真诚友好、平等相待、互利互惠、合作共赢，两国关系一直顺利健康发展，成为南南合作的典范。中方愿以两国建交40周年为契机，与多方一道加强友好交往，扩大务实合作，把中多友好合作关系不断提升到更高水平，更好造福两国人民。

福雷在贺电中说，多中关系政治上平等互信，经济上互利共赢。过去40年里，双方在农业、基础设施、卫生和教育等领域开展了形式多样的交流合作，增进了两国福祉。多方愿与中方一道，继续为推动两国实现繁荣而共同努力。

全国人大常委会委员长吴邦国在哥打基纳巴卢会见马来西亚沙巴州首席部长穆萨·阿曼

吴邦国指出，沙巴州与中国地理相近，人文相通，在发展对华关系上有许多优势，也取得了不少成绩，极大丰富和促进了中马关系的发展。希望双方在现有合作基础上，继续本着互利共赢的原则，充分发挥各自优势，进一步加强实体经济合作、企业合作。中国政府鼓励中国有关省市加强与沙巴州的友好合作，支持本国企业以更加积极的姿态开拓沙巴市场，加强在基础设施、港口建设、产品加工等领域的互利合作，促进“沙巴发展走廊”等发展战略的实施。沙巴旅游资源丰富，希望双方共同努力，共同做好旅游合作这篇大文章，加大宣传推介沙巴旅游资源的力度，进一步便利双方人员往来，努力将旅游合作打造成双方务实合作新的增长点。

穆萨·阿曼说，沙巴政府和人民热烈欢迎吴委员长访问沙巴。他说，沙巴与中国经贸关系密切，中国是沙巴重要的经贸合作伙伴，相信吴委员长此访一定能推动双方在投资、旅游、农业等领域的合作，促进沙巴经济转型和可持续发展，提升马中合作的质量和水平。

国务院总理温家宝在北京主持召开国务院常务会议听取退耕还林工作汇报

会议指出，实施退耕还林是党中央、国务院在世纪之交为改善生态环境作出的重大决策。1999年至2006年，累计完成退耕地造林1.39亿亩，实施荒山荒地造林和封山育林2.25亿亩。2007年国务院决定将退耕还林工程转入巩固成果阶段，提出了确保退耕还林成果得到巩固和退耕农户长远生计得到有效解决两大目标，延长了对退耕农户的直接补助政策。几年来，各有关地区和部门认真组织实施，广大农户积极参与，退耕还林成果不断巩固，面积保存率达到98.9%，工程区生态环境显著改善；累计建成稳产高产基本口粮田2600多万亩，农村特色产业发展壮大，农村劳动力向二三产业转移加快，退耕农户人均纯收入年均实际增速高于全国同期水平；很多农户用上沼气池、节煤节柴灶、太阳能灶、太阳能热水器，生活方式发生可喜变化。

会议指出，巩固退耕还林成果工作仍处于关键阶段，要突出工作重点，继续实施好巩固退耕还林成果专项规划，加快项目建设进度。一要着力解决退耕农户长远生计问题。实施巩固成果建设项目要以困难地区和困难退耕户为重点。二要强化项目和资金管理。有关地区省级人民政府要全面履行职责，加强项目管理和监督检查，确保工程建设质量和专项资金运行安全。三要加强建设成果后期管护。做好林木抚育、补植补造、森林防火等工作，提高退耕还林成活率和保存率。引导农户树立主体意识，切实搞好沼气等建设成果日常维护。四要加强效益监测，开展巩固成果成效评估。会议要求根据第二次全国土地调查结果，适当安排“十二五”时期重点生态脆弱区退耕还林任务。会议决定，自2013年起，适当提高巩固退耕还林成果部分项目的补助标准。

会议讨论通过了《京津风沙源治理二期工程规划(2013—2022年)》。会议指出，京津风沙源治理一期工程自2000年启动实施以来，取得显著的生态、经济和社会效益。京津地区沙尘天气呈减少趋势，空气质量改善。工程区沙化土地减少，植被增加，物种丰富度和植被稳定性提高。河北、山西、内蒙古三省(区)的重点治理地区农牧民生产生活条件得到改善，经济社会可持续发展能力增强。

为进一步减少京津地区沙尘危害，不断提高工程区经济社会可持续发展能力，构建我国北方绿色生态屏障，会议决定，在巩固一期工程建设成果基础上，实施京津风沙源治理二期工程。工程区范围由北京、天津、河北、山西、内蒙古5个省(区、市)的75个县(旗、市、区)扩大至包括陕西在内6个省(区、市)的138个县(旗、市、区)。会议强调，实施京津风沙源治理二期工程，要遵循自然规律，坚持生物措施、农艺措施和工程措施相结合，努力促进农牧业结构调整和生产方式转变，注重体制机制创新，提高综合效益。

为普及气候变化知识，宣传低碳发展理念和政策，鼓励公众参与，推动落实控制温室气体排放任务，会议决定自2013年起，将每年6月全国节能宣传周的第三天设立为“全国低碳日”。

海峡两岸企业家紫金山峰会在南京举行

全国政协主席贾庆林出席并宣布峰会开幕，中国国民党荣誉主席连战出席峰会并致辞。

连战在致辞中说，两岸经济合作已取得丰硕成果，未来空间仍然广阔。应加快两岸经济合作框架协议后续协商进程，争取尽早就货物贸易、服务贸易达成共识。实现大陆“十二五”规划与台湾“黄金十年”对接，共同发展新兴产业及服务业，深化科学技术、创新研发以及创立品牌等合作商机。落实两岸投资保护和促进协议，进一步优化投资环境，扩大陆资来台投资，平衡两岸投资。发挥产业搭桥平台功能，通过两岸互设办事机构方式，互设推动专责机构，深化两岸产业合作，提升两岸产业竞争力。

中国国际经济交流中心理事长曾培炎在致辞中分析了当前国际及大陆经济形势，指出随着前期政策效应的逐步显现和后续政策的出台，大陆经济今年有望实现年初预期的增长目标。预计今后10年乃至更长一段时间，大陆经济仍可保持7%—8%的增长速度。无论对台资企业还是大陆企业，未来市场空间依然十分广阔，完全可以继续大有作为。

中共中央台办、国务院台办主任王毅在致辞中表示，紫金山峰会已成为一个以两岸企业家为主体、聚焦两岸产业合作、汇集企业精英共识、服务两岸关系和平发展的机制化论坛。两岸经济构成中华民族经济，两岸企业家都是中华儿女。希望两岸企业家从全民族发展的高度，相互取长补短，联手打造具有国际竞争力的品牌，不断提高中华民族经济在世界上的地位。

国务院副总理李克强在北京出席省部级领导干部推进城镇化建设研讨班学员座谈会

国务院副总理王岐山在北京出席全球价值链国际研讨会并讲话

王岐山说，伴随着经济全球化深入发展，跨国投资日益扩大，产业转移不断加快，深刻地改变了全球生产和贸易方式，促进了生产要素在世界范围内优化配置，有力地推动了国际贸易快速发展和全球经济增长。世界贸易组织提出“世界制造倡议”，开启了一个审视全球价值链的新角度。

王岐山指出，探索建立更加科学的国际贸易统计体系，无论从当前还是长远看，都具有重要意义。这有利于客观评估国际贸易的真实状况，准确反映各国在全球价值链中的分工、增值和获益情况，有利于加强各国宏观经济政策协调，共同反对各种形式的保护主义，促进贸易自由化。在各方共同努力下，全球价值链研究已经有了比较好的开端和基础。同时，这项开创性的研究不仅涉及测算方法、信息采集、数据处理等技术问题，还涉及财政、货币、产业、就业等宏观经济政策，面临着不少困难和挑战。希望各国政府和国际组织加强合作，积极支持国际贸易统计改革和完善，使之更加接近全球贸易的真实面貌。

王岐山指出，改革开放30多年来特别是加入世界贸易组织以来，中国对外开放的大门越开越大，市场准入不断放宽，法律政策更加规范透明，贸易投资自由化便利化程度显著提高。我们将毫不动摇地坚持对外开放的基本国策，加大知识产权保护力度，对内外资企业实行一视同仁的政策，营造良好的市场环境。中国既是出口大国，也是进口大国，我们发展对外贸易并不追求贸易顺差。一个更加开放繁荣的中国，必将给世界各国带来更多的发展机遇。

王岐山强调，当今世界，各国经济相互依存，利益交融不断加深，谁也离不开谁。国际金融危机爆发以来，改革完善世界经济规则和标准，推动国际经济秩序朝着更加公正合理包容的方向发展，已成为国际社会的共识和行动。中国政府愿与各国政府和国际组织一道，坚定支持自由贸易，维护和加强多边贸易体制，加快全球经济治理改革，共同促进世界经济强劲、可持续、平衡增长。

全球价值链国际研讨会是由中国商务部与世界贸易组织、联合国贸发会议、经合组织联合举办的。

来自世界各国和国际组织的专家学者、政府官员，国务院有关部门以及地方商务部门、学术机构的代表共300多人参加了研讨会。

中央人才工作协调小组会议在北京召开部署实施《国家高层次人才特殊支持计划》

中组部部长李源潮指出，要按照胡锦涛总书记“加强协调，科学遴选，扎实推进，务求实效”重要指示精神，精心组织实施国家高层次人才特殊支持计划，更好地支持国内高层次人才创新创业，为我国科学发展、创新发展、转型发展提供有力支撑。

《国家高层次人才特殊支持计划》是面向国内高层次人才的支持计划，8月17日，经党中央、国务院领导批准，由中组部、人社部等11个部门和单位联合印发。总体目标是，从2012年起，用10年左右时间，有计划、有重点地遴选支持10000名左右自然科学、工程技术、哲学社会科学和高等教育领域的杰出人才、领军人才和青年拔尖人才，形成与引进海外高层次人才计划相互补充、相互衔接的国内高层次创新创业人才队伍开发体系。对人选对象,在有关部门和单位原有支持的基础上,国家将从经费、政策、服务以及荣誉鼓励等方面给予特殊支持。

中办印发《关于在推进事业单位改革中加强和改进党的建设工作的意见》

国务院任免国家工作人员

任命谭天星为国务院侨务办公室副主任;任命姜洋为中国证券监督管理委员会副主席;任命王忠晶为驻亚洲开发银行中国执行董事。

免去周英(女)的水利部副部长职务;免去赵阳的国务院侨务办公室副主任职务;免去陈方磊的国有重点金融机构监事会主席职务;免去杨英明的驻亚洲开发银行中国执行董事职务。

中央军委副主席习近平在人民大会堂会见美国国防部部长莱昂·帕内塔一行

习近平说,近年来中美关系取得了重要积极进展,对话、交流与合作达到了新的水平。胡锦涛主席和奥巴马总统就建设中美合作伙伴关系、探索构建新型大国关系达成重要共识,为中美关系长远发展指明了方向。只要我们坚持中美三个联合公报和中美联合声明的精神,以尊重为前提,以平等为基础,以合作为途径,以双赢为目标,这条新型关系之路就能够越走越宽,越走越实,越走越远。

习近平指出,中美两军关系是两国关系的重要组成部分。在双方共同努力下,今年以来中美两军关系保持改善和发展势头。希望两国防务部门继续在"尊重、互信、对等、互惠"的基础上,加强交流,深化合作,消除障碍,增进互信,推动两军关系在建设中美合作伙伴关系的大框架内健康稳定向前发展。

习近平阐述了中方在钓鱼岛问题上的严正立场。习近平说,81年前,日本制造了震惊中外的"九一八事变"。日本军国主义不仅给中华民族造成深重灾难,也给包括美国在内的亚太国家造成巨大创伤。日本国内一些政治势力非但不深刻反省对邻国和亚太国家造成的战争创伤,反而变本加厉、一错再错,演出"购岛"闹剧,公然质疑《开罗宣言》和《波茨坦公告》缺乏国际法效力,激化同邻国的领土争端,等等。国际社会决不能容许日方企图否定世界反法西斯战争胜利成果,挑战战后国际秩序的行径。日方应该悬崖勒马,停止一切损害中国主权和领土完整的错误言行。希望美方从地区和平稳定大局出发,谨言慎行,不要介入钓鱼岛主权争议,不要做任何可能激化矛盾和令局势更加复杂的事情。

帕内塔说,美国亚太"再平衡"政策的目标是促进地区稳定、和平、繁荣。为实现这一目标,一个至关重要的条件是美国与中国发展建设性的关系。令人高兴的是,美中两国、两军关系近年来取得了重要积极进展。美方希望与中方加强对话,扩大合作,构建强有力的新型大国关系。美中不久前在亚丁湾成功进行了反海盗演习,美方邀请中方参加2014年环太平洋军事演习。美方对近期东海局势表示关切。我认真听取了中方对有关历史因素的介绍,美方对有关领土争端不持立场,呼吁有关方避免采取挑衅行动,通过和平方式解决争端。

双方还就共同关心的国际和地区问题交换了看法。

国务委员兼国防部部长梁光烈等会见时在座。

外交部部长杨洁篪在北京与尼泊尔副总理兼外长什雷斯塔举行会谈

我国"一箭双星"成功发射两颗北斗导航卫星

19日3时10分,我国在西昌卫星发射中心用"长征三号乙"运载火箭,采用"一箭双星"方式,成功将第十四颗和第十五颗北斗导航卫星发射升空并送入预定转移轨道。

这是我国第二次采用"一箭双星"方式发射北斗导航卫星,也是今年北斗卫星导航系统组网的第三次发射。此次北斗导航卫星的成功发射,标志着我国北斗卫星导航系统快速组网技术日臻成熟。

据中国卫星导航系统管理办公室介绍,北斗卫星导航系统自2011年12月27日正式宣布提供试运行服务以来,系统运行稳定,服务性能不断提升。系统测试评估表明,北斗系统定位精度平面10米、高程15米,测速精度0.2米/秒,授时精度50纳秒,已逐步拓展到交通运输、气象、渔业、林业、电信、水利、测绘等应用领域,产生了显著的经济、社会效益。

此次发射的北斗导航卫星和"长三乙"运载火箭,分别由中国航天科技集团公司所属中国空间技术研究院和中国运载火箭技术研究院研制。这是长征系列运载火箭的第167次发射。

全国第十届少数民族文学创作"骏马奖"颁奖典礼在国家大剧院举行

9月20日

国务院总理温家宝在布鲁塞尔出席第八届中欧工商峰会并讲话

国务院总理温家宝在布鲁塞尔与欧洲理事会主席

范龙佩、欧盟委员会主席巴罗佐共同出席第八届中欧工商峰会。温家宝发表了题为《做21世纪国际合作的典范》的讲话。

温家宝说，中欧关系是世界上最重要的伙伴关系之一，也是中国对外关系的战略重点。在双方各界人士的精心呵护下，中欧全面战略伙伴关系日臻成熟，内涵不断丰富，各个领域合作都结出了累累硕果。经贸合作是中欧关系中最活跃、最有成效的部分。2003年，中欧贸易额突破1000亿美元，2011年已达到5672亿美元，年均增长20.8%。欧盟连续8年是中国最大贸易伙伴，中国是欧盟第二大贸易伙伴。欧盟企业对中国累计投资达800多亿美元。中国企业对欧投资由2003年的1亿多美元增加到2011年的43亿美元。欧盟是中国最大技术引进来源地，累计签订技术引进合同1500亿美元。双方人员往来日益频繁。2011年赴欧旅游和学习的中国公民接近200万人次，是2003年的5倍。

温家宝说，回顾近10年来中欧关系的发展历程，我有几点体会：第一，中欧关系的核心在于战略性；第二，中欧关系发展能够给双方带来实实在在的利益；第三，中欧关系已经超越了双边范畴，具有越来越重要的全球影响；第四，中欧可以通过对话磋商妥善处理各种分歧；第五，面向未来的中欧关系有着光明前景。

温家宝指出，中欧关系正处于承前启后、继往开来的关键时期，机遇和挑战都是巨大的。双方应当立足当前，着眼长远，与时俱进，制定中欧务实合作的中长期规划，扩大双边贸易规模，促进双向投资，拓展基础设施建设合作，深化科技创新合作，挖掘城镇化合作潜力，加强人文交流，推动中欧关系更加全面、深入、平衡发展。

温家宝表示，中国是负责任的长期投资者，将继续通过适当渠道参与解决欧债问题。相信一个拥有雄厚经济基础和科技实力的欧洲，一定有能力、有智慧妥善应对欧债问题，焕发出新的生机与活力。中国的发展需要欧洲，欧洲的发展也需要中国。中方愿同欧洲国家共同分享发展机遇，共同迎接各种挑战，坚定信心，携手并进，把中欧全面战略伙伴关系打造成21世纪国际合作的典范。

本届中欧工商峰会由中国商务部和欧盟委员会共同主办，中欧双方高级官员及经济界人士共500多人出席。

国务院总理温家宝在布鲁塞尔出席第十五次中欧领导人会晤

国务院总理温家宝在布鲁塞尔同欧洲理事会主席范龙佩、欧盟委员会主席巴罗佐共同主持第十五次中欧领导人会晤。温家宝的全体陪同人员、欧盟外交与安全政策高级代表兼欧盟委员会副主席阿什顿、贸易委员德古特、科研与创新委员盖根—奎因等出席。双方高度评价中欧关系发展取得的成就，一致表示要继往开来，制定面向未来的中欧一揽子合作规划，推动中欧关系达到更高水平。

温家宝说，中欧建立全面战略伙伴关系10年来，走过不平凡的道路，中欧领导人会晤机制发挥了战略引领作用。中欧在广泛领域开展交流合作，取得丰硕成果，不仅给双方带来巨大利益，也促进了全球可持续发展和东西方文明的包容互鉴，产生了积极而深远的影响。

温家宝指出，当前，国际金融危机仍在持续，对一些国家和地区造成严重冲击，世界处于深刻复杂的变化之中，不稳定、不确定因素增多。中欧要提振信心，紧密携手应对挑战，将达成的各项共识落到实处。同时着眼长远，加强战略沟通和协调，在未来的国际格局中更好地维护和促进共同利益。

温家宝提出以下建议：

第一，大力推进贸易投资自由化、便利化。反对各种形式的保护主义，相互扩大市场开放，坚持通过平等协商解决贸易纠纷。尽快启动中欧投资协定谈判，探讨开展中欧自贸协定可行性研究，为双方企业发展、合作创造良好的法律、政策、舆论环境，搭建更为有效的平台，共同开拓市场。

第二，将先进制造业、新能源、新材料、生物制药、信息通信等战略性新兴产业作为重点，建立联合研发中心、技术转移中心、联合孵化器，开展以企业为主体的“产、学、研”一体化合作，培育新的经济增长点。

第三，建立工作机制，推动双方在交通、电力、通信等领域开展合作。中国政府鼓励本国企业和金融机构参与欧方基础设施项目建设，构建覆盖欧亚大陆的物流网络，以适应中欧之间不断增长的贸易、人员往来需求。

第四，推动国际金融体系改革取得新进展，维护全球经济金融稳定。中方欢迎欧洲企业在跨境贸易和投资中使用人民币，愿与欧方一道，支持互设银行分支机构和开展业务。

温家宝表示，解决欧债问题关乎全球利益，中方一如既往支持欧方解决欧债问题的努力，将加强同欧盟机构、欧央行和国际货币基金组织的沟通与合作。希望欧方进一步凝聚改革的共识，落实各项纾困措施，在财政紧缩和经济增长之间找到平衡点，运用综合手段，为欧洲经济复苏和可持续增长注入强劲动力。

欧方表示，10年来，在双方共同努力下，欧中关系全面发展，政治关系日益密切，经济依存度不断加大，各领域合作成果丰硕。双方携手应对国际金融危机和欧债危机，维护共同利益。欧中关系建立在相互理解、相互尊重、平等互利基础上，有着强劲动力，前景广阔。今后无论遇到任何挑战，欧中利益都将紧密地联系在一起。欧方高度赞赏温家宝总理提出的推进欧中关系的建议，愿与中方共同制定长期合作规划，为未来欧中关系发展奠定坚定基础，提供战略指导。欧方愿与中方深化贸易、投资合作，启动投资协定谈判，通过对话协商妥善解决分歧，加强在基础设施领域的合作，密切人文交流，加强在国际地区事务中的沟通协调，共同应对全球性挑战。欧方正在推进改革，依靠自己的努力解决欧债问题。中国的支持和欧中合作对欧洲经济的复苏与增长至关重要，欧方将与中方加强沟通与合作。

双方还就世界经济形势、二十国集团以及地区热点问题交换了看法。

会晤后，双方领导人出席了中欧有关合作文件的签字仪式，并发表了联合新闻公报。

国务院总理温家宝在布鲁塞尔与比利时首相迪吕波举行会谈

国家副主席习近平在南宁分别会见出席第九届中国—东盟博览会的老挝总理通辛 越南总理阮晋勇和泰国副总理吉滴叻

在会见通辛时，习近平高度评价去年老挝成功召开党的九大和新一届国会会议以来各项事业取得的新成就。习近平说，当前中老关系发展势头很好。新形势下双方应抓紧落实好两国最高领导人就深化全面战略合作伙伴关系达成的重要共识，加快推进各领域务实合作，充分发挥两国制度相同、理念相通的优势，加强团结合作，共同应对挑战，实现各自国家的长治久安。

通辛高度评价中国—东盟博览会对促进中国同包括老挝在内东盟各国友好合作关系发挥的积极作用，对中国人民在经济社会建设中取得的巨大成就表示由衷的钦佩。他说，中国的成就证明了社会主义制度的生命力，也为世界和地区的和平与发展作出了贡献。老方感谢中方长期以来提供的宝贵援助和支持，愿与中方保持高层交往，密切各领域合作，永做好邻居、好朋友、好同志、好伙伴。

在会见阮晋勇时，习近平说，中国党和政府高度重视发展对越关系，愿在“十六字”方针和“四好”精神指引下，推动中越全面战略合作伙伴关系不断向前发展。当前亚洲国家面临新的严峻挑战，我们的首要任务就是本着同舟共济的精神，通过深化合作共同维护亚洲来之不易的稳定和发展势头。习近平指出，南海问题不是中越关系的全部，但处理不当会影响两国关系全局。两国领导人在南海问题上达成过许多重要共识，双方应认真落实。这对顺利推进两国各领域务实合作也至关重要。

阮晋勇说，越中山水相连，传统友谊深厚。越南党和政府永远铭记和感谢中方长期以来向越方提供的大量真诚宝贵的援助。对华合作是越南外交的头等优先方向。越方愿竭尽全力，精心培育和维护越中友好关系。越中在南海问题上存在不同观点，双方应认真落实两国领导人达成的共识，从战略高度，本着同志加兄弟的精神，通过谈判协商，妥善解决彼此的分歧，不使其影响两国关系大局。

在会见吉滴叻时，习近平说，中泰是亲密友好邻邦。建交37年以来，两国关系保持健康稳定发展，成为中国同周边国家中最亲密的双边关系之一，双方应珍惜并不断发扬光大。中国视泰国为可信赖的朋友和重要合作伙伴，愿同泰方保持高层交往，进一步挖掘潜力，扩大共同利益，推动两国关系不断取得新发展。习近平赞赏泰方在“10·5”中国船员湄公河遇害案侦破和审理过程给予中方的支持和配合，愿同泰方一道，稳步推进中泰老缅四国司法合作，共同维护湄公河流域安全。习近平表示，泰国是东盟重要成员，已接任中国—东盟关系协调国，责任重大。希望双方密切配合，把握好中国—东盟发展方向，把11月东亚领导人系列会议开成一次团结、友好、合作的会议。

吉滴叻表示，中国—东盟博览会为中国与东盟国家开展经贸合作提供了宝贵的平台，我此次与会的目的是借助这一平台，推动泰中在经贸、文化、旅游等各领域的合作，深化泰中战略伙伴关系。他说，泰方愿在担任中国—东盟协调国期间，加强与中方的协调与配合，为中国—东盟关系发展作出努力。泰方对“10·5”中国船员湄公河遇害案高度重视，泰国总理英拉多次就此作出指示，相信泰方会加紧相关工作，还中国遇害船员一个公道。

商务部国际贸易谈判代表兼商务部副部长高虎城、广西壮族自治区党委书记郭声琨等参加会见。

国务院副总理王岐山在中南海会见国际金融协会总裁达拉拉

2012中国旅游产业博览会在天津开幕

湄公河中国船员遇害案在昆明市中级人民法院开庭审理

广受社会关注的湄公河中国船员遇害案，即被告人糯康、桑康·乍萨、依莱故意杀人、运输毒品、绑架、劫持船只，被告人扎西卡、扎波故意杀人、绑架、劫持船只,被告人扎拖波劫持船只一案,20日在云南省昆明市中级人民法院依法开始公开开庭审理。

公诉机关指控:

一、2011年9月底至10月初,长期盘踞在湄公河流域"散布岛"一带的糯康犯罪集团,为报复中国船只被缅甸军队征用清剿该组织,同时为获取泰国不法军人的支持,被告人糯康先后与被告人桑康·乍萨、依莱及涉嫌参与本案的翁蔑、弄罗(2人均另案处理)策划劫持中国船只、杀害中国船员,并在船上放置毒品栽赃陷害船员。按照糯康的安排,依莱在湄公河沿岸布置眼线、选定停船杀人地点,并和弄罗与泰国不法军人具体策划栽赃查船等事宜。在糯康的指挥下,翁蔑带领温那、碗香、岩湍、岩梭等人(均另案处理)于2011年10月5日早,持枪劫持了中国船只"玉兴8号"、"华平号",捆绑控制了船员,并将事先准备好的毒品放置在船上。被告人扎西卡、扎波、扎拖波接到翁蔑通知后亦参与武装劫船,并将船只劫至泰国清莱府清盛县央区清盛—湄赛路1组湄公河岸边一鸡舍果树处停靠。翁蔑、扎西卡、扎波等人在船上向中国船员开枪后驾乘快艇逃离。后泰国不法军人向两艘中国船只开枪射击,尔后登船继续射击,并将中国船员尸体抛入湄公河。经现场勘查,在两艘船只上查获91.96万粒、共计84516.01克甲基苯丙胺。被害的13名中国船员尸体经鉴定,均系枪弹伤致死。

二、糯康犯罪集团长期在湄公河流域非法拦截、检查往来船只、强取财物。2011年4月2日,被告人桑康·乍萨与涉嫌参与本案的翁蔑(另案处理)及被告人扎西卡、扎波等人,将中国货船"渝西3号"船长冉某某及老挝客船"金木棉3号"船长罗某某劫持为人质。2011年4月3日,糯康犯罪集团成员又劫持中国货船"正鑫1号"、"中油1号"、"渝西3号",将15名中国船员扣押为人质。后"正鑫1号"货船出资人被迫交付赎金2500万泰铢,罗某某、冉某某、"正鑫1号"船长获释。3艘中国货船及船员被缅甸政府解救。

公诉机关认为,6被告人犯罪事实清楚,证据确实、充分,依法应当以故意杀人罪、运输毒品罪、绑架罪、劫持船只罪追究被告人糯康、桑康·乍萨、依莱的刑事责任,以故意杀人罪、绑架罪、劫持船只罪追究被告人扎西卡、扎波的刑事责任,以劫持船只罪追究被告人扎拖波的刑事责任。

昆明市中级人民法院依法受理此案后,严格依照法律规定,及时向各被告人送达了起诉书副本、刑事附带民事诉状及其译本。因各被告人未委托辩护律师、聘请翻译人员,昆明市中级人民法院依法为各被告人指定了辩护律师并聘请了翻译人员,向各被告人、被害人及被害人的近亲属告知了诉讼权利和义务,通知律师会见和查阅全案卷宗。

被告人及其辩护人、被害人、附带民事诉讼原告人及其委托代理人、翻译人员到庭参加诉讼。昆明市中级人民法院为庭审安排了现场翻译和同声传译。缅甸、老挝、泰国等国驻华领馆官员,以及人大代表、政协委员、媒体记者和各界群众300余人旁听了庭审。

9月21日

全国人大常委会委员长吴邦国在楠迪会见斐济总统奈拉蒂考

吴邦国首先转达胡锦涛主席对奈拉蒂考总统的亲切问候。奈拉蒂考总统对此表示感谢,并请吴邦国委员长转达他对胡锦涛主席的良好祝愿。

吴邦国说,斐济是最早同新中国建交的太平洋岛国。中斐建交以来,两国始终相互尊重、平等相待、真诚合作,树立了不同社会制度、历史文化和发展水平国家间友好关系的典范。中斐重要合作伙伴关系的建立,为新时期两国关系发展注入了新的活力,开辟了广阔前景。中方一贯主张国际关系民主化,尊重世界多样性,国家不分大小、贫富、强弱,都是国际社会的平等一员,国际事务应由各国之间平等协商,国内事务应由本国人民自主决定,反对以大欺小、以富压贫、以强凌弱。中方高度重视发展中斐关系,赞赏斐方将发展对华关系作为外交优先重点。中方愿与斐方一道,进一步深化中斐传统友谊,增进政治互信,拓展在经贸、农业、渔业、矿产等领域的务实合作,促进文教、旅游等友好交流,密切在国际和地区事务中的沟通与配合,推动中斐关系不断迈上新台阶。

奈拉蒂考代表斐济政府和人民热烈欢迎吴邦国委员长来访,认为此访再次表明中方对发展斐中关系的高度重视,也进一步坚定了斐方巩固两国传统友谊、深化互利合作的决心。他说,斐中虽然国情不同,但在许多问题上都有共同语言。中国政府和人民长期以来给予斐济大力支持和无私援助,帮助斐济克服各种困难,促进了斐济经济社会发展,斐济政府和人民对此深表谢意。斐济高度评价中国奉行的独立自主的和平外交政策,赞赏中方为维护广大发展中国家利益所做的不懈努力,期待与中国加强全方位合作,学习借鉴中国的发展经验,提升斐中关系水平。

全国人大常委会副委员长兼秘书长李建国等参加会见。

全国人大常委会委员长吴邦国在楠迪会见斐济总理姆拜尼马拉马

全国政协主席贾庆林在北京出席全国政协文史工作座谈会并讲话

贾庆林指出，人民政协文史资料工作是一项富有统战、政协特点的经常性、基础性工作。半个多世纪以来，在广大政协委员的积极参与和文史资料工作者的共同努力下，先后征集了80多亿字的文史资料文稿，出版了50多亿字的文史资料选辑和专题史料图书。

贾庆林对做好人民政协文史资料工作提出三点要求：第一，要始终坚持统战和“亲历、亲见、亲闻”特色。坚持从巩固发展统一战线出发，突出对重点人物和重点史料的“抢救”工作，更好地将统一战线各方面人士参与中国特色社会主义建设伟大进程的文史资料留存下来。第二，要始终坚持存真求实。坚持历史唯物主义的科学态度和踏实细致的工作作风，准确反映历史的本来面目。第三，要始终坚持工作创新。高度重视对文史资料工作的理论研究，大力推进文史资料工作的实践创新和方式手段的创新，更好地适应政协文史资料工作的新要求。

全国政协主席贾庆林在人民大会堂会见第十一届海外杰青汇中华交流团全体成员

贾庆林说，海外杰青汇中华交流活动已经成功举办了十届。来自20多个国家和地区、200多所知名大学的2000余名优秀港澳台青年和海外华裔青年，通过这项活动直观感受中国改革发展取得的辉煌成就，深入了解中华文化和当代中国的崭新面貌，深化与内地青年的学习交流，增强了中华民族的认同感和自豪感。

贾庆林向交流团成员介绍了祖国内地经济社会发展的情况。他指出，改革开放30多年来，中国实现了快速发展。特别是这10年来，我们深入贯彻落实科学发展观，紧紧抓住和用好国家发展的重要战略机遇期，奋力拼搏，开拓进取，经济社会发展实现了新的历史性跨越。

贾庆林强调，交流团成员作为港澳台和海外华裔青年中的杰出代表，民族命运与你们息息相关，祖(籍)国对你们寄予厚望。他对大家提出四点希望：一是树立远大理想，积极追求进步，弘扬自强不息、止于至善的优良传统，满怀为民族增光添彩的强烈责任，用好青年时代的宝贵时光和创业热情，勤奋学习、勇于进取，以不懈的努力创造佳绩；二是情系祖(籍)国发展，积极施展才华，大力支持祖(籍)国经济社会发展，积极来祖(籍)国投资创业、发展事业，引进海外资金、技术、人才，帮助内地企业参与国际竞争合作，为祖(籍)国改革开放和现代化建设发挥更大作用；三是推动和平统一，积极贡献力量，运用自身有利条件，密切大陆同胞与港澳同胞、台湾同胞、海外侨胞，特别是青年群体之间的联系与合作，增进两岸互利互信，坚决反对“台独”等各种分裂活动，为推动两岸关系和平发展、实现祖国完全统一作出积极贡献；四是弘扬中华文化，积极展示形象，身体力行地向世界传递中国和平发展的讯息、展示中华民族的良好形象，增进中国人民与世界各国人民的传统友谊。

国家副主席习近平在南宁出席第九届中国—东盟博览会开幕式并参观博览会展馆

上午9时，习近平与缅甸总统吴登盛、老挝总理通辛、越南总理阮晋勇、马来西亚副总理毛希丁、泰国副总理吉滴叻等东盟国家政要和代表团团长一同步入开幕式会场。

缅甸商务部部长吴温敏主持开幕式，广西壮族自治区主席马飚、中国商务部国际贸易谈判代表兼副部长高虎城和缅甸总统吴登盛先后在开幕式上致辞。9时30分许，习近平宣布中国—东盟博览会开幕，并同与会各国政要和代表团团长一起为开幕式剪彩。

开幕式结束后，习近平在广西壮族自治区和有关部门负责人陪同下参观了博览会展馆。

今年是《中国—东盟全面经济合作框架协议》签订10周年，也是中国—东盟自贸区启动10周年。本届博览会将围绕“科技合作”这一重点主题，同期举办包括中国—东盟科技部长会议在内的涉及金融、检验检疫、先进制造业、物流、医学、文化等领域13个高层次会议论坛及交流活动。

国家副主席习近平在南宁召开的第九届中国—东盟商务与投资峰会暨2012中国—东盟自贸区论坛开幕式上致辞

尊敬的吴登盛总统，尊敬的通辛总理、阮晋勇总理，尊敬的毛希丁副总理、吉滴叻副总理，尊敬的东盟各国嘉宾，女士们，先生们，朋友们：

在《中国—东盟全面经济合作框架协议》签订10周年之际，我很高兴同各位一道，出席今天在中国广西南宁举办的第九届中国—东盟商务与投资峰会暨2012中国—东盟自贸区论坛开幕式。首先，我谨代表胡锦涛主席和中国政府、中国人民，对本次峰会与论坛的召开，表示热烈的祝贺！对莅临本次会议的东盟国家领导人和各位嘉宾，表示诚挚的欢迎！

中国—东盟博览会和中国—东盟商务与投资峰会自2004年起已连续举办8届，累计有42位中国和东盟国家领导人、1500多位部长及贵宾出席，30多万名客商踊跃参会。这些年我们共同取得的上述成效充分表明：中国—东盟博览会和商务与投资峰会不但是中国和东盟10国共同搭建的经贸等多领域有效合作的大平台,也是中国—东盟自贸区建设的助推器,给双方企业和人民带来了实惠,在中国和东盟合作中发挥着越来越重要的作用。

中国与东盟各国友好关系源远流长,上世纪90年代初建立的中国—东盟对话关系开启了双方关系新篇章。我们高兴地看到,20多年来,中国和东盟各国相互尊重、平等相待,相互支持、共同发展,双方关系从全面对话伙伴、睦邻互信伙伴成长为拥有广泛共同利益的战略伙伴,实现了历史性跨越。双方政治互信不断加强,贸易增长不断加快,经济融合不断加深,互联互通不断加速,合作之路越走越坚实、越走越宽广。

我们始终坚持睦邻友好,相互理解和信任不断增进。中国—东盟关系的持续发展表明,中国周边外交切实做到了与邻为善、以邻为伴。在东盟的对话伙伴中,中国是最早同东盟建立战略伙伴关系、最早开启同东盟建设自贸区进程的国家。现在中国和东盟国家领导人就像走亲戚一样常来常往,中国领导人几乎每年都访问东盟国家。双方在重大国际和地区问题上保持密切沟通和协调,共同维护了发展中国家利益。

我们始终坚持互利发展,经贸合作成果日益丰硕。中国和东盟的贸易额已从建立对话关系之初的70亿美元,跃升至2011年的3628亿美元,年均增长20%以上。2010年中国—东盟自贸区全面建成以来,双方互利共赢的经贸合作更显示出强大发展动力和活力。中国已连续3年成为东盟第一大贸易伙伴,东盟成为中国第三大贸易伙伴。双方还互为重要投资伙伴,双向投资稳步发展。截至今年7月,双方相互投资累计近千亿美元。我们还通过设立中国—东盟投资合作基金、向东盟提供优惠信贷等多种方式,向东盟提供力所能及的资金支持,为促进东盟国家经济发展起到了积极作用。

我们始终坚持共同发展,各领域合作机制不断完善。中国和东盟经贸合作不断扩大和深化,也对多领域合作提出新的需求。目前,中国和东盟已圆满完成第一份战略伙伴关系五年行动计划,正在20多个领域开展互利合作。双方建立起12个部长级会议机制,成功打造了中国—东盟博览会、中国—东盟商务与投资峰会、中国—东盟中心、中国—东盟环保中心、教育交流周等一系列合作平台,形成全方位、多层次、宽领域的合作格局。

我们始终坚持同舟共济,不断战胜各种困难和挑战。中国和东盟国家不仅利益与共,而且安危与共。从应对亚洲金融危机到应对国际金融危机冲击,从抗击印度洋海啸到抗击"非典"疫情和中国汶川特大地震灾害,双方人民总是守望相助、患难与共。中国人民不会忘记,在汶川特大地震期间,东盟各国人民给予的无私援助;中国人民同样不会忘记,在共同面对亚洲金融危机和国际金融危机冲击时,中国和东盟国家化挑战为机遇、变压力为动力的奋斗历程。路遥知马力,患难见真情。中国和东盟友好关系历经考验、历久弥坚。

实践已经、正在、还将继续证明,中国和东盟既是团结友好、相互信任的好邻居,又是优势互补、合作共赢的好伙伴。中国和东盟睦邻友好合作,不但促进了我们各自国家的经济社会发展,给双方人民带来巨大利益和福祉,而且也为东亚乃至整个亚洲地区经济持续稳定发展作出了重要贡献。

女士们、先生们!

中华人民共和国成立60多年来、特别是改革开放30多年来,虽然在现代化建设方面取得举世瞩目的成就,但中国是世界上最大发展中国家的国际地位没有变,中国独立自主的和平外交政策没有变,中国走和平发展道路和实行对外开放的基本国策没有变。

中国越是发展,同地区和世界的联系越是紧密,就越需要一个稳定的地区环境与和平的国际环境。中国近代以来曾饱经沧桑,我们深知发展之重要、和平之珍贵,将坚定不移走和平发展道路,坚定不移奉行互利共赢的开放战略,坚定不移贯彻与邻为善、以邻为伴的周边外交方针。中国始终是维护地区与世界和平稳定的坚定力量,我们坚定捍卫国家主权、安全、领土完整,致力于通过友好谈判,和平解决同邻国的领土、领海、海洋权益争端。我们永远不争霸、永远不称霸。既通过维护世界和平发展自己、又通过自身发展维护世界和平,这就是中国和平发展道路的题中应有之义。

当前,中国经济形势总体上是好的,我们对加快转变经济发展方式、稳定外需、扩大内需、全面建成惠及中国十几亿人口的更高水平的小康社会充满信心。中国的发展是和平的发展、开放的发展、合作的发展、共赢的发展。在本世纪第二个10年,中国将进一步全面发展开放型经济,不断巩固同发达国家的经贸合作,继续加强同发展中国家的互利合作,深化和扩大同周边国家的务实合作。中国将不断完善区域开放格局,继续深化沿海开放,加快内陆和沿边地区开放,促进同周边国家共同发展。实践已经并将继续证明,中国的持续发展和繁荣对周边邻国是重大机遇、持续利好,将给包括东盟国家在内的世界各国带来重要发展机遇。

当前,世界经济增长乏力,欧债危机持续发酵,面临诸多不稳定不确定因素。亚洲地区虽然也面临不少困难和挑战,但总体仍保持较快发展势头。中国同东盟作为友好近邻和战略伙伴,应该审时度势、顺势而为,携手推进深度合作,共同赢得持续发展。为此,我愿提出以下4点建议。

第一，更大力度提升自贸区建设水平。涵盖19亿人口的中国—东盟自贸区建成不到3年，为深化以东盟为中心的区域一体化合作奠定了坚实基础。希望双方继续落实和完善自贸区各项协议，进一步提高贸易和投资自由化便利化水平，优化进出口商品结构，到2015年如期实现双方贸易额达到5000亿美元的目标。要以今年开展的中国—东盟科技合作年为契机，加强自贸区框架下的经济技术合作，促进政策宣传和能力建设，提高优惠政策利用率。继续深化产业合作，优化区域资源配置。秉持开放包容、平等互利原则，扩大自贸区覆盖范围。中方已在广西南宁、浙江义乌等地建立了中国—东盟商品交易中心，东盟各国企业可充分利用这些新平台，加强产品宣传与推广，以便在中国市场赢得更大份额。

第二，更大力度深化双向投资合作。本世纪第二个10年，中国将继续把“引进来”同“走出去”结合起来，引导中国企业有序到境外投资，积极开展有利于改善当地基础设施和人民生活的项目合作。东盟国家是中国企业“走出去”的首选地之一，也是中国吸引外资的重要来源地。近年来，中国企业对东盟的投资快速增长，投资领域已从传统的建筑行业和工程承包向新能源、制造业、商业服务等领域拓展。中国还将结合在东盟国家建立经贸合作区的举措，鼓励和支持有实力的中国企业扩大对东盟国家投资。同时，中国也一如既往欢迎东盟各国企业到中国投资兴业，特别是到充满发展潜力的中西部地区开展互利合作。

第三，更大力度推进互联互通建设。实现东盟内部以及中国—东盟的互联互通，是深化经贸合作和人员往来的重要基础，是促进域内经济融合、提升地区竞争力的战略举措，有利于地区经济持续稳定增长。中国愿同东盟开展全方位、深层次、战略性的互联互通。目前，中国—东盟互联互通中方委员会正在积极筹建中，并将同东盟相关机构加强对接和机制化交流。我们愿意通过建立促进互联互通建设的投资融资平台，加强同东盟国家的陆上通道建设，构筑双方海上互联互通网络，开拓港口、海运物流和临港产业等领域合作。

第四，更大力度促进社会人文交流。睦邻友好的深厚基础在民间。要充分发挥中国—东盟中心、民间友好组织大会、教育交流周等机构和平台作用，促进文化、教育、旅游、青年等各领域友好交流，增进双方人民了解和友谊。探讨建立旅游合作新平台，实现到2015年双方人员往来1500万人次的目标。开展丰富多彩的青年友好交流活动。中方倡议建立中国—东盟留学生联谊会，双方要积极落实2020年把互派留学生规模扩大到10万人的“双十万计划”，让更多青年参与到地区合作交流中来，使中国—东盟睦邻友好薪火相传。

女士们、先生们！

在经济全球化、区域一体化深入发展的新形势下，中国和东盟的前途命运比以往任何时候都更加紧密地联系在一起。不断深化中国—东盟战略伙伴关系，是双方共同的战略选择。我深信，依靠我们大家共同努力，依靠东盟秘书处和承办地中国广西壮族自治区的积极工作，中国—东盟博览会、商务与投资峰会、自贸区论坛将进一步办出特色、办出水平、办出实效，在服务中国—东盟友好合作、促进自贸区建设方面作出更大贡献。中国愿同东盟各国携手共进，共同开创中国—东盟友好合作更加美好的明天！

最后，我衷心祝愿本届中国—东盟博览会、商务与投资峰会和2012中国—东盟自贸区论坛取得圆满成功！谢谢大家！

国家副主席习近平在南宁分别与缅甸总统吴登盛马来西亚副总理毛希丁和菲律宾总统特使内政部部长罗哈斯举行会谈

国防部部长梁光烈在八一大楼会见蒙古国国防部国务秘书乔依扎木茨一行

中央文化体制改革和发展工作领导小组在北京召开会议总结党的十六大以来文化改革发展工作

9月22日

国办公布新修订的《国家地震应急预案》

根据预案，地震灾害分为特别重大、重大、较大、一般四级。特别重大地震灾害是指造成300人以上死亡（含失踪），或者直接经济损失占地震发生地省（区、市）上年国内生产总值1%以上的地震灾害。重大地震灾害是指造成50人以上、300人以下死亡（含失踪）或者造成严重经济损失的地震灾害。较大地震灾害是指造成10人以上、50人以下死亡（含失踪）或者造成较重经济损失的地震灾害。一般地震灾害是指造成10人以下死亡（含失踪）或者造成一定经济损失的地震灾害。

根据地震灾害分级情况，地震灾害应急响应分别为Ⅰ级、Ⅱ级、Ⅲ级和Ⅳ级。地震发生在边疆地区、少数民族聚居地区和其他特殊地区，可根据需要适当提高响应级别。

预案确定，地震灾害发生后，地方人民政府和有关部门立即自动按照职责分工和相关预案开展前期处置工作。省级人民政府是应对本行政区域特别重大、重大地震灾害的主体。视省级人民政府地震应急的需求，国家地震应急给予必要的协调和支持。

9月23日

中共中央 国务院印发《关于深化科技体制改革加快国家创新体系建设的意见》

新华社报道：中共中央、国务院近日印发了《关于深化科技体制改革加快国家创新体系建设的意见》。全文如下：

为加快推进创新型国家建设，全面落实《国家中长期科学和技术发展规划纲要(2006—2020年)》(以下简称科技规划纲要)，充分发挥科技对经济社会发展的支撑引领作用，现就深化科技体制改革、加快国家创新体系建设提出如下意见。

一、充分认识深化科技体制改革、加快国家创新体系建设的重要性和紧迫性

科学技术是第一生产力，是经济社会发展的重要动力源泉。党和国家历来高度重视科技工作。改革开放30多年来，我国科技事业快速发展，取得历史性成就。特别是党的十六大以来，中央作出增强自主创新能力、建设创新型国家的重大战略决策，制定实施科技规划纲要，科技投入持续快速增长，激励创新的政策法律不断完善，国家创新体系建设积极推进，取得一批重大科技创新成果，形成一支高素质科技人才队伍，我国整体科技实力和科技竞争力明显提升，在促进经济社会发展和保障国家安全中发挥了重要支撑引领作用。

当前，我国正处在全面建设小康社会的关键时期和深化改革开放、加快转变经济发展方式的攻坚时期。国际金融危机深层次影响仍在持续，科技在经济社会发展中的作用日益凸显，国际科技竞争与合作不断加强，新科技革命和全球产业变革步伐加快，我国科技发展既面临重要战略机遇，也面临严峻挑战。面对新形势新要求，我国自主创新能力还不够强，科技体制机制与经济社会发展和国际竞争的要求不相适应，突出表现为：企业技术创新主体地位没有真正确立，产学研结合不够紧密，科技与经济结合问题没有从根本上解决，原创性科技成果较少，关键技术自给率较低；一些科技资源配置过度行政化，分散重复封闭低效等问题突出，科技项目及经费管理不尽合理，研发和成果转移转化效率不高；科技评价导向不够合理，科研诚信和创新文化建设薄弱，科技人员的积极性创造性还没有得到充分发挥。这些问题已成为制约科技创新的重要因素，影响我国综合实力和国际竞争力的提升。因此，抓住机遇大幅提升自主创新能力，激发全社会创造活力，真正实现创新驱动发展，迫切需要进一步深化科技体制改革，加快国家创新体系建设。

二、深化科技体制改革、加快国家创新体系建设的指导思想、主要原则和主要目标

(一)指导思想。高举中国特色社会主义伟大旗帜，以邓小平理论和“三个代表”重要思想为指导，深入贯彻落实科学发展观，大力实施科教兴国战略和人才强国战略，坚持自主创新、重点跨越、支撑发展、引领未来的指导方针，全面落实科技规划纲要，以提高自主创新能力为核心，以促进科技与经济社会发展紧密结合为重点，进一步深化科技体制改革，着力解决制约科技创新的突出问题，充分发挥科技在转变经济发展方式和调整经济结构中的支撑引领作用，加快建设中国特色国家创新体系，为2020年进入创新型国家行列、全面建成小康社会和新中国成立100周年时成为世界科技强国奠定坚实基础。

(二)主要原则。一是坚持创新驱动、服务发展。把科技服务于经济社会发展放在首位，大力提高自主创新能力，发挥科技支撑引领作用，加快实现创新驱动发展。二是坚持企业主体、协同创新。突出企业技术创新主体作用，强化产学研用紧密结合，促进科技资源开放共享，各类创新主体协同合作，提升国家创新体系整体效能。三是坚持政府支持、市场导向。统筹发挥政府在战略规划、政策法规、标准规范和监督指导等方面的作用与市场在资源配置中的基础性作用，营造良好环境，激发创新活力。注重发挥新型举国体制在实施国家科技重大专项中的作用。四是坚持统筹协调、遵循规律。统筹落实国家中长期科技、教育、人才规划纲要，发挥中央和地方两方面积极性，强化地方在区域创新中的主导地位，按照经济社会和科技发展的内在要求，整体谋划、有序推进科技体制改革。五是坚持改革开放、合作共赢。改革完善科技体制机制，充分利用国际国内科技资源，提高科技发展的科学化水平和国际化程度。

(三)主要目标。到2020年，基本建成适应社会主义市场经济体制、符合科技发展规律的中国特色国家创新体系；原始创新能力明显提高，集成创新、引进消化吸收再创新能力大幅增强，关键领域科学研究实现原创性重大突破，战略性高技术领域技术研发实现跨越式发展，若干领域创新成果进入世界前列；创新环境更加优化，创新效益大幅提高，创新人才竞相涌现，全民科学素质普遍提高，科技支撑引领经济社会发展的能力大幅提升，进入创新型国家行列。

“十二五”时期的主要目标：一是确立企业在技术创新中的主体地位，企业研发投入明显提高，创新能力

普遍增强，全社会研发经费占国内生产总值2.2%，大中型工业企业平均研发投入占主营业务收入比例提高到1.5%，行业领军企业逐步实现研发投入占主营业务收入的比例与国际同类先进企业相当，形成更多具有自主知识产权的核心技术，充分发挥大型企业的技术创新骨干作用，培育若干综合竞争力居世界前列的创新型企业和科技型中小企业创新集群。二是推进科研院所和高等学校科研体制机制改革，建立适应不同类型科研活动特点的管理制度和运行机制，提升创新能力和服务水平，在满足经济社会发展需求以及基础研究和前沿技术研发上取得重要突破。加快建设若干一流科研机构，创新能力和研究成果进入世界同类科研机构前列；加快建设一批高水平研究型大学，一批优势学科达到世界一流水平。三是完善国家创新体系，促进技术创新、知识创新、国防科技创新、区域创新、科技中介服务体系协调发展，强化相互支撑和联动，提高整体效能，科技进步贡献率达到55%左右。四是改革科技管理体制，推进科技项目和经费管理改革、科技评价和奖励制度改革，形成激励创新的正确导向，打破行业壁垒和部门分割，实现创新资源合理配置和高效利用。五是完善人才发展机制，激发科技人员积极性创造性，加快高素质创新人才队伍建设，每万名就业人员的研发人力投入达到43人年；提高全民科学素质，我国公民具备基本科学素质的比例超过5%。六是进一步优化创新环境，加强科学道德和创新文化建设，完善保障和推进科技创新的政策措施，扩大科技开放合作。

三、强化企业技术创新主体地位，促进科技与经济紧密结合

（四）建立企业主导产业技术研发创新的体制机制。加快建立企业为主体、市场为导向、产学研用紧密结合的技术创新体系。充分发挥企业在技术创新决策、研发投入、科研组织和成果转化中的主体作用，吸纳企业参与国家科技项目的决策，产业目标明确的国家重大科技项目由有条件的企业牵头组织实施。引导和支持企业加强技术研发能力建设，“十二五”时期国家重点建设的工程技术类研究中心和实验室，优先在具备条件的行业骨干企业布局。科研院所和高等学校要更多地为企业技术创新提供支持和服务，促进技术、人才等创新要素向企业研发机构流动。支持行业骨干企业与科研院所、高等学校联合组建技术研发平台和产业技术创新战略联盟，合作开展核心关键技术研发和相关基础研究，联合培养人才，共享科研成果。鼓励科研院所和高等学校的科技人员创办科技型企业，促进研发成果转化。

进一步强化和完善政策措施，引导鼓励企业成为技术创新主体。落实企业研发费用税前加计扣除政策，适用范围包括战略性新兴产业、传统产业技术改造和现代服务业等领域的研发活动；改进企业研发费用计核方法，合理扩大研发费用加计扣除范围，加大企业研发设备加速折旧等政策的落实力度，激励企业加大研发投入。完善高新技术企业认定办法，落实相关优惠政策。建立、健全国有企业技术创新的经营业绩考核制度，落实和完善国有企业研发投入的考核措施，加强对不同行业研发投入和产出的分类考核。加大国有资本经营预算对自主创新的支持力度，支持中央企业围绕国家重点研发任务开展技术创新和成果产业化。营造公平竞争的市场环境，大力支持民营企业创新活动。加大对中小企业、微型企业技术创新的财政和金融支持，落实好相关税收优惠政策。扩大科技型中小企业创新基金规模，通过贷款贴息、研发资助等方式支持中小企业技术创新活动。建立政府引导资金和社会资本共同支持初创科技型企业发展的风险投资机制，实施科技型中小企业创业投资引导基金及新兴产业创业投资计划，引导创业投资机构投资科技型中小企业。完善支持中小企业技术创新和向中小企业技术转移的公共服务平台，健全服务功能和服务标准。支持企业职工的技术创新活动。

（五）提高科研院所和高等学校服务经济社会发展的能力。加快科研院所和高等学校科研体制改革和机制创新。按照科研机构分类改革的要求，明确定位，优化布局，稳定规模，提升能力，走内涵式发展道路。公益类科研机构要坚持社会公益服务的方向，探索管办分离，建立适应农业、卫生、气象、海洋、环保、水利、国土资源和公共安全等领域特点的科技创新支撑机制。基础研究类科研机构要瞄准科学前沿问题和国家长远战略需求，完善有利于激发创新活力、提升原始创新能力的运行机制。对从事基础研究、前沿技术研究和社会公益研究的科研机构和学科专业，完善财政投入为主、引导社会参与的持续稳定支持机制。技术开发类科研机构要坚持企业化转制方向，完善现代企业制度，建立市场导向的技术创新机制。

充分发挥国家科研机构的骨干和引领作用。建立、健全现代科研院所制度，制定科研院所章程，完善治理结构，进一步落实法人自主权，探索实行由主要利益相关方代表构成的理事会制度。实行固定岗位与流动岗位相结合的用人制度，建立开放、竞争、流动的用人机制。推进实施绩效工资。对科研机构实行周期性评估，根据评估结果调整和确定支持方向和投入力度。引导和鼓励民办科研机构发展，在承担国家科技任务、人才引进等方面加大支持力度，符合条件的民办科研机构享受税收优惠等相关政策。

充分发挥高等学校的基础和生力军作用。落实和

扩大高等学校办学自主权。根据经济社会发展需要和学科专业优势，明确各类高等学校定位，突出办学特色，建立以服务需求和提升创新能力为导向的科技评价和科技服务体系。高等学校对学科专业实行动态调整，大力推动与产业需求相结合的人才培养，促进交叉学科发展，全面提高人才培养质量。发挥高等学校学科人才优势，在基础研究和前沿技术领域取得原创性突破。建立与产业、区域经济紧密结合的成果转化机制，鼓励支持高等学校教师转化和推广科研成果。以学科建设和协同创新为重点，提升高等学校创新能力。大力推进科技与教育相结合的改革，促进科研与教学互动、科研与人才培养紧密结合，培育跨学科、跨领域的科研教学团队，增强学生创新精神和创业能力，提升高等学校毕业生就业率。

（六）完善科技支撑战略性新兴产业发展和传统产业升级的机制。建立科技有效支撑产业发展的机制，围绕战略性新兴产业需求部署创新链，突破技术瓶颈，掌握核心关键技术，推动节能环保、新一代信息技术、生物、高端装备制造、新能源、新材料、新能源汽车等产业快速发展，增强市场竞争力，到2015年战略性新兴产业增加值占国内生产总值的比重力争达到8%左右，到2020年力争达到15%左右。以数字化、网络化、智能化为重点，推进工业化和信息化深度融合。充分发挥市场机制对产业发展方向和技术路线选择的基础性作用，通过制定规划、技术标准、市场规范和产业技术政策等进行引导。加大对企业主导的新兴产业链扶持力度，支持创新型骨干企业整合创新资源。加强技术集成、工艺创新和商业模式创新，大力拓展国内外市场。优化布局，防止盲目重复建设，引导战略性新兴产业健康发展。在事关国家安全和重大战略需求领域，进一步凝练重点，明确制约产业发展的关键技术，充分发挥国家重点工程、科技重大专项、科技计划、产业化项目和应用示范工程的引领和带动作用，实现电子信息、能源环保、生物医药、先进制造等领域的核心技术重大突破，促进产业加快发展。加大对中试环节的支持力度，促进从研究开发到产业化的有机衔接。

加强技术创新，推动技术改造，促进传统产业优化升级。围绕品种质量、节能降耗、生态环境、安全生产等重点，完善新技术新工艺新产品的应用推广机制，提升传统产业创新发展能力。针对行业和技术领域特点，整合资源构建共性技术研发基地，在重点产业领域建设技术创新平台。建立、健全知识转移和技术扩散机制，加快科技成果转化应用。

（七）完善科技促进农业发展、民生改善和社会管理创新的机制。高度重视农业科技发展，发挥政府在农业科技投入中的主导作用，加大对农业科技的支持力度。打破部门、区域、学科界限，推进农科教、产学研紧密结合，有效整合农业相关科技资源。面向产业需求，围绕粮食安全、种业发展、主要农产品供给、生物安全、农林生态保护等重点方向，构建适应高产、优质、高效、生态、安全农业发展要求的技术体系。大力推进农村科技创业，鼓励创办农业科技企业和技术合作组织。强化基层公益性农技推广服务，引导科研教育机构积极开展农技服务，培育和支持新型农业社会化服务组织，进一步完善公益性服务、社会化服务有机结合的农业技术服务体系。

注重发展关系民生的科学技术，加快推进涉及人口健康、食品药品安全、防灾减灾、生态环境和应对气候变化等领域的科技创新，满足保障和改善民生的重大科技需求。加大投入，健全机制，促进公益性民生科技研发和应用推广；加快培育市场主体，完善支持政策，促进民生科技产业发展，使科技创新成果惠及广大人民群众。加强文化科技创新，推进科技与文化融合，提高科技对文化事业和文化产业发展的支撑能力。

加快建设社会管理领域的科技支撑体系。充分运用信息技术等先进手段，建设网络化、广覆盖的公共服务平台。着力推进政府相关部门信息共享、互联互通。建立、健全以自主知识产权为核心的互联网信息安全关键技术保障机制，促进信息网络健康发展。

四、加强统筹部署和协同创新，提高创新体系整体效能

（八）推动创新体系协调发展。统筹技术创新、知识创新、国防科技创新、区域创新和科技中介服务体系建设，建立基础研究、应用研究、成果转化和产业化紧密结合、协调发展机制。支持和鼓励各创新主体根据自身特色和优势，探索多种形式的协同创新模式。完善学科布局，推动学科交叉融合和均衡发展，统筹目标导向和自由探索的科学研究，超前部署对国家长远发展具有带动作用的战略先导研究、重要基础研究和交叉前沿研究。加强技术创新基地建设，发挥骨干企业和转制院所作用，提高产业关键技术研发攻关水平，促进技术成果工程化、产业化。完善军民科技融合机制，建设军民两用技术创新基地和转移平台，扩大民口科研机构和科技型企业对国防科技研发的承接范围。培育、支持和引导科技中介服务机构向服务专业化、功能社会化、组织网络化、运行规范化方向发展，壮大专业研发设计服务企业，培育知识产权服务市场，推进检验检测机构市场化服务，完善技术交易市场体系，加快发展科技服务业。充分发挥科技社团在推动全社会创新活动中的作用。建立全国创新调查制度，加强国家创新体系建设监测评估。

（九）完善区域创新发展机制。充分发挥地方在区

域创新中的主导作用，加快建设各具特色的区域创新体系。结合区域经济社会发展的特色和优势，科学规划、合理布局，完善激励引导政策，加大投入支持力度，优化区域内创新资源配置。加强区域科技创新公共服务能力建设，进一步完善科技企业孵化器、大学科技园等创新创业载体的运行服务机制，强化创业辅导功能。加强区域间科技合作，推动创新要素向区域特色产业聚集，培育一批具有国际竞争力的产业集群。加强统筹协调，分类指导，完善相关政策，鼓励创新资源密集的区域率先实现创新驱动发展，支持具有特色创新资源的区域加快提高创新能力。以中央财政资金为引导，带动地方财政和社会投入，支持区域公共科技服务平台建设。总结完善并逐步推广中关村等国家自主创新示范区试点经验和相关政策。分类指导国家自主创新示范区、国家高新技术产业开发区、国家高技术产业基地等创新中心完善机制，加强创新能力建设，发挥好集聚辐射带动作用。

（十）强化科技资源开放共享。建立科研院所、高等学校和企业开放科研设施的合理运行机制。整合各类科技资源，推进大型科学仪器设备、科技文献、科学数据等科技基础条件平台建设，加快建立、健全开放共享的运行服务管理模式和支持方式，制定相应的评价标准和监督奖惩办法。完善国家财政资金购置科研仪器设备的查重机制和联合评议机制，防止重复购置和闲置浪费。对财政资金资助的科技项目和科研基础设施，加快建立统一的管理数据库和统一的科技报告制度，并依法向社会开放。

五、改革科技管理体制，促进管理科学化和资源高效利用

（十一）加强科技宏观统筹。完善统筹协调的科技宏观决策体系，建立、健全国家科技重大决策机制，完善中央与地方之间、科技相关部门之间、科技部门与其他部门之间的沟通协调机制，进一步明确国家各类科技计划、专项、基金的定位和支持重点，防止重复部署。加快转变政府管理职能，加强战略规划、政策法规、标准规范和监督指导等方面职责，提高公共科技服务能力，充分发挥各类创新主体的作用。完善国家科技决策咨询制度，重大科技决策要广泛听取意见，将科技咨询纳入国家重大问题的决策程序。探索社会主义市场经济条件下的举国体制，完善重大战略性科技任务的组织方式，充分发挥我国社会主义制度集中力量办大事的优势，充分发挥市场在资源配置中的基础性作用，保障国家科技重大专项等顺利实施。

（十二）推进科技项目管理改革。建立、健全科技项目决策、执行、评价相对分开、互相监督的运行机制。完善科技项目管理组织流程，按照经济社会发展需求确定应用型重大科技任务，拓宽科技项目需求征集渠道，建立科学合理的项目形成机制和储备制度。建立、健全科技项目公平竞争和信息公开公示制度，探索完善网络申报和视频评审办法，保证科技项目管理的公开公平公正。完善国家科技项目管理的法人责任制，加强实施督导、过程管理和项目验收，建立、健全对科技项目和科研基础设施建设的第三方评估机制。完善科技项目评审评价机制，避免频繁考核，保证科研人员的科研时间。完善相关管理制度，避免科技项目和经费过度集中于少数科研人员。

（十三）完善科技经费管理制度。健全竞争性经费和稳定支持经费相协调的投入机制，优化基础研究、应用研究、试验发展和成果转化的经费投入结构。完善科研课题间接成本补偿机制。建立、健全符合科研规律的科技项目经费管理机制和审计方式，增加项目承担单位预算调整权限，提高经费使用自主权。建立、健全科研经费监督管理机制，完善科技相关部门预算和科研经费信息公开公示制度，通过实施国库集中支付、公务卡等办法，严格科技财务制度，强化对科技经费使用过程的监管，依法查处违法违规行为。加强对各类科技计划、专项、基金、工程等经费管理使用的综合绩效评价，健全科技项目管理问责机制，依法公开问责情况，提高资金使用效益。

（十四）深化科技评价和奖励制度改革。根据不同类型科技活动特点，注重科技创新质量和实际贡献，制定导向明确、激励约束并重的评价标准和方法。基础研究以同行评价为主，特别要加强国际同行评价，着重评价成果的科学价值；应用研究由用户和专家等相关第三方评价，着重评价目标完成情况、成果转化情况以及技术成果的突破性和带动性；产业化开发由市场和用户评价，着重评价对产业发展的实质贡献。建立评价专家责任制度和信息公开制度。开展科技项目标准化评价和重大成果产出导向的科技评价试点，完善国家科技重大专项监督评估制度。加强对科技项目决策、实施、成果转化的后评估。发挥科技社团在科技评价中的作用。

改革完善国家科技奖励制度，建立公开提名、科学评议、实践检验、公信度高的科技奖励机制。提高奖励质量，减少数量，适当延长报奖成果的应用年限。重点奖励重大科技贡献和杰出科技人才，强化对青年科技人才的奖励导向。根据不同奖项的特点完善评审标准和办法，增加评审过程透明度。探索科技奖励的同行提名制。支持和规范社会力量设奖。

六、完善人才发展机制，激发科技人员积极性创造性

（十五）统筹各类创新人才发展和完善人才激励制

度。深入实施重大人才工程和政策，培养造就世界水平的科学家、科技领军人才、卓越工程师和高水平创新团队。改进和完善院士制度。大力引进海外优秀人才特别是顶尖人才，支持归国留学人员创新创业。加强科研生产一线高层次专业技术人才和高技能人才培养。支持创新人才到西部地区特别是边疆民族地区工作。支持35岁以下的优秀青年科技人才主持科研项目。鼓励大学生自主创新创业。鼓励在创新实践中脱颖而出的人才成长和创业。重视工程实用人才、紧缺技能人才和农村实用人才培养。

建立以科研能力和创新成果等为导向的科技人才评价标准，改变片面将论文数量、项目和经费数量、专利数量等与科研人员评价和晋升直接挂钩的做法。加快建设人才公共服务体系，健全科技人才流动机制，鼓励科研院所、高等学校和企业创新人才双向交流。探索实施科研关键岗位和重大科研项目负责人公开招聘制度。规范和完善专业技术职务聘任和岗位聘用制度，扩大用人单位自主权。探索有利于创新人才发挥作用的多种分配方式，完善科技人员收入分配政策，健全与岗位职责、工作业绩、实际贡献紧密联系和鼓励创新创造的分配激励机制。

（十六）加强科学道德和创新文化建设。建立、健全科研活动行为准则和规范，加强科研诚信和科学伦理教育，将其纳入国民教育体系和科技人员职业培训体系，与理想信念、职业道德和法制教育相结合，强化科技人员的诚信意识和社会责任。发挥科研机构和学术团体的自律功能，引导科技人员加强自我约束、自我管理。加强科研诚信和科学伦理的社会监督，扩大公众对科研活动的知情权和监督权。加强国家科研诚信制度建设，加快相关立法进程，建立科技项目诚信档案，完善监督机制，加大对学术不端行为的惩处力度，切实净化学术风气。

引导科技工作者自觉践行社会主义核心价值体系，大力弘扬求真务实、勇于创新、团结协作、无私奉献、报效祖国的精神，保障学术自由，营造宽松包容、奋发向上的学术氛围。大力宣传优秀科技工作者和团队的先进事迹。加强科学普及，发展创新文化，进一步形成尊重劳动、尊重知识、尊重人才、尊重创造的良好风尚。

七、营造良好环境，为科技创新提供有力保障

（十七）完善相关法律、法规和政策措施。落实科技规划纲要配套政策，发挥政府在科技投入中的引导作用，进一步落实和完善促进全社会研发经费逐步增长的相关政策措施，加快形成多元化、多层次、多渠道的科技投入体系，实现2020年全社会研发经费占国内生产总值2.5%以上的目标。

完善和落实促进科技成果转化应用的政策措施，实施技术转让所得税优惠政策，用好国家科技成果转化引导基金，加大对新技术新工艺新产品应用推广的支持力度，研究采取以奖代补、贷款贴息、创业投资引导等多种形式，完善和落实促进新技术新产品应用的需求引导政策，支持企业承接和采用新技术、开展新技术新工艺新产品的工程化研究应用。完善落实科技人员成果转化的股权、期权激励和奖励等收益分配政策。

促进科技和金融结合，创新金融服务科技的方式和途径。综合运用买方信贷、卖方信贷、融资租赁等金融工具，引导银行等金融机构加大对科技型中小企业的信贷支持。推广知识产权和股权质押贷款。加大多层次资本市场对科技型企业的支持力度，扩大非上市股份公司代办股份转让系统试点。培育和发展创业投资，完善创业投资退出渠道，支持地方规范设立创业投资引导基金，引导民间资本参与自主创新。积极开发适合科技创新的保险产品，加快培育和完善科技保险市场。

加强知识产权的创造、运用、保护和管理，"十二五"期末实现每万人发明专利拥有量达到3.3件的目标。建立国家重大关键技术领域专利态势分析和预警机制。完善知识产权保护措施，健全知识产权维权援助机制。完善科技成果转化为技术标准的政策措施，加强技术标准的研究制定。

认真落实科学技术进步法及相关法律、法规，推动促进科技成果转化法修订工作，加大对科技创新活动和科技创新成果的法律保护力度，依法惩治侵犯知识产权和科技成果的违法犯罪行为，为科技创新营造良好的法治环境。

（十八）加强科技开放合作。积极开展全方位、多层次、高水平的科技国际合作，加强内地与港澳台地区的科技交流合作。加大引进国际科技资源的力度，围绕国家战略需求参与国际大科学计划和大科学工程。鼓励我国科学家发起和组织国际科技合作计划，主动提出或参与国际标准制定。加强技术引进和合作，鼓励企业开展参股并购、联合研发、专利交叉许可等方面的国际合作，支持企业和科研机构到海外建立研发机构。加大国家科技计划开放合作力度，支持国际学术机构、跨国公司等来华设立研发机构，搭建国内外大学、科研机构联合研究平台，吸引全球优秀科技人才来华创新创业。加强民间科技交流合作。

八、加强组织领导，稳步推进实施

（十九）加强领导，精心组织。各级党委和政府要把深化科技体制改革、加快国家创新体系建设工作摆上重要议事日程，把科技体制改革作为经济体制改革的重要内容，同部署、同落实、同考核。发挥专家咨询

作用，充分调动广大科技工作者和全社会积极参与，共同做好深化科技体制改革工作。

（二十）明确责任，落实任务。在国家科技教育领导小组的领导下，建立、健全工作协调机制，分解任务，明确责任，狠抓落实。各有关方面要增强大局意识、责任意识，加强协调配合，抓好各项任务实施。加强分类指导和评价考核，定期督促检查。各有关部门和单位要按照任务分工和要求，结合实际制定具体改革方案和措施，按程序报批。有关职能部门要尽快制定完善相关配套政策，加强政策落实情况评估。

（二十一）统筹安排，稳步推进。注重科技体制改革与其他方面改革的衔接配合，处理好改革发展稳定关系，把握好改革节奏和进度，认真研究和妥善解决改革中遇到的新情况新问题，对一些重大改革措施要做好试点工作，积极稳妥地推进改革。加强宣传和舆论引导，大力宣传科技发展的重大成就，宣传深化科技体制改革的重要意义、工作进展和先进经验，及时回应社会关切，引导社会舆论，形成支持改革的良好氛围。

《中华人民共和国史稿》出版发行

经中央批准，当代中国研究所编写的多卷本《中华人民共和国史稿》，日前由人民出版社、当代中国出版社出版，在全国发行。

《中华人民共和国史稿》共4卷，记述了中华人民共和国自1949年10月成立到1984年10月党的十二届三中全会召开这35年的历史。该书坚持以马克思列宁主义、毛泽东思想、邓小平理论、“三个代表”重要思想为指导，深入贯彻落实科学发展观，以中央《关于若干历史问题的决议》《关于建国以来党的若干历史问题的决议》和中央有关重要文献为依据，展示了党紧紧依靠人民完成社会主义革命、开展社会主义建设、进行改革开放和现代化建设、开创中国特色社会主义道路的历史进程。

9月24日

第十二届精神文明建设“五个一工程”颁奖晚会在北京举行

中共中央政治局常委李长春出席观看，并为获奖代表颁奖。他勉励广大文化工作者全面贯彻“二为”方向、“双百”方针和“三贴近”原则，始终坚持以人民为中心的创作导向，努力创作生产更多思想性艺术性观赏性相统一、人民群众喜闻乐见的优秀作品，为推动文化大发展大繁荣、建设社会主义文化强国作出新的更大贡献。

第十二届精神文明建设“五个一工程”自今年7月起组织实施评选，在广泛听取群众意见的基础上，共评选出电影《建国大业》、电视剧《我们的法兰西岁月》、动画片《兔侠传奇》（影评）、戏剧《郭明义》、歌曲《走向复兴》、广播剧《伟大的转折》、文艺类图书《解放战争》等176部优秀作品，同时还评选出组织工作奖21家。

国务院副总理回良玉在北京出席全国林业科学技术大会并讲话

回良玉指出，党的十六大以来，我国林业持续快速发展，初步实现了森林数量和质量由长期下降到逐年上升、沙化土地面积由长期扩大向逐年缩小的历史性转变，生态状况整体恶化的趋势得到初步遏制，林业产业发展迈上新的台阶，林区面貌发生较大变化。10年来，我们坚持不懈地推进理论创新，明确了林业在贯彻可持续发展战略中的重要地位、在生态建设中的首要地位、在西部大开发中的基础地位、在应对气候变化中的特殊地位，初步形成了指导林业发展的战略思想。坚持不懈地推进政策创新，大幅度增加林业投入，建立森林生态效益补偿基金，初步形成了兴林富民的政策体系。坚持不懈地推进制度创新，全面推进集体林权制度等改革，初步形成了有利于林业发展的制度框架。坚持不懈地推进科技创新，林业科研和技术推广取得丰硕成果，初步形成了科技支撑引领林业发展的格局。坚持不懈地推进工作创新，不断完善工作方式方法，初步形成了推进林业发展的有效机制。

回良玉强调，当前我国林业已经进入了一个新的发展阶段，外部环境和内部动因都在变化，肩负的责任更加重大，发展的资源制约更加严峻，生产经营的困难更加巨大。林业不仅要提供更多的林产品供应，还要提供更好的生态环境和人居环境；不仅要促进农民就业增收和区域协调发展，还要传承文化、促进生态文明建设。必须加快转变林业发展方式，强化林业富民政策，完善林业管理体制和运行机制，调动广大农民和社会各方面投入林业、关注生态的积极性。

回良玉强调，科技进步是提升林业发展水平的重要途径，是突破林业发展瓶颈的有效措施。在新的发展阶段，林业比以往任何时候都更需要科技的强力支撑。要面向生产实践，以市场需求为导向，大力推进林业科技原始创新、集成创新和引进消化吸收再创新，加快突破关键领域核心技术，超前部署林业高新技术研究，积极构建林业科技创新平台，全面提升林业科技创新能力。要不断完善以政府公益性推广机构为主导的多元化、多层次、多形式的林业科技社会化服务体系，促进科技创新与林业工程建设紧密结合，促进科技推广与兴林富民强企一体推进，构建布局合理、类型多样、特色鲜明的科技示范网络，加快林业科技成果转化。要切实加大林业科技投入，深化林业科技体制改革，加强林业科技队伍建设，改善科技人员工作和生活条件，为林业科技发展营造良好环境。

国务院副总理王岐山在北京考察并召开生活性服务业座谈会

在座谈会上，王岐山听取了北京市以及部分企业代表的发言。他说，改革开放30多年来，生活性服务业发展快，变化大，市场活力不断增强，新兴业态大量涌现，极大地方便和丰富了人民生活，在经济社会中发挥着越来越重要的作用。同时，也要看到生活性服务业发展方式比较粗放、结构不尽合理，与人民群众多元化、多样化的需求存在差距。伴随着城镇化快速推进和人民生活水平不断提高，生活性服务业需求日益增长，面临新的发展机遇。

王岐山强调，做好生活性服务业这篇大文章，要坚持以人为本，充实科技、人文等内涵，突出特色，打造品牌，提高服务品质。充分发挥市场配置资源的基础性作用，鼓励和支持各类资金、人才进入生活性服务业，总结和推广搬家公司、经济型连锁酒店等好的经验做法。完善相关法律、法规和行业标准，积极发挥行业协会等中介组织的作用，规范市场秩序，优化服务网点布局，切实减轻税费负担，营造良好的软硬环境。服务到位才能管理到位。有关部门和地方政府要寓管理于服务之中，加强行业规划、监管、指导和协调，加大对生活性服务业薄弱领域的支持。

中国卫星导航与位置服务年会在北京开幕

首届中国卫星导航与位置服务年会今天在北京开幕，近百个我国自主研发的导航产品首次亮相。

王立军徇私枉法 叛逃 滥用职权 受贿案一审宣判

9月24日，四川省成都市中级人民法院对重庆市原副市长、公安局原局长王立军徇私枉法、叛逃、滥用职权、受贿案作出一审宣判，对王立军以徇私枉法罪判处有期徒刑七年；以叛逃罪判处有期徒刑二年，剥夺政治权利一年；以滥用职权罪判处有期徒刑二年；以受贿罪判处有期徒刑九年，数罪并罚，决定执行有期徒刑十五年，剥夺政治权利一年。

经审理查明：

2011年11月15日，英国公民尼尔·伍德被发现在其入住的重庆市一酒店房间内死亡。王立军身为重庆市公安局局长，在明知薄谷开来有杀害尼尔·伍德的重大嫌疑，且已掌握重要证据的情况下，为徇私情，指派与其本人及薄谷开来关系密切的副局长郭维国负责该案，向办案人员隐瞒薄谷开来向其讲述投毒杀害尼尔·伍德的情况及掌握的录音证据，对郭维国等人违背事实作出尼尔·伍德系酒后猝死的结论予以认可，将记录薄谷开来作案当晚到过现场的监控录像硬盘交给薄谷开来处置，以使薄谷开来不受刑事追诉。

后王立军与薄谷开来产生矛盾并不断激化，王立军遂要求重庆市公安局有关人员重新调取、整理及妥善保管尼尔·伍德死亡案的证据，并提供了薄谷开来向其讲述投毒杀害尼尔·伍德的录音资料。2012年2月7日，王立军向国家有关部门反映了薄谷开来涉嫌故意杀害尼尔·伍德的情况并提供了相关证据材料。经公安机关依法复查侦破了薄谷开来故意杀人案。

2012年2月初，王立军职务被宣布调整，身边多名工作人员被非法审查，王立军感到自身处境危险，遂于2月6日14时31分私自进入美国驻成都总领事馆，请求美方提供庇护，并提出政治避难申请。后经我有关方面劝导，王立军于2月7日23时35分自动离开美国驻成都总领事馆。

2010年1月至2012年2月，王立军在担任重庆市公安局局长期间，违反国家有关法律规定，授意该局有关工作人员，不履行合法审批手续，先后对多人使用技术侦察措施，严重侵犯了公民的合法权益，破坏了社会主义法制。

2008年9月至2009年11月间，王立军先后接受大连实德集团有限公司董事长徐明和大连世源贸易有限公司法定代表人于俊世的请托，利用担任重庆市公安局常务副局长、局长的职务便利，指令重庆市公安局办案人员释放四名涉案羁押人员。期间，王立军收受徐明出资人民币285万余元购买的住房两套，接受于俊世为其租住的别墅支付租金人民币20万元。案发后，受贿财物绝大部分被追缴。

王立军到案后揭发了他人重大违法犯罪线索，为有关案件的查办发挥了重要作用。

成都市中级人民法院认为，王立军身为重庆市公安局局长，明知他人有故意杀人重大嫌疑，徇私枉法，故意包庇使其不受追诉，其行为已构成徇私枉法罪，且情节特别严重；王立军作为国家机关工作人员，在履行公务期间，擅离岗位，叛逃外国驻华使领馆，其行为已构成叛逃罪，且情节严重；王立军滥用职权，非法对多人使用技术侦察措施，严重侵犯了公民的合法权益，破坏了社会主义法制，其行为已构成滥用职权罪；王立军作为国家工作人员，利用职务上的便利，为他人谋取利益，非法收受他人财物，其行为已构成受贿罪，其收受贿赂后为请托人谋取不正当利益，情节恶劣。王立军后来要求重庆市公安局有关人员对薄谷开来涉嫌故意杀人案重建档案、调查补证、保留物证，向国家有关部门反映薄谷开来涉嫌故意杀人的问题，并提供有关证据材料，积极协助复查，对公安机关侦破该案起了重要作用，对其所犯徇私枉法罪可酌情从轻处罚。王立军作为掌握国家秘密的国家工作人员叛逃境外，依法应从重处罚；王立军犯叛逃罪后自动投案，并如实供述其叛逃的主要犯罪事实，属自首，可依法减轻处罚。王立军揭发他人重大违法犯罪线索，为有关案件的查办发挥了重要作用，有重大立功表现，可依法减轻处罚。据此，根据王立军犯罪的事实、性质、情节、对于社会的危害程度及王立军当庭认罪、悔罪的表现，法院遂依法作出上述判决。

王立军当庭表示不上诉。

9月25日

中共中央 国务院 中央军委对我国第一艘航空母舰胜利完成交接入列发出贺电

总装备部、工业和信息化部、国家国防科技工业局、海军、中国船舶重工集团公司、中国航空工业集团公司并参加航空母舰工程建设的全体同志：

在新中国成立63周年之际，我国第一艘航空母舰圆满完成建造和试验试航，按期顺利交付海军，中共中央、国务院、中央军委特向参加航空母舰工程建设的广大科技工作者、干部职工和解放军指战员，表示热烈祝贺和亲切慰问！

我国发展航空母舰，是党中央、国务院、中央军委着眼国家安全和发展全局作出的重大战略决策。第一艘航空母舰顺利交接入列，是我军发展史上的一个重要里程碑，标志着我国航空母舰发展建设取得了重大成果，标志着我军武器装备建设取得了重要进展，标志着国防和军队现代化建设取得了显著成就。这对于提高我军现代化水平，促进国防科技工业技术进步和能力建设，增强国防实力和综合国力；对于振奋民族精神，激发爱国热情，鼓舞全党全军全国各族人民奋力夺取全面建成小康社会新胜利，开创中国特色社会主义事业新局面，具有重大而深远的意义。全体航空母舰工程建设者作出的历史性贡献将永载史册，祖国和人民感谢你们！

航空母舰发展建设使命光荣、任重道远。希望你们紧密团结在以胡锦涛同志为总书记的党中央周围，高举中国特色社会主义伟大旗帜，以邓小平理论和“三个代表”重要思想为指导，深入贯彻落实科学发展观，大力弘扬忠诚使命、报国强军的爱国精神，勇攀高峰、追求卓越的创新精神，遵循规律、求真务实的科学精神，迎难而上、无私奉献的拼搏精神，团结奋斗、同舟共济的协作精神，再接再厉、奋发进取，努力推动我军武器装备建设跨越发展，为维护国家主权、安全和领土完整，为实现中华民族伟大复兴作出新的更大贡献！

中共中央
国务院
中央军委
2012年9月25日

全国人大常委会委员长吴邦国在成都出席第十三届中国西部国际博览会开幕式

吴邦国宣布第十三届中国西部国际博览会开幕。

全国人大常委会副委员长兼秘书长李建国，孟加拉国议长哈米德、马其顿副总理佩舍夫斯基、上海合作组织实业家委员会主席梅津采夫、联合国助理秘书长麦守信等出席开幕式。

中国西部国际博览会创办于2000年，由国务院有关部门、中央有关单位和西部12个省区市及新疆生产建设兵团共同主办，四川省人民政府承办。本届博览会主题为“深化国际合作，加速西部发展”，重点展示电子信息、装备制造、新能源新材料和高科技成果转化产品，还将举办中国西部国际合作论坛、中国西部投资说明会暨经济合作项目签约仪式等多项活动。

全国人大常委会委员长吴邦国在成都会见出席第十三届中国西部国际博览会的外国政要和国际组织负责人

吴邦国在成都会见了孟加拉国议长哈米德、马其顿副总理佩舍夫斯基和上海合作组织实业家委员会主席梅津采夫。

在会见哈米德时，吴邦国首先欢迎哈米德专程来华出席西博会。他说，中国和孟加拉国是亲密友好邻邦，两国人民之间素来相互怀有友好感情。建交以来，双方坚持在和平共处五项原则基础上发展友好合作，中孟更加紧密的全面合作伙伴关系得到不断充实和深化。中方重视发展与孟加拉国的关系，希望双方加强政府、议会、政党和地方等各个层面的交流与合作，增进相互了解与信任，加大企业合作和投资合作，推动互联互通建设，充实合作内涵、提升合作水平。吴邦国在简要介绍中国西部大开发情况后表示，近些年来，西部地区发生了很大变化，已成为中国经济最具活力的地区之一，成为吸引外资的热土。孟加拉国与中国西部地区毗邻，欢迎孟方以更积极的态度开拓中国西部市场，促进各自发展。

哈米德表示，孟加拉国人民珍视与中国人民的传统友谊，感谢中国朋友长期以来给予的大力支持和无私帮助。中国在改革开放和现代化建设中取得巨大成就，为孟中深化互利合作创造了更加广阔的空间。孟方愿通过西部博览会这个重要合作平台，进一步加强与中方在经贸、投资、航空、基础设施等领域的合作，推动孟中关系不断向前发展。

在会见佩舍夫斯基时，吴邦国说，中国和马其顿实现关系正常化以来，双方各领域友好合作稳步推进。当前两国关系不存在任何障碍，良好的政治关系为促进双方经贸合作提供了有力保障。前不久中方提出了促进与中东欧国家友好合作的12项举措，希望马方抓住机遇，创新合作思路和模式，积极拓展双方在基础设施、能源资源、高新技术等领域的大项目合作，进一步发挥企业在经贸合作中的主体作用，不断提升中马合作的质量和水平。吴邦国指出，中国正在深入推进西部大开发战略，也欢迎马方发挥自身优势，积极参与并从中寻找更多商机，加强与中国有关地方的务实合作，实现互利双赢。

佩舍夫斯基表示，近年来，马中在各领域合作都取得了很大进展，马政府、议会、各政党进一步认识到，发展马中友好合作对马具有重要战略意义。马方坚定坚持一个中国政策，坚定致力于做中国在中东欧地区最可靠的伙伴。马其顿具有自身特点，对华开展经贸合作有很大潜力。马其顿政府已制定了一系列政策措施，改善投资环境，欢迎更多的中国企业到马其顿投资，将马其顿作为进入欧洲的一个桥梁。相信在双方共同努力下，马中合作的明天将更加美好。

在会见梅津采夫时，吴邦国高度评价梅津采夫在担任俄罗斯联邦委员会副主席期间为推动中俄议会关系和地方合作所做的积极贡献，对他即将出任上海合作组织秘书长表示祝贺。吴邦国说，当前国际和地区形势纷繁复杂，上海合作组织面临诸多不确定因素和挑战，同时也面临重要发展机遇。中方愿与各成员国一道，密切沟通、真诚合作，认真落实上合组织北京峰会共识，将上合组织框架内的安全、经贸等领域合作不断引向深入，使合作取得更加丰硕的成果，更好地维护地区和平与稳定，促进成员国共同发展与繁荣。

梅津采夫表示，上海合作组织成立十多年来，已发展成为维护地区安全稳定、促进共赢发展的重要组织。中方为组织成立和发展作出了巨大贡献。今年6月举行的上合组织北京峰会非常成功，进一步深化了组织框架内务实合作，凝聚了成员国应对新威胁、新挑战的共识。希望各成员国齐心协力，切实落实峰会精神，推动上合组织不断向前发展。

全国人大常委会副委员长兼秘书长李建国和四川省委书记、省人大常委会主任刘奇葆等会见时在座。

国新办发表《钓鱼岛是中国的固有领土》白皮书

前言

钓鱼岛及其附属岛屿是中国领土不可分割的一部分。无论从历史、地理还是从法理的角度来看，钓鱼岛都是中国的固有领土，中国对其拥有无可争辩的主权。

日本在1895年利用甲午战争窃取钓鱼岛是非法无效的。第二次世界大战后，根据《开罗宣言》和《波茨坦公告》等国际法律文件，钓鱼岛回归中国。无论日本对钓鱼岛采取任何单方面举措，都不能改变钓鱼岛属于中国的事实。长期以来，日本在钓鱼岛问题上不时制造事端。2012年9月10日，日本政府宣布"购买"钓鱼岛及附属的南小岛、北小岛，实施所谓"国有化"。这是对中国领土主权的严重侵犯，是对历史事实和国际法理的严重践踏。

中国坚决反对和遏制日本采取任何方式侵犯中国对钓鱼岛的主权。中国在钓鱼岛问题上的立场是明确的、一贯的，维护国家主权和领土完整的意志坚定不移，捍卫世界反法西斯战争胜利成果的决心毫不动摇。

一、钓鱼岛是中国的固有领土

钓鱼岛及其附属岛屿位于中国台湾岛的东北部，是台湾的附属岛屿，分布在东经123°20′—124°40′，北纬25°40′—26°00′之间的海域，由钓鱼岛、黄尾屿、赤尾屿、南小岛、北小岛、南屿、北屿、飞屿等岛礁组成，总面积约5.69平方千米。钓鱼岛位于该海域的最西端，面积约3.91平方千米，是该海域面积最大的岛屿，主峰海拔362米。黄尾屿位于钓鱼岛东北约27千米，面积约0.91平方千米，是该海域的第二大岛，最高海拔117米。赤尾屿位于钓鱼岛东北约110千米，是该海域最东端的岛屿，面积约0.065平方千米，最高海拔75米。

(一)中国最先发现、命名和利用钓鱼岛

中国古代先民在经营海洋和从事海上渔业的实践中，最早发现钓鱼岛并予以命名。在中国古代文献中，钓鱼岛又称钓鱼屿、钓鱼台。目前所见最早记载钓鱼岛、赤尾屿等地名的史籍，是成书于1403年(明永乐元年)的《顺风相送》。这表明，早在14、15世纪中国就已经发现并命名了钓鱼岛。

1372年(明洪武五年)，琉球国王向明朝朝贡，明太祖遣使前往琉球。至1866年(清同治五年)近500年间，明清两代朝廷先后24次派遣使臣前往琉球王国册封，钓鱼岛是册封使前往琉球的途经之地，有关钓鱼岛的记载大量出现在中国使臣撰写的报告中。如，明朝册封使陈侃所著《使琉球录》(1534年)明确记载"过钓鱼屿，过黄毛屿，过赤屿……见古米山，乃属琉球者"。明朝册封使郭汝霖所著《使琉球录》(1562年)记载，"赤屿者，界琉球地方山也"。清朝册封副使徐葆光所著《中山传信录》(1719年)明确记载，从福建到琉球，经花瓶屿、彭佳屿、钓鱼岛、黄尾屿、赤尾屿，"取姑米山(琉球西南方界上镇山)、马齿岛，入琉球那霸港"。

1650年，琉球国相向象贤监修的琉球国第一部正史《中山世鉴》记载，古米山（亦称姑米山，今久米岛）是琉球的领土，而赤屿（今赤尾屿）及其以西则非琉球领土。1708年，琉球学者、紫金大夫程顺则所著《指南广义》记载，姑米山为"琉球西南界上之镇山"。

以上史料清楚记载着钓鱼岛、赤尾屿属于中国，久米岛属于琉球，分界线在赤尾屿和久米岛之间的黑水沟（今冲绳海槽）。明朝册封副使谢杰所著《琉球录撮要补遗》（1579年）记载，"去由沧水入黑水，归由黑水入沧水"。明朝册封使夏子阳所著《使琉球录》（1606年）记载，"水离黑入沧，必是中国之界"。清朝册封使汪辑所著《使琉球杂录》（1683年）记载，赤屿之外的"黑水沟"即是"中外之界"。清朝册封副使周煌所著《琉球国志略》（1756年）记载，琉球"海面西距黑水沟，与闽海界"。

钓鱼岛海域是中国的传统渔场，中国渔民世世代代在该海域从事渔业生产活动。钓鱼岛作为航海标志，在历史上被中国东南沿海民众广泛利用。

（二）中国对钓鱼岛实行了长期管辖

早在明朝初期，为防御东南沿海的倭寇，中国就将钓鱼岛列入防区。1561年（明嘉靖四十年），明朝驻防东南沿海的最高将领胡宗宪主持、郑若曾编纂的《筹海图编》一书，明确将钓鱼岛等岛屿编入"沿海山沙图"，纳入明朝的海防范围内。1605年（明万历三十三年）徐必达等人绘制的《乾坤一统海防全图》及1621年（明天启元年）茅元仪绘制的中国海防图《武备志·海防二·福建沿海山沙图》，也将钓鱼岛等岛屿划入中国海疆之内。

清朝不仅沿袭了明朝的做法，继续将钓鱼岛等岛屿列入中国海防范围内，而且明确将其置于台湾地方政府的行政管辖之下。清代《台海使槎录》《台湾府志》等官方文献详细记载了对钓鱼岛的管辖情况。1871年（清同治十年）刊印的陈寿祺等编纂的《重纂福建通志》卷八十六将钓鱼岛列入海防冲要，隶属台湾府噶玛兰厅（今台湾省宜兰县）管辖。

（三）中外地图标绘钓鱼岛属于中国

1579年（明万历七年）明朝册封使萧崇业所著《使琉球录》中的"琉球过海图"、1629年（明崇祯二年）茅瑞徵撰写的《皇明象胥录》、1767年（清乾隆三十二年）绘制的《坤舆全图》、1863年（清同治二年）刊行的《皇朝中外一统舆图》等，都将钓鱼岛列入中国版图。

日本最早记载钓鱼岛的文献为1785年林子平所著《三国通览图说》的附图"琉球三省并三十六岛之图"，该图将钓鱼岛列在琉球三十六岛之外，并与中国大陆绘成同色，意指钓鱼岛为中国领土的一部分。

1809年法国地理学家皮耶·拉比等绘《东中国海沿岸各国图》，将钓鱼岛、黄尾屿、赤尾屿绘成与台湾岛相同的颜色。1811年英国出版的《最新中国地图》、1859年美国出版的《柯顿的中国》、1877年英国海军编制的《中国东海沿海自香港至辽东湾海图》等地图，都将钓鱼岛列入中国版图。

二、日本窃取钓鱼岛

日本在明治维新以后加快对外侵略扩张。1879年，日本吞并琉球并改称冲绳县。此后不久，日本便密谋侵占钓鱼岛，并于甲午战争末期将钓鱼岛秘密"编入"版图。随后，日本又迫使中国签订不平等的《马关条约》，割让台湾全岛及包括钓鱼岛在内的所有附属各岛屿。

（一）日本密谋窃取钓鱼岛

1884年，有日本人声称首次登上钓鱼岛，发现该岛为"无人岛"。日本政府随即对钓鱼岛开展秘密调查，并试图侵占。日本上述图谋引起中国的警觉。1885年9月6日（清光绪十一年七月二十八日）《申报》登载消息："台湾东北边之海岛，近有日本人悬日旗于其上，大有占据之势。"由于顾忌中国的反应，日本政府未敢轻举妄动。

1885年9月22日冲绳县令在对钓鱼岛进行秘密调查后向内务卿山县有朋密报称，这些无人岛"与《中山传信录》记载的钓鱼台、黄尾屿和赤尾屿应属同一岛屿"，已为清朝册封使船所详悉，并赋以名称，作为赴琉球的航海标识，因此对是否应建立国家标桩心存疑虑，请求给予指示。同年10月9日，内务卿山县有朋致函外务卿井上馨征求意见。10月21日，井上馨复函山县有朋认为，"此刻若有公然建立国标等举措，必遭清国疑忌，故当前宜仅限于实地调查及详细报告其港湾形状、有无可待日后开发之土地物产等，而建国标及着手开发等，可待他日见机而作"。井上馨还特意强调，"此次调查之事恐均不刊载官报及报纸为宜"。因此，日本政府没有同意冲绳县建立国家标桩的请求。

1890年1月13日，冲绳县知事又请示内务大臣，称钓鱼岛等岛屿"为无人岛，迄今尚未确定其管辖"，"请求将其划归本县管辖之八重山官署所辖"。1893年11月2日，冲绳县知事再次申请建立国标以划入版图。日本政府仍未答复。甲午战争前两个月，即1894年5月12日，冲绳县秘密调查钓鱼岛的最终结论是："自明治十八年（1885年）派县警察对该岛进行勘察以来，未再开展进一步调查，故难提供更确切报告。……此外，没有关于该岛之旧时记录文书以及显示属我国领有的文字或口头传说的证据。"

日本外务省编纂的《日本外交文书》明确记载了日本企图窃取钓鱼岛的经过，相关文件清楚地显示，当时日本政府虽然觊觎钓鱼岛，但完全清楚这些岛屿属于中国，不敢轻举妄动。

1894年7月，日本发动甲午战争。同年11月底，日本军队占领中国旅顺口，清朝败局已定。在此背景下，12月27日，日本内务大臣野村靖致函外务大臣陆奥宗光，认为"今昔形势已殊"，要求将在钓鱼岛建立国标、纳入版图事提交内阁会议决定。1895年1月11日，陆奥宗光回函表示支持。同年1月14日，日本内阁秘密通过决议，将钓鱼岛"编入"冲绳县管辖。

日本官方文件显示，日本从1885年开始调查钓鱼岛到1895年正式窃占，始终是秘密进行的，从未公开宣示，因此进一步证明其对钓鱼岛的主权主张不具有国际法规定的效力。

(二)钓鱼岛随台湾岛被迫割让给日本

1895年4月17日，清朝在甲午战争中战败，被迫与日本签署不平等的《马关条约》，割让"台湾全岛及所有附属各岛屿"。钓鱼岛等作为台湾"附属岛屿"一并被割让给日本。1900年，日本将钓鱼岛改名为"尖阁列岛"。

三、美日对钓鱼岛私相授受非法无效

第二次世界大战后，钓鱼岛回归中国。但20世纪50年代，美国擅自将钓鱼岛纳入其托管范围，70年代美国将钓鱼岛"施政权""归还"日本。美日对钓鱼岛进行私相授受，严重侵犯了中国的领土主权，是非法的、无效的，没有也不能改变钓鱼岛属于中国的事实。

(一)第二次世界大战后钓鱼岛归还中国

1941年12月，中国政府正式对日宣战，宣布废除中日之间的一切条约。1943年12月《开罗宣言》明文规定，"日本所窃取于中国之领土，例如东北四省、台湾、澎湖群岛等，归还中华民国。其他日本以武力或贪欲所攫取之土地，亦务将日本驱逐出境"。1945年7月《波茨坦公告》第八条规定："《开罗宣言》之条件必将实施，而日本之主权必将限于本州、北海道、九州、四国及吾人所决定之其他小岛。"1945年9月2日，日本政府在《日本投降书》中明确接受《波茨坦公告》，并承诺忠诚履行《波茨坦公告》各项规定。1946年1月29日，《盟军最高司令部训令第677号》明确规定了日本施政权所包括的范围是"日本的四个主要岛屿(北海道、本州、九州、四国)及包括对马诸岛、北纬30度以北的琉球诸岛的约1000个邻近小岛"。1945年10月25日，中国战区台湾省对日受降典礼在台北举行，中国政府正式收复台湾。1972年9月29日，日本政府在《中日联合声明》中郑重承诺，充分理解和尊重中方关于台湾是中国不可分割一部分的立场，并坚持《波茨坦公告》第八条的立场。

上述事实表明，依据《开罗宣言》、《波茨坦公告》和《日本投降书》，钓鱼岛作为台湾的附属岛屿应与台湾一并归还中国。

(二)美国非法将钓鱼岛纳入托管范围

1951年9月8日，美国等一些国家在排除中国的情况下，与日本缔结了"旧金山对日和平条约"(简称"旧金山和约")，规定北纬29度以南的西南诸岛等交由联合国托管，而美国为唯一施政当局。需要指出的是，该条约所确定的交由美国托管的西南诸岛并不包括钓鱼岛。

1952年2月29日、1953年12月25日，琉球列岛美国民政府先后发布第68号令(即《琉球政府章典》)和第27号令(即关于"琉球列岛的地理界限"布告)，擅自扩大托管范围，将中国领土钓鱼岛划入其中。此举没有任何法律依据，中国坚决反对。

(三)美日私相授受钓鱼岛"施政权"

1971年6月17日，美日签署《关于琉球诸岛及大东诸岛的协定》(简称"归还冲绳协定")，将琉球群岛和钓鱼岛的"施政权""归还"给日本。海内外中国人对此同声谴责。同年12月30日，中国外交部发表严正声明指出："美、日两国政府在'归还'冲绳协定中，把我国钓鱼岛等岛屿列入'归还区域'，完全是非法的，这丝毫不能改变中华人民共和国对钓鱼岛等岛屿的领土主权。"台湾当局对此也表示坚决反对。

面对中国政府和人民的强烈反对，美国不得不公开澄清其在钓鱼岛主权归属问题上的立场。1971年10月，美国政府表示，"把原从日本取得的对这些岛屿的施政权归还给日本，毫不损害有关主权的主张。美国既不能给日本增加在他们将这些岛屿施政权移交给我们之前所拥有的法律权利，也不能因为归还给日本施政权而削弱其他要求者的权利。……对此等岛屿的任何争议的要求均为当事者所应彼此解决的事项"。同年11月，美国参议院批准"归还冲绳协定"时，美国国务院发表声明称，尽管美国将该群岛的施政权交还日本，但是在中日双方对群岛对抗性的领土主张中，美国将采取中立立场，不偏向于争端中的任何一方。

四、日本主张钓鱼岛主权毫无依据

1972年3月8日，日本外务省发表《关于尖阁列岛所有权问题的基本见解》，阐述日本政府对于钓鱼岛主权归属问题的主张：一是钓鱼岛为"无主地"，不包含在《马关条约》规定的由清政府割让给日本的澎湖列岛和台湾及其附属岛屿的范围之内。二是钓鱼岛不包含在"旧金山和约"第二条规定的日本所放弃的领土之内，而是包含在该条约第三条规定的作为西南诸岛的一部分被置于美国施政之下，并根据"归还冲绳协定"将施政权"归还"日本的区域内。三是中国没有将钓鱼岛视为台湾的一部分，对"旧金山和约"第三条规定将钓鱼岛置于美国施政区域内从未提出过任何异议。

日本的上述主张严重违背事实,是完全站不住脚的。

钓鱼岛属于中国,根本不是“无主地”。在日本人“发现”钓鱼岛之前,中国已经对钓鱼岛实施了长达数百年有效管辖,是钓鱼岛无可争辩的主人。如前所述,日本大量官方文件证明,日本完全清楚钓鱼岛早已归属中国,绝非国际法上的无主地。日本所谓依据“先占”原则将钓鱼岛作为“无主地”“编入”其版图,是侵占中国领土的非法行为,不具有国际法效力。

无论从地理上还是从中国历史管辖实践看,钓鱼岛一直是中国台湾岛的附属岛屿。日本通过不平等的《马关条约》迫使清朝割让包括钓鱼岛在内的“台湾全岛及所有附属各岛屿”。《开罗宣言》《波茨坦公告》等国际法律文件规定,日本必须无条件归还其窃取的中国领土。上述文件还对日本领土范围作了明确界定,其中根本不包括钓鱼岛。日本试图侵占钓鱼岛,实质是对《开罗宣言》和《波茨坦公告》等法律文件所确立的战后国际秩序的挑战,严重违背了日本应承担的国际法义务。

美国等国家与日本签订的片面媾和条约“旧金山和约”所规定的托管范围不涵盖钓鱼岛。美国擅自扩大托管范围,非法将中国领土钓鱼岛纳入其中,后将钓鱼岛“施政权”“归还”日本,都没有任何法律依据,在国际法上没有任何效力。对于美日上述非法行径,中国政府和人民历来是明确反对的。

五、中国为维护钓鱼岛主权进行坚决斗争

长期以来,中国为维护钓鱼岛的主权进行了坚决斗争。

中国通过外交途径强烈抗议和谴责美日私相授受钓鱼岛。1951 年 8 月 15 日,旧金山会议召开前,中国政府声明:“对日和约的准备、拟制和签订,如果没有中华人民共和国的参加,无论其内容和结果如何,中央人民政府一概认为是非法的,因而也是无效的。”1951 年 9 月 18 日,中国政府再次声明,强调“旧金山和约”是非法无效的,绝对不能承认。1971 年,针对美、日两国国会先后批准“归还冲绳协定”的行为,中国外交部严正声明,钓鱼岛等岛屿自古以来就是中国领土不可分割的一部分。

针对日本侵犯中国钓鱼岛主权的非法行径,中国政府采取积极有力措施,通过发表外交声明、对日严正交涉和向联合国提交反对照会等举措表示抗议,郑重宣示中国的一贯主张和原则立场,坚决捍卫中国的领土主权和海洋权益,切实维护中国公民的人身和财产安全。

中国通过国内立法明确规定钓鱼岛属于中国。1958 年,中国政府发表领海声明,宣布台湾及其周围各岛属于中国。针对日本自 20 世纪 70 年代以来对钓鱼岛所采取的种种侵权行为,中国于 1992 年颁布《中华人民共和国领海及毗连区法》时,明确规定“台湾及其包括钓鱼岛在内的附属各岛”属于中国领土。2009 年颁布的《中华人民共和国海岛保护法》确立了海岛保护开发和管理制度,对海岛名称的确定和发布作了规定,据此,中国于 2012 年 3 月公布了钓鱼岛及其部分附属岛屿的标准名称。2012 年 9 月 10 日,中国政府发表声明,公布了钓鱼岛及其附属岛屿的领海基线。9 月 13 日,中国政府向联合国秘书长交存钓鱼岛及其附属岛屿领海基点基线的坐标表和海图。

中国始终在钓鱼岛海域保持经常性的存在,并进行管辖。中国海监执法船在钓鱼岛海域坚持巡航执法,渔政执法船在钓鱼岛海域进行常态化执法巡航和护渔,维护该海域正常的渔业生产秩序。中国还通过发布天气和海洋观测预报等,对钓鱼岛及其附近海域实施管理。

一直以来,钓鱼岛问题受到港澳同胞、台湾同胞和海外侨胞的共同关注。钓鱼岛自古以来就是中国的固有领土,这是全体中华儿女的共同立场。中华民族在维护国家主权和领土完整问题上有着坚定的决心。两岸同胞在民族大义面前,在共同维护民族利益和尊严方面,是一致的。港澳台同胞和海内外广大华侨华人纷纷开展各种形式的活动,维护钓鱼岛领土主权,强烈表达了中华儿女的正义立场,向世界展示了中华民族爱好和平、维护国家主权、捍卫领土完整的决心和意志。

结束语

钓鱼岛自古以来就是中国的固有领土,中国对其拥有无可争辩的主权。20 世纪 70 年代,中日在实现邦交正常化和缔结《中日和平友好条约》时,两国老一辈领导人着眼两国关系大局,就将“钓鱼岛问题放一放,留待以后解决”达成谅解和共识。但近年来,日本不断对钓鱼岛采取单方面举措,特别是对钓鱼岛实施所谓“国有化”,严重侵犯中国主权,背离中日两国老一辈领导人达成的谅解和共识。这不但严重损害了中日关系,也是对世界反法西斯战争胜利成果的否定和挑战。

中国强烈敦促日本尊重历史和国际法,立即停止一切损害中国领土主权的行为。中国政府捍卫国家领土主权的决心和意志是坚定不移的,有信心、有能力捍卫国家主权,维护领土完整。

国务院副总理李克强在北京出席全国资源型城市与独立工矿区可持续发展及棚户区改造工作座谈会并讲话

会前,李克强参观了资源枯竭城市转型及棚户区改造成效图片展示。会上,发展改革委、住房和城乡建设部负责人汇报了促进资源型城市与独立工矿区转型及棚户区改造情况和下一步打算，有关地方负责人谈了本地做法和建议。李克强与大家深入交流，并对需要抓紧研究推进的工作进行了现场部署。他说，资源型城市及独立工矿区是我国重化工业的摇篮。新中国成立后，为尽快实现我国从农业国向工业国的转变，在一些资源富集地区"因矿设市"、"因厂设区"，逐步形成了职工集聚的城镇。当时大家住工棚、住简易房，在十分简陋的生活条件下，开展了大规模资源开采和加工，提供了大量的煤炭、原油、铁矿石、木材和其他基础产品，为建立我国独立完整的工业体系、推进国民经济发展作出了重要贡献。

李克强说，经过长期开发，不少资源型城市和矿区资源逐步枯竭，普遍出现了接续产业跟不上、就业困难、生态环境严重破坏、社会保障负担重等问题，与其他城市的发展差距拉大，很多独立工矿区人均财力不及全国平均水平的1/5。当前资源枯竭城市及工矿区的居民仍有6000万—7000万人，其中相当一部分还住在棚户区，成为我国城市内部二元结构的集中反映。这既是历史遗留的问题，也是我国推进现代化进程、建设和谐社会迫切需要解决的问题。

李克强指出，要把资源型城市转型和棚户区改造作为推进新型城镇化的重要任务。城镇化是我国发展的一个大战略，城镇化不是简单的城市人口比例增加和面积扩张，而是要在产业支撑、人居环境、社会保障、生活方式等方面实现由"乡"到"城"的转变。各级政府要按照转变经济发展方式的要求，积极创造转型发展的环境。突出加大棚户区改造力度，集中力量一场一场打"歼灭战"，由"大片"至"小片"，逐步完成城市和工矿棚户区的改造任务。将独立工矿区纳入资源型城市可持续发展的政策支持范围，因地制宜，宜改则改，宜搬则搬。资源型城市转型，要以企业为主体，既瞄准资源深加工，又注重发展非资源产业，关键是能带动更多就业。对于近些年在资源富集地区发展形成的新兴工业区，既要支持，也要引导，防止产生新的封闭棚户区和趋于刚性的城市二元结构。他强调，资源型城市及工矿区转型发展、棚户区改造是一项长期艰巨、系统复杂的工作，要科学规划，摸清底数，依靠改革作为动力，创新体制机制，统筹协调配合，形成工作合力，加快建立资源开发补偿、衰退产业援助、专项资金支持等长效机制，增强可持续发展能力。

外交部部长杨洁篪在纽约联合国总部分别会见联合国秘书长潘基文和第六十七届联合国大会主席耶雷米奇

杨洁篪表示，当前形势下，国际社会更加重视联合国作用，中方将继续支持联合国在维护国际和平、促进共同发展、推动全球实现可持续发展与千年发展目标方面发挥更大作用。中方将继续积极参与联合国各领域工作，推动中国同联合国合作不断迈上新台阶。

外交部部长杨洁篪在纽约会见联合国—阿拉伯国家联盟叙利亚危机联合特别代表卜拉希米

国防部部长梁光烈在八一大楼会见智利空军司令罗哈斯空军上将

首艘航母交接入列歼—15战机展开训练

我国第一艘航空母舰"辽宁舰"，在中国船舶重工集团公司大连造船厂正式交付海军。"辽宁舰"交接入列，对提高我军现代化水平，增强国防实力和综合国力，具有重大而深远的意义。交接入列后，"辽宁舰"继续开展相关科研试验和军事训练等工作，歼—15战机已顺利进行了起降航母飞行训练。航母平台和飞机的技术性能得到了充分验证，舰机适配性能良好，达到了设计指标要求。

9月26日

全国文化体制改革工作表彰大会在人民大会堂举行

会前，中共中央总书记、国家主席、中央军委主席胡锦涛亲切会见全体与会代表，向受到表彰的全国文化体制改革工作先进地区、先进单位、先进个人表示热烈的祝贺，向全国广大文化工作者表示诚挚的问候。

中共中央政治局常委、国务院总理温家宝，中共中央政治局常委、国家副主席、中央军委副主席习近平，中共中央政治局常委、国务院副总理李克强参加会见。中共中央政治局常委李长春参加会见并在会上作重要讲话。

李长春在讲话中全面回顾了党的十六大以来深化文化体制改革的不平凡历程，系统总结了文化改革发展取得的历史性成就。他指出，深化文化体制改革，是我们党在新世纪、新阶段作出的一项关系全局的重大决策，是时代的呼唤、人民的愿望、历史的抉择。在以胡锦涛同志为总书记的党中央坚强领导下，各级党委、政府和有关部门认真贯彻中央决策部署，把文化改革发展纳入经济社会发展总体规划，纳入科学发展考核评价体系，基本完成中央确定的阶段性改革任务，初步建立覆盖城乡的公共文化服务体系，不断壮大文化产业整体规模和实力，大力加强对文化产品创作生产的引导，着力构建全方位多层次宽领域的文化走出去格局。文化体制改革的深入推进，极大地解放和发展了文化生产力，有力促进了文化事业和文化产业的繁荣发展，有力促进了精品力作和优秀人才的竞相涌现，有力促进了全民族思想道德素质和科学文化素质的显著提高，有力促进了经济发展方式的加快转变，有力促进了中华文化国际影响力和竞争力的不断提升，发挥了引领风尚、教育人民、服务社会、推动发展的重要作用。实践充分证明，中央关于深化文化体制改革的决策部署是完全正确的。通过改革，文化领域整体面貌和发展格局焕然一新，文化建设开创了新局面，初步走出了一条中国特色社会主义文化发展道路。这条道路是中国特色社会主义道路的重要组成部分，是一条科学发展、改革创新的文化强国之路。

李长春指出，在推进文化改革发展的进程中，我们不断深化对文化建设规律的认识，积累了一系列宝贵经验。概括起来就是：必须坚持党的领导，为坚持文化建设正确方向、有力推进文化改革发展提供坚强保证；必须坚持解放思想、实事求是、与时俱进，牢固树立符合科学发展观要求的新的文化发展理念；必须坚持一手抓公益性文化事业、一手抓经营性文化产业，把社会效益放在首位、社会效益和经济效益相统一，做到两加强、两促进；必须坚持从实际出发，区别对待、分类指导、循序渐进、逐步推开，积极稳妥推进各项改革；必须坚持以人为本，充分调动人民群众和广大文化工作者投身文化建设的积极性、主动性、创造性；必须坚持统筹兼顾，正确认识和处理好文化改革发展中的一系列重大关系，不断提高文化改革发展的科学化水平。

李长春强调，当前我国正处于全面建设小康社会的关键时期和深化改革开放、加快转变经济发展方式的攻坚时期，这也是文化改革发展的重要战略机遇期。站在新的历史起点上，全党全社会要继续深入贯彻落实党的十七届六中全会精神和中央一系列决策部署，不断增强文化自觉和文化自信，进一步深化文化体制改革，兴起文化建设新高潮，坚定不移地走中国特色社会主义文化发展道路，奋力开拓社会主义文化强国建设的新局面。

中共中央政治局委员、中央书记处书记、中宣部部长刘云山主持大会。中共中央政治局委员、国务委员刘延东，全国政协副主席陈奎元出席大会。

会上宣读了表彰决定，并向受到表彰的32个全国文化体制改革工作先进地区、296个先进单位和198名先进个人代表颁发了奖牌和证书。

中央宣传思想工作领导小组成员和有关方面负责人参加了大会。

全国人大常委会委员长吴邦国在成都出席第五届中国西部国际合作论坛并发表主旨演讲

吴邦国在演讲中首先对论坛举办表示热烈祝贺，对各国嘉宾表示诚挚欢迎。他说，中国西部国际博览会暨西部国际合作论坛成立以来，以鲜明的主题和务实的风格，受到海内外的广泛关注，日益显示出巨大的影响力，成为促进中国西部地区与世界各国特别是泛亚国家开展经贸合作的重要平台，成为展示中国西部地区经济社会发展成果的重要窗口。

吴邦国以翔实的数据介绍了西部开发开放取得的辉煌成就。他说，2000年开始实施的西部大开发战略，给中国西部地区发展注入了强大动力，广袤的西部大地焕发出勃勃生机。一是后发优势进一步凸显；二是经济社会发展支撑能力明显增强；三是对外开放格局初步形成。今天的中国西部地区，正在成为中国经济重要的新的增长极，不仅为中国的发展开辟了更为广阔的空间，也为世界各国特别是泛亚国家同中国加强经贸合作提供了难得机遇。

吴邦国指出，中国作为发展中大国，人口多、底子薄，历来高度重视优先发展实体经济。加强中国西部地区同世界各国特别是泛亚国家实体经济合作大有可为、大有作为。要把加强实体经济合作作为深化经贸合作的重要抓手，促进实体经济合作与各自产业转型升级有机融合，努力形成优势互补、携手并进、共享繁荣的发展格局。要强化基础设施建设合作，以交通、能源、通信为重点，推动铁路、公路、水路、航空和管道网络建设，促进跨区域跨国境基础设施互联互通。要扩大产业合作，挖掘现代农业、战略性新兴产业、先进制造业和现代服务业等领域的合作潜力，联合开发新能源和可再生能源，加强技术研发合作和转让，推动绿色经济、循环经济发展。要完善合作机制，继续抓好已有自贸区建设，加快区域经济一体化进程，积极推进贸易和投资自由化便利化，共同反对各种形式的贸易保护主义，推动建立更加公正合理的国际经济新秩序。

孟加拉国议长哈米德、马其顿副总理佩舍夫斯基、联合国助理秘书长麦守信、国家发展和改革委员会副主任杜鹰先后发表演讲。出席论坛的有全国人大常委会副委员长兼秘书长李建国和上海合作组织实业家委员会主席梅津采夫等。

中国西部国际合作论坛创办于2008年，自2011年开始由中国西部国际博览会组委会、联合国开发计划署共同主办，本届论坛主题为“泛亚合作与实体经济发展”。

全国人大常委会委员长吴邦国在成都会见泰国国

会主席兼下议院议长颂萨·革素拉暖

国务院总理温家宝在北京主持召开国务院常务会议

会议研究加快发展服务业，审议通过《国内水路运输管理条例(草案)》。

会议指出，发展服务业是我国产业结构优化升级的战略重点。“十一五”时期，我国金融、批发零售、住宿餐饮、交通仓储等主要服务业行业和旅游、文化、家政、动漫、环境服务、电子商务等新兴服务产业和新型业态快速发展。服务业规模不断扩大，2010年增加值比2005年增长1.3倍，年均增加就业579万人，服务业就业人数占全社会就业人数比重达到34.6%，成为推动经济增长、社会发展和生活改善的重要力量。同时，我国服务业发展仍然存在质量和标准化水平不高、国际竞争力不强、人才不足等突出问题。要充分利用各种有利条件，深化改革开放，推动服务业大发展。“十二五”时期，要着力提高服务业比重，提高服务业水平，提高公共服务质量和效率，提高服务业吸纳就业能力。

会议确定了“十二五”时期服务业发展的重点任务：(一)围绕促进工业转型升级和加快农业现代化进程，加快发展金融、交通运输、科技、商务、工程咨询、人力资源服务和节能环保服务等生产性服务行业，增强服务功能，提高创新能力。(二)围绕满足城乡居民多层次多样化需求，大力发展商贸、家庭服务、法律服务、体育、房地产服务等生活性服务行业，完善服务标准，提高服务质量。(三)扩大服务业对外开放。大力发展服务贸易，推动重点行业服务出口。扩大服务业利用外资领域，提高利用外资的质量和水平。扩大服务业国际交流与合作。深入推进内地与港澳台地区服务业合作。(四)深化体制改革。放宽市场准入，鼓励和引导各类资本投向服务业。深入开展国家服务业综合改革试点，鼓励各地结合实际开展服务业综合改革试点。会议强调，要将现代物流、高技术服务、文化产业、电子商务、旅游业、设计咨询、健康和养老服务、农村服务、海洋服务和其他新兴产业、新型业态等作为加快发展的重点领域。会议要求完善财税、金融、土地、价格等方面政策，加大对服务业发展的支持。建立完善服务业创新体系、标准体系、知识产权服务体系和统计体系。要加强统筹协调，及时研究解决服务业发展和改革中的重大问题。

会议审议通过的《国内水路运输管理条例(草案)》，着眼规范水路运输经营行为、维护运输市场秩序、保障运输安全，对从事水路运输经营活动应具备的条件和许可程序、经营者应遵守的行为规范、政府可采取的必要调控措施等作了规定。

中办印发《关于进一步加强党管人才工作的意见》

为加强和改进党对人才工作的领导，根据《国家中长期人才发展规划纲要(2010—2020年)》，现就进一步加强党管人才工作提出如下意见。

一、充分认识进一步加强党管人才工作的重要意义

1. 党管人才是人才工作的重要原则。党和国家历来高度重视人才工作。进入新世纪、新阶段，中央作出实施人才强国战略的重大决策，确立了党管人才原则。党管人才主要是管宏观、管政策、管协调、管服务，包括规划人才发展战略，制定并落实人才发展重大政策，协调各方面力量形成共同参与和推动人才工作的整体合力，为各类人才干事创业、实现价值提供良好服务等。党管人才是党的组织制度的重要组成部分，是人才工作沿着正确方向前进的根本保证。

2. 新形势新任务要求进一步加强党管人才工作。世界多极化和经济全球化的深入发展，使人才在综合国力竞争中的地位和作用更加凸显。我国正处于全面建设小康社会的关键时期和深化改革开放、加快转变经济发展方式的攻坚时期，人才越来越成为推动科学发展的关键因素。随着我国人才队伍规模不断扩大、构成趋于多样、流动显著加快，对各类人才服务、支持和管理的力度需要进一步加大。近年来，各级党委和政府认真贯彻党管人才原则，人才工作取得了新成绩，积累了新经验，为经济社会发展提供了有力的人才支撑。但一些领导干部对党管人才认识不到位、党管人才体制机制不够健全、党管人才方式方法不够适应、党管人才保障不够有力等问题，在一些地方和单位还不同程度存在。新形势新任务要求进一步加强党管人才工作，加强和改进党对人才工作的领导，把各类优秀人才团结凝聚在党的事业周围，促进人才强国战略的更好实施和建设人才强国宏伟目标的顺利实现。

二、加强党管人才工作的指导思想和总体要求

3. 指导思想。高举中国特色社会主义伟大旗帜，以邓小平理论和“三个代表”重要思想为指导，深入贯彻落实科学发展观，紧紧围绕党和国家工作大局，创新党管人才领导体制机制，改进党管人才方式方法，不断提高人才工作科学化水平，为更好地实施人才强国战略提供坚强的政治和组织保证。

4. 总体要求。着眼于培养造就宏大的高素质人才队伍，统筹兼顾，突出重点，改革创新，分类指导，强化服务，注重实效，正确处理党管人才与尊重人才成长规律、发挥市场在人才资源配置中基础性作用的关系，充分调动社会各方面力量参与人才工作的积极性。通过进一步加强党管人才工作，使党对人才工作的领导更加有力，全社会重视人才工作、支持人才发展的氛围更加浓厚，努力形成人才辈出、人尽其才、才尽其用的生

动局面。

三、健全党管人才领导体制和工作格局

5. 加强党委统一领导。发挥党委(党组)在人才工作中的核心领导作用,保证党的人才工作方针政策全面贯彻落实。确立人才优先发展战略布局,坚持人才资源优先开发、人才结构优先调整、人才投资优先保证、人才制度优先创新。党委(党组)要及时研究部署人才工作,谋划大局,把握方向,解决问题,整合力量。党委(党组)书记要带头抓好人才工作,党委常委(党组成员)要按照分工抓好分管领域或系统的人才工作。县级以上地方党委建立人才工作领导小组。由党委或政府主要负责同志担任人才工作领导小组组长的,党委组织部部长和政府分管领导同志担任副组长;由党委组织部部长担任人才工作领导小组组长的,政府分管领导同志担任副组长。领导小组成员由党委、政府人才工作职能部门的主要负责同志担任。党委、政府所属系统内人才资源规模比较大的职能部门,可以根据实际需要建立人才工作领导小组。

6. 发挥组织部门牵头抓总作用。各级党委组织部门要在党委领导下,切实担负起人才工作牵头抓总的责任,当好参谋,创新实践,整合资源,示范引领。要坚持牵头不包办,抓总不包揽,统筹不代替,积极支持配合其他部门在职责范围内开展工作。中央和省级组织部门要重点抓好战略思想研究、总体规划制定、重要政策统筹、创新工程策划、重点人才培养、重大典型宣传等工作。

7. 促进职能部门各司其职、密切配合。按照统一领导、分类管理的原则,根据部门职能,科学划分有关部门在人才工作和人才队伍建设中的职责。人力资源社会保障部门要在制定人才政策法规、构建人才服务体系、培育和发展人才资源市场等方面积极发挥作用。承担党政人才、企业经营管理人才、专业技术人才、高技能人才、农村实用人才和社会工作人才队伍建设的主要责任部门要明确职责,各司其职。各党政职能部门和企事业单位要齐抓共管、通力合作,共同推动人才工作各项任务的落实。

8. 切实发挥用人单位主体作用。引导和督促各用人单位认真贯彻执行党的人才工作方针政策,自觉做好本单位人才培养、引进和使用工作。不断深化干部选拔任用制度改革,扩大干部工作民主,拓宽选人用人渠道,促进优秀人才脱颖而出。深化国有企业和事业单位人事制度改革,创新管理体制,完善用人机制,尊重和落实单位用人自主权。鼓励和引导非公有制经济组织和新社会组织认真落实所在地方党委、政府人才发展规划,以灵活机制做好人才服务和管理工作。

9. 调动社会各方面力量参与人才工作的积极性。引导和支持工会、共青团、妇联、科协、文联、作协等人民团体和各民主党派、工商联、无党派人士等各方面力量积极参与人才工作。鼓励和支持各类人才培训机构、中介机构以及从事国际人才交流的民间机构创新服务方式和内容,为人才提供个性化和多样化服务。

四、完善党管人才工作运行机制

10. 建立科学决策机制。凡涉及人才工作的重要文件、重要活动安排等,都要提交人才工作领导小组审议,重大事项要报同级党委(党组)审定。提请人才工作领导小组审议的文件和事项,要事先征求相关部门意见。涉及经济社会发展全局的重大事项,要面向社会广泛征求意见,听取专家意见和建议。研究制定人才工作重大决策和部署,要注意上下衔接和政策配套。

11. 完善分工协作机制。人才工作领导小组按照同级党委(党组)人才工作部署,及时将年度人才工作要点、重点工作任务分解到各有关部门,明确工作质量和进度要求。有关部门要细化任务分工,提出具体落实措施,部门之间要加强协作配合。

12. 建立沟通交流机制。建立人才工作领导小组例会制度,交流工作进展情况,研究解决重点难点问题。人才工作领导小组各成员单位要确定联络员,加强同领导小组和其他成员单位的工作联系。加强人才工作信息交流。

13. 健全督促落实机制。人才工作领导小组采取年度检查与日常督查相结合的方式,对本地区本部门工作落实情况进行检查,检查结果以适当形式通报。加强重点工作跟踪指导和专项督查,探索建立通过第三方对人才发展情况进行监测、分析和评估的有效办法。

五、创新党管人才方式方法

14. 统筹兼顾,推动人才资源整体开发。各级党委要根据经济社会发展需要,统筹经济社会发展和人才发展,围绕中心工作制定人才工作目标和措施。以高层次和高技能人才为重点,统筹推进各类人才队伍建设。统筹城乡、区域人才资源开发,大力支持农村基层和革命老区、民族地区、边疆地区、贫困地区人才培养开发,积极引导人才向农村基层和艰苦边远地区流动。统筹国内国际两种资源,坚持自主培养开发人才与引进海外人才和智力并举。

15. 把握和遵循人才成长规律,加强人才工作分类指导。根据不同类型人才特点,有针对性地制定培养措施、评价标准和激励办法,促进人岗相适、才尽其用。指导机关、企事业单位和社会组织根据各自特点开展人才工作。

16. 充分发挥市场作用,把党管人才与市场配置人才资源有机结合起来。发挥党的思想政治优势、组织优势和密切联系群众优势，加强对人才工作的宏观管理和综合协调。尊重社会主义市场经济规律，健全人才市场体系，充分发挥市场在人才资源配置中的基础性作用，实现人才资源高效配置。

17. 大力改革创新，增强人才工作生机与活力。引导各类用人主体在总结运用人才工作传统经验的同时，不断推进人才工作实践创新、理论创新、制度创新。及时总结推广人才工作的新鲜经验。鼓励各地探索建立人才管理改革试验区。探索运用现代科技手段特别是网络信息技术开展人才工作。

六、加强党管人才工作的保障措施

18. 落实工作责任。实行县级以上地方党政领导班子人才工作目标责任制。科学设置考核指标，建立完善考核办法，合理运用考核结果，推动人才工作任务落实。

19. 加强人才工作机构和队伍建设。省（自治区、直辖市）、市（地）和有条件的县（市），党委组织部门要建立、健全人才工作机构，配齐配强工作力量。暂无条件设立专门机构的县（市），要有专人负责人才工作。党委、政府有关职能部门可根据实际需要建立人才工作机构。加强人才工作队伍的教育培训和实践锻炼，不断提高队伍能力素质。

20. 强化理论指导。大力宣传普及科学人才观，深入开展人才理论研究，重视研究成果运用，提高成果转化率。加强人才学科、研究机构和研究队伍建设。

21. 保证人才投入。坚持人才投资优先保证，建立、健全政府、社会、用人单位和个人多元化投入机制。加大人才发展资金投入力度，保障重大人才项目实施。鼓励支持企业和社会组织建立人才发展基金。

22. 营造良好环境。加强政策引导和舆论宣传，大力营造尊重人才、见贤思齐的社会环境，鼓励创新、宽容失败的工作环境，待遇适当、无后顾之忧的生活环境，公开平等、竞争择优的制度环境。推进人才工作法制建设，形成有利于人才发展的法制环境。

中宣部部长刘云山在北京出席全国宣传部长座谈会

外交部部长杨洁篪在纽约会见日本外相玄叶光一郎就钓鱼岛问题表明严正立场

杨洁篪指出，不久前日方不顾中方严正交涉和坚决反对，执意对中国领土钓鱼岛及其附属岛屿实施所谓“国有化”。这是对中国领土主权的严重侵犯，是对世界反法西斯战争胜利成果的公然否定，是对战后国际秩序的严重挑战，引发了全体13亿中国人民的强烈愤慨。中方决不容忍日方对钓鱼岛采取任何单方面行动。中国将继续坚决采取措施维护领土主权。

杨洁篪强调，当前事态是日方一手挑起的。日方必须为此承担全部责任。日方必须正视现实，打消幻想，采取切实措施纠正错误，停止一切损害中国领土主权的行为。只有这样，才能使两国关系重返健康稳定发展的轨道。

双方表示将就钓鱼岛问题和两国关系继续保持磋商。

新一代CPU桥片“星光青桥一号”在青岛发布

据《人民日报》报道：专门用于新一代嵌入式及通用CPU低功耗计算系统的信号拓展互联桥片“星光青桥一号”日前发布。

由中星微电子集团研发的“星光青桥一号”扩展了X86及ARM等CPU应用范围，可用于包括需要多路多媒体音视频采集、处理及传输的电视、游戏、车载等诸多领域，目前全球市场尚无同类产品。“星光青桥”系列芯片也是“星光中国芯工程”继“星光”系列、“星光移动”系列及“星光安防”系列芯片之后的最新成果，具有完整知识产权。

中星微电子集团1999年启动并承担了“星光中国芯工程”，先后申请了2500多项国内外专利，并在2001年自主研发成功“星光一号”，结束了中国无“芯”历史。2005年集团在美国纳斯达克证券市场上市，成为第一家在纳斯达克上市的具有自主知识产权的中国芯片设计企业。

2012中国艺术品产业博览会在北京开幕

9月27日

全国政协主席贾庆林在人民大会堂会见日本前众议长河野洋平等日本友好人士代表

贾庆林说，今年是中日邦交正常化40周年，这本应成为两国关系更好发展的机遇之年，但由于日方不顾中方一再严正交涉，执意对钓鱼岛及其附属岛屿实施所谓“国有化”，把中日关系推向了前所未有的严峻局面。钓鱼岛及其附属岛屿自古以来就是中国的固有领土，这方面的历史事实和法理依据是清楚的。日方的错误行径严重侵犯了中国的主权，深深触及了中国人民的历史伤痛，激起了13亿中国人民的强烈愤慨和坚决反对。日方应充分认识到当前事态的严重性，正视钓鱼岛争议问题，尽快纠正错误，避免对中日关系造成更大损害。

贾庆林说，40年来，中日关系取得长足发展，给两国和两国人民都带来了巨大利益。这一局面来之不易,应倍加珍惜。以史为鉴,才能面向未来。希望日本各界人士能从两国关系的大局出发,推动克服眼前的困难,与中方共同努力,使中日关系回到健康发展的轨道。

河野洋平等表示,日中关系对两国和亚洲乃至世界都具有十分重要的意义。他们一直关心并致力于日中友好事业,对当前的事态感到痛心,愿为推动日中关系发展继续发挥积极作用。

全国加强和改进最低生活保障工作电视电话会议在北京召开

国务院副总理回良玉出席会议并讲话。

回良玉指出,最低生活保障是关系群众衣食冷暖的民生工程,是夯实党的执政基础的民心工程,是分享改革发展成果的德政工程,是维护社会和谐稳定的同心工程。党中央、国务院高度重视最低生活保障工作,经过多年努力,我国最低生活保障取得历史性成就。全国城乡低保对象基本稳定在 7500 万人左右,符合条件的困难群众总体实现了应保尽保。近五年,全国累计投入低保资金 4151 亿元,城乡低保标准分别增长了 58%和 105%,实际补助水平分别提高了 136%和 187%。最低生活保障政策体系比较完备,低保制度与就业扶持、扶贫开发、养老保险等制度有效衔接、形成合力,为广大城乡困难群众构建了坚实的社会保障。

回良玉强调,进一步加强和改进最低生活保障工作,要牢牢把握应保尽保、公平公正、动态管理、统筹兼顾的基本原则,不断提高最低生活保障制度的科学性和执行力。要运用科学方法,合理确定低保标准,确保把有限的资金真正资助到那些急需帮助的困难群众身上。要紧紧抓住完善对象认定条件、健全审核审批机制、保障群众参与监督、强化监管查处机制、加强制度有效衔接等关键环节,抓紧研究制定低保家庭大额财产的标准和条件,明确核算和评估的具体办法,建立跨部门、多层次、信息共享的救助申请家庭经济状况核对机制,进一步规范低保申请、审核、审批等工作环节,建立低保投诉举报核查制度,切实推进管理服务的规范化、精细化,为困难群众提供更好的最低生活保障服务。

前 8 个月全国规模以上工业企业利润同比下降 10.6%

国家统计局公布的数据显示,1—8 月份,全国规模以上工业企业实现利润 16747 亿元,同比下降 10.6%,降幅比 1—5 月收窄 12.3 个百分点。

1—8 月份,规模以上工业实现主营业务收入 323769 亿元,同比增长 1.6%。规模以上工业企业应交增值税 9493 亿元,同比下降 1.8%,主营业务税金及附加 5036 亿元,同比增长 36.6%。

在 39 个工业大类行业中,电力行业利润同比增长 194%,交通运输设备制造业增长 14.5%,专用设备制造业增长 7.3%,化纤行业增长 42.4%,石油加工及炼焦业由去年同期净亏损 942 亿元转为盈利 712 亿元,建材行业增长 16.3%,石油和天然气开采业利润同比下降 68.5%,钢铁行业下降 71.7%,有色金属冶炼及压延加工业下降 56.8%,化工行业下降 16.8%,电子通信设备制造业下降 25.3%,煤炭开采业下降 11.8%。

8 月末,规模以上工业应收账款 48123 亿元,同比增长 9.2%。产成品资金 22228 亿元,同比下降 0.8%。

在规模以上工业企业中,国有及国有控股企业实现利润 5045 亿元,同比下降 25.2%。集体企业实现利润 367 亿元,同比增长 0.7%;股份制企业实现利润 9046 亿元,下降 13.2%;外商及港澳台商投资企业实现利润 4776 亿元,下降 6.1%。私营企业实现利润 4399 亿元,同比增长 6.6%。

国务院副总理王岐山在中南海分别会见美国财政部副部长布雷纳德和荷兰皇家飞利浦电子公司总裁兼首席执行官万豪敦

外交部部长杨洁篪在纽约会见美国国务卿希拉里·克林顿

“友好往来 历史见证——党和国家领导人外交活动受赠礼品展”在中国国家博物馆开幕

全国农家书屋工程建设总结大会在天津举行

9 月 28 日

中共中央政治局召开会议建议中国共产党第十八次全国代表大会 11 月 8 日在北京召开

中共中央政治局 28 日召开会议,研究中国共产党第十七届中央委员会第七次全体会议和中国共产党第十八次全国代表大会筹备工作,审议中共中央纪律检查委员会向党的第十八次全国代表大会的工作报告稿。中共中央总书记胡锦涛主持会议。

会议决定,中国共产党第十七届中央委员会第七次全体会议于 2012 年 11 月 1 日在北京召开。中共中央政治局将向党的十七届七中全会建议,中国共产党第十八次全国代表大会于 2012 年 11 月 8 日在北京召开。

会议强调,中国共产党第十八次全国代表大会,是在全面建设小康社会关键时期和深化改革开放、加快转变经济发展方式攻坚时期召开的一次十分重要的大会。大会将高举中国特色社会主义伟大旗帜，以邓小平理论和“三个代表”重要思想为指导，深入贯彻落实科学发展观，认真总结过去5年的工作和党的十六大以来的实践，回顾总结党团结带领全国各族人民坚持和发展中国特色社会主义的历史进程和宝贵经验，全面审视当今世界和当代中国发展大势，全面把握我国发展新要求和人民群众新期待，科学制定适应时代要求和人民愿望的行动纲领和大政方针，对全面推进我国改革开放和社会主义现代化建设、全面推进党的建设新的伟大工程作出战略部署，进一步动员全党全国各族人民，坚定不移沿着中国特色社会主义道路前进，继续推动科学发展、促进社会和谐，继续改善人民生活、增进人民福祉，为全面建成小康社会而奋斗。

大会将选举产生新一届中央委员会和中央纪律检查委员会。

会议指出，目前大会各项筹备工作进展顺利，要继续扎实做好大会筹备工作，确保大会胜利召开。

会议同意将中共中央纪律检查委员会向党的第十八次全国代表大会的工作报告稿提交党的第十七届七中全会讨论。

会议还研究了其他事项。

中共中央决定给予薄熙来开除党籍 开除公职处分

9月28日，中共中央政治局会议审议并通过中共中央纪律检查委员会《关于薄熙来严重违纪案的审查报告》，决定给予薄熙来开除党籍、开除公职处分，对其涉嫌犯罪问题及犯罪问题线索移送司法机关依法处理。

2012年4月10日，中共中央政治局召开会议，听取了对重庆市原副市长王立军私自进入美国驻成都总领事馆滞留事件(王立军事件)调查和对薄谷开来(薄熙来之妻)涉嫌投毒杀害英国公民尼尔·伍德案件复查情况的汇报。鉴于薄熙来在王立军事件和薄谷开来涉嫌故意杀人案件中的错误和责任，且在上述两起案件(事件)调查和复查过程中还发现了薄熙来的其他违纪线索，中央决定，停止薄熙来担任的中央政治局委员、中央委员职务，并由中央纪委对其立案检查。

经查，薄熙来在担任大连市、辽宁省、商务部领导职务和中央政治局委员兼重庆市委书记期间，严重违反党的纪律，在王立军事件和薄谷开来故意杀人案件中滥用职权，犯有严重错误、负有重大责任；利用职权为他人牟利，直接和通过家人收受他人巨额贿赂；利用职权、薄谷开来利用薄熙来的职务影响为他人牟利，其家人收受他人巨额财物；与多名女性发生或保持不正当性关系；违反组织人事纪律，用人失察失误，造成严重后果。此外，调查中还发现了薄熙来其他涉嫌犯罪问题线索。薄熙来的行为造成了严重后果，极大损害了党和国家声誉，在国内外产生了非常恶劣的影响，给党和人民的事业造成了重大损失。

中共中央政治局会议决定，根据《中国共产党章程》《中国共产党纪律处分条例》的有关规定，给予薄熙来开除党籍处分，待党的十七届七中全会予以追认；根据《中华人民共和国公务员法》的有关规定，给予薄熙来开除公职处分；将薄熙来涉嫌犯罪问题及犯罪问题线索移送司法机关依法处理。

全国人大常委会委员长吴邦国在人民大会堂会见佛得角国民议会议长拉莫斯

全国政协办公厅 中共中央统战部 国务院侨办 国务院港澳办和国务院台办在人民大会堂联合举行国庆招待会

全国政协主席贾庆林，国家副主席习近平，国务院副总理李克强与来自海内外的新老朋友欢聚一堂，共同庆祝中华人民共和国成立63周年。

贾庆林在招待会上致辞。他首先代表中共中央、国务院向出席国庆招待会的各位嘉宾表示热烈欢迎，向香港特别行政区同胞、澳门特别行政区同胞、台湾同胞和海外侨胞，致以诚挚的问候和良好的祝愿。他说，63年前，中华人民共和国宣告成立，开启了中华民族发展进步的历史新纪元。63年来，中国共产党团结带领全国各族人民艰苦奋斗、顽强拼搏，创造了举世瞩目的辉煌成就，中华大地发生了翻天覆地的巨大变化。中共十六大以来，在以胡锦涛同志为总书记的中共中央坚强领导下，我们高举中国特色社会主义伟大旗帜，以邓小平理论和“三个代表”重要思想为指导，深入贯彻落实科学发展观，成功应对国内外各种重大风险和挑战，经济社会发展实现新的历史性跨越，人民生活显著改善，民族凝聚力和向心力空前增强。今天的中国欣欣向荣、蒸蒸日上，神州大地到处充满蓬勃生机和活力，中华民族正意气风发地向着伟大复兴的目标阔步前进。

贾庆林指出，香港、澳门回归祖国以来，“一国两制”实践取得举世瞩目的成功。在中央政府和祖国内地大力支持下，香港、澳门特别行政区行政长官和政府团结带领社会各界人士，锐意进取、自强不息，港澳经济平稳发展，民生不断改善，民主有序推进，社会和谐稳定。事实充分证明，“一国两制”方针是完全正确的，具有强大生命力和巨大优越性。中央政府将坚定不移地贯彻“一国两制”、“港人治港”、“澳人治澳”、高度自治方针，严格按照特别行政区基本法办事，一如既往地支持两个特别行政区行政长官和政府依法施政，深化内地与港澳各个领域的交流合作，促进港澳同胞在爱国爱港、爱国爱澳旗帜下的大团结。我们坚信，港澳同胞一定能够把两个特别行政区管理好、建设好、发展好。

贾庆林强调，实现祖国完全统一是中华儿女人心所向、两岸同胞福祉所在。近年来，两岸关系实现历史性转折，取得了一系列突破性进展和重要成果，开创了前所未有的和平发展新局面。两岸关系和平发展的理念日益深入人心，反对"台独"、认同"九二共识"的共同政治基础得以不断巩固，两岸协商谈判的丰硕成果有力推进了两岸交流的制度化进程，两岸人民和社会各界全方位、宽领域、多层次的交流格局业已形成。实践证明，两岸关系和平发展符合两岸同胞的共同愿望，符合中华民族的整体利益，符合时代发展进步的潮流，得到越来越多台湾同胞的认同和支持，也得到国际社会的普遍肯定和欢迎。当前，两岸关系和平发展由开创期进入了巩固深化的新阶段。我们将继续贯彻对台工作大政方针，牢牢把握两岸关系和平发展的主题，紧紧抓住广泛团结台湾同胞的主线，排除干扰，开拓进取，不断夯实两岸关系和平发展的政治、经济、文化和社会基础，为实现祖国和平统一创造更有利的条件。

贾庆林说，海外侨胞是推动中国发展进步的重要资源，是实现中国完全统一的重要力量，也是展示中华民族形象的重要窗口。长期以来，广大海外侨胞心系桑梓、情牵故乡，为促进中国的繁荣昌盛、推进中国的和平统一大业，为增进中国人民同世界各国人民的了解和友谊，作出了重要贡献。在新形势下，我们将全面贯彻落实中央关于侨务工作的方针政策，坚持"以人为本、为侨服务"的宗旨，广泛凝聚侨心，充分汇集侨智，积极发挥侨力，切实维护侨益，最大限度地团结海内外中华儿女，携手合作、共同奋斗，努力开创中华民族伟大复兴的光辉未来。

招待会由国务委员戴秉国主持。王刚、王兆国、王岐山、刘云山、刘延东、李源潮、韩启德、周铁农、李建国、陈昌智、严隽琪、桑国卫、梁光烈、马凯、杜青林、张梅颖、张榕明、钱运录、林文漪、罗富和、陈宗兴、王志珍等出席了招待会。

中央党政军群有关部门负责同志，各民主党派中央、全国工商联和无党派人士代表，来京参加国庆活动的港澳同胞、台湾同胞、海外侨胞，归侨、侨眷代表，科技、教育、文化、体育界知名人士等共约3500人出席国庆招待会。

政协第十一届全国委员会第五十一次主席会议在北京召开

会议决定于11月召开全国政协十一届常委会第十九次会议，建议这次常委会议的议题为学习和贯彻中国共产党第十八次全国代表大会精神。中共中央政治局常委、全国政协主席贾庆林主持会议并讲话。

会议审议通过了政协第十一届全国委员会常务委员会第十九次会议议程草案和日程，审议通过了政协第十一届全国委员会优秀提案和先进承办单位名单和有关人事事项的决定草案等文件。会议决定，将上述有关草案提请政协第十九次常委会议审议。

全国政协副主席兼秘书长钱运录，全国政协提案委员会主任李铁林，全国政协副秘书长孙怀山等分别对有关议题作了说明。

全国政协副主席王刚、杜青林、白立忱、陈奎元、阿不来提·阿不都热西提、李兆焯、董建华、张梅颖、张榕明、李金华、郑万通、邓朴方、万钢、罗富和、陈宗兴、何厚铧出席会议。

国务院副总理回良玉在北京出席第十届中国国际农产品交易会

财政部 民政部印发《城乡最低生活保障资金管理办法》并发出通知

各省、自治区、直辖市财政厅(局)、民政厅(局)，新疆生产建设兵团财务局、民政局：

为贯彻落实《国务院关于加强和改进城乡最低生活保障工作的意见》(国发〔2012〕45号)，进一步加强城乡最低生活保障资金管理，财政部、民政部制定了《城乡最低生活保障资金管理办法》。现印发你们，请遵照执行。

财政部

民政部

2012年9月28日

城乡最低生活保障资金管理办法

第一章　总　则

第一条　为进一步加强城乡最低生活保障(以下简称城乡低保)资金管理，提高资金使用效益，确保城乡困难群众基本生活，根据国家有关法律、法规和财政部专项补助资金管理有关规定，制定本办法。

第二条　本办法所称城乡低保资金是指按照国家有关规定用于保障城乡低保对象基本生活的专项资金，包括城乡低保金和城乡低保对象价格补贴、节日补贴等临时或一次性的生活补助资金。

第三条　城乡低保资金管理应遵循以下原则：

(一)预算管理科学精细。合理编制城乡低保资金预算，提高低保资金预算的科学性、完整性；加强预算执行管理，注重绩效考评，完善资金分配办法，提高预算支出的均衡性和有效性。

(二)保障标准动态调整。根据物价变动情况和经济社会发展变化适时调整城乡低保标准,切实保障低保对象基本生活。

(三)管理信息公开透明。加强低保资金管理的信息公开工作,依法公开相关政策、数据等信息,严格执行低保对象审批和资金发放的公示制度,确保补助资金用于符合条件的困难群体,实现低保对象的"应保尽保、应退尽退"。

(四)资金管理规范安全。规范城乡低保资金管理程序,健全监督机制,确保城乡低保资金专项管理、分账核算、专款专用。完善资金支付和发放管理,简化环节,提高效率,确保城乡低保资金及时足额地发放到低保对象手中。

第二章 资金筹集

第四条 城乡低保资金的筹集渠道包括各级财政预算安排的资金、社会捐赠收入等。

各级财政部门应将城乡低保资金纳入同级财政预算。同时,通过财税优惠政策,鼓励和引导社会力量提供捐赠和资助,多渠道筹集城乡低保资金。

第五条 各级民政部门应按照预算编制要求,根据低保对象人数、低保标准、补助水平和滚存结余等有关数据,认真测算下年度城乡低保资金需求报同级财政部门。经同级财政部门审核后,列入预算草案报本级人民代表大会批准。上级财政部门应按规定及时下达城乡低保补助资金预算指标,以提高下级财政部门预算编制的完整性。

各级民政、财政部门应规范城乡低保基础管理工作,加强基础数据的搜集和整理,确保相关数据的准确性和真实性,为城乡低保资金预算的编制提供可靠依据。

第六条 在年度预算执行过程中,如需调整城乡低保资金预算,应由各级民政部门根据实际情况向同级财政部门提出申请,经财政部门审核并按规定程序报批后实施。

第七条 城乡低保资金年终如有结余,可结转下一年度继续使用。城市低保资金和农村低保资金年终滚存结余一般均不得超过其当年支出总额的10%。

第八条 各级财政部门应当将城乡低保工作经费纳入财政预算,综合考虑城乡低保工作量等因素予以合理安排。基层城乡低保工作经费不足的地区,省市级财政给予适当补助。城乡低保工作经费不得从城乡低保资金中列支。

第三章 资金分配

第九条 县级以上财政部门应当会同民政部门按照公开、公平、公正的原则,采取因素分配等方法,科学合理地分配城乡低保补助资金,强化"以奖代补"机制,以加强最低生活保障管理工作。

因素分配方法主要依据城乡低保对象数量、地方财政困难程度、城乡低保资金安排情况等因素;以奖代补主要依据城乡低保资金绩效评价结果。

中央财政城乡低保补助资金重点向贫困程度深、保障任务重、工作绩效好的地区倾斜。

第十条 各级财政、民政部门应建立、健全城乡低保资金绩效评价制度,对制度实施和资金使用的效果进行评价。绩效评价的主要内容包括资金安排、预算执行、资金管理、保障措施、组织实施和实际效果等。

第十一条 中央财政应当于每年9月30日前按当年扣除一次性补助之外的城乡低保补助资金实际下达数的一定比例(不低于70%、不超过当年预算数),将下一年度城乡低保补助资金预算指标提前通知地方。中央财政提前通知地方预算指标后的剩余部分,应当在次年全国人民代表大会批准预算后90日内尽快下达。

各省级财政部门应相应建立城乡低保补助资金预算指标提前通知制度。在接到中央财政提前通知预算指标后的30日内,连同本级安排的下一年度城乡低保补助资金预算指标提前通知部分一并下达各地市县,提前通知文件同时报送财政部、民政部。

第四章 资金发放

第十二条 城乡低保资金原则上实行社会化发放,通过银行、信用社等代理金融机构,直接发放到户。

县级财政、民政部门应当以低保家庭为单位为其在代理金融机构开设专门账户,代理金融机构不得以任何形式向城乡低保对象收取账户管理费用;实行涉农资金"一卡(折)通"的地方,应当将农村低保资金纳入"一卡(折)通",统一发放。

第十三条 县级民政部门应当及时将低保对象花名册及当期发放的低保资金数额清单报同级财政部门,财政部门应当按照财政国库管理制度有关规定及时审核并支付资金。

第十四条 城乡低保金应当按月发放,于每月10日前发放到户。

个别金融服务不发达地方的农村低保金可以按季发放,于每季度初10日前发放到户。

城乡低保对象价格补贴、节日补贴等临时或一次性的生活补助资金,应当按照有关要求及时足额发放到户。

第十五条 年度终了,地方各级民政部门应按照规定认真做好城乡低保资金的清理和对账工作,并按要求向同级财政部门报送城乡低保资金年度执行情况及相关说明。

第五章　监督检查

第十六条　各级财政、民政部门和经办人员应严格按规定使用城乡低保资金，不得擅自扩大支出范围，不得以任何形式挤占、截留、滞留和挪用，不得向低保对象收取任何管理费用。对违规使用低保资金的，按有关规定严肃处理。

各级财政、民政部门应当建立、健全财务管理制度，健全城乡低保资金发放台账，做好与金融机构的定期对账工作。

第十七条　各级财政、民政部门应建立、健全城乡低保资金信息公开制度，对资金的管理办法、分配因素和使用情况等，积极主动向社会公开并接受监督。

第十八条　各级财政、民政部门应建立、健全对资金安排、预算执行、资金管理、保障措施、组织实施和实际效果等的资金监督检查制度，定期或不定期地进行检查，及时发现和纠正有关问题。

财政部驻各地财政监察专员办事处在规定的职权范围内，依法对城乡低保资金的使用管理进行监督检查。

第十九条　各级财政、民政部门应自觉接受审计、监察等部门和社会的监督。

第六章　附　则

第二十条　各省、自治区、直辖市财政、民政部门应参照本办法，结合当地实际，及时制定本行政区域城乡低保资金管理办法。

第二十一条　本办法自公布之日30日后起实施。

第二十二条　本办法由财政部、民政部负责解释。

“海洋六号”科学考察船完成科考任务回国

“海洋六号”科学考察船顺利完成中国大洋第27次科学考察任务，今天上午抵达广州。此次科考取得了在西太平洋海域初步圈定4个成矿富集区等多项成果。

外文出版社成立60周年座谈会在北京举行

60年来，外文出版社用43种文字翻译出版了3万多种图书，受众覆盖世界160多个国家和地区，成为世界了解中国的重要窗口。

9月29日

国务院在人民大会堂举行国庆招待会庆祝中华人民共和国成立63周年

胡锦涛、吴邦国、温家宝、贾庆林、李长春、习近平、李克强、贺国强等党和国家领导人与1200多名中外人士欢聚一堂，共庆佳节。

国务院总理温家宝发表讲话。他代表中共中央、国务院，向全国各族人民致以节日的祝贺；向港澳同胞、台湾同胞和海外侨胞致以亲切的问候；向关心、支持中国现代化建设的国际友人表示诚挚的感谢。

温家宝指出，今年，中国改革开放和现代化建设又取得新成绩。在国际形势复杂多变、面临困难明显增多的情况下，我们按照稳中求进的工作总基调，加强和改善宏观调控、把稳增长放在更加重要的位置，保持了经济平稳较快发展，城镇新增就业持续增加，居民收入明显增长，城乡居民基本养老、基本医疗制度初步实现全覆盖，社会保持和谐稳定。

温家宝表示，在成绩面前，我们要时刻保持清醒头脑。要把中国建设成为富强民主文明和谐的社会主义现代化国家，还要走很长的路。面向未来，我们信心满怀。中国的发展仍然处于重要战略机遇期，改革开放的伟大力量和中华民族自强不息的伟大精神，将推动中国走向更加光明的未来。我们要坚定不移地推进经济、政治、文化、社会等各方面的体制改革，坚持对外开放的基本国策，进一步解放和发展生产力，发展社会主义民主法治，维护社会公平正义，提高国民素质和道德水准，实现人的自由和全面发展。任何困难都阻挡不了我们前进的步伐。

温家宝说，我们将继续坚持“一国两制”、“港人治港”、“澳人治澳”、高度自治的方针，与广大港澳同胞一道，共同维护香港、澳门的长期繁荣稳定；继续推进两岸和平发展，携手广大台湾同胞，共同推进祖国和平统一大业。我们将奉行独立自主的和平外交政策，坚决维护国家主权和领土完整；与各国人民携手努力，建设持久和平、共同繁荣的和谐世界。

温家宝强调，中国共产党第十八次代表大会即将召开。这是一次承前启后、继往开来的重要会议。我们将始终不渝地坚持党的基本路线，坚定不移地走中国特色社会主义道路。让我们更加紧密地团结在以胡锦涛同志为总书记的党中央周围，高举中国特色社会主义伟大旗帜，以邓小平理论和“三个代表”重要思想为指导，深入贯彻落实科学发展观，为国家强盛和民族复兴而努力奋斗。

欢快的乐曲声中，中外宾朋举杯共贺新中国成立63周年，共祝中国繁荣富强、人民幸福安康、世界和平发展。

招待会由国务委员兼国务院秘书长马凯主持。

中央和国家机关有关部门负责人，解放军和武警部队负责人，各民主党派、全国工商联负责人和无党派人士代表，各人民团体负责人，北京市负责人，在京的部分香港特区人士、澳门特区人士、台湾同胞和华人华侨代表，在华访问的部分外宾、国际知名人士、著名友好人士，各国驻华使节、各国际组织驻华代表、部分外国专家和配偶，出席了招待会。

国务院总理温家宝在人民大会堂会见荣获2012年度中国政府友谊奖的外国专家

温家宝代表中国政府和人民向获奖外国专家表示热烈的祝贺，对他们为中国经济发展和社会进步作出的突出贡献表示感谢，并向在华工作的全体外国专家和国际友人及其亲属表示问候。

温家宝说，积极引进国外智力和人才，是中国改革开放政策的重要组成部分。近十年来，中国引进国外智力工作成效显著：聘请外国专家数量逐年增多，服务管理水平不断提高，创新创业环境不断改善，国际合作领域日益扩大。中国引进国外智力事业已深入各行各业，不仅造福于中国人民，也为世界各国与中国的人才、智力合作交流提供了更多的机遇。我们真诚欢迎外国专家和优秀人才以各种方式参与中国的现代化建设，将一如既往地支持他们来中国创业和发展。我们将进一步完善有关政策法规，改善来华外国专家的工作条件和生活条件，依法保护外国专家的合法权益，使外国专家在中国能够发挥专长，开拓事业，实现人生理想。

中国政府"友谊奖"是为在经济建设和社会发展中作出突出贡献的外国专家设立的。本年度获得中国政府"友谊奖"的50名外国专家来自22个国家。自1991年以来，共有来自65个国家的1249名外国专家获得中国政府"友谊奖"。

国务委员兼国务院秘书长马凯参加会见。

中共中央政治局常委李长春在经济日报社调研

李长春强调，经济建设是党和国家中心工作，经济宣传是新闻媒体围绕中心、服务大局的重要职责。他希望经济日报始终坚持用科学发展观统领经济宣传，坚持新闻立报、特色立报、深度立报、服务立报，把思想性指导性与可读性趣味性结合起来，以改革创新精神做好经济宣传，进一步办出特色、办出水平，加快建设高端权威、国内一流、国际知名的财经大报，努力成为党中央、国务院指导全国经济工作的重要宣传阵地、企业获取经济信息的重要渠道、国际社会观察中国经济形势的重要窗口、人民群众参与经济生活的良师益友。

中共中央政治局委员、中央书记处书记、中宣部部长刘云山一同调研。

全国人大常委会代表资格审查委员会将就重庆市人大常委会罢免薄熙来全国人大代表职务向全国人大常委会提出报告

《人民日报》报道：9月28日，全国人大常委会代表资格审查委员会收到重庆市人大常委会关于罢免薄熙来第十一届全国人民代表大会代表职务的决议的报告。全国人大常委会代表资格审查委员会将依法提出报告提请全国人大常委会予以审议并公告。

另悉，28日，重庆市渝中区人大常委会依法罢免薄熙来的重庆市第三届人民代表大会代表职务。

国务院副总理李克强在人民大会堂会见法国总统外事顾问燕保罗

李克强首先转达了胡锦涛主席等中方领导人对奥朗德总统等法方领导人的问候。他说，中法都是世界重要国家，有广泛的共同利益与合作基础，在世界格局调整、全球经济复苏艰难的情况下，中法加强合作，推动全面战略伙伴关系取得新进展，具有超越双边的意义。双方应始终以长远眼光看待两国关系，尊重彼此核心利益和重大关切，扩大在国际事务中的共识与协调，深化高科技、卫生、城镇化等方面务实合作特别是大项目合作，推动双边贸易向动态平衡方向发展。

李克强指出，欧洲是世界重要一极，第十五次中欧领导人会晤重申了中欧关系的全球性、战略性。中方乐见欧洲稳定机制条约近日已正式生效，将继续多渠道参与解决欧债问题。希望法方在欧盟内发挥自身影响，促进中欧关系不断发展。

燕保罗表示法国新政府高度重视发展法中关系，愿本着相互尊重的原则，拓展同中方各领域交往与合作，积极参与欧中框架下的合作，促进法中、欧中关系提升到更高水平。

国务委员戴秉国会见时在座。

我国成功发射委内瑞拉遥感卫星一号

12时12分，我国为委内瑞拉发射的遥感卫星一号在酒泉卫星发射中心升空。这是我国首次向国际用户提供遥感卫星整星出口和在轨交付服务。

由我国自主设计建造的中国目前最先进的海洋科学综合考察船——"科学"号在青岛正式交付使用

"科学"号海洋科学综合考察船于2010年开工建设，总投资5.5亿元人民币，核定总吨位4711吨，总长99.80米，型宽17.80米，型深8.90米；续航力15000海里，自持力60天，最大航速15节，载员80人。据了解，"科学"号具备全球航行观测能力，采用了多项国际先进的船舶技术，能够满足现代海洋科学多学科交叉研究需求。

财政部 教育部印发《研究生国家奖学金管理暂行办法》

根据《国家中长期教育改革和发展规划纲要

(2010—2020年)》有关精神,财政部、教育部制定了《研究生国家奖学金管理暂行办法》,以发展中国特色研究生教育,促进研究生培养机制改革,提高研究生培养质量。

三沙市启动岛际交通道路供排水等四项规划的设计编排工作

海南三沙市正式启动海南岛至永兴岛及西沙岛际交通、永兴岛道路及供排水等四项规划的设计编制工作,以全面加快三沙市的开发建设。

9月30日

外交部发言人批驳日本政客涉钓鱼岛错误言论

外交部发言人洪磊在回答媒体提问时说,日本政客前原诚司发表的涉及钓鱼岛的言论是"非常错误的"。

日本民主党前政调会长前原诚司29日称,中方指责日本窃取钓鱼岛是"歪曲事实"。

洪磊表示,日本国内总有些人甚至包括个别政客,不敢正视历史,试图逃避历史。如此看来,前原发表这样的言论就不令人奇怪了。

他说,钓鱼岛及其附属岛屿属中国固有领土的历史事实是清楚的。日本1884年才声称首次发现钓鱼岛,而早在此前的近500年前钓鱼岛就已经被置于中国的管辖之下。根据日本外务省编纂的《日本外交文书》记载,日本在1895年窃取钓鱼岛之前完全清楚这些岛屿属于中国。1951年日本同美国等国家片面签订"旧金山和约",将北纬29度以南的西南诸岛交由美国托管,其中并未包括钓鱼岛及其附属岛屿,之后美方擅自扩大托管范围,将钓鱼岛裹挟划入其中。中国政府对此坚决反对。1971年美国同日本签订"归还冲绳协定",将钓鱼岛连同琉球群岛"归还"日本,引起中国政府和人民强烈反对,美国政府不得不澄清其在钓鱼岛主权归属问题上的立场,表示只是把钓鱼岛的施政权交给日本,不损害该岛的主权主张。

他说,1972年中日邦交正常化谈判和1978年中日缔结友好条约谈判时,日本国内也有些人极力否认钓鱼岛主权争议。但无论是当时的有关历史档案还是新闻报道,都清楚地表明,钓鱼岛主权争议是客观存在的事实,两国领导人就钓鱼岛问题达成了"放一放、留待以后解决"的谅解和共识。

他说,今年9月10日,日本政府悍然作出"购买"钓鱼岛的错误决定,严重侵犯了中国领土主权,激起了全中国人民强烈义愤,也严重损害了中日关系。中方强烈敦促日方正视钓鱼岛争议事实,认识到当前事态的严重性,立即采取措施纠正错误,同中方一道通过对话谈判解决问题。

洪磊说,中方一贯高度重视发展中日关系。邦交正常化40年来,中日各领域交流合作取得长足发展,给两国和两国人民带来了巨大利益。这一局面来之不易,应倍加珍惜。希望日本各界有识之士从两国关系大局出发,采取积极行动,推动克服目前的困难,使两国关系回到正常发展轨道。

王忠诚逝世

中国工程院院士、天坛医院名誉院长、北京市神经外科研究所所长王忠诚,因病医治无效,于2012年9月30日逝世,享年87岁。

王忠诚是我国神经外科事业的开拓者和创始人之一,是世界著名神经外科专家。他带领中国神经外科从无到有,从小到大,直至步入国际先进行列。

10月1日

党和国家领导人胡锦涛 吴邦国 温家宝 贾庆林 李长春 习近平 李克强 贺国强等在天安门广场同首都各界代表一起向人民英雄纪念碑敬献花篮

今天是中华人民共和国成立63周年纪念日。上午，党和国家领导人胡锦涛、吴邦国、温家宝、贾庆林、李长春、习近平、李克强、贺国强等来到北京天安门广场，与首都各界代表一起，向人民英雄纪念碑敬献花篮，深切缅怀为民族独立和人民解放、国家富强和人民幸福英勇献身的革命先烈，充分表明全党全国各族人民继承先烈遗志、奋力推进中国特色社会主义伟大事业的坚定信念。

天安门广场上，五星红旗高高飘扬，人民英雄纪念碑巍然矗立，两块超宽电子屏上“热烈庆祝中华人民共和国成立六十三周年”、“坚定不移沿着中国特色社会主义道路前进”的标语十分醒目。广场中央是以“祝福祖国”为主题的立体花坛，红黄两色鲜花组成的祥云图案环抱一个高达15米的巨型花篮，表达出全国各族人民祝愿伟大祖国繁荣富强的共同心声。

今年是我国发展进程中具有特殊重要意义的一年。今年以来，以胡锦涛同志为总书记的党中央高举中国特色社会主义伟大旗帜，以邓小平理论和“三个代表”重要思想为指导，深入贯彻落实科学发展观，团结带领全党全国各族人民，牢牢把握稳中求进的工作总基调，奋发进取，攻坚克难，全面推进社会主义经济建设、政治建设、文化建设、社会建设以及生态文明建设和党的建设，以改革开放和社会主义现代化建设新的辉煌成就，迎接党的十八大胜利召开。

首都各界代表3600多人从四面八方聚集到天安门广场，面向人民英雄纪念碑排成10个整齐的方阵。在他们身后，近1700名青年手持彩旗组成壮观的旗阵。

10时整，敬献花篮仪式开始。30名陆海空三军礼兵迈着铿锵有力的步伐，分两列行进到纪念碑前持枪伫立。

全场肃立，向为中国人民解放事业和共和国建设事业英勇献身的烈士们默哀。

伴随着深情的《献花曲》，18名礼兵抬起9个花篮，正步走向人民英雄纪念碑，将花篮摆放到纪念碑基座上。

首都各界代表依次登上纪念碑基座。从功勋卓著的老战士、老同志，到天真烂漫的少先队员；从各条战线的劳动模范、先进人物，到基层一线的工人、农民和大中学校师生；从英姿飒爽的人民解放军和武警部队官兵，到身着节日盛装的少数民族群众……大家崇敬地瞻仰人民英雄纪念碑，深切地追思革命先烈的丰功伟绩，坚定地表示要紧密团结在以胡锦涛同志为总书记的党中央周围，为全面建成小康社会、实现中华民族伟大复兴而不懈奋斗。

《人民日报》发表社论《奋进在充满希望的中国道路上——庆祝中华人民共和国成立63周年》

2012，是不同寻常的一年。在机遇、挑战交织而来的时代征程中，社会主义中国前行的步伐格外坚定。应对蔓延深化的国际金融危机加快转变经济发展方式，面对复杂多变的国际形势坚决维护国家主权和社会稳定，重点领域和关键环节一系列改革稳步推进，“神九”飞天、“蛟龙”探海等重大创新任务顺利完成……伟大的共和国以攻坚克难、奋勇前进的自信迎来第六十三个华诞，全国人民满怀信心迎接党的十八大胜利召开。

这荡气回肠、令人振奋的一年，何尝不是中国发展历程的缩影？回顾党的十六大以来的10年，我们走过了很不寻常的道路，国际形势风云变幻，国内改革发展稳定任务繁重。在以胡锦涛同志为总书记的党中央坚强领导下，全国各族人民紧紧抓住和用好我国发展的重要战略机遇期，坚持解放思想，深化改革开放，推动科学发展，促进社会和谐，办成办好办妥了一系列大事、喜事、难事，奋力把中国特色社会主义事业推进到一个新的发展阶段。

站在新的历史起点，我们为伟大祖国取得的巨大进步无比自豪。十年间，中国经济年均增长10.7%，跻身世界第二大经济体；城镇化率首次突破50%，进入了以城市型社会为主体的新时代；编织起世界上最大的社会保障网，构建了社会保障新格局；城镇和农村居民收入增长1.8倍，迎来了生活水平的新提升。跨越十年征程，国家实力空前增强，社会民生显著改善，社会主义中国在现代化道路上创造了前所未有的辉煌。一百多年来无数中国人前赴后继、不懈追求的民族复兴梦想，正从东方的地平线大踏步向我们走来。

回顾十年奋斗历程，科学发展开创全新局面。从提出以人为本的科学发展观，到构建社会主义和谐社会，从加快转变经济发展方式到建设创新型国家，从构建社会主义核心价值体系到建设社会主义文化强国，发展理念的变化带来实践的巨大跨越。在社会主义现代化建设的关键时期，坚持以经济建设为中心这个兴国之要，奋力开启科学发展的新时代，社会主义中国有力地回答了实现什么样的发展、怎样实现发展的时代命题，构建了经济、政治、文化、社会建设四位一体的发展格局。波澜壮阔的伟大实践,使中国特色社会主义道路越走越宽广。

回顾十年社会进步,改革开放提供强大动力。从完善社会主义市场经济体制,到形成中国特色社会主义法律体系,从深化行政体制改革、加强和创新社会管理,到文化体制改革取得历史性突破,改革的不断深入推动着制度文明的创新发展。在改革的攻坚期,以解放思想作为强大思想武器,以改革开放作为强大动力,社会主义中国不断在制度建设和创新方面迈出新步伐,不断在重点领域和关键环节取得新进展,中国特色社会主义制度在自我完善、战胜挑战中展现出巨大生机活力和新的优势。

十年奋进,十年辉煌。十年的历史性成就和进步再一次雄辩地证明,中国特色社会主义是当代中国发展进步的旗帜,中国特色社会主义道路是实现社会主义现代化、创造人民美好生活的必由之路。全面审视当今世界和当代中国发展大势,全面把握我国发展新要求和人民群众新期待,中国的现代化事业处在重要历史节点上。只有抓住机遇、乘势而上,才能为全面建成小康社会打下具有决定性意义的基础,进而到本世纪中叶基本实现社会主义现代化。

党的十八大召开在即。这次大会将对党和国家各项事业作出全面部署,进一步明确今后一个时期的发展目标和宏伟蓝图,必将对中国现代化进程产生重大而深远的影响,必将有力地推动中国特色社会主义事业继续前进。让我们携起手来,紧密团结在以胡锦涛同志为总书记的党中央周围,以邓小平理论和"三个代表"重要思想为指导,深入贯彻落实科学发展观,沿着充满希望的中国道路奋勇前进,以优异成绩迎接党的十八大胜利召开,以扎实奋斗迎来伟大祖国更加美好的明天。

中共中央国务院中央军委作出给景海鹏颁发"二级航天功勋奖章"授予刘旺刘洋"英雄航天员"荣誉称号颁发"三级航天功勋奖章"的决定

2012年6月16日,我国航天员景海鹏、刘旺、刘洋同志驾乘"神舟"九号载人飞船成功进入太空,在顺利完成与"天宫一号"目标飞行器自动交会对接和手控交会对接,并进入"天宫一号"圆满完成一系列科学实验后,于6月29日安全返回地面。这次载人交会对接任务的圆满成功,实现了我国空间交会对接技术的又一次重大突破,标志着我国载人航天工程第二步战略目标取得了具有决定性意义的重要进展。这是建设创新型国家取得的新成就,是中国人民在攀登世界科技高峰征程上铸就的新辉煌,是中华民族为人类探索利用外层空间作出的又一卓越贡献,对于增强我国综合国力、振奋民族精神,鼓舞和激励全国各族人民奋力夺取全面建成小康社会新胜利、不断开创中国特色社会主义事业新局面,具有重大而深远的意义。

"天宫一号"与"神舟"九号载人交会对接任务的圆满完成,凝聚着广大科技工作者、航天员、干部职工和解放军指战员的心血和智慧,景海鹏、刘旺、刘洋就是其中的杰出代表。他们忠诚使命、不畏艰险,刻苦训练、勇挑重担,沉着果敢、精心操作,团结一心、密切配合,出色完成了各项任务,建立了卓著功勋。为表彰景海鹏、刘旺、刘洋同志作出的卓越贡献,中共中央、国务院、中央军委决定,给景海鹏同志颁发"二级航天功勋奖章",授予刘旺、刘洋同志"英雄航天员"荣誉称号并颁发"三级航天功勋奖章"。

中央号召,全党全军全国各族人民要以景海鹏、刘旺、刘洋同志为榜样,学习他们忠诚于党、矢志报国的坚定信念,学习他们不畏艰险、敢为人先的探索精神,学习他们严谨细致、精益求精的科学作风,学习他们勇攀高峰、争创一流的顽强斗志,努力在本职岗位上建功立业。

让我们紧密团结在以胡锦涛同志为总书记的党中央周围,高举中国特色社会主义伟大旗帜,以邓小平理论和"三个代表"重要思想为指导,深入贯彻落实科学发展观,大力弘扬"两弹一星"精神和载人航天精神,自强不息、团结拼搏,开拓创新、扎实工作,不断创造新的业绩,为加快推进改革开放和社会主义现代化、为实现中华民族伟大复兴而不懈奋斗!

国务院发出《关于开展第一次全国可移动文物普查的通知》

通知指出:可移动文物普查是继第三次全国文物普查(不可移动文物部分)之后在文化遗产领域开展的国情国力调查,是确保国家文化安全、保障人民群众基本文化权益的重要措施,是健全国家文物保护体系的重要基础工作。可移动文物普查是通过国家统一组织、由专业部门采用现代信息手段集中调查统计的方式,对可移动文物进行调查、认定和登记,掌握可移动文物现状等基本信息,为科学制定保护政策和规划提供依据。开展可移动文物普查,将有利于掌握和科学评价我国文物资源情况和价值,健全文物登录备案机制和文物保护体系,加大文物保护力度、扩大保护范围,保障文物安全,并将进一步促进文物资源整合利用,丰富公共文化服务内容,有效发挥文物在国民经济和社会发展总体布局中的积极作用。

此次普查从2012年10月开始,到2016年12月结束。

《中国边民与毗邻国边民婚姻登记办法》今起施行

办法规定，中国边民与毗邻国边民在中国边境地区结婚，男女双方应当共同到中国一方当事人常住户口所在地的婚姻登记机关办理结婚登记。

香港南丫岛发生撞船事故造成37人死亡

10月2日

国家主席胡锦涛 国务院总理温家宝 国家副主席习近平等中央领导同志关心香港撞船事故

10月1日晚，香港电灯有限公司租用的一艘渡船在香港南丫岛榕树湾附近与港九小轮控股有限公司的一艘渡船相撞，导致其中一艘渡船沉没，造成37人遇难、100多人受伤。

事故发生后，中央领导同志非常关心。胡锦涛、温家宝、习近平同志专门打电话了解有关情况，并作出重要批示，指示香港特别行政区政府全力做好失踪人员搜救、受伤人员救治及其家属的抚慰等工作，要求国务院港澳事务办公室、中央人民政府驻香港联络办公室、交通运输部及其海上搜救中心等部门全力配合香港特别行政区政府做好有关工作，提供所需的一切协助。胡锦涛、温家宝、习近平同志还请有关方面向此次事故中的遇难者家属和受伤人员表示亲切慰问。

联合国粮食及农业组织在人民大会堂向国务院总理温家宝颁发"农民"奖章

在颁奖仪式上，联合国粮农组织总干事达席尔瓦先生说，中国仅用占全球9%的耕地和6%的淡水养活了占全球21%的人口。过去9年中，中国的粮食生产保持稳定增长态势，很多农产品的产量位居世界第一。这不仅仅是中国的骄人成绩，也是对世界粮食安全作出的巨大贡献。他充分肯定中国政府把"三农"作为全部工作的重中之重、坚持发展粮食生产、努力消除贫困，相信中国将通过改革和创新，建设一个更加美好的未来。

温家宝总理在致答词时说，联合国粮农组织把"农民"奖章授予我，这不仅是授予我个人的荣誉，更是代表着国际社会对中国农业和农村发展成就的充分肯定和高度褒奖。中国粮食已连续9年增产，今年产量比9年前的2003年提高约1.5亿吨。这不仅有力地保障了中国经济社会的发展和人民生活的改善，也对全球粮食安全作出了重大贡献。在中国农业的快速发展中，农村民生得到明显改善。

温家宝说，中国农业和农村发展的成就，来自于开创中国伟大改革事业先河的农村改革，来自于坚持把农业放在国民经济首位的正确思想，来自于实行"以工促农、以城带乡"的方针，来自于切实维护农民的权益、尊重农民追求美好生活的意愿，充分调动了农民发展生产、建设新农村的积极性，同时，也离不开积极广泛地开展国际交流与合作。

联合国粮农组织是联合国系统最大的、最有影响的国际粮农机构，现有191个成员国、1个成员组织和2个准成员。设立于1977年的"农民"奖章，是该组织最高荣誉，旨在表彰在促进粮食生产、消除贫困等方面作出重要贡献的各国领导人。

10月3日

9月份我国非制造业商务活动指数为53.7%

新华社报道：国家统计局服务业调查中心、中国物流与采购联合会3日发布报告，9月份中国非制造业商务活动指数为53.7%，比上月回落2.6个百分点，继续位于临界点50%以上。

分行业情况看，9月份建筑业商务活动指数为58.0%，比上月回落3.1个百分点，表明建筑业生产增速放缓；服务业商务活动指数为52.6%，回落2.5个百分点。

新订单指数继续回落，9月份比上月回落0.9个百分点至51.8%，表明非制造业市场需求保持增长，但增速放缓；业务活动预期指数有所回落，9月份比上月回落2.3个百分点至60.9%，表明对未来经营预期持乐观态度的企业比例有所下降，但仍位于较高景气区间。

第六届吴玉章人文社会科学奖在北京揭晓

本次评选首次设立"吴玉章人文社会科学终身成就奖"，旨在表彰在人文科学、社会科学领域作出卓越贡献的学者，著名人口学家、中国人民大学荣誉一级教授邬沧萍，著名国学家、中国人民大学国学院名誉院长冯其庸，著名哲学家、北京大学教授汤一介获得该奖。

"吴玉章人文社会科学奖"以我国杰出的革命家、教育家、历史学家和语言文字学家，中国人民大学首任校长吴玉章的名字命名。吴玉章基金会面向教育界、人文社会科学界设立人文社会科学奖，

10月4日

中宣部部长刘云山在新疆调研

刘云山先后到乌鲁木齐、伊犁等地，考察了一些村镇、社区、企业、团场和宣传文化单位，同基层干部群众进行交流，对新疆经济社会发展和宣传思想文化工作给予充分肯定。他指出，召开党的十八大是全党全国

各族人民政治生活中的一件大事,为党的十八大召开营造良好思想文化氛围是当前宣传思想文化工作的重要任务。要以高度的政治责任感、以扎实有力的措施推进各项工作,进一步兴起宣传教育热潮,形成喜庆热烈的文化环境。

刘云山强调,迎接党的十八大宣传文化活动,要体现群众性,热在基层、热在群众。要坚持用群众感受说话、用鲜活事例说话、用城乡基层的发展变化说话,展示科学发展给经济社会带来的历史性进步,展示党和政府改善民生给各族人民带来的福祉,引导人们充分认识我国发展道路的独特优势和光明前景。要丰富载体手段,组织进行有声有色的宣传报道,切实抓好群众性文化活动,广泛开展讲文明树新风活动,努力扩大宣传文化工作的覆盖面、影响力。要充分发挥基层党组织、基层宣传文化阵地的作用,用好各地文化资源、体现各民族文化特色,以文化人、寓教于乐,让各族群众在广泛参与中受到鼓舞、受到教育,以做好本职工作的实际行动迎接党的十八大胜利召开。

刘洋获"全国三八红旗手标兵"称号

《人民日报》报道:全国妇联近日下发表彰决定,授予在我国"天宫一号"与"神舟"九号载人交会对接任务中作出突出贡献的女航天员刘洋"全国三八红旗手标兵"荣誉称号。

决定指出,女航天员登上太空,是我国航天事业发展的标志性事件,也是我国妇女发展史上的一件大事。刘洋作为我国首位登上太空的女航天员,以坚定的意志、沉着的心态、精湛的技术圆满完成了各项任务,为我国航天事业的发展作出了重大贡献,实现了中华女性孜孜以求的飞天梦想,展示了当代中国妇女的时代风采。

10月5日

国务院总理温家宝在云南彝良山体滑坡现场慰问受灾群众并部署灾后重建工作

9月7日,云南彝良连续发生5.6级、5.7级地震,温家宝连夜赶赴灾区指导救灾。9月10日至11日,震区又遭受特大暴雨。受连续阴雨天气影响,10月4日8时10分许,彝良县龙海乡镇河村油房村民小组发生重大山体滑坡,约5万立方米滑坡体倾泻而下,顷刻间淹没了山脚下的田头小学,18名学生和1名村民遇难。滑坡体阻断了村边的油房河,形成宽约15米、深约7米的堰塞湖。灾害发生后,温家宝当即作出批示,要求全力抢救被压埋的学生和村民,防止发生次生灾害。

温家宝指出,这次滑坡灾害警示我们,在山大谷深、地质条件复杂、环境恶劣的地方,一定要认真做好各种灾害的预防工作,要一个地方一个地方调查排险,不能有半点疏忽大意。对涉及群众安全特别是孩子们安全的事情,一定要非常认真、非常仔细,把工作做深入、做到位。

温家宝仔细察看了灾害现场,听取了地质专家关于灾害原因和滑坡抢险处置情况汇报。他说,乌蒙山区自然条件恶劣,地质构造复杂。这次山体滑坡就发生在大滚石、砾石、泥土堆积形成的破碎带上。一次地震以后,在几个月甚至一年后都还可能引发地质灾害。要扩大地质灾害的普查范围,安全防范措施要更加细致。特别是对于学校和孩子们的安全,一点都不能放松。

温家宝看望了正在参加抢险救灾的解放军、武警、公安民警和消防官兵。他说,哪里有困难,哪里就有解放军。为了孩子们,为了受灾群众,你们长途跋涉,第一时间赶到这里,感谢你们辛劳的付出。

温家宝站在半山腰对村民们说,我们正在进行抢险救灾和恢复重建工作。各级政府要深刻汲取教训,把学校和孩子们的安全放在第一位,做好恢复重建工作,这样才能对得起遇难的孩子们。希望你们特别是孩子们能够生活得更好。

温家宝强调,当前,特别要把学校安全作为防范次生灾害的重中之重,既要创造条件复课,更要确保师生安全,复课要以安全为前提。一要全面排查灾区学校周边的山体崩塌、滑坡、泥石流等安全隐患,发现问题尽快处置,及时消除隐患;二要组织力量对校舍安全状况全面评估鉴定,存在安全隐患的,要尽快修复加固,完成前不得使用;三要对前期已经完成加固的校舍进行再检查,确保安全;四要科学确定简易校舍选址,远离灾害危险区;五要定期组织开展演练,提高师生的安全意识和防范能力。

6日一大早,温家宝赶到彝良县洛泽河镇的虎丘村受灾群众的帐篷安置点。这里安置了630多名各族群众。温家宝先后察看了村民临时居住的帐篷、饮用水取水点、食堂等,详细了解他们吃饭、保暖、就医、生产恢复和住房重建等情况。他说,党和政府时刻关心着你们,你们的困难就是我们的困难。天气越来越冷了,因为安全的原因,大家还不能回家,甚至还要在这里过冬。他指着安置点一旁张贴的标语"灾区人民手牵手,大难面前不低头"说,越是在困难时期,越是需要大家的相互帮助,我们一定能克服困难!

10月6日

国务院总理温家宝在贵州毕节考察

温家宝10月6日至7日来到贵州省毕节市考察。

他先后到威宁彝族回族苗族自治县、赫章县、七星关区、大方县、黔西县，深入乡村、社区、工厂企业，就加快扶贫开发、生态建设、结构调整，推动经济社会又好又快发展进行调研。

温家宝说，贵州尽快实现富裕，是西部和欠发达地区与全国缩小差距的一个重要象征，是国家兴旺发达的一个重要标志。我们一定要把贵州发展好，也一定能把贵州发展好。做好贵州的工作，关键是要坚定信心、艰苦奋斗、攻坚克难、永不退缩。贵州的明天会更美好。

温家宝在毕节听取了贵州省委省政府的工作汇报，对近年来贵州省经济社会发展取得的成绩给予充分肯定。他说，近年来，中央出台了一系列有利于贵州发展的政策措施。希望贵州牢牢抓住难得的历史机遇，着力解决贫困落后这一突出问题，逐步缩小与其他地区的差距，努力实现经济社会发展的历史性跨越，与全国同步全面建成小康社会。

李旭阁逝世

第二炮兵原司令员李旭阁同志，因病医治无效，于2012年10月6日在北京逝世，享年85岁。

李旭阁是河北省滦南县人，1943年参加革命，同年参加八路军，1944年加入中国共产党。抗日战争时期，他历任文化教员、特务团副官等职，参加了反“扫荡”等战役战斗。解放战争时期，他历任参谋、股长、副科长、团副参谋长等职，参加了三河、通县、丰润、冀东地区交通破击战、巴克什营、平津、太原、兰州等战役战斗。新中国成立后，他历任团参谋长、科长、副处长、军委作战部防空处参谋、总参谋部作战部空军处技术组组长、国家核试验委员会办公室主任、师长、总参谋部作战部副部长、第二炮兵副司令员等职，参加了贺兰山剿匪和抗美援朝，为部队革命化、现代化、正规化建设作出了贡献。

李旭阁是中国共产党第十三届中央委员，中国共产党第十三次、十四次全国代表大会代表，第八届全国人大常委会委员。他1988年被授予中将军衔，曾获三级解放勋章、独立功勋荣誉章。

10月7日

中央纪委书记贺国强在北京出席中央反腐败协调小组第二十二次会议并讲话

贺国强指出，党的十七大以来，在党中央、国务院正确领导下，各级党委、政府和纪检监察机关坚决贯彻中央关于反腐倡廉的重大决策部署，积极进取，扎实工作，反腐倡廉建设取得新进展新成效。在各方面特别是中央反腐败协调小组各成员单位的共同努力下，查办案件工作力度不断加大、领域不断拓展、质量和水平明显提高、治本功能有效发挥、领导体制和工作机制进一步完善，取得了新的成绩，积累了新的经验。一是坚持把查办案件工作摆在突出位置来抓，保持了惩治腐败的强劲势头，对腐败分子不管涉及谁，坚决查处，决不姑息、决不手软，决不让任何腐败分子逃脱党纪国法的惩处。据统计，从2007年11月至2012年6月，全国纪检监察机关共立案64万多件，结案63万多件，给予党纪政纪处分66万多人，涉嫌犯罪移送司法机关处理2.4万多人，坚决查处了薄熙来、刘志军、许宗衡等一批重大违纪违法案件。二是坚持围绕党和国家中心任务开展查办案件工作，保证了中央重大决策部署的贯彻落实。三是坚持把查办案件与专项治理等工作紧密结合，推动解决了一批反腐倡廉建设中人民群众反映强烈的突出问题，着力解决发生在群众身边的腐败问题。四是坚持把加大办案力度与依纪依法、安全文明办案有机统一，促进了办案工作制度化和规范化。五是坚持把查办案件和发挥治本功能密切衔接，增强了惩治和预防腐败的综合效应。六是坚持以改革创新精神推进查办案件工作，提高了办案工作科学化水平。

贺国强强调，查办案件是推进反腐败斗争的一个重要手段，也是伴随反腐倡廉建设始终的一项长期任务。我们要进一步搞好经验总结，加大工作力度，推进改革创新，抓好工作落实，努力提高查办案件工作的科学化水平，不断以反腐倡廉建设新成效取信于民。

商务部公布最新数据显示国庆长假节日市场繁荣活跃

9月30日至10月7日，全国重点监测零售和餐饮企业销售额约8006亿元，比2011年国庆期间增长15%左右。

林若逝世

中共广东省委原书记、省人大常委会原主任、省军区党委原第一书记林若同志因病医治无效，于2012年10月7日在广州逝世，享年89岁。

林若1924年10月出生，广东潮安人。1945年5月加入中国共产党，同年7月考入中山大学文学院。1947年到东江游击区工作，任粤赣湘边纵队二支队政治指导员、教导员、团政治处主任。1950年3月后，任中共广东省珠江地委政研室城市组组长，中山县土改工作队队长，东莞县五区土改工作队队长、区工委书记、县委宣传部部长，县委副书记、书记，湛江地委第一副书记。“文化大革命”中受到迫害。1971年2月后，任湛江地委常委，南方日报社党委副书记、革委会副主任,省委运动办副主任,广州市委书记(当时设有第一书记),湛江地委书记。1982年12月后,任广东省委书记(当时设有第一书记),广东省委书记、省军区党委第一书记,兼任省人大常委会主任、党组书记。1991年1月至1996年12月,任省人大常委会主任、党组书记。2004年9月离休。

林若是中共十二大至十七大代表,第十二届、十三届中央委员,第七届、八届全国人大代表。

10月8日

全国政协主席贾庆林在人民大会堂会见荷兰外交大臣罗森塔尔

贾庆林说,中方愿同荷方一道,以建交40周年为新起点,进一步增进政治互信,照顾彼此核心利益和重大关切,深挖互补潜力,扩大务实合作,发展全方位经贸伙伴关系,密切旅游、教育、文化等领域的交流合作,努力将人文交流打造成中荷关系发展的新着力点,推动两国关系取得更大发展,更好地造福两国人民。

双方还就当前欧洲形势和中欧关系交换了看法。贾庆林强调,当前,国际形势复杂多变,中欧加强全面战略伙伴关系对维护世界和平,推动全球经济稳定发展具有重要意义。双方要共同努力,推动中欧关系健康稳定发展。

罗森塔尔说,40年前荷中建立大使级外交关系为两国关系发展奠定了重要基础。荷兰政府将继续坚持一个中国政策,尊重中国的主权和领土完整,加强同中国在经贸、能源、物流和现代农业等领域的合作,使荷中关系取得更多成果。

《人民日报》发表评论员文章《政府调控和市场调节两手都硬》

既运用市场这只“看不见的手”,又运用政府这只“看得见的手”,坚持两手抓、两手硬,是改革开放以来特别是这十年来实践探索取得的一条极其重要的经验。

党的十六大以来的这十年,国际环境波谲云诡、金融危机肆虐全球,国内各种自然灾害挑战不断,使经济形势的复杂性和宏观调控的艰巨性空前加剧。然而,我们依然战胜各种风险、困难和挑战,实现国内生产总值年均10%以上的增速,经济总量稳步跃升到世界第二,城乡居民收入年均增速历史少见,经济社会发展成就举世瞩目。其中一个很重要的原因就是,我们党科学判断形势、应对复杂局面、驾驭市场经济,科学而娴熟地运用政府调控和市场调节两种手段,最大限度地提高了全社会的资源配置效率,有力推动了经济社会又好又快发展。

“看不见的手”的活力,取决于它被解放的程度。只有破除束缚市场调节的体制机制障碍,微观主体的内在动力和活力才能充分释放出来。这十年,正是从制度上更好保障和发挥“看不见的手”作用的重要十年。从2003年作出“完善社会主义市场经济体制若干问题的决定”,到2005年出台鼓励支持非公有制经济发展的“非公36条”、2010年制定鼓励和引导民间投资健康发展的“新非公36条”,再到行政审批制度改革的十年坚持推进,分六批共取消和调整2497项行政审批项目,要求凡市场竞争机制能够有效调节的政府都要退出等等。这些制度层面的改革与创新,有力促进了政府职能转变,有力破除了制约经济社会发展的体制机制障碍,有力增强了市场配置资源的基础性作用。

社会主义市场经济的深入实践也使我们深刻认识到,市场从来不是万能的,特别是在经济环境发生重大变化、经济发展面临重大挑战的情况下,必须发挥政府应有的宏观调控作用,克服市场缺陷。这十年,正是科学运用“看得见的手”的重要十年。从财政政策和货币政策的灵活运用,到实施应对金融危机的一揽子计划,从坚持扩大内需、保障改善民生,到建立覆盖亿万民众的社会保障体系、推进基本公共服务均等化,再到根据市场情况始终注重把握宏观调控的方向、重点和力度,着力增强宏观调控的科学性、预见性。这些正确而有力的政府调控,使我们不断规避风险,消除市场盲点,牢牢掌握了经济工作的主动权。

这十年的探索实践告诉我们,健全的市场机制,有效的宏观调控,都是社会主义市场经济体制不可或缺的重要组成部分,二者相辅相成、配合运用,既能弥补和解决市场失灵,又能释放和激发市场活力。实践深刻表明,坚持政府调控和市场调节两手抓、两手硬,是对改革开放和现代化建设伟大实践的经验总结,是深入把握社会主义市场经济规律的思想结晶,是充分发挥我国社会主义制度政治优势的实践成果,已经成为中国特色社会主义的鲜明特色,成为深入贯彻落实科学发展观的必然要求。

十年不过历史一瞬,却在我国发展史上极不平凡,对于我国迈向现代化意义非凡。原因就在于,我们在中国道路上探索积累了许多重要经验,在推动科学发展进程中准确把握了发展的大势和规律。更加充分地运用这些经验和规律,更加科学地坚持政府与市场两手抓,中国前行的道路必定更坚实、迈出的步伐必定更稳健。

中国银联统计国庆假期刷卡消费大幅增长

今年国庆8天假期,银联卡境内跨行交易金额比去年国庆假期增长41%，境外交易金额增长33%。其中交通、景区及旅行社、农资销售等交易增幅都超过一倍。

世界上第一条穿越高寒地区的长距离高速铁路——哈尔滨至大连客运专线开始进入试运行阶段

经过5年的建设，哈尔滨至大连高速铁路今天开始试运行，为年底的正式开通运营做最后的准备。开通之后，哈尔滨到大连仅需4个小时左右，这也是世界首条穿越高寒地区的高速铁路。

哈大高铁设计的时速是350公里/时，今天试运行时速是300公里/时，根据一段时间的试运行之后再决定正式运行的时速。

哈大高铁是国务院批准的《中长期铁路网规划》"四纵四横"快速铁路网京哈高铁的重要组成部分，北起哈尔滨，南到大连市，纵贯东北三省，运营里程921公里，全线共设哈尔滨西、长春西、沈阳、大连北等24个车站。

作为世界第一条穿越高寒地区的高铁，哈大高铁选择的CHR380B型动车组列车，可以在零下40度的低温情况下持续运行，是目前世界上设计时速最高的高寒动车组。

哈大高铁全线桥梁隧道占到七成以上，大量采用以桥代路的设计，不仅节省了大量耕地，减少跨线通行的阻碍，还尽可能地减少了冬季严寒对路基稳定性的影响。

公安部修订发布《机动车驾驶证申领和使用规定》

根据新规，从明年1月1日起，大中型客货车、危险品运输车在高速公路、城市快速路行驶超速20%以上，或者在其他道路行驶超速50%以上，驾驶营运客车、校车超员20%以上，驾驶员将被记满12分。而机动车遮挡、污损号牌等违法行为的记分值，也由原先的6分提高到了12分。驾驶员一旦被记满12分，驾驶证将被扣留，必须重新参加安全学习和理论考试后才能领回。此外，闯红灯等违反道路交通信号灯通行的违法行为记分也由3分提高到6分。

在驾驶证申领方面，新规明确了三年内有吸毒行为或者解除强制隔离戒毒措施未满三年的，不得申请驾驶证；驾驶人吸毒后驾驶机动车或者正在依法执行戒毒措施的，要注销驾驶证。另外，驾驶人在实习期内驾驶机动车上高速公路时，必须由持相应或者更高车型驾驶证3年以上的驾驶人陪同。

新规还规定，从现在开始，未取得校车驾驶资格驾驶校车的驾驶人将被一次记满12分，驾驶机动车未按规定避让校车的一次将被记6分。

国务院印发《卫生事业发展"十二五"规划》并发出通知

各省、自治区、直辖市人民政府，国务院各部委、各直属机构：

现将《卫生事业发展"十二五"规划》印发给你们，请认真贯彻执行。

国务院

2012年10月8日

卫生事业发展"十二五"规划(略)

10月9日

国家主席胡锦涛在人民大会堂接受5国新任驻华大使递交的国书

这5位驻华大使分别是：刚果(布)驻华大使奥瓦萨、南苏丹首任驻华大使约克维、爱沙尼亚驻华大使罗克、荷兰驻华大使贾高博和以色列驻华大使马腾。

全国政协主席贾庆林在人民大会堂出席纪念钱伟长同志诞辰100周年座谈会

中共中央政治局常委、全国政协主席贾庆林出席座谈会并讲话。

中共中央政治局委员、全国政协副主席王刚，中共中央政治局委员、国务委员刘延东，全国政协副主席张梅颖和杨汝岱出席座谈会。全国政协副主席杜青林主持座谈会。

座谈会上，中共中央统战部副部长林智敏、民盟中央副主席李重庵、中国科学院党组副书记方新、中共江苏省委书记罗志军先后发言。有关方面负责同志，钱伟长同志亲属、生前友好和身边工作人员代表等出席座谈会。

全国政协主席贾庆林在纪念钱伟长同志诞辰100周年座谈会上的讲话

同志们，朋友们：

今天，我们怀着十分崇敬的心情，在这里举行座谈会，纪念钱伟长同志诞辰100周年，深切缅怀他为我国科技教育事业和多党合作事业作出的杰出贡献，追思和学习他为国家富强和民族振兴不懈奋斗的崇高风范。

钱伟长同志是我国近代力学奠基人之一，著名的科学家、教育家，杰出的社会活动家，中国民主同盟的卓越领导人，中国共产党的亲密朋友，中国人民政治协商会议第六届、七届、八届、九届全国委员会副主席，中国民主同盟第五届、六届、七届中央委员会副主席和第七届、八届、九届名誉主席，中国科学院资深院士、上海大学校长。他一生热爱祖国、献身科学、服务人民，深受人们的尊敬和爱戴。

100年前的今天，钱伟长同志出生于江苏省无锡市。他从青年时代起就立下了救国救民的远大抱负，1931年以优异成绩考入清华大学历史系。“九·一八”事变爆发后，目睹国家危难、日寇入侵，他立志为国防建设做贡献，决心弃文从理，毅然转入物理系学习。在清华大学期间，他刻苦学习钻研，开创了我国稀土元素研究的先河，受到国际物理学界的重视。他还积极投身抗日救亡活动，参加了“一二·九”运动，是清华大学民族解放先锋队发起人之一。1940年，他赴加拿大多伦多大学学习。期间，他和导师研究提出了弹性板壳的内禀理论，该理论给出的薄板薄壳非线性内禀方程后来被科学界称为“钱伟长方程”。1942年，他获得多伦多大学理学博士学位后，转入美国加州理工学院喷射推进研究所任研究工程师，师从世界著名科学家冯·卡门教授从事航空航天领域的研究工作，参加火箭和导弹实验，并发表了世界上第一篇关于奇异摄动理论的论文。

1946年，他谢绝冯·卡门的挽留，放弃国外优厚的工作生活条件，冲破阻力只身回国。回国后，他担任清华大学教授，兼北京大学、燕京大学教授，参与创建了北京大学力学系，开设了我国大学里第一个力学专业，创办了中国科学院数学研究所力学研究室，出版了中国第一本弹性力学专著，为我国的机械工业、土木建筑、航空航天和军工事业建立了不朽的功勋。新中国成立后，他积极开展科学研究，提出的有关圆薄板大挠度问题的参数摄动解法被称为“钱氏摄动法”。他还参与制定了我国《1956—1967年科学技术发展远景规划》，并与钱学森合作创办中国科学院力学研究所和自动化研究所，周恩来总理曾赞誉他和钱学森、钱三强为我国科学界的“三钱”。他在“文化大革命”的艰苦环境中，仍然坚持进行飞机、潜艇和化工等方面的研究和设计工作，许多成果被运用到实践中。

改革开放后，钱伟长同志夜以继日、全身心地投入科研领域，取得了丰硕成果。1978年至1992年的15年中，他在国内外杂志发表近100篇科学论文，出版多本科学专著，多次参加国内外科学研讨交流活动，举办科学讲座，还创办了《应用数学和力学》杂志。他不仅在力学研究方面取得了巨大成就，还广泛涉猎中文信息处理、高能电池、三角级数求和公式等领域。1982年，他因广义变分原理研究获得国家自然科学二等奖。1984年，他提出被称为“钱码”的汉字宏观字形编码，提升了中文信息处理水平。

在长期科研和教育实践中，钱伟长同志深感高等教育和人才培养在推动国家发展和社会进步中的基础性作用，萌生了办好一所高水平大学的强烈愿望。1983年，邓小平同志亲自批示调任他为上海工业大学校长。他把培养自强不息、全面发展、具有创新精神的人才作为根本目标，提出了破除学校与社会之间、教与学之间、各院系与学科之间、教学与科研之间“四堵墙”的口号，推行学分制、选课制和短学期制，促进了学生的全面发展和素质培养，有力推动了高校教学管理改革。1994年，已是耄耋之年的钱伟长同志又担任新组建的上海大学校长。在任上海工业大学和上海大学校长的27年里，他始终辛勤耕耘，乐在其中，一直是不拿学校工资、不要学校住房的“义务校长”。

钱伟长同志长期担任全国政协副主席和中国民主同盟领导人。他始终坚持中国共产党领导的多党合作和政治协商制度，贯彻中共中央关于统一战线和人民政协的方针政策，积极参加国家政治生活，团结带领政协委员和民盟成员认真履行政治协商、民主监督、参政议政职能，为我国多党合作事业和人民政协事业发展作出了重要贡献。他坚持深入基层开展调查研究，提出了福建马尾港“束水攻沙”的治理方法，参与了贵州毕节试验区规划实施，指导了“遂宁市经济发展战略研究”课题，并就发展高等教育、保护历史文物、建立黄河三角洲经济开发区等重大问题提出了许多重要意见和建议。1996年，他从多党合作事业长远发展的大局出发，主动请辞民盟中央副主席职务，为顺利实现民主党派领导班子新老交替和政治交接作出了表率。钱伟长同志坚定支持祖国和平统一大业，坚决反对“台独”、反对分裂，先后担任香港特别行政区基本法起草委员会委员、澳门特别行政区基本法起草委员会副主任委员、中国和平统一促进会执行会长、中国海外交流协会会长等职务，为香港、澳门顺利回归和平稳过渡做了大量工作，为促进祖国完全统一贡献了自己的力量。

钱伟长同志的一生，是爱国的一生、奋斗的一生、奉献的一生。他的光辉业绩和历史贡献，永远值得我们铭记；他的高尚品格和无私奉献精神，永远值得我们学习。

我们纪念钱伟长同志，就要学习他热爱祖国、情系人民的崇高品德。钱伟长同志一生历经多次艰难抉择和重大考验。无论是在抗日救亡的危难时刻弃文从理，还是在国外学习工作功成名就后毅然放弃优厚待遇回国效力；无论是在新中国成立初期以强烈的爱国热忱参与社会主义各项建设，还是在改革开放之后以时不我待、只争朝夕的精神积极致力国家科技教育事业发展，他都始终秉持爱国治学、振兴中华的强烈信念。在他晚年时期，仍然以“桑榆未晚，欣逢盛世；爱我中华，自强不息”的信条勉励自己。“活着不是为了自己，而是为了我们的祖国，为了我们的同胞”，是他一生求索奉献的生动写照。我们向钱伟长同志学习，就是要胸怀崇高理想、矢志奉献人民，积极投身中国特色社会主义宏伟事业，自觉地把个人的事业追求与国家的前途命运紧密联系在一起，为实现中华民族伟大复兴贡献全部智慧和力量。

我们纪念钱伟长同志，就要学习他与中国共产党风雨同舟、真诚合作的坚定信念。钱伟长同志曾说：我虽然不是党员，但我将把党的事业作为我的终生事业。早在1936年，他就参加了民族解放先锋队等中国共产党的外围组织，在寻求救国救民真理过程中，深化了对中国共产党的认识和感情。钱伟长同志一生坚持和拥护中国共产党的领导，在重大原则问题上始终与我们党保持高度一致，是中国共产党志同道合的亲密朋友和统一战线德高望重的代表人士。他说，“中国共产党海纳百川的博大胸怀和全心全意为国家、为人民办事的精神，真正使得党外人士在中国共产党领导下建言有纳、议政有途、大有可为”。我们向钱伟长同志学习，就是要把老一辈民主党派人士同中国共产党肝胆相照、荣辱与共、真诚合作、团结奋斗的优良传统继承下来并不断发扬光大，自觉坚持和完善中国共产党领导的多党合作和政治协商制度，坚定不移地走中国特色社会主义政治发展道路。

我们纪念钱伟长同志，就要学习他勤于钻研、勇于创新的科学精神。钱伟长同志一生追求科学真知，博学多思，勇于创新。他说“自己不是天才，也不要相信天才论，关键在于刻苦和努力”，“我主张探索新问题，要有新发现，有所创新”。从青年时期主攻物理到后来转攻应用数学，从工程研究转到基础力学研究，他刻苦学习各种科学知识，不断开辟新的研究领域，提出了许多创新性思想和理论。他还注重把创新思维运用到思维科学和教育科学等领域，推动高等院校改革，提出了许多独到见解。我们向钱伟长同志学习，就是要按照建设学习型社会和创新型国家的要求，站在时代发展前列，追踪世界科技前沿，努力掌握和运用一切先进的新思想新知识新经验，大力提高自主创新能力，加快建设中国特色国家创新体系，为建设世界科技强国奠定坚实基础。

我们纪念钱伟长同志，就要学习他倾心教育、甘为人梯的大家风范。投身教育事业、培养杰出人才，是钱伟长同志的夙愿。早在美国留学时，他就与同窗好友憧憬未来：“将来我们一定要回国办一个比美国加州理工学院还要好的大学，让美国人到中国来留学。”在担任上海工业大学校长后，他高瞻远瞩、大刀阔斧地实施了一系列高校教学管理改革。他在对上海大学发展规划的设想中，鲜明地提出了加强实践教育的思想。这些都为我国高等学校如何培养全面、实用的高素质人才提供了重要经验。他还就加大对经济落后地区的教育投入、因地制宜兴办地方性高等院校、提高中小学校教师待遇等，提出了许多宝贵的意见和建议。他长期担任“义务校长”，从不计较个人名利，对于科技人才和青年大学生总是热情关怀、倾心扶持，帮助解决实际困难。我们向钱伟长同志学习，就是要全面贯彻党的教育方针，树立先进的教育理念，顺应人民群众对接受更多更好教育的新期待，为优秀人才脱颖而出创造良好条件，保证我们的事业后继有人、兴旺发达。

同志们、朋友们！

当前，全国各族人民正满怀信心地迎接中国共产党第十八次全国代表大会的胜利召开，我国的发展又站在一个新的历史起点上。实现国家富强、民族振兴，既是钱伟长同志等先辈们的毕生追求，也是全体中华儿女的共同心愿。让我们更加紧密地团结在以胡锦涛同志为总书记的中共中央周围，高举中国特色社会主义伟大旗帜，坚持以邓小平理论和“三个代表”重要思想为指导，深入贯彻落实科学发展观，继承和弘扬钱伟长同志的崇高思想和奋斗精神，同心同德、锐意进取，为开创中国特色社会主义事业新局面、实现中华民族伟大复兴而努力奋斗！

国新办发布《中国的司法改革》白皮书

前　言

司法制度是政治制度的重要组成部分，司法公正是社会公正的重要保障。

新中国成立特别是改革开放以来，中国坚持从国情出发，在承继中国传统法律文化优秀成果、借鉴人类法治文明的基础上，探索建立并不断完善中国特色社会主义司法制度，维护了社会公正，为人类法治文明作出了重要贡献。

中国的司法制度总体上与社会主义初级阶段的基本国情相适应，符合人民民主专政的国体和人民代表大会制度的政体。同时，随着改革开放的不断深入特别是社会主义市场经济的发展、依法治国基本方略的全面落实和民众司法需求的日益增长，中国司法制度迫切需要改革、完善和发展。

近些年来，中国积极、稳妥、务实地推进司法体制和工作机制改革，以维护司法公正为目标，以优化司法职权配置、加强人权保障、提高司法能力、践行司法为民为重点，进一步完善中国特色社会主义司法制度，扩大司法民主，推行司法公开，保证司法公正，为中国经济发展和社会和谐稳定提供了有力的司法保障。

一、司法制度和改革进程

1949年中华人民共和国建立，开启了中国司法制度建设的新纪元。1949年9月颁布的具有临时宪法性质的《中国人民政治协商会议共同纲领》和《中华人民共和国中央人民政府组织法》，奠定了新中国的法制基石。1954年制定的《中华人民共和国宪法》和《中华人民共和国人民法院组织法》、《中华人民共和国人民检察院组织法》等法律、法令，规定了人民法院、人民检察院的组织体系和基本职能，确立了合议制度、辩护制度、公开审判制度、人民陪审员制度、法律监督制度、人民调解制度，形成了中国司法制度的基本体系。

20世纪50年代后期以后，特别是"文化大革命"（1966—1976年）十年动乱期间，中国司法制度一度遭到严重破坏。1978年实行改革开放后，中国总结历史经验教训，确立了发展社会主义民主、健全社会主义法制的基本方针，恢复重建了司法制度，制定和修订了一系列基本法律。20世纪90年代，中国确立了依法治国的基本方略，加快建设社会主义法治国家。伴随着社会进步和民主法治建设进程，中国司法制度不断得到完善和发展。

（一）中国司法制度的基本特点

中国是工人阶级领导的、以工农联盟为基础的人民民主专政的社会主义国家。人民代表大会制度是中国的政权组织形式。中国的国体和政体决定了司法权来自人民、属于人民、服务人民。人民法院、人民检察院由各级人民代表大会产生，对它负责，受它监督。

人民法院是国家的审判机关。国家设立最高人民法院、地方各级人民法院和军事法院等专门人民法院，依法审理民事、刑事、行政诉讼案件，开展民事、行政执行和国家赔偿等执法活动。最高人民法院监督地方各级人民法院和专门人民法院的审判工作，上级人民法院监督下级人民法院的审判工作。在诉讼活动中，实行审判公开、合议、回避、人民陪审员、辩护、两审终审等制度。

人民检察院是国家的法律监督机关。国家设立最高人民检察院、地方各级人民检察院和军事检察院等专门人民检察院。最高人民检察院领导地方各级人民检察院和专门人民检察院的工作，上级人民检察院领导下级人民检察院的工作。人民检察院依法对刑事、民事、行政诉讼实行法律监督。

人民法院、人民检察院依法独立公正行使审判权和检察权，行使权力情况接受人大监督，并自觉接受人民政协的民主监督和社会的监督。

人民法院、人民检察院和公安机关办理刑事案件，实行分工负责，互相配合，互相制约，以保证准确有效地执行法律。对刑事案件的侦查、拘留、执行逮捕、预审，由公安机关负责；检察、批准逮捕、检察机关直接受理的案件的侦查、提起公诉，由人民检察院负责；审判由人民法院负责。

（二）中国司法改革的目标、原则和进程

改革开放以来，中国经济社会快速发展，社会公众的法治意识显著增强，司法环境发生深刻变化，司法工作遇到许多新情况、新问题，现行司法体制和工作机制中存在的不完善、不适应问题日益凸显，需要在改革中逐步完善和发展。

中国司法改革的根本目标是保障人民法院、人民检察院依法独立公正地行使审判权和检察权，建设公正高效权威的社会主义司法制度，为维护人民群众合法权益、维护社会公平正义、维护国家长治久安提供坚强可靠的司法保障。

中国司法改革始终坚持从国情出发，既博采众长、又不照抄照搬，既与时俱进、又不盲目冒进；坚持群众路线，充分体现人民的意愿，着眼于解决民众不满意的问题，自觉接受人民的监督和检验，真正做到改革为了人民、依靠人民、惠及人民；坚持依法推进，以宪法和法律规定为依据，凡是与现行法律相冲突的，应在修改法律后实施；坚持统筹协调、总体规划、循序渐进、分步推进。

早在20世纪80年代，中国就开始了以强化庭审功能、扩大审判公开、加强律师辩护、建设职业化法官和检察官队伍等为重点内容的审判方式改革和司法职业化改革。

从2004年开始，中国启动了统一规划部署和组织实施的大规模司法改革，从民众反映强烈的突出问题和影响司法公正的关键环节入手，按照公正司法和严格执法的要求，从司法规律和特点出发，完善司法机关的机构设置、职权划分和管理制度，健全权责明确、相互配合、相互制约、高效运行的司法体制。中国司法改革走向整体统筹、有序推进的阶段。

从2008年开始，中国启动了新一轮司法改革，司法改革进入重点深化、系统推进的新阶段。改革从民众司法需求出发，以维护人民共同利益为根本，以促进社会和谐为主线，以加强权力监督制约为重点，抓住影响司法公正、制约司法能力的关键环节，解决体制性、机制性、保障性障碍，从优化司法职权配置、落实宽严相济刑事政策、加强司法队伍建设、加强司法经费保障等四个方面提出具体改革任务。目前，本轮司法改革的任务已基本完成，并体现在修订完善的相关法律中。随着中国经济社会的不断进步与发展，中国司法改革也将进一步深入推进。

二、维护社会公平正义

维护社会公平正义，是司法改革的价值取向。中国从完善司法机构设置和职权配置、规范司法行为、完善诉讼程序、强化司法民主和法律监督方面进行改革，努力提高司法机关维护社会公平正义的能力。

(一)优化司法职权配置

司法职权配置的合理与优化,直接关系到司法公正的实现。中国从解决影响司法公正的体制性障碍出发,加强司法机关内部机构制约,理顺上下级法院、检察院的审判、检察业务关系,规范完善再审程序,建立统一的执行工作体制和司法鉴定管理体制。这些改革提高了司法机关公正司法的能力,有助于维护社会公平正义,满足民众对司法公正的新期待、新要求。

法院实行立案、审判、执行分立。各级人民法院在原有的刑事审判庭、民事审判庭、行政审判庭的基础上增设立案庭、执行局等机构,立案、审判和执行分别由不同的机构负责,强化内设机构职权行使的相互制约,促进了审判权、执行权的公正行使。

规范发回重审和指定再审。为解决司法实践中发回重审、指令再审程序中存在的不规范问题,2012年修改的民事诉讼法明确规定,原审人民法院对发回重审的案件作出判决后,当事人提起上诉的,第二审人民法院不得再次发回重审。2012年修改的刑事诉讼法规定,指令下级法院再审的刑事案件,原则上由原审法院以外的其他法院审理。

规范完善统一的民事、行政案件执行工作体制。法院生效判决和裁定的充分有效执行,事关当事人合法权益的切实保障和司法权威。近年来,各地法院普遍建立了与公安、检察、金融、国土、建设、工商、出入境管理等部门密切配合的执行联动机制。法院实行执行裁决权与执行实施权分立。高级、中级人民法院建立执行指挥中心,统一管理和协调执行工作,必要时实行提级、跨区执行。执行体制改革进一步加强了执行权运行的内部制约,提高了执行工作的公正和规范化水平,有效保护了当事人合法权益。

改革职务犯罪案件审查逮捕程序。为有效防止错误逮捕,中国对职务犯罪案件审查逮捕程序进行了改革,省级以下人民检察院立案侦查的职务犯罪案件,需要逮捕犯罪嫌疑人的,由上一级人民检察院审查决定。这项改革加强了上级人民检察院对下级人民检察院执法办案工作的监督。

完善司法鉴定管理体制。司法鉴定是在诉讼活动中鉴定人运用科学技术或者专门知识,对诉讼涉及的专门性问题进行鉴别和判断,并提供鉴定意见的活动。改革前,中国的司法鉴定制度存在着立法不完善、管理不规范、标准不统一等现象。为解决这些问题,2005年中国的立法机关颁布实施《关于司法鉴定管理问题的决定》,确立统一的司法鉴定管理体制,实行统一的登记管理制度。国务院司法行政部门主管全国的鉴定人和鉴定机构登记管理工作,省级人民政府司法行政部门负责鉴定人和鉴定机构的审核登记、名册编制和公告。人民法院和司法行政部门不再设立司法鉴定机构;侦查机关根据侦查工作需要设立的鉴定机构,不再面向社会接受委托从事司法鉴定服务。推行行政管理与行业协会自律管理相结合的管理机制,实施司法鉴定人依法独立执业制度,提高了鉴定的规范性和中立性。截至2011年底,中国经审核登记的司法鉴定机构有5014家,司法鉴定人52812名。

(二)规范司法行为

社会公平正义的维护应当落实到每一起案件的办理过程中,体现在每一个司法行为上。由于中国经济社会发展不平衡、司法人员司法能力存在差异、地方保护主义观念尚未根除等原因,司法裁量权的行使不透明、司法行为不规范等现象依然存在。近年来,中国司法机关积极推进量刑规范化改革,建立案例指导制度,加强案件管理,有力促进了司法行为的规范化。

推进量刑规范化改革。为了规范量刑活动,中国最高人民法院在总结试点经验的基础上,制定了《人民法院量刑指导意见(试行)》和《关于规范量刑程序若干问题的意见(试行)》。明确量刑步骤,细分法定刑幅度,明确量刑情节的量化标准。对于公诉案件,人民检察院依法提出量刑建议,当事人和辩护人、诉讼代理人可以提出量刑意见。在法庭审理中,建立相对独立的量刑程序,对与定罪、量刑有关的事实、证据进行调查、辩论。人民法院在刑事裁判文书中说明量刑理由。这些改革进一步规范了量刑裁判权,保障了量刑活动的公开与公正。

建立案例指导制度。2010年,中国的司法机关出台了案例指导制度的相关规定,标志着中国特色的案例指导制度得以确立。与英美法系的判例制度不同,中国的案例指导制度是在以成文法为主的法律体系下,运用案例对法律规定的准确理解和适用进行指导的一种制度。近年来,中国司法机关选择法律适用问题比较典型的案例作为指导性案例予以发布,供各级司法人员处理类似案件时参照。案例指导制度促进了司法自由裁量权的规范行使,加强了法律适用的统一性。

加强对案件办理的管理。人民法院、人民检察院分别成立专门的案件管理机构,加强办案流程管理和质量管理。截至2012年5月,全国共有近1400家法院设立了专门的审判管理机构,近1600家检察院设立了专门的案件管理机构。公安机关在基层执法机构普遍配备专(兼)职法制员,对案件办理情况进行监督和检查。司法机关普遍建立了案件管理信息化平台,实行网上办案、监督和考核,提升了案件办理的规范化水平。

(三)扩大司法公开

面对社会矛盾多发、案件数量大、新情况新问题层出不穷的状况，中国司法机关在加强自身建设的同时，全面推进司法公开，让司法权力在阳光下运行，在社会各界的有效监督下公开、公平、公正地行使。

扩大公开的事项和内容。人民法院将审判公开延伸到立案、庭审、执行、听证、文书、审务等各个方面。人民检察院依法充分公开办案程序、复查案件工作规程、诉讼参与人在各诉讼阶段的权利和义务、法律监督结果。公安机关、司法行政机关将主要职责、执法依据、执法程序、执法结果及警务工作纪律等向社会广泛公开。

丰富公开的形式和载体。司法公开从各部门分散发布，转变为统一的信息服务窗口集中发布。公开载体从传统的公示栏、报刊、宣传册等，拓展到网站、博客、微博客、即时通信工具等网络新兴媒介。建立、健全新闻发言人和新闻发布例会制度，及时发布司法信息。

强化公开的效果和保障。加强裁判和检察、公安业务文书的说理和论证，邀请民众、专家参与公开听证、论证过程，开通民意沟通电子邮箱，设立全国统一的举报电话，建立部门负责人接待日，加强司法公开的人力物力保障，确保了司法公开的有序推进和良好效果。

(四)加强司法民主

作为审判机关的人民法院和法律监督机关的人民检察院，同样需要发扬民主，确保公正司法。中国积极建立和完善人民陪审员制度和人民监督员制度，为发展社会主义民主政治、实现人民群众依法参与国家事务管理提供了重要保障。

完善人民陪审员制度。人民陪审员制度是社会公众依法直接参与和监督司法的重要方式。2004年中国的立法机关颁布了《关于完善人民陪审员制度的决定》，拓宽人民陪审员的选任来源，从社会各阶层、各领域广泛选任，采用在名册中随机抽取的方式确定参审案件的人民陪审员。人民陪审员除在合议庭中不得担任审判长外，同法官享有同等权力，对事实认定、法律适用独立行使表决权。各级法院还围绕陪审职责开展以审判程序、职业技能、法治理念等为主要内容的培训，提高人民陪审员履职能力。

探索建立人民监督员制度。2003年，最高人民检察院启动人民监督员制度试点工作；2010年10月，人民监督员制度在全国检察机关全面推行。通过从社会各界选任人民监督员，依照监督程序对人民检察院办理职务犯罪案件过程中出现的应当立案而不立案、不应当立案而立案、拟撤销案件、拟不起诉等情形进行监督与评议。从2003年10月至2011年底，各地人民监督员共监督案件35514件，提出不同意人民检察院原拟定意见的有1653件，其中908件的人民监督员表决意见被人民检察院采纳，占54.93%。

(五)加强检察机关的法律监督

人民检察院作为国家的法律监督机关，对侦查、审判、执行等司法活动进行法律监督。中国将加强对司法权的监督制约作为改革重点，并推出加强法律监督一系列举措。

加强对侦查机关立案、侦查活动的法律监督。人民检察院、公安机关建立刑事案件信息通报制度和共享平台，通过审查批捕、受理来信来访、当事人投诉、社会舆论、媒体报道等途径，及时发现侦查机关应当立案而不立案和不应当立案而立案的线索并依法审查处理。人民检察院接到报案、控告、举报或者发现侦查人员以非法方法收集证据的，在调查核实的基础上提出纠正意见，同时强化对审查逮捕、延长或者重新计算侦查羁押期限等环节的监督。2011年，全国检察机关共监督立案19786件，对侦查中的违法情况提出纠正意见39432件次。

加强对法院审判活动的法律监督。对于已经发生法律效力的刑事、民事、行政案件判决、裁定、调解，如认为确有错误，或者发现损害国家利益、社会公共利益、违反法定程序影响司法公正的，检察机关有权采取抗诉或者提出检察建议等监督措施。人民法院应在收到检察建议后一个月内作出处理并书面回复。

加强对刑罚执行和监管活动的法律监督。针对近年来看守所、监狱内发生的个别恶性事件暴露出来的问题，检察机关及时会同有关部门开展了全国看守所监管执法专项检查和全国监狱"清查事故隐患，促进安全监管"专项活动，促进依法文明监管。规范和加强派驻监管场所检察室建设，推进与监管场所的执法信息联网和监控联网，完善和落实收押检察、巡视检察等工作机制，加强对监管场所的监督。加强对减刑、假释、暂予监外执行活动的监督，探索建立刑罚变更执行同步监督机制，开展保外就医、看守所械具和禁闭使用情况专项检察。2012年修改的刑事诉讼法明确规定，监狱、看守所等执行机关向人民法院提出减刑、假释、暂予监外执行的建议或者书面意见的，应当将建议书或者书面意见副本抄送人民检察院，人民检察院可以向人民法院提出书面意见。

加强对司法工作人员渎职行为的监督。检察机关对司法工作人员徇私枉法等12种渎职行为，可以通过调查核实违法事实、提出纠正违法意见、建议更换办案人员等措施进行监督，依法惩治渎职行为，维护司法廉洁和公正。

三、加强人权保障

加强人权保障是司法改革的重要目标。中国的立法机关2004年颁布宪法修正案，将"国家尊重和保障人权”载入宪法；2012年修改的刑事诉讼法将尊重和保障人权写入总则。中国司法机关依法采取有效措施，遏制和防范刑讯逼供，保障犯罪嫌疑人、被告人的辩护权，保障律师执业权利，限制适用羁押措施，维护被羁押人的合法权益，加强未成年犯罪嫌疑人、被告人的权益保障，严格控制和慎用死刑，健全服刑人员社区矫正和刑满释放人员帮扶制度，完善国家赔偿制度，建立刑事被害人救助等制度，努力把司法领域的人权保障落到实处。

（一）防范和遏制刑讯逼供

完善侦查讯问制度是法治文明的必然要求，也是加强对侦查讯问的有效监督、依法保护犯罪嫌疑人合法权益的重要途径。中国不断完善法律，防止和遏制个别司法人员在办案过程中出现刑讯逼供等违法取证现象。

确立不得强迫自证其罪的原则。2012年修改的刑事诉讼法明确规定，司法人员在办案过程中不得强迫任何人证实自己有罪，保障犯罪嫌疑人、被告人供述的自愿性。

制定非法证据的排除规则。2012年修改的刑事诉讼法明确规定，采用刑讯逼供等非法方法收集的犯罪嫌疑人、被告人供述和采用暴力、威胁等非法方法收集的证人证言、被害人陈述，应当予以排除；收集物证、书证不符合法定程序，可能严重影响司法公正，不能补正或者作出合理解释的，应当予以排除，并明确了非法证据排除的具体程序。公安机关、人民检察院、人民法院在侦查、审查起诉和审判阶段发现有应当排除的非法证据的，都应当予以排除。

完善拘留、逮捕后送押和讯问制度。拘留后应当立即将被拘留人送看守所羁押，至迟不得超过24小时。逮捕后应当立即将被逮捕人送看守所羁押；侦查人员对被羁押人的讯问应当在看守所内进行。结合司法机关执法信息化建设，在讯问、羁押、庭审、监管场所实行录音录像。全面推行侦查讯问过程录音录像制度，明确规定对可能判处无期徒刑、死刑的案件或者其他重大犯罪案件，讯问过程必须进行录音录像；录音或者录像应当全程进行，保持完整性。

（二）保障犯罪嫌疑人、被告人的辩护权

为落实中国宪法规定的辩护权而建立的辩护制度，是中国刑事诉讼的一项基本制度，体现了国家对生命、自由等人权的尊重。近年来，中国改革和完善辩护制度，改变过去司法实践中“重打击、轻保护”的观念，积极发挥辩护制度保障人权的作用。

保障犯罪嫌疑人、被告人及时获得辩护。中国1979年制定的刑事诉讼法规定，被告人在法院审判阶段才有权委托辩护人。1996年修改的刑事诉讼法明确规定，犯罪嫌疑人在侦查阶段就可以聘请律师提供法律帮助，案件侦查终结移送检察机关后有权委托辩护人。2012年修改的刑事诉讼法进一步明确规定，犯罪嫌疑人自被侦查机关第一次讯问或者被采取强制措施之日起，有权委托辩护人，被告人有权随时委托辩护人。犯罪嫌疑人、被告人在押期间要求委托辩护人的，人民法院、人民检察院和公安机关应当及时转达其要求，犯罪嫌疑人、被告人的监护人、近亲属也可以代为委托辩护人。

扩大法律援助范围。为进一步保障犯罪嫌疑人、被告人的辩护权和其他权利，2012年修改的刑事诉讼法将法律援助在刑事诉讼中的适用范围，从审判阶段扩大到侦查、审查起诉阶段，并扩大了法律援助对象范围。犯罪嫌疑人、被告人是盲、聋、哑、未成年人、尚未完全丧失辨认或者控制自己行为能力的精神病人，以及可能被判处无期徒刑、死刑，没有委托辩护人的，人民法院、人民检察院和公安机关应当通知法律援助机构指派律师为其辩护。

强化证人出庭作证义务。证人出庭对提高庭审质量至关重要。为提高证人出庭率，2012年修改的刑事诉讼法明确了证人必须出庭的范围，建立了证人出庭作证补助机制。规定控辩双方对证人证言有异议，且该证人证言对案件定罪量刑有重大影响的，证人应当出庭作证。证人因履行作证义务而支出的交通、食宿等费用，由国家财政予以保障。证人所在单位不得克扣或者变相克扣其工资、奖金及其他福利待遇。

完善证人保护制度。对一些严重犯罪案件，证人、鉴定人、被害人因在诉讼中作证，本人或者其近亲属人身安全面临危险的，人民法院、人民检察院和公安机关应当采取不公开证人信息，不暴露外貌、真实声音等出庭作证方式，禁止特定的人员接触证人或者其近亲属，对人身和住宅采取专门保护等措施。

（三）保障律师执业权利

保障律师执业权利对于维护犯罪嫌疑人、被告人的合法权益，保证案件公正处理至关重要。针对律师在会见、阅卷、调查取证等执业活动中存在的困难，近年来，中国修改完善法律，为律师依法执业提供法律保障。

2007年修订的律师法，对律师参与诉讼特别是刑事诉讼应当享有的权利进行了补充和强化。规定律师在法庭上发表的代理、辩护意见，除危害国家安全、恶意诽谤他人、严重扰乱法庭秩序的言论外，不受法律追究。这些举措促进了律师辩护职能的有效行使。2006—2011年期间，全国律师共为2454222件刑事案件提供了辩护，比2001—2005年期间增长了54.16%。

及时会见在押犯罪嫌疑人、被告人，并查阅案卷材料和调查取证,直接关系到辩护律师在刑事诉讼中辩护职能的发挥。2012 年修改的刑事诉讼法规定,除极少数案件外,辩护律师持律师执业证书、律师事务所证明和委托书或者法律援助公函,即可会见在押的犯罪嫌疑人、被告人;辩护律师会见犯罪嫌疑人、被告人时不被监听。辩护律师在审查起诉阶段,即可查阅、摘抄、复制本案案卷材料。辩护人有权申请人民检察院、人民法院调取公安机关、人民检察院收集的证明犯罪嫌疑人、被告人无罪或者罪轻的证据材料。同时规定,辩护人认为公安机关、人民检察院、人民法院及其工作人员阻碍其依法行使诉讼权利的,有权向同级或者上一级人民检察院申诉或者控告。人民检察院对申诉或者控告应当及时进行审查,情况属实的,通知有关机关予以纠正。

(四)限制适用羁押措施

为保障社会公众安全,保障犯罪案件侦查顺利进行,中国法律规定了对犯罪嫌疑人、被告人的羁押和非羁押强制措施,并规定了严格的适用条件。为进一步规范强制措施的适用,加强对公民权利的保护,2012 年修改的刑事诉讼法对羁押强制措施进行了进一步完善。

细化逮捕条件,严格审批程序。刑事诉讼法明确了作为逮捕条件的社会危险性的具体标准。规定人民检察院审查批准逮捕,可以讯问犯罪嫌疑人;对是否符合逮捕条件有疑问,犯罪嫌疑人要求当面陈述,或者侦查活动可能有重大违法行为的,应当讯问犯罪嫌疑人。辩护律师提出要求的,应当听取辩护律师的意见。这些规定有利于全面了解案件情况,准确把握逮捕条件,防止错误羁押。

建立对在押人员羁押必要性的审查制度。犯罪嫌疑人、被告人被逮捕后,人民检察院仍应当对被羁押人的羁押必要性进行审查。发现不需要继续羁押的,应当建议有关司法机关予以释放或者变更强制措施。

完善在押犯罪嫌疑人、被告人强制措施的解除、变更程序。人民法院、人民检察院、公安机关发现对犯罪嫌疑人、被告人采取羁押措施不当或者法定羁押期限届满的,应当及时撤销、变更强制措施或者释放被羁押人。犯罪嫌疑人、被告人及其法定代理人、近亲属、辩护人有权申请变更强制措施,有关机关应当在三日内作出决定。

扩大监视居住的适用,减少羁押。2012 年修改的刑事诉讼法将监视居住定位为减少羁押的替代措施,将符合逮捕条件,但是患有严重疾病、生活不能自理,或者是怀孕或正在哺乳自己婴儿的妇女,以及系生活不能自理者的唯一抚养人的犯罪嫌疑人、被告人,纳入监视居住的适用范围。

(五)保障被羁押人的合法权益

看守所是中国羁押被依法逮捕、刑事拘留的犯罪嫌疑人、被告人的刑事羁押机构。依法保障在押人员的合法权益,是提升看守所文明规范执法水平的重要方面,也是保障人权的现实需要。

中国高度重视改进看守所监管水平,严格防范刑讯逼供和超期羁押,改善羁押和监管条件,改善被羁押人的生活条件,保障被羁押人的合法权益。被羁押人送入看守所后七日内每日进行体表检查。被羁押人被提讯前后和提解出所及送返看守所时,严格实行体表检查制度。逐步实行被羁押人床位制,推动看守所医疗服务社会化,使被羁押人患病能得到及时治疗。完善被羁押人投诉和调查机制,建立被羁押人约见民警、看守所负责人和驻所检察官制度,及时受理、调查处理被羁押人投诉、控告。被羁押人羁押期限即将届满的,看守所书面报告检察院驻看守所检察室,由其对侦查机关是否及时释放被羁押人或者变更强制措施进行监督。2008—2011 年,全国检察机关通过监督检查,纠正看守所违法羁押 5473 人。大力打击和防范“牢头狱霸”,在每个监室设置报警装置,在押人员被侵犯时能够及时报警;实行在押人员出看守所谈话和跟踪观察访谈制度,了解看守所有无“牢头狱霸”等违法行为;落实主、协管民警监室管理责任制,对因管理松懈,发生“牢头狱霸”致其他在押人员死亡或重伤的,依法依纪追究有关人员责任。建立特邀监督员巡查监督看守所制度,特邀监督员可以在工作期间采取不事先告知的方式对看守所履行职责、执法管理等工作进行监督。2010 年,看守所发生事故数量同比下降 31.6%。在全国看守所推行被羁押人视频会见方式,方便家属探视。建立被羁押人的安全风险评估和分别管理制度,加强对被羁押人的心理干预。坚持“教育、感化、挽救”的工作方针,以管理促教育,寓教育于管理之中,充分体现对被羁押人的人性关怀,帮助其重塑积极向上的人生信念和健康文明的生活方式。

(六)加强未成年犯罪嫌疑人、被告人的权益保障

中国对犯罪的未成年人实行惩戒与保护并举的措施,尽最大努力促进失足未成年人回归社会。中国的法律明确了对犯罪的未成年人实行教育、感化、挽救的方针,坚持教育为主、惩罚为辅的原则。司法机关办理未成年人刑事案件,由熟悉未成年人身心特点的司法人员承担;未成年犯罪嫌疑人、被告人没有委托辩护人的,司法机关应当通知法律援助机构指派律师为其提供辩护。对犯罪的未成年人严格限制适用逮捕措施,人民检察院审查批准逮捕和人民法院决定逮捕,应当讯问未成年犯罪嫌疑人、被告人,听取辩护律师的意见;对被拘留、逮捕和执行刑罚的未成年人与成年人实

行分别羁押、分别管理、分别教育。对未成年人刑事案件，在讯问、审判时，应当通知未成年犯罪嫌疑人、被告人的法定代理人到场，也可以通知其他成年亲属和所在学校、单位、居住地基层组织或者未成年人保护组织的代表到场。到场的法定代理人或者其他人员认为办案人员在讯问、审判或询问中侵犯未成年人合法权益的，可以提出意见。讯问笔录、法庭庭审笔录应当交给到场的法定代理人或者其他人员阅读或者向其宣读。讯问女性未成年犯罪嫌疑人时，应当有女性工作人员在场。对犯罪情节轻微，可能判处一年有期徒刑以下刑罚并有悔罪表现的未成年人，人民检察院可以作出附条件不起诉的决定。司法机关可以对未成年犯罪嫌疑人、被告人的成长经历、犯罪原因、监护教育等情况进行调查并作为办案的参考。审判时被告人不满十八周岁的案件，不公开审理。对犯罪时不满十八周岁，被判处五年有期徒刑以下刑罚的，实行犯罪记录封存制度，除司法机关因办案需要或者有关单位根据国家规定进行查询以外，不得向任何单位和个人提供。2011年颁布的《刑法修正案(八)》明确了对未成年人应当适用缓刑的条件，规定了未成年人犯罪不构成一般累犯。截至2011年7月，全国已经建立少年法庭2331个。2002—2011年，经过各方努力，中国未成年人重新犯罪率基本控制在1%—2%。近年来，未成年人犯罪案件呈现下降趋势，未成年罪犯占全部罪犯的比例逐渐减少。

(七)严格控制和慎重适用死刑

中国保留死刑，但严格控制和慎重适用死刑。中国刑法规定死刑只适用于极少数罪行极其严重的犯罪分子，并规定了严格的适用标准。2011年颁布的《刑法修正案(八)》取消了13个经济性非暴力犯罪的死刑，占死刑罪名总数的19.1%，规定对审判时已年满七十五周岁的人一般不适用死刑，并建立死刑缓期执行限制减刑制度，为逐步减少死刑适用创造法律和制度条件。

死刑直接关系到公民生命权的剥夺，适用死刑必须慎之又慎。从2007年开始，由最高人民法院统一行使死刑案件的核准权。中国实行死刑第二审案件全部开庭审理，完善了死刑复核程序，加强死刑复核监督。最高人民法院复核死刑案件，应当讯问被告人，辩护律师提出要求的，应当听取辩护律师的意见。最高人民检察院可以向最高人民法院提出意见。死刑复核程序的改革，确保了办理死刑案件的质量。自2007年死刑案件核准权统一由最高人民法院行使以来，中国死刑适用标准更加统一，判处死刑的案件逐步减少。

(八)完善服刑人员社区矫正和刑满释放人员帮扶制度

改善监狱执法条件，增强教育改造效果。中国努力建设公正、廉洁、文明、高效的新型监狱体制，逐步实现监狱“全额保障、监企分开、收支分开、规范运行”的改革目标。监狱行政运行经费、罪犯改造经费、罪犯生活费、狱政设施经费等均列入财政预算，全额保障。监狱建立罪犯劳动报酬制度，实行每周五天劳动教育、一天课堂教育、一天休息的教育改造制度，加强道德、文化、技术教育和劳动就业技能培训，提高服刑人员刑满释放后回归社会的能力。2008年以来，全国共有126万名服刑人员在服刑期间完成扫盲和义务教育课程，5800余人获得国家承认的大专以上毕业证书。全国监狱开设各类技术培训班3万余个，服刑人员职业技术获证率达到参加培训总数的75%以上，完成技术革新近14000项，获得发明专利500多项。

开展社区矫正。近年来，中国致力于刑罚执行制度的改革与完善，从2003年开始进行社区矫正试点，2009年在全国推开，将被判处管制、宣告缓刑、假释以及暂予监外执行的罪犯放在社区矫正机构，在社会力量的协助下，矫正其犯罪心理和不良行为，开展社会适应性帮扶，促使其顺利融入社会。中国的刑法、刑事诉讼法已将社区矫正确立为一项法律制度。截至2012年6月，全国累计接受社区矫正人员105.4万人，解除矫正58.7万人，社区矫正人员在矫正期间的再犯罪率为0.2%左右。

加强对刑满释放人员的帮扶教育。中国政府关注并帮助解决刑满释放人员在生活、就业等方面的实际困难。对生活困难且符合条件的人员，及时纳入居民最低生活保障范围；对不符合最低生活保障条件但生活确有困难的，给予临时救助；对自主创业的刑满释放人员和为其提供就业岗位的企业，落实减免税费政策。据统计，2008—2011年，全国接受社会救济的刑满释放人员数量增加了2.7倍。监狱服刑人员刑满释放后的重新犯罪率始终保持在较低水平。

(九)完善国家赔偿制度

中国确立国家赔偿制度，对国家机关和国家机关工作人员行使职权时给公民、法人和其他组织的合法权益造成的损害，国家依法予以赔偿。2010年修改的国家赔偿法健全了国家赔偿工作机构，畅通了赔偿请求渠道，扩大了赔偿范围，明确了举证责任，增加了精神损害赔偿，提高了赔偿标准，保障了赔偿金及时支付，进一步完善了行政赔偿、刑事赔偿和非刑事司法赔偿制度。近年来，国家刑事赔偿标准随经济社会发展不断提高，侵犯公民人身自由权每日赔偿金额从1995年的17.16元人民币，上升到2012年的162.65元人民币。2011年，各级法院审结行政赔偿案件(一审)、刑事赔偿案件、非刑事司法赔偿案件共计6786件；其中，审结刑事赔偿案件868件，赔偿金额3067余万元人民币,与2009年相比,分别增长16.04%、42.9%。

(十)建立刑事被害人救助制度

近年来,中国积极探索建立对刑事被害人的救助制度,对遭受犯罪行为侵害、无法及时获得有效赔偿、生活陷入困境,特别是因遭受严重暴力犯罪侵害,导致严重伤残甚至死亡的刑事被害人或其近亲属,由国家给予适当资助。各地根据经济社会发展状况,确定刑事被害人救助的具体标准和范围,并将刑事被害人救助工作与落实法律援助、社会保障等相关制度相衔接,完善了刑事被害人权益保障体系。2009—2011年,司法机关共向25996名刑事被害人发放救助金3.5亿余元人民币,提供法律援助11593件。

四、提高司法能力

提高司法能力,是中国司法改革的重要目标。近年来,中国不断完善法律职业准入制度,加强职业教育培训和职业道德建设,改革经费保障体制,有效提高了司法能力,为提升司法公信力奠定了坚实基础。

实行统一的国家司法考试制度。中国建立并不断完善国家司法考试制度,将初任法官、初任检察官、取得律师资格和担任公证员的考试纳入国家司法考试。作为法律职业准入的国家司法考试制度,在规范法律职业人员任职资格、提高司法人员综合素质、推动法律人员职业化方面发挥了重要作用。自2002年起,国家司法考试每年举办一次,由国家统一组织实施,实现了法律职业准入制度由分散到统一的转变。到2011年底,全国共有近50万人通过国家司法考试,取得法律职业资格。

建立警察执法资格等级考试制度。为提高人民警察的能力素质,国家规定所有在编在职的公安机关人民警察必须参加执法资格考试,未通过考试的不得执法。2011年,173万余名公安民警参加了首次执法资格考试,其中169万人通过考试。

加强司法人员职业教育培训。为适应时代发展、满足公众日益增长的司法需求,中国越来越重视完善司法人员职业培训制度,不断提升司法能力。目前,中央和省级司法机关设立培训机构,制定培训规划,把培训范围拓展到全体司法人员,确立首任必训、晋升必训以及各类专项培训制度。在培训中,转变传统的以提升学历、传授理论知识为主的培训模式,选择有丰富实践经验和较高理论水平的法官、检察官、警官担任教官,围绕司法工作实践中的重点、难点和新情况新问题开展教育培训,不断强化针对性和实用性。近五年来,全国共培训法官150万余人次、检察官75万人次、公安民警600万人次。

加强司法人员职业道德建设。司法机关结合各自工作特点,普遍制定了职业道德基本准则,从职业信仰、履职行为、职业纪律、职业作风、职业礼仪、职务外行为等方面,对司法人员道德修养和行为举止提出具体要求。2011年以来,在司法人员中广泛开展核心价值观教育实践活动,把"忠诚、为民、公正、廉洁"作为共同的价值取向。

加强律师职业道德建设。在律师中开展以"严格依法、恪守诚信、勤勉尽责、维护正义"为核心内容的律师职业道德建设,强化律师协会的行业自律作用,建立律师诚信执业制度,完善律师诚信执业的评价、监督和失信惩戒机制,促进广大律师不断增强维护当事人合法权益、维护法律正确实施、维护社会公平正义的责任感,提高律师行业的职业道德水准和公信力。

拓展律师发挥作用的空间。中国借鉴国际上建立公职律师和公司律师制度的经验,2002年以来,国家推行公职律师和公司律师试点,为政府决策和公司重大经营提供法律意见,进一步完善了社会律师(包括专职律师和兼职律师)、公职律师、公司律师共同发展的律师队伍结构。2007年修订的律师法完善了律师事务所组织形式,允许个人开办律师事务所,形成国资律师事务所、合伙律师事务所和个人律师事务所共同发展的格局。截至2011年底,中国有律师事务所1.82万家,与2008年相比,增长31.6%,其中合伙律师事务所1.35万家,国资律师事务所1325家,个人律师事务所3369家;共有律师21.5万人,其中,专职律师占89.6%,兼职律师占4.5%,公司律师、公职律师、法律援助律师和军队律师占5.9%。2011年,全国律师共担任法律顾问39.2万家,与2008年相比,增长24.6%;办理诉讼案件231.5万多件,与2008年相比,增长17.7%;办理非诉讼法律事务62.5万多件,与2008年相比,增长17%;承办法律援助案件近84.5万件,与2008年相比,增长54.5%。

改革完善司法经费保障体制。在2008年启动的新一轮司法体制改革中,明确提出建立"分类负担、收支脱钩、全额保障"的司法机关经费保障体制。中央和省级政府加大对司法机关的经费投入,确保各级司法机关的经费由财政全额保障,大大提高了基层司法机关的履职能力。司法机关依法收取的诉讼费和罚没收入全部上缴国库,做到收支脱钩、罚缴分离,遏制因利益驱动而乱收滥罚的现象。国家还制定了司法机关基础设施建设标准和装备配备指导标准,改善办公、办案条件,提高信息化、科技化水平,为提升司法能力提供扎实的物质保障。

五、践行司法为民

以人为本、司法为民,是中国司法工作的根本出发点和落脚点。近年来,中国主动适应经济社会快速发展的新形势新要求,不断推进基层司法机构建设,强化司法工作的服务意识，延伸工作平台，完善工作流程，切实为人民群众行使权利提供便利。

（一）加强基层司法机构建设

司法机关办理的绝大部分案件发生在基层，基层司法机构是为民众提供司法服务的第一线平台。各地基层审判、检察、公安和司法行政机关大力加强基层人民法庭、检察室、公安派出所和司法所等派出机构建设，使司法服务更加贴近民众、便利民众。

加强基层人民法庭建设。人民法庭审理各类案件年均240余万件，占全国法院一审诉讼案件的三分之一。近年来，为方便当事人诉讼，各地基层人民法院对其派出的人民法庭进行了恢复、新建和调整，并推行人民法庭直接立案机制，简化立案程序。全国现有人民法庭近万个，覆盖到绝大部分乡镇、街道。同时，在边远乡村设立便民诉讼站、诉讼联系点并选聘诉讼联络员，在人口相对集中的地方设置巡回审判点，大力推行巡回收案、巡回办案，最大限度服务群众。

加强基层检察室建设。各地基层人民检察院在一些中心乡镇设置检察室等派出机构，接收群众举报、控告、申诉，发现、受理职务犯罪案件线索，对诉讼中的违法问题依法进行法律监督，开展犯罪预防和法制宣传，参与社会治安综合治理和平安创建活动，监督并配合开展社区矫正工作。截至目前，全国检察机关共有派驻检察室2758个，检察联络站、检察工作站等其他形式的机构9622个。

加强基层公安派出所建设。公安机关以加强派出所建设为载体，深入推进城乡社区警务战略，全国现有派出所5万多个、警务室17万多个，实现了对乡镇和街道的全覆盖。警力分布和警务服务更加贴近基层、贴近公众，公安机关预防打击犯罪、驾驭社会治安局势、服务群众的能力明显提高。2006年以来，全国公安机关立案的杀人、抢劫、强奸、绑架、伤害等八类严重暴力犯罪案件连续下降，2010年比2009年同比下降9%，2011年同比下降10%。

加强基层司法所建设。近年来，司法所在原有法制宣传、法律援助、指导人民调解、基层法律服务等职能的基础上，新增了实施社区矫正、安置帮教等职能。目前，全国共有司法所4万多个，覆盖到绝大部分乡镇和街道。2004—2011年，全国司法所累计开展纠纷排查284万次，参加调解疑难复杂纠纷4677万件，参与接受刑满释放人员269万多人，指导办理法律援助案件112万件。

（二）简化办案程序

近年来，诉讼案件大幅增加，人民法院在对案件性质、繁简程度综合考量的基础上，将案件进行繁简分流，不同案件适用不同的审理程序，使案件性质与审理程序相一致，促进了审判资源配置优化和诉讼效率提高。

扩大刑事案件简易程序的适用范围。2012年修改的刑事诉讼法将简易程序的适用范围，由可能判处三年有期徒刑以下刑罚的案件，扩大到基层人民法院管辖的刑事案件。

推进小额诉讼制度改革。为及时公正维护当事人合法权益，在部分基层人民法院开展小额速裁试点工作。试点法院在双方当事人自愿选择的前提下，对事实清楚、权利义务明确、争议标的金额较小的简单民事案件实行一审终审。在认真总结试点经验的基础上，2012年修改的民事诉讼法规定，基层人民法院审理的简单的民事案件，争议标的金额为各省、自治区、直辖市上年度就业人员年平均工资30%以下的民事案件，实行一审终审，从立法上肯定了小额诉讼的改革成果。

探索行政案件简易程序。人民法院对基本事实清楚、涉及财产金额较小、争议不大的一审行政案件，在双方当事人同意的前提下，可以实行独任审理，简化诉讼程序，立案之日起45日内结案。

（三）建立多元纠纷解决机制

为应对社会快速发展时期社会矛盾纠纷易发多发的状况，中国立法机关2010年颁布了《中华人民共和国人民调解法》。有关部门建立、健全诉讼与非诉讼相衔接的矛盾纠纷解决机制，深入推进矛盾纠纷大调解工作，构建起符合国情的多元纠纷解决机制。2012年修改的民事诉讼法增加了先行调解、调解协议司法确认等内容，巩固了司法改革成果。

发挥人民调解作用。人民调解是一项具有中国特色的非诉讼矛盾纠纷解决方式。中国在全国村（居）委、乡镇（街道）、企事业单位以及矛盾高发行业和领域广泛设立人民调解委员会。截至2011年年底，中国有人民调解组织81.1万个，调解员433.6万名。2011年调解纠纷893.5万件，调解成功率96.9%。

发挥行政调解作用。行政机关依据法律规定，在当事人自愿的前提下，对职权管辖范围内的行政争议和与职权相关的民事纠纷积极进行调解，使之在平等协商的基础上达成一致协议，促进矛盾纠纷及时、合理解决。

发挥司法调解作用。人民法院对受理的民事案件，依职权或经当事人申请，在法官的主持下进行调解，化解纠纷。2011年，全国法院调解民事案件266.5万件，调解撤诉案件174.6万件。人民检察院建立、健全检调对接工作机制，对符合条件的轻微刑事案件、民事申诉案件，由人民调解组织先行调解，检察机关再根据调解情况依法作出决定，共同化解矛盾纠纷。

加强诉讼与非诉讼相衔接的矛盾纠纷解决机制建

设。注重发挥人民调解组织、社会团体、律师、专家、仲裁机构等的作用,积极推动建立人民调解、行政调解、司法调解相结合的“大调解”工作体系,加强三者之间在程序对接、效力确认、法律指导等方面的协调配合。对仲裁等非诉讼纠纷解决机制,人民法院尊重其自身规律,并在证据保全、财产保全、强制执行等方面依法予以支持。

完善当事人和解的公诉案件诉讼程序。对一些因民间纠纷引起的轻微故意犯罪和除渎职犯罪以外的可能判处七年有期徒刑以下刑罚的过失犯罪案件,犯罪嫌疑人、被告人真诚悔罪,通过向被害人赔偿损失、赔礼道歉等方式获得被害人谅解,被害人自愿和解的,双方当事人可以和解。对于达成和解协议的案件,人民检察院可以向人民法院提出从宽处罚的建议,对于犯罪情节轻微,不需要判处刑罚的,可以作出不起诉的决定。人民法院可以依法对被告人从宽处罚。

(四)降低当事人诉讼成本

国家加快改革和完善诉讼收费制度,2006年出台了《诉讼费用交纳办法》、《律师服务收费管理办法》等规定,在保障正常司法工作秩序、防止滥用诉权的同时,大幅降低了当事人诉讼成本,显著缓解了诉讼难、请律师难等问题。

降低诉讼收费。明确限定诉讼费用交纳范围,人民法院只收取案件受理费、申请费。大幅调整财产、离婚、劳动争议等与人民群众密切相关案件的收费起点和比例、标准,实际收费大大减少。对行政赔偿案件等情形免收案件受理费。对行政案件不论是否涉及财产标的,一律按件收费。

减免诉讼费用。当事人交纳诉讼费确有困难的,可以向人民法院申请司法救助,并明确了免交、减交、缓交诉讼费用的情形、程序和比例,保证经济确有困难的当事人能够依法充分行使诉讼权利。

规范律师收费。在扩大实行市场调节价的律师收费范围的同时,对代理国家赔偿案件及各类诉讼案件的申诉等律师服务收费,继续实行政府指导价,并严格规范律师收费环节和程序,在促进律师业健康发展的同时,有效保障了当事人合法权益和国家利益。

方便当事人诉讼。司法机关普遍建立诉讼服务中心、业务受理接待中心,建立、健全首问负责、服务承诺、办事公开、文明接待等制度;改进诉讼引导、查询咨询、诉前调解、举报受理等服务;利用信息技术,开通服务热线,探索推行网上预约立案、送达、庭审、查询等便民措施,为公众提供便利的诉讼环境。

(五)开展法律援助

中国高度重视法律援助工作,2003年颁布实施《法律援助条例》以来,逐步扩大法律援助覆盖面,建立、健全经费保障机制,为经济困难的公民或者特殊案件当事人提供免费法律服务,使越来越多的困难民众通过法律援助维护了自身合法权益。近年来,法律援助事项范围从刑事辩护向就医、就业、就学等民生事项拓展,经济困难标准参照各地生活保障标准,办案补贴标准进一步提高,并针对农民工、残疾人、老年人、未成年人、妇女五类特殊群体建立了专项经费保障制度。截至2011年年底,全国共有3600多个法律援助机构,1.4万名专职法律援助人员、21.5万名律师和7.3万名基层法律服务工作者,28个省、自治区、直辖市制定了法律援助地方法规。2009年以来,全国法律援助经费年均增幅为26.8%,2011年达12.8亿元人民币,法律援助工作水平随着经济社会的发展不断提高。

(六)畅通司法机关与社会公众沟通渠道

司法机关高度重视听取民意,积极保障公众对司法事务的知情权、参与权、表达权和监督权。司法机关普遍成立专门机构加强与人大代表、政协委员的沟通联系,并办理与司法工作相关的提案、建议。聘请民主党派成员、无党派人士、群众代表担任特约监督员、特约检察员、人民监督员、特邀咨询员等对其工作进行监督并听取意见和建议。设立网站、微博客等平台,建立网络民意表达和民意调查机制,方便与公众沟通交流。通过接待群众来信来访、举办开放日活动等方式走近公众。

结束语

通过司法改革,中国特色社会主义司法制度不断完善。司法改革促进了司法机关严格、公正、文明、廉洁执法,推动了中国司法工作和司法队伍建设的科学发展,赢得了公众的认可与支持。

实践不断发展,创新永无止境。司法改革是中国政治体制改革的重要组成部分,是中国特色社会主义司法制度的自我完善和发展,是一项长期而艰巨的任务,还将随着经济社会的发展而逐步深化。建立公正高效权威的中国特色社会主义司法制度是司法改革的目标,中国将为此继续不懈努力。

外交部部长杨洁篪在北京与荷兰外交大臣罗森塔尔举行会谈

第十五届北京国际音乐节暨第十届北京国际交响乐演出季在北京开幕

10月10日

国务院总理温家宝主持召开国务院常务会议

会议决定扩大中等职业教育免学费范围、完善国家助学金制度，研究部署在城市优先发展公共交通，审议通过《缺陷汽车产品召回管理条例(草案)》。

为加快发展中等职业教育，促进教育公平，提高劳动者素质，会议决定，自2012年秋季学期起，将中等职业教育免学费范围由涉农专业学生和家庭经济困难学生，扩大到所有农村(含县镇)学生、城市涉农专业学生和家庭经济困难学生。同时，将中等职业学校国家助学金资助范围由一、二年级农村(含县镇)学生和城市家庭经济困难学生，分步调整为一、二年级涉农专业学生和非涉农专业家庭经济困难学生。将六盘山区等11个连片特困地区、西藏及四省藏区、新疆南疆三地州中等职业学校农村学生全部纳入享受助学金范围。

会议指出，目前，我国城市公共交通发展远远不能适应经济社会发展和人民群众出行需要，多数城市公共交通出行比例偏低。为从根本上缓解交通拥堵、出行不便、环境污染等矛盾，必须树立公共交通优先发展理念，将公共交通放在城市交通发展的首要位置。要按照方便群众、综合衔接、绿色发展、因地制宜的原则，加快构建以公共交通为主，由轨道交通网络、公共汽车、有轨电车等组成的城市机动化出行系统，同时改善步行、自行车出行条件。

会议确定了优先发展公共交通的重点任务：(一)强化规划调控。城市控制性详细规划要与城市综合交通体系规划和公共交通规划相互衔接。城市综合交通体系规划应明确公共交通优先发展原则。城市公共交通规划要科学布局线网，优化节点设置，促进城市内外交通便利衔接和城乡公共交通一体化发展。(二)加快基础设施建设。提升公共交通设施、装备水平，提高公共交通舒适性。加快调度中心、停车场、保养场、首末站以及停靠站建设。推进换乘枢纽及步行道、自行车道、公共停车场等配套设施建设，将其纳入旧城改造和新城建设规划。(三)加强公共交通用地综合开发。对新建公共交通设施用地的地上、地下空间，按照市场化原则实施土地综合开发，收益用于公共交通基础设施建设和弥补运营亏损。(四)加大政府投入。城市政府要将公共交通发展资金纳入公共财政体系。“十二五”期间，对城市公共交通企业实行税收优惠政策，落实对城市公共交通行业的成品油价格补贴政策，对城市轨道交通运营企业实行电价优惠。(五)拓宽投资渠道。通过特许经营、战略投资、信托投资、股权融资等多种形式，吸引和鼓励社会资金参与公共交通基础设施建设和运营。(六)保障公交路权优先。增加划设城市公共交通优先车道，扩大信号优先范围。允许机场巴士、校车、班车使用公共交通优先车道。加强公共交通优先车道的监控和管理。(七)健全安全管理制度，落实监管责任，切实加强安全监管。规范技术和产品标准，构建服务质量评价指标体系。完善轨道交通工程验收和试运营审核及第三方安全评估制度。(八)规范公共交通重大决策程序，实行线网规划编制公示制度和运营价格听证制度。建立城市公共交通运营成本和服务质量信息公开制度。

会议审议通过《缺陷汽车产品召回管理条例(草案)》。草案规定：批量汽车产品普遍存在危及安全使用质量问题的，应当立即停止生产、销售、进口，由其生产者实施召回，并及时发布产品缺陷信息。对实施召回的缺陷汽车产品，生产者应当及时采取措施消除缺陷。消除缺陷费用和必要的运送缺陷汽车产品费用由生产者承担。草案还对生产者隐瞒汽车产品缺陷或不按规定召回缺陷汽车产品的行为规定了严格的法律责任。

中国政府网公布《国务院关于第六批取消和调整行政审批项目的决定》

国务院决定取消注册咨询工程师(投资)执业资格认定，商品粮基地水利二程年度投资计划审批，高等学校设立、撤销、调整研究生院审批等171项行政审批项目；调整143项行政审批项目，包括乙级价格评估机构资质认定等117项下放管理层级的行政审批项目，地方粮库划转中央直属粮食储备库(站)审批等9项减少审批部门的行政审批项目，以及亏损补贴事项审批等17项合并的行政审批项目。

《决定》提出，凡公民、法人或者其他组织能够自主决定，市场竞争机制能够有效调节，行业组织或者中介机构能够自律管理的事项，政府都要退出。凡可以采用事后监管和间接管理方式的事项，一律不设前置审批。以部门规章、文件等形式违反行政许可法规定设定的行政许可，要限期改正。积极推进行政审批规范化建设，加快推进事业单位改革和社会组织管理改革，进一步健全行政审批服务体系，深入推进行政审批领域防治腐败工作，把行政审批制度改革与投资体制、财税金融体制、社会体制和行政管理体制改革紧密结合起来。

财政部 监察部 审计署联合印发《中央金融企业负责人职务消费管理暂行办法》

全国人大常委会副委员长韩启德在乌干达恩德培与乌干达总统穆塞韦尼举行会谈

韩启德说，今年也是中乌建交50周年。中方视乌方为老朋友、好朋友，愿以两国建交50周年为新起点，与乌方一道不断增进双方政治互信，积极拓展和深化各领域合作，推动两国友好合作关系不断取得新发展。

穆塞韦尼说，乌方高度赞赏中国的发展成就以及在国际事务中发挥的重要作用。他表示，乌将永远坚持一个中国政策，与中方一道携手努力，在今后50年使两国关系取得更大发展。

全国人大常委会副委员长华建敏在钓鱼台国宾馆会见以俄罗斯科学院全球问题与国际关系学部主任邓金院士为首的俄罗斯智库代表团

中联部部长王家瑞在北京会见瑞典财政大臣安得斯·博里

由中华职业教育社举办的第三届黄炎培职业教育奖颁奖大会在重庆举行

一批在弘扬黄炎培职业教育思想、推动我国职业教育事业发展方面作出贡献的先进单位和个人受到表彰奖励。

全国政协副主席、中华职业教育社理事长张榕明出席颁奖大会，并为获奖单位和个人颁奖。

张榕明指出，黄炎培职业教育思想是我国职业教育的宝贵财富，揭示和反映了职业教育内在属性、特点和目的，是我国职业教育理论体系重要组成部分，对指导我们贯彻落实科学发展观，走有中国特色的职业教育发展道路具有重要意义。在未来推进职业教育改革进程中，要树立正确的职业教育观。只有全面认识职业教育作用于人的发展和社会进步的核心价值，并坚持以人为本、落实普遍服务，才能正确评价职业教育功绩，才能正确对待职业教育改革发展；要加强理论研究，丰富黄炎培职教思想新内涵。理论可以指导实践，在职业教育领域推进理论研究工作，不仅有利于激发职业教育改革的创新理念，而且能够为职业教育决策科学化提供依据；要坚持解放思想，尝试多种形式开展职业教育实践，努力开创职业教育改革与发展新局面，为全面建设小康社会、加快推进社会主义现代化、实现中华民族伟大复兴提供强大的人力资源保障，以实际行动迎接中共十八大的胜利召开。

第三届黄炎培职业教育奖评选活动从今年5月开始，在各级职教社组织、全国职业院校、各级教育行政部门和社会各界的热切关注和大力支持下，经过逐级审核推荐，产生了各奖项候选名单。本着"公开、公平、公正"原则，由我国职业教育领域著名专家、学者组成的评审委员会进行了认真的审核评议，并向社会公示后，评选出黄炎培优秀学校奖11所、杰出校长奖30名、杰出教师奖50名、优秀理论研究奖7名、杰出贡献奖2名。

10月11日

全国政协主席贾庆林在人民大会堂会见瑞士联邦议会瑞中小组主席布鲁诺·祖比格

贾庆林强调，当前国际形势深刻复杂变化，世界经济发展面临许多不稳定、不确定因素。巩固和发展良好的中瑞关系符合两国和两国人民的根本利益。要坚持相互尊重、平等互利的原则，不断加强政治互信，进一步夯实两国关系的政治基础，促进两国关系长期健康稳定发展。要坚持互利共赢的原则，进一步发掘潜力，提升合作层次和质量，促进共同发展。要积极开展人文交流，密切人员往来，使中瑞友好更加深入人心。

祖比格表示，发展两国友好合作关系符合两国的利益。中国经济社会发展迅速，两国合作具有巨大潜力。瑞士联邦议会瑞中小组致力于为瑞士各界全面、客观了解中国提供信息，促进瑞中两国在政治、经济、文化等领域的友好交流，愿继续为推动双边关系良好发展作出积极努力。

国务院副总理李克强在中南海紫光阁会见德国外长韦斯特韦勒

李克强说，中德都是具有重要影响的国家和世界主要经济体，双方应着眼长远，在平等相待、相互尊重的基础上，发展两国关系，扩大利益交汇。中德、中欧互为重要贸易伙伴，各方应共同维护良好发展局面，共同反对贸易保护主义。中国光伏产业的发展和出口，对全球应对气候变化和可持续发展具有积极作用，有利于欧洲的绿色发展和扩大就业，双方是互有需求、互补双赢的关系。希望德方积极推动欧盟从大局出发，妥善处理相关贸易摩擦。贸易保护是"死胡同"，协商合作才是共赢的大趋势。

李克强指出，近日，欧洲稳定机制正式启动，这是欧元区稳定市场信心和危机治理的重要步骤，德国作为最大出资方，起到了推动作用。中方希望这一机制能够发挥更强的救助力和协调作用，促进受援国逐步走出困境，实现新的增长。中方愿继续支持欧洲解决主权债务问题和推进一体化进程的努力。

韦斯特韦勒表示德中有广泛的共同利益，愿在更高层次和更宽领域拓展同中方的合作。感谢中方始终支持欧方克服主权债务问题。德方坚决反对贸易保护主义，愿继续推动欧盟通过对话协商解决欧中贸易争端。

外交部部长杨洁篪在北京与德国外长韦斯特韦勒举行第三轮中德外长级战略对话

杨洁篪提议，中德双方要加强高层交往和各领域交流,深化政治互信;落实好中德第二轮政府磋商成果,扩大相互投资和贸易规模,共同反对贸易保护主义;办好“中国文化年”活动,规划好“中德语言年”活动;加强在联合国、二十国集团等多边框架内的合作以及在重大国际和地区问题上的沟通和协调。中方重视德国在欧盟内的重要地位,愿同德方一道,推动中欧关系迈上新台阶。

韦斯特韦勒表示,40年来,德中关系取得了惊人的进展。德方高度重视对华关系,视中国为重要战略合作伙伴,希望以建交40周年为契机,同中方一道,规划两国关系的长远未来,加强政治对话,促进人文交流,加强在重大问题上的磋商和合作。德国反对贸易保护主义,愿继续为推动德中、欧中经贸合作发挥积极作用。

双方还就欧洲经济形势、欧债危机、叙利亚局势、伊朗核问题等交换了意见。

庆祝中德建交40周年招待会在北京国家大剧院举行

外交部部长杨洁篪和德国外交部部长韦斯特韦勒共同出席并致辞。

杨洁篪表示,40年来,中德友好交流与合作从无到有、从少到多、由疏及密、出浅至深,取得丰硕成果。当前,中德合作站在新的历史起点上,双方要相互尊重、加强交往、增进互信、扩大合作,推动展望未来的中德战略伙伴关系继续全面向前发展。

韦斯特韦勒说,德中关系40年来取得巨大发展,两国确立了战略伙伴关系,双方相互尊重,互利合作。

国务委员刘延东在北京出席国务院教育督导委员会成立暨第九届国家督学聘任工作会议并讲话

刘延东指出,教育督导是现代教育制度的重要组成部分。目前我国已建立了中央、省、市、县四级教育督导机构,形成了一支专兼职结合的督学队伍,为保障“两基”任务全面完成、推动重大教育政策项目实施,提高教育教学质量和学校管理水平等作出了重要贡献。

刘延东指出,国务院颁布《教育督导条例》和成立国务院教育督导委员会,是推进教育行政体制改革的重要举措,强化了教育督导机构的相对独立性,并通过跨部门的合作,形成教育决策、执行、监督相协调的教育管理体系。对政府及其职能部门履行教育职责,对各级各类学校和教育机构规范办学行为、办好人民满意教育提供了体制机制保障,能够确保监督的公开、公平和有效,改变过去“重决策、轻落实,重执行、轻监督”的状况,标志着教育督导走上了法制化、机制化轨道。要坚持依法治教,遵循教育规律,创造性开展工作,切实落实教育规划纲要的各项要求。要坚持监督与指导并重做好督政工作,推动政府履行职责,落实教育优先发展战略。

联想成为全球最大个人电脑公司

全球著名市场调研公司Gartner今天发布今年第三季度个人电脑行业报告。联想的全球市场份额达到15.7%,超过惠普0.2个百分点,成为行业第一。

莫言获诺贝尔文学奖

瑞典文学院宣布,2012年诺贝尔文学奖授予中国作家莫言,莫言成为有史以来首位获得诺贝尔文学奖的中国籍作家。

中国作协贺莫言获诺贝尔文学奖

欣闻莫言先生荣获2012年诺贝尔文学奖,我们表示热烈祝贺!

在几十年文学创作道路上,莫言对祖国怀有真挚情感,与人民大众保持紧密联系,潜心于艺术创新,取得了卓越成就。自20世纪80年代以来,莫言一直身处中国文学探索和创造的前沿,作品深深扎根于乡土,从生活中汲取艺术灵感,从中华民族百年来的命运和奋斗中汲取思想力量,以奔放独特的民族风格,有力地拓展了中国文学的想象空间、思想深度和艺术境界。莫言的作品深受国内外广大读者喜爱,在中国当代文学史上占有重要地位。

莫言的获奖,表明国际文坛对中国当代文学及作家的深切关注,表明中国文学所具有的世界意义。希望中国作家继续勤奋笔耕,奉献更多精品力作,为人类的文化发展作出新的贡献!

中国作家协会

2012年10月11日

10月12日

全国新型农村和城镇居民社会养老保险工作总结表彰大会在北京召开

国务院总理温家宝出席会议并讲话。他强调,实现“老有所养”是社会保障的重要目标,要进一步提高认识、完善制度、改进工作,推动养老保险制度建设取得新进展,更好地保障和改善民生。

国务院副总理李克强,国务院副总理回良玉出席会议。国务委员兼国务院秘书长马凯主持会议。

温家宝在讲话中回顾了党的十六大以来我国社会保障制度建设取得的成就。他说,我们建立了城镇居民基本医疗保险制度、新型农村合作医疗制度；实行城乡医疗救助制度，在新医改中大幅度提高基本医疗保障水平；建立农村最低生活保障制度；继续完善城镇职工基本养老保险制度，推进基金省级统筹和养老保险跨地区转移接续工作；养老保险基金规模不断扩大，并有效实现保值增值；连续8年增加企业退休人员养老金；在全国范围内解决了关闭破产国有企业退休人员参加医保、老工伤待遇、集体企业退休人员参加养老保险等一批历史遗留问题。

温家宝说，2009年下半年，国务院决定开展新型农村社会养老保险试点，2011年启动城镇居民社会养老保险试点。今年上半年，国务院决定在全国所有县级行政区全面开展新型农村社会养老保险和城镇居民社会养老保险工作。覆盖城乡居民的社会养老保障体系基本建立，是我国社会保障事业发展的重要里程碑。截至今年9月底，两项养老保险的参保人数达到4.49亿人，加上企业职工养老保险，总计覆盖人数超过7亿人。3年来，各级财政共拨付两项养老保险补助资金超过1700亿元。目前全国有1.24亿城乡居民领取基础养老金。

温家宝指出，在世界上人口最多的发展中国家，建立、健全社会养老保险体系，真正实现全体人民"老有所养"目标，要走的路还很长，任务还很艰巨。要稳步提高保障水平。坚持政府引导和个人负担并重，政府宁肯少上几个项目，也要确保对社会养老保险制度的投入。根据经济发展、财政收入、物价变动等因素，建立科学合理的保障水平调整机制。弘扬中华民族优良传统，发挥好家庭和社会慈善在养老保障方面的作用。要继续完善政策体系。进一步完善参保激励机制，真正做到多缴多补、长缴多得，调动参保积极性，不断扩大覆盖面，增加基金积累。研究解决城乡居民养老保险与企业职工基本养老保险制度之间的衔接整合问题。要按照精简效能的原则，整合公共服务和社会保险经办管理资源，提高信息化水平，增强基层经办服务能力。依法加强基金监督管理，努力实现基金的保值增值。

大会宣读了关于表彰全国新型农村社会养老保险和城镇居民社会养老保险工作380个先进单位和480个先进个人的决定，随后为受表彰的先进单位和个人代表颁奖。6个先进单位和个人代表在会上发言。

全国政协第十一届全国委员会优秀提案和先进承办单位表彰会在北京召开

全国政协主席贾庆林出席会议。

贾庆林在接见获奖代表讲话中指出，提案工作是人民政协履行职能的重要方式，是一项特色鲜明、影响深远的全局性工作。党中央、国务院历来高度重视和支持人民政协通过提案履行职能。今年4月，中办、国办联合颁发了《关于进一步加强人民政协提案办理工作的意见》，对做好提案办理工作提出明确要求，为提案工作的发展指明方向。

贾庆林说，在党中央、国务院的正确领导和大力支持下，广大政协委员和各党派团体、政协各专门委员会履行职能、建言献策的积极性不断增强，提案数量不断增加、质量稳步提高、作用日益突出。各承办单位把办理政协提案作为一项重要职责，加强与委员共同协商，认真采纳提案建议，推动解决实际问题，办理成效显著增强，提案工作的社会影响越来越大，对推动相关领域的工作发挥了不可替代的积极作用。

会议表彰了281件优秀提案和46家提案先进承办单位。截至目前，本届全国政协五年来收到提案28000多件，已办复26512件。

中共中央政治局常委李长春在贵州调研

10月12日至15日，李长春先后来到黔西南州、黔东南州、贵阳等地，深入少数民族村寨、企业、社区和宣传文化单位，就贯彻落实党的十七届六中全会精神、加快转变经济发展方式、推进文化改革发展等进行调研。

李长春强调，贵州的实践充分证明，文化与旅游结合，有利于把文化之"魂"与旅游之"体"有机统一起来，提升旅游的品位、精神价值和人文含量，增强文化的传播力；有利于把创新非物质文化遗产传承保护与推动经济社会发展有机结合起来，促进二者良性互动；有利于加快贫困地区群众脱贫致富步伐，帮助更多群众共同富裕；有利于提升全社会文明素养，推动社会主义新农村建设；有利于促进民族团结进步，巩固和发展平等团结互助和谐的民族关系。要大力发展旅游文化产业，培育新的文化消费增长点。

民营企业家经济形势座谈会在北京举行

全国政协副主席、全国工商联主席黄孟复出席会议。

全国政协常委、全国政协经济委员会副主任厉以宁主持会议。座谈会上，全国工商联副秘书长、中国民（私）营经济研究会常务副会长王忠明介绍了民营经济发展的有关情况。全国政协委员以及来自北京、天津、河北、江苏、浙江五省市的民营企业家代表分别发言，提出当前民营企业特别是中小企业面临的困难和问题，并就促进民营企业健康有序发展提出意见和建议。

在听取了与会代表的发言后，黄孟复说，民营经济的发展是中国特色社会主义市场经济发展的缩影。当前我国经济已经发展到一个新阶段，今后的发展必须建立在改革的基础之上。政府、金融机构和企业要在机制、技术、理念等方面加强创新,加快破解制约民营企业生存发展的难题,坚定不移地促进民营经济蓬勃发展。

央行《前三季度社会融资规模统计数据报告》显示社会融资规模达11.73万亿元

《报告》显示,2012年前三季度社会融资规模为11.73万亿元,同比多增1.92万亿元。其中,人民币贷款增加6.72万亿元,同比多增1.04万亿元。

我国高校本科专业目录修订完成

新目录撤销了129个不适应经济社会发展需要的专业,并新增艺术学门类。2013年全国高考将按照新专业目录招生。

大同至西安客运专线晋陕黄河特大桥实现合龙

晋陕黄河特大桥连接山西省永济市和陕西省合阳县,是大西客运专线"三隧一桥"重点控制工程之一。大桥全长9969米,自西向东跨越黄河,连接起山西、陕西两省,是目前我国高速铁路跨越黄河最长、建设规模最大的桥梁,堪称"高铁黄河第一桥"。

大西客运专线2014年全线建成后,将与石太客专、太中银铁路、陇海客专、西成客专等骨干线路紧密衔接,成为全国快速客运网的重要一环。

10月13日

国务院总理温家宝签署第625号令公布《国内水路运输管理条例》

《国内水路运输管理条例》已经2012年9月26日国务院第218次常务会议通过,现予公布,自2013年1月1日起施行。

总　理　温家宝

2012年10月13日

国内水路运输管理条例

第一章　总　则

第一条　为了规范国内水路运输经营行为,维护国内水路运输市场秩序,保障国内水路运输安全,促进国内水路运输业健康发展,制定本条例。

第二条　经营国内水路运输以及水路运输辅助业务,应当遵守本条例。

本条例所称国内水路运输(以下简称水路运输),是指始发港、挂靠港和目的港均在中华人民共和国管辖的通航水域内的经营性旅客运输和货物运输。

本条例所称水路运输辅助业务,是指直接为水路运输提供服务的船舶管理、船舶代理、水路旅客运输代理和水路货物运输代理等经营活动。

第三条　国家鼓励和保护水路运输市场的公平竞争,禁止垄断和不正当竞争行为。

国家运用经济、技术政策等措施,支持和鼓励水路运输经营者实行规模化、集约化经营,促进水路运输行业结构调整;支持和鼓励水路运输经营者采用先进适用的水路运输设备和技术,保障运输安全,促进节约能源,减少污染物排放。

国家保护水路运输经营者、旅客和货主的合法权益。

第四条　国务院交通运输主管部门主管全国水路运输管理工作。

县级以上地方人民政府交通运输主管部门主管本行政区域的水路运输管理工作。县级以上地方人民政府负责水路运输管理的部门或者机构(以下统称负责水路运输管理的部门)承担本条例规定的水路运输管理工作。

第五条　经营水路运输及其辅助业务,应当遵守法律、法规,诚实守信。

国务院交通运输主管部门和负责水路运输管理的部门应当依法对水路运输市场实施监督管理,对水路运输及其辅助业务的违法经营活动实施处罚,并建立经营者诚信管理制度,及时向社会公告监督检查情况。

第二章　水路运输经营者

第六条　申请经营水路运输业务,除本条例第七条规定的情形外,申请人应当符合下列条件:

(一)具备企业法人条件;

(二)有符合本条例第十三条规定的船舶,并且自有船舶运力符合国务院交通运输主管部门的规定;

(三)有明确的经营范围,其中申请经营水路旅客班轮运输业务的,还应当有可行的航线营运计划;

(四)有与其申请的经营范围和船舶运力相适应的海务、机务管理人员;

(五)与其直接订立劳动合同的高级船员占全部船员的比例符合国务院交通运输主管部门的规定;

(六)有健全的安全管理制度;

(七)法律、行政法规规定的其他条件。

第七条　个人可以申请经营内河普通货物运输业务。

申请经营内河普通货物运输业务的个人,应当有符合本条例第十三条规定且船舶吨位不超过国务院交通运输主管部门规定的自有船舶,并应当符合本条例第六条第六项、第七项规定的条件。

第八条　经营水路运输业务,应当按照国务院交通运输主管部门的规定,经国务院交通运输主管部门或者设区的市级以上地方人民政府负责水路运输管理的部门批准。

申请经营水路运输业务，应当向前款规定的负责审批的部门提交申请书和证明申请人符合本条例第六条或者第七条规定条件的相关材料。

负责审批的部门应当自受理申请之日起30个工作日内审查完毕，作出准予许可或者不予许可的决定。予以许可的，发给水路运输业务经营许可证件，并为申请人投入运营的船舶配发船舶营运证件；不予许可的，应当书面通知申请人并说明理由。

取得水路运输业务经营许可的，持水路运输业务经营许可证件依法向工商行政管理机关办理登记后，方可从事水路运输经营活动。

第九条　各级交通运输主管部门应当做好水路运输市场统计和调查分析工作，定期向社会公布水路运输市场运力供需状况。

第十条　为保障水路运输安全，维护水路运输市场的公平竞争秩序，国务院交通运输主管部门可以根据水路运输市场监测情况，决定在特定的旅客班轮运输和散装液体危险货物运输航线、水域暂停新增运力许可。

采取前款规定的运力调控措施，应当符合公开、公平、公正的原则，在开始实施的60日前向社会公告，说明采取措施的理由以及采取措施的范围、期限等事项。

第十一条　外国的企业、其他经济组织和个人不得经营水路运输业务，也不得以租用中国籍船舶或者舱位等方式变相经营水路运输业务。

香港特别行政区、澳门特别行政区和台湾地区的企业、其他经济组织以及个人参照适用前款规定，国务院另有规定的除外。

第十二条　依照本条例取得许可的水路运输经营者终止经营的，应当自终止经营之日起15个工作日内向原许可机关办理注销许可手续，交回水路运输业务经营许可证件。

第十三条　水路运输经营者投入运营的船舶应当符合下列条件：

（一）与经营者的经营范围相适应；

（二）取得有效的船舶登记证书和检验证书；

（三）符合国务院交通运输主管部门关于船型技术标准和船龄的要求；

（四）法律、行政法规规定的其他条件。

第十四条　水路运输经营者新增船舶投入运营的，应当凭水路运输业务经营许可证件、船舶登记证书和检验证书向国务院交通运输主管部门或者设区的市级以上地方人民政府负责水路运输管理的部门领取船舶营运证件。

从事水路运输经营的船舶应当随船携带船舶营运证件。

海事管理机构办理船舶进出港签证，应当检查船舶的营运证件。对不能提供有效的船舶营运证件的，不得为其办理签证，并应当同时通知港口所在地人民政府负责水路运输管理的部门。港口所在地人民政府负责水路运输管理的部门收到上述通知后，应当在24小时内作出处理并将处理情况书面通知有关海事管理机构。

第十五条　国家根据保障运输安全、保护水环境、节约能源、提高航道和通航设施利用效率的需求，制定并实施新的船型技术标准时，对正在使用的不符合新标准但符合原有标准且未达到规定报废船龄的船舶，可以采取资金补贴等措施，引导、鼓励水路运输经营者进行更新、改造；需要强制提前报废的，应当对船舶所有人给予补偿。具体办法由国务院交通运输主管部门会同国务院财政部门制定。

第十六条　水路运输经营者不得使用外国籍船舶经营水路运输业务。但是，在国内没有能够满足所申请运输要求的中国籍船舶，并且船舶停靠的港口或者水域为对外开放的港口或者水域的情况下，经国务院交通运输主管部门许可，水路运输经营者可以在国务院交通运输主管部门规定的期限或者航次内，临时使用外国籍船舶运输。

在香港特别行政区、澳门特别行政区、台湾地区进行船籍登记的船舶，参照适用本条例关于外国籍船舶的规定，国务院另有规定的除外。

第三章　水路运输经营活动

第十七条　水路运输经营者应当在依法取得许可的经营范围内从事水路运输经营。

第十八条　水路运输经营者应当使用符合本条例规定条件、配备合格船员的船舶，并保证船舶处于适航状态。

水路运输经营者应当按照船舶核定载客定额或者载重量载运旅客、货物，不得超载或者使用货船载运旅客。

第十九条　水路运输经营者应当依照法律、行政法规和国务院交通运输主管部门关于水路旅客、货物运输的规定、质量标准以及合同的约定，为旅客、货主提供安全、便捷、优质的服务，保证旅客、货物运输安全。

水路旅客运输业务经营者应当为其客运船舶投保承运人责任保险或者取得相应的财务担保。

第二十条　水路运输经营者运输危险货物，应当遵守法律、行政法规以及国务院交通运输主管部门关于危险货物运输的规定，使用依法取得危险货物适装证书的船舶，按照规定的安全技术规范进行配载和运输,保证运输安全。

第二十一条　旅客班轮运输业务经营者应当自取得班轮航线经营许可之日起60日内开航,并在开航15日前公布所使用的船舶、班期、班次、运价等信息。

旅客班轮运输应当按照公布的班期、班次运行;变更班期、班次、运价的,应当在15日前向社会公布;停止经营部分或者全部班轮航线的,应当在30日前向社会公布并报原许可机关备案。

第二十二条　货物班轮运输业务经营者应当在班轮航线开航的7日前,公布所使用的船舶以及班期、班次和运价。

货物班轮运输应当按照公布的班期、班次运行;变更班期、班次、运价或者停止经营部分或者全部班轮航线的,应当在7日前向社会公布。

第二十三条　水路运输经营者应当依照法律、行政法规和国家有关规定,优先运送处置突发事件所需的物资、设备、工具、应急救援人员和受到突发事件危害的人员,重点保障紧急、重要的军事运输。

出现关系国计民生的紧急运输需求时,国务院交通运输主管部门按照国务院的部署,可以要求水路运输经营者优先运输需要紧急运输的物资。水路运输经营者应当按照要求及时运输。

第二十四条　水路运输经营者应当按照统计法律、行政法规的规定报送统计信息。

第四章　水路运输辅助业务

第二十五条　运输船舶的所有人、经营人可以委托船舶管理业务经营者为其提供船舶海务、机务管理等服务。

第二十六条　申请经营船舶管理业务,申请人应当符合下列条件:

(一)具备企业法人条件;

(二)有健全的安全管理制度;

(三)有与其申请管理的船舶运力相适应的海务、机务管理人员;

(四)法律、行政法规规定的其他条件。

第二十七条　经营船舶管理业务,应当经设区的市级以上地方人民政府负责水路运输管理的部门批准。

申请经营船舶管理业务,应当向前款规定的部门提交申请书和证明申请人符合本条例第二十六条规定条件的相关材料。

受理申请的部门应当自受理申请之日起30个工作日内审查完毕,作出准予许可或者不予许可的决定。予以许可的,发给船舶管理业务经营许可证件,并向国务院交通运输主管部门备案;不予许可的,应当书面通知申请人并说明理由。

取得船舶管理业务经营许可的,持船舶管理业务经营许可证件依法向工商行政管理机关办理登记后,方可经营船舶管理业务。

第二十八条　船舶管理业务经营者接受委托提供船舶管理服务,应当与委托人订立书面合同,并将合同报所在地海事管理机构备案。

船舶管理业务经营者应当按照国家有关规定和合同约定履行有关船舶安全和防止污染的管理义务。

第二十九条　水路运输经营者可以委托船舶代理、水路旅客运输代理、水路货物运输代理业务的经营者,代办船舶进出港手续等港口业务,代为签订运输合同,代办旅客、货物承揽业务以及其他水路运输代理业务。

第三十条　船舶代理、水路旅客运输代理业务的经营者应当自企业设立登记之日起15个工作日内,向所在地设区的市级人民政府负责水路运输管理的部门备案。

第三十一条　船舶代理、水路旅客运输代理、水路货物运输代理业务的经营者接受委托提供代理服务,应当与委托人订立书面合同,按照国家有关规定和合同约定办理代理业务,不得强行代理,不得为未依法取得水路运输业务经营许可或者超越许可范围的经营者办理代理业务。

第三十二条　本条例第十二条、第十七条的规定适用于船舶管理业务经营者。本条例第十一条、第二十四条的规定适用于船舶管理、船舶代理、水路旅客运输代理和水路货物运输代理业务经营活动。

国务院交通运输主管部门应当依照本条例的规定制定水路运输辅助业务的具体管理办法。

第五章　法律责任

第三十三条　未经许可擅自经营或者超越许可范围经营水路运输业务或者国内船舶管理业务的,由负责水路运输管理的部门责令停止经营,没收违法所得,并处违法所得1倍以上5倍以下的罚款;没有违法所得或者违法所得不足3万元的,处3万元以上15万元以下的罚款。

第三十四条　水路运输经营者使用未取得船舶营运证件的船舶从事水路运输的,由负责水路运输管理的部门责令该船停止经营,没收违法所得,并处违法所得1倍以上5倍以下的罚款;没有违法所得或者违法所得不足2万元的,处2万元以上10万元以下的罚款。

从事水路运输经营的船舶未随船携带船舶营运证件的,责令改正,可以处1000元以下的罚款。

第三十五条　水路运输经营者未经国务院交通运输主管部门许可或者超越许可范围使用外国籍船舶经营水路运输业务,或者外国的企业、其他经济组织和个人经营或者以租用中国籍船舶或者舱位等方式变相经营水路运输业务的，由负责水路运输管理的部门责令停止经营，没收违法所得，并处违法所得 1 倍以上 5 倍以下的罚款；没有违法所得或者违法所得不足 20 万元的，处 20 万元以上 100 万元以下的罚款。

第三十六条　以欺骗或者贿赂等不正当手段取得本条例规定的行政许可的，由原许可机关撤销许可，处 2 万元以上 20 万元以下的罚款；有违法所得的，没收违法所得；国务院交通运输主管部门或者负责水路运输管理的部门自撤销许可之日起 3 年内不受理其对该项许可的申请。

第三十七条　出租、出借、倒卖本条例规定的行政许可证件或者以其他方式非法转让本条例规定的行政许可的，由负责水路运输管理的部门责令改正，没收违法所得，并处违法所得 1 倍以上 5 倍以下的罚款；没有违法所得或者违法所得不足 3 万元的，处 3 万元以上 15 万元以下的罚款；情节严重的，由原许可机关吊销相应的许可证件。

伪造、变造、涂改本条例规定的行政许可证件的，由负责水路运输管理的部门没收伪造、变造、涂改的许可证件，处 3 万元以上 15 万元以下的罚款；有违法所得的，没收违法所得。

第三十八条　水路运输经营者有下列情形之一的，由海事管理机构依法予以处罚：

(一)未按照规定配备船员或者未使船舶处于适航状态；

(二)超越船舶核定载客定额或者核定载重量载运旅客或者货物；

(三)使用货船载运旅客；

(四)使用未取得危险货物适装证书的船舶运输危险货物。

第三十九条　水路旅客运输业务经营者未为其经营的客运船舶投保承运人责任保险或者取得相应的财务担保的，由负责水路运输管理的部门责令限期改正，处 2 万元以上 10 万元以下的罚款；逾期不改正的，由原许可机关吊销该客运船舶的船舶营运许可证件。

第四十条　班轮运输业务经营者未提前向社会公布所使用的船舶、班期、班次和运价或者其变更信息的，由负责水路运输管理的部门责令改正，处 2000 元以上 2 万元以下的罚款。

第四十一条　旅客班轮运输业务经营者自取得班轮航线经营许可之日起 60 日内未开航的，由负责水路运输管理的部门责令改正；拒不改正的，由原许可机关撤销该项经营许可。

第四十二条　水路运输、船舶管理业务经营者取得许可后，不再具备本条例规定的许可条件的，由负责水路运输管理的部门责令限期整改；在规定期限内整改仍不合格的，由原许可机关撤销其经营许可。

第四十三条　负责水路运输管理的国家工作人员在水路运输管理活动中滥用职权、玩忽职守、徇私舞弊，不依法履行职责的，依法给予处分。

第四十四条　违反本条例规定，构成违反治安管理行为的，依法给予治安管理处罚；构成犯罪的，依法追究刑事责任。

第六章　附　则

第四十五条　载客 12 人以下的客运船舶以及乡、镇客运渡船运输的管理办法，由省、自治区、直辖市人民政府另行制定。

第四十六条　本条例自 2013 年 1 月 1 日起施行。1987 年 5 月 12 日国务院发布的《中华人民共和国水路运输管理条例》同时废止。

国务委员刘延东在河北调研

刘延东深入沧州、衡水等地的学校、企业和文化单位考察调研，看望一线教师、优秀青少年学生代表、科技人员和文化工作者。

刘延东指出，科技教育事业发展事关民族振兴和国家未来。要深化科技体制改革，促进科技与经济紧密结合，加强协同创新，引导创新资源向企业集聚，支持企业增强创新能力与核心竞争力。要充分发挥当地的特色和优势，突破制约产业发展的关键核心技术，加快改造提升传统产业和培育战略性新兴产业，努力实现创新驱动发展。要进一步加大政府对教育的投入力度，积极引导社会力量支持教育，重点改善农村地区和薄弱学校办学条件，努力提高学校办学水平。要全面实施素质教育，创新教育教学模式，完善督导评价体系，进一步提高教育质量，倡导团结友爱、助人为乐的优秀品德，促进学生德智体美全面发展。要加强教师培养培训，完善教师考核评价制度，保障教师合法权益，营造尊师重教社会氛围，培养造就高素质教师队伍。

《人民日报》发表评论员文章《保障城乡居民　促进公平正义》

从 2009 年 9 月我国启动新型农村社会养老保险试点，到 2011 年 6 月我国启动城镇居民社会养老保险试点，再到今年全国所有县级行政区全部启动实施新型农村和城镇居民社会养老保险工作，短短三年多，我国实现了城乡居民社会养老保险制度从无到有、再到制度全覆盖的历史性跨越。这是建设中国特色社会主义的又一巨大成就，是我们党执政为民理念的具体体现，是我国促进社会公平正义、保障和改善民生、逐步实现基本公共服务均等化的关键一步，具有划时代的意义。

实现城乡居民养老保险制度全覆盖，是全面建设小康社会的重要内容，标志着我国覆盖城乡居民社会保障体系的主要制度都已在全国范围内建立。社会保障是民生之安，关系着每一个人、每一个家庭的福祉。近年来，我国加快建立覆盖不同人群的社会保障制度，不断提高保障水平。此前，我国已实现基本医疗保险、城乡居民低保的制度全覆盖。现在，新农保、城居保两项制度覆盖全国后，加上已推行多年的城镇职工基本养老保险，我国又实现了基本养老保险制度的全覆盖。我们可以自豪地说，具有中国特色的社会保障体系的框架已基本建立，人人平等享有养老保障的制度体系初步形成，几千年来中国人“老有所养”的愿望，正在一步步成为现实。

实现城乡居民养老保险制度全覆盖，是推进基本公共服务均等化、实现社会公平正义的重要举措。公平正义是中国特色社会主义的本质属性。我们党所做的一切，归根到底都是为了让人民平等地过上富裕幸福的美好生活，实现社会公平正义。限于国家财力，在过去很长一段时间，农民的养老保障主要依靠土地、家庭和集体组织解决，未能和城镇职工一样拥有社会化的养老保障；城镇非从业居民尽管人数不多，其养老保障制度也一直处于空白。实施新型农村和城镇居民社会养老保险制度，实现了城乡居民在社会养老保险方面的制度平等，进一步缩小了城乡居民社会保障差距。由中央和地方政府为农民和城镇非从业居民全额支付基础养老金，是两项制度的一大特点。这一做法让公共财政的阳光更多地照耀城乡中低收入群体，使其更多地分享改革开放和现代化建设的成果，是社会公平正义的又一体现，是现代文明社会的标志。

在世界上人口最多的发展中国家，建立、健全覆盖全体城乡居民的社会养老保险制度，是一件前所未有的崭新事业。我们要充分肯定成绩，也要认识到今后的任务还很艰巨。在制度建立起来后，还需进一步完善优化；在制度全覆盖后，还要抓紧时间推动保障对象的全覆盖，并逐步提高保障水平。各地各有关部门要切实增强责任感、使命感，扎实工作、积极开拓，让这一惠民政策真正落到实处。

“第七届中国法学家论坛——宪法实施法治论坛”在北京举行

全国人大常委会副委员长路甬祥出席论坛开幕式并讲话指出，30年来，宪法在中国特色社会主义经济建设、政治建设、文化建设、社会建设、生态文明建设中发挥了极其重要的作用。以宪法为核心和统帅的中国特色社会主义法律体系的形成，是我国法治建设的重要成果，也是我国法治发展进入新阶段的重要标志。面向未来，要深入学习宪法、宣传宪法、研究宪法，进一步树立宪法权威、倡导宪法思维、加强宪法研究、保障宪法实施，大力弘扬中国特色社会主义宪法文化。

中国法学会党组书记、常务副会长陈冀平也在开幕式上讲话。

海关总署公布9月我国进出口总值增6.3%

海关总署发布我国外贸最新情况。据海关统计，今年前3季度，我国进出口总值28424.7亿美元，比去年同期(下同)增长6.2%。其中，出口14953.9亿美元，增长7.4%；进口13470.8亿美元，增长4.8%；贸易顺差1483.1亿美元。

海关统计显示，9月份，我国进出口总值为3450.3亿美元，增长6.3%。其中，出口1863.5亿美元，增长9.9%，单月出口规模创历史新高；进口1586.8亿美元，增长2.4%；贸易顺差276.7亿美元。

我国购买的A380投入国际航线运营

南航A380飞机今天抵达美国洛杉矶，标志着我国购买的A380飞机首次投入国际航线运营。

10月14日

国家主席胡锦涛与马尔代夫总统瓦希德互致贺电庆祝两国建交40周年

胡锦涛在贺电中说，中马是传统友好邻邦。建交40年来，双边关系历经国际风云变幻考验，始终平稳顺利发展，成为大小国家平等相待、和平共处的典范。中方愿与马方共同努力，巩固传统友谊，深化务实合作，把中马关系推向新高度。

瓦希德在贺电中说，马中友谊源远流长。1972年建交以来，两国始终保持密切的友好合作关系。马方感谢中方多年来为马国家发展提供的援助与合作，期待两国友好关系得到进一步加强。

中共中央总书记胡锦涛和国家副主席习近平在中央创先争优活动领导小组上报的《关于深入开展创先争优活动的总结报告》上作出重要批示

胡锦涛总书记批示：“创先争优活动取得显著成效。要认真总结经验，巩固和扩大成果，努力推进创先争优常态化、长效化，不断提高党建科学化水平。”习近平同志批示：“创先争优活动开展两年多来，基本实现了目标任务，取得显著成效。今后要在建立、健全制度机制上下功夫，推动创先争优常态化、长效化。”为学习贯彻胡锦涛总书记和习近平同志的重要批示，中央创先争优活动领导小组近日印发通知，要求各地区各部门各单位在集中性的创先争优活动取得显著成效的基础上，认真总结经验，巩固和扩大成果，建立、健全制度机制，努力推进创先争优常态化长效化，将开展了两年多来的集中性创先争优活动转入基层党组织和广大党员经常性创先争优。

我国成功发射实践九号A/B卫星

11时25分，我国在太原卫星发射中心采用长征二号丙运载火箭，以一箭双星的方式，成功将实践九号A/B卫星发射升空并送入预定转移轨道。

10月15日

国家主席胡锦涛就柬埔寨太皇西哈努克逝世向柬埔寨国王西哈莫尼 太后莫尼列致唁电

唁电全文如下：

“惊悉中国人民的伟大朋友、柬埔寨人民的卓越领袖西哈努克太皇陛下不幸因病逝世，我们深感悲痛。我谨代表中国政府和人民，并以我个人名义，向国王陛下和太后陛下，并通过你们向柬埔寨政府和人民致以最沉痛的哀悼和最深切的慰问。

“西哈努克太皇陛下是柬埔寨独立之父，他把毕生精力奉献给了柬埔寨民族独立与和平进步事业，为实现柬埔寨民族和解与国家发展建立了不朽的历史功勋，在柬埔寨人民心中享有崇高的威望。他的不幸逝世是柬埔寨人民的重大损失。

“西哈努克太皇陛下是中国人民的伟大朋友，长期致力于中柬友好，同中国几代领导人结下了深厚友谊。在他的亲自关心和推动下，通过双方共同努力，中柬友谊根深叶茂，硕果累累，与日俱增。他为中柬关系发展作出的杰出贡献将永远载入中柬友好的史册。

“中国政府和人民一贯珍视中柬友谊，高度重视发展两国关系。中方愿同柬方一道，继承和弘扬西哈努克太皇陛下和中国几代领导人共同开创和精心培育的中柬友好传统，巩固睦邻友好，深化务实合作，推动中柬全面战略合作伙伴关系健康深入向前发展，以更好地造福两国和两国人民。”

同日，全国人大常委会委员长吴邦国、国务院总理温家宝、全国政协主席贾庆林分别向柬埔寨参议院主席谢辛、国会主席韩桑林、首相洪森致唁电。

全国人大常委会委员长吴邦国在人民大会堂主持召开十一届全国人大常委会第九十次委员长会议

会议决定十一届全国人大常委会第二十九次会议10月23日至26日在北京举行。

根据委员长会议建议的议程，常委会第二十九次会议将继续审议精神卫生法草案、证券投资基金法修订草案；审议全国人大常委会关于修改监狱法等七部法律个别条款的决定草案，审议国务院关于提请审议邮政法修正案草案的议案。

委员长会议建议的常委会第二十九次会议议程还有：审议国务院关于提请审议批准《中华人民共和国、塔吉克斯坦共和国和阿富汗伊斯兰共和国关于确定三国国界交界点的协定》的议案、关于提请审议批准《中华人民共和国和泰王国关于移管被判刑人的条约》的议案；审议国务院关于深化文化体制改革、推动社会主义文化大发展大繁荣工作情况的报告，关于国有企业改革与发展工作情况的报告，关于社会救助工作情况的报告。

委员长会议还建议，常委会第二十九次会议审议全国人大民族委员会、内务司法委员会、财政经济委员会、外事委员会关于十一届全国人大五次会议主席团交付审议的代表提出的议案审议结果的报告；审议吴邦国委员长访问伊朗、缅甸、斯里兰卡和斐济四国情况的书面报告；审议全国人大常委会代表资格审查委员会关于个别代表的代表资格的报告；审议任免案等。

委员长会议上，全国人大常委会副委员长兼秘书长李建国就常委会第二十九次会议议程草案、日程安排意见作了汇报。全国人大常委会有关副秘书长，全国人大有关专门委员会、全国人大常委会有关工作委员会和代表资格审查委员会负责人就常委会第二十九次会议的相关议程作了汇报。

全国人大常委会副委员长王兆国、路甬祥、乌云其木格、陈至立、周铁农、司马义·铁力瓦尔地、蒋树声、陈昌智、严隽琪、桑国卫出席会议。

国务院总理温家宝在北京看望柬埔寨太后莫尼列和国王西哈莫尼

温家宝说，西哈努克太皇毕生为柬埔寨民族独立与和平发展事业不懈奋斗，作出了不可磨灭的卓越贡献。太皇长期致力于中柬友好，是中国人民伟大的朋友。我本人同太皇有着多年交往，建立了深厚友谊。我们将永远怀念太皇陛下。温家宝请太后和国王节哀保重，表示中国也是太后的家，中方有关部门将一如既往为太后做好服务工作。

莫尼列太后和西哈莫尼国王表示，西哈努克太皇终生致力于柬中友好事业，是中国人民的老朋友、好朋友。柬埔寨王室十分感激中方40年来对太皇的精心照料，将继承太皇开创的对华友好政策，推动两国关系继续向前发展。

全国创先争优活动总结交流会议在北京召开

中组部部长李源潮指出,要认真学习贯彻胡锦涛总书记和习近平同志重要批示精神,认真总结创先争优活动的成效和经验,巩固和扩大成果,将集中性创先争优活动转入基层党组织和党员经常性创先争优,推进创先争优常态化、长效化,以优异成绩迎接党的十八大胜利召开。

这次全国基层党组织和党员集中性创先争优活动,自2010年4月开展以来,按照中央提出的"推动科学发展、促进社会和谐、服务人民群众、加强基层组织"的总要求扎实推进,取得了显著成效。李源潮指出,创先争优活动为加强党的建设提供了新的经验和启示,要坚持思想先进与行动先进的高度统一,推动创先争优成为全党的价值理念和自觉行动;坚持围绕中心、服务大局,把党的建设融入争科学发展之先、创社会和谐之优的实践之中;坚持群众满意的价值导向,在为群众办实事好事中密切党群干群关系;坚持抓基层打基础,充分激发基层党组织和党员的内生动力;坚持党内带党外、党员带群众,不断增强党组织的社会凝聚力、影响力和带动力;坚持体制机制创新,着力构建创先争优长效机制,为保持和发展党的先进性提供有力的制度保障。

李源潮指出,要推进创先争优常态化、长效化,引导基层党组织和党员牢固树立创先争优理念,把创先争优融入中心任务、融入岗位职责、融入制度建设,成为推动科学发展、促进社会和谐、服务人民群众的强大动力。要把创先争优的好经验好做法上升为制度,每个支部至少建立一项创先争优制度,留下长期起作用的成果。要落实党建工作责任制,坚持书记抓抓书记,不断提高党建科学化水平。

第一百一十二届中国进出口商品交易会(广交会)在广州开幕

广交会被视为中国外贸的晴雨表和风向标。本届广交会继续保持三期展览格局不变,展览总面积116万平方米,展位总数59509个,境内外参展企业24840家,比上届增加196家。

本届广交会深入贯彻品牌战略,开展了品牌企业评审和品牌展位数量、位置的重新安排工作。品牌展位总计11806个,比上届增加827个,规模占比提高至20%,共安排品牌企业2225家,比上届增加321家。品牌展区的扩大有助于发挥示范和引导效应,为外贸"转方式"服务。

国家副主席习近平在北京看望柬埔寨太后莫尼列

习近平表示,惊悉西哈努克太皇陛下今天凌晨因病在北京逝世,我们感到无比震惊和悲痛。我谨代表中国共产党、中国政府和中国人民向太后陛下,并通过你向西哈莫尼国王陛下及柬埔寨其他王室成员,向柬埔寨政府和人民致以深切哀悼和诚挚慰问。

习近平表示,西哈努克太皇是深受柬埔寨人民爱戴的卓越领袖,他把毕生精力都奉献给了柬埔寨民族独立与和平发展事业,建立了不朽的历史功勋。西哈努克太皇是中国人民的老朋友,同中国几代领导人结下了深厚友谊,为开创和培育中柬友好事业作出了不可磨灭的贡献,他将永远活在中柬两国人民心中。我们坚信,在双方共同努力下,中柬两国和两国人民的传统友谊必将不断得到巩固和发展,西哈努克太皇和中国老一辈领导人共同开创的中柬友好事业必将发扬光大,传承下去,取得更加辉煌的成果。

习近平表示,西哈努克太皇逝世后,中方愿全力协助和配合柬方做好相关工作。请太后陛下节哀顺变,保重身体。

莫尼列太后对习近平前来看望表示衷心感谢。她表示,西哈努克太皇是中国人民忠诚的老朋友、好朋友,几十年来坚定奉行对华友好政策,并长期在中国生活居住,中国是西哈努克太皇和我的第二故乡,中国一直给予我们精心照料,西哈努克太皇病发后,中方有关部门全力救治,我对此深表感谢。相信在双方共同努力下,柬中友好合作关系必将继续向前发展。

中联部部长王家瑞在北京会见孟加拉国民族主义党主席 前总理卡莉达·齐亚

由华东师范大学与美国纽约大学合作设立的上海纽约大学正式宣告成立

作为国家教育体制改革试点项目之一,上海纽约大学是国内第一所中美合作成立的国际化大学。同时,也是中国"985"院校和美国一流大学的首次合作办学。

学校计划于2013年秋季招收第一届本科生300名,其中中国大陆(内地)学生151名,海外学生及香港、澳门、台湾地区学生149名。面向境内学生的招生将在尊重高考制度的前提下进行。面向国际学生的招生将按照美国纽约大学标准。

10月16日

2013年度全国党报党刊发行工作视频会议在北京举行

会议提出,要认真贯彻落实中央关于做好2013年度重点党报党刊发行工作的通知精神,采取有效措施,确保《人民日报》、《求是》杂志和光明日报、经济日报等中央重点党报党刊的发行工作顺利进行,以饱满的工作热情迎接党的十八大胜利召开,以良好的工作状态宣传贯彻好党的十八大精神。

会议指出,《人民日报》、《求是》杂志等中央重点党报党刊,肩负着为加强党的建设、开创中国特色社会主义事业新局面提供强大精神动力、思想保证和舆论支持的重要任务,在宣传党的主张、弘扬社会正气、通达社情民意、引导社会热点、疏导公众情绪、搞好舆论监督等方面,发挥着不可替代的重要作用。各级党组织要高度重视做好中央重点党报党刊发行工作,宣传部门要具体组织实施,组织部门要大力支持,邮政部门要密切配合,确保各项征订措施落到实处。要坚持改进创新,整合发行资源,完善营销网络,优化投递线路,提高投递实效,拓展覆盖范围,不断扩大党报党刊的市场占有率和社会影响力。

会议强调,要严格执行中央关于党报党刊订阅范围和订阅经费的有关规定,各省、自治区、直辖市党委宣传部门要会同新闻出版、邮政等部门加强督促检查,各级纪检监察部门要加大纠正报刊征订工作中不正之风的力度,对违犯规定、影响恶劣的案件要坚决查处。

会议强调,提高报刊质量是做好发行工作的基础。党报党刊要坚持正确舆论导向,贯彻"三贴近"方针,发扬"走转改"精神,唱响时代主旋律,办出特色、办出水平,不断提高亲和力、吸引力、感染力,以高质量的新闻报道服务读者、赢得市场。

全国人大常委会委员长吴邦国在柬埔寨驻华使馆吊唁柬埔寨太皇西哈努克逝世

全国政协主席贾庆林在柬埔寨驻华使馆吊唁柬埔寨太皇西哈努克逝世

西气东输三线天然气管道工程开工仪式在北京举行

国务院副总理李克强作出重要批示,他指出,西气东输三线是具有战略意义的能源运输大动脉,横跨我国边疆、内地和沿海十省(区)。开工建设这一重大工程,将使沿线上亿群众用上清洁可靠的天然气,推动能源结构优化和节能减排,促进区域协调发展,而且能够带动设备、材料等相关产业,扩大国内需求,支撑和助推经济社会发展。

国家西气东输三线工程建设领导小组组长、国家发展改革委主任张平出席开工仪式,并宣布西气东输三线工程正式开工。开工仪式由中国石油天然气集团公司总经理周吉平主持,西气东输三线工程建设领导小组成员单位、各有关部门及部分参建单位参加了开工仪式。

西气东输三线工程途经新疆、甘肃、宁夏、陕西、河南、湖北、湖南、江西、福建、广东等10个省(区),总长度约为7378公里,设计年输气量300亿立方米。主要气源来自中亚国家,国内塔里木盆地增产气和新疆煤制气为补充气源。

实施西气东输三线工程,将进一步增强天然气供应保障能力,把天然气在我国一次能源消费结构中的比例提高1至2个百分点。工程建成后,每年可减少二氧化碳排放1.3亿吨、二氧化硫144万吨、粉尘66万吨、氮氧化物36万吨。

西气东输三线工程总投资超过1200亿元,该工程的建设将带动提高大型压缩机组、阀门等关键装备自主创新,并促进上下游产业发展和结构升级。

国务院副总理回良玉在中南海紫光阁会见联合国拉丁美洲和加勒比经济委员会执行秘书巴尔塞纳

回良玉说,作为研究拉美和加勒比地区经济社会发展的权威机构,拉美经委会积极致力于推动中拉友好合作,中方对此表示赞赏。近年来,中拉关系保持全面快速发展的良好势头,双方合作的空间和潜力还很大。相信在双方共同努力下,中拉合作必将体现更高的质量和水平,更好造福双方人民。中方重视发展与拉美经委会的关系,愿继续同拉美经委会加强交流,共同推动中拉各领域合作不断发展。

巴尔塞纳说,中国是重要大国,拉美是重要新兴地区,拉中加强合作具有重要意义。拉中政治互信日益加深,经济互补性较强,合作前景广阔。联合国拉美经委会愿为拉中友好合作关系更加深入发展发挥积极推动作用。

第三届中国发展论坛在香港举行

与会嘉宾围绕"中国振兴与可持续发展"和"人文探索与和谐世界"两大主题展开了探讨。

全国人大常委会副委员长路甬祥、联合国工业发展组织驻华首席代表柯文斯、香港大学校长徐立之等做了主题演讲,来自中国内地、香港和韩国、澳大利亚的多位大学校长、学者以及香港工商界逾百名人士参加了论坛,分享各自关于可持续发展、中国振兴与和谐世界的真知灼见。

路甬祥在主题演讲中表示,香港和澳门在与内地的科技合作中成果丰硕,已成为国家科技创新领域不可或缺的重要力量。未来的五年至十年是中国转变发展方式、建设创新型国家、全面建设小康社会的关键时期。港澳科技界人才在参与国家创新体系建设中将面临无限机遇。

山东大学校长徐显明、香港城市大学校长郭位、香港理工大学校长唐伟章、香港科技大学校长陈繁昌、香港中文大学副校长徐扬生以及悉尼大学校长斯宾塞等，分别就法治建设、人才教育、能源可持续发展等方面，探讨了中国实现民族复兴的道路、机遇和挑战以及在构建和谐世界中应扮演的角色。

10月17日

国家主席胡锦涛在北京医院出席柬埔寨太皇西哈努克遗体告别仪式

胡锦涛说，西哈努克太皇陛下不幸因病逝世，使柬埔寨失去了一位卓越领导人，使我们失去了一位伟大朋友，我们为此深感悲痛。我再次代表中国政府和人民对西哈努克太皇逝世表示最沉痛的哀悼，向柬埔寨王室、政府和人民致以最诚挚的慰问。

胡锦涛表示，西哈努克太皇陛下虽与世长辞，但他作为中柬友好的象征将永远活在两国人民心中，他为中柬友好关系发展作出的杰出贡献将永载史册，并激励两国人民继往开来，共同谱写中柬传统友谊的新篇章。

莫尼列太后、西哈莫尼国王、洪森首相衷心感谢中国政府和人民长期以来给予西哈努克太皇的精心照料，表示西哈努克太皇一直致力于推动两国友好事业，将中国作为第二故乡。柬方将继承太皇遗志，继续加强柬中传统友谊、推进两国睦邻友好合作关系。

全国政协主席贾庆林在人民大会堂会见海基会新任董事长林中森

贾庆林指出，海协会和海基会作为两岸分别授权的民间团体，承担着两岸制度化协商的重要任务。2008年6月以来，两会在“九二共识”基础上恢复协商，解决了两岸交往中面临的许多问题，推进了交流合作的制度化进程，对于促进双方良性互动、增进两岸同胞福祉、深化两岸互利合作，发挥了不可替代的重要作用。希望两会继往开来，更加积极地推动两岸协商进程，以更多的协商成果造福两岸同胞。

贾庆林强调，当前，两岸关系和平发展进入巩固深化的新阶段。两岸双方都应该顺应两岸民众的愿望，采取进一步积极措施，为不断开创两岸关系和平发展的新局面作出更大努力。一是要进一步坚定信念。实践已经证明，两岸关系和平发展符合两岸同胞的共同期待，符合中华民族的整体利益，也增进了台湾同胞的福祉。坚定走两岸关系和平发展道路的信念，就是对历史负责，对人民负责，对未来负责。二是要进一步巩固基础。其中的首要关键是巩固和强化反对“台独”、坚持“九二共识”的政治基础。两岸关系越往前发展，越需要双方在事关维护一个中国框架这一原则问题上形成更为清晰的共同认知和一致立场，促进民众更为明确地树立两岸同胞一家人的观念。这样就能为再创两岸关系新局提供新的动力，为解决两岸之间的难题开辟新的前景，为扩大两岸同胞尤其是台湾同胞的福祉创造新的条件。三是要进一步发挥智慧。要在建立互信基础上求同存异，管控分歧，进而逐步聚同化异，不断克服前进道路上的各种干扰；要相互释放善意，加强良性互动，按照先易后难、循序渐进的思路和互惠互利、共创双赢的方向推进商谈，不断拓展两岸关系前进的道路。四是要进一步增强勇气。两岸关系不进则退，前进道路上虽然有困难和阻碍，但不能因此裹足不前，应该积极有为，努力推动两岸关系继续向前迈进。希望台湾方面奉行更加积极的大陆政策，切实促进和深化两岸各领域的合作，并以此推动台湾经济社会的健康发展。

林中森表示，2008年以来，两岸两会在“九二共识”基础上恢复制度化协商，取得丰硕成果，得到两岸同胞的认同肯定。两岸关系应在维持、巩固和强化“九二共识”的共同基础上，百尺竿头，再进一步。他将勤奋工作，与海协会加强交流，累积互信，推进对话协商，服务两岸同胞，共同为推动两岸关系和平发展、增进两岸同胞福祉作出更大努力。

中央纪委书记贺国强在神华集团公司考察

考察期间，贺国强听取了神华集团公司的工作汇报，充分肯定了神华集团近年来改革发展取得的显著成绩。贺国强指出，希望神华集团认真贯彻落实中央决策部署，遵循规律、改革创新，调整优化产业产品结构和布局，深化国有企业改革，充分利用国际国内两个市场和两种资源加快发展，坚持以煤为基、壮大主业，加强大型煤炭、煤电基地、能源输送通道建设；坚持以煤兴业、多元发展，积极有序发展煤制油、煤制烯烃等煤基能源化工产业，有序发展新能源和可再生能源产业；坚持节约优先、保护环境，加快推进能源科技创新，提高能源开发、加工转化和使用效率；坚持立足国内、面向世界，积极实施‘走出去’战略，提高开发利用境外能源的能力，深化和扩大能源国际合作，努力建设成为具有国际竞争力的世界一流煤炭综合能源企业，为我国经济社会发展提供坚实的能源保障。

贺国强强调，要切实加强国有企业党风建设和反腐倡廉工作，认真落实党风廉政建设责任制，加强企业领导人员作风建设和廉洁从业工作，严肃查办违纪违法案件，加强国有企业惩治和预防腐败体系建设，加强国有企业纪检监察组织建设，不断为国有企业健康顺利发展提供有力保证。

减贫与发展高层论坛在北京举行

国务院扶贫开发领导小组组长回良玉出席开幕式并代表中国政府致辞。

回良玉强调,中国和世界都需要通过增强发展的包容性,转变发展方式,提高发展质量,增进人民福祉。他提出了三点建议:一是深化改革,建立有利于贫困人口的经济制度,注重为贫困人口提供平等的公共服务,通过制度建设促进减贫。二是发挥优势,注重提高经济增长的质量,根据资源禀赋合理调整产业结构,协调发展资本、技术和劳动密集型产业。三是创新机制,加强减贫领域的国际交流合作。

本次论坛的主题是"包容性发展与减贫",由中国国务院扶贫办与联合国驻华系统共同主办。开幕式上,宣读了联合国秘书长潘基文给本次论坛的致辞。中央和国家机关有关部门负责人、联合国相关机构高级官员、有关国家的政府官员、国际知名专家学者以及社会团体代表等出席了论坛。

国务委员马凯在北京主持召开国务院安全生产委员会全体会议

马凯指出,今年以来,各地区、各部门和单位以深入开展"打非治违"专项行动为重点,全面推进安全生产各项工作,全国安全生产继续保持了总体稳定、持续好转的发展态势。前三季度,各类事故起数和死亡人数同比分别下降21.3%、15.3%,重点行业领域安全状况持续好转,其中煤矿、消防火灾事故同比分别下降32.6%和43.6%,大部分地区安全生产形势稳定。但重特大事故仍时有发生,暴露出一些地方和行业领域安全责任落实不到位、对非法违法行为打击不力、隐患排查治理不彻底等问题仍然比较突出。

马凯强调,要以对人民高度负责的精神,全力以赴做好安全生产工作,努力实现全年"事故总量继续下降、重大事故由升转降、特别重大事故低于去年"的目标任务。要进一步深化"打非治违"工作,将专项行动延长至年底,建立、健全长效机制,认真组织开展"回头看",确保对非法违规行为打击治理到位,真正取得实效。要继续大力推进煤矿兼并重组和技术改造,尽快研究制定更有力的扶持政策,进一步加强瓦斯治理和抽采利用,认真组织开展非煤矿山整顿关闭攻坚战。要切实抓好重点行业领域隐患排查治理,认真贯彻实施国务院关于加强道路交通安全工作的意见,继续深化危险化学品、烟花爆竹、铁路和水上交通、建筑施工、民爆物品、冶金及消防等行业领域的专项整治。要加大安全生产管理和监督力度,强化企业主体责任、政府和部门监管责任落实,严格事故查处和责任追究,做好安全生产目标年度考核工作。要抓紧完成国家矿山和区域应急救援基地建设任务,完善应急救援预案,强化协调联动机制,抓紧研究出台加强安全培训工作的相关规定。马凯特别强调,要针对四季度历来是生产安全事故多发时段,一些生产企业和施工企业往往赶产量、抢进度,给安全生产构成危险的情况,抓住重点地区、重点行业和关键环节,把安全生产的各项规定、措施、要求真正落到实处,有效防范和坚决遏制重特大事故。

中共中央政治局常委李长春在伊斯兰堡与巴基斯坦总统扎尔达里举行会谈

全国政协副主席孙家正在科威特出席亚洲合作对话首次首脑会议

国务委员戴秉国护送柬埔寨太皇西哈努克灵柩抵达金边

当地时间17日14时50分,载有柬埔寨太皇西哈努克灵柩的专机抵达金边国际机场,专程护送的中国国务委员戴秉国和柬埔寨太后莫尼列、国王西哈莫尼、首相洪森同机抵达。

戴秉国说,西哈努克太皇为中柬关系发展作出了不可磨灭的历史贡献,在中国人民心中享有特殊的地位。西哈努克太皇晚年仍十分关心中国的发展。他积极支持北京奥运会,86岁高龄还自始至终出席北京奥运会开幕式。近年来,每逢中国遭受自然灾害,他都慷慨解囊,上个月还向中国云南、贵州地震灾区捐款。中国人民将永远缅怀他。西哈努克太皇和中国几代领导人共同缔造和培育的中柬友好事业必将继承和发展下去。

莫尼列太后、西哈莫尼国王、洪森首相表示,中方为西哈努克太皇后事作出了特别周到的安排,柬埔寨王室、政府和人民衷心感谢,对中国政府和人民的深情厚谊永记在心。中国始终是柬埔寨真诚的朋友。柬方愿同中方一道,传承柬中传统友谊,不断发扬光大。

戴秉国还出席了柬方举行的灵柩迎接仪式。

10月18日

国家主席胡锦涛与乌干达共和国总统穆塞韦尼互致贺电庆祝两国建交50周年

胡锦涛在贺电中说,半个世纪以来,中乌始终真诚友好、平等相待,两国友好合作关系经受住了国际风云变幻的考验,两国人民之间的友谊日益加深。近年来,双方政治互信不断增强,在涉及彼此核心利益和重大关切问题上相互理解、相互支持;在经贸、基础设施建设、能源、教育、卫生等领域积极开展合作,成果惠及两国人民;在重大国际和地区事务中保持良好的沟通和配合,维护发展中国家共同利益。中方珍视与乌干达的友谊,愿同乌方一道,以两国建交50周年为新起点,进一步加强交往,增进互信,深化各领域互利合作,推动中乌友好合作关系不断迈上新台阶。

穆塞韦尼在贺电中说,建交50年来,乌中一直保持良好关系,在贸易、投资、通信、农业、科技、文化等领域合作成果丰硕,在国际和地区事务中保持密切沟通协调并在很多问题上有着共同的立场。乌方愿以两国建交50周年为契机,进一步巩固和加强与中方的友好合作。

国务院总理温家宝主持召开国务院常务会议分析当前经济形势并部署四季度经济工作

会议认为我国经济增速趋于稳定并继续出现积极变化,我们有信心通过努力全面实现今年的目标。

会议深入分析了经济形势,指出,从宏观经济各项指标的组合看,当前我国经济发展的基本面是好的,经济增速趋于稳定并继续出现积极变化。主要表现在:一是经济增速趋于稳定,9月份主要指标增速有所加快。前三季度国内生产总值增长7.7%,保持在年初确定的目标范围内。9月份规模以上工业增加值同比实际增长9.2%,社会消费品零售总额同比增长14.2%,固定资产投资前三季度累计同比增长20.5%,货运量增长11.8%。出口增长9.9%,大幅高于7月份1%和8月份2.7%的增速,单月出口规模创历史新高。制造业采购经理指数为49.8%,实现4个月来首次回升。工业生产者购进价格扭转5月份以来环比连续下降趋势。消费者信心指数回升至100.8。二是转变经济发展方式和调整经济结构取得积极成效,内需特别是消费需求对经济增长的拉动作用明显提高,国际收支趋于平衡。粮食产量实现"九连增"。产业结构升级加快,前三季度服务业比重比上年同期提高1.2个百分点,高新技术产业发展较快。单位国内生产总值能耗下降3.4%,幅度大于去年同期。中西部和东北地区经济发展主要指标好于全国平均水平,城乡、区域发展的协调性进一步增强。三是就业稳定,居民收入增加。前三季度城镇新增就业1024万人,超过全年目标。城镇居民人均可支配收入和农村居民人均现金收入实际分别增长9.8%和12.3%,均高于经济增长速度。四是物价和房价保持稳定。居民消费价格前三季度同比上涨2.8%,9月份上涨1.9%。9月份70个大中城市中有55个城市的新建商品住房价格比去年同期下降。

会议指出,今年的成绩来之不易,这是中央审时度势、正确决策,各地区、各部门认真落实的结果。针对经济运行中出现的新情况新问题,我们把稳增长放在更加重要的位置,加强和改善宏观调控,及时出台相关政策措施。主要包括:加快财政支出进度,在既定的预算范围内保障重点支出,加强关系民生的基础设施建设,加快推进保障性安居工程和农村危房改造,启动部分大城市地下管网改造和给排水工程,加强农田水利基础设施建设。支持企业技术改造,扩大"节能产品惠民工程"实施范围。加大结构性减税力度,重点推进营业税改征增值税试点,同时实施一系列减轻小微企业税费负担的政策措施。发挥货币政策逆周期调节作用,两次降低存款准备金率和存贷款基准利率,扩大利率特别是贷款利率浮动区间,保持货币信贷平稳适度增长,9月末广义货币供应量余额同比增长14.8%。出台"新36条"的42个实施细则,鼓励民间投资。出台实施促进外贸稳定增长的政策措施。取消和调整314项部门行政审批项目等。这些措施对增强市场信心、促进经济增速企稳,起到了重要作用。随着各项政策继续落实到位并发挥作用,我国经济将进一步趋稳。

会议强调,当前我国经济社会发展面临的国内外环境仍然错综复杂。世界经济复苏步伐放缓,贸易投资保护主义抬头,扩大外需面临不少制约因素。内需保持较快增长的难度不小,企业效益下降、财政收入增速减缓比较明显,经济趋稳的基础还不够稳固。我们既要看到有利条件和积极因素,坚定做好经济工作的信心和决心;也要充分估计面临的困难、问题和风险,未雨绸缪,沉着应对,牢牢把握经济工作的主动权。

会议指出,做好四季度的各项工作,不仅对全面完成今年发展目标具有重大意义,而且对明年乃至更长时期的发展至关重要。要坚持把稳增长放在更加重要的位置,抓紧、抓好、抓出成效。一要坚持实施积极的财政政策和稳健的货币政策,促进经济平稳较快发展。落实好结构性减税政策,稳步推进营业税改征增值税试点。强化预算支出管理,防止年底突击花钱。前瞻性地调节社会融资总规模,保持合理的市场流动性和新增贷款规模。优化信贷结构,扩大债券发行规模,促进资本市场稳定健康发展,改善对实体经济的金融服务。二要加快转变经济发展方式,调整经济结构。认真落实国务院《关于深化流通体制改革加快流通产业发展的意见》。实施好扩大节能家电等产品消费的政策。推进国家重点在建续建项目建设,加大金融支持,加快工程进度。支持民间资本进入符合国家产业政策的行业和领域。引导企业加大技术改造投入。继续严格控制"两高"和产能过剩行业扩张。三要毫不放松地抓好农业生产,稳定农业发展好形势。落实好中晚稻最低收购价和玉米、大豆、棉花等临时收储政策。促进生猪等农畜水产品生产持续稳定健康发展。引导农民稳定冬小麦、冬油菜播种面积。确保化肥等生产资料供应和价格基本稳定。积极开展冬春农田水利建设。加强防灾减灾工作。四要着力深化改革和扩大开放。继续深入推进财税、投融资、电价、行政审批等领域改革。制定收入分配制度改革总体方案和农村集体土地征收条例。认真落实促进外贸稳定增长的政策措施。五要坚定不移地搞好房地产市场调控。严格实施差别化住房信贷、税收政策和住房限购措施,抓紧研究制定符合我国国情、系统配套、科学有效、稳定可预期的房地产市场调控政策体系。推进保障性安居工程建设,确保保障房公平分配到低收入群众的手中。加快普通商品住房土地供应,有效增加普通商品房供给。六要高度重视并妥善做好民生工作。突出抓好就业工作。健全社会保障体系,重点做好城乡居民社会养老保险全覆盖工作。继续完善城镇职工和居民基本医疗保险制度,巩固完善新型农村合作医疗制度。坚持不懈抓好安全生产和食品药品安全。

会议要求,各地区、各部门要坚定信心,发挥积极性、主动性和创造性,扎扎实实做好工作,确保政策落实到位、见到成效,努力全面实现今年经济社会发展目标。

国务院副总理李克强在北京主持召开扩大营业税改征增值税试点工作座谈会

李克强强调,要按照推动科学发展、加快转变经济发展方式的要求,以结构性减税推动结构调整与改革,以营改增为重要抓手,促进产业结构升级,助推工业创新转型,加快服务业和中小企业发展,改革与完善财税体制,为经济长期平稳较快发展增添动力和活力。

部分试点企业在座谈会上谈了营改增促进自身发展的亲身体验,李克强十分关注并深入了解改革对企业创新转型等的作用和企业对改革的建议。他说,实施营改增,是推进制造业升级、解决服务业发展滞后问题的重要措施。通过打通二、三产业增值税抵扣链条,能够促进工业领域专业化分工,做大做强研发和营销,使企业结构从“橄榄型”真正转变为“哑铃型”,产业层次从低端走向中高端;而且会促进一些研发、设计、营销等内部服务环节从主业剥离出来,成为效率更高的创新主体,实现主业更聚焦、辅业更专业。同时,对服务业实行与工业同样的增值税,是国际通行做法,可以为服务业发展创造更好的环境,特别是对分工细、链条长的现代服务业,减税效果会更明显。就业的最大容纳器是服务业,领域宽、覆盖广的服务业发展了,就业也就会随之扩大,这是最突出的改革效应,对城镇化发展也是有力的促进和支撑。

我国有中小企业1000多万家,占企业总数95%以上,创造了全国50%的税收和80%的城镇就业。听到参与试点的小规模纳税人全部实现了减负,减税幅度平均达到40%,李克强非常高兴。他指出,我国经济发展既需要“顶天立地”的具有支柱作用的大企业,也需要“铺天盖地”的富有增长活力的中小企业。近年来,我们出台了不少支持中小企业发展的政策措施,这次营改增,又在制度上迈出了重要一步,突出了促进中小企业发展的取向,效果也最明显。随着试点范围的扩大,会惠及更多中小企业尤其是微型企业,推动就业和创业,促进大中小企业配套协作、相互支撑,增强整体竞争力和活力。

李克强强调,推进营改增是从大局着眼、细处入手、牵一发而动全身的举措,这不是营业税和增值税的简单转换,而是重大制度创新。通过将营业税逐步改为增值税,基本消除这方面重复征税并实现公平税负,做到对货物和服务统一征税,有利于防止重产品、轻服务的问题。这达到了简化和规范税制的要求,体现了税改的方向。改革采取深入论证、积极试点、从点到面、稳步推开的做法,积极平稳有序,前行一步,夯实一步,这将为深化财税体制改革、推进正税清费提供有益借鉴。

近期,营改增试点将扩大到9个省(直辖市)和3个计划单列市,这些地区经济总量、服务业增加值和税收收入超出全国的“半壁江山”。在听取财政部、税务总局负责人下一步打算的汇报后,李克强指出,要认真总结试点经验,跟踪评估遇到的新情况,研究探索相关重大问题,抓紧制定扩大改革试点的具体方案,有序扩大试点范围,适时将邮电通信、铁路运输、建筑安装等行业纳入改革试点。根据国家和地方财力可能,逐步将营改增扩大到全国。研究理顺中央和地方的财政分配关系,确保企业受惠、地方得益、国家税制得到完善,形成多方共赢的局面。

李克强最后说,改革是我国发展的强劲动力。目前改革已进入攻坚阶段和深水区,涉及更深层次利益格局调整,实施难度也更大。必须以更大决心和勇气推进重点领域和关键环节改革,进一步深化财税、企业、金融、价格、收入分配等项改革,以制度创新焕发发展动力。

有关地方和部门的负责同志参加了会议。

国务院副总理回良玉在山东主持召开农业农村工作座谈会

回良玉指出,今年农业丰收已成定局,农民增收形势已经明朗,总的看农业农村发展亮点纷呈、形势依然很好。粮食有望继续增产,实现“九连增”,再创历史新高。农民收入有望继续较快增长,实现“九连快”,再创历史纪录。农业基础设施继续加强,农业科技创新呈现出新气象，农产品供给保障能力稳定提高，现代农业建设实现新突破。国家扶贫标准大幅提高，集中连片特困地区成为新一轮扶贫攻坚主战场，有关规划已经制定并启动实施，扶贫开发工作实现新突破。农村低保水平进一步提高，新农合制度不断健全，新农保试点实现全覆盖，农村民生改善取得新进展。农村基层组织继续加强，农村民主法制建设稳步推进，农村和谐稳定局面进一步巩固，农村社会管理机制创新取得新进展。农业农村发展形势好，为保持经济平稳较快发展和社会大局安定和谐，提供了有力支撑、作出了重大贡献。

回良玉强调，当前正是秋收秋种关键时节，必须不失时机做好农业农村各项工作。一要精心组织秋收秋种，搞好各项服务，实现颗粒归仓、丰产丰收，加强在田作物管理，为明年农业再获丰收打好基础。二要大兴冬春农田水利，引导发动农民大力开展小型农田水利建设，搞好农田整治，大搞农业科技指导服务和培训，强化农业基础和科技支撑。三要加强重大动植物疫病防控，完善应急预案，落实防控措施，果断处置疫情，确保农业生产安全和产业安全。四要做好森林、草原防火工作，强化各项措施，落实安全责任，避免发生重特大火灾和人员伤亡。五要做好粮食收购工作，强化农产品质量安全监管，保障市场供应，保持农产品价格合理水平，确保农产品和食品质量安全。六要关心农村困难群体，做好扶贫开发和救灾救济工作，帮助困难群众解决好吃穿住行等实际困难。七要认真做好农村稳定工作，及时排查化解各种矛盾纠纷，严厉打击各类违法犯罪活动，保持农村社会安定祥和。

我国茶叶年产值超过1400亿元

中国茶叶经济年会今天在福建宁德举行。全国茶叶主产区主销区的1000多名代表参会。会上获悉，我国每年茶叶产量超过100万吨，年产总值超过1400亿元。

"2012中国汽车产业发展高层论坛"在北京举行

中共中央政治局常委李长春在拉合尔与巴基斯坦穆斯林联盟领袖纳瓦兹·谢里夫和旁遮普省首席部长沙赫巴兹·谢里夫举行会谈

国家副主席习近平在人民大会堂会见孟加拉国民族主义党主席卡莉达·齐亚

国务委员戴秉国在金边与柬埔寨首相洪森举行会谈

洪森表示，中方为西哈努克太皇后事作出了特别周到安排，并派戴秉国国务委员专程护送太皇灵柩回柬，柬埔寨政府和人民衷心感谢。中方多年来对西哈努克太皇的精心关照在柬埔寨人民心中树立起柬中友谊的丰碑。柬方将一如既往地坚定奉行对华友好方针，同中方共同努力，推动柬中全面战略合作伙伴关系不断迈上新台阶。柬方重视同中方加强在地区和多边事务中的合作，东亚领导人系列会议下月将在金边举行，柬方愿同中方密切配合，使会议取得成功。

戴秉国表示，西哈努克太皇是中国人民的伟大朋友。值此悲伤时刻，中国人民坚定地同柬埔寨人民站在一起。相信柬埔寨人民将继承西哈努克太皇遗志，紧密团结，把国家建设得更好。中柬两国相互信任、相互支持、真诚相助。中方愿继续同柬方一道，继承和发扬中国几代领导人和西哈努克太皇共同缔造和培育的中柬友谊，将中柬关系不断推向前进。中方支持柬方办好东亚领导人系列会议，将同柬方保持沟通协调，使其成为一次团结合作、共谋发展的会议，促进地区和平、稳定和繁荣。

第十四届中国上海国际艺术节开幕

《社会主义核心价值观五讲》新书首发式暨座谈会在北京举行

首届翼装飞行世界锦标赛在湖南张家界落幕

8个国家的15名国际顶尖翼装飞行选手参赛。最终，南非选手朱力安夺得冠军，挪威选手和英国选手分获二、三名。

10月19日

全国政协主席贾庆林在北京主持召开会议强调扎实做好西藏和四省藏区发展稳定各项工作

全国政协主席贾庆林19日在北京主持召开会议并发表重要讲话，认真总结党的十六大以来涉藏工作成绩和经验，深刻分析涉藏工作面临的形势和任务，就深入推进中央第五次西藏工作座谈会精神贯彻落实，扎实做好当前的西藏和四省藏区发展稳定各项工作进行研究部署。

贾庆林指出，党的十六大以来，在以胡锦涛同志为总书记的党中央坚强领导下，中央有关部门和西藏、四川、云南、甘肃、青海五省区党委、政府坚决贯彻中央决策部署，全面履行职责，相互支持配合，不断克难攻坚，西藏和四省藏区经济社会实现快速发展，人民生活得到显著改善，社会大局保持总体稳定，基层基础不断巩固加强，涉藏外事工作取得积极成效，改革发展稳定各项事业实现新发展新突破。

贾庆林指出，党的十六大以来，我们在涉藏工作中积累了宝贵的经验，主要是：必须始终把涉藏工作摆在党和国家全局工作的重要位置，切实把中央涉藏工作大政方针落到实处；必须牢牢把握涉藏工作的主要矛盾和特殊矛盾，真正做到以发展促稳定、以稳定保发展；必须在科学发展的轨道上推进跨越式发展，真正走出一条具有中国特色、西藏和四省藏区特点的发展路子；必须坚持对达赖集团斗争的方针政策不动摇，确保实现长治久安；必须注重加强思想教育引导，不断增强对伟大祖国、中华民族、中华文化、中国特色社会主义道路的认同；必须发挥统一战线在涉藏工作中的重要作用，最大限度地调动一切积极因素，最大限度地团结一切可以团结的力量；必须在统筹国内国际两个大局中做好涉藏工作，实现国内国际两个大局良性互动；必须着力强化基层党组织和基层政权建设，不断夯实推进跨越式发展和长治久安的各项基础；必须加强统筹协调，努力形成涉藏工作的强大合力。

贾庆林强调，当前，西藏和四省藏区实现跨越式发展和长治久安正处于关键阶段，对达赖集团斗争也处于关键时期，做好涉藏工作责任重大、使命光荣。要按照中央的要求，深入贯彻落实中央第五次西藏工作座谈会精神，坚持"一个中心、两件大事、四个确保"的基本方针不动摇，着力推进跨越式发展，着力保障和改善民生，着力加强生态保护，着力维护社会和谐稳定，努力将西藏和四省藏区建设得更加团结、民主、富裕、文明、和谐，以优异成绩迎接党的十八大胜利召开。

国务委员、国务院秘书长马凯，国务委员、公安部部长孟建柱，全国政协副主席杜青林等出席会议并讲话。中央有关部门和西藏、四川、云南、甘肃、青海五省区党委负责同志参加会议。

中央纪委书记贺国强在中粮集团调研

调研期间，贺国强听取了中粮集团的工作汇报，充分肯定了中粮集团近年来改革发展取得的显著成绩。他希望中粮集团认真落实国家宏观经济调控政策，提高粮油食品加工能力，健全国内粮油购销网络，切实保障粮油等产品的市场供应，为维护我国粮食安全发挥应有作用；要充分发挥国有重要骨干企业的优势，不断完善和延伸产业链，通过推动农业产业化、集约化经营、实施订单农业等形式，带动农民增收致富；要进一步优化对外贸易结构，加快培育以技术、品牌、质量、服务为核心竞争力的出口竞争新优势，有效利用国际资源，提升进口综合效应，积极实施"走出去"战略，扩大和深化对外经贸合作，不断提高企业国际化经营水平和国际竞争力，为加快转变经济发展方式、保持经济平稳较快发展作出新贡献；要进一步加强国有企业党风建设和反腐倡廉工作，认真落实党风廉政建设责任制，加强企业领导人员作风建设和廉洁从业工作，加强国有企业惩治和预防腐败体系建设，加强国有企业纪检监察组织和纪检监察队伍建设，为国有企业健康顺利发展提供有力保证。

全国政法委书记座谈会在北京召开

会上，北京、天津、河北、山西、内蒙古、辽宁、上海、山东、西藏、新疆10个省区市政法委书记先后发言，汇报了有关情况和工作安排。

中共中央政治局委员、中央政法委副书记王乐泉，国务委员、中央政法委副书记孟建柱出席会议并讲话。最高人民法院院长王胜俊、最高人民检察院检察长曹建明出席会议。各省区市和计划单列市政法委书记、中央政法各单位负责同志等参加会议。

环首都区域警务合作会议在北京召开

北京、天津、河北等6省区市公安机关将搭建区域警务合作信息平台，区域联动、整体作战，确保首都安全稳定，以迎接党的十八大胜利召开。

国土资源部发布地价增速连续五个季度回调

今年第三季度，全国主要监测城市住宅用地价格平均为每平方米4564元，比去年同期增长1.03%，地价同比增速继续放缓，较上一季度下降了0.74个百分点，增速连续五个季度回调。

中宣部部长刘云山在人民大会堂会见发展中国家新闻部长研讨班成员

军地举行海上联合维权执法演练

"东海协作—2012"军地海上联合维权演练今天在东海某海空域举行。演练着眼于有效维护我国海洋权益，课题多、内容全，军地共出动11艘舰船，8架各型飞机，进一步增强了军地海上联合维权和应对紧急突发情况的处置能力。

我国四大海关联手从严打击消耗臭氧层物质非法贸易

新华社报道：环境保护部环境保护对外合作中心与上海海关、宁波海关、黄埔海关、乌鲁木齐海关于今日在浙江省宁波市共同签订《中国海关打击消耗臭氧层物质非法贸易能力加强项目》。四大海关将强强联手，提升打击消耗臭氧层物质非法贸易的力度与能力。

据了解，人造的、破坏臭氧层的化学物质称为"消耗臭氧层物质”(ODS),涉及化工、烟草、消防、农业等十多个行业,与人们的日常生活息息相关。为打击消耗臭氧层物质非法贸易,我国在1991年加入《关于消耗臭氧层物质的蒙特利尔议定书》伦敦修正案,并于2000年成立国家消耗臭氧层物质进出口管理办公室,加强国际合作。近年来,我国在ODS生产关闭、消费淘汰、替代品生产等方面取得了重大进展。

根据协议,四家签约直属海关将有针对性地制定地方海关打击ODS非法贸易工作方案,组织对重点企业和重点市场的检查和不定期抽查,推动企业自律,设立举报热线,严厉打击ODS非法贸易行为,不定期开展专项行动,对ODS非法贸易案件立案查处。

10月20日

中共中央政治局常委李长春在马累与马尔代夫总统瓦希德举行会谈

李长春说,中国一贯主张,国家不分大小,一律平等。加强与周边国家的睦邻友好关系,是中国外交的首要任务。巩固和发展中马友好是中国政府的一贯方针。近年来,两国各领域务实合作不断推进。两国旅游合作已成为新亮点,中国连续两年成为马尔代夫最大游客来源国。今年1—9月,中国赴马游客突破14万人,遥遥领先传统客源市场。希望双方进一步扩大在渔业、船运业等领域合作和人文领域交流。中方愿继续为马尔代夫经济社会发展提供力所能及的帮助。

瓦希德表示,中方长期以来在马尔代夫基础设施和住房建设等民生项目上提供无私帮助,给马尔代夫人民带来福祉。中国是世界上的一支正义力量,马尔代夫钦佩中国在国际和地区事务上发挥的积极作用,期待未来继续从中国的发展中受益。他重申马尔代夫将在涉及中国核心利益问题上继续给予坚定支持。

双方还相互通报了当前国内发展情况,并就应对气候变化等共同关心的问题交换了意见。瓦希德预祝中共第十八次全国代表大会取得圆满成功。

中共中央政治局常委李长春在马累会见马尔代夫人民议会议长沙希德

李长春说,中国和马尔代夫有着传统友好关系。近年来,两国政治互信不断加深,各领域合作逐步扩大,在国际和地区事务中保持着良好沟通与合作。中国政府坚定奉行对马友好政策,尊重马方根据本国国情选择的政治制度和发展道路,感谢马方在涉及中国核心利益问题上给予的宝贵支持。愿以两国建交40周年为契机,推动中马睦邻友好合作关系取得新发展。

李长春表示,议会间交往是中马关系的重要组成部分。去年议长阁下与吴邦国委员长成功互访,将两国传统友好关系和两国立法机构的交往与合作推向了新的高度。相信在双方共同努力下,中马两国议会将不断加强交流合作,增进人民之间的相互了解和友谊,为中马关系发展奠定更加坚实的民意基础。

沙希德说,中国是马值得信赖的朋友。马中两国隆重庆祝了建交40周年,推动两国关系进入最好时期。马尔代夫高度评价中国奉行的大小国家一律平等原则,马中关系40年来的发展就是这一原则的生动体现,为国际关系树立了榜样。马尔代夫对未来两国关系持续健康顺利发展充满信心。

2012中国国际教育展在北京开幕

38个国家和地区的500多所高校参展,国家级展团达到21个,创历史新高。今年是中德两国建交40周年,德国首次以主宾国的身份参展。

北京最大交通枢纽投入试运营

北京规模最大的交通枢纽——四惠交通枢纽正式投入试运营,该枢纽集轨道交通、长途客运、市区公交、市域公交、出租车、小汽车、自行车、步行等8种交通方式于一体,建成后预计全日客运量将达41万人次,高峰小时客运量6万人次,换乘客流规模将超过东直门枢纽。

四惠交通枢纽新建的综合信息系统,是北京交通枢纽智能化信息系统的重要组成部分,具有强大的数据统计分析、信息共享与交换功能,能为枢纽场站内的各运营管理单位提供实时客流、车辆班次等信息服务。

10月21日

中共中央政治局常委李长春在达卡与孟加拉国总统齐勒·拉赫曼举行会谈

李长春说,巩固和发展中孟友好是中国党和政府的一贯方针,是中国“与邻为善、以邻为伴”周边外交方针的重要组成部分。当前中孟两国都处于发展的关键时期。新形势下进一步加强两国友好交流与务实合作,不仅有利于为两国各自的发展注入活力,也有利于促进本地区的和平发展。中方愿同孟方深入发展睦邻友好互利合作关系,进一步密切高层交往,拓展务实合作,增进人文交流,密切多边协调,共同维护南亚地区的和平、稳定与繁荣。

拉赫曼说,孟中关系至关重要。相信您此次访问必将进一步深化孟中友谊,推动两国关系再上一个新台阶。孟独立初期百废待兴,是友好的中国及时伸出援手。近年来,中国在自身快速发展过程中,也积极支持了孟经济社会建设，慷慨分享发展机遇。这些真诚无私的帮助使孟人民的心与中国人民的心紧紧相连。中共在中国发展中发挥了卓越的领导作用，相信中国未来一定会取得更大发展。希望在孟打造"数字孟加拉国"过程中，继续得到中国的经济技术支持。孟认为中国是维护南亚和平稳定的积极力量，欢迎中国发挥更大作用，愿与中国一道，推动建设一个更加繁荣的亚洲和更加和平的世界。

中共中央政治局常委李长春在达卡与孟加拉国总理哈西娜举行会谈

李长春指出，中国越发展，越需要加强与世界各国的友好合作，越需要一个和平稳定的外部环境。中方将继续坚持"与邻为善、以邻为伴"的周边外交方针和"睦邻、安邻、富邻"的周边政策，积极推动中孟更加紧密的全面合作伙伴关系不断向前发展。

哈西娜说，孟赞赏中国在国际和地区事务中发挥的积极作用。我多次访华，亲眼看到中国的快速发展，对中国善于通过制定中长期发展规划，确保国家持续全面发展印象深刻，希望学习中国的宝贵经验。孟衷心感谢中方对孟经济社会发展方面提供的无私帮助，欢迎更多中国企业来孟投资兴业，扩大双方在商贸、基础设施、电力等领域和水处理、医疗、汉语教学等民生项目上的合作。

会谈结束后，李长春和哈西娜共同出席了两国政府有关经济技术合作协定等多项合作文件的签字仪式。

中共中央政治局常委李长春在达卡与孟加拉国民族主义党主席卡莉达·齐亚举行会谈

李长春指出，中国共产党与包括民族主义党在内的孟加拉国主要政党均建立了友好合作关系，为中孟关系发展打下了坚实政治基础。我们愿进一步加强与民族主义党的友好交往，保持密切的高层互访，加强两党青年领导人往来，为丰富和深化两党、两国关系作出不懈努力。

卡莉达·齐亚说，孟民族主义党对与中国共产党之间保持的友好交流与合作关系感到满意，期待着进一步深化和密切两党关系。预祝中国共产党第十八次全国代表大会取得圆满成功。

第十八届中国义乌国际小商品博览会在浙江义乌举行

博览会由商务部、浙江省人民政府等联合主办。全国人大常委会副委员长路甬祥出席博览会。

第十八届义博会共设国际标准展位6000个，并将同期举办义博会机械工业展等活动。本届义博会为期5天，预计到会采购商将达17万人次以上，其中预约登记境外客商2万人以上，境外贸易团队80个以上。期间，还将设立国际商贸城、篁园市场等分会场，通过义乌小商品市场的7万个商位共同展示超过170万种商品。经过多年积累，义博会已形成一整套符合国际惯例的客商服务系统，能为客商营造优越的洽谈交易环境。

义博会是经国务院批准的日用消费品类国际性展会，是商务部举办的三大出口商品展之一。本届义博会还将以义乌国际贸易综合改革试点为契机，围绕当前进出口贸易形势、贸易流通方式转变等热点议题，组织举办研讨会等，进一步发挥展会综合平台作用。

国防部部长梁光烈在八一大楼会见芬兰国防部常务秘书阿托·雷蒂

梁光烈表示，芬兰是最早与中国建交的西方国家之一。多年来，中芬始终在相互尊重和平等互利的基础上发展双边关系，各领域合作取得了丰硕成果。中方对发展中芬两军友好合作关系持积极态度，相信在双方的共同努力下，两军关系一定会不断取得新的发展。

10月22日

中共中央总书记胡锦涛主持召开中共中央政治局会议

会议研究拟提请十七届七中全会讨论的十七届中央委员会向中国共产党第十八次全国代表大会的报告稿和《中国共产党章程(修正案)》稿。中共中央总书记胡锦涛主持了会议。

会议听取了十七届中央委员会向中国共产党第十八次全国代表大会的报告稿在党内外一定范围征求意见的情况报告，听取了《中国共产党章程(修正案)》稿在党内一定范围征求意见的情况报告，决定根据这次会议讨论的意见进行修改后把这两份文件稿提请十七届七中全会讨论。

会议认为，在这次征求意见的过程中，各地区、各部门、各方面和党的十七大代表、党的十八大代表对文件稿提出了许多很好的意见和建议，要发扬民主、集思广益，认真吸收和反映这些意见和建议，努力起草出顺应全党全国各族人民共同心愿、符合中国特色社会主义发展要求、适应新形势新任务的大会报告，制定出适应党的理论创新和实践发展及推进党的工作、加强党的建设需要的党章修正案。

会议认为，党的十八大是在全面建设小康社会关键时期和深化改革开放、加快转变经济发展方式攻坚时期召开的一次十分重要的大会,对鼓舞和动员全党全国各族人民继续推进全面建设小康社会进程、加快推进社会主义现代化、坚持和发展中国特色社会主义具有重大意义。全党要高举中国特色社会主义伟大旗帜,以邓小平理论、“三个代表”重要思想为指导,深入贯彻落实科学发展观,解放思想,改革开放,凝聚力量,攻坚克难,坚定不移沿着中国特色社会主义道路前进,为全面建成小康社会而奋斗。要全面审视当今世界和当代中国发展大势,全面把握我国发展新要求和人民群众新期待,深入总结党领导人民推进改革开放和社会主义现代化建设的生动实践和新鲜经验,继往开来,锐意进取,从新的历史起点出发,抓住和用好我国发展的重要战略机遇期,继续推进理论创新和其他各方面的创新,科学制定适应时代要求和人民愿望的行动纲领和大政方针。要针对现阶段我国发展面临的突出矛盾,围绕人民最关心最直接最现实的利益问题,从战略全局上对我国改革发展作出规划和部署,全面推进社会主义经济建设、政治建设、文化建设、社会建设以及生态文明建设,全面推进党的建设新的伟大工程,继续推动科学发展、促进社会和谐,继续改善人民生活、增进人民福祉。

会议认为,党章是党的总章程,对推进党的工作、加强党的建设具有根本性的规范和指导作用。党的十八大根据形势和任务发展变化对党章进行适当修改,有利于全党更好学习党章、遵守党章、贯彻党章、维护党章,更好把中国特色社会主义伟大事业和党的建设新的伟大工程推向前进。要把党的十八大报告确立的重大理论观点和重大战略思想写入党章,使党章充分体现马克思主义中国化最新成果,充分体现党的十七大以来党中央提出的重大战略思想,充分体现党的工作和党的建设的新鲜经验,以适应新形势新任务对党的工作和党的建设提出的新要求。

会议要求,全党全国各族人民更加紧密地团结起来,扎扎实实做好改革发展稳定各项工作,以优异成绩迎接党的十八大胜利召开。

国务院总理温家宝签署第626号令公布《缺陷汽车产品召回管理条例》

《缺陷汽车产品召回管理条例》已经2012年10月10日国务院第219次常务会议通过,现予公布,自2013年1月1日起施行。

总　理　温家宝

2012年10月22日

缺陷汽车产品召回管理条例

第一条　为了规范缺陷汽车产品召回,加强监督管理,保障人身、财产安全,制定本条例。

第二条　在中国境内生产、销售的汽车和汽车挂车(以下统称汽车产品)的召回及其监督管理,适用本条例。

第三条　本条例所称缺陷,是指由于设计、制造、标识等原因导致的在同一批次、型号或者类别的汽车产品中普遍存在的不符合保障人身、财产安全的国家标准、行业标准的情形或者其他危及人身、财产安全的不合理的危险。

本条例所称召回,是指汽车产品生产者对其已售出的汽车产品采取措施消除缺陷的活动。

第四条　国务院产品质量监督部门负责全国缺陷汽车产品召回的监督管理工作。

国务院有关部门在各自职责范围内负责缺陷汽车产品召回的相关监督管理工作。

第五条　国务院产品质量监督部门根据工作需要,可以委托省、自治区、直辖市人民政府产品质量监督部门、进出口商品检验机构负责缺陷汽车产品召回监督管理的部分工作。

国务院产品质量监督部门缺陷产品召回技术机构按照国务院产品质量监督部门的规定,承担缺陷汽车产品召回的具体技术工作。

第六条　任何单位和个人有权向产品质量监督部门投诉汽车产品可能存在的缺陷,国务院产品质量监督部门应当以便于公众知晓的方式向社会公布受理投诉的电话、电子邮箱和通信地址。

国务院产品质量监督部门应当建立缺陷汽车产品召回信息管理系统,收集汇总、分析处理有关缺陷汽车产品信息。

产品质量监督部门、汽车产品主管部门、商务主管部门、海关、公安机关交通管理部门、交通运输主管部门、工商行政管理部门等有关部门应当建立汽车产品的生产、销售、进口、登记检验、维修、消费者投诉、召回等信息的共享机制。

第七条　产品质量监督部门和有关部门、机构及其工作人员对履行本条例规定职责所知悉的商业秘密和个人信息,不得泄露。

第八条　对缺陷汽车产品,生产者应当依照本条例全部召回;生产者未实施召回的,国务院产品质量监督部门应当依照本条例责令其召回。

本条例所称生产者,是指在中国境内依法设立的生产汽车产品并以其名义颁发产品合格证的企业。

从中国境外进口汽车产品到境内销售的企业,视为前款所称的生产者。

第九条　生产者应当建立并保存汽车产品设计、制造、标识、检验等方面的信息记录以及汽车产品初次销售的车主信息记录,保存期不得少于10年。

第十条　生产者应当将下列信息报国务院产品质量监督部门备案:

(一)生产者基本信息;

(二)汽车产品技术参数和汽车产品初次销售的车主信息;

(三)因汽车产品存在危及人身、财产安全的故障而发生修理、更换、退货的信息;

(四)汽车产品在中国境外实施召回的信息;

(五)国务院产品质量监督部门要求备案的其他信息。

第十一条　销售、租赁、维修汽车产品的经营者(以下统称经营者)应当按照国务院产品质量监督部门的规定建立并保存汽车产品相关信息记录,保存期不得少于5年。

经营者获知汽车产品存在缺陷的,应当立即停止销售、租赁、使用缺陷汽车产品,并协助生产者实施召回。

经营者应当向国务院产品质量监督部门报告和向生产者通报所获知的汽车产品可能存在缺陷的相关信息。

第十二条　生产者获知汽车产品可能存在缺陷的,应当立即组织调查分析,并如实向国务院产品质量监督部门报告调查分析结果。

生产者确认汽车产品存在缺陷的,应当立即停止生产、销售、进口缺陷汽车产品,并实施召回。

第十三条　国务院产品质量监督部门获知汽车产品可能存在缺陷的,应当立即通知生产者开展调查分析;生产者未按照通知开展调查分析的,国务院产品质量监督部门应当开展缺陷调查。

国务院产品质量监督部门认为汽车产品可能存在会造成严重后果的缺陷的,可以直接开展缺陷调查。

第十四条　国务院产品质量监督部门开展缺陷调查,可以进入生产者、经营者的生产经营场所进行现场调查,查阅、复制相关资料和记录,向相关单位和个人了解汽车产品可能存在缺陷的情况。

生产者应当配合缺陷调查,提供调查需要的有关资料、产品和专用设备。经营者应当配合缺陷调查,提供调查需要的有关资料。

国务院产品质量监督部门不得将生产者、经营者提供的资料、产品和专用设备用于缺陷调查所需的技术检测和鉴定以外的用途。

第十五条　国务院产品质量监督部门调查认为汽车产品存在缺陷的,应当通知生产者实施召回。

生产者认为其汽车产品不存在缺陷的,可以自收到通知之日起15个工作日内向国务院产品质量监督部门提出异议,并提供证明材料。国务院产品质量监督部门应当组织与生产者无利害关系的专家对证明材料进行论证,必要时对汽车产品进行技术检测或者鉴定。

生产者既不按照通知实施召回又不在本条第二款规定期限内提出异议的,或者经国务院产品质量监督部门依照本条第二款规定组织论证、技术检测、鉴定确认汽车产品存在缺陷的,国务院产品质量监督部门应当责令生产者实施召回;生产者应当立即停止生产、销售、进口缺陷汽车产品,并实施召回。

第十六条　生产者实施召回,应当按照国务院产品质量监督部门的规定制订召回计划,并报国务院产品质量监督部门备案。修改已备案的召回计划应当重新备案。

生产者应当按照召回计划实施召回。

第十七条　生产者应当将报国务院产品质量监督部门备案的召回计划同时通报销售者,销售者应当停止销售缺陷汽车产品。

第十八条　生产者实施召回,应当以便于公众知晓的方式发布信息,告知车主汽车产品存在的缺陷、避免损害发生的应急处置方法和生产者消除缺陷的措施等事项。

国务院产品质量监督部门应当及时向社会公布已经确认的缺陷汽车产品信息以及生产者实施召回的相关信息。

车主应当配合生产者实施召回。

第十九条　对实施召回的缺陷汽车产品,生产者应当及时采取修正或者补充标识、修理、更换、退货等措施消除缺陷。

生产者应当承担消除缺陷的费用和必要的运送缺陷汽车产品的费用。

第二十条　生产者应当按照国务院产品质量监督部门的规定提交召回阶段性报告和召回总结报告。

第二十一条　国务院产品质量监督部门应当对召回实施情况进行监督,并组织与生产者无利害关系的专家对生产者消除缺陷的效果进行评估。

第二十二条　生产者违反本条例规定,有下列情形之一的,由产品质量监督部门责令改正;拒不改正的,处5万元以上20万元以下的罚款:

(一)未按照规定保存有关汽车产品、车主的信息记录;

(二)未按照规定备案有关信息、召回计划;

(三)未按照规定提交有关召回报告。

第二十三条　违反本条例规定,有下列情形之一的,由产品质量监督部门责令改正;拒不改正的,处50万元以上100万元以下的罚款;有违法所得的,并处没

收违法所得;情节严重的,由许可机关吊销有关许可:

(一)生产者、经营者不配合产品质量监督部门缺陷调查;

(二)生产者未按照已备案的召回计划实施召回;

(三)生产者未将召回计划通报销售者。

第二十四条　生产者违反本条例规定,有下列情形之一的,由产品质量监督部门责令改正,处缺陷汽车产品货值金额1%以上10%以下的罚款;有违法所得的,并处没收违法所得;情节严重的,由许可机关吊销有关许可:

(一)未停止生产、销售或者进口缺陷汽车产品;

(二)隐瞒缺陷情况;

(三)经责令召回拒不召回。

第二十五条　违反本条例规定,从事缺陷汽车产品召回监督管理工作的人员有下列行为之一的,依法给予处分:

(一)将生产者、经营者提供的资料、产品和专用设备用于缺陷调查所需的技术检测和鉴定以外的用途;

(二)泄露当事人商业秘密或者个人信息;

(三)其他玩忽职守、徇私舞弊、滥用职权行为。

第二十六条　违反本条例规定,构成犯罪的,依法追究刑事责任。

第二十七条　汽车产品出厂时未随车装备的轮胎存在缺陷的,由轮胎的生产者负责召回。具体办法由国务院产品质量监督部门参照本条例制定。

第二十八条　生产者依照本条例召回缺陷汽车产品,不免除其依法应当承担的责任。

汽车产品存在本条例规定的缺陷以外的质量问题的,车主有权依照产品质量法、消费者权益保护法等法律、行政法规和国家有关规定以及合同约定,要求生产者、销售者承担修理、更换、退货、赔偿损失等相应的法律责任。

第二十九条　本条例自2013年1月1日起施行。

财政部发布《财政票据管理办法》

64名中国船员被日本海上保安厅救助

外交部发言人洪磊22日在例行记者会上回答有关中国船员被日本海上保安厅救助一事时表示,21日凌晨,64名船员全部安全获救。目前,中方有关公司正安排船只船员回国事宜。中国驻福冈总领馆将继续协助处理好后续事宜。

洪磊说,获悉一艘中国货船20日晚在冲绳附近海域起火后,外交部高度重视,中国驻福冈总领馆立即启动应急机制,协调日方立即采取措施为船只灭火,尽全力搜救船员,保障船员安全,指导我有关公司尽快妥善处理有关事宜,确保船员早日安全回国。

国务委员孟建柱在吉隆坡与马来西亚总理纳吉布举行会谈

孟建柱表示,当前中马关系保持快速发展势头,两国高层互访频繁,政治互信不断加深,各领域互利合作成果显著。双方在涉及各自国家重大利益问题上相互理解和支持,在国际和地区事务中保持密切协调和配合,维护了共同利益。

纳吉布积极评价马中两国战略性合作关系。他表示,马来西亚政府高度重视发展与中国的友好关系,愿不断深化双边交往与合作。

国务委员孟建柱在吉隆坡会见马来西亚内政部部长希沙姆丁

孟建柱表示,近年来,两国执法部门在打击恐怖主义、毒品走私、网络赌博、电信诈骗等犯罪活动方面开展了务实、高效的合作,为打击跨国犯罪活动、维护地区安全稳定作出了重要贡献。中方愿与马方深化各领域务实友好合作,把两国执法安全合作提升到新的高度,不断丰富中马战略性合作关系内涵。

国办转发教育部等部门《关于进一步加强学校体育工作若干意见》并发出通知

各省、自治区、直辖市人民政府,国务院各部委、各直属机构:

教育部、发展改革委、财政部、体育总局《关于进一步加强学校体育工作的若干意见》已经国务院同意,现转发给你们,请认真贯彻执行。

国务院办公厅

2012年10月22日

关于进一步加强学校体育工作的若干意见

为深入贯彻落实《中共中央 国务院关于加强青少年体育增强青少年体质的意见》(中发〔2007〕7号)和《国家中长期教育改革和发展规划纲要(2010—2020年)》,推动学校体育科学发展,促进学生健康成长,现提出如下意见:

一、充分认识加强学校体育的重要性

1.广大青少年身心健康、体魄强健、意志坚强、充满活力,是一个民族生命力旺盛的体现,是社会文明进步的标志,是国家综合实力的重要方面。体育锻炼是提高学生健康素质的有效途径,对青少年思想品德、智力发育、审美素养和健康生活方式的形成具有不可替代的作用。加强学校体育,增强学生体质,对于提高学生综合素质,实现教育现代化,建设人力资源强国,培养德智体美全面发展的社会主义建设者和接班人,具有重要战略意义。

2. 党中央、国务院历来高度重视青少年的健康成长，把加强青少年体育锻炼作为提高全民健康素质的基础工程，把加强学校体育作为贯彻党的教育方针、实施素质教育和提高教育质量的重要举措。多年来，各地不断完善和落实各项政策措施，广泛开展阳光体育运动，有力推进学校体育改革发展。但总体上看，学校体育仍是教育工作中的薄弱环节，学校体育未能得到足够重视，评价机制不够完善，体育教师短缺，场地设施缺乏，影响和制约了学生体质健康水平的提升。各地各部门要充分认识加强学校体育的重要性和紧迫性，把提高学生体质健康水平作为落实教育规划纲要和办好人民满意教育的重要任务，摆在更加突出位置，纳入重要议事日程，切实抓紧抓好。

二、明确加强学校体育的总体思路和主要目标

3. 加强学校体育要以科学发展观为指导，全面贯彻党的教育方针，全面实施素质教育，把增强学生体质作为学校教育的基本目标之一，加强政府统筹，加强条件保障，加强监督检查，确保学生体育课程和课余活动时间，切实提高学校体育质量，完善学校、家庭与社会密切结合的学校体育网络，促进体育与德育、智育、美育有机融合，不断提高学生体质健康水平和综合素质。

4. 当前和今后一个时期，要以中小学为重点全面加强学校体育，深入推进学校体育改革发展，力争到"十二五"期末，学校体育场地设施总体达到国家标准，初步配齐体育教师，基本形成学校体育持续健康发展的保障机制；学生体质健康监测制度更加完善，基本建成科学规范的学校体育评价机制；各方责任更加明确，基本形成政府主导、部门协调、社会参与的学校体育推进机制。

三、落实加强学校体育的重点任务

5. 实施好体育课程和课外体育活动。各地要规范办学行为，减轻学生课业负担，切实保证中小学生每天一小时校园体育活动，严禁挤占体育课和学生校园体育活动时间。要因地制宜制订并落实体育与健康课程的实施方案，在地方课程和校本课程中科学安排体育课时。建立、健全学生体育竞赛体制，引导学校合理开展课余体育训练和竞赛活动。积极鼓励创建青少年体育俱乐部，组织开展丰富多彩的学生群众性体育活动。各级各类学校要制订和实施体育课程、大课间(课间操)和课外体育活动一体化的阳光体育运动方案。要创新体育活动内容、方式和载体，增强体育活动的趣味性和吸引力，着力培养学生的体育爱好、运动兴趣和技能特长，大力培养学生的意志品质、合作精神和交往能力，使学生掌握科学锻炼的基础知识、基本技能和有效方法，每个学生学会至少两项终身受益的体育锻炼项目，养成良好体育锻炼习惯和健康生活方式。

6. 加强学校体育教师队伍建设。要加快教师结构调整，制订并落实配齐专职体育教师计划，多渠道配备好中小学和职业学校体育教师。建立、健全体育教师培养体系，办好高等学校体育教育专业，逐步扩大免费师范生和贫困地区定向招生专项计划中体育教育专业招生规模，完善农村学校教师特岗计划补充体育教师的机制。鼓励退役优秀运动员按照有关规定从事学校体育工作。加大国培计划培训体育教师的力度，拓宽体育教师培训渠道，到2015年各地要对中小学和职业学校体育教师进行一轮培训。要保障体育教师在职务评聘、福利待遇、评优表彰等方面与其他学科教师同等待遇。对体育教师组织学生开展课外体育活动以及组织学生体质健康测试等，要纳入教学工作量。

7. 加快学校体育设施建设。各地要按照《国家学校体育卫生条件试行基本标准》、《中小学校体育设施技术规程》及相关学校建设标准和技术规范要求，加大学校体育设施建设力度，在基层公共体育设施建设中统筹规划学校体育设施，在义务教育经费保障机制和农村义务教育薄弱学校改造计划等项目中加大对体育设施建设和器材配备的支持力度，推动全国学校体育设施和器材逐步达到国家标准。大力推动公共体育场馆和运动设施向青少年学生免费或优惠开放，学校体育场馆设施在课余和节假日应向学生开放。

8. 健全学校体育风险管理体系。研究制订学校安全条例，组织修订《学校体育工作条例》和《学校卫生工作条例》。各地各有关部门要加强对学校体育安全的指导和监督，建立、健全政府主导、社会参与的学校体育风险管理机制，形成包括安全教育培训、活动过程管理、保险赔付的学校体育风险管理制度，依法妥善处理学校体育意外伤害事故。各学校要制定和实施体育安全管理工作方案，明确管理责任人，落实安全责任制。加强对体育设施的维护和使用管理，切实保证使用安全。

四、建立、健全学校体育的监测评价机制

9. 完善学生体质健康测试和评价制度。教育部会同有关部门修订并全面实施《国家学生体质健康标准》，做好学生健康检查制度、学生体质健康监测制度与国家学生体质健康标准测试制度的配套衔接。各学校每年对所有学生进行体质健康测试，并将测试结果经教育部门审核后上报纳入国家学生体质健康标准数据管理系统；同时，要按学生年级、班级、性别等不同类别在学校内公布学生体质健康测试总体结果，并将有关情况向学生家长通报。各地要加强管理，创造条件，保证学生体质健康测试工作的顺利开展。要把学生体

质健康水平作为学生综合素质评价的重要指标，将学生日常参加体育活动情况、体育运动能力以及体质健康状况等作为重要评价内容。因地制宜组织实施好初中毕业升学体育考试。积极探索在高中学业水平考试中增加体育科目的做法，推进高考综合评价体系建设，有效发挥其对增强学生体质的引导作用。

10. 实施学校体育工作评估制度。教育部研究制订以评价学生体质健康水平和基本运动技能为主要内容的学校体育工作评估标准和实施办法。从2013年起组织开展中小学体育工作评估，县级教育部门要组织学校按照要求进行自我评估，地市级教育部门要对本地学校体育工作评估结果进行复核检查，省级教育部门要进行抽查和认定，并将经认定的评估结果汇总后报送教育部备案。教育部将组织制订高等学校体育工作基本标准和高等职业学校体育课程教学指导纲要，并适时组织开展高等学校体育工作评估。各级教育部门和学校要深入分析学生体质健康测试结果，动态把握学生体质健康发展变化趋势，有效指导学校体育工作。

11. 实行学校体育报告公示制度。各地教育部门要逐级上报本行政区域学校体育工作情况，上级教育部门对所报情况进行公示，重点报告和公示学校体育开课率、阳光体育运动情况、学校体育经费投入、教学条件改善、教师队伍建设和学生体质健康状况等。各地教育部门和学校要向社会公布学生阳光体育运动工作方案、基本要求和监督电话。学校要利用公告栏、家长会和校园网等定期通报学生体育活动情况。从2013年起，教育部组织编制和发布《全国学校体育工作年度报告》，按生源所在地分省(区、市)公布高等学校新生入学体质健康测试结果。

五、加强对学校体育的组织领导

12. 加强学校体育工作领导和管理。各地人民政府要认真履行发展学校体育的职责，将学校体育发展纳入本级政府年度工作报告，建立、健全教育部门牵头、有关部门分工负责和社会参与的学校体育工作机制。教育部门要完善政策，制定标准，加强监督管理和科学指导，将学校体育纳入义务教育、普通高中、职业教育、高等教育等各类教育规划。发展改革部门要把提高青少年身心健康水平纳入当地经济社会发展规划，支持学校体育发展。财政部门要完善支持学校体育的投入政策。体育部门要把学校体育作为全民健身计划的重点，在技术、人才、场地和体育组织建设等方面加大对学校体育工作的支持。校长是所在学校体育工作的第一责任人，要确保学校体育各项工作任务的具体落实。

13. 加大学校体育投入力度。要统筹教育经费投入，切实保障学校体育经费。合理保证中小学校公用经费中用于体育的支出，并随公用经费标准提高而逐步增加。利用现有渠道，将学校体育场地设施建设、体育活动经费纳入本级财政预算和基本建设投资计划，并加大投入力度。优先支持农村和民族地区学校体育工作。

14. 实施学校体育三年行动计划。各地要结合本区域经济社会发展状况，找准学校体育的突出问题、重点领域和薄弱环节，特别是要在确保学生锻炼时间、提高学生体质健康水平、落实政府工作责任、完善学校体育政策体系、实施学校体育评价制度、改善学校体育办学条件等方面确定发展目标，逐年分解落实任务，以县为单位编制加强学校体育三年行动计划。2013年3月底前，各省(区、市)行动计划报国家教育体制改革领导小组办公室备案。

15. 强化学校体育工作督导检查。国务院教育督导机构组织修订《中小学体育工作督导评估办法(试行)》。各级教育督导机构要研究制定和实施学校体育工作督导检查办法，坚持督政与督学相结合，健全目标考核机制，建立学校体育工作专项督导制度，定期联合有关部门开展学校体育工作专项督导，并将督导评估结果及时向社会公告。

16. 健全学校体育工作奖惩机制。各地要把学校体育和学生体质健康水平纳入工作考核指标体系，作为教育等有关部门和学校领导干部业绩考核的重要内容，加强学校体育工作绩效评估和行政问责。对学校体育工作成绩突出的地方、部门、学校和个人进行表彰奖励。对学生体质健康水平持续三年下降的地区和学校，在教育工作评估和评优评先中实行“一票否决”。

17. 营造学校体育发展良好环境。各地各有关部门要认真宣传学校体育工作的政策要求、典型经验和有效做法，采取多种方式加强校园体育文化建设，加大对群众性学生体育活动的宣传报道，广泛传播健康理念，引导广大青少年、各级各类学校和全社会树立科学的教育观、人才观和健康观，形成珍视健康、热爱体育、崇尚运动、积极向上的良好氛围。

“寻找最美乡村医生”大型公益活动在北京启动

娄殿英逝世

中国人民武装警察部队原副政治委员娄殿英同志，因病医治无效，于2012年10月22日19时26分在北京逝世，享年89岁。

娄殿英1955年被授予中校军衔，1962年被授予上校军衔，曾荣获三级独立自由勋章、三级解放勋章和独立功勋荣誉章。

10月23日

十一届全国人大常委会第二十九次会议在人民大会堂举行第一次全体会议

根据会议通过的议程,本次常委会会议继续审议精神卫生法草案、证券投资基金法修订草案,审议全国人大常委会关于修改监狱法等七部法律个别条款的决定草案、邮政法修正案草案,审议全国人大有关专门委员会关于十一届全国人大五次会议主席团交付审议的代表提出的议案审议结果的报告等。

全国人大常委会委员长吴邦国主持全体会议。常委会组成人员149人出席会议,出席人数符合法定人数。

会议听取了全国人大法律委员会副主任委员洪虎作的关于精神卫生法草案审议结果的报告。精神卫生法草案已经常委会两次审议。提交本次常委会会议审议的草案三审稿增加了保障精神障碍患者的财产安全的规定,增加了政府及有关部门在促进公民心理健康方面职责的规定,增加了加强医疗机构和医务人员的精神障碍防治能力建设的规定,明确了家庭在精神障碍预防和患者看护方面的作用及相关责任,增加了给予精神卫生工作人员适当津贴的规定。

会议听取了全国人大法律委员会副主任委员孙安民作的关于证券投资基金法修订草案修改情况的汇报。全国人大常委会第二十七次会议对证券投资基金法修订草案进行了初次审议。提交本次常委会会议审议的草案二审稿,增加了基金管理人运作基金财产所遵循的规则及风险防范的规定;对非公开募集基金的基金合同、基金财产投资范围以及对基金管理人的规范等作了调整;进一步明确规定,公开或者非公开募集资金,以进行证券投资活动为目的设立的公司或者合伙企业,资产由基金管理人或者普通合伙人管理的,其证券投资活动适用本法等。

2012年3月14日,十一届全国人大五次会议审议通过了关于修改刑事诉讼法的决定,对刑事诉讼法作了重要修改完善。现行监狱法、律师法、未成年人保护法、预防未成年人犯罪法、治安管理处罚法、国家赔偿法、人民警察法等七部法律的18个条款,有与修改后的刑事诉讼法相关规定不一致、不衔接之处。为保持法律规定间的衔接协调,确保修改后的刑事诉讼法自2013年1月1日起得到正确有效实施,有必要对上述七部法律的相关条款作出相应修改。全国人大常委会法制工作委员会主任李适时受委员长会议委托汇报有关修改情况时指出,这次对上述七部法律有关条款的修改主要是解决与修改后的刑事诉讼法不一致、不衔接的问题,属法律清理性质。对于这七部法律中还有些规定已不能适应实际情况需要研究修改的,可在制定今后的立法工作计划和规划时统筹考虑。

会议听取了国家邮政局局长马军胜受国务院委托就关于提请审议邮政法修正案草案议案所作的说明。随着邮政业特别是快递业务迅速发展,对加强行业监管,保障邮政普遍服务,维护邮政市场秩序,保护用户合法权益提出了新的要求。现行国家和省两级邮政监管体制已难以适应实际需要,省级以下邮政监管缺乏机构保障问题日显突出。为进一步健全邮政监管体制,促进行业健康发展,需要相应修改现行邮政法的有关规定,明确省级以下邮政管理机构履行监管职责的法律依据。提交本次人大常委会会议审议的邮政法修正案草案,对有关条款作了修改。

2012年3月十一届全国人大五次会议期间,全国人大代表以对国家和人民高度负责的精神,依照宪法和法律的规定提出属于全国人民代表大会职权范围内的议案489件。大会主席团将这些议案分别交由全国人大有关专门委员会审议,由专门委员会依法向全国人大常委会报告代表提出议案的审议结果。全国人大有关专门委员会认真办理代表提出的议案,逐一研究,区别不同情况,提出了具体办理意见。本次常委会会议上,全国人大民族委员会主任委员马启智、内务司法委员会副主任委员张学忠、财政经济委员会副主任委员乌日图、外事委员会主任委员李肇星分别作了关于十一届全国人大五次会议主席团交付审议的代表提出的议案审议结果的报告。

受国务院委托,外交部部长杨洁篪就关于提请审议批准《中华人民共和国和泰王国关于移管被判刑人的条约》的议案、关于提请审议批准《中华人民共和国、塔吉克斯坦共和国和阿富汗伊斯兰共和国关于确定三国国界交界点的协定》的议案作了说明。

会议听取了全国人大常委会代表资格审查委员会主任委员黄镇东作的关于个别代表的代表资格的报告;审议了任免案。

全国人大常委会副委员长王兆国、路甬祥、乌云其木格、韩启德、华建敏、陈至立、周铁农、李建国、司马义·铁力瓦尔地、蒋树声、陈昌智、严隽琪、桑国卫等出席会议。

国务委员刘延东,最高人民检察院检察长曹建明,最高人民法院负责人,全国人大各专门委员会成员,各省、自治区、直辖市人大常委会负责人,部分全国人大代表等列席会议。

中共中央政治局常委李长春在北京主持召开中央宣传思想工作领导小组第四十六次会议

会议回顾了党的十七大以来中央宣传思想工作领

导小组会议情况，总结了五年来宣传思想文化工作的新进展新经验，研究了党的十八大宣传报道工作，与会同志进行了深入讨论。

李长春指出，五年来，宣传思想文化工作在改革中发展、在开拓中前进，积累了许多宝贵经验，概括起来就是：必须始终坚持高举中国特色社会主义伟大旗帜，坚持马克思主义在意识形态领域的指导地位，坚持用社会主义核心价值体系引领社会思潮，尊重差异、包容多样，牢牢把握正确政治方向；必须始终坚持围绕中心、服务大局，为促进经济社会又好又快发展提供强大思想保证、精神动力、舆论支持和文化条件；必须始终坚持以人为本，贴近实际、贴近生活、贴近群众，满足人民日益增长的精神文化需求，促进人的全面发展；必须始终坚持解放思想、实事求是、与时俱进，积极创新思想观念、体制机制、内容形式、方法手段，不断增强亲和力、吸引力、感染力；必须始终坚持统筹国内国际两个大局，不断提高国家文化软实力，增强中华文化的国际竞争力和影响力；必须始终坚持党的领导，把宣传思想文化工作纳入经济社会发展总体规划，不断完善领导体制和工作格局，确保宣传思想文化工作健康发展。这些经验，是在坚持和发展中国特色社会主义文化发展道路过程中形成的宝贵精神财富，体现了新世纪、新阶段宣传思想文化工作的客观规律，要长期坚持、大力发扬，并在新的实践中不断丰富和完善。

国家副主席习近平在人民大会堂会见法国梅里埃基金会主席阿兰·梅里埃

习近平表示，中法关系是中国同西方大国之间建立最早、发展较好的双边关系。两国建交近半个世纪来，开展了许多具有战略意义的交流与合作。中方高度重视中法关系，愿同法方一道，抓住新机遇，不断扩大各领域交流合作，为中法新型全面战略伙伴关系发展注入新活力。习近平充分肯定梅里埃基金会为促进中法友谊与合作所作出的重要贡献，相信通过两国各界人士的共同努力，中法关系的未来会更加美好。

习近平表示，中国政府高度重视卫生事业发展，强调把保护人民健康和生命安全放在重要位置。中国将继续推动卫生事业的改革发展，初步建立覆盖城乡居民的基本医疗卫生制度，健全基本医疗保障制度，完善公共卫生和医疗服务体系，进一步提高人民群众健康水平。习近平赞赏梅里埃基金会长期关注和支持公众健康事业，并同中国卫生部门在结核病防治、医院感染控制、新发传染病防控等领域开展的积极广泛的合作。习近平希望梅里埃基金会今后继续支持中国医疗卫生事业的发展。

阿兰·梅里埃表示，基金会积极投身于发展中国家的传染病防控工作，将进一步加大与中国在公共卫生领域的合作力度，为中国疾病控制和健康事业发展作出贡献。

国务院副总理李克强在中南海会见美国前总统国家安全事务助理哈德利 前常务副国务卿斯坦伯格和阿米蒂奇 前助理国防部长约瑟夫·奈

中越两国公安部第三次合作打击犯罪会议在越南首都河内举行

国务委员、公安部部长孟建柱与越南公安部部长陈大光共同主持会议。

孟建柱说，中越两国公安部合作打击犯罪机制自2008年建立以来，已成为两国公安部门增进彼此互信、规划合作方向的主要渠道和平台，有力推动了两国全面战略合作伙伴关系的发展。

孟建柱表示，在双方共同努力下，这次会议开得很成功。双方在打击恐怖活动、偷越国(边)境、拐卖妇女儿童、制贩毒品、电信诈骗等违法犯罪活动方面取得重要共识。

孟建柱说，中越两国公安部门应积极落实会议共识，不断提高互利合作水平，进一步深化双方在打击犯罪和维护社会治安等方面的务实合作，为推动中越关系的长期健康稳定发展作出新贡献。

会后，孟建柱与陈大光签署《中华人民共和国公安部和越南社会主义共和国公安部第三次合作打击犯罪会议纪要》。

国务委员孟建柱在河内与越南总理阮晋勇举行会谈

国务委员戴秉国在北京会见美国前总统国家安全事务助理哈德利 前常务副国务卿斯坦伯格 前助理国防部长约瑟夫·奈

我国空间天气和空间环境领域的首个国家重大科技基础设施——东半球空间环境地基综合监测子午链在北京通过国家验收并正式投入运行

这项工程将大幅提高我国空间天气预报能力，为我国卫星、通信、导航、载人航天等安全运行提供重要保障。

第十届澳门妈祖文化旅游节开幕式暨祈福祭奠仪式在澳门妈祖文化村举行

全国政协副主席林文漪、澳门特区行政长官崔世安出席开幕式。妈祖被尊奉为海上保护女神，全球共有妈祖信众近2亿。澳门古迹妈祖阁，俗称妈阁，已有500多年历史，是澳门最古老的寺庙。

10月24日

十一届全国人大常委会第二十九次会议在人民大会堂举行第二次全体会议

会议听取国务院关于深化文化体制改革、推动社会主义文化大发展大繁荣工作情况的报告，关于国有企业改革与发展工作情况的报告，关于社会救助工作情况的报告等。

吴邦国委员长出席会议。会议由陈至立副委员长主持。常委会组成人员146人出席会议，出席人数符合法定人数。

受国务院委托，文化部部长蔡武作关于深化文化体制改革、推动社会主义文化大发展大繁荣工作情况的报告。报告指出，党的十六大以来，我国文化体制机制改革创新取得重大成果，公共文化服务体系建设卓有成效，文化产品创作生产进一步繁荣，文化产业规模和实力不断壮大，大力推动中华文化“走出去”，文物和非物质文化遗产保护取得显著进展，文化领域整体面貌和发展格局焕然一新，文化建设开创了新局面，初步走出了一条中国特色社会主义文化发展道路。

蔡武说，总的看，文化改革发展成效明显，态势良好。但与文化改革发展的总体要求还有一定差距，文化发展中仍有一些新情况新问题亟待解决。下一步，要进一步深化体制机制改革，为文化长远发展谋划良好布局；加快构建高水平的公共文化服务体系，为人民群众基本文化权益提供可靠保障；加快推进结构调整和创新，为实现文化产业成为国民经济支柱性产业奠定坚实基础；加快推动中华文化“走出去”，为提升国家文化软实力提供有力支撑；加强文化立法和政策保障，为文化改革发展营造良好环境。

受国务院委托，国务院国有资产监督管理委员会主任王勇报告了国有企业改革与发展工作情况。报告指出，改革开放以来，国有企业改革作为经济体制改革的中心环节，不断深入推进，走过了艰难的历程。党的十六大以来，国有资产管理体制进行了重大改革，从体制机制上推进政企分开、政资分开、经营权和所有权分离，国有经济布局结构不断优化，国有企业发展活力不断增强，国有企业改革发展取得显著成就。事实充分证明，中央关于国有企业改革发展和国资监管体制改革的一系列重大决策部署是完全正确的，公有制与市场经济是可以有效结合的，改革开放30多年探索走出的中国特色社会主义国有企业改革发展道路必须继续坚持。

王勇说，国有企业改革虽然取得很大成效，但改革仍处于过程之中，需要进一步解决的体制问题、机制问题、结构问题、历史问题仍然很多。下一步要重点推进七方面的工作：继续深化国有企业改革；继续完善国资监管体制机制；着力推进国有经济布局优化；加快推进国有经济转型升级；抓紧解决历史遗留问题和企业社会负担；推进国有企业更好地履行社会责任；进一步加强和改进国有企业党的建设，把政治优势转化为企业的核心竞争力。

会议听取了民政部部长李立国受国务院委托作的关于社会救助工作情况的报告。报告指出，五年来，在各地区、各有关部门的不懈努力下，社会救助工作取得历史性成就。一是最低生活保障制度覆盖城乡，困难群众应保尽保；二是农村五保供养制度顺利转型，供养对象衣食无虞；三是孤儿保障制度全面建立，城市“三无”人员各有保障；四是自然灾害救助机制不断健全；五是流浪未成年人保护政策日益完备，流浪乞讨人员救助逐步加强；六是医疗救助快速发展，困难群众医疗负担有所减轻；七是临时救助稳步推进，救急救难作用初步显现。

李立国说，随着经济体制改革深化，经济社会发展加快，城镇化、老龄化进程不断加速，社会利益格局深刻变化，社会诉求复杂多样，社会矛盾和问题更加突出，人民群众对社会政策公平公正实施的关注度和参与度越来越高，迫切要求进一步做好社会救助工作。下一步，将继续推动社会救助法制建设，不断健全社会救助制度体系，大力推进社会救助事业均衡发展，切实加强社会救助能力建设，着力强化社会救助监督管理，努力推动我国社会救助事业又好又快发展。

会议审议了吴邦国委员长访问伊朗、缅甸、斯里兰卡和斐济四国情况的书面报告。

十一届全国人大常委会第九十一次委员长会议在人民大会堂举行

全国人大常委会委员长吴邦国主持会议。

会议听取了全国人大法律委员会主任委员胡康生作的关于精神卫生法草案三次审议稿修改意见的汇报、关于全国人大常委会关于修改监狱法等七部法律个别条款的决定草案审议结果的报告和关于邮政法修正案草案审议结果的报告。

会议听取了全国人大外事委员会主任委员李肇星作的关于《中华人民共和国、塔吉克斯坦共和国和阿富汗伊斯兰共和国关于确定三国国界交界点的协定》、《中华人民共和国和泰王国关于移管被判刑人的条约》审议情况及决定草案代拟稿的汇报。

会议听取了全国人大常委会副委员长兼秘书长李

建国作的关于个别代表的代表资格报告和任免案审议情况的汇报。

委员长会议决定，根据常委会组成人员的审议意见，对上述议案和草案作进一步审议修改后，交付十一届全国人大常委会第二十九次会议闭幕会表决。

委员长会议还提出了香港特别行政区、澳门特别行政区第十二届全国人大代表选举会议主席团成员人选名单。

国务院总理温家宝在北京主持召开国务院常务会议

会议讨论通过《能源发展"十二五"规划》，再次讨论并通过《核电安全规划(2011—2020年)》和《核电中长期发展规划(2011—2020年)》。

会议讨论通过的《能源发展"十二五"规划》提出，"十二五"时期，要加快能源生产和利用方式变革，强化节能优先战略，全面提高能源开发转化和利用效率，合理控制能源消费总量，构建安全、稳定、经济、清洁的现代能源产业体系。重点任务是：(一)加强国内资源勘探开发。安全高效开发煤炭和常规油气资源，加强页岩气和煤层气勘探开发，积极有序发展水电和风能、太阳能等可再生能源。(二)推动能源的高效清洁转化。高效清洁发展煤电，推进煤炭洗选和深加工，集约化发展炼油加工产业，有序发展天然气发电。(三)推动能源供应方式变革。大力发展分布式能源，推进智能电网建设，加强新能源汽车供能设施建设。(四)加快能源储运设施建设，提升储备应急保障能力。(五)实施能源民生工程，推进城乡能源基本公共服务均等化。(六)合理控制能源消费总量。全面推进节能提效，加强用能管理。(七)推进电力、煤炭、石油天然气等重点领域改革，理顺能源价格形成机制，鼓励民间资本进入能源领域。推动技术进步，提高科技装备水平。深化国际合作，维护能源安全。

会议讨论通过《核电安全规划(2011—2020年)》和《核电中长期发展规划(2011—2020年)》。会议指出，去年3月以来，在对运行、在建核电机组进行综合安全检查的基础上，国务院两次讨论这两个规划，对待核电安全和发展是十分严肃和慎重的。

会议对当前和今后一个时期的核电建设作出部署：(一)稳妥恢复正常建设。合理把握建设节奏，稳步有序推进。(二)科学布局项目。"十二五"时期只在沿海安排少数经过充分论证的核电项目厂址，不安排内陆核电项目。(三)提高准入门槛。按照全球最高安全要求新建核电项目。新建核电机组必须符合三代安全标准。

会议强调，安全是核电的生命线。发展核电，必须按照确保环境安全、公众健康和社会和谐的总体要求，把安全第一的方针落实到核电规划、建设、运行、退役全过程及所有相关产业。要用最先进的成熟技术，持续开展在役在建核电机组安全改造，不断提升我国既有核电机组安全性能。全面加强核电安全管理。加大核电安全技术装备研发力度，加快建设核电安全标准法规体系，提高核事故应急管理和响应能力。强化核电安全社会监督和舆论监督。积极开展国际合作。

会议审议通过《农业保险条例(草案)》。会议认为，为分散和转移农业风险，提高农业抗风险能力，保护农民利益，有必要制定农业保险条例。条例草案明确了农业保险业务经营主体和经营规则，规定国家采取保险费补贴、税收优惠等措施支持发展农业保险。

国务院总理温家宝签署第627号令公布《国务院关于修改〈期货交易管理条例〉的决定》

《国务院关于修改〈期货交易管理条例〉的决定》已经2012年9月12日国务院第216次常务会议通过，现予公布，自2012年12月1日起施行。

总　理　温家宝

2012年10月24日

国务院关于修改《期货交易管理条例》的决定

国务院决定对《期货交易管理条例》作如下修改：

一、第二条修改为："任何单位和个人从事期货交易及其相关活动，应当遵守本条例。

"本条例所称期货交易，是指采用公开的集中交易方式或者国务院期货监督管理机构批准的其他方式进行的以期货合约或者期权合约为交易标的的交易活动。

"本条例所称期货合约，是指期货交易场所统一制定的、规定在将来某一特定的时间和地点交割一定数量标的物的标准化合约。期货合约包括商品期货合约和金融期货合约及其他期货合约。

"本条例所称期权合约，是指期货交易场所统一制定的、规定买方有权在将来某一时间以特定价格买入或者卖出约定标的物(包括期货合约)的标准化合约。"

二、第四条修改为："期货交易应当在依照本条例第六条第一款规定设立的期货交易所、国务院批准的或者国务院期货监督管理机构批准的其他期货交易场所进行。

"禁止在前款规定的期货交易场所之外进行期货交易。"

三、第六条第二款修改为："未经国务院批准或者国务院期货监督管理机构批准，任何单位或者个人不得设立期货交易场所或者以任何形式组织期货交易及其相关活动。"

四、删去第八条第三款。

五、第十条第一款第四项修改为："(四)为期货交易提供集中履约担保"。

六、删去第十九条第一款第二项。第四项改为第三项，修改为："(三)变更注册资本且调整股权结构"。第五项改为第四项，修改为："(四)新增持有5%以上股权的股东或者控股股东发生变化"。

七、第二十条第一款第四项修改为："(四)变更境内分支机构的经营范围"。

八、第二十三条修改为："从事期货投资咨询业务的其他期货经营机构应当取得国务院期货监督管理机构批准的业务资格，具体管理办法由国务院期货监督管理机构制定"。

九、第二十四条增加一款作为第二款："符合规定条件的境外机构，可以在期货交易所从事特定品种的期货交易。具体办法由国务院期货监督管理机构制定。"

十、删去第三十二条。

十一、删去第三十三条。

十二、删去第三十六条。

十三、第六十九条第一款改为第六十六条第一款，修改为："期货交易所有下列行为之一的，责令改正，给予警告，没收违法所得，并处违法所得1倍以上5倍以下的罚款；没有违法所得或者违法所得不满10万元的，并处10万元以上50万元以下的罚款；情节严重的，责令停业整顿：

"(一)未经批准，擅自办理本条例第十三条所列事项的；

"(二)允许会员在保证金不足的情况下进行期货交易的；

"(三)直接或者间接参与期货交易，或者违反规定从事与其职责无关的业务的；

"(四)违反规定收取保证金，或者挪用保证金的；

"(五)伪造、涂改或者不按照规定保存期货交易、结算、交割资料的；

"(六)未建立或者未执行当日无负债结算、涨跌停板、持仓限额和大户持仓报告制度的；

"(七)拒绝或者妨碍国务院期货监督管理机构监督检查的；

"(八)违反国务院期货监督管理机构规定的其他行为。"

增加一款作为第三款："非期货公司结算会员有本条第一款第二项、第四项至第八项所列行为之一的，依照本条第一款、第二款的规定处罚、处分。"

十四、第七十八条改为第七十五条，修改为："非法设立期货交易场所或者以其他形式组织期货交易活动的，由所在地县级以上地方人民政府予以取缔，没收违法所得，并处违法所得1倍以上5倍以下的罚款；没有违法所得或者违法所得不满20万元的，处20万元以上100万元以下的罚款。对单位直接负责的主管人员和其他直接责任人员给予警告，并处1万元以上10万元以下的罚款。

"非法设立期货公司及其他期货经营机构，或者擅自从事期货业务的，予以取缔，没收违法所得，并处违法所得1倍以上5倍以下的罚款；没有违法所得或者违法所得不满20万元的，处20万元以上100万元以下的罚款。对单位直接负责的主管人员和其他直接责任人员给予警告，并处1万元以上10万元以下的罚款。"

十五、第八十四条改为第八十一条，修改为："对本条例规定的违法行为的行政处罚，除本条例已有规定的外，由国务院期货监督管理机构决定；涉及其他有关部门法定职权的，国务院期货监督管理机构应当会同其他有关部门处理；属于其他有关部门法定职权的，国务院期货监督管理机构应当移交其他有关部门处理。"

十六、第八十五条改为第八十二条，第一款第一项修改为："(一)商品期货合约，是指以农产品、工业品、能源和其他商品及其相关指数产品为标的物的期货合约"。第二项修改为："(二)金融期货合约，是指以有价证券、利率、汇率等金融产品及其相关指数产品为标的物的期货合约"。第三项修改为："(三)保证金，是指期货交易者按照规定交纳的资金或者提交的价值稳定、流动性强的标准仓单、国债等有价证券，用于结算和保证履约"。第四项修改为："(四)结算，是指根据期货交易所公布的结算价格对交易双方的交易结果进行的资金清算和划转"。第九项修改为："(九)标准仓单，是指交割仓库开具并经期货交易所认定的标准化提货凭证"。

十七、删去第八十九条。

此外，对条文的顺序和个别文字作相应的调整和修改。

本决定自2012年12月1日起施行。

《期货交易管理条例》根据本决定作相应的修改，重新公布。

期货交易管理条例

第一章 总 则

第一条 为了规范期货交易行为，加强对期货交易的监督管理，维护期货市场秩序，防范风险，保护期货交易各方的合法权益和社会公共利益，促进期货市场积极稳妥发展，制定本条例。

第二条 任何单位和个人从事期货交易及其相关活动，应当遵守本条例。

本条例所称期货交易，是指采用公开的集中交易方式或者国务院期货监督管理机构批准的其他方式进行的以期货合约或者期权合约为交易标的的交易活动。

本条例所称期货合约，是指期货交易场所统一制定的、规定在将来某一特定的时间和地点交割一定数量标的物的标准化合约。期货合约包括商品期货合约和金融期货合约及其他期货合约。

本条例所称期权合约，是指期货交易场所统一制定的、规定买方有权在将来某一时间以特定价格买入或者卖出约定标的物(包括期货合约)的标准化合约。

第三条　从事期货交易活动，应当遵循公开、公平、公正和诚实信用的原则。禁止欺诈、内幕交易和操纵期货交易价格等违法行为。

第四条　期货交易应当在依照本条例第六条第一款规定设立的期货交易所、国务院批准的或者国务院期货监督管理机构批准的其他期货交易场所进行。

禁止在前款规定的期货交易场所之外进行期货交易。

第五条　国务院期货监督管理机构对期货市场实行集中统一的监督管理。

国务院期货监督管理机构派出机构依照本条例的有关规定和国务院期货监督管理机构的授权，履行监督管理职责。

第二章　期货交易所

第六条　设立期货交易所，由国务院期货监督管理机构审批。

未经国务院批准或者国务院期货监督管理机构批准，任何单位或者个人不得设立期货交易场所或者以任何形式组织期货交易及其相关活动。

第七条　期货交易所不以营利为目的，按照其章程的规定实行自律管理。期货交易所以其全部财产承担民事责任。期货交易所的负责人由国务院期货监督管理机构任免。

期货交易所的管理办法由国务院期货监督管理机构制定。

第八条　期货交易所会员应当是在中华人民共和国境内登记注册的企业法人或者其他经济组织。

期货交易所可以实行会员分级结算制度。实行会员分级结算制度的期货交易所会员由结算会员和非结算会员组成。

第九条　有《中华人民共和国公司法》第一百四十七条规定的情形或者下列情形之一的，不得担任期货交易所的负责人、财务会计人员：

(一)因违法行为或者违纪行为被解除职务的期货交易所、证券交易所、证券登记结算机构的负责人，或者期货公司、证券公司的董事、监事、高级管理人员，以及国务院期货监督管理机构规定的其他人员，自被解除职务之日起未逾5年；

(二)因违法行为或者违纪行为被撤销资格的律师、注册会计师或者投资咨询机构、财务顾问机构、资信评级机构、资产评估机构、验证机构的专业人员，自被撤销资格之日起未逾5年。

第十条　期货交易所应当依照本条例和国务院期货监督管理机构的规定，建立、健全各项规章制度，加强对交易活动的风险控制和对会员以及交易所工作人员的监督管理。期货交易所履行下列职责：

(一)提供交易的场所、设施和服务；

(二)设计合约，安排合约上市；

(三)组织并监督交易、结算和交割；

(四)为期货交易提供集中履约担保；

(五)按照章程和交易规则对会员进行监督管理；

(六)国务院期货监督管理机构规定的其他职责。

期货交易所不得直接或者间接参与期货交易。未经国务院期货监督管理机构审核并报国务院批准，期货交易所不得从事信托投资、股票投资、非自用不动产投资等与其职责无关的业务。

第十一条　期货交易所应当按照国家有关规定建立、健全下列风险管理制度：

(一)保证金制度；

(二)当日无负债结算制度；

(三)涨跌停板制度；

(四)持仓限额和大户持仓报告制度；

(五)风险准备金制度；

(六)国务院期货监督管理机构规定的其他风险管理制度。

实行会员分级结算制度的期货交易所，还应当建立、健全结算担保金制度。

第十二条　当期货市场出现异常情况时，期货交易所可以按照其章程规定的权限和程序，决定采取下列紧急措施，并应当立即报告国务院期货监督管理机构：

(一)提高保证金；

(二)调整涨跌停板幅度；

(三)限制会员或者客户的最大持仓量；

(四)暂时停止交易；

(五)采取其他紧急措施。

前款所称异常情况，是指在交易中发生操纵期货交易价格的行为或者发生不可抗拒的突发事件以及国务院期货监督管理机构规定的其他情形。

异常情况消失后，期货交易所应当及时取消紧急措施。

第十三条　期货交易所办理下列事项，应当经国务院期货监督管理机构批准：

（一）制定或者修改章程、交易规则；

（二）上市、中止、取消或者恢复交易品种；

（三）上市、修改或者终止合约；

（四）变更住所或者营业场所；

（五）合并、分立或者解散；

（六）国务院期货监督管理机构规定的其他事项。

国务院期货监督管理机构批准期货交易所上市新的交易品种，应当征求国务院有关部门的意见。

第十四条 期货交易所的所得收益按照国家有关规定管理和使用，但应当首先用于保证期货交易场所、设施的运行和改善。

第三章 期货公司

第十五条 期货公司是依照《中华人民共和国公司法》和本条例规定设立的经营期货业务的金融机构。设立期货公司，应当经国务院期货监督管理机构批准，并在公司登记机关登记注册。

未经国务院期货监督管理机构批准，任何单位或者个人不得设立或者变相设立期货公司，经营期货业务。

第十六条 申请设立期货公司，应当符合《中华人民共和国公司法》的规定，并具备下列条件：

（一）注册资本最低限额为人民币3000万元；

（二）董事、监事、高级管理人员具备任职资格，从业人员具有期货从业资格；

（三）有符合法律、行政法规规定的公司章程；

（四）主要股东以及实际控制人具有持续盈利能力，信誉良好，最近3年无重大违法违规记录；

（五）有合格的经营场所和业务设施；

（六）有健全的风险管理和内部控制制度；

（七）国务院期货监督管理机构规定的其他条件。

国务院期货监督管理机构根据审慎监管原则和各项业务的风险程度，可以提高注册资本最低限额。注册资本应当是实缴资本。股东应当以货币或者期货公司经营必需的非货币财产出资，货币出资比例不得低于85%。

国务院期货监督管理机构应当在受理期货公司设立申请之日起6个月内，根据审慎监管原则进行审查，作出批准或者不批准的决定。

未经国务院期货监督管理机构批准，任何单位和个人不得委托或者接受他人委托持有或者管理期货公司的股权。

第十七条 期货公司业务实行许可制度，由国务院期货监督管理机构按照其商品期货、金融期货业务种类颁发许可证。期货公司除申请经营境内期货经纪业务外，还可以申请经营境外期货经纪、期货投资咨询以及国务院期货监督管理机构规定的其他期货业务。

期货公司不得从事与期货业务无关的活动，法律、行政法规或者国务院期货监督管理机构另有规定的除外。

期货公司不得从事或者变相从事期货自营业务。

期货公司不得为其股东、实际控制人或者其他关联人提供融资，不得对外担保。

第十八条 期货公司从事经纪业务，接受客户委托，以自己的名义为客户进行期货交易，交易结果由客户承担。

第十九条 期货公司办理下列事项，应当经国务院期货监督管理机构批准：

（一）合并、分立、停业、解散或者破产；

（二）变更业务范围；

（三）变更注册资本且调整股权结构；

（四）新增持有5%以上股权的股东或者控股股东发生变化；

（五）设立、收购、参股或者终止境外期货类经营机构；

（六）国务院期货监督管理机构规定的其他事项。

前款第三项、第六项所列事项，国务院期货监督管理机构应当自受理申请之日起20日内作出批准或者不批准的决定；前款所列其他事项，国务院期货监督管理机构应当自受理申请之日起2个月内作出批准或者不批准的决定。

第二十条 期货公司办理下列事项，应当经国务院期货监督管理机构派出机构批准：

（一）变更法定代表人；

（二）变更住所或者营业场所；

（三）设立或者终止境内分支机构；

（四）变更境内分支机构的经营范围；

（五）国务院期货监督管理机构规定的其他事项。

前款第一项、第二项、第四项、第五项所列事项，国务院期货监督管理机构派出机构应当自受理申请之日起20日内作出批准或者不批准的决定；前款第三项所列事项，国务院期货监督管理机构派出机构应当自受理申请之日起2个月内作出批准或者不批准的决定。

第二十一条 期货公司或者其分支机构有《中华人民共和国行政许可法》第七十条规定的情形或者下列情形之一的，国务院期货监督管理机构应当依法办理期货业务许可证注销手续：

（一）营业执照被公司登记机关依法注销；

（二）成立后无正当理由超过3个月未开始营业，或者开业后无正当理由停业连续3个月以上；

（三）主动提出注销申请；

（四）国务院期货监督管理机构规定的其他情形。

期货公司在注销期货业务许可证前，应当结清相关期货业务，并依法返还客户的保证金和其他资产。期货公司分支机构在注销经营许可证前，应当终止经营活动，妥善处理客户资产。

第二十二条　期货公司应当建立、健全并严格执行业务管理规则、风险管理制度，遵守信息披露制度，保障客户保证金的存管安全，按照期货交易所的规定，向期货交易所报告大户名单、交易情况。

第二十三条　从事期货投资咨询业务的其他期货经营机构应当取得国务院期货监督管理机构批准的业务资格，具体管理办法由国务院期货监督管理机构制定。

第四章　期货交易基本规则

第二十四条　在期货交易所进行期货交易的，应当是期货交易所会员。

符合规定条件的境外机构，可以在期货交易所从事特定品种的期货交易。具体办法由国务院期货监督管理机构制定。

第二十五条　期货公司接受客户委托为其进行期货交易，应当事先向客户出示风险说明书，经客户签字确认后，与客户签订书面合同。期货公司不得未经客户委托或者不按照客户委托内容，擅自进行期货交易。

期货公司不得向客户作获利保证；不得在经纪业务中与客户约定分享利益或者共担风险。

第二十六条　下列单位和个人不得从事期货交易，期货公司不得接受其委托为其进行期货交易：

(一)国家机关和事业单位；

(二)国务院期货监督管理机构、期货交易所、期货保证金安全存管监控机构和期货业协会的工作人员；

(三)证券、期货市场禁止进入者；

(四)未能提供开户证明材料的单位和个人；

(五)国务院期货监督管理机构规定不得从事期货交易的其他单位和个人。

第二十七条　客户可以通过书面、电话、互联网或者国务院期货监督管理机构规定的其他方式，向期货公司下达交易指令。客户的交易指令应当明确、全面。

期货公司不得隐瞒重要事项或者使用其他不正当手段诱骗客户发出交易指令。

第二十八条　期货交易所应当及时公布上市品种合约的成交量、成交价、持仓量、最高价与最低价、开盘价与收盘价和其他应当公布的即时行情，并保证即时行情的真实、准确。期货交易所不得发布价格预测信息。

未经期货交易所许可，任何单位和个人不得发布期货交易即时行情。

第二十九条　期货交易应当严格执行保证金制度。期货交易所向会员、期货公司向客户收取的保证金，不得低于国务院期货监督管理机构、期货交易所规定的标准，并应当与自有资金分开，专户存放。

期货交易所向会员收取的保证金，属于会员所有，除用于会员的交易结算外，严禁挪作他用。

期货公司向客户收取的保证金，属于客户所有，除下列可划转的情形外，严禁挪作他用：

(一)依据客户的要求支付可用资金；

(二)为客户交存保证金，支付手续费、税款；

(三)国务院期货监督管理机构规定的其他情形。

第三十条　期货公司应当为每一个客户单独开立专门账户、设置交易编码，不得混码交易。

第三十一条　期货公司经营期货经纪业务又同时经营其他期货业务的，应当严格执行业务分离和资金分离制度，不得混合操作。

第三十二条　期货交易所、期货公司、非期货公司结算会员应当按照国务院期货监督管理机构、财政部门的规定提取、管理和使用风险准备金，不得挪用。

第三十三条　期货交易的收费项目、收费标准和管理办法由国务院有关主管部门统一制定并公布。

第三十四条　期货交易的结算，由期货交易所统一组织进行。

期货交易所实行当日无负债结算制度。期货交易所应当在当日及时将结算结果通知会员。

期货公司根据期货交易所的结算结果对客户进行结算，并应当将结算结果按照与客户约定的方式及时通知客户。客户应当及时查询并妥善处理自己的交易持仓。

第三十五条　期货交易所会员的保证金不足时，应当及时追加保证金或者自行平仓。会员未在期货交易所规定的时间内追加保证金或者自行平仓的，期货交易所应当将该会员的合约强行平仓，强行平仓的有关费用和发生的损失由该会员承担。

客户保证金不足时，应当及时追加保证金或者自行平仓。客户未在期货公司规定的时间内及时追加保证金或者自行平仓的，期货公司应当将该客户的合约强行平仓，强行平仓的有关费用和发生的损失由该客户承担。

第三十六条　期货交易的交割，由期货交易所统一组织进行。

交割仓库由期货交易所指定。期货交易所不得限制实物交割总量，并应当与交割仓库签订协议，明确双方的权利和义务。交割仓库不得有下列行为：

(一)出具虚假仓单；

(二)违反期货交易所业务规则，限制交割商品的入库、出库；

(三)泄露与期货交易有关的商业秘密;

(四)违反国家有关规定参与期货交易;

(五)国务院期货监督管理机构规定的其他行为。

第三十七条　会员在期货交易中违约的,期货交易所先以该会员的保证金承担违约责任;保证金不足的,期货交易所应当以风险准备金和自有资金代为承担违约责任,并由此取得对该会员的相应追偿权。

客户在期货交易中违约的,期货公司先以该客户的保证金承担违约责任;保证金不足的,期货公司应当以风险准备金和自有资金代为承担违约责任,并由此取得对该客户的相应追偿权。

第三十八条　实行会员分级结算制度的期货交易所,应当向结算会员收取结算担保金。期货交易所只对结算会员结算,收取和追收保证金,以结算担保金、风险准备金、自有资金代为承担违约责任,以及采取其他相关措施;对非结算会员的结算、收取和追收保证金、代为承担违约责任,以及采取其他相关措施,由结算会员执行。

第三十九条　期货交易所、期货公司和非期货公司结算会员应当保证期货交易、结算、交割资料的完整和安全。

第四十条　任何单位或者个人不得编造、传播有关期货交易的虚假信息,不得恶意串通、联手买卖或者以其他方式操纵期货交易价格。

第四十一条　任何单位或者个人不得违规使用信贷资金、财政资金进行期货交易。

银行业金融机构从事期货交易融资或者担保业务的资格,由国务院银行业监督管理机构批准。

第四十二条　国有以及国有控股企业进行境内外期货交易,应当遵循套期保值的原则,严格遵守国务院国有资产监督管理机构以及其他有关部门关于企业以国有资产进入期货市场的有关规定。

第四十三条　国务院商务主管部门对境内单位或者个人从事境外商品期货交易的品种进行核准。

境外期货项下购汇、结汇以及外汇收支,应当符合国家外汇管理有关规定。

境内单位或者个人从事境外期货交易的办法,由国务院期货监督管理机构会同国务院商务主管部门、国有资产监督管理机构、银行业监督管理机构、外汇管理部门等有关部门制订,报国务院批准后施行。

第五章　期货业协会

第四十四条　期货业协会是期货业的自律性组织,是社会团体法人。

期货公司以及其他专门从事期货经营的机构应当加入期货业协会,并缴纳会员费。

第四十五条　期货业协会的权力机构为全体会员组成的会员大会。

期货业协会的章程由会员大会制定,并报国务院期货监督管理机构备案。

期货业协会设理事会。理事会成员按照章程的规定选举产生。

第四十六条　期货业协会履行下列职责:

(一)教育和组织会员遵守期货法律、法规和政策;

(二)制定会员应当遵守的行业自律性规则,监督、检查会员行为,对违反协会章程和自律性规则的,按照规定给予纪律处分;

(三)负责期货从业人员资格的认定、管理以及撤销工作;

(四)受理客户与期货业务有关的投诉,对会员之间、会员与客户之间发生的纠纷进行调解;

(五)依法维护会员的合法权益,向国务院期货监督管理机构反映会员的建议和要求;

(六)组织期货从业人员的业务培训,开展会员间的业务交流;

(七)组织会员就期货业的发展、运作以及有关内容进行研究;

(八)期货业协会章程规定的其他职责。

期货业协会的业务活动应当接受国务院期货监督管理机构的指导和监督。

第六章　监督管理

第四十七条　国务院期货监督管理机构对期货市场实施监督管理,依法履行下列职责:

(一)制定有关期货市场监督管理的规章、规则,并依法行使审批权;

(二)对品种的上市、交易、结算、交割等期货交易及其相关活动,进行监督管理;

(三)对期货交易所、期货公司及其他期货经营机构、非期货公司结算会员、期货保证金安全存管监控机构、期货保证金存管银行、交割仓库等市场相关参与者的期货业务活动,进行监督管理;

(四)制定期货从业人员的资格标准和管理办法,并监督实施;

(五)监督检查期货交易的信息公开情况;

(六)对期货业协会的活动进行指导和监督;

(七)对违反期货市场监督管理法律、行政法规的行为进行查处;

(八)开展与期货市场监督管理有关的国际交流、合作活动;

(九)法律、行政法规规定的其他职责。

第四十八条　国务院期货监督管理机构依法履行职责,可以采取下列措施:

(一)对期货交易所、期货公司及其他期货经营机构、非期货公司结算会员、期货保证金安全存管监控机构和交割仓库进行现场检查；

(二)进入涉嫌违法行为发生场所调查取证；

(三)询问当事人和与被调查事件有关的单位和个人，要求其对与被调查事件有关的事项作出说明；

(四)查阅、复制与被调查事件有关的财产权登记等资料；

(五)查阅、复制当事人和与被调查事件有关的单位和个人的期货交易记录、财务会计资料以及其他相关文件和资料；对可能被转移、隐匿或者毁损的文件和资料，可以予以封存；

(六)查询与被调查事件有关的单位的保证金账户和银行账户；

(七)在调查操纵期货交易价格、内幕交易等重大期货违法行为时，经国务院期货监督管理机构主要负责人批准，可以限制被调查事件当事人的期货交易，但限制的时间不得超过15个交易日；案情复杂的，可以延长至30个交易日；

(八)法律、行政法规规定的其他措施。

第四十九条　期货交易所、期货公司及其他期货经营机构、期货保证金安全存管监控机构，应当向国务院期货监督管理机构报送财务会计报告、业务资料和其他有关资料。

对期货公司及其他期货经营机构报送的年度报告，国务院期货监督管理机构应当指定专人进行审核，并制作审核报告。审核人员应当在审核报告上签字。审核中发现问题的，国务院期货监督管理机构应当及时采取相应措施。

必要时，国务院期货监督管理机构可以要求非期货公司结算会员、交割仓库，以及期货公司股东、实际控制人或者其他关联人报送相关资料。

第五十条　国务院期货监督管理机构依法履行职责，进行监督检查或者调查时，被检查、调查的单位和个人应当配合，如实提供有关文件和资料，不得拒绝、阻碍和隐瞒；其他有关部门和单位应当给予支持和配合。

第五十一条　国家根据期货市场发展的需要，设立期货投资者保障基金。

期货投资者保障基金的筹集、管理和使用的具体办法，由国务院期货监督管理机构会同国务院财政部门制定。

第五十二条　国务院期货监督管理机构应当建立、健全保证金安全存管监控制度，设立期货保证金安全存管监控机构。

客户和期货交易所、期货公司及其他期货经营机构、非期货公司结算会员以及期货保证金存管银行，应当遵守国务院期货监督管理机构有关保证金安全存管监控的规定。

第五十三条　期货保证金安全存管监控机构依照有关规定对保证金安全实施监控，进行每日稽核，发现问题应当立即报告国务院期货监督管理机构。国务院期货监督管理机构应当根据不同情况，依照本条例有关规定及时处理。

第五十四条　国务院期货监督管理机构对期货交易所、期货公司及其他期货经营机构和期货保证金安全存管监控机构的董事、监事、高级管理人员以及其他期货从业人员，实行资格管理制度。

第五十五条　国务院期货监督管理机构应当制定期货公司持续性经营规则，对期货公司的净资本与净资产的比例，净资本与境内期货经纪、境外期货经纪等业务规模的比例，流动资产与流动负债的比例等风险监管指标作出规定；对期货公司及其分支机构的经营条件、风险管理、内部控制、保证金存管、关联交易等方面提出要求。

第五十六条　期货公司及其分支机构不符合持续性经营规则或者出现经营风险的，国务院期货监督管理机构可以对期货公司及其董事、监事和高级管理人员采取谈话、提示、记入信用记录等监管措施或者责令期货公司限期整改，并对其整改情况进行检查验收。

期货公司逾期未改正，其行为严重危及期货公司的稳健运行、损害客户合法权益，或者涉嫌严重违法违规正在被国务院期货监督管理机构调查的，国务院期货监督管理机构可以区别情形，对其采取下列措施：

(一)限制或者暂停部分期货业务；

(二)停止批准新增业务或者分支机构；

(三)限制分配红利，限制向董事、监事、高级管理人员支付报酬、提供福利；

(四)限制转让财产或者在财产上设定其他权利；

(五)责令更换董事、监事、高级管理人员或者有关业务部门、分支机构的负责人员，或者限制其权利；

(六)限制期货公司自有资金或者风险准备金的调拨和使用；

(七)责令控股股东转让股权或者限制有关股东行使股东权利。

对经过整改符合有关法律、行政法规规定以及持续性经营规则要求的期货公司，国务院期货监督管理机构应当自验收完毕之日起3日内解除对其采取的有关措施。

对经过整改仍未达到持续性经营规则要求，严重影响正常经营的期货公司，国务院期货监督管理机构有权撤销其部分或者全部期货业务许可、关闭其分支机构。

第五十七条　期货公司违法经营或者出现重大风险，严重危害期货市场秩序、损害客户利益的，国务院期货监督管理机构可以对该期货公司采取责令停业整顿、指定其他机构托管或者接管等监管措施。经国务院期货监督管理机构批准，可以对该期货公司直接负责的董事、监事、高级管理人员和其他直接责任人员采取以下措施：

（一）通知出境管理机关依法阻止其出境；

（二）申请司法机关禁止其转移、转让或者以其他方式处分财产，或者在财产上设定其他权利。

第五十八条　期货公司的股东有虚假出资或者抽逃出资行为的，国务院期货监督管理机构应当责令其限期改正，并可责令其转让所持期货公司的股权。

在股东按照前款要求改正违法行为、转让所持期货公司的股权前，国务院期货监督管理机构可以限制其股东权利。

第五十九条　当期货市场出现异常情况时，国务院期货监督管理机构可以采取必要的风险处置措施。

第六十条　期货公司的交易软件、结算软件，应当满足期货公司审慎经营和风险管理以及国务院期货监督管理机构有关保证金安全存管监控规定的要求。期货公司的交易软件、结算软件不符合要求的，国务院期货监督管理机构有权要求期货公司予以改进或者更换。

国务院期货监督管理机构可以要求期货公司的交易软件、结算软件的供应商提供该软件的相关资料，供应商应当予以配合。国务院期货监督管理机构对供应商提供的相关资料负有保密义务。

第六十一条　期货公司涉及重大诉讼、仲裁，或者股权被冻结或者用于担保，以及发生其他重大事件时，期货公司及其相关股东、实际控制人应当自该事件发生之日起 5 日内向国务院期货监督管理机构提交书面报告。

第六十二条　会计师事务所、律师事务所、资产评估机构等中介服务机构向期货交易所和期货公司等市场相关参与者提供相关服务时，应当遵守期货法律、行政法规以及国家有关规定，并按照国务院期货监督管理机构的要求提供相关资料。

第六十三条　国务院期货监督管理机构应当与有关部门建立监督管理的信息共享和协调配合机制。

国务院期货监督管理机构可以和其他国家或者地区的期货监督管理机构建立监督管理合作机制，实施跨境监督管理。

第六十四条　国务院期货监督管理机构、期货交易所、期货保证金安全存管监控机构和期货保证金存管银行等相关单位的工作人员，应当忠于职守，依法办事，公正廉洁，保守国家秘密和有关当事人的商业秘密，不得利用职务便利牟取不正当的利益。

第七章　法律责任

第六十五条　期货交易所、非期货公司结算会员有下列行为之一的，责令改正，给予警告，没收违法所得：

（一）违反规定接纳会员的；

（二）违反规定收取手续费的；

（三）违反规定使用、分配收益的；

（四）不按照规定公布即时行情的，或者发布价格预测信息的；

（五）不按照规定向国务院期货监督管理机构履行报告义务的；

（六）不按照规定向国务院期货监督管理机构报送有关文件、资料的；

（七）不按照规定建立、健全结算担保金制度的；

（八）不按照规定提取、管理和使用风险准备金的；

（九）违反国务院期货监督管理机构有关保证金安全存管监控规定的；

（十）限制会员实物交割总量的；

（十一）任用不具备资格的期货从业人员的；

（十二）违反国务院期货监督管理机构规定的其他行为。

有前款所列行为之一的，对直接负责的主管人员和其他直接责任人员给予纪律处分，处 1 万元以上 10 万元以下的罚款。

有本条第一款第二项所列行为的，应当责令退还多收取的手续费。

期货保证金安全存管监控机构有本条第一款第五项、第六项、第九项、第十一项、第十二项所列行为的，依照本条第一款、第二款的规定处罚、处分。期货保证金存管银行有本条第一款第九项、第十二项所列行为的，依照本条第一款、第二款的规定处罚、处分。

第六十六条　期货交易所有下列行为之一的，责令改正，给予警告，没收违法所得，并处违法所得 1 倍以上 5 倍以下的罚款；没有违法所得或者违法所得不满 10 万元的，并处 10 万元以上 50 万元以下的罚款；情节严重的，责令停业整顿：

（一）未经批准，擅自办理本条例第十三条所列事项的；

（二）允许会员在保证金不足的情况下进行期货交易的；

（三）直接或者间接参与期货交易，或者违反规定从事与其职责无关的业务的；

（四）违反规定收取保证金，或者挪用保证金的；

（五）伪造、涂改或者不按照规定保存期货交易、结算、交割资料的；

（六）未建立或者未执行当日无负债结算、涨跌停板、持仓限额和大户持仓报告制度的；

（七）拒绝或者妨碍国务院期货监督管理机构监督检查的；

（八）违反国务院期货监督管理机构规定的其他行为。

有前款所列行为之一的，对直接负责的主管人员和其他直接责任人员给予纪律处分，处1万元以上10万元以下的罚款。

非期货公司结算会员有本条第一款第二项、第四项至第八项所列行为之一的，依照本条第一款、第二款的规定处罚、处分。

期货保证金安全存管监控机构有本条第一款第三项、第七项、第八项所列行为的，依照本条第一款、第二款的规定处罚、处分。

第六十七条　期货公司有下列行为之一的，责令改正，给予警告，没收违法所得，并处违法所得1倍以上3倍以下的罚款；没有违法所得或者违法所得不满10万元的，并处10万元以上30万元以下的罚款；情节严重的，责令停业整顿或者吊销期货业务许可证：

（一）接受不符合规定条件的单位或者个人委托的；

（二）允许客户在保证金不足的情况下进行期货交易的；

（三）未经批准，擅自办理本条例第十九条、第二十条所列事项的；

（四）违反规定从事与期货业务无关的活动的；

（五）从事或者变相从事期货自营业务的；

（六）为其股东、实际控制人或者其他关联人提供融资，或者对外担保的；

（七）违反国务院期货监督管理机构有关保证金安全存管监控规定的；

（八）不按照规定向国务院期货监督管理机构履行报告义务或者报送有关文件、资料的；

（九）交易软件、结算软件不符合期货公司审慎经营和风险管理以及国务院期货监督管理机构有关保证金安全存管监控规定的要求的；

（十）不按照规定提取、管理和使用风险准备金的；

（十一）伪造、涂改或者不按照规定保存期货交易、结算、交割资料的；

（十二）任用不具备资格的期货从业人员的；

（十三）伪造、变造、出租、出借、买卖期货业务许可证或者经营许可证的；

（十四）进行混码交易的；

（十五）拒绝或者妨碍国务院期货监督管理机构监督检查的；

（十六）违反国务院期货监督管理机构规定的其他行为。

期货公司有前款所列行为之一的，对直接负责的主管人员和其他直接责任人员给予警告，并处1万元以上5万元以下的罚款；情节严重的，暂停或者撤销任职资格、期货从业人员资格。

期货公司之外的其他期货经营机构有本条第一款第八项、第十二项、第十三项、第十五项、第十六项所列行为的，依照本条第一款、第二款的规定处罚。

期货公司的股东、实际控制人或者其他关联人未经批准擅自委托他人或者接受他人委托持有或者管理期货公司股权的，拒不配合国务院期货监督管理机构的检查，拒不按照规定履行报告义务、提供有关信息和资料，或者报送、提供的信息和资料有虚假记载、误导性陈述或者重大遗漏的，依照本条第一款、第二款的规定处罚。

第六十八条　期货公司有下列欺诈客户行为之一的，责令改正，给予警告，没收违法所得，并处违法所得1倍以上5倍以下的罚款；没有违法所得或者违法所得不满10万元的，并处10万元以上50万元以下的罚款；情节严重的，责令停业整顿或者吊销期货业务许可证：

（一）向客户作获利保证或者不按照规定向客户出示风险说明书的；

（二）在经纪业务中与客户约定分享利益、共担风险的；

（三）不按照规定接受客户委托或者不按照客户委托内容擅自进行期货交易的；

（四）隐瞒重要事项或者使用其他不正当手段，诱骗客户发出交易指令的；

（五）向客户提供虚假成交回报的；

（六）未将客户交易指令下达到期货交易所的；

（七）挪用客户保证金的；

（八）不按照规定在期货保证金存管银行开立保证金账户，或者违规划转客户保证金的；

（九）国务院期货监督管理机构规定的其他欺诈客户的行为。

期货公司有前款所列行为之一的，对直接负责的主管人员和其他直接责任人员给予警告，并处1万元以上10万元以下的罚款；情节严重的，暂停或者撤销任职资格、期货从业人员资格。

任何单位或者个人编造并且传播有关期货交易的虚假信息，扰乱期货交易市场的，依照本条第一款、第二款的规定处罚。

第六十九条　期货公司及其他期货经营机构、非期货公司结算会员、期货保证金存管银行提供虚假申请文件或者采取其他欺诈手段隐瞒重要事实骗取期货业务许可的，撤销其期货业务许可，没收违法所得。

第七十条　期货交易内幕信息的知情人或者非法获取期货交易内幕信息的人，在对期货交易价格有重大影响的信息尚未公开前，利用内幕信息从事期货交易，或者向他人泄露内幕信息，使他人利用内幕信息进行期货交易的，没收违法所得，并处违法所得1倍以上5倍以下的罚款；没有违法所得或者违法所得不满10万元的，处10万元以上50万元以下的罚款。单位从事内幕交易的，还应当对直接负责的主管人员和其他直接责任人员给予警告，并处3万元以上30万元以下的罚款。

国务院期货监督管理机构、期货交易所和期货保证金安全存管监控机构的工作人员进行内幕交易的，从重处罚。

第七十一条　任何单位或者个人有下列行为之一，操纵期货交易价格的，责令改正，没收违法所得，并处违法所得1倍以上5倍以下的罚款；没有违法所得或者违法所得不满20万元的，处20万元以上100万元以下的罚款：

（一）单独或者合谋，集中资金优势、持仓优势或者利用信息优势联合或者连续买卖合约，操纵期货交易价格的；

（二）蓄意串通，按事先约定的时间、价格和方式相互进行期货交易，影响期货交易价格或者期货交易量的；

（三）以自己为交易对象，自买自卖，影响期货交易价格或者期货交易量的；

（四）为影响期货市场行情囤积现货的；

（五）国务院期货监督管理机构规定的其他操纵期货交易价格的行为。

单位有前款所列行为之一的，对直接负责的主管人员和其他直接责任人员给予警告，并处1万元以上10万元以下的罚款。

第七十二条　交割仓库有本条例第三十六条第二款所列行为之一的，责令改正，给予警告，没收违法所得，并处违法所得1倍以上5倍以下的罚款；没有违法所得或者违法所得不满10万元的，并处10万元以上50万元以下的罚款；情节严重的，责令期货交易所暂停或者取消其交割仓库资格。对直接负责的主管人员和其他直接责任人员给予警告，并处1万元以上10万元以下的罚款。

第七十三条　国有以及国有控股企业违反本条例和国务院国有资产监督管理机构以及其他有关部门关于企业以国有资产进入期货市场的有关规定进行期货交易，或者单位、个人违规使用信贷资金、财政资金进行期货交易的，给予警告，没收违法所得，并处违法所得1倍以上5倍以下的罚款；没有违法所得或者违法所得不满10万元的，并处10万元以上50万元以下的罚款。对直接负责的主管人员和其他直接责任人员给予降级直至开除的纪律处分。

第七十四条　境内单位或者个人违反规定从事境外期货交易的，责令改正，给予警告，没收违法所得，并处违法所得1倍以上5倍以下的罚款；没有违法所得或者违法所得不满20万元的，并处20万元以上100万元以下的罚款；情节严重的，暂停其境外期货交易。对单位直接负责的主管人员和其他直接责任人员给予警告，并处1万元以上10万元以下的罚款。

第七十五条　非法设立期货交易场所或者以其他形式组织期货交易活动的，由所在地县级以上地方人民政府予以取缔，没收违法所得，并处违法所得1倍以上5倍以下的罚款；没有违法所得或者违法所得不满20万元的，处20万元以上100万元以下的罚款。对单位直接负责的主管人员和其他直接责任人员给予警告，并处1万元以上10万元以下的罚款。

非法设立期货公司及其他期货经营机构，或者擅自从事期货业务的，予以取缔，没收违法所得，并处违法所得1倍以上5倍以下的罚款；没有违法所得或者违法所得不满20万元的，处20万元以上100万元以下的罚款。对单位直接负责的主管人员和其他直接责任人员给予警告，并处1万元以上10万元以下的罚款。

第七十六条　期货公司的交易软件、结算软件供应商拒不配合国务院期货监督管理机构调查，或者未按照规定向国务院期货监督管理机构提供相关软件资料，或者提供的软件资料有虚假、重大遗漏的，责令改正，处3万元以上10万元以下的罚款。对直接负责的主管人员和其他直接责任人员给予警告，并处1万元以上5万元以下的罚款。

第七十七条　会计师事务所、律师事务所、资产评估机构等中介服务机构未勤勉尽责，所出具的文件有虚假记载、误导性陈述或者重大遗漏的，责令改正，没收业务收入，暂停或者撤销相关业务许可，并处业务收入1倍以上5倍以下的罚款。对直接负责的主管人员和其他直接责任人员给予警告，并处3万元以上10万元以下的罚款。

第七十八条　任何单位或者个人违反本条例规定，情节严重的，由国务院期货监督管理机构宣布该个人、该单位或者该单位的直接责任人员为期货市场禁止进入者。

第七十九条　国务院期货监督管理机构、期货交易所、期货保证金安全存管监控机构和期货保证金存管银行等相关单位的工作人员，泄露知悉的国家秘密或者会员、客户商业秘密，或者徇私舞弊、玩忽职守、滥用职权、收受贿赂的，依法给予行政处分或者纪律处分。

第八十条　违反本条例规定，构成犯罪的，依法追究刑事责任。

第八十一条　对本条例规定的违法行为的行政处罚，除本条例已有规定的外，由国务院期货监督管理机构决定；涉及其他有关部门法定职权的，国务院期货监督管理机构应当会同其他有关部门处理；属于其他有关部门法定职权的，国务院期货监督管理机构应当移交其他有关部门处理。

第八章　附　则

第八十二条　本条例下列用语的含义：

(一)商品期货合约，是指以农产品、工业品、能源和其他商品及其相关指数产品为标的物的期货合约。

(二)金融期货合约，是指以有价证券、利率、汇率等金融产品及其相关指数产品为标的物的期货合约。

(三)保证金，是指期货交易者按照规定交纳的资金或者提交的价值稳定、流动性强的标准仓单、国债等有价证券，用于结算和保证履约。

(四)结算，是指根据期货交易所公布的结算价格对交易双方的交易结果进行的资金清算和划转。

(五)交割，是指合约到期时，按照期货交易所的规则和程序，交易双方通过该合约所载标的物所有权的转移，或者按照规定结算价格进行现金差价结算，了结到期未平仓合约的过程。

(六)平仓，是指期货交易者买入或者卖出与其所持合约的品种、数量和交割月份相同但交易方向相反的合约，了结期货交易的行为。

(七)持仓量，是指期货交易者所持有的未平仓合约的数量。

(八)持仓限额，是指期货交易所对期货交易者的持仓量规定的最高数额。

(九)标准仓单，是指交割仓库开具并经期货交易所认定的标准化提货凭证。

(十)涨跌停板，是指合约在1个交易日中的交易价格不得高于或者低于规定的涨跌幅度，超出该涨跌幅度的报价将被视为无效，不能成交。

(十一)内幕信息，是指可能对期货交易价格产生重大影响的尚未公开的信息，包括：国务院期货监督管理机构以及其他相关部门制定的对期货交易价格可能发生重大影响的政策，期货交易所作出的可能对期货交易价格发生重大影响的决定，期货交易所会员、客户的资金和交易动向以及国务院期货监督管理机构认定的对期货交易价格有显著影响的其他重要信息。

(十二)内幕信息的知情人员，是指由于其管理地位、监督地位或者职业地位，或者作为雇员、专业顾问履行职务，能够接触或者获得内幕信息的人员，包括：期货交易所的管理人员以及其他由于任职可获取内幕信息的从业人员，国务院期货监督管理机构和其他有关部门的工作人员以及国务院期货监督管理机构规定的其他人员。

第八十三条　国务院期货监督管理机构可以批准设立期货专门结算机构，专门履行期货交易所的结算以及相关职责，并承担相应法律责任。

第八十四条　境外机构在境内设立、收购或者参股期货经营机构，以及境外期货经营机构在境内设立分支机构(含代表处)的管理办法，由国务院期货监督管理机构会同国务院商务主管部门、外汇管理部门等有关部门制订，报国务院批准后施行。

第八十五条　在期货交易所之外的国务院期货监督管理机构批准的交易场所进行的期货交易，依照本条例的有关规定执行。

第八十六条　不属于期货交易的商品或者金融产品的其他交易活动，由国家有关部门监督管理，不适用本条例。

第八十七条　本条例自2007年4月15日起施行。1999年6月2日国务院发布的《期货交易管理暂行条例》同时废止。

国新办发布《中国的能源政策(2012)》白皮书

前　言

能源是支撑人类文明进步的物质基础，是现代社会发展不可或缺的基本条件。在中国实现现代化和全体人民共同富裕的进程中，能源始终是一个重大战略问题。

20世纪70年代末实行改革开放以来，中国的能源事业取得了长足发展。目前，中国已成为世界上最大的能源生产国，形成了煤炭、电力、石油天然气以及新能源和可再生能源全面发展的能源供应体系，能源普遍服务水平大幅提升，居民生活用能条件极大改善。能源的发展，为消除贫困、改善民生、保持经济长期平稳较快发展提供了有力保障。

中国能源发展面临着诸多挑战。能源资源禀赋不高，煤炭、石油、天然气人均拥有量较低。能源消费总量近年来增长过快，保障能源供应压力增大。化石能源大规模开发利用，对生态环境造成一定程度的影响。

为减少对能源资源的过度消耗，实现经济、社会、生态全面协调可持续发展，中国不断加大节能减排力度，努力提高能源利用效率，单位国内生产总值能源消耗逐年下降。中国将以科学发展观为指导，切实转变发展方式，着力建设资源节约型、环境友好型社会，依靠能源科技创新和体制创新，全面提升能源效率，大力发展新能源和可再生能源，推动化石能源的清洁高效开发利用，努力构建安全、稳定、经济、清洁的现代能源产业体系，为中国全面建设小康社会提供更加坚实的能源保障，为世界经济发展作出更大贡献。

一、能源发展现状

改革开放以来，中国能源工业快速增长，实现了煤炭、电力、石油天然气、可再生能源和新能源的全面发展，为保障国民经济长期平稳较快发展和人民生活水平持续提高作出重要贡献。

——供应保障能力显著增强。2011年，中国一次能源生产总量达到31.8亿吨标准煤，居世界第一。其中，原煤产量35.2亿吨，原油产量稳定在2亿吨，成品油产量2.7亿吨。天然气产量快速增长，达到1031亿立方米。电力装机容量10.6亿千瓦，年发电量4.7万亿千瓦时。能源综合运输体系发展较快。石油管线长度超过7万公里，天然气主干管线长度达到4万公里。电网基本实现全国互联，330千伏及以上输电线路长度17.9万公里。国家石油储备一期项目建成，能源应急保障能力不断增强。

——能源节约效果明显。中国大力推进能源节约。1981—2011年，中国能源消费以年均5.82%的增长，支撑了国民经济年均10%的增长。2006—2011年，万元国内生产总值能耗累计下降20.7%，实现节能7.1亿吨标准煤。实施锅炉改造、电机节能、建筑节能、绿色照明等一系列节能改造工程，主要高耗能产品的综合能耗与国际先进水平差距不断缩小，新建的有色、建材、石化等重化工业项目能源利用效率基本达到世界先进水平。淘汰落后小火电机组8000万千瓦，每年可由此节约原煤6000多万吨。2011年，全国火电供电煤耗较2006年降低37克标准煤/千瓦时，降幅达10%。

——非化石能源快速发展。中国积极发展新能源和可再生能源。2011年，全国水电装机容量达到2.3亿千瓦，居世界第一。已投运核电机组15台、装机容量1254万千瓦，在建机组26台、装机容量2924万千瓦，在建规模居世界首位。风电并网装机容量达到4700万千瓦，居世界第一。光伏发电增长强劲，装机容量达到300万千瓦。太阳能热水器集热面积超过2亿平方米。积极开展沼气、地热能、潮汐能等其他可再生能源推广应用。非化石能源占一次能源消费的比重达到8%，每年减排二氧化碳6亿吨以上。

——科技水平迅速提高。建成了比较完善的石油天然气勘探开发技术体系，复杂区块勘探开发、提高油气田采收率等技术在国际上处于领先地位。3000米深水钻井平台建造成功。千万吨炼油和百万吨乙烯装置实现自主设计和制造。具有世界先进水平和自主知识产权的煤炭直接液化和煤制烯烃技术取得突破。全国采煤机械化程度达到60%以上，井下600万吨综采成套装备全面推广。百万千瓦超超临界、大型空冷等大容量高参数机组得到广泛应用，70万千瓦水轮机组设计制造技术达到世界先进水平。基本具备百万千瓦级压水堆核电站自主设计、建造和运营能力，高温气冷堆、快堆技术研发取得重大突破。3兆瓦风电机组批量应用，6兆瓦风电机组成功下线。形成了比较完备的太阳能光伏发电制造产业链，光伏电池年产量占全球产量的40%以上。特高压交直流输电技术和装备制造水平处于世界领先地位。

——用能条件大为改善。积极推进民生能源工程建设，提高能源普遍服务水平。与2006年相比，2011年中国人均一次能源消费量达到2.6吨标准煤，提高了31%；人均天然气消费量89.6立方米，提高了110%；人均用电量3493千瓦时，提高了60%。建成西气东输一线、二线工程，全国使用天然气人口超过1.8亿。实施农村电网改造升级工程，累计投入5500多亿元人民币，使农村用电状况发生了根本性变化。青藏联网工程建设成功，结束了西藏电网孤网运行的历史。推进无电地区电力建设，解决了3000多万无电人口的用电问题。在北方高寒地区建设了7000万千瓦热电联产项目，解决了4000多万城市人口的供暖问题。

——环境保护成效突出。中国加快采煤沉陷区治理，建立并完善煤炭开发和生态环境恢复补偿机制。2011年，原煤入选率达到52%，土地复垦率40%。加快建设燃煤电厂脱硫、脱硝设施，烟气脱硫机组占全国燃煤机组的比重达到90%左右。燃煤机组除尘设施安装率和废水排放达标率达到100%。加大煤层气(煤矿瓦斯)开发利用力度，抽采量达到114亿立方米，在全球率先实施了煤层气国家排放标准。五年来，单位国内生产总值能耗下降减排二氧化碳14.6亿吨。

——体制机制不断完善。市场机制在资源配置中发挥出越来越大的作用。能源领域投资主体实现多元化，民间投资不断发展壮大。煤炭生产和流通基本实现市场化。电力工业实现政企分开、厂网分离，监管体系初步建立。能源价格改革不断深化，价格形成机制逐步完善。开展了煤炭工业可持续发展政策措施试点。制定了风电与光伏发电标杆上网电价制度，建立了可再生能源发展基金等制度。加强能源法制建设，近年来新修订出台了《节约能源法》、《可再生能源法》、《循环经济促进法》、《石油天然气管道保护法》以及《民用建筑节能条例》、《公共机构节能条例》等法律、法规。

作为世界第一大能源生产国,中国主要依靠自身力量发展能源,能源自给率始终保持在90%左右。中国能源的发展,不仅保障了国内经济社会发展,也对维护世界能源安全作出了重大贡献。今后一段时期,中国仍将处于工业化、城镇化加快发展阶段,能源需求会继续增长,能源供应保障任务更加艰巨。

——资源约束矛盾突出。中国人均能源资源拥有量在世界上处于较低水平,煤炭、石油和天然气的人均占有量分别仅为世界平均水平的67%、5.4%和7.5%。虽然近年来中国能源消费增长较快,但目前人均能源消费水平还比较低,仅为发达国家平均水平的三分之一。随着经济社会发展和人民生活水平的提高,未来能源消费还将大幅增长,资源约束不断加剧。

——能源效率有待提高。中国产业结构不合理,经济发展方式有待改进。中国单位国内生产总值能耗不仅远高于发达国家,也高于一些新兴工业化国家。能源密集型产业技术落后,第二产业特别是高耗能工业能源消耗比重过高,钢铁、有色、化工、建材四大高耗能行业用能占到全社会用能的40%左右。能源效率相对较低,单位增加值能耗较高。

——环境压力不断增大。化石能源特别是煤炭的大规模开发利用,对生态环境造成严重影响。大量耕地被占用和破坏,水资源污染严重,二氧化碳、二氧化硫、氮氧化物和有害重金属排放量大,臭氧及细颗粒物(PM2.5)等污染加剧。未来相当长时期内,化石能源在中国能源结构中仍占主体地位,保护生态环境、应对气候变化的压力日益增大,迫切需要能源绿色转型。

——能源安全形势严峻。近年来能源对外依存度上升较快,特别是石油对外依存度从本世纪初的32%上升至目前的57%。石油海上运输安全风险加大,跨境油气管道安全运行问题不容忽视。国际能源市场价格波动增加了保障国内能源供应难度。能源储备规模较小,应急能力相对较弱,能源安全形势严峻。

——体制机制亟待改革。能源体制机制深层次矛盾不断积累,价格机制尚不完善,行业管理仍较薄弱,能源普遍服务水平亟待提高,体制机制约束已成为促进能源科学发展的严重障碍。

中国能源发展面临的这些问题,是由国际能源竞争格局、中国生产力水平以及所处发展阶段决定的,也与产业结构和能源结构不合理、能源开发利用方式粗放、相关体制机制改革滞后密切相关。中国将大力推动能源生产和利用方式变革,不断完善政策体系,努力实现能源与经济、社会、生态全面协调可持续发展。

二、能源发展政策和目标

中国是世界上最大的发展中国家,面临着发展经济、改善民生、全面建设小康社会的艰巨任务。维护能源资源长期稳定可持续利用,是中国政府的一项重要战略任务。中国能源必须走科技含量高、资源消耗低、环境污染少、经济效益好、安全有保障的发展道路,全面实现节约发展、清洁发展和安全发展。

中国能源政策的基本内容是:坚持"节约优先、立足国内、多元发展、保护环境、科技创新、深化改革、国际合作、改善民生"的能源发展方针,推进能源生产和利用方式变革,构建安全、稳定、经济、清洁的现代能源产业体系,努力以能源的可持续发展支撑经济社会的可持续发展。

——节约优先。实施能源消费总量和强度双控制,努力构建节能型生产消费体系,促进经济发展方式和生活消费模式转变,加快构建节能型国家和节约型社会。

——立足国内。立足国内资源优势和发展基础,着力增强能源供给保障能力,完善能源储备应急体系,合理控制对外依存度,提高能源安全保障水平。

——多元发展。着力提高清洁低碳化石能源和非化石能源比重,大力推进煤炭高效清洁利用,积极实施能源科学替代,加快优化能源生产和消费结构。

——保护环境。树立绿色、低碳发展理念,统筹能源资源开发利用与生态环境保护,在保护中开发,在开发中保护,积极培育符合生态文明要求的能源发展模式。

——科技创新。加强基础科学研究和前沿技术研究,增强能源科技创新能力。依托重点能源工程,推动重大核心技术和关键装备自主创新,加快创新型人才队伍建设。

——深化改革。充分发挥市场机制作用,统筹兼顾,标本兼治,加快推进重点领域和关键环节改革,构建有利于促进能源可持续发展的体制机制。

——国际合作。统筹国内国际两个大局,大力拓展能源国际合作范围、渠道和方式,提升能源"走出去"和"引进来"水平,推动建立国际能源新秩序,努力实现合作共赢。

——改善民生。统筹城乡和区域能源发展,加强能源基础设施和基本公共服务能力建设,尽快消除能源贫困,努力提高人民群众用能水平。

《中华人民共和国国民经济和社会发展第十二个五年规划纲要》提出:到2015年,中国非化石能源占一次能源消费比重达到11.4%,单位国内生产总值能源消耗比2010年降低16%,单位国内生产总值二氧化碳排放比2010年降低17%。

中国政府承诺,到2020年非化石能源占一次能源消费比重将达到15%左右,单位国内生产总值二氧化碳排放比2005年下降40%—45%。作为负责任的大国,中国将为实现此目标不懈努力。

三、全面推进能源节约

中国人口众多、资源相对不足,要实现能源资源永续利用和经济社会可持续发展,必须走节约能源的道路。

中国始终把节约能源放在优先位置。早在20世纪80年代初,国家就提出了"开发与节约并举,把节约放在首位"的发展方针。2006年,中国政府发布《关于加强节能工作的决定》。2007年,发布《节能减排综合性工作方案》,全面部署了工业、建筑、交通等重点领域节能工作。实施"十大节能工程",推动燃煤工业锅炉(窑炉)改造、余热余压利用、电机系统节能、建筑节能、绿色照明、政府机构节能,形成3.4亿吨标准煤的节能能力。开展"千家企业节能行动",重点企业生产综合能耗等指标大幅下降,节约能源1.5亿吨标准煤。"十一五"期间,单位国内生产总值能耗下降19.1%。

2011年,中国发布了《"十二五"节能减排综合性工作方案》,提出"十二五"期间节能减排的主要目标和重点工作,把降低能源强度、减少主要污染物排放总量、合理控制能源消费总量工作有机结合起来,形成"倒逼机制",推动经济结构战略性调整,优化产业结构和布局,强化工业、建筑、交通运输、公共机构以及城乡建设和消费领域用能管理,全面建设资源节约型和环境友好型社会。

——优化产业结构。中国坚持把调整产业结构作为节约能源的战略重点。严格控制低水平重复建设,加速淘汰高耗能、高排放落后产能。加快运用先进适用技术改造提升传统产业。提高加工贸易准入门槛,促进加工贸易转型升级。改善外贸结构,推动外贸发展从能源和劳动力密集型向资金和技术密集型转变。推动服务业大发展。培育发展战略性新兴产业,加快形成先导性、支柱性产业。

——加强工业节能。工业用能占到中国能源消费的70%以上,工业是节约能源的重点领域。国家制定钢铁、石化、有色、建材等重点行业节能减排先进适用技术目录,淘汰落后的工艺、装备和产品,发展节能型、高附加值的产品和装备。建立完善重点行业单位产品能耗限额强制性标准体系,强化节能评估审查制度。组织实施热电联产、工业副产煤气回收利用、企业能源管控中心建设、节能产业培育等重点节能工程,提升企业能源利用效率。

——实施建筑节能。国家大力发展绿色建筑,全面推进建筑节能。建立、健全绿色建筑标准,推行绿色建筑评级与标识。推进既有建筑节能改造,实行公共建筑能耗限额和能效公示制度,建立建筑使用全寿命周期管理制度,严格建筑拆除管理。制定和实施公共机构节能规划,加强公共建筑节能监管体系建设。推进北方采暖地区既有建筑供热计量和节能改造,实施"节能暖房"工程,改造供热老旧管网,实行供热计量收费和能耗定额管理。

——推进交通节能。全面推行公交优先发展战略,积极推进城际轨道交通建设,合理引导绿色出行。实施世界先进水平的汽车燃料油耗量标准,推广应用节能环保型交通工具。加速淘汰老旧汽车、机车、船舶。优化交通运输结构,大力发展绿色物流。提高铁路电气化比重,开展机场、码头、车站节能改造。积极推进新能源汽车研发与应用,科学规划和建设加气、充电等配套设施。

——倡导全民节能。加大节能教育与宣传,鼓励引导城乡居民形成绿色消费模式和生活方式,增强全民节约意识。严格执行公共机构节能标准和规范,发挥政府机关示范带头作用。动员社会各界广泛参与,积极开展小区、学校、政府机关、军营和企业的节能行动,努力建立全社会节能的长效机制。推广农业和农村节能减排,推进节能型住宅建设。

四、大力发展新能源和可再生能源

大力发展新能源和可再生能源,是推进能源多元清洁发展、培育战略性新兴产业的重要战略举措,也是保护生态环境、应对气候变化、实现可持续发展的迫切需要。中国坚定不移地大力发展新能源和可再生能源,到"十二五"末,非化石能源消费占一次能源消费比重将达到11.4%,非化石能源发电装机比重达到30%。

——积极发展水电。中国水能资源蕴藏丰富,技术可开发量5.42亿千瓦,居世界第一。按发电量计算,中国目前的水电开发程度不到30%,仍有较大的开发潜力。实现2020年非化石能源消费比重达到15%的目标,一半以上需要依靠水电来完成。在做好生态环境保护、移民安置的前提下,中国将积极发展水电,把水电开发与促进当地就业和经济发展结合起来,切实做到"开发一方资源,发展一方经济,改善一方环境,造福一方百姓"。完善水电移民安置政策,健全利益共享机制。加强生态环境保护和环境影响评价,严格落实已建水电站的生态保护措施,提高水资源综合利用水平和生态环境效益。做好水电开发流域规划,加快重点流域大型水电站建设,因地制宜开发中小河流水能资源,科学规划建设抽水蓄能电站。到2015年,中国水电装机容量将达到2.9亿千瓦。

——安全高效发展核电。核电是一种清洁、高效、优质的现代能源。发展核电对优化能源结构、保障国家能源安全具有重要意义。目前中国核电发电量仅占总发电量的1.8%,远远低于14%的世界平均水平。

核安全是核电发展的生命线。日本福岛核事故发生后，中国对境内核电厂开展了全面、严格的综合安全检查。检查结果表明，中国核电安全是有保障的，在运核电机组20年来从未发生过2级及以上核安全事件(事故)，主要运行参数好于世界平均值，部分指标进入国际先进行列或达到国际领先水平。继续坚持科学理性的核安全理念，把“安全第一”的原则严格落实到核电规划、选址、研发、设计、建造、运营、退役等全过程。制定和完善核电法规体系。健全和优化核电安全管理机制，从严设置准入门槛，落实安全主体责任。完善核电监管体系，加强在建及运行核电厂的安全监督检查和辐射环境监督管理。建立、健全国家核事故应急机制，提高应急能力。加大核电科技创新投入，推广应用先进核电技术，提高核电装备水平，重视核电人才培养。到2015年，中国运行核电装机容量将达到4000万千瓦。

——有效发展风电。风电是现阶段最具规模化开发和市场化利用条件的非水可再生能源。中国是世界上风电发展最快的国家，“十二五”时期，坚持集中开发与分散发展并举，优化风电开发布局。有序推进西北、华北、东北风能资源丰富地区风电建设，加快分散风能资源的开发利用。稳步发展海上风电。完善风电设备标准和产业监测体系。鼓励风电设备企业加强关键技术研发，加快风电产业技术升级。通过加强电网建设、改进电网调度水平、提高风电设备性能、加强风电预测预报等途径，提高电力系统消纳风电的能力。到2015年，中国风电装机将突破1亿千瓦，其中海上风电装机达到500万千瓦。

——积极利用太阳能。中国太阳能资源丰富，开发潜力巨大，具有广阔的应用前景。“十二五”时期，中国坚持集中开发与分布式利用相结合，推进太阳能多元化利用。在青海、新疆、甘肃、内蒙古等太阳能资源丰富、具有荒漠和闲散土地资源的地区，以增加当地电力供应为目的，建设大型并网光伏电站和太阳能热发电项目。鼓励在中东部地区建设与建筑结合的分布式光伏发电系统。加大太阳能热水器普及力度，鼓励太阳能集中供热水、太阳能采暖和制冷、太阳能中高温工业应用。在农村、边疆和小城镇推广使用太阳能热水器、太阳灶和太阳房。到2015年，中国将建成太阳能发电装机容量2100万千瓦以上，太阳能集热面积达到4亿平方米。

——开发利用生物质能等其他可再生能源。中国坚持“统筹兼顾、因地制宜、综合利用、有序发展”的原则，发展生物质能等其他可再生能源。在粮棉主产区，有序发展以农作物秸秆、粮食加工剩余物和蔗渣等为燃料的生物质发电。在林木资源丰富地区，适度发展林木生物质发电。发展城市垃圾焚烧和填埋气发电。在具备条件的地区推进沼气等生物质供气工程。因地制宜建设生物质成型燃料生产基地。发展生物柴油，开展纤维素乙醇产业示范。在保护地下水资源的前提下，推广地热能高效利用技术。加强对潮汐能、波浪能、干热岩发电等开发利用技术的跟踪和研发。

——促进清洁能源分布式利用。中国坚持“自用为主、富余上网、因地制宜、有序推进”的原则，积极发展分布式能源。在能源负荷中心，加快建设天然气分布式能源系统。以城市、工业园区等能源消费中心为重点，大力推进分布式可再生能源技术应用。因地制宜在农村、林区、海岛推进分布式可再生能源建设。制定分布式能源标准，完善分布式能源上网电价形成机制和政策，努力实现分布式发电直供及无歧视、无障碍接入电网。“十二五”期间建设1000个左右天然气分布式能源项目，以及10个左右各类典型特征的分布式能源示范区域。

五、推动化石能源清洁发展

从世界范围看，今后相当长时期内，煤炭、石油等化石能源仍将是能源供应的主体，中国也不例外。中国统筹化石能源开发利用与环境保护，加快建设先进生产能力，淘汰落后产能，大力推动化石能源清洁发展，保护生态环境，应对气候变化，实现节能减排。

——安全高效开发煤炭。中国煤炭工业坚持科学布局、集约开发、安全生产、高效利用、保护环境的发展方针。按照控制东部、稳定中部、发展西部的原则，推进陕北、黄陇、神东等14个大型煤炭基地建设。实施煤炭资源整合和煤矿企业兼并重组，发展大型煤炭企业集团。优先建设大型现代化露天煤矿和特大型矿井。实施煤矿升级改造和淘汰落后产能，提高采煤机械化程度和安全生产水平。大力发展矿区循环经济，加大煤炭洗选比重，合理开发煤炭共伴生资源。按照能源密集、技术密集、资金密集、长产业链、高附加值的发展导向，有序建设煤炭深加工升级示范工程。鼓励建设低热值煤炭清洁利用和加工转化项目。加强煤炭矿区环境保护和生态建设，做好采煤沉陷区和影响区的生态综合治理、土地复垦等工作。

——清洁高效发展火电。中国坚持低碳、清洁、高效的原则，大力发展绿色火电。鼓励煤电一体化开发，稳步推进大型煤电基地建设。积极应用超临界、超超临界等先进发电技术，建设清洁高效燃煤机组和节能环保电厂。继续淘汰能耗高、污染重的小火电机组。严格控制燃煤电厂污染物排放，新建煤电机组同步安装除尘、脱硫、脱硝设施，加快既有电厂烟气除尘、脱硫、脱硝改造。鼓励在大中型城市和工业园区等热负荷集中的地区建设热电联产机组。在条件适宜的地区，合理建设燃气蒸汽联合循环调峰机组，积极推广天然气热电冷联供。严格控制在环渤海、长三角、珠三角地区新增除“上大压小”和热电联产之外的燃煤机组。加强火电厂节水技术的推广应用。开展整体煤气化联合循环发电，以及碳捕捉与利用封存等技术应用示范项目。

——加大常规油气资源勘探开发力度。中国将继续实行油气并举的方针，稳定东部、加快西部、发展南方、开拓海域。推进原油增储稳产，稳步推进塔里木盆地、鄂尔多斯盆地等重点石油规模生产区勘探开发。加强老油田稳产改造，提高采收率。加快天然气发展，加大中西部地区主力气田产能建设，抓好主力气田增产，推进海上油气田勘探开发，逐步提高天然气在一次能源结构中的比重。优化炼油工业布局，建设若干大型炼化基地，形成环渤海、长三角、珠三角三大炼油集聚区，实现上下游一体化、炼油化工一体化、炼油储备一体化集约发展。

——积极推进非常规油气资源开发利用。加快非常规油气资源勘探开发是增强中国能源供应保障能力的重要手段。中国将加快煤层气勘探开发，增加探明地质储量，推进沁水盆地、鄂尔多斯盆地东缘等煤层气产业化基地建设。加快页岩气勘探开发，优选一批页岩气远景区和有利目标区。加快攻克页岩气勘探开发核心技术，建立页岩气勘探开发新机制，落实产业鼓励政策，完善配套基础设施，实现到2015年全国产量达到65亿立方米的总体目标，为页岩气未来的快速发展奠定坚实的基础。加大页岩油、油砂等非常规油气资源勘探开发力度。

——加强能源储运设施建设。综合考虑目标市场，产业布局调整，煤电、风电、核电、天然气发电、抽水蓄能等电源点建设和进口能源，以及资源地的水和生态环境承载力等因素，统筹谋划能源输送通道建设。加快既有铁路干线扩能改造和新建铁路煤运通道建设，提高煤炭跨区运输能力，建设配套港口码头。进一步扩大西电东送、北电南送规模，完善区域主干电网，发展特高压等先进输电技术，提高电网资源优化配置能力。加强原油、成品油和天然气主干管网建设，提高油气管输比例，完善区域运输网络，建设沿海大型油气接卸站。严格落实石油天然气管道保护法律、法规，确保油气管道安全运行。统筹资源储备和国家储备、商业储备，加强应急保障能力建设，完善原油、成品油、天然气和煤炭储备体系。提高天然气调峰能力。建立、健全煤炭调峰储备。

六、提高能源普遍服务水平

保障和改善民生是中国能源发展的根本出发点和落脚点。中国统筹城乡能源协调发展，加强能源基础设施建设，改善广大农村和边疆少数民族地区用能条件，提高能源基本服务均等化水平，让能源发展成果更多地惠及全体人民。

——解决无电人口用电问题。增加财政投入，通过扩大电网覆盖面和发展分散式可再生能源，着力解决西藏、新疆、青海、云南、四川、内蒙古等省区无电人口用电问题。在无电人口集中地区，建立并完善承担社会公共服务功能的电力普遍服务体系。2015年前基本解决无电人口的用电问题。

——大力推进农村能源建设。加强农村能源建设，对改善农村民生，发展现代农业意义重大。坚持“因地制宜、多能互补、综合利用、注重实效”的原则，加强农村能源基础设施建设，完善农村能源管理和服务体系。推进农村电网建设和改造，改善农村生产生活用电条件，建设安全可靠、节能环保、技术先进、管理规范的新型农村电网。大力发展农村可再生能源，因地制宜开展绿色能源示范工程，到2015年建成200个绿色能源示范县、1000个太阳能示范村。实施农村水电增效扩容改造，加强水电新农村电气化县和小水电代燃料工程建设。推广应用太阳能热水器。

——加强边疆地区能源建设。改革开放以来，边疆地区经济社会发展取得历史性进步，用能状况得到较大改善，但与中东部地区相比还有较大差距。国家对边疆地区将加大资金支持力度，加强这些地区能源基础设施和民生能源工程建设，积极支持西藏、新疆跨越式发展。加快推进西藏、新疆和青海、四川、云南、甘肃四省藏区电网建设，扩大电网覆盖面，提高供电可靠性。制定和实施西藏能源发展规划，加大电力援藏资金支持，“十二五”期间直接援助资金将超过9亿元人民币。加快“气化南疆”、“气化北疆”等民生能源工程，继续加强新疆与西北电网联网工程建设，推进“疆电外送”能源大通道建设，尽快将新疆资源优势转化为经济优势。在偏远农牧区建设一批太阳能发电、风光互补电站等新能源设施，提高农牧民生活质量。

——改善城镇居民生活用能条件。加强城镇电网改造和升级，提高供电质量和可靠性。做好电力供应保障，优先确保居民生活用电。加快发展天然气，建设和完善城市供气管网，让更多的居民用上天然气。在北方采暖城市，因地制宜发展热电联产机组，进一步改善居民供暖条件。

七、加快推进能源科技进步

改革开放以来，中国能源科技水平有了显著提高，能源科技进步在促进节能减排、优化能源结构、保证能源安全方面发挥了重要作用。但与发达国家相比，中国能源科技水平仍存在较大差距，自主创新的基础比较薄弱，核心和关键技术落后于世界先进水平，一些关键技术和装备依赖于国外引进。中国将更加重视科技创新,加快建设和完善适合中国特点的、产学研一体化的能源科技创新体系。2011年,中国发布《国家能源科技“十二五”规划》。这一首部能源科技专项规划,确定了勘探与开采、加工与转化、发电与输配电、新能源四大重点技术领域,全面部署建设“重大技术研究、重大技术装备、重大示范工程及技术创新平台”四位一体的国家能源科技创新体系。

——加强能源科学技术研发。在地质、材料、环境、能源动力和信息与控制等基础科学领域,超前部署一批对能源发展具有战略先导性作用的前沿技术攻关项目,争取在能源基础科学研究领域取得突破。依托行业骨干企业和科研院所,以应用为导向,鼓励开展煤矿高效集约开采、非常规油气资源勘探开发、高效清洁发电、海上风电、太阳能热发电、先进油气储运、大容量高效率远距离输电等先进适用技术研发应用。继续实施“大型油气田及煤层气开发”、“大型先进压水堆及高温气冷堆核电站”两个国家科技重大专项,推进关键技术创新,增强能源领域原始创新、集成创新和引进消化吸收再创新能力。

——推进能源装备技术进步。依托重大技术装备工程,加强技术攻关,完善综合配套,建立、健全能源装备标准、检测和认证体系,提高重大能源装备设计、制造和系统集成能力。进一步完善政策支持体系,重点推进大功率高参数超超临界机组、燃气轮机、三代核电、可再生能源发电机组、非常规油气资源勘探开发等关键设备技术进步,积极推广应用先进技术装备。加强对能源装备产业的规划引导,防止低水平重复建设。

——实施重大科技示范工程。围绕能源发展方式转变和产业转型升级,在大型先进压水堆、高温气冷堆、煤层气开发利用、页岩气勘探开发、煤炭深加工、储能、智能电网等领域,加大资金、技术、政策支持力度,建设重大示范工程,推动科技成果向现实生产力转化。

——完善能源技术创新体系。依托大型企业、科研机构和高校,在煤炭资源勘探、煤层气开发利用、页岩气勘探开发、海洋工程装备、大型清洁高效发电设备、智能电网技术、先进核反应堆技术等领域,继续建设一批国家能源技术创新平台,加强自主研发和核心技术攻关。完善国家对技术创新平台的支持政策体系。充分发挥企业的创新主体作用,做好创新成果的推广应用。引导科研机构、高等院校的科研力量为企业技术创新服务,更好地实现产学研有机结合。完善科技评价和奖励制度,建立和完善能源创新人才的培养体系和激励机制。

八、深化能源体制改革

改革是加快转变发展方式的强大动力。中国将坚定地推进能源领域改革,加强顶层设计和总体规划,加快构建有利于能源科学发展的体制机制,改善能源发展环境,推进能源生产和利用方式变革,保障国家能源安全。

——加快能源法制建设。完善能源法律制度,为规范能源市场、保护生态环境、维护能源安全提供法律保障。中国高度重视并继续积极推进能源法律制度建设,目前正在研究论证制定能源法以及石油储备、海洋石油天然气管道保护、核电管理等方面的行政法规,修改完善《煤炭法》《电力法》等现行法律、法规,推进石油天然气、原子能等领域的立法工作。

——完善市场体制机制。中国积极推进能源市场化改革,充分发挥市场配置资源的基础性作用。凡是列入国家能源规划的项目,除法律、法规明确禁止的以外,均向民间资本开放。鼓励民间资本参与能源资源勘探开发、石油和天然气管网建设、电力建设,鼓励民间资本发展煤炭加工转化和炼油产业,继续支持民间资本全面进入新能源和可再生能源产业。加强和规范煤炭勘探开发权管理,逐步取消重点合同煤和市场煤价格双轨制,完善煤炭与煤层气协调发展机制。深化电力体制改革,稳步开展输配分开试点。积极推进电价改革,逐步形成发电和售电价格由市场决定、输配电价由政府制定的价格机制。理顺煤电价格关系。探索建立可再生能源配额交易等制度。成功实施成品油价税费联动改革,运用税收手段合理引导能源消费。不断完善理顺成品油价格形成机制,开展天然气价格形成机制改革试点。完善能源市场体系,发展现货、长期合约、期货等交易形式。

——加强能源行业管理。提高能源资源开发利用效率,促进能源行业科学发展,维护国家能源安全,必须加强能源行业管理。重视能源发展的战略谋划和宏观调控,综合运用规划、政策、标准等手段实施行业管理。减少政府对微观事务的干预,简化行政审批事项。加强对垄断行为和不正当竞争行为的监管,建立公开、公平、科学、有效的监管体系。加强能源统计预测管理,健全能源统计、监测和预测预警体系。

九、加强能源国际合作

中国的发展离不开世界,世界的繁荣需要中国。随着全球化的不断深入,中国在能源发展方面与世界联系日益紧密。中国的能源发展,不仅保障了本国经济社会发展,也为维护世界能源安全和保持全球市场稳定作出了贡献。

中国是国际能源合作中负责任的积极参与者。在双边合作方面,中国与美国、欧盟、日本、俄罗斯、哈萨克斯坦、土库曼斯坦、乌兹别克斯坦、巴西、阿根廷、委内瑞拉等国家和地区建立了能源对话与合作机制,在油气、煤炭、电力、可再生能源、科技装备和能源政策等领域加强对话、交流与合作。在多边合作方面，中国是亚太经济合作组织能源工作组、二十国集团、上海合作组织、世界能源理事会、国际能源论坛等组织和机制的正式成员或重要参与方，是能源宪章的观察员国，与国际能源署、石油输出国组织等机构保持着密切联系。在国际能源合作中，中国既承担着广泛的国际义务，也发挥着积极的建设性作用。

中国在能源领域坚持对外开放，不断优化外商投资环境，保障投资者合法权益。中国先后出台了《中外合资经营企业法》、《中外合作经营企业法》、《外资企业法》等法律、法规，以及《外商投资产业指导目录》、《中西部地区外商投资优势产业目录》等政策文件。中国鼓励外商以合作的方式，进行石油天然气勘探开发，开展页岩气、煤层气等非常规油气资源勘探开发。鼓励投资建设新能源电站、以发电为主的水电站和采用洁净燃烧技术的电站，以及中方控股的核电站。鼓励跨国能源公司在华设立研发中心。

中国能源企业遵循平等互惠、互利双赢的原则，积极参与国际能源合作，参与境外能源基础设施建设，发展能源工程技术服务合作。中国企业对外投资合作开发的能源资源，90%以上都在当地销售，增加了全球能源市场供应，促进了供应渠道的多元化。中国能源企业在对外投资合作时，遵守当地法律、法规，尊重当地宗教信仰和风俗习惯，在实现自我发展的同时，积极为当地经济社会发展作出贡献。

在今后相当长一段时间内，国际能源贸易仍将是中国利用国外能源的主要方式。中国将按照世界贸易组织规则，完善公平贸易政策，开展能源进出口贸易，优化贸易结构。综合运用期货贸易、长协贸易、转口贸易、易货贸易等方式，推进贸易方式多元化。积极参与全球能源治理，加强与世界各国的沟通与合作，共同应对国际货币体系、过度投机、垄断经营等因素对能源市场的影响，维护国际能源市场及价格的稳定。

能源问题关系国计民生，关系人类福祉。为了减少能源资源问题带来的纷争和不平等，实现世界经济平稳有序发展，推动经济全球化向着均衡、普惠、共赢的方向发展，需要国际社会树立互利合作、多元发展、协同保障的新能源安全观。为了共同维护全球能源安全，中国主张，国际社会应着重在以下三个方面作出努力：

——加强对话与交流。加强能源出口国、消费国和中转国之间的对话和交流，是开展能源国际合作的基础。国际社会应进一步密切双多边关系，加强在提高能效、节能环保、能源管理、能源政策等方面的对话交流，完善国际能源市场监测和应急机制，深化在信息交流、人员培训、协调行动等方面的合作。

——开展能源务实合作。各国应秉持互利共赢、共同发展的原则，开展国际能源资源勘探开发互利合作，丰富和完善合作机制与手段，增加全球能源供应，促进供应渠道的多元化。共同稳定大宗能源产品价格，保障各国用能需求，维护能源市场正常秩序。发达国家应从人类可持续发展的高度，在保护知识产权的前提下，积极向发展中国家和不发达国家提供、转移清洁高效能源技术，共同推动全球绿色发展。国际社会应携手努力，帮助最不发达国家消除能源贫困，扩大能源服务，促进可持续发展。

——共同维护世界能源安全。公平合理的国际能源治理机制是维护世界能源市场稳定的重要条件。各国应加强合作，共同维护能源生产国和输送国，特别是中东等产油国地区的局势稳定，确保国际能源通道安全和畅通，减少地缘政治纷争对全球能源供应的干扰。通过对话与协商的方式，解决重大国际能源问题，不应把能源问题政治化，避免动辄诉诸武力，甚至引发对抗。

结束语

能源是中国全面建设小康社会、实现现代化和富民强国的重要物质基础。中国将努力解决好能源问题，坚定不移地走能源可持续发展道路。

今后一段时期，中国仍将处于工业化、城镇化加快发展的阶段，发展经济、改善民生的任务十分艰巨，能源需求还会增加。作为一个拥有13亿多人口的发展中大国，中国必须立足国内增加能源供给，稳步提高供给能力，满足经济平稳较快发展和人民生活改善对能源的需求。

能源安全是全球性问题，绝大多数国家都不可能离开国际合作而获得能源安全保障。中国能源发展取得的成就，与世界各国友好合作密不可分。中国未来的能源发展更需要国际社会的理解和支持。有十几亿人口的中国走能源可持续发展道路，这是人类能源发展史上新的探索和实践。中国过去不曾、现在没有、将来也不会对世界能源安全构成威胁。中国将在平等互惠、互利共赢的原则下，进一步加强与各能源生产国、消费国和国际能源组织的合作，共同推动世界能源的可持续发展，维护国际能源市场及价格的稳定，确保国际能源通道的安全和畅通，为保障全球能源安全和应对气候变化作出应有贡献。

国务委员孟建柱在河内与越共中央总书记阮富仲举行会谈

国家公务员报考工作结束

2013年度国家公务员考试的报名今天结束，138.3

万名通过资格审核的考生将争夺两万多个职位。

根据国家公务员局的计算，目前平均每个职位就有66个人争夺，其中，国家统计局重庆调查队下属的两个职位名列最热门职位的榜首，每个职位都有近万人报考，刷新了往年一个职位4000多人竞争的最高纪录。热门职位多在市级以下机关，这些职位的报考条件中不需要基层经验，没有专业限制，只要是本科毕业生就可以报考。

据了解，今年公务员招录将进一步向基层倾斜，省级以上党政机关招录的职位一般需要有两年以上基层工作经验，有12%的职位还专门招收大学生村官等。

第二十二届中国新闻奖 第十二届长江韬奋奖评选结果揭晓

来自全国报社、通讯社、电台、电视台和新闻网站的291件作品获得中国新闻奖，其中特别奖3件，一等奖44件，二等奖90件，三等奖154件；20名新闻工作者获得长江韬奋奖，其中长江系列10名，韬奋系列10名。

获得本届中国新闻奖的《人民日报》评论《选择，凝聚在信仰的旗帜下——写在中国共产党成立90周年(上)》主题重大、立意深远、文字凝练，动员和激励全党全社会统一思想、凝聚共识、共同奋进。新华通讯社通讯《守望精神家园的太行人——红旗渠精神当代传奇》，采访深入，布局谋篇精致，文字细腻饱满，回应时代对民族精神的召唤，彰显中华民族精神力量。中央电视台消息《胡锦涛主席在中南海会见美国佩顿中学访华师生》大量运用现场音效，生动记录了现场良好互动氛围，充分展示了中央领导同志富有亲和力的形象。中央人民广播电台2011年11月1日《新闻和报纸摘要》选取发布重大权威时政新闻和部委新闻，关注民生新闻；整合新闻资源，创新广播新闻播报模式。黑龙江人民广播电台《农耕之梦》、浙江电视台《温州：让民间资本回归实体经济》、内蒙古日报《牧民开始用卫星放牧》等作品从不同角度报道我国经济等各领域发展变化；中央电视台《走基层·塔县皮里村蹲点日记》、南方日报《走基层转作风改文风——从生活一线探经济热点难点》、上海广播电视台《聚焦医患"第三方"》等一批作品深入基层，聚焦群众，关注民生；《人民日报》海外版评论《中国不是中东》、国际电台作品《美国实施战略转移存有多重意图》等国际传播奖项获奖作品及时回应国际舆论关切，有力发出中国声音，有效引导了境内外舆论。

第十二届长江韬奋奖长江系列10名获奖者是(按姓氏笔画排序)：兵团日报社王遐、中国青年报社刘万永、新疆电视台齐正宇、宁夏日报社苏保伟、科技日报社张显峰、南方日报社段功伟、光明日报报业集团郑晋鸣、西藏日报社高玉洁、解放军报社郭建跃、中央人民广播电台蔡小林。韬奋系列10名获奖者是(按姓氏笔画排序)：湖北广播电视台王茂亮、辽宁报业传媒集团孙刚、浙江日报报业集团朱仁华、铜陵日报社刘宇飞、黑龙江人民广播电台张广雷、吉林日报社李文彪、天津电视台沈国华、江西电视台李建国、中央电视台杨华、山西广播电视台罗庆东。

10月25日

全国人大常委会副委员长华建敏在人民大会堂会见欧非地区参政华人访华团一行

华建敏说，随着海外华侨华人社会的发展，不少国家出现了热心当地公共事务、积极参政议政的外籍华人，在服务当地社会和民众、促进多元文化融合、发展中国和所在国友好交流合作等方面发挥着积极作用。希望大家增进对祖(籍)国和家乡的了解，更好地发挥自身独特优势，在中国和所在国之间架起互相理解和友好合作的桥梁。

英国伦敦红桥区议员、前市长陈德梁代表访华团介绍了在京活动的所见、所闻、所感，希望今后进一步加强与中国全国人大等中国各机构的交流，增进对祖(籍)国历史、文化、社会的了解，为促进中外友好关系发挥积极作用。

中联部部长王家瑞在北京会见罗马尼亚外长蒂图斯·科尔拉泰安

10月26日

党和国家领导人胡锦涛等在北京展览馆参观科学发展成就辉煌大型图片展览

参观过程中，胡锦涛总书记指出，党的十六大以来，全党全军全国各族人民，把握机遇、迎接挑战，万众一心、开拓奋进，使我国改革开放和社会主义现代化建设取得举世瞩目的巨大成就，把中国特色社会主义事业推进到一个新的发展阶段。10年来的成绩令人倍感鼓舞，10年来的经验值得深刻总结。

胡锦涛强调，在新的历史起点上，我们一定要高举中国特色社会主义伟大旗帜，坚定不移沿着中国特色社会主义道路前进，继续推动科学发展、促进社会和谐，继续改善人民生活、增进人民福祉，为全面建成小康社会、实现中华民族伟大复兴而不懈奋斗。

十一届全国人大常委会第二十九次会议在人民大会堂闭幕

会议经表决，分别通过了《中华人民共和国精神卫生法》，全国人大常委会关于修改监狱法的决定、关于修改律师法的决定、关于修改未成年人保护法的决定、关于修改预防未成年人犯罪法的决定、关于修改治安管理处罚法的决定、关于修改国家赔偿法的决定、关于修改人民警察法的决定、关于修改邮政法的决定。国家主席胡锦涛签署第62号、63号、64号、65号、66号、67号、68号、69号、70号主席令，分别予以公布。

全国人大常委会委员长吴邦国主持会议。常委会组成人员145人出席会议，出席人数符合法定人数。

会议分别表决通过了全国人大常委会关于批准《中华人民共和国、塔吉克斯坦共和国和阿富汗伊斯兰共和国关于确定三国国界交界点的协定》的决定、关于批准《中华人民共和国和泰王国关于移管被判刑人的条约》的决定，批准了上述协定和条约。

会议分别表决通过了全国人大民族委员会、全国人大内务司法委员会、全国人大财政经济委员会、全国人大外事委员会关于十一届全国人大五次会议主席团交付审议的代表提出的议案审议结果的报告。

会议表决通过了全国人大常委会代表资格审查委员会关于个别代表的代表资格的报告。根据全国人大常委会发表的公告，十一届全国人大代表现在实有2972人。

会议经表决，任命苏军为全国人大常委会预算工作委员会副主任。会议还表决了其他任免案。

在表决通过了各项议案后，吴邦国发表讲话。他说，会议通过的精神卫生法，针对精神卫生工作中存在的突出问题，在认真总结实践经验和深入研究论证的基础上，对促进心理健康和预防精神障碍提出明确要求，对精神障碍的诊断、治疗和康复进行严格规范，进一步完善了精神卫生工作机制和保障措施，体现了保护患者权利与维护公共利益相统一的精神，对保障精神障碍患者合法权益，提高公众心理健康水平，促进精神卫生事业发展，维护社会和谐稳定具有重要意义。

吴邦国说，十一届全国人大五次会议通过的关于修改刑事诉讼法的决定，对我国现行刑事诉讼法律制度作了重要补充和完善，将于2013年1月1日起施行。为及时解决相关法律规定与修改后的刑事诉讼法不一致、不衔接的问题，本次会议对监狱法等七部法律的个别条款一并进行了修改。我们要督促有关方面继续做好法律实施的准备工作，确保修改后的刑事诉讼法得到正确有效实施。

吴邦国说，本次会议还对邮政法的个别条款作了修改，进一步明确了省级以下邮政管理体制，对加强邮政市场管理、规范邮政市场秩序、促进邮政事业发展将起到积极作用。

吴邦国指出，去年10月，党的十七届六中全会就深化文化体制改革、推动社会主义文化大发展大繁荣的若干重要问题作出决定，提出建设社会主义文化强国的战略目标。全国人大代表和常委会组成人员十分关心六中全会精神的贯彻落实情况，本次会议听取审议了国务院相关工作报告。大家强调，文化建设是中国特色社会主义事业总体布局的重要组成部分，必须始终坚持社会主义先进文化前进方向，坚持把社会效益放在首位，坚持社会效益与经济效益有机统一，继续深化文化体制机制改革，推动文化内容形式创新，大力发展公益性文化事业，加快构建公共文化服务体系，提升公共文化产品和服务供给能力，大力发展文化产业，扩大文化消费，培育国民经济新的增长点，更好地满足人民日益增长的精神文化需求。

吴邦国说，坚持为老百姓办实事，着力促进保障和改善民生，是常委会这些年监督工作的重点。这次会议安排听取审议了国务院关于社会救助工作情况的报告。审议中，常委会组成人员和列席会议的同志认为，在我们这样一个有着13亿人口的发展中国家，基本建立起覆盖城乡的社会救助体系，初步实现困难群众应保尽保的目标，是一项了不起的成就。大家强调，社会救助关系到人民群众特别是困难群众的切身利益，要按照全面建设小康社会的总体要求，坚持从我国国情和实际出发，不断健全社会救助制度体系，加强社会救助能力建设，维护困难群众基本生活权益，努力把这项惠民生、解民忧、暖民心的重大民生工程抓紧抓好，确保全体人民共享经济社会发展成果。

吴邦国强调，国有企业是我国国民经济的支柱，国有企业改革是经济体制改革的中心环节。改革开放以来，党中央高度重视国有企业改革，出台了一系列政策措施，特别是党的十五届四中全会专门就国有企业改革和发展的若干重大问题作出决定，全面阐述了国有企业改革发展的目标、任务和政策措施。在长期的实践中，我们从战略上调整国有经济布局，积极探索公有制多种实现形式，加快建立现代企业制度，推进国有企业技术进步和产业升级，完善国有资产监管体制，减轻企业负担和解决历史遗留问题，做好再就业和社会保障工作等。经过艰苦的努力，国有经济布局结构不断优化，国有企业控制力和竞争力明显增强、发展质量和运行效率明显提升，为国民经济持续快速发展和社会和谐稳定作出了重大贡献。本次会议听取审议了国务院关于国有企业改革与发展工作情况的报告。审议中，常委会组成人员和列席会议同志认为，事实证明党中央关于国有企业改革发展的一系列重大决策部署是完全正确的，国有企业改革走过了艰难历程，取得了显著成效，成绩来之不易。大家强调，在充分肯定成绩的同时也要清醒地看到，国有企业改革发展的一些深层次矛盾和问题尚未根本解决，部分国有企业生产经营面临新的困难和挑战，国有企业改革发展的任务仍然艰巨而繁重。面对当前的国际国内政治经济环境，我们要毫不动摇地坚持社会主义初级阶段基本经济制度，理直气壮地巩固和发展公有制经济，进一步推进和深化国有企业改革，充分发挥国有经济在国民经济中的主导作用。一要完善国有资本有进有退、合理流动机制，继续推进国有企业重组和调整，推动国有资本向重要行业和关键领域集中。二要推动国有企业向产业链和利润链高端调整，着力突破关键技术，增强企业核心竞争力，加快“走出去”步伐，努力抢占国际产业竞争制高点。三要推进国有企业经营机制转变，完善公司法人治理结构，培养高素质经营管理者队伍和人才队伍。四要完善国有资产监管体制机制，健全国有资本经营预算制度，继续推进政企分开，使企业成为真正的市场主体。五要为国有企业改革发展营造良好舆论环境，继续妥善解决国有企业历史遗留问题，引导国有企业更好履行社会责任，切实维护职工合法权益。

吴邦国强调，本届全国人大常委会的任期还有四个多月，各项工作任务仍然十分繁重，当前我们要着重抓好三件事，努力完成本届常委会各项目标任务。一是认真总结本届全国人大及其常委会五年工作，起草好常委会工作报告稿，并对明年工作作出预安排。二是精心做好第三十次、三十一次常委会会议的准备工作，确保各项法律草案和报告如期提请审议。三是按照中央统一部署，依法做好新一届全国人大代表选举工作。

全国人大常委会副委员长王兆国、路甬祥、华建敏、陈至立、周铁农、李建国、司马义·铁力瓦尔地、蒋树声、陈昌智、严隽琪、桑国卫出席会议。

国务院副总理回良玉，最高人民法院院长王胜俊，最高人民检察院检察长曹建明，全国人大各专门委员会成员，各省、自治区、直辖市人大常委会负责人，部分全国人大代表等列席会议。

十一届全国人大常委会在人民大会堂举行题为《我国环境法律制度和环境保护若干问题》的专题讲座

全国人大常委会委员长吴邦国主持讲座。

主讲人环境保护部原总工程师、中国环境科学学会副理事长杨朝飞作了深入讲解。在介绍我国环境立法进展时，杨朝飞首先分析了我国环境保护法律制度建设取得的成就。他说，我国早在改革开放之初，就将环境立法纳入议事议程。截至目前，全国人大常委会制定了环境保护法律10件、资源保护法律20件。国务院颁布了环保行政法规25件。我国环境法律制度框架已经基本形成，各环境要素监管主要领域已得到基本覆盖。多年来，全国人大及其常委会高度重视环境立法工作，推动环境立法和督促落实各项环境法律、法规，开展了多次执法调研和执法检查，有力地推动了我国的环境法制建设。尽管我国环保事业取得了长足进步，但是环境恶化的趋势尚未根本遏制，仍面临许多突出问题，资源与环境问题成为发展的最大制约瓶颈之一。

杨朝飞还就强化政府责任、严格追究污染者的环境责任、强化环境执法、发挥市场配置资源环境要素的基础性作用、建立严格的环境风险评估制度、推动信息公开与公众参与等方面提出了建议。

国家主席胡锦涛签署第62号令公布《中华人民共和国精神卫生法》

《中华人民共和国精神卫生法》已由中华人民共和国第十一届全国人民代表大会常务委员会第二十九次会议于2012年10月26日通过，现予公布，自2013年5月1日起施行。

中华人民共和国主席　胡锦涛

2012年10月26日

中华人民共和国精神卫生法

第一章　总　则

第一条　为了发展精神卫生事业，规范精神卫生服务，维护精神障碍患者的合法权益，制定本法。

第二条　在中华人民共和国境内开展维护和增进公民心理健康、预防和治疗精神障碍、促进精神障碍患者康复的活动，适用本法。

第三条　精神卫生工作实行预防为主的方针，坚持预防、治疗和康复相结合的原则。

第四条　精神障碍患者的人格尊严、人身和财产安全不受侵犯。

精神障碍患者的教育、劳动、医疗以及从国家和社会获得物质帮助等方面的合法权益受法律保护。

有关单位和个人应当对精神障碍患者的姓名、肖像、住址、工作单位、病历资料以及其他可能推断出其身份的信息予以保密；但是，依法履行职责需要公开的除外。

第五条　全社会应当尊重、理解、关爱精神障碍患者。

任何组织或者个人不得歧视、侮辱、虐待精神障碍患者，不得非法限制精神障碍患者的人身自由。

新闻报道和文学艺术作品等不得含有歧视、侮辱精神障碍患者的内容。

第六条　精神卫生工作实行政府组织领导、部门各负其责、家庭和单位尽力尽责、全社会共同参与的综合管理机制。

第七条　县级以上人民政府领导精神卫生工作，将其纳入国民经济和社会发展规划，建设和完善精神障碍的预防、治疗和康复服务体系，建立、健全精神卫生工作协调机制和工作责任制，对有关部门承担的精神卫生工作进行考核、监督。

乡镇人民政府和街道办事处根据本地区的实际情况，组织开展预防精神障碍发生、促进精神障碍患者康复等工作。

第八条　国务院卫生行政部门主管全国的精神卫生工作。县级以上地方人民政府卫生行政部门主管本行政区域的精神卫生工作。

县级以上人民政府司法行政、民政、公安、教育、人力资源社会保障等部门在各自职责范围内负责有关的精神卫生工作。

第九条　精神障碍患者的监护人应当履行监护职责，维护精神障碍患者的合法权益。

禁止对精神障碍患者实施家庭暴力，禁止遗弃精神障碍患者。

第十条　中国残疾人联合会及其地方组织依照法律、法规或者接受政府委托，动员社会力量，开展精神卫生工作。

村民委员会、居民委员会依照本法的规定开展精神卫生工作，并对所在地人民政府开展的精神卫生工作予以协助。

国家鼓励和支持工会、共产主义青年团、妇女联合会、红十字会、科学技术协会等团体依法开展精神卫生工作。

第十一条　国家鼓励和支持开展精神卫生专门人才的培养，维护精神卫生工作人员的合法权益，加强精神卫生专业队伍建设。

国家鼓励和支持开展精神卫生科学技术研究，发展现代医学、我国传统医学、心理学，提高精神障碍预防、诊断、治疗、康复的科学技术水平。

国家鼓励和支持开展精神卫生领域的国际交流与合作。

第十二条　各级人民政府和县级以上人民政府有关部门应当采取措施，鼓励和支持组织、个人提供精神卫生志愿服务，捐助精神卫生事业，兴建精神卫生公益设施。

对在精神卫生工作中作出突出贡献的组织、个人，按照国家有关规定给予表彰、奖励。

第二章　心理健康促进和精神障碍预防

第十三条　各级人民政府和县级以上人民政府有关部门应当采取措施，加强心理健康促进和精神障碍预防工作，提高公众心理健康水平。

第十四条　各级人民政府和县级以上人民政府有关部门制定的突发事件应急预案，应当包括心理援助的内容。发生突发事件，履行统一领导职责或者组织处置突发事件的人民政府应当根据突发事件的具体情况，按照应急预案的规定，组织开展心理援助工作。

第十五条　用人单位应当创造有益于职工身心健康的工作环境，关注职工的心理健康；对处于职业发展特定时期或者在特殊岗位工作的职工，应当有针对性地开展心理健康教育。

第十六条　各级各类学校应当对学生进行精神卫生知识教育；配备或者聘请心理健康教育教师、辅导人员，并可以设立心理健康辅导室，对学生进行心理健康教育。学前教育机构应当对幼儿开展符合其特点的心理健康教育。

发生自然灾害、意外伤害、公共安全事件等可能影响学生心理健康的事件，学校应当及时组织专业人员对学生进行心理援助。

教师应当学习和了解相关的精神卫生知识，关注学生心理健康状况，正确引导、激励学生。地方各级人民政府教育行政部门和学校应当重视教师心理健康。

学校和教师应当与学生父母或者其他监护人、近亲属沟通学生心理健康情况。

第十七条　医务人员开展疾病诊疗服务，应当按照诊断标准和治疗规范的要求，对就诊者进行心理健康指导；发现就诊者可能患有精神障碍的，应当建议其到符合本法规定的医疗机构就诊。

第十八条　监狱、看守所、拘留所、强制隔离戒毒所等场所，应当对服刑人员，被依法拘留、逮捕、强制隔离戒毒的人员等，开展精神卫生知识宣传，关注其心理健康状况，必要时提供心理咨询和心理辅导。

第十九条　县级以上地方人民政府人力资源社会保障、教育、卫生、司法行政、公安等部门应当在各自职责范围内分别对本法第十五条至第十八条规定的单位履行精神障碍预防义务的情况进行督促和指导。

第二十条　村民委员会、居民委员会应当协助所在地人民政府及其有关部门开展社区心理健康指导、精神卫生知识宣传教育活动，创建有益于居民身心健康的社区环境。

乡镇卫生院或者社区卫生服务机构应当为村民委员会、居民委员会开展社区心理健康指导、精神卫生知识宣传教育活动提供技术指导。

第二十一条　家庭成员之间应当相互关爱，创造良好、和睦的家庭环境，提高精神障碍预防意识；发现家庭成员可能患有精神障碍的，应当帮助其及时就诊，照顾其生活，做好看护管理。

第二十二条　国家鼓励和支持新闻媒体、社会组织开展精神卫生的公益性宣传，普及精神卫生知识，引导公众关注心理健康，预防精神障碍的发生。

第二十三条　心理咨询人员应当提高业务素质，遵守执业规范，为社会公众提供专业化的心理咨询服务。

心理咨询人员不得从事心理治疗或者精神障碍的诊断、治疗。

心理咨询人员发现接受咨询的人员可能患有精神障碍的，应当建议其到符合本法规定的医疗机构就诊。

心理咨询人员应当尊重接受咨询人员的隐私，并为其保守秘密。

第二十四条　国务院卫生行政部门建立精神卫生监测网络，实行严重精神障碍发病报告制度，组织开展精神障碍发生状况、发展趋势等的监测和专题调查工作。精神卫生监测和严重精神障碍发病报告管理办法，由国务院卫生行政部门制定。

国务院卫生行政部门应当会同有关部门、组织，建立精神卫生工作信息共享机制，实现信息互联互通、交流共享。

第三章　精神障碍的诊断和治疗

第二十五条　开展精神障碍诊断、治疗活动，应当具备下列条件，并依照医疗机构的管理规定办理有关手续：

(一)有与从事的精神障碍诊断、治疗相适应的精神科执业医师、护士；

(二)有满足开展精神障碍诊断、治疗需要的设施和设备；

(三)有完善的精神障碍诊断、治疗管理制度和质量监控制度。

从事精神障碍诊断、治疗的专科医疗机构还应当配备从事心理治疗的人员。

第二十六条　精神障碍的诊断、治疗，应当遵循维护患者合法权益、尊重患者人格尊严的原则，保障患者在现有条件下获得良好的精神卫生服务。

精神障碍分类、诊断标准和治疗规范，由国务院卫生行政部门组织制定。

第二十七条　精神障碍的诊断应当以精神健康状况为依据。

除法律另有规定外，不得违背本人意志进行确定其是否患有精神障碍的医学检查。

第二十八条　除个人自行到医疗机构进行精神障碍诊断外，疑似精神障碍患者的近亲属可以将其送往医疗机构进行精神障碍诊断。对查找不到近亲属的流浪乞讨疑似精神障碍患者，由当地民政等有关部门按照职责分工，帮助送往医疗机构进行精神障碍诊断。

疑似精神障碍患者发生伤害自身、危害他人安全的行为，或者有伤害自身、危害他人安全的危险的，其近亲属、所在单位、当地公安机关应当立即采取措施予以制止，并将其送往医疗机构进行精神障碍诊断。

医疗机构接到送诊的疑似精神障碍患者，不得拒绝为其作出诊断。

第二十九条　精神障碍的诊断应当由精神科执业医师作出。

医疗机构接到依照本法第二十八条第二款规定送诊的疑似精神障碍患者，应当将其留院，立即指派精神科执业医师进行诊断，并及时出具诊断结论。

第三十条　精神障碍的住院治疗实行自愿原则。

诊断结论、病情评估表明，就诊者为严重精神障碍患者并有下列情形之一的，应当对其实施住院治疗：

(一)已经发生伤害自身的行为，或者有伤害自身的危险的；

(二)已经发生危害他人安全的行为，或者有危害他人安全的危险的。

第三十一条　精神障碍患者有本法第三十条第二款第一项情形的，经其监护人同意，医疗机构应当对患者实施住院治疗；监护人不同意的，医疗机构不得对患者实施住院治疗。监护人应当对在家居住的患者做好看护管理。

第三十二条　精神障碍患者有本法第三十条第二款第二项情形，患者或者其监护人对需要住院治疗的诊断结论有异议，不同意对患者实施住院治疗的，可以要求再次诊断和鉴定。

依照前款规定要求再次诊断的，应当自收到诊断结论之日起三日内向原医疗机构或者其他具有合法资质的医疗机构提出。承担再次诊断的医疗机构应当在接到再次诊断要求后指派二名初次诊断医师以外的精神科执业医师进行再次诊断，并及时出具再次诊断结论。承担再次诊断的执业医师应当到收治患者的医疗机构面见、询问患者，该医疗机构应当予以配合。

对再次诊断结论有异议的，可以自主委托依法取得执业资质的鉴定机构进行精神障碍医学鉴定；医疗机构应当公示经公告的鉴定机构名单和联系方式。接受委托的鉴定机构应当指定本机构具有该鉴定事项执业资格的二名以上鉴定人共同进行鉴定，并及时出具鉴定报告。

第三十三条　鉴定人应当到收治精神障碍患者的医疗机构面见、询问患者，该医疗机构应当予以配合。

鉴定人本人或者其近亲属与鉴定事项有利害关系，可能影响其独立、客观、公正进行鉴定的，应当回避。

第三十四条　鉴定机构、鉴定人应当遵守有关法律、法规、规章的规定，尊重科学，恪守职业道德，按照精神障碍鉴定的实施程序、技术方法和操作规范，依法独立进行鉴定，出具客观、公正的鉴定报告。

鉴定人应当对鉴定过程进行实时记录并签名。记录的内容应当真实、客观、准确、完整，记录的文本或者声像载体应当妥善保存。

第三十五条　再次诊断结论或者鉴定报告表明，不能确定就诊者为严重精神障碍患者，或者患者不需要住院治疗的，医疗机构不得对其实施住院治疗。

再次诊断结论或者鉴定报告表明，精神障碍患者有本法第三十条第二款第二项情形的，其监护人应当同意对患者实施住院治疗。监护人阻碍实施住院治疗或者患者擅自脱离住院治疗的，可以由公安机关协助医疗机构采取措施对患者实施住院治疗。

在相关机构出具再次诊断结论、鉴定报告前，收治精神障碍患者的医疗机构应当按照诊疗规范的要求对患者实施住院治疗。

第三十六条　诊断结论表明需要住院治疗的精神障碍患者，本人没有能力办理住院手续的，由其监护人办理住院手续；患者属于查找不到监护人的流浪乞讨人员的，由送诊的有关部门办理住院手续。

精神障碍患者有本法第三十条第二款第二项情形，其监护人不办理住院手续的，由患者所在单位、村民委员会或者居民委员会办理住院手续，并由医疗机构在患者病历中予以记录。

第三十七条　医疗机构及其医务人员应当将精神障碍患者在诊断、治疗过程中享有的权利，告知患者或者其监护人。

第三十八条　医疗机构应当配备适宜的设施、设备，保护就诊和住院治疗的精神障碍患者的人身安全，防止其受到伤害，并为住院患者创造尽可能接近正常生活的环境和条件。

第三十九条　医疗机构及其医务人员应当遵循精神障碍诊断标准和治疗规范，制订治疗方案，并向精神障碍患者或者其监护人告知治疗方案和治疗方法、目的以及可能产生的后果。

第四十条　精神障碍患者在医疗机构内发生或者将要发生伤害自身、危害他人安全、扰乱医疗秩序的行为，医疗机构及其医务人员在没有其他可替代措施的情况下，可以实施约束、隔离等保护性医疗措施。实施保护性医疗措施应当遵循诊断标准和治疗规范，并在实施后告知患者的监护人。

禁止利用约束、隔离等保护性医疗措施惩罚精神障碍患者。

第四十一条　对精神障碍患者使用药物，应当以诊断和治疗为目的，使用安全、有效的药物，不得为诊断或者治疗以外的目的使用药物。

医疗机构不得强迫精神障碍患者从事生产劳动。

第四十二条　禁止对依照本法第三十条第二款规定实施住院治疗的精神障碍患者实施以治疗精神障碍为目的的外科手术。

第四十三条　医疗机构对精神障碍患者实施下列治疗措施，应当向患者或者其监护人告知医疗风险、替代医疗方案等情况，并取得患者的书面同意；无法取得患者意见的，应当取得其监护人的书面同意，并经本医疗机构伦理委员会批准：

（一）导致人体器官丧失功能的外科手术；

（二）与精神障碍治疗有关的实验性临床医疗。

实施前款第一项治疗措施，因情况紧急查找不到监护人的，应当取得本医疗机构负责人和伦理委员会批准。

禁止对精神障碍患者实施与治疗其精神障碍无关的实验性临床医疗。

第四十四条　自愿住院治疗的精神障碍患者可以随时要求出院，医疗机构应当同意。

对有本法第三十条第二款第一项情形的精神障碍患者实施住院治疗的，监护人可以随时要求患者出院，医疗机构应当同意。

医疗机构认为前两款规定的精神障碍患者不宜出院的，应当告知不宜出院的理由；患者或者其监护人仍要求出院的，执业医师应当在病历资料中详细记录告知的过程，同时提出出院后的医学建议，患者或者其监护人应当签字确认。

对有本法第三十条第二款第二项情形的精神障碍患者实施住院治疗，医疗机构认为患者可以出院的，应当立即告知患者及其监护人。

医疗机构应当根据精神障碍患者病情，及时组织精神科执业医师对依照本法第三十条第二款规定实施住院治疗的患者进行检查评估。评估结果表明患者不需要继续住院治疗的，医疗机构应当立即通知患者及其监护人。

第四十五条　精神障碍患者出院，本人没有能力办理出院手续的，监护人应当为其办理出院手续。

第四十六条　医疗机构及其医务人员应当尊重住院精神障碍患者的通讯和会见探访者等权利。除在急性发病期或者为了避免妨碍治疗可以暂时性限制外，不得限制患者的通讯和会见探访者等权利。

第四十七条　医疗机构及其医务人员应当在病历资料中如实记录精神障碍患者的病情、治疗措施、用药情况、实施约束、隔离措施等内容，并如实告知患者或者其监护人。患者及其监护人可以查阅、复制病历资料；但是，患者查阅、复制病历资料可能对其治疗产生不利影响的除外。病历资料保存期限不得少于三十年。

第四十八条　医疗机构不得因就诊者是精神障碍患者，推诿或者拒绝为其治疗属于本医疗机构诊疗范围的其他疾病。

第四十九条　精神障碍患者的监护人应当妥善看护未住院治疗的患者，按照医嘱督促其按时服药、接受随访或者治疗。村民委员会、居民委员会、患者所在单位等应当依患者或者其监护人的请求，对监护人看护患者提供必要的帮助。

第五十条　县级以上地方人民政府卫生行政部门应当定期就下列事项对本行政区域内从事精神障碍诊断、治疗的医疗机构进行检查：

（一）相关人员、设施、设备是否符合本法要求；

（二）诊疗行为是否符合本法以及诊断标准、治疗规范的规定；

（三）对精神障碍患者实施住院治疗的程序是否符合本法规定；

（四）是否依法维护精神障碍患者的合法权益。

县级以上地方人民政府卫生行政部门进行前款规定的检查，应当听取精神障碍患者及其监护人的意见；发现存在违反本法行为的，应当立即制止或者责令改正，并依法作出处理。

第五十一条　心理治疗活动应当在医疗机构内开展。专门从事心理治疗的人员不得从事精神障碍的诊断，不得为精神障碍患者开具处方或者提供外科治疗。心理治疗的技术规范由国务院卫生行政部门制定。

第五十二条　监狱、强制隔离戒毒所等场所应当采取措施，保证患有精神障碍的服刑人员、强制隔离戒毒人员等获得治疗。

第五十三条　精神障碍患者违反治安管理处罚法或者触犯刑法的，依照有关法律的规定处理。

第四章　精神障碍的康复

第五十四条　社区康复机构应当为需要康复的精神障碍患者提供场所和条件，对患者进行生活自理能力和社会适应能力等方面的康复训练。

第五十五条　医疗机构应当为在家居住的严重精神障碍患者提供精神科基本药物维持治疗，并为社区康复机构提供有关精神障碍康复的技术指导和支持。

社区卫生服务机构、乡镇卫生院、村卫生室应当建立严重精神障碍患者的健康档案，对在家居住的严重精神障碍患者进行定期随访，指导患者服药和开展康复训练，并对患者的监护人进行精神卫生知识和看护知识的培训。县级人民政府卫生行政部门应当为社区卫生服务机构、乡镇卫生院、村卫生室开展上述工作给予指导和培训。

第五十六条　村民委员会、居民委员会应当为生活困难的精神障碍患者家庭提供帮助，并向所在地乡镇人民政府或者街道办事处以及县级人民政府有关部门反映患者及其家庭的情况和要求，帮助其解决实际困难，为患者融入社会创造条件。

第五十七条　残疾人组织或者残疾人康复机构应当根据精神障碍患者康复的需要，组织患者参加康复活动。

第五十八条　用人单位应当根据精神障碍患者的实际情况，安排患者从事力所能及的工作，保障患者享有同等待遇，安排患者参加必要的职业技能培训，提高患者的就业能力，为患者创造适宜的工作环境，对患者在工作中取得的成绩予以鼓励。

第五十九条　精神障碍患者的监护人应当协助患者进行生活自理能力和社会适应能力等方面的康复训练。

精神障碍患者的监护人在看护患者过程中需要技术指导的，社区卫生服务机构或者乡镇卫生院、村卫生室、社区康复机构应当提供。

第五章　保障措施

第六十条　县级以上人民政府卫生行政部门会同有关部门依据国民经济和社会发展规划的要求，制定精神卫生工作规划并组织实施。

精神卫生监测和专题调查结果应当作为制定精神卫生工作规划的依据。

第六十一条　省、自治区、直辖市人民政府根据本行政区域的实际情况，统筹规划，整合资源，建设和完善精神卫生服务体系，加强精神障碍预防、治疗和康复服务能力建设。

县级人民政府根据本行政区域的实际情况，统筹规划，建立精神障碍患者社区康复机构。

县级以上地方人民政府应当采取措施，鼓励和支持社会力量举办从事精神障碍诊断、治疗的医疗机构和精神障碍患者康复机构。

第六十二条　各级人民政府应当根据精神卫生工作需要，加大财政投入力度，保障精神卫生工作所需经费，将精神卫生工作经费列入本级财政预算。

第六十三条　国家加强基层精神卫生服务体系建设，扶持贫困地区、边远地区的精神卫生工作，保障城市社区、农村基层精神卫生工作所需经费。

第六十四条　医学院校应当加强精神医学的教学和研究，按照精神卫生工作的实际需要培养精神医学专门人才，为精神卫生工作提供人才保障。

第六十五条　综合性医疗机构应当按照国务院卫生行政部门的规定开设精神科门诊或者心理治疗门诊，提高精神障碍预防、诊断、治疗能力。

第六十六条　医疗机构应当组织医务人员学习精神卫生知识和相关法律、法规、政策。

从事精神障碍诊断、治疗、康复的机构应当定期组织医务人员、工作人员进行在岗培训，更新精神卫生知识。

县级以上人民政府卫生行政部门应当组织医务人员进行精神卫生知识培训，提高其识别精神障碍的能力。

第六十七条　师范院校应当为学生开设精神卫生课程；医学院校应当为非精神医学专业的学生开设精神卫生课程。

县级以上人民政府教育行政部门对教师进行上岗前和在岗培训，应当有精神卫生的内容，并定期组织心理健康教育教师、辅导人员进行专业培训。

第六十八条　县级以上人民政府卫生行政部门应当组织医疗机构为严重精神障碍患者免费提供基本公共卫生服务。

精神障碍患者的医疗费用按照国家有关社会保险的规定由基本医疗保险基金支付。医疗保险经办机构应当按照国家有关规定将精神障碍患者纳入城镇职工基本医疗保险、城镇居民基本医疗保险或者新型农村合作医疗的保障范围。县级人民政府应当按照国家有关规定对家庭经济困难的严重精神障碍患者参加基本医疗保险给予资助。人力资源社会保障、卫生、民政、财政等部门应当加强协调，简化程序，实现属于基本医疗保险基金支付的医疗费用由医疗机构与医疗保险经办机构直接结算。

精神障碍患者通过基本医疗保险支付医疗费用后仍有困难，或者不能通过基本医疗保险支付医疗费用的，民政部门应当优先给予医疗救助。

第六十九条　对符合城乡最低生活保障条件的严重精神障碍患者，民政部门应当会同有关部门及时将其纳入最低生活保障。

对属于农村五保供养对象的严重精神障碍患者，以及城市中无劳动能力、无生活来源且无法定赡养、抚养、扶养义务人，或者其法定赡养、抚养、扶养义务人无赡养、抚养、扶养能力的严重精神障碍患者，民政部门应当按照国家有关规定予以供养、救助。

前两款规定以外的严重精神障碍患者确有困难的，民政部门可以采取临时救助等措施，帮助其解决生活困难。

第七十条　县级以上地方人民政府及其有关部门应当采取有效措施，保证患有精神障碍的适龄儿童、少年接受义务教育，扶持有劳动能力的精神障碍患者从事力所能及的劳动，并为已经康复的人员提供就业服务。

国家对安排精神障碍患者就业的用人单位依法给予税收优惠，并在生产、经营、技术、资金、物资、场地等方面给予扶持。

第七十一条　精神卫生工作人员的人格尊严、人身安全不受侵犯，精神卫生工作人员依法履行职责受法律保护。全社会应当尊重精神卫生工作人员。

县级以上人民政府及其有关部门、医疗机构、康复机构应当采取措施，加强对精神卫生工作人员的职业保护，提高精神卫生工作人员的待遇水平，并按照规定给予适当的津贴。精神卫生工作人员因工致伤、致残、死亡的，其工伤待遇以及抚恤按照国家有关规定执行。

第六章　法律责任

第七十二条　县级以上人民政府卫生行政部门和其他有关部门未依照本法规定履行精神卫生工作职责，或者滥用职权、玩忽职守、徇私舞弊的，由本级人民政府或者上一级人民政府有关部门责令改正，通报批评，对直接负责的主管人员和其他直接责任人员依法给予警告、记过或者记大过的处分；造成严重后果的，给予降级、撤职或者开除的处分。

第七十三条　不符合本法规定条件的医疗机构擅自从事精神障碍诊断、治疗的，由县级以上人民政府卫生行政部门责令停止相关诊疗活动，给予警告，并处五千元以上一万元以下罚款，有违法所得的，没收违法所得；对直接负责的主管人员和其他直接责任人员依法给予或者责令给予降低岗位等级或者撤职、开除的处分；对有关医务人员，吊销其执业证书。

第七十四条　医疗机构及其工作人员有下列行为之一的，由县级以上人民政府卫生行政部门责令改正，给予警告；情节严重的，对直接负责的主管人员和其他直接责任人员依法给予或者责令给予降低岗位等级或者撤职、开除的处分，并可以责令有关医务人员暂停一个月以上六个月以下执业活动：

（一）拒绝对送诊的疑似精神障碍患者作出诊断的；

（二）对依照本法第三十条第二款规定实施住院治疗的患者未及时进行检查评估或者未根据评估结果作出处理的。

第七十五条　医疗机构及其工作人员有下列行为之一的，由县级以上人民政府卫生行政部门责令改正，对直接负责的主管人员和其他直接责任人员依法给予或者责令给予降低岗位等级或者撤职的处分；对有关医务人员，暂停六个月以上一年以下执业活动；情节严重的，给予或者责令给予开除的处分，并吊销有关医务人员的执业证书：

（一）违反本法规定实施约束、隔离等保护性医疗措施的；

（二）违反本法规定，强迫精神障碍患者劳动的；

（三）违反本法规定对精神障碍患者实施外科手术或者实验性临床医疗的；

（四）违反本法规定，侵害精神障碍患者的通讯和会见探访者等权利的；

（五）违反精神障碍诊断标准，将非精神障碍患者诊断为精神障碍患者的。

第七十六条　有下列情形之一的，由县级以上人民政府卫生行政部门、工商行政管理部门依据各自职责责令改正，给予警告，并处五千元以上一万元以下罚款，有违法所得的，没收违法所得；造成严重后果的，责令暂停六个月以上一年以下执业活动，直至吊销执业证书或者营业执照：

（一）心理咨询人员从事心理治疗或者精神障碍的诊断、治疗的；

（二）从事心理治疗的人员在医疗机构以外开展心理治疗活动的；

（三）专门从事心理治疗的人员从事精神障碍的诊断的；

（四）专门从事心理治疗的人员为精神障碍患者开具处方或者提供外科治疗的。

心理咨询人员、专门从事心理治疗的人员在心理咨询、心理治疗活动中造成他人人身、财产或者其他损害的，依法承担民事责任。

第七十七条　有关单位和个人违反本法第四条第三款规定，给精神障碍患者造成损害的，依法承担赔偿责任；对单位直接负责的主管人员和其他直接责任人员，还应当依法给予处分。

第七十八条　违反本法规定，有下列情形之一，给精神障碍患者或者其他公民造成人身、财产或者其他损害的，依法承担赔偿责任：

（一）将非精神障碍患者故意作为精神障碍患者送入医疗机构治疗的；

（二）精神障碍患者的监护人遗弃患者，或者有不履行监护职责的其他情形的；

（三）歧视、侮辱、虐待精神障碍患者，侵害患者的人格尊严、人身安全的；

（四）非法限制精神障碍患者人身自由的；

（五）其他侵害精神障碍患者合法权益的情形。

第七十九条　医疗机构出具的诊断结论表明精神障碍患者应当住院治疗而其监护人拒绝，致使患者造成他人人身、财产损害的，或者患者有其他造成他人人身、财产损害情形的，其监护人依法承担民事责任。

第八十条　在精神障碍的诊断、治疗、鉴定过程中，寻衅滋事，阻挠有关工作人员依照本法的规定履行职责，扰乱医疗机构、鉴定机构工作秩序的，依法给予治安管理处罚。

违反本法规定，有其他构成违反治安管理行为的，依法给予治安管理处罚。

第八十一条　违反本法规定，构成犯罪的，依法追究刑事责任。

第八十二条　精神障碍患者或者其监护人、近亲属认为行政机关、医疗机构或者其他有关单位和个人违反本法规定侵害患者合法权益的，可以依法提起诉讼。

第七章　附　则

第八十三条　本法所称精神障碍，是指由各种原因引起的感知、情感和思维等精神活动的紊乱或者异常，导致患者明显的心理痛苦或者社会适应等功能损害。

本法所称严重精神障碍，是指疾病症状严重，导致患者社会适应等功能严重损害、对自身健康状况或者客观现实不能完整认识，或者不能处理自身事务的精神障碍。

本法所称精神障碍患者的监护人，是指依照民法通则的有关规定可以担任监护人的人。

第八十四条　军队的精神卫生工作，由国务院和中央军事委员会依据本法制定管理办法。

第八十五条　本法自2013年5月1日起施行。

国家主席胡锦涛签署第63号令公布《全国人民代表大会常务委员会关于修改〈中华人民共和国监狱法〉的决定》

《全国人民代表大会常务委员会关于修改〈中华人民共和国监狱法〉的决定》已由中华人民共和国第十一届全国人民代表大会常务委员会第二十九次会议于2012年10月26日通过，现予公布，自2013年1月1日起施行。

中华人民共和国主席　胡锦涛

2012年10月26日

全国人民代表大会常务委员会关于修改《中华人民共和国监狱法》的决定

（2012年10月26日第十一届全国人民代表大会常务委员会第二十九次会议通过）

第十一届全国人民代表大会常务委员会第二十九次会议决定对《中华人民共和国监狱法》做如下修改：

一、将第十五条第二款修改为：“罪犯在被交付执行刑罚前，剩余刑期在三个月以下的，由看守所代为执行。”

二、将第十七条修改为：“罪犯被交付执行刑罚，符合本法第十六条规定的，应当予以收监。罪犯收监后，监狱应当对其进行身体检查。经检查，对于具有暂予监外执行情形的，监狱可以提出书面意见，报省级以上监狱管理机关批准。”

三、将第二十七条修改为：“对暂予监外执行的罪犯，依法实行社区矫正，由社区矫正机构负责执行。原关押监狱应当及时将罪犯在监内改造情况通报负责执行的社区矫正机构。”

四、将第二十八条修改为：“暂予监外执行的罪犯具有刑事诉讼法规定的应当收监的情形的，社区矫正机构应当及时通知监狱收监；刑期届满的，由原关押监狱办理释放手续。罪犯在暂予监外执行期间死亡的，社区矫正机构应当及时通知原关押监狱。”

五、将第三十三条第二款修改为：“对被假释的罪犯，依法实行社区矫正，由社区矫正机构负责执行。被假释的罪犯，在假释考验期限内有违反法律、行政法规或者国务院有关部门关于假释的监督管理规定的行为，尚未构成新的犯罪的，社区矫正机构应当向人民法院提出撤销假释的建议，人民法院应当自收到撤销假释建议书之日起一个月内予以审核裁定。人民法院裁定撤销假释的，由公安机关将罪犯送交监狱收监。”

六、将第三十四条第二款修改为：“人民检察院认为人民法院减刑、假释的裁定不当，应当依照刑事诉讼法规定的期间向人民法院提出书面纠正意见。对于人民检察院提出书面纠正意见的案件，人民法院应当重新审理。”

七、将第六十条修改为：“对罪犯在监狱内犯罪的案件，由监狱进行侦查。侦查终结后，写出起诉意见书，连同案卷材料、证据一并移送人民检察院。”

本决定自2013年1月1日起施行。

《中华人民共和国监狱法》根据本决定做相应修改，重新公布。

中华人民共和国监狱法

第一章 总 则

第一条 为了正确执行刑罚，惩罚和改造罪犯，预防和减少犯罪，根据宪法，制定本法。

第二条 监狱是国家的刑罚执行机关。

依照刑法和刑事诉讼法的规定，被判处死刑缓期二年执行、无期徒刑、有期徒刑的罪犯，在监狱内执行刑罚。

第三条 监狱对罪犯实行惩罚和改造相结合、教育和劳动相结合的原则，将罪犯改造成为守法公民。

第四条 监狱对罪犯应当依法监管，根据改造罪犯的需要，组织罪犯从事生产劳动，对罪犯进行思想教育、文化教育，技术教育。

第五条 监狱的人民警察依法管理监狱、执行刑罚、对罪犯进行教育改造等活动，受法律保护。

第六条 人民检察院对监狱执行刑罚的活动是否合法，依法实行监督。

第七条 罪犯的人格不受侮辱，其人身安全、合法财产和辩护、申诉、控告、检举以及其他未被依法剥夺或者限制的权利不受侵犯。

罪犯必须严格遵守法律、法规和监规纪律，服从管理，接受教育，参加劳动。

第八条 国家保障监狱改造罪犯所需经费。监狱的人民警察经费、罪犯改造经费、罪犯生活经费、狱政设施经费及其他专项经费，列入国家预算。

国家提供罪犯劳动必需的生产设施和生产经费。

第九条 监狱依法使用的土地、矿产资源和其他自然资源以及监狱的财产，受法律保护，任何组织或者个人不得侵占、破坏。

第十条 国务院司法行政部门主管全国的监狱工作。

第二章 监 狱

第十一条 监狱的设置、撤销、迁移，由国务院司法行政部门批准。

第十二条 监狱设监狱长一人、副监狱长若干人，并根据实际需要设置必要的工作机构和配备其他监狱管理人员。

监狱的管理人员是人民警察。

第十三条 监狱的人民警察应当严格遵守宪法和法律，忠于职守，秉公执法，严守纪律，清正廉洁。

第十四条 监狱的人民警察不得有下列行为：

（一）索要、收受、侵占罪犯及其亲属的财物；

（二）私放罪犯或者玩忽职守造成罪犯脱逃；

（三）刑讯逼供或者体罚、虐待罪犯；

（四）侮辱罪犯的人格；

（五）殴打或者纵容他人殴打罪犯；

（六）为谋取私利，利用罪犯提供劳务；

（七）违反规定，私自为罪犯传递信件或者物品；

（八）非法将监管罪犯的职权交予他人行使；

（九）其他违法行为。

监狱的人民警察有前款所列行为，构成犯罪的，依法追究刑事责任；尚未构成犯罪的，应当予以行政处分。

第三章 刑罚的执行

第一节 收 监

第十五条 人民法院对被判处死刑缓期二年执行、无期徒刑、有期徒刑的罪犯，应当将执行通知书、判决书送达羁押该罪犯的公安机关，公安机关应当自收到执行通知书、判决书之日起一个月内将该罪犯送交监狱执行刑罚。

罪犯在被交付执行刑罚前，剩余刑期在三个月以下的，由看守所代为执行。

第十六条　罪犯被交付执行刑罚时，交付执行的人民法院应当将人民检察院的起诉书副本、人民法院的判决书、执行通知书、结案登记表同时送达监狱。监狱没有收到上述文件的，不得收监；上述文件不齐全或者记载有误的，作出生效判决的人民法院应当及时补充齐全或者作出更正；对其中可能导致错误收监的，不予收监。

第十七条　罪犯被交付执行刑罚，符合本法第十六条规定的，应当予以收监。罪犯收监后，监狱应当对其进行身体检查。经检查，对于具有暂予监外执行情形的，监狱可以提出书面意见，报省级以上监狱管理机关批准。

第十八条　罪犯收监，应当严格检查其人身和所携带的物品。非生活必需品，由监狱代为保管或者征得罪犯同意退回其家属，违禁品予以没收。

女犯由女性人民警察检查。

第十九条　罪犯不得携带子女在监内服刑。

第二十条　罪犯收监后，监狱应当通知罪犯家属。通知书应当自收监之日起五日内发出。

第二节　对罪犯提出的申诉、控告、检举的处理

第二十一条　罪犯对生效的判决不服的，可以提出申诉。

对于罪犯的申诉，人民检察院或者人民法院应当及时处理。

第二十二条　对罪犯提出的控告、检举材料，监狱应当及时处理或者转送公安机关或者人民检察院处理，公安机关或者人民检察院应当将处理结果通知监狱。

第二十三条　罪犯的申诉、控告、检举材料，监狱应当及时转递，不得扣压。

第二十四条　监狱在执行刑罚过程中，根据罪犯的申诉，认为判决可能有错误的，应当提请人民检察院或者人民法院处理，人民检察院或者人民法院应当自收到监狱提请处理意见书之日起六个月内将处理结果通知监狱。

第三节　监外执行

第二十五条　对于被判处无期徒刑、有期徒刑在监内服刑的罪犯，符合刑事诉讼法规定的监外执行条件的，可以暂予监外执行。

第二十六条　暂予监外执行，由监狱提出书面意见，报省、自治区、直辖市监狱管理机关批准。批准机关应当将批准的暂予监外执行决定通知公安机关和原判人民法院，并抄送人民检察院。

人民检察院认为对罪犯适用暂予监外执行不当的，应当自接到通知之日起一个月内将书面意见递交批准暂予监外执行的机关，批准暂予监外执行的机关接到人民检察院的书面意见后，应当立即对该决定进行重新核查。

第二十七条　对暂予监外执行的罪犯，依法实行社区矫正，由社区矫正机构负责执行。原关押监狱应当及时将罪犯在监内改造情况通报负责执行的社区矫正机构。

第二十八条　暂予监外执行的罪犯具有刑事诉讼法规定的应当收监的情形的，社区矫正机构应当及时通知监狱收监；刑期届满的，由原关押监狱办理释放手续。罪犯在暂予监外执行期间死亡的，社区矫正机构应当及时通知原关押监狱。

第四节　减刑、假释

第二十九条　被判处无期徒刑、有期徒刑的罪犯，在服刑期间确有悔改或者立功表现的，根据监狱考核的结果，可以减刑。有下列重大立功表现之一的，应当减刑：

(一)阻止他人重大犯罪活动的；

(二)检举监狱内外重大犯罪活动，经查证属实的；

(三)有发明创造或者重大技术革新的；

(四)在日常生产、生活中舍己救人的；

(五)在抗御自然灾害或者排除重大事故中，有突出表现的；

(六)对国家和社会有其他重大贡献的。

第三十条　减刑建议由监狱向人民法院提出，人民法院应当自收到减刑建议书之日起一个月内予以审核裁定；案情复杂或者情况特殊的，可以延长一个月。减刑裁定的副本应当抄送人民检察院。

第三十一条　被判处死刑缓期二年执行的罪犯，在死刑缓期执行期间，符合法律规定的减为无期徒刑、有期徒刑条件的，二年期满时，所在监狱应当及时提出减刑建议，报经省、自治区、直辖市监狱管理机关审核后，提请高级人民法院裁定。

第三十二条　被判处无期徒刑、有期徒刑的罪犯，符合法律规定的假释条件的，由监狱根据考核结果向人民法院提出假释建议，人民法院应当自收到假释建议书之日起一个月内予以审核裁定；案情复杂或者情况特殊的，可以延长一个月。假释裁定的副本应当抄送人民检察院。

第三十三条　人民法院裁定假释的，监狱应当按期假释并发给假释证明书。

对被假释的罪犯，依法实行社区矫正，由社区矫正机构负责执行。被假释的罪犯，在假释考验期限内有违反法律、行政法规或者国务院有关部门关于假释的监督管理规定的行为，尚未构成新的犯罪的，社区矫正机构应当向人民法院提出撤销假释的建议，人民法院

应当自收到撤销假释建议书之日起一个月内予以审核裁定。人民法院裁定撤销假释的，由公安机关将罪犯送交监狱收监。

第三十四条 对不符合法律规定的减刑、假释条件的罪犯，不得以任何理由将其减刑、假释。

人民检察院认为人民法院减刑、假释的裁定不当，应当依照刑事诉讼法规定的期间向人民法院提出书面纠正意见。对于人民检察院提出书面纠正意见的案件，人民法院应当重新审理。

第五节 释放和安置

第三十五条 罪犯服刑期满，监狱应当按期释放并发给释放证明书。

第三十六条 罪犯释放后，公安机关凭释放证明书办理户籍登记。

第三十七条 对刑满释放人员，当地人民政府帮助其安置生活。

刑满释放人员丧失劳动能力又无法定赡养人、扶养人和基本生活来源的，由当地人民政府予以救济。

第三十八条 刑满释放人员依法享有与其他公民平等的权利。

第四章 狱政管理

第一节 分押分管

第三十九条 监狱对成年男犯、女犯和未成年犯实行分开关押和管理，对未成年犯和女犯的改造，应当照顾其生理、心理特点。

监狱根据罪犯的犯罪类型、刑罚种类、刑期、改造表现等情况，对罪犯实行分别关押，采取不同方式管理。

第四十条 女犯由女性人民警察直接管理。

第二节 警 戒

第四十一条 监狱的武装警戒由人民武装警察部队负责，具体办法由国务院、中央军事委员会规定。

第四十二条 监狱发现在押罪犯脱逃，应当即时将其抓获，不能即时抓获的，应当立即通知公安机关，由公安机关负责追捕，监狱密切配合。

第四十三条 监狱根据监管需要，设立警戒设施。监狱周围设警戒隔离带，未经准许，任何人不得进入。

第四十四条 监区、作业区周围的机关、团体、企业事业单位和基层组织，应当协助监狱做好安全警戒工作。

第三节 戒具和武器的使用

第四十五条 监狱遇有下列情形之一的，可以使用戒具：

(一)罪犯有脱逃行为的；

(二)罪犯有使用暴力行为的；

(三)罪犯正在押解途中的；

(四)罪犯有其他危险行为需要采取防范措施的。

前款所列情形消失后，应当停止使用戒具。

第四十六条 人民警察和人民武装警察部队的执勤人员遇有下列情形之一，非使用武器不能制止的，按照国家有关规定，可以使用武器：

(一)罪犯聚众骚乱、暴乱的；

(二)罪犯脱逃或者拒捕的；

(三)罪犯持有凶器或者其他危险物，正在行凶或者破坏，危及他人生命、财产安全的；

(四)劫夺罪犯的；

(五)罪犯抢夺武器的。

使用武器的人员，应当按照国家有关规定报告情况。

第四节 通信、会见

第四十七条 罪犯在服刑期间可以与他人通信，但是来往信件应当经过监狱检查。监狱发现有碍罪犯改造内容的信件，可以扣留。罪犯写给监狱的上级机关和司法机关的信件，不受检查。

第四十八条 罪犯在监狱服刑期间，按照规定，可以会见亲属、监护人。

第四十九条 罪犯收受物品和钱款，应当经监狱批准、检查。

第五节 生活、卫生

第五十条 罪犯的生活标准按实物量计算，由国家规定。

第五十一条 罪犯的被服由监狱统一配发。

第五十二条 对少数民族罪犯的特殊生活习惯，应当予以照顾。

第五十三条 罪犯居住的监舍应当坚固、通风、透光、清洁、保暖。

第五十四条 监狱应当设立医疗机构和生活、卫生设施，建立罪犯生活、卫生制度。罪犯的医疗保健列入监狱所在地区的卫生、防疫计划。

第五十五条 罪犯在服刑期间死亡的，监狱应当立即通知罪犯家属和人民检察院、人民法院。罪犯因病死亡的，由监狱作出医疗鉴定。人民检察院对监狱的医疗鉴定有疑义的，可以重新对死亡原因作出鉴定。罪犯家属有疑义的，可以向人民检察院提出。罪犯非正常死亡的，人民检察院应当立即检验，对死亡原因作出鉴定。

第六节 奖 惩

第五十六条 监狱应当建立罪犯的日常考核制度，考核的结果作为对罪犯奖励和处罚的依据。

第五十七条 罪犯有下列情形之一的，监狱可以给予表扬、物质奖励或者记功：

(一)遵守监规纪律，努力学习，积极劳动，有认罪

服法表现的;

(二)阻止违法犯罪活动的;

(三)超额完成生产任务的;

(四)节约原材料或者爱护公物,有成绩的;

(五)进行技术革新或者传授生产技术,有一定成效的;

(六)在防止或者消除灾害事故中作出一定贡献的;

(七)对国家和社会有其他贡献的。

被判处有期徒刑的罪犯有前款所列情形之一,执行原判刑期二分之一以上,在服刑期间一贯表现好,离开监狱不致再危害社会的,监狱可以根据情况准其离监探亲。

第五十八条　罪犯有下列破坏监管秩序情形之一的,监狱可以给予警告、记过或者禁闭:

(一)聚众哄闹监狱,扰乱正常秩序的;

(二)辱骂或者殴打人民警察的;

(三)欺压其他罪犯的;

(四)偷窃、赌博、打架斗殴、寻衅滋事的;

(五)有劳动能力拒不参加劳动或者消极怠工,经教育不改的;

(六)以自伤、自残手段逃避劳动的;

(七)在生产劳动中故意违反操作规程,或者有意损坏生产工具的;

(八)有违反监规纪律的其他行为的。

依照前款规定对罪犯实行禁闭的期限为七天至十五天。

罪犯在服刑期间有第一款所列行为,构成犯罪的,依法追究刑事责任。

第七节　对罪犯服刑期间犯罪的处理

第五十九条　罪犯在服刑期间故意犯罪的,依法从重处罚。

第六十条　对罪犯在监狱内犯罪的案件,由监狱进行侦查。侦查终结后,写出起诉意见书,连同案卷材料、证据一并移送人民检察院。

第五章　对罪犯的教育改造

第六十一条　教育改造罪犯,实行因人施教、分类教育,以理服人的原则,采取集体教育与个别教育相结合、狱内教育与社会教育相结合的方法。

第六十二条　监狱应当对罪犯进行法制、道德、形势、政策、前途等内容的思想教育。

第六十三条　监狱应当根据不同情况,对罪犯进行扫盲教育、初等教育和初级中等教育,经考试合格的,由教育部门发给相应的学业证书。

第六十四条　监狱应当根据监狱生产和罪犯释放后就业的需要,对罪犯进行职业技术教育,经考核合格的,由劳动部门发给相应的技术等级证书。

第六十五条　监狱鼓励罪犯自学,经考试合格的,由有关部门发给相应的证书。

第六十六条　罪犯的文化和职业技术教育,应当列入所在地区教育规划。监狱应当设立教室、图书阅览室等必要的教育设施。

第六十七条　监狱应当组织罪犯开展适当的体育活动和文化娱乐活动。

第六十八条　国家机关、社会团体、部队、企业事业单位和社会各界人士以及罪犯的亲属,应当协助监狱做好对罪犯的教育改造工作。

第六十九条　有劳动能力的罪犯,必须参加劳动。

第七十条　监狱根据罪犯的个人情况,合理组织劳动,使其矫正恶习,养成劳动习惯,学会生产技能,并为释放后就业创造条件。

第七十一条　监狱对罪犯的劳动时间,参照国家有关劳动工时的规定执行;在季节性生产等特殊情况下,可以调整劳动时间。

罪犯有在法定节日和休息日休息的权利。

第七十二条　监狱对参加劳动的罪犯,应当按照有关规定给予报酬并执行国家有关劳动保护的规定。

第七十三条　罪犯在劳动中致伤、致残或者死亡的,由监狱参照国家劳动保险的有关规定处理。

第六章　对未成年犯的教育改造

第七十四条　对未成年犯应当在未成年犯管教所执行刑罚。

第七十五条　对未成年犯执行刑罚应当以教育改造为主。未成年犯的劳动,应当符合未成年人的特点,以学习文化和生产技能为主。

监狱应当配合国家、社会、学校等教育机构,为未成年犯接受义务教育提供必要的条件。

第七十六条　未成年犯年满十八周岁时,剩余刑期不超过二年的,仍可以留在未成年犯管教所执行剩余刑期。

第七十七条　对未成年犯的管理和教育改造,本章未作规定的,适用本法的有关规定。

第七章　附　则

第七十八条　本法自公布之日起施行。

国家主席胡锦涛签署第64号令公布《全国人民代表大会常务委员会关于修改〈中华人民共和国律师法〉的决定》

《全国人民代表大会常务委员会关于修改〈中华人民共和国律师法〉的决定》已由中华人民共和国第十一届全国人民代表大会常务委员会第二十九次会议于2012年10月26日通过,现予公布,自2013年1月

1日起施行。

中华人民共和国主席　胡锦涛

2012年10月26日

全国人民代表大会常务委员会关于修改《中华人民共和国律师法》的决定

（2012年10月26日第十一届全国人民代表大会常务委员会第二十九次会议通过）

第十一届全国人民代表大会常务委员会第二十九次会议决定对《中华人民共和国律师法》作如下修改：

一、将第二十八条第三项修改为："接受刑事案件犯罪嫌疑人、被告人的委托或者依法接受法律援助机构的指派，担任辩护人，接受自诉案件自诉人、公诉案件被害人或者其近亲属的委托，担任代理人，参加诉讼。"

二、将第三十一条修改为："律师担任辩护人的，应当根据事实和法律，提出犯罪嫌疑人、被告人无罪、罪轻或者减轻、免除其刑事责任的材料和意见，维护犯罪嫌疑人、被告人的诉讼权利和其他合法权益。"

三、将第三十三条修改为："律师担任辩护人的，有权持律师执业证书、律师事务所证明和委托书或者法律援助公函，依照刑事诉讼法的规定会见在押或者被监视居住的犯罪嫌疑人、被告人。辩护律师会见犯罪嫌疑人、被告人时不被监听。"

四、将第三十四条修改为："律师担任辩护人的，自人民检察院对案件审查起诉之日起，有权查阅、摘抄、复制本案的案卷材料。"

五、将第三十七条第三款修改为："律师在参与诉讼活动中涉嫌犯罪的，侦查机关应当及时通知其所在的律师事务所或者所属的律师协会；被依法拘留、逮捕的，侦查机关应当依照刑事诉讼法的规定通知该律师的家属。"

六、将第三十八条第二款修改为："律师对在执业活动中知悉的委托人和其他人不愿泄露的有关情况和信息，应当予以保密。但是，委托人或者其他人准备或者正在实施危害国家安全、公共安全以及严重危害他人人身安全的犯罪事实和信息除外。"

本决定自2013年1月1日起施行。

《中华人民共和国律师法》根据本决定作相应修改，重新公布。

中华人民共和国律师法

第一章　总　则

第一条　为了完善律师制度，规范律师执业行为，保障律师依法执业，发挥律师在社会主义法制建设中的作用，制定本法。

第二条　本法所称律师，是指依法取得律师执业证书，接受委托或者指定，为当事人提供法律服务的执业人员。

律师应当维护当事人合法权益，维护法律正确实施，维护社会公平和正义。

第三条　律师执业必须遵守宪法和法律，恪守律师职业道德和执业纪律。

律师执业必须以事实为根据，以法律为准绳。

律师执业应当接受国家、社会和当事人的监督。

律师依法执业受法律保护，任何组织和个人不得侵害律师的合法权益。

第四条　司法行政部门依照本法对律师、律师事务所和律师协会进行监督、指导。

第二章　律师执业许可

第五条　申请律师执业，应当具备下列条件：

（一）拥护中华人民共和国宪法；

（二）通过国家统一司法考试；

（三）在律师事务所实习满一年；

（四）品行良好。

实行国家统一司法考试前取得的律师资格凭证，在申请律师执业时，与国家统一司法考试合格证书具有同等效力。

第六条　申请律师执业，应当向设区的市级或者直辖市的区人民政府司法行政部门提出申请，并提交下列材料：

（一）国家统一司法考试合格证书；

（二）律师协会出具的申请人实习考核合格的材料；

（三）申请人的身份证明；

（四）律师事务所出具的同意接收申请人的证明。

申请兼职律师执业的，还应当提交所在单位同意申请人兼职从事律师职业的证明。

受理申请的部门应当自受理之日起二十日内予以审查，并将审查意见和全部申请材料报送省、自治区、直辖市人民政府司法行政部门。省、自治区、直辖市人民政府司法行政部门应当自收到报送材料之日起十日内予以审核，作出是否准予执业的决定。准予执业的，向申请人颁发律师执业证书；不准予执业的，向申请人书面说明理由。

第七条　申请人有下列情形之一的，不予颁发律师执业证书：

（一）无民事行为能力或者限制民事行为能力的；

（二）受过刑事处罚的，但过失犯罪的除外；

（三）被开除公职或者被吊销律师执业证书的。

第八条　具有高等院校本科以上学历，在法律服务人员紧缺领域从事专业工作满十五年，具有高级职称或者同等专业水平并具有相应的专业法律知识的人员，申请专职律师执业的，经国务院司法行政部门考核合格，准予执业。具体办法由国务院规定。

第九条　有下列情形之一的，由省、自治区、直辖市人民政府司法行政部门撤销准予执业的决定，并注销被准予执业人员的律师执业证书：

（一）申请人以欺诈、贿赂等不正当手段取得律师执业证书的；

（二）对不符合本法规定条件的申请人准予执业的。

第十条　律师只能在一个律师事务所执业。律师变更执业机构的，应当申请换发律师执业证书。

律师执业不受地域限制。

第十一条　公务员不得兼任执业律师。

律师担任各级人民代表大会常务委员会组成人员的，任职期间不得从事诉讼代理或者辩护业务。

第十二条　高等院校、科研机构中从事法学教育、研究工作的人员，符合本法第五条规定条件的，经所在单位同意，依照本法第六条规定的程序，可以申请兼职律师执业。

第十三条　没有取得律师执业证书的人员，不得以律师名义从事法律服务业务；除法律另有规定外，不得从事诉讼代理或者辩护业务。

第三章　律师事务所

第十四条　律师事务所是律师的执业机构。设立律师事务所应当具备下列条件：

（一）有自己的名称、住所和章程；

（二）有符合本法规定的律师；

（三）设立人应当是具有一定的执业经历，且三年内未受过停止执业处罚的律师；

（四）有符合国务院司法行政部门规定数额的资产。

第十五条　设立合伙律师事务所，除应当符合本法第十四条规定的条件外，还应当有三名以上合伙人，设立人应当是具有三年以上执业经历的律师。

合伙律师事务所可以采用普通合伙或者特殊的普通合伙形式设立。合伙律师事务所的合伙人按照合伙形式对该律师事务所的债务依法承担责任。

第十六条　设立个人律师事务所，除应当符合本法第十四条规定的条件外，设立人还应当是具有五年以上执业经历的律师。设立人对律师事务所的债务承担无限责任。

第十七条　申请设立律师事务所，应当提交下列材料：

（一）申请书；

（二）律师事务所的名称、章程；

（三）律师的名单、简历、身份证明、律师执业证书；

（四）住所证明；

（五）资产证明。

设立合伙律师事务所，还应当提交合伙协议。

第十八条　设立律师事务所，应当向设区的市级或者直辖市的区人民政府司法行政部门提出申请，受理申请的部门应当自受理之日起二十日内予以审查，并将审查意见和全部申请材料报送省、自治区、直辖市人民政府司法行政部门。省、自治区、直辖市人民政府司法行政部门应当自收到报送材料之日起十日内予以审核，作出是否准予设立的决定。准予设立的，向申请人颁发律师事务所执业证书；不准予设立的，向申请人书面说明理由。

第十九条　成立三年以上并具有二十名以上执业律师的合伙律师事务所，可以设立分所。设立分所，须经拟设立分所所在地的省、自治区、直辖市人民政府司法行政部门审核。申请设立分所的，依照本法第十八条规定的程序办理。

合伙律师事务所对其分所的债务承担责任。

第二十条　国家出资设立的律师事务所，依法自主开展律师业务，以该律师事务所的全部资产对其债务承担责任。

第二十一条　律师事务所变更名称、负责人、章程、合伙协议的，应当报原审核部门批准。

律师事务所变更住所、合伙人的，应当自变更之日起十五日内报原审核部门备案。

第二十二条　律师事务所有下列情形之一的，应当终止：

（一）不能保持法定设立条件，经限期整改仍不符合条件的；

（二）律师事务所执业证书被依法吊销的；

（三）自行决定解散的；

（四）法律、行政法规规定应当终止的其他情形。

律师事务所终止的，由颁发执业证书的部门注销该律师事务所的执业证书。

第二十三条　律师事务所应当建立、健全执业管理、利益冲突审查、收费与财务管理、投诉查处、年度考核、档案管理等制度，对律师在执业活动中遵守职业道德、执业纪律的情况进行监督。

第二十四条　律师事务所应当于每年的年度考核后，向设区的市级或者直辖市的区人民政府司法行政部门提交本所的年度执业情况报告和律师执业考核结果。

第二十五条　律师承办业务，由律师事务所统一接受委托，与委托人签订书面委托合同，按照国家规定统一收取费用并如实入账。

律师事务所和律师应当依法纳税。

第二十六条　律师事务所和律师不得以诋毁其他律师事务所、律师或者支付介绍费等不正当手段承揽业务。

第二十七条 律师事务所不得从事法律服务以外的经营活动。

第四章 律师的业务和权利、义务

第二十八条 律师可以从事下列业务:

(一)接受自然人、法人或者其他组织的委托,担任法律顾问;

(二)接受民事案件、行政案件当事人的委托,担任代理人,参加诉讼;

(三)接受刑事案件犯罪嫌疑人、被告人的委托或者依法接受法律援助机构的指派,担任辩护人,接受自诉案件自诉人、公诉案件被害人或者其近亲属的委托,担任代理人,参加诉讼;

(四)接受委托,代理各类诉讼案件的申诉;

(五)接受委托,参加调解、仲裁活动;

(六)接受委托,提供非诉讼法律服务;

(七)解答有关法律的询问、代写诉讼文书和有关法律事务的其他文书。

第二十九条 律师担任法律顾问的,应当按照约定为委托人就有关法律问题提供意见,草拟、审查法律文书,代理参加诉讼、调解或者仲裁活动,办理委托的其他法律事务,维护委托人的合法权益。

第三十条 律师担任诉讼法律事务代理人或者非诉讼法律事务代理人的,应当在受委托的权限内,维护委托人的合法权益。

第三十一条 律师担任辩护人的,应当根据事实和法律,提出犯罪嫌疑人、被告人无罪、罪轻或者减轻、免除其刑事责任的材料和意见,维护犯罪嫌疑人、被告人的诉讼权利和其他合法权益。

第三十二条 委托人可以拒绝已委托的律师为其继续辩护或者代理,同时可以另行委托律师担任辩护人或者代理人。

律师接受委托后,无正当理由的,不得拒绝辩护或者代理。但是,委托事项违法、委托人利用律师提供的服务从事违法活动或者委托人故意隐瞒与案件有关的重要事实的,律师有权拒绝辩护或者代理。

第三十三条 律师担任辩护人的,有权持律师执业证书、律师事务所证明和委托书或者法律援助公函,依照刑事诉讼法的规定会见在押或者被监视居住的犯罪嫌疑人、被告人。辩护律师会见犯罪嫌疑人、被告人时不被监听。

第三十四条 律师担任辩护人的,自人民检察院对案件审查起诉之日起,有权查阅、摘抄、复制本案的案卷材料。

第三十五条 受委托的律师根据案情的需要,可以申请人民检察院、人民法院收集、调取证据或者申请人民法院通知证人出庭作证。

律师自行调查取证的,凭律师执业证书和律师事务所证明,可以向有关单位或者个人调查与承办法律事务有关的情况。

第三十六条 律师担任诉讼代理人或者辩护人的,其辩论或者辩护的权利依法受到保障。

第三十七条 律师在参与诉讼活动中涉嫌犯罪的,侦查机关应当及时通知其所在的律师事务所或者所属的律师协会;被依法拘留、逮捕的,侦查机关应当依照刑事诉讼法的规定通知该律师的家属。

第三十八条 律师对在执业活动中知悉的委托人和其他人不愿泄露的有关情况和信息,应当予以保密。但是,委托人或者其他人准备或者正在实施危害国家安全、公共安全以及严重危害他人人身安全的犯罪事实和信息除外。

第三十九条 律师不得在同一案件中为双方当事人担任代理人,不得代理与本人或者其近亲属有利益冲突的法律事务。

第四十条 律师在执业活动中不得有下列行为:

(一)私自接受委托、收取费用,接受委托人的财物或者其他利益;

(二)利用提供法律服务的便利牟取当事人争议的权益;

(三)接受对方当事人的财物或者其他利益,与对方当事人或者第三人恶意串通,侵害委托人的权益;

(四)违反规定会见法官、检察官、仲裁员以及其他有关工作人员;

(五)向法官、检察官、仲裁员以及其他有关工作人员行贿,介绍贿赂或者指使、诱导当事人行贿,或者以其他不正当方式影响法官、检察官、仲裁员以及其他有关工作人员依法办理案件;

(六)故意提供虚假证据或者威胁、利诱他人提供虚假证据,妨碍对方当事人合法取得证据;

(七)煽动、教唆当事人采取扰乱公共秩序、危害公共安全等非法手段解决争议;

(八)扰乱法庭、仲裁庭秩序,干扰诉讼、仲裁活动的正常进行。

第四十一条 曾经担任法官、检察官的律师,从人民法院、人民检察院离任后二年内,不得担任诉讼代理人或者辩护人。

第四十二条 律师、律师事务所应当按照国家规定履行法律援助义务,为受援人提供符合标准的法律服务,维护受援人的合法权益。

第五章 律师协会

第四十三条 律师协会是社会团体法人,是律师的自律性组织。

全国设立中华全国律师协会,省、自治区、直辖市设立地方律师协会，设区的市根据需要可以设立地方律师协会。

第四十四条　全国律师协会章程由全国会员代表大会制定，报国务院司法行政部门备案。

地方律师协会章程由地方会员代表大会制定，报同级司法行政部门备案。地方律师协会章程不得与全国律师协会章程相抵触。

第四十五条　律师、律师事务所应当加入所在地的地方律师协会。加入地方律师协会的律师、律师事务所，同时是全国律师协会的会员。

律师协会会员享有律师协会章程规定的权利，履行律师协会章程规定的义务。

第四十六条　律师协会应当履行下列职责：

（一）保障律师依法执业，维护律师的合法权益；

（二）总结、交流律师工作经验；

（三）制定行业规范和惩戒规则；

（四）组织律师业务培训和职业道德、执业纪律教育，对律师的执业活动进行考核；

（五）组织管理申请律师执业人员的实习活动，对实习人员进行考核；

（六）对律师、律师事务所实施奖励和惩戒；

（七）受理对律师的投诉或者举报，调解律师执业活动中发生的纠纷，受理律师的申诉；

（八）法律、行政法规、规章以及律师协会章程规定的其他职责。

律师协会制定的行业规范和惩戒规则，不得与有关法律、行政法规、规章相抵触。

第六章　法律责任

第四十七条　律师有下列行为之一的，由设区的市级或者直辖市的区人民政府司法行政部门给予警告，可以处五千元以下的罚款；有违法所得的，没收违法所得；情节严重的，给予停止执业三个月以下的处罚：

（一）同时在两个以上律师事务所执业的；

（二）以不正当手段承揽业务的；

（三）在同一案件中为双方当事人担任代理人，或者代理与本人及其近亲属有利益冲突的法律事务的；

（四）从人民法院、人民检察院离任后二年内担任诉讼代理人或者辩护人的；

（五）拒绝履行法律援助义务的。

第四十八条　律师有下列行为之一的，由设区的市级或者直辖市的区人民政府司法行政部门给予警告，可以处一万元以下的罚款；有违法所得的，没收违法所得；情节严重的，给予停止执业三个月以上六个月以下的处罚：

（一）私自接受委托、收取费用，接受委托人财物或者其他利益的；

（二）接受委托后，无正当理由，拒绝辩护或者代理，不按时出庭参加诉讼或者仲裁的；

（三）利用提供法律服务的便利牟取当事人争议的权益的；

（四）泄露商业秘密或者个人隐私的。

第四十九条　律师有下列行为之一的，由设区的市级或者直辖市的区人民政府司法行政部门给予停止执业六个月以上一年以下的处罚，可以处五万元以下的罚款；有违法所得的，没收违法所得；情节严重的，由省、自治区、直辖市人民政府司法行政部门吊销其律师执业证书；构成犯罪的，依法追究刑事责任：

（一）违反规定会见法官、检察官、仲裁员以及其他有关工作人员，或者以其他不正当方式影响依法办理案件的；

（二）向法官、检察官、仲裁员以及其他有关工作人员行贿，介绍贿赂或者指使、诱导当事人行贿的；

（三）向司法行政部门提供虚假材料或者有其他弄虚作假行为的；

（四）故意提供虚假证据或者威胁、利诱他人提供虚假证据，妨碍对方当事人合法取得证据的；

（五）接受对方当事人财物或者其他利益，与对方当事人或者第三人恶意串通，侵害委托人权益的；

（六）扰乱法庭、仲裁庭秩序，干扰诉讼、仲裁活动的正常进行的；

（七）煽动、教唆当事人采取扰乱公共秩序、危害公共安全等非法手段解决争议的；

（八）发表危害国家安全、恶意诽谤他人、严重扰乱法庭秩序的言论的；

（九）泄露国家秘密的。

律师因故意犯罪受到刑事处罚的，由省、自治区、直辖市人民政府司法行政部门吊销其律师执业证书。

第五十条　律师事务所有下列行为之一的，由设区的市级或者直辖市的区人民政府司法行政部门视其情节给予警告、停业整顿一个月以上六个月以下的处罚，可以处十万元以下的罚款；有违法所得的，没收违法所得；情节特别严重的，由省、自治区、直辖市人民政府司法行政部门吊销律师事务所执业证书：

（一）违反规定接受委托、收取费用的；

（二）违反法定程序办理变更名称、负责人、章程、合伙协议、住所、合伙人等重大事项的；

（三）从事法律服务以外的经营活动的；

（四）以诋毁其他律师事务所、律师或者支付介绍费等不正当手段承揽业务的；

（五）违反规定接受有利益冲突的案件的；

（六）拒绝履行法律援助义务的；

(七)向司法行政部门提供虚假材料或者有其他弄虚作假行为的;

(八)对本所律师疏于管理,造成严重后果的。

律师事务所因前款违法行为受到处罚的,对其负责人视情节轻重,给予警告或者处二万元以下的罚款。

第五十一条 律师因违反本法规定,在受到警告处罚后一年内又发生应当给予警告处罚情形的,由设区的市级或者直辖市的区人民政府司法行政部门给予停止执业三个月以上一年以下的处罚;在受到停止执业处罚期满后二年内又发生应当给予停止执业处罚情形的,由省、自治区、直辖市人民政府司法行政部门吊销其律师执业证书。

律师事务所因违反本法规定,在受到停业整顿处罚期满后二年内又发生应当给予停业整顿处罚情形的,由省、自治区、直辖市人民政府司法行政部门吊销律师事务所执业证书。

第五十二条 县级人民政府司法行政部门对律师和律师事务所的执业活动实施日常监督管理,对检查发现的问题,责令改正;对当事人的投诉,应当及时进行调查。县级人民政府司法行政部门认为律师和律师事务所的违法行为应当给予行政处罚的,应当向上级司法行政部门提出处罚建议。

第五十三条 受到六个月以上停止执业处罚的律师,处罚期满未逾三年的,不得担任合伙人。

第五十四条 律师违法执业或者因过错给当事人造成损失的,由其所在的律师事务所承担赔偿责任。律师事务所赔偿后,可以向有故意或者重大过失行为的律师追偿。

第五十五条 没有取得律师执业证书的人员以律师名义从事法律服务业务的,由所在地的县级以上地方人民政府司法行政部门责令停止非法执业,没收违法所得,处违法所得一倍以上五倍以下的罚款。

第五十六条 司法行政部门工作人员违反本法规定,滥用职权、玩忽职守,构成犯罪的,依法追究刑事责任;尚不构成犯罪的,依法给予处分。

第七章 附 则

第五十七条 为军队提供法律服务的军队律师,其律师资格的取得和权利、义务及行为准则,适用本法规定。军队律师的具体管理办法,由国务院和中央军事委员会制定。

第五十八条 外国律师事务所在中华人民共和国境内设立机构从事法律服务活动的管理办法,由国务院制定。

第五十九条 律师收费办法,由国务院价格主管部门会同国务院司法行政部门制定。

第六十条 本法自 2008 年 6 月 1 日起施行。

国家主席胡锦涛签署第 65 号令公布《全国人民代表大会常务委员会关于修改〈中华人民共和国未成年人保护法〉的决定》

《全国人民代表大会常务委员会关于修改〈中华人民共和国未成年人保护法〉的决定》已由中华人民共和国第十一届全国人民代表大会常务委员会第二十九次会议于 2012 年 10 月 26 日通过,现予公布,自 2013 年 1 月 1 日起施行。

中华人民共和国主席 胡锦涛

2012 年 10 月 26 日

全国人民代表大会常务委员会关于修改《中华人民共和国未成年人保护法》的决定

(2012 年 10 月 26 日第十一届全国人民代表大会常务委员会第二十九次会议通过)

第十一届全国人民代表大会常务委员会第二十九次会议决定对《中华人民共和国未成年人保护法》做如下修改:

将第五十六条第一款修改为:"讯问、审判未成年犯罪嫌疑人、被告人,询问未成年证人、被害人,应当依照刑事诉讼法的规定通知其法定代理人或者其他人员到场。"

本决定自 2013 年 1 月 1 日起施行。

《中华人民共和国未成年人保护法》根据本决定做相应修改,重新公布。

中华人民共和国未成年人保护法

第一章 总 则

第一条 为了保护未成年人的身心健康,保障未成年人的合法权益,促进未成年人在品德、智力、体质等方面全面发展,培养有理想、有道德、有文化、有纪律的社会主义建设者和接班人,根据宪法,制定本法。

第二条 本法所称未成年人是指未满十八周岁的公民。

第三条 未成年人享有生存权、发展权、受保护权、参与权等权利,国家根据未成年人身心发展特点给予特殊、优先保护,保障未成年人的合法权益不受侵犯。

未成年人享有受教育权,国家、社会、学校和家庭尊重和保障未成年人的受教育权。

未成年人不分性别、民族、种族、家庭财产状况、宗教信仰等,依法平等地享有权利。

第四条 国家、社会、学校和家庭对未成年人进行理想教育、道德教育、文化教育、纪律和法制教育,进行爱国主义、集体主义和社会主义的教育,提倡爱祖国、爱人民、爱劳动、爱科学、爱社会主义的公德,反对资本主义的、封建主义的和其他的腐朽思想的侵蚀。

第五条 保护未成年人的工作,应当遵循下列原则：

(一)尊重未成年人的人格尊严；

(二)适应未成年人身心发展的规律和特点；

(三)教育与保护相结合。

第六条　保护未成年人，是国家机关、武装力量、政党、社会团体、企业事业组织、城乡基层群众性自治组织、未成年人的监护人和其他成年公民的共同责任。

对侵犯未成年人合法权益的行为，任何组织和个人都有权予以劝阻、制止或者向有关部门提出检举或者控告。

国家、社会、学校和家庭应当教育和帮助未成年人维护自己的合法权益，增强自我保护的意识和能力，增强社会责任感。

第七条　中央和地方各级国家机关应当在各自的职责范围内做好未成年人保护工作。

国务院和地方各级人民政府领导有关部门做好未成年人保护工作；将未成年人保护工作纳入国民经济和社会发展规划以及年度计划，相关经费纳入本级政府预算。

国务院和省、自治区、直辖市人民政府采取组织措施，协调有关部门做好未成年人保护工作。具体机构由国务院和省、自治区、直辖市人民政府规定。

第八条　共产主义青年团、妇女联合会、工会、青年联合会、学生联合会、少年先锋队以及其他有关社会团体，协助各级人民政府做好未成年人保护工作，维护未成年人的合法权益。

第九条　各级人民政府和有关部门对保护未成年人有显著成绩的组织和个人，给予表彰和奖励。

第二章　家庭保护

第十条　父母或者其他监护人应当创造良好、和睦的家庭环境，依法履行对未成年人的监护职责和抚养义务。

禁止对未成年人实施家庭暴力，禁止虐待、遗弃未成年人，禁止溺婴和其他残害婴儿的行为，不得歧视女性未成年人或者有残疾的未成年人。

第十一条　父母或者其他监护人应当关注未成年人的生理、心理状况和行为习惯，以健康的思想、良好的品行和适当的方法教育和影响未成年人，引导未成年人进行有益身心健康的活动，预防和制止未成年人吸烟、酗酒、流浪、沉迷网络以及赌博、吸毒、卖淫等行为。

第十二条　父母或者其他监护人应当学习家庭教育知识，正确履行监护职责，抚养教育未成年人。

有关国家机关和社会组织应当为未成年人的父母或者其他监护人提供家庭教育指导。

第十三条　父母或者其他监护人应当尊重未成年人受教育的权利，必须使适龄未成年人依法入学接受并完成义务教育，不得使接受义务教育的未成年人辍学。

第十四条　父母或者其他监护人应当根据未成年人的年龄和智力发展状况，在作出与未成年人权益有关的决定时告知其本人，并听取他们的意见。

第十五条　父母或者其他监护人不得允许或者迫使未成年人结婚，不得为未成年人订立婚约。

第十六条　父母因外出务工或者其他原因不能履行对未成年人监护职责的，应当委托有监护能力的其他成年人代为监护。

第三章　学校保护

第十七条　学校应当全面贯彻国家的教育方针，实施素质教育，提高教育质量，注重培养未成年学生独立思考能力、创新能力和实践能力，促进未成年学生全面发展。

第十八条　学校应当尊重未成年学生受教育的权利，关心、爱护学生，对品行有缺点、学习有困难的学生，应当耐心教育、帮助，不得歧视，不得违反法律和国家规定开除未成年学生。

第十九条　学校应当根据未成年学生身心发展的特点，对他们进行社会生活指导、心理健康辅导和青春期教育。

第二十条　学校应当与未成年学生的父母或者其他监护人互相配合，保证未成年学生的睡眠、娱乐和体育锻炼时间，不得加重其学习负担。

第二十一条　学校、幼儿园、托儿所的教职员工应当尊重未成年人的人格尊严，不得对未成年人实施体罚、变相体罚或者其他侮辱人格尊严的行为。

第二十二条　学校、幼儿园、托儿所应当建立安全制度，加强对未成年人的安全教育，采取措施保障未成年人的人身安全。

学校、幼儿园、托儿所不得在危及未成年人人身安全、健康的校舍和其他设施、场所中进行教育教学活动。

学校、幼儿园安排未成年人参加集会、文化娱乐、社会实践等集体活动，应当有利于未成年人的健康成长，防止发生人身安全事故。

第二十三条　教育行政等部门和学校、幼儿园、托儿所应当根据需要，制定应对各种灾害、传染性疾病、食物中毒、意外伤害等突发事件的预案，配备相应设施并进行必要的演练，增强未成年人的自我保护意识和能力。

第二十四条　学校对未成年学生在校内或者本校组织的校外活动中发生人身伤害事故的，应当及时救护，妥善处理，并及时向有关主管部门报告。

第二十五条　对于在学校接受教育的有严重不良行为的未成年学生，学校和父母或者其他监护人应当互相配合加以管教;无力管教或者管教无效的,可以按照有关规定将其送专门学校继续接受教育。

依法设置专门学校的地方人民政府应当保障专门学校的办学条件,教育行政部门应当加强对专门学校的管理和指导,有关部门应当给予协助和配合。

专门学校应当对在校就读的未成年学生进行思想教育、文化教育、纪律和法制教育、劳动技术教育和职业教育。

专门学校的教职员工应当关心、爱护、尊重学生,不得歧视、厌弃。

第二十六条 幼儿园应当做好保育、教育工作,促进幼儿在体质、智力、品德等方面和谐发展。

第四章 社会保护

第二十七条 全社会应当树立尊重、保护、教育未成年人的良好风尚,关心、爱护未成年人。

国家鼓励社会团体、企业事业组织以及其他组织和个人,开展多种形式的有利于未成年人健康成长的社会活动。

第二十八条 各级人民政府应当保障未成年人受教育的权利,并采取措施保障家庭经济困难的、残疾的和流动人口中的未成年人等接受义务教育。

第二十九条 各级人民政府应当建立和改善适合未成年人文化生活需要的活动场所和设施,鼓励社会力量兴办适合未成年人的活动场所,并加强管理。

第三十条 爱国主义教育基地、图书馆、青少年宫、儿童活动中心应当对未成年人免费开放;博物馆、纪念馆、科技馆、展览馆、美术馆、文化馆以及影剧院、体育场馆、动物园、公园等场所,应当按照有关规定对未成年人免费或者优惠开放。

第三十一条 县级以上人民政府及其教育行政部门应当采取措施,鼓励和支持中小学校在节假日期间将文化体育设施对未成年人免费或者优惠开放。

社区中的公益性互联网上网服务设施,应当对未成年人免费或者优惠开放,为未成年人提供安全、健康的上网服务。

第三十二条 国家鼓励新闻、出版、信息产业、广播、电影、电视、文艺等单位和作家、艺术家、科学家以及其他公民,创作或者提供有利于未成年人健康成长的作品。出版、制作和传播专门以未成年人为对象的内容健康的图书、报刊、音像制品、电子出版物以及网络信息等,国家给予扶持。

国家鼓励科研机构和科技团体对未成年人开展科学知识普及活动。

第三十三条 国家采取措施,预防未成年人沉迷网络。

国家鼓励研究开发有利于未成年人健康成长的网络产品,推广用于阻止未成年人沉迷网络的新技术。

第三十四条 禁止任何组织、个人制作或者向未成年人出售、出租或者以其他方式传播淫秽、暴力、凶杀、恐怖、赌博等毒害未成年人的图书、报刊、音像制品、电子出版物以及网络信息等。

第三十五条 生产、销售用于未成年人的食品、药品、玩具、用具和游乐设施等,应当符合国家标准或者行业标准,不得有害于未成年人的安全和健康;需要标明注意事项的,应当在显著位置标明。

第三十六条 中小学校园周边不得设置营业性歌舞娱乐场所、互联网上网服务营业场所等不适宜未成年人活动的场所。

营业性歌舞娱乐场所、互联网上网服务营业场所等不适宜未成年人活动的场所,不得允许未成年人进入,经营者应当在显著位置设置未成年人禁入标志;对难以判明是否已成年的,应当要求其出示身份证件。

第三十七条 禁止向未成年人出售烟酒,经营者应当在显著位置设置不向未成年人出售烟酒的标志;对难以判明是否已成年的,应当要求其出示身份证件。

任何人不得在中小学校、幼儿园、托儿所的教室、寝室、活动室和其他未成年人集中活动的场所吸烟、饮酒。

第三十八条 任何组织或者个人不得招用未满十六周岁的未成年人,国家另有规定的除外。

任何组织或者个人按照国家有关规定招用已满十六周岁未满十八周岁的未成年人的,应当执行国家在工种、劳动时间、劳动强度和保护措施等方面的规定,不得安排其从事过重、有毒、有害等危害未成年人身心健康的劳动或者危险作业。

第三十九条 任何组织或者个人不得披露未成年人的个人隐私。

对未成年人的信件、日记、电子邮件,任何组织或者个人不得隐匿、毁弃;除因追查犯罪的需要,由公安机关或者人民检察院依法进行检查,或者对无行为能力的未成年人的信件、日记、电子邮件由其父母或者其他监护人代为开拆、查阅外,任何组织或者个人不得开拆、查阅。

第四十条 学校、幼儿园、托儿所和公共场所发生突发事件时,应当优先救护未成年人。

第四十一条 禁止拐卖、绑架、虐待未成年人,禁止对未成年人实施性侵害。

禁止胁迫、诱骗、利用未成年人乞讨或者组织未成年人进行有害其身心健康的表演等活动。

第四十二条 公安机关应当采取有力措施,依法维护校园周边的治安和交通秩序,预防和制止侵害未成年人合法权益的违法犯罪行为。

任何组织或者个人不得扰乱教学秩序，不得侵占、破坏学校、幼儿园、托儿所的场地、房屋和设施。

第四十三条　县级以上人民政府及其民政部门应当根据需要设立救助场所，对流浪乞讨等生活无着未成年人实施救助，承担临时监护责任；公安部门或者其他有关部门应当护送流浪乞讨或者离家出走的未成年人到救助场所，由救助场所予以救助和妥善照顾，并及时通知其父母或者其他监护人领回。

对孤儿、无法查明其父母或者其他监护人的以及其他生活无着的未成年人，由民政部门设立的儿童福利机构收留抚养。

未成年人救助机构、儿童福利机构及其工作人员应当依法履行职责，不得虐待、歧视未成年人；不得在办理收留抚养工作中牟取利益。

第四十四条　卫生部门和学校应当对未成年人进行卫生保健和营养指导，提供必要的卫生保健条件，做好疾病预防工作。

卫生部门应当做好对儿童的预防接种工作，国家免疫规划项目的预防接种实行免费；积极防治儿童常见病、多发病，加强对传染病防治工作的监督管理，加强对幼儿园、托儿所卫生保健的业务指导和监督检查。

第四十五条　地方各级人民政府应当积极发展托幼事业，办好托儿所、幼儿园，支持社会组织和个人依法兴办哺乳室、托儿所、幼儿园。

各级人民政府和有关部门应当采取多种形式，培养和训练幼儿园、托儿所的保教人员，提高其职业道德素质和业务能力。

第四十六条　国家依法保护未成年人的智力成果和荣誉权不受侵犯。

第四十七条　未成年人已经完成规定年限的义务教育不再升学的，政府有关部门和社会团体、企业事业组织应当根据实际情况，对他们进行职业教育，为他们创造劳动就业条件。

第四十八条　居民委员会、村民委员会应当协助有关部门教育和挽救违法犯罪的未成年人，预防和制止侵害未成年人合法权益的违法犯罪行为。

第四十九条　未成年人的合法权益受到侵害的，被侵害人及其监护人或者其他组织和个人有权向有关部门投诉，有关部门应当依法及时处理。

第五章　司法保护

第五十条　公安机关、人民检察院、人民法院以及司法行政部门，应当依法履行职责，在司法活动中保护未成年人的合法权益。

第五十一条　未成年人的合法权益受到侵害，依法向人民法院提起诉讼的，人民法院应当依法及时审理，并适应未成年人生理、心理特点和健康成长的需要，保障未成年人的合法权益。

在司法活动中对需要法律援助或者司法救助的未成年人，法律援助机构或者人民法院应当给予帮助，依法为其提供法律援助或者司法救助。

第五十二条　人民法院审理继承案件，应当依法保护未成年人的继承权和受遗赠权。

人民法院审理离婚案件，涉及未成年子女抚养问题的，应当听取有表达意愿能力的未成年子女的意见，根据保障子女权益的原则和双方具体情况依法处理。

第五十三条　父母或者其他监护人不履行监护职责或者侵害被监护的未成年人的合法权益，经教育不改的，人民法院可以根据有关人员或者有关单位的申请，撤销其监护人的资格，依法另行指定监护人。被撤销监护资格的父母应当依法继续负担抚养费用。

第五十四条　对违法犯罪的未成年人，实行教育、感化、挽救的方针，坚持教育为主、惩罚为辅的原则。

对违法犯罪的未成年人，应当依法从轻、减轻或者免除处罚。

第五十五条　公安机关、人民检察院、人民法院办理未成年人犯罪案件和涉及未成年人权益保护案件，应当照顾未成年人身心发展特点，尊重他们的人格尊严，保障他们的合法权益，并根据需要设立专门机构或者指定专人办理。

第五十六条　讯问、审判未成年犯罪嫌疑人、被告人，询问未成年证人、被害人，应当依照刑事诉讼法的规定通知其法定代理人或者其他人员到场。

公安机关、人民检察院、人民法院办理未成年人遭受性侵害的刑事案件，应当保护被害人的名誉。

第五十七条　对羁押、服刑的未成年人，应当与成年人分别关押。

羁押、服刑的未成年人没有完成义务教育的，应当对其进行义务教育。

解除羁押、服刑期满的未成年人的复学、升学、就业不受歧视。

第五十八条　对未成年人犯罪案件，新闻报道、影视节目、公开出版物、网络等不得披露该未成年人的姓名、住所、照片、图像以及可能推断出该未成年人的资料。

第五十九条　对未成年人严重不良行为的矫治与犯罪行为的预防，依照预防未成年人犯罪法的规定执行。

第六章　法律责任

第六十条　违反本法规定，侵害未成年人的合法权益，其他法律、法规已规定行政处罚的，从其规定；造成人身财产损失或者其他损害的，依法承担民事责任；构成犯罪的，依法追究刑事责任。

第六十一条　国家机关及其工作人员不依法履行保护未成年人合法权益的责任，或者侵害未成年人合法权益,或者对提出申诉、控告、检举的人进行打击报复的,由其所在单位或者上级机关责令改正,对直接负责的主管人员和其他直接责任人员依法给予行政处分。

第六十二条　父母或者其他监护人不依法履行监护职责,或者侵害未成年人合法权益的,由其所在单位或者居民委员会、村民委员会予以劝诫、制止;构成违反治安管理行为的,由公安机关依法给予行政处罚。

第六十三条　学校、幼儿园、托儿所侵害未成年人合法权益的,由教育行政部门或者其他有关部门责令改正;情节严重的,对直接负责的主管人员和其他直接责任人员依法给予处分。

学校、幼儿园、托儿所教职员工对未成年人实施体罚、变相体罚或者其他侮辱人格行为的,由其所在单位或者上级机关责令改正;情节严重的,依法给予处分。

第六十四条　制作或者向未成年人出售、出租或者以其他方式传播淫秽、暴力、凶杀、恐怖、赌博等图书、报刊、音像制品、电子出版物以及网络信息等的,由主管部门责令改正,依法给予行政处罚。

第六十五条　生产、销售用于未成年人的食品、药品、玩具、用具和游乐设施不符合国家标准或者行业标准,或者没有在显著位置标明注意事项的,由主管部门责令改正,依法给予行政处罚。

第六十六条　在中小学校园周边设置营业性歌舞娱乐场所、互联网上网服务营业场所等不适宜未成年人活动的场所的,由主管部门予以关闭,依法给予行政处罚。

营业性歌舞娱乐场所、互联网上网服务营业场所等不适宜未成年人活动的场所允许未成年人进入,或者没有在显著位置设置未成年人禁入标志的,由主管部门责令改正,依法给予行政处罚。

第六十七条　向未成年人出售烟酒,或者没有在显著位置设置不向未成年人出售烟酒标志的,由主管部门责令改正,依法给予行政处罚。

第六十八条　非法招用未满十六周岁的未成年人,或者招用已满十六周岁的未成年人从事过重、有毒、有害等危害未成年人身心健康的劳动或者危险作业的,由劳动保障部门责令改正,处以罚款;情节严重的,由工商行政管理部门吊销营业执照。

第六十九条　侵犯未成年人隐私,构成违反治安管理行为的,由公安机关依法给予行政处罚。

第七十条　未成年人救助机构、儿童福利机构及其工作人员不依法履行对未成年人的救助保护职责,或者虐待、歧视未成年人,或者在办理收留抚养工作中牟取利益的,由主管部门责令改正,依法给予行政处分。

第七十一条　胁迫、诱骗、利用未成年人乞讨或者组织未成年人进行有害其身心健康的表演等活动的,由公安机关依法给予行政处罚。

第七章　附　则

第七十二条　本法自2007年6月1日起施行。

国家主席胡锦涛签署第66号令公布《全国人民代表大会常务委员会关于修改〈中华人民共和国预防未成年人犯罪法〉的决定》

《全国人民代表大会常务委员会关于修改〈中华人民共和国预防未成年人犯罪法〉的决定》已由中华人民共和国第十一届全国人民代表大会常务委员会第二十九次会议于2012年10月26日通过,现予公布,自2013年1月1日起施行。

中华人民共和国主席　胡锦涛

2012年10月26日

全国人民代表大会常务委员会关于修改《中华人民共和国预防未成年人犯罪法》的决定

(2012年10月26日第十一届全国人民代表大会常务委员会第二十九次会议通过)

第十一届全国人民代表大会常务委员会第二十九次会议决定对《中华人民共和国预防未成年人犯罪法》做如下修改:

将第四十五条第二款修改为:"对于审判的时候被告人不满十八周岁的刑事案件,不公开审理。"

本决定自2013年1月1日起施行。

《中华人民共和国预防未成年人犯罪法》根据本决定做相应修改,重新公布。

中华人民共和国预防未成年人犯罪法

第一章　总　则

第一条　为了保障未成年人身心健康,培养未成年人良好品行,有效地预防未成年人犯罪,制定本法。

第二条　预防未成年人犯罪,立足于教育和保护,从小抓起,对未成年人的不良行为及时进行预防和矫治。

第三条　预防未成年人犯罪,在各级人民政府组织领导下,实行综合治理。

政府有关部门、司法机关、人民团体、有关社会团体、学校、家庭、城市居民委员会、农村村民委员会等各方面共同参与,各负其责,做好预防未成年人犯罪工作,为未成年人身心健康发展创造良好的社会环境。

第四条　各级人民政府在预防未成年人犯罪方面的职责是:

(一)制定预防未成年人犯罪工作的规划;

(二)组织、协调公安、教育、文化、新闻出版、广播电影电视、工商、民政、司法行政等政府有关部门和其他社会组织进行预防未成年人犯罪工作;

(三)对本法实施的情况和工作规划的执行情况进

行检查；

（四）总结、推广预防未成年人犯罪工作的经验，树立、表彰先进典型。

第五条　预防未成年人犯罪，应当结合未成年人不同年龄的生理、心理特点，加强青春期教育、心理矫治和预防犯罪对策的研究。

第二章　预防未成年人犯罪的教育

第六条　对未成年人应当加强思想、道德、法制和爱国主义、集体主义、社会主义教育。对于达到义务教育年龄的未成年人，在进行上述教育的同时，应当进行预防犯罪的教育。

预防未成年人犯罪的教育的目的，是增强未成年人的法制观念，使未成年人懂得违法和犯罪行为对个人、家庭、社会造成的危害，违法和犯罪行为应当承担的法律责任，树立遵纪守法和防范违法犯罪的意识。

第七条　教育行政部门、学校应当将预防犯罪的教育作为法制教育的内容纳入学校教育教学计划，结合常见多发的未成年人犯罪，对不同年龄的未成年人进行有针对性的预防犯罪教育。

第八条　司法行政部门、教育行政部门、共产主义青年团、少年先锋队应当结合实际，组织、举办展览会、报告会、演讲会等多种形式的预防未成年人犯罪的法制宣传活动。

学校应当结合实际举办以预防未成年人犯罪的教育为主要内容的活动。教育行政部门应当将预防未成年人犯罪教育的工作效果作为考核学校工作的一项重要内容。

第九条　学校应当聘任从事法制教育的专职或者兼职教师。学校根据条件可以聘请校外法律辅导员。

第十条　未成年人的父母或者其他监护人对未成年人的法制教育负有直接责任。学校在对学生进行预防犯罪教育时，应当将教育计划告知未成年人的父母或者其他监护人，未成年人的父母或者其他监护人应当结合学校的计划，针对具体情况进行教育。

第十一条　少年宫、青少年活动中心等校外活动场所应当把预防未成年人犯罪的教育作为一项重要的工作内容，开展多种形式的宣传教育活动。

第十二条　对于已满十六周岁不满十八周岁准备就业的未成年人，职业教育培训机构、用人单位应当将法律知识和预防犯罪教育纳入职业培训的内容。

第十三条　城市居民委员会、农村村民委员会应当积极开展有针对性的预防未成年人犯罪的法制宣传活动。

第三章　对未成年人不良行为的预防

第十四条　未成年人的父母或者其他监护人和学校应当教育未成年人不得有下列不良行为：

（一）旷课、夜不归宿；

（二）携带管制刀具；

（三）打架斗殴、辱骂他人；

（四）强行向他人索要财物；

（五）偷窃、故意毁坏财物；

（六）参与赌博或者变相赌博；

（七）观看、收听色情、淫秽的音像制品、读物等；

（八）进入法律、法规规定未成年人不适宜进入的营业性歌舞厅等场所；

（九）其他严重违背社会公德的不良行为。

第十五条　未成年人的父母或者其他监护人和学校应当教育未成年人不得吸烟、酗酒。任何经营场所不得向未成年人出售烟酒。

第十六条　中小学生旷课的，学校应当及时与其父母或者其他监护人取得联系。

未成年人擅自外出夜不归宿的，其父母或者其他监护人、其所在的寄宿制学校应当及时查找，或者向公安机关请求帮助。收留夜不归宿的未成年人的，应当征得其父母或者其他监护人的同意，或者在二十四小时内及时通知其父母或者其他监护人、所在学校或者及时向公安机关报告。

第十七条　未成年人的父母或者其他监护人和学校发现未成年人组织或者参加实施不良行为的团伙的，应当及时予以制止。发现该团伙有违法犯罪行为的，应当向公安机关报告。

第十八条　未成年人的父母或者其他监护人和学校发现有人教唆、胁迫、引诱未成年人违法犯罪的，应当向公安机关报告。公安机关接到报告后，应当及时依法查处，对未成年人人身安全受到威胁的，应当及时采取有效措施，保护其人身安全。

第十九条　未成年人的父母或者其他监护人，不得让不满十六周岁的未成年人脱离监护单独居住。

第二十条　未成年人的父母或者其他监护人对未成年人不得放任不管，不得迫使其离家出走，放弃监护职责。

未成年人离家出走的，其父母或者其他监护人应当及时查找，或者向公安机关请求帮助。

第二十一条　未成年人的父母离异的，离异双方对子女都有教育的义务，任何一方都不得因离异而不履行教育子女的义务。

第二十二条　继父母、养父母对受其抚养教育的未成年继子女、养子女、应当履行本法规定的父母对未成年子女在预防犯罪方面的职责。

第二十三条　学校对有不良行为的未成年人应当加强教育、管理，不得歧视。

第二十四条　教育行政部门、学校应当举办各种形式的讲座、座谈、培训等活动，针对未成年人不同时期的生理、心理特点，介绍良好有效的教育方法，指导教师、未成年人的父母和其他监护人有效地防止、矫治未成年人的不良行为。

第二十五条　对于教唆、胁迫、引诱未成年人实施不良行为或者品行不良，影响恶劣，不适宜在学校工作的教职员工，教育行政部门、学校应当予以解聘或者辞退；构成犯罪的，依法追究刑事责任。

第二十六条　禁止在中小学校附近开办营业性歌舞厅、营业性电子游戏场所以及其他未成年人不适宜进入的场所。禁止开办上述场所的具体范围由省、自治区、直辖市人民政府规定。

对本法施行前已在中小学校附近开办上述场所的，应当限期迁移或者停业。

第二十七条　公安机关应当加强中小学校周围环境的治安管理，及时制止、处理中小学校周围发生的违法犯罪行为。城市居民委员会、农村村民委员会应当协助公安机关做好维护中小学校周围治安的工作。

第二十八条　公安派出所、城市居民委员会、农村村民委员会应当掌握本辖区内暂住人口中未成年人的就学、就业情况。对于暂住人口中未成年人实施不良行为的，应当督促其父母或者其他监护人进行有效的教育、制止。

第二十九条　任何人不得教唆、胁迫、引诱未成年人实施本法规定的不良行为，或者为未成年人实施不良行为提供条件。

第三十条　以未成年人为对象的出版物，不得含有诱发未成年人违法犯罪的内容，不得含有渲染暴力、色情、赌博、恐怖活动等危害未成年人身心健康的内容。

第三十一条　任何单位和个人不得向未成年人出售、出租含有诱发未成年人违法犯罪以及渲染暴力、色情、赌博、恐怖活动等危害未成年人身心健康内容的读物、音像制品或者电子出版物。

任何单位和个人不得利用通讯、计算机网络等方式提供前款规定的危害未成年人身心健康的内容及其信息。

第三十二条　广播、电影、电视、戏剧节目，不得有渲染暴力、色情、赌博、恐怖活动等危害未成年人身心健康的内容。

广播电影电视行政部门、文化行政部门必须加强对广播、电影、电视、戏剧节目以及各类演播场所的管理。

第三十三条　营业性歌舞厅以及其他未成年人不适宜进入的场所，应当设置明显的未成年人禁止进入标志，不得允许未成年人进入。

营业性电子游戏场所在国家法定节假日外，不得允许未成年人进入，并应当设置明显的未成年人禁止进入标志。

对于难以判明是否已成年的，上述场所的工作人员可以要求其出示身份证件。

第四章　对未成年人严重不良行为的矫治

第三十四条　本法所称“严重不良行为”，是指下列严重危害社会，尚不够刑事处罚的违法行为：

(一)纠集他人结伙滋事，扰乱治安；

(二)携带管制刀具，屡教不改；

(三)多次拦截殴打他人或者强行索要他人财物；

(四)传播淫秽的读物或者音像制品等；

(五)进行淫乱或者色情、卖淫活动；

(六)多次偷窃；

(七)参与赌博，屡教不改；

(八)吸食、注射毒品；

(九)其他严重危害社会的行为。

第三十五条　对未成年人实施本法规定的严重不良行为的，应当及时予以制止。

对有本法规定严重不良行为的未成年人，其父母或者其他监护人和学校应当相互配合，采取措施严加管教，也可以送工读学校进行矫治和接受教育。

对未成年人送工读学校进行矫治和接受教育，应当由其父母或者其他监护人，或者原所在学校提出申请，经教育行政部门批准。

第三十六条　工读学校对就读的未成年人应当严格管理和教育。工读学校除按照义务教育法的要求，在课程设置上与普通学校相同外，应当加强法制教育的内容，针对未成年人严重不良行为产生的原因以及有严重不良行为的未成年人的心理特点，开展矫治工作。

家庭、学校应当关心、爱护在工读学校就读的未成年人，尊重他们的人格尊严，不得体罚、虐待和歧视。工读学校毕业的未成年人在升学、就业等方面，同普通学校毕业的学生享有同等的权利，任何单位和个人不得歧视。

第三十七条　未成年人有本法规定严重不良行为，构成违反治安管理行为的，由公安机关依法予以治安处罚。因不满十四周岁或者情节特别轻微免予处罚的，可以予以训诫。

第三十八条　未成年人因不满十六周岁不予刑事处罚的，责令他的父母或者其他监护人严加管教；在必要的时候，也可以由政府依法收容教养。

第三十九条　未成年人在被收容教养期间，执行机关应当保证其继续接受文化知识、法律知识或者职业技术教育；对没有完成义务教育的未成年人，执行机关应当保证其继续接受义务教育。

解除收容教养、劳动教养的未成年人，在复学、升学、就业等方面与其他未成年人享有同等权利，任何单位和个人不得歧视。

第五章　未成年人对犯罪的自我防范

第四十条　未成年人应当遵守法律、法规及社会公共道德规范，树立自尊、自律、自强意识，增强辨别是非和自我保护的能力，自觉抵制各种不良行为及违法犯罪行为的引诱和侵害。

第四十一条　被父母或者其他监护人遗弃、虐待的未成年人，有权向公安机关、民政部门、共产主义青年团、妇女联合会、未成年人保护组织或者学校、城市居民委员会、农村村民委员会请求保护。被请求的上述部门和组织都应当接受，根据情况需要采取救助措施的，应当先采取救助措施。

第四十二条　未成年人发现任何人对自己或者对其他未成年人实施本法第三章规定不得实施的行为或者犯罪行为，可以通过所在学校、其父母或者其他监护人向公安机关或者政府有关主管部门报告，也可以自己向上述机关报告。受理报告的机关应当及时依法查处。

第四十三条　对同犯罪行为作斗争以及举报犯罪行为的未成年人，司法机关、学校、社会应当加强保护，保障其不受打击报复。

第六章　对未成年人重新犯罪的预防

第四十四条　对犯罪的未成年人追究刑事责任，实行教育、感化、挽救方针，坚持教育为主、惩罚为辅的原则。

司法机关办理未成年人犯罪案件，应当保障未成年人行使其诉讼权利，保障未成年人得到法律帮助，并根据未成年人的生理、心理特点和犯罪的情况，有针对性地进行法制教育。

对于被采取刑事强制措施的未成年学生，在人民法院的判决生效以前，不得取消其学籍。

第四十五条　人民法院审判未成年人犯罪的刑事案件，应当由熟悉未成年人身心特点的审判员或者审判员和人民陪审员依法组成少年法庭进行。

对于审判的时候被告人不满十八周岁的刑事案件，不公开审理。

对未成年人犯罪案件，新闻报道、影视节目、公开出版物不得披露该未成年人的姓名、住所、照片及可能推断出该未成年人的资料。

第四十六条　对被拘留、逮捕和执行刑罚的未成年人与成年人应当分别关押、分别管理、分别教育。未成年犯在被执行刑罚期间，执行机关应当加强对未成年犯的法制教育，对未成年犯进行职业技术教育。对没有完成义务教育的未成年犯，执行机关应当保证其继续接受义务教育。

第四十七条　未成年人的父母或者其他监护人和学校、城市居民委员会、农村村民委员会，对因不满十六周岁而不予刑事处罚、免予刑事处罚的未成年人，或者被判处非监禁刑罚、被判处刑罚宣告缓刑、被假释的未成年人，应当采取有效的帮教措施，协助司法机关做好对未成年人的教育、挽救工作。

城市居民委员会、农村村民委员会可以聘请思想品德优秀，作风正派，热心未成年人教育工作的离退休人员或其他人员协助做好对前款规定的未成年人的教育、挽救工作。

第四十八条　依法免予刑事处罚、判处非监禁刑罚、判处刑罚宣告缓刑、假释或者刑罚执行完毕的未成年人，在复学、升学、就业等方面与其他未成年人享有同等权利，任何单位和个人不得歧视。

第七章　法律责任

第四十九条　未成年人的父母或者其他监护人不履行监护职责，放任未成年人有本法规定的不良行为或者严重不良行为的，由公安机关对未成年人的父母或者其他监护人予以训诫，责令其严加管教。

第五十条　未成年人的父母或者其他监护人违反本法第十九条的规定，让不满十六周岁的未成年人脱离监护单独居住的，由公安机关对未成年人的父母或者其他监护人予以训诫，责令其立即改正。

第五十一条　公安机关的工作人员违反本法第十八条的规定，接到报告后，不及时查处或者采取有效措施，严重不负责任的，予以行政处分；造成严重后果，构成犯罪的，依法追究刑事责任。

第五十二条　违反本法第三十条的规定，出版含有诱发未成年人违法犯罪以及渲染暴力、色情、赌博、恐怖活动等危害未成年人身心健康内容的出版物的，由出版行政部门没收出版物和违法所得，并处违法所得三倍以上十倍以下罚款；情节严重的，没收出版物和违法所得，并责令停业整顿或者吊销许可证。对直接负责的主管人员和其他直接责任人员处以罚款。

制作、复制宣扬淫秽内容的未成年人出版物，或者向未成年人出售、出租、传播宣扬淫秽内容的出版物的，依法予以治安处罚；构成犯罪的，依法追究刑事责任。

第五十三条　违反本法第三十一条的规定，向未成年人出售、出租含有诱发未成年人违法犯罪以及渲染暴力、色情、赌博、恐怖活动等危害未成年人身心健康内容的读物、音像制品、电子出版物的，或者利用通讯、计算机网络等方式提供上述危害未成年人身心健康内容及其信息的，没收读物、音像制品、电子出版物和违法所得，由政府有关主管部门处以罚款。

单位有前款行为的，没收读物、音像制品、电子出版物和违法所得，处以罚款，并对直接负责的主管人员和其他直接责任人员处以罚款。

第五十四条　影剧院、录像厅等各类演播场所，放映或者演出渲染暴力、色情、赌博。恐怖活动等危害未成年人身心健康的节目的，由政府有关主管部门没收违法播放的音像制品和违法所得，处以罚款，并对直接负责的主管人员和其他直接责任人员处以罚款；情节严重的，责令停业整顿或者由工商行政部门吊销营业执照。

第五十五条　营业性歌舞厅以及其他未成年人不适宜进入的场所、营业性电子游戏场所，违反本法第三十三条的规定，不设置明显的未成年人禁止进入标志，或者允许未成年人进入的，由文化行政部门责令改正、给予警告、责令停业整顿、没收违法所得，处以罚款，并对直接负责的主管人员和其他直接责任人员处以罚款；情节严重的，由工商行政部门吊销营业执照。

第五十六条　教唆、胁迫、引诱未成年人实施本法规定的不良行为、严重不良行为，或者为未成年人实施不良行为、严重不良行为提供条件，构成违反治安管理行为的，由公安机关依法予以治安处罚；构成犯罪的，依法追究刑事责任。

第八章　附　则

第五十七条　本法自1999年11月1日起施行。

国家主席胡锦涛签署第67号令公布《全国人民代表大会常务委员会关于修改〈中华人民共和国治安管理处罚法〉的决定》

《全国人民代表大会常务委员会关于修改〈中华人民共和国治安管理处罚法〉的决定》已由中华人民共和国第十一届全国人民代表大会常务委员会第二十九次会议于2012年10月26日通过，现予公布，自2013年1月1日起施行。

中华人民共和国主席　胡锦涛

2012年10月26日

全国人民代表大会常务委员会关于修改《中华人民共和国治安管理处罚法》的决定

（2012年10月26日第十一届全国人民代表大会常务委员会第二十九次会议通过）

第十一届全国人民代表大会常务委员会第二十九次会议决定对《中华人民共和国治安管理处罚法》做如下修改：

将第六十条第四项修改为：“被依法执行管制、剥夺政治权利或者在缓刑、暂予监外执行中的罪犯或者被依法采取刑事强制措施的人，有违反法律、行政法规或者国务院有关部门的监督管理规定的行为”。

本决定自2013年1月1日起施行。

《中华人民共和国治安管理处罚法》根据本决定做相应修改，重新公布。

中华人民共和国治安管理处罚法

第一章　总　则

第一条　为维护社会治安秩序，保障公共安全，保护公民、法人和其他组织的合法权益，规范和保障公安机关及其人民警察依法履行治安管理职责，制定本法。

第二条　扰乱公共秩序，妨害公共安全，侵犯人身权利、财产权利，妨害社会管理，具有社会危害性，依照《中华人民共和国刑法》的规定构成犯罪的，依法追究刑事责任；尚不够刑事处罚的，由公安机关依照本法给予治安管理处罚。

第三条　治安管理处罚的程序，适用本法的规定；本法没有规定的，适用《中华人民共和国行政处罚法》的有关规定。

第四条　在中华人民共和国领域内发生的违反治安管理行为，除法律有特别规定的外，适用本法。

在中华人民共和国船舶和航空器内发生的违反治安管理行为，除法律有特别规定的外，适用本法。

第五条　治安管理处罚必须以事实为依据，与违反治安管理行为的性质、情节以及社会危害程度相当。

实施治安管理处罚，应当公开、公正，尊重和保障人权，保护公民的人格尊严。

办理治安案件应当坚持教育与处罚相结合的原则。

第六条　各级人民政府应当加强社会治安综合治理，采取有效措施，化解社会矛盾，增进社会和谐，维护社会稳定。

第七条　国务院公安部门负责全国的治安管理工作。县级以上地方各级人民政府公安机关负责本行政区域内的治安管理工作。

治安案件的管辖由国务院公安部门规定。

第八条　违反治安管理的行为对他人造成损害的，行为人或者其监护人应当依法承担民事责任。

第九条　对于因民间纠纷引起的打架斗殴或者损毁他人财物等违反治安管理行为，情节较轻的，公安机关可以调解处理。经公安机关调解，当事人达成协议的，不予处罚。经调解未达成协议或者达成协议后不履行的，公安机关应当依照本法的规定对违反治安管理行为人给予处罚，并告知当事人可以就民事争议依法向人民法院提起民事诉讼。

第二章　处罚的种类和适用

第十条　治安管理处罚的种类分为：

（一）警告；

（二）罚款；

（三）行政拘留；

（四）吊销公安机关发放的许可证。

对违反治安管理的外国人，可以附加适用限期出境或者驱逐出境。

第十一条　办理治安案件所查获的毒品、淫秽物品等违禁品，赌具、赌资，吸食、注射毒品的用具以及直接用于实施违反治安管理行为的本人所有的工具，应当收缴，按照规定处理。

违反治安管理所得的财物，追缴退还被侵害人；没有被侵害人的，登记造册，公开拍卖或者按照国家有关规定处理，所得款项上缴国库。

第十二条　已满十四周岁不满十八周岁的人违反治安管理的，从轻或者减轻处罚；不满十四周岁的人违反治安管理的，不予处罚，但是应当责令其监护人严加管教。

第十三条　精神病人在不能辨认或者不能控制自己行为的时候违反治安管理的，不予处罚，但是应当责令其监护人严加看管和治疗。间歇性的精神病人在精神正常的时候违反治安管理的，应当给予处罚。

第十四条　盲人或者又聋又哑的人违反治安管理的，可以从轻、减轻或者不予处罚。

第十五条　醉酒的人违反治安管理的，应当给予处罚。

醉酒的人在醉酒状态中，对本人有危险或者对他人的人身、财产或者公共安全有威胁的，应当对其采取保护性措施约束至酒醒。

第十六条　有两种以上违反治安管理行为的，分别决定，合并执行。行政拘留处罚合并执行的，最长不超过二十日。

第十七条　共同违反治安管理的，根据违反治安管理行为人在违反治安管理行为中所起的作用，分别处罚。

教唆、胁迫、诱骗他人违反治安管理的，按照其教唆、胁迫、诱骗的行为处罚。

第十八条　单位违反治安管理的，对其直接负责的主管人员和其他直接责任人员依照本法的规定处罚。其他法律、行政法规对同一行为规定给予单位处罚的，依照其规定处罚。

第十九条　违反治安管理有下列情形之一的，减轻处罚或者不予处罚：

(一)情节特别轻微的；

(二)主动消除或者减轻违法后果，并取得被侵害人谅解的；

(三)出于他人胁迫或者诱骗的；

(四)主动投案，向公安机关如实陈述自己的违法行为的；

(五)有立功表现的。

第二十条　违反治安管理有下列情形之一的，从重处罚：

(一)有较严重后果的；

(二)教唆、胁迫、诱骗他人违反治安管理的；

(三)对报案人、控告人、举报人、证人打击报复的；

(四)六个月内曾受过治安管理处罚的。

第二十一条　违反治安管理行为人有下列情形之一，依照本法应当给予行政拘留处罚的，不执行行政拘留处罚：

(一)已满十四周岁不满十六周岁的；

(二)已满十六周岁不满十八周岁，初次违反治安管理的；

(三)七十周岁以上的；

(四)怀孕或者哺乳自己不满一周岁婴儿的。

第二十二条　违反治安管理行为在六个月内没有被公安机关发现的，不再处罚。

前款规定的期限，从违反治安管理行为发生之日起计算；违反治安管理行为有连续或者继续状态的，从行为终了之日起计算。

第三章　违反治安管理的行为和处罚

第一节　扰乱公共秩序的行为和处罚

第二十三条　有下列行为之一的，处警告或者二百元以下罚款；情节较重的，处五日以上十日以下拘留，可以并处五百元以下罚款：

(一)扰乱机关、团体、企业、事业单位秩序，致使工作、生产、营业、医疗、教学、科研不能正常进行，尚未造成严重损失的；

(二)扰乱车站、港口、码头、机场、商场、公园、展览馆或者其他公共场所秩序的；

(三)扰乱公共汽车、电车、火车、船舶、航空器或者其他公共交通工具上的秩序的；

(四)非法拦截或者强登、扒乘机动车、船舶、航空器以及其他交通工具，影响交通工具正常行驶的；

(五)破坏依法进行的选举秩序的。

聚众实施前款行为的，对首要分子处十日以上十五日以下拘留，可以并处一千元以下罚款。

第二十四条　有下列行为之一，扰乱文化、体育等大型群众性活动秩序的，处警告或者二百元以下罚款；情节严重的，处五日以上十日以下拘留，可以并处五百元以下罚款：

(一)强行进入场内的；

(二)违反规定，在场内燃放烟花爆竹或者其他物品的；

(三)展示侮辱性标语、条幅等物品的；

(四)围攻裁判员、运动员或者其他工作人员的；

(五)向场内投掷杂物，不听制止的；

(六)扰乱大型群众性活动秩序的其他行为。

因扰乱体育比赛秩序被处以拘留处罚的，可以同时责令其十二个月内不得进入体育场馆观看同类比赛；违反规定进入体育场馆的，强行带离现场。

第二十五条　有下列行为之一的，处五日以上十日以下拘留，可以并处五百元以下罚款；情节较轻的，处五日以下拘留或者五百元以下罚款：

(一)散布谣言，谎报险情、疫情、警情或者以其他方法故意扰乱公共秩序的；

(二)投放虚假的爆炸性、毒害性、放射性、腐蚀性物质或者传染病病原体等危险物质扰乱公共秩序的；

(三)扬言实施放火、爆炸、投放危险物质扰乱公共秩序的。

第二十六条　有下列行为之一的，处五日以上十日以下拘留，可以并处五百元以下罚款；情节较重的，处十日以上十五日以下拘留，可以并处一千元以下罚款：

(一)结伙斗殴的；

(二)追逐、拦截他人的；

(三)强拿硬要或者任意损毁、占用公私财物的；

(四)其他寻衅滋事行为。

第二十七条　有下列行为之一的，处十日以上十五日以下拘留，可以并处一千元以下罚款；情节较轻的，处五日以上十日以下拘留，可以并处五百元以下罚款：

(一)组织、教唆、胁迫、诱骗、煽动他人从事邪教、会道门活动或者利用邪教、会道门、迷信活动，扰乱社会秩序、损害他人身体健康的；

(二)冒用宗教、气功名义进行扰乱社会秩序、损害他人身体健康活动的。

第二十八条　违反国家规定，故意干扰无线电业务正常进行的，或者对正常运行的无线电台(站)产生有害干扰，经有关主管部门指出后，拒不采取有效措施消除的，处五日以上十日以下拘留；情节严重的，处十日以上十五日以下拘留。

第二十九条　有下列行为之一的，处五日以下拘留；情节较重的，处五日以上十日以下拘留：

(一)违反国家规定，侵入计算机信息系统，造成危害的；

(二)违反国家规定，对计算机信息系统功能进行删除、修改、增加、干扰，造成计算机信息系统不能正常运行的；

(三)违反国家规定，对计算机信息系统中存储、处理、传输的数据和应用程序进行删除、修改、增加的；

(四)故意制作、传播计算机病毒等破坏性程序，影响计算机信息系统正常运行的。

第二节　妨害公共安全的行为和处罚

第三十条　违反国家规定，制造、买卖、储存、运输、邮寄、携带、使用、提供、处置爆炸性、毒害性、放射性、腐蚀性物质或者传染病病原体等危险物质的，处十日以上十五日以下拘留；情节较轻的，处五日以上十日以下拘留。

第三十一条　爆炸性、毒害性、放射性、腐蚀性物质或者传染病病原体等危险物质被盗、被抢或者丢失，未按规定报告的，处五日以下拘留；故意隐瞒不报的，处五日以上十日以下拘留。

第三十二条　非法携带枪支、弹药或者弩、匕首等国家规定的管制器具的，处五日以下拘留，可以并处五百元以下罚款；情节较轻的，处警告或者二百元以下罚款。

非法携带枪支、弹药或者弩、匕首等国家规定的管制器具进入公共场所或者公共交通工具的，处五日以上十日以下拘留，可以并处五百元以下罚款。

第三十三条　有下列行为之一的，处十日以上十五日以下拘留：

(一)盗窃、损毁油气管道设施、电力电信设施、广播电视设施、水利防汛工程设施或者水文监测、测量、气象测报、环境监测、地质监测、地震监测等公共设施的；

(二)移动、损毁国家边境的界碑、界桩以及其他边境标志、边境设施或者领土、领海标志设施的；

(三)非法进行影响国(边)界线走向的活动或者修建有碍国(边)境管理的设施的。

第三十四条　盗窃、损坏、擅自移动使用中的航空设施，或者强行进入航空器驾驶舱的，处十日以上十五日以下拘留。

在使用中的航空器上使用可能影响导航系统正常功能的器具、工具，不听劝阻的，处五日以下拘留或者五百元以下罚款。

第三十五条　有下列行为之一的，处五日以上十日以下拘留，可以并处五百元以下罚款；情节较轻的，处五日以下拘留或者五百元以下罚款：

(一)盗窃、损毁或者擅自移动铁路设施、设备、机车车辆配件或者安全标志的；

(二)在铁路线路上放置障碍物，或者故意向列车投掷物品的；

(三)在铁路线路、桥梁、涵洞处挖掘坑穴、采石取沙的；

(四)在铁路线路上私设道口或者平交过道的。

第三十六条　擅自进入铁路防护网或者火车来临时在铁路线路上行走坐卧、抢越铁路，影响行车安全的，处警告或者二百元以下罚款。

第三十七条　有下列行为之一的，处五日以下拘留或者五百元以下罚款；情节严重的，处五日以上十日以下拘留，可以并处五百元以下罚款：

(一)未经批准，安装、使用电网的，或者安装、使用电网不符合安全规定的；

（二）在车辆、行人通行的地方施工，对沟井坎穴不设覆盖物、防围和警示标志的，或者故意损毁、移动覆盖物、防围和警示标志的；

（三）盗窃、损毁路面井盖、照明等公共设施的。

第三十八条 举办文化、体育等大型群众性活动，违反有关规定，有发生安全事故危险的，责令停止活动，立即疏散；对组织者处五日以上十日以下拘留，并处二百元以上五百元以下罚款；情节较轻的，处五日以下拘留或者五百元以下罚款。

第三十九条 旅馆、饭店、影剧院、娱乐场、运动场、展览馆或者其他供社会公众活动的场所的经营管理人员，违反安全规定，致使该场所有发生安全事故危险，经公安机关责令改正，拒不改正的，处五日以下拘留。

第三节 侵犯人身权利、财产权利的行为和处罚

第四十条 有下列行为之一的，处十日以上十五日以下拘留，并处五百元以上一千元以下罚款；情节较轻的，处五日以上十日以下拘留，并处二百元以上五百元以下罚款：

（一）组织、胁迫、诱骗不满十六周岁的人或者残疾人进行恐怖、残忍表演的；

（二）以暴力、威胁或者其他手段强迫他人劳动的；

（三）非法限制他人人身自由、非法侵入他人住宅或者非法搜查他人身体的。

第四十一条 胁迫、诱骗或者利用他人乞讨的，处十日以上十五日以下拘留，可以并处一千元以下罚款。

反复纠缠、强行讨要或者以其他滋扰他人的方式乞讨的，处五日以下拘留或者警告。

第四十二条 有下列行为之一的，处五日以下拘留或者五百元以下罚款；情节较重的，处五日以上十日以下拘留，可以并处五百元以下罚款：

（一）写恐吓信或者以其他方法威胁他人人身安全的；

（二）公然侮辱他人或者捏造事实诽谤他人的；

（三）捏造事实诬告陷害他人，企图使他人受到刑事追究或者受到治安管理处罚的；

（四）对证人及其近亲属进行威胁、侮辱、殴打或者打击报复的；

（五）多次发送淫秽、侮辱、恐吓或者其他信息，干扰他人正常生活的；

（六）偷窥、偷拍、窃听、散布他人隐私的。

第四十三条 殴打他人的，或者故意伤害他人身体的，处五日以上十日以下拘留，并处二百元以上五百元以下罚款；情节较轻的，处五日以下拘留或者五百元以下罚款。

有下列情形之一的，处十日以上十五日以下拘留，并处五百元以上一千元以下罚款：

（一）结伙殴打、伤害他人的；

（二）殴打、伤害残疾人、孕妇、不满十四周岁的人或者六十周岁以上的人的；

（三）多次殴打、伤害他人或者一次殴打、伤害多人的。

第四十四条 猥亵他人的，或者在公共场所故意裸露身体，情节恶劣的，处五日以上十日以下拘留；猥亵智力残疾人、精神病人、不满十四周岁的人或者有其他严重情节的，处十日以上十五日以下拘留。

第四十五条 有下列行为之一的，处五日以下拘留或者警告：

（一）虐待家庭成员，被虐待人要求处理的；

（二）遗弃没有独立生活能力的被扶养人的。

第四十六条 强买强卖商品，强迫他人提供服务或者强迫他人接受服务的，处五日以上十日以下拘留，并处二百元以上五百元以下罚款；情节较轻的，处五日以下拘留或者五百元以下罚款。

第四十七条 煽动民族仇恨、民族歧视，或者在出版物、计算机信息网络中刊载民族歧视、侮辱内容的，处十日以上十五日以下拘留，可以并处一千元以下罚款。

第四十八条 冒领、隐匿、毁弃、私自开拆或者非法检查他人邮件的，处五日以下拘留或者五百元以下罚款。

第四十九条 盗窃、诈骗、哄抢、抢夺、敲诈勒索或者故意损毁公私财物的，处五日以上十日以下拘留，可以并处五百元以下罚款；情节较重的，处十日以上十五日以下拘留，可以并处一千元以下罚款。

第四节 妨害社会管理的行为和处罚

第五十条 有下列行为之一的，处警告或者二百元以下罚款；情节严重的，处五日以上十日以下拘留，可以并处五百元以下罚款：

（一）拒不执行人民政府在紧急状态情况下依法发布的决定、命令的；

（二）阻碍国家机关工作人员依法执行职务的；

（三）阻碍执行紧急任务的消防车、救护车、工程抢险车、警车等车辆通行的；

（四）强行冲闯公安机关设置的警戒带、警戒区的。

阻碍人民警察依法执行职务的，从重处罚。

第五十一条 冒充国家机关工作人员或者以其他虚假身份招摇撞骗的，处五日以上十日以下拘留，可以并处五百元以下罚款；情节较轻的，处五日以下拘留或者五百元以下罚款。

冒充军警人员招摇撞骗的，从重处罚。

第五十二条 有下列行为之一的，处十日以上十五日以下拘留，可以并处一千元以下罚款；情节较轻的，处五日以上十日以下拘留，可以并处五百元以下罚款：

（一）伪造、变造或者买卖国家机关、人民团体、企业、事业单位或者其他组织的公文、证件、证明文件、印

章的;

(二)买卖或者使用伪造、变造的国家机关、人民团体、企业、事业单位或者其他组织的公文、证件、证明文件的;

(三)伪造、变造、倒卖车票、船票、航空客票、文艺演出票、体育比赛入场券或者其他有价票证、凭证的;

(四)伪造、变造船舶户牌,买卖或者使用伪造、变造的船舶户牌,或者涂改船舶发动机号码的。

第五十三条 船舶擅自进入、停靠国家禁止、限制进入的水域或者岛屿的,对船舶负责人及有关责任人员处五百元以上一千元以下罚款;情节严重的,处五日以下拘留,并处五百元以上一千元以下罚款。

第五十四条 有下列行为之一的,处十日以上十五日以下拘留,并处五百元以上一千元以下罚款;情节较轻的,处五日以下拘留或者五百元以下罚款:

(一)违反国家规定,未经注册登记,以社会团体名义进行活动,被取缔后,仍进行活动的;

(二)被依法撤销登记的社会团体,仍以社会团体名义进行活动的;

(三)未经许可,擅自经营按照国家规定需要由公安机关许可的行业的。

有前款第三项行为的,予以取缔。

取得公安机关许可的经营者,违反国家有关管理规定,情节严重的,公安机关可以吊销许可证。

第五十五条 煽动、策划非法集会、游行、示威,不听劝阻的,处十日以上十五日以下拘留。

第五十六条 旅馆业的工作人员对住宿的旅客不按规定登记姓名、身份证件种类和号码的,或者明知住宿的旅客将危险物质带入旅馆,不予制止的,处二百元以上五百元以下罚款。

旅馆业的工作人员明知住宿的旅客是犯罪嫌疑人员或者被公安机关通缉的人员,不向公安机关报告的,处二百元以上五百元以下罚款;情节严重的,处五日以下拘留,可以并处五百元以下罚款。

第五十七条 房屋出租人将房屋出租给无身份证件的人居住的,或者不按规定登记承租人姓名、身份证件种类和号码的,处二百元以上五百元以下罚款。

房屋出租人明知承租人利用出租房屋进行犯罪活动,不向公安机关报告的,处二百元以上五百元以下罚款;情节严重的,处五日以下拘留,可以并处五百元以下罚款。

第五十八条 违反关于社会生活噪声污染防治的法律规定,制造噪声干扰他人正常生活的,处警告;警告后不改正的,处二百元以上五百元以下罚款。

第五十九条 有下列行为之一的,处五百元以上一千元以下罚款;情节严重的,处五日以上十日以下拘留,并处五百元以上一千元以下罚款:

(一)典当业工作人员承接典当的物品,不查验有关证明、不履行登记手续,或者明知是违法犯罪嫌疑人、赃物,不向公安机关报告的;

(二)违反国家规定,收购铁路、油田、供电、电信、矿山、水利、测量和城市公用设施等废旧专用器材的;

(三)收购公安机关通报寻查的赃物或者有赃物嫌疑的物品的;

(四)收购国家禁止收购的其他物品的。

第六十条 有下列行为之一的,处五日以上十日以下拘留,并处二百元以上五百元以下罚款:

(一)隐藏、转移、变卖或者损毁行政执法机关依法扣押、查封、冻结的财物的;

(二)伪造、隐匿、毁灭证据或者提供虚假证言、谎报案情,影响行政执法机关依法办案的;

(三)明知是赃物而窝藏、转移或者代为销售的;

(四)被依法执行管制、剥夺政治权利或者在缓刑、暂予监外执行中的罪犯或者被依法采取刑事强制措施的人,有违反法律、行政法规或者国务院有关部门的监督管理规定的行为。

第六十一条 协助组织或者运送他人偷越国(边)境的,处十日以上十五日以下拘留,并处一千元以上五千元以下罚款。

第六十二条 为偷越国(边)境人员提供条件的,处五日以上十日以下拘留,并处五百元以上二千元以下罚款。

偷越国(边)境的,处五日以下拘留或者五百元以下罚款。

第六十三条 有下列行为之一的,处警告或者二百元以下罚款;情节较重的,处五日以上十日以下拘留,并处二百元以上五百元以下罚款:

(一)刻划、涂污或者以其他方式故意损坏国家保护的文物、名胜古迹的;

(二)违反国家规定,在文物保护单位附近进行爆破、挖掘等活动,危及文物安全的。

第六十四条 有下列行为之一的,处五百元以上一千元以下罚款;情节严重的,处十日以上十五日以下拘留,并处五百元以上一千元以下罚款:

(一)偷开他人机动车的;

(二)未取得驾驶证驾驶或者偷开他人航空器、机动船舶的。

第六十五条 有下列行为之一的,处五日以上十日以下拘留;情节严重的,处十日以上十五日以下拘留,可以并处一千元以下罚款:

(一)故意破坏、污损他人坟墓或者毁坏、丢弃他人尸骨、骨灰的;

(二)在公共场所停放尸体或者因停放尸体影响他人正常生活、工作秩序,不听劝阻的。

第六十六条　卖淫、嫖娼的,处十日以上十五日以下拘留,可以并处五千元以下罚款;情节较轻的,处五日以下拘留或者五百元以下罚款。

在公共场所拉客招嫖的,处五日以下拘留或者五百元以下罚款。

第六十七条　引诱、容留、介绍他人卖淫的,处十日以上十五日以下拘留,可以并处五千元以下罚款;情节较轻的,处五日以下拘留或者五百元以下罚款。

第六十八条　制作、运输、复制、出售、出租淫秽的书刊、图片、影片、音像制品等淫秽物品或者利用计算机信息网络、电话以及其他通讯工具传播淫秽信息的,处十日以上十五日以下拘留,可以并处三千元以下罚款;情节较轻的,处五日以下拘留或者五百元以下罚款。

第六十九条　有下列行为之一的,处十日以上十五日以下拘留,并处五百元以上一千元以下罚款:

(一)组织播放淫秽音像的;

(二)组织或者进行淫秽表演的;

(三)参与聚众淫乱活动的。

明知他人从事前款活动,为其提供条件的,依照前款的规定处罚。

第七十条　以营利为目的,为赌博提供条件的,或者参与赌博赌资较大的,处五日以下拘留或者五百元以下罚款;情节严重的,处十日以上十五日以下拘留,并处五百元以上三千元以下罚款。

第七十一条　有下列行为之一的,处十日以上十五日以下拘留,可以并处三千元以下罚款;情节较轻的,处五日以下拘留或者五百元以下罚款:

(一)非法种植罂粟不满五百株或者其他少量毒品原植物的;

(二)非法买卖、运输、携带、持有少量未经灭活的罂粟等毒品原植物种子或者幼苗的;

(三)非法运输、买卖、储存、使用少量罂粟壳的。

有前款第一项行为,在成熟前自行铲除的,不予处罚。

第七十二条　有下列行为之一的,处十日以上十五日以下拘留,可以并处二千元以下罚款;情节较轻的,处五日以下拘留或者五百元以下罚款:

(一)非法持有鸦片不满二百克、海洛因或者甲基苯丙胺不满十克或者其他少量毒品的;

(二)向他人提供毒品的;

(三)吸食、注射毒品的;

(四)胁迫、欺骗医务人员开具麻醉药品、精神药品的。

第七十三条　教唆、引诱、欺骗他人吸食、注射毒品的,处十日以上十五日以下拘留,并处五百元以上二千元以下罚款。

第七十四条　旅馆业、饮食服务业、文化娱乐业、出租汽车业等单位的人员,在公安机关查处吸毒、赌博、卖淫、嫖娼活动时,为违法犯罪行为人通风报信的,处十日以上十五日以下拘留。

第七十五条　饲养动物,干扰他人正常生活的,处警告;警告后不改正的,或者放任动物恐吓他人的,处二百元以上五百元以下罚款。

驱使动物伤害他人的,依照本法第四十三条第一款的规定处罚。

第七十六条　有本法第六十七条、第六十八条、第七十条的行为,屡教不改的,可以按照国家规定采取强制性教育措施。

第四章　处罚程序

第一节　调　查

第七十七条　公安机关对报案、控告、举报或者违反治安管理行为人主动投案,以及其他行政主管部门、司法机关移送的违反治安管理案件,应当及时受理,并进行登记。

第七十八条　公安机关受理报案、控告、举报、投案后,认为属于违反治安管理行为的,应当立即进行调查;认为不属于违反治安管理行为的,应当告知报案人、控告人、举报人、投案人,并说明理由。

第七十九条　公安机关及其人民警察对治安案件的调查,应当依法进行。严禁刑讯逼供或者采用威胁、引诱、欺骗等非法手段收集证据。

以非法手段收集的证据不得作为处罚的根据。

第八十条　公安机关及其人民警察在办理治安案件时,对涉及的国家秘密、商业秘密或者个人隐私,应当予以保密。

第八十一条　人民警察在办理治安案件过程中,遇有下列情形之一的,应当回避;违反治安管理行为人、被侵害人或者其法定代理人也有权要求他们回避:

(一)是本案当事人或者当事人的近亲属的;

(二)本人或者其近亲属与本案有利害关系的;

(三)与本案当事人有其他关系,可能影响案件公正处理的。

人民警察的回避,由其所属的公安机关决定;公安机关负责人的回避,由上一级公安机关决定。

第八十二条　需要传唤违反治安管理行为人接受调查的,经公安机关办案部门负责人批准,使用传唤证传唤。对现场发现的违反治安管理行为人,人民警察经出示工作证件,可以口头传唤,但应当在询问笔录中注明。

公安机关应当将传唤的原因和依据告知被传唤人。对无正当理由不接受传唤或者逃避传唤的人,可以强制传唤。

第八十三条　对违反治安管理行为人，公安机关传唤后应当及时询问查证，询问查证的时间不得超过八小时；情况复杂，依照本法规定可能适用行政拘留处罚的，询问查证的时间不得超过二十四小时。

公安机关应当及时将传唤的原因和处所通知被传唤人家属。

第八十四条　询问笔录应当交被询问人核对；对没有阅读能力的，应当向其宣读。记载有遗漏或者差错的，被询问人可以提出补充或者更正。被询问人确认笔录无误后，应当签名或者盖章，询问的人民警察也应当在笔录上签名。

被询问人要求就被询问事项自行提供书面材料的，应当准许；必要时，人民警察也可以要求被询问人自行书写。

询问不满十六周岁的违反治安管理行为人，应当通知其父母或者其他监护人到场。

第八十五条　人民警察询问被侵害人或者其他证人，可以到其所在单位或者住处进行；必要时，也可以通知其到公安机关提供证言。

人民警察在公安机关以外询问被侵害人或者其他证人，应当出示工作证件。

询问被侵害人或者其他证人，同时适用本法第八十四条的规定。

第八十六条　询问聋哑的违反治安管理行为人、被侵害人或者其他证人，应当有通晓手语的人提供帮助，并在笔录上注明。

询问不通晓当地通用的语言文字的违反治安管理行为人、被侵害人或者其他证人，应当配备翻译人员，并在笔录上注明。

第八十七条　公安机关对与违反治安管理行为有关的场所、物品、人身可以进行检查。检查时，人民警察不得少于二人，并应当出示工作证件和县级以上人民政府公安机关开具的检查证明文件。对确有必要立即进行检查的，人民警察经出示工作证件，可以当场检查，但检查公民住所应当出示县级以上人民政府公安机关开具的检查证明文件。

检查妇女的身体，应当由女性工作人员进行。

第八十八条　检查的情况应当制作检查笔录，由检查人、被检查人和见证人签名或者盖章；被检查人拒绝签名的，人民警察应当在笔录上注明。

第八十九条　公安机关办理治安案件，对与案件有关的需要作为证据的物品，可以扣押；对被侵害人或者善意第三人合法占有的财产，不得扣押，应当予以登记。对与案件无关的物品，不得扣押。

对扣押的物品，应当会同在场见证人和被扣押物品持有人查点清楚，当场开列清单一式二份，由调查人员、见证人和持有人签名或者盖章，一份交给持有人，另一份附卷备查。

对扣押的物品，应当妥善保管，不得挪作他用；对不宜长期保存的物品，按照有关规定处理。经查明与案件无关的，应当及时退还；经核实属于他人合法财产的，应当登记后立即退还；满六个月无人对该财产主张权利或者无法查清权利人的，应当公开拍卖或者按照国家有关规定处理，所得款项上缴国库。

第九十条　为了查明案情，需要解决案件中有争议的专门性问题的，应当指派或者聘请具有专门知识的人员进行鉴定；鉴定人鉴定后，应当写出鉴定意见，并且签名。

第二节　决　定

第九十一条　治安管理处罚由县级以上人民政府公安机关决定；其中警告、五百元以下的罚款可以由公安派出所决定。

第九十二条　对决定给予行政拘留处罚的人，在处罚前已经采取强制措施限制人身自由的时间，应当折抵。限制人身自由一日，折抵行政拘留一日。

第九十三条　公安机关查处治安案件，对没有本人陈述，但其他证据能够证明案件事实的，可以作出治安管理处罚决定。但是，只有本人陈述，没有其他证据证明的，不能作出治安管理处罚决定。

第九十四条　公安机关作出治安管理处罚决定前，应当告知违反治安管理行为人作出治安管理处罚的事实、理由及依据，并告知违反治安管理行为人依法享有的权利。

违反治安管理行为人有权陈述和申辩。公安机关必须充分听取违反治安管理行为人的意见，对违反治安管理行为人提出的事实、理由和证据，应当进行复核；违反治安管理行为人提出的事实、理由或者证据成立的，公安机关应当采纳。

公安机关不得因违反治安管理行为人的陈述、申辩而加重处罚。

第九十五条　治安案件调查结束后，公安机关应当根据不同情况，分别作出以下处理：

(一)确有依法应当给予治安管理处罚的违法行为的，根据情节轻重及具体情况，作出处罚决定；

(二)依法不予处罚的，或者违法事实不能成立的，作出不予处罚决定；

(三)违法行为已涉嫌犯罪的，移送主管机关依法追究刑事责任；

(四)发现违反治安管理行为人有其他违法行为的，在对违反治安管理行为作出处罚决定的同时，通知有关行政主管部门处理。

第九十六条　公安机关作出治安管理处罚决定的，应当制作治安管理处罚决定书。决定书应当载明下列内容：

（一）被处罚人的姓名、性别、年龄、身份证件的名称和号码、住址；

（二）违法事实和证据；

（三）处罚的种类和依据；

（四）处罚的执行方式和期限；

（五）对处罚决定不服，申请行政复议、提起行政诉讼的途径和期限；

（六）作出处罚决定的公安机关的名称和作出决定的日期。

决定书应当由作出处罚决定的公安机关加盖印章。

第九十七条　公安机关应当向被处罚人宣告治安管理处罚决定书，并当场交付被处罚人；无法当场向被处罚人宣告的，应当在二日内送达被处罚人。决定给予行政拘留处罚的，应当及时通知被处罚人的家属。

有被侵害人的，公安机关应当将决定书副本抄送被侵害人。

第九十八条　公安机关作出吊销许可证以及处二千元以上罚款的治安管理处罚决定前，应当告知违反治安管理行为人有权要求举行听证；违反治安管理行为人要求听证的，公安机关应当及时依法举行听证。

第九十九条　公安机关办理治安案件的期限，自受理之日起不得超过三十日；案情重大、复杂的，经上一级公安机关批准，可以延长三十日。

为了查明案情进行鉴定的期间，不计入办理治安案件的期限。

第一百条　违反治安管理行为事实清楚，证据确凿，处警告或者二百元以下罚款的，可以当场作出治安管理处罚决定。

第一百零一条　当场作出治安管理处罚决定的，人民警察应当向违反治安管理行为人出示工作证件，并填写处罚决定书。处罚决定书应当当场交付被处罚人；有被侵害人的，并将决定书副本抄送被侵害人。

前款规定的处罚决定书，应当载明被处罚人的姓名、违法行为、处罚依据、罚款数额、时间、地点以及公安机关名称，并由经办的人民警察签名或者盖章。

当场作出治安管理处罚决定的，经办的人民警察应当在二十四小时内报所属公安机关备案。

第一百零二条　被处罚人对治安管理处罚决定不服的，可以依法申请行政复议或者提起行政诉讼。

第三节　执　行

第一百零三条　对被决定给予行政拘留处罚的人，由作出决定的公安机关送达拘留所执行。

第一百零四条　受到罚款处罚的人应当自收到处罚决定书之日起十五日内，到指定的银行缴纳罚款。但是，有下列情形之一的，人民警察可以当场收缴罚款：

（一）被处五十元以下罚款，被处罚人对罚款无异议的；

（二）在边远、水上、交通不便地区，公安机关及其人民警察依照本法的规定作出罚款决定后，被处罚人向指定的银行缴纳罚款确有困难，经被处罚人提出的；

（三）被处罚人在当地没有固定住所，不当场收缴事后难以执行的。

第一百零五条　人民警察当场收缴的罚款，应当自收缴罚款之日起二日内，交至所属的公安机关；在水上、旅客列车上当场收缴的罚款，应当自抵岸或者到站之日起二日内，交至所属的公安机关；公安机关应当自收到罚款之日起二日内将罚款缴付指定的银行。

第一百零六条　人民警察当场收缴罚款的，应当向被处罚人出具省、自治区、直辖市人民政府财政部门统一制发的罚款收据；不出具统一制发的罚款收据的，被处罚人有权拒绝缴纳罚款。

第一百零七条　被处罚人不服行政拘留处罚决定，申请行政复议、提起行政诉讼的，可以向公安机关提出暂缓执行行政拘留的申请。公安机关认为暂缓执行行政拘留不致发生社会危险的，由被处罚人或者其近亲属提出符合本法第一百零八条规定条件的担保人，或者按每日行政拘留二百元的标准交纳保证金，行政拘留的处罚决定暂缓执行。

第一百零八条　担保人应当符合下列条件：

（一）与本案无牵连；

（二）享有政治权利，人身自由未受到限制；

（三）在当地有常住户口和固定住所；

（四）有能力履行担保义务。

第一百零九条　担保人应当保证被担保人不逃避行政拘留处罚的执行。

担保人不履行担保义务，致使被担保人逃避行政拘留处罚的执行的，由公安机关对其处三千元以下罚款。

第一百一十条　被决定给予行政拘留处罚的人交纳保证金，暂缓行政拘留后，逃避行政拘留处罚的执行的，保证金予以没收并上缴国库，已经作出的行政拘留决定仍应执行。

第一百一十一条　行政拘留的处罚决定被撤销，或者行政拘留处罚开始执行的，公安机关收取的保证金应当及时退还交纳人。

第五章　执法监督

第一百一十二条　公安机关及其人民警察应当依法、公正、严格、高效办理治安案件，文明执法，不得徇私舞弊。

第一百一十三条　公安机关及其人民警察办理治安案件,禁止对违反治安管理行为人打骂、虐待或者侮辱。

第一百一十四条　公安机关及其人民警察办理治安案件,应当自觉接受社会和公民的监督。

公安机关及其人民警察办理治安案件,不严格执法或者有违法违纪行为的,任何单位和个人都有权向公安机关或者人民检察院、行政监察机关检举、控告;收到检举、控告的机关,应当依据职责及时处理。

第一百一十五条　公安机关依法实施罚款处罚,应当依照有关法律、行政法规的规定,实行罚款决定与罚款收缴分离;收缴的罚款应当全部上缴国库。

第一百一十六条　人民警察办理治安案件,有下列行为之一的,依法给予行政处分;构成犯罪的,依法追究刑事责任:

(一)刑讯逼供、体罚、虐待、侮辱他人的;

(二)超过询问查证的时间限制人身自由的;

(三)不执行罚款决定与罚款收缴分离制度或者不按规定将罚没的财物上缴国库或者依法处理的;

(四)私分、侵占、挪用、故意损毁收缴、扣押的财物的;

(五)违反规定使用或者不及时返还被侵害人财物的;

(六)违反规定不及时退还保证金的;

(七)利用职务上的便利收受他人财物或者谋取其他利益的;

(八)当场收缴罚款不出具罚款收据或者不如实填写罚款数额的;

(九)接到要求制止违反治安管理行为的报警后,不及时出警的;

(十)在查处违反治安管理活动时,为违法犯罪行为人通风报信的;

(十一)有徇私舞弊、滥用职权,不依法履行法定职责的其他情形的。

办理治安案件的公安机关有前款所列行为的,对直接负责的主管人员和其他直接责任人员给予相应的行政处分。

第一百一十七条　公安机关及其人民警察违法行使职权,侵犯公民、法人和其他组织合法权益的,应当赔礼道歉;造成损害的,应当依法承担赔偿责任。

第六章　附　则

第一百一十八条　本法所称以上、以下、以内,包括本数。

第一百一十九条　本法自2006年3月1日起施行。1986年9月5日公布、1994年5月12日修订公布的《中华人民共和国治安管理处罚条例》同时废止。

国家主席胡锦涛签署第68号令公布《全国人民代表大会常务委员会关于修改〈中华人民共和国国家赔偿法〉的决定》

《全国人民代表大会常务委员会关于修改〈中华人民共和国国家赔偿法〉的决定》已由中华人民共和国第十一届全国人民代表大会常务委员会第二十九次会议于2012年10月26日通过,现予公布,自2013年1月1日起施行。

中华人民共和国主席　胡锦涛

2012年10月26日

全国人民代表大会常务委员会关于修改《中华人民共和国国家赔偿法》的决定

(2012年10月26日第十一届全国人民代表大会常务委员会第二十九次会议通过)

第十一届全国人民代表大会常务委员会第二十九次会议决定对《中华人民共和国国家赔偿法》做如下修改:

将第十九条第三项修改为:“依照刑事诉讼法第十五条、第一百七十三条第二款、第二百七十三条第二款、第二百七十九条规定不追究刑事责任的人被羁押的”。

本决定自2013年1月1日起施行。

《中华人民共和国国家赔偿法》根据本决定做相应修改,重新公布。

中华人民共和国国家赔偿法

第一章　总　则

第一条　为保障公民、法人和其他组织享有依法取得国家赔偿的权利,促进国家机关依法行使职权,根据宪法,制定本法。

第二条　国家机关和国家机关工作人员行使职权,有本法规定的侵犯公民、法人和其他组织合法权益的情形,造成损害的,受害人有依照本法取得国家赔偿的权利。

本法规定的赔偿义务机关,应当依照本法及时履行赔偿义务。

第二章　行政赔偿

第一节　赔偿范围

第三条　行政机关及其工作人员在行使行政职权时有下列侵犯人身权情形之一的,受害人有取得赔偿的权利:

(一)违法拘留或者违法采取限制公民人身自由的行政强制措施的;

(二)非法拘禁或者以其他方法非法剥夺公民人身自由的;

(三)以殴打、虐待等行为或者唆使、放纵他人以殴打、虐待等行为造成公民身体伤害或者死亡的;

（四）违法使用武器、警械造成公民身体伤害或者死亡的；

（五）造成公民身体伤害或者死亡的其他违法行为。

第四条　行政机关及其工作人员在行使行政职权时有下列侵犯财产权情形之一的，受害人有取得赔偿的权利：

（一）违法实施罚款、吊销许可证和执照、责令停产停业、没收财物等行政处罚的；

（二）违法对财产采取查封、扣押、冻结等行政强制措施的；

（三）违法征收、征用财产的；

（四）造成财产损害的其他违法行为。

第五条　属于下列情形之一的，国家不承担赔偿责任：

（一）行政机关工作人员与行使职权无关的个人行为；

（二）因公民、法人和其他组织自己的行为致使损害发生的；

（三）法律规定的其他情形。

第二节　赔偿请求人和赔偿义务机关

第六条　受害的公民、法人和其他组织有权要求赔偿。

受害的公民死亡，其继承人和其他有扶养关系的亲属有权要求赔偿。

受害的法人或者其他组织终止的，其权利承受人有权要求赔偿。

第七条　行政机关及其工作人员行使行政职权侵犯公民、法人和其他组织的合法权益造成损害的，该行政机关为赔偿义务机关。

两个以上行政机关共同行使行政职权时侵犯公民、法人和其他组织的合法权益造成损害的，共同行使行政职权的行政机关为共同赔偿义务机关。

法律、法规授权的组织在行使授予的行政权力时侵犯公民、法人和其他组织的合法权益造成损害的，被授权的组织为赔偿义务机关。

受行政机关委托的组织或者个人在行使受委托的行政权力时侵犯公民、法人和其他组织的合法权益造成损害的，委托的行政机关为赔偿义务机关。

赔偿义务机关被撤销的，继续行使其职权的行政机关为赔偿义务机关；没有继续行使其职权的行政机关的，撤销该赔偿义务机关的行政机关为赔偿义务机关。

第八条　经复议机关复议的，最初造成侵权行为的行政机关为赔偿义务机关，但复议机关的复议决定加重损害的，复议机关对加重的部分履行赔偿义务。

第三节　赔偿程序

第九条　赔偿义务机关有本法第三条、第四条规定情形之一的，应当给予赔偿。

赔偿请求人要求赔偿，应当先向赔偿义务机关提出，也可以在申请行政复议或者提起行政诉讼时一并提出。

第十条　赔偿请求人可以向共同赔偿义务机关中的任何一个赔偿义务机关要求赔偿，该赔偿义务机关应当先予赔偿。

第十一条　赔偿请求人根据受到的不同损害，可以同时提出数项赔偿要求。

第十二条　要求赔偿应当递交申请书，申请书应当载明下列事项：

（一）受害人的姓名、性别、年龄、工作单位和住所，法人或者其他组织的名称、住所和法定代表人或者主要负责人的姓名、职务；

（二）具体的要求、事实根据和理由；

（三）申请的年、月、日。

赔偿请求人书写申请书确有困难的，可以委托他人代书；也可以口头申请，由赔偿义务机关记入笔录。

赔偿请求人不是受害人本人的，应当说明与受害人的关系，并提供相应证明。

赔偿请求人当面递交申请书的，赔偿义务机关应当当场出具加盖本行政机关专用印章并注明收讫日期的书面凭证。申请材料不齐全的，赔偿义务机关应当当场或者在五日内一次性告知赔偿请求人需要补正的全部内容。

第十三条　赔偿义务机关应当自收到申请之日起两个月内，作出是否赔偿的决定。赔偿义务机关作出赔偿决定，应当充分听取赔偿请求人的意见，并可以与赔偿请求人就赔偿方式、赔偿项目和赔偿数额依照本法第四章的规定进行协商。

赔偿义务机关决定赔偿的，应当制作赔偿决定书，并自作出决定之日起十日内送达赔偿请求人。

赔偿义务机关决定不予赔偿的，应当自作出决定之日起十日内书面通知赔偿请求人，并说明不予赔偿的理由。

第十四条　赔偿义务机关在规定期限内未作出是否赔偿的决定，赔偿请求人可以自期限届满之日起三个月内，向人民法院提起诉讼。

赔偿请求人对赔偿的方式、项目、数额有异议的，或者赔偿义务机关作出不予赔偿决定的，赔偿请求人可以自赔偿义务机关作出赔偿或者不予赔偿决定之日起三个月内，向人民法院提起诉讼。

第十五条　人民法院审理行政赔偿案件，赔偿请求人和赔偿义务机关对自己提出的主张，应当提供证据。

赔偿义务机关采取行政拘留或者限制人身自由的强制措施期间，被限制人身自由的人死亡或者丧失行为能力的，赔偿义务机关的行为与被限制人身自由的人的死亡或者丧失行为能力是否存在因果关系，赔偿义务机关应当提供证据。

第十六条　赔偿义务机关赔偿损失后，应当责令有故意或者重大过失的工作人员或者受委托的组织或者个人承担部分或者全部赔偿费用。

对有故意或者重大过失的责任人员，有关机关应当依法给予处分；构成犯罪的，应当依法追究刑事责任。

第三章　刑事赔偿

第一节　赔偿范围

第十七条　行使侦查、检察、审判职权的机关以及看守所、监狱管理机关及其工作人员在行使职权时有下列侵犯人身权情形之一的，受害人有取得赔偿的权利：

（一）违反刑事诉讼法的规定对公民采取拘留措施的，或者依照刑事诉讼法规定的条件和程序对公民采取拘留措施，但是拘留时间超过刑事诉讼法规定的时限，其后决定撤销案件、不起诉或者判决宣告无罪终止追究刑事责任的；

（二）对公民采取逮捕措施后，决定撤销案件、不起诉或者判决宣告无罪终止追究刑事责任的；

（三）依照审判监督程序再审改判无罪，原判刑罚已经执行的；

（四）刑讯逼供或者以殴打、虐待等行为或者唆使、放纵他人以殴打、虐待等行为造成公民身体伤害或者死亡的；

（五）违法使用武器、警械造成公民身体伤害或者死亡的。

第十八条　行使侦查、检察、审判职权的机关以及看守所、监狱管理机关及其工作人员在行使职权时有下列侵犯财产权情形之一的，受害人有取得赔偿的权利：

（一）违法对财产采取查封、扣押、冻结、追缴等措施的；

（二）依照审判监督程序再审改判无罪，原判罚金、没收财产已经执行的。

第十九条　属于下列情形之一的，国家不承担赔偿责任：

（一）因公民自己故意作虚伪供述，或者伪造其他有罪证据被羁押或者被判处刑罚的；

（二）依照刑法第十七条、第十八条规定不负刑事责任的人被羁押的；

（三）依照刑事诉讼法第十五条、第一百七十三条第二款、第二百七十三条第二款、第二百七十九条规定不追究刑事责任的人被羁押的；

（四）行使侦查、检察、审判职权的机关以及看守所、监狱管理机关的工作人员与行使职权无关的个人行为；

（五）因公民自伤、自残等故意行为致使损害发生的；

（六）法律规定的其他情形。

第二节　赔偿请求人和赔偿义务机关

第二十条　赔偿请求人的确定依照本法第六条的规定。

第二十一条　行使侦查、检察、审判职权的机关以及看守所、监狱管理机关及其工作人员在行使职权时侵犯公民、法人和其他组织的合法权益造成损害的，该机关为赔偿义务机关。

对公民采取拘留措施，依照本法的规定应当给予国家赔偿的，作出拘留决定的机关为赔偿义务机关。

对公民采取逮捕措施后决定撤销案件、不起诉或者判决宣告无罪的，作出逮捕决定的机关为赔偿义务机关。

再审改判无罪的，作出原生效判决的人民法院为赔偿义务机关。二审改判无罪，以及二审发回重审后作无罪处理的，作出一审有罪判决的人民法院为赔偿义务机关。

第三节　赔偿程序

第二十二条　赔偿义务机关有本法第十七条、第十八条规定情形之一的，应当给予赔偿。

赔偿请求人要求赔偿，应当先向赔偿义务机关提出。

赔偿请求人提出赔偿请求，适用本法第十一条、第十二条的规定。

第二十三条　赔偿义务机关应当自收到申请之日起两个月内，作出是否赔偿的决定。赔偿义务机关作出赔偿决定，应当充分听取赔偿请求人的意见，并可以与赔偿请求人就赔偿方式、赔偿项目和赔偿数额依照本法第四章的规定进行协商。

赔偿义务机关决定赔偿的，应当制作赔偿决定书，并自作出决定之日起十日内送达赔偿请求人。

赔偿义务机关决定不予赔偿的，应当自作出决定之日起十日内书面通知赔偿请求人，并说明不予赔偿的理由。

第二十四条　赔偿义务机关在规定期限内未作出是否赔偿的决定，赔偿请求人可以自期限届满之日起三十日内向赔偿义务机关的上一级机关申请复议。

赔偿请求人对赔偿的方式、项目、数额有异议的，或者赔偿义务机关作出不予赔偿决定的，赔偿请求人可以自赔偿义务机关作出赔偿或者不予赔偿决定之日起三十日内，向赔偿义务机关的上一级机关申请复议。

赔偿义务机关是人民法院的，赔偿请求人可以依照本条规定向其上一级人民法院赔偿委员会申请作出赔偿决定。

第二十五条　复议机关应当自收到申请之日起两个月内作出决定。

赔偿请求人不服复议决定的，可以在收到复议决定之日起三十日内向复议机关所在地的同级人民法院赔偿委员会申请作出赔偿决定；复议机关逾期不作决定的，赔偿请求人可以自期限届满之日起三十日内向复议机关所在地的同级人民法院赔偿委员会申请作出赔偿决定。

第二十六条　人民法院赔偿委员会处理赔偿请求，赔偿请求人和赔偿义务机关对自己提出的主张，应当提供证据。

被羁押人在羁押期间死亡或者丧失行为能力的，赔偿义务机关的行为与被羁押人的死亡或者丧失行为能力是否存在因果关系，赔偿义务机关应当提供证据。

第二十七条　人民法院赔偿委员会处理赔偿请求，采取书面审查的办法。必要时，可以向有关单位和人员调查情况、收集证据。赔偿请求人与赔偿义务机关对损害事实及因果关系有争议的，赔偿委员会可以听取赔偿请求人和赔偿义务机关的陈述和申辩，并可以进行质证。

第二十八条　人民法院赔偿委员会应当自收到赔偿申请之日起三个月内作出决定；属于疑难、复杂、重大案件的，经本院院长批准，可以延长三个月。

第二十九条　中级以上的人民法院设立赔偿委员会，由人民法院三名以上审判员组成，组成人员的人数应当为单数。

赔偿委员会作赔偿决定，实行少数服从多数的原则。

赔偿委员会作出的赔偿决定，是发生法律效力的决定，必须执行。

第三十条　赔偿请求人或者赔偿义务机关对赔偿委员会作出的决定，认为确有错误的，可以向上一级人民法院赔偿委员会提出申诉。

赔偿委员会作出的赔偿决定生效后，如发现赔偿决定违反本法规定的，经本院院长决定或者上级人民法院指令，赔偿委员会应当在两个月内重新审查并依法作出决定，上一级人民法院赔偿委员会也可以直接审查并作出决定。

最高人民检察院对各级人民法院赔偿委员会作出的决定，上级人民检察院对下级人民法院赔偿委员会作出的决定，发现违反本法规定的，应当向同级人民法院赔偿委员会提出意见，同级人民法院赔偿委员会应当在两个月内重新审查并依法作出决定。

第三十一条　赔偿义务机关赔偿后，应当向有下列情形之一的工作人员追偿部分或者全部赔偿费用：

（一）有本法第十七条第四项、第五项规定情形的；

（二）在处理案件中有贪污受贿，徇私舞弊，枉法裁判行为的。

对有前款规定情形的责任人员，有关机关应当依法给予处分；构成犯罪的，应当依法追究刑事责任。

第四章　赔偿方式和计算标准

第三十二条　国家赔偿以支付赔偿金为主要方式。

能够返还财产或者恢复原状的，予以返还财产或者恢复原状。

第三十三条　侵犯公民人身自由的，每日赔偿金按照国家上年度职工日平均工资计算。

第三十四条　侵犯公民生命健康权的，赔偿金按照下列规定计算：

（一）造成身体伤害的，应当支付医疗费、护理费，以及赔偿因误工减少的收入。减少的收入每日的赔偿金按照国家上年度职工日平均工资计算，最高额为国家上年度职工年平均工资的五倍；

（二）造成部分或者全部丧失劳动能力的，应当支付医疗费、护理费、残疾生活辅助具费、康复费等因残疾而增加的必要支出和继续治疗所必需的费用，以及残疾赔偿金。残疾赔偿金根据丧失劳动能力的程度，按照国家规定的伤残等级确定，最高不超过国家上年度职工年平均工资的二十倍。造成全部丧失劳动能力的，对其扶养的无劳动能力的人，还应当支付生活费；

（三）造成死亡的，应当支付死亡赔偿金、丧葬费，总额为国家上年度职工年平均工资的二十倍。对死者生前扶养的无劳动能力的人，还应当支付生活费。

前款第二项、第三项规定的生活费的发放标准，参照当地最低生活保障标准执行。被扶养的人是未成年人的，生活费给付至十八周岁止；其他无劳动能力的人，生活费给付至死亡时止。

第三十五条　有本法第三条或者第十七条规定情形之一，致人精神损害的，应当在侵权行为影响的范围内，为受害人消除影响，恢复名誉，赔礼道歉；造成严重后果的，应当支付相应的精神损害抚慰金。

第三十六条　侵犯公民、法人和其他组织的财产权造成损害的，按照下列规定处理：

（一）处罚款、罚金、追缴、没收财产或者违法征收、征用财产的，返还财产；

（二）查封、扣押、冻结财产的，解除对财产的查封、扣押、冻结，造成财产损坏或者灭失的，依照本条第三项、第四项的规定赔偿；

（三）应当返还的财产损坏的，能够恢复原状的恢复原状，不能恢复原状的，按照损害程度给付相应的赔偿金；

(四)应当返还的财产灭失的，给付相应的赔偿金；

(五)财产已经拍卖或者变卖的，给付拍卖或者变卖所得的价款；变卖的价款明显低于财产价值的，应当支付相应的赔偿金；

(六)吊销许可证和执照、责令停产停业的，赔偿停产停业期间必要的经常性费用开支；

(七)返还执行的罚款或者罚金、追缴或者没收的金钱，解除冻结的存款或者汇款的，应当支付银行同期存款利息；

(八)对财产权造成其他损害的，按照直接损失给予赔偿。

第三十七条　赔偿费用列入各级财政预算。

赔偿请求人凭生效的判决书、复议决定书、赔偿决定书或者调解书，向赔偿义务机关申请支付赔偿金。

赔偿义务机关应当自收到支付赔偿金申请之日起七日内，依照预算管理权限向有关的财政部门提出支付申请。财政部门应当自收到支付申请之日起十五日内支付赔偿金。

赔偿费用预算与支付管理的具体办法由国务院规定。

第五章　其他规定

第三十八条　人民法院在民事诉讼、行政诉讼过程中，违法采取对妨害诉讼的强制措施、保全措施或者对判决、裁定及其他生效法律文书执行错误，造成损害的，赔偿请求人要求赔偿的程序，适用本法刑事赔偿程序的规定。

第三十九条　赔偿请求人请求国家赔偿的时效为两年，自其知道或者应当知道国家机关及其工作人员行使职权时的行为侵犯其人身权、财产权之日起计算，但被羁押等限制人身自由期间不计算在内。在申请行政复议或者提起行政诉讼时一并提出赔偿请求的，适用行政复议法、行政诉讼法有关时效的规定。

赔偿请求人在赔偿请求时效的最后六个月内，因不可抗力或者其他障碍不能行使请求权的，时效中止。从中止时效的原因消除之日起，赔偿请求时效期间继续计算。

第四十条　外国人、外国企业和组织在中华人民共和国领域内要求中华人民共和国国家赔偿的，适用本法。

外国人、外国企业和组织的所属国对中华人民共和国公民、法人和其他组织要求该国国家赔偿的权利不予保护或者限制的，中华人民共和国与该外国人、外国企业和组织的所属国实行对等原则。

第六章　附　则

第四十一条　赔偿请求人要求国家赔偿的，赔偿义务机关、复议机关和人民法院不得向赔偿请求人收取任何费用。

对赔偿请求人取得的赔偿金不予征税。

第四十二条　本法自1995年1月1日起施行。

国家主席胡锦涛签署第69号主席令公布《全国人民代表大会常务委员会关于修改〈中华人民共和国人民警察法〉的决定》

《全国人民代表大会常务委员会关于修改〈中华人民共和国人民警察法〉的决定》已由中华人民共和国第十一届全国人民代表大会常务委员会第二十九次会议于2012年10月26日通过，现予公布，自2013年1月1日起施行。

中华人民共和国主席　胡锦涛

2012年10月26日

全国人民代表大会常务委员会关于修改《中华人民共和国人民警察法》的决定

(2012年10月26日第十一届全国人民代表大会常务委员会第二十九次会议通过)

第十一届全国人民代表大会常务委员会第二十九次会议决定对《中华人民共和国人民警察法》做如下修改：

将第六条第十一项修改为："对被判处拘役、剥夺政治权利的罪犯执行刑罚"。

本决定自2013年1月1日起施行。

《中华人民共和国人民警察法》根据本决定做相应修改，重新公布。

中华人民共和国人民警察法

第一章　总　则

第一条　为了维护国家安全和社会治安秩序，保护公民的合法权益，加强人民警察的队伍建设，从严治警，提高人民警察的素质，保障人民警察依法行使职权，保障改革开放和社会主义现代化建设的顺利进行，根据宪法，制定本法。

第二条　人民警察的任务是维护国家安全，维护社会治安秩序，保护公民的人身安全、人身自由和合法财产，保护公共财产，预防、制止和惩治违法犯罪活动。

人民警察包括公安机关、国家安全机关、监狱、劳动教养管理机关的人民警察和人民法院、人民检察院的司法警察。

第三条　人民警察必须依靠人民的支持，保持同人民的密切联系，倾听人民的意见和建议，接受人民的监督，维护人民的利益，全心全意为人民服务。

第四条　人民警察必须以宪法和法律为活动准则，忠于职守，清正廉洁，纪律严明，服从命令，严格执法。

第五条　人民警察依法执行职务，受法律保护。

第二章 职 权

第六条 公安机关的人民警察按照职责分工,依法履行下列职责:

(一)预防、制止和侦查违法犯罪活动;

(二)维护社会治安秩序,制止危害社会治安秩序的行为;

(三)维护交通安全和交通秩序,处理交通事故;

(四)组织、实施消防工作,实行消防监督;

(五)管理枪支弹药、管制刀具和易燃易爆、剧毒、放射性等危险物品;

(六)对法律、法规规定的特种行业进行管理;

(七)警卫国家规定的特定人员,守卫重要的场所和设施;

(八)管理集会、游行、示威活动;

(九)管理户政、国籍、入境出境事务和外国人在中国境内居留、旅行的有关事务;

(十)维护国(边)境地区的治安秩序;

(十一)对被判处拘役、剥夺政治权利的罪犯执行刑罚;

(十二)监督管理计算机信息系统的安全保护工作;

(十三)指导和监督国家机关、社会团体、企业事业组织和重点建设工程的治安保卫工作,指导治安保卫委员会等群众性组织的治安防范工作;

(十四)法律、法规规定的其他职责。

第七条 公安机关的人民警察对违反治安管理或者其他公安行政管理法律、法规的个人或者组织,依法可以实施行政强制措施、行政处罚。

第八条 公安机关的人民警察对严重危害社会治安秩序或者威胁公共安全的人员,可以强行带离现场、依法予以拘留或者采取法律规定的其他措施。

第九条 为维护社会治安秩序,公安机关的人民警察对有违法犯罪嫌疑的人员,经出示相应证件,可以当场盘问、检查;经盘问、检查,有下列情形之一的,可以将其带至公安机关,经该公安机关批准,对其继续盘问:

(一)被指控有犯罪行为的;

(二)有现场作案嫌疑的;

(三)有作案嫌疑身份不明的;

(四)携带的物品有可能是赃物的。

对被盘问人的留置时间自带至公安机关之时起不超过二十四小时,在特殊情况下,经县级以上公安机关批准,可以延长至四十八小时,并应当留有盘问记录。对于批准继续盘问的,应当立即通知其家属或者其所在单位。对于不批准继续盘问的,应当立即释放被盘问人。

经继续盘问,公安机关认为对被盘问人需要依法采取拘留或者其他强制措施的,应当在前款规定的期间作出决定;在前款规定的期间不能作出上述决定的,应当立即释放被盘问人。

第十条 遇有拒捕、暴乱、越狱、抢夺枪支或者其他暴力行为的紧急情况,公安机关的人民警察依照国家有关规定可以使用武器。

第十一条 为制止严重违法犯罪活动的需要,公安机关的人民警察依照国家有关规定可以使用警械。

第十二条 为侦查犯罪活动的需要,公安机关的人民警察可以依法执行拘留、搜查、逮捕或者其他强制措施。

第十三条 公安机关的人民警察因履行职责的紧急需要,经出示相应证件,可以优先乘坐公共交通工具,遇交通阻碍时,优先通行。

公安机关因侦查犯罪的需要,必要时,按照国家有关规定,可以优先使用机关、团体、企业事业组织和个人的交通工具、通信工具、场地和建筑物,用后应当及时归还,并支付适当费用;造成损失的,应当赔偿。

第十四条 公安机关的人民警察对严重危害公共安全或者他人人身安全的精神病人,可以采取保护性约束措施。需要送往指定的单位、场所加以监护的,应当报请县级以上人民政府公安机关批准,并及时通知其监护人。

第十五条 县级以上人民政府公安机关,为预防和制止严重危害社会治安秩序的行为,可以在一定的区域和时间,限制人员、车辆的通行或者停留,必要时可以实行交通管制。

公安机关的人民警察依照前款规定,可以采取相应的交通管制措施。

第十六条 公安机关因侦查犯罪的需要,根据国家有关规定,经过严格的批准手续,可以采取技术侦察措施。

第十七条 县级以上人民政府公安机关,经上级公安机关和同级人民政府批准,对严重危害社会治安秩序的突发事件,可以根据情况实行现场管制。

公安机关的人民警察依照前款规定,可以采取必要手段强行驱散,并对拒不服从的人员强行带离现场或者立即予以拘留。

第十八条 国家安全机关、监狱、劳动教养管理机关的人民警察和人民法院、人民检察院的司法警察,分别依照有关法律、行政法规的规定履行职权。

第十九条 人民警察在非工作时间,遇有其职责范围内的紧急情况,应当履行职责。

第三章 义务和纪律

第二十条 人民警察必须做到:

(一)秉公执法,办事公道;

(二)模范遵守社会公德;

(三)礼貌待人,文明执勤;

(四)尊重人民群众的风俗习惯

第二十一条 人民警察遇到公民人身、财产安全受到侵犯或者处于其他危难情形,应当立即救助;对公民提出解决纠纷的要求,应当给予帮助;对公民的报警案件,应当及时查处。

人民警察应当积极参加抢险救灾和社会公益工作。

第二十二条 人民警察不得有下列行为:

(一)散布有损国家声誉的言论,参加非法组织,参加旨在反对国家的集会、游行、示威等活动,参加罢工;

(二)泄露国家秘密、警务工作秘密;

(三)弄虚作假,隐瞒案情,包庇、纵容违法犯罪活动;

(四)刑讯逼供或者体罚、虐待人犯;

(五)非法剥夺、限制他人人身自由,非法搜查他人的身体、物品、住所或者场所;

(六)敲诈勒索或者索取、收受贿赂;

(七)殴打他人或者唆使他人打人;

(八)违法实施处罚或者收取费用;

(九)接受当事人及其代理人的请客送礼;

(十)从事营利性的经营活动或者受雇于任何个人或者组织;

(十一)玩忽职守,不履行法定义务;

(十二)其他违法乱纪的行为。

第二十三条 人民警察必须按照规定着装,佩带人民警察标志或者持有人民警察证件,保持警容严整,举止端庄。

第四章 组织管理

第二十四条 国家根据人民警察的工作性质、任务和特点,规定组织机构设置和职务序列。

第二十五条 人民警察依法实行警衔制度。

第二十六条 担任人民警察应当具备下列条件:

(一)年满十八岁的公民;

(二)拥护中华人民共和国宪法;

(三)有良好的政治、业务素质和良好的品行;

(四)身体健康;

(五)具有高中毕业以上文化程度;

(六)自愿从事人民警察工作。

有下列情形之一的,不得担任人民警察:

(一)曾因犯罪受过刑事处罚的;

(二)曾被开除公职的。

第二十七条 录用人民警察,必须按照国家规定,公开考试,严格考核,择优选用。

第二十八条 担任人民警察领导职务的人员,应当具备下列条件:

(一)具有法律专业知识;

(二)具有政法工作经验和一定的组织管理、指挥能力;

(三)具有大学专科以上学历;

(四)经人民警察院校培训,考试合格。

第二十九条 国家发展人民警察教育事业,对人民警察有计划地进行政治思想、法制、警察业务等教育培训。

第三十条 国家根据人民警察的工作性质、任务和特点,分别规定不同岗位的服务年限和不同职务的最高任职年龄。

第三十一条 人民警察个人或者集体在工作中表现突出,有显著成绩和特殊贡献的,给予奖励。奖励分为:嘉奖、三等功、二等功、一等功、授予荣誉称号。

对受奖励的人民警察,按照国家有关规定,可以提前晋升警衔,并给予一定的物质奖励。

第五章 警务保障

第三十二条 人民警察必须执行上级的决定和命令。

人民警察认为决定和命令有错误的,可以按照规定提出意见,但不得中止或者改变决定和命令的执行;提出的意见不被采纳时,必须服从决定和命令;执行决定和命令的后果由作出决定和命令的上级负责。

第三十三条 人民警察对超越法律、法规规定的人民警察职责范围的指令,有权拒绝执行,并同时向上级机关报告。

第三十四条 人民警察依法执行职务,公民和组织应当给予支持和协助。公民和组织协助人民警察依法执行职务的行为受法律保护。对协助人民警察执行职务有显著成绩的,给予表彰和奖励。

公民和组织因协助人民警察执行职务,造成人身伤亡或者财产损失的,应当按照国家有关规定给予抚恤或者补偿。

第三十五条 拒绝或者阻碍人民警察依法执行职务,有下列行为之一的,给予治安管理处罚:

(一)公然侮辱正在执行职务的人民警察的;

(二)阻碍人民警察调查取证的;

(三)拒绝或者阻碍人民警察执行追捕、搜查、救险等任务进入有关住所、场所的;

(四)对执行救人、救险、追捕、警卫等紧急任务的警车故意设置障碍的;

(五)有拒绝或者阻碍人民警察执行职务的其他行为的。

以暴力、威胁方法实施前款规定的行为,构成犯罪的,依法追究刑事责任。

第三十六条　人民警察的警用标志、制式服装和警械，由国务院公安部门统一监制，会同其他有关国家机关管理，其他个人和组织不得非法制造、贩卖。

人民警察的警用标志、制式服装、警械、证件为人民警察专用，其他个人和组织不得持有和使用。

违反前两款规定的，没收非法制造、贩卖、持有、使用的人民警察警用标志、制式服装、警械、证件，由公安机关处十五日以下拘留或者警告，可以并处违法所得五倍以下的罚款；构成犯罪的，依法追究刑事责任。

第三十七条　国家保障人民警察的经费。人民警察的经费，按照事权划分的原则，分别列入中央和地方的财政预算。

第三十八条　人民警察工作所必需的通讯、训练设施和交通、消防以及派出所、监管场所等基础设施建设，各级人民政府应当列入基本建设规划和城乡建设总体规划。

第三十九条　国家加强人民警察装备的现代化建设，努力推广、应用先进的科技成果。

第四十条　人民警察实行国家公务员的工资制度，并享受国家规定的警衔津贴和其他津贴、补贴以及保险福利待遇。

第四十一条　人民警察因公致残的，与因公致残的现役军人享受国家同样的抚恤和优待。

人民警察因公牺牲或者病故的，其家属与因公牺牲或者病故的现役军人家属享受国家同样的抚恤和优待。

第六章　执法监督

第四十二条　人民警察执行职务，依法接受人民检察院和行政监察机关的监督。

第四十三条　人民警察的上级机关对下级机关的执法活动进行监督，发现其作出的处理或者决定有错误的，应当予以撤销或者变更。

第四十四条　人民警察执行职务，必须自觉地接受社会和公民的监督。人民警察机关作出的与公众利益直接有关的规定，应当向公众公布。

第四十五条　人民警察在办理治安案件过程中，遇有下列情形之一的，应当回避，当事人或者其法定代理人也有权要求他们回避：

(一)是本案的当事人或者是当事人的近亲属的；

(二)本人或者其近亲属与本案有利害关系的；

(三)与本案当事人有其他关系，可能影响案件公正处理的。

前款规定的回避，由有关的公安机关决定。

人民警察在办理刑事案件过程中的回避，适用刑事诉讼法的规定。

第四十六条　公民或者组织对人民警察的违法、违纪行为，有权向人民警察机关或者人民检察院、行政监察机关检举、控告。受理检举、控告的机关应当及时查处，并将查处结果告知检举人、控告人。

对依法检举、控告的公民或者组织，任何人不得压制和打击报复。

第四十七条　公安机关建立督察制度，对公安机关的人民警察执行法律、法规、遵守纪律的情况进行监督。

第七章　法律责任

第四十八条　人民警察有本法第二十二条所列行为之一的，应当给予行政处分；构成犯罪的，依法追究刑事责任。

行政处分分为：警告、记过、记大过、降级、撤职、开除。对受行政处分的人民警察，按照国家有关规定，可以降低警衔、取消警衔。

对违反纪律的人民警察，必要时可以对其采取停止执行职务、禁闭的措施。

第四十九条　人民警察违反规定使用武器、警械，构成犯罪的，依法追究刑事责任；尚未构成犯罪的，应当依法给予行政处分。

第五十条　人民警察在执行职务中，侵犯公民或者组织的合法权益造成损害的，应当依照《中华人民共和国国家赔偿法》和其他有关法律、法规的规定给予赔偿。

第八章　附　则

第五十一条　中国人民武装警察部队执行国家赋予的安全保卫任务。

第五十二条　本法自公布之日起施行。1957 年 6 月 25 日公布的《中华人民共和国人民警察条例》同时废止。

国家主席胡锦涛签署第 70 号令公布《全国人民代表大会常务委员会关于修改〈中华人民共和国邮政法〉的决定》

《全国人民代表大会常务委员会关于修改〈中华人民共和国邮政法〉的决定》已由中华人民共和国第十一届全国人民代表大会常务委员会第二十九次会议于 2012 年 10 月 26 日通过，现予公布，自公布之日起施行。

中华人民共和国主席　胡锦涛

2012 年 10 月 26 日

全国人民代表大会常务委员会关于修改《中华人民共和国邮政法》的决定

(2012 年 10 月 26 日第十一届全国人民代表大会常务委员会第二十九次会议通过)

第十一届全国人民代表大会常务委员会第二十九次会议决定对《中华人民共和国邮政法》做如下修改：

将第四条修改为:"国务院邮政管理部门负责对全国的邮政普遍服务和邮政市场实施监督管理。

"省、自治区、直辖市邮政管理机构负责对本行政区域的邮政普遍服务和邮政市场实施监督管理。

"按照国务院规定设立的省级以下邮政管理机构负责对本辖区的邮政普遍服务和邮政市场实施监督管理。

"国务院邮政管理部门和省、自治区、直辖市邮政管理机构以及省级以下邮政管理机构(以下统称邮政管理部门)对邮政市场实施监督管理,应当遵循公开、公平、公正以及鼓励竞争、促进发展的原则。"

本决定自公布之日起施行。

《中华人民共和国邮政法》根据本决定做相应修改,重新公布。

中华人民共和国邮政法

第一章 总 则

第一条 为了保障邮政普遍服务,加强对邮政市场的监督管理,维护邮政通信与信息安全,保护通信自由和通信秘密,保护用户合法权益,促进邮政业健康发展,适应经济社会发展和人民生活需要,制定本法。

第二条 国家保障中华人民共和国境内的邮政普遍服务。

邮政企业按照国家规定承担提供邮政普遍服务的义务。

国务院和地方各级人民政府及其有关部门应当采取措施,支持邮政企业提供邮政普遍服务。

本法所称邮政普遍服务,是指按照国家规定的业务范围、服务标准和资费标准,为中华人民共和国境内所有用户持续提供的邮政服务。

第三条 公民的通信自由和通信秘密受法律保护。除因国家安全或者追查刑事犯罪的需要,由公安机关、国家安全机关或者检察机关依照法律规定的程序对通信进行检查外,任何组织或者个人不得以任何理由侵犯公民的通信自由和通信秘密。

除法律另有规定外,任何组织或者个人不得检查、扣留邮件、汇款。

第四条 国务院邮政管理部门负责对全国的邮政普遍服务和邮政市场实施监督管理。

省、自治区、直辖市邮政管理机构负责对本行政区域的邮政普遍服务和邮政市场实施监督管理。

按照国务院规定设立的省级以下邮政管理机构负责对本辖区的邮政普遍服务和邮政市场实施监督管理。

国务院邮政管理部门和省、自治区、直辖市邮政管理机构以及省级以下邮政管理机构(以下统称邮政管理部门)对邮政市场实施监督管理,应当遵循公开、公平、公正以及鼓励竞争、促进发展的原则。

第五条 国务院规定范围内的信件寄递业务,由邮政企业专营。

第六条 邮政企业应当加强服务质量管理,完善安全保障措施,为用户提供迅速、准确、安全、方便的服务。

第七条 邮政管理部门、公安机关、国家安全机关和海关应当相互配合,建立、健全安全保障机制,加强对邮政通信与信息安全的监督管理,确保邮政通信与信息安全。

第二章 邮政设施

第八条 邮政设施的布局和建设应当满足保障邮政普遍服务的需要。

地方各级人民政府应当将邮政设施的布局和建设纳入城乡规划,对提供邮政普遍服务的邮政设施的建设给予支持,重点扶持农村边远地区邮政设施的建设。

建设城市新区、独立工矿区、开发区、住宅区或者对旧城区进行改建,应当同时建设配套的提供邮政普遍服务的邮政设施。

提供邮政普遍服务的邮政设施等组成的邮政网络是国家重要的通信基础设施。

第九条 邮政设施应当按照国家规定的标准设置。

较大的车站、机场、港口、高等院校和宾馆应当设置提供邮政普遍服务的邮政营业场所。

邮政企业设置、撤销邮政营业场所,应当事先书面告知邮政管理部门;撤销提供邮政普遍服务的邮政营业场所,应当经邮政管理部门批准并予以公告。

第十条 机关、企业事业单位应当设置接收邮件的场所。农村地区应当逐步设置村邮站或者其他接收邮件的场所。

建设城镇居民楼应当设置接收邮件的信报箱,并按照国家规定的标准验收。建设单位未按照国家规定的标准设置信报箱的,由邮政管理部门责令限期改正;逾期未改正的,由邮政管理部门指定其他单位设置信报箱,所需费用由该居民楼的建设单位承担。

第十一条 邮件处理场所的设计和建设,应当符合国家安全机关和海关依法履行职责的要求。

第十二条 征收邮政营业场所或者邮件处理场所的,城乡规划主管部门应当根据保障邮政普遍服务的要求,对邮政营业场所或者邮件处理场所的重新设置作出妥善安排;未作出妥善安排前,不得征收。

邮政营业场所或者邮件处理场所重新设置前,邮政企业应当采取措施,保证邮政普遍服务的正常进行。

第十三条 邮政企业应当对其设置的邮政设施进行经常性维护,保证邮政设施的正常使用。

任何单位和个人不得损毁邮政设施或者影响邮政

设施的正常使用。

第三章　邮政服务

第十四条　邮政企业经营下列业务：

(一)邮件寄递；

(二)邮政汇兑、邮政储蓄；

(三)邮票发行以及集邮票品制作、销售；

(四)国内报刊、图书等出版物发行；

(五)国家规定的其他业务。

第十五条　邮政企业应当对信件、单件重量不超过五千克的印刷品、单件重量不超过十千克的包裹的寄递以及邮政汇兑提供邮政普遍服务。

邮政企业按照国家规定办理机要通信、国家规定报刊的发行,以及义务兵平常信函、盲人读物和革命烈士遗物的免费寄递等特殊服务业务。

未经邮政管理部门批准,邮政企业不得停止办理或者限制办理前两款规定的业务;因不可抗力或者其他特殊原因暂时停止办理或者限制办理的,邮政企业应当及时公告,采取相应的补救措施,并向邮政管理部门报告。

邮政普遍服务标准,由国务院邮政管理部门会同国务院有关部门制定;邮政普遍服务监督管理的具体办法,由国务院邮政管理部门制定。

第十六条　国家对邮政企业提供邮政普遍服务、特殊服务给予补贴,并加强对补贴资金使用的监督。

第十七条　国家设立邮政普遍服务基金。邮政普遍服务基金征收、使用和监督管理的具体办法由国务院财政部门会同国务院有关部门制定,报国务院批准后公布施行。

第十八条　邮政企业的邮政普遍服务业务与竞争性业务应当分业经营。

第十九条　邮政企业在城市每周的营业时间应当不少于六天,投递邮件每天至少一次;在乡、镇人民政府所在地每周的营业时间应当不少于五天,投递邮件每周至少五次。

邮政企业在交通不便的边远地区和乡、镇其他地区每周的营业时间以及投递邮件的频次,国务院邮政管理部门可以另行规定。

第二十条　邮政企业寄递邮件,应当符合国务院邮政管理部门规定的寄递时限和服务规范。

第二十一条　邮政企业应当在其营业场所公示或者以其他方式公布其服务种类、营业时间、资费标准、邮件和汇款的查询及损失赔偿办法以及用户对其服务质量的投诉办法。

第二十二条　邮政企业采用其提供的格式条款确定与用户的权利义务的,该格式条款适用《中华人民共和国合同法》关于合同格式条款的规定。

第二十三条　用户交寄邮件,应当清楚、准确地填写收件人姓名、地址和邮政编码。邮政企业应当在邮政营业场所免费为用户提供邮政编码查询服务。

邮政编码由邮政企业根据国务院邮政管理部门制定的编制规则编制。邮政管理部门依法对邮政编码的编制和使用实施监督。

第二十四条　邮政企业收寄邮件和用户交寄邮件,应当遵守法律、行政法规以及国务院和国务院有关部门关于禁止寄递或者限制寄递物品的规定。

第二十五条　邮政企业应当依法建立并执行邮件收寄验视制度。

对用户交寄的信件,必要时邮政企业可以要求用户开拆,进行验视,但不得检查信件内容。用户拒绝开拆的,邮政企业不予收寄。

对信件以外的邮件,邮政企业收寄时应当当场验视内件。用户拒绝验视的,邮政企业不予收寄。

第二十六条　邮政企业发现邮件内夹带禁止寄递或者限制寄递的物品的,应当按照国家有关规定处理。

进出境邮件中夹带国家禁止进出境或者限制进出境的物品的,由海关依法处理。

第二十七条　对提供邮政普遍服务的邮政企业交运的邮件,铁路、公路、水路、航空等运输企业应当优先安排运输,车站、港口、机场应当安排装卸场所和出入通道。

第二十八条　带有邮政专用标志的车船进出港口、通过渡口时,应当优先放行。

带有邮政专用标志的车辆运递邮件,确需通过公安机关交通管理部门划定的禁行路段或者确需在禁止停车的地点停车的,经公安机关交通管理部门同意,在确保安全的前提下,可以通行或者停车。

邮政企业不得利用带有邮政专用标志的车船从事邮件运递以外的经营性活动,不得以出租等方式允许其他单位或者个人使用带有邮政专用标志的车船。

第二十九条　邮件通过海上运输时,不参与分摊共同海损。

第三十条　海关依照《中华人民共和国海关法》的规定,对进出境的国际邮袋、邮件集装箱和国际邮递物品实施监管。

第三十一条　进出境邮件的检疫,由进出境检验检疫机构依法实施。

第三十二条　邮政企业采取按址投递、用户领取或者与用户协商的其他方式投递邮件。

机关、企业事业单位、住宅小区管理单位等应当为邮政企业投递邮件提供便利。单位用户地址变更的,应当及时通知邮政企业。

第三十三条　邮政企业对无法投递的邮件,应当退回寄件人。

无法投递又无法退回的信件，自邮政企业确认无法退回之日起超过六个月无人认领的，由邮政企业在邮政管理部门的监督下销毁。无法投递又无法退回的其他邮件，按照国务院邮政管理部门的规定处理；其中无法投递又无法退回的进境国际邮递物品，由海关依照《中华人民共和国海关法》的规定处理。

第三十四条　邮政汇款的收款人应当自收到汇款通知之日起六十日内，凭有效身份证件到邮政企业兑领汇款。

收款人逾期未兑领的汇款，由邮政企业退回汇款人。自兑领汇款期限届满之日起一年内无法退回汇款人，或者汇款人自收到退汇通知之日起一年内未领取的汇款，由邮政企业上缴国库。

第三十五条　任何单位和个人不得私自开拆、隐匿、毁弃他人邮件。

除法律另有规定外，邮政企业及其从业人员不得向任何单位或者个人泄露用户使用邮政服务的信息。

第三十六条　因国家安全或者追查刑事犯罪的需要，公安机关、国家安全机关或者检察机关可以依法检查、扣留有关邮件，并可以要求邮政企业提供相关用户使用邮政服务的信息。邮政企业和有关单位应当配合，并对有关情况予以保密。

第三十七条　任何单位和个人不得利用邮件寄递含有下列内容的物品：

（一）煽动颠覆国家政权、推翻社会主义制度或者分裂国家、破坏国家统一，危害国家安全的；

（二）泄露国家秘密的；

（三）散布谣言扰乱社会秩序，破坏社会稳定的；

（四）煽动民族仇恨、民族歧视，破坏民族团结的；

（五）宣扬邪教或者迷信的；

（六）散布淫秽、赌博、恐怖信息或者教唆犯罪的；

（七）法律、行政法规禁止的其他内容。

第三十八条　任何单位和个人不得有下列行为：

（一）扰乱邮政营业场所正常秩序；

（二）阻碍邮政企业从业人员投递邮件；

（三）非法拦截、强登、扒乘带有邮政专用标志的车辆；

（四）冒用邮政企业名义或者邮政专用标志；

（五）伪造邮政专用品或者倒卖伪造的邮政专用品。

第四章　邮政资费

第三十九条　邮政普遍服务业务资费、邮政企业专营业务资费、机要通信资费以及国家规定报刊的发行资费实行政府定价，资费标准由国务院价格主管部门会同国务院财政部门、国务院邮政管理部门制定。

邮政企业的其他业务资费实行市场调节价，资费标准由邮政企业自主确定。

第四十条　制定邮政普遍服务业务资费标准和邮政企业专营业务资费标准，应当听取邮政企业、用户和其他有关方面的意见。

邮政企业应当根据国务院价格主管部门、国务院财政部门和国务院邮政管理部门的要求，提供准确、完备的业务成本数据和其他有关资料。

第四十一条　邮件资费的交付，以邮资凭证、证明邮资已付的戳记以及有关业务单据等表示。

邮资凭证包括邮票、邮资符志、邮资信封、邮资明信片、邮资邮简、邮资信卡等。

任何单位和个人不得伪造邮资凭证或者倒卖伪造的邮资凭证，不得擅自仿印邮票和邮资图案。

第四十二条　普通邮票发行数量由邮政企业按照市场需要确定，报国务院邮政管理部门备案；纪念邮票和特种邮票发行计划由邮政企业根据市场需要提出，报国务院邮政管理部门审定。国务院邮政管理部门负责纪念邮票的选题和图案审查。

邮政管理部门依法对邮票的印制、销售实施监督。

第四十三条　邮资凭证售出后，邮资凭证持有人不得要求邮政企业兑换现金。

停止使用邮资凭证，应当经国务院邮政管理部门批准，并在停止使用九十日前予以公告，停止销售。邮资凭证持有人可以自公告之日起一年内，向邮政企业换取等值的邮资凭证。

第四十四条　下列邮资凭证不得使用：

（一）经国务院邮政管理部门批准停止使用的；

（二）盖销或者划销的；

（三）污损、残缺或者褪色、变色，难以辨认的。

从邮资信封、邮资明信片、邮资邮简、邮资信卡上剪下的邮资图案，不得作为邮资凭证使用。

第五章　损失赔偿

第四十五条　邮政普遍服务业务范围内的邮件和汇款的损失赔偿，适用本章规定。

邮政普遍服务业务范围以外的邮件的损失赔偿，适用有关民事法律的规定。

邮件的损失，是指邮件丢失、损毁或者内件短少。

第四十六条　邮政企业对平常邮件的损失不承担赔偿责任。但是，邮政企业因故意或者重大过失造成平常邮件损失的除外。

第四十七条　邮政企业对给据邮件的损失依照下列规定赔偿：

（一）保价的给据邮件丢失或者全部损毁的，按照保价额赔偿；部分损毁或者内件短少的，按照保价额与邮件全部价值的比例对邮件的实际损失予以赔偿。

（二）未保价的给据邮件丢失、损毁或者内件短少的，按照实际损失赔偿，但最高赔偿额不超过所收取资费的三倍；挂号信件丢失、损毁的，按照所收取资费的三倍予以赔偿。

邮政企业应当在营业场所的告示中和提供给用户的给据邮件单据上，以足以引起用户注意的方式载明前款规定。

邮政企业因故意或者重大过失造成给据邮件损失，或者未履行前款规定义务的，无权援用本条第一款的规定限制赔偿责任。

第四十八条　因下列原因之一造成的给据邮件损失，邮政企业不承担赔偿责任：

(一)不可抗力，但因不可抗力造成的保价的给据邮件的损失除外；

(二)所寄物品本身的自然性质或者合理损耗；

(三)寄件人、收件人的过错。

第四十九条　用户交寄给据邮件后，对国内邮件可以自交寄之日起一年内持收据向邮政企业查询，对国际邮件可以自交寄之日起一百八十日内持收据向邮政企业查询。

查询国际邮件或者查询国务院邮政管理部门规定的边远地区的邮件的，邮政企业应当自用户查询之日起六十日内将查询结果告知用户；查询其他邮件的，邮政企业应当自用户查询之日起三十日内将查询结果告知用户。查复期满未查到邮件的，邮政企业应当依照本法第四十七条的规定予以赔偿。

用户在本条第一款规定的查询期限内未向邮政企业查询又未提出赔偿要求的，邮政企业不再承担赔偿责任。

第五十条　邮政汇款的汇款人自汇款之日起一年内，可以持收据向邮政企业查询。邮政企业应当自用户查询之日起二十日内将查询结果告知汇款人。查复期满未查到汇款的，邮政企业应当向汇款人退还汇款和汇款费用。

第六章　快递业务

第五十一条　经营快递业务，应当依照本法规定取得快递业务经营许可；未经许可，任何单位和个人不得经营快递业务。

外商不得投资经营信件的国内快递业务。

国内快递业务，是指从收寄到投递的全过程均发生在中华人民共和国境内的快递业务。

第五十二条　申请快递业务经营许可，应当具备下列条件：

(一)符合企业法人条件；

(二)在省、自治区、直辖市范围内经营的，注册资本不低于人民币五十万元，跨省、自治区、直辖市经营的，注册资本不低于人民币一百万元，经营国际快递业务的，注册资本不低于人民币二百万元；

(三)有与申请经营的地域范围相适应的服务能力；

(四)有严格的服务质量管理制度和完备的业务操作规范；

(五)有健全的安全保障制度和措施；

(六)法律、行政法规规定的其他条件。

第五十三条　申请快递业务经营许可，在省、自治区、直辖市范围内经营的，应当向所在地的省、自治区、直辖市邮政管理机构提出申请，跨省、自治区、直辖市经营或者经营国际快递业务的，应当向国务院邮政管理部门提出申请；申请时应当提交申请书和有关申请材料。

受理申请的邮政管理部门应当自受理申请之日起四十五日内进行审查，作出批准或者不予批准的决定。予以批准的，颁发快递业务经营许可证；不予批准的，书面通知申请人并说明理由。

邮政管理部门审查快递业务经营许可的申请，应当考虑国家安全等因素，并征求有关部门的意见。

申请人凭快递业务经营许可证向工商行政管理部门依法办理登记后，方可经营快递业务。

第五十四条　邮政企业以外的经营快递业务的企业(以下称快递企业)设立分支机构或者合并、分立的，应当向邮政管理部门备案。

第五十五条　快递企业不得经营由邮政企业专营的信件寄递业务，不得寄递国家机关公文。

第五十六条　快递企业经营邮政企业专营业务范围以外的信件快递业务，应当在信件封套的显著位置标注信件字样。

快递企业不得将信件打包后作为包裹寄递。

第五十七条　经营国际快递业务应当接受邮政管理部门和有关部门依法实施的监管。邮政管理部门和有关部门可以要求经营国际快递业务的企业提供报关数据。

第五十八条　快递企业停止经营快递业务的，应当书面告知邮政管理部门，交回快递业务经营许可证，并对尚未投递的快件按照国务院邮政管理部门的规定妥善处理。

第五十九条　本法第六条、第二十一条、第二十二条、第二十四条、第二十五条、第二十六条第一款、第三十五条第二款、第三十六条关于邮政企业及其从业人员的规定，适用于快递企业及其从业人员；第十一条关于邮件处理场所的规定，适用于快件处理场所；第三条第二款、第二十六条第二款、第三十五条第一款、第三十六条、第三十七条关于邮件的规定，适用于快件；第四十五条第二款关于邮件的损失赔偿的规定，适用于快件的损失赔偿。

第六十条 经营快递业务的企业依法成立的行业协会，依照法律、行政法规及其章程规定，制定快递行业规范，加强行业自律，为企业提供信息、培训等方面的服务，促进快递行业的健康发展。

经营快递业务的企业应当对其从业人员加强法制教育、职业道德教育和业务技能培训。

第七章 监督检查

第六十一条 邮政管理部门依法履行监督管理职责，可以采取下列监督检查措施：

(一)进入邮政企业、快递企业或者涉嫌发生违反本法活动的其他场所实施现场检查；

(二)向有关单位和个人了解情况；

(三)查阅、复制有关文件、资料、凭证；

(四)经邮政管理部门负责人批准，查封与违反本法活动有关的场所，扣押用于违反本法活动的运输工具以及相关物品，对信件以外的涉嫌夹带禁止寄递或者限制寄递物品的邮件、快件开拆检查。

第六十二条 邮政管理部门根据履行监督管理职责的需要，可以要求邮政企业和快递企业报告有关经营情况。

第六十三条 邮政管理部门进行监督检查时，监督检查人员不得少于二人，并应当出示执法证件。对邮政管理部门依法进行的监督检查，有关单位和个人应当配合，不得拒绝、阻碍。

第六十四条 邮政管理部门工作人员对监督检查中知悉的商业秘密，负有保密义务。

第六十五条 邮政企业和快递企业应当及时、妥善处理用户对服务质量提出的异议。用户对处理结果不满意的，可以向邮政管理部门申诉，邮政管理部门应当及时依法处理，并自接到申诉之日起三十日内作出答复。

第六十六条 任何单位和个人对违反本法规定的行为，有权向邮政管理部门举报。邮政管理部门接到举报后，应当及时依法处理。

第八章 法律责任

第六十七条 邮政企业提供邮政普遍服务不符合邮政普遍服务标准的，由邮政管理部门责令改正，可以处一万元以下的罚款；情节严重的，处一万元以上五万元以下的罚款；对直接负责的主管人员和其他直接责任人员给予处分。

第六十八条 邮政企业未经邮政管理部门批准，停止办理或者限制办理邮政普遍服务业务和特殊服务业务，或者撤销提供邮政普遍服务的邮政营业场所的，由邮政管理部门责令改正，可以处二万元以下的罚款；情节严重的，处二万元以上十万元以下的罚款；对直接负责的主管人员和其他直接责任人员给予处分。

第六十九条 邮政企业利用带有邮政专用标志的车船从事邮件运递以外的经营性活动，或者以出租等方式允许其他单位或者个人使用带有邮政专用标志的车船的，由邮政管理部门责令改正，没收违法所得，可以并处二万元以下的罚款；情节严重的，并处二万元以上十万元以下的罚款；对直接负责的主管人员和其他直接责任人员给予处分。

邮政企业从业人员利用带有邮政专用标志的车船从事邮件运递以外的活动的，由邮政企业责令改正，给予处分。

第七十条 邮政企业从业人员故意延误投递邮件的，由邮政企业给予处分。

第七十一条 冒领、私自开拆、隐匿、毁弃或者非法检查他人邮件、快件，尚不构成犯罪的，依法给予治安管理处罚。

第七十二条 未取得快递业务经营许可经营快递业务，或者邮政企业以外的单位或者个人经营由邮政企业专营的信件寄递业务或者寄递国家机关公文的，由邮政管理部门或者工商行政管理部门责令改正，没收违法所得，并处五万元以上十万元以下的罚款；情节严重的，并处十万元以上二十万元以下的罚款；对快递企业，还可以责令停业整顿直至吊销其快递业务经营许可证。

违反本法第五十一条第二款的规定，经营信件的国内快递业务的，依照前款规定处罚。

第七十三条 快递企业有下列行为之一的，由邮政管理部门责令改正，可以处一万元以下的罚款；情节严重的，处一万元以上五万元以下的罚款，并可以责令停业整顿：

(一)设立分支机构、合并、分立，未向邮政管理部门备案的；

(二)未在信件封套的显著位置标注信件字样的；

(三)将信件打包后作为包裹寄递的；

(四)停止经营快递业务，未书面告知邮政管理部门并交回快递业务经营许可证，或者未按照国务院邮政管理部门的规定妥善处理尚未投递的快件的。

第七十四条 邮政企业、快递企业未按照规定向用户明示其业务资费标准，或者有其他价格违法行为的，由政府价格主管部门依照《中华人民共和国价格法》的规定处罚。

第七十五条 邮政企业、快递企业不建立或者不执行收件验视制度，或者违反法律、行政法规以及国务院和国务院有关部门关于禁止寄递或者限制寄递物品的规定收寄邮件、快件的，对邮政企业直接负责的主管人员和其他直接责任人员给予处分；对快递企业，邮政管理部门可以责令停业整顿直至吊销其快递业务经营许可证。

用户在邮件、快件中夹带禁止寄递或者限制寄递的物品,尚不构成犯罪的,依法给予治安管理处罚。

有前两款规定的违法行为,造成人身伤害或者财产损失的,依法承担赔偿责任。

邮政企业、快递企业经营国际寄递业务,以及用户交寄国际邮递物品,违反《中华人民共和国海关法》及其他有关法律、行政法规的规定的,依照有关法律、行政法规的规定处罚。

第七十六条　邮政企业、快递企业违法提供用户使用邮政服务或者快递服务的信息,尚不构成犯罪的,由邮政管理部门责令改正,没收违法所得,并处一万元以上五万元以下的罚款;对邮政企业直接负责的主管人员和其他直接责任人员给予处分;对快递企业,邮政管理部门还可以责令停业整顿直至吊销其快递业务经营许可证。

邮政企业、快递企业从业人员有前款规定的违法行为,尚不构成犯罪的,由邮政管理部门责令改正,没收违法所得,并处五千元以上一万元以下的罚款。

第七十七条　邮政企业、快递企业拒绝、阻碍依法实施的监督检查,尚不构成犯罪的,依法给予治安管理处罚;对快递企业,邮政管理部门还可以责令停业整顿直至吊销其快递业务经营许可证。

第七十八条　邮政企业及其从业人员、快递企业及其从业人员在经营活动中有危害国家安全行为的,依法追究法律责任;对快递企业,并由邮政管理部门吊销其快递业务经营许可证。

第七十九条　冒用邮政企业名义或者邮政专用标志,或者伪造邮政专用品或者倒卖伪造的邮政专用品的,由邮政管理部门责令改正,没收伪造的邮政专用品以及违法所得,并处一万元以上五万元以下的罚款。

第八十条　有下列行为之一,尚不构成犯罪的,依法给予治安管理处罚:

(一)盗窃、损毁邮政设施或者影响邮政设施正常使用的;

(二)伪造邮资凭证或者倒卖伪造的邮资凭证的;

(三)扰乱邮政营业场所、快递企业营业场所正常秩序的;

(四)非法拦截、强登、扒乘运送邮件、快件的车辆的。

第八十一条　违反本法规定被吊销快递业务经营许可证的,自快递业务经营许可证被吊销之日起三年内,不得申请经营快递业务。

快递企业被吊销快递业务经营许可证的,应当依法向工商行政管理部门办理变更登记或者注销登记。

第八十二条　违反本法规定,构成犯罪的,依法追究刑事责任。

第八十三条　邮政管理部门工作人员在监督管理工作中滥用职权、玩忽职守、徇私舞弊,构成犯罪的,依法追究刑事责任;尚不构成犯罪的,依法给予处分。

第九章　附　则

第八十四条　本法下列用语的含义:

邮政企业,是指中国邮政集团公司及其提供邮政服务的全资企业、控股企业。

寄递,是指将信件、包裹、印刷品等物品按照封装上的名址递送给特定个人或者单位的活动,包括收寄、分拣、运输、投递等环节。

快递,是指在承诺的时限内快速完成的寄递活动。

邮件,是指邮政企业寄递的信件、包裹、汇款通知、报刊和其他印刷品等。

快件,是指快递企业递送的信件、包裹、印刷品等。

信件,是指信函、明信片。信函是指以套封形式按照名址递送给特定个人或者单位的缄封的信息载体,不包括书籍、报纸、期刊等。

包裹,是指按照封装上的名址递送给特定个人或者单位的独立封装的物品,其重量不超过五十千克,任何一边的尺寸不超过一百五十厘米,长、宽、高合计不超过三百厘米。

平常邮件,是指邮政企业在收寄时不出具收据,投递时不要求收件人签收的邮件。

给据邮件,是指邮政企业在收寄时向寄件人出具收据,投递时由收件人签收的邮件。

邮政设施,是指用于提供邮政服务的邮政营业场所、邮件处理场所、邮筒(箱)、邮政报刊亭、信报箱等。

邮件处理场所,是指邮政企业专门用于邮件分拣、封发、储存、交换、转运、投递等活动的场所。

国际邮递物品,是指中华人民共和国境内的用户与其他国家或者地区的用户相互寄递的包裹和印刷品等。

邮政专用品,是指邮政日戳、邮资机、邮政业务单据、邮政夹钳、邮袋和其他邮件专用容器。

第八十五条　本法公布前按照国家有关规定,经国务院对外贸易主管部门批准或者备案,并向工商行政管理部门依法办理登记后经营国际快递业务的国际货物运输代理企业,凭批准或者备案文件以及营业执照,到国务院邮政管理部门领取快递业务经营许可证。国务院邮政管理部门应当将企业领取快递业务经营许可证的情况向其原办理登记的工商行政管理部门通报。

除前款规定的企业外,本法公布前依法向工商行政管理部门办理登记后经营快递业务的企业,不具备本法规定的经营快递业务的条件的,应当在国务院邮政管理部门规定的期限内达到本法规定的条件,逾期达不到本法规定的条件的,不得继续经营快递业务。

第八十六条 省、自治区、直辖市应当根据本地区的实际情况,制定支持邮政企业提供邮政普遍服务的具体办法。

第八十七条 本法自2009年10月1日起施行。

全国政协主席贾庆林在北京出席鲁迅文化基金会成立会议暨2012鲁迅论坛并讲话

贾庆林指出,鲁迅先生是伟大的文学家、思想家、革命家,是中国近现代文化战线、思想战线的伟大战士,是享誉中外、深受景仰的一代文化大师,是中国现代文化史上一座巍然屹立的丰碑。鲁迅不懈呼唤民族的觉醒,不懈向往社会的光明,不懈追求崇高的理想,为实现民族解放和社会解放作出了突出贡献。鲁迅是中华民族的骄傲,是我们当之无愧的"民族魂"。在鲁迅身上,集中体现了忧国忧民、不懈斗争的爱国主义精神;集中体现了首在立人、为民请命的以人为本精神;集中体现了博采众长、吐故纳新的勇于创新精神;集中体现了百折不挠、锲而不舍的"韧"的战斗精神。鲁迅精神在唤起中国人民的觉醒和团结奋斗、增强中华民族凝聚力、提高民族自信心方面发挥了巨大作用,是中华民族精神的结晶,成为中华民族不屈的筋骨和灵魂。

贾庆林表示,成立鲁迅文化基金会,充分表明我们对鲁迅的深切怀念和崇高敬仰,充分体现了对鲁迅遗留下来的思想文化瑰宝的无比珍视。基金会的成立,必将对继承鲁迅文化遗产、弘扬鲁迅思想精神,促进文化改革发展、加强中外文化交流,起到积极的推动作用。

国务院副总理李克强在中南海紫光阁会见罗马尼亚外长科尔拉泰安

李克强说,中罗传统友谊深厚,两国关系持续向前发展,相互尊重和支持对方的核心利益及重大关切,各领域合作成效不断显现。中方愿与罗方共同努力,巩固两国政治关系基石,把长期友好的优势转化为更多务实合作成果,推动双边关系迈上新台阶。

李克强指出,中国一贯重视欧洲的作用和地位,愿不断深化与欧盟的关系。最近,欧洲稳定机制启动,对解决欧债问题发出了积极信号,相信欧方能进一步凝聚共识,推动形势向好的方向发展。中国将继续支持欧洲解决欧债问题的努力。中东欧发展是欧洲经济增长的重要潜力所在,中国愿深化与中东欧国家的合作交流,希望罗方发挥积极作用,为提升中国与中东欧国家的合作水平、推进中欧关系发展作出新贡献。

科尔拉泰安表示罗方高度重视罗中关系,愿与中方加强高层交往,欢迎中国企业赴罗投资,推动各领域合作取得新进展,并为深化中国—中东欧合作、拓展欧中关系发挥积极作用。

外交部部长杨洁篪会见时在座。

国务委员孟建柱在北京会见亚美尼亚国家安全会议秘书巴格达萨良

外交部部长杨洁篪在北京与罗马尼亚外长科尔拉泰安举行会谈

苏州国家历史文化名城保护区挂牌

苏州国家历史文化名城保护区今天挂牌,涵盖古城在内的苏州市中心城区姑苏区,将整体纳入保护区规划管理。这是国务院首批命名的24个历史文化名城中,第一个设立保护区的城市。

10月27日

国家主席胡锦涛致电古巴国务委员会主席劳尔·卡斯特罗就古巴东部地区遭受"桑迪"飓风袭击表示慰问

全国政协主席贾庆林在北京出席北京汽车自主品牌高端基地竣工暨生产线启动仪式

在北京汽车产业研发基地,贾庆林考察了研发基地沙盘和北汽集团自主研发的轿车、发动机,详细了解北京市大力支持北汽集团建设研发基地,增强自主创新和产品开发能力,打造国内一流的汽车研发中心等情况。贾庆林说,作为北汽集团自主创新和自主品牌研发的战略平台,北京汽车产业研发基地的全面投入使用,将极大增强北汽集团自主创新和产品开发能力,促进高端科技人才在北京的聚集,推进首都科技创新。要着力在提高技术水平、增强创新能力上下功夫,为打造"北京创造"城市名片,建设具有全球影响力的科技创新中心和中国特色世界城市作出更大贡献。

在国家汽车质量监督检验中心(北京),贾庆林仔细了解了汽车安全碰撞试验准备情况,向相关负责同志详细询问了北京市建设第三方汽车专业检测研究机构,满足自主品牌汽车研发需求和政府监管需要以及促进首都汽车产业科学发展等情况。在北京汽车自主品牌高端基地竣工仪式上,贾庆林等领导同志共同启动了生产线,还兴致勃勃地考察了冲压、焊装、总装车间。

10月28日

国务委员刘延东在北京出席2012年国际古迹遗址理事会顾问委员会会议开幕式并致辞

刘延东说，国际古迹遗址理事会作为国际文化遗产保护领域最具影响力的专业组织，汇集了世界各国的著名专家学者和管理者，长期以来为推动文化遗产保护理论和实践的发展、促进国际交流与合作发挥了重要作用。

刘延东指出，中国是历史悠久的文明古国，中国政府高度重视文化遗产的保护利用和传承发展，将其纳入国家可持续发展战略和建设公共文化服务体系的总体目标之中，采取了一系列措施大力推进。多年来，中国完善法制，增加投入，加强人才培养和科技支撑，开展全国范围的文物普查，建设世界文化遗产监测预警体系，推进博物馆免费开放，让公众共享文化遗产保护成果，探索了一个文明古国和发展中大国开展文物保护的有效路径。

刘延东强调，今年是《保护世界文化和自然遗产公约》诞生40周年。各国应在公约确立的框架下，努力构建富有活力和效率的国际合作体系，携手推进文化遗产的保护工作。应尊重不同国家各自的历史文化传统和价值观，维护文明多样性，并借助现代手段加以展示，使不同国家的民众能够感知和体验多元文明的精彩历史。应加强文化遗产地的能力建设，增加经费投入，并在有效保护的前提下，开展文化遗产的合理利用和适度开发，实现文化遗产保护可持续发展。

国际古迹遗址理事会于1965年在波兰华沙成立，是古迹遗址保护和修复领域最具影响的非政府国际组织，也是联合国教科文组织世界遗产委员会的专业咨询机构，目前有103个国家委员会、28个国际科学委员会和11000多名个人会员。

会前，刘延东会见了国际古迹遗址理事会主席古斯塔夫·阿罗兹、国际古迹遗址理事会顾问委员会主席约翰·赫德一行。

文化部部长蔡武、文物局局长励小捷、国际古迹遗址理事会主席古斯塔夫·阿罗兹等出席了有关活动。

亚洲最大射电望远镜在上海正式启用

我国第一个65米射电望远镜今天在上海落成，这是亚洲最大的射电望远镜，它将执行探月工程三期的测轨和定位任务，同时用于射电天文观测等多项科学研究。

上海65米射电望远镜是由中国科学院、上海市和探月工程共同出资建设的，落成后，其总体性能将位居亚洲第一、世界第四，标志着我国在大型射电望远镜领域进入世界先进水平。而这一项目的实施，还会带动高频段微波器件、高精度传感器、精密测量仪器等同步发展，其社会效益和经济效益十分重大。

第三届全国青少年科学影像节颁奖典礼在中国科技馆举行

来自教育部、团中央、中国科协等相关部门领导和全国各地科协项目负责人及获奖教师、学生代表300余人出席了颁奖典礼。

本届科学影像节以“节约能源资源、保护生态环境、保障安全健康、促进创新创造”为主题。

据悉，第三届科学影像节全国共有30个省、自治区、直辖市(包括香港特别行政区、新疆生产建设兵团)参加。

10月29日

全国人大常委会委员长吴邦国在人民大会堂会见汤加议长法卡法努阿

吴邦国积极评价两国议会交往。他说，中国全国人大愿进一步加强同汤加议会多层次、多领域的交流与合作，使议会关系成为促进中汤关系健康稳定发展的建设性力量。

法卡法努阿说，通过此次访问极大增进了对中国、中国共产党和中国人大制度的了解，充分认识到中国独特的政治体制是中国经济繁荣、政局稳定的保障。汤加十分钦佩中国的发展成就，赞赏中方将汤加视作国际社会平等一员，感谢中方长期以来给予的无私帮助，将一如既往坚定奉行一个中国政策，支持中国和平统一。汤加议会愿加强与中国全国人大的友好往来，学习借鉴中国的发展经验。

全球首只境外人民币股票在港交所挂牌

全球首只在境外(中国内地以外)上市的人民币交易股本证券29日在港交所登场。该只人民币交易股本证券为香港主板上市公司合和公路基建有限公司配售的人民币交易股份。全球首只人民币、港币同时交易的“双币双股”的正式挂牌交易也成为香港人民币离岸中心发展的又一里程碑事件。

国家主席胡锦涛根据全国人大常委会的决定任免驻外大使

一、免去刘登林的中华人民共和国驻也门共和国特命全权大使职务；

任命常华为中华人民共和国驻也门共和国特命全

权大使。

二、免去张志良的中华人民共和国驻卡塔尔国特命全权大使职务；

任命高有祯为中华人民共和国驻卡塔尔国特命全权大使。

三、免去杨广玉的中华人民共和国驻乍得共和国特命全权大使职务；

任命胡志强为中华人民共和国驻乍得共和国特命全权大使。

四、免去龚元兴的中华人民共和国驻塞内加尔共和国特命全权大使职务；

任命夏煌为中华人民共和国驻塞内加尔共和国特命全权大使。

中联部部长王家瑞在北京会见汤加议长法卡法努阿一行

"天宫一号"与"神舟"九号载人交会对接任务航天员飞行乘组颁奖授称大会在北京举行

国务委员刘延东在北京出席何梁何利基金2012年度颁奖大会并讲话

刘延东指出，科技奖励是推动科技进步的有效途径，是深化科技体制改革的重要内容。要建立、健全公开提名、科学评议、实践检验、公信度高的科技奖励机制，完善评审标准和办法，更加注重科技创新的质量和科技人员的实际贡献，切实发挥好科技奖励对创新人才的激励和引导作用。要进一步规范评审程序，增加评审过程透明度，健全评审结果公示制度，不断提高科技奖励的权威性和影响力。要坚持科技奖励的正确导向，重点奖励重大科技创新和杰出科技人才，特别要重视加强对青年科技人才的奖励。要充分调动社会各界参与和支持科技奖励的积极性，鼓励和规范社会力量设奖，培育若干具有鲜明学科和行业特色的社会奖励品牌，形成推进科技创新、提升自主创新能力的强大合力。

胡海岩等35人荣获2012年度何梁何利基金"科学与技术进步奖"，张黔等15人荣获"科学与技术创新奖"。全国人大常委会副委员长路甬祥，全国政协副主席、科技部部长万钢出席大会。

教育部发布《中国职业教育发展报告(2002—2012)》

报告显示，10年来，我国各级各类职业院校毕业生达7265万人，职业教育对我国主要劳动人口平均受教育年限增长的贡献率为21%。

报告显示，10年间，我国建立了世界上最大规模的职业教育体系。2011年，我国中等和高等职业学校在校生总数超过3000万人，依托学校和教育机构开展的各类培训达6000多万人次，探索出行业企业办学、集团化办学、行业与学校对话协作等职业教育办学模式，确立了覆盖广泛的职业教育学生资助体系。

同时，职业教育的发展对于就业能力的提升和教育结构的优化都发挥了显著作用。中职毕业生初次就业率连续6年95%以上，高职就业率达到87%以上；中职占高中阶段教育招生数的48.89%，高职占普通高等教育招生数的47.67%，初步实现了中央提出的普通教育和职业教育规模"大体相当"的目标。

报告还显示，"十一五"期间，各级各类职业教育开展农村劳动力转移培训1.85亿人次。

此外，从2007年起，国家通过加大财政投入，落实各项助学政策，扩大受助学生比例，提高资助水平，从制度上基本解决家庭经济困难学生的就学问题。

10月30日

预防腐败工作联席会议第六次会议在北京召开

会议指出，党的十七大以来，在党中央、国务院的正确领导下，在预防腐败工作联席会议各成员单位的共同努力下，预防腐败工作思路更加明确、格局日渐清晰、领域不断拓展，呈现出科学谋划、整体推进的良好态势，取得了比较明显的成效。一是把预防腐败工作摆在更加突出的位置，全党全社会齐抓共管预防腐败工作的局面进一步形成。二是加强对权力运行的制约监督，全面实施廉政风险防控，大力推进和深化政务公开，进一步依法规范了公权力行使。三是坚持改革和制度创新，逐步减少腐败现象滋生蔓延的土壤和条件。四是稳步开展社会领域防治腐败工作，预防腐败工作领域不断拓宽。五是坚持标本兼治，有效治理了一批群众反映强烈的突出问题。六是加强预防腐败国际合作和援助，做好《联合国反腐败公约》履约审议工作。

会议指出，预防腐败工作联席会议是组织领导预防腐败工作的重要机制。联席会议建立四年多来，充分发挥各个方面在预防腐败工作中的作用，统筹协调预防腐败各项政策措施，整合预防腐败资源，形成工作合力，进一步提高了预防腐败整体效能。在联席会议各成员单位共同努力以及有关部门大力支持下，预防腐败工作联席会议各议决事项都得到了较好推进，一些事项取得重要进展，有的已初步形成了制度成果，探索出一些有效预防腐败的新经验。

会议听取了财政部、发展改革委、人民银行、铁道部关于公务卡制度改革进展情况的汇报，研究讨论了国家预防腐败局提交的《市场中介组织突出问题专项治理工作方案(征求意见稿)》和《关于开展制度廉洁性评估工作的指导意见(征求意见稿)》。

中央纪委副书记、监察部部长兼国家预防腐败局局长马馼出席会议并讲话。中央组织部、全国人大常委会法工委、最高人民法院、最高人民检察院、发展改革委、财政部、人民银行、审计署、国资委、法制办等预防腐败工作联席会议成员单位负责同志出席会议,中央编办、民政部、司法部、人力资源和社会保障部、环境保护部、住房和城乡建设部、铁道部、工商总局有关负责同志应邀出席会议。

中联部部长王家瑞在北京会见以越共中央监察委员会副主任黎红廉为团长的越南党政干部考察团

高焕昌逝世

新疆军区原司令员高焕昌同志因病医治无效,于10月30日在乌鲁木齐逝世,享年89岁。

高焕昌是河北深县(今深州市)人,1939年参加革命,1940年参加八路军,1942年加入中国共产党。抗日战争时期,他历任通信员、班长、收发员、合作社经理等职,参加了冀中反"扫荡"、冀鲁豫临南等战役战斗。解放战争时期,他历任参谋、队长等职,参加了青化砭、羊马河、沙家店、扶眉等战役战斗。新中国成立后,他历任股长、团副参谋长、科长、团长、副师长、师长、北疆军区司令部副参谋长,南疆军区副司令员、司令员等职。

高焕昌是中国共产党第十三届中央委员会委员、第六届全国人大代表、第八届全国政协委员。他1988年被授予中将军衔,曾荣获二级独立自由勋章、二级解放勋章和独立功勋荣誉章。

10月31日

国家主席胡锦涛致电美国总统奥巴马就近日美国东部地区遭受热带风暴灾害造成人员伤亡和重大财产损失表示慰问

国务院总理温家宝在北京主持召开国务院常务会议研究部署土壤环境保护和综合治理工作

会议指出,按照国务院部署,有关部门历时6年开展了全国土壤污染状况调查。结果表明,全国土壤环境状况必须引起高度重视,工矿业、农业等人为活动是造成土壤污染的主要原因。会议提出,要将保护土壤环境、防治和减少土壤污染、保障农产品质量安全、建设良好人居环境作为当前和今后一个时期的主要目标,进一步摸清土壤环境质量状况,建立土壤环境质量调查、监测制度,构建土壤环境质量监测网,完善相关政策、法规和标准,实施"土壤环境保护工程",加快形成国家土壤环境保护体系,逐步改善土壤环境质量。

会议确定了以下主要任务:(一)严格保护耕地和集中式饮用水水源地土壤环境。确定土壤环境优先保护区域,建立保护档案和评估、考核机制。国家实行"以奖促保"政策,支持工矿污染整治、农业污染源治理。(二)加强土壤污染物来源控制。强化农业生产过程环境监管,控制工矿企业污染,加强城镇集中治污设施及周边土壤环境管理。(三)严格管控受污染土壤的环境风险。开展受污染耕地土壤环境监测和农产品质量检测,强化污染场地环境监管,建立土壤环境强制调查评估制度。(四)开展土壤污染治理与修复。以受污染耕地和污染场地为重点,实施典型区域土壤污染综合治理。(五)提升土壤环境监管能力。深化土壤环境基础调查,强化土壤环境保护科技支撑。

会议要求落实企业保护土壤环境的主体责任。充分发挥市场机制作用,吸引社会资金参与土壤环境保护。引导和鼓励公众积极参与和支持土壤环境保护。

会议讨论通过《中华人民共和国商标法修正案(草案)》。草案针对商标注册程序比较繁琐、恶意注册和商标侵权频发等突出问题,着眼方便申请人注册、维护公平竞争的市场秩序、加强商标专用权保护,对商标法作了修改。会议决定将草案提请全国人大常委会审议。

外交部部长杨洁篪在北京与联合国—阿盟叙利亚问题联合特别代表卜拉希米举行会谈

双方就当前叙利亚局势和如何推动政治解决进程深入交换了看法。

杨洁篪表示,叙利亚局势正处在关键阶段。叙利亚问题事关叙利亚人民的根本利益,事关中东地区的和平与稳定,通过政治途径解决叙利亚问题是唯一现实出路。叙利亚的前途命运应由叙利亚人民自主决定。叙利亚的主权、独立、统一和领土完整应得到尊重和维护。当务之急是敦促叙利亚有关各方尽快停火止暴,开启政治过渡进程。国际社会应全力配合、支持外交斡旋努力,同时加大人道主义援助力度,缓解叙利亚人道主义状况。

杨洁篪表示,中国政府高度重视叙利亚问题,并一直为叙利亚问题的和平、公正和妥善解决作出积极努力。杨洁篪阐述了中方关于推进叙利亚问题政治解决进程的倡议,赞赏卜拉希米积极开展斡旋、努力推动叙利亚问题的政治解决。杨洁篪表示,中方一直积极支持卜拉希米及其前任安南特使的外交斡旋努力,并愿与国际社会一道，为公正、和平、妥善解决叙利亚问题继续作出不懈努力。

卜拉希米介绍了叙利亚局势的最新进展，以及他开展斡旋、特别是近期访问叙利亚及有关地区国家的情况，表示叙利亚局势复杂、敏感，政治解决是唯一可行的办法。叙各方应切实停火止暴，为政治解决创造条件。卜拉希米感谢中方坚定支持他的斡旋工作，高度赞赏中国为推进叙利亚问题政治解决进程提出的倡议及所作努力，期待中方继续为叙利亚问题的政治解决发挥积极和建设性作用。

9月初，经联合国秘书长潘基文和阿盟秘书长阿拉比任命，阿尔及利亚前外长卜拉希米正式出任联合国—阿盟叙利亚问题联合特别代表。此系卜拉希米担任联合特别代表后首次访华。

国家高技术研究发展计划重大项目中国实验快堆工程通过科技部组织的专家验收

实验快堆的建成，标志着我国核能发展"压力堆—快堆—聚变堆"三步走发展战略中的第二步取得了重大突破，也标志着我国在四代核电技术研发方面进入国际先进行列，已成为世界上少数几个拥有快堆技术的国家之一。

我国首个以3D影视制作为主的3D产业园区在北京市西城区开园

园区内将建设3D立体影视制作基地、展示交流中心、3D立体影院、3D立体人才培训中心等多个产业发展配套服务板块；吸引从事立体拍摄、后期处理、立体CG特效制作专业技术企业入驻，立足北京文化资源优势，实现3D人才培训储备、设备技术展示研讨、立体影视交流等一系列产业要素集聚，抢占我国3D内容制作和摄制人才培养高地，推进我国3D产业蓬勃发展。园区远期将容纳3D企业和机构上百家，骨干企业近20家。

目前，园区入驻企业已与北京人民艺术剧院等文艺团体合作，摄制完成了《茶馆》《蔡文姬》《甲子园》等经典舞台剧的3D版本，用技术手段"立体记录"舞台上的名角表演。

11月1日

中央财政提前下达2013年农村危房改造补助预算指标150亿元

新华社报道：从财政部获悉，为做好农村危房改造工作，提高预算执行效率，近日，中央财政提前下达2013年中央农村危房改造补助预算指标150亿元，其余的补助资金将在明年全国人民代表大会批准预算后90日内下达。

2012年，农村危房改造工作由试点阶段转向全面推进。中央财政在年初预算安排225亿元的基础上，通过调整支出结构，三次追加农村危房改造补助资金221亿元，截至目前共安排446亿元，为上年投入的2.7倍，是2008年试点以来前四年中央补助资金总和的1.6倍，帮助各地完成560万户农村危房改造任务。

今年，中央农村危房改造户均补助标准由上年的6000元提高到7500元，陆地边境一线贫困农户和建筑节能示范户的户均补助标准提高到1万元。

在大陆落网的台湾犯罪嫌疑人和通缉犯在厦门被移交遣返

1日15时许，在大陆落网的10名台湾犯罪嫌疑人和3名台湾通缉犯在福建厦门被正式移交台湾方面。这是两岸执法部门紧密协作共同打击跨境犯罪的又一成果。

今年8月以来，在公安部统一组织指挥下，福建、广西、广东公安机关先后与台湾执法部门密切合作，抓获涉嫌拐骗强迫和组织大陆妇女到台湾卖淫、故意杀人犯罪的10名台湾犯罪嫌疑人和3名台湾通缉犯。根据《海峡两岸共同打击犯罪及司法互助协议》，大陆公安机关将10名台湾犯罪嫌疑人移交台湾相关部门，同时遣返3名台湾通缉犯。

伴随两岸关系和平发展，两岸人员往来频繁，经贸合作不断扩大，涉及两岸的违法犯罪活动也日益增多，严重侵害了两岸民众合法权益。大陆警方高度重视涉台案件侦办，将不断加大两岸执法合作的力度，严厉打击侵害两岸民众切身利益的各类违法犯罪活动

海关总署公布前三季度文化产品出口137亿美元

今年前3季度，我国出口文化产品137亿美元，较去年同期(下同)增长5.2%。其中，9月份当月出口22.1亿美元，同比增长5.7%。

海关统计显示，我国文化产品出口市场结构得到了优化。随着中华文化在全球影响力的日益增大，我国文化产品出口市场进一步扩大，出口目的地已遍布全球约220个国家或地区，亚非拉市场成为我国文化产品出口新的增长点。海关统计数据显示，今年前3季度我国对亚洲、拉丁美洲和非洲文化产品出口同比增速分别达到23%、62.1%和1.2倍，上述3者合计出口比重已占到40%以上。

文化产品出口规模的扩大和市场结构的优化，从一个侧面反映出了我国文化创意产业在国际市场影响力的壮大。近年来，地方各级政府越发重视文化产业的发展，纷纷通过举办交易会等多种形式做大做强文化产业，如具有较大影响力的中国(深圳)国际文化产业博览交易会、中国(北京)国际服务贸易交易会等。特别是，今年举办的首届中国(北京)国际服务贸易交易会取得了601.1亿美元成交额的好成绩。在展会经济的辐射作用下，货物贸易项下的文化产品国际贸易也得到了发展，例如今年前3季度北京市文化产品出口突破1亿美元大关，达到1.2亿美元，同比增长9.3%。

中西部省市在文化创意产业发展上也不甘落后，文化产品出口呈现高速增长态势。今年前3季度，我国文化产品出口规模前10大省市中有4个省市来自中西部，分别是重庆、江西、安徽和四川，合计出口规模占29.3%，而其出口同比增速分别高达6.2倍、97.2%、25.4倍和2.1倍，重庆出口规模更是一举跃居全国各省(市)第3位。

为促进文化产品进出口贸易的可持续发展，海关也从多方面支持国家文化产业的发展，一方面做好文化产品进出口的监管、服务和监测预警工作；另一方面为京交会、文博会等会展物资、人员提供通关便利和服务。与此同时，还针对国家对外文化贸易的需要，创新海关监管模式，促进文化产业的发展。例如，今年2月，中影股份公司以保税加工模式拿下中国电影加工贸易海外第一单，为企业节省大笔资金占用成本，迈出了中国影视后期制作开拓国际市场的一大步。今年3月11日，“国家对外文化贸易基地揭牌暨北京国际文化贸易服务中心”在北京天竺综合保税区奠基，文化创意产业入区发展使得北京天竺综合保税区成为国内首个“文化保税区”，并有望成为亚洲最大的文化产品交易市场。

为期三天的中澳新三国首次人道主义救援减灾联合演练在布里斯班结束

这次演练的基本想定为：太平洋假想岛国卡鲁萨姆发生地震，并引发海啸洪涝等次生灾害，造成大量房屋设施损毁和人员伤亡。应卡鲁萨姆政府请求，中、澳、新三国军方派出救援队赴灾区联合开展人道主义救援行动。

在为期3天的演练中，中、澳、新三方50多名参演

人员将完成研讨交流、桌面推演、实兵演习等任务。在桌面推演阶段,参演各方将主要从人道主义救援减灾行动组织计划、应急反应准备、兵力投送与保障、指挥控制、人员编组与装备、医疗救援展开等方面探讨多边联合救援行动的组织与实施;在实兵演习阶段,参演各方将展示现场急救、伤员后送和联合展开医疗救护所等内容,对假定灾难造成的10类伤病员实施医疗救治工作。

作为庆祝中澳、中新建交40周年的一项重要活动,这次演练是中、澳、新三国首次举行医疗救援领域的实兵演练,有利于深化相关国家和军队间友好合作关系、探索地区间多国合作开展人道主义医疗救援的新机制。

美国陆军军乐团首次访华在沪演出

晚上,中国人民解放军军乐团与美国陆军军乐团"潘兴军乐团"在东方艺术中心联合演出。

此次美国陆军军乐团访华是对解放军军乐团2011年5月访美的回访,是加强中美两军人文领域交流合作的务实举措。音乐会上,两军艺术家再一次密切协作、同台演出,分别演奏了中美两国国歌和《更尽酒》《胜利在召唤》《萨凡纳交响乐》《永恒的荣誉和勇气》等名曲。两军军乐团还联袂演奏了《牛仔》和《朝天阙》等曲目。作为压轴节目,《星条旗永不落》和《歌唱祖国》,分别反映了两国人民爱国情怀,引发全场观众强烈共鸣。

11月2日

以"文明的和谐与共同繁荣"为主题的北京论坛(2012)在北京开幕

全国人大常委会副委员长严隽琪出席并讲话。

严隽琪说,今天的中国虽然取得巨大的进步,但与世界一些发达国家的发展水平相比还有不少差距,中国仍然要积极吸收借鉴国外一切优秀的文化成果,开展多渠道、多形式、多层次的对外文化交流,广泛参与世界文明对话。中国历史上不乏同各国人民友好交流、互利合作、促进多元文化融合的千古佳话。中国的历史和改革开放的伟大实践证明,开放的心态就是自信的心态,就是进步的新开始。当中华民族以海纳百川、有容乃大的胸怀,接受一切有益的外来文化之际,就是中华文化生机勃发、国家民族有望之时。

由北京大学、北京市教委和韩国高等教育财团共同主办的北京论坛,自2004年开始每年举办一次。其宗旨是通过推动亚太地区人文社会科学领域的研究,促进世界的学术发展和社会进步,为全人类的发展作出贡献。

来自世界各地的300余名专家学者与会。联合国秘书长潘基文专门为论坛开幕式发来视频致辞。

2012厦门国际海洋周在厦门开幕

近50个国家和地区以及10多个国际组织的代表参会,将就海洋开发和保护等众多问题展开广泛交流。本届厦门国际海洋周主题为"蓝色经济、绿色增长——科技引领海洋经济发展",共有近10场论坛、3项海洋专题展览和10多项海洋文化活动。

11月3日

全国首个文化保税中心——北京大山子文化保税中心揭牌成立

所谓文化保税,是创新利用海关特殊监管区"进口商品免证、免税、保税"和"出口商品进区及区内生产退税"的一项优惠政策,也是促进文化商品低成本、高效率流转、流通的一种新型服务模式。

全国人大常委会副委员长周铁农在莫尔兹比港会见巴布亚新几内亚议长祖伦诺克

第三届世界汉学大会在北京开幕

第三届世界汉学大会在中国人民大学开幕。来自海内外的100多位专家、学者,围绕"汉学与当今世界"的主题展开交流。

11月4日

中国共产党第十七届中央委员会第七次全体会议公报

(2012年11月4日中国共产党第十七届中央委员会第七次全体会议通过)

中国共产党第十七届中央委员会第七次全体会议,于2012年11月1日至4日在北京举行。

出席会议的有中央委员200人,候补中央委员165人。中央纪律检查委员会委员和有关负责同志列席会议。

会议由中央政治局主持。中央委员会总书记胡锦涛作了重要讲话。

会议决定,中国共产党第十八次全国代表大会于2012年11月8日在北京召开。

会议听取和讨论了胡锦涛受中央政治局委托作的工作报告。全会讨论并通过了党的十七届中央委员会向党的第十八次全国代表大会的报告,讨论并通过了

《中国共产党章程(修正案)》,决定将这两份文件提请党的第十八次全国代表大会审议。习近平就党的十七届中央委员会向党的第十八次全国代表大会的报告讨论稿和《中国共产党章程(修正案)》讨论稿向全会作了说明。

全会充分肯定了党的十七届六中全会以来中央政治局的工作。一致认为,中央政治局高举中国特色社会主义伟大旗帜,全面贯彻党的十七大和十七届三中、四中、五中、六中全会精神,以邓小平理论和"三个代表"重要思想为指导,深入贯彻落实科学发展观,团结带领全党全军全国各族人民,坚持以科学发展为主题、以加快转变经济发展方式为主线,着力稳增长、控物价、调结构、惠民生、抓改革、促和谐,继续实施积极的财政政策和稳健的货币政策,保持宏观经济政策的连续性和稳定性,着力扩大国内需求,着力加强自主创新和节能减排,着力深化改革开放,着力保障和改善民生,全面推进社会主义经济建设、政治建设、文化建设、社会建设以及生态文明建设,全面推进党的建设新的伟大工程,各项事业取得了新的显著成绩,保持了经济平稳较快发展、社会和谐稳定,为召开党的第十八次全国代表大会创造了良好条件。

全会总结了党的十七大以来5年的工作。一致认为,这5年是不平凡的5年。面对复杂多变的国际环境和艰巨繁重的改革发展稳定任务,以胡锦涛同志为总书记的党中央带领全党,紧紧依靠全国各族人民,经受住各种困难和风险考验,全面推进了党和国家各项工作。经济平稳较快发展,改革开放取得重大进展,人民生活水平显著提高,民主法制建设迈出新步伐,文化建设迈上新台阶,社会建设取得新进步,国防和军队建设开创新局面,港澳台工作进一步加强,外交工作取得新成就,党的建设全面加强,坚持和发展了中国特色社会主义。

全会决定,增补范长龙、许其亮为中共中央军事委员会副主席。

全会按照党章规定,决定递补中央委员会候补委员王学军、王建平为中央委员会委员。

全会审议并通过了《中共中央纪律检查委员会关于薄熙来严重违纪问题的审查报告》、《中共中央纪律检查委员会关于刘志军严重违纪问题的审查报告》,确认中央政治局2012年9月28日作出的给予薄熙来开除党籍、2012年5月28日作出的给予刘志军开除党籍的处分。

全会全面分析了当前形势和任务,深入讨论了新形势下发展中国特色社会主义伟大事业、推进党的建设新的伟大工程的若干重大问题,为召开党的第十八次全国代表大会做了充分准备。

中国共产党第十七届中央纪律检查委员会第八次全体会议公报

(2012年11月4日中国共产党第十七届中央纪律检查委员会第八次全体会议通过)

中国共产党第十七届中央纪律检查委员会第八次全体会议,于2012年11月3日至4日在北京举行。中央纪律检查委员会委员125人出席会议,并列席了中国共产党第十七届中央委员会第七次全体会议。

中央纪律检查委员会常务委员会主持会议,中共中央政治局常委、中央纪律检查委员会书记贺国强作了重要讲话。

全会审议并通过了中共中央纪律检查委员会向党的第十八次全国代表大会的工作报告,同意将报告提请党的第十八次全国代表大会审查。

全会认为,党的十七大以来,中央纪委和各级纪委在以胡锦涛同志为总书记的党中央领导下,高举中国特色社会主义伟大旗帜,以邓小平理论和"三个代表"重要思想为指导,深入贯彻落实科学发展观,坚持党要管党、从严治党方针,全面履行党章赋予的职责,扎实推进党风廉政建设和反腐败工作,取得新的进展和成效,为党和国家事业发展提供了有力保障。同时也要看到,在世情、国情、党情发生深刻变化的新形势下,我们党面临的执政考验、改革开放考验、市场经济考验、外部环境考验是长期的、复杂的、严峻的,精神懈怠危险、能力不足危险、脱离群众危险、消极腐败危险更加尖锐地摆在全党面前,反腐败斗争形势依然严峻、任务依然艰巨,必须充分认识反腐败斗争的长期性、复杂性、艰巨性,坚持反腐倡廉常抓不懈、拒腐防变警钟长鸣。

全会强调,坚决反对腐败、建设廉洁政治,是我们党一贯坚持的鲜明政治立场,是人民关注的重大政治问题。要坚持围绕中心、服务大局,坚持标本兼治、综合治理、惩防并举、注重预防方针,紧紧围绕党的先进性和纯洁性建设,着力加强以保持党同人民群众血肉联系为重点的作风建设,深入推进以完善惩治和预防腐败体系为重点的反腐倡廉建设,认真解决反腐倡廉建设中人民群众反映强烈的突出问题,坚定信心、加大力度,与时俱进、改革创新,进一步提高反腐倡廉建设科学化水平,做到干部清正、政府清廉、政治清明,为落实党的十八大作出的各项重大决策和战略部署提供有力保证。

全会增选张军同志为中央纪委副书记,陈文清同志为中央纪委常务委员会委员、副书记。

全会要求,各级纪委要紧密团结在以胡锦涛同志为总书记的党中央周围,勇于进取,扎实工作,不断取得党风廉政建设和反腐败斗争新成效,为圆满完成党的十八大各项战略决策部署、实现全面建成小康社会的奋斗目标作出更大贡献！

国务院副总理李克强致信在天津举行的2012中国国际矿业大会

国务院副总理李克强代表中国政府对大会的召开表示祝贺。

李克强在致信中说，矿业开发是经济发展的“先行官”，经济发展是矿业繁荣的“推动器”。当前，世界经济复苏艰难曲折，产业结构调整和新技术革命正在演进，矿业发展既面临挑战，也蕴藏机遇，希望国际矿业界立足长远，携手应对，开放合作，供需互惠，共同维护大宗矿产品供应和市场平稳，以矿业健康发展支撑全球经济稳定增长。

李克强指出，中国是矿业生产和消费大国，多年来为全球矿业发展提供了有力支撑和广阔空间。面对工业化、城镇化的深入推进，我们将坚持立足国内，加快找矿步伐和节约集约利用资源并重，提高国内矿产综合保障能力，同时继续积极参与国际合作，与有关国家一起，作国际矿业市场的建设性推动者，实现共赢发展。

中国国际矿业大会迄今连续举办十四届，已成为亚洲最大的矿业盛会和全球四大矿业大会之一，是国际矿业交流合作的重要平台，为推动世界经济繁荣和可持续发展作出了重要贡献。本次大会以“携手应对、共促发展”为主题，旨在共同破解全球矿业发展面临的困难和挑战。来自55个国家的矿业界、金融界和政府部门等方面的6000多名代表参加大会，430余家企业和单位参加大型展览，还将签署总金额达130多亿元的近百个矿业合作项目。大会由国土资源部、天津市人民政府和中国矿业联合会共同主办，中国国家发展和改革委员会等6个国家部委、国家开发银行等4个国内外金融机构及澳大利亚、加拿大、南非驻华使馆协办。

我国发现国内最大规模国际级铀矿

国土资源部宣布，在我国内蒙古中部大营地区，新发现了一处国内最大规模的世界级铀矿，这一发现同时打破了我国此前没有国际级大铀矿的局面。

这次由中央地勘基金管理中心组织实施的巨型铀矿床的发现，不仅刷新了我国已有的铀矿规模纪录，同时为找铀开创了新的思路。此次巨型铀矿的发现，将为我国核工业发展打下坚实基础。

我国首座智能化生态电厂投产 年发电量达110亿千瓦

由中国华电投资建设的我国首座智能化生态电厂首台百万千瓦超超临界机组4日在山东莱州投产发电。该机组设计发电煤耗为268.5克/千瓦时，居世界领先后水平。年发电量达110亿千瓦。实现了单机容量最大、设计煤耗领先、废水零排放、不占耕地资源和淡水资源等环保设计要求。

11月5日

中共中央在中南海召开党外人士座谈会

座谈会上，中共中央总书记胡锦涛首先介绍了中共十八大报告征求意见稿的形成过程，并就报告主要内容作了说明。他希望党外人士畅所欲言、各抒己见，对中共十八大报告征求意见稿提出意见。

民革中央主席周铁农、民盟中央主席蒋树声、民建中央主席陈昌智、民进中央主席严隽琪、农工党中央主席桑国卫、致公党中央主席万钢、九三学社中央主席韩启德、台盟中央主席林文漪、全国工商联主席黄孟复、无党派人士陈竺先后在会上发言。他们认为，中共十七大以来，以胡锦涛同志为总书记的中共中央，坚持以邓小平理论和“三个代表”重要思想为指导，深入贯彻落实科学发展观，全方位推进改革开放，我国经济建设、政治建设、文化建设、社会建设以及生态文明建设取得显著成就，民生持续改善，综合国力持续增强，国际地位持续提高。他们认为，中共十八大报告征求意见稿高屋建瓴、总览全局，是一个解放思想、实事求是、与时俱进的报告，反映了时代发展要求，体现了人民热切期盼，是中国共产党面向世界、面向未来的政治宣言，是对马克思主义中国化成果的丰富和发展，是引领中华民族走向伟大复兴的旗帜。他们就努力实现稳增长、调结构目标，坚持和完善中国共产党领导的多党合作和政治协商制度，深化基础教育体制改革，发展社会主义先进文化，加强和创新社会管理，促进社会公平正义，加强和改进党的建设，加大制度反腐力度等问题提出了意见和建议。

听取了大家的发言后，胡锦涛作了重要讲话。

胡锦涛指出，全面建设小康社会，是我们党准确把握本世纪头20年我国发展重大战略机遇期提出的宏伟目标，对推进社会主义现代化和中华民族伟大复兴具有十分重大的意义。归结起来说，我们在这20年已经做和将要做的一切工作都是为了全面建成小康社会。10年来，全党全国各族人民围绕全面建设小康社会目标团结奋斗、锐意进取，不断推进改革开放和社会主义现代化建设，取得一系列重大成就，为全面建成小康社会打下了坚实基础。未来5年，对我们在已经取得成就的基础上实现到2020年全面建成小康社会的目标，具有决定性意义。

胡锦涛强调，全面建成小康社会，是包括广大统一战线成员在内的全国各族人民的共同目标和共同事业，需要中国共产党和各民主党派、工商联和无党派人士共同努力。希望同志们加深对国内外发展大势的认识，加深对中国特色社会主义的认识，加深对全面建成小康社会和全面深化改革开放目标的认识，加深对中国特色社会主义事业总体布局的认识，为全面建成小康社会作出新的更大的贡献。中国共产党坚持长期共存、互相监督、肝胆相照、荣辱与共的方针，加强同民主党派团结合作，巩固和发展最广泛的爱国统一战线，最大限度凝聚和运用各方面的智慧和力量，最大限度调动和发挥全社会的积极性、主动性、创造性，共同为坚持和发展中国特色社会主义而努力奋斗。

国务院总理温家宝在万象出席第九届亚欧首脑会议第一次领导人会议并作题为《共同担负起促进世界经济稳定增长的重任》的主旨发言

温家宝说，国际金融危机爆发四年多来，亚欧各国不断完善国内经济政策，有针对性地解决各自面临的突出矛盾和问题，同时加强宏观经济政策国际对话与协调，深化各个领域的务实合作，推动了世界经济复苏。

温家宝表示，中国是负责任的大国，坚持把自己的事情办好，在最短时间内使中国经济回稳并保持平稳较快发展；我们坚持开放合作，推动进出口平衡发展、利用外资与对外投资协调发展；积极参与全球经济治理，推动国际金融体系改革，向遇到经济困难的国家伸出援手。这些说明，中国是世界经济增长的重要引擎，对世界经济复苏发挥了至关重要的作用。我们不仅有信心实现今年的发展目标，也完全有信心、有条件、有能力实现更长时期、更高水平、更好质量的发展。

温家宝指出，目前，国际金融危机并没有结束，各种不确定性和下行风险还很多。亚洲人口众多，资源丰富，市场广阔，是当今世界最具发展活力的地区。欧洲拥有强大的实体经济、健全的市场体系、雄厚的科技力量，作为世界重要一极的地位不会改变。只要我们齐心协力，携手合作，完全有能力担负起促进世界经济稳定增长的重任，给世界以信心、勇气和希望。温家宝提出四点建议：

第一，自由、开放、公正的国际贸易是世界经济增长的重要动力。

第二，加强宏观经济政策协调仍是当前一项重要任务。

第三，共同推动科技创新是战胜危机的根本手段。

第四，健全的全球经济治理体系是世界经济增长的制度保障。

温家宝就深化亚欧合作提出四项倡议：举办亚欧会议未来发展方向研讨会；建立亚欧水资源科技创新合作网络；开展亚欧林业示范项目；更好地发挥亚欧基金的作用。

温家宝最后说，亚欧合作的目标越来越明确，基础越来越牢固，内涵越来越丰富，我对亚欧建设新型全面伙伴关系充满期待与信心，相信亚欧合作的道路一定会越来越宽广。

同日，温家宝出席了第九届亚欧首脑会议开幕式和亚欧会议扩员仪式。

亚欧会议成立于1996年，是亚洲和欧洲之间的政府间跨区域对话论坛，旨在通过加强对话与合作，建立亚欧新型全面伙伴关系。孟加拉国、挪威、瑞士正式加入后，亚欧会议正式成员增至51个。本届亚欧首脑会议的主题是“和平挚友，繁荣伙伴”。

国务院总理温家宝在万象与老挝人民革命党总书记 国家主席朱马利举行会谈

温家宝说，老挝举办亚欧首脑会议和即将加入世贸组织，体现了国家的发展繁荣和开放，中方表示热烈祝贺。近年来，中老保持了频繁的高层交往，达成许多重要共识，推动两国全面战略合作伙伴关系不断深入发展。在当前形势下，做好以下几方面工作尤为重要：一是在涉及彼此核心利益的问题上继续坚定地相互支持；二是在平等互利的基础上扩大务实合作；三是加强中国与东盟的团结与互信；四是深化湄公河流域执法安全合作。

朱马利表示，近年来，老中关系全面、深入发展，造福了两国人民。老方愿与中方密切配合，推动东盟与中国关系不断向前发展。他预祝中国共产党十八大圆满成功，相信在中国共产党的领导下，中国特色社会主义事业必将取得更大成功。

国务院总理温家宝在万象与法国总统奥朗德举行会谈

温家宝说，法国有很强的科技实力和雄厚的工业基础，中国有巨大的市场潜力，双方要更好地把各自优势和需求结合起来，实现互利共赢。一是发展全面、平衡的经贸关系，中方不追求贸易顺差，欢迎法方开拓中国市场，希望法方坚持开放和公平贸易。二是在核能、航空领域加大技术合作力度，共同开拓第三国市场。三是在新能源、节能环保、创意设计、现代农业等领域拓展合作，使它们成为新的经济增长点。四是加强金融合作。中方将继续通过双边和多边渠道参与解决欧债问题，相信欧盟依靠自身的不懈努力和国际社会的支持，一定能够渡过难关，实现新的发展。

奥朗德表示，法中拥有广泛的共同利益，进行了很好的合作，在许多国际和地区问题上有着相同的观点，都主张世界多极化。良好的法中关系对法国至关重要。法方对中国的发展充满信心，也希望中国对法国和欧洲继续抱有信心。奥朗德赞成温家宝提出的加强两国关系和中欧关系的建议，愿与中方共同作出努力。

国务院总理温家宝在万象与意大利总理蒙蒂和保加利亚总统普列夫内利耶夫举行会谈

在会见蒙蒂时，温家宝表示，一段时间以来，欧盟采取了若干重大举措应对欧债问题，意大利积极推进财政改革和经济振兴计划，这些都让欧洲和国际社会看到了希望，增添了信心。中方支持欧方作出更有成效的努力，倡议中欧探讨在经贸、投资、基础设施、金融、高科技等领域开展大规模合作。意大利有灿烂的文化和很强的创新能力，在欧盟中发挥着重要影响。中方愿与意方加强协调合作，继续应对国际金融危机，推动中意、中欧关系取得更大进展。

蒙蒂表示，中国一直对欧洲经济和欧元抱有信心，为欧盟和意大利应对欧债危机提供了宝贵支持和帮助，意方对此表示高度赞赏和感谢。意大利正在进行结构性改革，经济和财政状况明显改善，愿与中方在经贸、金融领域开展更紧密的合作，做互利共赢的真诚朋友。

在会见普列夫内利耶夫时，温家宝表示，保加利亚是最早承认中华人民共和国的国家之一。建交63年来，双方相互尊重，平等相待，传统友谊得到巩固和发展。保加利亚在国际金融危机中坚持市场开放，积极吸引外资，这为中保扩大互利合作提供了有利条件。中国政府鼓励本国企业赴保加利亚投资，在中国与中东欧合作框架下就确定和实施有关项目加强磋商，争取早日见到成效。双方要共同努力，加强政治、文化、社会等领域交流，全面推进两国友好关系。

普列夫内利耶夫表示，保中传统友谊深厚，政治互信牢固，是长期可靠的合作伙伴。保方有着进一步发展与中国关系的强烈意愿，愿与中方密切沟通协调，全面规划各领域合作。保方欢迎中方企业扩大对保投资，将为此提供便利。

全国政协主席贾庆林出席在北京举行的纪念马文瑞同志诞辰100周年座谈会

马文瑞同志是中国共产党的优秀党员，忠诚的共产主义战士，久经考验的无产阶级革命家，我党政治工作杰出的领导人，曾任中国人民政治协商会议第六、七届全国委员会副主席。

全国政协副主席王刚出席座谈会并讲话。王刚说，马文瑞同志的一生是革命的一生，光辉战斗的一生，全心全意为人民服务的一生。马文瑞同志在70多年的革命生涯中，为党和人民的事业不懈奋斗，鞠躬尽瘁，在党内和人民群众中享有崇高威望。他为中国人民的解放事业，为社会主义革命、建设和改革开放，为中国特色社会主义事业建立的不朽功勋，深深铭刻在我们心中。他的革命精神和崇高风范，是激励我们开拓前进的宝贵精神财富，永远值得我们学习。

中共中央政治局委员、中央书记处书记、中央组织部部长李源潮，全国人大常委会原副委员长李铁映出席座谈会。全国政协副主席兼秘书长钱运录主持座谈会。

第十四届中国国际工业博览会在上海举办

本届工博会共评出38项获奖展品，其中“海洋石油981”等金奖4项、银奖9项、铜奖14项、创新金奖1项、创新奖10项。这些获奖展品较高程度上代表了当今国内外先进装备制造业企业的创新能力和水平，反映出中国战略性新兴产业获得的最新进展。

本届“中国工博会”共吸引专业观众11.14万人次，实现贸易成交额累计30519.86万元人民币，贸易意向签约额累计29540.65万元人民币，工博会已成为展示科技突破和应用创新技术成果的窗口。

工博会是由发展改革委、商务部、工业和信息化部、科技部、教育部、中国科学院、中国工程院、中国贸促会和上海市人民政府共同主办的大型国际工业博览会，是目前我国工业领域规模最大、质量最高、最具影响力的品牌展。

全球卫星导航系统国际委员会第七届大会在北京开幕

全球卫星导航系统国际委员会是联合国推动成立的政府间非正式组织，旨在加强卫星导航领域的协调与合作，促进卫星导航全球化应用。中国于2007年9月加入该委员会，中国北斗与美国GPS、俄罗斯格洛纳斯、欧盟伽利略是该委员会认可的四大全球卫星导航系统。本届大会以卫星导航系统兼容与互操作、服务性能提升、能力建设等为主要议题，来自16个国家和地区以及18个国际组织的240多名代表出席。

首届韬奋出版人才高端论坛在北京举办

在邹韬奋先生诞辰117周年之际，由韬奋基金会联合中国新闻出版研究院、中国新闻出版报社共同举办的首届韬奋出版人才高端论坛于今天在北京正式召开。

论坛公布了首届韬奋出版人才高端论坛征文获奖

名单并现场颁发奖项。

本届论坛以解决新闻出版业转企后人才培养和管理中凸现的新情况新问题为基本目标,以培养高端出版人才、加强人才队伍建设管理、服务行业发展为根本出发点,把论坛打造成研讨人才培养大计的平台,着力推进人才兴业战略,激励新闻出版工作者建设新闻出版强国。

11月6日

国务院总理温家宝在万象出席第九届亚欧首脑会议第二次领导人会议

温家宝表示,当前,国际形势继续发生深刻复杂变化,能源安全、粮食安全、防灾减灾、气候变化等全球性问题依然突出,对世界经济全面复苏和亚欧各国长远发展带来挑战。

温家宝指出,能源安全是关系国计民生、人民福祉的重大问题,对确保世界经济全面复苏和长远发展具有重要意义。亚洲和欧洲的能源生产国、消费国和运输国应共同努力,树立互利合作、多元发展、协同保障的新能源安全观。要大力发展清洁能源和可再生能源,促进能源结构优化,稳定能源价格,维护能源市场正常秩序;节能增效,推动建立节约型生产方式和消费模式。

温家宝表示,亚洲国家积累了丰富的抗灾经验,欧洲国家拥有以高新技术支撑的减灾救灾产品,双方要加强防灾减灾领域的合作。一是积极开展政策对话和协调,研究建立重大灾害应急救援合作机制,相互提供人道主义援助;二是建立有效的信息沟通渠道,提高灾害监测和预警能力,特别是加强空间技术在防灾减灾领域的应用与合作;三是促进防灾减灾人员交流和培训,加强经验分享和防灾减灾能力建设。

全国政协主席贾庆林在北京出席国际竹藤组织成立15周年纪念大会并致辞

贾庆林表示,国际竹藤组织成立15年来,已发展成为拥有38个成员国和100多个合作伙伴的国际组织,为加快竹藤资源开发、促进竹藤产区脱贫减困、繁荣竹藤产品国际贸易等发挥了重要作用,赢得了国际社会的广泛赞誉。

贾庆林表示,应充分认识到竹藤业发展面临的大好机遇,进一步挖掘竹藤业发展的巨大潜力,大力促进全球竹藤业发展,更好地满足生态环境保护和经济社会发展对竹藤的巨大需求。中国政府高度重视竹藤资源培育和利用,坚持把竹产业作为林业重点产业,纳入林业发展规划,投入大量资金用于竹藤技术研究推广,坚持举办中国竹文化节等活动,提高公众对竹子作用与潜力的认识,促进了竹藤资源培育和竹藤业发展。他就加快竹藤业发展提出三点建议:

第一,推进科技创新,提升发展水平。加强竹藤新产品、新工艺研发推广,大幅提升竹藤资源、竹藤产品的数量和质量,增强竹藤业可持续发展能力,促进竹藤业发展不断迈上新台阶。第二,有序开发利用,发挥更大效益。充分发挥竹藤在经济、社会、生态、文化等方面的多种功能,不断发展壮大竹藤产业,积极促进社会就业,切实帮助贫困地区人民逐步摆脱贫困,努力改善生态环境。第三,加强国际合作,实现共同发展。加强各国竹藤利用政策协调,深化经济技术合作和信息交流,减少或消除绿色贸易壁垒,不断提升国际合作水平。中国政府愿意从资金、技术等方面继续支持发展中国家开发利用竹藤资源。

贾庆林表示,国际竹藤组织是第一个总部设在中国的政府间国际组织。中国政府高度关注并大力支持国际竹藤组织发展壮大,积极为国际竹藤组织提供技术支撑和后勤服务,确保其在华有效开展工作,今后将一如既往地支持国际竹藤组织保护、发展和利用竹藤资源,与国际社会一道共同推动全球竹藤业又好又快发展。

全国政协主席贾庆林致信2012波兰·中国西藏文化周

贾庆林在贺信中说,“海内存知己,天涯若比邻”。中国和波兰虽然远隔千山万水,但独具特色的悠久历史和灿烂文化把两国人民紧密联系在一起。西藏文化是中华乃至世界文化宝库中的瑰宝。中国首次在波兰举办以西藏为主题的综合文化展示活动,是中波两国文化交流的重要组成部分,将为波兰公众打开一个了解感知“世界屋脊”——中国西藏的重要窗口。

贺信说,60年来,西藏在中央政府的统一领导下,开启了这片古老而神奇的土地走向繁荣进步和现代文明的光明进程,创造了短短几十年跨越千百年的人间奇迹,令世界瞩目和惊叹。中国西藏文化周将通过一系列活动,向波兰人民全方位展示西藏令人陶醉的自然风光、独具魅力的风土人情、古老神奇的艺术奇葩、翻天覆地的时代变迁、欣欣向荣的发展奇迹、团结和谐的社会局面,让波兰人民直观了解和感受西藏半个多世纪以来伴随人类文明进程的现代化建设辉煌成就。

证监会正式发布《关于加强与上市公司重大资产重组相关股票异常交易监管的暂行规定》

国务院副总理李克强在中南海紫光阁会见出席国际竹藤组织成立15周年纪念活动的外方代表

李克强说,国际竹藤组织是第一个总部设在中国的政府间国际组织,作为东道国,中国政府一贯支持其在华开展工作。竹和藤是重要的生态资源和经济资源，世界上有15亿人的生活与之密切相关，中国有大量农民从事竹藤生产和加工。竹藤还承载着独特的文化价值。有效保护和合理开发利用竹藤资源，对于改善生态、消除贫困、推动经济发展具有重要意义。

国际竹藤组织理事会主席国孟加拉国内阁成员、粮食与灾害管理部部长拉扎克代表外方发言，感谢中国政府对国际竹藤组织发展的支持，表示愿继续加强同中方的合作。

在华出席国际竹藤组织成立15周年纪念活动的国际竹藤组织成员国和竹藤产区国家的部级官员代表，国际竹藤组织董事会成员，以及中国政府有关部门负责人参加了会见。

外交部部长杨洁篪在万象出席亚欧首脑会议第四次全会

日本不顾亚欧会议的合作主题，不顾大多数成员的愿望，蓄意在钓鱼岛问题上歪曲事实，无理辩解。对此，与会的外交部部长杨洁篪即当场予以坚决驳斥。

杨洁篪向与会各方代表阐述了钓鱼岛问题历史与事实真相及中方的严正立场。杨洁篪说，钓鱼岛及其附属岛屿自古以来就是中国的神圣领土。中国对这些岛屿行使了长期有效的管辖。1895年日本在甲午战争末期窃取了这些岛屿，并强迫中国政府签署了不平等条约，将包括这些岛屿在内的有关领土割让给日本。第二次世界大战结束后，根据《开罗宣言》和《波茨坦公告》等国际文件，钓鱼岛等岛屿同被日本侵占的其他中国领土一起回归中国。日本政府采取所谓"购岛"等单方面行动严重侵犯中国主权，是对世界反法西斯战争胜利成果的公然否定，是对战后国际秩序和《联合国宪章》宗旨和原则的严重挑战。中国政府维护领土主权的立场坚定不移。中方强烈敦促日方立即停止一切损害中国领土主权的行为，以实际行动纠正错误，为妥善解决当前事态作出实实在在的努力。

杨洁篪指出，亚欧会议是亚欧各国谋求互利合作、促进共同发展的平台。日方不顾亚欧合作大局，在会上蓄意挑起钓鱼岛问题，是完全不得人心的，其图谋根本不可能得逞。

国防部部长梁光烈在八一大楼会见波兰军队第一副总参谋长戈楚尔率领的波军友好参观团一行

梁光烈说，中波两军长期保持着传统友好关系。近年来，两军关系发展较快，高层交往密切，军兵种交流取得新的进展，机制化交往项目运作顺利，专业领域的务实合作不断扩大。中波两军共同致力于维护地区和世界的和平稳定，中方愿与波方一道，进一步发掘两军合作潜力，增加人员往来，扩大交流领域，促进两军关系健康发展。

梁光烈说，"二战"给中波两国人民带来深重灾难，这段历史必须牢记。日本作为"二战"侵略国，至今未对历史进行深刻反省。日本右翼政客参拜靖国神社，日方在钓鱼岛问题上挑起事端，是企图否定"二战"胜利成果的错误行径。

湄公河中国船员遇害案一审宣判

下午，云南省昆明市中级人民法院对"10·5"湄公河13名中国船员遇害案作出了一审判决，糯康等4名被告人被判处死刑。

法院以故意杀人罪、运输毒品罪、绑架罪、劫持船只罪数罪并罚，判处被告人糯康、桑康、依莱死刑；以故意杀人罪、绑架罪、劫持船只罪数罪并罚，判处被告人扎西卡死刑；以故意杀人罪、绑架罪、劫持船只罪数罪并罚，判处被告人扎波死刑，缓期两年执行；以劫持船只罪判处被告人扎拖波有期徒刑8年；同时判决6名被告人连带赔偿各附带民事诉讼原告人共计人民币600万元。

案件宣判后，各被告人均当庭表示上诉。

2011年10月5日，糯康犯罪集团在湄公河金三角地区水域劫持两艘中国船只，并枪杀了13名中国籍船员。

11月7日

中国共产党第十八次全国代表大会在人民大会堂举行预备会议

胡锦涛同志主持会议。

党的十八大应到代表、特邀代表2325人。

出席今天预备会议的代表、特邀代表2280名。

会议以举手表决方式，通过由22人组成的代表资格审查委员会名单，通过由247人组成的大会主席团名单，通过习近平为大会秘书长。会议并通过了大会秘书处机构设置和工作任务。

会议还通过了十八大的议程。大会的议程为：听取和审查第十七届中央委员会的报告；审查第十七届中央纪律检查委员会的工作报告；审议通过《中国共产党章程(修正案)》；选举第十八届中央委员会；选举第十八届中央纪律检查委员会。

中国共产党第十八次全国代表大会主席团在人民大会堂举行第一次会议

胡锦涛同志出席会议并作了重要讲话。

会议首先在大会秘书长习近平主持下，以举手表决方式通过了由胡锦涛同志等41人组成的主席团常务委员会名单。

随后，会议在胡锦涛同志主持下进行了各项议程。会议以举手表决方式通过了刘云山、李源潮、栗战书为大会副秘书长。

会议通过了中国共产党第十八次全国代表大会代表资格审查委员会关于代表资格的审查报告。

报告说，全国各选举单位共选举并经中央批准公布代表2270名。经审查，确认2270名代表资格有效，其中2名代表在名单公布后因病去世。大会应出席代表2268名。

报告说，党中央高度重视十八大代表选举工作。在党中央的正确领导下，各选举单位严格履行党章、发扬民主、加强领导、选好选优，突出代表的先进性和广泛代表性，按照制度化、规范化、程序化要求，认真做好代表选举工作。

报告说，代表选举工作从去年10月开始，到今年7月圆满完成。全国基层党组织的参与基本实现了全覆盖，党员参与率达到98%。在代表产生过程中，各选举单位坚持自下而上、上下结合、反复酝酿、逐级遴选，充分听取基层党组织、党代表和广大党员的意见；坚持以德为先、重在党性，严把代表质量关；对代表人选实行差额考察，普遍对代表候选人初步人选名单进行公示，注重了解代表人选在党员群众中的公认度；各选举单位召开党委全委会或党委(党组)扩大会议，以投票方式确定代表候选人预备人选。对于来信来访反映代表人选的问题，均认真进行调查核实。对代表人选的党风廉政情况均征求了纪检机关的意见。除西藏、新疆外，其他选举单位均按照多于15%的差额比例，选举产生了出席党的十八大代表。

报告说，十八大代表总体上符合中央规定的代表应具备的条件，是共产党员中的优秀分子，在生产和工作中作出了显著成绩，具有较高的思想政治素质和较强的议事能力。十八大代表结构与分布比较合理。生产和工作第一线党员代表比十七大时明显增加，工人党员代表比例较大幅度提高。十八大代表学历层次较高，有不同历史时期入党的党员。出席党的十八大代表各项结构比例均符合中央要求，具有广泛的代表性。

报告说，参照十七大时的做法，中央确定了57名特邀代表出席党的十八大，特邀代表享有代表同等权利。

会议通过了中国共产党第十八次全国代表大会选举办法(草案)，提交各代表团酝酿。

会议还通过了列席和来宾事项。中央决定，邀请党内有关负责同志和部分党外人士列席大会。列席大会的有：不是十八大代表的第十七届中央委员会委员、候补委员和中央纪律检查委员会委员；不是十八大代表、特邀代表的原中央顾问委员会委员；曾经列席十七大的党内部分老同志，以及其他有关同志，共314人。作为来宾列席大会开幕会和闭幕会的有：现任和曾任全国人大常委会副委员长、全国政协副主席的党外人士，各民主党派中央、全国工商联主席及在京副主席和无党派人士代表，全国人大、全国政协在京常委中的民主党派、无党派和民族宗教界人士，共147人。

主席团会议还通过了十八大的日程。根据这个日程，十八大将于11月8日上午开幕，11月14日上午闭幕。

中国共产党第十八次全国代表大会主席团常务委员会名单

(共41人)

胡锦涛　江泽民　吴邦国　温家宝　贾庆林　李长春
习近平　李克强　贺国强　周永康　王　刚　王乐泉
王兆国　王岐山　回良玉(回族)　刘　淇　刘云山
刘延东(女)　李源潮　汪　洋　张高丽　张德江
俞正声　徐才厚　郭伯雄　李　鹏　万　里　乔　石
朱镕基　李瑞环　宋　平　尉健行　李岚清　曾庆红
吴官正　罗　干　范长龙　许其亮　何　勇　令计划
王沪宁

中国共产党第十八次全国代表大会主席团名单

(共247人)

(按姓氏笔画为序)

于广洲　万　里　习近平　马　馼(女)　马　凯
马　飚(壮族)　马兴瑞　王　刚　王　侠(女)
王　珉　王　勇　王　晨　王　毅　王三运　王万宾
王玉普　王正伟(回族)　王东明　王乐泉　王光亚
王伟光　王兆国　王志刚　王岐山　王沪宁　王宜林
王建伟　王胜俊　王洪章　王晓初　王家瑞　支树平
尤　权　车　俊　乌云其木格(女,蒙古族)　尹蔚民
巴特尔(蒙古族)　邓朴方　邓前堆(怒族)　卢展工
田修思　白　洁(女)　白立忱(回族)
白玛赤林(藏族)　白志健　白春礼(满族)　令计划
司马义·铁力瓦尔地(维吾尔族)　吉炳轩
回良玉(回族)　朱小丹　朱之鑫　朱善璐　朱福熙
朱镕基　廷·巴特尔(蒙古族)　乔　石　华建敏
全哲洙(朝鲜族)　庄仕华　刘　淇　刘　鹏　刘云山
刘亚洲　刘延东(女)　刘奇葆　刘晓江　刘家义
刘福连　江泽民　许达哲　许其亮　许耀元　孙　勤
孙怀山　孙春兰(女)　孙政才　孙思敬　孙家正
苏　荣　苏毅然　杜青林　杜恒岩　李　伟　李　鹏
李长才　李长春　李从军　李东生　李立国
李兆焯(壮族)　李克强　李岚清　李金华　李建华

李建国 李海峰(女) 李继耐 李鸿忠
李景田(满族) 李瑞环 李源潮 杨 晶(蒙古族)
杨传堂 杨栋梁 杨洁篪 杨焕宁 肖 钢 肖 捷
吴邦国 吴官正 吴胜利 吴爱英(女) 吴新雄
何 勇 何祥美 何毅亭 冷 溶 汪 洋 汪永清
沈跃跃(女) 沈德咏 宋 平 宋大涵
宋秀岩(女) 张 平 张 阳 张 茅 张 勇
张 毅 张又侠 张庆黎 张国清 张宝顺 张春贤
张研农 张高丽 张海阳 张海迪(女) 张瑞敏
张裔炯 张德江 陆 昊
阿不来提·阿不都热西提(维吾尔族) 陈 元
陈 希 陈 雷 陈至立(女) 陈全国 陈宜瑜
陈奎元 陈炳德 陈德铭 努尔·白克力(维吾尔族)
苗 圩 范长龙 林 军 林左鸣 欧阳淞 尚福林
罗 干 罗志军 罗保铭 周 济 周 强 周小川
周本顺 周生贤 周永康 周伯华 郑万通 房峰辉
孟学农 孟建柱 项俊波 赵实(女) 赵乐际
赵克石 赵克志 赵宏博 赵洪祝 赵宪庚 胡问鸣
胡和平 胡泽君(女) 胡春华 胡锦涛 柳斌杰
俞正声 姜伟新 姜异康 姜建清 贺国强 秦光荣
袁纯清 袁贵仁 耿惠昌 聂卫国 栗战书 贾东亮
贾庆林 钱运录 铁 凝(女) 徐才厚 徐乐江
徐建一 徐绍史 郭声琨 郭伯雄 郭明义 郭金龙
郭树清 黄兴国 黄奇帆 曹建明 盛光祖 常万全
鄂竟平 梁光烈 梁国扬 尉健行 彭清华 蒋洁敏
蒋超良 韩 正 韩长赋 焦若愚 曾庆红 温家宝
谢伏瞻 谢旭人 强 卫 楼继伟 路甬祥 靖志远
褚益民 蔡 武 蔡英挺 蔡赴朝 雒树刚 廖 晖
廖锡龙 熊群力 薛 莹(女) 戴秉国(土家族)
戴相龙 魏 亮

中国共产党第十八次全国代表大会代表资格审查委员会名单

(共22人)

主任: 贺国强

副主任:李源潮 李继耐

委员:(按姓氏笔画为序)

王 珉 王 勇 王玉普 卢展工 朱善璐
向巴平措(藏族) 苏 荣 苏毅然 吴昌德 汪永清
沈跃跃(女) 宋秀岩(女) 张 毅 张庆黎
陆 昊 努尔·白克力(维吾尔族) 孟学农 黄树贤
常小兵

国家主席胡锦涛 国务院总理温家宝致电祝贺奥巴马当选连任美国总统

胡锦涛在贺电中表示,近四年来,在双方共同努力下,中美关系取得了积极进展。我和你就建设相互尊重、互利共赢的中美合作伙伴关系,探索构建新型大国关系达成共识。中美战略与经济对话、人文交流高层磋商等机制取得重要成果。两国在双边领域以及重大国际和地区问题上开展了富有成效的协调与合作。保持中美关系持续健康稳定发展,符合两国人民的根本利益,有利于亚太地区乃至世界的和平、稳定与发展。中方愿与美方一道,放眼未来,继续努力,推动中美合作伙伴关系建设取得新的更大进展,更好造福两国人民和世界人民。

同日,国务院总理温家宝致电奥巴马,祝贺他当选连任美国总统。温家宝表示,一个良好、稳定、持续向前的中美关系符合两国根本利益,是两国人民共同期盼,也有利于世界的和平、安宁与繁荣。相信在双方共同努力下,中美关系一定能够取得新的更大进展。

党的十八大新闻发言人蔡名照在人民大会堂举行新闻发布会

蔡名照说,中国共产党第十八次全国代表大会将于8日上午9时在北京人民大会堂开幕,会期11月8日至11月14日,共7天。今天下午召开了预备会议,确定了大会议程,选举出了大会主席团。大会将在主席团领导下进行。

蔡名照对前来采访报道这次大会的中外记者,表示热忱的欢迎。

受大会的委托,蔡名照向中外记者介绍了十八大的有关情况。他说,中国共产党第十八次全国代表大会,是在我国全面建设小康社会关键时期和深化改革开放、加快转变经济发展方式攻坚时期召开的一次十分重要的大会。大会将高举中国特色社会主义伟大旗帜,以邓小平理论和"三个代表"重要思想为指导,深入贯彻落实科学发展观,认真总结过去5年的工作和党的十六大以来的实践,科学制定适应时代要求和人民愿望的行动纲领和大政方针,对全面推进我国改革开放和社会主义现代化建设、全面推进党的建设新的伟大工程作出战略部署。

蔡名照说,去年10月,党的十七届六中全会作出《关于召开党的第十八次全国代表大会的决议》之后,党中央专门成立报告起草组,由习近平同志担任组长,抽调中央有关部门和地方负责同志、专家学者参加,在中央政治局常委会直接领导下进行工作。为起草好党的十八大报告,中共中央专门下发通知,征求各地区各部门对党的十八大议题的意见。中共中央组织了46家单位就15个重点课题进行调研,形成57份调研报告。报告起草组组成7个调研组,分赴12个省区市进行专题调研,还就一些问题请有关部门提交了专题研究报告。这些调研成果为报告起草工作打下了坚实基础。7月23日,胡锦涛总书记在省部级主要领导干部专题研讨班上就党的十八大报告起草涉及的若干重大问题作了重要讲话,参加研讨班的同志就这些重大问题发表了意见和建议。报告稿形成后,广泛征求了各方面意见,征求意见人数共4511人。胡锦涛总书记亲自主持召开了7次座谈会,直接听取各方面的意见和建议。中共中央还专门听取了各民主党派中央、全国工商联领导人和无党派人士的意见,绝大多数意见都得到了采纳。11月4日,党的十七届七中全会讨论通过了党的十八大报告稿,决定正式提交党的十八大审议。

蔡名照说,党的十八大将对党章进行修改。今年1月,在中共中央就党的十八大议题征求意见的过程中,许多地方和部门建议,根据党的理论创新和实践发展,根据形势的发展变化和推进党的工作、加强党的建设的需要,党的十八大对党章作出修改。在综合各方面意见的基础上,中央政治局会议研究决定对党章进行适当修改,强调这次修改党章工作,要坚持以马克思列宁主义、毛泽东思想、邓小平理论、"三个代表"重要思想为指导,深入贯彻落实科学发展观,把党的十八大报告确立的重大理论观点和重大战略思想写入党章,努力使修改后的党章充分体现马克思主义中国化最新成果,充分体现党的十七大以来党中央提出的一系列重大战略思想,充分体现党的工作和党的建设的新鲜经验,以适应新形势新任务对党的工作和党的建设提出的新要求。9月4日,党章修正案下发党内一定范围征求意见,征求意见人数共4015人。在集中全党智慧的基础上,经过党的十七届七中全会一致同意,形成了提交党的十八大审议的党章修正案。

蔡名照说,去年10月,党中央印发了《关于党的十八大代表选举工作的通知》,就选举单位的划分、代表应具备的条件和代表的构成、代表的产生程序、代表名额的分配等作出明确规定。全国40个选举单位,在推荐、提名和选举过程中,严格履行党章,充分发扬民主,遵循规定程序,强化纪律监督,坚持以德为先、重在党性、好中选优,顺利完成了十八大代表选举工作。据统计,各选举单位基层党组织的参与基本实现了全覆盖,党员参与率达到98%。各选举单位共选举产生党的十八大代表2270名。经代表资格审查委员会审查,确认2270名代表资格有效,其中2名代表因病去世,应出席会议代表2268名。他们代表着全党8200多万名党员和400多万个基层党组织,具有较强的先进性和广泛的代表性。按照惯例,中共中央还确定部分已经退出领导岗位的老党员作为特邀代表出席大会。

蔡名照说,按照党章规定,这次代表大会将选举新一届中央委员会和中央纪律检查委员会。为了做好党的十八大的选举工作,党中央成立了专门工作班子,在中央政治局常委会的领导下,负责新一届中央委员会和中央纪律检查委员会委员人选的民主推荐、组织考察和酝酿提名工作。在这个基础上,经中央政治局常委会和中央政治局会议讨论,提出新一届中央委员会和中央纪律检查委员会委员候选人预备人选建议名单,提请党的十八大主席团审议。

蔡名照说,党的十八大闭幕后,将召开党的十八届一中全会和中央纪律检查委员会第一次全体会议,选举产生新一届中央领导机构和中央纪律检查委员会领导机构。全会结束后,新一届中央政治局常委将同中外记者见面。

蔡名照介绍说,党的十八大将继续贯彻民主开放的原则,欢迎中外记者采访报道。大会设立了新闻中心,及时发布大会重要信息,受理中外记者采访申请,并为大家采访报道提供服务。

11月8日

中国共产党第十八次全国代表大会在人民大会堂开幕

高举旗帜奋力开拓铸就辉煌业绩,领航中国信心满怀共创美好未来。举世瞩目的中国共产党第十八次全国代表大会8日上午在人民大会堂开幕。

胡锦涛代表第十七届中央委员会向大会作了题为《坚定不移沿着中国特色社会主义道路前进,为全面建成小康社会而奋斗》的报告。

在主席台前排就座的大会主席团常务委员会成员有胡锦涛、江泽民、吴邦国、温家宝、贾庆林、李长春、习近平、李克强、贺国强、王刚、王乐泉、王兆国、王岐山、回良玉、刘淇、刘云山、刘延东、李源潮、汪洋、张高丽、张德江、俞正声、李鹏、朱镕基、李瑞环、宋平、尉健行、李岚清、曾庆红、吴官正、罗干、范长龙、许其亮、何勇、王沪宁等。

大会由吴邦国主持。上午9时,会议开始。全场起立,高唱《中华人民共和国国歌》。随后,全体同志为毛泽东、周恩来、刘少奇、朱德、邓小平、陈云等已故老一辈无产阶级革命家和革命先烈默哀。

吴邦国宣布,党的十八大应出席代表2268人,特邀代表57人,共2325人,今天实到2309人。他对列席大会的党外朋友和有关方面负责同志表示热烈的欢迎。

现任和曾任全国人大常委会副委员长、全国政协副主席的党外人士，各民主党派中央、全国工商联主席及在京副主席和无党派人士代表，全国人大、全国政协在京常委中的民主党派、无党派和民族宗教界人士韩启德、周铁农、蒋树声、陈昌智、严隽琪、桑国卫、帕巴拉·格列朗杰、黄孟复、董建华、张梅颖、张榕明、万钢、林文漪、厉无畏、罗富和、陈宗兴、王志珍、何厚铧、何鲁丽、成思危、许嘉璐、蒋正华、孙孚凌、王文元、罗豪才、张克辉、张怀西、李蒙、袁隆平等作为来宾列席大会，在主席台贵宾席就座。党内有关负责同志也列席了大会。

中共中央总书记胡锦涛在中国共产党第十八次全国代表大会上作题为《坚定不移沿着中国特色社会主义道路前进，为全面建成小康社会而奋斗》的报告

同志们：

现在，我代表第十七届中央委员会向大会作报告。

中国共产党第十八次全国代表大会，是在我国进入全面建成小康社会决定性阶段召开的一次十分重要的大会。大会的主题是：高举中国特色社会主义伟大旗帜，以邓小平理论、“三个代表”重要思想、科学发展观为指导，解放思想，改革开放，凝聚力量，攻坚克难，坚定不移沿着中国特色社会主义道路前进，为全面建成小康社会而奋斗。

此时此刻，我们有一个共同的感觉：经过90多年艰苦奋斗，我们党团结带领全国各族人民，把贫穷落后的旧中国变成日益走向繁荣富强的新中国，中华民族伟大复兴展现出光明前景。我们对党和人民创造的历史伟业倍加自豪，对党和人民确立的理想信念倍加坚定，对党肩负的历史责任倍加清醒。

当前，世情、国情、党情继续发生深刻变化，我们面临的发展机遇和风险挑战前所未有。全党一定要牢记人民信任和重托，更加奋发有为、兢兢业业地工作，继续推动科学发展、促进社会和谐，继续改善人民生活、增进人民福祉，完成时代赋予的光荣而艰巨的任务。

一、过去五年的工作和十年的基本总结

十七大以来的五年，是我们在中国特色社会主义道路上奋勇前进的五年，是我们经受住各种困难和风险考验、夺取全面建设小康社会新胜利的五年。

十七大对推进改革开放和社会主义现代化建设、实现全面建设小康社会宏伟目标作出全面部署。为贯彻十七大精神，中央先后召开七次全会，分别就深化行政管理体制改革、推进农村改革发展、加强和改进新形势下党的建设、制定“十二五”规划、推进文化改革发展等关系全局的重大问题作出决定和部署。五年来，我们胜利完成“十一五”规划，顺利实施“十二五”规划，各方面工作都取得新的重大成就。

经济平稳较快发展。综合国力大幅提升，2011年国内生产总值达到47.3万亿元。财政收入大幅增加。农业综合生产能力提高，粮食连年增产。产业结构调整取得新进展，基础设施全面加强。城镇化水平明显提高，城乡区域发展协调性增强。创新型国家建设成效显著，载人航天、探月工程、载人深潜、超级计算机、高速铁路等实现重大突破。生态文明建设扎实展开，资源节约和环境保护全面推进。

改革开放取得重大进展。农村综合改革、集体林权制度改革、国有企业改革不断深化，非公有制经济健康发展。现代市场体系和宏观调控体系不断健全，财税、金融、价格、科技、教育、社会保障、医药卫生、事业单位等改革稳步推进。开放型经济达到新水平，进出口总额跃居世界第二位。

人民生活水平显著提高。改善民生力度不断加大，城乡就业持续扩大，居民收入较快增长，家庭财产稳定增加，衣食住行用条件明显改善，城乡最低生活保障标准和农村扶贫标准大幅提升，企业退休人员基本养老金持续提高。

民主法制建设迈出新步伐。政治体制改革继续推进。实行城乡按相同人口比例选举人大代表。基层民主不断发展。中国特色社会主义法律体系形成，社会主义法治国家建设成绩显著。爱国统一战线巩固壮大。行政体制改革深化，司法体制和工作机制改革取得新进展。

文化建设迈上新台阶。社会主义核心价值体系建设深入开展，文化体制改革全面推进，公共文化服务体系建设取得重大进展，文化产业快速发展，文化创作生产更加繁荣，人民精神文化生活更加丰富多彩。全民健身和竞技体育取得新成绩。

社会建设取得新进步。基本公共服务水平和均等化程度明显提高。教育事业迅速发展，城乡免费义务教育全面实现。社会保障体系建设成效显著，城乡基本养老保险制度全面建立，新型社会救助体系基本形成。全民医保基本实现，城乡基本医疗卫生制度初步建立。保障性住房建设加快推进。加强和创新社会管理，社会保持和谐稳定。

国防和军队建设开创新局面。中国特色军事变革取得重大成就，军队革命化现代化正规化建设协调推进、全面加强，军事斗争准备不断深化，履行新世纪、新阶段历史使命能力显著增强，出色完成一系列急难险重任务。

港澳台工作进一步加强。香港、澳门保持繁荣稳定，同内地交流合作提高到新水平。推动两岸关系实现重大转折，实现两岸全面直接双向“三通”，签署实施两岸经济合作框架协议，形成两岸全方位交往格局，开创两岸关系和平发展新局面。

外交工作取得新成就。坚定维护国家利益和我国公民、法人在海外合法权益,加强同世界各国交流合作,推动全球治理机制变革,积极促进世界和平与发展,在国际事务中的代表性和话语权进一步增强,为改革发展争取了有利国际环境。

党的建设全面加强。党的执政能力建设和先进性建设继续推进,思想理论建设成效明显,学习实践科学发展观活动取得重要成果,党的建设改革创新迈出重要步伐。党内民主进一步扩大。干部队伍建设取得重要进展,人才工作开创新局面。创先争优活动和学习型党组织建设深入进行,基层党组织不断加强。党风廉政建设和反腐败斗争取得新成效。

同时,必须清醒看到,我们工作中还存在许多不足,前进道路上还有不少困难和问题。主要是:发展中不平衡、不协调、不可持续问题依然突出,科技创新能力不强,产业结构不合理,农业基础依然薄弱,资源环境约束加剧,制约科学发展的体制机制障碍较多,深化改革开放和转变经济发展方式任务艰巨;城乡区域发展差距和居民收入分配差距依然较大;社会矛盾明显增多,教育、就业、社会保障、医疗、住房、生态环境、食品药品安全、安全生产、社会治安、执法司法等关系群众切身利益的问题较多,部分群众生活比较困难;一些领域存在道德失范、诚信缺失现象;一些干部领导科学发展能力不强,一些基层党组织软弱涣散,少数党员干部理想信念动摇、宗旨意识淡薄,形式主义、官僚主义问题突出,奢侈浪费现象严重;一些领域消极腐败现象易发多发,反腐败斗争形势依然严峻。对这些困难和问题,我们必须高度重视,进一步认真加以解决。

过去五年的工作,是十六大以来全面建设小康社会十年实践的重要组成部分。

这十年,我们紧紧抓住和用好我国发展的重要战略机遇期,战胜一系列重大挑战,奋力把中国特色社会主义推进到新的发展阶段。进入新世纪、新阶段,国际局势风云变幻,综合国力竞争空前激烈,我们深化改革开放,加快发展步伐,以加入世界贸易组织为契机,变压力为动力,化挑战为机遇,坚定不移推进全面建设小康社会进程。前进过程中,我们战胜突如其来的“非典”疫情,认真总结我国发展实践,准确把握我国发展的阶段性特征,及时提出和全面贯彻科学发展观等重大战略思想,开拓了经济社会发展的广阔空间。2008年以后,国际金融危机使我国发展遭遇严重困难,我们科学判断、果断决策,采取一系列重大举措,在全球率先实现经济企稳回升,积累了有效应对外部经济风险冲击、保持经济平稳较快发展的重要经验。我们成功举办北京奥运会、残奥会和上海世博会,夺取抗击汶川特大地震等严重自然灾害和灾后恢复重建重大胜利,妥善处置一系列重大突发事件。在十分复杂的国内外形势下,党和人民经受住严峻考验,巩固和发展了改革开放和社会主义现代化建设大局,提高了我国国际地位,彰显了中国特色社会主义的巨大优越性和强大生命力,增强了中国人民和中华民族的自豪感和凝聚力。

十年来,我们取得一系列新的历史性成就,为全面建成小康社会打下了坚实基础。我国经济总量从世界第六位跃升到第二位,社会生产力、经济实力、科技实力迈上一个大台阶,人民生活水平、居民收入水平、社会保障水平迈上一个大台阶,综合国力、国际竞争力、国际影响力迈上一个大台阶,国家面貌发生新的历史性变化。人们公认,这是我国经济持续发展、民主不断健全、文化日益繁荣、社会保持稳定的时期,是着力保障和改善民生、人民得到实惠更多的时期。我们能取得这样的历史性成就,靠的是党的基本理论、基本路线、基本纲领、基本经验的正确指引,靠的是新中国成立以来特别是改革开放以来奠定的深厚基础,靠的是全党全国各族人民的团结奋斗。

在这里,我代表中共中央,向全国各族人民,向各民主党派、各人民团体和各界爱国人士,向香港特别行政区同胞、澳门特别行政区同胞和台湾同胞以及广大侨胞,向一切关心和支持中国现代化建设的各国朋友,表示衷心的感谢!

总结十年奋斗历程,最重要的就是我们坚持以马克思列宁主义、毛泽东思想、邓小平理论、“三个代表”重要思想为指导,勇于推进实践基础上的理论创新,围绕坚持和发展中国特色社会主义提出一系列紧密相连、相互贯通的新思想、新观点、新论断,形成和贯彻了科学发展观。科学发展观是马克思主义同当代中国实际和时代特征相结合的产物,是马克思主义关于发展的世界观和方法论的集中体现,对新形势下实现什么样的发展、怎样发展等重大问题作出了新的科学回答,把我们对中国特色社会主义规律的认识提高到新的水平,开辟了当代中国马克思主义发展新境界。科学发展观是中国特色社会主义理论体系最新成果,是中国共产党集体智慧的结晶,是指导党和国家全部工作的强大思想武器。科学发展观同马克思列宁主义、毛泽东思想、邓小平理论、“三个代表”重要思想一道,是党必须长期坚持的指导思想。

面向未来,深入贯彻落实科学发展观,对坚持和发展中国特色社会主义具有重大现实意义和深远历史意义,必须把科学发展观贯彻到我国现代化建设全过程、体现到党的建设各方面。全党必须更加自觉地把推动经济社会发展作为深入贯彻落实科学发展观的第一要义,牢牢扭住经济建设这个中心,坚持聚精会神搞建设、一心一意谋发展,着力把握发展规律、创新发展理念、破解发展难题，深入实施科教兴国战略、人才强国战略、可持续发展战略，加快形成符合科学发展要求的发展方式和体制机制，不断解放和发展社会生产力，不断实现科学发展、和谐发展、和平发展，为坚持和发展中国特色社会主义打下牢固基础。必须更加自觉地把以人为本作为深入贯彻落实科学发展观的核心立场，始终把实现好、维护好、发展好最广大人民根本利益作为党和国家一切工作的出发点和落脚点，尊重人民首创精神，保障人民各项权益，不断在实现发展成果由人民共享、促进人的全面发展上取得新成效。必须更加自觉地把全面协调可持续作为深入贯彻落实科学发展观的基本要求，全面落实经济建设、政治建设、文化建设、社会建设、生态文明建设五位一体总体布局，促进现代化建设各方面相协调，促进生产关系与生产力、上层建筑与经济基础相协调，不断开拓生产发展、生活富裕、生态良好的文明发展道路。必须更加自觉地把统筹兼顾作为深入贯彻落实科学发展观的根本方法，坚持一切从实际出发，正确认识和妥善处理中国特色社会主义事业中的重大关系，统筹改革发展稳定、内政外交国防、治党治国治军各方面工作，统筹城乡发展、区域发展、经济社会发展、人与自然和谐发展、国内发展和对外开放，统筹各方面利益关系，充分调动各方面积极性，努力形成全体人民各尽其能、各得其所而又和谐相处的局面。

解放思想、实事求是、与时俱进、求真务实，是科学发展观最鲜明的精神实质。实践发展永无止境，认识真理永无止境，理论创新永无止境。全党一定要勇于实践、勇于变革、勇于创新，把握时代发展要求，顺应人民共同愿望，不懈探索和把握中国特色社会主义规律，永葆党的生机活力，永葆国家发展动力，在党和人民创造性实践中奋力开拓中国特色社会主义更为广阔的发展前景。

二、夺取中国特色社会主义新胜利

回首近代以来中国波澜壮阔的历史，展望中华民族充满希望的未来，我们得出一个坚定的结论：全面建成小康社会，加快推进社会主义现代化，实现中华民族伟大复兴，必须坚定不移走中国特色社会主义道路。

道路关乎党的命脉，关乎国家前途、民族命运、人民幸福。在中国这样一个经济文化十分落后的国家探索民族复兴道路，是极为艰巨的任务。90多年来，我们党紧紧依靠人民，把马克思主义基本原理同中国实际和时代特征结合起来，独立自主走自己的路，历尽千辛万苦，付出各种代价，取得革命建设改革伟大胜利，开创和发展了中国特色社会主义，从根本上改变了中国人民和中华民族的前途命运。

以毛泽东同志为核心的党的第一代中央领导集体带领全党全国各族人民完成了新民主主义革命，进行了社会主义改造，确立了社会主义基本制度，成功实现了中国历史上最深刻最伟大的社会变革，为当代中国一切发展进步奠定了根本政治前提和制度基础。在探索过程中，虽然经历了严重曲折，但党在社会主义建设中取得的独创性理论成果和巨大成就，为新的历史时期开创中国特色社会主义提供了宝贵经验、理论准备、物质基础。

以邓小平同志为核心的党的第二代中央领导集体带领全党全国各族人民深刻总结我国社会主义建设正反两方面经验，借鉴世界社会主义历史经验，作出把党和国家工作中心转移到经济建设上来、实行改革开放的历史性决策，深刻揭示社会主义本质，确立社会主义初级阶段基本路线，明确提出走自己的路、建设中国特色社会主义，科学回答了建设中国特色社会主义的一系列基本问题，成功开创了中国特色社会主义。

以江泽民同志为核心的党的第三代中央领导集体带领全党全国各族人民坚持党的基本理论、基本路线，在国内外形势十分复杂、世界社会主义出现严重曲折的严峻考验面前捍卫了中国特色社会主义，依据新的实践确立了党的基本纲领、基本经验，确立了社会主义市场经济体制的改革目标和基本框架，确立了社会主义初级阶段的基本经济制度和分配制度，开创全面改革开放新局面，推进党的建设新的伟大工程，成功把中国特色社会主义推向21世纪。

新世纪、新阶段，党中央抓住重要战略机遇期，在全面建设小康社会进程中推进实践创新、理论创新、制度创新，强调坚持以人为本、全面协调可持续发展，提出构建社会主义和谐社会、加快生态文明建设，形成中国特色社会主义事业总体布局，着力保障和改善民生，促进社会公平正义，推动建设和谐世界，推进党的执政能力建设和先进性建设，成功在新的历史起点上坚持和发展了中国特色社会主义。

在改革开放30多年一以贯之的接力探索中，我们坚定不移高举中国特色社会主义伟大旗帜，既不走封闭僵化的老路、也不走改旗易帜的邪路。中国特色社会主义道路，中国特色社会主义理论体系，中国特色社会主义制度，是党和人民90多年奋斗、创造、积累的根本成就，必须倍加珍惜、始终坚持、不断发展。

中国特色社会主义道路，就是在中国共产党领导下，立足基本国情，以经济建设为中心，坚持四项基本原则，坚持改革开放，解放和发展社会生产力，建设社会主义市场经济、社会主义民主政治、社会主义先进文化、社会主义和谐社会、社会主义生态文明，促进人的全面发展，逐步实现全体人民共同富裕，建设富强民主文明和谐的社会主义现代化国家。中国特色社会主义理论体系，就是包括邓小平理论、“三个代表”重要思想、科学发展观在内的科学理论体系，是对马克思列宁主义、毛泽东思想的坚持和发展。中国特色社会主义制度，就是人民代表大会制度的根本政治制度，中国共产党领导的多党合作和政治协商制度、民族区域自治制度以及基层群众自治制度等基本政治制度，中国特色社会主义法律体系，公有制为主体、多种所有制经济共同发展的基本经济制度，以及建立在这些制度基础上的经济体制、政治体制、文化体制、社会体制等各项具体制度。中国特色社会主义道路是实现途径，中国特色社会主义理论体系是行动指南，中国特色社会主义制度是根本保障，三者统一于中国特色社会主义伟大实践，这是党领导人民在建设社会主义长期实践中形成的最鲜明特色。

建设中国特色社会主义，总依据是社会主义初级阶段，总布局是五位一体，总任务是实现社会主义现代化和中华民族伟大复兴。中国特色社会主义，既坚持了科学社会主义基本原则，又根据时代条件赋予其鲜明的中国特色，以全新的视野深化了对共产党执政规律、社会主义建设规律、人类社会发展规律的认识，从理论和实践结合上系统回答了在中国这样人口多底子薄的东方大国建设什么样的社会主义、怎样建设社会主义这个根本问题，使我们国家快速发展起来，使我国人民生活水平快速提高起来。实践充分证明，中国特色社会主义是当代中国发展进步的根本方向，只有中国特色社会主义才能发展中国。

发展中国特色社会主义是一项长期的艰巨的历史任务，必须准备进行具有许多新的历史特点的伟大斗争。我们一定要毫不动摇坚持、与时俱进发展中国特色社会主义，不断丰富中国特色社会三义的实践特色、理论特色、民族特色、时代特色。

在新的历史条件下夺取中国特色社会主义新胜利，必须牢牢把握以下基本要求，并使之成为全党全国各族人民的共同信念。

——必须坚持人民主体地位。中国特色社会主义是亿万人民自己的事业。要发挥人民主人翁精神，坚持依法治国这个党领导人民治理国家的基本方略，最广泛地动员和组织人民依法管理国家事务和社会事务、管理经济和文化事业、积极投身社会主义现代化建设，更好保障人民权益，更好保证人民当家做主。

——必须坚持解放和发展社会生产力。解放和发展社会生产力是中国特色社会主义的根本任务。要坚持以经济建设为中心，以科学发展为主题，全面推进经济建设、政治建设、文化建设、社会建设、生态文明建设，实现以人为本、全面协调可持续的科学发展。

——必须坚持推进改革开放。改革开放是坚持和发展中国特色社会主义的必由之路。要始终把改革创新精神贯彻到治国理政各个环节，坚持社会主义市场经济的改革方向，坚持对外开放的基本国策，不断推进理论创新、制度创新、科技创新、文化创新以及其他各方面创新，不断推进我国社会主义制度自我完善和发展。

——必须坚持维护社会公平正义。公平正义是中国特色社会主义的内在要求。要在全体人民共同奋斗、经济社会发展的基础上，加紧建设对保障社会公平正义具有重大作用的制度，逐步建立以权利公平、机会公平、规则公平为主要内容的社会公平保障体系，努力营造公平的社会环境，保证人民平等参与、平等发展权利。

——必须坚持走共同富裕道路。共同富裕是中国特色社会主义的根本原则。要坚持社会主义基本经济制度和分配制度，调整国民收入分配格局，加大再分配调节力度，着力解决收入分配差距较大问题，使发展成果更多更公平惠及全体人民，朝着共同富裕方向稳步前进。

——必须坚持促进社会和谐。社会和谐是中国特色社会主义的本质属性。要把保障和改善民生放在更加突出的位置，加强和创新社会管理，正确处理改革发展稳定关系，团结一切可以团结的力量，最大限度增加和谐因素，增强社会创造活力，确保人民安居乐业、社会安定有序、国家长治久安。

——必须坚持和平发展。和平发展是中国特色社会主义的必然选择。要坚持开放的发展、合作的发展、共赢的发展，通过争取和平国际环境发展自己，又以自身发展维护和促进世界和平，扩大同各方利益汇合点，推动建设持久和平、共同繁荣的和谐世界。

——必须坚持党的领导。中国共产党是中国特色社会主义事业的领导核心。要坚持立党为公、执政为民，加强和改善党的领导，坚持党总览全局、协调各方的领导核心作用，保持党的先进性和纯洁性，增强党的创造力、凝聚力、战斗力，提高党科学执政、民主执政、依法执政水平。

我们必须清醒认识到，我国仍处于并将长期处于社会主义初级阶段的基本国情没有变，人民日益增长的物质文化需要同落后的社会生产之间的矛盾这一社会主要矛盾没有变，我国是世界最大发展中国家的国际地位没有变。在任何情况下都要牢牢把握社会主义初级阶段这个最大国情，推进任何方面的改革发展都要牢牢立足社会主义初级阶段这个最大实际。党的基本路线是党和国家的生命线，必须坚持把以经济建设为中心同四项基本原则、改革开放这两个基本点统一于中国特色社会主义伟大实践，既不妄自菲薄，也不妄自尊大，扎扎实实夺取中国特色社会主义新胜利。

只要我们胸怀理想、坚定信念，不动摇、不懈怠、不折腾，顽强奋斗、艰苦奋斗、不懈奋斗，就一定能在中国共产党成立100年时全面建成小康社会，就一定能在新中国成立100年时建成富强民主文明和谐的社会主义现代化国家。全党要坚定这样的道路自信、理论自信、制度自信！

三、全面建成小康社会和全面深化改革开放的目标

综观国际国内大势，我国发展仍处于可以大有作为的重要战略机遇期。我们要准确判断重要战略机遇期内涵和条件的变化，全面把握机遇，沉着应对挑战，赢得主动，赢得优势，赢得未来，确保到2020年实现全面建成小康社会宏伟目标。

根据我国经济社会发展实际，要在十六大、十七大确立的全面建设小康社会目标的基础上努力实现新的要求。

——经济持续健康发展。转变经济发展方式取得重大进展，在发展平衡性、协调性、可持续性明显增强的基础上，实现国内生产总值和城乡居民人均收入比2010年翻一番。科技进步对经济增长的贡献率大幅上升，进入创新型国家行列。工业化基本实现，信息化水平大幅提升，城镇化质量明显提高，农业现代化和社会主义新农村建设成效显著，区域协调发展机制基本形成。对外开放水平进一步提高，国际竞争力明显增强。

——人民民主不断扩大。民主制度更加完善，民主形式更加丰富，人民积极性、主动性、创造性进一步发挥。依法治国基本方略全面落实，法治政府基本建成，司法公信力不断提高，人权得到切实尊重和保障。

——文化软实力显著增强。社会主义核心价值体系深入人心，公民文明素质和社会文明程度明显提高。文化产品更加丰富，公共文化服务体系基本建成，文化产业成为国民经济支柱性产业，中华文化走出去迈出更大步伐，社会主义文化强国建设基础更加坚实。

——人民生活水平全面提高。基本公共服务均等化总体实现。全民受教育程度和创新人才培养水平明显提高，进入人才强国和人力资源强国行列，教育现代化基本实现。就业更加充分。收入分配差距缩小，中等收入群体持续扩大，扶贫对象大幅减少。社会保障全民覆盖，人人享有基本医疗卫生服务，住房保障体系基本形成，社会和谐稳定。

——资源节约型、环境友好型社会建设取得重大进展。主体功能区布局基本形成，资源循环利用体系初步建立。单位国内生产总值能源消耗和二氧化碳排放大幅下降，主要污染物排放总量显著减少。森林覆盖率提高，生态系统稳定性增强，人居环境明显改善。

全面建成小康社会，必须以更大的政治勇气和智慧，不失时机深化重要领域改革，坚决破除一切妨碍科学发展的思想观念和体制机制弊端，构建系统完备、科学规范、运行有效的制度体系，使各方面制度更加成熟更加定型。要加快完善社会主义市场经济体制，完善公有制为主体、多种所有制经济共同发展的基本经济制度，完善按劳分配为主体、多种分配方式并存的分配制度，更大程度更广范围发挥市场在资源配置中的基础性作用，完善宏观调控体系，完善开放型经济体系，推动经济更有效率、更加公平、更可持续发展。加快推进社会主义民主政治制度化、规范化、程序化，从各层次各领域扩大公民有序政治参与，实现国家各项工作法治化。加快完善文化管理体制和文化生产经营机制，基本建立现代文化市场体系，健全国有文化资产管理体制，形成有利于创新创造的文化发展环境。加快形成科学有效的社会管理体制，完善社会保障体系，健全基层公共服务和社会管理网络，建立确保社会既充满活力又和谐有序的体制机制。加快建立生态文明制度，健全国土空间开发、资源节约、生态环境保护的体制机制，推动形成人与自然和谐发展现代化建设新格局。

如期全面建成小康社会任务十分艰巨，全党同志一定要埋头苦干、顽强拼搏。国家要加大对农村和中西部地区扶持力度，支持这些地区加快改革开放、增强发展能力、改善人民生活。鼓励有条件的地方在现代化建设中继续走在前列，为全国改革发展作出更大贡献。

四、加快完善社会主义市场经济体制和加快转变经济发展方式

以经济建设为中心是兴国之要，发展仍是解决我国所有问题的关键。只有推动经济持续健康发展，才能筑牢国家繁荣富强、人民幸福安康、社会和谐稳定的物质基础。必须坚持发展是硬道理的战略思想，决不能有丝毫动摇。

在当代中国，坚持发展是硬道理的本质要求就是坚持科学发展。以科学发展为主题，以加快转变经济发展方式为主线，是关系我国发展全局的战略抉择。要适应国内外经济形势新变化，加快形成新的经济发展方式，把推动发展的立足点转到提高质量和效益上来，着力激发各类市场主体发展新活力，着力增强创新驱动发展新动力，着力构建现代产业发展新体系，着力培育开放型经济发展新优势，使经济发展更多依靠内需特别是消费需求拉动，更多依靠现代服务业和战略性新兴产业带动，更多依靠科技进步、劳动者素质提高、管理创新驱动，更多依靠节约资源和循环经济推动，更多依靠城乡区域发展协调互动，不断增强长期发

展后劲。

坚持走中国特色新型工业化、信息化、城镇化、农业现代化道路，推动信息化和工业化深度融合、工业化和城镇化良性互动、城镇化和农业现代化相互协调，促进工业化、信息化、城镇化、农业现代化同步发展。

（一）全面深化经济体制改革。深化改革是加快转变经济发展方式的关键。经济体制改革的核心问题是处理好政府和市场的关系，必须更加尊重市场规律，更好发挥政府作用。要毫不动摇巩固和发展公有制经济，推行公有制多种实现形式，深化国有企业改革，完善各类国有资产管理体制，推动国有资本更多投向关系国家安全和国民经济命脉的重要行业和关键领域，不断增强国有经济活力、控制力、影响力。毫不动摇鼓励、支持、引导非公有制经济发展，保证各种所有制经济依法平等使用生产要素、公平参与市场竞争、同等受到法律保护。健全现代市场体系，加强宏观调控目标和政策手段机制化建设。加快改革财税体制，健全中央和地方财力与事权相匹配的体制，完善促进基本公共服务均等化和主体功能区建设的公共财政体系，构建地方税体系，形成有利于结构优化、社会公平的税收制度。建立公共资源出让收益合理共享机制。深化金融体制改革，健全促进宏观经济稳定、支持实体经济发展的现代金融体系，加快发展多层次资本市场，稳步推进利率和汇率市场化改革，逐步实现人民币资本项目可兑换。加快发展民营金融机构。完善金融监管，推进金融创新，提高银行、证券、保险等行业竞争力，维护金融稳定。

（二）实施创新驱动发展战略。科技创新是提高社会生产力和综合国力的战略支撑，必须摆在国家发展全局的核心位置。要坚持走中国特色自主创新道路，以全球视野谋划和推动创新，提高原始创新、集成创新和引进消化吸收再创新能力，更加注重协同创新。深化科技体制改革，推动科技和经济紧密结合，加快建设国家创新体系，着力构建以企业为主体、市场为导向、产学研相结合的技术创新体系。完善知识创新体系，强化基础研究、前沿技术研究、社会公益技术研究，提高科学研究水平和成果转化能力，抢占科技发展战略制高点。实施国家科技重大专项，突破重大技术瓶颈。加快新技术新产品新工艺研发应用，加强技术集成和商业模式创新。完善科技创新评价标准、激励机制、转化机制。实施知识产权战略，加强知识产权保护。促进创新资源高效配置和综合集成，把全社会智慧和力量凝聚到创新发展上来。

（三）推进经济结构战略性调整。这是加快转变经济发展方式的主攻方向。必须以改善需求结构、优化产业结构、促进区域协调发展、推进城镇化为重点，着力解决制约经济持续健康发展的重大结构性问题。要牢牢把握扩大内需这一战略基点，加快建立扩大消费需求长效机制，释放居民消费潜力，保持投资合理增长，扩大国内市场规模。牢牢把握发展实体经济这一坚实基础，实行更加有利于实体经济发展的政策措施，强化需求导向，推动战略性新兴产业、先进制造业健康发展，加快传统产业转型升级，推动服务业特别是现代服务业发展壮大，合理布局建设基础设施和基础产业。建设下一代信息基础设施，发展现代信息技术产业体系，健全信息安全保障体系，推进信息网络技术广泛运用。提高大中型企业核心竞争力，支持小微企业特别是科技型小微企业发展。继续实施区域发展总体战略，充分发挥各地区比较优势，优先推进西部大开发，全面振兴东北地区等老工业基地，大力促进中部地区崛起，积极支持东部地区率先发展。采取对口支援等多种形式，加大对革命老区、民族地区、边疆地区、贫困地区扶持力度。科学规划城市群规模和布局，增强中小城市和小城镇产业发展、公共服务、吸纳就业、人口集聚功能。加快改革户籍制度，有序推进农业转移人口市民化，努力实现城镇基本公共服务常住人口全覆盖。

（四）推动城乡发展一体化。解决好农业农村农民问题是全党工作重中之重，城乡发展一体化是解决“三农”问题的根本途径。要加大统筹城乡发展力度，增强农村发展活力，逐步缩小城乡差距，促进城乡共同繁荣。坚持工业反哺农业、城市支持农村和多予少取放活方针，加大强农惠农富农政策力度，让广大农民平等参与现代化进程、共同分享现代化成果。加快发展现代农业，增强农业综合生产能力，确保国家粮食安全和重要农产品有效供给。坚持把国家基础设施建设和社会事业发展重点放在农村，深入推进新农村建设和扶贫开发，全面改善农村生产生活条件。着力促进农民增收，保持农民收入持续较快增长。坚持和完善农村基本经营制度，依法维护农民土地承包经营权、宅基地使用权、集体收益分配权，壮大集体经济实力，发展农民专业合作和股份合作，培育新型经营主体，发展多种形式规模经营，构建集约化、专业化、组织化、社会化相结合的新型农业经营体系。改革征地制度，提高农民在土地增值收益中的分配比例。加快完善城乡发展一体化体制机制，着力在城乡规划、基础设施、公共服务等方面推进一体化，促进城乡要素平等交换和公共资源均衡配置，形成以工促农、以城带乡、工农互惠、城乡一体的新型工农、城乡关系。

（五）全面提高开放型经济水平。适应经济全球化新形势，必须实行更加积极主动的开放战略，完善互利共赢、多元平衡、安全高效的开放型经济体系。要加快转变对外经济发展方式，推动开放朝着优化结构、拓展深度、提高效益方向转变。创新开放模式，促进沿海内陆沿边开放优势互补，形成引领国际经济合作和竞争的开放区域，培育带动区域发展的开放高地。坚持出口和进口并重，强化贸易政策和产业政策协调，形成以技术、品牌、质量、服务为核心的出口竞争新优势，促进加工贸易转型升级，发展服务贸易，推动对外贸易平衡发展。提高利用外资综合优势和总体效益，推动引资、引技、引智有机结合。加快走出去步伐，增强企业国际化经营能力，培育一批世界水平的跨国公司。统筹双边、多边、区域次区域开放合作，加快实施自由贸易区战略，推动同周边国家互联互通。提高抵御国际经济风险能力。

我们一定要坚定信心，打胜全面深化经济体制改革和加快转变经济发展方式这场硬仗，把我国经济发展活力和竞争力提高到新的水平。

五、坚持走中国特色社会主义政治发展道路和推进政治体制改革

人民民主是我们党始终高扬的光辉旗帜。改革开放以来，我们总结发展社会主义民主正反两方面经验，强调人民民主是社会主义的生命，坚持国家一切权力属于人民，不断推进政治体制改革，社会主义民主政治建设取得重大进展，成功开辟和坚持了中国特色社会主义政治发展道路，为实现最广泛的人民民主确立了正确方向。

政治体制改革是我国全面改革的重要组成部分。必须继续积极稳妥推进政治体制改革，发展更加广泛、更加充分、更加健全的人民民主。必须坚持党的领导、人民当家做主、依法治国有机统一，以保证人民当家做主为根本，以增强党和国家活力、调动人民积极性为目标，扩大社会主义民主，加快建设社会主义法治国家，发展社会主义政治文明。要更加注重改进党的领导方式和执政方式，保证党领导人民有效治理国家；更加注重健全民主制度、丰富民主形式，保证人民依法实行民主选举、民主决策、民主管理、民主监督；更加注重发挥法治在国家治理和社会管理中的重要作用，维护国家法制统一、尊严、权威，保证人民依法享有广泛权利和自由。要把制度建设摆在突出位置，充分发挥我国社会主义政治制度优越性，积极借鉴人类政治文明有益成果，决不照搬西方政治制度模式。

（一）支持和保证人民通过人民代表大会行使国家权力。人民代表大会制度是保证人民当家做主的根本政治制度。要善于使党的主张通过法定程序成为国家意志，支持人大及其常委会充分发挥国家权力机关作用，依法行使立法、监督、决定、任免等职权，加强立法工作组织协调，加强对“一府两院”的监督，加强对政府全口径预算决算的审查和监督。提高基层人大代表特别是一线工人、农民、知识分子代表比例，降低党政领导干部代表比例。在人大设立代表联络机构，完善代表联系群众制度。健全国家权力机关组织制度，优化常委会、专委会组成人员知识和年龄结构，提高专职委员比例，增强依法履职能力。

（二）健全社会主义协商民主制度。社会主义协商民主是我国人民民主的重要形式。要完善协商民主制度和工作机制，推进协商民主广泛、多层、制度化发展。通过国家政权机关、政协组织、党派团体等渠道，就经济社会发展重大问题和涉及群众切身利益的实际问题广泛协商，广纳群言、广集民智，增进共识、增强合力。坚持和完善中国共产党领导的多党合作和政治协商制度，充分发挥人民政协作为协商民主重要渠道作用，围绕团结和民主两大主题，推进政治协商、民主监督、参政议政制度建设，更好协调关系、汇聚力量、建言献策、服务大局。加强同民主党派的政治协商。把政治协商纳入决策程序，坚持协商于决策之前和决策之中，增强民主协商实效性。深入进行专题协商、对口协商、界别协商、提案办理协商。积极开展基层民主协商。

（三）完善基层民主制度。在城乡社区治理、基层公共事务和公益事业中实行群众自我管理、自我服务、自我教育、自我监督，是人民依法直接行使民主权利的重要方式。要健全基层党组织领导的充满活力的基层群众自治机制，以扩大有序参与、推进信息公开、加强议事协商、强化权力监督为重点，拓宽范围和途径，丰富内容和形式，保障人民享有更多更切实的民主权利。全心全意依靠工人阶级，健全以职工代表大会为基本形式的企事业单位民主管理制度，保障职工参与管理和监督的民主权利。发挥基层各类组织协同作用，实现政府管理和基层民主有机结合。

（四）全面推进依法治国。法治是治国理政的基本方式。要推进科学立法、严格执法、公正司法、全民守法，坚持法律面前人人平等，保证有法必依、执法必严、违法必究。完善中国特色社会主义法律体系，加强重点领域立法，拓展人民有序参与立法途径。推进依法行政，切实做到严格规范公正文明执法。进一步深化司法体制改革，坚持和完善中国特色社会主义司法制度，确保审判机关、检察机关依法独立公正行使审判权、检察权。深入开展法制宣传教育，弘扬社会主义法治精神，树立社会主义法治理念，增强全社会学法遵法守法用法意识。提高领导干部运用法治思维和法治方式深化改革、推动发展、化解矛盾、维护稳定能力。党领导人民制定宪法和法律，党必须在宪法和法律范围内活动。任何组织或者个人都不得有超越宪法和法律的特权，决不允许以言代法、以权压法、徇私枉法。

（五）深化行政体制改革。行政体制改革是推动上

层建筑适应经济基础的必然要求。要按照建立中国特色社会主义行政体制目标，深入推进政企分开、政资分开、政事分开、政社分开，建设职能科学、结构优化、廉洁高效、人民满意的服务型政府。深化行政审批制度改革，继续简政放权，推动政府职能向创造良好发展环境、提供优质公共服务、维护社会公平正义转变。稳步推进大部门制改革，健全部门职责体系。优化行政层级和行政区划设置，有条件的地方可探索省直接管理县(市)改革，深化乡镇行政体制改革。创新行政管理方式，提高政府公信力和执行力，推进政府绩效管理。严格控制机构编制，减少领导职数，降低行政成本。推进事业单位分类改革。完善体制改革协调机制，统筹规划和协调重大改革。

(六)健全权力运行制约和监督体系。坚持用制度管权管事管人，保障人民知情权、参与权、表达权、监督权，是权力正确运行的重要保证。要确保决策权、执行权、监督权既相互制约又相互协调，确保国家机关按照法定权限和程序行使权力。坚持科学决策、民主决策、依法决策，健全决策机制和程序，发挥思想库作用，建立、健全决策问责和纠错制度。凡是涉及群众切身利益的决策都要充分听取群众意见，凡是损害群众利益的做法都要坚决防止和纠正。推进权力运行公开化、规范化，完善党务公开、政务公开、司法公开和各领域办事公开制度，健全质询、问责、经济责任审计、引咎辞职、罢免等制度，加强党内监督、民主监督、法律监督、舆论监督，让人民监督权力，让权力在阳光下运行。

(七)巩固和发展最广泛的爱国统一战线。统一战线是凝聚各方面力量，促进政党关系、民族关系、宗教关系、阶层关系、海内外同胞关系的和谐，夺取中国特色社会主义新胜利的重要法宝。要高举爱国主义、社会主义旗帜，巩固统一战线的思想政治基础，正确处理一致性和多样性的关系。坚持长期共存、互相监督、肝胆相照、荣辱与共的方针，加强同民主党派和无党派人士团结合作，促进思想上同心同德、目标上同心同向、行动上同心同行，加强党外代表人士队伍建设，选拔和推荐更多优秀党外人士担任各级国家机关领导职务。全面正确贯彻落实党的民族政策，坚持和完善民族区域自治制度，牢牢把握各民族共同团结奋斗、共同繁荣发展的主题，深入开展民族团结进步教育，加快民族地区发展，保障少数民族合法权益，巩固和发展平等团结互助和谐的社会主义民族关系，促进各民族和睦相处、和衷共济、和谐发展。全面贯彻党的宗教工作基本方针，发挥宗教界人士和信教群众在促进经济社会发展中的积极作用。鼓励和引导新的社会阶层人士为中国特色社会主义事业作出更大贡献。落实党的侨务政策，支持海外侨胞、归侨侨眷关心和参与祖国现代化建设与和平统一大业。

中国特色社会主义政治发展道路是团结亿万人民共同奋斗的正确道路。我们一定要坚定不移沿着这条道路前进，使我国社会主义民主政治展现出更加旺盛的生命力。

六、扎实推进社会主义文化强国建设

文化是民族的血脉，是人民的精神家园。全面建成小康社会，实现中华民族伟大复兴，必须推动社会主义文化大发展大繁荣，兴起社会主义文化建设新高潮，提高国家文化软实力，发挥文化引领风尚、教育人民、服务社会、推动发展的作用。

建设社会主义文化强国，必须走中国特色社会主义文化发展道路，坚持为人民服务、为社会主义服务的方向，坚持百花齐放、百家争鸣的方针，坚持贴近实际、贴近生活、贴近群众的原则，推动社会主义精神文明和物质文明全面发展，建设面向现代化、面向世界、面向未来的，民族的科学的大众的社会主义文化。

建设社会主义文化强国，关键是增强全民族文化创造活力。要深化文化体制改革，解放和发展文化生产力，发扬学术民主、艺术民主，为人民提供广阔文化舞台，让一切文化创造源泉充分涌流，开创全民族文化创造活力持续迸发、社会文化生活更加丰富多彩、人民基本文化权益得到更好保障、人民思想道德素质和科学文化素质全面提高、中华文化国际影响力不断增强的新局面。

(一)加强社会主义核心价值体系建设。社会主义核心价值体系是兴国之魂，决定着中国特色社会主义发展方向。要深入开展社会主义核心价值体系学习教育，用社会主义核心价值体系引领社会思潮、凝聚社会共识。推进马克思主义中国化时代化大众化，坚持不懈用中国特色社会主义理论体系武装全党、教育人民，深入实施马克思主义理论研究和建设工程，建设哲学社会科学创新体系，推动中国特色社会主义理论体系进教材进课堂进头脑。广泛开展理想信念教育，把广大人民团结凝聚在中国特色社会主义伟大旗帜之下。大力弘扬民族精神和时代精神，深入开展爱国主义、集体主义、社会主义教育，丰富人民精神世界，增强人民精神力量。倡导富强、民主、文明、和谐，倡导自由、平等、公正、法治，倡导爱国、敬业、诚信、友善，积极培育和践行社会主义核心价值观。牢牢掌握意识形态工作领导权和主导权，坚持正确导向，提高引导能力，壮大主流思想舆论。

(二)全面提高公民道德素质。这是社会主义道德建设的基本任务。要坚持依法治国和以德治国相结合，加强社会公德、职业道德、家庭美德、个人品德教育，弘扬中华传统美德，弘扬时代新风。推进公民道德建设工程，弘扬真善美、贬斥假恶丑，引导人们自觉履行法定义务、社会责任、家庭责任，营造劳动光荣、创造伟大的社会氛围，培育知荣辱、讲正气、作奉献、促和谐的良好风尚。深入开展道德领域突出问题专项教育和治理，加强政务诚信、商务诚信、社会诚信和司法公信建设。加强和改进思想政治工作，注重人文关怀和心理疏导，培育自尊自信、理性平和、积极向上的社会心态。深化群众性精神文明创建活动，广泛开展志愿服务，推动学雷锋活动、学习宣传道德模范常态化。

(三)丰富人民精神文化生活。让人民享有健康丰富的精神文化生活，是全面建成小康社会的重要内容。要坚持以人民为中心的创作导向，提高文化产品质量，为人民提供更多更好精神食粮。坚持面向基层、服务群众，加快推进重点文化惠民工程，加大对农村和欠发达地区文化建设的帮扶力度，继续推动公共文化服务设施向社会免费开放。建设优秀传统文化传承体系，弘扬中华优秀传统文化。推广和规范使用国家通用语言文字。繁荣发展少数民族文化事业。开展群众性文化活动，引导群众在文化建设中自我表现、自我教育、自我服务。开展全民阅读活动。加强和改进网络内容建设，唱响网上主旋律。加强网络社会管理，推进网络依法规范有序运行。开展"扫黄打非"，抵制低俗现象。普及科学知识，弘扬科学精神，提高全民科学素养。广泛开展全民健身运动，促进群众体育和竞技体育全面发展。

(四)增强文化整体实力和竞争力。文化实力和竞争力是国家富强、民族振兴的重要标志。要坚持把社会效益放在首位、社会效益和经济效益相统一，推动文化事业全面繁荣、文化产业快速发展。发展哲学社会科学、新闻出版、广播影视、文学艺术事业。加强重大公共文化工程和文化项目建设，完善公共文化服务体系，提高服务效能。促进文化和科技融合，发展新型文化业态，提高文化产业规模化、集约化、专业化水平。构建和发展现代传播体系，提高传播能力。增强国有公益性文化单位活力，完善经营性文化单位法人治理结构，繁荣文化市场。扩大文化领域对外开放，积极吸收借鉴国外优秀文化成果。营造有利于高素质文化人才大量涌现、健康成长的良好环境，造就一批名家大师和民族文化代表人物，表彰有杰出贡献的文化工作者。

我们一定要坚持社会主义先进文化前进方向，树立高度的文化自觉和文化自信，向着建设社会主义文化强国宏伟目标阔步前进。

七、在改善民生和创新管理中加强社会建设

加强社会建设，是社会和谐稳定的重要保证。必须从维护最广大人民根本利益的高度，加快健全基本公共服务体系，加强和创新社会管理，推动社会主义和谐社会建设。

加强社会建设，必须以保障和改善民生为重点。提高人民物质文化生活水平，是改革开放和社会主义现代化建设的根本目的。要多谋民生之利，多解民生之忧，解决好人民最关心最直接最现实的利益问题，在学有所教、劳有所得、病有所医、老有所养、住有所居上持续取得新进展，努力让人民过上更好生活。

加强社会建设，必须加快推进社会体制改革。要围绕构建中国特色社会主义社会管理体系，加快形成党委领导、政府负责、社会协同、公众参与、法治保障的社会管理体制，加快形成政府主导、覆盖城乡、可持续的基本公共服务体系，加快形成政社分开、权责明确、依法自治的现代社会组织体制，加快形成源头治理、动态管理、应急处置相结合的社会管理机制。

(一)努力办好人民满意的教育。教育是民族振兴和社会进步的基石。要坚持教育优先发展，全面贯彻党的教育方针，坚持教育为社会主义现代化建设服务、为人民服务，把立德树人作为教育的根本任务，培养德智体美全面发展的社会主义建设者和接班人。全面实施素质教育，深化教育领域综合改革，着力提高教育质量，培养学生社会责任感、创新精神、实践能力。办好学前教育，均衡发展九年义务教育，基本普及高中阶段教育，加快发展现代职业教育，推动高等教育内涵式发展，积极发展继续教育，完善终身教育体系，建设学习型社会。大力促进教育公平，合理配置教育资源，重点向农村、边远、贫困、民族地区倾斜，支持特殊教育，提高家庭经济困难学生资助水平，积极推动农民工子女平等接受教育，让每个孩子都能成为有用之才。鼓励引导社会力量兴办教育。加强教师队伍建设，提高师德水平和业务能力，增强教师教书育人的荣誉感和责任感。

(二)推动实现更高质量的就业。就业是民生之本。要贯彻劳动者自主就业、市场调节就业、政府促进就业和鼓励创业的方针，实施就业优先战略和更加积极的就业政策。引导劳动者转变就业观念，鼓励多渠道多形式就业，促进创业带动就业，做好以高校毕业生为重点的青年就业工作和农村转移劳动力、城镇困难人员、退役军人就业工作。加强职业技能培训，提升劳动者就业创业能力，增强就业稳定性。健全人力资源市场，完善就业服务体系，增强失业保险对促进就业的作用。健全劳动标准体系和劳动关系协调机制，加强劳动保障监察和争议调解仲裁，构建和谐劳动关系。

(三)千方百计增加居民收入。实现发展成果由人民共享，必须深化收入分配制度改革，努力实现居民收入增长和经济发展同步、劳动报酬增长和劳动生产率提高同步，提高居民收入在国民收入分配中的比重，提高劳动报酬在初次分配中的比重。初次分配和再分配都要兼顾效率和公平，再分配更加注重公平。完善劳动、资本、技术、管理等要素按贡献参与分配的初次分配机制，加快健全以税收、社会保障、转移支付为主要手段的再分配调节机制。深化企业和机关事业单位工资制度改革，推行企业工资集体协商制度，保护劳动所得。多渠道增加居民财产性收入。规范收入分配秩序，保护合法收入，增加低收入者收入，调节过高收入，取缔非法收入。

（四）统筹推进城乡社会保障体系建设。社会保障是保障人民生活、调节社会分配的一项基本制度。要坚持全覆盖、保基本、多层次、可持续方针，以增强公平性、适应流动性、保证可持续性为重点，全面建成覆盖城乡居民的社会保障体系。改革和完善企业和机关事业单位社会保险制度，整合城乡居民基本养老保险和基本医疗保险制度，逐步做实养老保险个人账户，实现基础养老金全国统筹，建立兼顾各类人员的社会保障待遇确定机制和正常调整机制。扩大社会保障基金筹资渠道，建立社会保险基金投资运营制度，确保基金安全和保值增值。完善社会救助体系，健全社会福利制度，支持发展慈善事业，做好优抚安置工作。建立市场配置和政府保障相结合的住房制度，加强保障性住房建设和管理，满足困难家庭基本需求。坚持男女平等基本国策，保障妇女儿童合法权益。积极应对人口老龄化，大力发展老龄服务事业和产业。健全残疾人社会保障和服务体系，切实保障残疾人权益。健全社会保障经办管理体制，建立更加便民快捷的服务体系。

（五）提高人民健康水平。健康是促进人的全面发展的必然要求。要坚持为人民健康服务的方向，坚持预防为主、以农村为重点、中西医并重，按照保基本、强基层、建机制要求，重点推进医疗保障、医疗服务、公共卫生、药品供应、监管体制综合改革，完善国民健康政策，为群众提供安全有效方便价廉的公共卫生和基本医疗服务。健全全民医保体系，建立重特大疾病保障和救助机制，完善突发公共卫生事件应急和重大疾病防控机制。巩固基本药物制度。健全农村三级医疗卫生服务网络和城市社区卫生服务体系，深化公立医院改革，鼓励社会办医。扶持中医药和民族医药事业发展。提高医疗卫生队伍服务能力，加强医德医风建设。改革和完善食品药品安全监管体制机制。开展爱国卫生运动，促进人民身心健康。坚持计划生育的基本国策，提高出生人口素质，逐步完善政策，促进人口长期均衡发展。

（六）加强和创新社会管理。提高社会管理科学化水平，必须加强社会管理法律、体制机制、能力、人才队伍和信息化建设。改进政府提供公共服务方式，加强基层社会管理和服务体系建设，增强城乡社区服务功能，强化企事业单位、人民团体在社会管理和服务中的职责，引导社会组织健康有序发展，充分发挥群众参与社会管理的基础作用。完善和创新流动人口和特殊人群管理服务。正确处理人民内部矛盾，建立、健全党和政府主导的维护群众权益机制，完善信访制度，完善人民调解、行政调解、司法调解联动的工作体系，畅通和规范群众诉求表达、利益协调、权益保障渠道。建立、健全重大决策社会稳定风险评估机制。强化公共安全体系和企业安全生产基础建设，遏制重特大安全事故。加强和改进党对政法工作的领导，加强政法队伍建设，切实肩负起中国特色社会主义事业建设者、捍卫者的职责使命。深化平安建设，完善立体化社会治安防控体系，强化司法基本保障，依法防范和惩治违法犯罪活动，保障人民生命财产安全。完善国家安全战略和工作机制，高度警惕和坚决防范敌对势力的分裂、渗透、颠覆活动，确保国家安全。

全党全国人民行动起来，就一定能开创社会和谐人人有责、和谐社会人人共享的生动局面。

八、大力推进生态文明建设

建设生态文明，是关系人民福祉、关乎民族未来的长远大计。面对资源约束趋紧、环境污染严重、生态系统退化的严峻形势，必须树立尊重自然、顺应自然、保护自然的生态文明理念，把生态文明建设放在突出地位，融入经济建设、政治建设、文化建设、社会建设各方面和全过程，努力建设美丽中国，实现中华民族永续发展。

坚持节约资源和保护环境的基本国策，坚持节约优先、保护优先、自然恢复为主的方针，着力推进绿色发展、循环发展、低碳发展，形成节约资源和保护环境的空间格局、产业结构、生产方式、生活方式，从源头上扭转生态环境恶化趋势，为人民创造良好生产生活环境，为全球生态安全作出贡献。

（一）优化国土空间开发格局。国土是生态文明建设的空间载体，必须珍惜每一寸国土。要按照人口资源环境相均衡、经济社会生态效益相统一的原则，控制开发强度，调整空间结构，促进生产空间集约高效、生活空间宜居适度、生态空间山清水秀，给自然留下更多修复空间，给农业留下更多良田，给子孙后代留下天蓝、地绿、水净的美好家园。加快实施主体功能区战略，推动各地区严格按照主体功能定位发展，构建科学合理的城市化格局、农业发展格局、生态安全格局。提高海洋资源开发能力，发展海洋经济，保护海洋生态环境，坚决维护国家海洋权益，建设海洋强国。

（二）全面促进资源节约。节约资源是保护生态环境的根本之策。要节约集约利用资源，推动资源利用方式根本转变，加强全过程节约管理，大幅降低能源、水、土地消耗强度，提高利用效率和效益。推动能源生产和消费革命，控制能源消费总量，加强节能降耗，支持节能低碳产业和新能源、可再生能源发展，确保国家能源安全。加强水源地保护和用水总量管理，推进水循环利用，建设节水型社会。严守耕地保护红线，严格土地用途管制。加强矿产资源勘查、保护、合理开发。发展循环经济，促进生产、流通、消费过程的减量化、再利用、资源化。

（三）加大自然生态系统和环境保护力度。良好生态环境是人和社会持续发展的根本基础。要实施重大生态修复工程，增强生态产品生产能力，推进荒漠化、石漠化、水土流失综合治理，扩大森林、湖泊、湿地面积，保护生物多样性。加快水利建设，增强城乡防洪抗旱排涝能力。加强防灾减灾体系建设，提高气象、地质、地震灾害防御能力。坚持预防为主、综合治理，以解决损害群众健康突出环境问题为重点，强化水、大气、土壤等污染防治。坚持共同但有区别的责任原则、公平原则、各自能力原则，同国际社会一道积极应对全球气候变化。

（四）加强生态文明制度建设。保护生态环境必须依靠制度。要把资源消耗、环境损害、生态效益纳入经济社会发展评价体系，建立体现生态文明要求的目标体系、考核办法、奖惩机制。建立国土空间开发保护制度，完善最严格的耕地保护制度、水资源管理制度、环境保护制度。深化资源性产品价格和税费改革，建立反映市场供求和资源稀缺程度、体现生态价值和代际补偿的资源有偿使用制度和生态补偿制度。积极开展节能量、碳排放权、排污权、水权交易试点。加强环境监管，健全生态环境保护责任追究制度和环境损害赔偿制度。加强生态文明宣传教育，增强全民节约意识、环保意识、生态意识，形成合理消费的社会风尚，营造爱护生态环境的良好风气。

我们一定要更加自觉地珍爱自然，更加积极地保护生态，努力走向社会主义生态文明新时代。

九、加快推进国防和军队现代化

建设与我国国际地位相称、与国家安全和发展利益相适应的巩固国防和强大军队，是我国现代化建设的战略任务。我国面临的生存安全问题和发展安全问题、传统安全威胁和非传统安全威胁相互交织，要求国防和军队现代化建设有一个大的发展。必须坚持以国家核心安全需求为导向，统筹经济建设和国防建设，按照国防和军队现代化建设“三步走”战略构想，加紧完成机械化和信息化建设双重历史任务，力争到2020年基本实现机械化，信息化建设取得重大进展。

国防和军队现代化建设，必须以毛泽东军事思想、邓小平新时期军队建设思想、江泽民国防和军队建设思想、党关于新形势下国防和军队建设思想为指导。要适应国家发展战略和安全战略新要求，着眼全面履行新世纪、新阶段军队历史使命，贯彻新时期积极防御军事战略方针，与时俱进加强军事战略指导，高度关注海洋、太空、网络空间安全，积极运筹和平时期军事力量运用，不断拓展和深化军事斗争准备，提高以打赢信息化条件下局部战争能力为核心的完成多样化军事任务能力。

坚持以推动国防和军队建设科学发展为主题，以加快转变战斗力生成模式为主线，全面加强军队革命化现代化正规化建设。毫不动摇坚持党对军队的绝对领导，坚持不懈用中国特色社会主义理论体系武装全军，持续培育当代革命军人核心价值观，大力发展先进军事文化，永葆人民军队性质、本色、作风。坚定不移把信息化作为军队现代化建设发展方向，推动信息化建设加速发展。加强高新技术武器装备建设，加快全面建设现代后勤，培养大批高素质新型军事人才，深入开展信息化条件下军事训练，增强基于信息系统的体系作战能力。加大依法治军、从严治军力度，推动正规化建设向更高水平发展。

紧跟世界新军事革命加速发展的潮流，积极稳妥进行国防和军队改革，推动中国特色军事变革深入发展。坚持以创新发展军事理论为先导，着力提高国防科技工业自主创新能力，深入推进军队组织形态现代化，构建中国特色现代军事力量体系。

坚持走中国特色军民融合式发展路子，坚持富国和强军相统一，加强军民融合式发展战略规划、体制机制建设、法规建设。加快建设现代化武装警察力量。增强全民国防观念，提高国防动员和后备力量建设质量。巩固和发展军政军民团结。

中国奉行防御性的国防政策，加强国防建设的目的是维护国家主权、安全、领土完整，保障国家和平发展。中国军队始终是维护世界和平的坚定力量，将一如既往同各国加强军事合作、增进军事互信，参与地区和国际安全事务，在国际政治和安全领域发挥积极作用。

十、丰富“一国两制”实践和推进祖国统一

香港、澳门回归以来，走上了同祖国内地优势互补、共同发展的宽广道路，“一国两制”实践取得举世公认的成功。中央政府对香港、澳门实行的各项方针政策，根本宗旨是维护国家主权、安全、发展利益，保持香港、澳门长期繁荣稳定。全面准确贯彻“一国两制”、“港人治港”、“澳人治澳”、高度自治的方针，必须把坚持一国原则和尊重两制差异、维护中央权力和保障特

别行政区高度自治权、发挥祖国内地坚强后盾作用和提高港澳自身竞争力有机结合起来,任何时候都不能偏废。

中央政府将严格依照基本法办事,完善与基本法实施相关的制度和机制,坚定支持特别行政区行政长官和政府依法施政,带领香港、澳门各界人士集中精力发展经济、切实有效改善民生、循序渐进推进民主、包容共济促进和谐,深化内地与香港、澳门经贸关系,推进各领域交流合作,促进香港同胞、澳门同胞在爱国爱港、爱国爱澳旗帜下的大团结,防范和遏制外部势力干预港澳事务。

我们坚信,香港同胞、澳门同胞不仅有智慧、有能力、有办法把特别行政区管理好、建设好,也一定能在国家事务中发挥积极作用,同全国各族人民一道共享做中国人的尊严和荣耀。

解决台湾问题、实现祖国完全统一,是不可阻挡的历史进程。和平统一最符合包括台湾同胞在内的中华民族的根本利益。实现和平统一首先要确保两岸关系和平发展。必须坚持"和平统一、一国两制"方针,坚持发展两岸关系、推进祖国和平统一进程的八项主张,全面贯彻两岸关系和平发展重要思想,巩固和深化两岸关系和平发展的政治、经济、文化、社会基础,为和平统一创造更充分的条件。

我们要始终坚持一个中国原则。大陆和台湾虽然尚未统一,但两岸同属一个中国的事实从未改变,国家领土和主权从未分割、也不容分割。两岸双方应恪守反对"台独"、坚持"九二共识"的共同立场,增进维护一个中国框架的共同认知,在此基础上求同存异。对台湾任何政党,只要不主张"台独"、认同一个中国,我们都愿意同他们交往、对话、合作。

我们要持续推进两岸交流合作。深化经济合作,厚植共同利益。扩大文化交流,增强民族认同。密切人民往来,融洽同胞感情。促进平等协商,加强制度建设。希望双方共同努力,探讨国家尚未统一特殊情况下的两岸政治关系,作出合情合理安排;商谈建立两岸军事安全互信机制,稳定台海局势;协商达成两岸和平协议,开创两岸关系和平发展新前景。

我们要努力促进两岸同胞团结奋斗。两岸同胞同属中华民族,是血脉相连的命运共同体,理应相互关爱信赖,共同推进两岸关系,共同享有发展成果。凡是有利于增进两岸同胞共同福祉的事情,我们都会尽最大努力做好。我们要切实保护台湾同胞权益,团结台湾同胞维护好、建设好中华民族共同家园。

我们坚决反对"台独"分裂图谋。中国人民决不允许任何人任何势力以任何方式把台湾从祖国分割出去。"台独"分裂行径损害两岸同胞共同利益,必然走向彻底失败。

全体中华儿女携手努力,就一定能在同心实现中华民族伟大复兴进程中完成祖国统一大业。

十一、继续促进人类和平与发展的崇高事业

当今世界正在发生深刻复杂变化,和平与发展仍然是时代主题。世界多极化、经济全球化深入发展,文化多样化、社会信息化持续推进,科技革命孕育新突破,全球合作向多层次全方位拓展,新兴市场国家和发展中国家整体实力增强,国际力量对比朝着有利于维护世界和平方向发展,保持国际形势总体稳定具备更多有利条件。

同时,世界仍然很不安宁。国际金融危机影响深远,世界经济增长不稳定不确定因素增多,全球发展不平衡加剧,霸权主义、强权政治和新干涉主义有所上升,局部动荡频繁发生,粮食安全、能源资源安全、网络安全等全球性问题更加突出。

人类只有一个地球,各国共处一个世界。历史昭示我们,弱肉强食不是人类共存之道,穷兵黩武无法带来美好世界。要和平不要战争,要发展不要贫穷,要合作不要对抗,推动建设持久和平、共同繁荣的和谐世界,是各国人民共同愿望。

我们主张,在国际关系中弘扬平等互信、包容互鉴、合作共赢的精神,共同维护国际公平正义。平等互信,就是要遵循联合国宪章宗旨和原则,坚持国家不分大小、强弱、贫富一律平等,推动国际关系民主化,尊重主权,共享安全,维护世界和平稳定。包容互鉴,就是要尊重世界文明多样性、发展道路多样化,尊重和维护各国人民自主选择社会制度和发展道路的权利,相互借鉴,取长补短,推动人类文明进步。合作共赢,就是要倡导人类命运共同体意识,在追求本国利益时兼顾他国合理关切,在谋求本国发展中促进各国共同发展,建立更加平等均衡的新型全球发展伙伴关系,同舟共济,权责共担,增进人类共同利益。

中国将继续高举和平、发展、合作、共赢的旗帜,坚定不移致力于维护世界和平、促进共同发展。

中国将始终不渝走和平发展道路,坚定奉行独立自主的和平外交政策。我们坚决维护国家主权、安全、发展利益,决不会屈服于任何外来压力。我们根据事情本身的是非曲直决定自己的立场和政策,秉持公道,伸张正义。中国主张和平解决国际争端和热点问题,反对动辄诉诸武力或以武力相威胁,反对颠覆别国合法政权,反对一切形式的恐怖主义。中国反对各种形式的霸权主义和强权政治,不干涉别国内政,永远不称霸,永远不搞扩张。中国将坚持把中国人民利益同各国人民共同利益结合起来,以更加积极的姿态参与国际事务,发挥负责任大国作用,共同应对全球性挑战。

中国将始终不渝奉行互利共赢的开放战略，通过深化合作促进世界经济强劲、可持续、平衡增长。中国致力于缩小南北差距，支持发展中国家增强自主发展能力。中国将加强同主要经济体宏观经济政策协调，通过协商妥善解决经贸摩擦。中国坚持权利和义务相平衡，积极参与全球经济治理，推动贸易和投资自由化便利化，反对各种形式的保护主义。

中国坚持在和平共处五项原则基础上全面发展同各国的友好合作。我们将改善和发展同发达国家关系，拓宽合作领域，妥善处理分歧，推动建立长期稳定健康发展的新型大国关系。我们将坚持与邻为善、以邻为伴，巩固睦邻友好，深化互利合作，努力使自身发展更好惠及周边国家。我们将加强同广大发展中国家的团结合作，共同维护发展中国家正当权益，支持扩大发展中国家在国际事务中的代表性和发言权，永远做发展中国家的可靠朋友和真诚伙伴。我们将积极参与多边事务，支持联合国、二十国集团、上海合作组织、金砖国家等发挥积极作用，推动国际秩序和国际体系朝着公正合理的方向发展。我们将扎实推进公共外交和人文交流，维护我国海外合法权益。我们将开展同各国政党和政治组织的友好往来，加强人大、政协、地方、民间团体的对外交流，夯实国家关系发展社会基础。

中国人民热爱和平、渴望发展，愿同各国人民一道为人类和平与发展的崇高事业而不懈努力。

十二、全面提高党的建设科学化水平

我们党担负着团结带领人民全面建成小康社会、推进社会主义现代化、实现中华民族伟大复兴的重任。党坚强有力，党同人民保持血肉联系，国家就繁荣稳定，人民就幸福安康。形势的发展、事业的开拓、人民的期待，都要求我们以改革创新精神全面推进党的建设新的伟大工程，全面提高党的建设科学化水平。

全党必须牢记，只有植根人民、造福人民，党才能始终立于不败之地；只有居安思危、勇于进取，党才能始终走在时代前列。新形势下，党面临的执政考验、改革开放考验、市场经济考验、外部环境考验是长期的、复杂的、严峻的，精神懈怠危险、能力不足危险、脱离群众危险、消极腐败危险更加尖锐地摆在全党面前。不断提高党的领导水平和执政水平、提高拒腐防变和抵御风险能力，是党巩固执政地位、实现执政使命必须解决好的重大课题。全党要增强紧迫感和责任感，牢牢把握加强党的执政能力建设、先进性和纯洁性建设这条主线，坚持解放思想、改革创新，坚持党要管党、从严治党，全面加强党的思想建设、组织建设、作风建设、反腐倡廉建设、制度建设，增强自我净化、自我完善、自我革新、自我提高能力，建设学习型、服务型、创新型的马克思主义执政党，确保党始终成为中国特色社会主义事业的坚强领导核心。

（一）坚定理想信念，坚守共产党人精神追求。对马克思主义的信仰，对社会主义和共产主义的信念，是共产党人的政治灵魂，是共产党人经受住任何考验的精神支柱。要抓好思想理论建设这个根本，学习马克思列宁主义、毛泽东思想、中国特色社会主义理论体系，深入学习实践科学发展观，推进学习型党组织创建，教育引导党员、干部矢志不渝为中国特色社会主义共同理想而奋斗。抓好党性教育这个核心，学习党的历史，深刻认识党的两个历史问题决议总结的经验教训，弘扬党的优良传统和作风，教育引导党员、干部牢固树立正确的世界观、权力观、事业观，坚定政治立场，明辨大是大非。抓好道德建设这个基础，教育引导党员、干部模范践行社会主义荣辱观，讲党性、重品行、作表率，做社会主义道德的示范者、诚信风尚的引领者、公平正义的维护者，以实际行动彰显共产党人的人格力量。

（二）坚持以人为本、执政为民，始终保持党同人民群众的血肉联系。为人民服务是党的根本宗旨，以人为本、执政为民是检验党一切执政活动的最高标准。任何时候都要把人民利益放在第一位，始终与人民心连心、同呼吸、共命运，始终依靠人民推动历史前进。围绕保持党的先进性和纯洁性，在全党深入开展以为民务实清廉为主要内容的党的群众路线教育实践活动，着力解决人民群众反映强烈的突出问题，提高做好新形势下群众工作的能力。完善党员干部直接联系群众制度。坚持问政于民、问需于民、问计于民，从人民伟大实践中汲取智慧和力量。坚持实干富民、实干兴邦，敢于开拓，勇于担当，多干让人民满意的好事实事。坚持艰苦奋斗、勤俭节约，下决心改进文风会风，着力整治庸懒散奢等不良风气，坚决克服形式主义、官僚主义，以优良党风凝聚党心民心、带动政风民风。支持工会、共青团、妇联等人民团体充分发挥桥梁纽带作用，更好反映群众呼声，维护群众合法权益。

（三）积极发展党内民主，增强党的创造活力。党内民主是党的生命。要坚持民主集中制，健全党内民主制度体系，以党内民主带动人民民主。保障党员主体地位，健全党员民主权利保障制度，开展批评和自我批评，营造党内民主平等的同志关系、民主讨论的政治氛围、民主监督的制度环境，落实党员知情权、参与权、选举权、监督权。完善党的代表大会制度，提高工人、农民代表比例，落实和完善党的代表大会代表任期制，试行乡镇党代会年会制，深化县（市、区）党代会常任制试点，实行党代会代表提案制。完善党内选举制度，规范差额提名、差额选举，形成充分体现选举人意志的程序和环境。强化全委会决策和监督作用，完善常委会议事规则和决策程序，完善地方党委讨论决定重大问题和任用重要干部票决制。扩大党内基层民主，完善党员定期评议基层党组织领导班子等制度，推行党员旁听基层党委会议、党代会代表列席同级党委有关会议等做法，增强党内生活原则性和透明度。

（四）深化干部人事制度改革，建设高素质执政骨干队伍。坚持和发展中国特色社会主义，关键在于建设一支政治坚定、能力过硬、作风优良、奋发有为的执政骨干队伍。要坚持党管干部原则，坚持五湖四海、任人唯贤，坚持德才兼备、以德为先，坚持注重实绩、群众公认，深化干部人事制度改革，使各方面优秀干部充分涌现、各尽其能、才尽其用。全面准确贯彻民主、公开、竞争、择优方针，扩大干部工作民主，提高民主质量，完善竞争性选拔干部方式，提高选人用人公信度，不让老实人吃亏，不让投机钻营者得利。完善干部考核评价机制，促进领导干部树立正确政绩观。健全干部管理体制，从严管理监督干部，加强党政正职、关键岗位干部培养选拔，完善公务员制度。优化领导班子配备和干部队伍结构，注重从基层一线培养选拔干部，拓宽社会优秀人才进入党政干部队伍渠道。推进国有企业和事业单位人事制度改革。加强和改进干部教育培训，提高干部素质和能力。加大培养选拔优秀年轻干部力度，重视培养选拔女干部和少数民族干部，鼓励年轻干部到基层和艰苦地区锻炼成长。全面做好离退休干部工作。

（五）坚持党管人才原则，把各方面优秀人才集聚到党和国家事业中来。广开进贤之路，广纳天下英才，是保证党和人民事业发展的根本之举。要尊重劳动、尊重知识、尊重人才、尊重创造，加快确立人才优先发展战略布局，造就规模宏大、素质优良的人才队伍，推动我国由人才大国迈向人才强国。统筹推进各类人才队伍建设，实施重大人才工程，加大创新创业人才培养支持力度，重视实用人才培养，引导人才向科研生产一线流动。充分开发利用国内国际人才资源，积极引进和用好海外人才。加快人才发展体制机制改革和政策创新，建立国家荣誉制度，形成激发人才创造活力、具有国际竞争力的人才制度优势，开创人人皆可成才、人人尽展其才的生动局面。

（六）创新基层党建工作，夯实党执政的组织基础。党的基层组织是团结带领群众贯彻党的理论和路线方针政策、落实党的任务的战斗堡垒。要落实党建工作责任制，强化农村、城市社区党组织建设，加大非公有制经济组织、社会组织党建工作力度，全面推进各领域基层党建工作，扩大党组织和党的工作覆盖面，充分发挥推动发展、服务群众、凝聚人心、促进和谐的作用，以党的基层组织建设带动其他各类基层组织建设。健全党的基层组织体系，加强基层党组织带头人队伍建设，加强城乡基层党建资源整合，建立稳定的经费保障制度。以服务群众、做群众工作为主要任务，加强基层服务型党组织建设。以增强党性、提高素质为重点，加强和改进党员队伍教育管理，健全党员立足岗位创先争优长效机制，推动广大党员发挥先锋模范作用。严格党内组织生活，健全党员党性定期分析、民主评议等制度。改进对流动党员的教育、管理、服务。提高发展党员质量，重视从青年工人、农民、知识分子中发展党员。健全党员能进能出机制，优化党员队伍结构。

（七）坚定不移反对腐败，永葆共产党人清正廉洁的政治本色。反对腐败、建设廉洁政治，是党一贯坚持的鲜明政治立场，是人民关注的重大政治问题。这个问题解决不好，就会对党造成致命伤害，甚至亡党亡国。反腐倡廉必须常抓不懈，拒腐防变必须警钟长鸣。要坚持中国特色反腐倡廉道路，坚持标本兼治、综合治理、惩防并举、注重预防方针，全面推进惩治和预防腐败体系建设，做到干部清正、政府清廉、政治清明。加强反腐倡廉教育和廉政文化建设。各级领导干部特别是高级干部必须自觉遵守廉政准则，严格执行领导干部重大事项报告制度，既严于律己，又加强对亲属和身边工作人员的教育和约束，决不允许搞特权。严格规范权力行使，加强对领导干部特别是主要领导干部行使权力的监督。深化重点领域和关键环节改革，健全反腐败法律制度，防控廉政风险，防止利益冲突，更加科学有效地防治腐败。加强反腐败国际合作。严格执行党风廉政建设责任制。健全纪检监察体制，完善派驻机构统一管理，更好发挥巡视制度监督作用。始终保持惩治腐败高压态势，坚决查处大案要案，着力解决发生在群众身边的腐败问题。不管涉及什么人，不论权力大小、职位高低，只要触犯党纪国法，都要严惩不贷。

（八）严明党的纪律，自觉维护党的集中统一。党的集中统一是党的力量所在，是实现经济社会发展、民族团结进步、国家长治久安的根本保证。党面临的形势越复杂，肩负的任务越艰巨，就越要加强党的纪律建设，越要维护党的集中统一。各级党组织和广大党员、干部特别是主要领导干部一定要自觉遵守党章，自觉按照党的组织原则和党内政治生活准则办事，任何人都不能凌驾于组织之上。要坚决维护中央权威，在思想上政治上行动上同党中央保持高度一致，坚决贯彻党的理论和路线方针政策，保证中央政令畅通，决不允许“上有政策、下有对策”，决不允许有令不行、有禁不止。加强监督检查，严肃党的纪律特别是政治纪律，对违反纪律的行为必须认真处理，切实做到纪律面前人人平等、遵守纪律没有特权、执行纪律没有例外，形成全党上下步调一致、奋发进取的强大力量。

同志们！在中国特色社会主义道路上实现中华民族伟大复兴，寄托着无数仁人志士、革命先烈的理想和夙愿。在长期艰苦卓绝的奋斗中，我们党紧紧依靠人民，付出了最大牺牲，书写了感天动地的壮丽史诗，不可逆转地结束了近代以后中国内忧外患、积贫积弱的悲惨命运，不可逆转地开启了中华民族不断发展壮大、走向伟大复兴的历史进军，使具有5000多年文明历史的中华民族以崭新的姿态屹立于世界民族之林。在新的征程上，我们的责任更大、担子更重，必须以更加坚定的信念、更加顽强的努力，继续实现推进现代化建设、完成祖国统一、维护世界和平与促进共同发展这三大历史任务。

面对人民的信任和重托，面对新的历史条件和考验，全党必须增强忧患意识，谦虚谨慎，戒骄戒躁，始终保持清醒头脑；必须增强创新意识，坚持真理，修正错误，始终保持奋发有为的精神状态；必须增强宗旨意识，相信群众，依靠群众，始终把人民放在心中最高位置；必须增强使命意识，求真务实，艰苦奋斗，始终保持共产党人的政治本色。

中国特色社会主义事业是面向未来的事业，需要一代又一代有志青年接续奋斗。全党都要关注青年、关心青年、关爱青年，倾听青年心声，鼓励青年成长，支持青年创业。广大青年要积极响应党的号召，树立正确的世界观、人生观、价值观，永远热爱我们伟大的祖国，永远热爱我们伟大的人民，永远热爱我们伟大的中华民族，在投身中国特色社会主义伟大事业中，让青春焕发出绚丽的光彩。

中国特色社会主义事业需要全体中华儿女万众一心、团结奋斗。团结就是大局，团结就是力量。全党同志要用坚强的党性保证团结，用共同的事业促进团结，自觉维护全党的团结统一，巩固全国各族人民大团结，加强海内外中华儿女大团结，促进中国人民同世界各国人民大团结。

让我们高举中国特色社会主义伟大旗帜，更加紧密地团结在党中央周围，为全面建成小康社会而奋斗，不断夺取中国特色社会主义新胜利，共同创造中国人民和中华民族更加幸福美好的未来！

吴邦国参加十八大安徽代表团讨论

吴邦国指出，胡锦涛同志所作的重要报告，通篇贯穿马克思主义立场、观点、方法，是新的历史条件下夺取中国特色社会主义新胜利的政治纲领，是全面建成小康社会的行动指南。我们要认真学习和深刻领会报告精神，更加自觉地把思想和行动统一到党的十八大精神上来，坚定不移沿着中国特色社会主义道路奋勇前进。

吴邦国说，面对复杂多变的国际环境和艰巨繁重的改革发展稳定任务，以胡锦涛同志为总书记的党中央带领全党，紧紧依靠全国各族人民，经受住各种困难和风险考验，推动党和国家各方面工作取得了新的历史性成就。实践充分证明，十六大以来中央作出的各项重大决策是完全正确的。吴邦国对安徽省各方面工作取得的成绩给予充分肯定。他说，过去的十年是安徽经济社会发展最好最快、人民群众得到实惠最多的十年，希望安徽认真学习贯彻十八大精神，结合实际创造性地开展工作，努力在转变经济发展方式上取得新进展，在深化改革开放上取得新突破，在改善民生上取得新成效。

吴邦国指出，党的十六大以来我们之所以能够取得历史性成就和进步，最重要的就是坚持以马克思列宁主义、毛泽东思想、邓小平理论和"三个代表"重要思想为指导，深入贯彻落实科学发展观，在实践基础上不断推动理论创新。经过全党的实践，科学发展观内涵不断丰富、日益深入人心，把对中国特色社会主义规律的认识提高到一个新水平，是中国特色社会主义理论体系最新成果，已经同马克思列宁主义、毛泽东思想、邓小平理论、"三个代表"重要思想一道，成为全党全国必须长期坚持的指导思想。科学发展观新的历史定位，对党和国家未来发展具有十分重要的意义，必将成为建设中国特色社会主义的强大思想武器。

吴邦国强调，我们面临的机遇前所未有，面对的挑战也前所未有。要深刻认识和把握世情国情党情发生的新变化，坚持和发展中国特色社会主义不动摇，坚持党的基本理论、基本路线、基本纲领、基本经验不动摇，不为任何风险所惧，不为任何干扰所惑，增强忧患意识、责任意识，更加兢兢业业地工作，在新的历史起点上把中国特色社会主义伟大事业全面推向前进。

贾庆林参加十八大北京代表团讨论

贾庆林指出，要高举中国特色社会主义伟大旗帜，以邓小平理论、"三个代表"重要思想、科学发展观为指导，坚定不移走中国特色社会主义政治发展道路，不断健全社会主义协商民主制度，为全面建成小康社会广泛凝聚智慧和力量。

贾庆林在发言时指出，胡锦涛同志代表第十七届中央委员会所作的报告，主题鲜明、内涵丰富、高屋建瓴，具有很强的思想性、前瞻性、战略性、可操作性，是新的历史条件下夺取中国特色社会主义新胜利的政治纲领，是全面建成小康社会的行动指南。我们要认真学习好、贯彻好。

贾庆林指出，协商民主是中国共产党和中国人民在社会主义民主形式方面的伟大创造，是对马克思主义民主理论的丰富和发展。健全社会主义协商民主制度，有助于拓宽有序政治参与渠道，体现社会主义民主政治的独特优势；有助于把社会各方面分散的意见、愿望和要求进行系统、综合的反映，促进党和政府科学民主决策；有助于推动改进党的领导方式和执政方式，保证党领导人民有效治理国家。

贾庆林说，我们党关于社会主义协商民主的思想和实践经历了一个不断深化的历史发展过程。第一届政协的成功召开是协商的结果，标志着协商民主这种新型民主形式开始在全国范围内实施。改革开放以来，我们党就国家重大方针政策和重要事务与社会各界人士广泛协商，已经形成一种制度。目前，协商民主已经广泛渗透到国家政治社会生活中，而且在不断丰富和发展。

贾庆林强调，健全社会主义协商民主制度，是推进社会主义民主政治建设的重大课题。要坚持完善中国共产党领导的多党合作和政治协商制度，充分发挥人民政协作为协商民主重要渠道作用，不断完善各种协商形式，推进协商民主广泛、多层、制度化发展。要完善协商制度、实现规范性，进一步明确协商什么、与谁协商、怎样协商、协商成果如何运用等具体要求，不断提高协商民主的制度化水平。要丰富协商形式、扩大包容性，积极发挥人民政协的重要渠道作用，深入推进专题协商、对口协商、界别协商、提案办理协商，充分反映各党派团体、各族各界人士的意见建议。要提升协商质量、增强实效性，引导参与协商的各方面树立大局观念，提升自身素质，真正深入实际、认真思考，理性地表达诉求，负责任地提出建议。同时，还要深入研究和推进选举民主与协商民主的协调配合，使两种民主形式更好地优势互补、形成合力，为人民当家做主提供更加广阔的平台，把协商民主这一民主形式建设好、发挥好。

李长春参加十八大四川代表团讨论

李长春说，要坚持走中国特色社会主义文化发展道路，以科学发展为主题，以建设社会主义核心价值体系为根本任务，以满足人民精神文化需求为出发点和落脚点，以改革创新为动力，为建设社会主义文化强国努力奋斗，在全面建成小康社会、实现中华民族伟大复兴的进程中推动社会主义文化大发展大繁荣。

在认真听取代表发言后，李长春作了发言。他说，胡锦涛同志的报告，高举中国特色社会主义伟大旗帜，以邓小平理论、“三个代表”重要思想、科学发展观为指导，科学总结5年成就和10年历程，系统阐述了坚持和发展中国特色社会主义的一系列重大理论和实践问题，确定了全面建成小康社会和全面深化改革开放的目标，描绘了在新的时代条件下夺取中国特色社会主义事业新胜利、实现中华民族伟大复兴的宏伟蓝图，是一篇马克思主义纲领性文献，为党和国家事业进一步发展指明了方向。我们一定要认真学习领会，坚决贯彻落实。

李长春说，中国特色社会主义道路，是历史的选择、人民的选择，是我国全面建成小康社会、加快推进社会主义现代化、实现中华民族伟大复兴的唯一正确道路。这条道路，既坚持了马克思主义基本原理又紧密结合中国实际和时代特征，既继承了中华民族优秀历史文化传统又吸收借鉴了世界文明发展有益成果，既有完善的理论体系为支撑又为实践的进一步发展提供了有力的指南。只要我们坚定不移走中国特色社会主义道路，就一定能在中国共产党成立100年时全面建成小康社会，就一定能在新中国成立100年时建成富强民主文明和谐的社会主义现代化国家。

李长春说，党的十六大以来，以胡锦涛同志为总书记的党中央从全面推进中国特色社会主义总体布局的战略高度出发，作出深化文化体制改革的重大决策，推动文化建设开创新局面，走出了一条中国特色社会主义文化发展道路。这条道路，鲜明回答了新的历史条件下我国文化改革发展走什么路、朝着什么样的目标迈进这个带有方向性、战略性的重大问题，是中国特色社会主义道路的重要组成部分。党的十八大报告对坚持走中国特色社会主义文化发展道路、建设社会主义文化强国进行了新的阐述，作出了新的部署。我们一定要认真学习宣传贯彻党的十八大报告精神，切实抓好加强社会主义核心价值体系建设、全面提高公民道德素质、丰富人民精神文化生活、增强文化整体实力和竞争力这四个方面的主要任务，沿着中国特色社会主义文化发展道路阔步前进。

习近平参加十八大上海代表团讨论

习近平指出，党的十八大是在我国进入全面建成小康社会决定性阶段召开的一次十分重要的大会。在大会期间，各位代表要开动脑筋、敞开思想，结合实际深入讨论，切实做好十八大报告审议工作，切实做好党章修正案审议工作，切实做好“两委”人选酝酿和选举工作，共同努力把这次大会开成一个高举旗帜、凝聚力量的大会，开成一个继往开来、团结奋进的大会。

上海代表团代表发言踊跃。大家认为，党的十八大报告是一个突出解放思想、改革开放、凝聚力量、攻坚克难的报告，是一个动员全党为全面建成小康社会而奋斗、共同创造中国人民和中华民族更加幸福美好未来的报告，一致表示拥护这个报告。

在认真听取代表们发言后习近平指出，胡锦涛同志代表第十七届中央委员会向本次代表大会所作的报告，是充分发扬民主、集中全党智慧的结晶。报告旗帜鲜明、思想深刻、求真务实、部署全面，经过本次代表大会修改完善，必将成为新形势下夺取中国特色社会主义新胜利的政治宣言和行动纲领。

习近平强调，党的十八大主题，简明而又鲜明地向党内外、国内外宣示了我们党将举什么旗、走什么路、以什么样的精神状态、朝着什么样的目标继续前进这四个关系党和国家工作全局的重大问题。提出和确定这样的主题，对我们党团结带领全国各族人民在新的历史征程上继往开来、与时俱进十分紧要。深刻领会、准确把握这个主题，对学习贯彻党的十八大精神至关重要。

习近平指出，党的十八大主题，是在全面把握当前世情、国情、党情，全面把握我国发展新要求和人民新期待的基础上提出来的，是同中国特色社会主义事业五位一体总体布局紧密相连的。深刻理解党的十八大主题，必须准确把握确定这一主题的时代背景，清醒认识我们既面临前所未有的机遇、又面临前所未有的挑战，关键取决于我们能否牢牢把握机遇、沉着应对挑战。我们要继续高举中国特色社会主义伟大旗帜，始终保持解放思想、改革开放、凝聚力量、攻坚克难的精神状态，全面推进经济建设、政治建设、文化建设、社会建设、生态文明建设和党的建设，坚定不移沿着中国特色社会主义道路前进，团结一心为全面建成小康社会而顽强奋斗、艰苦奋斗、不懈奋斗。

习近平充分肯定了党的十七大以来上海市各项工作取得的成绩，希望上海的同志们认真学习、深入领会、全面贯彻党的十八大精神，抓住机遇、应对挑战、乘势而上，加快推进“四个率先”、加快建设“四个中心”和社会主义现代化国际大都市，以更加奋发有为的精神状态推进党的建设，努力开创上海工作新局面。

李克强参加十八大山东代表团讨论

李克强说，胡锦涛同志的报告，高举中国特色社会主义伟大旗帜，以邓小平理论、“三个代表”重要思想、科学发展观为指导，对过去五年和十年的工作及经验进行了科学总结，对党和国家各项事业发展作了全面部署。报告反映了全党意志，体现了人民心愿，是指导我们夺取中国特色社会主义新胜利、实现全面建成小康社会新要求、谱写人民美好生活新篇章的行动纲领。

讨论中，代表们纷纷踊跃发言，气氛十分热烈。李克强与大家深入交流。他说，党的十六大、十七大以来，我国改革开放和现代化建设取得举世瞩目的历史性成就，理论和实践创新成果丰硕，经验弥足珍贵，为全面建成小康社会打下了坚实基础。

李克强强调，准确把握和切实贯彻党的十八大精神，要始终坚持和发展中国特色社会主义道路、理论体系和制度；要把科学发展观贯彻到我国现代化建设全过程、体现到党的建设的各方面，更加积极有力地推动科学发展的实践；要立足社会主义初级阶段总依据，全面落实经济建设、政治建设、文化建设、社会建设、生态文明建设五位一体总布局，全面提高党的建设科学化水平，为完成社会主义现代化和中华民族伟大复兴总任务不懈奋斗。

李克强说，当前，我国发展仍处于大有可为的重要战略机遇期，也面临前所未有的风险挑战。和平与发展仍是时代主题，发展经济成为各国的利益交汇点，科技与产业变革正在孕育新突破。同时，发展中的不平衡、不协调、不可持续问题依然突出。我们要增强责任感和忧患意识，全面把握机遇，沉着应对挑战，牢牢把握发展的主动权。

李克强指出，党的十八大明确提出，全面建成小康社会，全面深化改革开放，要实现这“两个全面”的目标，关键是推动“两个加快”，即加快完善社会主义市场经济体制，加快转变经济发展方式。必须不失时机深化重要领域改革，坚决破除一切妨碍科学发展的思想观念和体制机制弊端，处理好政府和市场的关系，实施更加积极主动的开放战略，增强发展的动力与活力。必须更加自觉地把推动经济社会发展作为深入贯彻落实科学发展观的第一要义，立足扩大国内需求这一战略基点，瞄准经济结构战略性调整这一主攻方向，在创新驱动中加快产业优化升级，促进工业化、信息化、城镇化、农业现代化同步发展，不断提高发展的质量和效益，促进经济持续健康发展。同时，切实加强以保障和改善民生为重点的社会建设，深入实施重大民生工程，构筑保障基本民生的安全网，推动社会和谐与经济发展互促共进。

贺国强参加十八大福建代表团讨论

贺国强指出，要高举中国特色社会主义伟大旗帜，全面贯彻落实党的十八大作出的各项部署，深入推进党风廉政建设和反腐败斗争，为全面建成小康社会提供坚强保证。

福建代表团的代表踊跃发言，会场气氛十分热烈。在认真听取孙春兰、苏树林、梁绮萍等代表的发言后，贺国强说，胡锦涛同志代表第十七届中央委员会所作的报告，鲜明回答了我们党举什么旗、走什么路、以什么样的精神状态、朝着什么目标前进等重大问题，郑重宣示了我们党团结带领全国各族人民坚定不移沿着中国特色社会主义道路前进的决心和信心，创造性地提出了一系列新思想、新观点、新目标、新举措，是一个反映全党意志、体现人民意愿的报告，是新的历史条件下夺取中国特色社会主义新胜利的政治纲领。我和大家一样，完全拥护这个报告。

贺国强指出，认真学习、深刻领会、全面把握十八大报告精神，关键是要牢牢把握高举中国特色社会主义伟大旗帜、为全面建成小康社会而奋斗这个主题，坚持和拓展中国特色社会主义道路这个实现途径，坚持和发展中国特色社会主义理论体系这个行动指南，坚持和完善中国特色社会主义制度这个根本保障，深刻理解和全面把握三者的基本内涵及其相互关系，把三者统一于中国特色社会主义伟大实践，毫不动摇坚持、与时俱进发展中国特色社会主义。

贺国强指出，高举中国特色社会主义伟大旗帜，要求我们以改革创新精神全面推进党的建设新的伟大工程，不断提高党的建设科学化水平。党风廉政建设和反腐败工作是党和国家工作的重要组成部分，是坚持和发展中国特色社会主义的重要保证。我们要按照党的十八大的部署，坚持中国特色反腐倡廉道路，全面推进惩治和预防腐败体系建设，始终保持惩治腐败高压态势，着力解决群众身边的腐败问题，做到干部清正、政府清廉、政治清明。

贺国强最后动情地说，党的十六大以来这10年间，党和国家事业取得巨大成就，中国发生了新的历史性变化，我们的党更加成熟坚强，我们的国家更加繁荣富强，中华民族正满怀信心走向伟大复兴。作为一名党员，能够在这样重要的历史时期，为党和人民的事业奉献自己的绵薄之力，是人生之大幸。“人事有代谢，往来成古今”，党的事业需要一代又一代接力传承。我们要在十八大产生的新一届中央领导集体带领下，乘胜前进、奋勇争先，不断夺取更加辉煌的成绩。

贺国强还充分肯定了党的十七大以来福建省的工作，希望福建认真贯彻落实中央部署，开拓进取、真抓实干，不断推动全省各项工作迈上新的台阶。

《人民日报》发表社论《夺取中国特色社会主义新胜利——热烈祝贺中国共产党第十八次全国代表大会开幕》

每当历史发展的关键时刻，我们党都会集中全党全国各族人民的智慧，为党和国家事业的发展指明前进的方向。承载着亿万人民的殷切期待，肩负着继往开来的历史使命，中国共产党第十八次全国代表大会今天在北京隆重开幕，党和国家的奋斗历程将由此翻开新的一页。

党的十八大是在全面建设小康社会关键时期和深化改革开放、加快转变经济发展方式攻坚时期召开的一次十分重要的大会。大会将高举中国特色社会主义伟大旗帜，以邓小平理论和“三个代表”重要思想为指导，深入贯彻落实科学发展观，解放思想，改革开放，凝聚力量，攻坚克难，坚定不移沿着中国特色社会主义道路前进，为全面建成小康社会而奋斗。开好党的十八大，对于我们党团结带领全国各族人民，继续全面建设小康社会，加快推进社会主义现代化，开创中国特色社会主义事业新局面，必将产生重大而深远的影响。

党的十六大以来，我们走过的路很不平坦，我国经济社会发展进程极不平凡。这10年，国际形势风云变幻，国内改革发展稳定任务繁重。以胡锦涛同志为总书记的党中央团结带领全国各族人民，紧紧抓住和用好我国发展的重要战略机遇期，战胜一系列严峻挑战，全面推进社会主义经济、政治、文化、社会建设以及生态文明建设和党的建设，经济总量从世界第六跃升到世界第二，社会生产力、经济实力、科技实力上了一个大台阶，人民生活水平、居民收入水平、社会保障水平上了一个大台阶，综合国力、国际竞争力、国际影响力上了一个大台阶，向历史交出了一份令人振奋的精彩答卷。10年来我们取得的一系列新的历史性成就，彰显了中国特色社会主义的优越性和生命力，增强了中国人民和中华民族的自豪感和凝聚力，为全面建成小康社会打下了坚实基础。

综观这10年，我们之所以能取得这样的历史性成就和进步，最重要的就是勇于推进实践基础上的理论创新，形成和贯彻了科学发展观，为全面建设小康社会、加快推进社会主义现代化提供了有力指导。科学发展观站在历史和时代的高度，围绕坚持和发展中国特色社会主义这一主题，以一系列新思想、新观点、新论断，科学回答了新形势下实现什么样的发展、怎样发展等重大问题，是中国特色社会主义理论体系的最新成果，是指导党和国家全部工作的强大思想武器，开辟了中国特色社会主义道路的新境界。

回望1840年以来中国的苦难与辉煌，回望90多年来党和人民的奋斗和创造，回望改革开放30多年来的探索和实践，我们深刻体会到，中国特色社会主义是引领当代中国一切发展进步的伟大旗帜，中国特色社会主义道路是实现现代化、实现民族伟大复兴的必由之路。这条道路使我们创造了世人瞩目的发展奇迹。在新的历史征程上，无论形势如何变化、环境如何复杂，毫不动摇地沿着这条道路奋勇前进，不为任何风险所惧、不为任何干扰所惑，我们就一定能够奋力开拓中国特色社会主义更为广阔的前景。

历史雄辩地证明，中国共产党是中国人民的主心骨，是中华民族的中流砥柱，是战胜一切艰难险阻的坚强领导核心。办好中国的事情，实现现代化，实现人民福祉，实现民族复兴，关键在党。肩负8000多万名党员和13亿人民的期望和重托，来自全国各地的2200

多名代表，当以高度的政治责任感和历史使命感，着眼于党和国家事业发展大局，发扬民主、畅所欲言，党的十八大就一定能开成高举旗帜、继往开来、团结奋进的大会，并载入党和国家的光辉史册。

预祝大会圆满成功！

11月9日

胡锦涛参加十八大江苏代表团讨论

胡锦涛指出，党的十八大报告是新形势下夺取中国特色社会主义新胜利的政治宣言和行动纲领。我们要以学习、贯彻、落实十八大精神为新起点，深刻认识肩负的责任和使命，继续团结奋斗，在推进中国特色社会主义伟大事业中取得新的更大成绩。

江苏代表团的代表认真审议报告，踊跃发言。罗志军、李学勇、常德盛、管爱国、王民、洪银兴、张雷、石磊、侯晶晶、杨卫泽等代表结合江苏发展的实际，畅谈感想和体会。胡锦涛和代表们一起交流讨论，会场气氛活跃热烈。

在认真听取代表们的发言后，胡锦涛指出，党的十六大提出了全面建设小康社会奋斗目标，党的十七大根据形势发展提出了实现全面建设小康社会奋斗目标的新要求。经过10年的努力，全面建设小康社会迈出了坚实步伐、取得了重大成就，为到2020年实现全面建成小康社会奋斗目标奠定了坚实基础。

胡锦涛表示，党的十六大以来，江苏同全国一样，经历了不平凡的10年。全省干部群众团结一心，开拓进取，紧紧围绕“两个率先”目标，化挑战为机遇，坚定不移走科学发展之路，协调推进各方面建设。党的十八大报告提出，鼓励有条件的地方在现代化建设中继续走在前列、为全国改革发展作出更大贡献。希望江苏的同志全面深刻理解党的十八大精神，紧密结合江苏实际，以改革创新精神抓好党的十八大各项部署的贯彻落实。

胡锦涛强调，在贯彻落实中，要正确认识和把握以下几点：一是要正确认识和把握党的十八大提出的全面建成小康社会和深化改革开放的目标，努力在加快转变经济发展方式、深化重要领域和关键环节改革方面不断取得新突破；二是要正确认识和把握科学发展这一本质要求，努力在实施创新驱动发展战略、推进经济结构战略性调整、推动城乡一体化发展、创造国际经济合作和竞争新优势等方面不断探索新路子；三是要正确认识和把握以保障和改善民生为重点加强社会建设的要求，努力在使全体人民学有所教、劳有所得、病有所医、老有所养、住有所居方面不断取得新进展；四是要正确认识和把握加强生态文明建设的重要性和紧迫性，着力推进绿色发展、低碳发展、循环发展，努力在加强生态文明建设方面不断创造新成绩；五是要正确认识和把握提高党的建设科学化水平对中国特色社会主义事业的极端重要性，努力在提高党的建设科学化水平方面迈出新步伐，以党的建设成效确保党的十八大各项部署落到实处。

温家宝参加十八大天津代表团讨论

温家宝说，胡锦涛同志所作的报告高瞻远瞩，全面总结了过去五年以至十年的工作成绩和基本经验，在深入分析形势的基础上提出了今后五年和更长时期的奋斗目标和任务，报告有实践基础，有理论创新，有全局视野，有战略谋划。我们一定要认真贯彻落实这个报告，把中国特色社会主义事业继续推向前进。

温家宝在发言中说，本届政府任期内，要着力办好两件事：一是稳增长。这次稳增长的形势复杂、任务艰巨，我们是在调结构、转变发展方式基础上的稳增长。实现今年的经济社会发展目标，对明年以至今后的改革和发展十分重要。二是推进改革。重点抓紧研究制定收入分配制度改革方案和制定农村集体土地征收补偿条例。这两项改革都是涉及人民利益的大事。

温家宝说，当前，国际金融危机没有结束，影响可能还要有几年的时间。我们一定要保持经济平稳较快发展，并推进改革和结构调整，努力改变经济发展中不稳定、不平衡、不协调和不可持续的问题。要深化经济体制改革，完善社会主义市场经济体制。同时要推进政治体制改革，建设民主法治，实现公平正义，保护群众的自由和平等权利，调动和发挥群众的积极性和创造精神。在完成今后五年或更长时间的任务当中，有几件群众最为关注的事情，我们要特别重视，并切实抓好。

一是在经济发展的同时，不断增加城乡居民的收入，完善社会保障体系，逐步缩小城乡和地区发展差距，努力解决收入分配不公的问题。

二是把反腐败放在重要位置，因为这关系到党和国家的生死存亡。这项工作从根本上讲，是要加强制度建设，实现干部的清正、政府的清廉和政治的清明。

三是办好中国的事情，关键在党，我们要加强和改善党的领导，特别是要推进党和国家领导制度的改革，发展民主，健全法制，实现依法治国。我们现在面临的问题很多，改革发展的任务很重，但我以为这三件事情重大而迫切。

解放军代表团分组讨论

党的十八大解放军代表团分组讨论胡锦涛同志代表党的第十七届中央委员会向大会所作的报告。大家在讨论时表示，全军部队要坚定不移地高举中国特色社会主义伟大旗帜，更加牢固地确立科学发展观在国防和军队建设中的指导地位，努力开创国防和军队建设科学发展新局面。

中共中央组织部副部长王京清在十八大举办的记者招待会上就党的建设和组织工作答记者问

王京清表示，十七大以来党的建设和组织工作的发展进步，突出体现在思想理论建设成效明显，全党教育实践活动取得重要成果，干部人事制度改革迈出重要步伐，党风廉政建设和反腐败斗争取得新成效等八个方面。

王京清还就十八大代表的选举产生，干部人事制度的改革，中国新一届领导层的人选，民营企业中党组织的作用等问题回答了记者的提问。

国务院总理温家宝签署第628号令公布《国务院关于修改和废止部分行政法规的决定》

现公布《国务院关于修改和废止部分行政法规的决定》，自2013年1月1日起施行。

总　理　温家宝

2012年11月9日

国务院关于修改和废止部分行政法规的决定

为维护社会主义法制统一，全面推进依法行政，国务院对现行行政法规进行了清理。经过清理，国务院决定：

一、修改5件行政法规的部分条款

（一）将《企业名称登记管理规定》第二十八条第二款修改为："逾期不申请复议，或者复议后拒不执行复议决定，又不起诉的，登记主管机关可以强制更改企业名称，扣缴企业营业执照。"

（二）将《殡葬管理条例》第二十条修改为："将应当火化的遗体土葬，或者在公墓和农村的公益性墓地以外的其他地方埋葬遗体、建造坟墓的，由民政部门责令限期改正。"

（三）将《中华人民共和国税收征收管理法实施细则》第六十四条第二款修改为："税务机关按照前款方法确定应扣押、查封的商品、货物或者其他财产的价值时，还应当包括滞纳金和拍卖、变卖所发生的费用。"

第六十五条修改为："对价值超过应纳税额且不可分割的商品、货物或者其他财产，税务机关在纳税人、扣缴义务人或者纳税担保人无其他可供强制执行的财产的情况下，可以整体扣押、查封、拍卖。"

第六十九条第二款修改为："拍卖或者变卖所得抵缴税款、滞纳金、罚款以及拍卖、变卖等费用后，剩余部分应当在3日内退还被执行人。"

（四）删去《中华人民共和国道路运输条例》第二十一条。

（五）删去《铁路交通事故应急救援和调查处理条例》第三十三条。

二、废止5件行政法规

（一）《铁路旅客意外伤害强制保险条例》（1951年4月24日政务院财政经济委员会发布）。

（二）《中华人民共和国固定资产投资方向调节税暂行条例》（1991年4月16日中华人民共和国国务院令第82号发布）。

（三）《非贸易非经营性外汇财务管理暂行规定》（1994年3月24日国务院批准1994年3月29日财政部令第7号发布）。

（四）《事业单位财务规则》（1996年10月5日国务院批准1996年10月22日财政部令第8号发布）。

（五）《行政单位财务规则》（1998年1月6日国务院批准1998年1月19日财政部令第9号发布）。

本决定自2013年1月1日起施行。

国家统计局公布10月份经济数据

10月份，全国居民消费价格总水平同比上涨1.7%，涨幅比9月份下降0.2个百分点。规模以上工业增加值同比实际增长9.6%，比9月份加快0.4个百分点。

1—10月份，全国固定资产投资（不含农户）同比名义增长20.7%，增速比1—9月份加快0.2个百分点。

10月份，社会消费品零售总额同比名义增长14.5%，增速比9月份高出0.3个百分点。

2012年中国国际绿色创新技术产品展在广州开幕

全国人大常委会副委员长韩启德出席并致辞。

韩启德说，金融危机以来，人们在调整变革中寻求经济持续发展之道，以绿色经济、低碳技术为代表的新一轮产业和科技变革正在孕育繁衍，绿色发展成为重要趋势。展望未来，中国绿色低碳领域发展前景广阔。希望与会人士广泛交流、深入探讨，把握全球经济低碳转型带来的无限商机，促进更多的绿色低碳技术走向产业化，为实现全球经济绿色发展发挥积极作用。

绿色创新发展大会研究中国"十二五"时期绿色发展带来的新机遇，交流绿色创新发展的新理念，探讨世界经济低碳转型的新趋势，提出加强国际合作应对气候变化的新举措。

大会由商务部、国家发展改革委、科技部、工信部、环保部、住房和城乡建设部、国家知识产权局、电监会八部门联合主办。

11月10日

中国共产党第十八次全国代表大会主席团在人民大会堂举行第二次会议

胡锦涛同志主持了会议。

大会秘书长习近平就第十八届中央委员会委员、候补委员和中央纪律检查委员会委员候选人预备人选建议名单作了说明。

会议通过了将关于第十七届中央委员会报告的决议(草案)、关于第十七届中央纪律检查委员会工作报告的决议(草案)、关于《中国共产党章程(修正案)》的决议(草案)提交各代表团讨论。

会议表决通过,将第十八届中央委员会委员、候补委员和中央纪律检查委员会委员候选人预备人选建议名单提交各代表团酝酿。

会议通过了经各代表团酝酿的大会选举办法。会议还通过了监票人、总监票人名单,待正式选举时提请大会通过。

解放军代表团和武警部队代表团继续分组讨论十八大报告

梁光烈代表说,党的十八大非常重要,具有里程碑意义。报告回顾总结过去5年的工作和10年的成就经验,深刻阐明党的根本政治主张和行动纲领。全军和武警部队要不断深化对报告内容、主要观点及其重大理论价值、政治价值、实践价值的理解认识,结合实际抓落实,在新的起点上推动国防和军队建设科学发展。

孟建柱代表说,报告着眼党和国家事业发展的战略全局,准确判断当今世界和当代中国发展大势,系统阐述了坚持和发展中国特色社会主义的一系列重大理论和实践问题,明确提出了全面建成小康社会和全面深化改革开放的目标任务,是新的历史条件下夺取中国特色社会主义新胜利的政治纲领,是全面建成小康社会的行动指南。

陈炳德代表说,要按照十八大的总体部署,全面加强国防和军队建设,切实维护好我国发展的重要战略机遇期,坚定不移把信息化作为军队现代化建设发展方向,切实履行好新世纪、新阶段我军历史使命。

李继耐代表说,要把学习贯彻十八大精神作为当前和今后一个时期首要政治任务抓紧抓好,迅速兴起学习贯彻十八大精神的热潮。切实把全军的思想和行动统一到大会精神上来,努力在新起点上开创国防和军队建设新局面。

廖锡龙代表说,要把学习贯彻十八大报告精神作为重大政治任务和长期战略任务。大力加强核心军事能力建设,深入推进军民融合式发展,把军队建设提高到一个新水平,为全面建成小康社会提供安全保证。

常万全代表说,大会报告是党的理论创新和实践创新的重大成果,是党面向世界、面向未来的政治宣言和行动纲领。要坚定不移加快推进国防和军队现代化,坚决完成党和人民赋予的各项任务。

靖志远代表说,报告贯穿了解放思想、实事求是、与时俱进的思想路线,贯穿了依靠人民、植根人民、服务人民的执政理念,充分证明了中国特色社会主义道路是一条强国之路、富民之路、复兴之路。

吴胜利代表说,要认真学习贯彻十八大精神,毫不动摇坚持党对军队绝对领导,切实掌握科学发展观的精髓要义,全面提高海军部队党的建设科学化水平,努力在新的起点上加快推进海军建设科学发展。

国家发改委主任张平在十八大举行的第二场记者招待会上向中外记者介绍中国经济和社会发展情况

11月11日

四部委负责人在十八大举行的记者招待会上向中外记者介绍文化体制改革和公共文化服务体系建设情况

十八大新闻中心举办中外记者招待会,邀请中宣部副部长孙志军,文化部副部长赵少华,国家广电总局党组成员、副局长田进,新闻出版总署党组书记、副署长蒋建国,介绍我国文化体制改革和公共文化服务体系建设情况。

孙志军介绍说,深化文化体制改革,是我们党作出的一项重大战略决策。十年来,文化改革是我国体制改革工作中的一大亮点。明确了新的文化建设理念,明确了文化事业政府主导,文化产业市场主导。推进文化体制机制改革,政事、政企、事企分开和管办分离。

赵少华表示,十年来,覆盖城乡的公共文化服务体系框架基本建立,服务设施网络基本形成。一个全方位、多层次、宽领域的对外文化交流格局正在形成。

田进介绍说,这十年来,广播影视村村通等重点惠民工程,有效推进了广播影视公共文化服务城乡一体化的进程。他表示,广播影视对外交流合作也取得了实质性的进展。

蒋建国介绍说,2011年,我国图书出版品种和日报总发行量已居世界第一位,电子出版物总量已居世界第二位,印刷业总产值已居世界第三位。

国防部部长梁光烈在钓鱼台国宾馆会见斯里兰卡国防和城市发展部常务秘书拉贾帕克萨一行

梁光烈说,建交55年来,中斯两国关系取得了长足发展。中方愿与斯方携手努力,巩固传统友谊,深化互利合作,推动两国真诚互助、世代友好的全面合作伙伴关系不断向前发展。

梁光烈表示,中斯两军关系是两国关系的重要组成部分。随着两国关系的发展,两军关系也不断迈上新的台阶。希望双方深化务实交流、扩大合作领域,为促进各自军队建设和双边关系发展以及维护地区和平与稳定发挥积极作用。

拉贾帕克萨表示,斯方愿与中方共同努力,进一步挖掘合作潜力,提升两国、两军关系水平。

我国启动最大规模电商促销活动

从今天零点开始,互联网上我国最大规模的电商促销活动正式开启,几乎所有电商都加入到了这场声势浩大的网购狂欢中,涉及的商品覆盖了服装、生活日用品、家居、家纺、3C 数码等各行业。

11 月 12 日

四部委负责人在十八大举行的记者招待会上向中外记者介绍民生领域工作情况

住房城乡建设部部长、党组书记姜伟新在回答记者提问时表示,中国城镇保障性住房建设进展顺利,继去年保障房开工建设 1000 万套,今年开工建设 700 万套之后,明年我国将建成不少于 500 万套保障性住房。

国家发改委副主任、党组副书记朱之鑫表示,当前医改已经进入关键时期。进一步深化医改,将主要聚焦在三个方面:一是健全全民的医保体系;二是巩固和完善基本药物的制度和基层运行的新机制;三是积极推进公立医院的改革。

环境保护部部长、党组书记周生贤表示,中国环境保护从认识到实践都发生了重要变化。中国环境保护状况可以用四句话来概括,局部有所好转,总体尚未遏制,形势依然严峻,压力继续增大。

人力资源和社会保障部副部长、党组副书记杨志明表示,目前,经济增长放缓对就业的影响开始显现,要采取更加有力的措施。第一,要推动经济增长和扩大就业互促共进。第二,要实施积极的就业政策,引导大学毕业生到基层、到中西部地区、到中小企业就业。第三,要大力发展中小企业。

全国政协在北京中山公园中山堂举行纪念孙中山诞辰 146 周年活动

全国政协、民革中央、中共中央统战部、北京市政府,分别向孙中山先生塑像敬献了花篮。

纪念台盟成立 65 周年座谈会在北京举行

全国政协副主席林文漪强调,深入学习贯彻中共十八大精神,是台盟今后一个时期的首要政治任务。我们要认真总结成立 65 年来与中国共产党亲密合作的宝贵经验,紧密联系广大盟员的思想实际,用十八大精神武装头脑,更加坚定不移地高举中国特色社会主义伟大旗帜,沿着中国特色社会主义道路阔步前进。

65 年前的 11 月 12 日,在中国共产党的帮助下,谢雪红等一部分台湾有识之士在香港发起成立了台湾民主自治同盟。1948 年 5 月,台盟发表《告台湾同胞书》,公开响应“五一口号”,从此掀开了台盟与中国共产党通力合作,共同致力于中国革命、建设和改革事业的历史新篇章。

国务院总理温家宝签署第 629 号令公布《农业保险条例》

《农业保险条例》已经 2012 年 10 月 24 日国务院第 222 次常务会议通过,现予公布,自 2013 年 3 月 1 日起施行。

总　理　温家宝

2012 年 11 月 12 日

农业保险条例

第一章　总　则

第一条　为了规范农业保险活动,保护农业保险活动当事人的合法权益,提高农业生产抗风险能力,促进农业保险事业健康发展,根据《中华人民共和国保险法》《中华人民共和国农业法》等法律,制定本条例。

第二条　本条例所称农业保险,是指保险机构根据农业保险合同,对被保险人在种植业、林业、畜牧业和渔业生产中因保险标的遭受约定的自然灾害、意外事故、疫病、疾病等保险事故所造成的财产损失,承担赔偿保险金责任的保险活动。

本条例所称保险机构,是指保险公司以及依法设立的农业互助保险等保险组织。

第三条　国家支持发展多种形式的农业保险,健全政策性农业保险制度。

农业保险实行政府引导、市场运作、自主自愿和协同推进的原则。

省、自治区、直辖市人民政府可以确定适合本地区实际的农业保险经营模式。

任何单位和个人不得利用行政权力、职务或者职业便利以及其他方式强迫、限制农民或者农业生产经营组织参加农业保险。

第四条　国务院保险监督管理机构对农业保险业务实施监督管理。国务院财政、农业、林业、发展改革、税务、民政等有关部门按照各自的职责,负责农业保险推进、管理的相关工作。

财政、保险监督管理、国土资源、农业、林业、气象等有关部门、机构应当建立农业保险相关信息的共享机制。

第五条 县级以上地方人民政府统一领导、组织、协调本行政区域的农业保险工作,建立、健全推进农业保险发展的工作机制。县级以上地方人民政府有关部门按照本级人民政府规定的职责,负责本行政区域农业保险推进、管理的相关工作。

第六条 国务院有关部门、机构和地方各级人民政府及其有关部门应当采取多种形式,加强对农业保险的宣传,提高农民和农业生产经营组织的保险意识,组织引导农民和农业生产经营组织积极参加农业保险。

第七条 农民或者农业生产经营组织投保的农业保险标的属于财政给予保险费补贴范围的,由财政部门按照规定给予保险费补贴,具体办法由国务院财政部门商国务院农业、林业主管部门和保险监督管理机构制定。

国家鼓励地方人民政府采取由地方财政给予保险费补贴等措施,支持发展农业保险。

第八条 国家建立财政支持的农业保险大灾风险分散机制,具体办法由国务院财政部门会同国务院有关部门制定。

国家鼓励地方人民政府建立地方财政支持的农业保险大灾风险分散机制。

第九条 保险机构经营农业保险业务依法享受税收优惠。

国家支持保险机构建立适应农业保险业务发展需要的基层服务体系。

国家鼓励金融机构对投保农业保险的农民和农业生产经营组织加大信贷支持力度。

第二章 农业保险合同

第十条 农业保险可以由农民、农业生产经营组织自行投保,也可以由农业生产经营组织、村民委员会等单位组织农民投保。

由农业生产经营组织、村民委员会等单位组织农民投保的,保险机构应当在订立农业保险合同时,制定投保清单,详细列明被保险人的投保信息,并由被保险人签字确认。保险机构应当将承保情况予以公示。

第十一条 在农业保险合同有效期内,合同当事人不得因保险标的的危险程度发生变化增加保险费或者解除农业保险合同。

第十二条 保险机构接到发生保险事故的通知后,应当及时进行现场查勘,会同被保险人核定保险标的的受损情况。由农业生产经营组织、村民委员会等单位组织农民投保的,保险机构应当将查勘定损结果予以公示。

保险机构按照农业保险合同约定,可以采取抽样方式或者其他方式核定保险标的的损失程度。采用抽样方式核定损失程度的,应当符合有关部门规定的抽样技术规范。

第十三条 法律、行政法规对受损的农业保险标的的处理有规定的,理赔时应当取得受损保险标的的已依法处理的证据或者证明材料。

保险机构不得主张对受损的保险标的的残余价值的权利,农业保险合同另有约定的除外。

第十四条 保险机构应当在与被保险人达成赔偿协议后10日内,将应赔偿的保险金支付给被保险人。农业保险合同对赔偿保险金的期限有约定的,保险机构应当按照约定履行赔偿保险金义务。

第十五条 保险机构应当按照农业保险合同约定,根据核定的保险标的的损失程度足额支付应赔偿的保险金。

任何单位和个人不得非法干预保险机构履行赔偿保险金的义务,不得限制被保险人取得保险金的权利。

农业生产经营组织、村民委员会等单位组织农民投保的,理赔清单应当由被保险人签字确认,保险机构应当将理赔结果予以公示。

第十六条 本条例对农业保险合同未作规定的,参照适用《中华人民共和国保险法》中保险合同的有关规定。

第三章 经营规则

第十七条 保险机构经营农业保险业务,应当符合下列条件,并经国务院保险监督管理机构依法批准:

(一)有完善的基层服务网络;

(二)有专门的农业保险经营部门并配备相应的专业人员;

(三)有完善的农业保险内控制度;

(四)有稳健的农业再保险和大灾风险安排以及风险应对预案;

(五)偿付能力符合国务院保险监督管理机构的规定;

(六)国务院保险监督管理机构规定的其他条件。

未经依法批准,任何单位和个人不得经营农业保险业务。

第十八条 保险机构经营农业保险业务,实行自主经营、自负盈亏。

保险机构经营农业保险业务,应当与其他保险业务分开管理,单独核算损益。

第十九条 保险机构应当公平、合理地拟订农业保险条款和保险费率。属于财政给予保险费补贴的险种的保险条款和保险费率,保险机构应当在充分听取省、自治区、直辖市人民政府财政、农业、林业部门和农民代表意见的基础上拟订。

农业保险条款和保险费率应当依法报保险监督管理机构审批或者备案。

第二十条 保险机构经营农业保险业务的准备金评估和偿付能力报告的编制，应当符合国务院保险监督管理机构的规定。

农业保险业务的财务管理和会计核算需要采取特殊原则和方法的，由国务院财政部门制定具体办法。

第二十一条 保险机构可以委托基层农业技术推广等机构协助办理农业保险业务。保险机构应当与被委托协助办理农业保险业务的机构签订书面合同，明确双方权利义务，约定费用支付，并对协助办理农业保险业务的机构进行业务指导。

第二十二条 保险机构应当按照国务院保险监督管理机构的规定妥善保存农业保险查勘定损的原始资料。

禁止任何单位和个人涂改、伪造、隐匿或者违反规定销毁查勘定损的原始资料。

第二十三条 保险费补贴的取得和使用，应当遵守依照本条例第七条制定的具体办法的规定。

禁止以下列方式或者其他任何方式骗取农业保险的保险费补贴：

（一）虚构或者虚增保险标的或者以同一保险标的进行多次投保；

（二）以虚假理赔、虚列费用、虚假退保或者截留、挪用保险金、挪用经营费用等方式冲销投保人应缴的保险费或者财政给予的保险费补贴。

第二十四条 禁止任何单位和个人挪用、截留、侵占保险机构应当赔偿被保险人的保险金。

第二十五条 本条例对农业保险经营规则未作规定的，适用《中华人民共和国保险法》中保险经营规则及监督管理的有关规定。

第四章 法律责任

第二十六条 保险机构未经批准经营农业保险业务的，由保险监督管理机构责令改正，没收违法所得，并处违法所得1倍以上5倍以下的罚款；没有违法所得或者违法所得不足10万元的，处10万元以上50万元以下的罚款；逾期不改正或者造成严重后果的，责令停业整顿或者吊销经营保险业务许可证。

保险机构以外的其他组织或者个人非法经营农业保险业务的，由保险监督管理机构予以取缔，没收违法所得，并处违法所得1倍以上5倍以下的罚款；没有违法所得或者违法所得不足20万元的，处20万元以上100万元以下的罚款。

第二十七条 保险机构经营农业保险业务，有下列行为之一的，由保险监督管理机构责令改正，处10万元以上50万元以下的罚款；情节严重的，可以限制其业务范围、责令停止接受新业务或者取消经营农业保险业务资格：

（一）编制或者提供虚假的报告、报表、文件、资料；

（二）拒绝或者妨碍依法监督检查；

（三）未按照规定使用经批准或者备案的农业保险条款、保险费率。

第二十八条 保险机构经营农业保险业务，违反本条例规定，有下列行为之一的，由保险监督管理机构责令改正，处5万元以上30万元以下的罚款；情节严重的，可以限制其业务范围、责令停止接受新业务或者取消经营农业保险业务资格：

（一）未按照规定将农业保险业务与其他保险业务分开管理，单独核算损益；

（二）利用开展农业保险业务为其他机构或者个人牟取不正当利益；

（三）未按照规定申请批准农业保险条款、保险费率。

保险机构经营农业保险业务，未按照规定报送农业保险条款、保险费率备案的，由保险监督管理机构责令限期改正；逾期不改正的，处1万元以上10万元以下的罚款。

第二十九条 保险机构违反本条例规定，保险监督管理机构除依照本条例的规定给予处罚外，对其直接负责的主管人员和其他直接责任人员给予警告，并处1万元以上10万元以下的罚款；情节严重的，对取得任职资格或者从业资格的人员撤销其相应资格。

第三十条 违反本条例第二十三条规定，骗取保险费补贴的，由财政部门依照《财政违法行为处罚处分条例》的有关规定予以处理；构成犯罪的，依法追究刑事责任。

违反本条例第二十四条规定，挪用、截留、侵占保险金的，由有关部门依法处理；构成犯罪的，依法追究刑事责任。

第三十一条 保险机构违反本条例规定的法律责任，本条例未作规定的，适用《中华人民共和国保险法》的有关规定。

第五章 附 则

第三十二条 保险机构经营有政策支持的涉农保险，参照适用本条例有关规定。

涉农保险是指农业保险以外、为农民在农业生产生活中提供保险保障的保险，包括农房、农机具、渔船等财产保险，涉及农民的生命和身体等方面的短期意外伤害保险。

第三十三条 本条例自2013年3月1日起施行。

央行发布数据显示 10 月社会融资规模达 1.29 万亿元

中国人民银行今天发布数据，10 月份社会融资规模达 1.29 万亿元，比上年同期多 5038 亿元。其中，人民币贷款增加 5052 亿元，同比少增 816 亿元。

11 月 13 日

中国共产党第十八次全国代表大会主席团在人民大会堂举行第三次会议

会议通过第十八届中央委员会委员、候补委员和中央纪律检查委员会委员候选人名单(草案)，提交各代表团酝酿。

胡锦涛同志主持会议。

会议通过了经各代表团差额预选产生的第十八届中央委员会委员、候补委员和中央纪律检查委员会委员候选人名单(草案)，决定将名单提交各代表团酝酿。

14 日上午，大会将举行正式选举。

第九届中国国际航空航天博览会在珠海开幕

本届航展会期为 13 日至 18 日，室内展览净面积达 28200 平方米。参展国家和地区达 39 个，近 650 家中外航空航天厂商参展，参展的各种飞行器实物达 114 架。期间，将举行近 60 场高峰论坛、研讨会、新闻发布会、产品推介会、签约仪式活动等。

中国兵器装备集团公司、新兴际华集团公司等国内兵工企业首次参展。其中，新兴际华集团有限公司携旗下诸多产品首次亮相，其展品包括国内唯一的大型快速充气式机库、移动空中交通指挥塔等。

西安天伟、北京威标至远、上海正阳、山西科泰、精功通航等一批国内民营航空航天企业也踊跃参展，他们带来了训练用飞行模拟机、实时仿真系统、仿真航电等展品。

加拿大庞巴迪、法国宇航工业协会、CFM 公司、美国霍尼韦尔公司、美国 GE 公司等一批“老面孔”扩大了参展面积，联合技术航天系统公司、贝尔直升机、法国利勃海尔宇航等一批“熟面孔”在阔别多年后，重返中国航展舞台；美国伊顿公司等一批“新面孔”首次亮相。

11 月 14 日

中国共产党第十八次全国代表大会在人民大会堂闭幕

中国共产党第十八次全国代表大会在选举产生新一届中央委员会和中央纪律检查委员会，通过关于第十七届中央委员会报告的决议、关于中央纪律检查委员会工作报告的决议、关于《中国共产党章程(修正案)》的决议后，在人民大会堂闭幕。

大会号召，全党全国各族人民高举中国特色社会主义伟大旗帜，更加紧密地团结在党中央周围，为全面建成小康社会而奋斗，不断夺取中国特色社会主义新胜利，共同创造中国人民和中华民族更加幸福美好的未来。

胡锦涛同志主持大会。

胡锦涛、江泽民、吴邦国、温家宝、贾庆林、李长春、习近平、李克强、贺国强、王刚、王乐泉、王兆国、王岐山、回良玉、刘淇、刘云山、刘延东、李源潮、汪洋、张高丽、张德江、俞正声、李鹏、朱镕基、李瑞环、宋平、尉健行、李岚清、曾庆红、吴官正、罗干、范长龙、许其亮、何勇、王沪宁等大会主席团常务委员会成员在主席台前排就座。

大会应到代表和特邀代表 2325 人，实到 2307 人。实到代表超过应到代表的半数，符合大会选举办法的规定。

会议首先通过了 2 名总监票人和 36 名监票人名单。

在总监票人和监票人监督下，到会的代表和特邀代表以无记名投票方式，选举出由 205 名委员、171 名候补委员组成的第十八届中央委员会，选举出第十八届中央纪律检查委员会委员 130 名。

11 时 27 分，胡锦涛宣布，第十八届中央委员会和中央纪律检查委员会，已经党的第十八次全国代表大会选举产生。全场响起长时间的热烈掌声。

随后，大会通过了关于第十七届中央委员会报告的决议。大会批准胡锦涛同志代表第十七届中央委员会所作的报告。决议指出，报告描绘了全面建成小康社会、加快推进社会主义现代化的宏伟蓝图，为党和国家事业进一步发展指明了方向，是全党全国各族人民智慧的结晶，是我们党团结带领全国各族人民夺取中国特色社会主义新胜利的政治宣言和行动纲领，是马克思主义的纲领性文献。

大会认为，报告阐明的大会主题对我们党带领人民继往开来、奋勇前进具有十分重大的意义。全党要高举中国特色社会主义伟大旗帜，以邓小平理论、“三个代表”重要思想、科学发展观为指导，解放思想，改革开放，凝聚力量，攻坚克难，坚定不移沿着中国特色社会主义道路前进，为全面建成小康社会而奋斗。

大会高度评价第十七届中央委员会的工作。大会同意第十七届中央委员会对十六大以来十年奋斗历程的基本总结。大会强调，总结十年奋斗历程，最重要的就是我们坚持勇于推进实践基础上的理论创新，围绕坚持和发展中国特色社会主义提出一系列紧密相连、相互贯通的新思想、新观点、新论断，形成和贯彻了科学发展观。科学发展观是中国特色社会主义理论体系最新成果，是中国共产党集体智慧的结晶，是指导党和国家全部工作的强大思想武器。科学发展观同马克思列宁主义、毛泽东思想、邓小平理论、“三个代表”重要思想一道，是党必须长期坚持的指导思想。

大会指出，在新的历史条件下夺取中国特色社会主义新胜利，要牢牢把握以下基本要求：必须坚持人民主体地位，必须坚持解放和发展社会生产力，必须坚持推进改革开放，必须坚持维护社会公平正义，必须坚持走共同富裕道路，必须坚持促进社会和谐，必须坚持和平发展，必须坚持党的领导。

大会认为，根据我国经济社会发展实际，要在十六大、十七大确立的全面建设小康社会目标的基础上努力实现新的要求：经济持续健康发展，人民民主不断扩大，文化软实力显著增强，人民生活水平全面提高，资源节约型、环境友好型社会建设取得重大进展。全面建成小康社会，必须以更大的政治勇气和智慧，不失时机深化重要领域改革，坚决破除一切妨碍科学发展的思想观念和体制机制弊端，构建系统完备、科学规范、运行有效的制度体系，使各方面制度更加成熟更加定型。

大会同意报告关于我国社会主义经济建设、政治建设、文化建设、社会建设、生态文明建设的部署，强调要把生态文明建设融入经济建设、政治建设、文化建设、社会建设各方面和全过程，努力建设美丽中国，实现中华民族永续发展。大会强调，必须坚持以国家核心安全需求为导向，建设与我国国际地位相称、与国家安全和发展利益相适应的巩固国防和强大军队。

大会强调，全面准确贯彻“一国两制”、“港人治港”、“澳人治澳”、高度自治的方针，必须把坚持一国原则和尊重两制差异、维护中央权力和保障特别行政区高度自治权、发挥祖国内地坚强后盾作用和提高港澳自身竞争力有机结合起来。必须坚持“和平统一、一国两制”方针，巩固和深化两岸关系和平发展的政治、经济、文化、社会基础，为和平统一创造更充分的条件。大会同意报告对国际形势的分析和提出的对外工作方针。

大会强调，要以改革创新精神全面推进党的建设新的伟大工程，全面提高党的建设科学化水平。全党要牢牢把握加强党的执政能力建设、先进性和纯洁性建设这条主线，全面加强党的思想建设、组织建设、作风建设、反腐倡廉建设、制度建设，增强自我净化、自我完善、自我革新、自我提高能力，建设学习型、服务型、创新型的马克思主义执政党，确保党始终成为中国特色社会主义事业的坚强领导核心。大会强调，要坚持中国特色反腐倡廉道路，全面推进惩治和预防腐败体系建设，做到干部清正、政府清廉、政治清明。

大会强调，党面临的形势越复杂，肩负的任务越艰巨，就越要加强党的纪律建设，越要维护党的集中统一，形成全党上下步调一致、奋发进取的强大力量。

大会强调，面对人民的信任和重托，面对新的历史条件和考验，全党必须增强忧患意识，谦虚谨慎，戒骄戒躁，始终保持清醒头脑；必须增强创新意识，坚持真理，修正错误，始终保持奋发有为的精神状态；必须增强宗旨意识，相信群众，依靠群众，始终把人民放在心中最高位置；必须增强使命意识，求真务实，艰苦奋斗，始终保持共产党人的政治本色。

大会通过了关于中央纪律检查委员会工作报告的决议。大会充分肯定了第十七届中央纪律检查委员会的工作。

大会通过了关于《中国共产党章程(修正案)》的决议，决定这一修正案自通过之日起生效。

大会认为，科学发展观，是同马克思列宁主义、毛泽东思想、邓小平理论、“三个代表”重要思想既一脉相承又与时俱进的科学理论，是马克思主义关于发展的世界观和方法论的集中体现，是马克思主义中国化最新成果，是中国共产党集体智慧的结晶，是党必须长期坚持的指导思想。大会一致同意在党章中把科学发展观同马克思列宁主义、毛泽东思想、邓小平理论、“三个代表”重要思想一道确立为党的行动指南。大会要求全党同志更加深入地学习科学发展观，进一步增强贯彻落实科学发展观的自觉性和坚定性，不断完善贯彻落实科学发展观的体制机制，把科学发展观贯彻到我国现代化建设全过程、体现到党的建设各方面。

大会认为，把中国特色社会主义制度同中国特色社会主义道路、中国特色社会主义理论体系一道写入党章，有利于全党深化对中国特色社会主义的认识、全面把握中国特色社会主义的内涵。大会强调，全党同志要倍加珍惜、长期坚持和不断发展党历经艰辛开创的这条道路、这个理论体系、这个制度，坚定道路自信、理论自信、制度自信，奋力夺取中国特色社会主义新胜利。

大会认为，将生态文明建设写入党章并作出阐述，使中国特色社会主义事业总体布局更加完善，使生态文明建设的战略地位更加明确，有利于全面推进中国特色社会主义事业。党章丰富了社会主义经济建设、政治建设、文化建设、社会建设的内容，对全党同志更加自觉、更加坚定地贯彻党的基本理论、基本路线、基本纲领、基本经验、基本要求，全面推进社会主义市场经济、社会主义民主政治、社会主义先进文化、社会主义和谐社会、社会主义生态文明建设,团结带领全国各族人民不断夺取中国特色社会主义新胜利具有十分重要的作用。

大会认为,改革开放是强国之路,是新时期最鲜明的特点。把这方面内容写入党章,有利于全党更加深刻地认识坚持改革开放的重大意义,更加自觉、更加坚定地推进改革开放。

大会认为,把十七大以来党的建设的新成果、新认识、新要求充实到党章关于党的建设总体要求中,使党的建设的主线、总体布局、总体目标更加完善,有利于全面推进党的建设新的伟大工程。大会认为,总结吸收近年来党的建设的成功经验,并与总纲部分的修改相衔接,对党章部分条文作适当修改十分必要。

大会完成各项议程后,胡锦涛在热烈的掌声中发表了重要讲话。他表示,在全体代表共同努力下,这次大会开成了一次高举旗帜、继往开来、团结奋进的大会。大会通过的第十七届中央委员会的报告,高举中国特色社会主义伟大旗帜,以马克思列宁主义、毛泽东思想、邓小平理论、“三个代表”重要思想、科学发展观为指导,分析了国际国内形势的发展变化,回顾总结了过去5年的工作和党的十六大以来的奋斗历程及取得的历史性成就,确立了科学发展观的历史地位,提出了夺取中国特色社会主义新胜利必须牢牢把握的基本要求,确定了全面建成小康社会和全面深化改革开放的目标,对新的时代条件下推进中国特色社会主义事业作出了全面部署,对全面提高党的建设科学化水平提出了明确要求。大会通过的党章修正案,体现了党的理论创新和实践发展的成果,体现了党的十八大报告确立的重大理论观点、重大方针政策、重大工作部署,反映了近年来党的建设取得的新成果,对加强和改进党的工作和党的建设提出了新要求。大会审查和批准了中央纪律检查委员会的工作报告。大会选举产生了新一届中央委员会,实现了新老交替。大会还选举产生了新一届中央纪律检查委员会。我们坚信,大会作出的各项决策部署、取得的各项成果,必将对全面推进中国特色社会主义伟大事业和党的建设新的伟大工程发挥十分重要的指导作用,具有重大现实意义和深远历史意义。

胡锦涛指出,我们作为党的全国代表大会代表,使命光荣,责任重大,一定要牢记自己所肩负的神圣职责,认真学习贯彻党的理论和路线方针政策,切实学习党章、遵守党章、贯彻党章、维护党章,在思想上政治上行动上同党中央保持高度一致;一定要密切同广大党员和群众的联系,正确行使代表权利;一定要自觉发挥模范带头作用,为党和国家事业发展贡献自己的智慧和力量,不辜负广大党员的信任和重托。

胡锦涛强调,大会期间,许多国家政党和组织来电来函,对大会表示祝贺,国内各民主党派中央、全国工商联和各族各界人士也向大会表示祝贺,广大人民群众通过各种方式向大会表示祝贺,大会主席团谨向他们表示衷心的感谢。

胡锦涛强调,中国特色社会主义道路,中国特色社会主义理论体系,中国特色社会主义制度,是党和人民90多年奋斗、创造、积累的根本成就,必须倍加珍惜、始终坚持、不断发展。这为党和国家事业发展提供了根本遵循。全党同志要紧密团结在党中央周围,高举中国特色社会主义伟大旗帜,以邓小平理论、“三个代表”重要思想、科学发展观为指导,解放思想,改革开放,凝聚力量,攻坚克难,坚定不移沿着中国特色社会主义道路前进,坚定不移推进全面建设小康社会进程,带领人民抓住和用好我国发展的重要战略机遇期,开拓进取,扎实工作,为完成党的十八大提出的各项目标任务而团结奋斗。

大会选举后,现任和曾任全国人大常委会副委员长、全国政协副主席的党外人士,各民主党派中央、全国工商联主席及在京副主席和无党派人士代表,在京的全国人大常委会委员、全国政协常委中的民主党派、无党派和民族宗教界人士韩启德、周铁农、蒋树声、陈昌智、严隽琪、桑国卫、帕巴拉·格列朗杰、黄孟复、董建华、张梅颖、张榕明、万钢、林文漪、罗富和、陈宗兴、王志珍、何厚铧、何鲁丽、成思危、蒋正华、孙孚凌、罗豪才、张克辉、张怀西、李蒙、袁隆平等,应邀列席会议并在主席台贵宾席就座。党内有关负责同志也列席了大会。

大会在雄壮的《国际歌》声中圆满结束。

中国共产党第十八届中央委员会委员名单

(205名)

(按姓氏笔画为序)

于广洲　习近平　马　凯　马　飚(壮族)　马兴瑞
马晓天　王　君　王　侠(女)　王　珉　王　勇
王　晨　王　毅　王三运　王万宾　王玉普
王正伟(回族)　王东明　王光亚　王伟光　王安顺
王志刚　王岐山　王沪宁　王国生　王学军　王建平
王胜俊　王洪尧　王宪魁　王冠中　王家瑞　王教成
王新宪　王儒林　支树平　尤　权　车　俊　尹蔚民
巴音朝鲁(蒙古族)　巴特尔(蒙古族)　卢展工
叶小文　田　中　田修思　白玛赤林(藏族)
白春礼(满族)　令计划　吉炳轩　朱小丹　朱福熙
全哲洙(朝鲜族)　刘　鹏　刘　源　刘　鹤　刘云山
刘亚洲　刘成军　刘伟平　刘延东(女)　刘奇葆
刘晓江　刘家义　刘粤军　刘福连　许达哲　许其亮

许耀元　孙怀山　孙建国　孙春兰(女)　孙政才
孙思敬　苏树林　杜青林　杜金才　杜恒岩　李　伟
李　斌(女)　李从军　李东生　李立国　李纪恒
李克强　李学勇　李建华　李建国　李鸿忠　李源潮
杨　晶(蒙古族)　杨传堂　杨金山　杨栋梁　杨洁篪
杨焕宁　肖　钢　肖　捷　吴昌德　吴胜利
吴爱英(女)　吴新雄　何毅亭　冷　溶　汪　洋
汪永清　沈跃跃(女)　沈德咏　宋大涵
宋秀岩(女)　张　阳　张　茅　张　毅　张又侠
张仕波　张庆伟　张庆黎　张志军　张国清　张宝顺
张春贤　张高丽　张海阳　张裔炯　张德江　陆　昊
陈　希　陈　雷　陈全国　陈求发(苗族)　陈宝生
陈政高　陈敏尔　努尔·白克力(维吾尔族)　苗　圩
范长龙　林　军　林左鸣　尚福林　罗志军　罗保铭
周　济　周　强　周本顺　周生贤　郑卫平　房峰辉
孟学农　孟建柱　项俊波　赵　实(女)　赵正永
赵乐际　赵克石　赵克志　赵宗岐　赵洪祝
胡泽君(女)　胡春华　俞正声　姜大明　姜异康
骆惠宁　秦光荣　袁纯清　袁贵仁　耿惠昌　聂卫国
栗战书　贾廷安　夏宝龙　铁　凝(女)　徐守盛
徐绍史　徐粉林　高虎城　郭声琨　郭金龙　郭庚茂
郭树清　黄兴国　黄奇帆　黄树贤　曹建明　戚建国
常万全　鹿心社　彭　勇　彭清华　蒋定之　蒋建国
蒋洁敏　韩　正　韩长赋　焦焕成　谢伏瞻　强　卫
楼继伟　解振华　褚益民　蔡　武　蔡名照　蔡英挺
蔡赴朝　雒树刚　魏　亮　魏凤和

中国共产党第十八届中央委员会候补委员名单

(171名)

(按得票多少为序排列，得票相等的，按姓氏笔画为序排列)

马建堂　王作安　毛万春　刘晓凯(苗族)
陈志荣(黎族)　金振吉(朝鲜族)　赵宪庚
咸　辉(女，回族)　莫建成　崔　波　舒晓琴(女)
马顺清(回族)　王建军　朱明国(黎族)
刘学普(土家族)　李　强　杨崇勇(满族)
余远辉(瑶族)　陈　武(壮族)　陈鸣明(布依族)
竺延风　郑群良　赵　金(彝族)　赵立雄(白族)
赵树丛　段春华　洛桑江村(藏族)　钱智民　高　津
高广滨　梁国扬　谌贻琴(女，白族)　韩　勇
蓝天立(壮族)　詹文龙　潘良时　艾虎生
旦　科(藏族)　任学锋　刘　胜
刘　慧(女，回族)　李士祥　李宝善　李家洋　杨　岳
杨学军　张　杰　张岱梨(女)　张建平　陈川平
郝　鹏　柯尊平　娄勤俭　姚引良
夏　杰(女，回族)　徐松南　蒋伟烈　万立骏　王辉忠
牛志忠　邓　凯　叶红专(土家族)
尔肯江·吐拉洪(维吾尔族)　刘玉亭　刘石泉
李　康(女，壮族)　李昌平(藏族)　杨卫泽
陈左宁(女)　努尔兰·阿不都满金(哈萨克族)
林　铎　金壮龙　赵爱明(女)　秦宜智　秦银河
高建国　郭剑波　黄坤明　黄新初　曹淑敏(女)
葛慧君(女)　曾　维　于伟国　王　宁　王　军
王　健　吕锡文(女)　阮成发　李　希　李　群
李云峰　李国英　吴曼青　沈素琍(女)　范长秘
欧阳坚(白族)　赵玉沛　黄莉新(女)　龚　克
梁黎明(女)　刀林荫(女，傣族)　马伟明　王　敏
王文涛　牛红光　毛超峰　公保扎西(藏族)　朱善璐
任洪斌　汤　涛　李金城　李宪生　李培林　吴政隆
张晓明　张喜武　张瑞敏　张瑞清　尚　勇　胡和平
倪岳峰　殷方龙　曹广晶　雷春美(女，畲族)　王永春
许林平　孙金龙　金东寒　贺福初　夏德仁　鄂竟平
蒋超良　马正其　石泰峰　李玉妹(女)　杨　晖
吴长海　宋丽萍(女)　张业遂　陈润儿　姜建清
梅克保　潘逸阳　丁薛祥　乌　兰(女，蒙古族)
孙守刚　李　佳　赵　勇　徐乐江　曹　清　蔡振华
万庆良　尹　力　杜家毫　李春城　何立峰　陈　刚
王　荣　吉　林　刘　剑　李　冰　张　轩(女)
胡晓炼(女)　郭明义　王晓初　江小涓(女)
王洪章　胡怀邦　乙晓光　仇　和　李小鹏

中国共产党第十八届中央纪律检查委员会委员名单

(130名)

(按姓氏笔画为序)

于春生　马勇霞(女，回族)　王　伟　王　炜　王长河
王东峰　王立英(女)　王仲田　王华庆　王会生
王岐山　王怀臣　王忠民　王和民　王宜林　王森泰
王晓龙　王家胜　王宾宜　王瑞生　丹珠昂奔(藏族)
尹晋华　石生龙(满族)　叶青纯　申维辰　付建华
冯惠敏(女)　宁高宁　弘　强(女)　曲青山
曲淑辉(女)　吕建成　任泽民　多杰热旦(藏族)
刘　滨　刘长银　刘生杰　刘向松　刘金国
刘建华(女)　刘晓滨　刘赐贵　江必新
安立敏(女)　苏　波　杜金才　杜金富　李　宁
李　刚　李　熙　李五四　李书磊　李玉赋　李兆前
李法泉　李建波　李适时　李秋芳(女)　李家祥
杨立顺　杨志今　杨明生　杨晓渡　肖亚庆　吴　刚
吴玉良　吴杰明　岑　旭　邱学强　何　平　余欣荣
辛维光　汪　民　宋明昌　宋爱荣(女)　宋璇涛
张　力　张　军　张　勇　张立军　张纪南　张昌平
张晓兰(女)　张晓刚　陈　伦　陈大卫　陈文清

陈训秋 陈建民 陈绪国 陈新权 苗 华 金书波
周 英(女) 周泽民 周福启 郑国光 赵洪祝
胡玉敏(女) 胡问鸣 侯 凯 侯长安 侯贺华
俞贵麟 姚增科 袁彦鹏 耿文清 耿燎原 柴绍良
徐敬业 郭永平 郭向远 黄先耀 黄建国(湖南)
黄建国(军队) 黄建盛 黄树贤 黄晓薇(女)
黄殿中 曹培玺 崔少鹏 梁 滨 董 力 韩亨林
谢杭生 谢国明 强卫东 臧献甫 熊维平 黎晓宏

中国共产党第十八次全国代表大会关于第十七届中央委员会报告的决议

中国共产党第十八次全国代表大会批准胡锦涛同志代表第十七届中央委员会所作的报告。报告高举中国特色社会主义伟大旗帜，以马克思列宁主义、毛泽东思想、邓小平理论、“三个代表”重要思想、科学发展观为指导，分析了国际国内形势的发展变化，回顾总结了过去五年的工作和党的十六大以来的奋斗历程及取得的历史性成就，确立了科学发展观的历史地位，提出了夺取中国特色社会主义新胜利的基本要求，确定了全面建成小康社会和全面深化改革开放的目标，对新的时代条件下推进中国特色社会主义事业作出了全面部署，对全面提高党的建设科学化水平提出了明确要求。报告描绘了全面建成小康社会、加快推进社会主义现代化的宏伟蓝图，为党和国家事业进一步发展指明了方向，是全党全国各族人民智慧的结晶，是我们党团结带领全国各族人民夺取中国特色社会主义新胜利的政治宣言和行动纲领，是马克思主义的纲领性文献。

大会认为，报告阐明的大会主题对我们党带领人民继往开来、奋勇前进具有十分重大的意义。全党要高举中国特色社会主义伟大旗帜，以邓小平理论、“三个代表”重要思想、科学发展观为指导，解放思想，改革开放，凝聚力量，攻坚克难，坚定不移沿着中国特色社会主义道路前进，为全面建成小康社会而奋斗。

大会强调，当前，世情、国情、党情继续发生深刻变化，我们面临的发展机遇和风险挑战前所未有。全党一定要牢记人民信任和重托，更加奋发有为、兢兢业业地工作，继续推动科学发展、促进社会和谐，继续改善人民生活、增进人民福祉，完成时代赋予的光荣而艰巨的任务。

大会高度评价第十七届中央委员会的工作。十七大以来的五年，是我们在中国特色社会主义道路上奋勇前进的五年，是我们经受住各种困难和风险考验、夺取全面建设小康社会新胜利的五年，各方面工作都取得新的重大成就。

大会同意第十七届中央委员会对十六大以来十年奋斗历程的基本总结，认为我们紧紧抓住和用好我国发展的重要战略机遇期，战胜一系列重大挑战，奋力把中国特色社会主义推进到新的发展阶段，巩固和发展了改革开放和社会主义现代化建设大局，提高了我国国际地位，彰显了中国特色社会主义的巨大优越性和强大生命力，增强了中国人民和中华民族的自豪感和凝聚力。

大会强调，总结十年奋斗历程，最重要的就是我们坚持勇于推进实践基础上的理论创新，围绕坚持和发展中国特色社会主义提出一系列紧密相连、相互贯通的新思想、新观点、新论断，形成和贯彻了科学发展观。科学发展观是马克思主义同当代中国实际和时代特征相结合的产物，是马克思主义关于发展的世界观和方法论的集中体现，对新形势下实现什么样的发展、怎样发展等重大问题作出了新的科学回答，把我们对中国特色社会主义规律的认识提高到新的水平，开辟了当代中国马克思主义发展新境界。科学发展观是中国特色社会主义理论体系最新成果，是中国共产党集体智慧的结晶，是指导党和国家全部工作的强大思想武器。科学发展观同马克思列宁主义、毛泽东思想、邓小平理论、“三个代表”重要思想一道，是党必须长期坚持的指导思想。

大会指出，90多年来，我们党紧紧依靠人民，把马克思主义基本原理同中国实际和时代特征结合起来，独立自主走自己的路，历尽千辛万苦，付出各种代价，取得革命建设改革伟大胜利，开创和发展了中国特色社会主义，从根本上改变了中国人民和中华民族的前途命运。中国特色社会主义道路，中国特色社会主义理论体系，中国特色社会主义制度，是党和人民90多年奋斗、创造、积累的根本成就，必须倍加珍惜、始终坚持、不断发展。在新的历史条件下夺取中国特色社会主义新胜利，要牢牢把握以下基本要求：必须坚持人民主体地位，必须坚持解放和发展社会生产力，必须坚持推进改革开放，必须坚持维护社会公平正义，必须坚持走共同富裕道路，必须坚持促进社会和谐，必须坚持和平发展，必须坚持党的领导。只要我们顽强奋斗、艰苦奋斗、不懈奋斗，就一定能在中国共产党成立100年时全面建成小康社会，就一定能在新中国成立100年时建成富强民主文明和谐的社会主义现代化国家。全党要坚定这样的道路自信、理论自信、制度自信！

大会认为，根据我国经济社会发展实际，要在十六大、十七大确立的全面建设小康社会目标的基础上努力实现新的要求：经济持续健康发展，人民民主不断扩大，文化软实力显著增强，人民生活水平全面提高，资源节约型、环境友好型社会建设取得重大进展。全面建成小康社会，必须以更大的政治勇气和智慧，不失时机深化重要领域改革，坚决破除一切妨碍科学发展的思想观念和体制机制弊端，构建系统完备、科学规范、运行有效的制度体系，使各方面制度更加成熟更加定型。

大会同意报告关于我国社会主义经济建设、政治建设、文化建设、社会建设、生态文明建设的部署。大会强调，要加快完善社会主义市场经济体制和加快转变经济发展方式，把推动发展的立足点转到提高质量和效益上来，着力激发各类市场主体发展新活力，着力增强创新驱动发展新动力，着力构建现代产业发展新体系，着力培育开放型经济发展新优势，使经济发展更多依靠内需特别是消费需求拉动，更多依靠现代服务业和战略性新兴产业带动，更多依靠科技进步、劳动者素质提高、管理创新驱动，更多依靠节约资源和循环经济推动，更多依靠城乡区域发展协调互动，不断增强长期发展后劲，促进工业化、信息化、城镇化、农业现代化同步发展；要坚持走中国特色社会主义政治发展道路和推进政治体制改革，发展更加广泛、更加充分、更加健全的人民民主，坚持党的领导、人民当家做主、依法治国有机统一，以保证人民当家做主为根本，以增强党和国家活力、调动人民积极性为目标，扩大社会主义民主，健全社会主义协商民主制度，完善基层民主制度，加快建设社会主义法治国家，健全权力运行制约和监督体系，发展社会主义政治文明；要扎实推进社会主义文化强国建设，坚持社会主义先进文化前进方向，推动社会主义文化大发展大繁荣，兴起社会主义文化建设新高潮，提高国家文化软实力，发挥文化引领风尚、教育人民、服务社会、推动发展的作用；要在改善民生和创新管理中加强社会建设，从维护最广大人民根本利益的高度，以保障和改善民生为重点，提高人民物质文化生活水平，多谋民生之利，多解民生之忧，加快健全基本公共服务体系，加强和创新社会管理，推动社会主义和谐社会建设；要大力推进生态文明建设，树立尊重自然、顺应自然、保护自然的生态文明理念，把生态文明建设融入经济建设、政治建设、文化建设、社会建设各方面和全过程，加大自然生态系统和环境保护力度，努力建设美丽中国，实现中华民族永续发展。大会强调，必须坚持以国家核心安全需求为导向，按照国防和军队现代化建设“三步走”战略构想，加紧完成机械化和信息化建设双重历史任务，建设与我国国际地位相称、与国家安全和发展利益相适应的巩固国防和强大军队。

大会强调，全面准确贯彻“一国两制”、“港人治港”、“澳人治澳”、高度自治的方针，必须把坚持一国原则和尊重两制差异、维护中央权力和保障特别行政区高度自治权、发挥祖国内地坚强后盾作用和提高港澳自身竞争力有机结合起来。必须坚持“和平统一、一国两制”方针，巩固和深化两岸关系和平发展的政治、经济、文化、社会基础，开创两岸关系和平发展新前景，团结台湾同胞维护好、建设好中华民族共同家园，为和平统一创造更充分的条件。

大会同意报告对国际形势的分析和提出的对外工作方针，强调中国将继续高举和平、发展、合作、共赢的旗帜，坚定奉行独立自主的和平外交政策，始终不渝走和平发展道路，始终不渝奉行互利共赢的开放战略，坚决维护国家主权、安全、发展利益，坚持在和平共处五项原则基础上全面发展同各国的友好合作，推动建设持久和平、共同繁荣的和谐世界，同各国人民一道为人类和平与发展的崇高事业而不懈努力。

大会强调，形势的发展、事业的开拓、人民的期待，都要求我们以改革创新精神全面推进党的建设新的伟大工程，全面提高党的建设科学化水平。全党要增强紧迫感和责任感，牢牢把握加强党的执政能力建设、先进性和纯洁性建设这条主线，坚持以人为本、执政为民，坚持解放思想、改革创新，坚持党要管党、从严治党，全面加强党的思想建设、组织建设、作风建设、反腐倡廉建设、制度建设，增强自我净化、自我完善、自我革新、自我提高能力，建设学习型、服务型、创新型的马克思主义执政党，确保党始终成为中国特色社会主义事业的坚强领导核心。

大会强调，反对腐败、建设廉洁政治，是党一贯坚持的鲜明政治立场，是人民关注的重大政治问题。反腐倡廉必须常抓不懈，拒腐防变必须警钟长鸣。要坚持中国特色反腐倡廉道路，坚持标本兼治、综合治理、惩防并举、注重预防方针，全面推进惩治和预防腐败体系建设，做到干部清正、政府清廉、政治清明。

大会强调，党的集中统一是党的力量所在，是实现经济社会发展、民族团结进步、国家长治久安的根本保证。党面临的形势越复杂，肩负的任务越艰巨，就越要加强党的纪律建设，越要维护党的集中统一，形成全党上下步调一致、奋发进取的强大力量。

大会强调，面对人民的信任和重托，面对新的历史条件和考验，全党必须增强忧患意识，谦虚谨慎，戒骄戒躁，始终保持清醒头脑；必须增强创新意识，坚持真理，修正错误，始终保持奋发有为的精神状态；必须增强宗旨意识，相信群众，依靠群众，始终把人民放在心中最高位置；必须增强使命意识，求真务实，艰苦奋斗，始终保持共产党人的政治本色。

大会号召，全党全国各族人民高举中国特色社会主义伟大旗帜，更加紧密地团结在党中央周围，为全面建成小康社会而奋斗，不断夺取中国特色社会主义新胜利，共同创造中国人民和中华民族更加幸福美好的未来！

中国共产党第十八次全国代表大会关于中央纪律检查委员会工作报告的决议

中国共产党第十八次全国代表大会审查、批准中央纪律检查委员会的工作报告。大会充分肯定了第十七届中央纪律检查委员会的工作。

大会认为,党的十七大以来,在党中央坚强有力的领导下,经过全党全社会的共同努力,党风廉政建设和反腐败工作取得新的明显成效,为党和国家事业发展提供了有力保障。

大会要求,中央和地方各级纪律检查委员会,要高举中国特色社会主义伟大旗帜,以邓小平理论、"三个代表"重要思想、科学发展观为指导,全面履行党章赋予的职责,坚持围绕中心、服务大局,坚持标本兼治、综合治理、惩防并举、注重预防方针,紧紧围绕党的先进性和纯洁性建设,认真做好惩治和预防腐败各项工作,深入推进党风廉政建设和反腐败斗争。各级党委要继续加强对纪律检查工作的领导,把党风廉政建设和反腐败工作放在更加突出的位置,着力加强以保持党同人民群众血肉联系为重点的作风建设,深入推进以完善惩治和预防腐败体系为重点的反腐倡廉建设,认真解决反腐倡廉建设中人民群众反映强烈的突出问题,进一步提高反腐倡廉建设科学化水平,做到干部清正、政府清廉、政治清明,为落实党的十八大作出的各项重大决策和战略部署提供有力保证。

中共中央纪律检查委员会向党的第十八次全国代表大会的工作报告

(2012年11月14日中国共产党第十八次全国代表大会通过)

中国共产党第十七次全国代表大会以来,中央纪律检查委员会和各级纪律检查委员会在党中央的领导下,高举中国特色社会主义伟大旗帜,以邓小平理论和"三个代表"重要思想为指导,深入贯彻落实科学发展观,按照党的十七大和第十七届历次中央全会精神,全面履行党章赋予的职责,扎实推进党风廉政建设和反腐败工作,为党和国家事业发展提供了有力保障。现将五年来工作情况和今后工作建议,向党的第十八次全国代表大会报告如下,请予审查。

一、五年来党风廉政建设和反腐败工作回顾

党的十七大以来的五年,是我们党带领人民在中国特色社会主义道路上奋勇前进的五年,是我们党经受住各种困难和风险考验、夺取全面建设小康社会新胜利的五年。面对风云变幻的国际形势和艰巨繁重的国内改革发展稳定任务,以胡锦涛同志为总书记的党中央高举中国特色社会主义伟大旗帜,坚持和拓展中国特色社会主义道路,坚持和丰富中国特色社会主义理论体系,坚持和完善中国特色社会主义制度,大力加强经济建设、政治建设、文化建设、社会建设和生态文明建设。坚持以改革创新精神全面推进党的建设新的伟大工程,继续加强党的执政能力建设和先进性建设,作出加强和改进新形势下党的建设若干重大问题的决定,在全党开展深入学习实践科学发展观活动和创先争优活动,扎实推进党的思想建设、组织建设、作风建设、反腐倡廉建设和制度建设。党中央的这些重大决策部署,有力地指导和推动了党风廉政建设和反腐败斗争的深入开展。

在党中央、国务院坚强领导下,各级党委、政府和纪检监察机关坚持标本兼治、综合治理、惩防并举、注重预防方针,严格执行党风廉政建设责任制,大力加强以保持党同人民群众血肉联系为重点的作风建设,大力加强以完善惩治和预防腐败体系为重点的反腐倡廉建设,认真落实建立、健全惩治和预防腐败体系实施纲要及2008—2012年工作规划,深入推进党风廉政建设和反腐败斗争长期性、基础性工作,着力解决反腐倡廉建设中人民群众反映强烈的突出问题。经过全党全社会共同努力,党风廉政建设和反腐败工作方向更加明确、思路更加清晰、措施更加有力、成效更加明显,呈现良好发展态势。

(一)加大监督检查力度,推动中央重大决策部署贯彻落实。坚持把严格执行和维护党的纪律特别是政治纪律放在首位,加强政治纪律教育,严肃查处违反政治纪律的行为,坚决维护党的集中统一。把检查党的路线、方针、政策和中央重大决策部署贯彻执行情况作为重要职责,组织开展对中央关于加快转变经济发展方式决策部署、扩大内需促进经济增长政策落实情况的监督检查,开展对汶川特大地震等抗灾救灾和灾后恢复重建工作的监督检查,开展对中央关于西藏、新疆工作重大决策部署落实情况的监督检查,开展对北京奥运会、上海世博会、广州亚运会筹办运行工作的监督检查。同时,注重总结实践经验,健全规章制度,对中央重大决策部署贯彻执行情况监督检查长效机制初步形成。通过开展多种形式的监督检查,及时发现和纠正了工作中存在的问题,有效预防和减少了腐败现象的发生,有力推动了各项工作健康顺利开展,切实维护了中央权威,保证了中央政令畅通。

(二)扎实推进党的作风建设,进一步密切党同人民群众的血肉联系。把作风建设与保障和改善民生、加强和创新社会管理等紧密结合,着力解决党政机关和领导干部作风方面存在的突出问题。大力开展联系和服务群众各项工作,建立、健全维护群众权益机制和领导干部定期接访、下访、深入基层调研等制度。严肃组织人事工作纪律特别是换届纪律,防止和纠正选人用人上的不正之风，严厉整治跑官要官、买官卖官、拉票贿选和换届前突击提拔干部等问题。认真落实厉行节约要求，严格控制“三公”经费支出，坚决整治奢侈浪费等不良风气。许多地方和部门还结合实际开展作风建设年、治理庸懒散等专项活动。深入推进基层党风廉政建设，加强农村集体资金资产资源管理，建立、健全村务监督机制，完善国有企业“三重一大”决策制度，着力解决高等学校在招生录取、基建工程、物资采购、科研经费等方面存在的突出问题，加强公共事业单位、城市社区党风廉政建设，进一步巩固党的执政基础。

(三)坚决查办违纪违法案件，维护党纪国法的严肃性。把查办案件放在突出位置，重点查办领导机关和领导干部中滥用职权、贪污贿赂、腐化堕落、失职渎职案件，涉案人员职级不高但数额巨大、影响恶劣的案件，以及发生在群众身边的腐败案件。2007年11月至2012年6月，全国纪检监察机关共立案643759件，结案639068件，给予党纪政纪处分668429人。涉嫌犯罪被移送司法机关处理24584人。全国共查办商业贿赂案件81391件，涉案金额222.03亿元。坚决查处了薄熙来、刘志军、许宗衡等一批重大违纪违法案件，表明了我们党反对腐败的坚强决心。建立、健全防逃追逃追赃机制，协调有关部门成功将赖昌星等一批外逃的重大案件涉案人员缉捕归案。坚持依纪依法、安全文明办案，加强案件审理、申诉复查和案件监督管理工作，保障党员干部的合法权益。信访举报渠道更加畅通，查办案件组织协调机制更加健全。剖析违纪违法案件，建章立制，堵塞漏洞，查办案件治本功能进一步发挥。

(四)加强反腐倡廉宣传教育和廉洁自律工作，进一步规范领导干部从政行为。围绕社会主义核心价值体系建设，加强对领导干部的理想信念和宗旨教育、党性党风党纪教育、从政道德教育。广泛宣传反腐倡廉决策部署和成果经验，发布《中国的反腐败和廉政建设》白皮书。建立完善反腐倡廉网络舆情收集、研判、处置、引导机制。深入开展廉政文化创建活动，廉政文化的影响力不断扩大。修订颁布《中国共产党党员领导干部廉洁从政若干准则》并开展专项检查，重点整治领导干部违规收受礼金、违规多占和买卖住房、利用职权以委托理财等形式谋取不正当利益等问题。颁布《关于领导干部报告个人有关事项的规定》《关于对配偶子女均已移居国(境)外的国家工作人员加强管理的暂行规定》并组织开展申报工作。制定或修订农村基层干部廉洁履行职责、国有企业领导人员廉洁从业等规定，促进了领导干部廉洁自律。

(五)健全制约监督机制，促使领导干部正确行使权力。认真执行党内监督条例，落实述职述廉、谈话、诫勉、函询等制度。颁布实施《中国共产党巡视工作条例(试行)》及一系列配套文件，巡视领导体制、工作机制和制度不断健全，巡视监督网络初步形成，监督效能有新的提高。深入推进纪检监察派驻机构统一管理，派驻机构的监督作用进一步发挥。颁布实施《关于实行党政领导干部问责的暂行规定》，2010年以来全国共问责党政领导干部18227人。加强对党政主要领导干部和国有企业领导人员的经济责任审计。积极稳妥推进党务公开，党的基层组织党务公开全面实行，党的地方组织党务公开联系点和县委权力公开透明运行试点工作稳步推进。政务公开力度加大，政务服务体系建设全面加强，财政预算决算和“三公”经费公开积极推行。司法公开、厂务公开、村(居)务公开和公共企事业单位办事公开深入开展。各项公开制度的实施和完善，提高了权力运行的透明度，为人民群众更好行使民主权利创造了条件。

(六)深化制度建设和改革创新，提高防治腐败工作水平。加强反腐败国家立法，出台刑法修正案(七)和修正案(八)，修改刑事诉讼法、行政监察法等法律，制定或修订《关于实行党风廉政建设责任制的规定》等党内法规，反腐倡廉法规制度体系基本形成。大力推进反腐倡廉改革创新，总结推广了一批典型经验，廉政风险防控全面推行，防止利益冲突试点、社会信用体系建设、制度廉洁性评估等工作取得积极进展。推进建设统一规范的公共资源交易市场，铁路、水利、交通运输等工程建设项目进入地方公共资源交易市场集中交易。深入推进行政审批制度改革，行政审批项目进一步减少和规范。干部人事制度和司法、财税、金融、投资、国有资产经营管理体制改革继续深化。国家预防腐败机构的职能作用进一步发挥。

(七)深入开展专项治理，解决反腐倡廉建设中人民群众反映强烈的突出问题。开展制止公款出国(境)旅游专项工作，加强因公出国(境)管理，全国党政干部因公出国(境)团组、人次和经费数大幅下降。开展工程建设领域突出问题专项治理，排查工程建设项目42.51万个，查办违纪违法案件2.43万件。开展“小金库”专项治理，清理出“小金库”60722个，涉及金额315.86亿元。开展庆典、研讨会、论坛过多过滥问题专项治理，取消了一批活动，节约资金12.2亿元。开展公务用车问题专项治理，清理出违规车辆19.96万辆。加大纠风工作力度，坚决纠正教育、医疗、征地拆迁、土地和矿产资源管理、食品药品安全、环境保护、安全生产、保障性住房建设和管理、执法司法等方面损害群众利益的行为，深入开展民主评议政风行风活动，切实维护人民群众合法权益，取得了良好社会效果。

（八）全面履行纪检监察两项职能，进一步强化行政监察工作。坚持和完善纪检监察合署办公体制，在做好党的纪律检查工作的同时，切实加强行政监察工作。全面开展执法监察、廉政监察和效能监察，加强对国家行政机关及其工作人员履行职责、依法行政、廉洁从政的监督。积极开展政府绩效管理工作，在部分国务院部门和地方政府进行试点。运用现代科技手段推进反腐倡廉工作，电子监察等工作深入进行。加强反腐败国际交流与合作，做好《联合国反腐败公约》履约相关工作，积极与有关国家和国际组织开展执法、司法合作。

（九）坚持严格要求、严格教育、严格管理、严格监督，加强纪检监察机关自身建设。始终把加强纪检监察机关自身建设作为基础性工程来抓，深入开展学习实践科学发展观活动、创先争优活动和"做党的忠诚卫士、当群众的贴心人"主题实践活动，制定和实施加强纪检监察干部队伍建设的意见，广泛宣传王瑛等先进典型，引导纪检监察干部做到对党和国家无限忠诚、对腐败分子和消极腐败现象坚决斗争、对广大干部和群众关心爱护、对自已和亲属严格要求。制定和落实关于加强地方县级纪检监察机关、乡镇纪检组织以及中央企业和中央金融机构、中央和国家机关纪检监察组织建设的意见，进一步夯实了纪检监察组织建设基础。推进学习型机关建设，纪检监察干部能力素质不断提高。明确提出并认真落实"监督者更要带头接受监督"的要求，严格执行各项纪律规定，纪检监察干部管理和监督得到加强。

五年来，党风廉政建设和反腐败斗争深入开展，惩治和预防腐败体系基本框架初步形成，反腐倡廉建设科学化水平不断提高，一些领域消极腐败现象滋生蔓延势头得到遏制，人民群众对反腐倡廉取得的成效给予肯定。同时也要清醒地看到，在世情、国情、党情发生深刻变化的新形势下，我们党面临的执政考验、改革开放考验、市场经济考验、外部环境考验是长期的、复杂的、严峻的，精神懈怠危险、能力不足危险、脱离群众危险、消极腐败危险更加尖锐地摆在全党面前。当前，腐败现象在一些地方和部门仍然易发多发，有的案件涉案金额巨大、涉及人员众多，特别是高级干部中发生的腐败案件影响恶劣；腐败行为更加复杂化、隐蔽化，监督机制和预防腐败手段还不健全，揭露和查处难度加大；一些领导干部利用职权或职务影响，为配偶、子女、其他亲属和身边工作人员谋取非法利益问题突出；少数领导干部理想信念动摇，宗旨意识淡薄，缺乏艰苦奋斗精神，严重脱离群众，形式主义、官僚主义和铺张浪费问题比较严重；个别领导干部无视党纪国法，甚至严重违法乱纪。反腐倡廉工作还存在一些薄弱环节。坚决惩治和有效预防腐败，是一场关系党和国家前途命运的严重政治斗争。我们要正确认识反腐败斗争形势，坚持党的领导，坚持依靠人民群众，坚持中国特色反腐倡廉道路，充分发挥中国特色社会主义政治优势，坚定不移地把党风廉政建设和反腐败斗争引向深入。

二、党风廉政建设和反腐败工作的基本经验

党风廉政建设和反腐败工作的新发展新成效，是在以胡锦涛同志为总书记的党中央坚强领导下，在中国特色社会主义理论体系正确指导下，深入贯彻落实科学发展观取得的。党的十六大以来，胡锦涛同志多次发表重要讲话，先后十次出席中央纪委全会，深刻阐述了一系列反腐倡廉新要求新观点新论断：在反腐倡廉重要性方面，强调在和平建设时期，如果说有什么东西能够对党造成致命伤害的话，腐败就是很突出的一个；坚决惩治和有效预防腐败，关系人心向背和党的生死存亡，是党必须始终抓好的重大政治任务；必须从保持党的先进性和纯洁性的高度充分认识反腐倡廉建设的重要性和紧迫性。在反腐倡廉形势判断方面，深刻指出当前党风廉政建设和反腐败斗争的总体态势是，成效明显和问题突出并存，防治力度加大和腐败现象易发多发并存，群众对反腐败期望值不断上升和腐败现象短期内难以根治并存，反腐败斗争形势依然严峻、任务依然艰巨。在反腐倡廉方针原则方面，强调要把反腐倡廉建设放在更加突出的位置，坚持标本兼治、综合治理、惩防并举、注重预防方针，在坚决惩治腐败的同时，更加注重治本，更加注重预防，更加注重制度建设，不断拓展从源头上防治腐败工作领域。在反腐倡廉工作思路方面，强调坚决惩治腐败是我们党执政能力的重要体现，有效预防腐败更是我们党执政能力的重要标志；要以完善惩治和预防腐败体系为重点加强反腐倡廉建设，努力形成拒腐防变教育长效机制、反腐倡廉制度体系、权力运行监控机制；推进反腐倡廉理念思路、体制机制、工作内容、方式方法创新，不断提高反腐倡廉建设科学化水平。在反腐倡廉任务部署方面，强调党风廉政建设和反腐败工作是一项系统工程，重在建设、贵在落实，必须进一步抓好领导干部教育、监督和廉洁自律，抓好大案要案查处，抓好纠正损害群众利益不正之风，抓好反腐倡廉工作体制机制创新，把反腐倡廉寓于各项重要政策措施之中，从源头上预防和解决腐败问题。在反腐倡廉组织领导方面，强调坚持党的领导是加强反腐倡廉建设的根本政治保证，各级党委和政府要严格执行党风廉政建设责任制，切实担负起全面领导党风廉政建设和反腐败工作的政治责任，等等。这些重要思想是科学发展观的重要组成部分，进一步发展了马克思主义党的建设理论，丰富了中国特色反腐倡廉道路的内涵，为深入开展党风廉政建

设和反腐败斗争指明了方向。

各级党委、政府和纪检监察机关认真贯彻落实党中央战略决策和工作部署，积极探索、勇于创新，深入推进党风廉政建设和反腐败工作，积累了宝贵经验。

第一，必须坚持以中国特色社会主义理论体系为指导，深入贯彻落实科学发展观，确保党风廉政建设和反腐败斗争始终沿着正确方向前进。中国特色社会主义理论体系是包括邓小平理论、“三个代表”重要思想和科学发展观在内的科学理论，是指导党风廉政建设和反腐败斗争的强大思想武器。必须以科学理论为指导，深入贯彻落实科学发展观，紧紧围绕保障和推动经济社会发展这个第一要义，贯彻以人为本这个核心立场，按照全面协调可持续的基本要求和统筹兼顾的根本方法，深入研究新形势下党风廉政建设和反腐败斗争的特点和规律，科学判断形势，正确制定政策，推动反腐倡廉工作平稳有序深入开展，不断提高反腐倡廉建设科学化水平。

第二，必须坚持党要管党、从严治党，始终把党风廉政建设和反腐败斗争作为重大政治任务来抓。党执政时间越长，越是改革开放，越是发展社会主义市场经济，越要从严管党治党，坚决反对和防止腐败。必须着眼于保持党的先进性和纯洁性，加强对各级党组织和广大党员干部特别是领导干部的教育、管理和监督，始终保持惩治腐败高压态势，坚持党纪国法面前人人平等，不管涉及什么人，不论权力大小、职位高低，只要触犯党纪国法，都要依纪依法严肃惩处。必须认真落实党风廉政建设责任制，坚持和完善反腐败领导体制和工作机制，进一步强化各级领导班子和领导干部管党治党的政治意识和政治责任，把反腐倡廉工作放在重要位置抓紧抓好。必须适应新形势新任务新要求，切实加强纪检监察机关领导班子和干部队伍建设，为深入推进反腐倡廉工作提供坚强的组织保证。

第三，必须坚持着眼于党和国家工作全局履行职责，为推动经济社会又好又快发展提供有力保障。围绕中心、服务大局，是推进党风廉政建设和反腐败工作的重要原则。必须把反腐倡廉工作放到经济社会发展全局和党的建设总体布局中来思考、谋划和推进，把加强对党的路线方针政策和中央重大决策部署执行情况的监督检查作为纪检监察机关首要职责，对党和国家的重大决策、重要工作、重大活动、重大事件及时跟进、积极参与，切实做好服务、监督、保障工作，确保中央决策部署落到实处和政令畅通。

第四，必须坚持把以人为本、执政为民贯彻落实到党风廉政建设和反腐败工作之中，着力解决群众反映强烈的突出问题。以人为本、执政为民是我们党性质和宗旨的集中体现，是检验反腐倡廉工作成效的根本标准。必须以密切党同人民群众的血肉联系为重点，大力加强和改进党的作风建设，切实实现好、维护好、发展好最广大人民的根本利益。必须顺应群众期待、回应社会关切，抓住反腐倡廉建设中人民群众反映强烈的突出问题，有针对性地开展专项治理，着力解决发生在群众身边的腐败问题，以反腐倡廉实际成效取信于民。

第五，必须坚持惩治和预防工作一起抓，整体推进以完善惩治和预防腐败体系为重点的反腐倡廉建设。惩治和预防是反腐倡廉工作相辅相成、相互促进的两个方面。必须坚持惩治于已然、防患于未然，既坚决查办违纪违法案件，又加大预防腐败工作力度，努力把腐败现象减少到最低程度。必须把构建惩治和预防腐败体系放在基础的、全局的、战略的地位，坚持阶段性任务与战略性目标相结合，统筹推进、重在建设，认真做好教育、制度、监督、改革、纠风、惩治等各方面工作，切实增强反腐倡廉建设的系统性、协调性、实效性。

第六，必须坚持完善权力制约监督机制，保证人民赋予的权力始终得到正确行使。建立、健全权力制约监督机制是反腐倡廉建设的重要任务，也是防止权力滥用的重要制度保证。必须按照决策权、执行权、监督权既相互制约又相互协调的原则，把对权力的科学配置与对干部的有效监督结合起来，建立、健全按照法定权限和程序行使权力的制约机制，推进权力公开透明运行。必须认真落实党内监督各项制度，健全党内民主监督机制，保障党员知情权、参与权、选举权、监督权。必须坚持党内监督与党外监督、专门机关监督与群众监督相结合，拓宽人民群众参与反腐倡廉建设的渠道，发挥舆论监督作用，增强监督合力。

第七，必须坚持以改革创新精神推进工作，始终保持反腐倡廉建设的生机和活力。改革创新是时代精神的核心，也是深入推进反腐倡廉工作的强大动力。必须把反腐倡廉工作与各项重要改革措施相结合，以重点领域和关键环节为突破口，通过深化改革最大限度地减少体制障碍和制度漏洞。必须注重反腐倡廉工作实践创新、理论创新、制度创新，总结推广基层和群众创造的有益做法和新鲜经验，加强现代科技手段尤其是信息技术的运用，努力提高有效防治腐败的能力。

这些基本经验，既是对反腐倡廉建设规律的深刻认识，也是深入推进党风廉政建设和反腐败斗争必须遵循的重要原则，我们要倍加珍惜并在新的实践中不断丰富、完善和发展。

三、进一步加强党风廉政建设和反腐败工作的建议

坚决反对腐败、建设廉洁政治，是我们党一贯坚持的鲜明政治立场，是人民关注的重大政治问题。在新

的历史条件下，落实党要管党、从严治党的任务比以往任何时候都更为繁重、更为紧迫，全党同志一定要居安思危，增强忧患意识，深刻认识反腐败斗争的长期性、复杂性、艰巨性，坚持反腐倡廉常抓不懈、拒腐防变警钟长鸣。当前和今后一个时期，我们要高举中国特色社会主义伟大旗帜，以邓小平理论、“三个代表”重要思想、科学发展观为指导，全面履行党章赋予的职责，坚持围绕中心、服务大局，坚持标本兼治、综合治理、惩防并举、注重预防方针，紧紧围绕党的先进性和纯洁性建设，着力加强以保持党同人民群众血肉联系为重点的作风建设，深入推进以完善惩治和预防腐败体系为重点的反腐倡廉建设，认真解决反腐倡廉建设中人民群众反映强烈的突出问题，坚定信心、加大力度，与时俱进、改革创新，进一步提高反腐倡廉建设科学化水平，做到干部清正、政府清廉、政治清明，为落实党的十八大作出的各项重大决策和战略部署提供有力保证。

(一)严明党的政治纪律，保证党的路线方针政策和重大决策部署的贯彻落实

党面临的形势越复杂，肩负的任务越艰巨，就越要加强党的纪律建设。各级党组织和广大党员干部特别是主要领导干部一定要自觉遵守党章，自觉按照党的组织原则和党内政治生活准则办事。要准确把握和深入贯彻党的基本理论、基本路线、基本纲领、基本经验，在思想上政治上行动上同党中央保持高度一致，坚决维护中央权威，保证中央政令畅通，决不允许公开发表同中央决定相违背的言论，决不允许搞“上有政策、下有对策”，决不允许有令不行、有禁不止。要坚持正确政治立场和政治方向，提高政治敏锐性和政治鉴别力，在重大问题上头脑清醒、旗帜鲜明，在关键时刻和重大事件中经得起考验，自觉维护党的形象，坚决反对自由主义，决不允许泄露党和国家秘密，决不允许参加各种非法组织和非法活动，决不允许编造和传播政治谣言。各级纪委要切实维护党的章程和其他党内法规，加强对政治纪律执行情况的监督检查，严肃查处违反政治纪律的行为，坚决维护党的集中统一。

要把学习贯彻党的十八大精神作为首要政治任务，加强监督检查，保证党中央作出的各项战略决策部署得到落实。紧紧围绕科学发展这个主题和加快转变经济发展方式这条主线，加强对中央关于经济社会发展重大决策部署执行情况的监督检查，确保各项目标任务落到实处。认真总结经验，建立、健全监督检查长效机制，不断提高监督检查工作科学化、制度化、规范化水平。

(二)加强和改进党的作风建设，促使党员干部弘扬优良作风

优良的党风是凝聚党心民心的强大力量。要按照党的十八大部署，围绕保持党的先进性和纯洁性，在全党深入开展以为民务实清廉为主要内容的党的群众路线教育实践活动，着力解决人民群众反映强烈的突出问题，提高做好新形势下群众工作的能力。坚持群众路线，落实和完善服务群众、联系群众各项制度，建立、健全党和政府主导的维护群众权益机制，坚决纠正领导干部脱离群众的行为。坚持求真务实，促使领导干部树立正确政绩观，反对形式主义和官僚主义，坚决制止搞劳民伤财的“形象工程”和沽名钓誉的“政绩工程”。坚持艰苦奋斗，厉行勤俭节约，下决心改进文风会风，严格控制楼堂馆所建设和“三公”经费支出，严肃整治公款大吃大喝、公款旅游等行为。坚持发扬民主，增强党内生活的原则性，认真开展批评和自我批评，克服好人主义，坚决抵制和纠正上下级之间和干部之间逢迎讨好、相互吹捧、搞“小圈子”等庸俗作风。坚持开拓进取，教育督促党员干部敢于负责、勇于担当，更加奋发有为、兢兢业业地开展工作，着力整治庸懒散奢等不良风气。

要以思想教育、完善制度、集中整顿、严肃纪律为抓手，督促党员干部加强理论学习，注重实践锻炼，增强党性修养。建立、健全领导干部作风状况评价机制，把作风建设情况纳入党风廉政建设责任制考核范围，并将考核结果作为选拔任用干部的重要依据。加大对党政机关和领导干部作风方面突出问题的整顿力度，对作风不正、不负责任并造成严重后果的，要严肃处理。

(三)深化反腐倡廉教育和廉政文化建设，加强领导干部廉洁自律工作

加强教育、增强党员干部拒腐防变能力，是防治腐败的重要基础。要牢牢把握社会主义核心价值体系这个兴国之魂，深入开展理想信念和宗旨教育、党性党风党纪教育、法制教育、诚信教育，加强党员领导干部从政道德教育，开展道德领域突出问题专项教育和治理。广大党员干部特别是各级领导干部要牢固树立正确的世界观、权力观、事业观，做践行社会主义荣辱观的模范。要深化示范教育、警示教育、岗位廉政教育，建立、健全分层分类施教机制，着力增强教育的针对性和实效性。把廉政文化建设纳入社会主义文化建设总体布局，广泛深入开展廉政文化创建活动。将廉洁教育纳入国民教育体系，使廉洁价值理念深入人心。加强反腐倡廉宣传工作，发挥报刊、广播、电视等传统媒体和互联网、手机等新兴媒体的积极作用。

各级领导干部特别是高级干部必须自觉遵守廉政准则，既严于律己，又加强对亲属和身边工作人员的教育和约束，决不允许搞特权。坚决纠正领导干部违规

收受礼金、有价证券、支付凭证、商业预付卡等问题。严格执行领导干部住房管理的有关规定，切实纠正党政机关和领导干部在集资建房、低价购房、多占住房等方面的违规违纪行为。严禁领导干部违反规定为配偶、子女及其他特定关系人在经商办企业等方面谋取利益。认真落实并不断完善领导干部报告个人有关事项制度、对配偶子女均已移居国(境)外的国家工作人员加强管理的有关规定。

(四)加大查办违纪违法案件工作力度，保持惩治腐败的高压态势

查办违纪违法案件是纪检监察机关的重要职责，是推进党风廉政建设和反腐败斗争的重要任务。要坚持有案必查、有腐必惩，以对党和人民事业高度负责的态度，严肃查办违纪违法案件，严厉惩处腐败分子，决不姑息、决不手软。进一步突出办案重点，严肃查办发生在领导机关和领导干部中滥用职权、贪污贿赂、腐化堕落、失职渎职案件，严重损害群众合法经济权益、政治权益和人身权利的案件。严肃查办发生在重点领域和关键环节的腐败案件。严肃查办商业贿赂案件，完善并严格执行惩处行贿行为的相关规定。深入研究新形势下违纪违法案件发生的特点和规律，健全腐败案件揭露、查处机制和查办案件组织协调机制，拓宽和畅通信访举报渠道，切实增强突破大案要案的能力。支持协调有关部门完善国(境)外办案合作和防逃追逃追赃机制。严格依纪依法、安全文明办案，保障被审查人员合法权益。加强对重大典型案件的剖析研究，发挥查办案件的治本功能。

(五)深化体制机制改革和制度创新，进一步拓宽从源头上防治腐败工作领域

制度更带有根本性、全局性、稳定性和长期性。要坚持把从严治党和依法治国结合起来，加强反腐败国家立法，健全反腐败法律制度。对现有的法规制度，过时的要及时废止，不完善的要适时修订完善，需要细化的要尽快制定实施细则，需要制定配套制度的要抓紧制定。结合制定落实惩治和预防腐败体系2013—2017年工作规划，建立、健全反腐倡廉各项制度，不断完善内容科学、程序严密、配套完备、有效管用的反腐倡廉制度体系。开展制度廉洁性评估，加强对制度执行情况的监督检查，建立、健全制度执行监督和问责机制，严肃查处违反制度的行为，提高制度执行力。各级领导干部特别是高级干部要模范遵守国家法律和党的纪律，坚决同一切违法乱纪行为作斗争。

深化重点领域和关键环节改革，是从源头上防治腐败的根本举措。要继续深化社会主义市场经济体制改革，减少腐败现象滋生蔓延的土壤和条件。进一步简政放权，减少行政审批事项，规范审批程序和行为；推进财政预算决算公开，完善财政转移支付制度和国库集中收付制度；规范政府投资管理，完善工程建设项目招标投标制度；落实金融账户实名制，完善反洗钱防控工作机制，加快社会信用体系建设；完善国有资产监管体制机制，全面推进风险管理；深化现代市场体系建设，建立和完善统一规范的公共资源交易市场，充分发挥市场在资源配置中的基础性作用。继续深化干部人事制度改革，匡正选人用人风气。完善竞争性选拔干部方式，促进优秀人才脱颖而出和健康成长；完善体现科学发展观和正确政绩观要求的干部考核评价体系，有效发挥考核对干部的激励约束作用；加强对干部选拔任用工作的监督，深入整治跑官要官、买官卖官、拉票贿选等问题，防止干部“带病上岗”、“带病提拔”，坚决遏制选人用人上的不正之风，不断提高选人用人公信度。继续深化司法体制改革，促进公正廉洁执法。深入推进司法公开，完善案件听证制度、人民陪审员和人民监督员制度；优化司法职权配置，健全执法监督管理、办案责任追究制度，规范执法司法行为；加强对司法活动的监督和保障，防止和纠正执法不严、司法不公、徇私枉法等问题。要深入推进廉政风险防控机制建设，建立、健全防止利益冲突制度。注重运用现代科技手段防治腐败。发挥国家预防腐败机构职能作用。加强反腐败国际交流与合作，继续做好《联合国反腐败公约》履约相关工作。

(六)强化对权力的制约和监督，促进权力规范透明运行

强化对权力的制约和监督是有效预防腐败的关键。要严格执行民主集中制，完善党委(党组)会议事规则和决策程序，坚决反对个人独断专行。认真落实党内监督条例，严格执行述职述廉、谈话、诫勉、询问、质询等制度，积极探索加强和改进监督的新途径新办法，切实加强对领导干部特别是主要领导干部行使权力的监督，加强对权力集中部门和资金、资源密集领域的监督。探索加强纪委对同级党委常委会成员进行有效监督的途径，加强纪检监察派驻机构对驻在部门领导班子及其成员的监督。进一步发挥巡视制度的监督作用，增强发现问题的能力，提高巡视工作质量，注重巡视成果运用。坚持做好对党政主要领导干部和国有企业领导人员的经济责任审计，加强对重点专项资金和重大投资项目的审计。完善党务公开、政务公开和各领域办事公开制度，合理分解和科学配置权力，推进权力运行公开化、规范化，形成比较完善的权力运行监控机制。深入开展执法监察、廉政监察和效能监察，推进政府绩效管理，建立、健全问责制度和工作机制。坚持党内监督与党外监督相结合，进一步发挥人大监督、政府专门机关监督、政协民主监督、司法监督的作用；

加强群众监督，尊重和保障群众的知情权、参与权、表达权、监督权，健全信访举报工作机制，让人民监督权力；加强舆论监督，支持新闻媒体开展科学监督、依法监督和建设性监督，及时处理和回应新闻媒体及网络舆情反映的问题。各级领导干部要正确对待群众监督和舆论监督，增强主动接受监督的自觉性。

（七）加强基层党风廉政建设，着力维护人民群众切身利益

基层党风廉政建设关系群众切身利益，关系党的执政基础。要教育引导基层党员干部增强党性观念和法治意识，严格按法律、法规和政策办事。加强对基层党员干部的管理和监督，规范基层执法行为，切实解决发生在群众身边的腐败问题。坚持标本兼治、纠建并举，深入开展民主评议部门、行业风气和基层站所等工作，坚决纠正损害群众利益的不正之风。严格执行农村基层干部廉洁履行职责若干规定，完善农村集体资金资产资源管理以及村(居)委会集体决策和村民议事等制度，充分发挥村务监督委员会作用。落实国有企业"三重一大"决策制度和领导人员廉洁从业规定，加强对境外国有资产的监管。健全学校、医院等公共事业单位的管理制度，完善相关职业规范和监督制约机制。继续推进城市社区党风廉政建设，探索非公有制经济组织和社会组织防治腐败的有效途径和办法。

（八）严格执行党风廉政建设责任制，巩固和发展全党动手抓党风廉政建设和反腐败工作的良好局面

党风廉政建设责任制是深入推进反腐倡廉工作的重要制度保障。要坚持和完善党委统一领导、党政齐抓共管、纪委组织协调、部门各负其责、依靠群众支持和参与的反腐败领导体制和工作机制，形成推进党风廉政建设和反腐败工作的强大合力。各级领导干部特别是主要领导干部要坚持原则、敢抓敢管，切实抓好职责范围内的反腐倡廉工作。坚持把党风廉政建设纳入领导班子、领导干部目标管理考核，完善考核机制，加大监督检查力度，强化考核结果运用。把执行党风廉政建设责任制与党政领导干部问责制结合起来，加大对违反责任制行为的追究力度。认真听取社会各方面意见和建议，进一步畅通群众参与反腐倡廉建设的渠道，发挥人民群众在反腐倡廉建设中的重要作用。

建设一支忠诚可靠、服务人民、刚正不阿、秉公执纪的纪检监察干部队伍，是新形势下开展党风廉政建设和反腐败斗争的重要组织保证。要抓住思想政治建设这个根本，引导广大纪检监察干部加强理论学习和党性修养，自觉用中国特色社会主义理论体系武装头脑、指导实践、推动工作。要抓住能力建设这个关键，加强调查研究，完善工作思路，改进方式方法，不断提高科学履职的能力和水平。要抓住组织建设这个基础，进一步健全纪检监察体制，加强各级纪检监察组织机构、领导班子和干部队伍建设，完善纪检监察机关内部机构设置，强化派驻机构统一管理，加强上级纪检监察机关对下级纪检监察机关的领导和工作指导。要抓住作风建设这个重点，完善纪检监察干部职业道德规范，健全内部监督制约机制，引导广大纪检监察干部增强自觉接受监督意识，维护可亲、可信、可敬的良好形象。各级党委、政府要重视和支持纪检监察工作，关心和爱护纪检监察干部。

反腐倡廉使命光荣，责任重大。我们要高举中国特色社会主义伟大旗帜，以邓小平理论、"三个代表"重要思想、科学发展观为指导，勇于进取，扎实工作，不断把党风廉政建设和反腐败斗争引向深入，为圆满完成党的十八大各项战略决策部署、实现全面建成小康社会的奋斗目标作出更大贡献！

中国共产党第十八次全国代表大会关于《中国共产党章程(修正案)》的决议

中国共产党第十八次全国代表大会审议并一致通过第十七届中央委员会提出的《中国共产党章程(修正案)》，决定这一修正案自通过之日起生效。

大会认为，十六大以来，以胡锦涛同志为主要代表的中国共产党人，坚持以邓小平理论和"三个代表"重要思想为指导，根据新的发展要求，深刻认识和回答了新形势下实现什么样的发展、怎样发展等重大问题，形成了以人为本、全面协调可持续发展的科学发展观。科学发展观，是同马克思列宁主义、毛泽东思想、邓小平理论、"三个代表"重要思想既一脉相承又与时俱进的科学理论，是马克思主义关于发展的世界观和方法论的集中体现，是马克思主义中国化最新成果，是中国共产党集体智慧的结晶，是党必须长期坚持的指导思想。大会一致同意在党章中把科学发展观同马克思列宁主义、毛泽东思想、邓小平理论、"三个代表"重要思想一道确立为党的行动指南。大会要求全党同志更加深入地学习科学发展观，进一步增强贯彻落实科学发展观的自觉性和坚定性，不断完善贯彻落实科学发展观的体制机制，把科学发展观贯彻到我国现代化建设全过程、体现到党的建设各方面。

大会认为，中国特色社会主义道路，中国特色社会主义理论体系，中国特色社会主义制度，是党和人民长期奋斗、创造、积累的根本成就。全面建成小康社会，加快推进社会主义现代化，实现中华民族伟大复兴，必须坚定不移走中国特色社会主义道路。把中国特色社会主义制度同中国特色社会主义道路、中国特色社会主义理论体系一道写入党章，有利于全党深化对中国特色社会主义的认识、全面把握中国特色社会主义的

内涵。大会强调,全党同志要倍加珍惜、长期坚持和不断发展党历尽艰辛开创的这条道路、这个理论体系、这个制度,坚定道路自信、理论自信、制度自信,奋力夺取中国特色社会主义新胜利。

大会认为,建设生态文明,是关系人民福祉、关乎民族未来的长远大计。必须把生态文明建设放在突出地位,融入经济建设、政治建设、文化建设、社会建设各方面和全过程,坚持生产发展、生活富裕、生态良好的文明发展道路,努力建设美丽中国,实现中华民族永续发展。大会同意将生态文明建设写入党章并作出阐述,使中国特色社会主义事业总体布局更加完善,使生态文明建设的战略地位更加明确,有利于全面推进中国特色社会主义事业。促进工业化、信息化、城镇化、农业现代化同步发展,是我国经济社会发展面临的重大课题,是全面建成小康社会的一项重大战略举措;发展更加广泛、更加充分、更加健全的人民民主,完善中国特色社会主义法律体系,是坚持走中国特色社会主义政治发展道路、积极稳妥推进政治体制改革、加强社会主义法治国家建设的客观需要;建设社会主义文化强国,加强社会主义核心价值体系建设,是推动社会主义文化大发展大繁荣、提高国家文化软实力的必然要求;构建社会主义和谐社会,必须保障和改善民生,使发展成果更多更公平惠及全体人民,加强和创新社会管理。将这些内容写入党章,丰富了社会主义经济建设、政治建设、文化建设、社会建设的内容,对全党同志更加自觉、更加坚定地贯彻党的基本理论、基本路线、基本纲领、基本经验、基本要求,全面推进社会主义市场经济、社会主义民主政治、社会主义先进文化、社会主义和谐社会、社会主义生态文明建设,团结带领全国各族人民不断夺取中国特色社会主义新胜利具有十分重要的作用。

大会认为,改革开放是强国之路,是新时期最鲜明的特点。我国过去30多年的快速发展靠的是改革开放,未来发展也必须坚定不移依靠改革开放。只有改革开放,才能发展中国、发展社会主义、发展马克思主义。把这方面内容写入党章,有利于全党更加深刻地认识坚持改革开放的重大意义,更加自觉、更加坚定地推进改革开放。

大会认为,十七大以来,随着党的建设实践发展,我们党对马克思主义执政党建设规律的认识不断深化,正视党面临的考验和风险,重视加强党的执政能力建设、先进性和纯洁性建设,整体推进党的思想建设、组织建设、作风建设、反腐倡廉建设、制度建设,全面提高党的建设科学化水平。根据实践发展,党的十八大提出建设学习型、服务型、创新型的马克思主义执政党的新要求。适应新的形势,全党要用邓小平理论、“三个代表”重要思想、科学发展观和党的基本路线统一思想、统一行动,切实做到求真务实,尊重党员主体地位,加强对主要领导干部的监督。大会同意把这些新成果、新认识、新要求充实到党章关于党的建设总体要求中,使党的建设的主线、总体布局、总体目标更加完善,有利于全面推进党的建设新的伟大工程。

大会认为,总结吸收近年来党的建设的成功经验,并与总纲部分的修改相衔接,对党章部分条文作适当修改十分必要。认真学习马克思列宁主义、毛泽东思想、邓小平理论、“三个代表”重要思想和科学发展观,是广大党员应尽的义务;积极创先争优,组织党员认真学习马克思列宁主义、毛泽东思想、邓小平理论、“三个代表”重要思想和科学发展观,是党的基层组织的基本任务;选拔干部要按照德才兼备、以德为先的原则,坚持五湖四海、任人唯贤;党要更加重视监督干部;党的各级领导干部要坚持原则,讲党性、重品行、作表率。把这些内容写入党章,有利于全党同志坚持党的指导思想、增强学习贯彻科学发展观的自觉性和坚定性;有利于更好坚持公道正派的用人作风、树立正确用人导向、提高选人用人公信度,促进干部健康成长;有利于推动干部队伍特别是主要领导干部进一步提高各方面素质,更好发挥表率作用。

大会要求,党的各级组织和全党同志高举中国特色社会主义伟大旗帜,以马克思列宁主义、毛泽东思想、邓小平理论、“三个代表”重要思想和科学发展观为指导,更好学习党章、遵守党章、贯彻党章、维护党章,坚持党要管党、从严治党,进一步加强党的执政能力建设、先进性和纯洁性建设,以改革创新精神全面推进党的建设新的伟大工程,全面提高党的建设科学化水平,坚定不移沿着中国特色社会主义道路前进,为全面建成小康社会而奋斗。

中国共产党章程

(中国共产党第十八次全国代表大会部分修改,2012年11月14日通过)

总　纲

中国共产党是中国工人阶级的先锋队,同时是中国人民和中华民族的先锋队,是中国特色社会主义事业的领导核心,代表中国先进生产力的发展要求,代表中国先进文化的前进方向,代表中国最广大人民的根本利益。党的最高理想和最终目标是实现共产主义。

中国共产党以马克思列宁主义、毛泽东思想、邓小平理论、“三个代表”重要思想和科学发展观作为自己的行动指南。

马克思列宁主义揭示了人类社会历史发展的规律,它的基本原理是正确的,具有强大的生命力。中国共产党人追求的共产主义最高理想，只有在社会主义社会充分发展和高度发达的基础上才能实现。社会主义制度的发展和完善是一个长期的历史过程。坚持马克思列宁主义的基本原理，走中国人民自愿选择的适合中国国情的道路，中国的社会主义事业必将取得最终的胜利。

以毛泽东同志为主要代表的中国共产党人，把马克思列宁主义的基本原理同中国革命的具体实践结合起来，创立了毛泽东思想。毛泽东思想是马克思列宁主义在中国的运用和发展，是被实践证明了的关于中国革命和建设的正确的理论原则和经验总结，是中国共产党集体智慧的结晶。在毛泽东思想指引下，中国共产党领导全国各族人民，经过长期的反对帝国主义、封建主义、官僚资本主义的革命斗争，取得了新民主主义革命的胜利，建立了人民民主专政的中华人民共和国；新中国成立以后，顺利地进行了社会主义改造，完成了从新民主主义到社会主义的过渡，确立了社会主义基本制度，发展了社会主义的经济、政治和文化。

十一届三中全会以来，以邓小平同志为主要代表的中国共产党人，总结新中国成立以来正反两方面的经验，解放思想，实事求是，实现全党工作中心向经济建设的转移，实行改革开放，开辟了社会主义事业发展的新时期，逐步形成了建设中国特色社会主义的路线、方针、政策，阐明了在中国建设社会主义、巩固和发展社会主义的基本问题，创立了邓小平理论。邓小平理论是马克思列宁主义的基本原理同当代中国实践和时代特征相结合的产物，是毛泽东思想在新的历史条件下的继承和发展，是马克思主义在中国发展的新阶段，是当代中国的马克思主义，是中国共产党集体智慧的结晶，引导着我国社会主义现代化事业不断前进。

十三届四中全会以来，以江泽民同志为主要代表的中国共产党人，在建设中国特色社会主义的实践中，加深了对什么是社会主义、怎样建设社会主义和建设什么样的党、怎样建设党的认识，积累了治党治国新的宝贵经验，形成了"三个代表"重要思想。"三个代表"重要思想是对马克思列宁主义、毛泽东思想、邓小平理论的继承和发展，反映了当代世界和中国的发展变化对党和国家工作的新要求，是加强和改进党的建设、推进我国社会主义自我完善和发展的强大理论武器，是中国共产党集体智慧的结晶，是党必须长期坚持的指导思想。始终做到"三个代表"，是我们党的立党之本、执政之基、力量之源。

十六大以来，以胡锦涛同志为主要代表的中国共产党人，坚持以邓小平理论和"三个代表"重要思想为指导，根据新的发展要求，深刻认识和回答了新形势下实现什么样的发展、怎样发展等重大问题，形成了以人为本、全面协调可持续发展的科学发展观。科学发展观，是同马克思列宁主义、毛泽东思想、邓小平理论、"三个代表"重要思想既一脉相承又与时俱进的科学理论，是马克思主义关于发展的世界观和方法论的集中体现，是马克思主义中国化最新成果，是中国共产党集体智慧的结晶，是发展中国特色社会主义必须坚持和贯彻的指导思想。

改革开放以来我们取得一切成绩和进步的根本原因，归结起来就是：开辟了中国特色社会主义道路，形成了中国特色社会主义理论体系，确立了中国特色社会主义制度。全党同志要倍加珍惜、长期坚持和不断发展党历经艰辛开创的这条道路、这个理论体系、这个制度，高举中国特色社会主义伟大旗帜，为实现推进现代化建设、完成祖国统一、维护世界和平与促进共同发展这三大历史任务而奋斗。

我国正处于并将长期处于社会主义初级阶段。这是在经济文化落后的中国建设社会主义现代化不可逾越的历史阶段，需要上百年的时间。我国的社会主义建设，必须从我国的国情出发，走中国特色社会主义道路。在现阶段，我国社会的主要矛盾是人民日益增长的物质文化需要同落后的社会生产之间的矛盾。由于国内的因素和国际的影响，阶级斗争还在一定范围内长期存在，在某种条件下还有可能激化，但已经不是主要矛盾。我国社会主义建设的根本任务，是进一步解放生产力，发展生产力，逐步实现社会主义现代化，并且为此而改革生产关系和上层建筑中不适应生产力发展的方面和环节。必须坚持和完善公有制为主体、多种所有制经济共同发展的基本经济制度，坚持和完善按劳分配为主体、多种分配方式并存的分配制度，鼓励一部分地区和一部分人先富起来，逐步消灭贫穷，达到共同富裕，在生产发展和社会财富增长的基础上不断满足人民日益增长的物质文化需要，促进人的全面发展。发展是我们党执政兴国的第一要务。各项工作都要把有利于发展社会主义社会的生产力，有利于增强社会主义国家的综合国力，有利于提高人民的生活水平，作为总的出发点和检验标准，尊重劳动、尊重知识、尊重人才、尊重创造，做到发展为了人民、发展依靠人民、发展成果由人民共享。跨入新世纪，我国进入全面建设小康社会、加快推进社会主义现代化的新的发展阶段。必须按照中国特色社会主义事业总体布局，全面推进经济建设、政治建设、文化建设、社会建设、生态文明建设。在新世纪、新阶段，经济和社会发展的战略目标是，巩固和发展已经初步达到的小康水平，到建党100年时，建成惠及十几亿人口的更高水平的小康社会；到新中国成立100年时，人均国内生产总值达到中等发达国家水平，基本实现现代化。

中国共产党在社会主义初级阶段的基本路线是：领导和团结全国各族人民，以经济建设为中心，坚持四项基本原则，坚持改革开放，自力更生，艰苦创业，为把我国建设成为富强民主文明和谐的社会主义现代化国家而奋斗。

中国共产党在领导社会主义事业中，必须坚持以经济建设为中心，其他各项工作都服从和服务于这个中心。要抓紧时机，加快发展，实施科教兴国战略、人才强国战略和可持续发展战略，充分发挥科学技术作为第一生产力的作用，依靠科技进步，提高劳动者素质，促进国民经济又好又快发展。

坚持社会主义道路、坚持人民民主专政、坚持中国共产党的领导、坚持马克思列宁主义毛泽东思想这四项基本原则，是我们的立国之本。在社会主义现代化建设的整个过程中，必须坚持四项基本原则，反对资产阶级自由化。

坚持改革开放，是我们的强国之路。只有改革开放，才能发展中国、发展社会主义、发展马克思主义。要从根本上改革束缚生产力发展的经济体制，坚持和完善社会主义市场经济体制；与此相适应，要进行政治体制改革和其他领域的改革。要坚持对外开放的基本国策，吸收和借鉴人类社会创造的一切文明成果。改革开放应当大胆探索，勇于开拓，提高改革决策的科学性，增强改革措施的协调性，在实践中开创新路。

中国共产党领导人民发展社会主义市场经济。毫不动摇地巩固和发展公有制经济，毫不动摇地鼓励、支持、引导非公有制经济发展。发挥市场在资源配置中的基础性作用，建立完善的宏观调控体系。统筹城乡发展、区域发展、经济社会发展、人与自然和谐发展、国内发展和对外开放，调整经济结构，转变经济发展方式。促进工业化、信息化、城镇化、农业现代化同步发展，建设社会主义新农村，走中国特色新型工业化道路，建设创新型国家。

中国共产党领导人民发展社会主义民主政治。坚持党的领导、人民当家做主、依法治国有机统一，走中国特色社会主义政治发展道路，扩大社会主义民主，健全社会主义法制，建设社会主义法治国家，巩固人民民主专政，建设社会主义政治文明。坚持和完善人民代表大会制度、中国共产党领导的多党合作和政治协商制度、民族区域自治制度以及基层群众自治制度。发展更加广泛、更加充分、更加健全的人民民主，切实保障人民管理国家事务和社会事务、管理经济和文化事业的权利。尊重和保障人权。广开言路，建立、健全民主选举、民主决策、民主管理、民主监督的制度和程序。完善中国特色社会主义法律体系，加强法律实施工作，实现国家各项工作法治化。

中国共产党领导人民发展社会主义先进文化。建设社会主义精神文明，实行依法治国和以德治国相结合，提高全民族的思想道德素质和科学文化素质，为改革开放和社会主义现代化建设提供强大的思想保证、精神动力和智力支持，建设社会主义文化强国。加强社会主义核心价值体系建设，坚持马克思主义指导思想，树立中国特色社会主义共同理想，弘扬以爱国主义为核心的民族精神和以改革创新为核心的时代精神，倡导社会主义荣辱观，增强民族自尊、自信和自强精神，抵御资本主义和封建主义腐朽思想的侵蚀，扫除各种社会丑恶现象，努力使我国人民成为有理想、有道德、有文化、有纪律的人民。对党员还要进行共产主义远大理想教育。大力发展教育、科学、文化事业，弘扬民族优秀传统文化，繁荣和发展社会主义文化。

中国共产党领导人民构建社会主义和谐社会。按照民主法治、公平正义、诚信友爱、充满活力、安定有序、人与自然和谐相处的总要求和共同建设、共同享有的原则，以保障和改善民生为重点，解决好人民最关心、最直接、最现实的利益问题，使发展成果更多更公平惠及全体人民，努力形成全体人民各尽其能、各得其所而又和谐相处的局面。加强和创新社会管理。严格区分和正确处理敌我矛盾和人民内部矛盾这两类不同性质的矛盾。加强社会治安综合治理，依法坚决打击各种危害国家安全和利益、危害社会稳定和经济发展的犯罪活动和犯罪分子，保持社会长期稳定。

中国共产党领导人民建设社会主义生态文明。树立尊重自然、顺应自然、保护自然的生态文明理念，坚持节约资源和保护环境的基本国策，坚持节约优先、保护优先、自然恢复为主的方针，坚持生产发展、生活富裕、生态良好的文明发展道路。着力建设资源节约型、环境友好型社会，形成节约资源和保护环境的空间格局、产业结构、生产方式、生活方式，为人民创造良好生产生活环境，实现中华民族永续发展。

中国共产党坚持对人民解放军和其他人民武装力量的领导，加强人民解放军的建设，切实保证人民解放军履行新世纪、新阶段军队历史使命，充分发挥人民解放军在巩固国防、保卫祖国和参加社会主义现代化建设中的作用。

中国共产党维护和发展平等团结互助和谐的社会主义民族关系，积极培养、选拔少数民族干部，帮助少数民族和民族地区发展经济、文化和社会事业，实现各民族共同团结奋斗、共同繁荣发展。全面贯彻党的宗教工作基本方针，团结信教群众为经济社会发展做贡献。

中国共产党同全国各民族工人、农民、知识分子团结在一起，同各民主党派、无党派人士、各民族的爱国力量团结在一起，进一步发展和壮大由全体社会主义劳动者、社会主义事业的建设者、拥护社会主义的爱国者、拥护祖国统一的爱国者组成的最广泛的爱国统一战线。不断加强全国人民包括香港特别行政区同胞、澳门特别行政区同胞、台湾同胞和海外侨胞的团结。按照“一个国家、两种制度”的方针，促进香港、澳门长期繁荣稳定，完成祖国统一大业。

中国共产党坚持独立自主的和平外交政策，坚持和平发展道路，坚持互利共赢的开放战略，统筹国内国际两个大局，积极发展对外关系，努力为我国的改革开放和现代化建设争取有利的国际环境。在国际事务中，维护我国的独立和主权，反对霸权主义和强权政治，维护世界和平，促进人类进步，努力推动建设持久和平、共同繁荣的和谐世界。在互相尊重主权和领土完整、互不侵犯、互不干涉内政、平等互利、和平共处五项原则的基础上，发展我国同世界各国的关系。不断发展我国同周边国家的睦邻友好关系，加强同发展中国家的团结与合作。按照独立自主、完全平等、互相尊重、互不干涉内部事务的原则，发展我党同各国共产党和其他政党的关系。

中国共产党要领导全国各族人民实现社会主义现代化的宏伟目标，必须紧密围绕党的基本路线，加强党的执政能力建设、先进性和纯洁性建设，以改革创新精神全面推进党的建设新的伟大工程，整体推进党的思想建设、组织建设、作风建设、反腐倡廉建设、制度建设，全面提高党的建设科学化水平。坚持立党为公、执政为民，坚持党要管党、从严治党，发扬党的优良传统和作风，不断提高党的领导水平和执政水平，提高拒腐防变和抵御风险的能力，不断增强党的阶级基础和扩大党的群众基础，不断提高党的创造力、凝聚力、战斗力，建设学习型、服务型、创新型的马克思主义执政党，使我们党始终走在时代前列，成为领导全国人民沿着中国特色社会主义道路不断前进的坚强核心。党的建设必须坚决实现以下四项基本要求：

第一，坚持党的基本路线。全党要用邓小平理论、“三个代表”重要思想、科学发展观和党的基本路线统一思想，统一行动，并且毫不动摇地长期坚持下去。必须把改革开放同四项基本原则统一起来，全面落实党的基本路线，全面执行党在社会主义初级阶段的基本纲领，反对一切“左”的和右的错误倾向，要警惕右，但主要是防止“左”。加强各级领导班子建设，选拔使用在改革开放和社会主义现代化建设中政绩突出、群众信任的干部，培养和造就千百万社会主义事业接班人，从组织上保证党的基本理论、基本路线、基本纲领、基本经验的贯彻落实。

第二，坚持解放思想，实事求是，与时俱进，求真务实。党的思想路线是一切从实际出发，理论联系实际，实事求是，在实践中检验真理和发展真理。全党必须坚持这条思想路线，积极探索，大胆试验，开拓创新，创造性地开展工作，不断研究新情况，总结新经验，解决新问题，在实践中丰富和发展马克思主义，推进马克思主义中国化。

第三，坚持全心全意为人民服务。党除了工人阶级和最广大人民群众的利益，没有自己特殊的利益。党在任何时候都把群众利益放在第一位，同群众同甘共苦，保持最密切的联系，坚持权为民所用、情为民所系、利为民所谋，不允许任何党员脱离群众，凌驾于群众之上。党在自己的工作中实行群众路线，一切为了群众，一切依靠群众，从群众中来，到群众中去，把党的正确主张变为群众的自觉行动。我们党的最大政治优势是密切联系群众，党执政后的最大危险是脱离群众。党风问题、党同人民群众联系问题是关系党生死存亡的问题。党坚持标本兼治、综合治理、惩防并举、注重预防的方针，建立、健全惩治和预防腐败体系，坚持不懈地反对腐败，加强党风建设和廉政建设。

第四，坚持民主集中制。民主集中制是民主基础上的集中和集中指导下的民主相结合。它既是党的根本组织原则，也是群众路线在党的生活中的运用。必须充分发扬党内民主，尊重党员主体地位，保障党员民主权利，发挥各级党组织和广大党员的积极性创造性。必须实行正确的集中，保证全党的团结统一和行动一致，保证党的决定得到迅速有效的贯彻执行。加强组织性纪律性，在党的纪律面前人人平等。加强对党的领导机关和党员领导干部特别是主要领导干部的监督，不断完善党内监督制度。党在自己的政治生活中正确地开展批评和自我批评，在原则问题上进行思想斗争，坚持真理，修正错误。努力造成又有集中又有民主，又有纪律又有自由，又有统一意志又有个人心情舒畅的生动活泼的政治局面。

党的领导主要是政治、思想和组织的领导。党要适应改革开放和社会主义现代化建设的要求，坚持科学执政、民主执政、依法执政，加强和改善党的领导。党必须按照总览全局、协调各方的原则，在同级各种组织中发挥领导核心作用。党必须集中精力领导经济建设，组织、协调各方面的力量，同心协力，围绕经济建设开展工作，促进经济社会全面发展。党必须实行民主的科学的决策，制定和执行正确的路线、方针、政策，做好党的组织工作和宣传教育工作，发挥全体党员的先锋模范作用。党必须在宪法和法律的范围内活动。党必须保证国家的立法、司法、行政机关，经济、文化组织和人民团体积极主动地、独立负责地、协调一致地工作。党必须加强对工会、共产主义青年团、妇女联合会等群众组织的领导，充分发挥它们的作用。党必须适应形势的发展和情况的变化，完善领导体制，改进领导方式，增强执政能力。共产党员必须同党外群众亲密合作，共同为建设中国特色社会主义而奋斗。

第一章 党 员

第一条 年满十八岁的中国工人、农民、军人、知识分子和其他社会阶层的先进分子，承认党的纲领和章程，愿意参加党的一个组织并在其中积极工作、执行党的决议和按期交纳党费的，可以申请加入中国共产党。

第二条 中国共产党党员是中国工人阶级的有共产主义觉悟的先锋战士。

中国共产党党员必须全心全意为人民服务，不惜牺牲个人的一切，为实现共产主义奋斗终生。

中国共产党党员永远是劳动人民的普通一员。除了法律和政策规定范围内的个人利益和工作职权以外，所有共产党员都不得谋求任何私利和特权。

第三条 党员必须履行下列义务：

(一)认真学习马克思列宁主义、毛泽东思想、邓小平理论、"三个代表"重要思想和科学发展观，学习党的路线、方针、政策和决议，学习党的基本知识，学习科学、文化、法律和业务知识，努力提高为人民服务的本领。

(二)贯彻执行党的基本路线和各项方针、政策，带头参加改革开放和社会主义现代化建设，带动群众为经济发展和社会进步艰苦奋斗，在生产、工作、学习和社会生活中起先锋模范作用。

(三)坚持党和人民的利益高于一切，个人利益服从党和人民的利益，吃苦在前，享受在后，克己奉公，多做贡献。

(四)自觉遵守党的纪律，模范遵守国家的法律、法规，严格保守党和国家的秘密，执行党的决定，服从组织分配，积极完成党的任务。

(五)维护党的团结和统一，对党忠诚老实，言行一致，坚决反对一切派别组织和小集团活动，反对阳奉阴违的两面派行为和一切阴谋诡计。

(六)切实开展批评和自我批评，勇于揭露和纠正工作中的缺点、错误，坚决同消极腐败现象作斗争。

(七)密切联系群众，向群众宣传党的主张，遇事同群众商量，及时向党反映群众的意见和要求，维护群众的正当利益。

(八)发扬社会主义新风尚，带头实践社会主义荣辱观，提倡共产主义道德，为了保护国家和人民的利益，在一切困难和危险的时刻挺身而出，英勇斗争，不怕牺牲。

第四条 党员享有下列权利：

(一)参加党的有关会议，阅读党的有关文件，接受党的教育和培训。

(二)在党的会议上和党报党刊上，参加关于党的政策问题的讨论。

(三)对党的工作提出建议和倡议。

(四)在党的会议上有根据地批评党的任何组织和任何党员，向党负责地揭发、检举党的任何组织和任何党员违法乱纪的事实，要求处分违法乱纪的党员，要求罢免或撤换不称职的干部。

(五)行使表决权、选举权，有被选举权。

(六)在党组织讨论决定对党员的党纪处分或作出鉴定时，本人有权参加和进行申辩，其他党员可以为他作证和辩护。

(七)对党的决议和政策如有不同意见，在坚决执行的前提下，可以声明保留，并且可以把自己的意见向党的上级组织直至中央提出。

(八)向党的上级组织直至中央提出请求、申诉和控告，并要求有关组织给以负责的答复。

党的任何一级组织直至中央都无权剥夺党员的上述权利。

第五条 发展党员，必须经过党的支部，坚持个别吸收的原则。

申请入党的人，要填写入党志愿书，要有两名正式党员做介绍人，要经过支部大会通过和上级党组织批准，并且经过预备期的考察，才能成为正式党员。

介绍人要认真了解申请人的思想、品质、经历和工作表现，向他解释党的纲领和党的章程，说明党员的条件、义务和权利，并向党组织作出负责的报告。

党的支部委员会对申请入党的人，要注意征求党内外有关群众的意见，进行严格的审查，认为合格后再提交支部大会讨论。

上级党组织在批准申请人入党以前，要派人同他谈话，作进一步的了解，并帮助他提高对党的认识。

在特殊情况下，党的中央和省、自治区、直辖市委员会可以直接接收党员。

第六条 预备党员必须面向党旗进行入党宣誓。誓词如下：我志愿加入中国共产党，拥护党的纲领，遵守党的章程，履行党员义务，执行党的决定，严守党的纪律，保守党的秘密，对党忠诚，积极工作，为共产主义奋斗终生，随时准备为党和人民牺牲一切，永不叛党。

第七条 预备党员的预备期为一年。党组织对预备党员应当认真教育和考察。

预备党员的义务同正式党员一样。预备党员的权利，除了没有表决权、选举权和被选举权以外，也同正式党员一样。

预备党员预备期满，党的支部应当及时讨论他能否转为正式党员。认真履行党员义务，具备党员条件的，应当按期转为正式党员；需要继续考察和教育的，可以延长预备期，但不能超过一年；不履行党员义务，不具备党员条件的，应当取消预备党员资格。预备党员转为正式党员，或延长预备期，或取消预备党员资格，都应当经支部大会讨论通过和上级党组织批准。

预备党员的预备期，从支部大会通过他为预备党员之日算起。党员的党龄，从预备期满转为正式党员之日算起。

第八条　每个党员，不论职务高低，都必须编入党的一个支部、小组或其他特定组织，参加党的组织生活，接受党内外群众的监督。党员领导干部还必须参加党委、党组的民主生活会。不允许有任何不参加党的组织生活、不接受党内外群众监督的特殊党员。

第九条　党员有退党的自由。党员要求退党，应当经支部大会讨论后宣布除名，并报上级党组织备案。

党员缺乏革命意志，不履行党员义务，不符合党员条件，党的支部应当对他进行教育，要求他限期改正；经教育仍无转变的，应当劝他退党。劝党员退党，应当经支部大会讨论决定，并报上级党组织批准。如被劝告退党的党员坚持不退，应当提交支部大会讨论，决定把他除名，并报上级党组织批准。

党员如果没有正当理由，连续六个月不参加党的组织生活，或不交纳党费，或不做党所分配的工作，就被认为是自行脱党。支部大会应当决定把这样的党员除名，并报上级党组织批准。

第二章　党的组织制度

第十条　党是根据自己的纲领和章程，按照民主集中制组织起来的统一整体。党的民主集中制的基本原则是：

（一）党员个人服从党的组织，少数服从多数，下级组织服从上级组织，全党各个组织和全体党员服从党的全国代表大会和中央委员会。

（二）党的各级领导机关，除它们派出的代表机关和在非党组织中的党组外，都由选举产生。

（三）党的最高领导机关，是党的全国代表大会和它所产生的中央委员会。党的地方各级领导机关，是党的地方各级代表大会和它们所产生的委员会。党的各级委员会向同级的代表大会负责并报告工作。

（四）党的上级组织要经常听取下级组织和党员群众的意见，及时解决他们提出的问题。党的下级组织既要向上级组织请示和报告工作，又要独立负责地解决自己职责范围内的问题。上下级组织之间要互通情报、互相支持和互相监督。党的各级组织要按规定实行党务公开，使党员对党内事务有更多的了解和参与。

（五）党的各级委员会实行集体领导和个人分工负责相结合的制度。凡属重大问题都要按照集体领导、民主集中、个别酝酿、会议决定的原则，由党的委员会集体讨论，作出决定；委员会成员要根据集体的决定和分工，切实履行自己的职责。

（六）党禁止任何形式的个人崇拜。要保证党的领导人的活动处于党和人民的监督之下，同时维护一切代表党和人民利益的领导人的威信。

第十一条　党的各级代表大会的代表和委员会的产生，要体现选举人的意志。选举采用无记名投票的方式。候选人名单要由党组织和选举人充分酝酿讨论。可以直接采用候选人数多于应选人数的差额选举办法进行正式选举。也可以先采用差额选举办法进行预选，产生候选人名单，然后进行正式选举。选举人有了解候选人情况、要求改变候选人、不选任何一个候选人和另选他人的权利。任何组织和个人不得以任何方式强迫选举人选举或不选举某个人。

党的地方各级代表大会和基层代表大会的选举，如果发生违反党章的情况，上一级党的委员会在调查核实后，应作出选举无效和采取相应措施的决定，并报再上一级党的委员会审查批准，正式宣布执行。

党的各级代表大会代表实行任期制。

第十二条　党的中央和地方各级委员会在必要时召集代表会议，讨论和决定需要及时解决的重大问题。代表会议代表的名额和产生办法，由召集代表会议的委员会决定。

第十三条　凡是成立党的新组织，或是撤销党的原有组织，必须由上级党组织决定。

在党的地方各级代表大会和基层代表大会闭会期间，上级党的组织认为有必要时，可以调动或者指派下级党组织的负责人。

党的中央和地方各级委员会可以派出代表机关。

党的中央和省、自治区、直辖市委员会实行巡视制度。

第十四条　党的各级领导机关，对同下级组织有关的重要问题作出决定时，在通常情况下，要征求下级组织的意见。要保证下级组织能够正常行使他们的职权。凡属应由下级组织处理的问题，如无特殊情况，上级领导机关不要干预。

第十五条　有关全国性的重大政策问题，只有党中央有权作出决定，各部门、各地方的党组织可以向中央提出建议，但不得擅自作出决定和对外发表主张。

党的下级组织必须坚决执行上级组织的决定。下级组织如果认为上级组织的决定不符合本地区、本部门的实际情况，可以请求改变；如果上级组织坚持原决定，下级组织必须执行，并不得公开发表不同意见，但有权向再上一级组织报告。

党的各级组织的报刊和其他宣传工具，必须宣传党的路线、方针、政策和决议。

第十六条　党组织讨论决定问题，必须执行少数服从多数的原则。决定重要问题，要进行表决。对于少数人的不同意见，应当认真考虑。如对重要问题发生争论，双方人数接近，除了在紧急情况下必须按多数意见执行外，应当暂缓作出决定，进一步调查研究，交换意见，下次再表决；在特殊情况下，也可将争论情况向上级组织报告，请求裁决。

党员个人代表党组织发表重要主张，如果超出党组织已有决定的范围，必须提交所在的党组织讨论决定，或向上级党组织请示。任何党员不论职务高低，都不能个人决定重大问题；如遇紧急情况，必须由个人作出决定时，事后要迅速向党组织报告。不允许任何领导人实行个人专断和把个人凌驾于组织之上。

第十七条　党的中央、地方和基层组织，都必须重视党的建设，经常讨论和检查党的宣传工作、教育工作、组织工作、纪律检查工作、群众工作、统一战线工作等，注意研究党内外的思想政治状况。

第三章　党的中央组织

第十八条　党的全国代表大会每五年举行一次，由中央委员会召集。中央委员会认为有必要，或者有三分之一以上的省一级组织提出要求，全国代表大会可以提前举行；如无非常情况，不得延期举行。

全国代表大会代表的名额和选举办法，由中央委员会决定。

第十九条　党的全国代表大会的职权是：

(一)听取和审查中央委员会的报告；

(二)听取和审查中央纪律检查委员会的报告；

(三)讨论并决定党的重大问题；

(四)修改党的章程；

(五)选举中央委员会；

(六)选举中央纪律检查委员会。

第二十条　党的全国代表会议的职权是：讨论和决定重大问题；调整和增选中央委员会、中央纪律检查委员会的部分成员。调整和增选中央委员及候补中央委员的数额，不得超过党的全国代表大会选出的中央委员及候补中央委员各自总数的五分之一。

第二十一条　党的中央委员会每届任期五年。全国代表大会如提前或延期举行，它的任期相应地改变。中央委员会委员和候补委员必须有五年以上的党龄。中央委员会委员和候补委员的名额，由全国代表大会决定。中央委员会委员出缺，由中央委员会候补委员按照得票多少依次递补。

中央委员会全体会议由中央政治局召集，每年至少举行一次。中央政治局向中央委员会全体会议报告工作，接受监督。

在全国代表大会闭会期间，中央委员会执行全国代表大会的决议，领导党的全部工作，对外代表中国共产党。

第二十二条　党的中央政治局、中央政治局常务委员会和中央委员会总书记，由中央委员会全体会议选举。中央委员会总书记必须从中央政治局常务委员会委员中产生。

中央政治局和它的常务委员会在中央委员会全体会议闭会期间，行使中央委员会的职权。

中央书记处是中央政治局和它的常务委员会的办事机构；成员由中央政治局常务委员会提名，中央委员会全体会议通过。

中央委员会总书记负责召集中央政治局会议和中央政治局常务委员会会议，并主持中央书记处的工作。

党的中央军事委员会组成人员由中央委员会决定。

每届中央委员会产生的中央领导机构和中央领导人，在下届全国代表大会开会期间，继续主持党的经常工作，直到下届中央委员会产生新的中央领导机构和中央领导人为止。

第二十三条　中国人民解放军的党组织，根据中央委员会的指示进行工作。中央军事委员会的政治工作机关是中国人民解放军总政治部，总政治部负责管理军队中党的工作和政治工作。军队中党的组织体制和机构，由中央军事委员会作出规定。

第四章　党的地方组织

第二十四条　党的省、自治区、直辖市的代表大会，设区的市和自治州的代表大会，县(旗)、自治县、不设区的市和市辖区的代表大会，每五年举行一次。

党的地方各级代表大会由同级党的委员会召集。在特殊情况下，经上一级委员会批准，可以提前或延期举行。

党的地方各级代表大会代表的名额和选举办法，由同级党的委员会决定，并报上一级党的委员会批准。

第二十五条　党的地方各级代表大会的职权是：

(一)听取和审查同级委员会的报告；

(二)听取和审查同级纪律检查委员会的报告；

(三)讨论本地区范围内的重大问题并作出决议；

(四)选举同级党的委员会，选举同级党的纪律检查委员会。

第二十六条　党的省、自治区、直辖市、设区的市和自治州的委员会，每届任期五年。这些委员会的委员和候补委员必须有五年以上的党龄。

党的县(旗)、自治县、不设区的市和市辖区的委员会，每届任期五年。这些委员会的委员和候补委员必须有三年以上的党龄。

党的地方各级代表大会如提前或延期举行，由它选举的委员会的任期相应地改变。

党的地方各级委员会的委员和候补委员的名额，分别由上一级委员会决定。党的地方各级委员会委员出缺，由候补委员按照得票多少依次递补。

党的地方各级委员会全体会议，每年至少召开两次。

党的地方各级委员会在代表大会闭会期间，执行上级党组织的指示和同级党代表大会的决议，领导本地方的工作，定期向上级党的委员会报告工作。

第二十七条 党的地方各级委员会全体会议，选举常务委员会和书记、副书记，并报上级党的委员会批准。党的地方各级委员会的常务委员会，在委员会全体会议闭会期间，行使委员会职权；在下届代表大会开会期间，继续主持经常工作，直到新的常务委员会产生为止。

党的地方各级委员会的常务委员会定期向委员会全体会议报告工作，接受监督。

第二十八条 党的地区委员会和相当于地区委员会的组织，是党的省、自治区委员会在几个县、自治县、市范围内派出的代表机关。它根据省、自治区委员会的授权，领导本地区的工作。

第五章 党的基层组织

第二十九条 企业、农村、机关、学校、科研院所、街道社区、社会组织、人民解放军连队和其他基层单位，凡是有正式党员三人以上的，都应当成立党的基层组织。

党的基层组织，根据工作需要和党员人数，经上级党组织批准，分别设立党的基层委员会、总支部委员会、支部委员会。基层委员会由党员大会或代表大会选举产生，总支部委员会和支部委员会由党员大会选举产生，提出委员候选人要广泛征求党员和群众的意见。

第三十条 党的基层委员会每届任期三年至五年，总支部委员会、支部委员会每届任期两年或三年。基层委员会、总支部委员会、支部委员会的书记、副书记选举产生后，应报上级党组织批准。

第三十一条 党的基层组织是党在社会基层组织中的战斗堡垒，是党的全部工作和战斗力的基础。它的基本任务是：

（一）宣传和执行党的路线、方针、政策，宣传和执行党中央、上级组织和本组织的决议，充分发挥党员的先锋模范作用，积极创先争优，团结、组织党内外的干部和群众，努力完成本单位所担负的任务。

（二）组织党员认真学习马克思列宁主义、毛泽东思想、邓小平理论、“三个代表”重要思想和科学发展观，学习党的路线、方针、政策和决议，学习党的基本知识，学习科学、文化、法律和业务知识。

（三）对党员进行教育、管理、监督和服务，提高党员素质，增强党性，严格党的组织生活，开展批评和自我批评，维护和执行党的纪律，监督党员切实履行义务，保障党员的权利不受侵犯。加强和改进流动党员管理。

（四）密切联系群众，经常了解群众对党员、党的工作的批评和意见，维护群众的正当权利和利益，做好群众的思想政治工作。

（五）充分发挥党员和群众的积极性创造性，发现、培养和推荐他们中间的优秀人才，鼓励和支持他们在改革开放和社会主义现代化建设中贡献自己的聪明才智。

（六）对要求入党的积极分子进行教育和培养，做好经常性的发展党员工作，重视在生产、工作第一线和青年中发展党员。

（七）监督党员干部和其他任何工作人员严格遵守国法政纪，严格遵守国家的财政经济法规和人事制度，不得侵占国家、集体和群众的利益。

（八）教育党员和群众自觉抵制不良倾向，坚决同各种违法犯罪行为作斗争。

第三十二条 街道、乡、镇党的基层委员会和村、社区党组织，领导本地区的工作，支持和保证行政组织、经济组织和群众自治组织充分行使职权。

国有企业和集体企业中党的基层组织，发挥政治核心作用，围绕企业生产经营开展工作。保证监督党和国家的方针、政策在本企业的贯彻执行；支持股东会、董事会、监事会和经理（厂长）依法行使职权；全心全意依靠职工群众，支持职工代表大会开展工作；参与企业重大问题的决策；加强党组织的自身建设，领导思想政治工作、精神文明建设和工会、共青团等群众组织。

非公有制经济组织中党的基层组织，贯彻党的方针政策，引导和监督企业遵守国家的法律、法规，领导工会、共青团等群众组织，团结凝聚职工群众，维护各方的合法权益，促进企业健康发展。

实行行政领导人负责制的事业单位中党的基层组织，发挥政治核心作用。实行党委领导下的行政领导人负责制的事业单位中党的基层组织，对重大问题进行讨论和作出决定，同时保证行政领导人充分行使自己的职权。

各级党和国家机关中党的基层组织，协助行政负责人完成任务，改进工作，对包括行政负责人在内的每个党员进行监督，不领导本单位的业务工作。

第六章 党的干部

第三十三条 党的干部是党的事业的骨干，是人民的公仆。党按照德才兼备、以德为先的原则选拔干部，坚持五湖四海、任人唯贤，反对任人唯亲，努力实现干部队伍的革命化、年轻化、知识化、专业化。

党重视教育、培训、选拔、考核和监督干部，特别是培养、选拔优秀年轻干部。积极推进干部制度改革。

党重视培养、选拔女干部和少数民族干部。

第三十四条 党的各级领导干部必须模范地履行本章程第三条所规定的党员的各项义务，并且必须具备以下的基本条件：

（一）具有履行职责所需要的马克思列宁主义、毛泽东思想、邓小平理论的水平，认真实践“三个代表”重要思想，带头贯彻落实科学发展观，努力用马克思主义的立场、观点、方法分析和解决实际问题，坚持讲学习、讲政治、讲正气，经得起各种风浪的考验。

（二）具有共产主义远大理想和中国特色社会主义坚定信念，坚决执行党的基本路线和各项方针、政策，立志改革开放，献身现代化事业，在社会主义建设中艰苦创业，树立正确政绩观，作出经得起实践、人民、历史检验的实绩。

（三）坚持解放思想，实事求是，与时俱进，开拓创新，认真调查研究，能够把党的方针、政策同本地区、本部门的实际相结合，卓有成效地开展工作，讲实话，办实事，求实效，反对形式主义。

（四）有强烈的革命事业心和政治责任感，有实践经验，有胜任领导工作的组织能力、文化水平和专业知识。

（五）正确行使人民赋予的权力，坚持原则，依法办事，清正廉洁，勤政为民，以身作则，艰苦朴素，密切联系群众，坚持党的群众路线，自觉地接受党和群众的批评和监督，加强道德修养，讲党性、重品行、作表率，做到自重、自省、自警、自励，反对官僚主义，反对任何滥用职权、谋求私利的不正之风。

（六）坚持和维护党的民主集中制，有民主作风，有全局观念，善于团结同志，包括团结同自己有不同意见的同志一道工作。

第三十五条 党员干部要善于同党外干部合作共事，尊重他们，虚心学习他们的长处。

党的各级组织要善于发现和推荐有真才实学的党外干部担任领导工作，保证他们有职有权，充分发挥他们的作用。

第三十六条 党的各级领导干部，无论是由民主选举产生的，或是由领导机关任命的，他们的职务都不是终身的，都可以变动或解除。

年龄和健康状况不适宜于继续担任工作的干部，应当按照国家的规定退、离休。

第七章 党的纪律

第三十七条 党的纪律是党的各级组织和全体党员必须遵守的行为规则，是维护党的团结统一、完成党的任务的保证。党组织必须严格执行和维护党的纪律，共产党员必须自觉接受党的纪律的约束。

第三十八条 党组织对违反党的纪律的党员，应当本着惩前毖后、治病救人的精神，按照错误性质和情节轻重，给以批评教育直至纪律处分。

严重触犯刑律的党员必须开除党籍。

党内严格禁止用违反党章和国家法律的手段对待党员，严格禁止打击报复和诬告陷害。违反这些规定的组织或个人必须受到党的纪律和国家法律的追究。

第三十九条 党的纪律处分有五种：警告、严重警告、撤销党内职务、留党察看、开除党籍。

留党察看最长不超过两年。党员在留党察看期间没有表决权、选举权和被选举权。党员经过留党察看，确已改正错误的，应当恢复其党员的权利；坚持错误不改的，应当开除党籍。

开除党籍是党内的最高处分。各级党组织在决定或批准开除党员党籍的时候，应当全面研究有关的材料和意见，采取十分慎重的态度。

第四十条 对党员的纪律处分，必须经过支部大会讨论决定，报党的基层委员会批准；如果涉及的问题比较重要或复杂，或给党员以开除党籍的处分，应分别不同情况，报县级或县级以上党的纪律检查委员会审查批准。在特殊情况下，县级和县级以上各级党的委员会和纪律检查委员会有权直接决定给党员以纪律处分。

对党的中央委员会和地方各级委员会的委员、候补委员，给以撤销党内职务、留党察看或开除党籍的处分，必须由本人所在的委员会全体会议三分之二以上的多数决定。在特殊情况下，可以先由中央政治局和地方各级委员会常务委员会作出处理决定，待召开委员会全体会议时予以追认。对地方各级委员会委员和候补委员的上述处分，必须经过上级党的委员会批准。

严重触犯刑律的中央委员会委员、候补委员，由中央政治局决定开除其党籍；严重触犯刑律的地方各级委员会委员、候补委员，由同级委员会常务委员会决定开除其党籍。

第四十一条 党组织对党员作出处分决定，应当实事求是地查清事实。处分决定所依据的事实材料和处分决定必须同本人见面，听取本人说明情况和申辩。如果本人对处分决定不服，可以提出申诉，有关党组织必须负责处理或者迅速转递，不得扣压。对于确属坚持错误意见和无理要求的人，要给以批评教育。

第四十二条　党组织如果在维护党的纪律方面失职，必须受到追究。

对于严重违反党的纪律、本身又不能纠正的党组织，上一级党的委员会在查明核实后，应根据情节严重的程度，作出进行改组或予以解散的决定，并报再上一级党的委员会审查批准，正式宣布执行。

第八章　党的纪律检查机关

第四十三条　党的中央纪律检查委员会在党的中央委员会领导下进行工作。党的地方各级纪律检查委员会和基层纪律检查委员会在同级党的委员会和上级纪律检查委员会双重领导下进行工作。

党的各级纪律检查委员会每届任期和同级党的委员会相同。

党的中央纪律检查委员会全体会议，选举常务委员会和书记、副书记，并报党的中央委员会批准。党的地方各级纪律检查委员会全体会议，选举常务委员会和书记、副书记，并由同级党的委员会通过，报上级党的委员会批准。党的基层委员会是设立纪律检查委员会，还是设立纪律检查委员，由它的上一级党组织根据具体情况决定。党的总支部委员会和支部委员会设纪律检查委员。

党的中央纪律检查委员会根据工作需要，可以向中央一级党和国家机关派驻党的纪律检查组或纪律检查员。纪律检查组组长或纪律检查员可以列席该机关党的领导组织的有关会议。他们的工作必须受到该机关党的领导组织的支持。

第四十四条　党的各级纪律检查委员会的主要任务是：维护党的章程和其他党内法规，检查党的路线、方针、政策和决议的执行情况，协助党的委员会加强党风建设和组织协调反腐败工作。

各级纪律检查委员会要经常对党员进行遵守纪律的教育，作出关于维护党纪的决定；对党员领导干部行使权力进行监督；检查和处理党的组织和党员违反党的章程和其他党内法规的比较重要或复杂的案件，决定或取消对这些案件中的党员的处分；受理党员的控告和申诉；保障党员的权利。

各级纪律检查委员会要把处理特别重要或复杂的案件中的问题和处理的结果，向同级党的委员会报告。党的地方各级纪律检查委员会和基层纪律检查委员会要同时向上级纪律检查委员会报告。

各级纪律检查委员会发现同级党的委员会委员有违反党的纪律的行为，可以先进行初步核实，如果需要立案检查的，应当报同级党的委员会批准，涉及常务委员的，经报告同级党的委员会后报上一级纪律检查委员会批准。

第四十五条　上级纪律检查委员会有权检查下级纪律检查委员会的工作，并且有权批准和改变下级纪律检查委员会对于案件所作的决定。如果所要改变的该下级纪律检查委员会的决定，已经得到它的同级党的委员会的批准，这种改变必须经过它的上一级党的委员会批准。

党的地方各级纪律检查委员会和基层纪律检查委员会如果对同级党的委员会处理案件的决定有不同意见，可以请求上一级纪律检查委员会予以复查；如果发现同级党的委员会或它的成员有违反党的纪律的情况，在同级党的委员会不给予解决或不给予正确解决的时候，有权向上级纪律检查委员会提出申诉，请求协助处理。

第九章　党　组

第四十六条　在中央和地方国家机关、人民团体、经济组织、文化组织和其他非党组织的领导机关中，可以成立党组。党组发挥领导核心作用。党组的任务，主要是负责贯彻执行党的路线、方针、政策；讨论和决定本单位的重大问题；做好干部管理工作；团结党外干部和群众，完成党和国家交给的任务；指导机关和直属单位党组织的工作。

第四十七条　党组的成员，由批准成立党组的党组织决定。党组设书记，必要时还可以设副书记。

党组必须服从批准它成立的党组织领导。

第四十八条　对下属单位实行集中统一领导的国家工作部门可以建立党委，党委的产生办法、职权和工作任务，由中央另行规定。

第十章　党和共产主义青年团的关系

第四十九条　中国共产主义青年团是中国共产党领导的先进青年的群众组织，是广大青年在实践中学习中国特色社会主义和共产主义的学校，是党的助手和后备军。共青团中央委员会受党中央委员会领导。共青团的地方各级组织受同级党的委员会领导，同时受共青团上级组织领导。

第五十条　党的各级委员会要加强对共青团的领导，注意团的干部的选拔和培训。党要坚决支持共青团根据广大青年的特点和需要，生动活泼地、富于创造性地进行工作，充分发挥团的突击队作用和联系广大青年的桥梁作用。

团的县级和县级以下各级委员会书记，企业事业单位的团委员会书记，是党员的，可以列席同级党的委员会和常务委员会的会议。

第十一章　党徽党旗

第五十一条　中国共产党党徽为镰刀和锤头组成的图案。

第五十二条　中国共产党党旗为旗面缀有金黄色党徽图案的红旗。

第五十三条　中国共产党的党徽党旗是中国共产党的象征和标志。党的各级组织和每一个党员都要维护党徽党旗的尊严。要按照规定制作和使用党徽党旗。

《人民日报》发表社论《共同创造更加幸福美好的未来——热烈祝贺中国共产党第十八次全国代表大会胜利闭幕》

圆满完成各项议程和崇高使命，中国共产党第十八次全国代表大会在北京胜利闭幕。肩负着全国各族人民的信任和期待，凝聚亿万人民的智慧和力量，我们党开启了全面建成小康社会的新的伟大进军，开启了共创中国人民和中华民族更加幸福美好未来的崭新征程。

党的十八大是在我国进入全面建成小康社会决定性阶段召开的一次十分重要的大会。大会批准了胡锦涛同志代表第十七届中央委员会所作的报告，批准了中央纪律检查委员会工作报告，审议通过了《中国共产党章程(修正案)》，选举产生了新一届中央委员会和中央纪律检查委员会。这是一次高举旗帜的大会、继往开来的大会、团结奋进的大会。

大会高度评价胡锦涛同志所作的报告。报告高举中国特色社会主义伟大旗帜，分析了国际、国内形势发展变化，回顾总结了过去五年的工作和党的十六大以来的奋斗历程及取得的历史性成就，确立了科学发展观的历史地位，提出了夺取中国特色社会主义新胜利的基本要求，确定了全面建成小康社会和全面深化改革开放的目标，对新的时代条件下推进中国特色社会主义作出了全面部署，对全面提高党的建设科学化水平提出了明确要求。代表们一致认为，报告旗帜鲜明、思想深刻、求真务实，描绘了全面建成小康社会、加快推进社会主义现代化的宏伟蓝图，为党和国家事业进一步发展指明了方向，是我们党团结带领全国各族人民夺取中国特色社会主义新胜利的政治宣言和行动指南，是马克思主义的纲领性文献。

大会高度评价第十七届中央委员会工作，高度评价党的十六大以来我们党带领人民所经历的不平凡的奋斗历程。这十年，我们紧紧抓住和用好我国发展的重要战略机遇期，战胜一系列重大挑战，奋力把中国特色社会主义推进到新的发展阶段，巩固和发展了改革开放和社会主义现代化建设大局，提高了我国国际地位，彰显了中国特色社会主义的巨大优越性和强大生命力，增强了中国人民和中华民族的自豪感和凝聚力。这些来之不易的伟大成就，必将载入我国社会主义现代化和中华民族伟大复兴的光辉史册。

科学发展观是中国特色社会主义理论体系最新成果，把我们对中国特色社会主义规律的认识提高到新的水平，开辟了当代中国马克思主义发展新境界，是中国共产党集体智慧的结晶，是指导党和国家全部工作的强大思想武器。这次大会把科学发展观同马克思列宁主义、毛泽东思想、邓小平理论、“三个代表”重要思想一道，确立为党必须长期坚持的指导思想，这是党的十八大的历史性贡献。面向未来，深入贯彻落实科学发展观，对坚持和发展中国特色社会主义具有重大现实意义和深远历史意义，必须把科学发展观贯彻到我国现代化建设全过程、体现到党的建设各方面。

中国特色社会主义是当代中国发展进步的根本方向，只有中国特色社会主义才能发展中国。这次大会发出了夺取中国特色社会主义新胜利的伟大号召，强调全面建成小康社会、加快推进社会主义现代化、实现中华民族伟大复兴，必须坚定不移走中国特色社会主义道路。建设中国特色社会主义，总依据是社会主义初级阶段，总布局是五位一体，总任务是实现社会主义现代化和中华民族伟大复兴。全党要坚定这样的道路自信、理论自信、制度自信。

这次大会提出了实现全面建成小康社会和全面深化改革开放的目标，对推进经济建设、政治建设、文化建设、社会建设、生态文明建设和全面提高党的建设科学化水平，作出了全面部署。这一宏伟目标和全面部署，是改善人民生活、增进人民福祉的宣言书，是鼓舞人心、催人奋进的动员令，对于凝聚全党全国人民共同创造我们的幸福生活和美好未来具有十分重要的意义。

这次大会选举产生了新一届中央委员会和中央纪律检查委员会。一批德才兼备、年富力强的领导干部进入中央委员会，充分反映了我们党兴旺发达，党和人民事业后继有人。为了推进党的领导层新老交替，为了党和国家兴旺发达、长治久安，一批担任中央领导职务、为党和人民事业作出重大贡献的同志退出了中央委员会，表现了共产党人的崇高风范，表现了对党和人民事业的无比忠诚，表现了对党和国家未来充满信心。全党同志向他们致以衷心的感谢和崇高的敬意！党和人民将永远记住他们的历史贡献。

中国特色社会主义事业需要全体中华儿女万众一心、团结奋斗。当前，摆在我们面前的首要政治任务，就是认真学习党的十八大精神，全面贯彻党的十八大精神，自觉把思想和行动统一到党的十八大精神上来，把智慧和力量凝聚到落实党的十八大提出的各项任务上来。全党同志务必增强忧患意识，始终保持清醒头脑；务必增强创新意识，始终保持奋发有为的精神状态；务必增强宗旨意识，始终把人民放在心中最高位置；务必增强使命意识，始终保持共产党人的政治本色，胸怀理想，坚定信念，不动摇、不懈怠、不折腾，顽强奋斗、艰苦奋斗、不懈奋斗。

党的十八大为夺取中国特色社会主义新胜利展现了更加广阔的前景，为社会主义现代化和中华民族的伟大复兴展现了更加壮丽的前景，为中国人民和中华民族的美好未来展现了更加灿烂的前景。让我们高举中国特色社会主义伟大旗帜，更加紧密地团结在党中央周围，解放思想、改革开放、凝聚力量、攻坚克难，在推进伟大事业中创造无愧于历史、无愧于时代、无愧于人民的新业绩，在面向现代化、面向世界、面向未来的历史进程中争取中国共产党人的新光荣。

11月15日

中国共产党第十八届中央委员会第一次全体会议公报

中国共产党第十八届中央委员会第一次全体会议，于2012年11月15日在北京举行。

出席会议的有中央委员205人，候补中央委员171人。中央纪律检查委员会委员列席会议。

习近平同志主持会议并作了重要讲话。

全会选举了中央政治局委员、中央政治局常务委员会委员、中央委员会总书记；根据中央政治局常务委员会的提名，通过了中央书记处成员，决定了中央军事委员会组成人员；批准了第十八届中央纪律检查委员会第一次全体会议选举产生的书记、副书记和常务委员会委员人选。名单如下：

一、中央政治局委员

习近平　马　凯　王岐山　王沪宁　刘云山　刘延东(女)　刘奇葆　许其亮　孙春兰(女)　孙政才　李克强　李建国　李源潮　汪　洋　张春贤　张高丽　张德江　范长龙　孟建柱　赵乐际　胡春华　俞正声　栗战书　郭金龙　韩　正

二、中央政治局常务委员会委员

习近平　李克强　张德江　俞正声　刘云山　王岐山　张高丽

三、中央委员会总书记　习近平

四、中央书记处书记

刘云山　刘奇葆　赵乐际　栗战书　杜青林　赵洪祝　杨　晶(蒙古族)

五、中央军事委员会主席、副主席、委员

主　席　习近平

副主席　范长龙　许其亮

六、中央纪律检查委员会书记、副书记、常务委员会委员

书　记　王岐山

副书记　赵洪祝　黄树贤　李玉赋　杜金才　吴玉良　张　军　陈文清　王　伟

中共中央总书记习近平 中共中央政治局常委李克强 张德江 俞正声 刘云山 王岐山 张高丽在人民大会堂会见中外记者

习近平说，刚才，我们召开了中国共产党第十八届中央委员会第一次全体会议，选举产生了新一届中央领导机构，选举我为中央委员会总书记。习近平逐一介绍了新当选的其他6位中央政治局常委，代表新一届中央领导机构成员感谢全党同志的信任，并表示定当不负重托，不辱使命。他说，全党同志的重托，全国各族人民的期望，是对我们做好工作的巨大鼓舞，也是我们肩上的重大责任。

习近平指出，这个重大责任，就是对民族的责任。我们的民族是伟大的民族。在5000多年的文明发展历程中，中华民族为人类文明进步作出了不可磨灭的贡献。近代以后，我们的民族历经磨难，中华民族到了最危险的时候。自那时以来，为了实现中华民族伟大复兴，无数仁人志士奋起抗争，但一次又一次地失败了。中国共产党成立后，团结带领人民前仆后继、顽强奋斗，把贫穷落后的旧中国变成日益走向繁荣富强的新中国，中华民族伟大复兴展现出前所未有的光明前景。我们的责任，就是要团结带领全党全国各族人民，接过历史的接力棒，继续为实现中华民族伟大复兴而努力奋斗，使中华民族更加坚强有力地自立于世界民族之林，为人类作出新的更大的贡献。

习近平指出，这个重大责任，就是对人民的责任。我们的人民是伟大的人民。在漫长的历史进程中，中国人民依靠自己的勤劳、勇敢、智慧，开创了各民族和睦共处的美好家园，培育了历久弥新的优秀文化。我们的人民热爱生活，期盼有更好的教育、更稳定的工作、更满意的收入、更可靠的社会保障、更高水平的医疗卫生服务、更舒适的居住条件、更优美的环境，期盼孩子们能成长得更好、工作得更好、生活得更好。人民对美好生活的向往，就是我们的奋斗目标。人世间的一切幸福都需要靠辛勤的劳动来创造。我们的责任，就是要团结带领全党全国各族人民，继续解放思想，坚持改革开放，不断解放和发展社会生产力，努力解决群众的生产生活困难，坚定不移走共同富裕的道路。

习近平指出，这个重大责任，就是对党的责任。我们的党是全心全意为人民服务的政党。党领导人民已经取得举世瞩目的成就，我们完全有理由因此而自豪，但我们自豪而不自满，决不会躺在过去的功劳簿上。新形势下，我们党面临着许多严峻挑战，党内存在着许多亟待解决的问题。尤其是一些党员干部中发生的贪污腐败、脱离群众、形式主义、官僚主义等问题，必须下大气力解决。全党必须警醒起来。打铁还需自身硬。我们的责任，就是同全党同志一道，坚持党要管党、从

严治党,切实解决自身存在的突出问题,切实改进工作作风,密切联系群众,使我们党始终成为中国特色社会主义事业的坚强领导核心。

习近平强调,人民是历史的创造者,群众是真正的英雄。人民群众是我们力量的源泉。我们深深知道,每个人的力量是有限的,但只要我们万众一心、众志成城,就没有克服不了的困难;每个人的工作时间是有限的,但全心全意为人民服务是无限的。责任重于泰山,事业任重道远。我们一定要始终与人民心心相印、与人民同甘共苦、与人民团结奋斗,夙夜在公,勤勉工作,努力向历史、向人民交出一份合格的答卷。

习近平最后说,中国需要更多地了解世界,世界也需要更多地了解中国。希望记者朋友们今后继续为增进中国与世界各国的相互了解作出更多的努力和贡献。

中国共产党中央纪律检查委员会第一次全体会议公报

中国共产党第十八次全国代表大会选举产生的中央纪律检查委员会,于2012年11月15日在北京举行第一次全体会议。王岐山同志主持会议。

中央纪律检查委员会委员应到130人,实到129人。全会选举了中央纪律检查委员会书记、副书记和常务委员会委员,报中央委员会批准。

与会同志列席了中国共产党第十八届中央委员会第一次全体会议。

11月16日

第十八届中共中央政治局在北京召开会议

中共中央总书记习近平主持会议。

会议指出,党的十八大是在我国进入全面建成小康社会决定性阶段召开的一次十分重要的会议。认真学习宣传贯彻党的十八大精神,关系党和国家工作全局,关系中国特色社会主义事业长远发展,对于动员全党全国各族人民在以习近平同志为总书记的党中央领导下,高举中国特色社会主义伟大旗帜,满怀信心为全面建成小康社会、夺取中国特色社会主义新胜利而奋斗,具有重大现实意义和深远历史意义。

会议强调,当前和今后一个时期的首要政治任务,就是认真学习宣传和全面贯彻落实党的十八大精神,把全党全国各族人民的思想统一到党的十八大精神上来,把力量凝聚到实现党的十八大确定的各项任务上来,为实现党的十八大确定的奋斗目标和工作任务而奋斗。要认真研读党的十八大文件,原原本本学习党的十八大报告和党章,全面准确学习领会党的十八大精神。要深刻领会党的十八大的重大意义,深刻领会党的十八大的主题,深刻领会过去5年和10年党和国家取得的新的历史性成就,深刻领会科学发展观的历史地位和指导意义,深刻领会中国特色社会主义的丰富内涵,深刻领会夺取中国特色社会主义新胜利的基本要求,深刻领会全面建成小康社会和全面深化改革开放的目标,深刻领会社会主义经济建设、政治建设、文化建设、社会建设、生态文明建设等方面的重大部署,深刻领会全面提高党的建设科学化水平的重大任务。

会议指出,要全面准确、深入系统地宣传党的十八大精神,使党的十八大精神更好为广大干部群众所掌握。要切实抓好学习培训,组织广大党员干部认真学习党的十八大精神,掌握党的十八大的基本内容,加深对党的十八大提出的一系列新思想、新观点、新论断的理解。要集中开展宣讲活动,推动党的十八大精神进企业、进农村、进机关、进校园、进社区。要精心组织新闻宣传,宣传广大干部群众对党的十八大的热烈反响和学习情况,宣传在学习贯彻党的十八大精神过程中解决实际问题的新成效新进展。

会议指出,学习宣传贯彻党的十八大精神,要紧密联系改革开放和现代化建设实际,联系本地区本部门工作实际,联系广大干部群众思想实际,坚持学以致用、用以促学,把党的十八大精神落实到推动科学发展、加快转变经济发展方式上来,落实到促进社会和谐、保障和改善民生上来,落实到全面推进党的建设新的伟大工程上来,落实到解放思想、改革开放、凝聚力量、攻坚克难上来,使之成为全面建成小康社会、夺取中国特色社会主义新胜利的强大思想武器。

会议要求,各级党委要按照中央部署,结合本地区本部门实际,作出专题部署,提出具体要求,着力抓好落实,迅速兴起学习宣传贯彻党的十八大精神的热潮。要加强工作指导,加强督促检查,及时了解学习宣传贯彻情况,总结推广先进经验,努力增强学习宣传贯彻党的十八大精神的吸引力感染力和针对性实效性,着力用党的十八大精神统一思想、凝聚力量,把学习宣传贯彻党的十八大精神不断引向深入。

会议强调,大会通过的党章修正案,体现了党的理论创新和实践发展的成果,体现了党的十八大确立的重大理论观点、重大方针政策、重大工作部署,对坚持和完善党的领导、加强和改进党的建设提出了明确要求。认真学习党章,严格遵守党章,是学习贯彻党的十八大精神的重要内容。要把学习党章同学习党的十八大精神紧密结合起来,同学习中国特色社会主义理论体系紧密结合起来。

胡锦涛 习近平在北京出席中央军委扩大会议并发表重要讲话

胡锦涛同志和中共中央总书记、中央军委主席习近平16日下午出席了在北京召开的中央军委扩大会议。胡锦涛发表重要讲话，习近平主持会议并发表重要讲话。

中共中央政治局委员、中央军委副主席范长龙，中共中央政治局委员、中央军委副主席许其亮等同志出席会议并讲话。

胡锦涛说，党的十八大和十八届一中全会已经胜利闭幕。这次中央全会选举产生了新的中央领导机构，决定了新一届中央军委组成人员，实现了党的总书记和中央军委主席的新老交替。这有利于党的事业继往开来，有利于国防和军队建设事业长远发展，有利于国家长治久安。

胡锦涛指出，习近平同志是合格的党的总书记，也是合格的中央军委主席。他年轻时在军队工作过一段时间，在担任地方领导期间也参与了有关地方的军队工作。党的十七届五中全会后担任了中央军委副主席，直接参与军委工作。党中央决定由习近平同志担任军委主席，是非常合适的。习近平同志一定能够挑起中央军委主席的重担，团结带领军委班子履行好肩负的重大历史责任。

胡锦涛强调，这些年来，世界格局经历了深刻调整，国际形势发生了复杂变化，世界新军事变革加速推进，我国安全环境面临大量新情况、新问题、新挑战。军队在新世纪、新阶段担负的历史使命进一步拓展，军队建设和军事斗争准备任务繁重而又艰巨。面对新的形势和任务，我们着眼国家安全和发展战略全局，科学筹划指导军队建设、改革以及军事斗争准备，推动国防和军队建设科学发展，领导指挥全军和武警部队出色完成了一系列急难险重任务，有效维护国家主权、安全、发展利益，切实保护人民生命财产安全，赢得了党和人民的高度赞誉。

胡锦涛指出，我们党领导的社会主义现代化事业和中华民族伟大复兴事业前景无限美好，我国的国防和军队建设事业大有希望。我们衷心祝愿在习近平同志领导下，新一届军委班子团结带领全军官兵把国防和军队建设事业不断推向前进，取得新的更大的成绩。

胡锦涛向全军同志提出五点希望。一是希望军队坚决听党指挥、绝对忠诚可靠。确保军队永远忠于党、忠于社会主义、忠于祖国、忠于人民，确保党从思想上政治上组织上牢牢掌握部队，确保军队在任何时候任何情况下坚决听从党中央、中央军委指挥。二是希望军队有效履行新世纪、新阶段历史使命，为维护国家主权、安全、发展利益和全面建成小康社会提供重要力量支撑和坚强安全保障。三是希望军队在贯彻国防和军队建设主题主线上取得显著成效。坚持以推动国防和军队建设科学发展为主题，以加快转变战斗力生成模式为主线，努力实现建设信息化军队、打赢信息化战争的目标，推动中国特色军事变革深入发展，努力构建中国特色现代军事力量体系。四是希望军队始终保持高度集中统一和团结稳定，从容应对各种风险和挑战，集中精力抓建设、促发展。五是希望军队永远坚持我军光荣传统和优良作风。要毫不放松地抓好全军部队的光荣传统和优良作风教育，使我军始终保持老红军的政治本色，确保我军的光荣传统和优良作风一代一代传下去。

习近平指出，胡主席从党、国家、军队事业发展全局考虑，主动提出不再担任中共中央总书记、中央军委主席职务。党的十八大和十八届一中全会尊重胡主席的意愿，同意了他的请求。胡主席作出这个重大决策，充分体现了他对党、国家、军队事业发展全局的深邃思考，充分体现了他作为一位马克思主义政治家和战略家的高瞻远瞩、博大胸怀、高风亮节。

习近平强调，党的十八届一中全会高度评价了胡主席为党和国家建立的卓越功勋。胡主席在以江泽民同志为核心的第三代中央领导集体中发挥了重要作用。党的十六大以来，胡主席紧紧依靠中央领导集体，带领全党全军全国各族人民，牢牢把握我国发展的重要战略机遇期，战胜一系列严峻挑战，奋力把中国特色社会主义事业推进到一个新的发展阶段，为国家繁荣富强、为中华民族伟大复兴作出了杰出贡献，赢得了全党全军全国各族人民的衷心爱戴。他集中全党智慧创立了科学发展观，党的十八大已经将其同马克思列宁主义、毛泽东思想、邓小平理论、“三个代表”重要思想一道确立为党必须长期坚持的指导思想。

习近平强调，党的十六大特别是十六届四中全会以来，胡主席着眼国家安全和发展战略全局，科学筹划指导国防和军队建设以及军事斗争准备，在毛主席、邓主席、江主席领导军队建设奠定的基础上，把军队建设又向前大大推进了一步。胡主席对加强国防和军队建设提出了一系列紧密联系、相互贯通的新思想新观点新论断，科学回答了在世界大发展大变革大调整、我国全面建设小康社会的历史条件下推进国防和军队建设科学发展、全面履行新世纪、新阶段军队历史使命的重大课题，提出了党关于新形势下国防和军队建设思想，开辟了党的军事指导理论创新发展新境界。党关于新形势下国防和军队建设思想，是科学发展观的重要组成部分，是科学发展观在军事领域的运用和展开，是毛泽东军事思想、邓小平新时期军队建设思想、江泽民国防和军队建设思想的继承和发展，是新形势下推进国防和军队建设的科学指南。胡主席在领导国防和军队建设的实践中，展现出崇高的革命精神和革命风范。他具有宽广的眼界和开阔的胸襟，与时俱进的马克思主义理论品格和实践品格，严格求实的科学态度。他秉持以人为本的建军治军理念，不断推动改善官兵物质文化生活条件，注重提高官兵综合素质、促进官兵全面发展。胡主席的崇高精神品格和革命风范将永远激励我们前进。

习近平强调，军委班子和军队高级干部在领导国防和军队建设中肩负着重大历史责任。我们要始终保持清醒头脑，倍加珍惜一代代官兵不懈奋斗取得的巨大成就，倍加珍惜长期实践中积累的宝贵经验，倍加珍惜当前军队建设发展的大好局面，忠心耿耿为党和人民工作，努力把国防和军队建设不断推向前进。

习近平指出，必须把学习贯彻党的十八大精神作为首要政治任务抓紧抓好。各级要按照党中央、中央军委的部署，在全军迅速兴起学习贯彻党的十八大精神的热潮。要深入学习贯彻科学发展观，学习党关于新形势下国防和军队建设思想，牢固确立科学发展观在国防和军队建设中的指导地位，深刻把握新形势下国防和军队建设的特点规律。要认真总结胡主席领导国防和军队建设创造的宝贵经验，把胡主席确定的军队建设的大政方针和各项战略决策落到实处。

习近平强调，必须毫不动摇坚持党对军队的绝对领导。保证党对军队的绝对领导，关系我军性质和宗旨、关系社会主义前途命运、关系党和国家长治久安，是我军的立军之本和建军之魂。要始终把思想政治建设摆在军队各项建设首位，使坚持党对军队的绝对领导在官兵思想中深深扎根，确保全军在任何时候任何情况下都坚决听从党中央、中央军委指挥。要加强军队党的建设，确保党从思想上、政治上、组织上牢牢掌握部队。要坚持从政治上考察和使用干部，使枪杆子始终掌握在忠于党的可靠的人手中。要严肃政治纪律和组织纪律，坚决维护党中央、中央军委权威，确保政令军令畅通。

习近平指出，必须坚决完成各项军事斗争任务。全军要深刻认识军队在国家安全和发展战略全局中的重要地位和作用，坚持把国家主权和安全放在第一位，坚持军事斗争准备的龙头地位不动摇，全面提高信息化条件下威慑和实战能力，坚决维护国家主权、安全、发展利益。全军要坚持把军事训练摆在战略位置，不断提高部队实战化水平。

习近平强调，必须按照全面建设的思想努力推进军队的革命化现代化正规化建设。要坚持用全面的观点抓建设，推动军事、政治、后勤、装备等各领域工作全面发展，不断提高军队建设整体水平。必须认真贯彻新时期积极防御军事战略方针，积极推动军事战略创新发展，充分发挥军事战略对军队各项建设和工作的统揽作用。要深入贯彻国防和军队建设主题主线，在推动国防和军队建设科学发展上取得显著进步，在加快转变战斗力生成模式上取得实质性进展。要深入推进中国特色军事变革，努力构建中国特色现代军事力量体系。

习近平指出，必须始终保持我军光荣传统和优良作风。要继承和发扬毛主席、邓主席、江主席、胡主席培育的光荣传统和优良作风，奋力推进国防和军队现代化。要引导官兵强化忧患意识、危机意识、使命意识，做到信念不动摇、思想不松懈、斗志不衰退、作风不涣散，始终保持坚定的革命意志和旺盛的战斗精神。要切实加强军队反腐倡廉建设。军队高级干部要旗帜鲜明反对腐败，带头遵守廉洁自律各项规定。

习近平最后强调，有党中央、中央军委的坚强领导，有全国人民的大力支持，有全军上下的团结奋斗，就一定能够实现国防和军队现代化的宏伟目标。

会议召开前，胡锦涛、习近平等亲切会见解放军和武警部队出席党的十八大全体代表、特邀代表和列席人员，并与大家合影留念。老同志张万年、迟浩田、曹刚川、赵南起等参加会见。

国务委员兼国防部部长梁光烈和中央军委委员常万全、房峰辉、张阳、赵克石、张又侠、吴胜利、马晓天、魏凤和，以及陈炳德、李继耐、廖锡龙、靖志远同志出席会议并参加会见。

国家主席胡锦涛与卢森堡大公亨利互致贺电庆祝两国建交 40 周年

胡锦涛在贺电中说，建交 40 年来，在双方共同努力下，中卢关系取得长足发展。两国坚持相互尊重、平等相待，政治互信不断加深，经贸合作成果丰硕，人文交流方兴未艾，在国际和地区事务中保持良好沟通与协调。

中卢关系长期稳定发展符合两国和两国人民的根本利益。中方重视中卢关系，愿同卢方一道，以建交 40 周年为契机，加强各层次人员往来，深化各领域务实合作，推动中卢友好关系不断迈上新台阶。

卢森堡大公亨利表示，中国经济持续快速发展，取得巨大成就。卢中长期友好，特别是近年来两国关系不断深入发展，双方交流合作日益紧密。衷心祝愿卢中关系在相互尊重、相互信任基础上，不断造福两国人民。

第十四届中国国际高新技术成果交易会在深圳开幕

本届高交会以“推进科技创新、提升发展质量”为主题，设有高新技术成果交易、高新技术专业产品展、中国高新技术论坛、人才与智力交流会等板块；到会参展商近3000家，总展览面积超过11万平方米。

中联部部长王家瑞在北京会见老挝外交部部长通伦·西苏利

王家瑞对通伦作为朱马利总书记代表专程来华，当面转交朱马利总书记致中国共产党新一届中央领导同志的贺信表示热烈欢迎和衷心感谢。他通报了党的十八大主要情况，积极评价中老两党两国关系保持的良好发展势头，着重就进一步深化两党之间的交流合作提出了建议。

通伦代表老挝党中央和朱马利总书记再次热烈祝贺中共十八大取得圆满成功，表示老方期待着与中共中央新一届领导集体一道，推动老中全面战略合作伙伴关系不断向前发展。

中联部部长王家瑞在北京与越共中央总书记阮富仲特使黄平君举行会谈

国防部部长梁光烈在八一大楼会见缅甸国防军副总司令兼陆军司令梭温

11月17日

第十八届中共中央政治局就深入学习贯彻党的十八大精神进行第一次集体学习

中共中央总书记习近平在主持学习时强调，坚持和发展中国特色社会主义是贯穿党的十八大报告的一条主线。我们要紧紧抓住这条主线，把坚持和发展中国特色社会主义作为学习贯彻党的十八大精神的聚焦点、着力点、落脚点，把党的十八大精神学得更加深入、领会得更加透彻、贯彻得更加自觉。

李克强、张德江、俞正声、刘云山、王岐山、张高丽就深刻领会和贯彻落实党的十八大精神谈了体会。他们表示，党的十八大进一步向世人昭示了中国共产党高举中国特色社会主义伟大旗帜的坚定立场，进一步向全党全国发出了全面建成小康社会的动员令。全党全国要紧密团结在以习近平同志为总书记的党中央周围，做好学习宣传贯彻工作，增强对中国特色社会主义的道路自信、理论自信、制度自信，切实使党的十八大精神成为全面建成小康社会、夺取中国特色社会主义事业新胜利的强大思想武器。要继续抓住和用好我国发展的重要战略机遇期，冷静分析和妥善应对面临的挑战，切实抓好发展这个党执政兴国的第一要务，推动各项事业全面发展。要坚持党要管党、从严治党，全面加强党的建设，不断提高领导水平和执政水平，坚决反对各种消极腐败现象，始终紧紧依靠人民前进，把党的十八大提出的各项目标任务落到实处。中共中央政治局各位同志认真听取了他们的意见。

习近平在主持学习时发表了讲话。他指出，党的十八大和十八届一中全会刚刚胜利闭幕，今天我们以学习贯彻党的十八大精神为题，举行第十八届中央政治局第一次集体学习，目的是以实际行动带头学习领会、带头贯彻落实党的十八大精神。国内外都在看我们这一届中央领导集体工作会以什么来开局，我们就以深入学习宣传贯彻党的十八大精神来开好局、起好步。

习近平强调，党的十八大报告勾画了在新的历史条件下全面建成小康社会、加快推进社会主义现代化、夺取中国特色社会主义新胜利的宏伟蓝图，是我们党团结带领全国各族人民沿着中国特色社会主义道路继续前进、为全面建成小康社会而奋斗的政治宣言和行动纲领，为我们这一届中央领导集体的工作指明了方向。中共中央已经发出关于认真学习宣传贯彻党的十八大精神的通知，各级党委要按照通知要求，把学习宣传贯彻党的十八大精神引向深入。

习近平就紧紧围绕坚持和发展中国特色社会主义学习宣传贯彻党的十八大精神提出了五点要求。一是要深刻领会中国特色社会主义是党和人民长期实践取得的根本成就。中国特色社会主义是中国共产党和中国人民团结的旗帜、奋进的旗帜、胜利的旗帜。我们要全面建成小康社会、加快推进社会主义现代化、实现中华民族伟大复兴，必须始终高举中国特色社会主义伟大旗帜，坚定不移坚持和发展中国特色社会主义。二是要深刻领会中国特色社会主义是由道路、理论体系、制度三位一体构成的。中国特色社会主义道路是实现我国社会主义现代化的必由之路，是创造人民美好生活的必由之路。中国特色社会主义理论体系是马克思主义中国化最新成果。在当代中国，坚持中国特色社会主义理论体系，就是真正坚持马克思主义。中国特色社会主义制度符合我国国情，集中体现了中国特色社会主义的特点和优势，是中国发展进步的根本制度保障。中国特色社会主义事业不断发展，中国特色社会主义制度也需要不断完善，从而为夺取中国特色社会主义新胜利提供更加有效的制度保障。三是要深刻领会建设中国特色社会主义的总依据、总布局、总任务。社会主义初级阶段是当代中国的最大国情、最大实际，我们在任何情况下都要牢牢把握这个最大国情，坚持“一个中心、两个基本点”不动摇。中国特色社会主义是全面发展的社会主义，我们要在经济不断发展的基础上，协调推进政治建设、文化建设、社会建设、生态文明建设以及其他各方面建设。我们党领导人民进行革命建设改革，就是要让中国人民富裕起来，国家强盛起来，振兴伟大的中华民族。我们要紧紧扭住这个总任务，一代一代锲而不舍干下去。四是要深刻领会夺取中国特色社会主义新胜利的基本要求。这些基本要求进一步回答了在新的历史征程上怎样才能夺取中国特色社会主义新胜利的基本问题。抓住了这些基本要求，就能更好凝聚力量、攻坚克难，继续推动科学发展、促进社会和谐，继续改善人民生活、增进人民福祉，完成时代赋予的光荣而艰巨的任务。五是要深刻领会确保党始终成为中国特色社会主义事业的坚强领导核心。全党要增强紧迫感和责任感，牢牢把握党的建设总要求，坚定理想信念，保持同人民群众的血肉联系，保持党的肌体健康，不断提高党的领导水平和执政水平、提高拒腐防变和抵御风险能力，使我们党在坚持和发展中国特色社会主义的历史进程中始终成为坚强领导核心。

习近平强调，发展中国特色社会主义是一项长期的艰巨的历史任务。全党同志一定要以更加坚定的信念、更加顽强的努力，毫不动摇坚持、与时俱进发展中国特色社会主义，不断丰富中国特色社会主义的实践特色、理论特色、民族特色、时代特色，团结带领全国各族人民，努力实现全面建成小康社会各项目标任务。

中共中央政治局常委刘云山在人民大会堂会见越共中央总书记阮富仲特使黄平君

刘云山表示，中国党和政府高度重视和珍视中越两党两国关系，将同越南党和政府一道，坚持长期稳定、面向未来、睦邻友好、全面合作的方针，牢牢把握两国关系发展的正确方向，推动中越全面战略合作伙伴关系健康深入发展。

黄平君说，十八大对中国共产党和中国人民具有重大政治意义，是中国发展进程中的重要里程碑。越南共产党相信，在以习近平同志为总书记的党中央领导下，中国一定会坚持中国特色社会主义道路、实现全面建成小康社会的宏伟目标。黄平君表示，越中两党两国之间的友好关系是胡志明、毛泽东等越中老一辈领导人亲手缔造的，是两党两国的宝贵财富。越方愿同中方共同努力，深化互信，加强合作，推动越中关系迈上新台阶。

11月18日

国务院总理温家宝在柬埔寨王宫吊唁柬埔寨太皇西哈努克并与柬埔寨太后莫尼列和国王西哈莫尼举行会谈

温家宝在西哈努克太皇灵柩前默哀，向莫尼列太后和西哈莫尼国王表示亲切慰问，并在吊唁簿上题词。

在会见莫尼列太后和西哈莫尼国王时，温家宝表示，柬埔寨王室长期致力于发展中柬友好，为两国关系作出了重要贡献。中国人民永远不会忘记西哈努克太皇为中柬关系作出的卓越贡献。中柬是相互尊重、平等相待、彼此信赖的朋友和伙伴。中方高度重视中柬关系，愿进一步加强中柬友好合作，将两国关系提升到新的水平。

莫尼列太后和西哈莫尼国王感谢温家宝总理前来王宫吊唁西哈努克太皇，感谢中方对西哈努克太皇后事的高度重视和周到安排，表示将继承西哈努克太皇的遗志，为进一步发展柬中友好事业作出贡献。

国务院总理温家宝在金边与柬埔寨首相洪森举行会谈

温家宝说，近年来，中柬全面战略合作伙伴关系快速发展，双方相互理解、相互尊重、平等相待、高度信任，在涉及彼此核心利益的重大问题上有力地相互支持，在地区事务中加强战略协作，维护共同利益，不仅造福了两国人民，也为促进地区和平、发展、繁荣作出了贡献。中柬关系堪称睦邻友好合作的典范。

温家宝表示，明年是两国建交55周年。双方要办好"友好年"活动，抓紧制订全面战略合作伙伴关系行动计划。中方将一如既往支持柬埔寨经济社会发展和民生改善，在双边和地区框架下加强务实合作，推动更多中国企业赴柬埔寨投资。

洪森表示，在柬埔寨维护国家独立和主权、发展经济的事业中，中国始终给予坚定支持和宝贵帮助。西哈努克太皇去世后，中方为太皇后事作出了周到安排，提供了大力协助，柬埔寨政府和人民由衷感谢，铭记在心。柬方祝贺中共十八大取得圆满成功，愿同中方一道，以建交55周年为契机，扩大经贸合作，密切人文交流，使两国友谊世代相传，发扬光大，推动柬中关系取得更大发展。

温家宝指出，本次东亚领导人系列会议是在世界经济复苏势头减弱、国际和地区局势错综复杂背景下召开的。各方要聚焦合作与发展主题，凝聚共识，形成合力，携手应对困难和挑战。柬方作为东盟轮值主席国和会议东道国，做了大量协调和准备工作。中方将全力支持柬方办好会议，推动东亚合作健康稳定向前发展。

洪森表示，柬方愿与中方密切配合，希望各方本着团结合作的精神，共同努力，使会议取得成功。

会谈后，温家宝和洪森共同出席了两国政府经济技术合作协定等双边合作文件的签字仪式。

国务院总理温家宝在金边与印度尼西亚总统苏西洛举行会谈

温家宝说，近年来，中国和印尼在相互尊重、相互信任基础上发展了友谊，深化了合作。两国保持密切高层交往，建立了多个重要对话机制，经贸、人文等领域务实合作成果丰硕，防务、执法、航天、海上合作取得突破，在地区和国际事务中密切配合，有效维护了共同利益。中方愿同印尼方全面落实达成的各项共识，推动双边关系取得新进展。

温家宝表示，当前两国加强经贸合作面临重要机遇，建议在以下方面采取具体举措。一是加紧制定《中印尼经贸合作五年规划》，确定重点合作领域和项目，持续、有效地推进合作。二是扩大投资合作，中方鼓励本国企业与印尼方在矿产加工、制造业、农业、高新技术等领域开展合作，共同提高产品竞争力。三是本着互谅互让的精神，妥善解决问题，克服困难，提振信心。

苏西洛高度赞赏中国领导人对两国关系的重视和推动，完全赞同温家宝所提建议。他祝贺中共十八大成功举行，表示相信在双方的不懈努力下，印尼同中国的关系一定会更好地向前发展，造福两国人民。

两国领导人还就即将召开的东亚领导人系列会议交换意见，一致认为，与会各国应着眼大局和长远，保持团结，加强合作，妥善处理分歧，共同促进地区和平、稳定与繁荣。

国务院总理温家宝在金边会见马来西亚总理纳吉布

温家宝说，近年来，中马关系不断取得进展，走在中国与东盟国家关系前列。双方从战略高度出发，更加重视在政治、安全方面的相互理解和支持。中国成为马来西亚最大贸易伙伴，两国在金融和大项目方面的合作以及人文交流成果突出。这不仅有利于中马携手应对错综复杂的地区局势和国际金融危机，也为双方在更长时期、更高水平上实现共同发展打下了基础。

温家宝建议，两国政府进一步密切配合，更好地发挥指导、协调和服务作用，积极制定《中马经贸合作五年规划》，确保中马钦州产业园区和马中关丹产业园区取得成功。双方还要大力拓展旅游、教育、金融、医疗、电信等领域合作，更多惠及两国和两国人民。

纳吉布表示，在两国领导人及各界共同努力下，马中关系不断发展，各领域合作富有成果，人民之间的友谊与日俱增。中共十八大的成功举行，使马来西亚对中国及马中关系发展前景更加充满信心。马方愿与中方共同制定好双边经贸合作规划，办好两国工业园区，并欢迎中国企业扩大在马投资，更多参与马方重大基础设施项目建设。

两国总理一致表示，将密切沟通协调，共同推动东亚领导人系列会议取得成功。

国务委员马凯在中南海紫光阁会见美国联邦审计署审计长基恩·多达罗一行

第九届中国国际航空航天博览会在珠海闭幕

中国空军的歼十、直10、直19，欧洲百年灵表演队的信天翁，航展的6天里，来自各国的数十架飞机为观众奉上了一场场视觉盛宴。展馆内也是精彩纷呈，大量先进的武器装备、民用航空航天产品都是第一次亮相。

这届航展，参展观众达到了33.8万人，共有650多家中外航空航天厂商参展，展出的各种类型的飞机达到了113架，数量均为历届之最，我国自主研制卫星、火箭、大飞机更是连续签下国际大单，本届航展的订单总价值达到了118亿美元超过上届的93亿美元，为历届最高。

11月19日

新华社播发中共中央总书记习近平的文章《认真学习党章 严格遵守党章》

刚刚闭幕的中国共产党第十八次全国代表大会，从继续推进党的理论创新、推进党和国家事业发展、推进党的建设新的伟大工程出发，对中国共产党章程进行修改，把我们党在推进中国特色社会主义伟大事业和党的建设新的伟大工程中取得的重大实践成果、理论成果、制度成果体现在党章中，实现了党章又一次与时俱进。

党章是党的总章程，集中体现了党的性质和宗旨、党的理论和路线方针政策、党的重要主张，规定了党的重要制度和体制机制，是全党必须共同遵守的根本行为规范。没有规矩，不成方圆。党章就是党的根本大法，是全党必须遵循的总规矩。在各级党组织的全部活动中，都要坚持引导广大党员、干部特别是领导干部自觉学习党章、遵守党章、贯彻党章、维护党章，自觉加强党性修养，增强党的意识、宗旨意识、执政意识、大局意识、责任意识，切实做到为党分忧、为国尽责、为民奉献。

我们党历来高度重视制定和完善党章。党的一大制定了党纲，党的二大制定了我们党的第一部党章。在90多年的奋斗历程中，我们党总是认真总结革命建设改革的成功经验，及时把党的实践创新、理论创新、制度创新的重要成果体现到党章中，从而使党章在推进党的事业、加强党的建设中发挥了重要指导作用。

党的十八大通过的党章修正案，把科学发展观同马克思列宁主义、毛泽东思想、邓小平理论、“三个代表”重要思想一道，确立为党的行动指南；在党章中完整表述了中国特色社会主义道路、中国特色社会主义理论体系、中国特色社会主义制度，全面揭示了中国特色社会主义的科学内涵；把生态文明建设纳入中国特色社会主义事业总体布局；把加强党的执政能力建设、先进性和纯洁性建设，整体推进党的思想建设、组织建设、作风建设、反腐倡廉建设、制度建设，全面提高党的建设科学化水平，建设学习型、服务型、创新型的马克思主义执政党等内容写入党章，并对党员义务、党的基层组织和党的干部的要求作了充实。通过这次修改，党章这个党的总章程更加完善，必将在推进党的事业和党的建设中更好发挥根本性规范和指导作用。

认真学习党章、严格遵守党章，是学习贯彻党的十八大精神的重要内容。要把学习党章同学习党的十八大精神紧密结合起来，同学习中国特色社会主义理论体系紧密结合起来。要深刻理解把科学发展观同马克思列宁主义、毛泽东思想、邓小平理论、“三个代表”重要思想一道确立为党的指导思想的重大意义，深入领会科学发展观的精神实质，增强贯彻落实科学发展观的自觉性和坚定性，坚定不移走科学发展之路。要深刻理解在党章中完整表述中国特色社会主义道路、中国特色社会主义理论体系、中国特色社会主义制度的重大意义，深入领会中国特色社会主义的科学内涵，增强道路自信、理论自信、制度自信，坚定不移推进中国特色社会主义伟大事业。要深刻理解把生态文明建设纳入中国特色社会主义事业总体布局的重大意义，深入领会生态文明建设的指导原则和主要着力点，自觉把生态文明建设融入经济建设、政治建设、文化建设、社会建设各方面和全过程。要深刻理解党章增写党的建设总体要求新内容和关于党员、党的基层组织、党的干部新要求的重大意义，深入领会各项新内容新要求的科学内涵，坚持用党章指导和规范党的建设各项工作，全面提高党的建设科学化水平。

认真学习党章、严格遵守党章，是加强党的建设的一项基础性经常性工作，也是全党同志的应尽义务和庄严责任，对强化全党党章意识，增强党的创造力、凝聚力、战斗力具有极为重要的作用。要以党的十八大党章修正案颁布为契机，在全党兴起学习党章、遵守党章的热潮。

要全面掌握党章基本内容。党章对党的性质、宗旨、指导思想、奋斗纲领和重大方针政策作出了明确规定，对党员权利和义务作出了明确规定，对党的制度和各级党组织的行为规范作出了明确规定，对党的各级领导干部的基本条件作出了明确规定，对党的纪律作出了明确规定。对这些重要内容，全党同志都要全面了解和掌握。要把党章学习教育作为经常性工作来抓，通过日常学习、专题培训等形式，组织党员学习党章。要把学习党章作为各级党校、干校培训党员领导干部的必备课程。要把检查学习和遵守党章情况作为组织生活会、民主生活会的重要内容。通过学习教育，使全党同志对党章内化于心、外化于行。

要严格遵守党章各项规定。全党要牢固树立党章意识，真正把党章作为加强党性修养的根本标准，作为指导党的工作、党内活动、党的建设的根本依据，把党章各项规定落实到行动上、落实到各项事业中。建立、健全党内制度体系，要以党章为根本依据；判断各级党组织和党员、干部的表现，要以党章为基本标准；解决党内矛盾，要以党章为根本规则。要加强对遵守党章、执行党章情况的督促检查，对党章意识不强、不按党章规定办事的要及时提醒，对严重违反党章规定的行为要坚决纠正，全党共同来维护党章的权威性和严肃性。

党员领导干部要做学习党章、遵守党章的模范。各级领导干部要把学习党章作为必修课，走上新的领导岗位的同志要把学习党章作为第一课，带头遵守党章各项规定。凡是党章规定党员必须做到的，领导干部要首先做到；凡是党章规定党员不能做的，领导干部要带头不做。要严格按照党章规定的党员领导干部必须具备的六项基本条件，提高自身素质和能力，经常检查和弥补自身不足。特别是要在坚定理想信念、坚持实事求是、推动科学发展、密切联系群众、加强道德修养、严守党的纪律等方面为广大党员作出表率。要严格执行党章关于民主集中制的各项规定，并落实到制定决策、选人用人等领导工作各个环节。要带头执行党的政治纪律，自觉维护中央权威，厉行工作规程，做到令行禁止，保证中央政令畅通。要严格执行党章关于党内政治生活的各项规定，敢于坚持原则，勇于开展批评和自我批评，带头弘扬正气、抵制歪风邪气。要坚持党的群众路线，从群众中来、到群众中去，深入基层调查研究，亲近群众，联系群众，服务群众，做好新形势下的群众工作，朝气蓬勃地带领人民为全面建成小康社会、坚持和发展中国特色社会主义而共同奋斗。

全国人大常委会委员长吴邦国在山西调研

11月19日至23日，吴邦国先后来到运城、太原、晋中等地，就贯彻落实党的十八大精神进行调研。

调研期间，吴邦国对山西工作给予充分肯定。他说，党的十六大以来，山西省各级党委和政府认真贯彻落实中央方针政策，结合实际创造性地开展工作，全力推动转型跨越发展，各项事业取得了很大成绩，城乡群众得到了更多实惠。希望山西以学习贯彻党的十八大精神为契机，把全省干部群众的力量凝聚到实现十八大确定的各项任务上来，解放思想、攻坚克难、扎实工作，努力走出一条资源型地区转型跨越、科学发展的新路子。

一要继续推动转型发展。山西煤炭产业在全国占有举足轻重的地位，经过近年来大力整合重组，规模化、集约化、机械化、现代化水平大幅提高。要在巩固结构调整成效的基础上，进一步优化资源配置，提高产业集中度，依靠科技进步，提高煤炭资源回采率和综合利用效率，大力发展煤炭循环经济，加快煤层气产业化发展，推进输气、输电通道建设，把煤炭这篇大文章做实做好。同时，要发挥山西装备制造业基础好的优势，大力发展先进装备制造和研发、成套等服务型产业，积极培育战略性新兴产业，着力突破关键技术，提高核心竞争力，抢占产业高端市场。安全生产对山西有特殊重要的意义，要警钟长鸣、常抓不懈。

二要切实保障和改善民生。要把扩大就业和增加居民收入作为保障和改善民生的重点，实施就业优先战略和更加积极的就业政策，通过承接产业转移、发展民营经济和推进城镇化，引导农村劳动力转移就业，做好高校毕业生、城镇困难人员就业工作，切实维护劳动者合法权益，深化收入分配制度改革，坚持走共同富裕道路。要统筹推进以保障和改善民生为重点的社会建设，推进基本公共服务均等化，着力解决群众关注的教育、医疗、住房、社会保障等现实问题，让人民共享改革发展成果、过上更加幸福美好的生活。

三要抓好生态文明建设。党的十八大把生态文明建设纳入中国特色社会主义总体布局，既是我国经济持续发展的内在要求，也是落实科学发展观的重大举措。要把生态文明建设摆在更加突出的战略地位，加快淘汰落后产能，扎实推进节能减排，促进清洁生产和资源循环利用，抓好造林绿化、污染防治和生态修复工程，着力推进绿色发展、循环发展、低碳发展，加快建设资源节约型、环境友好型社会。

调研期间，吴邦国专程到山西省人大常委会看望了机关工作人员。他强调，要坚持中国特色社会主义政治发展道路，牢牢把握人大工作正确政治方向，充分发挥国家权力机关作用，服务全面建成小康社会大局。

国务院总理温家宝在金边出席第十五次中国—东盟领导人会议

温家宝与柬埔寨首相洪森共同主持会议。

温家宝在讲话中说，过去一年来，中国—东盟关系保持良好发展势头，取得新的重要进展，为双方关系发展打下了更加坚实的基础，搭建了更多更高的平台，增强了携手并进的信心。下一阶段，双方要重点深化中国—东盟自贸区建设，加强科技合作，扎实推进互联互通合作，密切社会人文交流。

温家宝指出，20多年来，中国和东盟国家依靠自己的力量，团结合作，战胜种种困难，确保了地区和平稳定，走上了共同发展的光明之路。同时也要看到，国际金融危机使世界和地区局势变得更为错综复杂，我们既迎来新的发展机遇，又面临不稳定不确定因素增多带来的严峻挑战。我们要善于吸取历史经验教训，以共同利益为重，坚持正确方向，毫不动摇、齐心协力地为振兴东亚作出不懈努力。温家宝提出：

第一，坚持互尊互信、睦邻友好。中方愿与东盟国家加强在安全和战略领域对话与合作，为东亚持久和平、稳定和繁荣提供更有力的支撑。

第二，支持东盟维护团结、联合自强。中国不仅反对霸权主义和强权政治，也反对大国共治或大国主宰地区事务。

第三，本着协商一致、照顾彼此关切的精神，妥善处理分歧和矛盾，维护东亚合作发展大局。

第四，同舟共济，应对国际金融危机。我们要排除各种干扰，全面推动东亚一体化进程，促进本地区实现更长时期、更高水平、更好质量的发展。

其他与会领导人表示，东盟—中国合作对促进本地区和平、稳定与发展至关重要。过去15年来，东盟和中国在共同克服金融危机，公共卫生危机和自然灾害中相互支持、相互帮助、密切合作，取得了丰硕成果，彼此结下了深厚友谊。事实证明，中国是东盟真正的朋友和真诚的伙伴，东盟国家感谢中国坚定支持东盟一体化，愿同中国共同努力，增进互信，深化合作，通过对话协商，妥善解决有关问题，推动东盟—中国面向和平与繁荣的战略伙伴关系继续向前发展。

会议发表了“纪念《南海各方行为宣言》签署十周年联合声明”。

国务院总理温家宝在金边会见韩国总统李明博

国务院总理温家宝在金边会见印度总理辛格

全国政协十一届常委会十九次会议在北京开幕

这次会议的主要议题是学习和贯彻中共十八大精神。全国政协主席贾庆林主持开幕会。中共中央政治局常委、中央书记处书记刘云山应邀到会作中共十八大会议情况和会议精神的报告。

贾庆林指出，刚刚闭幕的中共十八大是我国进入全面建成小康社会决定性阶段召开的一次十分重要的会议，是全党全国各族人民政治生活中的一件大事，对于我们党团结带领全国各族人民全面建成小康社会、加快推进社会主义现代化、开创中国特色社会主义事业新局面具有重大而深远的意义。学习好、贯彻好中共十八大精神，为实现中共十八大确定的奋斗目标和工作任务而努力奋斗，是当前和今后一个时期的首要政治任务，也是人民政协的一项重大政治任务。希望常委们在本次常委会议期间，认真研读文件，全面理解精神实质，自觉把思想统一到十八大精神上来，把力量凝聚到十八大确定的各项任务上来，为全面建成小康社会、夺取中国特色社会主义事业新胜利作出更大的贡献。

刘云山在报告中指出，中共十八大是在我国进入全面建成小康社会决定性阶段召开的一次十分重要的大会，也是党的奋斗历程中又一次承前启后、继往开来的大会。胡锦涛同志代表中共第十七届中央委员会所作的报告，反映时代要求和人民意愿，是推动党和国家事业发展、夺取中国特色社会主义新胜利的行动纲领。大会审议通过的《中国共产党章程(修正案)》，体现了十七大以来党的理论创新和实践发展成果，必将对党的工作和党的建设发挥更好的规范和指导作用。大会和随后召开的中共十八届一中全会选举产生的以习近平同志为总书记的新一届中共中央领导集体，深得全国人民信赖，深得全党同志拥护和信任。

刘云山指出，中共十八大报告是坚持群众路线、充分发扬民主、广泛汇集民智的报告。在十八大报告起草和大会筹备过程中，各民主党派、工商联和无党派人士提出了许多宝贵意见和建议，为大会胜利召开作出积极贡献。刘云山从六个方面介绍了中共十八大的有关情况和主要精神，他指出，中共十八大高举中国特色社会主义伟大旗帜，以马克思列宁主义、毛泽东思想、邓小平理论、“三个代表”重要思想、科学发展观为指导，分析国际国内形势的发展变化，回顾总结过去五年工作和党的十六大以来的奋斗历程，确立科学发展观的历史地位，提出夺取中国特色社会主义新胜利的基本要求，确定全面建成小康社会和全面深化改革开放的目标，对全面推进中国特色社会主义事业作出战略部署，对全面提高党的建设科学化水平提出明确要求，为党和国家事业进一步发展指明了方向。

中央纪委监察部机关在北京召开全体党员干部大会

中央纪委书记王岐山出席会议并讲话。

王岐山指出，学习宣传贯彻党的十八大精神，是全党全国当前和今后一个时期的首要政治任务。各级纪检监察机关特别是中央纪委监察部机关党员干部要认真学习，作出榜样。要原原本本学习党的十八大报告、党章和习近平总书记在十八届一中全会上的重要讲话。要深刻领会党的十八大的主题，5年来的重大成就和10年来的奋斗历程，科学发展观的历史地位和指导意义，建设中国特色社会主义的总依据、总布局、总任务和“八个基本要求”，全面建成小康社会和全面深化改革开放的目标，推进中国特色社会主义事业的总体部署和主要任务，全面提高党的建设科学化水平的总体要求和主要任务。要紧密联系反腐倡廉建设实际和干部队伍实际，对纪检监察系统学习贯彻工作作出专门部署，迅速掀起学习热潮。

王岐山强调，要认真学习领会党的十八大关于反腐倡廉新思想、新观点、新要求、新举措，坚定不移把党风廉政建设和反腐败斗争引向深入。要大力加强党的作风建设，围绕保持党的先进性和纯洁性，加强群众观点、群众立场教育，下决心改进文风会风，着力整治庸懒散奢等不良风气，认真纠正损害群众利益的不正之风。要大力加强反腐倡廉建设，全面贯彻标本兼治、综合治理、惩防并举、注重预防方针，扎实推进惩治和预防腐败体系建设，坚定不移反对腐败，努力实现干部清正、政府清廉、政治清明的目标要求。要大力加强党的纪律建设，严明党的纪律特别是政治纪律，加强对中央重大决策部署执行情况的监督检查，教育引导广大党员干部特别是领导干部在思想上政治上行动上同以习近平同志为总书记的党中央保持高度一致，坚决维护中央权威。

中央国家机关学习宣传贯彻党的十八大精神动员部署大会在北京召开

国务委员马凯出席会议并讲话。

马凯强调，中央国家机关学习宣传贯彻党的十八大精神要坚持联系实际、学以致用，确保落到实处、见到实效。一要在深刻领会和准确把握党的十八大精神实质上下功夫。深刻领会党的十八大的主题，深刻领会过去五年和十年党和国家取得的新的历史性成就，深刻领会科学发展观的历史地位、科学内涵和指导意义，深刻领会中国特色社会主义道路、理论体系、制度和基本要求，深刻领会中国特色社会主义事业总体布局和战略部署，深刻领会全面提高党的建设科学化水平的新要求，切实把思想和行动统一到党的十八大精神上来。二要在贯彻落实党的十八大精神上下功夫。用党的十八大精神着力谋划工作、形成政策，着力攻坚克难、破解难题，着力深化改革、完善制度，真正把党的十八大作出的决策部署转化为部门、行业和系统建设改革发展的行动准则、政策取向、行为习惯和解决问题的有效措施。三要在建设高素质干部队伍上下功夫。牢牢把握加强党的执政能力建设、先进性和纯洁性建设这条主线，以建设学习型、服务型、创新型党组织为载体，教育引导党员干部坚定理想信念、全面提高素质能力、大力培育良好作风，积极创造干部成长成才环境，努力建设一支忠于党和国家、全心全意为人民服务的干部队伍，为落实党的十八大确定的各项任务提供坚强组织保证。

马凯要求，中央国家机关各部门党组(党委)要高度重视，把学习宣传贯彻党的十八大精神摆在突出重要位置，认真筹划，周密部署，明确责任，狠抓落实。中央国家机关工委要加强指导，总结交流好经验好做法，不断把学习宣传贯彻党的十八大精神引向深入。

中央政法委主要负责同志职务调整

中共中央决定：周永康同志不再担任中央政法委书记职务；孟建柱同志兼任中央政法委书记。

中央组织部和陕西省委主要负责同志职务调整

中共中央决定：李源潮同志不再兼任中央组织部部长职务；赵乐际同志兼任中央组织部部长，不再兼任陕西省委书记、常委、委员职务。

国务院副总理回良玉在北京出席全国冬春农田水利基本建设电视电话会议安排部署今冬明春农田水利基本建设和农业农村工作

回良玉强调，搞好今冬明春农田水利基本建设，具有特殊重要的意义。要以提高抗灾减灾能力、供水保障能力、农业综合生产能力和水土资源利用效率为目标，针对当前薄弱环节和突出问题，着力抓好水毁灾毁工程修复、防洪薄弱环节建设、灌区续建配套与节水改造、节水灌溉技术普及推广、农村饮水安全工程建设、水土流失综合治理等各项工作。要进一步加强组织领导，强化顶层设计，加大投入力度，完善建设管理，着力营造氛围，奋力开创农田水利基本建设新局面。

回良玉强调，各地区、各有关部门要认真学习和贯彻落实党的十八大精神，按照中央的要求和部署，扎实做好当前农业农村各项工作。一要科学谋划明年和今后一个时期的农业农村工作，认真研究“三农”工作新思路，制定“三农”工作新举措。二要抓好今冬明春农业生产，努力扩大冬种作物种植，加强越冬作物管理，增加冬春季牛羊等牲畜集中补栏，搞好植树造林。三要做好秋粮收购和农产品市场调控，认真落实粮食最低收购价政策和临时收储政策，加强鲜活农产品产销对接，保持农产品市场和价格稳定。四要强化动物疫病防控和森林草原防火。五要妥善安排好困难群众生产生活。

国务委员刘延东在中南海紫光阁会见缅甸文化部部长吴埃敏玖一行

全国人大常委会副委员长韩启德在人民大会堂会见保加利亚副议长兼预算财政委员会主席斯托扬诺娃一行

全国人大常委会副委员长华建敏在雅加达出席中国—印度尼西亚商务论坛开幕式并发表演讲

全国人大常委会副委员长严隽琪在人民大会堂会见由弗莱沙·里贝罗参议员率领的巴西参议院巴中友好小组代表团

全国政协副主席张榕明在北京会见保加利亚国民议会副议长门达·斯托扬诺娃

我国在太原卫星发射中心用“长征二号丙”运载火箭将“环境一号”C卫星发射升空并送入预定轨道

2012年度“中国最美的书”评选在上海揭晓

2012年度“中国最美的书”在上海正式产生，包括《穿墙术》《吃在扬州》《法国现代诗抄》《顾城诗选》《十二美人》《荒漠生物土壤结皮生态与水文化研究》《离骚》《留园印记》《墓畔挽歌》《毛泽东同志百位文学艺术家手抄珍藏纪念册》《台北道地地道北京》《书与法》《蜗牛慢吞吞》《象罔衣》《一个一个人》《坐观》《杂花生树》《“凿枘工巧”中国古卧具》《政协风格》《组织学图谱》20种图书荣获本年度“中国最美的书”称号，并将参加2013年度德国莱比锡“世界最美的书”评选。

饶兴逝世

原中央气象局党组书记、局长饶兴同志(部长级待遇)，因病医治无效，于2012年11月19日在北京逝世，享年103岁。

饶兴是第三届全国人大代表。

11月20日

第七届东亚峰会在金边举行

国务院总理温家宝与东亚峰会其他成员国领导人共同出席。各国领导人围绕东亚峰会合作进展和未来发展方向的主题及有关国际和地区问题交换意见。柬埔寨首相洪森主持会议。

温家宝在发言中指出，当前，国际社会对世界经济复苏势头放缓、不稳定不确定因素增多普遍感到忧虑。今天的峰会是为了促进各国团结与合作,我们要携手传递信心和希望。温家宝倡议:

第一,要为合作发展注入新的活力。中国提出了“金边发展倡议”,并以此为基础,与东盟商议形成了“金边发展宣言”,倡导“均衡、包容、可持续”发展,推动各方交流借鉴发展经验,加强宏观政策协调,促进缩小地区差距,在金融、能源、教育、灾害管理、公共卫生、互联互通六大领域扩大合作。

第二,要抓住区域一体化进程的新机遇。中国全力支持东盟推进“区域全面经济伙伴关系”(RCEP)。RCEP反映了地区国家共识,明确了区域经济一体化方向。中方全力支持并将积极参与谈判。各国要奉行自由公平的贸易政策,坚持市场开放,坚决抵制各种形式的保护主义。

第三,要营造对话、协商、共赢的合作氛围。应该相信当事国能够通过对话妥善处理分歧和问题。中方支持峰会重点加强灾害管理、防治传染病、打击海盗等非传统安全领域合作。

第四,要努力办好各国自己的事情。东亚峰会各成员要制定更有力的政策措施,应对国际金融危机,稳定本国金融,振兴经济,增加就业,改善民生。中国经济进一步趋稳,有望保持较快增长,实现更高水平的发展,继续成为地区和世界经济的重要引擎。

温家宝说,中国历来倡导互尊互谅、讲信修睦,愿为东亚和平、稳定、发展继续发挥负责任大国作用。

其他与会领导人表示,当前,国际金融危机仍在持续,世界经济不景气,一些欧美国家财政和债务危机给亚太地区带来不容忽视的负面影响,金融、能源、粮食安全等问题是各国面临的共同挑战。各国要通力合作,推动区域贸易自由化和经济一体化,加强基础设施互联互通,扩大人文交流,共创发展机遇,携手应对挑战,维护地区和平、稳定与繁荣。

会议通过了《东亚峰会金边发展宣言》等文件。

会后,温家宝和东盟国家及其他东盟自由贸易协定伙伴国领导人共同出席“区域全面经济伙伴关系”启动仪式。

国务院总理温家宝在金边与美国总统奥巴马举行会谈

温家宝说,我们都认为,中美关系是世界上最重要的双边关系之一。中美关系长期健康稳定发展,不仅符合两国的根本利益,也有利于亚太地区乃至世界的和平、稳定与繁荣。展望未来,中美应继续坚持建设相互尊重、互利共赢的合作伙伴关系大方向,巩固和发展战略与经济对话、人文交流高层磋商等重要机制,通过在贸易、投资、金融、基础设施等领域开展大规模一揽子合作进一步推动中美经贸关系发展,保持和加强在重大国际和地区事务中的沟通与协调,特别是与其他亚太国家共同努力,维护和促进本地区的和平、稳定与繁荣。温家宝强调,中国正处在重要发展阶段,需要长期和平稳定的外部环境,中国将继续是热爱和平、维护和平的负责任大国。

奥巴马说,美方继续致力于与中方建设强有力的合作伙伴关系。过去四年美中关系取得了长足进展,未来四年双方要在现有基础上共同努力,保持和推进两国关系的积极发展势头。美方同样希望战略与经济对话等机制能够得到延续和发展。双方高层可尽快进行沟通,为下一个四年美中关系发展制定具体路线图。美中作为世界前两大经济体,四年来一起成功应对了全球和地区经济中出现的挑战。双方应扩大经贸合作,妥善处理彼此关切,推动美中经贸关系进一步发展。美方坚信,中国的和平崛起、中国的成功对全球安全与繁荣至关重要。美中应加强合作,共同应对全球挑战与威胁。美方希望通过和平方式解决地区热点问题。在主权和领土争议问题上,美国不会选边站队。

国务院总理温家宝在金边会见澳大利亚总理吉拉德

温家宝说,中澳建交40年来,两国关系全面发展,双方利益联系日益紧密。历史证明,中澳可以成为共同发展、友好相处的伙伴和朋友。中国奉行独立自主的和平外交政策和互利共赢的对外开放战略,愿与澳方加强交流合作,增进安全和战略互信,共同推动本地区实现包容性、可持续、多元化发展。

温家宝表示,在国际金融危机大背景下,中澳经济相互依存进一步加深。双方要抓住机遇,加快双边自贸协定谈判,支持两国企业在能矿领域开展战略性合作,拓展服务贸易、农牧业、清洁能源、节能环保、基础设施建设等领域合作,促进经贸关系多元化发展。

吉拉德表示,澳中建交40年来,两国关系日臻成熟,各领域合作成果丰硕。澳方愿与中方保持高层互访,建立并完善对话机制,扩大合作规模,在相互尊重、互利共赢的基础上,推动双边关系更好地发展。

重庆市委 上海市委 吉林省委主要负责同志职务调整

中共中央决定:

张德江同志不再兼任重庆市委书记、常委、委员职务;孙政才同志兼任重庆市委委员、常委、书记,不再兼任吉林省委书记、常委、委员职务。

俞正声同志不再兼任上海市委书记、常委、委员职务;韩正同志兼任上海市委书记。

《人民日报》发表国务院副总理李克强的文章《认真学习深刻领会全面贯彻党的十八大精神 促进经济持续健康发展和社会全面进步》

国防部部长梁光烈在八一大楼会见出席第一届中拉高级防务论坛的拉美各国代表

国务委员戴秉国在北京会见土耳其外交部次长斯尼尔利奥卢

第四届海峡两岸暨港澳地区艺术论坛在香港开幕

全国政协副主席孙家正出席开幕式。

孙家正指出，当前两岸关系正进入大交流、大合作、大发展的新时期，两岸四地人员往来之频密、各项交流之深入、合作领域之广泛，都是前所未有的。衷心希望各位专家学者敞开胸襟、畅所欲言，结合两岸四地艺术交流的现状发表卓见，努力为当代中华文化艺术的繁荣与发展贡献出自己的一份力量。

海峡两岸暨港澳地区艺术论坛是在各地艺术家共同倡议下于2009年创办的。

11月21日

国家主席胡锦涛在人民大会堂会见俄罗斯国防部部长绍伊古

胡锦涛表示，近10多年来，中俄两国、两军关系取得了前所未有的发展。双方建立了一整套高层交往和各部门合作机制。经贸合作持续大幅攀升。能源、科技、人文、地方等领域的交流合作迈上了新台阶。双方在涉及各自主权、安全和领土完整等核心利益问题上相互坚定支持，在国际和地区事务中密切协调和配合。

胡锦涛指出，几天前，中国共产党第十八次全国代表大会胜利闭幕。大会不仅为全面建成小康社会，夺取中国特色社会主义新胜利描绘了宏伟蓝图，展现了更加广阔的前景，也给中俄全面战略协作伙伴关系的发展带来了新机遇。中方始终高度重视中俄关系，无论国际形势和两国国内情况如何变化，我们发展对俄关系的原则和方针都不会改变。中方愿同俄方并肩携手，进一步落实未来10年两国关系发展规划和重点领域合作，保持两国两军关系发展的连续性，推动中俄全面战略协作伙伴关系不断迈上新台阶。

绍伊古说，在俄中两国领导人的共同关心和亲自推动下，俄中全面战略协作伙伴关系达到历史最好水平。这种关系的发展不仅符合两国共同利益，造福于两国人民，而且有利于地区乃至世界的和平与稳定。俄方愿进一步加强两军互信、深化两军合作，把两国两军的关系推进到更高水平。

国务院总理温家宝在曼谷与泰国国王普密蓬举行会谈

温家宝说，我访问泰国期间，真切感受到"中泰一家亲"，两国人民之间有着亲戚般情谊。普密蓬国王和泰国王室为推进中泰友好事业发挥了不可替代的重要作用，中方对此深表赞赏。我同英拉总理就双边关系深入交换了看法，达成新的重要共识。我相信在泰国王室关心和支持下，在两国各界的共同努力下，中泰全面战略合作伙伴关系一定会不断向前发展，更好造福两国人民。

普密蓬表示，温家宝总理的访问对深化泰中关系具有重要意义。泰方感谢中国长期以来的宝贵支持和帮助，希望两国加强在经贸、农业、科技、水利和铁路等领域合作，密切人民之间的交往，不断增进泰中友谊。普密蓬祝愿中国繁荣昌盛，取得更大成就。

国务院总理温家宝在曼谷与泰国总理英拉举行会谈

温家宝表示，中泰两国扩大合作有着许多有利条件和广阔前景。中方愿同泰方一道，积极落实两国签署的经贸合作五年发展规划，重点加强在交通、水利等基础设施建设、农业以及相互投资方面的合作，继续开展在大湄公河次区域的合作。中方高度重视两国文化教育交流，愿为泰国提升汉语教学水平和规模提供帮助，并积极推动双方在旅游和青年交流方面的合作。

英拉表示，泰中关系在各领域取得长足进展。泰方坚定奉行对华友好政策，愿密切两国各级别交往。希望双方以制造业、农产品和基础设施建设为重点，促进双边贸易和双向投资不断增长，共同推进本地区的互联互通。加强泰中地方合作和人文交流意义重大，有着广阔的前景。

会谈后，两国领导人共同出席双边合作文件签字仪式。

国务院总理温家宝在曼谷会见泰国枢密院主席炳·廷素拉暖上将

国务院总理温家宝同牙买加总理辛普森—米勒互致贺电庆祝中牙建交40周年

温家宝在贺电中说，建交40年来，特别是2005年两国建立共同发展的友好伙伴关系以来，中牙关系日益巩固和发展，两国高层互访不断，政治互信加深，在经贸、金融、基础设施、人文等领域的务实合作富有成效，在国际事务中保持良好沟通与协调。事实证明，中牙友好符合两国和两国人民的根本利益。

温家宝表示，中方高度重视发展中牙关系，愿同牙方共同努力，进一步加强两国各领域友好合作，推动中牙共同发展的友好伙伴关系全面深入发展。

辛普森—米勒在贺电中表示，40年前，牙中两国作出了建立外交关系的重大抉择，体现了两国领导人的远见卓识。建交以来，双边各领域合作不断深化，两国政府和人民受益匪浅。今天，中国已成为牙买加最富活力的双边合作伙伴之一。展望未来，我们愿在40年双边合作成就基础上，续写两国互利关系新篇章。

全国政协十一届常委会十九次会议举行全体会议

16位常委、委员围绕学习贯彻中共十八大精神作了大会发言。全国政协主席贾庆林出席会议。

围绕学习贯彻中共十八大精神，魏礼群委员代表全国政协文史和学习委员会作了“把科学发展观确立为党的指导思想是一项重大的历史性决策”的发言，何丕洁常委代表民革中央作了“坚持以科学发展观为指导，加快推进以保障和改善民生为重点的社会建设”的发言，陈旗常委代表民盟中央作了“当前促进教育公平的三个着力点”的发言，李君如常委作了“以崇高的政治自觉推进协商民主的发展”的发言，马培华常委代表民建中央作了“坚定信念，改革创新，全力推进科学发展”的发言，蔡达峰常委代表民进中央作了“大力加强社会建设，推进经济社会协调发展”的发言，宋晓梧委员代表全国政协经济委员会作了“坚持社会主义市场经济的改革方向”的发言，陈勋儒常委代表农工党中央作了“更新观念，完善体制，强化创新，着力推进生态文明建设”的发言，王钦敏常委代表致公党中央作了“发展新一代信息技术，促进经济社会转型发展”的发言，郑新立委员作了“转变发展方式是化挑战为机遇的关键”的发言，赖明常委代表九三学社中央作了“凝心聚力，深化改革，开创中国特色社会主义事业新局面”的发言，黄志贤常委代表台盟中央作了“加快区域协调发展，筑牢‘稳增长’的基础”的发言，蒋效愚委员代表全国政协教科文卫体委员会作了“履职尽责，努力为建设文化强国建言献策”的发言，磨长英常委代表全国工商联作了“把握‘两个健康’工作主题，促进非公有制经济科学发展”的发言，张福森常委作了“全面推进依法治国的几点思考”的发言，杨岐常委代表无党派人士界作了“充分发挥信访工作在加强和创新社会管理中的作用”的发言。

他们在发言中认为，中共十八大报告确定了全面建成小康社会和全面深化改革开放的目标，是新形势下夺取中国特色社会主义新胜利的政治宣言和行动纲领。作为政协组织和政协委员，应以高度的政治自觉，切实按照中共十八大决策部署，在科学发展观指引下推进人民政协事业不断发展。要始终坚持中国特色社会主义的根本方向，在坚持和发展中国特色社会主义中不断发展人民政协事业；要积极推进中国特色社会主义民主政治发展，充分发挥人民政协作为协商民主重要渠道作用；要自觉履行人民政协职能，围绕中心、服务大局，为实现科学发展、促进社会和谐建睿智之言、献务实之策；要大力弘扬改革创新精神，积极推进人民政协理论创新、制度创新、工作创新，为全面建成小康社会贡献力量。

会议还听取了有关人事事项(草案)的说明。

中宣部和天津市委 福建省委 浙江省委 四川省委主要负责同志职务调整

中共中央决定：

刘云山同志不再兼任中央宣传部部长职务；刘奇葆同志兼任中央宣传部部长，不再兼任四川省委书记、常委、委员职务；

张高丽同志不再兼任天津市委书记、常委、委员职务；孙春兰同志兼任天津市委委员、常委、书记，不再兼任福建省委书记、常委、委员职务。

赵洪祝同志不再兼任浙江省委书记、常委、委员职务。王东明同志任四川省委委员、常委、书记。

国务院副总理李克强在北京主持召开全国综合配套改革试点工作座谈会并作重要讲话

座谈会上，国家发展改革委和辽宁省、湖南省及成都市、上海浦东新区政府负责人介绍了全国和各地不同类型综合配套改革试点进展情况。李克强抓住试点中的关键问题不时询问，深入了解改革遇到哪些问题、改革对企业与群众的影响如何、地方对改革有什么建议，他积极肯定试点中一些典型做法，引导大家在座谈交流中深化对改革的认识，更加明确改革的方向和任务。

李克强指出，党的十八大报告的一个突出特点，就是提出了“两个全面”、“两个加快”，把发展目标与改革目标一起规划、把市场化改革与转变发展方式一同部署。全面领会十八大精神，必须充分认识加快改革的重要性和紧迫性。我国30多年来取得的巨大成就，靠的是改革开放，甜头已经尝到。在新的起点上要全面建成小康社会，加快转变经济发展方式，让群众过上更好生活，依然要靠改革开放。这是我国发展的最大“红利”。但也要看到，当前改革进入了“攻坚区”和“深水区”，改革如逆水行舟，不进则退，不干可能不犯错，但要承担历史责任。必须迎难而上、攻坚克难，坚决破除一切妨碍科学发展的体制机制弊端。

李克强说，进一步推进经济体制改革，既要搞好顶层设计，又要尊重群众和基层的首创精神。在过去长期的探索实践中，我们形成了走中国特色社会主义道路的高度共识，也积累了丰富的改革经验。我国国情复杂，一时看不准、吃不透的改革，可先选择一些地区和领域开展试点，以点带面，并有及时调整和纠错的机制，在探索中"排雷"和清除"荆棘"，这是一种好做法。国务院已批准的11个综合配套改革试点地区，要认真总结经验，科学评估风险，继续在统筹城乡发展、建设"两型"社会、推动新型工业化、深化国有企业改革、完善财税金融体系等方面进行积极探索，当好改革实验的"侦察兵"、"先遣队"，为改革攻坚提供新鲜经验和实践标杆。

李克强最后说，我们身上肩负着发展和改革的重任，要在以习近平同志为总书记的党中央坚强领导下，齐心协力，依靠集体智慧和人民的力量，以更大的勇气和智慧深化改革开放，推动经济社会发展取得新的更大成绩。

中央军委副主席许其亮在北京会见俄罗斯国防部部长绍伊古一行

许其亮说，当前，中俄全面战略协作伙伴关系保持了积极、健康、稳定的良好发展势头。两军发展势头良好，各领域合作成效显著。中方始终把发展对俄军事关系作为对外军事交往的优先方向，愿与俄方一道，共同努力，积极落实两国领导人达成的重要共识，进一步推动两军各领域务实交流与合作，将两军关系不断推向新的高度。

绍伊古说，俄中全面战略协作伙伴关系不断迈上新台阶，达到前所未有的高水平。两国有着广泛共同利益和高度战略互信。俄中两军关系发展顺利，今年成功举行了"海上联合—2012"俄中海上联合军演，共同参加了"和平使命—2012"上合组织联合反恐军演，两军各领域务实合作富有成果。俄方愿与中方加强合作，为两国全面战略协作伙伴关系作出新的贡献。

国防部部长梁光烈在八一大楼与俄罗斯国防部部长绍伊古举行会谈

11月22日

学习贯彻党的十八大精神中央宣讲团动员会在北京召开

中共中央总书记习近平作出重要批示。他指出，组织党的十八大精神宣讲团的做法很好。希望参加宣讲团的同志们认真准备，准确领会党的十八大精神，准确领会党的十八大确立的重大理论观点、重大方针政策、重大工作部署，努力做到了然于胸、运用自如。希望同志们下去后，紧密结合实际，紧密结合干部群众所思所想，认真进行宣讲，努力做到深入浅出、入脑入心。各地各层次都要开展形式多样的宣讲活动，精心组织，确保实效，推动广大干部群众把思想统一到党的十八精神上来、把力量凝聚到实现党的十八大确定的各项任务上来。

中共中央政治局常委刘云山出席会议并讲话。

刘云山指出，党的十八大是我们党奋斗历程中又一次承前启后、继往开来的重要会议，学习好、宣传好、贯彻好党的十八大精神，关系党和国家工作全局，关系中国特色社会主义事业长远发展。要紧紧围绕胡锦涛同志所作的报告，围绕习近平同志在十八届一中全会、中央政治局会议和政治局集体学习时的重要讲话，围绕《中国共产党章程(修正案)》，深入宣讲党的十八大精神。要突出重点、抓住关键，深入宣讲党的十八大的鲜明主题，引导人们牢牢把握当前和今后一个时期党和国家工作的总要求；深入宣讲贯穿十八大报告的突出主线，引导人们毫不动摇地坚持和发展中国特色社会主义；深入宣讲科学发展观是同邓小平理论、"三个代表"重要思想一脉相承而又与时俱进的科学理论，引导人们深刻认识科学发展观的历史地位；深入宣讲全面建成小康社会和全面深化改革开放的总体目标，引导人们牢牢把握新阶段推进社会主义现代化建设的努力方向；深入宣讲中国特色社会主义事业总体布局，引导人们牢牢把握经济建设、政治建设、文化建设、社会建设、生态文明建设的重大部署；深入宣讲全面提高党的建设科学化水平的重点任务，引导人们牢牢把握推进党的建设新的伟大工程的新要求。

刘云山指出，参加宣讲团的同志要充分认识宣讲活动的重大意义，以高度政治自觉和饱满工作热情落实好党的十八大精神宣讲任务。要紧密联系改革发展和干部群众思想实际进行宣讲，坚持学讲结合、教学相长，提升宣讲的针对性实效性。要把握政策导向，倡导清新朴实的文风，严谨而生动地宣讲党的十八大精神。各地要精心做好中央宣讲团的组织工作，同时抓好多层次宣讲活动，推动党的十八大精神进企业、进农村、进社区、进机关、进校园。

中共中央政治局委员、中央书记处书记、中宣部部长刘奇葆主持会议。全国政协副主席、中国社会科学院院长陈奎元出席会议。

全国政协十一届常委会十九次会议在北京闭幕

全国政协主席贾庆林出席闭幕会并讲话。

这次常委会议的主要任务是认真学习贯彻中国共

产党第十八次全国代表大会精神。中共中央对开好这次会议高度重视,中共中央政治局常委、中央书记处书记刘云山同志作了十八大会议情况和会议精神的报告。会议期间,与会同志认真学习会议文件和公报,进行了广泛深入的讨论,各民主党派中央、全国工商联的负责同志以及部分常委、委员作了大会发言。与会同志一致表示,完全拥护胡锦涛同志代表中共第十七届中央委员会所作的报告和大会通过的各项决议,完全拥护十八大和十八届一中全会选举产生的以习近平同志为总书记的新一届中共中央领导集体。会议作出了《关于学习贯彻中国共产党第十八次全国代表大会精神的决议》。

贾庆林在讲话中强调,要深刻认识中国共产党第十八次全国代表大会的重大意义,把学习贯彻中共十八大精神作为当前各级政协组织和广大政协委员的首要政治任务。要认真学习领会十八大主要精神,切实把思想和行动统一到中央的决策和部署上来,全面把握报告的精神实质和主要内容,坚持学以致用、用以促学,自觉把大会精神与人民政协履行职能的生动实践结合起来,与中共中央关于人民政协工作的重要部署和要求结合起来,努力把学习贯彻活动变成推动工作的良好契机和促进发展的强大动力,更好地为促进经济社会发展献计出力。

贾庆林指出,要切实深化对坚持走中国特色社会主义政治发展道路的认识。十八大报告首次提出"社会主义协商民主是我国人民民主的重要形式"的重要论断,强调"充分发挥人民政协作为协商民主重要渠道作用"。这是十八大的重要历史贡献,也是重大理论创新。要充分运用人民政协这个重要渠道,进一步建立、健全政治协商、民主监督、参政议政制度和工作机制,深入开展专题协商、对口协商、界别协商、提案办理协商,推进协商民主广泛、多层、制度化发展。要适应改革开放和经济社会结构发展变化,探索发挥界别作用的新途径新方式,要更充分地体现和反映社会各界的愿望诉求,增强人民政协协商主体的代表性、包容性。要切实把政治协商纳入决策程序,坚持协商于决策之前和决策之中,紧紧围绕经济社会发展重大问题和涉及群众切身利益的实际问题开展广泛协商,广纳群言、广集民智,增进共识、增强合力,更好地发挥人民政协协调关系、汇聚力量、建言献策、服务大局的重要作用。

贾庆林还就切实做好下一阶段重点工作提出要求。他说,要认真总结十一届政协的各项工作,积极配合做好政协换届筹备工作,切实做好全国政协十二届一次会议各项筹备工作,毫不懈怠、尽心尽力,努力向党和人民交出一份满意的答卷。

会议通过表决,任命张秋俭为政协第十一届全国委员会副秘书长,不再担任教科文卫体委员会驻会副主任;林智敏不再担任政协第十一届全国委员会副秘书长。决定增补李盛霖为第十一届全国政协委员。决定增补李盛霖为经济委员会副主任、刘敬民为教科文卫体委员会副主任。决定撤销陈英旭第十一届全国政协委员资格。

中央军委副主席范长龙在八一大楼会见拉脱维亚国防部部长阿尔蒂斯·帕布里克斯一行

范长龙表示,建交20多年来,中拉关系发展顺利。中方重视发展同拉脱维亚的关系,赞赏拉脱维亚政府奉行一个中国政策,视拉脱维亚为中国在波罗的海地区的重要合作伙伴。中方愿同拉方一道努力,增进政治互信,保持双边交往势头,在平等互利、相互尊重基础上,进一步拓展各领域务实合作,推动双边关系继续稳定、健康发展。

范长龙指出,近年来,中拉两军交往呈现较快发展势头。两国国防部部长在年内实现互访,双方在人员培训等专业领域交流逐步拓宽。中方对发展中拉两军关系持积极态度,相信在双方共同努力下,两军友好合作与交流必将取得新成果。

帕布里克斯说,拉方对中国建设与发展成就由衷钦佩,希望拉中关系不断得到巩固。两国防务部门交流近年来逐步增多,相信两军关系的发展必将对各自国防和军队建设起到积极的促进作用。

第十五届京台科技论坛暨台湾名品博览会在北京开幕

本届论坛以"京台论坛15载,两岸合作愿景新"为主题,将在北京、台湾两地同时举办。其中,北京会场包括图片展览、5场专题论坛等活动,约200名台湾嘉宾将来京参加活动。台湾会场方面,台北、台中、高雄三地将举办云计算、生物医药、休闲农业等13场专题论坛,北京市将组织320余人赴台参加。

台湾名品博览会为期4天,250家台湾参展商将推出万余种优质商品,包含高新科技、电子产品、节能环保、文化创意、品味生活、农业精品等类别。博览会还首设"台湾优质服务业区",北京民众将可亲身感受台湾精致细腻的服务业软实力。

由教育部主办的均衡发展九年义务教育巡讲活动首场报告会在北京举行

丁光训逝世

杰出的爱国宗教领袖,著名的社会活动家,中国共产党的亲密朋友,中国人民政治协商会议第七届、八届、九届、十届全国委员会副主席,中国基督教三自爱国运动委员会第三届、四届、五届主席，第六届、七届、八届名誉主席，中国基督教协会第一届、二届、三届会长，第四届、五届、六届名誉会长，金陵协和神学院名誉院长，爱德基金会董事长丁光训主教，因病于2012年11月22日10时在江苏南京逝世，享年98岁。

11月23日

民革十一届六中全会在北京召开

会议的主要内容是学习贯彻中共十八大精神，听取和审议民革第十一届中央常务委员会工作报告和中央监督委员会工作报告，审定提交民革第十二次全国代表大会的有关文件及事项。民革中央主席周铁农出席会议并代表民革十一届中央常务委员会作工作报告。

周铁农指出，2012年，民革中央以政治交接为主线，指导30个民革省级组织圆满完成换届工作，实现了领导机构的平稳过渡和领导班子的新老交替。

周铁农说，一年来，民革中央深入学习共产党领导的多党合作理论，加强理论建设，不断提高民革成员的思想政治素质；围绕"稳中求进"的工作总基调，全面做好参政议政、社会服务工作；把坚持做好台湾人民工作作为重点，积极开展形式多样的对台交流活动，为进一步发展两岸关系作出了积极贡献。

周铁农强调，2013年，民革全党要认真学习贯彻中共十八大精神，不断强化理论研究和思想宣传工作；要进一步加强组织建设，保证民革组织政治坚定、组织有力、充满活力；要围绕科学发展、社会和谐，进一步做好参政议政和社会服务工作；要把握机遇、巩固成果，为新形势下的祖国和平统一大业做贡献。

民革中央第一副主席厉无畏主持开幕式。何鲁丽，民革中央常务副主席万鄂湘，副主席齐续春、谢克昌、修福金、刘凡、傅惠民、何丕洁、田惠光、郑建邦，民革中央顾问和民革中央委员出席会议。

国务院正式批复同意《天山北坡经济带发展规划》

根据自治区"十二五"规划，天山北坡经济带东起哈密，西至伊宁，该区域东西相距1000多公里，其中分布着新疆三个大型煤田和两个大型油气田。与此同时，这一区域还是新疆现代工业、农业、交通信息、教育科技等最为发达的区域，对全疆经济起着重要的带动、辐射和示范作用。《天山北坡经济带发展规划》于去年7月由自治区人民政府上报至国家发改委。

作为国家西部大开发战略的重要环节，天山北坡经济带被列为西部地区重点培育的新的增长极之一，此次规划获批，将从多方面推动北疆地区的快速发展。规划的实施，将加快推进天山北坡经济带开发开放，对推动新疆跨越式发展和长治久安，促进我国区域协调发展，维护民族团结和国家安全具有重要意义。

按照规划内容，自治区将加快对外开放步伐，建设出口加工基地；有序开发优势资源，建设能源材料基地；加快结构调整，建设优质农畜产品生产和深加工基地；加大科技投入，建设战略性新兴产业；大力发展第三产业，建设现代服务体系；加大建设力度，提高基础设施服务水平；积极推进城镇化，促进城乡统筹协调发展；积极发展各项社会事业，促进基本公共服务均等化；加大生态环境保护，提高生态保障能力。

国家有关部门要求，新疆各有关方面要坚定信心，开拓进取，扎实工作，抓好贯彻实施工作；自治区人民政府、新疆生产建设兵团要加强对规划实施的组织领导，明确分工，落实责任，完善制度，有序推进规划实施，确保规划目标任务顺利完成，努力开创新疆经济社会发展的新局面。

温州金融改革实施方案发布

温州金融改革实施方案正式对外发布，方案对民间借贷、民间资金设立村镇银行等焦点领域和热点问题作出了详细规划。实施方案明确要鼓励民间资金根据有关规定发起设立或参股村镇银行、贷款公司、农村资金互助社等新型金融组织。在民间借贷方面，实施方案提出要研究起草温州市民间融资管理条例，并开展民间借贷服务中心试点，形成民间融资综合利率指数，也称"温州指数"。

此外，实施方案还提出探索小额贷款公司发行中小企业私募债；探索以人民币开展个人境外直接投资；据了解，为了加快金融改革，温州市已经酝酿了78个改革项目，现在在推进当中和已经启动的占了80%。

国务委员马凯在中南海紫光阁会见南非公共职能和行政事务部部长琳迪韦·西苏鲁一行

马凯指出，中国政府历来把反腐败斗争作为关系执政党生死存亡和国家长治久安的一项根本性大事来抓，全面推进惩治和预防腐败体系建设，严格规范权力行使和对权力的监督，健全反腐败法律制度，切实让权力在阳光下运行，努力清除腐败现象滋生的土壤和条件。中国监察部与南非公共职能和行政事务部都肩负着反腐败的重要职责，中国政府支持双方继续加强反腐败领域的合作与交流，相互学习、彼此借鉴，共同促进反腐败工作深入开展。

西苏鲁对中国政府反腐败工作取得的成绩给予积极评价。

外交部部长杨洁篪在北京与巴勒斯坦人民党总书记萨利希举行会谈

全国人大常委会副委员长华建敏在苏瓦与斐济总统埃佩利·奈拉蒂考举行会谈

中央军委在八一大楼隆重举行晋升上将军衔仪式

中央军委主席习近平向晋升上将军衔的中央军委委员、第二炮兵司令员魏凤和同志颁发命令状。

上午9时许，晋衔仪式开始。中央军委副主席范长龙宣读了11月17日中央军委主席习近平签署的晋升上将军衔命令。中央军委副主席许其亮主持晋衔仪式。

国防部部长梁光烈在八一大楼与拉脱维亚国防部部长阿尔蒂斯·帕布里克斯举行会谈

《中华人民共和国海南省三沙市地图》出版发行

经总参测绘导航局审定、国家新闻出版总署批准，我国首张全面、准确、翔实显示三沙市地理位置和南海诸岛地貌的专题地图——《中华人民共和国海南省三沙市地图》编辑出版发行，并将于24日起在全国各大书店同步上市。

《中华人民共和国海南省三沙市地图》为集卫星影像图、航空影像图、地貌晕渲图、政区图为一体的专题地图，全面展示了三沙市及南海诸岛岛礁地理位置、海部地貌、自然资源、海陆交通、机场港口、行政区划等内容，重点显示了三沙市政府所在地——永兴岛的航空影像和美济礁、中业岛等38个重要岛礁的卫星影像。

中国舞剧《粉墨春秋》亮相新加坡

中国大型舞剧《粉墨春秋》23日开始在新加坡嘉龙剧院演出，新加坡总统陈庆炎及1000多名观众共同观看了当天的首演。《粉墨春秋》由山西艺术职业学院华晋舞剧团出演。

吴为山"文心铸魂"雕塑展在罗马开幕

由中国文化部、意大利文化遗产与活动部、中国驻意大利大使馆主办的"文心铸魂——吴为山雕塑艺术国际巡展—意大利罗马威尼斯宫展"23日拉开帷幕。展览展出了中国艺术研究院美术研究所所长、中国雕塑院院长吴为山的30多件作品，其作品融汇中西方艺术，形成了一种独特的现代写意雕塑风格。

首届客家文化艺术节在广东省梅州市开幕

11月24日

澳门特别行政区第十二届全国人大代表选举会议第一次全体会议在澳门举行

选举会议成员346人出席了会议。会议推选产生了选举会议主席团，分发了澳门特别行政区第十二届全国人大代表候选人提名信。受全国人大常委会委托来澳门主持选举工作的全国人大常委会副委员长兼秘书长李建国主持会议并讲话。

李建国首先代表全国人大常委会和吴邦国委员长向各位选举会议成员问好并对他们积极出席会议表示感谢。

在介绍了选举工作的总体安排后，李建国说，全国人民代表大会是最高国家权力机关。全国人大代表是最高国家权力机关的组成人员，代表人民的利益和意志，依法参加行使国家权力。澳门回归祖国以后，广大澳门同胞既有权依法参加特别行政区自治范围内各项事务的管理，也有权依法参与国家事务的管理，这是澳门同胞摆脱殖民统治、实现当家做主的重要体现，也是"一国两制"的重要体现。

李建国指出，澳门回归以来，澳门特别行政区先后选举产生的第九届、第十届和第十一届全国人大代表，参加了最高国家权力机关的工作。过去的13年，澳门全国人大代表恪尽职守，勤勉尽责，以高度的责任感和使命感，认真履行宪法和法律赋予的职责。澳门全国人大代表富有开创性而又务实的履职活动，已经成为"一国两制"实践的重要组成部分。继续做好澳门全国人大代表选举工作，对于坚持和完善人民代表大会制度，贯彻落实"一国两制"、"澳人治澳"、高度自治方针和澳门基本法，保持澳门长期繁荣稳定，具有十分重要的意义。相信大家会以对国家和澳门高度负责的精神，认真履行宪法和法律赋予的神圣职责，把选举工作搞好。

李建国说，根据澳门特别行政区选举第十二届全国人大代表的办法，澳门特别行政区选举的全国人大代表必须是年满18周岁的澳门居民中的中国公民。同时，按照宪法的规定，全国人大代表必须模范地遵守宪法和法律。澳门前三次全国人大代表的选举都是成功的，选出的代表是符合要求的。我相信，在前三次成功经验的基础上，大家这次一定不辜负全国人民的期望，不辜负广大澳门同胞的期望，把真正拥护宪法和澳门基本法、拥护"一国两制"、爱国爱澳的人士选为第十二届全国人大代表，代表澳门特别行政区同胞参加最高国家权力机关的工作。

李建国强调，澳门回归祖国13年来，"一国两制"、

"澳人治澳"、高度自治的方针得到全面贯彻落实。澳门同胞当家做主,享有的民主权利和自由比历史上任何时候都更为广泛。刚刚胜利闭幕的中国共产党第十八次全国代表大会,是在我国进入全面建成小康社会决定性阶段召开的一次承前启后、继往开来的盛会。十八大报告对港澳工作作出了一系列重要论述和部署。贯彻落实好十八大精神,对于继续成功地把"一国两制"事业推向前进具有重要的现实意义和深远的历史意义。希望大家心系国家根本利益和澳门同胞福祉,不负众望,尽职尽责,圆满完成这次选举任务。

按照选举办法的规定,选举会议第一次全体会议根据全国人大常委会委员长会议的提名,经过表决,推选出由马有礼、刘焯华、李沛霖、杨俊文、何厚铧、贺一诚、黄显辉、曹其真(女)、崔世安、梁庆庭、廖泽云11位选举会议成员组成的澳门第十二届全国人大代表选举会议主席团。按照选举办法的规定,主席团主持选举会议。

会议向每位选举会议成员分发了《中华人民共和国澳门特别行政区第十二届全国人民代表大会代表候选人提名信》。按照选举办法规定,澳门特别行政区应选第十二届全国人大代表的名额为12名,每名选举会议成员提出的代表候选人不得超过12名;澳门居民中的中国公民凡有意参选第十二届全国人大代表的,应在选举会议主席团确定的代表候选人的提名时间期限内领取和填写参选人登记表,取得10名以上选举会议成员分别填写的提名信,在提名截止日期以前,亲自送交选举工作办公室。

澳门特别行政区第十二届全国人大代表选举会议主席团第一次会议在澳门举行

根据澳门特别行政区选举第十二届全国人大代表的办法,主席团是选举会议的领导机构,主持选举会议,其主要职责是:确定选举日期;确定代表候选人的提名时间;公布代表候选人名单和简介;提出总监票人和监票人的人选,提交选举会议表决;宣布选举结果,并报全国人大常委会代表资格审查委员会;接受与选举代表有关的投诉,并转报全国人大常委会代表资格审查委员会处理。

主席团会议分两个阶段进行。第一阶段,由全国人大常委会副委员长兼秘书长李建国主持,推选主席团常务主席。会议一致推选选举会议主席团成员崔世安为主席团常务主席。第二阶段,由主席团常务主席崔世安主持。主席团确定:2012年11月26日至12月6日为澳门特别行政区第十二届全国人民代表大会代表候选人的提名时间;2012年12月17日上午举行选举会议第二次全体会议,投票选举澳门特别行政区第十二届全国人大代表。主席团还确定梁庆庭为主席团新闻发言人。

李建国在会上表示,希望主席团成员以《中华人民共和国宪法》和澳门特别行政区基本法为依据,严格按照澳门特别行政区选举第十二届全国人大代表的办法,认真履行职责,把这次选举工作组织好。

会后,主席团发布了主席团第一号公告。

全国人大常委会副委员长周铁农在北京会见贝宁国民议会议长纳戈一行

11月25日

中共中央印发《关于认真学习宣传贯彻党的十八大精神的通知》

为深入学习宣传贯彻党的十八大精神,把全党全国各族人民的思想统一到党的十八大精神上来,把力量凝聚到实现党的十八大确定的各项任务上来,现通知如下。

一、充分认识学习宣传贯彻党的十八大精神的重大意义

中国共产党第十八次全国代表大会于11月8日至14日在北京举行。这是在我国进入全面建成小康社会决定性阶段召开的一次十分重要的大会,是一次高举旗帜、继往开来、团结奋进的大会,对凝聚党心军心民心、推动党和国家事业发展具有十分重大的意义。大会高举中国特色社会主义伟大旗帜,以马克思列宁主义、毛泽东思想、邓小平理论、"三个代表"重要思想、科学发展观为指导,分析了国际国内形势的发展变化,回顾和总结了过去5年的工作和党的十六大以来的奋斗历程及取得的历史性成就,确立了科学发展观的历史地位,提出了夺取中国特色社会主义新胜利必须牢牢把握的基本要求,确定了全面建成小康社会和全面深化改革开放的目标,对新的时代条件下推进中国特色社会主义事业作出了全面部署,对全面提高党的建设科学化水平提出了明确要求。胡锦涛同志代表第十七届中央委员会作的《坚定不移沿着中国特色社会主义道路前进,为全面建成小康社会而奋斗》的报告,描绘了全面建成小康社会、加快推进社会主义现代化的宏伟蓝图,为党和国家事业进一步发展指明了方向,是全党全国各族人民智慧的结晶,是我们党团结带领全国各族人民夺取中国特色社会主义新胜利的政治宣言和行动纲领,是马克思主义的纲领性文献。大会通过的《中国共产党章程(修正案)》,体现了党的理论创新和实践发展的成果,体现了党的十八大确立的重大理论观点和重大工作部署,对以改革创新精神全面

推进党的建设新的伟大工程、提高党的建设科学化水平提出了明确要求。

党的十八届一中全会选举产生了以习近平同志为总书记的新一届中央领导集体，一批经验丰富、年富力强、德才兼备、奋发有为的同志进入中央领导机构，实现了党的中央领导集体的又一次新老交替，充分显示了中国特色社会主义事业蓬勃兴旺、薪火相传、后继有人。

认真学习宣传贯彻党的十八大精神，关系党和国家工作全局，关系中国特色社会主义事业长远发展，对动员全党全国各族人民在以习近平同志为总书记的党中央领导下，高举中国特色社会主义伟大旗帜，满怀信心为全面建成小康社会、夺取中国特色社会主义新胜利而奋斗，具有重大现实意义和深远历史意义。

二、全面准确学习领会党的十八大精神

学习宣传贯彻党的十八大精神，首先要认真研读党的十八大文件，原原本本学习党的十八大报告和党章，学习习近平同志在党的十八届一中全会上的重要讲话精神。要着重把握以下几个方面。

1. 要深刻领会党的十八大的主题。高举中国特色社会主义伟大旗帜，以邓小平理论、"三个代表"重要思想、科学发展观为指导，解放思想、改革开放，凝聚力量，攻坚克难，坚定不移沿着中国特色社会主义道路前进，为全面建成小康社会而奋斗。这是党的十八大的主题，鲜明回答了我们党举什么旗帜、走什么道路、保持什么样的精神状态、朝着什么样的目标继续前进的重大问题。中国特色社会主义是当代中国发展进步的旗帜，也是全党全国各族人民团结奋斗的旗帜。解放思想是推动党和人民事业发展的强大思想武器，改革开放是推动党和人民事业发展的强大动力，凝聚力量、攻坚克难是坚持和发展中国特色社会主义的基本要求，全面建成小康社会是党和国家到2020年的奋斗目标，是全国各族人民的根本利益所在。

2. 要深刻领会过去5年和10年党和国家事业取得新的历史性成就。党的十七大以来的5年，是我们在中国特色社会主义道路上奋勇前进的5年，是我们经受住各种困难和风险考验、夺取全面建设小康社会新胜利的5年。过去5年的工作，是党的十六大以来全面建设小康社会10年实践的重要组成部分。这10年，我们紧紧抓住和用好我国发展的重要战略机遇期，战胜一系列重大挑战，奋力把中国特色社会主义推进到新的发展阶段。这10年，社会生产力、经济实力、科技实力迈上一个大台阶，人民生活水平、居民收入水平、社会保障水平迈上一个大台阶，综合国力、国际竞争力、国际影响力迈上一个大台阶，国家面貌发生新的历史性变化，是我国经济持续发展、民主不断健全、文化日益繁荣、社会保持稳定的时期，是着力保障和改善民生、人民得到实惠更多的时期。同时，必须清醒看到，我们工作中还存在许多不足，前进道路上还有不少困难和问题，面对前所未有的风险挑战，我们必须高度重视，居安思危，进一步认真加以解决。

3. 要深刻领会科学发展观的历史地位和指导意义。科学发展观是马克思主义同当代中国实际和时代特征相结合的产物，是马克思主义关于发展的世界观和方法论的集中体现，对新形势下实现什么样的发展、怎样发展等重大问题作出了新的科学回答，把我们对中国特色社会主义规律的认识提高到新的水平，开辟了当代中国马克思主义发展新境界。科学发展观是中国特色社会主义理论体系最新成果，是中国共产党集体智慧的结晶，是指导党和国家全部工作的强大思想武器。科学发展观同马克思列宁主义、毛泽东思想、邓小平理论、"三个代表"重要思想一道，是党必须长期坚持的指导思想。面向未来，深入贯彻落实科学发展观，对坚持和发展中国特色社会主义具有重大现实意义和深远历史意义，必须把科学发展观贯彻到我国现代化建设全过程、体现到党的建设各方面。全党必须更加自觉地把推动经济社会发展作为深入贯彻落实科学发展观的第一要义，必须更加自觉地把以人为本作为深入贯彻落实科学发展观的核心立场，必须更加自觉地把全面协调可持续作为深入贯彻落实科学发展观的基本要求，必须更加自觉地把统筹兼顾作为深入贯彻落实科学发展观的根本方法。解放思想、实事求是、与时俱进、求真务实，是科学发展观最鲜明的精神实质。

4. 要深刻领会中国特色社会主义的丰富内涵，深刻领会夺取中国特色社会主义新胜利的基本要求。中国特色社会主义是当代中国发展进步的根本方向，只有中国特色社会主义才能发展中国。中国特色社会主义道路，中国特色社会主义理论体系，中国特色社会主义制度，是党和人民90多年奋斗、创造、积累的根本成就，必须倍加珍惜、始终坚持、不断发展，坚定道路自信、理论自信、制度自信。中国特色社会主义道路是实现途径，中国特色社会主义理论体系是行动指南，中国特色社会主义制度是根本保障，三者统一于中国特色社会主义伟大实践。这是党领导人民在建设社会主义长期实践中形成的最鲜明特色。建设中国特色社会主义，总依据是社会主义初级阶段，总布局是五位一体，总任务是实现社会主义现代化和中华民族伟大复兴。在新的历史条件下夺取中国特色社会主义新胜利要牢牢把握以下基本要求：必须坚持人民主体地位，必须坚持解放和发展社会生产力，必须坚持推进改革开放，必须坚持维护社会公平正义，必须坚持走共同富裕道路，必须坚持促进社会和谐,必须坚持和平发展,必须坚持党的领导,并使之成为全党全国各族人民的共同信念。党的基本路线是党和国家的生命线,要坚持把以经济建设为中心同四项基本原则、改革开放这两个基本点统一于中国特色社会主义伟大实践,扎扎实实夺取中国特色社会主义新胜利。

5.要深刻领会全面建成小康社会和全面深化改革开放的目标。党的十八大根据我国经济社会发展实际,提出了全面建成小康社会和全面深化改革开放的目标。要在党的十六大、十七大确立的全面建设小康社会目标的基础上努力实现新的要求,即:经济持续健康发展,人民民主不断扩大,文化软实力显著增强,人民生活水平全面提高,资源节约型、环境友好型社会建设取得重大进展。要加快完善社会主义市场经济体制,加快推进社会主义民主政治制度化、规范化、程序化,加快完善文化管理体制和文化生产经营机制,加快形成科学有效的社会管理体制,加快建立生态文明制度,构建系统完备、科学规范、运行有效的制度体系,使各方面制度更加成熟更加定型。

6.要深刻领会社会主义经济建设、政治建设、文化建设、社会建设、生态文明建设等方面的重大部署。在经济建设上,必须坚持发展是硬道理的战略思想,以科学发展为主题,以加快转变经济发展方式为主线,坚持走中国特色新型工业化、信息化、城镇化、农业现代化道路,打胜全面深化经济体制改革和加快转变经济发展方式这场硬仗,把我国经济发展活力和竞争力提高到新的水平。在政治建设上,必须坚持走中国特色社会主义政治发展道路,继续积极稳妥推进政治体制改革,坚持党的领导、人民当家做主、依法治国有机统一,发展更加广泛、更加充分、更加健全的人民民主。在文化建设上,必须走中国特色社会主义文化发展道路,加强社会主义核心价值体系建设,积极培育和践行社会主义核心价值观,丰富人民精神文化生活,提高国民素质,增强文化整体实力和竞争力,扎实推进社会主义文化强国建设。在社会建设上,必须加快健全基本公共服务体系,加强和创新社会管理,以保障和改善民生为重点,多谋民生之利,多解民生之忧,解决好人民最关心最直接最现实的利益问题,在学有所教、劳有所得、病有所医、老有所养、住有所居上持续取得新进展。在生态文明建设上,必须树立尊重自然、顺应自然、保护自然的生态文明理念,坚持节约资源和保护环境的基本国策,着力推进绿色发展、循环发展、低碳发展,形成节约资源和保护环境的空间格局、产业结构、生产方式、生活方式,努力建设美丽中国,实现中华民族永续发展。党的十八大还对加快推进国防和军队现代化、丰富"一国两制"实践和推进祖国统一、继续促进人类和平与发展的崇高事业等方面作出重要部署。

7.要深刻领会全面提高党的建设科学化水平。新形势下,党面临的执政考验、改革开放考验、市场经济考验、外部环境考验是长期的、复杂的、严峻的,精神懈怠危险、能力不足危险、脱离群众危险、消极腐败危险更加尖锐地摆在全党面前。要牢牢把握加强党的执政能力建设、先进性和纯洁性建设这条主线,坚持解放思想、改革创新,坚持党要管党、从严治党,全面加强党的思想建设、组织建设、作风建设、反腐倡廉建设、制度建设,增强自我净化、自我完善、自我革新、自我提高能力,建设学习型、服务型、创新型的马克思主义执政党,确保党始终成为中国特色社会主义事业的坚强领导核心。

三、认真做好党的十八大精神的宣传

要全面准确、深入系统地宣传党的十八大精神,使之更好地为广大干部群众所掌握。

1.切实抓好学习培训。要通过举办各种形式的培训班、研讨班,组织广大党员干部认真学习党的十八大精神。中央将于年内举办新进中央委员会的委员、候补委员学习贯彻党的十八大精神研讨班。各级党委(党组)理论学习中心组要把学习党的十八大精神作为中心内容,制订系统学习培训计划,列出专题进行研讨,力求学深学透、融会贯通。各地要集中一段时间分期分批把县处级以上领导干部轮训一遍。基层党组织要采取多种形式,组织广大党员干部认真学习党的十八大精神。要注意抓好离退休人员中党员的学习,抓好偏远地区农村党员的学习,抓好失业人员和流动人口中党员的学习。要抓好党的十八大精神进教材、进课堂、进学生头脑的工作,把学习党的十八大精神作为学校思想政治教育和课堂教学的重要内容。

2.集中开展宣讲活动。从现在起到明年年初,在全国范围内集中开展党的十八大精神宣讲活动。中央将组织学习党的十八大精神宣讲团,赴各地开展宣讲。各地要参照这一做法,抽调有演讲能力的理论和实际工作者组成宣讲团,深入城乡基层开展面对面宣讲。要组织专门宣讲团到高校进行宣讲。各级领导干部要带头宣讲,以实际行动带动广大干部群众的学习。

3.精心组织新闻宣传。各级党报、党刊、电台、电视台要精心策划、集中报道,大力宣传党的十八大精神,宣传广大干部群众在学习贯彻党的十八大精神过程中解决实际问题的新成效新进展。要深入解读党的十八大提出的重大理论观点、重大方针政策、重大工作部署,增强舆论引导能力。要推出一批有分量有深度的报道、综述、社论、评论和理论文章。要结合"走基层、转作风、改文风"活动,组织新闻工作者深入基层一线,推出一批来自群众、生动鲜活的报道。

4. 积极开展网络宣传。要组织网络媒体通过系列报道、在线访谈、论坛跟帖等方式，开展具有网络特点的宣传报道，积极引导网上舆论，有效回应网民关切，形成网上正面宣传强势。注重运用微博客、社交网络和移动多媒体等新技术新手段，调动网民参与积极性，增强网络宣传的实效性和影响力。

四、坚持联系实际、推动工作

学习宣传贯彻党的十八大精神，要紧密联系改革开放和社会主义现代化建设实际，联系本地区本部门工作实际，联系广大干部群众思想实际，与深入调查研究紧密结合，坚持学以致用、用以促学，把党的十八大精神落实到经济社会发展各方面，体现到做好今年各项工作和安排好明年工作之中。

1. 要落实到推动科学发展、加快完善社会主义市场经济体制和加快转变经济发展方式上来。牢牢把握科学发展这个主题和加快转变经济发展方式这条主线，坚持稳中求进的工作总基调，把稳增长放在更加重要的位置，积极应对世界经济波动冲击。推进经济结构战略性调整，加快形成新的经济发展方式，促进经济持续健康发展，推进社会主义民主法制建设，推动社会主义文化大发展大繁荣，推进生态文明建设。要坚持社会主义市场经济的改革方向，提高改革决策的科学性，增强改革措施的协调性，找准深化改革开放的突破口，明确深化改革开放的着力点，不失时机地推进重要领域和关键环节改革，继续解放和发展社会生产力，继续推动我国社会主义制度自我完善和发展，坚决破除一切妨碍科学发展的思想观念和体制机制弊端。深化经济体制改革、政治体制改革、文化体制改革、社会体制改革、生态体制改革，不断在制度建设和创新方面迈出新步伐，不断促进生产关系和生产力、上层建筑和经济基础相适应，促进经济社会各个领域、各个方面、各个环节相协调。

2. 要落实到促进社会和谐、保障和改善民生上来。把保障和改善民生放在更加突出的位置，努力办好人民满意的教育，推动实现更高质量的就业，千方百计增加居民收入，统筹推进城乡社会保障体系建设，提高人民健康水平，加强和创新社会管理。着力解决教育、就业、社会保障、医疗、住房、生态环境、食品药品安全、安全生产、社会治安、执法司法等关系群众切身利益的问题，维护社会公平正义，使发展成果更多更公平惠及全体人民，让人民群众通过辛勤劳动过上更加美好生活。正确处理改革发展稳定关系，着力化解人民内部矛盾与不和谐因素，最大限度增加和谐因素。

3. 要落实到全面推进党的建设新的伟大工程上来。形势的发展、事业的开拓、人民的期待，都要求我们以改革创新精神全面推进党的建设新的伟大工程，全面提高党的建设科学化水平。要按照加强和改进党的建设的总体要求，以改革创新精神全面推进党的建设新的伟大工程，全面提高党的建设科学化水平，保持党的先进性和纯洁性。要突出抓好党的十八大提出的重点任务，进一步坚定理想信念，进一步保持党同人民群众的血肉联系，进一步积极发展党内民主，进一步夯实党执政的组织基础，进一步搞好党风廉政建设，进一步严明党的纪律，加紧建立、健全保证党科学执政、民主执政、依法执政的体制机制，抓紧解决党内存在的突出矛盾和问题。广大党员干部要自觉遵守党章，自觉按照党的组织原则和党内政治生活准则办事。党员干部要自觉做坚定理想信念的表率，自觉做认真学习实践的表率，自觉做坚持民主集中制的表率，自觉做弘扬优良作风的表率。

4. 要落实到解放思想、改革开放、凝聚力量、攻坚克难上来。准确把握我国发展的重要战略机遇期内涵和条件的变化，充分认识如期全面建成小康社会任务十分艰巨，着力解放思想、改革开放、凝聚力量、攻坚克难，勇于实践、勇于变革、勇于创新。增强忧患意识、风险意识、责任意识，坚定必胜信念，积极开拓进取，全面做好改革发展稳定各项工作，着力解决经济社会发展中的突出矛盾和问题，有效防范各种潜在风险，努力促进经济社会发展，努力保持社会和谐稳定。

五、切实加强组织领导

学习宣传贯彻党的十八大精神，是全党全国当前和今后一个时期的首要政治任务。各级党委要把学习宣传贯彻党的十八大精神摆上重要议事日程，切实加强组织领导。

1. 切实负起领导责任。各级党委要按照中央的部署，结合本地区本部门实际，作出专题部署，提出具体要求，着力抓好落实，迅速兴起学习宣传贯彻党的十八大精神的热潮。要着力抓好县处级以上领导干部的学习培训。要加强工作指导，加强督促检查，务求取得实效，切忌形式主义。各级组织、宣传部门和其他有关部门，要在党委统一领导下，密切配合。组织部门要把学习宣传贯彻党的十八大精神与干部教育培训工作、加强领导班子建设和基层党组织建设结合起来。宣传部门要扎实做好党的十八大精神宣传工作，营造学习宣传贯彻党的十八大精神的浓厚氛围。工会、共青团、妇联等人民团体要充分发挥自身优势，开展各具特色的学习教育活动。

2. 牢牢把握正确导向。要坚持团结稳定鼓劲、正面宣传为主的方针，着力用党的十八大精神统一思想、凝聚力量。要及时了解干部群众的思想状况，密切关注社会舆情，有针对性地做好工作。加强对敏感问题和热点问题的正面引导，解疑释惑，最大限度凝聚社会共识。加强对宣传思想文化阵地的管理,决不给错误思想言论提供传播渠道。

3. 不断创新方式方法。要坚持贴近实际、贴近生活、贴近群众,创新形式载体,探索方法手段,努力增强学习宣传贯彻党的十八大精神的吸引力感染力和针对性实效性。善于运用群众乐于参与、便于参与的方式,采取富有时代特色、体现实践要求的方法,在拓展广度深度上下功夫。善于运用新科技手段创造性地开展工作,努力扩大工作的覆盖面和影响力。

各地区各部门要及时将学习宣传贯彻党的十八大精神的情况报告中央。

全国人大常委会副委员长陈至立在阿尔及尔会见阿全国妇女联合会主席哈夫西等主要负责人

全国人大常委会副委员长陈至立在阿尔及尔会见阿国民议会议长穆罕默德—拉尔比·乌尔德·哈利法

陈至立说,自1958年建交以来,两国关系始终健康、稳定发展。2004年两国建立战略合作关系后,双边关系呈现出加速发展势头。中方高度重视与阿关系,愿与阿方共同努力,进一步加强高层往来、议会交往及妇女等领域的交流合作,不断丰富两国战略合作关系内涵。陈至立还介绍了中国共产党第十八次全国代表大会的情况。

哈利法说,阿中两国有着深厚的友谊,双方是值得信赖的兄弟和朋友。阿中友好具有深远的战略意义,近年来,两国高层互访频繁,政治互信不断加强,经贸等各领域的合作不断加深,在国际事务中保持互信与协作,两国议会也保持较好的交往。希望两国进一步加强在经贸、科技等领域的合作,不断密切议会和议会友好小组之间的交流,推动两国人民的友谊不断巩固和发展。

我航空母舰顺利进行歼—15飞机起降飞行训练

新华社报道:我国第一艘航母"辽宁舰"交接入列后,海军官兵以科学求实的态度和顽强拼搏的精神,按计划迅速投入紧张的出海训练和科研试验任务中。期间,顺利进行了歼—15飞机起降飞行训练。航母平台和飞机的技术性能得到了充分验证,舰机适配性能良好,达到了设计指标要求。

9月25日,"辽宁舰"正式交付海军。全舰官兵牢记嘱托,不辱使命,深入开展了"以优异成绩向党的十八大献礼"训练竞赛活动,围绕舰载机上舰,全舰各部门、各战位结合科研试验,凝聚力量、攻坚克难主动把试验与训练有机融合,以试验带动训练,以训练保障试验,大大提高了试训效率。入列以来,全舰完成了上百个训练科目和试验项目。

我国自己培养的首批舰载战斗机飞行员和舰上飞行指挥员,面对新机种、新科目、新环境、新要求,勇于探索,刻苦训练,把握规律,精益求精,按照"大胆地飞,科学地飞,精准地飞"的要求,进行了高强度飞行训练,探索并固化了着舰的飞行方法,突破了滑跃起飞、阻拦着舰等飞行关键技术,掌握了大侧风、低能见度、不稳定气流等条件下的偏差修正动作要领。在实际研练中,所有舰载机飞行员的训练成绩都达到了训练大纲规定标准和上舰试验要求,首次上舰飞行均一次成功。

歼—15飞机是我国自行设计研制的首型舰载多用途战斗机,具有完全的自主知识产权,可遂行制空、制海等作战任务,飞行性能良好,配挂多型精确制导武器,具备远程打击和昼夜间作战能力。

我国在酒泉卫星发射中心用"长征四号丙"运载火箭将"遥感卫星十六号"发射升空并送入预定轨道

11月26日

中共中央总书记习近平作出重要指示要求广大党员干部学习罗阳同志优秀品质和可贵精神

新华社报道:11月25日,歼—15舰载机研制现场总指挥罗阳在大连执行任务时突发疾病逝世。中共中央总书记、中央军委主席习近平26日作出重要指示。

习近平指出,罗阳同志不幸因公殉职,我谨致以沉痛的哀悼,并向他的家人表示深切的慰问。罗阳同志秉持航空报国的志向,为我国航空事业发展作出了突出贡献,他的英年早逝是党和国家的一个重大损失。要很好地总结和宣传罗阳同志的先进事迹,广大党员、干部要学习罗阳同志的优秀品质和可贵精神。习近平还要求有关方面妥善照顾罗阳同志的家人。

遵照习近平的指示精神,中央组织部要求深入总结和宣传罗阳的先进事迹,号召广大党员、干部学习罗阳的优秀品质和可贵精神。中央宣传部要求主要媒体立即对罗阳先进事迹采访宣传,号召广大党员、干部向罗阳学习,为推动党和国家事业提供榜样的力量。中国航空工业集团公司决定授予罗阳"航空报国英模"称号,并在全集团深入开展向罗阳学习活动。

辽宁省、中国航空工业集团公司负责人第一时间向罗阳家属传达了习近平的指示,转达了习近平的慰问。中国航空工业集团公司及所属沈阳飞机工业(集团)有限公司广大干部职工纷纷以各种方式表达对罗阳的崇敬和哀悼之情,并表示一定会以罗阳为榜样,继续为我国航空事业发展贡献力量。

罗阳是歼—15舰载机研制现场总指挥、中航工业沈阳飞机工业(集团)有限公司董事长、总经理。他投身祖国航空事业30年来,秉持航空报国的志向,坚持敬业诚信、创新超越的理念,兢兢业业,攻坚克难,常年超负荷工作,带领工程技术人员完成了多个重点型号研制,直至生命的最后一刻,为我国航空事业发展作出了突出贡献。

全国人大常委会委员长吴邦国在人民大会堂会见贝宁国民议会议长纳戈

吴邦国说,今年是中贝复交40周年。40年来,两国关系发展顺利,双方政治交往密切,经贸等领域合作成效显著,人文交流充满活力。贝宁坚定奉行一个中国政策,在台湾、涉藏、涉疆等重大问题上给予中方宝贵支持,中方对此深表感谢。中方愿与贝方共同努力,切实落实两国元首会晤成果,使中贝友好合作关系成果更多惠及两国人民。

纳戈说,贝宁十分钦佩中国改革开放取得的巨大成就,中国用事实证明自己走的是正确的发展道路。作为在国际上有着特殊地位和重要影响的大国,中国坚定捍卫广大发展中国家的利益。贝宁视中国为可信赖的朋友和学习的榜样,愿加强与中方在各领域的务实合作,密切在国际事务中的沟通配合,为促进非中友好、建设公平合理的国际新秩序而不懈努力。贝宁国民议会愿为此做更多工作。纳戈重申,贝宁坚定奉行一个中国政策。

国办印发《国家农业节水纲要(2012—2020年)》并发出通知

各省、自治区、直辖市人民政府,国务院各部委、各直属机构:

《国家农业节水纲要(2012—2020年)》已经国务院同意,现印发给你们,请认真贯彻执行。

国务院办公厅

2012年11月26日

国家农业节水纲要(2012—2020年)

水资源是基础性的自然资源和重要的战略资源。我国是一个水资源严重短缺的国家,水资源供需矛盾突出仍然是可持续发展的主要瓶颈。农业是用水大户,近年来农业用水量约占经济社会用水总量的62%,部分地区高达90%以上,农业用水效率不高,节水潜力很大。大力发展农业节水,在农业用水量基本稳定的同时扩大灌溉面积、提高灌溉保证率,是促进水资源可持续利用、保障国家粮食安全、加快转变经济发展方式的重要举措。为贯彻落实《中共中央国务院关于加快水利改革发展的决定》(中发〔2011〕1号)和《国务院关于实行最严格水资源管理制度的意见》(国发〔2012〕3号)精神,把节水灌溉作为经济社会可持续发展的一项重大战略任务,全面做好农业节水工作,特制定本纲要。

一、总体要求

(一)指导思想。以邓小平理论、“三个代表”重要思想、科学发展观为指导,按照中央关于加快水利改革发展、推进农业科技创新的决策和部署,以改善和保障民生为宗旨,以提高农业综合生产能力为目标,以水资源高效利用为核心,严格水资源管理,优化农业生产布局,转变农业用水方式,完善农业节水机制,着力加强农业节水的综合措施,着力强化农业节水的科技支撑,着力创新农业节水工程管理体制,着力健全基层水利服务和农技推广体系,以水资源的可持续利用保障农业和经济社会的可持续发展。

(二)基本原则。

——坚持科学规划,统筹兼顾。编制全国性、区域性的农业节水相关规划,以供定需,量水而行,因水制宜,合理确定农业节水发展目标和建设重点。

——坚持因地制宜,分区实施。根据各地水土资源条件、农业生产布局等实际情况,抓住影响农业用水效率和效益的关键环节,分区采取适宜的农业节水措施,兼顾节水的经济效益、社会效益和生态效益,促进农业增产和农民增收。

——坚持突出重点,示范推广。突出抓好重点区域、主要农作物的节水技术应用,集中连片建设农业节水工程,实行规模化发展。建设旱作节水农业示范工程,加快节水技术推广。

——坚持政府主导,多方参与。建立政府调控、市场引导、公众参与的农业节水机制。充分尊重农民意愿,加大公共财政投入,明确各方职责,调动和发挥广大农民以及社会力量的积极性。

——坚持建管并重,深化改革。在加强农业节水工程建设的同时,建立、健全工程管理体制和运行机制,推行用水总量控制和定额管理,深化农业水价综合改革,完善农业节水产业支持、技术服务、财政补助等政策措施。

(三)发展目标。到2020年,在全国初步建立农业生产布局与水土资源条件相匹配、农业用水规模与用水效率相协调、工程措施与非工程措施相结合的农业节水体系。基本完成大型灌区、重点中型灌区续建配套与节水改造和大中型灌排泵站更新改造,小型农田水利重点县建设基本覆盖农业大县;全国农田有效灌溉面积达到10亿亩,新增节水灌溉工程面积3亿亩,其中新增高效节水灌溉工程面积1.5亿亩以上;全国农业用水量基本稳定，农田灌溉水有效利用系数达到0.55以上；全国旱作节水农业技术推广面积达到5亿亩以上，高效用水技术覆盖率达到50%以上。

二、建立农业节水体系

（四）优化配置农业用水。

通过建设骨干水源工程和实施区域水资源配置工程，进一步优化用水结构，缓解重点农业生产区的用水压力。充分利用天然降水，合理配置地表水和地下水，重视利用非常规水源，提高农业用水总体保障水平。在渠灌区因地制宜实行蓄水、引水、提水相结合。在井渠结合灌区实行地表水和地下水联合调度。在井灌区严格控制地下水开采。在不具备常规灌溉条件的地区，利用当地水窖、水池、塘坝等多种手段集蓄雨水，解决抗旱播种和保苗用水。

（五）调整农业生产和用水结构。根据各地水资源承载能力和自然、经济、社会条件，优化配置水、土、光、热、种质等资源，合理调整农业生产布局、农作物种植结构以及农、林、牧、渔业用水结构。在水资源短缺地区严格限制种植高耗水农作物，鼓励种植耗水少、附加值高的农作物。在规划建设商品粮、棉、油、菜等基地时，要充分考虑当地水资源条件，避免加剧用水供需矛盾。积极发展林果业和养殖业节水。

（六）完善农业节水工程措施。优先推进粮食主产区、严重缺水和生态环境脆弱地区节水灌溉发展。除有回灌补源要求的渠段以外，对渠道要进行防渗处理。要平整土地，合理调整沟畦规格，推广抗旱坐水种和移动式软管灌溉等地面灌水技术，提高田间灌溉水利用率。在井灌区和有条件的渠灌区，大力推广管道输水灌溉。在水资源短缺、经济作物种植和农业规模化经营等地区，积极推广喷灌、微灌、膜下滴灌等高效节水灌溉和水肥一体化技术。因地制宜实施坡耕地综合治理、雨水集蓄利用等措施。

（七）推广农机、农艺和生物技术节水措施。合理安排耕作和栽培制度，选育和推广优质耐旱高产品种，提高天然降水利用率。大力推广深松整地、中耕除草、镇压耙耱、覆盖保墒、增施有机肥以及合理施用生物抗旱剂、土壤保水剂等技术，提高土壤吸纳和保持水分的能力。在干旱和易发生水土流失地区，加快推广保护性耕作技术。

（八）健全农业节水管理措施。加强水资源统一管理，强化农业用水管理和监督，严格控制农业用水量，合理确定灌溉用水定额。明确农业节水工程设施管护主体，落实管护责任。完善农业用水计量设施，加强水费计收与使用管理。完善农业节水社会化服务体系，加强技术指导和示范培训。积极推行农业节水信息化，有条件的灌区要实行灌溉用水自动化、数字化管理。加强技术监督，规范节水材料和设备市场。

三、实行分区指导

（九）东北地区。包括辽宁、吉林、黑龙江三省以及内蒙古自治区东部。西部要根据水资源承载能力，大力推广高效节水灌溉技术，积极采用深松整地、抗旱坐水种等措施，合理施用生物抗旱剂和土壤保水剂；合理发展膜下滴灌、喷灌，在有规模化耕作条件的地区集中连片发展大、中型机械化行走式喷灌。东部要加大现有灌区续建配套与节水改造力度，新建灌区应达到节水灌溉工程规范要求，大力推广水稻控制灌溉技术。

（十）西北地区。包括陕西、甘肃、青海、宁夏、新疆五省（区）和内蒙古自治区中西部以及山西省西部，要严格按照水资源配置总量，控制灌溉发展规模。在灌区重点发展渠道防渗，在适宜地区大力推广膜下滴灌、喷灌技术。在水资源条件允许的地区，适度发展大、中型机械化行走式喷灌，兼顾发展小型移动机组式喷灌和管道输水灌溉；在具有水力自流条件的地区优先发展自压喷灌、微灌和管道输水灌溉。在内陆河区优先发展高效节水灌溉，维护生态安全。要加强土地平整，改进沟畦灌水技术，推广垄膜沟灌、覆盖保墒等技术，配套施用长效、缓释肥料及抗旱、抗逆制剂。根据水资源条件，在草原牧区积极发展节水灌溉饲草料地。大力实施小流域、坡耕地综合治理和黄土高原淤地坝等工程建设，有效改善农业生产条件和生态环境。

（十一）黄淮海地区。包括北京、天津、河北、山东、河南五省（市）和山西东部以及江苏、安徽两省北部。在井灌区重点发展管道输水灌溉，积极发展喷灌、微灌和水肥一体化，推广用水计量和智能控制技术。在渠灌区、井渠结合灌区重点发展渠道防渗，因地制宜发展低压管道输水灌溉，推广水稻控制灌溉技术。在地下水超采区严格控制新增灌溉面积，大力提倡合理利用雨洪资源、微咸水、再生水等。

（十二）南方地区。包括长江沿岸及其以南的各省（区、市），要以渠道防渗为主，重点加快灌排工程更新改造，适当发展管道输水灌溉，大力发展水稻控制灌溉。在丘陵山区兴建小水窖、小水池、小塘坝、小泵站、小水渠等“五小水利”工程，积极推广节水灌溉技术，提高抗旱减灾能力；搞好水土保持和生态建设，推广坡耕地综合治理，采取覆盖等农艺措施，提高土壤蓄水保墒能力。东南沿海经济发达地区要采取各类节水综合措施，提高灌溉保证率，率先实现农田水利现代化。

四、推进重点工程

（十三）大中型灌区节水改造工程。优先安排粮食主产区、严重缺水和生态环境脆弱地区的灌区续建配套与节水改造，着力解决工程不配套、渠（沟）系建筑物老化、渗漏损失大、计量设施不全、管理手段落后等问题。加强末级渠系建设,加快解决"最后一公里"问题。

(十四)高效节水灌溉技术规模化推广工程。以东北、西北、黄淮海地区为重点,选择农业生产急需、发展条件好、农民积极性高的地区,集工程、农艺、农机和管理等措施于一体,建设一批高效节水灌溉技术规模化推广工程,为周边农户开展技术咨询和培训,让实用节水技术进村入户到人,努力做到节水效果明显、经济效益显著、示范作用较大。

(十五)旱作节水农业技术推广示范工程。建设旱作节水农业示范县,突出工程措施与农艺措施集成配套,旱作节水农业技术与区域优势产业发展相结合,完善田间基础设施,发展补充灌溉和微水灌溉,推广改土、覆盖、倒茬、平整土地和秸秆还田、土壤墒情监测等技术,提高降雨入渗量,增强田间蓄墒能力。

(十六)农业节水技术创新工程。积极发挥科研单位、大专院校的优势,建立企业、用水户广泛参与、产学研相结合的农业节水技术创新和推广机制。注重引进、消化和吸收国外先进节水技术,集成和再创新形成适应我国不同地区的农业节水模式。加强主要农作物高效用水基础科学研究,开展节水灌溉技术标准、灌溉制度、新产品与新技术研发和综合节水技术集成模式等方面的联合攻关,在喷灌、微灌关键设备和低成本大口径管材及生产工艺等方面实现新突破,推广具有自主核心知识产权的智能控制和精量灌溉装备。开展灌区自动化控制、信息化管理等应用技术研究,逐步建立农田水利管理信息网络。重视发挥节水材料和设备生产、销售骨干企业在农业节水技术创新与集成中的主体作用,落实相关财税优惠政策,完善其售后服务网络。

(十七)山丘区"五小水利"工程。以西南地区为重点,在具有一定降水条件的地区大力推进"五小水利"工程建设,实现人均占有半亩以上具有补充灌溉条件的基本农田,使中等干旱年生产生活用水有保障、粮食不减产,严重干旱年生活用水有保障、粮食少减产。积极发挥人工增雨(雪)的抗旱减灾作用。

五、健全体制机制

(十八)完善法规政策。积极推进农田水利立法工作。各地区要实行最严格水资源管理制度,加强水资源论证和取水许可管理,加大水行政执法力度,规范农业节水工程建设和管理。针对农村劳动力大量外出、农业比较效益下降等实际情况,研究支持农田水利特别是发展节水灌溉的长效机制。进一步完善占用农业灌溉水源和灌排工程设施补偿制度。

(十九)推行节水灌溉制度。建立取用水总量控制指标体系,逐级分解农业用水指标,落实到各地区和各灌区。各地区要发布适合本地区条件的主要作物灌溉用水定额。有条件的地区要逐步建立节约水量交易机制,构建交易平台,保障农民在水权转让中的合法权益。

(二十)增加农业节水投入。进一步加大中央和地方对大型和中型灌区节水改造、高效节水灌溉和旱作节水农业示范等投入力度;增加中央和省级小型农田水利设施建设补助专项资金规模;全面落实从土地出让收益中提取10%用于农田水利建设政策,抓好中央统筹资金的使用管理,重点向粮食主产区、中西部地区和革命老区、少数民族地区、边疆地区、贫困地区倾斜,大力发展节水灌溉。农业发展银行要在风险可控的前提下,为发展节水灌溉提供中长期政策性贷款支持。加大节水灌溉研发投入,提高科技装备水平。扩大节水和抗旱机具购置补贴范围。

(二十一)发挥农民的主体作用。农民是开展农业节水和受益的主体,要充分尊重农民意愿和首创精神,鼓励农民建立用水户协会等多种形式的农民用水合作组织,让农民广泛参与农业节水工程的建设和管理,对用水节水中的问题进行民主协商、自主决策。通过政策引导、项目带动、"一事一议"财政奖补、技术指导、制度约束、信息服务等多种形式,调动农民节水积极性,让农民得到实实在在的经济利益。

(二十二)完善技术服务体系。建立、健全以乡镇或小流域为单元的基层水利服务机构、专业化服务队伍和农民用水合作组织"三位一体"的基层水利服务体系。强化基层水利服务机构水资源管理、防汛抗旱、农田水利建设、水利科技推广等公益性职能,按规定核定人员编制,充实技术力量,经费纳入县级财政预算;加强与农机、农业技术服务机构等的合作,在节水灌溉技术模式、设备选型与运行维护等方面为农民提供指导。充分发挥灌溉试验站、抗旱服务组织、节水灌溉公司等专业化服务队伍在节水灌溉、抗旱减灾、设备维修、技术推广等方面的作用。大力扶持农民用水合作组织发展。组织开展针对基层水利技术人员、农技推广人员、农民的技术培训,提高其管水、用水的能力。重视解决基层水利技术人员和农技推广人员在生产生活中的实际困难。

(二十三)深化工程管理体制改革。明晰农业节水工程产权,落实管护主体责任和管护经费,逐步建立职能清晰、权责明确、管理规范的运行机制。深化水管单位管理体制改革,落实公益性、准公益性水管单位基本支出和维修养护经费。以产权制度改革为核心,采取租赁、承包等方式,不断创新工程管理模式,大力推行用水户参与管理,逐步形成小型农业节水工程良性运行机制。

(二十四)推进农业水价综合改革。按照促进节约用水、降低农民水费支出、保障灌排工程良性运行的原则,建立科学合理的农业用水价格形成机制,合理确定农业水价。在渠灌区逐步实现计量到斗口,有条件的地区要计量到田头;在井灌区推广地下水取水计量和智能监控系统。重视利用经济杠杆促进农业节水,探索实行农民定额内用水享受优惠水价、超定额用水累进加价的办法,农业灌排工程运行管理费用由财政适当补助。强化农业水价制定、水费计收与使用监管,增加工作透明度,坚决制止中间环节搭车收费和截留挪用。

六、组织实施

(二十五)加强组织领导。地方各级人民政府要将农业节水摆在重要位置,及时研究解决工作中遇到的突出问题,在政策制定、资金安排等方面发挥主导作用。各省(区、市)要根据本纲要,结合本地区实际,制定具体实施办法。水利、农业、发展改革、财政、国土资源、科技、林业、气象等部门要各司其职,密切配合,共同做好农业节水工作。

(二十六)制定相关规划。地方各级水利、农业等部门要根据经济社会发展的总体目标和水资源承载能力,制定节水灌溉、旱作节水农业等相关中长期发展规划和年度实施计划,经各方面专家论证、审查和政府审批后,作为安排农业节水补助资金和整合相关资金的重要依据。规划要与流域、区域的水资源开发利用和总量控制指标相适应,与抗旱、农村土地整治、农业发展、资源能源节约、生态环境保护、节水型社会建设等规划相衔接。

(二十七)加强监督检查。结合落实最严格水资源管理制度,对农业节水目标和任务完成情况进行考核,并将考核结果与下年度项目和投资计划安排相挂钩。对在发展农业节水中作出优异成绩的单位和个人按照国家有关规定进行表彰;对严重破坏农业节水设施、违反节水有关规定、扰乱用水秩序的行为依法追究责任。建立农业用水和农业节水监测评估制度,进行年度监测和定期评估,确保工程长期发挥效益,避免对环境造成不利影响。

(二十八)强化宣传教育。充分运用广播、电视、报刊、网络等多种媒体,大力宣传节水的重要性和紧迫性,不断扩大水情宣传教育覆盖面,营造节水的良好社会氛围,形成全社会治水兴水的强大合力。围绕水与生命、水与粮食、水与生态等主题,大力普及农业节水知识和先进实用节水方法,广泛宣传和交流各地开展农业节水取得的成效、经验和做法。

中央政法委书记孟建柱在北京会见塔吉克斯坦内务部部长拉希莫夫

孟建柱表示,两国领导人都高度重视发展中塔关系。中方视塔吉克斯坦为真诚的朋友和可信赖的伙伴,愿与塔方一道,认真履行双方签署的各项协议,促进中塔睦邻友好合作关系不断向前发展。

孟建柱指出,中亚地区“三股势力”、贩毒等犯罪活动日益频繁,影响地区安全稳定的不利因素不断增加。中塔执法安全部门应进一步采取有效措施,推进在反恐怖、禁毒、打击跨国犯罪等各领域的务实合作,有效应对地区安全形势变化,共同维护两国和本地区的安全与稳定。

拉希莫夫表示,塔方高度重视发展与中方的执法合作关系,愿与中国公安部继续扩大和加强各领域紧密务实的合作与交流。

会见后,双方签署了《中华人民共和国公安部和塔吉克斯坦共和国内务部关于加强边境地区合作的备忘录》。会见前,公安部常务副部长杨焕宁与拉希莫夫举行了会谈。

第二次中印战略经济对话在印度首都新德里举行

国家发改委主任张平与印度计划委员会副主席阿鲁瓦利亚共同主持对话,双方就加强全面合作,促进宏观经济政策沟通与协调,深化与拓展在投资、基础设施、高技术、节能环保和能源等领域的务实合作展开对话与交流。

张平在对话会上作了题为《携手迎风雨,合作促发展》的主旨发言。张平说,中印战略经济对话是两国政府从战略上交流经济发展经验和探讨经济合作新领域的重要平台,同时也是中印战略合作伙伴关系的有机组成部分。中印是世界上两个最大的发展中国家,又同时走上了振兴的道路,世界上发生的任何重大问题,都会使我们感同身受。

张平指出,中方坚持以战略与长远角度,巩固和发展面向和平与繁荣的中印战略合作伙伴关系。我们要寻求和推动共同利益,发展和拓展合作空间,学习和借鉴彼此经验,相互开放和共享市场。中印两国只有携起手来,共同合作、真诚合作、创新合作,才能共同发展,迎接亚洲世纪的真正到来。

张平提出中印从以下五个领域深化合作:第一,加强两国宏观经济政策的沟通,协调彼此政策立场,共同应对金融危机带来的负面影响;第二,互相学习和借鉴彼此的发展理念、发展目标、发展途径,更好开展两国“十二五”规划合作,共创互利共赢合作发展新模式;第三,努力推动基础设施领域的合作,促进中国企业主动参与印度铁路、电力、通信等领域的建设,争取尽快取得实质性进展;第四,积极改善投资环境,努力扩大双向投资,共同反对贸易和投资保护主义,为彼此创造良好的政策和社会环境;第五,大力开展绿色低碳产业合作，更加注重可再生能源和节能环保产业等方面的务实合作，共同探索经济转型的有效路径。

阿鲁瓦利亚在致辞中表示，印中战略经济对话是为促进两国多领域交流而建立的合作机制。印中作为世界上人口最多的两个国家，面临很多共同挑战，互补性很强，应致力于拓展合作深度和广度。印度和中国的合作刚刚开始，合作潜力很大，双方要本着互利共赢的原则拓展合作空间。他进一步表示，印中两国经济成长对全球经济新秩序的形成都有重要影响，印度希望能与中国加强G20和金砖国家等框架下的协调与合作。如果印中共同努力，促进双方在经贸、投资和政策领域的交流与合作，印中双方在国际事务中就会更具影响力。

国土资源部通报5起违法用地案件

国土资源部今天通报了5起情节较为严重的违法用地案件及处理结果，这5起案件共涉及违法土地面积1464.9亩、违法开采金矿石26200吨，涉及罚款金额共计362.36万元。此外，国土部还会同相关部门对11名相关责任人进行了处分。

11月27日

全国政协主席贾庆林在罗马会见意大利总统纳波利塔诺

贾庆林说，中意都是世界古老文明和文化大国。近年来，两国高层往来频繁，政治互信加深，经贸合作成果丰硕，双边各领域交流与合作不断取得新进展。双方相互理解和支持彼此重大关切，在重大国际和地区问题上保持密切沟通协调。

贾庆林表示，新形势下，继续加强中意关系符合双方根本利益。中方愿同意方保持高层密切交往，在科技、环保、中小企业、创意设计等领域开展更广泛深入合作，更好地服务于各自发展，造福两国人民。文化交流是国与国交往的重要组成部分，也是增进人民之间友谊的重要纽带。中意两国应以近年成功互办“文化年”为契机，进一步推动两国在文学、广播影视、新闻出版、文物保护等领域的交流与合作，继续为促进世界文明多样性和不同文化间交流对话作出积极贡献。

纳波利塔诺说，意方高度赞赏中国在过去几十年里取得的巨大发展成就，这符合欧洲包括意大利的利益。意方十分关注中国共产党第十八次全国代表大会，这是中国在发展的关键时期举行的一次重要会议，提出了一系列重要改革措施，对中国和世界的未来具有重要意义。意方高兴地看到，近年来意中关系持续加强，双边务实合作不断拓展。意大利越来越多的企业正将目光投向中国，意方衷心希望意中关系能取得更大的发展。

国务院副总理回良玉在北京出席中国农业产业化龙头企业协会成立大会并讲话

回良玉指出，农业产业化经营是伴随农村改革发展大潮应运而生的新生事物，是亿万农民在实践中的伟大创造。党的十六大以来，中央坚持把发展农业产业化作为农业农村工作中一件全局性、方向性的大事来抓，出台了一系列强有力的支持政策和措施，农业产业化和龙头企业发展取得巨大成就。农业产业化经营的快速发展，为实现粮食生产“九连增”、农民增收“九连快”提供了有力支撑，为促进经济社会发展、保障和改善民生作出了重大贡献。

回良玉强调，在新的时代背景和历史起点上，加快发展农业产业化经营，可以有效解决小农户与大市场对接的历史性难题，有效促进现代农业产业体系的构建，有效拓宽农民增收致富渠道，有效推动工农互动、城乡互促，意义十分重大。各地各有关部门要把发展农业产业化作为推动城乡发展一体化的重要途径，作为转变农业发展方式、发展现代农业重要任务，作为构建新型农业经营体系的重点方面来部署，切实加快推动农业产业化和龙头企业健康发展。

国家统计局公布数据显示前10个月工业企业利润同比增长0.5%

1—10月份，全国规模以上工业企业利润40240亿元，同比增长0.5%。这也是今年以来第一次企业利润同比增速由负增长转为正增长。

国务院副总理李克强在中南海紫光阁会见中美商界领导合作计划年度对话的美国著名企业和金融机构负责人

李克强说，40年来，中美从相互隔绝到致力于建设相互尊重、互利共赢的合作伙伴关系，两国经济从互不依赖到合作日益紧密，给两国人民带来了巨大利益。当前，尽管世界经济复苏艰难，但中美贸易逆势上扬，双向投资也持续推进，中美这两个主要经济体，把自己的事情办好了，互信增强了，对世界经济就是重大利好。

李克强指出，中国将努力保持经济持续健康发展，促进社会全面进步，对外开放度将进一步加大。这也会为各国与中国的合作带来更多机遇。中美之间合作潜力很大，但能不能抓得住、发挥好，在各自发展和结构调整中扩大利益共同点，关键是要破除不合理的投资贸易障碍，妥善处理分歧。合作是商业行为，利在双方，不公平不合理的人为设限，受损也在双方。希望美国企业家放眼长远，发挥影响，多做有益于双边关系和深化经贸往来的工作。

美国企业家表示，愿为继续加强对华交流、深化美中经济合作出力。

中美商界领导合作计划由中美两国企业家共同发起并运作，主要目的是加强两国经济界特别是实体经济界的沟通了解，推动解决分歧、完善政策。美方成员包括摩根士丹利、桥水投资、堡垒投资集团、海岬金融集团等企业的负责人，中方成员包括机械、金融、石化、信息、粮食等领域的著名企业负责人。

国防部部长梁光烈在八一大楼会见美国海军部部长雷·马伯斯一行

全国总工会追授罗阳同志“全国五一劳动奖章”

中共中央组织部追授罗阳同志“全国优秀共产党员”称号

中国科协追授罗阳同志“模范科技工作者”称号

中国曲艺家协会第七次全国代表大会在北京召开

来自全国31个省、自治区、直辖市和香港特别行政区、澳门特别行政区以及解放军、中直机关等单位的曲艺工作者代表参加了会议。中宣部部长刘奇葆出席开幕式并讲话。

刘奇葆指出，坚持以人民为中心的创作导向，是贯彻落实“二为”方向和“双百”方针的具体体现，是社会主义文艺的本质要求。广大曲艺工作者要心系群众、面向大众，坚持把人民作为表现主体，把百姓生活作为曲艺作品的主要内容，写人民、说人民、唱人民，更加自觉主动地为人民说唱。要深化“走转改”活动，深入农村、社区、企业、校园、军营，把舞台搭建在基层，把欢笑传送到群众，做人民喜爱的曲艺家。要坚持高质量高水准的艺术追求，唱响唱好改革建设的火热生活，热情评说人们对美好生活的向往和憧憬，讴歌真善美，鞭挞假恶丑，推出更好更多的曲艺作品。要以礼敬的态度、珍视的情怀，坚持在继承中改进创新，增强曲艺发展的生机活力。要坚持崇德尚艺的要求，始终把社会责任放在首位，认真考虑自己作品的社会效果，做到文以载道、以文化人，讲品位、讲格调、讲境界，充分展示曲艺工作者的良好形象。

11月28日

国务院总理温家宝主持召开国务院常务会议听取农业和农村工作汇报并通过《中华人民共和国土地管理法修正案(草案)》

会议指出，今年农业农村继续保持良好发展势头，粮食增产，农民增收，民生改善，农村社会保持和谐稳定。当前，农业农村发展进入新阶段，呈现主要农产品供求关系趋紧、农村社会结构加速转型、城乡发展加快融合的态势。要处理好工业化城镇化与巩固农业基础、实现农业现代化的关系，不断加强对农业的支持保护，始终坚持工业反哺农业、城市支持农村和多予少取放活方针，确保国家粮食安全和重要农产品有效供给，不断巩固农业基础，促进农业稳定发展。

会议指出，在工业化城镇化加快的情况下，占地过多过快问题日益突出，不仅影响农村稳定，而且威胁粮食安全，必须推进改革、健全法制，严格约束占用耕地。家庭经营不仅适合分散经营，也同样适合规模经营。农业经营体制改革要因地制宜，有利于保护和调动农民的积极性，把保护农民利益、保护耕地、保护粮食和重要农产品的生产能力放在第一位。在农业和农业人口比重逐步下降的情况下，稳定发展农业、调动农民积极性，必须坚持不懈地加大强农惠农富农政策力度，扩大投资和消费都要把重点放在农村，把农村建设摆在更加突出位置。要采取有效措施，使一部分年轻人愿意在农村留下来搞农业，培养和稳定现代农业生产队伍。

会议强调，抓好今冬明春农业农村工作，确保明年丰产丰收，对于巩固发展农村大好形势和保障全局的改革发展稳定意义重大。一要抓紧抓好冬春农业生产。搞好田间管理，加强农业生产资料供应和市场监管，组织好技术指导服务，加强重大病虫害防控。二要扎实开展农田基本建设。充分利用冬闲季节，大力开展农田水利建设，搞好农田整理，推进造林绿化和生态建设。三要高度重视农业生产安全。加强重大动物疫病防控，确保农产品质量和食品安全。做好森林、草原防火工作。四要努力稳定农产品市场。组织好粮食收购收储，加强农产品产销衔接和调运，保障市场供应。五要关心帮助农村困难群体。继续做好受灾群众和贫困人口救济工作，开展多种形式的送温暖献爱心活动，帮助他们解决好吃穿住行等实际困难。六要认真做好农村稳定工作，加强农村社会治安综合治理。

会议讨论通过的《中华人民共和国土地管理法修正案(草案)》对农民集体所有土地征收补偿制度作了

修改。会议决定将草案提请全国人大常委会审议。

全国政协主席贾庆林在罗马会见意大利参议长斯基法尼

贾庆林表示,中意友谊深入人心,两国高层交往频繁,政治互信不断加强。中意两国都处在经济社会发展重要时期,都有进一步发展双边关系的意愿和信心。双方应进一步拓展各领域合作的深度和广度,把双边关系发展得更好。

斯基法尼表示,意中是全面战略伙伴,进一步推进意中各领域务实合作是意高层领导人的共识,也是两国的共同愿望。中国经济持续快速稳定发展,给意大利带来重要机遇。意中小企业富有活力和竞争力,愿继续加大与中国的投资与贸易合作。意参议院愿进一步加强同中国全国政协的交流合作。

全国政协主席贾庆林在罗马会见意大利众议长菲尼

贾庆林就发展中意关系提出几点建议:一是继续推动高层互访,增进政治互信。希望意方对中方核心关切问题给予理解和支持。二是加强互惠互利,扩大务实合作。中国经济保持平稳较快发展,为两国开展投资、贸易、技术合作提供了机遇。双方应推动企业界努力挖掘潜力,探索合作新领域新方式。三是丰富文化合作,密切人文交流。双方应充分利用两国丰富的文化资源,进一步扩大文艺演出、艺术展览等交流规模,加强在影视制作、新闻传播等领域交流合作。

菲尼说,意中两国国情不同,但都有悠久的文明,这有助于双方超越分歧差异,加强合作。近年来,意中进行了全方位的密切合作,取得了丰硕成果。在意华侨华人为增进意中相互了解,促进意经济社会发展作出杰出贡献。意方愿同中方进一步加强各领域合作。

全国政协主席贾庆林在罗马与意大利总理蒙蒂举行会谈

九三学社第十二届中央委员会第六次全体会议在北京开幕

九三学社中央主席韩启德代表第十二届中央常务委员会作工作报告。

韩启德说,2012年,九三学社中央认真贯彻中共中央的决策部署,努力推进政治交接,深入细致做好换届各项准备工作,紧密围绕国家经济社会发展履行职能,不断加强自身建设,各项工作取得了新成绩。一年来,九三学社围绕推动社会主义民主政治发展、深化科技管理体制改革、解决分配不公和贫富差距过大、深化国有企业改革等我国经济社会发展中的重大问题以及人民群众普遍关心的热点问题,深入调查研究,积极建言献策,在参政议政和民主监督方面发挥了积极作用;"九地合作"稳步推进,多党合作社会主义新农村建设示范项目进展顺利,"亮康行动"和科普工作影响日益扩大,社会服务工作呈现新局面。

韩启德指出,过去的一年,九三学社中央把学习践行社会主义核心价值体系作为推进新老交替和政治交接的重要内容,融入组织换届和履行参政党职能的各项工作,将思想理论建设常抓不懈;大力贯彻人才强社战略,组织建设沿着积极、健康、有序的轨道前进;认真抓好学习培训,建设学习型机关,机关建设进一步加强。

韩启德介绍了即将召开的九三学社第十次全国代表大会筹备情况。他强调,本次大会的主题是高举中国特色社会主义伟大旗帜,以邓小平理论、"三个代表"重要思想和科学发展观为指导,认真总结九三学社九大以来的工作经验,以战略性思维和前瞻性眼光规划今后五年发展的蓝图;既要体现中共十八大精神,又要彰显九三学社特色,做到历史与现实、理论与实践、当前与长远、目标任务与部署措施、发挥参政党作用与加强参政党建设的有机结合。

为期两天的九三学社十二届六中全会还将审议关于召开九三学社第十次全国代表大会的决定、九三学社第十次全国代表大会报告(草案)、九三学社章程修正案(草案),表彰学习践行社会主义核心价值体系全国先进集体和优秀社员。开幕会上还举行了院士科学报告会。

九三学社中央副主席王志珍、冯培恩、邵鸿、谢小军、张桃林、赖明、马大龙、丛斌,九三学社中央委员等250余人出席会议。

国务院副总理李克强主持召开国务院防治艾滋病工作委员会全体会议

会议听取了卫生部关于5年来艾滋病防治工作的进展情况和下一阶段工作打算,有关部门和地方政府负责人也结合工作实际反映了防治中的新情况,提出了建议。会议认为,通过加大投入、加强综合干预等措施,我国艾滋病疫情快速上升的势头得到遏制,总体疫情保持在低流行水平,感染者发现率逐步提高,接受治疗病人的病死率下降近一半,艾滋病母婴传播率由2007年的34.8%下降到目前的7.4%,感染者和病人的生活质量持续改善。同时,我国人口多、地域广、人员流动性大,艾滋病传播方式更加隐蔽,抗艾面临许多新挑战,应对难度加大,形势依然严峻。

李克强说，防治艾滋病，政府责任重大。既要充分利用现有渠道加大投入，又要适应形势变化，创新方式，抓紧研究解决一些突出问题，更有效地开展防控。一是扩大抗病毒治疗范围，只要发现感染者就及时进行免费抗病毒治疗，预防和延缓发病。二是对于抗机会性感染治疗费用，在已纳入新农合大病保障的基础上，进一步研究纳入城镇职工和居民基本医保。三是创新体制机制，在艾滋病检测等方面，打破部门限制，协同作战，形成合力。四是完善各级政府分级负责的机制，中央要加大投入，强化重点防控，地方也要加大工作力度，落实好统一部署，把属地方事权的问题解决在基层，这样防控工作会更有效，代价更小。

李克强强调，防治艾滋病必须发挥社会组织的作用。用社会的力量办好社会的事情，是推动社会体制改革、加强社会建设的必然要求。

国务院副总理李克强在中南海紫光阁会见世界银行行长金墉

李克强指出，中国已进入中等收入国家行列，但发展还很不平衡，尤其是城乡差距量大面广，差距就是潜力，未来几十年最大的发展潜力在城镇化。我们推进城镇化，是要走工业化、信息化、城镇化、农业现代化同步发展的路子，要保证粮食安全，中国的粮食要立足自身，不可能靠世界市场解决，要更加注重绿色发展，加强环保节能，还要深化改革，加强社会建设，推进完善基本公共服务等。这些都需要国际视野和世界经验，这有利于我们成功跨越中等收入陷阱。中方愿与世行就城镇化开展联合研究，吸收大学、研究机构一起参与，做成双方合作的“旗舰”项目。13亿人的现代化和近10亿人的城镇化，在人类历史上是没有的，中国这条路走好了，不仅造福中国人民，对世界也是贡献。

金墉表示，中国的城镇化过程会为世界提供巨大市场和宝贵经验，世行愿在这方面加强与中国的合作，这对丰富世行发展理念、做好减贫与发展援助具有重大意义。

映秀至汶川高速公路全线建成通车

11月29日

中共中央总书记习近平和中共中央政治局常委李克强 张德江 俞正声 刘云山 王岐山 张高丽等在国家博物馆参观《复兴之路》展览

在参观过程中，习近平发表了重要讲话。他表示，《复兴之路》这个展览，回顾了中华民族的昨天，展示了中华民族的今天，宣示了中华民族的明天，给人以深刻教育和启示。中华民族的昨天，可以说是“雄关漫道真如铁”。近代以后，中华民族遭受的苦难之重、付出的牺牲之大，在世界历史上都是罕见的。但是，中国人民从不屈服，不断奋起抗争，终于掌握了自己的命运，开始了建设自己国家的伟大进程，充分展示了以爱国主义为核心的伟大民族精神。中华民族的今天，正可谓“人间正道是沧桑”。改革开放以来，我们总结历史经验，不断艰辛探索，终于找到了实现中华民族伟大复兴的正确道路，取得了举世瞩目的成果。这条道路就是中国特色社会主义。中华民族的明天，可以说是“长风破浪会有时”。经过鸦片战争以来170多年的持续奋斗，中华民族伟大复兴展现出光明的前景。现在，我们比历史上任何时期都更接近中华民族伟大复兴的目标，比历史上任何时期都更有信心、有能力实现这个目标。

习近平强调，回首过去，全党同志必须牢记，落后就要挨打，发展才能自强。审视现在，全党同志必须牢记，道路决定命运，找到一条正确的道路多么不容易，我们必须坚定不移走下去。展望未来，全党同志必须牢记，要把蓝图变为现实，还有很长的路要走，需要我们付出长期艰苦的努力。

习近平指出，每个人都有理想和追求，都有自己的梦想。现在，大家都在讨论中国梦，我以为，实现中华民族伟大复兴，就是中华民族近代以来最伟大的梦想。这个梦想，凝聚了几代中国人的夙愿，体现了中华民族和中国人民的整体利益，是每一个中华儿女的共同期盼。历史告诉我们，每个人的前途命运都与国家和民族的前途命运紧密相连。国家好，民族好，大家才会好。实现中华民族伟大复兴是一项光荣而艰巨的事业，需要一代又一代中国人共同为之努力。空谈误国，实干兴邦。我们这一代共产党人一定要承前启后、继往开来，把我们的党建设好，团结全体中华儿女把我们国家建设好，把我们民族发展好，继续朝着中华民族伟大复兴的目标奋勇前进。

习近平最后强调，我坚信，到中国共产党成立100年时全面建成小康社会的目标一定能实现，到新中国成立100年时建成富强民主文明和谐的社会主义现代化国家的目标一定能实现，中华民族伟大复兴的梦想一定能实现。

《复兴之路》基本陈列共分中国沦为半殖民地半封建社会、探求救亡图存的道路、中国共产党肩负起民族独立和人民解放历史重任、建设社会主义新中国、走中国特色社会主义道路五个部分，通过1200多件(套)珍贵文物、870多张历史照片，回顾了1840年鸦片战争以来中国人民在屈辱苦难中奋起抗争，为实现民族复兴进行的种种探索,特别是中国共产党领导全国各族人民争取民族独立、人民解放和国家富强、人民幸福的光辉历程。

全国政协副主席王刚在北京会见以国民议会议员委员会主席乌邦为团长的南苏丹共和国苏丹人民解放运动高级干部研修班一行

国防部部长梁光烈在八一大楼会见斯洛伐克军队总参谋长彼得·沃伊泰克一行

11月30日

中共中央总书记习近平在北京参加世界艾滋病日活动

在第二十五个世界艾滋病日即将到来之际,中共中央总书记、中央军委主席习近平30日上午来到设在北京市丰台区蒲黄榆社区卫生服务中心石榴园分中心的北京市社区药物维持治疗第七门诊部,看望艾滋病患者,参加艾滋病防治志愿者培训交流活动。习近平强调,艾滋病本身并不可怕,可怕的是对艾滋病的无知和偏见,以及对艾滋病患者的歧视。艾滋病感染者和病人都是我们的兄弟姐妹,全社会都要用爱心照亮他们的生活。

上午9时30分许,习近平走进第七门诊部。一进门厅,志愿者就为他佩戴上象征爱心的红丝带。社区卫生服务中心负责人张志军介绍了门诊部对高危行为人群开展药物维持治疗的情况。习近平表示,对高危人群开展药物维持治疗,是遏制艾滋病传播的有效途径,要注意体谅他们的心理,讲究方式方法,保护个人隐私,让他们打消顾虑,积极配合和坚持治疗。

心理咨询室内,心理咨询师徐惠玲正和艾滋病感染者老孙交谈。习近平走进咨询室,和感染者亲切握手。老孙近年来一直积极服药,同时作为北京市红丝带之家同伴教育员,在地坛医院门诊从事艾滋病感染者面对面咨询服务。习近平对老孙乐观向上的心态和积极回馈社会的行为表示肯定,鼓励他为艾滋病防控多做力所能及的工作。习近平指出,感染上艾滋病是不幸的,但在社会主义大家庭里,党和政府、全社会都在关心艾滋病感染者和病人。现在科学技术很发达,通过科学用药,很多病人都是有希望康复的。

在志愿者组织工作室"奋进号之家",疾控中心工作人员、志愿者和社会组织工作人员正在做握手游戏,传授向高危人群宣传防艾知识的经验。北京市疾控中心性病与艾滋病防治所所长卢红艳请习近平等领导同志作为志愿者一起参加交流活动。8位志愿者先后发言,交流工作体会。习近平不时询问有关情况,现场气氛十分活跃。

活动结束前,习近平发表了重要讲话。他指出,艾滋病是人类面临的共同挑战。自1985年我国发现第一例艾滋病病人以来,党和政府一直高度重视艾滋病防治工作,采取了一系列有力措施,取得了显著成效。同时,我们也要看到,我国防治艾滋病面临的形势仍然严峻,社会上对艾滋病感染者和病人的歧视现象还比较突出,防治艾滋病还有大量工作要做。

习近平强调,办好中国的事情,既要靠党和政府,也要靠13亿人民。防治艾滋病是一个复杂的医学问题,也是一个紧迫的民生问题、社会问题,需要全民参与、全力投入、全面预防。要从个人健康、家庭幸福、社会和谐的角度,看待艾滋病防治工作。要认真落实国家遏制与预防艾滋病"十二五"行动计划,按照政府组织领导、部门各负其责、全社会共同参与的"三位一体"工作机制,坚持预防为主、防治结合、综合治理,扎扎实实做好艾滋病防治工作。防治艾滋,有治无类。要让每一个艾滋病感染者和病人都能感受到党和政府的关怀、感受到社会的温暖。

中共中央政治局委员、中央政策研究室主任王沪宁,中共中央政治局委员、中央书记处书记、中央办公厅主任栗战书,中共中央政治局委员、北京市委书记郭金龙等一同参加活动。

国务院总理温家宝在北京主持召开艾滋病防治工作座谈会

中央纪委书记王岐山在北京主持召开座谈会听取专家学者对党风廉政建设和反腐败工作的意见和建议

座谈会上,来自研究机构和高校的专家学者马怀德、任建明、何增科、辛鸣、周淑真、姜明安、黄苇町、程文浩分别发言。在认真听取他们的发言后,王岐山说,做好新形势下党风廉政建设和反腐败工作,需要加强调查研究,集思广益,广泛听取各方面特别是专家学者的意见。

王岐山说,学习宣传和贯彻落实党的十八大精神,是全党全国当前和今后一个时期的首要政治任务。党的十八大报告和习近平总书记近期一系列重要讲话,深刻阐述了加强党风廉政建设和反腐败斗争的极端重要性和紧迫性,对新形势下抓好党风廉政建设和反腐败工作提出了明确要求。各级纪检监察机关要认真学习领会,坚决贯彻落实。

王岐山说,在党中央的坚强领导下,经过全党全社会的共同努力,党风廉政建设和反腐败工作取得了很大成绩。要清醒认识党风廉政建设和反腐败斗争的长期性、复杂性、艰巨性，坚持标本兼治、综合治理、惩防并举、注重预防的方针，坚决查处违纪违法案件，研究并实施制度创新，全面推进惩治和预防腐败体系建设。党的作风关乎人心向背，关乎党的生死存亡。要引导和督促广大党员干部特别是领导干部牢记党的理想、信念和宗旨，时刻把人民利益放在第一位。转变作风要从自身做起，从点滴做起。要切实改进文风会风，坚决反对形式主义、官僚主义。要坚持党要管党、从严治党。各级党的组织、广大党员干部特别是领导干部，要严格遵守党的章程和其他党内法规，始终保持党的先进性和纯洁性。

王岐山强调，信任不能代替监督。各级纪检监察机关必须加强自身建设，努力建设一支忠诚可靠、服务人民、刚正不阿、秉公执纪的纪检监察干部队伍。广大纪检监察干部要在学习、思考、领悟、实践中尽责奉献，不辜负党和人民的重托。

中共中央书记处书记、中央纪委副书记赵洪祝出席座谈会。

第十四届中国专利奖颁奖大会在北京举行

本届中国专利奖评选工作由国家知识产权局和世界知识产权组织共同组织，共评选出中国专利金奖20项、中国外观设计金奖5项、中国专利优秀奖262项、中国外观设计优秀奖44项。这些获奖项目具有知识技术密集、权利归属明确、资源消耗降低、综合效益良好等突出特点。仅就经济效益而言，第十四届中国专利奖25项金奖项目自实施之日起至2011年年底，新增销售额1655亿元，新增利润346亿元。

全国人大常委会副委员长严隽琪出席大会并为获奖者颁奖。国家知识产权局局长田力普等领导出席大会并讲话。

12月1日

国家主席胡锦涛在贵州考察

12月1日至6日，胡锦涛深入遵义、毕节、贵阳等地的企业、乡村和社区，实地了解广大干部群众学习贯彻党的十八大精神、推动经济社会发展情况，同各族干部群众共商科学发展大计。

如何实施好创新驱动发展战略、加快转变经济发展方式，是胡锦涛此次考察的一个重点。在贵州长征电气股份有限公司、中电振华信息产业有限公司，胡锦涛看到这两家上世纪60年代内迁、创建的老企业，通过深化改革、科技创新，实现了转型升级，开辟了发展新天地。他希望企业深化体制机制改革，着力推动科技创新，努力研发更多具有自身技术优势和市场竞争力的产品。裕能科尔微电子股份有限公司、贵州皓天光电科技有限公司是这两年创立的高新技术企业，员工队伍都很年轻。在繁忙的生产车间，胡锦涛同企业干部职工共同探讨经营发展之道。他说，企业的生命在创新，创新的希望在青年。希望你们解放思想、锐意进取、开拓创新，推动企业不断发展壮大。

切实保障和改善民生、努力让人民过上更好生活，是胡锦涛始终挂念在心的一件大事。在贵阳市彭家湾大型棚户区改造项目现场，胡锦涛仔细听取规划设计、施工建设、拆迁安置等情况介绍。他要求当地党委和政府认真总结经验，在城市规划和建设中更好解决群众住有所居的问题。在贵阳市碧海社区服务中心，前来办事、活动的居民告诉胡主席，社区服务中心为居民提供了就业、社保、计生、教育等多项服务。胡锦涛赞扬社区服务中心心系群众，工作做得很细致、很扎实。听说社区党委书记崔向前是党的十八大代表，胡锦涛鼓励她充分发挥模范带头作用，学习宣传贯彻党的十八大精神，同社区党员一道，做好社区管理和服务这篇大文章。

推进生态文明建设、加快突破贵州发展的重要制约因素，是胡锦涛十分关心的问题。他特地来到贵阳市花溪十里河滩湿地公园，察看城市生态环境治理情况。这里曾经污水横流、垃圾成堆，经过治理后草木葱茏、碧水环绕。胡锦涛称赞这个公园体现了人与自然和谐相处，希望贵阳市牢固树立生态文明理念，加大生态文明建设力度，努力为广大市民创造优美宜居的城市环境。胡锦涛还参观了贵阳市城乡规划展览馆，强调在贵州搞建设要特别注意节约用地，科学制定规划，精心实施规划，努力把城乡建设得更加美好。

考察过程中，胡锦涛对贵州近年来的工作给予充分肯定。他表示相信，在党的十八大精神指引下，在以习近平同志为总书记的党中央领导下，全省各族干部群众共同努力，贵州各项事业一定能得到更大发展，这片美丽土地一定能展现出更加美好的未来。

全国政协主席贾庆林在巴勒莫分别与意大利托斯卡纳大区政府主席罗西和西西里大区政府主席克罗切塔举行会谈

国家统计局公布今年全国粮食总产量58957万吨

12月1日，国家统计局2012年粮食产量数据公告显示，今年全国粮食总产量58957万吨(11791亿斤)，比2011年增加1836万吨(367亿斤)，增长3.2%，实现“九连增”。与此同时，农民增收也实现“九连快”：2012年前三季度，农村居民人均现金收入6778元，实际增长12.3%。在去年首次突破1万亿元的高起点上，今年中央财政继续增加“三农”支出，预算达到12287亿元，同比增长17.9%。

11月份制造业采购经理指数为50.6%

今天公布的11月份制造业采购经理指数为50.6%，比上月上升0.4个百分点。这一指数最近三个月稳步小幅回升，显示经济企稳态势进一步巩固，温和回升迹象更加明显。

全国人大常委会副委员长李建国在万象与老挝人民革命党中央委员会总书记举行会谈

李建国说，新一届中共中央领导集体和习近平总书记珍视和重视中老两党两国关系，将一如既往，同老挝党和政府一道，坚持“长期稳定、睦邻友好、彼此信赖、全面合作”方针和“好邻居、好朋友、好同志、好伙伴”精神，坚持从战略高度和长远角度推动两国全面战略合作伙伴关系稳定健康发展。为进一步发展中老两党两国关系，李建国提出四点建议：一是保持高层交往；二是加强党务交流合作；三是深化双方在农业、经贸、基础设施等领域务实合作；四是加强在国际和地区事务中的协调与配合。

朱马利说，老挝党和政府将同中国党和政府一道，继续巩固、深化老中全面战略合作伙伴关系。他介绍了老挝国内情况，感谢中方长期以来对老挝革命和建设事业给予的真诚无私帮助。

全国人大常委会副委员长路甬祥在墨西哥城与墨西哥新任总统恩里克·培尼亚·涅托举行会谈

哈大高铁今起开通运营

哈尔滨至大连高速铁路已完成开通运营前的各项

准备工作，于 12 月 1 日正式开通运营。

哈尔滨至大连高速铁路是我国“四纵四横”快速铁路网京哈高铁的重要组成部分，是世界上第一条投入运营的新建高寒地区长大高速铁路，营业里程 921 公里，设计时速 350 公里。哈大高铁纵贯辽宁、吉林、黑龙江三省。

哈大高铁开通运营，对促进东北三省的人流、物流、信息流快速流动，缩短东北与关内广大地区的时空距离，振兴东北老工业基地具有重要意义。

12 月 2 日

致公党第十三届中央委员会第六次全体会议在北京举行

致公党中央主席万钢出席会议并讲话。

会议决定，中国致公党第十四次全国代表大会于 12 月 3 日至 6 日在北京举行。会议讨论通过了《中国致公党第十三届中央委员会的报告(草案)》《中国致公党章程(修正案)》(草案)，决定提请致公党十四大审议，并推举万钢为第十三届中央委员会报告的报告人，会议还听取了《中国致公党第十三届中央委员会监督委员会工作报告》。

国务院正式批准中原经济区规划

新华社报道：国务院日前正式批准中原经济区规划，中原经济区涵盖河南全省以及河北、山西、安徽、山东的部分市县，区域面积 28.9 万平方公里。

规划指出，中原经济区地处我国中心地带，是全国极具发展潜力的区域。这一区域地理位置重要，粮食优势突出，市场潜力巨大，文化底蕴深厚，在全国改革发展大局中具有重要战略地位。中原经济区要探索出一条不以牺牲农业和粮食、生态和环境为代价的新型城镇化、工业化和农业现代化的“三化”协调发展的路子，开展区域合作。

全国人大常委会副委员长李建国在河内与越共中央总书记阮富仲举行会谈

李建国说，中共新一届中央领导集体和习近平总书记珍视和重视中越两党、两国关系，愿同越南党和政府一道，坚持“十六字方针”和“四好精神”，坚持从战略高度和长远角度推动两国全面战略合作伙伴关系稳定健康发展。他表示，中方愿继续保持双方高层交往，进一步加强两党交流合作，不断深化两国经贸、人文、科技等领域合作，妥善处理分歧，共同推动中越两党、两国关系深入发展。

阮富仲说，越方相信，以习近平同志为总书记的中共新一届中央领导集体一定能够带领中国人民，全面贯彻落实中共十八大确立的各项目标，推动中国特色社会主义事业取得新的更大胜利。他表示，越南党和政府高度重视发展越中关系，致力于推动越中传统友好关系，愿继续加强各领域交流与合作，把由两国老一辈领导人缔造的越中友好关系维护好、巩固好、发展好，永做好邻居、好朋友、好同志、好伙伴。

第七次湄公河联合执法启动

中、老、缅、泰四国第七次湄公河联合执法行动今天开始，将在湄公河重点航运水域对过往可疑船舶、人员、运输货物、携带物品进行检查，依法打击贩毒、贩枪、偷渡等违法犯罪活动。

北京师范大学国际写作中心宣告成立

作家莫言将担任该中心主席。该中心的成立旨在进行制度创新，对原有“作家驻校”制度进行提升与完善。

北京师范大学国际写作中心的职能包括，一、定期邀请世界级的作家或诗人来中心进行交流、创作和讲学；二、定期邀请著名汉学家、翻译家前来中心进行交流、翻译和讲学；三、定期邀请国内的重要作家或诗人作为“北京师范大学驻校作家”来中心开展写作、研究、讲学与交流工作；四、组织开展中外文学交流活动，举办“北京师范大学国际文学论坛”，邀请国内外著名作家、翻译家与学者开展主题对话与研讨；五、设立“莫言工作室”，为莫言在北师大工作、创作、讲学及交流提供便利；六、设立“莫言作品展室”，收集和展出国内外所有莫言作品版本的出版物，以供研究者查阅。

中国扶贫医疗救助项目在北京启动

肿瘤、肝病、糖尿病、子宫肌瘤等部分疾病患者在项目定点医院进行诊疗，可申请获得 1000 元至 5 万元扶贫医疗补助。

为了缓解老百姓看病贵、看病难等问题，中国扶贫开发协会产业扶贫委员会成立了中国扶贫医疗救助项目管理办公室，应用募集的扶贫医疗专项资金，为患者提供医疗救助。目前，项目已批准 200 多家具有特色专科诊疗技术的三级甲等医院以及中国人民解放军部队医院、中国武警部队医院作为项目定点医院。在定点医院就诊的肿瘤、肝病、糖尿病、子宫肌瘤等患者经申请可获得扶贫医疗补助。

各地举办活动宣传全国首个交通安全日

12 月 2 日是我国首个“全国交通安全日”，全国各地举办了形式不一、丰富多彩的活动，集中宣传这个具有特别意义的主题日，大力推动群众交通安全意识，倡导全民安全文明出行。

12月3日

全国人大常委会委员长吴邦国在人民大会堂会见玻利维亚参议长蒙塔尼奥

吴邦国说，建交27年来，在双方共同努力下，中玻友好合作关系不断取得新进展。两国政府、议会、政党、民间等各层次友好往来密切，政治互信不断加深，在彼此关切的问题上相互理解和支持；经贸合作稳步推进，由单纯的贸易合作向卫星制造、矿产资源开发等领域拓展；在文化、教育、科技等领域的交流富有成效，在国际事务中保持密切沟通协调。中玻是真诚互信的好朋友，互利合作的好伙伴，深化中玻关系符合两国和两国人民的根本利益。中方愿与玻方共同努力，把中玻关系发展得更好，造福两国人民。

蒙塔尼奥表示，当前，玻国内正在积极推进政治、经济和社会变革，着力发展经济和改善民生，迫切希望学习借鉴中国的经验，特别是在发展市场经济、加强宏观调控、维护社会公平正义方面的有益做法。与此同时，玻方愿全方位深化同中国的互利合作，推动国家关系迈上新台阶。

吴邦国说，中国一贯主张，尊重和维护各国人民自主选择社会制度和发展道路的权利。中方对玻利维亚人民积极探索符合本国国情发展道路的努力表示理解和支持。中国全国人大愿加强与玻利维亚议会的友好往来，就治国理政、民主法制建设等交流经验，就共同关心的问题深入交流，为国家关系注入新内容，增添新活力。

致公党第十四次全国代表大会在北京开幕

中共中央政治局常委张德江代表中共中央致贺词。

贺词说，中国致公党是具有“侨”、“海”特色的参政党。长期以来，致公党团结带领全体成员和所联系的归侨、侨眷与海外侨胞，积极投身中国革命、建设、改革，为民族独立和人民解放，为国家发展和社会进步，为促进祖国和平统一大业作出了重要贡献。

贺词指出，过去的5年，是我们在中国特色社会主义道路上奋勇前进的5年，也是统一战线和中国共产党领导的多党合作事业蓬勃发展的5年。中国特色社会主义事业需要全体中华儿女团结一心、共同努力。中国共产党将按照十八大精神，坚定不移走中国特色社会主义政治发展道路，坚持长期共存、互相监督、肝胆相照、荣辱与共的方针，加强同民主党派和无党派人士团结合作，促进思想上同心同德、目标上同心同向、行动上同心同行，巩固和发展最广泛的爱国统一战线，健全社会主义协商民主制度，充分发挥中国共产党领导的多党合作和政治协商制度的优越性，使社会主义民主政治展现出更加旺盛的生命力。

贺词表示相信，致公党中央新一届领导机构一定能够团结带领广大成员，高举中国特色社会主义伟大旗帜，坚定不移走中国特色社会主义政治发展道路，不断夯实多党合作共同思想政治基础；认真履行参政党职能，参政议政出精品、民主监督重实效，为推动科学发展、促进社会和谐再立新功；进一步发挥自身特色优势，汇聚侨智、发挥侨力、维护侨益，团结广大归侨、侨眷和海外侨胞积极投身改革开放和社会主义现代化建设，为促进祖国和平统一、实现中华民族伟大复兴作出新的更大贡献。

大会主席团常务三席万钢代表中国致公党第十三届中央委员会作了工作报告。

本次大会将听取和审议中国致公党第十三届中央委员会工作报告，审议通过《中国致公党章程(修正案)》，选举中国致公党第十四届中央委员会等。

中共中央政治局常委刘云山在人民大会堂会见泰国前总理颂猜·翁沙瓦

国务院副总理王岐山在中南海会见美国前财政部部长亨利·保尔森

中央政法委书记孟建柱在北京会见克罗地亚共和国内务部部长奥斯托伊奇

孟建柱说，今年是中克建交20周年。两国关系目前稳步发展，双方高层交往密切，政治互信不断加深。中方愿同克方共同努力，不断推动双边关系发展取得更多务实成果。

孟建柱指出，发展中克两国公安、内务部门传统友好合作关系，有效预防和打击各类跨国犯罪，是中克两国执法安全部门的共同职责。希望双方不断丰富合作内容，提升合作水平，在反恐怖和打击跨国犯罪、毒品犯罪、互联网犯罪、非法移民活动等方面开展积极、务实、高效的合作，切实保护两国人民的生命财产安全。

奥斯托伊奇表示，克方高度重视发展与中方的执法合作关系，愿与中国公安部加强各领域交流与合作。

会见后，双方共同签署了《中华人民共和国公安部与克罗地亚共和国内务部警务合作协议》。

国务委员戴秉国在北京与印度国家安全顾问梅农举行会谈

戴秉国说，过去10年，中印关系持续快速发展，各领域合作取得丰硕成果。双方相互尊重，妥处分歧，探索出一套行之有效的相处之道。展望未来，国际形势将继续发生深刻复杂变化。中印两国应审时度势，把握机遇，坚持对话合作，增进互信，排除干扰，携手实现和平共处，共同发展。中印各自发展和两国关系每前进一步，就能为世界多贡献一份和平的力量、安全的保障和合作的机遇。

梅农表示，印中两国在许多重大问题上看法一致，双方共同点远大于分歧。发展对华关系是印度对外政策优先方向，这不仅符合两国各自利益，也符合世界发展潮流。印度不会参与任何旨在遏制中国的图谋。印度希望同中国继续加强高层交往，保持对话磋商，扩大贸易、投资、服务等领域合作，推进基础设施互联互通，促进边境贸易。相信印中关系的未来会更好。

双方还就中印边界问题解决框架的讨论情况进行梳理总结，达成有关共识。双方重申，将坚持“三步走”路线图，坚持解决边界问题的政治指导原则，以两国关系大局为重，从政治角度出发，本着和平友好、平等协商、互相尊重、互相谅解的精神加紧工作，进一步缩小分歧，寻求一个共同的边界问题解决框架。双方同意，在边界问题最终解决前，应继续保持边境地区和平安宁，为边界问题的解决创造良好气氛和条件，同时确保边界问题不影响双边关系积极发展。

双方还就有关国际和地区问题交换了看法。

中联部部长王家瑞在北京会见泰国前总理颂猜·翁沙瓦

外交部部长杨洁篪在外交部会见印度国家安全顾问梅农

全军高级干部学习贯彻党的十八大精神研讨班在国防大学开班

中共中央政治局委员、中央军委副主席许其亮在开班动员时强调，习主席最近发表的一系列重要讲话，明确了学习贯彻党的十八大精神的总体思路、基本要求，进一步阐明了事关党、国家和军队事业带全局性、根本性、方向性的重大问题，我们要从党和国家事业发展全局、国防和军队建设全局的高度认真学习领会，坚决落实好军队要努力走在前列的指示要求，把学习贯彻党的十八大精神不断引向深入，向党和人民交出合格答卷。

许其亮指出，要充分认清党的十八大确立的目标任务对军队建设的内在要求，从党和国家发展全局的高度谋划指导部队建设。各级党委要负起政治责任，切实把学习贯彻党的十八大精神摆上头等重要位置。各级领导干部要带头学懂弄通、吃透精神实质，带头学以致用、提高能力素质，带头弘扬优良传统、改进思想作风，以领导班子的新气象开创部队建设新局面。

12月4日

中共中央总书记习近平主持召开中共中央政治局会议

会议审议中央政治局关于改进工作作风、密切联系群众的八项规定，分析研究2013年经济工作。

会议强调，领导干部特别是高级干部作风如何，对党风政风乃至整个社会风气具有重要影响。抓作风建设，首先要从中央政治局做起，要求别人做到的自己先要做到，要求别人不做的自己坚决不做，以良好党风带动政风民风，真正赢得群众信任和拥护。要下大决心改进作风，切实解决群众反映强烈的问题，始终保持同人民群众的血肉联系。

会议一致同意关于改进工作作风、密切联系群众的八项规定。规定要求，中央政治局全体同志要改进调查研究，到基层调研要深入了解真实情况，总结经验、研究问题、解决困难、指导工作，向群众学习、向实践学习，多同群众座谈，多同干部谈心，多商量讨论，多解剖典型，多到困难和矛盾集中、群众意见多的地方去，切忌走过场、搞形式主义；要轻车简从、减少陪同、简化接待，不张贴悬挂标语横幅，不安排群众迎送，不铺设迎宾地毯，不摆放花草，不安排宴请。要精简会议活动，切实改进会风，严格控制以中央名义召开的各类全国性会议和举行的重大活动，不开泛泛部署工作和提要求的会，未经中央批准一律不出席各类剪彩、奠基活动和庆祝会、纪念会、表彰会、博览会、研讨会及各类论坛；提高会议实效，开短会、讲短话，力戒空话、套话。要精简文件简报，切实改进文风，没有实质内容、可发可不发的文件、简报一律不发。要规范出访活动，从外交工作大局需要出发合理安排出访活动，严格控制出访随行人员，严格按照规定乘坐交通工具，一般不安排中资机构、华侨华人、留学生代表等到机场迎送。要改进警卫工作，坚持有利于联系群众的原则，减少交通管制，一般情况下不得封路、不清场闭馆。要改进新闻报道，中央政治局同志出席会议和活动应根据工作需要、新闻价值、社会效果决定是否报道，进一步压缩报道的数量、字数、时长。要严格文稿发表，除中央统一安排外，个人不公开出版著作、讲话单行本，不发贺信、贺电，不题词、题字。要厉行勤俭节约，严格遵守廉洁从政有关规定，严格执行住房、车辆配备等有关工作和生活待遇的规定。

会议强调，制定这方面的规定，指导思想就是从严要求，体现从严治党。改进工作作风、密切联系群众，关系党和人民事业成败。各级党政机关和领导干部要坚持以人为本、执政为民，带头改进工作作风，带头深入基层调查研究，带头密切联系群众，带头解决实际问题。各地区各部门要严格按照本规定，结合实际情况，制定贯彻落实办法，狠抓落实，切实抓出成效。各地区各部门要严格执行本规定，每年年底对执行情况进行专项检查，中央办公厅、国务院办公厅要定期督促检查，每年年底通报执行情况，并向中央政治局常委会议、中央政治局会议汇报执行情况，对违反规定的要进行处理。各级纪检监察机关要把监督执行本规定作为改进党风政风的一项经常性工作来抓。审计部门每年要对各地区各部门会议活动等经费使用情况进行审查。

会议强调，今年以来，面对世界经济复苏明显放缓和国内经济下行压力加大的严峻形势，在党中央、国务院正确领导下，各地区各部门坚持以科学发展为主题、以加快转变经济发展方式为主线，按照稳中求进的工作总基调，根据经济形势发展变化，加强和改善宏观调控，着力稳增长、调结构、抓改革、惠民生，我国经济趋于稳定，积极因素进一步增多，全年经济社会发展任务能够较好完成。我国仍处于可以大有作为的重要战略机遇期，明年经济社会发展具备很多有利条件和积极因素，同时经济发展面临的困难仍然较多，各种挑战不能低估。全党全国要切实增强忧患意识和紧迫感，充分估计困难和挑战，扎实做好各方面工作。

会议指出，明年是全面深入贯彻落实党的十八大精神的开局之年，是实施“十二五”规划承前启后的关键一年，是为全面建成小康社会奠定坚实基础的重要一年，做好经济工作意义十分重大。要深入学习和全面贯彻落实党的十八大精神，坚持以邓小平理论、“三个代表”重要思想、科学发展观为指导，紧紧围绕主题主线，以提高经济增长质量和效益为中心，稳中求进，开拓创新，扎实开局，进一步深化改革开放，进一步强化创新驱动，加强和改善宏观调控，积极扩大国内需求，加大经济结构战略性调整力度，着力保障和改善民生，增强经济发展的内生活力和动力，保持物价总水平基本稳定，实现经济持续健康发展和社会和谐稳定。

会议提出，要保持宏观经济政策的连续性和稳定性，着力提高针对性和有效性，适时适度进行预调微调，加强政策协调配合。要着力扩大国内需求，加快培育一批拉动力强的消费新增长点，促进投资稳定增长和结构优化，继续严格控制“两高”和产能过剩行业盲目扩张。要毫不放松抓好农业生产，落实和完善扶持政策，加大农业科技投入，鼓励发展新型农业生产经营模式，加强农田水利和防灾减灾能力建设。要加快推进产业转型升级，发挥自主创新对结构调整的带动作用，支持企业牵头实施产业目标明确的国家重大科技项目，推进产能过剩行业兼并重组、扶优汰劣，支持中小企业发展，发展生产性服务业，加强生态建设。要积极稳妥推进城镇化，增强城镇综合承载能力，提高土地节约集约利用水平，有序推进农业转移人口市民化。要深入实施区域发展总体战略，加快推进集中连片特殊困难地区发展，发展海洋经济。要不断提升对外开放水平，优化外贸结构，完善稳定出口政策，积极增加进口，抓住机遇推动企业走出去，支持内陆和沿边地区对外开放。要保持物价总水平基本稳定，促进重要商品市场供需平衡，进一步降低流通成本，规范市场价格和收费秩序。要扎实推进重点领域改革，扩大营业税改征增值税试点地区和行业范围，健全资源性产品价格形成机制，深化医药卫生体制改革，推进国有经济和农村改革，抓好科技、教育、文化、行政审批等领域改革。要大力保障和改善民生，健全城乡公共就业服务体系，稳步提高社会保障统筹层次和保障水平，发展教育、卫生、文化等社会事业，加强房地产市场调控和住房保障工作，强化社会服务和管理，维护社会和谐稳定。

会议还研究了其他事项。

中共中央总书记习近平在人民大会堂出席首都各界纪念现行宪法公布施行30周年大会

首都各界下午在人民大会堂集会，隆重纪念《中华人民共和国宪法》公布施行30周年。中共中央总书记、中央军委主席习近平在大会上发表重要讲话。

大会由全国人大常委会委员长吴邦国主持。中共中央政治局常委李克强、张德江、俞正声、刘云山出席。

吴邦国在主持大会时指出，习近平同志发表了十分重要的讲话，对于我们全面贯彻党的十八大精神，坚持走中国特色社会主义政治发展道路，扩大社会主义民主，加快建设社会主义法治国家，发展社会主义政治文明，具有十分重要的指导意义。我们一定要认真学习、深刻领会，把讲话精神贯彻落实到党和国家各项工作中去。让我们紧密团结在以习近平同志为总书记的党中央周围，高举中国特色社会主义伟大旗帜，以邓小平理论、“三个代表”重要思想、科学发展观为指导，全面贯彻依法治国基本方略，为夺取全面建成小康社会新胜利而奋斗。

我国现行宪法是在1954年宪法的基础上，根据党的十一届三中全会确定的路线方针政策，总结新中国成立以来建设社会主义的长期实践经验，经过全民讨论、全面修改，于1982年12月4日由五届全国人大五次会议通过并公布施行的。

马凯、王刚、王兆国、李建国、范长龙、孟建柱、赵乐际、栗战书、郭金龙、杜青林、华建敏、陈至立、周铁农、司马义·铁力瓦尔地、陈昌智、严隽琪、桑国卫、王胜俊、曹建明、白立忱、黄孟复、张梅颖、李金华、郑万通、罗富和、陈宗兴，中央党政军群有关部门负责人和首都各界群众代表约3000人出席了纪念大会。

中共中央总书记习近平在首都各界纪念现行宪法公布施行30周年大会上的讲话

同志们，朋友们：

1982年12月4日，五届全国人大五次会议通过了《中华人民共和国宪法》。我国现行宪法公布施行至今已经30年了。今天，我们在这里隆重集会，纪念这一具有重大历史意义和现实意义的事件，就是要保证宪法全面有效实施、推动全面贯彻党的十八大精神。

历史总能给人以深刻启示。回顾我国宪法制度发展历程，我们愈加感到，我国宪法同党和人民进行的艰苦奋斗和创造的辉煌成就紧密相连，同党和人民开辟的前进道路和积累的宝贵经验紧密相连。

我国现行宪法可以追溯到1949年具有临时宪法作用的《中国人民政治协商会议共同纲领》和1954年一届全国人大一次会议通过的《中华人民共和国宪法》。这些文献都以国家根本法的形式，确认了近代100多年来中国人民为反对内外敌人、争取民族独立和人民自由幸福进行的英勇斗争，确认了中国共产党领导中国人民夺取新民主主义革命胜利、中国人民掌握国家权力的历史变革。

1978年，我们党召开具有重大历史意义的十一届三中全会，开启了改革开放历史新时期，发展社会主义民主、健全社会主义法制成为党和国家坚定不移的基本方针。就是在这次会议上，邓小平同志深刻指出："为了保障人民民主，必须加强法制。必须使民主制度化、法律化，使这种制度和法律不因领导人的改变而改变，不因领导人的看法和注意力的改变而改变。"根据党的十一届三中全会确立的路线方针政策，总结我国社会主义建设正反两方面经验，深刻吸取十年"文化大革命"的沉痛教训，借鉴世界社会主义成败得失，适应我国改革开放和社会主义现代化建设、加强社会主义民主法制建设的新要求，我们制定了我国现行宪法。同时，宪法只有不断适应新形势、吸纳新经验、确认新成果，才能具有持久生命力。1988年、1993年、1999年、2004年，全国人大分别对我国宪法个别条款和部分内容作出必要的、也是十分重要的修正，使我国宪法在保持稳定性和权威性的基础上紧跟时代前进步伐，不断与时俱进。

我国宪法以国家根本法的形式，确立了中国特色社会主义道路、中国特色社会主义理论体系、中国特色社会主义制度的发展成果，反映了我国各族人民的共同意志和根本利益，成为历史新时期党和国家的中心工作、基本原则、重大方针、重要政策在国家法制上的最高体现。

30年来，我国宪法以其至上的法制地位和强大的法制力量，有力保障了人民当家做主，有力促进了改革开放和社会主义现代化建设，有力推动了社会主义法治国家进程，有力促进了人权事业发展，有力维护了国家统一、民族团结、社会稳定，对我国政治、经济、文化、社会生活产生了极为深刻的影响。

30年来的发展历程充分证明，我国宪法是符合国情、符合实际、符合时代发展要求的好宪法，是充分体现人民共同意志、充分保障人民民主权利、充分维护人民根本利益的好宪法，是推动国家发展进步、保证人民创造幸福生活、保障中华民族实现伟大复兴的好宪法，是我们国家和人民经受住各种困难和风险考验、始终沿着中国特色社会主义道路前进的根本法制保证。

再往前追溯至新中国成立以来60多年我国宪法制度的发展历程，我们可以清楚地看到，宪法与国家前途、人民命运息息相关。维护宪法权威，就是维护党和人民共同意志的权威。捍卫宪法尊严，就是捍卫党和人民共同意志的尊严。保证宪法实施，就是保证人民根本利益的实现。只要我们切实尊重和有效实施宪法，人民当家做主就有保证，党和国家事业就能顺利发展。反之，如果宪法受到漠视、削弱甚至破坏，人民权利和自由就无法保证，党和国家事业就会遭受挫折。这些从长期实践中得出的宝贵启示，必须倍加珍惜。我们要更加自觉地恪守宪法原则、弘扬宪法精神、履行宪法使命。

在充分肯定成绩的同时，我们也要看到存在的不足，主要表现在：保证宪法实施的监督机制和具体制度还不健全，有法不依、执法不严、违法不究现象在一些地方和部门依然存在；关系人民群众切身利益的执法司法问题还比较突出；一些公职人员滥用职权、失职渎职、执法犯法甚至徇私枉法严重损害国家法制权威；公民包括一些领导干部的宪法意识还有待进一步提高。对这些问题，我们必须高度重视，切实加以解决。

同志们、朋友们！

党的十八大强调，依法治国是党领导人民治理国家的基本方略，法治是治国理政的基本方式，要更加注重发挥法治在国家治理和社会管理中的重要作用，全面推进依法治国，加快建设社会主义法治国家。实现这个目标要求，必须全面贯彻实施宪法。

全面贯彻实施宪法，是建设社会主义法治国家的首要任务和基础性工作。宪法是国家的根本法，是治国安邦的总章程，具有最高的法律地位、法律权威、法律效力，具有根本性、全局性、稳定性、长期性。全国各族人民、一切国家机关和武装力量、各政党和各社会团体、各企业事业组织，都必须以宪法为根本的活动准则，并且负有维护宪法尊严、保证宪法实施的职责。任何组织或者个人，都不得有超越宪法和法律的特权。一切违反宪法和法律的行为，都必须予以追究。

宪法的生命在于实施，宪法的权威也在于实施。我们要坚持不懈抓好宪法实施工作，把全面贯彻实施宪法提高到一个新水平。

第一，坚持正确政治方向，坚定不移走中国特色社会主义政治发展道路。改革开放以来，我们党团结带领人民在发展社会主义民主政治方面取得了重大进展，成功开辟和坚持了中国特色社会主义政治发展道路，为实现最广泛的人民民主确立了正确方向。这一政治发展道路的核心思想、主体内容、基本要求，都在宪法中得到了确认和体现，其精神实质是紧密联系、相互贯通、相互促进的。国家的根本制度和根本任务，国家的领导核心和指导思想，工人阶级领导的、以工农联盟为基础的人民民主专政的国体，人民代表大会制度的政体，中国共产党领导的多党合作和政治协商制度、民族区域自治制度以及基层群众自治制度，爱国统一战线，社会主义法制原则，民主集中制原则，尊重和保障人权原则，等等，这些宪法确立的制度和原则，我们必须长期坚持、全面贯彻、不断发展。

坚持中国特色社会主义政治发展道路，关键是要坚持党的领导、人民当家做主、依法治国有机统一，以保证人民当家做主为根本，以增强党和国家活力、调动人民积极性为目标，扩大社会主义民主，发展社会主义政治文明。我们要坚持国家一切权力属于人民的宪法理念，最广泛地动员和组织人民依照宪法和法律规定，通过各级人民代表大会行使国家权力，通过各种途径和形式管理国家和社会事务、管理经济和文化事业，共同建设，共同享有，共同发展，成为国家、社会和自己命运的主人。我们要按照宪法确立的民主集中制原则、国家政权体制和活动准则，实行人民代表大会统一行使国家权力，实行决策权、执行权、监督权既有合理分工又有相互协调，保证国家机关依照法定权限和程序行使职权、履行职责，保证国家机关统一有效组织各项事业。我们要根据宪法确立的体制和原则，正确处理中央和地方关系，正确处理民族关系，正确处理各方面利益关系，调动一切积极因素，巩固和发展民主团结、生动活泼、安定和谐的政治局面。我们要适应扩大人民民主、促进经济社会发展的新要求，积极稳妥推进政治体制改革，发展更加广泛、更加充分、更加健全的人民民主，充分发挥我国社会主义政治制度优越性，不断推进社会主义政治制度自我完善和发展。

第二，落实依法治国基本方略，加快建设社会主义法治国家。宪法确立了社会主义法制的基本原则，明确规定中华人民共和国实行依法治国，建设社会主义法治国家，国家维护社会主义法制的统一和尊严。落实依法治国基本方略，加快建设社会主义法治国家，必须全面推进科学立法、严格执法、公正司法、全民守法进程。

我们要以宪法为最高法律规范，继续完善以宪法为统帅的中国特色社会主义法律体系，把国家各项事业和各项工作纳入法制轨道，实行有法可依、有法必依、执法必严、违法必究，维护社会公平正义，实现国家和社会生活制度化、法制化。全国人大及其常委会要加强重点领域立法，拓展人民有序参与立法途径，通过完备的法律推动宪法实施，保证宪法确立的制度和原则得到落实。国务院和有立法权的地方人大及其常委会要抓紧制定和修改与法律相配套的行政法规和地方性法规，保证宪法和法律得到有效实施。各级国家行政机关、审判机关、检察机关要坚持依法行政、公正司法，加快推进法治政府建设，不断提高司法公信力。国务院和地方各级人民政府作为国家权力机关的执行机关，作为国家行政机关，负有严格贯彻实施宪法和法律的重要职责，要规范政府行为，切实做到严格规范公正文明执法。我们要深化司法体制改革，保证依法独立公正行使审判权、检察权。全国人大及其常委会和国家有关监督机关要担负起宪法和法律监督职责，加强对宪法和法律实施情况的监督检查，健全监督机制和程序，坚决纠正违宪违法行为。地方各级人大及其常委会要依法行使职权，保证宪法和法律在本行政区域内得到遵守和执行。

第三，坚持人民主体地位，切实保障公民享有权利和履行义务。公民的基本权利和义务是宪法的核心内容，宪法是每个公民享有权利、履行义务的根本保证。宪法的根基在于人民发自内心的拥护，宪法的伟力在于人民出自真诚的信仰。只有保证公民在法律面前一律平等，尊重和保障人权，保证人民依法享有广泛的权利和自由，宪法才能深入人心，走入人民群众，宪法实施才能真正成为全体人民的自觉行动。

我们要依法保障全体公民享有广泛的权利，保障公民的人身权、财产权、基本政治权利等各项权利不受侵犯，保证公民的经济、文化、社会等各方面权利得到落实，努力维护最广大人民根本利益，保障人民群众对美好生活的向往和追求。我们要依法公正对待人民群众的诉求，努力让人民群众在每一个司法案件中都能感受到公平正义，决不能让不公正的审判伤害人民群众感情、损害人民群众权益。我们要在全社会加强宪法宣传教育，提高全体人民特别是各级领导干部和国家机关工作人员的宪法意识和法制观念，弘扬社会主义法治精神，努力培育社会主义法治文化，让宪法家喻户晓，在全社会形成学法遵法守法用法的良好氛围。我们要通过不懈努力，在全社会牢固树立宪法和法律的权威，让广大人民群众充分相信法律、自觉运用法律，使广大人民群众认识到宪法不仅是全体公民必须遵循的行为规范，而且是保障公民权利的法律武器。我们要把宪法教育作为党员干部教育的重要内容，使各级领导干部和国家机关工作人员掌握宪法的基本知识，树立忠于宪法、遵守宪法、维护宪法的自觉意识。法律是成文的道德，道德是内心的法律。我们要坚持把依法治国和以德治国结合起来，高度重视道德对公民行为的规范作用，引导公民既依法维护合法权益，又自觉履行法定义务，做到享有权利和履行义务相一致。

第四，坚持党的领导，更加注重改进党的领导方式和执政方式。依法治国，首先是依宪治国；依法执政，关键是依宪执政。新形势下，我们党要履行好执政兴国的重大职责，必须依据党章从严治党、依据宪法治国理政。党领导人民制定宪法和法律，党领导人民执行宪法和法律，党自身必须在宪法和法律范围内活动，真正做到党领导立法、保证执法、带头守法。

我们要坚持党总览全局、协调各方的领导核心作用，坚持依法治国基本方略和依法执政基本方式，善于使党的主张通过法定程序成为国家意志，善于使党组织推荐的人选成为国家政权机关的领导人员，善于通过国家政权机关实施党对国家和社会的领导，支持国家权力机关、行政机关、审判机关、检察机关依照宪法和法律独立负责、协调一致地开展工作。各级党组织和党员领导干部要带头厉行法治，不断提高依法执政能力和水平，不断推进各项治国理政活动的制度化、法律化。各级领导干部要提高运用法治思维和法治方式深化改革、推动发展、化解矛盾、维护稳定能力，努力推动形成办事依法、遇事找法、解决问题用法、化解矛盾靠法的良好法治环境，在法治轨道上推动各项工作。我们要健全权力运行制约和监督体系，有权必有责，用权受监督，失职要问责，违法要追究，保证人民赋予的权力始终用来为人民谋利益。

同志们、朋友们！

全党全国各族人民要紧密团结在党中央周围，高举中国特色社会主义伟大旗帜，坚持以邓小平理论、“三个代表”重要思想、科学发展观为指导，坚持依法治国、依法执政、依法行政共同推进，坚持法治国家、法治政府、法治社会一体建设，扎扎实实把党的十八大精神落实到各项工作中去，为全面建成小康社会、开创中国特色社会主义事业新局面而努力奋斗！

全国人大常委会委员长吴邦国在人民大会堂会见印度国家安全顾问梅农

吴邦国强调，双方要从战略高度和全局角度出发，本着和平友好、平等协商、互相尊重、互相谅解的精神，在已经取得的共识基础上，保持和利用好现有机制，继续推进框架谈判进程。相信中印双方有能力、有智慧最终解决边界问题。

梅农表示，印度高度重视同中国发展面向和平与繁荣的战略合作伙伴关系，希望同中方加强高层交往和各级别对话，扩大务实合作，坚持通过友好协商处理边界问题，不让边界问题影响两国关系大局。印方对印中关系的未来充满信心。

国务院总理温家宝在比什凯克与吉尔吉斯斯坦总统阿坦巴耶夫举行会谈

国务院总理温家宝在比什凯克与吉尔吉斯斯坦总理萨特巴尔季耶夫举行会谈

温家宝说，中吉建交20年来，双方在涉及彼此核心利益的重大问题上始终相互支持，经济、安全、人文等领域合作取得丰硕成果。当前，两国保持密切高层交往，进一步加深了政治互信。中方尊重吉尔吉斯斯坦人民自主选择的发展道路，将继续向吉方提供真诚帮助，相信吉政府和人民一定能在国家建设中取得新的成就，为地区和平、稳定和繁荣作出贡献。

温家宝表示，中国政府鼓励本国企业扩大对吉投资，共同开拓市场，欢迎吉方向中国出口更多产品；双方要尽快商签《中吉毗邻地区合作规划纲要》，加强口岸、海关合作，进一步提升中国新疆与吉方的经贸合作规模和水平；推进中吉乌铁路建设，商谈开发萨雷扎斯河水电资源，共建农业示范区，扩大教育、文化等领域合作。

萨特巴尔季耶夫表示，中国是吉尔吉斯斯坦亲密、友好、可靠的邻邦，两国有着悠久的传统友谊，在政治、经贸、人文、安全等领域开展了卓有成效的合作，两国关系快速发展，有着广阔前景。吉方感谢中方的帮助和支持，愿与中方保持高层交往，完善合作机制，共同规划并扩大经贸、农业合作，推进中吉乌铁路建设和水电资源开发，开拓新的合作领域。吉尔吉斯斯坦将与中国等上合组织成员国共同努力，为地区的稳定与发展作出积极贡献。

全国政协主席贾庆林在圣何塞与哥斯达黎加总统钦奇利亚举行会谈

全国政协主席贾庆林在圣何塞会见哥斯达黎加立法大会主席格拉纳多斯

贾庆林表示，中哥建交五年来，政治关系日益巩固，相互了解和政治互信不断加深。双方在国际和地区事务中保持协调配合，共同维护了发展中国家的利益。中方高度重视发展同哥斯达黎加的友好合作关系，愿与哥方共同努力，不断加强两国各领域互利合作。中国全国政协愿进一步加强与哥斯达黎加立法大会的友好往来，为中哥关系发展发挥积极推动作用。

格拉纳多斯说，中国是个伟大的国家，拥有悠久的历史和灿烂的文明，为人类作出了杰出贡献。哥中有着兄弟般的情谊，建交五年来两国交流日益密切。哥议会致力于发展哥中关系，愿与中方共同努力，不断深化友谊，加强互利合作。

九三学社第十次全国代表大会在北京闭幕

大会圆满完成各项议程，表决通过了《九三学社第十次全国代表大会关于第十二届中央委员会报告的决议》和《九三学社第十次全国代表大会关于九三学社章程修正案的决议》，选举产生了由240人组成的新一届中央委员会。

会议期间举行的九三学社第十三届中央委员会第一次全体会议选举产生了由47名委员组成的第十三届中央常务委员会和新一届九三学社中央领导机构，韩启德连任主席，邵鸿、谢小军、张桃林、赖明、马大龙、丛斌、赵雯、卢柯、武维华、印红当选副主席。

韩启德在闭幕讲话中说，在全体代表的共同努力下，九三学社第十次全国代表大会认真贯彻中共十八大精神，充分发扬民主、科学、务实作风，统一了思想认识，明确了努力方向，确立了今后一个时期的工作目标和任务。

韩启德强调，要把全社成员的思想认识统一到中共十八大精神上来，增强对中国特色社会主义道路自信、理论自信和制度自信；要增强社员的社章意识，尊重和保障社员的主体地位；要整合力量、完善机制，把全社成员凝聚到促进和服务科学发展、全面建成小康社会的宏伟目标上来。

大会要求，九三学社各级组织和全体社员必须坚持社会主义核心价值体系，加强参政党文化建设；必须紧紧围绕推动科学发展，加强创新和聚焦，努力提高参政议政能力和水平；必须增强参政党意识，提高政治把握能力，正确认识民主监督性质，切实推动加强民主监督的实效性；必须发挥特色和优势，积极开拓社会服务新领域和新途径；必须继续推进人才强社战略，永葆九三学社组织生机和活力。

大会号召，九三学社要紧密团结在以习近平同志为总书记的中共中央周围，在新一届中央委员会领导下，认真学习贯彻中共十八大精神，高举中国特色社会主义伟大旗帜，以邓小平理论、“三个代表”重要思想、科学发展观为指导，以更加奋发有为的精神状态，胸怀理想，坚定信念，开拓进取，励精图治，积极投身于全面建成小康社会的宏伟事业，为全面推进中国特色社会主义事业作出更大贡献。

全国工商联十届六次执委会在北京举行

会议于12月4日至5日举行。会议的主要任务是深入学习贯彻党的十八大精神，听取全国工商联第十一次会员代表大会筹备工作报告，讨论并通过了第十届执委会向第十一次会员代表大会的报告，审议并通过《中华全国工商业联合会章程(修改草案)》，决定将这两份文件提请中华全国工商业联合会第十一次会员代表大会审议；确认有关人事事项。

会议期间还颁发了2012年全国工商联科学技术奖。

全国个体劳动者第四次代表大会暨“全国先进个体工商户”表彰大会在人民大会堂举行

国务院副总理王岐山出席大会，并向部分获得“全国先进个体工商户”荣誉称号的代表颁奖。

近年来，我国个体私营经济在国民经济和社会发展中发挥着越来越重要的作用。党的十八大报告指出，要加快完善社会主义市场经济体制，完善公有制为主体、多种所有制经济共同发展的基本经济制度。毫不动摇巩固和发展公有制经济，毫不动摇鼓励、支持、引导非公有制经济发展。截至目前，全国私营企业1060万户、从业人员1.1亿人；个体工商户3985万户，从业人员8455万人。个体私营企业创造了60%左右的国内生产总值，提供了50%以上的税收、80%以上的城镇就业岗位和90%以上的新增就业岗位，促进了经济增长、活跃了城乡市场、方便了群众生活、维护了社会稳定。广大个体工商户爱岗敬业、守法经营、诚信服务、奉献社会，积极投身中国特色社会主义现代化建设，涌现出一大批先进模范人物。

本次大会授予孟建设等302名同志“全国先进个体工商户”荣誉称号。中国个体劳动者协会是由全国个体工商户等组织和个人组成的全国联合性非营利性社会团体，成立于1986年12月。目前，会员总数达3360多万户，联系的个体私营企业从业人员达1.4亿人。全国个体劳动者代表大会是中国个体劳动者协会的最高权力机构，每5年召开一次大会，本次大会将选举产生新一届理事会和领导机构。

中共中央政治局委员李源潮在人民大会堂会见由澳大利亚自由党副领袖朱丽·毕晓普和国家党领袖特拉斯率领的澳大利亚联盟党代表团

首届金砖国家经济形势研讨会在北京举行

本次研讨会主题为“金砖 2013：挑战和机遇”。来自中国、俄罗斯、印度、南非等 26 个国家和地区的驻华大使、参赞、相关专家学者和企业家约 200 人出席研讨会，并就金砖国家间如何深化经贸合作进行探讨。

12 月 5 日

中共中央总书记习近平在北京会见第二炮兵第八次党代表大会代表

习近平强调，要深入学习贯彻党的十八大精神，高举中国特色社会主义伟大旗帜，以邓小平理论、“三个代表”重要思想、科学发展观为指导，坚持国防和军队建设主题主线，加强部队全面建设和军事斗争准备，努力建设一支强大的信息化战略导弹部队。

中共中央政治局委员、中央军委副主席范长龙，中共中央政治局委员、中央军委副主席许其亮，中央军委委员常万全、房峰辉、张阳、赵克石、张又侠、吴胜利、马晓天、魏凤和以及靖志远参加会见。

习近平首先代表党中央、中央军委，对第二炮兵第八次党代表大会的召开表示热烈祝贺，向出席大会的各位代表和第二炮兵广大官兵致以诚挚问候。他指出，第二炮兵是我国战略威慑的核心力量，是我大国地位的战略支撑，是维护国家安全的重要基石。近年来，第二炮兵部队坚决贯彻党中央、中央军委决策指示，坚持把思想政治建设摆在首位，大力弘扬火箭兵精神，积极推进战略威慑与实战能力建设，部队全面建设取得新的显著进步，为维护国家主权、安全、发展利益作出了重要贡献。

习近平强调，要坚持从思想上政治上建设部队，坚持党对军队绝对领导的根本原则和制度，坚持不懈用中国特色社会主义理论体系武装官兵，持续培育当代革命军人核心价值观，弘扬我军光荣传统和优良作风，确保部队绝对忠诚、绝对纯洁、绝对可靠，永葆人民军队的性质和本色。要组织官兵认真研读党的十八大文件，深入搞好党的十八大精神宣讲活动，切实把官兵的思想和行动统一到党的十八大精神上来，切实在武装头脑、指导实践、推动工作上下功夫。要自觉维护党中央、中央军委的权威，在思想上政治上行动上始终与党中央、中央军委保持高度一致，做到在任何时候任何情况下都坚决听从党中央、中央军委指挥。要坚持党要管党、从严治党，全面加强部队党的思想建设、组织建设、作风建设、反腐倡廉建设、制度建设，增强各级党组织的创造力凝聚力战斗力，把党的政治优势和组织优势转化为推动部队建设的强大力量。

习近平指出，要坚决完成担负的各项军事斗争任务，以国家核心安全需求为导向，按照“能打仗、打胜仗”的要求，真抓实备、常备不懈，扎实推进军事斗争准备各项工作。要大力培养联合作战指挥人才、信息化建设管理人才和导弹专业技术人才，为完成军事斗争任务提供坚强人才保证。要扎实开展实战化军事训练，提高部队复杂困难条件下可靠遂行任务的能力。要根据第二炮兵部队自身特点，加大依法治军、从严治军力度，坚持以纪律建设为核心，着力增强法规制度执行力，坚决杜绝有法不依、执法不严、违法不究的现象。要加强部队作风建设，坚决反对和纠正各种不良现象。要认真落实安全发展理念，突出防范重大安全问题，确保部队安全稳定。

中共中央总书记习近平在人民大会堂与在华工作的外国专家代表座谈

来自 16 个国家的 20 位外国专家参加了座谈，习近平同他们互致问候。

习近平说，中国共产党第十八次全国代表大会明确了中国今后发展的奋斗目标。实现这些目标，任重而道远，需要我们付出长期的艰苦努力。中国是个负责任国家，我们要努力把自己的事情办好，同时也要处理好中国和外部世界的关系，既争取更加有利的外部环境，也努力为世界和平与发展作出更大贡献。

习近平说，我们的事业是得到世界人民支持的事业。要实现我们的奋斗目标，根本要靠中国人民艰苦奋斗，同时也需要世界各国人民理解和支持。在中国革命的峥嵘岁月里，白求恩、斯诺、柯棣华等国际友人为中国人民解放事业作出了重要贡献，有的甚至献出了宝贵生命。中华人民共和国成立后，大批外国专家投身中国建设事业，为中国各方面建设作出了积极贡献。中国改革开放事业取得的巨大成就，外国专家们功不可没。“国之交在于民相亲。”国与国友好的基础是否扎实，关键在于人民友谊是否深厚。包括外国专家在内的国际友人，对促进中外交流合作发挥着重要桥梁和纽带作用。

习近平说，我们的事业是向世界开放学习的事业。关起门来搞建设不可能成功。我们要坚持对外开放的基本国策不动摇，不封闭、不僵化，打开大门搞建设、办事业。“满招损，谦受益。”中国已经取得举世瞩目的发展成就，但我国仍是一个发展中国家，仍然面临一系列严峻挑战，还有许多需要面对和解决的问题。我们既不妄自菲薄，也不妄自尊大，更加注重学习吸收世界各国人民创造的优秀文明成果，同世界各国相互借鉴、取长补短。我们欢迎外国专家和优秀人才以各种方式参与中国现代化建设，一如既往支持大家来中国创业和发展。

习近平说，我们的事业是同世界各国合作共赢的事业。国际社会日益成为一个你中有我、我中有你的命运共同体。面对世界经济的复杂形势和全球性问题，任何国家都不可能独善其身、一枝独秀，这就要求各国同舟共济、和衷共济，在追求本国利益时兼顾他国合理关切，在谋求本国发展中促进各国共同发展，建立更加平等均衡的新型全球发展伙伴关系，增进人类共同利益，共同建设一个更加美好的地球家园。中国走的是和平发展道路，中国的发展不是自私自利、损人利己、我赢你输的发展，对他国、对世界决不是挑战和威胁。中国决不会称霸，决不搞扩张。中国越发展，对世界和平与发展就越有利。中国不仅是合作共赢的积极倡导者，更是合作共赢的切实践行者。中国扎实推进同各国的务实合作，坚持向发展中国家提供力所能及的帮助。

国务院总理温家宝在比什凯克出席上海合作组织成员国总理第十一次会议并发表讲话

温家宝说，上海合作组织成立十年来，各国增进了相互了解和信任，共同制定了务实合作规划，搭建了多层次合作平台，实施了一系列重大合作举措，为促进本地区经济发展、改善民生、增进人民之间的友好感情作出了不懈努力。上合组织大家庭不断扩大，影响力明显增强，成为维护地区和平稳定、促进共同发展的战略依托。展望第二个十年，我们要弘扬“上海精神”，牢牢把握机遇，齐心协力，开辟更加广阔的合作前景。

温家宝提出，把实现本组织区域内基础设施互联互通作为务实合作的首要目标，进行科学论证和规划，充分发挥企业的主体作用，按照市场方式进行运作，确保质量和效益。中方愿同各方加强配合，落实今年6月承诺提供的100亿美元贷款，研究设立面向本地区的经济技术合作基金，推进本组织开发银行组建工作；发展上合组织移动通信卫星服务，使之成为本组织统一的应急、救灾、反恐、移动通信服务平台；成立“中国—上海合作组织环境保护合作中心”，加强环保能力建设；在打击“三股势力”、毒品和跨国有组织犯罪方面形成更加强大合力，建立预警救灾中心，积极开展粮食合作。

各方高度赞赏温家宝总理在会上提出的主张与建议，积极评价中国在推进上合组织发展建设、促进本地区国家互利合作方面发挥的重要作用，认为在世界政治、经济形势深刻复杂变化的大背景下，各国要加强战略沟通，以团结应对挑战，以合作促进发展，更好地维护共同利益。

会议由吉尔吉斯斯坦总理萨特巴尔季耶夫主持，俄罗斯、吉尔吉斯斯坦、哈萨克斯坦、塔吉克斯坦、乌兹别克斯坦领导人与会，上合组织观察员国蒙古国、巴基斯坦、伊朗、印度、阿富汗领导人，以及独联体、欧亚经济共同体负责人参加了大范围会谈。

会议决定下次总理会议将于2013年在乌兹别克斯坦举行。会议发表了《上海合作组织成员国总理理事会会议联合公报》等文件。

上海合作组织成员国政府首脑（总理）理事会会议发表联合公报

2012年12月4日至5日上海合作组织（以下简称上合组织或本组织）成员国政府首脑（总理）理事会例行会议在比什凯克举行。哈萨克斯坦共和国总理艾哈迈托夫、中华人民共和国国务院总理温家宝、吉尔吉斯共和国总理萨特巴尔季耶夫、俄罗斯联邦政府总理梅德韦杰夫、塔吉克斯坦共和国总理阿基洛夫、乌兹别克斯坦共和国第一副总理阿齐莫夫出席会议。

吉尔吉斯共和国总理萨特巴尔季耶夫主持会议。

上合组织秘书长伊马纳利耶夫、上合组织地区反恐怖机构执行委员会主任朱曼别科夫、上合组织实业家委员会主席梅津采夫和上合组织银行联合体主席阿克马特别科夫列席会议。

上合组织观察员国蒙古国总理阿勒坦呼亚格、伊朗伊斯兰共和国第一副总统拉希米、阿富汗伊斯兰共和国第二副总统哈利利、巴基斯坦伊斯兰共和国新闻广播部部长卡马尔、印度共和国外交部东部事务秘书辛格与会并发言。

各成员国总理在友好、建设性和务实的气氛中就世界和地区经济形势的广泛议题，以及发展上合组织框架内的经贸和人文合作的现实问题交换了意见，达成了以下共识。

一、总理们指出，世界经济尽管出现一些复苏迹象，但国际经济金融危机的严重影响远未消除。世界经济面临新的萧条、生产下滑、债务增长、失业率攀升的威胁。这些问题仍非常迫切，需要共同应对。

上合组织成员国希望世界经济能够克服萧条的威胁，步入稳定增长和长期上升的轨道，将通过保障本国社会经济顺利发展和加强相互间经济领域合作为解决上述问题作出自己的贡献。上合组织成员国愿深化经济、财金、投资、交通、通信、替代能源、科技、创新、节能、农业、海关等领域的务实合作，发挥所拥有的合作潜力，为成员国人民和整个地区谋福祉。

上合组织成员国主张与赞同上合组织宗旨和原则的其他组织和机制开展紧密全面的平等互利合作，促进区域经济合作的发展。

二、总理们指出，自2011年11月7日圣彼得堡上合组织成员国总理会议以来，成员国经济和人文合作取得积极进展。

总理们强调，在世界经济发展出现不稳定的背景下，上合组织地区呈现出发展稳定、国内生产总值保持增长和具有投资吸引力的特点。

为促进本组织框架内多边合作持续发展，各成员国政府将共同努力，切实落实在北京举行的上合组织成员国元首理事会会议（2012年6月6日至7日）期间达成的共识和《〈上海合作组织成员国多边经贸合作纲要〉落实措施计划》。

三、总理们强调，必须共同努力制定并实施共同感兴趣的联合项目。为此，责成成员国主管部门采取切实措施，落实本次总理会议批准的《2012—2016年上海合作组织进一步推动项目合作的措施清单》。

四、总理们指出，2012年11月13日在比什凯克举行的上合组织成员国经贸部长会议审议了经济领域相关决议的执行情况，会议取得积极成果。

总理们建议上合组织实业家委员会和上合组织银行联合体更积极地参与实施在本组织框架内经济金融合作方面有前景的联合项目。

五、总理们重申愿继续加强本国经济潜力，巩固本国金融货币体系，增加国家信贷机构的资本充足率和流动性，确保生产多元化和提高竞争力。

为进一步发展经贸和投资合作，必须加强本组织框架内的经济和财金合作。在此背景下，2012年5月在北京举行的上合组织成员国财政部长和中央（国家）银行行长第二次会议十分重要。

根据各国总理2011年11月7日的指示，成员国主管部门会同上合组织秘书处就研究建立上合组织发展基金（专门账户）和上合组织开发银行开展了工作。

总理们认为，应根据《上海合作组织银行联合体中期发展战略（2012—2016年）》，继续加强上合组织银联体在上合组织成员国投融资合作中的作用，以促进经济发展、创造新的就业岗位、改善民生。

六、总理们指出，为了促进上合组织框架内经贸合作的发展，要更有效地发挥上合组织成员国现有过境运输潜力，进一步完善交通基础设施，加强交通合作法律基础，这具有重要的意义。

总理们认为，扩大公路、铁路运输协作，建立和利用上合组织成员国境内现代化多功能国际物流中心十分迫切。

七、总理们指出，必须推动“上合组织信息高速公路”和“利用电子签名进行跨境电子合作”示范性项目的工作。

八、总理们强调继续深化海关合作的重要性，指出《上海合作组织成员国海关关于开展知识产权保护合作的备忘录》的签署意义重大。

九、总理们认为，有必要继续在本组织框架内就提高能源利用率、降低燃料能源体系给环境和气候造成的压力、发展和利用可替代能源、采用创新和清洁环保技术等问题开展合作。

十、总理们指出，必须继续采取协调一致的措施，共同应对自然及技术灾害造成的威胁，提高应急反应能力。

为此，总理们高度评价上合组织成员国救灾部门为签署《〈上海合作组织成员国政府间救灾互助协定〉议定书》所做的工作。

十一、总理们认为必须继续为进一步加强上合组织框架内环保领域合作而共同开展工作。

十二、总理们强调发展卫生领域合作的重要性，表示支持深化该领域的全面合作。

总理们指出在防止传染病扩散领域的合作取得积极进展，表示支持在卫生防疫方面进一步扩大合作。

十三、总理们积极评价人文领域合作成果，认为落实上合组织成员国文化部长会议（2012年6月4日至7日）达成的共识十分重要。总理们支持在文化、体育、旅游、科技、环保等方面开展合作，巩固上合组织地区各民族、宗教和文明和谐共存的古老传统。

十四、总理们支持同上合组织观察员国和对话伙伴国积极合作，欢迎吸纳这些国家的潜力，共同参与本组织框架内的活动。

十五、总理们通过了上合组织秘书处关于《上合组织成员国多边经贸合作纲要》实施情况的报告。

总理们还审议了上合组织常设机构相关财务和组织问题，批准了本组织2013年预算。

总理们高度评价本次上合组织成员国政府首脑（总理）理事会会议的组织和举办水平，对吉方的热情接待表示感谢。

下次上合组织成员国政府首脑（总理）理事会会议将于2013年在乌兹别克斯坦共和国举行。

哈萨克斯坦共和国总理　艾哈迈托夫
中华人民共和国国务院总理　温家宝
吉尔吉斯共和国总理　萨特巴尔季耶夫
俄罗斯联邦政府总理　梅德韦杰夫
塔吉克斯坦共和国总理　阿基洛夫
乌兹别克斯坦共和国第一副总理　阿齐莫夫

2012年12月5日于比什凯克

国务院总理温家宝在比什凯克分别与哈萨克斯坦总理艾哈迈托夫和蒙古国总理阿勒坦呼亚格举行会谈

农工党十四届七中全会在北京召开

农工党中央主席桑国卫,农工党中央常务副主席陈宗兴出席会议。

桑国卫在会上讲话指出,这次会议是农工党第十四届中央委员会的最后一次全体会议,会议将研究审议提交农工党第十五次全国代表大会的有关文件。全体与会代表要统一思想,提高认识,增进团结,以高度的责任感和使命感履行好各项职责,开好此次会议,确保农工党第十五次全国代表大会的顺利进行。

桑国卫强调,即将召开的中国农工民主党第十五次全国代表大会,要认真学习中共十八大精神,以邓小平理论、"三个代表"重要思想和科学发展观为指导,认真总结农工党五年来的成绩和经验,明确今后一个时期的工作方针和主要任务;会议将选举产生新的领导班子和领导机构,实现新老交替。要努力把这次代表大会开成一个继承和发扬优良传统、巩固和发展与中国共产党的团结合作、开创农工党工作新局面的大会,开成一个团结、民主、求实、奋进的大会。

会议决定,中国农工民主党第十五次全国代表大会于12月6日至10日在北京召开。会议审议通过了中国农工民主党第十四届中央委员会的报告(草案)、中国农工民主党章程修正案(草案)、中国农工民主党第十五次全国代表大会日程(草案)。会议还推举桑国卫为农工党第十四届中央委员会报告的报告人。

农工党中央副主席陈竺、张大宁、王宁生、陈勋儒、汪纪戎、刘晓峰、陈述涛、何维、姚建年、杨震和中央委员及列席会议代表200余人参加会议。

国务院副总理李克强在中南海紫光阁会见美国前财政部部长保尔森

李克强说,中美正在建设相互尊重、互利共赢的合作伙伴关系,把这种新型大国关系发展好,关键是顺应合作主流,突出和扩大共同面,管控和缩小分歧点,美方应早日放宽对华高技术产品出口限制。也希望你和你的团队按照"知行合一"的理念,为中美关系作出更多努力和行动。

李克强指出,改革开放是中国认准的方向,是国家强盛的必由之路,符合人民的根本利益。特别是"入世"以来,我们的企业在国际竞争中不仅站住了脚,而且越战越勇,中国在开放中强身健体,尝到了甜头。未来中国会越来越开放,我们扩大内需、激发城镇化潜力乃至发展各项事业,都要在日益开放的条件下来进行、来推动,在开放中拓宽视野博采众长,在开放中培育形成新优势。我们也希望我们的合作伙伴能够更加开放,共同坚持贸易与投资自由化,创造公平公正的环境,这对世界也会是共赢的。

保尔森表示,发展美中关系是美国共和、民主两党的共识。中国城镇化的规模史无前例,将为世界经济发展增添亮色,愿继续在城镇化、农业投资、金融市场建设等方面加强与中方合作。

外交部副部长崔天凯、外交学会会长杨文昌等会见时在座。

中央军委副主席范长龙在八一大楼会见哈萨克斯坦国防部部长贾克瑟别科夫一行

国防部部长梁光烈在八一大楼与哈萨克斯坦国防部部长贾克瑟别科夫举行会谈

12月6日

中俄总理第十七次定期会晤在莫斯科举行

当地时间6日上午,温家宝与俄罗斯总理梅德韦杰夫在莫斯科举行中俄总理第十七次定期会晤。这是梅德韦杰夫总理上任后第一次举行中俄总理定期会晤。

本次中俄总理定期会晤和正式访问期间,双方将重点讨论落实中俄元首今年北京会晤达成的重要共识,进一步深化两国政治互信和全面战略协作,促进两国战略性大项目和人文等领域合作取得新进展。两国总理将签署并发表《中俄总理第十七次定期会晤联合公报》,双方政府、相关部门和企业将签署多项重要双边合作文件。

国务院总理温家宝在索契与俄罗斯总统普京举行会谈

温家宝说,近年来,中俄关系不断迈上新台阶,呈现出旺盛强劲的发展势头。双方在涉及彼此核心利益问题上相互坚定支持,携手应对国际金融危机,经贸合作取得丰硕成果,在重大地区和国际问题上密切协调配合,有力地维护共同利益,为促进世界和平与发展作出了重大贡献。今天中俄关系的良好局面是两国领导人高度重视和大力推动的结果,得到两国人民的广泛支持,有着牢固的政治基础和社会基础。

温家宝表示,在严峻复杂的环境中,俄罗斯政府和人民坚定维护国家主权和领土完整,加快经济建设,取得巨大成就,成功加入世界贸易组织,在世界上发挥着重要一极的作用。一个稳定、繁荣、强大的俄罗斯对世界有利。

普京说,当前俄中全面战略协作伙伴关系达到了前所未有的高度,有力地促进了两国经济社会发展,推动解决了一系列重要问题,维护了国际秩序的平衡和稳定。过去十年，中国在确保经济增长、促进社会和谐和奉行独立自主和平外交政策方面取得巨大成就，国际威信不断提高，俄方对此感到高兴，并热烈祝贺中共十八大顺利举行。普京表示十分珍惜与中国领导人之间良好的工作关系和真挚的友谊，希望双方保持密切的高层交往，推动两国关系迈向更高水平。

全国政协主席贾庆林在布宜诺斯艾利斯会见阿根廷副总统兼参议长布杜及众议院第一副议长马塔拉佐等参众两院主要议员

全国政协主席贾庆林在布宜诺斯艾利斯与阿根廷总统克里斯蒂娜举行会谈

贾庆林说，当前中阿交流合作呈现全方位、多层次、宽领域的良好格局。双方政治互信不断加深，各领域务实合作成效显著。在国际和地区事务中保持密切配合，人文交流日益丰富。中阿同为发展中国家和重要新兴市场国家，推进新形势下中阿战略伙伴关系全面深入发展意义重大。中方愿与阿方一道，密切全方位交往，增进政治互信；加强务实合作，实现共同发展，积极推进双方在能源、电力、基础设施、金融、农业等重点领域的互利合作；扩大战略协作，维护共同利益，在二十国集团等国际组织和多边机制以及重大全球性问题上加强配合协调；丰富人文交流，夯实传统友谊，鼓励和支持两国青年交往，使他们成为中阿友好的传承者。

克里斯蒂娜表示，阿中两国发展目标和战略相似，在许多重大国际问题上立场相近，进一步加强阿中战略伙伴关系符合两国利益。阿过去、现在和将来都坚定奉行一个中国政策，希望进一步拓展两国在各领域的交流合作，加强在应对气候变化、国际金融危机等方面的协调配合。

访问期间，双方还签署了《中华人民共和国政府和阿根廷共和国政府关于便利商务人员签证手续的协议》。

农工党第十五次全国代表大会在北京开幕

中共中央政治局常委俞正声会见全体与会代表，并代表中共中央致贺词。

贺词说，中国农工民主党具有光荣历史和优良传统。1930年成立以来，一代又一代农工党中央领导人带领广大成员与中国共产党亲密合作、团结奋斗，经受了血与火的考验，走过了不断追求进步的光辉历程。过去的5年，是我们在中国特色社会主义道路上奋勇前进的5年，是我们经受住各种困难和风险考验、夺取全面建设小康社会新胜利的5年。5年来，农工党紧紧围绕改革发展稳定大局，充分发挥在医药卫生、人口资源和生态保护领域的独特优势，积极参政议政、建言献策，全面加强自身建设，各项工作都取得了新的重要进展。

大会主席团常务主席桑国卫代表中国农工民主党第十四届中央委员会作工作报告。

本次大会将听取和审议中国农工民主党第十四届中央委员会工作报告，审议通过《中国农工民主党章程(修正案)》，选举中国农工民主党第十五届中央委员会等。

致公党第十四次全国代表大会在北京闭幕

会议圆满完成各项议程，表决通过了《致公党第十四次全国代表大会关于第十三届中央委员会报告的决议》和《中国致公党章程修正案的决议》，选举产生了由118名中央委员组成的新一届中央委员会。

会议期间举行的致公党第十四届中央委员会第一次全体会议选举产生了由34名委员组成的第十四届中央常务委员会和新一届致公党中央领导机构，万钢连任主席，蒋作君、王珣章、程津培、杨邦杰、严以新、黄格胜、曹小红、李卓彬、闫小培当选副主席。

万钢在闭幕式讲话中说，致公党第十四次全国代表大会是在中共十八大精神指引下举行的一次重要会议，是一次团结奋进、民主务实的大会。在全体与会代表的共同努力下，大会认真学习贯彻中共十八大精神，进一步统一思想，明确方向，确立了今后5年的工作目标和任务。

大会要求，全党要以中国特色社会主义理论体系为指导，推进政治交接，巩固政治共识，增强坚持中国共产党领导的自觉性与坚定性；要进一步增强自身活力，全面推进高素质参政党建设，提高政治把握能力、参政议政能力、组织领导能力、合作共事能力；要坚持以促进改革、发展和创新作为参政议政第一要务，紧紧围绕国家重点热点问题建言献策；要切实发挥民主监督作用，积极反映社情民意，使国家的决策更符合广大人民群众的根本利益；要以关注民生、服务社会为立足点，不断提高扶贫帮困的整体能力和水平，着力促进民生改善与社会和谐；要坚持发挥“侨”、“海”优势，积极维护归侨侨眷、港澳台同胞和海外侨胞的合法权益和正当利益，团结他们为促进两岸和平统一和实现中华民族伟大复兴发挥积极作用。

国务院副总理王岐山与俄罗斯副总理罗戈津共同主持在莫斯科举行的中俄总理定期会晤委员会第十六次会议

王岐山说，当前的中俄关系正处于历史上最好时期。今年普京总统成功访华，双方进一步明确了今后发展中俄全面战略协作伙伴关系的原则、方向和重点。本次会议要认真落实两国领导人达成的共识，就彼此关切问题深入交流，推进合作。

王岐山表示，务实合作是巩固和发展中俄关系的重要支柱。国际金融危机以来，中俄携手应对挑战，双边贸易快速增长，中国已成为俄罗斯第一大贸易伙伴，今年贸易额有望达到900亿美元历史新高。中俄原油管道投入运营，石油上下游一体化、天然气、核能、煤炭、电力等能源合作全面拓展。本币结算扩大到一般贸易领域，人民币和卢布实现挂牌交易。远程宽体客机、重型直升机联合研制扎实推进。边境地方间合作日趋活跃。今年举办的中国“俄罗斯旅游年”成为新的合作亮点。双方在二十国集团、亚太经合组织、上海合作组织、金砖国家等多边框架下进行了密切协作。

王岐山强调，在本次会议中，双方就进一步推进各领域务实合作达成了共识，取得了新成果。一是继续优化贸易结构，扩大高科技、高附加值产品贸易，改善投资环境，扩大相互投资。二是积极开展大飞机、重型直升机、航天、信息通信、高速铁路等高科技各领域合作。三是加快跨境桥梁等基础设施建设，促进互联互通。四是积极推进金融各领域合作。五是促进两国地方间，特别是俄罗斯远东与中国东北地区的合作。六是继续在多边框架下加强沟通，协调立场。

罗戈津表示，近年来，尽管受到国际金融危机的不利影响，但在双方共同努力下，俄中贸易额保持了良好增长势头，贸易结构改善，相互投资扩大，合资企业数量增加。俄中务实合作经受住了国际金融危机的考验，成为推动两国经济健康发展的重要保障。

会议期间，王岐山与罗戈津出席了《中国国家开发银行与俄罗斯储蓄银行金融合作协议》签字仪式。中俄有关部门和企业还签订了经贸、金融、科技等一系列务实合作协议，涉及金额约49亿美元。

国务院副总理王岐山与俄罗斯副总理罗戈津共同主持中俄能源谈判代表第九次会晤

12月7日

中共中央总书记习近平在广东考察

12月7日至11日，习近平在广东省委书记汪洋和省长朱小丹陪同下，来到深圳、珠海、佛山、广州，深入农村、企业、社区、部队和科研院所进行调研。习近平表示，这次调研之所以到广东来，就是要到在我国改革开放中得风气之先的地方，现场回顾我国改革开放的历史进程，将改革开放继续推向前进。

8日上午9时许，莲花山公园，游客络绎不绝，习近平来到这里，向伫立在山顶的邓小平铜像敬献花篮。俯瞰深圳市的繁荣景象，习近平感慨地说，我们来瞻仰邓小平铜像，就是要表明我们将坚定不移推进改革开放，奋力推进改革开放和现代化建设取得新进展、实现新突破、迈上新台阶。离开前，习近平挥锹铲土，种下一棵高山榕树。

习近平强调，改革开放是我们党的历史上一次伟大觉醒，正是这个伟大觉醒孕育了新时期从理论到实践的伟大创造。实践证明，改革开放是当代中国发展进步的活力之源，是我们党和人民大踏步赶上时代前进步伐的重要法宝，是坚持和发展中国特色社会主义的必由之路。

习近平指出，现在我国改革已经进入攻坚期和深水区，我们必须以更大的政治勇气和智慧，不失时机深化重要领域改革。深化改革开放，要坚定信心、凝聚共识、统筹谋划、协同推进。改革开放是决定当代中国命运的关键一招，也是决定实现“两个一百年”奋斗目标、实现中华民族伟大复兴的关键一招。实践发展永无止境，解放思想永无止境，改革开放也永无止境，停顿和倒退没有出路。我们要坚持改革开放正确方向，敢于啃硬骨头，敢于涉险滩，既勇于冲破思想观念的障碍，又勇于突破利益固化的藩篱。我们要尊重人民首创精神，在深入调查研究的基础上提出全面深化改革的顶层设计和总体规划，尊重实践、尊重创造，鼓励大胆探索、勇于开拓，聚合各项相关改革协调推进的正能量。

习近平还先后到深圳市罗湖区渔民村、深圳光启高等理工研究院、腾讯计算机系统有限公司、中航通用飞机有限责任公司珠海基地、广东工业设计城、顺德区黄龙村和广州东濠涌，了解经济结构调整和生态文明建设情况，看望困难群众。他希望广东继续在改革开放中发挥窗口作用、试验作用、“排头兵”作用，为经济社会发展增添新动力。习近平还考察了深圳前海深港现代服务业合作区、珠海横琴新区，勉励深圳、珠海深化粤港澳合作，努力相互促进、互利共赢。

考察结束时，习近平听取了广东省委和省政府的工作汇报。他强调，全面建成小康社会要靠实干，基本实现现代化要靠实干，实现中华民族伟大复兴要靠实干。各级领导干部要牢记“空谈误国，实干兴邦”的道理，坚定理想信念，保持奋发有为的精神状态，提高推动科学发展能力，切实改进作风，脚踏实地创造新的更大的业绩。

王沪宁、栗战书和中央有关部门负责同志陪同考察。

全国人大常委会委员长吴邦国在人民大会堂会见特立尼达和多巴哥议会众议长马克和参议长哈梅尔—史密斯

吴邦国说，两国建交以来特别是近年来，高层往来密切、政治互信不断加深，中方赞赏特多坚定奉行一个中国政策，在台湾、涉藏等问题上给予中方宝贵支持。经贸合作成果丰硕，人文交流日益丰富，在重大国际和地区问题上配合良好，赋予两国传统友谊以新的时代内涵。中国和特多国情不同，但这并不妨碍两国发展友好合作。中方主张，在国际关系中弘扬平等互信，包容互鉴，合作共赢的精神，国家不分大小、强弱、贫富一律平等，推进国际关系民主化。特多是加勒比地区重要国家，中方重视发展同特多的关系，愿全面加强、不断深化双方互利发展的友好合作关系，给两国人民带来实实在在的利益。

吴邦国说，议会交往是国家关系的重要组成部分。中国全国人大愿以此访为契机，进一步加强与特多众议院、参议院的交流与合作，加强在立法、监督、治国理政等方面相互学习和借鉴，更好地服务各自国内经济社会发展。

马克和哈梅尔—史密斯说，此次代表团成员包括多位重量级政治家和不同党派的议员，具有广泛的代表性，这反映出发展对华关系是特多各方的共同意愿。中国经济社会发展取得巨大成就，社会和谐并充满活力，给代表团留下深刻印象。特多议会众参两院愿加强与中国全国人大的友好交往，促进两国各领域务实合作，为创造特中关系的美好明天发挥更加积极的作用。他们重申，特方将坚定奉行一个中国政策。

全国工商联第十一次会员代表大会在北京开幕

中共中央政治局常委刘云山会见全体与会代表，并代表中共中央、国务院致贺词。

贺词说，在党中央、国务院领导下，各级工商联组织坚持改革创新，积极主动作为，把促进非公有制经济健康发展和非公有制经济人士健康成长作为一切工作的出发点和落脚点，充分发挥党和政府联系非公有制经济人士的桥梁纽带作用、政府管理和服务非公有制经济的助手作用，服务科学发展和自身科学发展成绩显著。

贺词表示，工商联事业是中国特色社会主义事业的重要组成部分，工商联工作是党的统一战线工作和经济工作的重要内容。希望工商联认真学习贯彻党的十八大精神，始终坚持统战性、经济性、民间性有机统一，坚持团结、服务、引导、教育的方针，坚持把促进非公有制经济健康发展和非公有制经济人士健康成长作为工商联工作主题，充分发挥在非公有制经济人士思想政治工作中的引导作用，在非公有制经济人士参与国家政治生活和社会事务中的重要作用，在政府管理和服务非公有制经济中的助手作用，在行业协会商会改革发展中的促进作用，在构建和谐劳动关系、加强和创新社会管理中的协同作用。相信并希望新一届全国工商联领导机构和领导班子，以高度的政治责任感和改革创新精神，扎实工作，奋发有为，团结带领广大会员不断开创工商联工作新局面。

全国政协副主席、全国工商联主席黄孟复代表全国工商联第十届执行委员会作工作报告。

本次大会将听取和审议中华全国工商业联合会第十届执行委员会工作报告，审议通过《中华全国工商业联合会章程(修改草案)》，选举中华全国工商业联合会第十一届执行委员会。

民盟第十届中央委员会第六次全体会议在北京召开

会议的主要内容是学习贯彻中共十八大精神，审议《中国民主同盟第十届中央委员会工作报告(征求意见稿)》等提交民盟第十一次全国代表大会的有关文件。民盟中央主席蒋树声主持会议并讲话，民盟中央第一副主席张梅颖出席会议。

蒋树声在回顾 2012 年民盟工作时说，一年来，民盟坚持中国特色社会主义政治发展道路，把促进科学发展作为参政议政第一要务，努力加强自身建设，积极发挥参政党作用，各项工作均取得了新的成绩。全盟正确把握科学发展主题和加快转变经济发展方式主线，高度关注民生，重视实现社会公平正义，围绕社会热点难点问题进行重点调研，取得了有价值的成果。灾害与社会管理、发展海洋经济、教育改革与发展等方面的研讨不断深入，影响日趋扩大。海峡两岸暨港澳地区大学校长联谊活动达成多项双边及多边合作项目，促进了海峡两岸及港澳地区高校间的交流与合作。

民盟中央常务副主席张宝文，副主席李重庵、索丽生分别就民盟十一大代表、十一届中央委员建议名单、十一大报告起草情况和民盟章程修改情况等，向大会作了汇报。会议还将审议并原则通过《中国民主同盟第十届中央委员会工作报告(征求意见稿)》《中国民主同盟章程修正案(草案)》等。

国务院副总理王岐山在阿斯塔纳与哈萨克斯坦总统纳扎尔巴耶夫举行会谈

国务院副总理回良玉在中南海紫光阁会见国际特奥会主席蒂姆·施赖弗

首届中国设计大展在深圳开幕

大展展出的700余件作品汇集了我国近年来设计发展的最新成果。

12月8日

中央军委主席习近平在广州战区考察

中共中央总书记、中央军委主席习近平在广州战区考察时，号召全军高举中国特色社会主义伟大旗帜，以邓小平理论、“三个代表”重要思想、科学发展观为指导，深入贯彻国防和军队建设主题主线，认真落实党的十八大关于国防和军队建设的战略部署，牢记坚决听党指挥是强军之魂，能打仗、打胜仗是强军之要，依法治军、从严治军是强军之基，全面加强革命化现代化正规化建设。

习近平先后来到海军南海舰队“海口”舰、某集团军和广州军区机关考察，亲切会见驻深圳、珠海部队团以上领导干部和驻穗部队师以上领导干部。

考察期间，习近平多次听取部队工作汇报和对军委工作的意见建议。

习近平在会见驻穗部队师以上领导干部时特别指出，实现中华民族伟大复兴，是中华民族近代以来最伟大的梦想。可以说，这个梦想是强国梦，对军队来说，也是强军梦。我们要实现中华民族伟大复兴，必须坚持富国和强军相统一，努力建设巩固国防和强大军队。一是要牢记，坚决听党指挥是强军之魂，必须毫不动摇坚持党对军队的绝对领导，任何时候任何情况下都坚决听党的话、跟党走。二是要牢记，能打仗、打胜仗是强军之要，必须按照打仗的标准搞建设抓准备，确保我军始终能够召之即来、来之能战、战之必胜。三是要牢记，依法治军、从严治军是强军之基，必须保持严明的作风和铁的纪律，确保部队高度集中统一和安全稳定。他表示坚信，在实现中华民族伟大复兴的征程中，英雄的人民军队一定能够发扬传统、继往开来，有效履行肩负的历史使命。

中共中央政治局委员、中央军委副主席范长龙，王沪宁、汪洋、栗战书、吴胜利和王冠中、刘晓江、徐粉林、魏亮、朱小丹等陪同考察。

中国和哈萨克斯坦合作委员会第六次会议在阿斯塔纳举行

会议由委员会双方主席、国务院副总理王岐山和哈萨克斯坦副总理克林别托夫共同主持。

王岐山说，今年是中哈关系发展史上具有重要意义的一年。两国隆重庆祝建交20周年，纳扎尔巴耶夫总统成功访华，中哈总理定期会晤机制正式启动。

王岐山指出，中哈合作委员会作为两国政府间全方位、高层次合作平台，对推动双边关系发挥了重要作用。上次会议以来，中哈合作势头强劲，成果丰硕。中国已成为哈萨克斯坦第二大贸易伙伴、第二大进口国和最大出口市场。中哈原油管道已累计输油超过5000万吨，中哈天然气管道二期开工建设，天然铀开发和贸易合作稳步推进。霍尔果斯国际边境合作中心封关运营。双边本币互换、大项目融资等金融合作逐步扩大。中哈第二条跨境铁路顺利接轨，两国首都开通直航。霍尔果斯河友谊联合引水枢纽工程进展顺利。双方在打击“三股势力”及大型活动安保等方面进行了密切合作。科技、地矿、人文等领域合作不断拓展。

王岐山就下一阶段中哈合作委员会工作提出了几点建议：一是深化能源合作，确保中哈原油管道二期、天然气管道项目顺利建设，扩大天然铀贸易，探讨开展新能源合作。二是扩大互联互通，推进霍尔果斯—阿腾科里铁路口岸建设，加快“中国西部—欧洲西部”公路通道建设。三是进一步加强非资源领域合作，优化贸易结构，扩大相互投资，加紧落实已商定的非资源合作项目，推动一般贸易本币结算。四是继续推进科技、地矿、人文合作，建立科技合作长效机制。五是巩固安全合作，继续在双边和上海合作组织框架内共同严厉打击“东突”等“三股势力”。

克林别托夫说，感谢中方在2008年国际金融危机爆发后给予哈方的有力支持，以及对哈成功申办2017年世博会的帮助，这充分显示了两国关系好、互信水平高。本次中哈合作委员会会议取得了丰硕成果。双方有信心、有条件实现2015年双边贸易额达到400亿美元的目标；以全局和战略的高度深化两国能源合作，提高管道输油能力，加快推进中亚天然气管道建设。哈方对两国跨境水资源保护和利用取得的积极进展感到满意。哈方将继续在能源、非资源、边境贸易和地方合作、金融、农业、科技、人文等各个领域同中国开展互利合作。

会议后，王岐山和克林别托夫共同出席了两国政府间合作文件签字仪式。签署的合作文件包括：中哈合作委员会第六次会议纪要、中哈原油管道扩建和运行相关事宜协议、建设和运营萨拉布雷克—吉木乃天然气管道的合作协议、修改补充国境铁路协定的议定书、“渝—新—欧”国际铁路过境货运班列快捷通关监管的备忘录和修订中哈对外贸易海关统计方法和信息合作议定书。

全国政协副主席王刚在海南省澄迈出席2012年APEC中小企业峰会开幕式并致辞

王刚在致辞中指出，中国政府将充分利用现有资源，以2014年担任亚太经合组织东道主为契机，积极引导推动中小企业发展议题，与各成员深入交流有益经验，促进区域中小企业深化经贸合作。

王刚指出，中小企业是实体经济的重要基础，是解决就业问题的重要渠道，是推动技术创新的重要力量，在经济社会发展、促进就业创业、加快科技进步等方面具有不可替代的作用。中国政府高度重视中小企业，制定了一系列相关政策措施，不断加大对中小企业的金融服务和财税扶持力度，积极促进中小企业发展，努力为中小企业发展营造良好的环境和条件。中国政府将认真贯彻落实这些重大政策措施，继续实施中小企业成长工程，切实解决企业面临的主要困难，不断提升企业管理水平，进一步增强企业生存能力、竞争能力和可持续发展能力，努力创造有利于中小企业持续健康发展的良好政策环境、公平市场环境和健全服务体系。

王刚表示，亚太地区在全球经济中具有举足轻重的地位，亚太经合组织成员中中小企业众多，结构互补性较强，合作潜力和空间很大。中国政府将继续致力于参与亚太合作，积极利用亚太经合组织中小企业峰会这个平台，携手亚太各方推动区域中小企业实现共同发展。

在亚太经合组织工商咨询理事会的倡议配合下，亚太经合组织中小企业峰会已在5个成员经济体内成功举办9次，为改善亚太地区中小企业发展环境和释放企业活力、促进中小企业交流合作和区域经济可持续发展发挥了积极作用。

中共中央政治局委员李源潮在哈瓦那与古巴共产党中央第一书记劳尔·卡斯特罗举行会谈

李源潮说，中古两党两国在建设社会主义、维护世界和平与促进共同发展的事业中，相互理解、相互支持，是好朋友、好同志、好兄弟。以习近平同志为总书记的新一届中共中央领导集体十分珍惜中古传统友谊，将坚定不移巩固和发展中古友好合作关系，支持古巴党和政府探索符合本国国情的社会主义发展道路，我们愿与古方携手努力，扩大各领域友好合作，更好地造福两国和两国人民。

劳尔说，中共十八大为中国未来发展规划了新蓝图，中国的社会主义建设事业一定会进一步巩固和发展。古巴愿意借鉴中国的发展经验，推动古中友好关系迈上新台阶。

李源潮与古共中央第二书记、国务委员会第一副主席兼部长会议第一副主席马查多举行了会谈，并共同出席《中国共产党与古巴共产党交流与合作协议》签字仪式。

北京将实行72小时过境免签

新华社报道：北京市日前发布消息，从2013年1月1日起，45个国家公民持有第三国签证和机票在北京口岸过境时，将享受72小时过境免签政策。

加拿大政府已批准中海油收购尼克森公司的申请

加拿大政府宣布，决定批准中国海洋石油有限公司（以下简称中海油）以151亿美元收购加拿大尼克森公司的申请。这标志着中海油乃至中国企业完成迄今在海外最大宗收购案。

我国首列轻量化不锈钢A型地铁车辆在南车青岛四方机车车辆股份有限公司竣工下线

南车四方公司研制的A型地铁车辆是国内首次采用轻量化、无涂装不锈钢车体，不仅具备高的抗腐蚀性，而且运营维护成本低，具有低碳环保、安全可靠、经济环保、乘坐舒适的特点；特别适合大运量级别的地铁线路，技术先进、载客量大、乘坐舒适的A型车辆是代表地铁车辆先进技术的高端产品。

本次下线竣工的A型地铁车辆的最高运营速度为每小时80公里，采用受电弓受流方式，每列车辆为6节编组，车辆的最大载客量达到2580人，比北京现行运营的B型车辆增加700人左右。

A型地铁车辆首批即将交付北京轨道交通，经过一系列试验后将于明年5月正式投入北京14号地铁线路的运营。

《世界各国宪法》出版

据《人民日报》报道：由中国宪法学研究会和中国检察出版社组织编译的《世界各国宪法》一书近日出版，该书共四卷，汇集了193个联合国会员国的全部现行宪法及重要历史价值的宪法文件。

全国首家民政博物馆——上海民政博物馆正式对外开放

12月9日

中共中央总书记习近平在广州主持召开经济工作座谈会

习近平就当前国内外经济形势、推动经济发展广泛听取广东省各方面的意见和建议。

习近平强调，科学分析明年我国经济发展的内外部环境，既要正视面临的困难和挑战，又要看到具备的有利条件和积极因素，既要坚定必胜信心，又要增强忧患意识，按照稳中求进的工作总基调，扎实推动我国经济持续健康发展。

座谈会上，广东省、东莞市、佛山市南海区、中山市小榄镇和广汽集团、美的集团、深圳研祥集团、东莞创科集团、广州白云电气集团、金发科技公司的负责人纷纷发言，结合本地本企业实际，举数据，摆事实，谈情况，提建议。他们就扩大内需、推动实施创新驱动战略、完善营业税改增值税政策、推进金融创新、支持企业扩大出口、扶持小微型企业、完善土地制度等谈了自己的看法。习近平一面认真听，一面仔细记，并不时插话，大家深入交流，座谈会气氛十分活跃。

习近平表示，对大家提出的问题，中央有关部门要进行认真研究，通过深化改革、完善市场经济体制机制、转变政府职能、加强法治等措施来解决。

在谈到当前经济形势时，习近平指出，面对错综复杂、快速变化的形势，我们要保持清醒头脑，既要充分肯定今年我国经济社会发展取得的成绩，看到我国经济社会发展基本面长期趋好的态势，也要看到国际国内各种不利因素的长期性、复杂性、曲折性，不回避矛盾，不掩盖问题，从坏处准备，争取最好的结果，牢牢把握主动权。

针对大家提出的关于做好经济工作的建议，习近平强调，加快推进经济结构战略性调整是大势所趋，刻不容缓。国际竞争历来就是时间和速度的竞争，谁动作快，谁就能抢占先机，掌控制高点和主动权；谁动作慢，谁就会丢失机会，被别人甩在后边。我们要继续大胆探索、扎实工作，坚定不移推进体制创新、科技创新，落实创新驱动发展战略，推动经济发展方式转变，推进经济结构战略性调整，为推动科学发展增添新动力。

陪同考察的王沪宁、汪洋、栗战书，中央有关部门和广东省有关负责同志参加座谈会。

民盟第十一次全国代表大会在北京开幕

中共中央政治局常委张高丽会见与会代表，并代表中共中央致贺词。

贺词说，中国民主同盟具有爱国、革命的光荣历史，成立70多年来，为国家民族振兴不懈奋斗，为经济社会发展建言献策，为人民幸福安康献计出力。

贺词指出，中共十七大以来的5年，是我们在中国特色社会主义道路上奋勇前进的5年，也是统一战线和中国共产党领导的多党合作事业蓬勃发展的5年。5年来，民盟认真履行参政党职能，紧紧围绕经济建设中心任务，自觉服务改革发展稳定大局，发挥优势，突出特色，为推进中国特色社会主义伟大事业作出了新贡献。

贺词说，全面建成小康社会，在中国特色社会主义道路上实现中华民族伟大复兴，必须最广泛凝聚包括民主党派和无党派人士在内的全国各族人民的智慧和力量。希望民盟大力弘扬老一辈的优良传统，拓展学习践行社会主义核心价值体系活动成果，深化政治交接，坚定理想信念，始终与中国共产党亲密合作；增强大局意识、战略意识，把推动科学发展、加快转变经济发展方式作为参政议政的着力点，深入开展调研，积极议政建言，不断提升履职能力和水平；充分发挥特色优势，积极推进科教兴国战略和教育领域综合改革，推动社会主义文化大发展大繁荣，扎实开展社会服务，为保障和改善民生、推动科学发展做贡献；按照参政党建设的目标要求，进一步加强代表人士队伍建设，提高政治把握能力、组织协调能力、参政议政能力、合作共事能力，不断巩固和发展我国社会主义政党关系。

中国民主同盟第十一次全国代表大会主席团常务主席蒋树声代表民盟第十届中央委员会作工作报告。

报告在回顾和总结中国民主同盟5年来的主要工作和基本经验后提出，中共十八大的胜利召开，掀开了建设中国特色社会主义伟大事业的新篇章。今后5年，既是我国全面建成小康社会和全面推进改革开放的关键时期，也是民盟充分履行参政党职能大有作为的重要时期。全盟同志要把思想和行动统一到中共十八大精神上来，把智慧和力量凝聚到全面建成小康社会的宏伟目标上来，深刻领会中共十八大对统一战线、多党合作事业提出的新要求，切实搞好政治交接，继承和发扬民盟优良传统，团结带领广大盟员，同心同德，开拓进取，为建设中国特色社会主义的伟大事业而努力奋斗！

全国工商联第十一次会员代表大会在北京闭幕

大会闭幕式由全国政协副主席黄孟复主持。中央统战部副部长、全国工商联党组书记全哲洙致闭幕词。

为期三天的大会顺利完成各项议程，通过了《中华全国工商业联合会第十一次会员代表大会关于第十届执行委员会工作报告的决议》《中华全国工商业联合会第十一次会员代表大会关于〈中华全国工商业联合会章程(修改草案)〉的决议》和《中华全国工商业联合会第十一次会员代表大会关于认真学习贯彻党的十八大精神的决议》。

大会选举产生了由494人组成的全国工商联第十一届执行委员会。其中，非公有制经济代表人士共345名，占执委会总数的69.7%，有136名全国人大代表、全国政协委员，有66人曾被评为全国劳动模范，97人曾被评为全国“优秀中国特色社会主义事业建设者”，有9位执委是中共十八大代表。新一届执委会组成人员结构合理，综合素质较高，社会影响较大，有较广泛的社会代表性和参政议政能力。执委中的非公有制经济人士行业涉及面广，企业规模涵盖大、中、小、微型，更加重视企业党团工会组织建设。

大会要求，参会的非公有制经济人士代表要牢固树立中国特色社会主义共同理想信念，矢志不渝坚定道路自信、理论自信、制度自信，带头贯彻执行大会各项决议，以实际行动在加快转变经济发展方式、保障和改善民生、提升自身素质上实现更大作为。各级工商联组织要及时向工商联干部职工和广大非公有制经济人士传达会议精神，组织好学习，切实把思想和行动统一到本次大会的精神上来，把智慧和力量凝聚到实现大会部署的各项任务上来，凝心聚力，埋头苦干，开拓进取，为全面建成小康社会、不断夺取中国特色社会主义新胜利而努力奋斗。

国家统计局发布 11 月份 CPI 同比涨 2%

11 月居民消费价格总水平同比上涨 2.0%，比 10 月份环比上涨 0.1%，预计全年物价涨幅将低于年初制定的 4% 的控制目标。

与去年同期相比，今年 11 月份，食品价格上涨 3.0%，是统计分类中涨幅最大的，影响价格总水平上涨 0.95 个百分点。居涨幅第二位的是居住类价格，同比上涨 2.6%，其中的水电燃料价格上涨 3.9%，住房租金价格上涨 2.9%。

国务委员刘延东在奥克兰与新西兰总理约翰·基举行会谈

“环境一号”C 星有效载荷首次开机成像成功获取首幅合成孔径雷达影像图

“环境一号”C 星是我国首颗民用合成孔径雷达卫星，具备空间分辨率 5 米条带和 20 米扫描两种成像模式，幅宽分别为 40 千米和 100 千米；具有全天时、全天候的成像能力，可以不受天气影响，在多云、阴雨、大雾等任何恶劣天气条件下，准确获取地表真实的图像。相比光学成像卫星，“环境一号”C 星对地观测效率大幅提高，大大提升了我国对地观测卫星的总体观测能力。

“环境一号”C 星还将继续进行在轨调试运行。投入使用后，将大幅提升我国环境与灾害的及时、动态监测预报能力。

12 月 10 日

中共中央政治局常委刘云山在北京调研并主持召开座谈会

参加调研座谈会的有理论工作者，有市、区有关负责同志，有来自企业、乡镇、高校和北京市百姓宣讲团等基层单位的干部群众。大家踊跃发言、畅谈体会，积极评价前一段党的十八大精神学习宣传贯彻工作，并就深化党员干部学习、让中央精神更好走进基层、切实解决群众关心的问题、结合实际抓好工作落实等，提出了许多意见建议。刘云山对北京市的学习宣传贯彻工作给予肯定，对组织百姓宣讲团、利用互联网推动学习宣传等做法给予鼓励，要求有关部门认真吸收大家的意见建议，很好运用到党的十八大精神学习宣传贯彻中。

农工党第十五次全国代表大会在北京闭幕

大会圆满完成各项议程，表决通过了《中国农工民主党第十五次全国代表大会决议》《中国农工民主党第十五次全国代表大会关于第十四届中央委员会报告的决议》，审议通过了《关于中国农工民主党党章修正案的决议》，会议选举产生了由 214 人组成的新一届中央委员会。

会议期间举行的农工党第十五届中央委员会第一次全体会议选举产生了由 51 人组成的第十五届中央常务委员会，陈竺当选主席，刘晓峰、陈述涛、何维、姚建年、杨震、朱静芝、蔡威、龚建明、谢庆生当选副主席。

刚刚当选农工党新一届中央委员会主席的陈竺在闭幕会上指出，农工党第十五次全国代表大会是在中共十八大精神指引下举行的一次重要会议，是一次团结、民主、求实、奋进的大会。在全体与会代表的共同努力下，大会认真学习贯彻了中共十八大精神，进一步统一思想、明确方向，确立了今后 5 年的工作目标和任务。

大会坚信，新一届中央委员会要继承和发扬农工党同中国共产党风雨同舟、亲密合作的优良传统，切实担负起领导全党工作的重任，带领全党同志解放思想、实事求是、与时俱进、求真务实，全面完成第十五次全国代表大会确定的各项任务。

大会号召，全党同志要在农工党中央的领导下，更加紧密地团结在以习近平同志为总书记的中共中央周围，高举中国特色社会主义伟大旗帜，以邓小平理论、“三个代表”重要思想、科学发展观为指导，统一思想，奋发有为，共同谱写多党合作事业发展新篇章，为全面建成小康社会、夺取中国特色社会主义新胜利作出新的更大的贡献！

全国工商联第十一届执行委员会第一次会议在北京召开

会议提议并通过黄孟复同志为全国工商联名誉主席。

会议选举产生了新一届领导班子和领导机构，王钦敏当选为第十一届全国工商联执行委员会主席，全哲洙当选常务副主席，黄小祥、谢经荣、黄荣、庄聪生、李路、安七一、王志雄、卢文端、史贵禄、许健康、孙荫环、苏志刚、李河君、李彦宏、陈经纬、何俊明、张建宏、茅永红、周海江、徐冠巨、董文标、程红、潘刚当选副主席。

42名外国专家被我国授予“国家特聘专家”称号

去年以来，共有94名外国专家，通过“外专千人计划”等高端人才引进项目来到我国。在他们的带动下，部分科研项目已经取得成果。

中央政法委书记孟建柱在钓鱼台国宾馆会见越南公安部部长陈大光

孟建柱说，中越两国都是共产党领导的社会主义国家，有着深厚的传统友谊。进一步巩固中越睦邻友好、加强团结合作，符合两国人民的共同愿望和根本利益，也有利于地区的和平稳定和繁荣发展。中方愿与越方一道，认真落实两党、两国领导人达成的共识，推动两国全面战略合作伙伴关系健康深入发展。两国安全和执法部门的合作是双边友好关系的重要组成部分，希望双方进一步深化合作，更好地维护两国的安全和利益。

陈大光表示，越南党和政府十分重视与中国的传统友好关系。越南公安部愿进一步加强与中国安全和执法部门的合作，推动两国关系深入发展。

《汉语大词典》(第二版)编纂出版启动大会在人民大会堂召开

新版《汉语大词典》的第一册至第五册预计在2015年推出，到2020年25册全部出齐。届时，这部词典将收词近49.5万条，共计6000万字。《汉语大词典》(第二版)编纂任务由上海辞书出版社负责具体实施。

《汉语大词典》(第二版)修订量超过三成，其中修订释义1万余条、新增词条10万至12万，将以“释义准确、义项齐备、书证翔实、体例严谨”为特色，配备更为完整、可供参考的《附录》和《索引》。

《汉语大词典》是我国第一部特大型汉语词典。今年3月，国家出版基金决定专项资助出版方上海世纪出版股份有限公司上海辞书出版社完成编纂工作，资助总额为2700万元。

12月11日

台盟第九次全盟代表大会在北京开幕

中共中央政治局常委、中央纪委书记王岐山会见全体与会代表，并代表中共中央致贺词。

贺词说，台湾民主自治同盟具有光荣的爱国、革命传统。自成立以来，台盟始终拥护和坚持中国共产党的领导，积极投身中国革命、建设、改革，在实现国家繁荣进步和推进祖国和平统一进程中发挥了重要作用。

贺词指出，过去的5年，是我们在中国特色社会主义道路上奋勇前进的5年，是我们经受住各种困难和风险考验、夺取全面建设小康社会新胜利的5年。5年来，台盟坚定不移走中国特色社会主义政治发展道路，充分发挥自身优势，紧紧围绕国家经济社会发展的重大战略部署积极参政议政、建言献策；牢牢抓住两岸关系和平发展的契机深入扎实地做好对台工作，广泛团结台湾各界人士，在促进两岸经贸文化等领域交流、增进两岸同胞情感认同中发挥了不可替代的作用，工作成果丰硕，成效显著。

贺词表示，全面建成小康社会，在中国特色社会主义道路上实现中华民族伟大复兴，必须最广泛地凝聚包括民主党派和无党派人士在内的全国各族人民的智慧和力量。实现祖国和平统一，是两岸同胞的共同心愿，也是全体中华儿女的不懈追求。当前，两岸关系保持和平发展良好势头，台盟发挥作用的舞台更加广阔。希望台盟牢牢把握巩固深化两岸关系和平发展的重要契机，积极与台湾社会各界人士和基层民众开展交往，努力团结台湾同胞共同反对“台独”、认同“九二共识”，密切两岸经济交流，增进两岸文化认同，不断增强感情基础。

大会主席团常务主席林文漪代表台湾民主自治同盟第八届中央委员会作工作报告。报告在回顾和总结了台盟5年来的主要工作和基本经验后提出，台盟要高举中国特色社会主义伟大旗帜，坚持以邓小平理论、“三个代表”重要思想、科学发展观为指导，深入学习贯彻中共十八大精神，着力提高履职尽责的能力与水平，切实加强自身建设，坚持服务科学发展主题和加快转变经济发展方式主线，充分发挥自身特点和优势，广泛动员全体盟员和所联系的台胞，为全面建成小康社会和实现祖国和平统一作出新的更大的贡献。

本次大会将听取和审议台湾民主自治同盟第八届中央委员会工作报告，审议通过《台湾民主自治同盟章程(修正案)》，选举台湾民主自治同盟第九届中央委员会等。

国务院副总理李克强在中南海紫光阁会见美国前总统卡特

李克强指出，当前，中国正朝全面建成小康社会的目标迈进，将坚定不移地深化改革、扩大开放，促进经济持续健康发展，推动社会进步，在建设现代化国家进程中给人民带来更多福祉，这也会为中国与各国的合作创造巨大机遇。希望你继续发挥影响力，向美国政治家、美国人民介绍真实的中国，多讲中美关系对两国、对亚太、对世界的重要性。

卡特表示中国及美中关系在过去的几十年间取得了令人惊叹的巨大发展，美国人民深深感受到中国人民的友好感情。作为中国人民的老朋友，将继续致力于推动美中两国的友好合作，不断促进美中友好关系向前发展。

国务院副总理王岐山在中南海会见美国财政部副部长布雷纳

中央军委副主席许其亮在八一大楼会见马尔代夫国防和国家安全部部长穆罕默德·纳齐姆一行

海军舰艇编队完成西太平洋远海训练

由东海舰队 5 艘舰艇组成的编队完成赴西太平洋海域远海训练任务，今天返回浙江舟山。此次训练历时 15 天，开展了远海作战、综合攻防、舰机联合搜救等科目训练，并在我国钓鱼岛附近海域进行了巡航。

我国最大渔政船将赴东海巡航

我国最大渔政船——5800 吨级“中国渔政 206 船”在上海首航，正式编入中国渔政东海总队，将赴我国东海海域执行护渔维权任务。

第九届中国青年女科学家奖颁奖典礼在北京举行

10 位青年女科学家从 157 位候选人中脱颖而出，获得该奖项。

获奖的 10 位青年女科学家是：中科院物理研究所表面物理国家重点实验室研究员马旭村、复旦大学附属华山医院主任医师吴志英、清华大学医学院教授颜宁、兰州大学西部环境与气候变化研究院教授勾晓华、中国科学院金属研究所研究员卢磊、北京大学生命科学学院教授魏丽萍、东南大学数学系教授梁金玲、北京化工大学材料与工程学院教授吴一弦、南京大学化学化工学院教授马晶和香港中文大学医学院教授赵慧君。

2012 年度茅台杯人民文学奖在北京颁奖

何建明的长篇报告文学《国家》和徐坤的话剧剧本《金融街》获得迎接十八大特选作品奖；李佩甫、鲁敏分别凭借《生命册》和《六人晚餐》分享了长篇小说奖；中篇小说奖由美籍华人陈谦(《繁枝》)、鲁迅文学奖得主晓航(《蝉生》)和南京外国语学校语文教师余一鸣(《愤怒的小鸟》)摘得；于坚的《印度记》和王手的《温州小店生意经》问鼎非虚构作品奖；凭借《在繁体字的迷宫中》，蒋蓝独自荣获散文奖；诗歌奖花落轩辕轼轲和羽微微，他们的获奖作品分别是《赠李白》和《秋色微凉》。据《人民文学》杂志主编施战军介绍，这是一年一度“茅台杯”人民文学奖连续第十年颁发。

12 月 12 日

国务院总理温家宝主持召开国务院常务会议研究部署发展循环经济

会议指出，发展循环经济是我国经济社会发展的重大战略任务，是推进生态文明建设、实现可持续发展的重要途径和基本方式。今后一个时期，要围绕提高资源产出率，健全激励约束机制，积极构建循环型产业体系，推动再生资源利用产业化，推行绿色消费，加快形成覆盖全社会的资源循环利用体系。

会议讨论通过《“十二五”循环经济发展规划》，明确了发展循环经济的主要目标、重点任务和保障措施。(一)构建循环型工业体系。在工业领域全面推行循环型生产方式，促进清洁生产、源头减量，实现能源梯级利用、水资源循环利用、废物交换利用、土地节约集约利用。(二)构建循环型农业体系。在农业领域推动资源利用节约化、生产过程清洁化、产业链接循环化、废物处理资源化，形成农林牧渔多业共生的循环型农业生产方式，改善农村生态环境，提高农业综合效益。(三)构建循环型服务业体系，推进社会层面循环经济发展。完善再生资源和垃圾分类回收体系，推行绿色建筑和绿色交通行动。充分发挥服务业在引导树立绿色低碳循环消费理念、转变消费模式方面的作用。(四)开展循环经济示范行动，实施示范工程，创建示范城市，培育示范企业和园区。会议要求完善财税、金融、产业、投资、价格和收费政策，健全法规标准，建立统计评价制度，加强监督管理，积极开展国际交流与合作，全面推进循环经济发展。

民革第十二次全国代表大会在北京开幕

中共中央政治局常委张德江会见全体与会代表，并代表中共中央致贺词。

贺词说，中国国民党革命委员会成立 60 多年来，始终与中国共产党风雨同舟、同心同德，在争取民族独立和人民解放的伟大斗争中并肩作战，在社会主义革命和建设的伟大进程中携手前行，在改革开放和社会主义现代化建设的伟大实践中亲密合作，为中国革命、建设、改革作出了重要贡献。

贺词指出,夺取中国特色社会主义新胜利,必须充分调动一切积极因素,最大限度凝聚包括民主党派和无党派人士在内的全国各族人民的智慧和力量。希望民革带领广大成员,深入学习贯彻中共十八大精神,积极履行参政议政、民主监督职能,以更加饱满的政治热情投身改革开放伟大实践,发挥社会和法制领域人才优势,围绕加强和创新社会管理、全面推进依法治国等经济社会发展中的重要问题深入考察调研,积极建言献策,为社会主义现代化建设作出更大贡献。希望民革充分发挥在台湾和海内外联系广泛的优势,巩固交往成果、深化交流内涵、拓展工作领域,为促进两岸交流合作、实现祖国和平统一贡献力量。

贺词表示,相信民革新一届中央领导机构一定能够继承优良传统,深化政治交接,团结带领广大成员坚持中国共产党的领导,坚持走中国特色社会主义政治发展道路,加强自身建设,提高履职能力,开创各项工作崭新局面。

大会主席团常务主席周铁农代表中国国民党革命委员会第十一届中央委员会作工作报告。报告在回顾和总结中国国民党革命委员会5年来的主要工作和基本经验后提出,民革要高举中国特色社会主义伟大旗帜,以邓小平理论、"三个代表"重要思想、科学发展观为指导,深入学习贯彻中共十八大精神,大力加强自身建设,切实履行参政党职能,进一步做好新形势下的参政议政、民主监督和社会服务工作,发挥民革优势,坚持民革特色,进一步做好促进祖国和平统一工作,把民革真正建设成为适应新时期新要求的高素质、有作为的参政党。

中国国民党革命委员会第十二次全国代表大会主席团常务主席厉无畏主持开幕会。

本次大会将听取和审议中国国民党革命委员会第十一届中央委员会工作报告,审议通过《中国国民党革命委员会章程(修正案)》,选举中国国民党革命委员会第十二届中央委员会等。

第五届北京人权论坛在北京开幕

论坛的主题为"科技、环境与人权"。全国政协副主席、中国人权发展基金会理事长黄孟复,中国人权研究会会长罗豪才,国务院新闻办公室主任王晨等出席论坛开幕式并致辞。

罗豪才在致辞中指出,当今世界,科技、环境与人权是全球普遍关注的重大课题。环境是人类赖以生存的重要基础,科技进步是推动人权事业发展的强大动力,实现科技、环境、人权的全面发展与良性互动,是提升人类生活质量、促进人类幸福和谐的根本保障。本次论坛围绕"科技、环境与人权"的主题进行深入研讨,对于增进了解、寻求共识、扩大合作,推动国际人权事业的深入持久发展具有积极的意义。

世界最大特高压输电工程在我国投入运行

国家西电东送重点工程——"四川锦屏至江苏苏州"特高压输电工程正式投入运行。线路全长2059公里,每年可以把雅砻江流域360亿度水电,直接点对点送到江苏,是目前世界上电压等级最高、距离最远、容量最大的输电工程。

国务院副总理李克强在钓鱼台国宾馆会见出席中国环境与发展国际合作委员会2012年会的主要外宾

中国环境与发展国际合作委员会2012年年会在北京开幕

中共中央政治局常委、中国环境与发展国际合作委员会主席李克强出席开幕式并讲话。

外方代表就新一届国合会如何更好地为中国环发事业贡献力量作了发言。随后,李克强发表了讲话。他说,全球关注环境与发展,中国正在积极行动。十八大勾画了未来发展的宏伟蓝图,把生态文明建设放在现代化建设更加突出的位置。

李克强说,环境问题说到底是在发展中产生的,也应在发展中来解决。良好的生态环境是买不来、借不到的财富。山清水秀但贫穷落后不行,殷实小康但环境退化也不行。只有把发展建立在资源可接续、环境可承载的基础上,才能过好今天、不忧明天,永续发展。扩大内需是中国发展的战略基点,我们要实现的新型工业化、城镇化,必然是生态文明的工业化、城镇化。无论是可再生能源应用,还是建筑节能改造以及光伏产业发展等,都孕育着前景无限的市场空间,催生着规模庞大的生态产业。要以节能减排作为结构调整和创新转型的重要突破口,加快发展循环经济、节能环保和绿色低碳产业。"十二五"时期中国生态环保投入将达到3.4万亿元。到2020年,中国太阳能发电装机将达5000万千瓦。

第五届国合会中外委员、中外专家、有关国际组织官员、中国有关部门、地方负责人和企业家等近300人参加了开幕式。

国务委员刘延东在堪培拉与澳大利亚总理吉拉德共同出席中澳建交40周年庆祝活动

全国人大常委会副委员长李建国在人民大会堂会见丹麦外交大臣维利·瑟芬达尔

中联部部长王家瑞在纽约会见美国前国务卿基辛格

中国“绿卡”待遇得到进一步完善

中组部、人社部等25部门联合下发《外国人在中国永久居留享有相关待遇的办法》。今后，除了政治权利和法律、法规规定不可享有的特定权利和义务外，持有《外国人永久居留证》的外籍人员，原则上和中国公民具有相同的权利和义务，并可在出入境、工作、子女教育、社保、购房等方面享受便利。

中国语言文字规范标准研究中心成立仪式在北京举行

中心由国家语言文字工作委员会与北京语言大学合作建设。中心的宗旨主要是服务国家语言战略大局、为国家的语言决策提供咨询服务，发挥智囊库和信息中心的作用，着重开展语言文字规范标准、语言测试、语言文字标准与测试培训等方面的研究工作，为国家语言文字规范化、标准化、信息化服务。

中心将积极协助国家语委开展语言文字规范标准的宣传推广工作；建设语言文字规范标准数据库，并向社会提供咨询服务；进行语言文字规范标准研制人才培养；为社会提供语言文字规范标准的培训工作。

中央电视台2012中国经济年度人物颁奖盛典在北京举行

当选2012中国经济年度人物的有中国建筑材料集团有限公司和中国医药集团总公司董事长宋志平、三一集团董事长梁稳根、阿里巴巴集团董事会主席兼首席执行官马云、联想集团董事长兼首席执行官杨元庆、中粮集团有限公司董事长宁高宁、大连万达集团股份有限公司董事长王健林、中国船舶工业集团公司董事长胡问鸣、阳光保险集团股份有限公司董事长兼总裁张维功、万科企业股份有限公司总裁郁亮以及沈阳机床集团董事长兼总经理关锡友。

此外，中国航天科技集团公司北斗卫星导航系统任务团队获得年度创新奖，小米公司董事长雷军获得年度新锐奖。

2012年北京世界智力精英运动会在北京开赛

本届运动会有来自39个国家和地区的306名运动员、裁判员、技术代表和体育官员参加，他们将参加桥牌、国际象棋、围棋、国际跳棋、象棋5个项目的比赛。

世界智力精英运动会由世界体育总会、国际智力联盟和世界桥牌联合会、世界国际象棋联合会、国际跳棋联合会、国际围棋联盟、世界象棋联合会联合举办。

12月13日

中共中央总书记习近平在中南海会见美国前总统卡特

习近平强调，新形势下，中美双方要不畏艰难，勇于创新，积累正能量，努力建设相互尊重、互利共赢的合作伙伴关系，开创中美构建新型大国关系新局面。

国务院总理温家宝在中关村考察并与部分企业负责人座谈

中关村目前有高新技术企业近2万家，近三年企业总收入连续以20%以上的速度增长，技术交易量占全国的40%。13日上午，温家宝先后到未名凯拓农业生物技术有限公司、百度公司、联想集团考察，与科技人员进行交流，并在中关村自主创新示范区展示中心与部分企业负责人座谈。

温家宝说，中关村发展的经验，一是人的解放，让人活起来，自由地去创造。这是科技创新的根本，也是中关村发展的根本。二是体制创新，坚持以企业为主体，产学研结合，经济与科技紧密结合，这是科技体制改革的核心，也是中关村成功的道路。中关村的探索和经验具有全局性的示范作用。

中共中央政治局常委刘云山在北京主持召开中央党的建设工作领导小组会议

会议研究党的十八大关于党的建设部署和任务的分解落实，研究党的建设工作贯彻落实中央政治局关于改进工作作风、密切联系群众“八项规定”的措施办法。

民盟第十一次全国代表大会在北京闭幕

大会圆满完成各项议程，认真学习了中共十八大精神，听取并审议通过了民盟第十届中央委员会工作报告，审议通过了《中国民主同盟章程修正案》，选举产生了由282名委员组成的新一届中央委员会，讨论通过了《中国民主同盟第十一次全国代表大会决议》。

中央军委副主席许其亮在八一大楼会见澳大利亚国防军司令戴维·赫尔利一行

许其亮说，中澳建交40年来，两国关系健康稳定发展，高层及各级别交往频繁，在广泛领域内开展了卓有成效的互利合作。共同的目标、共同的责任、共同的利益要求中澳双方将双边关系推向更高水平。在两国关系顺利发展的背景下，两军关系也保持着良好的发展势头。两军领导人互访频繁,专业领域的务实合作取得积极进展。中方愿与澳方共同努力,为维护地区安全稳定作出更大贡献。

赫尔利说,刚刚举行的防务战略磋商取得了积极成果,双方就共同关心的世界及地区安全问题广泛交换意见,达成了重要共识。他希望澳中两军能继续加强交流,推动两军关系向更高水平发展。

第十三次中美国防部防务磋商在华盛顿举行

中国人民解放军副总参谋长戚建国与美国国防部副部长米勒在华盛顿共同主持了第十三次中美国防部防务磋商。双方就中美两国两军关系、海上军事安全、国际和地区安全等问题广泛深入地交换了看法,特别是就如何落实两国元首就发展新形势下两军关系达成的重要共识、推进中美新型军事关系进行了深入探讨,达成了许多共识。

双方积极评价当前两军关系发展的良好势头,一致认为两军关系是两国关系的重要组成部分。双方同意共同致力于推进两国军事关系,妥善处理对方关切,努力减少分歧,积极开展务实合作。双方同意加强在亚太地区的良性互动,共同维护本地区的和平与稳定。

戚建国还就台湾问题、钓鱼岛、南海等问题阐述了中方原则立场,强调在捍卫国家主权安全、领土完整和海洋权益等问题上,中国政府的立场是坚定不移的。

南京各界沉痛悼念30万同胞遇难75周年

13日上午,南京各界及来自国内外有关部门、友好团体的代表共9000余人在侵华日军南京大屠杀遇难同胞纪念馆举行仪式,沉痛悼念30万同胞遇难75周年。

12月14日

全国人大常委会委员长吴邦国在人民大会堂主持召开十一届全国人大常委会第九十三次委员长会议

会议决定十一届全国人大常委会第三十次会议于12月24日至28日在北京举行。

根据委员长会议建议的议程,常委会第三十次会议将继续审议证券投资基金法修订草案、老年人权益保障法修订草案、劳动合同法修正案草案、旅游法草案。

委员长会议还建议,常委会第三十次会议审议全国人大常委会委员长会议关于提请审议全国人大常委会关于加强网络信息保护的决定草案的议案、全国人大农业与农村委员会关于提请审议关于修改农业法个别条款的决定草案的议案;审议国务院关于提请审议商标法修正案草案的议案、土地管理法修正案草案的议案、关于授权国务院在广东省暂时调整部分法律规定的行政审批的决定草案的议案;审议全国人大常委会委员长会议关于提请审议全国人大常委会关于召开第十二届全国人民代表大会第一次会议的决定草案的议案;审议中央军事委员会关于提请审议批准中国人民解放军选举委员会人选的议案。

委员长会议建议,常委会第三十次会议审议国务院关于土地管理和矿产资源开发利用及保护工作情况的报告,审议最高人民法院关于知识产权审判工作情况的报告、最高人民检察院关于民事行政检察工作情况的报告;审议全国人大常委会执法检查组关于检查农业法实施情况的报告、全国人大常委会法制工作委员会关于中小企业促进法有关制度立法后评估工作情况的报告。

根据委员长会议建议的议程,本次常委会会议还将审议全国人大法律委员会、教育科学文化卫生委员会、华侨委员会、环境与资源保护委员会、农业与农村委员会关于十一届全国人大五次会议主席团分别交付审议的代表提出的议案审议结果的报告;听取全国人大常委会办公厅关于十一届全国人大五次会议代表建议、批评和意见办理情况的报告,工业和信息化部关于十一届全国人大五次会议代表建议、批评和意见办理情况的报告;审议有关任免案。

国务院总理温家宝在中南海紫光阁会见出席中国环境与发展国际合作委员会年会的外方代表

中央财政设立"科技惠民计划专项经费"

"科技惠民计划专项经费",是中央财政安排的引导支持基层开展社会发展领域先进技术成果转化应用、先进适用技术综合集成示范的专项经费。重点资助人口健康、生态环境、公共安全等与社会管理和社会发展密切相关的科技领域,择优支持基层开展具有导向作用的先进技术成果转化应用,提升技术的实用性和产业化水平等。

12月15日

中央经济工作会议在北京举行

中央经济工作会议于12月15日至16日在北京举行。

中共中央总书记习近平,国务院总理温家宝,中共中央政治局常委李克强、张德江、俞正声、刘云山、王岐山、张高丽出席会议。

习近平在会上发表重要讲话,分析国际国内经济形势，提出明年经济工作总体要求和主要任务。温家宝在讲话中总结今年经济工作，对明年经济工作作出部署。李克强主持会议并在会议结束时作了总结讲话。

会议指出，今年以来，面对日趋严峻的国际经济形势和国内改革发展稳定的繁重任务，党中央、国务院团结带领全党全国各族人民，坚持以科学发展为主题，以加快转变经济发展方式为主线，按照稳中求进的工作总基调，及时加强和改善宏观调控，把稳增长放在更加重要的位置，经济社会发展呈现稳中有进的良好态势。经济运行总体平稳，物价涨幅稳步回落，农业基础地位进一步稳固，社会大局保持稳定。转变经济发展方式有新进展，科技创新有新成绩，改革开放有新突破，改善民生有新成效。

会议强调，现在，我们站在了更高的起点上。综合判断，我国发展仍然具备难得的机遇和有利条件，经济社会发展基本面长期趋好，国内市场潜力巨大，社会生产力基础雄厚，科技创新能力增强，人力资源丰富，生产要素综合优势明显，社会主义市场经济体制机制不断完善。同时，也要清醒地看到，我国发展仍面临不少风险和挑战，不平衡、不协调、不可持续问题依然突出，经济增长下行压力和产能相对过剩的矛盾有所加剧，企业生产经营成本上升和创新能力不足的问题并存，金融领域存在潜在风险，经济发展和资源环境的矛盾仍然突出。必须保持清醒头脑，增强忧患意识，深入分析问题背后的原因，采取有效举措加以解决。

会议认为，明年国际经济形势依然错综复杂、充满变数，世界经济低速增长态势仍将延续，各种形式的保护主义明显抬头，潜在通胀和资产泡沫的压力加大，世界经济已由危机前的快速发展期进入深度转型调整期。

会议指出，从国际环境看，我国发展仍处于重要战略机遇期的基本判断没有变。同时，我国发展的重要战略机遇期在国际环境方面的内涵和条件发生很大变化。我们面临的机遇，不再是简单纳入全球分工体系、扩大出口、加快投资的传统机遇，而是倒逼我们扩大内需、提高创新能力、促进经济发展方式转变的新机遇。我们必须深刻理解、紧紧抓住、切实用好这样的新机遇，因势利导，顺势而为，努力在风云变幻的国际环境中谋求更大的国家利益。

会议强调，明年是全面贯彻落实十八大精神的开局之年，是实施“十二五”规划承前启后的关键一年，是为全面建成小康社会奠定坚实基础的重要一年。做好明年经济工作，要深入学习和全面贯彻落实党的十八大精神，坚持以邓小平理论、“三个代表”重要思想、科学发展观为指导，紧紧围绕主题主线，以提高经济增长质量和效益为中心，稳中求进，开拓创新，扎实开局，进一步深化改革开放，进一步强化创新驱动，加强和改善宏观调控，积极扩大国内需求，加大经济结构战略性调整力度，着力保障和改善民生，增强经济发展的内生活力和动力，保持物价总水平基本稳定，实现经济持续健康发展和社会和谐稳定。

会议认为，做好明年经济工作，要继续把握好稳中求进的工作总基调，立足全局，突出重点，扎扎实实开好局。

会议提出了明年经济工作的主要任务。

一、加强和改善宏观调控，促进经济持续健康发展。必须坚持发展是硬道理的战略思想，决不能有丝毫动摇。党的十八大强调要推动经济持续健康发展，要求的是尊重经济规律、有质量、有效益、可持续的速度，要求的是在不断转变经济发展方式、不断优化经济结构中实现增长。要牢牢把握扩大内需这一战略基点，培育一批拉动力强的消费增长点，增强消费对经济增长的基础作用，发挥好投资对经济增长的关键作用。要增加并引导好民间投资，同时在打基础、利长远、惠民生、又不会造成重复建设的基础设施领域加大公共投资力度。要继续实施积极的财政政策和稳健的货币政策，充分发挥逆周期调节和推动结构调整的作用。实施积极的财政政策，要结合税制改革完善结构性减税政策。各级政府要厉行节约，严格控制一般性支出，把钱用在刀刃上。实施稳健的货币政策，要注意把握好度，增强操作的灵活性。要适当扩大社会融资总规模，保持贷款适度增加，保持人民币汇率基本稳定，切实降低实体经济发展的融资成本。要继续坚持房地产市场调控政策不动摇。要高度重视财政金融领域存在的风险隐患，坚决守住不发生系统性和区域性金融风险的底线。

二、夯实农业基础，保障农产品供给。把解决好“三农”问题作为全党工作重中之重，必须长期坚持、毫不动摇，决不能因为连年丰收而对农业有丝毫忽视和放松。我国有13亿人口，只有把饭碗牢牢端在自己手中才能保持社会大局稳定。要提高农业综合生产能力，严格保护耕地，大兴农田水利，加强科技服务，不断提升农业物质技术装备水平。要稳定完善强农惠农富农政策，充分保护和调动农民生产经营积极性，使务农种粮有效益、不吃亏、得实惠。要在坚持和完善农村基本经营制度基础上，创新农业经营体制，加快发展现代农业。要加强绿色生产，从源头上确保农产品质量安全。

三、加快调整产业结构，提高产业整体素质。实现尊重经济规律、有质量、有效益、可持续的发展，关键是深化产业结构战略性调整。要充分利用国际金融危机形成的倒逼机制，把化解产能过剩矛盾作为工作重点，总的原则是尊重规律、分业施策、多管齐下、标本兼治。要加强对各个产能过剩行业发展趋势的预测，制订有针对性的调整和化解方案。要着力增强创新驱动发展新动力，注重发挥企业家才能，加快科技创新，加强产品创新、品牌创新、产业组织创新、商业模式创新。要合理安排生产力布局，对关系国民经济命脉、规模经济效益显著的重大项目，必须坚持全国一盘棋，统筹规划，科学布局。

四、积极稳妥推进城镇化，着力提高城镇化质量。城镇化是我国现代化建设的历史任务，也是扩大内需的最大潜力所在，要围绕提高城镇化质量，因势利导、趋利避害，积极引导城镇化健康发展。要构建科学合理的城市格局，大中小城市和小城镇、城市群要科学布局，与区域经济发展和产业布局紧密衔接，与资源环境承载能力相适应。要把有序推进农业转移人口市民化作为重要任务抓实抓好。要把生态文明理念和原则全面融入城镇化全过程，走集约、智能、绿色、低碳的新型城镇化道路。

五、加强民生保障，提高人民生活水平。要按照“守住底线、突出重点、完善制度、引导舆论”的思路做好民生工作。重点保障低收入群众基本生活，做好家庭困难学生资助工作。要注意稳定和扩大就业，做好以高校毕业生为重点的青年就业工作。要善待和支持小微企业发展，强化大企业社会责任。要加强城乡社会保障体系建设，继续完善养老保险转移接续办法，提高统筹层次。要继续加强保障性住房建设和管理，加快棚户区改造。要引导广大群众树立通过勤劳致富改善生活的理念，使改善民生既是党和政府工作的方向，也是人民群众自身奋斗的目标。

六、全面深化经济体制改革，坚定不移扩大开放。稳增长、转方式、调结构，关键是全面深化经济体制改革。要坚定信心、凝聚共识、统筹谋划、协同推进，坚持社会主义市场经济的改革方向不动摇，增强改革的系统性、整体性、协同性，以更大的政治勇气和智慧推动下一步改革。要落实好已经出台的改革措施，同时从解决当前突出矛盾出发，及时推出改革新举措。要深入研究全面深化体制改革的顶层设计和总体规划，明确提出改革总体方案、路线图、时间表。要坚持有效的改革路径，尊重人民首创精神，尊重实践、尊重创造，坚持全局和局部相配套、治本和治标相结合、渐进和突破相促进，鼓励大胆探索、勇于开拓，允许摸着石头过河。要稳定和扩大国际市场份额，发挥进口对结构调整的支持作用，促进国际收支趋向平衡。要加强外商投资权益和知识产权保护，稳定利用外资规模，扩大对外投资。要继续推进多双边经贸合作，加快实施自由贸易区战略。

会议强调，做好明年经济工作，必须加快调整经济结构、转变经济发展方式，使经济持续健康发展建立在扩大内需的基础上；必须毫不放松抓好“三农”工作，推动城乡一体化发展；必须坚持实施科教兴国战略，增强经济社会发展核心支撑能力；必须坚持把人民利益放在第一位，进一步做好保障和改善民生工作，使发展成果更多、更公平惠及全体人民；必须全面深化改革，坚决破除一切妨碍科学发展的思想观念和体制机制障碍；必须实施更加积极主动的开放战略，创建新的竞争优势，全面提升开放型经济水平。

会议强调，要重视跟踪分析和把握发展形势的新变化，更加注重经济增长质量和效益，正确理解和落实好宏观经济政策，在统筹兼顾中突出发展重点，以扎实的作风抓好工作落实。要努力做好元旦、春节期间的各项工作，切实帮助群众解决各类实际困难，抓好今冬明春农业生产，继续做好煤电油气运跟踪监测和协调，扎实做好春运工作，加强重点行业安全监管，让全国人民过上欢乐祥和的节日。

会议指出，做好明年经济工作，必须切实加强党对经济工作的领导。要履行党领导经济工作的职能，议大事、抓大事，把领导经济工作的立足点转到提高发展质量和效益、加快形成新的经济发展方式上来。要加强领导干部能力建设，提高领导经济工作科学化水平，围绕经济社会发展重大问题加强学习和调研，提高把握和运用市场经济规律、自然规律、社会发展规律能力，提高科学决策、民主决策能力，增强全球思维、战略思维能力，做到厚积薄发。要尽快健全有利于科学发展的目标体系、考核办法、奖惩机制。要转变作风、真抓实干，增强党和政府公信力。实干兴邦，空谈误国。要做到讲实话、干实事，敢作为、勇担当，言必信、行必果。要牢固树立艰苦奋斗、勤俭节约的思想，深入实际、深入基层、深入群众，力戒奢靡之风，坚决反对大手大脚、铺张浪费，以实际行动践行全心全意为人民服务的根本宗旨。

会议强调，要深入研究人口大规模流动、利益多样化、社会信息化、思想文化多元化形势下的社会管理规律，拓宽思路，完善体制机制，注重源头治理，加强思想政治工作，依靠社会力量，坚持依法办事和依法维权相结合，不断提高社会管理科学化水平，促进社会和谐稳定。

会议要求，面对复杂多变的形势和艰巨繁重的任务，全党全国各族人民要紧密团结在以习近平同志为总书记的党中央周围，凝聚力量，勇于实践，勇于开拓，攻坚克难，扎实做好明年经济工作，奋力夺取全面建成小康社会新胜利。

中共中央政治局委员、中央书记处书记、全国人大常委会党员副委员长、国务院副总理、国务委员、最高人民法院院长、最高人民检察院检察长、全国政协党员副主席等出席会议。

各省、自治区、直辖市和计划单列市、新疆生产建设兵团的党政主要负责人，党中央有关部门、国务院有关部委和有关单位的主要负责人，中央管理的部分企业和金融机构负责人，军队及武警部队有关负责人参加会议。

国家主席胡锦涛致电美国总统奥巴马就美国康涅狄格州发生枪击事件造成重大人员伤亡表示慰问

民进第十一次全国代表大会在北京开幕

中共中央政治局常委俞正声会见全体与会代表，并代表中共中央致贺词。

贺词说，5年来，民进坚持立会为公、参政为民的宗旨，弘扬爱国、民主、团结、求实的光荣传统，按照有思有行、集智聚力、顺势而为、开拓创新的工作方针，团结带领广大成员积极投身改革开放伟大实践，为建设中国特色社会主义作出了新的贡献。

贺词指出，全面建成小康社会，在中国特色社会主义道路上实现中华民族伟大复兴，必须最广泛地凝聚包括民主党派和无党派人士在内的全国各族人民的智慧和力量。中国共产党将按照十八大精神，坚定不移推进社会主义民主政治建设，坚持和完善中国共产党领导的多党合作和政治协商制度，健全社会主义协商民主制度，推进协商民主广泛、多层、制度化发展。

贺词表示相信，民进中央新一届领导机构一定能够团结带领广大成员，传承老一辈领导人与中国共产党风雨同舟的优良传统，保持多党合作正确方向，坚定不移走中国特色社会主义道路；围绕中心，服务大局，深入调查研究，积极建言献策，努力推进社会主义经济建设、政治建设、文化建设、社会建设、生态文明建设，尤其要发挥教育、文化、出版领域的人才智力优势，在教育事业改革发展、推动社会主义文化大发展大繁荣、提高国家软实力等方面发挥更大作用；以保障和改善民生为出发点和落脚点，围绕人民最关心最直接最现实的利益问题，充分反映社情民意，积极支持贫困地区加快发展，促进全体人民共享改革发展成果；按照参政党建设的目标和原则，切实加强思想建设、组织建设和制度建设，努力开创各项工作新局面，为发展中国特色社会主义事业作出新贡献。

大会主席团常务主席严隽琪代表民进第十二届中央委员会向大会作工作报告。

大会将听取和审议中国民主促进会第十二届中央委员会报告，审议通过《中国民主促进会章程(修正案)》，选举中国民主促进会第十三届中央委员会等。

中国“嫦娥二号”卫星700万公里深空飞越图塔蒂斯小行星

中国国家国防科技工业局发布消息，“嫦娥二号”卫星12月13日飞离日地拉格朗日L2点195天后，成功飞抵距地球约700万公里远的深空，以10.73公里/秒的相对速度，与国际编号4179的图塔蒂斯小行星由远及近擦身而过，首次实现中国对小行星的飞越探测。交会时“嫦娥二号”星载监视相机对小行星进行了光学成像，这是国际上首次实现对该小行星近距离探测。至此，“嫦娥二号”再拓展试验圆满成功，“嫦娥二号”工程完美收官。

12月16日

《人民日报》发表社论《坚持稳中求进 奋力扎实开局》

在全国人民的关注和期待中，中央经济工作会议胜利闭幕了。这是党的十八大后召开的第一个全国性重要会议。会议强调，要紧紧围绕主题主线，以提高经济增长质量和效益为中心，稳中求进，开拓创新，扎实开局。会议新风扑面，求真务实，方针明确，部署有力，为做好明年经济工作提供了根本遵循。

今年以来，面对复杂形势和困难挑战，我们及时加强和改善宏观调控，把稳增长放在更加重要的位置，经济社会发展稳中有进、态势良好。这个好形势，是与改革开放30多年特别是党的十六大以来奠定的坚实基础分不开的。我们站在了更高的起点上。综合判断，我国发展仍然具备难得的机遇和有利条件，但战略机遇期的内涵和条件已发生很大变化。明年是全面贯彻落实十八大精神的开局之年，是实施“十二五”规划承前启后的关键一年，是为全面建成小康社会奠定坚实基础的重要一年。同时也是发展机遇与挑战并存，风险和困难较多的一年。这就需要我们继续把握好稳中求进的工作总基调，立足全局，突出重点，扎扎实实开好局。

稳中求进，扎实开局，必须推动经济持续健康发展。党的十八大强调要推动经济持续健康发展，这是做好经济工作的重要指导方针。持续健康发展，要求的是尊重经济规律、有质量、有效益、可持续的增长，是实实在在和没有水分的增长，是在不断转变发展方式、不断优化结构中实现增长。我们要继续实施积极的财政政策和稳健的货币政策，努力实现明年宏观调控的预期目标。

稳中求进，扎实开局，必须着力保障农产品供给。

我国有13亿人口，只有把饭碗牢牢端在自己手中才能保持社会大局稳定。我国虽然粮食连年增产、库存充裕，但主要农产品供求仍处于总量基本平衡、结构性紧缺的状况。我们要巩固发展农业增产、农民增收好形势，夯实农业基础。

稳中求进，扎实开局，必须加快调整产业结构。实现经济持续健康发展，根本途径是加快转变经济发展方式，关键是深化产业结构战略性调整。我们要充分利用国际金融危机形成的倒逼机制，把化解产能过剩矛盾作为工作重点。按照尊重规律，分业施策、多管齐下，标本兼治的原则，积极采取措施，争取早见成效。

稳中求进，扎实开局，必须积极稳妥推进城镇化。城镇化是我国现代化建设的历史任务，也是扩大内需的最大潜力所在。这次会议将推进城镇化作为一个工作重点单独列出，表明了城镇化在现代化全局中的重要地位。我们要围绕提高城镇化质量，因势利导、趋利避害，积极引导城镇化健康发展。

稳中求进，扎实开局，必须加强民生保障。改善民生既是党和政府工作的方向，也是人民群众自身奋斗的目标。我们要按照“守住底线、突出重点、完善制度、引导舆论”的思路做好民生工作，重点保障低收入群众的基本生活，稳定和扩大就业，加强城乡社会保障体系建设。要积极引导广大群众树立通过勤劳致富改善生活的理念，共同创造更加幸福美好的未来。

稳中求进，扎实开局，必须全面深化经济体制改革和扩大开放。稳增长、转方式、调结构，关键在改革。我们要坚持社会主义市场经济的改革方向不动摇，增强改革的系统性、整体性、协同性，以更大政治勇气和智慧推动改革不断深入。要坚定不移扩大对外开放，全面提升开放型经济水平。

这次中央经济工作会议开得好，会风好是一个鲜明特色，是与会同志的共同感受，充分展现了以习近平同志为总书记的党中央坚持求真务实，狠抓作风转变的坚定决心。会议富有成果，贯彻会议精神更要真抓实干。必须切实加强党对经济工作的领导，全党同志特别是领导干部要拿出精气神来，保持奋发有为的精神状态，勇于实践，勇于开拓。各级党委要议大事、抓大事，提高党领导经济工作科学化水平，团结和带领广大人民群众，凝聚力量、攻坚克难，奋力开创全面建成小康社会新局面。

民建第十次全国代表大会在北京开幕

中共中央政治局常委、中央书记处书记刘云山会见全体与会代表，并代表中共中央致贺词。

贺词说，中国民主建国会成立67年以来，高举爱国主义、社会主义伟大旗帜，与中国共产党真诚合作，为夺取中国革命、建设、改革胜利，为推进统一战线和中国共产党领导的多党合作事业发展作出了重要贡献。

贺词指出，中国特色社会主义政治发展道路是团结包括中国民主建国会广大成员在内的亿万人民共同奋斗的正确道路。希望中国民主建国会继承和发扬优良传统，不断凝聚思想共识，坚定不移走中国特色社会主义政治发展道路；进一步增强履行参政党职能的使命感和责任感，动员和组织广大成员为推进社会主义经济建设、政治建设、文化建设、社会建设、生态文明建设建言献策、建功立业；充分发挥密切联系经济界的特色和优势，在加快转变经济发展方式、调整优化经济结构、保障和改善民生等方面发挥更大作用；全面加强自身建设，进一步提高政治把握能力、组织协调能力、参政议政能力、合作共事能力，夯实基础，健全机制，不断推进中国共产党领导的多党合作事业健康发展。

贺词表示，相信民建新一届中央领导机构一定能够肩负起历史使命和广大成员的重托，切实搞好政治交接，使民建的光荣传统薪火相传；一定能够适应新形势新任务的要求，团结带领广大成员，切实履行参政议政、民主监督职能，不断开创民建工作新局面。

大会主席团常务主席陈昌智代表中国民主建国会第九届中央委员会作工作报告。

本次大会将听取和审议中国民主建国会第九届中央委员会工作报告，审议通过《中国民主建国会章程(修正案)》，选举中国民主建国会第十届中央委员会等。

第七届全球孔子学院大会开幕式在北京国家会议中心举行

国务委员刘延东出席并致辞，并为全球孔子学院先进个人和先进单位颁奖。

刘延东指出，2012年汉语国际推广事业实现新发展，已建立400所孔子学院、500多家孔子课堂，注册学员65万人，为各国人民开启了认识中华文化和当代中国的窗口，对沟通人民与人民之间的情感与友谊、促进不同文明间的交流互鉴发挥了重要作用。刘延东强调，高举和平、发展、合作、共赢的旗帜，尊重人类文明多样性和发展道路多样化是中国共产党十八大的重要精神，中国政府将积极支持孔子学院稳步发展。

刘延东指出，本届大会以“促进孔子学院融入大学和社区”为主题很有意义，希望孔子学院适应当地文化传统、思维习惯和学员特点，在提升教师、教材和教法水平上下功夫，激发学习兴趣，提高办学质量。

叶诗文在第十一届国际泳联短池世界锦标赛女子200米混合泳决赛中获得冠军

12月17日

国家主席胡锦涛在人民大会堂接受3国新任驻华大使递交的国书

这3位驻华大使是：加拿大驻华大使赵朴、哥伦比亚驻华大使古铁雷斯和厄瓜多尔驻华大使洛佩斯。

中央政法委书记孟建柱在北京主持召开中央政法委员会第一次全体会议

孟建柱指出，依法治国是我们党领导人民治理国家的基本方略，是国家长治久安的根本保证。全国政法机关和政法各部门要积极适应人民群众对社会公平正义的新期待，全面推进法治建设，坚持把严格执法、公正司法作为基本前提，坚持把公平正义、群众满意作为价值追求，着力提升执法司法公信力，让人民群众感受到公平正义就在身边。要积极回应人民群众对社会平安的新期待，加强基层基础建设，推动机制创新，着力解决影响人民群众安全感的突出问题，全面深化平安建设，确保人民安居乐业、社会安定有序。要积极回应人民群众对政法队伍的新期待，坚持政治建警、素质强警、从严治警，全面加强各级政法机关领导班子建设和思想、组织、作风、反腐倡廉和制度建设，着力打造一支忠诚可靠、执法为民、务实进取、公正廉洁的高素质政法队伍。

孟建柱强调，全国政法机关和政法各部门要以与时俱进的精神审视和反思自己，以改革创新的勇气加强和完善自己，坚持以解决人民群众反映强烈的突出问题为突破口，积极推进司法改革，规范司法行为，推进司法公开，让司法权在阳光下运行。要以能力建设为重点，着力提升做好新形势下群众工作能力，着力提升维护社会公平正义能力，着力提升新媒体时代社会沟通能力，着力提升科技信息化应用能力，着力提升政法队伍拒腐防变能力。

孟建柱指出，岁末年初往往是各类案件、事件、事故的多发期。全国政法机关和政法各部门要深入开展走访慰问活动，排查化解矛盾纠纷；落实安全管理责任，整改各类安全隐患；坚持专项整治与整体防范相结合，有效防范打击各类违法犯罪活动，守护社会平安，温暖亿万百姓。

最高人民法院院长王胜俊、最高人民检察院检察长曹建明等中央政法委员会委员出席会议并发言。

国务院总理温家宝签署第630号令公布《国务院关于修改〈机动车交通事故责任强制保险条例〉的决定》

现公布《国务院关于修改〈机动车交通事故责任强制保险条例〉的决定》，自2013年3月1日起施行。

总　理　温家宝

2012年12月17日

国务院关于修改《机动车交通事故责任强制保险条例》的决定

国务院决定对《机动车交通事故责任强制保险条例》作如下修改：

增加一条，作为第四十三条："挂车不投保机动车交通事故责任强制保险。发生道路交通事故造成人身伤亡、财产损失的，由牵引车投保的保险公司在机动车交通事故责任强制保险责任限额范围内予以赔偿；不足的部分，由牵引车方和挂车方依照法律规定承担赔偿责任。"

本决定自2013年3月1日起施行。

《机动车交通事故责任强制保险条例》根据本决定作相应的修改并对条文顺序作相应调整，重新公布。

机动车交通事故责任强制保险条例

（2006年3月21日中华人民共和国国务院令第462号公布，根据2012年3月30日《国务院关于修改〈机动车交通事故责任强制保险条例〉的决定》第一次修订，根据2012年12月17日《国务院关于修改〈机动车交通事故责任强制保险条例〉的决定》第二次修订）

第一章　总　则

第一条　为了保障机动车道路交通事故受害人依法得到赔偿，促进道路交通安全，根据《中华人民共和国道路交通安全法》《中华人民共和国保险法》，制定本条例。

第二条　在中华人民共和国境内道路上行驶的机动车的所有人或者管理人，应当依照《中华人民共和国道路交通安全法》的规定投保机动车交通事故责任强制保险。

机动车交通事故责任强制保险的投保、赔偿和监督管理，适用本条例。

第三条　本条例所称机动车交通事故责任强制保险，是指由保险公司对被保险机动车发生道路交通事故造成本车人员、被保险人以外的受害人的人身伤亡、财产损失，在责任限额内予以赔偿的强制性责任保险。

第四条　国务院保险监督管理机构（以下简称保监会）依法对保险公司的机动车交通事故责任强制保险业务实施监督管理。

公安机关交通管理部门、农业（农业机械）主管部门（以下统称机动车管理部门）应当依法对机动车参加机动车交通事故责任强制保险的情况实施监督检查。对未参加机动车交通事故责任强制保险的机动车,机动车管理部门不得予以登记,机动车安全技术检验机构不得予以检验。

公安机关交通管理部门及其交通警察在调查处理道路交通安全违法行为和道路交通事故时,应当依法检查机动车交通事故责任强制保险的保险标志。

第二章 投 保

第五条 保险公司经保监会批准,可以从事机动车交通事故责任强制保险业务。

为了保证机动车交通事故责任强制保险制度的实行,保监会有权要求保险公司从事机动车交通事故责任强制保险业务。

未经保监会批准,任何单位或者个人不得从事机动车交通事故责任强制保险业务。

第六条 机动车交通事故责任强制保险实行统一的保险条款和基础保险费率。保监会按照机动车交通事故责任强制保险业务总体上不盈利不亏损的原则审批保险费率。

保监会在审批保险费率时,可以聘请有关专业机构进行评估,可以举行听证会听取公众意见。

第七条 保险公司的机动车交通事故责任强制保险业务,应当与其他保险业务分开管理,单独核算。

保监会应当每年对保险公司的机动车交通事故责任强制保险业务情况进行核查,并向社会公布;根据保险公司机动车交通事故责任强制保险业务的总体盈利或者亏损情况,可以要求或者允许保险公司相应调整保险费率。

调整保险费率的幅度较大的,保监会应当进行听证。

第八条 被保险机动车没有发生道路交通安全违法行为和道路交通事故的,保险公司应当在下一年度降低其保险费率。在此后的年度内,被保险机动车仍然没有发生道路交通安全违法行为和道路交通事故的,保险公司应当继续降低其保险费率,直至最低标准。被保险机动车发生道路交通安全违法行为或者道路交通事故的,保险公司应当在下一年度提高其保险费率。多次发生道路交通安全违法行为、道路交通事故,或者发生重大道路交通事故的,保险公司应当加大提高其保险费率的幅度。在道路交通事故中被保险人没有过错的,不提高其保险费率。降低或者提高保险费率的标准,由保监会会同国务院公安部门制定。

第九条 保监会、国务院公安部门、国务院农业主管部门以及其他有关部门应当逐步建立有关机动车交通事故责任强制保险、道路交通安全违法行为和道路交通事故的信息共享机制。

第十条 投保人在投保时应当选择具备从事机动车交通事故责任强制保险业务资格的保险公司,被选择的保险公司不得拒绝或者拖延承保。

保监会应当将具备从事机动车交通事故责任强制保险业务资格的保险公司向社会公示。

第十一条 投保人投保时,应当向保险公司如实告知重要事项。

重要事项包括机动车的种类、厂牌型号、识别代码、牌照号码、使用性质和机动车所有人或者管理人的姓名(名称)、性别、年龄、住所、身份证或者驾驶证号码(组织机构代码)、续保前该机动车发生事故的情况以及保监会规定的其他事项。

第十二条 签订机动车交通事故责任强制保险合同时,投保人应当一次支付全部保险费;保险公司应当向投保人签发保险单、保险标志。保险单、保险标志应当注明保险单号码、车牌号码、保险期限、保险公司的名称、地址和理赔电话号码。

被保险人应当在被保险机动车上放置保险标志。

保险标志式样全国统一。保险单、保险标志由保监会监制。任何单位或者个人不得伪造、变造或者使用伪造、变造的保险单、保险标志。

第十三条 签订机动车交通事故责任强制保险合同时,投保人不得在保险条款和保险费率之外,向保险公司提出附加其他条件的要求。

签订机动车交通事故责任强制保险合同时,保险公司不得强制投保人订立商业保险合同以及提出附加其他条件的要求。

第十四条 保险公司不得解除机动车交通事故责任强制保险合同;但是,投保人对重要事项未履行如实告知义务的除外。

投保人对重要事项未履行如实告知义务,保险公司解除合同前,应当书面通知投保人,投保人应当自收到通知之日起5日内履行如实告知义务;投保人在上述期限内履行如实告知义务的,保险公司不得解除合同。

第十五条 保险公司解除机动车交通事故责任强制保险合同的,应当收回保险单和保险标志,并书面通知机动车管理部门。

第十六条 投保人不得解除机动车交通事故责任强制保险合同,但有下列情形之一的除外:

(一)被保险机动车被依法注销登记的;

(二)被保险机动车办理停驶的;

(三)被保险机动车经公安机关证实丢失的。

第十七条 机动车交通事故责任强制保险合同解除前,保险公司应当按照合同承担保险责任。

合同解除时,保险公司可以收取自保险责任开始之日起至合同解除之日止的保险费，剩余部分的保险费退还投保人。

第十八条　被保险机动车所有权转移的，应当办理机动车交通事故责任强制保险合同变更手续。

第十九条　机动车交通事故责任强制保险合同期满，投保人应当及时续保，并提供上一年度的保险单。

第二十条　机动车交通事故责任强制保险的保险期间为1年，但有下列情形之一的，投保人可以投保短期机动车交通事故责任强制保险：

(一)境外机动车临时入境的；

(二)机动车临时上道路行驶的；

(三)机动车距规定的报废期限不足1年的；

(四)保监会规定的其他情形。

第三章　赔　偿

第二十一条　被保险机动车发生道路交通事故造成本车人员、被保险人以外的受害人人身伤亡、财产损失的，由保险公司依法在机动车交通事故责任强制保险责任限额范围内予以赔偿。

道路交通事故的损失是由受害人故意造成的，保险公司不予赔偿。

第二十二条　有下列情形之一的，保险公司在机动车交通事故责任强制保险责任限额范围内垫付抢救费用，并有权向致害人追偿：

(一)驾驶人未取得驾驶资格或者醉酒的；

(二)被保险机动车被盗抢期间肇事的；

(三)被保险人故意制造道路交通事故的。

有前款所列情形之一，发生道路交通事故的，造成受害人的财产损失，保险公司不承担赔偿责任。

第二十三条　机动车交通事故责任强制保险在全国范围内实行统一的责任限额。责任限额分为死亡伤残赔偿限额、医疗费用赔偿限额、财产损失赔偿限额以及被保险人在道路交通事故中无责任的赔偿限额。

机动车交通事故责任强制保险责任限额由保监会会同国务院公安部门、国务院卫生主管部门、国务院农业主管部门规定。

第二十四条　国家设立道路交通事故社会救助基金(以下简称救助基金)。有下列情形之一时，道路交通事故中受害人人身伤亡的丧葬费用、部分或者全部抢救费用，由救助基金先行垫付，救助基金管理机构有权向道路交通事故责任人追偿：

(一)抢救费用超过机动车交通事故责任强制保险责任限额的；

(二)肇事机动车未参加机动车交通事故责任强制保险的；

(三)机动车肇事后逃逸的。

第二十五条　救助基金的来源包括：

(一)按照机动车交通事故责任强制保险的保险费的一定比例提取的资金；

(二)对未按照规定投保机动车交通事故责任强制保险的机动车的所有人、管理人的罚款；

(三)救助基金管理机构依法向道路交通事故责任人追偿的资金；

(四)救助基金孳息；

(五)其他资金。

第二十六条　救助基金的具体管理办法，由国务院财政部门会同保监会、国务院公安部门、国务院卫生主管部门、国务院农业主管部门制定试行。

第二十七条　被保险机动车发生道路交通事故，被保险人或者受害人通知保险公司的，保险公司应当立即给予答复，告知被保险人或者受害人具体的赔偿程序等有关事项。

第二十八条　被保险机动车发生道路交通事故的，由被保险人向保险公司申请赔偿保险金。保险公司应当自收到赔偿申请之日起1日内，书面告知被保险人需要向保险公司提供的与赔偿有关的证明和资料。

第二十九条　保险公司应当自收到被保险人提供的证明和资料之日起5日内，对是否属于保险责任作出核定，并将结果通知被保险人；对不属于保险责任的，应当书面说明理由；对属于保险责任的，在与被保险人达成赔偿保险金的协议后10日内，赔偿保险金。

第三十条　被保险人与保险公司对赔偿有争议的，可以依法申请仲裁或者向人民法院提起诉讼。

第三十一条　保险公司可以向被保险人赔偿保险金，也可以直接向受害人赔偿保险金。但是，因抢救受伤人员需要保险公司支付或者垫付抢救费用的，保险公司在接到公安机关交通管理部门通知后，经核对应当及时向医疗机构支付或者垫付抢救费用。

因抢救受伤人员需要救助基金管理机构垫付抢救费用的，救助基金管理机构在接到公安机关交通管理部门通知后，经核对应当及时向医疗机构垫付抢救费用。

第三十二条　医疗机构应当参照国务院卫生主管部门组织制定的有关临床诊疗指南，抢救、治疗道路交通事故中的受伤人员。

第三十三条　保险公司赔偿保险金或者垫付抢救费用，救助基金管理机构垫付抢救费用，需要向有关部门、医疗机构核实有关情况的，有关部门、医疗机构应当予以配合。

第三十四条　保险公司、救助基金管理机构的工作人员对当事人的个人隐私应当保密。

第三十五条　道路交通事故损害赔偿项目和标准

依照有关法律的规定执行。

第四章　罚　则

第三十六条　未经保监会批准，非法从事机动车交通事故责任强制保险业务的，由保监会予以取缔；构成犯罪的，依法追究刑事责任；尚不构成犯罪的，由保监会没收违法所得，违法所得20万元以上的，并处违法所得1倍以上5倍以下罚款；没有违法所得或者违法所得不足20万元的，处20万元以上100万元以下罚款。

第三十七条　保险公司未经保监会批准从事机动车交通事故责任强制保险业务的，由保监会责令改正，责令退还收取的保险费，没收违法所得，违法所得10万元以上的，并处违法所得1倍以上5倍以下罚款；没有违法所得或者违法所得不足10万元的，处10万元以上50万元以下罚款；逾期不改正或者造成严重后果的，责令停业整顿或者吊销经营保险业务许可证。

第三十八条　保险公司违反本条例规定，有下列行为之一的，由保监会责令改正，处5万元以上30万元以下罚款；情节严重的，可以限制业务范围、责令停止接受新业务或者吊销经营保险业务许可证：

(一)拒绝或者拖延承保机动车交通事故责任强制保险的；

(二)未按照统一的保险条款和基础保险费率从事机动车交通事故责任强制保险业务的；

(三)未将机动车交通事故责任强制保险业务和其他保险业务分开管理，单独核算的；

(四)强制投保人订立商业保险合同的；

(五)违反规定解除机动车交通事故责任强制保险合同的；

(六)拒不履行约定的赔偿保险金义务的；

(七)未按照规定及时支付或者垫付抢救费用的。

第三十九条　机动车所有人、管理人未按照规定投保机动车交通事故责任强制保险的，由公安机关交通管理部门扣留机动车，通知机动车所有人、管理人依照规定投保，处依照规定投保最低责任限额应缴纳的保险费的2倍罚款。

机动车所有人、管理人依照规定补办机动车交通事故责任强制保险的，应当及时退还机动车。

第四十条　上道路行驶的机动车未放置保险标志的，公安机关交通管理部门应当扣留机动车，通知当事人提供保险标志或者补办相应手续，可以处警告或者20元以上200元以下罚款。

当事人提供保险标志或者补办相应手续的，应当及时退还机动车。

第四十一条　伪造、变造或者使用伪造、变造的保险标志，或者使用其他机动车的保险标志，由公安机关交通管理部门予以收缴，扣留该机动车，处200元以上2000元以下罚款；构成犯罪的，依法追究刑事责任。

当事人提供相应的合法证明或者补办相应手续的，应当及时退还机动车。

第五章　附　则

第四十二条　本条例下列用语的含义：

(一)投保人，是指与保险公司订立机动车交通事故责任强制保险合同，并按照合同负有支付保险费义务的机动车的所有人、管理人。

(二)被保险人，是指投保人及其允许的合法驾驶人。

(三)抢救费用，是指机动车发生道路交通事故导致人员受伤时，医疗机构参照国务院卫生主管部门组织制定的有关临床诊疗指南，对生命体征不平稳和虽然生命体征平稳但如果不采取处理措施会产生生命危险，或者导致残疾、器官功能障碍，或者导致病程明显延长的受伤人员，采取必要的处理措施所发生的医疗费用。

第四十三条　挂车不投保机动车交通事故责任强制保险。发生道路交通事故造成人身伤亡、财产损失的，由牵引车投保的保险公司在机动车交通事故责任强制保险责任限额范围内予以赔偿；不足的部分，由牵引车方和挂车方依照法律规定承担赔偿责任。

第四十四条　机动车在道路以外的地方通行时发生事故，造成人身伤亡、财产损失的赔偿，比照适用本条例。

第四十五条　中国人民解放军和中国人民武装警察部队在编机动车参加机动车交通事故责任强制保险的办法，由中国人民解放军和中国人民武装警察部队另行规定。

第四十六条　机动车所有人、管理人自本条例施行之日起3个月内投保机动车交通事故责任强制保险；本条例施行前已经投保商业性机动车第三者责任保险的，保险期满，应当投保机动车交通事故责任强制保险。

第四十七条　本条例自2006年7月1日起施行。

第九次全国台湾同胞代表会议在北京开幕

中共中央政治局常委俞正声出席会议并讲话。

俞正声代表中共中央、国务院向会议的召开表示祝贺，向广大台湾同胞表示问候，向各级台联工作者致以敬意。他说，广大定居大陆台胞是推进祖国大陆改革开放和现代化建设的重要力量，是实现祖国完全统一的重要力量；台联工作是我们党群众工作和对台工作的重要组成部分；台联组织是党和政府联系广大台湾同胞的桥梁和纽带，是深受广大台湾同胞信任的

"台胞之家"。

俞正声强调,解决台湾问题,实现祖国完全统一,是全体中华儿女的共同利益所系、共同心愿所在,也是中国共产党肩负的重大历史任务。近年来,在两岸同胞的共同努力下,两岸关系实现历史性转折,取得了一系列突破性进展和重要成果,开创了前所未有的和平发展新局面。前不久召开的中国共产党第十八次全国代表大会,充分肯定了五年来对台工作取得的重大成就,明确提出了今后对台工作的指导思想和基本要求,全面阐述了继续推进两岸关系和平发展的总体思路和努力目标。这充分体现了我们推动两岸关系和平发展、实现祖国和平统一的坚定决心,体现了维护国家主权、安全和发展利益的坚强意志,体现了为台海地区谋和平、为两岸同胞谋福祉、为中华民族谋振兴的诚挚愿望。

本次会议为期5天,来自各省、自治区、直辖市和有关单位的台胞代表共300多人与会。会议将审议通过全国台联第八届理事会工作报告、全国台联章程修正案,选举产生全国台联第九届理事会,聘请全国台联第九届理事会名誉会长、顾问、名誉顾问和名誉理事。

商务部发布前11个月中国对外投资增长25%

今年前11个月,我国累计实现非金融类对外直接投资625.3亿美元,同比增长25%,较前10个月25.8%的增速有所放缓。

"全国文化信息资源共享工程十周年"活动在北京举行

自2002年正式启动以来,截至2011年年底,已建成1个国家中心、33个省级分中心、2840个县级支中心、28595个乡镇基层服务点、60.2万个行政村基层服务点,数字资源总量累计达到136.4TB,建成地方特色专题资源库207个,各类视频资源55670部。累计服务人次超过12亿。

12月18日

国务院任免国家工作人员

任命张晓明为中央人民政府驻香港特别行政区联络办公室主任。

免去张晓明的国务院港澳事务办公室副主任职务;免去彭清华的中央人民政府驻香港特别行政区联络办公室主任职务;免去李刚的中央人民政府驻香港特别行政区联络办公室副主任职务。

国家发改委提出明年重点领域改革要实现新突破

国家发展和改革委员会在18日召开的全国发展和改革工作会议上提出,明年将着力深化改革开放,力争在重要领域的改革取得新突破,着力保障和改善民生。

国家发展和改革委员会主任张平在大会报告中说,明年要稳步推进资源性产品为重点的价格改革,完善成品油价格形成机制,实施重点电煤与市场煤价格并轨,推进天然气价格改革,完善居民阶梯电价政策。

他说,要深入推进医药卫生体制改革,健全全民医保体系,改革医保支付制度,推进重特大疾病保障和救助机制建设,巩固完善基本药物制度和基层运行新机制,推进公立医院综合改革。

明年我国还将协调推进国家和省级综合配套改革试点,总结推广试点经验,推进投融资体制改革。

张平说,为保障和改善民生,明年发展改革部门要以组织实施基本公共服务体系"十二五"规划为抓手,解决好人民最关心最直接最现实的利益问题。把促进就业放在更加优先的位置,健全城乡公共就业服务体系,继续抓好保障性安居工程建设,支持和吸引社会资本参与,保证建设质量,完善配套设施,切实做好公平分配和有效入住工作。

此外,明年国家还将支持教育发展,改善薄弱学校办学条件。加强基层医疗卫生服务体系、公共文化基础设施以及社会养老、社区服务、旅游、公共体育基础设施建设。

国家统计局发布11月份53个大中城市新房价格环比上涨

新建商品住宅(不含保障性住房)价格变动情况:与上月相比,70个大中城市中,价格下降的城市有10个,持平的城市有7个,上涨的城市有53个。环比价格上涨的城市中,涨幅均未超过1.0%。与去年同月相比,70个大中城市中,价格下降的城市有41个,持平的城市有4个,上涨的城市有25个。11月份,同比价格上涨的城市中,涨幅均未超过2.0%,涨幅比10月份回落的城市有1个。

二手住宅价格变动情况:与上月相比,70个大中城市中,价格下降的城市有19个,持平的城市有16个,上涨的城市有35个。环比价格上涨的城市中,涨幅均未超过0.9%。与去年同月相比,70个大中城市中,价格下降的城市有49个,持平的城市有3个,上涨的城市有18个。11月份,同比价格上涨的城市中,涨幅均未超过4.7%,涨幅比10月份回落的城市有2个。

中联部部长王家瑞在北京与最高委员会主席格雷兹洛夫率领的俄罗斯统一俄罗斯党代表团举行工作会谈

国防部部长梁光烈在八一大楼会见波兰海军司令马泰亚一行

12月19日

中共中央总书记习近平在中南海会见最高委员会主席格雷兹洛夫率领的俄罗斯统一俄罗斯党代表团

习近平祝贺中俄执政党对话机制第三次会议取得成功。

习近平强调,新一届中共中央领导集体坚持对俄友好的方针不会改变,对优先发展中俄关系的战略定位不会改变,中国视俄罗斯为最重要的战略协作伙伴,

国务院总理温家宝主持召开国务院常务会议研究确定促进光伏产业健康发展的政策措施

会议认为,近年来我国光伏产业快速发展,已形成较为完整的光伏制造产业体系。当前的主要问题是:产能严重过剩,市场过度依赖外需,企业普遍经营困难。

会议强调,光伏产业是战略性新兴产业。发展光伏产业对调整能源结构、推进能源生产和消费方式变革、促进生态文明建设具有重要意义。我国光伏产业当前遇到的困难,既是产业发展面临的严峻挑战,也是促进产业调整升级的契机,特别是光伏发电成本大幅下降,为扩大国内市场提供了有利条件。要按照创新体制机制、完善政策措施、扩大消费市场、规范市场秩序、推进产业重组、降低发电成本的思路,统筹兼顾、综合施策,着力提升产业竞争力。

会议确定了以下政策措施:(一)加快产业结构调整和技术进步。善加利用市场"倒逼机制",鼓励企业兼并重组,淘汰落后产能,提高技术和装备水平。严格控制新上单纯扩大产能的多晶硅、光伏电池及组件项目。(二)规范产业发展秩序。加强光伏发电规划与配套电网规划的协调,建立简捷高效的并网服务体系。建立、健全技术标准体系,加强市场监管,对关键设备实行强制检测认证制度。(三)积极开拓国内光伏应用市场。着力推进分布式光伏发电,鼓励单位、社区和家庭安装、使用光伏发电系统,有序推进光伏电站建设。加强国际合作,巩固和拓展国际市场。(四)完善支持政策。根据资源条件制定光伏电站分区域上网标杆电价,对分布式光伏发电实行按照电量补贴的政策,根据成本变化合理调减上网电价和补贴标准。完善中央财政资金支持光伏发展的机制,光伏电站项目执行与风电相同的增值税优惠政策。(五)充分发挥市场机制作用,减少政府干预,禁止地方保护。完善电价定价机制和补贴效果考核机制,提高政策效应。发挥行业组织作用,加强行业自律,引导产业健康发展。会议要求各有关部门抓紧制定完善配套政策,确保落实到位。

福建省委主要负责同志职务调整

中共中央决定:尤权同志任福建省委委员、常委、书记。

广西壮族自治区党委主要负责同志职务调整

中共中央决定:郭声琨同志不再担任广西壮族自治区党委书记、常委、委员职务,另有任用;彭清华同志任广西壮族自治区党委委员、常委、书记。

国防部部长梁光烈在八一大楼会见中新两军第五次战略对话的新西兰国防军副司令蒂莫西·基廷

南极科考内陆冰盖队正式出发

前往南极内陆地区及昆仑站开展科考工作的我国第二十九次南极科考内陆冰盖队日前正式出发。

内陆冰盖队由25名考察队员组成,将采用自主研发的冰雷达系统,穿透3500米冰层,直接探测冰盖底部,揭示冰盖稳定性与海平面变化之间的关系。

冰盖队这次还将在昆仑站安装深冰芯钻探系统。未来三年到五年,深冰芯钻探系统将穿透昆仑站所在的冰层,提取3100米深层的高质量冰芯样品。冰盖队还将承担天文设备维护、冰盖气象观测等科考任务,开展昆仑站工程建设工作,并将于2月中旬左右返回中山站。

"长征二号丁"运载火箭成功将土耳其GK—2地球观测卫星发射升空并送入预定轨道

12月19日零时13分,我国在酒泉卫星发射中心用"长征二号丁"运载火箭,成功将土耳其GK—2地球观测卫星发射升空并送入预定轨道。至此,今年我国共实施19次航天发射任务,将28颗航天器送入太空,并圆满完成首次载人交会对接任务,航天发射实现"满堂红"。

这次土耳其GK—2地球观测卫星发射任务,是根据中国航天科技集团公司所属中国长城工业集团有限公司与土耳其空间技术研究所于2011年5月签署的发射服务合同实施的。GK—2地球观测卫星由土耳其空间技术研究所与土耳其宇航工业公司联合研制,主要用于土耳其的环境保护、国土矿物资源探测普查、城市规划和灾害监测与管理等。

"长征二号丁"运载火箭由中国航天科技集团公司所属上海航天技术研究院研制。这是长征系列运载火箭的第174次发射。

第七届中国北京国际文化创意产业博览会在北京举办

由文化部、国家广播电影电视总局、新闻出版总署和北京市人民政府共同主办的第七届中国北京国际文化创意产业博览会于12月19日至23日在北京举办。

本届文博会以“文化融合科技,创新引领转型”为主题,以推进文化产业成为国民经济支柱性产业为使命,全面展示我国文化体制改革和文化科技创新的成果;彰显文化与科技融合,带动产业转型升级的生机和活力;搭建文化贸易、投资融资、信息传播、科技创新、人才配置五大互动平台;以国际化视角探讨和交流文化强国建设的前瞻理念和成功经验,助力中华文化走出去。

12月20日

中共中央总书记习近平在中南海会见香港特别行政区行政长官梁振英

习近平表示,新一届特别行政区政府就任以来,梁振英带领特别行政区政府管治团队奋发进取、务实有为,中央对梁振英和特别行政区政府的工作是肯定的,将继续坚定支持特别行政区政府依法施政。

习近平指出,大家都很关心中央领导集体实现新老交替后,中央对香港、澳门的方针政策会不会发生变化。今天,我想借此机会重申:中央贯彻落实“一国两制”、严格按照基本法办事的方针不会变;支持行政长官和特别行政区政府依法施政、履行职责的决心不会变;支持香港、澳门两个特别行政区发展经济、改善民生、推进民主、促进和谐的政策也不会变。中共十八大提出的关于港澳工作的大政方针,同中央长期以来对港澳工作的方针政策是一脉相承的。关键是要全面准确理解和贯彻“一国两制”方针,切实尊重和维护基本法权威。

习近平强调,国家发展形势很好,全面建成小康社会、实现中华民族伟大复兴的壮丽前景已经展现在我们面前。我说过,实现中华民族伟大复兴是中华民族近代以来最伟大的梦想。我相信,广大香港同胞对此也是念兹在兹的。我也相信,具有强烈民族自尊心和自豪感的广大香港同胞,一定会同全国人民一道,为实现中华民族伟大复兴贡献力量。

中共中央总书记习近平在中南海会见澳门特别行政区行政长官崔世安

习近平表示,今天是澳门回归祖国13周年的日子,首先请崔世安转达对澳门同胞的亲切问候和良好祝愿。当前澳门总体形势良好,崔世安和特别行政区政府团结社会各界人士共同努力,保持了澳门繁荣稳定和发展,中央对崔世安和特别行政区政府的工作是肯定的。

习近平指出,中央会一如既往贯彻执行“一国两制”、“澳人治澳”、高度自治的方针和澳门基本法,一如既往支持行政长官和特别行政区政府依法施政,一如既往支持澳门特别行政区发展经济、改善民生、推进民主、促进和谐。我们对国家和民族的未来充满信心,也坚信澳门各项事业一定会发展得更好。

国务院副总理李克强在北京主持召开经济社会发展和改革调研工作座谈会并讲话

上海、安徽、河南、青海、新疆、河北等地政府负责人纷纷发言,谈了明年经济工作面临的矛盾困难和对国家政策的建议。李克强抓住发言中提到的城镇化、地方政府融资、现代农业发展、传统产业升级、欠发达地区发展等问题与大家深入讨论,对一些关乎全局、带有普遍性的问题,他当即布置在场的有关部门研究,并鼓励地方依法先行先试,探索和创造经验。

结合大家发言,李克强说,做好明年工作,关键是要把着力点放到加快转变经济发展方式上。着重提高发展质量和效益,一是速度要实实在在,不要盲目攀比,不要有水分;二是要能增加就业,有就业老百姓心里就安稳;三是收入要和增长同步,让群众获得好处;四是速度和效益相匹配,没有效益就不可持续;五是能源资源环境可支撑,在环境优化中实现发展。

针对发言中提到的体制障碍,李克强说,改革要打破部门、行业利益和固有格局,抓住关键环节,做牵一发而动全身的事。要深化投融资体制改革,把制约民间投资的“弹簧门”卸掉、“玻璃门”打碎,对规划内投资项目也要减少审批、简化程序,降低交易成本。明年财税体制改革重点要扩大营改增试点范围,促进结构调整,同时正税清费,减轻不合理负担,培育地方主体税种,增强地方自主发展力量。改革既要有勇气推进,又要有智慧把握。

民建第十次全国代表大会在北京闭幕

大会圆满完成各项议程,表决通过了《中国民主建国会第十次全国代表大会关于第九届中央委员会报告的决议》,审议通过了新的《中国民主建国会章程》,选举产生了由215名中央委员组成的新一届中央委员会。

会议期间举行的中国民主建国会第十届中央委员会第一次全体会议,选举产生由51人组成的第十届中央常务委员会,陈昌智连任主席,马培华、陈政立、张少琴、辜胜阻、宋海、李说、周汉民、吴晓青、王永庆、郝明金当选副主席。

陈昌智在闭幕会上讲话。他指出，中国民主建国会第十次全国代表大会是在中共十八大精神指导下举行的一次重要会议，是一次民主求实、团结奋进的大会。在全体代表们的共同努力下，大会认真学习贯彻了中共十八大精神，统一了思想认识，明确了努力方向，确立了今后的主要工作目标和任务。

大会强调，中共十八大为全面建成小康社会、发展中国特色社会主义指明了方向。深入学习贯彻中共十八大精神，是当前和今后一个时期民建的首要政治任务。民建各级组织要按照中共中央贺词中提出的希望和要求，以中国特色社会主义理论体系为指导，坚定不移走中国特色社会主义道路，明确目标，扎实工作，进一步推进会的建设，为坚持和发展中国特色社会主义作出新贡献。

大会号召，民建全会同志要在会中央的领导下，紧密地团结在以习近平同志为总书记的中共中央周围，深入学习贯彻中共十八大精神，认真落实民建十大确定的工作目标和任务，团结一心，锐意进取，为全面建成小康社会、实现中华民族伟大复兴而努力奋斗。

第九次全国台湾同胞代表会议在北京闭幕

会议期间选举产生了中华全国台湾同胞联谊会第九届理事会领导成员，汪毅夫当选为全国台联会长。

此次会议与会代表认真学习党的十八大精神，听取并审议通过了全国台联第八届理事会工作报告，审议通过了全国台联章程修正案，选举产生了全国台联第九届理事会及其领导班子。新一届理事会由96人组成，除汪毅夫当选会长外，王松、叶惠丽、江尔雄、纪斌、苏辉、杨毅周、吴国祯、吴凯琦、吴琼开、张泽熙、陈杰、林明月、梁国扬、颜珂14人当选为副会长。

汪毅夫在闭幕会上表示，这次代表大会是一次承前启后、继往开来的大会，进一步明确了台联的工作方向，对于台联系统深入学习贯彻党的十八大精神，更好动员广大定居台胞，深入联系岛内、港澳和海外台胞，推动两岸关系和平发展，促进祖国统一进程具有十分重要的意义。相信新当选的全国台联领导班子成员一定会牢记自己的神圣职责，团结广大台胞乡亲，扎实推动台联工作迈开新步伐，打开新局面，跃上新台阶。

今年我国民航运输盈利约占全球60%

2012年，在国际金融危机深层次影响持续、世界经济不景气的情况下，我国民航各项主要运输指标，都保持了平稳较快的增长。

2012年1—11月，中国民航全行业完成运输飞行564.4万小时，同比增长10.2%。预计今年全年，全国机场完成旅客吞吐量6.78亿人、完成货邮吞吐1194万吨。同比分别增长9.2%和3.1%。首都机场今年的年旅客吞吐量，预计将突破8000万人次，居全球机场第二。

今年以来，我国民航不断实施扩容增效，12个繁忙机场日增时刻1200多个。与此同时，民航人为责任原因的严重事故征候万事率却下降了48%，特别是8月份以来，没有发生人为责任原因的严重事故征候。

国务院副总理王岐山在白宫与美国总统奥巴马举行会谈

王岐山表示，中美构建新型大国关系是一项伟大事业，既要不断充实和拓展其内涵，又要把双方的共识和意愿落实到政策和行动上，转化为推进两国关系持续健康发展的动力。中国党、政府和领导人一如既往地高度重视发展对美关系，期待同美方开展更宽领域、更高水平的合作，共同应对地区和全球性挑战，造福两国人民。经济合作是中美关系的压舱石，今年恰逢中美签署《上海公报》40周年，双边贸易额已接近5000亿美元。中方愿与美方探讨新形势下如何延续和完善经济领域对话机制，为推动中美关系持续、健康、稳定发展积累正能量。

奥巴马表示，强有力的、坦诚的、富有成果的美中关系应该在我的第二个任期继续下去，这对双方都非常重要。在当前全球经济低迷的背景下，推动发展一个强劲、有效的经济关系仍然是美中关系的核心。双方应把握机遇，应对挑战，推进强有力的经济领域对话，对话越真诚坦率，双方就越能以积极的、建设性的方式处理分歧，这对双边关系是有利的。我期待着同习近平总书记会晤。

第二十三届中美商贸联委会会议在华盛顿举行

国务院副总理王岐山与美国商务部代理部长布兰克、贸易代表柯克共同主持。美国农业部部长维尔萨克与会。

王岐山表示，当前，全球经济形势依然严峻复杂，不确定中可以确定的是，全球经济复苏低迷将长期化。保增长、保就业、保稳定仍是各国面临的首要任务。中美作为最大的发展中国家和最大的发达国家，进一步加强经贸合作，对两国乃至全球经济均至关重要。国际金融危机爆发以来，双方通过商贸联委会这个平台秉持建设性合作精神，携手应对挑战，最大限度避免了经济问题政治化，有力维护了两国人民的共同利益。

布兰克和柯克表示，美中是全球最大、最重要的两个经济体，双边关系日趋成熟，对全球的重要性日益突出。1983年两国决定建立商贸联委会，当时双边贸易额约50亿美元，今年有望接近5000亿美元。商贸联委会不仅见证了两国经贸关系的大发展，而且扮演了重要角色，成为美中关系稳定的支柱之一。当前美中都处于重要的历史时期，两国应继续秉持坦诚务实、真诚合作的精神，通过对话和接触促进贸易、投资的平衡增长，为两国乃至世界的繁荣作出贡献。

经过双方努力，本次中美商贸联委会取得了积极成果。美方表示，将努力促进高技术产品对华民用途和民用户的出口，及时处理中方提出的物项申请；继续推动"瓦森纳安排"放宽对部分军民两用物项的管控，并使中国从中受益；欢迎中国企业赴美投资；积极与中方在知识产权领域加强合作，落实《中美知识产权合作框架协议》；公平、公正地对待中国西电捷通公司在美专利申请；中美双方将继续进行运输类飞机适航影子审查工作；进一步实施签证便利化。中方表示将加强知识产权执法，推进软件正版化；在3C认证工作中，给予符合条件的外资机构与内资机构相同待遇；在发展战略性新兴产业过程中平等对待外资企业。

会后，王岐山与联委会美方主席共同出席了中美政府间合作文件《关于支持中美贸易合作的谅解备忘录》和《中美货物贸易统计差异研究第二阶段报告》签约仪式。

12月21日

中央农村工作会议在北京召开

会议于12月21日至22日召开。会议认真贯彻党的十八大精神，系统总结2012年和过去10年农业农村发展成就，深刻分析"三农"工作面临的新形势新挑战，重点研究加快发展现代农业、进一步增强农村发展活力，全面部署当前和今后一个时期的农业农村工作。

会议讨论了《中共中央、国务院关于加快发展现代农业进一步增强农村发展活力的若干意见(讨论稿)》。国务院副总理回良玉出席会议并讲话。

会议指出，2012年，全国上下认真贯彻中央决策部署，圆满完成了农业农村发展的各项目标任务，粮食产量实现"九连增"，农民增收实现"九连快"，农村民生有大改善，是党的十六大以来"三农"发展持续向好、快速推进喜人态势的承接和延续。10年间，我国农业农村发展克服多种困难和风险挑战，迎来了又一个"黄金期"。10年农村改革发展的伟大实践，开辟了农业农村发展历史新纪元，初步探索出一条中国特色农业现代化道路，为丰富和发展中国特色社会主义理论作出了重要贡献。

会议强调，要确保国家粮食安全和重要农产品有效供给。当前和今后一个时期，面对农业生产进入高成本、高风险、资源环境约束趋紧的新阶段，要不断加大农业投入力度，增强农业综合生产能力、防灾减灾能力和可持续发展能力；要不断理顺农产品价格，让农民种粮务农获得合理利润；要不断增加农业补贴，使之成为发展农业的有效政策工具。

会议强调，要积极创新农业生产经营体制机制。当前和今后一个时期，要按照党的十八大要求构建集约化、专业化、组织化、社会化相结合的新型农业经营体系。要"守住一条底线"，即充分保障农民土地承包经营权，不能限制或者强制农民流转承包土地。要"抓住两个关键"，即着力培养新型经营主体，既注重引导一般农户提高集约化、专业化水平，又扶持联户经营、专业大户、家庭农场；着力发展多种形式的新型农民合作组织和多元服务主体，通过提高组织化程度实现与市场的有效对接。

会议强调，要加大统筹城乡发展力度。当前和今后一个时期，要进一步加大力度，推动资源要素向农村配置，逐步缩小城乡发展差距，形成以工促农、以城带乡、工农互惠、城乡一体的新型工农关系。加快推进城乡基本公共服务均等化，促进城乡要素平等交换，有序推进农业转移人口市民化，维护好农民合法权益。

会议指出，明年是全面贯彻落实党的十八大精神的开局之年，继续做好"三农"工作具有特殊重要意义。明年农业农村工作的目标任务是："保供增收惠民生、改革创新添活力"，就是要确保粮食等重要农产品再获丰收，确保农民收入增长势头不减弱，继续改善农民生产生活条件，进一步消除制约农业发展的体制障碍，激发农村发展活力。

会议提出，明年要扎实做好以下工作：

(一)继续抓好农业生产，稳定发展粮食等重要农产品生产，加强以农田水利为重点的农业基础设施建设，强化农业科技支撑，发挥市场对农业生产的带动作用。

(二)继续发展农村公共事业，加强农村基础设施建设和农村社会事业发展。

(三)继续深化农村改革，积极创新农业生产经营体制，稳步推进集体产权制度改革，加快推进其他各项改革。

(四)继续加强和创新农村社会管理。强化以党组织为核心的农村基层组织建设，强化农村基层民主管理，强化农村社会公共安全保障。

会议强调，重中之重的战略思想不能动摇、强农惠农富农的政策力度不能减弱、农村改革发展的步伐不能放慢。要紧密团结在以习近平同志为总书记的党中央周围，举全党全国之力持之以恒强化农业、惠及农村、富裕农民，努力谱写农村改革发展新的篇章，奋力创造城乡共同繁荣新的辉煌。

中共中央政治局委员马凯主持了第一次全体会议。河北、山西、吉林、浙江、山东、四川6个省有关负责同志在大会上发言。

参加这次会议的有中央农村工作领导小组成员，各省、自治区、直辖市及计划单列市党委和政府负责同志，新疆生产建设兵团负责同志，中央和国家机关及军队有关部门负责同志等。

国家主席胡锦涛在中南海会见香港特别行政区行政长官梁振英

胡锦涛说，你和新一届特别行政区政府就职以来，团结协作，勤政务实，奋发进取，展现出良好的精神面貌。特别是你们坚持民生为先的施政导向，着力解决住房、扶贫等问题，得到了广大市民的认同。中央对你和新一届特区政府的工作是肯定的，也是支持的。希望你们坚定信心，迎难而上，团结奋进，不懈努力，把香港的事情办得更好，为"一国两制"的成功实践作出更大贡献。

胡锦涛表示，香港回归祖国以来，"一国两制"实践取得了巨大成功，"一国两制"符合香港实际和中国国情，具有强大生命力和巨大优越性，使香港走上了与祖国内地优势互补、共同发展的宽广道路。我们对香港的未来充满信心。

国家主席胡锦涛在中南海会见澳门特别行政区行政长官崔世安

胡锦涛说，过去的一年，你领导澳门特别行政区政府依法施政，务实进取，做了大量富有成效的工作。澳门经济保持高增长、低失业态势，居民生活持续改善，社会和谐稳定，区域经济合作取得了新成果，具有澳门特色的政制民主进一步向前发展。中央对你和特别行政区政府的工作是肯定的，也是支持的。在新的一年里，希望你们继续坚定贯彻落实"一国两制"方针和基本法，团结奋斗，再接再厉，保持澳门经济社会发展的良好势头，把澳门管理、建设、发展得更好，为"一国两制"的成功实践作出更大的贡献。

国务院总理温家宝在中南海紫光阁分别会见香港特别行政区行政长官梁振英 澳门特别行政区行政长官崔世安

国务院总理温家宝与澳大利亚总理吉拉德互致贺电庆祝中澳建交40周年

温家宝在贺电中说，40年来，中澳关系实现了历史性飞跃。两国利益深度融合，联系空前紧密，人民之间的相互了解与友谊不断加深。中方愿与澳方共同努力，以建交40周年为新起点，在相互尊重、平等相待、互利共赢原则基础上，推动建立长期稳定健康发展的新型国家关系，为两国人民带来更大福祉。

吉拉德在贺电中说，澳中建交为两国40年来构建全面、建设性的合作关系铺平了道路。进一步加强合作符合两国和两国人民以及国际社会的共同利益。两国人民作为合作伙伴，正携手努力，共创美好未来。

国务院任免国家工作人员

任命李伍峰、王秀军(女)、彭波为国家互联网信息办公室专职副主任(副部长级)；任命慎海雄为新华通讯社副总编辑；任命许永盛为国家能源局副局长；任命赵晓光、刘君为国家邮政局副局长；裴钢继续担任同济大学校长。

免去李智勇的人力资源和社会保障部副部长职务；免去徐建洲的国家邮政局副局长职务。

民进第十一次全国代表大会在北京闭幕

大会圆满完成各项议程，听取并审议了民进第十二届中央委员会报告，审议通过了《中国民主促进会第十一次全国代表大会决议》和《中国民主促进会第十一次全国代表大会关于〈中国民主促进会章程〉修正案的决议》，选举产生了由205人组成的新一届中央委员会。

会议期间举行的民进第十三届中央委员会第一次全体会议，选举产生了由45人组成的第十三届中央常务委员会，严隽琪连任主席，罗富和、王佐书、贺旻、刘新成、蔡达峰、朱永新、张帆、姚爱兴、卫小春、张雨东当选副主席。

严隽琪在大会闭幕式上致闭幕词。她指出，这次大会是在中共十八大精神指引下举行的一次重要会议。大会自始至终充满着民主、团结、和谐、求实、奋进的气氛，是一次增进共识、凝聚力量、继往开来的大会。大会认真学习了中共十八大精神，坚定了走中国特色社会主义政治发展道路的信念，增强了为实现全面建成小康社会奋斗目标的信心。

严隽琪说，新一届中央委员会一定不辜负全体会员的期望和重托，继承和发扬民进的优良传统，坚持搞好政治交接，团结和带领全会在中国特色社会主义伟大旗帜指引下，为全面贯彻民进十一大精神、开创民进事业新局面而勤奋工作。

财政部发布将取消和免征30项行政事业性收费

从明年1月1号起，国家将取消和免征税务发票工本费、户口簿工本费、个体工商户注册登记费等30项涉及企业和居民的行政事业性收费，每年可减轻企业和居民负担约105亿元。

中央军委印发关于加强自身作风建设十项规定

通知指出，《中央军委加强自身作风建设十项规定》(以下简称《十项规定》)贯彻了党的十八大精神和习近平主席关于加强作风建设的重要指示，依据《十八届中央政治局关于改进工作作风、密切联系群众的八项规定》，按照从严、从紧、高标准的要求，结合军队实际制定改进作风的具体措施，充分体现中央军委带头发扬我党我军光荣传统和优良作风的鲜明态度，体现严于律己、狠抓作风建设的坚定决心。军委同志要严格执行《十项规定》，率先垂范，从自身做起，从现在做起，说到做到，自觉接受全军官兵监督。

通知强调，各级党委和领导干部要深入学习贯彻习主席有关重要指示精神，深刻领会中央军委制定改进作风规定的重要意义，充分认识加强作风建设的极端重要性，坚决落实习主席和中央军委提出的各项要求，对照检查自身在作风建设方面存在的不足和差距，制定改进措施和办法。要坚持从军委、总部严起，以高中级干部为重点，以解决突出问题为突破口，从官兵反映强烈的问题改起，以上率下，持续用力，一抓到底，加大监督检查力度，确保各项规定不折不扣落实，以领导干部的清风正气带动部队作风明显进步。

规定要求，军委同志调研要科学确定主题，深入了解真实情况，认真听取部队意见，力戒形式主义、官僚主义；要统筹安排，减少批次；每次调研要向军委写出报告，主要反映问题和意见建议；要轻车简从，简化迎来送往。要大力改进会风，少开会、开短会、开解决问题的会，少讲话、讲短话、讲管用的话；严格控制以军委名义召开全军性会议，从严审批总部组织的全军性会议、集训等活动，军委不召开现场会、观摩会，不开泛泛部署工作和提要求的会；讨论发言少讲表态和一般议论性、客套性的话；会场布置要简朴，不组织与会议内容无关的活动。军委同志要减少事务性活动，集中精力抓大事，除中央和军委统一安排外，不出席各类庆祝会、纪念会、表彰会、研讨会和首映式、首发式等，不参加接见照相、颁奖、剪彩、奠基、揭幕等活动，不发贺信、贺电，不题词、题字。要精简文件、电报、刊物、简报，政策法规已有明确规定的不再发文；一般性经验材料、情况报告不以电报或文件形式转发；大幅压缩内部刊物、简报种类和篇幅。要规范出访活动，根据军事外交工作需要合理安排出访，严格控制随行人员，严格按照规定乘坐交通工具，外方所赠礼品严格按中央有关规定处理。要改进警卫工作，减少扰民扰兵，保持部队正常的工作、生活秩序，严格控制使用警车，不随意使用警灯、警报器。要简化新闻报道，军委副主席、委员出席一般性会议和活动不作报道，出席重要会议和活动需要报道的要压缩字数、时长，有的只刊播简讯或标题新闻。要严格文稿发表，军委同志代表军委发表讲话和文章、个人发表涉及重大敏感问题的讲话和文章，须报军委批准；除中央和军委统一安排外，个人不公开出版著作。要切实改进接待工作，安排军委同志会议和调研等各项公务活动要严格执行接待工作规定，不得提高标准；相关单位不张贴悬挂标语口号，不插彩旗，不专门修建参观台，不组织官兵列队迎送，不铺设迎宾地毯，不专门摆放花草，不组织专场文艺演出，不安排宴请，不喝酒，不上高档菜肴，不送纪念品和土特产，不安排住地方宾馆，住招待所不增配高档生活用品。军委同志要旗帜鲜明反对腐败，带头遵守廉洁自律各项规定，决不谋私利，决不搞特权，自觉接受监督；严格执行住房、车辆配备等有关工作和生活待遇的规定，严格管好配偶、子女和身边工作人员，不接受礼品、礼金和有价证券；带头全面贯彻党的干部路线方针政策，公道正派选人用人，对下级党委权限内的干部使用工作不插手、不打招呼，坚决抵制跑官要官，坚决纠正用人上的不正之风；严格执行有关经费开支、资产处置的规定，不插手干预工程建设、装备采购、军用土地处置等事项。

规定强调，军委每年年底对执行规定的情况进行检查，各总部、各大单位对军委落实规定情况予以监督，并参照执行。

12月22日

国务院总理温家宝与新西兰总理约翰·基互致贺电庆祝中新建交40周年

温家宝在贺电中说，40年来，中新关系取得长足发展，两国共同创造了中国与西方国家关系史上的多个“第一”。中方愿同新方一道，以建交40周年为新起点，在相互尊重、平等相待、互利共赢原则基础上，将两国全面合作关系推向更高水平，更好地造福两国人民。

约翰·基在贺电中说，当前，对华关系是新西兰最重要、涉及面最广的对外关系之一。新西兰为在对华关系中创造的四个“第一”感到骄傲，对进一步深化两国关系、开拓新的发展方向寄予厚望。

12月23日

《人民日报》发表社论《加快改革创新 激发农村活力》

刚刚闭幕的中央农村工作会议，是在我国农业农村发展关键时期召开的一次重要会议。这次会议回首10年，谋划未来，深入分析“三农”工作面临的新形势新挑战，研究部署加快发展现代农业、进一步增强农村发展活力的战略任务，提出一系列针对性强、含金量高的政策措施，对明年和今后一个时期农业农村工作再登新台阶、再创新辉煌具有十分重要的意义。

粮食生产实现“九连增”，农民增收实现“九连快”，农业农村的好形势，是今年经济社会发展“稳”的基础、“进”的亮点，也是“三农”发展快速推进、持续向好的延续。党的十六大以来这10年，是农业发展最快、农民得到实惠最多、农村面貌变化最大、统筹城乡发展迈出实质性步伐的10年。农业农村发展实现了历史性跨越，迎来又一个黄金期。

但是必须看到，随着工业化城镇化深入推进，我国农业农村发展面临一系列新的挑战：农业综合生产成本上升，自然和市场风险加大，农产品需求总量刚性增长、供求结构性矛盾突出，人多地少水缺的矛盾加剧，农业资源要素流失加快。特别是农村社会结构加速转型，农村劳动力大量流动，农户兼业化、村庄空心化、人口老龄化趋势明显，谁来种地、怎么种地的问题严峻地摆在面前。我国粮食安全和重要农产品有效供给仍然存在着不可低估的风险和隐患。要补上农业现代化这块短板，必须顺应时代变化，尊重经济规律，总结基层经验，在改革发展中寻求新突破。

党的十八大突出强调，要加快发展现代农业，促进“四化同步”和城乡发展一体化，坚持和完善农村基本经营制度，构建集约化、专业化、组织化、社会化相结合的新型农业经营体系。落实党的十八大的重大决策部署，将进一步夯实农业基础，充分释放农村生产要素潜能，使农村社会生产力得到新的更大的解放。

创新农业生产经营体制机制、增强农村发展活力，必须解放思想、凝聚力量、攻坚克难，加大多予力度，巩固少取成果，做好放活文章。“守住一条底线”：充分保障农民土地承包经营权，真正做到现有土地承包关系保持稳定并长久不变。必须始终铭记，农户是土地承包经营主体，决不能限制或强制农民流转承包土地；创新经营体制，决不能动摇农村基本经营制度；“抓住两个关键”：着力培养新型经营主体，提高农户集约经营水平，扶持联户经营、专业大户和家庭农场，发展多种形式的农民新型合作组织；构建农业社会化服务新机制，为农民提供全方位、低成本、便利、高效的生产经营服务。要鼓励各地因地制宜，大胆实践，大胆创新，只要有利于激发农业经营主体活力、激励农民生产经营热情，都可以试一试、闯一闯、看一看。要充分尊重农民意愿，不刮风，不走偏，不能包办代替、强制推动，更不能下指标、定任务、搞“一刀切”。

全面建成小康社会，重点和难点在农村，潜力和希望也在农村。我们要切实增强忧患意识，坚持做到思想不放松、政策不减弱、改革不停顿，求真务实，埋头苦干，努力开创农村改革发展生机勃勃的新局面。

中共中央政治局常委刘云山在北京主持召开党的建设和组织工作调研座谈会

刘云山说，作风是党的生命，重视作风建设是我们党的传统。党最大的政治优势是密切联系群众，执政后的最大危险是脱离人民群众。中央贯彻党的十八大精神，就是以加强作风建设开局、起步的。中央政治局作出改进工作作风、密切联系群众的“八项规定”，充分体现了党中央带头改进作风的坚定决心，体现了从严治党的要求，是深得人民群众拥护的重要举措。

刘云山指出，组织部门是党的重要职能部门，是作风建设的重要职能部门。各级组织部门既要把作风建设紧紧抓在手上，又要切实加强自身建设，自觉作改进作风的表率。要认真贯彻党的干部工作路线，干部选拔要有作风导向，政绩考核要有作风标准，公道正派地选人用人，用好的作风选作风好的人、培养作风好的干部，坚决反对跑官要官，坚决抵制拉票贿选，坚决整治用人不正之风。

中组部部长赵乐际参加座谈会。北京、天津、河北、山西等省、市党委组织部部长、基层党务工作者和中央有关部门负责同志、专家学者参加座谈，大家踊跃发言，就学习贯彻党的十八大精神、加强改进党的建设和组织工作讲认识、谈体会，提出意见建议。

12月24日

十一届全国人大常委会第三十次会议在人民大会堂举行第一次全体会议

吴邦国委员长主持会议。

常委会组成人员142人出席会议，出席人数符合法定人数。

会议听取了全国人大法律委员会副主任委员孙安民作的关于证券投资基金法修订草案审议结果的报告，主任委员胡康生作的关于老年人权益保障法修订草案审议结果的报告，副主任委员李适时作的关于劳动合同法修正案草案审议结果的报告，副主任委员胡彦林作的关于旅游法草案修改情况的汇报。根据常委会此前的审议意见，并听取各方意见，法律委员会对上述草案分别作了修改，提请本次会议继续审议。

为了保护网络信息安全，保障公民、法人和其他组织的合法权益，维护国家安全和社会公共利益，迫切需要制定相关法律。受委员长会议委托，法工委副主任李飞就全国人大常委会关于加强网络信息保护的决定草案作了说明。

会议听取了全国人大农业与农村委员会副主任委员刘振伟作的关于修改农业法个别条款的决定草案的说明。

受国务院委托，国家工商总局局长周伯华作了关于商标法修正案草案的说明；国务院法制办主任宋大涵作了关于土地管理法修正案草案的说明；监察部部长、国务院行政审批制度改革部级联席会议召集人马馼作了关于授权国务院在广东省暂时调整部分法律规定的行政审批的决定草案的说明。

会议审议了委员长会议关于提请审议全国人大常委会关于召开十二届全国人大一次会议的决定草案的议案、中央军事委员会关于提请审议批准中国人民解放军选举委员会人选的议案、全国人大常委会法工委关于中小企业促进法有关制度立法后评估工作情况的报告，审议了有关任免案。

国务院召开全国审计工作电视电话会议

国务院今天召开全国审计工作电视电话会议，国务院总理温家宝在讲话中要求审计机关当好公共财政"卫士"，促进依法治国。

国务院副总理李克强出席会议。

温家宝说，这些年，在国务院的大力推动下，形成了审计结果向人大常委会报告和向全社会公告的制度，这是在制度上保证审计独立性的巨大进步。各级政府和有关部门要全力支持和关心审计工作，切实维护审计的独立性，支持审计部门独立开展工作。审计机关一定要恪守职业操守，坚持依法审计，坚决维护国家法律的权威性和严肃性；坚持独立审计，不徇私情、敢于负责、敢于碰硬，不怕得罪人；坚持求真务实，保证审计过程规范严格，杜绝工作的主观性和随意性，确保审计结果客观公正，经得起历史和实践检验；坚持廉洁审计，切实加强自身管理，做到"正人先正己"。

国务委员马凯在北京出席全国行政学院院长会议并讲话

马凯指出，党的十七大以来，各级行政学院按照建设有特色高水平行政学院的目标要求，不断探索规律，勇于改革创新，学院科学化建设取得新进展，办学能力和作用得到提升，理论研究重要基地和政府决策咨询作用不断加强，各项工作取得新成绩。

马凯强调，行政学院系统要把学习宣传贯彻党的十八大精神作为首要政治任务，一要在学得更深、掌握思想武器上下功夫，深刻把握十八大主题，全面准确领会十八大提出的新思想、新观点、新论断。二要在指导工作、提升教学科研咨询水平上下功夫，做好十八大精神进教材、进课堂、进头脑的工作，加强对十八大重大理论问题和战略任务的研究，着力破解政府工作中的难点热点问题。三要在科学建院、加强自身建设上下功夫，做到质量立院、人才强院、制度管院、从严治院、改革兴院，努力开创行政学院科学发展新局面。

前11个月央企利润实现扭亏为盈

新华社报道：今年1—11月，中央企业实现营业收入20.1万亿元，同比增长8.9%；扭转了今年以来利润不断下降的趋势，实现利润总额1.1万亿元，与去年同期基本持平，预计全年将顺利实现保增长的目标。

12月25日

中共中央总书记习近平走访各民主党派中央和全国工商联

在各民主党派中央机关，习近平等中共中央领导同志同各民主党派中央领导人进行了座谈。民革中央主席万鄂湘、民盟中央主席张宝文、民建中央主席陈昌智、民进中央主席严隽琪、农工民主党中央主席陈竺、致公党中央主席万钢、九三学社中央主席韩启德、台盟中央主席林文漪等分别介绍了各党派的主要情况和最近召开全国代表大会的情况，并就加强和改进新形势下多党合作、加强执政党和参政党作风建设、更好发挥参政党作用、完善民主监督、加快转变经济发展方式、实施创新驱动发展战略、增强中华民族凝聚力、保障和改善民生、加强扶贫工作、深化医药卫生体制改革、建设美丽中国等提出意见和建议。他们表示，一定要紧密团结在以习近平同志为总书记的中共中央周围，切实履行参政党职能，始终不渝同中国共产党亲密合作，为实现中共十八大确定的目标任务贡献力量。

习近平在讲话中深情回顾了同民主党派老一代领导人交往的情景，积极回应了各民主党派提出的意见和建议。他表示，长期以来，各民主党派作为中国共产党久经考验的亲密友党和社会主义参政党，始终同中国共产党风雨同舟、患难与共，紧密合作、团结奋斗，为民族独立、人民解放和国家富强、人民幸福，为坚持和发展中国特色社会主义作出了不懈努力。这充分体现了各民主党派的同志们对中华民族伟大复兴的责任感和使命感。

习近平强调，实现中华民族伟大复兴，需要全体中华儿女携手努力。中共中央将坚定不移坚持和完善中国共产党领导的多党合作和政治协商制度，坚定不移贯彻长期共存、互相监督、肝胆相照、荣辱与共的方针，加强同民主党派合作共事，支持民主党派更好履行参政议政、民主监督职能。各民主党派人才荟萃、各具优势。希望各民主党派弘扬优良传统，团结带领广大成员为全面建成小康社会、实现社会主义现代化、实现中华民族伟大复兴作出新的贡献。

在全国工商联的座谈会上，全国工商联主席王钦敏介绍了情况。习近平希望全国工商联新一届领导班子团结带领广大会员牢牢把握促进非公有制经济健康发展和非公有制经济人士健康成长的工作主题，引导非公有制经济人士做合格的中国特色社会主义事业建设者。

十一届全国人大常委会第三十次会议在人民大会堂举行第二次全体会议

吴邦国委员长出席会议。

会议由周铁农副委员长主持。常委会组成人员152人出席会议，出席人数符合法定人数。

受国务院委托，国土资源部部长徐绍史报告了土地管理和矿产资源开发利用及保护情况。在报告了主要工作进展和成效后，徐绍史说，发展是硬道理，资源是硬约束，土地和矿产资源保护、利用和管理面临一系列突出问题，困难和压力有增无减。下一步，将加快编制实施国土规划，优化国土空间开发格局；坚持和完善最严格的耕地保护制度；加强和改善土地调控，促进经济结构调整；大力推进土地和矿产资源节约集约利用；切实加强矿产资源勘查、保护、开发和管理；进一步转变管理职能，坚持制度创新，为保发展、保资源、保民生、保生态作出应有贡献。

会议听取了最高人民法院院长王胜俊作的关于知识产权审判工作情况的报告。他说，近年来，随着我国经济社会发展，知识产权审判的重要作用日益凸显，案件数量迅猛增长，新型疑难案件增多，矛盾化解难度加大。针对知识产权审判存在的问题和困难，王胜俊提出了进一步加强知识产权审判工作的三项措施：切实加大保护力度，进一步发挥司法保护知识产权主导作用；深入推进知识产权审判改革，进一步完善知识产权审判体制和工作机制；不断加强队伍建设，进一步提高知识产权法官队伍素质，不断提高知识产权司法保护水平。

会议听取了最高人民检察院检察长曹建明作的关于民事行政检察工作情况的报告。他说，近年来，随着经济社会快速发展和公民法律意识不断增强，大量民事行政纠纷进入司法领域，对民事行政检察工作提出了更高要求。曹建明说，下一步检察机关将认真实施修改后的民事诉讼法，着力转变和更新监督理念；突出监督重点，进一步加大民事行政检察监督力度；深化检察改革，不断完善体制和工作机制；加强队伍建设，切实提高民事行政检察监督能力和水平；主动接受监督，确保民事行政检察权依法正确行使。

副委员长王兆国、路甬祥、乌云其木格、韩启德、华建敏、陈至立、李建国、司马义·铁力瓦尔地、蒋树声、陈昌智、严隽琪、桑国卫等出席会议。

国务委员刘延东，全国人大各专门委员会成员，各省、区、市人大常委会负责人，部分全国人大代表等列席会议。

住建部发布明年新开工建设保障房600万套

全国住房城乡建设工作会议今天在北京召开，住房城乡建设部党组书记、部长姜伟新作报告时指出，明年将继续严格实施差别化住房信贷、税收政策和限购措施，坚决抑制投机投资性住房需求，支持合理自住和改善性需求。继续推进城镇个人住房信息系统建设。

此外，明年新开工建设600万套保障性住房，同时把保障房配套设施建设放在重要位置。

国家主席胡锦涛根据全国人大常委会的决定任免驻外大使

一、免去高建(女)的中华人民共和国驻匈牙利特命全权大使职务；

任命肖千为中华人民共和国驻匈牙利特命全权大使。

二、免去苏格的中华人民共和国驻冰岛共和国特命全权大使职务；

任命马继生为中华人民共和国驻冰岛共和国特命全权大使。

三、免去李春华的中华人民共和国驻佛得角共和国特命全权大使职务；

任命苏健为中华人民共和国驻佛得角共和国特命全权大使。

四、免去黄松甫的中华人民共和国驻莫桑比克共和国特命全权大使职务；

任命李春华为中华人民共和国驻莫桑比克共和国特命全权大使。

五、免去于文哲的中华人民共和国驻圭亚那合作共和国特命全权大使职务；

任命张利民为中华人民共和国驻圭亚那合作共和国特命全权大使。

中共中央政治局委员李源潮在人民大会堂会见由政府经济财政部部长伊利亚斯率领的吉布提争取进步人民联盟(吉人盟)代表团

中联部部长王家瑞在北京会见由总书记伊利亚斯·穆萨·达瓦莱率领的吉布提争取进步人民联盟代表团

12月26日

国家主席胡锦涛在江苏考察

12月26日至29日，胡锦涛前往南京、无锡、泰州、盐城等地的企业、乡村和学校，实地了解学习贯彻党的十八大精神、推动经济社会又好又快发展情况。

胡锦涛在考察时强调，紧密联系实际，坚持学以致用，全面深入学习贯彻党的十八大精神，奋力创造全面建成小康社会的新成就。

考察期间，胡锦涛对江苏省这些年来的工作给予充分肯定，希望江苏广大干部群众在以习近平同志为总书记的党中央领导下，始终坚持科学发展不动摇，加快转变发展方式不松劲，率先全面建成小康社会，率先基本实现现代化。

十一届全国人大常委会第三十次会议在人民大会堂举行第三次全体会议

会议审议农业法执法检查报告、全国人大代表提出的议案审议结果的报告，听取全国人大代表建议、批评、意见办理情况的报告等。吴邦国委员长出席会议。

会议由司马义·铁力瓦尔地副委员长主持。常委会组成人员147人出席会议，出席人数符合法定人数。

会议听取了乌云其木格副委员长作的关于检查农业法实施情况的报告。在报告了贯彻实施农业法的成效后，乌云其木格指出，实施农业法还存在一些不容忽视的问题，要持续加大农业投入和补贴力度，提升农村金融服务水平，毫不放松抓好粮食生产，量质并重保护耕地，加强农业技术推广队伍建设，加强农业科技创新，发展多种形式规模经营，加大扶贫攻坚力度，高度重视农业和农村生态环境保护，通过加强执法推动农业和农村经济发展中存在问题的解决。

十一届全国人大五次会议期间，全国人大代表依照宪法和法律的规定提出属于全国人大职权范围内的议案489件。大会主席团将这些议案分别交由全国人大有关专门委员会审议，由专门委员会向全国人大常委会提出议案审议结果的报告。26日的会议分别听取了全国人大法律委员会主任委员胡康生、教育科学文化卫生委员会主任委员白克明、华侨委员会主任委员高祀仁、环境与资源保护委员会主任委员汪光焘、农业与农村委员会主任委员王云龙作的关于十一届全国人大五次会议主席团交付审议的代表提出的议案审议结果的报告。至此，十一届全国人大五次会议期间代表提出的议案的审议结果已全部向全国人大常委会作了报告。

十一届全国人大五次会议期间，全国人大代表围绕国家改革发展稳定大局和人民群众普遍关心的问题，共提出建议、批评和意见8189件。大会闭幕后，常委会办公厅及时将代表建议统一交由175家承办单位研究办理，目前已经全部办理并答复代表。从办理结果来看，多数代表对今年的办理工作表示满意或基本满意。常委会副秘书长何晔晖代表常委会办公厅报告了办理情况，工业和信息化部部长苗圩报告了有关代表建议办理工作。

国务院总理温家宝主持召开国务院常务会议研究确定降低流通费用10项政策措施并审议通过《征信业管理条例(草案)》

为贯彻落实《国务院关于深化流通体制改革加快流通产业发展的意见》，降低流通费用，提高流通效率，会议确定了以下政策措施：(一)降低农产品生产流通用水用电价格。规模化生猪、蔬菜等生产的用水用电与农业同价。农产品批发市场、农贸市场的用电、用气、用热与工业同价，用水执行工商业用水价格的较低标准或非居民用水价格。农产品冷链物流的冷库用电与工业同价。尽快实现工商业电费同价。(二)规范和降低农产品市场收费。政府投资建设或控股的市场按保本微利原则从低核定收费标准。全面实施收费公示制度。农产品批发市场、农贸市场要开设专门区域，供郊区农户免费进场销售自产鲜活农产品。(三)清理整顿大型零售企业向供应商违规收费和恶意占压供应商货款。制定零售商供应商公平交易管理的法规。(四)严格执行鲜活农产品运输绿色通道政策。深入推进收费公路专项清理，降低偏高的车辆通行费收费标准。抓紧修订《收费公路管理条例》，完善通行费形成机制。制定收费公路信息公开办法。逐步取消西部地区政府还贷二级公路收费。(五)加强对公用事业延伸服务的收费监管，规范清理初装费、维修费、材料费、检验费、代理费等费用，公示收费标准。尽快优化和调整银行卡刷卡手续费标准。(六)加强价格监督检查和反垄断监管。(七)开展农产品增值税进项税额核定扣除试点，将免征蔬菜流通环节增值税政策扩大到部分鲜活肉蛋产品。2013年起三年内免征农产品批发市场、农贸市场城镇土地使用税和房产税。(八)保障必要的流通行业用地，优先保障农产品市场和便民生活服务网点用地。鼓励各地开辟免费使用的早市、晚市、周末市场。(九)规范交通运输领域执法行为。为物流配送车辆提供通行便利。(十)建立、健全流通费用调查统计制度。

会议要求抓紧落实提高小型微型企业增值税和营业税起征点政策；加快推进营业税改征增值税试点，完善试点办法，降低交通运输业税收负担。加快农村市场和农产品流通基础设施建设。积极发展信用消费。各地区要加强组织领导，切实落实“米袋子”省长负责制和“菜篮子”市长负责制，确保各项政策措施落到实处。国务院有关部门将组成联合督察组开展专项督察。

会议审议通过《征信业管理条例（草案）》。会议指出，征信业是市场经济中提供信用信息服务的行业。征信服务可以为防范信用风险、保障交易安全创造条件，促进形成诚信者受益、失信者受惩戒的社会环境。我国征信业从无到有，逐步发展，作用日益显现，征信市场初具规模。《征信业管理条例（草案）》对采集、整理、保存、加工个人或企业信用信息、并向信息使用者提供的征信业务活动作了规范。草案规定由中国人民银行及其派出机构依法对征信业进行监督管理。草案对从事个人征信业务的征信机构规定了较为严格的市场准入条件和相应的审批程序，明确了征信机构采集、保存、提供信用信息的范围和行为规范，明确了信息主体的权利。

中共中央政治局常委刘云山在北京出席全国组织部长会议并讲话

刘云山指出，要切实加强理想信念教育，引导党员干部进一步坚定中国特色社会主义道路自信、理论自信、制度自信，以良好精神状态为实现伟大“中国梦”而奋斗。要突出抓好作风建设，引导党员干部按照为民务实清廉的要求，进一步密切党同人民群众的血肉联系。要认真贯彻从严治党方针和党管干部、党管人才原则，着力建设高素质的执政骨干队伍和人才队伍。要着力加强基层党建工作，进一步夯实党执政的组织基础和群众基础。要坚持继承传统与改革创新相统一，不断提高党的建设和组织工作科学化水平。

刘云山强调，组织部门作为党管干部的重要职能部门，要全面考核干部的德、能、勤、绩、廉，真正把那些忠于党和人民、综合素养好、能力过得硬、群众信得过的干部选拔到领导岗位上来。要注重在各级领导班子中配备具备领导科学发展能力的干部，建立、健全有利于科学发展的目标体系、考核办法、奖惩机制。要全面贯彻党的干部工作路线，公道正派地选人用人，坚决反对跑官要官，坚决纠正拉票贿选、买官卖官，切实匡正用人风气。

世界上运营里程最长的北京至广州高速铁路全线贯通

京广高铁北起北京，经石家庄、郑州、武汉、长沙，南至广州，全长2298公里，全线设计速度350公里/小时，初期运营速度300公里/小时。北京至广州间最快高铁列车运行时间可在8小时以内，较京广铁路最快普速客车压缩12小时30分左右。

国新办发布《中国的医疗卫生事业》白皮书

白皮书全文约12000字，分为前言、卫生基本状况、医药卫生体制改革、传染病防治与卫生应急、慢性非传染性疾病防治、妇女儿童健康权益保护、中医药发展、卫生国际合作、结束语等部分。

白皮书强调，在中国这个有着13亿多人口的发展中大国，医疗卫生关系亿万人民健康，是一个重大民生问题。

白皮书指出，中国高度重视保护和增进人民健康。多年来，中国坚持“以农村为重点，预防为主，中西医并重，依靠科技与教育，动员全社会参与，为人民健康服务，为社会主义现代化建设服务”的卫生工作方针，努力发展具有中国特色的医疗卫生事业。经过不懈努力，覆盖城乡的医疗卫生服务体系基本形成，疾病防治能力不断增强，医疗保障覆盖人口逐步扩大，卫生科技水平日益提高，居民健康水平明显改善。

白皮书透露，中国居民的健康水平已处于发展中国家前列。2010年人均期望寿命达到74.8岁，其中男性72.4岁，女性77.4岁。

白皮书介绍，从20世纪80年代开始，中国启动医药卫生体制改革，并在2003年抗击传染性非典型肺炎取得重大胜利后加快推进。2009年3月，中国公布《关于深化医药卫生体制改革的意见》，全面启动新一轮医改。通过艰苦努力，中国的新一轮医改取得积极进展。

白皮书说，目前，多数疫苗可预防传染病的发病已降至历史最低水平。截至2011年，中国存活艾滋病病毒感染者和病人约为78万人，远低于将艾滋病病毒感染人数控制在150万以内的目标。

截至2011年年底，中国全国医疗卫生机构达95.4万个（所），执业（助理）医师246.6万人。中国还建立起世界规模最大的妇幼卫生监测网络，以及覆盖城市的中医医疗服务体系。

白皮书说，中国政府提出，到2020年建立、健全覆盖城乡居民的基本医疗卫生制度，实现人人享有基本医疗卫生服务。为此，中国将继续深入推进改革，全面发展医疗卫生事业，更好地维护、保障和增进全体居民的健康。中国也将继续积极参与全球卫生事务，与各方共同携手，为改善全球健康作出更大努力。

据了解，白皮书中文版、英文版单行本已由人民出版社、外文出版社出版，即日起在全国新华书店发行。

霍英东教育基金会第三十届高等院校青年教师基金及青年教师奖颁奖大会在北京召开

来自全国150多所高校的251名青年教师获得总额为298万美元的资助和奖励。

霍英东教育基金会是由已故全国政协副主席、香港著名实业家霍英东先生出资1亿港元，与教育部合作于1986年设立的。截至目前，基金会共助3400多名青年教师，资助金额超过2500万美元，成为我国高等教育界最受瞩目和赞誉的奖项之一。

湄公河中国船员遇害案终审宣判

26日，云南省高级人民法院对湄公河中国船员遇害案进行二审宣判，即对糯康等6名上诉人(原审被告人)故意杀人、运输毒品、绑架、劫持船只案的上诉作出裁定：驳回上诉，维持对糯康、桑康·乍萨、依莱、扎西卡的死刑判决，维持并核准对扎波死刑、缓期二年执行的判决，维持对扎拖波有期徒刑八年的判决。

云南省高级人民法院审理查明，昆明市中级人民法院在一审认定糯康犯罪集团为报复中国船只和船员，勾结泰国不法军人，于2011年10月5日在湄公河缅甸和泰国水域劫持中国船只“玉兴8号”、“华平号”，并枪杀中国船员，运输大量毒品的犯罪；为劫持往来船只、索取财物，于2011年4月2日至6日在湄公河缅甸水域劫持中国船只、绑架中国公民、勒索巨额赎金的犯罪，事实清楚，证据确实、充分，足以认定。

云南省高级人民法院认为，糯康等6名上诉人的行为触犯《中华人民共和国刑法》关于危害公共安全、侵犯公民人身财产权利、妨害社会管理秩序的罪名及刑罚规定，分别构成故意杀人罪、运输毒品罪、劫持船只罪、绑架罪。其中上诉人糯康、桑康·乍萨、依莱的行为分别构成故意杀人罪、运输毒品罪、劫持船只罪、绑架罪；扎西卡、扎波的行为分别构成故意杀人罪、劫持船只罪、绑架罪；扎拖波的行为构成劫持船只罪。原审判决认定罪名准确。6名上诉人犯罪手段特别残忍，犯罪情节特别恶劣，犯罪后果特别严重，均应依法予以严惩，并应依法对原审45名附带民事诉讼原告人承担连带赔偿责任。

此前，云南省高级人民法院于12月20日对此案进行了二审开庭审理，充分听取了各上诉人的上诉理由，审阅了全案案卷材料和各辩护人、诉讼代理人的辩护意见和代理意见，听取了云南省人民检察院的检察意见，并对案件进行了全面综合评议。

根据《中华人民共和国刑事诉讼法》的规定，对糯康、桑康·乍萨、依莱、扎西卡的死刑裁定，将依法报请中华人民共和国最高人民法院核准。

被害人的部分亲属、老挝、泰国驻昆领事馆官员及各界群众、媒体记者300余人旁听了宣判。

12月27日

中共中央总书记习近平在人民大会堂会见第六十七届联合国大会主席耶雷米奇

习近平指出，在即将过去的一年，世界大势总体稳定，但各种问题和挑战层出不穷。国际社会需要认真思考如何在新的一年加强合作，促进世界和平与发展。和平与发展相辅相成，发展是和平的基础，事关各国人民福祉，要更加重视发展问题。当今各国利益交融、安危与共，处理相互关系必须寻求共赢，维护和做大共同利益。要始终坚持《联合国宪章》宗旨和原则，希望联合国说公道话、办公道事。中国将一如既往加强同联合国合作，致力于同各国一道，推动实现世界和平发展、合作共赢、公平正义。

耶雷米奇表示，中国在国际事务中主持公道、伸张正义，特别是坚定支持和维护发展中国家的利益，中国的作用是建设性和至关重要的。联合国高度重视同中国的合作，相信中国将为世界和平、发展与繁荣作出更大贡献。

十一届全国人大常委会第九十四次委员长会议在人民大会堂举行

全国人大常委会委员长吴邦国主持会议。

会议听取了全国人大法律委员会主任委员胡康生作的关于证券投资基金法修订草案三次审议稿、老年人权益保障法修订草案二次审议稿、关于修改劳动合同法的决定草案修改意见的汇报，关于加强网络信息保护的决定草案、关于修改农业法个别条款的决定草案、关于授权国务院在广东省暂时调整部分法律规定的行政审批的决定草案审议结果的报告。

会议听取了副委员长兼秘书长李建国作的关于召开十二届全国人大一次会议的决定草案审议情况的汇报，全国人大法律委、教科文卫委、华侨委、环资委、农委5个专门委员会的代表议案审议结果报告审议情况的汇报，关于中国人民解放军选举委员会人选和任免案审议情况的汇报。

委员长会议决定，根据常委会组成人员的审议意见，对上述议案和草案作进一步审议修改后，交付十一届全国人大常委会第三十次会议闭幕会表决。

会议还听取了预算工作委员会主任廖晓军作的关于《国务院关于2012年中央国有资本经营预算超收收入安排使用情况的报告》有关情况的汇报，决定印发十一届全国人大常委会第三十次会议。

中央纪委监察部发出通知要求2013年元旦春节期间改进工作作风加强廉洁自律

通知要求，要认真贯彻执行中央关于改进工作作风，密切联系群众的各项规定。大力弘扬艰苦奋斗、勤俭节约作风，坚决制止铺张浪费和奢侈享乐行为。严禁用公款购买香烟、高档酒和礼品，严禁用公款搞相互走访、送礼、宴请等拜年活动。加强对公务用车使用的管理，严禁公车私用，严禁领导干部擅自驾驶公车。严格遵守财经纪律，严禁以各种名义年终突击花钱和滥发津贴、补贴、奖金、实物。严格执行廉洁自律各项规定，严禁用公款大吃大喝、旅游和参与高消费娱乐、健身活动，严禁在公务活动中接受礼金和各种有价证券、支付凭证。严格遵守组织人事纪律，严禁利用节日之机跑官要官、买官卖官以及搞拉票贿选等非组织活动。严禁参与任何形式的赌博活动。要自觉遵守政治纪律，维护党员干部的良好形象。

各级纪检监察机关要认真履行职责，严肃查处党员领导干部违反廉政准则的行为、违规使用财政资金举办各种活动的行为、向企业和个人摊派费用举办活动以及滥发钱物的行为。加强对党员干部节日期间履行职责情况的监督检查，对擅离职守、贻误工作的，要严肃处理；对失职渎职、造成严重后果的，要依纪依法追究责任。

国务院副总理李克强在江西 湖北调研

12月27日至30日，中共中央政治局常委、国务院副总理李克强到江西九江、湖北恩施调研。他走进经济技术开发区、企业、码头、农民工宿舍，冒雪探访深山农户，进入街边商铺，并召开多个基层座谈会，深入倾听百姓心声，共谋发展之计。

外交部部长杨洁篪在北京与第六十七届联合国大会主席耶雷米奇举行会谈

北斗卫星导航系统正式提供区域服务

北斗卫星导航系统正式提供区域服务新闻发布会在国务院新闻办公室新闻发布厅召开。北斗卫星导航系统新闻发言人、中国卫星导航系统管理办公室主任冉承其宣布，北斗卫星导航系统今日正式提供区域服务。

自2011年12月27日提供试运行服务以来，北斗系统又完成了4箭6星发射，扩大了系统覆盖范围，增强了星座稳健性，提高了系统服务精度。目前，在轨卫星和地面系统工作稳定，通过各类用户终端测试和评估，系统服务性能均满足设计指标要求。自今日起，北斗系统在继续保留北斗卫星导航试验系统有源定位、双向授时和短报文通信服务基础上，开始向亚太大部分地区正式提供连续无源定位、导航、授时等服务。

12月28日

十一届全国人大常委会第三十次会议在人民大会堂闭幕

会议经表决，通过了全国人大常委会关于召开十二届全国人大一次会议的决定、关于加强网络信息保护的决定。会议通过了修改后的证券投资基金法和老年人权益保障法；全国人大常委会关于修改劳动合同法的决定、关于修改农业法的决定；决定免去孟建柱兼任的公安部部长职务，任命郭声琨为公安部部长。国家主席胡锦涛签署第71号、第72号、第73号、第74号、第75号主席令，分别予以公布。

全国人大常委会委员长吴邦国主持会议。常委会组成人员151人出席会议，出席人数符合法定人数。

会议表决通过了关于授权国务院在广东省暂时调整部分法律规定的行政审批的决定；表决通过了中国人民解放军选举委员会主任、副主任、委员名单。

会议表决通过了全国人大法律委员会、教科文卫委员会、华侨委员会、环境与资源保护委员会、农业与农村委员会关于十一届全国人大五次会议主席团交付审议的代表提出的议案审议结果的报告。

会议还表决通过了其他任免案。

在表决通过各项议案后，吴邦国发表讲话。他说，常委会认真总结网络发展和管理的实践经验，分析国外网络立法情况，广泛听取各方面意见，作出关于加强网络信息保护的决定，以法律形式保护公民个人及法人信息安全，确立网络身份管理制度，明确网络服务提供者的义务和责任，并赋予政府主管部门必要的监管手段，重点解决我国网络信息安全立法滞后的问题，有利于保护公民个人及法人电子信息安全、促进社会和谐稳定，有利于维护国家安全和政治稳定、确保国家长治久安。有关方面要做好宣传普及工作，抓紧制定和修改相关配套法规，确保决定全面正确有效实施。

吴邦国说，劳动合同法是维护劳动者合法权益、构建和谐劳动关系的一部重要法律。本次会议作出的修改劳动合同法的决定，重点解决劳务派遣被滥用及不规范问题，明确劳动合同用工是我国的企业基本用工形式，劳务派遣用工只是补充形式，对劳务派遣工作岗位作出更加明确的界定，严格控制劳务派遣用工数量，强调劳务派遣人员享有同工同酬的权利。

吴邦国说，这次会议作出了关于召开十二届全国人大一次会议的决定，现在距离大会召开只有两个多月的时间。我们要全面贯彻落实党的十八大精神，尽职尽责做好各项工作，确保圆满完成本届各项目标任务。当前，要重点抓好三件事：一是顺利完成十二届全国人大代表选举工作；二是认真做好十二届全国人大一次会议的组织筹备工作；三是保持工作的连续性和稳定性，为新一届全国人大及其常委会依法履职创造良好条件。

国家主席胡锦涛签署第 71 号令公布《中华人民共和国证券投资基金法》

《中华人民共和国证券投资基金法》已由中华人民共和国第十一届全国人民代表大会常务委员会第三十次会议于 2012 年 12 月 28 日修订通过，现将修订后的《中华人民共和国证券投资基金法》公布，自 2013 年 6 月 1 日起施行。

中华人民共和国主席 胡锦涛

2012 年 12 月 28 日

中华人民共和国证券投资基金法

第一章 总 则

第一条 为了规范证券投资基金活动，保护投资人及相关当事人的合法权益，促进证券投资基金和资本市场的健康发展，制定本法。

第二条 在中华人民共和国境内，公开或者非公开募集资金设立证券投资基金(以下简称基金)，由基金管理人管理，基金托管人托管，为基金份额持有人的利益，进行证券投资活动，适用本法；本法未规定的，适用《中华人民共和国信托法》《中华人民共和国证券法》和其他有关法律、行政法规的规定。

第三条 基金管理人、基金托管人和基金份额持有人的权利、义务，依照本法在基金合同中约定。

基金管理人、基金托管人依照本法和基金合同的约定，履行受托职责。

通过公开募集方式设立的基金(以下简称公开募集基金)的基金份额持有人按其所持基金份额享受收益和承担风险，通过非公开募集方式设立的基金(以下简称非公开募集基金)的收益分配和风险承担由基金合同约定。

第四条 从事证券投资基金活动，应当遵循自愿、公平、诚实信用的原则，不得损害国家利益和社会公共利益。

第五条 基金财产的债务由基金财产本身承担，基金份额持有人以其出资为限对基金财产的债务承担责任。但基金合同依照本法另有约定的，从其约定。

基金财产独立于基金管理人、基金托管人的固有财产。基金管理人、基金托管人不得将基金财产归入其固有财产。

基金管理人、基金托管人因基金财产的管理、运用或者其他情形而取得的财产和收益，归入基金财产。

基金管理人、基金托管人因依法解散、被依法撤销或者被依法宣告破产等原因进行清算的，基金财产不属于其清算财产。

第六条 基金财产的债权，不得与基金管理人、基金托管人固有财产的债务相抵消；不同基金财产的债权债务，不得相互抵消。

第七条 非因基金财产本身承担的债务，不得对基金财产强制执行。

第八条 基金财产投资的相关税收，由基金份额持有人承担，基金管理人或者其他扣缴义务人按照国家有关税收征收的规定代扣代缴。

第九条 基金管理人、基金托管人管理、运用基金财产，基金服务机构从事基金服务活动，应当恪尽职守，履行诚实信用、谨慎勤勉的义务。

基金管理人运用基金财产进行证券投资，应当遵守审慎经营规则，制定科学合理的投资策略和风险管理制度，有效防范和控制风险。

基金从业人员应当具备基金从业资格，遵守法律、行政法规，恪守职业道德和行为规范。

第十条 基金管理人、基金托管人和基金服务机构，应当依照本法成立证券投资基金行业协会(以下简称基金行业协会)，进行行业自律，协调行业关系，提供行业服务，促进行业发展。

第十一条 国务院证券监督管理机构依法对证券投资基金活动实施监督管理；其派出机构依照授权履行职责。

第二章 基金管理人

第十二条 基金管理人由依法设立的公司或者合伙企业担任。

公开募集基金的基金管理人，由基金管理公司或者经国务院证券监督管理机构按照规定核准的其他机构担任。

第十三条 设立管理公开募集基金的基金管理公司，应当具备下列条件，并经国务院证券监督管理机构批准：

(一)有符合本法和《中华人民共和国公司法》规定的章程；

(二)注册资本不低于一亿元人民币，且必须为实缴货币资本；

(三)主要股东应当具有经营金融业务或者管理金融机构的良好业绩、良好的财务状况和社会信誉，资产规模达到国务院规定的标准，最近三年没有违法记录；

(四)取得基金从业资格的人员达到法定人数；

（五）董事、监事、高级管理人员具备相应的任职条件；

（六）有符合要求的营业场所、安全防范设施和与基金管理业务有关的其他设施；

（七）有良好的内部治理结构、完善的内部稽核监控制度、风险控制制度；

（八）法律、行政法规规定的和经国务院批准的国务院证券监督管理机构规定的其他条件。

第十四条　国务院证券监督管理机构应当自受理基金管理公司设立申请之日起六个月内依照本法第十三条规定的条件和审慎监管原则进行审查，作出批准或者不予批准的决定，并通知申请人；不予批准的，应当说明理由。

基金管理公司变更持有百分之五以上股权的股东，变更公司的实际控制人，或者变更其他重大事项，应当报经国务院证券监督管理机构批准。国务院证券监督管理机构应当自受理申请之日起六十日内作出批准或者不予批准的决定，并通知申请人；不予批准的，应当说明理由。

第十五条　有下列情形之一的，不得担任公开募集基金的基金管理人的董事、监事、高级管理人员和其他从业人员：

（一）因犯有贪污贿赂、渎职、侵犯财产罪或者破坏社会主义市场经济秩序罪，被判处刑罚的；

（二）对所任职的公司、企业因经营不善破产清算或者因违法被吊销营业执照负有个人责任的董事、监事、厂长、高级管理人员，自该公司、企业破产清算终结或者被吊销营业执照之日起未逾五年的；

（三）个人所负债务数额较大，到期未清偿的；

（四）因违法行为被开除的基金管理人、基金托管人、证券交易所、证券公司、证券登记结算机构、期货交易所、期货公司及其他机构的从业人员和国家机关工作人员；

（五）因违法行为被吊销执业证书或者被取消资格的律师、注册会计师和资产评估机构、验证机构的从业人员、投资咨询从业人员；

（六）法律、行政法规规定不得从事基金业务的其他人员。

第十六条　公开募集基金的基金管理人的董事、监事和高级管理人员，应当熟悉证券投资方面的法律、行政法规，具有三年以上与其所任职务相关的工作经历；高级管理人员还应当具备基金从业资格。

第十七条　公开募集基金的基金管理人的法定代表人、经营管理主要负责人和从事合规监管的负责人的选任或者改任，应当报经国务院证券监督管理机构依照本法和其他有关法律、行政法规规定的任职条件进行审核。

第十八条　公开募集基金的基金管理人的董事、监事、高级管理人员和其他从业人员，其本人、配偶、利害关系人进行证券投资，应当事先向基金管理人申报，并不得与基金份额持有人发生利益冲突。

公开募集基金的基金管理人应当建立前款规定人员进行证券投资的申报、登记、审查、处置等管理制度，并报国务院证券监督管理机构备案。

第十九条　公开募集基金的基金管理人的董事、监事、高级管理人员和其他从业人员，不得担任基金托管人或者其他基金管理人的任何职务，不得从事损害基金财产和基金份额持有人利益的证券交易及其他活动。

第二十条　公开募集基金的基金管理人应当履行下列职责：

（一）依法募集资金，办理基金份额的发售和登记事宜；

（二）办理基金备案手续；

（三）对所管理的不同基金财产分别管理、分别记账，进行证券投资；

（四）按照基金合同的约定确定基金收益分配方案，及时向基金份额持有人分配收益；

（五）进行基金会计核算并编制基金财务会计报告；

（六）编制中期和年度基金报告；

（七）计算并公告基金资产净值，确定基金份额申购、赎回价格；

（八）办理与基金财产管理业务活动有关的信息披露事项；

（九）按照规定召集基金份额持有人大会；

（十）保存基金财产管理业务活动的记录、账册、报表和其他相关资料；

（十一）以基金管理人名义，代表基金份额持有人利益行使诉讼权利或者实施其他法律行为；

（十二）国务院证券监督管理机构规定的其他职责。

第二十一条　公开募集基金的基金管理人及其董事、监事、高级管理人员和其他从业人员不得有下列行为：

（一）将其固有财产或者他人财产混同于基金财产从事证券投资；

（二）不公平地对待其管理的不同基金财产；

（三）利用基金财产或者职务之便为基金份额持有人以外的人牟取利益；

（四）向基金份额持有人违规承诺收益或者承担损失；

（五）侵占、挪用基金财产；

（六）泄露因职务便利获取的未公开信息、利用该信息从事或者明示、暗示他人从事相关的交易活动；

（七）玩忽职守，不按照规定履行职责；

（八）法律、行政法规和国务院证券监督管理机构规定禁止的其他行为。

第二十二条　公开募集基金的基金管理人应当建立良好的内部治理结构，明确股东会、董事会、监事会和高级管理人员的职责权限，确保基金管理人独立运作。

公开募集基金的基金管理人可以实行专业人士持股计划，建立长效激励约束机制。

公开募集基金的基金管理人的股东、董事、监事和高级管理人员在行使权利或者履行职责时，应当遵循基金份额持有人利益优先的原则。

第二十三条　公开募集基金的基金管理人应当从管理基金的报酬中计提风险准备金。

公开募集基金的基金管理人因违法违规、违反基金合同等原因给基金财产或者基金份额持有人合法权益造成损失，应当承担赔偿责任的，可以优先使用风险准备金予以赔偿。

第二十四条　公开募集基金的基金管理人的股东、实际控制人应当按照国务院证券监督管理机构的规定及时履行重大事项报告义务，并不得有下列行为：

（一）虚假出资或者抽逃出资；

（二）未依法经股东会或者董事会决议擅自干预基金管理人的基金经营活动；

（三）要求基金管理人利用基金财产为自己或者他人牟取利益，损害基金份额持有人利益；

（四）国务院证券监督管理机构规定禁止的其他行为。

公开募集基金的基金管理人的股东、实际控制人有前款行为或者股东不再符合法定条件的，国务院证券监督管理机构应当责令其限期改正，并可视情节责令其转让所持有或者控制的基金管理人的股权。

在前款规定的股东、实际控制人按照要求改正违法行为、转让所持有或者控制的基金管理人的股权前，国务院证券监督管理机构可以限制有关股东行使股东权利。

第二十五条　公开募集基金的基金管理人违法违规，或者其内部治理结构、稽核监控和风险控制管理不符合规定的，国务院证券监督管理机构应当责令其限期改正；逾期未改正，或者其行为严重危及该基金管理人的稳健运行、损害基金份额持有人合法权益的，国务院证券监督管理机构可以区别情形，对其采取下列措施：

（一）限制业务活动，责令暂停部分或者全部业务；

（二）限制分配红利，限制向董事、监事、高级管理人员支付报酬、提供福利；

（三）限制转让固有财产或者在固有财产上设定其他权利；

（四）责令更换董事、监事、高级管理人员或者限制其权利；

（五）责令有关股东转让股权或者限制有关股东行使股东权利。

公开募集基金的基金管理人整改后，应当向国务院证券监督管理机构提交报告。国务院证券监督管理机构经验收，符合有关要求的，应当自验收完毕之日起三日内解除对其采取的有关措施。

第二十六条　公开募集基金的基金管理人的董事、监事、高级管理人员未能勤勉尽责，致使基金管理人存在重大违法违规行为或者重大风险的，国务院证券监督管理机构可以责令更换。

第二十七条　公开募集基金的基金管理人违法经营或者出现重大风险，严重危害证券市场秩序、损害基金份额持有人利益的，国务院证券监督管理机构可以对该基金管理人采取责令停业整顿、指定其他机构托管、接管、取消基金管理资格或者撤销等监管措施。

第二十八条　在公开募集基金的基金管理人被责令停业整顿、被依法指定托管、接管或者清算期间，或者出现重大风险时，经国务院证券监督管理机构批准，可以对该基金管理人直接负责的董事、监事、高级管理人员和其他直接责任人员采取下列措施：

（一）通知出境管理机关依法阻止其出境；

（二）申请司法机关禁止其转移、转让或者以其他方式处分财产，或者在财产上设定其他权利。

第二十九条　有下列情形之一的，公开募集基金的基金管理人职责终止：

（一）被依法取消基金管理资格；

（二）被基金份额持有人大会解任；

（三）依法解散、被依法撤销或者被依法宣告破产；

（四）基金合同约定的其他情形。

第三十条　公开募集基金的基金管理人职责终止的，基金份额持有人大会应当在六个月内选任新基金管理人；新基金管理人产生前，由国务院证券监督管理机构指定临时基金管理人。

公开募集基金的基金管理人职责终止的，应当妥善保管基金管理业务资料，及时办理基金管理业务的移交手续，新基金管理人或者临时基金管理人应当及时接收。

第三十一条　公开募集基金的基金管理人职责终止的，应当按照规定聘请会计师事务所对基金财产进行审计,并将审计结果予以公告,同时报国务院证券监督管理机构备案。

第三十二条　对非公开募集基金的基金管理人进行规范的具体办法,由国务院金融监督管理机构依照本章的原则制定。

第三章　基金托管人

第三十三条　基金托管人由依法设立的商业银行或者其他金融机构担任。

商业银行担任基金托管人的,由国务院证券监督管理机构会同国务院银行业监督管理机构核准;其他金融机构担任基金托管人的,由国务院证券监督管理机构核准。

第三十四条　担任基金托管人,应当具备下列条件:

(一)净资产和风险控制指标符合有关规定;

(二)设有专门的基金托管部门;

(三)取得基金从业资格的专职人员达到法定人数;

(四)有安全保管基金财产的条件;

(五)有安全高效的清算、交割系统;

(六)有符合要求的营业场所、安全防范设施和与基金托管业务有关的其他设施;

(七)有完善的内部稽核监控制度和风险控制制度;

(八)法律、行政法规规定的和经国务院批准的国务院证券监督管理机构、国务院银行业监督管理机构规定的其他条件。

第三十五条　本法第十五条、第十八条、第十九条的规定,适用于基金托管人的专门基金托管部门的高级管理人员和其他从业人员。

本法第十六条的规定,适用于基金托管人的专门基金托管部门的高级管理人员。

第三十六条　基金托管人与基金管理人不得为同一机构,不得相互出资或者持有股份。

第三十七条　基金托管人应当履行下列职责:

(一)安全保管基金财产;

(二)按照规定开设基金财产的资金账户和证券账户;

(三)对所托管的不同基金财产分别设置账户,确保基金财产的完整与独立;

(四)保存基金托管业务活动的记录、账册、报表和其他相关资料;

(五)按照基金合同的约定,根据基金管理人的投资指令,及时办理清算、交割事宜;

(六)办理与基金托管业务活动有关的信息披露事项;

(七)对基金财务会计报告、中期和年度基金报告出具意见;

(八)复核、审查基金管理人计算的基金资产净值和基金份额申购、赎回价格;

(九)按照规定召集基金份额持有人大会;

(十)按照规定监督基金管理人的投资运作;

(十一)国务院证券监督管理机构规定的其他职责。

第三十八条　基金托管人发现基金管理人的投资指令违反法律、行政法规和其他有关规定,或者违反基金合同约定的,应当拒绝执行,立即通知基金管理人,并及时向国务院证券监督管理机构报告。

基金托管人发现基金管理人依据交易程序已经生效的投资指令违反法律、行政法规和其他有关规定,或者违反基金合同约定的,应当立即通知基金管理人,并及时向国务院证券监督管理机构报告。

第三十九条　本法第二十一条、第二十三条的规定,适用于基金托管人。

第四十条　基金托管人不再具备本法规定的条件,或者未能勤勉尽责,在履行本法规定的职责时存在重大失误的,国务院证券监督管理机构、国务院银行业监督管理机构应当责令其改正;逾期未改正,或者其行为严重影响所托管基金的稳健运行、损害基金份额持有人利益的,国务院证券监督管理机构、国务院银行业监督管理机构可以区别情形,对其采取下列措施:

(一)限制业务活动,责令暂停办理新的基金托管业务;

(二)责令更换负有责任的专门基金托管部门的高级管理人员。

基金托管人整改后,应当向国务院证券监督管理机构、国务院银行业监督管理机构提交报告;经验收,符合有关要求的,应当自验收完毕之日起三日内解除对其采取的有关措施。

第四十一条　国务院证券监督管理机构、国务院银行业监督管理机构对有下列情形之一的基金托管人,可以取消其基金托管资格:

(一)连续三年没有开展基金托管业务的;

(二)违反本法规定,情节严重的;

(三)法律、行政法规规定的其他情形。

第四十二条　有下列情形之一的,基金托管人职责终止:

(一)被依法取消基金托管资格;

(二)被基金份额持有人大会解任;

(三)依法解散、被依法撤销或者被依法宣告破产;

(四)基金合同约定的其他情形。

第四十三条　基金托管人职责终止的,基金份额持有人大会应当在六个月内选任新基金托管人；新基金托管人产生前，由国务院证券监督管理机构指定临时基金托管人。

基金托管人职责终止的，应当妥善保管基金财产和基金托管业务资料，及时办理基金财产和基金托管业务的移交手续，新基金托管人或者临时基金托管人应当及时接收。

第四十四条 基金托管人职责终止的，应当按照规定聘请会计师事务所对基金财产进行审计，并将审计结果予以公告，同时报国务院证券监督管理机构备案。

第四章 基金的运作方式和组织

第四十五条 基金合同应当约定基金的运作方式。

第四十六条 基金的运作方式可以采用封闭式、开放式或者其他方式。

采用封闭式运作方式的基金（以下简称封闭式基金），是指基金份额总额在基金合同期限内固定不变，基金份额持有人不得申请赎回的基金；采用开放式运作方式的基金（以下简称开放式基金），是指基金份额总额不固定，基金份额可以在基金合同约定的时间和场所申购或者赎回的基金。

采用其他运作方式的基金的基金份额发售、交易、申购、赎回的办法，由国务院证券监督管理机构另行规定。

第四十七条 基金份额持有人享有下列权利：

（一）分享基金财产收益；

（二）参与分配清算后的剩余基金财产；

（三）依法转让或者申请赎回其持有的基金份额；

（四）按照规定要求召开基金份额持有人大会或者召集基金份额持有人大会；

（五）对基金份额持有人大会审议事项行使表决权；

（六）对基金管理人、基金托管人、基金服务机构损害其合法权益的行为依法提起诉讼；

（七）基金合同约定的其他权利。

公开募集基金的基金份额持有人有权查阅或者复制公开披露的基金信息资料；非公开募集基金的基金份额持有人对涉及自身利益的情况，有权查阅基金的财务会计账簿等财务资料。

第四十八条 基金份额持有人大会由全体基金份额持有人组成，行使下列职权：

（一）决定基金扩募或者延长基金合同期限；

（二）决定修改基金合同的重要内容或者提前终止基金合同；

（三）决定更换基金管理人、基金托管人；

（四）决定调整基金管理人、基金托管人的报酬标准；

（五）基金合同约定的其他职权。

第四十九条 按照基金合同约定，基金份额持有人大会可以设立日常机构，行使下列职权：

（一）召集基金份额持有人大会；

（二）提请更换基金管理人、基金托管人；

（三）监督基金管理人的投资运作、基金托管人的托管活动；

（四）提请调整基金管理人、基金托管人的报酬标准；

（五）基金合同约定的其他职权。

前款规定的日常机构，由基金份额持有人大会选举产生的人员组成；其议事规则，由基金合同约定。

第五十条 基金份额持有人大会及其日常机构不得直接参与或者干涉基金的投资管理活动。

第五章 基金的公开募集

第五十一条 公开募集基金，应当经国务院证券监督管理机构注册。未经注册，不得公开或者变相公开募集基金。

前款所称公开募集基金，包括向不特定对象募集资金、向特定对象募集资金累计超过二百人，以及法律、行政法规规定的其他情形。

公开募集基金应当由基金管理人管理，基金托管人托管。

第五十二条 注册公开募集基金，由拟任基金管理人向国务院证券监督管理机构提交下列文件：

（一）申请报告；

（二）基金合同草案；

（三）基金托管协议草案；

（四）招募说明书草案；

（五）律师事务所出具的法律意见书；

（六）国务院证券监督管理机构规定提交的其他文件。

第五十三条 公开募集基金的基金合同应当包括下列内容：

（一）募集基金的目的和基金名称；

（二）基金管理人、基金托管人的名称和住所；

（三）基金的运作方式；

（四）封闭式基金的基金份额总额和基金合同期限，或者开放式基金的最低募集份额总额；

（五）确定基金份额发售日期、价格和费用的原则；

（六）基金份额持有人、基金管理人和基金托管人的权利、义务；

（七）基金份额持有人大会召集、议事及表决的程序和规则；

(八)基金份额发售、交易、申购、赎回的程序、时间、地点、费用计算方式,以及给付赎回款项的时间和方式;

(九)基金收益分配原则、执行方式;

(十)基金管理人、基金托管人报酬的提取、支付方式与比例;

(十一)与基金财产管理、运用有关的其他费用的提取、支付方式;

(十二)基金财产的投资方向和投资限制;

(十三)基金资产净值的计算方法和公告方式;

(十四)基金募集未达到法定要求的处理方式;

(十五)基金合同解除和终止的事由、程序以及基金财产清算方式;

(十六)争议解决方式;

(十七)当事人约定的其他事项。

第五十四条　公开募集基金的基金招募说明书应当包括下列内容:

(一)基金募集申请的准予注册文件名称和注册日期;

(二)基金管理人、基金托管人的基本情况;

(三)基金合同和基金托管协议的内容摘要;

(四)基金份额的发售日期、价格、费用和期限;

(五)基金份额的发售方式、发售机构及登记机构名称;

(六)出具法律意见书的律师事务所和审计基金财产的会计师事务所的名称和住所;

(七)基金管理人、基金托管人报酬及其他有关费用的提取、支付方式与比例;

(八)风险警示内容;

(九)国务院证券监督管理机构规定的其他内容。

第五十五条　国务院证券监督管理机构应当自受理公开募集基金的募集注册申请之日起六个月内依照法律、行政法规及国务院证券监督管理机构的规定进行审查,作出注册或者不予注册的决定,并通知申请人;不予注册的,应当说明理由。

第五十六条　基金募集申请经注册后,方可发售基金份额。

基金份额的发售,由基金管理人或者其委托的基金销售机构办理。

第五十七条　基金管理人应当在基金份额发售的三日前公布招募说明书、基金合同及其他有关文件。

前款规定的文件应当真实、准确、完整。

对基金募集所进行的宣传推介活动,应当符合有关法律、行政法规的规定,不得有本法第七十八条所列行为。

第五十八条　基金管理人应当自收到准予注册文件之日起六个月内进行基金募集。超过六个月开始募集,原注册的事项未发生实质性变化的,应当报国务院证券监督管理机构备案;发生实质性变化的,应当向国务院证券监督管理机构重新提交注册申请。

基金募集不得超过国务院证券监督管理机构准予注册的基金募集期限。基金募集期限自基金份额发售之日起计算。

第五十九条　基金募集期限届满,封闭式基金募集的基金份额总额达到准予注册规模的百分之八十以上,开放式基金募集的基金份额总额超过准予注册的最低募集份额总额,并且基金份额持有人人数符合国务院证券监督管理机构规定的,基金管理人应当自募集期限届满之日起十日内聘请法定验资机构验资,自收到验资报告之日起十日内,向国务院证券监督管理机构提交验资报告,办理基金备案手续,并予以公告。

第六十条　基金募集期间募集的资金应当存入专门账户,在基金募集行为结束前,任何人不得动用。

第六十一条　投资人交纳认购的基金份额的款项时,基金合同成立;基金管理人依照本法第五十九条的规定向国务院证券监督管理机构办理基金备案手续,基金合同生效。

基金募集期限届满,不能满足本法第五十九条规定的条件的,基金管理人应当承担下列责任:

(一)以其固有财产承担因募集行为而产生的债务和费用;

(二)在基金募集期限届满后三十日内返还投资人已交纳的款项,并加计银行同期存款利息。

第六章　公开募集基金的基金份额的交易、申购与赎回

第六十二条　申请基金份额上市交易,基金管理人应当向证券交易所提出申请,证券交易所依法审核同意的,双方应当签订上市协议。

第六十三条　基金份额上市交易,应当符合下列条件:

(一)基金的募集符合本法规定;

(二)基金合同期限为五年以上;

(三)基金募集金额不低于二亿元人民币;

(四)基金份额持有人不少于一千人;

(五)基金份额上市交易规则规定的其他条件。

第六十四条　基金份额上市交易规则由证券交易所制定,报国务院证券监督管理机构批准。

第六十五条　基金份额上市交易后,有下列情形之一的,由证券交易所终止其上市交易,并报国务院证券监督管理机构备案:

(一)不再具备本法第六十三条规定的上市交易条件;

(二)基金合同期限届满;

(三)基金份额持有人大会决定提前终止上市交易;

(四)基金合同约定的或者基金份额上市交易规则规定的终止上市交易的其他情形。

第六十六条　开放式基金的基金份额的申购、赎回、登记,由基金管理人或者其委托的基金服务机构办理。

第六十七条　基金管理人应当在每个工作日办理基金份额的申购、赎回业务;基金合同另有约定的,从其约定。

投资人交付申购款项,申购成立;基金份额登记机构确认基金份额时,申购生效。

基金份额持有人递交赎回申请,赎回成立;基金份额登记机构确认赎回时,赎回生效。

第六十八条　基金管理人应当按时支付赎回款项,但是下列情形除外:

(一)因不可抗力导致基金管理人不能支付赎回款项;

(二)证券交易场所依法决定临时停市,导致基金管理人无法计算当日基金资产净值;

(三)基金合同约定的其他特殊情形。

发生上述情形之一的,基金管理人应当在当日报国务院证券监督管理机构备案。

本条第一款规定的情形消失后,基金管理人应当及时支付赎回款项。

第六十九条　开放式基金应当保持足够的现金或者政府债券,以备支付基金份额持有人的赎回款项。基金财产中应当保持的现金或者政府债券的具体比例,由国务院证券监督管理机构规定。

第七十条　基金份额的申购、赎回价格,依据申购、赎回日基金份额净值加、减有关费用计算。

第七十一条　基金份额净值计价出现错误时,基金管理人应当立即纠正,并采取合理的措施防止损失进一步扩大。计价错误达到基金份额净值百分之零点五时,基金管理人应当公告,并报国务院证券监督管理机构备案。

因基金份额净值计价错误造成基金份额持有人损失的,基金份额持有人有权要求基金管理人、基金托管人予以赔偿。

第七章　公开募集基金的投资与信息披露

第七十二条　基金管理人运用基金财产进行证券投资,除国务院证券监督管理机构另有规定外,应当采用资产组合的方式。

资产组合的具体方式和投资比例,依照本法和国务院证券监督管理机构的规定在基金合同中约定。

第七十三条　基金财产应当用于下列投资:

(一)上市交易的股票、债券;

(二)国务院证券监督管理机构规定的其他证券及其衍生品种。

第七十四条　基金财产不得用于下列投资或者活动:

(一)承销证券;

(二)违反规定向他人贷款或者提供担保;

(三)从事承担无限责任的投资;

(四)买卖其他基金份额,但是国务院证券监督管理机构另有规定的除外;

(五)向基金管理人、基金托管人出资;

(六)从事内幕交易、操纵证券交易价格及其他不正当的证券交易活动;

(七)法律、行政法规和国务院证券监督管理机构规定禁止的其他活动。

运用基金财产买卖基金管理人、基金托管人及其控股股东、实际控制人或者与其有其他重大利害关系的公司发行的证券或承销期内承销的证券,或者从事其他重大关联交易的,应当遵循基金份额持有人利益优先的原则,防范利益冲突,符合国务院证券监督管理机构的规定,并履行信息披露义务。

第七十五条　基金管理人、基金托管人和其他基金信息披露义务人应当依法披露基金信息,并保证所披露信息的真实性、准确性和完整性。

第七十六条　基金信息披露义务人应当确保应予披露的基金信息在国务院证券监督管理机构规定时间内披露,并保证投资人能够按照基金合同约定的时间和方式查阅或者复制公开披露的信息资料。

第七十七条　公开披露的基金信息包括:

(一)基金招募说明书、基金合同、基金托管协议;

(二)基金募集情况;

(三)基金份额上市交易公告书;

(四)基金资产净值、基金份额净值;

(五)基金份额申购、赎回价格;

(六)基金财产的资产组合季度报告、财务会计报告及中期和年度基金报告;

(七)临时报告;

(八)基金份额持有人大会决议;

(九)基金管理人、基金托管人的专门基金托管部门的重大人事变动;

(十)涉及基金财产、基金管理业务、基金托管业务的诉讼或者仲裁;

(十一)国务院证券监督管理机构规定应予披露的其他信息。

第七十八条　公开披露基金信息,不得有下列行为：

（一）虚假记载、误导性陈述或者重大遗漏；

（二）对证券投资业绩进行预测；

（三）违规承诺收益或者承担损失；

（四）诋毁其他基金管理人、基金托管人或者基金销售机构；

（五）法律、行政法规和国务院证券监督管理机构规定禁止的其他行为。

第八章 公开募集基金的基金合同的变更、终止与基金财产清算

第七十九条 按照基金合同的约定或者基金份额持有人大会的决议，基金可以转换运作方式或者与其他基金合并。

第八十条 封闭式基金扩募或者延长基金合同期限，应当符合下列条件，并报国务院证券监督管理机构备案：

（一）基金运营业绩良好；

（二）基金管理人最近两年内没有因违法违规行为受到行政处罚或者刑事处罚；

（三）基金份额持有人大会决议通过；

（四）本法规定的其他条件。

第八十一条 有下列情形之一的，基金合同终止：

（一）基金合同期限届满而未延期；

（二）基金份额持有人大会决定终止；

（三）基金管理人、基金托管人职责终止，在六个月内没有新基金管理人、新基金托管人承接；

（四）基金合同约定的其他情形。

第八十二条 基金合同终止时，基金管理人应当组织清算组对基金财产进行清算。

清算组由基金管理人、基金托管人以及相关的中介服务机构组成。

清算组作出的清算报告经会计师事务所审计，律师事务所出具法律意见书后，报国务院证券监督管理机构备案并公告。

第八十三条 清算后的剩余基金财产，应当按照基金份额持有人所持份额比例进行分配。

第九章 公开募集基金的基金份额持有人权利行使

第八十四条 基金份额持有人大会由基金管理人召集。基金份额持有人大会设立日常机构的，由该日常机构召集；该日常机构未召集的，由基金管理人召集。基金管理人未按规定召集或者不能召开的，由基金托管人召集。

代表基金份额百分之十以上的基金份额持有人就同一事项要求召开基金份额持有人大会，而基金份额持有人大会的日常机构、基金管理人、基金托管人都不召集的，代表基金份额百分之十以上的基金份额持有人有权自行召集，并报国务院证券监督管理机构备案。

第八十五条 召开基金份额持有人大会，召集人应当至少提前三十日公告基金份额持有人大会的召开时间、会议形式、审议事项、议事程序和表决方式等事项。

基金份额持有人大会不得就未经公告的事项进行表决。

第八十六条 基金份额持有人大会可以采取现场方式召开，也可以采取通信等方式召开。

每一基金份额具有一票表决权，基金份额持有人可以委托代理人出席基金份额持有人大会并行使表决权。

第八十七条 基金份额持有人大会应当有代表二分之一以上基金份额的持有人参加，方可召开。

参加基金份额持有人大会的持有人的基金份额低于前款规定比例的，召集人可以在原公告的基金份额持有人大会召开时间的三个月以后、六个月以内，就原定审议事项重新召集基金份额持有人大会。重新召集的基金份额持有人大会应当有代表三分之一以上基金份额的持有人参加，方可召开。

基金份额持有人大会就审议事项作出决定，应当经参加大会的基金份额持有人所持表决权的二分之一以上通过；但是，转换基金的运作方式、更换基金管理人或者基金托管人、提前终止基金合同、与其他基金合并，应当经参加大会的基金份额持有人所持表决权的三分之二以上通过。

基金份额持有人大会决定的事项，应当依法报国务院证券监督管理机构备案，并予以公告。

第十章 非公开募集基金

第八十八条 非公开募集基金应当向合格投资者募集，合格投资者累计不得超过二百人。

前款所称合格投资者，是指达到规定资产规模或者收入水平，并且具备相应的风险识别能力和风险承担能力、其基金份额认购金额不低于规定限额的单位和个人。

合格投资者的具体标准由国务院证券监督管理机构规定。

第八十九条 除基金合同另有约定外，非公开募集基金应当由基金托管人托管。

第九十条 担任非公开募集基金的基金管理人，应当按照规定向基金行业协会履行登记手续，报送基本情况。

第九十一条 未经登记，任何单位或者个人不得使用“基金”或者“基金管理”字样或者近似名称进行证券投资活动；但是，法律、行政法规另有规定的除外。

第九十二条　非公开募集基金，不得向合格投资者之外的单位和个人募集资金，不得通过报刊、电台、电视台、互联网等公众传播媒体或者讲座、报告会、分析会等方式向不特定对象宣传推介。

第九十三条　非公开募集基金，应当制定并签订基金合同。基金合同应当包括下列内容：

(一)基金份额持有人、基金管理人、基金托管人的权利、义务；

(二)基金的运作方式；

(三)基金的出资方式、数额和认缴期限；

(四)基金的投资范围、投资策略和投资限制；

(五)基金收益分配原则、执行方式；

(六)基金承担的有关费用；

(七)基金信息提供的内容、方式；

(八)基金份额的认购、赎回或者转让的程序和方式；

(九)基金合同变更、解除和终止的事由、程序；

(十)基金财产清算方式；

(十一)当事人约定的其他事项。

基金份额持有人转让基金份额的，应当符合本法第八十八条、第九十二条的规定。

第九十四条　按照基金合同约定，非公开募集基金可以由部分基金份额持有人作为基金管理人负责基金的投资管理活动，并在基金财产不足以清偿其债务时对基金财产的债务承担无限连带责任。

前款规定的非公开募集基金，其基金合同还应载明：

(一)承担无限连带责任的基金份额持有人和其他基金份额持有人的姓名或者名称、住所；

(二)承担无限连带责任的基金份额持有人的除名条件和更换程序；

(三)基金份额持有人增加、退出的条件、程序以及相关责任；

(四)承担无限连带责任的基金份额持有人和其他基金份额持有人的转换程序。

第九十五条　非公开募集基金募集完毕，基金管理人应当向基金行业协会备案。对募集的资金总额或者基金份额持有人的人数达到规定标准的基金，基金行业协会应当向国务院证券监督管理机构报告。

非公开募集基金财产的证券投资，包括买卖公开发行的股份有限公司股票、债券、基金份额，以及国务院证券监督管理机构规定的其他证券及其衍生品种。

第九十六条　基金管理人、基金托管人应当按照基金合同的约定，向基金份额持有人提供基金信息。

第九十七条　专门从事非公开募集基金管理业务的基金管理人，其股东、高级管理人员、经营期限、管理的基金资产规模等符合规定条件的，经国务院证券监督管理机构核准，可以从事公开募集基金管理业务。

第十一章　基金服务机构

第九十八条　从事公开募集基金的销售、销售支付、份额登记、估值、投资顾问、评价、信息技术系统服务等基金服务业务的机构，应当按照国务院证券监督管理机构的规定进行注册或者备案。

第九十九条　基金销售机构应当向投资人充分揭示投资风险，并根据投资人的风险承担能力销售不同风险等级的基金产品。

第一百条　基金销售支付机构应当按照规定办理基金销售结算资金的划付，确保基金销售结算资金安全、及时划付。

第一百零一条　基金销售结算资金、基金份额独立于基金销售机构、基金销售支付机构或者基金份额登记机构的自有财产。基金销售机构、基金销售支付机构或者基金份额登记机构破产或者清算时，基金销售结算资金、基金份额不属于其破产财产或者清算财产。非因投资人本身的债务或者法律规定的其他情形，不得查封、冻结、扣划或者强制执行基金销售结算资金、基金份额。

基金销售机构、基金销售支付机构、基金份额登记机构应当确保基金销售结算资金、基金份额的安全、独立，禁止任何单位或者个人以任何形式挪用基金销售结算资金、基金份额。

第一百零二条　基金管理人可以委托基金服务机构代为办理基金的份额登记、核算、估值、投资顾问等事项，基金托管人可以委托基金服务机构代为办理基金的核算、估值、复核等事项，但基金管理人、基金托管人依法应当承担的责任不因委托而免除。

第一百零三条　基金份额登记机构以电子介质登记的数据，是基金份额持有人权利归属的根据。基金份额持有人以基金份额出质的，质权自基金份额登记机构办理出质登记时设立。

基金份额登记机构应当妥善保存登记数据，并将基金份额持有人名称、身份信息及基金份额明细等数据备份至国务院证券监督管理机构认定的机构。其保存期限自基金账户销户之日起不得少于二十年。

基金份额登记机构应当保证登记数据的真实、准确、完整，不得隐匿、伪造、篡改或者毁损。

第一百零四条　基金投资顾问机构及其从业人员提供基金投资顾问服务，应当具有合理的依据，对其服务能力和经营业绩进行如实陈述，不得以任何方式承诺或者保证投资收益，不得损害服务对象的合法权益。

第一百零五条　基金评价机构及其从业人员应当客观公正，按照依法制定的业务规则开展基金评价业务，禁止误导投资人，防范可能发生的利益冲突。

第一百零六条　基金管理人、基金托管人、基金服务机构的信息技术系统，应当符合规定的要求。国务院证券监督管理机构可以要求信息技术系统服务机构提供该信息技术系统的相关资料。

第一百零七条　律师事务所、会计师事务所接受基金管理人、基金托管人的委托，为有关基金业务活动出具法律意见书、审计报告、内部控制评价报告等文件，应当勤勉尽责，对所依据的文件资料内容的真实性、准确性、完整性进行核查和验证。其制作、出具的文件有虚假记载、误导性陈述或者重大遗漏，给他人财产造成损失的，应当与委托人承担连带赔偿责任。

第一百零八条　基金服务机构应当勤勉尽责、恪尽职守，建立应急等风险管理制度和灾难备份系统，不得泄露与基金份额持有人、基金投资运作相关的非公开信息。

第十二章　基金行业协会

第一百零九条　基金行业协会是证券投资基金行业的自律性组织，是社会团体法人。

基金管理人、基金托管人应当加入基金行业协会，基金服务机构可以加入基金行业协会。

第一百一十条　基金行业协会的权力机构为全体会员组成的会员大会。

基金行业协会设理事会。理事会成员依章程的规定由选举产生。

第一百一十一条　基金行业协会章程由会员大会制定，并报国务院证券监督管理机构备案。

第一百一十二条　基金行业协会履行下列职责：

(一)教育和组织会员遵守有关证券投资的法律、行政法规，维护投资人合法权益；

(二)依法维护会员的合法权益，反映会员的建议和要求；

(三)制定和实施行业自律规则，监督、检查会员及其从业人员的执业行为，对违反自律规则和协会章程的，按照规定给予纪律处分；

(四)制定行业执业标准和业务规范，组织基金从业人员的从业考试、资质管理和业务培训；

(五)提供会员服务，组织行业交流，推动行业创新，开展行业宣传和投资人教育活动；

(六)对会员之间、会员与客户之间发生的基金业务纠纷进行调解；

(七)依法办理非公开募集基金的登记、备案；

(八)协会章程规定的其他职责。

第十三章　监督管理

第一百一十三条　国务院证券监督管理机构依法履行下列职责：

(一)制定有关证券投资基金活动监督管理的规章、规则，并行使审批、核准或者注册权；

(二)办理基金备案；

(三)对基金管理人、基金托管人及其他机构从事证券投资基金活动进行监督管理，对违法行为进行查处，并予以公告；

(四)制定基金从业人员的资格标准和行为准则，并监督实施；

(五)监督检查基金信息的披露情况；

(六)指导和监督基金行业协会的活动；

(七)法律、行政法规规定的其他职责。

第一百一十四条　国务院证券监督管理机构依法履行职责，有权采取下列措施：

(一)对基金管理人、基金托管人、基金服务机构进行现场检查，并要求其报送有关的业务资料；

(二)进入涉嫌违法行为发生场所调查取证；

(三)询问当事人和与被调查事件有关的单位和个人，要求其对与被调查事件有关的事项作出说明；

(四)查阅、复制与被调查事件有关的财产权登记、通信记录等资料；

(五)查阅、复制当事人和与被调查事件有关的单位和个人的证券交易记录、登记过户记录、财务会计资料及其他相关文件和资料；对可能被转移、隐匿或者毁损的文件和资料，可以予以封存；

(六)查询当事人和与被调查事件有关的单位和个人的资金账户、证券账户和银行账户；对有证据证明已经或者可能转移或者隐匿违法资金、证券等涉案财产或者隐匿、伪造、毁损重要证据的，经国务院证券监督管理机构主要负责人批准，可以冻结或者查封；

(七)在调查操纵证券市场、内幕交易等重大证券违法行为时，经国务院证券监督管理机构主要负责人批准，可以限制被调查事件当事人的证券买卖，但限制的期限不得超过十五个交易日；案情复杂的，可以延长十五个交易日。

第一百一十五条　国务院证券监督管理机构工作人员依法履行职责，进行调查或者检查时，不得少于二人，并应当出示合法证件；对调查或者检查中知悉的商业秘密负有保密的义务。

第一百一十六条　国务院证券监督管理机构工作人员应当忠于职守，依法办事，公正廉洁，接受监督，不得利用职务牟取私利。

第一百一十七条　国务院证券监督管理机构依法履行职责时，被调查、检查的单位和个人应当配合，如实提供有关文件和资料，不得拒绝、阻碍和隐瞒。

第一百一十八条　国务院证券监督管理机构依法履行职责，发现违法行为涉嫌犯罪的，应当将案件移送司法机关处理。

第一百一十九条　国务院证券监督管理机构工作人员在任职期间，或者离职后在《中华人民共和国公务员法》规定的期限内，不得在被监管的机构中担任职务。

第十四章　法律责任

第一百二十条　违反本法规定，未经批准擅自设立基金管理公司或者未经核准从事公开募集基金管理业务的，由证券监督管理机构予以取缔或者责令改正，没收违法所得，并处违法所得一倍以上五倍以下罚款；没有违法所得或者违法所得不足一百万元的，并处十万元以上一百万元以下罚款。对直接负责的主管人员和其他直接责任人员给予警告，并处三万元以上三十万元以下罚款。

基金管理公司违反本法规定，擅自变更持有百分之五以上股权的股东、实际控制人或者其他重大事项的，责令改正，没收违法所得，并处违法所得一倍以上五倍以下罚款；没有违法所得或者违法所得不足五十万元的，并处五万元以上五十万元以下罚款。对直接负责的主管人员给予警告，并处三万元以上十万元以下罚款。

第一百二十一条　基金管理人的董事、监事、高级管理人员和其他从业人员，基金托管人的专门基金托管部门的高级管理人员和其他从业人员，未按照本法第十八条第一款规定申报的，责令改正，处三万元以上十万元以下罚款。

基金管理人、基金托管人违反本法第十八条第二款规定的，责令改正，处十万元以上一百万元以下罚款；对直接负责的主管人员和其他直接责任人员给予警告，暂停或者撤销基金从业资格，并处三万元以上三十万元以下罚款。

第一百二十二条　基金管理人的董事、监事、高级管理人员和其他从业人员，基金托管人的专门基金托管部门的高级管理人员和其他从业人员违反本法第十九条规定的，责令改正，没收违法所得，并处违法所得一倍以上五倍以下罚款；没有违法所得或者违法所得不足一百万元的，并处十万元以上一百万元以下罚款；情节严重的，撤销基金从业资格。

第一百二十三条　基金管理人、基金托管人违反本法规定，未对基金财产实行分别管理或者分账保管，责令改正，处五万元以上五十万元以下罚款；对直接负责的主管人员和其他直接责任人员给予警告，暂停或者撤销基金从业资格，并处三万元以上三十万元以下罚款。

第一百二十四条　基金管理人、基金托管人及其董事、监事、高级管理人员和其他从业人员有本法第二十一条所列行为之一的，责令改正，没收违法所得，并处违法所得一倍以上五倍以下罚款；没有违法所得或者违法所得不足一百万元的，并处十万元以上一百万元以下罚款；基金管理人、基金托管人有上述行为的，还应当对其直接负责的主管人员和其他直接责任人员给予警告，暂停或者撤销基金从业资格，并处三万元以上三十万元以下罚款。

基金管理人、基金托管人及其董事、监事、高级管理人员和其他从业人员侵占、挪用基金财产而取得的财产和收益，归入基金财产。但是，法律、行政法规另有规定的，依照其规定。

第一百二十五条　基金管理人的股东、实际控制人违反本法第二十四条规定的，责令改正，没收违法所得，并处违法所得一倍以上五倍以下罚款；没有违法所得或者违法所得不足一百万元的，并处十万元以上一百万元以下罚款；对直接负责的主管人员和其他直接责任人员给予警告，暂停或者撤销基金或证券从业资格，并处三万元以上三十万元以下罚款。

第一百二十六条　未经核准，擅自从事基金托管业务的，责令停止，没收违法所得，并处违法所得一倍以上五倍以下罚款；没有违法所得或者违法所得不足一百万元的，并处十万元以上一百万元以下罚款；对直接负责的主管人员和其他直接责任人员给予警告，并处三万元以上三十万元以下罚款。

第一百二十七条　基金管理人、基金托管人违反本法规定，相互出资或者持有股份的，责令改正，可以处十万元以下罚款。

第一百二十八条　违反本法规定，擅自公开或者变相公开募集基金的，责令停止，返还所募资金和加计的银行同期存款利息，没收违法所得，并处所募资金金额百分之一以上百分之五以下罚款。对直接负责的主管人员和其他直接责任人员给予警告，并处五万元以上五十万元以下罚款。

第一百二十九条　违反本法第六十条规定，动用募集的资金的，责令返还，没收违法所得，并处违法所得一倍以上五倍以下罚款；没有违法所得或者违法所得不足五十万元的，并处五万元以上五十万元以下罚款；对直接负责的主管人员和其他直接责任人员给予警告，并处三万元以上三十万元以下罚款。

第一百三十条　基金管理人、基金托管人有本法第七十四条第一款第（一）项至第（五）项和第（七）项所列行为之一，或者违反本法第七十四条第二款规定的，责令改正，处十万元以上一百万元以下罚款；对直接负责的主管人员和其他直接责任人员给予警告，暂停或者撤销基金从业资格，并处三万元以上三十万元以下罚款。

基金管理人、基金托管人有前款行为，运用基金财产而取得的财产和收益，归入基金财产。但是，法律、行政法规另有规定的，依照其规定。

第一百三十一条　基金管理人、基金托管人有本法第七十四条第一款第(六)项规定行为的，除依照《中华人民共和国证券法》的有关规定处罚外，对直接负责的主管人员和其他直接责任人员暂停或者撤销基金从业资格。

第一百三十二条　基金信息披露义务人不依法披露基金信息或者披露的信息有虚假记载、误导性陈述或者重大遗漏的，责令改正，没收违法所得，并处十万元以上一百万元以下罚款；对直接负责的主管人员和其他直接责任人员给予警告，暂停或者撤销基金从业资格，并处三万元以上三十万元以下罚款。

第一百三十三条　基金管理人或者基金托管人不按照规定召集基金份额持有人大会的，责令改正，可以处五万元以下罚款；对直接负责的主管人员和其他直接责任人员给予警告，暂停或者撤销基金从业资格。

第一百三十四条　违反本法规定，未经登记，使用“基金”或者“基金管理”字样或者近似名称进行证券投资活动的，没收违法所得，并处违法所得一倍以上五倍以下罚款；没有违法所得或者违法所得不足一百万元的，并处十万元以上一百万元以下罚款。对直接负责的主管人员和其他直接责任人员给予警告，并处三万元以上三十万元以下罚款。

第一百三十五条　违反本法规定，非公开募集基金募集完毕，基金管理人未备案的，处十万元以上三十万元以下罚款。对直接负责的主管人员和其他直接责任人员给予警告，并处三万元以上十万元以下罚款。

第一百三十六条　违反本法规定，向合格投资者之外的单位或者个人非公开募集资金或者转让基金份额的，没收违法所得，并处违法所得一倍以上五倍以下罚款；没有违法所得或者违法所得不足一百万元的，并处十万元以上一百万元以下罚款。对直接负责的主管人员和其他直接责任人员给予警告，并处三万元以上三十万元以下罚款。

第一百三十七条　违反本法规定，擅自从事公开募集基金的基金服务业务的，责令改正，没收违法所得，并处违法所得一倍以上五倍以下罚款；没有违法所得或者违法所得不足三十万元的，并处十万元以上三十万元以下罚款。对直接负责的主管人员和其他直接责任人员给予警告，并处三万元以上十万元以下罚款。

第一百三十八条　基金销售机构未向投资人充分揭示投资风险并误导其购买与其风险承担能力不相当的基金产品的，处十万元以上三十万元以下罚款；情节严重的，责令其停止基金服务业务。对直接负责的主管人员和其他直接责任人员给予警告，撤销基金从业资格，并处三万元以上十万元以下罚款。

第一百三十九条　基金销售支付机构未按照规定划付基金销售结算资金的，处十万元以上三十万元以下罚款；情节严重的，责令其停止基金服务业务。对直接负责的主管人员和其他直接责任人员给予警告，撤销基金从业资格，并处三万元以上十万元以下罚款。

第一百四十条　挪用基金销售结算资金或者基金份额的，责令改正，没收违法所得，并处违法所得一倍以上五倍以下罚款；没有违法所得或者违法所得不足一百万元的，并处十万元以上一百万元以下罚款。对直接负责的主管人员和其他直接责任人员给予警告，并处三万元以上三十万元以下罚款。

第一百四十一条　基金份额登记机构未妥善保存或者备份基金份额登记数据的，责令改正，给予警告，并处十万元以上三十万元以下罚款；情节严重的，责令其停止基金服务业务。对直接负责的主管人员和其他直接责任人员给予警告，撤销基金从业资格，并处三万元以上十万元以下罚款。

基金份额登记机构隐匿、伪造、篡改、毁损基金份额登记数据的，责令改正，处十万元以上一百万元以下罚款，并责令其停止基金服务业务。对直接负责的主管人员和其他直接责任人员给予警告，撤销基金从业资格，并处三万元以上三十万元以下罚款。

第一百四十二条　基金投资顾问机构、基金评价机构及其从业人员违反本法规定开展投资顾问、基金评价服务的，处十万元以上三十万元以下罚款；情节严重的，责令其停止基金服务业务。对直接负责的主管人员和其他直接责任人员给予警告，撤销基金从业资格，并处三万元以上十万元以下罚款。

第一百四十三条　信息技术系统服务机构未按照规定向国务院证券监督管理机构提供相关信息技术系统资料，或者提供的信息技术系统资料虚假、有重大遗漏的，责令改正，处三万元以上十万元以下罚款。对直接负责的主管人员和其他直接责任人员给予警告，并处一万元以上三万元以下罚款。

第一百四十四条　会计师事务所、律师事务所未勤勉尽责，所出具的文件有虚假记载、误导性陈述或者重大遗漏的，责令改正，没收业务收入，暂停或者撤销相关业务许可，并处业务收入一倍以上五倍以下罚款。对直接负责的主管人员和其他直接责任人员给予警告，并处三万元以上十万元以下罚款。

第一百四十五条　基金服务机构未建立应急等风

险管理制度和灾难备份系统，或者泄露与基金份额持有人、基金投资运作相关的非公开信息的，处十万元以上三十万元以下罚款；情节严重的，责令其停止基金服务业务。对直接负责的主管人员和其他直接责任人员给予警告，撤销基金从业资格，并处三万元以上十万元以下罚款。

第一百四十六条　违反本法规定，给基金财产、基金份额持有人或者投资人造成损害的，依法承担赔偿责任。

基金管理人、基金托管人在履行各自职责的过程中，违反本法规定或者基金合同约定，给基金财产或者基金份额持有人造成损害的，应当分别对各自的行为依法承担赔偿责任；因共同行为给基金财产或者基金份额持有人造成损害的，应当承担连带赔偿责任。

第一百四十七条　证券监督管理机构工作人员玩忽职守、滥用职权、徇私舞弊或者利用职务上的便利索取或者收受他人财物的，依法给予行政处分。

第一百四十八条　拒绝、阻碍证券监督管理机构及其工作人员依法行使监督检查、调查职权未使用暴力、威胁方法的，依法给予治安管理处罚。

第一百四十九条　违反法律、行政法规或者国务院证券监督管理机构的有关规定，情节严重的，国务院证券监督管理机构可以对有关责任人员采取证券市场禁入的措施。

第一百五十条　违反本法规定，构成犯罪的，依法追究刑事责任。

第一百五十一条　违反本法规定，应当承担民事赔偿责任和缴纳罚款、罚金，其财产不足以同时支付时，先承担民事赔偿责任。

第一百五十二条　依照本法规定，基金管理人、基金托管人、基金服务机构应当承担的民事赔偿责任和缴纳的罚款、罚金，由基金管理人、基金托管人、基金服务机构以其固有财产承担。

依法收缴的罚款、罚金和没收的违法所得，应当全部上缴国库。

第十五章　附　则

第一百五十三条　在中华人民共和国境内募集投资境外证券的基金，以及合格境外投资者在境内进行证券投资，应当经国务院证券监督管理机构批准，具体办法由国务院证券监督管理机构会同国务院有关部门规定，报国务院批准。

第一百五十四条　公开或者非公开募集资金，以进行证券投资活动为目的设立的公司或者合伙企业，资产由基金管理人或者普通合伙人管理的，其证券投资活动适用本法。

第一百五十五条　本法自 2013 年 6 月 1 日起施行

国家主席胡锦涛签署第 72 号令公布《中华人民共和国老年人权益保障法》

《中华人民共和国老年人权益保障法》已由中华人民共和国第十一届全国人民代表大会常务委员会第三十次会议于 2012 年 12 月 28 日修订通过，现将修订后的《中华人民共和国老年人权益保障法》公布，自 2013 年 7 月 1 日起施行。

中华人民共和国主席　胡锦涛

2012 年 12 月 28 日

中华人民共和国老年人权益保障法

第一章　总　则

第一条　为了保障老年人合法权益，发展老龄事业，弘扬中华民族敬老、养老、助老的美德，根据宪法，制定本法。

第二条　本法所称老年人是指六十周岁以上的公民。

第三条　国家保障老年人依法享有的权益。

老年人有从国家和社会获得物质帮助的权利，有享受社会服务和社会优待的权利，有参与社会发展和共享发展成果的权利。

禁止歧视、侮辱、虐待或者遗弃老年人。

第四条　积极应对人口老龄化是国家的一项长期战略任务。

国家和社会应当采取措施，健全保障老年人权益的各项制度，逐步改善保障老年人生活、健康、安全以及参与社会发展的条件，实现老有所养、老有所医、老有所为、老有所学、老有所乐。

第五条　国家建立多层次的社会保障体系，逐步提高对老年人的保障水平。

国家建立和完善以居家为基础、社区为依托、机构为支撑的社会养老服务体系。

倡导全社会优待老年人。

第六条　各级人民政府应当将老龄事业纳入国民经济和社会发展规划，将老龄事业经费列入财政预算，建立稳定的经费保障机制，并鼓励社会各方面投入，使老龄事业与经济、社会协调发展。

国务院制定国家老龄事业发展规划。县级以上地方人民政府根据国家老龄事业发展规划，制定本行政区域的老龄事业发展规划和年度计划。

县级以上人民政府负责老龄工作的机构，负责组织、协调、指导、督促有关部门做好老年人权益保障工作。

第七条　保障老年人合法权益是全社会的共同责任。

国家机关、社会团体、企业事业单位和其他组织应当按照各自职责，做好老年人权益保障工作。

基层群众性自治组织和依法设立的老年人组织应当反映老年人的要求，维护老年人合法权益，为老年人服务。

提倡、鼓励义务为老年人服务。

第八条　国家进行人口老龄化国情教育，增强全社会积极应对人口老龄化意识。

全社会应当广泛开展敬老、养老、助老宣传教育活动，树立尊重、关心、帮助老年人的社会风尚。

青少年组织、学校和幼儿园应当对青少年和儿童进行敬老、养老、助老的道德教育和维护老年人合法权益的法制教育。

广播、电影、电视、报刊、网络等应当反映老年人的生活，开展维护老年人合法权益的宣传，为老年人服务。

第九条　国家支持老龄科学研究，建立老年人状况统计调查和发布制度。

第十条　各级人民政府和有关部门对维护老年人合法权益和敬老、养老、助老成绩显著的组织、家庭或者个人，对参与社会发展作出突出贡献的老年人，按照国家有关规定给予表彰或者奖励。

第十一条　老年人应当遵纪守法，履行法律规定的义务。

第十二条　每年农历九月初九为老年节。

第二章　家庭赡养与扶养

第十三条　老年人养老以居家为基础，家庭成员应当尊重、关心和照料老年人。

第十四条　赡养人应当履行对老年人经济上供养、生活上照料和精神上慰藉的义务，照顾老年人的特殊需要。

赡养人是指老年人的子女以及其他依法负有赡养义务的人。

赡养人的配偶应当协助赡养人履行赡养义务。

第十五条　赡养人应当使患病的老年人及时得到治疗和护理；对经济困难的老年人，应当提供医疗费用。

对生活不能自理的老年人，赡养人应当承担照料责任；不能亲自照料的，可以按照老年人的意愿委托他人或者养老机构等照料。

第十六条　赡养人应当妥善安排老年人的住房，不得强迫老年人居住或者迁居条件低劣的房屋。

老年人自有的或者承租的住房，子女或者其他亲属不得侵占，不得擅自改变产权关系或者租赁关系。

老年人自有的住房，赡养人有维修的义务。

第十七条　赡养人有义务耕种或者委托他人耕种老年人承包的田地，照管或者委托他人照管老年人的林木和牲畜等，收益归老年人所有。

第十八条　家庭成员应当关心老年人的精神需求，不得忽视、冷落老年人。

与老年人分开居住的家庭成员，应当经常看望或者问候老年人。

用人单位应当按照国家有关规定保障赡养人探亲休假的权利。

第十九条　赡养人不得以放弃继承权或者其他理由，拒绝履行赡养义务。

赡养人不履行赡养义务，老年人有要求赡养人付给赡养费等权利。

赡养人不得要求老年人承担力不能及的劳动。

第二十条　经老年人同意，赡养人之间可以就履行赡养义务签订协议。赡养协议的内容不得违反法律的规定和老年人的意愿。

基层群众性自治组织、老年人组织或者赡养人所在单位监督协议的履行。

第二十一条　老年人的婚姻自由受法律保护。子女或者其他亲属不得干涉老年人离婚、再婚及婚后的生活。

赡养人的赡养义务不因老年人的婚姻关系变化而消除。

第二十二条　老年人对个人的财产，依法享有占有、使用、收益和处分的权利，子女或者其他亲属不得干涉，不得以窃取、骗取、强行索取等方式侵犯老年人的财产权益。

老年人有依法继承父母、配偶、子女或者其他亲属遗产的权利，有接受赠与的权利。子女或者其他亲属不得侵占、抢夺、转移、隐匿或者损毁应当由老年人继承或者接受赠与的财产。

老年人以遗嘱处分财产，应当依法为老年配偶保留必要的份额。

第二十三条　老年人与配偶有相互扶养的义务。

由兄、姐扶养的弟、妹成年后，有负担能力的，对年老无赡养人的兄、姐有扶养的义务。

第二十四条　赡养人、扶养人不履行赡养、扶养义务的，基层群众性自治组织、老年人组织或者赡养人、扶养人所在单位应当督促其履行。

第二十五条　禁止对老年人实施家庭暴力。

第二十六条　具备完全民事行为能力的老年人，可以在近亲属或者其他与自己关系密切、愿意承担监护责任的个人、组织中协商确定自己的监护人。监护人在老年人丧失或者部分丧失民事行为能力时，依法承担监护责任。

老年人未事先确定监护人的，其丧失或者部分丧失民事行为能力时，依照有关法律的规定确定监护人。

第二十七条　国家建立、健全家庭养老支持政策，鼓励家庭成员与老年人共同生活或者就近居住，为老年人随配偶或者赡养人迁徙提供条件，为家庭成员照料老年人提供帮助。

第三章　社会保障

第二十八条　国家通过基本养老保险制度，保障老年人的基本生活。

第二十九条　国家通过基本医疗保险制度，保障老年人的基本医疗需要。享受最低生活保障的老年人和符合条件的低收入家庭中的老年人参加新型农村合作医疗和城镇居民基本医疗保险所需个人缴费部分，由政府给予补贴。

有关部门制定医疗保险办法，应当对老年人给予照顾。

第三十条　国家逐步开展长期护理保障工作，保障老年人的护理需求。

对生活长期不能自理、经济困难的老年人，地方各级人民政府应当根据其失能程度等情况给予护理补贴。

第三十一条　国家对经济困难的老年人给予基本生活、医疗、居住或者其他救助。

老年人无劳动能力、无生活来源、无赡养人和扶养人，或者其赡养人和扶养人确无赡养能力或者扶养能力的，由地方各级人民政府依照有关规定给予供养或者救助。

对流浪乞讨、遭受遗弃等生活无着的老年人，由地方各级人民政府依照有关规定给予救助。

第三十二条　地方各级人民政府在实施廉租住房、公共租赁住房等住房保障制度或者进行危旧房屋改造时，应当优先照顾符合条件的老年人。

第三十三条　国家建立和完善老年人福利制度，根据经济社会发展水平和老年人的实际需要，增加老年人的社会福利。

国家鼓励地方建立八十周岁以上低收入老年人高龄津贴制度。

国家建立和完善计划生育家庭老年人扶助制度。

农村可以将未承包的集体所有的部分土地、山林、水面、滩涂等作为养老基地，收益供老年人养老。

第三十四条　老年人依法享有的养老金、医疗待遇和其他待遇应当得到保障，有关机构必须按时足额支付，不得克扣、拖欠或者挪用。

国家根据经济发展以及职工平均工资增长、物价上涨等情况，适时提高养老保障水平。

第三十五条　国家鼓励慈善组织以及其他组织和个人为老年人提供物质帮助。

第三十六条　老年人可以与集体经济组织、基层群众性自治组织、养老机构等组织或者个人签订遗赠扶养协议或者其他扶助协议。

负有扶养义务的组织或者个人按照遗赠扶养协议，承担该老年人生养死葬的义务，享有受遗赠的权利。

第四章　社会服务

第三十七条　地方各级人民政府和有关部门应当采取措施，发展城乡社区养老服务，鼓励、扶持专业服务机构及其他组织和个人，为居家的老年人提供生活照料、紧急救援、医疗护理、精神慰藉、心理咨询等多种形式的服务。

对经济困难的老年人，地方各级人民政府应当逐步给予养老服务补贴。

第三十八条　地方各级人民政府和有关部门、基层群众性自治组织，应当将养老服务设施纳入城乡社区配套设施建设规划，建立适应老年人需要的生活服务、文化体育活动、日间照料、疾病护理与康复等服务设施和网点，就近为老年人提供服务。

发扬邻里互助的传统，提倡邻里间关心、帮助有困难的老年人。

鼓励慈善组织、志愿者为老年人服务。倡导老年人互助服务。

第三十九条　各级人民政府应当根据经济发展水平和老年人服务需求，逐步增加对养老服务的投入。

各级人民政府和有关部门在财政、税费、土地、融资等方面采取措施，鼓励、扶持企业事业单位、社会组织或者个人兴办、运营养老、老年人日间照料、老年文化体育活动等设施。

第四十条　地方各级人民政府和有关部门应当按照老年人口比例及分布情况，将养老服务设施建设纳入城乡规划和土地利用总体规划，统筹安排养老服务设施建设用地及所需物资。

非营利性养老服务设施用地，可以依法使用国有划拨土地或者农民集体所有的土地。

养老服务设施用地，非经法定程序不得改变用途。

第四十一条　政府投资兴办的养老机构，应当优先保障经济困难的孤寡、失能、高龄等老年人的服务需求。

第四十二条　国务院有关部门制定养老服务设施建设、养老服务质量和养老服务职业等标准，建立、健全养老机构分类管理和养老服务评估制度。

各级人民政府应当规范养老服务收费项目和标准，加强监督和管理。

第四十三条　设立养老机构，应当符合下列条件：

（一）有自己的名称、住所和章程；

（二）有与服务内容和规模相适应的资金；

（三）有符合相关资格条件的管理人员、专业技术人员和服务人员；

（四）有基本的生活用房、设施设备和活动场地；

（五）法律、法规规定的其他条件。

第四十四条　设立养老机构应当向县级以上人民政府民政部门申请行政许可；经许可的，依法办理相应的登记。

县级以上人民政府民政部门负责养老机构的指导、监督和管理，其他有关部门依照职责分工对养老机构实施监督。

第四十五条　养老机构变更或者终止的，应当妥善安置收住的老年人，并依照规定到有关部门办理手续。有关部门应当为养老机构妥善安置老年人提供帮助。

第四十六条　国家建立、健全养老服务人才培养、使用、评价和激励制度，依法规范用工，促进从业人员劳动报酬合理增长，发展专职、兼职和志愿者相结合的养老服务队伍。

国家鼓励高等学校、中等职业学校和职业培训机构设置相关专业或者培训项目，培养养老服务专业人才。

第四十七条　养老机构应当与接受服务的老年人或者其代理人签订服务协议，明确双方的权利、义务。

养老机构及其工作人员不得以任何方式侵害老年人的权益。

第四十八条　国家鼓励养老机构投保责任保险，鼓励保险公司承保责任保险。

第四十九条　各级人民政府和有关部门应当将老年医疗卫生服务纳入城乡医疗卫生服务规划，将老年人健康管理和常见病预防等纳入国家基本公共卫生服务项目。鼓励为老年人提供保健、护理、临终关怀等服务。

国家鼓励医疗机构开设针对老年病的专科或者门诊。

医疗卫生机构应当开展老年人的健康服务和疾病防治工作。

第五十条　国家采取措施，加强老年医学的研究和人才培养，提高老年病的预防、治疗、科研水平，促进老年病的早期发现、诊断和治疗。

国家和社会采取措施，开展各种形式的健康教育，普及老年保健知识，增强老年人自我保健意识。

第五十一条　国家采取措施，发展老龄产业，将老龄产业列入国家扶持行业目录。扶持和引导企业开发、生产、经营适应老年人需要的用品和提供相关的服务。

第五章　社会优待

第五十二条　县级以上人民政府及其有关部门根据经济社会发展情况和老年人的特殊需要，制定优待老年人的办法，逐步提高优待水平。

对常住在本行政区域内的外埠老年人给予同等优待。

第五十三条　各级人民政府和有关部门应当为老年人及时、便利地领取养老金、结算医疗费和享受其他物质帮助提供条件。

第五十四条　各级人民政府和有关部门办理房屋权属关系变更、户口迁移等涉及老年人权益的重大事项时，应当就办理事项是否为老年人的真实意思表示进行询问，并依法优先办理。

第五十五条　老年人因其合法权益受侵害提起诉讼交纳诉讼费确有困难的，可以缓交、减交或者免交；需要获得律师帮助，但无力支付律师费用的，可以获得法律援助。

鼓励律师事务所、公证处、基层法律服务所和其他法律服务机构为经济困难的老年人提供免费或者优惠服务。

第五十六条　医疗机构应当为老年人就医提供方便，对老年人就医予以优先。有条件的地方，可以为老年人设立家庭病床，开展巡回医疗、护理、康复、免费体检等服务。

提倡为老年人义诊。

第五十七条　提倡与老年人日常生活密切相关的服务行业为老年人提供优先、优惠服务。

城市公共交通、公路、铁路、水路和航空客运，应当为老年人提供优待和照顾。

第五十八条　博物馆、美术馆、科技馆、纪念馆、公共图书馆、文化馆、影剧院、体育场馆、公园、旅游景点等场所，应当对老年人免费或者优惠开放。

第五十九条　农村老年人不承担兴办公益事业的筹劳义务。

第六章　宜居环境

第六十条　国家采取措施，推进宜居环境建设，为老年人提供安全、便利和舒适的环境。

第六十一条　各级人民政府在制定城乡规划时，应当根据人口老龄化发展趋势、老年人口分布和老年人的特点，统筹考虑适合老年人的公共基础设施、生活服务设施、医疗卫生设施和文化体育设施建设。

第六十二条　国家制定和完善涉及老年人的工程建设标准体系，在规划、设计、施工、监理、验收、运行、维护、管理等环节加强相关标准的实施与监督。

第六十三条　国家制定无障碍设施工程建设标准。新建、改建和扩建道路、公共交通设施、建筑物、居住区等，应当符合国家无障碍设施工程建设标准。

各级人民政府和有关部门应当按照国家无障碍设施工程建设标准，优先推进与老年人日常生活密切相关的公共服务设施的改造。

无障碍设施的所有人和管理人应当保障无障碍设施正常使用。

第六十四条 国家推动老年宜居社区建设,引导、支持老年宜居住宅的开发,推动和扶持老年人家庭无障碍设施的改造,为老年人创造无障碍居住环境。

第七章 参与社会发展

第六十五条 国家和社会应当重视、珍惜老年人的知识、技能、经验和优良品德,发挥老年人的专长和作用,保障老年人参与经济、政治、文化和社会生活。

第六十六条 老年人可以通过老年人组织,开展有益身心健康的活动。

第六十七条 制定法律、法规、规章和公共政策,涉及老年人权益重大问题的,应当听取老年人和老年人组织的意见。

老年人和老年人组织有权向国家机关提出老年人权益保障、老龄事业发展等方面的意见和建议。

第六十八条 国家为老年人参与社会发展创造条件。根据社会需要和可能,鼓励老年人在自愿和量力的情况下,从事下列活动:

(一)对青少年和儿童进行社会主义、爱国主义、集体主义和艰苦奋斗等优良传统教育;

(二)传授文化和科技知识;

(三)提供咨询服务;

(四)依法参与科技开发和应用;

(五)依法从事经营和生产活动;

(六)参加志愿服务、兴办社会公益事业;

(七)参与维护社会治安、协助调解民间纠纷;

(八)参加其他社会活动。

第六十九条 老年人参加劳动的合法收入受法律保护。

任何单位和个人不得安排老年人从事危害其身心健康的劳动或者危险作业。

第七十条 老年人有继续受教育的权利。

国家发展老年教育,把老年教育纳入终身教育体系,鼓励社会办好各类老年学校。

各级人民政府对老年教育应当加强领导,统一规划,加大投入。

第七十一条 国家和社会采取措施,开展适合老年人的群众性文化、体育、娱乐活动,丰富老年人的精神文化生活。

第八章 法律责任

第七十二条 老年人合法权益受到侵害的,被侵害人或者其代理人有权要求有关部门处理,或者依法向人民法院提起诉讼。

人民法院和有关部门,对侵犯老年人合法权益的申诉、控告和检举,应当依法及时受理,不得推诿、拖延。

第七十三条 不履行保护老年人合法权益职责的部门或者组织,其上级主管部门应当给予批评教育,责令改正。

国家工作人员违法失职,致使老年人合法权益受到损害的,由其所在单位或者上级机关责令改正,或者依法给予处分;构成犯罪的,依法追究刑事责任。

第七十四条 老年人与家庭成员因赡养、扶养或者住房、财产等发生纠纷,可以申请人民调解委员会或者其他有关组织进行调解,也可以直接向人民法院提起诉讼。

人民调解委员会或者其他有关组织调解前款纠纷时,应当通过说服、疏导等方式化解矛盾和纠纷;对有过错的家庭成员,应当给予批评教育。

人民法院对老年人追索赡养费或者扶养费的申请,可以依法裁定先予执行。

第七十五条 干涉老年人婚姻自由,对老年人负有赡养义务、扶养义务而拒绝赡养、扶养,虐待老年人或者对老年人实施家庭暴力的,由有关单位给予批评教育;构成违反治安管理行为的,依法给予治安管理处罚;构成犯罪的,依法追究刑事责任。

第七十六条 家庭成员盗窃、诈骗、抢夺、侵占、勒索、故意损毁老年人财物,构成违反治安管理行为的,依法给予治安管理处罚;构成犯罪的,依法追究刑事责任。

第七十七条 侮辱、诽谤老年人,构成违反治安管理行为的,依法给予治安管理处罚;构成犯罪的,依法追究刑事责任。

第七十八条 未经许可设立养老机构的,由县级以上人民政府民政部门责令改正;符合法律、法规规定的养老机构条件的,依法补办相关手续;逾期达不到法定条件的,责令停办并妥善安置收住的老年人;造成损害的,依法承担民事责任。

第七十九条 养老机构及其工作人员侵害老年人人身和财产权益,或者未按照约定提供服务的,依法承担民事责任;有关主管部门依法给予行政处罚;构成犯罪的,依法追究刑事责任。

第八十条 对养老机构负有管理和监督职责的部门及其工作人员滥用职权、玩忽职守、徇私舞弊的,对直接负责的主管人员和其他直接责任人员依法给予处分;构成犯罪的,依法追究刑事责任。

第八十一条 不按规定履行优待老年人义务的,由有关主管部门责令改正。

第八十二条 涉及老年人的工程不符合国家规定的标准或者无障碍设施所有人、管理人未尽到维护和管理职责的,由有关主管部门责令改正;造成损害的,依法承担民事责任;对有关单位、个人依法给予行政处罚;构成犯罪的,依法追究刑事责任。

第九章 附 则

第八十三条 民族自治地方的人民代表大会,可以根据本法的原则,结合当地民族风俗习惯的具体情况,依照法定程序制定变通的或者补充的规定。

第八十四条 本法施行前设立的养老机构不符合本法规定条件的,应当限期整改。具体办法由国务院民政部门制定。

第八十五条 本法自2013年7月1日起施行。

国家主席胡锦涛签署第73号令公布《全国人民代表大会常务委员会关于修改〈中华人民共和国劳动合同法〉的决定》

《全国人民代表大会常务委员会关于修改〈中华人民共和国劳动合同法〉的决定》已由中华人民共和国第十一届全国人民代表大会常务委员会第三十次会议于2012年12月28日通过,现予公布,自2013年7月1日起施行。

中华人民共和国主席 胡锦涛

2012年12月28日

全国人民代表大会常务委员会关于修改《中华人民共和国劳动合同法》的决定

(2012年12月28日第十一届全国人民代表大会常务委员会第三十次会议通过)

第十一届全国人民代表大会常务委员会第三十次会议决定对《中华人民共和国劳动合同法》作如下修改:

一、将第五十七条修改为:"经营劳务派遣业务应当具备下列条件:

"(一)注册资本不得少于人民币二百万元;

"(二)有与开展业务相适应的固定的经营场所和设施;

"(三)有符合法律、行政法规规定的劳务派遣管理制度;

"(四)法律、行政法规规定的其他条件。

"经营劳务派遣业务,应当向劳动行政部门依法申请行政许可;经许可的,依法办理相应的公司登记。未经许可,任何单位和个人不得经营劳务派遣业务。"

二、将第六十三条修改为:"被派遣劳动者享有与用工单位的劳动者同工同酬的权利。用工单位应当按照同工同酬原则,对被派遣劳动者与本单位同类岗位的劳动者实行相同的劳动报酬分配办法。用工单位无同类岗位劳动者的,参照用工单位所在地相同或者相近岗位劳动者的劳动报酬确定。

"劳务派遣单位与被派遣劳动者订立的劳动合同和与用工单位订立的劳务派遣协议,载明或者约定的向被派遣劳动者支付的劳动报酬应当符合前款规定。"

三、将第六十六条修改为:"劳动合同用工是我国的企业基本用工形式。劳务派遣用工是补充形式,只能在临时性、辅助性或者替代性的工作岗位上实施。

"前款规定的临时性工作岗位是指存续时间不超过六个月的岗位;辅助性工作岗位是指为主营业务岗位提供服务的非主营业务岗位;替代性工作岗位是指用工单位的劳动者因脱产学习、休假等原因无法工作的一定期间内,可以由其他劳动者替代工作的岗位。

"用工单位应当严格控制劳务派遣用工数量,不得超过其用工总量的一定比例,具体比例由国务院劳动行政部门规定。"

四、将第九十二条修改为:"违反本法规定,未经许可,擅自经营劳务派遣业务的,由劳动行政部门责令停止违法行为,没收违法所得,并处违法所得一倍以上五倍以下的罚款;没有违法所得的,可以处五万元以下的罚款。

"劳务派遣单位、用工单位违反本法有关劳务派遣规定的,由劳动行政部门责令限期改正;逾期不改正的,以每人五千元以上一万元以下的标准处以罚款,对劳务派遣单位,吊销其劳务派遣业务经营许可证。用工单位给被派遣劳动者造成损害的,劳务派遣单位与用工单位承担连带赔偿责任。"

本决定自2013年7月1日起施行。

本决定公布前已依法订立的劳动合同和劳务派遣协议继续履行至期限届满,但是劳动合同和劳务派遣协议的内容不符合本决定关于按照同工同酬原则实行相同的劳动报酬分配办法的规定的,应当依照本决定进行调整;本决定施行前经营劳务派遣业务的单位,应当在本决定施行之日起一年内依法取得行政许可并办理公司变更登记,方可经营新的劳务派遣业务。具体办法由国务院劳动行政部门会同国务院有关部门规定。

《中华人民共和国劳动合同法》根据本决定作相应修改,重新公布。

中华人民共和国劳动合同法

第一章 总 则

第一条 为了完善劳动合同制度,明确劳动合同双方当事人的权利和义务,保护劳动者的合法权益,构建和发展和谐稳定的劳动关系,制定本法。

第二条 中华人民共和国境内的企业、个体经济组织、民办非企业单位等组织(以下称用人单位)与劳动者建立劳动关系,订立、履行、变更、解除或者终止劳动合同,适用本法。

国家机关、事业单位、社会团体和与其建立劳动关系的劳动者，订立、履行、变更、解除或者终止劳动合同，依照本法执行。

第三条　订立劳动合同，应当遵循合法、公平、平等自愿、协商一致、诚实信用的原则。

依法订立的劳动合同具有约束力，用人单位与劳动者应当履行劳动合同约定的义务。

第四条　用人单位应当依法建立和完善劳动规章制度，保障劳动者享有劳动权利、履行劳动义务。

用人单位在制定、修改或者决定有关劳动报酬、工作时间、休息休假、劳动安全卫生、保险福利、职工培训、劳动纪律以及劳动定额管理等直接涉及劳动者切身利益的规章制度或者重大事项时，应当经职工代表大会或者全体职工讨论，提出方案和意见，与工会或者职工代表平等协商确定。

在规章制度和重大事项决定实施过程中，工会或者职工认为不适当的，有权向用人单位提出，通过协商予以修改完善。

用人单位应当将直接涉及劳动者切身利益的规章制度和重大事项决定公示，或者告知劳动者。

第五条　县级以上人民政府劳动行政部门会同工会和企业方面代表，建立、健全协调劳动关系三方机制，共同研究解决有关劳动关系的重大问题。

第六条　工会应当帮助、指导劳动者与用人单位依法订立和履行劳动合同，并与用人单位建立集体协商机制，维护劳动者的合法权益。

第二章　劳动合同的订立

第七条　用人单位自用工之日起即与劳动者建立劳动关系。用人单位应当建立职工名册备查。

第八条　用人单位招用劳动者时，应当如实告知劳动者工作内容、工作条件、工作地点、职业危害、安全生产状况、劳动报酬，以及劳动者要求了解的其他情况；用人单位有权了解劳动者与劳动合同直接相关的基本情况，劳动者应当如实说明。

第九条　用人单位招用劳动者，不得扣押劳动者的居民身份证和其他证件，不得要求劳动者提供担保或者以其他名义向劳动者收取财物。

第十条　建立劳动关系，应当订立书面劳动合同。

已建立劳动关系，未同时订立书面劳动合同的，应当自用工之日起一个月内订立书面劳动合同。

用人单位与劳动者在用工前订立劳动合同的，劳动关系自用工之日起建立。

第十一条　用人单位未在用工的同时订立书面劳动合同，与劳动者约定的劳动报酬不明确的，新招用的劳动者的劳动报酬按照集体合同规定的标准执行；没有集体合同或者集体合同未规定的，实行同工同酬。

第十二条　劳动合同分为固定期限劳动合同、无固定期限劳动合同和以完成一定工作任务为期限的劳动合同。

第十三条　固定期限劳动合同，是指用人单位与劳动者约定合同终止时间的劳动合同。

用人单位与劳动者协商一致，可以订立固定期限劳动合同。

第十四条　无固定期限劳动合同，是指用人单位与劳动者约定无确定终止时间的劳动合同。

用人单位与劳动者协商一致，可以订立无固定期限劳动合同。有下列情形之一，劳动者提出或者同意续订、订立劳动合同的，除劳动者提出订立固定期限劳动合同外，应当订立无固定期限劳动合同：

（一）劳动者在该用人单位连续工作满十年的；

（二）用人单位初次实行劳动合同制度或者国有企业改制重新订立劳动合同时，劳动者在该用人单位连续工作满十年且距法定退休年龄不足十年的；

（三）连续订立两次固定期限劳动合同，且劳动者没有本法第三十九条和第四十条第（一）项、第（二）项规定的情形，续订劳动合同的。

用人单位自用工之日起满一年不与劳动者订立书面劳动合同的，视为用人单位与劳动者已订立无固定期限劳动合同。

第十五条　以完成一定工作任务为期限的劳动合同，是指用人单位与劳动者约定以某项工作的完成为合同期限的劳动合同。

用人单位与劳动者协商一致，可以订立以完成一定工作任务为期限的劳动合同。

第十六条　劳动合同由用人单位与劳动者协商一致，并经用人单位与劳动者在劳动合同文本上签字或者盖章生效。

劳动合同文本由用人单位和劳动者各执一份。

第十七条　劳动合同应当具备以下条款：

（一）用人单位的名称、住所和法定代表人或者主要负责人；

（二）劳动者的姓名、住址和居民身份证或者其他有效身份证件号码；

（三）劳动合同期限；

（四）工作内容和工作地点；

（五）工作时间和休息休假；

（六）劳动报酬；

（七）社会保险；

（八）劳动保护、劳动条件和职业危害防护；

（九）法律、法规规定应当纳入劳动合同的其他事项。

劳动合同除前款规定的必备条款外，用人单位与劳动者可以约定试用期、培训、保守秘密、补充保险和福利待遇等其他事项。

第十八条　劳动合同对劳动报酬和劳动条件等标准约定不明确,引发争议的,用人单位与劳动者可以重新协商;协商不成的,适用集体合同规定;没有集体合同或者集体合同未规定劳动报酬的,实行同工同酬;没有集体合同或者集体合同未规定劳动条件等标准的,适用国家有关规定。

第十九条　劳动合同期限三个月以上不满一年的,试用期不得超过一个月;劳动合同期限一年以上不满三年的,试用期不得超过两个月;三年以上固定期限和无固定期限的劳动合同,试用期不得超过六个月。

同一用人单位与同一劳动者只能约定一次试用期。

以完成一定工作任务为期限的劳动合同或者劳动合同期限不满三个月的,不得约定试用期。

试用期包含在劳动合同期限内。劳动合同仅约定试用期的,试用期不成立,该期限为劳动合同期限。

第二十条　劳动者在试用期的工资不得低于本单位相同岗位最低档工资或者劳动合同约定工资的百分之八十,并不得低于用人单位所在地的最低工资标准。

第二十一条　在试用期中,除劳动者有本法第三十九条和第四十条第(一)项、第(二)项规定的情形外,用人单位不得解除劳动合同。用人单位在试用期解除劳动合同的,应当向劳动者说明理由。

第二十二条　用人单位为劳动者提供专项培训费用,对其进行专业技术培训的,可以与该劳动者订立协议,约定服务期。

劳动者违反服务期约定的,应当按照约定向用人单位支付违约金。违约金的数额不得超过用人单位提供的培训费用。用人单位要求劳动者支付的违约金不得超过服务期尚未履行部分所应分摊的培训费用。

用人单位与劳动者约定服务期的,不影响按照正常的工资调整机制提高劳动者在服务期期间的劳动报酬。

第二十三条　用人单位与劳动者可以在劳动合同中约定保守用人单位的商业秘密和与知识产权相关的保密事项。

对负有保密义务的劳动者,用人单位可以在劳动合同或者保密协议中与劳动者约定竞业限制条款,并约定在解除或者终止劳动合同后,在竞业限制期限内按月给予劳动者经济补偿。劳动者违反竞业限制约定的,应当按照约定向用人单位支付违约金。

第二十四条　竞业限制的人员限于用人单位的高级管理人员、高级技术人员和其他负有保密义务的人员。竞业限制的范围、地域、期限由用人单位与劳动者约定,竞业限制的约定不得违反法律、法规的规定。

在解除或者终止劳动合同后,前款规定的人员到与本单位生产或者经营同类产品、从事同类业务的有竞争关系的其他用人单位,或者自己开业生产或者经营同类产品、从事同类业务的竞业限制期限,不得超过二年。

第二十五条　除本法第二十二条和第二十三条规定的情形外,用人单位不得与劳动者约定由劳动者承担违约金。

第二十六条　下列劳动合同无效或者部分无效:

(一)以欺诈、胁迫的手段或者乘人之危,使对方在违背真实意思的情况下订立或者变更劳动合同的;

(二)用人单位免除自己的法定责任、排除劳动者权利的;

(三)违反法律、行政法规强制性规定的。

对劳动合同的无效或者部分无效有争议的,由劳动争议仲裁机构或者人民法院确认。

第二十七条　劳动合同部分无效,不影响其他部分效力的,其他部分仍然有效。

第二十八条　劳动合同被确认无效,劳动者已付出劳动的,用人单位应当向劳动者支付劳动报酬。劳动报酬的数额,参照本单位相同或者相近岗位劳动者的劳动报酬确定。

第三章　劳动合同的履行和变更

第二十九条　用人单位与劳动者应当按照劳动合同的约定,全面履行各自的义务。

第三十条　用人单位应当按照劳动合同约定和国家规定,向劳动者及时足额支付劳动报酬。

用人单位拖欠或者未足额支付劳动报酬的,劳动者可以依法向当地人民法院申请支付令,人民法院应当依法发出支付令。

第三十一条　用人单位应当严格执行劳动定额标准,不得强迫或者变相强迫劳动者加班。用人单位安排加班的,应当按照国家有关规定向劳动者支付加班费。

第三十二条　劳动者拒绝用人单位管理人员违章指挥、强令冒险作业的,不视为违反劳动合同。

劳动者对危害生命安全和身体健康的劳动条件,有权对用人单位提出批评、检举和控告。

第三十三条　用人单位变更名称、法定代表人、主要负责人或者投资人等事项,不影响劳动合同的履行。

第三十四条　用人单位发生合并或者分立等情况,原劳动合同继续有效,劳动合同由承继其权利和义务的用人单位继续履行。

第三十五条　用人单位与劳动者协商一致,可以变更劳动合同约定的内容。变更劳动合同,应当采用书面形式。

变更后的劳动合同文本由用人单位和劳动者各执一份。

第四章　劳动合同的解除和终止

第三十六条　用人单位与劳动者协商一致，可以解除劳动合同。

第三十七条　劳动者提前三十日以书面形式通知用人单位，可以解除劳动合同。劳动者在试用期内提前三日通知用人单位，可以解除劳动合同。

第三十八条　用人单位有下列情形之一的，劳动者可以解除劳动合同：

（一）未按照劳动合同约定提供劳动保护或者劳动条件的；

（二）未及时足额支付劳动报酬的；

（三）未依法为劳动者缴纳社会保险费的；

（四）用人单位的规章制度违反法律、法规的规定，损害劳动者权益的；

（五）因本法第二十六条第一款规定的情形致使劳动合同无效的；

（六）法律、行政法规规定劳动者可以解除劳动合同的其他情形。

用人单位以暴力、威胁或者非法限制人身自由的手段强迫劳动者劳动的，或者用人单位违章指挥、强令冒险作业危及劳动者人身安全的，劳动者可以立即解除劳动合同，不需事先告知用人单位。

第三十九条　劳动者有下列情形之一的，用人单位可以解除劳动合同：

（一）在试用期间被证明不符合录用条件的；

（二）严重违反用人单位的规章制度的；

（三）严重失职，营私舞弊，给用人单位造成重大损害的；

（四）劳动者同时与其他用人单位建立劳动关系，对完成本单位的工作任务造成严重影响，或者经用人单位提出，拒不改正的；

（五）因本法第二十六条第一款第（一）项规定的情形致使劳动合同无效的；

（六）被依法追究刑事责任的。

第四十条　有下列情形之一的，用人单位提前三十日以书面形式通知劳动者本人或者额外支付劳动者一个月工资后，可以解除劳动合同：

（一）劳动者患病或者非因工负伤，在规定的医疗期满后不能从事原工作，也不能从事由用人单位另行安排的工作的；

（二）劳动者不能胜任工作，经过培训或者调整工作岗位，仍不能胜任工作的；

（三）劳动合同订立时所依据的客观情况发生重大变化，致使劳动合同无法履行，经用人单位与劳动者协商，未能就变更劳动合同内容达成协议的。

第四十一条　有下列情形之一，需要裁减人员二十人以上或者裁减不足二十人但占企业职工总数百分之十以上的，用人单位提前三十日向工会或者全体职工说明情况，听取工会或者职工的意见后，裁减人员方案经向劳动行政部门报告，可以裁减人员：

（一）依照企业破产法规定进行重整的；

（二）生产经营发生严重困难的；

（三）企业转产、重大技术革新或者经营方式调整，经变更劳动合同后，仍需裁减人员的；

（四）其他因劳动合同订立时所依据的客观经济情况发生重大变化，致使劳动合同无法履行的。

裁减人员时，应当优先留用下列人员：

（一）与本单位订立较长期限的固定期限劳动合同的；

（二）与本单位订立无固定期限劳动合同的；

（三）家庭无其他就业人员，有需要扶养的老人或者未成年人的。

用人单位依照本条第一款规定裁减人员，在六个月内重新招用人员的，应当通知被裁减的人员，并在同等条件下优先招用被裁减的人员。

第四十二条　劳动者有下列情形之一的，用人单位不得依照本法第四十条、第四十一条的规定解除劳动合同：

（一）从事接触职业病危害作业的劳动者未进行离岗前职业健康检查，或者疑似职业病病人在诊断或者医学观察期间的；

（二）在本单位患职业病或者因工负伤并被确认丧失或者部分丧失劳动能力的；

（三）患病或者非因工负伤，在规定的医疗期内的；

（四）女职工在孕期、产期、哺乳期的；

（五）在本单位连续工作满十五年，且距法定退休年龄不足五年的；

（六）法律、行政法规规定的其他情形。

第四十三条　用人单位单方解除劳动合同，应当事先将理由通知工会。用人单位违反法律、行政法规规定或者劳动合同约定的，工会有权要求用人单位纠正。用人单位应当研究工会的意见，并将处理结果书面通知工会。

第四十四条　有下列情形之一的，劳动合同终止：

（一）劳动合同期满的；

（二）劳动者开始依法享受基本养老保险待遇的；

（三）劳动者死亡，或者被人民法院宣告死亡或者宣告失踪的；

（四）用人单位被依法宣告破产的；

(五)用人单位被吊销营业执照、责令关闭、撤销或者用人单位决定提前解散的;

(六)法律、行政法规规定的其他情形。

第四十五条　劳动合同期满,有本法第四十二条规定情形之一的,劳动合同应当续延至相应的情形消失时终止。但是,本法第四十二条第(二)项规定丧失或者部分丧失劳动能力劳动者的劳动合同的终止,按照国家有关工伤保险的规定执行。

第四十六条　有下列情形之一的,用人单位应当向劳动者支付经济补偿:

(一)劳动者依照本法第三十八条规定解除劳动合同的;

(二)用人单位依照本法第三十六条规定向劳动者提出解除劳动合同并与劳动者协商一致解除劳动合同的;

(三)用人单位依照本法第四十条规定解除劳动合同的;

(四)用人单位依照本法第四十一条第一款规定解除劳动合同的;

(五)除用人单位维持或者提高劳动合同约定条件续订劳动合同,劳动者不同意续订的情形外,依照本法第四十四条第(一)项规定终止固定期限劳动合同的;

(六)依照本法第四十四条第(四)项、第(五)项规定终止劳动合同的;

(七)法律、行政法规规定的其他情形。

第四十七条　经济补偿按劳动者在本单位工作的年限,每满一年支付一个月工资的标准向劳动者支付。六个月以上不满一年的,按一年计算;不满六个月的,向劳动者支付半个月工资的经济补偿。

劳动者月工资高于用人单位所在直辖市、设区的市级人民政府公布的本地区上年度职工月平均工资三倍的,向其支付经济补偿的标准按职工月平均工资三倍的数额支付,向其支付经济补偿的年限最高不超过十二年。

本条所称月工资是指劳动者在劳动合同解除或者终止前十二个月的平均工资。

第四十八条　用人单位违反本法规定解除或者终止劳动合同,劳动者要求继续履行劳动合同的,用人单位应当继续履行;劳动者不要求继续履行劳动合同或者劳动合同已经不能继续履行的,用人单位应当依照本法第八十七条规定支付赔偿金。

第四十九条　国家采取措施,建立、健全劳动者社会保险关系跨地区转移接续制度。

第五十条　用人单位应当在解除或者终止劳动合同时出具解除或者终止劳动合同的证明,并在十五日内为劳动者办理档案和社会保险关系转移手续。

劳动者应当按照双方约定,办理工作交接。用人单位依照本法有关规定应当向劳动者支付经济补偿的,在办结工作交接时支付。

用人单位对已经解除或者终止的劳动合同的文本,至少保存二年备查。

第五章　特别规定

第一节　集体合同

第五十一条　企业职工一方与用人单位通过平等协商,可以就劳动报酬、工作时间、休息休假、劳动安全卫生、保险福利等事项订立集体合同。集体合同草案应当提交职工代表大会或者全体职工讨论通过。

集体合同由工会代表企业职工一方与用人单位订立;尚未建立工会的用人单位,由上级工会指导劳动者推举的代表与用人单位订立。

第五十二条　企业职工一方与用人单位可以订立劳动安全卫生、女职工权益保护、工资调整机制等专项集体合同。

第五十三条　在县级以下区域内,建筑业、采矿业、餐饮服务业等行业可以由工会与企业方面代表订立行业性集体合同,或者订立区域性集体合同。

第五十四条　集体合同订立后,应当报送劳动行政部门;劳动行政部门自收到集体合同文本之日起十五日内未提出异议的,集体合同即行生效。

依法订立的集体合同对用人单位和劳动者具有约束力。行业性、区域性集体合同对当地本行业、本区域的用人单位和劳动者具有约束力。

第五十五条　集体合同中劳动报酬和劳动条件等标准不得低于当地人民政府规定的最低标准;用人单位与劳动者订立的劳动合同中劳动报酬和劳动条件等标准不得低于集体合同规定的标准。

第五十六条　用人单位违反集体合同,侵犯职工劳动权益的,工会可以依法要求用人单位承担责任;因履行集体合同发生争议,经协商解决不成的,工会可以依法申请仲裁、提起诉讼。

第二节　劳务派遣

第五十七条　经营劳务派遣业务应当具备下列条件:

(一)注册资本不得少于人民币二百万元;

(二)有与开展业务相适应的固定的经营场所和设施;

(三)有符合法律、行政法规规定的劳务派遣管理制度;

(四)法律、行政法规规定的其他条件。

经营劳务派遣业务,应当向劳动行政部门依法申请行政许可;经许可的,依法办理相应的公司登记。未经许可,任何单位和个人不得经营劳务派遣业务。

第五十八条　劳务派遣单位是本法所称用人单位，应当履行用人单位对劳动者的义务。劳务派遣单位与被派遣劳动者订立的劳动合同，除应当载明本法第十七条规定的事项外，还应当载明被派遣劳动者的用工单位以及派遣期限、工作岗位等情况。

劳务派遣单位应当与被派遣劳动者订立二年以上的固定期限劳动合同，按月支付劳动报酬；被派遣劳动者在无工作期间，劳务派遣单位应当按照所在地人民政府规定的最低工资标准，向其按月支付报酬。

第五十九条　劳务派遣单位派遣劳动者应当与接受以劳务派遣形式用工的单位(以下称用工单位)订立劳务派遣协议。劳务派遣协议应当约定派遣岗位和人员数量、派遣期限、劳动报酬和社会保险费的数额与支付方式以及违反协议的责任。

用工单位应当根据工作岗位的实际需要与劳务派遣单位确定派遣期限，不得将连续用工期限分割订立数个短期劳务派遣协议。

第六十条　劳务派遣单位应当将劳务派遣协议的内容告知被派遣劳动者。

劳务派遣单位不得克扣用工单位按照劳务派遣协议支付给被派遣劳动者的劳动报酬。

劳务派遣单位和用工单位不得向被派遣劳动者收取费用。

第六十一条　劳务派遣单位跨地区派遣劳动者的，被派遣劳动者享有的劳动报酬和劳动条件，按照用工单位所在地的标准执行。

第六十二条　用工单位应当履行下列义务：

(一)执行国家劳动标准，提供相应的劳动条件和劳动保护；

(二)告知被派遣劳动者的工作要求和劳动报酬；

(三)支付加班费、绩效奖金，提供与工作岗位相关的福利待遇；

(四)对在岗被派遣劳动者进行工作岗位所必需的培训；

(五)连续用工的，实行正常的工资调整机制。

用工单位不得将被派遣劳动者再派遣到其他用人单位。

第六十三条　被派遣劳动者享有与用工单位的劳动者同工同酬的权利。用工单位应当按照同工同酬原则，对被派遣劳动者与本单位同类岗位的劳动者实行相同的劳动报酬分配办法。用工单位无同类岗位劳动者的，参照用工单位所在地相同或者相近岗位劳动者的劳动报酬确定。

劳务派遣单位与被派遣劳动者订立的劳动合同和与用工单位订立的劳务派遣协议，载明或者约定的向被派遣劳动者支付的劳动报酬应当符合前款规定。

第六十四条　被派遣劳动者有权在劳务派遣单位或者用工单位依法参加或者组织工会，维护自身的合法权益。

第六十五条　被派遣劳动者可以依照本法第三十六条、第三十八条的规定与劳务派遣单位解除劳动合同。

被派遣劳动者有本法第三十九条和第四十条第(一)项、第(二)项规定情形的，用工单位可以将劳动者退回劳务派遣单位，劳务派遣单位依照本法有关规定，可以与劳动者解除劳动合同。

第六十六条　劳动合同用工是我国的企业基本用工形式。劳务派遣用工是补充形式，只能在临时性、辅助性或者替代性的工作岗位上实施。

前款规定的临时性工作岗位是指存续时间不超过六个月的岗位；辅助性工作岗位是指为主营业务岗位提供服务的非主营业务岗位；替代性工作岗位是指用工单位的劳动者因脱产学习、休假等原因无法工作的一定期间内，可以由其他劳动者替代工作的岗位。

用工单位应当严格控制劳务派遣用工数量，不得超过其用工总量的一定比例，具体比例由国务院劳动行政部门规定。

第六十七条　用人单位不得设立劳务派遣单位向本单位或者所属单位派遣劳动者。

第三节　非全日制用工

第六十八条　非全日制用工，是指以小时计酬为主，劳动者在同一用人单位一般平均每日工作时间不超过四小时，每周工作时间累计不超过二十四小时的用工形式。

第六十九条　非全日制用工双方当事人可以订立口头协议。

从事非全日制用工的劳动者可以与一个或者一个以上用人单位订立劳动合同；但是，后订立的劳动合同不得影响先订立的劳动合同的履行。

第七十条　非全日制用工双方当事人不得约定试用期。

第七十一条　非全日制用工双方当事人任何一方都可以随时通知对方终止用工。终止用工，用人单位不向劳动者支付经济补偿。

第七十二条　非全日制用工小时计酬标准不得低于用人单位所在地人民政府规定的最低小时工资标准。

非全日制用工劳动报酬结算支付周期最长不得超过十五日。

第六章　监督检查

第七十三条　国务院劳动行政部门负责全国劳动合同制度实施的监督管理。

县级以上地方人民政府劳动行政部门负责本行政区域内劳动合同制度实施的监督管理。

县级以上各级人民政府劳动行政部门在劳动合同制度实施的监督管理工作中，应当听取工会、企业方面代表以及有关行业主管部门的意见。

第七十四条　县级以上地方人民政府劳动行政部门依法对下列实施劳动合同制度的情况进行监督检查：

(一)用人单位制定直接涉及劳动者切身利益的规章制度及其执行的情况；

(二)用人单位与劳动者订立和解除劳动合同的情况；

(三)劳务派遣单位和用工单位遵守劳务派遣有关规定的情况；

(四)用人单位遵守国家关于劳动者工作时间和休息休假规定的情况；

(五)用人单位支付劳动合同约定的劳动报酬和执行最低工资标准的情况；

(六)用人单位参加各项社会保险和缴纳社会保险费的情况；

(七)法律、法规规定的其他劳动监察事项。

第七十五条　县级以上地方人民政府劳动行政部门实施监督检查时，有权查阅与劳动合同、集体合同有关的材料，有权对劳动场所进行实地检查，用人单位和劳动者都应当如实提供有关情况和材料。

劳动行政部门的工作人员进行监督检查，应当出示证件，依法行使职权，文明执法。

第七十六条　县级以上人民政府建设、卫生、安全生产监督管理等有关主管部门在各自职责范围内，对用人单位执行劳动合同制度的情况进行监督管理。

第七十七条　劳动者合法权益受到侵害的，有权要求有关部门依法处理，或者依法申请仲裁、提起诉讼。

第七十八条　工会依法维护劳动者的合法权益，对用人单位履行劳动合同、集体合同的情况进行监督。用人单位违反劳动法律、法规和劳动合同、集体合同的，工会有权提出意见或者要求纠正；劳动者申请仲裁、提起诉讼的，工会依法给予支持和帮助。

第七十九条　任何组织或者个人对违反本法的行为都有权举报，县级以上人民政府劳动行政部门应当及时核实、处理，并对举报有功人员给予奖励。

第七章　法律责任

第八十条　用人单位直接涉及劳动者切身利益的规章制度违反法律、法规规定的，由劳动行政部门责令改正，给予警告；给劳动者造成损害的，应当承担赔偿责任。

第八十一条　用人单位提供的劳动合同文本未载明本法规定的劳动合同必备条款或者用人单位未将劳动合同文本交付劳动者的，由劳动行政部门责令改正；给劳动者造成损害的，应当承担赔偿责任。

第八十二条　用人单位自用工之日起超过一个月不满一年未与劳动者订立书面劳动合同的，应当向劳动者每月支付两倍的工资。

用人单位违反本法规定不与劳动者订立无固定期限劳动合同的，自应当订立无固定期限劳动合同之日起向劳动者每月支付两倍的工资。

第八十三条　用人单位违反本法规定与劳动者约定试用期的，由劳动行政部门责令改正；违法约定的试用期已经履行的，由用人单位以劳动者试用期满月工资为标准，按已经履行的超过法定试用期的期间向劳动者支付赔偿金。

第八十四条　用人单位违反本法规定，扣押劳动者居民身份证等证件的，由劳动行政部门责令限期退还劳动者本人，并依照有关法律规定给予处罚。

用人单位违反本法规定，以担保或者其他名义向劳动者收取财物的，由劳动行政部门责令限期退还劳动者本人，并以每人五百元以上两千元以下的标准处以罚款；给劳动者造成损害的，应当承担赔偿责任。

劳动者依法解除或者终止劳动合同，用人单位扣押劳动者档案或者其他物品的，依照前款规定处罚。

第八十五条　用人单位有下列情形之一的，由劳动行政部门责令限期支付劳动报酬、加班费或者经济补偿；劳动报酬低于当地最低工资标准的，应当支付其差额部分；逾期不支付的，责令用人单位按应付金额百分之五十以上百分之一百以下的标准向劳动者加付赔偿金：

(一)未按照劳动合同的约定或者国家规定及时足额支付劳动者劳动报酬的；

(二)低于当地最低工资标准支付劳动者工资的；

(三)安排加班不支付加班费的；

(四)解除或者终止劳动合同，未依照本法规定向劳动者支付经济补偿的。

第八十六条　劳动合同依照本法第二十六条规定被确认无效，给对方造成损害的，有过错的一方应当承担赔偿责任。

第八十七条　用人单位违反本法规定解除或者终止劳动合同的，应当依照本法第四十七条规定的经济补偿标准的两倍向劳动者支付赔偿金。

第八十八条　用人单位有下列情形之一的，依法给予行政处罚；构成犯罪的，依法追究刑事责任；给劳动者造成损害的，应当承担赔偿责任：

(一)以暴力、威胁或者非法限制人身自由的手段强迫劳动的；

（二）违章指挥或者强令冒险作业危及劳动者人身安全的；

（三）侮辱、体罚、殴打、非法搜查或者拘禁劳动者的；

（四）劳动条件恶劣、环境污染严重，给劳动者身心健康造成严重损害的。

第八十九条 用人单位违反本法规定未向劳动者出具解除或者终止劳动合同的书面证明，由劳动行政部门责令改正；给劳动者造成损害的，应当承担赔偿责任。

第九十条 劳动者违反本法规定解除劳动合同，或者违反劳动合同中约定的保密义务或者竞业限制，给用人单位造成损失的，应当承担赔偿责任。

第九十一条 用人单位招用与其他用人单位尚未解除或者终止劳动合同的劳动者，给其他用人单位造成损失的，应当承担连带赔偿责任。

第九十二条 违反本法规定，未经许可，擅自经营劳务派遣业务的，由劳动行政部门责令停止违法行为，没收违法所得，并处违法所得一倍以上五倍以下的罚款；没有违法所得的，可以处五万元以下的罚款。

劳务派遣单位、用工单位违反本法有关劳务派遣规定的，由劳动行政部门责令限期改正；逾期不改正的，以每人五千元以上一万元以下的标准处以罚款，对劳务派遣单位，吊销其劳务派遣业务经营许可证。用工单位给被派遣劳动者造成损害的，劳务派遣单位与用工单位承担连带赔偿责任。

第九十三条 对不具备合法经营资格的用人单位的违法犯罪行为，依法追究法律责任；劳动者已经付出劳动的，该单位或者其出资人应当依照本法有关规定向劳动者支付劳动报酬、经济补偿、赔偿金；给劳动者造成损害的，应当承担赔偿责任。

第九十四条 个人承包经营违反本法规定招用劳动者，给劳动者造成损害的，发包的组织与个人承包经营者承担连带赔偿责任。

第九十五条 劳动行政部门和其他有关主管部门及其工作人员玩忽职守、不履行法定职责，或者违法行使职权，给劳动者或者用人单位造成损害的，应当承担赔偿责任；对直接负责的主管人员和其他直接责任人员，依法给予行政处分；构成犯罪的，依法追究刑事责任。

第八章 附 则

第九十六条 事业单位与实行聘用制的工作人员订立、履行、变更、解除或者终止劳动合同，法律、行政法规或者国务院另有规定的，依照其规定；未作规定的，依照本法有关规定执行。

第九十七条 本法施行前已依法订立且在本法施行之日存续的劳动合同，继续履行；本法第十四条第二款第（三）项规定连续订立固定期限劳动合同的次数，自本法施行后续订固定期限劳动合同时开始计算。

本法施行前已建立劳动关系，尚未订立书面劳动合同的，应当自本法施行之日起一个月内订立。

本法施行之日存续的劳动合同在本法施行后解除或者终止，依照本法第四十六条规定应当支付经济补偿的，经济补偿年限自本法施行之日起计算；本法施行前按照当时有关规定，用人单位应当向劳动者支付经济补偿的，按照当时有关规定执行。

第九十八条 本法自2008年1月1日起施行。

国家主席胡锦涛签署第74号令公布《全国人民代表大会常务委员会关于修改〈中华人民共和国农业法〉的决定》

《全国人民代表大会常务委员会关于修改〈中华人民共和国农业法〉的决定》已由中华人民共和国第十一届全国人民代表大会常务委员会第三十次会议于2012年12月28日通过，现予公布，自2013年1月1日起施行。

中华人民共和国主席 胡锦涛

2012年12月28日

全国人民代表大会常务委员会关于修改《中华人民共和国农业法》的决定

（2012年12月28日第十一届全国人民代表大会常务委员会第三十次会议通过）

第十一届全国人民代表大会常务委员会第三十次会议决定对《中华人民共和国农业法》作如下修改：

一、将第五十一条第一款修改为："国家设立的农业技术推广机构应当以农业技术试验示范基地为依托，承担公共所需的关键性技术的推广和示范等公益性职责，为农民和农业生产经营组织提供无偿农业技术服务。"

二、将第五十二条第一款修改为："农业科研单位、有关学校、农民专业合作社、涉农企业、群众性科技组织及有关科技人员，根据农民和农业生产经营组织的需要，可以提供无偿服务，也可以通过技术转让、技术服务、技术承包、技术咨询和技术入股等形式，提供有偿服务，取得合法收益。农业科研单位、有关学校、农民专业合作社、涉农企业、群众性科技组织及有关科技人员应当提高服务水平，保证服务质量。"

第三款修改为："国家鼓励和支持农民、供销合作社、其他企业事业单位等参与农业技术推广工作。"

本决定自2013年1月1日起施行。

《中华人民共和国农业法》根据本决定作相应修改，重新公布。

中华人民共和国农业法

第一章 总 则

第一条 为了巩固和加强农业在国民经济中的基础地位,深化农村改革,发展农业生产力,推进农业现代化,维护农民和农业生产经营组织的合法权益,增加农民收入,提高农民科学文化素质,促进农业和农村经济的持续、稳定、健康发展,实现全面建设小康社会的目标,制定本法。

第二条 本法所称农业,是指种植业、林业、畜牧业和渔业等产业,包括与其直接相关的产前、产中、产后服务。

本法所称农业生产经营组织,是指农村集体经济组织、农民专业合作经济组织、农业企业和其他从事农业生产经营的组织。

第三条 国家把农业放在发展国民经济的首位。

农业和农村经济发展的基本目标是:建立适应发展社会主义市场经济要求的农村经济体制,不断解放和发展农村生产力,提高农业的整体素质和效益,确保农产品供应和质量,满足国民经济发展和人口增长、生活改善的需求,提高农民的收入和生活水平,促进农村富余劳动力向非农产业和城镇转移,缩小城乡差别和区域差别,建设富裕、民主、文明的社会主义新农村,逐步实现农业和农村现代化。

第四条 国家采取措施,保障农业更好地发挥在提供食物、工业原料和其他农产品,维护和改善生态环境,促进农村经济社会发展等多方面的作用。

第五条 国家坚持和完善公有制为主体、多种所有制经济共同发展的基本经济制度,振兴农村经济。

国家长期稳定农村以家庭承包经营为基础、统分结合的双层经营体制,发展社会化服务体系,壮大集体经济实力,引导农民走共同富裕的道路。

国家在农村坚持和完善以按劳分配为主体、多种分配方式并存的分配制度。

第六条 国家坚持科教兴农和农业可持续发展的方针。

国家采取措施加强农业和农村基础设施建设,调整、优化农业和农村经济结构,推进农业产业化经营,发展农业科技、教育事业,保护农业生态环境,促进农业机械化和信息化,提高农业综合生产能力。

第七条 国家保护农民和农业生产经营组织的财产及其他合法权益不受侵犯。

各级人民政府及其有关部门应当采取措施增加农民收入,切实减轻农民负担。

第八条 全社会应当高度重视农业,支持农业发展。

国家对发展农业和农村经济有显著成绩的单位和个人,给予奖励。

第九条 各级人民政府对农业和农村经济发展工作统一负责,组织各有关部门和全社会做好发展农业和为发展农业服务的各项工作。

国务院农业行政主管部门主管全国农业和农村经济发展工作,国务院林业行政主管部门和其他有关部门在各自的职责范围内,负责有关的农业和农村经济发展工作。

县级以上地方人民政府各农业行政主管部门负责本行政区域内的种植业、畜牧业、渔业等农业和农村经济发展工作,林业行政主管部门负责本行政区域内的林业工作。县级以上地方人民政府其他有关部门在各自的职责范围内,负责本行政区域内有关的为农业生产经营服务的工作。

第二章 农业生产经营体制

第十条 国家实行农村土地承包经营制度,依法保障农村土地承包关系的长期稳定,保护农民对承包土地的使用权。

农村土地承包经营的方式、期限、发包方和承包方的权利义务、土地承包经营权的保护和流转等,适用《中华人民共和国土地管理法》和《中华人民共和国农村土地承包法》。

农村集体经济组织应当在家庭承包经营的基础上,依法管理集体资产,为其成员提供生产、技术、信息等服务,组织合理开发、利用集体资源,壮大经济实力。

第十一条 国家鼓励农民在家庭承包经营的基础上自愿组成各类专业合作经济组织。

农民专业合作经济组织应当坚持为成员服务的宗旨,按照加入自愿、退出自由、民主管理、盈余返还的原则,依法在其章程规定的范围内开展农业生产经营和服务活动。

农民专业合作经济组织可以有多种形式,依法成立、依法登记。任何组织和个人不得侵犯农民专业合作经济组织的财产和经营自主权。

第十二条 农民和农业生产经营组织可以自愿按照民主管理、按劳分配和按股分红相结合的原则,以资金、技术、实物等入股,依法兴办各类企业。

第十三条 国家采取措施发展多种形式的农业产业化经营,鼓励和支持农民和农业生产经营组织发展生产、加工、销售一体化经营。

国家引导和支持从事农产品生产、加工、流通服务的企业、科研单位和其他组织,通过与农民或者农民专业合作经济组织订立合同或者建立各类企业等形式,形成收益共享、风险共担的利益共同体,推进农业产业化经营,带动农业发展。

第十四条　农民和农业生产经营组织可以按照法律、行政法规成立各种农产品行业协会，为成员提供生产、营销、信息、技术、培训等服务，发挥协调和自律作用，提出农产品贸易救济措施的申请，维护成员和行业的利益。

第三章　农业生产

第十五条　县级以上人民政府根据国民经济和社会发展的中长期规划、农业和农村经济发展的基本目标和农业资源区划，制定农业发展规划。

省级以上人民政府农业行政主管部门根据农业发展规划，采取措施发挥区域优势，促进形成合理的农业生产区域布局，指导和协调农业和农村经济结构调整。

第十六条　国家引导和支持农民和农业生产经营组织结合本地实际按照市场需求，调整和优化农业生产结构，协调发展种植业、林业、畜牧业和渔业，发展优质、高产、高效益的农业，提高农产品国际竞争力。

种植业以优化品种、提高质量、增加效益为中心，调整作物结构、品种结构和品质结构。

加强林业生态建设，实施天然林保护、退耕还林和防沙治沙工程，加强防护林体系建设，加速营造速生丰产林、工业原料林和薪炭林。

加强草原保护和建设，加快发展畜牧业，推广圈养和舍饲，改良畜禽品种，积极发展饲料工业和畜禽产品加工业。

渔业生产应当保护和合理利用渔业资源，调整捕捞结构，积极发展水产养殖业、远洋渔业和水产品加工业。

县级以上人民政府应当制定政策，安排资金，引导和支持农业结构调整。

第十七条　各级人民政府应当采取措施，加强农业综合开发和农田水利、农业生态环境保护、乡村道路、农村能源和电网、农产品仓储和流通、渔港、草原围栏、动植物原种良种基地等农业和农村基础设施建设，改善农业生产条件，保护和提高农业综合生产能力。

第十八条　国家扶持动植物品种的选育、生产、更新和良种的推广使用，鼓励品种选育和生产、经营相结合，实施种子工程和畜禽良种工程。国务院和省、自治区、直辖市人民政府设立专项资金，用于扶持动植物良种的选育和推广工作。

第十九条　各级人民政府和农业生产经营组织应当加强农田水利设施建设，建立、健全农田水利设施的管理制度，节约用水，发展节水型农业，严格依法控制非农业建设占用灌溉水源，禁止任何组织和个人非法占用或者毁损农田水利设施。

国家对缺水地区发展节水型农业给予重点扶持。

第二十条　国家鼓励和支持农民和农业生产经营组织使用先进、适用的农业机械，加强农业机械安全管理，提高农业机械化水平。

国家对农民和农业生产经营组织购买先进农业机械给予扶持。

第二十一条　各级人民政府应当支持为农业服务的气象事业的发展，提高对气象灾害的监测和预报水平。

第二十二条　国家采取措施提高农产品的质量，建立、健全农产品质量标准体系和质量检验检测监督体系，按照有关技术规范、操作规程和质量卫生安全标准，组织农产品的生产经营，保障农产品质量安全。

第二十三条　国家支持依法建立、健全优质农产品认证和标志制度。

国家鼓励和扶持发展优质农产品生产。县级以上地方人民政府应当结合本地情况，按照国家有关规定采取措施，发展优质农产品生产。

符合国家规定标准的优质农产品可以依照法律或者行政法规的规定申请使用有关的标志。符合规定产地及生产规范要求的农产品可以依照有关法律或者行政法规的规定申请使用农产品地理标志。

第二十四条　国家实行动植物防疫、检疫制度，健全动植物防疫、检疫体系，加强对动物疫病和植物病、虫、杂草、鼠害的监测、预警、防治，建立重大动物疫情和植物病虫害的快速扑灭机制，建设动物无规定疫病区，实施植物保护工程。

第二十五条　农药、兽药、饲料和饲料添加剂、肥料、种子、农业机械等可能危害人畜安全的农业生产资料的生产经营，依照相关法律、行政法规的规定实行登记或者许可制度。

各级人民政府应当建立、健全农业生产资料的安全使用制度，农民和农业生产经营组织不得使用国家明令淘汰和禁止使用的农药、兽药、饲料添加剂等农业生产资料和其他禁止使用的产品。

农业生产资料的生产者、销售者应当对其生产、销售的产品的质量负责，禁止以次充好、以假充真、以不合格的产品冒充合格的产品；禁止生产和销售国家明令淘汰的农药、兽药、饲料添加剂、农业机械等农业生产资料。

第四章　农产品流通与加工

第二十六条　农产品的购销实行市场调节。国家对关系国计民生的重要农产品的购销活动实行必要的宏观调控，建立中央和地方分级储备调节制度，完善仓储运输体系，做到保证供应，稳定市场。

第二十七条　国家逐步建立统一、开放、竞争、有序的农产品市场体系，制定农产品批发市场发展规划。对农村集体经济组织和农民专业合作经济组织建立农产品批发市场和农产品集贸市场,国家给予扶持。

县级以上人民政府工商行政管理部门和其他有关部门按照各自的职责,依法管理农产品批发市场,规范交易秩序,防止地方保护与不正当竞争。

第二十八条　国家鼓励和支持发展多种形式的农产品流通活动。支持农民和农民专业合作经济组织按照国家有关规定从事农产品收购、批发、贮藏、运输、零售和中介活动。鼓励供销合作社和其他从事农产品购销的农业生产经营组织提供市场信息,开拓农产品流通渠道,为农产品销售服务。

县级以上人民政府应当采取措施,督促有关部门保障农产品运输畅通,降低农产品流通成本。有关行政管理部门应当简化手续,方便鲜活农产品的运输,除法律、行政法规另有规定外,不得扣押鲜活农产品的运输工具。

第二十九条　国家支持发展农产品加工业和食品工业,增加农产品的附加值。县级以上人民政府应当制定农产品加工业和食品工业发展规划,引导农产品加工企业形成合理的区域布局和规模结构,扶持农民专业合作经济组织和乡镇企业从事农产品加工和综合开发利用。

国家建立、健全农产品加工制品质量标准,完善检测手段,加强农产品加工过程中的质量安全管理和监督,保障食品安全。

第三十条　国家鼓励发展农产品进出口贸易。

国家采取加强国际市场研究、提供信息和营销服务等措施,促进农产品出口。

为维护农产品产销秩序和公平贸易,建立农产品进口预警制度,当某些进口农产品已经或者可能对国内相关农产品的生产造成重大的不利影响时,国家可以采取必要的措施。

第五章　粮食安全

第三十一条　国家采取措施保护和提高粮食综合生产能力,稳步提高粮食生产水平,保障粮食安全。

国家建立耕地保护制度,对基本农田依法实行特殊保护。

第三十二条　国家在政策、资金、技术等方面对粮食主产区给予重点扶持,建设稳定的商品粮生产基地,改善粮食收贮及加工设施,提高粮食主产区的粮食生产、加工水平和经济效益。

国家支持粮食主产区与主销区建立稳定的购销合作关系。

第三十三条　在粮食的市场价格过低时,国务院可以决定对部分粮食品种实行保护价制度。保护价应当根据有利于保护农民利益、稳定粮食生产的原则确定。

农民按保护价制度出售粮食,国家委托的收购单位不得拒收。

县级以上人民政府应当组织财政、金融等部门以及国家委托的收购单位及时筹足粮食收购资金,任何部门、单位或者个人不得截留或者挪用。

第三十四条　国家建立粮食安全预警制度,采取措施保障粮食供给。国务院应当制定粮食安全保障目标与粮食储备数量指标,并根据需要组织有关主管部门进行耕地、粮食库存情况的核查。

国家对粮食实行中央和地方分级储备调节制度,建设仓储运输体系。承担国家粮食储备任务的企业应当按照国家规定保证储备粮的数量和质量。

第三十五条　国家建立粮食风险基金,用于支持粮食储备、稳定粮食市场和保护农民利益。

第三十六条　国家提倡珍惜和节约粮食,并采取措施改善人民的食物营养结构。

第六章　农业投入与支持保护

第三十七条　国家建立和完善农业支持保护体系,采取财政投入、税收优惠、金融支持等措施,从资金投入、科研与技术推广、教育培训、农业生产资料供应、市场信息、质量标准、检验检疫、社会化服务以及灾害救助等方面扶持农民和农业生产经营组织发展农业生产,提高农民的收入水平。

在不与我国缔结或加入的有关国际条约相抵触的情况下,国家对农民实施收入支持政策,具体办法由国务院制定。

第三十八条　国家逐步提高农业投入的总体水平。中央和县级以上地方财政每年对农业总投入的增长幅度应当高于其财政经常性收入的增长幅度。

各级人民政府在财政预算内安排的各项用于农业的资金应当主要用于:加强农业基础设施建设;支持农业结构调整,促进农业产业化经营;保护粮食综合生产能力,保障国家粮食安全;健全动植物检疫、防疫体系,加强动物疫病和植物病、虫、杂草、鼠害防治;建立、健全农产品质量标准和检验检测监督体系、农产品市场及信息服务体系;支持农业科研教育、农业技术推广和农民培训;加强农业生态环境保护建设;扶持贫困地区发展;保障农民收入水平等。

县级以上各级财政用于种植业、林业、畜牧业、渔业、农田水利的农业基本建设投入应当统筹安排,协调增长。

国家为加快西部开发,增加对西部地区农业发展和生态环境保护的投入。

第三十九条　县级以上人民政府每年财政预算内安排的各项用于农业的资金应当及时足额拨付。各级人民政府应当加强对国家各项农业资金分配、使用过程的监督管理，保证资金安全，提高资金的使用效率。

任何单位和个人不得截留、挪用用于农业的财政资金和信贷资金。审计机关应当依法加强对用于农业的财政和信贷等资金的审计监督。

第四十条　国家运用税收、价格、信贷等手段，鼓励和引导农民和农业生产经营组织增加农业生产经营性投入和小型农田水利等基本建设投入。

国家鼓励和支持农民和农业生产经营组织在自愿的基础上依法采取多种形式，筹集农业资金。

第四十一条　国家鼓励社会资金投向农业，鼓励企业事业单位、社会团体和个人捐资设立各种农业建设和农业科技、教育基金。

国家采取措施，促进农业扩大利用外资。

第四十二条　各级人民政府应当鼓励和支持企业事业单位及其他各类经济组织开展农业信息服务。

县级以上人民政府农业行政主管部门及其他有关部门应当建立农业信息搜集、整理和发布制度，及时向农民和农业生产经营组织提供市场信息等服务。

第四十三条　国家鼓励和扶持农用工业的发展。

国家采取税收、信贷等手段鼓励和扶持农业生产资料的生产和贸易，为农业生产稳定增长提供物质保障。

国家采取宏观调控措施，使化肥、农药、农用薄膜、农业机械和农用柴油等主要农业生产资料和农产品之间保持合理的比价。

第四十四条　国家鼓励供销合作社、农村集体经济组织、农民专业合作经济组织、其他组织和个人发展多种形式的农业生产产前、产中、产后的社会化服务事业。县级以上人民政府及其各有关部门应当采取措施对农业社会化服务事业给予支持。

对跨地区从事农业社会化服务的，农业、工商管理、交通运输、公安等有关部门应当采取措施给予支持。

第四十五条　国家建立、健全农村金融体系，加强农村信用制度建设，加强农村金融监管。

有关金融机构应当采取措施增加信贷投入，改善农村金融服务，对农民和农业生产经营组织的农业生产经营活动提供信贷支持。

农村信用合作社应当坚持为农业、农民和农村经济发展服务的宗旨，优先为当地农民的生产经营活动提供信贷服务。

国家通过贴息等措施，鼓励金融机构向农民和农业生产经营组织的农业生产经营活动提供贷款。

第四十六条　国家建立和完善农业保险制度。

国家逐步建立和完善政策性农业保险制度。鼓励和扶持农民和农业生产经营组织建立为农业生产经营活动服务的互助合作保险组织，鼓励商业性保险公司开展农业保险业务。

农业保险实行自愿原则。任何组织和个人不得强制农民和农业生产经营组织参加农业保险。

第四十七条　各级人民政府应当采取措施，提高农业防御自然灾害的能力，做好防灾、抗灾和救灾工作，帮助灾民恢复生产，组织生产自救，开展社会互助互济；对没有基本生活保障的灾民给予救济和扶持。

第七章　农业科技与农业教育

第四十八条　国务院和省级人民政府应当制定农业科技、农业教育发展规划，发展农业科技、教育事业。

县级以上人民政府应当按照国家有关规定逐步增加农业科技经费和农业教育经费。

国家鼓励、吸引企业等社会力量增加农业科技投入，鼓励农民、农业生产经营组织、企业事业单位等依法举办农业科技、教育事业。

第四十九条　国家保护植物新品种、农产品地理标志等知识产权，鼓励和引导农业科研、教育单位加强农业科学技术的基础研究和应用研究，传播和普及农业科学技术知识，加速科技成果转化与产业化，促进农业科学技术进步。

国务院有关部门应当组织农业重大关键技术的科技攻关。国家采取措施促进国际农业科技、教育合作与交流，鼓励引进国外先进技术。

第五十条　国家扶持农业技术推广事业，建立政府扶持和市场引导相结合，有偿与无偿服务相结合，国家农业技术推广机构和社会力量相结合的农业技术推广体系，促使先进的农业技术尽快应用于农业生产。

第五十一条　国家设立的农业技术推广机构应当以农业技术试验示范基地为依托，承担公共所需的关键性技术的推广和示范等公益性职责，为农民和农业生产经营组织提供无偿农业技术服务。

县级以上人民政府应当根据农业生产发展需要，稳定和加强农业技术推广队伍，保障农业技术推广机构的工作经费。

各级人民政府应当采取措施，按照国家规定保障和改善从事农业技术推广工作的专业科技人员的工作条件、工资待遇和生活条件，鼓励他们为农业服务。

第五十二条　农业科研单位、有关学校、农民专业合作社、涉农企业、群众性科技组织及有关科技人员，根据农民和农业生产经营组织的需要，可以提供无偿服务，也可以通过技术转让、技术服务、技术承包、技术咨询和技术入股等形式，提供有偿服务，取得合法收益。农业科研单位、有关学校、农民专业合作社、涉农企业、群众性科技组织及有关科技人员应当提高服务水平，保证服务质量。

对农业科研单位、有关学校、农业技术推广机构举办的为农业服务的企业,国家在税收、信贷等方面给予优惠。

国家鼓励和支持农民、供销合作社、其他企业事业单位等参与农业技术推广工作。

第五十三条　国家建立农业专业技术人员继续教育制度。县级以上人民政府农业行政主管部门会同教育、人事等有关部门制订农业专业技术人员继续教育计划,并组织实施。

第五十四条　国家在农村依法实施义务教育,并保障义务教育经费。国家在农村举办的普通中小学校教职工工资由县级人民政府按照国家规定统一发放,校舍等教学设施的建设和维护经费由县级人民政府按照国家规定统一安排。

第五十五条　国家发展农业职业教育。国务院有关部门按照国家职业资格证书制度的统一规定,开展农业行业的职业分类、职业技能鉴定工作,管理农业行业的职业资格证书。

第五十六条　国家采取措施鼓励农民采用先进的农业技术,支持农民举办各种科技组织,开展农业实用技术培训、农民绿色证书培训和其他就业培训,提高农民的文化技术素质。

第八章　农业资源与农业环境保护

第五十七条　发展农业和农村经济必须合理利用和保护土地、水、森林、草原、野生动植物等自然资源,合理开发和利用水能、沼气、太阳能、风能等可再生能源和清洁能源,发展生态农业,保护和改善生态环境。

县级以上人民政府应当制定农业资源区划或者农业资源合理利用和保护的区划,建立农业资源监测制度。

第五十八条　农民和农业生产经营组织应当保养耕地,合理使用化肥、农药、农用薄膜,增加使用有机肥料,采用先进技术,保护和提高地力,防止农用地的污染、破坏和地力衰退。

县级以上人民政府农业行政主管部门应当采取措施,支持农民和农业生产经营组织加强耕地质量建设,并对耕地质量进行定期监测。

第五十九条　各级人民政府应当采取措施,加强小流域综合治理,预防和治理水土流失。从事可能引起水土流失的生产建设活动的单位和个人,必须采取预防措施,并负责治理因生产建设活动造成的水土流失。

各级人民政府应当采取措施,预防土地沙化,治理沙化土地。国务院和沙化土地所在地区的县级以上地方人民政府应当按照法律规定制定防沙治沙规划,并组织实施。

第六十条　国家实行全民义务植树制度。各级人民政府应当采取措施,组织群众植树造林,保护林地和林木,预防森林火灾,防治森林病虫害,制止滥伐、盗伐林木,提高森林覆盖率。

国家在天然林保护区域实行禁伐或者限伐制度,加强造林护林。

第六十一条　有关地方人民政府,应当加强草原的保护、建设和管理,指导、组织农(牧)民和农(牧)业生产经营组织建设人工草场、饲草饲料基地和改良天然草原,实行以草定畜,控制载畜量,推行划区轮牧、休牧和禁牧制度,保护草原植被,防止草原退化沙化和盐渍化。

第六十二条　禁止毁林毁草开垦、烧山开垦以及开垦国家禁止开垦的陡坡地,已经开垦的应当逐步退耕还林、还草。

禁止围湖造田以及围垦国家禁止围垦的湿地。已经围垦的,应当逐步退耕还湖、还湿地。

对在国务院批准规划范围内实施退耕的农民,应当按照国家规定予以补助。

第六十三条　各级人民政府应当采取措施,依法执行捕捞限额和禁渔、休渔制度,增殖渔业资源,保护渔业水域生态环境。

国家引导、支持从事捕捞业的农(渔)民和农(渔)业生产经营组织从事水产养殖业或者其他职业,对根据当地人民政府统一规划转产转业的农(渔)民,应当按照国家规定予以补助。

第六十四条　国家建立与农业生产有关的生物物种资源保护制度,保护生物多样性,对稀有、濒危、珍贵生物资源及其原生地实行重点保护。从境外引进生物物种资源应当依法进行登记或者审批,并采取相应安全控制措施。

农业转基因生物的研究、试验、生产、加工、经营及其他应用,必须依照国家规定严格实行各项安全控制措施。

第六十五条　各级农业行政主管部门应当引导农民和农业生产经营组织采取生物措施或者使用高效低毒低残留农药、兽药,防治动植物病、虫、杂草、鼠害。

农产品采收后的秸秆及其他剩余物质应当综合利用,妥善处理,防止造成环境污染和生态破坏。

从事畜禽等动物规模养殖的单位和个人应当对粪便、废水及其他废弃物进行无害化处理或者综合利用,从事水产养殖的单位和个人应当合理投饵、施肥、使用药物,防止造成环境污染和生态破坏。

第六十六条　县级以上人民政府应当采取措施,督促有关单位进行治理,防治废水、废气和固体废弃物对农业生态环境的污染。排放废水、废气和固体废弃物造成农业生态环境污染事故的，由环境保护行政主管部门或者农业行政主管部门依法调查处理；给农民和农业生产经营组织造成损失的，有关责任者应当依法赔偿。

第九章 农民权益保护

第六十七条 任何机关或者单位向农民或者农业生产经营组织收取行政、事业性费用必须依据法律、法规的规定。收费的项目、范围和标准应当公布。没有法律、法规依据的收费，农民和农业生产经营组织有权拒绝。

任何机关或者单位对农民或者农业生产经营组织进行罚款处罚必须依据法律、法规、规章的规定。没有法律、法规、规章依据的罚款，农民和农业生产经营组织有权拒绝。

任何机关或者单位不得以任何方式向农民或者农业生产经营组织进行摊派。除法律、法规另有规定外，任何机关或者单位以任何方式要求农民或者农业生产经营组织提供人力、财力、物力的，属于摊派。农民和农业生产经营组织有权拒绝任何方式的摊派。

第六十八条 各级人民政府及其有关部门和所属单位不得以任何方式向农民或者农业生产经营组织集资。

没有法律、法规依据或者未经国务院批准，任何机关或者单位不得在农村进行任何形式的达标、升级、验收活动。

第六十九条 农民和农业生产经营组织依照法律、行政法规的规定承担纳税义务。税务机关及代扣、代收税款的单位应当依法征税，不得违法摊派税款及以其他违法方法征税。

第七十条 农村义务教育除按国务院规定收取的费用外，不得向农民和学生收取其他费用。禁止任何机关或者单位通过农村中小学校向农民收费。

第七十一条 国家依法征收农民集体所有的土地，应当保护农民和农村集体经济组织的合法权益，依法给予农民和农村集体经济组织征地补偿，任何单位和个人不得截留、挪用征地补偿费用。

第七十二条 各级人民政府、农村集体经济组织或者村民委员会在农业和农村经济结构调整、农业产业化经营和土地承包经营权流转等过程中，不得侵犯农民的土地承包经营权，不得干涉农民自主安排的生产经营项目，不得强迫农民购买指定的生产资料或者按指定的渠道销售农产品。

第七十三条 农村集体经济组织或者村民委员会为发展生产或者兴办公益事业，需要向其成员（村民）筹资筹劳的，应当经成员（村民）会议或者成员（村民）代表会议过半数通过后，方可进行。

农村集体经济组织或者村民委员会依照前款规定筹资筹劳的，不得超过省级以上人民政府规定的上限控制标准，禁止强行以资代劳。

农村集体经济组织和村民委员会对涉及农民利益的重要事项，应当向农民公开，并定期公布财务账目，接受农民的监督。

第七十四条 任何单位和个人向农民或者农业生产经营组织提供生产、技术、信息、文化、保险等有偿服务，必须坚持自愿原则，不得强迫农民和农业生产经营组织接受服务。

第七十五条 农产品收购单位在收购农产品时，不得压级压价，不得在支付的价款中扣缴任何费用。法律、行政法规规定代扣、代收税款的，依照法律、行政法规的规定办理。

农产品收购单位与农产品销售者因农产品的质量等级发生争议的，可以委托具有法定资质的农产品质量检验机构检验。

第七十六条 农业生产资料使用者因生产资料质量问题遭受损失的，出售该生产资料的经营者应当予以赔偿，赔偿额包括购货价款、有关费用和可得利益损失。

第七十七条 农民或者农业生产经营组织为维护自身的合法权益，有向各级人民政府及其有关部门反映情况和提出合法要求的权利，人民政府及其有关部门对农民或者农业生产经营组织提出的合理要求，应当按照国家规定及时给予答复。

第七十八条 违反法律规定，侵犯农民权益的，农民或者农业生产经营组织可以依法申请行政复议或者向人民法院提起诉讼，有关人民政府及其有关部门或者人民法院应当依法受理。

人民法院和司法行政主管机关应当依照有关规定为农民提供法律援助。

第十章 农村经济发展

第七十九条 国家坚持城乡协调发展的方针，扶持农村第二、第三产业发展，调整和优化农村经济结构，增加农民收入，促进农村经济全面发展，逐步缩小城乡差别。

第八十条 各级人民政府应当采取措施，发展乡镇企业，支持农业的发展，转移富余的农业劳动力。

国家完善乡镇企业发展的支持措施，引导乡镇企业优化结构，更新技术，提高素质。

第八十一条 县级以上地方人民政府应当根据当地的经济发展水平、区位优势和资源条件，按照合理布局、科学规划、节约用地的原则，有重点地推进农村小城镇建设。

地方各级人民政府应当注重运用市场机制，完善相应政策，吸引农民和社会资金投资小城镇开发建设，发展第二、第三产业，引导乡镇企业相对集中发展。

第八十二条　国家采取措施引导农村富余劳动力在城乡、地区间合理有序流动。地方各级人民政府依法保护进入城镇就业的农村劳动力的合法权益，不得设置不合理限制，已经设置的应当取消。

第八十三条　国家逐步完善农村社会救济制度，保障农村五保户、贫困残疾农民、贫困老年农民和其他丧失劳动能力的农民的基本生活。

第八十四条　国家鼓励、支持农民巩固和发展农村合作医疗和其他医疗保障形式，提高农民健康水平。

第八十五条　国家扶持贫困地区改善经济发展条件，帮助进行经济开发。省级人民政府根据国家关于扶持贫困地区的总体目标和要求，制定扶贫开发规划，并组织实施。

各级人民政府应当坚持开发式扶贫方针，组织贫困地区的农民和农业生产经营组织合理使用扶贫资金，依靠自身力量改变贫穷落后面貌，引导贫困地区的农民调整经济结构、开发当地资源。扶贫开发应当坚持与资源保护、生态建设相结合，促进贫困地区经济、社会的协调发展和全面进步。

第八十六条　中央和省级财政应当把扶贫开发投入列入年度财政预算，并逐年增加，加大对贫困地区的财政转移支付和建设资金投入。

国家鼓励和扶持金融机构、其他企业事业单位和个人投入资金支持贫困地区开发建设。

禁止任何单位和个人截留、挪用扶贫资金。审计机关应当加强扶贫资金的审计监督。

第十一章　执法监督

第八十七条　县级以上人民政府应当采取措施逐步完善适应社会主义市场经济发展要求的农业行政管理体制。

县级以上人民政府农业行政主管部门和有关行政主管部门应当加强规划、指导、管理、协调、监督、服务职责，依法行政，公正执法。

县级以上地方人民政府农业行政主管部门应当在其职责范围内健全行政执法队伍，实行综合执法，提高执法效率和水平。

第八十八条　县级以上人民政府农业行政主管部门及其执法人员履行执法监督检查职责时，有权采取下列措施：

(一)要求被检查单位或者个人说明情况，提供有关文件、证照、资料；

(二)责令被检查单位或者个人停止违反本法的行为，履行法定义务。

农业行政执法人员在履行监督检查职责时，应当向被检查单位或者个人出示行政执法证件，遵守执法程序。有关单位或者个人应当配合农业行政执法人员依法执行职务，不得拒绝和阻碍。

第八十九条　农业行政主管部门与农业生产、经营单位必须在机构、人员、财务上彻底分离。农业行政主管部门及其工作人员不得参与和从事农业生产经营活动。

第十二章　法律责任

第九十条　违反本法规定，侵害农民和农业生产经营组织的土地承包经营权等财产权或者其他合法权益的，应当停止侵害，恢复原状；造成损失、损害的，依法承担赔偿责任。

国家工作人员利用职务便利或者以其他名义侵害农民和农业生产经营组织的合法权益的，应当赔偿损失，并由其所在单位或者上级主管机关给予行政处分。

第九十一条　违反本法第十九条、第二十五条、第六十二条、第七十一条规定的，依照相关法律或者行政法规的规定予以处罚。

第九十二条　有下列行为之一的，由上级主管机关责令限期归还被截留、挪用的资金，没收非法所得，并由上级主管机关或者所在单位给予直接负责的主管人员和其他直接责任人员行政处分；构成犯罪的，依法追究刑事责任：

(一)违反本法第三十三条第三款规定，截留、挪用粮食收购资金的；

(二)违反本法第三十九条第二款规定，截留、挪用用于农业的财政资金和信贷资金的；

(三)违反本法第八十六条第三款规定，截留、挪用扶贫资金的。

第九十三条　违反本法第六十七条规定，向农民或者农业生产经营组织违法收费、罚款、摊派的，上级主管机关应当予以制止，并予公告；已经收取钱款或者已经使用人力、物力的，由上级主管机关责令限期归还已经收取的钱款或者折价偿还已经使用的人力、物力，并由上级主管机关或者所在单位给予直接负责的主管人员和其他直接责任人员行政处分；情节严重，构成犯罪的，依法追究刑事责任。

第九十四条　有下列行为之一的，由上级主管机关责令停止违法行为，并给予直接负责的主管人员和其他直接责任人员行政处分，责令退还违法收取的集资款、税款或者费用：

(一)违反本法第六十八条规定，非法在农村进行集资、达标、升级、验收活动的；

(二)违反本法第六十九条规定，以违法方法向农民征税的；

(三)违反本法第七十条规定，通过农村中小学校向农民超额、超项目收费的。

第九十五条 违反本法第七十三条第二款规定，强迫农民以资代劳的，由乡（镇）人民政府责令改正，并退还违法收取的资金。

第九十六条 违反本法第七十四条规定，强迫农民和农业生产经营组织接受有偿服务的，由有关人民政府责令改正，并返还其违法收取的费用；情节严重的，给予直接负责的主管人员和其他直接责任人员行政处分；造成农民和农业生产经营组织损失的，依法承担赔偿责任。

第九十七条 县级以上人民政府农业行政主管部门的工作人员违反本法规定参与和从事农业生产经营活动的，依法给予行政处分；构成犯罪的，依法追究刑事责任。

第十三章 附 则

第九十八条 本法有关农民的规定，适用于国有农场、牧场、林场、渔场等企业事业单位实行承包经营的职工。

第九十九条 本法自2003年3月1日起施行。

国家主席胡锦涛签署第75号令任命国家工作人员

根据中华人民共和国第十一届全国人民代表大会常务委员会第三十次会议于2012年12月28日的决定：

免去孟建柱兼任的公安部部长职务；

任命郭声琨为公安部部长。

中华人民共和国主席 胡锦涛

2012年12月28日

全国人大常委会关于加强网络信息保护的决定

为了保护网络信息安全，保障公民、法人和其他组织的合法权益，维护国家安全和社会公共利益，特作如下决定：

一、国家保护能够识别公民个人身份和涉及公民个人隐私的电子信息。

任何组织和个人不得窃取或者以其他非法方式获取公民个人电子信息，不得出售或者非法向他人提供公民个人电子信息。

二、网络服务提供者和其他企业事业单位在业务活动中收集、使用公民个人电子信息，应当遵循合法、正当、必要的原则，明示收集、使用信息的目的、方式和范围，并经被收集者同意，不得违反法律、法规的规定和双方的约定收集、使用信息。

网络服务提供者和其他企业事业单位收集、使用公民个人电子信息，应当公开其收集、使用规则。

三、网络服务提供者和其他企业事业单位及其工作人员对在业务活动中收集的公民个人电子信息必须严格保密，不得泄露、篡改、毁损，不得出售或者非法向他人提供。

四、网络服务提供者和其他企业事业单位应当采取技术措施和其他必要措施，确保信息安全，防止在业务活动中收集的公民个人电子信息泄露、毁损、丢失。在发生或者可能发生信息泄露、毁损、丢失的情况时，应当立即采取补救措施。

五、网络服务提供者应当加强对其用户发布的信息的管理，发现法律、法规禁止发布或者传输的信息的，应当立即停止传输该信息，采取消除等处置措施，保存有关记录，并向有关主管部门报告。

六、网络服务提供者为用户办理网站接入服务，办理固定电话、移动电话等入网手续，或者为用户提供信息发布服务，应当在与用户签订协议或者确认提供服务时，要求用户提供真实身份信息。

七、任何组织和个人未经电子信息接收者同意或者请求，或者电子信息接收者明确表示拒绝的，不得向其固定电话、移动电话或者个人电子邮箱发送商业性电子信息。

八、公民发现泄露个人身份、散布个人隐私等侵害其合法权益的网络信息，或者受到商业性电子信息侵扰的，有权要求网络服务提供者删除有关信息或者采取其他必要措施予以制止。

九、任何组织和个人对窃取或者以其他非法方式获取、出售或者非法向他人提供公民个人电子信息的违法犯罪行为以及其他网络信息违法犯罪行为，有权向有关主管部门举报、控告；接到举报、控告的部门应当依法及时处理。被侵权人可以依法提起诉讼。

十、有关主管部门应当在各自职权范围内依法履行职责，采取技术措施和其他必要措施，防范、制止和查处窃取或者以其他非法方式获取、出售或者非法向他人提供公民个人电子信息的违法犯罪行为以及其他网络信息违法犯罪行为。有关主管部门依法履行职责时，网络服务提供者应当予以配合，提供技术支持。

国家机关及其工作人员对在履行职责中知悉的公民个人电子信息应当予以保密，不得泄露、篡改、毁损，不得出售或者非法向他人提供。

十一、对有违反本决定行为的，依法给予警告、罚款、没收违法所得、吊销许可证或者取消备案、关闭网站、禁止有关责任人员从事网络服务业务等处罚，记入社会信用档案并予以公布；构成违反治安管理行为的，依法给予治安管理处罚。构成犯罪的，依法追究刑事责任。侵害他人民事权益的，依法承担民事责任。

十二、本决定自公布之日起施行。

十一届全国人大常委会在人民大会堂举行题为《关于宪法规定的我国政治制度及其特点和优势》的讲座

吴邦国委员长主持讲座。

今年是1982年宪法即现行宪法公布施行30周年。主讲人全国人大常委会副秘书长、全国人大法律委员会副主任委员乔晓阳对宪法是国家的根本法、具有最高的法律效力、1982年宪法对我国政治制度的发展和完善、我国政治制度的特点和优势等方面作了讲解。

乔晓阳全面介绍了1982年宪法对我国政治制度的重要发展和完善:把四项基本原则写入宪法、在宪法结构上体现国家一切权力属于人民的根本原则、完善人民代表大会自身建设、改革行政管理体制、确立基层群众自治制度、废除干部领导职务终身制,等等。

乔晓阳集中阐述了宪法规定的我国政治制度的特点和优势,指出,我国宪法确立的人民代表大会制度经实践证明是最适合中国国情和实际的政治制度,体现了我们自己的特点,集中到一点就是坚持党的领导、人民当家做主和依法治国有机统一。

全国政协主席贾庆林主持召开政协第十一届全国委员会第五十四次主席会议

会议决定明年1月29日至2月1日举行政协第十一届常委会第二十次会议,为召开政协第十二届全国委员会第一次会议作准备。会议建议,明年3月3日召开政协第十二届全国委员会第一次会议。

会议审议通过了关于召开政协第十二届全国委员会第一次会议的决定草案、政协第十一届常委会第二十次会议议程草案和日程、政协第十一届常委会关于提案工作情况的报告草案,书面审议了政协第十一届全国委员会对外交往工作总结稿等文件。会议决定将上述文件草案提交政协第十一届常委会第二十次会议审议。

会议听取了全国政协副秘书长孙怀山、仝广成,提案委员会副主任孙淦就有关议题所作的说明。

贾庆林就做好当前重点工作提出要求。要认真学习宣传贯彻落实党的十八大精神,贯彻落实中央关于改进工作作风、密切联系群众的规定。要切实增强政治意识、大局意识,增强使命感、责任感,认真做好当前各项工作,精心组织、积极筹备好全国政协十二届一次会议。

国务院副总理李克强在九江主持召开长江沿线部分省份及城市负责人参加的区域发展与改革座谈会

李克强首先说,保持我国经济持续健康发展,出路在转方式调结构,而最大的结构调整就是扩大内需。内需潜力东部有,中西部回旋余地和发展空间更大,沿江地带是重要的战略支点。先沿海兴旺起来、再沿江加快发展,梯度推进,这符合经济发展规律。

李克强指出,我们发展的目的是人民富裕、国家强盛,而发展最大的差距是城乡差距和区域差距,这也是现代化建设最大的难题。从城乡看,6亿多农民与6亿多城镇人口的收入差距超过3倍;从区域看,东部人均国内生产总值平均超过8000美元,中西部最低的地方只有1000多美元,差距是巨大的。逐步缩小这两大差距,是发展的潜力和富民的动力。缩小城乡差距,要靠城镇化,发展现代农业,推进城乡一体化。缩小区域差距,要做好中西部开发开放这篇大文章。中部地区、长江流域是缩小区域差距的突破之地,就像下围棋,既要抢金角银边,又要在中间谋势布局。

李克强强调说,全面贯彻落实党的十八大和中央经济工作会议精神,就是要按照科学发展观的要求,着力推进发展与改革。

一是在扩大开放中扩大内需。既要扩大对外开放,又要扩大对内开放。外需我们自己决定不了,对内开放的潜力巨大。关起门来发展可能进入死胡同,开放才能发展一方、造福一方。中西部地区既要以开放促进发展,又要以开放带动改革。

二是推进市场化的体制改革。市场力量是行政力量难以替代的,经济区域不等于行政区域。政府要转变职能,破除横向、纵向限制,打破不合理的行政壁垒和市场分割。要培育建立统一的大市场,使要素流动跟着市场规律走,给社会腾出更多流动空间,增强发展的动力与活力。跨区域交通基础设施怎么连接,劳动力市场和社会保障体系怎么统一,都需要探索,长江流域有条件的地方可以先行先试。

三是建设法治化的市场经济。市场经济说到底是法治经济,市场化改革也是法治化改革。要推进权利公平、机会公平、规则公平,创造公平的市场环境、平等的竞争条件,使群众有更多的就业创业机会。推动区域发展要按科学规律办事,讲求实效,力戒形式主义,以制度作支撑,以法制作保障。

中共中央 国务院 中央军委电贺"北斗二号"卫星导航系统开通服务

总参谋部、总装备部、国家国防科技工业局、中国科学院、中国航天科技集团公司、中国电子科技集团公司、国防科技大学:

在全国各族人民认真学习贯彻党的十八大精神之际,欣悉"北斗二号"卫星导航系统正式开通,谨向你们表示热烈祝贺，并通过你们向参与系统研制建设、运行管理和服务保障的广大科技工作者、部队官兵和全体同志，致以崇高敬意和亲切慰问！

建设我国独立自主的卫星导航系统，是党中央、国务院、中央军委着眼国家安全和发展作出的重大决策。“北斗二号”卫星导航系统研制建设，凝聚了广大工程技术人员的聪明才智，体现了自主创新、团结协作、攻坚克难、追求卓越的北斗精神。该系统建成并投入使用，是国家和军队信息化建设的重要里程碑，是对我国经济社会发展的重要贡献，标志着我国卫星导航发展“三步走”战略的第二步取得了全面胜利，标志着我国在建立自主可控的卫星导航系统进程中又迈出了一大步，意义重大，影响深远。

成就来之不易，发展任重道远。希望你们紧密团结在以习近平同志为总书记的党中央周围，深入学习贯彻党的十八大精神，高举中国特色社会主义伟大旗帜，以邓小平理论、“三个代表”重要思想、科学发展观为指导，胸怀理想、坚定信念、求真务实、开拓创新，推动中国卫星导航事业再上新台阶，为国防和军队现代化建设，为全面建成小康社会、夺取中国特色社会主义新胜利作出新的更大贡献！

中共中央
国务院
中央军委
2012年12月28日

大亚湾中微子实验发现新的中微子振荡模式被美国《科学》杂志评选为2012年度十大科学突破

12月29日

中共中央总书记习近平在河北太行山区农村看望困难群众

习近平到河北省阜平县看望慰问困难群众，考察扶贫开发工作。他强调，消除贫困、改善民生、实现共同富裕，是社会主义的本质要求。对困难群众，我们要格外关注、格外关爱、格外关心，千方百计帮助他们排忧解难，把群众的安危冷暖时刻放在心上，把党和政府的温暖送到千家万户。

调研中，习近平还来到村卫生室，仔细了解新型农村合作医疗制度落实和药品供应情况，叮嘱当地干部要关心乡亲们身体健康，保障大家能看上病、治好病。他还察看了顾家台村的小卖部，了解农村日常用品供应情况。他强调，元旦将至，春节也很快就要到来。各级党委和政府要做好节前各项工作，让群众过上欢乐祥和的节日。

国务院发布《关于城市优先发展公共交通的指导意见》

各省、自治区、直辖市人民政府，国务院各部委、各直属机构：

近年来，我国城市公共交通得到快速发展，技术装备水平不断提高，基础设施建设运营成绩显著，人民群众出行更加方便，但随着我国城镇化加速发展，城市交通发展面临新的挑战。城市公共交通具有集约高效、节能环保等优点，优先发展公共交通是缓解交通拥堵、转变城市交通发展方式、提升人民群众生活品质、提高政府基本公共服务水平的必然要求，是构建资源节约型、环境友好型社会的战略选择。为实施城市公共交通优先发展战略，现提出以下指导意见：

一、树立优先发展理念

深入贯彻落实科学发展观，加快转变城市交通发展方式，突出城市公共交通的公益属性，将公共交通发展放在城市交通发展的首要位置，着力提升城市公共交通保障水平。在规划布局、设施建设、技术装备、运营服务等方面，明确公共交通发展目标，落实保障措施，创新体制机制，形成城市公共交通优先发展的新格局。

二、把握科学发展原则

一是方便群众。把改善城市公共交通条件、方便群众日常出行作为首要原则，推动网络化建设，增强供给能力，优化换乘条件，提高服务品质，确保群众出行安全可靠、经济适用、便捷高效。

二是综合衔接。突出公共交通在城市总体规划中的地位和作用，按照科学合理、适度超前的原则编制城市公共交通规划，加强与其他交通方式的衔接，提高一体化水平，统筹基础设施建设与运营组织管理，引导城市空间布局的优化调整。

三是绿色发展。按照资源节约和环境保护的要求，以节能减排为重点，大力发展低碳、高效、大容量的城市公共交通系统，加快新技术、新能源、新装备的推广应用，倡导绿色出行。

四是因地制宜。根据城市功能定位、发展条件和交通需求等特点，科学确定公共交通发展目标和发展模式。明确城市公共交通的主导方式，选择合理的建设实施方案，建立适宜的运行管理机制，配套相应的政策保障措施。

三、明确总体发展目标

通过提高运输能力、提升服务水平、增强公共交通竞争力和吸引力，构建以公共交通为主的城市机动化出行系统，同时改善步行、自行车出行条件。要发展多种形式的大容量公共交通工具，建设综合交通枢纽，优化换乘中心功能和布局，提高站点覆盖率，提升公共交通出行分担比例，确立公共交通在城市交通中的主体地位。

科学研究确定城市公共交通模式，根据城市实际发展需要合理规划建设以公共汽(电)车为主体的地面公共交通系统，包括快速公共汽车、现代有轨电车等大容量地面公共交通系统，有条件的特大城市、大城市有序推进轨道交通系统建设。提高城市公共交通车辆的保有水平和公共汽(电)车平均运营时速，大城市要基本实现中心城区公共交通站点500米全覆盖，公共交通占机动化出行比例达到60%左右。

四、实施加快发展政策

(一)强化规划调控。

要强化城市总体规划对城市发展建设的综合调控，统筹城市发展布局、功能分区、用地配置和交通发展，倡导公共交通支撑和引导城市发展的规划模式，科学制定城市综合交通规划和公共交通规划。城市综合交通规划应明确公共交通优先发展原则，统筹重大交通基础设施建设，合理配置和利用各种交通资源。城市公共交通规划要科学规划线网布局，优化重要交通节点设置和方便衔接换乘，落实各种公共交通方式的功能分工，加强与个体机动化交通以及步行、自行车出行的协调，促进城市内外交通便利衔接和城乡公共交通一体化发展。

(二)加快基础设施建设。

提升公共交通设施和装备水平，提高公共交通的便利性和舒适性。科学有序发展城市轨道交通，积极发展大容量地面公共交通，加快调度中心、停车场、保养场、首末站以及停靠站的建设，提高公共汽(电)车的进场率；推进换乘枢纽及步行道、自行车道、公共停车场等配套服务设施建设，将其纳入城市旧城改造和新城建设规划同步实施。鼓励新能源公共交通车辆应用，加快老旧车辆更新淘汰，保障公共交通运营设备的更新和维护，提高整体运输能力。

(三)加强公共交通用地综合开发。

城市控制性详细规划要与城市综合交通规划和公共交通规划相互衔接，优先保障公共交通设施用地。加强公共交通用地监管，改变土地用途的由政府收回后重新供应用于公共交通基础设施建设。对新建公共交通设施用地的地上、地下空间，按照市场化原则实施土地综合开发。对现有公共交通设施用地，支持原土地使用者在符合规划且不改变用途的前提下进行立体开发。公共交通用地综合开发的收益用于公共交通基础设施建设和弥补运营亏损。

(四)加大政府投入。

城市人民政府要将公共交通发展资金纳入公共财政体系，重点增加大容量公共交通、综合交通枢纽、场站建设以及车辆设备购置和更新的投入。“十二五”期间，免征城市公共交通企业新购置的公共汽(电)车的车辆购置税；依法减征或者免征公共交通车船的车船税；落实对城市公共交通行业的成品油价格补贴政策，确保补贴及时足额到位。对城市轨道交通运营企业实施电价优惠。

(五)拓宽投资渠道。

推进公共交通投融资体制改革，进一步发挥市场机制的作用。支持公共交通企业利用优质存量资产，通过特许经营、战略投资、信托投资、股权融资等多种形式，吸引和鼓励社会资金参与公共交通基础设施建设和运营，在市场准入标准和优惠扶持政策方面，对各类投资主体同等对待。公共交通企业可以开展与运输服务主业相关的其他经营业务，改善企业财务状况，增强市场融资能力。要加强银企合作，创新金融服务，为城市公共交通发展提供优质、低成本的融资服务。

(六)保障公共交通路权优先。

优化公共交通线路和站点设置，逐步提高覆盖率、准点率和运行速度，改善公共交通通达性和便捷性。增加公共交通优先车道，扩大信号优先范围，逐步形成公共交通优先通行网络。集约利用城市道路资源，允许机场巴士、校车、班车使用公共交通优先车道。增加公共交通优先通行管理设施投入，加强公共交通优先车道的监控和管理，在拥堵区域和路段取消占道停车，充分利用科技手段，加大对交通违法行为的执法力度。

(七)鼓励智能交通发展。

按照智能化、综合化、人性化的要求，推进信息技术在城市公共交通运营管理、服务监管和行业管理等方面的应用，重点建设公众出行信息服务系统、车辆运营调度管理系统、安全监控系统和应急处置系统。加强城市公共交通与其他交通方式、城市道路交通管理系统的信息共享和资源整合，提高服务效率。“十二五”期间，进一步完善城市公共交通移动支付体系建设，全面推广普及城市公共交通“一卡通”，加快其在城市不同交通方式中的应用。加快完善标准体系，逐步实现跨市域公共交通“一卡通”的互联互通。

五、建立持续发展机制

(一)完善价格补贴机制。

综合考虑社会承受能力、企业运营成本和交通供求状况，完善价格形成机制，根据服务质量、运输距离以及各种公共交通换乘方式等因素，建立多层次、差别化的价格体系，增强公共交通吸引力。合理界定补贴补偿范围，对实行低票价、减免票、承担政府指令性任务等形成的政策性亏损，对企业在技术改造、节能减排、经营冷僻线路等方面的投入，地方财政给予适当补贴补偿。建立公共交通企业职工工资收入正常增长机制。

(二)健全技术标准体系。

修订和完善公共交通基础设施的建设标准；规范轨道交通、公共汽(电)车等装备的产品标准；建立新能源车辆性能检验等技术标准；制定公共交通运营的服务标准，构建服务质量评价指标体系。研究公共交通技术政策，明确技术发展方向。

(三)推行交通综合管理。

综合运用法律、经济、行政等手段，有效调控、合理引导个体机动化交通需求。在特大城市尝试实施不同区域、不同类型停车场差异化收费和建设驻车换乘系统等需求管理措施，加强停车设施规划建设及管理。发展中小学校车服务系统，加强资质管理，制定安全和服务标准。"十二五"期间，初步建立出租汽车服务管理信息系统，大力推广出租汽车电话约车服务，方便群众乘车，减少空驶。大力发展汽车租赁、包车客运等交通服务方式，通过社会化、市场化手段，满足企事业单位和个人商务、旅游等多样化的出行需求，提高车辆的利用效率。落实城市建设项目交通影响评价制度，并作为项目实施的前置性条件，严格落实公共交通配建标准，实现同步设计、同步建设、同步验收。大力加强公共交通和绿色出行的宣传和引导。

(四)健全安全管理制度。

强化安全第一、质量为本的理念。城市人民政府要切实加强公共交通的安全监管，完善安全标准体系，健全安全管理制度，落实监管责任，加大安全投入，制定应急预案。重大公共交通项目建设要严格执行法定程序和工程标准，保证合理工期，加强验收管理。城市公共交通企业作为安全责任主体，要完善各项规章制度和岗位规范，健全安全管理机构，配备专职管理人员，落实安全管理责任，加大经费投入，定期开展安全检查和隐患排查，严格实施车辆维修和报废制度，增强突发事件防范和应急能力。规范技术和产品标准，构建服务质量评价指标体系。要高度重视轨道交通的建设、运营安全，强化风险评估与防控，完善轨道交通工程验收和试运营审核及第三方安全评估制度。

(五)规范重大决策程序。

推进城市公共交通重大决策法制化、民主化、公开化。研究出台公共交通优先发展的法规规章，地方人民政府推动配套制定和完善地方性法规，为城市公共交通的资金投入、土地开发、路权优先等扶持政策提供法律保障。规范城市人民政府公共交通重大决策程序，实行线网规划编制公示制度和运营价格听证制度。建立城市公共交通运营成本和服务质量信息公开制度，加强社会监督。

(六)建立绩效评价制度。

加快建立、健全城市公共交通发展绩效评价制度，国务院有关部门研究制定评价办法，定期对全国重点城市公共交通发展水平进行绩效评价。各城市要通过公众参与、专家咨询等多种方式，对公共交通企业服务质量和运营安全进行定期评价，结果作为衡量公交企业运营绩效、发放政府补贴的重要依据。

发展城市公共交通，城市人民政府是责任主体，省级人民政府负责监督、指导，国务院有关部门要做好制定宏观发展政策和完善相关法规规章等工作。各级人民政府、各有关部门要按照职责分工，主动协调、密切配合，推动城市公共交通实现又好又快发展。

国务院

2012年12月29日

12月30日

2013年新年京剧晚会在国家大剧院举行

党和国家领导人习近平、李克强、张德江、俞正声、刘云山、王岐山、张高丽，与首都近千名群众一起观看演出，喜迎新年的到来。

在热情奔放的《迎春曲》中，晚会的帷幕徐徐拉开。晚会上，既演唱了《锁麟囊》《罢宴》《状元媒》《太真外传》《赤桑镇》《四郎探母》《穆桂英挂帅》等经典名段，又演唱了新编京剧《建安轶事》《韩玉娘》《江姐》《贞观盛事》选段，还表演了武戏《梁红玉》选段。让观众领略到京剧艺术不同流派的无穷韵味，展示出京剧艺术推陈出新、百花齐放的喜人景象。

整台晚会京剧名角、梨园新秀云集荟萃，经典唱段、新编剧目精彩纷呈，集中展现了京剧艺术历久弥新的永恒魅力和创新发展的蓬勃生机。梅葆玖、尚长荣、李维康、于魁智等艺术家和演员的精湛表演，赢得全场观众阵阵喝彩和掌声。

马凯、王刚、王沪宁、刘延东、刘奇葆、李源潮、栗战书、郭金龙、乌云其木格、白立忱、张榕明、万钢、王志珍等也观看了演出。

教育部等部门发布2011年全国教育经费执行情况统计公告

公告显示，2011年全国国内生产总值为472882亿元，国家财政性教育经费占国内生产总值比例为3.93%，比上年的3.65%增长了0.28个百分点。

2011年全国教育经费执行情况监测结果表明，政府教育投入总量继续增加，国家财政性教育经费占国内生产总值比例以及公共财政预算教育经费占公共财政支出比例均比上年有所增加。中央和地方各级政府公共财政预算教育拨款(不包括教育费附加)为16804.56亿元，比上年的13489.56亿元增长24.57%。

北京市随迁子女升学考试工作方案出台

方案明确提出：坚持以人为本、促进公平，把做好随迁子女接受义务教育后在京参加升学考试工作，作为保障和改进民生、加强和创新社会管理、维护社会和谐的重大举措，摆上议事日程。坚持积极稳妥、整体推进，充分考虑北京市作为特大城市的人口、资源、环境和教育资源承载能力，整体规划未来北京市各级各类教育的发展，逐步构建以常住人口为对象的社会管理体制和公共教育服务体系。坚持统筹兼顾、分步实施，尽可能地通过不断增加教育资源来逐步缓解升学压力，努力保障进城务工人员随迁子女公平受教育权利和北京市中考高考录取总体比例不受影响。

做好随迁子女接受义务教育后在当地参加升学考试工作，不仅是一项教育改革，也是一项涉及就业、住房、社保、公共服务、人口管理等诸多方面的综合改革，更是一项复杂的社会系统工程。北京市将根据城市功能定位、产业结构布局和城市资源承载力，在进一步完善进城务工人员服务管理制度的基础上，抓紧研究出台与之相挂钩的随迁子女升学考试办法，并争取在2013年出台。

由于政策体制需要进一步创新和完善，各有关工作需要准备和细化，北京市设置了新制度实施前的过渡期。为了方便进城务工人员随迁子女在京升学考试，先行出台一些措施缓解当前突出矛盾。包括：(一)自2013年起，凡进城务工人员持有有效北京市居住证明，有合法稳定的住所，合法稳定职业已满3年，在京连续缴纳社会保险已满3年，其随迁子女具有本市学籍且已在京连续就读初中3年学习年限的，可以参加北京市中等职业学校的考试录取。其中来自农村的学生和学习涉农专业等符合相关规定的学生享有北京市中等职业教育免学费和国家助学金政策。学生从中等职业学校毕业后，可按照有关规定参加高等职业学校的考试录取。(二)自2014年起，凡进城务工人员持有有效北京市居住证明，有合法稳定的住所，合法稳定职业已满6年，在京连续缴纳社会保险已满6年，其随迁子女具有本市学籍且已在京连续就读高中阶段教育3年学习年限的，可以在北京参加高等职业学校的考试录取。学生从高等职业学校毕业后，可以参加优秀应届毕业生升入本科阶段学习的推荐与考试录取。(三)自2014年起，凡进城务工人员持有有效北京市居住证明，具有合法稳定职业及合法稳定住所，其随迁子女具有本市学籍且已在京连续就读高中阶段教育3年学习年限的，可选择在京借考高考。北京市按教育部相关文件规定，经学生户籍所在省同意后为学生提供高考文化课在京借考服务，学生回户籍所在省参加高校招生录取。(四)凡进城务工人员持有有效北京市居住证明，其随迁子女均可按照有关规定，和户籍学生同等待遇报名参加北京市成人高等教育、高等教育自学考试、网络高等教育、开放大学的考试录取。

12月31日

中共中央政治局召开会议研究部署党风廉政建设和反腐败工作

会议听取中央纪律检查委员会工作汇报，研究部署2013年党风廉政建设和反腐败工作。中共中央总书记习近平主持会议。

会议指出，党的十八大科学判断反腐败斗争形势，对当前和今后一个时期党风廉政建设和反腐败工作作出新部署。新形势下，反腐败斗争形势依然严峻，少数党员干部宗旨意识淡薄，形式主义、官僚主义问题突出，奢侈浪费现象严重，一些领域消极腐败现象易发多发，个别领导干部特别是高级干部严重违纪违法。全党必须增强忧患意识、风险意识、责任意识，既坚定果断刹风整纪，加大办案力度，坚决遏制腐败现象蔓延势头，又树立长期作战思想，注重深化改革，健全体制机制，加强源头治理，不断铲除腐败现象滋生蔓延的土壤，不断以反腐倡廉实际成效推进廉洁政治建设。

会议强调，2013年，各级党委、政府和纪检监察机关要以党的十八大精神为指导，认真学习贯彻习近平同志关于反腐倡廉的重要论述，坚持党要管党、从严治党，坚持标本兼治、综合治理、惩防并举、注重预防，全面推进惩治和预防腐败体系建设，着力严明党的纪律特别是政治纪律，切实转变领导机关和领导干部工作作风，认真解决反腐倡廉中的突出问题，明确重点、狠抓落实，改革创新、攻坚克难，推动党风廉政建设和反腐败斗争向纵深发展。

会议要求，坚决维护党章的权威性和严肃性，加强对党的路线方针政策和决议执行情况的监督检查，加强对党的政治纪律、组织纪律、宣传纪律、群众工作纪律执行情况的督促检查，维护党的集中统一。认真落实中央关于改进工作作风、密切联系群众的八项规定，严格执行廉洁从政有关规定，反对形式主义、官僚主义，坚决制止奢侈浪费。把监督执行八项规定作为经常性工作，制定监督检查办法和纪律处分规定，强化日常监督，做到出实招、动真格、见实效。坚持有案必查、有腐必惩，严肃查办违纪违法案件，保持惩治腐败高压态势。加大预防腐败工作力度，加强反腐倡廉教育，强化对权力运行的制约和监督，推进反腐倡廉法规制度建设。加强基层党风廉政建设，深入开展纠风和专项治理，认真解决发生在群众身边的不正之风和腐败问题。用铁的纪律打造人民满意的纪检监察干部队伍，树立纪检监察干部忠诚可靠、服务人民、刚正不阿、秉公执纪的良好形象。

会议同意明年1月召开第十八届中央纪律检查委员会第二次全体会议。

中共中央总书记习近平在北京主持中共中央政治局第二次集体学习

第十八届中共中央政治局就坚定不移推进改革开放进行第二次集体学习。中共中央总书记习近平在主持学习时强调，改革开放是一项长期的、艰巨的、繁重的事业，必须一代又一代人接力干下去。必须坚持社会主义市场经济的改革方向，坚持对外开放的基本国策，以更大的政治勇气和智慧，不失时机深化重要领域改革，朝着党的十八大指引的改革开放方向奋勇前进。

中央党史研究室李向前研究员、国家发展改革委宏观经济研究院王一鸣研究员等就这个问题进行了讲解，并谈了他们的意见和建议。

中共中央政治局各位同志认真听取了他们的讲解，并就有关问题进行了讨论。

习近平在主持学习时发表了讲话。他指出，历史、现实、未来是相通的。历史是过去的现实，现实是未来的历史。要把党的十八大确立的改革开放重大部署落实好，就要认真回顾和深入总结改革开放的历程，更加深刻地认识改革开放的历史必然性，更加自觉地把握改革开放的规律性，更加坚定地肩负起深化改革开放的重大责任。

习近平强调，必须认真总结和运用改革开放的成功经验。他就此提出5点意见。第一，改革开放是一场深刻革命，必须坚持正确方向，沿着正确道路推进。在方向问题上，我们头脑必须十分清醒，不断推动社会主义制度自我完善和发展，坚定不移走中国特色社会主义道路。第二，改革开放是前无古人的崭新事业，必须坚持正确的方法论，在不断实践探索中推进。摸着石头过河，是富有中国特色、符合中国国情的改革方法。摸着石头过河就是摸规律，从实践中获得真知。摸着石头过河和加强顶层设计是辩证统一的，推进局部的阶段性改革开放要在加强顶层设计的前提下进行，加强顶层设计要在推进局部的阶段性改革开放的基础上来谋划。要加强宏观思考和顶层设计，更加注重改革的系统性、整体性、协同性，同时也要继续鼓励大胆试验、大胆突破，不断把改革开放引向深入。第三，改革开放是一个系统工程，必须坚持全面改革，在各项改革协同配合中推进。改革开放是一场深刻而全面的社会变革，每一项改革都会对其他改革产生重要影响，每一项改革又都需要其他改革协同配合。要更加注重各项改革的相互促进、良性互动，整体推进，重点突破，形成推进改革开放的强大合力。第四，稳定是改革发展的前提，必须坚持改革发展稳定的统一。只有社会稳定，改革发展才能不断推进；只有改革发展不断推进，社会稳定才能具有坚实基础。要坚持把改革的力度、发展的速度和社会可承受的程度统一起来，把改善人民生活作为正确处理改革发展稳定关系的结合点。第五，改革开放是亿万人民自己的事业，必须坚持尊重人民首创精神，坚持在党的领导下推进。改革开放在认识和实践上的每一次突破和发展，改革开放中每一个新生事物的产生和发展，改革开放每一个方面经验的创造和积累，无不来自亿万人民的实践和智慧。改革发展稳定任务越繁重，我们越要加强和改善党的领导，越要保持党同人民群众的血肉联系，善于通过提出和贯彻正确的路线方针政策带领人民前进，善于从人民的实践创造和发展要求中完善政策主张，使改革发展成果更多更公平惠及全体人民，不断为深化改革开放夯实群众基础。

习近平强调，改革开放只有进行时没有完成时。没有改革开放，就没有中国的今天，也就没有中国的明天。改革开放中的矛盾只能用改革开放的办法来解决。我们要全面贯彻党的十八大精神，坚持以邓小平理论、“三个代表”重要思想、科学发展观为指导，积极回应广大人民群众对深化改革开放的强烈呼声和殷切期待，凝聚社会共识，协调推进各领域各环节改革，努力把改革开放推向前进。

国家主席胡锦涛发表2012年新年贺词

新年前夕，国家主席胡锦涛通过中国国际广播电台、中央人民广播电台、中央电视台，发表了题为《共同促进世界和平与发展》的新年贺词。全文如下：

2012年的新年钟声即将敲响。在这辞旧迎新的美好时刻，我很高兴通过中国国际广播电台、中央人民广播电台和中央电视台，向全国各族人民，向香港特别行政区同胞和澳门特别行政区同胞，向台湾同胞和海外侨胞，向世界各国的朋友们，致以新年的祝福！

2011年是中国“十二五”时期开局之年。面对复杂多变的国际形势和艰巨繁重的国内改革发展稳定任务，中国人民同心协力、锐意进取，继续推进改革开放和社会主义现代化建设，经济保持平稳较快发展，全面建设小康社会取得新进展。中国加强同各国的交流合作，积极参与促进世界经济增长和金融稳定、完善全球经济治理、解决国际和地区热点问题等国际合作，为促进人类和平与发展作出了新的贡献。

在新的一年里，我们将高举中国特色社会主义伟大旗帜，以邓小平理论和“三个代表”重要思想为指导，深入贯彻落实科学发展观，继续处理好保持经济平稳较快发展、调整经济结构、管理通胀预期的关系，加快推进经济发展方式转变和经济结构调整，着力保障和改善民生，努力巩固经济社会发展良好势头。我们将坚持“一国两制”、“港人治港”、“澳人治澳”、高度自治的方针，同广大香港同胞、澳门同胞携手努力，保持香港、澳门长期繁荣稳定。我们将坚持“和平统一、一国两制”的方针，继续推动两岸关系和平发展，维护中华民族根本利益，增进两岸同胞共同利益。

和平、发展、合作是时代的呼唤，是各国人民共同利益之所在。当前，世界多极化、经济全球化深入发展，各国相互依存日益加深，但世界经济复苏的不稳定性不确定性上升，国际和地区热点此起彼伏，世界和平与发展面临新的机遇和挑战。中国将继续恪守维护世界和平、促进共同发展的外交政策宗旨，坚持独立自主的和平外交政策，始终不渝走和平发展道路，始终不渝奉行互利共赢的开放战略，在和平共处五项原则的基础上发展同各国的友好交往和互利合作，积极参与应对全球性问题的国际合作。

我相信，只要各国人民戮力同心、同舟共济，我们一定能够战胜前进道路上的各种困难和风险，在推动建设持久和平、共同繁荣的和谐世界的征程上不断迈出新的步伐。

最后，我从北京祝大家在新的一年里幸福安康！

国家主席胡锦涛和俄罗斯总统普京互致新年贺电

胡锦涛在贺电中指出，2012年，中俄全面战略协作伙伴关系取得了新进展。两国都经历了重要的国内政治日程，分别制定了国家发展振兴的宏伟蓝图，这为中俄关系的发展带来了新机遇，开辟了更广阔的前景。在新的一年里，中方愿同俄方携手努力，全面深入落实两国关系未来10年发展规划，扎实推进各领域务实合作和战略协作，办好俄罗斯的“中国旅游年”，加强在国际和地区热点问题上的磋商与协调，推动中俄全面战略协作伙伴关系迈上新台阶。

普京在贺电中高度评价俄中关系积极发展势头和取得的丰硕成果，表示愿与中方继续共同努力，推动两国关系在新的一年里取得更大的发展。

中共中央国务院印发《关于加快发展现代农业进一步增强农村发展活力的若干意见》

全面贯彻落实党的十八大精神，坚定不移沿着中国特色社会主义道路前进，为全面建成小康社会而奋斗，必须固本强基，始终把解决好农业农村农民问题作为全党工作重中之重，把城乡发展一体化作为解决“三农”问题的根本途径；必须统筹协调，促进工业化、信息化、城镇化、农业现代化同步发展，着力强化现代农业基础支撑，深入推进社会主义新农村建设。

党的十六大以来，我们深入贯彻落实科学发展观，全面推进“三农”实践创新、理论创新、制度创新，全面确立重中之重、统筹城乡、“四化同步”等战略思想，全面制定一系列多予少取放活和工业反哺农业、城市支持农村的重大政策，全面构建农业生产经营、农业支持保护、农村社会保障、城乡协调发展的制度框架，农业生产得到很大发展、农村面貌得到很大改善、农民群众得到很大实惠，农业农村发展实现了历史性跨越，迎来了又一个黄金期，初步探索出一条中国特色农业现代化道路。粮食产量实现“九连增”，农业综合生产能力迈上新台阶。农民增收实现“九连快”，农村贫困人口生存和温饱问题基本解决。农村民生加速改善，办了许多深得民心的大事好事。农村综合改革和集体林权制度改革取得重大进展，城乡分割的体制障碍加快破除。农村党群干群关系明显改善，农村社会保持和谐稳定。农业农村形势好，为我国综合国力在国际风云变幻中大幅提升，为现代化建设在重重风险挑战中昂首迈进，为党和国家事业在各种困难考验中兴旺发达，注入了强劲动力，增添了应对底气，赢得了战略主动。实践证明，中央推动农村改革发展的大政方针完全正确，出台的强农惠农富农政策卓有成效。

伴随工业化、城镇化深入推进，我国农业农村发展正在进入新的阶段，呈现出农业综合生产成本上升、农产品供求结构性矛盾突出、农村社会结构加速转型、城乡发展加快融合的态势。人多地少水缺的矛盾加剧，农产品需求总量刚性增长、消费结构快速升级，农业对外依存度明显提高，保障国家粮食安全和重要农产品有效供给任务艰巨；农村劳动力大量流动，农户兼业化、村庄空心化、人口老龄化趋势明显，农民利益诉求多元，加强和创新农村社会管理势在必行；国民经济与农村发展的关联度显著增强，农业资源要素流失加快，建立城乡要素平等交换机制的要求更为迫切，缩小城乡区域发展差距和居民收入分配差距任重道远。我们必须顺应阶段变化，遵循发展规律，增强忧患意识，举全党全国之力持之以恒强化农业、惠及农村、富裕农民。

2013年农业农村工作的总体要求是：全面贯彻党的十八大精神，以邓小平理论、“三个代表”重要思想、科学发展观为指导，落实“四化同步”的战略部署，按照保供增收惠民生、改革创新添活力的工作目标，加大农村改革力度、政策扶持力度、科技驱动力度，围绕现代农业建设，充分发挥农村基本经营制度的优越性，着力构建集约化、专业化、组织化、社会化相结合的新型农业经营体系，进一步解放和发展农村社会生产力，巩固和发展农业农村大好形势。

一、建立重要农产品供给保障机制，努力夯实现代农业物质基础

确保国家粮食安全，保障重要农产品有效供给，始终是发展现代农业的首要任务。必须毫不放松粮食生产，加快构建现代农业产业体系，着力强化农业物质技术支撑。

1. 稳定发展农业生产。粮食生产要坚持稳定面积、优化结构、主攻单产的总要求，确保丰产丰收。继续开展粮食稳定增产行动，着力加强800个产粮大县基础设施建设，推进东北四省区节水增粮行动、粮食丰产科技工程。支持优势产区棉花、油料、糖料生产基地建设。扩大粮棉油糖高产创建规模，在重点产区实行整建制推进，集成推广区域性、标准化高产高效模式。深入实施测土配方施肥，加强重大病虫害监测预警与联防联控能力建设。加大新一轮"菜篮子"工程实施力度，扩大园艺作物标准园和畜禽水产品标准化养殖示范场创建规模。以奖代补支持现代农业示范区建设试点。推进种养业良种工程，加快农作物制种基地和新品种引进示范场建设。加强渔船升级改造、渔政执法船艇建造和避风港建设，支持发展远洋渔业。

2. 强化农业物质技术装备。落实和完善最严格的耕地保护制度，加大力度推进高标准农田建设。加快大中型灌区配套改造、灌排泵站更新改造、中小河流治理，扩大小型农田水利重点县覆盖范围，大力发展高效节水灌溉，加大雨水集蓄利用、堰塘整治等工程建设力度，提高防汛抗旱减灾能力。加大财政对小型水库建设和除险加固支持力度。及时足额计提并管好用好从土地出让收益中提取的农田水利建设资金。加快落实农业灌排工程运行管理费用由财政适当补助的政策。加强农业科技创新能力条件建设和知识产权保护，继续实施种业发展等重点科技专项，加快粮棉油糖等农机装备、高效安全肥料农药兽药研发。推进国家农业科技园区和高新技术产业示范区建设。

3. 提高农产品流通效率。统筹规划农产品市场流通网络布局，重点支持重要农产品集散地、优势农产品产地市场建设，加强农产品期货市场建设，适时增加新的农产品期货品种，培育具有国内外影响力的农产品价格形成和交易中心。加快推进以城市标准化菜市场、生鲜超市、城乡集贸市场为主体的农产品零售市场建设。加强粮油仓储物流设施建设，发展农产品冷冻贮藏、分级包装、电子结算。健全覆盖农产品收集、加工、运输、销售各环节的冷链物流体系。大力培育现代流通方式和新型流通业态，发展农产品网上交易、连锁分销和农民网店。继续实施"北粮南运"、"南菜北运"、"西果东送"、万村千乡市场工程、新农村现代流通网络工程，启动农产品现代流通综合示范区创建。支持供销合作社、大型商贸集团、邮政系统开展农产品流通。深入实施商标富农工程，强化农产品地理标志和商标保护。

4. 完善农产品市场调控。充分发挥价格对农业生产和农民增收的激励作用，按照生产成本加合理利润的原则，继续提高小麦、稻谷最低收购价，适时启动玉米、大豆、油菜籽、棉花、食糖等农产品临时收储。优化粮食等大宗农产品储备品种结构和区域布局，完善粮棉油糖进口转储制度。健全重要农产品市场监测预警机制，认真执行生猪市场价格调控预案，改善鲜活农产品调控办法。完善农产品进出口税收调控政策，加强进口关税配额管理，健全大宗品种进口报告制度，强化敏感品种进口监测。推动进口来源多元化，规范进出口秩序，打击走私行为。加强和完善农产品信息统计发布制度，建立市场调控效果评估制度。扩大农资产品储备品种。

5. 提升食品安全水平。改革和健全食品安全监管体制，加强综合协调联动，落实从田头到餐桌的全程监管责任，加快形成符合国情、科学完善的食品安全体系。健全农产品质量安全和食品安全追溯体系。强化农业生产过程环境监测，严格农业投入品生产经营使用管理，积极开展农业面源污染和畜禽养殖污染防治。支持农产品批发市场食品安全检测室(站)建设，补助检验检测费用。健全基层食品安全工作体系，加大监管机构建设投入，全面提升监管能力和水平。

二、健全农业支持保护制度，不断加大强农惠农富农政策力度

适应农业进入高投入、高成本、高风险发展时期的客观要求，必须更加自觉、更加坚定地加强对农业的支持保护。要在稳定完善强化行之有效政策基础上，着力构建"三农"投入稳定增长长效机制，确保总量持续增加、比例稳步提高。

1. 加大农业补贴力度。按照增加总量、优化存量、用好增量、加强监管的要求，不断强化农业补贴政策，完善主产区利益补偿、耕地保护补偿、生态补偿办法，加快让农业获得合理利润、让主产区财力逐步达到全国或全省平均水平。继续增加农业补贴资金规模，新增补贴向主产区和优势产区集中，向专业大户、家庭农场、农民合作社等新型生产经营主体倾斜。落实好对种粮农民直接补贴、良种补贴政策，扩大农机具购置补贴规模，推进农机以旧换新试点。完善农资综合补贴动态调整机制，逐步扩大种粮大户补贴试点范围。继续实施农业防灾减灾稳产增产关键技术补助和土壤有机质提升补助，支持开展农作物病虫害专业化统防统治，启动低毒低残留农药和高效缓释肥料使用补助试点。完善畜牧业生产扶持政策，支持发展肉牛肉羊，落

实远洋渔业补贴及税收减免政策。增加产粮(油)大县奖励资金,实施生猪调出大县奖励政策,研究制定粮食作物制种大县奖励政策。增加农业综合开发财政资金投入。现代农业生产发展资金重点支持粮食及地方优势特色产业加快发展。

2. 改善农村金融服务。加强国家对农村金融改革发展的扶持和引导,切实加大商业性金融支农力度,充分发挥政策性金融和合作性金融作用,确保持续加大涉农信贷投放。创新金融产品和服务,优先满足农户信贷需求,加大新型生产经营主体信贷支持力度。加强财税杠杆与金融政策的有效配合,落实县域金融机构涉农贷款增量奖励、农村金融机构定向费用补贴、农户贷款税收优惠、小额担保贷款贴息等政策。稳定县(市)农村信用社法人地位,继续深化农村信用社改革。探索农业银行服务"三农"新模式,强化农业发展银行政策性职能定位,鼓励国家开发银行推动现代农业和新农村建设。支持社会资本参与设立新型农村金融机构。改善农村支付服务条件,畅通支付结算渠道。加强涉农信贷与保险协作配合,创新符合农村特点的抵(质)押担保方式和融资工具,建立多层次、多形式的农业信用担保体系。扩大林权抵押贷款规模,完善林业贷款贴息政策。健全政策性农业保险制度,完善农业保险保费补贴政策,加大对中西部地区、生产大县农业保险保费补贴力度,适当提高部分险种的保费补贴比例。开展农作物制种、渔业、农机、农房保险和重点国有林区森林保险保费补贴试点。推进建立财政支持的农业保险大灾风险分散机制。支持符合条件的农业产业化龙头企业和各类农业相关企业通过多层次资本市场筹集发展资金。

3. 鼓励社会资本投向新农村建设。各行各业制定发展规划、安排项目、增加投资要主动向农村倾斜。引导国有企业参与和支持农业农村发展。鼓励企业和社会组织采取投资筹资、捐款捐助、人才和技术支持等方式在农村兴办医疗卫生、教育培训、社会福利、社会服务、文化旅游体育等各类事业,按规定享受税收优惠、管护费用补助等政策。落实公益性捐赠农村公益事业项目支出所得税前扣除政策。鼓励企业以多种投资方式建设农村生产生活基础设施。

三、创新农业生产经营体制,稳步提高农民组织化程度

农业生产经营组织创新是推进现代农业建设的核心和基础。要尊重和保障农户生产经营的主体地位,培育和壮大新型农业生产经营组织,充分激发农村生产要素潜能。

1. 稳定农村土地承包关系。抓紧研究现有土地承包关系保持稳定并长久不变的具体实现形式,完善相关法律制度。坚持依法自愿有偿原则,引导农村土地承包经营权有序流转,鼓励和支持承包土地向专业大户、家庭农场、农民合作社流转,发展多种形式的适度规模经营。结合农田基本建设,鼓励农民采取互利互换方式,解决承包地块细碎化问题。土地流转不得搞强迫命令,确保不损害农民权益、不改变土地用途、不破坏农业综合生产能力。探索建立严格的工商企业租赁农户承包耕地(林地、草原)准入和监管制度。规范土地流转程序,逐步健全县乡村三级服务网络,强化信息沟通、政策咨询、合同签订、价格评估等流转服务。加强农村土地承包经营纠纷调解仲裁体系建设。深化国有农垦管理体制改革,扩大国有农场办社会职能改革试点。稳步推进农村综合改革示范试点。

2. 努力提高农户集约经营水平。按照规模化、专业化、标准化发展要求,引导农户采用先进适用技术和现代生产要素,加快转变农业生产经营方式。创造良好的政策和法律环境,采取奖励补助等多种办法,扶持联户经营、专业大户、家庭农场。大力培育新型农民和农村实用人才,着力加强农业职业教育和职业培训。充分利用各类培训资源,加大专业大户、家庭农场经营者培训力度,提高他们的生产技能和经营管理水平。制订专门计划,对符合条件的中高等学校毕业生、退役军人、返乡农民工务农创业给予补助和贷款支持。

3. 大力支持发展多种形式的新型农民合作组织。农民合作社是带动农户进入市场的基本主体,是发展农村集体经济的新型实体,是创新农村社会管理的有效载体。按照积极发展、逐步规范、强化扶持、提升素质的要求,加大力度、加快步伐发展农民合作社,切实提高引领带动能力和市场竞争能力。鼓励农民兴办专业合作和股份合作等多元化、多类型合作社。实行部门联合评定示范社机制,分级建立示范社名录,把示范社作为政策扶持重点。安排部分财政投资项目直接投向符合条件的合作社,引导国家补助项目形成的资产移交合作社管护,指导合作社建立、健全项目资产管护机制。增加农民合作社发展资金,支持合作社改善生产经营条件、增强发展能力。逐步扩大农村土地整理、农业综合开发、农田水利建设、农技推广等涉农项目由合作社承担的规模。对示范社建设鲜活农产品仓储物流设施、兴办农产品加工业给予补助。在信用评定基础上对示范社开展联合授信,有条件的地方予以贷款贴息,规范合作社开展信用合作。完善合作社税收优惠政策,把合作社纳入国民经济统计并作为单独纳税主体列入税务登记,做好合作社发票领用等工作。创新适合合作社生产经营特点的保险产品和服务。建立合作社带头人人才库和培训基地,广泛开展合作社带头人、经营管理人员和辅导员培训,引导高校毕业生

到合作社工作。落实设施农用地政策，合作社生产设施用地和附属设施用地按农用地管理。引导农民合作社以产品和产业为纽带开展合作与联合，积极探索合作社联社登记管理办法。抓紧研究修订农民专业合作社法。

4. 培育壮大龙头企业。支持龙头企业通过兼并、重组、收购、控股等方式组建大型企业集团。创建农业产业化示范基地，促进龙头企业集群发展。推动龙头企业与农户建立紧密型利益联结机制，采取保底收购、股份分红、利润返还等方式，让农户更多分享加工销售收益。鼓励和引导城市工商资本到农村发展适合企业化经营的种养业。增加扶持农业产业化资金，支持龙头企业建设原料基地、节能减排、培育品牌。逐步扩大农产品加工增值税进项税额核定扣除试点行业范围。适当扩大农产品产地初加工补助项目试点范围。

四、构建农业社会化服务新机制，大力培育发展多元服务主体

建设中国特色现代农业，必须建立完善的农业社会化服务体系。要坚持主体多元化、服务专业化、运行市场化的方向，充分发挥公共服务机构作用，加快构建公益性服务与经营性服务相结合、专项服务与综合服务相协调的新型农业社会化服务体系。

1. 强化农业公益性服务体系。不断提升乡镇或区域性农业技术推广、动植物疫病防控、农产品质量监管等公共服务机构的服务能力。继续实施基层农技推广体系改革与建设项目，建立补助经费与服务绩效挂钩的激励机制。继续实施农业技术推广机构条件建设项目，不断改善推广条件。支持高等学校、职业院校、科研院所通过建设新农村发展研究院、农业综合服务示范基地等方式，面向农村开展农业技术推广。加强乡镇或小流域水利、基层林业公共服务机构和抗旱服务组织、防汛机动抢险队伍建设。充分发挥供销合作社在农业社会化服务中的重要作用。加快推进农村气象信息服务和人工影响天气工作体系与能力建设，提高农业气象服务和农村气象灾害防御水平。

2. 培育农业经营性服务组织。支持农民合作社、专业服务公司、专业技术协会、农民用水合作组织、农民经纪人、涉农企业等为农业生产经营提供低成本、便利化、全方位的服务，发挥经营性服务组织的生力军作用。采取政府订购、定向委托、奖励补助、招投标等方式，引导经营性服务组织参与公益性服务，大力开展病虫害统防统治、动物疫病防控、农田灌排、地膜覆盖和回收等生产性服务。推进科技特派员农村科技创业行动。培育会计审计、资产评估、政策法律咨询等涉农中介服务组织。对符合条件的农业经营性服务业务免征营业税。

3. 创新服务方式和手段。鼓励搭建区域性农业社会化服务综合平台。发展专家大院、院县共建、农村科技服务超市、庄稼医院、专业服务公司加合作社加农户、涉农企业加专家加农户等服务模式，积极推行技物结合、技术承包、全程托管服务，促进农业先进适用技术到田到户。开展农业社会化服务示范县创建。整合资源建设乡村综合服务社和服务中心。加快用信息化手段推进现代农业建设，启动金农工程二期，推动国家农村信息化试点省建设。发展农业信息服务，重点开发信息采集、精准作业、农村远程数字化和可视化、气象预测预报、灾害预警等技术。

五、改革农村集体产权制度，有效保障农民财产权利

建立归属清晰、权能完整、流转顺畅、保护严格的农村集体产权制度，是激发农业农村发展活力的内在要求。必须健全农村集体经济组织资金资产资源管理制度，依法保障农民的土地承包经营权、宅基地使用权、集体收益分配权。

1. 全面开展农村土地确权登记颁证工作。健全农村土地承包经营权登记制度，强化对农村耕地、林地等各类土地承包经营权的物权保护。用5年时间基本完成农村土地承包经营权确权登记颁证工作，妥善解决农户承包地块面积不准、四至不清等问题。加快包括农村宅基地在内的农村集体土地所有权和建设用地使用权地籍调查，尽快完成确权登记颁证工作。农村土地确权登记颁证工作经费纳入地方财政预算，中央财政予以补助。各级党委和政府要高度重视，有关部门要密切配合，确保按时完成农村土地确权登记颁证工作。深化集体林权制度改革，提高林权证发证率和到户率。推进国有林场改革试点，探索国有林区改革。加快推进牧区草原承包工作，启动牧区草原承包经营权确权登记颁证试点。

2. 加快推进征地制度改革。依法征收农民集体所有土地，要提高农民在土地增值收益中的分配比例，确保被征地农民生活水平有提高、长远生计有保障。加快修订土地管理法，尽快出台农民集体所有土地征收补偿条例。完善征地补偿办法，合理确定补偿标准，严格征地程序，约束征地行为，补偿资金不落实的不得批准和实施征地。改革和完善农村宅基地制度，加强管理，依法保障农户宅基地使用权。依法推进农村土地综合整治，严格规范城乡建设用地增减挂钩试点和集体经营性建设用地流转。农村集体非经营性建设用地不得进入市场。

3. 加强农村集体“三资”管理。因地制宜探索集体经济多种有效实现形式，不断壮大集体经济实力。以清产核资、资产量化、股权管理为主要内容，加快推

进农村集体"三资"管理的制度化、规范化、信息化。健全农村集体财务预决算、收入管理、开支审批、资产台账和资源登记等制度,严格农村集体资产承包、租赁、处置和资源开发利用的民主程序,支持建设农村集体"三资"信息化监管平台。鼓励具备条件的地方推进农村集体产权股份合作制改革。探索集体经济组织成员资格界定的具体办法。

六、改进农村公共服务机制,积极推进城乡公共资源均衡配置

按照提高水平、完善机制、逐步并轨的要求,大力推动社会事业发展和基础设施建设向农村倾斜,努力缩小城乡差距,加快实现城乡基本公共服务均等化。

1. 加强农村基础设施建设。加大公共财政对农村基础设施建设的覆盖力度,逐步建立投入保障和运行管护机制。"十二五"期间基本解决农村饮水安全问题。农村电网升级改造要注重改善农村居民用电和农业生产经营供电设施,中央投资继续支持农村水电供电区电网改造和农村水电增效扩容改造。推进西部地区、连片特困地区乡镇、建制村通沥青(水泥)路建设和东中部地区县乡公路改造、连通工程建设,加大农村公路桥梁、安保工程建设和渡口改造力度,继续推进农村乡镇客运站网建设。加快宽带网络等农村信息基础设施建设。促进农村沼气可持续发展,优化项目结构,创新管理方式,鼓励新技术研发应用。加大力度推进农村危房改造和国有林区(场)棚户区、国有垦区危房改造,加快实施游牧民定居工程和以船为家渔民上岸安居工程。健全村级公益事业一事一议财政奖补机制,积极推进公益性乡村债务清理化解试点。科学规划村庄建设,严格规划管理,合理控制建设强度,注重方便农民生产生活,保持乡村功能和特色。制定专门规划,启动专项工程,加大力度保护有历史文化价值和民族、地域元素的传统村落和民居。农村居民点迁建和村庄撤并,必须尊重农民意愿,经村民会议同意。不提倡、不鼓励在城镇规划区外拆并村庄、建设大规模的农民集中居住区,不得强制农民搬迁和上楼居住。加强山洪、地质灾害防治,加大避灾移民搬迁投入。

2. 大力发展农村社会事业。完善农村中小学校舍建设改造长效机制。办好村小学和教学点,改善办学条件,配强师资力量,方便农村学生就近上学。设立专项资金,对在连片特困地区乡、村学校和教学点工作的教师给予生活补助。深入实施农村重点文化惠民工程,建立农村文化投入保障机制。健全农村三级医疗卫生服务网络,加强乡村医生队伍建设。继续提高新型农村合作医疗政府补助标准,积极推进异地结算。健全新型农村社会养老保险政策体系,建立科学合理的保障水平调整机制,研究探索与其他养老保险制度衔接整合的政策措施。加强农村最低生活保障的规范管理,有条件的地方研究制定城乡最低生活保障相对统一的标准。完善农村优抚制度,加快农村社会养老服务体系建设。加大扶贫开发投入,全面实施连片特困地区区域发展与扶贫攻坚规划。搞好农村人口和计划生育工作。

3. 有序推进农业转移人口市民化。把推进人口城镇化特别是农民工在城镇落户作为城镇化的重要任务。加快改革户籍制度,落实放宽中小城市和小城镇落户条件的政策。加强农民工职业培训、社会保障、权益保护,推动农民工平等享有劳动报酬、子女教育、公共卫生、计划生育、住房租购、文化服务等基本权益,努力实现城镇基本公共服务常住人口全覆盖。各级党委、政府和社会各界要高度重视农村留守儿童、留守妇女、留守老人问题,加强生产扶持、社会救助、人文关怀,切实保障他们的基本权益和人身安全。

4. 推进农村生态文明建设。加强农村生态建设、环境保护和综合整治,努力建设美丽乡村。加大三北防护林、天然林保护等重大生态修复工程实施力度,推进荒漠化、石漠化、水土流失综合治理。巩固退耕还林成果,统筹安排新的退耕还林任务。探索开展沙化土地封禁保护区建设试点工作。加强国家木材战略储备基地和林区基础设施建设,提高中央财政国家级公益林补偿标准,增加湿地保护投入,完善林木良种、造林、森林抚育等林业补贴政策,积极发展林下经济。继续实施草原生态保护补助奖励政策。加强农作物秸秆综合利用。搞好农村垃圾、污水处理和土壤环境治理,实施乡村清洁工程,加快农村河道、水环境综合整治。发展乡村旅游和休闲农业。创建生态文明示范县和示范村镇。开展宜居村镇建设综合技术集成示范。

七、完善乡村治理机制,切实加强以党组织为核心的农村基层组织建设

顺应农村经济社会结构、城乡利益格局、农民思想观念的深刻变化,加强农村基层党建工作,不断推进农村基层民主政治建设,提高农村社会管理科学化水平,建立、健全符合国情、规范有序、充满活力的乡村治理机制。

1. 强化农村基层党组织建设。切实发挥基层党组织战斗堡垒作用,夯实党在农村的执政基础。扩大农村党组织和党的工作覆盖面,加强基层党组织带头人队伍建设。强化村干部"一定三有"政策,健全村级组织运转和基本公共服务经费保障机制,提升推动农村发展、服务农民群众能力。加强农民合作社党建工作,完善组织设置,理顺隶属关系,探索功能定位。加强农村党风廉政建设,强化农村基层干部教育、管理和监督,开展集中查办和预防涉农惠农领域贪污贿赂等

职务犯罪专项工作，坚决查处发生在农民身边的腐败问题。

2. 加强农村基层民主管理。进一步健全村党组织领导的充满活力的村民自治机制，继续推广"四议两公开"等工作法。充分发挥村务监督委员会作用，逐步建立责权明晰、衔接配套、运转有效的村级民主监督机制。不断完善村务公开民主管理，以县（市、区）为单位统一公开目录和时间，丰富公开内容，规范公开程序，实现村务公开由事后公开向事前、事中延伸。深入推进乡镇政务公开，推行乡镇财政预算、公共资源配置、重大建设项目、社会公益事业等领域的信息公开。有序发展民事调解、文化娱乐、红白喜事理事会等社区性社会组织，发挥农民自我管理、自我服务、自我教育、自我监督的作用。

3. 维护农民群众合法权益。坚持党和政府主导，依法维护、统筹兼顾广大农民群众多种利益，畅通和规范诉求表达、利益协调、权益保障渠道，加强农村信访工作，引导群众依法理性维护自身权益。通过人民调解、行政调解、司法调解等有效途径，妥善处理农村各种矛盾纠纷。依法保障外出村民在本村、外来人口在居住村的民主权利和物质利益。推进和谐矿区建设。建立减轻农民负担长效机制。巩固乡镇机构改革成果，加强社会管理和公共服务职能，推动乡镇干部直接联系服务群众。

4. 保障农村社会公共安全。加强农村抗灾救灾、警务消防、疫病防控等设施建设，严格执行农村学校、医院等公共设施建筑质量标准，增强农村突发公共事件和自然灾害的应对处置能力。深化农村平安建设，完善立体化社会治安防控体系，落实在农村警务室连续工作一定年限人员的有关激励政策。加强农村交通安全管理，创建平安畅通县市。依法打击乡村黑恶势力、黄赌毒和各种刑事犯罪。切实加强农村精神文明建设，深入开展群众性精神文明创建活动，全面提高农民思想道德素质和科学文化素质。加强农村法制宣传教育，落实党的民族和宗教政策，树立健康文明、遵纪守法的社会新风尚。

各级党委和政府要切实加强和改善对"三农"工作的领导，确保劲头不松懈、力度不减弱、力量有加强。各级党政领导干部要把熟悉党的"三农"政策和国情农情作为必修课，把善于做好新时期"三农"工作当作基本功，切实转变工作作风，深入基层调查研究，不断提高"三农"工作水平。要坚持从实际出发，因地制宜、分类指导各地推动"三农"工作。各地区各部门要明确职责分工，加强监督检查，实施绩效评价，开展强农惠农富农政策执行情况"回头看"，确保不折不扣落到实处。尊重农民首创精神，鼓励各地积极探索、勇于改革、大胆创新，做好农村改革试验区工作，及时总结推广各地成功经验。

加快发展现代农业，进一步增强农村发展活力，意义重大、任务繁重。让我们紧密团结在以习近平同志为总书记的党中央周围，奋力拼搏，锐意进取，求真务实，再创农村改革发展新的辉煌！

国务院副总理回良玉在钓鱼台国宾馆与津巴布韦总统穆加贝举行会谈

外交部发言人华春莹就《越南海洋法》生效实施答记者问

记者问：据报道，《越南海洋法》将于 2013 年 1 月 1 日生效实施。中方对此有何评论？

华春莹说，中国对西沙群岛和南沙群岛及其附近海域拥有无可争辩的主权。任何国家对上述群岛提出的领土主权要求和采取的任何行动，都是非法的、无效的。我们对该法生效后将给南海局势带来的负面影响深表关切，要求越方不要采取任何使问题复杂化、扩大化的行动。

《国有文化企业发展报告（2012）》正式发布

中央文化企业国有资产监督管理领导小组办公室正式发布了《国有文化企业发展报告(2012)》。作为首部国有文化企业"白皮书"，报告首次发布了国有文化企业统计数据，从多角度分析了国有文化企业发展状况，摸清了国有文化企业"家底"，对加强国有文化资产管理、推动国有文化企业改革发展具有重要参考价值。

《国有文化企业发展报告(2012)》显示，国有文化企业已成为国有经济的一支新生力量。截至 2011 年年末，全国国有文化企业共 10365 户（按独立法人统计），资产总额 15966.44 亿元，全年累计实现营业总收入 7976.95 亿元，增加值 1994.95 亿元，利润总额 849.94 亿元。其中，中央文化企业共 2578 户，资产总额 5332.36 亿元，营业总收入 2610.54 亿元，增加值 779.45 亿元，利润总额 357.68 亿元。